collection Apollo

Le présent volume appartient à la dernière édition (revue et corrigée) de cet ouvrage. La date du copyright mentionnée ci-dessous ne concerne que le dépôt à Washington de la *première* édition.

ISBN 2-03-401701-3

Dictionnaire

FRANÇAIS - ANGLAIS

par

Jean Mergault

Agrégé de l'Université
maître-assistant à la Sorbonne (Paris VII)

Nouvelle édition
revue et augmentée

LIBRAIRIE LAROUSSE
17, rue du Montparnasse Paris 6e

Table des matières.

Partie français-anglais.

Tableau des signes employés.

|	divise un mot-vedette en deux segments : base | terminaison (V. 1.2.)
:	simple séparateur graphique
,	sépare des sens proches (V. 5.1.)
;	sépare des sens nettement différents (V. 5.1.)
||	limite de champ sémantique ou de nouvelle entrée (V. 5.1.)
/	alternance de lecture (V. 5.1.)
-	remplace une syllabe dans la prononciation figurée (V. 3.3.)
~	(tilde) remplace un mot d'entrée ou sa base (V. 1.1., 1.2., 5.4.)
( )	mot précisant un sens ou emploi facultatif (V. 5.3., 5.1.)
[ ]	prononciation figurée, champ sémantique ou sujet de verbe (V. 3., 5.3.1., 5.3.2.)
!	impératif = ordre, etc.
•	indicateur de conversion (V. 4.4.)
—	changement de construction verbale (V. 4.5.)
=	équivalent ou développement d'une abréviation (V. 5.3.1.)

Préface à la nouvelle édition.

L'évolution accélérée du monde moderne se traduit, dans la langue, par un accroissement du lexique. Les dictionnaires doivent suivre cette actualité toujours en devenir. Certes des retouches avaient bien été apportées au présent ouvrage lors des réimpressions successives mais, dix ans après sa première édition, une mise à jour générale s'impose.
Afin de répondre aux besoins multiples d'un large public, il fallait rendre compte de faits de langue nouveaux concernant de nombreux domaines, qu'il s'agisse de l'électronique ou de l'écologie, des spectacles ou du tourisme, des sciences ou des techniques, de la drogue ou de la violence, du commerce ou de l'industrie, de l'informatique ou du Tiers Monde.

Il a en outre été procédé à une révision de l'ensemble du corpus avec une vigilante attention, en particulier pour le vocabulaire courant. Des termes vieillis ont été éliminés sans dogmatisme excessif puisque nous avons gardé certains d'entre eux encore en usage dans la presse de qualité pour leurs valeurs stylistiques.

Comme dans les éditions précédentes, la présentation matérielle visant à économiser de la place sans nuire à la clarté a permis de donner à cet ouvrage une densité maximale.

Nous tenons vivement à remercier Madame DUBOIS-CHARLIER, directrice de la collection, qui a rendu possible et grandement facilité la mise à jour de cette nouvelle édition. Nous ne saurions non plus manquer d'exprimer toute notre gratitude à Mesdames H. COLONNA-CESARI et O. LAJEUNESSE, lectrices-correctrices, pour leur efficace collaboration et leur indispensable compétence.

Nous espérons que ce dictionnaire pourra ainsi répondre aux besoins toujours accrus d'un vaste public.

J. MERGAULT

Notice d'emploi.

1. Présentation et ordre des mots. Les mots d'entrée sont imprimés en gras et classés dans l'ordre alphabétique.

1.1. Par souci d'économie de place et dans la mesure du possible, on a groupé dans un même paragraphe les entrées ayant une parenté lexicale avec le mot d'entrée principal ou mot-vedette placé en tête de paragraphe. Ces entrées secondaires sont alors constituées d'un tilde (~) représentant le **mot-vedette** complété par une **terminaison** [suffixe ou mot] (ex. **général**... || **~ement** [= généralement] ... || **~isation** [= généralisation] ... || **~iser** [= généraliser]. **cold** ... **~-blooded** [= cold-blooded] ... || **~ly** [= coldly] ... || **~ness** [= coldness]).

1.2. Dans certains cas, des contraintes phonétiques ou d'orthographe ont obligé à diviser le mot-vedette en deux segments au moyen d'un trait vertical (|) séparant sa *base* (à gauche) de sa *terminaison* (à droite). Le tilde des dérivés et composés qui suivent représente alors la *base* du mot-vedette[1] (ex. **env|ie**... **~ier** [= envier]... **~ieux** [= envieux]. **cut|ter**... **~-throat** [= cut-throat]... **~ting** [= cutting]).
Une place considérable a ainsi été rendue disponible au profit de la richesse du corpus.

1.3. **Homographes.** Les homographes font l'objet d'articles différents, distingués par des chiffres romains (ex. : **bear** I [bɛə] *n* ours *m*. **bear** II *vt* porter). La prononciation n'est donnée qu'une fois pour le premier mot (cas des homophones) et pour chaque mot suivant si la prononciation diffère (ex. : **lead** I [led] *n* plomb *m*. **lead** II [li:d] *vt* conduire). Chacun de ces mots, différents par le sens, est suivi de ses dérivés et composés propres. L'ordre alphabétique se trouve donc segmenté en autant de files qu'il y a d'homonymes.

2. Structure d'un article. Un article est normalement constitué des éléments suivants, à savoir, dans l'ordre :

2.1. **Le mot d'entrée** (V. 4.1.) suivi de sa prononciation figurée entre crochets (V. 3.), puis de l'indication de sa catégorie grammaticale (V. 4.1.).

2.2. **Les traductions,** celles ayant une valeur générale venant en premier (V. 4.2.), suivies par celles concernant des sens restreints à certains contextes signalés par des indications entre crochets (V. 5.3.2.)[2].

2.3. **Les champs sémantiques** spécialisés ainsi que les sens figurés apparaissent à la suite de RUBRIQUES (V. 5.2.).

2.4. Dans la partie anglais-français, les verbes dits composés ou ***phrasal verbs*** (verbe + particule) tels que ***run in, run out*** sont groupés à la fin de l'article, selon l'ordre alphabétique de la particule, après les rubriques et imprimés en italique gras.

---

1. V. aussi 5.4.
2. Les emplois américains sont mentionnés par le sigle U.S. précédant la traduction.

3. Prononciation figurée. La prononciation est indiquée entre crochets à la suite du mot d'entrée au moyen de l'alphabet phonétique international[1]. Elle correspond, pour l'anglais, à la prononciation britannique (Received Pronunciation).

3.1. Le même souci d'économie de place nous a fait omettre volontairement la prononciation des composés et dérivés lorsqu'elle se déduit normalement de celle des composants, **le mot-vedette** servant de modèle. Il suffit, en effet, d'ajouter à la prononciation de ce dernier (ou de sa base) soit celle du suffixe dont la prononciation (stable) est donnée dans un tableau annexe[2], soit celle du mot ajouté qui apparaît à sa place alphabétique dans le dictionnaire. Dans les cas contraires, elle est donnée ou bien partiellement, à la suite d'un tiret (ex. **four**... || **~teen** [-'ti:n]) ou bien entièrement si la prononciation de l'ensemble est transformée (ex. **boat** [bəut] *n* ... || **~swain** ['bəusn] *n*).

3.2. Pour ce qui est de la **distribution des accents,** dans la nomenclature anglaise, il est admis que le mot-vedette garde son accentuation propre dans ses composés ou dérivés. Il n'est donc pas nécessaire de noter la prononciation de ces derniers. Si le mot-vedette est monosyllabique, il prend alors un accent principal tandis que le segment adjoint ou bien n'est pas accentué (si c'est un suffixe) ou bien reçoit un accent secondaire (si c'est un mot) (ex. **act** [ækt] *n* ... || **~ive** *adj* dont on déduit qu'il se prononce ['æktiv]). **holiday** ['hɔlidi] *n* ... || **~maker** *n* où le deuxième élément reçoit un accent secondaire [,meikə]).

Lorsque la dérivation ou la composition modifie l'accentuation et altère le son des voyelles, la prononciation est alors de nouveau indiquée (ex. **act** ... || **~ive** ... || **~ivity** [æk'tiviti]. **integr|al** ['intigrəl] ... || **~ity** [in'tegriti]).

3.3. Dans certains cas, les syllabes dont la prononciation est maintenue sont représentées par de courts tirets (ex. **mis|fire** ['mis'faiə] ... || **~fortune** [-'--]. **super/cargo** ['sjupə,kɑ:gəu] ... || **~ficial** [,--'fiʃl]).

4. Indications grammaticales.

4.1. Mot d'entrée. La catégorie grammaticale du mot d'entrée est donnée au moyen d'une abréviation en italique[3], à la suite de la prononciation figurée. Dans la partie anglais-français le nom anglais est marqué *n* tandis que dans la partie français-anglais le nom français est indiqué par son genre seul : *m* = nom masculin, *f* = nom féminin. Lorsqu'il s'agit d'un nom de personne ayant une forme masculine et une forme féminine donnée d'une façon succincte **(informaticien, ienne)** il est alors signalé par *n*. Les noms de choses appartenant aux deux genres (comme **après-midi**) sont marqués *m/f*. Les formes irrégulières du pluriel apparaissent également sous une forme abrégée **(cheval, aux).**
Une indication du genre *adj/n*, *v/n* etc. signifie que la même forme appartient à plusieurs classes de mots (ex. **mercenaire** *adj/m* mercenary).

1. V. tableau p. X partie français-anglais, p. III partie anglais-français.
2. V. p. XI partie français-anglais, p. IV partie anglais-français.
3. V. p. XIV partie français-anglais, p. II partie anglais-français.

4.2. Traductions. Le genre des noms français donnés en traduction dans la partie anglais-français est indiqué de la même manière *(m, f, n* ou *m/f).*
Lorsqu'un mot est à la fois un adjectif et un nom d'un genre donné, on a indiqué le genre du nom entre parenthèses [ex. **acid** *adj/n* acide *(m)*]. Pour les adjectifs et noms de nationalité, le mot français a été écrit avec une minuscule, mais on n'oubliera pas que le nom prend une majuscule.
Le genre (et le nombre) du nom français n'est pas mentionné lorsqu'il est accompagné d'un adjectif porteur d'une marque de genre (et de nombre) évidente (ex. *flat beer,* bière éventée).

4.3. Syntaxe. Les relations syntaxiques des mots entre eux, la rection des verbes, etc. sont données entre parenthèses, après la traduction (ex. **penchant** *m*... leaning (*pour,* towards); liking (*pour,* for); (+ verbe), (+ -ing) etc.).

4.4. Conversion. Lorsque le mot d'entrée appartient à plusieurs classes de mots, le passage de l'une à l'autre est signalé par le signe •, indicateur de conversion (ex. **run** *vi* courir ... • *n* course *f.* **motor** *n* ... • *vi* aller en voiture. **clear** *adj* clair ... • *adv* clairement ... • *vt* débarrasser).

4.5. Verbes. Les emplois transitifs ou intransitifs, sont indiqués par les abréviations *vt, vi,* le passage de l'un à l'autre emploi étant annoncé par le tiret long —. Lorsque les deux emplois coïncident pour une même forme l'indication devient *vi/vt.* Pour le français, les emplois pronominaux (*vpr* **se ~,**) viennent en fin d'article.

4.5.1. Verbes anglais. Par souci d'économie de place, tout signe redondant a été volontairement éliminé. C'est ainsi que les verbes anglais traduisant des verbes français ou des locutions verbales françaises sont donnés à l'infinitif sans la particule « to » (ex. « **levé** *m* survey; *faire le ~ de,* survey » [mis pour "to survey"][1]).
Les temps primitifs des **verbes irréguliers** sont donnés dans la partie anglais-français entre parenthèses (avec leur prononciation) à la suite de la forme infinitive de l'entrée, dans l'ordre habituel : prétérit, participe passé. Lorsque les deux temps partagent la même forme celle-ci n'est donnée qu'une fois (ex. **keep** ... [kept]). Si plusieurs formes sont attestées, celles-ci figurent à la suite, accompagnées des indications nécessaires à leur identification. Les formes de ces temps apparaissent à leur adresse dans le dictionnaire avec un renvoi à la forme infinitive. Une liste récapitulative des verbes irréguliers figure en annexe p. XVIII.

4.5.2. Verbes français. La conjugaison très complexe des verbes français est indiquée au moyen de chiffres entre parenthèses, renvoyant à une liste générale placée à la fin du mémento grammatical (ex. **dire** ... *vt* (40) renvoie au groupe 40).

---

1. Cette démarche est notamment celle du Concise Oxford Dictionary et de l'Oxford Advanced Learner's Dictionary of Current English (Oxford University Press) dont nous nous sommes largement inspirés.

5. Distinction des sens. Pour guider le lecteur dans le choix d'une traduction, les articles sont jalonnés par des signes graphiques et les traductions sont accompagnées d'informations sémantiques ou syntaxiques.

5.1. Signes graphiques et ponctuation. Les traductions sont groupées par acceptions, les champs sémantiques étant bornés par le signe ||. Entre ces limites, une virgule sépare des traductions sensiblement équivalentes, le point virgule indique un changement de sens plus marqué. Le signe • signale le passage d'une classe de mot à une autre. La barre oblique (/) indique une alternance de lecture, soit deux traductions correspondant à leurs deux homologues également placés de part et d'autre d'une / dans la langue de départ (ex. *de bonne/mauvaise humeur,* in a good/bad mood), soit deux variantes possibles pour un seul mot dans l'une ou l'autre langue (ex. **rappeler** ... call/bring to mind).
On trouvera également, dans une locution ou un composé, un mot mis entre parenthèses indiquant un usage facultatif, ex. **mille** ... *~ (marin),* (nautical) mile. **partir** *à ~ de,* (as) from. **scout** ... (boy-)scout.

5.2. Rubriques. Elles précèdent toujours la traduction. Elles concernent soit des champs sémantiques spécialisés, tels que TECHN. (= technique) ou TÉL. (= télécommunications), soit des niveaux de langue comme FAM. (= familier) ou POP. (= populaire). Dans ce dernier cas, elles s'appliquent au mot d'entrée et l'on s'est efforcé d'en donner une traduction sensiblement équivalente en en précisant la valeur stylistique par des indications entre parenthèses (fam., pop.).

5.3. Indications particulières. On trouvera en outre un certain nombre d'informations diverses réparties d'une façon systématique.

5.3.1. Après le mot d'entrée. En remplacement d'une traduction impossible du mot pris isolément, on trouvera, entre crochets, une équivalence conceptuelle à la suite du signe = (ex. **ago** ... *adv* [= écoulé]) ou bien une micro-définition (ex. [machine], [organ]).

5.3.2. Avant la traduction. Des mots entre crochets indiquent des champs sémantiques moins généraux qu'une Rubrique (ex. [cartes], [space], [time]), ou bien une construction dont dépend le sens ([avant le verbe], [après le nom] etc.). Dans le cas des verbes, on peut trouver un sujet compatible (ex. [animal], [personne], [news], etc.).

5.3.3. Après la traduction. Un mot entre parenthèses qui peut être un synonyme ou l'expression d'un concept, tel que (action), (résultat). Dans le cas des adjectifs, on trouvera un nom qui éclaire le sens : ex. **valid** *adj* valide (passport) et dans le cas des verbes un nom susceptible d'en être le complément : ex. **cut** *vt* tailler (diamond).

5.4. Exemples et locutions figées. De courtes phrases ou des locutions sont données autant pour leur valeur illustrative que pour leur valeur idiomatique. Imprimés en italique maigre (ou gras selon leur fréquence d'emploi ou leur actualité) le tilde (~) remplace le mot d'entrée dans sa totalité et non pas seulement sa base (ex. **evasion** *tax ~,* = tax evasion. **probability** *in all ~,* = in all probability).
Si le mot d'entrée est utilisé au pluriel ou au féminin, le tilde est complété comme il convient (ex. **laborieux, ieuse** *les classes ~ieuses*).

Phonetic transcription.

SYMBOLS	KEY WORDS		SYMBOLS	KEY WORDS	
a	lac	[lak]	ɛ̃	main	[mɛ̃]
ɑ	âme	[ɑm]	ɑ̃	lent	[lɑ̃]
e	dé	[de]	ɔ̃	mon	[mɔ̃]
ɛ	lait	[lɛ]	œ̃	brun	[brœ̃]
i	ni	[ni]	g	gare	[gar]
ɔ	note	[nɔt]	j	yeux	[jø]
o	rôle	[rol]	ɥi	nuit	[nɥi]
u	mou	[mu]	w	oui	[wi]
y	mur	[myr]	ʒ	je	[ʒə]
œ	bœuf	[bœf]	ʃ	chat	[ʃa]
ø	bleu	[blø]	ɲ	peigne	[pɛɲ]
ə	me	[mə]	*	héros	[*ero]

* The « aspirate » **h** is not sounded in French. It merely renders any elision or « liaison » impossible : le héros [lə *ero]; les héros [le *ero]. The other symbols [p], [b], [t], [d], [k], [f], [v], [s], [z], [l], [r], [m], [n] coincide with their graphic counterparts, the **r**-sound being sounded as a « uvular fricative ».

Symbols. The symbols used are those of the International Phonetic Alphabet.

Stress. The stress is not indicated in the French-English part. It generally falls on the last *sounded* syllable of the word.

« **Liaison** ». In most cases, when a word begins with a vowel or a mute *h,* it is joined with the last consonant of the preceding word, even when the consonant is followed by a mute *e.* Ex. : *Sept heures* [sɛtœːr], *cette âme* [sɛtɑːm]. In such cases, final *c* and *g* are pronounced as *k* (*avec elle* [avɛkɛl]; *sang impur* [sɑkɛ̃pyr]); final *s* and *x* as *z* (*sise à* [siza]; *six années* [sizane]); final *d* as *t* (*grand homme* [grɑ̃tɔm]). The liaison only occurs when the two words are intimately connected and pronounced with one breath.

Pronunciation of common French endings.

-a	[-a]	-ienne	[-jɛn]
-able	[-abl]	-ier	[-je]
-ade	[-ad]	-ière	[-jɛr]
-age	[-aʒ]	-ieuse	[-jøz]
-ain	[-ɛ̃]	-ieux	[-jø]
-aire	[-ɛr]	-if	[-if]
-ais	[-ɛ]	-in	[-ɛ̃]
-aise	[-ɛz]	-ion	[-jɔ̃]
-al(le)	[-al]	-ique	[-ik]
-ance	[-ɑ̃s]	-ir(e)	[-ir]
-ant(e)	[-ɑ̃(t)]	-isation	[-izasjɔ̃]
-ateur	[-atœr]	-ise	[-iz]
-atif	[-atif]	-iser	[-ize]
-ation	[-asjɔ̃]	-isme	[-ism]
-ative	[-ativ]	-issage	[-isaʒ]
-atrice	[-atris]	-issant	[-isɑ̃]
-aux	[-o]	-issement	[-ismɑ̃]
		-isseur	[-isœr]
-e	mute when final; [-ə or mute] between two consonants	-isseuse	[-isøz]
		-iste	[-ist]
		-ite	[-it]
		-ité	[-ite]
		-ition	[-isjɔ̃]
-é(e)	[-e]	-itude	[-ityd]
-el(le)	[-ɛl]	-ive	[-iv]
-ement	[-(ə)mɑ̃]	-ivement	[-ivmɑ̃]
-ence	[-ɑ̃s]		
-ent(e)	[-ɑ̃(t)]	-ment	[-mɑ̃]
-er	[-e]		
-erie	[-(ə)ri]	-o	[-o]
-esse	[-ɛs]	-oir(e)	[-war]
-ette	[-ɛt]	-on	[-ɔ̃]
-eur	[-œr]		
-euse	[-øz]	-té	[-te]
-eux	[-ø]	-teur	[-tœr]
		-tion	[-sjɔ̃]
-i(e)	[-i]	-trice	[-tris]
-ial(le)	[-jal]	-tude	[-tyd]
-iant(e)	[-jɑ̃(t)]	-ture	[-tyr]
-ible	[-ibl]		
-ié(e)	[-je]	-u(e)	[-y]
-ien	[-jɛ̃]	-ure	[-yr]

Rubriques/Labels.

AGR.	agriculture	agriculture
ANAT.	anatomie	anatomy
ARCH.	architecture	architecture
ARG.	argot français	French slang
ARTS	arts	arts
ASTR.	astrologie, astronautique, astronomie	astrology, astronautics, astronomy
AUT.	automobile	motor-car
AV.	aviation	aviation
BLAS.	blason	heraldry
BOT.	botanique	botany
CH.	chimie	chemistry
CIN.	cinéma	cinema
COLL.	familier	colloquial
COMM.	commerce	commerce, trade
CULIN.	art culinaire	cooking (culinary)
ÉLECTR.	électricité	electricity
FAM.	familier	colloquial (familiar)
FIG.	figuré	figuratively
FIN.	finances	finance
FR.	France	France
G.B.	Grande-Bretagne	Great Britain
GÉOGR.	géographie	geography
GÉOL.	géologie	geology
GRAMM.	grammaire	grammar

JUR.	jurisprudence, etc.	jurisprudence, etc.
LIT(T).	littéraire	literary
MATH.	mathématiques	mathematics
MÉD.	médecine, etc.	medicine, etc.
MIL.	militaire	military
MUS.	musique	music
NAUT.	art nautique	nautical, navy
N. D.	nom déposé	(trade name)
OPT.	optique	optics
PÉJ.	péjoratif	pejorative
PHIL.	philosophie	philosophy
PHOT.	photographie	photography
PHYS.	physique	physics
POL.	politique	politics
POP.	populaire	popular
RAD.	radiophonie	radio
RAIL.	chemin de fer	railway
REL.	religion, église	religion, church
SL.	argot anglais	slang
SP.	sports	sports (games)
TECHN.	technique, etc.	technology, industry, etc.
TÉL.	télécommunications	telecommunications
TH.	théâtre	theatre
T. N.	(nom déposé)	trade name
T. V.	télévision	television
U. S.	usage américain	American usage
VULG.	vulgaire	vulgar
ZOOL.	zoologie	zoology

Abbreviations.

abrév., *abrév*	abréviation
adj	adjectif, adjectival
adv	adverbe, adverbial
arch.	archaïque
arg.	argot (slang)
art	article
art contr	article contracté
aux	auxiliaire
comp.	comparatif
cond.	conditionnel
conj	conjonction
contr.	contraire
déf	défini
dém	démonstratif
dim.	diminutif
dir.	direct
exclam	exclamation exclamatif
f	(nom) féminin
fam.	familier (colloquial)
fig.	figuré
imp.	impératif
impers, impers.	impersonnel
impr.	impropre
indéf	indéfini
indir.	indirect
infin.	infinitif
interj	interjection
interr.	interrogatif
inv	invariable
loc	locution (phrase)
m	(nom) masculin
n	nom masculin ou féminin
nég, nég.	négatif
obj.	complément d'objet (object)
onom	onomatopée
part.	participe
péj.	péjoratif
pers.	personnel
Pl, pl.	pluriel
pop.	populaire
poss	possessif
p. p.	participe passé
préf	préfixe
prép,	préposition,
prép.	prépositionnel
pr.	propre (literal)
pron	pronom
prés.	présent
qqch.	quelque chose (something)
qqn	quelqu'un (somebody)
rel	relatif
Sg., *sing,* sing.	singulier
sup.	superlatif
v, v.	verbe
v aux	verbe auxiliaire
vi	verbe intransitif
v pr	verbe pronominal
v récipr	verbe pronominal réciproque
v réfl	verbe pronominal réfléchi
vt	verbe transitif
vt ind	verbe transitif indirect
vx.	vieux (obsolete)

ELEMENTS OF FRENCH GRAMMAR

SENTENCE-BUILDING

Interrogation.

When the subject is a pronoun, place it after the verb, and, in compound tenses, between the auxiliary and the verb. Ex. : *Do you speak?* PARLEZ-VOUS ? *Did you speak?* AVEZ-VOUS PARLÉ ?
With verbs ending in a vowel, put a euphonic **t** before a third person pronoun. Ex. : *Did he speak?* A-T-IL PARLÉ ? *Does he speak?* PARLE-T-IL ?
When the subject is a noun, add a pronoun. Ex. : *Does Paul speak?* PAUL PARLE-T-IL ?
A handy way of putting questions is merely to place EST-CE QUE before the positive sentence. Ex. : *Does he write?* EST-CE QU'IL ECRIT ?

Objective pronouns.

They are placed after the verb only in the imperative of reflexive verbs : *Sit down,* ASSEYEZ-VOUS. They come before the verb even in compound tenses : *He had said it to me,* IL ME L'AVAIT DIT. The verb should be separated from its auxiliary only by an adverb, or by a pronoun subject in an interrogative sentence. Ex. : IL A BIEN FAIT ; AVEZ-VOUS MANGÉ ?

THE ARTICLE

Definite article.

The definite article is LE (m.), LA (f.), LES (m. and f. pl.). Ex. : *the dog,* LE CHIEN ; *the girl,* LA FILLE ; *the cats,* LES CHATS. LE, LA are shortened to L' before a vowel or a mute *h.* Ex. : *the man,* L'HOMME ; *the soul,* L'ÂME (but LE HÉROS).

Indefinite article.

The indefinite article is UN, UNE. Ex. : *a boy,* UN GARÇON ; *a woman,* UNE FEMME.

• The plural DES is generally translated by *some : some books,* DES LIVRES.

Partitive article.

The partitive article DU (m.), DE LA (f.) is used in sentences like : *take some bread,* PRENEZ DU PAIN ; *to have a temperature,* AVOIR DE LA FIÈVRE.

THE NOUN

Plural.

- The plural is generally formed in *s,* as in English.
- Nouns in **s, x** and **z** do not change in the plural.
- Nouns in **au, eau** and **eu** (except BLEU, PNEU) and some in **ou** (BIJOU, CAILLOU, CHOU, GENOU, HIBOU, JOUJOU, POU) form their plural in x. Ex. : CHOU *(cabbage),* CHOUX ; JEU *(game),* JEUX.
- Nouns in **al** form generally their plural in **aux.** Ex. : CHEVAL, CHEVAUX. A few nouns form their plural in **als,** for example : BAL, CAL, CARNAVAL, CHACAL, FESTIVAL, PAL, RECITAL, RÉGAL.
- A few nouns in **ail** form their plural in **aux,** for example : BAIL, CORAIL, ÉMAIL, SOUPIRAIL, TRAVAIL, VITRAIL.
- AÏEUL, CIEL and ŒIL become AÏEUX, CIEUX, YEUX in the ordinary meaning.

Gender of nouns.

- There are no neuter nouns in French. Nearly all nouns ending in a mute *e* are feminine, except those in **isme, age** (but IMAGE, NAGE, RAGE are f.) and **iste** (the latter being often either m. or f.).
- Nearly all nouns ending in a consonant or a vowel other than a mute *e* are masculine, except nouns in **ion** (but LION, CAMION, etc. are m.) and **té** (but ÉTÉ, PÂTÉ, etc. are m.).

Feminine.

- The feminine is generally formed by adding **e** to the masculine. Ex. : PARENT *(relative),* PARENTE ; AMI *(friend),* AMIE.
- Nouns in **er** form their feminine in **ère.** Ex. : LAITIER LAITIÈRE.
- Nouns in **en, on** form their feminine in **enne, onne.** Ex. : CHIEN, CHIENNE ; LION, LIONNE.
- Nouns in **eur** form their feminine in **euse,** except those in **teur,** which give **trice.** Ex. : DANSEUR, DANSEUSE ; ADMIRATEUR, ADMIRATRICE. (Exceptions : ACHETEUR, ACHETEUSE ; CHANTEUR, CHANTEUSE ; MENTEUR, MENTEUSE.)
- Nouns in **x** change x into **se.** Ex. : ÉPOUX, ÉPOUSE.
- A few words in **e** form their feminine in **esse.** Ex. : MAÎTRE, MAÎTRESSE ; ÂNE, ÂNESSE.

THE ADJECTIVE

Plural.

- The plural is generally formed by adding s to the masculine (m. pl.) or feminine form (f. pl.).

• The masculine of adjectives in **s** or **x** do not change in the plural.

• Adjectives in **al** form their plural in **aux** (m.), **ales** (f.). Ex. : PRINCIPAL, PRINCIPAUX (m. pl.), PRINCIPALES (f. pl.). But some of them such as BANCAL, GLACIAL, NATAL, NAVAL form their plural in **als, ales.**

Feminine.

• The feminine is generally formed by adding **e** to the masculine form. Ex. : ÉLÉGANT, ÉLÉGANTE ; POLI, POLIE.

• Adjectives in **f** change *f* into **ve.** Ex. : VIF, VIVE. Those in **x** change *x* into **se.** Ex. : HEUREUX, HEUREUSE. (Exceptions : DOUX, DOUCE ; FAUX, FAUSSE ; ROUX, ROUSSE and VIEUX, VIEILLE.)

• Adjectives in **er** form their feminine in **ère.** Ex. : AMER, AMÈRE.

• Adjectives in **gu** form their feminine in **guë,** which is pronounced [gü]. Ex. : AIGU, AIGUË.

• Adjectives in **el, eil, en, et, on** double the final consonant before adding *e.* Ex. : BEL, BELLE ; BON, BONNE ; ANCIEN, ANCIENNE. (Exceptions : COMPLET, INCOMPLET, CONCRET, DÉSUET, DISCRET, INDISCRET, INQUIET, REPLET, SECRET, which change **et** in **ète.**)

• Some adjectives in **c** change *c* into **qu** (Ex. : CADUC, CADUQUE ; LAÏC, LAÏQUE ; PUBLIC, PUBLIQUE ; TURC, TURQUE) or **ch** (Ex. : BLANC, BLANCHE ; FRANC, FRANCHE). The feminine of GREC is GRECQUE.

• A few adjectives in **s** double *s* before adding *e.* Ex. : BAS, GRAS, LAS, ÉPAIS, MÉTIS, GROS.

• BOULOT, PÂLOT, SOT, VIEILLOT double *t* (BOULOTTE, PÂLOTTE, etc.).

• Adjectives in **eur** form generally their feminine in **euse,** except those in **teur,** which give **trice.** Ex. : MOQUEUR, MOQUEUSE ; PROTECTEUR, PROTECTRICE (but MENTEUR, MENTEUSE). A few adjectives in **eur** form their feminine in **eure** : ANTÉRIEUR, POSTÉRIEUR, ULTÉRIEUR, EXTÉRIEUR, INTÉRIEUR, MAJEUR, MINEUR, SUPÉRIEUR, INFÉRIEUR, MEILLEUR.

Comparative.

• *More* or the ending *er* of adjectives should be translated by PLUS ; *less* by MOINS, and *than* by QUE. Ex. : *more sincere,* PLUS SINCÈRE ; *stronger,* PLUS FORT ; *less good than,* MOINS BON QUE, MOINS BONNE QUE.

• *As ... as* should be translated by AUSSI ... QUE ; *as much ... as* and *as many ... as* by AUTANT ... QUE ; *not so ... as* by PAS SI ... QUE, *not so much (many) ... as* by PAS TANT ... QUE.

Superlative.

• *The most* or the ending *est* should be translated by LE PLUS. Ex. : *the poorest,* LE PLUS PAUVRE ; *the most charming,* LE PLUS CHARMANT.

• *Most* is in French TRÈS. Ex. : *most happy,* TRÈS HEUREUX.

Comparative and superlative : irregular forms.

• *Better,* MEILLEUR ; *the best,* LE MEILLEUR ; *smaller,* MOINDRE ; *the least,* LE MOINDRE ; *worse,* PIRE ; *the worst,* LE PIRE.

Cardinal numbers.

• UN, DEUX, TROIS, QUATRE, CINQ, SIX, SEPT, HUIT, NEUF, DIX, ONZE, DOUZE, TREIZE, QUATORZE, QUINZE, SEIZE, DIX-SEPT, DIX-HUIT, DIX-NEUF, VINGT, VINGT ET UN, VINGT-DEUX... ; TRENTE ; QUARANTE ; CINQUANTE ; SOIXANTE ; SOIXANTE-DIX ; QUATRE-VINGT(S) ; QUATRE-VINGT-DIX ; CENT, CENT UN, CENT DEUX... ; DEUX CENTS ; TROIS CENTS... ; MILLE ; UN MILLION ; UN MILLIARD.

• **Vingt** and **cent** are invariable when immediately followed by another number. Ex. : QUATRE-VINGT-TROIS ANS ; DEUX CENT DOUZE FRANCS (but MILLE QUATRE-VINGTS FRANCS, MILLE DEUX CENTS FRANCS).

• **Mille** is invariable (in dates, it is sometimes written MIL).

Ordinal numbers.

• PREMIER, DEUXIÈME, TROISIÈME, QUATRIÈME, CINQUIÈME, SIXIÈME, SEPTIÈME, HUITIÈME, NEUVIÈME, DIXIÈME, ONZIÈME, DOUZIÈME, TREIZIÈME, QUATORZIÈME, QUINZIÈME, SEIZIÈME, DIX-SEPTIÈME... ; VINGTIÈME, VINGT ET UNIÈME, VINGT-DEUXIÈME... ; TRENTIÈME ; QUARANTIÈME... ; CENTIÈME, CENT UNIÈME, CENT DEUXIÈME... ; DEUX CENTIÈME... ; MILLIÈME... ; MILLIONIÈME...

Demonstrative adjectives.

• *This* and *that* are generally translated by CE, CET (m.), CETTE (f.), CES (pl.) [CE before a masc. noun beginning with a consonant or an aspirate *h;* CET before a masc. word beginning with a vowel or a mute *h*]. The opposition between *this* and *that* may be emphasized by adding -CI or -LÀ.
Ex. : *this book,* CE LIVRE-CI ; *those men,* CES HOMMES-LÀ.

• *That of* should be translated by CELUI (f. CELLE, pl. CEUX, CELLES) DE, *he who, the one which, those* (or *they*) *who* by CELUI (CELLE, CEUX, CELLES) QUI.

Possessive adjectives.

My is in French MON (m.), MA (f.), MES (pl.) ; *your* (for *thy*) is TON, TA, TES ; *his, her, its* are SON, SA SES (agreeing with the following noun) ; *our* is NOTRE (m., f.), NOS (pl.) ; *your* is VOTRE, VOS ; *their* is LEUR (m., f.), LEURS (pl.).
Ex. : *his king,* SON ROI ; *his sister,* SA SŒUR, *his books,* SES LIVRES ; *her father,* SON PÈRE ; *her mother,* SA MÈRE.

THE PRONOUN

Personal pronouns (subject).

• JE, TU, IL, ELLE (f.) ; pl. NOUS, VOUS, ILS, ELLES (f.).
Ex. : *you speak,* TU PARLES [VOUS PARLEZ] ; *she says,* ELLE DIT.

• The second person singular (TU, TE, TOI, TON, TA, TES, LE TIEN, etc.), indicating intimacy, is used between members of the same family, at school, between soldiers and close friends.

Personal pronouns (direct object).

ME, TE, LE, LA (f.); pl. NOUS, VOUS, LES.
Ex. : *I see her,* JE LA VOIS; *I see him* (or *it*), JE LE VOIS (the same pr. is used for masculine and neuter in most cases).

Personal pronouns (indirect object; dative).

ME, TE, LUI (m., f.); pl. NOUS, VOUS, LEUR.
Ex. : *he speaks to her,* IL LUI PARLE.

Personal pronouns (after a preposition).

MOI, TOI, LUI, ELLE (f.); pl. NOUS, VOUS, EUX.
They are also used emphatically : *I think,* MOI, JE PENSE.

Reflexive pronouns.

• ME, TE, SE; pl. NOUS, VOUS, SE.
Ex. : *they flatter themselves,* ILS SE FLATTENT; *he spoke to himself,* IL SE PARLAIT.

• The same pronoun is used to translate *each other* and *one another.*
Ex. : *they flatter each other,* ILS SE FLATTENT.

Possessive pronouns.

LE MIEN (f. LA MIENNE, pl. LES MIENS, LES MIENNES); LE TIEN (f. LA TIENNE, pl. LES TIENS, LES TIENNES); LE SIEN (f. LA SIENNE, pl. LES SIENS, LES SIENNES); LE NÔTRE (f. LA NÔTRE, pl. LES NÔTRES); LE VÔTRE (f. LA VÔTRE, pl. LES VÔTRES); LE LEUR (f. LA LEUR, pl. LES LEURS).
Ex. : *I have lost my watch, lend me yours,* J'AI PERDU MA MONTRE, PRÊTEZ-MOI LA VÔTRE.

Note. — *This book is mine, yours, his, hers...* CE LIVRE EST À MOI, À TOI (À VOUS), À LUI, À ELLE... See *Personal pronouns (after a preposition).*

Relative pronouns.

Who is translated by QUI, *whom* by QUE (QUI after a preposition), *whose* by DONT, *which* by QUI (subject) or QUE (object).
Ex. : *the man who comes,* L'HOMME QUI VIENT; *the girl whom I see,* LA FILLE QUE JE VOIS; *the author whose book I read,* L'AUTEUR DONT JE LIS LE LIVRE; *the books which (that) I read,* LES LIVRES QUE JE LIS.

Note. — After a preposition, *which* should be translated by LEQUEL (m.), LAQUELLE (f.), LESQUELS (m. pl), LESQUELLES (f. pl.); *of which* by DUQUEL, DE LAQUELLE, DESQUELS, DESQUELLES; *to which* by AUQUEL, À LAQUELLE, AUXQUELS, AUXQUELLES.

Interrogative pronouns.

Who, whom are translated by QUI; *what* by QUE (object). *What* when an adjective should be translated by QUEL, QUELLE, QUELS, QUELLES, when a subject by QU'EST-CE QUI.

Ex. : *Who came?* QUI EST VENU ? *What do you say?* QUE DIS-TU ? *What time is it?* QUELLE HEURE EST-IL ? *What happened?* QU'EST-CE QUI EST ARRIVÉ ?

THE ADVERB

Adverbs of manner.

• Most French adverbs of manner are formed by adding **ment** to the **feminine** form of the corresponding adjective.
Ex. : *happily,* HEUREUSEMENT.

• Adjectives in **ant** form their adverbs in **amment,** and those in **ent** in **emment.**
Ex. : *abundantly,* ABONDAMMENT ; *patiently,* PATIEMMENT.

Negative adverbs and pronouns.

• *Not* should be translated by NE ... PAS, *never* by NE ... JAMAIS, *nobody* by NE ... PERSONNE, *nothing* by NE ... RIEN, *nowhere* by NE ... NULLE PART.
Ex. : *I do not speak,* JE NE PARLE PAS ; *he never comes,* IL NE VIENT JAMAIS.

• *Nobody,* when subject, should be translated by PERSONNE NE, and *nothing,* by RIEN NE.
Ex. : *nobody laughs,* PERSONNE NE RIT ; *nothing stirred,* RIEN N'A BOUGÉ.

THE VERB

• French regular verbs are generally grouped in four classes or conjugations ending in **er, ir, oir** and **re.**

Compound tenses.

Compound tenses are conjugated with the auxiliary AVOIR and the **past participle,** except reflexive verbs and the most usual intransitive verbs (like ALLER, ARRIVER, DEVENIR, PARTIR, RESTER, RETOURNER, SORTIR, TOMBER, VENIR, etc.), which are conjugated with ÊTRE.
Ex. : *he spoke,* IL A PARLÉ ; *he came,* IL EST VENU.

The French past participle.

• It always agrees with the noun to which it is either an attribute or an adjective.
Ex. : *the woman was punished,* LA FEMME FUT PUNIE ; *the broken tables,* LES TABLES BRISÉES.

• It agrees with the object of a verb conjugated with AVOIR **only** when the object comes before it.
Ex. : *he broke the plates,* IL A CASSÉ LES ASSIETTES ; *the plates he broke,* LES ASSIETTES QU'IL A CASSÉES.

1. **Aimer** (to love)

First conjugation

INDICATIVE

Present

J'aime
Tu aimes
Il aime
Nous aimons
Vous aimez
Ils aiment

Imperfect

J'aimais
Tu aimais
Il aimait
Nous aimions
Vous aimiez
Ils aimaient

Past tense

J'aimai
Tu aimeras
Il aima
Nous aimâmes
Vous aimâtes
Ils aimèrent

Future

J'aimerai
Tu aimeras
Il aimera
Nous aimerons
Vous aimerez
Ils aimeront

SUBJUNCTIVE

Present

Que j'aime
Que tu aimes
Qu'il aime
Que nous aimions
Que vous aimiez
Qu'ils aiment

Imperfect

Que j'aimasse
Que tu aimasses
Qu'il aimât
Que nous aimassions
Que vous aimassiez
Qu'ils aimassent

CONDITIONAL

J'aimerais
Tu aimerais
Il aimerait
Nous aimerions
Vous aimeriez
Ils aimeraient

IMPERATIVE

Aime
Aimons
Aimez

PARTICIPLE

Present
Aimant
Past
Aimé, ée, és, ées

2. **Finir** (to end)

Second conjugation

INDICATIVE

Present

Je finis
Tu finis
Il finit
Nous finissons
Vous finissez
Ils finissent

Imperfect

Je finissais
Tu finissais
Il finissait
Nous finissions
Vous finissiez
Ils finissaient

Past tense

Je finis
Tu finis
Il finit
Nous finîmes
Vous finîtes
Ils finirent

Future

Je finirai
Tu finiras
Il finira
Nous finirons
Vous finirez
Ils finiront

SUBJUNCTIVE

Present

Que je finisse
Que tu finisses
Qu'il finisse
Que nous finissions
Que vous finissiez
Qu'ils finissent

Imperfect

Que je finisse
Que tu finisses
Qu'il finît
Que nous finissions
Que vous finissiez
Qu'ils finissent

CONDITIONAL

Je finirais
Tu finirais
Il finirait
Nous finirions
Vous finiriez
Ils finiraient

IMPERATIVE

Finis
Finissons
Finissez

PARTICIPLE

Present
Finissant
Past
Fini, ie, is, ies

3. **Recevoir** (to receive)

Third conjugation

INDICATIVE

Present

Je reçois
Tu reçois
Il reçoit
Nous recevons
Vous recevez
Ils reçoivent

Imperfect

Je recevais
Tu recevais
Il recevait
Nous recevions
Vous receviez
Ils recevaient

Past tense

Je reçus
Tu reçus
Il reçut
Nous reçûmes
Vous reçûtes
Ils reçurent

Future

Je recevrai
Tu recevras
Il recevra
Nous recevrons
Vous recevrez
Ils recevront

SUBJUNCTIVE

Present

Que je reçoive
Que tu reçoives
Qu'il reçoive
Que nous recevions
Que vous receviez
Qu'ils reçoivent

Imperfect

Que je reçusse
Que tu reçusses
Qu'il reçût
Que nous reçussions
Que vous reçussiez
Qu'ils reçussent

CONDITIONAL

Je recevrais
Tu recevrais
Il recevrait
Nous recevrions
Vous recevriez
Ils recevraient

IMPERATIVE

Reçois
Recevons
Recevez

PARTICIPLE

Present
Recevant
Past
Reçu, ue, us, ues

4. **Rompre** (to break)

Fourth conjugation

INDICATIVE

Present

Je romps
Tu romps
Il rompt
Nous rompons
Vous rompez
Ils rompent

Imperfect

Je rompais
Tu rompais
Il rompait
Nous rompions
Vous rompiez
Ils rompaient

Past tense

Je rompis
Tu rompis
Il rompit
Nous rompîmes
Vous rompîtes
Ils rompirent

Future

Je romprai
Tu rompras
Il rompra
Nous romprons
Vous romprez
Ils rompront

SUBJUNCTIVE

Present

Que je rompe
Que tu rompes
Qu'il rompe
Que nous rompions
Que vous rompiez
Qu'ils rompent

Imperfect

Que je rompisse
Que tu rompisses
Qu'il rompît
Que nous rompissions
Que vous rompissiez
Qu'ils rompissent

CONDITIONAL

Je romprais
Tu romprais
Il romprait
Nous romprions
Vous rompriez
Ils rompraient

IMPERATIVE

Romps
Rompons
Rompez

PARTICIPLE

Présent
Rompant
Past
Rompu, ue, us, ues

5. Verbs, having a mute **e** or closed **é** in the last syllable but one of the present infinitive, change the mute **e** or closed **é** to open **è** before a mute syllable (except in the future and conditional). Ex. : *espérer, j'espère, il espérera, il espérerait.*
Note that, in the interrogative form *soulevé-je*, the final *é* is not mute; hence the stem vowel *e* is unchanged.
6. Verbs in **cer** take **ç** before endings in *a, o.* Ex. : *perçais, perçons.*
7. Verbs in **ger** add **e** before endings in *a, o.* Ex. : *manger; je mangeais, nous mangeons.*
8. *a*) Verbs in **e ler, eter** double the **l** or **t** before a mute *e.* Ex. : *appeler, j'appelle; jeter, je jette.*
b) The following verbs do not follow this rule and only take **è** : *acheter, agneler, bégueter, celer, ciseler, congeler, corseter, crocheter, déceler, dégeler, démanteler, écarteler, fureter, geler, haleter harceler, marteler, modeler, peler, racheter, receler, regeler.*
9. *a*) Verbs in **yer** change **y** into **i** before a mute *e.* They require a **y** and an **i** in the first two persons plural of the imperf. ind. and of the pres. subj. Ex. : *ployer, je ploie, vous ployiez.*
b) Verbs in **ayer** may keep the **y** or change it to an **i** before a mute *e.* Ex. : *payer, je paie, je paye.*
c) Verbs in **eyer** keep the **y** throughout the conjugation. Ex. : *grasseyer, je grasseye, nous grasseyions.*
10. **Absoudre.** Pr. ind. : *absous, absous, absout, absolvons, absolvez, absolvent.* Imp. : *absolvais, absolvions.* Fut. : *absoudrai, absoudrons.* Condit. : *absoudrais, absoudrions.* Imper. : *absous, absolvons, absolvez.* Pr. subj. : *absolve, absolvions.* Pr. part. : *absolvant.* Past part. : *absous, absoute.* No past tense; no imp. subj.
11. **Abstraire.** Pr. ind. : *abstrais, abstrayons.* Imp. : *abstrayais, abstrayions.* Fut. : *abstrairai, abstrairons.* Condit. : *abstrairais, abstrairions.* Imper. : *abstrais, abstrayons, abstrayez.* Pr. subj. : *abstraie, abstrayions.* Pr. part. : *abstrayant.* Past part. : *abstrait.* No past tense; no imp. subj.
12. **Accroire** is used only in the infinitive and always with *faire.*
13. **Acquérir.** Pr. ind. : *acquiers, acquérons.* Imp. : *acquérais, acquérions.* Past tense : *acquis, acquîmes.* Fut. : *acquerrai.* Pr. subj. : *acquière, acquérions.* Pr. part. : *acquérant.* Past part. : *acquis.*
14. **Advenir.** Only used in the third person. Pr. ind. : *advint.* Imp. : *advenait.* Fut. : *adviendra.* Condit. : *adviendrait.* Pr. subj. : *advienne.* Imp. subj. : *advînt.*
15. **Aller.** Pr. ind. *vais, vas, va, allons, allez, vont.* Imp. : *allais, allait, allions, alliez, allaient.* Fut. : *irai, iras, ira, irons, irez, iront.* Condit. : *irais, irions.* Imper. : *va, (vas-y), allons, allez.* Pr. subj. : *aille, ailles, allions, alliez, aillent.* Imp. subj. : *allasse, allasses, allât, allassions, allassiez, allassent.* Pr. part. : *allant.* Past part. : *allé.*
16. **Apparoir** is used as a law term only in the third person : *appert.*
17. **Assaillir.** Pr. ind. : *assaille, assaillons.* Imp. : *assaillais, assaillions.* Past tense : *assaillis, assaillîmes.* Fut. : *assaillirai, assaillirons.* Condit. : *assaillirais, assaillirions.* Imper. : *assaille, assaillons, assaillez.* Pr. subj. : *assaille, assaillions.* Imp. subj. : *assaillisse, assaillissions.* Pr. part. : *assaillant.* Past part. : *assailli.*
18. **Asseoir.** Pr. ind. : *assieds, asseyons, asseyent.* Imp. : *asseyais, asseyions.* Past tense : *assis, assîmes.* Fut. : *assiérai, assiérons.* Condit. : *assiérais, assiérions.* Imper. : *assieds, asseyons.* Pres. subj. : *asseye, asseyions.* Pr. part. : *asseyant.* Past part. : *assis.* In the figurative meaning, pr. ind. : *assois, assoyons.* Fut. : *assoirai, assoirons.* Imper. : *assois.* Pr. subj. : *assoie, assoyions.*

19. Avoir. Pr. ind. : *ai, as, a, avons, avez, ont.* Imp. : *avais, avions, avaient.* Past tense : *eus, eûmes.* Fut. : *aurai, aurons.* Condit. : *aurais, aurions.* Imper. : *aie, ayons, ayez.* Pres. subj. : *aie, ayons.* Imp. subj. : *eusse, eussions.* Pr. part. : *ayant.* Past part. : *eu.*

20. Battre. Pr. ind. : *bats, battons,* Imp. : *battais, battions.* Past tense : *battis, battîmes.* Fut. : *battrai, battrons.* Condit. : *battrais, battrions.* Imper. : *bats, battons, battez.* Pr. subj. : *batte, battons.* Imp. subj. : *battisse, battît.* Pr. part. : *battant.* Past part. : *battu.*

21. Boire. Pr. ind. : *bois, buvons, boivent.* Imp. : *buvais, buvions.* Past tense : *bus, but, bûmes.* Fut. : *boirai, boirons.* Condit. : *boirais, boirions.* Imper. : *bois, buvons, buvez.* Pr. subj. : *boive, buvions.* Imp. subj. : *busse, bût.* Pr. part. : *buvant.* Past part. : *bu.*

22. Bouillir. Pr. ind. : *bous, bous, bout, bouillons, bouillez, bouillent.* Imp. : *bouillais, bouillions.* Past tense : *bouillis, bouillîmes.* Fut. : *bouillirai, bouillirons.* Condit. : *bouillirais, bouillirions.* Imp. : *bous, bouillons, bouillez.* Pr. subj. : *bouille, bouillions.* Imp. subj. : *bouillisse.* Pr. part. : *bouillant.* Past part. : *bouilli.*

23. Braire. Only used in the third pers. Pr. ind. : *brait, braient.* Fut. : *braira, brairont.*

24. Bruire. Only used in the third pers. Pr. ind. : *bruit, bruissent.* Imp. : *bruissait, bruissaient.* Pr. part. : *bruissant.*

25. Choir. Pr. ind. : (only used in) *chois, chois, choit.* Past tense : *chus, chûmes.* Fut. : *choirai* (or) *cherrai, choirons* (or) *cherrons.* Condit. : *choirais, choirions.* Past part. : *chu.* Generally used only in the infinitive and past part.

26. Circoncire. Pr. ind. : *circoncis, circoncisons.* Imp. : *circoncisais, circoncisions.* Past tense : *circoncis, circoncîmes.* Fut. : *circoncirai, circoncirons.* Condit. : *circoncirais, circoncirions.* Imper. : *circoncis, circoncisons, circoncisez.* Pr. subj. : *circoncise.* Imp. subj. : *circoncisse.* Pr. part. : *circoncisant.* Past part. : *circoncis.*

27. Clore. Only used in the following tense. Pr. ind. : *clos, clos, clôt* (no plural). Fut. : *clorai, clorons.* Condit. : *clorais, clorions.* Pres. subj. : *close, closions.* Past part. : *clos.*

28. Comparoir. Only used in the infinitive and pr. part. : *comparant.*

29. Conclure. Pr. ind. : *conclus, conclus, conclut, concluons, concluez, concluent.* Imp. : *concluais, concluions.* Past tense : *conclus, conclûmes.* Fut. : *conclurai.* Condit. : *conclurais.* Imper. : *conclus, concluons, concluez.* Pr. subj. : *conclue, concluions.* Imp. subj. : *conclusse, conclût.* Pr. part. : *concluant.* Past part. : *conclu.*

30. Confire. Pr. ind. : *confis, confisons.* Imp. : *confisais.* Past tense : *confis.* Fut. : *confirai, confirons.* Condit. : *confirais, confirions.* Imper. : *confis, confisons, confisez.* Pr. subj. : *confise, confisions.* Imp. subj. : *confisse.* Pr. part. : *confisant.* Past part. : *confit.*

31. Coudre. Pr. ind. : *couds, cousons.* Imp. : *cousais, cousions.* Fut. : *coudrai, coudrons.* Imper. : *couds, cousons, cousez.* Pr. subj. : *couse, cousions.* Pr. part. : *cousant.* Past part. : *cousu.*

32. Courir. Pr. ind. : *cours, courons.* Imp. : *courais, courions.* Past tense : *courus, courûmes.* Fut. : *courrai, courront.* Condit. : *courrais, courrions.* Imper. : *cours, courons, courez.* Pr. subj. : *coure, courions.* Imp. subj. : *courusse, courût.* Pr. part. : *courant.* Past part. : *couru.*

33. Croire. Pr. ind. : *crois, croyons.* Imp. : *croyais, croyions.* Past tense : *crus, crûmes.* Fut. : *croirai, croirons.* Condit. : *croirais, croirions.* Pr. subj. : *croie, croyions.* Imp. subj. : *crusse, crût, crussions.* Pr. part. : *croyant.* Past part. : *cru.*

34. Croître. Pr. ind. : *croîs, croîs, croît, croissons, croissez, croissent.* Imp. : *croissais, croissions.* Past tense : *crûs, crûmes.* Fut. : *croîtrai, croîtrons.* Condit. : *croîtrais, croîtrions.* Imper. : *croîs, croissons, croissez.* Pr. subj. : *croisse, croissions.* Imp. subj. : *crûsse, crût, crussions.* Pr. part. : *croissant.* Past part. : *crû, crue.*

35. Cueillir. Pr. ind. : *cueille, cueillons.* Imp. : *cueillais, cueillions.* Past tense : *cueillis, cueillîmes.* Fut. : *cueillerai, cueillerons.* Condit. : *cueillerais, cueillerions.* Imper. : *cueille, cueillons, cueillez.* Pr. subj. : *cueille, cueillions.* Imp. subj. : *cueillisse, cueillît.* Pr. part. : *cueillant.* Past part. : *cueilli.*

36. Déchoir. Pr. ind. : *déchois, déchoyons, déchoient.* Past tense : *déchus, déchûmes.* Fut. : *déchoirai, déchoirons.* Condit. : *déchoirais, déchoirions.* Pr. subj. : *déchoie, déchoyions.* Imp. subj. : *déchusse, déchût.* Past. part. : *déchu.* No imper., no pr. part.

37. Déconfire. Only used in the infinitive and past part : *déconfit.*

38. Défaillir. Pr. ind. : *défaille, défaillons, défaillez, défaillent.* Imp. : *défaillais.* Past tense : *défaillis.* Fut. : *défaillirai, défaillirons.* Pr. part. : *défaillant.* Past part : *défailli.*

39. Devoir. Pr. ind. : *dois, devons, doivent.* Imp. : *devais, devions.* Past tense : *dus, dûmes.* Fut. : *devrai.* Condit. : *devrais, devrions.* Imper. : *dois, devons, devez.* Pr. subj. : *doive, devions.* Imp. subj. : *dusse, dût, dussions.* Pr. part. : *devant.* Past part. : *dû, due, dus.*

40. Dire. Pr. ind. : *dis, dis, dit, disons, dites, disent.* Imp. : *disais, disions.* Past tense : *dis, dîmes.* Fut. : *dirai, dirons.* Condit. : *dirais, dirions.* Imper. : *dis, disons, dites.* Pres. subj. : *dise, disions.* Imp. subj. : *disse, dît.* Pr. part. : *disant.* Past part. : *dit.*

41. Dormir. Pr. ind. : *dors, dormons.* Imp. : *dormais, dormions.* Past tense : *dormis, dormîmes.* Fut. : *dormirai, dormirons.* Condit. : *dormirais, dormirions.* Imper. : *dors, dormons, dormez.* Pres. subj. : *dorme, dormions.* Imp. subj. : *dormisse, dormît.* Pr. part. : *dormant.* Past part. : *dormi.*

42. Echoir. Only used in the third person. Pr. ind. : *échoit, échoient.* Imp. : *échoyait.* Past tense : *échut, échurent.* Fut. : *écherra, écherront.* Condit. : *écherrait, écherraient.* Pr. subj. : *échoie, échoient.* Imp. subj. : *échût, échussent.* Pr. part. : *échéant.* Past part. : *échu.*

43. Eclore. Only used in the third person. Pr. ind. : *éclôt, éclosent.* Fut. : *éclora, écloront.* Condit. : *éclorait, écloraient.* Pr. subj. : *éclose, éclosent.* Past part. : *éclos.*

44. Ecrire. Pr. ind. : *écris, écrivons.* Imp. : *écrivais, écrivions.* Past tense : *écrivis, écrivîmes.* Fut. : *écrirai, écrirons.* Condit. : *écrirais, écririons.* Imper. : *écris, écrivons, écrivez.* Imp. subj. : *écrivisse, écrivît.* Pr. part. : *écrivant.* Past part. : *écrit.*

45. Ensuivre (s'). Only used in the third person. Pr. ind. : *s'ensuit, s'ensuivent.* Imp. : *s'ensuivait, s'ensuivaient.* Past tense : *s'ensuivit, s'ensuivirent.* Fut. : *s'ensuivra, s'ensuivront.* Pr. subj. : *s'ensuive, s'ensuivent.* Pr. part. : *ensuivant.* Past part. : *ensuivi.*

46. Envoyer. Pr. ind. : *envoie, envoyons.* Imp. : *envoyais, envoyions.* Fut. : *enverrai, enverrons.* Condit. : *enverrais, enverrions.* Pr. subj. : *envoie, envoyions.* Pr. part. : *envoyant.* Past part. : *envoyé.*

47. Eprendre (s'). Conjugated like *prendre,* but especially used in the past part. *épris.*

48. Etre. Pr. ind. : *suis, es, est, sommes, êtes, sont.* Imp. : *étais, étions.* Past tense : *fus, fûmes.* Fut. : *serai, serons.* Condit. : *serais, serions.* Imper. : *sois, soyons, soyez.* Pr. subj. : *sois, soyons.* Imp. subj. : *fusse, fût, fussions.* Pr. part. : *étant.* Past part. : *été. Eté* is invariable.

49. Faillir. Only used in the following tenses. Past tense : *faillis, faillîmes.* Fut. : *faudrai* (or) *faillirai.* Condit. : *faudrais* (or) *faillirais.* Pr. part. : *faillant.* Past part. : *failli.*

50. Faire. Pr. ind. : *fais, faisons, faites, font.* Imp. : *faisais, faisions.* Past tense : *fis, fîmes.* Fut. : *ferai.* Condit. : *ferais, ferions.* Imper. : *fais, faisons, faites.* Pr. subj. : *fasse, fassions.* Imp. subj. : *fisse, fît, fissions.* Pr. part. : *faisant.* Past part. : *fait.*

51. Falloir. Only used in the third person. Pr. ind. : *faut.* Impr. : *fallait.* Past tense : *fallut.* Fut. : *faudra.* Condit. : *faudrait.* Pr. subj. : *faille.* Imp. subj. : *fallût.* Past part. : *fallu.*

52. Férir. The infinitive is only used in the phrase *sans coup férir.* The past part. *féru* is only adjective.

53. Fleurir. Pr. ind. : *fleuris, fleurissons.* Imp. : *fleurissais, fleurissions.* Past tense : *fleuris, fleurîmes.* Fut. : *fleurirai.* Condit. : *fleurirait, fleuriraient.* Pr. subj. : *fleurisse, fleurissions.* Imp. subj. : *fleurisse, fleurît.* Pr. part. : *fleurissant.* Past part. : *fleuri.* In the figurative meaning, note the imp. ind. : *florissais,* and pr. part. : *florissant.*

54. Forfaire. Only used in the infinitive and compound tenses.

55. Frire. Only used in the following tenses. Pr. ind. : *fris, fris, frit.* Fut. : *frirai, frirons.* The verb *faire* is used with *frire* to supply the persons and tenses that are wanting : as *nous faisons frire.*

56. Fuir. Pr. ind. : *fuis, fuyons.* Imp. : *fuyais, fuyions.* Past tense : *fuis, fuîmes.* Fut. : *fuirai, fuirons.* Condit. : *fuirais, fuirions.* Imper. : *fuis, fuyons, fuyez.* Pr. subj. : *fuie, fuyions.* Imp. subj. : *fuisse, fuissions.* Pr. part. : *fuyant.* Past part. : *fui.*

57. Gésir. Only used in the following tenses. Pr. ind. : *gît, gisons, gisez, gisent.* Imp. : *gisais, gisions.* Pr. part. : *gisant.*

58. Haïr. Pr. ind. : *hais, haïssons.* Imp. : *haïrais, haïssais, haïssions.* Past tense : *haïs, haïmes.* Fut. : *haïrai, ha¨rons.* Condit. : *haïrais, haïrions.* Pr. subj. : *haïsse, haïssions.* Pr. part. : *haïssant.* Past part. : *haï.*

59. Joindre. Pr. ind. : *joins, joignons.* Imp. : *joignais, joignions.* Past tense : *joignis.* Fut. : *joindrai.* Condit. : *joindrais, joindrions.* Pr. subj. : *joigne, joignions.* Pr. part. : *joignant.* Past part. : *joint.*

60. Lire. Pr. ind. : *lis, lisons.* Imp. : *lisais, lisions.* Past tense : *lus, lûmes.* Fut. : *lirai, lirons.* Condit. : *lirais, lirions.* Imper. : *lis, lisons, lisez.* Pr. subj. : *lise, lisions.* Imp. subj. : *lusse, lût, lussions.* Pr. part. : *lisant.* Past part. : *lu.*

61. Luire. Pr. ind. : *luis, luisons.* Imp. : *luisais, luisions.* Fut. : *luirai, luirons.* Condit. : *luirais, luirions.* Pres. subj. : *luise, luisions.* Pr. part. : *luisant.* Past part. : *lui.* No past tense ; no imp. subj. The past part. *lui* has no feminine.

62. Maudire. Pr. ind. : *maudis, maudit, maudissons, maudissez, maudissent.* Imp. : *maudissais, maudissions.* Past tense : *maudis, maudîmes.* Fut. : *maudirai, maudirons.* Condit. : *maudirais, maudirions.* Pr. subj. : *maudisse, maudissions.* Imper. : *maudis, maudissons, maudissez. Pr. part. : maudissant.* Past part. : *maudit.*

63. Médire is conjugated like *dire,* except pr. ind. and imper. *médisez.*

64. Mettre. Pr. ind. : *mets, mettons.* Imp. : *mettais, mettions.* Past tense : *mis, mîmes.* Fut. : *mettrai.* Condit. : *mettrais, mettrions.* Imper. : *mets, mettons, mettez.* Pr. subj. : *mette, mettions.* Imp. subj. : *misse, mît, missions.* Pr. part. : *mettant.* Past part. : *mis.*

65. Moudre. Pr. ind. : *mouds, moulons, moulez, moulent.* Imp. : *moulais, moulions.* Past tense : *moulus, moulûmes.* Fut. : *moudrai, moudrons.* Condit. : *moudrais, moudrions.* Imper. : *mouds, moulons, moulez.* Pr. subj. : *moule, moulions.* Imp. subj. : *moulusse, moulût.* Pr. part. : *moulant.* Past part. : *moulu.*

66. Mourir. Pr. ind. : *meurs, meurs, meurt, mourons, mourez, meurent.* Imp. : mourais, mourions. Past tense : *mourus, mourûmes.* Fut. : *mourrai, mourrons.* Condit. : *mourrais, mourrions.* Imper. : *meurs, mourons, mourez.* Pr. subj. : *meure, mourions.* Imp. subj. : *mourusse, mourût.* Pr. part. : *mourant.* Past part. : *mort.*

67. Mouvoir. Pr. ind. : *meus, meus, meut, mouvons, mouvez, meuvent.* Imp. : *mouvais, mouvions.* Past tense : *mus, mûmes.* Fut. : *mouvrai, mouvrons.* Condit. : *mouvrais, mouvrions.* Imper. : *meus, mouvons, mouvez.* Pr. subj. : *meuve, mouvions.* Imp. subj. : *musse, mût.* Pr. part. : *mouvant.* Past part. : *mû, mue.*

68. Naître. Pr. ind. : *nais, nais, naît, naissons, naissez, naissent.* Imp. : *naissais, naissions.* Past tense : *naquis, naquîmes.* Fut. : *naîtrai, naîtrons.* Condit. : *naîtrais, naîtrions.* Imper. : *nais, naissons, naissez.* Pr. subj. : *naisse, naissions.* Imp. subj. : *naquisse, naquît.* Pr. part. : *naissant.* Past part. : *né.* The auxiliary is *être.*

69. Nuire is conjugated like *luire.* Note the past tense : *nuisis, nuisîmes.* Imp. subj. : *nuisisse, nuisît, nuisissions.*

70. Oindre is conjugated like *craindre* but seldom used other than in the past part. *oint,* in the imp. *oignais, oignait,* and in the well-known slogan : *oignez vilain, il vous poindra.*

71. Ouïr is now seldom used other than in the infinitive *ouïr,* in the imper. *oyez* in the past part. *ouï* and in the compound tenses. The auxiliary is *avoir.*

72. Ouvrir. Pr. ind. : *ouvre, ouvrons.* Imp. : *ouvrais, ouvrions.* Past tense : *ouvris, ouvrîmes.* Fut. : *ouvrirai, ouvrirons.* Condit. : *ouvrirais, ouvririons.* Imper. : *ouvre, ouvrons, ouvrez.* Pr. subj. : *ouvre, ouvrions.* Imp. subj. : *ouvrisse, ouvrît.* Pr. part. : *ouvrant.* Past part. : *ouvert.*

73. Paître. Pr. ind. : *pais, paît, paissons.* Imp. : *paissais, paissions.* Fut. : *paîtrai, paîtrons.* Condit. : *paîtrais, paîtrions.* Imper. : *pais, paissons, paissez.* Pr. subj. : *paisse, paissions.* Pr. part. : *paissant.* No past tense; no imp. subj.; no past part.

74. Paraître. Pr. ind. : *parais, paraît, paraissons.* Imp. : *paraissais, paraissions.* Past tense : *parus, parûmes.* Fut. : *paraîtrai, paraîtrons.* Condit. : *paraîtrais, paraîtrions.* Imper. : *parais, paraissons, paraissez.* Pr. subj. : *paraisse, paraissions.* Imp. subj. : *parusse, parût, parussions.* Pr. part. : *paraissant.* Past part. : *paru.*

75. Plaire. Pr. ind. : *plais, plaisons.* Imp. : *plaisais, plaisions.* Past tense : *plus, plûmes.* Fut. : *plairai.* Condit. : *plairais, plairions.* Imper. : *plais, plaisons, plaisez.* Pr. subj. : *plaise, plaisions.* Imp. subj. : *plusse, plût, plussions.* Pr. part. : *plaisant.* Past part. : *plu.*

76. Pleuvoir. Only used in the third person sg. Pr. ind. : *pleut.* Imp. : *pleuvait.* Past tense : *plut.* Fut. : *pleuvra.* Condit. : *pleuvrait.* Pr. subj. : *pleuve.* Pr. part. : *pleuvant.* Past part. : *plu.*

77. Poindre. Only used now in the third person. Pr. ind. : *point.* Fut. : *poindra, poindront.* Condit. : *poindrait, poindraient.* Pr. part. : *poignant.* Past part. : *point.* Note the old form *poignez.*

78. Pourvoir. Pr. ind. : *pourvois, pourvoyons.* Imp. : *pourvoyais, pourvoyions.* Past tense : *pourvus, pourvûmes.* Fut. : *pourvoirai.* Condit. : *pourvoirais, pourvoirions.* Imper. : *pourvois, pourvoyons, pourvoyez.* Pr. subj. : *pourvoie, pourvoyions.* Imp. subj. : *pourvusse, pourvût, pourvussions.* Pr. part. : *pourvoyant.* Past part. : *pourvu.*

79. Pouvoir. Pr. ind. : *peux* (or) *puis, peux, peut, pouvons, pouvez, peuvent.* Imp. : *pouvais, pouvions.* Past tense : *pus, pûmes.* Fut. : *pourrai, pourrons.* Condit. : *pourrais, pourrions.* Pr. subj. : *puisse, puissions.* Imp. subj. : *pusse, pût, pussions.* Pr. part. : *pouvant.* Past part. : *pu.* No imper.

80. Prendre. Pr. ind. : *prends, prenons.* Imp. : *prenais, prenions.* Past tense : *pris, prîmes.* Fut. : *prendrai, prendrons.* Condit. : *prendrais, prendrions.* Imper. : *prends, prenons, prenez.* Pr. subj. : *prisse, prît, prissions.* Pr. part : *prenant.* Past part. : *pris.*

81. Prévaloir is conjugated like *valoir,* except in the pr. subj. : *prévale, prévalions.*

82. Prévoir is conjugated like *voir,* except in fut. : *prévoirai, prévoirons,* and condit. : *prévoirais, prévoirions.*

83. Promouvoir is conjugated like *mouvoir,* but used especially in infinitive, compound tenses, past part. *promu* and occasionally in past tense : *promut, promurent.*

84. Quérir is used only in the infinitive, after the verbs *aller, venir, envoyer.*

85. Réduire. Pr. ind. : *réduis, réduisons.* Imp. : *réduisais, réduisions.* Past tense : *réduisis, réduisîmes.* Fut. : *réduirai, réduirons.* Condit. : *réduirais, réduirions.* Imper. : *réduis, réduisons, réduisez.* Pr. subj. : *réduise, réduisions.* Imp. subj. : *réduisisse, réduisît.* Pr. part. : *réduisant.* Past part. : *réduit.*

86. Repaître is conjugated like *paître,* but has the past tense : *repus, repûmes,* the imp. subj. : *repusse, repût,* the past part. : *repu.*

87. Résoudre. Pr. ind. : *résous, résout, résolvons.* Imp. : *résolvais, résolvions.* Past tense : *résolus, résolûmes.* Fut. : *résoudrai, résoudrons.* Condit. : *résoudrais, résoudrions.* Imper. : *résous, résolvons, résolvez.* Pr. subj. : *résolve, résolvions.* Imp. subj.: *résolusse, résolût, résolussions.* Pr. part. : *résolvant.* Past part. : *résolu.* In chemistry, note the past part. *résous* (only m.).

88. Ressortir is conjugated like *sortir,* but like *finir,* when used as a law term : pr. ind. : *ressortit;* imp. : *ressortissait;* past part. : *ressortissant.*

89. Rire. Pr. ind. : *ris, rions, rient.* Imp. : *riais, riions.* Past tense : *ris, rîmes.* Fut. : *rirai, rirons.* Condit. : *rirais, ririons.* Imper. : *ris, rions, riez.* Pr. subj. : *rie, riions.* Imp. subj. : *risse, rît, rissions.* Pr. part. : *riant.* Past part. : *ri.*

90. Rompre (fourth conjugation) takes a *t* in the third pers. of the sg.

91. Saillir is used only in the third person. Pr. ind. : *saille, saillent.* Fut. : *saillera, sailleront.* Condit. : *saillerait, sailleraient.* Pr. subj. : *saille, saillent.* Imp. subj. : *saillît, saillissent.* Pr. part. : *saillant.* Past part. : *sailli.* When it means « to gush » or « to serve a mare », it is conjugated like *finir.*

92. Savoir. Pr. ind. : *sais, savons.* Imp. : *savais, savions.* Past tense : *sus, sûmes.* Fut. : *saurai, saurons.* Condit. : *saurais, saurions.* Imper. : *sache, sachons, sachez.* Pr. subj. : *sache, sachions.* Imp. subj. : *susse, sût, sussions.* Pr. part. : *sachant.* Past part. : *su.*

93. Sentir. Pr. ind. : *sens, sentons.* Imp. : *sentais, sentions.* Past tense : *sentis, sentîmes.* Fut. : *sentirai, sentirons.* Condit. : *sentirais, sentirions.* Imper. : *sens, sentons, sentez.* Pr. subj.: *sente, sentions.* Imp. subj. : *sentisse, sentît.* Pr. part. : *sentant.* Past part. : *senti.*

94. Seoir (to sit) is used in the participles only. Pr. part. : *séant.* Past part. : *sis.*
Seoir (to suit) is used only in the following forms. Pr. part. : *seyant.* Pr. ind. : *sied, siéent.* Imp. : *seyait, seyaient.* Fut. : *siéra, siéront.*

95. Servir. Pr. ind. : *sers, servons.* Imp. : *servais, servions.* Past tense : *servis, servîmes.* Fut. : *servirai, servirons.* Condit. : *servirais, servirions.* Imper. : *sers, servons, servez.* Pr. subj. : *serve, servions.* Imp. subj. : *servisse, servît.* Pr. part. : *servant.* Past part. : *servi.*

96. Sourdre. Only used in the infinitive and in the third person of the pr. ind. : *sourd, sourdent,* and imp. : *sourdait, sourdaient.*

97. Suffire. Pr. ind. : *suffis, suffisons.* Imp. : *suffisais, suffisions.* Past tense : *suffis, suffîmes.* Fut. : *suffirai, suffirons.* Condit. : *suffirais, suffirions.* Imper. : *suffis, suffisons, suffisez.* Pr. subj. : *suffise, suffisions.* Imp. subj. : *suffisse, suffît.* Pr. part. : *suffisant.* Past part. : *suffi.*

98. Suivre. Pr. ind. : *suis, suivons.* Imp. : *suivais, suivions.* Past tense : *suivis, suivîmes.* Fut. : *suivrai, suivrons.* Condit. : *suivrais, suivrions.* Imper. : *suis, suivons, suivez.* Pr. subj. : *suive, suivions.* Imp. subj. : *suivisse, suivît.* Pr. part. : *suivant.* Past part. : *suivi.*

99. Surgir. Pr. ind. : *surgis, surgissons.* Imp. : *surgissais, surgissions.* Past tense : *surgis, surgîmes.* Fut. : *surgirai.* Condit. : *surgirais, surgirions.* Imper. : *surgis, surgissons, surgissez.* Imp. subj. : *surgisse, surgît, surgissions.* Pr. part. : *surgissant.* Past part. : *surgi.*

100. Surseoir. Pr. ind. : *sursois, sursoyons.* Imp. : *sursoyais, sursoyions.* Past tense : *sursis, sursîmes.* Fut. : *surseoirai, surseoirons.* Condit. : *surseoirais, surseoirions.* Imper. : *sursois, sursoyons, sursoyez.* Pr. subj. : *sursoie, sursoyions.* Imp. subj. : *sursisse, sursît.* Pr. part. : *sursoyant.* Past part. : *sursis.*

101. Tenir. Pr. ind. : *tiens, tenons.* Imp. : *tenais, tenions.* Past tense : *tins, tînmes.* Fut. : *tiendrai, tiendrons.* Condit. : *tiendrais, tiendrions.* Imper. : *tiens, tenons, tenez.* Pr. subj. : *tienne, tenions.* Imp. subj. : *tinsse, tînt, tinssions.* Pr. part. : *tenant.* Past part. : *tenu.*

102. Vaincre. Pr. ind. : *vaincs, vaincs, vainc, vainquons, vainquez, vainquent.* Imp. : *vainquais, vainquions.* Past tense : *vainquis, vainquîmes.* Fut. : *vaincrai, vaincrons.* Condit. : *vaincrais, vaincrions.* Imper. : *vaincs, vainquons, vainquez.* Pr. subj. : *vainque, vainquions.* Imp. subj. : *vainquisse, vainquît.* Pr. part. : *vainquant.* Past part. : *vaincu.*

103. Valoir. Pr. ind. : *vaux, vaux, vaut, valons, valez, valent.* Imp. : *valais, valions.* Past tense : *valus, valûmes.* Fut. : *vaudrai, vaudrons.* Condit. : *vaudrais, vaudrions.* Imper. : *vaux, valons, valez.* Pr. subj. : *vaille, valions.* Imp. subj. : *valusse, valût, valussions.* Pr. part. : *valant.* Past part. : *valu.*

104. Vêtir. Pr. ind. : *vêts, vêts, vêt, vêtons, vêtez, vêtent.* Imp. : *vêtais, vêtions.* Past tense : *vêtis, vêtîmes.* Fut. : *vêtirai, vêtirons.* Condit. : *vêtirais, vêtirions.* Imper. : *vêts, vêtons, vêtez.* Pr. subj. : *vête, vêtions.* Imp. subi. : *vêtisse, vêtît.* Pr. part. : *vêtant.* Past part. : *vêtu.*

105. Vivre. Pr. ind. : *vis, vis, vit, vivons, vivez, vivent.* Imp. : *vivais, vivions.* Past tense : *vécus, vécûmes.* Fut. : *vivrai, vivrons.* Condit. : *vivrais, vivrions.* Imper. : *vis, vivons, vivez.* Pr. subj. : *vive, vivions.* Imp. subj. : *vécusse, vécût.* Pr. part. : *vivant.* Past part. : *vécu.*

106. Voir. Pr. ind. : *vois, vois, voit, voyons, voyez, voient.* Imp. : *voyais, voyions.* Past tense : *vis, vîmes.* Fut. : *verrai, verrons.* Condit. : *verrais, verrions.* Imper. : *vois, voyons, voyez.* Pr. subj. : *voie, voyions.* Imp. subj. : *visse, vît.* Pr. part. : *voyant.* Past part. : *vu.*

107. Vouloir. Pr. ind. : *veux, voulons, veulent.* Imp. : *voulais, voulions.* Past tense : *voulus, voulûmes.* Fut. : *voudrai, voudrons.* Condit. : *voudrais, voudrions.* Imper. : *veux, voulons, voulez* (or) *veuille, veuillons, veuillez.* Pr. subj. : *veuille, voulions.* Imp. subj. : *voulusse, voulût.* Pr. part. : *voulant.* Past part. : *voulu.*

French currency, weights and measures.

Currency.

1 franc = 100 centimes.

Coins : 1 centime, 2 centimes, 5 centimes, 10 centimes, 20 centimes, 1/2 F, 1 F, 5 F, 10 F, 50 F.

Banknotes : 10 F, 50 F, 100 F, 200 F, 500 F.

Metric weights.

Milligramme..........	1 thousandth of a gram.	0.015 grain.
Centigramme	1 hundredth of a gram.	0.154 grain.
Décigramme	1 tenth of a gram.	1.543 grain.
Gramme................	1 cub. centim. of pure water.	15.432 grains.
Décagramme..........	10 grams.	6.43 pennyweights.
Hectogramme........	100 grams.	3.527 oz. avoir.
Kilogramme...........	1 000 grams.	2.204 pounds.
Quintal métrique....	100 kilograms.	220.46 pounds
Tonne	1 000 kilograms.	19 cwts 2 grs 23 Ibs.

Metric linear measures.

Millimètre.............	1 thousandth of a meter.	0.039 incl.
Centimètre.............	1 hundredth of a meter.	0.393 inc.
Décimètre..............	1 tenth of a meter	3.937 ins.
Mètre......................		1.0936 yard.
Décamètre.............	10 meters.	32.7 ft., 10.9 yards.
Hectomètre	100 meters.	109.3 yards.
Kilomètre	1 000 meters.	1.093 yards.

Metric square and cubic measures.

Centiare	1 square meter.	1.196 square yard.
Are	100 square meters.	about 4 poles.
Hectare..................	100 ares.	about 2 1/2 acres.
Stère	1 cubic meter.	35 cubic feet.
Décastère	10 cubic meters.	13.1 cubic yards.

Metric fluid and corn measures.

Centilitre................	1 hundredth of a liter.	0.017 pint.
Décilitre.................	1 tenth of a liter.	0.176 pint.
Litre.......................		1.76 pint.
Décalitre................	10 liters.	2.2 gallons.
Hectolitre	100 liters.	22.01 gallons.

Thermometer.

0^0 Celsius = 32^0 Fahrenheit ; 100^0 centigrade = 212^0 Fahrenheit. To convert Fahrenheit degrees into centigrade, deduct 32, multiply by 5 and divide by 9. *Pour convertir les degrés centésimaux en degrés Fahrenheit, multiplier par 9, diviser par 5 et ajouter 32.*

a

a [a] *m* [lettre] a || V. AVOIR.

à [a] *prép* (**au** [o] = *à le;* **aux** [o] = *à les*) [lieu, sans mouvement] at, in; ~ *la maison,* at home; ~ *Paris,* in Paris || [lieu, avec mouvement] to; *aller* ~ *la gare,* go to the station || [pénétration] into || [distance] ~ *2 milles d'ici,* 2 miles away; ~ *10 milles à la ronde,* for ten miles around; ~ *10 milles l'un de l'autre,* 10 miles apart || [direction] on, to; ~ *gauche,* on/to the left || [temps] at, on; ~ *midi,* at noon; ~ *cette occasion,* on this occasion || [distribution, évaluation] ~ *la livre,* by the pound; *au mois,* by the month; *faire du cent* ~ *l'heure,* do sixty miles an hour || [prix] ~ *10 francs la livre,* at 10 francs a pound || [appartenance] of; *un ami* ~ *moi,* a friend of mine; ~ *qui est ce livre?,* whose book is this?; *il est* ~ *moi/mon frère,* it is mine/my brother's || [attribution] for; *c'est* ~ *vous de décider,* it is up to you to decide; *prêter de l'argent* ~ *qqn,* lend money to sb. || [origine] from; *puiser de l'eau* ~ *un puits,* draw water from a well; ~ *partir de maintenant,* from now on || [moyen] by, with; *à la machine/main,* by machine/hand; *au couteau,* with a knife; *au crayon,* in pencil; *pêcher* ~ *la ligne,* angle; *aller* ~ *bicyclette,* cycle || ~ *votre montre,* by your watch || [manière] ~ *voix basse,* in a low voice; ~ *nous deux,* between ourselves || [caractéristique] with; *une jeune fille aux yeux bleus,* a girl with blue eyes, a blue-eyed girl; *café au lait,* coffee and milk, white coffee || [usage, destination] *une tasse* ~ *thé,* a tea-cup || [introduit obj. indir.] to; *parler* ~ *qqn,* speak to sb. || *obéir* ~ *ses parents,* obey one's parents || [+ infin.] *facile* ~ *faire,* easy to do || RAD. ~ ***vous!,*** over (to you)!

abaiss|ement [abɛsmɑ̃] *m* lowering (action) || FIG. humiliation, derogation || **~er** *vt* (1) lower, bring down, depress || FIG. debase, humiliate, humble — *vpr* ***s'~,*** [terrain] decline, fall away || FIG. demean/humble oneself; stoop.

abandon [abɑ̃dɔ̃] *m* surrender, renunciation (de qqch.) || abandonment, neglect, dereliction (de son devoir, d'un enfant) || ***à l'~,*** in a state of neglect; NAUT. derelict (navire); AGR. left to run wild (champ) || MIL. desertion || JUR. renunciation (de ses droits) || FIG. ease, lack of restraint || **~né, e** [-dɔne] *adj* forsaken (personne) || abandoned (enfant, conduite); deserted (femme); *enfants* ~*s,* waifs and strays || **~er** *vt* (1) forsake, desert (ses amis) || quit (un emploi) || leave (le pays) || NAUT. abandon (le navire) || SP. give up, drop out || JUR. relinquish, surrender, waive, renounce (un droit) || FIG. give up, yield; drop out (une activité); scrap (un projet); break with (vieilles habitudes) — *vpr* **s'~,** let oneself go (se laisser aller) || *s'~ à,* surrender to, give way to (une émotion); indulge (un plaisir, etc.).

abasourd|i, e [abazurdi] *adj* deafened || FIG. bewildered, dumbfounded || **~ir** *vt* (2) stun || FIG. deafen, bewilder.

abat-jour [abaʒur] *m inv* lampshade.

abats [aba] *mpl* offal.

abatt|age [abataʒ] *m* slaughter (d'animaux) || felling, cutting (d'arbres) || FIG. *~ des cartes,* showdown || **~ement** *m* FIG. depression, dejection, prostration.

aba|ttoir [abatwar] *m* slaughterhouse; shambles || **~ttre** [-tr] *vt* (20) cut down (un arbre); pull down (un bâtiment); break down (un mur) || strike (une tente) || overthrow, strike down (un adversaire) || kill (un animal dangereux); slaughter (animaux de boucherie) || SP. [chasse] shoot down || AV. bring down || FIG. *~ son jeu,* lay one's cards on the table || FIG. dampen (l'entrain); depress (le courage); *se laisser ~,* despond, grow disheartened — *vpr* **s'~,** swoop (*sur,* down on); AV. crash.

abattu, e [abaty] *adj* FIG. dejected, prostrate, dispirited, downcast.

ab|baye [abɛi] *f* abbey || **~bé** [-be] *m* priest; *monsieur l'~ X,* Father X || abbot (d'un couvent).

abc [abese] *m* rudiments, essentials.

abcès [absɛ] *m* abscess.

abdi|cation [abdikasjɔ̃] *f* abdication || **~quer** [-ke] *vi/vt* (1) abdicate.

abdom|en [abdɔmɛn] *m* abdomen || **~inal, e, aux** [-inal, o] *adj* abdominal.

abécédaire [abesedɛr] *m* primer.

abeille [abɛj] *f* bee || *nid d'~s,* diaper, honeycomb (tissu).

aberr|ant, e [abɛrɑ̃, ɑ̃t] *adj* aberrant || freakish (comportement) || **~ation** *f* aberration.

abêtir [abɛtir] *vt* (2) stupefy.

abîm|e [abim] *m* abyss, chasm || **~é, e** *adj* damaged, spoiled || **~er** *vt* (1) ruin, spoil, damage — *vpr* **s'~,** get spoiled, spoil, go bad (se gâter) || *s'~ les yeux,* strain one's eyes.

abject, e [abʒɛkt] *adj* abject.

abjurer [abʒyre] *vt* (1) abjure.

ablution [ablysjɔ̃] *f faire ses ~s,* wash oneself.

abnégation [abnegasjɔ̃] *f* renunciation || self-denial, self-sacrifice; *faire ~ de soi,* sacrifice oneself.

aboi [abwa] *m* FIG. *aux ~s,* at bay || **~ement** [-mɑ̃] *m* bark(ing).

abol|ir [abɔlir] *vt* (2) abolish, discontinue, do away with || **~ition** [-isjɔ̃] *f* abolition.

abominable [abɔminabl] *adj* abominable, cursed.

abond|ance [abɔ̃dɑ̃s] *f* richness, abundance, plenty, profusion || FIG. *parler d'~,* hold forth || ***société d'~,*** affluent society || **~ant, e** *adj* plentiful, abundant, profuse; *peu ~,* scarce, scanty || **~er** *vi* (1) abound, be plentiful, teem (*en,* with) || FIG. *~ dans le sens de qqn,* chime in/agree with sb.

abonn|é, e [abɔne] *n* subscriber (à un journal) || RAIL. season-ticket holder ● *adj être ~ à,* take in, subscribe to (un journal) || **~ement** *m* subscription; *prendre un ~ à,* take out a subscription to; *carte d'~,* season-ticket || **~er (s')** *vpr* (1) *~* ***à,*** subscribe to (un journal) || RAIL. take a season-ticket.

abord [abɔr] *m* approach, access || *Pl* surroundings; outskirts (d'une ville) ● *loc adv* **d'~,** at first; *tout d'~,* first of all, for one thing; *de prime ~,* in the very first place; *dès l'~,* from the start ‖ **~able** [-dabl] *adj* reasonable (prix) ‖ **~age** *m* NAUT. boarding; *prendre à l'~,* board ‖ **~er** *vi* (1) NAUT. land; reach (un port) — *vt* approach, accost (qqn) ‖ NAUT. come alongside (accoster) ‖ FIG. take up (une question); approach, enter upon (un sujet).

aborigène [abɔriʒɛn] *adj* aboriginal ● *n* aborigene.

about|ir [abutir] *vi* (2) ~ *à,* end, result at/in ‖ [chemin] lead to, come to ‖ FIG. [projet] materialize, come off (fam.); *ne pas ~ à grand-chose,* come to nothing; *faire ~,* bring off (une entreprise) ‖ **~issement** *m* outcome, result ‖ FIG. outgrowth.

aboyer [abwaje] *vi* (9 *a*) bark; bay.

abrasif, ive [abrazif, iv] *adj/m* abrasive.

abrég|é [abreʒe] *m* short summary, abstract, digest ‖ **~er** *vt* (5, 7) abbreviate (un mot); condense, abridge, cut down (un article); shorten (la durée); *pour ~,* to make a long story short.

abreuv|er [abrœve] *vt* (1) water (un animal) ‖ **~oir** *m* watering-place, trough.

abréviation [abrevjasjɔ̃] *f* abbreviation; *par ~,* for short.

abri [abri] *m* shelter, cover; *à l'~,* under shelter; *mettre à l'~,* shelter; *se mettre à l'~,* take shelter; *sans ~,* homeless ‖ MIL. dug out ‖ FIG. haven ‖ FIG. *à l'~,* secure, immune (*de,* from); *mettre à l'~,* secure.

abricot [abriko] *m* apricot.

abriter [abrite] *vt* (1) shelter ‖ screen (contre le vent); *~ du soleil,* shade — *vpr* **s' ~,** shelter.

abro|gation [abrɔgasjɔ̃] *f* repeal ‖ **~ger** [-ʒe] *vt* (7) abrogate, annul, repeal (une loi); rescind, revoke (un ordre).

abrupt, e [abrypt] *adj* precipitous, abrupt, steep ‖ FIG. sudden.

abrutir [abrytir] *vt* (2) stupefy, brutalize.

abscisse [absis] *f* abscissa.

absence [absɑ̃s] *f* absence; *en l'~ de,* in the absence of.

absen|t, e [absɑ̃, ɑ̃t] *adj* absent, away from home (parti); missing, wanting (manquant) ● *n* absent person, absentee ‖ **~téisme** [-teism] *m* absenteeism ‖ **~ter (s')** [-te] *vpr* (1) absent oneself; go/be away/out (*de,* from).

absolu, e [absɔly] *adj* absolute ‖ complete, unlimited, utter ‖ **~ment** *adv* absolutely ‖ completely, quite, utterly ‖ positively, really ‖ **~tion** *f* absolution.

absorb|ant, e [absɔrbɑ̃, ɑ̃t] *adj* absorbing ‖ **~é, e** *adj* rapt (*dans,* in); intent (*par,* on) ‖ *être ~,* be wrapped in ‖ **~er** *vt* (1) [éponge] absorb ‖ drink, imbibe (boisson) ‖ FIG. [travail] take up, engross; [entreprise] take over.

abstenir (s') [sabstənir] *vpr* (101) refrain, abstain (*de,* from).

abstin|ence [abstinɑ̃s] *f* abstinence ‖ **~ent, e** *adj* abstemious ● *n* total abstainer.

abstr|action [abstraksjɔ̃] *f* abstraction; *faire ~,* omit, leave out ‖ **~ait, e** [-ɛ, ɛt] *adj* abstract.

absurd|e [absyrd] *adj* absurd, preposterous, nonsensical ‖ **~ité** *f* absurdity, nonsense.

abus [aby] *m* abuse, misuse ‖ *~ de confiance,* breach of trust ‖ **~er** [-ze] *vt* (1) mislead, deceive — *vi ~* ***de,*** mistreat, misuse, presume (*de,* on); strain (de ses forces) ‖ *~ du tabac,* smoke too much; *~ du temps de qqn,* trespass upon sb.'s time — *vpr* **s'~,** deceive oneself ‖ **~if, ive** *adj* excessive, undue, unauthorized.

académ|ie [akademi] *f* academy || **~ique** *adj* academic.

acajou [akaʒu] *m* mahogany.

acariâtre [akarjɑtr] *adj* sour, cantankerous; shrewish (femme).

accabl|ant, e [akablɑ̃, ɑt] *adj* overwhelming, oppressive || **~é, e** *adj* overcome, worn out (de fatigue); overwhelmed (de travail) || *~ de doutes,* beset by doubts || **~ement** *m* prostration, dejection || **~er** *vt* (1) overpower, weigh down || ~ ***de,*** harass with (questions) || FIG. overwhelm (*de,* with); overcome (*de,* by).

accalmie [akalmi] *f* lull.

accaparer [akapare] *vt* (1) COMM. corner || FIG. monopolize.

accéder [aksede] *vi* (5) ~ ***à,*** have access to, come at || *~ au trône,* succeed to the throne || FIG. accede to; comply with (une demande).

accélér|ateur [akseleratœr] *m* accelerator || **~ation** *f* acceleration || **~é** *m* CIN. time lapse || **~er** *vt* (5) accelerate, quicken (le mouvement); speed up (la circulation).

accent [aksɑ̃] *m* accent || GRAMM. stress (tonique) || FIG. emphasis, stress; *mettre l'~ sur,* lay stress on || **~uer** [-tɥe] *vt* (1) stress, emphasize || FIG. accentuate.

accept|able [akseptabl] *adj* acceptable; *être ~,* pass muster || **~ation** *f* acceptance || **~er** *vt* (1) accept (un cadeau); agree to (une proposition) || allow (permettre) || take up (un défi).

acception [aksɛpsjɔ̃] *f* acceptation, meaning.

acc|ès [aksɛ] *m* access, admittance (*à,* to) || MÉD. fit, bout; touch (léger) || FIG. outburst, outbreak || **~essible** [-sibl] *adj* accessible, open (*à,* to) || **~ession** [-ɛsjɔ̃] *f* accession.

accessoir|e [aksɛswar] *adj* accessory, incidental ● *m* requisite (*de,* for); attachment || TH. property || **~iste** *m* property-man.

accident [aksidɑ̃] *m* accident; *par ~,* accidentally; *~ d'auto/de la circulation,* motoring/road accident; *~ d'avion,* air crash; ***avoir un ~,*** meet with an accident, come to grief || [contretemps] mishap || **~é, e** [-te] *adj* uneven, broken (terrain) ● *n* casualty; victim || **~el, elle** *adj* accidental, incidental, casual || **~ellement** *adv* accidentally, incidentally.

acclam|ation [aklamasjɔ̃] *f* acclamation || *Pl* cheers || **~er** *vt* (1) cheer || FIG. acclaim.

acclimat|ation [aklimatasjɔ̃] *f* acclimatization || **~er** *vt* (1) acclimatize, season — *vpr* ***s'~,*** become/get acclimatized.

accointances [akwɛ̃tɑ̃s] *fpl* connections.

accolade [akɔlad] *f* hug, embrace || [typographie] brace.

accommod|ant, e [akɔmɔdɑ̃, ɑ̃t] *adj* accommodating, easy-going, compliant, conformable || **~er** *vt* (1) accommodate || CULIN. dress — *vpr* ***s'~,*** put up (*de,* with).

accompagn|ateur, trice [akɔ̃paɲatœr, tris] *n* accompanist || **~ement** *m* MUS. accompaniment || **~er** *vt* (1) accompany; go (along) with, escort; *~ qqn jusque chez lui,* see sb. home; *~ à la gare,* send off || MUS. accompany.

accompl|i, e [akɔ̃pli] *adj* FIG. accomplished || **~ir** *vt* (2) carry out (une tâche); accomplish (une mission); fulfil (une promesse); discharge (un devoir); perform (un devoir, une tâche); effect (une réforme) || achieve, complete (achever) || serve (une période probatoire) || MIL. do (son service militaire) || **~issement** *m* performance (d'une tâche); discharge (d'un devoir); satisfaction (d'un vœu); fulfilment (d'une promesse).

accord [akɔr] *m* agreement; ***être d'~ avec qqn,*** agree/go along with sb.; *ne pas être d'~,* disagree, differ (*sur,* about); ***arriver à un ~,*** come to terms; *donner son ~,* give one's OK (fam.) ***d'~!,*** all right!, agreed!, OK! || harmony, accord, concord; *d'un commun ~,* with one accord, by common consent; ***en ~,*** consistent, in keeping (*avec,* with) || correspondence (*avec,* with); accordance (*avec,* with) [conformité]; *agir en ~ avec,* act up to; *vivre en ~ avec ses principes,* live up to one's principles || MUS. chord || RAD. tuning || GRAMM. agreement || **~éon** [-deɔ̃] *m* accordion || **~er** *vt* (1) grant (une audience); concede, bestow (une faveur) [*à,* on] || *daigner ~,* vouchsafe || *~ que,* admit/grant that || allot (octroyer) || reconcile (des adversaires) || MUS. tune, key up (un instrument) — *vpr* ***s'~,*** agree (*sur,* upon) || [s'entendre] get along/on together || [couleurs] match || [chiffres] tally (*avec,* with) || [arguments] square (*avec,* with) || [idées] chime in (*avec,* with) || MUS. [orchestre] tune up || GRAMM. agree (*avec,* with) || **~eur** *m* MUS. tuner.

accoster [akɔste] *vt* (1) NAUT. come alongside || FIG. accost, approach, stop (and speak to) [qqn].

accotement [akɔtmɑ̃] *m* roadside, verge, shoulder.

accouch|ement [akuʃmɑ̃] *m* MÉD. delivery, childbirth, confinement; *~ sans douleur,* painless childbirth || **~er** *vi* (1) be confined; *~ de,* give birth to, be delivered of.

accouder (s') [sakude] *vpr* (1) rest one's elbows (*à, sur,* on); lean on one's elbow(s).

accoudoir [akudwar] *m* armrest.

accoupl|ement [akupləmɑ̃] *m* coupling || mating (d'animaux) || **~er** *vt* (1) couple || mate (oiseaux) || TECHN. join || ÉLECTR. connect — *vpr* ***s'~,*** couple, pair off || [oiseaux] mate.

accourir [akurir] *vt* (32) run up.

accoutrement [akutrəmɑ̃] *m* FAM. rig(-out), get-up.

accoutum|ance [akutymɑs] *f* habit, practice || **~é, e** *adj* used, accustomed (*à,* to) || **~er** *vt* (1) accustom, familiarize (*à,* with); inure (aguerrir) — *vpr* ***s'~,*** get accustomed (*à,* to).

accréditer [akredite] *vt* (1) give credit to (une nouvelle) || accredit (un diplomate).

accroc [akro] *m* tear, rent (*à,* in); *sans ~,* without a hitch.

accroch|age [akrɔʃaʒ] *m* hanging up (d'un tableau) || AUT. collision || MIL. skirmish, encounter || FIG., FAM. set-to || **~e-cœur, ~e-cœurs** *m* lovelock, kiss-curl || **~er** *vt* (1) hang, hang up, put up (suspendre) [*à,* on, from] || *être accroché,* hang (*à,* from) || hook (avec un crochet) || catch and tear (un vêtement à une ronce) || RAIL. hitch (attacher) — *vpr* ***s'~,*** hang on, catch on (*à,* to) || FIG. cling (*à,* to); clutch (*à,* at) || FAM. stick to (se cramponner); have a set-to (se quereller).

accroire [akrwar] *vt* (12) *en faire ~ à,* impose upon.

accr|oissement [akrwasmɑ̃] *m* AGR. growth || FIN. increase || **~oître** [-watr] *vt* (34) increase, enlarge || FIG. heighten, increase — *vpr* ***s'~,*** grow, increase.

accroup|ir (s') [sakrupir] *vpr* (2) crouch, squat || **~i, e** *adj* squatting; *se tenir ~,* squat.

accru [akry] V. ACCROÎTRE.

accueil [akœj] *m* reception || welcome (bienvenue); *faire bon ~ à qqn,* welcome sb. || **~lant, e** *adj* welcoming, friendly; homelike || **~lir** *vt* (35) receive (en général); welcome, greet (avec plaisir).

acculer [akyle] *vt* (1) corner, drive to the wall (qqn); ~ *qqn au désespoir,* drive sb. to despair.

accumul|ateur [akymylatœr] *m* AUT. (storage) battery || **~er** *vt* (1) accumulate, amass — *vpr* ***s'~,*** accumulate || FIN. accrue.

accus [aky] *mpl* = ACCUMULATEUR.

accus|ation [akyzasjɔ̃] *f* accusation, charge || JUR. indictment; prosecution; *chef d'~,* charge, count; *mettre en ~,* arraign, impeach || **~é, e** *adj* FIG. bold (traits) ● *n* accused ● *m ~ de réception,* acknowledgement of receipt|| **~er** *vt* (1) accuse (*de,* of); charge (*de,* with) || JUR. indict, impeach (*de,* for); ~ *qqn de qqch.,* lay sth. to sb.'s charge || COMM. ~ ***réception,*** acknowledge receipt of.

acerbe [asɛrb] *adj* biting, sharp.

acéré, e [asere] *adj* keen, sharp.

acétone [asetɔn] *f* acetone.

acétylène [asetilɛn] *m* acetylene.

achalandé, e [aʃalɑ̃de] *adj* COMM., FAM. *bien ~,* well-stocked (approvisionné); [vx.] well patronized (ayant une nombreuse clientèle).

acharn|é, e [aʃarne] *adj.* inveterate (joueur) || desperate (combat); cut-throat (lutte); hot (poursuite) || fierce (haine) || strenuous (travail) || COMM. keen (concurrence) || **~ement** *m* determination, stubbornness; *avec ~,* fiercely, desperately (violemment).

achat [aʃa] *m* buying (action); purchase (objet); *faire des ~s,* go shopping || *pouvoir d'~,* purchasing power.

achemin|ement [aʃminmɑ̃] *m* progression || dispatching, routing (d'une marchandise); forwarding (lettres, matériel) || **~er** *vt* (1) direct, dispatch (qqn) [*vers,* towards] || route, forward (qqch.).

achet|er [aʃte] *vt* (86) buy, purchase; ~ *d'occasion,* buy second-hand || COMM. ~ *en gros,* buy in large quantities; ~ *comptant,* buy cash; ~ *à condition,* buy on approval || PÉJ. bribe, square (personne) || **~eur, euse** *n* buyer, purchaser.

ach|evé, e [aʃve] *adj* ended, finished, over || FIG. accomplished, perfect; complete, consummate || **~èvement** [aʃɛvmɑ̃] *m* completion, conclusion || **~ever** *vt* (5) conclude, end, finish || complete, polish off (un travail); round off (une phrase) || finish off, dispatch (un animal).

acid|e [asid] *adj/m* acid || **~ité** *f* sourness || **~ulé, e** [-yle] *adj bonbons ~s,* acid drops.

aci|er [asje] *m* steel || FIG. *d'~,* steely || **~érie** [-ri] f steelworks.

acné [akne] *f* acne.

acompte [akɔ̃t] *m* COMM. instalment, down payment; *verser un ~ de £10 sur,* pay £10 on account for.

à-côtés [akote] *mpl* side-issues (de la question) || extras (dépenses) || fringe benefits; perks (fam.).

à-coup [aku] *m* jerk, jolt; ***par ~s,*** by fits and starts; *sans ~s,* smoothly.

acoustique [akustik] *adj* acoustic ● *f* acoustics.

acquér|eur [akerœr] *m* buyer, purchaser || **~ir** *vt* (13) acquire (recevoir) || purchase, buy (acheter).

acquiesc|ement [akjɛsmɑ̃] *m* compliance || **~er** *vi* (1) acquiesce, assent (*à,* to).

acquis, e [aki, iz] *adj* FIG. vested (droit); established (fait) || *tenir pour ~,* take for granted || *mal ~,* ill-gotten ● *m* background, experience (savoir) || **~ition** [-zisjɔ̃] *f* acquisition (act); purchase (objet); *faire l'~,* acquire, purchase.

acquit [aki] *m* receipt, discharge, acquittal; ***pour ~,*** paid with thanks || FIG. *par ~ de conscience,* for conscience' sake || **~tement** [-tmɑ̃] *m* JUR. acquittal || COMM. discharge, payment || **~ter** [-te] *vt* (1) COMM. pay off, acquit (une dette); receipt (une facture) || JUR. discharge, acquit, dismiss (un accusé) — *vpr* ***s'~ de*** discharge, clear (une dette) || carry out (un travail) || discharge (un devoir).

âcre [ɑkr] *adj* acrid (goût); pungent, sharp (odeur) || **~té** *f* acridity (goût); pungency, sharpness (odeur).

acrimon|ie [akrimɔni] *f* acrimony || **~ieux, euse** [-jø, øz] *adj* acrimonious.

acroba|te [akrɔbat] *n* acrobat || **~tie** [-si] *f* acrobatics, stunt || *Pl ~s aériennes,* aerobatics, stunt-flying,

acte [akt] *m* act, action; *~ de courage,* courageous deed || *Pl* records (documents); proceedings (d'un congrès); transactions (d'une société) || JUR. *~ dommageable,* nuisance || TH. act || JUR. deed, legal document; *~ de naissance,* birth certificate || FIG. *prendre ~ de,* record; *faire ~ de présence,* put in an appearance.

acteur [aktœr] *m* actor, player, performer.

actif [aktif] *adj* active, busy (personne, vie) || MIL. regular (armée) || FIN. lively (marché) ● *m* COMM. assets; *à l'~,* on the credit side.

action [aksjɔ̃] *f* action, act, deed; feat (haut fait); *une bonne ~,* a good deed || agency; effect, play (*sur,* on) || JUR. *~ en justice,* law-suit, trial || TH. action || FIN. share, stock; *société par ~s,* joint owner stock company || REL. *~ de grâces,* thanksgiving || **~naire** [-nɛr] *n* shareholder || **~ner** [-ne] *vt* (1) TECHN. actuate, set in motion; operate, work (une machine).

activ|ement [aktivmɑ̃] *adv* actively || **~er** *vt* (1) hasten (la marche) || stir up (le feu) — *vpr* ***s'~,*** be busy, bustle about || **~ité** *f* activity, diligence; *débordant d'~,* full of go; *en pleine ~,* in full swing || MIL. active service; *en ~,* on the active list.

actrice [aktris] *f* actress.

actuaire [aktɥɛr] *m* actuary.

actu|alité [aktɥalite] *f* current events; *questions d'~,* current affairs; *d'~,* topical || *Pl* CIN. news-reel || **~el, elle** *adj* present || **~ellement** *adv* now, at present, at the moment; currently.

acuité [akɥite] *f* acuteness (d'une douleur); keenness (de vision).

acupuncture [akypɔ̃ktyr] *f* acupuncture.

adage [adaʒ] *m* saying.

adapt|able [adaptabl] *adj* adaptable, adjustable || **~ateur** *m* ÉLECTR. adapter || **~er** *vt* (1) adapt || TECHN. fit, adjust (*à,* to) || MUS. arrange || TH. adapt — *vpr* ***s'~,*** fit (*à,* on) || FIG. adapt/conform/adjust oneself (*à,* to).

addition [adisjɔ̃] *f* addition || COMM. bill; U.S. check || **~ner** [-sjɔne] *vt* (1) add up, sum up, tot up || FIG. dilute (*d'eau,* with water) || **~neuse** [-sjɔnøz] *f* adding-machine.

adepte [adɛpt] *n* devotee, follower.

adéquat, e [adekwa, at] *adj* appropriate.

adhér|ence [aderɑ̃s] *f* adhesion || **~ent, e** *adj* adherent ● *n* member; *nombre d'~s,* membership || **~er** *vi* (5) adhere, stick (*à,* to) || FIG. *~ à,* join (une association).

adhés|if, ive [adezif, iv] *adj* adhesive, sticky; *ruban ~,* adhesive tape || **~ion** [-jɔ̃] *f* adherence, approval; joining (à un parti).

adieu [adjø] *m* farewell; ***faire ses ~x à,*** take leave of, say goodbye to; *fête d'~,* send-off.

adjacent, e [adʒasɑ̃, ɑ̃t] *adj* adjacent; adjoining (pièces).

adjectif [adʒɛktif] *m* adjective.

adj|oindre [adʒwɛ̃dr] *vt* (59) associate (*à,* with) || **~oint, e** [-wɛ̃, ɛ̃t] *n* associate, assistant; *directeur ~,* assistant manager; *~ au maire,* deputy-mayor || **~onction** [-ɔ̃ksjɔ̃] *f* adjunction.

adjudant [adʒydɑ̃] *m* MIL. warrant officer.

adjudica|taire [adʒydikatɛr] *m* contractor || **~tion** *f* adjudication, tender.

adjuger [adʒyʒe] *vt* (7) award || knock down (aux enchères).

adjurer [adʒyre] *vt* (1) adjure, entreat.

admettre [admɛtr] *vt* (64) allow (accorder); tolerate, admit of (tolérer); concede, grant, admit, acknowledge (reconnaître) || let in, receive (recevoir).

administr|ateur [administratœr] *m* administrator, manager, director || **~atif, ive** *adj* administrative; *style ~,* officialese || **~ation** *f* administration, management (gestion); *conseil d'~,* board of directors || authorities (personnes); civil service (fonction) || **~er** [administre] *vt* (1) direct, manage, govern || JUR. dispense (la justice) || MÉD. administer (remède) || REL. administer (sacrements) || FAM. deal, catch (un coup).

admir|able [admirabl] *adj* admirable || **~ablement** *adv* beautifully || **~ateur, trice** *n* admirer || **~atif, ive** *adj* admiring || **~ation** *f* admiration, wonder || **~er** *vt* (1) admire.

admis, e [admi, iz] *adj* received, current || **~sible** [-sibl] *adj* allowable, permissible, admissible || qualified for a « viva » (à un examen) || **~sion** [-sjɔ̃] *f* admission, admittance, access (*à,* to) || TECHN. inlet, intake || AUT. admission.

admonester [admɔnɛste] *vt* (1) admonish.

adolesc|ence [adɔlɛsɑ̃s] *f* adolescence, youth; boyhood, girlhood || **~ent, e** *adj/n* adolescent, youth, youngster || FAM. teenager.

adonner (s') [sadɔne] *vpr* (1) give oneself up, devote oneself (*à,* to) || take up; *s'~ au sport,* go in for sport || PÉJ. indulge (*à,* in); be addicted (*à,* to).

adop|ter [adɔpte] *vt* (1) adopt (un enfant) || approve (un procès-verbal) || POL. vote through (une loi) || FIG. embrace (une cause); take up (une opinion) || **~tif, ive** *adj* adopted (enfant); *père ~,* foster father; *parents ~s,* adoptive parents || **~tion** *f* adoption.

ador|able [adɔrabl] *adj* adorable || FAM. delightful || **~ateur, trice** *n* worshipper, adorer || **~ation** [-asjɔ̃] *f* adoration, worship || **~er** *vt* (1) worship.

adosser (s') [sadose] *vpr* (1) lean one's back (*à,* against).

adouber [adube] *vt* (1) [échecs] adjust.

adouc|ir [adusir] *vt* (2) soften (eau, voix); sweeten (boisson); tone down (couleur) || FIG. temper; mitigate (peine); alleviate (douleur) — *vpr* **s'~,** [température] get milder || **~issant, e** *adj* softening, soothing || **~issement** *m* softening || FIG. alleviation.

adress|e [adrɛs] *f* address (sur une lettre) || skill, adroitness; cleverness, sleight (dextérité) || cunning (ruse) || **~er** *vt* (1) direct (une lettre) || *~ la parole à qqn,* address sb., speak to sb. — *vpr* **s'~,** apply (*à,* at) [un endroit];

apply, speak (*à*, to) || [remarque] be directed to, be meant for, be addressed to.

adroit, e [adrwa, at] *adj* skilful, dext(e)rous, adroit, deft; ~ *de ses mains,* clever with one's hands || FIG. clever.

adul|ation [adylasjɔ̃] *f* adulation || **~er** *vt* (1) flatter, fawn upon.

adulte [adylt] *adj* grown-up, adult || fully-grown (animal, plante) ● *n* adult, grown-up.

adultère [adyltɛr] *adj* adulterous; *homme/femme* ~, adulterer, adulteress ● *m* [acte] adultery

advenir [advənir] *vi* (14) happen, occur; *quoi qu'il advienne, advienne que pourra,* happen what may.

adverbe [advɛrb] *m* adverb.

advers|aire [advɛrsɛr] *m* opponent, adversary || **~e** *adj* adverse, opposite || **~ité** *f* adversity.

aér|ation [aerasjɔ̃] *f* ventilation, airing || **~é, e** *adj* airy, breezy || **~er** *vt* (5) ventilate, air (une pièce) || **~ien, ienne** *adj* aerial (phénomène) || overhead (câble).

aéro|-club [aeroklœb] *m* flying club || **~drome** [-drom] *m* aerodrome || **~dynamique** *adj* AUT., AV. streamlined ● *f* aerodynamics || **~gare** *f* air-terminal || **~glisseur** *m* hovercraft || **~naute** [-not] *n* aeronaut || **~nautique** [-notik] *f* aeronautics || **~port** *m* airport || **~porté, e** *adj* MIL. airborne || **~sol** *m* MÉD. aerosol || **~stat** [-sta] *m* balloon.

affable [afabl] *adj* affable, bland.

affadir [afadir] *vt* (2) make insipid — *vpr* **s'~,** lose flavour.

affaiblir [afeblir] *vt* (2) weaken || devitalize || FIG. attenuate — *vpr* **s'~,** grow weak(er) || [lumière] grow dim || [personne] lose one's strength.

affaire [afɛr] *f* business, affair, matter, concern; ***avoir ~ à,*** have to do/deal with; ***faire l'~,*** meet the case; serve the purpose, suit, do; ***tirer d'~,*** pull through (qqn) || COMM. concern, deal, transaction, bargain; ***une bonne ~,*** a good bargain/buy; *faire ~,* strike a bargain || *Pl* COMM. business; *les ~s sont les ~s,* business is business; *pour ~s,* on business; ***être dans les/retiré des ~s,*** be in/out of business; ***faire des ~s,*** do business (*avec,* with); *faire des ~s d'or,* coin money; ***homme d'~s,*** businessman; *lanceur d'~s,* promoter || firm, business (entreprise) || *Pl* [affaires privées] business; *mêlez-vous de vos ~s,* mind your own business || *Pl* [objets] things, belongings || JUR. case || FAM. proposition; *faire son ~ à,* do for (tuer) || FIG. matter || FIG. ***se tirer d'~,*** get out of a scrape; manage (réussir); *tiré d'~,* out of the wood.

affair|é, e [afɛre] *adj* busy || **~ement** *m* bustle || **~er (s')** *vpr* (1) bustle about, fuss.

affaiss|ement [afɛsmɑ̃] *m* subsidence (du terrain); collapse (du toit); sag(ging) [du plancher] || COMM., FIN. slump || **~er (s')** *vpr* (1) [terre] sink || [bâtiment, terrain] subside || [poutre] sag || give way (ployer).

affaler (s') [safale] *vpr* (1) slouch.

affam|é, e [afame] *adj* famished, hungry, starving, ravenous || **~er** *vt* (1) starve.

affect|ation I [afɛktasjɔ̃] *f* affectation, pretence (pose) || **~é, e** *adj* assumed, simulated (feint); sophisticated (maniéré) || **~er** I *vt* (1) pretend, feign, simulate, put on (feindre).

affect|ation II *f* assignment (à un poste) || **~er** II *vt* (1) assign; allot, give over (*à,* to); earmark (crédits) [*à,* for]; appoint (nommer) [*pour faire,* to do] || MIL. assign, post (*à,* to).

affect|er III *vt* (1) affect, move (émouvoir) || **~if, ive** *adj* emotive, emotional || **~ion** [-sjɔ̃] *f* affection, attachment, love || MÉD. complaint, disease || **~ionner** [-sjɔne] *vt* (1) affect.

affectu|eusement [afektɥøzmɑ̃] *adv* affectionately, fondly || **~eux, euse** [-tɥø, øz] *adj* loving, affectionate.

afférent, e [aferɑ̃, ɑ̃t] *adj* concerning, accruing (*à*, to).

affermer [afɛrme] *vt* (1) lease (terre).

affermir [afɛrmir] *vt* (2) strengthen, confirm, consolidate — *vpr* **s'~**, harden, become stronger || FIG. [caractère] set, steady.

affich|age [afiʃaʒ] *m* bill-sticking/-posting; *tableau d'~*, bulletin board || **~e** *f* bill, poster || TH. *tenir l'~*, have a long run; *être en tête d'~*, top the bill || **~er** *vt* (1) post (up); *défense d'~*, stick no bill || FIG. air (ses opinions); make a show of (ses richesses, son savoir).

affilé, e [afile] *adj* sharp (couteau).

affilée (d') [dafile] *loc adv* at a stretch; *quatre heures d'~*, four solid hours.

affiler [afile] *vt* (1) sharpen.

affil|iation [afiljasjɔ̃] *f* affiliation || **~ier (s')** *vpr* (1) affiliate.

affinité [afinite] *f* affinity.

affirm|atif, ive [afirmatif, iv] *adj* affirmative, assertive ● *f* affirmative || **~ation** *f* assertion || **~er** *vt* (1) affirm, assert, assure — *vpr* **s'~**, assert oneself.

affleurer [aflœre] *vi* (1) be level/flush || GÉOL. crop out/up.

affli|ction [afliksjɔ̃] *f* affliction, sorrow || **~gé, e** [-ʒe] *adj* afflicted, grieved (*par*, at); sorrowfull, desolate(d) || **~geant, e** [-ʒɑ̃, ɑt] *adj* distressing || **~ger** *vt* (7) afflict, distress, grieve.

afflu|ence [aflyɑ̃s] *f* affluence, concourse; *heures d'~*, rush hours || **~ent** *m* tributary (rivière) || **~er** *vi* (1) [eau] flow || [personne] flock, throng || [richesse] abound || **~x** [afly] *m* influx (de liquide, de personnes).

affol|é, e [afole] *adj* panicky, distracted, frantic || wild (regard) || **~ement** *m* distraction, panic || **~er** *vt* (1) panic, drive crazy — *vpr* **s'~**, panic, lose one's head.

affranch|i, e [afrɑ̃ʃi] *adj* emancipated (personne) || **~ir** *vt* (2) stamp (une lettre) || free (un esclave) — *vpr* **s'~**, free oneself; get rid (*de*, of) || **~issement** *m* stamping, postage (d'une lettre) || liberation, emancipation (d'une personne).

affr|ètement [afrɛtmɑ̃] *m* chartering || **~éter** [-ete] *vt* (5) charter (un avion, un navire).

affr|eusement [afrøzmɑ̃] *adv* frightfully || **~eux, euse** *adj* hideous (laid) || shocking (révoltant) || frightful, ghastly (terrifiant) || dire (nouvelle) || lurid (détails).

affront [afrɔ̃] *m* outrage, insult, affront; cut, snub; *faire un ~ à qqn*, insult, slight sb.

affronter [afrɔ̃te] *vt* (1) face, confront, meet (face à face) || FIG. brave (danger, etc.).

affubler [afyble] *vt* (1) rig out.

affût [afy] *m* : *être à l'~ de*, lie in wait for, be on the look-out for || SP. *chasser à l'~*, stalk || MIL. gun-carriage.

affûter [afyte] *vt* (1) whet, sharpen; strop (rasoir).

afin [afɛ] *prép* **~ de**, in order to, so as to || **~ que**, in order that, so that.

africain, e [afrikɛ̃, ɛn] *adj/n* African.

Afrique [afrik] *f* Africa.

aga|çant, e [agasɑ̃, ɑ̃t] *adj* irritating, provoking; tiresome || **~cement** [-smɑ̃] *m* irritation ||

~cé, e [-se] *adj* on edge || **~cer** [-se] *vt* (5) irritate, annoy, provoke || FAM. play up, aggravate, rile || ~ *les dents,* set one's teeth on edge || **~cerie** [-sri] *f* irritation, provocation || teasing (taquinerie).

âge [ɑ̃ʒ] *m* age; *quel ~ avez-vous?,* how old are you?; *d'un certain ~,* elderly; *prendre de l'~,* get on in years; *entre deux ~s,* middle-aged; *dans la fleur de l'~,* in one's prime; *avoir dépassé la limite d'~,* be over age || age (époque).

âgé, e [ɑ̃ʒe] *adj* aged; *~ de dix ans,* aged ten years, ten years old || ***plus ~,*** older; elder (de deux personnes) || elderly, old, advanced in years (vieux).

agence [aʒɑ̃s] *f* agency, bureau; *~ de presse,* press-agency, news-agency; *~ de publicité,* advertising agency; *~ de voyage,* travel-bureau || syndicate (journalisme).

agenc|ement *m* arrangement, ordering, distribution || **~er** *vt* (6) arrange, adjust, set up; distribute (répartir).

agenda [aʒɛ̃da] *m* engagement-book, diary.

agenouiller (s') [saʒənuje] *vpr* (1) kneel down.

agent [aʒɑ̃] *m* agent; *~ de change,* stockbroker; *~ commercial,* agent; *~ immobilier,* estate agent, U.S. realtor; *~ maritime,* shipping-agent; *~ de police,* policeman; *Monsieur l'~!,* Officer!; *~ de presse,* press agent || FIG. instrument.

agglomér|ation [aglɔmerasjɔ̃] *f* agglomeration || *~ urbaine,* built-up area || **~é** *m* TECHN. chipboard || **~er** *vt* (5) agglomerate.

agglutiner [aglytine] *vt* (1) cake — *vpr* ***s'~,*** agglutinate.

aggrav|ation [agravasjɔ̃] *f* aggravation || **~er** *vt* (1) make worse — *vpr* ***s'~,*** get worse || FIG. worsen.

agil|e [aʒil] *adj* agile, nimble || **~ité** *f* agility, nimbleness.

agio [aʒjo] *m* premium || *Pl* bank-charges.

agir [aʒir] *vi* (2) act (*sur,* on); *~ en accord avec,* act up to || behave, do; *bien ~,* do right; *mal ~,* do wrong || *manière d'~,* dealing || bear (*sur,* on) || MÉD. [remède] operate, work — *vpr* ***s'~,*** *de quoi s'agit-il?,* what is it about?, what is the matter?; *il s'agit de...,* the question is to..., it's a question of; *voici de quoi il s'agit,* here is the point.

agissements [aʒismɑ̃] *mpl* doings, dealings; goings-on (péj.).

agita|teur [aʒitatœr] *m* POL. agitator || **~tion** *f* agitation, restlessness (mouvements désordonnés) || stir, excitement, restlessness (émoi) || agitation, unrest (troubles sociaux) || POL. *faire de l'~,* agitate.

agit|é, e [aʒite] *adj* excited, fidgety (personne) || rough, choppy (mer) || restless (nuit); broken (sommeil) || **~er** *vt* (1) shake, agitate; wave (un mouchoir); stir (un liquide) || FIG. perturb — *vpr* ***s'~,*** move about, bustle; be excited/restless || fidget (nerveusement) || toss (dans son sommeil).

agneau [aɲo] *m* lamb.

agnostique [agnɔstik] *adj/n* agnostic.

agonie [agɔni] *f* death agony; *être à l'~,* be at the point of death.

agraf|e [agraf] *f* hook; clasp (de broche); paper-clip, staple (à papiers) || **~er** *vt* (1) hook, staple, clasp — *vpr* ***s'~,*** hook up || **~euse** [-øz] *f* stapler.

agraire [agrɛr] *adj* agrarian.

agrandir [agrɑ̃dir] *vt* (2) enlarge || PHOT. enlarge, blow up — *vpr* ***s'~,*** grow larger.

agrandissement *m* PHOT. enlargement.

agréable [agreabl] *adj* agreeable, pleasing, pleasant, likable, nice; ~ *au goût,* palatable || **~ment** *adv* nicely, pleasantly.

agré|é, e [agree] *adj* recognized || chartered (comptable) || **~er** *vt* (1) approve.

agréger [agreʒe] *vt* (7) aggregate.

agrément [agremɑ̃] *m* assent, approval; *arts d'~,* accomplishments.

agrès [agrɛ] *mpl* [gymnastique] apparatus || NAUT. rigging.

agress|er [agrɛse] *vt* (1) attack || mug (pour voler) || **~eur** *m* aggressor, attacker, assailant || **~if, ive** *adj* aggressive || **~ion** *f* attack || mugging (pour voler) || MIL. aggression || JUR. assault (viol) || *Pl* MÉD. stresses || **~ivité** *f* aggressiveness.

agricole [agrikɔl] *adj* agricultural.

agricult|eur, trice [agrikyltœr, tris] *n* farmer || **~ure** [-yr] *f* agriculture, farming.

agripper [agripe] *vt* (1) grip, snatch, clutch.

agronom|e [agrɔnɔm] *m* agronomist || **~ie** *f* agronomy.

aguerr|i, e [agɛri] *adj* hardened, inured || **~ir** *vt* (2) inure, harden, season (*à,* to) — *vpr* ***s'~,*** become hardened/inured/seasoned.

aguets [agɛ] *mpl aux ~,* on the watch, on the look-out.

aguichant, e [agiʃɑ̃, ɑ̃t] *adj* coquettish.

ah! [ɑ] *interj* ah!

ahuri, e [ayri] *adj* FAM. bewildered || **~ssant, e** [-sɑ, ɑt] *adj* FAM. bewildering || **~ssement** *m* bewilderment, stupefaction.

ai [ɛ] V. AVOIR.

aide [ɛd] *f* aid, assistance, help (assistance); *à l'~ de,* with the help of; *sans ~,* unaided, single-handed || relief, succour (secours); rescue (sauvetage) || *venir en ~ à qqn,* go/come to sb.'s assistance; assist sb. ● *n* assistant, helper || ~ *ménagère,* home help || **~-mémoire** *m inv* memo.

aider *vi/vt* (1) help, aid, assist; ~ *qqn à monter/descendre,* help sb. up/down || keep going (avec de l'argent) || relieve (soulager).

aïe! [aj] *exclam* ouch!

aïeux [ajø] *mpl* ancestors, forefathers.

aigl|e [ɛgl] *m* eagle || **~on** *m* eaglet.

aiglefin [ɛgləfɛ̃] *m* haddock.

aigre [ɛgr] *adj* sour || FIG. bitter, peevish || **~-doux, douce** *adj* bitter-sweet || **~let, ette** [-lɛ, ɛt] *adj* sourish, tart.

aigr|eur [ɛgrœr] *f* sourness || MÉD. heartburn || FIG. bitterness || **~i, e** *adj* FIG. embittered || **~ir (s')** *vpr* (2) turn sour || FIG. grow bitter.

aigu, ë [egy] *adj* sharp (pointu); shrill (son); acute (douleur) || MATH. acute.

aigue-marine [ɛgmarin] *f* aquamarine.

aiguill|age [ɛgɥijaʒ] *m* RAIL. points || **~e** *f* needle (à coudre) || hand (d'horloge); *dans le sens des ~s d'une montre,* clockwise; *dans le sens inverse des ~s d'une montre,* counter-clockwise || RAIL. switch || **~er** *vt* (1) RAIL. shunt, switch || **~eur** *m* RAIL. pointsman || AV., FAM. ***~ du ciel,*** air traffic controller.

aiguillon [egɥijɔ̃] *m* goad (de bouvier) || sting (d'insecte) || FIG. sting (de la douleur); spur (stimulant) || **~ner** [-jɔne] *vt* (1) prod || FIG. goad, spur, stimulate.

aiguiser [eg(ɥ)ize] *vt* (1) sharpen, whet; *pierre à ~,* whetstone || FIG. whet, stimulate.

ail, aulx [aj, o] *m* garlic; *gousse d'~,* clove.

ail|e [ɛl] *f* ZOOL., ARCH., TECHN., AUT., MIL. wing || sail (de moulin à vent) || AV. ~ ***volante,*** hang-glider || **~eron** [-rɔ̃] *m* flipper (de pingouin); fin (de requin) || AV. aileron, wing-flap || **~ette** *f* TECHN. fin; blade.

ailier [ɛlje] *m* SP. wing.

aille [aj] V. ALLER.

ailleurs [ajœr] *adv* elsewhere, somewhere else ● *loc adv d'~,* besides, moreover || *par ~,* otherwise.

aimable [ɛmabl] *adj* lovable (digne d'amour) || friendly, kind (amical); pleasant, amiable, nice (agréable); *peu ~,* ungracious || **~ment** *adv* kindly, amiably.

aimant [ɛmɑ̃] *m* magnet; *électro-~,* electro-magnet || **~é, e** *adj* magnetic || **~er** *vt* (1) magnetize.

aimer [ɛme] *vt* (1) love (d'amour); be fond of (beaucoup); like (bien) || enjoy (repas, vacances); *aimeriez-vous faire une promenade?,* would you care (to go) for a walk? || be fond of, like (chocolat, etc.) || ~ ***mieux :*** *j'aimerais mieux (rester,* etc.), I would rather (stay, etc.).

aine [ɛn] *f* groin.

aîné, e [ɛne] *adj* elder (de deux); eldest (de plusieurs) ● *n* senior; *l'~,* the elder (one) [de deux]; the eldest (one) [de plusieurs]; *il est mon ~ de 3 ans,* he is my elder by 3 years || *Pl ses ~s,* one's elders and betters.

ainsi [ɛ̃si] *adv* thus, so; *et ~ de suite,* and so on; *pour ~ dire,* so to speak, as it were; ~ ***soit-il,*** so be it; REL. amen ● *conj* ~ ***que,*** (just) as; as well as.

air I [ɛr] *m* air; ***en plein ~,*** in the open (air); *de plein ~,* outdoor (sports); ***en l'~,*** overhead || *manque d'~,* stuffiness; *sortir prendre l'~,* go out for a breath of air || *~ marin,* sea air || FIG. *changement d'~,* change of scene || FIG. *dans l'~,* in the air (idées).

air II *m* look, appearance, aspect (aspect); countenance, bearing (comportement) || ***avoir l'~,*** look || *avoir un ~ de famille,* bear a family likeness || MUS. tune, air || *Pl se donner des ~s,* put on airs.

airain [ɛrɛ̃] *m* bronze; *d'~,* brazen.

aire [ɛr] *f* area (zone) || [autoroute] ~ ***de services,*** service area || GÉOM. area || ASTR. ~ ***de lancement,*** launching site.

airelle [ɛrɛl] *f* cranberry.

aisance [ɛzɑ̃s] *f* ease, easiness, freedom || FIN. easy circumstances, competence.

aise [ɛz] *f* ease, comfort; ***à l'~,*** at ease, comfortable; ***mal à l'~,*** uncomfortable, ill at ease; *se mettre à son ~,* make oneself comfortable; *se sentir à l'~,* feel at home; *à votre ~,* as you like; *en prendre à son ~,* take it easy || FIG. *à l'~,* in easy circumstances, (fam.) well-off (riche) || *Pl* comfort; *prendre ses ~s,* make oneself comfortable ● *adj* ***bien/fort*** ~, very glad/pleased.

aisé, e [ɛze] *adj* easy (facile) || well-to-do, well-off (riche) || **~ment** *adv* easily.

aisselle [ɛsɛl] *f* armpit.

aîtres [ɛtr] *mpl les ~,* the ins and outs.

ajiste [aʒist] *m* youth-hosteller.

ajonc [aʒɔ̃] *m* furze, gorse.

ajouré, e [aʒure] *adj travail ~* fretwork; *bas ~s,* open-work stockings.

ajourn|ement [aʒurnəmɑ̃] *m* postponement, adjournment || **~é, e** *adj* unsuccessful (candidat) || **~er** *vt* (1) postpone, adjourn; U.S. table (une décision, etc.) || fail (un candidat) || MIL. defer.

ajouter [aʒute] *vt* (1) add, join (*à,* to).

ajust|age [aʒystaʒ] *m* TECHN. adjustment || **~er** *vt* (1) adjust || fit (vêtement) || **~eur** *m* fitter.

alacrité [alakrite] *f* alacrity.

alambic [alɑ̃bik] *m* still.

alangu|i, e [alɑ̃gi] *adj* languid || **~ir (s')** *vpr* (2) languish || **~issement** *m* languidness.

alarm|ant, e [alarmɑ̃, ɑ̃t] *adj* alarming || **~e** *f* alarm; *sonner l'~,* give the alarm || **~er** *vt* (1) alarm, frighten || **~iste** *m* alarmist || FAM. scare-monger.

albatros [albatrɔs] *m* albatross.

albinos [albinɔs] *adj/n* albino.

album [albɔm] *m* album (à photos, de timbres); sketch-book (à croquis).

alcali [alkali] *m* alkali.

alchimie [alʃimi] *f* alchemy.

alcool [alkɔl] *m* alcohol || CH. spirit; *~ à brûler,* methylated spirit; *lampe à ~,* spirit-lamp || spirits (whisky, etc.); *sans ~,* soft (boisson) || MÉD. ***~ à 90°,*** surgical spirit || **~ique** *adj* alcoholic ● *m* alcoholic, sot || **~isé, e** [-ize] *adj* alcoholic, hard (boisson) || **~isme** *m* alcoholism, intemperance.

alcootest [alkɔtɛst] *m* breath/breathalyzer test.

alcôve [alkov] *f* alcove.

aléa [alea] *m* hazard, risk || **~toire** [-twar] *adj* risky, hazardous.

alentour [alɑ̃tur] *adv* around, about, round about ● *mpl* surroundings (d'une place); *aux ~s,* round about.

alerte I [alɛrt] *adj* brisk, alert (preste); spry (vieillard); crisp (style); smart (pas).

alert|e II *f* alarm; *en état d'~,* on the alert; *donner l'~,* give the alarm || ***~ à la bombe,*** bomb scare || MIL. ***~ aérienne,*** air-raid warning; *fin d'~,* all clear (signal) || **~er** *vt* (1) alert (donner l'alarme) || warn (prévenir).

aléser [aleze] *vt* (5) bore, drill.

alevin [alvɛ̃] *m* fry.

alezan, e [alzɑ̃, an] *adj* chestnut.

algarade [algarad] *f* quarrel.

algèbre [alʒɛbr] *f* algebra.

Alger [alʒe] *f* Algiers.

Algérie [alʒeri] *f* Algeria.

algérien, ienne [alʒerjɛ̃, jɛn] *adj/n* Algerian.

algue [alg] *f* seaweed.

alias [aljas] *adv* alias.

alibi [alibi] *m* alibi.

alién|ation [aljenasjɔ̃] *f* JUR. alienation || MÉD. insanity; *~ mentale,* derangement, lunacy || **~é, e** *n* insane person, lunatic || **~er** *vt* (5) alienate.

align|ement [aliɲmɑ̃] *m* alignment || **~er** *vt* (1) align, line up, range || MIL. draw up — *vpr* ***s'~,*** fall into line, line up || FAM., FIG. toe the line.

aliment [alimɑ̃] *m* food || **~aire** [-tɛr] *adj* alimentary || JUR. *pension ~,* alimony || **~ation** [-tasjɔ̃] *f* feeding, food || **~er** *vt* (1) feed || TECHN. supply — *vpr* ***s'~,*** take food.

alinéa [alinea] *m* paragraph.

alit|é, e [alite] *adj* confined to bed, laid up || **~er (s')** [salite] *vpr* (1) take to one's bed.

allait|ement [alɛtmɑ̃] *m* nursing, lactation (au sein); bottle-feeding (au biberon) || **~er** *vt* (1) breast-feed, nurse; [animal] suckle.

allant [alɑ̃] *m* drive, go, energy; *plein d'~,* full of pep (fam.).

alléch|ant, e [alleʃɑ̃, ɑ̃t] *adj* tempting, appetizing || seductive (offre) || **~er** *vt* (5) entice.

allée [ale] *f* walk, path (de jardin); drive (carrossable); *~ cavalière,* bridle-path; avenue (bordée d'arbres) || ***~s et venues,*** comings and goings.

allégation [alegasjɔ̃] *f* allegation.

allège [alɛʒ] *f* NAUT. lighter.

allég|ement [aleʒmɑ̃] *m* lightening || FIG. relief || **~er** *vt* (5-7) lighten (un fardeau) || alleviate (une douleur) || relieve (soucis) || JUR. mitigate (une peine).

allégor|ique [allegɔrik] *adj* allegorical || **~ie** [-i] *f* allegory.

all|ègre [allɛgr] *adj* brisk, lively, buoyant || **~ègrement** *adv* briskly, cheerfully, buoyantly || **~égresse** [-ɛs] *f* cheerfulness, elation.

alléguer [alege] *vt* (5) allege (une raison); bring forward (une excuse); *alléguant que...,* arguing that..., on the plea of...

Allemagne [almaɲ] *f* Germany.

allemand, e [almɑ̃, ɑ̃d] *adj/n* German.

aller [ale] *vi* (15) go || *~ à bicyclette,* cycle; *~ à cheval,* ride; *~ à pied,* walk, go on foot || *~ en Angleterre,* go over to England; *êtes-vous allé à Londres?,* have you been to London? || [aller + inf.] ***~ chercher,*** fetch; ***~ et venir,*** come and go, get about || [santé] *comment allez-vous?,* how are you?; ***~ bien,*** be well; ***~ mal,*** be unwell, be in a bad way; ***~ mieux,*** be/feel better || [vêtement] suit (être assorti); *~ à qqn,* fit sb; be/look becoming (bien); *habits pour tout ~,* clothes for casual wear || [couleur] match || [convenir] *ça ira,* that'll do || FAM. *qu'est-ce qui ne va pas?,* what's the trouble?, what's wrong/the matter with you? || *allons!,* come!; *allons! allons!,* there! there!; *allons! voyons!,* now then!; *allez-y!,* go ahead; *ça va!,* all right!, O.K.!; *ça ira,* that will do || *cela va de soi,* it is a matter of course || FAM. *ça va tout seul,* it's plain sailing || GRAMM. [futur proche] be going to, be about to — *vpr :* ***s'en ~,*** go away; be off || [tache] come off ● *m* outward journey || *à l'~,* on the way out || NAUT. voyage out || RAIL. *~ (simple),* single ticket; ***~ et retour,*** return ticket, U.S. round trip ticket.

allerg|ie [alɛrʒi] *f* allergy || **~ique** [-ik] *adj* MÉD. allergic.

all|iage [aljaʒ] *m* alloy || **~iance** [-jɑ̃s] *f* alliance, union || wedding-ring (anneau) || **~ié, e** *adj* allied, related ● *m* ally; *les ~s,* the allied || **~ier** *vt* (1) ally, unite || TECHN. alloy — *vpr* ***s'~,*** ally, become allies || unite, combine (*à,* with).

allô! [alo] *interj* hullo!

allocation [alɔkasjɔ̃] *f* allocation, allowance; *~ de chômage,* unemployment benefit, dole; *~s familiales,* family allowance.

allocution [allɔkysjɔ̃] *f* speech; *~ (télévisée),* shot (televised) speech || oration, address.

allong|ement [alɔ̃ʒmɑ̃] *m* lengthening || **~er** *vt* (7) lengthen, make longer || stretch (out), reach out (un bras); *~ les jambes,* stretch one's legs || *~ le pas,* step out || CULIN. thin (une sauce) — *vi* [jours] draw out — *vpr* ***s'~,*** lengthen || lie down, stretch (oneself) out (s'étendre).

allons V. ALLER ● *interj ~!,* come on!

allouer [alwe] *vt* (1) allot, assign (une part); allocate, allow (une somme).

allum|age [alymaʒ] *m* AUT. ignition || **~é, e** *adj* lighted, alight || **~e-feu** *m inv* kindling || **~e-gaz** *m inv* gas-lighter.

allum|er [alyme] *vt* (1) light (une cigarette); kindle (du feu); turn on (lumière, radio); switch on (électricité) || FIG. inflame, arouse — *vi* light up, switch on the light — *vpr* ***s'~,*** catch fire || [feu] kindle || **~ette** *f* match; *~ sué-*

doise, safety-match; *frotter une* ~, strike a match || **~eur** *m* AUT. distributor || **~oir** *m* lighter.

allure [alyr] *f* pace, speed; *à toute* ~, at full speed || FIG. walk, gait (démarche) || behaviour, ways (façons) || aspect, air, look (apparence).

allus|if, ive [allyzif, iv] *adj* allusive || **~ion** [-zjɔ̃] *f* allusion, hint; *faire* ~, allude, refer (*à*, to), hint (*à*, at).

almanach [almana] *m* almanac.

aloi [alwa] *m de bon* ~, sterling, genuine.

alors [alɔr] *adv* then || FAM. *ça* ~*!*, well!; ~*?*, well?; *et* ~*?*, so what? ● *loc adv jusqu'*~, till then ● *loc conj* ~ ***que,*** when (quand); whereas, while (tandis que).

alouette [alwɛt] *f* (sky)lark.

alourdir [alurdir] *vt* (2) make heavy/heavier; weight.

aloyau [alwajo] *m* sirloin.

alpaguer [alpage] *vt* (1) ARG. [police] bust (sl.).

Alpes [alp] *fpl les* ~, the Alps.

alphab|et [alfabɛ] *m* alphabet; ~ *Morse,* Morse code || **~étique** [-etik] *adj* alphabetic.

alpin|isme [alpinism] *m* mountaineering, climbing || **~iste** *n* mountaineer; climber.

altération [alterasjɔ̃] *f* adulteration || MÉD. impairment (de la santé) || MUS. break.

altercation [altɛrkasjɔ̃] *f* row, altercation.

altér|é, e [altere] *adj* thirsty || **~er** *vt* (5) adulterate (un produit); spoil (nourriture) || MÉD. impair (santé) — *vpr* ***s'~,*** deteriorate || [denrée] decay, go bad || [santé] break up/down || [temps] break.

altern|ance [altɛrnɑ̃s] *f* alternation || **~ateur** *m* ÉLECTR. alternator || **~atif, ive** *adj* alternative || ÉLECTR. alternating ● *f* alternation (succession) || choice, alternative (choix) || **~ativement** *adv* alternately || **~er** *vi* (1) alternate.

Altesse [altɛs] *f* Highness.

altier, ière [altje, jɛr] *adj* haughty.

alti|mètre [altimɛtr] *m* altimeter || **~tude** *f* altitude, height.

alto [alto] *m* MUS. viola.

altruis|me [altrɥism] *m* altruism || **~te** *adj/n* altruistic, unselfish.

aluminium [alyminjɔm] *m* aluminium, U.S. aluminum.

alun|ir [alynir] *vi* (2) land on the moon, touch down || **~issage** *m* touch-down.

alvéole [alveɔl] *m/f* small cavity || cell (d'abeille).

amabilité [amabilite] *f* kindliness; *voulez-vous avoir l'~ de,* will you be so kind as to || *Pl* attentions.

amadou [amadu] *m* tinder || **~er** [-dwe] *vt* (1) coax.

amaigr|ir [amɛgrir] *vt* (2) make thin || **~issant, e** *adj* reducing, thinning.

amalgam|e [amalgam] *m* amalgam || **~er** *vt* (1) amalgamate || JUR. consolidate; merge.

amande [amɑ̃d] *f* almond (fruit); kernel (d'un noyau).

amant [amɑ̃] *m* lover.

amarrage [amaraʒ] *m* mooring; *poste d'~,* moorings.

amarr|e [amar] *f* mooring rope, cable || **~er** *vt* (1) moor (navire); make fast (cordage); lash (cargaison) — *vpr* ***s'~,*** moor; berth (à quai).

amas [ama] *m* heap, pile || **~ser** [-se] *vt* (1) heap up, pile up || hoard (up), amass (argent) — *vpr* ***s'~,*** heap/pile up, gather.

amateur [amatœr] *m* lover, devotee; enthusiast (passionné); fan, buff (fam.) || ~ *de cinéma/théâtre,* picturegoer/playgoer, theatregoer; ~ ***d'oiseaux,*** bird-fancier, bird-watcher; ~ *de sports,* sportsman || [non-professionnel] amateur; ***d'~,*** amateurish.

amazone [amazon] *f* horsewoman (cavalière); *monter en* ~, ride side-saddle.

ambassad|e [ɑ̃basad] *f* embassy || **~eur** *m* ambassador || **~rice** [-dris] *f* ambassadress.

amb|iance [ɑ̃bjɑ̃s] *f* environment; atmosphere || **~iant, e** *adj* surrounding, ambient.

ambig|u, uë [ɑ̃bigy] *adj* ambiguous, dubious (réponse); doubtful (caractère) || **~uïté** [-ɥite] *f* ambiguity.

ambit|ieux, euse [ɑ̃bisjø, øz] *adj* ambitious || **~ion** *f* ambition || **~ionner** [-jɔne] *vt* (1) aspire to, aim at.

amble [ɑ̃bl] *m aller l'~,* amble.

ambre [ɑ̃br] *m* amber.

ambul|ance [ɑ̃bylɑ̃s] *f* ambulance || **~ant, e** *adj* travelling, itinerant (personne); *marchand* ~, hawker, pedlar (ou) peddler.

âme [ɑm] *f* soul, spirit; *corps et* ~, body and soul || *état d'~,* mood; *en mon ~ et conscience,* to the best of my knowledge and belief || *rendre l'~,* give up the ghost || (living) person; *pas ~ qui vive,* not a living soul.

amélior|ation [ameljɔrasjɔ̃] *f* improvement, amelioration, betterment || **~er** *vt* (1) improve, better || Fig. mend (matters) — *vpr* ***s'~,*** improve, ameliorate, change for the better || [choses] get better; [condition] mend.

aménag|ement [amenaʒmɑ̃] *m* arrangement; fitting-up, appointments || *Pl* amenities (socio-culturels) || **~er** *vt* (7) fit up/out || || arrange (une maison) || develop (une région) || Techn. harness (chute d'eau).

amendable [amɑ̃dabl] *adj* reclaimable, improvable.

amende [amɑ̃d] *f* fine; forfeit (au jeu); *mettre à l'~,* fine || *faire ~ honorable,* make apology.

amend|ement [amɑ̃dmɑ̃] *m* improvement || Jur. amendment || **~er** *vt* (1) amend || Agr. reclaim, improve — *vpr* ***s'~,*** mend one's ways, improve.

amener [amne] *vt* (5) bring (qqch., personne); lead (animal) || Techn. carry (eau, etc.) || Naut. lower (embarcation); strike (drapeau) || Jur. *mandat d'~,* warrant (of arrest) || Fig. induce (pousser); bring round (la conversation).

aménité [amenite] *f* amenity.

amenuiser [amənɥize] *vt* whittle away/down — *vpr* ***s'~,*** dwindle.

amer I [amɛr] *m* Naut. landmark.

amer II, **ère** *adj* [goût] bitter.

amèrement [amɛrmɑ̃] *adv* bitterly.

améric|ain, e [amerikɛ̃, ɛn] *adj/n* American || **~anisme** [-kanism] *m* americanism.

Amérique [amerik] *f* America; ~ *du Nord,* North America.

amerr|ir [amerir] *vi* (2) Av. land (on the sea) || Astr. splash down || **~issage** *m* landing; *faire un ~ forcé,* ditch || Astr. splashdown.

amertume [amɛrtym] *f* bitterness || Fig. grief.

ameublement [amøbləmɑ̃] *m* furniture.

ameuter [amøte] *vt* (1) Fig. rouse, excite (la foule) [*contre,* against] — *vpr* ***s'~,*** riot.

ami, e [ami] *n* friend || Fam. boy/girl friend; *(petite) ~e,* sweetheart; ~ *d'enfance,* childhood friend.

amiable [amjabl] *adj à l'~,* by private/mutual agreement.

amiante [amjɑ̃t] *f* asbestos.

amical, e, aux [amikal, o] *adj* friendly, amicable ● *f* friendly society || **-ement** *adv* in a friendly way, amicably.

amidon [amidɔ̃] *m* starch || **~ner** [-dɔne] *vt* starch.

amincir [amɛ̃sir] *vt* make thinner; make (sb.) look slim — *vpr* ***s'~,*** grow slim(mer).

amir|al, aux [amiral, o] *m* admiral; *navire ~,* flagship || **~auté** [-ote] *f* admiralty.

amitié [amitje] *f* friendship || *Pl* [lettre] best wishes, kind regards (*à,* to).

ammoniaque [amɔnjak] *f* CHIM. ammonia.

amnésie [amnezi] *f* amnesia.

amnist|ie [amnisti] *f* amnesty || **~ier** *vt* (1) grant amnesty.

amoindr|ir [amwɛ̃drir] *vt* (2) reduce, lessen || FIG. belittle, detract, cheapen || **~issement** *m* lessening, decrease.

amollir [amɔlir] *vt* (2) soften || FIG. enervate — *vpr* ***s'~,*** soften; weaken.

amoncel|er [amɔ̃sle] *vt* (8 *a*) heap up, pile up — *vpr* ***s'~er,*** pile up, accumulate || [nuages] bank up || [sable, neige] drift || **~lement** [-sɛlmɑ̃] *m* heap, mass.

amont [amɔ̃] *m* ***en ~,*** upstream; ***en ~ de,*** above.

amoral, e, aux [amɔral, o] *adj* amoral.

amorc|e [amɔrs] *f* [pêche] bait || [cartouche] cap, primer || [film] leader || **~er** *vt* (6) bait (un hameçon) || prime (une pompe).

amort|ir [amɔrtir] *vt* (2) muffle (bruit); absorb, deaden (choc) || break (chute) || FIN. amortize, extinguish (dette); pay off (hypothèque) || **~issement** *m* FIN. amortization (d'une dette); *caisse d'~,* sinking fund || **~isseur** [-tisœr] *m* AUT. shock-absorber.

amour [amur] *m* (*f* au pl.) love; *pour l'~ de,* for the sake of/for ...'s sake || FAM. ***faire l'~,*** make love, have sex (*avec,* with).

amour|acher (s') [samuraʃe] *vpr* (1) become infatuated (*de,* with) || **~eux, euse** *adj* in love (*de,* with); *tomber ~,* fall in love ● *n* lover || **~-propre** *m* self-esteem.

amovible [amɔvibl] *adj* detachable, removable.

ampère [ɑ̃pɛr] *m* ampere || **~mètre** [ɑ̃pɛrmɛtr] *m* ammeter.

amphi|bie [ɑ̃fibi] *adj* amphibious ● *m* amphibian || **~théâtre** *m* (amphi)theatre.

ampl|e [ɑ̃pl] *adj* ample, copious (abondant) || loose (vêtements) || full, wide (robe) || FIG. *jusqu'à plus ~ informé,* until fuller information is available || **~ement** *adv* amply, fully || **~eur** *f* extensiveness (étendue) || fullness (plénitude) || **~ificateur** [-ifikatœr] *m* TECHN. amplifier || RAD. booster || **~ifier** [-ifje] *vt* (1) amplify || FIG. magnify; develop || **~itude** [-ityd] *f* amplitude.

ampoule [ɑ̃pul] *f* ÉLECTR. bulb || PHOT. *~ (de) flash,* flashbulb || MÉD. blister (sur la peau); phial (de médicament).

amput|ation [ɑ̃pytasjɔ̃] *f* amputation || **~é, e** *n* amputee || **~er** *vt* (1) amputate || FIG. garble (un texte).

amure [amyr] *f* NAUT. tack; *bâbord ~s,* on the port tack.

amus|ant, e [amyzɑ̃, ɑ̃t] *adj* amusing, funny || **~ement** *m* amusement, entertainment || **~er** *vt* (1) amuse, entertain — *vpr* ***s'~,*** have fun (se divertir) || [enfants] play || *bien s'~,* have a good time || *s'~ à faire,* amuse oneself doing || ***pour s'~,*** in sport, for a rag.

amygdale [amidal] *f* tonsil.

an [ɑ̃] *m* year; *par* ~, yearly; *jour de l'*~, New Year's Day; *il a six* ~*s*, he is six years old.

anachronisme [anakrɔnism] *m* anachronism.

analgésique [analʒezik] *adj* analgesic ● *m* painkiller, analgesic; anodyne.

analo|gie [analɔʒi] *f* analogy || ~**gue** [-ɔg] *adj* analogous, similar, like.

analphab|ète [analfabɛt] *adj/n* illiterate || ~**étisme** [-etism] *m* illiteracy.

analys|e [analiz] *f* analysis || GRAMM. ~ *logique*, sentence analysis; ~ *grammaticale*, parsing || CH., MÉD. test; ~ *de sang*, blood test; (psycho)analysis || ~**er** *vt* (1) analyse; break down (décomposer) || GRAMM. parse; construe (faire le mot à mot).

ananas [anana] *m* pineapple.

anarch|ie [anarʃi] *f* anarchy; lawlessness || ~**ique** *adj* lawless || ~**isme** *m* anarchism || ~**iste** *adj/n* anarchist.

anatom|ie [anatɔmi] *f* anatomy || ~**ique** *adj* anatomic.

ancestral, e, aux [ɑ̃sɛstral, o] *adj* ancestral.

ancêtre [ɑ̃sɛtr] *n* ancestor, forefather || *Pl* ancestry.

anche [ɑ̃ʃ] *f* MUS. reed.

anchois [ɑ̃ʃwa] *m* anchovy.

ancien, ienne [ɑ̃sjɛ̃, jɛn] *adj* ancient (monde); antique (meuble); bygone (temps); old (adresse); onetime, former, late (ministre, etc.); retired (commerçant) || ~ ***combattant***, veteran, ex-serviceman; ~ *élève*, old boy, U.S. alumnus || *Pl* ancients || ~**nement** [-sjɛnmɑ̃] *adv* formerly || ~**neté** [-sjɛnte] *f* seniority (rang).

ancr|e [ɑ̃kr] *f* anchor; *jeter l'*~, cast anchor; *être à l'*~, ride at anchor; *lever l'*~, weigh anchor, (fig.) set sail; ~ *flottante*, drift-anchor || ~**er** *vt* (1) anchor.

Andorre [ɑ̃dɔr] *f* Andorra.

andouille [ɑ̃duj] *f* CULIN. chitterlings || FIG., POP. duffer.

andouiller [ɑ̃duje] *m* antler.

âne [ɑn] *m* ass, donkey; *aller à dos d'*~, ride a donkey || FIG. fool, dunce.

anéant|ir [aneɑ̃tir] *vt* (2) annihilate, destroy, wipe out || ~**issement** *m* annihilation, destruction.

anecdote [anɛkdɔt] *f* anecdote.

aném|ie [anemi] *f* anaemia || ~**ier** *vt* (1) make anaemic || ~**ique** *adj* anaemic.

anémomètre [anemɔmɛtr] *m* wind-gauge.

anémone [anemɔn] *f* anemone.

ânesse [ɑnɛs] *f* she-ass.

anesthés|ie [anɛstezi] *f* anaesthesia || ~**ier** *vt* (1) anaesthetize || ~**ique** *adj/m* anaesthetic || ~**iste** *n* anaesthetist.

anfractuosité [ɑ̃fraktɥɔzite] *f* hole, cleft (dans le rocher); indentation (de la côte).

ang|e [ɑ̃ʒ] *m* angel || ~**élique** [-elik] *adj* angelic || ~**élus** [-elys] *m* angelus (prière); ave-bell (sonnerie).

angine [ɑ̃ʒin] *f* tonsilitis.

anglais, e [ɑ̃glɛ, ɛz] *adj* English, British; *filer à l'*~*e*, take French leave ● *m* English (langue).

Anglais, e *n* Englishman/woman; *les* ~, the English.

angle [ɑ̃gl] angle; ~ *droit*, right angle; ~ *aigu*, sharp angle || corner (de la rue) || PHOT. ***grand*** ~, wide angle lens || FIG. angle.

Angleterre [ɑ̃glətɛr] *f* England.

angli|can, ane [ɑ̃glikɑ̃, an] *adj/n* Anglican || ~**ciser** [-size] *vt* (1) anglicize || ~**cisme** [-sism] *m* anglicism.

anglo-normand, e [ɑ̃glonɔrmɑ̃, ɑ̃d] *adj îles Anglo-Normandes,* Channel Islands.

anglophone [-fɔn] *n* English speaker ● *adj* English-speaking.

angoiss|ant, e [ɑ̃gwasɑ̃, ɑ̃t] *adj* agonizing || **~e** *f* anguish, agony || **~é, e** *adj* anguished.

anguille [ɑ̃gij] *f* eel.

angul|aire [ɑ̃gylɛr] *adj* angular; *pierre ~,* corner-stone || **~eux, euse** *adj* angular || FAM. gaunt, bony (personne).

anicroche [anikrɔʃ] *f* ***sans ~,*** without a hitch, smoothly.

animal, aux [animal, o] *m* animal, creature, beast; *~ familier,* pet ● *adj* animal, brutish (bestial).

anim|ateur, trice [animatœr, tris] *n* promotor || RAD. compère, *(m)* anchorman; disc-jockey (de variétés) || **~ation** [-asjɔ̃] *f* animation, liveliness (vie) || bustle, stir, excitement (mouvement); *plein d'~,* busy (rue) || **~é, e** *adj* animated; *dessin ~,* (animated) cartoon || lively (conversation); warm (discussion); vivacious (personne); breezy (jovial) || **~er** *vt* (1) animate || enliven (une discussion); stir up (exciter) || incite (pousser) || spirit (encourager) || FAM. jazz up (une réunion) — *vpr* ***s'~,*** brighten || [discussion] warm up || **~osité** [-ozite] *f* animosity.

anis [ani] *m* anise (plante); aniseed (graine).

ankylos|é, e [ɑ̃kiloze] *adj* stiff || **~er** *vt* (1) stiffen — *vpr* ***s'~,*** get stiff.

annales [annal] *fpl* annals.

anneau [ano] *m* ring (bague, cercle) || link (de chaîne).

année [ane] *f* year; *l'~ en cours,* the present year; *l'~ prochaine,* next year; *toute l'~,* all the year round || *~ scolaire,* school year || ASTR. ~ ***-lumière,*** light-year.

annex|e [anɛks] *f* annex(e) [local] || rider (à un document) || **~er** *vt* (1) annex (pays, document); affix (*à,* to) [document] || **~ion** *f* annexation.

annihiler [aniile] *vt* (1) annihilate.

anniversaire [anivɛrsɛr] *adj/m* anniversary; birthday.

annonc|e [anɔ̃s] *f* announcement, notification (information) || [journal] advertisement; ad (fam.); *petites ~s,* small ads || [cartes] call, bid || FIG. intimation || **~er** *vt* (6) announce || herald, betoken (présager) || declare (publier) || *~ la (mauvaise) nouvelle,* break the news || announce (visiteur) || [cartes] bid, declare || **~eur** *m* advertiser || RAD., T.V. sponsor.

Annonciation [anɔ̃sjasjɔ̃] *f* Annunciation.

annot|ateur [anɔtatœr] *m* editor (d'un texte) || **~er** *vt* (1) annotate.

annu|aire [anɥɛr] *m* year-book, annual || TÉL. telephone directory; book (fam.) || **~el, elle** *adj* yearly; annual || **~ellement** *adv* yearly || **~ité** *f* annuity.

annulaire [anylɛr] *m* ring-finger ● *adj* annular (éclipse).

annul|ation [anylasjɔ̃] *f* cancellation (d'un acte); annulment (d'un mariage); repeal (d'une décision) || **~er** *vt* (1) cancel (un acte); repeal (une décision); revoke (un décret); annul (un mariage); call off (un rendez-vous, un ordre de grève); write off (une dette) || COMM. cancel (une commande).

anoblir [anɔblir] *vt* (2) ennoble; raise to the peerage.

anode [anɔd] *f* anode.

anodin, e [anɔdɛ̃, in] *adj* harmless.

anomalie [anɔmali] *f* anomaly || kink (de l'esprit).

ânon [ɑnɔ̃] *m* ass's foal || **~ner** [-nɔne] *vt* (1) drone out.

anonym|at [anɔnima] *m* anonymity || **~e** *adj* anonymous || COMM. *société* ~, limited company.

anorak [anɔrak] *m* anorak.

anormal, e, aux [anɔrmal, o] *adj* abnormal; freak (intempéries); freakish (comportement).

anse I [ɑ̃s] *f* handle (d'un panier); ear (d'un pot).

anse II *f* GÉOGR. cove; creek.

antagon|isme [ɑ̃tagɔnism] *m* antagonism || **~iste** *n* opponent, antagonist.

antarctique [ɑ̃tarktik] *adj* Antarctic.

antécédent [ɑ̃tesedɑ̃] *m* antecedent || *Pl* background, past history.

antenne [ɑ̃tɛn] *f* ZOOL. antenna, feeler || RAD. aerial.

antéri|eur, e [ɑ̃terjœr] *adj* [temps] previous; prior (*à*, to) || [espace] forward, anterior || ANAT. *membre* ~, forelimb || **~eurement** *adv* previously; ~ *à*, prior to || **~orité** [-ɔrite] *f* anteriority, priority.

anthologie [ɑ̃tɔlɔʒi] *f* anthology.

anthracite [ɑ̃trasit] *m* anthracite.

anthropo|logie [ɑ̃trɔpɔlɔʒi] *f* anthropology || **~phage** [-faʒ] *n* man-eater ● *adj* cannibalistic.

anti|aérien, ienne [ɑ̃tiaerjɛ̃, jɛn] *adj* anti-aircraft || **~atomique** *adj* anti-atomic || **~biotique** [-biɔtik] *m* antibiotic || **~buée** *m* AUT. demister || **~chambre** *f* anteroom || **~char** *adj* anti-tank.

anticip|ation [ɑ̃tisipasjɔ̃] *f* anticipation; *par* ~, in advance, beforehand || **~er** *vt* (1) anticipate, forestall.

anti|conceptionnel, elle [ɑ̃tikɔ̃sɛpsjɔnɛl] *adj* contraceptive || **~corps** *m* antibody || **~dater** *vt* (1) antidate, date back || **~dérapant, e** *adj* non-skid(ding) || **~dote** [-dɔt] *m* antidote, counter-poison || **~gel** *m* anti-freeze || **~givre** *m* AV. de-icer ● *adj* anti-icing || **~grippal, e, aux** [-gripal, o] *adj* antiflu.

antillais, e [ɑ̃tijɛ, ɛz] *adj/n* West Indian.

Antilles [ɑ̃tij] *fpl* West Indies.

antilope [ɑ̃tilɔp] *f* antelope.

anti|parasite [ɑ̃tiparazit] *m* RAD. suppressor || **~pathie** [-pati] *f* dislike (*envers*, for); antipathy (*contre*, against) || **~pathique** *adj* unpleasant; obnoxious; antipathetic (*à*, to) || **~podes** [-pɔd] *mpl* antipodes; *aux* ~, at the antipodes.

antiqu|aire [ɑ̃tikɛr] *m* antique dealer || **~e** *adj* ancient; *monde* ~, antiquity || **~ité** *f* antiquity || *Pl* antiques.

antisémitisme [-semitism] *m* anti-Semitism.

antiseptique [ɑ̃tisɛptik] *adj/m* antiseptic.

anti|thèse [ɑ̃titɛz] *f* antithesis || **~thétique** [-tetik] *adj* antithetical || **~vol** *adj* anti-theft ● *m* AUT. steering (column) lock.

antre [ɑ̃tr] *m* den, lair (d'un lion).

anx|iété [ɑ̃ksjete] *f* anxiety, concern, uneasiness || **~ieux, ieuse** *adj* uneasy, restless, insecure; apprehensive.

août [u] *m* August; *à la mi-*~, in mid-August.

apache [apaʃ] *m* thug.

apais|ant, e [apɛzɑ̃, ɑ̃t] *adj* FIG. healing || **~ement** *m* appeasement, pacifying || quenching (de la soif); appeasement (de la faim) || alleviation (de la souffrance) || subsidence, satisfaction (d'un désir, d'une passion) || salve (de la conscience) || *Pl* assurances || **~er** *vt* (1) appease || pacify, calm, allay || appease, satisfy, stay (la faim); quench (la soif) || soothe, alleviate (la douleur) ||

compose (la colère); lay (les craintes) || quiet, still, salve (la conscience) — *vpr* ***s'~,*** [colère, orage, tempête] subside; [vent] die down, lull || [mer, colère] smooth down.

aparté [aparte] *m* TH. aside, stage whisper.

apath|ie [apati] *f* listlessness, apathy || **~ique** *adj* listless, apathetic || FAM. torpid.

apatride [apatrid] *adj* stateless ● *n* stateless person.

aper|cevoir [apɛrsəvwar] *vt* (3) see, perceive, catch sight of || notice (remarquer) || behold (contempler) || descry (discerner) — *vpr* ***s'~,*** perceive, notice, realize (*de qqch.*, sth.) || **~çu** [-sy] *m* glimpse, insight (notion); sketch, outline, summary (exposé).

apéritif [aperitif] *m* appetizer.

apesanteur [apəzɑ̃tœr] *f* weightlessness.

à-peu-près [apøprɛ] *m inv* approximation || (V. PRÈS.)

aphone [afɔn] *adj* voiceless.

aphorisme [afɔrism] *m* aphorism.

apicult|eur [apikyltœr] *m* apiarist || **~ure** *f* bee-keeping, apiculture.

apit|oiement [apitwamɑ̃] *m* pity, compassion || **~oyant, e** [-wajɑ̃, ɑ̃t] *adj* piteous, pitiful || **~oyer** [-waje] *vt* (9 *a*) move to pity — *vpr* ***s'~,*** feel compassion (*sur*, for).

aplanir [aplanir] *vt* (2) plane (bois); level (terrain) || FIG. smooth over, iron out.

aplatir [aplatir] *vt* (2) flatten, beat flat; squash (écraser) — *vpr* ***s'~,*** flatten out || FIG. crouch, cringe (s'humilier).

aplomb [aplɔ̃] *m* equilibrium; ***d'~,*** steady (fixe); straight (droit); *hors d'~*, out of plumb; ***reprendre son ~,*** steady (oneself) || FIG. *ne pas se sentir d'~*, feel out of sort || PÉJ. nerve, cheek (fam.).

apocryphe [apɔkrif] *adj* spurious (document).

apogée [apɔʒe] *m* ASTR. apogee || FIG. climax, apex, pinnacle.

apoplexie [apɔplɛksi] *f* apoplexy.

apostolat [apɔstɔla] *m* apostleship, apostolate.

apostrophe [apɔstrɔf] *f* apostrophe.

apothéose [apɔteoz] *f* apotheosis.

apôtre [apotr] *m* apostle.

apparaître [aparɛtr] *vi* (74) appear, come into sight/view, come out, become visible || loom (à travers le brouillard) || *faire ~*, conjure up (des esprits) || FIG. seem, appear (sembler); loom (menaçant).

apparat [apara] *m* pomp, state.

appareil [aparɛj] *m* apparatus, gear, appliance, device; *~ électroménager,* domestic electrical appliance || PHOT. ***~ photo,*** camera || RAD. set (poste récepteur) || TÉL. receiver || MÉD. *~ de prothèse auditive,* deaf-aid || AV. air-craft, craft || **~lage** [-aʒ] *m* TECHN. equipment, outfit; fixtures || NAUT. sailing || **~ler** [-e] *vi* (1) NAUT. get under way, set sail.

appar|emment [aparamɑ̃] *adv* apparently, seemingly || **~ence** *f* appearance (aspect); likeness, show, semblance (semblant); ***en ~,*** seemingly; *selon toute ~*, by/to all appearances; *sauver les ~s,* keep up appearances, save face || **~ent, e** *adj* apparent, visible (visible) || conspicuous (manifeste); *peu ~*, inconspicuous || seeming (trompeur).

apparent|é, e [aparɑ̃te] *adj* related, kindred, connected, akin (*à*, to) || **~ement** *m* POL. alliance.

apparition [aparisjɔ̃] *f* appearance; *faire une ~*, put in an appearance || apparition (fantôme).

appartement [apartəmɑ̃] *m* flat; U.S. apartment; ~ ***meublé,*** lodgings, furnished flat, apartments || [hôtel] suite of rooms.

apparten|ance [apartənɑ̃s] *f* POL. affiliation || **~ir** *vi* (101) [propriété] belong, pertain (*à,* to) || [privilège] *(impers) il vous appartient de,* it is up to you to, it rests with you to, it behoves you to || FIG. ~ ***à,*** belong to, (ap)pertain to; be a member of.

appât [apa] *m* bait || FIG. lure.

appauvrir [apovrir] *vt* (2) impoverish.

appeau [apo] *m* SP. decoy(-bird), stool-pigeon.

appel [apɛl] *m* call || TÉL. call; *faire un ~ téléphonique,* place a phone call; ~ *en préavis,* person to person call; ~ ***en PCV,*** transferred-charge call || [liste] roll call; ***faire l'~,*** call the roll/MIL. the muster || JUR. appeal; ***faire ~,*** appeal, lodge an appeal || FIG. ***faire ~ à,*** appeal to, call on/forth (son courage); ***sans ~,*** final || FIG. plea (demande instante) || **~é** [aple] *m* MIL. conscript, U. S. draftee.

appel|er [aple] *vt* (8) call (médecin) || call (nommer) || [taxi] hail || TÉL. ring up (*qqn,* sb.) || MIL. call up; U.S. draft (sous les drapeaux) || FIG. [désigner] appoint to — *vi* ~ ***à l'aide,*** call for help || ***en ~ à,*** appeal to — *vpr* ***s'~,*** be called/named; *comment vous appelez-vous?,* what is your name?; *je m'appelle Jean,* my name is John || **~lation** *f* COMM. trade-name; ~ *contrôlée,* registered trade-name.

appendic|e [apɛ̃dis] *m* MÉD. appendix || **~ite** [-it] *f* appendicitis.

appentis [apɑ̃ti] *m* penthouse, outhouse, lean-to.

appesantir [apəzɑ̃tir] *vt* (2) make heavy, weigh down — *vpr* ***s'~,*** become heavy || FIG. dwell at length (*sur,* on).

appét|issant, e [apetisɑ̃, ɑ̃t] *adj* appetizing; *peu ~,* uninviting || **~it** [-ti] *m* appetite; *avoir bon ~,* have a good appetite; *manger de bon ~,* eat heartily/with relish.

applaud|ir [aplodir] *vt* (2) applaud — *vi* clap || **~issements** *mpl* applause.

applic|able [aplikabl] *adj* applicable || **~ation** *f* application (*sur,* to) || FIG. application, applying (utilisation); *mettre en ~,* apply, implement; enforce (loi) || FIG. application, diligence, industry.

applique [aplik] *f* ÉLECTR. bracket, sconce.

appliqu|é, e [aplike] *adj* diligent, painstaking (travailleur); sedulous (assidu) || TECHN. applied (science) || **~er** *vt* (1) apply, put, lay (*sur,* on) || JUR. enforce (une loi) || FIG. apply (théorie, règle); put to use, put into practice (invention) — *vpr* ***s'~,*** apply oneself (*à,* to); work hard || [règle] apply.

appoint [apwɛ̃] *m* FIN. odd money; ***faire l'~,*** give the exact change.

appointements [apwɛ̃tmɑ̃] *mpl* salary (d'employé).

appontement [apɔ̃tmɑ̃] *m* NAUT. wharf, pier, landing-stage.

apport [apɔr] *m* contribution || **~er** [-te] *vt* (1) bring (qqch.).

apposer [apoze] *vt* (1) append (signature); affix (sceau) || JUR. ~ *les scellés,* affix the seals.

appréc|iable [apresjabl] *adj* appreciable, noticeable || **~iation** [-jasjɔ̃] *f* appreciation, estimate || **~ier** *vt* (1) appreciate, appraise (évaluer) || value, prize (estimer) || relish, enjoy (aimer); *ne pas ~, n'~ guère,* take a dim view of.

appréhen|der [apreɑ̃de] *vt* (1) apprehend, dread (craindre) || JUR.

seize, arrest (qqn) || **~sion** [-sjɔ̃] *f* apprehension, dread.

apprend|re [aprɑ̃dr] *vt* (80) learn; ~ *à lire,* learn to read; ~ ***par cœur,*** memorize, learn by heart || hear (être informé); *j'ai appris que,* I have heard that || see (dans le journal) || teach (enseigner); ~ ***qqch. à qqn,*** teach sth. to sb. || pick up (une langue) || tell (une nouvelle); break (une mauvaise nouvelle) [*à,* to].

apprent|i, e [aprɑ̃ti] *n* apprentice || FAM. tyro, novice || **~issage** [-isaʒ] *m* apprenticeship; *mettre en* ~, apprentice (*chez,* to).

apprêt [aprɛ] *m* TECHN. dressing (d'une étoffe) || **~er** [-te] *vt* (1) make ready, prepare || CULIN. dish up — *vpr* ***s'~,*** get ready (*à faire,* to do).

apprivois|é, e [aprivwaze] *adj* tame || **~er** *vt* (1) tame, domesticate (animal).

approba|teur, trice [aprɔbatœr, tris] *adj* approving; *sourire* ~, smile of approval || **~tion** *f* approval, approbation.

approch|é, e [aprɔʃe] *adj* approximate || **~e** *f* approach (action) || **~er** *vt* (1) bring/draw near (*de,* to) ~ *vi* approach, come/draw near — *vpr* ***s'~,*** approach, draw near (*de qqn,* to sb.); go/come up to; *ne pas* ~, keep off.

approfond|i, e [aprɔfɔ̃di] *adj* thorough, careful, intensive, profound (étude, etc.) || searching (enquête) || **~ir** *vt* (2) deepen, make deeper || FIG. go deeply into, get to the core of.

appropri|ation [aprɔpriasjɔ̃] *f* appropriation || **~é, e** *adj* appropriate, fit(ting), suitable (*à,* to/for); apt (remarque) || **~er** *vt* (1) fit, suit, adapt — *vpr* ***s'~,*** appropriate, make one's own, possess oneself of || usurp, embezzle (malhonnêtement).

approuver [apruve] *vt* (1) approve, assent (consentir); countenance (soutenir); sanction (sanctionner); agree to, authorize (souscrire à); ~ *qqn,* agree with sb.; *lu et approuvé,* read and approved || okay (fam.) [suggestion].

approvisionn|ement [aprɔvizjɔnmɑ̃] *m* stock, store, supply (provisions); supplying (action) || **~er** *vt* (1) provision, supply (*en,* with); stock (une boutique); cater for (qqn) || MIL. store — *vpr* ***s'~,*** lay in supplies (*en,* of); get one's supplies (*chez,* from).

approximat|if, ive [aprɔksimatif, iv] *adj* approximate || **~ivement** *adv* approximately, roughly.

appui [apɥi] *m* support, prop; *à hauteur d'~,* breast-high; *barre d'~,* handrail || TECHN. *point d'~,* prize || FIG. support, backing; *à l'~ de,* in support of.

appuie-tête [apɥitɛt] *m inv* AUT. headrest, head restraint.

appuyer [apɥije] *vt* (9*a*) press || recline (son bras, etc.) [*contre/sur,* against/on] || ~ *qqch. contre qqch.,* prop, lean, rest sth. against sth. || FIG. endorse (candidature) — *vt ind* ~ ***sur,*** press (bouton) — *vi* [se diriger] ~ *à gauche,* bear left — *vpr* ***s'~,*** lean (*sur,* on), rest, recline (*sur,* on; *contre,* against) || FIG. rely (*sur,* on).

âpre [ɑpr] *adj* harsh; rough (goût) || biting (froid) || sharp (vent) || greedy (avide).

après [aprɛ] *prép* after (plus tard que) || next (ensuite) || behind (derrière) ● *adv* after, afterwards, later; *peu* ~, soon after, presently; *l'instant d'~,* the next moment; *et puis* ~*?,* so what? || ~ ***tout,*** after all ● *loc conj* ~ ***que,*** after ● *loc prép* ***d'~,*** after (selon); *d'~ nature,* from nature; *d'~ lui,* according to him || **~-demain** *adv* the day after tomorrow || **~-guerre** *m/f* afterwar period; *d'~ guerre,* post-war || ~**-midi** *m/f* afternoon; *deux heures de l'~,* two p.m. || ~**-rasage** *m inv* after-shave || ~**-ski** *m* après-ski || ~**vente** *adj service ~,* after-sales service.

âpreté [ɑprəte] *f* harshness (aigreur) || roughness (rudesse); keenness (du froid).

à-propos [aprɔpo] *m* aptness, relevance.

apt|e [apt] *adj* fit, qualified (*à,* to) || ~**itude** [-ityd] *f* aptitude, ability, capacity (talent); fitness (convenance) || *Pl* qualifications, gifts.

apurer [apyre] *vt* (1) audit.

aqua|culture [akwakyltyr] *f* sea-farming || ~**relle** [akwarɛl] *f* watercolour(s) || ~**rium** [-rjɔm] *m* aquarium, tank || ~**tique** [-tik] *adj* aquatic.

aqueduc [akdyk] *m* aqueduct.

aqueux, euse [akø] *adj* watery.

aquilin [akilɛ̃] *adj m* aquiline.

arabe [arab] *adj* Arabic, Arabian ● *m* Arabic (langue).

Arabe [arab] *n* Arab (personne).

arabesque [arabɛsk] *f* ARTS arabesque, scroll.

Arabie [arabi] *f* Arabia.

arable [arabl] *adj* arable.

arachide [araʃid] *f* peanut.

araignée [arɛɲe] *f* spider; *toile d'~,* spider's web, cobweb.

araucaria [arokaria] *m* monkey-puzzle.

arbitr|age [arbitraʒ] *m* arbitration, arbitrament || ~**aire** *adj* arbitrary || ~**e** *m* arbiter || SP. [football] referee; (fam.) ref; [cricket] umpire || JUR. adjudicator || PHIL. *libre ~,* free will || ~**er** *vt* (1) arbitrate; *~ un différend,* settle a difference || SP. referee, umpire.

arborer [arbɔre] *vt* (1) hoist (un drapeau) || FAM. sport (un habit voyant).

arboriculteur, trice [arbɔrikyltœr, tris] *n* fruit-farmer.

arb|re [arbr] *m* tree; *jeune ~,* sapling; *~ fruitier,* fruit-tree; *~ de Noël,* Christmas-tree || TECHN. shaft, axle; *~ à cames,* camshaft || FIG. *~ généalogique,* family tree || ~**risseau** [-riso] *m* shrubby tree || ~**uste** [-byst] *m* shrub.

arc [ark] *m* bow; *tir à l'~,* archery || ARCH. arch; *~ de triomphe,* triumphal arch || ÉLECTR. arc; *lampe à ~,* arc-lamp/light; *soudure à l'~,* arc-welding.

arcade [arkad] *f* arcade.

arc-boutant [arkbutɑ̃] *m* buttress || ~**-bouter** *vt* (1) buttress — *vpr* ***s'~,*** prop oneself up (*contre,* against).

arceau [arso] *m* ARCH. arch || AUT. *~* ***de protection,*** rollbar.

arc-en-ciel [arkɑ̃sjɛl] *m* rainbow.

archaïque [arkaik] *adj* archaic.

archange [arkɑ̃ʒ] *m* archangel.

arche [arʃ] *m* ARCH. arch (pont) || REL. ~ de *Noé,* Noah's ark.

archéologie [arkeɔlɔʒi] *f* archaeology.

archet [arʃɛ] *m* MUS. bow.

archevêque [arʃəvɛk] *m* archbishop.

archi- [arʃi] *préf* FAM. excessively; *~plein,* cram-full.

archipel [arʃipɛl] *m* archipelago.

architect|e [arʃitɛkt] *m* architect, designer || ~**ure** *f* architecture.

archiv|es [arʃiv] *fpl* archives, records || ~**iste** *n* archivist, registrar.

arctique [arktik] *adj* Arctic.

ard|emment [ardamɑ̃] *adv* ardently, warmly, keenly || ~**ent, e** *adj* hot (chaud); burning (brûlant) || FIG. earnest (désir); eager (espoir); keen (sportif); warm (chaleureux); fiery (impétueux); ardent (enthousiaste) || **~eur** *f* heat, warmth (chaleur) || FIG. ardour, eargerness (enthousiasme); earnestness, keenness (zèle); mettle (fougue); spirits (énergie); *avec ~,* eagerly, strenuously.

ardoise [ardwaz] *f* slate.

ardu, e [ardy] *adj* arduous, strenuous (travail); hard (problème).

arène [arɛn] *f* arena || SP. bull-ring.

arête [arɛt] *f* fishbone; *enlever les ~s,* bone; *plein d'~s,* bony || GÉOGR. ridge.

argent [arʒɑ̃] *m* silver (métal) || money; *~ liquide,* cash; *~ comptant,* ready money; *~* ***de poche,*** pocket-money; pin-money (pour une femme); ***gagner de l'~,*** make money; *manquer d'~,* be badly off; *en avoir pour son ~,* get one's money's worth, get good value for one's money || **~é, e** [-te] *adj* silvery || **~erie** [-tri] *f* silver-plate, silverware, plate.

argile [arʒil] *f* clay.

argot [argo] *m* slang; cant (de métier).

argument [argymɑ̃] *m* argument || JUR. plea || **~er** [-te] *vt* (1) argue.

argus [argys] *m ~ de la presse,* clipping-bureau.

arid|e [arid] *adj* arid, dry, barren || FIG. dry || **~ité** *f* dryness, aridity || FIG. dullness.

aristocra|te [aristɔkrat] *n* aristocrat || **~tie** [-si] *f* aristocracy || **~tique** [-tik] *adj* aristocratic.

arithmétique [aritmetik] *f* arithmetic.

armateur [armatœr] *m* shipowner.

armature [armatyr] *f* framework || ÉLECTR. armature.

arm|e [arm] *f* arm, weapon; *~ à feu,* fire-arm; *~ blanche,* sidearm; *à l'~ blanche,* with cold steel; *en ~s,* in arms; *sans ~s,* unarmed; ***prendre les ~s,*** take up arms || MIL. *les trois ~s,* the services || FIG. *avec ~s et bagages,* lock, stock and barrel || **~é, e** *adj* TECHN. reinforced (béton) || **~ée** *f* army; *~ de terre,* land forces; *~ de l'air,* air force || **~ement** *m* armament || NAUT. outfitting || **~er** *vt* (1) arm, equip || cock (un fusil) || NAUT. man, commission — *vpr* ***s'~,*** arm oneself (*de,* with) || FIG. *s'~ de courage,* summon one's courage || **~istice** [-istis] *m* armistice.

armoire [armwar] *f* wardrobe, cupboard; *~ à pharmacie,* medicine cabinet; *~ à provisions,* larder.

armur|e [armyr] *f* armour || **~erie** [-ri] *f* armoury || **~ier** *m* gunsmith.

arnaqu|e [arnak] *f* ARG. sting || **~er** *vt* (1) ARG. sting.

aromat|e [arɔmat] *m* spice || **~ique** *adj* aromatic || **~iser** *vt* (1) flavour.

arôme [arom] *m* aroma, fragrance || CULIN. flavour.

arpent|age [arpɑ̃taʒ] *m* land-survey(ing) || **~er** *vt* (1) survey (un champ) || FIG. walk up and down || **~eur** *m* surveyor (géomètre).

arqué, e [arke] *adj* bandy (jambes).

arrache-pied (d') [daraʃpje] *loc adv* unremittingly; *travailler d'~,* hammer away.

arracher [araʃe] *vt* (1) tear away/off, rip away/off (en déchirant); pull out/up (en tirant); pluck out/up (des herbes); snatch away/off (brusquement); wrest (brutalement) || AGR. lift, dig up (pommes de terre) || MÉD. extract, pull (dent); *se faire ~ une dent,* have a tooth out.

arraisonner [arɛzɔne] *vt* (1) NAUT. hail; stop and examine.

arrang|ement [arɑ̃ʒmɑ̃] *m* arrangement, scheme, ordering, disposition (disposition) || agreement (accord); settlement (conciliation); adjustment (d'une affaire); *arriver à un ~*, come to terms || MUS. arrangement || **~er** *vt* (1) arrange, dispose, organize, put in order (mettre en ordre) || adjust, settle (un différend) || put right (raccommoder) || FAM. fix (up) [une affaire]; *est-ce que ça vous arrange?*, does it suit you? — *vpr* ***s'~***, get oneself up (se parer) || *s'~ avec*, compose with, settle with, come to an agreement with || *s'~ de qqch.*, put up with sth., make sth. do, make shift with || *s'~ pour faire*, contrive to do.

arrestation [arɛstasjɔ̃] *f* arrest, seizure, apprehension; *en état d'~*, under arrest.

arrêt [arɛ] *m* stop(ping), halt (acte) || standstill (immobilisation) || pause (temps d'arrêt); break, U.S. stop-over (au cours d'un voyage); ***sans ~***, unceasingly, continuously; without stopping, non-stop || stopping-place (point d'arrêt); *~ d'autobus*, bus-stop; *~ facultatif*, request stop || [chien] *tomber en ~*, set, point || TECHN. stoppage || MIL. arrest; *mettre aux ~s*, put under arrest || JUR. decision; *~ de mort*, death sentence || MÉD. *~ du cœur*, heart failure || **~é, e** [-te] *adj* standing, stopped (véhicule) || FIG. fixed, firm (idée); set (opinion) ● *m* decree; *~ municipal*, by-law.

arrêter [-te] *vt* (1) stop || check (contenir); stay (le progrès) || pull up (un cheval) || AUT. pull up/in || JUR. arrest, seize (qqn) || determine, fix, settle (choix, plan); decide upon (projet) — *vpr* ***s'~***, stop; [auto, train] stop, pull/draw up, come to a stop/halt; *s'~ court*, stop dead/short || ***s'~ à***, stop over at (au cours d'un voyage) || ***s'~ de***, leave off; quit (fam.) || ***s'~ chez***, call at.

arrhes [ar] *fpl* earnest money, deposit; *laisser dix francs d'~*, pay a deposit of ten francs.

arrière [arjɛr] *m* rear, back (part) || SP. back || MIL. rear || NAUT. stern; *à l'~*, astern || ***en ~***, behind; back(wards) [avec mouvement]; ***en ~ de***, behind, U. S. back of • *adj* back (partie) || AUT. rear (feu).

arriéré, e [arjere] *adj* arrear (travail) || antiquated, outmoded (idée, goût) || benighted (peuple) || FIN. overdue (paiement) || MÉD. retarded, backward (enfant) ● *m* backlog (travail) || COMM. arrears || FIN. back interests ● *n* MÉD. moron.

arrière-boutique [arjɛrbutik] *f* back-shop || **~-cuisine** *f* scullery || **~-garde** *f* rearguard || **~-goût** *m* after-taste || **~-grand-père** *m* great-grandfather || **~-pensée** *f* mental reservation, hidden motive || **~-petit-fils** *m* great-grandson || **~-plan** *m* background || **~-saison** *f* late season/ autumn || **~-train** *m* hind-quarters.

arrim|age [arimaʒ] *m* NAUT. stowage (de la cargaison); trim (du navire) || **~er** *vt* (l) NAUT. stow — vpr ***s'~***, [astronef] dock.

arriv|age [arivaʒ] *m* arrival, consignment || **~ant, e** *n* arrival; *nouvel ~*, (new-)comer || **~é, e** *adj/n le premier ~*, the first comer **~ée** *f* arrival, coming; *à son ~*, on his/her arrival || *corbeille du courrier à l'~*, in tray || SP. home; *ligne d'~*, finishing line || TECHN. inlet || **~er** *vi* (1) come, arrive (*à*, at); get to (une ville); come home (à la maison); check in (à l'hôtel) || turn up (fam.) || happen, occur, come about, take place, befall (survenir); ***quoi qu'il arrive***, whatever may come, happen what may; *que lui est-il* *arrivé?,* what has happened to him? || SP. come in || NAUT. sail (in) || AV. land || RAIL. *le train doit ~ à six heures,* the train is due (to arrive) at six || JUR. *~ au pouvoir,* come in || *~* ***à,*** reach, get to; *~* ***à faire,*** succeed in doing, manage to do; *je n'arrive pas à comprendre,* I can't understand, I fail to understand; ***en ~ à,*** come to || ***y ~,*** make the grade; *je n'y arrive pas,* I can't manage it; contrive (financièrement); cope (se débrouiller); *nous y sommes arrivés,* we made it || **~iste** *n* go-getter, social climber, careerist.

arrog|ance [arɔgɑ̃s] *f* arrogance, haughtiness || **~ant, e** *adj* arrogant.

arroger (s') [sarɔge] *vpr* (7) assume, claim (droits, contrôle).

arrondir [arɔ̃dir] *vt* (2) make round || round off (nombre) || supplement, eke out (revenus) — *vpr* ***s'~,*** become round || FIG. swell.

arrondissement [arɔ̃dismɑ̃] *m* district || ward (postal).

arros|age [arɔzaʒ] *m* watering, sprinkling || **~er** *vt* (1) water, sprinkle (plantes) || CULIN. baste (rôti); wash down (un repas) || **~euse** *f* sprinkler (de jardin); watering-lorry (de rue) || **~oir** *m* watering-can.

arsenal, aux [arsənal, o] *m* arsenal; armoury.

art [ar] *m* art; *œuvre d'~,* work of art || artistry, skill, art (habileté); ***avoir l'~ de,*** have the knack of || *Pl* (fine) arts (beaux-arts); *~s d'agrément,* accomplishments; *arts et métiers,* arts and crafts || ARTS. ***l'~ pour l'~,*** art for art's sake.

art|ère [artɛr] *f* MÉD. artery || FIG. thoroughfare (route) || **~ériel, elle** [-erjɛl] *adj* arterial.

arthrit|e [artrit] *f* arthritis || **~ique** *adj* arthritic.

artichaut [artiʃo] *m* artichoke.

article [artikl] *m* [journalisme] article; story; feature (grand); *~ de fond,* leader || COMM. article, item (à l'inventaire); *~ d'appel,* loss leader || *Pl* goods; *~s de bureau,* writing materials || GRAMM. article.

articul|ation [artikylasjɔ̃] *f* [membre] articulation, joint; [doigt] knuckle || [parole] utterance || TECHN. joint || **~é, e** *adj* articulate || **~er** *vt* (1) articulate || TECHN. joint.

artific|e [artifis] *m* artifice; artful device, trick (stratagème) || *feu d'~,* fireworks || **~iel, elle** *adj* artificial || TECHN. man-made (satellite) || FIG. unnatural.

artill|erie [artijri] *f* artillery, ordnance; *~ de campagne,* field artillery || **~eur** *m* artillery man.

artisan [artizɑ̃] *m* craftsman, artisan || **~at** [-zana] *m* arts and crafts.

artist|e [artist] *n* artist || TH. actor, actress; *entrée des ~s,* stage door || **~ique** *adj* artistic.

as [ɑs] *m* [jeu], FAM. ace.

ascend|ance [asɑ̃dɑ̃s] *f* pedigree || **~ant, e** *adj* rising; upward ● *m* ascendency || ASTR. ascendant ● *mpl* ancestry (parents).

ascens|eur [asɑ̃sœr] *m* lift, U.S. elevator || **~ion** *f* ascent, ascension || SP. climb(ing); *faire l'~ de,* climb.

Ascension [asɑ̃sjɔ̃] *f* Ascension Day.

asc|ète [asɛt] *n,* ascetic || **~étique** [asetik] *adj* ascetic || **~étisme** *m* ascetism.

asepti|que [asɛptik] *adj* aseptic || **~ser** [-ze] *vt* (1) asepticize.

asiatique [azjatik] *adj* Asiatic, Asian ● *n* Asiatic.

Asie [azi] *f* Asia.

asile [azil] *m* asylum; *~ d'aliénés,*

lunatic asylum, mental hospital ; ~ *de nuit,* doss-house || shelter, refuge, home (abri) || POL. asylum FIG. harbour, sanctuary.

aspect [aspɛ] *m* aspect, view (vue) ; *au premier* ~, at first sight || look, appearance (apparence) ; angle, bearing (d'une question).

asperge [aspɛrʒ] *f* asparagus.

asperger [aspɛrʒe] *vt* (7) sprinkle, spray.

aspérité [asperite] *f* asperity || *Pl* asperities, jags || FIG. roughness, harshness.

aspersion [aspɛrsjɔ̃] *f* sprinkling, aspersion.

asphalte [asfalt] *m* asphalt || pavement (trottoir).

asphyx|ie [asfiksi] *f* asphyxia, suffocation || **~ier** *vt* (1) asphyxiate.

aspic [aspik] *m* CULIN. aspic.

aspirant, e [aspirɑ̃, ɑ̃t] *adj* sucking || TECHN. *pompe ~e,* suction-pump ● *m* NAUT. midshipman || MIL. cadet.

aspirateur [aspiratœr] *m* vacuum-cleaner ; hoover (trade name) ; *passer l'~ dans,* vacuum ; hoover (fam.).

aspir|ation *f* [gaz] inhaling || [liquid] suction || FIG. aspiration || **~er** *vt* (1) breathe in, inhale (de l'air) || suck up ; draw up (un liquid) — *vi* ~ ***à,*** aspire to, long for.

aspirine [aspirin] *f* aspirin.

assagir (s') [sasaʒir] *vpr* (2) settle down, sober down, steady.

assaill|ant [asajɑ̃] *m* assailant, attacker || **~ir** *vt* (17) assail, assault || FIG. beset (*de,* with) [craintes] ; bombard (*de,* with) [questions].

assain|ir [assɛnir] *vt* (2) make healthier, purify || FIG. reform || **~issement** *m* sanitation, drainage || FIG. reform.

assaisonn|ement [asɛzɔnmɑ̃] *m* CULIN. seasoning ; dressing (de la salade) ; spice, relish (ingrédient) || **~er** *vt* (1) season ; spice (relever le goût) ; dress (salade).

assass|in [asasɛ̃] *m* murderer, assassin ; cut-throat ● *adj* **~, e** [-in] FIG. provocative || **~inat** [-ina] *m* murder ; assassination || **~iner** [-ine] *vt* (1) murder, assassinate.

assaut [aso] *m* MIL. assault, onslaught, onset, storm(ing) ; *donner l'~,* attack, charge ; *monter à l'~,* storm, charge ; *prendre d'~,* rush, take by storm || SP. bout.

ass|èchement [asɛʃmɑ̃] *m* drying || **~écher** [-eʃe] *vt* (5) dry (up) ; drain (un marais) — *vpr* ***s'~,*** run dry.

assembl|age [asɑ̃blaʒ] *m* gathering (action) ; assemblage, gathering, aggregation (de gens, de choses) || TECHN. joining || **~ée** *f* assembly (corps constituant) || meeting (réunion) ; ~ *générale,* general meeting || convention (conférence) || **~er** *vt* (1) assemble, bring together (personnes) ; put together, gather, collect, piece (choses) || TECHN. join (up) — *vpr* ***s'~,*** assemble, meet, gather, convene, congregate.

assener [asene] *vt* (5) deliver (un coup) ; *bien assené,* telling (coup).

assentiment [asɑ̃timɑ̃] *m* assent, consent ; *donner son ~,* give one's assent, subscribe (*à,* to).

asseoir [aswar] *vt* (18) sit, seat (qqn) || pitch (un camp) || FIG. establish — *vpr* ***s'~,*** sit down.

assermenter [asɛrmɑ̃te] *vt* (1) swear in.

assertion [asɛrsjɔ̃] *f* assertion.

asserv|i, e [asɛrvi] *adj* subservient (*à,* to) || **~ir** *vt* (2) subjugate, enslave || **~issement** *m* bondage.

assez [ase] *adv* enough (suffisamment) ; *bien ~,* quite enough ;

~ *d'argent,* enough money; ~ *chaud,* warm enough || rather (plutôt) || FAM. quite || FIG., FAM. *en avoir* ~, be sick of it; *j'en ai* ~!, I am fed up!

assid|u, e [asidy] *adj* assiduous, sedulous; regular, steady || **~ité** *f* assiduity; industry (au travail); regular attendance (à l'école) || **~ûment** [-dymɑ̃] *adv* assiduously.

assieds [asie] V. ASSEOIR.

assiéger [asjeʒe] *vt* (5-7) besiege, beset, lay siege (*à,* to) || invest.

assiette [asjɛt] *f* plate; ~ *plate/creuse,* dinner/soup plate || FIG. *n'être pas dans son* ~, be out of sorts, be off colour.

assign|ation [asiŋasjɔ̃] *f* subpoena, summons || **~er** *vt* (1) JUR. summon, subpoena || FIG. ~ *une tâche à qqn,* assign/allot a task to sb.

assimil|ation [asimilasjɔ̃] *f* assimilation (lit., fig.) || **~er** *vt* (1) assimilate, rank || FIG. imbibe — *vpr* **s'~,** assimilate; integrate oneself (*à,* in).

ass|is, ise [asi, iz] *adj* (v. ASSEOIR) seated, sitting; ***être* ~,** sit, be seated; *rester* ~, keep one's seat, remain seated || **~ise** [-iz] *f* seating (des fondations) || *Pl* foundations || JUR. *Pl* assizes; Assize Court (cour).

assist|ance [asistɑ̃s] *f* audience; turn-out (participation); onlookers (curieux) || attendance (présence) || assistance (aide); *prêter* ~ *à,* assist, help || REL. congregation || **~ant, e** *n* onlooker, bystander, spectator || attendant (personne présente) || assistant, helper || **~ante** *f* ~ *sociale,* social worker || **~er** *vt* (1) assist, help, see through || ~ ***à,*** witness (un accident); hear (une conférence); attend, be present at (une réunion).

associ|ation [asɔsjasjɔ̃] *f* association (pr., fig.) || society (club) || COMM. partnership || PHIL. ~ *d'idées,* association || **~é** *m* COMM. partner || **~er** *vt* (1) associate — *vpr* **s'~,** associate, unite || club together || COMM. enter into partnership; ~ *à,* take part in, share, stand in (qqch.); join in, consort (*à,* with).

assoiff|é, e [aswafe] *adj* thirsty || **~er** *vt* (1) make thirsty.

assombrir [asɔ̃brir] *vt* (2) darken || FIG. cloud — *vpr* **s'~,** darken, grow dark; cloud over.

assomm|ant, e [asɔmɑ̃, ɑ̃t] *adj* FIG. tiresome, boring || **~er** *vt* (1) fell, knock down || FIG. stun || FAM. bore, pester, plague.

Assomption [asɔ̃psjɔ̃] *f* Assumption.

assort|i, e [asɔrti] *adj* assorted, mixed (gâteaux); matched, suited (apparié) || **~iment** [-imɑ̃] *m* matching (des couleurs) || assortment, choice, collection, variety (d'objets) || **~ir** *vt* (2) match (couleurs); pair (off) [par deux]; accompany (accompagner) || COMM. supply — *vpr* **s'~,** match; suit one another, go well together.

assoup|i, e [asupi] *pp* dozing || **~ir** *vt* (2) make sleepy — *vpr* **s'~,** doze off || **~issement** *m* drowsiness (torpeur); doze (sommeil); nap (court sommeil).

assoupl|ir [asuplir] *vt* (2) make supple — *vpr* **s'~,** limber up (les muscles) || **~issement** *m exercices d'*~, warming-up exercises.

assourd|i, e [asurdi] *adj* dead (son) || **~ir** *vt* (2) deafen (pr., fig.) || muffle (un son) || **~issant, e** *adj* deafening.

assouv|ir [asuvir] *vt* (2) satiate, satisfy (faim); slake, quench (soif); assuage (faim, soif) || gratify (ses passions) || **~issement** *m* sating, satisfying || indulgence (*de,* in).

assujett|i, e [asyʒeti] *adj* FIG. subject (*à,* to) || **~ir** *vt* (2) subject, subdue, subjugate, bring under (soumettre); bind, compel (forcer) || **~issement** *m* subjection.

assumer [asyme] *vt* (1) assume (des responsabilités, un rôle) || take up (fonctions).

assur|ance [asyrɑ̃s] *f* assurance, self-confidence; *avoir de l'~,* be self-confident; *manque d'~,* diffidence; *manquer d'~,* lack confidence; *avec ~,* composedly || JUR. insurance, assurance; *police d'~,* insurance policy; *contracter une ~,* take out a policy; *~ **automobile,*** car insurance; *~ **incendie,*** fire insurance; *~ **maladie,*** sickness insurance; *~ **tous risques,*** comprehensive insurance; *~ **au tiers,*** third-party insurance; *~ **sur la vie,*** life insurance; *~ **contre le vol,*** insurance against theft.

assu|ré, e *adj* assured; confident; sure, success; secure (avenir) || insured (biens); assured (contre les risques) ● *n* assured/insured person; *l'~,* the assured || **~ément** [~emɑ̃] *adv* assuredly || **~er** *vt* (1) fasten, secure (fixer) || certify, warrant (garantir); assure (affirmer) || JUR. insure, assure — *vpr* ***s'~,*** make certain; make sure of, ascertain (*auprès de,* from); *s'~ que,* satisfy oneself that || JUR. insure (*contre,* against); take out an insurance || **~eur** *m* insurer; *~ maritime,* underwriter.

astérisque [asterisk] *m* asterisk, star.

asthme [asm] *m* asthma.

asticot [astiko] *m* maggot.

astigmat|e [astigmat] *adj* astigmatic || **~isme** *m* astigmatism.

astiquer [astike] *vt* (1) furbish, polish.

astre [astr] *m* star.

astr|eignant, e [astrɛɲɑ̃, ɑ̃t] *adj* compelling || **~eindre** [-ɛ̃dr] *vt* (59) oblige (forcer) — *vpr* ***s'~,*** force/bind oneself (*à,* to).

astro|logie [astrɔlɔʒi] *f* astrology || **~logue** [-lɔg] *m* astrologer || **~naute** [-not] *n* astronaut, spaceman, -woman || **~nautique** [-notik] *f* astronautics || **~nef** [-nɛf] *m* spaceship, spacecraft || **~nome** [-nɔm] *n* astronomer || **~nomie** [-nɔmi] *f* astronomy || **~nomique** *adj* [-nɔmik] astronomic(al).

astuc|e [astys] *f* cunning, astuteness, shrewdness, smartness || trick (tour) || **~ieusement** *adv* astutely, smartly, cleverly || **~ieux, ieuse** *adj* shrewd, astute || PÉJ. crafty, cunning, wily (rusé).

atelier [atəlje] *m* TECHN. (work)shop || ARTS studio.

atermoyer [atɛrmwaje] *vi* (9 *a*) procrastinate, stall off.

athé|e [ate] *adj* atheistic ● *n* atheist || **~isme** *m* atheism.

Athènes [atɛn] *f* Athens.

athl|ète [atlɛt] *m* athlete || **~étique** [-etik] *adj* athletic || **~étisme** [-etism] *m* athletics.

Atlantique [atlɑ̃tik] *adj/m* Atlantic.

atlas [atlas] *m* [cartes] atlas.

atmosph|ère [atmɔsfɛr] *f* atmosphere || **~érique** [-erik] *adj* atmospheric.

atom|e [atom] *m* atom || **~ique** [-ɔmik] *adj* atomic.

atomiseur [-izœr] *m* atomiser.

atout [atu] *m* [cartes] trump; *~ trèfle,* clubs are trumps; *sans ~,* no trumps || FIG. asset.

âtre [ɑtr] *m* hearth, fire-place.

atroc|e [atrɔs] *adj* atrocious; agonizing, excruciating (douleur); heinous, outrageous (crime) || **~ité** *f* atrocity.

attabler (s') [satable] *vpr* (1) sit down to table.

attach|ant, e [ataʃɑ̃, ɑ̃t] *adj* arresting, attractive, engaging || **~e** *f* fastening, tie || clip, paper-clip (trombone) || tether (corde) || MÉD. ankle (cheville) || *Pl* FIG. bonds, ties, links || **~é, e** *adj* FIG. tenacious (*à*, of); *rester ~ à*, cling to || **~ement** *m* FIG. attachment, devotedness || **~er** *vt* (1) fasten, bind, tie (up) [lier]; tether (avec une longe); tie up (un chien) || tag (*à*, on/to) — *vi* CULIN. catch, stick — *vpr* ***s'~***, fasten (se boutonner); be tied (se lier) || FIG. *~ à*, stick to (s'intéresser à); become attached to (aimer).

attaqu|ant [atakɑ̃] *m* assailant, attacker || **~e** *f* assault; *~ à main armée*, hold-up (d'un véhicule); raid (d'une banque) || MIL. attack, charge, onset; *~ aérienne*, air-raid || MÉD. attack (de goutte); stroke (d'apoplexie); bout (de grippe) || FIG. thrust, criticism || **~er** *vt* (1) attack, assail, assault, come at, go for || [acide] eat into, corrode || MUS. strike up || JUR. *~ en justice*, bring an action against || FIG. tackle (un problème); criticize, impugn (critiquer) — *vpr* ***s'~ à***, attack (une personne, une tâche) || FIG. tackle, get down to (une tâche).

attard|é, e [atarde] *adj* belated || FIG. benighted (ignorant); backward, mentally retarded (arriéré) || **~er** *vt* (1) delay, keep late — *vpr* ***s'~***, linger, delay; stay on (*chez*, at) || FIG. linger (*à*, over).

atteindre [atɛ̃dr] *vt* (59) reach, come at, get at, arrive at (lieu) || attain (avec effort) || hit (frapper); *~* ***le but***, hit the mark || MÉD. *être atteint de*, suffer from || COMM. fetch (un prix aux enchères) || FIG. come up to (un niveau); accomplish, achieve (un but); *ne pas ~*, fall short of (son but) || FIG. touch, wound (blesser).

atteinte [atɛ̃t] *f* reach; ***hors d'~***, out of/beyond reach || FIG. harm, derogation; ***porter ~ à***, injure, damage; derogate from (un droit); *porter ~ à la réputation de qqn*, cast a slur on sb.'s reputation.

attel|age [atlaʒ] *m* team (chevaux) || RAIL. coupling || **~er** *vt* (8 *a*) harness (un cheval); put to (un cheval à une voiture) — *vpr* ***s'(y) ~***, FIG. settle down, buckle (*à*, to).

attelle [atɛl] *f* MÉD. splint.

attenant, e [atnɑ̃, ɑ̃t] *adj ~* ***à***, adjoining.

attendre [atɑ̃dr] *vt* (4) wait for, wait (*que*, till); await (qqn, qqch.); ***aller ~ qqn***, go and meet sb.; ***faire ~ qqn***, keep sb. waiting || *attendez!*, wait a minute! || *~* ***avec impatience***, look forward to (+ verbe -ing) || *~* ***un bébé***, be expecting || ***en attendant***, meanwhile — *vpr* ***s'~ à***, expect, look forward to; *je m'y attendais*, I thought as much.

attendr|ir [atɑ̃drir] *vt* (2) make tender || FIG. touch — *vpr* ***s'~***, FIG. soften, melt; *se laisser ~*, relent || **~issant, e** [-isɑ̃, ɑ̃t] *adj* moving, touching.

attendu, e [atɑ̃dy] *adj* (V. ATTENDRE) || AV., RAIL. *~ à 2 heures*, due at 2 o'clock ● *loc conj ~* ***que***, considering that || JUR. whereas.

attentat [atɑ̃ta] *m* attempt (*à la vie de qqn*, on sb.'s life); outrage, offence; *~* ***à la bombe***, bomb attack/outrage; *~ contre l'ordre public*, breach of the peace; *~ à la pudeur*, indecent exposure.

attente [atɑ̃t] *f* wait(ing) || [lettre] *dans l'~ de vos nouvelles*, looking forward to hearing from you.

attentif, ive [atɑ̃tif, iv] *adj* attentive (*à*, to); heedful (*à*, of) [vigilant] || careful (examen) || thoughtful (personne) || considerate (prévenant).

atten|tion [atɑ̃sjɔ̃] *f* attention,

heed, notice; ***faire ~,*** take care, mind; *faire ~ à,* pay attention to, mind; *faire à peine ~ à,* pay scant attention to; *ne faire aucune ~ à,* take no notice of || ***attirer l'~ de qqn,*** attract sb.'s attention, catch sb.'s eye; ***détourner l'~ de qqn,*** divert sb.'s attention || ***~!,*** mind!, look out! || regard (*à,* for/to) [estime] || **~tivement** [-tivmɑ̃] *adv* attentively; carefully; closely.

atténu|ation [atenɥasjɔ̃] *f* attenuation || **~er** *vt* (1) attenuate || subdue (couleur, lumière); deaden (bruit); soften (son); shade (lumière); ease (douleur); mitigate (peine); tone down, qualify (un jugement) — *vpr* ***s'~,*** soften || [bruit] die down || [douleur] lessen.

atterrer [atɛre] *vt* (1) dismay, appall.

atterr|ir [atɛrir] *vi* (2) Av. land, touch down; *~ en catastrophe,* crash-land || Naut. make a landfall || **~issage** *m* Av. landing, touch-down; *~ en catastrophe,* crash-landing; *~ forcé,* forced/emergency landing || Naut. landfall.

attest|ation [atɛstasjɔ̃] *f* testimonial, certificate, character (certificat) || Jur. attestation, evidence || **~er** *vt* (1) attest, certify (certifier) || witness, testify (témoigner).

attiédir [atjedir] *vt* (2) cool (le chaud); warm (le froid) || Fig. damp.

attifer [atife] *vt* (1) Fam. rig out, dress up.

attirail [atiraj] *m* paraphernalia || Techn. gear, outfit.

attir|ance [atirɑ̃s] *f* attraction || **~ant, e** *adj* attractive, appealing || **~er** *vt* (1) attract, draw (*vers,* towards) || Fig. V. attention || Fig. lure (dans un piège); entice, inveigle (séduire); appeal (plaire) — *vpr* ***s'~,*** bring upon oneself; incur (blâme); *s'~ des ennuis,* get into trouble.

attiser [atize] *vt* (1) poke, stir (le feu); fan (avec de l'air) || Fig. stir up.

attitré, e [atitre] *adj* appointed; steady (ami).

attitude [atityd] *f* attitude (comportement); bearing, set (du corps).

attouchement [atuʃmɑ̃] *m* touch.

attraction [atraksjɔ̃] *f* Phys. attraction || *Pl* amusements || Fig. attraction.

attrait [atrɛ] *m* attraction (attirance); appeal (charme); liking (penchant).

attrap|e [atrap] *f* Fam. practical joke || **~er** *vt* (1) catch, get, seize || snare (au piège) || Méd. catch (maladie) || Fig. hoax (berner) || Fam. tell off, dress down (réprimander); *se faire ~,* get a good talking-to.

attrayant, e [atrɛjɑ̃, ɑ̃t] *adj* attractive, engaging, arresting.

attribuer [atribɥe] *vt* (1) ***~ à,*** attribute to, ascribe to (un acte, une œuvre); put down to, refer to, set down to (un effet); impute to (une faute); assign to (une pièce); allot to, allocate to (une part); impart to, credit on (une qualité); adjuge to (une récompense, la propriété) — *vpr* ***s'~,*** appropriate, assume.

attribu|t [atriby] *m* attribute || Gramm. complement || **~tion** *f* allotment, ascription, assignment || *Pl* duties, attributions.

attrist|é, e [atriste] *adj* sad, sorrowful || **~er** *vt* (1) sadden, make sad — *vpr* ***s'~,*** sadden, become sad (*de,* at/by).

attroup|ement [atrupmɑ̃] *m* gathering, crowd || **~er (s')** *vpr* (1) crowd, flock together, troop.

au [o] *art contr* (= *à le*) V. à.

aubaine [obɛn] *f* godsend, windfall.

aube [ob] *f* dawn, daybreak.

aubépine [obepin] *f* hawthorn.

auberge [obɛrʒ] *f* inn; *~ de la jeunesse,* youth hostel.

aubergine [obɛrʒin] *f* egg-plant.

aubergiste [obɛrʒist] *n* innkeeper || [auberge de la jeunesse] *père/mère ~,* warden.

aucun, e [okœ̃] *adj* [proposition négative] no, not any || [proposition affirmative ou interrogative] any ● *pron* none || [v. nég.] any.

audac|e [odas] *f* daring, boldness, audacity; *avoir l'~ de,* dare to || **~ieux, ieuse** *adj* daring, audacious.

au-dedans, au-dehors, au-delà, etc. V. DEDANS, DEHORS, DELÀ, etc.

audible [odibl] *adj* audible.

audience [odjɑ̃s] *f* audience, hearing (entrevue) || JUR. sitting, session.

audio-visuel, elle [odjovizɥɛl] *adj* audio-visual.

audi|teur, trice [oditœr, tris] *n* listener, hearer || *Pl les ~s,* the audience || **~tif, ive** *adj* auditory || **~tion** *f* audition || MUS. hearing, audition || **~tionner** [-sjɔne] *vt* (1) TH., MUS. audition || **~toire** [-twar] *m* audience || **~torium** [-tɔrjɔm] *m* auditorium.

auge [oʒ] *f* trough.

augment|ation [ogmɑ̃tasjɔ̃] *f* increase, augmentation; ***en ~,*** on the increase || [prix] rise || [salaires] increase, increment, rise, U.S. raise || **~er** *vt* (1) increase, raise (prix, salaires) || step up, boost (production) || put up (loyer); supplement (revenus) — *vi* [prix, salaires, etc.] increase, rise, go up || [production] increase, grow || [douleur] grow.

augur|e [ogyr] *m* omen; *de mauvais ~,* ominous; *de bon ~,* auspicious || **~er** *vt* (1) portend.

aujourd'hui [oʒurdɥi] *adv* today; *il y a ~ huit jours,* a week ago today; *d'~ en huit,* a week from today; *d'~ en huit/en quinze,* today week/fortnight || [de nos jours] nowadays, today.

aulx [o] *mpl* V. AIL.

aumôn|e [omon] *f* alms; *faire l'~,* give alms || **~ier** *m* REL., MIL. chaplain; padre (fam.).

au pair [opɛr] *adj jeune fille ~,* au pair girl.

auparavant [oparavɑ̃] *adv* before; first.

auprès [oprɛ] *adv* near, by ● *loc prép* ***~ de,*** close to/by (à côté de) || compared with (en comparaison de).

auquel [okɛl] V. LEQUEL.

auréole [oreɔl] *f* REL., ASTR. halo.

au revoir [orvwar] *interj/m* goodbye || FAM. bye(-bye) || POP. tata.

auriculaire [orikylɛr] *adj* auricular ● *m* little finger.

aurore [ɔrɔr] *f* dawn, daybreak; *~ boréale,* Northern Lights.

ausculter [oskylte] *vt* (1) MÉD. sound.

auspices [ospis] *mpl sous les ~ de,* under the auspices of.

aussi [osi] *adv* also, too; *Jean ~ était là,* John too was there; *moi ~,* FAM. me too; *vous parlez anglais et moi ~,* you speak English and so do I || ***~... que,*** as... as; *il est ~ grand que vous,* he is as tall as you; *pas ~ grand que,* not so tall as ● *conj* therefore, so || ***~ bien*** (= *d'ailleurs*), besides; ***~ bien que,*** as well as; *~ longtemps que,* as long as.

aussitôt [osito] *adv* immediately, at once || ***~ que,*** as soon as.

aust|ère [ostɛr] *adj* stern, austere, dour || **~érité** [-erite] *f* austerity.

Austral|ie [ostrali] *f* Australia || **~ien, ienne** *n* Australian.

autant [otɑ̃] *adv* as much/many (*de,* as); *pas* ~, not so many (*de,* as); ~ ***que,*** as much/many as; *pas* ~ *que,* not so much/many as; ~ *que je sache,* as far as I know; ***d'~ que,*** the more so as; ***d'~ plus/moins que,*** all the more/less as.

autel [otɛl] *m* altar.

auteur [otœr] *m* author, writer; *femme* ~, authoress; ~ *dramatique,* playwright, dramatist.

authent|icité [otɑ̃tisite] *f* authenticity || **~ifier** [-ifje] *vt* (1) make valid || **~ique** *adj* authentic(al), genuine.

auto [oto] *f* car || [fête foraine] ***~s tamponneuses,*** dodgems.

auto|bus [otobys] *m* bus; ~ *à deux étages/à impériale,* double-decker || **~car** *m* motor-coach || **~chenille** *f* half-track (vehicle) || **~clave** [-klav] *m* MÉD. sterilizer || **~collant, e** *adj* self-sticking, stick-on ● *m* sticker, transfer || **~critique** [-kritik] *f* self-criticism || **~cuiseur** [-kɥizœr] *m* pressure cooker || **~-défense** *f* self-defense || **~didacte** [-didakt] *adj* self-educated ● *n* self-taught person, autodidact || **~-école** *f* driving school || **~gène** [-ʒɛn] *adj soudure* ~, (oxy-acetylene) welding || **~graphe** [-graf] *m* autograph || **~mate** [-mat] *m* automaton || **~mation** [-masjɔ̃] *f* automation || **~matique** [-matik] *adj* automatic ● *m* TÉL. G.B. = STD (Subscriber Trunk Dialling) || **~matiquement** *adv* automatically || FAM. as a matter of course || **~matiser** *vt* (1) automate || **~mitrailleuse** *f* armoured car.

automne [otɔn] *m* autumn, U.S. fall.

auto|mobile [otomɔbil] *adj* automotive ● *f* motor-car, U.S. automobile || **~mobiliste** [-mɔbilist] *n* motorist || **~moteur, trice** *adj* self-propelled.

autonom|e [otonom] *adj* autonomous; self-governing || **~ie** [-nɔmi] *f* autonomy, self-government, home rule.

autopont *m* fly-over, toboggan.

autopsie [otɔpsi] *f* post-mortem, autopsy.

autoradio *m* car-radio.

autorail [otoraj] *m* rail-car.

autori|sation [otorizasjɔ̃] *f* authorization, authority, leave; *sans* ~, unauthorized || JUR. license || COMM. warrant || **~sé, e** [-ze] *adj* authorized || authoritative (source) || **~ser** *vt* (1) authorize, give permission || [chose] allow || JUR. entitle, authorize, license || **~taire** [-tɛr] *adj* authoritative, high-handed, overbearing || **~té** *f* authority, power; *faire* ~ *en,* be an authority on; *avoir* ~ *sur,* have power over; *qui fait* ~, authoritative (livre); *avec* ~, authoritatively || authority (expert) || *Pl les* ~*s,* authorities.

auto|route [otorut] *f* motorway, U.S. superhighway, turnpike, speedway, expressway || **~-stop** *m* hitch-hiking; *faire de l'*~, hitch-hike; FAM. thumb a lift/ U.S. ride || **~-stoppeur, euse** *n* hitch-hiker || **~suggestion** autosuggestion.

autour [otur] *adv* round, around; *tout* ~, round about ● *prép* ~ *de,* round, about.

autre [otr] *adj* other; *un* ~, another; ~ *chose,* something else || *nous* ~*s Français,* we French ● *pron* other || *un(e)* ~, another (one); *l'un et l'*~, both; *l'un après l'*~, one after the other; *l'un l'*~, each other || *Pl* others; *entre* ~*s,* among others; *et* ~*s choses/gens (etc.) de ce genre,* and such like || **~fois** [-əfwa] *adv* formerly, in the past; *d'~,* of the past, of old || **~ment** [-əmɑ̃] *adv* otherwise (différemment) || or else (sinon).

Autrich|e [otriʃ] *f* Austria || **~ien, ienne** *n* Austrian.

autrichien, ienne [otriʃjɛ̃, jɛn] *adj* Austrian.

autruche [otryʃ] *f* ostrich.

autrui [otrɥi] *pron indéf* others, other people.

auvent [ovɑ̃] *m* porch-roof.

aux [o] *art contr* (= À LES) V. À.

auxiliaire [oksiljɛr] *adj* auxiliary; subsidiary ● *n* [personne] assistant ● *m* GRAMM. auxiliary.

avachi, e [avaʃi] *adj* out of shape (chaussures) || FAM. flabby, slumped (personne).

aval I, **als** [aval] *m* COMM. endorsement.

aval II *m en ~,* down stream; *en ~ de,* below.

avalanche [avalɑ̃ʃ] *f* avalanche || FIG. shower.

avaler [avale] *vt* (1) swallow; *~ gloutonnement,* wolf down || inhale (la fumée) || FAM. take in (une histoire); stomach (un affront); *dur à ~,* unpalatable || [médicament] *ne pas ~,* not to be swallowed.

avaliser [avalize] *vt* (1) COMM. back, endorse (un effet).

avanc|e [avɑ̃s] *f* advance, lead; ***en ~,*** in advance, before time; ***d'~,*** beforehand; *en ~ sur son époque,* ahead of one's time(s); *prendre de l'~,* get ahead (*sur,* of) || *prendre de l'~,* FAM. steal a march on || FIN. advance (de fonds); *payer d'~,* pay in advance, pay beforehand, prepay || SP. start, lead; *donner des points/ cinq minutes d'~,* give odds/five minutes' start || AUT. *~ (à l'allumage),* sparking advance || *Pl* overtures; *faire des ~,* make advances to sb. || **~é, e** *adj* advanced, forward (idées); *je n'en suis pas plus ~ pour cela,* I am none the wiser for it || *à une heure ~e,* at a late hour || MIL. advanced (poste) || CULIN. high || **~ement** *m* advancement (des sciences); progress (des études) || promotion, rise; *recevoir de l'~,* be promoted || **~er** *vi* (5) advance, move forward, progress, proceed; *avancez!,* move along!; *~ péniblement,* plod one's way || [navire] make headway/progress || [auto] *~ au pas,* crawl along || [faire saillie] project, jut out || [montre, horloge] gain; *ma montre avance de cinq minutes,* my watch is five minutes fast — *vt* move/bring forward || advance (un pion); draw up (une chaise); hold out (la main) || bring forward (une réunion); advance (une date); put on (une montre) || FIN. advance (de l'argent) || JUR. bring forward (une preuve) || FIG. put forward (une idée) — *vpr **s'~,*** advance, come forward, approach.

avant [avɑ̃] *prép* [distance, ordre, temps] before; *~ peu,* before long; *~ tout,* above all (surtout); first of all (tout d'abord) || earlier than; *~ la fin de la semaine,* by the end of the week; *~ ce moment-là,* by then || ***~ de,*** before || ***en ~ de,*** ahead of ● *adv* before (auparavant) || late, far (tard) || far (loin) || ***en ~,*** onwards ● *loc conj **~ que,*** before || ***pas ~ que,*** not till/ until ● *n* forepart || NAUT. bow(s) [proue] || SP. [football] forward || FIG. *aller de l'~,* go ahead ● *adj inv* AUT. *roue ~,* front wheel.

avantag|e [avɑ̃taʒ] *m* advantage, profit; avail; *tirer ~,* benefit (*de,* by) || *à son ~,* at one's best || *Pl **~s en nature*** fringe benefits || [tennis] vantage; *~ service/dehors,* van in/van out; *~ détruit,* deuce || **~eux, euse** *adj* advantageous, profitable || COMM. good value (for money).

avant|-bras [avɑ̃bra] *m* forearm || **~-centre** *m* [football] centre-forward || **~-coureur** *adj m* forerunner || ~**-dernier, ère** *adj/n* last but one || ~**-garde** *f* vanguard; van || ~**-goût** *m* foretaste || ~**-hier** *adv* the day before yesterday; ~ *soir,* the evening before last || ~**-port** *m* outer harbour || ~**-poste** *m* outpost || ~**-première** *f* preview || ~**-projet** *m* draught || ~**-scène** *f* forestage || ~**-toit** *m* eaves.

avar|e [avar] *adj* miserly, avaricious ● *n* miser; niggard || ~**ice** [-is] *f* avarice, stinginess.

avarie [avari] *f* NAUT. damage, injury (*de,* to).

avar|ié, e [avarje] *adj* spoiled, damaged || rotting (viande) || NAUT. disabled, damaged || ~**ier** *vt* (1) damage, spoil || NAUT. disable, damage.

avec [avɛk] *prép* [accompagnement, simultanéité, moyen] with || [manière] with + *n* (à valeur d'adverbe) : ~ *soin,* carefully || [opposition] against (lutte); in spite of (malgré) || [extraction] *fait* ~ *du charbon,* made from coal || ***d'*~,** from || ***et* ~ *ça?,*** what next?, anything else? || CIN. ~ ***X.,*** featuring X., starring X.

avenant, e [avnɑ̃, ɑ̃t] *adj* prepossessing, comely.

avènement [avɛnmɑ̃] *m* advent || accession (au trône).

avenir [avnir] *m* future; *à l'*~, in the future, in years to come || FIG. prospect.

aventur|e [avɑ̃tyr] *f* adventure, venture, experience || affair, intrigue (amoureuse) || *bonne* ~, fortune || chance (hasard); *à l'*~, aimlessly || ~**er (s')** *vpr* (1) venture || ~**eux, euse** *adj* adventurous, venturesome || ~**ier, ière** *n* adventurer, adventuress.

avenue [avny] *f* avenue.

avérer (s') [savere] *vpr* prove.

averse [avɛrs] *f* shower; *forte* ~, downpour.

aversion [avɛrsjɔ̃] *f* dislike, aversion (*pour,* for); distaste (*pour,* for); *avoir de l'*~ *pour,* dislike; *prendre qqn en* ~, take a dislike to sb.

avert|i, e [avɛrti] *adj* informed, experienced || forewarned (prévenu) || ~**ir** *vt* (2) notify, give notice (aviser) || caution (*de,* against), warn (*de,* of) [mettre en garde] || inform (*de,* of) [informer] || ~**issement** *m* warning, notice (acte) || caution (avis) || ~**isseur** [-isœr] *m* signal; ~ *d'incendie,* fire-alarm || AUT. hooter.

aveu [avø] *m* avowal, admission, confession (d'une faute); *faire l'*~ *de,* confess || assent (accord); *de l'*~ *général,* by common consent.

aveugl|ant, e [avœglɑ̃, ɑ̃t] *adj* blinding || ~**é, e** *adj* blind || ~**e** *n* : *un/une* ~, a blind man/woman; *les* ~*s,* the blind || ~**er** *vt* (1) blind || FIG. ~ *une fuite,* stop a leak || ~**ette (à l')** *loc adv* blindly; *avancer à l'*~, grope one's way.

avia|teur, trice [avjatœr, tris] *n* aviator; airman, airwoman || ~**tion** *f* aviation || SP. [métier] flying || MIL. air force.

avid|e [avid] *adj* eager (*de,* for) [succès]; ~ *de faire,* eager to do; avid (*de,* for) [gloire]; greedy (*de,* for) [argent, honneurs] || grasping (avare) || covetous (nature) || ~**ement** *adv* eagerly; greedily || ~**ité** *f* eagerness; greediness.

avil|ir [avilir] *vt* (2) debase, degrade — *vpr* ***s'*~,** degrade/demean oneself || ~**issement** *m* degradation, debasement.

avion [avjɔ̃] *m* aircraft, aeroplane, U.S. airplane || plane (fam.); ***par* ~,** by air(mail); ***aller en* ~,** go by air/plane, fly (*à,* to) || ~***-cargo,*** freighter; ~ *de ligne* airliner; ~ ***à réaction,*** jet(plane) || MIL. ~ *de chasse,* fighter.

aviron [avirɔ̃] *m* oar || SP. rowing.

avis [avi] *m* opinion, judg(e)ment,

mind; *à mon* ~, in my opinion, to my mind; ***être d'~ que,*** be of (the) opinion that, be for; ***être du même ~,*** be of the same mind (*que,* as); *être d'un ~ différent,* take a different view (*de,* of); ***changer d'~,*** change one's mind, think better of sth. || counsel, advice; ***un ~,*** a piece of advice || notice, notification; ***sans ~,*** without warning; *jusqu'à nouvel* ~, until further notice || ~ ***au public,*** public notice || **~é, e** [-ze] *adj* wary, cautious, purposeful; *bien/mal* ~, well/illadvised || **~er** [-ze] *vt* (1) notice, perceive (apercevoir) || notify, advise (avertir) — *vi* think about, consider; *j'aviserai,* I'll see to/about it — *vpr* ***s'~,*** take it into one's head, take upon oneself (se permettre).

aviver [avive] *vt* (1) quicken; revive (couleur) || stir up (feu) || stimulate (sentiment) || brighten (regard).

avocat I [avɔka] *m.* avocado (pear).

avocat II, **e** [-at] *n* lawyer, barrister; advocate (en Écosse); *~conseil,* counsel.

avoine [avwan] *f* oats; *farine d'~,* oatmeal.

avoir [avwar] *vt* (19) [possession] have || [se procurer] get || [éprouver] be; ~ *chaud/froid/faim,* be warm/cold/hungry || [dimension] be; ~ *2 mètres de long,* be 6 feet long || [âge] be; ~ *dix ans,* be ten years old || [entretenir] keep (des voitures, des domestiques) || FAM. ~ *qqn,* get the better of sb.; ***se faire ~,*** be taken in; be taken for a ride, be had (fam.); *on vous a eu!,* you've been had!; *on les aura!,* we'll beat/get them || *qu'avez-vous?,* what is the matter with you?; *je n'ai rien,* there's nothing the matter || ~ **à,** have (got) to; *n'~ qu'à,* have only to; *vous n'avez qu'à téléphoner,* just give a ring || ***en ~ :*** *en avoir contre qqn,* have a grudge against sb.; *j'en ai assez,* I am fed up, I am sick of it; *en ~ pour son argent,* get one's money's worth — *v impers* ***y ~ :*** *il y a,* there is/are; *il y avait (autrefois),* there used to be; *il y a 10 milles de,* it is 10 miles from; *combien de temps y a-t-il que?,* how long ago is it since?; *il y a deux ans,* two years ago — *v aux* have ● *m(pl)* assets || COMM. credit (side).

avoisin|ant, e [avwazinɑ̃, ɑ̃t] *adj* neighbouring || **~er** *vt* (1) adjoin, be near.

avort|ement [avɔrtəmɑ̃] *m* abortion || **~er** *vi* (1) MÉD. abort, have an abortion || FIG. fail || **~on** *m* FAM. runt.

avoué [avwe] *m* solicitor, attorney.

avouer [avwe] *vt* (1) confess, own, admit to (faute) || acknowledge (fait).

avril [avril] *m* April; *poisson d'~,* April-fool; *1er* ~, April-fool day.

axe [aks] *m* MATH. axis || TECHN. spindle, axle.

axiome [aksjom] *m* axiom.

ayant [ɛjɑ̃] V. AVOIR || ~ **droit** *m* rightful claimant/owner.

ayons [ɛjɔ̃] V. AVOIR.

azote [azɔt] *m* nitrogen.

azur [azyr] *m* azure.

b

b [be] *m* b.

baba [baba] *adj* FAM. flabbergasted.

babeurre [babœr] *m* buttermilk.

babil [babil] *m* prattle, babble || **~lard, e** [babijar, ard] *adj* talkative (personne); babbling (ruisseau) || **~ler** [babije] *vi* (1) [enfant] prattle, babble.

babines [babin] *fpl* chaps, chops.

babiole [babjɔl] *f* trinket; knick-knack || FIG. trifle.

bâbord [bɑbɔr] *m* port; *à ~*, on the port side.

bac [bak] *m* tank, vat (réservoir) || [évier] sink; tub (pour laver) || CULIN. *~ **à glace*** ice-tray || NAUT. ferry(-boat); *passer (personnes, voitures) en ~*, ferry (people, cars) [across/over].

baccalauréat, FAM. **bac** [bak(alɔrea)] *m* General Certificate of Education (Advanced Level).

bâche [bɑʃ] *f* (coarse canvas) cover; *~ goudronnée*, tarpaulin.

bachot [baʃo] *m* abrév. fam. de BACCALAURÉAT || **~age** [-ɔtaʒ] *m* FIG. cramming || **~er** *vi* (1) cram.

bacille [basil] *m* bacillus.

bâcl|é, e [bɑkle] *adj* slipshod, sloppy, slapdash || **~er** *vt* (1) scamp, botch, bungle, skimp.

bactéries [bakteri] *fpl* MÉD. bacteria.

badaud [bado] *m* onlooker, bystander; loiterer (flâneur).

badigeon [badiʒɔ̃] *m* whitewash || **~ner** [-ʒɔne] *vt* (1) whitewash || MÉD. paint (la gorge).

badin, e [badɛ̃, in] *adj* playful, bantering || **~inage** [-inaʒ] *m* banter.

badine [badin] *f* switch.

badiner [badine] *vi* (1) trifle (plaisanter); banter (taquiner).

bafouer [bafwe] *vt* (1) hold up to ridicule.

bafouiller [bafuje] *vt* (1) [personne] splutter, stammer.

bagages [bagaʒ] *mpl* luggage, U.S. baggage; *faire/défaire ses ~*, pack/unpack (one's luggage).

bagarr|e [bagar] *f* affray; brawl, scuffle, scrimmage; dog-fight || **~er (se)** *vpr* (1) fight, scuffle.

bagatelle [bagatɛl] *f* trifle.

bagne [baɲ] *m* convict settlement/prison.

bagnole [baɲɔl] *f* *(vieille) ~*, banger, jalopy (fam.).

bagout [bagu] *m* FAM. gab, glibness; *avoir du ~*, have the gift of the gab.

bague [bag] *f* ring; *~ de fiançailles*, engagement ring.

baguenauder [bagnode] *vi* (1) fool around (s'amuser); moon about (muser).

baguette [bagɛt] *f* rod, stick; *~ de sourcier*, dowsing rod || CULIN. chopsticks || MUS. baton; *~ de tambour*, drumstick.

bah! [bɑ] *interj* who cares?, rubbish!

bahut [bay] *m* chest.

baie I [bɛ] *f* GÉOGR. bay || ARCH. opening.

baie II *f* BOT. berry.

baign|ade [bɛɲad] *f* bathing; bathing-place (lieu) || **~er** *vt* (1) bath (un bébé); bathe (le corps)

|| Fig. wash (la côte) — *vi* soak — *vpr* ***se* ~,** bathe, have a swim; *aller se* ~, go for a swim || **~eur, euse** *n* bather, swimmer || **~oire** *f* bath, bath-tub || Th. box.

bail, baux [baj, bo] *m* lease; *prendre/donner à* ~, lease/ lease out.

bâill|ement [bɑjmɑ̃] *m* yawn(ing) || **~er** *vi* (1) yawn, gape || **~on** *m* gag || **~onner** [-ɔne] *vt* (1) gag.

bain [bɛ] *m* [dans une baignoire, etc.] bath; ***prendre un* ~,** take a bath, have a bath; ~ *moussant,* bubble bath || [mer, piscine] bathe, swim || ***prendre un* ~ *de soleil,*** sunbathe || ~ *de vapeur,* steam bath.

baïonnette [bajɔnɛt] *f* bayonet.

baiser [bɛze] *m* kiss; *donner un* ~, kiss ● *vt* (1) kiss; ~ *la main d'une dame,* kiss a lady's hand || Pop. [sexe] lay (sl.).

baiss|e [bɛs] *f* drop (de température, de prix) || subsidence (des eaux) || fall (de température) || failing (de la vue) || decline (de l'influence, des prix) || Fin. fall || **~er** *vt* (1) lower, let down || pull down (un store) || hang (la tête); ~ *vivement la tête,* duck || ~ *(les yeux),* look down || turn down (le gaz) || dim (une lumière) || Comm. lower, bring down (les prix) — *vi* [eaux] subside, sink || [marée] go/run out, ebb || [température] drop || [baromètre] fall || [vent] drop || [lumière] decline, fade || [vue, forces] fail || [réserves] run low || Fin. [prix] decline, drop — *vpr* ***se* ~,** bend down, stoop || **~ier** [bɛsje] *m* Fin. bear.

bajoue(s) [baʒu] *f (pl)* chaps, chops.

bal, bals [bal] *m* dance, ball; ~ *costumé,* fancy-dress ball; ~ *masqué,* masquerade.

balad|e [balad] *f* [à pied] walk, stroll; *faire une* ~, go for a stroll/jaunt || **~er (se)** *vpr* (1) saunter, stroll; gad about (vadrouiller).

balafr|e [balafr] *f* scar; slash, gash (au visage) || **~er** *vt* (1) scar.

balai [balɛ] *m* broom; ~ *brosse,* scrubbing-brush; ~ *à franges,* mop; ~ *mécanique,* carpet sweeper; *donner un coup de* ~ *(dans la pièce),* give (the room) a sweep.

Balance [balɑ̃s] *f* Astr. Libra.

balan|ce *f* scales; ~ *romaine,* steelyard || Comm. balance || **~cement** [-smɑ̃] *m* swing(ing), sway(ing), rocking || **~cer** [-se] *vt* (6) swing, rock || Fin. square, balance (un compte) || Fig. waver, hesitate || Fam. chuck away (qqch.); ~ *qqn,* fire, sack, give sb. the sack — *vpr* ***se* ~,** swing, sway, rock || Fam. *je m'en balance!,* I couldn't care less! || **~cier** [-sje] *m* pendulum || **~çoire** [-swar] *f* seesaw, swing.

balay|age [balɛjaʒ] *m* sweeping || **~er** *vt* (9 *b*) sweep (avec un balai) || Rad. scan || Fig. sweep || **~eur** *m* sweeper || **~euse** *f* sweeping-lorry || **~ures** [-yr] *fpl* sweepings.

balbutier [balbysje] *vi* (1) falter, mumble — *vt* stammer out, mumble.

balcon [balkɔ̃] *m* balcony || Th. *(premier)* ~, dress-circle.

balein|e [balɛn] *f* whale || Techn. rib (de parapluie) || **~ier** *m* whaler.

balis|e [baliz] *f* Naut. beacon || **~er** *vt* (1) beacon.

balistique [balistik] *f* ballistics.

baliverne [balivɛrn] *f* twaddle.

ballant, e [balɑ̃, ɑ̃t] *adj* swinging; *les bras* ~*s,* with one's arms dangling.

ballast [balast] *m* Naut. water-ballast || Rail. metal.

balle I [bal] *f* Agr. chaff.

balle II *f* ball (golf, tennis) || [tennis] *faire des ~s,* have a knock-up; ~ *nulle,* no ball || MIL. bullet (de fusil); ~ *perdue,* stray bullet || COMM. bale (de coton) || FAM. *renvoyer la ~,* U.S. pass the buck (*à,* to).

ballerine [balrin] *f* ballerina.

ballet [balɛ] *m* TH. ballet.

ballon [balɔ̃] *m* ball || SP. ~ *de football,* football; ~ *de rugby,* rugby ball || [jouet] balloon (gonflé au gaz) || AV. ~ *captif,* captive balloon || TECHN. ~ *d'eau chaude,* hot water tank; ***~-sonde,*** sounding balloon || FIG. ~ ***d'essai,*** feeler.

ballot [balo] *m* bale, bundle, pack.

ballottage [balɔtaʒ] *m* POL. second ballot.

ballotter [balɔte] *vt* (1) toss — *vi* toss about.

balnéaire [balneɛr] *adj station ~,* seaside resort (à la mer); ~ *thermale,* spa.

balourd, e [balur, urd] *adj* boorish, doltish.

balustrade [balystrad] *f* railing, handrail.

bambin [bɑ̃bɛ̃] *m* small child; (tiny) tot.

bamboch|er [bɑ̃bɔʃe] *vi* (1) have a wild time, carouse || **~eur, euse** *n* reveller.

bambou [bɑ̃bu] *m* bamboo.

ban [bɑ̃] *m publier les ~s (de mariage),* put up the banns || round of applause || JUR. *mettre au ~,* bannish, outlaw.

banal, e, als [banal] *adj* banal; commonplace, hackneyed, trite; trivial; *peu ~,* unusual || **~ité** *f* platitude, commonplace.

banan|e [banan] *f* banana || **~ier** *m* banana-tree.

banc [bɑ̃] *m* bench || [école] form || [église] pew || JUR. [jury] box; [accusés] dock || NAUT. bank (de sable); shoal (haut fond); school, shoal (de poissons).

bancal, e, als [bɑ̃kal] *adj* bandy-legged.

bandage [bɑ̃daʒ] *m* MÉD. bandage.

bande I [bɑ̃d] *f* band (d'étoffe); strip (de papier/terrain) || [journal] wrapper || [billard] cushion || [dessin] ~ ***dessinée,*** comic strip, comics, comic cartoon || MÉD. bandage; ~ *Velpeau,* crepe bandage || CIN. ~ ***sonore,*** sound track; ~ *annonce,* trailer || TECHN. tape; [magnétophone] ~ ***magnétique,*** magnetic tape; [magnétoscope] ~ ***de magnétoscope,*** video-tape; [téléscripteur] ticker-tape || RAD. band.

bande II *f* band, gang; bevy (de jeunes filles); pack (de loups) || ***faire ~ à part,*** keep aloof.

bande III *f* NAUT. *donner de la ~,* list, heel over.

bandeau [bɑ̃do] *m* headband || blindfold (sur les yeux) || bandage (pansement).

bander *vt* (1) bandage (blessure) || blindfold (yeux) || bend (arc) || tighten, stretch (ressort).

bander|ille [bɑ̃drij] *f* banderilla || **~ole** [-ɔl] *f* pennant, streamer.

bandit [bɑ̃di] *m* bandit, gangster; gunman.

bandoulière [bɑ̃duljɛr] *f* shoulder-belt/-strap, sling; *en ~,* slung across the back.

bang [bɑ̃g] *m* AV. (supersonic) bang.

banlieue [bɑ̃ljø] *f* suburbs, outskirts; *de ~,* suburban.

banlieusard, e [-zar, -zard] *n* suburbanite || RAIL. commuter.

banni, e [bani] *adj* exiled, banished, outcast, outlawed.

bannière [banjɛr] *f* banner.

bann|ir [banir] *vt* (2) exile, banish (*de,* from) || FIG. dismiss (pensées) || **~issement** *m* banishment.

banque [bɑ̃k] *f* FIN. bank || MÉD. ~ *du sang,* blood-bank || [informatique] ~ ***de données,*** data bank.

banqueroute [bɑkrut] *f* bankruptcy.

banqu|et [bɑ̃kɛ] *m* banquet || **~eter** [-te] *vi* (8 *a*) banquet.

banquette [bɑ̃kɛt] *f* bench || AUT., RAIL. seat.

banquier [bɑ̃kje] *m* banker.

banquise [bɑ̃kiz] *f* ice-pack.

bapt|ême [batɛm] *m* REL. baptism, christening; *nom de* ~, Christian/first name || AV. ~ *de l'air,* first flight || **~iser** *vt* (1) christen, baptize.

baquet [bakɛ] *m* tub, bucket.

bar [bar] *m* bar (comptoir, local); pub, U.S. saloon (local).

baragouiner [baragwine] *vt/vi* (1) jabber.

baraque [barak] *f* hut, shanty, shack || booth (de foire) || **~ments** *mpl* MIL. hutting, huts, barracks.

barat|in [baratɛ̃] *m* POP. empty/smooth talk, patter (boniment) || chat-up (galant) COMM. *faire du* ~ *à (un client),* give a customer the sales talk || **~iner** [-ine] *vt* (1) chat up (une femme).

baratt|e [barat] *m* churn || **~er** *vt* (1) churn.

barbare [barbar] *adj* barbarous, uncivilized; cruel ● *n* barbarian.

barbe [barb] *f* beard; *se laisser pousser la* ~, grow a beard; *porter la* ~, wear a beard; ~ *de plusieurs jours,* stubble; *sans* ~, beardless, cleanshaven || FAM. bother; *quelle* ~*!,* what a nuisance/drag!

barbelé, e [barbəle] *adj/m* *(fil de fer)* ~, barbed wire.

barbiche [barbiʃ] *f* goatee.

barbot|er [barbɔte] *vi* (1) [personne] paddle, splash about || [canard] dabble — *vt* FAM. pinch (fam.) [voler] || **~euse** *f* rompers, crawlers.

barbouill|age [barbujaʒ] *m* PÉJ. daubing (peinture); scribbling (écriture) || **~er** *vt* (1) PÉJ. daub (peinture); smear, smut (d'encre) — *vpr* ***se*** ~, smear/dirty one's face.

barbu, e [barby] *adj* bearded.

barda [barda] *m* FAM. paraphernalia; kit, things.

barème [barɛm] *m* schedule, (des prix); scale (des salaires/impôts) || COMM. price-list.

baril [baril] barrel, cask, drum.

barman [barman] *m* barman, U.S. bartender.

baromètre [barɔmɛtr] *m* barometer || FAM. glass.

baron [barɔ̃] *m* baron || **~ne** [-ɔn] *f* baroness.

barque [bark] *f* small boat; ~ *de pêche,* (fishing) smack.

barrage [baraʒ] *m* dam (de lac); weir (petit) || cordon (de police); *établir un* ~ *(de police),* cordon off || ~ *routier,* roadblock || MIL. barrage.

barre [bar] *f* bar; rod (de fer) || bar (de chocolat); ingot (d'or) || SP. bar; ~ *fixe,* horizontal bar; ~*s parallèles,* parallel bars || JUR. bar; witness-box (des témoins) || NAUT. helm, tiller; *homme de* ~, helmsman || MUS. bar.

barré, e [bare] *adj* barred, blocked (chemin); "*rue* ~*e,*" "no thoroughfare" || FIN. crossed; *non* ~, open (chèque).

barreau [baro] *m* rung (d'échelle); cross-bar (de chaise) || JUR. *le* ~, the Bar.

barr|er [bare] *vt* (1) cross/strike/score out, cancel (un mot); cross (un « t ») || block (up) [une rue]; ~ *le passage à qqn,* bar sb.'s way, stand in sb.'s way, stand in sb.'s way || TECHN. dam (un fleuve) || FIN. cross (un chèque) || **~icade** [barikad] *f* barricade || **~icader** *vt* (1) barricade ; bar (une porte) || **~eur** *m* SP. coxswain || **~ière** *f* fence (clôture); gate (ouvrante).

barrique [barik] *f* cask.

barrir [barir] *vi* (2) trumpet.

bas I, **basse** [bɑ, bɑs] *adj* low (mur, prix); *à voix ~se,* in a low voice || [comparaison] lower; *les ~ses classes,* the lower classes || NAUT. low (marée) || SP. below the belt (coup) || FIG. lowly (rang); degrading (besogne); vile (action); base (conduite); *(point) le plus ~,* rock-bottom; *au ~ mot,* at the very least ● *adv* low; *parler ~ /tout ~,* speak in undertones/in whispers || *à ~ X!* down with X! || ***en ~,*** (down) below, U.S. way down; *de haut en ~,* downward(s); *de ~ en haut,* upward(s) || ZOOL. *mettre ~,* drop; [chienne] litter ● *m* bottom (d'escalier); foot, bottom (de page); ***au ~ de,*** at the bottom/foot of, down || FIG. *les hauts et les ~ de la vie,* the ups and downs of life.

bas II *m* stocking || *Pl ~ Nylon,* nylons.

basan|e [bazan] *f* sheepskin || **~é, e** *adj* tanned, swarthy.

bas-côté [bakote] *m* [route] verge || [église] aisle.

bascul|e [baskyl] *f* weighing machine || seesaw (balançoire) || **~er** *vi* (1) fall/topple over — *vt **(faire) ~,*** tip up.

bas|e [bɑz] *f* base, basis || *de ~,* basic || staple (de la production, de l'alimentation) || ARCH. foundation || AV., NAUT. base || MIL. *~ aérienne,* air-base || FIG. ground, basis; *jeter les ~s de,* lay the foundations of || **~er** *vt* (1) ground, base || MIL. base.

bas-fonds [bafɔ̃] *mpl* underworld.

basilic [bazilik] *m* BOT. basil.

basilique [bazilik] *f* REL. basilica.

basket [baskɛt] *m/f* FAM. track-/training shoe, trainer || **~-ball** *m* basketball.

basque [bask] *f* tail (d'habit).

basse [bas] *f* MUS. bass (rôle, chanteur) || **~-cour** *f* farmyard, poultry-yard.

bassesse [basɛs] *f* baseness, lowness, meanness.

basset [basɛ] *m* basset (hound).

bass|in [basɛ̃] *m* pool (de fontaine); pond (pièce d'eau) || basin (cuvette) || NAUT. dock; *~ de radoub,* dry dock; *~ à flot,* wet dock || GÉOGR. basin (d'un fleuve); *~ houiller,* coal field || **~ine** [-in] *f* basin.

basson [bɑsɔ̃] *m* MUS. bassoon.

bastingage [bastɛ̃gaʒ] *m* bulwarks, rails.

bastion [bastjɔ̃] *m* stronghold.

bât [bɑ] *m* pack; *cheval de ~,* pack horse.

bataill|e [batɑj] *f* battle; *~ navale,* naval engagement; *livrer (une) ~,* fight a battle || **~eur, euse** *adj* pugnacious, quarrelsome || **~on** *m* MIL. battalion.

bâtard, e [bɑtar, ard] *adj/n* bastard || ZOOL. mongrel.

bateau [bato] *m* boat; *en ~,* by boat; ***faire du ~,*** go boating/sailing || ***~-citerne,*** tanker; *~ de course,* racer; ***~ de pêche,*** fishing-boat; *~-phare,* lightship; *~-pilote,* pilot-boat; *~-pompe,* fire-boat; ***~ à rames,*** rowing boat; ***~ de sauvetage,*** life boat || ***~ à vapeur,*** steamship; ***~ à voiles,*** sailing-boat.

batelier [batəlje] *m* bargeman, boatman.

bathyscaphe [batiskaf] *m* bathyscaphe.

bâti I, **e** [bɑti] *adj* built; *bien ~,* well built; *mal ~,* jerrybuilt (maison).

bât|i II *m* frame, stand ||

~iment *m* building; *industrie du ~*, building-trade || NAUT. vessel; ship (de guerre) || **~ir** *vt* (2) build (un édifice); build up (une région); *terrain à ~*, building site || [couture] baste, tack || FIG. build up.

bât|on [batɔ̃] *m* stick (léger); cudgel (gros); staff (d'appui) || ~ ***de rouge,*** lipstick || FIG. *à ~s rompus,* disjointed, desultory (conversation) || **~onner** [-ɔne] *vt* (1) cudgel.

batt|age [bataʒ] *m* AGR. threshing || FAM. *faire du ~*, boast || **~ant, e** *adj* pelting, driving (pluie) ● *m* leaf (de porte); flap (de table).

batte [bat] *f* SP. bat.

batte|ment [batmɑ̃] *m* beat (oscillation); beating (de tambour); clapping (mains); banging (d'une porte); throb (du cœur, pouls); ~ *d'ailes,* flutter || **~rie** [-ri] *f* MIL. battery || MUS. drums || ÉLECTR. battery || CULIN. ~ *de cuisine,* set of kitchen utensils.

batt|eur [batœr] *m* MUS. drummer || CULIN. beater || **~euse** *f* AGR. threshing-machine, thresher.

battre [batr] *vt* (20) beat, thrash || FAM. lick || [mer, vent] buffet || defeat (vaincre) || shuffle (les cartes) || AGR. thresh || CULIN. beat (crème) || SP. ~ ***un record,*** break a record || MUS. ~ *la mesure,* beat time || NAUT. ~ *pavillon,* fly || FIG. ~ *froid,* turn the cold shoulder; ~ ***son plein,*** be at its height — *vi* [pluie] drive, lash || [porte] bang, swing || [cœur] throb || [ailes] flap || MIL. ~ *en retraite,* retreat, fall back || NAUT. [voile] flap — *vpr* ***se ~,*** fight (*contre,* against; *pour,* for); *se ~ contre des forces supérieures,* fight against great odds.

battu, e [baty] *adj* beaten (vaincu); *hors des sentiers ~s,* off the beaten track.

baudet [bodɛ] *m* donkey.

baume [bom] *m* MÉD., FIG. balm.

bavard, e [bavar, ard] *adj* talkative, chatty ● *n* chatterbox; gossip, tattler || **~age** [-daʒ] *m* chatter(ing), gossip, tattle, gabble || **~er** [-de] *vi* (1) chat, gossip, have a chat.

bav|e [bav] *f* slobber (de chien); slaver (de personne) || **~er** *vi* (1) dribble; slobber, drool; slaver || **~ette** [-ɛt] *f* bib || **~eux, euse** *adj* slobbery (gueule); juicy (omelette) || **~oir** [-wɑr] *m* = ~ETTE || **~ure** [-yr] *f* smudge (d'encre).

bazar [bazar] *m* general shop/U.S. store.

bazooka [bazuka] *m* bazooka.

béant, e [beɑ̃, ɑ̃t] *adj* gaping (bouche); wide open (porte); yawning (gouffre).

béat, e [bea, at] *adj* smug || **~itude** [-tityd] *f* beatitude, bliss.

beau [bo], **bel** [bɛl] *adj m,* **belle** [bɛl] *adj f un bel homme,* a handsome/good-looking man; *un bel arbre,* a beautiful tree; *une belle femme,* a beautiful/lovely woman; *se faire belle,* do oneself up, get dressed up || shapely (bien fait); *belle apparence,* good looks || fine (temps, personne); fair, nice (temps); *il fait beau,* the weather is fine; *le temps est au beau fixe,* the weather is set fair || fair (paroles) || splendid (appétit) || great, favourable (occasion) || comfortable (fortune); handsome (somme d'argent) || FIG. noble (âme); *beau joueur,* good sport; *les beaux jours,* summer days; *le beau monde,* fashionable society; *au beau milieu,* right in the middle; *de plus belle,* more and more, more... than ever ● *m le ~*, beauty, the beautiful || [temps] *être au ~ fixe,* be set fair || [chien] ***faire le ~,*** sit up and beg ● *f* SP. play-off; ***jouer la ~,*** play a match off ● *adv* ***avoir ~,*** in vain, vainly; *il a ~ essayer,* however hard he tries, try as he may.

beaucoup [boku] *adv* much, a great deal; a lot (fam.); ~ *plus jeune,* much younger; ~ *mieux,* far better; *boire* ~, drink a great deal || FAM. *un peu* ~, rather much || ***de* ~,** by far, greatly || [nominal] many, a lot; ~ *l'ont vu,* many have seen him || [déterminatif] ~ ***de,*** a great/good deal; a lot, lots (fam.); much (sing.), many (plur.); ~ *d'argent,* a good deal of money; ~ *plus de,* much/many more; ~ *d'entre nous,* many of us.

beau|-fils [bofis] *m* son-in-law (gendre); stepson (par remariage) || **~-frère** *m* brother-in-law || **~-père** *m* father-in-law (père du conjoint); stepfather (par remariage). [V. aussi BELLE.]

beauté [bote] *f* beauty, loveliness, fineness, comeliness, good looks; *de toute* ~, splendid; *se refaire une* ~, do up one's face.

beaux-parents [boparɑ̃] *mpl* in-laws (fam.).

bébé [bebe] *m* baby || ~ ***éprouvette,*** test-tube baby.

bec [bɛk] *m* beak, bill (d'oiseau); ***coup de* ~,** peck; *donner des coups de* ~ *à,* peck at || nib (de plume); spout (de théière) || TECHN. ~ *Bunsen,* Bunsen burner || FAM. *prise de* ~, set-to, tif || FAM. *clore/clouer le* ~, squelch sb., shut sb. up.

bécarre [bekar] *m* MUS. natural.

bécassine [bekasin] *f* ZOOL. snipe.

bec-de-lièvre [bɛkdəljɛvr] *m* MÉD. hare-lip.

bêch|e [bɛʃ] *f* spade || **~er** *vt* (1) dig (up), spade.

becquée [bɛke] *f* beakful; *donner la* ~ *à,* feed.

becqueter [bɛkte] *vt* (8 *a*) peck.

bedaine [bədɛn] *f* paunch.

bedeau [bədo] *m* beadle, verger.

bée [be] *adj f bouche* ~, gaping (*devant,* at).

bég|aiement [begɛmɑ̃] *m* stammering, stuttering || **~ayer** [-ɛje] *vi* (9 *b*) stammer, stutter.

bègue [bɛg] *m* stammerer, stutterer.

bégueule [begœl] *adj* prudish.

béguin [begɛ̃] *m* FAM. infatuation; *avoir le* ~ *pour,* be sweet on (fam.).

beige [bɛʒ] *adj* beige.

beigne [bɛɲ] *f* FAM. cuff.

beignet [bɛɲɛ] *m* fritter; doughnut; ~ *aux pommes,* apple-fritter.

bel *adj* V. BEAU.

bêl|ement [bɛlmɑ̃] *m* bleat || **~er** *vi* (1) bleat.

belette [bəlɛt] *f* weasel.

belge [bɛlʒ] *adj* Belgian.

Belg|e *n* Belgian || **~ique** *f* Belgium.

bélier [belje] *m* ram.

Bélier *m* ASTR. Aries.

belle [bɛl] *adj* V. BEAU ● *f* [jeu] deciding game; SP. play-off; [tennis] final set; *jouer la* ~, play off || **~-fille** *f* daughter-in-law (bru); stepdaughter (par remariage) || **~-mère** *f* mother-in-law (mère du conjoint); stepmother (par remariage) || **~-sœur** *f* sister-in-law.

belli|ciste [bɛllisist] *m* warmonger || **~gérant, e** [-ʒerɑ̃, ɑ̃t] *adj/n* belligerent || **~queux, euse** [-kø, øz] *adj* warlike.

bémol [bemɔl] *m* MUS. flat (note).

bénédicité [benedisite] *m dire le* ~, say grace.

bénédictin [benediktɛ̃] *n* Benedictine.

bénédiction [benediksjɔ̃] *f* benediction; blessing || FAM. godsend.

bénéfic|e [benefis] *m* COMM. profit, gain, earnings, returns; ~ *brut/net,* gross/net profit; ***faire***

du* ~ *sur, make a profit on || Fig. *accorder le* ~ *du doute,* give the benefit of the doubt || Rel. benefice || **~iaire** [-jɛr] *n* Fin. payee, recipient (d'un chèque) || **~ier** *vt* (1) profit, benefit (*de,* from).

bénéfique [benefik] *adj* beneficent.

Benelux [benelyks] *m* Benelux.

benêt [bənɛ] *adj m* silly, simple ● *m* simpleton.

bénévole [benevɔl] *adj* voluntary, unpaid.

béni, e [beni] *adj* hallowed.

bénin, igne [benɛ̃, iɲ] *adj* benign || Méd. mild.

béni-oui-oui [beniwiwi] *m* yes-man.

bén|ir [benir] *vt* (2) bless || Rel. consecrate || **~it, e** [-i, it] *adj* Rel. consecrated; *eau ~e,* holy water; *pain* ~, consecrated bread || **~itier** [-itje] *m* stoup, holy-water basin.

benjamin, e [bɛ̃ʒamɛ̃, in] *n* youngest son/girl/child.

benne [bɛn] *f* Techn. tub; ~ *basculante,* tipping bucket; ~ *à ordures ménagères,* dust-cart.

benzine [bɛ̃zin] *f* benzine.

béquille [bekij] *f* crutch || Av. skid.

bercail [bɛrkaj] *m sing* sheep-fold.

berc|eau [bɛrso] *m* cradle, cot, crib || **~er** *vt* (5) rock (dans un berceau); nurse (dans les bras) || Fig. nurse — *vpr* ***se*** ~, Fig. delude oneself with (espoirs, illusions) || **~euse** *f* cradle-song, lullaby.

béret [berɛ] *m* (sailor's) cap; tam-o'-shanter (écossais).

berge [bɛrʒ] *f* (steep) bank.

berg|er [bɛrʒe] *m* shepherd || **~ère** [-ɛr] *f* shepherdess || **~erie** *f* (sheep-)fold.

berne [bɛrn] *f en* ~, at half mast.

berner [bɛrne] *vt* (1) fool, hoax.

besogn|e [bəzɔɲ] *f* (piece of) work, job, task; chore, stint (quotidienne) || **~eux, euse** *adj* needy.

besoin [bəzwɛ̃] *m* need, want, requirement; *au* ~, if necessary, when required, at a pinch; *si* ~ *est,* if need be; ***avoir* ~ *de,*** need, have need of, require, want; *vos cheveux ont* ~ *d'être coupés,* your hair wants cutting; *avoir grand* ~, want badly || want, poverty; *être dans le* ~, be in want/in straitened circumstances.

bestial, e, aux [bɛstjal, o] *adj* bestial, brutish, beastly || **~ité** *f* bestiality, brutishness.

bestiaux [bɛstjo] *mpl* cattle, livestock.

bestiole [bɛstjɔl] *f* tiny creature; bug (fam.).

bêta, asse [beta, as] *adj* doltish ● *n* simpleton.

bétail [betaj] *m sing* cattle, livestock.

bêt|e [bɛt] *f* animal, beast || Fam. ~ *noire,* pet aversion ● *adj* silly, stupid || **~ifier** [betifje] *vi* (1) play the fool || **~ise** [bɛtiz] *f* foolishness, folly; *dire des ~s,* talk nonsense || blunder (erreur).

béton [betɔ̃] *m* concrete; ~ *armé,* reinforced concrete || **~nière** [-tɔnjɛr] *f* concrete-mixer.

betterave [bɛtrav] *f* beetroot, U.S. beet.

beugler [bøgle] *vi* (1) [taureau] bellow; [vache] low.

beurr|e [bœr] *m* butter || **~er** *vt* (1) butter || **~ier** *m* butter-dish.

beuverie [bøvri] *f* drinking bout.

bévue [bevy] *f* blunder; *commettre une* ~, make a slip.

biai|s [bjɛ] *m* slant; *de/en* ~, slantwise, aslant || [couture] *couper dans le* ~, cut on the bias/

cross || FIG. expedient, shift || **~ser** [-ze] *vi* (1) FIG. shuffle.

bibelot [biblo] *m* trinket, knick-knack, curio.

biberon [bibrɔ̃] *m* (feeding) bottle; *nourrir au ~,* feed on the bottle; *nourri au ~,* bottle-fed.

Bible [bibl] *f* Bible.

biblio|graphie [bibliɔgrafi] *f* bibliography || **~graphique** *adj* bibliographical || **~thécaire** [-tekɛr] *n* librarian || **~thèque** [-tɛk] *f* library (salle); lending library (de prêt) || bookcase (meuble).

biblique [biblik] *adj* biblical.

Bic [bik] *m une pointe ~* = G. B. a Biro.

bicarbonate [bikarbɔnat] *m ~ de soude,* bicarbonate of soda || CULIN. baking soda.

biceps [bisɛps] *m* biceps.

biche [biʃ] *f* doe, hind.

bicoque [bikɔk] *f* shanty.

bicyclette [bisiklɛt] *f* bicycle; *à ~,* on a bicycle; *aller à ~,* cycle.

bide [bid] *m* ARG. *faire un ~,* be a flop/washout.

bidon [bidɔ̃] *m* can || drum (tonneau) || [camping], MIL. water-bottle ● *adj inv* POP. sham, mock, phoney || **~ville** *m* shantytown.

bielle [bjɛl] *f* TECHN. (connecting-)rod; *tête de ~,* big end.

bien [bjɛ̃] *adv* well; *~ écrit,* well written; *il va ~,* he is well; *ni ~ ni mal,* so-so; *tout va ~!,* all's well!; *~ reçu,* duly received (envoi); *~ chaud,* good and hot || well, fair (avantageusement); *se passer ~,* go off well || *~ faire de,* do well to || fairly, rightly (loyalement) || fast, tight (solidement) || well, much (beaucoup); *~ trop tard,* far too late; ***~ plus,*** what's more; ***~ du/de la,*** much; ***~ des,*** many; *~ du mal,* a lot of trouble || [augmentatif] *~ heureux,* very happy || *~ entendu,* of course || [emphatique] very; *il faut ~ que je...,* I really must...; *où peut-il ~ être?,* where ever can he be? || ***tant ~ que mal,*** after a fashion ● *adj inv* handsome, good-looking (personne); nice (chose) || comfortable (à l'aise) || *nous ne sommes pas très ~ (ensemble),* we are not on good terms || good; *qqch. de ~,* something good || *assez ~,* middling ● *loc conj ~* ***que,*** although, though; ***si ~ que,*** so that (de sorte que); *ou ~,* or else ● *interj ~!,* all right!, good!; *très ~!,* very well!; ***eh ~!,*** well! why!; *eh ~?,* well? ● *m* good, right (vertu); *le ~ et le mal,* right and wrong || blessing, good (avantage); *faire du ~ à,* benefit || profit, welfare; *vouloir du ~ à qqn,* wish sb. well, mean well by sb. || praise (éloge); *dire du ~ de qqn,* speak well of sb. || *mener à ~,* achieve, go through with || JUR. [souvent pl.] property, possessions || *Pl* COMM. *~s de consommation,* consumer goods; *~s meubles,* movables, personal property; JUR. goods and chattels; *~s immobiliers,* real estate || **~-aimé, e** [-nɛme] *adj/n* beloved, darling || **~-être** [-nɛtr] *m* [physique] well-being; welfare; [matériel] comfort || **~faisance** [-fəzɑ̃s] *f* charity (aide, œuvre) || **~faisant, e** [-fəzɑ̃, ɑ̃t] *adj* benevolent, charitable (personne); beneficial (chose) || **~fait** *m* act of kindness || FIG. blessing, boon || **~faiteur, trice** [-fɛtœr, tris] *n* benefactor, -tress || **~heureux, euse** [-nøʀø, øz] *adj* blissful, blessed, blest || **~séance** [-seɑ̃s] *f* decency, propriety, decorum || **~séant, e** [-seɑ̃, ɑ̃t] *adj* decent, seemly, decorous.

bientôt [bjɛ̃to] *adv* soon, shortly; presently || *à ~!,* so long!, see you soon!, (I'll) be seeing you!

bienveill|ance [bjɛ̃vɛjɑ̃s] *f* benevolence, goodwill, friendliness; *avec ~,* kindly || **~ant, e** *adj* benevolent (*envers,* to) || gracious (*envers,* to), kind, kindly.

bienvenu, e [bjɛ̃vny] *adj* welcome ● *f* welcome ; *souhaiter la ~ à qqn,* wish sb. welcome.

bière I [bjɛr] *f* beer, ale ; *~ légère,* lager ; *~ forte,* stout ; *~ blonde,* pale ale ; *~ brune,* brown beer, porter ; *~ à la pression,* draught beer, beer on draught.

bière II *f* coffin.

biffer [bife] *vt* (1) cross/scratch/strike out, delete.

bifocal, e, aux [bifɔkal, o] *adj* bifocal ; *lunettes ~es,* bifocals.

bifteck [biftɛk] *m* (piece of) steak.

bifur|cation [bifyrkasjɔ̃] *f* [road] fork || RAIL. junction || **~quer** [-ke] *vi* (1) fork ; branch away/off.

bigam|e [bigam] *adj* bigamous ● *n* bigamist || **~ie** *f* bigamy.

bigarré, e [bigare] *adj* variegated, motley, pied.

bigle [bigl] *adj* cross-eyed, squint-eyed.

bigot, e [bigo, ɔt] *adj* sanctimonious.

bigoudi [bigudi] *m* curling-pin, hair-curler.

bigrement [bigrəmɑ̃] *adv* awfully, damn(ed).

bijou, oux [biʒu] *m* jewel || **~terie** [-tri] *f* jeweller's shop (boutique) ; jewel(l)ery (bijoux) || **~tier, ère** [-tje, ɛr] *n* jeweller.

Bikini [bikini] *m* N.D. bikini.

bilan [bilɑ̃] *m* FIN. balance-sheet ; *dresser le ~,* draw up the balance-sheet ; *déposer son ~,* declare oneself insolvent || MÉD. *~* ***de santé,*** check-up.

bil|e [bil] *f* bile, gall || FIG. worry (souci) ; *se faire de la ~* = SE ~ER || **~er (se)** *vpr* worry (oneself), fret ; *il ne se bile pas,* he takes it easy || **~eux, euse** *adj* easily upset, worrying || **~ieux, ieuse** *adj* bilious.

bilingue [bilɛ̃g] *adj/n* bilingual.

billard [bijar] *m* billiards-table ; *jouer au ~,* play billiards ; *~ électrique,* pin-ball (machine).

bille [bij] *f* marble ; *jouer aux ~s,* play (at) marbles.

billet [bijɛ] *m* RAIL., TH. ticket ; *~ d'aller et retour,* return ticket, U.S. round trip ticket ; *~ d'aller simple,* single ticket, U.S. one-way ticket ; *prendre un ~ direct pour,* book through to ; *~ de correspondance,* transfer || COMM. *~ à ordre,* promissory note || FIN. note ; *~* ***de banque,*** bank-note, U.S. bill || MIL. *~ de logement,* billet || **~erie** [-tri] *f* cash-dispenser.

bimoteur [bimɔtœr] *adj m* twin-engine(d).

binaire [binɛr] *adj* binary.

bin|er [bine] *vt* (1) AGR. hoe || **~ette** I [-ɛt] *f* AGR. hoe.

binette II *f* FAM. mug (visage).

biochimie [biɔʃimi] *f* biochemistry.

biodégradable [biɔdegradabl] *adj* biodegradable.

biograph|e [biograf] *n* biographer || **~ie** *f* biography.

biolog|ie [biolɔʒi] *f* biology || **~iste** *m* biologist.

biréacteur [bireaktœr] *m* twin-engined jet.

birman, e [birmɑ̃, an] *adj/n* Burmese.

Birmanie [birmani] *f* Burma.

bis, e I [bi, iz] *adj* brown (pain).

bis II [bis] *m* TH. encore ● *interj* encore !

bisbille [bisbij] *f* tiff ; *être en ~ avec,* be at loggerheads with.

biscornu, e [biskɔrny] *adj* crooked || FIG. bizarre.

biscotte [biskɔt] *f* rusk, U.S. Melba toast.

biscuit [biskɥi] *m* CULIN. biscuit, U.S. cracker; ~ *de Savoie,* sponge-cake.

bise I [biz] *f* north wind.

bise II *f* FAM. kiss.

biseau [bizo] *m* bevel || **~té, e** [-te] *adj* bevelled.

bison [bizɔ̃] *m* bison, U.S. buffalo.

bisser [bise] *vt* (1) TH. encore.

bissextile [bisɛkstil] *adj année* ~, leap-year.

bistouri [bisturi] *m* MÉD. knife, lancet.

bistre [bistr] *adj* dark-brown.

bistrot [bistro] *m* FAM. pub; ~ *du coin,* local.

bivoua|c [bivwak] *m* bivouac || **~quer** [-ke] *vi* (1) bivouac.

bizarr|e [bizar] *adj* odd, strange (personne); odd, queer (idée); funny (chose, personne); quaint (vêtements); kinky (comportement || **~erie** [-ri] *f* oddness, strangeness, queerness; quaintness || *Pl* peculiarities.

bla-bla(-bla) [bla-] *m inv* blah-blah, claptrap.

blackbouler [blakbule] *vt* (1) blackball; turn down (par un vote).

blafard, e [blafar, ard] *adj* pallid, lurid (lumière) || wan, sallow (teint).

blague I [blag] *f* ~ *à tabac,* (tobacco) pouch.

blagu|e II *f* FAM. hoax, trick, joke, humbug; ~ *à part,* joking aside, honestly; *sans ~?,* really?; no kidding!, you don't say (so)! (fam.) || **~er** *vi* (1) kid || **~eur, euse** *adj* bantering ● *n* joker, humbug.

blaireau [blɛro] *m* shaving-brush (à barbe) || ZOOL. badger.

blâm|able [blɑmabl] *adj* blamable || **~e** *m* blame, rebuke; *voter un ~,* pass a vote of censure || **~er** *vt* (1) blame, censure, rebuke, reprove, reproach.

blanc, blanche [blɑ̃, blɑ̃ʃ] *adj* white (cheveux, lumière, race) || [non imprimé] blank; [sans lignes] plain || CULIN. white (vin); || FIG. *nuit blanche,* sleepless night; *carte blanche,* full powers ● *m* white || linen (linge); *exposition de ~,* white sale || ANAT. white (de l'œil) || CULIN. white (d'œuf, de volaille) || FIN. *chèque en ~,* blank cheque; *signer (un chèque) en ~,* sign a blank (cheque) || MIL. bull's eye (d'une cible); *cartouche à ~,* blank (cartridge); *tirer à ~,* fire blank || TECHN. blank (dans une ligne, une page); [couleur] ~ *cassé,* off white; *chauffé à ~,* white-hot (métal) || *Pl* PHOT. high lights || FIG. *de but en ~,* point blank ● *Blanc,* white (man); *Blanche,* white woman; *les Blancs,* the whites.

blanch|âtre [blɑ̃ʃɑtr] *adj* whitish || **~e** *f* MUS. minim || **~eur** *f* whiteness || **~ir** *vt* (2) whiten || wash, launder (le linge) || TECHN. bleach; ~ *à la chaux,* whitewash || CULIN. scald (légumes) — *vi* whiten || grow/turn white || **~issage** *m* washing, laundering || **~isserie** [-isri] *f* laundry || **~isseur** *m* launderer || **~isseuse** *f* laundress.

blanc-seing [blɑ̃sɛ̃] *m donner ~ à qqn,* give sb. full powers.

blas|é, e [blaze] *adj* blasé || **~er** *vt* (1) satiate.

blason [blazɔ̃] *m* heraldry.

blasph|ème [blasfɛm] *m* blasphemy || **~émer** [-feme] *vi/vt* (5) blaspheme, curse.

blatte [blat] *f* cockroach.

blé [ble] *m* corn, wheat; ~ *noir,* buckwheat || ARG. bread (sl.) [argent].

blêm|e [blɛm] *adj* pale, livid,

ghastly, sallow, wan || **~ir** *vi* (2) turn pale.

bless|ant, e [blɛsɑ̃, ɑ̃t] *adj* FIG. offensive, cutting (parole) || **~é, e** *adj* wounded (par une arme); injured (par accident) || hurt (moralement) ● *n* wounded/injured person; *morts et ~s,* casualties || **~er** *vt* (1) wound (au combat); injure (par accident); hurt (légèrement) || [chaussures] pinch || FIG. offend, hurt — *vpr* ***se ~,*** injure oneself; *se ~ la jambe,* hurt one's leg || FIG. take offence || **~ure** *f* wound (au combat); injury (par accident); hurt (légère); sore (par frottement) || FIG. wound, injury, offence.

blet, blette [blɛ, blɛt] *adj* overripe.

bleu, e, s [blø] *adj* blue; *~-noir,* blue-black ● *m* blue; *~ marine,* navy blue || *Pl* ***~s de chauffe,*** boiler-suit, overall || TECHN. blue print (d'architecte) || MÉD. bruise; *couvert de ~s,* all black and blue || **~et** [-ɛ] *m* cornflower || **~ir** *vt* (2) blue, make blue — *vi* turn blue || **~té, e** [-te] *adj* bluish, steely-blue.

blind|age [blɛ̃daʒ] *m* MIL. armour(-plate) || **~é, e** *adj* MIL. armoured (division, engin) || ÉLECTR. shielded (câble) ● *m* MIL. tank; *les ~s,* the armour || **~er** *vt* (1) armour.

bloc [blɔk] *m* block; lump (de pierre); chump (de bois) || *~ de papier à lettres,* writing-pad; ***~-notes,*** scribbling-block, notepad || [ameublement] unit || ***en ~,*** in the lump/mass; *c'est à prendre en ~,* it's a package deal || TECHN. *~-moteur,* cylinder-block; *visser à ~,* screw home/tight; *serrer les freins à ~,* jam the brakes on || **~age** *m* TECHN. jamming (on) [des freins] || POL. *~ des salaires,* wage-freezing.

blockhaus [blɔkos] *m* pill-box.

blocus [blɔkys] *m* blockade; *faire le ~ de,* blockade; *forcer le ~,* run the blockade.

blond, e [blɔ̃, ɔ̃d] *adj* fair, fair-haired, blond (person); *~ roux,* sandy ● *m* [homme] fair-haired man ● *f* [femme] blonde; *~ platinée,* platinum blonde || [bière] lager, pale ale || **~eur** [-œr] *f* fairness.

bloqu|é, e [blɔke] *adj* tight (écrou); *~ par la neige,* snowbound || **~er** *vt* (1) block (up) [route] || AUT., TECHN. lock; jam on (freins) || FIN. freeze (salaires); block (un compte); tie (une somme) || SP. block (le ballon) — *vpr* ***se ~,*** jam, stick.

blottir (se) [səblɔtir] *vpr* (2) nestle down, huddle up, curl up (se pelotonner); *se ~ dans les bras de qqn,* snuggle up in(to) sb.'s arms.

blous|e [bluz] *f* blouse (de femme); overall (de travail) || **~on** *m* windjammer, windcheater, U.S. windbreaker; *~ de cuir,* leather jacket || FIG. ***~ noir,*** G.B. yobbo.

bluet [blyɛ] *m* V. BLEUET.

bluff [blœf] *m* bluff || **~er** *vi/vt* (1) bluff; try it on (sl.) || **~eur, euse** *n* bluffer.

boa [bɔa] *m* boa.

bobard [bɔbar] *m* canard (fausse nouvelle); lie (mensonge).

bobin|e [bɔbin] *f* reel, bobbin || [machine à écrire] spool || PHOT., CIN. spool; *~ réceptrice,* take-up spool || CIN. reel || ÉLECTR. coil || ARG. mug (visage) || **~er** *vt* (1) reel, wind.

bocal, aux [bɔkal] *m* jar.

bœuf [sing. bœf; plur. bø] *m* ox (*Pl* oxen) || CULIN. beef; *~ en conserve,* corned beef, bully beef.

bogue [bɔg] *f* husk.

bohème [bɔɛm] *adj* bohemian.

boire [bwar] *vt* (21) drink; *~ dans un verre,* drink out of a glass; sip (à petits coups); drink down/up, swig off (d'un trait) || ~ ***à (même) la bouteille,*** drink (straight) from the bottle || ~ ***à la santé de qqn,*** drink sb.'s health ; ~ *au succès de qqn,* drink success to sb. ; FAM. ~ ***un coup,*** have a drink, down a drink || suck up, absorb, imbibe (encre, pluie) || FIG. drink in (des yeux, les paroles) — *vi* drink ; *payer à ~ à qqn,* stand sb. a drink || ***faire*** ~, water (un animal) ● *m* drinking (action) ; *le ~ et le manger,* food and drink.

bois [bwa] *m* wood (matériau) ; *de/en ~,* wooden || ~ *blanc,* deal ; ~ *de chauffage,* firewood ; *petit ~,* kindling (allume-feu) || ~ *de construction,* timber || wood (forêt) || spinney, copse (petit bois) || ~ *de lit,* bedstead || *Pl* ZOOL. antlers (du cerf) || MUS. *les ~,* the woodwind || FIG., FAM. ***toucher du ~,*** keep one's fingers crossed || **~é, e** [-ze] *adj* woody ; *région ~e,* woodland || **~erie** [-zri] *f* woodwork (objets) ; panelling (lambris).

boisseau [bwaso] *m* bushel.

boisson [bwasɔ̃] *f* drink ; beverage ; ~ *alcoolisée,* alcoholic drink, liquor ; booze (sl.) ; *être porté sur la ~,* indulge (fam.) ; *pris de ~,* the worse for liquor, in liquor, under the influence (of liquor).

boîte [bwat] *f* box (en général) || ***en ~,*** tinned ; ~ *d'allumettes,* matchbox ; ~ *de chocolat,* box of chocolate ; ~ *de conserve,* tin, U.S. can ; ~ *de couleurs,* box of paints ; ~ *à lait,* milk-can ; ~ *aux lettres,* letter-/pillar-box ; ~ *à maquillage,* vanity-case ; ~ *à musique,* musical box ; ~ ***à ordures,*** dustbin, U.S. garbage can ; ~ ***de peinture,*** painting set ; ~ *à thé,* tea-caddy || AUT. ~ ***de vitesses,*** gear-box || TH. ~ ***de nuit,*** night-club ; joint (sl.).

boit|er [bwate] *vi* (1) limp || **~eux, euse** *adj* lame ; *être ~,* have a game leg || rickety (meuble) ; *cette table est ~euse,* this table wobbles ● *n* cripple, lame man/woman || **~iller** [-ije] *vi* (1) hobble.

bol [bɔl] *m* bowl.

bolide [bɔlid] *m* ASTR. bolide || AUT. souped-up car || FIG. thunderbolt.

bombance [bɔ̃bɑ̃s] *f* revelling ; *faire ~,* revel.

bombard|ement [bɔ̃bardəmɑ̃] *m* bombing (par avion) ; shelling (par artillerie) || **~er** *vt* (1) [avion] bomb ; blitz, strafe ; [artillerie] shell ; [navire] bombard || FIG. bombard || **~ier** *m* AV. bomber.

bombe [bɔ̃b] *f* bomb ; ~ *atomique,* atom(ic) bomb ; ~ *incendiaire,* fire-bomb ; ~ *à retardement,* time-bomb || [atomiseur] spray ; ~ *d'insecticide,* insect spray ; ~ *de laque,* hair spray || FAM. *faire la ~,* go on the spree.

bomber [bɔ̃be] *vt* (1) arch (le dos) ; throw/stick out (le torse) — *vi* bulge.

bôme [bom] *f* NAUT. boom.

bon I, **bonne** [bɔ̃, bɔn] *adj* good, nice (agréable) ; *bonne odeur,* nice smell ; ~ *vin,* good wine || kind (aimable) ; ***de bonne humeur,*** good-humoured || good, kind (charitable) ; *qui a ~ cœur,* kind-hearted || benevolent, kindly (bienveillant) || fit (apte) ; ~ *à manger,* fit to eat || MIL. ~ *pour le service,* fit for service || comfortable (fauteuil) || proper, right (convenable) ; ~ *anglais,* correct English ; *la bonne place,* the right place || decent (fam.) ; *un ~ dîner,* a decent dinner || clever (habile) ; good (nageur, etc.) || good, profitable (avantageux) ; *une bonne affaire,* a profitable business ; *un ~ emploi,* a good job || fit (convenable) ; *juger ~ de,* think fit to ; *il serait ~ de,* it would be a good thing to || sound, valid (valable) || wholesome (sain) ; ~ ***sens,*** common sense || happy (heureux) || [quantité] *une bonne heure,* a full hour ; *un ~ nombre,* a fairly large number

|| [temps] *de bonne heure,* early || [souhaits] *bonne et heureuse année!,* Happy New Year!; ***bonne nuit!,*** good night!; *bonnes vacances!,* have a good holiday!; ~ *voyage!,* safe journey! || ~ ***à,*** fit for; ~ *à rien,* not good at anything; useless (chose); ● *adj/n* good-fornothing || ~ ***pour,*** fit for; MIL. ~ *pour le service,* fit for service ● *adv* nice; *sentir* ~, smell nice || *il fait* ~ *ici,* it's nice (and warm/cool) here || *tenir* ~, hold fast, stand firm, stand one's ground || *pour de* ~, in earnest, for good ● *interj* (all) right!; well!; ***ah*** ~***!,*** I see!

bon II *m* good || good person || [chose, nourriture] good part.

bon III *m* COMM. form; ~ *de commande,* order form || voucher, coupon; ~ *de caisse,* cash voucher; ~ *d'essence,* petrole coupon || FIN. bill.

bon|bon [bɔ̃bɔ̃] *m* sweet, U.S. candy || **~bonne** [-bɔn] *f* demijohn || **~bonnière** [-bɔnjɛr] *f* sweet-box.

bond [bɔ̃] *m* bound, leap, spring, jump; *d'un* ~, at one jump; *se lever d'un* ~, jump up; *faire un* ~, bounce || bounce (d'une balle) || FIG. ***faire faux*** ~ ***à qqn,*** stand sb. up (fam.).

bonde [bɔ̃d] *f* plug (de lavabo).

bondé, e [bɔ̃de] *adj* crowded, crammed; cramfull.

bondir [bɔ̃dir] *vi* (2) jump, leap, spring, make a dart || [balle] bounce, caper || FIG., FAM. *faire* ~, make wild.

bonheur [bɔnœr] *m* happiness; *faire le* ~ *de qqn,* make sb. happy || good fortune, luck (chance); *porter* ~, bring luck (*à,* to); *par* ~, fortunately || *au petit* ~, haphazard(ly).

bonhomme, bonshommes [bɔnɔm, bɔ̃zɔm] *m* FAM. chap, fellow (fam.) || ~ ***de neige,*** snowman.

boni [bɔni] *m* bonus.

bonification [bɔnifikasjɔ̃] *f* improvement.

boniment [bɔnimɑ̃] *m* patter || salestalk.

bonjour [bɔ̃ʒur] *m* hello! || [matin] good morning!; [après-midi] good afternoon!

bonne [bɔn] *f* maid || ~ ***d'enfants,*** nanny, nurse ● *adj f* V. BON I.

bonnet [bɔnɛ] *m* cap; bonnet (d'enfant, de femme); ~ *d'âne,* dunce('s) cap || MIL. ~ *de police,* forage cap || **~erie** [-tri] *f* hosiery.

bonsoir [bɔ̃swar] *m* good evening!, good night!

bonté [bɔ̃te] *f* goodness, kindness; *avec* ~, kindly; *par* ~ *d'âme,* out of kindness; ~ *divine!,* good gracious!, my goodness! || *Pl* favours.

bonze [bɔ̃z] *m* bonze.

bookmaker [bukmɛkœr] *m* bookmaker, turf accountant.

boomerang [bumrɑ̃g] *m* boomerang.

bord [bɔr] *m* edge (de l'eau, d'une table, d'un champ); border, margin (d'un lac); verge, (road-)side (d'une route); kerb, U.S. curb (du trottoir); rim (d'un verre); brim (d'un verre, d'un chapeau); *plein jusqu'au* ~, full to the brim || hem (de vêtement) || brink (d'un précipice) || bank (d'une rivière) || ~ ***de (la) mer,*** seashore, seaside; seafront || NAUT. board; ***à*** ~, on board, aboard; *monter à* ~, go aboard/on board; *jeter par-dessus* ~, throw overboard || FIG. ***au*** ~ ***de,*** on the verge/brink of.

bordeaux [bɔrdo] *m* (= VIN DE BORDEAUX) claret.

bordée [bɔrde] *f* NAUT. broad-side (de canon) || FIG. volley (d'injures).

border [bɔrde] *vt* (1) [arbres] line (une route); border, skirt (un champ, une forêt) || hem, edge (un vêtement) || tuck (qqn dans un lit).

bordereau [bɔrdəro] *m* list (de noms, d'articles); statement (de compte); tally-sheet (de contrôle).

bordure [bɔrdyr] *f* border, edge || skirt (du bois); kerb, U.S. curb (de trottoir) || *en ~ de,* bordering on.

borgne [bɔrɲ] *adj* one-eyed.

born|e [bɔrn] *f* boundary-stone, landmark; milestone (routière) || ÉLECTR. terminal || *Pl* FIG. limits, bounds; pale; *sans ~(s),* beyond measure || **~é, e** *adj* limited; narrow (esprit); narrow-minded (personne) || **~er** *vt* (1) limit, bound — *vpr* ***se ~,*** limit/confine oneself (*à,* to).

bosquet [bɔskɛ] *m* grove.

boss|e [bɔs] *f* [chameau] hump; [front] bump || bulge (d'une surface) || MÉD. bump (après un coup); hunch (malformation) || FIG. *avoir la ~ de,* have a gift for; *rouler sa ~,* knock about || **~eler** [-le] *vt* (1) dent, batter (déformer) || emboss (marteler) || dent (carrosserie) || **~er** *vi* (1) POP. swot/peg away || **~elure** *f* [carrosserie] dent.

bossoir [bɔswar] *m* NAUT. davit.

boss|u, e [bɔsy] *adj* hunchbacked, humpbacked ● *n* hunchback || **~ué, e** [-ɥe] *adj* AUT. dented || **~uer** [-ɥe] *vt* (1) batter, dent.

botanique [bɔtanik] *adj* botanic(al) ● *f* botany.

botte I [bɔt] *f* SP. [escrime] thrust.

bott|e II [bɔt] *f* boot; *~ de caoutchouc,* gumboot, wellington; *~ de cheval/à l'écuyère,* riding boot; *~ d'égoutier/de pêcheur,* wader || **~é, e** *adj* booted, with boots on || **~er** *vt* (1) boot, put boots on || kick (frapper).

bott|e III *f* bunch (de carottes) || AGR. bundle (de foin) || **~eler** [-le] *vt* (8 *a*) tie in bunches, bunch || AGR. bundle; truss (foin).

Bottin [bɔtɛ̃] *m* N.D. business directory || *~ mondain,* G. B. = Who's Who.

bottine [bɔtin] *f* ankle-boot.

bouc [buk] *m* he-goat (animal) || goatee (barbe) || FIG. *~ émissaire,* scapegoat.

boucan [bukɑ̃] *m* racket; *faire du ~,* kick up a racket.

bouche [buʃ] *f* mouth || MÉD. ***faire du ~ à ~*** give the kiss of life || GÉOGR. mouth || TECHN. *~ d'aération,* air-vent; *~ d'égout,* drain; *~ d'incendie,* (fire) hydrant; *~ de métro,* metro/tube entrance || *de ~ à oreille,* by word of mouth; *cela me met l'eau à la ~,* it makes my mouth water.

bouch|é, e [-e] *adj* corked (bouteille); blocked (passage); choked (tuyau); stopped (trou) || CULIN. bottled (cidre) || MÉD. stopped up (nez) || FIG. obtuse || **~ée** *f* mouthful, bite, bit || FIG. *mettre les ~s doubles,* work at double speed.

boucher I [buʃe] *vt* (1) cork (up) (une bouteille); clog (un conduit); obstruct (un passage); stop, plug (un trou); block (la vue).

bouch|er II *m* butcher || **~ère** *f* butcher's wife || **~erie** [-ri] *f* butcher's shop || FIG. butchery, slaughter.

bouche-trou [buʃtru] *m* stopgap.

bouchon *m* [bouteille] cork (en liège); stopper (en plastique/verre) || [bidon, réservoir] cap || [pêche] float || FIG. [circulation] (traffic) jam, hold-up, snarl-up; tailback (file de voitures).

boucl|e [bukl] *f* buckle (de ceinture, de soulier) || lock, curl (de cheveux) || loop (de nœud, de rivière) || ~ *d'oreille,* ear-ring || **~é, e** *adj* curled, curly || **~er** *vt* (1) fasten, buckle (ceinture) || FIG. [police] seal off (quartier) — *vi* [cheveux] curl.

boud|er [bude] *vi* (1) sulk || **~eur, euse** *adj* sulky.

boudin [budɛ̃] *m* black pudding.

boue [bu] *f* mud (sur la route) || mire, slime || FIG. *traîner qqn dans la ~,* fling dirt at sb.

bouée [bue] *f* buoy; *~ de sauvetage,* lifebuoy.

boueux, euse *adj* muddy; [neige fondue] slushy ● *mpl* V. ÉBOUEUR.

bouffant, e [bufɑ̃, ɑ̃t] *adj* puffed (manche) || fluffy (chevelure).

bouffe [buf] *f* ARG. nosh (sl.).

bouffée *f* puff || [cigarette] drag || [parfum] whiff || *~ d'air,* puff/gust of wind || FIG. fit (d'orgueil); outburst (de colère).

bouffer I *vi* (1) [manche] puff; *faire ~,* puff out.

bouffer II *vt* (1) POP. scoff (fam.); nosh (sl.).

bouffi, e *adj* puffed up, bloated (visage); puffy, swollen (yeux) || *~ d'orgueil,* puffed up (with pride).

bouffon [bufɔ̃] *m* jester.

bouge [buʒ] *m* hovel.

bougeoir [buʒwar] *m* candlestick.

bouger [buʒe] *vt* (7) move, shift — *vi* move, stir || [négativement] budge; *ne pas ~,* stay put.

bougie [buʒi] *f* candle || AUT. *~ d'allumage,* spark(ing)-plug.

bougon, onne [bugɔ̃, ɔn] *adj* grumbling, grumpy || **~ner** [-ɔne] *vi* (1) grumble.

bouill|ant, e [bujɑ̃, ɑ̃t] *adj* [action] boiling || [chaud] boiling hot || FIG. fiery, hot-tempered (caractère).

bouille [buj] *f* POP. mug (sl.).

bouill|ie [buji] *f* pap (pour enfants); porridge (d'avoine); U.S. mush (de maïs) || **~ir** *vi* (22) boil; *faire ~,* boil || FIG. boil || **~oire** *f* kettle || **~on** [-ɔ̃] *m* [liquide] broth; *~ gras,* beef-tea || *Pl* bubble (bulles) || **~onnement** [-ɔnmɑ̃] *m* bubbling, seething || **~onner** [-ɔne] *vi* (1) bubble, seethe || FIG. [colère] surge || [personne] seethe (de colère) || **~otte** [-ɔt] *f* hot-water-bottle.

boulang|er [bulɑ̃ʒe] *m* baker || **~ère** *f* baker's wife || **~erie** *f* bakery, baker's shop.

boule [bul] *f* ball (de billard); bowl (de jeu de boules); *jouer aux ~s,* play bowls; ***~ de neige,*** snowball || *se mettre en ~,* [chat] curl up || CULIN. ***~ à thé,*** tea-ball || MÉD. *~ de gomme,* gum; *~ Quiès,* ear-plug || FIG. ***faire ~ de neige,*** snowball.

bouleau [bulo] *m* birch.

bouledogue [buldɔg] *m* bulldog.

boul|et [bulɛ] *m* MIL. (cannon-) ball || FIG. millstone (entrave) || **~ette** *f* pellet (de pain); meatball (de viande).

boulevard [bulvar] *m* boulevard.

bouleversant, e [bulvɛrsɑ̃, ɑ̃t] *adj* upsetting, staggering || **~é, e** *adj* turned upside down || FIG. upset, shaken, staggered, shocked, distraught || **~ement** *m* upset, upheaval || **~er** *vt* (1) upset, turn upside down || FIG. upset, mess up (plans); upset, shake, cut up, shock (personne).

boulier [bulje] *m* abacus.

boulon [bulɔ̃] *m* bolt || **~ner** [-ɔne] *vt* (1) bolt || FAM. grind.

boulot [bulo] *m* FAM. work (travail) || job (emploi).

boulotter [-ɔte] *vt* (1) POP. eat; nosh.

bouqu|et [bukɛ] *m* clump, cluster (d'arbres); bunch, nosegay (de fleurs) || CULIN. bunch (de persil); bouquet (du vin) || FIG.

ça, c'est le ~, that beats all || **~etière** [-ktjɛr] *f* flower-girl.

bouqu|in [bukɛ̃] *m* FAM. book || **~iner** [-ine] *vt* (1) browse || **~iniste** [-inist] *n* second-hand bookseller.

bourb|eux, euse [burbø, øz] *adj* muddy, miry, splashy; oozy || **~ier** *m* slough.

bourde [burd] *f* blunder.

bourdon [burdɔ̃] *m* great bell || ZOOL. bumble-bee || **~nement** [-ɔnmɑ̃] *m* buzz(ing) || drone, hum(ming) [d'abeilles] || MÉD. tingle, singing (d'oreilles) || **~ner** [-ɔne] *vi* (1) [insectes] buzz, hum, drone; [foule] murmur; [oreilles] sing, buzz.

bourg [bur] *m* market-town.

bourgeois, e [burʒwa, waz] *adj* common, homely; middle-class (famille) || plain (cuisine) || private (maison) || PÉJ. narrow-minded, bourgeois ● *n* middle-class person, bourgeois || VULG. *la ~e,* the missus || **~ie** [-zi] *f* middle-class; *petite/grande ~,* lower/upper middle-class.

bourgeon [burʒɔ̃] *m* bud || **~ner** [-ɔne] *vt* (1) bud, shoot, sprout.

Bourgogne [burgɔɲ] *f* GÉOGR. Burgundy ● *m* [vin] *bourgogne,* burgundy.

bourlinguer [burlɛ̃ge] *vi* (1) NAUT. sail || FAM. knock about (fam.).

bourrade [burad] *f* dig.

bourrage [buraʒ] *m* cramming || filling (d'un trou) || FIG. *~ de crâne,* eye-wash, ballyhoo.

bourrasque [burask] *f* gust (de vent); squall (avec pluie); flurry (de neige).

bourratif, ive [buratif, iv] *adj* FAM. stodgy.

bourr|e [bur] *f* stuffing || **~é, e** *adj* cram full || FAM. *~ de fric,* loaded, stinking rich || POP. tight (ivre).

bourreau [buro] *m* executioner, hangman || FIG. *un ~ de travail,* a demon for work.

bourrel|er [burle] *vt* (8 *b*) torment, rack (de remords) || **~et** [-ɛ] *m* pad (de chaise); weather-strip (de fenêtre); roll (de graisse).

bourrer [bure] *vt* (1) pack tight; cram, stuff (*de,* with); fill (une pipe) || FIG. cram — *vpr se ~ de médicaments,* dose oneself.

bourriche [buriʃ] *f* hamper.

bourrique [burik] *f* she-ass.

bourru, e [bury] *adj* gruff, crusty, brusque, rugged.

bours|e [burs] *f* purse (porte-monnaie) || FIN. *la Bourse,* the Stock Exchange || [études] scholarship, grant || **~ier, ière** *n* scholar, grant-holder.

boursoufl|er [bursufle] *vt* (1) puff up, bloat, swell || **~ure** *f* swelling.

houscul|ade [buskylad] *f* scramble, crush, hustle, jostling || **~er** *vt* (1) jostle, shove, hustle (pousser) || hurry, rush (presser) — *vpr* ***se ~,*** jostle each other; *se ~ pour avoir qqch.,* scramble for sth.

bouse [buz] *f* cow-dung.

boussole [busɔl] *f* compass.

bout [bu] *m* [extrémité] end; *~* ***à ~,*** end to end; tip (de cigarette, du nez); *à ~-filtre/de liège,* filter-/cork-tipped || *gros ~,* butt-end || *d'un ~ à l'autre,* throughout || *jusqu'au ~,* to the end || FIG. *joindre les deux ~s,* make (both) ends meet || FIG. ***à ~,*** tired, worn out; *au ~ de son rouleau,* at the end of one's tether || FIG. *aller jusqu'au ~,* go the whole hog || [partie] bit, piece (morceau); scrap, slip, strip (de papier); stub (de crayon) ● *loc adv* ***à ~ portant,*** point-blank.

boutade [butad] *f* whim, fit (caprice) || sally (repartie).

bouteille [butɛj] *f* bottle; *mettre en ~*, bottle; *~ isolante*, vacuum-bottle; *~s vides*, empties.

bout-filtre [bufiltr] *m* filter-tip.

boutiqu|e [butik] *f* shop, U.S. store; *tenir ~*, keep shop || **~ier, ière** *n* shopkeeper.

bouton [butɔ̃] *m* button; stud (de col); *~s de manchettes*, cuff-links; *~-pression*, snap || knob (de porte) || RAD. control || BOT. bud || MÉD. spot, pimple || **~-d'or** [-dɔr] *m* BOT. buttercup || **~ner** [-ɔne] *vt* (1) button, fasten, do up (vêtement) — *vpr* ***se ~***, [vêtement] button up; [personne] button (up) one's coat/etc.

bouture [butyr] *f* AGR. cutting, slip.

bouvreuil [buvrœj] *m* bullfinch.

bowling [buliŋ] *m* bowling-alley.

box [bɔks] *m* [dortoir] cubicle || [garage] lock-up (garage) || [écurie] loose box || JUR. dock (des accusés).

box|e [bɔks] *f* boxing; *combat de ~*, boxing-match || **~er** *vt* (1) box || **~eur** *m* boxer.

boyau [bwajo] *m* bowel, gut.

boycott|age [bɔjkɔtaʒ] *m* boycott || **~er** *vt* (1) boycott.

bracelet [braslɛ] *m* bracelet, bangle || watch-strap (de montre); ***~-montre,*** wrist-watch.

braconn|er [brakɔne] *vi* (1) poach || **~ier** *m* poacher.

brad|er [brade] *vt* (1) sell off || **~erie** [-ri] *f* clearance-sale.

braguette [bragɛt] *f* fly, flies.

brai [brɛ] *m* pitch.

braill|ard, e [brɑjar, ard] *adj* bawling, screaming; squalling (enfant) || **~er** *vi* (1) bawl; [enfant] squall — *vt* yell (out) [un ordre].

braire [brɛr] *vi* (23) bray.

braise [brɛz] *f* live coals, embers.

brancar|d [brɑ̃kar] *m* stretcher (civière) || shaft (d'une charrette) || **~dier** [-dje] *m* stretcher-bearer.

branch|age [brɑ̃ʃaʒ] *m* boughs || **~e** *f* bough, branch, spray (d'arbre en fleur); *grosse ~*, limb; *petite ~*, sprig || TECHN. side (de lunettes) || FIG. branch (d'une famille, d'une science); line (commerciale) || **~ement** [-ʃmɑ̃] *m* ÉLECTR. plugging-in, connection || **~er** *vt* (1) ÉLECTR. plug in, connect || ARG. *être branché,* be switched on (fam.) — *vi/vpr* ***(se) ~,*** [oiseau] perch.

branchies [brɑ̃ʃi] *fpl* gills.

brandir [brɑ̃dir] *vt* (2) flourish; sway (un bâton); brandish, wield (une arme); wave (un chapeau).

brandon [brɑ̃dɔ̃] *m* fire-brand.

branl|ant, e [brɑ̃lɑ̃, ɑ̃t] *adj* shaky (meuble); rickety (chaise); unsteady (table); cranky, crazy, tumble-down (bâtiment); loose (dent) || **~e** *m* swing(ing) [d'une cloche] || FIG. *se mettre en ~*, start, get under way || **~e-bas** *m* NAUT. *~ de combat,* clearing for action || **~er** *vt* (1) shake, wag (la tête).

braquer [brake] *vt* (1) aim, point, level (arme) [*sur,* at]; train, bring to bear (télescope) [*sur,* on] || AUT. turn (roue); *cette voiture braque bien,* this car has a good lock; *braquez à droite!,* right lock!; *braquez à fond!,* lock hard over! || ARG. raid, stick up (une banque).

bras [bra] *m* arm; *au ~*, on one's arm; *à bout de ~*, at arm's length; *saisir à ~-le-corps,* grip round the waist; ***~ dessus, ~ dessous,*** arm in arm; *donner le ~ à qqn,* give sb. one's arm; ***être en ~ de chemise,*** be in (one's) shirt's sleeves || [lutte] ***~ de fer,*** Indian wrestling || [rivière] branch || ***~ de mer,*** channel, arm of the sea, inlet.

bras|ero [brazero] *m* brazier || **~ier** *m* glowing fire.

brasiller [brazije] *vi* (1) sparkle, gleam; shimmer (chatoyer).

brassard [brasar] *m* armlet.

brass|e [bras] *f* SP. breast-stroke; **~ *papillon,*** butterfly stroke ‖ NAUT. fathom (mesure) ‖ **~er** *vt* (1) brew (bière); stir up (agiter) ‖ FIG. handle (des affaires).

brass|erie [brasri] *f* pub (café) ‖ brewery (fabrique) ‖ **~eur** *m* brewer (de bière) ‖ FIG. ~ *d'affaires,* big businessman, tycoon.

brassières *fpl* shoulder-straps (de sac à dos).

brav|e [brav] *adj* [après le nom] brave (courageux) ‖ [avant le nom] good; *un(e) ~ type/fille,* a good sort ‖ **~er** *vt* (1) brave, face (le danger) ‖ dare, defy (défier).

bravo! [bravo] *exclam* well done! ‖ [approbation] hear!, hear! ● *mpl* cheers.

bravoure [bravur] *f* bravery.

break [brɛk] *m* estate car, U.S. station-wagon.

brebis [brəbi] *f* ewe ‖ FIG. ~ *galeuse,* black sheep.

brèche [brɛʃ] *f* breach; gap (dans un mur); break ‖ MIL. breach ‖ FIG. *être sur la ~,* be hard at it.

bredouiller [brəduje] *vi/vt* (1) stammer, jabber, splutter.

bref [brɛf] *adj* short, brief (temps); curt, sharp (parole) ● *adv* in short/brief; to make a long story short.

Brésil [brezil] *m* Brazil ‖ **~ien, ienne** [-jɛ̃, jɛn] *n* Brazilian.

brésilien, ienne *adj* Brazilian.

Bretagne [brətaɲ] *f* Brittany.

bretelle [brətɛl] *f* shoulder-strap (de sac, de soutien-gorge) ‖ *Pl* braces, U.S. suspenders ‖ [autoroute] slip-road, access-road.

breton, onne [brətɔ̃, ɔn] *adj* Breton.

Breton, onne *n* Breton.

breuvage [brəvaʒ] *m* drink, beverage.

brev|et [brəvɛ] *m* certificate ‖ JUR. patent (d'invention) ‖ MIL. commission ‖ AV. licence (de pilote) ‖ **~eté, e** [-te] *adj* JUR. patented (invention) ‖ TECHN. qualified (spécialiste) ‖ AV. licensed ‖ NAUT. able-bodied (matelot) ‖ **~eter** *vt* (8 *a*) patent (une invention); *faire ~,* take out a patent for ‖ MIL. commission (un officier).

bréviaire [brevjɛr] *m* breviary.

bribes [brib] *fpl* scraps (de nourriture) ‖ smattering (de connaissance) ‖ odds and ends (d'objets divers) ‖ snatches (de conversation).

bric-à-brac [brikabrak] *m* junk; odds and ends.

bricol|age [brikɔlaʒ] *m* do-it-yourself, D.I.Y. ‖ odd jobs ‖ **~er** *vi* (1) do odd jobs; potter/tinker about ‖ **~eur, euse** *n* do-it-yourselfer; handyman.

brid|e [brid] *f* bridle, rein (harnais) ‖ strap (de couture) ‖ FIG. *à ~ abattue,* at full tilt; *lâcher la ~ à,* give rein to; *serrer la ~,* curb ‖ **~er** *vt* (1) bridle (un cheval) ‖ FIG. curb, restrain.

bridge I [bridʒ] *m* [cartes] bridge; *~ contrat,* contract bridge; *~ aux enchères,* auction bridge; *jouer au ~,* play bridge; *faire une partie de ~,* have/play a game of bridge.

bridge II *m* MÉD. bridge.

briève|ment [briɛvmɑ̃] *adv* briefly, concisely ‖ **~té** *f* brevity, shortness.

brigad|e [brigad] *f* squad (de police) ‖ MIL. brigade ‖ **~ier** *m* MIL. corporal.

brigand [brigɑ̃] *m* bandit, robber ‖ FIG. rascal.

briguer [brige] *vt* (1) court, seek (une faveur).

brill|amment [brijamɑ̃] *adv* brilliantly || **~ant, e** *adj* bright, brilliant, shining, luminous || bright, vivid (couleurs) || FIG. brilliant, talented || dashing (joueur) || sparkling (conversation); prosperous (situation); dazzling (succès) ● *m* lustre; sheen (d'une étoffe); shine, polish (du vernis); gloss (du satin) || brilliant (diamant) || **~antine** [-ɑ̃tin] *f* hair-oil || **~er** *vi* (1) shine || glitter, sparkle (scintiller); [lumière aveuglante] glare; [vif éclat] flare; [flammes] blaze; [acier, verre] glint; [or, acier, diamant] glitter; [reflet sur une surface humide] glisten; [lueur incertaine] glimmer; [lueur faible ou intermittente] gleam; [lueur vacillante] flicker; [lueur incandescente] glow; [miroiter] shimmer || *faire ~,* brighten; shine (astiquer) || FIG. excel (*en,* in).

brimbaler [brɛ̃bale] *vi* (1) bump/rattle along.

brimer [brime] *vt* (1) rag, bully (un camarade).

brin [brɛ̃] *m* blade (d'herbe); spray (de muguet); strand (de ficelle) || FIG. bit; *un ~ de,* a shade of.

brindille [brɛ̃dij] *f* twig, sprig.

bringue [brɛ̃g] *f faire la ~,* go on the spree, U.S. have a bust.

bringuebaler [brɛ̃gbale] *vi* (1) = BRIMBALER.

brio [brio] *m* spirit; *avec ~,* brilliantly.

brioche [brijɔʃ] *f* bun.

brique [brik] *f* brick.

briquet [brikɛ] *m* lighter.

bris [bri] *m* breaking, breakage || JUR. breach (de clôture).

brisant [brizɑ̃] *m* reef (récif); breaker (vague).

brise [briz] *f* breeze.

brisé, e [brize] *adj* broken; *~ de fatigue,* tired out.

brise|-glace [brizglas] *m* NAUT. ice-breaker || **~-lames** *m* breakwater.

briser [brize] *vt* (1) break, smash || splinter (en éclats); snap (avec un bruit sec); *~ en morceaux,* smash || FIG. break (le cœur); break down, overcome (une résistance); *~ la glace,* break the ice; *~ une grève,* break a strike — *vpr* ***se ~,*** break; shatter, smash.

britannique [britanik] *adj* British (citoyen, îles) || Britannic (roi, reine).

Britannique *n* Briton, U.S. Britisher.

broc [bro] *m* jug.

brocanteur [brɔkɑ̃tœr] *m* second-hand dealer; junk dealer.

broch|e [brɔʃ] *f* brooch (bijou) || TECHN. peg, pin || CULIN. spit, skewer || **~é, e** *adj* paper-backed (livre); *livres ~s,* paper-backs || **~er** *vt* (1) stitch (coudre); bind (un livre); staple (agrafer).

brochet [brɔʃɛ] *m* pike.

brochette [brɔʃɛt] *f* CULIN. skewer.

brochure [brɔʃyr] *f* booklet, pamphlet.

brod|er [brɔde] *vt* (1) embroider || **~erie** *f* embroidery.

broncher [brɔ̃ʃe] *vi* (1) flinch, wince, blench (sourciller); *sans ~,* without flinching || budge, stir.

bronch|es [brɔ̃ʃ] *fpl* bronchia || **~ite** *f* bronchitis.

bronzage [brɔ̃zaʒ] *m* (sun)tan (de la peau).

bronz|e [brɔ̃z] *m* bronze || **~é, e** *adj* tanned, sunburnt; swarthy || **~er** *vt* (1) tan (peau) || bronze (métal) — *vi* [peau] get a tan.

bross|e [brɔs] *f* brush; *coup de ~,* brush-up; *~ à cheveux,* hair-brush; *~ à dents,* toothbrush; *~ à habits,* clothes-brush; *~ à ongles,* nail-brush ; ~ *en chiendent,* scrubbing-brush || *cheveux en* ~, crew-cut || **~er** [brɔse] *vt* (1) brush || brush away (la boue) ; scrub (le plancher).

brouett|e [bruɛt] *f* wheel-barrow || **~er** *vt* (1) barrow.

brouhaha [bruaa] *m* hubbub.

brouillage [brujaʒ] *m* RAD. jamming (du signal) ; scrambling (du message).

brouillard [brujar] *m* fog || mist (brume) || ~ *chargé de fumée,* smog || *perdu dans le* ~, fog-bound.

brouill|e [bruj] *f* tiff ; estrangement || FAM. disagreement || **~é, e** *adj* blurred (image) ; muddy (teint) ; dim (yeux) || CULIN. scrambled (œufs) || FIG. *être* ~ *avec qqn,* FAM. be at odds with sb. || **~er** *vt* (1) blur (une image, un miroir) || RAD. jam (signal) ; scramble (message codé) || FIG. addle (esprit) ; confuse (les idées) — *vpr* ***se*** ~, fall out (*avec,* with) || **~on, onne** *adj* muddle-headed ● *m* rough copy ; first draft.

broussaill|e [brusaj] *f* brushwood || *Pl* brushwood, underbrush, scrub, bush || **~eux, euse** *adj* bushy, scrubby (terrain).

brousse [brus] *f* bush, scrub.

brouter [brute] *vi/vt* (1) browse, graze.

broy|er [brwaje] *vt* (9 *a*) grind (couleurs) ; pound (dans un mortier) ; mill (du grain) ; crush (du sucre, de la pierre, des aliments) || FIG. ~ *du noir,* have the blues ; mope || **~eur** *m* grinder.

bru [bry] *f* daughter-in-law.

bruin|e [brɥin] *f* drizzle || **~er** *v impers* (1) drizzle.

brui|re [brɥir] *vi* (24) [feuilles] rustle || [eau] swish || [vent] sigh, whisper ; *faire* ~, rustle || **~ssement** [-smɑ̃] *m* [feuilles] rustle, rustling || [eau] swish || [ruisseau] murmur || [vent] whisper.

bruit [brɥi] *m* noise ; ***faire du*** ~, make a noise ; *sans* ~, noiselessly || sound, snap (sec) ; pop (d'un bouchon qui saute) ; patter (de pas légers) ; flop (mat) ; thud (sourd) ; tramp (de pas lourds) ; clash (métallique) ; clang, rattle (de ferraille) ; jangle (discordant) || FIG. stir, sensation (émoi) ; rumour ; *le* ~ *court que,* it is rumoured that, rumour has it that || **~age** [-taʒ] *m* sound-effects.

brûl|age [brylaʒ] *m* singeing (de cheveux) || **~ant, e** *adj* burning hot || blazing (feu) ; scorching hot (soleil) ; piping hot (thé) || FIG. eager (*de,* to/for) ; fervent (désir) || **~e-parfum** *m* perfume-burner || **~e-pourpoint (à)** [purpwɛ̃] *loc adv* point-blank (question) || **~é, e** *adj* burnt ● *m odeur de* ~, smell of burning || **~er** *vt* (1) burn || scorch (herbe, peau) ; [eau bouillante] scald ; singe (les cheveux) ; roast (le café) || cremate (un corps) ; ~ *vif,* burn alive || AGR. parch (les récoltes) || AUT. ~ ***un feu rouge,*** go through a red light — *vi* burn || CULIN. burn ; [lait] catch || MÉD. [peau] smart || FIG. [jeu] *vous brûlez !,* you're getting warm ! || ~ ***de,*** be eager to || **~eur** *m* TECHN. burner || **~ure** *f* burn (par le feu, un acide) ; scald (par l'eau bouillante) || MÉD. ~ *d'estomac,* heartburn.

brum|e [brym] *f* mist || haze (de chaleur) ; *banc de* ~, fog-bank || *corne de* ~, fog-horn || **~eux, euse** *adj* hazy, foggy, misty.

brun, e [brœ̃, yn] *adj* brown (couleur) ; sunburnt, tanned, dusky (teint) || dark (cheveux) ; dark-haired (personne) || brown (bière) ● *m* brown (couleur) || dark man ● *f* brunette (femme).

brune [bryn] *f* night fall ; *à la* ~, at dusk.

brunir [brynir] *vt* (2) burnish,

polish (métal) || tan, bronze (peau) || turn brown — *vi* [peau] darken.

brusqu|e [brysk] *adj* sudden, abrupt, brusque, short, gruff, blunt || sharp (tournant) || **~ement** *adv* suddenly, abruptly || **~er** *vt* (1) precipitate (départ); hurry (les choses) || be blunt with, handle roughly (qqn) || **~erie** *f* abruptness, brusqueness, bluntness.

brut, e [bryt] *adj* unrefined, raw (matière) || rough (diamant) || TECHN. crude (pétrole); *à l'état ~,* in the rough || COMM. gross (poids) || FIN. gross (benefice) || **~al, e, aux** *adj* beastly (grossier); savage (coup); brutal (instinct) || rough (manières) || brute, brutish (force) || **~alement** *adv* savagely, roughly || brutally, rudely || bluntly (sans ménagements) || **~aliser** [-alize] *vt* (1) bully, ill-treat || **~alité** [-alite] *f* brutality || savageness, savagery || **~e** *f* brute (animal) || FIG. beast.

Bruxelles [brysεl] *f* Brussels.

bruy|amment [brɥijamɑ̃] *adv* noisily, loudly || **~ant, e** *adj* noisy, loud, boisterous, clamorous.

bruyère [bryjεr] *f* heather (plante); heath, moorland (terrain) || *racine de ~,* French briar.

bu [by] V. BOIRE.

buanderie [byɑ̃dri] *f* washhouse.

buccal, e, aux [bykal, o] *adj* MÉD. *par voie ~e,* orally.

bûch|e [byʃ] *f* log; *~ de Noël,* Yule-log || FIG., FAM. *ramasser une ~,* come a cropper || **~er** I *m* wood-shed (remise) || funeral pile; stake (supplice).

bûch|er II *vi* (1) swot, slog away — *vt* slog away at; *~ une matière,* swot a subject up || **~eur, euse** *adj* hard-working • *n* slogger.

bûcheron [byʃrɔ̃] *m* woodcutter, woodman, lumberman.

budg|et [bydʒε] *m* FIN. budget || **~étaire** [-etεr] *adj* budgetary.

buée [bye] *f* steam (d'eau bouillante); blur (de l'haleine); mist (sur un miroir); vapour (sur une vitre); *couvrir de ~,* cloud (up); *enlever la ~,* demist.

buffet [byfε] *m* side-board; dresser (de salle à manger); cupboard (de cuisine) || [réception] buffet (table) || RAIL. refreshment-room; buffet.

buffle [byfl] *m* buffalo.

buis [bɥi] *m* box(-tree).

buiss|on [bɥisɔ̃] *m* bush, shrub || **~onnière** [-ɔnjεr] *adj faire l'école ~,* play truant.

bulbe [bylb] *m* BOT., MÉD. bulb.

bulgare [bylgar] *adj* Bulgarian.

Bulgar|e *adj/n* Bulgarian || **~ie** *f* Bulgaria.

bulle [byl] *f* bubble; *faire des ~s,* blow bubbles || [bande dessinée] balloon.

bulletin [byltε̃] *m* bulletin, report; *~ météorologique,* weather report; *~ de naissance,* birth certificate; *~ de salaire* pay slip; [école] *~ trimestriel,* term report || POL. ***~ de vote,*** ballot-paper || COMM. receipt, ticket; *~ de livraison,* delivery note || RAIL. *~ de bagages,* luggage-ticket, U.S. baggage check.

bungalow [bœgalo] *m* chalet; bungalow.

bureau [byro] *m* desk; bureau (meuble); office (salle, organisation); study (salle); *~ de poste,* post-office || COMM. [hôtel] reception desk; *~ de tabac,* tobacconist's, U.S. cigar store || JUR. board, department || POL. *~ de vote,* polling-station || **~cratie** [-krasi] *f* bureaucracy, officialdom; red tape.

burette [byrεt] *f* TECHN. oil-can.

buriner [byrine] *vt* (1) engrave.

Burundi [burundi] *m* Burundi.

buse [byz] *f* buzzard.

busqué, e [byske] *adj* aquiline, hooked (nez).

buste [byst] *m* bust.

but [byt] *m* target, mark; *atteindre/manquer le* ~, hit/miss the mark || SP. [football] goal; *marquer un* ~, score a goal || MIL. objective || FIG. aim, purpose, goal; *dans le* ~ *de faire,* with a view to doing; *sans* ~, aimlessly || ***de* ~ *en blanc,*** point-blank.

butane [bytan] *m* butane.

but|é, e [byte] *adj* dour, stubborn (obstiné) || **~ée** *f* TECHN. stop || AUT. [direction] lock.

buter *vi* (1) bang, bump (*dans,* into; *contre,* against); stumble (*dans,* over) — *vt* ARG. do in (sl.) [tuer] — *vpr* ***se*** ~, come up (*contre,* against).

butin [bytɛ̃] *m* spoils, plunder, booty.

butiner [bytine] *vt* (1) ZOOL. gather honey.

butoir [bytwar] *m* (door-)stop || RAIL. buffer-stop.

butte I [byt] *f* hillock, knoll, mound.

butte II *f en* ~ *à,* exposed to.

buv|able [byvabl] *adj* drinkable || **~ard** [-ar] *m* blotter; blotting-paper (papier); blotting-pad (sous-main) || **~ette** [byvɛt] *f* refreshment-bar (de gare); well-room (de station thermale) || **~eur, euse** *n* drinker; ~ *d'eau,* teetotaller, total abstainer.

byzantin, e [bizɑ̃tɛ̃, in] *adj* Byzantine.

C

c [se] *m* c.

c V. CE.

ça [sa] *pron dém* V. CELA.

çà [sa] *adv* ~ *et là,* here and there; about, around.

caban [kabɑ̃] *m* NAUT. reefer.

caban|e [kaban] *f* hut, shack, shanty, cabin; ~ *à lapins,* rabbit-hutch || **~on** [-ɔ̃] *m* small hut; bungalow.

cabaret [kabarɛ] *m* night-club.

cabestan [kabɛstɑ̃] *m* capstan.

cabine [kabin] *f* [piscine] cubicle || CIN. ~ *de projection,* projection room || NAUT. cabin, stateroom || TÉL. ~ ***téléphonique,*** call-box, telephone booth || AV. cockpit || TECHN. cab (de camion); car (d'ascenseur).

cabinet [kabinɛ] *m* closet || *Pl* loo, lavatory, water-closet; ~ *de toilette,* dressing-room; ~ *de travail,* study || MÉD. surgery, consulting-room || POL. cabinet.

câbl|e [kɑbl] *m* cable || TÉL. cable || **~er** *vt* (1) cable || **~ogramme** [-ogram] *m* cablegram.

cabosser [kabɔse] *vt* (1) dent.

cabot [kabo] *m* [chien] cur.

cabot|age [kabɔtaʒ] *m* coasting ||**~er** *vi* (1) coast || **~eur** *m* coaster.

cabot|in, e [kabɔtɛ̃, in] *n* TH. ham actor || FIG. show-off || **~inage** [-inaʒ] *m* FIG. showing-off.

cabrer [kɑbre] *vpr* (1) ***se ~,*** [cheval] rear.

cabriol|e [kabrijɔl] *f* caper || *Pl* antics || **~er** *vi* (I) caper about, frolic.

cabriolet [kabriɔlɛ] *m* AUT. cabriolet.

cacahouète [kakawɛt] *f* peanut.

cacao [kakao] *m* cocoa.

cachalot [kaʃalo] *m* spermwhale.

caché, e [kaʃe] *adj* FIG. covert, close.

cache [kaʃ] *f* hiding-place ● *m* CIN., PHOT. screen, mask || **~-cache** *m jouer à ~,* play hide and seek || **~-col** *m* scarf || **~-nez** *m* muffler, comforter.

cacher [kaʃe] *vt* (1) hide, conceal; screen (derrière un écran) || cover up || FIG. mask, shroud (voiler); keep back (un secret) — *vpr* ***se ~,*** hide || [évadé] be in hiding, lie low || lurk (se tapir); skulk (s'embusquer).

cache-sexe *m* G-string.

cach|et [kaʃɛ] *m* seal (sceau); postmark (oblitération) || TH. fee (d'un artiste) || MÉD. cachet, wafer, tablet || FIG. mark, air; *avoir du ~,* have style || **~eter** [-te] *vt* (8 *a*) seal (enveloppe); seal up (bouteille).

cach|ette [kaʃɛt] *f* hiding-place || FAM. hide-out; *en ~,* secretly, stealthily || **~ot** [-o] *m* cell || **~otteries** [-ɔtri] *fpl* mysterious ways; secrecy || **~ottier, ère** [-ɔtje, ɛr] *adj* secretive.

cactus [kaktys] *m* cactus.

cadastre [kadastr] *m* land registry.

cada|vérique [kadaverik] *adj* cadaveric, -erous || **~vre** [-vr] *m* corpse, (dead) body.

caddie [kadi] *m* [golf] caddie || [supermarché] trolley.

cadeau [kado] *m* gift, present; *~ de Noël,* Christmas present; ***faire un ~,*** give a present; *faire ~ de qqch.,* make a present of sth., give sth. as a gift (*à qqn,* to sb.).

cadenas [kadna] *m* padlock || **~ser** [-se] *vt* (1) padlock.

cadenc|e [kadɑ̃s] *f* cadence, rhythm, lilt; *en ~,* in rhythm || TECHN. speed, output || **~é, e** *adj* measured (pas) || MIL. *au pas ~,* in step.

cadet, ette [kadɛ, ɛt] *adj.* younger ● *m* younger son (fils); younger brother (frère); youngest (dernier-né); *mon ~ de deux ans,* my junior by two years || FAM. *le ~ de mes soucis,* the least of my worries ● *f* younger daughter (fille); younger sister (sœur).

cadrage [kadraʒ] *m* CIN. centring.

cadran [kadrɑ̃] *m* dial (d'horloge, de téléphone); *~* ***solaire,*** sun-dial || FAM. *faire le tour du ~,* sleep the clock round.

cadr|e [kadr] *m* frame (de tableau, de bicyclette) || [administration] executive; *~* ***supérieur,*** senior executive || [décor] setting, environment, surroundings || FIG. *dans le ~ de,* within || **~er** *vi* (1) square (*avec,* with) — *vt* CIN., PHOT. centre (l'image) || **~eur** *m* CIN. cameraman.

caduc, uque [kadyk] *adj* declining (âge); ruinous (bâtiment) || BOT. *à feuilles ~ques,* deciduous || JUR. null and void (contrat).

cafard I [kafar] *m* ZOOL. cockroach.

cafard II *m avoir le ~,* be in the dumps, have the blues, feel blue.

cafard III, **e** [-ard] *n* sneak (rapporteur) || **~er** [-de] *vt* (1) FAM. [école] peach, sneak (sl.); tell on (fam.).

caf|é [kafe] *m* coffee; *~ noir,* black coffee; *~ crème,* white coffee; ~ *au lait,* coffee with milk; ~ *soluble,* instant coffee || [lieu] FR. café = PUB || **~éine** [-ein] *f* caffeine || **~étéria** [-eterja] *f* cafeteria || **~etière** [-tjɛr] *f* coffee-pot; ~ *électrique,* percolator.

cage [kaʒ] *f* cage || AGR. coop (à volailles); *mettre en* ~, cage, coop || TECHN. shaft (d'ascenseur); ~ *d'escalier,* stairwell.

cageot [kaʒo] *m* crate.

cagnotte [kaŋɔt] *f* pool, kitty.

cagoule [kagul] *f* hood.

cahier [kaje] *m* exercise-book, notebook, copy-book.

cahot [kao] *m* jolt, bump || **~er** [-ɔte] *vt* (1) jolt, jog — *vi* jog || **~eux, euse** [-tø, øz] *adj* bumpy (route).

caille [kaj] *f* quail.

caill|é [kaje] *m* curds, junket || **~er** *vi/vpr* [1] (***se*** ~) curdle, clot || **~ot** [-o] *m* clot.

caillou, oux [kaju] *m* pebble || **~teux, euse** [-tø, øz] *adj* stony.

Caire (Le) [ləkɛr] *m* GÉOGR. Cairo.

caiss|e [kɛs] *f* chest, box, case; ~ *d'emballage,* packing-case || COMM. till (tiroir); cash-box (coffre); cash-desk (lieu); ~ ***enregistreuse,*** cash-register; *tenir la* ~, be the cashier || [bank] cashier's desk || [supermarché] checkout point || FIN. fund; ~ ***d'épargne,*** savings bank || MUS. drum; *grosse* ~, big drum || **~ier, ière,** *n* cashier; [banque] teller.

caisson [kɛsɔ̃] *m* MIL. ammunition wagon || NAUT. caisson.

cajoler [kaʒɔle] *vt* (1) cajole, coax, wheedle.

cake [kek] *m* fruit-cake.

calamité [kalamite] *f* disaster, calamity, fatality, curse.

calandre [kalɑ̃dr] *f* AUT. radiator grill(e).

calcaire [kalkɛr] *m* limestone ● *adj* calcareous, chalky.

calciner [kalsine] *vt* (1) char, burn to a cinder.

calcium [kalsjɔm] *m* calcium.

calcul I [kalkyl] *m* MÉD. stone.

calcul II *m* reckoning, computation, calculation || MATH. calculus; ~ *mental,* mental arithmetic || FIG. estimate; calculations, selfish motives; *mauvais* ~, miscalculation || **~atrice** *f* ~ *(de poche),* calculator || **~er** *vi/vt* (1) calculate, work out, reckon (quantité); compute (évaluer) || FIG. plan, scheme || **~ette** *f* FAM. = CALCULATRICE.

cale I [kal] *f* wedge (de meuble); chock (de roue).

cale II *f* NAUT. hold (de navire); stocks (de construction); slipway (de lancement); ~ *sèche,* dry dock.

calé, e [kale] *adj* steady (d'aplomb) || TECHN. jammed (bloqué) || FAM. well up (*en,* in).

caleçon [kalsɔ̃] *m* (pair of) underpants, pants || ~ *de bain,* swimming trunks.

calembour [kalɑ̃bur] *m* pun.

calendrier [kalɑ̃drije] *m* calendar || schedule (programme).

calepin [kalpɛ̃] *m* notebook.

caler [kale] *vt* (1) wedge (une) porte; prop up (un malade); steady, level (un meuble) || AUT. stall (moteur) — *vi* [moteur] stall || FAM. ~ *devant une difficulté,* balk at a difficulty.

calfater [kalfate] *vt* (1) caulk.

calfeutrer [kalføtre] *vt* (1) weather-strip (une fenêtre).

calibr|e [kalibr] *m* calibre, bore (d'une arme); size (d'une balle); gauge (jauge) || FIG. calibre, stamp || **~er** *vt* (1) gauge (mesurer); grade (fruits, œufs); calibrate (donner le calibre).

calice [kalis] *m* Bot. calyx.

calicot [kaliko] *m* calico.

califourchon (à) [akalifurʃɔ̃] *loc adv* astride; *être (assis) à ~ sur,* straddle, bestride.

câlin, e [kɑlɛ̃, in] *adj* cuddly (chat, enfant) || loving, caressing (tendre) || wheedling (enjôleur) ● *m* cuddle || **~er** *vt* (1) cuddle, wheedle.

call|eux, euse [kalø, øz] *adj* horny, callous || **~osité** [-ɔzite] *f* callosity.

calligraph|ie [kaligrafi] *f* calligraphy || **~ier** *vt* (1) write well.

calmant, e [kalmɑ̃, ɑ̃t] *adj* Méd. painkilling, soothing ● *m* Méd. painkiller, anodyne.

calmar [kalmar] *m* Zool. squid.

calm|e [kalm] *adj* calm (atmosphère, mer); still (air); smooth (mer) || self-possessed, composed, cool (personne); sedate (posé); quiet (serein) ● *m* peace (ordre); calm, quiet, quietness (quiétude); stillness (silence); repose (sérénité); temper, composure (sang-froid); *garder son ~,* keep cool || stillness, calm, quiet (silence) || Naut. calm; *~ plat,* dead calm || **~ement** *adv* calmly, composedly, quietly || **~er** *vt* (1) calm, quiet || appease, allay (faim); quench (soif); cool (ardeur) || settle (agitation); soothe, pacify (colère); relieve, soothe (douleur); ease (l'anxiété); still (les craintes); settle (les passions) — *vpr* **se ~,** calm down || [personne] cool down, sober down; soften; [colère, mer] smooth down; [tempête] subside, settle, abate.

calomn|iateur, trice [kalɔmnjatœr, tris] *adj* slanderous ● *n* slanderer || **~ie** *f* calomny, slander, aspersion || **~ier** *vi/vt* (1) slander, calumniate, malign, asperse || **~ieux, ieuse** *adj* slanderous.

calor|ie [kalɔri] *f* calorie || **~ifère** [-ifɛr] *m* furnace || **~ifuger** [-ifyʒe] *vt* (7) insulate; lag (une chaudière, des tuyaux).

calott|e [kalɔt] *f* skull-cap (bonnet) || Géogr. *~ glaciaire,* ice-cap || Fam. cuff, box || **~er** *vt* (1) cuff.

calqu|e [kalk] *m* tracing; *papier-~,* tracing paper || **~er** *vt* (1) trace.

calumet [kalymɛ] *m* calumet || Fig. peace pipe.

calvados, fam. **calva** [kalva(dos)] *m* apple-brandy.

calvaire [kalvɛr] *m* calvary.

calvin|isme [kalvinism] *m* Calvinism || **~iste** *n* Calvinist.

calvitie [kalvisi] *f* baldness.

camarad|e [kamarad] *n* comrade, companion, friend; *~ de classe,* class-mate; *~ de jeu,* playmate || **~erie** *f* fellowship.

camard, e [kamar, ard] *adj* = camus.

cambouis [kɑ̃bwi] *m* sludge, dirty oil.

cambr|é, e [kɑ̃bre] *adj* arched (pied); shapely (taille) || **~er** *vt* (1) *~ la taille,* brace oneself up — *vpr* **se ~,** throw out one's chest.

cambriol|age [kɑ̃brijɔlaʒ] *m* burglary, house-breaking || **~er** *vt* (1) break into; burgle || **~eur, euse** *n* burglar.

cambrure [kɑ̃bryr] *f* arch (du pied); curve (de la taille).

cambuse [kɑ̃byz] *f* Naut. storeroom.

came I [kam] *f* cam || Aut. *arbre à ~s en tête,* overhead cam shaft.

cam|e II *f* Arg. junk (sl.) || **~é, e** *n* Arg. junkie (sl.)

camée [kame] *m* cameo.

caméléon [kameleɔ̃] *m* chameleon.

camel|ot [kamlo] *m* street-hawker, huckster || **~ote** [-ɔt] *f* Fam. trash; junk, cheap goods.

caméra [kamera] *f* cine-/movie-camera || **~man** [-man] *m* cameraman.

Cameroun [kamerun] *m* Cameroon || **~ais, aise** *adj/n* Cameroonian.

camil|on [kamjɔ̃] *m* lorry, U.S. truck || van (fourgon) || **~onnage** [-ɔnaʒ] *m* cartage, haulage; carriage (frais) || **~onnette** [-ɔnɛt] *f* pick-up, delivery van || **~onneur** [-ɔnœr] *m* carter, carrier || Aut. lorry-/U.S. truck-driver.

camisole [kamizɔl] *f* Méd. ~ *de force,* strait-jacket.

camomille [kamɔmij] *f* camomile tea (tisane).

camoufl|age [kamuflaʒ] *m* Mil. camouflage; ~ *des lumières,* black-out || Fig. disguising || **~er** *vt* (1) camouflage || Fig. disguise.

camouflet [kamuflɛ] *m* snub (affront).

camp [kɑ̃] *m* Mil. camp; *lever le* ~, strike/break camp || Sp. side; *changer de* ~, change ends || Fig. side || Fam. *ficher le* ~, clear off, scram (sl.).

campagnard, e [kɑ̃paɲar, ard] *adj* rustic, countrified ● *n* countryman/woman.

campagne [kɑ̃paŋ] *f* country, country-side; *à la* ~, in the country; *en pleine/rase* ~, in the open country; *battre la* ~, scour the country || Mil. campaign, field || Pol. ~ *électorale,* canvass(ing); *faire* ~, canvass (pour, *for*) || Fig. campaign, U.S. drive (propagande); ~ *de presse,* press-campaign.

camp|ement [kɑ̃pmɑ̃] *m* Mil. encampment, camp || **~er** *vi* (1) camp (out); encamp, set up/pitch camp — *vpr* **se** ~ : *se* ~ *sur ses jambes,* take a firm stand || **~eur, euse** *n* camper.

camphr|e [kɑ̃fr] *m* camphor || **~é, e** *adj* camphorated.

camping [kɑ̃piŋ] *m* camping; *faire du* ~, go camping; *terrain de* ~, campsite.

camus, e [kamy, yz] *adj* flat, snub (nez).

Canad|a [kanada] *m* Canada || **~ien, ienne** *n/adj* Canadian.

canadienne *f* [vêtement] sheepskin jacket.

canaille [kanaj] *f* rabble, riffraff (populace); scoundrel, rascal (personne).

canal, aux [kanal, o] *m* canal; channel (bras de mer) || Techn. pipe, conduit || Rad. channel || Fig. *par le* ~ *de,* through the channel of, via (qqn) || **~isation** [-izasjɔ̃] *f* mains (à l'extérieur); pipes, piping (à l'intérieur) || canalization (d'un cours d'eau) || **~iser** *vt* (1) Techn. canalize || Fig. direct, channel (foule).

canapé [kanape] *m* settee, couch, sofa.

canard [kanar] *m* duck; drake (mâle) || Fam. hoax, canard (fausse nouvelle) || **~er** [-de] *vt* (1) Mil. snipe at.

canari [kanari] *m* canary.

canc|an [kɑ̃kɑ̃] *m* gossip, tittle-tattle || **~aner** [-ane] *vi* (1) gossip, tattle || **~anier, ière** [-anje, jɛr] *adj* tale-bearing ● *n* tattler, tale-bearer.

Cancer [kɑ̃sɛr] *m* Astr. Cancer.

canc|er *m* cancer; *avoir un* ~, have cancer || **~éreux, euse** [-erø, øz] *adj* cancerous.

cancre [kɑ̃kr] *m* dunce.

candeur [kɑ̃dœr] *f* candour, ingenuousness.

candida|t, e [kɑ̃dida, at] *n* candidate; examinee (à un examen) || applicant (à un poste) || [compétition] entrant || Pol. *être* ~ *à la députation,* G. B. stand for Parliament, U.S. run for Congress || **~ture** [-tyr] *f* candidature, U.S.

candidacy || [poste] application; *poser sa ~ à,* apply for.

candide [kɑ̃did] *adj* ingenuous, artless, pure.

cane [kan] *f* duck || **~ton** [-tɔ̃] *m* duckling.

canette [kanɛt] *f* beer-bottle || TECHN. spool (de machine à coudre).

canevas [kanva] *m* canvas || FIG. outline, sketch.

caniche [kaniʃ] *m* poodle.

canicule [kanikyl] *f* dog-days.

canif [kanif] *m* penknife.

canin, e [kanɛ̃, in] *adj* canine; *exposition ~e,* dog show ● *f* eye-tooth.

caniveau [kanivo] *m* gutter.

canne [kan] *f* cane, walking stick || SP. *~ à pêche,* fishing rod || BOT. cane, sugar-cane.

cannelé, e [kanle] *adj* fluted, grooved.

cannelle I [kanɛl] *f* BOT. cinnamon.

cannelle II *f* spigot, tap (d'un tonneau).

cannelure [kanlyr] *f* groove || ARCH. fluting.

canner [kane] *vt* (1) cane-bottom.

cannibal|e [kanibal] *n* cannibal, man-eater || **~isme** *m* cannibalism.

canoë [kanɔe] *m* canoe.

can|on I [kanɔ̃] *m* ARTS, REL. canon || **~oniser** [-ɔnize] *vt* (1) REL. canonize.

canon II *m* MUS. canon, catch.

can|on III *m* MIL. [arme] gun; cannon; [tube] barrel || **~onnade** [-ɔnad] *f* gun-fire, cannonade || **~onner** [-ɔne] *vt* (1) bombard, shell || **~onnier** [-ɔnje] *m* gunner || **~onnière** [-ɔnjɛr] *f* gun-boat.

can|ot [kano] *m* (open) boat; dinghy; *~ automobile,* motor-boat; *~ pneumatique,* rubber boat; *~ de sauvetage,* life-boat || **~otage** [-ɔtaʒ] *m* SP. boating; *faire du ~,* go boating || **~oter** [-ɔte] *vi* (1) boat; row.

cantatrice [kɑ̃tatris] *f* singer.

cantine [kɑ̃tin] *f* [usine] canteen; [école] dining-hall || MIL. (officer's) chest.

cantique [kɑ̃tik] *m* REL. canticle, hymn.

cant|on [kɑ̃tɔ̃] *m* JUR. district, U.S. township || **~onade** [-ɔnad] *f: à la ~,* TH., CIN. off || **~onnement** [-ɔnmɑ̃] *m* MIL. billet(ing), quartering (action); quarters, billets (locaux) || **~onner** *vt* (1) billet, quarter || **~onnier** *m* roadman, roadmender.

canular [kanylar] *m* hoax, rag, student's joke.

caoutchouc [kautʃu] *m* rubber; *~* ***Mousse*** N.D. foam-rubber; *~ synthétique,* buna || *Pl* overshoes, galoshes, U.S. rubbers (chaussures).

cap [kap] *m* cape, headland || NAUT. head; *mettre le ~ sur,* head/steer for || AV. course || FIG. *dépasser le ~ critique,* turn the corner || FIG. *de pied en ~,* from head to toe.

capable [kapabl] *adj* capable (*de,* of); able (*de,* to); susceptible (*de,* of); fit (*de qqch.,* for sth.; *de faire,* to do); *se sentir ~ de,* feel equal/up to || efficient (compétent) || FIG. *~ de tout,* desperate.

capacité [kapasite] *f* capability; capacity, aptitude; competence (possibilité) || volume, capacity; content (contenance, mesure).

cape I [kap] *f* cape, mantle, cloak.

cape II *f* NAUT. *mettre à la ~,* heave to; *être à la ~,* lie to.

capitaine [kapitɛn] *m* MIL. captain || NAUT. commander (de frégate); master mariner, skipper (d'un navire de commerce); *~ de port,* harbour-master.

capital, e, aux [kapital, o] *adj* capital, chief, main, important; *peine ~e,* death penalty ● *m* FIN. capital ‖ **~e** *f* capital (ville, lettre) ‖ **~iser** *vt* (1) capitalize ‖ **~isme** *m* capitalism ‖ **~iste** *n* capitalist.

capiteux, euse [kapitø, øz] *adj* sensuous (charme); sexy (femme); heady (vin).

capitonner [kapitɔne] *vt* (1) pad, quilt; upholster.

capitul|ation [kapitylasjɔ̃] *f* capitulation, surrender; *~ sans condition,* unconditional surrender ‖ **~er** *vi* (1) capitulate, surrender.

caporal, aux [kapɔral] *m* corporal.

capot [kapo] *m* AUT. bonnet, U.S. hood.

capote [kapɔt] *f* MIL. overcoat ‖ AUT. hood, U.S. top.

capoter [kapɔte] *vi* (1) AUT. turn over, overturn, ditch.

câpre [kɑpr] *f* caper.

capric|e [kapris] *m* caprice, whim, fancy; *faire les ~s de qqn,* indulge the fancies of sb. ‖ vagary (de la mode); *un ~ de la nature,* a freak of nature ‖ **~ieux, ieuse** [-jø, jøz] *adj* capricious, wayward (chose, humeur); whimsical, fanciful (fantaisiste); temperamental (instable) ‖ wanton, fitful (brise).

Capricorne [kaprikɔrn] *m* ASTR. Capricorn.

capsule [kapsyl] *f* capsule, cap, seal (de bouteille) ‖ MÉD. capsule ‖ MIL. primer, (percussion) cap.

cap|ter [kapte] *vt* (1) RAD. receive; intercept (un message); pick up, tune in to (une station de radio) ‖ TECHN. catch (une source) ‖ **~tif, ive** [-tif, iv] *adj* captive ‖ **~tivant, e** [-tivɑ̃, ɑ̃t] *adj* arresting, captivating, fascinating ‖ **~tiver** [-tive] *vt* (1) captivate, fascinate, absorb, enthral ‖ **~tivité** [-tivite] *f* captivity, bonds.

captur|e [kaptyr] *f* capture, seizure; arrest (arrestation) ‖ NAUT. prize (bateau) ‖ **~er** *vt* (1) capture, catch, seize, arrest ‖ NAUT. prize.

capuchon [kapyʃɔ̃] *m* cowl, hood ‖ cap (de stylo).

caqu|et [kakɛ] *m* [poule] cackle ‖ [personne] chatter, gossip ‖ **~etage** [-taʒ] *m* cackling, gabble ‖ chatter(ing) ‖ **~eter** [-te] *vt* (8 *a*) [poule] cackle ‖ [personne] chatter.

car I [kar] *conj* for, because.

car II *m* (= AUTOCAR) [motor-] coach, U.S. bus.

carabin [karabɛ̃] *m* medical student.

carabine [karabin] *f* MIL. carbine, rifle; *~ à air comprimé,* airgun.

carabiné, e [karabine] *adj* stiff, strong (boisson); heavy (rhume).

caracoler [karakɔle] *vi* (1) [cheval] prance.

caract|ère [karaktɛr] *m* characteristic, feature (caractéristique) ‖ character, firmness, spirit, moral strength (fermeté); *avoir du ~,* have backbone/character ‖ complexion, nature (nature) ‖ temper, disposition (humeur); ***avoir bon/mauvais ~,*** be good/bad-tempered ‖ personality, character, individuality ‖ tone, style (originalité) ‖ TECHN. type, character; *en ~s d'imprimerie,* in block letters ‖ **~ériser** [-erize] *vt* (1) characterize, mark, feature; distinguish (définir) ‖ **~éristique** [-eristik] *adj* typical, characteristic ● *f* feature, characteristic.

caraf|e [karaf] *f* water-bottle, decanter ‖ **~on** *m* small decanter.

carambol|age [karɑ̃bɔlaʒ] *m* AUT. pile-up ‖ **~er (se)** *vpr* (1) pile up.

caramel [karamɛl] *m* butterscotch, toffee ‖ CULIN. caramel, burnt sugar.

carapace [karapas] *f* ZOOL. shell.

caravane [karavan] *f* caravan || party of tourists || AUT. caravan (de camping).

carbon|ate [karbɔnat] *m* carbonate || **~e** *m* carbon || **~ique** *adj acide ~,* carbon dioxide || **~iser** *vt* (1) burn up, char; burn to a cinder (rôti); burn to ashes (maison).

carbur|ant [karbyrɑ̃] *m* AUT. (motor-)fuel || **~ateur** *m* carburettor.

carcasse [karkas] *f* carcass, carcase.

cardan [kardɑ̃] *m* (= *joint de Cardan*) universal joint; *suspension à la Cardan,* gimbals.

carder [karde] *vt* (1) card; comb out (un matelas).

cardiaque [kardjak] *adj* cardiac; *crise ~,* heart attack.

cardigan [kardigɑ̃] *m* cardigan.

cardinal, e, aux [kardinal, o] *adj* cardinal ● *m* REL. cardinal.

carême [karɛm] *m* REL. Lent.

carence [karɑ̃s] *f* insolvency || MÉD. deficiency.

car|ène [karɛn] *f* hull, bottom || **~éner** [-ene] *vt* (5) careen.

caress|e [karɛs] *f* caress (d'enfant); stroke, pat (à un animal) || || *Pl* love-making, U.S. petting, necking (d'amoureux) || **~er** *vt* (1) pat, stroke (un animal); fondle (un enfant); caress (un être aimé) || FIG. indulge (un espoir); dally with (une idée).

carg|aison [kargɛzɔ̃] *f* cargo, freight || **~o** [-o] *m* cargoboat, freighter, tramp.

carguer [karge] *vt* (1) take in.

cari [kari] *m* CULIN. curry.

caricatur|e [karikatyr] *f* caricature, cartoon || FAM. take-off || **~er** *vt* (1) caricature || **~iste** *n* cartoonist.

cari|e [kari] *f* decay, caries (des dents) || **~é, e** *adj* bad, carious, decayed (dents) || **~er (se)** *vpr* (1) [dent] decay.

carill|on [karijɔ̃] *m* chime, peal (de cloches) || **~onner** [-ɔne] *vt* (1) [cloches] chime, peal; ring the chimes.

carlingue [karlɛ̃g] *f* cockpit, cabin.

carnage [karnaʒ] *m* slaughter; *scène de ~,* shamble.

carnass|ier, ière [karnasje, jɛr] *adj* carnivorous ● *m* carnivorous animal || ● *f* game-bag.

carnation [karnasjɔ̃] *f* complexion, flesh-tint.

carnaval, als [karnaval] *m* carnival.

carnet [karnɛ] *m* note-book; memorandum || ~ ***de timbres,*** book of stamps; ~ ***de chèques,*** cheque-book.

carnivore [karnivɔr] *adj* carnivorous, flesh-eating.

carotte [karɔt] *f* carrot.

carpe [karp] *f* carp.

carpette [karpɛt] *f* rug.

carre [kar] *f* SP. edge (des skis).

carré, e [kare] *adj/m* square || MATH. *élever au ~,* square || NAUT. wardroom.

carreau [karo] *m* (window-) pane; tile (de pavage) || *à ~x,* checked, chequered; *un tissu/ensemble à ~,* a check || [cartes] diamond || TECHN. *~ de mine,* pithead.

carrefour [karfur] *m* crossroads, intersection.

carrel|age [karlaʒ] *m* tiled floor || **~er** *vt* (8 *a*) tile.

carrément [karemɑ̃] *adv* bluntly, outright, forthright, flatly, plump.

carrer (se) [səkare] *vpr* (1) ensconce oneself.

carrière I [karjɛr] *f* quarry, stone-pit.

carrière II *f* career, profession || TH. run || FIG. *donner libre* ~ *à,* give free scope to.

carriole [karjɔl] *f* light cart.

carross|able [karɔsabl] *adj : route* ~, carriage-road || **~e** *m* (state-)coach || **~erie** *f* AUT. body/coachwork || **~ier** *m* coach-builder.

carrure [kɑryr] *f* breadth of shoulders.

cartable [kartabl] *m* satchel.

carte [kart] *f* card ; ~ *de débarquement,* landing card ; ~ ***postale,*** post-card ; ~ *de visite,* visiting-card ; ~ *de vœux,* greetings card || ~ ***à jouer,*** playing-card ; *jouer aux* ~*s,* play cards || *tirer les* ~*s à qqn,* read sb.'s cards || [restaurant] menu ; *repas à la* ~, a la carte meal ; ~ *des vins,* wine list || ~ ***de crédit,*** credit card || TECHN. ~ ***perforée,*** punched card || GÉOGR. map ; *dresser la* ~ *de,* map ; ~ ***d'état-major,*** Ordnance Survey map ; ~ *en relief,* relief map || NAUT. ~ *marine,* chart ; *porter sur la* ~, chart || AUT. ~ ***grise,*** log book ; ~ ***routière,*** road-map || FIG. ~ *blanche,* full powers ; ~*s sur table,* cards on the table ; *horaire de travail à la* ~, flexible working hours.

cartel [kartɛl] *m* COMM. ring, cartel.

carter [kartɛr] *m* TECHN. casing || AUT. crank-case, sump.

cartilage [kartilaʒ] *m* gristle.

carton [kartɔ̃] *m* cardboard ; pasteboard (matière) || carton (boîte) ; ~ *à chapeau,* hat-box || ARTS ~ *à dessin,* drawing-portfolio || SP. [tir] target ; *faire un* ~, fill a target.

cartouche [kartuʃ] *f* MIL. cartridge ; round || [stylo], PHOT. cartridge.

cas [ka] *m* case, matter ; ~ *de conscience,* case/matter of conscience || case, event, occasion (circonstance) ; ~ ***de force majeure,*** case of absolute necessity ; ***en*** ~ ***d'urgence,*** in an emergency ; *le* ~ *échéant, selon le* ~, should the case occur, as the case may be || instance (exemple) ; *un* ~ *d'espèce,* a concrete case ; *c'est précisément le* ~, that is the case in point || case, position (état) || value (importance) ; ***faire*** ~ ***de,*** appreciate, think highly of ; *faire grand* ~ *de,* make much of ; *faire peu de* ~ *de,* make little of, hold (sth.) cheap ; *ne faire aucun* ~ *de,* take no account of ● *loc adv* ***en aucun*** ~, in no case, under no circumstances, on no account ; ***en ce*** ~, if so ; *dans le* ~ *contraire,* if not ; ***en tout*** ~/***en tous les*** ~, at any rate, in any case ● *loc prép* ***en*** ~ ***de,*** in case of, against ● *loc conj* ***au*** ~ ***où,*** (just) in case ; *au* ~ *où il pleuvrait,* in case it rains ; on the off chance of/that.

casanier, ière [kazanje, jɛr] *adj/n* stay-at-home.

cascad|e [kaskad] *f* cascade, waterfall || **~eur** *m* CIN. stunt man.

case [kaz] *f* pigeonhole (de lettres) || square (d'échiquier) || blanck square (de formulaire) || hut, cabin (hutte).

casemate [kazmat] *f* pillbox.

caser [kaze] *vt* (1) stow, put away (qqch.) || FIG. marry off (une fille) — *vpr* ***se*** ~, settle down (s'établir) ; fin a home (se loger) || marry.

caserne [kazɛrn] *f* barracks.

casier [kazje] *m* pigeonhole (à lettres) ; ~ *à bouteilles,* bottlerack || JUR. ~ *judiciaire,* (police) record.

casino [kazino] *m* casino.

casqu|e [kask] *m* helmet || crash-helmet (de motocycliste) || ~ *colonial,* sun-helmet || TÉL. headphone || **~er** *vi* (1) FAM. stump up, foot the bill || **~ette** *f* cap.

cass|able [kɑsabl] *adj* breakable || **~ant, e** *adj* brittle (fragile) || FIG. curt, sharp (ton); abrupt (manières).

casse I *f* breaking (action); breakage (dommage) || *mettre à la ~,* scrap; *voiture (etc.) bonne pour la ~,* write-off *(n).*

casse II *m* ARG. heist (cambriolage).

casse|-cou [kɑsku] *m inv* daredevil (personne); dangerous spot (lieu) || **~-croûte** *m inv* snack || **~-noisettes/noix** *m inv* nutcrackers || **~-pied** *n* [personne] bore; drag (sl.).

casser [kɑse] *vt* (1) break; *~ net,* snap || JUR. annul, rescind (un jugement) || MIL. degrade || FIG., FAM. *~ la croûte,* have a bite; *~ la figure à qqn,* punch sb.'s head; *~ les oreilles,* split the ears; *~ sa pipe,* kick the bucket — *vpr* ***se ~,*** break; *se ~ le cou,* break one's neck.

casserole [kasrɔl] *f* saucepan.

casse-tête [kɑstɛt] *m inv* puzzle.

cassette [kɑsɛt] *f* case; money-box || [magnétophone], PHOT. cassette; cartridge.

casseur [kɑsœr] *m* AUT. *~ de voitures,* knacker.

cassis I [kɑsi] *m* AUT. open culvert; bump (sur la route).

cassis II [kasis] *m* BOT. black-currant (fruit).

cassonade [kasɔnad] *f* brown sugar, demerara.

cassure [kɑsyr] *f* break, crack, snap.

castagnettes [kastaɲɛt] *fpl* castanets.

caste [kast] *f* caste.

castor [kastɔr] *m* beaver.

cataclysme [kataklism] *m* cataclysm; act of God.

catadioptre [katadjɔptr] *m* AUT. cat's eye.

catalogu|e [katalɔg] *m* catalogue || **~er** *vt* (1) catalogue.

cataplasme [kataplasm] *m* poultice.

catapulte [katapylt] *f* catapult.

cataracte [katarakt] *f* waterfall, cataract || MÉD. cataract.

catarrhe [katar] *m* catarrh.

catastroph|e [katastrɔf] *f* catastrophe, disaster || **~ique** *adj* catastrophic.

catch [katʃ] *m* SP. all in (wrestling).

catéchisme [kateʃism] *m* catechism; Sunday school (et patronage).

catégor|ie [kategɔri] *f* category, class, type || SP. rating || **~ique** *adj* categorical, flat (refus); unqualified (déclaration); outright (démenti); square, decisive (réponse); sweeping (jugement); positive (affirmation) || **~iquement** *adv* decidedly, categorically, point-blank.

caténaire [katenɛr] *f* RAIL. overhead contact wire.

cathédrale [katedral] *f* cathedral.

cathod|e [katɔd] *f* cathode || **~ique** *adj* cathodic.

cathol|icisme [katɔlisism] *m* catholicism || **~ique** *adj/n* (Roman) Catholic.

catimini (en) [ɑ̃katimini] *loc adv* on the sly.

cauchemar [kɔʃmar] *m* nightmare.

causal, e, als [kozal] *adj* causal || **~ité** *f* causality.

cause [koz] *f* cause, motive, reason; ***à ~ de,*** because of, on account of, owing to; *tant à ~ de... et de...,* what with... and; *sans ~,* without reason; *et pour ~,* with good reason; *en connaissance de ~,* knowingly; *en tout état de ~,* at all events || cause, side (parti); *faire ~ commune* *avec,* make common cause with, side with || JUR. case, cause; *avoir gain de ~,* carry one's point; *mettre en ~,* implicate; *mettre hors de ~,* absolve, clear.

causer I [koze] *vt* (1) cause, create, bring about, work (des destructions) || determine (un accident).

caus|er II *vi* (1) talk, chat; *~ de,* talk of/about; *~ avec,* talk with || **~erie** [-zri] *f* talk, chat || **~ette** *f* little chat; *faire un brin de ~,* have a chat || **~eur, euse** *adj* talkative, chatty ● *n* talker; conversationalist.

causeuse [kozøz] *f* settee, cosy.

caustique [kostik] *adj* caustic || FIG. cutting, pungent (remarque).

cautériser [koterize] *vt* (1) cauterize; sear (une blessure).

cauti|on [kosjɔ̃] *f* JUR. guarantee; bail; *sous ~,* on bail; *donner ~ pour qqn,* bail sb. out, go bail for sb.; *sujet à ~,* untrustworthy || **~onnement** [-ɔnmɑ̃] *m* COMM. caution money, deposit || JUR. guaranty, surety bond || **~onner** [-ɔne] *vt* (1) guarantee, stand surety for.

caval|cade [kavalkad] *f* cavalcade || **~erie** [-ri] *f* cavalry || **~ier, ière** *adj* flippant, casual, off hand (désinvolte); free and easy (sans gêne) ● *m* SP. rider, horseman || MIL. trooper, cavalry man || [danse] partner || [échecs] knight ● *f* SP. horsewoman || [danse] partner.

cave I [kav] *adj* hollow (joues); sunken (yeux).

cav|e II *f* cellar, wine-cellar || [cartes] stake || **~eau** [-o] *m* vault || **~erne** [-ɛrn] *f* cave || **~erneux, euse** [-ɛrnø, øz] *adj* hollow (voix).

caviar [kavjar] *m* caviar(e).

caviarder [kavjarde] *vt* (1) blot out || censor.

cavité [kavite] *f* cavity.

ce I [sə] (**c'** devant voyelles et « h » muet) *pron dém* [chose] this, these; *~ n'est pas ma maison,* this is not my house; *~ sont mes livres,* these are my books || [personne déterminée] he, she, it, they; *c'est mon ami,* he is my friend || [personne indéterminée] it; *qui est-~?,* who is it?; *c'est moi,* it is I/me || *c'est un livre,* it is a book || ***c'est-à-dire,*** that is to say, namely; ***qu'est-~ que c'est?,*** what is it? || ***~ qui, ~ que,*** [la chose qui/que] what; *il fait ~ qui me plaît,* he does what I please; [chose qui/que] which; *je savais tout, ~ qui l'a surpris,* I knew everything, which surprised him || ***tout ~ qui/que,*** all that || ***~ que,*** [combien] what, how; *pour ~ qui (= quant à),* as to, as for, as regards || *sur ~,* thereupon.

ce II *adj dém m* (**cet** [sɛt] devant voyelle et « h » muet), **cette** [sɛt] *f,* **ces** [sɛ] *pl* ***~... -ci,*** this; *~ garçon-ci,* this boy (here) || ***~... -là,*** that; *cette fille-là,* that girl (there) || [temps] *~ matin,* this morning; *cette nuit,* last night (passée); *~ soir,* tonight (actuellement ou à venir); *~ jour-là,* that day; *un de ces jours,* one of these days; *à cette époque,* then, at the time || [lieu] *à cet endroit,* there || [exclamatif] *cette idée!,* what an idea!, the idea! || [intensif] *une de ces frousses!,* a devil of a fright.

ceci [səsi] *pron dém* this.

cécité [sesite] *f* blindness.

céder [sede] *vt* (5) yield, give up; cede; *~ sa place,* give up one's seat to; *~ du terrain,* yield/give ground || COMM. dispose of, sell || JUR. convey, make over || FIG. surrender (ses droits); *~ le pas,* give way; *ne le ~ à personne,* be second to none — *vi* give in/way; yield (fléchir) || FIG. yield to, give way to, submit, succumb (*à,* to).

cédille [sedij] *f* cedilla.

cèdre [sɛdr] *m* cedar.

ceindre [sɛ̃dr] *vt* (59) gird on (une écharpe, une épée); surround, encircle (une ville).

ceintur|e [sɛ̃tyr] *f* belt (de cuir); sash (d'étoffe) || [judo] ~ ***noire,*** black belt || AUT., AV. ~ ***de sécurité,*** seatbelt, safetybelt; ~ *de sécurité à enrouleur,* inertia reel belt || NAUT. ~ ***de sauvetage,*** lifebelt || [anatomie] waist || **~er** *vt* (1) girdle (entourer) || SP. grasp/tackle round the waist || **~on** *m* MIL. belt.

cela [səla] (FAM. **ça** [sa]) *pron dém* that (opposé à *ceci*); *ceci et* ~, this and that; *c'est ~/ça,* that's it; *comment ça va?,* how are you?; *comme ci, comme ça,* so-so; ***sans ~,*** otherwise (autrement), or else (sinon); *haut comme ~,* this/that high.

célèbre [selɛbr] *adj* famous, noted, celebrated (*pour/par,* for).

célébr|er [selebre] *vt* (1) commemorate, celebrate, keep, observe (fêtes) || **~ité** *f* celebrity, fame || well-known figure.

céleri [selri] *m* celery; ~ ***-rave,*** celeriac.

célérité [selerite] *f* celerity; swiftness.

céleste [selɛst] *adj* clestial, heavenly.

céliba|t [seliba] *m* celibacy || **~taire** [-tɛr] *adj* single, unmarried ● *m* bachelor ● *f* unmarried woman; spinster (vieille fille).

celle(s) V. CELUI.

cellier [sɛlje] *m* cellar, vault.

Cellophane [sɛlofan] *f* N.D. Cellophane.

cellule [sɛlyl] *f* BOT., ZOOL., MÉD., POL., REL. cell || ÉLECTR. ~ *photo-électrique,* photo-electric cell || [tourne-disque] cartridge.

Celluloïd [sɛlylɔid] *m* N.D. Celluloid.

cellulose [sɛlyloz] *f* cellulose.

celui [səlɥi] *pron dém m,* **celle** [sɛl] *f,* **ceux** [sø] *pl celui/celle de,* that of, 's; *ceux/celles de,* those of, 's || *celui-/celle-ci,* this (one), the latter; *ceux-/celles-ci,* these || *celui-/celle-là,* that (one), the former; *ceux-/celles-là,* those || *celui/celle que,* the man/woman (that); [neutre] the one (that); *ceux/celles que,* those (that); [neutre] those, the ones (that) || *celui/celle qui,* the man/woman who; [neutre] the one that; *ceux/celles qui,* those who; [neutre] those, the ones that.

cendr|e [sɑ̃dr] *f* ash; cinders (du feu); *couleur de ~,* ashcoloured; *réduire en ~s,* burn to ashes/cinders || REL. *mercredi des Cendres,* Ash Wednesday || *Pl* FIG. ashes || **~é, e** *adj* ashen, ashgrey || **~ée** *f* SP. dirt-track, cinder-track || **~ier** *m* ash-tray.

cens [sɑ̃s] *m* FIN. rating.

censé, e [sɑ̃se] *adj être ~ être/faire,* be supposed to be/to do.

censeur [sɑ̃sœr] *m* censor (de la presse, etc.) || [lycée] vice-principal.

censur|e [sɑ̃syr] *f* censure, censorship || **~er** *vt* (1) censor (film) || LITT. censure (critiquer).

cent [sɑ̃] *adj* hundred || FIN. *pour ~,* per cent || **~aine** [-tɛn] *f* about a hundred || **~enaire** [-tnɛr] *adj/n* centenary; centenarian (personne) || **~ième** [-tjɛm] *adj/n* hundredth || **~igrade** [-tigrad] *adj* centigrade || **~igramme** [-tigram] *m* centigramme || **~ime** [-tim] *m* centime || **~imètre** [-timɛtr] *m* centimetre.

central, e, aux [sɑ̃tral, o] *adj* central; *bureau de poste ~,* General Post Office, GPO ● *m ~ (téléphonique),* (telephone) exchange ● *f* ***~e électrique,*** power station,

U.S. power-plant || **~iser** *vt* (1) centralize.

centr|e [sɑ̃tr] *m* centre, U.S. center; ~ *de la ville,* city centre, U.S. downtown district || COMM. ~ ***commercial,*** shopping centre || SP. [football] *avant* ~, centre-forward || PHYS. ~ *de gravité,* centre of gravity || FIG. ~ *d'intérêt,* focus || **~é, e** *adj* TECHN. true || **~er** [-tre] *vt* (1) centre.

centupl|e [sɑ̃typl] *adj* centuple; hundredfold || **~er** *vt* (1) centuple.

cep [sɛp] *m* vine-stock.

cependant [səpɑ̃dɑ̃] *adv* meanwhile ● *conj* however, though, yet, still, nevertheless.

céram|ique [seramik] *f* ceramics || **~iste** *n* ceramist.

cerceau [sɛrso] *m* hoop.

cercl|e [sɛrkl] *m* circle || FIG. club (de jeu); circle (littéraire); ~ *vicieux,* vicious circle || **~er** *vt* (1) hoop.

cercueil [sɛrkœj] *m* coffin.

céréale [sereal] *f* cereal.

cérébral, e, aux [serebral, o] *adj* cerebral.

cérémon|ial, als [seremɔnjal] *m* ceremonial || **~ie** *f* ceremony; *sans* ~, informally, in a homely way; *sans plus de* ~*s,* without further ado; *de* ~, full-dress || **~ieux, ieuse** *adj* ceremonious, formal.

cerf [sɛr] *m* stag, deer.

cerfeuil [sɛrfœj] *m* chervil.

cerf-volant [sɛrvɔlɑ̃] *m* kite; *jouer au* ~, fly a kite.

ceris|e [səriz] *f* cherry || CULIN. ~*s à l'eau-de-vie,* brandied cherries || **~ier** *m* cherry-tree.

cern|e [sɛrn] *m* ring, circle; shadow (sous les yeux) || **~é, e** *adj avoir les yeux* ~*s,* have rings under the eyes || **~er** *vt* (1) surround, encircle, close in upon.

certain, e [sɛrtɛ̃, ɛn] *adj* [après le nom] certain (fait); unquestionable, positive (preuve); sure (signe) || [attribut] *je veux en être tout à fait* ~, I want to be quite clear on that point; *sûr et* ~, absolutely certain ● *adj indéf* some, certain; *jusqu'à un* ~ *point,* up to a point; *dans un* ~ *sens,* in a way; one; *un* ~ *M. Smith,* one/a Mr. Smith ● *pron indéf* some, some people || *Pl* ~*s d'entre eux,* some of them || **~ement** [-ɛnmɑ̃] *adv* certainly, most likely, surely, no doubt; definitely; *mais* ~*!,* yes indeed!

certes [sɛrt] *adv* most certainly; to be sure.

certif|icat [sɛrtifika] *m* testimonial (d'employeur) || diploma || MÉD. certificate || **~ier** *vt* (1) certify, attest || FIN. *chèque certifié,* certified cheque.

certitude [sɛrtityd] *f* certainty, certitude, assurance; *avec* ~, for certain; *avoir la* ~ *de,* be sure of.

cerv|eau [sɛrvo] *m* brain || FIG. mastermind (organisateur) || **~elle** [-ɛl] *f* brain || CULIN. brains || FIG. *se creuser la* ~, rack one's brains.

ces [sɛ] *adj dém pl* these, those (V. CE II).

cess|ation [sɛsasjɔ̃] *f* discontinuance, cessation || **~e** *f* cease; *sans* ~, without cease, ceaselessly, incessantly, unceasingly, continuously; *n'avoir de* ~ *que,* not to rest till || **~er** [sɛse] *vt* (1) cease, stop, leave off; ~ ***de faire,*** stop/U.S. quit doing; ~ *de fumer,* give up smoking; ~ *le travail,* knock off (fam.); || ***ne pas*** ~ ***de,*** keep (on) || MIL. ~ *le feu,* cease fire — *vi* stop, cease, desist (*de,* from); *faire* ~, put an end/a stop to sth. || **~ez-le-feu** *m inv* cease-fire.

cession [sɛsjɔ̃] *f* JUR. transfer (de biens); assignment (de droits) || COMM. disposal.

c'est-à-dire [sɛtadir] *loc conj* that is to say (abrév. : i. e.).

césure [sezyr] *f* [vers] caesura || RAD. ~ *musicale* jingle.

cet, cette V. CE II.

ceux V. CELUI.

Ceylan [sɛlɑ̃] *m* Ceylon.

chacal, als [ʃakal] *m* jackal.

chacun, e [ʃakœ̃, yn] *pron indéf* [individuellement] each (one) || [collectivement] everyone, everybody; ~ *pour soi,* every man for himself; ~ *son goût,* every man to his taste.

chagr|in, e [ʃagrɛ̃, in] *adj* sorrowful, sad; troubled ● *m* sorrow, grief; *avoir du* ~, be in sorrow; *faire du* ~ *à,* grieve; *mourir de* ~, die a broken heart || **~iner** [-ine] *vt* (1) grieve, distress (affliger); vex, annoy (ennuyer).

chahu|t [ʃay] *m* din, row, racket; rumpus || rag (d'étudiants); *faire du* ~, kick up a row/rumpus/hullabaloo || **~ter** [-te] *vi/vt* (1) [étudiants] rag || **~teur, euse** [-tœr, øz] *adj* rumbustious, rowdy.

chaîne [ʃɛn] *f* chain || *Pl* chains, fetters || GÉOGR. (mountain) range || TECHN. ~ *de montage,* assembly line || T.V. channel || RAD. ~ ***Hi-Fi/stéréo,*** Hi-Fi/stereo system || PHYS. *réaction en* ~, chain reaction || COMM. chain (de magasins) || FIG. *faire la* ~, form a chain.

chair [ʃɛr] *f* flesh; (*avoir la*) ~ *de poule,* (have) gooseflesh; *donner la* ~ *de poule à qqn,* make sb.'s flesh creep, give the creeps || CULIN. meat || BOT. pulp (de fruit) || MIL. ~ *à canon,* cannon-fodder.

chaire [ʃɛr] *f* [université] chair || REL. pulpit.

chaise [ʃɛz] *f* chair; ~ *d'enfant,* high chair; ~ *longue,* deck-chair.

chaland [ʃalɑ̃] *m* NAUT. barge.

châle [ʃɑl] *m* shawl, wrap.

chalet [ʃalɛ] *m* chalet.

chaleur [ʃalœr] *f* warmth; *(grande)* ~, heat || FIG. heat (de la discussion); warmth (d'un accueil) || [animal] *en* ~, on heat.

chaleur|eusement [ʃalørøzmɑ̃] *adv* warmly || **~eux, euse** *adj* FIG. warm, hearty.

chaloupe [ʃalup] *f* launch.

chalumeau [ʃalymo] *m* straw (pour boire) || MUS. pipe || TECHN. blowpipe, welding-torch.

chalutier [ʃalytje] *m* trawler.

chamaill|er (se) [səʃamaje] *vpr* (1) squabble, quarrel (*avec,* with), bicker || **~erie** [-jri] *f* FAM. tiff, nag.

chamarré, e [ʃamare] *adj* bedecked with (uniforme).

chambarder [ʃɑ̃barde], **chambouler** [ʃɑ̃bule] *vt* (1) FAM. upset, turn upside down.

chambr|e [ʃɑ̃br] *f* (bed)room (à coucher); ~ *d'amis,* spare/ guest-room; ~ *d'enfants,* nursery; ~ *à un/deux lit(s),* single/double room; ~ *de débarras,* lumber-room || MÉD. ~ *de malade,* sick-room; *garder la* ~, keep to one's room || TECHN. ~ *forte,* vault; ~ *froide,* cold storage || COMM. chamber (de commerce) || JUR. Chamber, House (assemblée) || NAUT. ~ *des machines,* engine-room || PHOT. ~ *noire,* dark room || AUT. ~ ***à air,*** inner tube || **~é, e** *adj* at room temperature (vin) || **~ée** *f* MIL. barrack-room || **~er** *vt* (1) lock up (enfermer) || take the chill off (vin).

chameau [ʃamo] *m* camel || FAM. beast (personne).

chamois [ʃamwa] *m* chamois (animal); *peau de* ~, shammy-leather; washing-leather ● *adj* fawn-coloured, chamois, buff.

champ [ʃɑ̃] *m* field || *Pl* fields country (campagne); *à travers* ~, across country || SP. ~ ***de course,*** race-course, U.S. race track || MIL. ~ *de bataille,* battle-field || PHOT. *profondeur de* ~, depth of focus || MIL. ~ *d'aviation,* airfield; ~

de tir, butts (pl.) || FIG. ~ *d'activité,* sphere, scope ● *loc adv* ***sur-le-~,*** immediately, straight away, on the spot; *à tout bout de ~,* at every turn/ opportunity.

champagne [ʃɑ̃paɲ] *m* champagne.

champêtre [ʃɑ̃pɛtr] *adj* rural, rustic.

champignon [ʃɑ̃piɲɔ̃] *m* fungus || mushroom (comestible); toadstool (vénéneux) || AUT., FAM. *appuyer sur le ~,* step on the gas.

champion, onne [ʃɑ̃pjɔ̃, ɔn] *n* champion || **~nat** [-ɔna] *m* championship.

chance [ʃɑ̃s] *f* luck, fortune; ***avoir de la*** *~,* be lucky; *coup de ~,* fluke, lucky strike; *bonne ~!,* good luck!; *quelle ~!,* how lucky!; *pas de ~!,* hard lines/luck!; *une vague ~ de,* an off-chance; *courir sa ~,* take one's chance || *Pl* odds; *les ~s sont contre nous/pour nous,* the odds are against us/in our favour; *avoir des ~s de,* bid fair to; *il a des ~s de réussir,* he is likely to succeed; *avoir de grandes ~s,* stand a (good) chance; *il y a peu de ~s que,* it is unlikely that; *il y a des ~s que,* the chances are that...

chancel|ant, e [ʃɑ̃slɑ̃, ɑ̃t] *adj* unsteady (chose); staggering (personne, pas); shaky (santé) || **~er** *vi* (8 *a*) stagger, falter, totter, reel || FIG. waver.

chancelier [ʃɑ̃səlje] *m* chancellor.

chanceux, euse [ʃɑ̃sø, øz] *adj* lucky.

chancre [ʃɑ̃kr] *m* MÉD. canker.

chandail [ʃɑ̃daj] *m* sweater, jersey.

chand|elier [ʃɑ̃dəlje] *m* candlestick || **~elle** [-ɛl] *f* tallow candle || AV. *monter en ~,* rocket, zoom.

change [ʃɑ̃ʒ] *m* change, exchange; *taux de ~,* rate of exchange; ***agent de ~,*** stockbroker || **~ant, e** *adj* changing; fickle; unsteady, variable (temps); *d'humeur ~e,* volatile || **~ment** *m* change, shift, alteration; *apporter un ~,* make a change || TH. ~ *de décor,* scene change || AUT. ~ ***de vitesse,*** gear change || RAIL. change || FIG. *un ~ de temps,* a break in the weather.

changer *vt* (7) change || shift, move (déplacer) || modify, alter — *vt ind* ~ ***de,*** change; ~ *d'adresse,* change one's address || RAIL. ~ ***de train,*** change trains || T.V. ~ ***de chaîne,*** switch over || FIG. ~ ***d'avis,*** change one's mind — *vi* change || AV., RAIL. change || FIG. *pour ~,* (just) for a change — *vpr* ***se ~,*** turn (*en,* into) || change (one's clothes).

changeur [ʃɑ̃ʒœr] *m* FIN. money-changer || ~ *de disques automatique,* automatic record-changer; ~ *de monnaie,* change machine.

chanoine [ʃanwan] *m* canon.

chans|on [ʃɑ̃sɔ̃] *f* song || NAUT. ~ *de marins,* shanty || **~onnette** [-ɔnɛt] *f* ditty.

chan|t [ʃɑ̃] *m* song singing || REL. ~ *de Noël,* Christmas carol; ~ *funèbre,* dirge || **~tage** [-taʒ] *m* blackmail, racket; *faire du ~,* blackmail || **~ter** [-te] *vi/vt* (1) sing; ~ *faux,* sing flat || [coq] crow || **~teur, euse** [-tœr, øz] *n* singer; ~ *de charme,* crooner; ***petit ~,*** choir-boy || FIG. ***maître ~,*** blackmailer.

chantier [ʃɑ̃tje] *m* yard || timber-yard, U.S. lumberyard (de bois de charpente) || ARCH. building-yard (de construction) || NAUT. ~ *naval,* (ship-)yard, dockyard; *mettre un navire en ~,* lay down a ship (on the stocks).

chantonner [ʃɑ̃tɔne] *vi/vt* (1) hum.

chanvre [ʃɑ̃vr] *m* hemp.

chaos [kao] *m* chaos.

chaparder [ʃaparde] *vt* (1) pilfer, pinch, sneak.

chape [ʃap] *f* [pneu] tread.

chapeau [ʃapo] *m* hat; ~ *haut-de-forme,* opera-hat; ~ *mou,* felt hat; *mettre/enlever son* ~, put on/take off one's hat.

chap|elet [ʃaplɛ] *m* REL. beads, chaplet; *dire son* ~, tell one's beads || CULIN. string (d'oignons) || **~elle** [-ɛl] *f* chapel.

chapelure [ʃaplyr] *f* bread-crumb.

chaper|on [ʃaprɔ̃] *m* [arch.] hood; *le Petit Chaperon rouge,* Little Red Riding Hood || ARCH. cope || FIG. chaperon || **~onner** [-ɔne] *vt* (1) chaperon.

chapiteau [ʃapito] *m* ARCH. capital.

chapitre [ʃapitr] *m* chapter || REL. chapter || FIG. subject; *avoir voix au* ~, have a say in the matter.

chaque [ʃak] *adj indéf* [individuellement] each || [collectivement] every; ~ *fois que,* as often as, each time that; *à* ~ *instant,* at every moment.

char [ʃar] *m* car (de défilé) || MIL. ~ *de combat,* tank.

charabia [ʃarabja] *m* gibberish, jargon, double Dutch.

charb|on [ʃarbɔ] *m* coal; *un morceau de* ~, a coal; ~ *ardents,* live coals; ~ ***de bois,*** charcoal || FIG. *être sur des* ~*s ardents,* be on tenterhooks || **~onnage** [-ɔnaʒ] *m* colliery (houillère) || **~onner** [-ɔne] *vi* (1) char || NAUT. coal || **~onnier, ière** *n* coalman *(m),* coal-dealer || NAUT. collier.

charcut|er [ʃarkyte] *vt* (1) MÉD., FAM. butcher || **~erie** [-tri] *f* pork-butcher's shop (boutique); pork-butcher's meat (produits) || **~ier, ière** *n* pork-butcher.

chard|on [ʃardɔ̃] *m* thistle || **~onneret** [-ɔnrɛ] *m* goldfinch.

charge [ʃarʒ] *f* load, burden || MIL. charge || ÉLECTR. charge; *en* ~, live (rail) || FIN. costs, expenses; *à* ~, dependent (enfant); *être à* ~, come upon || [frais] ***être à la ~ de,*** be chargeable to || office, duties (fonction) || *Pl* [loyer] utilities and extras || REL. cure || FIG. care, trust, responsibility || FIG. charge, encumbrance (fardeau); *être à la* ~ *de,* be a burden to || FIG. onus (obligation).

charg|é, e [ʃarʒe] *adj* loaded (fusil, appareil de photo) || NAUT. laden || FIG. busy (journée); *être* ~ *de,* be in charge of || **~ement** *m* load(ing) [d'une arme, d'un appareil de photo] || NAUT. lading, shipment (du navire); freight, cargo (cargaison) || **~er** *vt* (7) NAUT. load, lade (un navire) [de, with]; ~ *sur,* ship on || ÉLECTR. charge || MIL. charge (l'ennemi) || FIG. ~ ***de,*** entrust/charge with || saddle (*de,* with) — *vpr* ***se*** ~ ***de,*** take care of, see to, deal with; *je m'en charge,* I'll see to it; undertake, take upon oneself (*de faire,* to do) || **~eur** *m* PHOT. cartridge || [fusil] clip, magazine || ÉLECTR. charger.

chariot [ʃarjo] *m* AGR. wag(g)on || go-cart (d'enfant) || RAIL. truck (de porteur) || TECHN. trolley; carriage (de machine à écrire); ~ *élévateur,* fork-lift (truck) || CIN. dolly (de travelling).

charit|able [ʃaritabl] *adj* charitable, benevolent || **~é** *f* charity; *acte de* ~, charity; *par pure* ~, for charity's sake || *vivre de* ~, live on charity || alms (aumone); *demander la* ~, beg; *faire la* ~, give alms (*à,* to).

charlatan [ʃarlatɑ̃] *m* charlatan; humbug (fumiste) || MÉD. quack.

charm|ant, e [ʃarmɑ̃, ɑt] *adj* charming (personne); lovely (personne, scène); sweet (jeune fille); engaging (sourire); comely (beau); delightful (endroit) || **~e** *m* spell, charm; glamour (ensorceleur); amenity (d'un lieu); comeliness (beauté); loveliness (grâce) || FIG. seduction, fascination; romance (poésie) || **~é, e** *adj* FAM. delighted, pleased || **~er** *vt* (1) charm, enchant, bewitch, charm (les serpents); delight (le regard) || FIG. fascinate, captivate; allure; ravish || **~eur, euse** *adj* bewitching, fascinating; alluring, engaging ● *n* charmer; ~ *de serpents,* snake-charmer.

charnel, elle [ʃarnɛl] *adj* carnal.

charnière [ʃarnjɛr] *f* hinge.

charnu, e [ʃarny] *adj* fleshy, plump.

charogne [ʃarɔɲ] *f* carrion.

charpent|e [ʃarpɑ̃t] *f* ARCH. skeleton, frame; framework (d'un toit); ~ *en fer,* ironwork || FIG. framework, fabric, structure || **~é, e** *adj solidement* ~, wellbuilt || **~erie** [-ri] *f* carpentry || **~ier** *m* carpenter.

charr|etée [ʃarte] *f* cart-load || **~etier** [-tje] *m* carter || **~ette** *f* cart; ~ *à bras,* hand-cart, barrow || **~ier** [-je] *vt* (1) carry, cart along || [fleuve] carry/sweep along (des glaçons) — *vi* POP. go too far, overstep the mark || **~on** *m* wheelwright || **~ue** *f* plough || FIG. *mettre la* ~ *avant les bœufs,* put the cart before the horse.

charte [ʃart] *f* charter.

charter [ʃartɛr] *m* [vol] charter flight || [avion] chartered plane.

chas [ʃɑ] *m* eye (d'une aiguille).

châsse [ʃɑs] *f* shrine.

chasse I [ʃas] *f* SP. hunting || hunting (à courre); shooting (au fusil); stalking (à l'affût); *la* ~ *aux grands fauves,* big-game hunting; ***aller à la* ~,** go hunting/shooting || shooting season (saison) || [terrain] hunting ground, shoot; ~ *gardée,* private shooting || [chasseurs] shoot, hunt || [carnassier] prowl || ~ ***aux papillons,*** butterfly chase; ~ ***sous-marine,*** underwater fishing || POL. ~ ***aux sorcières,*** witch-hunt || FIG. *donner la* ~ *à,* give chase to.

chasse II *f* [W.-C.] flush; cistern (réservoir); *tirer la* ~ *d'eau,* pull the chain, flush the loo.

chasse-neige [ʃasnɛʒ] *m inv* snow-plough.

chass|er [ʃase] *vi/vt* (1) SP. shoot (au fusil); stalk (à l'affût); ~ *à courre,* hunt || [animal] hunt, prey on || FIG. drive (*de,* from), send away; turn out (un employé); scare away (un animal); whisk away/off (une mouche) || **~eur, euse** *n* SP. hunter, huntsman (à courre); *un bon* ~, a good shot || AV. fighter; *~-bombardier,* fighter-bomber || [hôtel] page-/U.S. bell-boy.

chassieux, euse [ʃasjø, øz] *adj* bleary (yeux).

châssis [ʃɑsi] *m* frame (de fenêtre); sash (de fenêtre à guillotine) || AUT. chassis || AGR. frame, cloche.

chaste [ʃast] *adj* chaste || **~té** [-əte] *f* chastity.

chat [ʃa] *m* cat; tomcat (mâle); ~ *de gouttière,* tabby || FIG. ~ *perché,* tag, tig; *jouer à* ~ *perché,* play tig; *c'est toi le* ~*!,* you're it!; *s'entendre comme chien et* ~, lead a cat-and-dog life; *appeler un* ~ *un* ~, call a spade a spade.

châtaign|e [ʃɑtɛɲ] *f* chestnut || **~ier** *m* chestnut-tree.

châtain [ʃɑtɛ̃] *adj* chestnut, light brown; ~ *roux,* auburn.

chât|eau [ʃɑto] *m* castle (~ fort) || hall, manor, country seat, mansion (propriété); palace (royal) || TECHN. ~ *d'eau,* water-tower || FIG. *~x en Espagne,* castles in the air || **~elain** [-lɛ̃] *m* squire, lord of the manor || **~elaine** [-lɛn] *f* lady (of the manor).

chat-huant [ʃayɑ̃] *m* screechowl.

chât|ier [ʃɑtje] *vt* (1) chastise, castigate, punish || FIG. chasten ||

~iment [-imɑ̃] *m* punishment, chastisement || REL. retribution.

chatoiement [ʃatwamɑ̃] *m* shimmer.

chaton [ʃatɔ̃] *m* kitten.

chatouill|ement [ʃatujmɑ̃] *m* tickling || **~er** *vt/vi* (1) tickle || **~eux, euse** *adj* ticklish || FIG. touchy.

chatoy|ant, e [ʃatwajɑ̃, ɑ̃t] *adj* iridescent, shimmering, glittering || **~er** *vi* (1) glitter || [étoffe] shimmer || [diamant] glisten.

chatte [ʃat] *f* she-cat.

chatterton [ʃatɛrtɔn] *m* ÉLECTR. (insulating) tape, friction tape.

chau|d, e [ʃo, d] *adj* warm; *très ~,* hot; *~ et humide,* muggy; ***avoir ~,*** be warm; ***il fait ~,*** it is warm || FIG., ARTS warm ● *m tenir au ~,* keep in a warm place || **~dement** [-dəmɑ̃] *adv* warmly || **~dière** [-djɛr] *f* boiler; furnace (de chauffage central).

chaudr|on [ʃodrɔ̃] *m* cauldron || **~onnier** [-ɔnje] *m* coppersmith.

chauffage [ʃofaʒ] *m* heating; *~ central,* central heating; *appareil de ~,* heater.

chauffard [ʃofar] *m* FAM. roadhog; hit-and-run driver.

chauffe|-bain [ʃofbɛ̃] *m inv* water-heater; geyser (à gaz) || **~-biberon** *m inv* bottle-warmer || **~-eau** *m inv* water-heater || **~-plats** *m inv* dish-warmer, chafing-dish.

chauff|er [ʃofe] *vt* (1) heat, warm (up), fire (une machine) || ***faire (ré)~,*** warm up || TECHN. *chauffé à blanc,* white-hot; *chauffé au mazout,* oil-fired — *vpr* ***se*** *~,* warm oneself (up); *se ~ au soleil,* bask in the sun || **~eur** *m* RAIL. fireman || NAUT. stoker || AUT. chauffeur; *~ de taxi,* taxidriver, U.S. cabdriver, cabman || *sans ~,* self-drive (voiture).

chaum|e [ʃom] *m* [champs] stubble; [toit] thatch || **~ière** *f* thatched cottage.

chaussée [ʃose] *f* causeway (surélevée) || roadway, U.S. pavement (rue, route).

chausse-pied [ʃospje] *m* shoehorn.

chauss|er [ʃose] *vt* (1) shoe || *~ qqn,* put sb.'s shoes on — *vi/vt* fit (bien/mal) || take a size; *~ du 38,* take 38 (G.-B. = 5) in shoes; *du combien ~ez-vous?,* what size do you take in shoes? — *vpr* ***se*** *~,* put on one's shoes || **~ette** *f* sock || **~on** *m* slipper || CULIN. *~ aux pommes,* apple-turn-over || **~ure** *f* shoe || boot (montante); *~s de tennis,* tennis-shoes; *~ vernies,* patent-leather shoes || COMM. foot wear.

chauve [ʃov] *adj* bald ● *m* baldhead || **~-souris** *f* bat.

chauv|in, e [ʃovɛ̃, in] *n/(adj)* chauvinist(ic); jingo(istic) || **~inisme** [-inism] *m* chauvinism, jingoism || **~iniste** *adj* chauvinistic.

chaux [ʃo] *f* lime; *~ vive,* quicklime; *lait de ~,* whitewash.

chavirer [ʃavire] *vi* (1) capsize, turn turtle; *faire ~,* overturn — *vt* upset.

chef [ʃɛf] *m* chief (de tribu); chieftain (de brigands); leader (de parti); head (de famille, d'Etat) || *en ~,* in chief || *~ de bureau,* chief clerk; *~ de service,* departmental manager || [école] *~ de classe,* monitor, prefect || [scouts] scoutmaster || *~ de file,* POL. leader; FIG. exponent || SP. *~ d'équipe,* captain || MIL. *~ d'état-major,* chief of staff || RAIL. *~ de gare,* station-master; *~ de train,* guard, U.S. conductor || MUS. *~ d'orchestre,* conductor || COMM. *~ de rayon,* shop-walker, U.S. floor-walker || CULIN. chef || FIG. count (d'accusation); head, point (question); *de son propre ~,* on one's own authority ||

~**d'œuvre,** ~**s-d'œuvre** [ʃɛdœvr] *m* masterpiece || ~**-lieu,** ~**s-lieux** *m* FR. chief town, G.B. county town, U.S. county seat || ~**taine** [-tɛn] *f* scout-mistress.

chelem [ʃlɛm] *m* slam.

chemin [ʃəmɛ̃] *m* (foot) path, track; way; lane (creux); trail (piste); ~ *de terre,* dirt road; ~ *muletier,* bridle-path || ***à mi-~,*** midway, half-way; *sur votre ~,* on your way; *un bout de ~,* a little way; *faire un bout de ~ avec qqn,* go part of the way with sb.; ***demander son ~,*** ask one's way; *faire du ~,* cover ground; ***montrer le ~,*** lead/show the way; *passer son ~,* go one's way, move on; ***perdre son ~,*** lose one's way || RAIL. ~ ***de fer,*** G.B. railway, U.S. railroad; *envoyer par ~ de fer,* send by rail; ~ *de fer à crémaillère,* rackrailway || REL. ~ *de croix,* Way of the Cross || FIG. *le ~ des écoliers,* a roundabout way; *faire du ~,* make progress; *faire son ~,* [personne] make one's way up; [idée] gain ground.

chemin|eau [ʃəmino] *m* FAM. tramp, U.S. hobo || ~**ée** *f* chimney (tuyau); flue, duct (conduit); fireplace (foyer); mantelpiece (manteau); chimney-stack (d'usine); funnel (de bateau); smoke-stack (de locomotive) || GEOL. chimney || ~**er** *vi* (1) walk along || ~**ot** [-o] *m* railwayman.

chemis|e [ʃəmiz] *f* shirt; ~ *de nuit,* nightdress (de femme) || folder (de dossier) || ~**ier** *m* shirt, blouse; shirtwaister || COMM. shirtmaker.

chenal, aux [ʃənal, o] *m* channel, fairway.

chêne [ʃɛn] *m* oak; *de/en ~* oaken || ~***-liège,*** cork-oak || ~ ***vert,*** ilex.

chenet [ʃənɛ] *m* fire-dog.

chenil [ʃənil] *m* kennel.

chenille [ʃənij] *f* ZOOL., AUT. caterpillar.

cheptel [ʃɛptɛl] *m* AGR. livestock.

chèque [ʃɛk] *m* cheque, U.S. check; *carnet de ~s,* chequebook; *établir/faire un ~ de £5,* write/make out a cheque for £5; *tirer un ~ sur,* draw a cheque on; ~ *barré,* crossed cheque; ~ *impayé,* returned cheque; ~ *à l'ordre de,* cheque to the order of; ~ *sur place,* town-cheque; ~ *au porteur,* bearer-cheque; ~ *sans provision,* bad cheque; ~ *en blanc,* blank cheque; ~ *certifié,* certified cheque; ~ *postal,* Girocheque || ~ ***de voyage,*** traveller's cheque || ~***-cadeau,*** gift-token.

cher, chère [ʃɛr] *adj* dear (*à,* to); beloved (*à,* to); ~ *ami,* my dear || COMM. dear, expensive (coûteux); high (prix); *pas ~,* cheap.

chercher [ʃɛrʃe] *vt* (1) seek; look for (du regard) || search for, fumble for (en fouillant); feel/grope for (à tâtons) || look up (un mot dans une liste) || ~ *à faire,* try to do || ***aller ~,*** fetch, go and get, go for; *aller ~ qqn à la gare,* (go to) meet sb. at the station || ~ *des ennuis,* look for trouble.

chercheur [ʃɛrʃœr] *m* seeker || research worker (scientifique) || ~ *d'or,* (gold-)digger.

chère [ʃɛr] *f* cheer (nourriture); *bonne ~,* good cheer; *faire bonne/maigre ~,* fare well/badly.

chèrement [ʃɛrmɑ̃] *adv* dearly.

chér|i, e [ʃeri] *adj* beloved, cherished ● *n* darling || ~**ir** *vt* (2) cherish, love; hold dear.

chétif, ive [ʃetif, iv] *adj* weak (santé); sickly (mine); puny (enfant); stunted, scrubby (plante).

cheval, aux [ʃəval, o] *m* horse; ~ *de course,* race-horse; ~ *de selle,* saddle-horse; ~ *de trait,* cart-horse, draught-horse; *à ~,* on horseback, astride || SP. *~-(d')arçons,* (vaulting horse; ***aller à ~,*** ride; *monter à ~,* go in for riding || AUT. (*~-vapeur)* horse-power || Fig. *être à ~ sur,* be a stickler for.

cheval|eresque [ʃəvalrɛsk] *adj* chivalrous || **~erie** [-ri] *f* knighthood || **~et** [-ɛ] *m* Arts easel || Mus. bridge (d'un violon) || **~ier** *m* knight; knighthood (titre); *faire ~,* knight || **~ière** *f* signetring (bague) || **~in, e** [-ɛ̃, in] *adj* equine || Comm. *boucherie ~e,* horse-butcher's shop.

chevauch|ée [ʃəvoʃe] *f* ride || **~ement** *m* overlap(ping) [superposition] || **~er** *vt* (1) ride (un cheval) || Fig. overlap, straddle.

chevaux *mpl* V. cheval.

chevel|u [ʃəvly] *adj* hairy, longhaired || **~ure** *f* hair, locks.

chevet [ʃəvɛ] *m* head (de lit); *livre de ~,* bedside book.

cheveu, eux [ʃəvø] *m* hair || *Pl* (the) hair; *se faire couper les ~x,* have one's hair cut, get a haircut || Fam. *couper les ~x en quatre,* split hairs.

cheville [ʃəvij] *f* Méd. ankle || Techn. peg (en bois); bolt (en fer) || Fig. *~ ouvrière,* key-man.

chèvre [ʃɛvr] *f* (she-)goat.

chevreau [ʃəvro] *m* kid.

chèvrefeuille [ʃɛvrəfœj] *m* honeysuckle.

chevreuil [ʃəvrœj] *m* roebuck.

chevrier [ʃəvrije] *m* goat-herd.

chevr|on [ʃəvrɔ̃] *m* Arch. rafter || Mil. stripe || **~onné, e** [-ɔne] *adj* experienced (personne).

chevrot|ant, e [ʃəvrɔtɑ̃, ɑ̃t] *adj* shaky (voix) || **~er** *vi* (1) [chèvre] bleat; [personne] quaver; [voix] shake || **~ine** [-in] *f* buck-shot.

chez [ʃe] *prep* [sans mouvement] *~ Pierre,* at Peter's (house); ***~ moi,*** at home; *~ lui,* at home; at/to his house/place || [avec mouvement] *aller ~ le docteur,* go to the doctor's; *venez ~ moi,* come to my house; *elle rentre ~ elle,* she is going home || with (avec); *il habite ~ nous,* he lives with us || among, in (dans le pays de); *~ les Anglais,* among the English; *~ nous,* in our country || [adresse] care of, c/o || Fig. *~ lui,* with him || ***~ qui,*** in/to whose house, with whom || ***~ soi,*** at home; *faire comme ~ soi,* make oneself at home || **~-soi** *m* home; *un autre ~,* a home-from-home.

chialer [ʃjale] *vi* (1) Pop. blubber.

chic [ʃik] *m* knack (habileté); *avoir le ~ pour faire,* have the knack of doing || [élégance] style, stylishness; *avoir du ~,* have style; *robe qui a du ~,* stylish dress ● *adj inv* chic, stylish, smart (élégant); swanky; posh (péj.) || *les gens ~,* the smart set.

chican|e [ʃikan] *f* quarrel || **~er** *vi* (1) cavil (*sur,* about); quibble (*sur,* over) || **~eur, euse** *adj* captious (pointilleux); cavilling ● *n* quibbler, caviller.

chiche I [ʃiʃ] *adj* Fam. *être ~ de faire,* be capable of doing ● *interj ~ que je le fais!,* I bet you I do it!; *~?,* are you game?

chiche II *adj* [mesquin] stingy, mean, niggardly; *~ de,* sparing of (paroles) || **~ment** *adv* meanly.

chichi [ʃiʃi] *m* Fam. fuss, frills.

chicorée [ʃikɔre] *f* chicory (sauvage, torréfiée); *~ frisée,* endive.

chicot [ʃikɔ] *m* stump (de dent).

chi|en [ʃjɛ̃] *m* dog; *~ d'arrêt,* pointer, setter; *~ de berger,* sheep-dog; *~ de chasse,* retriever; *~ courant,* hound; *~ de garde,* watch-dog || ***~-loup,*** wolfdog || Techn. cock, hammer (de fusil) || **~enne** [-ɛn] *f* bitch.

chiff|on [ʃifɔ̃] *m* rag; duster || **~onner** [-ɔne] *vt* (1) rumple, wrinkle, ruffle (une étoffe); crumple (papier) || **~onnier, ière** [-ɔnje, jɛr] *n* rag-picker, ragman (*m*).

chiffr|e [ʃifr] *m* Math. figure, number, cipher, numeral, digit;

en ~ rond, in round numbers || monogram (initiales) || COMM. ~ ***d'affaires,*** turn-over || MIL. code, cipher || **~é, e** *adj* in cipher; *message ~,* code(d) message || **~er** *vt* (1) calculate || mark (du linge) || code, cipher (un message) — *vpr* ***se ~,*** amount (*à,* to).

chignon [ʃiɲɔ̃] *m* bun, chignon.

Chil|i [ʃili] *m* Chile || **~ien, ienne** *n* Chilean.

chim|ère [ʃimɛr] *f* [illusion] idle dream || **~érique** [-erik] *adj* chimerical, fanciful (projet); visionary (esprit).

chim|ie [ʃimi] *f* chemistry; *~ minérale,* inorganic chemistry || **~ique** *adj* chemical; *produit ~,* chemical || **~iste** *n* chemist.

chimpanzé [ʃɛ̃pɑ̃ze] *m* chimpanzee.

Chin|e [ʃin] *f* China; *encre de ~,* India ink || **~ois, e** [-wa, waz] *m/f* Chinese.

chinois, e [ʃinwa, waz] *adj* Chinese ● *m* [langue] Chinese.

chiot [ʃjo] *m* pup, puppy.

chiper [ʃipe] *vt* (1) FAM. pinch.

chipoter [ʃipɔte] *vt* (1) pick at one's food, pick and choose || FIG. cavil (ergoter); haggle (marchander).

chips [ʃips] *mpl* CULIN. *(pommes) ~,* crisps.

chiquenaude [ʃiknod] *f* flip; *donner une ~,* flick.

chiqué [ʃike] *m* FAM. sham, bluff, pretence; put-on (fam.); *faire du ~,* put it on; show off (poser).

chiquer [ʃike] *vi* (1) chew tobacco.

chiro|mancie [kirɔmɑ̃si] *f* palmistry || **~mancienne** [-mɑ̃sjɛn] *f* palmist || **~practeur** [-praktœr] *m* chiropractor.

chirurg|ical, e, aux [ʃiryrʒikal, o] *adj* surgical || **~ie** *f* surgery; *~ esthétique,* plastic surgery || **~ien** *m* surgeon || ***~-dentiste,*** dental-surgeon.

chlor|ate [klɔrat] *m* chlorate || **~e** [klɔr] *m* chlorine || **~oforme** [-ɔfɔrm] *m* chloroform || **~ophylle** [-ɔfil] *f* chlorophyl(l) || **~ure** *m* chloride.

choc [ʃɔk] *m* shock || clash (violent et sonore); thump (sourd); thud (mou); clank, clatter (métallique); bump (d'une voiture); jar (d'une secousse); knock, blow, hit (coup); concussion (coup violent); impact (d'un projectile); brunt (d'une attaque) || MED. shock, stress || FIG. clash; *~ en retour,* backlash.

chocolat [ʃɔkɔla] *m* chocolate; *~ à croquer,* plain chocolate; *tablette de ~,* bar of chocolate.

chœur [kœr] *m* choir || TH. chorus; *en ~,* in chorus || [église] choir, chancel || REL. choir; *enfant de ~,* altar-boy.

chois|i, e [ʃwazi] *adj* chosen || choice (articles); selected (fruits, morceaux); select (public) || **~ir** *vt* (2) choose, single out; settle on; select (*parmi,* from); pick on/out.

choix [ʃwa] *m* choice, selection; *au ~,* at choice (par goût); by selection (par promotion); *arrêter son ~ sur,* fix on; *faire son ~,* make/take one's choice; take one's pick (fam.); *avoir l'embarras du ~,* have too much to choose from; *on n'a pas le ~,* that's Hobson's choice || [qualité] ***de ~,*** choice.

choléra [kɔlera] *m* cholera.

chôm|age [ʃomaʒ] *m* unemployment; ***en ~*** unemployed, out of work, redundant; ***mettre en ~ technique,*** lay off; ***s'inscrire au ~,*** go on the dole || **~er** *vi* (1) be out of work/unemployed || FIG. be idle || **~eur, euse** *n* unemployed worker; *les ~s,* the unemployed.

chope [ʃɔp] *f* tankard, mug.

choqu|ant, e [ʃɔkɑ̃, ɑ̃t] *adj* offensive, objectionable || shocking (révoltant) || **~é, e** *adj* offended || **~er** *vt* (1) clink (des verres) || FIG. offend; shock (l'oreille) — *vpr* **se ~,** FIG. take offence (*de,* at); be offended (se froisser).

chorale [kɔral] *f* choral society.

chorégraphie [kɔregrafi] *f* choreography.

choriste [kɔrist] *n* chorister.

chorus [kɔrys] *m faire ~,* chime in.

chose [ʃoz] *f* thing, object; *~ étrange,* oddly enough; *une ~ qui va sans dire,* a matter of course || *pas grand ~,* nothing much || *Pl* things, affairs, matters; *toutes ~s égales,* other things being equal; *de deux ~s l'une,* one thing or the other || FAM. *bonnes ~s,* goodies (fam.).

chou, oux [ʃu] *m* cabbage; *~ de Bruxelles,* Brussels sprouts; ***~-fleur,*** cauliflower || CULIN. *salade de ~x,* U.S. slaw; [pâtisserie] *~ à la crème,* cream puff || **~chou, te** *n* pet || **~croute** [-krut] *f* sauerkraut.

chouette [ʃwɛt] *f* owl.

choy|é, e [ʃwaje] *adj* spoon-fed (enfant) || **~er** *vt* (9 *a*) pat, coddle; fondle, pamper.

chrétien, ienne [kretjɛ̃, jɛn] *adj/n* Christian || **~té** [-te] *f* Christendom.

Christ [krist] *m* Christ.

christiania [kristjanja] *m* [ski] parallel turn.

christianisme [-jianism] *m* Christianity.

chrom|e [krom] *m* chromium, chrome || **~é, e** *adj* chrome-plated.

chromosome [kromozom] *m* chromosome.

chroniqu|e [krɔnik] *adj* chronic ● *f* chronicle, column, news || **~eur** *m* chronicler, U.S. columnist.

chronolog|ie [krɔnɔlɔʒi] *f* chronology || **~ique** *adj* chronological.

chrono|mètre [krɔnɔmɛtr] *m* chronometer || SP. stop-watch || **~métrer** [-metre] *vt* (1) time.

chrysanthème [krizɑ̃tɛm] *m* chrysanthemum.

chuchot|ement [ʃyʃɔtmɑ̃] *m* whisper, whispering || **~er** *vi/vt* (1) whisper.

chut [ʃyt] *interj* hush!

chute [ʃyt] *f* fall, tumble; *faire une ~,* have a fall; *~ de neige,* snowfall || *~* ***d'eau,*** waterfall || fall (de la pression atmosphérique); drop (de la température) || AV. *~ en vrille,* spin; [parachutisme] *~* ***libre,*** free fall; skydiving; *faire du saut en ~ libre,* skydive || [bridge] *faire 2 (plis) de ~,* be 2 (tricks) down || FIN. fall, drop || FIG. downfall || LITT. anticlimax.

Chypr|e [ʃipr] *m* Cyprus || **~iote** [-ijɔt] *adj* Cyprian ● *n* Cypriot.

ci I [si] V. CE.

ci II [si] *adv* here || ***~-après,*** hereafter || ***~-contre,*** opposite || ***~-dessous,*** below || ***~-dessus,*** above || ***~-gît,*** here lies || ***~-inclus, e,*** (herein) enclosed; herewith || ***~-joint, e,*** enclosed, herewith, accompanying, annexed.

cible [sibl] *f* target, aim || MIL., FIG. *être la ~ de,* be the butt of.

ciboulette [sibulɛt] *f* chive(s).

cicatr|ice [sikatris] *f* scar (balafre); seam (couture) || **~iser** [-ize] *vt* (1) heal — *vpr* **se ~,** heal (over/up), scar/skin over.

cidre [sidr] *m* cider.

ciel [sjɛl] *m (Pl* **cieux** [sjø]) sky, heaven(s) || TECHN. *à ~ ouvert,* open || ARTS *(Pl* **ciels)** sky || REL. heaven.

cierge [sjɛrʒ] *m* REL. (wax) candle, taper.

cigale [sigal] *f* cicada.

cigar|e [sigar] *m* cigar || **~ette** [-ɛt] *f* cigarette.

cigogne [sigɔɲ] *f* stork.

ciguë [sigy] *f* hemlock.

cil [sil] *m* eyelash, lash || **~ler** [sije] *vi* (1) blink, wink.

cime [sim] *f* top (d'un arbre); top, summit (de montagne).

ciment [simɑ̃] *m* cement || **~er** [-te] *vt* (1) cement.

cimetière [simtjɛr] *m* graveyard, churchyard, cemetery.

ciné [sine] *m* FAM. flicks (sl.) || **~aste** [-ast] *n* film-maker || **~-club** *m* film society/club || **~ma** [-ma] *m* [art] cinema, film || [salle] cinema || [projection] pictures, U.S. movies; ***aller au*** **~**, go to the pictures; *faire du* ~, be a film actor || **~mathèque** [-matɛk] *f* film-library || **~phile** [-fil] *n* film-fan.

cingl|ant, e [sɛ̃glɑ̃, ɑ̃t] *adj* smart (coup de fouet); driving, lashing (pluie) || FIG. scathing, stinging (remarque); sharp (critique) || **~é, e** *adj* POP. nuts, daft || **~er** I *vt* (1) lash, slash (un cheval).

cingler II [sɛ̃gle] *vi* (1) NAUT. steer, make sail (*vers*, for).

cin|q [sɛ̃k] *adj* five; *le* ~ *mai*, the fifth of May || **~quante** [-ɑ̃t] *adj* fifty || **~quième** [-jɛm] *adj* fifth.

cintr|e [sɛ̃tr] *m* ARCH. arch, curve (of an arch); *plein* ~, round arch || coat-hanger (support pour habits) || **~er** *vt* (1) bend.

cirage [siraʒ] *m* shoe polish; ~ *noir*, blacking.

circonférence [sirkɔ̃ferɑ̃s] *f* circumference || [arbre] girth.

circon|flexe [sirkɔ̃flɛks] *adj accent* ~, circumflex || **~locution** *f* circumlocution || **~scription** [-skripsjɔ̃] *f* ~ *électorale*, constituency, voting district || **~scrire** [-skrir] *vt* (44) circumscribe || FIG. limit || **~spect, e** [-spɛ, ɛkt] *adj* wary, circumspect, discreet, cautious || **~spection** [-spɛksjɔ̃] *f* circumspection; *avec* ~, guardedly.

circonstance [sirkɔ̃stɑ̃s] *f* circumstance, occurrence; occasion; *de* ~, occasional; *dans cette* ~, on this occasion; *en pareille* ~, in such a case || *Pl* circumstances; *se montrer à la hauteur des* ~*s*, rise to the occasion || JUR. *Pl* ~*s atténuantes*, extenuating circumstances.

circonstanci|é, e [sirkɔ̃stɑ̃sje] *adj* detailed || **~el, elle** *adj* GRAMM. adverbial.

circonvenir [sirkɔ̃vnir] *vt* (101) circumvent.

circuit [sirkɥi] *m* [tourisme] tour, round trip || ÉLECTR. circuit; *couper/rétablir le* ~, break/restore the circuit; ~ ***intégré***, integrated circuit || T.V. *télévision en* ~ *fermé*, closed circuit television.

circul|aire [sirkylɛr] *adj* circular; *voyage* ~, round trip || sweeping (regard) ● *f* circular (lettre); note (instruction) || **~ation** *f* circulation; *mettre en* ~, put into circulation; *retirer de la* ~, withdraw from circulation, call in || MÉD. circulation || AUT. traffic; ~ *interdite*, no thoroughfare || RAIL. running (de trains) || CIN. *mettre en* ~, release (un film) || FIN. currency || **~er** *vi* (1) [choses] circulate, pass; [personnes] go about || ***faire*** **~**, circulate (air, argent), move on (foule), pass/hand round (un plat), spread (un bruit) || MÉD. [sang] flow, course || RAIL. run || ÉLECTR. flow || FIG. [nouvelle] get about, spread.

cir|e [sir] *f* wax || floor polish (encaustique) || ~ *à cacheter*, sealing-wax || **~é, e** *adj* waxed; polished ● *m* oil-skin(s) [imperméable] || **~er** *vt* (1) wax; polish || FAM. shine (chaussures, plancher); black (au cirage noir) || **~eur** *m* ~ *de chaussures*, shoeblack; boots (dans un hôtel) || **~euse** *f* floor-polisher/-waxer.

cirque [sirk] *m* circus.

cisailles [sizɑj] *fpl* shears, wire-cutters.

cis|eau [sizo] *m* chisel (de sculpteur) || *Pl* scissors (de couturière) || **~eler** [-le] *vt* (8 *b*) chisel || ARTS tool.

cit|adelle [sitadɛl] *f* citadel || **~adin, e** [-adɛ̃, in] *n* townsman, -woman; city-dweller.

citation [sitasjɔ̃] *f* quotation || JUR. summons (à comparaître); subpoena (de témoins).

cité [site] *f* city, town; *donner le droit de ~ à,* enfranchise || housing development; *~ ouvrière,* block of tenements, workers' flats; *~ universitaire,* university residences.

citer [site] *vt* (1) quote, cite (un texte); *~ en exemple,* quote as an example || mention (un fait) || JUR. summon (en justice); subpoena (un témoin).

citerne [sitɛrn] *f* [underground] cistern || (water-)tank.

cithare [sitar] *f* zither.

citoy|en, enne [sitwajɛ̃, jɛn] *n* citizen || **~enneté** [-jɛnte] *f* citizenship.

citr|on [sitrɔ̃] *m* lemon; *~ pressé,* lemon-squash || **~onnade** [-ɔnad] *f* lemon-squash || **~onnier** [-ɔnje] *m* lemon-tree.

citrouille [sitruj] *f* pumpkin.

civet [sivɛ] *m* stew (de lièvre).

civière [sivjɛr] *f* stretcher, litter.

civil, e [sivil] *adj* civil; *état ~,* civil status; *la partie ~e,* the plaintiff ● *m* civilian (non militaire); *en ~,* in plain clothes; *dans le ~,* in private life; in Civvy Street (arg.) || **~ement** *adv* civilly; *se marier ~,* contract a civil marriage || **~isation** [-izasjɔ̃] *f* civilization || **~iser** *vt* (1) civilize || **~ité** *f* civility || *Pl* regards.

civ|ique [sivik] *adj* civic; *instruction ~,* civics || **~isme** *m* public spirit.

claie [klɛ] *f* hurdle (clôture) || rack, tray (pour fruits).

clair, e [klɛr] *adj* light (couleur, pièce, son); clear (eau, teint, voix); bright (feu, jour); fair (temps, teint) || CULIN. thin (potage) || FIG. clear (idée); *peu ~,* confusing, doubtful (vague); broad (allusion); plain, obvious (preuve); lucid (esprit) ● *adv* clear, clearly; *il fait ~,* it is daylight; *voir ~,* see distinctly; FIG. be clearsighted || FIG. *en ~,* in plain language, in clear ● *m ~ de lune,* moonlight || **~ement** *adv* clearly, plainly, distinctly; obviously || **~e-voie (à)** *loc adv* open-work || **~ière** *f* glade, clearing.

clair|on [klɛrɔ̃] *m* bugle, clarion || **~onner** [-ɔne] *vt* (1) trumpet.

clairsemé, e [klɛrsəme] *adj* thin, sparse (barbe, population); scattered (maisons).

clair|voyance [klɛrvwajɑ̃s] *f* clairvoyance (seconde vue) || FIG. clearsightedness || **~voyant, e** [-vwajɑ̃, ɑ̃t] *adj* clearsighted.

clameur [klamœr] *f* clamour, shout; outcry || PL. roar.

clan [klɑ̃] *m* clan.

clandestin, e [klɑ̃dɛstɛ̃, in] *adj* clandestine, underground.

clapot|ement [klapɔtmɑ̃] *m* V. **~IS** || **~er** *vi* (1) lap, splash || **~eux, euse** *adj* choppy (mer) || **~is** [-i] *m* lapping, plash, splashing (des vagues).

claque [klak] *f* slap, box on the ear; *donner une ~,* slap.

claqu|é, e [klake] *adj* FAM. dead beat; tired, worn out || **~ement** *m* slam (de porte); smack (de lèvres, de fouet); bang (de coup de feu, de volet); flap (de drapeau); clap (de main); crack (de branches) || **~er** *vi* (1) [porte] bang; [baiser] smack; [voile, drapeau] flap; [mains] clap; [branches] crack || *il* ~*ait des dents,* his teeth were chattering || *faire* ~, crack (un fouet); snap (ses doigts) — *vt* bang, slam (une porte) — *vpr* ***se*** ~ : SP., FAM. *se* ~ *un muscle,* strain a muscle.

claquettes [klakɛt] *fpl* tap dancing.

clarifier [klarifje] *vt* (1) clarify.

clarinette [klarinɛt] *f* clarinet.

clarté [klarte] *f* clearness, brightness || FIG. clarity, perspicuity.

classe [klɑs] *f* class, category (catégorie); rank (rang) || [société] class; ~ *ouvrière,* working class; *les* ~*s dirigeantes,* the Establishment || [école] form, U.S. grade; (*salle de* ~), class-room || AV. ~ *touriste,* economy class || RAIL. class; *voyager en première* ~, travel first class || MIL. age group; *soldat de première* ~, lance corporal || SP. *de* ~ *internationale,* world-class.

class|é, e *adj* classified || scheduled (monument) || **~ement** *m* classification, sorting (par catégorie); filing (de fiches); rating (grade) || NAUT. rating (de bateaux) || **~er** *vt* (1) sort, class, classify; ~ *par ordre alphabétique,* file in alphabetical order; size (par taille); grade (par difficulté); rank (selon le mérite) || FIG., FAM. shelve, U.S. table — *vpr* ***se*** ~, fall under, rank as || **~eur** *m* card-index/-file (à fiches); folder, file (à papiers); filing-cabinet, card-index cabinet (meuble) || **~icisme** [-isism] *m* classicism || **~ification** [-ifikasjɔ̃] *f* classification || **~ifier** [-ifje] *vt* (1) classify || **~ique** *adj* classic, classical; conventional (armement) ● *m* classicist.

claudication [klodikasjɔ̃] *f* limp.

clause [kloz] *f* JUR. provision, clause, stipulation; ~ *restrictive,* proviso.

clavecin [klavsɛ̃] *m* harpsichord.

clavicule [klavikyl] *f* clavicle.

clavier [klavje] *m* MUS., TECHN. keyboard.

clé, clef [kle] *f* key; ~ *de la porte d'entrée,* latch-key; ***fermer à*** ~, lock (up); *enfermer à* ~, lock in; ***mettre sous*** ~, lock away || TECHN. damper (de poêle); ~ *anglaise,* monkey-wrench; ~ *à molette,* spanner || MUS. clef; ~ *de « sol »,* G clef || ARCH. ~ *de voûte,* keystone || SP. [lutte] lock || AUT. ~ ***de contact,*** ignition key.

clém|ence [klemɑ̃s] *f* clemency, leniency || **~ent, e** *adj* clement.

clerc [klɛr] *m* clerk (de notaire).

clergé [klɛrʒe] *m* clergy.

clérical, e, aux [klerikal, o] *adj* clerical.

cliché [kliʃe] *m* PHOT. negative || FIG. cliché.

clien|t, e [klijɑ̃, ɑ̃t] *n* COMM. customer; patron (habituel); [hôtel] guest; [taxi] fare || MÉD. patient (d'un médecin) || JUR. client (d'un avocat) || **~tèle** [-tɛl] *f* COMM. goodwill, connection, custom || MÉD. practice.

clign|ement [kliɲmɑ̃] *m* wink(ing) || **~er** *vi* (1) ~ *des yeux,* blink, wink || **~otant** [-ɔtɑ̃] *m* AUT. indicator, winker || **~oter** *vi* (1) [lumière] flicker || [yeux] blink.

clima|t [klima] *m* climate || FIG. atmosphere || **~tisé, e** [-tize] *adj* air-conditioned || **~tiseur** *m* air conditioner.

clin [klɛ̃] *m* ~ ***d'œil,*** wink; *faire un* ~ *d'œil à,* wink at; *en un* ~ *d'œil,* in a jiffy, in the twinkling of an eye.

clinique [klinik] *f* clinic; nursing home; ~ *d'accouchement,* maternity home.

clinquant [klɛ̃kɑ̃] *m* tinsel.

clip [klip] *m* [bijou] brooch.

clipper [klipœr] *m* NAUT., AV. clipper.

clique [klik] *f* FAM. clique || PÉJ. band, gang.

clique|t [klikɛ] *m* TECHN. click || **~ter** [-kte] *vi* (8 *a*) click || [couverts] clatter; [ferraille] rattle; [clefs, verres] jingle || AUT. [moteur] pink || **~tis** [-kti] *m* clatter; rattle; jingle || AUT. pink(ing).

clivage [klivaʒ] *m* cleavage.

clochard, e [klɔʃar, ard] *n* tramp, U.S. hobo, FAM. bum.

cloche [klɔʃ] *f* bell (d'église) || TECHN. ~ *à plongeur,* divingbell || AGR. cloche || **~-pied (à)** *loc adv sauter à ~,* hop along.

clocher I [klɔʃe] *vi* (1) FIG. *il y a qqch. qui cloche,* there's something wrong there.

cloch|er II *m* steeple, church-tower || **~eton** [klɔʃtɔ̃] *m* pinnacle || **~ette** *f* (hand) bell.

clodo [klodo] *m* ARG. V. CLOCHARD.

clois|on [klwazɔ̃] *f* ARCH. partition || NAUT. bulkhead || FIG. division || **~onner** [-ɔne] *vt* (1) partition off.

cloîtr|e [klwɑtr] *m* cloister || **~er** *vt* (1) cloister — *vpr* ***se ~,*** FIG. confine oneself.

clopiner [klɔpine] *vi* (1) hobble.

cloqu|e [klɔk] *f* TECHN., MÉD. blister || **~er** *vi* (1) [peinture] blister.

clore [klɔr] *vt* (27) close, shut (une porte); enclose, wall in (un parc) || seal, stick down (une enveloppe) || FIG. end; clinch (un débat).

clos, e [klo, oz] *adj* (v. CLORE) closed, shut (porte); enclosed, walled-in (terrain) || JUR. ***à huis ~,*** in camera ● *m* AGR. croft; enclosure, close; [vin] vineyard.

clôtur|e [klotyr] *f* enclosure, fence || **~er** *vt* (1) enclose, fence in, wall in; picket.

clou [klu] *m* nail; stud (à grosse tête) || MÉD. boil || CULIN. ~ *de girofle,* clove || FAM. highlight, climax || POP. pawnshop; *mettre au ~,* pawn; *au ~,* in pawn || **~er** *vt* (1) nail (up), tack || **~té, e** *adj* studded (ceinture, porte); hobnailed (chaussure).

clovisse [klɔvis] *f* cockle.

clown [klun] *m* clown.

club [klœb] *m* club.

coaguler [koagyle] *vt* (1) coagulate, congeal — *vpr* ***se ~,*** congeal; clot, cake.

coal|iser [koalize] *vpr* (1) ***se ~,*** form a coalition || **~ition** *f* coalition.

coasser [koase] *vi* (1) croak.

coassocié, e [koasɔsje] *n* copartner.

coaxial, e, aux [koaksjal, o] *adj* co-axial.

cobalt [kobalt] *m* cobalt.

cobaye [kɔbaj] *m* guinea-pig.

cobra [kɔbra] *m* cobra.

cocaïn|e [kɔkain] *f* cocaine || **~omane** [-ɔman] *n* cocaine-addict.

cocarde [kɔkard] *f* cockade || AV. roundel.

cocasse [kɔkas] *adj* droll.

coccinelle [kɔksinɛl] *f* lady-bird.

coch|e [kɔʃ] *f* score (entaille) || **~er** I *vt* (1) tick (off), check off.

cocher II *m* coachman; cabman (de fiacre).

coch|on [kɔʃɔ̃] *m* pig, hog, swine; ~ *de lait,* sucking-pig; ~ *d'Inde,* guinea-pig ● *adj* filthy, dirty || **~onnet** [-ɔnɛ] *m* [boules] jack.

cocktail [kɔktɛl] *m* cocktail || cocktail party (réunion) || [émeute] ~ ***Molotov,*** petrol bomb, Molotov cocktail.

cocon [kɔkɔ̃] *m* cocoon.

cocorico [kɔkɔriko] *m* cock-a-doodle-do.

cocotier [kɔkɔtje] *m* coconut-palm.

cocotte [kɔkɔt] *f* CULIN. casserole ; ***Cocotte-Minute*** N.D., pressure-cooker (autocuiseur).

cocu, e [kɔky] *adj/n* cuckold.

cod|e [kɔd] *m* code (chiffré) || ~ ***postal,*** G.B. post code, U.S. zip code || AUT. ***Code de la route,*** Highway Code ; *se mettre en ~,* dip one's (head)lights || JUR. code ; statute-book || **~ifier** [-ifje] *vt* (1) codify.

coefficient [kɔefisjɑ̃] *m* coefficient.

coéquipier, ière [koekipje, jɛr] *n* team-mate.

cœur [kœr] *m* [organe] heart || FIG. ***avoir mal au ~,*** feel sick ; *donner mal au ~,* sicken || MÉD. *opération à ~ ouvert,* open-heart operation || FIG. heart, conscience ; *dire ce qu'on a sur le ~,* get sth. off one's chest, make a clean breast of it ; *rester sur le ~ de qqn,* rankle in sb.'s mind || FIG. heart, courage ; *donner du ~,* encourage || FIG. mood (disposition) ; *avoir le ~ à,* be in a mood for ; *si le ~ vous en dit,* if you care to ; *prendre qqch. à ~,* take sth. to heart || FIG. liking (gré) ; ***de bon ~,*** willingly, ungrudgingly || FIG. heart, kindness ; ***de bon ~,*** heartily ; *de grand ~,* wholeheartedly ; *de tout mon ~,* with all my heart ; ***avoir bon ~,*** have a kind heart, be kind-hearted ; *n'avoir point de ~,* have no feelings ; ***sans ~,*** heartless || FIG. heart, core, kernel || FIG. depth(s) [de l'hiver, etc.] ; height (de l'été) ; *au ~ de la nuit,* in the dead of night || FIG. [mémoire] ***par ~,*** by heart/rote || [cartes] heart(s).

coexist|ence [koɛgzistɑ̃s] *f* coexistence || **~er** *vi* (1) coexist.

coffre [kɔfr] *m* chest ; box ; bin (à charbon) || coffer (à bijoux) || AUT. boot, U.S. trunk || **~-fort** *m* safe, strongbox.

coffr|er [kɔfre] *vt* (1) FAM. jug || **~et** [-ɛ] *m* small box ; casket (à bijoux).

cogner [kɔɲe] *vt* (1) pound, thump, strike, bump — *vi* knock ; *~ à la porte,* knock at the door ; *~ sur,* bang on, punch — *vpr* ***se ~,*** bang (*contre,* against) ; *se ~ la tête contre,* hit one's head against.

cohabiter [koabite] *vi* (1) live together, cohabit.

cohé|rent, e [kɔerɑ̃, ɑ̃t] *adj* coherent || **~sion** [-zjɔ̃] *f* cohesion.

cohue [kɔy] *f* crush, throng.

coi, coite [kwa, kwat] *adj* quiet ; *se tenir ~,* lie low, keep mum.

coiff|e [kwaf] *f* cap, head-dress || **~é, e** *adj* covered (tête) || FIG. infatuated || **~er** *vt* (1) cap, put on (un chapeau) || do sb.'s hair (les cheveux) — *vpr* ***se ~,*** do/dress/U.S. fix one's hair || **~eur, euse** *n* hairdresser (pour homme ou femme) ; barber (pour hommes) || **~euse** *f* dressingtable (meuble) || **~ure** *f* headgear (chapeau) ; headdress (ornement) ; hair-do (style) ; ***salon de ~,*** hairdressing salon.

coin [kwɛ̃] *m* corner (d'une maison, d'une rue, de l'œil) ; nook (d'une salle) ; *~ du feu,* fireside, ingle-nook ; *les ~s et les recoins,* the ins and outs || RAIL. *place de ~,* corner-seat || TECHN. stamp (à frapper) ; wedge (à fendre) || FIG. spot, place (à la campagne) || FAM. *aller au petit ~,* spend a penny || **~cer** [-se] *vt* (6) wedge, jam || corner (qqn) — *vpr* ***se ~,*** jam.

coïncid|ence [kɔɛ̃sidɑ̃s] *f* coincidence, concurrence || **~er** *vi* (1) coincide, concur.

coing [kwɛ̃] *m* quince.

coke [kɔk] *m* coke.

col [kɔl] *m* collar (de vêtement) ; ~ ***roulé,*** polo-neck ; *à ~ roulé,* roll-neck (pull) || [bouteille] neck || GÉOGR. col, pass || FIG. ~ ***blanc,*** white collar worker.

colère [kɔlɛr] *f* anger, passion, wrath; *avec* ~, angrily; *accès de* ~, huff, fit of anger; ***être en*** ~, be angry/cross (*contre,* with); ***se mettre en*** ~, get/fly into a temper; *dans une sombre* ~, in high dudgeon.

colér|eux, euse [kɔlerø, øz] *adj* quick-/short-tempered, peppery, irascible || ~**ique** *adj* bilious, choleric.

colifichet [kɔlifiʃɛ] *m* trinket || knick-knack (fam.).

colimaçon [kɔlimasɔ̃] *m* snail || ***en*** ~, winding (escalier).

colin-maillard [kɔlɛ̃majar] *m* blind-man's buff.

coliques [kɔlik] *fpl* MÉD. gripes.

colis [kɔli] *m* parcel; U.S. package; *par* ~ *postal,* by parcel post.

collabor|ateur, trice [kɔlabɔratœr, tris] *n* collaborator || contributor (d'un journal) || ~**ation** *f* collaboration; *apporter sa* ~ *à,* contribute || ~**er** *vi* (1) collaborate (*à,* on; *avec,* with); contribute (*à,* to); pull together.

collant, e [kɔlɑ̃, ɑ̃t] *adj* sticky (poisseux) || tight-fitting, skintight (vêtement) ● *m* body-stocking, tights (bas); leotard (de danseur).

collation [kɔllasjɔ̃] *f* CULIN. collation, refection, refreshments; FAM. elevenses (à 11 heures) || [université] ~ *des grades,* graduation, U.S. commencement.

colle [kɔl] *f* paste; glue (forte) || FAM. [question] poser, stumper; *poser une* ~ *à qqn,* set sb. a poser || FAM. [école] detention (retenue).

collect|e [kɔlɛkt] *f* collecting; *faire une* ~, have a whip-round *(pour, au profit de,* for) || ~**if, ive** *adj* collective.

collec|tion [kɔlɛksjɔ̃] *f* collection; ***faire*** ~ ***de,*** collect; ~ *de timbres,* stamp-collection || assemblage, set || [mode] collection; *présentation de* ~, fashion-show || ~**tionner** [-sjɔne] *vt* (1) collect || ~**tionneur, euse** [-sjɔnœr, øz] *n* collector || ~**tivité** [-tivite] *f* community.

collège [kɔlɛʒ] *m* grammar/high school; ~ *d'enseignement général,* comprehensive school || JUR. body of electors (électoral) || ~**égial, e, aux** [-eʒjal, o] *adj* collegiate || ~**égien, ienne** [-eʒjɛ̃, jɛn] *n* schoolboy, -girl.

collègue [kɔllɛg] *n* colleague, associate.

coller [kɔle] *vt* (1) paste; glue (à la colle forte); stick (un timbre, une enveloppe, une affiche) || CIN. splice (un film) || FAM. [école] keep in (detention); plough (sl.) [ajourner] — *vi* stick.

collet [kɔlɛ] *m* collar (de vêtement); *prendre qqn au* ~, collar, seize sb. by the collar || [piège] snare; *attraper au* ~, snare || FIG. ~ ***monté,*** stiff, prim.

colleter [kɔlte] *vpr* (8 *a*) ***se*** ~, scrap, come to grips.

colleur [kɔlœr] *m* ~ *d'affiches,* bill-poster/-sticker || FAM. [école] examiner.

collier [kɔlje] *m* necklace (ornement); collar (de chien) || [barbe] strap beard || FAM. *reprendre le* ~, be back in harness.

colline [kɔlin] *f* hill, down; *petite* ~, hillock.

collision [kɔlizjɔ̃] *f* collision; *entrer en* ~, collide (*avec,* with), crash (*avec,* with); NAUT. fall foul (*avec,* of).

colloque [kɔllɔk] *m* colloquy (conversation); symposium (conférence).

collyre [kɔllir] *m* eye-wash/-drops.

colocataire [kɔlɔkatɛr] *n* joint tenant.

colomb|e [kɔlɔ̃b] *f* dove || ~**ier** *m* dove-cot(e) || ~**ophile** [-ɔfil] *n* pigeon-fancier.

colon [kɔlɔ̃] *m* settler, colonist.

côlon [kolɔ̃] *m* ANAT. colon.

colonel [kɔlɔnɛl] *m* colonel.

colon|ial, e, aux [kɔlɔnjal, o] *adj* colonial || **~ialisme** [-jalism] *m* imperialism || **~ie** *f* colony, settlement; ~ ***de vacances,*** holiday camp || **~isation** f colonization || **~iser** *vt* (1) colonize, settle.

colonne [kɔlɔn] *f* column || ARCH. pillar, column || ANAT. ~ ***vertébrale,*** spine, backbone.

color|ant [kɔlɔrɑ̃] *m* stainer, dye || **~ation** *f* colouring || **~é, e** *adj* coloured || ruddy, florid (teint); colourful (style) || **~er** *vt* (1) colour || **~ier** *vt* (1) colour, stain || **~is** [-i] *m* hue, colour || ARTS colour scheme.

colossal, e, aux [kɔlɔsal, o] *adj* colossal || FIG. mammoth.

colport|er [kɔlpɔrte] *vt* (1) COMM. hawk, peddle || FIG. spread (nouvelles) || **~eur, euse** *n* hawker, peddlar.

coma [kɔma] *m dans le ~,* in a coma.

combat [kɔ̃ba] *m* fight, struggle; ~*(s) de coqs,* cock-fight(ing) || SP. [boxe] fight, bout || MIL. fight(ing); *engager le ~,* join battle || NAUT. ~ *naval,* naval battle || **~if, ive** [-if, iv] *adj* combative, pugnacious || **~tant, e** [-tɑ̃, ɑ̃t] *adj* fighting ● *n* combatant; ***ancien*** ~, veteran, exserviceman || **~tre** [-tr] *vt* (20) fight (against), combat || FIG. oppose (des projets) — *vi* fight *(contre,* against) || FIG. contend against (en discutant).

combien [kɔ̃bjɛ̃] *adv* [quantité, degré] how much/many || [prix] ~ *est-ce ?,* how much is it? || [temps] ~ *de temps ?,* how long? || [nombre] ~ *de fois ?,* how many times? || FAM. *je ne sais ~ de,* umpteen (fam.) ● *m* [date] FAM. *le ~ sommes-nous ?,* what's the date?; *tous les ~ ?,* how often.

combinaison [kɔ̃binɛzɔ̃] *f* combination (d'éléments); scheme (de couleurs) || [vêtement] overalls (de mécanicien); slip (de femme) || ~ ***spatiale,*** space-suit || FIG. scheme, contrivance .

combin|e [kɔ̃bin] *f* FAM. trick, scheme || **~é** *m* TÉL. receiver || **~er** *vt* (1) combine || FIG. think up, scheme || PÉJ. devise — *vpr* ***se*** ~, unite, combine (*avec,* with).

combl|e [kɔ̃bl] *m* ARCH. roof (toit); *de fond en ~,* from top to bottom || FIG. height (de la joie); summit (du bonheur); depth (du désespoir); acme (de la gloire); *à son ~,* at its height; *c'est le ~,* that beats all; *pour ~ de malheur,* to crown all ● *adj* heaped up (mesure); crowded, packed cramfull (salle) || **~er** *vt* (1) fill up || FIG. make up (la différence); fill (une lacune); load *(qqn de,* sb. with).

combust|ible [kɔ̃bystibl] *adj* combustible ● *m* fuel || **~ion** [-jɔ̃] *f* combustion.

coméd|ie [kɔmedi] *f* comedy || **~ien, ienne** *n* actor *(m);* actress *(f)* || comedian (comique).

comestible [kɔmɛstibl] *adj* eatable, edible ● *mpl* edibles, foodstuffs.

comète [kɔmɛt] *f* comet.

comique [kɔmik] *adj* comic(al), funny, droll ● *m* [actor] comedian || LITT. comedy.

comité [kɔmite] *m* committee, board; *petit ~,* informal meeting; ~ *électoral,* caucus.

commandant [kɔmɑ̃dɑ̃] *m* MIL. commander, commanding officer; [grade] major || NAUT. captain.

command|e [kɔmɑ̃d] *f* COMM. order; *en ~,* on order; *fait sur ~,* made to order; *passer une ~,* give an order, indent (*de,* for) || TECHN. control; ~ *à distance,* remote control || **~ement** *m* order, command || REL. commandment || **~er** *vt* (1) command, order; *~qqch. à qqn,* order sth. from sb.; call for (exiger); order (un repas) || lead (une expédition), control (diriger) || COMM. order; write away for (par correspondance) || MIL. command — *vi* be in command — *vpr* ***se*** ~, [salles] lead into each other || **~itaire** [-itɛr] *m* sleeping/silent partner || RAD., T.V. sponsor.

commando *m* commando.

comme [kɔm] *conj* [comparaison] like, as || FAM. *haut ~ ça,* that high || [manière] as; *envoyez-les ~ ils sont,* send them as they are || [cause] as; *~ il n'était pas prêt, nous partîmes sans lui,* as he was not ready, we went without him || [temps] *~ il descendait du train,* as he was getting off the train ● *adv* [manière] as, like; *faites ~ moi,* do as I do || [exclamation] how!; *~ elle chante bien!,* how well she sings! || [énumération] such as; ~ ***si,*** as if/though || FAM. ~ ***ci,*** ~ ***ça,*** so, so.

commémor|atif, ive [kɔmemɔratif, iv] *adj* memorial || **~ation** *f* commemoration || **~er** *vt* (1) commemorate.

commen|çant, e [kɔmɑ̃sɑ̃, ɑ̃t] *n* beginner || **~cement** [-smɑ̃] *m* beginning, onset; *au/dès le ~,* in/from the beginning || **~cer** [-se] *vt* (6) begin || start, commence; enter (up)on, fall to; open (histoire) — *vi* begin; *pour ~,* to begin with, first of all || [saison] come in; ~ ***à,*** begin to; ~ ***par,*** begin with.

comment [komɑ̃] *adv* how?; *~ va-t-il?,* how is he?; *~ se fait-il que?,* how is it that?; *~ cela?,* how so? || what; *~ est-elle?,* what is she like?; *~ vous appelez-vous?,* what is your name?; *~ dit-on... en anglais?,* what's the English for...? ● *interj* what!; *~ donc!,* of course!

comment|aire [komɑ̃tɛr] *m* commentary, comment || **~ateur, trice** *n* commentator || **~er** *vt* (1) comment.

commérage [kɔmeraʒ] *m* gossip.

commerçant, e [kɔmɛrsɑ̃, ɑ̃t] *adj* commercial; shopping (quartier); trading (ville); mercantile (nation) ● *n* trader, shopkeeper; tradesman *(m).*

commerc|e [kɔmɛrs] *m* trade || commerce (international); traffic; *faire le ~,* trade, deal (*de,* in) || FIG. intercourse, dealings || **~er** *vi* (6) trade (*avec,* with) || **~ial, e, aux** [-jal, o] *adj* commercial, mercantile || **~ialisation** [-jalizasjɔ̃] *f* marketing.

commère [komɛr] *f* gossip.

commettre [komɛtr] *vt* (64) commit (crime, faute).

comminatoire [kominatwar] *adj* mandatory.

commis [kɔmi] *m* clerk (aux écritures); salesman (à la vente); *~ voyageur,* commercial traveller.

commisération [kɔmmizerasjɔ̃] *f* commiseration; *avoir de la ~ pour,* commiserate.

commissaire [kɔmisɛr] *m* commissary (délégué); *~ de police,* superintendent of police || JUR. *~ parlementaire,* ombudsman || NAUT. *~ de bord,* purser || **~-priseur** [-prizœr] *m* auctioneer, (official) appraiser.

commissariat [kɔmisarja] *m* police-station.

commission [kɔmisjɔ̃] *f* errand (course); message; ***faire une ~,*** do an errand, deliver a message; ***faire des ~s,*** run errands; *faire les ~s,* do the shopping || COMM. commission (courtage) || FIN. percentage || JUR. commission, committee; *~ d'enquête,* board of enquiry; *~ paritaire,* joint commission; *membre d'une ~,* commissioner || **~naire** [-ɔnɛr] *n* messenger.

commod|e [kɔmɔd] *adj* convenient || handy (outil); easy (route) ● *f* chest of drawers, U.S. bureau || **~ité** *f* convenience || *Pl* amenities (éléments de confort) || *Pl* lavatory, water-closet, U.S. restroom.

commotion [kɔmɔsjɔ̃] *f* commotion || MÉD. concussion; shock.

commuer [kɔmɥe] *vt* (1) commute (*en,* into).

commun, e [kɔmœ̃, yn] *adj* common; *d'un ~ accord,* with one accord || mutual (ami) || usual; *peu ~,* uncommon || *lieu ~,* common place || GRAMM. common (nom) || FIN. ***Marché ~,*** Common Market ● *m* common; *le ~ des mortels,* the common run of mankind; *hors du ~,* out of the common || FIN. ***en ~,*** in common; *mettre en ~,* pool || *Pl* outhouses, offices || **~al, e, aux** [-ynal, o] *adj* communal; parish, parochial || **~auté** [-ynote] *f* community | [hippies] commune.

commune *f* JUR. township (municipalité); [village] parish; || FR. commune || G.B. *Chambre des ~s,* House of Commons.

communément [-ynemɑ̃] *adv* commonly.

communiant, e [kɔmynjɑ̃, ɑ̃t] *n* REL. communicant.

communic|able [kɔmynikabl] *adj* communicable || **~atif, ive** *adj* communicative; *peu ~,* cagey || catching (rire) || **~ation** *f* communication; *voie de ~,* thoroughfare || TÉL. connection; telephone call; *avoir la ~,* be through; *mettre en ~,* put through to; *~ interurbaine,* trunk-call.

commun|ier [kɔmynje] *vt* (1) REL. receive communion || FIG. share, commune || **~ion** *f* REL., FIG. communion.

communiqu|é, e [kɔmynike] *m* communiqué; *~ de presse,* press release || **~er** *vt* (1) communicate, impart || MÉD. transmit (une maladie) — *vi* [salles] communicate (*avec,* with).

commun|isant, e [kɔmynizɑ̃, ɑ̃t] *adj* communistic ● *n* fellow-traveller || **~isme** *m* communism || **~iste** *n* communist.

commut|ateur [kɔmytatœr] *m* ÉLECTR. switch || **~ation** *f* commutation.

compact, e [kɔ̃pakt] *adj* compact.

compagn|e [kɔ̃paɲ] *f* de COMPAGNON || **~ie** *f* company, companionship; ***tenir ~ à qqn,*** keep sb. company; *fausser ~ à qqn,* give sb. the slip || COMM. company; fleet (de taxis) | MIL. company || NAUT. ***~ de navigation,*** shipping line || ZOOL. covey (de perdrix) || **~on** *m* companion; *~ de chambre,* roommate; *~ de jeu,* playmate || journeyman, workman (ouvrier).

compar|able [kɔ̃parabl] *adj* comparable (*à,* to, with); *être ~,* compare (*à,* with) || **~aison** [-ɛzɔ̃] *f* comparison; *en ~,* by comparison; *en ~ de,* in comparison with; *sans ~,* beyond compare || GRAMM. simile || FIG. parallel.

comparaître [kɔ̃parɛtr] *vi* (74) JUR. appear; *faire ~ devant,* bring before.

compar|atif, ive [kɔ̃paratif, iv] *adj/n* comparative || **~ativement** [-ativmɑ̃] *adv* comparatively || **~er** *vt* (1) compare (*à,* to; *avec,* with); liken (*à,* to) — *vpr* ***se ~,*** compare (*à,* with).

comparse [kɔ̃pars] *n* confederate.

compartiment [kɔ̃partimɑ̃] *m* compartment || RAIL. compartment.

comparution [kɔ̃parysjɔ̃] *f* JUR. appearance.

compas [kɔ̃pa] *m* compasses; *~ d'épaisseur,* callipers; *~ à pointes sèches,* dividers || NAUT. compass || FIG. *avoir le ~ dans l'œil,* have an accurate eye.

compassé, e [kɔ̃pase] *adj* stilted, formal; prim.

compassion [kɔ̃pasjɔ̃] *f* compassion, pity (*pour,* for).

compatible [kɔ̃patibl] *adj* compatible, consistent (*avec,* with).

compat|ir [kɔ̃patir] *vi* (2) sympathize (*à,* with) || **~issant, e** [-isɑ̃, ɑ̃t] *adj* sympathetic, sympathizing, compassionate.

compatriote [kɔ̃patriɔt] *n* compatriot; fellow-countryman/-countrywoman.

compens|ation [kɔ̃pɑ̃sasjɔ̃] *f* compensation; *en ~ de,* to compensate for || FIN. *chambre de ~,* clearing house || **~er** *vt* (1) compensate for; make up for (une perte); offset; make good (dépenses || [banque] clear (chèque).

compère [kɔ̃pɛr] *m* accomplice, decoy || TH. stooge || **~-loriot** [-lɔrjo] *m* stye.

compét|ence [kɔ̃petɑ̃s] *f* competence, efficiency, proficiency, qualification || JUR. jurisdiction, cognizance || FIG. province, scope || **~ent, e** *adj* competent, efficient, proficient, capable.

compéti|teur, trice [kɔ̃petitœr, tris] *n* SP. competitor, contender || **~tion** *f* SP. competition, contest; *entrer en ~,* compete (*avec,* with).

compiler [kɔ̃pile] *vt* (1) compile.

complaire (se) [səkɔ̃plɛr] *vpr* (75) take delight in.

complais|ance [kɔ̃plɛzɑ̃s] *f* obligingness, kindness || *~ envers soi-même,* indulgence || **~ant, e** *adj* obliging; kind (aimable).

complémen|t [kɔ̃plemɑ̃] *m* complement || GRAMM. object || **~taire** [-tɛr] *adj* complementary.

compl|et, ète [kɔ̃plɛ, ɛt] *adj* complete, entire, whole (entier); full (plein) || thorough, utter (total, absolu) || CULIN. ***pain ~,*** wholemeal/whole-wheat bread || « *Complet* », [autobus] full up; [hôtel] no vacancies ● *m* suit, lounge suit || **~ètement** *adv* completely, entirely; utterly, thoroughly; quite, altogether || **~éter** [-ete] *vt* (5) supplement, complete; make up (une somme).

complex|e [kɔ̃plɛks] *adj* complex; intricate, many-sided ● *m* [psychanalyse] complex; hang-up (fam.); *~ d'infériorité,* inferiority complex || **~ité** *f* complexity, intricacy.

complication [kɔ̃plikasjɔ̃] *f* complexity || MÉD. complication.

complic|e [kɔ̃plis] *n* accomplice, confederate; *être ~ de,* be (a) party to || JUR. accessory || **~ité** *f* complicity.

complimen|t [kɔ̃plimɑ̃] *m* compliment || *Pl* regards, greetings || **~ter** [-te] *vt* (1) compliment.

compliqu|é, e [kɔ̃plike] *adj* complicated, intricate; tricky (problème) || FAM. sophisticated || **~er** *vt* (I) complicate — *vpr* ***se ~,*** become complicated.

complo|t [kɔ̃plo] *m* plot || FIG. scheme || **~ter** [-ɔte] *vt* (1) plot, scheme, brew; be up to (fam.).

comport|ement [kɔ̃pɔrtmɑ̃] *m* behaviour, deportment, demeanour || **~er** *vt* (1) include, consist of — *vpr* ***se ~,*** behave, deport oneself; act (*envers,* towards).

compos|ant, e [kɔ̃pɔzɑ̃, ɑ̃t] *adj* component ● *m* constituent || TECHN. component || **~é, e** *adj* compound; composite; *être ~ de,* consist of || FIN. accumulative (intérêts) ● *m* compound || **~er** *vt* (1) compose; compound, constitute, make up (un ensemble) || TÉL. dial (un numéro) — *vi* FIG. come to terms — *vpr* ***se ~ de,*** be composed of, be made up of, consist of.

composi|teur, trice [kɔ̃pozitœr, tris] *n* MUS. composer || **~tion** *f* composition, constitution (action) || compound, mixture (résultat) || [école] term exam, test paper; essay (rédaction) || FIG. *venir à ~,* come to terms.

composter [kɔ̃pɔste] *vt* RAIL., FR. punch (ticket).

compote [kɔ̃pɔt] *f* compote ; ~ *de fruits,* stewed fruit ; ~ *de pommes,* compote of apple.

compréhen|sible [kɔ̃preɑ̃sibl] *adj* understandable, comprehensible || **~sif, ive** [-sif, iv] *adj* understanding, sympathetic || **~sion** [-sjɔ̃] *f* understanding, comprehension (entendement) || apprehension (d'une idée).

comprendre [kɔ̃prɑ̃dr] *vt* (80) include, comprehend, comprise (inclure) || understand, make out (un problème) ; catch, grasp (le sens) ; realize (se rendre compte) || apprehend (concevoir) || *faire* ~, bring home, make it clear ; ~ *à demi-mot,* take a hint ; *bien* ~, get sth. right ; ***mal*** ~ misunderstand ; *vous m'avez mal compris,* you've got me wrong ; ***se faire*** ~, make oneself understood/clear ; *est-ce que je me fais bien* ~?, am I clear ? || FAM. figure out, get, gather ; *je comprends !,* I see ! ; *cela se comprend,* that goes without saying || sympathize ; *je vous comprends,* I don't blame you || FIG. compass (embrasser) — *v récipr* ***se*** ~, understand each other.

compress|e [kɔ̃prɛs] *f* MÉD. compress || **~eur** *m* AUT. supercharger || **~ion** *f* compression.

comprim|é [kɔ̃prime] *m* MÉD. tabloid, tablet (d'aspirine) || **~er** *vt* (1) compress || FIG. cut down (les dépenses).

compris, e [kɔ̃pri, iz] *adj* included ; *y* ~, including ; *tout* ~, all in ; *prix tout* ~, inclusive terms ; *non* ~, not included, exclusive of.

comprom|ettre [kɔ̃prɔmɛtr] *vt* (64) compromise (sa réputation) || jeopardize, endanger (exposer au danger) — *vpr* ***se*** ~, compromise oneself (se discréditer) || commit oneself (s'engager) || **~is, e** [-i, iz] *adj* mixed up, involved (*dans,* in) ● *m* compromise.

compt|abilité [kɔ̃tabilite] *f* accountancy, book-keeping || accounting department ; *tenir la* ~, keep the books || **~able** [-abl] *n* accountant, book-keeper ; *expert* ~, chartered accountant || **~ant** *adj m* FIN. ready (argent) ; *paiement* ~, down payment ● *adv* outright ; *payer* ~, pay cash down ● *m* cash, ready money ; *prix au* ~, cash price.

compte [kɔ̃t] *m* reckoning, count, calculation (calcul) ; *faire le* ~ *de,* reckon up ; ~ ***à rebours,*** count down || charge, expense || *Pl* accounts ; *faire ses* ~*s,* do one's accounts ; *livre de* ~*s,* account book ; ***tenir les*** ~***s,*** keep the accounts || FIN. account ; ~ ***courant,*** current account ; ~ *de dépôt,* deposit account ; *ouvrir un* ~, open an account ; ~ ***chèque postal,*** G.B. Giro account || COMM. bill (facture) ; ***régler un*** ~, settle an account ; *à bon* ~, at small cost || FIG. profit, advantage ; *pour le* ~ *de qqn,* on sb.'s behalf || ***rendre*** ~ ***de,*** account for || FIG. ***se rendre*** ~ ***de,*** realize (comprendre) ; be aware of (prendre conscience) ; see for oneself (examiner) ; *sans s'en rendre* ~, unconsciously || FIG. ***tenir*** ~ ***de,*** take into account, take sth. into consideration, allow for, make allowance for, reckon with ; *ne pas tenir* ~ *de,* disregard, ignore ; *sans tenir* ~, irrespective (*de,* of) || **~-gouttes** *m inv* dropper.

compter [kɔ̃te] *vt* (1) reckon, count (calculer) ; *tout compté,* all told || number (dénombrer) ; count out (un à un) || COMM. charge (faire payer) || FIG. expect ; intend (projeter) || FIG. consider (estimer) ; ~ *pour trois,* count as three || FIG. mention ; *sans* ~, to say nothing of — *vi* count, reckon (*jusqu'à,* up to) || FIG. be counted as ; *cela ne compte pas,* that doesn't count || FIG. count, rely, depend, reckon (*sur,* on) || FIG. ~ *avec,* reckon with ; *sans* ~, lavishly, without stint.

compte|-rendu [kɔ̃trɑ̃dy] *m* report (de mission); statement (exposé); write-up, notice, review (d'un livre, etc.); proceedings (d'une société); *faire un ~ de,* write up || **~-tours** *m inv* rev(olution) counter.

compteur [kɔ̃tœr] *m* TECHN. meter; *~ d'électricité,* electricity-meter; *~ de gaz,* gas-meter || AUT. *~ journalier,* trip meter; *~ de vitesse,* speedometer.

comptine [kɔ̃tin] *f* nursery rhyme.

comptoir [kɔ̃twar] *m* counter, bar (meuble) || COMM. agency, branch (succursale).

compulser [kɔ̃pylse] *vt* (1) examine.

comt|e [kɔ̃t] *m* G.B. earl; FR. count || **~é** *m* GÉOGR. county, shire || **~esse** *f* countess.

concasser [kɔ̃kɑse] *vt* (1) pound.

concave [kɔ̃kav] *adj* concave.

concéder [kɔ̃sede] *vt* (5) concede, cede (un droit) || admit, grant (un point).

concentr|ation [kɔ̃sɑ̃trɑsjɔ̃] *f* concentration || **~é** *m* CULIN. extract || **~er** *vt* (1) concentrate, condense || focus (observation, rayons) || centre (efforts) — *vpr* ***se ~,*** concentrate (*sur,* on) || **~ique** *adj* concentric.

concep|t [kɔ̃sɛpt] *m* concept || **~tion** *f* conception; *~ erronée,* misconception || TECHN. design.

concern|ant [kɔ̃sɛrnɑ̃] *prép* concerning, regarding || **~er** *vt* (1) concern, regard; *en ce qui concerne,* as regards, as concerns, with respect to; *en ce qui me concerne,* as far as I am concerned; *cela ne me concerne pas,* it's no concern of mine.

concer|t [kɔ̃sɛr] *m* concert; *salle de ~,* concert-hall || FIG. harmony ● *loc adv de ~ (avec),* in concert (with) || **~té, e** *adj* concerted || **~ter (se)** [-te] *vpr* (1) concert/work together.

concessi|on [kɔ̃sɛsjɔ̃] *f* claim (minière) || U.S. franchise (privilège) || JUR. assignment; grant (cession) || FIG. concession; *faire une ~,* stretch a point; ***faire des ~s,*** make concessions; *~s mutuelles,* give and take || **~onnaire** [-ɔnɛr] *n* COMM. distributor.

concev|able [kɔ̃svabl] *adj* conceivable || **~oir** *vt* (3) MÉD. conceive || FIG. conceive; devise, design (un plan); contrive (inventer); realize (comprendre); imagine (l'infini).

concierge [kɔ̃sjɛrʒ] *n* caretaker, U.S. janitor.

concil|iant, e [kɔ̃siljɑ̃, ɑ̃t] *adj* supple, conciliating || **~iation** [-jasjɔ̃] *f* appeasement, conciliation || **~ier** *vt* (1) conciliate — *vpr* ***se ~,*** agree with (*qqn,* sb.).

conci|s, e [kɔ̃si, iz] *adj* concise, pithy (style); terse, brief (récit) || **~sion** [-zjɔ̃] *f* conciseness, brevity; *avec ~,* tersely, concisely.

concitoyen, enne [kɔ̃sitwajɛ̃, ɛn] *n* fellow-citizen.

concl|uant, e [kɔ̃klyɑ̃, ɑ̃t] *adj* conclusive; *peu ~,* indecisive || **~ure** *vt* (29) conclude (un accord); settle (un débat); close (une série); end (un ouvrage) || infer, deduce (*de,* from) [déduire] || COMM. drive, strike, clinch (un marché) — *vt ind ~* ***à,*** come to the conclusion that || **~usion** [-yzjɔ̃] *f* conclusion, inference; *tirer une ~,* draw a conclusion || *Pl* JUR. findings.

concombre [kɔ̃kɔ̃br] *m* cucumber.

concomitant, e [kɔ̃kɔmitɑ̃, ɑ̃t] *adj* concomitant, concurrent, attendant.

concord|ance [kɔ̃kɔrdɑ̃s] *f* concordance || GRAMM. sequence (des temps) || **~e** *f* concord, harmony || **~er** *vi* (1) agree, tally (*avec,* with); hang together || *faire ~,* fit in.

concourir [kɔ̃kurir] *vt* (32) concur; conduce (*à,* to) || contend, compete (*avec,* with; *pour,* for).

concours [kɔ̃kur] *m* cooperation, assistance; *prêter son* ~, give assistance || [enchaînement] ~ *de circonstances,* concurrence of events, concatenation of circumstances || [études] competitive examination || show (parade, exposition).

concret, ète [kɔ̃krɛ, ɛt] *adj* concrete (substance) || actual (cas).

conçu, e [kɔ̃sy] V. CONCEVOIR.

concubinage [kɔ̃kybinaʒ] *m* concubinage; *vivre en* ~, live together; live in sin (humour).

concupiscent, e [kɔ̃kypisɑ̃, ɑ̃t] *adj* amorous.

concurr|emment [kɔ̃kyramɑ̃] *adv* concurrently (en conjonction) [*avec,* with] || ~**ence** *f* competition (*avec,* with); ***faire*** ~, compete (*à,* with); *jusqu'à* ~ *de,* to the amount of || ~**ent, e** *adj* competitive, rival (entreprise) ● *n* SP. competitor, contender; entrant (dans une course).

condamn|ation [kɔ̃danasjɔ̃] *f* condemnation || JUR. conviction, sentence; ~ *à mort,* sentence of death || ~**é, e** *adj* FIG. fated ● *n* convict || ~**er** *vt* (1) JUR. sentence, convict; adjudge, condemn (*à,* to) || FIG. block up (une fenêtre); wall up (une porte) || FIG. doom (astreindre); blame (blâmer).

condens|ateur [kɔ̃dɑ̃satœr] *m* condenser || ~**ation** *f* condensation || ~**er** *vt* (1) condense || digest (un livre) — *vpr* ***se*** ~, condense.

condescen|dance [kɔ̃dɛsɑ̃dɑ̃s] *f* condescension || ~**dant, e** [-dɑ̃, ɑ̃t] *adj* condescending, patronizing || ~**dre** [-dr] *vi* (4) condescend (*à,* to).

condiment [kɔ̃dimɑ̃] *m* condiment, relish.

condisciple [kɔ̃disipl] *n* fellowstudent.

condition [kɔ̃disjɔ̃] *f* condition, circumstance; *en ces* ~*s,* under the circumstances || condition (qualité); ~ *préalable,* prerequisite; ~*s requises,* qualifications, requisites || condition (clause); ***à*** ~ ***que,*** on condition that, provided/providing that; *sans* ~, unconditional || condition, state (état), rank, station (sociale) || COMM. *Pl* (contrat) terms; ~*s de paiement,* easy terms; *acheter à* ~, buy on approval.

conditionn|é, e [kɔ̃disiɔne] *adj* conditioned || ~**el, elle** *adj/m* conditional || ~**ement** *m* COMM. conditioning; wrapping || ~**er** *vt* (1) condition || COMM. package.

condoléances [kɔ̃dɔleɑ̃s] *fpl* condolence; *présenter ses* ~, offer one's sympathy.

conducteur, trice [kɔ̃dyktœr, tris] *adj* ÉLECTR. conducting || FIG. *fil* ~, clue ● *n* AUT driver || FIG. ~ *d'hommes,* leader.

cond|uire [kɔ̃dɥir] *vt* (85) conduct, guide (guider); lead (mener); take sb. to (qqn à); bring (*à,* to) || AUT. drive (une voiture, qqn) || TECHN. carry (eau) || ÉLECTR. conduct || FIG. handle (diriger); manage (une affaire) — *vi* [chemin] lead || AUT. drive — *vpr* ***se*** ~, behave (oneself); conduct oneself; *bien se* ~, behave; *se* ~ *mal,* behave badly, misbehave || ~**uit** [-ɥi] *m* conduit (d'eau, de gaz); pipe, channel; ~ *de cheminée,* flu || ~**uite** [-ɥit] *f* guidance, conduct; *sous la* ~ *de,* escorted by || leadership, lead || AUT. driving; ~ *à gauche,* left hand drive; ~ *intérieure,* saloon car, U.S. sedan || TECHN. pipe, duct (tube); main (d'eau, de gaz) || FIG. behaviour, conduct; dealing (envers qqn); goings-on (péj.); ***mauvaise*** ~, misdemeanour, misconduct.

cône [kon] *m* cone.

confect|ion [kɔ̃fɛksjɔ̃] *f* making ||

de ~, ready-made (habit) || ~**ionner** [-jɔne] *vt* (1) make up (un vêtement); fashion (un objet).

confédér|ation [kɔ̃federasjɔ̃] *f* confederation; confederacy || ~**é, e** *adj/n* confederate.

conférenc|e [kɔ̃ferɑ̃s] *f* conference (entretien, réunion); ~ *de presse*, press-conference || lecture (*sur*, on) [exposé oral]; *faire/donner une* ~, lecture, give a lecture || ~**ier, ière** *n* lecturer.

conférer [kɔ̃fere] *vt* (5) confer, bestow (un grade) [*à*, on] — *vi* confer (*avec*, with).

confess|e [kɔ̃fɛs] *f aller à* ~, go to confession || ~**er** *vt* (1) REL. confess (ses péchés, un pénitent) — *vpr* **se** ~, confess (one's sins) [*à*, to] || ~**eur** *m* confessor || ~**ion** *f* REL. confession; denomination (secte) || ~**ionnal, aux** [-jɔnal, o] *m* confessional || ~**ionnel, elle** [-jɔnɛl] *adj* denominational.

confi|ance [kɔ̃fjɑ̃s] *f* confidence, trust, reliance (*en*, in); ***avoir* ~ *en, faire* ~ *à*,** have confidence/faith in, rely on, trust; ***de*** ~, reliable, confidential; *digne de* ~, trustworthy; *qui n'inspire pas* ~, unreliable; ~ ***en soi***, self-confidence || JUR. *abus de* ~, breach of trust || POL. *poser la question de* ~, ask for a vote of confidence || ~**ant, e** *adj* confident, confiding, trustful; unsuspecting (sans méfiance).

confid|ence [kɔ̃fidɑ̃s] *f* secret, confidence; *faire une* ~, tell a secret || ~**ent** [-ɑ̃] *m* confidant || ~**ente** [-ɑ̃t] *f* confidante || ~**entiel, elle** [-ɑ̃sjɛl] *adj* confidential; off-the-record.

confier [kɔ̃fje] *vt* (1) trust, entrust (*qqch. à qqn*, sb. with sth.); confide, impart (un secret) [*à*, to]; leave (les clefs) [*à*, with]; consign (un enfant) [*à*, to] — *vpr* **se** ~, confide (*à*, in).

configuration [kɔ̃figyrasjɔ̃] *f* ~ *du terrain*, lie of the land.

confin|é, e [kɔ̃fine] *adj* confined, shut away (*chez soi*, at home) || stale, stuffy (air) || ~**er** *vt* (1) confine, shut away — *vpr* **se** ~, shut oneself up (*dans*, in) — *vi* border (*à*, on).

confins [kɔ̃fɛ̃] *mpl* confines.

confire [kɔ̃fir] *vt* (30) candy (fruits); pickle (cornichons).

confirm|ation [kɔ̃firmasjɔ̃] *f* confirmation || REL. confirmation || ~**er** *vt* (1) confirm, bear out || JUR. uphold (decision) || REL. confirm.

confiscation [kɔ̃fiskasjɔ̃] *f* forfeiture, confiscation (d'un bien).

confis|erie [kɔ̃fizri] *f* confectionery (produit); sweet-shop, U.S. candy store (boutique) || ~**eur** *m* confectioner.

confisquer [kɔ̃fiske] *vt* (1) take away || JUR. confiscate, impound.

confi|t [kɔ̃fi] *adj* preserved, candied || ~**ture** [-tyr] *f* jam; ~ *d'oranges*, marmalade || *Pl* preserves.

conflit [kɔ̃fli] *m* conflict || dispute, strife; *entrer en* ~ *avec*, conflict with || FIG. clash.

confluent [kɔ̃flyɑ̃] *m* confluent, junction.

confon|dre [kɔ̃fɔ̃dr] *vt* (4) confuse, mix up, mistake (ne pas distinguer) [*avec*, for]; *je le confonds toujours avec son frère*, I never know him from his brother || dumbfound (stupéfier) || confound (faire échouer) — *vpr* **se** ~, blend, merge (se mêler) || FIG. *se* ~ *en remerciements*, thank (sb.) effusively || ~**du, e** [-dy] *adj* disconcerted, dumbfounded; ~ *de gratitude*, overwhelmed by gratitude.

conform|ation [kɔ̃fɔrmasjɔ̃] *f* conformation || ~**e** *adj* congruent, conformable, true (*à*, to) || ~**ément** [-emɑ̃] *adv* ~ *à*, in conformity with, in accordance with, in compliance with, according to || **~er** *vt* (1) shape, form || FIG. conform — *vpr* ***se*** ***~,*** conform (*à,* to); comply (*à,* with) || *se* ~ *à,* fall in with, follow (l'avis de qqn) || **~iste** *m* conformist || **~ité** *f* accordance, conformity (*à,* with/to); *être en* ~ *avec,* square with.

confor|t [kɔ̃fɔr] *m* comfort; ease || ~ ***moderne,*** modern convenience; mod con (fam.); *sans* ~, comfortless || **~table** [-tabl] *adj* comfortable; easy (fauteuil); snug (maison); cosy (pièce); *peu* ~, uncomfortable || **~tablement** *adv* comfortably.

confr|ère [kɔ̃frɛr] *m* colleague || **~érie** [-eri] *f* brotherhood; fraternity.

confronter [kɔ̃frɔ̃te] *vt* (1) compare (textes) || JUR. confront (personnes).

confu|s, e [kɔ̃fy, yz] *adj* confused, hazy (souvenir); indistinct (bruit); foggy (esprit); embarrassed (embarrassé); ashamed (honteux) || promiscuous (amas) || **~sément** [-zemɑ̃] *adv* confusedly, vaguely, dimly || **~sion** *f* confusion, muddle (désordre); misunderstanding, mistake (méprise); indistinctness (manque de netteté); bewilderment (égarement); embarrassment, shame (honte); *remplir de* ~, confuse (qqn).

congé [kɔ̃ʒe] *m* leave; ***jour de*** ***~,*** holiday, day off; *en* ~, on holiday; *2 jours de* ~, 2 days' holiday, 2 days off; ~ ***de maladie,*** sick leave; ~ *de maternité,* maternity leave || notice (avis de départ); ***donner*** ~ ***au propriétaire,*** give notice to the landlord; *donner* ~ *au locataire,* give the lodger (his) notice || ***prendre*** ~ ***de,*** take leave of || **~dier** [-dje] *vt* (1) dismiss, discharge (employé).

congél|ateur [kɔ̃ʒelatœr] *m* deepfreeze (meuble); freezing compartment || **~ation** *f* icing (de l'eau) || [aliments] freezing.

cong|elé, e [kɔ̃ʒle] *adj* ***produits*** ***~s,*** frozen food || **~eler** *vt/vpr* (8 b) ***(se)*** ~, congeal, freeze, ice.

congère [kɔ̃ʒɛr] *f* snow-drift.

congesti|on [kɔ̃ʒɛstjɔ̃] *f* congestion; ~ *cérébrale,* stroke; ~ *pulmonaire,* congestion of the lungs || **~onné, e** [-ɔne] *adj* flushed || **~onner** [ɔne] *vt* (1) congest; flush (le visage).

conglomérat [kɔ̃glɔmera] *m* conglomerate.

Congo [kɔ̃go] *m* Congo || **~lais, e** [-lɛ, ɛz] *n/adj* Congolese.

congratuler [kɔ̃gratyle] *vt* (1) congratulate.

congre [kɔ̃gr] *m* conger(-eel).

congr|ès [kɔ̃grɛ] *m* congress, convention || **~essiste** [-ɛsist] *n* member of a congress.

congru, e [kɔ̃gry] *adj portion* ~*e,* bare living.

con|ifère [kɔnifɛr] *m* conifer, evergreen || **~ique** *adj* conic.

conjectur|al, e, aux [kɔ̃ʒɛktyral, o] *adj* speculative || **~e** *f* surmise, conjecture, guess || **~er** *vt* (1) surmise.

conjoin|t, e [kɔ̃ʒwɛ̃, ɛ̃t] *n* JUR. spouse; *les futurs* ~*s,* the bride and bridegroom; *les* ~*s,* husband and wife || **~tement** [-tmɑ̃] *adv* jointly.

conjonc|tion [kɔ̃ʒɔ̃ksjɔ̃] *f* GRAMM. conjunction || **~ture** [-tyr] *f* conjuncture; *dans cette* ~, at this juncture.

conju|gaison [kɔ̃ʒygɛzɔ̃] *f* conjugation || **~gal, e, aux** [-gal, o] *adj* conjugal; *domicile* ~, home; *vie* ~, married life, wedlock, matrimony || **~guer** [-ge] *vt* (1) conjugate.

conjur|ation [kɔ̃ʒyrasjɔ̃] *f* conspiracy, plot || **~é, e** *n* conspirator || **~er** *vt* (1) entreat, beseech (supplier) || REL. conjure, exorcise || FIG. ward off, avert — *vi* conspire (*contre,* against).

connaissance [kɔnɛsɑ̃s] *f* knowledge; *à ma ~,* to my knowledge, as far as I know; *en ~ de cause,* knowingly, advisedly, on good grounds || [savoir] knowledge, learning; *~ fondamentale,* grounding; *~ superficielle,* smattering || *Pl* knowledge, acquirement || [relation] acquaintance; ***faire la ~ de,*** become acquainted with, meet; *faire faire ~ à deux personnes,* bring two people together; *être en pays de ~,* be on familiar ground || FAM. *une vieille ~,* an old friend || JUR. cognizance || MÉD. sense, consciousness; ***perdre ~,*** faint, swoon, lose consciousness; *reprendre ~,* regain consciousness, come round; *sans ~,* unconscious, senseless, insensible.

connaissement [kɔnɛsmɑ̃] *m* bill of lading.

connaisseur [kɔnɛsœr] *adj* appreciative, expert ● *m* connoisseur; *en ~,* knowledgeably.

connaître [kɔnɛtr] *vt* (74) know, be acquainted with; *~ de vue,* know by sight || experience (faire l'expérience de); be familiar with, be versed in (être versé); ***n'y rien ~,*** know nothing about it; ***faire ~,*** make known; *faire ~ qqch. à qqn,* let sb. know sth.; *faire ~ qqn à qqn,* introduce sb. to sb.; *être connu de/pour,* be known to/as || experience, see (vivre) — *vpr* ***se ~,*** be acquainted; meet, become acquainted (se rencontrer); ***s'y ~ en,*** know all about, be well up in.

conne|cter [kɔnɛkte] *vt* (1) ÉLECTR. connect || **~xion** [-ksjɔ̃] *f* connection.

connivence [kɔnivɑ̃s] *f* : *être de ~,* connive (*avec,* with).

connu, e [kɔny] *adj* (well-)known (*de,* to/by); *être ~ sous le nom de,* go under the name of.

conqu|érant, e [kɔ̃kerɑ̃, ɑ̃t] *adj* conquering ● *n* conqueror || **~érir** [-erir] *vt* (13) conquer || FIG. win || **~ête** [-ɛt] *f* conquest || **~is, e** [-i, iz] V. CONQUÉRIR.

consacr|é, e [kɔ̃sakre] *adj* accepted, usual (terme); established (par l'usage) || REL. sacred, hallowed || **~er** *vt* (1) REL. consecrate, dedicate || FIG. establish (une réputation); devote (son temps); give over (affecter) — *vpr* ***se ~ à,*** devote oneself to.

consc|iemment [kɔ̃sjamɑ̃] *adv* consciously, knowingly || **~ience** [-jɑ̃s] *f* consciousness (connaissance); ***avoir ~ de,*** be aware of; ***prendre ~ de,*** awake to, realize, become conscious of || conscience (sens moral); ***par acquit de ~,*** for conscience' sake; *un cas de ~,* a matter of conscience; *en ~,* in all conscience; *dire ce qu'on a sur la ~,* speak one's mind; ***objecteur de ~,*** conscientious objector || conscientiousness (scrupule) || MÉD. ***perdre/reprendre ~,*** lose/regain consciousness || **~iencieusement** [-jɑ̃sjøzmɑ̃] *adv* consciencіously || **~iencieux, ieuse** [-jɑ̃sjø, jøz] *adj* conscientious || careful (soigneux) || **~ient, e** [kɔ̃sjɑ̃, ɑ̃t] *adj* conscious, aware, sensible (*de,* of); awake, alive (*de,* to).

conscr|iption [kɔ̃skripsjɔ̃] *f* conscription, U.S. draft || **~it** [-i] *m* MIL. conscript, U.S. draftee.

consécration [kɔ̃sekrasjɔ̃] *f* REL. consecration, dedication (d'une église).

consécutif, ive [kɔ̃sekytif, iv] *adj* consecutive, successive; ***~ à,*** subsequent to, consequent upon.

conseil [kɔ̃sɛj] *m* counsel, advice; ***un ~,*** a piece of advice; ***demander ~ à qqn,*** ask sb.'s advice; ***suivre le ~ de qqn,*** follow sb.'s advice; *sur le ~ de,* on the advice of || [assemblée] council; *~ d'administration,* board of directors; *~ municipal,* town council; corporation (fam.); *~ de révision,* recruiting board; ***Conseil de Sécurité,*** Security Council || MIL.

~ *de guerre,* court-martial; *passer en ~ de guerre,* be court-martialled || **~ler** I [-e] *m* counsellor (qui conseille); councilor (membre d'un conseil); ~ *municipal,* town councilor, alderman || JUR. ~ *juridique,* legal adviser.

conseiller II *vt* (1) recommend (recommander); advise (guider).

consent|ement [kɔ̃sɑ̃tmɑ̃] *m* consent, assent || **~ant, e** *adj* willing, agreeable (*à,* to) || **~ir** *vi* (93) consent, agree (*à,* to).

conséqu|ence [kɔ̃sekɑ̃s] *f* consequence, outcome, aftermath; ***en ~,*** accordingly; *sans ~,* of no importance || **~ent, e** *adj* logical, consequent || consistent *(avec,* with) || ***par ~,*** therefore, consequently; so, then (dans ce cas).

conserva|teur, trice [kɔ̃sɛrvatœr, tris] *adj* conservative ● *m* keeper, custodian, curator (de musée) || [réfrigérateur] freezing compartment || POL. conservative; Tory (fam.); ~ *intransigeant,* die-hard || **~tion** *f* preservation, conservation || **~toire** [-twar] *m* academy, U.S. conservatory.

conserv|e [kɔ̃sɛrv] *f* preserve || *Pl* preserves, tinned food, U.S. canned food; pickles (au vinaigre); *boîte de ~s,* tin, U.S. can || *mettre en ~,* preserve, U.S. can; pickle (dans du vinaigre) || FIG., FAM. *de ~,* in company, together, in consort || **~er** *vt* (1) preserve || CULIN. pickle (dans du vinaigre); pot (en pot); tin, can (en boîte) || FIG. maintain, keep preserve — *vpr* ***se ~,*** keep.

considérable [kɔ̃siderabl] *adj* considerable (différence); substantial (amélioration); extensive (rôle); wide (culture); sizeable (important).

considér|ation [kɔ̃siderasjɔ̃] *f* consideration; *prendre en ~,* consider, take into consideration; entertain (une proposition) || reason; *en ~ de,* on account of || regard, respect (estime) || **~er** *vt* (5) consider, reckon, hold; regard, look on, take (*comme,* as); *être considéré comme,* pass for || consider, examine; *tout bien considéré,* all things considered || look up to, esteem (estimer).

consign|ation [kɔ̃siɲasjɔ̃] *f* COMM. consignment; *expédier en ~,* consign || FIN. deposit || JUR. recording (des faits) || **~e** *f* orders, instructions (ordres) || RAIL. left-luggage office, U.S. checkroom; *mettre une valise à la ~,* leave a case at the left-luggage office; ~ ***automatique,*** left-luggage lockers || COMM. deposit (somme remboursable) *Pl* returned empties (bouteilles) || **~é, e** *adj* returnable (bouteille) || **~er** *vt* (1) [école] keep in (after school) || COMM. put a deposit on || MIL. confine to barracks || FIG. keep a record of.

consist|ance [kɔ̃sistɑ̃s] *f* consistency, thickness (d'un liquide) || FIG. *sans ~,* weak; unfounded (bruit) | **~er** *vi* (1) consist, be composed (*en,* of) [se composer de]; consist (*à,* in) [se réduire à].

consol|ant, e [kɔ̃sɔlɑ̃, ɑ̃t] *adj* comforting || **~ateur, trice** [-atœr, tris] *adj* comforting ● *n* comforter || **~ation** *f* consolation, comfort, solace.

console [kɔ̃sɔl] *f* console-table (meuble); bracket (support) || MUS. console.

consoler [kɔ̃sɔle] *vt* (1) console, comfort, solace — *vpr* ***se ~,*** console oneself, be comforted.

consolider [kɔ̃sɔlide] *vt* (1) consolidate || TECHN. strengthen || FIN. consolidate.

consomm|ateur, trice [kɔ̃sɔmatœr, tris] *n* consumer || **~ation** *f* consumption; *biens de ~,* consumer goods; ***société de ~,*** consumer society || **~é, e** *adj* FIG. consummate, accomplished ● *m* CULIN. consommé, beef tea || **~er** *vt* (1) consume, use (gaz, électricité) || FIG. consummate, complete (achever) — *vi* have a drink.

consonne [kɔ̃sɔn] *f* consonant.

consort [kɔ̃sɔr] *adj m* consort.

consortium [kɔ̃sɔrsjɔm] *m* FIN. consortium || COMM. syndicate.

conspir|ateur, trice [kɔ̃spiratœr, tris] *n* conspirator, plotter || **~ation** *f* conspiracy, plot || **~er** *vi* (1) conspire, plot (*contre,* against) || conspire, concur (*à,* to).

conspuer [kɔ̃spɥe] *vt* (1) shout down, boo.

const|amment [kɔ̃stamɑ̃] *adv* constantly, steadily || **~ance** *f* constancy, steadfastness || **~ant, e** *adj* constant (continuel) || steadfast, stable (ferme).

constat|ation [kɔ̃statasjɔ̃] *f* establishment (d'un fait); *faire une ~,* note || JUR. findings (d'une enquête) || **~er** *vt* (1) ascertain, establish, record (un fait) || note, notice, find, observe (*que,* that).

constell|ation [kɔ̃stɛlasjɔ̃] *f* constellation || **~é, e** *adj* star-spangled.

constern|ation [kɔ̃stɛrnasjɔ̃] *f* dismay, consternation || **~er** *vt* (1) dismay (abattre); afflict (désoler).

constip|ation [kɔ̃stipasjɔ̃] *f* constipation || **~er** *vt* (1) constipate.

constitu|ant, e [kɔ̃stitɥɑ̃, ɑ̃t] *adj* constituent, component || **~é, e** *adj* constituted (*par,* by) || **~er** *vt* (1) constitute, compose, make up (un ensemble); set up (un comité); form (un ministère) || **~tion** *f* JUR., MÉD. constitution || **~tionnel, elle** [-sjɔnɛl] *adj* constitutional || MÉD. temperamental (maladie).

construc|teur, trice [kɔ̃stryktœr, tris] *n* manufacturer, builder || **~tif, ive** [-tif, iv] *adj* constructive || **~tion** *f* construction (action); *~ mécanique,* mechanical engineering; *~ navale,* shipbuilding || ARCH. building || GRAMM. construction.

construire [kɔ̃strɥir] *vt* (85) construct, build || TECHN. engineer || GRAMM. form (phrases).

consul [kɔ̃syl] *m* consul || **~at** [-a] *m* consulate.

consult|ant, e [kɔ̃syltɑ̃, ɑ̃t] *adj médecin ~,* consultant || **~atif, ive** *adj* advisory, consultative || **~ation** *f* consultation || **~er** *vt* (1) consult (un ouvrage, qqn); *~ qqn,* hold counsel with sb. || MÉD. ***~ un médecin,*** take medical advice — *vpr* ***se ~,*** deliberate, think the matter over.

consum|é, e [kɔ̃syme] *adj* consumed || FIG. burnt up (*par,* by) || **~er** *vt* (1) consume, burn away/up — *vpr* ***se ~,*** burn away/out || FIG. be consumed; waste away; *se ~ de chagrin,* pine away with grief.

contact [kɔ̃takt] *m* contact, touch || ÉLECTR. *établir/couper le ~,* make/break contact || AUT. *clef de ~,* ignition key; *mettre/couper le ~,* switch on/off || MÉD. ***verres de ~,*** contact lenses || FIG. ***prendre ~ avec qqn,*** get in touch with sb.

contag|ieux, ieuse [kɔ̃taʒjø, jøz] *adj* contagious, catching, infectious || **~ion** *f* contagion.

container [kɔ̃tɛnɛr] *m* container.

contamin|ation [kɔ̃taminasjɔ̃] *f* contamination || **~er** *vt* (1) contaminate, infect.

conte [kɔ̃t] *m* tale; *~ de fées,* fairy tale.

contempl|atif, ive [kɔ̃tɑ̃platif, iv] *adj* contemplative || **~ation** [-asjɔ̃] *f* contemplation || **~er** *vt* (1) contemplate, behold, gaze on, survey (le paysage).

contemporain, e [kɔ̃tɑ̃pɔrɛ̃, ɛn] *adj* contemporary (*de,* with) ● *n* contemporary.

conten|ance [kɔ̃tnɑ̃s] *f* capacity, content || FIG. countenance, mien; *faire perdre ~ à qqn,* put sb. out; *faire bonne ~,* put a good face on it || **~ir** *vt* (101) contain, hold (en capacité) || include (comprendre)

|| admit (avoir la place pour) || TH., AUT. seat || FIG. control, hold back (colère); repress, suppress (émotion, sentiment); check (maîtriser); stem (endiguer) — *vpr* ***se ~,*** control oneself.

conten|t, e [kɔ̃tɑ̃, ɑ̃t] *adj* pleased, content, satisfied (*de,* with); glad (*de,* of/about); *je suis ~ de vous voir,* I am glad to see you; *~ de soi,* selfsatisfied; *être ~ de soi,* fancy oneself ● *m avoir son ~ de,* have one's fill of || **~tement** [-tmɑ̃] *m* contentment, content, satisfaction || **~ter** [-te] *vt* (1) please, gratify, satisfy — *vpr* ***se ~ de (faire) qqch.,*** content oneself with (doing) sth.; *se ~ de qqch.,* make sth. do, make do with sth.; *il se contenta de sourire,* he merely smiled.

contentieux [kɔ̃tɑ̃sjø] *m* contentious matters; *service du ~,* claims department.

contenu [kɔ̃tny] *m* contents.

conter [kɔ̃te] *vt* (1) tell, relate.

contest|able [kɔ̃tɛstabl] *adj* questionable, debatable || **~ation** *f* contest, dispute; *sans ~,* beyond all question || **~e** *m sans ~,* undisputably || **~é, e** *adj* at issue || **~er** *vt* (1) contest; dispute, challenge; protest.

conteur [kɔ̃tœr] *m* story-teller.

contexte [kɔ̃tɛkst] *m* context.

contig|u, uë [kɔ̃tigy] *adj* adjacent, contiguous, next (*à,* to) || **~uïté,** [-ɥite] *f* contiguity.

contin|ence [kɔ̃tinɑ̃s] *f* continence || **~ent, ente** I *adj* continent.

continen|t II [kɔ̃tinɑ̃] *m* GÉOGR. continent || **~tal, e, aux** [-tal, o] *adj* continental.

contingent [kɔ̃tɛ̃ʒɑ̃] *m* MIL. contingent, U.S. draft.

contin|u, e [kɔ̃tiny] *adj* continuous, unbroken || ÉLECTR. *courant ~,* direct current || **~uation** [-ɥasjɔ̃] *f* continuation || **~uel, elle** [-ɥɛl] *adj* continual, incessant || **~uellement** *adv* continually, endlessly || **~uer** [-ɥe] *vt* (1) go on, continue; carry on, keep on; keep on with — *vi* continue, keep on, go on; *~ à travailler,* work on — *vpr* ***se ~,*** continue || **~uité** [-ɥite] *f* continuity.

contorsion [kɔ̃tɔrsjɔ̃] *f* contortion.

contour [kɔ̃tur] *m* outline (silhouette); contour (limite) || **~ner** [-ne] *vt* (1) go round, bypass.

contracep|tif, ive [kɔ̃traseptif, iv] *adj/m* contraceptive || **~tion** *f* contraception.

contract|er I [kɔ̃trakte] *vt* (1) enter into (un engagement); contract (un mariage); incur (une obligation) || FIN. contract (une dette) || JUR. take out (une police d'assurance); take (un bail) || MÉD. contract, develop (une maladie) || FIG. contract (une habitude) || **~uel, elle** [-ɥɛl] *adj* contractual ● *n* AUT. traffic warden ● *f* metermaid.

contrac|ter II *vt* (1) [réduire] contract, constrict || screw up (ses traits) — *vpr* ***se ~,*** [métal] contract || [traits] contract, twitch, shrink || **~tion** *f* contraction.

contradic|teur, trice [kɔ̃tradiktœr, tris] *n* objector || **~tion** *f* contradiction (opposition); *esprit de ~,* contrariness || discrepancy, inconsistency (discordance); *en ~,* inconsistent, at variance (*avec,* with) || **~toire** [-twar] *adj* contradictory, inconsistent.

contr|aignant, e [kɔ̃trɛɲɑ̃, ɑ̃t] *adj* compulsive, binding || **~aindre** [-ɛ̃dr] *vt* (59) compel, force (*à,* to) || curb, constrain (ses sentiments); obligate (*à,* to) [légalement]; coerce (*à,* into) [par la force] || **~aint, e** [-ɛ̃, ɛ̃t] *adj* constrained; forced (sourire) ● *f* constraint, compulsion; stress; coercion; *sous la ~,* under pressure; *sans ~,* without restraint.

contraire [kɔ̃trɛr] *adj* contrary, opposed, reverse, counter (*à*, to); opposite; *en sens* ~, in the opposite direction; *sauf avis* ~, unless you hear to the contrary; *jusqu'à preuve du* ~, until we get proof to the contrary || adverse (hostile); harmful (nuisible); [aliment, climat] *être* ~ *à*, disagree with ● *m* contrary; ***au*** ~, on the contrary; *au* ~ *de*, unlike ||~**ment** *adv* contrarily, contrary, counter (*à*, to).

contrari|ant, e [kɔ̃trarjɑ̃, ɑ̃t] *adj* trying, vexatious; annoying (fâcheux); provoking, perverse, contrary (personne); cussed (fam.) [têtu] || ~**é, e** *adj* annoyed, vexed; disappointed (déçu); disgruntled (maussade) || ~**er** *vt* (1) annoy, vex, provoke; displease (mécontenter); *ne pas* ~, humour || cross, go against, oppose (s'opposer à); thwart, balk (les plans de qqn) || interfere with, hinder (empêcher) || ~**été** [-ete] *f* annoyance, vexation, chagrin.

contrast|e [kɔ̃trast] *m* contrast || ~**er** *vi* (1) contrast.

contrat [kɔ̃tra] *m* contract, agreement, compact; *passer un* ~, contract || JUR. deed; ~ *de mariage*, marriage settlement.

contravention [kɔ̃travɑ̃sjɔ̃] *f* AUT. fine; [stationnement] parking-ticket; *attraper une* ~, get a ticket (fam.).

contre [kɔ̃tr] *prép* [contraste, opposition, choc] against; ~ *le mur*, against the wall; *fâché* ~, angry at; *abri* ~ *la pluie*, shelter from the rain; ~ *toute attente*, contrary to all expectations || [échange] in exchange for || JUR., SP. versus; *parier dix* ~ *un*, bet ten to one ● *adv* ***par*** ~, on the other hand, contrariwise ● *m* ***le pour et le*** ~, the pros and cons.

contre|-amiral, aux [kɔ̃tramiral, o] *m* rear-admiral || ~**-attaque** *f* counter-attack || ~**-attaquer** *vt* (1) counter-attack || ~**balancer** *vt* (1) counter-balance, counteract.

contreband|e [kɔ̃trəbɑ̃d] *f* smuggling; *faire de la* ~, smuggle; ~ *d'armes*, gun-running || ~**ier, ière** *n* smuggler.

contre|bas [kɔ̃trəba] *m en* ~, lower down || ~**basse** *f* double-bass || ~**carrer** [-kare] *vt* (1) cross, disappoint, frustrate, interfere with, thwart || ~**cœur (à)** *loc adv* unwillingly, reluctantly, grudgingly || ~**coup** *m* FIG. after-effect, repercussion, backlash || ~**-courant** *m* counter-current; *à* ~, against the current || ~**danse** *f* FAM., AUT. fine; *avoir une* ~ *pour excès de vitesse*, be booked for speeding || ~**dire** *vt* (63) contradict, contravene || [négativement] gainsay — *vpr* ***se*** ~, contradict oneself — *v récipr* contradict each other || [choses] be at variance || ~**dit (sans)** *loc adv* without dispute, unquestionably || ~**-écrou** *m* locknut.

contrée [kɔ̃tre] *f* region, country.

contre|-espionnage [kɔ̃trɛspjɔnaʒ] *m* counter-espionage || ~**façon** [kɔ̃trəfasɔ̃] *f* counterfeit(ing), forgery || ~**faire** *vt* (50) forge (un document); disguise (son écriture); pirate (un livre); infringe (un objet breveté) || FIG. feign (feindre); mock, ape (imiter) || ~**fait, e** [-fɛ, ɛt] *adj* forged, counterfeit (faux) || deformed (personne) || FIG. feigned || ~**-fil (à)** *loc adv* across the grain || ~**fort** *m* ARCH. buttress || *Pl* GÉOGR. foothills || ~**-gouvernement** *m* shadow-cabinet || ~**-indiquer** *vt* (1) MÉD. contraindicate || ~**-interrogatoire** *m* cross-examination || ~**-jour** *m* half-light; *à* ~, against the light || ~**maître** *m* foreman, overseer || ~**marque** *f* countermark; check || ~**-offensive** *f* counter-offensive || ~**partie** *f* counterpart, duplicate, tally || ~**-pied** *m* SP. wrong foot || FIG. *prendre le* ~ *de*, take the opposite view of || ~**-plaqué** *m* plywood || ~**-plongée** *f* CIN. worm's eye view || ~**poids** *m* counterweight; *faire* ~

à, counterbalance || **~point** *m* counterpoint || **~poison** *m* counter-poison, antidote || **~-projet** *m* counterplan || **~-proposition** *f* counter-proposal.

contrer [kɔ̃tre] *vt* (1) SP. counter || [cartes] double.

contre|-révolution [kɔ̃trərevɔlysjɔ̃] *f* counter-revolution || **~sens** *m* mistranslation (d'un texte) || **~signer** *vt* (1) countersign || **~temps** *m* contretemps, hitch; setback (échec); mishap (accident) || MUS. syncopation; *à ~,* out of time, off the beat || FIG. ***à ~,*** inopportunely; by contraries || **~-torpilleur** *m* destroyer **~venir** *vt ind* (101), *~* ***à,*** contravene || **~vérité** *f* untruth.

contribu|able [kɔ̃tribɥabl] *m* taxpayer, ratepayer || **~er** *vi* (1) contribute, concur, co-operate, conduce (*à,* to) || have a share (participer) || *~ beaucoup à,* go far to(wards) || **~tion** *f* contribution (participation) || *Pl* rates (impôts).

contri|t, e [kɔ̃tri, it] *adj* contrite || **~tion** *f* contrition.

contrôl|e [kɔ̃trol] *m* checking, supervision (action); check point (lieu, bureau); *~* ***des naissances,*** birth-control, family planning || FIN. *~ des changes,* exchange-control || TECHN. *~* ***à distance,*** remote control || AV. ***tour de ~,*** control tower || FIG. control; *perdre le ~ de soi,* lose control of oneself || **~er** *vt* (1) check (up); supervise, examine; control (des comptes) || TH. check (les billets) || MÉD. monitor — *vpr* ***se ~,*** control oneself || **~eur, euse** *n* inspector || RAIL. ticket-inspector/-collector; [bus] conductor || AV. *~* ***de la navigation aérienne,*** air traffic controller || TH. check-taker.

contrordre [kɔ̃trɔrdr] *m* counter-order; *sauf ~,* unless you hear to the contrary.

controverse [kɔ̃trɔvɛrs] *f* controversy, contention.

contumace [kɔ̃tymas] *f* JUR. *par ~,* in his/her absence.

contusi|on [kɔ̃tyzjɔ̃] *f* contusion, bruise || **~onner** [-ɔne] *vt* (1) contuse, bruise.

conurbation [kɔnyrbasjɔ̃] *f* conurbation.

conv|aincant, e [kɔ̃vɛ̃kɑ̃, ɑ̃t] *adj* convincing, forceful, cogent (argument); persuasive (personne) || **~aincre** [-ɛ̃kr] *vt* (102) convince, persuade (persuader); satisfy (*que,* that); convict (*de,* of) [qqn de sa faute, etc.]; *réussir à ~ qqn de faire/ne pas faire qqch.,* argue sb. into/out of doing sth. || **~aincu, e** [-ɛ̃ky] *adj* convinced, earnest, positive.

convalesc|ence [kɔ̃valɛsɑ̃s] *f* convalescence; *être en ~,* convalesce || **~ent, e** *adj/n* convalescent.

convection [kɔ̃vɛksjɔ̃] *f* convection.

convenable [kɔ̃vnabl] *adj* decent (bienséant); seemly, proper, fit (approprié); correct, becoming (attitude); suitable, convenient (moment) || **~ment** *adv* decently; properly, adequately; suitably.

conven|ance [kɔ̃vnɑ̃s] *f* conformity (accord) || convenience, expediency, fitness (commodité), propriety, form || *Pl* proprieties, conventions || **~ir** *vt* (101) *~* ***que,*** agree that; admit that (reconnaître) — *vt ind ~* ***à,*** suit, agree with; [date, etc.] suit, be convenient (for); *c'est exactement ce qui me convient,* that's just my cup of tea (fam.); ***ne pas ~,*** [aliment, climat] disagree with || *~* ***de,*** agree on (un prix); *~* ***de faire*** agree to do || [reconnaître] *~ d'avoir fait,* admit to doing — *v impers il convient de faire,* it is advisable to do; it is proper to do (convenable).

conventi|on [kɔ̃vɑ̃sjɔ̃] *f* agreement (accord) || convention, compact, contract (contrat) || covenant (clause) || convention (règle); *de* ~, conventional || **~onné, e** [-ɔne] *adj médecin* ~, panel doctor || **~onnel, elle** *adj* conventional; formal (style).

convenu, e [kɔ̃vny] *adj* agreed-on (date, heure, lieu); ***comme*** ~, as agreed.

converg|ent, e [kɔ̃vɛrʒɑ̃, ɑ̃t] *adj* concurrent || **~er** *vi* (7) converge; *faire* ~, focus (rayons).

convers|ation [kɔ̃vɛrsasjɔ̃] *f* conversation, talk; *engager la* ~ *avec qqn,* enter into conversation with sb.; *sujet de* ~, talking point; *prendre part à une* ~, join in a conversation; *entretenir la* ~, keep the ball rolling; *faire les frais de la* ~, do all the talking; *changer de* ~, change the subject || **~er** *vi* (1) converse, talk.

conver|sion [kɔ̃vɛrsjɔ̃] *f* conversion || **~ti, e** [-ti] *n* convert || **~tible** [-tibl] *adj* FIN. convertible || **~tir** *vt* (2) convert, bring over (*à,* to); transform, change (*en,* to) || REL. convert — *vpr* ***se*** ~, become converted; turn (*en,* into) || **~tissable** [-tisabl] *adj* convertible || **~tisseur** *m* converter || V. COUPLE III.

convexe [kɔ̃vɛks] *adj* convex.

conviction [kɔ̃viksjɔ̃] *f* conviction, earnestness; *avoir la* ~ *que,* be convinced that.

conv|ier [kɔ̃vje] *vt* (1) invite || **~ive** *n* guest.

convocation [kɔ̃vɔkasjɔ̃] *f* convocation.

convoi [kɔ̃vwa] *m* funeral procession || NAUT. convoy || RAIL. train.

convoit|er [kɔ̃vwate] *vt* (1) covet, envy || **~ise** *f* covetousness, lust.

convoquer [kɔ̃vɔke] *vt* (1) summon, convoke || MIL. call up.

convoyer [kɔ̃vwaje] *vt* (9 *a*) convoy.

convuls|er [kɔ̃vylse] *vt* (1) distort, convulse || **~if, ive** *adj* convulsive, spasmodic || **~ion** *f* convulsion.

coopér|atif, ive [koɔperatif, iv] *adj* co-operative ● *f* co-operative || **~ation** *f* co-operation, concurrence || **~er** *vi* (5) co-operate, pull together.

coopter [koɔpte] *vt* (1) co-opt.

coord|ination [koɔrdinasjɔ̃] *f* co-ordination || **~onner** [-ɔne] *vt* (1) co-ordinate.

copain [kɔpɛ̃] *m* FAM. pal, chum, crony, U.S. buddy.

copeau [kɔpo] *m* chip, shaving.

cop|ie [kɔpi] *f* copy, transcript; ~ *au net,* fair copy; ~ ***carbone,*** carbon copy || [école] paper (de candidat) || ARTS replica || **~ier** [-je] *vt* (1) copy (out) || ~ *au propre,* write out || [écolier] ~ *sur qqn,* crib off sb. || imitate (qqn) [imiter].

copieux, ieuse [kɔpjø, jøz] *adj* copious, plentiful || substantial (repas).

copilote [kɔpilɔt] *n* copilot, second pilot.

copine [kɔpin] *f* FAM. pal, (girl) chum.

copiste [kɔpist] *n* copyist.

copropriétaire [kɔprɔprjetɛr] *n* joint-owner, part-owner.

copuler [kɔpyle] *vt* (1) copulate.

coq [kɔk] *m* cock, rooster; ~ *de bruyère,* wood grouse || FIG. *être comme un* ~ *en pâte,* be in clover.

coque [kɔk] *f* shell; ~ *de noix,* nutshell || NAUT. hull.

coquelicot [kɔkliko] *m* poppy.

coqueluche [kɔklyʃ] *f* whooping-cough.

coquet, ette [kɔkɛ, ɛt] *adj* coquettish, flirtatious (aguichant) || clothes-conscious (qui a le goût de l'élégance) || trim, neat (jardin); charming (maison).

coquetier [kɔktje] *m* egg-cup.

coquette [kɔkɛt] *f* coquette, flirt ||**~rie** [-ri] *f* coquetry || love of dress (goût de la toilette).

coquill|age [kɔkijaʒ] *m* shell (coquille); shellfish (mollusque) || **~e** [kɔkij] *f* shell (de noix, d'œuf, de mollusque); *~ Saint-Jacques,* scallop || CULIN. *~ au gratin,* scallop-shell; *~s de beurre,* flakes of butter || TECHN. misprint.

coquin, e [kɔkɛ̃, in] *adj* mischievous ● naughty boy/girl ● *m* (vx) rogue, rascal.

cor I [kɔr] *m* MUS. horn (instrument); horn-player (musicien); *~ anglais,* cor anglais; *~ de chasse,* hunting horn; *~ d'harmonie,* French horn || FIG. *demander à ~ et à cri,* clamour for; *poursuivre à ~ et à cri,* pursue with hue and cry.

cor II *m* MÉD. corn.

corail, aux [kɔraj, o] *m* coral; *banc de ~,* coral reef.

corbeau [kɔrbo] *m* raven, crow.

corbeille [kɔrbɛj] *f* basket; *~ à papier,* waste(-paper)-basket; litterbin (publique).

corbillard [kɔrbijar] *m* hearse.

cord|age [kɔrdaʒ] *m* cordage, rope || NAUT. *Pl* rigging || **~e** *f* rope, cord, line; *~ à (étendre le) linge,* clothes-line; *~ à sauter,* skipping-rope || MUS. string; gut (de violon); *orchestre à ~s,* string-band; *les instruments à ~s,* the strings || MÉD. *~s vocales,* vocal cords || AUT. *prendre un virage à la ~,* cut a corner close || **~eau** [-o] *m* tracing-line || **~ée** *f* SP. rope, roped party || **~elette** [-əlɛt] *f* small rope.

cordial, e, aux [kɔrdjal, o] *adj* hearty, cordial; genial ● *m* MÉD. cordial, pick-me-up || **~ement** *adv* heartily; *~ à vous,* yours sincerely.

cord|on [kɔrdɔ̃] *m* cord, string; *~ de sonnette,* bell-pull || MIL. cordon (de police); *~ sanitaire,* sanitary cordon || CULIN. ***~-bleu,*** first-rate cook || **~onnet** [-ɔnɛ] *m* twist || **~onnier, ière** *n* shoemaker, cobbler.

Coré|e [kɔre] *f* Korea || **~en, enne** [-ɛ̃, ɛn] *n* Korean.

coréen, enne [kɔreɛ̃, ɛn] *adj* Korean.

coriace [kɔrjas] *adj* leathery (viande) || FIG. tough (personne).

coricide [kɔrisid] *m* MÉD. corn-plaster.

cormoran [kɔrmɔrɑ̃] *m* cormorant.

corne [kɔrn] *f* horn; *coup de ~,* butt; *blesser d'un coup de ~,* gore || horn (matière); *~ à chaussure,* shoehorn || [page] dog-ear; *faire une ~ à une page,* turn down the corner of a page || NAUT. *~ de brume,* foghorn || FIG. *~ d'abondance,* cornucopia.

corné, e *adj* dog-eared (page).

corned-beef [kɔrnɛdbif] *m* bully beef.

cornée [kɔrne] *f* cornea.

corneille [kɔrnɛj] *f* crow, rook.

cornemuse [kɔrnmyz] *f* bagpipes; *joueur de ~,* bagpiper.

corner [kɔrne] *vi* (1) AUT. hoot, honk — *vt ~ une page,* turn down the corner of a page.

cornet [kɔrnɛ] *m* CULIN. *~ de glace,* ice-cream cone || MUS. *~ à pistons,* cornet.

corniaud [kɔrnjo] *m* cur, mongrel.

corniche [kɔrniʃ] *f* ARCH. cornice || GÉOL. shelf (d'une colline) || AUT. cliff-road.

cornichon [kɔrniʃɔ̃] *m* BOT. gherkin || CULIN. pickled gherkins.

cornouaillais, e [kɔrnwajɛ, ɛz] *adj/n/m* Cornish (langue).

Cornouailles [kɔrnwaj] *f* Cornwall.

cornu, e [kɔrny] *adj* horned.

cornue [kɔrny] *f* retort.

corollaire [kɔrɔllɛr] *m* corollary.

corolle [kɔrɔl] *f* corolla.

corporation [kɔrpɔrasjɔ̃] *f* craft (corps de métier) || corporate body, corporation (personne morale) || HIST. guild.

corporel, elle [kɔrpɔrɛl] *adj* corporal, bodily (du corps).

corp|s [kɔr] *m* MÉD. body (vivant); corpse (mort) || PHYS., CH. body || MIL. corps; **~ à ~,** at close quarters; *combat ~ à ~,* hand-to-hand fighting || NAUT. *~ mort,* moorings; *perdu ~ et biens,* lost with all hands on board || JUR. body (de personnes); *séparation de ~,* judicial separation; *~ constitués,* public authorities || FIG. main part, body (de qqch.); *à ~ perdu,* desperately; *à son ~ défendant,* in self-defence; *prendre ~,* materialize || **~ulence** [-pylɑ̃s] *f* corpulence || **~ulent, e** [-pylɑ̃, ɑ̃t] *adj* stout, corpulent, burly, portly.

correc|t, e [kɔrɛkt] *adj* right (exact); proper (emploi) || **~tement** *adv* correctly || **~teur, trice** [-tœr, tris] || corrector; proof-reader (d'imprimerie) || **~tion** *f* correcting (action); correction, correctness (qualité) || amendment (amélioration) || (proof-)reading (d'épreuves) || thrashing, hiding (punition corporelle) || **~tionnel, elle** [-sjɔnɛl] *adj* JUR. *tribunal ~,* police court.

corréla|tif, ive [kɔrrelatif, iv] *adj* correlative || **~tion** *f* correlation; *être/mettre en ~,* correlate.

correspon|dance [kɔrɛspɔ̃dɑ̃s] *f* correspondence (entre les choses) || correspondence (lettres); *faire sa ~,* write some letters; *être en ~ avec qqn,* be writing to sb. || RAIL. connection, U.S. transfer; *assurer la ~,* connect (*avec,* with); *(billet de) ~,* transfer || **~dant, e** [-dɑ̃, ɑ̃t] *adj* corresponding (*à,* to, with) ● *m* [journalisme] correspondent || [école] pen-friend || **~dre** [-dr] *vi* (4) [pièces] communicate || [personnes] correspond (*avec,* with) || FIG. **~ à,** correspond to, agree/tally/square with.

corridor [kɔridɔr] *m* corridor.

corrig|é [kɔriʒe] *m* correct version/answer(s) || *Pl* [recueil] *~s des exercices,* key to the exercises || **~er** *vt* (7) correct (une faute, un devoir); mark (des copies); read (épreuve); rectify, right (une erreur) || chastise, chasten (une personne) || [reprendre qqn] take sb. up sharp — *vpr* **se ~,** mend one's ways; break oneself *(de,* of).

corroborer [kɔrɔbɔre] *vt* (1) corroborate, confirm.

corroder [kɔrɔde] *vt* (1) corrode, eat into.

corrom|pre [kɔrɔ̃pr] *vt* (90) corrupt, pervert, seduce (qqn) || bribe (avec de l'argent) || taint, spoil (nourriture) — *vpr* **se ~,** corrupt, taint || **~pu, e** [kɔrɔ̃py] *adj* corrupt, depraved, vicious (personne) || tainted (nourriture).

corrosif, ive [kɔrɔzif, iv] *adj/m* corrosive.

corrup|teur, trice [kɔryptœr, tris] *adj* corrupting ● *n* perverter (des mœurs); briber (d'un juge) || **~tion** *f* corruption, taint || bribery, U.S. graft (de fonctionnaire).

corsage [kɔrsaʒ] *m* bodice, corsage; blouse.

Corse [kɔrs] *f* [pays] Corsica ● *n* [habitant] Corsican.

corse *adj* Corsican.

cors|é, e [kɔrse] *adj* spicy, strong (sauce); full-bodied (vin) || FIG. spicy (histoire) || **~er** *vt* (1) spice (une sauce); lace, stiffen (boisson) || FIG. spice (up).

corset [kɔrsɛ] *m* corset.

cortège [kɔrtɛʒ] *m* procession,

train, retinue; pageant (historique).

corvée [kɔrve] *f* drudgery, chore, fag, bore, grind; slog || MIL. fatigue (travail) || MIL. fatigue-party (équipe); *de ~,* on fatigue.

cosmétique [kɔsmetik] *adj/m* cosmetic.

cosm|ique [kɔsmik] *adj* cosmic || **~onaute** [-ɔnot] *n* cosmonaut, spaceman || **~opolite** [-ɔpɔlit] *adj* cosmopolitan.

cosse [kɔs] *f* pod, hull, husk, shell (de légumes).

cossu, e [kɔsy] *adj* well-to-do, well-off, moneyed.

costaud, e [kɔsto, od] *adj* FAM. hefty, U.S. husky.

costum|e [kɔstym] *m* costume, dress, suit; *~ de bain,* bathing costume; *~ deux pièces,* two-piece suit || **~é, e** *adj* dressed up; *bal ~,* fancy-dress ball || **~er** *vt* (1) costume, dress — *vpr* ***se ~,*** dress up (*en,* as).

cote [kɔt] *f* mark, number, reference (d'un livre, etc.) || GÉOGR. altitude; *~ 720,* hill 720 || SP. [courses] odds || FIN. quotation, course || FIG. *avoir la ~,* be highly thought of.

côte I [kot] *f* [animal, homme] rib; *~ à ~,* side by side || CULIN. [bœuf] rib; [porc] chop; [veau] cutlet].

côte II *f* hill (pente).

côte III *f* GÉOGR. coast, shore; *la Côte d'Azur,* the Riviera.

côté [kote] *m* [partie] side; *de ce ~-ci,* on this side; *de l'autre ~,* on the other side, across; *de l'autre ~ de la rue,* over the street; [proximité] ***à ~ (de),*** near; *la maison d'à ~,* the house next door || [circulation] *~ gauche,* G.B. near side, FR. off side || [direction] way; *de quel ~ allez-vous ?,* which way are you going ?; *de ce ~,* this way; *de tous ~s,* in all directions, on/from all sides; ***du ~ de,*** towards || ***de ~,*** sideways (démarche); sidelong (regard) || ***laisser de ~,*** leave out; ***mettre de ~,*** lay aside/by/up, set apart; put by (de l'argent) || MATH. side || FIG. side (aspect); ***à ~ de,*** beside, compared with; *d'un ~, d'un autre ~,* on the one hand, on the other (hand).

coteau [kɔto] *m* hill, hillock; *à flanc de ~,* on the hill-side.

Côte-d'Ivoire *f* Ivory Coast.

côtelette [kɔtlɛt] *f* chop (de mouton, porc); cutlet (de veau).

coter [kɔte] *vt* (1) mark (un devoir, un livre) || FIN. quote, assess.

côtier, ière [kotje, jɛr] *adj* coasting (navigation); coastal (défense); inshore (pêche).

cotis|ation [kɔtizasjɔ̃] *f* subscription (à une société); fees (à un club, un syndicat); contribution, share (à une dépense commune); *verser une ~,* subscribe (*à,* to). || **~er** [-e] *vi* (1) subscribe — *vpr* ***se ~,*** club together; contribute (*à,* to).

coton [kɔtɔ̃] *m* cotton; *~ hydrophile,* absorbent cotton, cotton-wool.

côtoyer [kotwaje] *vt* (9 *a*) skirt (une forêt); walk alongside (une rivière) || NAUT. coast, sail along the coast || FIG. consort with.

cotre [kɔtr] *m* cutter.

cou [ku] *m* neck; *se casser le ~,* break one's neck; *avoir du travail jusqu'au ~,* be up to the eyes/ears in work; *prendre ses jambes à son ~,* take to one's heels.

couar|d, e [kwar, ard] *adj* cowardly ● *n* coward || **~dise** [-diz] *f* cowardice.

couch|age [kuʃaʒ] *m sac de ~,* sleeping-bag || **~ant, e** *adj* setting (soleil); *chien ~,* setter ● *m* sunset (coucher du soleil) || west (occident).

couche I [kuʃ] *f* bed, couch || coat(ing) [de peinture] || Géogr. layer, stratum.

couche II *f* napkin, U.S. diaper (de bébé).

couch|é, e [kuʃe] *adj* lying (étendu); in bed (au lit); ~ *sur le ventre,* prone ● *interj* [à un chien] ~*!,* down! || **~er** *vt* (1) lay (down) || put to bed (mettre au lit) || Fig. ~ *par écrit,* inscribe, write down — *vi* spend the night; sleep (*avec,* with) || [domestiques] ~ *chez ses patrons,* live in || Fam. ~ *sur la dure,* rough it — *vpr* **se ~,** lie down (s'étendre); *aller se ~,* go to bed; turn in (fam.); *l'heure de se ~,* bedtime; *se ~ tôt,* keep good hours; *se ~ tard,* keep late hours, keep up; *ne pas se ~,* sit up, stay up || Astr. set, go down ● *m* going to bed || Astr. setting.

couches *fpl* Méd. lying-in; confinement (de l'accouchée); childbirth (naissance); *être en ~,* be confined; *femme en ~,* woman in labour.

couchette *f* Rail. berth, couchette || Naut. bunk.

couci-couça [kusikusa] *adv* so-so.

coucou [kuku] *m* Zool. cuckoo || [horloge] cuckoo-clock || Bot. cowslip.

coud|e [kud] *m* elbow; ~ *à* ~, side by side; *coup de ~,* nudge; *pousser du ~,* nudge; *jouer des ~s,* elbow one's way, jostle || turn, bend (de rivière, d'une route) || **~é, e** *adj* cranked, bent || **~ée** *f* Fig. *avoir les ~s franches,* have elbow-room.

cou-de-pied [kudpje] *m* instep.

couder [kude] *vt* (1) crank, bend.

coudoyer [kudwaje] *vt* (9 *a*) mix with; rub shoulders with (fam.).

coudre [kudr] *vt* (31) sew || sew on (un bouton); sew up (un ourlet); stitch (du cuir).

couenne [kwan] *f* (pork-)rind.

couette [kwɛt] *f* continental quilt (édredon).

coul|age [kulaʒ] *m* Fig., fam. waste, leakage || **~ant, e** *adj* flowing || Fig. fluent (style); easy (personne) || **~ée** *f* outflow (de lave); casting (de métal) || **~er** I *vi* (1) [liquide] run, flow; ~ *goutte à goutte,* trickle; leak (fuir) || ***faire ~ un bain,*** run a bath || [rivière] flow || [larmes] course (down) || Méd. [nez] run; [sang] flow || Fig. [temps] glide by — *vt* Techn. cast || Aut. ~ ***une bielle,*** run a big end — *vpr* **se ~,** creep, slip (*dans,* into).

couler II *vi* (1) Naut. [bateau] sink || Sp. [nageur] go under; ~ *à pic,* sink and drown.

couleur [kulœr] *f* colour, tint; *en ~,* colour; *de ~,* coloured; *combinaison de ~s,* colour'-scheme; *gens de ~,* coloured people || paint (produit); ***~s à l'huile,*** oil-colours; *marchand de ~s,* chandler || complexion (teint) || [cartes] suit; *jouer dans la ~,* follow suit || Cin. *film en ~s,* colour film || Mil. colours; *présenter les ~s,* troop the colours || Fig. *sous ~ de,* under colour of, under the pretence of.

couleuvre [kulœvr] *f* grass-snake || Fig. *avaler des ~s,* eat dirt.

couliss|e [kulis] *f* slide (glissière); *porte à ~,* sliding door || Th. wings; *dans les ~s,* offstage; Fig. behind the scenes || **~er** *vi* (1) slide.

couloir [kulwar] *m* corridor, passage || [autobus] gangway; ~ *(central),* aisle.

coup [ku] *m* [choc] knock || [agression] blow; smash (violent); *porter un ~ à qqn,* deal sb. a blow; *en venir aux ~s,* come to blows; *sans ~ férir,* without striking a blow || [choc avec une partie du corps] peck (de bec); gore (de corne); nudge (de coude); bite (de dent); scratch (de griffe); kick (de pied); cuff, punch, buffet (de poing); butt (de tête) || [choc avec un instrument] whack (de bâton); cut (de couteau); thrust (d'épée); lash (de fouet); chop (de hache); stroke (de marteau); prod, poke (de pointe); hit (d'un projectile); *donner des ~s de bâton,* cudgel || [résultat] bruise (contusion); *couvert de ~s,* covered with bruises || [éléments] ~ ***de soleil,*** sunburn; ~ ***de vent,*** gust of wind, gale || [bruit] knock (à la porte); tap, rap (sec); *donner un ~ sec,* rap; ~ ***de feu,*** shot; gunshot (de fusil); peal (de cloche); crack (de fouet); stroke (d'horloge); whistle (de sifflet); ring (de sonnette); thunderclap (de tonnerre) || [mouvement] pull (en tirant); wrench (pour arracher); ~ *de pinceau,* stroke of a brush; *donner un ~ de balai/brosse/chiffon/fer à qqch,* give sth. a sweep/brush/wipe/press || [dames, échecs] move; [dés] throw || SP. stroke; [boxe] ~ *bas,* foul, punch below the belt; [tennis] ~ ***droit,*** drive; [football] ~ ***d'envoi,*** kick-off; *donner le ~ d'envoi,* kick off; ~ *franc,* free kick; [pêche] ~ *de filet,* haul || MIL. ~ *au but,* hit; ~ *manqué,* miss; ~ *de main,* surprise attack || NAUT. ~ *de roulis,* lurch, roll || TÉL. call; ***donner un ~ de téléphone à qqn,*** ring/call up sb.; *passer un ~ de fil à qqn,* give sb. a call || JUR. ~ *d'État,* coup d'état || FIG. blow (moral); *un ~ de chance,* a stroke of luck || FIG. ~ ***d'œil,*** glance, glimpse; *d'un ~ d'œil,* at a glance; *jeter un ~ d'œil à,* glance at; cast a glance at; ~ *de foudre,* love at first sight; *donner un ~ de main,* lend a hand; ~ *de patte,* dig; ~ *monté,* put-up job; frame-up (arg.); *sale ~,* mean trick; ~ *de théâtre,* sensational development || FAM. *boire un ~,* have a drink; *boire à petits ~s,* sip || FAM. *ça m'a donné un ~,* it gave me a turn || LOC. ***à ~s de,*** with the help of; *à ~ sûr,* surely; *après ~,* after it's over; *tué sur le ~,* killed outright; ***tout à ~,*** all of a sudden; *d'un seul ~,* at one go; *tenir le ~,* hold out; FAM. ***en mettre un ~,*** pull out all the stops.

coupable [kupabl] *adj* guilty (personne); *non ~,* not guilty; *plaider ~,* plead guilty; *déclarer ~,* convict; *reconnu ~,* found guilty || sinful (action) ● *n* culprit, offender.

coupant, e [kupɑ̃, ɑ̃t] *adj* cutting (lame) || cutting, nippy (vent).

coupe I [kup] *f* cup, beaker (à boire); bowl (à fruits) || SP. cup.

coupe II *f* cutting (action); ~ *de cheveux,* haircut; ~ *au rasoir,* razor-cut || [vêtement] cut || [cartes] cut(ting) || ARCH. section || FIG. *être sous la ~ de qqn,* be under sb.'s thumb.

coupé, e [kupe] *adj* ÉLECTR., TÉL. cut off ● *m* AUT. coupé.

coupe|-circuit [kupsirkɥi] *m inv* circuit-breaker || **~-file** *m inv* police pass || **~-gorge** *m inv* den, death-trap || **~-papier** *m inv* paper-knife.

coup|er [kupe] *vt* (1) cut || clip (les ailes) || cut down (un arbre); chop (du bois); cut up (en morceaux); slice (en tranches); split (en deux); cut off (la tête) || cut out (un habit) || cut, crop (les cheveux); *se faire ~ les cheveux,* get/have a haircut || pare (les ongles) || [cartes] cut (un jeu de cartes); trump (avec de l'atout) || TECHN. turn off (l'eau, le gaz); shut off (les gaz, la vapeur) || ÉLECTR. switch off (le courant) || TÉL. cut/ring off || MIL. cut off (la retraite) || MÉD. bring down (la fièvre) || SP. cut (une balle) || FIG. cut (une route); [vent] bite || FIG. ~ *d'eau,* water down, dilute (du vin); ~ *les cheveux en quatre,* split hairs — *vi* cut; ~ *à travers champs,* cut across (the fields); ~ *au plus court,* take a short cut || FIG. ~ *court à,* cut short || FAM. ~ *à,* dodge; *nous n'y coupons pas,* we are in for it — *vpr* ***se ~,***

cut oneself; *se ~ le doigt,* cut one's finger; *se ~ les ongles,* cut one's nails || [lignes] intersect, cross || FAM. contradict oneself || **~eret** [kuprɛ] *m* CULIN. chopper, cleaver || **~erosé, e** [-roze] *adj* blotchy || **~eur, euse** *n* cutter (tailleur).

couple I [kupl] *f* couple, brace (paire).

coupl|e II *m* [animaux] pair || [personnes] couple, pair; *~ marié,* married couple || **~er** *vt* (1) couple.

couple III *m* PHYS. *~ (moteur),* torque || AUT. *convertisseur de ~,* torque converter.

couplet [kuplɛ] *m* verse.

coupole [kupɔl] *f* cupola, dome.

coup|on [kupɔ̃] *m* remnant (de tissu) || coupon, ticket; *~-réponse international,* international reply coupon || FIN. coupon || **~ure** [-yr] *f* cut || TH. cut (dans le texte) || *~ de presse,* press-cutting/-clipping; *album de ~s de presse,* scrap-book || ÉLECTR. *~ de courant,* power cut || FIN. small banknote.

cour I [kur] *f* yard, courtyard; *~ de récréation,* playground; quadrangle (de collège).

cour II *f* court (d'un souverain) || courtship; *faire la ~ à,* court, woo, make love to.

cour III *f* JUR. *~ de justice,* law court; *~ d'appel,* court of appeal; *~ martiale,* court-martial.

courag|e [kuraʒ] *m* courage || heart (cœur); grit (cran); spirit fortitude (force d'âme); *prendre/perdre ~,* take/loose heart; *reprendre ~,* buck up, cheer up || **~eusement** [-øzmɑ̃] *adv* courageously || **~eux, euse** *adj* courageous, brave, valiant, plucky, game; *se montrer ~,* bear up || hard-working (au travail).

cour|amment [kuramɑ̃] *adv* [parler] fluently; [lire] easily || currently, commonly, usually (habituellement) || **~ant, e** [kurɑ̃, ɑ̃t] *adj* running (eau) || *le 10 ~,* the 10th instant || usual (expression); *mot d'usage ~,* household word || current, common (opinion) || run-of-the-mill (banal, ordinaire) || everyday (vie); *les affaires ~es,* routine work || average, ordinary (ordinaire); standard (marque, taille) || FIN. current (compte, monnaie) ● *loc adv en ~,* hurriedly, in a hurry.

courant *m* stream, current, race (d'eau) || *~* ***d'air,*** draught, U.S. draft || ÉLECTR. current; *~ alternatif,* alternating current; *~ continu,* direct current || RAD. *tous ~s,* all-mains || FIG. ***(très) au ~,*** knowledgeable; conversant (*de,* with); ***être au ~ de,*** know about, be well-informed; *mettre qqn au ~,* tell sb. about, bring sb. up to date, put sb. in the picture, prime sb.; ***tenir qqn au ~ de,*** keep sb. informed of; *se tenir au ~,* keep oneself up to date; keep abreast (*de,* of) || *dans le ~ de l'année,* in the course of the year || FIG. wave, tide (de l'opinion); inflow (d'immigration).

courbat|u, e [kurbaty] *adj tout ~,* aching all over || **~ure** *f* ache, stiffness.

courb|e [kurb] *adj* curved ● *f* curve || sweep (de la route); bend (de la rivière) || MATH. graph (graphique); *~ de niveau,* contour line || **~é, e** *adj* bent, curved; bent, bowed (dos); *~ en deux,* bent double || **~er** *vt* (1) bend, curve (qqch.); bow (le dos, la tête) — *vpr* ***se ~,*** bend (down), stoop || [politesse] bow || **~ette** *f* bow || **~ure** *f* bend, curve.

coureur, euse [kurœr, øz] *n* SP. runner, racer; *~ de fond,* stayer, long-distance runner || FIG. womanizer, wolf.

courgette [kurʒɛt] *f* courgette, U.S. zucchini.

courir [kurir] *vi* (32) run || scurry

(à pas précipités) || scamper (allègrement) || ~ ***après,*** run/go after; [animal] chase || SP. run, race; *faire* ~, race (un cheval) || FIG. [bruit] circulate; *le bruit court que,* there is a rumour that; *faire* ~ *un bruit,* spread a rumour; *par les temps qui courent,* as things are — *vt* hunt (le renard); rove (les bois); run after (les femmes); ~ *les bistrots,* go pub-crawling; ~ *le monde,* knock about || FIG. run (un risque); ~ *sa chance,* take one's chance.

couronn|e [kurɔn] *f* crown (de roi); coronet (de duc, de comte) || wreath (de fleurs) || **~ement** *m* coronation || ARCH. coping-stone || **~er** *vt* (1) crown (un roi); wreathe (de fleurs, with flowers) || FIG. award a prize to, crown || FIG. top off (repas); *pour* ~ *le tout,* to top/cap it all.

courre [kur] *vt chasse à* ~, hunting.

courrier [kurje] *m* mail, post, letters; *faire son* ~, write one's letters; *par retour du* ~, by return of post; *le* ~ *est-il arrivé?,* has the post come? || messenger, courier (personne) || [journalisme] news; ~ *mondain,* gossip/social column || NAUT. *long* ~, ocean-going ship.

courroie [kurwa] *f* strap; sling (pour transporter); thong (lanière) || AUT. ~ ***de ventilateur,*** fan belt.

courr|oucé, e [kuruse] *adj* irate || **~oucer** [-use] *vt* (6) anger, provoke, incense || **~oux** [-u] *m* wrath, ire.

cours I [kur] *m* course, flow (d'un fleuve); ~ *d'eau,* stream || ASTR. course (d'un astre) || NAUT. *voyage au long* ~, ocean voyage || FIG. course, progress (développement); tide (du temps); tenor (des événements); *suivre son* ~, run/take one's course; ***au* ~ *de,*** in the course of; *au* ~ *des années,* over the years; ***en* ~,** in progress, under way; ***en* ~ *de,*** in the process of; *avoir* ~, be current; *n'avoir plus* ~, be out of use; *donner libre* ~ *à,* give vent to (sa colère), air (ses sentiments), let loose (son indignation).

cours II *m* FIN. circulation, currency (de l'argent); current price (de la rente); ~ *du change,* rate of exchange; ~ *légal,* legal tender; *avoir* ~, be legal tender, pass; *qui n'a plus* ~, out of circulation.

cours III *m* class; tuition (enseignement); lecture (conférence); course (série de leçons); lesson, period (leçon); ~ *d'histoire,* history period; ~ *du soir,* night-school; ~ *de vacances,* summer-school; *donner des* ~, teach courses; *faire un* ~, lecture (*sur,* on); ***suivre un* ~,** attend a class || ~ ***intensif,*** crash course.

cours|e [kurs] *f* run, race; *au pas de* ~, at the double; *prendre le pas de* ~, break into a run; ~ *précipitée,* rush || distance (trajet); journey (de taxi) || errand (commission); ***faire une* ~,** run an errand; *faire des* ~*s,* go on/run errands, go shopping; *faire les* ~*s,* do the shopping; *garçon de* ~*s,* errand-boy || SP. running; ~ *d'autos, de chevaux, de haies, contre la montre, à pied, de relais, de vitesse,* motor-race, horse-race, hurdle-race, race against time, foot-race, relay, sprint; *voiture* de ~, racing car || *cheval de* ~, race-horse; *Pl* racing; race-meeting; *champ de* ~*s,* race-course || TECHN. stroke (du piston) || FIG. lapse (du temps) || **~ier** *m* messenger.

coursive [kursiv] *f* NAUT. catwalk, alleyway.

court, e [kur, kurt] *adj* short || limited (insuffisant) ● *adv* short; *couper* ~ *à qqch.,* cut sth. short; *rester* ~, stop short; dry up (fam.); ***être à* ~ *de,*** be short of; *à* ~ *d'argent,* hard up; *à* ~ *de personnel,* short-handed; ***prendre au plus* ~,** take a short cut ● *loc adv de* ~, short.

court *m* SP. court (de tennis).

courtage [kurtaʒ] *m* brokerage.

courtaud, e [kurto, od] *adj* dumpy, stocky.

court-circuit [kursirkɥi] *m* short circuit.

courtier, ière [kurtje, jɛr] *n* FIN. broker, jobber.

courtis|an [kurtizɑ̃] *m* courtier || **~ane** [-an] *f* courtesan || **~er** *vt* (1) court, woo.

courtoi|s, e [kurtwa, az] *adj* courteous, civil, urbane || **~sie** [-zi] *f* courtesy, civility, politeness; *manque de ~,* discourtesy.

couru, e [kury] V. COURIR ● *adj* popular (spectacle) || FIN. accrued (intérêts).

cousin, e [kuzɛ̃, in] *n* cousin; (female) cousin || V. GERMAIN.

couss|in [kusɛ̃] *m* cushion || **~inet** [-inɛ] *m* TECHN. bearing.

cousu, e [kuzy] *adj* sewn, sewed || FIG. *~ d'or,* wallowing in wealth; *bouche ~e!,* mum's the word! || ***~ main,*** hand-sewn.

coû|t [ku] *m* cost; *~ de la vie,* cost of living || **~tant** [-tɑ̃] *adj au prix ~,* at cost price.

cout|eau [kuto] *m* knife; *~ à cran d'arrêt,* flick knife; *~ de cuisine,* kitchen knife; *~ à découper,* carving knife; *~ à pain,* bread knife; *~ de poche,* pocket knife; *~ de table,* table knife || FIG. *être à ~x tirés,* be at daggers drawn (*avec,* with) || **~elier, ère** [-əlje, ɛr] *n* cutler || **~ellerie** [-ɛlri] *f* cutlery (shop).

coût|er [kute] *vi* (1) cost; *cela coûte cher,* it is expensive — *v impers* FIG. *il m'en coûte de,* it grieves/irks me to — *vt* cost (de l'argent); set back (arg.) || FIG. *~ la vie à qqn,* cost sb.'s life; ***coûte que coûte,*** at any cost || **~eux, euse** *adj* costly, expensive; *peu ~,* inexpensive.

coutil [kuti] *m* jean, denim; drill.

coutum|e [kutym] *f* custom, use, habit (des gens); usage, custom (d'un pays); *avoir ~ de,* be wont to, be in the habit of; *comme de ~,* as usual || **~ier, ière** *adj* customary, usual; *être ~ du fait,* be an old hand at the trick || JUR. common (droit).

coutur|e [kutyr] *f* sewing (action); seam (résultat); needlework (travaux); *sans ~,* seamless (bas); *faire de la ~,* sew || dressmaking (métier) || **~ier** *m* couturier; *grand ~,* fashion designer || **~ière** *f* dressmaker; seamstress || TH. dress rehearsal.

couvée [kuve] *f* brood, hitch (de poussins).

couvent [kuvɑ̃] *m* convent.

couver [kuve] *vt* (1) sit on, hatch; incubate (des œufs) — *vi* [poule] brood, sit; [feu] smoulder.

couvercle [kuvɛrkl] *m* lid, cover (de pot); top (de boîte).

couvert [kuvɛr] *m* [table] cover; place setting; ***mettre le ~,*** lay the cloth; *mettre deux ~s,* set the table for two || [ustensiles] cutlery; *~s à salade,* salad servers || [restaurant] cover charge (prix) || *le gîte et le ~,* board and lodging.

couvert, e *adj* covered (*de,* with) || with one's hat on (tête) || roofed (maison) || covert (abrité) || cloudy, overcast (ciel) || FIG. *à mots ~s,* covertly ● *m* covert (fourré) || MIL. cover, shelter (abri); *se mettre à ~,* take cover || FIG. cloak; ***sous ~ de,*** under cover of.

couverture I [-tyr] *f* cover(ing); blanket (de laine); *~ chauffante,* electric blanket; *~ de voyage,* rug || wrapper (de livre) || FIN. cover.

couverture II *f* [Press], RAD., T.V. coverage.

couveuse [kuvøz] *f* incubator (appareil).

couvre|-feu [kuvrəfø] *m* curfew

|| **~-lit** *m* bed-cover/-spread, counterpane || **~-livre** *m* dust-jacket || **~-pied(s)** *m* quilt || **~-théière** *m* tea-cosy.

couvr|eur [kuvrœr] *m* roofer || **~ir** I *vt* (72) cover (*de/avec*, with) || smother (un feu) || ARCH. roof; slate (d'ardoises); tile (de tuiles) || MIL. cover || SP. run, do (une distance) || COMM. defray, cover (les dépenses) || FIG. drown (un son); screen (ses subordonnés) — *vpr* ***se ~,*** cover oneself || put one's hat on (se coiffer); clothe oneself warmly (s'habiller chaudement); *couvrez-vous bien,* wrap yourself up || [ciel] cloud over || SP. guard oneself || FIG. hedge (au jeu).

couvrir II *vt* (72) [Press], RAD. T.V. cover.

cow-boy [kobɔi] *m* cow-boy, U.S. wrangler.

crabe [krab] *m* crab.

crach|at [kraʃa] *m* spittle, spit || **~é, e** *adj* FAM. *c'est son père tout ~,* he is a chip of the old block || **~er** *vi/vt* (1) spit || **~oir** *m* spittoon, U.S. cuspidor || **~oter** [kraʃɔte] *vi* (1) sputter.

craie [krɛ] *f* chalk.

crain|dre [krɛ̃dr] *vt* (59) fear, dread, be afraid of || *je ne crains pas le froid,* I don't mind the cold || ~ ***de,*** be afraid of; ~ ***pour,*** be anxious about; ~ ***que,*** be afraid (that); fear (that) || **~te** [-t] *f* fear, dread; awe (respectueuse) || FAM. *soyez sans ~!,* have no fear! || *Pl* alarm ● *loc conj* ***de ~ que,*** for fear that, lest; *de ~ de,* for fear of || **~tif, ive** [-tif, iv] *adj* timid, fearful; apprehensive, shy.

crampe [krɑ̃p] *f* cramp.

cramp|on [krɑ̃pɔ̃] *m* clamp, cramp, staple; stud (de chaussure de football); crampon (à glace) || **~onner** [-ɔne] *vt* (1) TECHN. cramp, clamp — *vpr* ***se ~,*** cling, hold/hang on || FIG. cling, hold on.

cran [krɑ̃] *m* notch (entaille); hole (de ceinture); peg (degré) || TECHN. ~ ***d'arrêt/de sûreté,*** safety-catch || FAM. pluck, guts; ***avoir du ~,*** have guts, show grit; *être à ~,* be edgy/on edge.

crân|e [krɑn] *m* skull || **~er** *vi* (1) swagger, swank || **~eur, euse** *n* swank, swaggerer.

crapaud [krapo] *m* toad.

crapul|e [krapyl] *f* rogue, villain, blackguard (personne) || [collectif] riff-raff (racaille) || **~eux, euse** *adj* foul, filthy, villainous.

craqu|ant, e [krakɑ̃, ɑ̃t] *adj* crisp (neige) || **~eler** [-le] *vt* (8 *a*) crackle || **~elure** [-lyr] *f* crackle, crack || **~ement** *m* crack, creak; crackling (des feuilles sèches); crunch(ing) [de la neige] || **~er** *vi* (1) crack || [bois sec] crackle; [neige] crunch; [chaussures] creak; *faire ~,* crack (ses doigts) || FIG. crack up (s'effondrer) — *vt ~ une allumette,* strike a match.

crasse I [kras] *adj* crass (ignorance).

crass|e II *f* dirt, filth, grime, squalor || **~eux, euse** *adj* dirty, filthy, grimy || **~ier** *m* slag-heap, tip.

cratère [kratɛr] *m* crater.

cravach|e [kravaʃ] *f* riding-whip || **~er** *vt* (1) flog.

cravate [kravat] *f* necktie.

crawl [krol] *m* crawl; *nager le ~,* do the crawl.

crayeux, euse [krɛjø, øz] *adj* chalky.

crayon [krɛjɔ̃] *m* pencil; *au ~,* in pencil; *~ de couleur,* crayon; *~-feutre,* marker || **~ner** [-ɔne] *vt* (1) pencil.

créanc|e [kreɑ̃s] *f* credence, credit, belief; *donner ~,* give credit (*à*, to); *lettres de ~,* credentials (d'un ambassadeur) || **~ier, ière** *n* creditor; dun (importun).

créa|teur, trice [kreatœr, tris] *adj*

creative ● *n* creator || ~**tion** *f* creation, invention || TECHN. designing || ~**ture** [-tyr] *f* creature || PÉJ. tool.

crécelle [kresɛl] *f* rattle.

crèche [krɛʃ] *f* crèche, daynursery || REL. manger, crib.

crédi|t [kredi] *m* credit (*auprès de,* with); credence (confiance) || COMM. trust, credit; *à* ~, on credit; on tick, on the cuff (fam.); on the never-never (arg.); *faire* ~ *à qqn,* give sb. credit || FIN. credit; *réduction du* ~, credit squeeze; ~*s budgétaires,* supplies; ~ *municipal,* pawnshop || ~**ter** [-te] *vt* (1) credit || ~**teur, trice** *adj* creditor; in the black (compte); *compte/solde* ~, credit account/balance.

credo [kredo] *m inv* creed.

crédul|e [kredyl] *adj* credulous, gullible || ~**ité** f credulity.

créer [kree] *vt* (1) create || engender, originate || establish (une société); found (un hôpital) || TH. create (un rôle) || FIG. cause (des ennuis).

crémaillère [kremajɛr] *f* pothook; *pendre la* ~, have a housewarming || TECHN. rack || RAIL. *chemin de fer à* ~, rackrailway.

crème [krɛm] *f* cream; ~ *fouettée,* whipped cream; ~ *anglaise,* custard; ~ *(de beauté),* beauty cream; ~ *à chaussures,* shoepolish; ~ *hydratatante,* moisturizing cream; ~ *à raser,* shaving-cream || FIG. cream, pick.

crém|erie [kremri] *f* dairy, creamery || ~**eux, euse** *adj* creamy || ~**ier, ière** *n* dairyman, woman.

créneau [kreno] *m* AUT. parking space || RAD. slot || COMM. gap.

créole [kreɔl] *adj/n* creole.

crêpe I [krɛp] *m* crepe, crape (tissu) || crêpe rubber (pour semelles).

crêpe II *f* CULIN. pan-cake.

crêp|er [krɛple, -e] *vt* (1) backcomb, crimp (les cheveux).

crép|i [krepi] *m* rough-cast || ~**ir** *vt* (2) rough-cast.

crépit|ement [krepitmɑ̃] *m* crackle, crackling; patter (de la pluie) || ~**er** *vi* (1) crackle || [pluie] patter || [coups de feu] rattle.

crépu, e [krepy] *adj* frizzy, fuzzy, wooly.

crépuscule [krepyskyl] *m* twilight, dusk.

cresson [krɛsɔ̃] *m* (water)cress.

crête [krɛt] *f* crest (de montagne, de vague); ridge (de montagne, de toit) || ZOOL. comb (de coq).

crétin, e [kretɛ̃, in] *n* blockhead, idiot.

creus|age [krøzaʒ] *m* digging (d'une fosse); sinking (d'un puits) || ~**er** *vt* (1) excavate, hollow out; dig (un trou); sink (un puits); mine (le sol) — *vpr* **se** ~, FIG. *se* ~ *la cervelle,* cudgel/rack one's brain.

creuset [krøzɛ] *m* crucible, melting-pot.

creux, euse [krø, øz] *adj* hollow || sunken (yeux); empty (ventre) || FIG. slack, dead (heures) ● *m* ~ *de la vague,* trough of the sea.

crevaison [krəvɛzɔ̃] *f* AUT. puncture, U.S. flat.

crevant, e [krəvɑ̃, ɑ̃t] *adj* FAM. killing.

crevass|e [krəvas] *f* crevasse (de glacier) || cleft, crack, cranny, split, rift (fissure) || MÉD. chap || ~**er** *vt/vpr* (**se** ~) [1] crack || MÉD. chap.

crève [krɛv] *f* POP. death; *attraper la* ~, catch one's death.

crevé, e [krəve] *adj* dead (animal) || punctured, flat (pneu) || FIG., FAM. dead-beat (épuisé).

crève-cœur [krɛvkœr] *m inv* heartbreak.

crever [krəve] *vt* (5) burst (une balle); put out (les yeux) || AUT. puncture — *vi* burst || [animal] die || [bulle, nuage] burst || AUT. [pneu] burst; *j'ai crevé,* I have had a puncture — *vpr* ***se*** **~,** overwork oneself.

crevette [krəvɛt] *f* shrimp.

cri [kri] *m* cry || shout, cry; scream, squeal, shriek (aigu); squawk (rauque); yell (de douleur); bawl (de colère); squall (de peur, de douleur) || call (appel); ***pousser un*** **~,** give a cry; *pousser des ~s,* shout; *pousser des ~s perçants,* scream, screech, shriek || FIG. *le dernier ~,* the latest thing || **~ailler** [-ɑje] *vi* (1) jangle, squall, nag || **~ant, e** [-jɑ̃, ɑ̃t] *adj* crying || FIG. blatant (flagrant); gross (injustice) || **~ard, e** [-jar, ard] *adj* blatant (bruyant); shrill (voix); vociferous (personne) || FIG. tawdry, garish (voyant); pressing (dette).

cribl|e [kribl] *m* sieve, riddle, screen; *passer au ~,* sift, screen || **~er** *vt* (1) riddle, sieve, sift; screen (du charbon) || FIG. *~ de,* pelt with (pierres); riddle with (balles) || FIG. *criblé de dettes,* up to the ears in debt.

cric [kri(k)] *m* AUT. jack.

cricri [krikri] *m* cricket.

cri|ée [krije] *f à la ~,* by auction || **~er** *vi* (1) shout; cry out; *~ après qqn,* shout at sb.; call (pour appeler); scream, screech, shriek (d'un cri aigu); yell (de douleur) — *vt* shout, cry (des injures, un ordre); sing out (un ordre) || COMM. cry || FIG. *sans ~ gare,* without warning || **~eur, euse** *n* auctioneer; *~ de journaux,* news-boy.

crim|e [krim] *m* crime || JUR. felony || **~inel, elle** [-inɛl] *adj* criminal ● *n* criminal; murderer || JUR. felon.

cr|in [krɛ̃] *m* hair; horsehair || **~inière** [-injɛr] *f* mane.

crique [krik] *f* creek, cove, inlet.

criquet [krikɛ] *m* ZOOL. cricket.

crise [kriz] *f* crisis (politique); slump (dans les affaires); depression (économique); **~ *de l'énergie,*** power crisis; *~ du logement,* housing shortage || MÉD. attack, fit, bout; **~ *cardiaque,*** heart attack (infarctus); **~ *d'épilepsie,*** epileptic fit; *avoir une ~ de nerfs,* go into hysterics; *~ de rhumatismes,* bout of rhumatism || FIG. *~ de larmes,* burst of weeping.

crisp|ant, e [krispɑ̃, ɑ̃t] *adj* irritating || **~ation** *f* contraction (des muscles) || twitch (spasme) || **~é, e** *adj* tense, taut (visage); edgy (personne) || **~er** *vt* (1) distort, contort (visage) || FIG. irritate — *vpr* ***se*** **~,** [visage] wince, twitch.

crisse|ment [krismɑ̃] *m* grinding (des dents); squeaking (des freins); crunching (du gravier, de la neige) || **~er** *vi* (1) [freins] squeak; [gravier, neige] crunch.

cristal, aux [kristal, o] *m* crystal; *~ taillé,* cut glass || **~lin, ine** [-ɛ̃, in] *adj* crystalline || **~liser** [-ize] *vt/vpr* ***(se*** **~)** [1] crystallize.

critère [kritɛr] *m* criterion, standard.

critiqu|e [kritik] *adj* critical, crucial; *situation ~,* exigency, emergency; *atteindre le point ~,* come to a head; *sens ~,* critical faculty ● *f* criticism (art); review (compte rendu); critique (examen); *faire la ~,* review (d'un livre) ● *m* critic, reviewer || **~er** *vt* (1) criticize, blame, find fault with, carp at; arraign, impugn || review (un ouvrage).

croass|ement [krɔasmɑ̃] *m* croaking, cawing || **~er** *vi* (1) [corbeau] croak; [corneille] caw.

croc [kro] *m* fang (de chien) || hook, crook (crochet) || **~-en-jambe** [krɔkɑ̃ʒɑ̃b] *m* trip; *faire un ~ à qqn,* trip sb. up.

croche [krɔʃ] *f* MUS. quaver; U.S. eighth note.

croch|et [krɔʃɛ] *m* hook || clasp (de fermoir) || hanger (pour suspendre); crochet-hook (à tricoter); *faire du ~,* crochet || *Pl* (square-)brackets; *mettre entre ~s,* bracket || ZOOL. fang (de serpent) || TECHN. skeleton key (de serrurier) || SP. [boxe] hook || FIG. *faire un ~ par,* go via || FIG. *vivre aux ~s de qqn,* live at sb.'s expense, sponge on sb. || **~eter** [-te] *vt* (8 *b*) pick (une serrure) || **~u, e** [-y] *adj* crooked; hooked (bec, nez).

crocodile [krɔkɔdil] *m* crocodile || FAM. *larmes de ~,* crocodile tears.

croire [krwar] *vt* (33) believe; ***faire ~,*** make believe || think (penser); *je crois qu'il a raison,* I think he is right; *je crois que oui,* I think/believe so || fancy (imaginer); *c'est à ~ que,* you might think that; *je crois bien que,* I dare say that || trust, rely upon (se fier à); *vous pouvez m'en ~,* you may take it from me || be afraid of (craindre); *je crois bien qu'il est mort,* I am afraid he is dead — *vi* believe (*à,* in); rely (*en,* upon) — *vpr* ***se ~,*** think oneself; FAM. fancy oneself as (qqn).

crois|ade [krwazad] *f* crusade || **~é, e** *adj* cross(ed) || folded (bras); crossed (jambes); double-breasted (veston) || ZOOL. cross-bred; *race ~e,* cross-breed || MIL. *feux ~s,* cross-fire ● *m* [arch.] crusader ● *f* casement (fenêtre) || *à la ~ des chemins,* at the cross-roads || **~ement** *m* crossing || cross-roads, U.S. intersection; *~ en feuille de trèfle,* clover-leaf || ZOOL. cross(-breed) [race] || **~er** *vt* (1) cross || cross (les jambes); fold (les bras) || meet, pass (qqn) || AUT. pass || ZOOL. cross — *vpr* ***se ~,*** cross; *ma lettre s'est croisée avec la vôtre,* our letters have crossed || pass one another (en chemin) || *se ~ les bras,* fold one's arms — *vi* NAUT. cruise || **~eur** *m* cruiser || **~ière** *f* cruise; *faire une ~,* go on/for a cruise.

croiss|ance [krwasɑ̃s] *f* growth, growing; *arrêter la ~,* stunt || *~-zéro,* zero growth || **~ant, e** *adj* growing, increasing ● *m* ASTR. crescent || CULIN. croissant.

croître [krwatr] *vi* (34) grow, increase || [jours] lengthen, get longer || [plantes] grow; *empêcher de ~,* dwarf || [rivière] rise || thrive (prospérer) || ASTR. wax || FAM., PÉJ. *~ et embellir,* go from bad to worse.

croix [krwa] *f* cross; *en ~,* crosswise || *Croix-Rouge,* Red CROSS.

croqu|ant, e [krɔkɑ̃, ɑ̃t] *adj* crisp, crunchy || **~e-mort** *m* FAM. undertaker's assistant || **~er** I *vt* [1] (s)crunch || gulp, eat up (engloutir).

croqu|er II *vt* (1) ARTS sketch || **~is** [-i] *m* sketch; *faire un ~,* sketch.

cross-country [krɔskuntri] *m* SP. cross-country race.

crosse [krɔs] *f* SP. [golf] club; [hockey] stick; [cricket] bat || MIL. butt (de fusil); grip (de pistolet) || REL. crosier.

crott|e [krɔt] *f* [excrément] droppings, dung || [confiserie] *une ~ de chocolat,* a chocolate || **~é, e** *adj* muddy, dirty || **~in** *m ~ de cheval,* horse-dung.

croul|ant, e [krulɑ̃, ɑ̃t] *adj* tumble-down, crumbling, ramshackle || **~er** *vi* (1) collapse, totter || tumble, crumble down; *faire ~,* bring down (une maison).

croupe [krup] *f* crupper, hind quarters, rump (d'un cheval); *monter en ~,* [femme] ride pillion, [homme] ride behind.

croupetons (à) [akruptɔ̃] *loc adv* crouching, squatting.

croupi, e [krupi] *adj* stagnant, foul.

croupion [krupjɔ̃] *m* rump (d'un oiseau) || CULIN. parson's nose.

croupir [krupir] *vi* (2) [eau] stagnate || FIG. rot; wallow in.

croustillant, e [krustijɑ̃, ɑ̃t] *adj* crisp, crusty || FIG. spicy (grivois).

croût|e [krut] *f* crust (de pain, de pâté); rind (de fromage) || MÉD. scab || FAM. ***casser la ~,*** have a snack || **~on** *m* crusty end (du pain); *un ~ de pain,* a chunk of bread.

croy|able [krwajabl] *adj* believable, credible || **~ance** *f* belief, credit (*à/en,* in); *~ erronée,* misbelief || REL. faith, persuasion || **~ant, e** *n* believer (chrétien) || *Pl* the faithful (musulmans).

cru [kry] *m* vintage (vin); *du ~,* local || FIG. *de mon ~,* of my own invention.

crû V. CROÎTRE.

cru, e I V. CROIRE.

cru, e II *adj* CULIN. raw || FIG. garish, crude (couleur); glaring, harsh (lumière).

cruauté [kryote] *f* cruelty || act of cruelty.

cruche [kryʃ] *f* pitcher, jug, crock || FAM. blockhead (imbécile).

cruc|ial, e, aux [krysjal, o] *adj* crucial; *point ~,* crux || **~ifier** [-ifje] *vt* (1) crucify || **~ifix** [-ifi] *m* REL. crucifix.

crudité [krydite] *f* rawness || CULIN. *Pl* salad || FIG. crudeness (des couleurs); harshness (de la lumière) || FIG. crudity (état rudimentaire) || FIG. coarseness (du langage).

crue [kry] *f* swelling (d'une rivière); flood(ing); *en ~,* in spate.

cruel, elle [kryɛl] *adj* cruel (*envers,* to) [acte, personne]; fierce (féroce) || grievous, sad (perte); bitter (remords) || **~lement** [-mɑ̃] *adv* cruelly (avec cruauté); sorely (avec douleur); grievously (terriblement).

crûment [krymɑ̃] *adv* crudely, bluntly (sans ménagement).

crustacé [krystase] *m* crustacean; shellfish (fam.).

cub|e [kyb] *adj* cubic ● *m* cube || MATH. *élever au ~,* cube || **~ique** *adj* cubic; *racine ~,* cube root || **~isme** *m* cubism.

cueill|ette [kœjɛt] *f* gathering, picking || **~eur, euse** *n* picker || **~ir** *vt* (35) gather, pick, pluck, cull.

cuill|er, ~ère [kɥijɛr] *f* spoon; *~ à bouche/soupe,* table-spoon; *~ à café,* tea-spoon || **~erée** [kɥijre] *f* spoonful.

cuir [kɥir] *m* leather || hide (peau); *~ repoussé,* tooled leather || *~ à rasoir,* strop || MÉD. *~ chevelu,* scalp.

cuirass|e [kɥiras] *f* armour || **~é, e** *adj* armoured ● *m* NAUT. battle-ship || **~er** *vt* (1) armour || FIG. steel.

cuire [kɥir] *vt* (85) [*faire*]*~,* cook; *faire ~ à l'eau/au four/sur le gril/à l'étouffée/à petit feu,* boil, bake, grill, stew, simmer || TECHN. fire (poterie) —*vi* cook || [peau, plaie, yeux] smart, sting.

cuisant, e [kɥizɑ̃, ɑ̃t] *adj* FIG. smart, keen, burning (douleur); biting (froid).

cuisin|e [kɥizin] *f* kitchen (pièce); *ustensiles de ~,* kitchenware || cookery (art); *livre de ~,* cookery book || cooking (préparation); ***faire la ~,*** do the cooking, cook || NAUT. galley, caboose || **~er** *vt* (1) cook || **~ier, ière** *n* cook (personne) || **~ière** *f* kitchen range; *~ à gaz,* (gas-)cooker.

cuissardes [kɥisard] *fpl* [pêcheur] waders || [femme] kinky boots.

cuisse [kɥis] *f* thigh || CULIN. leg (de volaille).

cuisson [kɥisɔ̃] *f* cooking || baking (du pain).

cuissot [kɥiso] *m* CULIN. haunch (de chevreuil).

cuit, e [kɥi, t] *adj* cooked, baked;

~ *à point/bien* ~, well done, done to a turn; *peu* ~, *pas assez* ~, underdone; *trop* ~, overdone || FAM. *c'est du tout* ~, that's a cinch.

cuite [kɥit] *f* POP. *prendre une* ~, get drunk.

cuivr|e [kɥivr] *m* brass (jaune); copper (rouge) || MUS. *les* ~*s*, the brass || **~é, e** *adj* coppered || reddish-brown (couleur).

cul [ky] *m* POP. bum; arse, U.S. ass (arg.) [de l'homme]; rump (des animaux) || bottom (d'une bouteille).

culasse [kylas] *f* TECHN. cylinder-head (de moteur); breech (d'arme à feu).

culbut|e [kylbyt] *f* tumble (chute) || SP. somersault; *faire la* ~ somersault, turn a somersault || **~er** *vi* (1) tumble down, fall over, topple (over/down) — *vt* upset, overthrow (renverser); tilt, tip (retourner) || **~eur** *m* AUT. rocker arm, tappet.

cul-de|-jatte [kydʒat] *m* legless cripple || **~-sac** *m* blind alley, cul-de-sac, dead-end.

culinaire [kylinɛr] *adj* culinary; *art* ~, cookery.

culmin|ant, e [kylminɑ̃, ɑ̃t] *adj* culminating; *point* ~, highest point, climax (fig.) || **~er** *vi* (1) culminate.

culot [kylo] *m* TECHN. base, bottom || FAM. nerve, cheek; *avoir le* ~ *de*, have the nerve to; *avoir du* ~, have plenty of cheek; *quel* ~!, what a nerve! || **~te** [-ɔt] *f* breeches, shorts || pants (de femme); ~ *de cheval*, riding breeches; ~ *de golf*, plus-fours || **~té, e** [-ɔte] *adj* seasoned (pipe) || FAM. cheeky || **~ter** [-ɔte] *vt* (1) put breeches on || FIG. season (une pipe).

culpabilité [kylpabilite] *f* guilt.

culte [kylt] *m* REL. worship (adoration); cult (cérémonie); religion, denomination (secte) || POL. ~ *de la personnalité*, personality cult.

cultivateur, trice [kyltivatœr, tris] *n* farmer; agriculturist.

cult|ivé, e [kyltive] *adj* cultivated (sol) || FIG. cultured, cultivated, well-read || **~iver** [-ive] *vt* (1) cultivate, till, farm (la terre); grow, raise (faire pousser) || FIG. cultivate (un art); improve (son esprit) || **~ure** *f* AGR. farming, tilling, agriculture (de la terre); growing, culture, cultivation (des plantes); ~ *maraîchère*, market-gardening || *Pl* crops (récoltes); cultivated lands (terres) || FIG. culture (de l'esprit); ~ ***générale***, general knowledge || civilisation || **~urel, elle** [-yrɛl] *adj* cultural || **~urisme** [-yrism] *m* body building.

cumul [kymyl] *m* JUR. lumping; plurality (de fonctions) || **~er** *vt* (1) hold a plurality of offices; ~ *deux traitements*, draw two salaries || JUR. cumulate (des peines).

cupid|e [kypid] *adj* greedy, grasping, covetous || **~ité** *f* cupidity, greed(iness), covetousness.

curable [kyrabl] *adj* curable.

cure I [kyr] *f* MÉD. cure, treatment; *faire une* ~ *de repos*, take a rest cure; ~ ***thermale***, water cure; *faire une* ~ *à Vichy*, take the waters at Vichy.

cure II *f* REL. charge, cure (fonction); vicarage, rectory (résidence).

curé [kyre] *m* REL. [Église anglicane] vicar, rector; [Église catholique] parish priest.

cure|-dent [kyrdɑ̃] *m* toothpick || **~-pipe** *m* pipe-cleaner.

curer [kyre] *vt* (1) clean out (un fossé, une pipe, un puits) — *vpr* ***se*** ~ : *se* ~ *les dents*, pick one's teeth; *se* ~ *les ongles*, clean one's nails.

cur|ieux, ieuse [kyrjø, jøz] *adj* inquisitive, curious, prying (indiscret); inquiring, eager to learn (intéressé); curious, odd, peculiar (étrange) ● *loc adv* ***chose ~ieuse,*** oddly enough ● *n* bystander (spectateur); *venir en ~,* come to have a look || nosey-parker (fam.) [indiscret] || **~iosité** [-iozite] *f* curiosity, inquisitiveness (indiscrétion); ***par ~,*** out of curiosity || curio (objet) || place of interest, sight (monument, site) || *Pl* sights; *visite des ~s,* sightseeing (d'une ville).

cutané, e [kytane] *adj* cutaneous.

cuv|e [kyv] *f* tank, vat, cistern || PHOT. tank || **~ée** *f* vintage (vin) || **~er** *vt* (1) FAM. *~ son vin,* sleep off one's wine, sleep oneself sober || **~ette** *f* (wash-)basin (de toilette); pan, toilet (W.-C.).

cybernétique [sibɛrnetik] *f* cybernetics.

cycl|able [siklabl] *adj* : *piste ~,* cycle-path || **~e** *m* cycle (bicyclette) || FIG. cycle, round || **~isme** *m* cycling || **~iste** *n* cyclist.

cyclone [siklon] *m* cyclone, hurricane.

cyclotron [siklɔtrɔ̃] *m* cyclotron.

cygne [siɲ] *m* swan; *jeune ~,* cygnet.

cylindr|e [silɛ̃dr] *m* cylinder || **~ique** *adj* cylindrical || **~ée** *f* AUT. cylinder capacity, displacement.

cyn|ique [sinik] *adj* brazen ● *m* PHIL. cynic || **~isme** *m* shamelessness.

cyprès [siprɛ] *m* cypress.

Cypriote [siprjɔt] *n* Cypriot.

d

d [de] *m* d.

dactylo [daktilo] *f* typist || **~graphie** [-grafi] *f* typewriting || **~graphier** [-grafje] *vt* (1) typewrite.

dada [dada] *m* FIG. hobby-horse (marotte).

daigner [dɛɲe] *vi* (1) deign, vouchsafe, condescend.

daim [dɛ̃] *m* ZOOL. (fallow-)deer || COMM. buckskin, doeskin (cuir); suede (peau); *chaussures de ~,* suede shoes.

dais [dɛ] *m* canopy.

dall|age [dalaʒ] *m* pavement (dalles) || **~e** *f* flag(stone); slab (de marbre).

daltonien, ienne [daltɔnjɛ̃, jɛn] *adj* colour-blind.

Damas [damas] *m* GÉOGR. Damascus.

dama|s [damɑ] *m* [tissu] damask || **~squiné, e** [-skine] *adj* damask (acier) || **~ssé, e** [-se] *adj* damask (tissu).

dam|e *f* lady || married woman || [cartes, échecs] queen; [dames] king || *Pl* draughts, U.S. checkers (jeu) || **~e-jeanne** *f* demijohn || **~ier** [damje] *m* draught-board, U.S. checkerboard || *à ~,* chequered (tissu).

damn|ation [danasjɔ̃] *f* REL. damnation, perdition || **~er** *vt* (1) REL. damn || FAM. *faire ~ qqn,* drive sb. mad.

dancing [dɑ̃siŋ] *m* dance-hall.

dandiner (se) [sədɑ̃dine] *vpr* (1) waddle; wiggle.

Danemark [danmark] *m* Denmark.

danger [dɑ̃ʒe] *m* danger || risk, jeopardy; *en ~ de mort,* in peril of death; ***en cas de ~,*** in case of emergency; *hors de ~,* safe; *mettre en ~,* jeopardize, endanger; *mettre ses jours en ~,* hazard one's life; *courir un ~,* run a risk; *sans ~,* safely; FAM. *pas de ~!,* no fear!

danger|eusement [dɑ̃ʒrøzmɑ̃] *adv* dangerously || MÉD. critically || **~eux, euse** *adj* dangerous, perilous, unsafe, insecure.

danois, e [danwa, az] *adj* Danish ● *m* [langue] Danish.

Danois, e *n* Dane.

dans [dɑ̃] *prép* [lieu, sans mouvement] in; *~ la rue,* in the street; *~ le train,* on the train; over (partout); *~ le monde entier,* all over the world; within (dans les limites de) || [lieu, avec mouvement] into (pénétration); out of, from (extraction); *boire ~ une tasse,* drink out of a cup || [temps] in; *~ le courant de la semaine,* in the course of the week; *~ la semaine/le mois,* within the week/month || [état] in; *il est ~ les affaires,* he is in business || [évaluation] round (about); *~ les 200 francs,* about 200 francs.

dans|ant, e [dɑ̃sɑ̃, ɑ̃t] *adj* dancing; *soirée ~e,* dance || **~e** *f* dancing (action); dance (air) || *~ folklorique,* country dance || **~er** *vi/vt* (1) dance || **~eur, euse** *n* dancer.

dar|d [dar] *m* sting || FIG. dart, sting || **~der** [-de] *vt* (1) dart (out), beam (rayons) || FIG. flash (un regard).

dat|e [dat] *f* date; *quelle ~ sommes-nous?,* what date is it?; *en ~ du,* dated; *sans ~,* undated; ***prendre ~, fixer une ~,*** fix/set a date; *de longue ~,* (of) long-standing; *~ limite,* deadline; *faire ~,* mark a date || **~er** *vt* (1) date — *vi* date (*de,* from); *à ~ d'aujourd'hui,* from now on || *~* ***de,*** date back from (remonter à).

datt|e [dat] *f* date || **~ier** *m* date-palm.

dauphin [dofɛ̃] *m* dolphin.

davantage [davɑ̃taʒ] *adv* more (en quantité); over (plus); farther, further (plus loin); longer (plus longtemps).

de I [də] *prép* (**du** [dy] = *de le;* **des** [dɛ] = *de les*) [lieu] of, at, in; *les rues ~ Paris,* the streets of Paris || [lieu, point de départ] from; *il vient ~ Londres,* he comes from London || [origine] from; *une lettre ~ mon père,* a letter from my father; *dites-lui ~ ma part que,* tell him from me that || [destination] for, to; *le train ~ Londres,* the train for London, the London train; *la route ~ Londres,* the road to London || [distance] of, from; *à 2 miles ~ distance,* 2 miles off, at a distance of 2 miles; *un voyage ~ 50 miles,* a 50 miles' journey || [mesure] in, of; *10 pieds ~ haut,* 10 feet in height; *un immeuble haut ~ six étages,* a six-storied building, a building six stories high; *plus grand d'une tête,* taller by a head || [prix] *billet ~ 10 livres,* ten-pound note; *chèque ~ 10 livres,* cheque for ten pounds || [temps] in, by, 's; *dans un délai ~ huit jours,* at a week's notice; *journée ~ huit heures,* eight-hour day; *voyager ~ jour,* travel by day || [appartenance, dépendance] of, 's; *la maison ~ mon père,* my father's house; *le toit ~ la maison,* the roof of the house || [contenu] of; *une tasse ~ thé,* a cup of tea || [nature, qualité] of; *homme ~ génie,* man of genius || [espèce] *couteau ~ poche,* pocket-knife || [cause] of, for, with; *mourir ~ faim,* die of hunger; *pleurer ~ joie,* weep for joy; *se tordre ~ rire,* shake with laughter || [auteur]

by ; *une pièce* ~ *B. Shaw,* a play by B. Shaw || [instrument] with ; ~ *mes mains,* with my hands || [moyens] with, on, off ; *vivre* ~ *pain,* live on bread ; *dîner* ~ *pommes de terre,* dine off potatoes || [manière] with, in ; ~ *toutes ses forces,* with all his might || [matière] in ; *table* ~ *bois,* wooden table ; *une statue* ~ *marbre,* a statue in marble || [apposition] *la ville* ~ *Paris,* the town of Paris ; *l'aéroport* ~ *Londres,* London Airport || [explétif] *un drôle* ~ *type,* a queer chap ; *deux* ~ *plus,* two more.
plus, two more.

de II (**du** [dy] = *de le ;* **de la** [de la] ; **des** [dɛ] = *de les*) *art partitif* [quantité] some, any ; *avez-vous du pain ?,* have you any bread ? ; *donnez-moi du pain,* give me some bread ; *je n'ai pas* ~ *pain,* I have no bread ; *boire* ~ *la bière,* drink beer.

dé I [de] *m* thimble (à coudre).

dé II die (*Pl* dice) ; *jouer aux* ~*s,* play dice || *jeu de* ~*s,* U.S. craps (arg.).

déambuler [deɑ̃byle] *vi* (1) stroll about.

débâcle [debɑ̃kl] *f* break(ing up) [des glaces] || FIN. smash, crash || FIG. collapse.

déball|age [debalaʒ] *m* unpacking || COMM. display (étalage) || ~**er** *vt* (1) unwrap.

déband|ade [debɑ̃dad] *f* scurry (galopade) ; flight, stampede (sauve-qui-peut) ; *à la* ~, in disorder || MIL. rout || ~**er** *vt* (1) MÉD. take off the bandage — *vpr* **se** ~, disperse || MIL. disband.

débarbouiller [debarbuje] *vt* (1) wash the face (de qqn) — *vpr* **se** ~, wash one's face.

débarcadère [debarkadɛr] *m* NAUT. landing-stage, wharf.

débard|er [debarde] *vt* (1) unload || ~**eur** *m* docker, stevedore.

débarqu|ement [debarkəmɑ̃] *m* NAUT. landing (des marchandises, des troupes) ; landing, disembarkation (des passagers) || ~**er** *vt* (1) land (marchandises ; troupes) ; unload (marchandises) ; disembark (personnes) — *vi* NAUT. go ashore, land || RAIL. alight || AV. deplane.

débarras [debara] *m* lumberroom || FAM. *bon* ~*!,* good riddance ! || ~**sé, e** [-se] *adj* quit *(de,* of) || ~**ser** *vt* (1) clear (une pièce, la table, le terrain) [*de,* of] ; disembarrass ; rid (*de,* of) || relieve (*qqn de qqch.,* sb. of sth.) — *vpr* **se** ~ **de,** get rid of ; dispose of ; rid oneself of ; make a clean sweep of || throw off (un rhume) ; shake off (une habitude) || clear out (vieux vêtements, etc.).

débl|at [deba] *m* discussion, debate, deliberation || dispute ; *trancher un* ~, settle a dispute || *Pl* proceedings (d'une société) ; debates (en politique) || ~**attre** [-atr] *vt* (20) discuss, debate — *vpr* **se** ~, struggle.

débauch|e [deboʃ] *f* debauch(ery) || ~**é, e** *adj* dissolute, profligate, loose ● *n* debauchee || ~**er** *vt* (1) debauch, seduce || [agitation] incite to strike || [patron] lay off, discharge.

débile [debil] *adj* weak(ly), feeble ● *n* ~ *mental,* mentally deficient person.

débilit|ant, e [debilitɑ̃, ɑ̃t] *adj* debilitating, enervating || ~**é** *f* feebleness, weakness, debility || ~**er** *vt* (1) debilitate, weaken.

débiner [debine] *vi* (1) POP. backbite (qqn) — *vpr* **se** ~, POP. clear off (fam.).

débi|t [debi] *m* COMM. demand (demande) ; retailing (vente) || ~ *de boissons,* public house ; ~ *de tabac,* tobacconist's shop || FIN. *côté* ~, debit-side ; *porter au* ~ *de,* debit || TECHN. flow (d'une pompe, d'un fleuve) ; discharge (d'un tuyau) ; output (d'une machine, d'une mine) || FIG. delivery (d'un orateur) || **~tant, e** [-tɑ̃, ɑ̃t] *n* COMM. retailer; publican (de boissons); tobacconist (de tabac) || **~ter** [-te] *vt* (1) saw up (du bois) || COMM. retail || FIN. debit || TECHN. turn out, produce || FIG. deliver (un discours); PÉJ. reel off (des vers, etc.) || **~teur, trice** *n* FIN. debtor ● *adj solde ~,* debit balance; *compte ~,* debtor account || CIN. *bobine ~trice,* delivery spool.

déblaiement [deblɛmɑ̃] *m* clearing (out).

déblatérer [deblatere] *vt* (5) bluster out (des menaces).

déblayer [deblɛje] *vt* (9 *b*) clear (out/away) [terrain]; sweep away (la neige).

dé|bloquer [deblɔke] *vt* (1) TECHN. unlock (un écrou) || **~bobiner** *vt* (1) spool off.

déboires [debwar] *mpl* disappointments || setbacks (échecs).

débois|ement [debwazmɑ̃] *m* deforestation || **~er** *vt* (1) deforest (un pays); clear of trees (un terrain).

déboîter [debwate] *vt* (1) MÉD. dislocate, pull out of joint; *se ~ l'épaule,* dislocate/put out one's shoulder — *vi* AUT. pull out; swing out (brusquement) — *vpr* ***se ~,*** [membre] come out of joint.

débord|ant, e [debɔrdɑ̃, ɑ̃t] *adj* overflowing, brimming over (liquide) || FIG. overflowing, bursting (*de,* with); effusive (sentiments); exuberant (joie) || **~é, e** *adj* FIG. overwhelmed; *~ de travail,* swamped with work; rushed || **~ement** *m* overflow(ing) [d'un fleuve] || **~er** *vi* (1) [fleuve] overflow, flow over; [liquide] run over; slop over; boil over (en bouillant); [récipient] brim over; [foule] spill over || project, jut out (faire saillie) || FIG. bubble over (*de,* with) — *vt* extend beyond (les limites) || MIL. outflank.

débouch|é [debuʃe] *m* COMM. opening, outlet || **~er** *vt* (1) uncork, open (une bouteille); clear, unstop, clean out (un tuyau, etc.) — *vi* emerge || [route] open (*sur,* on, into).

dé|boucler [debukle] *vt* (1) unbuckle (une ceinture) || **~boulonner** *vt* (1) unbolt || FAM. debunk (qqn) || **~bourrer** *vt* (1) clean out (une pipe).

débour|s [debur] *mpl* disbursement, outlay || **~ser** [-se] *vt* (1) lay/pay out, disburse.

debout [dəbu] *adv* [personne] standing; upright (dressé); ***être ~,*** stand; ***se mettre ~,*** get/stand up || [chose] upright; on end (boîte) || up, out of bed, astir (hors du lit); ***rester ~,*** wait up (ne pas se coucher) || NAUT. *vent ~,* head wind || FIG. *cela ne tient pas ~,* it doesn't make sense.

déboutonner [debutɔne] *vt* (1) unbutton.

débraillé, e [debrɑje] *adj* slovenly, untidy (tenue).

débrancher [debrɑ̃ʃe] *vt* (1) ÉLECTR. disconnect.

débray|age [debrɛjaʒ] *m* AUT. clutch(-pedal) || **~é, e** *adj* out of gear || **~er** *vt* (9 *b*) AUT. disengage the clutch, declutch, throw out of gear || FAM. [grève] walk out, down tools, go out.

débris [debri] *m* remains (restes); debris, scraps (déchets); wreck(age) [épave, décombres].

débrouill|ard, e [debrujar, ard] *adj* resourceful || **~er** *vt* (1) unravel, disentangle, disembroil — *vpr* ***se ~,*** shift/fend for oneself; cope; muddle through; manage (réussir) [*pour,* to].

débu|t [deby] *m* beginning, start, set-out; *au ~ de la matinée,* in the early morning || first steps *(dans,* in) [une carrière]; start *(dans,* in) [la vie]; *faire ses ~s,* make one's debut || TH. debut, first appearance || **~tant, e** [-tɑ̃, ɑ̃t] *n* beginner, tiro, novice, learner; entrant (dans une profession) ● *f* débutante; deb (fam.) || **~ter** [-te] *vt* (1) begin, start, commence.

deçà [dəsa] *adv* on this side; *~ delà,* here and there ● *loc prép* ***en ~ de,*** on this side of.

décacheter [dekaʃte] *vt* (1) unseal, break open (une lettre).

décade [dekad] *f* period of ten days || decade (dix ans).

décad|ence [dekadɑ̃s] *f* decadence || **~ent, e** *adj* decadent.

décaféiné, e [dekafeine] *adj* decaffeinated.

décal|age [dekalaʒ] *m* [temps] (time-)lag; [voyages en avion] *souffrir du ~ horaire,* suffer from jet lag || **~er** *vt* (1) [temps] move forward (avancer); put back (reculer).

décal|comanie [dekalkɔmani] *f* transfer || **~quer** [-ke] *vt* (1) trace.

décamper [dekɑ̃pe] *vi* (1) MIL. decamp || FAM. scram; clear off/out, make one's get-away.

décanter [dekɑ̃te] *vt* (1) decant.

décaper [dekape] *vt* (1) scour (à la machine); pickle (à l'acide); remove (peinture, vernis).

décapiter [dekapite] *vt* (1) decapitate, behead.

décapotable [dekapɔtabl] *adj* AUT. *voiture ~,* convertible.

décéder [desede] *vi* (1) decease.

déceler [desle] *vt* (8 *b*) detect, disclose (découvrir); divulge, reveal (divulguer).

décembre [desɑ̃br] *m* December.

déc|emment [desamɑ̃] *adv* decently || **~ence** *f* decency, modesty || **~ent, e** *adj* decent, modest.

décennie [deseni] *f* decade.

décentr|aliser [desɑ̃tralize] *vt* (1) decentralize || **~é, e** *adj* off centre; out of true (roue) || **~er** *vt* (1) offset, put out of centre.

déception [desɛpsjɔ̃] *f* disappointment; let-down, sell (fam.).

décerner [desɛrne] *vt* (1) award, adjudge.

décès [desɛ] *m* decease || JUR. demise.

décev|ant, e [desvɑ̃, ɑ̃t] *adj* disappointing || **~oir** [desəvwar] *vt* (3) disappoint; let down (fam.).

déchaîn|é, e [deʃɛne] *adj* FIG. wild, raging || on the rampage (foule) || **~ement** [-mɑ̃] *m* outburst (explosion) || **~er** *vt* (1) unchain || FIG. unleash — *vpr* ***se ~*** [tempête] break || FIG. explode, break loose, rage || [foule] go on the rampage.

déchanter [deʃɑ̃te] *vi* (1) sing small.

décharg|e [deʃarʒ] *f* tip, dumping-ground (lieu) || [arme] firing; shot (projectile) || ÉLECTR. discharge; shock (dans les doigts) || COMM. receipt (*de,* for) || JUR. *témoin à ~,* witness for the defence || **~ement** [-mɑ̃] *m* unloading (d'un train, d'une voiture) || NAUT. discharge || **~er** *vt* (7) dump, tip out (le contenu d'une voiture basculante); unload (une voiture) || [arme] fire, discharge (tirer); unload (enlever la cartouche) || ÉLECTR. discharge (des accus) || NAUT. unload (un bateau); land (les marchandises) || FIG. *~ qqn de,* discharge/relieve sb. of || FIG. unburden (son cœur); disburden (sa conscience); vent (sa bile); *se ~ de ses responsabilités sur,* pass off one's responsibilities onto; pass the buck to (fam.) — *vpr* ***se ~,*** ÉLECTR. [batterie] run down.

décharné, e [deʃarne] *adj* skinny, fleshless, scraggy, lank.

déchausser (se) [sədeʃose] *vpr* (1) take off one's shoes || MÉD. [dents] become bare; *avoir les* *dents qui se déchaussent,* have shrinking gums.

déchéance [deʃeɑ̃s] *f* downfall; deposition (d'un souverain) || JUR. forfeiture (de droits) || FIG. decay, decline (morale).

déchet [deʃɛ] *m* waste || *Pl* waste, refuse; scraps.

déchiffrer [deʃifre] *vt* (1) make out, spell out (écriture); decipher (une inscription); decode (un message chiffré) || MUS. read at sight.

déchiquet|é, e [deʃikte] *adj* jagged (rocher); indented (cote) || **~er** *vt* (8 *a*) shred (mettre en lambeaux); mangle (un corps).

déchir|ant, e [deʃirɑ̃, ɑ̃t] *adj* heart-rending/breaking (cri, scène); harrowing (récit) || **~ement** *m* MÉD. tearing (d'un muscle) || FIG. heartbreak || **~er** *vt* (1) tear (off); rip, rend, pull to pieces; tear up (en petits morceaux) || FIG. rend, tear; break (le cœur) — *vpr* ***se ~,*** [tissu] tear, rip (away) || **~ure** *f* tear, rent, rip || MÉD. *~ musculaire,* torn muscle.

déch|oir [deʃwar] *vi* (36) come down, lower oneself; fall (*dans,* in) [l'estime]; fall (*de,* from) [sa position]; decline (décliner) || **~u, e** *adj* fallen || JUR. forfeited.

décibel [desibɛl] *m* decibel.

décid|é, e [deside] *adj* resolute, decided, determined (*à,* to) || single-minded (personnalité) || **~er** *vt* (1) decide, settle (régler); settle on (qqch.) || ***~ que,*** decide that || ***~ qqn à,*** persuade/move sb. to — *vt ind* ***~ de,*** settle (prendre parti); decide, determine (qqch.); decide, determine (*de faire,* to do); settle on (*de faire,* doing) || JUR. rule (*que,* that) — *vpr* ***se ~,*** make up one's mind, come to a decision; *se ~ à faire,* decide on doing; *se ~ pour,* decide on/in favour of; [affaire] be resolved || **~eur** *m* decision maker.

décimal, e, aux [desimal, o] *adj/f* decimal.

décimer [desime] *vt* (1) decimate.

décis|if, ive [desizif, iv] *adj* decisive (action); crucial (moment); conclusive (argument) || **~ion** *f* decision, resolution; *prendre une ~,* come to a decision || determination (résolution) || JUR. decision, ruling.

déclam|ation [deklamasjɔ̃] *f* declamation || **~er** *vt* (1) declaim; rant (pompeusement).

déclar|ation [deklarasjɔ̃] *f* statement, declaration || MIL. declaration || JUR. declaration (en douane); *~ sous serment,* affidavit || FIN. *~ de revenus,* return of income; *faire sa ~ de revenus,* return one's income || **~é, e** *adj* declared || open (guerre, intention) || **~er** *vt* (1) declare, state, affirm, assert (assurer); declare, make known; pronounce (faire savoir); profess (professer) || return (revenus) || *~ la guerre,* declare war || register (naissance); declare (à la douane) || JUR. *~ que,* rule that; *~ qqn coupable,* find/return sb. guilty — *vpr* ***se ~,*** declare oneself || declare one's love || declare (*pour,* for; *contre,* against) || [incendie] break out || MÉD. [maladie] burst out.

déclass|é, e [deklɑse] *adj* NAUT. obsolete (navire) || **~er** *vt* (1) lower the social status of || misplace (une fiche) || SP. relegate || RAIL. change the class of || NAUT. strike off the list.

déclench|ement [deklɑ̃ʃmɑ̃] *m* starting || outbreak (des combats) || TECHN. release, triggering off || **~er** *vt* (1) release, trigger off || start, launch (grève) || PHOT. release the shutter of || MIL. launch (une attaque) || FIG. trigger off || **~eur** *m* PHOT. (shutter) release; *~ automatique,* time-release; *~ souple,* cable release || FIG. start, trigger; *~ une grève,* call a strike.

déclic [deklik] *m* trigger (mécanisme); click (bruit).

déclin [deklɛ̃] *m* ASTR. wane; decline (du jour) || FIG. decay, decline (des forces); wane (de la beauté); ebb (de la fortune).

déclin|aison [deklinɛzɔ̃] *f* GRAMM. declension || **~er** I *vi* (1) ASTR. [lune] wane; [soleil] sink; [jour] draw to a close || MÉD. [personne] droop; [forces] decline, decay, sink; [vue] fail; [santé] be failing, decay.

décliner II *vt* (1) state (son nom) || decline, refuse (une offre); disclaim (une responsabilité) || GRAMM. decline.

déclivité [deklivite] *f* declivity.

décocher [dekɔʃe] *vt* (1) shoot (une flèche) || *~ un coup à,* let out at || FIG. fling (des injures); flash (un sourire); dart (un regard).

dé|coder [dekɔde] *vt* (1) decode || **~coiffer** *vt* (1) undo/ruffle sb.'s hair (dépeigner) || *un coup de vent l'a décoiffée,* the wind has blown her hat off — *vpr* ***se ~,*** undo one's hair (volontairement) || take off one's hat.

décoll|age [dekɔlaʒ] *m* AV. take-off || **~ement** *m* MÉD. detachment (de la rétine) || **~er** *vt* (1) unstick (un objet collé); loosen (des objets serrés) — *vi* AV. take off — *vpr* ***se ~,*** come unstuck.

décolleté, e [dekɔlte] *adj* lownecked (robe) ● *m* low-neck (échancrure).

décolor|ation [dekɔlɔrasjɔ̃] *f* discolouration || [femme] *se faire faire une ~,* have one's hair bleached || **~é, e** *adj* discoloured || bleached (cheveux) || faded, washed-out (étoffe) || pale, colourless, washy (teint) || **~er** *vt* (1) discolour || bleach (les cheveux); fade (étoffe) — *vpr* ***se ~,*** lose its colour; [étoffe] fade; *se ~ au lavage,* wash out.

décombres [dekɔ̃br] *mpl* wreckage, debris || ARCH. wreck.

dé|commander [dekɔmɑ̃de] *vt* (1) cancel (commande, rendez-vous) || countermand (ordre, commande) — *vpr* ***se ~,*** cancel an engagement; cry off || **~composer** *vt* (1) CH. decompose || GRAMM. break down (phrase) || FIG. distort (visage) — *vpr* ***se ~,*** decompose, decay, rot.

décompt|e [dekɔ̃t] *m* FIN. detailed account (compte); deduction (déduction) || **~er** *vt* (1) deduct (déduire).

déconcert|ant, e [dekɔ̃sɛrtɑ̃, ɑ̃t] *adj* baffling, disconcerting, perplexing || **~é, e** *adj* disconcerted, bewildered, taken aback || **~er** *vt* (1) disconcert, embarrass, bewilder, confuse, baffle.

déconfit, e [dekɔ̃fi, it] *adj* crestfallen, nonplussed.

dé|congeler [dekɔ̃ʒle] *vt* (8 *b*) defrost (aliments) || **~connecter** *vt* (1) disconnect || **~conseiller** *vt* (1) advise against.

décontenancer [dekɔ̃tnɑ̃se] *vt* (6) abash, put out of countenance — *vpr* ***se ~,*** lose countenance.

décontracté, e [dekɔ̃trakte] *adj* relaxed, easy-going; cool (fam.).

déconvenue [dekɔ̃vny] *f* disappointment; let-down.

décor [dekɔr] *m* scenery, setting (paysage) || TH. decor, scenery || CIN. set || **~ateur, trice** *n* (interior) decorator || TH. (stage) designer || **~atif, ive** *adj* decorative, ornemental || **~ation** *f* decoration || **~er** *vt* (1) decorate || deck (out), trim || FIG. confer an order on (qqn).

décortiquer [dekɔrtike] *vt* (1) shell (des noix); husk (des céréales).

décorum [dekɔrɔm] *m* decorum.

découcher [dekuʃe] *vi* (1) sleep out.

découdre [dekudr] *vt* (31) unsew; rip up (une couture); unstitch (un vêtement).

découler [dekule] *vi* (1) derive, proceed, stem (*de,* from).

découp|age [dekupaʒ] *m* carving (de la viande) || CIN. shooting script; cutting || **~er** *vt* (1) cut up (gâteau); cut out (des images, un patron); cut off, snip (d'un coup de ciseaux); carve, cut up (une volaille); outline (profiler) — *vpr* ***se ~,*** stand out, be outlined.

découpl|é, e [dekuple] *adj bien ~,* strapping || **~er** *vt* (1) uncouple.

découpure [dekupyr] *f* cut-out piece.

décourag|eant, e [dekuraʒɑ̃, ɑ̃t] *adj* discouraging || **~é, e** *adj* discouraged, down-hearted, disheartened; downcast, dejected, despondent || **~ement** *m* discouragement, dejection, despondency, depression || **~er** *vt* (7) discourage, dishearten, dispirit, daunt, unnerve; put off (rebuter) — *vpr* ***se ~,*** lose heart.

décousu, e [dekuzy] *adj* unsewn, unstitched || FIG. loose (style); desultory (pensée); disconnected, desultory, rambling (propos).

décou|vert, e [dekuvɛr, ɛrt] *adj* uncovered || bareheaded (tête nue) || open (terrain) || AUT. open || FIN. overdrawn (compte) ● *m* COMM. deficiency || FIN. overdraft; *à ~,* without cover, in the red || **~verte** *f* discovery; *aller à la ~ de,* go in search of || *~ capitale,* breakthrough || **~vreur, euse** [-vrœr, øz] *n* discoverer || **~vrir** *vt* (72) [trouver] discover, uncover, find; detect || [enlever ce qui couvre] uncover || [apercevoir] see, have a view of || [révéler] reveal, disclose — *vpr* ***se ~,*** [personne] take off one's hat; undress || [ciel] clear || SP. lower one's guard.

décrasser [dekrase] *vt* (1) scour; cleanse (la peau).

décrépi|t, e [dekrepi, it] *adj* decrepit || **~tude** [-tyd] *f* decrepitude.

décret [dekrɛ] *m* decree, order; *publier un ~,* issue a decree.

décréter [dekrete] *vt* (5) decree, enact || JUR. ordain.

décrier [dekrije] *vt* (1) decry, cry down || FIG. disparage.

décrire [dekrir] *vt* (44) describe, depict; *~ en détail,* detail || MATH. describe.

décroch|age [dekrɔʃaʒ] *m* MIL. *effectuer un ~,* disengage one's troops || **~er** *vt* (1) unhook || take down || TÉL. lift the receiver.

décroître [dekrwatr] *vi* (34) decrease; diminish || ASTR. wane.

décrott|er [dekrɔte] *vt* (1) clean (les chaussures) || **~oir** *m* scrapemat.

déçu, e [desy] *adj* disappointed (*par,* at) || V. DÉCEVOIR.

déd|aigner [dedɛɲe] *vt* (1) disdain, disregard; spurn, scorn (mépriser) || **~aigneux, euse** [-ɛɲø, øz] *adj* disdainful, contemptuous, scornful (*de,* of); supercilious (hautain) || **~ain** [-ɛ̃] *m* disdain; contempt, scorn (mépris).

dédale [dedal] *m* maze || FIG. intricacy.

dedans [dədɑ̃] *adv* inside, within ● *loc adv* ***au-/en ~,*** inside, within ● *m le ~,* the inside.

dédicac|e [dedikas] *f* dedication (d'un livre) || **~er** *vt* (6) inscribe (*à,* to).

dédier [dedje] *vt* (1) dedicate (un livre, une église).

déd|ire (se) [sədedir] *vpr* (63) retract; take back, go back on || **~it** [-i] *m* retractation || JUR. forfeit.

dédommag|ement [dedɔmaʒmɑ̃]

m satisfaction, compensation (indemnisation); consideration, indemnity (indemnité) || **~er** *vt* (7) indemnify, make up (*de,* for); compensate; recoup, make amends for.

dédouan|ement [dedwanmɑ̃] *m* clearance, clearing || **~er** *vt* (1) COMM. clear through customs.

dédoubler [deduble] *vt* (1) split/divide into two.

déd|uction [dedyksjɔ̃] *f* inference, deduction || COMM. deduction || **~uire** [-ɥir] *vt* (85) infer, deduce, gather (*de,* from) || COMM. deduct, knock off, take off, write off (une somme) [*de,* from].

défaill|ance [defajɑ̃s] *f* failure, breakdown (des forces); lapse (de la mémoire) || MÉD. faint, swoon || **~ant, e** *adj* failing (mémoire); faltering (pas); faint, weak (personne) [*de,* with] || **~ir** *vi* (38) lose strength (s'affaiblir) || [forces] flag || [courage] sink || MÉD. faint.

dé|faire [defɛr] *vt* (50) undo || untie (un nœud); unfasten (des liens); unpack (une malle); strip, tumble (un lit) || defeat (un ennemi) — *vpr* ***se ~,*** come undone || come apart (se séparer) || *se ~ de,* part with (se séparer de); dispose of, get rid of (se débarrasser de) || **~fait, e** [defɛ, ɛt] *adj* undone || loose (nœud); unwrapped (paquet) || FIG. haggard, drawn (visage).

défait|e [defɛt] *f* defeat; *essuyer une ~,* suffer a defeat || FIG. failure || **~isme** *m* defeatism || **~iste** *m* defeatist.

défalquer [defalke] *vt* (1) write off, deduct (*de,* from).

défausser (se) [sədefose] *vpr* (1) *se ~ de,* discard, throw (une carte).

défaut [defo] *m* lack, want (manque); ***à ~ de,*** for want of, in default of, failing; ***faire ~,*** fail, be lacking/wanting || defect (défectuosité); deficiency (*de,* of) [déficience]; blemish (imperfection); shortcoming(s) [points faibles] || *en ~,* at fault (mémoire) || fault (faute); failing (faiblesse); flaw; *sans ~(s),* faultless || JUR. default; *faire ~,* fail to appear || TECHN. flaw; *sans ~(s),* flawless.

défav|eur [defavœr] *f* disfavour; *en ~,* at a discount || **~orable** [-ɔrabl] *adj* unfavourable || **~oriser** [-ɔrize] *vt* (1) disadvantage.

défec|tif, ive [defɛktif, iv] *adj* GRAMM. defective || **~tion** *f* defection, desertion; *faire ~,* fall away || **~tueux, euse** [-tɥø, øz] *adj* faulty, defective.

défen|deur, eresse [defɑ̃dœr, ərɛs] *n* JUR. defendant || **~dre** [-ɑ̃dr] *vt* (4) defend, protect (*contre,* against) || stand by, stand for, champion, vindicate (soutenir) || forbid, prohibit (interdire) || MIL. defend, hold (une forteresse) || JUR. defend — *vpr* ***se ~,*** defend oneself (*contre,* against) || deny (nier).

défens|e [defɑ̃s] *f* defence, U.S. defense, protection; *prendre la ~ de qqn,* stand up for sb.; *sans ~,* defenceless; ***en légitime ~,*** in self-defence || *~ d'entrer,* no admittance; *~ d'entrer sous peine d'amende,* trespassers will be prosecuted; *~ de stationner,* no parking || MIL. defence; *Pl* fortifications; *~* ***passive,*** civil defence, air-raid precautions || NAUT. fender || JUR. defence, plea || ZOOL. tusk (d'éléphant) || **~eur** *m* champion, supporter (d'une cause); advocate || **~if, ive** *adj* defensive || MIL. *ouvrages ~ifs,* defences || **~ive** *f* defensive; *être sur la ~,* be on the defensive.

défér|ence [deferɑ̃s] *f* deference; *par ~ pour,* in deference to || **~ent, e** *adj* deferential, dutiful (*envers,* to).

déférer [defere] *vt* (5) refer (une cause); hand over (un coupable); *~ à,* defer to (une opinion); accede to (une requête).

déferler [deferle] *vi* (1) [vague] break, comb (*sur,* over).

défi [defi] *m* challenge (provocation); *lancer un ~,* challenge; *relever un ~,* take up a challenge; *mettre au ~,* defy || defiance (bravade) || **~ance** [-fjɑ̃s] *f* distrust.

déficeler [defisle] *vt* (8 *a*) untie.

déficlience [defisjɑ̃s] *f* deficiency || **~ient, e** [-jɑ̃, ɑ̃t] *adj* deficient.

déficit [defisit] *m* deficit || FIN. *en ~,* in the red.

défier [defje] *vt* (1) defy, challenge || dare, brave, beard; set at defiance — *vpr* ***se ~ de,*** mistrust, distrust.

défigurer [defigyre] *vt* (1) disfigure, deface.

défilé [defile] *m* parade; *~ de mode,* fashion-show || MIL. march past; *~ aérien,* fly-past || GÉOGR. defile, gorge || **~er** *vi* (1) walk in procession || MIL. march past (en parade); defile (marcher en colonne) — *vpr* ***se ~,*** shirk (esquiver le travail); slip away (filer).

défin|i, e [defini] *adj* definite || GRAMM. definite || **~ir** *vt* (2) define || **~ition** *f* definition || [mots croisés] clue.

définit|if, ive [definitif, iv] *adj* definitive, final (décision, solution); final (résultat) || for good || **~ive** *f* ***en ~,*** finally (en fin de compte) || all things considered (tout compte fait) || **~ivement** *adv* definitively; for good.

déflation [deflasjɔ̃] *f* FIN. deflation.

déflorer [deflɔre] *vt* (1) deflower (une fille).

défoncé, e [defɔ̃se] *adj* bumpy (route) || **~er** *vt* (6) smash in (une caisse); stave in (un tonneau); cut up, break up, tear up (une route) — *vpr* ***se ~,*** ARG. [drogue] get high, freak out (fam.).

déform|ation [defɔrmasjɔ̃] *f* distortion; *~ professionnelle,* vocational bias || **~er** *vt* (1) put out of shape (un vêtement); deform (le corps) || T.V. distort (image) || FIG. warp (l'esprit); distort (la vérité) — *vpr* ***se ~,*** lose shape || [bois] warp || T.V. [image] be/get distorted.

défouler (se) [sədefule] *vpr* (1) let off steam.

défraîchi, e [defrɛʃi] *adj* faded (tissu); the worse for wear (vêtement) || COMM. shop-soiled.

défrayer [defrɛje] *vt* (9 *b*) defray (qqn).

défricher [defriʃe] *vt* (1) AGR. clear, grub (un champ); reclaim (amender) || FIG. break fresh ground.

dé|frisé, e [defrize] *adj* out of curl || **~friser** *vt* (1) put out of curl || **~froisser** *vt* (1) smooth out.

défunt, e [defœ̃, œ̃t] *adj* late (personne) || FIG. defunct ● *n* deceased; departed.

dégag|é, e [degaʒe] *adj* clear (ciel, route); open (espace) || **~ement** *m* clearing (action); clearance (espace libre); widening (d'une rue) || emission (de chaleur); release (de vapeur) || FIN. redemption (d'un gage) || **~er** *vt* (7) disengage || clear (la route); free (une pièce) || extricate (libérer) || emit (chaleur); give off (odeur) || redeem, take out of pledge (un objet en gage) || FIG. free, release (*de,* from) [une promesse]; bring out (une idée); draw (une conclusion) — *vpr* ***se ~,*** free oneself (*de,* from) || [ciel] clear || FIG. come out.

dégarnir [degarnir] *vt* (2) clear out; empty (vider); strip (un mur) — *vpr* ***se ~,*** [tête] grow bald.

dégât(s) [degɑ̃] *m(pl)* damage, havoc; *faire des ~s,* do damage; *réparer les ~s,* make good the damage.

dégel [deʒɛl] *m* thaw (propre et fig.) || **~er** [deʒle] *vi/vt* (8 *b*) thaw.

dégénér|é, e [deʒenere] *adj/n* degenerate || **~er** *vi* (5) degenerate || FIG. deteriorate.

dégivr|age [deʒivraʒ] *m* defrosting || **~er** *vt* (1) defrost (pare-brise, réfrigérateur) || **~eur** *m* de-icer, defroster (appareil).

dégonfl|ement [degɔ̃fləmɑ̃] *m* deflation || **~é, e** *adj/n* POP. chicken (sl.) [lâche] || **~er** *vt* (1) deflate (ballon, pneu) — *vpr* **se ~**, FAM. climb down.

dégorger [degɔrʒe] *vi* (7) disgorge (vomir) || discharge (des eaux); *faire ~ du poisson,* purge fish.

dégourd|i, e [degurdi] *n* sharp person || **~ir** *vt* (2) take the numbness off (un membre); take the chill off (un liquide) || FIG. smarten up (qqn); sharpen the wits of (un niais) — *vpr* **se ~** : *se ~ les jambes,* stretch one's legs.

dégoû|t [degu] *m* disgust, distaste; *éprouver du ~ pour,* loathe || FIG. repugnance, surfeit || **~tant, e** [-tɑ̃, ɑ̃t] *adj* disgusting, sickening, foul || **~té, e** [-te] *adj* disgusted (*de,* at/by/with); queasy (nauséeux); squeamish (chipoteur); *faire le ~,* turn up one's nose || **~ter** [-te] *vt* (1) sicken (écœurer); disgust (*de,* with) || FIG. give a dislike (*de,* for); *~ qqn de qqch.,* put/turn sb. off sth.

dégoutter [degute] vi (1) trickle (*de,* from); be dripping (*de,* with).

dégradable [degradabl] *adj* degradable.

dégrad|ation [degradasjɔ̃] *f* damage (dégât); deterioration (d'immeubles) || FIG. degradation || **~er** *vt* (1) damage; deface, deteriorate || MIL. degrade — *vpr* **se ~**, [couleur] shade off || FIG. [personne] debase oneself; [situation] deteriorate.

dégrafer [degrafe] *vt* (1) unfasten, undo.

dégraiss|age [degrɛsaʒ] *m* cleaning || **~er** *vt* (1) clean || CULIN. skim (le bouillon).

degré [dəgre] *m* degree (marche) || PHYS., CH., MATH., GÉOGR. degree || FIG. degree, pitch, grade, stage || FAM. *un ~ au-dessus,* a cut above; *au plus haut ~,* in the extreme; *extrême ~,* extremity.

dégringoler [degrɛ̃gɔle] *vi* (1) clamber down; tumble down; come a cropper (tomber); *~ d'une échelle,* fall off a ladder — *vt ~ l'escalier,* rush downstairs.

dégriser [degrize] *vt* (1) sober up.

dégross|i, e [degrosi] *adj* rough-hewn (pierre) || **~ir** *vt* (2) rough out; rough-hew (pierre).

déguenillé, e [degnije] *adj* ragged, tattered.

déguerpir [degɛrpir] *vi* (2) clear out, beat out; bolt, scuttle away.

déguis|é, e [degize] *adj* disguised, in disguise; *~ en,* in the disguise of || **~ement** *m* disguise || [vêtement] fancy dress; get-up (fam.) || **~er** *vt* (1) disguise, dress up (*en,* as) || FIG. disguise — *vpr* **se ~**, disguise oneself, get oneself up (*en,* as).

dégust|ation [degystasjɔ] *f* tasting, sampling || **~er** *vt* (1) taste (goûter); sip, relish, sample (savourer).

dehors [dəɔr] *adv* out, outside; without, forth; *mettre ~,* turn out ● *loc adv* ***au-~,*** outside, outdoors; ***en ~,*** outside ● *loc prép* ***en ~ de,*** outside, apart from, beside ● *m le ~,* the outside || *Pl* appearances.

déjà [deʒa] *adv* [affirmation] already (dès ce moment); *le facteur est ~ passé,* the postman has already been; as early as (dès cette époque); before (auparavant); *j'ai ~ vu ce film,* I have seen that film before; [renforcement] as it is/was || [interr., nég.] yet; *faut-il ~ que vous partiez ?,* need you go yet?

déjeuner [dejœne] *m* lunch; luncheon; ~ *d'affaires,* business lunch; ***petit*** **~,** breakfast; *prendre le petit* ~, breakfast, have breakfast ● *vi* (1) lunch.

déjouer [deʒwe] *vt* (1) foil, defeat (un complot); outwit, outmanœuvre (les menées); baffle (les projets); ~ *les plans de qqn,* bring sb.'s plans to nought.

delà [dəla] *loc adv* ***au-~,*** farther, further ● *loc prép* ***au-~ de,*** beyond, past ● *m l'au-~,* the beyond.

délabr|é, e [delabre] *adj* dilapidated, tumble-down, ruinous, ramshackle (maison); shabby (pièce) || Méd. broken (santé) || **~ement** *m* disrepair, decay (des choses); decrepitude (des personnes) || Méd. impairment (de la santé) || **~er** *vt* (1) dilapidate (une maison) || Méd. impair, shatter (santé) — *vpr* ***se*** **~,** fall into decay/disrepair; decay || [santé] fail, break down.

délai [delɛ] *m* delay (retard); *sans* ~, without delay, forthwith || time-limit; *à bref* ~, at a short notice; *dans un ~ de six mois,* within six months; *dans les meilleurs ~s,* at your earliest convenience || Jur. respite (sursis).

délaisser [delɛse] *vt* (1) forsake, desert.

délass|ant, e [delasɑ̃, ɑ̃t] *adj* refreshing, relaxing || **~ement** *m* relaxation, refreshment (détente); diversion (divertissement) || **~er** *vt* (1) relax, refresh (détendre); divert (distraire) — *vpr* ***se*** **~,** relax (se détendre); take a rest (se reposer); *se ~ l'esprit,* unbend one's mind.

délateur, trice [delatœr, tris] *n* informer.

délavé, e [delave] *adj* washed out, washy (couleur).

délayer [delɛje] *vt* (1) mix.

Delco [delko] *m* N.D. Aut. distributor.

délect|able [delɛktabl] *adj* delectable || **~er (se)** *vpr* (1) take delight, revel (*de,* in).

délé|gation [delegasjɔ̃] *f* delegation (pouvoir, personnes); *par ~,* vicariously || Jur. ~ *de pouvoir,* authority, commission || **~gué, e** [-ge] *adj* managing (administrateur); deputy (fonctionnaire); vicarious (autorité) ● *n* delegate, deputy; ~ ***syndical,*** shop-steward || **~guer** [-ge] *vt* (5) delegate (qqn); delegate (des pouvoirs) [*à,* to]; devolve (des fonctions) [*à,* on].

délest|age [delɛstaʒ] *m* Électr. power-cut || [circulation] *itinéraire de* ~, relief road || **~er** *vt* (1) Fam. ~ *qqn de qqch,* rob sb. of sth.

délibér|ation [deliberasjɔ̃] *f* deliberation || **~é, e** *adj* deliberate; *de propos ~,* deliberately || **~ément** *adv* intentionally || **~er** *vi* (5) deliberate (*avec,* with; *sur,* upon); confer, debate (*avec,* with; *sur,* upon) || Jur. [jury] consult together.

délica|t, e [delika, at] *adj* delicate, dainty (chose); delicate (santé, question, situation); awkward (situation); dainty (personne, goût) || tender (sujet); nice (point); tactful (allusion); ticklish (question); tricky (travail) [fam.]; finical, finicky (difficile) [personne] || squeamish (estomac) || dainty (mets) || subtle (subtil) || **~tement** [-tmɑ̃] *adv* delicately, nicely; tactfully || **~tesse** [-tɛs] *f* delicacy (du comportement, des sentiments, du goût, des traits); daintiness (du goût, des mets) || subtlety (raffinement) || tact (tact) || tenderness, frailty (fragilité).

délic|e [delis] *m* delight || *Pl* delights, pleasures, sweets; *faire ses ~s de,* take delight in || **~ieusement** [-jøzmɑ̃] *adv* delightfully || **~ieux, euse** *adj* delicious, luscious.

délictueux, euse [deliktɥø, øz] *adj* unlawful.

déli|é, e [delje] *adj* loose (lacet) || FIG. glib (langue); sharp (esprit) || **~er** *vt* (1) untie (corde, mains) || FIG. release (*de,* from) [une promesse]; loosen (la langue).

délimiter [delimite] *vt* (1) delimit(ate), demarcate || FIG. define (les pouvoirs).

délinqu|ance [delɛ̃kɑ̃s] *f* delinquency || **~ant, e** *adj* delinquent; *enfance ~,* juvenile delinquency ● *n* offender, wrong-doer; trespasser (intrus).

délir|ant, e [delirɑ̃, ɑ̃t] *adj* MÉD. delirious, raving || FIG. frenzied (imagination) || **~e** *m* MÉD. delirium; *avoir le ~,* be delirious, wander || **~er** *vi* (1) be delirious, rave.

délit [deli] *m* JUR. misdemeanour, offence, misdeed; trespass (violation de propriété); *commettre un ~,* offend against the law; *être pris en flagrant ~,* be caught in the act/red-handed.

délivr|ance [delivrɑ̃s] *f* deliverance, release (libération) || JUR. issue (de passeport); delivery (de pièces) || **~er** *vt* (1) release, liberate, free, set free (un prisonnier); rescue (sauver) || JUR. issue (un passeport); deliver (des pièces) || FIG. deliver, free (*de,* from).

déloger [delɔʒe] *vt* (7) turn out, expel, dislodge — *vi* move out (déménager).

déloy|al, e, aux [delwajal, o] *adj* unfair (procédé); disloyal, faithless (personne) || SP. foul || **~auté** [-ote] *f* unfairness; disloyalty, faithlessness.

delta [dɛlta] *m* delta.

déluge [delyʒ] *m* deluge, flood.

déluré, e [delyre] *adj* wide-awake, cute.

démago|gie [demagɔʒi] *f* demagogy || **~gue** [-g] *m* demagogue.

démailler [demaje] *vt* (1) unravel (un tricot) — *vpr* ***se ~,*** [bas] run.

demain [dəmɛ̃] *adv* tomorrow; *~ matin,* tomorrow morning; *à ~!,* good bye till to morrow!, see you tomorrow!; *~ en huit,* tomorrow week.

démancher [demɑ̃ʃe] *vt* (1) take off the handle of (un outil).

demand|e [dəmɑ̃d] *f* question, inquiry || request, requisition (requête); application (d'emploi); ***sur ~,*** on application/request || *à la ~ de qqn,* on sb.'s request; ***faire une ~,*** make a request/an application; *faire une ~ d'emploi,* apply for a job || *~ instante,* plea || *~* ***en mariage,*** proposal || COMM. *l'offre et la ~,* supply and demand; *à la ~,* on demand || JUR. claim (réclamation) || *~ en divorce,* petition for divorce || **~er** *vt* (1) ask, request; *~* ***qqch. à qqn,*** ask sb. (for) sth., ask sth. of sb.; request sth. from sb., call (up)on sb. for sth.; *demandez-lui,* ask him; *puis-je vous ~ le sel?,* may I trouble you for the salt? || *~* ***à qqn de faire qqch.,*** ask sb. to do sth. || apply for (solliciter) || inquire for (*qqch.,* sth.) [dans une boutique]; *~* ***son chemin à qqn,*** ask sb. the way; *~* ***(à voir) qqn,*** inquire for sb., ask for sb.; *on vous demande au téléphone,* you are wanted on the phone || require (exiger); *~ du temps,* take/require time; *vous me ~ez trop,* you expect too much from me; *~ des comptes à qqn,* call sb. to account || want (désirer); ***ne ~ qu'à,*** be quite ready to; *ne pas ~ mieux que,* be all for; *je ne demande pas mieux que de,* I am only too glad to || *~ qqn en mariage,* propose (marriage) to sb. || COMM. *~ un prix,* charge — *vpr* ***se ~,*** wonder (*pourquoi,* why; *si,* whether); *je me demande pourquoi,* I can't think why; *je me le demande!,* I wonder! || **~eur** *m* TÉL. caller.

démang|eaison [demɑ̃ʒɛzɔ̃] *f* itch(ing) || **~er** *vi* (7) itch.

démanteler [demɑ̃tle] *vt* (5) MIL. dismantle.

démaquiller (se) [sədemakije] *vpr* (1) take off one's make-up.

démarcation [demarkasjɔ̃] *f* demarcation; *ligne de ~*, borderline.

démarchage [demarʃaʒ] *m* door-to-door selling; *faire du ~*, canvass.

démarche [demarʃ] *f* gait, walk, tread (allure); *~ traînante*, shuffle; *~ lourde*, slouch || FIG. step, application; *faire une ~*, take a step.

démarcheur, euse *n* COMM. door-to-door salesman/woman; [hôtel, restaurant] tout || POL. canvasser.

démarquer [demarke] *vt* (1) unmark (du linge) || COMM. mark down (solder) || lift (plagier).

démarr|age [demaraʒ] *m* start(ing) || **~er** *vi* (1) start, move off; ***faire ~***, start up || FIG. get under way || **~eur** *m* AUT. starter.

démâter [demɑte] *vt* (1) dismast.

démêl|é [demεle] *m* contention, quarrel; *avoir des ~s avec*, be at cross purposes with || **~er** *vt* (1) comb out (les cheveux); unravel, disentangle (un écheveau) || FIG. elucidate (une question); make out (*d'avec*, from).

démembrer [demɑ̃bre] *vt* (1) dismember.

déménag|ement [demenaʒmɑ̃] *m* removal (de meubles); *voiture de ~*, removal van || **~er** *vt* (7) move out, remove — *vi* move house, move out || **~eur** *m* furniture-remover.

démence [demɑ̃s] *f* madness, insanity.

démener (se) [sədemne] *vpr* (5) struggle (lutter); fidget (s'agiter) || FIG. exert oneself, take pains.

dément, e [demɑ̃, ɑ̃t] *adj* insane, demented ● *n* madman/woman.

dément|i [demɑ̃ti] *m* denial, contradiction, refutation || **~ir** *vt* (93) refute, give the lie to (qqch.); deny (fait); belie (paroles, sentiments) — *vpr* ***se ~*** [amitié, etc.] *ne jamais se ~*, never fail.

démérite [demerit] *m* demerit.

démesur|é, e [deməzyre] *adj* excessive, beyond measure || **~ément** *adv* excessively, beyond measure.

démettre [demεtr] *vt* (64) dislocate, put out — *vpr* ***se ~ de,*** resign (ses fonctions).

demeure I [dəmœr] *f* JUR. *mettre en ~*, call upon, summon; *mise en ~*, summons.

demeur|e II *f* dwelling, residence || abode (littéraire) || **~er** *vi* (1) [habiter] live, dwell, reside; abide (arch.) || [rester] remain, stay, rest; *en ~ là*, stop here.

demi I, **e** [dəmi] *adj* half; *deux et ~*, two and a half; *une ~-douzaine*, half a dozen; *deux heures et ~e*, half past two || ***à ~***, half; *à ~ mort*, half dead.

demi II *m* half || half-pint (of beer) || SP. [football] half-back; [rugby] *~ de mêlée*, scrumhalf || **~e** *f* half-hour.

demi- III *préf* half, demi-, semi-; ***~-finale*** *(f)*, semi-final; ***~-frère*** *(m)*, half-brother; ***~-heure*** *(f)*, half-hour; *une ~-heure*, half an hour, a half-hour; ***~-jour*** *(m)*, subdued light; ***~-lune*** *(f)* half-moon; ***~-mot*** *(m) comprendre à ~-mot*, take a hint; ***~-pause*** *(f)* MUS. minim rest; ***~-pension*** *(f)* half-board; ***~-pensionnaire*** *(n)*, dayboarder; ***~-place*** *(f)*, RAIL. half-fare; TH. half-price; ***~-pointure*** *(f)*, half-size; ***~-sœur*** *(f)*, step-sister; ***~-solde*** *(f)* MIL. half-pay; ***~-soupir*** *(m)* MUS. quaver rest; ***~-tarif*** *(m) à ~-tarif*, half-fare; ***~-tour*** *(m)* half-turn; *faire ~-tour*, go back; AUT. U-turn; ***~-volée*** *(f)* [tennis] half-volley.

démilitariser [demilitarize] *vt* (1) demilitarize.

déminéraliser [demineralize] *vt* (1) demineralize.

démissi|on [demisjɔ̃] *f* resignation; ***remettre/donner sa ~,*** hand in one's resignation || **~onner** [-ɔne] *vi* (1) resign || **~onnaire** [-ɔnɛr] *adj* resigning, outgoing.

démobilis|ation [demɔbilizasjɔ̃] *f* demobilization || **~er** *vt* (1) demobilize; discharge, release (un soldat).

démocra|te [demɔkrat] *adj/n* democrat || **~tie** [-si] *f* democracy || **~tique** [-tik] *adj* democratic.

démod|é, e [demɔde] *adj* out of fashion, out of date, old-fashioned, outdated, obsolete (vêtements, voiture); antiquated (robe) || **~er (se)** *vpr* (1) go out of fashion.

démographie [demɔgrafi] *f* demography.

demoiselle [dəmwazɛl] *f* girl, young lady; *~ d'honneur,* bridesmaid || *Pl les ~s X,* the misses X.

démol|ir [demɔlir] *vt* (2) demolish || break up (un bateau); pull down, U.S. tear down (une maison); throw down (un mur) || **~ition** *f* demolition.

dém|on [demɔ̃] *m* demon, devil || FIG. fiend; rascal (child) || **~oniaque** [-ɔnjak] *adj* demoniac.

démonstra|teur, trice [demɔ̃stratœr, tris] *n* demonstrator || **~tif, ive** *adj* demonstrative || FIG. expansive || **~tion** *f* demonstration.

démont|able [demɔ̃tabl] *adj* detachable (pièce); collapsible (bateau); sectionnal (meuble, etc.) || **~age** *m* dismantling, overhaul || **~er** *vt* (1) dismount (un cavalier) || TECHN. take to pieces, dismantle, dismount; take apart, take/knock down || FIG. put off/out (déconcerter) — *vpr **se ~,*** FIG. get upset, lose countenance.

démontrer [demɔ̃tre] *vt* (1) demonstrate || prove, make good || MATH. prove.

démoralis|ation [demɔralizasjɔ̃] *f* demoralization || **~er** *vt* (1) demoralize || dishearten (décourager); cut up (fam.).

démordre [demɔrdr] *vi* (4) *ne pas (en) ~,* stick to, stand pat.

démouler [demule] *vt* (1) unmould || CULIN. turn out.

démultiplier [demyltiplije] *vt* (1) gear down.

démun|i, e [demyni] *adj ~ d'argent,* short of money || **~ir** *vt* (2) deprive (*de,* of) — *vpr **se ~ de,*** part with.

démystifier, démythifier [demis-, demitifje] *vt* (1) undeceive (détromper); debunk (fam.).

dénationaliser [denasjɔnalize] *vt* (1) denationalize.

dénatur|é, e [denatyre] *adj* unnatural (père); perverted (goût) || **~er** *vt* (1) adulterate (aliments) || CH. denature || FIG. distort (vérité); misrepresent, garble, falsify (des faits).

dénégation [denegasjɔ̃] *f* denial, disclaimer.

déni [deni] *m ~ de justice,* denial of justice.

dénicher [deniʃe] *vt* (1) *aller ~ des oiseaux,* go bird-nesting || FIG. discover; ferret out.

dénicotiniser [denikɔtinize] *vt* (1) denicotinize.

denier [dənje] *m* money; *les ~s publics,* public funds.

dénier [denje] *vt* (1) deny (*qqch. à qqn,* sb. sth.) || disclaim (une responsabilité).

dénigr|ant, e [denigrɑ̃, ɑ̃t] *adj* detracting (paroles) || **~ement** *m* disparagement, detraction || **~er** *vt* (1) disparage, denigrate, decry, run down.

dénivell|ation [denivellasjɔ̃] *f*, **~ement** *m* fall, drop (de terrain).

dénombr|ement [denɔ̃brəmɑ̃] *m* counting || **~er** *vt* (1) count.

dénomina|teur [denɔminatœr] *m* denominator || **~tion** *f* denomination.

dénonc|er [denɔ̃se] *vt* (1) denounce; inform against, give away (qqn) || denounce (traité) || FAM. tell on || **~iateur, trice** [-jatœr, tris] *adj* telltale ● *n* informer, denouncer || **~iation** [-jasjɔ̃] *f* denunciation; information (*de,* against) || denouncement (d'un traité).

dénoter [denɔte] *vt* (1) denote, indicate.

dénou|ement [denumɑ̃] *m* winding up (d'une histoire); issue, outcome (d'un événement) || FIG., TH. dénouement || **~er** *vt* (1) untie, undo || let down (ses cheveux) — *vpr* ***se ~,*** come undone.

dénoyauter [denwajote] *vt* (1) stone.

denrée [dɑ̃re] *f* food-stuff; product; produce (agricole) || *Pl ~s périssables,* perishables.

dens|e [dɑ̃s] *adj* thick; dense (brouillard); *peu ~,* sparse (population) || **~ité** *f* thickness; density (du brouillard); substance (consistance) || PHYS. density.

den|t [dɑ̃] *f* tooth; *~ de devant,* foretooth; *~ de lait,* first/milk-tooth; *~ de sagesse,* wisdom-tooth; *fausses ~s,* false teeth; *faire ses ~s,* be teething; ***avoir mal aux ~s*** have toothache || [fourche] prong; [peigne] tooth || TECHN. cog (d'engrenage); jag (de scie); *en ~s de scie,* serrated || FIG. *manger à belles ~s,* eat with an appetite; *manger du bout des ~s,* pick at one's food || FIG. *avoir une ~ contre qqn,* have a grudge against sb.; *ne pas desserrer les ~s,* not to say a word; *montrer les ~s,* show one's teeth, show fight; *armé jusqu'aux ~s,* armed to the teeth || **~taire** [-tɛr] *adj* MÉD. dental; *art ~,* dentistry || **~tal, e, aux** [-tal, o] *adj* GRAMM. dental (son) || **~té, e** [-te] *adj* toothed; *roue ~e,* cog-wheel || **~telé, e** [-tle] *adj* jagged (contour, étoffe) || GÉOGR. indented (littoral) || BOT. serrated (feuille) || **~teler** *vt* (8 *a*) indent (le bord); jag (une étoffe) || ARTS scallop.

dent|elle [dɑ̃tɛl] *f* lace || **~ellière** [-əljɛr] *f* lace-maker || **~elure** [-lyr] *f* indentation (du littoral).

dent|ier [dɑ̃tje] *m* denture, set of false teeth || **~ifrice** [-ifris] *m/adj (pâte) ~,* tooth-paste, dentifrice || **~iste** *n* dentist.

dénud|é, e [denyde] *adj* bare (arbre, paysage) || bald (crâne) || naked (personne) || **~er** *vt* (1) denude, strip (un arbre); lay bare (un os, qqn) || ÉLECTR. strip (un fil).

dénu|é, e [denye] *adj* destitute, devoid (*de,* of) || **~ement** *m* destitution, want, poverty, need.

dépann|age [depanaʒ] *m* emergency repairing; *équipe de ~,* breakdown gang || **~er** *vt* (1) repair (on the spot); put into working order || FIG. tide over (qqn) || **~eur** *m* AUT. break-down mechanic; scout || **~euse** *f* break-down lorry, U.S. wreckingtruck, wrecker.

dépaqueter [depakte] *vt* (8 *a*) unpack, unwrap.

dépareillé, e [deparɛje] *adj* unmatched, odd (gant, etc.).

départ [depar] *m* departure, start(ing); *être sur le ~,* be about to leave/on the point of leaving || NAUT. sailing || FIG. *point de ~,* starting-point.

départager [departaʒe] *vt* (7) decide between; *~ les voix,* give the casting vote.

département [departəmɑ̃] *m* GÉOGR. county.

départir [departir] *vt* (93) assign

(distribuer) — *vpr* ***se** ~,* depart *(de,* from); renounce.

dépass|ement [depɑsmɑ̃] *m* AUT. overtaking || **~é, e** *adj* outworn, out-dated, passé || **~er** *vt* (1) go beyond/past; get ahead (qqn); outrun, outstrip (à la course); outride (à cheval); outgrow (en hauteur) || overreach, overrun, overstep (les limites) || AUT. pass, overtake; *~ la vitesse permise,* be speeding || FIG. turn (un certain âge); *avoir dépassé la soixantaine,* be over sixty — *vi* overlap (l'extrémité de); stick out, protrude (faire saillie) || [vêtement] show, hang out.

dépays|é, e [depɛize] *adj se sentir ~,* feel strange/like a fish out of water || **~er** *vt* (1) remove sb. from his usual surroundings.

dépecer [depəse] *vt* (6) cut up (un animal).

dépêch|e [depɛʃ] *f* dispatch (message) || TÉL. telegram || **~er** *vt* (1) dispatch (un messager) — *vpr* ***se** ~,* hasten *(de,* to); hurry (up), make haste; hustle, speed; *dépêchez-vous!,* hurry up!, look alive!

dépeign|é, e [depɛɲe] *adj* dishevelled, unkempt || **~er** *vt* (1) dishevel, ruffle.

dépeindre [depɛ̃dr] *vt* (59) depict, describe, portray.

dépend|ance [depɑ̃dɑ̃s] *f* dependence *(de,* on) || GÉOGR., JUR. dependency || *Pl* outbuildings || **~ant, e** *adj* dependent/dependant *(de,* on); contingent *(de,* on).

dépendre [depɑ̃dr] *vt ind* (4) depend, hang, turn, hinge *(de,* on) || *cela dépend,* that depends, it all depends; *il dépend de vous de,* it lies with you to.

dépen|s [depɑ̃] *mpl* costs, expense; *à vos ~,* to your costs; ***aux** ~ **de,*** at the expense of || **~se** [-s] *f* expense, expenditure; *faire la ~ de,* go to the expense of || store-room, pantry (réserve) || **~ser** [-se] *vt* (1) spend, expend (de l'argent) [*en,* on] — *vpr* ***se** ~,* FIG. overexert oneself (se surmener); lay oneself out (se mettre en frais) || **~sier, ière** [-sje, jɛr] *adj* extravagant, spendthrift.

dépér|ir [deperir] *vi* (2) waste away, pine, sicken; fall into decline || [plante] decay || **~issement** [-ismɑ̃] *m* wasting away || MÉD. declining || BOT. decay.

dépêtrer (se) [sədepɛtre] *vpr* (1) extricate oneself.

dépeupler [depœple] *vt* (1) depopulate — *vpr* ***se** ~,* depopulate, become depopulated.

dépilatoire [depilatwar] *adj/m* depilatory.

dépist|age [depistaʒ] *m* JUR., MÉD. detection || **~er** *vt* (1) detect || SP. throw sb. off the scent (un chien); track down (le gibier) || FIG. outwit.

dépit [depi] *m* spite, vexation, resentment; *par ~,* out of spite || ***en** ~ **de,*** in spite of, despite, (in) despite of, notwithstanding, for (all).

déplac|é, e [deplase] *adj* displaced (personne) || FIG. out of place, out of season (remarque); uncalled-for (propos); unbecoming (peu convenable) || **~ement** *m* displacement, shifting || NAUT., PHYS. displacement || SP. *jouer en ~,* play away || **~er** *vt* (6) displace, shift, move (changer de place) — *vpr* ***se** ~,* [personne, chose] move; travel (voyager); get about (aller et venir).

déplai|re [deplɛr] *vt ind* (75) ***~ à qqn,*** displease sb., be disliked by sb.; *cela lui déplaît de faire,* he dislikes doing || **~sant, e** [-ɛzɑ̃, ɑ̃t] *adj* unpleasant; distasteful (antipathique); harsh (aux sens); invidious (odieux) || **~sir** [-zir] *m* displeasure.

dépl|iant [deplijɑ̃] *m* folder || **~ier** *vt* (1) unfold (un journal) || || **~oiement** [-wamɑ̃] *m* unfolding (d'un journal); stretch(ing) [des bras] || MIL. deployment || FIG. display.

déplor|able [deplɔrabl] *adj* deplorable, woeful || **~er** *vt* (1) deplore, lament || mourn (la mort de qqn); bewail (son destin).

déploy|é, e [deplwaje] *adj* outspread, unfolded; *rire à gorge ~e,* roar with laughter || **~er** *vt* (9 *a*) unfold, spread, stretch (ses ailes); unfold (un journal); wave (un drapeau) || MIL. deploy || FIG. put forth (sa force); exert (influence, pouvoir); expand — *vpr* ***se ~,*** fan out.

déplu [deply] V. DÉPLAIRE.

dépoli, e [depɔli] *adj* ground, frosted (verre).

déport|ation [depɔrtasjɔ̃] *f* deportation || **~é, e** *n* deportee || **~er** *vt* (1) deport (personne) || *être déporté* [véhicule, navire] be carried/blown off course.

dépos|ant, e [depozɑ̃, ɑ̃t] *n* FIN. depositor || JUR. witness (témoin) || **~é, e** *adj* COMM. *marque ~e,* registered trade-mark || **~er** *vt* (1) deposit, lay down, set down || place (une couronne); shoot, dump (des ordures) || AUT. put down, drop (off) [un passager] || TECHN. take down (des rideaux); take up (un tapis) || ZOOL. [poisson] spawn (des œufs) || RAIL., TH., U.S. check (à la consigne, au vestiaire) || FIG. deposit (de l'argent) || POL. depose (un roi) || JUR. lodge (une plainte); bring in (un projet de loi); *~ une motion,* G.B. table/U.S. make a motion || COMM. register (une marque) — *vi* [liquide] settle || JUR. give evidence (témoigner) || **~itaire** [-itɛr] *n* COMM. agent || JUR. trustee || **~ition** *f* deposition (d'un souverain) || JUR. statement (déclaration); *faire une ~,* depose.

déposséder [depɔsede] *vt* (5) dispossess *(de,* from) || divest *(de,* of) [ses droits] || oust (évincer).

dépôt [depo] *m* deposition (action) || deposit (de limon) || *~ d'ordures,* refuse dump || yard (de charbon) || AUT. garage (d'autobus) || MIL. dump (de munitions) || FIN. deposition (d'argent); *~ de garantie,* deposit; *compte de ~,* deposit account; *mettre en ~,* deposit.

dépotoir [depɔtwar] *m* dumping-ground, (rubbish-)dump.

dépouill|e [depuj] *f* skin, hide (d'un animal); slough (d'un serpent); *~ mortelle,* body, mortal remains || *Pl* spoils (butin) || **~ement** *m* analysis (de documents) || POL. *~ de scrutin,* counting of the ballots || **~er** *vt* (1) skin || strip (ses vêtements) || FIG. fleece (qqn) [voler]; despoil (un pays) [piller] || divest, denude *(de,* of) [priver] — *vpr* ***se ~ de,*** [animal] cast off/shed its skin; [serpent] slough (off) [muer]; [personne] *se ~ de ses vêtements,* strip off/shed one's clothes; [arbre] *se ~ de ses feuilles,* shed its leaves.

dépourvu, e [depurvy] *adj* devoid, destitute *(de,* of); *~ de,* without, lacking in ● *m* ***prendre qqn au ~,*** catch sb. umprepared.

déprav|ation [depravasjɔ̃] *f* depravity || **~é, e** *adj* depraved (goût, mœurs, personne) ● *n* reprobate || **~er** *vt* (1) deprave (le goût); corrupt (les mœurs); pervert, demoralize (qqn).

dépréc|iation [depresjasjɔ̃] *f* depreciation || **~ier** *vt* (1) depreciate || FIN. debase || FIG. cheapen, belittle, underrate, cry down — *vpr* ***se ~,*** depreciate || FIG. make oneself cheap.

dépression [deprɛsjɔ̃] *f* depression (creux); depression (météorologique) || FIN.éepression, slump (économique) || MED. *~ nerveuse,* break-down.

déprim|ant, e [deprimɑ̃, ɑ̃t] *adj* depressing; cheerless || **~é, e** *adj* depressed, dispirited; *se sentir ~,* feel low || **~er** *vt* (1) depress.

depuis [depɥi] *prép* since (à partir d'une date); ~ *lors,* ever since, from then on; ~ *longtemps,* long since; ~ *peu,* not long ago || for (au cours de); *je suis ici* ~ *deux semaines,* I have been here for two weeks; ~ *quand?,* how long? || from (à partir d'une date jusqu'à une autre date); ~ *le matin jusqu'au soir,* from morning till night ● *adv* since, since then || later on (ultérieurement) ● *loc conj* ~ ***que,*** since.

dépur|atif, ive [depyratif, iv] *adj/m* depurative || **~er** *vt* (1) purify.

déput|ation [depytasjɔ̃] *f* deputation || **~é** *m* member of Parliament, U.S. congressman, FR. deputy || **~er** *vt* (1) deputate.

déraciner [derasine] *vt* (1) uproot, dig up || FIG. eradicate.

déraill|ement [derajmɑ̃] *m* derailment; wreck || **~er** *vi* (1) jump the rails, be derailed; *faire* ~, derail, wreck (un train) || FIG. rave, talk nonsense || **~eur** *m* [bicyclette] derailleur gears.

déraisonn|able [derɛzɔnabl] *adj* unreasonable, senseless || **~er** *vi* (1) talk nonsense.

dérang|é, e [derɑ̃ʒe] *adj* upset (estomac); unsound (esprit) || wrong || **~ement** *m* disorder || trouble, inconvenience || intrusion || disturbance (atmosphérique) || TÉL. *en* ~, out of order || **~er** *vt* (7) misplace (qqch.); disarrange (des papiers); disturb, intrude on (qqn) || TECHN. put out of order (un appareil) || MÉD. upset (l'estomac); disorder, derange (l'esprit) || FIG. disturb, bother (troubler); intrude (être importun); trouble, derange, inconvenience (gêner); *si cela ne vous dérange pas,* if it's no trouble to you; ~ *qqn,* put sb. to inconvenience || FIG. upset, cross (des plans) — *vpr* ***se*** ~, go out of one's way.

déraper [derape] *vi* (1) skid, side-slip.

dératisation [deratizasjɔ̃] *f* rat extermination, rodent control.

dé|réglé, e [deregle] *adj* TECHN. out of order || FIG. disorderly, wild (vie, imagination) || **~règlement** *m* putting out of order (action) || FIG. disorderliness.

dérider [deride] *vt* (1) smooth (son front).

déris|ion [derizjɔ̃] *f* derision; *objet de* ~, derision, laughing-stock, mockery, byword (personne); *tourner en* ~, deride, make game of || **~oire** *adj* derisive (ridicule) || paltry, trivial (insignifiant).

dériv|atif [derivatif] *m* diversion || **~ation** *f* ÉLECTR. shunt || **~e** *f* NAUT., AV. drift; *aller à la* ~, drift || NAUT. centre-board (quille) || FIG. *à la* ~, adrift; *aller à la* ~, go to rack and ruin || **~é** *m* CH. by-product || **~er** *vt* (1) divert || ÉLECTR. shunt — *vt ind* ~ ***de,*** GRAMM. be derived from; FIG. proceed, stem from — *vi* NAUT., AV. drift.

dermat|ologie [dɛrmatɔlɔʒi] *f* dermatology || **~ologiste** [-ɔlɔʒist], **~ologue** [-ɔlɔg] *n* dermatologist || **~ose** [-oz] *f* skin-disease.

dernier, ière [dɛrnje, jɛr] *adj* last (d'une série); lowest, bottom (le plus bas); hindmost (le plus en arrière); late, later, latest (le plus récent); *~ières nouvelles,* latest news || extreme, utmost (extrême); *~ière limite,* deadline; ~ *numéro,* current issue (d'un journal, etc.) ● *m le* ~, the last (l'ultime); ***en*** ~, last; *ce* ~, the latter (de deux) || ***~-né, ~ière-née*** *(n),* last-born child ● *f* FAM. final (édition des journaux).

dernièrement [dɛrnjɛrmɑ̃] *adv* recently, lately, latterly.

dérob|ade [derɔbad] *f* FIG. evasion || **~é, e** *adj* secret (escalier) || **~ée (à la)** *loc adv* by stealth; *aller à la* ~, steal; *regard à la* ~, furtive glance; *regarder à la* ~, steal a glance, peep || **~er** *vt* (1) steal (qqch.); rob (*qqch. à qqn*, sb. of sth.) — *vpr* ***se ~,*** [cheval] jib, balk || [personne] shirk, shrink back; elude, evade (*à*, from) || [sol] give way.

déro|gation [derɔgasjɔ̃] *f* JUR. derogation (*à*, from) || **~ger** [-ʒe] *vi* (7) derogate.

dérouiller [deruje] *vt* (1) rub the rust off || FIG. brush up (ses connaissances).

déroul|ement [derulmɑ̃] *m* FIG. march, development || **~er** *vt* (1) unwind, wind off (bobine); unroll (carte) — *vpr* ***se ~,*** unwind, unroll || FIG. take place.

dérout|ant, e [derutɑ̃, ɑ̃t] *adj* confusing, misleading, baffling, bewildering || **~e** *f* MIL. rout; *mettre en ~,* rout, disarray || **~er** *vt* (1) AV., NAUT. divert || FIG. put off, put out, nonplus; baffle.

derrick [derik] *m* TECHN. derrick.

derrière [derjɛr] *prép* behind, U.S. back of; after; *fermez la porte ~ vous,* shut the door after you ● *adv* behind ● *loc adv* ***de ~*** *: les pattes de ~,* the hind legs; *la porte de ~,* the back door || ***par-~,*** (from) behind; behind sb.'s back ● *m* back, rear (d'une chose) || buttocks, bottom (de l'homme); haunches (de l'animal) || behind, bum (fam.).

des [de] *art* (= DE LES) V. DE, UN.

dès [dɛ] *prép* [temps] as early as, as far back (une date éloignée); immediately after, as soon as (aussitôt); *~ que possible,* as soon as possible; from, since (depuis); *~ aujourd'hui,* from this day on; *~* ***lors,*** from that time; *~ à présent,* from now on || [lieu] from ● *loc* *~* ***lors que,*** since || *~* ***que,*** as soon as, FAM. directly; *~ que je l'aperçus,* the moment I saw him.

dés|abusé, e [dezabyze] *adj* disillusioned, cynical (désenchanté) || **~accord** *m* discordance, variance, inconsistency, discrepancy (*entre,* between); ***en ~ avec,*** at variance with, inconsistent with; ***être en ~,*** disagree, be at odds/variance (*avec,* with); be at issue (*sur,* over) || misunderstanding, disagreement, dissent, conflict (mésintelligence); *être en ~,* disagree, dissent, clash *(avec,* with), be at cross purposes || **~accordé, e** *adj* MUS. out of tune || **~affecté, e** *adj* disused || **~agréable** *adj* unpleasant, disagreeable; offensive (odeur); unpalatable (goût); uncomfortable (position); peevish, surly (personne) || **~agréger** *vt* (7) disintegrate — *vpr* ***se ~,*** break up, disintegrate || **~agrément** *m* nuisance, annoyance; discomfort || **~aimanter** *vt* (1) demagnetize || **~altérer** *vt* (1) slake/quench (sb.'s) thirst — *vpr* ***se ~,*** slake/quench one's thirst || **~amorcer** *vt* (6) defuse (une bombe) — *vpr* ***se ~,*** [pompe] fail || **~appointement** [-apwɛ̃tmɑ̃] *m* disappointment || **~appointer** *vt* (1) disappoint || **~approbateur, trice** *adj* disapproving || **~approbation** *f* disapproval, disapprobation; disfavour || **~approuver** *vt* (1) disapprove of, object to, frown upon, take a dim view of || **~arçonner** [-arsɔne] *vt* (1) [cheval] unseat, unsaddle, spill; [personne] dismount, unhorse || FIG. put out, nonplus || **~armement** *m* disarmament || **~armer** *vt* (1) disarm, unload (un revolver) || NAUT. lay up, dismantle — *vi* FIG. yield || **~arroi** [arwa] *m* confusion, distress.

désastr|e [dezastr] *m* disaster || **~eux, euse** *adj* disastrous || FIG. ruinous.

dés|avantage [dezavɑ̃taʒ] *m* disadvantage || **~avantagé, e** *adj être ~,* be at a disadvantage || **~avantageux, euse** *adj* disadvantageous || **~aveu** *m* retraction, disavowal || **~avouer** *vt* (1) disavow (une action); retract (un aveu) || FIG. repudiate, disown (qqn) || **~axé, e** *adj* FIG., FAM. unbalanced.

descend|ance [desãdãs] *f* lineage, offspring, descent || **~ant, e** I *n* descendant, offspring.

descendant, e II *adj* downward; *train ~*, down-train (de Londres).

descen|dre [desãdr] *vi* (4) go/come down || get down, descend, climb down, come off || *faire ~*, call down (qqn) || [terrain] slope down, fall; [route] dip || [baromètre, thermomètre] fall || [s'arrêter] stop over (*à*, at); *descendre à l'hôtel*, put up at a hotel || AUT., RAIL. get off; *tout le monde descend!*, all change! || Av. deplane (d'avion) || SP. alight, dismount (d'un cheval); [bicyclette] *~ en roue libre*, coast || NAUT. [marée] go out, ebb || FIG. ***~ de***, be descended from, U.S. stem from — *vt* go/come down, descend; *~ l'escalier*, go/come downstairs || take/bring/ carry down (qqch.) || Av., FAM. bring/shoot down || **~te** [-ãt] *f* going/coming down, descent (action, pente) || way down (direction) || RAIL. getting out/off (du train) || MIL. descent (attaque); raid (de police); *faire une ~*, raid || FIG. swoop || REL. *~ de Croix*, deposition || ***~ de lit***, bedside rug.

descrip|tif, ive [dɛskriptif, iv] *adj* descriptive || **~tion** *f* description.

déségrégation [desegregasjɔ̃] *f* *~ (raciale)*, integration.

désembu|er [dezãbɥe] *vt* (1) demist || **~eur** *m* AUT. demister.

désempar|é, e [dezãpare] *adj* helpless (personne) || NAUT. crippled (navire) || Av. out of control || **~er** *vt* (1) NAUT. cripple, disable — *vi* ***sans ~***, without stopping.

désenchant|ement [dezãʃãtmã] *m* disenchantment, disillusion || **~é, e** *adj* disillusioned; wistful || **~er** *vt* (1) disenchant, disillusion.

dés|encombrer [dezãkɔ̃bre] *vt* (1) clear out, disencumber || **~enfler** *vi* (1) become less swollen || **~équilibre** *m* lack of balance || **~équilibré, e** *adj* off balance ● *n* unbalanced person || **~équilibrer** *vt* (1) throw off balance || FIG. unbalance (esprit).

déser|t, e [dezɛr, ɛrt] *adj* desert, uninhabited (non habité); desolate, empty (région) ● *m* desert, wilderness, waste, wild || **~ter** [-te] *vt* (1) desert (un lieu); forsake (abandonner) — *vi* desert || **~teur** *m* MIL. deserter || **~tion** *f* desertion || **~tique** [-tik] *adj* desert; *régions ~s*, wilds.

désesp|érant, e [dezɛsperã, ãt] *adj* hopeless; distressing || **~éré, e** *adj* despairing; hopeless; desperate (rempli de désespoir); heart-broken; forlorn || **~érément** [-emã] *adv* desperately, despairingly || **~érer** *vi* (5) despair (*de*, of); lose hope — *vt* drive to despair || **~oir** *m* despair, hopelessness; *au ~*, in despair; *faire le ~ de qqn*, be sb.'s despair || desperation, despondency; ***en ~ de cause***, in (sheer) desperation, as a last resort.

dés|habillé [dezabije] *m* négligé; *en ~*, in dishabille || **~habiller** *vt* (1) undress — *vpr* ***se ~***, take off one's clothes/coat; strip off (se mettre nu) || **~habituer** *vt* (1) *~ qqn de faire*, break sb. of the habit of doing || **~herbant** *m* weedkiller || **~herber** *vt* (1) weed || **~hériter** *vt* (1) disinherit.

déshon|neur [dezɔnœr] *m* disgrace, dishonour || **~orant, e** [-ɔrã, ãt] *adj* dishonourable, disgraceful, disreputable (action), shameful || **~orer** *vt* (1) disgrace, dishonour; be a dishonour to, bring disgrace on — *vpr* ***se ~***, disgrace oneself.

déshydrater [dezidrate] *vt* (1) dehydrate.

désign|ation [deziɲasjɔ̃] *f* designation || **~er** *vt* (1) designate; point out (du doigt) || appoint, assign (*pour*, to); nominate, constitute (nommer) || MIL. tell off.

désillusion [dezilyzjɔ̃] *f* disillusion || **~ner** [-ɔne] *vt* (1) disillusion.

désinence [dezinɑ̃s] *f* GRAMM. ending.

dés|infectant [dezɛ̃fɛktɑ̃] *m* disinfectant || **~infecter** *vt* (1) disinfect; fumigate (par fumigation) || **~intégration** *f* disintegration || **~intégrer** *vt/vpr (se ~)* [5] disintegrate || **~intéressé, e** *adj* disinterested, unselfish || **~intéressement** *m* unselfishness || satisfaction (d'un créancier) || **~intéresser** *vt* (1) indemnify, satisfy, buy out (qqn) — *vpr* ***se ~,*** take no further interest (*de,* in); dissociate oneself (*de,* from).

désintoxication [dezɛ̃tɔksikasjɔ̃] *f* detoxication.

désinvolt|e [dezɛ̃vɔlt] *adj* casual, off-hand; flippant; jaunty, rakish || **~ure** *f* offhandedness, jauntiness, flippancy; *avec ~,* casually, jauntily.

désir [dezir] *m* wish desire (*de qqch.,* for sth.; *de faire,* to do) || *c'est prendre ses ~s pour des réalités,* that's a piece of wishful thinking || *vif ~,* longing, yearning; *~ intense,* craving || desire (charnel) || **~able** *adj* desirable || **~er** *vt* (1) wish, desire, want; *~* ***qqch.,*** wish for sth.; *~ ardemment,* yearn for; *~ intensément,* crave; *cela laisse beaucoup à ~,* it leaves much to be desired || **~eux, euse** *adj* desirous, wishful (*de,* of) || anxious (*de,* to); solicitous (*de,* of).

désist|ement [dezistəmɑ̃] *m* withdrawal (d'un candidat) || **~er (se)** *vpr* (1) withdraw (*en faveur de,* in favour of).

dés|obéir [dezɔbeir] *vi* (2) *~ à qqn,* disobey sb. || **~obéissance** *f* disobedience || **~obéissant, e** *adj* disobedient || **~obligeant, e** *adj* derogatory (remarque); invidious (blessant); disparaging (humiliant) || **~obliger** *vt* (7) disoblige, displease (contrarier); offend (offenser).

désodoris|ant [dezɔdɔrizɑ̃] *m* deodorant || **~er** *vt* (1) deodorize.

désœuvr|é, e [dezœvre] *adj* idle; at a loose end (fam.) || **~ement** *m* idleness.

désol|ant, e [dezɔlɑ̃, ɑ̃t] *adj* distressing, sad (nouvelles) || **~ation** *f* desolation (action); distress, grief (affliction) || **~é, e** *adj* desolate, waste (désert); bleak (paysage); disconsolate, grieved (affligé); (very) sorry (contrarié) || **~er** *vt* (1) grieve — *vpr* ***se ~,*** grieve.

désolidariser (se) *vpr* (1) dissociate oneself (*de,* from).

désopilant, e [dezɔpilɑ̃, ɑ̃t] *adj* FAM. killing.

dés|ordonné, e [dezɔrdɔne] *adj* untidy, disorderly (pièce, personne) || disorderly, dissolute (vie) || wild (mouvements) || **~ordre** *m* disorder, confusion (défaut); untidiness (état); muddle, welter (fouillis); *en ~,* untidy, disorderly (pièce); out of order (déclassé); *mettre en ~,* make untidy || *Pl* disturbance(s), disorder, troubles (public) || **~organisation** *f* disorganization || **~organiser** *vt* (1) disorganize, dislocate || **~orienté, e** *adj* [déconcerté] bewildered, confused, mixed up, at a loss, puzzled; FAM. all at sea || **~orienter** *vt* (1) disorientate, cause to lose one's bearings || FIG. bewilder, puzzle.

désormais [dezɔrmɛ] *adv* from now on, henceforth.

désosser [dezɔse] *vt* (1) bone.

despot|e [dɛspɔt] *m* despot || **~ique** *adj* despotic || **~isme** *m* despotism.

desquamer (se) [sədɛskwame] *vpr* scale (off).

desquels V. LEQUEL.

des|salement [desalmɑ̃] *m* desalination; *usine de ~ de l'eau* *de mer,* desalination plant || **~saler** *vt* (1) desalinize, desalt || **~sécher** *vt* (5) dry up, desiccate || parch (la terre); wither (une plante) || FIG. narrow (l'esprit) — *vpr* ***se ~,*** dry up, shrivel (up).

dessein [desɛ̃] *m* design, plan, project (plan); purpose, aim (intention); *à ~,* designedly, intentionally; *dans le ~ de,* for the purpose of.

desserr|é, e [desɛre] *adj* loose (nœud, vis) || **~er** *vt* (1) loosen (un nœud, une ceinture, une vis); relax (une étreinte) — *vpr* ***se ~,*** come/work loose.

dessert [desɛr] *m* dessert, sweet.

desser|te [dɛsɛrt] *f* side-board (meuble); dumb-waiter (table) || **~vir** I [-vir] *vt* (95) clear (la table) || FIG. tell against.

desservir II *vt* (95) [transports] serve; ply between (deux villes) || REL. [prêtre] serve (deux paroisses).

dess|in [desɛ̃] *m* drawing (art); drawing, sketch (réalisation); *~* ***humoristique,*** cartoon; *~ industriel/de mode,* industrial/fashion design || pattern, design (motif) || CIN. *~* ***animé,*** (animated) cartoon || **~inateur, trice** [-inatœr, tris] *n* drawer (artiste); *~ humoristique,* cartoonist || TECHN. draughtsman, U.S. drafstman || **~iner** [-ine] *vt* (1) draw, sketch || TECHN. draught, design (un plan, un modèle); lay out (un jardin) — *vpr* ***se ~,*** show up; take shape (prendre forme).

dessous [dəsu] *adv* under, beneath, below ● *loc* ***au-~ de,*** below, beneath || ***ci-~,*** below || ***de ~,*** from under || ***en ~,*** below, underneath; FIG. *rester en ~ de,* fall short of || ***par-~,*** under(neath) ● *m avoir le ~,* get the worst of it, be under dog || *Pl* FAM. undies (féminins); FIG. the shady side (*de,* of) || **~-de-bouteille** *m inv* bottle-mat || **~-de-plat** *m inv* place/table mat.

dessus [dəsy] *adv* (up)on; above; over ● *loc* ***au-~ (de),*** above, over, on top of, above || ***ci-~,*** above || ***de ~,*** from off || ***en ~,*** above, uppermost, on top || ***par-~,*** over, above; *par-~ bord,* overboard; *par-~ tout,* above all ● *m* top, upper part (d'un objet); back (de la main) || MÉD. *prendre le ~,* recover (one's health) || FIG. *avoir le ~,* have the upper hand, be top dog || **~-de-lit** *m inv* bedspread.

destin [dɛstɛ̃] *m* destiny (existence) || fate (fatalité).

destin|ataire [dɛstinatɛr] *n* addressee, recipient (d'une lettre); consignee (de marchandises) || **~ation** *f* destination; *arriver à ~,* reach one's journey's end; ***à ~ de,*** for, going to (voyageurs); NAUT. bound for || FIG. purpose (but) || **~é, e** *adj* destined (*à,* to); intended (*à,* for); meant (*à,* for); fated (*à,* to) || **~ée** *f* destiny (existence) || fate (fatalité) || **~er** *vt* (1) intend, mean (*à,* for); destine (*à,* to/for); design (*à,* for); *~ à un sort tragique,* doom — *vpr* ***se ~ à,*** intend to; take up/enter (une profession).

destitu|er [dɛstitɥe] *vt* (1) remove from office, displace || **~tion** *f* removal from office, displacement; deposition (d'un roi).

destruc|teur, trice [dɛstryktœr, tris] *adj* destructive (agent, effet) ● *n* destroyer (personne) || **~tif, ive** *adj* destructive (influence) || **~tion** *f* destruction, wreck; *semer la ~,* play havoc.

dés|uet, ète [desɥɛ, ɥɛt] *adj* antiquated, out-of-date, obsolete || **~uétude** [-ɥetyd] *f* disuse || JUR. *tomber en ~,* fall into disuse; [droits] lapse.

désun|ion [dezynjɔ̃] *f* discord, disunion, division || **~ir** *vt* (2) separate, disunite, divide.

détach|ant [detaʃɑ̃] *m* cleaner, spot-remover || **~é, e** *adj* loose (chien); untied (nœud); separate, loose (page) || FIG. detached, unconcerned || **~ement** *m* FIG. detachment, unconcern || JUR. detachment || MIL. detachment, detail party ; ~ *spécial,* taskforce ; ~ *de police,* posse || **~er** I *vt* (1) unbind, untie, unfasten || loose, unleash (un chien) || detach (*de,* from) || separate, sever (séparer) || MIL. detach, detail, draft || FIG. estrange, alienate (qqn) [*de,* from] — *vpr* **se** ~, come undone/untied || [animal] break/get loose || [chose] come apart/away/off ; come/ work loose || SP. [coureur] break away, pull ahead || FIG. separate, break away (*de,* from) ; cast off (s'affranchir) || FIG. stand out (se profiler).

détacher II *vt* (1) remove stains from, clean.

détail [detaj] *m* detail ; circumstance ; *en* ~, at length || *Pl* particulars ; *entrer dans les* ~*s,* go into details || [facture] break-down || COMM. [vente] retail ; *vendre au* ~, retail, sell retail || **~lant, e** [-ɑ̃, ɑ̃t] *adj/n* retailer || **~lé, e** *adj* detailed, circumstantial, elaborate, minute || **~ler** *vt* (1) retail || COMM. cut up (à la coupe) ; retail (vendre).

détaler [detale] *vi* (1) FAM. scamper away, scoot.

détartrer [detartre] *vt* (1) scale (les dents).

détect|er [detɛkte] *vt* (1) detect || **~eur** *m* TECHN. detector || **~ive** *m* detective.

déteindre [detɛ̃dr] *vi* (59) [couleur] run, discharge ; [étoffe] lose colour, fade ; come off (*sur,* on) || FIG. influence (*sur qqn,* sb.).

dételer [detle] *vt* (8 *a*) unharness (un cheval).

détend|re [detɑ̃dr] *vt* (4) slacken, loosen (une corde) ; relax (les muscles) ; unbend (un bras, les jambes) || FIG. relax (l'esprit) — *vpr* **se** ~, [corde] slacken ; [arc] unbend ; [ressort] run down || FIG. [personne] relax ; [situation] ease off || **~u, e** *adj* slack, loose (corde) || FIG. relaxed (personne).

détenir [detnir] *vt* (101) possess (qqch. à soi) ; detain (les biens d'autrui) ; keep back (un secret) || JUR. detain (en prison) || SP. hold (un record).

détente [detɑ̃t] *f* TECHN. release (d'un ressort) ; expansion (de la vapeur) || trigger (d'un fusil) || [repos] rest, relaxation || POL. détente.

déten|teur, trice [detɑ̃tœr, tris] *n* holder (d'une charge, d'un record) || **~tion** *f* holding, possession (de biens) || JUR. detention, confinement, custody (d'un prisonnier).

détenu, e [detny] *n* prisoner.

détergent, e [detɛrʒɑ̃, ɑ̃t] *adj/m* detergent.

détérior|ation [deterjɔrasjɔ̃] *f* deterioration, impairment || **~er** *vt* (1) deteriorate, impair (la santé) ; perish — *vpr* **se** ~, deteriorate, perish.

détermin|ant, e [detɛrminɑ̃, ɑ̃t] *adj* determining, decisive || **~ation** *f* determination || **~é, e** *adj* specific, particular (but) ; determinate (sens) || determined (résolu) || **~er** *vt* (1) determine, settle (fixer) || cause, condition (causer) || induce, decide *(qqn)* [*à,* to] ; prevail (*qqn à,* upon sb. to).

déterrer [detɛre] *vt* (1) unearth, dig out/up ; excavate.

détersif, ive [detɛrsif, iv] *adj/m* detergent.

détest|able [detɛstabl] *adj* wretched, vile (temps) ; detestable (personne) || **~er** *vt* (1) detest, dislike, abhor, hate.

déton|ant, e [detɔnɑ̃, ɑ̃t] *adj* explosive || **~ateur** *m* detonator || **~ation** *f* detonation ; report, crack, bang (d'un fusil) || **~er** *vi* (1) detonate ; *faire* ~, detonate.

détonner [detɔne] *vi* (1) [son, couleur] jar, clash ; [expression, parure] be out of place.

détour [detur] *m* bend, turn (de la route); *faire un* ~, go/come round, make a detour; *faire un grand* ~, go a long way round; *faire des* ~*s*, wind || FIG. roundabout way; *user de* ~*s*, dodge; *sans* ~, straight out, straightforward(ly).

détourn|é, e [deturne] *adj* circuitous, roundabout, devious (chemin) || FIG. devious (voies, moyens) || ~**ement** *m* diversion || JUR. embezzlement, defalcation (de fonds); abduction (de mineur); hijacking (d'un avion) || ~**er** *vt* (1) divert (la circulation); deflect (un coup); turn away (la tête); ~ *les yeux*, look away || distract (l'attention); change, divert, turn (la conversation); avert (les soupçons) || discourage, deter, draw away (*qqn de*, sb. from) || JUR. embezzle, misapply (des fonds); abduct (un mineur); hijack (un avion) — *vpr* ***se*** ~, turn away (*de*, from).

détracteur, trice [detraktœr, tris] *n* detractor.

détraqu|é, e [detrake] *adj* TECHN. out of order, broken down || MÉD. upset, out of order (estomac); broken down (santé) || FAM. crazed || ~**er** *vt* (1) put out of order (une machine) || MÉD. upset (l'estomac); shatter (la santé) — *vpr* ***se*** ~, get out of order || MÉD. [estomac] become upset; [santé] break down.

détrempe [detrɑ̃p] *f* ARTS tempera.

détremp|é, e *adj* sodden, waterlogged, watery, soggy (sol) || ~**er** *vt* (1) soak || dilute, water down (couleur, etc.).

détresse [detrɛs] *f* distress (angoisse); danger, distress (danger) || NAUT. *en* ~, in distress; *signal de* ~, emergency signal.

détriment [detrimɑ̃] *m* detriment ● *loc prép* ***au*** ~ ***de*** to the detriment of.

détritus [detritys] *mpl* refuse, rubbish, garbage, litter.

détroit [detrwa] *m* strait(s), narrows, sound.

dé|tromper [detrɔ̃pe] *vt* (1) set right, undeceive; *détrompez-vous!*, don't you believe it! || ~**trôner** *vt* (1) dethrone.

détr|uire [detrɥir] *vt* (85) destroy, demolish, ruin || AV. ~ *par bombardement*, blitz || FIG. dash (l'espérance); overthrow (un projet) || ~**uit, e** [-ɥi, it] *adj* ruined, destroyed || FIG. broken (foyer).

dette [dɛt] *f* debt; *avoir des* ~*s*, be in debt; *faire des* ~*s*, run into debt; *payer ses* ~*s*, pay one's dues; *ne plus avoir de* ~*s*, be out of debt.

deuil [dœj] *m* mourning (état, vêtement, période); ***en*** ~, in mourning (*de*, for); *prendre le* ~, go into mourning (*de*, for); *porter le* ~, mourn || bereavement (perte).

deux [dø(z)] *adj inv* [cardinal] two; ~ *ou trois jours*, a couple of days; ***un jour sur*** ~, every other day || [ordinal] second; *le* ~ *mai*, the second of May ● *m* two; *à* ~, together; ~ *à* ~, two and two; ~ *par* ~, in twos, two by two; *en* ~, in two; *couper en* ~, cut in halves || ***les*** ~, both; *les* ~ *hommes*, both men; *nous* ~, both of us; *des* ~ *côtés*, on both sides; *tous (les)* ~, both (of them) || [cartes, dés] deuce || ~**ième** [-zjɛm] *adj* second || ~**ièmement** [-zjɛmmɑ̃] *adv* secondly || ~**-pièces** *m sg* twin-set (vêtement) || ~**-points** *m inv* colon || ~**-ponts** *m* AV. double-decker.

dévaler [devale] *vi/vt* (1) run/tumble down.

dévaliser [devalize] *vt* (1) rob (une personne); rifle (un local).

déval|oriser [devalɔrize] *vt* (1) depreciate || ~**uation** [-ɥasjɔ̃] *f* devaluation || ~**uer** [-ɥe] *vt* (1) devaluate.

devancer [dəvɑ̃se] *vt* (6) get ahead of, outstrip (qqn); steal a march on (qqn) || anticipate, forestall (prévenir) || MIL. *~ l'appel,* enlist before the usual age || [journalisme] scoop (un concurrent).

devant [dəvɑ̃] *prép* in front of, before ● *adv* before, in front; *passer ~,* go past/by ● *loc* ***au~ (de),*** in front (of); *aller au-~ de qqn,* go to meet sb. || ***par-~,*** in front; JUR. before, in front of ● *m* front, fore part (d'un objet) || *Pl prendre les ~s,* steal a march on sb., forestall ● *loc adj* ***de ~,*** front; ZOOL. *pattes de ~,* forelegs.

devanture [dəvɑ̃tyr] *f* (shop-) window.

dévaster [devaste] *vt* (1) lay waste, devastate, harry.

déveine [devɛn] *f* FAM. tough luck.

développ|ement [devlɔpmɑ̃] *m* unfolding (d'un objet plié); unwrapping (d'un paquet) || growth (du corps) || ***pays en voie de ~,*** developing nation || PHOT. development || COMM. expansion || FIG. exposition || **~er** *vt* (1) develop (muscles) || expand, develop (entreprise) || PHOT. develop || SP. develop, set up (le corps) || FIG. develop, improve (les dons); enlarge (upon), expand (un sujet); work out (une idée); evolve (un argument); promote (promouvoir) — *vpr* ***se ~,*** develop, expand, spread out.

devenir [dəvnir] *vi* (101) become, grow, get, turn, go; *~ fou,* go mad || become of (advenir); *qu'est-il devenu ?,* what has become of him?

dévergond|age [devɛrgɔ̃daʒ] *m* licentiousness || **~é, e** *adj* licentious, fast || **~er (se)** *vpr* (1) run wild.

déverser [devɛrse] *vt* (1) pour, shed || discharge (un trop-plein) || shower (en ondée) || tip out (un chargement).

dévêtir [devɛtir] *vt* (104) undress — *vpr* ***se ~,*** undress, take off one's clothes, strip.

déviation [devjasjɔ̃] *f* deviation || AUT. diversion (de la circulation); by-pass (route); detour (temporaire) || FIG. departure (*de,* from) || **~niste** [-ɔnist] *n* POL. deviationist.

dévid|er [devide] *vt* (1) unwind || FIG. reel off || **~oir** *m* winder, reel.

dévier [devje] *vi* (1) deviate, swerve || [épée] glance off || *faire ~,* deflect, FIG. head off; divert (la conversation).

dev|in, ineresse [dəvɛ̃, inrɛs] *n* soothsayer || **~iner** [-ine] *vt* (1) guess (par l'imagination); divine (par la prédiction); find out (par la recherche) || **~inette** [-inɛt] *f* riddle, puzzle, conundrum.

devis [dəvi] *m* estimate.

dévisager [devizaʒe] *vt* (7) stare at; eye.

devise I [dəviz] *f* motto, slogan.

devise II *f* FIN. currency; *~s étrangères,* foreign currency.

deviser [dəvize] *vi* [1] (have a) chat.

dé|visser [devise] *vt* (1) screw off, unscrew — *vi* SP. [alpinisme] fall || **~vitaliser** [-vitalize] *vt* (1) devitalize || **~voiler** *vt* (1) unveil (une statue) || FIG. reveal, disclose (un secret); expose (un projet, une imposture, une conjuration) — *vpr* ***se ~,*** FIG. come out.

devoir I [dəvwar] *vt* (39) owe (de l'argent); *il me doit 10 livres,* he owes me 10 pounds || FIG. owe (la vie) ● *m* [école] task, assignment, exercise; paper; *~s du soir,* homework, prep (fam.); *~ supplémentaire,* imposition.

devoir II *v aux* [nécessité] must; have to; *je dois partir de bonne heure,* I have to leave early || [convention] be (supposed) to; *nous devons nous marier le mois* *prochain,* we are to be married next month || [possibilité, supposition] *il doit être malade,* he must be ill; *il devrait gagner,* he ought to win || [obligation; conseil] ought, should; *vous devriez partir maintenant,* you should start now ● *m* [moral] duty; *par ~,* for duty's sake; ***faire son ~,*** fulfil one's duty; *se faire un ~ de,* make a point of (duty) to; *se mettre en ~ de,* set about to.

dévolu, e [devɔly] *adj* vested (*à,* in) || JUR. devolving (*à,* upon) ● *m* choice; *jeter son ~ sur,* fix one's choice upon.

dévor|ant, e [devɔrɑ̃, ɑ̃t] *adj* consuming (soif, faim, feu) || **~er** *vt* (1) devour, raven (une proie); eat up, wolf (down) [un repas] || FIG. devour; *~ des yeux,* gloat over, devour with one's eyes.

dévo|t, e [devo, ɔt] *adj/n* devout, pious, bigotted (pieux) || **~tion** *f* devotion, devoutness || FIG. devotion; *être à la ~ de qqn,* be completely devoted to sb.

dévou|é, e [devwe] *adj* devoted, loyal, unselfish || **~ement** *m* devotion || **~er** *vt* (1) dedicate — *vpr* ***se ~,*** devote oneself.

dévoyé, e [devwaje] *n* pervert.

dextérité [dɛksterite] *f* dexterity, skill.

diab|ète [djabɛt] *m* MÉD. diabetes || **~étique** [-etik] *adj/n* diabetic.

diab|le [djɑ̃bl] *m* devil, fiend || FAM. scoundrel; *pauvre ~,* poor devil/wretch; *petit ~,* imp || *~ à ressort,* jack-in-the-box || RAIL. trolley || FAM. *tirer le ~ par la queue,* be hard up; *un vacarme de tous les ~s,* a devil of a row || **~lement** [-əmɑ̃] *adv* awfully, badly || **~olique** [-ɔlik] *adj* diabolic(al), devilish, fiendish.

diacre [djakr] *m* deacon.

diadème [djadɛm] *m* diadem, coronet.

diagnost|ic [djagnɔstik] *m* diagnosis || **~iquer** [-ike] *vt* (1) diagnose.

diagonale [djagɔnal] *f* diagonal; ***en ~,*** diagonally.

diagramme [djagram] *m* diagram, chart.

dialect|al, e, aux [djalɛktal, o] *adj* dialectal || **~e** *m* dialect; vernacular || **~icien, ienne** [-isjɛ̃, jɛn] *n* dialectician || **~ique** *adj* dialectic ● *f* dialectics.

dialogue [djalɔg] *m* conversation || TH. dialogue.

diaman|t [djamɑ̃] *m* diamond || TECHN. glass-cutter || **~taire** [-tɛr] *m* diamond-merchant.

diam|étralement [djametralmɑ̃] *adv* diametrically (propre et fig.) || **~être** [-ɛtr] *m* diameter.

diapason [djapazɔ̃] *m* MUS. tuning-fork (instrument); pitch (registre).

diaphragm|e [djafragm] *m* PHOT. diaphragm, stop || ANAT. diaphragm, midriff || [contraceptif] diaphragm, (Dutch) cap || **~er** *vt* (1) stop down.

diapo [djapo] *f* FAM. [= DIAPOSITIVE] (colour) slide || **~sitive** [-zitiv] *f* PHOT. transparency; (colour)slide (en couleurs).

diarrhée [djare] *f* diarrhoea.

diatonique [djatɔnik] *adj* diatonic.

Dictaphone [diktafɔn] *m* N.D. Dictaphone.

dictat|eur [diktatœr] *m* dictator || **~orial, e, aux** [-ɔrjal, jo] *adj* dictatorial || **~ure** [-yr] *f* dictatorship.

dict|ée [dikte] *f* dictation || **~er** *vt* (1) dictate.

dicti|on [diksjɔ̃] *f* diction, delivery || **~onnaire** [-ɔnɛr] *m* dictionary.

dicton [diktɔ̃] *m* saying.

didactique [didaktik] *adj* didactic ● *f* didactics.

dièse [djɛz] *m* sharp.

diesel [djezɛl] *m* (= MOTEUR DIESEL) Diesel engine || **~-électrique** *adj* Diesel-electric.

di|ète [djɛt] *f* diet (régime); *~ lactée,* milk diet; *~ absolue,* starvation diet; *être/mettre à la ~,* be/put on a low diet || **~ététicien, ienne** [-etetisjɛ̃, jɛn] *n* dietician || **~ététique** [-etetik] *adj* dietetic; *produits ~s,* health food ● *f* dietetics.

dieu [djø] *m* god || *le bon Dieu,* God; *pour l'amour de Dieu,* for goodness' sake; *Dieu vous bénisse!,* God bless you!; *à la grâce de Dieu!,* come what may! ● *interj mon Dieu!,* dear me!, my goodness!

diffam|ateur, trice [difamatœr, tris] *n* slanderer || **~ation** *f* defamation, libel, slander || **~atoire** *adj* slanderous, libellous || **~er** *vt* (1) defame, slander, libel; vilify, asperse.

différ|é, e [difere] *adj* delayed (action) || FIN. deferred (paiement) ● *m* RAD. *(émission) en ~,* recorded (program) || **~emment** [-amɑ̃] *adv* differently || **~ence** *f* difference (divergence); ***à la ~ de,*** unlike || disparity (écart); *faire la ~,* distinguish (*entre,* between) || **~encier** *vt* (1) differentiate, distinguish (*de,* from) || **~end** [-ɑ̃] *m* difference, contention, disagreement; *avoir un ~ avec,* be at variance with; *régler un ~,* settle a dispute || **~ent, ente** *adj* different, distinct (*de,* from); *être ~,* differ (*de,* from) || diverse, various (divers) || **~entiel, elle** [-ɑ̃sjɛl] *adj* differential || COMM. discriminating (tarif) ● *m* TECHN. differential || **~er** I *vt* (5) postpone (un projet); delay (un départ); put off (un rendez-vous); leave over, defer (un départ, une action); adjourn (une réunion) || FIN. defer (un paiement) || JUR. stay, remit.

différer II *vi* (5) differ, vary; *~ d'opinion,* disagree, dissent.

diffi|cile [diffisil] *adj* difficult, hard, tough (problème, tâche); exacting, fastidious (exigeant) || wayward (enfant) || hard to please, difficult, particular, fussy, choosy (personne) || finical, finicky (pour la nourriture) ● *n faire le/la ~,* pick and choose, be fussy/hard to please || **~cilement** [-silmɑ̃] *adv* with difficulty || **~culté** [-kylte] *f* difficulty; *avoir de la ~ à faire qqch.,* have difficulty in doing sth.; *faire qqch. sans ~,* take sth. in one's stride || trouble (ennui) || need (embarras) || FAM. hitch.

difform|e [difɔrm] *adj* deformed; misshapen, crooked || **~ité** *f* deformity, crookedness.

diffus, e [dify, yz] *adj* diffuse (lumière, style) || **~er** [-ze] *vt* (1) diffuse (lumière) || RAD. broadcast || FIG. spread, diffuse (nouvelles); distribute (publications) || **~ion** [-zjɔ̃] *f* diffusion || RAD. broadcast(ing); *seconde ~,* repeat.

dig|érer [diʒere] *vt* (5) digest (nourriture) || FIG. digest || FAM. stomach (encaisser) || **~estible** [-ɛstibl] *adj* digestible || **~estif, ive** [-ɛstif, iv] *adj* digestive || **~estion** [-ɛstjɔ̃] *f* digestion.

digital, e, aux [diʒital, o] *adj empreinte ~e,* finger-print.

dign|e [diɲ] *adj* worthy (honorable); *~* ***de,*** worthy of, deserving of (méritant); fit to (capable de); fit for (approprié à) || **~itaire** [-itɛr] *m* dignitary || **~ité** *f* dignity || high rank.

digression [digrɛsjɔ̃] *f* digression; *faire une ~,* digress.

digue [dig] *f* dike, dyke; dam || embankment (de rivière).

dilapider [dilapide] *vt* (1) squander.

dilat|able [dilatabl] *adj* expansive || **~ation** *f* expansion || MÉD.,

PHYS. dilatation || **~er** *vt* (1) dilate || PHYS. expand || MÉD. distend — *vpr* ***se ~,*** dilate || PHYS. expand || **~oire** *adj* JUR. dilatory.

dilemme [dilɛm] *m* dilemma || FIG. *pris dans un ~,* in a quandary.

dilettante [dilɛttɑ̃t] *n* dilettante.

dilig|ence [diliʒɑ̃s] *f* application (soin); dispatch (rapidité) || [arch.] stage-coach (voiture) || **~ent, e** *adj* diligent, industrious (travailleur); speedy, quick (rapide).

dilu|ant [dilɥɑ̃] *m* [peinture] thinner || **~er** *vt* (1) dilute, water down; thin (peinture).

diluvien, ienne [dilyvjɛ̃, jɛn] *adj* diluvial || FAM. torrential (pluie).

dimanche [dimɑ̃ʃ] *m* Sunday; *le ~,* on Sundays; *habits du ~,* Sunday clothes/best.

dimension [dimɑ̃sjɔ̃] *f* dimension, size; *prendre les ~s de,* take the measurements of.

dimin|ué, e [diminɥe] *adj* MÉD. handicapped, deficient || **~uer** *vt* (1) diminish, decrease (en dimension); shorten (la longueur); take in (un vêtement) || reduce (la vitesse); lessen (le bruit) || FIN. curtail (les dépenses); reduce (les prix); lower, bring down, cheapen (la valeur) || FIG. lessen; extenuate (affaiblir); impair (les forces); allay (un plaisir) || FIG. lower (qqn) [abaisser] — *vi* decrease, dwindle || [crue] subside || [jours] grow shorter || drop off (en nombre) || [pluie] let up || FIN. depreciate (de valeur); [prix] fall; [réserves] run low || MÉD. [forces] decline || **~utif** [-ytif] *m* GRAMM. diminutive; *~ affectueux,* pet name || **~ution** [-ysjɔ̃] *f* decrease (en quantité); diminution (en dimension); *en ~,* on the decrease || FIN. curtailment.

dind|e [dɛ̃d] *f* turkey(-hen) || **~on** *m* turkey.

dîn|er [dine] *vi* (1) dine (*de,* off/on); have dinner; *~ en ville,* dine out ● *m* dinner; dinner-party || **~ette** [-ɛt] *f* doll's tea-party || **~eur, euse** *n* diner.

dingo [dɛ̃go], **dingue** [dɛ̃g] *adj/n* POP. crazy, nuts (fam.); *~ de,* wild/crazy about, hooked on (fam.).

diocèse [djɔsɛz] *m* diocese.

diphtérie [difteri] *f* diphteria.

diphtongue [diftɔ̃g] *f* diphthong.

diploma|te [diplɔmat] *m* diplomat, diplomatist || **~tie** [-si] *f* diplomacy || **~tique** [-tik] *adj* diplomatic.

diplôm|e [diplom] *m* diploma, certificate, degree; *prendre ses ~s,* graduate (*à,* from) || **~é, e** *adj* graduated ● *n* graduate, postgraduate (étudiant).

dire [dir] *vt* (40) say, tell; *~ qqch. à qqn,* tell sb. sth., say sth. to sb.; *il a dit : « oui »,* he said : "yes" || ***sans mot ~,*** without a word; *cela va sans ~,* that goes without saying; *il va sans ~ que,* it stands to reason that || speak (parler); *~ du mal/du bien de,* speak badly/well of; *~ ce qu'on pense,* speak one's mind || REL. say (une prière); *~ son chapelet,* tell one's beads || [révéler un secret] *ne dites rien à propos de,* don't let on about || FIG. ***on dirait*** [= cela ressemble à], it looks/tastes/sounds/feels like; *on dirait que* [= il semblerait que], it would seem that; *que diriez- vous de... ?* [= vous plairait-il de], how about...? || FAM. *autant ~ mort,* as good as dead; *dites donc !,* look here!, I say!; *à qui le dites-vous !,* you're telling me! (arg.) ● *loc* ***c'est-à-dire,*** that is (to say); ***pour ainsi ~,*** so to speak, as it were; *à vrai ~,* to tell the truth, as a matter of fact || ***entendre ~,*** hear (*que,* that) || ***vouloir ~,*** mean; *que voulez-vous ~ ?,* what do you mean? — *vpr* ***se ~,*** say to oneself; claim to be (prétendre); [mot] be used/said — *v récipr* tell each other ● *m* saying, statement;

aux ~*s de* (...), according to what (he, etc.) say(s).

direct, e [dirɛkt] *adj* direct, straight || RAIL. through (billet, train); non-stop (train) || RAD. *émission en* ~, live broadcast || FIN. direct (impôts) || GRAMM. direct (objet, discours) ● *adj/adv* FIG. straightforward (personne) || ~**ement** *adv* straight (en ligne droite); directly, right (sans intermédiaire).

direc|teur, trice [direktœr] *adj* managing (comité) || AUT. steering (roues) || FIG. leading, guiding ● *m* head director || [banque] manager; ~ *adjoint*, assistant manager || headmaster (d'école) || editor (d'un journal) || head (d'un service administratif) || warden (d'un hôtel, d'une prison) || TH. manager || ~**tion** *f* [sens] direction; *prendre la* ~ *de*, make one's way to || [conduite] lead, leadership, guidance, conduct || COMM. management || AUT. steering; ~ *assistée*, power steering || ~**tive** [-tiv] *f* directive, instruction, line || ~**trice** [-tris] *f* head; director, manageress || [école] headmistress.

diri|gé, e [diriʒe] *adj* controlled (économie) || ~**geable** [-ʒabl] *m* AV. dirigible, airship || ~**geant, e** [-ʒɑ̃, ɑ̃t] *adj* ruling (class) ● *n* ruler || ~**ger** [-ʒe] *vt* (7) direct, control, manage; run (un hôtel) [gérer] || superintend (des travaux) || edit (un journal) || guide, lead (conduire) || NAUT. steer || MUS. conduct (un orchestre) || TH. manage || FIG. direct (son attention); ~ *ses pas*, bend one's steps (*vers*, towards) — *vpr* **se** ~, proceed (*vers*, to); head/make (*vers*, for) || ~**gisme** [-ʒism] *m* controlled economy, planning.

discern|ement [disɛrnəmɑ̃] *m* discernment, discretion (jugement); discrimination (différenciation) || ~**er** *vt* (1) discern, distinguish (*entre*, between); [neg.] can't/couldn't tell || make out, detect, descry (percevoir).

disciple [disipl] *m* disciple, follower.

disciplin|aire [disiplinɛr] *adj* disciplinary || ~**e** *f* discipline, order (règle) || branch, field || ~**é, e** *adj* orderly || ~**er** *vt* (1) discipline || FIG. regulate.

disco [disko] *f* POP. disco.

discobole [-bɔl] *m* discus thrower.

discothèque [-tɛk] *f* record library || discothèque; disco (fam.) [club].

discontin|u, e [diskɔ̃tiny] *adj* discontinuous || ~**uer** [-ɥe] *vi/vt* (1) discontinue; *sans* ~, without a break || ~**uité** [-ɥite] *f* discontinuity.

discord|ance [diskɔrdɑ̃s] *f* discordance || discrepancy, disagreement; *être en* ~, jar || MUS. discordance || ~**ant, e** *adj* discordant, harsh (sons); clashing (couleurs); jarring (sons, couleurs) || ~**e** *f* discord; *pomme de* ~, bone of contention.

discothèque [diskɔtɛk] *f* record library || [club] disco(theque).

discour|ir [diskurir] *vi* (32) expatiate (*sur*, upon) || hold forth (péj.) || ~**s** [-kur] *m* speech; *prononcer un* ~, deliver a speech.

dis|courtois, e [diskurtwa, -az] *adj* discourteous || ~**crédit** *m* disrepute; *tomber en* ~, fall into disrepute || ~**créditer** *vt* (1) disparage, discredit || explode (une théorie).

discr|et, ète [diskrɛ, ɛt] *adj* unobtrusive (effacé); inconspicuous (peu apparent); discreet (réservé); sedate (sobre); quiet (tranquille) || ~**ètement** [-ɛtmɑ̃] *adv* discreetly; quietly; soberly || ~**étion** [-esjɔ̃] *f* discretion (discernement) || moderation || unobtrusiveness (réserve) || secrecy, discreetness (silence) ● *loc adv* **à**

~ at will, unlimitedly, without stint.

discrimin|ation [diskriminasjɔ̃] *f* discrimination; *sans ~,* indiscriminately || **~er** *vt* (1) discriminate.

disculper [diskylpe] *vt* (1) exculpate, exonerate (*de,* from); clear (*de,* of).

discursif, ive [diskyrsif, iv] *adj* discursive.

discu|ssion [diskysjɔ̃] *f* discussion, debate, argument (débat); dispute (querelle); *en ~,* at issue; *engager la ~ sur,* join/take issue on || *groupe de ~,* panel || JUR. reading (d'une loi) || **~table** [-tabl] *adj* debatable || questionable (douteux) || **~ter** [-te] *vi/vt* (1) discuss, debate (*avec,* with); argue (*au sujet de,* about); dispute (mettre en question).

disert, e [dizɛr, ɛrt] *adj* fluent.

disette [dizɛt] *f* dearth (en vivres); scarcity, shortage (manque).

diseur, euse [dizœr, øz] *n ~euse de bonne aventure,* palmist, fortune-teller.

disgrâce [disgrɑs] *f* disgrace, disfavour; *en ~,* under a cloud.

disgrac|ié, e [disgrasje] *adj* ugly, U.S. homely (laid) || **~ier** *vt* (1) disgrace || **~ieux, ieuse** *adj* unpleasant (désagréable); ungraceful (gauche); ugly (laid).

disj|oindre [disʒwɛ̃dr] *vt* (59) JUR. sever — *vpr* ***se ~,*** separate || **~oncteur** [-ʒɔ̃ktœr] *m* circuit-breaker.

dislo|cation [dislɔkasjɔ̃] *f* MÉD. dislocation || FIG. dispersal || **~qué, e** [-ke] *adj* out of joint (membre) || **~quer** [-ke] *vt* (1) dislocate || disjoint (membre) || FIG. disperse, break up (cortège) — *vpr* ***se ~,*** break up || MÉD. come out of joint.

disparaître [disparɛtr] *vi* (74) disappear, vanish; go/come out of view/sight; *~ graduellement,* fade out || [tache] go || ***faire ~,*** wash out (en lavant); iron out (en repassant); conjure away (escamoter) || FIG. go under (cesser d'être); go out (passer de mode); [préjugés] fall away; pass away (mourir).

dispar|ate [disparat] *adj* disparate, scratch (hétéroclite) || **~ité** *f* disparity || *Pl* disparates.

dispar|ition [disparisjɔ̃] *f* disappearance || **~u, e** *adj* unaccounted for (dont on est sans nouvelles); dead, departed (mort) || MIL. missing || ZOOL. extinct (race).

dispensaire [dispɑ̃sɛr] *m* dispensary.

dispens|e [dispɑ̃s] *f* exemption (*de,* from) || REL. dispensation (exemption) || **~er** I *vt* (1) exonerate, exempt, excuse (*de,* from); spare (*qqn de qqch.,* sb. sth.).

dispenser II *vt* (1) dispense, distribute.

dispers|er [dispɛrse] *vt* (1) scatter, disperse; break up (une foule) — *vpr* ***se ~,*** [foule] scatter, break up; straggle || **~ion** f dispersal, dispersion, scattering.

disponi|bilité [dispɔnibilite] *f* availability; vacancy || *en ~,* temporarily unattached || *Pl* FIN assets || **~ble** [-bl] *adj* available, spare; on tap.

dispo|s, e [dispo, oz] *adj* fit (en forme); alert (esprit) || **~sé, e** [-ze] *adj* FIG. disposed, prepared, ready (*à,* to); *être ~ à faire,* be willing to do; *bien ~,* well disposed, sympathetic (*envers,* towards); *mal ~,* ill disposed (*envers,* towards); *peu ~,* disinclined, indisposed, unwilling, reluctant (*à,* to) || **~ser** *vt* (1) arrange, dispose, distribute (arranger) || predispose, incline (incliner) || MIL. marshal, form — *vt ind* ***~ de,*** have at one's disposal, make use of — *vi* go (partir) || **~sitif** [-zitif] *m* device, appliance, gear, contrivance || MIL. set-up || ~**sition** *f* arrangement, order(ing); lay-out (classement) || disposal, command (usage); ***à sa ~,*** at one's disposal || inclination, bent (tendance) || mood, humour; *~ d'esprit,* frame of mind, spirit || *Pl être dans de bonnes ~s,* be well inclined/disposed (*à l'égard de,* towards); measures (précautions); ***prendre des ~s,*** make arrangements (*pour,* for); take steps (*pour faire,* to do) || *Pl* aptitude, bent; ***avoir des ~s pour,*** be cut for.

disproporti|on [disprɔpɔrsjɔ̃] *f* disproportion || ~**onné, e** [-ɔne] *adj* disproportionate; out of proportion (*avec,* with).

disput|e [dispyt] *f* quarrel, dispute, row, brawl; POP. scrap || ~**é, e** *adj* contested || SP. *chaudement ~,* hard-won || ~**er** *vt* (1) dispute, contest; *~ qqch. à qqn,* contend with sb. for sth. || SP. play (un match) — *v récipr se ~ avec,* quarrel with, have words with, *se ~ qqch.,* scramble for sth.

disquaire [diskɛr] *n* record-dealer.

disqualif|ication [diskalifikasjɔ̃] *f* disqualification || ~**ier** *vt* (1) SP. incapacitate, disqualify.

disque [disk] *m* disc (de la lune) SP. discus; *lanceur de ~,* discus thrower || MUS. record, disc; ***~ longue durée,*** long-playing record || AUT. ***~ de stationnement,*** parking disc.

dissection [disɛksjɔ̃] *f* dissection.

dissembl|able [disɑ̃blabl] *adj* dissimilar (*de,* to); different, unlike || ~**ance** *f* dissimilarity, unlikeness.

disséminer [disemine] *vt* (1) disseminate, scatter.

dissen|sion [disɑ̃sjɔ̃] *f* dissension || ~**timent** [-timɑ̃] *m* dissent, disagreement.

disséquer [diseke] *vt* (5) dissect.

dissert|ation [disɛrtasjɔ̃] *f* dissertation; essay (d'un élève) || ~**er** *vt* (1) dissert, discourse (*sur,* upon).

dissid|ence [disidɑ̃s] *f* dissidence; *entrer en ~,* renounce allegiance, rise (in revolt) || ~**ent, e** *adj* dissident || JUR. disaffected ● *n* dissenter || REL. *être ~,* dissent.

dissimul|ateur, trice [disimylatœr, tris] *n* dissembler || ~**ation** *f* concealment, dissimulation || ~**é, e** *adj* dissembling, secretive (personne) || hidden, quiet (lieu, objet) || ~**er** *vt* (1) hide, conceal (*qqch. à qqn,* sth. from sb.); disguise (ses intentions); cover up, veil, withhold (la vérité); suppress (un fait) — *vi* dissemble — *vpr* ***se ~,*** hide oneself, be concealed; lurk (pour attaquer).

dissip|ation [disipasjɔ̃] *f* dissipation || ~**é, e** *adj* unruly (élève) || wild, fast (dissolu) || ~**er** I *vt* (1) divert (qqn) — *vpr* ***se ~,*** [élève] be inattentive.

dissiper II *vt* (1) dispel, scatter (le brouillard) || dissipate, squander (sa fortune); *~ les craintes de qqn,* lay sb.'s fears — *vpr* ***se ~*** [brouillard] clear, lift, melt away.

dissocier [disɔsje] *vt* (1) dissociate, disjoin — *vpr* ***se ~,*** dissociate oneself; segregate, break with.

dissolu, e [disɔly] *adj* dissolute, loose, promiscuous (personne, vie).

dissolution I [disɔlysjɔ̃] *f* dissolution || JUR. dissolution (d'une société).

dissol|ution II *f* AUT. rubber solution || ~**vant** [-vɑ̃] *m* solvent; *~ (de vernis à ongles),* (nail-varnish) remover.

disson|ance [disɔnɑ̃s] *f* MUS. dissonance, discord || ~**ant, e** *adj* dissonant, harsh || MUS. discordant.

dissoudre [disudr] *vt* (10) dissolve || JUR. dismiss, dissolve, break up (une société, une assemblée); annul (un mariage) — *vpr* ***se** ~,* dissolve, melt.

dissua|der [disɥade] *vt* (1) dissuade, discourage, deter (*de,* from); ~ *qqn de faire,* argue/talk sb. out of doing || **~sif, ive** [-zif, iv] *adj* deterrent || **~sion** [-zjɔ̃] *f force de ~ nucléaire,* nuclear deterrent.

dist|ance [distɑ̃s] *f* distance; *à ~,* from a distance; *à 2 miles de ~,* 2 miles away; ***à quelle** ~?,* how far?; *sur une ~ de 10 miles,* for 10 miles; *se tenir à ~,* stand clear of || FAM. *une bonne ~,* a far cry || FIG. *garder ses ~s,* keep one's distances; *se tenir à ~ de qqn,* give sb. a wide berth || **~ancer** [-ɑ̃se] *vt* (6) outdistance, outrun, outstrip; *~ qqn,* gain on sb. || SP. leave behind; *se laisser ~,* fall/drop behind || FAM. *ne pas se laisser ~ par les voisins,* keep up with the Joneses || **~ant, e** *adj* distant, remote || FIG. standoffish; aloof.

distendre [distɑ̃dr] *vt* (4) distend, overstretch — *vpr* ***se** ~,* [caoutchouc] become overstretched.

distill|ation [distilasjɔ̃] *f* distillation || **~er** *vt* (1) distil || crack (pétrole) || **~erie** [-ri] *f* distillery.

distin|ct, e [distɛ̃, ɛ̃kt] *adj* distinct, separate (*de,* from); discrete (séparé); specific (différent) || clear (voix) || **~ctement** [-ktəmɑ̃] *adv* distinctly || **~ctif, ive** [-ktif, iv] *adj* distinctive, specific || **~ction** [-ksjɔ̃] distinction, discrimination (différence); ***faire une** ~,* make a distinction, distinguish, discriminate (*entre,* between); *sans ~ de race,* without racial discrimination || distinction (récompense) || distinction (manières) || **~gué, e** [-ge] *adj* refined, distinguished, posh (fam.) || eminent (illustre) || **~guer** *vt* (1) distinguish, discern, tell (discerner) [*de,* from] || single out (honorer) || pick out (dans la foule) || *pouvez-vous le ~ de son frère jumeau?,* can you tell him from his twin brother? — *vpr* ***se** ~,* [personne] distinguish oneself; become famous || [chose] stand out (se détacher).

distorsion [distɔrsjɔ̃] *f* distorsion.

distr|action [distraksjɔ̃] *f* absentmindedness, inattention, distraction, abstraction (défaut d'attention) || relaxation, distraction (délassement); amusement, entertainment, pastime (divertissement) || **~aire** *vt* (11) distract, divert (l'attention) [*de,* from]; *~ qqn de qqch.,* take sb.'s mind off sth. || entertain, amuse (qqn), || divert (l'attention) — *vpr* ***se** ~,* entertain/amuse oneself; relax || **~ait, e** [-ɛ, ɛt] *adj* absentminded, inattentive; wool-gathering; wandering; vacant (regard).

distrib|uer [distribɥe] *vt* (1) distribute; hand out, give away/out || deal (les cartes); deliver (des lettres); issue (des provisions); dispense (des aumônes); mete out (des punitions) || *~ parcimonieusement,* dole out || TH. *~ les rôles,* cast the parts || **~uteur** [-ytœr] *m* dispenser (contenant); *~ **automatique,*** slot machine, U.S. vending-machine; *~ automatique de timbres-poste,* stamp-machine || AUT. COMM. distributor || CIN. renter || **~ution** [ysjɔ̃] *f* distribution (action) || handing/giving out (de prospectus); delivery (des lettres); deal (des cartes); dispensation (d'aumônes); issuing (de provisions); *~ des prix,* prize-giving || COMM. *de ~,* distributive || CIN., TH. cast(ing) || AUT. distribution; timing (réglage de l'allumage).

district [distrikt] *m* district.

dit, e [di, dit] V. DIRE ● *adj à l'heure ~e,* at the appointed time; *autrement ~,* in other words; *proprement ~,* proper [après le nom] ● *n* JUR. *ledit, ladite, lesdits,* the said.

diva|gation [divagasjɔ̃] *f* rambling, rant || *Pl* wanderings || **~guer** [-ge] *vi* (1) ramble, rave.

divan [divɑ̃] *m* divan, couch, settee, sofa; ~*-lit,* divan-bed.

diverg|ence [divɛrʒɑ̃s] *f* PHYS. divergence || FIG. difference, dissent (d'opinion) || **~ent, e** *adj* divergent || **~er** *vi* (7) diverge.

diver|s, e [divɛr, ɛrs] *adj* various, sundry, miscellaneous, diverse; different, varied (opinions) || **~sement** [-səmɑ̃] *adv* variously || **~sifier** [-sifje] *vt* (1) vary, diversify || **~sion** [-sjɔ̃] *f* MIL. diversion || FIG. diversion, change; *faire ~,* create a diversion || **~sité** [-site] *f* diversity.

divert|ir [divɛrtir] *vt* (2) divert (*de,* from) || recreate, amuse, entertain — *vpr* ***se ~,*** enjoy/ divert oneself || **~issant, e** *adj* recreative, amusing, entertaining || **~issement** *m* entertainment, distraction, pastime, recreation.

dividende [dividɑ̃d] *m* MATH., FIN. dividend.

div|in, e [divɛ̃, in] *adj* divine; heavenly, godlike || **~inité** [-inite] *f* deity, divinity.

divis|er [divize] *vt* (1) divide (*en,* into) || cut up, sever (découper) || divide/split (*en,* into); *~ en quatre (parts égales),* quarter || MATH. *8 divisé par 4 égale 2,* 4 into 8 goes twice || FIG. divide, set at variance (désunir) || **~eur** *m* divisor || **~ible** *adj* divisible || **~ion** f division, dividing (*en,* into) || section, department (d'une administration) || MATH., MIL. division || FIG. dissension, disunion, discord.

divorc|e [divɔrs] *m* divorce || JUR. *demander le ~,* sue for a divorce; *demande en ~,* petition for divorce; *obtenir le ~,* obtain a divorce || **~é, e** *n* divorcee || **~er** *vi* (6) divorce, get divorced; *~ d'avec sa femme/son mari,* divorce one's wife/husband; *ils ont divorcé,* they divorced (each other).

divul|gation [divylgasjɔ̃] *f* disclosure, divulgation (*de,* of) || **~guer** [-ge] *vt* (1) divulge, disclose; give out.

dix [di devant consonne ou « h » aspiré; diz devant voyelle ou *h* muet; dis suivi d'une pause] *adj/m* ten; *le ~ mai,* the tenth of May || **~-huit** *adj/m* eighteen || **~-ième** [-zjɛm] *adj/n* tenth || **~-neuf** *adj/m* nineteen || **~-sept** *adj/m* seventeen.

dizaine [dizɛn] *f* about ten.

do [do] *m* MUS. C.

docil|e [dɔsil] *adj* docile, submissive, meek, compliant, pliable || **~ité** *f* docility, submission, submissiveness.

dock [dɔk] *m* NAUT. warehouse (magasin); dock (bassin) || **~er** [-ɛr] *m* docker, stevedore.

doct|eur [dɔktœr] *m* [Université], MÉD. doctor || **~orat** [-ɔra] *m* doctorate, doctor's degree || **~oresse** [-ɔrɛs] *f* woman doctor.

doctrine [dɔktrin] *f* doctrine.

documen|t [dɔkymɑ̃] *m* document || JUR. exhibit || **~taire** [-tɛr] *adj* documentary ● *m (film) ~,* documentary (film) || **~taliste** [-talist] *m* research assistant || **~tation** [-tasjɔ̃] *f* documentation || COMM. literature || **~ter** [-te] *vt* (1) document; brief (*sur,* on) — *vpr* ***se ~,*** collect material.

dodeliner [dɔdline] *vi* (1) *~ de la tête,* nod one's head.

dodo [dɔdo] *m* FAM. bed (lit); sleep (sommeil); *aller au ~,* go to bye-byes.

dodu, e [dɔdy] *adj* plump; chubby (joues); buxom (femme).

dogm|atique [dɔgmatik] *adj* dogmatic || **~e** *m* dogma.

dogue [dɔg] *m* mastiff.

doig|t [dwa] *m* finger; *~ de pied,* toe; *le petit ~,* the little finger; *bout du ~,* finger-tip || ***montrer du ~,*** point out; *se mettre les ~s dans le nez,* pick one's nose || FIG. [mesure] drop (de vin, etc.) || FIG.

à deux ~*s de,* within an ace/inch of, on the brink of || ~**té** [-te] *m* MUS. fingering || FIG. tact.

doléance [dɔleɑ̃s] *f* complaint.

dollar [dɔlar] *m* dollar, U.S., FAM. greenback || buck (arg.).

domaine [dɔmɛn] *m* estate, domain, demesne, property || JUR. tenement || FIG. range (d'un art); scope (d'une branche de savoir); field, sphere, province (d'une personne).

dôme [dom] *m* dome.

domest|icité [dɔmɛstisite] *f* service, menial condition (état) || household, staff of servants (les domestiques) || ~**ique** *adj* domestic (animal); home (usage); family (affaires); menial (service) ● *n* servant (homme ou femme), U.S. help; man (homme) || ~**iquer** [-ike] *vt* (1) domesticate (animal).

domicil|e [dɔmisil] *m* residence, domicile, home, abode || COMM. *livrer à* ~, deliver || RAIL. *prendre à* ~, collect (des bagages) || JUR. *élire* ~ *à,* elect domicile at || ~**ié, e** *adj* residing (*à,* at) || ~**ier** *vt* (1) domicile || COMM. make payable (un chèque).

domin|ant, e [dɔminɑ̃, ɑ̃t] *adj* commanding (position) || dominant (caractère) || prevailing (vent, opinion) || ruling (passion) ● *f* MUS. dominant || ~**ateur, trice** *adj* domineering (caractère) || ~**ation** *f* domination, sway, mastery; control || ~**er** *vt* (1) dominate, look down on (un lieu) || rise above (le bruit) || tower above (par la taille) || FIG. master (sa colère); suppress (ses sentiments); keep under (ses passions); overpower (subjuguer).

dominical, e, aux [dɔminikal, o] *adj* dominical; *repos* ~, Sunday rest.

domino [dɔmino] *m* domino (jeu, vêtement); *jouer aux* ~*s,* play dominoes.

dommage [dɔmaʒ] *m* damage (dégât) || JUR. ***réclamer des*** ~***s et intérêts,*** claim damages || FIG. harm, injury, prejudice || FAM. *quel* ~*!,* what a pity/shame!

dompt|er [dɔ̃te] *vt* (1) tame (un lion); break in (un cheval) || FIG. conquer, control; subdue (une passion) || ~**eur, euse** *n* tamer.

don [dɔ̃] *m* gift, present; *faire* ~ *de,* make a gift of (*à,* to) || endowment, donation (à une œuvre); *faire* ~ *à,* donate || FAM. *faire un* ~ *généreux,* come down handsomely || FIG. gift, talent; dower (naturel); ***avoir le*** ~ ***de,*** have a talent/a flair for.

don|ateur, trice [dɔnatœr, tris] *n* JUR. donor || ~**ation** *f* donation.

donc [dɔ̃k] *conj* then (ainsi, alors); therefore (par conséquent); well, so, now (maintenant); ~, *comme je disais,* well, as I was saying; *qui* ~ *a pu vous dire cela?,* who ever told you that?; *allons* ~*!,* go on!; *dis* ~*!,* (I) say!, look here!

donjon [dɔ̃ʒɔ̃] *m* keep.

donn|e [dɔn] *f* [cartes] deal || ~**é, e** *adj* given || FAM. *c'est* ~*!,* that's giving it away! ● *loc prép inv* ***étant*** ~, given, considering ● *fpl* facts, data || [informatique] input; data (sing).

donn|er [dɔne] *vt* (1) give (away) [se défaire]; ~ *qqch. à qqn,* give sb. sth., give sth. to sb. || hand (over) [remettre] (*à,* to) || deal (distribuer) || give, grant, bestow (accorder); ~ *à contrecœur,* grudge || give, present (offrir) || contribute (argent, nourriture) || give, deal (un coup) || assign, fix (assigner); ~ *un rendez-vous à,* fix/make an appointment with || give (des ordres) || ~ *du souci,* cause worry || AGR. bear, yield (des fruits) || FIN. yield (des bénéfices) || JUR. ~ *en mariage,* give in marriage || CH., PHYS. give off/out (de la chaleur/de la lumière) || TÉL. ~ *à qqn la communication* *avec,* put sb. through to || NAUT. ~ *de la bande,* list || POP. give away, squeal on (un complice) — *vi* give || [cartes] deal; *à vous de* ~, your deal || ~ *à croire,* lead to believe; ~ *à entendre,* lead to understand || ~ ***dans,*** fall into (un piège); FAM. be into (sl.) || ~ ***sur,*** [fenêtre] overlook, look (out) onto; [maison] face — *vpr* ***se*** ~, give oneself up, devote oneself (*à,* to); [s'adonner] abandon oneself (*à,* to) [se livrer] || *se* ~ *du mal/de la peine,* take pains/trouble || *se* ~ *la mort,* kill oneself || ***s'en*** ~, [enfants] romp, frolic || **~eur, euse** *n* [cartes] dealer || MÉD. ~ *de sang* (blood) donor.

dont [dɔ̃] *pron rel* of whom/which; whose (duquel); by whom/which (par lequel); *la table* ~ *un pied est cassé,* the table one leg of which is broken || about whom/which (au sujet duquel) || [omis] *l'homme* ~ *je parle,* the man I am speaking of.

dop|age [dɔpaʒ] *m* doping || **~er** *vt* (1) dope.

doré, e [dɔre] *adj* golden (couleur); gilded, gilt (couvert de dorure); ~ *sur tranche,* giltedged.

dorénavant [dɔrenavɑ̃] *adv* henceforth.

dorer [dɔre] *vt* (1) gild || CULIN. brown (un poulet) — *vi* CULIN. *faire* ~, brown — *vpr* ***se*** ~ [personne] *se* ~ *au soleil,* bask in the sun.

doris [dɔris] *m* dory.

dorloter [dɔrlɔte] *vt* (1) pamper, coddle, cosset — *vpr* ***se*** ~, pamper/coddle oneself.

dorm|ant, e [dɔrmɑ̃, ɑ̃t] *adj* still, standing || **~eur, euse** *n* sleeper || **~ir** *vi* (41) sleep, be asleep; *avoir envie de* ~, feel sleepy; ~ *d'un sommeil léger,* sleep lightly; ~ *à poings fermés,* sleep like a log; ~ *profondément,* be fast asleep, sleep soundly; *ne* ~ *que d'un œil,* sleep with one eye open; *empêcher de* ~, keep awake; ~ *au-delà de l'heure voulue,* oversleep (oneself).

dorsal, e, aux [dɔrsal, o] *adj* dorsal || V. ÉPINE.

dortoir [dɔrtwar] *m* dormitory.

dorure [dɔryr] *f* gilding (action); gilt (or appliqué).

dos [do] *m* back (des animaux, de l'homme); *avoir le* ~ *rond/voûté,* be round-shouldered; ~ *à* ~, back to back; *faire le gros* ~, [chat] hump/arch its back; *tourner le* ~, turn one's back (*à,* on) [pr. et fig.]; *vous lui tournez le* ~, it's behind you || [livre, main, page] back || FIG. *mettre qqch. sur le* ~ *de qqn,* blame sb. for sth.; *avoir bon* ~, have broad shoulders; FAM. *en avoir plein le* ~, be browned off/fed up (fam.).

dos d'âne *m pont en* ~, humpback bridge.

dos|e [doz] *f* quantity, amount || MÉD. dose, dosage. || **~er** *vt* (1) MÉD. dose || FIG. measure out, proportion.

dossier [dɔsje] *m* back (d'une chaise) || folder (chemise); documents, file (d'une affaire) || JUR. record, brief || MÉD. case-history (d'un malade).

dot [dɔt] *f* dowry, marriage portion || **~ation** *f* endowment; *faire une* ~ *à,* endow || **~er** *vt* (1) portion (out) [sa fille]; endow (une institution) || provide, equip (*de,* with).

douair|e [dwɛr] *m* dower || **~ière** [-jɛr] *f* dowager.

douan|e [dwan] *f* customs (administration); custom-house (bureau); *passer la* ~, go through (the) customs; custom duties, customs (droits); *passer des marchandises en* ~, clear goods; *exempt de (droits de)* ~, custom-free || **~ier** *m* custom-officer.

doubl|age [dublaʒ] *m* CIN. dubbing || **~e** *adj* double, twofold;

duplex || duplicate; *en* ~ *(exemplaire),* in duplicate || ***fermer à ~ tour,*** double-lock || *à* ~ *sens,* with a double meaning || AUT. *parquer en* ~ *file,* doublepark || AV. ~ *commande,* dual control || FIN. *en partie* ~, double entry || FIG. *à* ~ *tranchant,* double-barrelled (compliment) ● *adv* double; *voir* ~, see double ● *m* double || *coûter le* ~, cost twice as much; *plus du* ~, more than double; *plier en* ~, fold in half || *faire* ~ *emploi,* be redundant || [duplicata] duplicate; carbon (copy) || [tennis] doubles; ~ ***mixte,*** mixed doubles || **~e-croche** *f* semiquaver || **~ement** *adv* doubly || **~er** *vt* (1) double; ~ *le pas,* quicken one's step || line (un vêtement); fold in two (en pliant) || AUT. overtake, pass || NAUT. double, weather, round (un cap) || TH. understudy || CIN. dub (un film); stand in (une vedette) || FIG. ~ *le cap dangereux,* weather — *vi* double || **~ure** *f* lining (d'un vêtement) || TH. understudy; *servir de* ~ *à,* deputize for || CIN. stand-in (pour mise au point); stunt-man (cascadeur).

douce [dus] *adj* V. DOUX ● *loc adv* FAM. ***en*** ~, on the quiet/sly || **~-amère** *f* BOT. bitter-sweet || **~âtre** [-ɑtr] *adj* sweetish || **~ment** *adv* softly || smoothly, gently (sans heurt); slowly (lentement) || gingerly (délicatement) || quietly (sans bruit) || mildly, gently (aimablement) || FAM. *~!,* easy!; *allez-y* ~, take it easy || **~reux, euse** [-rø, øz] *adj* suave; mealy-mouthed, smooth (personne); sugary, honeyed (paroles).

douceur [dusœr] *f* softness (au toucher, à l'oreille); sweetness (au gout, à l'odorat); mildness (du climat) || smoothness (d'un mécanisme) || gentleness (du caractère); mildness, meekness (d'une personne) || ***en*** ~, gently || *Pl* FIG. sweets things || FIG. sweets.

douch|e [duʃ] *f* shower(-bath); *prendre une* ~, have a shower || ~ *écossaise,* hot and cold shower || FIG. disappointment (déception); rebuke (réprimande) || **~er** *vt* (1) give a shower(-bath).

dou|é, e [dwe] *adj* gifted, talented || *être* ~ *pour,* have a gift for || **~er** *vt* (1) endow, bless, endue (*de,* with).

douille [duj] *f* ÉLECTR. socket || MIL. case (cartridge).

douill|et, ette [dujɛ, ɛt] *adj* cosy, snug (pièce) || soft, timorous of pain (personne) || **~ettement** *adv* cosily.

doul|eur [dulœr] *f* suffering || pain, ache (physique); grief, sorrow, distress (morale) || MÉD. ~ *cuisante,* sting; *~s de l'accouchement,* labour pains; *sans* ~, painless || **~oureusement** [-urøzmɑ̃] *adv* painfully || grievously || **~oureux, euse** [-urø, øz] *adj* [physiquement] aching, painful; sore (endroit) || [moralement] sorrowful, grievous.

dout|e [dut] *m* doubt (*au sujet de,* as to; *sur,* about); *être dans le* ~, be in doubt; *hors de* ~, beyond question; ***sans aucun*** ~, without (a) doubt, undoutedly; ***sans*** ~, no doubt, doubtless; probably, possibly || *avoir des ~s,* have one's doubts; *plein de* ~, doubtful; ***mettre qqch. en*** ~, call sth. in question || **~er** *vi/vt ind* (1) ~ ***de,*** doubt (qqch., qqn); question (qqch.); *j'en doute,* I doubt it || ~ ***que/si,*** doubt whether; *je doute qu'il vienne,* I doubt whether he will come — *vpr* ***se*** ~ ***de,*** suspect; *je m'en doutais,* I thought as much || **~eux, euse** *adj* doubtful, dubious (indéterminé); questionable (contestable); doubtful (suspect); slippery, untrustworthy (sur lequel on ne peut compter); queer (louche).

douve [duv] *f* ARCH. moat || TECHN. stave (de tonneau).

doux, douce [du, dus] *adj* soft || sweet (au goût, à l'odorat); subdued (lumière, couleur); smooth, soft (au toucher); mellow (couleur, goût) || bland (air, boisson); genial (climat); mild (personne, climat) || gentle (caractère); lenient, meek (personne), quiet (animal) || *eau douce,* fresh water (potable), soft water (non calcaire) ● *loc adv* FAM. ***en douce,*** on the quiet.

douz|aine [duzɛn] *f* dozen; *à la ~,* by the dozen; *deux ~s d'œufs,* two dozen eggs; *des ~s de fois,* dozens of times; *une demi-~,* half a dozen || **~e** *adj/m* twelve || **~ième** [-jɛm] *adj/n* twelfth.

doyen, enne [dwajɛ̃, ɛn] *n* oldest member || [Université] dean.

draconien, enne [drakɔnjɛ̃, ɛn] *adj* drastic, stringent (mesures).

dragée [draʒe] *f* sugar-almond.

dragon [dragɔ̃] *m* dragon (démon, monstre) || MIL. dragoon || FIG. virago (femme).

dragu|e [drag] *f* TECHN. dredger (machine) || **~er** *vt* (1) [recherches] drag || TECHN. dredge || FAM. (try and) pick up (girls) || **~eur** *m* NAUT. *~ de mines,* minesweeper.

drain [drɛ̃] *m* drain(-pipe).

drainer [drɛne] *vt* (1) drain (un champ) || FIG. tap (ressources).

dram|atique [dramatik] *adj* dramatic || **~aturge** [-atyrʒ] *m* playwright || **~e** *m* drama (pièce) || FIG. tragedy.

drap [dra] *m* cloth (tissu) || *~ mortuaire,* pall || sheet (de lit) || FAM. *se mettre dans de beaux ~s,* get into a nice mess.

drap|eau [drapo] *m* flag || MIL. *appeler sous les ~x,* conscript; *être sous les ~x,* serve with the colours || **~er** *vt* (1) drape — *vpr* ***se ~,*** drape oneself (*dans,* in) || **~erie** [-ri] *f* drapery || **~ier** *m* clothier, draper.

dress|age [drɛsaʒ] *m* training (d'un animal) || **~er** I *vt* (1) train (un animal); break in (un cheval).

dresser II *vt* (1) erect, raise (mettre debout); pitch, put up (une tente) || *~ la table,* set the table || [chien] *~ les oreilles,* cock/prick up one's ears || FIG. make up (une liste); *~ un plan,* draw up a plan — *vpr* ***se ~,*** [cheval] rise on its hind legs; [personne] rise (en se levant); sit up (en s'asseyant) || [montagne] rise; [monument] stand || [branche, etc.] stick up || FIG. rise (*contre,* against).

dresseur, euse [drɛsœr, øz] *n* trainer (d'animaux).

dressoir [drɛswar] *m* side-board.

dribbler [drible] *vi* (1) SP. dribble.

drogu|e [drɔg] *f* MÉD. drug || FAM. dope (dopant) || **~é, e** *n* drug addict; junkie || **~er** *vt* (1) dose (malade) || drug (victime) — *vpr* ***se ~,*** take drugs (avec des stupéfiants) || **~erie** *f* dry-salter's shop.

droit *m* right; *~ de passage,* right of way; ***avoir le ~ de (faire),*** have a/the right to (do); *avoir ~ à qqch,* be entitled to sth.; *vous n'avez pas le ~ de,* you are not supposed to...; ***être dans son ~,*** be within one's rights, be in the right; *de plein ~,* in one's own right; *à bon ~,* rightly; *~ de reproduction,* copyright || power (pouvoir); *~ de grâce,* right of reprieve || title (titre); ***donner ~ à,*** entitle || use (droit d'utiliser) || *Pl.* rights, claim (*à,* to); *~s acquis,* vested interests || JUR. law; ***faire son ~,*** read/study law; *étudiant en ~,* law student; *~ coutumier,* commun law, unwritten law.

droit, e I [drwa, at] *adj* straight (ligne, route) || plumb (mur) || upstanding (personne); *se tenir ~,* stand upright || stand-up (col); single-breasted (veston) || MATH. right (angle) || TECHN. true || SP. straight (coup); [tennis] *coup ~,* forehand drive || FIG. upright (personne); right (chemin) ● *adv* straight, directly; *tout* ~, straight on/ahead, right on; directly; *filer tout* ~ *sur*, make a bee-line for ● *f* MATH. straight line || **~ement** [-tmɑ̃] *adv* (up)rightly || **~ure** [-tyr] *f* uprightness.

droit, e II *adj* right (côté, main); *à* ~*e*, on/to the right || **~e** *f* the right(-hand side) || POL. *la* ~, the Right (wing) || **~ier, ière** [-tje, jɛr] *n* right-handed.

droits *mpl* fee, dues (somme d'argent); ~*s d'auteur*, royalties, royalty; ~*s de douane*, customs, customs duties; *soumis aux* ~*s de douane*, dutiable; *exempt de* ~*s*, dutyfree; ~*s d'entrée*, entrance-fee; ~*s d'inscription*, admission-fee; ~*s de succession*, death-duties.

drôle I [drol] *adj* funny, droll, comical, amusing, humorous || FIG. *un* ~ *de type*, a queer customer || **~ement** *adv* [intensif] awfully, jolly.

drôle II *m*, **drôlesse** [drolɛs] *f* rascal, scamp.

dromadaire [drɔmadɛr] *m* dromedary.

dru, e [dry] *adj* scrubby (barbe); thick (blé, cheveux); rank (herbe) ● *adv* thick and fast (pleuvoir).

du [dy] *art contr/part* V. DE.

dû, e *adj* due, owing (*à*, to) || COMM. payable; *l'argent qui lui est* ~, the money owing to him; ***port*** ~, carriage forward || FIG. due; *en bonne et* ~*e forme*, in due form ● *m* due; *payer son* ~, pay one's share.

dualisme [dɥalism] *m* dualism.

dubitatif, ive [dybitatif, iv] *adj* dubitative.

duc [dyk] *m*, **duchesse** [dyʃɛs] *f* duke *m*, duchess *f*.

ductile [dyktil] *adj* TECHN. ductile.

duel [dɥɛl] *m* duel; *provoquer en* ~, challenge to a duel; *se battre en* ~, fight a duel.

duettiste [dɥɛtist] *n* duettist.

dûment [dymɑ̃] *adv* duly, properly, in due form.

dumping [dœmpiŋ] *m* dumping; *faire du* ~, dump.

dune [dyn] *f* (sand) dune.

duo [dɥo] *m* duo, duet.

dup|e [dyp] *f* dupe, gull; FAM. cat's paw; *ne pas être* ~ *de*, see through || **~er** *vt* (1) dupe, deceive, fool, trick || **~erie** *f* dupery; deception.

duplex [dyplɛks] *m* [appartement] split-level apartment, U.S. duplex || RAD. *(émission en)* ~, link-up.

duplicat|a [dyplikata] *m* duplicate || **~eur** *m* duplicator, cyclostyle.

duplicité [dyplisite] *f* duplicity, double-dealing.

duquel [dykɛl] *pron* V. LEQUEL.

dur, e [dyr] *adj* hard || stiff (brosse, col, levier) || CULIN. hard (eau); *œufs* ~*s*, hard-boiled eggs; tough (viande) || MÉD. ~ *d'oreille*, hard of hearing || FIG. hard (dificile); rough (voix); tough (résistant); harsh (lumière); hard (insensible) || FIG. *avoir la vie* ~*e*, die hard ● *adv* hard; *travailler* ~, work hard ● *m* U.S., FAM. tough customer, roughneck.

durable [dyrabl] *adj* lasting, durable enduring (paix).

Duralumin [dyralymɛ̃] *m*. N.D. Duralumin.

durant [dyrɑ̃] *prép* during; *sa vie* ~, all through his life.

durc|ir [dyrsir] *vt* (2) harden — *vi* [ciment] set — *vpr* ***se*** ~, harden || **~issement** *m* hardening.

dure [dyr] *f coucher sur la* ~, sleep on the cold hard ground; *en voir de* ~*s*, have a hard time of it.

durée [dyre] *f* duration || length (of time); period (d'un séjour, etc.); term (d'un bail); *quelle est la* ~ *de...?*, how long is...? || ~ *de la vie*, span of life || *sans limite de* ~, open-ended || TECHN. life;

***de longue** ~,* long-lasting, long-life || V. DISQUE.

durement [dyrmɑ̃] *adv* hard (fort); hardly (difficilement); severely (éprouvé); *traiter ~,* treat harshly.

durer [dyre] *vi* (1) last || [réserves] hold; [étoffe] wear well, last; [œuvre] endure, continue || *trop beau pour ~,* too good to last; *~ plus longtemps* [choses] outwear || ***faire** ~,* prolong, protract; eke out (économiser) spin out (histoire).

dur|eté [dyrte] *f* hardness (pr. et fig.); harshness (de la voix) || **~illon** [-ijɔ̃] *m* callosity.

duv|et [dyvɛ] *m* down (plume, poil); fluff (d'une étoffe) || [camping] sleeping-bag || **~eteux, euse** [-tø, øz] *adj* downy, feathering; fluffy.

dynam|ique [dinamik] *adj* dynamic || FAM. dashing, go-ahead (personne) ● *f* dynamics || **~isme** *m* PHYS. dynamism || FAM. drive; pep (fam.) || **~ite** *f* dynamite || **~iter** *vt* (1) dynamite, blow up || **~o** [-o] *f* dynamo.

dynastie [dinasti] *f* dynasty.

dysenterie [disɑ̃tri] *f* dysentery.

dyslex|ie [dislɛksi] *f* dyslexia || **~ique** *adj* dyslexic.

dyspep|sie [dispɛpsi] *f* dyspepsia || **~tique** [-tik] *adj/n* dyspeptic.

e

e [ə], **é** [e], **è** [ɛ] *m* e.

eau [o] *f* water; *~ **douce,*** fresh water (potable); *~ gazeuse,* aerated water, soda water; *~ **de Javel,*** bleach; *~ de mer,* sea water; *~ minérale,* mineral water; *~ oxygénée* (hydrogen) peroxyde; *~ **potable,*** drinking water; *~ sale,* slop; *~ salée,* salt water; *~ de source,* spring water; *~ **de rose,*** rose water || *~ **de Cologne,*** eau de Cologne; *~ de toilette,* toilet water || *être en ~,* be in a sweat; *cela me fait venir l'~ à la bouche,* that makes my mouth water || *Pl* waters || NAUT. *mettre à l'~,* set afloat, lower (bateau); *faire ~,* leak (prendre l'eau); make water (s'approvisionner) || CH. *~ **lourde,*** heavy water || REL. *~ bénite,* holy water || FAM. *à l'~ de rose,* soppy || **~-de-vie** *f* brandy || **~-forte** *f* etching.

ébah|i, e [ebai] *adj* flabbergasted, dumbfounded || **~ir** *vt* (2) dumbfound || **~issement** *m* amazement.

éba|ts [eba] *mpl* frolic, gambols || **~ttre (s')** [sebatr] *vpr* (20) frolic, frisk about, disport oneself || [enfants] romp.

ébauch|e [eboʃ] *f* (rough) sketch || FIG. outline || **~er** *vt* (1) FIG. outline, sketch out (un projet).

éb|ène [ebɛn] *f* ebony || **~éniste** [-enist] *m* cabinet-maker.

éberlué, e [ebɛrlɥe] *adj* flabbergasted.

éblou|ir [ebluir] *vt* (2) dazzle || **~issant, e** *adj* dazzling, glaring || **~issement** *m* dazzle || MÉD. dizziness; *avoir des ~s,* have fits of dizziness.

éborgner [ebɔrɲe] *vt* (1) *~ qqn,* put out sb.'s eye.

éboueur [ebuœr] *m* dustman, scavenger; U.S. garbage-collector.

ébouillanter [ebujɑ̃te] *vt* (1) scald.

éboul|ement [ebulmɑ̃] *m* fall of stone/rock; landslide, landslip || **~er (s')** fall down/in, slide down || **~is** [-i] *m* fallen rocks, debris || scree (en montagne).

ébouriffer [eburife] *vt* (1) tousle, dishevel, rough up (cheveux); ruffle (cheveux, plumes).

ébranl|ement [ebrɑ̃lmɑ̃] *m* shaking || MÉD. shock || FIG. commotion || **~er** *vt* (1) shake || rattle (les vitres) || MÉD. jar, shatter (nerfs); loosen (une dent) || FIG. shake; move, shock — *vpr* **s'~,** start, move off.

ébréch|er [ebreʃe] *vt* (5) chip (une assiette); notch (une lame); jag (un couteau) || FIG. make a hole in (son capital); damage (sa réputation) || **~ure** *f* chip, notch.

ébriété [ebriete] *f* intoxication; *en état d'~,* inebriated, intoxicated, under the influence of drink.

ébrouer (s') [sebrue] *vpr* (1) [cheval] snort || splash about (dans l'eau).

ébruiter [ebrɥite] *vt* (1) noise abroad, make known — *vpr* **s'~,** spread, become known; [secret] leak out.

ébullition [ebylisjɔ̃] *f* boil(ing); *point d'~,* boiling-point; *porter à ~,* bring to the boil; *en ~,* boiling over, FIG. seething.

écaill|e [ekaj] *f* scale (de poisson); shell (d'huître, de tortue) || flake (de rouille) || **~er** I *vt* (1) scale (poisson); shell (des huîtres) — *vpr* **s'~** [peinture] peel, flake (away/off) || **~er** II, **ère** *n* oysterdealer.

écarlate [ekarlat] *adj* scarlet.

écarquiller [ekarkije] *vt* (1) *~ les yeux,* open the eyes wide.

écart [ekar] *m* gap, distance (entre deux points) || [chiffres] difference || [opinions] divergence [règle] deviation || sidestep (mouvement); *faire un ~,* step aside, [cheval] swerve, shy || [cartes] discard(ing) || ARTS [danse] *faire le grand ~,* do the splits || FIG. *~ de conduite,* misdemeanour, lapse ● *loc adv* ***à l'~,*** apart, out of the way; *se tenir à l'~,* stand out of the way; keep aloof (*de,* from) || ***à l'~ de,*** off, away from, clear of; *une maison à l'~ de la grande route,* a house off the main road; *se tenir à l'~ de,* keep alof/away from.

écart|é, e [ekarte] *adj* spread out/apart (bras, jambes) || out of the way, outlying, secluded (lieu); *rue ~e,* back street || **~eler** [-əle] *vt* (6) quarter || **~ement** *m* spacing, spreading (action) || space, gap (distance); straddle (des jambes) || RAIL. gauge || **~er** *vt* (1) spread, open (les bras, les jambes); separate (des objets unis); keep/move away (éloigner); discard (une carte); keep off (tenir à distance) || FIG. turn down (une candidature, une réclamation); dismiss, rule out (une objection) — *vpr* **s'~,** move away, step/draw aside || deviate, depart (*de,* from) || FIG. wander, digress (du sujet); *ne pas s'~ du sujet,* keep to the subject.

ecchymose [ɛkimoz] *f* bruise.

ecclésiastique [eklezjastik] *adj* ecclesiastical, clerical ● *m* ecclesiastic, churchman, clergyman.

écervelé, e [esɛrvəle] *adj* scatter-hare, scatter-brained ● *n* madcap.

échafau|d [eʃafo] *m* scaffold || **~dage** [-daʒ] *m* scaffolding || heap, pile (d'objets) || ARCH. staging || FIG. drawing up (d'un plan); structure (d'un système).

échalote [eʃalɔt] *f* shallot.

échancr|er [eʃɑ̃kre] *vt* (1) indent, notch (un objet); open (au col) || **~ure** *f* indentation || neckline (d'une robe).

échang|e [eʃɑ̃ʒ] *m* exchange, interchange; *objet d'~,* exchange; *en ~ de,* in exchange for || COMM. barter || **~er** *vt* (7) exchange, switch (*contre,* for); swap (fam.); interchange (lettres); bandy (coups, mots) || COMM. barter, trade || **~eur** *m* AUT. interchange.

échantill|on [eʃɑ̃tijɔ̃] *m* sample, specimen || pattern (de tissu) || *~ sans valeur,* sample-post || [statistique] cross-section || **~onner** [-ɔne] *vt* (1) sample.

échapp|atoire [eʃapatwar] *f* evasion, loop-hole || FAM. red herring; *chercher des ~s,* hedge || **~é, e** *adj* runaway, loose (animal) || **~ée** *f* vista (vue) || SP. [course] breakaway || **~ement** *m* exhaust, outlet || escapement (d'horloge) || AUT. *pot d'~,* silencer, U.S. muffler; *tuyau d'~,* exhaust-pipe || **~er** *vi/vt ind* (1) slip away/out || *~ des mains,* slip out of the hands || ~ ***à,*** evade, escape || dodge (une obligation) || ***laisser ~,*** let go (laisser fuir); let slip (manquer); overlook (ne pas remarquer); drop (un mot); let fly (révéler) || FIG. *l'~ belle,* have a narrow escape, have a close shave — *vpr* ***s'~,*** escape, break away/loose (*de,* from) || get loose, get/run away.

écharde [eʃard] *f* splinter.

écharpe [eʃarp] *f* scarf (de femme); sash (de maire) || MÉD. sling.

échass|e [eʃas] *f* stilt || **~ier** *m* wader.

échauder [eʃode] *vt* (1) scald.

échauff|ement [eʃofmɑ̃] *m* heating || MÉD. chafing || **~er** *vt* (1) warm (un peu); heat (beaucoup) || FIG. excite; stir (l'imagination) — *vpr* ***s'~,*** get warm/hot || SP. warm up || FIG. warm up; work oneself up.

échauffourée [eʃofure] *f* scuffle, affray.

échéance [eʃeɑ̃s] *f* COMM. date, maturity (de crédit); pay-day (jour d'échéance); *à deux mois d'~,* at two months' date; *venir à ~,* fall/become due.

échec [eʃɛk] *m* failure (à un examen); miscarriage (d'un plan); setback (revers) || *courir au-devant d'un ~,* court failure; *faire ~ à,* defeat; *subir/essuyer un ~,* suffer a set-back; *tenir en ~,* hold in check || MIL. miss (coup manqué); *tenir l'ennemi en ~,* keep the enemy at bay || TH. flop.

échecs *mpl* [jeu] chess; *une partie d'~,* a game of chess; *jouer aux ~,* play chess || *Sing* check; *faire ~ à, mettre en ~,* check; *~ et mat,* checkmate; *faire ~ et mat,* (check)mate.

échelle [eʃɛl] *f* ladder; *~ de corde,* rope-ladder; *faire la courte ~ à qqn,* give sb. a leg up || NAUT. *~ de commandement,* companion-ladder; *~ de coupée,* accommodation ladder || TECHN. scale (de mesure d'une carte); *à l'~,* to scale || COMM. scale (barème); *~ mobile,* sliding scale (des salaires); *sur une petite/ grande ~,* on a small/large scale.

échel|on [eʃlɔ̃] *m* rung (d'échelle) || JUR. grade, stage, level || FIG. step || **~onnement** [-ɔnmɑ̃] *m* FIN. spreading out (des paiements) || FIG. staggering (des congés) || **~onner** [-ɔne] *vt* (1) space out || FIN. spread out (des paiements) || FIG. stagger (les congés, les heures de sortie) — *vpr* ***s'~,*** be spread (*sur,* over); *s'~ de... à,* range from... to || FIG. be staggered.

écheveau [eʃvo] *m* skein.

échevel|é, e [eʃəvle] *adj* tousled, dishevelled || FIG. wild (course) || **~er** *vt* (8) tousle, dishevel.

échiquier [eʃikje] *m* chessboard.

écho I [eko] *m* echo; *faire ~ à,* echo || FIG. *se faire l'~ de,* echo, repeat.

écho II *m* news item, paragraph (dans un journal) || *Pl* social gossip.

échoir [eʃwar] *vt ind* (42) fall (*à*, to); devolve (*à*, on) || FIN. fall/become due; *à* ~, accruing (intérêts).

échotier [ekɔtje] *m* columnist, gossip writer.

échouer [eʃwe] *vi* (1) [personne] fail; ~ ***à un examen*** fail an exam || [plan] fail, miscarry, come to grief, fall through || ***faire ~,*** foil, ruin, wreck (projet) || NAUT. *(s')~,* [bateau] run aground || FIG. end up (*dans,* in) — *vt* NAUT. strand; ground (accidentellement); beach (volontairement).

échu, e [eʃy] V. ÉCHOIR ● *adj* FIN. due; overdue (arriéré).

éclabouss|ement [eklabusmɑ̃] *m* splash || **~er** *vt* (1) splash, (be)spatter || **~ure** *f* splash, spatter.

éclair [eklɛr] *m* flash of lightning || flash (des yeux, des diamants); *jeter des ~s,* flash || PHOT. flash || FIG. flash (de génie); *rapide comme l'~,* as quick as lightning || **~age** *m* lighting || ÉLECTR. ~ ***fluorescent,*** strip-lighting || **~cie** [-si] *f* bright period/interval (dans le ciel); clearing (dans une forêt) || **~cir** [-sir] *vt* (2) lighten (couleur) || thin (down) [sauce] — *vpr* ***s'~,*** [ciel, temps] clear (up) || [brouillard] thin || **~cissement** *m* elucidation || *Pl* enlightenment || **~é, e** *adj* lighted, lit, alight || FIG. wise (conseil); enlightened (esprit) || **~er** *vt* (1) light, lighten || light up (une pièce); ~ *qqn,* light the way for sb. || FIG. illuminate (une affaire); enlighten (l'esprit); inform (qqn) || **~eur, euse** *n* (Boy) Scout, Girl Guide || MIL. scout.

écla|t [ekla] *m* [morceau] splinter (de bois), chip (de bois, de verre) || *Pl* slivers (minces); *voler en ~s,* fly/burst to pieces || MIL. fragment (de bombe); ~ *d'obus,* piece of shrapnel || ~ ***de rire,*** burst of laughter || [couleur] vividness || [lumière] brightness; glare (du soleil); *vif ~,* flash, flare; glitter (du diamant); sheen (d'un bijou); glance (de l'acier) || FIG. splendour, glamour (de la gloire); brightness (de l'intelligence, du regard); bloom (de la jeunesse); flush (de la beauté) || **~tant, e** [-tɑ̃, ɑ̃t] *adj* loud, ringing (bruit); bright, glittering (lumière); vivid (couleurs); radiant (beauté) || FIG. ~ *de santé,* bursting with health || **~tement** [-tmɑ̃] *m* burst, explosion || AUT. burst(ing) [d'un pneu] || **~ter** [-te] *vi* (1) burst, explode; ***faire ~,*** explode, blow up; split || [orage] break forth || AUT. [pneu] burst, blow out || FIG. [maladie, feu, guerre] break out || ~ ***de rire,*** burst out laughing.

éclectique [eklɛktik] *adj* eclectic.

éclips|e [eklips] *f* eclipse || **~er** *vt* (1) ASTR. eclipse || FIG. outshine, overshadow — *vpr* ***s'~,*** slip away.

éclisse [eklis] *f* MÉD. splint.

éclopé, e [eklɔpe] *adj* FAM. lame, crippled ● *n* cripple.

écl|ore [eklɔr] *vi* (43) [œuf, oiseau] hatch; *faire ~,* hatch || [bourgeon] burst; [fleur] bloom || **~os, e** [-o, oz] *adj* out (oiseau) || out (fleur) || **~osion** [-ozjɔ̃] *f* ZOOL. hatching || BOT. blooming, opening || FIG. birth, dawn.

écluse [eklyz] *f* lock; sluice.

écœur|ant, e [ekœrɑ̃, ɑ̃t] *adj* sickening, nauseating; sickly (odeur) || FIG. disgusting || **~é, e** *adj* sick, nauseated || FIG. disgusted, surfeited || **~ement** *m* nausea || FIG. disgust || **~er** *vt* (1) nauseate, sicken || FIG. disgust.

écol|e [ekɔl] *f* school (pr. et fig.); ~ *de dessin,* art school; ~ *maternelle,* nursery school; ~ *militaire,* military academy; ~ *navale,* naval college; ~ *normale,* teacher training college; ~ *pri-*

maire, primary school; ***aller à l'~,*** go to school || **~ier, ière** *n* schoolboy/girl.

écolog|ie [ekɔlɔʒi] *f* ecology || **~ique** *adj* ecological || **~iste** *n* ecologist; environmentalist.

éconduire [ekɔ̃dɥir] *vt* (85) reject (un prétendant); dismiss (un visiteur).

économat [ekɔnɔma] *m* bursar's office; steward's office.

économ|e *adj* economical; thrifty, frugal; ~ *de,* sparing in/of ● *n* bursar; *(m)* steward || **~ie** *f* economy, thrift (épargne) || *Pl* savings; ***faire des ~s,*** save money; FAM. *~s de bouts de chandelle,* cheese-paring economies || *~ politique,* political economy; *~ dirigée,* state controlled economy || **~ique** *adj* economic(al); cheap (objet) || **~iser** *vt* economize/save on || save (du temps) || eke out (faire durer) || save, put by (de l'argent) || **~iste** *n* economist.

écop|e [ekɔp] *f* NAUT. scoop || **~er** *vt* (1) bail out; scoop water out of (un bateau).

écorc|e [ekɔrs] *f* bark (d'arbre); peel (d'orange) || **~er** *vt* (1) bark (un arbre); peel (une orange).

écorch|er [ekɔrʃe] *vt* (1) skin (un lapin); flay (un animal); graze (par éraflure); chafe (par frottement) || MÉD. gall || FIG. rasp (les oreilles); murder (une langue); mispronounce (un mot) || **~ure** *f* scratch; graze; sore.

écorn|é, e [ekɔrne] *adj* dog-eared (livre) || **~er** *vt* (1) turn down the corner of (livre) || make a hole in (fortune).

écossais, e [ekɔsɛ, ɛz] *adj* Scots, Scottish, Scotch ● *m* COMM. [tissu] tartan, check || [langue] Scots.

Écoss|ais, e *n* Scotsman, -woman; Scotchman, Scot; *les ~,* the Scotch || **~e** *f* Scotland.

écosser [ekɔse] *vt* (1) shell, hull.

écot [eko] *m* share; ***payer son ~,*** pay one's share; *chacun a payé son ~,* we/they/all went Dutch.

écoul|ement [ekulmɑ̃] *m* flow, outflow, running (d'un liquide) || MÉD. discharge (de pus); flow, issue (de sang) || **~er** *vt* (1) pass (de faux billets) || COMM. dispose of (des marchandises) — *vpr* ***s'~,*** [liquide] flow out/away, run off || [eau] drain (off/away); leak out (fuite) || COMM. [marchandises] sell || FIG. [temps] elapse, lapse, pass, go by; slip by (vite); wear (away/on) [lentement]; intervene (entre-temps).

écourter [ekurte] *vt* (1) shorten || cut short (visite) || curtail (dépenses).

écoute I [ekut] *f* NAUT. sheet.

écout|e II *f* listening || RAD. *prendre l'~,* turn on the radio; *rester à l'~,* keep listening in || TÉL. ***~s téléphoniques,*** telephone tapping; *mettre (une ligne) sur (table d')~,* tap (a line) || FAM. *Pl être aux ~s,* be eavesdropping (furtivement) || **~er** *vt* (1) listen to (qqn) || play back (l'enregistrement au magnétophone) || FAM. *écoutez!,* look here!; *écoutez-moi bien,* mark my words! — *vi ~ aux portes,* eavesdrop || **~eur** *m* TÉL. ear-piece || RAD. headphone.

écoutille [ekutij] *f* NAUT hatch.

écran [ekrɑ̃] *m* CIN. screen; *porter à l' ~,* screen || T.V. *~ de contrôle,* monitor (screen); FAM. *sur le petit ~,* on the box (fam.).

écras|ant, e [ecrazɑ̃, ɑ̃t] *adj* crushing (poids, défaite); overwhelming (supériorité) || **~ement** *m* crush(ing); grinding (sous la meule) || FIG. defeat || **~er** *vt* (1) crush; stamp on (avec le pied); grind (à la meule); squash (un fruit); stub out (une cigarette); swat (une mouche) || AUT. run over (qqn) || FIG. crush (la population); overwhelm (d'impôts, de travail); stamp out (une rébellion) || POP. *en ~,* sleep like a log/top

— *vpr* **s'~,** [fruits] squash || AUT. crash (*contre,* into) || AV. crash || FIG. [foule] crush; *on s'écrasait pour entrer,* there was a great crush to get in.

écrém|er [ekreme] *vt* (5) cream, skim (lait) || **~euse** *f* creamseparator.

écrevisse [ekrəvis] *f* crayfish.

écrier (s') [sekrije] *vpr* (1) exclaim, cry out.

écrin [ekrɛ̃] *m* case.

écr|ire [ekrir] *vt* (44) write || write down (inscrire); *~ en toutes lettres,* write out; *~ un mot à qqn,* drop sb. a line; *~ en vitesse,* dash off || contribute (dans un journal); write up (un compte rendu) [*sur,* about] || spell (orthographier); *mal ~,* misspell — *vpr s'~,* [mot] be spelt || **~it, e** [-i, it] *adj* written ● *m* writing; ***par ~,*** in writing; *mettre par ~,* write down, put down in writing || [examen] written examination || **~iteau** [-ito] *m* (notice-)board, placard || **~iture** [-ityr] *f* writing || script, hand(writing); *avoir une belle ~,* write a good hand || REL. *Écriture sainte,* Scriptures, Holy Writ || **~ivain** [-ivɛ̃] *m* writer, author; *être ~,* write.

écrou [ekru] *m* nut.

écrouer [ekrue] *vt* (1) *~ qqn,* take sb. into custody, send to prison, commit (to prison).

écroul|ement [ekrulmɑ̃] *m* collapse (pr. et fig.) || **~er (s')** *vi* (1) [bâtiment] collapse, give way, crumble down || [personne] slump down (*sur,* on to) || FIG. [plans] fall through; [résistance] break down.

écru, e [ekry] *adj* unbleached.

écueil [ekœj] *m* NAUT. reef, rock || FIG. snag (difficulté).

écuelle [ekɥəl] *f* bowl.

éculé, e [ekyle] *adj* down at heel (souliers) || FIG. outworn.

écum|e [ekym] *f* foam (de la mer, à la bouche); froth (de la bière); spume, scum (de la confiture, d'un métal en fusion); *pipe en ~ de mer,* meerschaum pipe || **~er** *vi* (1) [mer, bouche] foam — *vt* skim (off) [bouillon] || FIG. roam, scour (les mers) || **~eux, euse** *adj* foamy || **~oire** *f* skimmer.

écureuil [ekyrœj] *m* squirrel.

écurie [ekyri] *f* stable, U.S. barn; *~ de course,* racing stable (lieu), racing-stud (chevaux); *mettre à l'~,* stable.

écusson [ekysɔ̃] *m* MIL. badge.

écuyère [ekɥijɛr] *f* horsewoman.

eczéma [ɛgzema] *m* eczema.

édent|é, e [edɑ̃te] *adj* toothless || **~er** *vt* (1) break sb.'s teeth out.

édif|iant, e [edifjɑ̃, ɑ̃t] *adj* edifying (moralement) || **~ication** [-ikasjɔ̃] *f* ARCH. construction || **~ice** [-is] *m* building, structure, edifice, pile || **~ier** *vt* (1) build, erect, construct || FIG. build up (une théorie) || FIG. edify (moralement).

édit [edi] *m* edict.

édi|ter [edite] *vt* (1) publish || **~teur, trice** *n* publisher || **~tion** *f* publishing (action) || *maison d'~,* publishing house || edition (tirage); issue (d'un journal); *~ spéciale,* special (edition), extra || **~torial, aux** [-tɔrjal, o] *m* editorial, leader.

édredon [edrədɔ̃] *m* eider-down.

éduca|teur, trice [edykatœr, tris] *adj* educative ● *n* educator || **~tif, ive** *adj* educative (méthode); educational (ouvrage) || **~tion** *f* education || training (des sens); *~ physique,* physical training || upbringing, nurture (des enfants) || breeding; *la bonne ~,* good breeding; *sans ~,* ill-bred.

édulcorer [edylkɔre] *vt* (1) sweeten || water down (pr. et fig.).

éduquer [edyke] *vt* (1) educate,

bring up; breed || train (une faculté).

effac|ement [efasmɑ̃] *m* FIG. wiping-away (d'un souvenir); self-effacement (de soi-même) || [magnétophone] *tête d'~*, erase head || **~é, e** *adj* FIG. retiring (personne) || **~er** *vt* (6) efface || rub out (avec une gomme); erase (au grattoir); strike off/out (d'un trait); wipe away/out (en essuyant); clean (tableau noir) || [magnétophone] erase (bande magnétique, etc.) wear away/off, obliterate (par le temps) || FIG. blot out — *vpr* ***s'~***, [inscription] wear away || FIG. [souvenir] dim, grow dim; fade || FIG. efface oneself; remain in the background (se tenir à l'écart); *s'~ devant*, yield precedence to.

effar|ant, e [efarɑ̃, ɑ̃t] *adj* alarming, frightening (effrayant) || **~er** *vt* (1) alarm, scare || **~oucher** [-uʃe] *vt* (1) frighten/scare away — *vpr* ***s'~ de,*** be shocked/alarmed by (par pudeur).

effectif I [efɛktif] *m* [école] enrolment || MIL. strength; *~ de guerre*, war establishment || NAUT. complement.

effect|if II, **ive** *adj* effective, actual || **~ivement** *adv* effectively, actually (réellement) || [confirmation] *Vous étiez absent de chez vous? — Oui, ~*, You were away from your place? — I was, indeed.

effectuer [efɛktɥe] *vt* (1) effect || work out (un calcul); carry out (une expérience); execute (une opération); accomplish (un voyage).

efféminé, e [efemine] *adj* effeminate, womanish.

effervesc|ence [efɛrvɛsɑ̃s] *f* effervescence || FIG. turmoil, excitement; *en ~*, seething, in a ferment || **~ent, e** *adj* effervescent.

effet [efɛ] *m* effect, result, consequence; impact; *à cet ~*, to that effect; *faire de l'~*, be effective; *produire un ~*, have an effect (*sur*, on); *manquer son ~*, fall flat; *sans ~*, ineffectual || ***~s secondaires,*** side effects || execution; *prendre ~*, take effect || impression (émotion); ***faire de l'~,*** make an impression || impression (sensation); ***faire l'~ de*** seem/look/feel like || show, parade (ostentation) || *Pl* belongings, effects (biens) || COMM. bill || SP. twist, spin (sur une balle) ● *loc adv* ***en ~***, indeed, as a matter of fact, quite so, sure enough; [confirmation] V. EFFECTIVEMENT; ***sous l'~ de,*** under the influence of; ***à cet ~***, to that effect.

effeuill|er [efœje] *vt* (1) pluck off the leaves (d'un arbre) / the petals (d'une fleur) — *vpr* ***s'~,*** shed its leaves/petals || **~euse** *f* TH. stripper.

efficac|e [efikas] *adj* effective, efficacious, telling, effectual (chose); potent (remède); efficient (personne); business-like (méthodique) || **~ement** *adv* effectively, effectually; efficiently || **~ité** *f* efficacy, effectiveness; efficiency.

effigie [efiʒi] *f* effigy.

effil|é, e [efile] *adj* tapering (doigt) || **~er, ~ocher** [-e, -ɔʃe] *vt* (1) fray (un tissu); thin out (les cheveux) — *vpr* ***s'~,*** [tissu] fray.

efflanqué, e [eflɑ̃ke] *adj* lank(y).

effleur|ement [eflœrmɑ̃] *m* brush || **~er** *vt* (1) brush, touch lightly (doucement); graze (en écorchant); tip (en cognant); skim (along/over) [l'eau] || FIG. skim, touch on (un sujet); cross (l'esprit).

effondr|é, e [efɔ̃dre] *adj* FIG. prostrate || **~ement** *m* collapse || FIN. slump || FIG. collapse (du moral); prostration (d'une personne) || **~er (s')** *vpr* (1) [bâtiment] collapse; [toit] fall in; [plancher] cave in ; [personne] curl up || FIN. [cours] slump || MÉD. [santé, personne] break down || FIG. collapse, crack up ; go to pieces (fam.).

eff|orcer (s') [sefɔrse] *vpr* (6) strive, endeavour, do one's best (*de,* to) ; aim (*de,* at) || **~ort** [-ɔr] *m* effort, exertion, strain (au moral et au physique) ; *faire un ~,* make an effort ; *faire tous ses ~s pour,* try hard, do one's best/utmost; ***sans ~,*** easily, effortless ; *loi du moindre ~,* line of least resistance || pull (de traction) || endeavour, bid (tentative) || TECHN. stress.

effraction [ɛfraksjɔ̃] *f vol avec ~,* house-breaking ; *entrer par ~,* break in(to).

effranger [ɛfrɑ̃ʒe] *vt* (7) fray.

effray|ant, e [ɛfrɛjɑ̃, ɑ̃t] *adj* dreadful, awful ; horrid, fearful, ghastly || **~er** *vt* (9 *b*) frighten ; scare ; startle ; dismay, alarm — *vpr* ***s'~,*** take fright/alarm ; *s'~ de,* be frightened by, be afraid of.

effréné, e [ɛfrene] *adj* uncontrolled, unrestrained, frenzied, frantic, wild.

effriter [ɛfrite] *vt* (1) crumble, break up, fritter — *vpr* ***s'~,*** crumble (away) ; flake (away/off).

effroi [ɛfrwa] *m* fright, dismay.

effront|é, e [ɛfrɔ̃te] *adj* brazen (-faced), shameless, cheeky, saucy || **~erie** [-ri] *f* shamelessness, cheek, effrontery.

effroyable [ɛfrwajabl] *adj* frightful, terrifying ; horrible, appaling.

effusion [ɛfyzjɔ̃] *f* effusion ; *~ de sang,* bloodshed || FIG. *Pl* effusions, demonstrations.

égailler (s') [segaje] *vpr* (1) scatter ; string out (le long de la route).

égal, e, aux [egal, o] *adj* equal ; *chances ~es,* even odds || even (régulier) ; smooth (chemin) || FIG. even (caractère) ; *d'humeur ~e,* even-tempered || FAM. ***cela m'est ~,*** it is all one/all the same to me, I don't mind/care ● *n* equal, peer ; match ; *être l'~ de,* equal, be on a par with (qqn) ; *traiter d'~ à ~ avec qqn,* treat sb. as an equal ; *sans ~,* unequalled, matchless, peerless || **~ement** *adv* equally || likewise (de la même manière) || as well, also, too (aussi) || **~er** *vt* (1) equal, be equal to ; match ; *tenter d'~,* emulate || **~isation** *f* equalization || **~iser** *vt* (1) equalize || level (niveler) ; even (up), make even || SP. tie || **~ité** *f* equality ; ***à ~,*** even, on a par (*avec,* with) ; *sur un pied d'~,* on equal terms || SP. tie (de points) ; [tennis] deuce ; ***à ~,*** equal in points, FAM. neck and neck || FIG. evenness ; *~ d'âme,* equanimity.

égard [egar] *m* [respect] consideration, respect, regard ; ***plein d'~s pour,*** considerate towards, regardful of ; ***manque d'~s,*** slight ; *n'avoir aucun ~ pour,* have no consideration/regard for ; *manquer d'~s envers,* be inconsiderate towards ; ***avoir beaucoup d'~s pour,*** show great consideration for || [envers] ***à l'~ de,*** towards ● *loc* ***par ~ pour,*** out of consideration for ; *eu ~ à,* considering, in view of ; ***sans ~ pour,*** regardless of ; ***à cet ~,*** on that score, in this respect, for that matter ; *à tous ~s,* in all respects ; *à certains ~s,* in certain respects.

égar|é, e [egare] *adj* stray (animal) ; misplaced, mislaid (objet) ; lost (personne) || haggard, wild (air, regard) || **~er** *vt* (1) misplace, mislay (un objet) ; lead astray (qqn) ; lose (perdre) — *vpr* ***s'~,*** go astray, stray, lose one's way.

égayer [egɛje] *vt* (9 *b*) enliven (la conversation) ; brighten (un lieu) ; cheer up (qqn).

égide [eʒid] *f sous l'~ de,* under the aegis of.

églantier [eglɑ̃tje] *m* sweet-briar.

église [egliz] *f* REL. church (édifice, société).

égo|centrique [egosɑ̃trik] *adj* self-centred || **~ïsme** [-ɔism] *m* [selfishness, egoism || **~ïste** *adj* selfish, egoistic ● *n* egoist.

égorger [egɔrʒe] *vt* (6) cut the throat of; slaughter (massacrer).

égosiller (s') [segozije] *vpr* (1) shout like mad.

égout [egu] *m* sewer; *eaux d'~,* sewage; *tout-à-l'~,* sanitation.

égoutt|er [egute] *vt* (1) drain (off); drain dry (verres); strain (avec une passoire) — *vpr* ***s'~,*** drip (goutte à goutte); drain (off, away) || **~oir** *m* platerack, draining-board.

égratign|er [egratiɲe] *vt* (1) scratch || **~ure** *f* scratch.

égrener [egrəne] *vt* (5) pick off (des raisins) || FIG. *~ son chapelet,* tell one's beads.

égrillard, e [egrijar, ard] *adj* libidinous, lecherous.

Égyp|te [eʒipt] *f* Egypt || **~tien, ienne** [-sjɛ̃, jɛn] *n* Egyptian.

eh! [e] *exclam* hey! hi! || *~ bien!,* why!; *~ bien?,* well?

éhonté, e [eɔ̃te] *adj* shameless, barefaced.

eider [edɛr] *m* eider.

éjec|ter [eʒɛkte] *vt* (1) eject || **~tion** *f* ejection (de vapeur).

élaborer [elabɔre] *vt* (1) work out, elaborate || evolve (une théorie).

élaguer [elage] *vt* (1) prune (un arbre); lop (off), cut away/off (des branches) || FIG. curtail.

élan I [elɑ̃] *m* ZOOL. elk, U.S. moose.

élan II *m* impetus, momentum (vitesse acquise) || SP. *saut avec/sans ~,* running/standing jump; ***prendre son ~,*** take a run-up || FIG. surge || **~cé, e** [-se] *adj* slender (forme) || **~cement** [-smɑ̃] *m* [douleur] shooting pain, twinge || **~cer** *vi* (1) [douleur] give shooting pains — *vpr* ***s'~,*** dash, rush, dart, shoot, hurl oneself; fly (*sur,* at).

élarg|ir [elarʒir] *vt* (2) widen, broaden; make wider || let out (une robe) || FIG. discharge (un prisonnier) — *vpr* ***s'~,*** widen, grow wider, expand || **~issement** *m* widening || letting out (d'une (robe) || JUR. release (d'un prisonnier).

élast|icité [elastisite] *f* elasticity, resilience || FIG. laxity (de la morale) || **~ique** *adj* elastic, springy, resilient || FIG. lax (conscience) ● *m* elastic, elastic band, rubber band.

élec|teur, trice [elɛktœr, tris] *n* elector, constituent, voter || *Pl* constituency || **~tion** *f* election; polling; *~ partielle,* by-election; *~s générales,* general elections || **~toral, e, aux** [-tɔral, o] *adj* electoral.

électr|icien, ienne [elɛktrisjɛ̃, jɛn] *n* electrician || **~icité** *f* electricity, power; *à l'~,* electrically; *~ industrielle,* electrical engineering || **~ifier** [-ifje] *vt* (1) electrify || **~ique** *adj* electric, electrical || **~iquement** *adv* electrically || **~iser** [-ize] *vt* (1) electrify.

électro|-aimant [elɛktrɔɛmɑ̃] *m* electromagnet || **~cardiogramme** [-kardjogram] *m* electrocardiogram || **~choc** *m* electroshock || **~cuter** [-kyte] *vt* (1) electrocute || **~cution** [-kysjɔ̃] *f* electrocution || **~de** [-trɔd] *f* electrode || **~gène** [-ʒɛn] *adj* generating; *groupe ~,* generating set || **~lyse** [-liz] *f* electrolysis || **~ménager** *adj m appareil ~,* household appliance.

électr|on [elɛktrɔ̃] *m* electron || **~onique** [-ɔnik] *adj* electronic ● *f* electronics.

électro|phone [elɛktrɔfɔn] *m* record player || **~statique** *adj* electrostatic.

élég|amment [elegamɑ̃] *adv* handsomely || **~ance** *f* elegance || **~ant, e** *adj* elegant || stylish, smart, dressy (vêtements); welldressed, smart (personne); fashionable (société).

élémen|t [elemɑ̃] *m* element; constituent || CH. element || TECHN. unit; ~ *de cuisine,* kitchen unit; [hi-fi] component || FIG. *ne pas se sentir dans son* ~, not to feel at home || **~taire** [-tɛr] *adj* elementary, basic.

éléphan|t, e [elefɑ̃, ɑ̃t] *n* elephant || **~teau** [-to] *m* young elephant.

élevage [elvaʒ] *m* breeding, rearing; *faire l'~ de,* breed.

élév|ateur, trice [clevatœr, tris] *adj* lifting ● *m* TECHN. elevator, lift || **~ation** *f* lifting, raising || rise (de terrain) || height (hauteur) || FIG. elevation, loftiness.

élève [elɛv] *n* pupil; schoolboy/girl; *ancien* ~, old boy.

élev|é, e [elve] *adj* high (montagne); tall (bâtiment); elevated (position) || COMM. stiff (prix) || FIG. exalted; noble, lofty (style) || FIG. [éducation] V. ÉLEVER II || **~er** I *vt* (5) [porter plus haut] raise, elevate || erect, set up (une statue) || put up (un mur) || [hausser] raise (la voix, les prix) || MATH. ~ *à la puissance 3,* raise to the power of 3 || FIG. lift up, elevate; raise (une objection) — *vpr* ***s'~,*** rise || come up (*jusqu'à,* to) || soar (dans les airs); [ballon] ascend || [édifice] stand (*sur,* on); tower (*au-dessus,* above) || [cris] be uttered || FIN. *s'~ à,* [somme] amount to; total (up to) || FIG. *s'~ contre,* object to, stand against, denounce.

élev|er II *vt* (5) [éduquer] bring up, rear, U.S. raise (enfants); rear, breed, raise (animaux); ~ *des poules,* keep hens || ***bien élevé,*** well-bred/-mannered; ***mal élevé,*** ill-bred/-mannered || **~eur, euse** *n* breeder.

élider [elide] *vt* (1) elide.

éligible [eliʒibl] *adj* eligible.

élimé, e [elime] *adj* threadbare; shabby.

élimin|ation [eliminasjɔ̃] *f* elimination || **~atoire** [-atwar] *adj* eliminatory (examen); disqualifying (note) || SP. trial (épreuve) ● *f* SP. cup-tie || **~er** *vt* (1) eliminate || exclude (un candidat); weed out (les indésirables); cut out (un rival) || rule out (exclure) || comb out (du personnel).

élire [elir] *vt* (60) elect; choose, co-opt || POL. elect, return (un député).

élision [elizjɔ̃] *f* elision.

élite [elit] *f* elite || flower; cream || MIL. *régiment d'~,* crack regiment.

élixir [eliksir] *m* elixir.

elle [ɛl] *pron* [sujet féminin] she || [sujet neutre] it || *Pl* they || [objet dir./indir.] her, it; them; *c'est* ~, it's her (fam.); *à* ~, of hers, of her own; *Pl à ~s,* of theirs || ***~-même,*** herself *(f);* itself (neutre).

ellip|se [elips] *f* ellipse || **~tique** [-tik] *adj* elliptic(al).

élocution [elɔkysjɔ̃] *f* elocution, delivery, diction, utterance.

élog|e [elɔʒ] *m* praise, commendation; *digne d'~,* praiseworthy; *faire l'~ de,* praise || **~ieux, ieuse** *adj* laudatory, complimentary, eulogistic.

éloign|é, e [elwaɲe] *adj* remote, distant, far-away, far-off; *plus* ~, farther, further; *le plus* ~, the farthest || distant (période) || JUR. distant (parent) || **~ement** *m* removing (action) || distance || **~er** *vt* (1) remove, take away; move away (qqch.) || divert (détourner) [*de,* from] || avert (les soupçons) || FIG. estrange (*qqn de qqn,* sb. from sb.) — *vpr* ***s'~,*** go/get away, move off, make away || recede || [orage] pass over.

éloqu|ence [elɔkɑ̃s] *f* eloquence || **~ent, e** *adj* eloquent.

élu, e [ely] *adj* elect ● *n les ~s,* the elect || V. ÉLIRE.

élucid|ation [elysidasjɔ̃] *f* elucidation || **~er** *vt* (1) elucidate, clear up, clarify.

éluder [elyde] *vt* (1) elude, evade (une question); dodge (une difficulté).

émacié, e [emasje] *adj* emaciated (visage); scraggy (personne).

ém|ail, aux [emaj, o] *m* enamel || **~ailler** [-aje] *vt* (1) enamel || FIG. *émaillé de,* dotted with.

émanation [emanasjɔ̃] *f* exhalation (de gaz); fume || emanation (manifestation).

émancip|ation [emɑ̃sipasjɔ] *f* emancipation || **~er** *vt* (1) free || JUR. emancipate — *vpr* **s'~,** liberate oneself; become emancipated.

émaner [emane] *vt* (1) emanate (*de,* from).

émarg|ement [emarʒəmɑ̃] *m* signing; *feuille d'~,* attendance-list || **~er** *vt* (7) sign.

emball|age [ɑ̃balaʒ] *m* packing, package, packet; *~ perdu,* disposable wrapping; *~s vides,* empties || **~er** I *vt* (1) pack (up); wrap/do up (dans du papier) || **~eur, euse** *n* packer.

emballer II *vt* (1) race, rev (moteur) || FAM. carry away (enthousiasmer); *être emballé par,* be hooked on, be keen on — *vpr* **s'~,** [cheval] bolt || [moteur] race || [personne] be carried away.

embarca|dère [ɑ̃barkadɛr] *m* wharf, U.S. pier || **~tion** *f* boat, craft.

embardée [ɑ̃barde] *f* AUT. swerve, lurch; *faire une ~,* swerve.

embargo [ɑ̃bargo] *m* embargo; *mettre/lever l'~,* lay an/raise the embargo (*sur,* on).

embarqu|ement [ɑ̃barkəmɑ̃] *m* NAUT. shipping, shipment (de marchandises); embarkation, embarking (de passagers) || AV. emplaning || **~er** *vt* (1) take on board; ship (des marchandises); embark (des passagers) — *vpr* **s'~,** embark, board, go aboard.

embarras [ɑ̃bara] *m* encumbrance, hindrance || [circulation] congestion || trouble (dérangement); *causer de l'~,* put to a lot of trouble || difficulty; *grand ~,* quandary; ***être dans l'~,*** be at a loss/in a fix; *laisser qqn dans l'~,* leave sb. in the lurch; *tirer qqn d'~,* get sb. out of a scrape || confusion, embarrassment, perplexity, puzzle || *Pl ~ d'argent,* money difficulties || *Pl* FAM. frills; *faire des ~,* fuss, make a fuss || MÉD. *~ gastrique,* upset stomach || **~sant, e** [-sɑ̃, ɑ̃t] *adj* cumbersome, cumbrous (encombrant) || awkward (question); puzzling (problème) || **~sé, e** [-se] *adj* encumbered (encombré); full (les mains) || MÉD. upset (stomach) || FIG. perplexed, embarrassed; at a loss (pour répondre); confused (situation) || **~ser** [-se] *vt* (1) encumber (encombrer); hinder (gêner) || FIG. embarrass, puzzle, nonplus, disconcert, perplex; put sb. out of countenance; exercise — *vpr* **s'~,** burden oneself (*de,* with) || FIG. bother (se préoccuper) [*de,* about].

embauch|e [ɑ̃boʃ] *f* taking-on || vacancies (postes disponibles) || **~er** *vt* (1) engage, hire, take on, sign on (des ouvriers) — *vpr* **s'~,** sign on.

embauchoir [ɑ̃boʃwar] *m* shoe-tree.

embaum|é, e [ɑ̃bome] *adj* balmy || **~er** *vt* (1) embalm (un mort) — *vi* give out a sweet smell.

embell|ir [ɑ̃bɛlir] *vt* (2) beautify, embellish — *vi* grow more beautiful || **~issement** *m* embellishment || improvement (d'une ville).

embêt|ant, e [ɑ̃bɛtɑ̃, ɑ̃t] *adj* tiresome, boring || **~é, e** *adj* worried (tourmenté) || **~ement** *m* nuisance, bother || **~er** *vt* (1) bore, bother (importuner) || worry (tourmenter).

emblée (d') [dɑ̃ble] *loc adv* right away, directly.

emblème [ɑ̃blɛm] *m* emblem.

embobiner [ɑ̃bɔbine] *vt* (1) reel, wind.

emboîter [ɑ̃bwate] *vt* (1) fit into; *~ le pas à qqn,* tread in sb.'s footsteps; FIG. follow in sb.'s footsteps, follow suit — *vpr* ***s'~,*** fit into each other, fit together; slot (*dans,* in).

embonpoint [ɑ̃bɔ̃pwɛ̃] *m* stoutness; spread; *prendre de l'~,* become stout.

embouch|é, e [ɑ̃buʃe] *adj mal ~,* foul-mouthed || **~er** *vt* (1) put to one's mouth || **~ure** *f* MUS. mouthpiece || GÉOGR. mouth (d'une rivière).

embourber [ɑ̃burbe] *vt* (1) bog — *vpr* ***s'~,*** stick in the mud, get bogged, mire.

embouteillage [ɑ̃butɛjaʒ] *m* [circulation] hold-up, traffic jam; snarl-up.

emboutir [ɑ̃butir] *vt* (2) TECHN. stamp, press || AUT., FAM. crash into — *vpr* ***s'~,*** AUT. crash, collide.

embranchement [ɑ̃brɑ̃ʃmɑ̃] *m* fork, junction (de routes) || RAIL. junction, branch line.

embras|é, e [ɑ̃braze] *adj* ablaze || **~ement** *m* illumination (par la lumière) || **~er** *vt* (1) set ablaze (par le feu); illuminate (par la lumière) — *vpr* ***s'~,*** blaze up, flare up || become illuminated.

embrass|ement [ɑ̃brasmɑ̃] *m* embrace, hug(ging) || **~er** *vt* (1) kiss (donner des baisers); hug, embrace (enlacer) || FIG. cover (couvrir); *~ du regard,* survey, encompass || FIG. take up, enter upon, follow (une carrière); espouse (une cause) — *vpr* ***s'~,*** kiss (each other).

embrasure [ɑ̃brazyr] *f* embrasure.

embray|age [ɑ̃brɛjaʒ] *m* AUT. clutch (appareil); putting into gear (action) || **~er** *vi/vt* (9 *b*) TECHN. throw into gear || AUT. engage/let in the clutch || FAM. start work.

embrigader [ɑ̃brigade] *vt* (1) enrol.

embrocation [ɑ̃brɔkasjɔ̃] *f* embrocation.

embrouill|amini [ɑ̃brujamini] *m* FAM. welter, muddle, pretty kettle of fish || **~é, e** *adj* involved, intricate || **~er** *vt* (1) ravel, (en)tangle; mix up (des papiers) || FIG. mess up, muddle; confuse (une question) — *vpr* ***s'~,*** ravel; get into a tangle || FIG. get into a muddle, become confused, get mixed up.

embrumer [ɑ̃bryme] *vt* (1) fog, cover with fog — *vpr* ***s'~,*** mist (over); become foggy/misty.

embrun [ɑ̃brœ̃] *m* spray.

embryon [ɑ̃brijɔ̃] *m* embryo.

embûches [ɑ̃byʃ] *fpl* trap(s).

embuer [ɑ̃bɥe] *vt* (1) dim, cloud (un miroir) — *vpr* ***s'~,*** mist over.

embusc|ade [ɑ̃byskad] *f* ambush; *se tenir en ~,* lie in ambush; *tomber dans une ~,* fall into an ambush || **~qué** [-ke] *m* MIL. shirker || **~quer** *vt* (1) station in ambush — *vpr* ***s~,*** lie in ambush.

éméché, e [emeʃe] *adj* tipsy, jolly, screwed.

émeraude [emrod] *f* emerald.

émerger [emɛrʒe] *vi* (5) emerge.

émeri [emri] *m* emery; *toile ~,* emery-cloth; *bouché à l'~,* stoppered.

émerillon [emrijɔ̃] *m* NAUT. swivel.

émerveill|é, e [emɛrvɛje] *adj* filled with wonder || **~ement**

m wonder || **~er** *vt* (1) fill with wonder — *vpr* ***s'~,*** wonder, marvel (*de,* at).

ém|etteur, trice [emɛtœr, tris] *adj* FIN. issuing || RAD. transmitting ; *poste ~,* radio-station, broadcasting station ● *m* RAD. transmitter || **~ettre** [-ɛtr] *vt* (64) give forth (un son) ; emit (chaleur, lumière) ; give off, send forth (une odeur) ; eject (de la fumée) || issue (des timbres) || RAD. transmit || PHYS. radiate || FIG. advance, express, pass (une opinion).

émeut|e [emøt] *f* riot, outbreak of violence || **~ier, ière** *n* rioter.

émiett|ement [emjɛtmɑ̃] *m* crumbling || **~er** *vt* (1) crumble — *vpr* ***s'~,*** crumble.

émigr|ant, e [emigrɑ̃, ɑ̃t] *n* emigrant || **~ation** *f* emigration || **~é, e** *n* expatriate || HIST. émigré || **~er** *vi* (1) emigrate || [oiseaux] migrate.

émincer [emɛ̃se] *vt* (6) mince.

émin|ence [eminɑ̃s] *f* rise (colline) || FIG. prominence || REL. *Éminence,* Eminence (titre) || **~ent, e** *adj* FIG. prominent, outstanding, eminent.

émissaire [emisɛr] *m* emissary, envoy.

émission [emisjɔ̃] *f* emission (de chaleur, de lumière, de parfum) || FIN. issue || RAD. transmission, programme, broadcast ; transmitting, broadcasting (action) ; *~ différée/en direct,* recorded/live broadcast ; *~ télévisée,* telecast ; *commencer/terminer l'~,* sign on/off.

emmagasin|age [ɑ̃magazinaʒ] *m* storage || **~er** *vt* (1) store.

emmailloter [ɑ̃majɔte] *vt* (1) swathe.

emmanch|er [ɑ̃mɑ̃ʃe] *vt* (1) put a handle to || **~ure** *f* arm-hole.

emmêl|ement [ɑ̃mɛlmɑ̃] *m* tangle || **~er** *vt* (1) [en]tangle (cheveux, corde) ; mat (les cheveux) || [passif] snarl (up) || FIG. mix up — *vpr* ***s'~,*** get entangled, kink.

emménag|ement [ɑ̃menaʒmɑ̃] *m* moving in || **~er** *vi/vt* (7) move in.

emmener [ɑ̃mne] *vt* (5) take away/off ; take (qqn) [*à,* to].

emmitoufler [ɑ̃mitufle] *vt* (13) muffle (up) [*dans,* in] — *vpr* ***s'~,*** muffle oneself up, bundle (oneself) up.

emmurer [ɑ̃myre] *vt* (1) [accident] entomb, bury, trap.

émoi [emwa] *m* excitement, emotion, flurry ; commotion ; *en ~,* astir, in a flutter ; *mettre en ~,* flurry, put in a flutter.

émoluments [emɔlymɑ̃] *mpl* fee, emolument.

émonder [emɔ̃de] *vt* (1) prune, lop, trim.

émo|tif, ive [emotif, iv] *adj* emotional (personne) ; emotive (trouble) || **~tion** *f* emotion, excitement (émoi) ; shock (choc) || strong feelings, agitation, disturbance.

émouss|é, e [emuse] *adj* blunt, dull (lame) ; pointless || **~er** *vt* (1) blunt || FIG. take the edge off (l'appétit) — *vpr* ***s'~,*** FIG. become dull.

émoustiller [emustije] *vt* (1) ginger up, elate.

émouv|ant, e [emuvɑ̃, ɑ̃t] *adj* moving, stirring, exciting, emotive || **~oir** *vt* (67) move, touch, affect (toucher) || upset, disturb (bouleverser) ; thrill (transporter) || stir, excite (exciter).

empailler [ɑ̃pɑje] *vt* (1) stuff (un amimal) || rush-bottom (une chaise).

empaquet|age [ɑ̃paktaʒ] *m* packing || **~er** *vt* (8 *a*) pack up.

emparer (s') [sɑ̃pare] *vpr* (1) ***s'~ de,*** seize, grasp, grab, lay hands on, lay hold of ; *tenter de ~ de,* grasp at || FIG. [sentiments] come over.

empâter (s') [sɑ̃pɑte] *vpr* (1) get fat, put on flesh.

empattement [ɑ̃patmɑ̃] *m* AUT. wheelbase.

empêch|ement [ɑ̃pɛʃmɑ̃] *m* impediment, hindrance, obstacle; unexpected difficulty; *en cas d'~,* if there's a hitch || **~er** *vt* (1) prevent, stop (*de,* from); hinder, impede; preclude, inhibit (*de,* from); *~ qqn de faire qqch.,* keep sb. from doing sth.; *~ d'entrer,* keep out; *~ de se coucher,* keep up; *~ de dormir,* keep awake — *vpr* ***s'~ de,*** refrain from; *il ne pouvait s'~ de rire,* he couldn't help laughing.

empereur [ɑ̃prœr] *m* emperor.

empeser [ɑ̃pəze] *vt* (1) starch, stiffen.

empester [ɑ̃pɛste] *vi* (1) [odeur] stink (of), reek (of).

empêtrer (s') [sɑ̃pɛtre] *vpr* (1) get entangled (*dans,* in) || FIG. get mixed up (*dans,* in).

empha|se [ɑ̃fɑz] *f* grandiloquence || **~tique** *adj* bombastic.

empierr|ement [ɑ̃pjɛrmɑ̃] *m* metal(ling) [d'une route] || **~er** *vt* (1) metal.

empiét|ement [ɑ̃pjetmɑ̃] *m* encroachment (*sur,* on); overlap, infringement (*sur,* of); inroad (*sur,* into) || **~er** *vi* (1) encroach, trespass (*sur,* upon) [la propriété d'autrui] || FIG. intrude, infringe, trench (*sur,* upon) [les droits, le temps].

empiffrer (s') [sɑ̃pifre] *vpr* (1) guzzle, scoff; stuff/gorge oneself (*de,* with).

empiler [ɑ̃pile] *vt* (1) stack, pile (up) || POP. diddle (filouter).

empire [ɑ̃pir] *m* empire (État) || FIG. sway, dominion (*sur,* over); *~ sur soi-même,* self-control || *sous l'~ de,* under the pressure of, impelled by.

empirer [ɑ̃pire] *vi* (1) worsen, get worse, change for the worse, deteriorate — *vt* make worse.

empir|ique [ɑ̃pirik] *adj* empiric || **~iquement** *adv* empirically, by rule of thumb || **~isme** *m* empiricism.

emplacement [ɑ̃plasmɑ̃] *m* site, location; situation, position || MIL. emplacement.

emplâtre [ɑ̃plɑtr] *m* plaster, patch.

emplette [ɑ̃plɛt] *f* purchase; *faire des ~s,* go shopping.

emplir [ɑ̃plir] *vt* (2) fill.

empl|oi [ɑ̃plwa] *m* use; *mode d'~,* directions for use; *prêt à l'~,* ready for use || ***~ du temps,*** daily routine (quotidien); agenda (prévu); time-table (tableau) || employment, job, appointment; ***demande/offre d'~,*** situation wanted/vacant; *sans ~,* out of work, jobless; ***plein ~,*** full employment || GRAMM. [mot] *faire double ~,* be a useless repetition || **~oyé, e** [-waje] *n* employee; assistant || *~ de bureau,* office worker, clerk; *~ de chemin de fer,* railwayman || **~oyer** *vt* (9 *a*) use, make use of || employ (personne) || **~oyeur, euse** [-wajœr, øz] *n* employer.

empocher [ɑ̃pɔʃe] *vt* (1) pocket.

empoigner [ɑ̃pwaɲe] *vt* (1) grab, grasp (saisir); collar (un malfaiteur) — *vpr* ***s'~,*** FAM. have a set-to (fam.).

empois [ɑ̃pwa] *m* starch.

empoisonn|é, e [ɑ̃pwazɔne] *adj* poisoned; poisonous || **~ement** *m* poisoning || **~er** *vt* (1) poison — *vi* stink; reek of (empester) — *vpr* ***s'~,*** poison oneself.

emport|é, e [ɑ̃pɔrte] *adj* fiery (caractère); quick-tempered, short-tempered, passionate || **~ement** *m* anger, transport; *avec ~,* angrily || **~e-pièce** *m inv* punch ● *loc* ***à l'~,*** cutting, incisive (remarque) || **~er** *vt* (1) take away/off/along, carry away || COMM. *repas à ~*, takeaway meal || MIL. storm || FIG. transport; carry away (passion) || ***l'~ sur*** get the upper hand of, get the best/better of; [méthode] prevail over; outmatch (concurrents); [avantages] outweigh — *vpr* ***s'~,*** lose one's temper, fly into a passion, flare up, fire up.

empoté, e [ãpɔte] *adj* ungainly, awkward, clumsy, shiftless.

empourprer [ãpurpre] *vt* (1) flush (le visage); tinge with crimson — *vpr* ***s'~,*** grow red || [ciel] turn crimson || [visage] flush.

empreint, e [ãprɛ̃, ɛ̃t] *adj ~ de,* tinged with (regrets); marked by (tristesse) ● *f* imprint, impression; *~e de pas,* footprint; ***~es digitales,*** fingerprints || FIG. mark, stamp.

empress|é, e [ãprɛse] *adj* eager, keen (*de,* on); *trop ~,* officious **~ement** *m* readiness, eagerness, keenness, promptness; *avec ~,* earnestly; *sans ~,* tardily; *manque d'~,* disinclination || attentiveness (prévenance) || **~er (s')** *vpr* (1) hasten (*de,* to).

emprisonn|ement [ãprizɔnmã] *m* confinement, imprisonment || **~er** *vt* (1) imprison, put in prison.

emprun|t [ãprœ̃] *m* borrowing; *d'~,* assumed (nom) || FIN. loan; *lancer un ~ de,* raise a loan of || **~té, e** [-te] *adj* FIG. clumsy (personne) || **~ter** *vt* (1) borrow (*à,* from); raise money || FIG. take (un mot) [*à,* from]; take (une route) || **~teur** *m* borrower.

ému, e [emy] *adj* affected, moved (*par,* by) || upset, excited, agitated (troublé).

émul|ation [emylasjɔ̃] *f* emulation; *rivaliser d'~ avec,* vie with || **~e** *n être l'~ de,* emulate.

émulsion [emylsjɔ̃] *f* emulsion.

en [ã] *prép* [lieu, sans mouvement] in, at; *~ mer,* at sea; *~ train,* on the train; [lieu, avec mouvement] (in)to; *aller ~ Angleterre,* go to England || [temps] in; *~ juin,* in June; *~ deux heures,* in two hours || [manière d'être] in; *~ habit,* in evening dress; *~ désordre,* in disorder; *déguisé ~ femme,* disguised as a woman; *~ groupe,* in a group; *~ ami,* as a friend || [matière] made (out) of; *une bague ~ or,* a gold ring || [transformation] (in)to; *réduire ~ cendres,* reduce to ashes; *traduire ~ français,* translate into French || [moyen de transport] *~ avion,* by air/plane; *~ bateau/taxi/train,* by boat/taxi/train || ***en*** + *part prés* [manière] *sortir ~ courant/rampant,* run/crawl out || [moyen] by; *~ travaillant,* by working || [temps] when, while, on (+ -ing); *~ entrant,* on entering; as; *~ venant ici,* as I was coming here; [non traduit] *il sortit ~ riant,* he went out laughing || ***~ ce que,*** in that ● *pron* [= *de cela/cette personne*] about/of/with, it/him/her; *il ne s'~ soucie pas,* he doesn't care about it; *j'~ ai besoin,* I need it || [sens partitif] some, any; none; *prenez-~,* take some; *il n'~ a pas,* he hasn't got any ● *adv* [lieu] from there; *elle ~ vient,* she has just come from there.

encadr|ement [ãkadrəmã] *m* framing || frame, doorway (de porte, de fenêtre) || MIL. officering (des troupes) || **~er** *vt* (1) frame (un tableau); mount (une photo); border (une lettre) || MIL. officer (les hommes); straddle (le but) || FIG. [paysage] surround; guide, control (des hommes).

encaissé, e [ãkɛse] *adj* sunken (route); deep (valley); deeply embanked (rivière).

encaiss|ement [ãkɛsmã] *m* FIN. collection || **~er** *vt* (1) FIN. cash (un chèque); collect (un effet) || SP. take (un coup) || FAM. swallow (un affront).

encan (à l') [alãkã] *loc adv vendre à l'~,* sell by auction.

encart [ɑ̃kar] *m* inset.

en-cas [ɑ̃kɑ] *m inv* snack (collation).

encastr|é, e [ɑ̃kastre] *adj* built-in (incorporé) || **~er** *vt* (1) embed, fit (*dans,* into) — *vpr* **s'~,** fit, nest (*dans,* into).

encaustiqu|e [ɑ̃kostik] *f* wax-/floor-polish || **~er** *vt* (1) polish.

enc|eindre [ɑ̃sɛ̃dr] *vt* (59) enclose || **~einte** I [-ɛ̃t] *f* enclosure, walls (murs); *dans cette ~,* within these walls; precinct (enclos) || RAD. loud-speaker.

enceinte II *adj f* MÉD. pregnant, with child; FAM. in the family way; *~ de trois mois,* three months gone.

encen|s [ɑ̃sɑ̃] *m* incense || **~ser** [-se] *vt* (1) incense || FIG. flatter || **~soir** *m* censer.

encercler [ɑ̃sɛrkle] *vt* (1) encircle, gird, hem in.

enchaîn|ement [ɑ̃ʃɛnmɑ̃] *m* chaining up || chain, sequence, concatenation (d'événements) || **~er** *vt* (1) chain, put in chains || FIG. subjugate (asservir); link (up), connect up (des idées) — *vi* CIN. fade in.

enchant|é, e [ɑ̃ʃɑ̃te] *adj* charmed, delighted (*de,* with [+ nom]; to [+ verbe]) || **~ement** *m* enchantment, charm, spell; *comme par ~,* as if by magic || FIG. delight, glamour || **~er** *vt* (1) enchant, bewitch || FIG. charm, delight || **~eur, eresse** [-œr, rɛs] *adj* fascinating (regard); charming, delightful (séjour); bewitching (sourire); glamorous (nuit).

enchâsser [ɑ̃ʃɑse] *vt* (1) set (une pierre) || REL. enshrine.

ench|ère [ɑ̃ʃɛr] *f* bid(ding); *faire/mettre une ~,* bid; *vente aux ~s,* (sale by) auction; *mettre qqch. aux ~s,* put sth. up for auction; *vendre aux ~s,* sell by auction || **~érir** [-erir] *vi* (2) *~ sur,* improve on (une offre); outbid (qqn) || COMM. get dear(er) || **~érisseur, euse** [-erisœr, øz] *n* bidder.

enchevêtr|ement [ɑ̃ʃəvɛtrəmɑ̃] *m* tangle, entanglement || **~er** *vt* (1) entangle; snarl — *vpr* **s'~,** tangle, become entangled, ravel.

enclave [ɑ̃klav] *f* enclave.

enclencher [ɑ̃klɑ̃ʃe] *vt* (1) throw into gear — *vpr* **s'~,** interlock (*avec,* with).

enclin, e [ɑ̃klɛ̃, in] *adj* inclined, disposed, prone, apt, subject (*à,* to); *peu ~,* loath (*à,* to).

encl|ore [ɑ̃klɔr] *vt* (27) enclose, close in; hedge in (d'une haie) || **~os** [-o] *m* enclosure; paddock (pour chevaux); pen (pour bestiaux).

enclume [ɑ̃klym] *f* anvil; *entre l'~ et le marteau,* between the devil and the deep blue sea.

encoch|e [ɑ̃kɔʃ] *f* notch, nick; blaze (sur un arbre) || **~er** *vt* (1) notch, nick.

encoignure [ɑ̃kɔɲyr] *f* corner.

encolure [ɑ̃kɔlyr] *f* neck (cou) || size of collar (pointure) || neckline (d'une robe); neckband (d'une chemise).

encombr|ant, e [ɑ̃kɔ̃brɑ̃, ɑ̃t] *adj* cumbersome, cumbrous || **~e (sans)** *loc adv* without mishap, safely || **~é, e** *adj* crowded, congested || **~ement** *m* crowding; congestion (de la rue); *~ de voitures,* traffic block || floor-space (espace occupé) || AUT. measurements || **~er** *vt* (1) encumber || jam, obstruct (une rue); clutter, litter (de papiers) || FIG. clog (la mémoire) — *vpr* **s'~,** cumber/burden oneself.

encontre de (à l') [alɑ̃kɔ̃trədə] *loc prép* in opposition to, counter to; *aller à l'~ de,* contravene, run counter to; go against.

encorder [ɑ̃kɔrde] *vt/vpr* (1) rope (up).

encore [ɑ̃kɔr] *adv* [toujours] still; *il est ~ là,* he is still there || [jusqu'à présent] yet; *pas ~,* not yet; *jamais ~,* never before || [de nouveau] again; *~ une fois,* (once) again, once more || [davantage] more; *~ une semaine,* one week more; *pendant quelques jours ~,* for another few (more) days || [en outre] *non seulement..., mais ~,* not only... but also; *quoi ~ ?,* what else? || [+ comp.] even, still, yet; *~ plus riche,* even richer; *~ mieux,* even better; *pire ~,* even/still worse.

encourag|eant, e [ɑ̃kuraʒɑ̃, ɑ̃t] *adj* encouraging (paroles); cheerful (nouvelle); incentive (stimulant) || **~ement** *m* encouragement (*de la part de,* from; *à,* to) || incitement, incentive, inducement || **~er** *vt* (7) encourage || promote (les arts); put a premium on (une action, une ligne de conduite) || pander (un vice) || hearten, cheer up (remonter).

encourir [ɑ̃kurir] *vt* (32) incur.

encrass|ement [ɑ̃krasmɑ̃] *m* sooting (d'une cheminée) || AUT. sooting-up (d'une bougie) || **~er** *vt* (1) soot (une cheminée) || clog (tuyau, machine) — *vpr* ***s'~,*** AUT. soot up || TECHN. gum up.

encr|e [ɑ̃kr] *f* ink; *~ de Chine,* India ink; *noir comme de l'~,* inky; *taché d'~,* inky; *écrire à l'~,* write in ink; *repasser à l'~,* ink over || **~eur, euse** *adj* inking; *tampon ~,* ink-pad || **~ier** [-ije] *m* inkstand/-well.

encroûter (s') [sɑ̃krute] *vpr* (1) get into a rut; become rusty.

encyclique [ɑ̃siklik] *f* encyclical (letter).

encyclopéd|ie [ɑ̃siklɔpedi] *f* encyclopaedia || **~ique** *adj* encyclopaedic.

endémique [ɑ̃demik] *adj* endemic.

endetté, e [ɑ̃dɛte] *adj* indebted, in debt.

endiablé, e [ɑ̃djable] *adj* frantic, wild.

endiguer [ɑ̃dige] *vt* (1) dam (up); stem (un flot de liquide) || FIG. check, stop, stem.

endimanché, e [ɑ̃dimɑ̃ʃe] *adj* in one's Sunday best.

endive [ɑ̃div] *f* chicory, endive.

endoctriner [ɑ̃dɔktrine] *vt* (1) indoctrinate.

endolori, e [ɑ̃dɔlɔri] *adj* aching, sore.

endommager [ɑ̃dɔmaʒe] *vt* (7) damage, impair.

endorm|ant, e [ɑ̃dɔrmɑ̃, ɑ̃t] *adj* soporific, drowsy || FIG. dull || **~i, e** *adj* asleep, sleeping, sleepy || FAM. torpid (lent) || **~ir** *vt* (41) put to sleep; lull to sleep (en berçant) || MÉD. anaesthetize || FIG. lull (les soupçons) — *vpr* ***s'~,*** go to sleep; fall asleep.

endo|s [ɑ̃do] *m* FIN. endorsement || **~sser** [-se] *vt* (1) put on (habit) || FIN. endorse, back (chèque).

endroit I [ɑ̃drwa] *m* place, spot (lieu); quarter, locality (quartier); *par ~s,* in places || [film, livre] part, passage || FAM. *aller au petit ~,* (go and) spend a penny.

endroit II *m* right side; *à l'~,* right side out.

end|uire [ɑ̃dɥir] *vt* (85) coat, daub, do over (*de,* with) || **~uit** [-ɥi] *m* coating, daub.

endur|ance [ɑ̃dyrɑ̃s] *f* endurance, stamina, staying power (physique); bearing (patience) || **~ant, e** *adj* enduring, long-suffering.

endurc|i, e [ɑ̃dyrsi] *adj* confirmed (célibataire); callous, obdurate (cœur) || seasoned, inured (*à,* to) || **~ir** *vt* (2) harden toughen || inure (*à,* to) || FIG. steel — *vpr* ***s'~,*** [cœur] harden || become inured.

endurer [ɑ̃dyre] *vt* (1) endure, undergo (souffrir); bear, stand, put up with (tolérer).

énerg|étique [enɛrʒetik] *adj* energizing; *ressources ~s,* power resources || **~ie** *f* energy (force physique) || PHYS. energy || TECHN. power; *crise de l'~,* power crisis; *~ hydraulique,* water-power; *~ nucléaire,* nuclear energy || FIG. vigour, punch; sinew(s) || **~ique** *adj* energetic (caractère); dynamic (personne); strenuous (efforts); strong (mesures); drastic (remèdes); emphatic (refus) || FIG. resilient, sinewy || **~iquement** *adv* energetically, emphatically.

énerv|ant, e [enɛrvɑ̃, ɑ̃t] *adj* irritating, provoking || MÉD. exciting || **~é, e** *adj* irritated, provoked (agacé) || nervous; edgy, nervy (fam.) [nerveux]; || **~ement** *m* irritation; nervousness; excitement || **~er** *vt* (1) irritate, annoy; provoke — *vpr* ***s'~,*** get excited, get worked up (fam.); grow nervy (fam.); *ne vous énervez pas,* keep cool.

enfance [ɑ̃fɑ̃s] *f* childhood; boyhood, girlhood; *première ~,* infancy; *dès ma plus tendre ~,* from my earliest childhood; *retomber en ~,* fall into one's dotage || FIG. *~ de l'art,* child's play.

enfan|t [ɑ̃fɑ̃] *n* child; boy, little girl; *~ gâté,* pet; *~ trouvé,* foundling; ***sans ~s,*** childless || REL. ***~ de chœur,*** altar boy || **~tillage** [-tijaʒ] *m* childishness || **~tin, ine** [-tɛ̃, in] *adj* infantile, childish, boyish.

enfariné, e [ɑ̃farine] *adj* floury.

enfer [ɑ̃fɛr] *m* hell || FIG. inferno; *mener un train d'~,* ride hell for leather.

enfermer [ɑ̃fɛrme] *vt* (1) shut in/up; lock in/up (à clef); confine, coop up (*dans,* in) — *vpr* ***s'~,*** shut oneself in; live shut up.

enferrer [ɑ̃fɛre] *vt* (1) run through — *vpr* ***s'~,*** flounder (*dans,* in).

enfiévrer [ɑ̃fjevre] *vt* (5) make feverish.

enfil|ade [ɑ̃filad] *f* row, series, succession; suite (de pièces) || MIL. *prendre en ~,* enfilade || **~er** *vt* (1) thread (une aiguille); string (des perles); get on, put on, roll on (un vêtement); slip on (une robe).

enfin [ɑ̃fɛ̃] *adv* at last, finally || lastly (en dernier); in short (bref) || *~!,* well, well!

enflamm|é, e [ɑ̃flame] *adj* on fire || FIG. fiery (regard); fiery (discours) || **~er** *vt* (1) set on fire || kindle, ignite || FIG. inflame, heat, fire — *vpr* ***s'~,*** catch/take fire; blaze/flame up, ignite, kindle || MÉD. inflame || FIG. flare up.

enfl|é, e [ɑ̃fle] *adj* swollen || **~er** *vi* (1) swell (up) — *vt* swell || raise (la voix) — *vpr* ***s'~,*** swell, become swollen || [voix] rise || MÉD. swell || **~ure** *f* MÉD. swell(ing).

enfonc|é, e [ɑ̃fɔ̃se] *adj* MÉD. broken (côtes); hollow (yeux) || **~er** *vt* (6) push in; drive in (un clou); stick in (en piquant); sink (un pieu); dig (éperons); knock in (en cognant); ram down/in, thrust (violemment); break in/open (une porte) || MIL. break through (le front) — *vpr* ***s'~,*** [balle, clou] penetrate (*dans,* into); *s'~ une écharde dans le doigt,* run a splinter into one's finger; *s'~ dans,* sink into (l'eau).

enfou|i, e [ɑ̃fwi] *adj* buried || **~ir** *vt* (2) bury || FIG. enshrine — *vpr* ***s'~,*** [personne] hide oneself.

enfourcher [ɑ̃furʃe] *vt* (1) mount (une bicyclette); straddle (un cheval).

enfourner [ɑ̃furne] *vt* (1) put/place in the oven (le pain).

enfreindre [ɑ̃frɛ̃dr] *vt* (59) infringe, break (une loi); offend against (un règlement); violate (un traité).

enfuir (s') [sɑ̃fɥir] *vpr* (56) flee, run away, fly away (*de,* from); *s'~ de prison,* escape from prison || JUR. s'~ *secrètement,* abscond; [épouse] elope || FIG. [temps] slip by.

enfumé, e [ɑ̃fyme] *adj* smoky, reeky.

engag|é, e [ɑ̃gaʒe] *adj* in pawn (comme gage) || NAUT. foul (ancre) || MIL. enlisted || FIG. committed (écrivain); *non ~,* uncommitted || **~eant, e** [-ɑ̃, ɑ̃t] *adj* inviting (aspect, temps); prepossessing (dehors) || **~ement** *m* pawning (mise en gage) || pledge, engagement (promesse) || *sans ~,* without obligation || *Pl* commitments (d'argent); *faire honneur à ses ~s,* meet one's obligations || COMM. obligation (contrat) || JUR. bond || MIL. enlistment (recrutement); action, engagement (combat) || **~er** *vt* (7) pawn, pledge (mettre en gage) || engage, hire (un domestique) || sign on (des ouvriers) || pledge, plight (sa parole); *qui n'engage à rien,* noncommittal; *ça ne vous engage pas,* it does not bind you || start upon, enter into (des négociations); *~ la conversation avec qqn,* engage sb. in conversation || TECHN. put into gear || AUT. *~ une vitesse,* throw in a gear || MIL. enlist (des hommes); *~ le combat,* join battle || NAUT. foul (une ancre) — *vpr* ***s'~,*** bind/commit oneself, promise (*à,* to) || *s'~ dans,* engage in (une affaire); enter (un chemin) || MIL. join the army, enlist || NAUT. sign on.

engelure [ɑ̃ʒlyr] *f* chilblain.

engendrer [ɑ̃ʒɑ̃dre] *vt* (1) beget (un enfant) || FIG. engender, breed.

engin [ɑ̃ʒɛ̃] *m* engine, appliance || *Pl ~s de pêche,* fishing tackle || MIL. missile.

englober [ɑ̃glɔbe] *vt* (1) include || embrace.

englout|ir [ɑ̃glutir] *vt* (2) gobble, gulp down, wolf (down) || FIG. engulf; swallow up — *vpr* ***s'~,*** NAUT. sink || **~issement** *m* NAUT. sinking || FIG. swallowing up (d'une fortune).

engoncé, e [ɑ̃gɔ̃se] *adj* cramped (*dans,* in).

engorg|é, e [ɑ̃gɔrʒe] *adj* foul (pompe); choked up (tuyau) || MÉD. congested || **~ement** *m* fouling; choking, stoppage (d'un tuyau) || MÉD. congestion || **~er** *vt* (7) choke up (un tuyau); clog || MÉD. congest || COMM. glut (le marché) — *vpr* ***s'~,*** [pompe] foul; [tuyau] become choked.

engou|é, e [ɑ̃gwe] *adj* infatuated (*de,* with) || **~ement** [ɑ̃gumɑ̃] *m* infatuation || **~er (s')** *vpr* (1) become infatuated (*de,* with).

engouffrer [ɑ̃gufre] *vt* (1) engulf — *vpr* ***s'~,*** [chose] rush, sweep (*dans,* into); [foule] surge, rush (*dans,* into).

engourd|i, e [ɑ̃gurdi] *adj* numb, benumbed (doigts) [*de/par,* with] || torpid (animal) || **~ir** *vt* (2) (be)numb || **~issement** *m* numbness, torpor || FIG. dullness.

engrais [ɑ̃grɛ] *m* manure (fumier); fertilizer (chimique) || **~ser** [-se] *vt* (1) fatten (le bétail); make fat (qqn) || AGR. fertilize (la terre) — *vi* grow fat, put on flesh.

engranger [ɑ̃grɑ̃ʒe] *vt* (7) gather in.

engren|age [ɑ̃grənaʒ] *m* gear(ing) || **~er** *vt/vpr* (5) [***s'~***] gear, mesh.

engueul|ade [ɑ̃gœlad] *f* POP. slanging match; bust-up (sl.) || **~er** *vt* (1) POP. give hell; *se faire ~,* get hell (pop.) — *vpr* ***s'~,*** have a bust-up (sl.) [*avec qqn,* with sb.].

enguirlander [ɑ̃girlɑ̃de] *vt* (1) FAM. tell off, dress down (fam.).

enhardir [ɑ̃ardir] *vt* (2) embolden, encourage (*à,* to) — *vpr* ***s'~,*** make bold (*à faire qqch.,* to do sth.).

énième *adj* FAM. *la ~ fois,* the umpteenth time.

énigm|atique [enigmatik] *adj* enigmatic || **~e** *f* riddle, enigma; puzzle.

enivr|ant, e [ɑ̃nivrɑ̃, ɑ̃t] *adj* intoxicating || **~er** *vt* (1) intoxicate — *vpr* **s'~,** get drunk/intoxicated.

enjamb|ée [ɑ̃ʒɑ̃be] *f* stride || **~er** *vt* (1) stride over (un obstacle) || [pont] span (une rivière).

enjeu, eux [ɑ̃ʒø] *m* stake, odd.

enjoindre [ɑ̃ʒwɛ̃dr] *vt* (59) *~ à qqn,* enjoin/order sb. (*de,* to).

enjôl|er [ɑ̃ʒole] *vt* (1) inveigle || **~euse** *f* FIG. siren.

enjoliver [ɑ̃ʒɔlive] *vt* (1) beautify, embellish.

enjoué, e [ɑ̃ʒwe] *adj* sprightly, playful, lively.

enlacer [ɑ̃lase] *vt* (1) embrace, hug, enfold (qqn).

enlaidir [ɑ̃lɛdir] *vt* (2) make ugly — *vi* become ugly.

enlèvement [ɑ̃lɛvmɑ̃] *m* removing, removal (d'un meuble); clearing away, disposal (des ordures) || JUR. abduction, kidnapping (rapt).

enlever [ɑ̃lve] *vt* (5) take off/away || remove (des taches) || clear away (objets); take off (vêtements); collect (ordures) || *être enlevé par une vague,* be washed overboard || kidnap, abduct (personne) || [femme] *se faire ~,* elope (*par,* with) || MIL., FIG. carry off — *vpr* **s'~,** [tache] come off.

enliser (s') [sɑ̃lize] *vpr* (1) sink (in a quicksand) || AUT. get bogged/stuck.

enneig|é, e [ɑ̃nɛʒe] *adj* snow-covered/-bound || **~ement** *m* SP. snow conditions; *bulletin d'~,* snow report.

ennemi, e [ɛnmi] *n* enemy, foe; *passer à l'~,* go over to the enemy ● *adj* hostile.

ennu|i [ɑ̃nɥi] *m* boredom, tediousness (lassitude morale) || nuisance, annoyance, inconvenience, displeasure (désagrément) || *Pl* trouble(s), worries; *se préparer des ~s,* look for trouble; *s'attirer des ~s,* get into trouble; *avoir des ~s,* come to grief; *~s d'argent,* money worries || FIG., FAM. *l'~ c'est que,* the trouble is that || **~yant, e** [-jɑ̃, ɑ̃t] *adj* annoying, vexing || **~yer** [-je] *vt* (9 *a*) bore, bother, worry, trouble, weary — *vpr* **s'~,** be/get bored || *s'~ de qqn,* miss sb. || **~yeux, euse** [-jø, øz] *adj* boring, tedious, tiresome (assommant); annoying, vexing (désagréable); bothering, troublesome (importun); dull (discours).

énonc|é [enɔ̃se] *m* statement, utterance || **~er** *vt* (6) state (une condition); word, express (une idée); enunciate (une opinion).

enorgueillir (s') [sɑ̃nɔrgœjir] *vpr* (2) be proud (*de,* of); pride oneself (*de,* on).

énorm|e [enɔrm] *adj* huge, enormous (animal, navire) || vast (somme) || tremendous (succès) || **~ément** *adv* enormously, vastly || FAM. awfully || **~ité** *f* hugeness || FAM. blunder, howler.

enquérir (s') [sɑ̃kerir] *vpr* (13) inquire (*de,* about/after); ask (*de,* about).

enquêt|e [ɑ̃kɛt] *f* inquiry, investigation; ***faire une ~,*** hold an inquiry; investigate (*sur,* into) || [sondage] survey; fieldwork (sur le terrain) || [journalisme] probe || [police] investigation; *~ judiciaire,* inquest || **~er** *vt* (1) inquire, investigate || **~eur, euse** *n* inquirer, investigator.

enracin|é, e [ɑ̃rasine] *adj* FIG. (deep-)rooted, ingrained || **~er** *vt* (1) AGR. root || FIG. implant — *vpr* **s'~,** root, take root.

enrag|é, e [ɑ̃raʒe] *adj* mad, rabid (chiens) || FAM. mad (*de,* on); crazy (*de,* about) || **~er** *vi* (7) be in a rage || FAM. *faire ~,* rag, tease; get a rise out of (faire marcher).

enrayer [ɑ̃rɛje] *vt* (9 *b*) TECHN. jam (une machine) || MÉD. check (une épidémie) || FIG. stem, stop — *vpr* **s'~,** [arme, machine] jam.

enregistr|ement [ɑ̃rəʒistrəmɑ̃] *m* JUR. registration, recording (d'un acte); registry office (bureau) || RAIL. registering, U.S. checking (des bagages); booking-office, U.S. checking-office (bureau) || AV. *se présenter à l'~,* check in || [disque] recording; *~ magnétique,* tape-recording || RAD. take; transcription || **~er** *vt* (1) register; list (répertorier) || RAIL. ***(faire) ~ ses bagages,*** register one's luggage || TECHN. record (sur disque/-bande); *~ au magnétophone,* take on tape.

enrhum|é, e [ɑ̃ryme] *adj être ~,* have a cold || **~er (s')** *vpr* (1) catch (a) cold.

enrich|ir [ɑ̃riʃir] *vt* (2) enrich, make rich — *vpr* **s'~,** grow rich, make money || **~issement** *m* enriching (action); enrichment (résultat).

enrôl|ement [ɑ̃rolmɑ̃] *m* enrolment || MIL. enlistment || **~er** *vt/vpr* ***(s'~)*** [1] enrol(l) || MIL. enlist.

enr|oué, e [ɑ̃rwe] *adj* hoarse, husky || **~ouement** [-rumɑ̃] *m* hoarseness, huskiness.

enrouler [ɑ̃rule] *vt/vpr* (1) [***s'~***] roll up (en rouleau); wind (up) [en pelote]; twine (en torsade); wrap (*autour de,* around) || CIN. wind (*sur,* on to).

ensabl|ement [ɑ̃sabləmɑ̃] *m* silting (d'un port) || **~er** *vt/vpr* (1) [***s'~***] silt up (un port).

ensacher [ɑ̃saʃe] *vt* (1) sack.

enseignant, e [ɑ̃sɛɲɑ̃, ɑ̃t] *adj* teaching ● *n* teacher.

enseigne I [ɑ̃sɛɲ] *f* sign(board); *~ lumineuse/au néon,* electric/neon sign || NAUT. ensign (drapeau).

enseigne II *m* NAUT. sub-lieutenant U.S. ensign.

enseign|ement [ɑ̃sɛɲmɑ̃] *m* teaching, tuition, instruction (action); education (fait); *~* ***programmé,*** programmed learning || FIG. lesson || **~er** *vt* (1) teach; *~ qqch. à qqn,* teach sb. sth.; instruct sb. (*à faire,* how to do).

ensemble [ɑ̃sɑ̃bl] *adv* together; *tous ~,* all together; *aller ~,* match (s'harmoniser) || at the same time, at once (en même temps) ● *m* whole (totalité); *dans l'~,* on the whole, by and large, in the aggregate; *d'~,* general, comprehensive, overall || set (d'objets) || MATH. set.

ensemencer [ɑ̃smɑ̃se] *vt* (6) sow, seed.

enserrer [ɑ̃sɛre] *vt* (1) clasp, hug (dans ses bras); enclose (enclore).

ensevelir [ɑ̃səvlir] *vt* (2) shroud (un mort) || [accident] bury (*sous,* under) || FIG. bury (*sous,* under).

ensoleillé, e [ɑ̃sɔlɛje] *adj* sunny, sunlit.

ensommeillé, e [ɑ̃sɔmɛje] *adj* sleepy, drowsy.

ensorcel|ant, e [ɑ̃sɔrsəlɑ̃, ɑ̃t] *adj* bewitching, fascinating || **~é, e** *adj* bewitched, spellbound || **~er** *vt* (8 *a*) bewitch, cast a spell upon || FIG. fascinate.

ensuite [ɑ̃sɥit] *adv* next, afterwards || then (puis); *et ~ ?,* what then?

ensuivre (s') [sɑ̃sɥivr] *vpr* (45) come after (suivre) || ensue, follow (*de,* from) [résulter].

entacher [ɑ̃taʃe] *vt* (1) blemish (la réputation).

entaill|e [ɑ̃taj] *f* notch, nick, score (encoche) || gash, cut, slash (blessure) || **~er** *vt* (1) notch, nick || cut, gash (la peau).

entam|e [ɑ̃tam] *f* first slice || **~er**

vt (1) cut the first slice (le rôti) || FIG. broach, start (un sujet); ~ *des négociations,* enter into negotiations; ~ *un billet d'une livre,* break into a pound note.

entass|ement [ɑ̃tasmɑ̃] *m* heap(ing), accumulation || **~er** *vt* (1) heap/pile up; lump, accumulate; bundle up (pêle-mêle); pack, crowd (des gens) — *vpr* **s'~,** pile (up) || [personnes] cram/pack/squash (*dans,* into) || [sable, neige] drift, accumulate.

enten|dre [ɑ̃tɑ̃dr] *vt* (4) hear || ~ ***dire que*** hear that; ~ *parler de,* hear about/of; ~ *par hasard,* overhear || *faire* ~, give forth (un son); utter (un mot) — *vi* hear; ~ *mal,* be hard of hearing || understand (comprendre); *je lui ai donné à ~ que,* I gave him to understand that — *vpr* **s'~,** [bruit] be heard || FIG. understand, be an expert (*en,* in); be versed (*à,* in) — *v récipr* **s'~,** hear each other || FIG. understand each other, get along/on (s'accorder) [*avec,* with]; agree (se mettre d'accord) [*about,* sur] || **~du, e** [-dy] *adj* settled, agreed; granted; *c'est ~!,* (it is) agreed!, all right! || *bien* ~, of course || **~te** [-t] *f* understanding, agreement, concord (accord) || *expression à double* ~, expression with a double meaning || COMM. tie-up.

entériner [ɑ̃terine] *vt* (1) ratify, confirm.

enterr|ement [ɑ̃tɛrmɑ̃] *m* burial, interment || **~er** *vt* (1) bury || FAM. outlive (survivre à) || FIG. shelve (une affaire).

en-tête [ɑ̃tɛt] *m* head(ing); caption (d'un article).

entêt|é, e [ɑ̃tɛte] *adj* wilful, stubborn, obstinate, contrary, pigheaded, mulish || **~ement** *m* stubbornness || **~er** *vt* (1) [vin] go to sb.'s head; [atmosphère] give a headache to — *vpr* **s'~** : *s'~ à,* persist in (*faire qqch.,* doing sth.).

enthousias|mant, e [ɑ̃tuzjasmɑ̃, ɑ̃t] *adj* fascinating || **~me** [-m] *m* enthusiasm, eagerness, transport, zest; *avec* ~, enthusiastically; *sans* ~, half-heartedly || **~mer** [-me] *vt* (1) enrapture, transport; elate — *vpr* **s'~,** become enthusiastic (*pour,* over); enthuse (*pour,* over) [fam.] || **~te** [-t] *adj* enthusiastic, keen ● *n* enthusiast.

entich|é, e [ɑ̃tiʃe] *adj* ~ *de,* infatuated with, keen on, crazy about || **~er (s')** *vpr* (1) ~ *de,* become infatuated with.

ent|ier, ière [ɑ̃tje, jɛr] *adj* entire, whole; *le monde* ~, the whole world; *dans le monde* ~, all over the world; *pendant deux journées ~ières* for two clear days || complete, total (sans restriction) || *lait* ~, full-cream/U.S. whole milk || MATH. whole; *nombre* ~, integer ● *m* whole; ***en*** ~, entirely, wholly, completely || **~ièrement** *adv* entirely, wholly, fully, throughout, thoroughly.

entité [ɑ̃tite] *f* entity.

entonner I [ɑ̃tɔne] *vt* (1) break into (un air).

entonn|er II *vt* (1) barrel (du vin) || **~oir** *m* funnel || MIL. crater.

entorse [ɑ̃tɔrs] *f* sprain, twist, wrench; *se faire une* ~, sprain/twist one's ankle || FIG. *faire une ~ au règlement,* twist the rule.

entortiller [ɑ̃tɔrtije] *vt* (1) entwine, twist; kink || FAM. bamboozle (qqn) — *vpr* **s'~,** (en)twine, tangle, kink.

entour (à l') [alɑ̃tur] *loc adv* around, round about.

entour|age [ɑ̃turaʒ] *m* fencing (clôture) || FIG. environment, surroundings (milieu) || **~er** *vt* (1) fence (clôturer); surround, encompass, girdle, environ (encercler) [*de,* with]; ~ *de murs,* wall in — *vpr* **s'~,** surround oneself (*de,* with) || FIG. wrap oneself (*de,* in) [mystère].

entracte [ɑ̃trakt] *m* interval, U.S. intermission.

entraid|e [ɑ̃trɛd] *f* mutual help || **~er (s')** *v récipr* (1) aid/help one another/each other.

entrailles [ɑ̃traj] *fpl* [personne] entrails; [animal] guts || FIG. bowels (de la terre); *sans ~,* heartless.

entrain [ɑ̃trɛ̃] *m* liveliness, spirit; dash, zest; *plein d'~,* lively, spirited, full of go, in high spirits; *sans ~,* half-heartedly.

entraîn|ant, e [ɑ̃trɛnɑ̃, ɑ̃t] *adj* stirring || **~ement** *m* SP. training, practice || MIL. drill (exercice) || FIG. heat || **~er** *vt* (1) carry along/away; drag along, draw (en tirant) || SP. train, coach || MIL. train, drill || TECHN. drive || FIG. bring about (causer); entail (des conséquences); involve (des frais, des difficultés); entice (attirer); *se laisser ~ dans,* get involved in || FIG. [musique, etc.] carry along/away — *vpr :* **s'~,** practise || SP. train, practise; [boxe] spar || **~eur** *m* SP. coach (d'une équipe); trainer (d'un sportif) || **~euse** *f* dance-hostess.

entrant, e [ɑ̃trɑ̃, ɑ̃t] *adj* ingoing, incoming ● *n* ingoer.

entrav|e [ɑ̃trav] *f* clog (morceau de bois); shackle (lien); fetter (de fer) || FIG. hindrance; drag || *Pl* trammels; *sans ~s,* without restraint || **~er** *vt* (1) fetter (avec des fers); shackle, hobble (avec des liens) || AUT. hold up (la cir-culation) || FIG. hamper, balk (qqn); cramp, impede, retard (le développement).

entre [ɑ̃tr] *prép* between (au milieu) || among (parmi); *l'un d'~ eux,* one of them; *~ autres,* among other things || FIG. *~ nous,* between ourselves || [réciproquement] *ils se dévorent ~ eux,* they devour one another/each other.

entrebâill|é, e [ɑ̃trəbɑje] *adj* half-open (fenêtre); ajar, off the latch (porte) || **~er** *vt* (1) half-open || **~eur** *m* door-chain.

entrechoquer [ɑ̃trəʃɔke] *vt* (1) bump together — *vpr* **s'~,** clash, clatter || [verres] chink.

entrecôte [ɑ̃trəkot] *f* rib-steak, rib of beef.

entrecoup|é, e [ɑ̃trəkupe] *adj* broken (mots, sommeil) || **~er** *vt/vpr* (1) [**s'~**] intersect.

entrecrois|é, e [ɑ̃trəkrwaze] *adj* criss-cross || **~er** *vt* (1) interlace (des fils); cross (des lignes) — *vpr* **s'~,** interlace || [routes] intersect.

entrée [ɑ̃tre] *f* [action] entrance, entering, U.S. entry || [autorisation] admittance, access, ingress, admission; *~ interdite,* no admittance, no entry; *~ gratuite,* free-admission || [lieu] entrance-hall, U.S. entry (de la maison); doorway (seuil); *~ de service,* tradesmen's entrance || [écriteau] " way in " || COMM. entry || ÉLECTR. input || CULIN. entrée || FIG. *~ en matière,* opening || [dictionnaire] entry.

entrefaites [ɑ̃trəfɛt] *fpl sur ces ~,* at that (very) moment.

entrefilet [ɑ̃trəfilɛ] *m* paragraph (dans un journal).

entregent [ɑ̃trəʒɑ̃] *m* social sense; *avoir de l'~,* be a good mixer.

entrelacer [ɑ̃trəlase] *vt* (6) twist, interlace (des fils); interweave, entwine, wreathe (des branches) — *vpr s'~,* intertwine.

entremêler [ɑ̃trəmɛle] *vt* (1) intermingle, intersperse (*de,* with) — *vpr* **s'~,** intermingle.

entremets [ɑ̃trəmɛ] *m* sweet.

entre|metteur [ɑ̃trəmɛtœr] *m* JUR. procurer, pander, pimp || **~metteuse** [-mɛtøz] *f* procuress || **~mettre (s')** [-mɛtr] *vpr* (64) mediate (*entre,* between); intervene (*pour,* for) || **~mise** [-miz] *f* intervention, mediation; *par l'~*

de, through the agency/medium of.

entrepont [ɑ̃trəpɔ̃] *m* steerage.

entrep|osé, e [ɑ̃trəpoze] *adj* bonded || **~oser** *vt* (1) store || **~ôt** [-o] *m* warehouse, storage || JUR. depot ; ~ *en douane,* bonded-warehouse.

entre|prenant, e [ɑ̃trəprənɑ̃, ɑ̃t] *adj* enterprising, go-ahead (actif) ; daring (audacieux) ; pushing, forward (osé) || **~prendre** *vt* (80) begin, start (commencer) ; set about (travail) ; ~ ***de faire qqch.,*** undertake, to do || set out on (voyage) || **~preneur** [-prənœr] *m* contractor ; ~ *de construction,* builder ; ~ *de pompes funèbres,* undertaker, U.S. mortician || **~prise** [-priz] *f* undertaking ; ~ *risquée,* venture, gamble ; *esprit d'~,* enterprise || COMM. concern, business, firm.

entrer [ɑ̃tre] *vi* (1) go in, enter ; step/walk in ; come in ; ***faire*** ~, show in (visiteur) ; ***laisser*** ~, let in (lumière, personne) ; ~ *en coup de vent,* burst in ; ~ *en passant,* drop/look in (*chez,* on/at) ; ~ *sans autorisation,* trespass || FIG. ~ ***dans,*** join (l'armée, un club) ; ~ *dans les détails,* go into details.

entre|sol [ɑ̃trəsɔl] *m* mezzanine || **~-temps** *adv* meantime, meanwhile.

entre|tenir [ɑ̃trətnir] *vt* (101) maintain (en bon état) ; look after (jardin) || keep, support (famille) || AUT. service || FIG. ~ *la conversation,* carry on a conversation ; ~ *une correspondance,* keep up a correspondence ; ~ *des relations avec,* keep in touch with ; entertain (un espoir) ; cherish (des espérances) ; entertain (des sentiments) ; nurse (des illusions) — *vpr* ***s'~,*** keep oneself fit || converse, confer, have a talk (*avec,* with) || **~tien** [-tjɛ̃] *m* upkeep, maintenance (des routes, etc.) || keeping in repair (d'un objet) || maintenance (d'une personne) || AUT. servicing || FIG. conversation, talk, interview.

entretois|e [ɑ̃trətwaz] *f* ARCH. strut, brace || **~er** *vt* (1) brace.

entre|voir [ɑ̃trəvwar] *vt* (106) catch sight of, catch a glimpse of ; glimpse || **~vue** [-vy] *f* interview.

entrouvert, e [ɑ̃truvɛr] *adj* half-open, ajar (porte).

énumér|ation [enymerasjɔ̃] *f* enumerating || **~er** *vt* (5) enumerate, recite.

envah|i, e [ɑ̃vai] *adj* overrun, overgrown (par les herbes) ; flooded (par les eaux) || **~ir** *vt* (2) invade (un pays) || FIG. [sentiment] come over || **~issant, e** *adj* FIG. encroaching || **~issement** *m* invading || **~isseur** *m* invader.

envaser (s') [sɑ̃vaze] *vpr* (1) [port] silt up.

envelopp|e [ɑ̃vlɔp] *f* envelope ; ~ *autocollante,* self-adhesive envelope ; *sous* ~, under cover || BOT. husk || TECHN. [pneu] casing || **~er** *vt* (1) envelop, wrap (up) ; enfold, wind (*qqn dans,* sb. in) ; (en)shroud (dans le brouillard) || FIG. shroud in (de mystère).

envenimer [ɑ̃vnime] *vt* (1) MÉD. inflame || FIG. embitter (une querelle) — *vpr* ***s'~,*** MÉD. fester, become inflamed || FIG. grow bitter.

envergure [ɑ̃vɛrgyr] *f* spread [des ailes] || AV. span (d'un avion) || FIG. scope (d'une entreprise) ; range (d'un esprit) ; calibre (d'une personne) ; *de grande* ~, large-scale.

envers I [ɑ̃vɛr] *prép* FIG. toward(s), to.

envers II *m* reverse (d'une pièce) ; back, wrong side (d'un tissu) || FIG. *l'~ du décor,* the seamy side of life ● *loc adv* ***à l'~,*** inside out (du mauvais côté) ; wrong side up (retourné) ; upside down, topsyturvy (sens dessus dessous) ; back to front (devant derrière).

envi (à l') [alɑ̃vi] *loc adv* in emulation of each other, emulously.

enviable [ɑ̃vjabl] *adj* enviable; *peu ~*, not to be envied.

env|ie [ɑ̃vi] *f* envy (jalousie); *faire ~ à qqn*, make sb. envious; *être un objet d'~ pour*, be the envy of || yearning, longing, desire (désir); ***avoir ~ de (qqch.)***, have a fancy for, want (sth.); *avoir ~ de faire qqch.*, feel like doing sth.; *avoir bien ~ de faire*, have a good mind to do; *avoir une forte ~ de faire*, feel the urge to do; *si vous en avez ~*, if you care to || *d'~*, wishful, wistful (regard) || ANAT. agnail, hangnail || **~ier** *vt* (1) envy, begrudge (jalouser) || covet (convoiter) || **~ieux, ieuse** *adj* envious, jealous.

environ [ɑ̃virɔ̃] *adv* about, or so; *il était ~ 2 heures*, it was about 2 o'clock or thereabouts.

environn|ant, e [ɑ̃virɔnɑ̃, ɑ̃t] *adj* surrounding || **~ement** *m* environment || **~er** *vt* (1) surround.

environs [ɑ̃virɔ̃] *mpl* surroundings, neighbourhood; vicinity; *aux ~ de*, in the neighbourhood of; *aux ~ de £10*, £10 or thereabouts || [lieu] environs.

envisager [ɑ̃vizaʒe] *vt* (7) envisage (les difficultés) || look at, see || contemplate, intend; *~ de faire*, think of doing; *~ (qqch.) sans enthousiasme*, take a dim view of (sth.).

envoi [ɑ̃vwa] *m* sending (action); consignment, dispatch (expédition); shipping (par mer, rail ou route); remittance (d'argent) || ARTS exhibit || SP. *coup d'~*, kick-off.

envol [ɑ̃vɔl] *m* flight (d'un oiseau) || AV. take-off || **~ée** *f* flying off || SP. [chasse] flush (d'un oiseau) || FIG. flight (d'éloquence) || **~er (s')** *vpr* (1) fly away/off, take wing, take one's flight || AV. take off.

envoût|ement [ɑ̃vutmɑ̃] *m* spell || **~er** *vt* (1) bewitch, cast a spell over.

envoy|é, e [ɑ̃vwaje] *n* messenger; *~ spécial*, special correspondent || **~er** *vt* (46) send, dispatch (un messager); *~ chercher qqn*, send for sb. || FAM. *~ promener qqn*, send sb. packing — *vpr* ***s'~*** : POP. *s'~ une bouteille de vin*, down/knock back a bottle of wine (fam.).

épagneul [epaɲœl] *m* spaniel.

épai|s, aisse [epɛ, ɛs] *adj* thick || bushy (barbe); dense (brouillard, forêt); thick (liquide) || FIG. dull, slow (esprit) ● *adv* thick(ly) || **~sseur** [-sœr] *f* thickness; *deux pouces d'~*, two inches thick; depth (d'une couche); density (du brouillard) || **~ssir** [-sir] *vt* (2) thicken, make thicker || CULIN. thicken — *vpr* ***s'~***, thicken || [brouillard] grow denser || [personne] grow fatter || **~ssissement** *m* thickening.

épanch|ement [epɑ̃ʃmɑ̃] *m* discharge (d'un liquide) || FIG. outpouring, effusion (du cœur) || **~er** *vt* (1) discharge || FIG. open (son cœur) — *vpr* ***s'~***, unburden oneself.

épan|dage [epɑ̃daʒ] *m* AGR. manuring || **~dre** [-dr] *vt* (4) spread (du fumier).

épanou|i, e [epanwi] *adj* full-bloomed, in full bloom || FIG. beaming (visage) || **~ir** *vt* (2) BOT. cause to bloom — *vpr* ***s'~***, bloom, blossom, burst into bloom || FIG. [sourire] spread; [visage] light up, brighten up || **~issement** *m* BOT. blooming, blossoming.

épargn|ant, e [eparɲɑ̃, ɑ̃t] *n* investor || **~e** *f* thrift, economy; *caisse d'~*, savings-bank || **~er** *vt* (1) save (up), put by (de l'argent); spare (éviter, ménager) || *~ à qqn la peine de faire qqch.*, save/spare sb. the trouble of doing sth. — *vpr* ***s'~***, FIG. spare one's pains.

éparpill|ement [eparpijmɑ̃] *m* scattering || **~er** *vt* (1) scatter, disperse, strew || FIG. fritter away (ses efforts) — *vpr* **s'~,** scatter, straggle.

épars, e [epar, ars] *adj* straggling, scattered about; sparse (population).

épat|ant, e [epatɑ̃, ɑ̃t] *adj* FAM. spanking, stunning, swell; tiptop; *un type ~,* a jolly good chap || **~e** *f* FAM. swank; *faire de l'~,* show off, swagger || **~é, e** *adj* flat (nez) || **~er** *vt* (1) flabbergast.

épaul|e [epol] *f* shoulder; *large d'~s,* broad-shouldered; *charger sur ses ~s,* shoulder; **hausser les ~s,** shrug one's shoulders; *prendre un enfant sur ses ~s,* give a child a pickaback || CULIN. *~ d'agneau,* shoulder of lamb || MIL. *mettre (l'arme) sur l'~,* shoulder (arm) || **~er** *vt* (1) MIL. raise to the shoulder || FIG. lend a hand to sb.

épave [epav] *f* NAUT. wreck (navire naufragé); derelict (navire abandonné); *~ flottante,* flotsam || FIG. waif, wreck.

épée [epe] *f* sword.

épeler [eple] *vt* (8 *a*) spell (out).

éperdu, e [epɛrdy] *adj* desperate (désespéré) || distracted, frantic (fou); *~ de joie,* wild with joy || **~ment** *adv* distractedly || madly.

éper|on [eprɔ̃] *m* spur || **~onner** [-ɔne] *vt* (1) spur, clap spurs to.

épervier [epɛrvje] *m* ZOOL. sparrow-hawk.

éphémère [efemɛr] *adj* ephemeral, passing, transient, fleeting.

épi [epi] *m* Bot. ear (de céréale); cob (de maïs); spike (de fleur) || FIG. cow-lick (de cheveux).

épic|e [epis] *f* spice; *pain d'~,* gingerbread || **~é, e** *adj* spiced, spicy, hot; *peu ~,* mild || FIG. spicy.

épicéa [episea] *m* spruce.

épicer [epise] *vt* (6) spice.

épic|erie [episri] *f* grocery (boutique, commerce) || grocer's shop (boutique); *à l'~,* at the grocer's || groceries (produits) || **~ier, ière** *n* grocer.

épicurien, ienne [epikyrjɛ̃, jɛn] *adj* PHIL. epicurean || FAM. sensual, pleasure-loving.

épidém|ie [epidemi] *f* epidemic || **~ique** *adj* epidemic(al).

épiderme [epidɛrm] *m* epidermis.

épier [epje] *vt* (1) spy upon, be on the look-out for; watch for.

épieu, eux [epjø] *m* spear (de chasse).

épil|ation [epilasjɔ̃] *f* depilation || **~atoire** [-atwar] *adj* depilatory, hair-removing.

épilep|sie [epilɛpsi] *f* epilepsy || **~tique** *adj/n* epileptic.

épiler [epile] *vt* (1) pluck (sourcils); remove the hair from (jambes); *se faire ~ les jambes à la cire,* have one's legs waxed.

épilogue [epilɔg] *m* epilogue.

épinard(s) [epinar] *m(pl)* spinach.

épin|e [epin] *f* thorn, prickle || [anatomie] *~ dorsale,* spine, backbone || **~eux, euse** *adj* thorny, prickly || FIG. tricky (situation).

épingl|e [epɛ̃gl] *f* pin; *~ à cheveux,* hairpin; *~ à friser,* curling-pin; *~ de cravate,* tie-pin; *~ de nourrice/de sûreté,* safety-pin || AUT. *virage en ~ à cheveux,* hairpin bend || FIG. *monter en ~,* spotlight; *tiré à quatre ~s,* spick and span || **~er** *vt* (1) pin up || FAM. nab (fam.); nick (sl.) [arrêter]; *se faire ~ pour excès de vitesse,* be booked for speeding.

épique [epik] *adj* epic.

épiscop|al, e, aux [episkɔpal, o] *adj* episcopal || **~at** [-a] *m* bishopric.

épisod|e [epizɔd] *m* episode || **~ique** *adj* episodic.

épiss|er [epise] *vt* (1) splice || **~ure** *f* splice.

épithète [epitɛt] *f* epithet, attributive adjective.

éploré, e [eplɔre] *adj* tearful.

épluch|age [eplyʃaʒ] *m* peeling || **~er** *vt* (1) peel || **~ure** *f* peeling.

épointer [epwɛ̃te] *vt* (1) blunt.

épong|e [epɔ̃ʒ] *f* sponge || ~ *métallique,* pan-scraper || **~er** *vt* (7) sponge (up), mop (up), sop up.

épopée [epɔpe] *f* epic (poème).

époque [epɔk] *f* epoch, age ; *qui fait ~,* epoch-making ; ***meubles d'~,*** period furniture || AUT. ***voiture d'~,*** vintage car || AGR. ~ *des semailles,* sowing season.

épouiller [epuje] *vt* (1) delouse.

époumoner (s') [sepumɔne] *vpr* (1) shout oneself out of breath.

épous|e [epuz] *f* wife || **~er** *vt* (1) marry, wed.

épousseter [epuste] *vt* (8 *a*) dust.

époustouflant, e [epustuflɑ̃, ɑ̃t] *adj* FAM. staggering (nouvelles).

épouvant|able [epuvɑ̃tabl] *adj* dreadful, horrid ; shocking (spectacle) || **~ail** [-aj] *m* scarecrow || **~e** *f* dread, terror, horror || **~é, e** *adj* scared, terror-stricken || **~er** *vt* (1) appal, terrify.

époux [epu] *m* husband ; *les deux ~,* the married couple.

éprendre (s') [seprɑ̃dr] *vpr* (47) *s'~ de,* fall in love with ; become infatuated with (d'amour) ; take a fancy to (de qqch.).

épreuve [eprœv] *f* test, proof, trial ; *à l'~ de,* proof against ; ***mettre à l'~,*** put to the test, try out ; put (sb.) through his paces || [école] test-paper ; ~ *orale,* oral examination || TECHN. proof (-sheet) [d'un livre] || PHOT. print || SP. event, contest ; ~ *éliminatoire,* preliminary heat || FIG. ordeal (initiatique) ; ***~ de force,*** showdown ; *Pl* hardship.

épris, e [epri, iz] *adj* in love, infatuated (*de,* with).

éprouv|é, e [epruve] *adj* tried || FIG. afflicted, aggrieved || **~er** *vt* (1) test, try, prove (qqch.) || feel (de la sympathie) ; experience (sentir) ; ~ *du plaisir à,* take pleasure in || sustain (une défaite) ; suffer (une perte) || **~ette** *f* test-glass/-tube.

épuis|ant, e [epɥizɑ̃, ɑ̃t] *adj* exhausting || **~é, e** *adj* [personne] exhausted, worn out, played out || COMM. sold out ; out of stock ; out of print (livre) || ÉLECTR. dead (pile) || TECHN. worked out (mine) || **~ement** *m* exhaustion || **~er** *vt* (1) exhaust, tire out (personne) ; *ce genre de travail vous épuise,* that kind of work takes it out of you (fam.) || TECHN. work out (mine) — *vpr* ***s'~,*** [personne] exhaust oneself, wear oneself out || [réserves] run out || [source] run dry.

épuisette *f* landing-net, dip-net.

épur|ation [epyrasjɔ̃] *f* purifying || TECHN. filtering || POL. purge || **~er** *vt* (1) purify || TECHN. filter (air, eau) || FIG. refine (une langue).

équarr|ir [ekarir] *vt* (2) square (bois) || cut up the carcass of (un animal) || **~isseur** *m* knacker.

équa|teur [ekwatœr] *m* equator || **~tion** *f* equation ; ~ *du second degré,* quadratic equation ; *mettre en ~,* equate || **~torial, e, aux** [-tɔrjal, o] *adj* equatorial.

équerre [ekɛr] *f* square ; *d'~,* square ; straight (tableau).

équestre [ekɛstr] *adj* equestrian.

équilatéral, e, aux [ekɥilateral, o] *adj* equilateral.

équilibr|e [ekilibr] *m* equilibrium, balance ; poise ; *être en ~,* balance (*sur,* on) ; ***garder/perdre l'~,*** keep/lose one's balance || FIG. ~ *mental,* soudness of mind, mental equilibrium || **~é, e** *adj* well-balanced (esprit) ; level-headed (personne) || **~er** *vt* (1) balance || AUT. balance (les roues) || COMM.

~ *les gains et les pertes,* break even — *vpr* ***s'~,*** balance || **~iste** *n* rope-dancer.

équinoxe [ekinɔks] *m* equinox.

équip|age [ekipaʒ] *m* NAUT. crew, ship's company || **~e** *f* gang, team (d'ouvriers) ; ~ *de nuit,* night shift ; ***travailler en ~s,*** work in teams/shifts ; *travail d'~,* team work ; ***faire ~ avec,*** team up with || ***~ de secours,*** rescue squad/party || SP. team ; [aviron] crew || **~ée** *f* escapade (aventure) || ramble (randonnée) ; ride, drive (en voiture) || **~ement** *m* equipment ; outfit, gear || SP. kit || *Pl* TECHN. fittings, appointments (fixe) || MIL. outfit || **~er** *vt* (1) equip, fit out ; outfit (de vêtements) || MIL. equip || NAUT. man (bateau, d'un équipage) || **~ier, ière** *n* team/crew member.

équitable [ekitabl] *adj* fair, equitable, just, rightful (action) || **~ment** *adv* fairly.

équitation [ekitasjɔ̃] *f* riding, horsemanship.

équité [ekite] *f* equity.

équival|ence [ekivalɑ̃s] *f* equivalence || **~ent, e** *adj* equivalent, equal ; ~ *à,* tantamount to ● *m* equivalent ; *l'~,* the like || **~oir** *vi* (81) be equivalent (*à,* to).

équivoque [ekivɔk] *adj* equivocal, dubious (réponse) ● *f* ambiguity ; *sans ~,* unquestionably.

érable [erabl] *m* maple(-tree).

érafl|er [erafle] *vt* (1) graze, scratch, chafe (la peau) || **~ure** *f* graze, scratch.

érailler [erɑje] *vt* (1) fray (du tissu) || make husky (la voix) — *vpr* ***s'~,*** [voix] become husky.

ère [ɛr] *f* era.

érection [erɛksjɔ̃] *f* erection || ARCH. raising, setting up.

éreint|é, e [erɛ̃te] *adj* dog-tired, done up, dead beat/tired || **~er** *vt* (1) exhaust, tire out, wear out || FIG. damn, pull to pieces ; cut up (sl.) [œuvre] — *vpr* ***s'~,*** fag ; wear oneself out, work oneself to death.

ergot [ɛrgo] *m* spur (de coq).

ergot|er [ɛrgɔte] *vi* (1) quibble (*sur,* about) ; cavil (*sur,* at) || **~eur, euse** *adj* argumentative ● *n* quibbler.

ériger [eriʒe] *vt* (7) erect, set up (un monument).

ermit|age [ɛrmitaʒ] *m* hermitage || **~e** *m* hermit || FIG. recluse ; *vivre en ~,* live a secluded life.

éro|der [erɔde] *vt* (1) erode || **~sion** [erozjɔ̃] *f* erosion.

érot|ique [erɔtik] *adj* erotic, sexy || **~isme** *m* eroticism.

errant, e [ɛrɑ̃, ɑ̃t] *adj* stray (animal).

erre [ɛr] *f* NAUT. headway ; *courir sur son ~,* continue to forge ahead ; *prendre de l'~,* gather way.

errements [ɛrmɑ̃] *mpl* bad habits.

errer [ɛre] *vi* (1) wander, roam, rove.

err|eur [ɛrœr] *f* error (*de,* of/in) ; mistake, slip ; ~ *d'adresse,* misdirection ; ~ *d'appellation,* ~ *de nom,* misnomer ; ~ *de calcul,* miscalculation ; ~ *de date,* misdating ; ~ *matérielle,* clerical error ; *être dans l'~,* be in error ; ***faire une ~,*** make a mistake ; *induire qqn en ~,* lead sb. into error ; ***par ~,*** by mistake ; *sauf ~,* unless I'm mistaken || fallacy (illusion) || **~oné, e** [-ɔne] *adj* erroneous, wrong, false, untrue.

érudi|t, e [erydi, it] *adj* erudite, learned, scholarly ● *n* scholar || **~tion** *f* erudition, learning, scholarship.

éruption [erypsjɔ̃] *f* GÉOGR. eruption ; *entrer en ~,* erupt || MÉD. eruption ; rash (de boutons).

es [ɛ] V. ÊTRE.

ès [ɛs] *prép* of; *licencié ~ lettres/sciences,* Bachelor of Arts/Science.

esbroufe [ɛsbruf] *f* FAM. *faire de l'~,* swank, show off.

escabeau [ɛskabo] *m* step-ladder.

escadr|e [ɛskadr] *f* NAUT. squadron || AV. wing || **~ille** [-ij] *f* AV. flight, squadron || NAUT. flotilla || **~on** [-ɔ̃] *m* MIL. squadron; *chef d'~,* major.

escalad|e [ɛskalad] *f* climbing, scramble || FIG. escalation || **~er** *vt* (1) climb, clamber over/up; scramble over/up (en rampant).

escale [ɛskal] *f* NAUT. call (action); port of call (lieu); ***faire ~,*** call, put in, touch (*à,* at) || AV. stop(over); ***sans ~,*** non-stop; ***faire ~ à,*** stop over at.

escalier [ɛskalje] *m* stairs, stairway, staircase, steps; *~ mécanique,* escalator; *~ de secours,* fire-escape; *~ en spirale,* spiralstairs.

escalope [ɛskalɔp] *f* cutlet (de veau).

escamot|able [ɛskamɔtabl] *adj* AV. retractable (train d'atterrissage) || **~er** *vt* (1) [prestidigitateur] conjure away, juggle away; palm (dans la main) || [voleur] pinch || FIG. skip, dodge (une difficulté).

escapade [ɛskapad] *f* escapade.

escarbille [ɛskarbij] *f* smut || *Pl* ashes.

escargot [ɛskargo] *m* snail.

escarmouche [ɛskarmuʃ] *f* MIL. skirmish, brush.

escarole [ɛskarɔl] *f* [vx.] endive.

escarp|é, e [ɛskarpe] *adj* precipitous, steep (pente); bluff (montagne); sheer (falaise); steep, arduous (chemin) || **~ement** *m* steepness || steep slope (pente); bluff (promontoire); crag (roc).

escarpin [ɛskarpɛ̃] *m* pump, court-shoe.

escarpolette [ɛskarpɔlɛt] *f* swing.

escient [ɛsjɑ̃] *m à bon ~,* with discrimination, advisedly.

esclaffer (s') [sɛsklafe] *vpr* (1) burst out laughing, guffaw.

esclandre [ɛsklɑ̃dr] *m faire un ~,* create a scandal.

esclav|age [ɛsklavaʒ] *m* slavery, thrall, thraldom, bondage; *réduire en ~,* enslave || **~e** *n* slave; *travailler comme un ~,* slave (away) ● *adj être ~ de,* be a slave to; *rendre ~,* enthral(l).

escompt|able [ɛskɔ̃tabl] *adj* FIN. discountable || **~e** *m* FIN. discount, rebate; *taux d'~,* discount rate || **~er** *vt* (1) FIN. discount (un effet) || FIG. reckon on, hope for, anticipate.

escort|e [ɛskɔrt] *f* train, suite || MIL. escort || NAUT. convoy || **~er** *vt* (1) escort, attend || MIL. escort || NAUT. convoy || **~eur** *m* NAUT. escort (vessel).

escouade [ɛskwad] *f* squad.

escrim|e [ɛskrim] *f* fencing; *faire de l'~,* fence || **~er (s')** *vpr* (1) peg away (*à/sur,* at).

escr|oc [ɛskro] *m* swindler, confidence man; cheat; twister (fam.); con man, crook (sl.) || **~oquer** [-ɔke] *vt* (1) swindle, cheat; con (sl.); *~ qqn de qqch.,* swindle sth. out of sb., defraud sb. of sth. || **~oquerie** [-ɔkri] *f* swindle, confidence trick, cheat; con (sl.).

ésotérique [ezɔterik] *adj* esoteric.

espac|e [ɛspɑs] *m* space || area, surface (surface) || elbow room (place suffisante) || [temps] space, interval || *~(libre),* clearance || ASTR. *~ (interplanétaire),* (outer) space || **~é, e** *adj* spaced; *très ~,* wide apart || **~ement** *m* spacing; *barre d'~,* space-bar (d'une machine à écrire) || **~er** *vt* (6) [lieu] space (out) || [temps] make less frequent — *vpr* ***s'~,*** become less frequent (dans le temps).

espadon [ɛspadɔ̃] *m* Zool. swordfish.

espadrilles [ɛspadrij] *fpl* canvas-shoes, plimsoll.

Espagn|e [ɛspaɲ] *f* Spain || **~ol, e** [-ɔl] *n* Spaniard.

espagnol, e *adj* Spanish ● *m* Spanish (langue).

espar [ɛspar] *m* NAUT. spar.

espèce [ɛspɛs] *f* kind, sort (sorte); *une ~ de,* a sort of || breed (race); *~ humaine,* man || BOT., ZOOL. species.

espèces *fpl* FIN. specie, cash; *en ~s,* in hard cash.

espér|ance [ɛsperɑ̃s] *f* hope (espoir) || trust, expectation (attente); *~ de vie,* expectation of life || expectancy (d'une naissance) || *Pl* JUR. expectations || **~er** *vt* (5) hope for (qqch.); *~ faire,* hope to do; *je l'espère,* I hope so || *~ que,* hope that; *j'espère que non,* I hope not.

espiègl|e [ɛspjɛgl] *adj* mischievous, arch (enfant); roguish (regard) ● *n* imp || **~erie** [-əri] *f* mischievousness (disposition); trick (tour).

espi|on, onne [ɛspjɔ̃, ɔn] *n* spy || **~onnage** [-ɔnaʒ] *m* spying, espionage || **~onner** [-ɔne] *vt* (1) spy.

esplanade [ɛsplanad] *f* esplanade.

espoir [ɛspwar] *m* hope; *dans l'~ de,* in the hope of; *plein d'~,* hopeful; ***sans ~,*** hopeless, past hope; *un jeune ~,* a coming man.

esprit [ɛspri] *m* mind (intellect); *à l'~ étroit,* narrow-minded; *à l'~ ouvert,* open-minded || ***présence d'~,*** presence of mind || *avoir tous ses ~s,* have one's wits about one; ***venir à l'~,*** occur || mind (personne); *~ supérieur,* master mind; *un simple d'~,* a simpleton || spirit, turn of mind; *avoir bon ~,* be wellmeaning; *disposition d'~,* humour; *état d'~,* frame of mind; *~ d'aventure,* enterprise; *~ de clocher,* parochialism; *~ de contradiction,* contrariness; *~ d'équipe,* team spirit; *~ de l'escalier,* hindsight; *avoir l'~ de l'escalier,* be slow-minded/-witted || vein (tour d'esprit) || wit (vivacité d'esprit); ***trait d'~,*** flash of wit, conceit; *homme d'~,* wit; *avoir de l'~,* be witty || ghost (fantôme) || *Pl* spirits; *reprendre ses ~s,* come to || REL. *le Saint-Esprit,* the Holy Ghost.

esquif [ɛskif] *m* skiff.

esquille [ɛskij] *f* splinter (d'os).

Esquimau, aude, aux [ɛskimo, od, o] *n* Eskimo.

esquinter [ɛskɛ̃te] *vt* (1) FAM. jade, tire out.

esquiss|e [ɛskis] *f* sketch || FIG. outline, draft (ébauche) || **~er** *vt* (1) sketch || sketch (out), outline; start (un geste).

esquiver [ɛskive] *vt* (1) dodge, evade, duck, sidestep (un coup); dodge, shirk (une corvée); avoid, evade (une question) — *vpr* ***s'~,*** slink/sneak away.

essai [ɛsɛ] *m* trial, test (épreuve); *à l'~,* on trial; *faire l'~ de qqch.,* try sth. out; ***mettre à l'~,*** put to the test || [tentative] attempt, try; *coup d'~,* first try || AUT. *~ de vitesse,* speed trial || AV. ***pilote/vol d'~,*** test pilot/flight || SP. [rugby] try || COMM. ***à l'~,*** on approval || LITT. essay.

ess|aim [ɛsɛ̃] *m* swarm (d'abeilles) || FIG. bevy || **~aimer** [-ɛme] *vi* (1) swarm.

essay|age [ɛsɛjaʒ] *m* fitting; try-on (fam.) [de vêtements] || **~er** *vt* (9 *b*) try, test (un objet) || try on, fit on (un vêtement) || *~ de faire qqch.,* try/attempt to do sth., have a try/go at doing sth.; *~ d'obtenir,* try for — *vpr* ***s'~,*** have a try (*à,* at); *s'~ à qqch.,* try one's hand at sth. || **~eur, euse** *n* [couture] fitter || TECHN. tester.

essence I [ɛsɑ̃s] *f* petrol, U.S. gasoline; gas (fam.); *(~) ordi-*

naire, two-star (petrol) || CH. essential oil.

essence II *f* BOT. species.

essen|ce III *f* PHIL. essence || CH. oil || FIG. gist, essential part || **~tiel, elle** [-ɑ̃sjɛl] *adj* essential; main || CH. *huile ~le,* essential oil ● *m* gist (d'un texte); ***l'~,*** the main thing; the main part (*de,* of) || **~tiellement** *adv* essentially.

esseulé, e [ɛsøle] *adj* lonely.

essieu, eux [ɛsjø] *m* axle(-tree).

essor [ɛsɔr] *m* [oiseau] flight; *prendre son ~,* take wing, soar || FIG. progress, development (d'une affaire); *donner libre ~ à,* give full scope to.

essor|er [ɛsɔre] *vt* (1) dry, wring dry (du linge) || **~euse** *f* wringer; *~ centrifuge,* spin-drier.

essouffl|é, e [ɛsufle] *adj* breathless, out of breath || **~ement** *m* breathlessness || **~er** *vt* (1) wind, blow (qqn).

essuie-glace [ɛsɥiglas] *m* windscreen wiper, U.S. windshield wiper || **~-mains** *m inv* hand-towel.

essuyer [ɛsɥije] *vt* (9 *a*) dust (un objet poussiéreux); wipe dry (un objet humide); wipe away (ses larmes); *s'~ le front,* mop one's brow; *s'~ les pieds,* wipe one's feet.

est I [ɛst] *m* east; *à l'~,* in the east; *à l'~ de,* east of; *de l'~,* eastern; *vent d'~,* easterly wind; *vers l'~,* eastward, eastern.

est II, **est-ce que** [ɛ, ɛskə] V. ÊTRE.

estafilade [ɛstafilad] *f* slash.

estamp|e [ɛstɑ̃p] *f* ARTS print || **~er** *vt* (1) TECHN. stamp || FIG., FAM. swindle; fleece (fam.) || **~ille** [-ij] *f* stamp || **~iller** *vt* (1) stamp.

esthét|icien, ienne [ɛstetisjɛ̃, jɛn] *n* beauty specialist, U.S. beautician || **~ique** *adj* aesthetic ● *f* aesthetics.

estim|able [ɛstimabl] *adj* estimable, worthy, respectable, creditable || **~ation** *f* estimation, appraisal || **~e** *f* esteem, respect, regard || *tenir qqn en ~,* think highly of sb. || estimation; *baisser/-monter dans l'~ de,* fall/rise in the estimation of || estimate; *à l'~,* at a rough estimate || NAUT. dead-reckoning || **~er** *vt* (1) estimate, value, appraise, set a value on, rate, assess (évaluer) || appreciate, prize (apprécier) || esteem (faire cas de) || consider, regard, account (juger) || NAUT. reckon — *vpr* ***s'~,*** esteem/consider oneself.

estiv|al, e, aux [ɛstival, o] *adj* summer || **~ant, e** *n* holiday-maker, U.S. vacationist.

estoma|c [ɛstɔma] *m* stomach; *avoir l'~ creux,* feel empty; *avoir mal à l'~,* have stomach-ache; *brûlures d'~,* heartburn || FAM. *avoir de l'~,* have guts || **~qué, e** [-ke] *adj* flabbergasted.

estomp|e [ɛstɔ̃p] *f* stump || **~er** *vt* (1) ARTS stump, shade off || FIG. blur (les contours); dim (la lumière, la mémoire) — *vpr* ***s'~,*** fade, grow blurred; loom (apparaître) || [souvenir] dim.

estrade [ɛstrad] *f* platform, stand; dais (d'honneur).

estragon [ɛstragɔ̃] *m* tarragon.

estropi|é, e [ɛstrɔpje] *adj* crippled (membre, personne); game (membre); lame (boiteux) ● *n* cripple || **~er** *vt* (1) cripple, disable, maim, mutilate.

estuaire [ɛstɥɛr] *m* estuary, firth.

estudiantin, e [ɛstydjɑ̃tɛ̃, in] *adj* student.

esturgeon [ɛstyrʒɔ̃] *m* sturgeon.

et [e] *conj* and.

étable [etabl] *f* cow-house/-shed, U.S. barn (à bestiaux); sty (à porcs).

établi I [etabli] *m* TECHN. bench.

établ|i II, **e** *adj* established (fait); standing (habitude) || **~ir** *vt* (2) establish, set up ; pitch (un camp); settle (sa demeure) || make up (une liste); make out (un document) || COMM. quote (un prix) || FIN. ~ *un chèque de £15,* make out a cheque for £15 || JUR. substantiate (une accusation) || FIG. base, constitute (fonder); lay down (des conditions); establish (des faits); *il est établi que,* it is on record that — *vpr* ***s'~,*** settle (dans un lieu); settle down (se fixer) || COMM. set up in business || FIG. [vent] set in || [habitude] become ingrained || **~issement** *m* setting up, establishment (acte) || establishment (bâtiment); premise (local) || firm (commercial); settlement (colonial); institution (scolaire) || FIG. establishment (d'un fait).

étag|e [etaʒ] *m* stor(e)y, floor; *un immeuble à six ~s,* a six-storied building; *au deuxième ~,* on the second/U.S. third floor; *à l'~ supérieur,* upstairs || flight of stairs (escalier) || tier (dans un placard) || TECHN. stage (de fusée) || FIG. rank; *de bas ~,* lowclass || **~é, e** *adj* terraced (jardin) || GÉOGR. rising in tiers (terrain) || **~ère** [-ɛr] *f* rack, (set of) shelves.

étai [etɛ] *m* prop.

étain [etɛ̃] *m* [métal] tin; *papier d'~,* tinfoil || [vaisselle] pewter.

étais, était [etɛ] V. ÊTRE.

étal, aux ou **als** [etal, o] *m* stall, stand || **~age** *m* COMM. display, show (de marchandises); shop-/show-window (vitrine); *à l'~,* in the window; *faire l'~,* dress the window; *art de l'~,* window-display/-dressing || FIG. array, display; *faire ~ de,* flaunt, show off (sa fortune, etc.) || **~agiste** [-aʒist] *n* windowdresser.

étale [etal] *adj* slack (mer).

étal|ement [etalmɑ̃] *m* display(ing) || FIG. staggering (des congés) || **~er** *vt* (1) spread (étendre); display, lay out (déployer) || COMM. set out (des marchandises) || NAUT. weather (une tempête) || FIG. display, parade, show off (faire étalage de); ~ *son jeu,* show one's hand, show down; stagger (congés) — *vpr* ***s'~,*** spread; [personne] spread oneself; lounge sprawl || [période] spread (*sur,* over) || FAM. measure one's length, come a cropper (tomber).

étalon I [etalɔ̃] *m* ZOOL. stud-horse, stallion (cheval).

étalon II *m* FIN. standard; *~-or,* gold-standard.

étamer [etame] *vt* (1) tin.

étamine [etamin] *f* bunting (tissu); bolting-cloth (pour tamiser).

étanch|e [etɑ̃ʃ] *adj* impervious, tight; ~ *à l'eau,* watertight; *cloison ~,* bulkhead || **~éité** [-eite] *f* watertightness, imperviousness || **~er** *vt* (1) mop up, sponge up (liquide) || MÉD. sta(u)nch (le sang) || FIG. quench, slake (sa soif).

étang [etɑ̃] *m* pond, pool.

étant [etɑ̃] V. ÊTRE.

étape [etap] *f* stage (trajet); *par petites ~s,* by easy stages; *la dernière ~,* the last leg (d'un voyage) || stopping-place, stop (lieu) || FIG. stage, step.

état I [eta] *m* state, condition; ***en bon ~,*** in good condition, in good repair, in good trim; ***en mauvais ~,*** in bad condition, in bad repair; rough going (route); *à l'~ neuf,* as good as new || *en ~ d'ivresse,* in a state of intoxication; *dans un triste ~,* in a sad plight || *~ d'esprit,* frame of mind; *~ d'âme,* mood || ***être en ~ de,*** be in a position to; *être hors d'~ de,* be incapable of, be unable to || ***~ d'urgence,*** emergency; *dans l'~ actuel des choses,* as things are; *en tout ~ de cause,* in any case || *être dans tous ses ~s,* be all worked up || TECHN. ***en ~ de marche,*** in working order || MÉD.

~ ***de santé,*** state of health || POL. ~ *de guerre,* state of war.

état II *m* condition, social station || trade, occupation (métier) || JUR. ~ *civil,* (family-)status ; *bureau de l'~ civil,* registry office.

état III *m* list, statement, account (document); ~ *des lieux,* inventory of fixtures ; ~ *nominatif,* list of names, roll || *faire ~ de,* put forward.

État IV *m* state (gouvernement, nation); *homme d'~,* statesman || ~ ***providence,*** welfare state; ~ *tampon,* buffer state.

étatiser [etatize] *vt* (1) bring under state control ; *étatisé,* state-controlled.

état-major [-maʒɔr] *m* staff.

États-Unis [etazyni] *mpl* United States, The Union.

étau [eto] *m* vice, U.S. vise.

étayer [etɛje] *vt* (9 *b*) prop up, stake (avec des pieux) || brace, shore, stay.

été I [ete] V. ÊTRE.

été II *m* summer; *en ~,* in summer || ~ *de la Saint-Martin,* Indian summer.

ét|eignoir [etɛɲwar] *m* snuffer || FIG. wet blanket || **~eindre** [-ɛ̃dr] *vt* (59) extinguish, put out (le feu, la lumière); blow out (une bougie); snuff out (avec les doigts); switch off (l'électricité); turn out/off (le gaz); stamp out (un feu) || JUR. extinguish (une dette) || FIG. quench — *vpr **s'~,*** [feu] go out; burn out || JUR. [coutume, famille] die out || FIG. [personne] die; [bruit, couleur, voix] die || **~eint, e** [-ɛ̃, ɛ̃t] *adj* out (feu, gaz, lumière); dead (feu); extinct (feu, volcan); slaked (chaux) || JUR. extinguished, paid off (dette).

étendard [etɑ̃dar] *m* standard (drapeau) || FIG. banner.

éten|dre [etɑ̃dr] *vt* (4) spread (out); stretch out (en étirant); lay (une nappe); hang out (en suspendant) || dilute; ~ *d'eau,* water down || JUR. extend (la validité) || FIG. extend (ses connaissances) — *vpr **s'~,*** [côte] lie || [plaine] spread, sweep || [route] stretch || [mur, propriété] extend, stretch out, reach || [personne] lie down (sur un lit); stretch out (*sur,* on) sprawl out || FIG. *s'~ sur,* dwell on, enlarge (up)on, expatiate (on) || **~du, e** [-dy] *adj* extensive (vaste); wide (plaine) || outspread (ailes) || [personne] *être ~,* lie, recline || FIG. extensive (connaissances); wide-spread (idées); comprehensive (programme, sens) || **~due** [dy] *f* stretch (de campagne); tract, extent (de terrain); spread (de pays); expanse (d'eau) || dimensions (surface) || length (de la vie) || MUS. range (d'un instrument) || FIG. scope (d'une action, de l'esprit); comprehension, extension.

étern|el, elle [etɛrnɛl] *adj* eternal, everlasting, endless, timeless || **~ellement** *adv* eternally, endlessly || **~iser** *vt* (1) eternalize, perpetuate — *vpr **s'~,*** drag on || **~ité** *f* eternity; *de toute ~,* from time immemorial.

éter|nuement [etɛrnymɑ̃] *m* sneeze, sneezing || **~nuer** [-nɥe] *vi* (1) sneeze.

êtes [ɛt] V. ÊTRE.

éther [etɛr] *m* ether.

éthique [etik] *adj* ethical ● *f* ethics.

ethn|ique [ɛtnik] *adj* ethnic || **~ographie** [-ɔgrafi] *f* ethnography || **~ologie** [-ɔlɔʒi] *f* ethnology || **~ologue** [-ɔlɔg] *m* ethnologist.

étiage [etjaʒ] *m* low-water mark.

étin|celant, e [etɛ̃slɑ̃, ɑ̃t] *adj* sparkling, glittering || **~celer** [-sle] *vi* (5) [chose] sparkle, glitter || [regard] sparkle (joyeux), flash (furieux), twinkle (malicieux) || *faire ~,* flash (un diamant) ||

~celle [-sɛl] *f* spark ; *jeter des ~s,* spark.

étiqu|eter [etikte] *vt* (8 *b*) label || ticket (avec le prix) || **~ette** I *f* label, tag, U.S. sticker || tally (pour plantes); ticket (indiquant le prix).

étiquette II *f* étiquette, form (protocole).

étirer [etire] *vt* (1) stretch (un élastique, ses membres) — *vpr* **s'~,** stretch (oneself), stretch out, give a stretch.

étoff|e [etɔf] *f* material, fabric, stuff, cloth || FIG. stuff ; *avoir l'~ de,* have the makings of || **~é, e** *adj* FIG. full of substance (discours) || **~er** *vt* (1) FIG. fill out.

étoil|e [etwal] *f* star ; *~ filante,* shooting star ; *~ polaire,* pole star || *coucher à la belle ~,* sleep out in the open/under the stars || CIN. star || FIG. *bonne ~,* lucky star || **~é, e** *adj* starry, starlit || star-spangled (bannière) || **~er** *vt* (1) stud with stars.

étonn|ant, e [etɔnɑ̃, ɑ̃t] *adj* surprising, amazing, wonderful, astonishing; *(il n'est) pas ~ que,* no wonder that || **~é, e** *adj* surprised || **~ement** *m* wonder, amazement, astonishment ; *à mon grand ~,* much to my surprise || **~er** *vt* (1) surprise, amaze, astonish — *vpr* **s'~,** wonder (*que,* that); marvel, be astonished (*de,* at).

étouffant, e [etufɑ̃, ɑ̃t] *adj* sweltering, stifling, sultry (chaleur); oppressive (temps).

étouff|ement *m* suffocation || **~er** *vt* (1) suffocate, smother (tuer) || put out, smother, extinguish (un feu); drown, muffle (un bruit); stifle (un cri); suppress (un sanglot) || stamp out (une révolte); hush up (un scandale); black out (des nouvelles) — *vi* choke ; *~ de chaleur,* swelter || **~oir** *m* MUS. muffler, damper.

étoupe [etup] *f* oakum.

étourd|erie [eturdəri] *f* absent-mindedness, carelessness (inattention); oversight (acte); *par ~,* by an oversight || **~i, e** *adj* light-headed, thoughtless, hare-/scatterbrained, harum-scarum || giddy, dizzy (pris de vertige) ● *n* scatterbrain, harum-scarum || **~iment** *adv* heedlessly, thoughtlessly, without thinking || **~ir** *vt* (2) make giddy || [choc] daze, stun || FIG. numb (la douleur) — *vpr* **s'~,** seek diversion || **~issant, e** *adj* stunning (coup); deafening (bruit); amazing (succès); giddy (vitesse) || **~issement** *m* dizziness, giddiness (vertige) ; *avoir un ~,* have a fit of giddiness, feel faint/dizzy.

étourneau [eturno] *m* starling.

étrang|e [etrɑ̃ʒ] *adj* strange, odd, queer ; *chose ~,* strange to say, oddly enough || weird (inquiétant) || **~ement** *adv* strangely.

étrang|er, ère [etrɑ̃ʒe, ɛr] *adj* strange (lieu, usage); foreign (nation, personne); alien (gens) || MÉD. foreign (corps) || FIG. irrelevant, extraneous, foreign (*à,* to); *~ à la question,* beside the point; *être ~ à,* be unconcerned in, unacquainted with ● *n* [personne] foreigner, alien (d'une autre nationalité); stranger (dans un lieu, à un groupe) ; outsider (à un groupe) ● *m* [pays] foreign country ; ***à l'~,*** abroad ; *aller/vivre à l'~,* go/live abroad || **~eté** *f* strangeness, queerness.

étrangl|é, e [etrɑ̃gle] *adj* strangled, stifled (voix) || **~ement** *m* strangling (action) || FIG. *goulet d'~,* bottle-neck || **~er** *vt* (1) strangle, choke, throttle — *vpr* **s'~,** choke.

étrave [etrav] *f* stem.

être [ɛtr] *vi* (48) [exister] be ; *soit !,* so let it be !, agreed !, all right ! ; *ainsi soit-il,* so be it | [position] stand (debout) ; lie (couché) || [nombre] *nous étions trois,* there were three of us || [date] *nous* *sommes le 10,* today is the 10th || [+ attribut] ~ *malade,* be ill; *il est docteur,* he is a doctor || FAM. [= aller] *où avez-vous été?,* where have you been?; *j'y ai été,* I have been there || ~ ***à,*** [= appartenir] belong to; *c'est à moi/vous,* it's mine/yours; *à qui est ce livre?,* whose book is this?; [+ (pro)nom + verbe] *c'est à vous de jouer,* [cartes] it's your lead, [échecs] it's your move; *c'est à vous de parler,* it's your turn to speak, it's up to you to speak (fam.) || [+ adj numéral] *c'est à 10 miles d'ici,* it is 10 miles from here || [+ verbe] *il est à plaindre,* he is to be pitied || ~ ***de :*** *il est de Paris,* he is from Paris || ***c'est,*** it is; *c'est moi/lui,* that's me/him || [impersonnel] ***il est,*** there is/are || ***en*** ~ ***:*** *en êtes-vous?,* will you join us?; *je n'en suis pas,* count me out; *où en êtes-vous?,* how far have you got?; *quoi qu'il en soit,* however that may be || ***y*** ~ ***:*** *y* ~ *pour qqch.,* have sth. to do with it, have a finger in the pie; *n'y* ~ *pour rien,* have no part in it; *je n'y suis plus,* I don't follow; *y êtes-vous?,* are you ready?; *vous y êtes,* you've got it! (vous avez trouvé); *nous y sommes,* this is it; *ça y est!,* it's done! (fait); it's ready! (prêt) || ***n'était,*** were it not for; ***n'eût été,*** had it not been for || [formules interrogatives] ***est-ce que...?;*** *est-ce que vous le voulez?* (= le voulez-vous?), do you want it?; ***qu'est-ce que c'est?,*** what is it? || ***n'est-ce pas? :*** *il est parti hier, n'est-ce pas?,* he left yesterday, didn't he?; *il n'a pas encore répondu, n'est-*ce *pas?,* he hasn't answered yet, has he?; *il viendra, n'est-ce pas?,* he will come, won't he? ● *m* being, existence || being, creature (être vivant); ~ *humain,* human being.

étr|eindre [etrɛ̃dr] *vt* (59) embrace, hug, squeeze (dans les bras); grasp, clasp, grip (empoigner) || **~einte** [-ɛ̃t] *f* embrace, hug, clasp, squeeze (embrassement); grip, grasp, clutch (empoignade) || FIG. pressure (de la misère).

étrenn|e [etrɛn] *f avoir l'~ de,* be the first to (use, etc.) || *Pl* New Year's gift; Christmas box (au facteur) || **~er** *vt* (1) use/wear for the first time; christen (une voiture, etc.).

étrier [etrije] *m* stirrup.

étrill|e [etrij] *f* curry-comb || **~er** *vt* (1) curry (un cheval).

étriqu|é, e [etrike] *adj* skimpy (vêtement); cramped (position); narrow (esprit).

étroit, e [etrwa, wat] *adj* narrow || *être à l'~,* be cramped for room || tight (vêtement) || FIG. narrow; *à l'esprit ~,* narrow-minded; strict (obligation, sens); close (lien, relations) || **~ement** [-tmɑ̃] *adv* narrowly || tightly || FIG. closely (intimement); strictly (rigoureusement).

étud|e [etyd] *f* study (d'une science); *faire des ~s,* study; ***faire ses ~s,*** study, be educated (*à,* at) || [ouvrage] study, memoir, paper || investigation; *à l'~,* under consideration || prep-room (salle) || COMM. ~ *du marché,* market survey || JUR. office (de notaire) || TECHN. designing; *bureau d'~s,* designing office || **~iant, e** [-jɑ̃, ɑ̃t] *n* student; ~ ***en lettres/médecine,*** arts/medical student || undergraduate (non diplômé); freshman (de 1re année) || **~ié, e** *adj* elaborate || **~ier** *vt* (1) study, learn || [université] read (une matière) || MUS. practise.

étui [etɥi] *m* case; ~ *à cigarettes,* cigarette-case; sheath (à ciseaux); holster (de revolver).

étuv|e [etyv] *f* sweating-room (pour transpirer) || drying oven/-room (pour séchage) || **~ée** *f cuire à l'~,* steam.

étymologie [etimɔlɔʒi] *f* etymology.

eu [y] V. AVOIR.

eucalyptus [økaliptys] *m* eucalyptus.

euphémisme [øfemism] *m* euphemism, understatement.

euph|onie [øfɔni] *f* euphony || **~orie** [-ɔri] *f* euphoria, bliss || **~orique** [-ɔrik] *adj* euphoric.

Eur|asie [ørazi] *f* Eurasia || **~asien, ienne** [-azjɛ̃, jɛn] *n* Eurasian || **~ope** [-ɔp] *f* Europe || **~opéen, enne** [-ɔpeɛ̃, ɛn] *n* European.

européen, enne *adj* European.

euthanasie [øtanazi] *f* euthanasia.

eux [ø] *pron* them ; *ce sont ~,* it is they/them ; *ce sont ~ qui...,* they are the ones who... ; *à ~,* to them, theirs ; *~-mêmes,* themselves. (V. LUI.)

évacu|ation [evakɥasjɔ̃] *f* evacuation || **~é, e** *n* evacuee || **~er** *vt* (1) drain off (liquide) ; vacate (un appartement) ; *faire ~,* clear (une salle) || MIL., MÉD. evacuate.

évad|é, e [evade] *n* fugitive || **~er (s')** *vpr* (1) escape, break out, break loose (*de,* from).

évalu|ation [evalɥasjɔ̃] *f* valuation, appraisal, estimate || computation, determination (calcul) || JUR. assessment || **~er** *vt* (1) value, estimate, appraise, evaluate || price (un objet) || assess (des dommages) || compute (calculer) || JUR., FIN. assess, rate.

évang|éliser [evɑ̃ʒelize] *vt* (1) evangelize || **~ile** [-il] *m* Gospel ; *parole d'~,* Gospel truth.

évanou|i, e [evanwi] *adj* unconscious, in a faint ; *tomber ~,* fall down in a faint || **~ir (s')** *vpr* (2) faint, pass out ; lose consciousness || FIG. vanish, disappear ; fade away || **~issement** *m* fainting fit ; loss of consciousness || FIG. disappearance, fading.

évapor|ation [evapɔrasjɔ̃] *f* evaporation || **~é, e** *adj/n* flighty, dizzy, giddy || **~er** *vt* (1) (*faire*) *~,* evaporate — *vpr* **s'~,** evaporate.

évasé, e [evaze] *adj* splayed (ouverture) || bell-shaped (jupe).

évasif, ive [evazif, iv] *adj* evasive.

évasion [evazjɔ̃] *f* escape, prison-breaking ; get-away (fam.) || FIG. escapism ; *littérature d'~,* escapist literature.

évêché [evɛʃe] *m* bishopric (fonction) ; bishop's palace (palais) ; see (siège) ; cathedral town (ville).

éveil [evɛj] *m* awakening ; *en ~,* on the alert ; *donner l'~ à qqn,* awaken sb.'s suspicion || FIG. dawn(ing) || **~lé, e** [e] *adj* awake(n) ; *bien ~,* wide awake || FIG. alert (vigilant) ; smart (vif) || **~ler** *vt* (1) wake up, awake || FIG. awake(n) [la curiosité] ; arouse (les soupçons) — *vpr* **s'~,** awake, wake up || FIG. awaken.

événement [evenmɑ̃] *m* event (à sensation) ; occurrence (fait) || *Pl* happenings, circumstances ; *la suite des ~s,* further developments.

évent [evɑ̃] *m* TECHN. vent || ZOOL. blowhole.

éventail [evɑ̃taj] *m* fan.

éventaire [evɑ̃tɛr] *m* stall (dans un marché).

évent|é, e [evɑ̃te] *adj* stale ; flat (bière) || FIG. [secret] out || **~er** (1) air (rafraîchir) || FIG. discover (secret, etc.) — *vpr* **s'~,** fan oneself (avec un éventail) || [nourriture, parfum] go stale ; [bière] go flat.

éventrer [evɑ̃tre] *vt* (1) disembowel, rip up || FIG. break open (un coffre).

éventu|alité [evɑ̃tɥalite] *f* contingency, possibility, eventuality || **~el, elle** [-ɛl] *adj* contingent, possible, eventual, prospective || **~ellement** [-ɛlmɑ̃] *adv* possibly, on occasion ; if necessary.

évêque [evɛk] *m* bishop.

éviction [eviksjɔ̃] *f* eviction.

évid|emment [evidamɑ̃] *adv* evidently, obviously, clearly || **~ence** *f* obviousness; *bien en ~,* conspicuously; *de toute ~,* obviously; *mettre en ~,* place in a prominent position, show up; *nier l'~,* deny the obvious; *se rendre à l'~,* bow to the facts || **~ent, e** *adj* obvious, evident, plain, clear.

évider [evide] *vt* (1) core (une pomme) || TECHN. hollow out, scoop out; cut away, groove.

évier [evje] *m* sink.

évinc|ement [evɛ̃smɑ̃] *m* supplanting || **~er** *vt* (6) supplant, oust, evict; exclude, displace.

évit|able [evitabl] *adj* avoidable || **~ement** *m* avoidance || RAIL. *voie d'~,* loop || **~er** *vt* (1) avoid || shirk, fight shy of (une corvée, une responsabilité); dodge, evade (un coup); shun (la société); elude (une question); keep clear of (qqn, qqch.); *~ qqn,* give sb. a wide berth; *~ à qqn la peine de faire qqch.,* spare sb. the trouble of doing sth. || *~ de,* keep from || AUT. by-pass (une ville) || NAUT. swing || MÉD. abstain from.

évoca|teur, trice [evɔkatœr, tris] *adj* evocative, reminiscent (*de,* of) || **~tion** *f* evocation.

évolu|é, e [evɔlɥe] *adj* developed, advanced || **~er** I *vi* (1) [civilisation] progress || [race] evolve || [situation] change || MÉD. [maladie] run its course || **~tion** I *f* development, evolution || march (des événements).

évolu|er II *vi* (1) move about || MIL. manœuvre || **~tion** II *f* evolution || MIL. manœuvre.

évoquer [evɔke] *vt* (1) evoke, call up, call to mind, conjure up (un esprit, un souvenir) || bring (une question).

ex- [ɛks] *préf* ex-; late; former.

exacerber [egzasɛrbe] *vt* (1) exacerbate.

exact, e [ɛgza(kt)] *adj* accurate, precise (précis) || exact, correct, true (juste); *l'heure ~,* the right time; *c'est ~,* that's right || punctual (ponctuel) || **~ement** *adv* exactly || truly, rightly || sharp, punctually || **~itude** [-ityd] *f* exactitude, accuracy (justesse) || precision, exactness (précision) || punctuality (ponctualité).

ex aequo [ɛgzeko] *adj/adv* [compétition] *arriver ~,* tie; *classer ~,* bracket together.

exagér|ation [egzaʒerasjɔ̃] *f* exaggeration, overstatement || **~é, e** *adj* exaggerated (outré); undue (précipitation); excessive (abusif); inordinate (démesuré) || **~ément** [-emɑ̃] *adv* excessively, unduly || **~er** *vt* (1) exaggerate; overdo.

exalt|ant, e [ɛgzaltɑ̃, ɑ̃t] *adj* exalting, elating || **~ation** *f* exaltation || **~er** *vt* (1) exalt, praise, extol (louer) || elevate, uplift (élever) — *vpr* **s'~,** grow excited, enthuse.

exam|en [ɛgzamɛ̃] *m* examination; exam (fam.); *~ blanc,* mock exam; *~ d'entrée/de passage,* entrance/end-of-year examination; *faire subir un ~ à qqn,* put sb. through an examination; *~ pour le permis de conduire,* driving-test || investigation, survey; *~ minutieux,* scrutiny; *à l'~,* under consideration || study (d'une question) || MÉD. test; *~ de la vue,* eye test || REL. *~ de conscience,* self-examination || **~inateur, trice** [-inatœr, tris] *n* examiner || **~iner** *vt* (1) examine; go/see over (rapport); look into (une question); survey (une situation); *~ attentivement,* look through; *~ en détail,* investigate; *~ soigneusement,* go through, scan, sift; *~ à fond,* scrutinize || MÉD. examine (un malade); *se faire ~,* have oneself examined; *se faire ~ les dents,* have one's teeth examined.

exaspér|ant, e [ɛgzasperɑ̃, ɑ̃t]

adj exasperating || **~ation** *f* exasperation || **~er** *vt* (5) exasperate, aggravate, rile, incense.

exaucer [ɛgzose] *vt* (6) fulfil, grant (un vœu).

excav|ateur, trice [ɛkskavatœr, tris] *n* excavator || **~ation** *f* excavation.

excéden|t [ɛksedɑ̃] *m* excess, surplus; *en ~,* (left) over; *~ de poids,* overweight; *~ de population,* overspill || Av. *~ de bagages,* excess luggage || **~taire** [-tɛr] *adj* excess.

excéder [ɛksede] *vt* (5) exceed (une quantité); overstep (les bornes) || FAM. exasperate.

excell|emment [ɛksɛlamɑ̃] *adv* excellently || **~ence** *f* excellence ● *loc adv par ~,* pre-eminently || **~ent, e** *adj* excellent, first rate, capital (fam.) || **~er** *vi* (1) excel (*à,* in).

excentr|icité [ɛksɑ̃trisite] *f* remoteness (d'un quartier) || FIG. eccentricity || **~ique** *adj* remote, outlying (quartier) || FIG. eccentric, kinky (mode); offbeat (fam.) ● *n* eccentric; freak (fam.); crank (péj.).

excep|té, e [ɛksɛpte] *adj* except(ed), excluding ● *prép* except(ing), apart from, but for || **~ter** *vt* (1) except (*de,* from) || **~tion** *f* exception; *à l'~ de,* except for; ***sans ~,*** barring none; *tous sans ~,* every one of them; ***faire ~ à,*** be an exception to; *faire une ~ à,* make an exception to; *faire une ~ en faveur de qqn,* stretch a point in sb.'s favour || **~tionnel, elle** [-sjɔnɛl] *adj* exceptional, outstanding || unusual || **~tionnellement** [-sjɔnɛlmɑ̃] *adv* exceptionally.

excès [ɛksɛ] *m* excess; *à l'~,* to excess, overmuch || AUT. *~ de vitesse,* speeding.

excess|if, ive [ɛksɛsif, iv] *adj* excessive, undue, intemperate || **~ivement** *adv* excessively.

excit|able [ɛksitabl] *adj* excitable || **~ant, e** *adj* exciting || FAM. sexy (femme) || **~ation** *f* excitement || **~é, e** *adj* all worked-up, wrought-up, overexcited || **~er** *vt* (1) excite, work up || rouse, stir up (*contre,* against); set on (*à,* to) || provoke, excite, pique (la curiosité) || arouse (sexuellement).

exclam|ation [ɛksklamasjɔ̃] *f* exclamation || GRAMM. *point d'~,* exclamation mark || **~er (s')** *vpr* (1) exclaim.

excl|u, e [ɛkskly] *adj* excluded; *il n'est pas ~ que,* it is not out of the question that || **~ure** *vt* (29) leave out, exclude || prevent (interdire) || preclude (empêcher) || rule out (écarter) || expel (renvoyer) || **~usif, ive** [-yzif, iv] *adj* exclusive || COMM. sole (droits) || **~usion** [-yzjɔ̃] *f* exclusion (*de,* from); *à l'~ de,* to the exclusion of || **~usivement** *adv* exclusively || **~usivité** *f* exclusiveness || COMM. exclusive rights.

excommun|ication [ɛkskɔmynikasjɔ̃] *f* excommunication || **~ier** *vt* (1) excommunicate.

excrément [ɛkskremɑ̃] *m* excrement.

excroissance [ɛkskrwasɑ̃s] *f* excrescence, outgrowth.

excursi|on [ɛkskyrsjɔ̃] *f* excursion (en groupe); outing, trip; hike, tramp (à pied); *partir en ~,* go on an excursion, go for an outing || **~onner** [-ɔne] *vi* go on excursions/trips, go touring; go hiking (à pied) || **~onniste** [-ɔnist] *n* excursionist; tripper; hiker (à pied).

excus|e [ɛkskyz] *f* excuse, apology (*de,* for); *faire des ~s à qqn,* apologize to sb., make excuses; *une lettre d'~,* an apologetic letter || plea (prétexte) || **~er** *vt* (1) excuse; *excusez-moi,* excuse me, pardon me || *se faire ~,* beg off (*de,* for) — *vpr* ***s'~,*** apologize (*auprès de qqn,* to sb.; *de qqch.,* for sth.) || to decline an invitation.

exécr|able [ɛgzekrabl] *adj* execrable, obnoxious || shocking (temps) || **~er** *vt* (5) execrate.

exécu|table [ɛgzekytabl] *adj* feasible, workable || **~tant, e** [-tɑ̃, ɑ̃t] *n* MUS. performer, player || **~ter** *vt* (1) execute || carry out (un ordre); carry out, work out, realize (un projet); carry through (mener à terme); fulfil (une promesse); do, accomplish (un travail) || COMM. carry out (une commande) || MUS. execute, perform || MÉD. dispense (une ordonnance) || JUR. execute (un jugement, un criminel) || FAM. dispatch (tuer) — *vpr* ***s'~,*** comply (agir) || pay up (payer) || **~teur, trice** *n ~ testamentaire,* executor || **~tif, ive** *adj/m* executive || **~tion** *f* execution || carrying out (d'un ordre); *mettre un plan à ~,* put/carry a plan into execution; working out (d'un projet); fulfilment, satisfaction (d'une promesse) || performance, achievement (d'un travail); *~ habile,* workmanship || JUR. execution (d'un criminel).

exempl|aire [ɛgzɑ̃plɛr] *adj* exemplary ● *m* copy; *en deux/trois ~s,* in duplicate/triplicate || **~e** *m* example, instance; *un ~ approprié,* a case in point; *à l'~ de,* after the example of; ***par ~,*** for example/instance; *sans ~,* unprecedented || *donner l'~,* set an example; *prendre ~ sur qqn,* take example by sb.; *servir d'~,* exemplify || FAM. *ça par ~!,* well I never!

exemp|t, e [ɛgzɑ̃, ɑ̃t] *adj* free, exempt (*de,* from); *~ d'impôts,* tax-free || **~ter** [-te] *vt* (1) exempt, free, excuse (*de,* from) || **~tion** [-psjɔ̃] *f* exemption (*de,* from) || JUR. immunity.

exerc|é, e [ɛgzɛrse] *adj* experienced (*en,* in) || **~er** *vt* (6) exercise, train (le corps, qqn) || exercise (un droit); follow, pursue, carry on (profession); practise (médecine) || *~ une influence sur,* exert an influence on || MIL. drill, train — *vpr* ***s'~,*** practise, drill, train, exercise oneself || **~ice** [-is] *m* training, practice (entraînement) || exercise (scolaire) || exercise (d'un droit); discharge (d'une fonction); execution (des devoirs); exertion (du pouvoir) || SP. exercise; ***faire de l'~,*** take some exercise || MIL. *faire l'~,* drill || MUS. *faire des ~s,* practise || MÉD. practice || FIN. *~ financier,* trading year.

exhal|aison [ɛgzalɛzɔ̃] *f* exhalation || **~er** *vt* (1) send forth (du gaz, une odeur); emit (de la fumée, une odeur); breathe (odeur) || FIG. vent (sa mauvaise humeur) — *vpr* ***s'~,*** exhale, be breathed.

exhausser [ɛgzose] *vt* (1) raise.

exhaustif, ive [ɛgzostif, iv] *adj* exhaustive.

exhib|er [ɛgzibe] *vt* (1) exhibit, display || COMM. set out (des marchandises) || JUR. produce || FAM. sport (des habits); show off (ses talents) || **~ition** *f* exhibition || **~itionnisme** [-isjɔnism] *m* exhibitionism.

exhort|ation [ɛgzɔrtasjɔ̃] *f* exhortation || **~er** *vt* (1) exhort, admonish (*à,* to); *~ qqn à,* urge sb. to.

exhumer [ɛgzyme] *vt* (1) exhume.

exig|eant, e [ɛgziʒɑ̃, ɑ̃t] *adj* exacting, demanding, exigent, fastidious, hard to please || **~ence** *f* demand, exigency || *Pl* requirements; *se soumettre aux ~s de qqn,* humour sb. || **~er** *vt* (7) demand (*de,* of); claim, require; *~ de qqn qu'il fasse qqch.,* require sb. to do sth.; *~ qqch. de qqn,* require sth. of sb.

exig|u, ë [ɛgzigy] *adj* exiguous (lieu) || FIN. scanty (revenus) || **~uïté** [-yite] *f* exiguity, smallness.

exil [ɛgzil] *m* exile, banishment || **~é, e** *n* exile || **~er** *vt* (1) exile (*de,* from) — *vpr* ***s'~,*** go into exile.

exist|ant, e [ɛgzistɑ̃, ɑ̃t] *adj* existent; *encore* ~, extant || **~ence** *f* existence, life, living (vie) || being (être); *moyens d'~,* livelihood || **~entialisme** [-ɑ̃sjalism] *m* PHIL. existentialism || **~er** *vi* (1) exist, live; ~ *depuis cent ans,* have been in existence for a hundred years.

exode [ɛgzɔd] *m* exodus.

exonér|ation [ɛgzɔnerasjɔ̃] *f* exoneration (*de,* from) || **~er** *vt* (5) exonerate (*de,* from).

exorbitant, e [ɛgzɔrbitɑ̃, ɑ̃t] *adj* exorbitant, extravagant (démesuré); exorbitant (demande, prix); outrageous (prix).

exorciser [ɛgzɔrsize] *vt* (1) exorcise.

exot|ique [ɛgzɔtik] *adj* exotic || **~isme** *m* exoticism.

expans|if, ive [ɛkspɑ̃sif, iv] *adj* open-hearted (personne) || **~ion** *f* expansion.

expatrier (s') [sɛkspatrije] *vpr* (1) expatriate oneself.

expectative [ɛkspɛktativ] expectancy; *dans l'~ de,* waiting for.

expectorer [ɛkspɛktɔre] *vt* (1) expectorate.

expédient [ɛkspedjɑ̃] *m* expedient, shift; *vivre d'~s,* live by one's wits.

expédi|er [ɛkspedje] *vt* (1) send, dispatch, forward (une lettre); consign (des marchandises); ~ *par avion,* send by airmail; ~ *par bateau,* send by sea/ship; ~ *par chemin de fer,* send by rail/train; ~ *par la poste,* send through the post; ship (gros articles, par tous moyens) || FAM. send off (qqn) || FAM. dispatch (une affaire, un repas); make short work of, polish off (son travail) || **~teur, trice** *n* sender (d'une lettre); shipper, consigner (d'un colis) || from (sur l'enveloppe) || **~tif, ive** [-tif, iv] *adj* expeditious, speedy || **~tion** *f* sending, dispatch (d'une lettre); consignment, shipment (de marchandises) || copy (exemplaire) || expedition (voyage) || MIL. expedition || **~tionnaire** [-sjɔnɛr] *adj* MIL. expeditionary ● *m* COMM. forwarding agent.

expér|ience [ɛksperjɑ̃s] *f* experience (connaissance); background; *faire l'~ de qqch.,* experience sth.; *avoir de l'~,* be experienced; *homme d'~,* man of the world || PHYS., CH. experiment; *faire une ~,* experiment, make/perform/carry out an experiment || **~imental, e, aux** [-imɑ̃tal, o] *adj* experimental, tentative || **~imenté, e** [-imɑ̃te] *adj* experienced, skilled, trained (*en,* in); efficient (capable) || **~imenter** [-imɑ̃te] *vt* (1) test.

exper|t, e [ɛkspɛr, ɛrt] *adj* expert, skilled (*en,* in); proficient (*en,* in); adept (*en,* in); *de façon ~e,* expertly ● *m* expert; ~ *en organisation,* efficiency expert || **~-*comptable,*** chartered accountant || **~tise** [-tiz] *f* expertise; expert appraisal; expert's report || **~tiser** *vt* (1) appraise, value.

expi|ation [ɛkspjasjɔ̃] *f* atonement || **~er** *vt* (1) expiate, atone for.

expir|ation [ɛkspirasjɔ̃] *f* expiration (pr. et fig.); *venir à ~,* expire || **~er** *vt* (1) expire, breathe out — *vi* expire, pass away (mourir) || JUR. [bail] fall in || FIG. expire, die out.

expli|catif, ive [ɛksplikatif, iv] *adj* explanatory || **~cation** [-kasjɔ̃] *f* explanation || **~cite** [-sit] *adj* explicit || **~quer** [-ke] *vt* (1) explain || account for (les causes); expound (une théorie) || GRAMM. construe — *vpr : **s'~,*** explain oneself || understand (comprendre) || [discussion] *s'~ avec qqn,* have it out with sb.

exploit [ɛksplwa] *m* feat, exploit; deed (acte de bravoure).

exploit|ant, e [ɛksplwatɑ̃, ɑ̃t] *n* AGR. farmer || **~ation** *f* AGR.

farming || TECHN. working (d'une mine) || COMM. concern || FIG. exploitation (de qqn); sweating (des ouvriers) || **~er** *vt* (1) exploit, manage, U.S. operate || ~ *une carrière,* quarry || AGR. farm || COMM. run (un fonds) || FIG. follow up (un succès); trade on (l'ignorance de qqn); [journaux] play up (événement); [patrons] sweat (ouvriers) || **~eur, euse** *n* exploiter.

explor|ateur, trice [ɛksplɔratœr, tris] *n* explorer || **~ation** *f* exploration || **~er** *vt* (1) explore || prospect (le terrain) || go/seek through (fouiller) || RAD. scan.

explos|er [ɛksploze] *vi* (1) explode, go off, blow up, burst; *faire ~,* explode, blow up || **~if, ive** *adj/m* explosive || **~ion** *f* explosion, blowing up, blast; *faire ~,* explode, go off, blow up || FIG. outburst (de joie, de colère); *~ de colère,* outbreak/blaze of anger.

export|ateur, trice [ɛkspɔrtatœr, tris] *n* exporter ● *adj* exporting || **~ation** *f* export; *d'~,* export (article, commerce) || **~er** *vt* (1) export.

expos|ant, e [ɛkspozɑ̃, ɑ̃t] *n* exhibitor (personne) || MATH. exponent, index || **~é** I, **e** *adj* exhibited, displayed; on view/show || ARTS *objet ~,* exhibit.

exposé II *m* account, report, statement; sketch (sommaire); *faire un ~ sur,* read a paper on.

exposer I [ɛkspoze] *vt* (1) display, show, expose (des objets); exhibit (des collections) || *~é à l'est,* facing east (maison) || expose (aux intempéries) || PHOT. expose || FIG. explain, expound (une théorie) || set out, state (des faits).

exposer II *vt* (1) imperil, endanger, expose, jeopardize (mettre en danger) — *vpr* **s'~,** expose oneself open to (critique).

exposition [ɛkspozisjɔ̃] *f* display || show, exhibition (salon) || lie (d'une côte); aspect (d'une maison) || PHOT. exposure.

exprès I [ɛksprɛ] *adv* intentionally, deliberately, on purpose; *faire qqch. ~,* do sth. on purpose; *je ne l'ai pas fait ~,* I didn't mean to (do it).

exprès II [ɛksprɛs] *adj inv lettre ~,* express letter.

exprès III, **esse** [ɛksprɛ, ɛs] *adj* express (formel).

express [ɛksprɛs] *m* RAIL. fast train.

expressément [ɛksprɛsemɑ̃] *adv* expressly.

expr|essif, ive [ɛksprɛsif, iv] *adj* expressive || **~ession** [-ɛsjɔ̃] *f* expression (de la pensée) || countenance, cast of features, expression (du visage) || *~ **corporelle,*** body language || GRAMM. utterance, wording; phrase (locution) || **~imer** I [-ime] *vt* (1) express || give utterance to, voice, convey, word, phrase (une pensée); express (un sentiment) — *vpr* **s'~,** express oneself.

exprimer II *vt* (1) crush, squeeze out, express (le jus).

expropri|ation [ɛksprɔprijasjɔ̃] *f* expropriation || **~er** *vt* (1) expropriate, dispossess.

expuls|er [ɛkspylse] *vt* (1) evict, turn out (un locataire); throw out (qqn); expel (un élève); deport (un étranger) || **~ion** *f* expulsion, ejection, exclusion (*de,* from).

expurger [ɛkspyrʒe] *vt* (7) expurgate, bowdlerize (un livre).

exquis, e [ɛkski, iz] *adj* exquisite.

exsangue [ɛksɑ̃g] *adj* bloodless.

extas|e [ɛkstɑz] *f* ecstasy; *en ~,* in an ecstasy || FIG. rapture || **~ier (s')** *vpr* (1) go into raptures || FIG. go into ecstasies/raptures (*sur,* over); rave (*sur,* about); enthuse (*sur,* over) [fam.].

extens|eur [ɛkstɑ̃sœr] *m* SP. expander || **~ible** *adj* tensile, extensible || **~if, ive** *adj* AGR. extensive || **~ion** *f* extension || COMM. development, growth (d'une affaire) || GRAMM. *par ~,* in a wider sense.

exténu|ant, e [ɛkstenɥɑ̃, ɑ̃t] *adj* exhausting || **~é, e** *adj* exhausted || **~er** *vt* (1) exhaust, tire out — *vpr* **s'~,** tire oneself out, fag (*à,* at); *s'~ au travail,* work oneself to death.

extéri|eur, e [ɛksterjœr] *adj* exterior (*à,* to) || external (apparence, monde) || outer (côté, mur) ● *m* exterior, outside; *à l'~,* outside, outward || CIN. outdoor scenes; ***en ~,*** on location || **~oriser** [-ɔrize] *vt* (1) manifest, express (ses sentiments).

extermin|ation [ɛkstɛrminasjɔ̃] *f* extermination || **~er** *vt* (1) exterminate, wipe out || MIL. annihilate.

extern|at [ɛkstɛrna] *m* day-school || **~e** *adj* external, outer (superficiel) || MÉD. *usage ~,* for external use ● *n* day-boy/-girl (élève) || MÉD. non-resident medical student, U.S. extern.

extinc|teur [ɛkstɛ̃ktœr] *m* fire extinguisher || **~tion** *f* extinction, extinguishing (du feu, de la lumière) || *~ de voix,* loss of voice.

extirper [ɛkstirpe] *vt* (1) extirpate, eradicate, root out.

extor|quer [ɛkstɔrke] *vt* (1) extort, squeeze (de l'argent) [*à,* out of]; extort (des aveux) [*à,* from] || **~sion** [-sjɔ̃] *f* extortion, squeeze (d'argent).

extra I [ɛkstra] *adj* first-rate.

extra II *m* extra; extracharge (frais) || hired waiter (personne).

extra- III *préf* extra- || *~-fin,* superfine; sheer (bas) || *~-scolaire,* extra-curricular.

extraction [ɛkstraksjɔ̃] *f* extraction || mining (de charbon) || FIG. parentage, extraction.

extrader [ɛkstrade] *vt* (1) extradite.

extra-fort, e *adj* extra-strong (moutarde) ● *m* [couture] binding.

extr|aire [ɛkstrɛr] *vt* (11) extract, pull out (*de,* from) || pump (du pétrole); mine (du charbon); abstract (du métal) || dig out; take out; crush out (du jus, de l'huile) || MÉD. extract || FIG. excerpt (un passage) || **~ait** [-ɛ] *m* extract, excerpt (passage) || abstract (abrégé) || JUR. *~ de naissance,* birth certificate || CULIN. extract.

extraordinaire [ɛkstraɔrdinɛr] *adj* extraordinary, out of the way, uncommon, marvellous || **~ment** *adv* extraordinarily.

extravag|ance [ɛkstravagɑ̃s] *f* extravagance; absurdity; wildness; *faire des ~s,* act foolishly || **~ant, e** *adj* extravagant, absurd (idées, propos); exorbitant (demande, prix); wildcat (projets financiers); fantastic, cranky (personne); *de façon ~e,* wildly.

extrêm|e [ɛkstrɛm] *adj* extreme, utmost (éloigné) || intense, deep (intérêt) || extreme (grand, excessif) || drastic (énergique); *mesures ~s,* drastic measures, extremities || REL. *~-onction,* extreme unction || GÉOGR. ***Extrême-Orient,*** Far East ● *m* extreme; utmost; *à l'~,* in the extreme; *pousser à l'~,* cary to extremes || **~ement** *adv* extremely, highly exceedingly.

extrém|iste [-emist] *adj* POL. extremist || **~ité** *f* extremity, end.

exubér|ance [ɛgzyberɑ̃s] *f* exuberance || **~ant, e** *adj* exuberant, effusive, ebullient.

exult|ation [ɛgzyltasjɔ̃] *f* exultation || **~er** *vt* (1) exult.

exutoire [ɛgzytwar] *m* outlet, issue.

f

f [ɛf] *m* f.

fa [fa] *m* Mus. F.

fable [fabl] *f* fable (genre littéraire) || tale (histoire); lie (mensonge); talk (objet de conversation).

fabri|cant [fabrikɑ̃] *m* manufacturer, maker || **~cation** [-kasjɔ̃] *f* manufacture, production; **~ *en série,*** mass production; *de ~ anglaise,* of English make || **~que** [-k] *f* factory, mill; *~ de papier,* paper-mill || **~quer** [-ke] *vt* (1) manufacture, produce, make || Fig. fabricate (une histoire); forge (un objet faux); counterfeit (de la fausse monnaie).

fabuleux, euse [fabylø, øz] *adj* fabulous || imaginary; chimerical (légendaire) || Fam. fabulous (récit, richesse, prix).

façade [fasad] *f* Arch. front, façade, frontage.

face I [fas] *f* face (humaine) || [disque] *l'autre ~,* the flip side || Fig. ***faire ~ à,*** face, face up to (un ennemi, une difficulté); meet (une difficulté); confront, envisage (un danger); *perdre la ~,* lose face; *sauver la ~,* save one's face ● *loc prép* **en ~ *(de),*** in front of, opposite (to), over against; *la maison d'en ~,* the house opposite ● *loc adv* **~ *à,*** facing; *hôtel ~ à la mer,* hotel facing the sea || **~ *à* ~,** face to face (*avec,* with) || ***de* ~,** full-face (portrait); front (vue, place).

face II *f* head (d'une pièce de monnaie) || Fig. aspect, side, angle.

face-à-face *m* encounter.

facétieux, euse [fasesjø, øz] *adj* facetious, jocular.

facette [fasɛt] *f* facet.

fâch|é, e [fɑʃe] *adj* angry, cross (*contre,* with) [en colère] || sorry (*de,* about) [contrarié] || miffed (vexé) || **~er** *vt* (1) anger, vex, make angry — *vpr* ***se* ~,** [colère] get angry (*contre,* with); lose one's temper || [brouille] fall out (*avec,* with) || **~erie** [-ri] *f* tiff, quarrel, disagreement || **~eux, euse** *adj* infortunate (événement); unwelcome (nouvelle); awkward (situation); provoking (désagréable).

facial, e, aux [fasjal, o] *adj* facial.

facil|e [fasil] *adj* easy, effortless || easy, smooth (caractère); *~ à vivre,* easy going; of easy virtue (femme) || glib (excuse); *avoir la parole ~,* be a fluent speaker || Mus. *~ à retenir,* catchy (air) || **~ement** *adv* easily || **~ité** *f* facility, ease || fluency, readiness (de parole); *s'exprimer avec ~,* talk fluently || Comm. *~s de paiement,* easy terms || **~iter** *vt* (1) facilitate.

faç|on [fasɔ̃] *f* making; *de ma ~,* of my own making; make, shape (de vêtement) || fashion, way, manner ● *loc adv* ***de cette* ~,** thus, that way; *de toute ~,* anyway, anyhow; *en aucune ~,* in no way, nowise; *de quelle ~?,* how?; *d'une certaine ~,* in a way; *d'une ~ ou d'une autre,* somehow (or other); ***sans* ~s,** without fuss ● *loc prép* ***de* ~ *à,*** in such a way to; *à la ~ de,* after the fashion of ● *loc conj* ***de* ~ *que,*** so that || **~onner** [-ɔne] *vt* (1) form, shape, frame || Techn. work (up), fashion.

façons *fpl* manners, ways (comportement) || ceremony; *faire des ~,* stand on ceremony ● *loc adv* *sans* ~*(s),* without ceremony, free and easy, off-hand, homely.

fac-similé [faksimile] *m* fac-simile.

facteur I [faktœr] *m* factor (agent); ~ *nouveau,* new development || MATH. factor.

facteur II, **trice** [-tris] *n* postman, -woman, U.S. mailman.

factice [faktis] *adj* false, imitation, bogus; *objet* ~, dummy.

faction [faksjɔ̃] *f* POL. faction || MIL. *être de* ~, be on sentry-go, stand guard.

factotum [faktɔtɔm] *m* odd-job man; factotum (domestique); jack-of all-trades (péj).

factur|e [faktyr] *f* workmanship, make (d'un article) || COMM. invoice || ~**er** *vt* (1) invoice.

facultatif, ive [fakyltatif, iv] *adj* optional || [autobus] *arrêt* ~, request stop.

faculté [fakylte] *f* faculty, power (capacité) || [université] faculty.

fadaises [fadɛz] *fpl* twaddle, nonsense.

fade [fad] *adj* CULIN. tasteless, insipid (mets); flat (boisson).

fading [fadiŋ] *m* RAD. fading.

fagot [fago] *m* bundle of sticks.

faibl|e [fɛbl] *adj* weak, feeble (corps); faint (voix, son); feeble, dim (lumière); slight (odeur); weak (thé) || *le sexe* ~, the weaker sex || FIG. weak, soft, fond (caractère) || remote, slender (espoir) || narrow (majorité) || ~ *d'esprit,* half-witted ● *m* weak point, weakness; *avoir un* ~ *pour,* be partial to || ~**ement** *adv* weakly, feebly, faintly, dimly, slightly || ~**esse** [-ɛs] *f* weakness, feebleness || [voix] faintness || [vue, lumière] dimness || FIG. weakness, softness, fondness || ~**ir** *vi* (2) weaken, grow weaker || [personne] lose strength || [vue] fail || [vent] die away || [intérêt] flag.

faïence [fajɑ̃s] *f* earthenware, crockery.

faignant, e [fɛɲɑ̃, ɑ̃t] *adj* POP. V. FAINÉANT.

faille I [faj] *f* GÉOL. break.

faille II V. FALLOIR.

failli, e [faji] *adj* bankrupt.

faill|ible [fajibl] *adj* fallible || ~**ir** *vi* (49) fail (*à,* in) || *il faillit se noyer,* he narrowly escaped drowning || ***avoir failli :*** *il a failli tomber,* he nearly/almost fell, he (just) missed falling

faillite [fajit] *f* bankruptcy, failure, insolvency; *en* ~, insolvent; ***faire*** ~, go bankrupt, fail; go bust (sl.).

faim [fɛ̃] *f* hunger; ***avoir*** ~, be hungry; *donner* ~ *à qqn,* make sb. hungry; *manger à sa* ~, eat one's fill; *mourir de* ~, die of hunger, FIG. starve.

fainéan|t, e [fɛneɑ̃, ɑ̃t] *adj* lazy ● *n* sluggard, lazy-bones || ~**ter** [-te] *vi* (1) idle.

faire [fɛr] *vt* (50) [fabriquer] make; ~ *du pain,* make bread || [préparer] ~ *du café,* make coffee || [engendrer] beget; POP. ~ *un enfant à une femme,* make a woman pregnant || [effectuer une activité, un travail] do; *faites ce que vous voulez,* do what you like || [réaliser] ~ *fortune,* make a fortune || [arranger] ~ *le lit,* make the bed; ~ *la chambre,* do the room || [nettoyer] ~ *ses chaussures,* clean/do one's shoes; ~ *la vaisselle,* wash the dishes, wash up || [voyager] ~ *l'Italie,* do Italy || [causer] ~ *de la peine à qqn,* hurt sb.'s feelings; ~ *du bien à qqn,* do sb. good || [transmettre] *faites-lui mes amitiés,* give him my kindest regards || [étudier] ~ *du latin,* do Latin || [contrefaire] ~ *l'idiot,* play the fool; ~ *le mort,* sham dead || [importer] *cela ne fait rien,* it doesn't matter; *si cela ne vous fait rien,* if you don't mind; *qu'est-ce que cela fait/peut faire ?,* what does it mat-

ter?, what's the odds? (fam.) || [prix] amount to; *combien cela fait-il?,* how much does that come to? || [profession] *que faites-vous?,* what's your line? || TÉL. dial (un numéro) || SP. ~ ***du sport,*** do sport, go in for sport || AUT. ~ *du cent à l'heure,* do sixty miles an hour || CULIN. ~ *la cuisine,* cook, do the cooking || MIL. ~ *son service militaire,* do one's military service || COMM. ~ *un bénéfice,* make a profit || MATH. ~ *un angle,* form an angle || FAM. ~ *les poches de qqn,* go through sb.'s pockets || [+ infinitif actif] make, have, get, cause; ~ *attendre qqn,* keep sb. waiting; ~ *entrer qqn,* have/let sb. in; ~ ~ *qqch. à qqn,* have/make sb. do sth.; ~ *savoir qqch. à qqn,* let sb. know sth.; ~ *venir qqn,* send for sb. || [+ infinitif passif] ~ *bâtir une maison,* have a house built || ~ ***son âge,*** look one's age.
— *v impers il fait froid/nuit,* it is cold/dark; *il fait bon ici,* it is pleasantly warm/cool here.
— [substitut] *il court moins vite que je ne faisais à son âge,* he doesn't run so fast as I did when I was his age.
— *vpr* ***se ~,*** [passif] be done; *cela ne se fait pas,* that is not done || [réfléchi] make oneself || [devenir] become; *se ~ vieux,* get old; *il se fait tard,* it is getting late || [advenir] happen; *comment se fait-il que?,* how does it happen that? || [+ complément] *se ~ des amis,* make friends; *se ~ les ongles,* do one's nails; *se ~ une opinion,* form an opinion; *se ~ une idée,* get some idea || ***se ~ à,*** get used to || ***se ~ mal,*** hurt oneself || [passif] *cela ne se fait pas,* it's not done || ***s'en ~,*** worry; *ne vous en faites pas,* don't worry (*pour moi,* about me); take it easy || [+ infinitif] *se ~ comprendre,* make oneself understood; *se ~ couper les cheveux,* have/get one's hair cut; *se ~ ~ un costume,* have a suit made; *se ~ tuer,* get killed.
— *vi* [agir] do; *comment ~?,* how shall I/we do?; *pourquoi ~?,* what for?; ~ *comme chez soi,* make oneself at home; *bien/mal ~,* do well/wrong; *il a bien fait de,* he did right to; ~ *mieux,* do better (*de,* to); *vous feriez mieux de partir,* you had better go.

faire-part [fɛrpar] *m inv* notice; announcement; ~ *de décès,* notification of death; ~ *de mariage,* wedding-card.

faisable [fəzabl] *adj* feasible, achievable.

faisan [fəzɑ̃] *m* pheasant.

faisceau [fɛso] *m* beam (lumière) || MIL. stack, pile; *former les ~x,* pile arms.

faiseur, euse [fəzœr, øz] *n* maker; *bon ~,* first-rate tailor || FIG. fraud, bluffer; show-off.

fait I, **e** [fɛ, ɛt] V FAIRE ● *adj* done (accompli) || made (fabriqué); ~ *à la maison,* home-made || *bien ~,* shapely, personable (bien bâti); neat (jambe).

fait II [fɛ(t)] *m* fact; ~ *accompli,* accomplished fact; *le ~ est que,* the fact is that || occurrence (événement); ~ ***divers,*** news item; ~ *nouveau,* new development || act, deed (action); *~s et gestes,* doings; *hauts ~s,* exploits || *prendre qqn sur le ~,* surprise sb. in the very act, catch sb. redhanded || point; *venir au ~,* come to the point || information; *être au ~ de,* be acquainted with; *mettre qqn au ~,* make sb. acquainted with (the facts), prime sb.; inform sb. (*de,* of) || *dire son ~ à qqn,* give sb. a piece of one's mind; *prendre ~ et cause pour,* take sides with || JUR. *voies de ~,* assault and battery ● *loc adv* ***au ~ ...,*** by the way...; ***de/en ~,*** in fact, as a matter of fact, actually, virtually; *par le ~,* in fact; *de ce ~,* thereby, for that reason ● *loc prép* ***du ~ de,*** because of, owing to; *en* ~ *de,* as regards, by way of (a).

faîte [fɛt] *m* top (d'un arbre); ridge (d'un toit, d'une montagne) || FIG. height, pinnacle, summit.

faitout, fait-tout [fɛtu] *m inv* stew-pan, cooking-pot.

fakir [fakir] *m* fakir.

falaise [falɛz] *f* cliff.

fallacieux, ieuse [falasjø, jøz] *adj* misleading.

falloir [falwar] *v impers* (51) [nécessité] must, have to; *il faut que je le voie, I* must see him; *il nous fallut le faire,* we had to do it || [obligation] be obliged to || [besoin] want, need, require; *s'il le faut,* if required; *tout ce qu'il faut,* all that is necessary; *j'ai tout ce qu'il me faut,* I have all that I need || [conjecture] *il faut qu'elle ait perdu la tête,* she must have lost her head ● *loc adj comme il faut,* respectable, decent — *vpr impers* **s'en** ~, *il s'en est fallu de peu,* it was a near thing; *tant s'en faut,* far from it || *c'est exactement ce qu'il me faut,* that's jus my cup of tea (fam.).

falsif|ication [falsifikasjɔ̃] *f* falsification || adulteration (de denrée); forgery (de document) || ~**ier** *vt* (I) falsify, fabricate; forge (des documents); adulterate (des denrées); gerrymander (des faits).

famélique [famelik] *adj* starving (aspect); half-starved (personne).

fam|eusement [famøzmɑ̃] *adv* jolly || ~**eux, euse** *adj* famous, famed || CULIN. first-rate (mets) || FAM. spanking.

fam|ilial, e, aux [familjal, o] *adj* family (maison, vie); home(like) [ambiance]; *allocations* ~*es,* family allowance || ~**iliariser** [-iljarize] *vt* (1) familiarize (*avec,* with) — *vpr* **se** ~, become familiar (*avec,* with) || ~**iliarité** [-iljarite] *f* familiarity || ~**ilier, ière** [-ilje, jɛr] *adj* familiar, domestic || well-known (visage) || habitual (habituel) || colloquial (langage) ● *m* regular visitor, friend || ~**ilièrement** [-iljɛrmɑ̃] *adv* familiarly || ~**ille** [-ij] *f* family; kindred; ~ *nombreuse,* large family; *chef de* ~, head of the family; householder; *père de* ~, family man || people, folks (fam.) || BOT., ZOOL. family.

famine [famin] *f* famine; starvation.

fan [fan] *n* [admirateur] fan; *un* ~ *du jazz,* a jazz freak (sl.).

fana [fana] *adj/n* fanatic; freak (sl.).

fanal, aux [fanal, o] *m* lantern; beacon.

fanat|ique [fanatik] *adj/n* fanatic || ~**isme** *m* fanaticism.

fan|é, e [fane] *adj* faded, wilted (fleur); withered (peau, personne) || ~**er (se)** *vpr* (1) [fleur, couleur] fade; [fleur] wilt, decay, wither.

fan|er *vt* (1) turn over (un végétal fauché); make hay || ~**eur, euse** *n* hay-maker (personne) ● *f* tedder (machine).

fanfare [fɑ̃far] *f* brass band (orchestre) || flourish (de trompettes).

fanfar|on, onne [fɑ̃farɔ̃, ɔn] *adj* bragging, blustering ● *n* braggart, blusterer || ~**onnade** [-ɔnad] *f* bluster, bragging, boasting.

fanfreluche [fɑ̃frəlyʃ] *f* frippery.

fang|e [fɑ̃ʒ] *f* mire || ~**eux, euse** *adj* miry.

fanion [fanjɔ̃] *m* MIL. pennant.

fantais|ie [fɑ̃tɛzi] *f* fancy, whim, vagary || ~**iste** *adj* fanciful.

fantasme [fɑ̃tasm] *m* fantasy.

fantasque [fɑ̃task] *adj* fantastic (idée); whimsical (personne).

fantassin [fɑ̃tasɛ̃] *m* infantryman, foot-soldier.

fantastique [fɑ̃tastik] *adj* fantastic; weird (surnaturel) || FAM. fantastic, terrific (fam.).

fantoche [fɑ̃tɔʃ] *m/adj* puppet; *État* ~, puppet State.

fantôme [fɑ̃tom] *m* ghost.

faon [fɑ̃] *m* fawn.

farce I [fars] *f* (practical) joke, trick, prank, rag; ***faire une*** ~ ***à qqn,*** play a joke/trick on sb. || TH. farce || ~**eur, euse** *n* joker; wag (plaisantin).

farc|e II *f* CULIN. stuffing || ~**ir** *vt* (2) CULIN. stuff || FIG. cram — *vpr* ***se*** ~ : *se* ~ *la mémoire de,* cram one's memory with.

fard [far] *m* make-up.

fardeau [fardo] *m* load, burden || FIG. weight.

farder [farde] *vt* (1) make up || FIG. disguise — *vpr* ***se*** ~, make (oneself) up.

farfelu, e [farfəly] *adj* FAM. kinky; cranky (fam.) ● *n* eccentric.

farin|e [farin] *f* flour, meal || ~**eux, euse** *adj* floury, mealy ● *m* starchy food.

farouche [faruʃ] *adj* wild (sauvage); shy (timide) || grim, fierce (cruel) || fierce (haine); inflexible (volonté).

fascicule [fasikyl] *m* [publication] instal(l)ment || MIL. ~ *de mobilisation,* mobilisation instructions.

fascin|ant, e [fasinɑ̃, ɑ̃t] *adj* fascinating, glamorous || ~**ation** *f* fascination || ~**er** *vt* (1) fascinate, captivate.

fasc|isme [faʃism] *m* Fascism || ~**iste** *n/adj* Fascist.

fasse [fas] V. FAIRE.

faste [fast] *adj* magnificence, state (apparat); display (étalage).

fastidieux, ieuse [fastidjø, jøz] *adj* tedious, tiresome, irksome.

fastueux, euse [fastɥø, øz] *adj* gorgeous, sumptuous, pompous.

fatal, e, als [fatal] *adj* inevitable || fatal (funeste) || fateful (voulu par le destin) || ~**ité** *f* inevitability || fate, fatality (destin) || fateful coincidence.

fatidique [fatidik] *adj* fateful.

fati|gant, e [fatigɑ̃, ɑ̃t] *adj* tiring (besogne); trying (enfant); tiresome (personne) || ~**gue** [-g] *f* fatigue, weariness; *à bout de* ~, over-tired; *être mort de* ~, be dead tired || ~**gué, e** *adj* tired, weary, fatigued || the worse for wear (vêtement) || ~**guer** [-ge] *vt* (1) tire, weary || MÉD. strain — *vi* NAUT. strain — *vpr* ***se*** ~, get tired; tire oneself out (*à faire,* doing) || FAM. *ne vous fatiguez pas!,* take it easy!

fatras [fatra] *m* jumble.

fatuité [fatɥite] *f* self-conceit.

faubour|g [fobur] *m* suburb || *Pl* outskirts (d'une ville) || ~**ien, ienne** *adj* common, vulgar.

fauch|age [foʃaʒ] *m* AGR. mowing, cutting, reaping || ~**é, e** *adj* FAM. [à court d'argent] hard-up; (stony) broke (sl.) || ~**er** *vt* (1) mow, cut (herbe); reap (blé) || ~**eur, euse** *n* mower, reaper ● *f* AGR. reaper.

faucille [fosij] *f* sickle.

faucon [fokɔ̃] *m* falcon, hawk.

faufiler (se) [səfofile] *vpr* (1) thread/weave one's way (*à travers,* through); sneak (furtivement).

faune [fon] *f* ZOOL. fauna.

fauss|aire [fosɛr] *m* forger || ~**er** *vt* (1) warp, bend, twist (un objet) || FIG. warp (l'esprit); falsify (la vérité); distort (le sens); garble (un compte) || FAM. ~ *compagnie à qqn,* give sb. the slip || ~**eté** [-te] *f* falsehood, falseness || untruth (mensonge).

faut [fo] V. FALLOIR.

faute I [fot] *f* mistake, fault; ***faire une*** ~, make a mistake; *à* *qui la ~?,* whose fault is it?; *c'est de votre ~,* it's your fault || ~ ***de frappe,*** typing error; ~ *de goût,* error in taste; ~ *d'impression,* misprint; ~ *d'inattention,* careless mistake; ~ ***d'orthographe,*** spelling mistake; *faire une ~ d'orthographe,* mispell || SP. offence; *faire une ~,* commit an offence; [tennis] fault; *double-~,* double-fault; ~ *de pied,* foot-fault; *faire une ~ de pied,* foot-fault ● *interj* SP. ~!, foul!; (tennis) fault!

faute II *f* lack, want (manque) ● *loc adv* ***sans ~,*** without fail; *venez sans ~,* be sure to come || ~ ***de temps/mieux,*** for lack of time/anything better.

fauteuil [fotœj] *m* arm-chair, easy chair; ~ *à bascule,* rocking-chair; ~ *présidentiel,* chair; ~ *roulant,* wheel-chair || TH. seat; ~ *d'orchestre,* stall.

fauteur [fotœr] *m* ~ *de troubles,* trouble-maker.

fautif, ive [fotif, iv] *adj* at fault, faulty.

fauve [fov] *adj* fawn (couleur) || wild (bête) ● *m* wild beast.

fauvette [fovɛt] *f* warbler.

faux I [fo] *f* AGR. scythe.

faux II, **fausse** [fo, fos] *adj* false, untrue; *fausse nouvelle,* false report || wrong (erroné); ~ *numéro,* wrong number || false, counterfeit (contrefait) || forged (billet); spurious (document); bad (pièce de monnaie) || bogus, phoney (fam.) [factice]; *fausse fenêtre,* blind window || false, deceptive (trompeur) || *fausse pudeur,* mock modesty || MUS. out of tune (instrument); *fausse note,* wrong note || MÉD. ***fausse couche,*** miscarriage; *faire une fausse couche,* miscarry, have a miscarriage || FIG. hollow (joie) ● *m* forgery (contrefaçon) ● *adv* MUS. *chanter ~,* sing flat/out of tune || ~ **bond** *m faire ~ à qqn,* stand sb. up || ~ **col** *m* detachable collar || [bière] head || ~**-filet** *m* sirloin || ~ **frais** *mpl* incidental expenses || ~**-fuyant** [-fɥijɑ̃] *m* evasion, equivocation *prendre des ~s,* equivocate || ~**-monnayeur** [-mɔnɛjœr] *m* forger, counterfeiter || ~ **mouvement** *m* awkward movement || ~**-pas** *m faire un ~,* trip, stumble || ~**-semblant** *m* makebelieve, sham, pretence || ~**-sens** *m* mistranslation.

faveur I [favœr] *f* ribbon, favour.

fav|eur II *f* favour || TH. *billet de ~,* complimentary/free ticket ● *loc prép* ***en ~ de,*** in favour of || ***à la ~ de,*** under cover of || ~**orable** [-ɔrabl] *adj* favourable, auspicious, conducive (*à,* to) || ~**ori, ite** [-ɔri, it] *adj* favourite (chose, personne) ● *n* favourite || darling (fam.) ● *mpl* (side-) whiskers || ~**oriser** *vt* (1) favour || further, promote (faciliter) || ~**oritisme** [-ɔritism] *m* favoritism.

fayot [fajo] *m* CULIN., POP. kidney-bean.

fébrile [febril] *adj* MÉD. febrile || FIG. feverish.

fécon|d, e [fekɔ̃, ɔ̃d] *adj* fruitful, fecund, fertile || ~**dation** [-dasjɔ̃] *f* fecundation || ~**der** [-de] *vt* (1) fructify, fertilize || MÉD. impregnate.

fécul|e [fekyl] *f* CULIN. starch || ~**ent** *m* starchy food.

fédér|al, e, aux [federal, o] *adj* federal || ~**ation** *f* federation || ~**é, e** *adj/n* federate || ~**er** *vt/vpr* (1) [***se*** ~] federate.

fée [fe] *f* fairy || ~**rie** [-ri] *f* FIG. magic spectacle || ~**rique** [-rik] *adj* fairy(-like).

feindre [fɛ̃dr] *vt* (59) feign, simulate, pretend, sham, affect; ~ *la maladie,* sham sickness.

feint, e [fɛ̃, ɛ̃t] *adj* sham (maladie); spurious (sentiments).

feinte [fɛ̃t] *f* sham, make-believe, pretence (faux-semblant) || trick, feint, dodge (ruse).

fêler [səfɛle] *vt/vpr* (1) [***se*** ~] crack.

félicit|ation [felisitasjɔ̃] *f* congratulation || **~é** *f* bliss || **~er** *vt* (1) congratulate, felicitate — *vpr* ***se* ~,** congratulate oneself (*de,* on).

félin, e [felɛ̃, in] *adj/m* feline.

fêlure [felyr] *f* crack.

femelle [fəmɛl] *adj* female; she- (animal); hen- (oiseau); cow- (éléphant).

fémin|in, e [feminɛ̃, in] *adj* feminine; female (sexe); womanly (caractère) ● *m* GRAMM. feminine; *au* ~, in the feminine || **~ité** *f* feminity, womanliness.

femme [fam] *f* woman || ~ *de chambre,* housemaid, chambermaid; ~ *de charge,* housekeeper; ***~ de ménage,*** cleaning woman, charwoman, daily help; daily (fam.) || wife (épouse) || ~ *fatale,* femme fatale || ~ ***agent*** *f* police-woman || ~ ***docteur/professeur*** *f* lady (*ou* woman) doctor/teacher.

fenaison [fənɛzɔ̃] *f* hay-making.

fendiller (se) [səfɑ̃dije] *vpr* (1) crack.

fen|dre [fɑ̃dr] *vt* (4) split (du bois); cleave (en long) || slit (inciser) || FIG. break (le cœur); *à ~ l'âme,* heart-rending; *à ~ les oreilles,* ear-splitting — *vpr* ***se* ~,** split, crack, cleave || **~du, e** [-dy] *adj* cracked, cleft || split (anneau).

fenêtre [fənɛtr] *f* window; sash window (à guillotine); casement (à battants); bay-window (en saillie); *double* ~, storm-window; *regarder par la* ~, look out of the window.

fenouil [fənuj] *m* fennel, dill.

fente [fɑ̃t] *f* crack, split (dans le bois); chink, cranny (dans un mur); crevice, cleft (dans un rocher); slit (dans une jupe); slot (d'un distributeur).

féodal, e, aux [feɔdal, o] *adj* feudal.

fer [fɛr] *m* [métal] iron; ***~-blanc,*** tin-plate; ~ *forgé,* wrought iron || ***~ à cheval,*** horseshoe || [ustensile] ~ *à friser,* curling-iron; ~ *à repasser,* flat iron; *donner un coup de ~ à,* press (un vêtement) || TECHN. ~ *à souder,* soldering-iron || FIG. *battre le ~ quand il est chaud,* strike while the iron is hot; *remuer le ~ dans la plaie,* rub it in || V. FERS.

férié, e [ferje] *adj jour* ~, public holiday, bank-holiday.

férir [ferir] *vt* (52) *sans coup* ~, without striking a blow.

ferler [fɛrle] *vt* (1) NAUT. furl.

ferme I [fɛrm] *adj* solid, firm (sol); *la terre* ~, land || steady (main, pas); firm (écriture) || CULIN. stiff (pâte) || FIN. firm (achat, vente); strong, buoyant (marché) || FIG. steadfast, resolute (caractère); staunch (courage); steady (résistance); stable (conviction) ● *adv* firmly, steadily, hard; *tenir* ~, stand one's ground, stand fast.

ferme II *f* farm-house (habitation); farm (exploitation); ~ *d'élevage,* stock-farm.

fermé, e [fɛrme] *adj* shut, closed || FIG. close, exclusive (club); ~ *à,* impervious to (un sentiment).

fermement [fɛrməmɑ̃] *adv* firmly, steadily; *tenir qqch.* ~, hold sth. tight.

fermen|t [fɛrmɑ̃] *m* ferment || **~tation** [-tasjɔ̃] *f* fermentation **~ter** [-te] *vi* (1) ferment.

fermer [fɛrme] *vt* (1) shut, close; ~ *à clef/au verrou,* lock/bolt; ~ *à fond,* shut to (une porte); draw (les rideaux) || zip (avec une fermeture à crémaillère) || turn off/out (le gaz); switch off (l'électricité) || COMM. shut down (une entreprise); ~ *boutique,* shut up shop || POP. *la ferme!,* shut up! || FIG. ~ *les yeux sur,* condone — *vi* close, shut || COMM. close, shut; [vacances] close down; shut down (une usine) — *vpr* ***se ~,*** close, shut.

fermeté [fɛrməte] *f* firmness, fastness; steadiness (de la main) || FIN. buoyancy (des cours) || FIG. resoluteness, determination (du caractère).

fermeture [fɛrmətyr] *f* shutting, closing (action); closing time (heure) || fastener (moyen); ***~ à glissière/Éclair,*** zip(-fastener) || SP. [chasse] *période de ~,* fence season || CIN. *~ en fondu,* fade out.

ferm|ier [fɛrmje] *m* farmer || **~ière** *f* farmer's wife.

fermoir [fɛrmwar] *m* clasp.

féroc|e [ferɔs] *adj* fierce, ferocious (personne); wild, savage (animal); ravenous (appétit) || **~ement** *adv* fiercely || **~ité** *f* ferocity, fierceness.

ferr|aille [fɛrɑj] *f* scrap(-iron); *tas de ~,* scrap-heap; ***mettre à la ~,*** scrap; *marchand de ~,* scrap-dealer; *faire un bruit de ~,* jangle, clank, rattle || **~é, e** *adj* shod (cheval); hobnailed (souliers) || FIG., FAM. well up (*sur,* in) || **~er** *vt* (1) shoe (un cheval); hobnail, stud (des souliers) || SP. strike, hook (un poisson).

ferr|et [fɛrɛ] *m* tag (de lacet) || **~eux, euse** *adj* ferrous || **~onnerie** [-ɔnri] *f* ironwork (objets) || **~oviaire** [-ɔvjɛr] *adj* railway || **~ure** *f* iron fitting (de porte).

ferry [fɛri] *m* ferry(-boat).

fers [fɛr] *mpl* irons, fetters.

fertil|e [fɛrtil] *adj* fertile, fruitful (*en,* in); rich, fat (sol) || **~iser** *vt* (1) AGR. fertilize, enrich || **~ité** *f* fertility, fruitfulness.

ferv|ent, e [fɛrvɑ̃, ɑ̃t] *adj* fervent, earnest ● *n* devotee, enthusiast; fan (fam.) || **~eur** *f* fervour, warmth; *avec ~,* fervently.

fess|e [fɛs] *f* buttock || **~ée** *f* spanking; *donner une ~,* give a spanking || **~er** *vt* (1) spank.

festin [fɛstɛ̃] *m* feast, banquet.

festival, als [fɛstival] *m* festival.

feston [fɛstɔ̃] *m* festoon.

festoyer [fɛstwaje] *vi* (9 *a*) banquet, feast.

fêtard [fɛtar] *m* merry-maker, reveller.

fêt|e [fɛt] *f* feast, festival; *~ légale,* bank/public holiday; ***jour de ~,*** holiday; *fête du travail,* Labour Day; *fête nationale,* FR. Bastille Day, U.S. Independance Day || name-day, fête-day (de qqn); *souhaiter une bonne ~ à qqn,* wish sb. many happy returns || fête, entertainment, festivity, merry-making, rejoicing (réjouissances); *donner une ~,* give a party; *~ foraine,* fun fair || *se faire une ~ de venir,* look forward to coming || *faire la ~,* be/go on a spree || welcome; *faire ~ à qqn,* give sb. a warm welcome; *le chien fait ~ à son maître,* the dog fawns on its master || AV. *~ de l'air,* air display || REL. festival; *Fête-Dieu,* Corpus Christi || **~er** *vt* (1) keep (un anniversaire, Noël); celebrate (un événement); fête (qqn).

fétiche [fetiʃ] *m* fetish.

fétide [fetid] *adj* fetid, rank, stinking, noisome.

feu I, **eux** [fø] *m* fire; ***faire du ~,*** make a fire; *mettre le ~ à qqch.,* set sth. on fire/set fire to sth.; *avez-vous du ~ ?,* have you got a light? || [incendie] fire; *mettre le ~ à,* fire (incendier); ***prendre ~,*** catch/take fire; *en ~,* on fire, ablaze; *au ~!,* fire! || [divertissement] *~ de joie,* bonfire; ***~ d'artifice,*** fireworks || [foyer] hearth; *sans ~ ni lieu,* homeless || [lumière] light || [circulation] ***~x de circulation/tricolores,*** traffic lights; *~ orange/rouge/vert,* amber/red/green light || AUT.

~ ***arrière,*** rear light, taillight; ~ *clignotant,* winkers; ~*x de détresse,* hazard warning lights || NAUT. ~*x de côté,* sidelights || MIL. *ouvrir/cesser le* ~, open/cease fire; ***faire*** ~, shoot, fire; *faire long* ~, misfire, hang fire || CULIN. *à* ~ *doux/vif,* on a gentle/brisk fire; *aller au* ~, be fireproof || FIG. heat; fire; ~ *de paille,* flash in the pan; *la part du* ~, a necessary sacrifice || FAM. *donner le* ~ *vert à qqn,* give sb. the green light/go-ahead.

feu II, **e** *adj* late (défunt).

feuill|age [fœjaʒ] *m* foliage, leaves; *arbre à* ~ *persistant,* evergreen || ~**e** I *f* BOT. leaf; *sans* ~*s,* leafless || AV. *descendre en* ~ *morte,* do the falling leaf || ~**e-morte** *adj inv* [couleur] russet.

feuill|e II *f* sheet (de papier); ~ *volante,* loose sheet; ~ *de garde,* fly-leaf, end-leaf; *bonne* ~, press-proof || ~ *de paye,* salary-sheet, pay slip; ~ *d'impôts,* notice of assessment, tax-form; ~ *de métal,* foil || ~**et** [-ɛ] *m* leaf; ~*s de rechange,* refill (pour bloc-notes) || *à* ~*s mobiles,* loose-leaf (cahier) || ~**eté, e** [-te] *adj* CULIN. *pâte* ~*e,* puff-paste || AUT. *pare-brise en verre* ~, laminated windscreen || ~**eter** [-te] *vt* (8*a*) leaf through (un livre); thumb, glance/skim through (lire rapidement) || ~**eton** *m* serial; *publier en* ~, serialize || ~ *à suspense,* cliff-hanger || ~**u, e** *adj* leafy.

feutr|e [føtr] *m* felt || *(crayon)* ~, felt-tip (pen) || felt-hat (chapeau) || ~**é, e** *adj* felt || FIG. *à pas* ~*s,* stealthily.

fève [fɛv] *f* broad bean.

février [fevrije] *m* February.

fi! [fi] *exclam* ~ *!,* faugh *!; faire* ~ *de qqch.,* turn up one's nose at, spurn.

fia|bilité [fjabilite] *f* reliability || ~**ble** [-bl] *adj* reliable; *peu* ~, unreliable.

fiacre [fjakr] *m* cab.

fian|çailles [fijɑ̃saj] *fpl* engagement || ~**cé, e** [-se] *adj être* ~, be engaged (*à,* to) ● *n* fiancé, e *(m/f)* || ~**cer (se)** *vpr* (1) become engaged (*à,* to).

fiasco [fjasko] *m* FAM. fiasco, bust, flop; *faire* ~, come to nothing, be a failure.

fibr|e [fibr] *f* fibre || ~ ***de verre,*** fibre glass || ~**eux, euse** *adj* fibrous.

Fibrociment [fibrosimɑ̃] *m* N.D. asbestos-cement.

fic|eler [fisle] *vt* (8 *a*) tie up (un paquet) || ~**elle** [-ɛl] *f* string, twine || *Pl* FIG. *tirer les* ~*s,* pull the wires.

fich|e I [fiʃ] *f* ÉLECTR. plug || ~**er** *vt* (1) stick, drive (*dans,* in) || FAM. *fichez le camp!,* scram!; ~ *la paix à qqn,* leave sb. alone; *il n'a rien fichu de la journée,* he hasn't done a stroke of work all day — *vpr* ***se*** ~, stick (*dans,* in) || FAM. *je m'en fiche,* I couldn't care less, I don't give a damn; *il se fiche de vous,* he's pulling your leg.

fich|e II *f* card, index card; ~ *auteur/sujet,* author/subject entry; ~ *perforée,* punched card || ~**ier** [-je] *m* card index.

fichu I [fiʃy] *m* scarf.

fichu II V. FICHER || ~**, e** *adj* FAM. [perdu] done for; bust (fam.) || FAM. [malade] ***mal*** ~, off colour, out of sorts, under the weather; [capable] ***être*** ~ ***de,*** be likely to; *il n'est même pas* ~ *de,* he can't even; *bien* ~, well-built, good-looking; [avant le nom] lousy (mauvais); rotten (temps); damn(ed) [sacré]; wretched (affeux).

fic|tif, ive [fiktif, iv] *adj* fictitious || ~**tion** *f* fiction.

fidèl|e [fidɛl] *adj* faithful, true, fast (ami); accurate, close (traduction); *rester* ~ *à,* stand by (une promesse); retentive (mémoire) ●

n devotee, votary || REL. *les ~s,* the faithful, the congregation || **~ement** *adv* faithfully.

fidélité [fidelite] *f* faithfulness, fidelity || accuracy, closeness (d'une traduction) || RAD. ***haute ~,*** high fidelity; hi-fi (fam.).

fieffé, e [fjɛfe] *adj* arrant, rank.

fiel [fjɛl] *m* gall.

fiente [fjɑ̃t] *f* droppings.

fier (se) [səfje] *vpr* (1) *se ~ à,* rely/depend on, trust (qqn).

fier, fière [fjɛr] *adj* proud; *être ~ de,* take a pride in; *être ~ de posséder,* boast.

fièrement [fjɛrmɑ̃] *adv* proudly.

fierté [fjɛrte] *f* pride.

fièvre [fjɛvr] *f* fever; *~ aphteuse,* foot-and-mouth (disease); *~ typhoïde,* typhoid fever || FIG. excitement, heat.

fiévr|eusement [fjevrøzmɑ̃] *adv* feverishly || **~eux, euse** *adj* feverish, hectic.

fifre [fifr] *m* fife (instrument) || fife player (musicien).

fig|é, e [fiʒe] *adj* set (sourire) || **~er (se)** *vpr* (7) [huile] congeal || [sang] curdle.

fignoler [fiɲɔle] *vt* (1) polish up.

figu|e [fig] *f* fig || **~ier** *m* fig (-tree).

figur|ant, e [figyrɑ̃, ɑ̃t] *n* TH. supernumerary, walk-on || CIN. extra || **~atif, ive** [-atif, iv] *adj* figurative || **~ation** *f* TH. walk-on (part) || *faire de la ~,* TH. do walk-on parts; CIN. play extras.

figur|e [figyr] *f* face || [cartes] court-card, picture-card || [ballet, patinage] figure || [musée] *~s de cire,* waxworks || LITT. *~ de rhétorique,* figure of speech || FIG. figure (personnage); ***faire ~ de,*** appear as, be looked on as; *faire belle ~,* cut a fine figure; *faire bonne ~,* put up a good show ; *faire piètre/triste ~,* cut a poor figure || **~é, e** *adj* figurative; *au (sens) ~,* figuratively || symbolized (prononciation) || **~er** *vt* (1) represent — *vi* figure (apparaître) || appear (être mentionné) — *vpr* ***se ~*** imagine.

fil I [fil] *m* thread (de coton); *~ à coudre,* sewing thread; yarn (de laine); *pur ~,* all linen || *~ de la Vierge,* gossamer || grain (du (bois) || TECHN. *~ à plomb,* plumb-line; *~ métallique,* wire; *~ (de fer) barbelé,* barbed wire || ÉLECTR. cord, flex || TÉL. *coup de ~,* telephone call; *au bout du ~,* on the phone.

fil II *m* FIG. *~ conducteur,* lead, clue || [conversation, pensée] thread || *au ~ de l'eau,* with the stream, downstream.

fil III *m* edge (d'une lame).

fil|ament [filamɑ̃] *m* filament || **~asse** [-as] *f* oakum || **~ature** I [-atyr] *f* TECHN. spinning-mill (fabrique).

filature II *f* [police] shadowing; *prendre en ~,* shadow.

fil|e [fil] *f* line; ***~ d'attente,*** queue || AUT. ***~ de voitures,*** [en stationnement] line of cars; [en marche] stream of cars; [bouchon] tailback; ***se garer en double-~,*** double-park ● *loc* ***à la ~,*** in file; FIG. at a stretch; *en ~ indienne,* in single file || **~er** I *vt* (1) spin (laine, etc.) || NAUT. pay out (un câble) || [police] shadow, tail (qqn) — *vi* [bas] ladder, run || [lampe] smoke.

filer II *vt* (1) POP. give.

filer III *vi* (1) tear along; *~ à toute vitesse,* spin along || NAUT. *~ 20 nœuds,* make 20 knots || FAM. make off, dash, make one's getaway; *file!,* scram! , beat it (sl.); *~ à l'anglaise,* take French leave; *~ sans payer,* bilk (une dette); || FAM. *~ doux,* sing small.

filer IV *vt* (1) [détective] shadow.

filet I [filɛ] *m* net; *~ à papillons,* butterfly net; *~ à provi-*

sions, shopping net || ~ *de pêche,* fishing-net || [chasse, pêche] *prendre au ~,* net || RAIL. rack || SP. [tennis] net || FIG. *coup de ~,* haul.

filet II *m* thin streak (de lumière) || *un ~ de voix,* a thin voice || CULIN. dash (de vinaigre).

filet III *m* CULIN. fillet (de bœuf, de sole).

filet IV *m* TECHN. thread, worm (d'une vis).

fileur, euse [filœr, øz] *n* spinner.

filial, e, aux [filjal, o] *adj* filial.

filiale [filjal] *f* COMM. branch, subsidiary company.

filière [filjɛr] *f* FIG. *suivre la ~,* go through the usual channels.

filigrane [filigran] *m* watermark.

filin [filɛ̃] *m* NAUT. rope.

fill|e [fij] *f* [par rapport aux parents] daughter || [par opposition à *garçon*] girl; *petite ~,* little girl; *jeune ~,* young girl, lass; *vieille ~,* spinster, old maid; || PÉJ. whore || **~ette** *f* young girl || **~eul, e** [fijœl] *n* godson (*m*), goddaughter (*f*).

film [film] *m* film (pellicule) || picture, film (œuvre), U.S. movie; *grand ~,* feature; *~-annonce,* trailer; ~ *fixe,* film-strip || **~er** *vt* (1) film, shoot.

filon [filɔ̃] *m* GÉOL. seam, lode, vein; *trouver le ~,* strike oil || FIG. cushy/soft job (sinécure).

filou [filu] *m* crook, cheat || **~ter** [-te] *vt* (1) cheat; rob, pinch.

fils [fis] *m* son; ~ *de son père,* chip of the old block || FIG. ~ *de ses œuvres,* self-made man.

filtr|e [filtr] *m* filter || CULIN. strainer (passoire); percolator (cafetière) || **~er** *vt* (1) filter || CULIN. strain, percolate (du café) — *vi* filter, seep through.

fin I [fɛ̃] *f* end; close (de l'année, de la journée); *vers la ~ de l'après-midi,* in the late afternoon; *avant la ~ de la journée,* before the day is out; ~ *de semaine,* week-end; *à la ~,* in the end, ultimately; ***sans*** *~,* endless(ly), without end; *en ~ de compte,* in the end, eventually; ***prendre*** *~,* come to an end, draw to a close || death, end, fate (mort) || COMM. ~ *courant,* at the end of the present month; ~ *de séries,* oddments || FIG. *faire une ~,* settle down; *mener à bonne ~,* see through, deal successfully with.

fin II *f* ~ *de non-recevoir,* flat refusal.

fin III *f* aim, goal (but); *à seule ~ de,* for the sole purpose of.

fin IV, **e** [fɛ̃, in] *adj* fine (aiguille, cheveux, poussière, sable, tissu); sharp (pointe) || thin (papier) || sheer (bas); neat (cheville) || CULIN. delicate (nourriture); choice (vin) || FIG. subtle (personne); shrewd (esprit) || [intensif] *au ~ fond de,* in the depths of ● *adv* fine(ly); *écrire ~,* write small || [intensif] ~ *prêt,* quite ready.

final, e, al(e)s/aux [final, o] *adj* final, terminal, ultimate ● *m* MUS. finale || **~e** *f* SP. final(s); cup-final; play-off (belle); [course] run-off; *quart de ~,* quarter-final; *demi-~,* semi-final || **~ement** *adv* at last, finally, eventually || **~iste** *n* finalist || **~ité** *f* finality.

financ|e [finɑ̃s] *f* finance; *moyennant ~,* for money; *le ministère des Finances,* G.B. the Exchequer, U.S. the Treasury Department || **~er** *vt* (6) finance || **~ier, ière** *adj* financial ● *m* financier.

finaud, e [fino, od] *adj* FAM. foxy, cagey.

fine [fin] *f* (extra fine quality) brandy.

fin|ement [finmɑ̃] *adv* finely (coupé) || delicately (avec délicatesse) || shrewdly (avec habileté)

|| **~esse** [-ɛs] *f* fineness || sharpness (d'une pointe) || slenderness (de la taille) || keenness, sharpness (de l'ouïe) || *Pl* niceties (de la langue) || FIG. subtlety (de l'esprit).

fini, e [fini] *adj* finished, ended; *c'en est ~,* it's all over || FAM. done for (usé); perfect, absolute (fieffé) ● *m* finish.

finir [finir] *vt* (2) finish, end || *~ de faire qqch.,* finish doing sth.; *avez-vous fini de manger?,* have you done eating? || get through, with (travail); play out (jeu, lutte) — *vi* finish, end || come to an end; *mal ~, ~ mal,* come to a bad end; *~* ***en,*** end in; *~* ***par*** *(faire qqch.),* end by/in (doing sth.); *il finit par l'acheter,* in the end he bought it; *pour ~,* lastly || *en ~ avec,* put an end to, get over with; *à n'en plus ~,* never-ending, endless; *en avoir fini avec,* be through with.

finition [finisjɔ̃] *f* finishing (action) || finish (résultat) || finishing touch.

finland|ais, e [fɛ̃lɑ̃dɛ, ɛz] *adj* Finnish ● *m* [langue] Finnish.

Finland|ais, e *n* Finn || **~e** *f* Finland.

finnois, e [finwa, az] *adj* Finnish ● *m* Finnish (langue).

fiole [fjɔl] *f* phial || POP. mug.

firme [firm] *f* firm.

fisc [fisk] *m* Inland/U.S. Internal Revenue || **~al, e, aux** [-al, o] *adj* fiscal; *année ~e,* fiscal year; *fraude ~e,* tax evasion || **~alité** *f* (mode of) taxation.

fiss|ile [fisil] *adj* fissile || **~ion** *f* fission || **~ure** *f* crack, fissure, cleft, slit.

fiston [fistɔ̃] *m* FAM. sonny.

fixa|teur [fiksatœr] *m* PHOT. fixing salt || **~tion** *f* fixing, settling || SP. binding (des skis).

fix|e [fiks] *adj* fixed (demeure, point); permanent (emploi); regular (heures) || stationary (machine) || *beau ~,* set fair || COMM. *vendre à prix ~,* sell at fixed prices || FIG. *idée ~,* fixed idea, obsession ● *m* fixed salary || **~é, e** *adj* appointed, stated, set (date) || FIG. *être ~,* know what to think || **~ement** *adv* fixedly; *regarder ~,* stare at || **~er** I *vt* (1) [immobiliser] fix; fasten, hold; *~ solidement,* make fast, secure || PHOT. fix || FIG. *~* ***les yeux sur,*** stare at; *~ son attention sur,* focus one's attention on.

fixer II *vt* (1) [déterminer] fix, determine, appoint (une date) || COMM. *~* ***un prix,*** fix/set/quote a price — *vpr* ***se ~,*** settle (down) [dans un pays].

flacon [flakɔ̃] *m* flask, bottle.

flageller [flaʒɛle] *vt* (1) scourge.

flageoler [flaʒɔle] *vi* (1) shake.

flagorn|erie [flagɔrnəri] *f* toadying, fawning || **~eur, euse** *n* toady.

flagrant, e [flagrɑ̃, ɑ̃t] *adj* flagrant, glaring, gross (injustice); *pris en ~ délit,* caught red-handed.

flair [flɛr] *m* [chien] nose, smell, scent || FIG. [personne] *avoir du ~ pour,* have a (good) nose for || **~er** *vt* (1) [dog] smell, scent, sniff at || FIG. scent, smell.

flamand, e [flamɑ̃, ɑ̃d] *adj* Flemish ● *m* [langue] Flemish.

Flamand, e *n* Fleming.

flamant [flamɑ̃] *m* flamingo,

flamb|ant, e [flɑ̃bɑ̃, ɑ̃t] *adj* flaming, blazing ● *adv ~ neuf,* brand new || **~é, e** *adj* finished, done for; down and out || **~eau** [-o] *m* torch; *aux ~x,* by torch light || candlestick || **~ée** *f* blaze || **~er** *vi* (1) flame, blaze, burn up — *vt* CULIN. singe || **~oiement** [-wamɑ̃] *m* blaze || **~oyant, e** [-wajɑ̃, ɑ̃t] *adj* flaming, blazing || FIG. flaming (couleur); fiery (yeux) || **~oyer** *vi* (9 *a*) blaze, flame, flare up.

flamme [flam] *f* flame, blaze; *en ~s,* ablaze, in flames || [drapeau] pennant || FIG. fire.

flan [flɑ̃] *m* custard-tart.

flanc [flɑ̃] *m* flank, side (d'une personne, d'un animal) || MIL. flank; *prendre de ~,* flank; *tirer au ~,* shirk; *tireur au ~,* shirker.

flancher [flɑ̃ʃe] *vt* (1) FAM. give in.

Flandre [flɑ̃dr] *f* Flanders.

flanelle [flɑnɛl] *f* flannel.

flân|er [flɑne] *vi* (1) [se promener] stroll, saunter, loiter, idle about || [paresser] lounge || **~erie** [-ri] *f* saunter (promenade) || idling (inaction) || **~eur, euse** *n* stroller (promeneur) || idler (oisif).

flanquer I [flɑ̃ke] *vt* (1) flank (qqch.); escort (qqn) || MIL. flank.

flanquer II *vt* (1) FAM. fetch (un coup); chuck (jeter); *~ dehors,* fling/chuck out — *vpr* ***se ~ :*** *se ~ par terre,* come a cropper.

flapi, e [flapi] *adj* FAM. done up.

flaque [flak] *f* puddle, pool.

flash [flaʃ] *m* PHOT. flash (light); *au ~,* by flash || RAD., T.V. (news) flash.

flasque [flask] *adj* flabby (main); flaccid (chair).

flatter I [flate] *vt* (1) stroke (un animal).

flatt|er II *vt* (1) flatter; play up to (bassement); fawn on (servilement) || FIG. charm (l'oreille) || FIG. pander to (encourager) — *vpr* ***se ~,*** flatter oneself (imaginer); boast (s'enorgueillir); delude oneself (s'illusionner) || **~erie** [-ri] *f* flattery, fawning || **~eur, euse** *adj* flattering; *peu ~,* disparaging ● *n* flatterer.

fléau I [fleo] *m* beam (de balance) || AGR. flail.

fléau II *m* FIG. plague, scourge, pest, curse.

flèche [flɛʃ] *f* arrow, shaft || ARCH. spire || AV. *ailes en ~,* swept-back wings || FIN. *monter en ~,* sky-rocket || AUT. *tourner à la ~,* filter || FIG. shaft; ***comme une ~,*** like a shot; *partir comme une ~,* dart off; *monter en ~,* rocket (up).

flèch|er [fleʃe] *vt* (5) signpost with arrows || **~ette** *f* dart.

fléch|ir [fleʃir] *vt* (2) bend, bow (le corps, le genou); flex (un membre) || FIG. move (qqn); *se laisser ~,* yield, give in — *vi* bend, give way (sous un poids); stagger (sur ses jambes) || [poutre] sag || FIN. [prix] sag || FIG. [attention] flag || **~issement** *m* bending (du genou); sagging (d'une poutre) || FIN. sagging (des cours) || FIG. yielding, giving way.

flegm|atique [flɛgmatik] *adj* phlegmatic, stolid || **~e** *m* coolness, composure, phlegm.

flemmard, e [flɛmar, ard] *adj* FAM. lazy ● *n* FAM. slacker, shirker, lazy bones.

flétan [fletɑ̃] *m* halibut.

flétr|i, e [fletri] *adj* withered (fleur, peau) || FIG. faded (beauté); tarnished (réputation) || **~ir** *vt* (2) wither (up) [une plante] || FIG. tarnish, sully (la réputation); denounce (un acte); brand (blâmer) — *vpr* ***se ~,*** [fleur] wither, wilt, sear, fade || [peau] shrivel (up) || FIG. [beauté] decay || **~issure** [-isyr] *f* withering; fading || FIG. stigma, brand.

fleur [flœr] *f* flower; *~ des champs,* wild flower || blossom (d'arbre) || ***en ~(s),*** in flower; in blossom (arbre); in bloom (nature) || FIG. flower, bloom (élite); bloom (de la jeunesse); *dans la ~ de l'âge,* in the prime of life, in one's prime ● *loc prép* ***à ~ de :*** *à ~ d'eau,* awash.

fleurer [flœre] *vi* (1) smell of.

fleuret [flœrɛ] *m* SP. foil.

fleur|i, e [flœri] *adj* in bloom (fleur); in blossom (branche); in flower (jardin); flowery (champ) || FIG. florid (teint); ornate, flowery (style) || **~ir** *vi* (53) flower, bloom || [arbre] blossom || FIG. [imparfait : *florissait;* part. présent : *florissant*] flourish — *vt* decorate with flowers; lay flowers on (une tombe) || **~iste** *n* florist; *boutique de ~,* flower shop.

fleuve [flœv] *m* river, stream.

flex|ibilité [flɛksibilite] *f* flexibility || **~ible** *adj* pliable, pliant, flexible || **~ion** *f* bending, sagging || GRAMM. inflexion.

flic [flik] *m* POP. cop, copper.

flipper I [flipœr] *m* [billard] pinball machine, U.S. pintable.

flipper II [flipe] *vi* POP. [drogue] trip (sl.).

flirt [flœrt] *m* flirting, flirtation (action) || boy/girl friend, U.S. date (personne) || **~er** *vi* (1) flirt.

floc [flɔk] *onom* flop (son).

flocon [flɔkɔ̃] *m* flake (de neige); flock, tuft (de laine) || CULIN. *~s de maïs,* corn flakes.

flopée [flɔpe] *f* FAM. heaps, piles; *une ~ de,* no end of.

flor|aison [flɔrɛzɔ̃] *f* blooming, blossoming, flowering; *en pleine ~,* in full bloom || flower-time (époque) || **~al, e, aux** [-al, o] *adj* floral || **~alies** [-ali] *fpl* flower-show || **~e** *f* flora || **~issant, e** *adj* flourishing, blooming || V. FLEURIR.

flot [flo] *m* [marée] floodtide || *Pl* waves; ***à ~s,*** in torrents; *couler à ~s,* gush forth || NAUT. *mettre à ~,* set afloat; launch || FIG. flow, flood (de lumière); stream, flood (de gens, de voitures); flood (de larmes); [soleil] *entrer à ~s,* flood in.

flot|tabilité [flɔtabilite] *f* buoyancy || **~tage** [-taʒ] *m* floating (du bois) || **~taison** [-ɛzɔ̃] *f* NAUT. floating; *ligne de ~,* waterline || **~tant, e** [-ɑ̃, ɑ̃t] *adj* floating || flowing (drapeau, cheveux); loose (manteau) || FIN. floating (dette) || **~te** *f* NAUT. fleet, navy || FAM. water, rain || **~tement** [-mɑ̃] *m* floating || FIG. wavering (hésitation) || **~ter** [-e] *vi* (1) float; *faire ~,* float, drift || [drapeau, cheveux] stream || [odeur] waft || FIG. fluctuate || **~teur** [-œr] *m* float || **~tille** [-ij] *f* flotilla.

flou, e [flu] *adj* blurred (contour); out of focus (image); fuzzy (photo) || FIG. woolly (idées).

fluctu|ant, e [flyktɥɑ̃, ɑ̃t] *adj* fluctuating || floating (population, vote) || **~ation** *f* fluctuation || **~er** *vi* (1) [prix] fluctuate.

fluet, ette [flyɛ, ɛt] *adj* slender (corps); thin (voix).

fluide [flɥid] *adj/m* fluid.

fluor [flyɔr] *m* fluorine || **~escent, e** [-ɛssɑ̃, ɑ̃t] *adj* fluorescent || ÉLECTR. *éclairage ~,* strip lighting.

flût|e [flyt] *f* flute; *~ à bec,* recorder; *~ de Pan,* syrinx, panpipes; *~ traversière,* transverse flute || **~iste** *n* flautist.

fluvial, e, aux [flyvjal, o] *adj* fluvial; *port ~,* river harbour.

flux [fly] *m* floodtide; *le ~ et le reflux,* the ebb and flow || PHYS., MÉD. flow.

foc [fɔk] *m* NAUT. jib.

focal, e, aux [fɔkal, o] *adj* focal.

foi [fwa] *f* faith (sincérité); *de bonne/mauvaise ~,* in good/bad faith || credence (créance); *digne de ~,* credible, reliable; *ajouter ~ à,* credit; *sur la ~ de,* on the strength of || trust (confiance); *avoir ~ en,* trust || word (parole); *ma ~, oui!,* indeed yes! || REL. faith, belief; *profession de ~,* creed; *sans ~,* faithless.

foie [fwa] *m* liver; *maladie de* ~, liver trouble.

foin [fwɛ̃] *m* hay; *faire les* ~*s,* make hay || MÉD. *rhume des* ~*s,* hay fever.

foire [fwar] *f* fair.

fois [fwa] *f* time; *combien de* ~ ?, how often?, how many times?; *une fois,* once; *deux* ~, twice; *trois* ~, three times; *une* ~ *par hasard,* once in a while; *une* ~ *de plus,* once more, yet again; *une* ~ *pour toutes,* once and for all; *une* ~ *de trop,* once too often || *deux* ~ *moins,* half as much/many; *deux* ~ *plus,* twice as much/many || *neuf* ~ *sur dix,* nine times out of ten || *cette* ~*(-ci),* this time; *la première* ~, the first time; *une autre* ~, on another occasion; *chaque* ~, every time || *il était une* ~, once upon a time there was || *maintes et maintes* ~, again and again; *toutes les* ~ *que,* whenever ● *loc adv* ***à la*** ~, both, at once (ensemble), at the same time (en même temps); *des* ~, sometimes ● *loc conj* ***une*** ~ ***que,*** as soon as || FAM. *des* ~ *que,* in case.

foison [fwazɔ̃] *f* profusion; *à* ~, plentifully.

fol [fɔl] *adj m* V. FOU.

folâtr|e [fɔlɑtr] *adj* playful, frisky, blithe || ~**er** *vi* (1) frolic, frisk.

folichon, onne [fɔliʃɔ̃, ɔn] *adj* FAM. exciting; *ça n'est pas très* ~, it's not very exciting/not much fun.

folie [fɔli] *f* madness, insanity; ~ *des grandeurs,* delusions of grandeur, megalomania || [dépense] extravagance; *c'est faire une* ~ *que d'acheter...,* it's (far too) extravagant to buy...; *faire des* ~, spend money like water || [excès] *aimer à la* ~, love to distraction.

folklore [fɔlklɔr] *m* folklore.

folle [fɔl] *adj f* V. FOU ● *f* madwoman, lunatic || POP. [homosexuel] queer, queen (sl.) || ~**ment** *adv* madly || foolishly (sottement) || exceedingly (extrêmement).

fomenter [fɔmɑ̃te] *vt* (1) foment, work up (une révolte).

fonc|é, e [fɔ̃se] *adj* dark, deep (couleur) || ~**er** I *vi/vt* (6) darken, deepen (couleur).

foncer II *vi* (6) dash/dart (*sur,* at); make (*sur,* for); charge (*sur,* at) [attaquer] || AUT. rip along.

foncier, ère [fɔ̃sje, ɛr] *adj* landed (biens); *propriétaire* ~, landowner || FIG. fundamental, main (différence).

foncti|on [fɔ̃ksjɔ̃] *f* function || duty, office; ***faire*** ~ ***de,*** serve/act as; *être* ~ *de,* depend on; *entrer en* ~, take up one's duties || JUR. ~ *publique,* civil service || MATH. function ● *loc prép* ***en*** ~ ***de,*** according to, in terms of || ~**onnaire** [-ɔnɛr] *n* civil servant, official || ~**onnel, elle** [-ɔnɛl] *adj* functional || ~**onnement** [-ɔnmɑ̃] *m* TECHN. working, running (d'une machine) || ~**onner** [-ɔne] *vi* (1) TECHN. [machine] work; [frein] act; *cela fonctionne mal,* it isn't working properly; ***faire*** ~, work, operate, run.

fon|d [fɔ̃] *m* bottom (d'une boîte, d'un trou) || back (d'une pièce); far end (d'une cour, d'une baie) || crown (d'un chapeau) || seat (d'une chaise, d'un pantalon) || ~ ***de teint,*** foundation || NAUT. bottom (de la mer); *par 10 mètres de* ~, at a depth of 10 meters || SP. *coureur de* ~, long-distance runner || CULIN. bottom, heart (d'artichaut) || ARTS background (d'un tableau) || TH. *toile de* ~, backdrop || FIG. bottom, depths; *du* ~ *du cœur,* from the bottom of my heart || FIG. core (d'un problème); content, substance (contenu); *article de* ~, leader ● *loc prép* ***au*** ~ ***de,*** in/to the bottom of ● *loc adv* ***au*** ~, ***dans le*** ~, finally, actually (en réalité); at bottom (au fond de soi) || ***à ~,*** thoroughly; *enfoncer à ~,* drive home; *à ~ de train,* at full speed; flat out (fam.) || FAM. *y aller à ~,* go the whole hog || ***de ~ en comble,*** from top to bottom || **~damental, e, aux** [-damɑ̃tal, o] *adj* fundamental, basic, elemental; *élément ~,* essential.

fondant, e [fɔ̃dɑ̃, ɑ̃t] *adj* melting || CULIN. juicy.

fond|ateur, trice [fɔ̃datœr, tris] *n* founder || **~ation** *f* foundation, founding (action); foundation, institution, establishment (établissement) || ARCH. foundation || **~é, e** *adj* founded, grounded; *bien/mal ~,* well-/ill-founded; *non ~,* unfounded || justified; *être ~ à croire,* be entitled to believe || **~ement** *m* FIG. foundation, basis; ground (d'une accusation); *sans ~,* groundless, unfounded || **~er** *vt* (1) found, set up (une institution, etc.); establish (un État); start (une famille); base, build (une théorie) — *vpr* ***se ~,*** be based, take one's stand (*sur,* on).

fon|derie [fɔ̃dri] *f* foundry (usine) || **~deur** [-dœr] *m* founder || **~dre** I [-dr] *vt* (4) melt (de la cire, du métal); smelt (du minerai); found, cast (une cloche); *faire ~,* melt, dissolve (du sucre) || ARTS blend (des couleurs) — *vi* [beurre, fruit, glace, métal, neige, sucre] melt (away) || [glace] thaw || ÉLECTR. [fusible] fuse, blow (out) || FIG. *~ en larmes,* burst into tears — *vpr* ***se ~,*** merge (*dans,* into) || [couleurs] blend in; blend, shade (off) [*dans,* into].

fondre II *vi* (4) pounce, swoop down (*sur,* on) [s'abattre].

fondrière [fɔ̃drijɛr] *f* bog || pothole (sur une route).

fonds [fɔ̃] *m* AGR. land, estate (terre) || COMM. *~ de commerce,* business (house); *~ commun,* pool || *Pl* FIN. funds; *trouver des ~,* raise money || FIG. fund.

fondu, e [fɔ̃dy] *adj* molten (métal) ● *m* CIN. dissolve; *~ enchaîné,* lap-dissolve; *fermeture/ouverture en ~,* fade-out/fade-in ● *f* melted cheese.

font [fɔ̃] V. FAIRE.

fontaine [fɔ̃tɛn] *f* (drinking-)fountain || spring (source).

fonte I [fɔ̃t] *f* cast-iron.

fonte II *f* melting (action); thaw (des neiges) || TECHN. founding, casting (du métal).

fonts [fɔ̃] *mpl ~ baptismaux,* font.

football [futbɔl] *m* football; association football; soccer; *jouer au ~,* play football || **~eur, euse** *n* football player.

for [fɔr] *m dans son ~ intérieur,* in one's heart of hearts.

forage [fɔraʒ] *m* drilling (d'un trou); sinking (d'un puits).

forain, e [fɔrɛ̃, ɛn] *adj baraque ~e,* fairground stall; *fête ~e,* fun fair ● *m* [cirque, foire] showman.

forban [fɔrbɑ̃] *m* pirate.

forçat [fɔrsa] *m* convict.

force [fɔrs] *f* strength, force, might || *Pl* strength; *de toutes ses ~s,* with all one's might, for all one is worth, all out (fam.); *reprendre des ~s,* regain strength, refresh oneself || *Pl* MIL. forces; *se battre contre des ~s supérieures,* fight against great odds || ÉLECTR., PHYS., TECHN. power; *~ vive,* vis viva || MÉD. *~ de l'âge,* prime of life || FIG. *~ morale,* fortitude ● *loc adv* ***à toute ~,*** by all means, at any cost, absolutely; ***de/par ~,*** by force, forcibly; MIL. ***de vive ~,*** by storm; *en ~,* in force ● *loc adj* ***de ~ à,*** equal to ● *loc prép* ***à ~ de,*** by dint of.

forcé, e [fɔrse] *adj* forced (marche, travail) || AV. *atterrissage ~,* forced landing || FIG. farfetched || **~ment** *adv* of necessity, inevitably.

forcené, e [fɔrsəne] *adj* wild, frenzied ● *n* madman, -woman.

forceps [fɔrsɛps] *m* forceps.

forcer [fɔrse] *vt* (6) force, compel (*à*, to); ~ *qqn à faire qqch.*, force sb. into doing sth.; *être forcé de*, be compelled/obliged to || prize open (une boîte); break open (une porte); strain (sa voix) || FIG. strain (le sens); stretch (la loi, le sens) — *vpr* ***se ~***, force/compel oneself.

forer [fɔre] *vt* (1) drill (un trou); sink (un puits); drive (un tunnel).

forestier, ière [fɔrɛstje, jɛr] *adj* forest; *garde ~*, forester.

foret [fɔrɛ] *m* TECHN. drill, broach.

forêt [fɔrɛ] *f* forest, woods; woodland; ~ *vierge*, primeval/virgin forest.

foreuse [fɔrøz] *f* (machine-)drill.

forfai|t I [fɔrfɛ] *m* heinous crime || **~ture** [-tyr] *f* (act of) treachery.

forfai|t II *m* contract; || set price; ***à ~***, for a lump sum; by the job (travail) || **~taire** [-tɛr] *adj* COMM. contract(ual); *paiement ~*, lump sum.

forfait III *m* SP. default; *déclarer ~*, withdraw; scratch (un cheval); FIG. give it up || forfeit (pénalité).

forfanterie [fɔrfɑ̃tri] *f* bragging.

forg|e [fɔrʒ] *f* forge, smithy || **~é, e** *adj* wrought (fer) || FIG. ~ *de toutes pièces*, fabricated || **~er** *vt* (7) TECHN. forge || FIG. fabricate, make up (une histoire); trump up (une excuse); coin (un mot) || **~eron** [-ərɔ̃] *m* (black) smith.

formal|iser (se) [səfɔrmalize] *vpr* (1) take offence (*de*, at) || **~iste** *adj* formal(istic); punctilious (pointilleux) ● *n* formalist || **~ité** *f* formality; *pure ~*, mere matter of form; *remplir une ~*, comply with a formality || *Pl* formalities.

format [fɔrma] *m* format, size (d'un livre).

forma|teur, trice [fɔrmatœr, tris] *adj* formative || **~tion** *f* formation || education, training (instruction) || AV. formation.

form|e [fɔrm] *f* shape, form; *sous ~ de*, in the shape of; *en ~ de cœur*, heart-shaped; *prendre ~*, take shape || TECHN. stretcher (pour chaussures) || SP. form; ***en ~***, in (good) form; *en pleine ~*, in fine fettle; ***en mauvaise ~***, in bad form; *pas très en ~*, not up to the mark; ***se maintenir en ~***, keep in (good) trim; *mettre en ~*, condition; *remettre en ~*, refresh || FIG. [littérature] form || FIG. form (formalité); *pour la ~*, for form's sake; perfunctory (adj.); perfunctorily (adv.); *en bonne et due ~*, in due form || **~el, elle** *adj* formal, express (défense); positive (promesse) || **~ellement** *adv* absolutely, strictly (rigoureusement) || positively (nettement).

former [fɔrme] *vt* (1) form (une lettre, etc.); shape (un objet) || POL. form (un cabinet) || MIL. ~ *les rangs*, fall in || FIG. form (le caractère); train (élèves); make up (un tout) — *vpr* ***se ~***, form; be formed (se constituer); take shape (prendre forme).

formidable [fɔrmidabl] *adj* stupendous (sensationnel); tremendous (bruit) || FAM. fantastic, great (fam.) [très bien].

formul|aire [fɔrmylɛr] *m* form; *remplir un ~*, fill in/up a form || **~e** *f* form (formulaire) || [correspondance] ~ *de politesse*, complimentary close || MATH., CH., PHYS. formula || **~er** *vt* (1) express (un souhait); word, state (une opinion); pass (un jugement); formulate (une doctrine).

for|t I, **e** [fɔr, ɔrt] *adj* strong (résistant); || big, stout, portly (corpulent) || high (fièvre, vent) || loud (voix) || rank (odeur) || strong (café, moutarde); hot (épice) ||

broad, marked (accent) || good (doué) ● *adv* hard, heavily (violemment); exceedingly, very (très); *parlez plus ~,* speak louder!, speak up! || FAM. *y aller ~,* go hard at it ● *m* strong point; *ce n'est pas mon ~,* that's not my forte || *au (plus) ~ de l'été/l'hiver/la mêlée,* at the height of summer, in the depth of winter, in the thick of the fight || **~tement** [-təmɑ̃] *adv* strongly, heavily.

for|t II *m* MIL. fort || **~teresse** [-tərɛs] *f* fortress, stronghold.

fortif|iant, e [fɔrtifjɑ̃, ɑ̃t] *adj* invigorating, fortifying; bracing (air) ● *m* tonic || **~ication** [-ikasjɔ̃] *f* fortification || **~ier** *vi* (1) MÉD. strengthen, invigorate, brace up || MIL. fortify.

fortui|t, e [fɔrtɥi, it] *adj* casual, fortuitous, incidental, chance || **~tement** [-tmɑ̃] *adv* fortuitously.

fortun|e [fɔrtyn] *f* wealth, fortune; *faire ~,* make a fortune || luck, fortune, chance; *faire contre mauvaise ~ bon cœur,* put a good face on sth.; *manger à la ~ du pot,* take pot luck ● *loc adj* ***de ~,*** emergency (réparations); rough and ready (installation); makeshift (moyens) || **~é, e** *adj* fortunate, lucky (heureux) || wealthy (riche).

foss|e [fos] *f* pit grave (tombe) || (trou); *~ aux ours,* bear-garden || TECHN. *~ d'aisances,* cesspool; *~ septique,* septic tank || **~é** [fɔse] *m* ditch (de la route); drain (d'assèchement); moat (douve) || **~ette** [fɔsɛt] *f* dimple (sur le visage).

fossile [fɔsil] *adj/m* fossil.

fossoyeur [fɔswajœr] *m* grave-digger.

fou, fol, folle [fu, fɔl] *adj* mad, insane; *devenir ~,* go mad; *rendre ~,* drive mad; *~ furieux,* maniac; *~ à lier,* raving mad || crazy (cinglé); *tête folle,* mad cap || FIG. wild (idées); extravagant (dépenses) || FAM. ***~ de,*** passionately fond of (qqn); *être ~ de,* be crazy about/frantic with, dote upon; [enfants] *faire les ~s,* romp (about) ● *n* madman, -woman; lunatic; *maison de ~s,* lunatic asylum ● *m* [échecs] bishop || HIST. jester.

foudr|e [fudr] *f* lightning; *frappé par la ~,* struck by lightning || FIG. ***coup de ~,*** love at first sight || **~oyant, e** [-wajɑ̃, ɑ̃t] *adj* crushing (attaque, nouvelle); withering (regard) || FAM. lightning || **~oyer** [-waje] *vt* (9 *a*) blast (un arbre); strike down (qqn) || FIG. *~ du regard,* look daggers at.

foue|t [fwɛ] *m* whip || CULIN. whisk || FIG. *coup de ~,* stimulus; *de plein ~,* head-on || **~ttée** [-te] *f* whipping, flogging || **~tter** [-te] *vt* (1) whip; lash (un cheval); flog (un enfant) || CULIN. whip (de la crème); whisk (des œufs) || FIG. *~ l'air,* swish the air; [pluie] lash (against).

fougère [fuʒɛr] *f* fern, brake; *~ arborescente,* bracken.

fougu|e [fug] *f* dash, impetuosity, spirits, mettle; *plein de ~,* full of dash || **~eux, euse** *adj* fiery, spirited (cheval); impetuous (personne).

fouill|e [fuj] *f* searching (d'une personne) || rummage (d'un navire) || *Pl* [archéologie] excavations; *faire des ~s,* carry out excavations || **~er** *vt* (1) dig, excavate (le sol) || search (qqn); seek through (un lieu) || ransack (un meuble) || [douanier] rummage (un navire); [police] comb (un quartier) || [animal] grub (le sol) || **~is** [-uji] *m* jumble, muddle, mess.

foulard [fular] *m* scarf, neckerchief.

foule [ful] *f* crowd, throng, flock; *accourir en ~,* crowd in, throng to, flock to || PÉJ. mob, populace; *la ~,* the many || FIG. *une ~ de,* a host of, a lot of.

foul|ée [fule] *f* stride || **~er** *vt* (1) tread (on) [le sol].

foul|er (se) *vpr* (1) *se ~ la cheville,* sprain one's ankle || **~ure** *f* MÉD. sprain, wrench.

four [fur] *m* oven; *(faire) cuire au ~,* bake || *~ à micro-ondes,* microwave oven || TECHN. kiln || FAM. flop (échec).

fourb|e [furb] *adj* deceitful || **~erie** [-əri] *f* deceit, double-dealing.

fourbir [furbir] *vt* (2) furbish, scour.

fourbu, e [furby] *adj* dog-tired, done up.

fourch|e [furʃ] *f* (pitch)fork || **~ette** *f* fork || **~u, e** [-y] *adj* forked, cleft; *pied ~,* cloven hoof.

fourgon [furgɔ̃] *m* RAIL. luggage-van, guard's van, U.S. baggage car, caboose || AUT. van.

fourgonner [furgɔne] *vi* (1) poke about.

fourmi [furmi] *f* ant || *avoir des ~s dans les jambes,* have pins and needles in one's legs || **~lière** [-ljɛr] *f* ant-hill || **~llement** [-jmɑ̃] *m* swarming || [picotement] pins and needles; *avoir des ~s,* feel prickly || **~ller** [-je] *vi* (1) *~* ***de,*** be swarming/teeming with.

fourn|aise [furnɛz] *f* FAM. oven || **~eau** [furno] *m* CULIN. stove, kitchen range; *~ à gaz,* gas-range || TECHN. furnace; *haut ~,* blast-furnace || bowl (de pipe) || **~ée** *f* ovenful; batch (de pain).

fourni, e [furni] *adj* thick (cheveux); bushy (barbe).

fournil [furni] *m* bakehouse, bakery.

fourn|ir [furnir] *vt* (2) supply, provide; furnish; *~* ***qqch. à qqn,*** supply/provide sb. with sth. || issue (officiellement) || yield (produire) || afford (une occasion) || [cartes] *~ à pique,* follow suit in spades || COMM. cater (des repas) || JUR. adduce (des preuves) — *vpr* ***se ~,*** provide oneself (*de,* with) || *se ~ chez,* deal with (commerçant) || **~isseur** *m* supplier || COMM. tradesman, retailer; purveyor (officiel) || NAUT. *~ de la marine,* ship's chandler || **~iture** *f* supply(ing) || *Pl* supplies; *~s de bureau,* (office) stationery; *~s scolaires,* school stationery.

fourrage [furaʒ] *m* fodder || MIL. forage.

fourré I, **e** [fure] *adj* furred, fur-lined || CULIN. stuffed.

fourré II *m* thicket, cover, brake.

fourreau [furo] *m* sheath (de sabre); *remettre dans son ~,* sheathe || cover, case (de parapluie).

fourrer I [fure] *vt* (1) line with fur || CULIN. stuff.

fourrer II *vt* (1) FAM. tuck, stick, thrust, shove (*dans,* into) || FAM. *~ son nez partout,* poke one's nose into everything — *vpr* ***se ~,*** stick oneself into || hide oneself (se cacher).

fourre-tout [furtu] *m inv* hold-all, carryall, U.S. zipper-bag.

fourrière [furjɛr] *f* pound (pour animaux) || [police] ***mettre une voiture à la ~,*** tow away a car.

fourr|eur [furœr] *m* furrier || **~ure** *f* fur.

fourvoyer [furvwaje] *vt* (9 *a*) misguide, mislead — *vpr* ***se ~,*** go astray.

foutaise [futɛz] *f* rot.

foutre [futr] *vt* (4) POP. do (faire); give (donner); *~ le camp,* bugger off (sl.); *foutez-lui la paix!,* leave him alone! — *vpr* ***se ~,*** POP. *je m'en fous!,* I don't care a damn!

foutu, e [futy] *adj* POP. done for; bust (fam.) [détruit] || [avant le nom] damned (pop.); bloody (grossier).

fox-terrier [fɔksterje] *m* fox-terrier.

foyer I [fwaje] *m* fire-place, hearth (âtre); grate (de cheminée) || PHYS. focus (de lentille); *verres à double* ~, bifocals || FIG. centre; hotbed (de rébellion).

foyer II *m* home; family || [résidence] home; ~ *d'étudiants,* hostel || TH. green-room (des artistes); foyer (du public).

fracas [fraka] *m* crash, clatter; peal (de tonnerre) || **~ser** [-se] *vt* (1) crash, shatter, smash to pieces — *vpr* ***se ~,*** smash, shatter.

fracti|on [fraksjɔ̃] *f* fraction || **~onner** [-ɔne] *vt* (1) divide into fractions.

fractur|e [fraktyr] *f* MÉD. fracture; ~ *ouverte,* compound fracture || **~er** *vt* (1) break open (un coffre-fort) || MÉD. fracture.

fragil|e [fraʒil] *adj* fragile; brittle, breakable || COMM. *«Fragile»,* "with care" || FIG. delicate (santé); frail (bonheur) || **~ité** *f* fragility || FIG. frailty.

fragment [fragmɑ̃] *m* fragment; chip, splinter, piece, bit.

frai [frɛ] *m* spawn.

fraîch|e [frɛʃ] *adj f* V. FRAIS || **~ement** *adv* freshly, newly || FIG. coldly || **~eur** *f* coolness, freshness, cool || FIG. freshness || **~ir** *vi* (2) [température] get cool || [vent] freshen.

frais I, **fraîche** [frɛ, frɛʃ] *adj* cool (pièce, temps); fresh (air); cool (liquide) || fresh (peinture) || CULIN. fresh (beurre, poisson); sweet (lait); new-laid (œufs) || FIG. hot (nouvelle); ~ *et dispos,* refreshed ● *adv* freshly; *boire ~,* have a cool drink ● *m* cool, fresh air; ***prendre le ~,*** enjoy the cool air; ***au ~,*** in a cool place ● *loc adv de ~,* newly, freshly.

frais II *mpl* expenses, charges, cost; *à peu de ~,* cheaply; *à grands ~,* expensively; *sans ~,* free of charge; *couvrir ses ~,* cover one's expenses; *~ courants,* standing expenses; *~ divers,* sundry expenses; *~ de fonctionnement,* running costs; *~ généraux,* general expenses, overhead expenses; *~ professionnels,* expense account; *~ de scolarité,* tuition fees; ***faux ~,*** incidental expenses.

frais|e I [frɛz] *f* BOT. strawberry; ~ *des bois,* wild strawberry || **~ier** *m* strawberry-plant.

fraise II *f* MÉD. ~ *de dentiste,* dentist's drill.

frambois|e [frɑ̃bwaz] *f* raspberry || **~ier** *m* raspberry-bush.

franc I [frɑ̃] *m* franc (monnaie).

franc II, **franche** [frɑ̃, frɑ̃ʃ] *adj* frank, candid (sincère); plain, straight (forward) [réponse]; *qui a son ~ parler,* plain-spoken; open-hearted, outspoken, straightforward (direct); square (honnête) || SP. ~ ***jeu,*** fair play; *jouer ~ jeu,* play fair || NAUT. free (port).

français, e [frɑ̃sɛ, ɛz] *adj* French; *à la ~e,* in the French manner; *jardin à la ~e,* formal gardens ● *m* French (langue).

Français, e *n* Frenchman, -woman; *les ~,* the French.

France [frɑ̃s] *f* France.

franchement [frɑ̃ʃmɑ̃] *adv* frankly, sincerely, plainly || really (absolument) || boldly (hardiment).

franchir [frɑ̃ʃir] *vt* (2) jump over (un fossé); clear (un obstacle); cross (le seuil); pass (une rivière) || [pont] span || [parcourir] cover (une distance) || AV. ~ *le mur du son,* break through the sound barrier.

franchise [frɑ̃ʃiz] *f* frankness, candour; *en toute ~,* quite frankly || directness (d'une réponse) || exemption; *en ~,* duty-free, tax-free || [assurance] excess.

franchissable [frɑ̃ʃisabl] *adj* passable (rivière); negotiable (obstacle).

franc-maç|on [frɑ̃masɔ̃] *m* freemason || **~onnerie** [-ɔnri] *f* freemasonry.

franco [frɑ̃ko] *adv* ~ *(de port),* carriage free/paid; free (of charge); post-free.

francophone [-fɔn] *adj* French-speaking ● *n* French speaker.

frang|e [frɑ̃ʒ] *f* fringe || **~er** *vt* (6) fringe.

frapp|ant, e [frapɑ̃, ɑ̃t] *adj* striking (ressemblance); salient (argument); effective (impressionnant); *de façon* ~, strikingly || **~e** *f* [dactylographie] touch (manière); typing (action) || TECHN. coinage (d'une monnaie) || **~é, e** *adj* struck || CULIN. iced (champagne).

frapper [frape] *vt* (1) strike (un coup); hit (qqn); tap (légèrement); butt (à coups de tête); batter, pound (à coups redoublés); beat (avec un bâton) || coin (de la monnaie); type (à la machine à écrire) || CULIN. ice; put on the ice || FIG. strike, impress; hit; [malheur] fall upon, overtake — *vi* strike, hit || ~ *à la porte,* knock at the door; *entrer sans* ~, walk straight in || ~ *du pied,* stamp one's foot || [spiritisme] rap — *vpr* **se** ~, FIG. fret, worry.

frasque [frask] *f* prank (escapade).

fratern|el, elle [fratɛrnɛl] *adj* brotherly, fraternal || **~iser** *vi* (1) fraternize || **~ité** *f* brotherhood, fraternity.

fraud|e [frod] *f* fraud; ~ *fiscale,* tax-evasion/-dodging || smuggling; *passer en* ~, smuggle in || **~er** *vt* (1) defraud, cheat || ~ *le fisc,* evade taxation || **~eur, euse** *n* tax-dodger (du fisc) || cheat (aux examens) || **~uleux, euse** [-ylø, øz] *adj* fraudulent.

frayer I [frɛje] *vt* (9 *b*) open up (un chemin) || FIG. ~ *la voie,* pave the way — *vpr* **se** ~ : *se* ~ *un chemin (à coups de coudes),* force/elbow one's way (*à travers,* through).

frayer II *vi* (9 *b*) associate, consort, hobnob (*avec,* with).

frayer III *vi* (9 *b*) [poisson] spawn.

frayeur [frɛjœr] *f* fright, fear.

fredaine [frədɛn] *f* escapade, prank.

fredonner [frədɔne] *vt* (1) hum, croon.

frégate [fregat] *f* frigate.

frein [frɛ̃] *m* brake || AUT. ~ *à main,* hand-brake; ~ *à disque,* disc-brake; ~*s assistés,* power brakes; *mettre le* ~, put the brake on; *le* ~ *est mis,* the brake is on; *bloquer les* ~*s,* jam on the brakes; *donner un coup de* ~, brake suddenly || TECHN. ~ *à air comprimé,* air-brake || FIG. bridle; *mettre un* ~ *à,* check, curb, restrain.

freiner [frɛne] *vt* (1) brake || FIG. check.

frelater [frəlate] *vt* (1) adulterate.

frêle [frɛl] *adj* frail, slight, slender (mince) || weak (faible).

frelon [frəlɔ̃] *m* hornet.

frémi|r [fremir] *vi* (2) quiver, thrill, shudder (d'horreur); ~ *de colère,* shake with rage || [feuillage] rustle || [eau prête à bouillir] simmer || **~ssant, e** [-isɑ̃, ɑ̃t] *adj* quivering; rustling; simmering || **~ssement** [-ismɑ̃] *m* quiver(ing) [d'impatience]; shudder, thrill (de peur) || tremor, rustling (du feuillage).

frêne [frɛn] *m* ash.

frén|ésie [frenezi] *f* frenzy, wildness; *avec* ~, frantically, like mad || **~étique** [-etik] *adj* frantic, frenzied, wild || rousing (applaudissements) || **~étiquement** [-etikmɑ̃] *adv* frantically, wildly.

fréqu|emment [frekamɑ̃] *adv* frequently || **~ence** [-ɑ̃s] *f* frequency || **~ent, e** *adj* frequent; *peu ~,* infrequent || **~entation** [-ɑ̃tasjɔ̃] *f* frequentation || company (gens) || **~enté, e** *adj* frequented; *mal ~,* ill-frequented; *peu ~,* rather deserted || **~enter** *vt* (1) frequent, resort to (un lieu); frequent, associate with, mix with (des gens) || Pop. walk out with (courtiser).

frère [frɛr] *m* brother; *~ aîné,* elder brother; *~ cadet,* younger brother; *~ de lait,* foster-brother; *~s siamois,* Siamese twins || Rel. brother, *Pl* brethren.

fresque [frɛsk] *f* fresco.

fret [frɛ] *m* freight, cargo.

fréter [frete] *vt* (1) charter.

frétiller [fretije] *vi* (1) [poisson] wriggle || [chien] wag.

fretin [frətɛ̃] *m* Fig. *menu ~,* small fry.

friable [frijabl] *adj* friable, crumbly.

frian|d, e [frijɑ̃, ɑ̃d] *adj* fond (*de,* of) || **~dise** [-diz] *f* dainty, titbit, delicacy || *Pl* sweetmeat.

fric [frik] *m* Pop. lolly, dough (sl.).

friche [friʃ] *f* fallow; *être en ~,* lie fallow.

fricti|on [friksjɔ̃] *f* rub(bing) [des membres]; scalp-massage (des cheveux) || Sp. rub-down || **~onner** [-ɔne] *vt* (1) rub; give a rub-down to (qqn); chafe (pour réchauffer).

frigide [friʒid] *adj* frigid.

frigo [frigo] *m* Fam. fridge || **~rifié, e** [-ɔrifje] *adj* chilled || frozen (viande) || chilled to the bone (personne) || **~rifier** *vt* (1) refrigerate (nourriture).

frileux, euse [frilø, øz] *adj* sensitive to cold; *être ~,* feel the cold.

frime [frim] *f* Fam. sham.

frimousse [frimus] *f* little face.

fringale [frɛ̃gal] *f* ravenous hunger.

fringant, e [frɛ̃gɑ̃, ɑ̃t] *adj* frisky (animal); dashing (personne).

fringues [frɛ̃g] *fpl* Pop. togs (sl.).

frip|er [fripe] *vt/vpr* (1) **[*se* ~]** crumple, crease || **~ier, ière** *n* oldclothes dealer.

frip|on, onne [fripɔ̃, ɔn] *n* rogue ● *adj* roguish || **~ouille** [-uj] *f* blackguard, scoundrel.

frire [frir] *vt* (55) [*faire*] ~, fry — *vi* fry.

frise [friz] *f* border (de papier peint) || Arch. frieze.

fris|é, e [frize] *adj* curly || **~er** I *vt* (1) curl (les cheveux).

friser II *vt* (1) graze (frôler) || Fig. border on, be close upon (un certain âge).

frisquet [friskɛ] *adj* chilly.

friss|on [frisɔ̃] *m* shiver (de froid); shudder (d'horreur); *j'en ai le ~,* it gives me the shivers || Fig. thrill || **~onner** [-ɔne] *vi* (1) shiver (de froid); shudder (de froid, d'horreur); thrill (d'horreur) || [feuilles] quiver.

frit|es [frit] *fpl* chips, U.S. French fries || **~ure** *f* frying oil/ grease; dripping (graisse); fried fish (poissons) || Rad., Tél., fam. crackle, crackling (noise).

frivol|e [frivɔl] *adj* trivial (chose); shallow (conversation); light-minded, frivolous, flighty (personne); skittish (femme) || **~ité** *f* frivolity || idleness (des propos).

froc [frɔk] *m* Rel. frock || Pop. trousers.

froi|d, e [frwa, ad] *adj* cold, chilly; *il fait ~,* it is cold, the weather is cold; *~ et humide,* raw (temps) || Zool. *à sang ~,* cold-blooded || Fig. cold, cool; dry (réponse); *laisser ~,* leave one cold ● *m* cold, chill; ***avoir ~,*** feel cold; *j'ai ~,* I am cold; *j'ai ~ aux pieds,* my feet are cold; *il fait un ~ de loup,* it is bitterly cold; *prendre ~,* catch cold || FIG. coldness; *jeter un ~,* cast a chill; *être en ~,* not to be on speaking terms ● *loc adv **à ~**,* (when) cold || **~dement** [-dmɑ̃] *adv* coldly, coolly || **~deur** [-dœr] *f* FIG. coldness, coolness || **~dure** [-dyr] *f* cold weather.

froiss|ement [frwasmɑ̃] *m* crumpling (de papier) || FIG. offence, vexation || **~er** *vt* (1) crumple (du papier); crumple, crease, crush (du tissu) || MÉD. strain (un muscle) || FIG. hurt, offend, give offence to — *vpr **se ~**,* [tissu] crease, crumple || FIG. take offence (*de,* at).

frôl|ement [frolmɑ̃] *m* brushing, light touch || **~er** *vt* (1) brush, graze, scrape.

fromage [frɔmaʒ] *m* cheese; *~ blanc,* cottage cheese; *~ de chèvre,* goat's milk cheese; *~ à la crème,* cream cheese || FIG., POP. soft/cushy job.

froment [frɔmɑ̃] *m* wheat.

fronc|e [frɔ̃s] *f* gather (dans un tissu) || **~ement** *m ~ de sourcils,* frown || **~er** *vt* (1) gather, pucker (un tissu) || *~ les sourcils,* frown, knit one's brows.

fronde [frɔ̃d] *f* sling (arme) || catapult (jouet).

front I [frɔ̃] *m* forehead, brow.

fron|t II *m* MIL. front || POL. *~ populaire,* popular front || NAUT. *~ de mer,* sea-front || FIG. *faire ~ à,* face || FIG. cheek, front (audace) ● *loc adv **de ~**,* abreast (sur la même ligne); head-on (collision) || **~talier, ière** [-talje, jɛr] *adj* border, frontier || **~tière** [-tjɛr] *f* border, frontier.

frott|ement [frɔtmɑ̃] *m* rubbing || shuffle (de pieds) || TECHN. friction || **~er** *vt* (1) rub || chafe (frictionner) || shuffle (les pieds) || polish (le parquet) || strike (une allumette) — *vi* scrape, rub; *~ contre,* chafe — *vpr **se ~**,* rub (*contre,* against); *se ~ les mains,* rub one's hands.

frou-frou [frufru] *m* rustle.

frouss|ard, e [frusar, ard] *adj* FAM. chicken-hearted, funky ● *n* FAM. coward || **~e** *f* FAM. fright; funk (fam.); *avoir la ~,* get the wind up (sl.) || POP. *flanquer la ~ à qqn,* give sb. the jitters.

fruct|ifier [fryktifje] *vi* (1) fructify, bear fruit || **~ueux, euse** [-ɥø, øz] *adj* fruitful.

frugal, e, aux [frygal, o] *adj* frugal, sparing (personne); frugal, spare (repas) || **~ement** *adv* frugally, sparingly.

fruit [frɥi] *m* fruit; *des ~s,* some fruit; *un ~,* a piece of fruit || CULIN. *~ à cuire,* cooker; *~s confits,* candied fruit; *~s de mer,* sea-food || FIG. fruit(s); *porter ses ~s,* bear fruit || **~ier, ière** [-tje, jɛr] *adj* fruit (arbre) ● *n* fruiterer, green-grocer.

frusques [frysk] *fpl* Pop. togs.

fruste [fryst] *adj* rough (manières); uncouth, boorish (personne).

frustr|ation [frystrasjɔ̃] *f* frustration || **~er** *vt* (1) frustrate.

fugace [fygas] *adj* fleeting, transient.

fugitif, ive [fygitif, iv] *adj* fugitive, fleeting ● *n* runaway, fugitive.

fugue I [fyg] *f* MUS. fugue.

fugue II *f* escapade; *faire une ~,* run away from home.

fu|ir I [fɥir] *vi* (56) flee, run away, fly — *vt* flee, fly, run away from (un endroit); shun (le danger, les gens) || **~ite** I *f* flight; *mettre en ~,* put to flight; *prendre la ~,* take to flight.

fu|ir II *vi* (56) [robinet, récipient] leak; *qui fuit,* leaky || [liquide] leak/run out || [gaz] escape || **~ite** II *f* [liquide] leak(age); seepage (suintement) || *~ de gaz,* gas leak || FIG. ~ *des cerveaux,* brain drain.

fulgurant, e [fylgyrɑ̃, ɑ̃t] *adj* fiashing.

fulminer [fylmine] *vi* (1) fulminate (*contre,* against).

fumant, e [fymɑ̃, ɑ̃t] *adj* smoking.

fume-cigarette [fymsigarɛt] *m inv* cigarette-holder.

fum|ée [fyme] *f* smoke ; *rempli de ~,* smoky ; *ruban de ~,* wisp || **~er** I *vi* (1) [bois, cheminée, personne] smoke ; *défense de ~,* no smoking || [étang, soupe] steam — *vt* smoke (cigarette) ; *~ cigarette sur cigarette,* chain-smoke || || CULIN. smoke, cure || **~erie** *f* [-ri] ~ *d'opium,* opium-den || **~et** [-ɛ] *m* smell (des viandes) ; bouquet (des vins) || **~eur, euse** *n* smoker || RAIL. *compartiment ~s,* smoking compartment, smoker (fam.) ; *non-~,* non-smoker || **~eux, euse** *adj* hazy, nebulous.

fum|er II *vt* (1) AGR. manure || **~ier** *m* manure ; dunghill (tas).

fûmes [fym] V. ÊTRE.

fumi|gation [fymigasjɔ̃] *f* fumigation || **~gène** [-ʒɛn] *adj* MIL. *bombe ~,* smoke bomb.

fumist|e I [fymist] *m* chimneysweep (ramoneur) || **~erie** *f* chimney-building/-sweeping.

fumist|e II *n* FAM. humbug, fraud || **~erie** *f* (piece of) humbug.

fumoir [fymwar] *m* smoking-room.

funambule [fynɑ̃byl] *n* rope-dancer.

fun|èbre [fynɛbr] *adj* funeral ; *entrepreneur de pompes ~s,* undertaker, U.S. mortician || MUS. *marche ~,* dead march || **~érailles** [-erɑj] *fpl* funeral || **~éraire** [-erɛr] *adj* funeral.

funeste [fynɛst] *adj* disastrous ; deathly.

funiculaire [fynikylɛr] *adj/m* funicular, cable-railway.

fur [fyr] *m* ***au ~ et à mesure (que),*** [*loc adv*] (in proportion) as.

fur|et [fyrɛ] *m* ferret || **~eter** [-te] *vi* (8 *b*) ferret/nose about.

fur|eur [fyrœr] *f* fury, rage (colère) ; *en ~,* in a fury ; *mettre en ~,* infuriate, enrage ; *se mettre en ~,* fly into a rage || frenzy, wildness (ardeur) ; passion (folie) || rage (mode) ; ***faire ~,*** be all the rage/go || **~ie** *f* fury, rage ; *en ~,* stormy (mer) || **~ieusement** [-jøzmɑ̃] *adv* furiously, savagely || **~ieux, ieuse** *adj* furious, U.S. mad ; angry (*contre,* with) ; *rendre qqn ~,* drive sb. wild || desperate (combat) ; blustering (mer, vent).

furoncle [fyrɔ̃kl] *m* boil.

furt|if, ive [fyrtif, iv] *adj* furtive, stealthy || **~ivement** [-ivmɑ̃] *adv* stealthily ; *se glisser ~,* steal.

fusain [fyzɛ̃] *m* ARTS charcoal ; *dessiner au ~,* crayon.

fuseau [fyzo] *m* spindle || FIG. ~ *horaire,* time zone.

fusée [fyze] *f* rocket || MIL. fuse (d'obus) ; ~ *éclairante,* Verey light || AV. ~ *auxiliaire,* booster-rocket || ASTR. rocket ; ~ *à trois étages,* three-stage rocket.

fusel|age [fyzlaʒ] *m* AV. fuselage || **~é, e** *adj* tapered, tapering.

fuser [fyze] *vi* (1) [rires] break out.

fusible [fyzibl] *adj* fusible ● *m* ÉLECTR. fuse.

fusi|l [fyzi] *m* MIL. rifle ; ~ *mitrailleur,* light machine-gun || SP. (shot-)gun (de chasse) ; ~ ***sous-marin,*** speargun || TECHN. steel (pour affûter) || **~lier** [-lje] *m* MIL. ~ ***marin,*** marine || **~ller** [-je] *vt* (1) shoot.

fus|ion [fyzjɔ̃] *f* melting, fusion ; *en ~,* molten || COMM. merger || **~onner** [-ɔne] *vi* (1) COMM. merge, amalgamate || FIG. coalesce.

fût I [fy] *m* cask (tonneau) || ARCH. shaft (de colonne).

fût II V. ÊTRE.

futé, e [fyte] *adj* sharp, cunning, cute.

futil|e [fytil] *adj* futile, frivolous (personne); idle (prétexte); trifling (chose, incident) || **~ité** *f* futility || *Pl* trifles.

futur, e [fytyr] *adj* future; les *temps ~s,* the ages to come; *dans un ~ proche,* in the coming years || *~e mère,* expectant mother || intended (choisi) ● *m* GRAMM. future || FAM. *mon/(ma) ~(e),* my intended.

fuy|ant, e [fɥijɑ̃, ɑ̃t] *adj* FIG. elusive; shifty (regards); receding (front, menton) || **~ard** [-ar] *m* MIL. fugitive, runaway.

g

g [ʒe] *m* g.

gabardine [gabardin] *f* gabardine.

gabarit [gabari] *m* gauge.

gabegie [gabʒi] *f* mismanagement.

Gabon [gabɔ̃] *m* Gabon || **~ais, e** [-ɔnɛ, ɛz] *n/adj* Gabonese.

gâcher [gɑʃe] *vt* (1) mix (du mortier) || FIG. bungle (bâcler); waste (gaspiller); spoil (un plaisir); mess up (plans); *tout ~,* make a mess of it.

gâchette [gɑʃɛt] *f* [impr. = DÉTENTE] trigger (de fusil).

gâchis [gɑʃi] *m* FAM. mess; *quel ~ !,* what a mess!

gadget [gadʒɛt] *m* gadget, gimmick.

gadoue [gadu] *f* muck, filth, dirt.

gaffe I [gaf] *f* NAUT. boat-hook.

gaffe II POP. *faire ~,* pay attention.

gaff|e III *f* blunder; *faire une ~,* make a blunder, commit a faux-pas; drop a brick (fam.) [remarque] || **~eur, euse** *n* blunderer.

gag [gag] *m* TH., CIN. gag.

gaga [gaga] *adj* FAM. gaga (arg.).

gag|e [gaʒ] *m* pledge, pawn; *en ~,* in pawn; *mettre en ~,* pawn, put (sth.) in pledge || [jeux] forfeit (amende) || *Pl* wage(s) [d'un domestique]; *à ~s,* hired (personne) || **~er** *vt* (7) wager, bet (parier) || **~eure** [-yr] *f* wager, bet.

gagn|ant, e [gaɲɑ̃, ɑ̃t] *adj* winning ● *n* winner || **~e-pain** *m inv* livelihood || **~er** I *vt* (1) earn (un salaire); *~ **sa vie,*** make a living || win (un pari, un prix) || gain, save (du temps); *chercher à ~ du temps,* play for time || spare (de la place) || SP. win (une course); score (des points) || JUR. win (un procès) || FIG. win (la confiance); win/bring over (à une cause) — *vi* win || FIG. *~ à être connu,* improve on acquaintance.

gagner II *vt* (1) reach (un lieu) || gain (du terrain) || FIG. [émotion] creep over.

gai, e [ge] *adj* merry, cheerful, gay; buoyant (caractère); *~ luron,* jolly fellow || bright (couleurs)

|| ~**ement** [gɛmɑ̃] *adv* merrily, cheerfully, gaily || ~**eté** [gɛte] *f* cheerfulness, gaiety ; mirth (rires).

gaillard, e [gajar, ɑrd] *adj* strong, vigorous, hale and hearty ● *m solide ~,* strapping fellow || NAUT. *~ d'avant,* forecastle ; *~ d'arrière,* quarter-deck ● *f* strapping wench ; U.S. husky girl.

gain [gɛ̃] *m* gain, profit || *Pl* winnings (au jeu) ; earnings (par le travail) || *donner ~ de cause à qqn,* decide in sb.'s favour.

gaine [gɛn] *f* sheath (de couteau) || [vêtement] girdle, foundation-garment.

gala [gala] *m* gala ; *en habit de ~,* in gala dress.

gal|amment [galamɑ̃] *adv* courteously || ~**ant, e** *adj* gallant, attentive to women || ~**anterie** [-ɑ̃tri] *f* gallantry || *Pl* compliments.

galaxie [galaksi] *f* galaxy.

galb|e [galb] *m* curves, shapeliness || ~**é, e** *adj* curved, rounded.

gale [gal] *f* scabies || ZOOL. scab (des moutons) ; mange (des chats, des chiens).

galéjade [galeʒad] *f* tall story.

galère [galɛr] *f* NAUT., HIST. galley || FIG. drudgery || FAM. *vogue la ~!,* come what may !

galerie [galri] *f* gallery || ARTS picture-gallery || TH. circle || AUT. [porte-bagages] roof-rack, grid.

galérien [galerjɛ̃] *m* HIST. galley-slave || FIG. *mener une vie de ~,* lead a dog's life.

galet [galɛ] *m* pebble || *Pl* shingle ; *plage de ~s,* shingly beach.

galetas [galtɑ] *m* garret.

galette [galɛt] *f* CULIN. girdlecake || POP. dough (argent).

galeux, euse [galø, øz] *adj* scabby, mangy || FIG. *brebis ~euse,* black sheep.

galimatias [galimatja] *m* gibberish, rigmarole.

galipette [galipɛt] *f* FAM. somersault ; *faire la ~,* somersault.

Galles [gal] *f le pays de ~,* Wales.

gallicisme [galisism] *m* gallicism.

gallois, e [galwa, waz] *adj* Welsh ● *m* [langue] Welsh.

Gallois, e *n* Welshman, -woman.

gallon [galɔ̃] *m* gallon (mesure).

galoches [galɔʃ] *fpl* clogs.

galon [galɔ̃] *m* braid, lace || MIL. stripe.

galo|p [galo] *m* gallop ; *au ~,* at a gallop ; *grand ~,* full gallop ; *petit ~,* canter ; *aller au petit ~,* canter || ~**pade** [-ɔpad] *f* gallop(ping) || [course précipitée] rush, scurry || ~**per** [-ɔpe] *vi* (1) gallop ; *faire ~,* gallop || ~**pin** [-ɔpɛ̃] *m* urchin.

galvaniser [galvanize] *vt* (1) galvanize || FIG. stimulate.

galvauder [galvode] *vt* (1) sully (sa réputation).

gamb|ade [gɑ̃bad] *f* frisk, gambol || *Pl* romp, antics || ~**ader** [-ade] *vi* (1) frisk, skip, frolic, gambol.

gambit [gɑ̃bi] *m* gambit.

gamelle [gamɛl] *f* MIL. dixie, mess-tin.

gam|in [gamɛ̃] *m* urchin, brat, youngster || ~**ine** [-in] *f* girl.

gamme [gam] *f* MUS. scale, gamut || FIG. range (de couleurs, de prix) ; variety (de produits).

gangr|ène [gɑ̃grɛn] *f* gangrene || ~**ener (se)** *vpr* (1) mortify.

gangster [gɑ̃gstɛr] *m* gangster, U.S. racketeer, gunman.

gangue [gɑ̃g] *f* matrix, gangue.

ganse [gɑ̃s] *f* braid, tape.

gan|t [gɑ̃] *m* glove ; *~s de boxe,* boxing-gloves ; *~s de caoutchouc,* rubber gloves ; *~-crème,* barrier-cream ; *~ de crin,* friction glove ; *~ de toilette,* face flannel || FIG.

aller comme un ~, fit like a glove || **~ter** [-te] *vt* (1) put gloves on; *ganté de cuir,* wearing leather gloves.

garag|e [garaʒ] *m* garage; ~ *de canots,* boat-house || RAIL. *voie de* ~, side-track, siding || **~iste** *m* garage-man.

garan|t [garɑ̃] *m* [chose] security || JUR. guaranty || [personne] guarantor, warrantor, sponsor; *être le* ~ *de,* sponsor; *se porter* ~ *de,* stand surety for, vouch for || **~tie** [-ti] *f* guarantee; pledge (de contrat) || COMM. warrant; *sans* ~, unwarranted || JUR. warranty, security || **~tir** [-tir] *vt* (2) guarantee || COMM. warrant, certify.

garce [gars] *f* FAM., PÉJ. bitch.

garç|on [garsɔ̃] *m* boy, lad; young fellow || *(vieux)* ~, (old) bachelor || ~ *de bureau,* office boy; ~ *de cabine,* cabin boy; ~ *de café,* waiter; ~ *d'étage,* boots; ~ *d'honneur,* best man || **~onnet** [-ɔnɛ] *m* young boy || **~onnière** [-ɔnjɛr] *f* bachelor's room.

garde I [gard] *f* care; ***prendre*** ~, take care (*de,* to; *de ne pas,* not to); *prendre* ~ *que,* be careful that || *confier qqch. à la garde de qqn,* entrust sb. with the care of sth.; *confier qqn à la* ~ *de qqn,* commit sb. to sb.'s care || custody; *sous bonne* ~, in safe custody || ~ *d'enfant,* baby-sitting (fonction) || ***être sur ses* ~*s,*** be on one's guard; *mettre qqn en* ~, caution/warn sb.; *mise en* ~, caution (*contre,* against) || ***prenez* ~*!,*** look out!; *prenez* ~ *à,* beware of || MIL. *monter la* ~, mount guard, stand sentry || SP. [boxeur] *se mettre en* ~, square off || JUR. custody (d'un enfant).

garde II *f* MIL. [corps de troupe] *la Garde,* the Guards; [corps de garde] guard; ~ *montante,* new guard; ~ *descendante,* coming off guard; *relever la* ~, relieve (the) guard.

garde III *f* hilt (d'une épée).

garde IV *n* [personne] guardian, watchman, keeper (gardien); nurse (garde-malade); sitter-in, babysitter (d'enfants) ● *m* [personne] ~ ***champêtre,*** rural constable/policeman; ~ *du corps,* (body-)guard; ~ *forestier,* forester, U.S. ranger || **~-à-vous** *m inv* attention; *être au* ~, stand at attention; ~*!,* attention! || **~-barrière** *n* level-crossing keeper || **~-boue** *m inv* AUT. mudguard || **~-chasse** *m* game-keeper || **~-côte** *m* coastguard || **~-feu** *m inv* fire screen, fender || **~-fou** *m* parapet || **~-malade** *f* nurse || **~-manger** *m inv* meat-safe, cooler || **~-meuble** *m* furniture-warehouse; *mettre au* ~, store.

garder I [garde] *vt* (1) [conserver] keep || keep on (sur soi) || [retenir] ~ *qqn à dîner,* have sb. stay to dinner || [ne pas quitter] ~ ***la chambre/le lit,*** keep to one's room/bed || [conserver] keep (denrées) || AUT. ~ ***sa gauche,*** keep (to the) left || FIG. keep (un secret); ~ *présent à l'esprit,* bear in mind; ~ *rancune contre,* harbour a grudge against; ~ *le silence,* keep silent, hold one's peace — *vpr* ***se*** ~, [denrées] keep.

gard|er II *vt* (1) [surveiller] keep, watch over, guard; tend (des moutons); herd (un troupeau); mind, look after (des enfants) — *vpr* ***se*** ~ ***de,*** take care not to; *se bien* ~ *de (faire),* know better than to (do) || **~erie** *f* day-nursery || **~erobe** *f* wardrobe || **~ien, ienne** *n* keeper, guardian || watchman (veilleur de nuit) || custodian, caretaker, U.S. janitor (concierge) || ~ *de la paix,* constable || guard, warder (de prison) || SP. ~ ***de but,*** goal-keeper || AGR. ~ *de troupeaux,* herdsman.

gare! I [gar] *interj* beware! || *sans crier* ~, without warning.

gare II *f* station, U.S. depot; ~ *de marchandises,* goods/U.S. freight station; ~ *maritime,* harbour station; ~ *routière,* bus station; ~

de triage, marshalling yard || *entrer en* ~, [train] pull in.

garenne [garɛn] *f* warren.

garer [gare] *vt* (1) RAIL. shunt on to a siding || AUT. park, garage — *vpr* **se** ~, get out of the way, take cover || AUT. park.

gargar|iser (se) [səgargarize] *vpr* gargle || ~**isme** *m* gargle.

gargote [gargɔt] *f* chop-house, eating house.

gargouill|e [garguj] *f* ARCH. gargoyle || ~**ement** *m* gurgle, gurgling || ~**er** *vi* (1) gurgle || ~**is** [-i] *m* gurgling.

garnement [garnəmɑ̃] *m* scamp, rascal.

garn|i [garni] *m* furnished apartment, lodgings, digs (fam.) || ~**ir** *vt* (2) furnish (emplir) || trim (orner) || make up (le feu) || hang (*de,* with) [rideaux] || fill (bibliothèque, boîte) [*de,* with] || CULIN. garnish (un plat) [*de,* with].

garnison [garnizɔ̃] *f* garrison; *mettre en* ~, garrison; *être en* ~ *à,* be stationed at.

garniture [garnityr] *f* ornament; fittings (accessoires) || ~ *de foyer,* fire-irons || CULIN. garnishing || AUT. lining (d'embrayage).

garrot [garo] *m* MÉD. tourniquet.

gars [gɑ] *m* FAM. lad, fellow, U.S. guy (arg.).

gas-oil [gazoil] *m* diesel oil, fuel-oil.

gaspill|age [gaspijaʒ] *m* waste, wasting, squandering, extravagance || ~**er** *vt* (1) waste, squander, trifle away (son argent); fritter away (son temps) ; throw away (une chance) || ~**eur, euse** *adj* wasteful ● *n* waster; squanderer.

gâté, e [gɑte] *adj* spoilt || bad (nourriture); rotten, spoilt (fruit) || FIG. spoilt (enfant).

gâteau [gɑto] *m* cake; ~ *sec,* cracker, biscuit/U.S. cookie.

gât|er [gɑte] *vt* (1) spoil, taint (aliments) || spoil, indulge, pamper (un enfant) || ruin, spoil, mar (le plaisir) — *vpr* **se** ~, [aliments] spoil, deteriorate, go bad/off; [fruit] decay || [dent] decay || [temps] break up || ~**eux, euse** *adj* doddering , in one's dotage ● *n* dotard, dodderer || ~**isme** *m* dotage, senility.

gauch|e [goʃ] *adj* left (côté) || AUT. near (roue d'une voiture en G.-B.) || FIG. awkward, clumsy, ungainly (maladroit) ● *f* left side; *à* ~, on/to the left; *à (main)* ~, on the left hand side || POL. *la* ~, the Left Wing; *homme de* ~, leftist || ~**ement** *adv* awkwardly, clumsily || ~**er, ère** [-ʃe, ɛr] *adj/(n)* left-handed (person) || ~**erie** f awkwardness, clumsiness || ~**ir** *vi/vt* (2) warp (déformer).

gaudriole [godriɔl] *f* broad joke || FAM. sexual intercourse.

gaufr|e [gofr] *f* waffle (gâteau); *moule à* ~*s,* waffle-iron || ~**er** *vt* (1) emboss, stamp (du papier, du tissu) || ~**ette** *f* CULIN. wafer || ~**ier** *m* waffle-iron.

gaul|e [gol] *f* pole || SP. fishing-rod (canne à pêche) || ~**er** *vt* (1) beat (des noix).

gauloi|s, e [golwa, waz] *adj* Gallic || ~**serie** [-zri] *f* broad joke.

gausser (se) [səgose] *vpr* (1) *se* ~ *de,* mock, ridicule.

gaver [gave] *vt* (1) cram (une oie); stuff, glut (une personne) — *vpr* **se** ~, glut/gorge/stuff oneself.

gaz [gaz] *m inv* gas; ~ *asphyxiant,* poison-gas; ~ *lacrymogène,* tear-gas; *le* ~ *est-il ouvert ?,* is the gas on? || AUT. *mettre pleins* ~, step on the gas; *(à) pleins* ~, flat out.

gaze [gaz] *f* gauze.

gaz|é, e [gaze] *adj* MÉD. gassed || ~**éifier** [-eifje] *vt* (1) gasify.

gazelle [gazɛl] *f* gazelle.

gazeux, euse *adj* [boisson] fizzy; *eau ~e,* aerated water || CH. gaseous.

gazole [gazɔl] *m* = GAS-OIL.

gazon [gazɔ̃] *m* turf (herbe) || lawn (pelouse).

gazouill|ement [gazujmɑ̃] *m* warble, twitter (d'un oiseau) || prattling (d'un enfant) || babbling (d'un ruisseau) || **~er** *vi* (1) [oiseau] warble, twitter, chirp || [enfant] prattle, crow || [ruisseau] babble, purl || **~is** [-i] *m* = GAZOUILLEMENT.

geai [ʒɛ] *m* jay.

géant, e [ʒeɑ̃, ɑ̃t] *adj* gigantic || jumbo-size (paquet) ● *n* giant || FIG. *à pas de ~,* with giant's stride.

geindre [ʒɛ̃dr] *vi* (59) whine || whimper (pleurnicher).

gel [ʒɛl] *m* frost.

gélatin|e [ʒelatin] *f* gelatin || **~eux, euse** *adj* gelatinous.

gel|é, e [ʒəle] *adj* frost-bitten ● *f* frost; *~e blanche,* hoarfrost || CULIN. jelly || **~er** *vt* (8 *b*) freeze (congeler); frost (couvrir de gelée) || AGR. frost, nip || FIN. freeze — *vi* freeze — *vpr* ***se ~,*** freeze, get frozen.

gélule [ʒelyl] *f* MÉD. capsule.

Gémeaux [ʒemo] *mpl* ASTR. Gemini, the Twins.

gém|ir [ʒemir] *vi* (2) groan, moan, wail || **~issement** *m* moan(ing), groan(ing), wail(ing).

gênant, e [ʒɛnɑ̃, ɑ̃t] *adj* inconvenient (objet); intrusive, troublesome (personne).

gencive [ʒɑ̃siv] *f* gum.

gendarm|e [ʒɑ̃darm] *m* FR. gendarme || **~er (se)** *vpr* (1) make violent protest.

gendre [ʒɑ̃dr] *m* son-in-law.

gên|e [ʒɛn] *f* discomfort, impediment (physique) || uneasiness, constraint (morale) || inconvenience, annoyance (désagrément) || need (besoin); *dans la ~,* in reduced/straitened circumstances || **~é, e** *adj* embarrassed, awkward, self-conscious (mal à l'aise) || short of money (à court d'argent).

généalogie [ʒenealɔʒi] *f* pedigree (ancêtres) || genealogy (science).

gêner [ʒɛne] *vt* (1) embarrass, inconvenience (embarrasser); be in the/sb.'s way (encombrer); impede, hinder, interfere with (contrarier); trouble, annoy, bother (importuner); *la fumée vous gêne-t-elle?,* do you mind if I smoke? || balk (contrecarrer); obstruct (la vue) || hamper, cramp (les mouvements) — *vpr* ***se ~,*** put oneself to inconvenience || FAM. *ne vous gênez pas!,* do make yourself at home! (ironiquement).

général, e, aux [ʒeneral, o] *adj* general || common (répandu) ● *loc adv* ***en ~,*** in general, usually, by and large; *en règle ~e,* as a rule ● *m* MIL. general; *~ de brigade,* brigadier || **~ement** *adv* generally, usually; *~ parlant,* broadly speaking || **~isation** *f* generalization; *~* ***hâtive,*** sweeping statement || **~iser** *vt* (1) generalize — *vpr* ***se ~,*** come into general use, become widespread || **~iste** *n* MÉD. general practitioner, G.P. || **~ité** *f* generality; majority.

généra|tion [ʒenerasjɔ̃] *f* generation || **~trice** *f* ÉLECTR. generator.

génér|eusement [ʒenerøzmɑ̃] *adv* generously ||without stint, lavishly || **~eux, euse** *adj* generous, bountiful, open-handed, handsome, liberal || rich (vin).

générique [ʒenerik] *m* CIN. credit-titles.

générosité [ʒenerozite] *f* generosity, bounty, liberality.

Gênes [ʒɛn] *f* Genoa.

genèse [ʒənɛz] *f* genesis.

genêt [ʒənɛ] *m* broom ; ~ *épineux,* gorse.

génétique [ʒenetik] *adj* genetic.

gêneur, euse [ʒɛnør, øz] *n* intruder.

Genève [ʒənɛv] *f* Geneva.

genévrier [ʒənevrije] *m* juniper.

gén|ial, e, aux [ʒenjal, o] *adj* of genious (invention, personne) || FAM. brilliant ; *idée* ~*e,* brainwave || FAM. smashing, fantastic, super (fam.) || ~**ie** *m* genious (don, personne) ; *un homme de* ~, a man of genius ; *avoir le* ~ *des maths,* have a genius for maths || TECHN. ~ *civil,* civil engineering || MIL. *le (corps du) génie,* the Engineers ; *soldat du* ~, engineer || FIG. genius, spirit.

genièvre [ʒənjɛvr] *m* hollands (boisson) || juniper.

génisse [ʒenis] *f* heifer.

génit|al, e, aux [ʒenital, o] *adj* genital ; *organes* ~*aux,* genitals || ~**if** [-if] *m* GRAMM. genitive.

genou, oux [ʒənu] *m* knee ; ***à*** ***~x,*** kneeling, on one's knees ; *jusqu'aux* ~*x,* knee-deep ; *se mettre à* ~*x,* go down on one's knees, kneel down ; *s'asseoir sur les* ~*x de qqn,* sit in sb.'s lap.

genre [ʒɑ̃r] *m* kind, type ; ~ *humain,* human race || PÉJ. ***nouveau*** ~ new-fangled || GRAMM. gender || ARTS genre.

gens [ʒɑ̃] *mpl* people, folk ; *de braves* ~, good people ; *jeunes* ~, young men ; ~ *de maison,* (domestic) servants ; ~ *du monde,* society people, U.S. socialites (fam.).

gent|il, ille [ʒɑ̃ti, ij] *adj* nice, pretty/U.S. cute (charmant) ; obliging (aimable) ; *un* ~ *garçon,* a decent fellow || ~ *avec qqn,* kind to sb. ; *c'est* ~ *à vous de,* it's kind/nice of you to || ~**illesse** [-ijɛs] *f* kindness, sweetness || ~**iment** *adv* prettily, nicely, kindly.

génuflexion [ʒenyflɛksjɔ̃] *f* genuflexion ; *faire une* ~, genuflect.

géo|désique [ʒeɔdezik] *adj* geodesic, geodetic || ~**graphe** [-graf] *m* geographer || ~**graphie** [-grafi] *f* geography || ~**graphique** *adj* geographical.

geôle [ʒol] *f* gaol.

géo|logie [ʒeɔlɔʒi] *f* geology || ~**logique** *adj* geological || ~**mètre** *m* (*arpenteur*) ~, land-surveyor || ~**métrie** [metri] *f* geometry ||AV. *à* ~ *variable,* swing-wing || ~**métrique** *adj* geometrical || ~**physique** *f* geophysics.

gér|ance [ʒerɑ̃s] *f* COMM. management || ~**ant, e** *n* manager || [pub] publican.

gerbe [ʒɛrb] *f* sheaf (de blé) ; spray (de fleurs) || column (d'eau).

ger|cer [ʒɛrse] *vt* (6) crack || MÉD. chap — *vpr* ***se*** ~, crack || MÉD. chap || ~**çure** [-syr] *f* chap (de la peau).

gérer [ʒere] *vt* (5) conduct (un commerce) ; manage, run (un hôtel) ; administer (une tutelle).

germain, e [ʒɛrmɛ̃, ɛn] *adj cousin* ~, first cousin.

germanique [ʒɛrmanik] *adj* Germanic.

germ|e [ʒɛrm] *m* germ || ~**er** *vi* (1) germinate, sprout.

gérondif [ʒerɔ̃dif] *m* gerund.

gésier [ʒezje] *m* gizzard.

gésir [ʒezir] *vi* (57) [arch.] be lying *ci-gît,* here lies.

geste [ʒɛst] *m* gesture ; ***faire un*** ~ make a gesture ; *faire un* ~ *de la main,* gesture with one's hand, give a wave ; *grand* ~, sweep ; flourish (moulinet) || FIG. act, deed ; *beau* ~, noble deed/gesture.

gesticul|ation [ʒɛstikylasjɔ̃] *f* gesticulation || ~**er** *vi* (1) gesticulate.

gestion [ʒɛstjɔ̃] *f* management; administration; *mauvaise* ~, mismanagement; misconduct || JUR. husbandry.

gibecière [ʒibsjɛr] *f* game-bag.

gibet [ʒibɛ] *m* gallows.

gibier [ʒibje] *m* game, chase; ~ *d'eau*, waterfowl; ~ *à plumes*, winged game; ~ *à poil*, ground-game || FIG. ~ *de potence*, jailbird.

giboulée [ʒibule] *f* sudden shower; ~*s de mars*, April showers.

giboyeux, euse [ʒibwajø, øz] *adj* abounding in game.

gicl|ée [ʒikle] *f*, **~ement** *m* squirt, spurt; squelch (de boue) || **~er** *vi* (1) squirt, spurt out; spout || [boue] splash up; *faire* ~, squirt, squelch || **~eur** *m* AUT. jet; ~ *de ralenti*, slow-running jet.

gifl|e [ʒifl] *f* slap (on the face), box on the ear, smack || **~er** *vt* (1) ~ *qqn*, slap/smack sb.'s face, box sb.'s ears.

gigantesque [ʒigɑ̃tɛsk] *adj* gigantic.

gigogne [ʒigɔɲ] *f table* ~, nest of tables || [astronautique] *fusée* ~, multistage rocket.

gigo|t [ʒigo] *m* leg of mutton || **~ter** [-ɔte] *vi* (1) shake a leg; fidget.

gilet [ʒilɛ] *m* waistcoat, U.S. vest || NAUT. ~ *de sauvetage*, life-jacket.

gingembre [ʒɛ̃ʒɑ̃br] *m* ginger.

girafe [ʒiraf] *f* giraffe.

girl [gœrl] *f* TH. chorus-girl, show-girl.

girofl|e [ʒirofl] *m* BOT. *clou de* ~, clove || **~ée** *f* stock.

giron [ʒirɔ̃] *m* lap.

girouette [ʒirwɛt] *f* weathercock, vane.

gisement [ʒizmɑ̃] *m* GÉOL. deposit, layer; ~ *pétrolifère*, oilfield || NAUT. bearing (d'un vaisseau); lie (d'une île).

gît [ʒi] V. GÉSIR.

gitan, e [ʒitɑ̃, an] *adj/n* gipsy.

gît|e I [ʒit] *m* lodging; *sans* ~, homeless; *le* ~ *et le couvert*, board and lodging || cover(t) [du renard]; form (du lièvre) || **~er** I *vi* (1) [animal] couch, lie.

gît|e II *f* NAUT. heel, list || **~er** II *vi* (1) NAUT. list, heel over.

givr|age [ʒivraʒ] *m* AV. icing || **~e** *m* hoarfrost, rime || **~é, e** *adj* frosted, rimy || **~er** *vi/vt* (1) ice || AV. ice up.

glabre [glabr] *adj* beardless, clean-shaven.

glaçage [glasaʒ] *m* CULIN. icing.

glace I [glas] *f* mirror, looking-glass || AUT., RAIL. window (de portière).

glac|e II *f* ice; ~ *flottante*, floe || ***bac à*** ~, ice-tray; *seau à* ~, ice-pail || CULIN. ice-cream; ~ *aux fruits*, sundae || NAUT. *pris dans les* ~*s*, ice-bound || FIG. ***rompre la*** ~, break the ice || **~é, e** *adj* frozen (eau) || frozen, chilled to the bone (personne) || icy, chill(y) (vent); ice-cold (mains) || CULIN. ice-cold; *crème* ~*e*, ice-cream; U.S. *thé* ~, iced tea || PHOT. glossy || FIG. frigid || **~er** *vt* (5) freeze || PHOT. gloss || CULIN. ice (une boisson); frost (un gâteau) — *vpr* ***se*** ~, FIG. [sang] curdle || **~iaire** *adj* glacial (époque) || **~ial, e, als** [-jal] *adj* icy (température); frosty, bitter (vent); bleak || FIG. chilly, frigid || **~ier** *m* GÉOGR. glacier, ice-field || CULIN. ice-cream maker || **~ière** *f* ice-box.

glaçon [glasɔ̃] *m* icicle (au bord d'un toit); ice-floe (flottant) || CULIN. ice cube.

glaïeul [glajœl] *m* gladiolus.

glaise [glɛz] *f* clay, loam.

gland [glɑ̃] *m* acorn, mast (d'un chêne); tassel (à un rideau).

glande [glɑ̃d] *f* gland.

glan|er [glane] *vt* (1) glean || **~eur, euse** *n* gleaner.

glapir [glapir] *vi* (2) [animal] squeal; [chien] yelp; [renard] bark.

glas [gla] *m* knell.

gliss|ade [glisad] *f* slide, slip || **~ant, e** *adj* slippery, slick (route) || **~ement** *m* slide, sliding, glide || **~er** *vi* (1) slide (sur la glace); slip (par accident); glide (sur l'eau) || FIG. slide (*sur,* over) [un sujet] — *vt* slip (qqch.) — *vpr* ***se ~,*** slip (*dans,* into); edge/worm (one's way); squash (*dans,* into) [en se serrant] || steal/sneak (furtivement) || **~ière** *f* slide || TECHN. chute || AUT. ***~ de sécurité,*** crash barrier || **~oire** *f* slide.

glob|al, e, aux [glɔbal, o] *adj* total, aggregate, global; inclusive, all-in (prix); lump (paiement) || **~e** *m* globe; *~ terrestre,* globe; orb (du soleil) || MÉD. *~ oculaire,* eyeball.

globule [glɔbyl] *m* MÉD. corpuscle (du sang); *~s blancs,* white blood cells.

gloire [glwar] *f* glory || *pour la ~,* for nothing; *rendre ~ à,* glorify; *se faire ~ de,* glory in || FIG. glory (splendeur).

glor|ieusement [glɔrjøzmɑ̃] *adv* gloriously || **~ieux, euse** *adj* glorious || **~ifier** [-ifje] *vt* (1) glorify — *vpr* ***se ~,*** glory (*de,* in) || **~iole** [-jɔl] *f* vainglory.

glos|e [gloz] *f* gloss; commentary || **~er** *vt* (1) gloss (un texte) — *vi ~ sur,* comment on (texte); cast reflections on (personne).

glossaire [glɔsɛr] *m* glossary.

glotte [glɔt] *f* glottis.

glouglou [gluglu] *m* FAM. gurgle (d'une bouteille) || gobble (d'un dindon) || **~ter** *vi* (1) FAM. [bouteille] gurgle || [dindon] gobble.

glouss|ement [glusmɑ̃] *m* cluck (de poule); gobble (du dindon) || chuckle, cackle (d'une personne) || **~er** *vi* (1) [poule] cluck || [personne] chuckle.

glout|on, onne [glutɔ̃, ɔn] *adj* gluttonous ● *n* glutton || **~onnerie** [-ɔnri] *f* gluttony.

glu [gly] *f* bird-lime || **~ant, e** *adj* sticky, gummy; slimy.

glucose [glykoz] *m* glucose.

glycémie [glisemi] *f* MÉD. blood sugar test.

glycérine [gliserin] *f* glycerin(e).

glycine [glisin] *f* wistaria.

gnôle [ɲol] *f* POP. booze.

gnon [ɲɔ̃] *m* POP. wallop, biff.

go (tout de) [tudgo] *loc adv* right off, straightway.

gobelet [gɔblɛ] *m* tumbler (en métal); beaker (en plastique).

gober [gɔbe] *vt* (1) suck (un œuf) || FAM. swallow, take in (une histoire).

goberger (se) [səgɔbɛrʒe] *vpr* (7) guzzle.

godasse [gɔdas] *f* POP. shoe.

godet [gɔdɛ] *m* (small) cup.

godiche [gɔdiʃ] *adj* simple, gawky.

godill|e [gɔdij] *f aller à la ~,* scull || **~er** [-ije] *vi* (1) scull.

godillot [gɔdijo] *m* MIL., FAM. army-boot || POP. boot.

goéland [gɔelɑ̃] *m* (sea-)gull.

goélette [gɔelɛt] *f* schooner.

goémon [gɔemɔ̃] *m* seaweed.

gogo [gogo] *m* FAM. sucker.

gogo (à) *loc adv* galore.

goguenard, e [gɔgnar, ard] *adj* mocking, jeering.

goinfr|e [gwɛ̃fr] *adj* piggish ● *m* pig; *manger comme un ~,* make a pig of oneself || **~er** *vi* (1) FAM. guzzle.

goitr|e [gwatr] *m* goitre || **~eux, euse** *adj* goitrous.

golf [gɔlf] *m* golf; *terrain de ~,* golf-course/-links; *joueur de ~,* golfer.

golfe [gɔlf] *m* gulf.

gomm|e [gɔm] *f* gum || eraser, (India) rubber (à effacer) || **~é, e** *adj* gummed, adhesive || **~er** *vt* (1) gum || erase, rub out (effacer).

gond [gɔ̃] *m* hinge.

gondolant, e [gɔ̃dɔlɑ̃, ɑ̃t] *adj* FAM. killing(ly funny).

gondole [gɔ̃dɔl] *f* gondola.

gondoler (se) [səgɔ̃dɔle] *vi/(vpr)* (1) [bois] warp; [papier] wrinkle || POP. split one's sides.

gondolier [gɔ̃dɔlje] *m* gondolier.

gonfl|able [gɔ̃flabl] *adj* inflatable || **~age** *m* inflating || **~é, e** *adj* swollen (visage); inflated (ballon, pneu); bulging (poche) || CULIN. puffed (riz) || **~ement** *m* inflation || [visage] swelling || FIG. swelling || **~er** *vt* (1) inflate, pump up, blow up (un ballon, un pneu) || bulge (les joues) || AUT. soup up (un moteur) — *vi* swell — *vpr* ***se ~,*** swell, bulge || NAUT. [voile] belly || **~eur** *m* air pump, inflator.

gong [gɔ̃g] *m* gong.

goret [gɔrɛ] *m* piglet || FAM. dirty child.

gorge I [gɔrʒ] *f* GÉOGR. gorge.

gorg|e II *f* throat; *avoir mal à la ~,* have a sore throat || FIG. *rendre ~,* disgorge || ***~-de-pigeon,*** dove-colour(ed) || **~é, e** *adj* replete (*de,* with); *~ d'eau,* soggy || **~ée** *f* gulp; [chat] lap; *petite ~,* sip || **~er** *vt* (7) surfeit (qqn) — *vpr* ***se ~ de,*** surfeit/gorge/stuff oneself with.

gorille [gɔrij] *m* gorilla.

gosier [gozje] *m* throat, gullet.

gosse [gɔs] *m* FAM. kid, kiddy.

gothique [gɔtik] *adj* gothic.

gouache [gwaʃ] *f* gouache.

gouaill|er [gwaje] *vt* (1) jeer || **~eur, euse** *adj* jeering.

goudr|on [gudrɔ̃] *m* tar || **~onné, e** [-ɔne] *adj* tarred || **~onner** *vt* (1) tar.

gouffre [gufr] *m* gulf, abyss, chasm || pothole (grotte).

goujat [guʒa] *m* cad.

goujon [guʒɔ̃] *m* ZOOL. gudgeon.

goulet [gulɛ] *m* NAUT. narrows || FIG. *~ d'étranglement,* bottle-neck.

goulot [gulo] *m* neck || FIG. *~ d'étranglement,* bottleneck.

goulu, e [guly] *adj* gluttonous.

goupill|e [gupij] *f* pin || **~er** [-ije] *vt* (1) TECHN. pin || POP. manage — *vpr* ***se ~*** *cela s'est bien goupillé,* it turned out all right; *cela s'est mal goupillé,* it misfired.

gourd, e [gur, urd] *adj* numb (de froid) ● *f* FAM. simpleton.

gourde *f* water-bottle, flask.

gourdin [gurdɛ̃] *m* club, cudgel.

gourman|d, e [gurmɑ̃, ɑ̃d] *adj* greedy; *~ de,* fond of || **~dise** [-diz] *f* greediness, gluttony (péché capital); love of good food (penchant) || *Pl* delicacies.

gourme [gurm] *f* MÉD. impetigo || FAM. *jeter sa ~,* sow one's wild oats.

gourmet [gurmɛ] *m* epicure, gourmet.

gousse [gus] *f* pod, hull, shell; *~ d'ail,* clove of garlic.

gousset [gusɛ] *m* waistcoat pocket.

goû|t [gu] *m* taste (sens) || taste, flavour, savour, relish (saveur); ***avoir un ~ de,*** taste of/like, savour of; *cela a bon ~,* it tastes good || FIG. taste, liking; fancy (penchant); *Pl* likes (préférences) || *par ~,* by choice; *prendre ~ à,* get a liking for, take to || FIG.

(*bon*) ~, (good) taste; *faute de* ~, lapse in taste; *de mauvais* ~, in bad taste || **~ter** I [-te] *vt* (1) taste (un mets) || relish (déguster) || FIG. enjoy, appreciate || **~ à,** taste, sample, [nég.] touch || **~ de,** taste for the first time; FIG. experience.

goûter II *vi* (1) have (afternoon) tea ● *m* snack, (afternoon-)tea; ~ *dînatoire,* high tea.

goutte I [gut] *f* MÉD. gout.

goutte II *f* drop, drip (de liquide); bead (de sueur); ~ *à* ~, drop by drop; *tomber* ~ *à* ~, drip; *verser* ~ *à* ~, drop || dash (d'alcool) || **~lette** [-lɛt] *f* droplet.

gouttière [gutjɛr] *f* gutter (de toit); spout (tuyau) || MÉD. cradle.

gouvern|ail [guvɛrnaj] *m* rudder; helm (barre); ~ *automatique,* self-steering gear || **~ant, e** *adj* ruling ● *mpl les* ~*s,* the government || **~ante** *f* housekeeper || governess (d'enfants) || **~ement** *m* management (direction) || POL. government; U.S. administration || **~er** *vt* (1) manage, run (une maison) || govern, rule (un pays) || NAUT. steer, navigate (un bateau) || FIG. handle, sway, control — *vpr* ***se*** ~, control oneself || NAUT. [bateau] steer || **~eur** *m* governor.

grabat [graba] *m* wretched bed.

grabuge [grabyʒ] *m* scandal, row; *il y aura du* ~, there'll be ructions.

grâce I [grɑs] *f* grace(fulness) [charme]; *avec* ~, gracefully || FIG. *de bonne/mauvaise* ~, with a good/bad grace.

grâce II *f* favour (faveur); *faites-moi la* ~ *de,* do me the favour of || blessing (de Dieu) || *donner le coup de* ~, give the coup de grace || *Pl être dans les bonnes* ~*s de qqn,* be in sb.'s favour ● *loc adv de* ~, for pity's sake.

grâce III *f* thanks (remerciement); *rendre* ~*(s) à qqn de,* give thanks to sb. for; *actions de* ~*s,* thanksgiving || REL. grace; *en état de* ~, in a state of grace; grace (avant/après le repas).

grâce IV *f* forgiveness (pardon); mercy, grace (clémence); *demander* ~, ask for mercy; *faire* ~ *à qqn (de qqch.),* let sb. off (from sth.) || JUR. free pardon; *recours en* ~, petition for mercy.

grâce à *loc prép* thanks to, through.

gracier [grasje] *vt* (1) pardon, reprieve.

grac|ieux, ieuse I [grasjø, jøz] *adj* graceful, seemly (séduisant) || **~ieusement** *adv* gracefully.

gracieux, ieuse II *adj* free (gratuit); complimentary (billet).

gracile [grasil] *adj* slim, slender.

grad|ation [gradasjɔ̃] *f* gradation || **~e** *m* rank || [université] degree || MIL. rank || **~é** *m* MIL. non-commissioned officer || **~in** *m* row of seats, tier || **~uation** [-ɥasjɔ̃] *f* graduation || scale (d'un thermomètre) || **~uel, elle** [-ɥɛl] *adj* gradual || **~uellement** [-ɥɛlmɑ̃] *adv* gradually, by degrees || **~uer** [-ɥe] *vt* (1) graduate.

grain I [grɛ̃] *m* grain (de blé, etc.); bean, berry (de café); grape (de raisin) || corn, grain (céréales) || seed (de moutarde); ~ *de poivre,* peppercorn || [poussière] speck || grain (de sel, de sable) || bead (de chapelet) || grain (du bois) || PHOT. *à* ~ *fin,* fine-grained || MÉD. ~ *de beauté,* mole || FIG. *mettre son* ~ *de sel,* butt in.

grain II *m* NAUT. squall (vent); heavy shower (pluie).

graine [grɛn] *f* seed; *monter en* ~, go to seed || **~terie** [-tri] *f* seed shop || **~tier, ière** *n* seedsman, -woman.

graiss|age [grɛsaʒ] *m* greasing (à la graisse); lubrication (à l'huile) || **~e** *f* grease || CULIN. fat, suet (de bœuf); dripping (de rôti) ||

~**er** *vt* (1) grease (à la graisse); oil (à l'huile) || FIG. ~ *la patte à qqn,* grease sb.'s palm || ~**eux, euse** *adj* greasy, oily.

gramm|aire [grammɛr] *f* grammar || ~**atical, e, aux** [-atikal, o] *adj* grammatical.

gramme [gram] *m* gramme.

gramophone [gramɔfɔn] *m* gramophone.

grand, e [grɑ̃, ɑ̃d] *adj* great, large, big || tall, high (haut); *un homme* ~, a tall man; ~ *et maigre,* lanky || loud (bruit, cri) || main (principal) || great; *un* ~ *homme,* a great man; *de la plus* ~*e importance,* of the utmost importance; *le* ~ *monde,* high life; *à* ~*e puissance,* high-powered; *il est* ~ *temps,* it is high time; ~*e tenue,* full dress || *au* ~ *air,* in the open air; *au* ~ *jour,* in broad daylight ● *adv voir* ~, see/think big || ~ *ouvert,* wide open ● *loc adv* ***en*** ~, on a large scale || ***pas*** ~***-chose,*** not/nothing much ● *mpl* grown-ups (les adultes).

Grande-Bretagne [grɑ̃dbrətaɲ] *f* (Great) Britain.

grand|ement [grɑ̃dmɑ̃] *adv* greatly, largely, highly || grandly (généreusement) || ~**eur** *f* greatness || largeness, bigness || size (dimension); ~ ***nature,*** life-size, full-scale || FIG. greatness, magnanimity; grandeur || ~**iloquence** [-ilɔkɑ̃s] *f* grandiloquence || ~**iloquent, e** [-ilɔkɑ̃, ɑ̃t] *adj* bombastic (style); grandiloquent (personne) || ~**iose** [-joz] *adj* grand; imposing, grandiose || ~**ir** *vi* (2) [personne] grow up, grow taller || FIG. increase || ~**issant, e** *adj* growing; increasing.

grand|-maman [grɑ̃mamɑ̃] *f* grandma, granny || ~**-mère** *f* grandmother || ~**-messe** *f* high mass || ~**-papa** *m* grandpa || ~**-parents** *mpl* grand-parents || ~**-père** *m* grandfather || ~**-route** *f* main road || ~**-rue** *f* main street.

grange [grɑ̃ʒ] *f* barn.

granit(e) [granit] *m* granite.

granul|e [granyl] *m* granule || ~**eux, euse** *adj* granular, granulous.

graph|ique [grafik] *adj* graphic ● *m* graph, chart (courbe); diagram (dessin) || ~**ologie** [-ɔlɔʒi] *f* graphology.

grappe [grap] *f* cluster (de fruits, de fleurs); bunch (de raisins).

grappin [grapɛ̃] *m* NAUT. grapnel (ancre); grappling-hook (crochet).

gras, grasse [grɑ, gras] *adj* fat (animal); fleshy (personne) || greasy, oily (graisseux) || CULIN. fat, fatty (viandes); *bouillon* ~, meat broth; *matières* ~*ses,* fats || BOT. *plante* ~*se,* thick leaf plant || TECHN. *caractères* ~, bold-faced type || FAM. *faire la* ~*se matinée,* lie in; have a lie-in (fam.) ● *adv* REL. *faire* ~, eat meat ● *m* CULIN. fat || ~**sement** *adv* FIG. generously || ~**souillet, ette** [-sujɛ, ɛt] *adj* plump.

gratif|ication [gratifikasjɔ̃] *f* gratuity || ~**ier** *vt* (1) present (*de,* with) [faire cadeau]; favour (*de,* with) [accorder].

gratin [gratɛ̃] *m* CULIN. gratin; *au* ~, au gratin || POP. smart set.

gratis [gratis] *adv* free.

gratitude [gratityd] *f* gratitude.

gratte [grat] *f* FAM. pickings.

grattage [grataʒ] *m* scraping (d'une surface) || erasure (effacement).

gratte|-ciel [gratsjɛl] *m inv* skyscraper || ~**-papier** *m inv* FAM. copy-clerk.

gratt|ement [gratmɑ̃] *m* scratch || ~**er** *vt* (1) scrape (une surface); scratch (avec les ongles) || erase (effacer) || MUS. twang (une guitare) — *vpr* ***se*** ~, scratch || ~**oir** *m* eraser (de bureau) || TECHN. scraper.

gratui|t, e [gratɥi, it] *adj* gratuitous, free (of charge) || FIG. unfounded (supposition); wanton, uncalled for (insulte) || **~tement** *adv* free (of charge), gratis; for free (fam.) || FIG. wantonly (sans raison); without proof (accuser).

gravats [gravɑ] *mpl* debris, rubbish.

grave I [grav] *adj* deep, low, bass (voix, son) || GRAMM. grave (accent).

grave II *adj* solemn, dignified, grave (air); sober (visage); important (affaire); serious (erreur) || MÉD. severe, serious (maladie); bad (accident).

graveleux, euse [gravlø, øz] *adj* smutty.

gravement [gravmɑ̃] *adv* solemnly, gravely || MÉD. severely, seriously.

grav|er [grave] *vt* (1) engrave; carve (sur bois); etch (à l'eau forte) || emboss (en relief) || cut (un disque) || FIG. imprint/engrave on (la mémoire) || **~eur** *m* engraver, carver.

grav|ier [gravje] *m* gravel || **~illon** [-ijɔ̃] *m* fine gravel.

gravir [gravir] *vt* (2) climb (une échelle); ascend, climb (une montagne); clamber up (péniblement).

gravit|ation [gravitasjɔ̃] *f* gravitation || **~é** *f* PHYS. gravity; *centre de ~,* centre of gravity || FIG. solemnity, gravity || MÉD. severity, seriousness || **~er** *vi* (1) ASTR. gravitate; *~ autour de,* orbit.

gravure [gravyr] *f* [action] engraving; carving (sur pierre); etching (à l'eau-forte) || [image] print, picture, etching, plate; *~ sur bois,* wood-cut.

gré [gre] *m à votre ~,* to your liking (convenance); as you choose/please (guise); *de son plein ~,* of one's own accord/free will; *contre son ~,* against one's will; *de ~ ou de force, bon ~ mal ~,* willy-nilly; *de ~ à ~,* by mutual consent || *savoir ~ à qqn de qqch.,* be grateful to sb. for sth.

grec, grecque [grɛk] *adj* Greek || Grecian (arts) ● *m* [langue] Greek ● *f* ARCH. (Greek) fret ● *n* Greek.

Grèce [grɛs] *f* Greece.

gredin, e [grədɛ̃, in] *n* scoundrel, rascal.

gré|ement [gremɑ̃] *m* NAUT. rig(ging) || **~er** *vt* (1) rig.

greff|e [grɛf] *f* BOT. graft || MÉD. *~ du cœur,* heart transplant (opération) || **~er** *vt* (1) graft, engraft || MÉD. transplant.

greffier [grɛfje] *m* JUR. recorder, clerk.

grégaire [gregɛr] *adj* gregarious.

grège [grɛʒ] *adj* raw (soie).

grêle I [grɛl] *adj* thin, lank || MÉD. *intestin ~,* small intestine.

grêl|e II *f* hail || FIG. shower (de coups, de projectiles); volley (de pierres) || **~é, e** *adj* MÉD. pockmarked (visage) || **~er** *vi* (1) hail || **~on** *m* hailstone.

grel|ot [grəlo] *m* bell || **~otter** [-ɔte] *vi* (1) shiver, shake.

grenad|e [grənad] *f* BOT. pomegranate || MIL. (hand-)grenade || NAUT. *~ sous-marine,* depth-charge || **~ier** *m* MIL. grenadier.

grenaille [grənɑj] *f* shot (de plomb).

grenat [grəna] *m* garnet ● *adj inv* garnet-red.

grenier [grənje] *m* loft; *~ à foin,* hay-loft; granary (à grain) || attic, garret (mansarde).

grenouille [grənuj] *f* frog.

grenu, e [grəny] *adj* grained.

grès [grɛ] *m* sandstone (roche) || stoneware (poterie).

grésil [grezil] *m* (fine hard) hail.

grésill|ement [grezijmɑ̃] *m* [friture] sizzling, sputtering || RAD. crackling || ~**er** *vi* (1) sizzle, sputter, frizzle || RAD. crackle.

grève I [grɛv] *f* [rivage] strand, shore.

grève II *f* [arrêt du travail] strike ; ~ *d'avertissement,* token strike ; *faire la ~ de la faim,* go on a hunger strike ; ~ *perlée,* go-slow ; ~ *sauvage,* wildcat strike ; ~ *de solidarité,* sympathetic strike ; ~ *surprise,* lightning strike ; ~ *sur le tas,* sit-down-strike ; ~ *tournante,* staggered strike ; ~ *du zèle,* work-to-rule ; *faire la ~ du zèle,* work to rule ; *être en ~, faire ~,* be on strike, be striking ; *se mettre en ~,* go on strike ; *appeler à faire ~,* call out ; *briseur de ~,* blackleg.

gréviste [grevist] *n* striker.

gribouill|age [gribujaʒ] *m* scribble, scrawl || ~**er** *vi/vt* (1) scribble, scrawl || ~**is** [-i] *m* = GRIBOUILLAGE.

grief [grijɛf] *m* grievance.

grièvement [grijɛvmɑ̃] *adv* ~ *blessé,* grievously/severely wounded.

griffe I [grif] *f* stamp (signature) || FIG. mark.

griff|e II *f* claw ; *le chat fait ses ~s,* the cat is sharpening its claws || FIG. *Pl* clutches || ~**er** *vt* (1) [chat] scratch ; [félin] claw.

griffonn|age [grifɔnaʒ] *m* scribble, scrawl || ~**er** *vt* (1) scrawl, scribble, scratch.

grignoter [griɲɔte] *vt* (1) nibble || FIG. wear down (un adversaire).

grigou [grigu] *m* POP. screw.

gril [gri(l)] *m* gridiron, grill, U.S. barbecue || FIG. *sur le ~,* on the rack || ~**lade** [-jad] *f* CULIN. grill.

grill|age [grijaʒ] *m* wire netting, wiring, grating ; screen (à une fenêtre) || ~**ager** *vt* (1) rail in/off || ~**e** *f* [clôture] railings || [porte de jardin] gate || [foyer] grate || [salaires] scale || RAD. [programmes] schedule.

grill|e-pain [grijpɛ̃] *m inv* toaster || ~**er** *vt* (1) CULIN. broil, grill (de la viande) ; roast (du café, des marrons, du pain) || parch (dessécher) || FAM. smoke (une cigarette) ; [automobiliste] go through (un feu rouge) — *vi* ÉLECTR. [ampoule] blow (out) || FIG. ~ *d'impatience de,* be burning to.

grillon [grijɔ̃] *m* cricket.

grill-room [grilrum] *m* grill(-room).

grimaçant, e [grimasɑ̃, ɑ̃t] *adj* grimacing, grinning.

grimac|e [grimas] *f* grimace, wry face, grin ; *faire la ~,* pull a wry face (de mécontentement) ; *faire des ~s,* make faces (*à,* at) || ~**er** *vi* (1) grimace, make a wry face ; wince (de dégoût/douleur) — *vt* ~ *un sourire,* grin.

grimer [grime] *vt* (1) make up (un acteur) [*en,* as].

grimp|ant, e [grɛ̃pɑ̃, ɑ̃t] *adj* climbing ; *plante ~e,* creeper, vine || ~**er** *vi/vt* (1) climb (up), clamber (up) ; ~ *à un arbre,* climb (up) a tree, shin up a tree ; ~ *à l'échelle,* go up the ladder || BOT. creep || ~**eur, euse** *n* SP. climber.

grinçant, e [grɛ̃sɑ̃, ɑ̃t] *adj* grating.

grinc|ement [grɛ̃smɑ̃] *m* grating, creak, squeak (des gonds) ; scratching, scrape (d'une plume) ; grinding, gnashing (de dents) || ~**er** *vi* (6) [gonds] grate, creak, squeak || ~ *des dents,* gnash/grind one's teeth.

grincheux, euse [grɛ̃ʃø, øz] *adj* grumpy, churlish, crabby, peevish.

gringalet [grɛ̃galɛ] *m* puny chap.

gripp|e [grip] *f* MÉD. influenza, flu (fam.) || FAM. *prendre qqn en ~,* take a dislike to sb. || ~**é, e** *adj* *être ~,* have the flu.

grippe-sou [gripsu] *m* FAM. skinflint.

gri|s, e [gri, iz] *adj/m* grey ; ~ *clair/foncé,* light/dark grey || dull (temps) || FAM. merry, tipsy || **~sâtre** [-zɑtr] *adj* greyish.

grisbi [grizbi] *m* ARG. dough, lolly.

griser [grize] *vt* (1) FIG. intoxicate, make tipsy — *vpr* ***se ~,*** get tipsy.

gris|onnant, e [grizɔnɑ̃, ɑ̃t] *adj* greying, grizzly || **~onner** [-ɔne] *vi* (1) turn grey.

grisou [grizu] *m* fire-damp ; *coup de ~,* fire-damp explosion.

grive [griv] *f* thrush.

grivois, e [grivwa, waz] *adj* saucy, spicy.

Groenland [grɔɛnlɑ̃d] *m* Greenland || **~ais, e** [-ɛ, ɛz] *n* Greenlander.

grog [grɔg] *m* grog.

grogn|ement [grɔɲmɑ̃] *m* grunt (du cochon) ; grumble (de mécontentement) || **~er** *vi* (1) [cochon] grunt ; [chien] growl, snarl || [personne] grumble, groan || **~on, onne** [-ɔ̃, ɔn] *adj* grumpy, grouchy, querulous.

groin [grwɛ̃] *m* snout.

grommeler [grɔmle] *vi* (8 *a*) grumble, mutter.

grond|ement [grɔ̃dmɑ̃] *m* [tonnerre] rumble, rumbling, roar(ing), peal || [canon, vagues] boom(ing) || **~er** *vi* (1) [tonnerre] rumble, roar || [vagues] roar, boom || [chien] growl — *vt* scold (enfant) || **~erie** [-ri] *f* scolding.

groom [grum] *m* bell-boy, U.S. bell-hop.

gros, grosse [gro, gros] *adj* big, large || stout, strong, heavy (solide) || fat (gras) || large, considerable (important) ; *jouer ~ jeu,* play high || NAUT. rough, high (mer) || TECHN. *à ~ grain,* coarse-grained || CULIN. coarse (sel) ; ~ *rouge,* coarse red wine || MÉD. pregnant (enceinte) ; big with young (animal) ; bad (rhume) ● *adv* much ; *il y a ~ à parier,* it's a safe bet ● *loc adv* ***en ~,*** roughly/broadly speaking ● *m* COMM. (*commerce de*) *~,* wholesale trade ; *en ~,* wholesale, in bulk ; *prix de ~,* wholesale price.

groseill|e [grozɛj] *f* currant ; ~ *à maquereau,* gooseberry || **~ier** *m* currant-bush.

gross|esse [grosɛs] *f* MÉD. pregnancy ; ~ *nerveuse,* phantom pregnancy || **~eur** *f* [dimension] size || [personne] fatness || MÉD. swelling (enflure).

gross|ier, ière [grosje, jɛr] *adj* coarse, rough (drap) ; gross (langage, nourriture) ; foul, uncouth, scurrilous (langage) ; broad (histoire) ; unrefined, indelicate (sans délicatesse) ; rude (personne, mot) ; ribald (paillard) || glaring (erreur, mensonge) ; crude (image) || **~ièrement** [-jɛrmɑ̃] *adv* grossly ; coarsely ; roughly ; crudely ; rudely || **~ièreté** [-jɛrte] *f* coarseness (d'une étoffe) ; rudeness (manque d'éducation) ; indelicacy (acte).

gross|ir [grosir] *vi* (2) grow bigger/larger || [personne] put on flesh || [rivière] swell — *vt* enlarge, make bigger, swell, magnify || **~issant, e** *adj* PHYS. magnifying (verre) || **~issement** *m* increase in bulk || PHYS. magnification || **~iste** *m* COMM. wholesale dealer.

grosso modo [grosomodo] *loc adv* roughly.

grotesque [grɔtɛsk] *adj* grotesque, ludicrous.

grotte [grɔt] *f* cave.

grouill|ant, e [grujɑ̃, ɑ̃t] *adj* teeming, swarming (foule) ; ~ *de,* crawling/teeming/alive with || **~er** *vi* (1) teem, swarm ; ~ *de,* be alive/crawling with — *vpr* ***se ~,***

Pop. hurry up; *grouillez-vous!*, get a move on!

group|e [grup] *m* group, party (de personnes); *en* ~, in a group || cluster (d'arbres, de maisons) || Comm. ring || Rad. ~ ***de discussion,*** panel || Méd. ~ ***sanguin,*** blood group || Électr. ~ ***électrogène,*** generating set || Fig. circle || || **~ement** *m* grouping || association || **~er** *vt* (1) group, arrange in group — *vpr* ***se*** ~, gather; group (oneself); cluster (*autour de,* around).

gruau [gryo] *m* porridge.

grue [gry] *f* Zool. crane || Techn. crane || Fam. tart (prostituée) || Fig. *faire le pied de* ~, cool/kick one's heels.

gruger [gryʒe] *vt* (7) gull, fool.

grum|eau [grymo] *m* lump (de farine); curd (de lait caillé); *faire des ~x,* lump, go lumpy || **~eleux, euse** [-lø, øz] *adj* granular (surface) || Culin. lumpy (sauce).

gruyère [gryjɛr] *m* gruyère, U.S. Swiss cheese.

guadeloupéen, enne [gwadlupeɛ̃n, ɛn] *adj* Guadelupian ● *n* native of Guadeloupe.

gué [ge] *m* ford; *passer à* ~, ford, wade through.

guelte [gɛlt] *f* commission.

guenille [gənij] *f* rag (chiffon) || *Pl* rags, tatters.

guenon [gənɔ̃] *f* she-monkey.

guépard [gepar] *m* cheetah.

guêp|e [gɛp] *f* wasp || **~ier** *m* wasps' nest.

guère [gɛr] *adv* ***ne ...*** ~, hardly, scarcely (rarement); not much, little (quantité); ~ *de,* very few.

guéridon [geridɔ̃] *m* pedestal table.

guérilla [gerija] *f* guerilla (warfare).

guér|ir [gerir] *vt* (2) Méd. heal (une plaie); cure (qqn) [*de,* of]; *être guéri,* be oneself again || Fig. remedy, cure; ~ *qqn d'une habitude,* break sb. of a habit — *vi* Méd. [blessure] heal; [malade] recover (*de,* from); [maladie] be cured || **~ison** [-izɔ̃] *f* [plaie] healing; [malade] recovery; [maladie] cure, curing; *en voie de* ~, on the mend || **~isseur, euse** *n* healer.

guérite [gerit] *f* Mil. sentry-box.

guerr|e [gɛr] *f* war, warfare; *en* ~, at war; *déclarer la* ~, declare war (*à,* on); *se mettre en* ~, go to war; *faire la* ~ *à,* make war on; ~ *bactériologique,* germ-warfare; ~ *froide,* cold war; ~ *des nerfs,* war of nerves || **~ier, ière** [gɛrje, jɛr] *adj* warlike ● *m* warrior || **~oyer** [gɛrwaje] *vi* (9 *a*) wage war (*contre,* against).

guet [ge] *m* watch, look-out; *faire le* ~, be on the look-out || **~-apens** [-tapɑ̃] *m* trap; *attirer dans un* ~, waylay; *tomber dans un* ~, be waylaid.

guêtre [gɛtr] *f* legging (en cuir); gaiter (en étoffe); spat (sur la chaussure).

guett|er [gɛte] *vt* (1) watch (surveiller); watch for, be on the watch for (attendre le passage); lie in wait for (dans une intention hostile) || **~eur** *m* Mil., Naut. look-out.

gueul|e [gœl] *f* mouth (d'un animal) || Pop. mug (figure); *se casser la* ~, come a cropper; *ta* ~*!,* shut your trap!, shut up!; *avoir la* ~ *de bois,* have a hangover || Mil. muzzle, mouth (d'un canon) || **~er** *vi* (1) bawl, bellow || **~eton** [-tɔ̃] *m* Pop. blow-out, tuck-in; nosh-up (sl.).

gueuse [gøz] *f* Techn. pig-iron.

gueux, euse [gø, øz] *n* beggar, tramp.

gui [gi] *m* mistletoe.

guichet [giʃɛ] *m* [banque] counter, window; position (dans un bureau de poste) || FR. [autoroute] ~ ***de péage,*** toll booth || RAIL. ~ *des billets,* booking office.

guid|e I [gid] *m* guide (personne); guide(book) [livre] || FIG. pilot, leader ● *f* [scoutisme] Girl Guide || **~er** *vt* (1) guide, lead, pilot.

guid|e II *f* rein (rêne) || **~on** *m* handle-bar (de bicyclette).

guigne [giɲ] *f* FAM. bad luck.

guigner [giɲe] *vi* (1) peep at (à la dérobée); leer at (convoiter).

guignol [giɲɔl] *m* puppet-show, Punch and Judy show (spectacle); Punch (personnage).

guilde [gild] *f* guild.

guillemet [gijmɛ] *m* quotation mark, inverted comma; *mettre entre ~s,* enclose in quotation marks || *ouvrir/fermer les ~s,* open/close the inverted commas.

guilleret, ette [gijrɛ, ɛt] *adj* brisk, sprightly.

guillotin|e [gijɔtin] *f* guillotine || **~er** *vt* (1) guillotine.

guimauve [gimov] *f* marshmallow.

guimbarde [gɛ̃bard] *f* AUT. old crock, U.S. jalopy.

guindé, e [gɛ̃de] *adj* stiff, starchy, prim.

Guinée [gine] *f* GÉOGR. Guinea.

guingois (de) [dəgɛ̃gwa] *loc adv* askew; lop-sidedly.

guirlande [girlɑ̃d] *f* festoon, garland, wreath || FIG. chaplet.

guise [giz] *f* ● *loc adv à sa ~,* as one pleases; *faire à sa ~,* have one's (own) way, please/suit oneself ● *loc prép* ***en ~ de,*** by way of.

guitar|e [gitar] *f* guitar || **~iste** *n* guitarist.

gustatif, ive [gystatif, iv] *adj* gustative.

guttural, e, aux [gytyral, o] *adj* guttural, throaty.

Guyane [gɥijan] *f* Guiana.

gym|nase [ʒimnaz] *m* gymnasium, gym || [Suisse] secondary school || **~aste** [-ast] *n* gymnast || **~astique** [-astik] *f* gymnastics, gym; *faire de la ~,* do gymnastics; ~ ***suédoise,*** calisthenics.

gynécolo|gie [ʒinekɔlɔʒi] *f* gynaecology || **~gue** [-g] *n* gynaecologist.

gyro|compas [ʒirokɔ̃pa] *m* gyrocompass || **~scope** [-skɔp] *m* gyroscope.

h

(L' « h » aspiré est indiqué par un astérisque.)

h [aʃ] *m* h || MIL. *bombe H,* H-bomb; *heure H,* zero hour.

habil|e [abil] *adj* clever, skilful, able, skilled || handy, dext(e)rous (de ses mains); deft (de ses doigts) || cunning (rusé) || **~ement** *adv* cleverly, skilfully, ably || **~eté** [-te] *f* cleverness, skill, smartness; workmanship (professionnelle) || craft, cunning (ruse).

habiliter [abilite] *vt* (1) qualify, entitle.

habill|é, e [abije] *adj* dressed (up) [personne]; ***bien/mal ~,*** well/badly dressed; *tout ~,* fully dressed || [soirée] *très ~,* very dressy || **~ement** *m* clothing (action) || dress (vêtement) || **~er** *vt* (1) dress, clothe || get up (déguiser) — *vpr* ***s'~,*** dress (oneself), get dressed, put on one's clothes || dress up (en tenue de soirée) || buy one's clothes (*chez,* at) || **~euse** *f* dresser.

habit [abi] *m* dress || (dress-) coat; *en ~,* in evening dress || *Pl* clothes || REL. habit (religieux).

habitacle [abitakl] *m* AV. cockpit.

habit|ant, e [abitɑ̃, ɑ̃t] *n* inhabitant (d'une ville, d'un pays); [maison] occupant || **~at** [-a] *m* settlement (humain) || ZOOL., BOT. habitat, home || **~ation** *f* dwelling || **~é, e** *adj* inhabited || **~er** *vi* (1) live, dwell; lodge (*dans,* in) — *vt* inhabit, live in (un pays, une ville) || occupy (une maison).

habit|ude [abityd] *f* habit, custom, use; wont; ***avoir l'~ de,*** be used to; *prendre/perdre l'~ de,* get into/out of the habit of; *cela devient une ~,* it grows upon you ● *loc adv* ***d'~,*** usually || **~ué, e** [-ɥe] *adj* accustomed, used (*à,* to); wont (*à,* to) ● *n* COMM. regular customer || TH. client || **~uel, elle** [-ɥɛl] *adj* usual, customary, habitual; wonted || **~uellement** *adv* usually || **~uer** [-ɥe] *vt* (1) accustom, habituate (*à,* to) — *vpr* ***s'~,*** get accustomed/used (*à,* to); shake down (à un nouvel entourage).

***hâbl|erie** [ɑbləri] *f* boast(ing), bragging || ***~eur, euse** *n* braggart, boaster.

***hach|e** [aʃ] *f* axe || ***~er** *vt* (1) chop (up) || CULIN. hash; mince (menu) || ***~ette** *f* hatchet || ***~is** [-i] *m* CULIN. hash, minced meat; *~ Parmentier,* shepherd's pie || ***~oir** *m* chopper (couperet); mincing machine.

***hachur|es** [aʃyr] *fpl* hatching || ***~er** *vt* (1) hatch.

***hagard, e** [agar, ard] *adj* wild (-looking).

***haie** [ɛ] *f* hedge; *~ vive,* quickset hedge || SP. *course de ~s,* hurdle-race.

***haillons** [ajɔ̃] *mpl* rags, tatters; *en ~,* ragged, in rags.

***haine** [ɛn] *f* hate, hatred.

***ha|ïr** [air] *vt* (58) hate || ***~ïssable** [-isabl] *adj* hateful.

Haïti [aiti] *f* Haiti.

***haïtien, enne** [aisjɛ̃, jɛn] *adj* Haitian.

/**halage** [alaʒ] *m* haulage, towing.

/**hâl|e** [al] *m* (sun)tan, sunburn || ***~é, e** *adj* (sun)tanned, sunburnt.

haleine [alɛn] *f* breath; ***hors d'~,*** out of breath, breathless; *à l'~ courte,* short-winded; *reprendre ~,* fetch one's breath, get one's second wind || FIG. *tenir en ~,* keep in suspense.

***haler** [ale] *vt* (1) haul, tow (une péniche, une voiture).

***hâler** [ɑ̃le] *vt* (1) tan, sunburn.

***halet|ant, e** [altɑ̃, ɑ̃t] *adj* panting, gasping || ***~er** *vi* (8 *b*) pant, gasp.

***halle** [al] *f* covered market.

hallucin|ation [alysinasjɔ̃] *f* hallucination || **~er** *vt* (1) hallucinate.

***halo** [alo] *m* ASTR. halo.

***halte** [alt] *f* stop, halt || stopping-place (lieu) || RAIL. halt || MIL. halt; *faire ~,* halt ● *interj ~!,* stop!

halt|ère [altɛr] *m* dumb-bell || **~érophile** [-erɔfil] *m* weight-lifter.

***hamac** [amak] *m* hammock.

***hameau** [amo] *m* hamlet.

hameçon [amsɔ̃] *m* (fish-)hook.

***hampe** [ɑ̃p] *f* flagstaff.

***hanche** [ɑ̃ʃ] *f* [personne] hip; *les poings sur les ~s,* with arms akimbo || [cheval] haunch.

***handicap** [ɑ̃dikap] *m* handicap || ***~é, e** *adj* handicapped; *être ~,* be at a disadvantage ● *n* handicapped person; *~ moteur,* spastic || ***~er** *vt* (1) handicap.

***hangar** [ɑ̃gar] *m* shed || Av. hangar || NAUT. *~ à bateaux,* boat-house.

***hanneton** [antɔ̃] *m* may-bug.

***hant|é, e** [ɑ̃te] *adj* haunted || ***~er** *vt* (1) haunt || ***~ise** [-iz] *f* obsession; *avoir la ~ de qqch.,* be obsessed by sth.

***happer** [ape] *vt* (1) snap (up) at.

***harangu|e** [arɑ̃g] *f* harangue || ***~er** [-ɑ̃ge] *vt* (1) harangue.

***haras** [arɑ] *m* stud-farm.

***harasser** [arase] *vt* (1) exhaust, wear out.

***harc|èlement** [arsɛlmɑ̃] *m* MIL. *tir de ~,* harassing fire || ***~eler** [-əle] *vt* (8 *b*) harry, worry (*pour obtenir,* for); badger, plague (*de,* with); nag (reprendre) || MIL. harass, harry.

***hardi, e** [ardi] *adj* bold, daring (courageux); enterprising (audacieux); impudent, forward (effronté) || ***~esse** [-djɛs] *f* boldness, daring (courage); audacity (effronterie) || ***~ment** [-mɑ̃] *adv* boldly || impudently (effrontément).

***hareng** [arɑ̃] *m* herring; *~ fumé,* kipper; *~ saur,* red herring, bloater.

***hargn|e** [arɲ] *f* ill-temper || ***~eux, euse** *adj* peevish, cantankerous (personne); nagging (femme); surly (humeur); snarling (chien); *parler à qqn d'un ton ~,* snap at sb.

***haricot** [ariko] *m* bean; *~s blancs,* haricot beans; *~s rouges,* kidney beans; *~s verts,* French beans, U.S. string-beans.

harmon|ica [armɔnika] *m* harmonica, mouth-organ || **~ie** *f* MUS. harmony || FIG. agreement, concord; *en ~ avec,* consonant with, in keeping with || **~ieux, ieuse** *adj* harmonious, musical, tuneful || **~ique** *adj* harmonic ● *m* MUS. harmonic, overtone || **~iser** *vt* (1) MUS. harmonize || FIG. match (des couleurs) — *vpr* ***s'~,*** harmonize; be in keeping, chime in, tone in (*avec,* with) || **~ium** [-jɔm] *m* harmonium.

***harn|achement** [arnaʃmɑ̃] *m* trappings (d'un cheval) || MIL. accoutrement (d'un soldat) || ***~acher** [-aʃe] *vt* (1) harness || ***~ais** *m* harness.

***harp|e** [arp] *f* harp; *jouer de la ~,* harp, play the harp || ***~iste** *n* harper, harpist.

***harp|on** [arpɔ̃] *m* [pêche à la baleine] harpoon || SP. spear; *pêche au ~,* spear-fishing || ***~onner** [-ɔne] *vt* (1) harpoon.

hasar|d** [azar] *m* chance, luck; ***jeu de ~, game of chance; *rencontre de ~,* chance meeting || MIL. hazard (risque) ● *loc adv* ***au ~,*** at random, (at) haphazard; aimlessly (sans but); *au ~ de mes lectures,* in my desultory reading; ***par ~,*** by chance; *j'étais là par ~,* I chanced to be there; *comme par ~,* as it happens; ***à tout ~,*** just in case || ***~der** [-de] *vt* (1) risk || venture, hazard (remarque) — *vpr* ***se ~,*** venture (*à,* to) || ***~deux, euse** [-dø, øz] *adj* venturesome, hazardous, risky (entreprise); insecure (dangereux).

***hase** [ɑz] *f* doe-hare.

hâte** [ɑt] *f* haste, hurry; *avoir ~ de faire qqch.,* be eager to do sth. ● *loc adv* ***à la ~, hastily; ***en ~,*** hurriedly, in haste; *en toute ~,* with all possible speed || ***~er** *vt* (1) hasten, speed up (accélérer); *~ le pas,* quicken one's pace || expedite (la besogne) — *vpr* ***se ~,*** hasten, make haste, hurry; *se ~ de faire qqch.,* lose no time in doing sth. || *~**if, ive** *adj* hasty, hurried || early (fruits).

***hauban** [obɑ̃] *m* guy (de tente) || NAUT. stay ; *Pl* shrouds.

hauss|e** [os] *f* [prix, coût de la vie] rise ; ~ *de salaire,* pay rise, U.S. raise || *~**ement** *m* ~ *d'épaules,* shrug || *~**er** *vt* (1) raise || ~ *les épaules,* shrug (one's shoulders) — *vpr* ***se ~, raise oneself ; *se* ~ *sur la pointe des pieds,* stand on tiptoe || *~**ier** *m* FIN. bull.

haut, e** [o, ot] *adj* high ; ~ *de 6 pieds,* 6 feet high/tall || tall (arbre) || *la* ~*e bourgeoisie,* the upper middle class ; *le plus* ~, uppermost || lofty (montagne, tour) || ~*es terres,* highlands || loud (voix) ; *lire à voix* ~*e,* read aloud || NAUT. *marée* ~*e,* high tide ; *en* ~*e mer,* on the high seas || FIG. *avoir une* ~*e opinion de qqn,* think highly of sb. ● *adv* high || loud ; *tout* ~, loudly (parler) || FIG. high ; *personne* ~ *placée,* high up ● *m* height ; *avoir 6 pieds de* ~, be 6 feet in height ; head (d'un escalier, d'une table) ; *vers le* ~, up, upward(s) ; *les* ~*s et les bas,* the ups and downs || COMM. this side up (sur une caisse) ● *loc adv* ***en ~, at the top, upstairs, overhead ; *de* ~ *en bas,* from top to bottom ● *loc prép* ***au*** ~ ***de,*** at the top of ; *du* ~ *de,* from the top of.

***hautain, e** [otɛ̃, ɛn] *adj* haughty, lofty, distant.

***hautbois** [obwa] *m* oboe.

***haut-de-forme** [odfɔrm] *m* top hat.

***haute fidélité** *f* RAD. high fidelity, hi-fi.

hauteur** [otœr] *f* height ; *quelle est la* ~ *de ... ?,* how high is ... ? ; *avoir 5 mètres de* ~, be 5 meters high ; ***à mi-~, half-way up || AV. *prendre de la* ~, climb || FIG. ***à la*** ~ ***de,*** level with, equal to.

***Haute-Volta** [otvɔlta] *f* Upper Volta ; *de la* ~, Voltaic ; *habitant de la* ~, Voltain.

***haut|-fond** [ofɔ̃] *m* shoal, shallow(-water) || *~**-le-cœur** *m inv* qualm ; *avoir des* ~, retch || *~**-le-corps** *m inv* start, jump || *~**-parleur** *m* loud-speaker.

***havane** [avan] *adj* tan (couleur).

***hâve** [ɑv] *adj* haggard, gaunt.

***havre** [ɑvr] *m* NAUT. haven || FIG. harbour.

***hayon** [ɛjɔ̃] *m* AUT. tailgate.

hé! [e] *interj* hey! ; ~, *là-bas!,* hullo you!

hebdomadaire [ɛbdɔmadɛr] *adj/m* weekly.

héberg|ement [ebɛrʒəmɑ̃] *m* lodging, housing || ~**er** *vt* (7) put up, lodge, house || FIG. harbour.

hébét|é, e [ebete] *adj* dazed, in a daze || ~**er** *vt* (5) daze, stupefy || ~**ement** *m,* ~**ude** *f* daze.

hébr|eu, eux [ebrø], **aïque** [-aik] *adj* Hebrew ● *m* [langue] Hebrew.

hécatombe [ekatɔ̃b] *f* hecatomb.

hégémonie [eʒemɔni] *f* hegemony.

***hein ?** [ɛ̃] *interj* eh ?, what ?

hélas ! [elɑs] *interj* alas !

***héler** [ele] *vt* (5) hail (un taxi).

héli|ce [elis] *f* NAUT., AV. screw, propeller || ~**coïdal, e, aux** [-kɔidal, o] *adj* spiral || ~**coptère** [-kɔptɛr] *m* helicopter || ~**port** *m* heliport.

hellén|ique [ɛllenik] *adj* Hellen(ist)ic || ~**iste** *n* hellenist.

Helvète [ɛlvɛt] *n* Helvetian.

helvétique [ɛlvetik] *adj Confédération* ~, Helvetic Confederacy.

hémisphère [emisfɛr] *m* hemisphere.

hém|ophile [emɔfil] *adj* hemophiliac || ~**orragie** [-ɔraʒi] *f* haemorrhage || **~orroïdes** [-ɔrɔid] *fpl* piles.

*__hennir__ [ɛnir] *vi* (2) neigh, whinny || ***~issement** *m* neigh(ing), whinny(ing).

***hep!** [ɛp] *interj* hey!

herb|age [ɛrbaʒ] *m* grazingland || **~e** *f* grass; *mauvaise ~,* weed || MÉD. *~ médicinale,* herb || CULIN. *fines ~s,* sweet herbs || FIG. *en ~,* budding || **~eux, euse** *adj* grassy || **~icide** [-isid] *m* weed-killer || **~ier** *m* herbarium || **~oriser** [-ɔrize] *vt* (1) herborize, botanize || **~oriste** [-ɔrist] *n* herbalist.

herculéen, enne [ɛrkyleɛ̃, ɛn] *adj* herculean.

***hère** [ɛr] *m pauvre ~,* poor wretch.

hérédit|aire [erediter] *adj* hereditary || **~é** *f* heredity.

héré|sie [erezi] *f* heresy || **~tique** *adj* heretic(al) ● *n* heretic.

hériss|é, e** [erise] *adj* bristling; *~ de pointes/piquants,* spiky || FIG. *~ de difficultés,* bristling with difficulties || ***~er** *vt* (1) bristle up, ruffle — *vpr* ***se ~, [cheveux] stand on end; [plumes] bristle (up) || ***~on** *m* hedgehog.

hérit|age [eritaʒ] *m* inheritance, heritage; *en ~,* by inheritance; *faire un ~,* inherit, come into a legacy/an inheritance || **~er** *vi/vt (ind.)* [1] inherit; *~ (de) qqch.,* inherit sth.; *~ d'une fortune,* come into a fortune; *~ de qqn,* inherit sb.'s property || **~ier** *m* heir || **~ière** *f* heiress.

hermétique [ɛrmetik] *adj* air-tight || **~ment** *adv* tight(ly).

hermine [ɛrmin] *f* stoat (animal) || ermine (fourrure).

***hernie** [ɛrni] *f* hernia, rupture.

héroïne I [erɔin] *f* heroin (drogue).

héro|ïne II *f* heroine (femme) || **~ïque** *adj* heroic || **~ïsme** *m* heroism.

***héron** [erɔ̃] *m* heron.

***héros** [ero] *m* hero.

***hers|e** [ɛrs] *f* harrow || ***~er** *vt* (1) harrow.

hésit|ant, e [ezitɑ̃, ɑ̃t] *adj* hesitant, undecided (caractère); faltering (pas, voix) || **~ation** *f* hesitation, wavering; *sans ~,* unhesitatingly || **~er** *vi* (1) hesitate, waver, halt (balancer); *~ à,* hesitate to, be reluctant to; *~ sur,* hesitate over; ***sans ~,*** without hesitating/demur, unhesitatingly || halt (en marchant) || falter (en parlant) || shilly-shally (fam.).

hétéro|clite [eterɔklit] *adj* irregular, strange || **~gène** [-ʒɛn] *adj* heterogeneous; motley.

***hêtre** [ɛtr] *m* beech.

heure [œr] *f* hour (soixante minutes); *vingt-quatre ~s sur vingt-quatre,* round-the-clock || time (au cadran); *quelle ~ est-il?,* what time is it?; *deux ~s dix,* ten past two; *il est dix ~s moins cinq,* it is five to ten; *à 2 ~s,* at 2 o'clock || *~ d'été,* summer time, daylight-saving time; *~ normale,* standard time || ***à l'~,*** on time/schedule; *à l'~ dite,* at the appointed time; *à l'~ juste,* on the hour; *à l'~ pile,* on the dot (fam.); *à chaque ~,* on every hour; *à toute ~,* at all hours; *toutes les ~s,* hourly; *~s creuses,* slack hours, off-peak periods || *(nouvelles de) dernière ~,* latest news, stoppress (news) || [travail] *~s supplémentaires,* overtime; *payé à l'~,* howly paid || MIL. *~ H,* zero hour || COMM. *en dehors des ~s ouvrables,* out of hours ● *loc adv* ***tout à l'~,*** a little while ago (passé); presently (futur); *à tout à l'~,* see you later; *à l'~ actuelle,* at the present time, U.S. presently || ***de bonne ~,*** early || *attendre qqn d'une ~ à l'autre,* expect sb. howly.

heur|eusement [œrøzmɑ̃] *adv* luckily, fortunately, happily || **~eux, euse** *adj* happy || glad (satisfait) || lucky, fortunate (chanceux).

*__heur|t__ [œr] *m* knock, shock, bump; *sans* ~, smoothly || *__~ter__ [œrte] *vt* (1) hit, strike, knock; bump against; ram (against) [violemment] || NAUT. strike || FIG. shock — *vpr* ***se*** ~, collide (*à*, with); clash (*contre*, against/into); bang (*contre*, against); stumble (*contre*, against) || AUT. collide || FIG. [idées] clash.

hexagone [ɛgzagɔn] *m* hexagon.

hiatus [jatys] *m* hiatus.

hibern|ation [ibɛrnasjɔ̃] *f* hibernation || **~er** *vi* (1) hibernate.

*__hibou, oux__ [ibu] *m* owl.

*__hic__ [ik] *m le* ~ *c'est que*, the snag is that.

*__hideux, euse__ [idø, øz] *adj* hideous.

hier [jɛr] *adv* yesterday; ~ *matin*, yesterday morning; ~ *soir*, last night, yesterday evening.

*__hiérarch|ie__ [jerarʃi] *f* hierarchy || *__~ique__ *adj* hierarchical; *ordre* ~, pecking order (fam.); *par la voie* ~, through official channels.

hilar|ant, e [ilarɑ̃, ɑ̃t] *adj* CH. laughing (gaz) || **~e** *adj* hilarious || **~ité** *f déclencher l'~ générale*, raise a general laugh.

Hindou, e [ɛ̃du] *n* Hindu, Hindoo.

hindou, e *adj* REL. Hindu.

*__hippie__ [ipi] *adj/n* hippie.

hippique [ipik] *adj* hippic; *concours* ~, horse-show.

hippo|campe [ipɔkɑ̃p] *m* seahorse || **~drome** [-drom] *m* racecourse || **~potame** [-pɔtam] *m* hippopotamus.

hirondelle [irɔ̃dɛl] *f* swallow.

hirsute [irsyt] *adj* hirsute (personne); shaggy (barbe); unkempt (cheveux).

*__hisser__ [ise] *vt* (1) hoist, pull up — *vpr* ***se*** ~, pull oneself up.

hist|oire [istwar] *f* history (d'un pays); *livre d'~*, history book || ~ *naturelle*, natural history || ~ *sainte*, Biblical history || story (conte); *raconter une* ~, spin a yarn (fam.); ~ *à dormir debout*, cock and bull story; ~ *de fou*, shaggy dog story; ~ *incroyable*, tall story || trouble (ennui); *sale* ~, nasty business || *Pl* fuss (manières), ado; *faire des ~s*, make a fuss; *faire toute une* ~, kick up a hullabaloo || **~orien, ienne** [-ɔrjɛ̃, jɛn] *adj* historian || **~orique** [-ɔrik] *adj* historic(al) ● *m* history review.

hiver [ivɛr] *m* winter; ***d'~***, winter (journée, vêtements); wintry (temps) || SP. ***sports d'~***, winter sports; *station de sports d'~*, winter resort || **~nal, e, aux** [-nal, o] *adj* wintry || **~ner** [-ne] *vi* (1) winter || MIL. go into winter quarters.

*__hoch|er__ [ɔʃe] *vt* (1) ~ *la tête*, shake/wag one's head || *__~et__ [-ɛ] *m* rattle.

*__hockey__ [ɔkɛ] *m* hockey; ~ *sur glace*, ice-hockey.

*__holà !__ [ɔla] *interj* hallo!, hullo! ● *m mettre le holà*, put a stop (*à*, to).

*__hold-up__ [ɔldœp] *m inv* raid (d'une banque); hold-up (d'un train).

*__hollandais, e__ [ɔlɑ̃dɛ, ɛz] *adj* Dutch.

*__Holland|ais, e__ *n* Dutchman, -woman || * **~e** *f* Holland ● *m* [fromage] Dutch cheese.

hologramme [ɔlɔgram] *m* hologram.

*__homard__ [ɔmar] *m* lobster.

homéopa|the [ɔmeɔpat] *n* homeopath(ist) || **~thie** [-ti] *f* homeopathy || **~thique** *adj* homeopathic.

homicide [ɔmisid] *adj* homicidal ● *m* murder, homicide; ~ *involontaire*, manslaughter.

hommage [ɔmaʒ] *m* homage; *faire ~ de qqch.*, offer sth. as a token of esteem; *rendre ~ à qqn*, pay homage/tribute to sb. || *Pl* compliments, respects; *présenter ses ~s*, pay one's respects.

homasse [ɔmaʒ] *adj* mannish.

homme [ɔm] *m* man; *jeune ~*, young man, youth, lad; *~ d'affaires*, businessman; *~ de barre*, helmsman; *~* ***d'État,*** statesman; *l'~ de la rue*, the man in the street; *~ à tout faire*, odd-job man || MIL. *~ de troupe*, private || **~-grenouille** *m* frogman || **~-sandwich** *m* sandwich-man.

homo|gène [ɔmɔʒɛn] *adj* homogeneous || **~généiser** [-ʒeneize] *vt* (1) homogenize || **~généité** [-ʒeneite] *f* homogeneity || **~logue** [-lɔg] *m* opposite number || **~loguer** [-lɔge] *vt* (1) recognize (un record) || **~nyme** [-nim] *adj/m* homonym(ous) || **~-sexuel, elle** *adj/n* homosexual.

***Hongr|ie** [ɔ̃gri] *f* Hungary || ***~ois, e** [-wa, waz] *n* Hungarian.

***hongrois, e** *adj* Hungarian ● *m* [langue] Hungarian.

honnête [ɔnɛt] *adj* honest, upright, straight (personne); decent (attitude, procédé) || **~ment** *adv* honestly, uprightly; decently, fairly || **~té** *f* honesty, uprightness || fairness (loyauté).

honneur [ɔnœr] *m* honour; *donner sa parole d'~*, give one's word of honour; ***faire ~ à,*** honour (ses engagements); do justice to (un repas); be an honour to (son pays); *faire ~ à qqn*, do sb. credit; *faire à qqn l'~ de*, do sb. the honour of; *j'ai l'~ de demander*, I beg to ask || ***président d'~,*** honorary president || *Pl* honours; *faire les ~s*, do the honours; *derniers ~s*, last honours; [cartes] honours || MIL. *rendre les ~s*, present arms || COMM. *faire ~ à*, honour/meet (une traite, un chèque) ● *loc prép* ***en l'~ de,*** in honour of.

***honnir** [ɔnir] *vt* (2) despise, loathe.

honor|abilité [ɔnɔrabilite] *f* respectability || **~able** *adj* honourable, respectable, reputable (personne); creditable (action); *peu ~*, disreputable || **~ablement** *adv* honourably; creditably; *~ connu*, of good reputation || **~aire** *adj* honorary ● *mpl* fee(s) [de médecin, d'avocat] || **~er** *vt* (1) honour || COMM., FIN. meet (un effet) || **~ifique** [-fik] *adj* honorary.

hont|e** [ɔ̃t] *f* shame, disgrace; ***avoir ~ de, be ashamed of, feel shame at; *faire ~ à qqn*, put sb. to shame; ***quelle ~!,*** shame on you!; *sans ~*, shamelessly || **~eux, euse** *adj* ashamed (*de*, of); shamefaced (timide); *se sentir ~*, feel cheap (fam.) || disgraceful, shameful, dishonorable (action); *c'est ~!*, it's a shame!

hôpital [ɔpital] *m* hospital.

***hoqu|et** [ɔkɛ] *m* hiccup; *avoir le ~*, have the hiccups || gasp (de douleur) || ***~eter** [-te] *vi* (1) hiccup.

horaire [ɔrɛr] *adj* hourly ● *m* RAIL. time-table, U.S. schedule.

***horde** [ɔrd] *f* horde.

***horion(s)** [ɔrjɔ̃] *m(pl)* blow(s); clout (sl.).

horizon [ɔrizɔ̃] *m* horizon, skyline; *à l'~*, on the horizon || **~tal, e, aux** [-tal, o] *adj* horizontal; level || **~talement** [-talmɑ̃] *adv* horizontally.

horlog|e [ɔrlɔʒ] *f* clock; *~ parlante*, speaking clock || **~er, ère** *n* clock-maker, watch-maker || **~erie** *f* clock-making; *mouvement d'~*, clockwork.

hormis [ɔrmi] *prép* except, but, save.

hormone [ɔrmɔn] *f* hormone.

horr|eur [ɔrrœr] *f* horror; *avoir ~ de*, hate; *faire ~*, horrify || FAM. eyesore (chose hideuse) || **~ible** *adj* horrible (affreux);

horrid (épouvantable); monstrous, hideous (crime); ghastly (terrifiant) || FAM. shocking || **~ifier** [-ifje] *vt* (1) horrify.

horripil|ant, e [ɔripilɑ̃, ɑ̃t] *adj* exasperating || **~er** *vt* (1) exasperate.

hors** [ɔr] *prép* outside ; *~ jeu,* offside || *~ ligne,* exceptional; *~ pair,* matchless; *mettre ~ la loi,* outlaw ● *loc prép ~* ***de, out of; *~ d'atteinte/de portée,* out of/beyond reach; *~ de combat,* disabled; *~ de doute,* beyond doubt; *~ de propos,* beside the mark/point; *~ de soi,* beside oneself || ***~-bord** *adj* outboard (moteur) ● *m inv* speed-boat (bateau) || ***~-d'œuvre** *m inv* hors-d'œuvre || ***~-jeu** *m inv être ~,* be offside (football), be out of play (tennis) || ***~-la-loi** *m inv* outlaw.

horticult|eur, trice [ɔrtikyltœr, tris] *n* horticulturist || **~ure** *f* horticulture.

hospi|ce [ɔspis] *m* hospital, home || **~talier, ière** [-talje, jɛr] *adj* hospitable (personne) || **~talisé, e** [-talize] *adj* in hospital || **~taliser** *vt* (1) hospitalize, send to hospital || **~talité** [-talite] *f* hospitality.

hostie [ɔsti] *f* wafer, host.

hostil|e [ɔstil] *adj* hostile; unfriendly (action); adverse, alien (*à,* to) || **~ité** f hostility (*à l'égard de,* towards); *éveiller l'~ de qqn,* antagonize sb. || MIL. *Pl* hostilities.

hôte, esse [ot, ɛs] *n* host (qui reçoit); guest (invité); *~* ***payant,*** paying guest.

hôt|el *m* hotel; *à l'~,* at/in a hotel; *aller/descendre à l'~,* put up at a hotel || *~ particulier,* town house, mansion; *~* ***de ville,*** town hall || **~elier, ière** [-əlje, jɛr] *adj* hotel ● *n* hotelier, hotel keeper.

hôtesse *f* hostess || AV. *~* ***de l'air,*** air-hostess.

***hou!** [u] *interj* boo!

***houblon** [ublɔ̃] *m* hop(s).

***houe** [u] *f* hoe.

***houill|e** [uj] *f* coal; *~ blanche,* white coal, water-power || ***~er, ère** *adj bassin ~,* coal field, colliery.

***houl|e** [ul] *f* swell, roll, surge || ***~eux, euse** [ulø, øz] *adj* surging (mer) || FIG. stormy (réunion).

***houlette** [ulɛt] *f* crook.

***houppe** [up] *f* tuft (de cheveux) || *~ à poudre,* powder-puff.

***hourra** [ura] *m pousser des ~s,* cheer ● *exclam ~!,* hurrah!

***houspiller** [uspije] *vt* (1) chide (gronder); rate (réprimander).

***housse** [us] *f* slip-cover (à meubles); garment-bag (à habits).

***houx** [u] *m* holly.

***hublot** [yblo] *m* porthole, scuttle.

***hu|ées** [ye] *fpl* boos, hoots; catcalls || **~er** *vt* (1) boo, hoot, shout down.

huil|e [ɥil] *f* oil; *~ de table,* salad oil; *~ d'olive,* olive oil; *~ de ricin,* castor oil || TECHN. *~ de graissage,* lubricating oil || LIT. *d'~,* glassy, smooth (mer) || FAM. *~ de coude,* elbow-grease || **~er** *vt* (1) oil || **~eux, euse** *adj* oily || **~ier** *m* (oil-)cruet.

huis [ɥi] *m à ~ clos,* behind closed doors.

huissier [ɥisje] *m* [administration] usher || JUR. bailiff.

***huit** [ɥit ; ɥi devant consonne] *adj* eight; *dans ~ jours,* (with)in a week; *d'aujourd'hui en ~,* today week, a week today || ***~aine** [-ɛn] *f* eight or so, about eight; *dans une ~,* in a week or so || ***~ième** [-jɛm] *adj/n* eighth.

huître [ɥitr] *f* oyster; *banc d'~s,* oyster-bed; *parc à ~s,* oyster-farm.

*__hululer__ [ylyle] *vi* (1) hoot, ululate.

hum|ain, e [ymɛ̃, ɛn] *adj* human; *genre ~,* mankind || humane, kind (compatissant) || **~aniser** [-anize] *vt* (1) humanize — *vpr* ***s'~,*** grow more sociable || **~anisme** [ymanism] *m* humanism || **~aniste** *adj/n* humanist || **~anitaire** [-anitɛr] *adj* humanitarian || **~anité** [-anite] *f* mankind, humanity (genre humain) || humaneness (sentiments) || *Pl les ~s,* the humanities.

humble [œ̃bl] *adj* humble, low(ly) [modeste]; meek (soumis) || **~ment** [-əmɑ̃] *adv* humbly, lowly; meekly.

humecter [ymɛkte] *vt* (1) damp(en), moisten, wet — *vpr* ***s'~,*** moisten, become moist.

humeur [ymœr] *f* [tempérament] temper; *égalité d'~,* equanimity || [disposition] mood, humour; *d'~ changeante,* moody; ***de bonne ~,*** in a good humour/mood/temper; ***de mauvaise ~,*** in a bad mood/temper, out of humour, moody, cross.

humid|e [ymid] *adj* wet (mouillé); humid (chaud); damp, raw (froid); dank (malsain); clammy (moite); moist, watery (yeux) || **~ifier** [-ifje] *vt* (1) humidify || **~ité** *f* humidity; damp(ness), moisture.

humil|iant, e [ymiljɑ̃, ɑ̃t] *adj* humiliating || **~iation** [-jasjɔ̃] *f* humiliation, abasement || **~ier** *vt* (1) humiliate, abase — *vpr* ***s'~,*** humble oneself || **~ité** *f* humility, humbleness.

hum|oriste [ymɔrist] *n* humorist || **~oristique** [-ɔristik] *adj* humorous || **~our** [-ur] *m* humour; *avoir de l'~,* have a sense of humour; *manquer d'~,* have no sense of humour.

*__hune__ [yn] *f* NAUT. top.

*__huppe__ [yp] *f* crest, tuft (d'oiseau).

*__hurl|ement__ [yrləmɑ̃] *m* howl(ing) [d'un animal, du vent] || yell, scream (de douleur); roar (de colère) || ***~er** *vi* (1) [loup, vent] howl || roar (de colère); yell (de douleur).

*__hutte__ [yt] *f* hut, shack.

hybride [ibrid] *adj* hybrid ● *m* hybrid, mongrel (animal, plante).

hydr|aulique [idrolik] *adj* hydraulic || **~avion** [-avjɔ̃] *m* seaplane; flying-boat (monocoque).

hydro|-électrique [idroelɛktrik] *adj* hydroelectric || **~gène** [-ʒɛn] *m* hydrogen || **~glisseur** *m* hydroplane || **~phile** [-fil] *adj coton ~,* absorbent cotton || **~pisie** [-pizi] *f* dropsy.

hyène [jɛn] *f* hyena.

hygi|ène [iʒjɛn] *f* hygiene, sanitation || **~énique** [-enik] *adj* hygienic, sanitary; *papier ~,* toilet-paper.

hymne [imn] *m* hymn; *~ national,* national anthem.

hyper|bole [ipɛrbɔl] *f* [rhétorique] overstatement || MATH. hyperbola || **~marché** *m* hypermarket || **~métrope** [-metrɔp] *adj* long-sighted || **~tension** *f* hypertension || **~trophie** [-trɔfi] *f* hypertrophy.

hypn|ose [ipnoz] *f* hypnosis || **~otique** [-ɔtik] *adj* hypnotic || **~otiser** [-ɔtize] *vt* (1) hypnotise, mesmerize || **~otisme** [-ɔtism] *m* hypnotism, mesmerism.

hypocr|isie [ipɔkrizi] *f* hypocrisy || **~ite** [-it] *adj* hypocritical, insincere; *paroles ~s,* double-talk ● *n* hypocrite.

hypo|dermique [ipɔdɛrmik] *adj* hypodermic || **~ténuse** [-tenyz] *f* hypotenuse || **~thèque** [-tɛk] *f* mortgage || **~théquer** [-teke] *vt* (1) mortgage || **~thèse** [-tɛz] *f* hypothesis, assumption || **~thétique** [-tetik] *adj* hypothetic(al).

hystér|ie [isteri] *f* hysteria || **~ique** *adj* hysterical.

i

i [i] *m* i || Fig. *mettre les points sur les «i»*, dot one's i's and cross one's t's.

iceberg [isbɛrg] *m* iceberg.

ici [isi] *adv* [lieu] here; *d'~,* from here; ***par ~,*** this way (direction), about/around here (proximité) || *les gens d'~,* the locals (fam.); ***~ et là,*** here and there || [temps] ***jusqu'~,*** as yet, up to now; *d'~ peu,* before long; *d'~ là,* in the meantime; *d'~ samedi,* before next Saturday || **~-bas** *loc adv* here below, in this world.

idéal, e, als ou **aux** [ideal, o] *adj/m* ideal || **~iser** *vt* (1) idealize, sublimate || **~isme** *m* idealism || **~iste** *adj* idealistic ● *n* idealist.

idée [ide] *f* idea, notion, conception; *je n'en ai pas la moindre ~,* I haven't the faintest/slightest idea; I have no inkling (*que,* that); *l'~ lui vint que...,* it occurred to him that; *~ fixe,* obsession; *avoir une ~ fixe,* have a bee in one's bonnet; *~ lumineuse,* brain-wave; *~ préconçue,* preconception; *quelle ~!,* what an idea! || hint (suggestion) || opinion, view (opinion) || *Pl* views, outlook; *partager les ~s de qqn,* meet sb.'s views.

idem [idɛm] *adv* idem, ditto.

ident|ification [idɑ̃tifikasjɔ̃] *f* identification || **~ifier** [-ifje] *vt* (1) identify, recognize (qqn) || **~ique** *adj* identical (*à,* with); same || **~ité** *f* identity; *carte d'~,* identity card.

idéologie [ideɔlɔʒi] *f* ideology.

idiom|atique [idjomatik] *adj* idiomatic || **~e** [idjom] *m* idiom.

idiot, e [idjo, ɔt] *adj* idiotic ● *n* idiot, blockhead; *faire l'~,* play the fool.

idiotisme [idjɔtism] *m* idiom.

idoine [idwan] *adj* adequate, suitable.

idolâtr|er [idɔlɑtre] *vt* (1) idolize || **~ie** [-ɑtri] *f* idolatry.

idole [idɔl] *f* idol; darling.

idylle [idil] *f* romance (flirt).

if [if] *m* yew(-tree).

ignare [iɲar] *adj* ignorant.

ignifug|é, e [igni- *ou* iɲifyʒe] *adj* fire-proof/(ed) || **~er** [-fyʒe] *vt* (7) fireproof.

ign|oble [iɲɔbl] *adj* ignoble (action); base, vile (personne) || **~ominie** [-ɔmini] *f* ignominy || **~ominieux, ieuse** [-ɔminjø, jøz] *adj* ignominious.

ignor|ance [iɲɔrɑ̃s] *f* ignorance; *par ~,* out of ignorance || **~ant, e** *adj* ignorant, ineducated || *~ de,* unacquainted with || **~er** *vt* (1) be ignorant of; know nothing about, not to know; *je n'ignore pas que,* I am not unaware that || ignore (qqn).

il, ils [il] *pron* he (*m*); it *(neutre)* || [impers.] it || *Pl* they.

île [il] *f* island, isle.

il|légal, e, aux [illegal, o] *adj* illegal, unlawful || **~légalement** *adv* illegally || **~légalité** *f* illegality || **~légitime** *adj* illegitimate || born out of wedlock, illegitimate (enfant) || **~lettré, e** *adj/n* illiterate || **~licite** *adj* illicit, unlawful || **~limité, e** *adj* boundless || **~lisible** *adj* illegible || **~logique** *adj* illogical.

illumin|ation [illyminasjɔ̃] *f* illumination || **~er** *vt* (1) illuminate, light up, floodlight (édifice) || Fig. enlighten — *vpr* ***s'~,*** light up.

illus|ion [illyzjɔ̃] *f* illusion (de la

vue) ; ~ *d'optique,* optical illusion || Fig. delusion ; *se faire des ~s,* delude oneself || **~ionner (s')** [sillyzjɔne] *vpr* (1) delude/deceive oneself || **~ionniste** [-jɔnist] *m* conjurer || **~oire** *adj* illusory, illusive, delusive ; fond (espérance).

illustr|ateur, trice [illystratœr, tris] *adj* illustrator || **~ation** *f* illustration, picture || **~e** *adj* glorious, famous || **~é, e** *adj* illustrated, pictorial ● *m* pictorial || **~er** *vt* (1) illustrate || Fig. make clear, illustrate ; exemplify — *vpr* ***s'~,*** become famous.

îlot [ilo] *m* islet.

image [imaʒ] *f* picture ; *en ~s,* pictorial || reflection, image || likeness (ressemblance) || Pol. ~ ***de marque,*** public image || Fam. *c'est l'~ de son père,* he is a chip off the old block || Lit. image.

imagin|able [imaʒinabl] *adj* imaginable || **~aire** *adj* imaginary || fanciful ; fabulous, fantastic ; insubstantial || **~atif, ive** *adj* imaginative || **~ation** *f* imagination || fancy (fantaisie) ; fantasy (chimérique) ; *à bout d'~,* at one's wit's end || **~er** *vt* (1) imagine, fancy || design (inventer) ; think out (une méthode) ; contrive (un dispositif) — *vpr* ***s'~,*** fancy, imagine ; picture oneself ; *s'~ que,* think that (croire que).

imbattable [ɛ̃batabl] *adj* invincible.

imbécil|e [ɛ̃besil] *adj* imbecile ● *n* fool, dolt, imbecile, blockhead ; *faire l'~,* play the fool || **~lité** *f* imbecility.

imberbe [ɛ̃bɛrb] *adj* beardless.

im|biber [ɛ̃bibe] *vt* (1) soak, steep || **~briqué, e** [-brike] *adj* overlapping (tuiles) || **~briquer (s')** [sɛ̃brike] *vpr* (1) Fig. overlap, dovetail || **~broglio** [-broljo, -brɔglijo] *m* imbroglio.

imbu, e [ɛ̃by] *adj* ~ *de,* imbued with.

imbuvable [ɛ̃byvabl] *adj* undrinkable.

imit|ateur, trice [imitatœr, tris] *n* imitator || **~ation** *f* imitation || copy (reproduction) || sham (faux) || Th. impersonation ● *loc adv à l'~ de,* in imitation of || **~er** *vt* (1) imitate, copy (copier) || mimic (mimer) || counterfeit (contrefaire).

immaculé, e [immakyle] *adj* immaculate, spotless, stainless.

immangeable [ɛ̃mɑ̃ʒabl] *adj* uneatable.

immanquablement [ɛ̃mɑ̃kabləmɑ̃] *adv* inevitably.

immatériel, elle [immaterjɛl] *adj* immaterial, insubstantial ; bodiless.

immatricul|ation [immatrikylasjɔ̃] *f* registration || Aut. *plaque d'~,* number-plate || **~er** *vt* (1) register.

immature [i(m)matyr] *adj* immature.

immédia|t, e [immedja, at] *adj* immediate || off-hand (impromptu) || instant (soulagement) || direct (cause) || **~tement** [-tmɑ̃] *adv* immediately, at once, instantly, directly.

immémorial, e, aux [immemɔrjal, o] *adj* immemorial ; *de temps ~,* since time out of mind.

immens|e [immɑ̃s] *adj* immense, vast, huge || **~ément** [-emɑ̃] *adv* immensely, vastly || **~ité** *f* immensity, vastness.

immerg|é, e [immɛrʒe] *adj* submerged, sunken || **~er** *vt* (7) immerse, sink.

immérité, e [immerite] *adj* undeserved.

immersion [immɛrsjɔ̃] *f* immersion.

immeuble [immœbl] *m* building, block of flats (de rapport) ; ~ *de bureaux,* office-block || Jur. real estate, realty || *Pl* immovables.

immigr|ant, e [immigrɑ̃, ɑ̃t] *adj/n* immigrant || **~ation** *f* immigration || **~é, e** *adj/n* immigrant || **~er** *vi* (1) immigrate (*en,* into).

immin|ence [imminɑ̃s] *f* imminence || **~ent, e** *adj* imminent, impending; *être ~,* be looming ahead.

immiscer (s') [simmise] *vpr* (1) interfere, intrude, meddle (*dans,* with); cut (*dans,* into) [une conversation].

im|mobile [immɔbil] *adj* motionless, immobile, still || **~mobilier, ière** *adj agent ~,* house-agent/U.S. realtor; *biens ~s,* real estate || **~mobilisation** *f* immobilization || **~mobiliser** *vt* (1) immobilize, fix; set, secure || FIN. tie up || **~mobilité** *f* immobility || **~modéré, e** *adj* immoderate, intemperate; lavish || **~modeste** *adj* immodest.

immoler [immɔle] *vt* (1) immolate.

immond|e [immɔ̃d] *adj* filthy || FIG. foul || **~ices** [-is] *fpl* refuse, U.S. garbage.

immoral, e, aux [immɔral, o] *adj* immoral || [sexe] promiscuous || **~ement** *adv* immorally; promiscuously || **~ité** *f* immorality.

immort|aliser [immɔrtalize] *vt* (1) immortalize || **~alité** *f* immortality || **~el, elle** *adj/n* immortal.

immuable [immɥabl] *adj* unchangeable, immutable.

immuni|sé, e [immynize] *adj* MÉD. immune (*contre,* to) || **~ser** *vt* (1) immunize || **~té** *f* immunity.

impact [ɛ̃pakt] *m* impact || [balle] *point d'~,* point of impact.

im|pair, e [ɛ̃pɛr] *adj* odd, uneven ● *m* blunder; *commettre un ~,* commit a faux-pas, make a blunder || **~palpable** *adj* impalpable, intangible || **~pardonnable** *adj* unforgivable, unpardonable || **~parfait, e** *adj* imperfect, faulty || GRAMM. imperfect || **~parfaitement** *adv* imperfectly || **~partial, e, aux** *adj* impartial, unbiassed, unprejudiced (personne) || judicial (esprit) || candid (opinion) || **~partialité** *f* impartiality.

impartir [ɛ̃partir] *vt* (2) grant, allow.

impasse [ɛ̃pɑs] *f* cul-de-sac, dead end, blind alley || [cartes] *faire une ~,* make a finesse || FIG. deadlock, stalemate; *dans une ~,* in a cleft stick; *sortir d'une ~,* turn the corner.

impassible [ɛ̃pasibl] *adj* impassive, unmoved, unconcerned; *visage ~,* poker-face.

im|patience [ɛ̃pasjɑ̃s] *f* impatience (irritation) || eagerness (manque de patience); *avec ~,* eagerly, anxiously || **~patient, e** *adj* impatient, eager, longing; *être ~ de,* look forward to, long to || **~patienter** *vt* (1) provoke — *vpr* **s'~,** grow impatient; get restless (s'agiter) || **~payable** *adj* FIG. screamingly funny || **~payé, e** *adj* unpaid, unsettled || FIN. outstanding.

impeccable [ɛ̃pɛkabl] *adj* flawless, faultless; immaculate; spotless.

impénétrable [ɛ̃penetrabl] *adj* impenetrable.

impénitent, e [ɛ̃penitɑ̃, ɑ̃t] *adj* impenitent; inveterate (fumeur).

imper [ɛ̃pɛr] *m* FAM. mac.

impératif, ive [ɛ̃peratif, iv] *adj* imperative; authoritative (ton) ● *m* GRAMM. imperative.

impératrice [ɛ̃peratris] *f* empress.

imperceptible [ɛ̃pɛrsɛptibl] *adj* imperceptible || **~ment** *adv* insensibly.

imperfection [ɛ̃pɛrfɛksjɔ̃] *f* imperfection || defect, fault (défaut) || *Pl* shortcomings, failings.

impérial, e, aux [ɛ̃perjal, o] *adj* imperial.

impériale *f* AUT. upper deck; *autobus à* ~, double-decker.

impérial|isme *m* imperialism || **~iste** *n* imperialist *adj* imperialistic.

impérieux, euse [ɛ̃perjø, øz] *adj* imperious; authoritative (ton) || urgent, pressing (besoin).

imperméabiliser [ɛ̃pɛrmeabilize] *vt* (1) waterproof || **~able** *adj* waterproof; impervious (*à*, to) ● *m* waterproof, mackintosh, raincoat.

im|personnel, elle [ɛ̃pɛrsɔnɛl] *adj* impersonal || **~pertinence** *f* impertinence || **~pertinent, e** *adj* impertinent, saucy.

imperturbable [ɛ̃pɛrtyrbabl] *adj* imperturbable.

impétu|eux, euse [ɛ̃petyø, øz] *adj* rushing (torrent); impetuous, rash (personne) || **~osité** [-ozite] *f* impetuosity.

impie [ɛ̃pi] *adj* impious.

impitoyable [ɛ̃pitwajabl] *adj* pitiless, merciless, ruthless.

implacable [ɛ̃plakabl] *adj* implacable, relentless (haine); grim (lutte).

implanter [ɛ̃plɑ̃te] *vt* (1) MÉD. implant || FIG. implant; graft — *vpr* ***s'~,*** take root.

implication [ɛ̃plikasjɔ̃] *f* implication.

implicite [ɛ̃plisit] *adj* implicit.

impliquer [ɛ̃plike] *vt* (1) involve, implicate, mix up (*dans,* in) || PHIL. imply (supposer).

implorer [ɛ̃plɔre] *vt* (1) implore, beseech || crave.

im|poli, e [ɛ̃pɔli] *adj* impolite || **~politesse** *f* discourtesy, impoliteness, rudeness || **~pondérable** [-pɔ̃derabl] *adj* imponderable, intangible || **~populaire** *adj* unpopular.

import|ance [ɛ̃pɔrtɑ̃s] *f* importance || consequence, significance, moment; *d'une ~ capitale,* of vital importance; *sans ~,* unimportant, of no account; *dénué d'~,* insignificant; ***avoir de l'~,*** be important, matter, import; *ça n'a pas d'~,* it doesn't matter/count, that makes no difference; *ne pas attacher d'~,* disregard || prominence; *prendre de l'~,* come into prominence || standing (sociale) || extent (des dégâts) || **~ant, e** *adj* important, weighty (affaire) || outstanding, momentous (événement) || material (faits) || considerable, sizeable (somme) || substantial (changement) || *peu ~,* unimportant, immaterial || FIG. prominent (position, rôle); consequential (prétentieux) ● *m l'~ est de,* the main point/thing is to || FAM. *faire l'~,* fuss, give oneself airs, talk big.

import|ateur, trice [ɛpɔrtatœr, tris] *n* importer || **~ation** *f* COMM. import || **~er** I *vt* (1) COMM. import.

importer II *v impers* (1) matter; be of importance; *il importe que,* it is important that; ***peu importe !,*** never mind!; ***peu importe/qu'importe (que),*** what does it matter (if)?; *qu'importe que,* what though || [nég.] ***n'importe !,*** it doesn't matter!, no matter! ● *loc adv* ***n'importe comment,*** anyway, anyhow; *n'importe où,* anywhere; *n'importe quand,* any time ● *adj indéf* ***n'importe quel,*** any; *n'importe quel jour,* any day; *à n'importe quel moment (que),* no matter when, whenever ● *pron indéf* ***n'importe qui,*** anybody; ***n'importe lequel,*** anyone; ***n'importe quoi,*** anything.

import|un, e [ɛ̃pɔrtœ̃, yn] *adj* importunate, intrusive, obtrusive (personne); troublesome, unwelcome (visiteur); *être ~,* intrude ● *m* bore || **~uner** [-yne] *vt* (1) importune || bother, annoy.

imposable [ɛ̃pozabl] *adj* taxable.

impos|ant, e [ɛ̃pozɑ̃, ɑ̃t] *adj*

imposing, impressive (cérémonie); commanding (figure); stately, proud (majestueux) || **~é, e** *adj* COMM. fixed (prix) || FIN. taxed (revenu) || **~er** I *vt* (1) FIN. tax || COMM. fix (un prix) || **~ition** *f* FIN. taxation.

impos|er II *vt* (1) impose, prescribe || thrust (*à,* upon) || lay down (une règle); *~ des conditions,* dictate terms || enjoin (le silence); enforce (l'obéissance); prescribe, set (une tâche); compel (le respect) — *vi en ~ à,* impress — *vpr* ***s'~,*** assert oneself || [action] be essential || *s'~ à,* impose oneself (par sa présence) || **~ition** *f* taxation.

impossi|bilité [ɛ̃pɔsibilite] *f* impossibility || **~ble** *adj* impossible (*de,* to); out of the question ● *m faire l'~,* do all one can, do one's utmost (*pour,* to).

imposte [ɛ̃pɔst] *f* transom (fenêtre).

impost|eur [ɛ̃pɔstœr] *m* impostor, fraud, sham || **~ure** *f* imposture, sham, imposition, trickery.

impôt [ɛ̃po] *m* tax; *net d'~s,* tax-free; *~ indirect,* excise; *~ sur le revenu,* income-tax.

impotent, e [ɛ̃pɔtɑ̃, ɑ̃t] *adj* crippled, impotent ● *n* cripple.

im|praticable [ɛ̃pratikabl] *adj* impracticable (projet) || impassable (route) || **~précis, e** *adj* indefinite; dim, vague || **~précision** *f* vagueness, indistinctness; dimness.

imprégner [ɛ̃preɲe] *vt* (1) impregnate; permeate (through) || [liquide] soak || FIG. imbue (*de,* with) — *vpr* ***s'~ de,*** soak up/in (eau) || FIG. imbibe.

imprenable [ɛ̃prənabl] *adj* MIL. impregnable.

imprésario [ɛ̃presarjo] *m* impresario, agent.

impressi|on [ɛ̃prɛsjɔ̃] *f* impression; *faire ~,* make an impression; ***avoir l'~ de,*** seem to; feel as if/though; ***avoir l'~ que,*** be under the impression that, have a feeling that || sensation, feeling || TECHN. impression, print(ing); impress (d'un sceau); *envoyer à l'~,* send to press || **~onnable** [-ɔnabl] *adj* impressionable, emotional, sensitive (personne) || **~onnant, e** [-ɔnɑ̃, ɑ̃t] *adj* impressive, awe-inspiring || **~onner** [-ɔne] *vt* (1) affect (émouvoir) || impress (*qqn,* sb.) || PHOT. expose (film) || **~onnisme** *m* impressionism || **~onniste** *n* impressionist ● *adj* impressionistic.

imprév|isible [ɛ̃previzibl] *adj* unforeseeable || **~oyance** [-wajɑ̃s] *f* improvidence || **~oyant, e** [-wajɑ̃, ɑ̃t] *adj* improvident || **~u, e** *adj* unforeseen, unexpected, unlooked-for ● *m* unexpected event; ***sauf ~,*** unless sth. unforeseen happens, barring accidents.

imprimante [ɛ̃primɑ̃t] *f* [ordinateur] line printer.

imprim|é [ɛ̃prime] *m* print || *Pl* [poste] printed matter || **~er** I *vt* (1) print (un livre, une étoffe); impress, imprint (une empreinte), stamp (un dessin) || **~erie** [-ri] *f* printing office || **~eur** *m* printer.

imprimer II *vt* (1) communicate (un mouvement).

im|probabilité [ɛ̃prɔbabilite] *f* improbability || **~probable** *adj* improbable, unlikely || **~productif, ive** *adj* unproductive (terre) || FIN. idle, dead (argent).

impromptu, e [ɛ̃prɔ̃pty] *adj/adv* impromptu (discours, repas); extempore; off the cuff (fam.) [discours].

impropr|e [ɛ̃prɔpr] *adj* improper || unsuitable, unfit, unsuited (*à,* for) || **~ement** *adv* improperly || **~iété** [-iete] *f* impropriety.

improv|isation [ɛ̃prɔvizasjɔ̃] *f* improvisation; extemporization (discours) || **~isé, e** *adj* improvised; extemporized (discours); scratch (dîner, équipe) || **~iser** *vt/vi* (1) improvise; extemporize (un discours) || Mus. vamp (un accompagnement) || **~iste (à l')** *loc adv* unexpectedly, without warning; unawares.

imprud|emment [ɛ̃prydamɑ̃] *adv* imprudently, unwisely; recklessly || **~ence** *f* imprudence, rashness; indiscretion || **~ent, e** *adj* imprudent, unwary, unwise.

impud|ence [ɛ̃pydɑ̃s] *f* impudence || **~ent, e** *adj* impudent, brazen(-faced) || **~eur** *f* immodesty, shamelessness || **~ique** *adj* immodest; wanton (femme).

impuiss|ance [ɛ̃pyisɑ̃s] *f* powerlessness || Méd. impotence || **~ant, e** *adj* powerless || Méd. impotent.

impuls|if, ive [ɛ̃pylsif, iv] *adj* impulsive || **~ion** *f* Techn., Électr. impulse || Fig. impulse, impetus, impulsion.

impun|ément [ɛ̃pynemɑ̃] *adv* with impunity || **~ité** *f* impunity.

impur, e [ɛ̃pyr] *adj* impure, tainted || **~eté** [-te] *f* impurity.

imput|ation [ɛ̃pytasjɔ̃] *f* imputation || **~er** *vt* (1) impute, put down, ascribe, refer (*à*, to) || Fin. charge (une dépense) [*à*, to].

in|abordable [inabɔrdabl] *adj* unapproachable (personne) || prohibitive (prix) || **~acceptable** *adj* inacceptable, ineligible || **~accessible** *adj* inaccessible, unattainable, unapproachable (lieu); impervious (*à*, to) [personne] || **~accoutumé, e** *adj* unaccustomed, unused (*à*, to); unfamiliar || **~achevé, e** *adj* unfinished, uncompleted || **~actif, ive** *adj* inactive, idle || Fin. dull (marché) || **~action** *f* inaction || idleness (oisiveté) || **~activité** *f* inactivity || **~adapté, e** *adj* improper ● *n* (social) misfit; odd man out (fam.) || **~adéquat, e** *adj* inadequate || **~admissible** *adj* inadmissible, inacceptable.

inadvertance [inadvɛrtɑ̃s] *f* oversight; *par ~,* inadvertently.

in|altérable [inalterabl] *adj* not subject to deterioration || **~amendable** *adj* Agr. irreclaimable || **~amical, e, aux** *adj* unfriendly || **~amovible** *adj* irremovable, non-removable || **~animé, e** *adj* inanimate, lifeless (corps) || Méd. unconscious, senseless || **~anité** [-anite] *f* inanity || **~anition** [-anisjɔ̃] *f* inanition; *mourir d'~,* starve to death || **~aperçu, e** *adj* unnoticed; *passer ~,* escape observation, pass unnoticed || **~appréciable** *adj* Fig. invaluable || **~approprié, e** *adj* inappropriate || **~apte** *adj* inapt, unfit, unsuited (*à*, for); *rendre ~,* disqualify (*à*, for) || **~aptitude** *f* inaptitude, unfitness || **~articulé, e** *adj* inarticulate || **~artistique** *adj* inartistic || **~assouvi, e** *adj* unsatisfied || **~attaquable** *adj* unimpeachable || **~attendu, e** *adj* unexpected, unlooked-for || **~attentif, ive** *adj* inattentive, heedless, unmindful, careless, regardless (*à*, of) || **~attention** *f* inattention, absentmindedness, distraction; *faute d'~,* careless mistake; *dans un moment d'~,* in an unguarded moment || **~audible** *adj* inaudible.

inaugur|al, e, aux [inogyral, o] *adj* inaugural || Naut. *voyage ~,* maiden voyage || **~ation** *f* inauguration (monument); unveiling (d'une statue) || **~er** *vt* (1) inaugurate (un monument); open (une institution); unveil (une statue) || initiate (entreprendre).

inavouable [inavwabl] *adj* unavowable; shameful.

incalculable [ɛ̃kalkylabl] *adj* incalculable, countless, untold (richesse).

incandescent, e [ɛ̃kɑ̃dɛsɑ̃, ɑ̃t] *adj* glowing.

incantation [ɛ̃kɑ̃tasjɔ̃] *f* spell.

in|capable [ɛ̃kapabl] *adj* incapable (*de faire,* of doing); unable (*de faire,* to do) || **~capacité** *f* incapacity || incompetence || JUR. incapacity, disability.

incarcérer [ɛ̃karsere] *vt* (5) incarcerate, imprison, jail.

incarnat [ɛ̃karna] *m* carnation.

incarn|ation [ɛ̃karnasjɔ̃] *f* REL. incarnation || FIG. embodiment || **~é, e** *adj* ingrown, ingrowing (ongle) || REL. incarnate || **~er** *vt* (1) embody, personify || TH. play the part of || REL. incarnate — *vpr* **s'~,** [ongle] become ingrown || REL. become incarnate (*dans,* in).

incartade [ɛ̃kartad] *f* prank, escapade, freak.

incassable [ɛ̃kɑ̃sabl] *adj* unbreakable.

incend|iaire [ɛ̃sɑ̃djɛr] *adj/n* incendiary || **~ie** *m* fire, conflagration; **~ *criminel,*** arson || **~ier** *vt* (1) set on fire; burn down (un édifice).

in|certain, e [ɛ̃sɛrtɛ̃, ɛn] *adj* uncertain (*de,* about); doubtful (renseignement, résultat); indefinite (durée); unsettled (temps); hazardous (entreprise) || **~certitude** *f* uncertainty, suspense, doubt, hesitation; *dans l'~,* in doubt.

incess|amment [ɛ̃sɛsamɑ̃] *adv* incessantly (sans cesse); immediately (aussitôt) || **~ant, e** *adj* unceasing, incessant, ceaseless; unremitting (efforts, soins).

incest|e [ɛ̃sɛst] *m* incest || **~ueux, euse** [-ɥø, øz] *adj* incestuous.

inchangé, e [ɛ̃ʃɑ̃ʒe] *adj* unaltered.

incidence [ɛ̃sidɑ̃s] *f* incidence.

incident [ɛ̃sidɑ̃] *m* incident, happening, event, experience || hitch (difficulté).

incinér|ateur [ɛ̃sineratœr] *m* incinerator || **~ation** *f* incineration; cremation (des cadavres) || **~er** *vt* (5) incinerate; cremate.

incis|er [ɛ̃size] *vt* (1) incise, slit || **~if, ive** *adj* incisive || **~ion** *f* incision || **~ive** *f* incisor.

incit|ation [ɛ̃sitasjɔ̃] *f* incitement (*à,* to), inducement (*à,* to) || **~er** *vt* (1) incite, urge, induce, prompt (*à,* to); egg on, actuate, provoke (*à,* to).

inclin|aison [ɛ̃klinɛzɔ̃] *f* incline, slope (pente); leaning, tilt(ing) || PHYS. dip || ASTR. inclination || **~ation** *f* FIG. inclination, disposition, vocation, taste || **~er** *vt* (1) incline, slope, tilt (un objet) || bend (le corps); bow (la tête) — *vpr* **s'~,** slope, lean, slant || bow, bend (*sur,* over; *devant,* before); stoop || FIG. yield (renoncer).

incl|ure [ɛ̃klyr] *vt* (4) enclose, include || embrace, embody, involve, take, count (*dans,* in) || **~us, e** [-y, yz] *adj* included; inclusive || **~usivement** [-yzivmɑ̃] *adv* inclusively.

incognito [ɛ̃kɔɲito] *adv* incognito.

in|cohérent, e [ɛ̃kɔerɑ̃, ɑ̃t] *adj* incoherent, disconnected, rambling (paroles) || **~colore** [-kɔlɔr] *adj* colourless.

incomber [ɛ̃kɔ̃be] *vt ind* (1) devolve (*à,* upon); rest (*à,* with); be incumbent (*à,* on) || [impers.] *il vous incombe de,* it behoves you to.

in|combustible [ɛ̃kɔ̃bystibl] *adj* fire-proof || **~commensurable** [-kɔmmɑ̃syrabl] *adj* immeasurable, huge.

incommod|e [ɛ̃kɔmɔd] *adj* inconvenient || uncomfortable (siège); awkward (outil) || **~er** *vt* (1) inconvenience, bother, disturb || **~ité** *f* inconvenience || discomfort.

in|comparable [ɛ̃kɔ̃parabl] *adj* incomparable, matchless, peerless || **~compatible** *adj* incompatible, inconsistent, incongruous (*avec,* with) || **~compétence** *f* incompetence || **~compétent, e** *adj* incompetent, unqualified || **~com-**

plet, ète *adj* unfinished, incomplete, uncompleted || **~compréhensible** *adj* incomprehensible, unintelligible || **~concevable** *adj* inconceivable, unthinkable || **~confort** *m* discomfort || **~congru, e** *adj* incongruous || **~connu, e** *adj* unknown (*de,* to) ● *n* stranger (personne) ● *m* PHIL. unknown ● *f* MATH. unknown quantity || **~consciemment** *adv* unconsciously, unknowingly, unwittingly, subconsciously || **~conscience** *f* unconsciousness || **~conscient, e** *adj* unconscious; unaware, insensible (*de,* of) ● *m* unconscious || **~conséquence** *f* inconsequence (illogisme) || **~conséquent, e** *adj* inconsequent || **~considéré, e** *adj* inconsiderate, hasty, rash (action) || **~consistant, e** *adj* lacking in consistency || FIG. yielding (substance) || **~consolable** *adj* disconsolate || **~constance** *f* inconstancy, fickleness || **~constant, e** *adj* inconstant, fickle, mercurial (personne) || changeable, unsteady (temps) || **~contestable** *adj* unquestionable, incontestable, undeniable, beyond dispute || **~contestablement** *adv* unquestionably, undeniably || **~contesté, e** *adj* undisputed || **~contrôlable** *adj* uncheckable || **~convenace** *f* unseemliness, impropriety || **~convenant, e** *adj* unseely, improper, unbecoming, indecent.

inconvénient [ɛ̃kɔ̃venjɑ̃] *m* inconvenience, drawback; *s'il n'y voit pas d'~,* if he has no objection; *si vous n'y voyez pas d'~,* if you don't mind; *voyezvous un ~ à ce qu'il vienne ?,* do you object to his coming?

incorpor|ation [ɛ̃kɔrpɔrasjɔ̃] *f* MIL. enrolment || **~é, e** *adj* built in || **~er** *vt* (1) incorporate || TECHN. build in (construire); mix (mélanger) || MIL. enrol, recruit.

in|correct, e [ɛ̃kɔrɛkt] *adj* incorrect, wrong (renseignement); improper, indecorous (tenue) || **~correctement** *adv* incorrectly; improperly || **~correction** *f* FIG. impropriety || **~corrigible** *adj* incorrigible (enfant); irreclaimable (adulte) || **~corruptible** *adj* incorruptible || **~crédule** *adj* incredulous, unbelieving ● *m* REL. unbeliever || **~crédulité** *f* incredulity, disbelief.

incriminer [ɛ̃krimine] *vt* (1) incriminate.

in|croyable [ɛ̃krwajabl] *adj* unbelievable, incredible, beyond belief || **~croyance** *f* REL. infidelity || **~croyant, e** *adj* REL. faithless ● *n* unbeliever.

incrust|ation [ɛ̃krystasjɔ̃] *f* incrustation || TECHN. inlay || **~é, e** *adj* inlaid (*de,* with) || **~er** *vt* (1) inlay — *vpr* **s'~,** FAM. [personne] take root.

incub|ation [ɛ̃kybasjɔ̃] *f* incubation || **~er** *vt* (1) incubate.

inculp|ation [ɛ̃kylpasjɔ̃] *f* indictment; *sous l'~ de,* on a charge of || **~é, e** *n l'~,* the accused || **~er** *vt* (1) inculpate; indict, charge (*de,* with).

inculquer [ɛ̃kylke] *vt* (1) inculcate, implant, instil.

inculte [ɛ̃kylt] *adj* uncultivated (jardin); waste (région) || FIG. uneducated, uncultured.

incurable [ɛ̃kyrabl] *adj* incurable ● *n* incurable.

incurie [ɛ̃kyri] *f* negligence, carelessness; malpractice.

incursion [ɛ̃kyrsjɔ̃] *f* MIL. incursion, inroad, foray, raid; *faire une ~,* raid, foray || FIG. incursion.

incurver [ɛ̃kyrve] *vt* (1) incurve.

Inde [ɛ̃d] *f* India || HIST. *les ~s occidentales,* the West Indies.

indéc|ence [ɛ̃desɑ̃s] *f* indecency, immodesty || **~ent, e** *adj* indecent, immodest.

in|déchiffrable [ɛ̃deʃifrabl] *adj* illegible, cramped (écriture) || **~déchirable** *adj* tear-proof.

indéci|s, e [ɛ̃desi, iz] *adj* undecided, uncertain, unsettled (personne) || doubtful, indecisive (victoire); indistinct (flou) || **~sion** [-zjɔ̃] *f* indecision; suspense.

in|défendable [ɛ̃defɑ̃dabl] *adj* indefensible || **~défini, e** *adj* indefinite || **~définiment** *adv* indefinitely || **~définissable** *adj* indefinable, nondescript.

indélébile [ɛ̃delebil] *adj* indelible (encre); kiss-proof (rouge à lèvres).

in|délicat, e [ɛ̃delika, at] *adj* indelicate (sans tact); dishonest (employé); unscrupulous (procédé) || **~délicatesse** *f* indelicacy || dishonesty || **~démaillable** [-demɑjabl] *adj* ladderproof, run-resist.

indemn|e [ɛ̃dɛmn] *adj* unhurt, unscathed (personne); *sortir ~,* get off scot-free || **~isation** *f* compensation || **~iser** *vt* (1) indemnify, compensate, make good || **~ité** *f* indemnity || allowance; *~ de chômage,* dole.

indéniable [ɛ̃denjabl] *adj* undeniable.

indépend|amment [ɛ̃depɑ̃damɑ̃] *adv* independently || **~ance** *f* independence || **~ant, e** *adj* independent || free-lance (journaliste); *~ financièrement,* self-supporting.

in|déracinable [ɛ̃derasinabl] *adj* ineradicable || **~déréglable** [-dereglabl] *adj* fool-proof || **~descriptible** [-dɛskriptibl] *adj* indescribable || **~désirable** *adj* undesirable || **~destructible** [-dɛstryktibl] *adj* indestructible || **~déterminé, e** *adj* indeterminate || **~détraquable** *adj* foolproof.

index I [ɛ̃dɛks] *m* forefinger, index (finger).

index II *m* index (liste) || REL. Index; *mettre à l'~,* put on the Index; FIG. ban || **~er** *vt* (1) index || peg (des prix, des salaires) || FIN. index (un emprunt).

indica|teur, trice [ɛ̃dikatœr, tris] *adj poteau ~,* sign-post ● *m* RAIL. time-table, U.S. schedule ● *n* [police] informer || **~tif, ive** *adj* indicative (*de,* of); *à titre ~,* as an indication || GRAMM. indicative (mode) ● *m* TÉL. dialling tone || RAD. signature tune; call sign (d'appel) || **~tion** *f* indication; piece of information; *sur l'~ de,* at the suggestion of; *sauf ~ contraire,* unless otherwise stated.

indice [ɛ̃dis] *m* indication, sign || clue, lead (piste) || ***~ des prix,*** prices index || RAD., T.V. *~ de popularité,* ratings || AUT. *~ d'octane,* octane number || PHYS. index.

indicible [ɛ̃disibl] *adj* inexpressible, unutterable.

indien, ienne [ɛ̃djɛ̃, jɛn] *adj* Indian ● *f* [étoffe] printed cotton; print || SP. [nage] sidestroke.

Indien, ienne *n* [Amérique, Inde] Indian.

indiffér|emment [ɛ̃diferamɑ̃] *adv* indiscriminately; *~ à droite ou à gauche,* either right or left || **~ence** *f* indifference (*pour,* to); coolness, detachment; *avec ~,* indifferently || **~ent, e** *adj* indifferent (*à,* to); unconcerned, uninterested; nonchalant.

indigence [ɛ̃diʒɑ̃s] *f* indigence, destitution, necessity, want; *réduire à l'~,* pauperize || FIG. lack.

indigène [ɛ̃diʒɛn] *adj* native (population); indigenous (plante) ● *n* native.

indigent, e [ɛ̃diʒɑ̃, ɑ̃t] *adj* destitute, indigent, poverty-stricken ● *n* destitude, pauper; *les ~s,* the poor.

indigest|e [ɛ̃diʒɛst] *adj* indigestible, stodgy || **~ion** *f* indigestion; *avoir une ~,* have an attack of indigestion.

indign|ation [ɛ̃diɲasjɔ̃] *f* indignation; *avec ~,* indignantly || **~e** *adj* unworthy, undeserving (*de,* of); *c'est ~ de vous,* it is unworthy of you; [emploi] it is beneath you || shameful (conduite) || **~é, e** *adj* indignant (*de,* at) || **~er** *vt* (1) rouse to indignation — *vpr* **s'~,** be/become indignant (*de/contre,* at/with) || **~ité** *f* unworthiness || indignity (affront).

indigo [ɛ̃digo] *adj/m* indigo.

indiqu|é, e [ɛ̃dike] *adj* advisable (conseillé) || appropriate (convenable) || **~er** *vt* (1) point out, show; point (at/to) [du doigt]; *~ (à qqn) le chemin de,* show (sb.) the way to, direct (sb.) to || recommend, tell of (qqn) || *à l'heure indiquée,* at the appointed time || give, show, state (faire figurer) || [instrument] read, register || FIG. denote, betoken.

in|direct, e [ɛ̃dirɛkt] *adj* indirect; circuitous || JUR. circumstantial (preuve) || **~discernable** *adj* indistinguishable || **~discipliné, e** *adj* unruly || **~discret, ète** [ɛ̃diskrɛ, ɛt] *adj* indiscreet, inquisitive (personne); indiscreet (question); prying (regard) ● *n* eavesdropper || **~discrétion** *f* indiscretion (conduite, remarque) || **~discutable** *adj* unquestionable || **~discutablement** *adv* unquestionably, certainly || **~dispensable** *adj* indispensable, essential; *objet ~,* must || **~disponible** *adj* unavailable || **~disposé, e** *adj* MÉD. indisposed, unwell; queer (*fam.*) || **~disposer** *vt* (1) MÉD. indispose || FIG. antagonize || **~disposition** *f* indisposition, ailment || **~dissoluble** *adj* FIG. indissoluble || **~distinct, e** *adj* indistinct; dim (contour, lumière); confused (son) || **~distinctement** *adv* indistinctly (vaguement) || indiscriminately (sans discrimination).

individu [ɛ̃dividy] *m* individual || FAM. person, fellow, chap, character || PÉJ. customer || **~aliser** [-ɥalize] *vt* (1) individualize || **~alisme** [-alism] *m* individualism || **~alité** *f* individuality || **~el, elle** [-ɥɛl] *adj* individual, personal || **~ellement** *adv* individually, separately.

in|divisible [ɛ̃divizibl] *adj* indivisible || **~docile** *adj* intractable.

indol|ence [ɛ̃dɔlɑ̃s] *f* indolence || sloth || **~ent, e** *adj* indolent || slothful.

in|dolore [ɛ̃dɔlɔr] *adj* painless || **~domptable** *adj* untamable (animal) || FIG. indomitable, uncontrollable || **~dompté, e** *adj* untamed (animal); unbroken (cheval) || FIG. uncontrolled.

Indonés|ie [ɛ̃dɔnezi] *f* Indonesia || **~ien, ienne** *n* Indonesian.

indonésien, ienne *adj* Indonesian.

indu, e [ɛ̃dy] *adj* unseasonable, unearthly, ungodly (heure) || undue (injuste).

indubitable [ɛ̃dybitabl] *adj* unquestionable, beyond doubt; undoubted, sure || **~ment** *adv* unquestionably, doubtless, undoubtedly, without doubt.

induction [ɛdyksjɔ̃] *f* PHYS. induction.

induire [ɛ̃dɥir] *vt* (85) induce, lead (*en,* into); *~ en erreur,* deceive, mislead.

indulg|ence [ɛ̃dylʒɑ̃s] *f* leniency (clémence) || REL. indulgence || **~ent, e** *adj* lenient.

indûment [ɛ̃dymɑ̃] *adv* unduly.

industr|ialiser [ɛ̃dystrialize] *vt* (1) industrialize || **~ie** *f* industry; *~ automobile,* motor-car industry; *~ chimique,* chemical industry; *~ légère/lourde,* light/heavy industry; *~ de transformation,* processing industry || **~iel, ielle** [-iɛl] *adj* industrial ● *m* industrialist, manufacturer || **~ieux, ieuse** *adj* busy, skilful.

inébranlable [inebrɑ̃labl] *adj* solid, firm || FIG. unyielding, immovable, steadfast (personne).

inédit, e [inedi, it] *adj* unpublished || FIG. new; unprecedented (fait).

in|effaçable [inefasabl] *adj* indelible || **~efficace** *adj* ineffective, ineffectual (moyen); inefficient (personne) || **~efficacité** *f* ineffectiveness; inefficiency || **~égal, e, aux** *adj* unequal || rough, uneven (terrain) || erratic (travail) || changeable (humeur) || **~égalable** *adj* matchless || **~égalé, e** *adj* unequalled || **~égalité** *f* inequality || roughness, unevenness (du sol) || changeability (d'humeur) || **~élégant, e** *adj* inelegant || **~éligible** *adj* ineligible || **~éluctable** [-elyktabl] *adj* ineluctable || **~énarrable** [-enarabl] *adj* screamingly funny || **~epte** [-ɛpt] *adj* inept || **~eptie** [-ɛpsi] *f* ineptitude || nonsense || trash (propos stupides) || **~épuisable** [-epɥizabl] *adj* inexhaustible || FIG. unfailing.

iner|te [inɛrt] *adj* inert || **~tie** [-si] *f* PHYS. inertia; ***force d'~,*** force of inertia || FIG. listlessness, apathy; *force d'~,* passive resistance.

in|espéré, e [inɛspere] *adj* unhoped-for; unexpected || **~estimable** *adj* inestimable, invaluable || **~évitable** *adj* inevitable, unavoidable || *issue ~,* foregone conclusion || **~évitablement** *adv* inevitably, necessarily, of necessity || **~exact, e** *adj* inaccurate, inexact (calcul, traduction); incorrect (déclaration) || **~exactitude** *f* inaccuracy || unpunctuality || **~exaucé, e** *adj* unfulfilled (vœu) || **~excusable** *adj* inexcusable, unpardonable || **~existant, e** *adj* non-existent.

inexorable [inɛgzɔrabl] *adj* inexorable, unrelenting (personne) || harsh (destin).

in|expérience [inɛksperjɑ̃s] *f* inexperience || **~expérimenté, e** *adj* inexperienced, unskilled, untrained; green || **~explicable** *adj* inexplicable, unaccountable || **~expliqué, e** *adj* unaccounted for (phénomène) || **~exploité, e** *adj* AGR. undeveloped (région) || TECHN. unworked (mine) || **~exploré, e** *adj* unexplored, uncharted || **~exprimable** *adj* inexpressible, unutterable.

infaillible [ɛ̃fajibl] *adj* infallible (personne) || unfailing, sure (remède).

in|famant, e [ɛ̃famɑ̃, ɑ̃t] *adj* defamatory, opprobrious, degrading || **~fâme** *adj* infamous; dishonourable, foul, villainous || **~famie** *f* infamy, disgrace, villainy; infamous deed.

infanterie [ɛ̃fɑ̃tri] *f* infantry; *l'~ de marine,* the marines.

infantile [ɛ̃fɑ̃til] *adj* MÉD. infantile || FIG. childish.

infatigable [ɛ̃fatigabl] *adj* indefatigable, tireless.

infatu|ation [ɛ̃fatɥasjɔ̃] *f* self-conceit || **~é, e** *adj* conceited || **~er (s')** *vpr* (1) become infatuated (*de,* with).

infec|t, e [ɛ̃fɛkt] *adj* foul, noisome (odeur) || FIG. beastly; abject (personne) || **~ter** [-te] *vt* (1) infect, taint, contaminate — *vpr* ***s'~,*** [plaie] become infected/septic || **~tieux, euse** [-sjø, øz] *adj* infectious, catching || **~tion** *f* infection || FAM. stench.

inférer [ɛ̃fere] *vt* (5) infer.

infér|ieur, e [ɛ̃ferjœr] *adj* lower (lèvre); bottom (rayon) || FIG. inferior; lower (rang); poor (qualité); *~ à,* inferior to, below, unequal to (à sa tâche) || **~iorité** [-jɔrite] *f* inferiority.

infernal, e, aux [ɛ̃fɛrnal, o] *adj* FIG. infernal; devilish; *un bruit ~,* a hell of a noise.

infester [ɛ̃fɛste] *vt* (1) infest.

infid|èle [ɛ̃fidɛl] *adj* unfaithful, faithless; disloyal (*à,* to) ● *adj/n* REL. infidel || **~élité** [-elite] *f* infidelity, unfaithfulness, faithlessness.

infiltrer (s') [sɛ̃filtre] *vpr* (1) infiltrate, seep, filter, trickle *(dans,* into); soak, ooze (*dans,* through).

infini, e [ɛ̃fini] *adj* infinite, endless ● *m* MATH. infinity ● *loc adv à l'~,* ad infinitum, to infinity || **~ment** *adv* infinitely || **~té** *f* infinity; *une ~ de,* no end of || **~tif, ive** [-tif, iv] *adj/m* GRAMM. infinitive.

infirm|e [ɛ̃firm] *adj* crippled (invalide); infirm (faible) ● *n* cripple, disabled person, invalid || **~erie** *f* infirmary || NAUT. sick bay || **~ier** *m* male nurse || **~ière** *f* nurse; *~ en chef,* sister || **~ité** *f* disability, infirmity.

inflamm|able [ɛ̃flamabl] *adj* inflammable || **~ation** *f* MÉD. inflammation.

inflation [ɛ̃flasjɔ̃] *f* FIN. inflation.

inflexible [ɛ̃flɛksibl] *adj* inflexible, unbending; unyielding (volonté); adamant, relentless (implacable).

inflexion [ɛ̃flɛksjɔ̃] *f* bow (du corps); inflexion (de la voix).

infliger [ɛ̃fliʒe] *vt* (7) inflict (une blessure); administer (une punition).

influ|ençable [ɛ̃flyɑ̃sabl] *adj* easily influenced || **~ence** *f* influence; *exercer une ~ sur,* have an effect on || ascendancy (*sur,* over) [ascendant]; authority, sway || **~encer** *vt* (6) influence, bias || **~ent, e** *adj* influential || **~er** *vi* (1) have an influence (*sur,* on); tell (*sur,* on); affect (sth.).

inform|ateur, trice [ɛ̃fɔrmatœr, tris] *n* informant || informer (délateur).

informaticien, ienne [ɛ̃fɔrmatisjɛ̃, jɛn] *n* computer scientist.

informat|ion [ɛ̃fɔrmasjɔ̃] *f* information; *une ~,* a piece of information/news || [informatique] information; ***traitement de l'~,*** data processing || **~ique** [-tik] *f* information science, U.S. informatics || **~iser** *vt* (1) computerize.

informe [ɛ̃fɔrm] *adj* shapeless.

inform|é, e [ɛ̃fɔrme] *adj* informed (*de,* of); *jusqu'à plus ample ~,* until further information is available || wise, knowledgeable || **~er** *vt* (1) inform, tell (*sur,* about); *~ qqn,* let sb. know || COMM. advise — *vpr* **s'~,** inquire, ask (*de,* about).

infortun|e [ɛ̃fɔrtyn] *f* misfortune, wretchedness || **~é, e** *adj* unfortunate, hapless, wretched ● *n* wretch.

infraction [ɛ̃fraksjɔ̃] *f* infraction, infringement (*à,* of) || JUR. offence (*à,* against); violation, breach (*à la loi,* of the law).

infranchissable [ɛ̃frɑ̃ʃisabl] *adj* impassable.

infrarouge [ɛ̃fraruʒ] *adj* infrared.

infrastructure [ɛ̃frastryktyr] *f* infrastructure, substructure.

in|froissable [ɛ̃frwasabl] *adj* crease-resisting || **~fructueux, euse** *adj* fruitless (efforts); unsuccessful (essai).

infuser I [ɛ̃fyze] *vt* (1) infuse (du courage).

infus|er II *vt* CULIN. *(faire) ~,* infuse, draw, brew (thé) — *vi* infuse, brew, draw, stand, steep; *laissez-le ~,* leave it draw/brew || **~ion** *f* infusion || [boisson] herb tea; *~ de tilleul,* lime tea.

ingéni|eur [ɛ̃ʒenjœr] *m* engineer : *~-conseil m* consulting engineer; *~ chimiste,* chemical engineer; *~ électricien,* electrical engineer; *~ des mines,* mining engineer; *~ du son,* sound engineer || **~eux, euse** *adj* ingenious, skilful, clever; subtle (procédé) || **~osité** [-ozite] *f* ingenuity, cleverness, skilfulness; subtlety.

ingénu, e [ɛ̃ʒeny] *adj* ingenuous, artless, simple-hearted || **~ité** *f* ingenuousness.

ingér|ence [ɛ̃ʒerɑ̃s] *f* interference (*dans,* in) || **~er (s')** *vpr* (5) interfere (*dans,* in/with).

ingérer *vt* (5) ingest.

ingouvernable [ɛ̃guvɛrnabl] *adj* unmanageable, unruly.

ingra|t, e [ɛ̃gra, at] *adj* ungrateful (personne); awkward (âge); thankless (tâche) || AGR. barren, stubborn (sol) || **~titude** [-tityd] *f* ingratitude.

ingrédient [ɛ̃gredjɑ̃] *m* ingredient.

ingurgiter [ɛ̃gyrʒite] *vt* (1) gulp down.

in|habile [inabil] *adj* unskilful || **~habité, e** *adj* uninhabited (maison); empty (région) || **~habitué, e** *adj* unused to || **~habituel, elle** *adj* unusual.

inhal|ateur [inalatœr] *m* inhaler || **~ation** *f* inhalation || **~er** *vt* (1) inhale.

inhérent, e [inerɑ̃, ɑ̃t] *adj* inherent, incident (*à*, to).

inhib|é, e [inibe] *adj* inhibited || **~er** *vt* (1) inhibit || **~ition** *f* inhibition.

in|hospitalier, ière [inɔspitalje, jɛr] *adj* inhospitable || **~humain, e** *adj* inhuman.

inhumer [inyme] *vt* (1) bury.

in|imaginable [inimaʒinabl] *adj* unimaginable || **~imitable** *adj* inimitable.

inimitié [inimitje] *f* enmity.

ininflammable [inɛ̃flamabl] *adj* non-flammable.

in|intelligible [inɛ̃tɛliʒibl] *adj* unintelligible || **~interrompu, e** *adj* uninterrupted; unbroken (sommeil).

ini|que [inik] *adj* iniquitous || **~quité** [-kite] *f* iniquity.

initial, e, aux [inisjal, o] *adj* initial ● *f* initial || **~ement** *adv* initially.

initi|ateur, trice [inisjatœr, tris] *n* initiator; starter || **~ation** *f* initiation || **~ative** *f* initiative; *esprit d'~*, spirit of enterprise || *prendre l'~ de*, take the initiative for; *de sa propre ~*, on one's own initiative || **~é, e** *adj* initiated ● *n* initiative || **~er** *vt* (1) initiate (*à*, into) — *vpr* **s'~** learn; initiate oneself (*à*, into).

injec|té, e [ɛ̃ʒɛkte] *adj yeux ~s de sang*, bloodshot eyes || **~ter** *vt* (1) inject || **~teur** *m* TECHN. injector || **~tion** *f* TECHN. injection || AUT. *moteur à ~*, fuel-injection engine || MÉD. injection (piqûre); *~ de rappel*, booster injection; douche (gynécologique).

injonction [ɛ̃ʒɔ̃ksjɔ̃] *f* injunction.

injur|e [ɛ̃ʒyr] *f* insult; *faire ~ à*, offend || *Pl* abuse || **~ier** *vt* (1) insult, abuse, revile, call (sb.) names || **~ieux, ieuse** *adj* insulting, abusive, offensive.

in|juste [ɛ̃ʒyst] *adj* unfair, unjust (*envers*, to) || **~justement** *adv* unfairly, unjustly, undeservedly || **~justice** *f* injustice, unfairness, wrong; *commettre une ~ envers qqn*, wrong sb. || **~justifiable** *adj* unjustifiable || **~justifié, e** *adj* groundless, unjustified; unwarranted, uncalled for (remarque).

inlassable [ɛ̃lɑsabl] *adj* untiring (efforts); tireless (personne).

inné, e [inne] *adj* innate, inborn, inbred; temperamental.

innoc|ence [inɔsɑ̃s] *f* innocence || **~ent, e** *adj* innocent, guiltless (non coupable); harmless (inoffensif); artless, simple (naïf) ● *n* simpleton || **~enter** [-ɑ̃te] *vt* (1) clear (disculper).

innombrable [innɔ̃brabl] *adj* innumerable, numberless, without number, countless.

innov|ation [innɔvasjɔ̃] *f* innovation || **~er** *vi* (1) innovate (*en*, in).

in|observance [inɔbsɛrvɑ̃s] *f* non-observance || **~occupé, e** *adj* unoccupied, empty, vacant (pièce, siège); unemployed, idle (personne).

inocul|ation [inɔkylasjɔ̃] *f* inoculation || **~er** *vt* (1) inoculate (*contre,* against).

inodore [inɔdɔr] *adj* odourless || scentless (fleur).

inoffensif, ive *adj* inoffensive, innocuous, harmless.

inond|ation [inɔ̃dasjɔ̃] *f* flood, inundation || **~er** *vt* (1) flood, inundate, overflow, drown || COMM. glut (le marché) [*de,* with] || FIG. overrun, flood (envahir).

inopérant, e [inɔperɑ̃, ɑ̃t] *adj* inoperative.

inopiné, e [inɔpine] *adj* unexpected || **~ment** *adv* unexpectedly.

in|opportun, e [inɔpɔrtœ̃, yn] *adj* inopportune, ill-timed, untimely || **~organique** *adj* inorganic || **~oubliable** *adj* unforgettable || **~ouï, e** [inwi] *adj* unheard-of || **~oxydable** *adj* rust-proof; *acier ~,* stainless steel.

inqualifiable [ɛ̃kalifiabl] *adj* scandalous (conduite).

inqui|et, ète [ɛ̃kjɛ, ɛt] *adj* preoccupied, worried, uneasy (*au sujet de,* about); anxious (*de,* for/about); restless (esprit) || **~étant, e** [-etɑ̃, ɑ̃t] *adj* disquieting, disturbing, worrying; ominous (de mauvais augure) || MÉD. alarming (symptôme) || **~éter** [-ete] *vt* (1) worry, disturb, disquiet, trouble — *vpr* **s'~,** worry, trouble (oneself) [*de,* about] || inquire (*de,* about) [s'enquérir] || **~étude** [-etyd] *f* worry, care (souci) || concern (crainte) || disquiet, anxiety, uneasiness (anxiété); *éprouver des ~s,* have misgivings.

in|saisissable [ɛ̃sɛzisabl] *adj* elusive (personne) || JUR. not distrainable || **~salubre** *adj* unhealthy (climat).

insatiable [ɛ̃sasjabl] *adj* insatiable, insatiate.

inscr|iption [ɛ̃skripsjɔ̃] *f* inscription || enrolment, registration (à une école) || **~ire** *vt* (44) inscribe, write (down) [des mots]; chalk up (des points) || enroll (qqn); *se faire ~,* put one's name down, enter one's name (*à,* for) — *vpr* **s'~,** sign on (*à,* for) [un cours, un voyage]; register (*à,* at) [l'Université]; enter (oneself) [*à un examen,* for an examination] || *s'~ à un parti/club,* join a party/club.

insect|e [ɛ̃sɛkt] *m* insect, U.S. bug (fam.); *~ nuisible,* pest || **~icide** [-isid] *m* insecticide ● *adj poudre ~,* insect spray.

insémin|ation [ɛ̃seminasjɔ̃] *f* MÉD. *~ artificielle,* artificial insemination || **~er** *vt* (1) inseminate.

in|sensé, e [ɛ̃sɑ̃se] *adj* (fou) || senseless (stupide) || [sens faible] foolish || **~sensible** *adj* insensitive (*à,* to) [sensations] || insensible (engourdi) || insensible, unmoved (moralement); *~ à,* unaffected by || imperceptible (mouvement) || **~sensiblement** *adv* insensibly, imperceptibly || **~séparable** *adj* inseparable.

ins|érer [ɛ̃sere] *vt* (5) insert || [emploi du temps] slot in (activité) || **~ertion** [-ɛrsjɔ̃] *f* insertion.

insidieux, ieuse [ɛ̃sidjø, jøz] *adj* insidious.

insigne I [ɛ̃siɲ] *m* badge.

insign|e II *adj* noteworthy; signal (service) || **~ifiant, e** [-ifjɑ̃, ɑ̃t] *adj* insignificant (œuvre, personne); paltry, trifling (dérisoire); immaterial (sans importance); slight (négligeable) || petty (détail) || trivial (somme).

insinu|ant, e [ɛ̃sinɥɑ̃, ɑ̃t] *adj* insinuating; ingratiating (sourire) || **~ation** *f* insinuation, innuendo, hint || **~er** *vt* (1) insinuate, imply, hint at, give a hint — *vpr* **s'~,** insinuate oneself, wedge oneself, creep (*dans,* into) || FIG. *s'~ dans les bonnes grâces de qqn,* worm oneself into sb.'s favour.

insipide [ɛ̃sipid] *adj* insipid, tasteless, flat || bland (doux); watery, wishy-washy (thé) || FIG. dull, tame (histoire).

insist|ance [ɛ̃sistɑ̃s] *f* insistence || emphasis (accent) || **~er** *vi* (1) insist || **~ *sur,*** stress, lay stress on; emphasize (accentuer) || [nég.] not dwell on; FAM. *n'insistons pas!* let's drop it!; *n'insistez pas (lourdement)!,* don't rub it in!

insociable [ɛ̃sɔsjabl] *adj* unsociable; *personne ~,* odd man out.

insolation [ɛ̃sɔlasjɔ̃] *f* sunstroke, insolation.

insol|ence [ɛ̃sɔlɑ̃s] *f* insolence, impudence || **~ent, e** *adj* insolent, impudent, barefaced.

insolite [ɛ̃sɔlit] *adj* unusual.

in|soluble [ɛ̃sɔlybl] *adj* insoluble || **~solvabilité** *f* insolvency || **~solvable** *adj* insolvent.

insomnie [ɛ̃sɔmni] *f* sleeplessness, insomnia.

in|sondable [ɛ̃sɔ̃dabl] *adj* unfathomable, fathomless || **~sonore** *adj* sound-proof || **~sonoriser** *vt* (1) sound-proof.

insouci|ance [ɛ̃susjɑ̃s] *f* carelessness (négligence); disregard (indifférence); jauntiness (désinvolture); recklessness (témérité) || **~ant, e** *adj* carefree, happy-go-lucky; careless (négligent); casual (désinvolte); heedless (imprudent); reckless (téméraire).

in|soumis, e [ɛ̃sumi, iz] *adj* unconquered (peuple) || MIL. defaulting ● *m* MIL. defaulter, absentee || **~soumission** *f* insubordination || MIL. defaulting || **~soupçonné, e** *adj* unsuspected || **~soutenable** *adj* indefensible.

inspec|ter [ɛ̃spɛkte] *vt* (1) inspect, U.S. visit || examine, have a look round || survey (le terrain) || **~teur, trice** *n* inspector (de police); shop-walker, U.S. floor-walker (dans un grand magasin) || **~tion** *f* inspection, examination || survey || MIL. review.

inspir|ation [ɛ̃spirasjɔ̃] *f* inspiration; *sous l'~ du moment,* on the spur of the moment || **~er** *vt* (1) MÉD., FIG. inspire.

instable [ɛ̃stabl] *adj* unstable, unsteady || FIG. flighty (caractère); fickle, temperamental (personne); floating (population).

install|ation [ɛ̃stalasjɔ̃] *f* TECHN. installation, plant (appareil); *~ sanitaire,* plumbing || *Pl* appointments, fittings (d'une maison) || **~er** *vt* (1) install, equip, fit out; fix, lay on; put in (l'électricité); *maison bien installée,* well-appointed house || settle (qqn) || FIG. inaugurate (un président) — *vpr* ***s'~,*** settle (down) || set up house, settle in.

inst|amment [ɛ̃stamɑ̃] *adv* urgently, insistently || **~ance** *f* [prière] request; *sur ses ~s pressantes,* at his/her earnest entreaties || [organisme] autharity || JUR. proceedings (procédure); *tribunal de première ~,* Court of first instance ● *loc prép* ***en ~,*** pending (en cours); ***en ~ de,*** about to; *en ~ de divorce,* waiting for a divorce.

instant I, **e** [ɛ̃stɑ̃, ɑ̃t] *adj* instant, pressing, insistent (demande).

instan|t II *m* moment, instant; *à chaque ~,* at every moment; *dans un ~,* in a while; *d'un ~ à l'autre,* at any minute; *un ~!,* wait a minute! ● *loc adv à l'~,* just now ● *loc conj à l'~ où,* just as || **~tané, e** [-tane] *adj* instantaneous ● *m* PHOT. snapshot; snap (fam.) || **~tanément** [-tanemɑ̃] *adv* instantaneously.

instar de (à l') [alɛ̃stardə] *loc prép* in imitation of, in the manner of.

instaurer [ɛ̃store] *vt* (1) establish, set up.

instiga|teur, trice [ɛ̃stigatœr, tris] *n* promoter || **~tion** f incitement, instigation; *à l'~ de,* prompted by.

instiller [ɛ̃stile] *vt* (1) instil.

instinct [ɛ̃stɛ̃] *m* instinct; *~ de conservation,* self-preservation || **~if, ive** [-ktif, iv] *adj* instinctive || **~ivement** *adv* instinctively.

instit|uer [ɛ̃stitɥe] *vt* (1) establish, found; originate || JUR. appoint (un héritier); institute (des poursuites) || **~ut** [-y] *m* institute || department (d'université) || ~ *de beauté,* beauty-parlour || **~uteur** [-ytœr] *m* school-teacher || **~ution** [-ysjɔ̃] *f* institution, establishment || [école] academy, private school || *Pl* institutions || **~utrice** [-ytris] *f* schoolmistress.

instr|ucteur, trice [ɛ̃stryktœr, tris] *n* instructor || **~uctif, ive** [-yktif, iv] *adj* instructive, informative, educational || **~uction** *f* education, schooling (enseignement); *avoir reçu une bonne* ~, be well educated; *sans* ~, uneducated || *Pl* instructions, directions || MIL. training || JUR. investigation || **~uire** [-ɥir] *vt* (2) teach, educate, instruct (enseigner) || MIL. train, drill || JUR. examine (un cas) || FIG. inform, prime (mettre au courant) — *vpr* ***s'~,*** learn, improve one's mind || **~uit, e** [-ɥi, ɥit] *adj* educated, read, learned.

instrumen|t [ɛ̃strymɑ̃] *m* TECHN., MUS. instrument || ~ *de musique,* musical instrument || FIG. instrument, tool || **~tal, e, aux** [-tal, o] *adj* instrumental || **~tiste** [-tist] *n* instrumentalist.

insu [ɛ̃sy] *m* ***à l'~ de,*** without the knowledge of; *à mon* ~, without my knowing it.

in|submersible [ɛ̃sybmɛrsibl] *adj* NAUT. non-sinkable || **~subordination** *f* insubordination, contumacy || **~subordonné, e** *adj* insubordinate, contumacious || **~succès** *m* failure || **~suffisamment** *adv* insufficiently || **~suffisance** *f* insufficiency, deficiency; shortage || **~suffisant, e** *adj* insufficient, inadequate, short, deficient; *être* ~, fall short || scant, skimpy (portion).

insulaire [ɛ̃sylɛr] *adj* insular ● *n* islander.

insuline [ɛ̃sylin] *f* insulin.

insult|e [ɛ̃sylt] *f* insult || *Pl* abuse || **~er** *vt* (1) insult, affront.

insupportable [ɛ̃sypɔrtabl] *adj* unbearable, insufferable.

insurg|é, e [ɛ̃syrʒe] *n* insurgent, rebel || **~er (s')** *vpr* (7) rebel, revolt (*contre,* against).

insurmontable [ɛ̃syrmɔ̃tabl] *adj* insurmountable, insuperable.

insurrection [ɛ̃syrɛksjɔ̃] *f* insurrection, uprising.

intact, e [ɛ̃takt] *adj* intact, undamaged, untouched.

in|tangible [ɛ̃tɑ̃ʒibl] *adj* intangible || **~tarissable** *adj* inexhaustible (source) || FIG. unfailing.

intégr|al, e, aux [ɛ̃tegral, o] *adj* integral, complete, entire; *texte* ~, full text ● *f* MATH. integral || **~alement** [-almɑ̃] *adv* completely || **~alité** *f* entirety; *l'~ de,* the whole of.

intégration *f* integration.

intègre [ɛ̃tɛgr] *adj* upright, honest.

intégr|er [ɛ̃tegre] *vt* (5) integrate — *vpr* ***s'~,*** integrate (*à,* with); become integrated (*à,* into) || **~ité** I *f* integrity, entirety (totalité).

intégrité II *f* integrity (honnêteté).

intellect [ɛ̃tɛlɛkt] *m* intellect || **~uel, elle** [-ɥɛl] *adj* intellectual ● *n* intellectual || PÉJ. highbrow, egghead.

intellig|emment [ɛ̃tɛliʒamɑ̃] *adv* cleverly || **~ence** *f* intelligence || understanding (compréhension, entente) || *Pl* dealings (avec l'ennemi) || **~ent, e** *adj* intelligent, smart, clever; brainy (fam.) || **~ible** *adj* intelligible, understandable || distinct (voix).

intempér|ance [ɛ̃tɑ̃perɑ̃s] *f* intemperance, excess || **~ant, e** *adj* intemperate.

intempestif, ive [ɛ̃tɑ̃pɛstif, iv] *adj* ill-timed, unseasonable, untimely.

intenable [ɛ̃tənabl] *adj* uncontrollable (enfant).

intend|ance [ɛ̃tɑ̃dɑ̃s] *f* administration || MIL. commissariat; G.B. service corps, U.S. quartermaster corps || **~ant** *m* steward (régisseur) || [lycée] bursar || MIL. commissary; quartermaster || **~ante** *f* stewardess || bursar.

intens|e [ɛ̃tɑ̃s] *adj* intense, severe (chaleur, froid); strenuous (effort); exquisite (plaisir, chagrin); rich, deep (couleurs) || MÉD. high (fièvre) || **~if, ive** [-if, iv] *adj* intensive || **~ifier** [-ifje] *vt* (1) intensify — *vpr* ***s'~,*** increase || **~ité** *f* intensity, richness (de couleurs) || ÉLECTR. intensity.

intenter [ɛ̃tɑ̃te] *vt* (1) *~ un procès contre,* bring an action against, prosecute.

intenti|on [ɛ̃tɑ̃sjɔ̃] *f* intention, purpose, design, meaning; ***avoir l'~ de,*** intend/mean to, be to; *fait dans une bonne ~,* well-meant; *il n'a pas de mauvaises ~s,* he means no harm; *ne pas dévoiler ses ~s,* keep one's own counsel || *Pl* views ● *loc prép* ***à l'~ de,*** (meant) for; for the benefit of || **~onné, e** [-ɔne] *adj* ***bien ~,*** well-meaning/intentioned; ***mal ~,*** ill-disposed || **~onnel, elle** *adj* intentional, deliberate || **~onnellement** *adv* intentionally, deliberately.

inter [ɛ̃tɛr] *abrév/m* FAM. = INTERURBAIN.

inter|allié, e [ɛ̃tɛralje] *adj* interallied || **~calaire** [-kalɛr] *m* guide-card || **~caler** *vt* (1) insert, slip in (une feuille); sandwich || **~céder** *vi* (5) intercede (*auprès,* with) || **~cepter** [-sɛpte] *vt* (1) intercept || **~cession** *f* intercession (*en faveur de,* for) || **~changeable** *adj* interchangeable.

inter|diction [ɛ̃tɛrdiksjɔ̃] *f* prohibition, ban || **~dire** *vt* (63) forbid, prohibit, ban; *~ qqch. à qqn,* forbid sb. sth. || preclude, prevent from (empêcher) || bar (l'entrée) || COMM. *~ la vente de,* put a ban on || POL. suppress (publication) || JUR. interdict, veto || **~dit, e** I *adj* forbidden; *formellement ~,* prohibited || ***passage ~,*** no entry; *~ au public,* private || CIN. ***film ~ aux moins de 13/18 ans,*** A/X film.

interdit, e II *adj rester ~,* be taken aback.

intéress|ant, e [ɛ̃terɛsɑ̃, ɑ̃t] *adj* interesting || COMM. attractive (prix) || **~é, e** *adj* interested; *être ~ dans,* have an interest in || PÉJ. money-minded, self-seeking ● *n l'~,* the person involved/concerned || **~er** *vt* (1) interest || concern (concerner) — *vpr* ***s'~, ~ à,*** be interested in.

intérêt [ɛ̃terɛ] *m* interest; *sans ~,* uninteresting; *dans l'~ de,* in the interest of || interest, profit, advantage; ***avoir un ~ dans,*** have an interest in; *il y a ~ à,* it is desirable to; *il est de votre ~ de,* it is to your interest to || FIN. interest; *prendre un ~,* charge an interest; *~s composés,* compound interests.

interférence [ɛ̃tɛrferɑ̃s] *f* RAD. interference.

intérieur, e [ɛ̃terjœr] *adj* inner, inside, interior, inland, home; domestic (marché) ● *m* inside, interior || home (appartement); *d'~,* indoor (vêtement) ● *loc adv à l'~,* indoors; *de l'~,* from within; *vers l'~,* inward(s) ● *loc prép à l'~ de,* inside, within || **~ement** *adv* inwardly.

intérim [ɛ̃terim] *m* interim; *dans l'~,* in the interim/meantime; *par ~,* acting; *assurer l'~,* deputize || **~aire** *adj* interim, acting || *faire du travail ~,* be temping (fam.) ● *n (secrétaire) ~,* temp (fam.).

inter|jection [ɛ̃tɛrʒɛksjɔ̃] *f* interjection || **~locuteur, trice** [lɔkytœr, tris] *n* collocutor, interlocutor.

interlope [ɛ̃tɛrlɔp] *adj* shady.

interloquer [ɛ̃tɛrlɔke] *vt* (1) nonplus, take aback.

inter|lude [ɛ̃tɛrlyd] *m*, **~mède** *m* TH., MUS. interlude.

intermédiaire [ɛ̃tɛrmedjɛr] *adj* intermediate, intermediary ● *n* intermediary, go-between ‖ *par l'~ de qqn*, through sb.'s agency; *servir d'~*, mediate ‖ COMM. middleman.

inter|minable [ɛ̃tɛrminabl] *adj* endless, unending, interminable; long-winded (histoire) ‖ **~mittence** [-mitɑ̃s] *f par ~*, intermittently; by fits and starts; off and on (fam.) ‖ **~mittent, e** *adj* intermittent.

internat [ɛ̃tɛrna] *m* boarding-school.

international, e, aux [ɛ̃tɛrnasjɔnal, o] *adj* international ‖ **~iser** *vt* (1) internationalize.

intern|e [ɛ̃tɛrn] *adj* internal, inner, inward ● *n* [école] boarder ‖ MÉD. resident medical student, U.S. intern ‖ **~ement** *m* JUR. internment ‖ MÉD. restraint, confinement ‖ **~er** *vt* (1) JUR. intern ‖ MÉD. confine, put under restraint.

interpell|ation [ɛ̃tɛrpɛlasjɔ̃] *f* POL. question (au Parlement) ‖ **~er** *vt* (1) hail, call out to ‖ POL. question (un ministre).

Interphone [ɛ̃tɛrfɔn] *m* N.D. intercom.

interplanétaire [-planetɛr] *adj* interplanetary.

interpoler [ɛ̃tɛrpɔle] *vt* (1) interpolate.

interposer [ɛ̃tɛrpoze] *vt* (1) interpose (*entre*, between); *par personne interposée*, vicariously — *vpr* **s'~**, intervene, interpose (*entre*, between).

interpr|étation [ɛ̃tɛrpretasjɔ̃] *f* interpretation, construction, reading (de texte) ‖ TH., MUS. rendering, interpretation; performance ‖ **~ète** [-ɛt] *n* interpreter ‖ exponent (d'une théorie) ‖ TH. actor, actress ‖ MUS. interpreter ‖ **~éter** [-ete] *vt* (5) interpret, explain, elucidate (expliquer); understand, construe (comprendre); *mal ~*, misunderstand ‖ MUS. render ‖ TH. act, interpret.

interro|gateur, trice [ɛ̃tɛrɔgatœr, tris] *adj* interrogative, questioning; *d'un air ~*, inquiringly ● *n* examiner ‖ **~gatif, ive** [-gatif, iv] *adj* GRAMM. interrogative ‖ **~gation** [-gasjɔ̃] *f* interrogation ‖ [école] *~ écrite*, written test ‖ GRAMM. *point d'~*, interrogation/question mark ‖ **~gatoire** [-gatwar] *m* JUR. interrogation, examination ‖ **~ger** [-ʒe] *vt* (7) interrogate, question ‖ [école] examine ‖ JUR. examine.

interr|ompre [ɛ̃tɛrɔ̃pr] *vi/vt* (90) interrupt, discontinue, suspend (une activité); break (un voyage); break in on (une conversation) ‖ disrupt (communication) ‖ ÉLECTR. cut off — *vpr* **s'~**, break off ‖ **~ompu, e** [-ɔ̃py] *adj* broken, interrupted ‖ **~upteur** [-yptœr] *m* ÉLECTR. switch ‖ **~uption** [-ypsjɔ̃] *f* interruption, discontinuance, break, intermission; disruption; ***sans ~***, without a break ‖ MÉD. ***~ (volontaire) de grossesse***, termination of pregnancy.

intersection [ɛ̃tɛrsɛksjɔ̃] *f* intersection.

interstice [ɛ̃tɛrstis] *m* interstice, chink.

interurbain, e [ɛ̃tɛryrbɛ̃, ɛn] *adj* TÉL. *communication ~e*, trunk/U.S. long-distance call.

intervalle [ɛ̃tɛrval] *m* [espace] interval, gap ‖ [temps] interval, space of time; *dans l'~*, (in the) meantime, meanwhile ‖ MUS. distance.

inter|venir [ɛ̃tɛrvənir] *vi* (2) intervene, interfere ‖ [événement] occur ‖ FAM. come in ‖ **~vention** [-vɑ̃sjɔ̃] *f* interference, intervention ‖ MÉD. operation.

interver|sion [ɛ̃tɛrvɛrsjɔ̃] *f* inversion || **~tir** [-tir] *vt* (2) invert.

interview [ɛ̃tɛrvju] *f* interview || **~er** [-ve] *vt* (1) interview.

intest|in, e [ɛ̃tɛstɛ̃, in] *adj* internal ● *m* intestine || *Pl* bowels || **~inal, e, aux** [-inal, o] *adj* intestinal.

intime [ɛ̃tim] *adj* intimate ; inner || *ami ~,* close/bosom friend || informal, private (réunion) || homelike (atmosphère) || **~ment** *adv* intimately.

intimer [ɛ̃time] *vt* (1) intimate, notify.

intimid|ation [ɛ̃timidasjɔ̃] *f* intimidation || **~é, e** *adj* self-conscious ; *être ~,* stand in awe || **~er** *vt* (1) intimidate.

intimité [ɛ̃timite] *f* intimacy, intimity ; closeness, familiarity || privacy (vie privée) ; *dans l'~,* in private.

intitul|é [ɛ̃tityle] *m* heading || **~er** *vt* (1) entitle, head.

intolér|able [ɛ̃tɔlerabl] *adj* intolerable, unbearable || **~ance** *f* intolerance || **~ant, e** *adj* intolerant.

intonation [ɛ̃tɔnasjɔ̃] *f* intonation, ring.

intoxi|cation [ɛ̃tɔksikasjɔ̃] *f* MÉD. intoxication ; *~ alimentaire,* food-poisoning || **~qué, e** [-ke] *n* addict || **~quer** *vt* (1) poison.

intraitable [ɛ̃trɛtabl] *adj* FIG. intractable, unmanageable.

intramusculaire [ɛ̃tramyskylɛr] *adj* intramuscular.

intransige|ance [ɛ̃trɑ̃ziʒɑ̃s] *f* intransigence || **~ant, e** *adj* uncompromising, unbending.

intransitif, ive [ɛ̃trɑ̃zitif, iv] *adj* intransitive.

intransportable [ɛ̃trɑ̃spɔrtabl] *adj* MÉD. unfit to be moved.

intrépid|e [ɛtrepid] *adj* intrepid, bold, fearless, undaunted, dauntless || **~ité** *f* intrepidity, fearlessness.

intri|gant, e [ɛ̃trigɑ̃, ɑ̃t] *adj* intriguing, designing ● *n* intriguer, schemer || **~gue** [-g] *f* intrigue || plot (de roman) || **~guer** I [-ge] *vi* (1) intrigue, scheme (manœuvrer).

intriguer II *vt* (1) intrigue, puzzle (exciter la curiosité).

intrinsèque [ɛ̃trɛ̃sɛk] *adj* intrinsic.

introd|uction [ɛ̃trɔdyksjɔ̃] *f* introduction ; *d'~,* introductory || **~uire** [-ɥir] *vt* (95) introduce ; insert (une clef dans la serrure) ; work in || show/usher in (qqn) || FIG. initiate, bring in (une mode).

introspection [ɛ̃trɔspɛksjɔ̃] *f* introspection.

introuvable [ɛ̃truvabl] *adj* undiscoverable ; not to be found.

introverti, e [ɛ̃trɔvɛrti] *adj/n* introvert.

intru|s, e [ɛ̃try, yz] *adj* intruding, obtrusive ● *n* intruder, invader ; interloper || JUR. trespasser || **~sion** [-zjɔ̃] *f* intrusion.

intui|tif, ive [ɛ̃tɥitif, iv] *adj* intuitive || **~tion** *f* intuition || **~tivement** *adv* intuitively.

in|usable [inyzabl] *adj* hard-wearing || **~usité, e** *adj* out of use, uncommon || **~utile** *adj* useless || pointless, unavailing (vain) ; *il est ~ d'essayer,* it's no use trying || needless, unnecessary ; *~ de (vous) dire,* needless to say || **~utilement** *adv* uselessly ; unnecessarily ; needlessly || **~utilisable** *adj* unserviceable ; out of order (détraqué) || **~utilisé, e** *adj* unused || **~utilité** *f* uselessness.

in|vaincu, e [ɛ̃vɛ̃ky] *adj* unconquered || **~valide** *adj/n* invalid ; *~ de guerre,* disabled ex-serviceman || **~valider** *vt* (1) JUR. invalidate (un testament) ; unseat (un député) || **~validité** *f* MÉD. disability || **~variable** *adj* invariable.

invasion [ɛ̃vazjɔ̃] *f* invasion.

invectives [ɛ̃vɛktiv] *fpl* abuse ; *se répandre en ~ contre,* shower abuse on.

in|vendable [ɛ̃vɑ̃dabl] *adj* unsaleable || **~vendu, e** *adj* COMM. left over, unsold ● *m* unsold article || *Pl* remainders.

inventaire [ɛ̃vɑ̃tɛr] *m* COMM. inventory, stock-taking; *faire l'~,* take stock.

inven|ter [ɛ̃vɑ̃te] *vt* (1) invent || contrive, think up (moyen); make up (excuse); fabricate, trump up (forger); coin, mint (mot) || **~teur, trice** *n* inventor, discoverer || **~tif, ive** *adj* inventive || **~tion** *f* invention, contrivance (découverte) || fabrication (fiction); coinage (d'un mot).

invérifiable [ɛ̃verifjabl] *adj* inverifiable.

inver|se [ɛ̃vɛrs] *adj* opposite; *en sens ~,* in the opposite direction || [circulation] *venant en sens ~,* oncoming (voiture) ● *m* opposite, reverse || **~ser** *vt* (1) invert, reverse || **~sion** *f* inversion || **~ti, e** [-ti] *n* homosexual || queer (fam.).

investiga|teur, trice [ɛ̃vɛstigatœr, tris] *adj* inquiring ● *n* investigator || **~tion** *f* investigation.

invest|ir [ɛ̃vɛstir] *vt* (2) (in)vest (*de,* with) [autorité] || FIN. invest || MIL. invest || **~issement** *m* FIN., MIL. investment.

invétéré, e [ɛ̃vetere] *adj* inveterate, ingrained, deep-rooted (habitude); confirmed (ivrogne).

in|vincible [ɛ̃vɛ̃sibl] *adj* invincible, unconquerable || **~visible** *adj* invisible, unseen, hidden (caché) || CIN. ***caméra ~,*** candid camera.

invit|ation [ɛ̃vitasjɔ̃] *f* invitation || **~é, e** *n* guest; ***avoir des ~s,*** have company || **~er** *vt* (1) invite, ask; ~ ***qqn,*** ask sb. round; ~ *qqn à dîner,* ask sb. to dinner || request (exhorter).

invocation [ɛ̃vɔkasjɔ̃] *f* invocation.

involontaire [ɛ̃vɔlɔ̃tɛr] *adj* involuntary, unintentional || **~ment** *adv* involuntarily.

in|voquer [ɛ̃vɔke] *vt* (1) invoke, call up(on) || **~vraisemblable** *adj* improbable, unlikely || **~vulnérable** *adj* invulnerable.

iode [jɔd] *m* iodin(e); *teinture d'~,* tincture of iodin(e).

Irak [irak] *m* Iraq || **~ien, ienne** *adj/n* Iraqi.

Ir|an [irɑ̃] *m* Iran || **~anien, ienne** [-anjɛ̃, jɛn] *adj/n* Iranian.

irascible [irasibl] *adj* irascible.

iris [iris] *m* iris.

irlandais, e [irlɑ̃dɛ, ɛz] *adj* Irish ● *m* Irish (langue).

Irland|ais, e *n* Irishman, -woman; *les ~,* the Irish || **~e** *f* Ireland.

iron|ie [irɔni] *f* irony || **~ique** *adj* ironical || **~iquement** *adv* ironically, dryly.

irons, iront [irɔ̃] V. ALLER.

irradi|ation [irradjasjɔ̃] *f* irradiation || **~er** *vt* (1) irradiate — *vi* radiate.

ir|rationnel, elle [irrasjɔnɛl] *adj* irrational || **~réalisable** *adj* impracticable || **~réalisé, e** *adj* unfulfilled || **~réconciliable** *adj* irreconcilable || **~récupérable** *adj* irretrievable || beyond repair || **~réel, elle** *adj* unreal || **~réfléchi, e** *adj* thoughtless, unthinking (personne); unconsidered (remarque); hasty, rash (action); headlong (décision) || **~réfutable** *adj* unanswerable, irrefutable || **~régularité** *f* irregularity || **~régulier, ière** *adj* irregular || unpunctual (employé); casual (travailleur); erratic (mouvement); crazy (pavement) || FIG. unsteady || **~réligieux, ieuse** [-reliʒjø, jøz] *adj* irreligious || **~rémédiable** [-remedjabl] *adj* irremediable, irredeemable || **~remplaçable** *adj* irreplaceable || **~réparable** *adj* irreparable, unmendable || irredeemable, irretrievable (perte)

|| **~réprochable** [-reprɔʃabl] *adj* irreproachable, unimpeachable, blameless || **~résistible** *adj* irresistible, uncontrollable, compelling || **~résolu, e** *adj* irresolute, undecided, undetermined (personne); unsolved (problème) || **~respect** *m* disrespect || **~respectueux, euse** *adj* disrespectful || **~responsable** *adj* irresponsible, uncontrolled || **~rétrécissable** [-retresisabl] *adj* unshrinkable || **~révérencieux, ieuse** *adj* irreverent || **~réversible** *adj* CIN. non-reversible (film) || **~révocable** *adj* irrevocable || **~révocablement** *adv* beyond recall.

irri|gation [irigasjɔ̃] *f* irrigation || **~guer** [-ge] *vt* (1) irrigate.

irrit|abilité [iritabilite] *f* irritability || **~able** *adj* irritable, peevish, testy, petulant || **~ant, e** *adj* irritating || MÉD. irritant || **~ation** *f* irritation, fret; aggravation (fam.) || **~é, e** *adj* irritated, angry || MÉD. sore; inflamed (peau) || **~er** *vt* (1) irritate, provoke, rasp || MÉD. inflame — *vpr* ***s'~,*** become angry || MÉD. become inflamed; [peau] chafe.

irruption [irypsjɔ̃] *f* irruption; inrush; *faire ~,* burst/rush (*dans,* into).

islam [islam] *m* REL. Islam || **~ique** [islamik] *adj* Islamic || **~isme** *m* Islamism.

islandais, e [islɑ̃dɛ, ɛz] *adj* Icelandic.

Island|ais, e *n* Icelander || **~e** *f* Iceland.

isocèle [izɔsɛl] *adj* isosceles.

isol|ant, e [izɔlɑ̃, ɑ̃t] *adj* insulating ● *m* non-conductor || **~ateur** *m* insulator || **~ation** *f* ÉLECTR. insulation.

isol|é, e [izɔle] *adj* isolated || lonely (maison) || detached (mot) || **~ement** *m* isolation, loneliness || privacy (retraite) || **~ément** [-emɑ̃] *adv* individually, separately || **~er** *vt* (1) isolate || cut off, segregate (séparer) || ÉLECTR. insulate || **~oir** *m* polling-booth.

isotope [izɔtɔp] *m* isotope.

Israël [israɛl] *m* Israel.

Israél|ien, ienne [israeljɛ̃, jɛn] *n* Israeli || **~ite** *n* Israelite.

issu, e [isy] *adj* born (*de,* from); *être ~ de,* descend (personne).

issue [isy] *f* outlet, exit; *rue sans ~,* dead end || outcome, issue (résultat) ● *loc prép à l'~ de,* at the end of.

isthme [ism] *m* isthmus.

Ital|ie [itali] *f* Italy || **~ien, ienne** *n* Italian.

ital|ien, ienne *adj* Italian ● *m* [langue] Italian || **~ique** *adj/f* italic; *mettre en ~s,* italicize.

itinéraire [itinerɛr] *m* itinerary, route.

I.V.G. [iveʒe] *abrév/f* = INTERRUPTION VOLONTAIRE DE GROSSESSE.

ivoire [ivwar] *m* ivory.

Ivoirien, ienne *n/adj* GÉOGR. Ivorian.

ivraie [ivrɛ] *f* tare.

ivr|e [ivr] *adj* drunk(en); *~ mort,* dead drunk; *être ~,* be the worse for drink || FIG. drunk (*de,* with) || **~esse** [ivrɛs] *f* drunkenness, intoxication; *en état d'~,* under the influence of drink || **~ogne, ognesse** [ivrɔɲ, ɛs] *n* drunkard; *~ repenti,* reclaimed drunkard || **~ognerie** [-ɔɲri] *f* drunkenness, drinking.

j

j [ʒi] *m* j || Mil. *le jour J* D-day.

j' V. je.

jabot [ʒabo] *m* [oiseau] crop || [parure] frill.

jacasser [ʒakase] *vi* (1) [pie] chatter.

jachère [ʒaʃɛr] *f* fallow ; *rester en ~*, lie fallow.

jacinthe [ʒasɛ̃t] *f* hyacinth.

jadis [ʒadis] *adv* [arch.] formerly ; *de ~*, of old, of long ago.

jaguar [ʒagwar] *m* jaguar.

jaillir [ʒajir] *vi* (2) [liquide] spring (up), gush, spout ; squirt ; [pétrole] well (up) ; [sang] spurt || [flamme] shoot ; [lumière] flash, break forth.

jais [ʒɛ] *m* jet ; *(noir) de ~*, jet (-black).

jal|on [ʒalɔ̃] *m* (surveyor's) staff || Fig. milestone ; *poser des ~s pour*, prepare the ground for || **~onner** [-ɔne] *vt* (1) stake out || Fig. mark out.

jal|ouser [ʒaluze] *vt* (1) be jealous of || **~ousie** [-uzi] *f* jealousy || Arch. Venetian blind (store) || **~oux, ouse** [-u, uz] *adj* jealous, envious (*de*, of).

jamais [ʒamɛ] *adv* [négatif] never ; [positif] ever ; *~ plus*, never more ; *à ~*, for ever ; *presque ~*, hardly ever ; *si ~*, if ever.

jambe [ʒɑ̃b] *f* leg ; shank (de la cheville au genou) ; *~ de bois*, wooden leg || Fam. *prendre ses ~s à son cou*, take to one's heels.

jambon [ʒɑ̃bɔ̃] *m* ham.

jante [ʒɑ̃t] *f* felloe, rim.

janvier [ʒɑ̃vje] *m* January.

Jap|on [ʒapɔ̃] *m* Japan || **~onais, e** [-ɔnɛ, ɛz] *n* Japanese.

japonais, e *adj* Japanese ● *m* [langue] Japanese.

japp|ement [ʒapmɑ̃] *m* yelp || **~er** *vi* (1) yelp.

jaquette [ʒakɛt] *f* morning coat (d'homme) ; jacket, coat (de femme) || jacket (de livre).

jard|in [ʒardɛ̃] *m* garden ; *~ d'agrément*, flower garden ; *~ à la française*, formal garden(s) ; *~ potager*, kitchen garden || **~ *d'enfants***, kindergarten || **~inage** [-inaʒ] *m* gardening || **~iner** *vi* (1) garden || **~inier, ière** [-inje, jɛr] *n* gardener || *~ière d'enfants*, kindergarten mistress.

jargon [ʒargɔ̃] *m* double-dutch, gibberish (incompréhensible) || jargon (de métier) ; officialese (administratif) ; journalese (journalistique).

jarre [ʒar] *f* jar.

jarret [ʒarɛ] *m* hock (de cheval) || Culin. *~ de veau*, knuckle of veal.

jarret|elle [ʒartɛl] *f* suspender, U.S. garter || **~ière** *f* garter.

jars [ʒar] *m* gander.

jaser [ʒaze] *vi* (1) gossip, tattle.

jasmin [ʒasmɛ̃] *m* jasmin(e).

jatte [ʒat] *f* flat bowl.

jaug|e [ʒoʒ] *f* gauge || Aut. *~ d'essence*, petrol gauge ; *~ d'huile*, dipstick || Naut. tonnage || **~er** *vt* (1) gauge — *vi* Naut. have a tonnage of.

jaun|âtre [ʒonɑtr] *adj* yellowish || **~e** *adj* yellow ; tan (cuir) ; brown (chaussures) ● *m* yellow || *~ d'œuf*, yolk || Péj. blackleg (briseur de grève) || **~ir** *vi* (2) turn/become yellow — *vt* yellow || **~isse** [-is] *f* jaundice.

Javel (eau de) [odʒavɛl] *f* bleaching water.

javelliser [ʒavɛlize] *vt* (1) chlorinate.

javelot [ʒavlo] *m* javelin.

je [ʒə], **j'** (devant voyelle ou « h » muet) *pron pers* I.

je-m'en-fichisme [ʒmɑ̃fiʃism] *m* FAM. couldn't-care-less attitude.

jésuite [ʒezɥit] *m* Jesuit.

Jésus(-Christ) [ʒezy(kri)] *m* Jesus (Christ); *après J.-C.,* A.D. (Anno Domini); *avant J.-C.,* B.C. (before Christ).

jet I [ʒɛ] *m* throw(ing); cast(ing); ~ ***d'eau,*** fountain; squirt (de liquide); spurt (de sang); puff (de vapeur); fling (de pierre) || SP. throw || FIG. *premier ~,* draft (brouillon).

jet II [dʒɛt] *m* AV. jet(-plane).

jetée [ʒəte] *f* pier, jetty.

jeter [ʒəte] *vt* (8 *a*) throw, cast || fling, hurl (violemment); *~ en l'air,* throw up, toss (une pièce); throw away, cast off (se débarrasser); ***à ~,*** throwaway (bouteille, emballage) || NAUT. ~ ***l'ancre,*** cast/drop anchor; *~ à la mer,* jettison || FIG. ~ ***un regard à,*** glance at; *~ un regard furieux à,* glare at; *le sort en est jeté,* the die is cast — *vpr* ***se ~,*** throw oneself (*sur,* on); *se ~ sur,* go/rush at, fall on || [fleuve] flow (*dans,* into).

jeton [ʒətɔ̃] *m* counter; check; *~ de poker,* chip || TÉL. token.

jeu, eux [ʒø] *m* game; *~ de patience,* puzzle; *~x de plein air,* sport(s); ***~x de société,*** parlour games || play (divertissement) || gambling (d'argent); ~ ***de hasard,*** game of chance; *jouer gros ~,* play for high stakes || *~ d'échecs,* chess set (pions); *~ de cartes,* pack/U.S. deck of cards; [= main] hand; *avoir un beau ~,* have a good hand || SP. play; ***hors ~,*** out of play; ***franc ~,*** fair play || T.V. ~ ***télévisé,*** television game/quiz || MUS. ~ ***d'orgue,*** organ stop || TECHN. play; slack (d'un écrou) || FAM. ***vieux ~,*** antiquated; square (sl.) || FIG. ***en ~,*** at stake; *ce n'est pas de ~,* that's not cricket; *mettre en ~,* bring into play; ~ ***de mots,*** play on words, pun.

jeudi [ʒødi] *m* Thursday.

jeun (à) [aʒœ̃] *loc adv* on an empty stomach (de nourriture); sober (de boisson).

jeune [ʒœn] *adj* young (personne, animal); *il est plus ~ que moi de deux ans,* he is my junior by two years; *le ~ Smith,* Smith Junior (abrév. : Jr.); *~ fille,* girl; *~ homme,* young man || [inexpérimenté] inexperienced; green, callow (péj.) ● *m* young boy, youngster || *Pl* ***les ~s,*** young people, the young; *les ~s d'aujourd'hui,* the youth of today.

jeûn|e [ʒøn] *m* fast || **~er** *vi* (1) fast.

jeunesse [ʒœnɛs] *f* youth; boyhood, girlhood; *la ~,* the young (les jeunes).

joaill|erie [ʒɔajri] *f* jewellery || **~ier, ière** *n* jeweller.

jobard [ʒɔbar] *m* mug, sucker (fam.).

jockey [ʒɔkɛ] *m* jockey.

jogging [dʒɔgiɲ] *m faire du ~,* go jogging.

joie [ʒwa] *f* joy, mirth, gladness; delight, glee; *avec ~,* with joy; *de ~,* for joy.

joindre [ʒwɛ̃dr] *vt* (59) link; connect (*à,* to) || enclose (insérer); annex (un document) || *~ les mains,* join hands || TECHN. join up || FAM. *~ les deux bouts,* make (both) ends meet — *vpr* ***se ~ à,*** join (qqn) || join in (la discussion).

joint [ʒwɛ̃] *m* ARG. [drogue] joint (sl.).

joint, e [ʒwɛ̃, ɛ̃t] *adj* joined,

added (*à*, to); *les mains* ~*es*, with clasped hands || *pièce* ~*e*, enclosure (document) ● *m* TECHN. joint, seam || AUT. ~ *de culasse*, gasket || ~**ure** [-tyr] *f* joint || MÉD. knuckle (du doigt) || TECHN., MÉD. juncture.

joker [ʒɔkɛr] *m* joker.

joli, e [ʒɔli] *adj* pretty, nice, good-looking; neat (silhouette) || ~**ment** *adv* nicely, prettily || FAM. jolly (très).

jonc [ʒɔ̃] *m* rush, cane.

joncher [ʒɔ̃ʃe] *vt* (1) strew, litter, stud.

jonction [ʒɔ̃ksjɔ̃] *f* junction || ASTR. link-up.

jongl|er [ʒɔ̃gle] *vi* (1) juggle || ~**eur, euse** *n* juggler.

jonque [ʒɔ̃k] *f* NAUT. junk.

jonquille [ʒɔ̃kij] *f* daffodil.

joue [ʒu] *f* cheek || MIL. ***mettre en*** ~, take aim at.

jou|er [ʒwe] *vi* (1) play; *bien/mal* ~, play a good/bad game; ~ *contre qqn*, take sb. on; ~ *aux billes*, play marbles; ~ *qqch. à pile ou face*, toss up for sth.; ~ *à la poupée*, play with dolls || gamble (de l'argent) || [cartes] ~ ***aux cartes,*** play cards; *bien* ~, play a good hand; *c'est à qui de* ~ *?*, who is to lead? || [échecs] ~ ***aux échecs,*** play chess; *c'est à vous de* ~, it's your move || MUS. ~ ***du piano,*** play the piano || SP. ~ ***au football,*** play football; ~ *en déplacement*, play away; ~ *en finale*, play off; ~ *au tennis*, play tennis || TECHN. work, be loose (avoir du jeu) || FIG. toy, dally (*avec*, with) || FIG. ~ ***sur les mots,*** equivocate; ***bien joué !,*** well done! — *vt* gamble (de l'argent); stake (une somme) || SP. back (un cheval) || TH. play, act (un rôle); put on (une pièce); *quelle pièce joue-t-on ?*, what's on tonight? || TECHN. *faire* ~, spring (une serrure) || FIG. ~ ***le jeu,*** play the game; ~ *franc jeu*, play fair — *vpr* ***se*** ~, CIN., TH. run || *se* ~ *de*, make sport of (se moquer de); make light of (surmonter) || ~**et** [-ɛ] *m* toy || FIG. plaything || ~**eur, euse** *n* player; *bon/mauvais* ~, good/bad loser || [jeux d'argent] gambler.

joufflu, e [ʒufly] *adj* chubby-faced.

joug [ʒu] *m* yoke (pr. et fig.).

jou|ir [ʒwir] *vt ind* (2) ~ *de*, enjoy — *vi* [sexe] come (sl.) || ~**issance** [-isɑ̃s] *f* enjoyment || sensual pleasure || climax (orgasme) || JUR. use, possession.

jour [ʒur] *m* [24 heures] day; ***par*** ~, per day, a day; *deux* ~*s*, a couple of days; *donner ses huit* ~*s (à)*, give a week's warning (to) || [date] day; ~ ***ouvrable,*** working-day, workday; ~ *de semaine*, week day; ~ ***férié,*** Bank Holiday; ~ *de congé*, day off || ***un*** ~, one day (passé); some day (à venir) || *l'autre* ~, the other day; *un* ~ *ou l'autre*, some day or other; ***tous les*** ~***s,*** every day, daily; ***tous les deux*** ~***s,*** every other day; *tous les huit* ~*s*, once a week; ~ *pour* ~, to a day; *quel* ~ *sommes-nous (aujourd'hui) ?*, what day is it today?, what is today?; ***dans huit*** ~***s,*** a week from today, today week; *il y a aujourd'hui huit* ~*s*, this day last week; *il y a eu hier huit* ~*s*, a week ago yesterday, yesterday week || *à ce* ~, to date; ***mettre à*** ~, bring up to date; update, write up (journal) || *plat du* ~, today's special || [époque] day, time; *de nos* ~*s*, nowadays, these days; *de tous les* ~*s*, (for) everyday (use), second-best (habits); ~ *après* ~, day in day out; *de* ~ *en* ~, day after day; *au* ~ *le* ~, from day to day; *du* ~ *au lendemain*, overnight || [lumière] day(light); *point du* ~, daybreak; ***de*** ~, by day(light); ***il fait*** ~, it is light; *il fait grand* ~, it is broad day; ***en plein*** ~, in broad daylight || FIG. *mettre au* ~, bring to light, unearth, elicit; ***donner le ~ à,*** give birth to; *se faire ~,* come out, come to light, emerge, dawn || [aspect] *sous son meilleur ~,* at one's best || *au grand ~,* publicly.

journal, aux [ʒurnal, o] *m* (news)paper; *~ officiel,* G.B. Hansard; *crieur de journaux,* news-boy; *marchand de journaux,* news-agent; *salle des journaux,* news-room (bibliothèque) || diary (intime) || RAD., T.V. *~ parlé/télévisé,* news(cast) || NAUT. *~ de bord,* log-book || **~ier, ière** *adj* daily ● *n* day-labourer || **~isme** *m* journalism; *faire du ~,* write for the press || **~iste** *n* journalist, newsman; publicist, U.S. columnist || **~istique** *adj* journalistic.

journ|ée [ʒurne] *f* day(time); *à la ~,* by the day; *pendant la ~,* in the daytime; *toute la ~,* all day (long) || *~ de travail,* day's work || **~ellement** [-ɛlmɑ̃] *adv* daily.

joute [ʒut] *f* SP. tilt.

jouxter [ʒukste] *vt* (1) adjoin, border on, be next to.

jovial, e, als ou **aux** [ʒɔvjal, o] *adj* jovial, good-humoured, breezy.

joyau [ʒwajo] *m* jewel, gem.

joy|eusement [ʒwajøzmɑ̃] *adv* cheerfully, gladly, joyfully || **~eux, euse** *adj* joyful, cheerful, merry, gay, lively, jolly.

jubilé [ʒybile] *m* jubilee || **~er** *vi* (1) exult.

jucher (se) [səʒyʃe] *vpr* (1) perch.

judas [ʒyda] *m* spy-hole.

judic|iaire [ʒydisjɛr] *adj* judicial || JUR. *acte ~,* writ || **~ieusement** *adv* advisedly sensibly || **~ieux, ieuse** *adj* judicious, sensible, discerning; advisable; *peu ~,* ill-advised.

judo [ʒydo] *m* judo || **~ka** [-ka] *n* judoist.

jug|e [ʒyʒ] *m* JUR. judge, justice; *~ d'instruction,* coroner; *~ de paix,* Justice of the Peace || FIG. judge || **~é** *m au ~,* at a guess || **~ement** *m* JUR. judgment, trial (épreuve); decision, award (décision); *passer en ~,* be tried, stand trial (*pour,* for); *prononcer un ~,* pass judgment (*sur,* on) || REL. *le Jugement dernier,* Doomsday || FIG. estimation; (good) sense; discretion (sagesse) || **~eote** [-ɔt] *f* FAM. gumption || **~er** *vt* (7) JUR. judge, try || FIG. estimate, deem; think, reckon (penser); *~ bon de,* think fit to, think it best to || size up (jauger) — *vi* ***~ de,*** judge, appreciate || *~ d'après,* go by || *autant que je puisse en ~,* as far as I can see ● *m* = JUGÉ.

jugul|aire [ʒygylɛr] *f* MIL. chin-strap || **~er** *vt* (1) FIG. throttle.

juif, ive [ʒɥif, iv] *adj* Jewish.

Juif *m* Jew.

juillet [ʒɥijɛ] *m* July.

juin [ʒɥɛ̃] *m* June.

Juive [ʒɥiv] *f* Jewess.

jum|eau, elle [ʒymo, ɛl] *adj* twin || semi-detached (maison) ● *n* twin || **~elage** [-laʒ] *m* twinning || **~elé, e** [-le] *adj villes ~es,* twin cities || **~eler** [-le] *vt* (5) twin (villes) || **~elle(s)** *f(pl)* binoculars; *~s de théâtre,* opera glasses.

jument [ʒymɑ̃] *f* mare.

jungle [ʒɔ̃gl] *f* jungle.

junte [ʒœ̃t] *f* junta.

jup|e [ʒyp] *f* skirt; *~-culotte,* culotte; *~ fendue,* split skirt || **~on** *m* petticoat.

jur|é [ʒyre] *m* juryman, juror || **~er** *vt* (1) swear, vow (promettre); *~ de renoncer à,* swear off — *vi* swear, curse (blasphémer) [*contre,* at] || FIG. [couleurs] clash, jar (*avec,* with).

jur|idiction [ʒyridiksjɔ̃] *f* jurisdiction || **~idique** [-idik] *adj* legal || **~isprudence** [-isprydɑ̃s] *f* jurisprudence, case-law.

juron [ʒyrɔ̃] *m* oath, swear-word, curse.

jury [ʒyri] *m* [examen] board of examiners || JUR. jury.

jus [ʒy] *m* juice; ~ ***de fruits,*** fruit juice || CULIN. gravy.

jusant [ʒyzɑ̃] *m* ebb(-tide).

jusqu'au-boutiste [ʒyskobutist] *n* die-hard.

jusque [ʒysk] *prép* [espace] *jusqu'à (au, aux),* as far as, down/up to, to; ***jusqu'au bout,*** right to the end, all the way; ~ *chez vous,* to your house/place (fam.); ***jusqu'ici,*** this far; *jusque-là,* that far, up to there; ***jusqu'où?,*** how far?; *dans l'eau jusqu'aux genoux,* knee-deep in the water || [temps] till, until, up to; ***jusque-là/alors,*** till then; *jusqu'ici/à présent,* so far, until now || [limite] ***jusqu'à la fin/au bout,*** to the end, to the last; *jusqu'au dernier,* to the last man/one; *écouter jusqu'au bout,* hear out; ***jusqu'à un certain point,*** up to a point; *jusqu'à nouvel ordre,* until further notice || [quantité] as much/many as ● *loc conj* ***jusqu'à ce que,*** till, until.

just|e [ʒyst] *adj* right, exact, correct, accurate (exact); *le mot* ~, the right word || sound (jugement); apt (remarque); due (mérite); tight (vêtement) || just, fair (équitable) || righteous (personne) || MUS. in tune (piano); good (oreille) || COMM. *au plus* ~ *prix,* at rock-bottom price || CULIN. barely sufficient, hardly enough, short ● *adv* right; ~ *au coin,* right at the corner || rightly, correctly, justly || exactly; *à six heures* ~, at six o'clock sharp || MUS. *chanter* ~, sing in tune ● *loc adv* ***au*** ~, exactly; *à* ~ *titre,* justly; *comme de* ~, needless to say, of course || **~ement** *adv* justly, rightly, deservedly || FAM. as it happens/happened || **~esse** *f* accuracy, exactness, correctness, validity (d'un argument) ● *loc adv* ***de*** ~, barely; *passer de* ~, scrape through (un examen); *y arriver de* ~, cut it fine (fam.) || **~ice** [-is] *f* justice, fairness, right; *rendre* ~ *à,* do justice to, give sb. his due || JUR. ***palais de*** ~, law court; *aller en* ~, go to law; *demander* ~, seek redress; ***poursuivre en*** ~, prosecute, sue, bring in an action against; *rendre la* ~, administer justice || **~ifiable** [-ifjabl] *adj* justifiable || **~ificatif, ive** *adj* justificative; *pièce* ~*ive,* supporting document, voucher || **~ification** [-ifikasjɔ̃] *f* justification || **~ifié, e** [-ifje] *adj* justified; *non* ~, undue || **~ifier** *vt* (1) justify, vindicate, explain away (sa conduite) || JUR. account for (son action); substantiate (une réclamation).

juteux, euse [ʒytø, øz] *adj* juicy.

juvénile [ʒyvenil] *adj* juvenile, youthful.

juxtaposer [ʒykstapoze] *vt* (1) juxtapose.

k

k [ka] *m* k.

kaki [kaki] *adj* MIL. olive drab (vert); khaki (jaune).

kaléidoscope [kaleidɔskɔp] *m* kaleidoscope.

kangourou [kɑ̃guru] *m* kangaroo.

kaolin [kaɔlɛ̃] *m* kaolin.

karaté [karate] *m* karate.

kart [kart] *m* (go-)kart || **~ing** *m faire du ~,* go karting.

kayak [kajak] *m* kayak.

képi [kepi] *m* MIL., FR. kepi.

kermesse [kɛrmɛs] *f* village fair || charity fête.

kidnapper [kidnape] *vt* (1) kidnap.

kif-kif [kifkif] *adj inv* FAM. all one, all the same.

kilo|(gramme) [kilo(gram)] *m* kilogram(me) || **~métrage** *m* AUT., G.B. mileage || **~métrique** *adj* kilometrical; *borne ~,* G.B. milestone || **~mètre** *m* kilometre || **~watt** *m* kilowatt.

kinésithérapeute [kineziterapøt] *n* physiotherapist.

kiosque [kjɔsk] *m* kiosk; *~ à journaux,* news(paper)-stall, U.S. news-stand; book-stall (dans une gare) || MUS. bandstand || NAUT. conning-tower (de sous-marin).

Klaxon [klaksɔn] *m* N.D. AUT. klaxon, horn; *coup de ~,* toot || **~ner** [-ɔne] *vi* (1) AUT. toot one's horn, hoot.

Kleenex [klinɛks] *m* N.D. tissue.

kleptom|ane [klɛptɔman] *n* kleptomaniac || **~anie** [-ani] *f* kleptomania.

knock-out [nɔkaut] (abrév. ***K.-O.*** [kao]) *m inv* SP. knock-out; ***mettre ~,*** knock out; *être mis K.-O.,* be counted out.

krach [krak] *m* FIN. crash.

kyrielle [kirjɛl] *f une ~ de,* a string of (de mots).

kyste [kist] *m* MÉD. cyst.

l

l [ɛl] *m* l.

la I [la] (**l'** devant voyelle ou « h » aspiré) V. LE.

la II [la] *m* MUS. A.

là *adv* [lieu] there; *à 2 miles de ~,* two miles off || [temps] then; *d'ici ~,* in the meantime, before then ● *loc* ***par ~,*** that way (direction); thereabouts (proximité); ***~-bas*** down/over there; ***~-dedans,*** in there; ***~-dessous,*** under that/there, underneath; ***~-dessus,*** on that (lieu); on that point (à ce sujet); thereupon, at that point (à ces mots).

labeur [labœr] *m* toil.

labor|antine [laborɑ̃tin] *f* female laboratory worker || **~atoire** [-atwar] *m* laboratory.

laborieux, ieuse [laborjø, jøz] *adj* laborious, painstaking || hard-working (travailleur); *les classes ~ieuses,* the working classes.

labour|(age) [labur(aʒ)] *m* || ploughing || **~er** *vi/vt* (1) plough || **~eur** *m* ploughman.

labyrinthe [labirɛ̃t] *m* labyrinth, maze.

lac [lak] *m* lake; *~ artificiel,* reservoir.

lacer [lase] *vt* (6) lace (up).

lacérer [lasere] *vt* (5) tear, lacerate.

lacet [lase] *m* lace; *~ de soulier,* shoe-lace, shoe-string || hairpin bend (virage); *en ~,* winding (route).

lâch|e I [lɑʃ] *adj* cowardly ● *m* coward, dastard || **~ement** *adv* in a cowardly way || **~eté** [-te] *f* cowardice; cowardly act.

lâch|e II *adj* slack (corde); loose (nœud) || **~er** *vt* (1) ~ *(prise),* let go (of) || drop (laisser tomber) || ~ *un chien sur,* set a dog loose on || release (ballons) || let off (vapeur) || Fig. blurt out (un mot); ~ ***pied,*** give ground || Fam. drop, throw over (ami); jilt (amoureux).

laconique [lakɔnik] *adj* laconic.

lacrymogène [lakrimɔʒɛn] *adj gaz* ~, tear-gas; *grenade* ~, tear-gas grenade.

lacté, e [lakte] *adj* milky; *régime* ~, milk diet || Astr. *Voie ~e,* Milky Way.

lacune [lakyn] *f* gap; break.

lad [lad] *m* Sp. lad.

ladr|e [ladr] *adj* stingy || **~erie** *f* miserliness, stinginess.

lagune [lagyn] *f* lagoon.

laïc [laik] *adj* V. laïque.

laid, e [lɛ, lɛd] *adj* ugly; plain; unsightly || Fig. mean, vile || **~eron** [-drɔ̃] *m* plain Jane || **~eur** [-dœr] *f* ugliness (des personnes); unsightliness (des choses).

lain|age [lɛnaʒ] *m* woollen (garment/material); woolly (fam.) || *Pl* woollen goods, woollens; woollies (fam.) [vêtements] || **~e** *f* wool; *de* ~, woollen; ~ *peignée,* worsted; ~ *de verre,* glass-wool, fibrous glass || **~eux, euse** *adj* woolly.

laïque [laik] *adj* lay, secular; *école* ~, undenominational school ● *n* layman, laywoman; *les ~s,* the laity.

laisse [lɛs] *f* leash, lead; *tenir un chien en* ~, keep a dog on a lead/leash.

laisser [lɛse] *vt* (1) leave || quit, leave (quitter) || ~ *qqn tranquille,* leave/let sb. alone || ~ *une marque,* leave a mark || [+ infin.] let, leave; ~ *entrer,* let in; ~ ***faire,*** not to interfere; *laissez-moi faire,* leave it to me; ~ ***passer,*** let through; ~ *traîner,* leave about; ~ *tomber,* let fall || Comm. let have (vendre) — *vi* ~ *(beaucoup) à désirer,* leave much to be desired — *vpr* ***se*** ~ *: se* ~ *aller,* let oneself go || *je me suis laissé dire que,* I have been told that || **~-aller** *m inv* lack of restraint || carelessness, slovenliness.

laissez-passer [lɛsepase] *m inv* permit, pass (document).

lai|t [lɛ] *m* milk; ~ ***caillé,*** curd, junket; ~ *concentré/condensé,* condensed milk; ~ *écrémé,* skim-milk; ~ ***en poudre,*** milk-powder || **~tage** [-taʒ] *m* milk foods || **~terie** [-tri] *f* dairy || **~teux, euse** [-tø, øz] *adj* milky || **~tier, ière** [-tje, jɛr] *adj* milk, dairy (produit) ● *m* milkman, dairyman ● *f* dairymaid, milkmaid.

laiton [lɛtɔ̃] *m* brass.

laitue [lɛty] *f* lettuce.

laïus [lajys] *m* Fam. long winded speech.

lambeau [lɑ̃bo] *m* shred, tatter, rag; *déchirer en ~x,* tear to shreds/bits.

lamb|in, e [lɑ̃bɛ̃, in] *adj* Fam. sluggish ● *n* dawdler || **~iner** [-ine] *vi* (1) Fam. dawdle.

lambri|s [lɑ̃bri] *m* wainscot, panel || **~sser** [-se] *vt* (1) panel.

lame I [lam] *f* [vague] wave; ~ *de fond,* groundswell.

lam|e II *f* blade (de couteau, d'épée); ~ ***de rasoir,*** razor-blade || **~é, e** *adj* spangled (*de,* with) ● *m* lamé || **~elle** *f* thin strip/plate.

lament|able [lamɑ̃tabl] *adj* deplorable, woeful (événement) || Fam. rotten || **~ablement** *adv* woefully || **~ation** *f* lament(ation), wail(ing) || **~er (se)** *vpr* (1) wail, moan; *se* ~ *sur,* lament, deplore.

lamin|er [lamine] *vt* (1) laminate, roll || **~oir** *m* TECHN. rolling-mill.

lampadaire [lɑ̃padɛr] *m* standard lamp; lampstand (pied) || [rue] street lamp.

lampe [lɑ̃p] *f* lamp; ~ *à alcool,* spirit-lamp; ~ *tempête,* hurricane lamp, storm lantern || ÉLECTR. bulb (ampoule); ~ *à arc,* arc-light; ~ *de bureau,* desk lamp; ~ *de chevet,* bedside lamp; ~ *de poche,* torch, U.S. flashlight; ~ *à rayons U.V.,* sun-lamp; ~ *témoin,* pilot light || RAD. valve, tube || TECHN. ~ *à souder,* blowlamp.

lampée [lɑ̃pe] *f* draught; *d'une seule* ~, at one gulp.

lamp|ion [lɑ̃pjɔ̃] *m* Chinese lantern || **~iste** *m* FIG. scapegoat.

lance [lɑ̃s] *f* lance, spear (arme) || ~ *d'arrosage,* water-hose, nozzle || **~-flammes** *m inv* flame-thrower || **~ment** *m* throw(ing), casting || NAUT. launching || ASTR. launching, shot || FIN. floating (emprunt) || **~-pierres** *m inv* catapult.

lanc|er [lɑ̃se] *vt* (6) throw, cast || toss (en l'air); hurl, dash, fling (violemment); sling (avec force); dart (vivement); aim at (avec hostilité) || NAUT. launch (un navire) || SP. pitch (une balle); throw (le disque); put (le poids); [pêche] throw (une ligne), cast (un filet) || TECHN. start (une machine) || COMM. float, start (une compagnie, un emprunt); market (sur le marché); promote (une nouvelle affaire); boom (par la publicité); create; ~ *la mode,* set the fashion || FIG. blurt out (un mot) — *vpr* **se ~,** shoot (se précipiter) || FIG. embark (*dans,* on) ● *m* SP. throw(ing); ~ *du poids,* putting the weight; [pêche] casting || **~ette** *f* MÉD. lancet || **~eur, euse** *n* SP. thrower (de disque); putter (du poids); bowler (au cricket); pitcher (au base-ball) || COMM. ~ *d'affaires,* promoter.

lancinant, e [lɑ̃sinɑ̃, ɑ̃t] *adj* shooting (douleur).

lande [lɑ̃d] *f* moor, heath.

langage [lɑ̃gaʒ] *m* language.

lange [lɑ̃ʒ] *m* baby's napkin, nappy (fam.), U.S. diaper || *Pl* swaddling-clothes.

langoureux, euse [lɑ̃gurø, øz] *adj* languid.

langoust|e [lɑ̃gust] *f* spiny lobster || **~ine** [-in] *f* crayfish || CULIN. ~*s frites,* fried scampi.

langu|e I [lɑ̃g] *f* tongue (organe); *tirer la* ~, put out one's tongue || FAM. *faire marcher les* ~*s,* set tongues wagging || GÉOGR. ~ *de terre,* neck || FIG. *avoir la* ~ *bien pendue,* have the gift of the gab; *mauvaise* ~, scandalmonger || **~ette** *f* tab.

langue II *f* tongue, language; ~ *familière,* colloquial language, *maternelle,* mother tongue; ~ *nationale,* vernacular; ~*s vivantes,* modern languages.

langu|eur [lɑ̃gœr] *f* languor || **~ir** *vi* (2) languish, pine || **~issant, e** *adj* languishing (au moral) || languid (au physique).

lanière [lanjɛr] *f* strap, thong.

lantern|e [lɑ̃tɛrn] *f* lantern || **~er** *vi* (1) dilly-dally.

laper [lape] *vt* (1) lap up, lick up.

lapid|aire [lapidɛr] *adj/m* lapidary || **~er** *vt* (1) stone.

lap|in [lapɛ̃] *m* rabbit, U.S. cony; ~ *de garenne,* wild rabbit || FAM. *poser un* ~ *à qqn,* stand sb. up || **~ine** [-in] *f* doe rabbit.

laps [laps] *m* ~ *de temps,* lapse of time.

lapsus [lapsys] *m* slip (of the tongue/pen).

laquais [lakɛ] *m* footman.

laque [lak] *f* lacquer; ~ *pour les cheveux,* hair lacquer; hair spray (en bombe).

laquelle V. LEQUEL.

laquer [lake] *vt* (1) lacquer.

larbin [larbɛ̃] *m* flunkey.

larcin [larsɛ̃] *m* JUR. larceny, pilfering.

lar|d [lar] *m* bacon || **~der** [-de] *vt* (1) lard || **~don** [-dɔ̃] *m* lardoon || POP. brat (gosse).

largage [largaʒ] *m* AV. *zone de ~,* dropping zone.

larg|e [larʒ] *adj* wide, broad; loose, full (vêtement); sweeping (geste) || FIG. broad, liberal; *~ d'esprit,* broad-minded; *dans un sens très ~,* comprehensively ● *m 6 mètres de ~,* 6 meters wide/across/in width || NAUT. ***le ~,*** the open sea; ***au ~,*** in the offing; *au ~ de Douvres,* off Dover; *se diriger vers le ~,* head for the open sea || **~ement** *adv* widely || FIG. extensively (en quantité); generously (généreusement); *nous avons ~ le temps,* we have plenty of time || **~esse** *f* bounty, generosity, liberality || **~eur** *f* width, breadth; *dans le sens de la ~,* breadthwise || FIG. breadth; *~ d'esprit,* liberality.

larguer [large] *vt* (1) let go, cast off (une amarre) || AV. drop (des bombes, des parachutistes).

larm|e [larm] *f* tear; *en ~s,* tearful; ***fondre en ~s,*** burst into tears; ***verser des ~s,*** shed tears; *baigné de ~s,* suffused with tears || FIG. dash, drop (de liquide) || **~oyant, e** [-wajɑ̃, ɑ̃t] *adj* watering, bleary (yeux) || PÉJ. tearful (voix); maudlin (récit) || **~oyer** [-waje] *vi* (9 *a*) [yeux] water; [enfants] snivel.

larron [larɔ̃] *m* robber.

larv|e [larv] *f* larva || **~é, e** *adj* latent.

lar|yngite [larɛ̃ʒit] *f* laryngitis || **~ynx** [-ɛ̃ks] *m* larynx.

las, lasse [lɑ, lɑs] *adj* weary.

lascif, ive [lasif, iv] *adj* lewd, wanton, prurient.

laser [lazɛr] *m* TECHN. laser.

lass|er [lɑse] *vt* (1) weary, tire — *vpr* ***se ~,*** grow weary (*de,* of); *on s'en lasse,* it palls on one || **~itude** [-ityd] *f* weariness.

lasso [laso] *m* lasso.

latent, e [latɑ̃, ɑ̃t] *adj* latent, dormant (facultés).

latéral, e, aux [lateral, o] *adj* lateral, side || **~ement** *adv* sideways.

latin, e [latɛ̃, in] *adj* latin ● *m* Latin (langue).

Latin *m* Latin (personne); *les ~s,* the Latin people, the Latins.

latitude [latityd] *f* latitude || FIG. freedom, scope, option; *avoir toute ~ de faire,* be at liberty to do.

latrines [latrin] *fpl* latrines.

latte [lat] *f* lath, slat.

laudatif, ive [lodatif, iv] *adj* eulogistic, laudatory.

lauréat, e [lɔrea, at] *n* prizewinner.

laurier [lɔrje] *m* laurel; *~ rose,* oleander || CULIN. bay leaf || *Pl* FIG. laurels.

lav|able [lavabl] *adj* washable || **~abo** [-abo] *m* washstand; wash basin (cuvette) || FAM. *Pl* toilet **~age** *m* wash(ing).

lavande [lavɑ̃d] *f* lavender.

lavasse [lavas] *f* FAM. dishwater || CULIN. wash (boisson).

lavatory [lavatɔri] *m* public convenience, U.S. comfort station.

lave [lav] *f* lava.

lave-glace *m* screenwasher.

lavement [lavmɑ̃] *m* MÉD. enema.

lav|er [lave] *vt* (1) wash; *~ à grande eau,* swill; *~ au jet,* wash down (une voiture); wash away/off/out (une tache); *~* ***la vaisselle,*** wash up — *vpr* ***se ~,*** wash, have a wash; *se ~ les mains,* wash one's hands; *se ~ la tête,* wash one's hair || **~erie** *f* ~ ***automatique,*** launderette || **~ette** *f* dish cloth/mop || **~eur** *m* washer; ~ *de carreaux,* window cleaner || **~euse** *f* washerwoman.

lave-vaisselle *m* dishwasher.

laxatif, ive [laksatif, iv] *adj/m* laxative.

layette [lɛjɛt] *f* layette.

le I [lə], **la** [la] (**l'** devant voyelle ou « h » muet), **les** [le] *art déf m/f/pl* the || *elle a la taille fine,* she has a slender waist; *fermez les yeux,* shut your eyes; *les mains dans les poches,* with his hands in his pocket || *50 francs de l'heure,* 50 francs an hour.

le II, **la, l', les** *pron pers m/f/pl* him, her, it; them; ~ *voilà,* there he is/comes.

le III, **l'** *pron neutre* so; it, one; *je ~ pense,* I think so.

lèche [lɛʃ] *f* FAM. *faire de la ~,* suck up (*à,* to) || **~-vitrine** *m inv* FAM. ***faire du ~,*** go window-shopping.

lécher [leʃe] *vt* (5) lick — *vpr* ***se ~,*** lick oneself; *se ~ les babines/doigts,* lick one's chops/fingers.

leçon [ləsɔ̃] *f* lesson; *donner des ~s particulières,* coach, give private lessons; ***réciter sa ~,*** say one's lesson || FIG. *faire la leçon à,* lecture.

lect|eur, trice [lɛktœr, tris] *n* reader || [université] assistant || RAD. ~ ***de cassettes,*** cassette player || **~ure** *f* reading; ~ ***rapide,*** speed reading.

légal, e, aux [legal, o] *adj* legal, lawful || **~ement** *adv* legally, lawfully || **~iser** *vt* (1) legalize; certify (une signature).

léga|t [lega] *m* REL. legate || **~taire** [-tɛr] *n* legatee || **~tion** *f* legation.

légendaire [leʒɑ̃dɛr] *adj* legendary, fabulous.

légende [leʒɑ̃d] *f* legend || key (d'une carte); caption (d'illustration).

lég|er, ère [leʒe, ɛr] *adj* light (poids); flimsy (tissu); thin (vêtement) || SP. *poids ~,* light-weight || FIG. bland (nourriture); mild (bière); weak (thé); light (vin); gentle (coup, brise, pente); trifling, trivial (peu important); slight (faute); frivolous, flighty (frivole); airy (désinvolte) ● *loc adv* ***à la ~ère,*** hastily, inconsiderately; *conclure à la ~ère,* jump to conclusions; *traiter qqn à la ~ère,* trifle with sb. || **~èrement** *adv* lightly (habillé); slightly (blessé) || FIG. thoughtlessly, rashly || **~èreté** *f* lightness || FIG. lightness; thoughtlessness; fickleness (frivolité).

légiférer [leʒifere] *vi* (5) legislate.

légion [leʒjɔ̃] *f* legion || *Légion étrangère,* Foreign Legion; *Légion d'honneur,* Legion of Honour.

législa|teur [leʒislatœr] *m* legislator, lawmaker || **~tif, ive** *adj* legislative; *élections ~s,* general election || **~tion** *f* legislation || **~ture** *f* legislature.

légitim|e [leʒitim] *adj* legitimate, lawful, rightful (propriétaire); born in wedlock (enfant) || *être en état de ~ défense,* act in self-defence || **~er** *vt* (1) legitimate || **~ité** *f* legitimacy.

legs [lɛ(g)] *m* legacy, bequest.

léguer [lege] *vt* (5) bequeath, make over, will (*à,* to).

légume [legym] *m* vegetable; *~s verts,* greens || FIG., FAM. *grosse ~,* big bug, bigwig (sl.).

lendemain [lɑ̃dmɛ̃] *m le ~,* the next day, the day after; ***le ~ matin,*** the next morning; *du jour au ~,* overnight || FAM. *~ de cuite,* morning after || FIG. *Pl* future, consequences; *sans ~,* short-lived.

len|t, e [lɑ̃, ɑ̃t] *adj* slow || deliberate (pas); tardy (progrès); *à l'esprit* ~, dull-minded || **~tement** *adv* slowly, leisurely || **~teur** *f* slowness, deliberation.

lentille [lɑ̃tij] *f* BOT., CULIN. lentil || PHYS. lens; [optique] ~*s* ***cornéennes/de contact,*** contact lenses.

léopard [leɔpar] *m* leopard.

lèpre [lɛpr] *f* MÉD. leprosy.

lépr|eux, euse [leprø, øz] *adj* leprous ● *n* leper || **~oserie** [-ozri] *f* lazaret(to).

lequel [ləkɛl], **laquelle** [lakɛl], **lesquels, lesquelles** [lekɛl] *adj* which ● *pron interr* which ● *pron rel* [personnes] who; whom/whose || [choses] which || [*à* + *lequel*] ***auquel, auxquels, auxquelles*** [okɛl], (prép.) + which; *auquel cas,* in which case; [*de* + *lequel*] ***duquel*** [dykɛl], ***desquels, desquelles*** [dekɛl] *pron relatif* V. DONT, QUI, QUE.

les V. LE.

lès, lez [le] *prép* GÉOGR. near.

léser [leze] *vt* (5) JUR. injure, wrong || MÉD. injure, damage (blesser).

lésiner [lezine] *vi* (1) skimp (*sur,* on); *sans* ~, without stint.

lésion [lezjɔ̃] *f* MÉD. lesion; ~*s internes,* internal injuries.

lessiv|e [lɛsiv] *f* [produit] washing powder || [lavage] wash(ing); *jour de* ~, washing day; ***faire la*** ~, do the washing || [linge] wash(ing) || TECHN. lye || **~er** *vt* (1) wash (murs, etc.) || POP. clean out (au jeu) || **~euse** *f* boiler.

lest [lɛst] *m* ballast.

lest|e [lɛst] *adj* nimble, limber, agile || FIG. spicy || **~ement** *adv* nimbly, smartly, briskly.

lester [lɛste] *vt* (1) ballast, weight.

létharg|ie [letarʒi] *f* lethargy || **~ique** *adj* lethargic.

lettr|e [lɛtr] *f* letter, character (caractère); *en toutes* ~*s,* in full || letter (message); ***boîte aux*** ~***s,*** letter-box || *Pl* letters; *homme de* ~*s,* man of letters; [Université] arts (subjects) || JUR. ~*s de créance,* credentials || FIG. *à la* ~, literally || **~é, e** *adj* well-read, learned ● *n* scholar.

leucémie [løsemi] *f* leukæmia.

leur [lœr] *adj poss* their ● *pron poss le/la* ~, *les* ~*s,* theirs || *Pl les* ~*s,* their own (friends/family) ● *pron pers inv pl* (to) them; *parlez-*~, speak to them.

leurr|e [lœr] *m* SP. [chasse] decoy(-bird); [pêche] lure || FIG. allurement, enticement, deception || **~er** *vt* (1) lure, deceive; decoy — *vpr* **se** ~, delude oneself.

levage [ləvaʒ] *m appareil de* ~, hoist.

levain [ləvɛ̃] *m* leaven (pr. et fig.).

lev|ant [ləvɑ̃] *adj m* rising (soleil) ● *m* east; *le Levant,* the Levant || **~é, e** *adj être* ~, be up; [convalescent] be up and about || FIG. *au pied* ~, unprepared, off-hand ● *m* survey(ing) [du terrain] ● *f* [Poste] collection || [cartes] trick || MIL. levy (de troupes) || FIN. levying (d'impôts) || **~er** *vt* (1) raise, lift || pull up (la glace) || raise (la main) || ~ *les yeux,* look up || ~ *le camp,* strike/break up camp; ~ *un plan,* survey || MIL. raise (un siège, une armée); levy (des troupes) || SP. flush (du gibier) || FIG. ~ *la séance,* leave the chair — *vi* CULIN. [pâte] rise; *faire* ~, leaven (la pâte) — *vpr* **se** ~, rise, stand up; *se* ~ *d'un bond,* spring to one's feet; *se* ~ *brusquement,* start (up) || *se* ~ *de table,* rise from table || get up (du lit) || [vent, marée] set in || [soleil] rise || [jour] break || [temps] clear.

levier [ləvje] *m* lever || AUT. ~ *des vitesses,* gear lever.

lèvre [lɛvr] *f* lip; ~ *inférieure/supérieure,* lower/upper lip.

lévrier [levrije] *m* greyhound.

levure [ləvyr] *f* yeast ; ~ *de bière,* brewer's yeast ; ~ *chimique,* baking powder.

lexique [lεksik] *m* vocabulary, glossary.

lézard [lezar] *m* lizard || FAM. *faire le ~ au soleil,* bask in the sun.

lézard|e [lezard] *f* crack, cranny, chink, crevice || **~é, e** *adj* cracked || **~er** *vt* (1) crack.

liaison [ljεzɔ̃] *f* link(ing), connection || contact (entre deux personnes) || (love) affair, liaison (amoureuse) ; *avoir une ~ avec qqn,* carry on with sb. || [transports] ~ ***aérienne/maritime,*** air/sea link || RAD. link-up || MUS. slur(ring) || MIL. contact ; *officier de ~,* liaison officer.

liane [ljan] *f* liana.

liant, e [ljɑ̃, ɑ̃t] *adj* sociable ; *peu ~,* standoffish.

liasse [ljas] *f* bundle (de lettres) ; sheaf, U.S. wad (fam.) [de billets de banque].

Liban [libɑ̃] *m* Lebanon || **~ais, e** [-anε, εz] *n* Lebanese.

libanais, e *adj* Lebanese.

libations [libasjɔ̃] *fpl* potation(s).

libelle [libεl] *m* lampoon.

libell|é [libεle] *m* wording || **~er** *vt* (1) word.

libellule [libεllyl] *f* dragon-fly.

libéral, e, aux [liberal, o] *adj* liberal || free, bountiful, generous || POL. liberal || **~ement** *adv* liberally, freely || **~isme** *m* liberalism || **~ité** *f* liberality, generosity.

libér|ateur, trice [liberatœr, tris] *adj* liberating ● *n* liberator || **~ation** *f* liberation || release (de prisonnier) || FIN. discharge (d'une dette) || **~er** *vt* (1) free, liberate, set free (*de,* from) ; let loose, deliver (délivrer) || JUR. release, discharge (un prisonnier) || MIL. release, discharge (un soldat) — *vpr* ***se ~ de,*** free oneself from ; disengage oneself from || FIN. pay (une dette).

liber|té [libεrte] *f* liberty, freedom ; ***en ~,*** at large ; *mettre en ~,* set at liberty ; *un jour de ~,* one day off || JUR. *mettre en ~ conditionnelle,* parole, release on parole ; *mettre en ~ provisoire sous caution,* release on bail ; *en ~ surveillée,* on probation || **~tin, e** [-tɛ̃, in] *adj/n* libertine.

librair|e [librεr] *n* bookseller || **~ie** *f* book-shop/-store.

libre [libr] *adj* free || ~ ***arbitre,*** free will ; ~ ***penseur,*** free thinker || off ; off duty ; *jour ~,* day off || unoccupied, disengaged (sans engagement) || [chambre] vacant || [siège] free, empty || [taxi] empty, free ; *pas ~,* engaged || [emploi] *poste ~,* vacancy || [route] clear || TÉL., FAM. *pas ~,* engaged, U.S. busy || TECHN. *roue ~,* free-wheel || FIG. uncommitted ; welcome (*de,* to) || FIG. ~ *de,* free from (préjugés) ; *donner ~ cours à,* let loose (sa colère) || **~-échange** *m* free-trade || **~ment** *adv* freely, without restraint || **~-service** *m* self-service restaurant, cafeteria || self-service store (magasin).

licenc|e I [lisɑ̃s] *f* [université] bachelor's degree ; ~ *en droit/lettres/science,* Law/Arts/Science degree || COMM. licence || SP. permit || **~ié, e** *n/adj* graduate ; ~ *ès lettres,* bachelor of Arts.

licenc|e II *f* licentiousness (morale) || **~ieux, ieuse** *adj* licentious, wanton.

licenc|iement [lisɑ̃simɑ̃] *m* redundancy, lay-off || MIL. discharge || **~ier** *vt* (1) make redundant ; dismiss (renvoyer).

lichen [likεn] *m* BOT. lichen.

licite [lisit] *adj* lawful.

licol, licou [likɔl, liku] *m* halter.

lie [li] *f* dregs ; sediment ; lees (de vin) || FIG. scum, dregs.

lié, e [lje] *adj* bound, tied || FIG. intimate, thick (amis); linked, related (questions).

liège [ljɛʒ] *m* cork; *à bout de* ~, cork-tipped.

lien [ljɛ̃] *m* bond, tie || FIG. tie (du mariage); link (*entre*, between).

lier [lje] *vt* (1) bind, tie up || link up (mots) || CULIN. thicken (une sauce) || MUS. slur — *vpr* ***se ~,*** make friends, take up (*avec*, with); *se ~ d'amitié avec*, strike up a friendship with; *se ~ facilement*, be a good mixer || JUR. bind oneself (par contrat).

lierre [ljɛr] *m* ivy.

liesse [ljɛs] *f* rejoicing; *en* ~, jubilant.

lieu, eux [ljø] *m* place, spot; *~ de naissance*, birthplace; *~ public*, public place || *en ~ sûr*, in a safe place; *sur les ~x*, on the spot; *en tous ~x*, everywhere || *~ commun*, commonplace ● *loc prép* ***au ~ de,*** instead of ● *loc adv en premier ~*, for one thing ● *loc verbales* ***avoir ~,*** occur, take place, come off; *avoir ~ de*, have cause for; *il y a ~ de*, there is ground for; *il n'y a pas ~ de*, there is no need to/no room for; *s'il y a ~*, if necessary; *avoir ~ de s'inquiéter*, have (good) grounds to be alarmed || ***donner ~ à,*** be the occasion for, give rise to || ***tenir ~ de,*** serve as/for.

lieue [ljø] *f* [arch.] league.

lieutenant [ljøtnɑ̃] *m* lieutenant.

lièvre [ljɛvr] *m* hare.

lift|ier [liftje] *m* lift-boy/-man || **~ing** [-iŋ] *m* MÉD. face-lift.

liga|ment [ligamɑ̃] *m* MED. ligament || **~ture** [-tyr] *f* binding || MÉD. ligature || **~turer** [-tyre] *vt* (1) bind || MÉD. ligate.

lign|e [liɲ] *f* line; *~ en pointillé*, dotted line; *en droite ~*, in a straight line; *en ~*, in a row || line (d'écriture); *à la ~!*, new paragraph! || GÉOGR. *~ de partage des eaux*, watershed || [transports] line (d'autobus) || RAIL. ***~ de chemin de fer,*** railway line; *grande ~*, main line, trunk-line || AV. ***~ aérienne,*** airline, airway || TÉL. line; *~ interurbaine*, trunkline || MIL. line || SP. line; *~ de départ*, mark || FIG. *~ de conduite*, course of action, policy; *grandes ~s*, main outlines; *garder la ~*, keep one's figure; *hors ~*, outstanding || **~ée** *f* line, issue.

ligoter [ligɔte] *vt* (1) tie up.

ligu|e [lig] *f* league || **~er (se)** *vpr* (1) league (together), form a league.

lilas [lilɑ] *m* lilac.

limace [limas] *f* slug.

limaille [limaj] *f* filings.

limande [limɑ̃d] *f* dab; *~-sole*, lemon-sole.

limbes [lɛ̃b] *mpl* REL. limbo.

lim|e [lim] *f* file; *~ à ongles*, nail-file; emery board (en carton) || **~er** *vt* (1) file; *se ~ les ongles*, file one's nails.

limier [limje] *m* FAM. sleuth.

limi|tation [limitasjɔ̃] *f* limitation; ***~ des naissances,*** birthcontrol || **~te** [-t] *f* limit, boundary (d'un pays) || bound; *sans ~*, boundless; *dans les ~s de*, within || AUT. *~ de vitesse*, speedlimit || FIG. ***cas ~,*** borderline case; *date ~*, deadline || **~ter** *vt* (1) limit || [espace] bound || [frontière] border || FIG. restrict (restreindre) || FAM. ***~ les dégâts,*** cut (out) one's losses || **~trophe** [-trɔf] *adj* border(ing); *être ~ de*, border on; *pays ~*, borderland.

limon [limɔ̃] *m* slime, silt, ooze.

limonade [limɔnad] *f* lemonade.

limpid|e [lɛ̃pid] *adj* limpid, clear || FIG. lucid || **~ité** *f* limpidity, clearness.

lin [lɛ̃] *m* flax; *huile de ~*, linseed oil; *toile de ~*, linen.

linceul [lɛ̃sœl] *m* shroud.

ling|e [lɛ̃ʒ] *m* linen; *petit* ~, smalls; ~ *de corps,* underwear || [lessive] washing, laundry || **~erie** *f* underwear (linge); lingerie (sous-vêtements féminins) || linen-room (pièce).

lingot [lɛ̃go] *m* ingot.

linguist|e [lɛ̃gɥist] *n* linguist || **~ique** *adj* linguistic ● *f* linguistics.

linoléum [linɔleɔm] *m* linoleum.

Linotype [linɔtip] *f* N.D. Linotype.

linteau [lɛ̃to] *m* lintel.

li|on [ljɔ̃] *m* lion || ASTR. *le Lion,* Leo || **~onceau** [-ɔ̃so] *m* (lion-)cub || **~onne** [-ɔn] *f* lioness.

lippe [lip] *f* thick lower lip.

liquéfier [likefje] *vt* (1) liquefy.

liqueur [likœr] *f* liqueur.

liquid|ation [likidasjɔ̃] *f* liquidation || FIN. settlement (d'une dette) || COMM. selling-off.

liquid|e *adj/m* liquid || *argent* ~, ready money || **~er** *vt* (1) JUR. settle, pay, wipe off (dette) || COMM. sell off, clear || FAM. liquidate (tuer).

lire [lir] *vt* (60) read; peruse (attentivement); ~ *à haute voix,* read aloud/out; *mal* ~, misread || ~ *dans les lignes de la main de qqn,* read sb.'s hand — *vpr* ***se ~,*** [livre, pièce] read; be read.

lis [lis] *m* lily.

liséré [lizere] *m* border.

lis|euse [lizøz] *f* dust-jacket (couvre-livre) || **~ible** *adj* readable; legible (déchiffrable).

lisière [lizjɛr] *f* edge (d'un champ); skirt, fringe (d'une forêt); selvage (d'une étoffe).

liss|e [lis] *adj* smooth; sleek (cheveux); [pneu] slick; bald (fam.) || **~er** *vt* (1) smooth (down); sleek (cheveux).

liste [list] *f* list, roll, catalogue; ***dresser une ~,*** draw up a list || ***~ d'attente,*** waiting list || COMM. schedule (de prix) || POL. ***~ électorale,*** electoral register/roll.

li|t [li] *m* bed; *à deux ~s,* double (-bedded) [chambre]; ~ *de camp,* camp-bed; ~ *à colonnes,* four-poster; ***~ d'enfant,*** cot; ~ *improvisé,* shakedown; ***~s jumeaux,*** twin beds; ~ *d'une personne,* single bed; ~ *pour deux personnes,* double-bed; *~s superposés,* bunk beds || ***faire le ~,*** make the bed; *garder le ~,* stay/keep in bed; ***se mettre au ~,*** get into bed || ***au saut du ~,*** on getting out of bed || marriage; *enfant du premier ~,* child of the first marriage || bed (de rivière) || **~terie** [-tri] *f* bedding; bedclothes || **~tière** [-tjɛr] *f* litter (pour chevaux).

litig|e [litiʒ] *m* litigation, dispute; *en ~,* at issue, under dispute || **~ieux, ieuse** *adj* litigious, contentious; *point ~,* moot point, point at issue.

litote [litɔt] *f* understatement.

litre [litr] *m* litre.

littér|aire [literɛr] *adj* literary || **~al, e, aux** [-al, o] *adj* literal || **~ature** [-atyr] *f* literature.

littoral, e, aux [litɔral, o] *adj* littoral ● *m* littoral, coast(-line), seaboard.

liturg|ie [lityrʒi] *f* liturgy || **~ique** *adj* liturgical.

livide [livid] *adj* livid, wan.

livr|able [livrabl] *adj* COMM. ready for delivery; ~ *à domicile,* to be delivered || **~aison** [-ɛzɔ̃] *f* COMM. delivery (de marchandises); "~ *à domicile*", "we deliver"; ~ *franco à domicile,* free delivery; *bulletin de ~,* delivery note; ***voiture de ~,*** delivery van.

livre I [livr] *m* book; ~ *de classe,* school-book; ~ *de lecture,* reader; ~ *du maître,* key; ~ *de poche,* paperback || COMM. *Grand ~,* ledger || NAUT., AV. ~ *de bord/vol,* log-book.

livre II *f* pound (poids).

livre III *f* FIN. ~ *(sterling),* pound (sterling).

livrée [livre] *f* livery.

livrer [livre] *vt* (1) COMM. deliver (marchandises) || MIL. ~ *bataille,* fight a battle — *vpr* ***se*** ~, surrender oneself || MIL. surrender || FIG. *se* ~ *à,* indulge in (la boisson).

livr|esque [livrɛsk] *adj* bookish || **~et** [-ɛ] *m* booklet; ~ *de l'étudiant,* student's record-book || MIL. ~ *militaire,* military record.

livreur [livrœr] *m* delivery-man.

lobe [lɔb] *m* MÉD. lobe.

local, e, aux [lɔkal, o] *adj* local ● *m* premises || **~ement** *adv* locally || **~iser** *vt* (1) locate || **~ité** *f* locality, place (ville).

loca|taire [lɔkatɛr] *n* tenant; inmate (occupant); *(sous-)*~ lodger, U.S. roomer || JUR. lessee || **~tion** *f* hiring, U.S. renting; *en* ~, on hire; ~ *(de voitures) sans chauffeur,* rent-a-car service || [tourisme] ~ *meublée (avec cuisine),* self-catering accommodation || TH., RAIL. booking, reservation || TH. *bureau de* ~, box-office || ***~-vente,*** hire-purchase.

loch [lɔk] *m* NAUT. log.

locomo|tion [lɔkɔmɔsjɔ̃] *f* locomotion; *moyen de* ~, means of transport || **~tive** *f* locomotive, engine.

locution [lɔkysjɔ̃] *f* phrase.

log|e [lɔʒ] *f* lodge (de concierge, de franc-maçon) || TH. box (de spectateurs); dressing-room (des artistes) || **~ement** *m* housing, lodging; *crise du* ~, housing shortage || accommodation (place) || MIL. billeting; *billet de* ~, billet || **~er** *vt* (7) lodge, house, accommodate, put up (qqn); *logé et nourri,* with board and lodging; *être logé,* lodge (*chez,* at/with); *ne pas être logé,* live out; *cet hôtel peut* ~ *200 personnes,* this hotel can accommodate/sleep/take in 200 guests || MIL. billet, quarter — *vi* live; ~ *à l'hôtel,* stay at a hotel || MIL. ~ *chez l'habitant,* be in billets — *vpr* ***se*** ~, find accommodation/lodgings || **~euse** *f* landlady.

logiciel [lɔʒisjɛl] *m* software.

logique [lɔʒik] *adj* logical || consistent (raisonnement) ● *f* logic.

logis [lɔʒi] *m* home, dwelling.

logistique [lɔʒistik] *adj* logistic ● *f* logistics.

loi [lwa] *f* law; *projet de* ~, bill; act (votée); statute (écrite); *avoir force de* ~, be law; *respectueux des* ~*s,* law-abiding; *sans* ~, lawless; *homme de* ~, lawyer || FIG. law; *faire la* ~, lay down the law; rule; *se faire une* ~ *de,* make a point of; ~ *du talion,* lex talionis.

loin [lwɛ̃] *adv* [espace] far (*de,* from); *il y a* ~ *de... à,* it's a long way from ... to; *moins* ~, not so far; *plus* ~, farther (off), further; *le plus* ~, farthest; *très* ~, far afield; ***au*** ~, far away, in the distance; ***de*** ~, from afar, at a distance; ***non*** ~, near by || [temps] far; ~ *dans le passé,* far back in the past; *de* ~ *en* ~, every now and then || FIG. *de* ~, remotely; by far; ~ *du but,* wide of the mark; ~ *de là,* far from it; ~ *des yeux,* ~ *du cœur,* out of sight, out of mind || **~tain, e** [-tɛ̃, ɛn] *adj* far, distant, far-off (lieu) || FIG. remote ● *m* distance; *dans le* ~, in the distance.

loir [lwar] *m* dormouse.

loisible [lwazibl] *adj il vous est* ~ *de,* you are free to.

loisir(s) [lwazir] *m(pl)* leisure, spare time; *à* ~, at leisure.

Lon|donien, ienne [lɔ̃dɔnjɛ̃, jɛn] *n* Londoner ● *adj* London || **~dres** [-dr] *m* London.

long, longue [lɔ̃, lɔ̃g] *adj* long || [temps] long, lengthy ● *adv en savoir* ~ *sur,* know quite a lot about; *qui en dit* ~, tell-tale ● *m* length; ***en*** ~, lengthwise; *de tout son* ~, at full length ● *loc adv* ***tout du*** ~, all along; *de* ~ *en large,* to and fro, back and forth, up and down; ***à la longue,*** in the long run, at length; *tout le* ~ *du jour,* all day long ● *loc prép* ***le*** ~ ***de,*** along, alongside; *tout au* ~ *de,* throughout || **~-courrier** *m* Av. air liner.

longe [lɔ̃ʒ] *f* tether || CULIN. loin (de veau).

longer [lɔ̃ʒe] *vt* (7) go along; skirt.

longévité [lɔ̃ʒevite] *f* longevity.

longitud|e [lɔ̃ʒityd] *f* longitude || **~inal, e, aux** [-inal, o] *adj* lengthwise.

longtemps [lɔ̃tɑ̃] *adv* long, a long time; *pendant* ~, (for) a long time; *il habite ici depuis* ~, he has been living here (for) a long time; ***il y a*** ~, long ago; *il n'y a pas* ~, not long ago/since, a short while ago || *je n'en ai pas pour* ~, I shan't be long.

longu|ement [lɔ̃gmɑ̃] *adv* long, for a long time; at length || **~eur** *f* length; *en* ~, *dans le sens de la* ~, lengthwise; *quelle est la* ~ *de ... ?,* how long is ... ? || SP. *d'une* ~, by a length || RAD. ~ *d'onde,* wave-length || FIG. *traîner en* ~, drag || **~e-vue** *f* telescope, spy-glass.

lopin [lɔpɛ̃] *m* ~ *de terre,* plot.

loquace [lɔk(w)as] *adj* loquacious, talkative.

loque [lɔk] *f* rag; *en* ~*s,* tattered, in tatters.

loquet [lɔkɛ] *m* latch; *fermer au* ~, latch.

loqueteux, euse [lɔktø, øz] *adj* ragged, tattered.

lorgn|er [lɔrɲe] *vt* (1) cast sidelong glances at; leer (méchamment); ogle (une femme) || **~ette** *f* opera-glasses.

lors [lɔr] *adv* ***depuis/dès*** ~, from that time ● *loc prép* ~ *de,* at the time of ● *loc conj dès* ~ *que,* since; ~ *même que,* even though.

lorsque [lɔrsk] *conj* when.

losange [lɔzɑ̃ʒ] *m* lozenge; *en* ~, diamond-shaped.

lo|t [lo] *m* share, portion || lot, fortune (sort) || [loterie] prize; *gros* ~, first prize; jackpot (fam.) || COMM. set; (enchères) lot || **~terie** [lɔtri] *f* lottery; raffle (tombola); *mettre en* ~, raffle (off).

lotion [losjɔ̃] *f* lotion; hair-wash (pour les cheveux).

lot|ir [lɔtir] *vt* (2) divide into plots || **~issement** *m* housing estate/development; building plot (terrain à bâtir).

loto [loto] *m* bingo (jeu).

lotus [lɔtys] *m* lotus.

louable [lwabl] *adj* commendable.

louage [lwaʒ] *m* hiring out, renting.

louang|e [lwɑ̃ʒ] *f* praise, commendation; *à la* ~ *de,* in praise of || **~er** *vt* (7) praise || **~eur, euse** *adj* laudatory.

loubard [lubar] *m* hooligan; hoodlum, yobbo (sl.).

louche I [luʃ] *adj* shady, fishy (affaire, chose); doubtful, dubious, suspicious (personne).

louche II *f* (soup-)ladle, scoop, dipper.

loucher [luʃe] *vt* (1) squint; be cross-eyed.

louer I [lwe] *vt* (1) praise, commend — *vpr* ***se*** ~, congratulate oneself.

louer II *vt* (1) [propriétaire] hire out, let (out), U.S. rent (une maison); *maison à* ~, house to let/ for rent; ~ *à bail,* lease || [bateau, voiture, etc.] ***à*** ~, for hire || [locataire] rent (une maison); hire, U.S. rent (une voiture); charter (un avion) || RAIL., TH. book, reserve (une place).

loufoque [lufɔk] *adj* crazy, daft; *histoire ~,* shaggy dog story.

loulou [lulu] *m* POP. = LOUBARD.

loup [lu] *m* wolf; *bande de ~s,* pack of wolves || FIG. *crier au ~,* cry wolf; *se jeter dans la gueule du ~,* rush into the lion's mouth; *avoir une faim de ~,* be ravenous; *aller à pas de ~,* steal (+ adv.), walk/etc. stealthily; *il fait un froid de ~,* it is bitterly cold; *entre chien et ~,* at dusk || ***~-cervier,*** lynx.

loupe [lup] *f* magnifying-glass.

louper [lupe] *vt* (1) FAM. miss (le train); muff (une balle); bungle (son travail).

lourd, e [lur, lurd] *adj* heavy, weighty (pesant); burdensome (charge) || stodgy (nourriture); stuffy (air); close, sultry, heavy, muggy (temps) || heavy (sommeil) || slow, dull (esprit) || ***~ de,*** fraught with (conséquences) || MIL. heavy (artillerie) || TECHN. heavy (industrie); *huile ~e,* crude oil || PHYS. *eau ~e,* heavy water || SP. *poids ~,* heavyweight ● *adv* heavy || V. PESER || **~aud, e** [-do, od] *adj* clumsy ● *m* lout || **~ement** [-dəmɑ̃] *adj* heavily || **~eur** [-dœr] *f* heaviness; *~ d'esprit,* dullness.

loutre [lutr] *f* otter.

louve [luv] *f* she-wolf || **~teau** [-to] *m* ZOOL. wolf-cub || FIG. wolf-cub (scout).

louvoyer [luvwaje] *vi* (9 *a*) NAUT. tack (about) || FIG. manœuvre.

lover [lɔve] *vt* (1) coil (une corde) — *vpr* ***se ~,*** coil up.

loy|al, e, aux [lwajal, o] *adj* loyal, honest, straight, fair, faithful (personne); fast (ami); square, above board (action) || **~alement** *adv* truly, faithfully, fair(ly) || **~alisme** *m* loyalty || **~auté** [-ote] *f* honesty, fairness, uprightness.

loyer [lwaje] *m* rent; *montant du ~,* rental || FIN. *~ de l'argent,* rate of interest.

lu V. LIRE.

lubie [lybi] *f* whim, fad, freak, crotchet.

lubricité [lybrisite] *f* lewdness, lechery, lust.

lubrif|iant, e [lybrifjɑ̃, ɑ̃t] *adj* lubricating ● *m* lubricant || **~ier** *vt* (1) lubricate, oil.

lubrique [lybrik] *adj* lecherous, lustful (personne); lewd (propos).

lucarne [lykarn] *f* dormer-window, skylight.

lucid|e [lysid] *adj* lucid, clear || **~ité** *f* lucidity.

luciole [lysjɔl] *f* firefly.

lucratif, ive [lykratif, iv] *adj* lucrative, money-making; *non-~,* non-profit-making.

lueur [lyœr] *f* gleam, glimmer; flash (éclair); glow (incandescente); flare (vif éclat); flicker (vacillante) || FIG. spark (d'intelligence); *~ d'espoir,* glimmer of hope.

luge [lyʒ] *f* sledge.

lugubre [lygybr] *adj* dismal, gloomy, dreary, lugubrious, mournful.

lui I [lɥi] (*Pl* **eux** [ø] sujet; **leur** [lœr] complément) *pron* he (sujet); *c'est ~,* it is he, FAM. it's him; *elle est plus âgée que ~,* she is older than he is || him, her, it; to him, to her (complément); *dites-~,* tell him; *donnez-~ ce livre,* give him this book; *donnez-le-~,* give it to him || [possession] *c'est à ~,* it's his/its own || ***~-même,*** himself; itself *(neutre)*.

lui II V. LUIRE.

lui|re [lɥir] *vi* (61) [soleil] shine || gleam (reflet); glow (lueur chaude); glimmer (faiblement) || [métal] glint || **~sant, e** [-zɑ̃, ɑ̃t] *adj* shining, shiny; gleaming || glossy (satin); sleek (cheveux, fourrure, poil d'un animal).

lumbago [lɔ̃bago] *m* lumbago.

lum|ière [lymjɛr] *f* light; *à la ~*, in/to the light; *un filet de ~*, a streak of light; *~ crue*, glare; *~ solaire*, sunlight || PHOT. *Pl* high lights || FIG. light; (*Pl*) enlightenment(s); *mettre en ~*, bring out, shed light on; highlight || **~ignon** [-iɲɔ̃] *m* candle-end || **~ineux, euse** [-inø, øz] *adj* bright, luminous || FIG. illuminating.

lun|aire [lynɛr] *adj* lunar || **~atique** [-atik] *adj* whimsical.

lundi [lœ̃di] *m* Monday.

lune [lyn] *f* moon; *nouvelle ~*, new moon; *pleine ~*, full moon; ***clair de ~***, moonlight || FIG. *~ de miel*, honeymoon.

lunette [lynɛt] *f* telescope, spy-glass || *Pl* spectacles, glasses; *~s de motocycliste*, goggles; *~s de soleil*, sun-glasses.

lurette [lyrɛt] *f* FAM. *il y a belle ~*, that was long ago.

luron, onne [lyrɔ̃, ɔn] *n joyeux ~*, gay dog.

lustre I [lystr] *m* chandelier.

lustr|e II *m* lustre, gloss, sheen, polish || **~é, e** *adj* glossy || **~er** *vt* (1) glaze, gloss, polish.

luth [lyt] *m* lute.

luthérien, ienne [lyterjɛ̃, jɛn] *adj/n* Lutherian.

luthier [lytje] *m* violin-maker.

lutin [lytɛ̃] *m* imp, sprite.

lutt|e [lyt] *f* struggle, strife (effort); *~ des classes*, class struggle; *~ pour la vie*, struggle for life || fight, contest (opposition) || SP. wrestling; *~ à la corde*, tug of war || **~er** *vi* (1) struggle (résister) || fight (se battre); battle (*contre*, against) || SP. wrestle; clinch (corps à corps) || FIG. contend (*pour*, for; *contre*, with); strive (*contre*, against); *être de force à ~ avec qqn*, be a match for sb. || **~eur, euse** *n* SP. wrestler.

luxe [lyks] *m* luxury || FIG. wealth (abondance).

Luxembourg [lyksɑ̃bur] *m* Luxemburg || **~eois, eoise** [-ʒwa, waz] *n* native of Luxemburg ● *adj* Luxemburg.

luxer [lykse] *vt* (1) MÉD. luxate, dislocate, put out.

luxueux, euse [lyksɥø, øz] *adj* luxurious (splendide).

luxure [lyksyr] *f* lust, lewdness, lechery.

luxuriant, e [lyksyrjɑ̃, ɑ̃t] *adj* luxuriant, lush, exuberant, rank (végétation).

luxurieux, ieuse [lyksyrjø, jøz] *adj* lustful, lewd.

luzerne [lyzɛrn] *f* lucerne.

lycé|e [lise] *m* FR. High/Grammar School || **~en, enne** [-ɛ̃, ɛn] *n* secondary/U.S. highschool boy/girl.

lymph|atique [lɛ̃fatik] *adj* lymphatic || **~e** *f* lymph.

lyncher [lɛ̃ʃe] *vt* (1) lynch.

lynx [lɛ̃ks] *m* lynx; *avoir des yeux de ~*, be lynx-eyed.

lyophiliser [ljɔfilize] *vt* (1) dry-freeze.

lyr|e [lir] *f* lyre || **~ique** *adj* lyric(al) || **~isme** *m* lyricism.

m

m [em] *m* m.

m' V. ME.

ma [ma] V. MON.

maboul, e [mabul] *adj* POP. cracked, barmy.

macabre [makabr] *adj* gruesome, grisly.

macadam [makadam] *m* macadam, tarmac.

macar|on [makarɔ̃] *m* macaroon || **~oni** [-ɔni] *m* macaroni.

macédoine [masedwan] *f* CULIN. macedoine fruit salad.

macérer [masere] *vi* (1) *faire ~,* steep, soak.

mach [mak] *m* (= NOMBRE DE MACH) Maach ; *voler à ~ 2,* fly at Mach 2.

mâchefer [mɑʃfɛr] *m* clinker.

mâcher [mɑʃe] *vt* (1) chew ; munch (bruyamment) || FIG. *ne pas ~ ses mots,* not to mince matters/one's words.

mach|in, e [maʃɛ̃, in] *n* FAM. what's-his/-her-name (personne) ; gadget (chose) || **~inal, e, aux** [-inal, o] *adj* mechanical || **~inalement** [-inalmɑ̃] *adv* mechanically || **~ination** [-inasjɔ̃] *f* scheme, plot || **~ine** [-in] *f* machine, engine ; *~ à adresser,* addressograph ; ***~ à calculer,*** calculating-/adding-machine ; ***~ à coudre,*** sewing-machine ; ***~ à écrire,*** typewriter ; ***~ à laver,*** washing-machine ; ***~-outil,*** machine-tool ; chine-tool ; *~ à photocopier,* photocopier, Photostat || *~ à sous,* fruit-machine, one-armed bandit ; *~ à vapeur,* steam-engine || *faire ~ arrière,* reverse the engine ; FIG. backpedal ; *fait à la ~,* machine-made || RAIL. engine || **~iner** [-ine] *vt* (1) scheme || **~inerie** [-inri] *f* machinery || **~iniste** *n* RAIL. engineer || TH. scene-shifter.

mâch|oire [mɑʃwar] *f* jaw || **~onner** [-ɔne] *vt* (1) munch.

maç|on [masɔ̃] *m* bricklayer, mason || **~onnerie** [-ɔnri] *f* masonry || **~onnique** [ɔnik] *adj* masonic (loge).

maculer [makyle] *vt* (1) smear, stain.

madame, mesdames [madam, me-] *f* madam || [adresse] *~ X,* Mrs X ; [lettre] *~,* Dear Madam, Dear Mrs X || *Pl* ladies.

mademoiselle, mesdemoiselles [madmwazɛl, me-] *f* [non exprimé] *bonjour ~!,* good morning ! || [adresse] *~X,* Miss X ; [lettre] *chère ~,* Dear Madam, Dear Miss X || *Pl* young ladies ; *bonjour Mesdemoiselles !,* good morning (young) ladies ! ; [enveloppe] *Mesdemoiselles X,* the Misses X || [restaurant] *~!,* waitress !

madré, e [madre] *adj* sly, wily.

madrier [madrije] *m* beam.

magas|in [magazɛ̃] *m* shop, U.S. store ; ***grand ~,*** department store ; *~ de luxe,* fancy shop, *~ à prix réduits,* discount store ; *~ à succursales multiples,* multiple shop/store, U.S. chain-store ; *courir les ~s,* go shopping || warehouse (dépôt) ; *avoir en ~,* have in stock || **~inier** [-inje] *m* warehouseman.

magazine [magazin] *m* magazine.

mag|icien [maʒisjɛ̃] *m* wizard, magician || **~icienne** [-isjɛn] *f* magician || **~ie** *f* magic ; *~ noire,* black art || **~ique** *adj* magic(al).

magistr|al, e, aux [maʒistral, o] *adj* masterly (adroit) || FAM. sound (raclée) || **~alement** *adv* in a masterly way || **~at** [a] *m* magistrate || **~ature** *f* magistracy ; *la Magistrature,* the Bench.

magnanime [maɲanim] *adj* magnanimous.

magnat [maɲa] *m* magnate, tycoon.

magnésie [maɲezi] *f* magnesia.

magnét|ique [maɲetik] *adj* magnetic || **~isme** *m* magnetism || **~o-cassette** *m* cassette deck || **~ophone** [-ɔfɔn] *m* tape recorder; ~ *à cassettes,* cassette recorder || **~oscope** [-ɔskɔp] *m* videotape recorder; *enregistrer au* ~, videotape.

magnif|icence [maɲifisɑ̃s] *f* magnificence || **~ique** *adj* magnificent, splendid; glorious (temps) || **~iquement** *adv* magnificently beautifully.

magnitude [maɲityd] *f* magnitude.

magot [mago] *m* treasure, hoard.

mahométan, e [maomεtɑ̃, an] *adj/n* Mohammedan.

mai [mε] *m* May; *le premier* ~, May Day.

maigr|e [mεgr] *adj* lean, thin; spare, skinny; *grand et* ~, lank(y) || REL. meatless (repas); ***faire*** ***~,*** abstain from meat || FIG. meagre, slender (ressources); scanty (repas); scant (végétation) ● *m* CULIN. lean || **~elet, ette** [-əlε, εt] *adj* skinny, scrawny || **~ement** *adv* FIG. meagrely || **~eur** *f* thinness, leanness **~ichon, onne** [-iʃɔ̃, ɔn] *adj* = MAIGRELET || **~ir** *vi* (2) grow thin, get lean, lose flesh || slim, reduce (au moyen d'un régime).

maille [maj] *f* stitch (de tricot); mesh (de filet).

maillet [majε] *m* mallet.

maillon [majɔ̃] *m* link.

maillot [majo] *m* ~ *de bain,* swim-suit; ~ *de corps,* vest, undershirt.

main [mɛ̃] *f* hand; *la* ~ *dans la* ~, hand in hand; *en* ~, in hand; ***sous la ~,*** (near) at hand, handy; *à portée de la* ~, to hand || *serrer la* ~, *donner une poignée de* ~ *à qqn,* shake sb.'s hand, shake hands with sb. || [cartes] *avoir la* ~, have the lead || MUS. *morceau à quatre* ~*s,* duet || FIG. *demander la* ~ *d'une femme,* ask for a lady's hand; *mettre la* ~ *sur,* lay hands on; *se laver les* ~*s de qqch.,* wash one's hands of sth.; ***donner un coup de ~ à qqn,*** give sb. a hand; *prêter la* ~ *à qqn,* help sb. to do sth.; *attaque à* ~ *armée,* hold-up; ***coup de ~,*** raid; *en venir aux* ~*s,* come to blows; *haut les* ~*s!,* hands up!; FAM. stick'em up!; ***à la ~,*** by hand (travail); *fait à la* ~, hand-made; *se faire la* ~, get one's hand in; *à* ~ *droite,* on the right hand side; *mettre la dernière* ~ *à (qqch.),* give (sth.) the finishing touch || **~-d'œuvre** *f* manpower, labour || **~-forte** *f prêter* ~ *à,* render assistance to || **~mise** *f* seizure (*sur,* of).

maint, e [mɛ̃, mɛ̃t] *adj* many a; ~*es fois,* many a time; ~*es et* ~*es fois,* again and again, time and again.

maintenant [mɛ̃tnɑ̃] *adv* now; *à partir* de ~, from now on ● *loc conj* ~ *que,* now (that).

main|tenir [mɛ̃tnir] *vt* (101) hold (up) [soutenir]; ~ *qqch. (en place),* hold sth. on; maintain, hold (conserver); keep up (une vitesse) || FIG. maintain (affirmer); ~ *ses positions,* hold one's own — *vpr* ***se ~,*** keep on || [temps] remain fine || MÉD. hold out, hold one's own || **~tien** [-tjɛ̃] *m* keeping (de l'ordre) || preservation (de la tradition, etc.) || carriage, bearing (attitude).

mair|e [mεr] *m* mayor || **~ie** *f* town hall.

mais [mε] *conj* but || ~ *non!,* of course not; ~ *oui!,* of course (+ v.).

maïs [mais] *m* maize, Indian corn, U.S. corn || CULIN. ~ *en épi,* corn on the cob.

mais|on [mɛzɔ̃] *f* house (habitation); ~ *de bois,* frame-house; ~ ***de campagne,*** country-house, summer-cottage; ~ *préfabriquée,* prefab; ~ *de rapport,* tenement-house || home (foyer); ***à la ~,*** at home, indoors; *être à la ~,* be in; *vers la ~,* homeward; ***fait à la ~,*** home-made; *tenir la ~,* keep house (*de,* for) || COMM. ~ ***de commerce,*** firm, business; ~ *d'édition,* publishing company; ~ *mère,* head-office || MÉD. ~ *de santé,* nursing-home || FAM. *aux frais de la ~,* on the house || **~onnée** [-ɔne] *f* household || **~onnette** [-ɔnɛt] *f* cottage.

maîtr|e [mɛtr] *m* master; *être son ~,* be independent; ~ *de soi,* self-possessed; ~ *de maison,* householder || master (expert); *être passé ~ en,* be a past master in || ~ ***d'école,*** school-teacher; ~ ***d'hôtel,*** headwaiter; butler (d'une maison privée); steward (dans un club); ~ ***chanteur,*** blackmailer; ~ ***nageur,*** swimming teacher || NAUT. ~ *d'équipage,* boatswain || **~esse** *f* mistress || ~ ***de maison,*** housewife || ~ *d'école,* school-mistress || **~ise** *f* mastery, control, command || ~ *de soi,* self-control/-command || skill (habileté) || [Université] master's degree || REL. choir (chorale) || **~iser** *vt* (1) master (un cheval) || subdue (ses passions); keep down, hold in (sa colère).

majest|é [maʒɛste] *f* majesty || **~ueux, euse** *adj* majestic, stately.

majeur, e [maʒœr] *adj* major; *en ~e partie,* for the most part; *la ~e partie de,* most of || [âge] ***devenir ~,*** come of age || MUS. major ● *m* middle finger.

major [maʒɔr] *m* [concours] head of the list.

major|ation [maʒɔrasjɔ̃] *f* COMM. increase (des prix); ~ *excessive,* overcharge || **~er** *vt* (1) increase, raise (prix) || **~ette** *f* drum majorette || **~ité** *f* majority; *la ~ de(s),* the greater part of the; *être en ~,* be in (the) majority || JUR. *atteindre sa ~,* come of age; *à sa ~,* when he comes of age.

majuscule [maʒyskyl] *f* capital letter; *écrire en ~s,* capitalize.

mal, maux [mal, mo] *m* [dommage] harm, damage; ill, evil; ***faire du ~ à,*** harm, hurt (qqn) || [moral] evil, wrong(-doing); ***le bien et le ~,*** good and evil, right and wrong; *dire du ~ de qqn,* speak ill of sb.; *souhaiter du ~ à qqn,* wish sb. evil || [difficulté] trouble, difficulty; ***avoir du ~ à faire,*** have trouble doing; *se donner du ~ à faire,* take trouble to do || [souffrance] pain; ***avoir/faire ~,*** hurt, ache; *cela vous fait-il ~?,* does it hurt?; *vous êtes-vous fait ~?,* did you hurt yourself? || ailment, disease; ~ ***d'avion/de l'air,*** air-sickness; ~ ***de dents,*** toothache; ~ ***d'estomac,*** stomach-ache; ~ ***de gorge,*** sore throat; ~ ***de mer,*** sea-sickness; *avoir le ~ de mer,* be sea-sick; ~ ***du pays,*** home-sickness; *avoir le ~ du pays,* be homesick; ~ ***de tête,*** headache ● *loc* ***avoir ~ à :*** *avoir ~ au cœur,* feel sick; *avoir ~ aux dents,* have a toothache, suffer from (the) toothache; *avoir ~ à la tête,* have a headache ● *adj bon gré ~ gré,* willy-nilly ● *adv* badly, ill; *plus ~,* worse; *de plus en plus ~,* worse than ever; *de ~ en pis,* from bad to worse || *se conduire ~,* behave badly; *se porter ~,* be in bad health; ***se trouver ~,*** faint; *il est très ~,* he is dangerously ill || *être ~ avec qqn,* be at loggerheads with sb.; *prendre ~ qqch.,* take sth. ill || ***tant bien que ~,*** somehow, after a fashion || FAM. ***pas ~,*** not bad (fam.); ***pas ~ de,*** a good deal of, quite a lot of || ~ ***acquis,*** ill-gotten; ~ ***élevé,*** ill-bred.

malad|e [malad] *adj* ill, sick, poorly; *être ~ du cœur,* have heart trouble; *rendre ~,* upset; ***tomber ~,*** fall sick, be taken ill;

break down || bad (jambe) || *il en est ~,* he is quite upset about it ● *n* sick person, invalid, patient; *faire le ~,* malinger || **~ie** *f* illness, sickness; disease, complaint, disorder; *~ de Carré,* distemper; *~ de cœur,* heart condition; *~ de foie,* liver complaint/trouble; *~ de peau,* skin disease; *~ vénérienne,* venereal disease, V.D. || **~if, ive** *adj* sickly, unhealthy.

maladr|esse [maladrɛs] *f* awkwardness || **~oit, e** [-wa, at] *adj* awkward, clumsy, unskilful || **~oitement** *adv* awkwardly.

Malais, e [malɛ, ɛz] *adj/n* Malay.

malais|e [malɛz] *m* feeling of faintness, malaise; *avoir un ~,* feel faint || **~é, e** [-ɛze] *adj* uneasy, difficult.

Malaisie [malɛzi] *f* Malaya.

malavisé, e [malavize] *adj* unwise, ill-advised.

malax|age [malaksaʒ] *m* mixing || **~eur** *m* mixer.

malchanc|e [malʃɑ̃s] *f* ill/bad luck, mischance, hard lines; *par ~,* unluckily || **~eux, euse** [-ɑ̃sø, øz] *adj* unlucky, hapless.

mal|commode [malkɔmɔd] *adj* inconvenient || **~donne** *f* [cartes] misdeal.

mâle [mɑl] *adj* male; he-; bull (grands animaux); buck (daim, lièvre, lapin); cock (oiseau) || JUR. male, masculine (descendant) || FIG. manly.

malé|diction [malediksjɔ̃] *f* malediction, curse || **~fice** [-fis] *m* evil spell || **~fique** *adj* maleficent.

mal|encontreux, euse [malɑ̃kɔ̃trø, øz] *adj* unfortunate || **~entendu** *m* misunderstanding || **~façon** *f* defect || **~faisant, e** [-fəzɑ̃, ɑ̃t] *adj* harmful, maleficent, mischievous (personne) || **~faiteur** [-fɛtœr] *m* malefactor, wrong-doer; robber (voleur) || **~famé, e** [-fame] *adj* of ill repute, disreputable.

malgache [malgaʃ] *adj République ~,* Malagasy Republic.

malgré [malgre] *prép* in spite of; *~ moi,* against my will; *~ tout,* for all that, all the same; *~ toute sa fortune,* for all his wealth ● *loc conj ~* ***que,*** although.

malheur [malœr] *m* bad luck, unhappiness; wretchedness; *jouer de ~,* be out of luck; *par ~,* as ill luck would have it; *pour comble de ~,* to make things worse; *porter ~ à,* bring bad luck to || misfortune (événement); *il lui est arrivé ~,* a misfortune has befallen him; *quel ~!,* what a terrible thing! || **~eusement** [-øzmɑ̃] *adv* unfortunately, unhappily || **~eux, euse** *adj* unlucky, ill-fated (malchanceux); unsuccessful (candidat); unfortunate, miserable, unhappy (infortuné); wretched (insignifiant) ● *n* unfortunate person, wretch.

malhonnê|te [malɔnɛt] *adj* dishonest; crooked || **~tement** [-ɛtmɑ̃] *adv* dishonestly || **~teté** [-ɛtte] *f* dishonesty.

malic|e [malis] *f* mischievousness, mischief (taquinerie) || malice (méchanceté) || shrewdness (ruse) || **~ieux, ieuse** *adj* mischievous, arch (espiègle); wicked (regard).

malin, i(g)ne [malɛ̃, iɲ, in] *adj* smart, shrewd, crafty (rusé); cunning (sourire) || tricky (retors) || MÉD. malignant ● *n* ***un*** *~,* a smart guy, a crafty one ● *m* REL. *le Malin,* the Devil.

malingre [malɛ̃gr] *adj* puny.

malle [mal] *f* trunk, box; *faire/défaire une ~,* pack/unpack a trunk.

malléable [maleabl] *adj* malleable || FIG. pliable.

mallette [malɛt] *f* small suit-case.

malmener [malmәne] *vt* (1) handle roughly, maul, maltreat, bully (brutaliser) || browbeat (houspiller) || FIG. maul (éreinter).

malodorant, e [malɔdɔrɑ̃, ɑ̃t] *adj* ill-smelling.

malotru, e [malɔtry] *n* cur, boor.

malpropr|e [malprɔpr] *adj* unclean, dirty || **~eté** [-əte] *f* dirtiness || slovenliness (habituelle).

malsain, e [malsɛ̃, ɛn] *adj* unhealthy, unsound; noxious || FIG. morbid (curiosité).

malséant, e [malseɑ̃, ɑ̃t] *adj* indecorous, unseemly.

malt [malt] *m* malt.

Malt|ais, e [maltɛ, ɛz] *n* Maltese || **~e** *f* Malta; *croix de ~,* Maltese cross.

malthusianisme [maltyzjanism] *m* Malthusianism.

maltraiter [maltrɛte] *vt* (1) ill-treat, maltreat, ill-use.

malveill|ance [malvɛjɑ̃s] *f* malevolence, ill-will, spite || **~ant, e** *adj* malevolent (personne); spiteful (remarque).

malversation [malvɛrsasjɔ̃] *f* embezzlement.

malvoyant [malvwajɑ̃] *m (souvent pl)* visually handicapped.

maman [mamɑ̃] *f* mummy, mamma.

mam|elle [mamɛl] *f* [animal] udder || [personne] breast || **~elon** [-lɔ̃] *m* [femme] teat, nipple || GÉOGR. knoll, hillock.

mammifère [mammifɛr] *m* mammal.

Man [mɑ̃] GÉOGR. ***Île (f) de ~,*** Isle of Man; *de l'Île de ~,* Manx.

Manche [mɑ̃ʃ] *f* GÉOGR. ***la ~,*** the (English) Channel.

manche I *m* handle; *~ à balai,* broom-stick || AV. joystick.

manche II *f* [cartes] game || SP. round; [tennis] set || ARG. [mendicité] ***faire la ~,*** pass the hat round; busk (fam.).

manch|e III *f* sleeve; *en ~s de chemise,* in one's shirt-sleeves; *sans ~s,* sleeveless || AV. *~ à air,* wind-sock || **~ette** *f* cuff; *boutons de ~s,* cuff-links || [journal] headline || **~on** *m* [vêtement] muff || TECHN. *~ à incandescence,* (gas-)mantle || **~ot, e** [-o, ɔt] *adj* one-armed.

mandarine [mɑ̃darin] *f* tangerine.

manda|t [-a] *m* POL. mandate; *sous ~,* mandated (territoire); term (de député); authority, commission (pouvoir) || JUR. warrant; *~ d'arrêt,* writ of arrest; *~ de dépôt,* commitment; *~ de perquisition,* search warrant || FIN. *~(-poste),* money-/postal order (*de £ 1,* for £ 1) || **~taire** [-tɛr] *n* COMM. agent || JUR. proxy (personne) || RAD. sponsor || **~ter** *vt* (1) commission.

mander [mɑ̃de] *vt* (1) [journalisme] *on mande de,* it is reported from || summon (demander de venir).

mandoline [mɑ̃dɔlin] *f* mandoline.

manège [manɛʒ] *m* riding-school || *~ de chevaux de bois,* roundabout, merry-go-round || FIG. game, stratagem.

manette [manɛt] *f* hand-lever.

manganèse [mɑ̃ganɛz] *m* manganese.

mang|eable [mɑ̃ʒabl] *adj* fit to eat, eatable || **~eaille** [-aj] *f* FAM. grub || **~eoire** [-war] *f* manger, crib || **~er** *vt* (7) eat (*dans,* off/from) [une assiette] — *vi* eat, fare; *~ à belles dents,* eat with an appetite; *~ sur le pouce,* have a quick snack; ***donner à ~ à,*** feed || **~eur, euse** *n* eater; *gros ~,* big eater.

maniable [manjabl] *adj* easy to handle (objet); handy (outil); *peu ~,* unmanageable, unwieldy (objet); unhandy, awkward (outil) || FIG. tractable.

man|iaque [manjak] *adj* faddy (à marotte); fussy (exigeant); fastidious, finicky (méticuleux) ● *n* crank, faddist || MÉD. maniac || **~ie** *f* craze, fad || peculiarity || MÉD. mania (folie).

manier [manje] *vt* (1) handle || ply (l'aiguille); wield (un outil); pull (une rame).

manière [manjɛr] *f* manner, way; *de quelle ~?,* how?; *à la ~ de,* after, after the fashion of; *~ d'aborder un sujet,* approach; *~ d'agir,* proceeding; *~ de vivre,* way of life; *d'une ~ ou d'une autre,* somehow (or other); *de cette ~,* in this way; *de ~ à,* so as to; *en aucune ~,* by no means; *de toute ~,* anyway, at all events || *d'une ~ générale,* by and large || sort (espèce) || *Pl* manners; *bonnes/mauvaises ~s,* good/bad manners.

manif [manif] *f* POP. demo (fam.).

manifest|ant, e [manifɛstɑ̃, ɑ̃t] *n* POL. demonstrator || **~ation** *f* display || POL. demonstration || **~e** *adj* patent, obvious || FIG. palpable ● *m* manifesto || **~ement** *adv* evidently || **~er** *vt* (1) manifest, show, evince (des sentiments); extend (sympathie); display (faire preuve de); exhibit (du courage); develop (un talent); vent (son mécontentement) || POL. demonstrate — *vpr* ***se ~,*** appear, develop.

maniganc|e(s) [manigɑ̃s] *f(pl)* intrigue, goings-on || **~er** *vt* (6) scheme, plot.

manipuler [manipyle] *vt* (1) manipulate, handle.

manivelle [manivɛl] *f* crank, handle.

manne [man] *f* hamper.

mannequin [mankɛ̃] *m* (tailor's) dummy (de tailleur); model (personne) || ARTS lay-figure, manikin.

manœuvr|e [manøvr] *f* manœuvring, handling || RAIL. shunt(ing) || MIL. manœuvre || NAUT. steering || *Pl* FIG. manœuvring, tactics ● *m* labourer, hand || **~er** *vt* (1) manœuvre (véhicule); work, operate, handle (machine) || NAUT. sail (bateau) — *vi* MIL. *(faire) ~,* manœuvre || FIG. scheme (intriguer); jockey for position (pour se placer).

manoir [manwar] *m* manor-house.

manomètre [manɔmɛtr] *m* pressure gauge.

manqu|ant, e [mɑ̃kɑ̃, ɑ̃t] *adj* missing || **~e** *m* lack, want; *par ~ de,* for lack of || COMM. shortage; *~ à gagner,* loss of opportunity || **~é, e** *adj* unsuccessful, abortive; *coup ~,* failure, miss; *garçon ~,* tomboy || **~ement** *m* breach; *~ au devoir,* lapse from duty || **~er** *vi* (1) be missing, be lacking (faire défaut) — *vt ind ~* ***à,*** lack; *~ à l'appel,* be missing; *vous me manquez,* I miss you; *est-ce que je vous manque?,* do you miss me? || *~* ***de,*** lack, want; be short of, be out of; *ne ~ de rien,* want for/lack nothing || *ne manquez pas de,* don't fail to, be sure to || *il a manqué (de) tomber,* he almost/nearly fell — *vt* miss (le train, le bus) — *v impers il lui manque un œil,* he has lost one eye || [avoir besoin] *il me manque 10 francs,* I am 10 francs short.

mansarde [mɑ̃sard] *f* attic, garret.

mansuétude [mɑ̃sɥetyd] *f* clemency, meekness.

mante I [mɑ̃t] *f ~ religieuse,* praying mantis.

mante II *f* mantle.

manteau [mɑ̃to] *m* cloak, coat; *~ de fourrure,* fur coat.

manucure [manykyr] *f* manicurist.

manuel, elle [manɥɛl] *adj* manual; *travaux ~s,* manual training ● *m* handbook, manual; *~ élémentaire,* primer; *~ scolaire,* textbook.

manufacture [manyfaktyr] *f* factory, plant.

manuscrit, e [manyskri, it] *adj* handwritten ● *m* (manu)script.

maquereau [makro] *m* ZOOL. mackerel || POP. pimp.

maquette [makɛt] *f* scale model, dummy.

maquill|age [makijaʒ] *m* make-up; *boîte à* ~, vanity-case || **~é, e** *adj* made-up || **~er** *vt* (1) make up — *vpr* **se ~,** make up, do one's face.

maqui|s [maki] *m* bush; *prendre le* ~, take to the bush || [guerre 39-45] maquis, underground movement; *prendre le* ~, go underground || **~sard** [-zar] *m* underground fighter, partisan.

maraîch|er, ère [marɛʃe, ɛr] *adj culture ~ère,* market-gardening ● *m* market-gardener.

marais [marɛ] *m* marsh, swamp; ~ *salant,* salt pan/marsh.

marasme [marasm] *m* COMM. stagnation.

maraud|e [marod] *f* stealing (vol) || [taxi] *en* ~, cruising, prowling || **~er** *vi* (1) pilfer, thieve || [taxi] cruise, prowl || **~eur, euse** *n* prowler; marauder (pillard).

marbr|e [marbr] *m* marble || **~er** *vt* (1) marble, mottle.

marc [mar] *m* ~ *de café,* grounds.

marchand, e [marʃɑ̃, ɑ̃d] *adj* NAUT. *navire* ~, merchant ship ● *n* dealer, shopkeeper, salesman, -woman; ~ *ambulant,* hawker; ~ *de couleurs,* ironmonger; ~ *de journaux,* newsagent; newsboy; ~ *de légumes,* green-grocer; ~ *de poisson,* fishmonger; ~*e des quatre-saisons,* costermonger; ~ *de tableaux,* art dealer || **~age** [-daʒ] *m* bargaining || **~er** [-de] *vt* (1) haggle over, bargain for || **~ise** [-diz] *f* merchandise, goods, wares; *une* ~, a commodity; *train de ~s,* goods/U.S. freight train.

marche I [marʃ] *f* step, stair.

marche II *f* walk, walking || MIL. march; *fermer la* ~, bring up the rear || TECHN. running; *en* ~, in operation; *en ordre de* ~, in working order; ***mettre en* ~,** set in motion, set going, start || AUT. ~ *arrière,* reverse (gear); *faire* ~ *arrière,* reverse one's car, back; *sortir en* ~ *arrière,* back out (voiture) || RAIL. running (des trains) || MUS. ~ *funèbre/nuptiale,* dead/wedding march || FIG. progress, march; lapse (du temps).

marché [marʃe] *m* market; *aller faire son* ~, go to (the) market; *place du* ~, market-place; ~ *aux fleurs,* flower-market; ~ *noir,* black market; ~ *aux puces,* flea market; *jour de* ~, market-day || marketing (transactions); *faire son* ~, do the shopping || COMM. transaction, bargain; *conclure un* ~, make/strike a bargain (*avec,* with) || ~ *conclu!,* it's a deal! || ***(à) bon* ~,** cheap, inexpensive, (*adv*) cheaply; ***par-dessus le* ~,** into the bargain, thrown in || JUR. ***Marché commun,*** Common Market || FIG. *faire bon* ~ *de sa vie,* hold one's life cheap.

marchepied [marʃəpje] *m* step.

march|er [marʃe] *vi* (1) walk; ~ *à grandes enjambées,* stride; ~ *lourdement,* plod, tramp; ~ *majestueusement,* stalk; ~ *d'un pas rythmé,* swing; ~ *en traînant les pieds,* shamble; ~ *avec précaution,* pick one's way || step; tread (piétiner) || *défense de* ~ *sur la pelouse,* keep off the grass || TECHN. [machine] work, run, operate; ***faire* ~,** operate, run drive || RAIL. [train] run || AUT. *il y a qqch. qui ne marche pas dans la voiture,* there's sth. wrong with the car || FIG. ~ *de pair avec,* keep pace with || FAM. ***faire* ~ *qqn,*** take a rise out of sb., pull sb.'s leg, have sb. on, take sb. for a ride (fam.) || **~eur, euse** *n* walker.

mardi [mardi] *m* Tuesday || ~ ***gras,*** Shrove Tuesday.

mare [mar] *f* pond (étang); pool (flaque).

marécag|e [marekaʒ] *m* swamp, bog, marsh, fen || **~eux, euse** *adj* swampy, marshy.

maréchal, aux [mareʃal] *m* *~(-ferrant),* farrier || MIL. marshal; *~ des logis,* sergeant.

mar|ée [mare] *f* tide; *~ montante,* flood/rising tide; *~ descendante,* ebbtide; *à ~ haute/basse,* at high/low tide; *grande ~,* spring tide || *~* ***noire,*** oil slick || [pêche] fresh fish || **~émotrice** [-emɔtris] *adj f usine ~,* tidal power-station.

marelle [marɛl] *f* hopscotch.

mareyeur, euse [marɛjœr, øz] *n* wholesale fish merchant.

margarine [margarin] *f* margarine, marge.

marg|e [marʒ] *f* margin (d'une page) || FIG. fringe || **~inal, e, aux** [-inal, o] *adj* marginal ● *n* drop-out (hippie).

marguerite [margərit] *f* BOT. daisy.

mar|i [mari] *m* husband || **~iage** [-jaʒ] *m* marriage, match, union (union); *~ de raison,* marriage of convenience; ***demander en ~,*** propose to; *demande en ~,* proposal; *donner/prendre en ~,* give/take in marriage || wedding (noce) || married life (vie conjugale) || JUR. wedlock.

mar|ié, e *adj* married; *non ~,* single, unmarried ● *n (jeune) ~,* groom, bridegroom; *(jeune) ~e,* bride; *les nouveaux ~s,* the newly-weds || **~ier** *vt* (1) [maire, prêtre] marry || [parents] marry (off) || FIG. match (des couleurs) — *vpr* ***se ~,*** get married, marry; *se ~ avec,* marry.

marihuana [mariwana] *f* marijuana.

marin, e [marɛ, in] *adj* marine (plante); sea (brise); nautical (mille) || *avoir le pied ~,* be a good sailor ● *m* sailor, seaman; *se faire ~,* go to sea; *vie de ~,* seafaring life; *~ d'eau douce,* landlubber.

marinade [marinad] *f* marinade,

marine [marin] *f ~ de guerre,* navy; *~ marchande,* mercantile marine, merchant navy.

mariner [marine] *vt* (1) marinade; pickle.

marinier, ère [marinje, ɛr] *n* bargee ● *f* [vêtement] smock (de femme).

marionnette [marjɔnɛt] *f* puppet.

maritime [maritim] *adj* marine (assurance); maritime (puissance) || *gare ~,* harbour station.

marmaille [marmaj] *f* FAM. horde of kids.

marmelade [marməlad] *f* compote (de fruits); apple-sauce (de pommes).

marmite [marmit] *f* pot.

marmonner [marmɔne] *vi/vt* (1) grumble.

marmot [marmo] *m* FAM. brat, urchin || FAM. *croquer le ~,* cool one's heels.

marmotter [marmɔte] *vi/vt* (1) mutter, mumble, patter (des prières).

marne [marn] *f* AGR. marl.

Maroc [marɔk] *m* Morocco || **~ain, e** [-ɛ̃, ɛn] *n* Moroccan.

marocain, e *adj* Moroccan.

maronner [marɔne] *vi* (1) FAM. grumble.

maroqu|in [marɔkɛ̃] *m* COMM. morocco || **~inerie** [-inri] *f* fancy-leather goods/trade.

marotte [marɔt] *f* FAM. fad, hobby-horse.

marquant, e [markɑ̃, ɑ̃t] *adj* outstanding (événement); prominent (personnage).

marqu|e [mark] *f* mark, stamp (d'identification); impress (de sceau) || ~ *de pas,* footprint || COMM. brand, mark; ~ ***de fabrique,*** trade-mark; ~ *déposée,* trade name || AUT. make || MÉD. mark, trace || AGR. earmark; [élevage] blaze (sur le pelage) || SP., [cartes] *tenir la* ~, keep the score; *à vos* ~*s, prêts, partez!,* on your marks, get set, go! || FIG. ~ *d'affection,* token of affection || **~é, e** *adj* marked || bold (traits) || decided (différence) || marked, labelled (prix) || **~er** *vt* (1) mark (personne, objet) || blaze (un arbre) || AGR. earmark (le bétail); brand (au fer rouge) || SP. score (des points); ~ ***un but,*** score a goal, drop a goal (au rugby); mark (un adversaire) || FIG. impress, imprint; mark, earmark — *vi* leave a mark || [instruments de mesure] read, register.

marqueterie [markətri] *f* inlay, marquetry.

marqueur [markœr] *m* felt tip pen.

marquis, e [marki, iz] *n* marquis *(m)*; marchioness *(f)*.

marquise *f* awning; glass-porch.

marraine [marɛn] *f* godmother.

marrant, e [marɑ̃, ɑ̃t] *adj* POP. (screamingly) funny; killing (fam.).

marre [mar] *adv* POP. *en avoir* ~, be fed up (*de,* with).

marrer (se) [səmare] *vpr* (1) POP. split one's side (with laughter).

marron [marɔ̃] *adj inv* chestnut; ~ *roux,* maroon ● *m* BOT. chestnut; ~ *d'Inde,* horse-chestnut || POP. blow.

mars [mars] *m* March.

Mars [mars] *m* ASTR. Mars.

marsouin [marswɛ̃] *m* porpoise.

mart|eau [marto] *m* hammer; knocker (de porte); *enfoncer à coups de* ~, hammer (*dans,* into) || **~elage** [-əlaʒ] *m,* **~èlement** [-ɛlmɑ̃] *m* hammering || **~eler** [-əle] *vt* (8 *b*) hammer.

martial, e, aux [marsjal, o] *adj* martial, warlike; *cour* ~*e,* court-martial; *loi* ~*e,* martial law.

martinet [martinɛ] *m* ZOOL. swift, martin.

Martiniquais, e [martinikɛ, ɛz] *n* native of Martinique.

martiniquais, e *adj* of/from Martinique.

martin-pêcheur [martɛ̃pɛʃœr] *m* kingfisher.

martre [martr] *f* marten.

martyr, e [martir] *adj/n* martyr || **~e** *m* martyrdom || **~iser** [-ize] *vt* (1) FIG. torment.

marx|isme [marksism] *m* Marxism || **~iste** *adj/n* Marxist.

mascarade [maskarad] *f* masquerade.

mascaret [maskarɛ] *m* bore.

mascotte [maskɔt] *f* mascot.

masculin, e [maskylɛ̃, in] *adj* masculine (genre); male (sexe) ● *m* GRAMM. masculine.

masoch|isme [mazɔʃism] *m* masochism || **~iste** *n* masochist.

masqu|e [mask] *m* mask; ~ *à gaz,* gas-mask || ~ ***de plongée,*** diving mask || FIG. screen, mask || **~er** *vt* (1) mask (mettre un masque à) || hide, blot out, screen (cacher) || FIG. cloak, mask, conceal.

massacr|e [masakr] *m* massacre, slaughter || **~er** *vt* (1) slaughter, massacre, butcher || FIG. murder (une langue, de la musique).

massage [masaʒ] *m* massage.

mass|e [mas] *f* bulk, mass (tas); body (d'eau) || crowd (de gens) || multitude; *la* ~, the general public; *les* ~*s populaires,* the masses || ÉLECTR. earth, U.S. ground; *mettre à la* ~, earth ● *loc adv* ***en*** ~, in bulk, in a body || **~er** I *vt/vpr* (1) **[*se* ~]** mass.

mass|er II *vt* (1) MÉD. massage; ***se faire*** ~, have a massage ||

~eur, euse *n* masseur, masseuse.

mass|if, ive [masif, iv] *adj* massive, bulky || solid (or); heavy, ponderous (lourd) ● *m* clump (d'arbres) || GÉOGR. massif || **~ivement** *adv* massively; solidly.

mass media [masmedja] *mpl* mass media.

massue [masy] *f* club.

masti|c [mastik] *m* putty || **~quer** I [-ke] *vt* (1) putty.

mastiquer II *vt* (1) masticate, chew.

mastodonte [mastɔdɔ̃t] *m* AUT. juggernaut (camion).

m'as-tu-vu [matyvy] *m inv* show-off; swank (fam.).

masure [mazyr] *f* hovel, shanty.

mat [mat] *m (échec et) ~,* (check)mate; *faire échec et ~,* checkmate.

mat, e *adj* flat, dull (couleur, bruit); *bruit ~,* thud.

mât [mɑ] *m* NAUT. mast; *grand ~,* main mast; *~ de charge,* derrick || SP. *~ de tente,* (tent-)pole.

match [matʃ] *m* SP. match, game; *~* ***nul,*** tie, drawn game, draw; *faire ~ nul,* draw (*avec,* with); *~* ***aller,*** first leg; *~* ***retour,*** return match; *~ de boxe,* boxing match.

matel|as [matla] *m* mattress; *~* ***pneumatique,*** air-bed || **~asser** [-ase] *vt* (1) pad, cushion.

matelot [matlo] *m* sailor, seaman.

mater [mate] *vt* (1) keep under, break in.

matérial|iser [materjalize] *vt/vpr* (1) [***se*** ~] materialize || **~isme** *m* materialism || **~iste** *adj/n* materialist.

matéri|au [materjo] *m* material || *Pl* materials; stuff || **~el, elle** [-jɛl] *adj* material, physical || FIG. wordly ● *m* gear; *~ de camping,* camping gear || [informatique] hardware || TECHN. equipment, outfit || MIL. equipment || RAIL. *~ roulant,* rolling stock || **~ellement** *adv* materially || practically || financially.

matern|el, elle [matɛrnɛl] *adj* maternal, motherly; ***école ~elle,*** infant/nursery school; ***langue ~elle,*** native/mother tongue || JUR. *du côté ~,* on the distaff side || **~ité** *f* motherhood, maternity || pregnancy, childbearing (grossesse) || MÉD. maternity hospital.

mathémat|icien, ienne [matematisjɛ̃, jɛn] *n* mathematician. || **~ique** *adj* mathematical || **~iques** *fpl* mathematics.

maths [mat] *fpl* FAM. maths.

matière [matjɛr] *f* matter, substance, material, stuff; *~s grasses,* fat; *~ plastique,* plastic; *~ première,* raw material(s) || FIG. matter, subject; *table des ~s,* table of contents; [enseignement] *~ principale,* major; *~ secondaire,* minor.

mâtin [mɑtɛ̃] *m* ZOOL. mastiff.

mat|in [matɛ̃] *m* morning; *ce ~,* this morning; *le ~,* in the morning; ***de bon ~,*** in the early morning, early in the morning; ***demain ~,*** tomorrow morning; *du ~ au soir,* from morning till night || **~inal, e, aux** [-inal, o] *adj* morning (activité) || *personne ~e,* early riser || **~inée** [-ine] *f* morning, forenoon; *faire la grasse ~,* sleep late, lie in, have a lie-in.

matois, e [matwa, az] *adj* sly, cunning, crafty.

matou [matu] *m* tomcat.

matraquage [matrakaʒ] *m* beating || [publicité] plugging; hard-sell.

matraqu|e *f* club (massue) || [malfaiteur] cosh; [police] truncheon || **~er** *vt* (1) club || [malfaiteur] cosh || [police] beat up || [publicité] plug (it).

matriarcat [matriarka] *m* matriarchy.

matrice [matris] *f* MÉD. womb || TECHN. mould, matrix, die.

matricule [matrikyl] *f* register ● *m* MIL. number.

mâture [mɑtyr] *f* masts.

maturité [matyrite] *f* maturity, ripeness; *atteindre la* ~, grow up; *manquer de* ~, be immature.

maud|ire [modir] *vt* (62) curse, damn || **~it, e** [-i, it] *adj* cursed.

maugréer [mogree] *vi/vt* (1) grumble (*après,* about); mutter (*contre,* at).

maur|e, ~esque [mor, ɛsk] *adj* Moorish || ARCH. Moresque.

Mauric|e [moris] GÉOGR. Mauritius (île) || **~ien, ienne** *n/adj* Mauritian.

mausolée [mozole] *m* mausoleum, shrine.

maussade [mosad] *adj* sullen, surly, glum, disgruntled, moody; dull (temps).

mauvais, e [movɛ, ɛz] *adj* bad, ill, evil; *plus* ~, worse || *~e volonté,* ill will || wrong (erroné); *~ côté,* wrong side (route) || foul (temps); nasty (tour, temps) || poor (excuse); wretched (piètre) || rough-going (route); rough (mer) || broken (anglais, français, etc.) || MÉD. *~ pour la santé,* bad for the health ● *adv sentir* ~, smell (bad), stink; *il fait* ~, the weather is bad.

mauve [mov] *m* mauve.

maxillaire [maksilɛr] *m* jawbone.

maximal, e, aux [maksimal, o] *adj* V. MAXIMUM.

maxime [maksim] *f* maxim.

maxim|um, a [maksimɔm, -a], **~al, e, aux** *adj* maximum ● *m au (grand)* **~um,** at (the very) most; *faire le ~um,* do one's utmost.

mayonnaise [majɔnɛz] *f* mayonnaise.

mazout [mazut] *m* fuel-oil; *chauffé au* ~, oil-fired.

me [mə] *pron pers* (to) me ● *pron réfl* myself.

mea-culpa [meakylpa] *m inv faire son* ~, beat one's breast.

méandre [meɑ̃dr] *m* meander, winding; *faire des ~s,* wind.

mec [mɛk] *m* POP. bloke, U.S. guy.

mécan|icien, ienne [mekanisjɛ̃, jɛn] *n* mechanic; *~-dentiste,* dental mechanic || RAIL. engine-driver, U.S. engineer || **~ique** *adj* mechanical || clockwork (jouet) ● *f* mechanics || **~iquement** *adv* mechanically || **~iser** *vt* (1) mechanize || **~isme** *m* mechanism, works, device; gear, movement || **~o** *m* FAM. mechanic.

méch|amment [meʃamɑ̃] *adv* wickedly, spitefully || **~anceté** [-ɑ̃ste] *f* wickedness || spite; *sans* ~, harmless; *par* ~, out of spite || malice (cruauté) || **~ant, e** *adj* wicked, bad, ill-natured, evil (personne); nasty (personne, chien); malignant, malicious (regard); spiteful (remarque) || vicious (cheval) || paltry, mean (médiocre).

mèche I [mɛʃ] *f* wick (de lampe); lash (de fouet); fuse (d'explosif) || FIG. *vendre la* ~, let the cat out of the bag.

mèche II *f* lock (de cheveux).

mèche III *f* TECHN. drill, bit (vrille).

mèche IV *f* FAM. *être de ~ avec qqn,* be hand in glove with sb.

mécompte [mekɔ̃t] *m* disappointment.

mé|connaissable [mekɔnɛsabl] *adj* unrecognizable || **~connaître** *vt* (74) misunderstand (des faits); underrate (qqn); ignore (volontairement) || **~content, e** *adj* displeased, dissatisfied (*de,* with) || **~contentement** *m* discontent, dissatisfaction, displeasure || **~contenter** *vt* (1) displease, dissatisfy, discontent.

Mecque (La) [lamɛk] *f* GÉOGR. Mecca.

mécréant, e [mekreɑ̃, ɑ̃t] *adj* unbelieving ● *n* misbeliever.

médaille [medaj] *f* medal.

médec|in [medsɛ̃] *m* doctor, physician; *femme ~,* lady doctor; *~ de médecine générale,* general practitioner, G.P.; *~ conventionné,* Health Service Doctor, panel doctor; *~ légiste,* forensic doctor; *~ militaire,* medical officer || **~ine** [-in] *f* medicine; *étudiant en ~,* medical student.

media [medja] *mpl* (mass-)media.

médi|an, e [medjɑ̃, an] *adj* median || **~ateur, trice** *n* mediator ● *m* POL. ombudsman || **~ation** *f* mediation; *obtenir par ~,* mediate.

médic|al, e, aux [medikal, o] *adj* medical || **~ament** [-amɑ̃] *m* medicine.

médiéval, e, aux [medjeval, o] *adj* medieval.

médiocr|e [medjɔkr] *adj* mediocre, mean, poor || **~ement** *adv* poorly || **~ité** *f* mediocrity, meanness.

méd|ire [medir] *vt ind* (63) speak ill (*de,* of) || **~isance** [-izɑ̃s] *f* scandal, slander.

médit|atif, ive [meditatif, iv] *adj* meditating; in a brown study || **~ation** *f* meditation || **~er** *vi* (1) meditate (*sur,* on); brood, think, cogitate (*sur,* over); contemplate, muse (*sur,* on) — *vt* meditate, contemplate.

Méditerrané|e [mediterane] *f* Mediterranean || **~en, enne** [-ɛ̃, ɛn] *adj* Mediterranean.

médi|um [medjɔm] *m* [spiritisme] medium || **~umnique** [-nik] *adj* psychic || **~us** [-ys] *m* middle finger.

médus|e [medyz] *f* jelly fish || **~er** [-ze] *vt* (1) stupefy.

meeting [mitiɲ] *m* meeting; *~ monstre,* mass meeting.

méfait [mefɛ] *m* misdeed, wrongdoing.

méfi|ance [mefjɑ̃s] *f* distrust, mistrust; *regarder avec ~,* look askance at || **~ant, e** *adj* distrustful, mistrustful, circumspect || **~er (se)** *vpr* (1) *se ~ de,* distrust, mistrust; beware of.

mégaloman|e [megalɔman] *n* megalomaniac || **~ie** *f* megalomania.

mégaphone [megafɔn] *m* loudhailer, megaphone.

mégarde (par) [parmegard] *loc adv* inadvertently, through an oversight.

mégère [meʒɛr] *f* shrew.

mégot [mego] *m* stub, butt, stump (de cigarette).

meilleur, e [mejœr] *adj* better (*que,* than); *le ~,* the best; *ce qu'il y a de ~,* the very best.

mélancol|ie [melɑ̃kɔli] *f* melancholy, gloom, spleen || **~ique** *adj* melancholy, melancholic, gloomy.

mélang|e [melɑ̃ʒ] *m* mixing, blending (action); mixture, blend, medley (résultat) || shuffle (des cartes) || FIG. *sans ~,* unalloyed || **~er** *vt* (7) mix, blend (*à,* with) — *vpr* ***se ~,*** mix, mingle (*à,* with) || **~eur** *m* mixer.

mélasse [melas] *f* treacle, U.S. molasses.

mêl|é, e [mɛle] *adj* mixed (société); promiscuous (foule) || involved (*à,* in) ● *f* scuffle, fray || [rugby] scrum, pack, scrummage || **~er** *vt* (1) mix, mingle, blend (together); mix (*à,* with) || shuffle (les cartes) || involve (*à,* in); *être mêlé a,* be mixed up in; *être mêlé à l'affaire,* have a finger in the pie — *vpr* ***se ~,*** mix (se mélanger); mingle (*à,* with) || interfere, meddle (*de,* with); *se ~ à la conversation,* join in the conversation; *mêlez-vous de vos affaires,* mind your own business; *ne vous en mêlez pas,* let it alone || dabble in (politique).

mélèze [melɛz] *m* larch.

méli-mélo [melimelo] *m* FAM. hotchpotch jumble || FIG. muddle.

mélo|die [melɔdi] *f* melody || **~dieux, ieuse** [-djø, jøz] *adj* melodious, sweet || **~dramatique** *adj* melodramatic || **~drame** *m* melodrama || **~mane** [-man] *n* music-lover.

melon I [məlɔ̃] *m* BOT. melon.

melon II *m* bowler (chapeau).

mélopée [melɔpe] *f* chant.

membrane [mɑ̃bran] *f* membrane.

membre [mɑ̃br] *m* MÉD. limb || FIG. [société] member, fellow; *~ à part entière,* full member.

même [mɛm] *adj* [avant le nom] same; *en ~ temps,* at the same time; *du ~ âge que,* the same age as || [après le nom] very; *aujourd'hui ~,* this very day; *à cet instant ~,* at this very moment; *il est la bonté ~,* he is kindness itself || [après un pronom] self (*Pl* selves); *lui-~* (+verbe), he himself (+verbe); *elles/eux-~s,* themselves ● *pron indéf le/la ~, les ~s,* the same; *le ~ que,* the same as/that; *cela revient au ~,* that amounts to the same thing ● *adv* even; *~ pas, pas ~,* not even; *~ si,* even if/though || *ici ~,* right here ● *loc adv* ***à ~ :*** *à ~ la bouteille,* straight from the bottle; ***de ~ :*** *faire de ~,* do likewise/the same, follow suit; ***quand ~,*** yet, even so; *il le fera quand ~,* he'll do it all the same; ***tout de ~,*** all the same, for all that; *je le crois tout de ~,* I believe him though ● *loc conj* ***de ~ que,*** as well as ● *loc prép* ***à ~ de,*** able to; *être à ~ de,* be in a position to.

mémé [meme] *f* FAM. granny, grandma.

mémento [memɛ̃to] *m* reminder, memento.

mém|oire [memwar] *f* memory (faculté); *avoir une bonne ~,* have a retentive memory; *faire qqch. de ~,* do sth. from memory; *en ~ de,* in remembrance/memory of; *pour ~,* for the record; *garder en ~,* keep/bear in mind; *manque de ~,* forgetfulness ● *m* memoir, report, paper || *Pl Mémoires,* memoirs (autobiographie) || **~orable** [-ɔrabl] *adj* memorable || **~orandum** [-ɔrɑ̃dɔm] *m* memorandum.

men|açant, e [mənasɑ̃, ɑ̃t] *adj* threatening, impending, sinister || **~ace** [-as] *f* threat, menace || **~acer** [-ase] *vt* (6) threaten, menace || [nuages] lour || [orage] brood.

ménag|e [menaʒ] *m* housekeeping (soins); housework (travaux); ***femme de ~,*** charwoman; *faire des ~s,* go out charring; *faire le ~,* do the housework; *s'occuper du ~ de qqn,* do for sb. (fam.) || married couple; *se mettre en ~,* set up house || household (famille); ***faire bon ~,*** get/rub along || **~er** I, **ère** *adj* domestic; *travaux ~s,* housework ● *f* housewife.

ménag|er II *vt* (7) spare, use sparingly; husband; *~ ses forces,* husband one's strength || treat gently, humour (ne pas froisser) || arrange, organize (préparer) — *vpr* ***se ~,*** spare oneself || **~er** III, **ère** *adj* LITT. sparing, thrifty (*de,* of) [économe].

ménagerie [menaʒri] *f* menagerie.

mend|iant, e [mɑ̃djɑ̃, ɑ̃t] *adj* begging ● *m* beggar(-man) ● *f* beggar-woman || **~icité** [-isite] *f* beggary (état); begging (action); *réduire à la ~,* beggar, reduce to beggary || **~ier** *vi* (1) beg — *vt* beg (for).

men|er [məne] *vt* (1) lead || take (qqn) [*à,* to] || [route] lead || rule; boss (fam.) [diriger] || JUR. prosecute (une enquête) || MIL. spearhead (l'offensive) || FIG. lead (vie); *~ joyeuse vie,* racket around || carry (entraîner); *~ à bien,* work out, achieve, carry through/out; ~ *jusqu'au bout,* see through, go through with — *vi* lead || SP. lead || **~eur, euse** *n* (ring-)leader || RAD., T.V. ~ *de débats,* anchorman; ~ *de jeu,* compère.

méningite [menɛ̃ʒit] *f* meningitis.

menotte [mənɔt] *f* little hand || *Pl* [police] handcuffs, manacles; *passer les ~s à,* handcuff.

mensong|e [mɑ̃sɔ̃ʒ] *m* lie, falsehood; *petit ~,* fib; *faire un ~,* tell a lie || **~er, ère** *adj* untrue (faux); deceitful (trompeur).

mensu|alité [mɑ̃sɥalite] *f par ~s,* by monthly instalment || **~el, elle** *adj* monthly.

mensurations [mɑ̃syrasjɔ̃] *fpl* measurements.

mental, e, aux [mɑ̃tal, o] *adj* mental; *calcul ~,* mental arithmetic || **~ité** *f* mentality.

menteur, euse [mɑ̃tœr, øz] *adj* lying, deceptive ● *n* liar, fibber.

menthe [mɑ̃t] *f* mint; ~ *poivrée,* peppermint; ~ *verte,* spearmint.

menti|on [mɑ̃sjɔ̃] *f* mention, reference; *faire ~ de,* mention || [examen] honours || **~onner** [-ɔne] *vt* (1) mention.

mentir [mɑ̃tir] *vi* (93) lie, tell lies; fib (petit mensonge).

menton [mɑ̃tɔ̃] *m* chin.

menu I, **e** [məny] *adj* small, tiny (petit) || tenuous (mince) || *~e monnaie,* small change || minute (détail); *~s frais,* petty expenses ● *adv* fine, small; *hacher ~,* mince.

menu II *m* menu, bill of fare.

menuet [mənɥɛ] *m* MUS. minuet.

menuis|erie [mənɥizri] *f* joiner's shop (atelier); joiner's work, woodwork, carpentry (travail) || **~ier** *m* joiner, U.S. carpenter.

méprendre (se) [səmeprɑ̃dr] *vpr* (80) *se ~ sur,* make a mistake on; be mistaken about; misunderstand (qqn).

mépri|s [mepri] *m* contempt, scorn ● *loc prép au ~ de,* in contempt of, in defiance of || **~sable** [-zabl] *adj* contemptible, despicable || **~sant, e** [-zɑ̃, ɑ̃t] *adj* contemptuous, scornful.

méprise [mepriz] *f* mistake, confusion, error.

mépriser [meprize] *vt* (1) despise, scorn, spurn; scoff at (danger).

mer [mɛr] *f* sea; ***bord de la ~,*** seaside; *au bord de la ~,* on the sea; ***en ~,*** (out) at sea; *en pleine ~,* in the open sea; *par ~,* by sea; *grosse ~,* heavy sea; ~ *d'huile,* smooth sea || [marée] *la ~ monte,* the tide is coming in/up; *la ~ descend,* the tide is going out/down; *la ~ est basse,* the tide is out || NAUT. *de haute ~,* sea-going (navire); ***prendre la ~,*** put to sea; *un homme à la ~!,* man overboard!

mercanti [mɛrkɑ̃ti] *m* profiteer.

mercenaire [mɛrsənɛr] *adj/m* mercenary.

mercerie [mɛrsəri] *f* [commerce] haberdashery, U.S. notions || haberdasher's shop (magasin).

merci [mɛrsi] *interj* [oui] thank you; thanks (fam.) || *non, ~,* no, thank you/thanks (fam.) ● *m* thanks ● *f* mercy, grace (clémence); *sans ~,* merciless, cutthroat (lutte).

mercier, ière [mɛrsje, jɛr] *n* haberdasher.

mercredi [mɛrkrədi] *m* Wednesday || REL. ~ *des cendres,* Ash Wednesday.

mercure [mɛrkyr] *m* mercury, quicksilver.

mère [mɛr] *f* mother || [auberge de la jeunesse] ~ ***aubergiste,*** warden.

merd|e [mɛrd] *f* POP. [excrément] shit (trivial) ● *exclam* **~!,** shit!, (bloody) hell! (sl.) || **~eux, euse** *adj* shitty (trivial).

méridi|en [meridjɛ̃] *m* meridian || **~onal, e, aux** [-ɔnal, o] *adj* southern.

Méridional, e, aux *n* Southerner (en France).

mérit|ant, e [meritɑ̃, ɑ̃t] *adj* deserving (personne); meritorious || **~e** *m* merit, desert, credit || **~er** *vt* (1) deserve, merit; be worthy of || [chose] require (demander); win, earn (valoir) || **~oire** *adj* deserving, meritorious (action).

merlan [mɛrlɑ̃] *m* whiting.

merle [mɛrl] *m* blackbird.

merveill|e [mɛrvɛj] *f* wonder, marvel; *faire ~,* work wonders ● *loc adv* ***à ~,*** wonderfully; *se porter à ~,* be in the pink of health || **~eux, euse** *adj* wonderful, marvellous || **~eusement** *adv* wonderfully.

mes V. MON.

mésaventure [mezavɑ̃tyr] *f* mishap, misadventure, mischance, misfortune.

mesdames V. MADAME.

mesdemoiselles V. MADEMOISELLE.

mésentente [mezɑ̃tɑ̃t] *f* misunderstanding, disagreement; division.

mésestimer [mezɛstime] *vt* (1) underrate.

mésintelligence [mezɛ̃tɛliʒɑ̃s] *f* misunderstanding, disagreement.

mesqu|in, e [mɛskɛ̃, in] *adj* mean; petty, small (esprit); paltry, shabby (procédé); stingy, niggardly (sordide) || **~inerie** [-inri] *f* meanness; pettiness; niggardliness; *avec ~,* niggardly || shabby action.

mess [mɛs] *m* MIL. mess; *manger au ~,* mess.

messag|e [mɛsaʒ] *m* message || **~er, ère** [-e, ɛr] *n* messenger || **~eries** *fpl* express transport service || NAUT. *~ maritime,* shipping service.

messe [mɛs] *f* mass; *grand-~, ~ basse,* high/low mass; *assister à/dire la ~,* attend/say mass.

messieurs V. MONSIEUR.

mesur|able [məzyrabl] *adj* measurable || **~age** *m* measuring.

mesur|e I *f* [système] measure || [action] measurement || [récipient] measure || [vêtement] measure; ***fait sur ~,*** made to measure, bespoke, custom-made; *prendre les ~s de qqn,* take sb.'s measurements || MUS. time; ***battre la ~,*** beat time; *en ~,* in time; [groupe de notes] bar || **~er** I *vt* (1) measure || gauge (jauger) || step out (arpenter) || [distribuer avec parcimonie] ration — *vi* [avoir pour mesure] measure; *~ 4 mètres sur 6,* measure 4 meters by 6; ***combien mesurez-vous?,*** how tall are you?; *je mesure 1 mètre 80,* I'm 1 meter 80 tall — *vpr* ***se ~,*** pit oneself (*avec,* against).

mesur|e II *f* measure, degree (limite); *à la ~ de,* proportionate to; *dans la ~ où,* in so far as; *dans la ~ de mes possibilités,* as far as I can; *dans une certaine/large ~,* in some measure, to a certain/large extent || [modération] moderation ● *loc* ***outre ~,*** beyond measure; ***au fur et à ~,*** gradually, little by little; *à ~ que, au fur et à ~ que,* (in proportion) as || **~é, e** *adj* measured (paroles, pas) || **~er** II *vt* moderate (langage).

mesure III *f* step; measure; *prendre des ~s,* take steps || provision (*contre,* against; *pour,* for); *~s préventives,* prevention || *être en ~ de,* be in a position to.

met [mɛ] V. METTRE.

métabolisme [metabɔlism] *m* metabolism.

métal [metal] *m* metal || **~lique** *adj* metallic || **~liser** *vt* (1) metallize || **~lurgie** [-lyrʒi] *f* metallurgy || **~lurgiste** *adj/m ouvrier ~,* metal-worker.

méta|morphose [metamɔrfoz] *f*

metamorphosis || ~**morphoser** [-mɔrfoze] *vt* (1) [humour] transmogrify — *vpr* ***se*** ~, change, turn (*en*, into) || [humour] transmogriphy || ~**phore** [-fɔr] *f* metaphor || ~**physique** *adj* metaphysical ● *f* metaphysics || ~**psychique** *adj* psychic.

météo [meteo] *f* FAM. weather forecast (bulletin).

météor|e [meteɔr] *m* meteor || ~**ite** *f* meteorite.

météorolog|ie [meteorɔlɔʒi] *f* meteorology || ~**ique** *adj* meteorological; *bulletin* ~, weather forecast; *navire* ~, weather-ship.

métèque [metɛk] *m* PÉJ. dago.

méthod|e [metɔd] *f* method, system || process (procédé) || efficiency (organisation); *avec* ~, methodically; *sans* ~, desultory (travail) || ~**ique** *adj* methodical, orderly || ~**iquement** *adv* methodically.

méticuleux, euse [metikylø, øz] *adj* meticulous || fussy (péj.).

métier [metje] *m* trade, occupation, business; ~ *manuel*, craft, handicraft; *quel est son* ~?, what is his (line of) business?; *homme de* ~, professional || *exercer un* ~, carry on a trade || MIL. *armée de* ~, professional army || TECHN. ~ *à tisser*, loom.

métis, isse [metis] *adj* cross-bred ● *n* half-breed (personne) || ~**ser** [-se] *vt* (1) cross.

métrage [metraʒ] *m* length (en mètres) || CIN. footage; *un court* ~, a short (film); *un long* ~, a full-length film.

mètre [mɛtr] *m* metre || ~ *ruban*, tape-measure.

métrique [metrik] *adj* metric.

métro [metro] *m/abrév* (= MÉTROPOLITAIN) underground (railway) || [Londres] tube, U.S. subway; elevated (aérien) || ~**pole** [-ɔpɔl] *f* metropolis || ~**politain, e** [-ɔpɔlitɛ̃, ɛn] *adj* metropolitan || MIL. *troupes* ~*es*, home forces ● *m* V. MÉTRO.

mets [mɛ] *m* dish (plat).

mett|able [mɛtabl] *adj* wearable || *plus* ~, not fit to be worn || ~**eur** *m* ~ ***en scène***, CIN. director, TH. producer || RAD. ~ *en onde*, producer || TECHN. ~ *en page*, compositor.

mettre [mɛtr] *vt* (64) put || place (placer); set (disposer); ~ *la table*, lay the cloth; *la nappe est-elle mise?*, is the cloth on? || stand (debout); lay (down) [couché] || put on (vêtements, chaussures); don (un vêtement); *aidez-moi à* ~ *mon manteau*, help me on with my coat || TECHN. ~ *en page(s)*, V. PAGE || NAUT. ~ *à l'eau*, lower (une embarcation); set afloat || FAM. *mettons* ..., let's say ... — *vpr* ***se*** ~, put oneself (se placer); *se* ~ *au lit*, go to bed; *se* ~ *debout*, stand up; *se* ~ *du rouge aux lèvres*, put on some lip-stick || ***se*** ~ ***à***, begin; *se* ~ *à faire*, start doing; *se* ~ *à boire*, take to drinking; ***se*** ~ ***au travail***, set/get down to work, set about one's work; *se* ~ *à l'anglais*, take up English; *se* ~ *à table*, sit down to table; fall to (commencer à manger) || ***s'y*** ~, set about it.

meubl|e [mœbl] *adj* loose (terre) || JUR. *biens* ~*s*, movables ● *m un* ~, a piece of furniture || *Pl* furniture || ~**é, e** *adj* furnished; *non* ~, unfurnished ● *m* furnished apartment(s), lodging(s); digs (fam.) || ~**er** *vt* (1) furnish || FIG. stock (la mémoire).

meugler [mœgle] *vi* (1) moo, low.

meule I [møl] *f* AGR. stack; hayrick, haystack (de foin); *mettre en* ~, stack.

meul|e II *f* millstone (de moulin); grindstone (à aiguiser) || ~**er** *vt* (1) TECHN. grind (down).

meunier, ière [mønje, jɛr] *n* miller (*m*), miller's wife (*f*).

meurtr|e [mœrtr] *m* murder ||

~**ier, ière** *adj* murderous, deadly ● *n* murderer *(m)*, murderess *(f)*.

meurtrière [mœrtrijɛr] *f* ARCH. loop-hole.

meurtr|ir [mœrtrir] *vt* (2) bruise || damage (un fruit) || ~**issure** [-isyr] *f* bruise.

meute [møt] *f* pack of hounds || PÉJ. pack (de gens).

mévente [mevɑ̃t] *f* sale at a loss.

mexicain, e [mɛksikɛ̃, ɛn] *adj* Mexican.

Mexi|cain, e *n* Mexican || ~**co** [-ko] *m* Mexico City || ~**que** [-k] *m* Mexico.

M.F. *abrév/f* (= Modulation de Fréquence) F.M.

mi [mi] *m* MUS. E.

mi- *adj inv* half, mid- || ~**août** *f* mid-August.

miaul|ement [mjolmɑ̃] *m* mew(ing) || ~**er** *vi* (1) mew.

mica [mika] *m* mica.

mi-carême *f* mid-Lent.

miche [miʃ] *f* loaf.

mi|-chemin (à) *loc adv* half-way || ~**-corps (à)** *loc adv* (up) to the waist, waist-deep || ~**-côte (à)** *loc adv* half-way up (the hill).

micro [mikro] *m* FAM. mike (fam.); ~***-espion,*** bug (sl.).

microbe [mikrɔb] *m* microbe, germ.

micro|film [mikrɔfilm] *m* microfilm || ~**-onde** *f* microwave || ~**phone** [-fɔn] *m* microphone || ~**processeur** [-prɔsɛsœr] *m* microprocessor || ~**scope** [-skɔp] *m* microscope || ~**scopique** *adj* microscopic || ~**sillon** *m* microgroove; *disque* ~, long-playing record, L.P.

midi [midi] *m* midday, twelve o'clock; noon(day) || GÉOGR. [France] *Midi,* South.

mie [mi] *f* soft part (of bread).

miel [mjɛl] *m* honey; *rayon de* ~, honeycomb || ~**leux, euse** [-ø, øz] *adj* FIG. honeyed (paroles); mealy-mouthed (personne); smooth (voix).

mien, mienne [mjɛ̃, mjɛn] *pron poss le/la/les* ~*s,* mine ● *mpl les* ~*s,* my own people.

miette [mjɛt] *f* crumb (de pain) || FIG. scrap, bit.

mieux [mjø] *adv* better, best; ***au*** ~, at best; ***le*** ~, the best; *de* ~ *en* ~, better and better; *aller* ~, get better; *se sentir* ~, feel lots better || ***aimer*** ~ ***qqch.,*** like sth. better; ***j'aimerais*** ~ ***faire,*** I had rather do, I would sooner do; ***je ferais*** ~ ***de partir,*** I had better go ● *m* ***de mon*** ~, to the best of my ability; *de son* ~, as best he could; *faire de son* ~, do one's best || MÉD. *un léger* ~, a slight improvement; *le* ~ *est l'ennemi du bien,* let well alone.

mièvre [mjɛvr] *adj* affected (style); effete (personne).

mignon, onne [miɲɔ̃, ɔn] *adj* dainty, U.S. cute ● *n* darling.

migraine [migrɛn] *f* headache.

migra|teur, trice [migratœr, tris] *adj* migratory || ~**tion** *f* migration.

mi-hauteur (à) [amiotœr] *loc adv* half-way up.

mi-jambe (à) [amiʒɑ̃b] *loc adv* up/down to the knee; down to the knees.

mijaurée [miʒore] *f* affected woman.

mijoter [miʒɔte] *vi* (1) CULIN. simmer — *vt* FIG. concoct, brew.

mil I [mil] *adj inv* [dates] thousand || V. MILLE.

mil III *m* V. MILLET.

milan [milɑ̃] *m* kite.

milice [milis] *f* militia.

milieu I, **eux** [miljø] *m* [centre] middle; *au beau* ~, right in the middle || [position moyenne] mean; *le juste ~,* the golden mean, the happy medium ● *loc prép* ***au ~ de,*** in the middle of, among(st).

milieu II *m* [circonstances physiques] atmosphere, climate, environment || [circonstances sociales] surroundings, environment, background; set; ~ ***familial,*** family circle || *l'influence du ~,* the environmental influence || [trafiquants, etc.] *le ~,* the underworld.

milit|aire [militɛr] *adj* military; army ● *m* soldier; serviceman || **~ant, e** *n* militant || **~arisme** [-arism] *m* militarism || **~er** *vi* (1) militate (*pour/contre,* for/against).

mille [mil] *adj inv* thousand; ~ *dollars,* a/one thousand dollars; *deux ~ un,* two thousand and one || *les Mille et Une Nuits,* the Arabian Nights ● *m* NAUT. ~ *(marin),* (nautical) mile.

millet [mijɛ] *m* millet.

mill|iard [miljar] *m* milliard, U.S. billion || **~iardaire** [-dɛr] *n* millionaire; *il est ~,* he is worth a million || **~ième** [-jɛm] *adj* thousandth || **~ion** *m* million || **~ionnaire** [-jɔnɛr] *n* millionaire.

mim|e [mim] *m* mime || **~er** *vt* (1) mime || **~étisme** [-etism] *m* ZOOL. mimicry.

mimosa [mimoza] *m* mimosa.

minable [minabl] *adj* FAM. shabby, pitiable; sorry, mean.

minauder [minode] *vi* (1) simper, mince, smirk.

minc|e [mɛ̃s] *adj* thin || slim, slight, slender (taille, personne) || **~eur** *f* thinness; slimness.

mine I [min] *f* look, countenance, face; *avoir bonne/mauvaise ~,* look well/poorly; *triste ~,* sad countenance; *avoir une ~ renfrognée,* scowl || ***faire ~,*** pretend/offer (*de,* to).

mine II *f* lead (de crayon).

min|e III *f* TECHN. mine; ~ *de charbon,* coal-mine; diggings (à ciel ouvert) || TECHN., MIL., NAUT. mine || **~er** *vt* (1) mine, undermine || MIL. mine, sap || FIG. sap, impair (la santé) || **~erai** [-rɛ] *m* ore || **~éral, e, aux** [-eral, o] *adj/m* mineral || **~éralogie** [-eralɔʒi] *f* mineralogy.

minet, ette [minɛ, ɛt] *n* puss, pussy.

mineur I [minœr] *m* TECHN. miner; [charbon] collier.

mineur II, **e** *adj* minor (secondaire); under age (personne) || MUS. minor ● *n* JUR. minor (personne).

mini(-) [mini] *préf* mini-; midget ● *f* FAM. minidress, miniskirt.

miniatur|e [minjatyr] *adj/f* miniature || *en ~,* in miniature || **~iser** *vt* (1) miniaturize.

minier, ière [minje, jɛr] *adj* mining (région); *bassin ~,* minefield.

minijupe [miniʒyp] *f* miniskirt.

minim|al, e, aux [minimal, o] *adj* minimal || **~e** *adj* small || **~iser** *vt* (1) minimize || FIG. play down || **~um, a** [-ɔm, a] *adj* minimum ● *m : au ~,* at least; *réduire au ~,* reduce to a minimum; ~ *vital,* minimum living wage.

minis|tère [ministɛr] *m* ministry, U.S. department; *former un ~,* form a cabinet; ~ *du Commerce,* Board of Trade; ~ *de l'Intérieur,* Home Office; ~ *de la Marine,* Admiralty; ~ *des Affaires étrangères,* Foreign Office, U.S. State Department || **~tre** [-tr] *m* minister; *Premier ~,* Prime Minister, Premier; ~ *des Finances,* Chancellor of the Exchequer; ~ *de l'Intérieur,* Home Secretary || REL. clergyman.

minium [minjɔm] *m* red lead.

minois [minwa] *m* (little) face.

minorité [minɔrite] *f* POL. minority; *mettre en* ~, defeat || JUR. minority, infancy.

minoterie [minɔtri] *f* (flour-)mill; flour industry.

minuit [minɥi] *m* midnight.

minuscule [minyskyl] *adj* minute, tiny, diminutive; midget; scanty (slip); small (lettre) ● *f* small letter.

minute I [minyt] *f* JUR. minute, record.

minut|e II *f* minute (d'un degré, d'une heure) || *d'une* ~ *à l'autre,* any minute; *à la* ~, on the spot; *réparation à la* ~, repairs while you wait || **~er** *vt* (1) time || **~erie** *f* ÉLECTR. time-switch.

minut|ie [minysi] *f* minuteness || minute detail; *avec* ~, in minute detail || **~ieux, ieuse** *adj* minute, detailed, close, searching, thorough (examen); scrupulous, fastidious (personne) || **~ieusement** *adv* minutely, narrowly, nicely.

mioche [mjɔʃ] *m* FAM. kid(dy), brat.

mi-pente (à) [amipɑ̃t] *loc adv* half-way down/up.

mira|cle [mirakl] *m* REL. miracle || FIG. wonder; *par* ~, for a wonder; *faire des* ~*s,* work wonders || **~culeusement** [-kyløzmɑ̃] *adv* miraculously || **~culeux, euse** [-kylø, øz] *adj* miraculous.

mirage [miraʒ] *m* mirage.

mir|e [mir] *f* MIL. sight (d'un fusil || [télévision] ~ *de réglage,* test card || FIG. *point* de ~, centre of attraction, cynosure || **~er** *vt* (1) ~ *un œuf,* candle an egg — *vpr* **se** ~, [personne] gaze at oneself (in a mirror).

mir|oir [mirwar] *m* mirror, looking-glass || **~oiter** [-wate] *vi* (1) shimmer, glisten, glimmer || **~oitement** [-watmɑ̃] *m* sheen, glimmer.

mis, e [mi, miz] V. METTRE ● *adj bien* ~, well dressed.

misaine [mizɛn] *f mât de* ~, foremast.

misanthrope [mizɑ̃trɔp] *adj* misanthropic ● *n* misanthrope.

mise I [miz] *f* putting, setting; ~ *en bouteille,* bottling; ~ ***en plis,*** (hair) set; ~ *en valeur,* development (d'une région) || TH. ~ ***en scène,*** staging || NAUT. ~ *à flot,* launching, floating || TECHN. ~ *en page,* make-up || SP. ~ *à mort,* kill || JUR. ~ *en accusation,* arraignment.

mise II *f* attire, dress (vêtement).

mis|e III *f* [jeu] stake || **~er** *vt* (1) stake/bet (*sur,* on) || lay (une somme) [*sur,* on] || FIG. gamble (*sur,* on) [parier].

mis|érable [mizerabl] *adj* miserable (malheureux); wretched, squalid (minable); mean (mesquin) ● *n* poor ucretch || PÉJ. rascal (coquin) || **~ère** [-ɛr] *f* destitution, extreme poverty, distress; ~ *noire,* squalor; *tomber dans la* ~, fall on hard times || **~éreux, euse** [-erø, øʒ] *adj* destitute, poverty-stricken.

miséricord|e [mizerikɔrd] *f* mercy || **~ieux, ieuse** *adj* merciful.

misogyne [mizɔʒin] *n* woman-hater.

missi|on [misjɔ̃] *f* mission, assignment; *donner* ~ *à,* commission || **~onnaire** [-ɔnɛr] *m* missionary.

missile [misil] *m* missile.

mitaine [mitɛn] *f* mitten.

mit|e [mit] *f* (clothes) moth || **~é, e** *adj* moth-eaten.

mi-temps [mitɑ̃] *f* half-time; *travailler à* ~, be on half-time.

miteux, euse [mitø, øz] *adj* FIG. seedy (personne).

mitigé, e [mitiʒe] *adj* mitigated.

mitoyen, enne [mitwajɛ̃, jɛn] *adj mur* ~, party-wall.

mitraill|e [mitraj] *f* (machinegun) fire || **~er** *vt* (1) machinegun; strafe || **~ette** *f* submachine-gun || **~euse** *f* machine- gun.

mitre [mitr] *f* REL. mitre.

mi-voix (à) [amivwa] *loc adv* in a low voice, in an undertone.

mix|age [miksaʒ] *m* CIN. mixing || **~eur** *m* CULIN. mixer || **~te** [-t] *adj* mixed || joint (commission) || mixed, U.S. coeducational (école) || **~ture** *f* mixture.

M.L.F. [ɛmɛlɛf] *abrév/m* FAM. (= MOUVEMENT DE LIBÉRATION DE LA FEMME) Women's Lib (fam.); *membre du ~,* Women's Libber (fam.).

mobile I [mɔbil] *m* motive, motivation.

mobil|e II *adj* mobile, movable, travelling || **~ier, ière** *adj* movable, personal (biens) ● *m* (set of) furniture; *~ d'époque,* period furniture || **~isation** *f* mobilization || **~iser** *vt* (1) MIL. mobilize, call up.

mocassin [mɔkasɛ̃] *m* moccasin (chaussure).

moche [mɔʃ] *adj* ugly (laid); rotten, lousy (conduite).

mode I [mɔd] *m* mode; *~ d'emploi,* directions for use || *~ de vie,* way of life || MUS. mode || GRAMM. mood.

mode II *f* [manière] way, manner || [vêtement] fashion; style; *à la ~,* fashionable, in fashion, stylish; *à l'ancienne ~,* old-fashioned.

mod|elage [mɔdlaʒ] *m* modelling || **~èle** [-ɛl] *m* model, pattern (forme); *~ déposé,* registered pattern || design (d'une robe) || ARTS sitter, model || TECHN. model, mark (type); ***~ réduit,*** small-scale model || FIG. model, paragon; *prendre ~ sur,* take one's cue from, take sb. as one's model || **~eler** [-le] *vt* (8 *b*) model; *pâte à ~,* plasticine (nom déposé) — *vpr* ***se ~,*** model oneself (*sur,* after/upon) || **~éliste** [-elist] *n* dress-designer (dans la couture).

modér|ateur, trice [mɔderatœr, tris] *adj* moderating || **~ation** *f* moderation, restraint || temperance (sobriété) || **~é, e** *adj* moderate || temperate (chaleur); sober (comportement); safe (vitesse); conservative (estimation) [fam.]; reasonable (prix) || POL. middle-of-the-road ● *n* POL. moderate || **~ément** [-emɑ̃] *adv* moderately || **~er** *vt* (1) moderate; reduce, ease down (vitesse); control (les sentiments); modify (exigences).

modern|e [mɔdɛrn] *adj* modern, up-to-date || **~iser** *vt* (1) modernize || **~ité** *f* modernity.

modest|e [mɔdɛst] *adj* modest, unassuming, retiring || **~ement** *adv* modestly; in a small way || **~ie** *f* modesty; *d'une ~ affectée,* demure.

modif|ication [mɔdifikasjɔ̃] *f* modification, alteration || **~ier** *vt* (1) modify, alter — *vpr* ***se ~,*** change, alter.

modique [mɔdik] *adj* small; *pour un prix ~,* at a low price.

modiste [mɔdist] *f* milliner, modiste.

modul|ation [mɔdylasjɔ̃] *f* modulation || RAD. ***~ de fréquence,*** frequency modulation || **~er** *vt* (1) modulate.

moel|le [mwal] *f* marrow (d'os) || BOT. pith || MÉD. *~ épinière,* spinal cord || **~eux, euse** *adj* soft (lit); mellow (vin, voix).

moellon [mwalɔ̃] *m* rubble.

mœurs [mœr(s)] *fpl* manners, morals (moralité); *de ~ légères,* promiscuous, of easy virtue || customs (coutumes).

moi [mwa] *pron* V. JE || [sujet] I; *aussi grand que ~,* as tall as I; *c'est ~,* it is I; it's me (fam.) || [complément] me; *un ami à ~,* a friend of mine; *c'est à ~,* this is mine || ***~-même,*** myself ● *m* PHIL. self.

moignon [mwaɲɔ̃] *m* MÉD. stump (de bras).

moindre [mwɛ̃dr] *adj* [comp.] less(er); minor (importance) || [sup.] *le* ~, the lesser/least; *le* ~ *mal,* the lesser of two evils; *je n'en ai pas la* ~ *idée,* I haven't the faintest/least idea.

moine [mwan] *m* REL. monk, friar.

moineau [mwano] *m* sparrow.

moins [mwɛ̃] *adv* [comparatif] less || ~ ***de,*** less/fewer than; ~ *d'argent,* less money; ~ *de livres,* fewer books; *pas* ~ *de,* no less/fewer than; ~ *de 10 francs,* less than 10 francs; *les (enfants de)* ~ *de dix ans,* children under ten years of age; *en* ~ *d'une heure,* within an hour; *en* ~ *de rien,* in no time; *à* ~ de *10 miles,* within 10 miles || [superlatif] ***le*** **~,** the least ● *loc adv* ***au*** **~,** ***du*** **~,** at least || ***de*** ~ *: 10 francs de* ~, ten francs less; *elle a six ans de* ~ *(que moi),* she is six years younger (than I); [manque] *un de* ~, one too few || ***en*** **~,** less, missing || ***moins ..., moins ...,*** the less... the less; ***de*** ~ ***en*** **~,** less and less; ***ni plus ni*** **~,** neither more nor less ● *loc prép* ***à*** ~ ***de,*** unless, barring ● *loc conj* ***à*** ~ ***que,*** unless; ***rien*** ~ ***que,*** anything but; ~ *que quiconque,* least of all ● *prép* less, minus; *6* ~ *1 égale 5,* 6 minus 1 equals 5, 1 from 6 is 5; *une heure* ~ *dix,* ten to one.

moiré, e [mware] *adj* shot (soie).

mois [mwa] *m* month.

mois|i, e [mwazi] *adj* mouldy, musty ● *m* mould; *sentir le* ~, smell musty || **~ir** *vi* (2) mould || **~issure** [-isyr] *f* mould.

moiss|on [mwasɔ̃] *f* harvest(ing); *faire la* ~, harvest; *rentrer la* ~, get in the harvest; reaping (action); crop (récolte); harvest-time (saison) || **~onner** [-ɔne] *vt* (1) AGR. harvest, reap || **~onneur, euse** *n* [personne] harvester, reaper ● *f* [machine] harvester reaping-machine, reaper; *~euse-batteuse,* combine(-harvester); *~-lieuse,* binder.

moit|e [mwat] *adj* moist, damp; clammy, sweaty (main) || **~eur** *f* moistness.

moitié [mwatje] *f* half ● *loc adv* ***à*** **~,** half; *à* ~ *vide,* half empty; *à* ~ *prix,* at half-price || ***de*** **~,** by half || FAM. *moitié-moitié,* half and half; *partager moitié-moitié,* go fifty-fifty.

mol [mɔl] V. MOU.

molaire [mɔlɛr] *f* molar.

môle [mol] *m* mole (jetée).

molécule [mɔlekyl] *f* molecule.

molester [mɔlɛste] *vt* (1) molest, mob.

moll|asse [mɔlas] *adj* floppy, flabby || **~e** V. MOU || **~esse** *f* flabbiness (des chairs); softness (d'un tapis) || **~et I, ette** [-ɛ, ɛt] *adj* CULIN. soft-boiled.

mollet II *m* ANAT. calf.

molleton [mɔltɔ̃] *m* duffel, soft flannel, swan's-down.

mollir [mɔlir] *vi* (2) soften || [vent] go down || [forces] flag.

mollusque [mɔlysk] *m* mollusc.

momen|t [mɔmɑ̃] *m* moment, time; *c'est le* ~ *de,* it is time to...; *dans un* ~ *de faiblesse,* in a weak moment; ***à mes*** **~*s perdus,*** in my idle moments, at odd moments, in my spare time ● *loc* ***en ce*** **~,** at the moment; ***pour le*** **~,** for the time being/moment; ***d'un*** ~ ***à l'autre,*** (at) any moment; ***par*** **~*s,*** now and then, every so often; *le* ~ *venu,* when the time came/comes || ***au*** ~ ***où,*** as, when; ***du*** ~ ***que,*** since || **~tané, e** [-tane] *adj* momentary || **~tanément** [-tanemɑ̃] *adv* momentarily, for a short while || for the moment (en ce moment).

momie [mɔmi] *f* mummy.

mon [mɔ̃], **ma** [ma], **mes** [me] *adj poss m/f/pl* my.

monacal, e, aux [mɔnakal, o] *adj* monastic.

Monaco [mɔnako] *m* Monaco.

monar|chie [mɔnarʃi] *f* monarchy ‖ ~**que** [-k] *m* monarch.

monas|tère [mɔnastɛr] *m* monastery ‖ ~**tique** [-tik] *adj* monastic.

monaural, e, aux [mɔnoral, o] *adj* monaural.

monceau [mɔ̃so] *m* heap, pile; tip.

mond|ain, e [mɔ̃dɛ̃, ɛn] *adj* social, (réunion) ● *m* man-about-town, U.S., FAM. socialite ● *f* woman of fashion ‖ ~**anités** [-anite] *fpl* social events/life ‖ polite small talk.

mond|e [mɔ̃d] *m* [terre, univers] world; *le Nouveau Monde,* the New World; *dans le ~ entier,* all over the world ‖ life (vie); ***mettre au ~,*** give birth to ‖ people (gens); *beaucoup de ~,* a lot of people; ***tout le ~,*** everybody, everyone ‖ *avoir du ~,* have company ‖ [milieu social] world, set; *le ~ du sport,* the sporting world ‖ ***le (grand) ~,*** (high) society; *femme/homme du ~,* society man/woman ‖ FIG. *dans l'autre ~,* in the next world ‖ [intensif] ***au/du ~,*** in the world, on earth; *je ne le ferais pour rien au ~,* I wouldn't do it for the world ‖ ~**ial, e, aux** [-jal, o] *adj* world; *record ~,* world record.

monégasque [mɔnegask] *adj/n* Monegasque, Monacan.

moniteur, trice [mɔnitœr, tris] *n* supervisor ‖ SP. coach.

monnaie [mɔnɛ] *f* money, currency; *fausse ~,* counterfeit money; *~ forte,* hard currency; *battre ~,* mint money; *pièce de ~,* coin ‖ change; *petite ~,* small change; *menue ~,* petty cash; *la ~ de cent francs,* change for one hundred francs; *rendre la ~ sur cent francs,* give the change from one hundred francs; ***faire de la ~,*** get (some) change.

monocle [mɔnɔkl] *m* eye-glass, monocle.

mono|culture [mɔnɔkyltyr] *f* monoculture ‖ ~**gamie** [-gami] *f* monogamy ‖ ~**gramme** *m* monogram ‖ ~**kini** [-kini] *m* topless swimsuit ‖ ~**logue** [-lɔg] *m* monologue.

monôme [monom] *m* student's parade.

monopol|e [mɔnɔpɔl] *m* monopoly ‖ *~ syndical de l'embauche,* closed shop (policy) ‖ ~**iser** *vt* (1) monopolize.

monoton|e [mɔnɔtɔn] *adj* monotonous, drab, dull; flat (style, vie) ‖ MUS. singsong (air, voix) ‖ ~**ie** *f* monotony, dullness, sameness.

monsieur, messieurs [məsjø, me-] *m* [s'adressant à qqn: nom inconnu] *bonjour ~!,* good morning!; [nom connu] good morning Mr.! ‖ [déférent] Sir!; *Pl* gentlemen ‖ [devant un titre] my Lord (selon le rang social); *~ l'abbé!,* Father; *~ le Juge!,* Your Honour!, My Lord!; *~ le maire!,* Mr. Major ‖ [lettre] Dear Sir; *Pl* Dear Sirs, gentlemen; *cher ~,* Dear Mr. X; [envelope] *~ John Smith,* Mr. John Smith, John Smith Esq. (= Esquire).

monstr|e [mɔ̃str] *m* monster; freak (of nature) ‖ ~**ueux, euse** [-ɥø, øz] *adj* monstrous (anormal) ‖ huge (colossal) ‖ shocking, outrageous (odieux) ‖ ~**uosité** [-ɥɔzite] *f* monstrosity.

mont [mɔ̃] *m* mount (montagne) ‖ FIG. *par ~s et par vaux,* on the move.

montage [mɔ̃taʒ] *m* TECHN. fitting; assembly; *chaîne de ~,* assembly line; setting (d'un bijou) ‖ RAD. wiring ‖ CIN. montage, editing; cutting.

montagn|ard, e [mɔ̃taɲar, ard] *n* mountaineer ‖ ~**e** *f* mountain;

~s russes, switchback/U.S. roller coaster || **~eux, euse** *adj* mountainous, hilly.

montant I, **e** [mɔ̃tɑ̃, ɑ̃t] *adj* rising; uphill (chemin); *en ~,* upward(s) || high-necked (robe) || RAIL. up (train) || NAUT. rising, incoming (marée) || MUS. ascending (gamme).

montant II *m* post; upright (d'échelle) || FIN. total, amount (somme).

mont-de-piété [mɔ̃dpjete] *m* pawnshop; *mettre au ~,* pawn.

monté, e [mɔ̃te] *adj* mounted (police) || FAM. *coup ~,* put-up job.

monte|-charge [mɔ̃tʃarʒ] *m inv* hoist, lift, U.S. elevator || **~-plats** *m inv* kitchen-lift, U.S. dumbwaiter.

mont|ée [mɔ̃te] *f* rise, climb, way up || **~er** *vi* (1) go up, come up, rise, climb; ascend, get up || [terrain] slope up || mount (*sur,* on); get on/into (dans un train) || *faire ~,* take up (bagages) || [marée] rise, set in, come in || FIN. [prix] rise, soar, advance; *faire ~ les prix,* send up prices || SP. *~* ***à bicyclette/cheval,*** ride; *~ sur,* get on || AV. *~ en flèche/en chandelle,* zoom || FIG. [colère] surge — *vt* climb (up) || TECHN. assemble, put together (une machine); mount (un bijou) || SP. mount (un cheval) || TH. put on, mount, stage || CIN. edit (film) || MIL. *~ la garde,* mount guard || FIG. stage, plan; *un coup monté,* a put-up job; *~ qqn contre qqn d'autre,* play one person off against another — *vpr* ***se ~,*** [prix, somme] amount, come (*à,* to) || **~eur, euse** *n* TECHN. fitter || CIN. (film) editor.

montgolfière [mɔ̃gɔlfjɛr] *f* hot-air balloon.

monticule [mɔ̃tikyl] *m* mound, hillock.

montre I [mɔ̃tr] *f* watch; *~-bracelet,* wrist-watch; *~* ***à affichage numérique,*** digital watch; *~* ***de plongée,*** diver's watch; *quelle heure est-il à votre ~?* what time is it by your watch? || SP. *course contre la ~,* race against time.

montr|e II *f* show, display; *faire ~ de,* show || **~er** *vt* (1) show, display (faire voir) || produce, indicate, point, show (indiquer); *~ le chemin,* lead/show the way || point at (du doigt) || show, display, evince (manifester) — *vpr* ***se ~,*** show oneself, appear, show one's face; put in an appearance || prove, turn out (se révéler).

monture [mɔ̃tyr] *f* mount (cheval, support) || TECHN. mounting (ajustage); mount, frame (de lunettes); setting (d'une bague).

monumen|t [mɔnymɑ̃] *m* monument; *~ commémoratif,* memorial || **~tal, e, aux** [-tal, o] *adj* monumental.

moqu|er (se) [səmɔke] *vpr* (1) *se ~ de,* laugh at, scoff at, sneer at; mock (qqn); mock at (qqch.); make fun/sport of; *se faire ~ de soi,* get laughed at; *je m'en moque,* I don't care || **~erie** *f* mockery, ridicule, derision.

moquette [mɔkɛt] *f* fitted carpet, wall-to-wall carpet.

moqueur, euse [mɔkœr, øz] *adj* mocking, scoffing; jeering (remarque); derisive (rire).

moral, e, aux [mɔral, o] *adj* moral ● *m* [état d'esprit] morale || **~e** *f* [valeur] morality; moral standards; *faire la ~ à,* lecture || [fable] moral || PHIL. moral philosophy, ethic(s) || **~ement** *adv* morally || **~iser** *vt* (1) moralize || **~iste** *n* moralist || **~ité** *f* morality, morals.

morbide [mɔrbid] *adj* morbid, diseased, sickly (sentiment).

morc|eau [mɔrso] *m* bit, piece; *se casser en ~x,* fall to pieces; ***mettre en ~x,*** break into pieces ||

lump (de sucre) || end (reste); *petit ~,* scrap, shred || knob (de charbon) || CULIN. morsel; *gros ~,* hunch, hunk, chunk (de pain, de fromage, etc.) || MUS. piece || LITT. *~x choisis,* selected passages || **~eler** [-əle] *vt* (5) break up, parcel out (une propriété) || **~ellement** *m* partition (de terrain).

mor|dant, e [mɔrdɑ̃, ɑ̃t] *adj* severe (critique); biting, sharp, pointed, scathing (commentaire); tart (réponse) || **~diller** [-dije] *vt* (1) nible (at) || [chien] worry.

mordoré, e [mɔrdɔre] *adj* reddish/golden-brown.

mordre [mɔrdr] *vt* (4) bite || [froid] nip || FAM. *~ la poussière,* bite the dust — *vi* bite (*dans,* into) || SP. [poisson] bite.

mordu, e [mɔrdy] *adj* FAM. hooked on, crazy ● *n un ~ du football,* a football fan/buff.

morfondre (se) [səmɔrfɔ̃dr] *vpr* (4) feel dejected, mope || kick/cool one's heels (en attendant).

morgue I [mɔrg] *f* [attitude] haughtiness.

morgue II *f* [lieu] mortuary; morgue.

moribond, e [mɔribɔ̃, ɔ̃d] *adj* dying ● *n* dying person.

moricaud, e [mɔriko, od] *n* darky.

morigéner [mɔriʒene] *vt* (5) lecture, take to task.

morne [mɔrn] *adj* dismal, dreary, cheerless, doleful.

morose [mɔroz] *adj* sullen, moody, glum (personne); gloomy (aspect).

morphine [mɔrfin] *f* MÉD. morphine.

morpion [mɔrpjɔ̃] *m* crab-louse || *jouer aux ~s,* play at noughts and crosses.

mors [mɔr] *m* bit.

morse I [mɔrs] *m* (= *alphabet Morse*) Morse (code).

morse II *m* ZOOL. walrus.

morsure [mɔrsyr] *f* bite || nip (du froid).

mort [mɔr] *f* death; *~ accidentelle,* fatality; *à l'article de la ~,* at death's door; *mettre à ~,* put to death || *lit de ~,* death-bed.

mort, e [mɔr, mɔrt] V. MOURIR ● *adj* dead; *raide ~(e),* stone-dead; *bois ~,* dead wood; *doigts ~s,* numb fingers || ARTS *nature ~e,* still life || TECHN. dead (poids) || AUT. *au point ~,* in neutral; FIG. at a standstill || FIG. dead (langue); *~ de fatigue,* dead-tired/-beat; *temps ~,* idle period, slack ● *n* dead person; *les ~s,* the dead, the departed || *~s et blessés,* casualties || *faire le ~,* sham dead || *tête de ~,* death's head || [cartes] dummy (au bridge) || REL. *jour des Morts,* All Souls' Day || FIG. *faire le ~,* lie low.

mortalité [mɔrtalite] *f* mortality, death-rate.

mort-aux-rats [mɔr(t)ora] *f inv* rat poison.

morte-eau [mɔrto] *f* neap-tide.

mort|el, elle [mɔrtɛl] *adj* mortal, deadly, lethal (causant la mort); fatal (accident, maladie, etc.) || **~ellement** *adv* fatally, mortally (blessé) || deadly (ennuyeux, pâle).

morte-saison [mɔrtsɛzɔ̃] *f* dead/off season.

mort-né, e [mɔrne] *adj* still-born.

mortier I [mɔrtje] *m* mortar.

mortier II *m* MIL. mortar.

mortif|ier [mɔrtifje] *vt* (1) mortify || **~ication** [-ikasjɔ̃] *f* mortification.

mortuaire [mɔrtɥɛr] *adj* mortuary; *drap ~,* pall.

morue [mɔry] *f* cod; *huile de foie de ~,* cod-liver oil.

mosaïque [mɔzaik] *f* ARTS mosaic || FIG. patchwork.

Moscou [mɔsku] *m* Moscow.

mosquée [mɔske] *f* mosque.

mot [mo] *m* word; *en un* ~, in brief; *écrit en un seul* ~, written solid; ~ ***à/pour*** ~, word for word, verbatim || ***sans*** ~ ***dire,*** without a word || *gros* ~, swear word || ~***s-croisés,*** crossword (puzzle); *faire les* ~*s-croisés,* do the crosswords || ~ ***de passe,*** password, watchword || ~ *vedette,* catch word; ***bon*** ~, ~ ***d'esprit,*** joke; *jeu de* ~*s,* pun, wisecrack, joke || *comprendre à demi-*~, take a hint || ***au bas*** ~, at least || note (courte lettre); *envoyez-moi un* ~, drop me a line; *dire un* ~ *de qqch. à qqn,* have a word with sb. about sth.; *avoir son* ~ *à dire,* have a say in the matter || GRAMM. ~ ***composé,*** compound (word).

motard [mɔtar] *m* motor-cycle policeman.

motel [mɔtɛl] *m* motel.

moteur, trice [mɔtœr, tris] *adj* motive, driving; *force motrice,* power; *roues motrices,* driving wheels ● *m* engine, motor; ~ *électrique,* electric motor; ~ *à réaction,* jet-engine || NAUT. ~ *auxiliaire,* donkey-engine.

motif [mɔtif] *m* motive, cause, incentive; *sans* ~, without good reason || ARTS pattern, design.

motion [mosjɔ̃] *f* motion; *déposer une* ~ *pour que,* move that || POL. ~ *de censure,* motion of censure.

motiv|ation [mɔtivasjɔ̃] *f* motivation || ~**er** *vt* (1) motivate.

moto [moto] *f/abrév* (= MOTOCYCLETTE) FAM. motor-bike || ~**-cross** *m* scramble || ~**culteur** [-kyltœr] *m* cultivator (machine) || ~**cyclette** [-siklɛt] *f* motor-cycle || ~**cycliste** *m* motor-cyclist || ~**riser** [-rize] *vt* (1) MIL. motorize, mechanize (armée).

motrice V. MOTEUR.

motte [mɔt] *f* clod, lump (de terre); ~ *de gazon,* sod, turf || pat (de beurre).

motus! [motys] *interj* mum's the word!

mou [mu] (**mol** devant voyelle), **molle** [mɔl] *adj* soft (chapeau, col); limp, flabby (chairs); slack (corde); *prendre du* ~, slack(en) || FIG. soft (caractère); lax, listless (personne).

mouchar|d, e [muʃar, ard] *n* FAM. [école] sneak || [police] stool pigeon, grass (sl.) || [micro] bug (sl.) || ~**der** [-de] *vt* (1) sneak on (sl.) || grass on (sl.).

mouche [muʃ] *f* fly || SP. *poids* ~, fly-weight; *faire* ~, score a hit || FIG. ~ *du coche,* busy body; *prendre la* ~, take offence.

moucher [muʃe] *vt* (1) blow (son nez); wipe the nose of (qqn) || snuff (une chandelle) — *vpr* ***se*** ~, blow one's nose.

mouch|eron [muʃrɔ̃] *m* midge, gnat || ~**eté, e** [-te] *adj* spotted, dappled, flecked, speckled || ~**eture** [-tyr] *f* speckle.

mouchoir [muʃwar] *m* handkerchief; hankie (fam.); ~ *en papier,* paper handkerchief, tissue.

moudre [mudr] *vt* (65) grind, mill (du blé) || grind (du café).

moue [mu] *f* pout; *faire la* ~, pout, curl up one's lip.

mouette [mwɛt] *f* (sea-)gull, seamew.

moufle [mufl] *f* mitten.

mouillage [mujaʒ] *m* NAUT. [action] mooring, anchoring; [poste] moorings, anchorage.

mouill|é, e *adj* wet || ~ **er** *vt* (1) wet, moisten || dampen (le linge) || water (down) [du vin, du lait] || NAUT. ~ *l'ancre,* cast/drop anchor — *vi* NAUT. lie at anchor — *vpr* ***se*** ~, get oneself wet || [yeux] fill with tears, water || FIG., POP. commit oneself || ~**eur** *m* NAUT. ~ *de mines,* minelayer.

mouise [mwiz] *f* POP. poverty.

moul|age [mulaʒ] *m* cast(ing) || ~**e** I *m* mould.

moule II *f* mussel.

mouler [mule] *vt* (1) mould || cast (du métal).

moul|in [mulɛ̃] *m* mill; ~ *à café,* coffee-mill; ~ *à eau,* water-mill; ~ *à poivre,* pepper-mill || ~ *à vent,* wind-mill || **~inet** [-inɛ] *m* reel (de canne à pêche) || flourish (mouvement) || **~u, e** *adj* ground.

moulure [mulyr] *f* ARCH. moulding.

mour|ant, e [murɑ̃, ɑ̃t] *adj* dying || **~ir** *vi* (66) die, perish, succumb (*de,* to); ~ ***de faim,*** famish (réellement) || FIG. [voix] die away; ~ *d'envie de,* be dying to; ~ ***de faim,*** starve (souffrir de la faim); ~ *de rire,* die with laughter.

mousqueton [muskətɔ̃] *m* MIL. carbine.

mousse I [mus] *f* moss; *couvert de* ~, mossy || foam, froth (de la bière, etc.); lather, suds (de savon).

mousse II *m* ship's boy.

mousseline [muslin] *f* muslin.

mouss|er [muse] *vi* (1) [bière] froth, foam || [savon] lather || [vin] sparkle, fizz (fam.) || **~eux, euse** *adj* mossy || foamy, frothy (bière); sparkling, fizzy (vin).

mousson [musɔ̃] *f* monsoon.

moustache [mustaʃ] *f* moustache || *Pl* whiskers (d'un chat).

moustiqu|aire [mustikɛr] *f* mosquito-net || **~e** *m* mosquito, gnat; *produit anti-~s,* mosquito repellent.

moutard [mutar] *m* Pop. brat, kid.

moutarde [mutard] *f* mustard.

mout|on [mutɔ̃] *m* [animal] sheep || [viande] mutton || *Pl* FIG. [poussière] fluff; [vagues] white-caps || **~onner** [-ɔne] *vt* (1) break into white-caps || **~onneux, euse** *adj* fleecy || covered with white-caps (mer).

mouture [mutyr] *f* grinding (action); flour (résultat).

mouv|ant,e [muvɑ̃, ɑ̃t] *adj* moving || *sables ~s,* quicksands || **~ement** *m* movement, motion; move, stir; *en* ~, on the move, astir; *faire un faux* ~, strain oneself || TECHN. works (d'horlogerie) || MUS. movement || FIG. impulse; [action collective] movement; *Mouvement de Libération de la Femme,* Women's Liberation Movement.

mouvementé, e *adj* eventful (histoire); *vie ~e,* chequered career || rough, hilly (terrain).

mouvoir [muvwar] *vt* (67) move, stir; set in motion || [machine] drive — *vpr* ***se*** ~, move.

moy|en I [mwajɛ̃] *m* means, way; *un* ~ *de faire,* a means to do; *par ce* ~, hereby; ***au*** ~ ***de,*** by means of || ***trouver*** ~ ***de,*** contrive, make shift to; *il n'y a pas* ~ *d'entrer,* there is no getting in || ~ ***de transport,*** means of transport || *Pl* FIN. means; ***~s d'existence,*** livelihood; *je n'ai pas les ~s d'acheter,* I can't afford to buy || *par tous les ~s,* by fair means or foul || FAM. *perdre ses ~s,* go to pieces; *priver qqn de ses ~s,* cramp sb.'s style || **~ennant** [-ɛnɑ̃] *prép* in exchange for; ~ *quoi,* in consideration of which.

moy|en II, **enne** [mwajɛ̃, ɛn] *adj* medium (qualité); middle (dimension, position); *classe ~enne,* middle-class; *Moyen Age,* Middle Ages || [calcul] average; mean; *heure ~enne de Greenwich,* Greenwich Mean Time (G. M. T.) || moderate, middling (médiocre) || fair (passable); *prendre un* ~ *terme,* take a middle course || COMM. middling (qualité) || SP. middle (poids) ● *f* average; ***en ~e,*** on the/an average; *au-dessus/-dessous de la ~e,* above/below average; ***faire la ~e,*** take an average || [examens] pass-mark || MATH. mean || **~ennement** [-ɛnmɑ̃] *adv* fairly.

moyeu, eux [mwajø] *m* hub.

mu|e [my] *f* [oiseau] moult(ing) || [reptile] sloughing || [voix] breaking || **~er** *vi* (1) [oiseau] moult || [serpent] slough (off) || [voix] break, crack.

muet, ette [mɥɛ, ɛt] *adj* dumb (infirme); mute, silent (qui ne veut pas parler); voiceless, speechless (d'émotion) || CIN. silent || GRAMM. mute ● *n* mute || V. SOURD-MUET.

mufle [myfl] *m* ZOOL. muzzle || FIG. cad || **~rie** [-əri] *f* caddishness; caddish trick.

mug|ir [myʒir] *vi* (2) [vache] moo, low; [taureau] bellow || [vent] howl; [mer] boom, roar; bluster || **~issement** *m* mooing, lowing; bellowing || booming, roaring.

muguet [mygɛ] *m* BOT. lily-of-the-valley.

mulâtre, esse [mylɑtr, ɛs] *n* mulatto *(m)*, mulattress *(f)*.

mule I [myl] *f* slipper (pantoufle).

mul|e II *f* ZOOL. (she-)mule || **~et** [-ɛ] *m* (he-)mule.

mulot [mylo] *m* field-mouse.

multi|- [mylti] *préf* multi || **~coque** *adj/m* multihull (boat) || **~colore** [-kɔlɔr] *adj* many-coloured, multicoloured. || **~national, e, aux** *adj* multinational.

multiple [myltipl] *adj* multiple || many-sided (complexe) || numerous (nombreux) || manifold (varié) ● *m* MATH. multiple.

multipl|ication [myltiplikasjɔ̃] *f* multiplication || **~ier** [-ije] *vt* (1) multiply (*par,* by) — *vpr* **se ~,** grow in number || [animaux] multiply.

multitude [myltityd] *f* crowd, multitude.

municipal, e, aux [mynisipal, o] *adj* municipal; common; *conseil ~,* town council || **~ité** *f* municipality.

munir [mynir] *vt* (2) provide, fit (*de,* with) — *vpr* **se ~,** provide/supply oneself (*de,* with).

munitions [mynisjɔ̃] *fpl* ammunition.

muqueuse [mykøz] *f* MÉD. mucous membrane.

mur [myr] *m* wall || AV. *~ du son,* sound barrier || REL. *Mur des Lamentations,* Wailing Wall.

mûr, e [myr] *adj* ripe (fruit); *pas ~,* unripe || FIG. mature.

mur|aille [myrɑj] *f* high/thick wall || **~al, e, aux** *adj* mural; *peinture ~e,* mural (painting).

mûre [myr] *f* [ronces] blackberry, brambleberry; [mûrier] mulberry.

murer [myre] *vt* (1) wall up (une fenêtre).

mûrier [myrje] *m* mulberry tree.

mûrir [myrir] *vt/vi* (2) ripen; *faire ~,* ripen || MÉD. come to a head || FIG. mature.

murmur|e [myrmyr] *m* murmur, whisper || **~er** *vi/vt* (1) whisper, murmur || [ruisseau] purl, babble.

musarder [myzarde] *vi* (1) dawdle.

musc [mysk] *m* musk.

muscade [myskad] *f* nutmeg.

musc|le [myskl] *m* muscle, brawn || **~lé, e** [-le] *adj* brawny, muscular || **~ulaire** [-ylɛr] *adj* muscular || **~ulation** *f* body-building.

muse [myz] *f* muse.

museau [myzo] *m* muzzle, snout, nose.

musée [myze] *m* art gallery, museum; *~ de cires,* waxworks.

musel|er [myzle] *vt* (1) muzzle || **~ière** [-zəljɛr] *f* muzzle.

muser [myze] *vi* (1) dawdle about.

musette [myzɛt] *f* MIL. haversack, kitbag.

muséum [myzeɔm] *m* museum.

mus|ical, e, aux [myzikal, o] *adj* musical || **~ic-hall** [-ikol] *m* variety show, U.S. vaudeville, burlesque || **~icien, ienne** [-isjɛ̃, jɛn] *n* musician ● *adj* musical (personne) || **~ique** *f* music ; *mettre en ~,* set to music ; *~ de chambre,* chamber music.

musqué, e [myske] *adj* musky ; *rat ~,* musk-rat.

musulman, e [myzylmɑ̃, an] *adj/n* Moslem.

mut|ant, e [mytɑ̃, ɑ̃t] *n* mutant (génétique) || **~ation** *f* mutation || **~er** *vt* (1) transfer (un fonctionnaire).

mutil|ation [mytilasjɔ̃] *f* mutilation || **~é, e** *adj* mutilated, maimed ● *m* Mil. *~ de guerre,* disabled ex-serviceman || **~er** *vt* (1) mutilate, maim, mangle (estropier) || deface (une œuvre d'art).

mut|in [mytɛ̃] *m* mutineer || **~iner (se)** [-ine] *vpr* (1) mutiny || **~inerie** [-inri] *f* mutiny.

mutisme [mytism] *m* dumbness, muteness.

mutuel, elle [mytɥɛl] *adj* mutual, reciprocal ● *f* friendly society || **~lement** *adv* mutually ; one another, each other.

myop|e [mjɔp] *adj* short-sighted || **~ie** *f* short-sightedness.

myosotis [mjɔzɔtis] *m* forget-me-not.

myriade [mirjad] *f* myriad.

myrte [mirt] *m* myrtle.

myst|ère [mistɛr] *m* mystery || **~érieux, ieuse** [-erjø, øz] *adj* mysterious ; uncanny.

myst|icisme [mistisism] *m* mysticism || **~ification** [-ifikasjɔ̃] *f* mystification || **~ifier** [-ifje] *vt* (1) mystify || **~ique** *adj* mystic(al) ● *n* mystic.

myth|e [mit] *m* myth, fable || **~ique** *adj* mythical || **~ologie** [-ɔlɔʒi] *f* mythology.

n

n [ɛn] *m* n || Math. *élever à la $n^{ième}$ puissance/puissance n,* raise to the nth power || V. énième.

nabot, e [nabo, ɔt] *n* Péj. midget, manikin, dwarf.

nacelle [nasɛl] *f* [ballon captif] gondola, car.

nacr|e [nakr] *f* mother-of-pearl || **~é, e** *adj* pearly.

nag|e [naʒ] *f* swimming ; *traverser à la ~,* swim across ; *~ sur le dos,* back stroke || Naut. rowing || Fig. ***être en ~,*** be in a sweat || **~eoire** [-war] *f* fin || **~er** *vi* (7) swim || Naut. row ; pull || **~eur, euse** *n* swimmer.

naguère [nagɛr] *adj* lately, not long ago || [impr.] formerly (autrefois).

naïf, ïve [naif, iv] *adj* ingenuous, artless, simple-minded, naive, gullible.

nain, e [nɛ̃, nɛn] *adj* dwarf(ish), undersized ● *n* dwarf, midget, manikin.

naiss|ance [nɛsɑ̃s] *f* birth ; *acte de ~,* birth certificate ; ***donner ~,*** give birth (*à,* to), be delivered (*à,* of) ; *lieu de ~,* birth-place ; ***limitation des ~s,*** birth-control || Fig. beginning ; *prendre ~,* come into being, originate || **~ant, e** *adj* incipient, budding.

naître [nɛtr] *vi* (68) be born ; *il est*

né le ..., he was born on the ...; *qui vient de* ~, new-born || FIG. *faire* ~, call forth, awake.

naïve|ment [naivmɑ̃] *adv.* naively, ingenuously, artlessly || **~té** *f* ingenuousness, candour.

nana [nana] *f* POP. bird (sl.).

napalm [napalm] *m* napalm.

naphtaline [naftalin] *f boules de* ~, moth-balls.

nappe [nap] *f* (table-)cloth || FIG. ***~ de pétrole,*** oil slick || FIG. sheet (d'eau) || **~ron** [-rɔ̃] *m* doily, tablemat.

narcisse [narsis] *m* BOT. narcissus, daffodil.

narcotique [narkɔtik] *m* narcotic.

narguer [narge] *vt* (1) flout, beard, snap one's fingers at.

narine [narin] *f* nostril.

narquois, e [narkwa, az] *adj* mocking.

narr|ateur, trice [naratœr, tris] *n* story-teller, narrator || **~atif, ive** *adj* narrative || **~ation** *f* narration, recital || **~er** *vt* (1) narrate, relate.

nas|al, e, aux [nazal, o] *adj* nasal || **~eau** [-o] *m* nostril || **~illard, e** [-ijar, ard] *adj* nasal; *ton* ~, nasal twang.

nasse [nas] *f* fish-trap.

natal, e, als [natal] *adj* native || **~ité** *f* natality, birth-rate.

natation [natasjɔ̃] *f* swimming.

natif, ive [natif, iv] *adj* native.

nati|on [nasjɔ̃] *f* nation; *Nations unies,* United Nations || **~onal, e, aux** [-ɔnal, o] *adj* national || ***route ~e,*** A road, U.S. state highway || home (industries, etc.) || **~onaliser** [-ɔnalize] *vt* (1) nationalize || **~onalisme** [-ɔnalism] *m* nationalism || **~onalité** *f* nationality, citizenship.

natt|e [nat] *f* mat (de joncs) || plait, braid (cheveux) || **~er** *vt* (1) braid, plait.

natur|alisation [natyralizasjɔ̃] *f* naturalization || **~aliser** [-alize] *vt* (1) naturalize || stuff (animal) || **~e** *f* nature || nature (constitution) || kind (sorte); *de même* ~, of a kind; *de* ~ *à,* likely to || disposition (tempérament) || ARTS *d'après* ~, from life, from nature; *grandeur* ~, life-size, full-size; ~ *morte,* still life || FIN. *en* ~, in kind ● *adj inv* neat (whisky); without milk (thé) || **~el, elle** *adj* natural || temperamental || unaffected; *peu* ~, constrained || matter-of-course (normal) || BOT., ZOOL. *histoire* ~, natural history || JUR. natural (enfant) ● *m* nature, disposition || CULIN. *au* ~, plain || native (habitant) || **~ellement** *adv* naturally || **~isme** *m* naturism || **~iste** *n* naturist.

naufrag|e [nofraʒ] *m* (ship-)wreck; *faire* ~, be shipwrecked; *provoquer le* ~ *de,* (ship)wreck || **~é, e** *adj* shipwrecked ● *n* shipwrecked person; castaway (sur une île).

naus|éabond, e [nozeabɔ̃, ɔ̃d] *adj* foul, nauseous, nasty, stinking || **~ée** *f* nausea, sickness; *avoir la* ~, feel sick; *donner la* ~, nauseate || *Pl* qualms; *sujet aux* ~*s,* squeamish (personne).

nautique [notik] *adj* nautical, aquatic (sports).

naval, e, als [naval] *adj* naval; *chantier* ~, ship(building) yard; *forces* ~*es,* sea-forces.

navet [navɛ] *m* turnip.

navette [navɛt] *f* TECHN. shuttle || RAIL. shuttle; shuttle bus || FIG. ***faire la ~,*** [bateau, bus] ply (*entre,* between); [voyageur] commute (*entre,* between).

navig|able [navigabl] *adj* navigable || **~ant, e** *adj* AV. *personnel* ~, flying personnel || **~ateur** *m* AV., NAUT. navigator || **~ation** *f* sailing; navigation || AV. air traffic; ***compagnie de ~ aérienne,*** airline company || **~uer** [-e] *vi* (1) [bateau, personne] sail || [avion, personne] fly || NAUT. navigate; *en état de* ~, seaworthy.

navire [navir] *m* ship; ~ *amiral,* flagship; ~ *de commerce,* merchant-ship, merchantman; ~ *école,* training ship; ~ *de guerre,* warship, man-of-war.

navr|ant, e [navrɑ̃, ɑ̃t] *adj* distressing (affligeant) || annoying (contrariant) || **~é, e** *adj* sorry (*de,* to) || **~er** *vt* (1) grieve, distress.

ne [nə] (**n'** devant voyelle ou « h » muet) *adv* [négation] not || **~ ... *plus,*** not ... any longer (temps), not ... any more (quantité), not ... again (répétition); *attendez qu'il ~ pleuve plus,* wait till the rain stops || ~ ... ***que,*** only; *il n'est arrivé qu'à six heures,* he didn't come till six || [explétif] *je ~ doute pas qu'il ~ réponde,* I don't doubt (but) that he will answer.

né, e [ne] *adj* born || V. NAÎTRE || *c'est un musicien-~,* he is a born musician; *bien ~,* of gentle birth.

néanmoins [neɑ̃mwɛ̃] *adv* nevertheless, yet, none the less.

néant [neɑ̃] *m* nothingness; nought, nonentity || *réduire à ~,* reduce to nothing, explode || [inventaire] nil.

nébul|euse [nebyløz] *f* ASTR. nebula || **~eux, euse** *adj* nebulous, cloudy || FIG. obscure, hazy || **~iseur** [-izœr] *m* MÉD. nasal spray.

nécess|aire [nesesɛr] *adj* necessary (*à,* to); requisite (*à,* for); *chose ~,* requisite ● *m* ***le ~,*** the necessaries; *le strict ~,* the bare necessities || kit (trousse, etc.); *~ de toilette,* dressing case || **~airement** *adj* necessarily) || **~ité** *f* necessity, need, exigency; *être dans la ~ de,* be compelled to; *~ absolue,* must || poverty, need || **~iteux, euse** [-itø, øz] *adj* needy, in want.

nécrologique [nekrɔlɔʒik] *adj* obituary.

néerlandais, e [neɛrlɑ̃dɛ, ɛz] *adj/n* Dutch ● *m* [langue] Dutch.

nef [nɛf] *f* ARCH. nave.

néfaste [nefast] *adj* baneful (influence); ill-fated (funeste); evil, ill-starred (jour).

nèfle [nɛfl] *f* medlar.

néga|tif, ive [negatif, iv] *adj* negative || MATH. minus ● *m* PHOT. negative ● *f répondre par la ~,* answer in the negative || **~tion** *f* negation, denial || GRAMM. negative.

néglig|é, e [negliʒe] *adj* untidy, slovenly (vêtement); slipshod (travail) ● *m* [vêtement] negligee; *en ~,* in deshabille || **~eable** [-abl] *adj* negligible, trifling || **~emment** [-amɑ̃] *adv* carelessly, negligently; casually || **~ence** *f* neglect, negligence, carelessness (manque de soin) || dereliction (dans le service) || forgetfulness (oubli chronique) || **~ent, e** *adj* negligent, neglectful, careless, remiss (sans soin); unmindful, heedless (étourdi); forgetful (oublieux) || **~er** *vt* (7) neglect || ignore, disregard (un avis, un conseil) || leave out (un élément utile) || omit, overlook (omettre); fail (*de,* to); *ne rien ~ pour,* leave nothing undone to.

négoc|e [negɔs] *m* trade, traffic || **~iable** [-jabl] *adj* FIN. negotiable || **~iant, e** [-jɑ̃, ɑ̃t] *n* dealer, merchant, trader || **~iation** [-jasjɔ̃] *f* negotiation || **~ier** *vt* (1) FIN., JUR. negotiate.

nègre [nɛgr] *m* PÉJ. Negro (péj.) || [écrivain] ghost-writer.

négr|esse [negrɛs] *f* PÉJ. Negress (péj.) || **~itude** *f* negritude.

négro [negro] *m* POP. darky.

neig|e [nɛʒ] *f* snow; *~ fondue,* sleet (tombant); slush (à terre); *boule de ~,* snowball; *bloqué par la ~,* snow-bound || **~er** *v impers* (7) snow; *il neige,* it is snowing || **~eux, euse** *adj* snowy.

nénuphar [nenyfar] *m* waterlily.

néologisme [neɔlɔʒism] *m* neologism.

néon [neɔ̃] *m* neon; *enseigne au ~,* neon sign.

néophyte [neɔfit] *n* neophyte; novice, tyro.

Néo-Zélandais, e [neozelɑ̃dɛ, ɛz] *adj* New Zealand ● *n* New Zealander.

népotisme [nepɔtism] *m* nepotism.

ner|f [nɛr] *m* MÉD. nerve; [impropre] sinew, tendon; *Pl* ***crise de ~s,*** hysterics || FAM. *être sur les ~s,* be in a state of nerves; *taper sur les ~s de qqn,* get on sb.'s nerves || FIG. vigour; pep (fam.) || **~veux, euse** [vø, -øz] *adj* nervous (dépression) || excitable (par nature) || [agité] nervous, jumpy || [tendu] tense, high(ly) strung; nervy (sl.) || MÉD. nervous || AUT. nippy (voiture) || FIG. sinewy (musclé); *maigre et ~,* wiry || **~osité** [-vozite] *f* nervousness, excitability || restlessness (agitation) || tension.

net, nette [nɛt] *adj* clean, spotless (propre); neat, tidy (costume); fair (copie); clear, distinct (clair); clean-cut (lignes); sharp (photo) || COMM., FIN. net (prix, poids); *rapporter ~,* net; *bénéfice ~,* net return, clear profit || FIG. clear (idée, conscience); flat (refus); decided (différence); vivid, distinct (souvenir) ● *adv* forthright (franchement); *s'arrêter ~,* stop short ● *m mettre qqch. au ~,* write a fair copy of sth. || **~tement** [-mɑ̃] *adv* cleanly (proprement); clearly, distinctly, plainly; sharply || FIG. flatly, definitely || **~teté** [-te] *f* cleanness, spotlessness, tidiness || clearness; sharpness (d'un tracé) || PHOT. definition.

nettoiement [nɛtwamɑ̃] *m* cleaning; *service du ~,* refuse collection.

nettoy|age [nɛtwajaʒ] *m* cleaning; ~ ***à sec,*** dry-cleaning || **~er** *vt* (9 *a*) clean, cleanse || clean out/up (à fond) || wipe up (avec une serpillière); brush (à la brosse); scour (récurer); ~ *à grande eau,* flush || ~ *à fond,* clear out (une pièce) || ~ ***à sec,*** dry-clean || MIL. mop up (une tranchée).

neuf [nœf] *adj/m* nine.

neuf, neuve [nœf, nœv] *adj* new (récemment achevé); *comme ~,* like new, as new; *flambant ~,* brand-new ● *m* new; *à l'état ~,* practically new, as good as new; *habillé de ~,* dressed in new clothes; *remettre à ~,* do up like new; redecorate (appartement) || FAM. ***quoi de ~?,*** any news?

neurasthén|ie [nørasteni] *f* neurasthenia || **~ique** *adj* neurasthenic.

neurolo|gie [nørɔlɔʒi] *f* neurology || **~gue** [-g] *m* neurologist.

neutr|aliser [nøtralize] *vt* neutralize || **~alité** [-alite] *f* neutrality || **~e** *adj/m* POL. neutralé; *rester ~,* sit on the fence || GRAMM. neuter || **~on** *m* neutron.

neuvième [nœvjɛm] *adj* ninth.

neveu, eux [nəvø] *m* nephew.

névr|algie [nevralʒi] *f* neuralgia || **~opathe** [-opat] *n* MÉD. nerve-patient || **~ose** [-oz] *f* neurosis || **~osé, e** [-oze] *adj/n* neurotic.

nez [ne] *m* nose; *parler du ~,* speak through one's nose || scent (odorat); *avoir du ~,* have a good nose || ~ *à ~,* face to face || FAM. *fourrer son ~ dans,* stick one's nose into; *mené par le bout du ~,* henpecked (mari); ***à vue de ~,*** at a guess; *faire un pied de ~,* cock a snook, thumb one's nose (*à,* at).

ni [ni] *conj* ~ ... ~ ..., neither ... nor ...; ~ *l'un* ~ *l'autre,* neither.

niable [njabl] *adj* deniable; *il n'est pas ~ que,* it is not to be denied that.

niai|s, e [niɛ, ɛz] *adj* silly, foolish || **~serie** [-zri] *f* silliness || nonsense, fiddle-faddle; twaddle (paroles); *dire des ~s,* twaddle.

niche I [niʃ] *f* trick, practical joke; prank (plaisanterie).

nich|e II *f* dog-house (à chien) || ARCH. recess || **~ée** *f* brood (de chiots) || **~er (se)** *vpr* (1) nest.

nichon [niʃɔ̃] *m* POP. boob, tit (sl.).

nick|el [nikɛl] *m* nickel || **~eler** [-le] *vt* (8 *a*) nickel.

nicotine [nikɔtin] *f* nicotine.

nid [ni] *m* nest || **~-de-pie** *m* NAUT. crow's nest || **~-de-poule** *m* [route] pot-hole.

nièce [njɛs] *f* niece.

nier [nje] *vt* (1) deny (*que,* that); *on ne saurait ~ que,* there is no denying that || disown (un fait).

nigaud, e [nigo, od] *n* booby, simpleton, mug, oaf, nitwit.

Niger [niʒɛr] *m* Niger.

Nigeri|a [niʒerja] *m* Nigeria || **~an, e** [-ɑ̃, an] *n/adj* Nigerian.

Nigérien, ienne *n/adj* Nigerien.

nihilisme [niilism] *m* nihilism.

n'importe | qui, ~ quel V. IMPORTER II.

nipper [nipe] *vt* (1) FAM. rig out.

nitr|ate [nitrat] *m* nitrate || **~ique** *adj* nitric.

niv|eau [nivo] *m* level; ***au ~ de, de ~ avec,*** on a level with, flush with; *au ~ de la mer,* at sea level || AUT. *~ d'huile,* oil gauge || RAIL. ***passage à ~,*** level-crossing || GÉOGR. *courbe de ~,* contour line || FIG. [degré] standard; *atteindre le ~ (requis),* make the grade; ***~ de vie,*** standard of living || **~ eler** [-le] *vt* (8*a*) level (le sol) || FIG. even out/up (égaliser) || **~ellement** [-ɛlmɑ̃] *m* levelling.

nobl|e [nɔbl] *adj* noble, gentle || FIG. high; lofty (style) ● *n* nobleman, -woman || **~esse** [-ɛs] *f* nobility; *petite ~,* gentry || FIG. nobleness, elevation.

noc|e [nɔs] *f* wedding || *Pl épouser qqn en secondes ~s,* be sb.'s second husband/wife; ***voyage de ~s,*** wedding trip; *~s d'or,* golden wedding || FAM. spree; *faire la ~,* go on the spree/on a binge || **~eur, euse** *n* reveller || debauchee.

noc|if, ive [nɔsif, iv] *adj* harmful, hurtful, noxious || **~ivité** [-ivite] *f* harmfulness, noxiousness.

noct|ambule [nɔktɑ̃byl] *m* FAM. night-bird || **~urne** [-yrn] *adj* night; nocturnal.

Noël [nɔɛl] *m* Christmas; Yule; ***bûche de ~,*** Yule-log; ***Père ~,*** Father Christmas, Santa Claus; *veille de ~,* Christmas Eve.

nœud [nø] *m* knot; *~ coulant,* running knot, noose; ***faire/défaire un ~,*** tie/untie a knot || kink (entortillement) || bow (de ruban); *~ papillon,* bow-tie || NAUT. knot; *filer 10 ~s,* make 10 knots || FIG. crux, tie.

noir, e [nwar] *adj* black (couleur); *race ~e,* Negro race || dark, deep (nuit) || CULIN. *café ~,* black coffee || PHOT. *chambre ~e,* dark room || FIG. *~ sur blanc,* black and white; *bête ~e,* pet aversion, bête noire; *misère ~e,* dire poverty; *idées ~es,* blues ● *m* black || Negro ● *f* Negro woman || MUS. crotchet, U.S. quarter note || **~âtre** [-ɑtr] *adj* blackish || **~ceur** [-sœr] *f* blackness || FIG. foulness || **~ci, e** [-si] *adj* smutty || **~cir** [-sir] *vt* (2) black(en) || [suie] smut, grime || FIG. slander, bring shame on (déshonorer).

noise [nwaz] *f chercher ~ à qqn,* try to pick a quarrel with sb.

nois|etier [nwaztje] *m* hazel (-tree) || **~ette** *f* hazel-nut.

noix [nwa] *f* (wal)nut; *~ de coco,*

coconut; ~ *(de) muscade,* nutmeg.

nom [nɔ̃] *m* name; ~ *de famille,* surname; ~ *de jeune fille,* maiden name; *connaître de* ~, know by name; *sous le* ~ *de Smith,* under the name of Smith || *sans* ~, nameless; ~ *d'emprunt,* alias; *erreur de* ~, misnomer || COMM. ~ *déposé,* proprietary name || GRAMM. noun || FIG. name, fame; *se faire un* ~, win fame, make a name for oneself; *traiter qqn de tous les* ~*s,* call sb. names ● *loc prép* ***au*** ~ ***de,*** in the name of, on behalf of.

nomade [nɔmad] *adj* wandering, nomad(ic); errant ● *n* nomad.

nombr|e [nɔ̃br] *m* number; *au* ~ *de dix,* ten in number; *en grand* ~, in large numbers || MATH. ~ *entier,* integer; ~ *premier,* prime (number) || GRAMM. number || **~eux, euse** *adj* numerous, many.

nombril [nɔ̃bri] *m* navel.

nom|inal, e, aux [nɔminal, o] *adj* nominal; *appel* ~, roll-call || FIN. *valeur* ~*e,* face value || **~inatif, ive** [-inatif, iv] *adj* nominal || FIN. registered.

nom|ination [nɔminasjɔ̃] *f* appointment || **~mé, e** [-me] *adj* V. NOMMER. || *à point* ~, in the nick of time || **~mément** [-memɑ̃] *adv* by name || **~mer** [-me] *vt* (1) name (appeler) || designate, nominate, appoint (*à,* to) — *vpr* ***se*** ~, be called.

non [nɔ̃] *adv* no; *mais* ~*!,* oh, no! || not; *je pense que* ~, I think not ● *loc adv* ~ ***plus*** *: il ne l'aime pas, et moi* ~ *plus,* he doesn't like it, nor/neither do I ● *préf* non-; ~*-combattant (m),* non-combatant.

nonce [nɔ̃s] *m* nuncio.

nonchal|amment [nɔ̃ʃalamɑ̃] *adv* nonchalantly || **~ant, e** *adj* nonchalant, listless, slack; easygoing.

non-conformiste *n* nonconformist || POL. maverick (déviationniste).

nord [nɔr] *m* north; *au* ~, in the north, up north; *du* ~, northern; *vers le* ~, north(wards) || northerly (latitude); *vent du* ~, northerly wind || GÉOGR. *la mer du Nord,* the North Sea || **~-africain, e** *adj* North-African || **~-américain, e** *adj* North-American || **~ique** [-dik] *adj* nordic ● *n* Northerner.

normal, e, aux [nɔrmal, o] *adj* normal, matter-of-course (habituel) || standard (dimensions) || *École* ~*e,* training college, U.S. teacher's college ● *f* normal; *inférieur/supérieur à la* ~, below/above normal || **~ement** *adv* normally || **~isation** *f* normalization || **~isé, e** *adj* standard || **~iser** *vt* (1) normalize; standardize.

normand, e [nɔrmɑ̃, ɑ̃d] *adj* Norman.

Norman|d, e *n* Norman || **~die** [-di] *f* Normandy.

norme [nɔrm] *f* norm, standard.

noroît, norois [nɔrwa] *m* northwester.

Norv|ège [nɔrvɛʒ] *f* Norway || **~égien, ienne** *n* Norwegian.

norvégien, ienne [nɔrveʒjɛ̃, jɛn] *adj* Norwegian ● *m* [langue] Norwegian, Norse.

nos [no] V. NOTRE.

nostalg|ie [nɔstalʒi] *f* nostalgia || **~ique** *adj* nostalgic, homesick.

notable [nɔtabl] *adj* notable, noteworthy ● *m* notable.

notaire [nɔtɛr] *m* notary.

notamment [nɔtamɑ̃] *adv* particularly, especially.

notation [nɔtasjɔ̃] *f* notation.

note [nɔt] *f* note; *prendre* ~, jot down; *prendre* ~ *de,* make a note of || *Pl* jottings; *prendre des* ~*s,* take notes || memorandum; ~ *annexe,* rider || [école] mark ||

MUS. note || COMM. account, bill; *régler une ~,* settle an account || **~é, e** *adj être bien ~,* have a good record || **~er** *vt* (1) note, write down, get down, put down, take down || **~ice** [-is] *f* notice; *~ biographique,* memoir || directions (mode d'emploi).

notif|ication [nɔtifikasjɔ̃] *f* notification; notice || **~ier** *vt* (1) notify, intimate.

notion [noʃjɔ̃] *f* notion || *Pl quelques ~ de,* a smattering of.

not|oire [nɔtwar] *adj* notorious, avowed || **~oriété** [-ɔrjete] *f* notoriety.

notre, nos [nɔtr, no] *adj poss* our.

nôtre, s (le, la, les) *pron poss ours* ● *mpl* [parents] our people || [invités] *serez-vous des ~?,* will you join us?

nou|er [nue] *vt* (1) tie, knot || **~eux, euse** *adj* knotty || gnarled (doigts, bois).

nouilles [nuj] *fpl* noodles.

nounou [nunu] *f* FAM. nanny.

nourr|i, e [nuri] *adj bien/mal ~,* well-/ill-fed || **~ice** [-is] *f* (wet) nurse; *en ~,* at nurse; *mettre en ~,* put out to nurse || **~icier, ière** [-isje, jɛr] *adj* nutritive || **~ir** *vt* (2) feed, nourish || *~* ***au biberon,*** bottle-feed; *~ au sein,* nurse, breast-feed || nurture (élever) || FIG. nurse, cherish (un espoir); harbour, entertain (des doutes) — *vpr* ***se ~,*** feed (*de,* on) || **~issant, e** *adj* nourishing, nutritious; *la viande est plus ~e,* there is more sustenance in meat || **~isson** [-isɔ̃] *m* nursling || **~iture** *f* nourishment || food, fare || feed (pour animaux).

nous [nu] *pron pers* [sujet] we || [objet] us || *à ~,* ours; *chez ~,* at home, at/to our house; *entre ~,* between you and me || ***~-mêmes,*** ourselves.

nouv|eau [nuvo], (**nouvel** [-ɛl] devant une voyelle ou un «h» muet), **elle** *adj* new; *de ~,* again, anew || novel (original) || **~eauté** [-ote] *f* novelty, freshness || *Pl* COMM. fancy goods, drapery, U.S. dry goods.

nouvelle I [nuvɛl] *f* short story.

nouvelle II *f une ~,* a piece of news, a news item || *Pl* ***dernières ~s,*** latest news; ***demander des ~s de qqn,*** inquire after sb.; *donnez-moi de vos ~s,* let me hear from you; ***recevoir des ~s de qqn,*** hear from sb. || **~ment** *adv* newly, recently.

Nouvelle-Zélande [-zelɑ̃d] *f* New Zealand.

nouvelliste [nuvɛlist] *m* short-story writer.

novateur, trice [nɔvatœr, tris] *n* innovator ● *adj* innovating.

novembre [nɔvɑ̃br] *m* November.

novice [nɔvis] *n* REL. novice || FAM. beginner, tyro, tenderfoot ● *adj* green, raw.

noy|ade [nwajad] *f* drowning || **~é, e** *n* drowned man/woman.

noyau [nwajo] *m* stone, U.S. pit (de fruit) || PHYS., FIG. nucleus || ÉLECTR. core.

noyer I [nwaje] *vt* (9 *a*) drown || AUT. flood (le carburateur) — *vpr* ***se ~,*** [accident] drown, be drowned || [suicide] drown oneself.

noyer II *m* walnut(-tree).

nu, e [ny] *adj* naked, nude; *tout ~,* stark-naked || bare (non couvert) || blank (mur) || FIG. naked (œil, vérité) || ***à ~,*** bare; *mettre à ~,* lay bare || ***~-jambes,*** bare-legged || ***~-pieds,*** barefoot(ed) || ***~-tête,*** bare-headed ● *m* ARTS nude.

nuag|e [nɥaʒ] *m* cloud; *couvert de ~s,* overcast; *sans ~,* cloudless || *Pl* volumes (de fumée) || FIG. drop (de lait) || FAM. *dans les ~s,* in the clouds || **~eux, euse** *adj* cloudy; overcast (temps).

nuanc|e [nɥɑ̃s] *f* shade, hue, tint, tinge, tone || Fig. shade of meaning || **~é, e** *adj* delicately shaded; delicately expressed (style) || **~er** *vt* (6) shade, tinge || qualify (une déclaration).

nubile [nybil] *adj* marriageable.

nucléaire [nykleɛr] *adj* nuclear; *physique ~,* nucleonics.

nud|isme [nydism] *m* nudism || **~iste** *n* nudist || **~ité** *f* nude, nakedness.

nu|e(s) [ny] *f(pl)* Litt. cloud || Fig. *porter aux ~s,* extol, exalt, praise to the skies; *tomber des ~s,* be flabbergasted || **~ée** *f* storm-cloud || Fig. cloud.

nu|ire [nɥir] *vi* (69) ~ ***à,*** harm, do harm to (personne); injure (santé); prejudice, damage, wrong (réputation, etc.) || **~isible** [-izibl] *adj* harmful, hurtful, injurious (à la santé); detrimental (*à,* to); prejudicial (*à la santé,* to health) || ***animaux ~s,*** vermin, pests.

nuit [nɥi] *f* night; *la ~,* in the night; ***à la ~,*** at night; *avant la ~,* before dark; ***cette ~,*** last night (passée), tonight (à venir); ***de ~,*** by night; *à la tombée de la ~,* at nightfall, after dark; *passer la ~ chez des amis,* stay overnight with friends; ***il fait ~,*** it is dark/night; ***bonne ~!,*** good night! || *boîte de ~,* night-club || *oiseau de ~,* night-bird || Rail. *train de ~,* night-train.

nul, nulle [nyl] *adj indéf* [sans valeur] useless, hopeless (personne) || [avant *n*] no; ***nulle part,*** nowhere, not ... anywhere || Sp. ***une partie nulle,*** a draw; ***faire match ~,*** draw || Jur. ~ *et non avenu,* null and void ● *pron indéf* no one, no man, none || **~lement** [-mɑ̃] *adv* not at all, in no way, nowise || **~lité** [-ite] *f* nullity || nobody, nonentity (personne).

numér|aire [nymerɛr] *m* specie; *en ~,* in cash || **~al, e, aux** *adj* numeral || **~ateur** *m* numerator || **~ation** *f* numeration || Méd. ~ *globulaire,* blood count || **~ique** *adj* numerical || digital (calculateur).

numér|o [nymero] *m* number || [journal] copy, issue, number; ***dernier ~,*** current issue; *vieux ~,* back number || Th. number; [music-hall] turn || **~oter** [-ɔte] *vt* (1) number.

nuptial, e, aux [nypsjal, o] *adj* wedding (anneau, cérémonie); bridal (chambre); *bénédiction ~e,* nuptial wedding.

nuque [nyk] *f* nape (of the neck).

nutri|tif, ive [nytritif, iv] *adj* nutritive, nourishing; rich || **~tion** *f* nutrition.

Nylon [nilɔ̃] *m* N.D. Nylon; *bas (de) ~,* Nylons.

O

o [o] *m* o.

oasis [oazis] *f* oasis.

obé|ir [ɔbeir] *vi* (2) ~ *à,* obey (un ordre, qqn); comply; *se faire ~ de,* compel obedience from || **~issance** [-isɑ̃s] *f* obedience, compliance || **~issant, e** *adj* obedient, dutiful.

obèse [ɔbɛz] *adj* obese.

obésité [bezite] *f* obesity.

objec|ter [ɔbʒɛkte] *vt* (1) raise an

objection; ~ *qqch. à qqn,* allege sth. against sb. || **~teur** *m* ~ *de conscience,* conscientious objector || **~tif, ive** [-tif, iv] *adj* objective ● *m* MIL. objective, target || PHOT. lens || **~tion** *f* objection; *faire des ~s,* raise objections, take exception; *sans faire d'~,* without demur || **~tivité** [-tivite] *f* objectivity.

objet [ɔbʒɛ] *m* object, thing || COMM. article; ~ *rare,* curio || JUR. ~ *déposé en gage,* pawn; ***bureau des ~s trouvés,*** lost property office || GRAMM. object || FIG. subject (de la conversation); purpose (but).

obliga|taire [ɔbligatɛr] *m* FIN. bond-holder || **~tion** *f* obligation; duty; *être dans l'~ de,* be obliged to || FIN. debenture, bond || FIG. debt || **~toire** [-twar] *adj* obligatory, compulsory; binding || **~toirement** [-twarmɑ̃] *adv* necessarily.

obli|gé, e [ɔbliʒe] *adj* obliged, compelled (*de faire,* to do); beholden (*envers,* to) || **~geance** [-ʒɑ̃s] *f* kindness; *ayez l'~ de,* be so kind as to; *voulez-vous avoir l'~ de,* will you kindly; *voudriez-vous avoir l'~ d'ouvrir la fenêtre ?,* would you mind opening the window? || **~geant, e** [-ʒɑ̃, ɑ̃t] *adj* obliging, kind, helpful, neighbourly; accommodating || **~ger** [-ʒe] *vt* (7) compel, oblige, force; *êtes-vous obligé de partir maintenant ?,* need you go yet? || oblige (rendre un service).

obliqu|e [ɔblik] *adj* oblique; slant(ing); sidelong (regard) || **~ement** [-mɑ̃] *adv* obliquely, sidelong || **~er** *vi* (1) *obliquez à droite,* bear half right.

oblitér|ation [ɔbliterasjɔ̃] *f* obliteration || **~er** *vt* (1) cancel, postmark (un timbre); *timbre oblitéré,* used stamp.

oblong, gue [ɔblɔ̃, ɔ̃g] *adj* oblong.

obsc|ène [ɔbsɛn] *adj* obscene; smutty (histoire); *mot* ~, four-letter word || **~énité** [-enite] *f* obscenity.

obscur, e [ɔbskyr] *adj* dark, gloomy, dim (pièce); dusky || FIG. obscure, dark || **~cir** [-sir] *vt* (2) darken; obscure || overcast (le ciel) || dim (la vue) || FIG. fog, darken — *vpr* ***s'~,*** grow dark || [ciel] darken || [yeux] get dim || **~ément** [-emɑ̃] *adv* dimly, obscurely || **~ité** *f* dark(ness), gloom || FIG. obscurity.

obséd|ant, e [ɔbsedɑ̃, ɑ̃t] *adj* haunting (pensée) || **~é, e** *n* ~ *sexuel,* sex maniac || **~er** *vt* (1) obsess, haunt (*par,* with).

obsèques [ɔbsɛk] *fpl* funeral.

obséquieux, euse [ɔbsekjø, øz] *adj* obsequious, subservient.

observ|able [ɔbsɛrvabl] *adj* observable || **~ance** [-ɑ̃s] *f* observance || **~ateur, trice** *adj* observant; *être très ~,* have a keen eye ● *n* observer || **~ation** *f* observation; *en ~,* under observation || comment, remark; *faire des ~s,* comment || **~atoire** [-atwar] *m* observatory || **~er** *vt* (1) observe, watch || keep (la loi) || *faire ~ qqch. à qqn,* draw sb.'s attention to sth. || *faire ~,* point out, remark (*que,* that).

obsession [ɔbsɛsjɔ̃] *f* obsession.

obstacle [ɔbstakl] *m* obstacle || SP. *course d'~s,* obstacle race || FIG. impediment, hindrance, bar; snag (fam.); *faire ~ à,* oppose, thwart, stand in the way of.

obstétrique [ɔbstetrik] *adj* obstetrical ● *f* obstetrics, midwifery.

obstin|ation [ɔbstinasjɔ̃] *f* obstinacy, stubbornness || **~é, e** *adj* obstinate, stubborn, dogged || **~ément** [-emɑ̃] *adv* obstinately, stubbornly, doggedly || **~er (s')** *vpr* (1) *s'~ à faire,* persist in doing, try obstinately/doggedly to do.

obstru|ction [ɔbstryksjɔ̃] *f* obstruction || POL. obstruction || **~ctionniste** [-ksjɔnist] *n* POL.,

U.S. filibuster || **~er** *vt* (1) obstruct || block (une rue); stop (un passage); clog, choke (un tuyau) — *vpr* ***s'~,*** choke.

obtempérer [ɔbtɑ̃pere] *vt* (1) ~ *à,* comply with.

obtenir [ɔbtənir] *vt* (101) get, obtain, come by (de l'argent); gain (un résultat) || coax (par la flatterie) || POL. poll (des voix).

obtur|ateur [ɔbtyratœr] *m* PHOT. SHUTTER || **~ER** *VT* (1) STOP || MÉD. fill (une dent).

obtus, e [ɔbty, yz] *adj* MATH. obtuse || FIG. obtuse, dull (esprit).

obus [ɔby] *m* shell; ~ *non explosé,* dud (fam.).

obvier [ɔbvje] *vt* (1) ~ *à,* provide against, obviate.

occasi|on [ɔkazjɔ̃] *f* occasion (circonstance); *à l'~,* on occasion, occasionally; *à cette ~,* on this occasion; *en toute ~,* on every occasion || chance, opportunity (chance); ***profiter de l'~,*** take occasion (*pour,* to); *saisir une ~,* seize an opportunity || motive, cause || COMM. bargain, job, lot; ***d'~,*** second-hand || AUT. *voiture d'~,* used car || **~onnel, elle** [-ɔnɛl] *adj* occasional, odd || **~onner** [-ɔne] *vt* (1) cause, occasion, bring about.

Occiden|t [ɔksidɑ̃] *m* West, Occident || **~tal, e, aux** [-tal, o] *n* Occidental.

occidental, e, aux *adj* West(ern), Occidental.

occlusion [ɔklyzjɔ̃] *f* MÉD. obstruction.

occult|e [ɔkylt] *adj* occult, mystic || **~isme** *m* occultism.

occup|ant [ɔkypɑ̃] *m* occupant, inmate || **~ation** *f* occupation, job; ~ *secondaire,* side line || MIL. occupation || JUR. occupancy || **~é, e** *adj* busy; ~ ***à faire,*** busy doing || [lieu] engaged || TÉL. engaged || **~er** *vt* (1) occupy (un lieu); take up (de la place); hold (tenir); fill (une fonction); ~ *par intérim,* supply || occupy, employ (qqn) || JUR. squat (un appartement) — *vpr* ***s'~ de,*** busy oneself with; deal with, see about, take care of || look after (prendre soin de); *voulez-vous vous en ~?,* will you see to it/take care of that? || FAM. *occupez-vous de vos affaires!,* mind your own business!

occurrence [ɔkyrɑ̃s] *f* occurrence; instance; *en l'~,* in this case.

océan [ɔseɑ̃] *m* ocean; *en plein ~,* in mid-ocean.

Océanie [ɔseani] *f* Oceania.

océanographie [ɔseanɔgrafi] *f* oceanography.

ocre [ɔkr] *adj* ochre.

octane [ɔktan] *m* CH. octane; *indice d'~,* octane number.

octave [ɔktav] *f* octave.

octobre [ɔktɔbr] *m* October.

octr|oi [ɔktrwa] *m* grant, conferment || **~oyer** [-waje] *vt* (9 *a*) grant (*à,* to) — *vpr* ***s'~,*** grant oneself, treat oneself to.

ocul|aire [ɔkylɛr] *adj* ocular ● *m* eyepiece || **~iste** *n* oculist.

ode [ɔd] *f* ode.

odeur [ɔdœr] *f* smell, odour; scent (agréable); ***bonne/mauvaise ~,*** nice/bad smell; ***sans ~,*** odourless; ~ *de brûlé,* smell of burning; ~ *de renfermé,* musty smell.

odieux, euse [ɔdjø, øz] *adj* odious, hateful (personne); invidious (tâche); heinous (crime).

odor|ant, e [ɔdɔrɑ̃, ɑ̃t] *adj* odorous, fragrant, sweet-smelling; redolent || **~at** [-a] *m* (sense of) smell || [chien] nose.

œcumén|ique [ekymenik] *adj* œcumenic(al) || **~isme** *m* œcumenism.

œil, yeux [œj, jø] *m* eye; ~

de verre, glass-eye; ***coup d'~,*** glance; *d'un coup d'~,* at a glance; ***jeter un coup d'~,*** have a look at; *jeter un coup d'~ circulaire,* look round; *coup d'~ furtif,* peep; ***clin d'~,*** wink; *en un clin d'~,* in a twinkling of an eye, in a trice; *visible à l'~ nu,* visible to the naked eye; ***à vue d'~,*** visibly; *ne dormir que d'un ~,* sleep with one eye open; *faire signe de l'~ à qqn,* give sb. a wink, wink at sb.; *faire de l'~,* make eyes at; *je n'ai pas fermé l'~ de la nuit,* I didn't sleep a wink all night || FAM. *à l'~,* free, on the house; *~ au beurre noir,* black eye; *tourner de l'~,* faint; *avoir le coup d'~ pour,* have a good eye for || *Pl aux yeux de,* in the eyes of; *fermer les yeux sur qqch.,* wink/connive at sth. || **~-de-bœuf** *m* bull's eye (fenêtre) || **~lade** *f* wink || **~lère** [-ɛr] *f* blinker || FIG. *avoir des ~s,* wear blinkers || MÉD. eye-bath/cup || **~let** I [-ɛ] *m* eyelet.

œillet II *m* BOT. pink, carnation.

œuf, s [œf, ø] *m* egg; *coquille d'~,* egg-shell; *~s brouil- lés,* scrambled eggs; *~ à la coque,* boiled egg || *Pl* spawn (de poisson) || FIG. *étouffer dans l'~,* nip in the bud.

œuvre I [œvr] *f* work; *se mettre à l'~,* set to work; *mettre en ~,* carry into effect, bring into play, implement; *fils de ses ~s,* self-made man.

œuvre II *f* LITT., ARTS work; *~ d'art,* work of art || *Pl* works, writings.

œuvre III *m* [construction] *le gros ~,* the shell.

œuvre IV *f* organization; *bonnes ~s,* charities.

offensant, e [ɔfɑ̃sɑ̃, ɑ̃t] *adj* offensive, insulting.

offens|e *f* insult; offence || REL. trespass, offence || **~er** *vt* (1) offend, hurt (the feelings of); *soit dit sans vous ~!,* no offence meant! — *vpr* ***s'~,*** take offence (*de,* at); resent || **~if, ive** *adj* offensive ● *f* offensive, attack.

offert, e [ɔfɛr, t] V. OFFRIR.

office I [ɔfis] *m* office, duty (emploi); *faire ~ de,* [chose] do duty for, be used as; [personne] act as || [bureau] agency, bureau || REL. service || FIG. *Pl bons ~s,* good offices ● *loc adv* ***d'~,*** ex officio; automatically.

office II *f* (butler's) pantry.

offic|iel, elle [ɔfisjɛl] *adj* official; formal; *visite ~le,* state visit ● *mpl les ~s,* the authorities || **~iellement** [-jɛlmɑ̃] *adv* officially.

officier [ɔfisje] *m* MIL. officer; *~ de réserve,* reserve officer; *~ d'intendance,* commissary; *élève ~,* cadet || NAUT. *~ de marine,* naval officer; *~ marinier,* petty officer || JUR. officer; *~ de l'état civil,* registrar.

offici|eusement [ɔfisjøzmɑ̃] *adv* off the record || **~eux, euse** *adj* unofficial; informal.

offr|ande [ɔfrɑ̃d] *f* offering || REL. offertory || **~ant** *m au plus ~,* to the highest bidder || **~e** *f* offer || COMM. tender; bid (enchère); ***l'~ et la demande,*** supply and demand; *faire une ~,* bid (*sur,* on/for) || **~ir** *vt* (72) present, offer; *~ qqch. à qqn,* present sb. with sth. || proffer, tender || extend (l'hospitalité) || COMM. bid (un prix) — *vpr* ***s'~,*** offer (oneself); volunteer (*à,* to).

offusquer [ɔfyske] *vt* (1) offend — *vpr* ***s'~,*** take offence (*de,* at).

oh! [o] *interj* oh!; *~ la la!,* oh dear!

ohé! [oe] *interj* hullo!

oie [wa] *f* goose.

oignon [ɔɲɔ̃] *m* onion; *petits ~s,* spring onions || BOT. bulb.

oindre [wɛ̃dr] *vt* (70) anoint.

oiseau [wazo] *m* bird; *~ aqua-*

tique, waterfowl ; ~ *de mer,* sea-bird ; ~ *de proie,* bird of prey.

oiseux, euse [wazø, øz] *adj* trivial, useless ; idle (propos).

ois|if, ive [wazif, iv] *adj* idle || **~iveté** [-ivte] *f* idleness.

oligarchie [ɔligarʃi] *f* oligarchy.

oliv|e [ɔliv] *f* olive ; *huile d'~,* olive oil || **~eraie** [-rɛ] *f* olive-grove || **~ier** *m* olive(-tree).

ombr|age [ɔ̃braʒ] *m* shade || FIG. *prendre ~ de,* take umbrage at || **~agé, e** [-aʒe] *adj* shadowy, shady (lieu) || **~ager** *vt* (7) shade || **~ageux, euse** [-aʒø, øz] *adj* quick to take offence (personne) || shy, skittish (cheval) || **~e** *f* shade (lieu ombragé) ; *à l'~,* in the shade || shadow (silhouette) ; *projeter une ~,* cast a shadow || FIG. shadow (apparence, soupçon) || FIG. ghost (fantôme) ; *Pl* shades || **~elle** *f* sunshade, parasol || **~eux, euse** *adj* shady.

omelette [ɔmlɛt] *f* omelet(te).

om|ettre [ɔmɛtr] *vt* (64) omit, leave out, miss out (un mot) || GRAMM. drop || **~ission** [-isjɔ̃] *f* omission.

omnibus [ɔmnibys] *m* RAIL. slow train.

omnipotent, e [ɔmnipɔtɑ̃, ɑ̃t] *adj* omnipotent.

omnipraticien, enne [ɔmnipratisjɛ̃, jɛn] *n* MÉD. general practitioner.

omoplate [ɔmɔplat] *f* shoulder-blade.

on [ɔ̃] *pron indéf* one, we, you ; they || [passif] ~ *me dit,* I am told [*que,* (that)].

once [ɔ̃s] *f* ZOOL. ounce.

oncle [ɔ̃kl] *m* uncle.

onction [ɔ̃ksjɔ̃] *f* unction.

onctueux, euse [ɔ̃ktɥø, øz] *adj* oily || FIG. sleek, oily (personne).

onde [ɔ̃d] *f* PHYS. wave || RAD. wave ; *~s courtes,* short waves ; *longueur d'~,* wavelength ; *sur les ~s,* on the air ; [navigation] ~ *de guidage,* beam || *Pl* LITT. waves (à la surface de l'eau).

ondée [ɔ̃de] *f* (sudden) shower.

ondoyer [ɔ̃dwaje] *vi* (9 *a*) LITT. undulate — *vt* REL. baptize privately.

ondul|ant, e [ɔ̃dylɑ̃, ɑ̃t] *adj* wavy (surface) || **~ation** *f* wave (des cheveux) ; ~ *permanente,* permanent wave || undulation, waving || **~é, e** *adj* wavy (cheveux) || rolling (terrain) || corrugated (tôle) || **~er** *vt* (1) wave (les cheveux) ; *se faire ~ les cheveux,* have one's hair waved — *vi* wave, roll.

onéreux, euse [ɔnerø, øz] *adj* costly || JUR. *à titre ~,* for a valuable consideration.

ongl|e [ɔ̃gl] *m* (finger-)nail ; *se faire les ~s,* do one's nails ; *se ronger les ~s,* bite one's nails ; *jusqu'au bout des ~s,* to the finger-tips || **~et** [-ɛ] *m* thumb index, tab (de dictionnaire).

onguent [ɔ̃gɑ̃] *m* ointment, unguent, salve.

onomatopée [ɔnɔmatɔpe] *f* onomatopœia.

onz|e [ɔ̃z] *m* eleven || **~ième** [-jɛm] *adj* eleventh.

O.P.A. [opea] *f* (= OFFRE PUBLIQUE D'ACHAT) Take over bid.

opaque [ɔpak] *adj* opaque.

opéra [ɔpera] *m* opera ; *~-comique,* light opera, comic opera.

opér|ateur, trice [ɔperatœr, tris] *n* operator || CIN. ~ *de cinéma,* cameraman ; ~ *du son,* mixer || **~ation** *f* operation || MATH., FIN., MIL., MÉD. operation ; *salle d'~,* operating theatre ; ***subir une ~,*** undergo an operation || **~er** *vt* (5) work, bring about (produire) || MÉD. operate (*qqn de,* on sb. for) ; ***se faire ~ de,*** be operated on for.

opérette *f* musical comedy, operetta.

opiner [ɔpine] *vi* (1) opine.

opiniâtre [ɔpiɲɑtr] *adj* headstrong, stubborn; pertinacious (acharné); dogged (résistance) || **~té** [-əte] *f* obstinacy; *avec ~,* doggedly.

opinion [ɔpiɲɔ̃] *f* opinion, view; *~ erronée,* fallacy; *~s toutes faites,* cut and dried opinions; *suivant mon ~,* according to my mind; *se former une ~,* form an opinion || *avoir une bonne/haute ~ de qqn,* think highly of sb. || (= *~ publique*) public opinion.

opium [ɔpjɔm] *m* opium.

opport|un, e [ɔpɔrtœ̃, yn] *adj* opportune, timely; advisable, seasonable, convenient || **~unisme** [-ynism] *m* expediency || **~uniste** [-ynist] *n* opportunist || **~unité** [-ynite] *f* expediency; propriety (d'une action).

oppos|ant [ɔpɔzɑ̃] *m* opponent || **~é, e** *adj* opposite; ***en sens ~,*** in the opposite direction, contrariwise || [hostile] *~* ***à,*** opposed to ● *m* opposite, reverse; ***à l'~ de,*** contrary to || **~er** *vt* (1) oppose (résistance) [*à,* to] || *~ qqn à qqn,* match sb. against sb. || put forward (objections) || contrast (couleurs) — *vpr* ***s'~,*** oppose (*à,* to); antagonize; *s'~ résolument à,* set oneself against; object (*à,* to) || **~ition** *f* opposition || clash, contrariety; *sans ~,* unopposed, unchecked || FIN. *faire ~ à un chèque,* stop a cheque.

oppr|esser [ɔprɛse] *vt* (1) [chaleur, angoisse] oppress || **~ession** [-ɛsjɔ̃] *f* oppression || **~imer** [-ime] *vt* (1) oppress.

opprobre [ɔprɔbr] *m* opprobrium.

opter [ɔpte] *vi* (1) opt (*pour,* for).

opticien, ienne [ɔptisjɛ̃, jɛn] *n* optician.

optim|isme [ɔptimism] *m* optimism || **~iste** *adj* optimistic; sanguine ● *n* optimist.

option [ɔpsjɔ̃] *f* option; *à ~,* optional || AUT. [accessoire] extra.

optique [ɔptik] *adj* optic(al), visual ● *f* optics.

opul|ence [ɔpylɑ̃s] *f* opulence, wealth, affluence; *nager dans l'~,* be wallowing in wealth || **~ent, e** *adj* opulent, wealthy, affluent.

opus incertum [ɔpysɛ̃sɛrtɔm] *m* crazy pavement.

or I [ɔr] *conj* now.

or II *m* gold; *~ en barre,* bullion || FIG. *d'~,* golden.

oracle [ɔrakl] *m* oracle.

orag|e [ɔraʒ] *m* (thunder-)storm || **~eux, euse** *adj* stormy || thundery, sultry (temps) || FIG. stormy.

oral, e, aux [ɔral, o] *adj* oral || unwritten (tradition) ● *m* oral examination, viva voce || **~ement** *adv* orally.

orang|e [ɔrɑ̃ʒ] *adj* orange || [circulation] ***feu ~,*** amber (light) ● *f* orange || **~é, e** *adj* orange-coloured ● *m* orange || **~eade** [-ad] *f* orangeade || **~er** *m* orange-tree || **~eraie** [-ʒrɛ] *f* orange grove.

orat|eur, trice [ɔratœr, tris] *n* orator, speaker || **~oire** *adj* oratorical; *art ~,* oratory ● *m* REL. oratory.

orb|e [ɔrb] *m* orb || **~ite** *f* socket (de l'œil) || ASTR. orbit; *mettre sur ~,* put into orbit.

orchestr|ation [ɔrkɛstrasjɔ̃] *f* orchestration, scoring || **~e** *m* orchestra; band; *chef d'~,* conductor || **~er** *vt* (1) orchestrate, score.

orchidée [ɔrkide] *f* orchid.

ordinaire [ɔrdinɛr] *adj* ordinary, usual (habituel) || average, common(-place), run-of-the-mill; *peu ~,* out of the common || plain (sans recherche) ● *m* ordinary; *d'~,* usually; *comme à l'~,* as usual; *sortir de l'~,* be off the beaten track || AUT., FAM.

(essence) ~, two-star (petrol) || **~ment** *adv* ordinarily, commonly.

ordinal, e, aux [ɔrdinal, o] *adj* ordinal.

ordinateur [ɔrdinatœr] *m* computer; *mettre sur* ~, computerize.

ordination [ɔrdinasjɔ̃] *f* REL. ordination.

ordonnance I [ɔrdɔnɑ̃s] *f* ordinance, order (décret) || arrangement (disposition) || MÉD. prescription || JUR. by-law.

ordonnance II *f* MIL. orderly.

ordonn|é, e [ɔrdɔne] *adj* orderly, trim || **~er** *vt* (1) order, command, enjoin || arrange, put in order || MIL. direct || JUR. ordain.

ordre I [ɔrdr] *m* [disposition harmonieuse] order, tidiness; ***en ~,*** tidy; straight (chambre); shipshape (fam.); ***sans ~,*** messy (chose), untidy (personne); ***mettre en ~,*** set in order, tidy up; straighten (up) [une chambre]; settle (ses affaires); *remettre en ~,* rearrange || ***~ du jour,*** order of the day; *passer à l'~ du jour,* proceed with the business of the day || [suite] order; ***par ~ de,*** in order of; *par ~ alphabétique,* in alphabetical order; ***numéro d'~,*** serial number || [rang] class, rank; ***de premier ~,*** first rate; *de second ~,* second rate || [paix] order; ***~ public,*** peace; *troubler l'~ public,* disturb the peace; *maintenir l'~,* maintain law and order || MIL. *en ~ de bataille,* in battle order || TECHN. *en ~ de marche,* in working order.

ordre II *m* [commandement] order, command, mandate; ***donner un ~,*** give an order; *exécuter un ~,* carry out an order; *obéir aux ~s,* obey orders; ***par ~ de,*** by order of; *jusqu'à nouvel ~,* until further notice; *sous les ~s de,* under the orders/command of; *sur son ~,* at his behest.

ordre III *m* JUR. order (association) || ARCH., BOT. order || *Pl* REL. orders; *entrer dans les ~s,* take Holy Orders.

ordur|es [ɔrdyr] *fpl* garbage, refuse, filth; ***boîte à ~s,*** dustbin; *pelle à ~s,* dustpan || **~ier, ière** *adj* foul, filthy, dirty; *propos ~s,* dirt || ribald (personne).

oreill|e [ɔrɛj] *f* ear; *dur d'~,* hard of hearing; *avoir l'~ fine,* have quick/sharp ears; *dresser/tendre l'~,* prick up one's ears; *être tout ~,* be all ears; *faire la sourde ~,* turn a deaf ear || *mal d'~,* earache || FIG. *l'~ basse,* crest-fallen || **~er** *m* pillow || **~ons** *mpl* mumps.

orfèvre [ɔrfɛvr] *m* goldsmith.

organ|e [ɔrgan] *m* MÉD., JUR. organ || TECHN. component || FIG. agent, instrument; spokesman, mouthpiece (porte-parole) || **~igramme** [-igram] *m* organization chart || **~ique** *adj* organic || **~isateur, trice** [-izatœr, tris] *n* organizer, promoter; ***~ de voyages,*** tour operator || **~isation** *f* organization, planning || set-up, organization (service) || **~iser** *vt* (1) organize, arrange || stage (manifestation); mastermind (opération) — *vpr* ***s'~,*** get organized/settled || **~isme** *m* organism.

organiste [ɔrganist] *n* organist.

orgasme [ɔrgasm] *m* climax.

orge [ɔrʒ] *f* barley.

orgelet [ɔrʒəlɛ] *m* MÉD. sty(e).

orgie [ɔrʒi] *f* orgy.

orgue [ɔrg] *m* organ; *~ de Barbarie,* barrel-/street organ.

orgueil [ɔrgœj] *m* pride || **~leusement** [-øzmɑ̃] *adv* proudly || **~leux, euse** *adj* proud.

Orient I [ɔrjɑ̃] *m* GÉOGR., LITT. Orient, East; *Extrême-~,* Far East; *Moyen-~,* Middle East || **~al, e, aux** [-tal, o] *n* Oriental.

orient II *m* east || orient (d'une perle) || **~al, e, aux** *adj* easterly (position) || East(ern), oriental || **~ation** *f* orientation; ***sens de l'~,*** sense of direction || aspect, exposure (d'une maison); lay, lie (d'un terrain) || FIG. ~ ***professionnelle,*** vocational guidance || **~é, e** *adj* looking (*à,* towards); ~ *à l'est,* facing east || **~er** *vt* (1) orient, orientate || set (une antenne, une carte) || FIG. lead, guide; turn (la conversation); U.S. slant (l'information); *mal ~,* misguide — *vpr* ***s'~,*** take one's bearings.

orifice [ɔrifis] *m* opening, hole || TECHN. vent.

origin|aire [ɔriʒinɛr] *adj* native (*de,* of); coming (*de,* from) || **~al, e, aux** *adj* original (texte); original (unique); unconventional, cranky (personne) ● *m* original (ouvrage) ● *n* eccentric (personne) || **~alité** *f* originality.

origin|e [ɔriʒin] *f* origin || source, starting-point; *tirer son ~ de,* originate from || beginning, outset; ***à l'~,*** in the beginning; *dès l'~,* from the outset || cause; *être à l'~ de,* be responsible for || birth; *d'~ française,* of French descent || **~el, elle** *adj* original.

orme [ɔrm] *m* elm.

ornemen|t [ɔrnəmɑ̃] *m* ornament, adornment || *Pl ~s sacerdotaux,* vestments || **~tal, e, aux** [-tal, o] *adj* ornamental || **~tation** [-tasjɔ̃] *f* decoration, embellishment.

orn|é, e [ɔrne] *adj* ornate || **~er** *vt* (1) adorn, decorate, embellish (*de,* with).

ornière [ɔrnjɛr] *f* rut (pr. et fig.).

ornithol|ogie [ɔrnitɔlɔʒi] *f* ornithology || **~ogiste, ~ogue** [-ɔg] *n* ornithologist.

orphel|in, ine [ɔrfəlɛ̃, in] *adj* orphan; fatherless, motherless ● *n* orphan || **~inat** [-ina] *m* orphanage, orphan's home.

orteil [ɔrtɛj] *m* toe.

ortho|doxe [ɔrtɔdɔks] *adj* orthodox || **~graphe** [graf] *f* orthography, spelling; *faute d'~,* misspelling; *savoir l'~,* be a good speller || **~graphier** [-grafje] *vt* (1) spell; *mal ~,* mis-spell || **~pédique** [-pedik] *adj* orthopaedic.

ortie [ɔrti] *f* nettle.

os [ɔs; o au pl] *m* bone.

oscill|ation [ɔsilasjɔ̃] *f* oscillation, sway, swing || **~er** *vt* (1) oscillate, sway; *faire ~,* swing, sway.

osé, e [oze] *adj* daring, bold.

oseille [ozɛj] *f* sorrel || ARG. dough (argent).

oser [oze] *vt* (1) dare, venture — *vi* dare; *il n'ose pas venir,* he dare not come, he does not dare (to) come; *osez-vous le lui demander?,* dare you ask him?; *si j'ose dire,* if I may say so.

osier [ozje] *m* osier; *panier d'~,* wicker-basket.

oss|ature [ɔsatyr] *f* skeleton, framework || **~ements** [-mɑ̃] *mpl* bones || **~eux, euse** *adj* bony.

osten|sible [ɔstɑ̃sibl] *adj* ostensible || **~tation** [-tasjɔ̃] *f* ostentation, show, display || **~tatoire** [-tatwar] *adj* ostentatious.

ostracisme [ɔstrasism] *m frapper d'~,* ostracize.

otage [ɔtaʒ] *m* hostage; *prendre qqn en ~,* take sb. hostage.

O.T.A.N. [ɔtɑ] *abrév* (= ORGANISATION DU TRAITÉ DE L'ATLANTIQUE NORD) NATO.

otarie [ɔtari] *f* sea-lion.

ôter [ote] *vt* (1) take off, remove, move away; put off, doff (vêtements) — *vpr* ***s'~,*** get away (*de,* from) || FAM. *ôtez-vous de là!,* get out of the way!

oto-rhino(-laryngologiste) [ɔtorinolarɛ̃gɔlɔʒist] *n* ear, nose and throat specialist.

ou [u] *conj* or; ~ *bien,* or else; ~ *(bien) ...,* ~ *(bien),* either ... or.

où *adv interr* where; ~ *donc?,*

whereabouts? ● *pron rel* [lieu] where; ~ *que ce soit,* wherever ‖ [temps] when, on which; that ‖ FIG. in which ● *loc adv* ***d'~,*** whence, where ... from; hence (conséquence) ‖ ***n'importe ~,*** anywhere; ***partout ~,*** wherever.

ouailles [waj] *fpl* flock.

ouat|e [wat] *f* cotton-wool ‖ MÉD. *tampon d'~,* swab ‖ **~er** *vt* (1) wad, pad, quilt.

oubli [ubli] *m* oblivion; *tomber dans l'~,* fall into oblivion ‖ oversight, omission, negligence ‖ **~er** [-je] *vt* (1) forget (*de,* to) ‖ neglect (omettre); *n'oubliez pas de,* remember to ‖ leave behind (qqch. quelque part) — *vpr* ***s'~,*** [personne] forget oneself; [chose] be forgotten ‖ **~ettes** [-jɛt] *fpl* dungeon ‖ **~eux, euse** [-jø, øz] *adj* forgetful, negligent.

ouest [wɛst] *m* west; *à l'~,* in the west; *à l'~ de,* (to the) west of; *de l'~,* western; *vers l'~,* westward(s).

oui [wi] *adv* yes; *mais ~!,* yes indeed!; *le voulez-vous?* — ~, do you want it? — I do ‖ *je crois que ~,* I think so ● *m* POL. ay; *les ~ l'emportent,* the ayes have it.

ouï-dire [widir] *m inv* ***par ~,*** from hearsay.

ouïe [wi] *f* hearing; *avoir l'~ fine,* be sharp of hearing ‖ *Pl* ZOOL. gills.

ouragan [uragɑ̃] *m* hurricane.

ourdir [urdir] *vt* (2) warp ‖ FIG. hatch, frame (un complot); weave (une intrigue).

ourl|er [urle] *vt* (1) hem ‖ **~et** [-ɛ] *m* hem; hem-line (d'une jupe).

ours [urs] *m* bear; ~ *blanc,* polar bear; ~ *gris,* grizzly ‖ ~ *en peluche,* Teddy bear ‖ **~e** *f* she-bear ‖ ASTR. *la Grande/Petite Ourse,* the Great/Little Bear, Ursa Major/Minor ‖ **~in** *m* sea-urchin ‖ **~on** *m* bear's cub.

outil [uti] *m* tool, implement ‖ **~lage** [-jaʒ] *m* equipment, plant ‖ **~ler** [-je] *vt* (1) equip.

outrag|e [utraʒ] *m* outrage ‖ JUR. ~ *à magistrat,* contempt of court ‖ **~eant, e** [-ɑ̃, ɑ̃t] *adj* insulting; scurrilous ‖ **~er** *vt* (7) outrage, insult ‖ **~eusement** [-øzmɑ̃] *adv* exceedingly ‖ **~eux, euse** *adj* outrageous.

outrance [utrɑ̃s] *f* excess; *à ~,* unremittingly, with a vengeance.

outre I [utr] *f* water-skin.

outre II *prép* in addition to; besides ● *adv* beyond; *en ~,* besides, furthermore, moreover; ***passer ~ à,*** disregard, ignore, override ● *loc adv ~ mesure,* beyond measure.

outre III *préf* beyond, across.

outré, e [utre] *adj* exaggerated, overdone (chose) ‖ indignant (personne).

outrecuid|ance [utrəkɥidɑ̃s] *f* presumption ‖ **~ant, e** *adj* presumptuous, bumptious, overweening.

outre|-Manche [utrəmɑ̃ʃ] *adv* across the Channel ‖ **~-mer** *adv* beyond the sea(s), overseas ‖ **~mer** *m* ultramarine (couleur) ‖ **~passer** *vt* (1) exceed (ses droits) ‖ overstep (une limite); override (des ordres).

outrer [utre] *vt* (1) provoke beyond measure.

outsider [awtsajdœr] *m* outsider, dark horse.

ouver|t, e [uvɛr, ɛrt] *adj* open, spread; *grand ~,* wide open, yawning; *à ciel ~,* in the open (air) ‖ *le gaz est ~,* the gas is on ‖ SP. open (saison) ‖ MIL. open (ville) ‖ FIG. open-hearted ‖ **~tement** [-təmɑ̃] *adv* openly, avowedly, above-board ‖ **~ture** [-tyr] *f* opening, hole ‖ COMM. *heures d'~,* business hours ‖ SP. ~ *de la chasse,* opening day of the shooting season ‖ PHOT. aperture ‖ CIN. ~ *en fondu,* fade in ‖

MUS. overture || FIG. beginning (d'une réunion).

ouvrable [uvrabl] *adj jour ~,* workday, working day.

ouvrag|e [uvraʒ] *m* work, handiwork || writing (écrit); *un ~,* a piece of writing || **~é, e** *adj* carved (bois); wrought (fer).

ouvre-boîtes [uvrəbwat] *m inv* tin-/can-opener.

ouvré, e [uvre] *adj* = OUVRAGÉ, E.

ouvreuse [uvrøz] *f* usherette.

ouvrier, ière [uvrije, jɛr] *adj classe ~ière,* working class || FIG. *cheville ~ière,* mainspring ● *m* worker, workman, hand, operative; *~ agricole,* farm-labourer ● *f* female worker.

ouvrir [uvrir] *vt* (72) open || unlock, unfasten (une porte); *~ brusquement la porte,* throw/fling the door open; *aller ~,* answer the door/bell || prize open (avec un levier) || zip open (avec une fermeture à crémaillère) || slit open (une enveloppe) || unfold (un journal) || *~ le gaz,* turn on the gas || ÉLECTR., RAD. switch on || FIN. *~ un compte en banque,* open an account with a bank || COMM. open (une boutique) || MIL. open (le feu) || FIG. *~ son cœur,* disburden one's heart — *vpr* **s'~,** [porte, boutique, fleur] open.

ovaire [ɔvɛr] *m* ovary.

ovale [ɔval] *adj/m* oval.

ovation [ɔvasjɔ̃] *f* ovation.

ovni [ɔvni] *m* UFO.

ovoïde [ɔvɔid] *adj* egg-shaped.

ovule [ɔvyl] *m* ovule.

oxy|de [ɔksid] *m* oxide; *~ de carbone,* carbon monoxide || **~der** [-de] *vt* (1) oxidize || **~gène** [-ʒɛn] *m* oxygen || **~géné, e** [-ʒene] *adj* peroxided; *eau ~e,* peroxide of hydrogen.

ozone [ozon] *m* ozone.

p

p [pe] *m* p.

pacage [pakaʒ] *m* pasture.

pacif|ication [pasifikasjɔ̃] *f* pacification || **~ier** *vt* (1) pacify || **~ique** *adj* pacific, peaceful (personne) || **~iste** *n* pacifist.

pacotille [pakɔtij] *f* cheap goods; trash; de *~,* trashy/shoddy.

pact|e [pakt] *m* pact, agreement, covenant, compact || **~iser** [-ize] *vi* (1) *~ avec l'ennemi,* treat with the enemy.

paf! [paf] *interj* bang! ● *adj* POP. screwed (soûl).

pagaie [pagɛ] *f* paddle.

pag|aïe, ~aille [pagaj] *f* mess, muddle; chaos; *mettre la ~ dans,* mess/muddle/snarl up || [quantité] galore; loads of; a load of (sl.).

paganisme [paganism] *m* paganism.

pagaye [pagaj] = PAGAÏE.

pagayer [pagɛje] *vi* (9 *b*) paddle.

pag|e [paʒ] *f* page; *première ~,* front page || TECHN. *mettre en ~(s),* make up, lay out; *mise en ~(s),* make-up, lay-out ● *loc* ***à la ~,*** up-to-date; in the picture (fam.) || **~iner** *vt* (1) page.

pagne [paɲ] *m* loin-cloth.

paie [pɛ] *f* V. PAYE.

paiement, payement [pɛmɑ̃] *m* payment; ~ *différé*, deferred payment; *facilités de* ~, easy terms || discharge (d'une dette).

païen, ïenne [pajɛ̃, jɛn] *adj/n* pagan, heathen.

paillard, e [pajar, ard] *adj* ribald, bawdy.

paillass|e [pajas] *f* straw mattress || **~on** *m* door-mat.

paill|e [pɑj] *f* straw; ~ *de fer*, steel wool; *tirer à la courte* ~, draw straws || FIG. flaw (défaut); *homme de* ~, man of straw || **~eter** [-te] *vt* (8 *a*) spangle || **~ette** *f* spangle || *Pl* tinsel; flakes (de savon).

pain [pɛ̃] *m* bread; *un* ~, a loaf (of bread); ~ *azyme*, unleavened bread; ~ *bis*, brown bread; ~ ***complet***, wholemeal bread; ~ ***d'épice***, gingerbread; ~ ***grillé***, toast; ~ *de mie*, sandwich loaf; *petit* ~, French roll || [savon] bar, cake || FIG. ***gagner son*** ~, earn one's bread; *se vendre comme des petits* ~*s*, sell like hot cakes.

pair I, **e** [pɛr] *adj* even (nombre) ● *m aller de* ~ *avec*, rank with, be on a par with; *hors (de)* ~, peerless || ***au*** ~, au pair (jeune fille) || FIN. *au* ~, at par; *au-dessus/au-dessous du* ~, above/below par.

pair II *m* peer.

paire [pɛr] *f* pair (de gants, etc.); couple, brace (d'animaux).

paisible [pɛzibl] *adj* peaceful, quiet, restful.

paître [pɛtr] *vi* (73) graze; *faire* ~, graze, pasture.

paix [pɛ] *f* peace, quiet; *en* ~, peacefully; *faire la* ~, make peace; *en temps de* ~, in peacetime || *laisser qqn en* ~, leave sb. in peace.

Pakist|an [pakistɑ̃] *m* Pakistan || **~anais, e** [-anɛ, ɛz] *n* Pakistani.

palais I [palɛ] *m* palace.

palais II *m* MÉD. palate.

palan [palɑ̃] *m* tackle.

pale [pal] *f* blade (d'hélice).

pâle [pɑl] *adj* pale, colourless; wan (sourire) || MÉD. pallid, sickly.

palefrenier [palfrəɲe] *m* stableman, groom.

Palestin|e [palɛstin] *f* Palestine || **~ien, ienne** *adj/n* Palestinian.

palet [palɛ] *m* SP. [hockey sur glace] puck.

pâleur [pɑlœr] *f* paleness, pallor.

palier [palje] *m* landing (d'escalier) || TECHN. bearing || FIG. *par* ~*s*, by stages.

pâlir [pɑlir] *vi* (2) pale, grow pale; lose colour || [couleur] fade || FIG. *faire* ~, outshine.

palissade [palisad] *f* fence, palings; [chantier] hoarding.

palli|atif [paljatif] *m* palliative || **~er** *vt (ind)* [1] ~ *(à)*, palliate.

palmarès [palmarɛs] *m* honours list || SP. prize-list.

palm|e [palm] *f* BOT. palm || SP. flipper (pour nager) || ZOOL. web || FIG. *remporter la* ~, bear the palm || **~é, e** *adj* web-footed || **~eraie** [-ərɛ] *f* palm-grove || **~ier** *m* palm-tree.

palombe [palɔ̃b] *f* wood-pigeon.

palonnier [palɔnje] *m* AV. rudder-bar.

pâlot, otte [pɑlo, ɔt] *adj* palish.

palourde [palurd] *f* clam.

palp|able [palpabl] *adj* palpable, tangible || **~er** *vt* (1) feel, finger.

palpit|ant, e [palpitɑ̃, ɑ̃t] *adj* FIG. thrilling || **~ation** *f* throb(bing), palpitation || **~er** *vi* (1) [cœur] throb, palpitate || flutter, pant.

paludisme [palydism] *m* malaria.

pâmer (se) [səpɑme] *vpr* (1) swoon, faint.

pamphlet [pɑ̃flɛ] *m* lampoon.

pamplemousse [pɑ̃pləmus] *m* grapefruit.

pan [pɑ̃] *m* tail (de chemise); skirt (d'une veste); flap (de manteau).

pan! *interj* bang!

panacée [panase] *f* panacea, cure-all.

panach|e [panaʃ] *m* plume || wreath (de fumée) || **~er** *vt* (1) mix || POL. split (one's vote).

panaris [panari] *m* whitlow.

pancarte [pɑ̃kart] *f* sign, notice (board) || [manifestation] placard.

panchromatique [pɑ̃krɔmatik] *adj* panchromatic.

panégyrique [paneʒirik] *m* encomium, eulogy.

paner [pane] *vt* (1) CULIN. coat with crumbs.

panier [panje] *m* basket, hamper; *~ à bouteilles,* bottle-carrier; *~ de pêche,* creel; ***~ à provisions,*** shopping basket; *~ à salade,* salad washer/shaker || FIG. *~ de crabes,* rat race, dog-eat-dog world; *~ percé,* spend-thrift; *le dessus du ~,* the cream (of) || FAM. [police] *~ à salade,* Black Maria (sl.).

paniqu|ard [panikar] *adj m* FAM. panicky (fam.) || **~e** *f* panic || stampede (débandade); *être pris de ~,* panic, get panicky; *pris de ~,* panic-stricken; *semer la ~ dans,* panic || **~er** *vi* (1) panic, get panicky.

panne [pan] *f* TECHN. break-down, failure; ***en ~,*** out of order || AUT. *~ de moteur,* engine-failure; ***avoir une ~, tomber en ~,*** break down, fail; *avoir une ~ d'essence,* run dry/out of petrol; run out of juice (sl.); *en ~,* broken-down || ÉLECTR. ***~ de courant,*** power failure; blackout (générale) || NAUT. *mettre en ~,* bring to.

panneau [pano] *m* panel; *~ d'affichage,* notice/bulletin board; *~ de signalisation (routière),* traffic/road sign.

panoplie [panɔpli] *f* panoply.

panoram|a [panɔrama] *m* panorama || **~ique** *adj* panoramic ● *m* CIN. pan(ning) shot; *faire un ~,* pan (round).

panse [pɑ̃s] *f* paunch.

pans|ement [pɑ̃smɑ̃] *m* dressing bandage; ***~ adhésif,*** sticking plaster; *faire un ~ (à),* dress (a wound); bandage (un membre) || **~er** *vt* (1) dress, bandage (up) || *~ un cheval,* groom.

pantalon [pɑ̃talɔ̃] *m* (pair of) trousers; slacks, U.S. pants; *~ de velours,* corduroys.

pantelant, e [pɑ̃tlɑ̃, ɑ̃t] *adj* panting.

panthère [pɑ̃tɛr] *f* panther.

pant|in [pɑ̃tɛ̃] *m* FIG. puppet || **~omime** [-ɔmim] *f* pantomime, dumb show.

pantoufl|ard, e [pɑ̃tuflar, ard] *adj* FAM. domestic (personne) ● *m* stay-at-home || **~e** *f* slipper.

paon [pɑ̃] *m* peacock.

papa [papa] *m* FAM. dad, daddy.

pap|al, e, aux [papal, o] *adj* papal || **~e** *m* pope.

paperass|es [papras] *fpl* old papers || **~erie** *f* paperwork, red tape.

pape|terie [pap(ɛ)tri] *f* TECHN. paper-mill (factory) || COMM. stationery; stationer's shop || **~tier, ière** [-ptje, jɛr] *n* stationer.

papier [papje] *m* paper; *~ d'aluminium,* tinfoil; ***~ de brouillon,*** rough paper; *~ bulle,* Manilla paper; ***~ carbone,*** carbon paper; ***~ d'emballage,*** brown/wrapping paper; *~ hygiénique,* toilet paper; *~ journal,* newsprint; ***~ à lettres,*** writing-paper; *~ peint,* wall-paper; *~ paraffiné,* wax(ed) paper; ***~ pelure,*** India paper, [dactylographie] flimsy; ***~ de soie,*** tissue paper; ***~ de verre,*** glass/sand-paper || [journalisme] article, story || *Pl* ***~s (d'identité),***

(identity) papers; *vieux ~s,* litter || FAM. *être dans les petits ~s de qqn,* be in sb.'s good books.

papill|on [papijɔ̃] *m* butterfly; ~ *de nuit,* moth || **~ote** [-ɔt] *f* curl-paper || **~oter** [-ɔte] *vi* (1) [lumière] flicker || [yeux] blink.

papot|age [papɔtaʒ] *m* FAM. chatter, prattle || **~er** *vi* (1) chatter, prattle.

paquebot [pakbo] *m* steamer, liner.

pâquerette [pɑkrɛt] *f* daisy.

Pâques [pɑk] *m* Easter (day); *œufs de ~,* Easter eggs ● *fpl faire ses ~,* do one's Easter duties.

paquet [pakɛ] *m* parcel, packet, U.S. package; *faire un ~,* pack up || bundle (d'habits) || ~ *de cigarettes,* paquet of cigarettes.

par [par] *prép* [agent, moyen] by; ~ *avion,* by air-mail || [lieu] through; ~ *la fenêtre,* out of/through the window; by way of, via; ~ *Douvres,* via Dover || [cause] ~ *ignorance,* out of ignorance || [atmosphère] ~ *tous les temps,* in all weathers; ~ *cette chaleur,* in this heat || [distributif] per; ~ *an,* per year; *deux fois ~ jour,* twice a day ● *loc* ***~-ci, ~-là,*** here and there; ***~-derrière,*** (from) behind; ***~-dessus,*** over; ***~-dessus tout,*** above all; ***~ devant,*** in front, before; ***~ ici,*** about here (position); this way (direction); ***~ là,*** that way.

para [para] *m* MIL., FAM. paratrooper.

parabole [parabɔl] *f* MATH. parabola || FIG. parable.

parachever [paraʃve] *vt* (5) finish.

parachut|age [paraʃytaʒ] *m* parachute drop || **~e** *m* parachute; *sauter en ~,* bale out || **~er** *vt* (1) parachute, drop || **~isme** *m* *faire du ~,* go parachuting || **~iste** *n* parachutist || MIL. paratrooper; *Pl* paratroops.

parade I [parad] *f* SP. [escrime] parry.

parad|e II *f* parade; outside show || MIL. parade, review || FIG. display; *faire ~ de,* make a show of || **~er** *vi* (1) MIL. parade || FIG. show off.

paradis [paradi] *m* REL. paradise || TH. gallery || FIG. ~ ***fiscal,*** tax haven.

paradox|al, e, aux [paradɔksal, o] *adj* paradoxical || **~e** *m* paradox.

paraf|e [paraf] *m,* **~er** *vt* (1) = PARAPH|E, ~ER.

paraffine [parafin] *f* paraffin-wax; *huile de ~,* liquid paraffin.

parages [paraʒ] *mpl* area, parts; *dans ces ~,* in these parts.

paragraphe [paragraf] *m* paragraph.

paraître I [parɛtr] *vi* (74) [se faire voir] appear, come out, show || [livre] appear; *vient de ~,* just out; *faire ~,* bring out, publish (un livre) || show off (parader) || TH. appear (*dans,* in) || NAUT. ~ *à l'horizon,* heave in sight.

paraître II *vi* (74) [avoir l'apparence] seem, appear, look, sound; ~ *devoir réussir,* bid fair to succeed — *v impers* ***il paraît que,*** it seems that; *à ce qu'il paraît,* so it appears/seems, so it would seem; *à ce qu'il me paraît,* as I see it.

parallèle [paralɛl] *adj* parallel ● *m* GÉOGR. parallel ● *f* MATH. parallel || ÉLECTR. *en ~,* in parallel.

paralys|er [paralize] *vt* (1) MÉD. paralyse || FIG. cripple || **~ie** *f* paralysis, palsy.

parapet [parapɛ] *m* parapet.

paraph|e [paraf] *m* flourish (trait de plume) || initials (signature) || **~er** *vt* (1) initial.

paraphras|e [parafraz] *f* paraphrase || **~er** *vt* (1) paraphrase.

parapluie [paraplɥi] *m* umbrella.

parasite [parazit] *m* MÉD. parasite || RAD. statics, atmospherics || FAM. hanger-on.

para|sol [parasɔl] *m* parasol; sunshade (de table); beach-umbrella (de plage) || **~soleil** *m* PHOT. hood || **~tonnerre** *m* lightning-rod || **~vent** *m* folding screen || FIG. stalking-horse.

parbleu! [parblø] *interj* rather!, you bet!

parc [park] *m* park || grounds (d'un château) || [enclos] **~ *d'attractions,*** funfair, U.S. amusement park; ~ *à bébé,* playpen; ~ *à bestiaux,* (cattle) pen, stockyard; ~ *à huîtres,* oyster farm || GÉOGR. **~ *national,*** national park || MIL. park || AUT. **~ *de stationnement,*** car park.

parcelle [parsɛl] *f* particle (fragment) || AGR. plot (de terre).

parce que [parskə] *loc conj* because.

parchemin [parʃəmɛ̃] *m* parchment.

parcimonieux, ieuse [parsimɔɲø, jøz] *adj* sparing, parsimonious.

par-ci, par-là [parsiparla] *loc adv* here and there.

parc(o)mètre [park(ɔ)mɛtr] *m* parking meter.

parc|ourir [parkurir] *vt* (32) go over; walk (les rues); travel, cover (une distance); scour (le pays); tour (un pays) || ~ *des yeux,* glance over, scan; skim through, go/look over (livre) || **~ours** [-ur] *m* distance; journey (trajet) || [bus] route || [fleuve] course || SP. course, circuit.

pardessus [pardəsy] *m* overcoat, top-coat.

pard|on [pardɔ̃] *m* forgiveness, pardon; *je vous demande ~!,* I beg your pardon!; *~!,* (I am) sorry! || REL. pilgrimage (en Bretagne) || **~onner** [-ɔne] *vt (ind)* [1] forgive, pardon, condone; ~ *qqch. à qqn,* excuse/forgive sb. for sth.

pare|-balles [parbal] *adj inv* bulletproof || **~-brise** *m inv* AUT. wind-screen/U.S. -shield || **~-chocs** *m inv* AUT. bumper, U.S. fender || **~-étincelles** *m inv* firescreen.

pareil, eille [parɛj] *adj* like, alike; similar (*à,* to) || such; *une chose ~eille,* such a thing; *je n'ai rien dit de ~,* I said no such thing ● *m* like, equal, fellow, match; *sans ~,* matchless ● *f rendre la ~eille,* reciprocate; retaliate on || **~lement** [-mɑ̃] *adv* likewise.

paren|t, e [parɑ̃, ɑ̃t] *adj* related ● *n* relative, relation; kinsmann || *Pl* kin; *le(s) plus proche(s) ~(s),* next of kin ● *mpl* [père et mère] parents || **~te** [-t] *f* kinswoman || **~té** [-te] *f* kinship, relationship (de famille) || kin, kindred (parents).

parenthèse [parɑ̃tɛz] *f* [signe] bracket; *mettre entre ~s,* bracket, put in brackets || [digression] parentesis; *entre ~s,* incidentally.

parer I [pare] *vt* (1) adorn, deck (*de,* with).

parer II *vt* (1) parry; fend off — *vi* provide (*à,* against).

pare-soleil [parsɔlɛj] *m inv* AUT. (sun-)visor.

paress|e [parɛs] *f* laziness, idleness, sloth (indolence) || **~er** *vi* (1) laze about; ~ *au lit,* laze in bed || **~eux, euse** *adj* lazy, idle; sluggish ● *n* lazy person.

parf|aire [parfɛr] *vt* (50) perfect, complete || **~ait, e** [-ɛ, ɛt] *adj* perfect || complete (total) || *c'est ~!,* that's fine! || PÉJ. utter (imbécile) ● *m* GRAMM. perfect || **~aitement** [-ɛtmɑ̃] *adv* perfectly || [accord] *~!,* quite so!

parfois [parfwa] *adv* sometimes, occasionally.

parf|um [parfœ̃] *m* perfume, fragrance, scent || flavour (d'une glace) || **~umé, e** [-yme] *adj* fragrant, odorous, sweet, redolent || **~umer** *vt* (1) perfume || scent (l'air) || **~umerie** [-ymri] *f* perfumery || **~umeur, euse** [ymœr, øz] *n* perfumer.

pari [pari] *m* bet, wager || SP. betting; *faire un ~,* bet.

paria [parja] *m* outcast.

par|ier [parje] *vt* (1) bet (*avec,* with); wager; lay (une somme) [*sur,* on]; *~ à cent contre un,* bet/lay a hundred to one; *il y a gros à ~ que,* the odds are that || **~ieur, ieuse** [-jœr, jøz] *n* better.

parisien, enne [parizjɛ̃, ɛn] *adj/n* Parisian.

paritaire [paritɛr] *adj* joint (commission).

parjur|e [parʒyr] *m* [faux serment] perjury ● *n* [personne] perjurer || **~er (se)** *vpr* (1) perjure/forswear oneself, break one's oath.

parking [parkiŋ] *m* AUT. car park; lay-by, pull-in (en bordure de route).

parl|ant, e [parlɑ̃, ɑ̃t] *adj* talking || **~é, e** *adj* colloquial (langue).

parlemen|t [parləmɑ̃] *m* parliament || **~ter** [-te] *vi* (1) parley.

parl|er [parle] *vi* (1) speak, talk (*à,* to; *de,* of/about); tell (*de,* of/about); *sans ~ de,* to say nothing of; *à proprement ~,* properly speaking || *~ franchement,* speak out; *~ au nom de,* speak for || [prononcer] *~ du nez,* speak with a twang/through one's nose *~* ***de,*** talk about; *~ de choses et d'autres,* talk on about this and that; *n'en parlons plus!,* let's forget it!; *tout le monde en parle,* it's the talk of the town || FAM. *tu parles!,* you bet!, you're telling me! — *vt* speak (une langue) || *~ affaires/boutique/politique,* talk business/shop/politics || **~oir** *m* visiting room || [couvent] parlour.

parmi [parmi] *prép* amongst.

parod|ie [parɔdi] *f* parody || **~ier** [-je] *vt* (1) parody.

paroi [parwa] *f* side || wall (d'un cylindre).

paroiss|e [parwas] *f* parish || **~ial, e, aux** [-jal, o] *adj* parochial || **~ien, ienne** *n* parishioner.

parole [parɔl] *f* speech (faculté); *sans ~s,* speechless || *adresser la ~,* speak (*à,* to); *prendre la ~,* take the floor || word (expression); *~ d'Évangile,* Gospel truth || ***avoir la ~ facile,*** be a fluent speaker, have the gift of the gab (fam.) || [promesse] ***donner/tenir sa ~,*** give/keep one's word; ***manquer à sa ~,*** break one's word; *vous pouvez m'en croire sur ~,* you may take my word for it; *~ d'honneur!,* I give you my word [of honour]!, honour bright!

paroxysme [parɔksism] *m* paroxysm.

parquer [parke] *vt* (1) AGR. pen || AUT. park.

parqu|et [parkɛ] *m* floor || JUR. Public Prosecutor's Office || FIN. Ring (à la Bourse) || **~eter** [-əte] *vt* (8 *a*) floor.

parr|ain [parɛ̃] *m* godfather; *être ~ de,* stand godfather to || sponsor (membre d'un club) || **~ainage** [-ɛnaʒ] *m* sponsorship || **~ainer** [-ɛne] *vt* (1) sponsor.

parricide [parisid] *m/n* parricide.

parsemer [parsəme] *vt* (5) strew, sprinkle, dot (*de,* with); stud (*d'étoiles,* with stars).

part I [par] *f* share (portion), part (partie); *la ~ du lion,* the lion's share || [participation] part; *prendre ~ à,* take part in, share (in); go in for (compétition, etc.); *prendre ~ à la conversation,* enter into conversation || *faire la ~ de,* make allowance for; *la ~ du feu,* a necessary sacrifice || *pour ma ~,* for my part, as for me || ***de la ~ de,*** on the part of, from; *de ma ~,* on my behalf; *dites-lui de ma ~ que ...,* tell him from me that

... || ***faire ~ de qqch. à qqn,*** announce sth. to sb., inform sb. of sth.

part II *f : loc adv* ***à ~,*** aside, separate; *à ~ cela,* except for that; *mettre à ~,* segregate || ***autre ~,*** elsewhere, somewhere else; ***nulle ~,*** nowhere; ***quelque ~,*** somewhere, anywhere; *de ~ en ~,* right through; ***d'une ~ ..., d'autre ~,*** on the one hand ..., on the other hand || ***à ~,*** aside (de côté); separately (séparément); apart from (excepté).

partag|e [partaʒ] *m* sharing, division, partition, deal; *faire le ~ de qqch.,* divide sth. (up) || *recevoir en ~,* come in for (hériter) || GÉOGR. *ligne de ~ des eaux,* watershed || **~er** *vt* (7) share, divide (*entre,* among); portion out; partake (of) [un repas]; *~ avec qqn,* go shares with sb.; *~ en deux,* halve; *~ les frais,* go Dutch (fam.); *~ de moitié,* go halves || FIG. *~ la douleur de qqn,* sympathize with sb.

part|ance [partɑ̃s] *f* NAUT. *en ~,* outgoing; *en ~ pour,* bound for || **~ant** *m* SP. starter (cheval, coureur).

partenaire [partənɛr] *n* partner.

parti I [parti] *m* POL. party; *esprit de ~,* party-spirit.

parti II *m* [choix] ***prendre ~,*** come to a decision; *ne pas prendre ~,* sit on the fence; *prendre ~ pour,* side with, take side with, take sb.'s part || ***~ pris,*** bias, prejudice || ***prendre le ~ de faire*** resolve to do.

parti III *m* [profit] ***tirer ~ de qqch.,*** turn sth. to account; *tirer le meilleur ~ de,* make the best/most of || [mariage] *un beau ~,* a good match || ***faire un mauvais ~ à,*** ill treat, kill (qqn).

partial, e, aux [parsjal, o] *adj* partial; biased || **~ité** *f* partiality.

particip|ation [partisipasjɔ̃] *f* participation || FIN. contribution || POL. turn-out (aux élections) || SP. entry (liste) || **~e** *m* participle || **~ant, e** *adj/n* partaker || SP. entrant || **~er** *vi* (1) participate, have a share (*à,* in) || take part (*à,* in); join (*à,* in) [la conversation] || *~ de,* partake of (tenir de).

particul|arité [partikylarite] *f* peculiarity, particular detail; *~ individuelle,* idiosyncrasy || **~e** *f* GRAMM., PHYS. particle || **~ier, ière** *adj* particular, peculiar, special; *~ à,* peculiar to; ***cas ~,*** special case; ***en ~,*** in particular, particularly (surtout); in private (en privé) || **~ièrement** *adv* particularly || especially.

partie I [parti] *f* part; ***en ~,*** in part, partly; *en ~s égales,* half and half; *en grande ~,* largely, in a large measure; *la plus grande ~ de,* the best part of || ***faire ~ de,*** be part of, belong to, be a member of (un club) || piece, section, part (d'un livre) || *Pl ~s sexuelles,* private parts; privates (sl.) || MUS. part || GRAMM. *~ du discours,* part of speech.

partie II *f* game; *faire une ~ de cartes,* have a game of cards || [promenade] *~ de campagne,* outing in the country || SP. game; ***faire une ~ de tennis,*** play a game of tennis; *~ de chasse,* shooting party.

partie III *f* COMM. line of business; *ce n'est pas ma ~,* it's not in my line.

partie IV *f* JUR. party; *se porter ~ civile,* put in a claim for damages || *prendre qqn à ~,* join/take issue with sb.

parti|el, elle [parsjɛl] *adj* partial || **~ellement** *adv* in part, partly.

partir [partir] *vi* (93) go away, leave, set forth, start; go one's way, quit, depart (*pour,* for; *de,* from); *il faut que je parte,* I must be off; ***~ en voyage,*** start on a journey || [quitter l'hôtel] check out || [train] leave || [voiture] start off || [coup de feu] *le coup partit,* the gun went off || [bouton] come off || [taches] come/wash out || NAUT. ~ *pour,* set sail for || ***faire ~,*** let off, fire (un fusil); remove (une tache) ● *loc prép* ***à ~ de,*** from; *à ~ d'aujourd'hui,* (as) from today; *à ~ de maintenant,* from now on; *à ~ d'ici,* from here onwards.

partisan, e [partizɑ̃, an] *adj* clannish; *être ~ de,* be in favour of, be for ● *n* follower, supporter; enthusiast, adherent || *les ~s et les opposants,* the pros and cons || *Pl* following || MIL. partisan; *guerre de ~s,* guerilla warfare.

partition [partisjɔ̃] *f* MUS. score.

partout [partu] *adv* everywhere; far and near; all over (the place) || *~ ailleurs,* everywhere else || ***~ où,*** wherever.

paru [pary] V. PARAÎTRE ● *adj* out (livre).

parure [paryr] *f* adornment || set (de diamants).

parven|ir [parvənir] *vt ind* (101) ***~ à,*** [atteindre] reach, get to (lieu) || *faire ~ qqch. à qqn,* send sb. sth. || FIG. attain to (perfection) || [réussir] ***~ à faire,*** manage to do, succeed in doing — *vi* [faire fortune] get on in life || **~u, e** *n* upstart, parvenu.

pas I [pa] *adv* not; ***~ de,*** not any, no; ***~ du tout,*** not at all; *pourquoi ~ ?,* why not?; *presque ~,* hardly any.

pas II *m* step (mouvement); ***faire un ~,*** step, take a step; *être/marcher au ~,* be/keep in step; *rompre le ~,* break step; *allonger le ~,* step out; *emboîter le ~ à qqn,* follow in sb.'s footsteps; *céder le ~ à,* give way to; ***faire un faux ~,*** stumble; *faire les cent ~,* pace/walk up and down; ***revenir sur ses ~,*** retrace one's steps || pace, step (distance); *à deux ~ d'ici,* a few steps/paces away || footstep (bruit, empreinte); *bruit de ~,* footfall || tread (bruit, manière de marcher) || pace, walk (démarche); ***aller au ~,*** go at a walking pace; *à ~ comptés,* with measured steps; *~ à ~,* step by step; *à ~ de loup,* stealthily; *avancer à grands ~,* stride along || ***~ de la porte,*** door-step || [dalles] ***~ japonais,*** crazy pavement || COMM. *~ de porte,* key money || GÉOGR. *le pas de Calais,* the Straits of Dover || MIL. *~ accéléré,* quick step; *au ~ de gymnastique,* at the double; *marquer le ~,* mark time || SP. *prendre le ~ sur,* take the lead over || FIG. *mauvais ~,* fix; *~ de clerc,* blunder, false step; *avoir le ~ sur,* take precedence over; *se mettre au ~,* toe the line.

pas III *m* TECHN. [vis] pitch; thread (filet).

passable [pɑsabl] *adj* middling, fair, tolerable, passable || [examen] pass || **~ment** *adv* fairly, tolerably, indifferently.

pass|age [pasaʒ] *m* way, passage; crossing (traverse); *livrer ~ à,* make way for; *de ~,* passing (visiteur); way, arcade (dans une rue); ***~ clouté,*** pedestrian/zebra crossing; *~ en dessous,* underpass; *~ en dessus,* overpass; *~ interdit,* no entry; *~ souterrain,* subway || passage, excerpt (d'un livre) || RAIL. ***~ à niveau,*** level crossing, U.S. grade crossing || **~ager, ère** [-aʒe, ɛr] *adj* transient, passing; *rue ~ère,* V PASSANT ● *n* NAUT., AV. passenger; *~ clandestin,* stowaway || **~ant, e** *adj* frequented; *rue ~e,* busy street ● *loc adv* ***en ~,*** by the way (à propos); *soit dit en ~,* incidentally ● *loc prép en ~ par,* via, by way of ● *n* passer-by || **~e** *f* SP. pass || NAUT. channel, pass || FIG. *dans une mauvaise ~,* in a fix; *être en ~ de,* be about to.

passé, e [pɑse] *adj* past, bygone; *au cours de la semaine ~e,* during the past week ● *m* past; *oublions le ~,* let bygones be bygones || GRAMM. past tense.

passe|-partout [pɑspartu] *m inv* master-key, passkey || **~-passe** *m inv tour de ~,* sleight of hand, conjuring trick; *faire des tours de* ~, conjure, juggle || **~port** *m* passport.

passer [pɑse] *vi* (1) pass, pass along, get by; ~ *devant* (qqn, qqch., etc.), pass, go by/past || ~ *avant son tour,* jump the queue || adjourn (à un autre endroit) || ~ ***chez qqn,*** call at sb.'s place; ~ ***voir qqn,*** call on sb., look sb. up; drop in on sb. (entrer en passant); *le facteur est-il passé?,* has the postman been/called? || [bus, route, etc.] run (+ prép.) || ~ *par,* go through || *faire* ~, pass (on) [faire circuler] || go through (filtrer); [coffee] percolate || [couleur] fade || [propriété] descend, be transferred (*à,* to) || [temps] go by, pass, elapse; ***faire ~ le temps,*** beguile the time; *comme le temps passe!,* how time flies! || [transports] *faire ~ en bac,* ferry over || [douane] ~ ***à la douane,*** go through customs; *faire ~ qqch. en douane,* get sth. through customs || [film] be showing || RAD. ~ ***à la radio/télé,*** be on the radio/on T.V.; ~ *à l'antenne,* go on the air || MÉD., FAM. ~ ***à la radio,*** have an X-ray || JUR. [loi] go through (être voté) || FIG. ~ *à côté,* miss the mark || ~ ***à,*** proceed to (autre activité) || ~ ***de :*** ~ *de mode,* go out || ~ ***pour,*** be taken for; *se faire ~ pour,* give oneself out as/to be.
— *vt* pass, cross || go over (un pont) || pass, hand (on) [qqch.]; palm off (une fausse pièce) || spend, pass (le temps) || live (sa vie); ~ *la nuit,* stay overnight; ~ *un bon moment,* have a good time || slip on (vêtement); sweep, run (la main) [*sur,* over] || [examen] sit (for), take; ~ ***un test,*** take a test, *faire ~ un test,* give a test; ~ *avec succès,* pass || [cartes] ~ ***son tour,*** pass || [douane] ~ ***qqch. en fraude,*** smuggle sth. (+ prép.) || SP. pass (ballon) [*à,* to] || AUT. change (up/down) [*en,* into] || COMM. ~ *un ordre,* place an order || MIL. ~ *en revue,* pass in review || CULIN. strain || CIN. show, put on; *quel film passe-t-on ce soir?,* what's on tonight? || TÉL. put through to (personne) || JUR. pass (résolution) — *vpr* ***se ~,*** take place, happen; *que se passe-t-il?,* what's going on? || ***se ~ de,*** do/go without, dispense with.

passerelle [pasrɛl] *f* foot-bridge || NAUT. bridge (de commandement); gangway (d'embarquement).

passe|-temps [pastɑ̃] *m inv* pastime; ~ *favori,* hobby || **~-thé** *m inv* tea-strainer.

passeur [pasœr] *m* ferryman.

passif, ive [pasif, iv] *adj* passive ● *m* GRAMM. passive (voice) || FIN. liabilities.

passi|on [pasjɔ̃] *f* passion; *avec* ~, passionately; *sans* ~, dispassionately || REL. Passion || **~onnant, e** [-ɔnɑ̃, ɑ̃t] *adj* exciting, thrilling || **~onné, e** [-ɔne] *adj* passionate (*pour,* for); enthusiastic (*de,* about) || ardent, impassioned || ~ *de,* keen on (fam.) ● *n* enthusiast; fan (fam.) || **~onnel, elle** [-ɔnɛl] *adj crime* ~, love tragedy || **~onnément** [-ɔnemɑ̃] *adv* passionately || **~onner** *vt* (1) impassion; captivate — *vpr* ***se ~,*** get enthusiastic (*pour,* over); get passionately fond (*pour,* of).

passivité [pasivite] *f* passiveness, passivity.

passoire [paswar] *f* strainer, colander.

pastel [pastɛl] *m* pastel, crayon.

pastèque [pastɛk] *f* watermelon.

pasteur [pastœr] *m* parson, clergyman, vicar.

pasteuriser [pastœrize] *vt* (1) pasteurize.

pastille [pastij] *f* lozenge, tablet; ~ *de menthe,* peppermint (drop); ~*s contre la toux,* cough-drops.

pastoral, e, aux [pastɔral, o] *adj* pastoral.

pat [pat] *m/adj* stale mate(d) [jeu d'échecs].

patate [patat] *f* ~ *douce,* sweet potato, U.S. yam || FAM. spud.

pataug|eoire [patoʒwar] *f* paddling-pool || **~er** *vi* (7) paddle, splash about; flounder (pr. et fig.).

pâte [pɑt] *f* dough (à pain); pastry (à tarte); batter (à frire) || [hygiène] ~ ***dentifrice,*** toothpaste || CULIN. ~ *à tartiner,* sandwichspread || *Pl* pasta (alimentaires) || TECHN. ~ *à papier,* (paper) pulp || ARTS ~ *à modeler,* Plasticine.

pâté I [pɑte] *m* blot (d'encre).

pâté II *m* block (de maisons).

pât|é III *m* CULIN. ~ *en croûte,* pie || [plage] ~ *(de sable),* sand pie || **~ée** *f* [dog] feed, mash.

patelin [patlɛ̃] *m* FAM. small village, place.

patent, e [patɑ̃, ɑ̃t] *adj* patent.

patent|e [patɑ̃t] *f* COMM. licence || NAUT. bill of health/lading || **~é, e** [-ɑ̃te] *adj* COMM. licensed.

Pater [pɑtɛr] *m inv* Lord's Prayer.

patère [patɛr] *f* hat-peg.

patern|el, elle [patɛrnɛl] *adj* paternal; fatherly (bon) || **~ité** *f* paternity, fatherhood.

pâteux, euse [pɑtø, øz] *adj* pasty || MÉD. coated (langue) || FIG. thick (voix).

pathétique [patetik] *adj* pathetic ● *m* pathos.

pathologique [patɔlɔʒik] *adj* pathological.

pati|emment [pasjamɑ̃] *adv* patiently || **~ence** *f* patience; ***prendre*** ~, have patience, be patient; *à bout de* ~, out of patience; *prendre son mal en* ~, learn to live with it || [cartes] *faire des* ~*s,* play patience || **~ent, e** *adj* patient ● *n* MÉD. patient || **~enter** *vi* (1) wait patiently; *patientez un peu!,* be patient!; ***faire*** ~ ***qqn,*** help sb. pass the time.

pat|in [patɛ̃] *m* skate; ~ *à roulettes,* roller-skate || shoe (de frein de bicyclette) || **~inage** [-inaʒ] *m* skating.

patin|e [patin] *f* patina; ~ *du temps,* weathering || **~er** I *vt* (1) give a patina to.

patin|er II *vi* (1) skate || TECHN. skid, slip || **~eur, euse** *n* skater || **~oire** *f* skating-rink.

pâtir [pɑtir] *vi* (2) suffer (*de,* from).

pâtiss|erie [pɑtisri] *f* pastry (gâteaux); pastry-shop (magasin) || **~ier, ière** *n* pastry-cook.

patraque [patrak] *adj* FAM. off-colour, seedy.

patrie [patri] *f* native land, mother country, fatherland, home.

patrimoine [patrimwan] *m* patrimony.

patriot|e [patriɔt] *adj* patriotic ● *n* patriot || **~ique** *adj* patriotic || **~isme** *m* patriotism.

patron I [patrɔ̃] *m* pattern (modèle).

patr|on II, **onne** *n* employer; boss (fam.); publican (d'un bistrot); landlord, -lady (d'un hôtel) || NAUT. skipper; ~ *de barque,* coxswain || REL. patron || **~onage** [-ɔnaʒ] *m* patronage, support || REL. club, guild || **~onat** [-ɔna] *m* employers || **~onner** [-ɔne] *vt* (1) patronize.

patrouill|e [patruj] *f* patrol || **~er** *vi* (1) patrol || **~eur** *m* NAUT. scout.

patte I [pat] *f* paw (de chien); leg (d'insecte); foot (d'oiseau, de quadrupède) || FAM. *à quatre* ~*s,* on all fours.

patte II *f* tab (languette); flap (de poche); ~ *d'épaule,* shoulder-strap.

patte-d'oie [patdwa] *f* cross-roads (carrefour) || crows-feet (rides).

pâtur|age [patyraʒ] *m* pasture || **~e** *f* pasture, fodder.

paume [pom] *f* palm (de la main).

paumé, e [pome] *adj* POP. lost, confused (perdu) ● *n* drop-out (fam.).

paupière [popjɛr] *f* eyelid.

pause [poz] *f* pause, break, let-up, intermission, halt; *faire une* ~, break off, have a break, pause; ~ ***café,*** coffee break || MUS. semi-breve rest.

pauvre [povr] *adj* poor, poverty-stricken; penurious || FIG. unfortunate; ~ *type,* worm || FIG. paltry, flimsy (excuse) ● *m* poor man || *Pl les ~s,* the poor || **~ment** *adv* poorly.

pauvr|esse [povrɛs] *f* poor woman, beggar woman || **~eté** [-əte] *f* poverty || FIG. poorness.

pavage [pavaʒ] *m* paving.

pavaner (se) [səpavane] *vpr* (1) strut.

pav|é [pave] *m* paving-stone || *Pl* cobbles, cobblestones || **~er** *vt* (1) pave, cobble.

pavillon I [pavijɔ̃] *m* detached house || summer-house (dans un jardin) || ~ *de chasse,* shooting lodge.

pavillon II *m* NAUT. flag, ensign; ~ *britannique,* Union Jack; ~ ***de complaisance,*** flag of convenience; ~ *noir,* Jolly Roger.

pavoiser [pavwaze] *vt* (1) flag; deck with flags || NAUT. dress (un navire).

pay|able [pɛjabl] *adj* payable || **~ant, e** *adj* paying || **~e** [pɛj], **paie** [pɛ] *f* pay, wages; *feuille de* ~, pay-slip; *jour de* ~, pay-day || **~ement** [pɛmɑ̃] *m* V. PAIEMENT || **~er** *vt* (9 *b*) pay (qqn) [*de,* for]; pay for (qqch.) || ~ ***qqch. à qqn,*** treat sb. to sth.; ~ *à boire (à qqn),* stand (sb.) a drink; *c'est moi qui paye,* this is to be my treat || settle (une dette); ~ *en espèces/par chèque,* pay in cash/by cheque; ~ *la note,* foot the bill (fam.); ***faire ~,*** charge (un prix); *faire ~ trop cher,* overcharge; *se faire ~ un repas,* cadge a meal || ~ *de retour,* requite — *vpr* ***se ~,*** pay oneself (*sur,* out of) || *se ~ qqch.,* treat oneself to sth. || FAM. *se ~ la tête de qqn,* pull sb.'s leg, make a fool of sb. || ***s'en ~,*** have one's fling || **~eur, euse** *n* payer || FIN. teller.

pays [pei] *m* country; ~ *natal,* native land || country-side || land, region, district || *voir du ~,* go places (fam.) || village || GÉOGR. ~ ***de Galles,*** Wales.

paysag|e [peizaʒ] *m* landscape; scenery || **~iste** *n* landscape painter; *jardinier ~,* landscape gardener.

paysan, anne [peizɑ̃, an] *n* countryman, -woman.

Pays-Bas [peibɑ] *mpl* Netherlands.

P.C.V. [peseve] *abrév/m* TÉL. *communication en ~,* transfer charge call, U.S. collect call; *appeler (qqn) en ~,* transfer the charge (to sb.), U.S. call (sb.) collect.

péage [peaʒ] *m* toll; *autoroute à ~,* toll motorway; *barrière de ~,* toll-gate.

peau [po] *f* skin (humaine) || ZOOL. [petits animaux] skin; ~ *de chamois,* shammy leather; ~ *de daim,* buckskin; ~ *de mouton,* sheepskin; ~ *de porc,* pigskin || [cheval, vache] hide || [avec la fourrure] pelt, fell || BOT. peel (de pêche); rind (de banane) || FAM. ~ *d'âne,* U.S. sheepskin (diplôme).

Peau-Rouge [poruʒ] *n* Red Indian; *femme ~,* squaw.

pêche I [pɛʃ] *f* BOT. peach.

pêche II *f* fishing; *aller à la ~,* go fishing || ~ *à la baleine,* whaling;

~ *au filet,* net fishing; **~ *au tout gros,*** big game fishing; ~ *à la ligne,* angling, fishing.

péch|é [peʃe] *m* sin; ~ *mortel/véniel,* deadly/venial sin; ~ *mignon,* besetting sin || **~er** *vi* (5) REL. sin || FIG. [chose] be at fault; ~ *par défaut,* fall short of the mark || [personne] err (*par excès de,* on the side of).

pêcher I [pɛʃe] *m* BOT. peachtree.

pêch|er II *vt* (1) fish for; ~ *à la ligne,* angle || **~erie** [-ri] *f* fishery || **~eur, euse** *n* fisherman, -woman (au filet) || angler (à la ligne).

pécheur, eresse [peʃœr, rɛs] *n* sinner.

pectoral, e, aux [pɛktɔral, o] *adj/m* pectoral.

pécule [pekyl] *m* savings.

pédag|ogie [pedagɔʒi] *f* pedagogy, U.S. education || **~ogue** [-ɔg] *n* pedagogue.

pédal|e [pedal] *f* TECHN. pedal || POP., PÉJ. fairy || **~er** *vi* (1) pedal || **~o** *m* pedal-boat.

pédant, e [pedɑ̃, ɑ̃t] *adj* pedantic ● *n* pedant, wiseacre.

pédé [pede] *m* POP., PÉJ. queer (fam.).

pédestre [pedɛstr] *adj* pedestrian.

pédiatre [pedjatr] *m* pediatrician.

pédicure [pedikyr] *n* chiropodist.

pedigree [pedigre] *m* pedigree.

pègre [pɛgr] *f* underworld.

peign|e [pɛɲ] *m* comb; *se donner un coup de* ~, run a comb through one's hair, fix one's hair || FIG. *passer au ~ fin,* comb out || **~er** *vt* (1) comb (the hair of) — *vpr* ***se ~,*** comb one's hair || **~oir** *m* dressing-gown; ~ *de bain,* bathrobe.

peindre [pɛdr] *vt* (59) paint; ~ *qqch. en bleu,* paint sth. blue || ARTS paint, picture, depict; ~ *à l'huile,* paint in oils || FIG. describe.

peine I [pɛn] *f* [douleur morale] sorrow, pain, grief; ***faire de la ~ à qqn,*** hurt sb.'s feelings, grieve/pain sb. || [punition] pain, penalty, punishment; ~ *capitale,* capital punishment; ***sous ~ de,*** under penalty of; *sous ~ de mort,* under pain of death.

peine II *f* [effort] pain, trouble; ***avoir ~ à,*** be scarcely able to; *se donner de la ~ pour,* take trouble/pains to; *ce n'est pas la ~ d'essayer,* it's no use trying; *ne vous donnez pas la ~!,* don't trouble (*de,* to) || ~ *perdue,* labour lost || ***valoir la ~,*** be worth while.

peine (à) *loc adv* scarcely, hardly, barely || *la nuit est à ~ commencée,* the night is still young.

peiner I [pɛne] *vt* (1) pain, hurt, distress, grieve, aggrieve (causer de la peine).

peiner II *vi* (1) labour, toil; slog away, strain.

pein|tre [pɛ̃tr] *m* painter || **~ture** [-tyr] *f* paint; *attention à la ~,* wet paint || ARTS painting; ~ *à l'huile,* oil-painting; *faire de la ~,* paint.

péjoratif, ive [peʒɔratif, iv] *adj* derogatory, pejorative.

pelage [pəlaʒ] *m* coat, fur, hair.

pêle-mêle [pɛlmɛl] *loc adv* pell-mell; higgledy-piggledy (fam.).

peler [pəle] *vt* (8 *b*) peel (off) [un fruit] — *vi* [peau] peel.

pèler|in [pɛlrɛ̃] *m* pilgrim || **~inage** [-inaʒ] *m* pilgrimage; *aller en ~,* go on a pilgrimage || **~ine** [-in] *f* cape.

pélican [pelikɑ̃] *m* pelican.

pelle [pɛl] *f* shovel (à bras); scoop (à main); dustpan (à poussière); *coup de ~,* scoop || FAM. *ramasser une ~,* come a cropper || **~tée** [-te] *f* shovelful || **~ter** *vt* (8 *a*) shovel || **~teuse** *f* power shovel, excavator.

pellicule [pelikyl] *f* PHOT. (roll)

film || *Pl* dandruff (dans les cheveux).

pelotage [plɔtaʒ] *m* petting, U.S., FAM. necking.

pelote [p(ə)lɔt] *f* ball (de laine) || pincushion (à épingles) || SP. ~ *basque,* pelota.

peloter [plɔte] *vt* (1) FAM. pet.

peloton [plɔtɔ̃] *m* MIL. squad ; ~ *d'exécution,* firing party || SP. cluster, group.

pelotonner (se) [səplɔtɔne] *vpr* (1) curl oneself up, nestle.

pelouse [p(ə)luz] *f* lawn, green.

peluch|e [p(ə)lyʃ] *f* plush || **~eux, euse** *adj* fluffy.

pelure [p(ə)lyr] *f* peel (de fruit, de légume) ; rind (de melon) ; skin (d'oignon).

pénal, e, aux [penal, o] *adj* penal || **~iser** [-ize] *vt* (1) SP. penalize || **~ité** *f* JUR., SP. penalty.

penaud, e [pəno, od] *adj* crestfallen, shamefaced.

penchant [pɑ̃ʃɑ̃] *m* inclination, bent, bias, leaning (*pour,* towards) ; liking, propensity (*pour,* for).

pencher [pɑ̃ʃe] *vi* (1) be slanting || [mur] lean over || [tête] droop || FIG. be inclined (*à croire,* to think) — *vt* tip (assiette, meuble) || ~ *la tête,* bend one's head — *vpr* ***se*** ~, lean over ; *se* ~ *par la fenêtre,* lean out of the window.

pendaison [pɑ̃dɛzɔ̃] *f* hanging.

pendant I [pɑ̃dɑ̃] *m* ~*s d'oreilles,* ear-drops || FIG. opposite number, counterpart, match.

pendant II *prép* during (une période) ; ~ *la journée,* during the day ; ~ *la nuit,* overnight ; ~ *toute la semaine,* all through the week || [durée] for ; ~ *plusieurs années,* for several years || ~ ***que,*** while.

pend|eloque [pɑdlɔk] *f* ear-drop || **~entif** [-ɑ̃tif] *m* pendant || **~erie** [-ri] *f* wardrobe, closet || **~iller** [-ije] *vi* (1) dangle.

pen|dre [pɑ̃dr] *vt* (4) hang (chose, criminel) — *vi* hang (down) ; ~ *mollement,* flag — *vpr* ***se*** ~, hang oneself || **~du, e** [-dy] *n* hanged man/woman.

pendule I [pɑ̃dyl] *m* pendulum.

pendule II *f* clock.

pêne [pɛn] *m* bolt.

pénétr|ant, e [penetrɑ̃, ɑ̃t] *adj* sharp (outil) || FIG. penetrating, sharp, keen (regard, esprit) ; discerning (esprit) ; searching (regard) || **~ation** *f* penetration || FIG. acumen, keenness, insight ; cunning (finesse) || **~er** *vi* (5) penetrate ; enter (*dans,* into) || [liquide] soak, seep ; *faire* ~ *en frottant,* rub in — *vt* penetrate || [pointe] pierce || [froid, vent] bite || pervade (imprégner) || FIG. penetrate, see into.

pénible [penibl] *adj* hard, toilsome (travail) ; trying (personne) ; severe (coup) ; sorrowful (nouvelle) ; painful (douloureux).

péniche [peniʃ] *f* NAUT. barge, lighter || MIL. ~ *de débarquement,* landing-craft.

pénicilline [penisilin] *f* penicillin.

péninsule [penɛ̃syl] *f* peninsula.

pénis [penis] *m* penis.

pénit|ence [penitɑ̃s] *f* penitence || REL. penance || **~encier** [-ɑ̃sje] *m* convict colony, penitentiary || **~ent, e** *n* penitent.

pénombre [penɔ̃br] *f* semi-darkness, half-light.

pensée I [pɑ̃se] *f* BOT. pansy.

pens|ée II *f* thought || **~er** *vi* (1) think (*à,* of/about) ; *qu'en pensez-vous ?,* what do you think of it ? ; *dire ce qu'on pense,* speak one's mind ; *je pense bien !,* I should think so ! ; *faire* ~ *qqn à qqch.,* remind sb. of sth. ; *à quoi penses-tu ?,* a penny for your thoughts (fam.) || **~eur** *m* thinker || **~if,**

ive *adj* pensive, thoughtful; *d'un air ~,* pensively.

pensi|on [pɑ̃sjɔ̃] *f* board and lodging; [prix] charge for board and lodging; *~ complète,* bed and board; *être en ~ chez,* board with; *~* ***de famille,*** boarding-house, pension, guest-house || boarding-school (pensionnat) || pension, allowance; *~ alimentaire,* alimony; *~ de retraite,* retirement pension || **~onnaire** [-ɔnɛr] *n* [privé] lodger, paying guest || [école] boarder || **~onnat** [-ɔna] *m* boarding-school || **~onné, e** *n* pensioner || **~onner** [-ɔne] *vt* (1) pension.

pentagone [pɛ̃tagɔn] *m* pentagon.

pente [pɑ̃t] *f* slope, incline; gradient (d'une route); ***en ~,*** on a slant; *être en ~,* slope, fall || [terrain] *descendre en ~ douce,* shelve (down).

Pentecôte [pɑ̃tkot] *f* Whitsun (tide).

pénurie [penyri] *f* penury, shortage, scarcity, lack (*de,* of).

pépie [pepi] *f* FAM. *avoir la ~,* be thirsty.

pép|iement [pepimɑ̃] *m* chirp || **~ier** *vi* (1) chirp.

pépin [pepɛ̃] *m* [pomme] seed; *sans ~s,* seedless; [raisin] stone; [orange] pip || FAM. snag, hitch (ennui) || POP. brolly (sl.) [parapluie].

pépini|ère [pepinjɛr] *f* nursery || **~ériste** [-erist] *m* nurseryman.

pépite [pepit] *f* nugget (d'or).

péquenot [pekno] *m* POP. bumpkin.

perçant, e [pɛrsɑ̃, ɑ̃t] *adj* penetrating (regard); sharp, shrill (voix); screaming (bruit).

perc|e [pɛrs] *f* *mettre en ~,* broach (un tonneau); *en ~,* on tap || **~ée** *f* MIL. break through || **~ement** *m* boring || opening (d'une rue).

percepteur [pɛrsɛptœr] *m* tax collector.

percep|tible [pɛrsɛptibl] *adj* perceptible, noticeable, sensible (par les sens) || **~tion** I *f* perception (faculté).

perception II *f* realization (d'un fait) || FIN. collection (des impôts); *(bureau de) ~,* tax collector's office.

perc|er [pɛrse] *vt* (6) pierce || drill, bore (un trou); drive (un tunnel) || BOT., MÉD. burst || FIG. break through || **~euse** *f* drill; *~ électrique,* power-drill.

percevoir I [pɛrsəvwar] *vt* (3) perceive, detect.

percevoir II *vt* (3) collect.

perche [pɛrʃ] *f* pole.

perch|er [pɛrʃe] *vi/vpr* (1) [***se ~***] perch, roost — *vi* FAM. [loger] hang out || **~oir** *m* perch, roost.

percolateur [pɛrkɔlatœr] *m* percolator.

percu|ssion [pɛrkysjɔ̃] *f* percussion || **~ter** [-te] *vt* (1) strike || **~teur** *m* hammer.

perd|ant, e [pɛrdɑ̃, ɑ̃t] *n* loser || **~ition** [-isjɔ̃] *f* perdition || NAUT. *en ~,* in distress.

perdre [pɛrdr] *vt* (4) lose (qqch.) || [arbre] shed (ses feuilles) || MIL. lose (une bataille) || JUR. forfeit (ses droits) || FIG. lose (qqn par décès); lose (son chemin); outgrow (une habitude, avec le temps) || throw away (gaspiller); *~ ses forces,* waste away || *~ au jeu,* gamble away || *~ patience,* lose patience; *~ la raison,* go out of one's mind; *~* ***son temps,*** waste one's time; *~ du temps,* lose time — *vi* lose — *vpr* ***se ~,*** get lost, lose one's way || FIG. disappear, go out of fashion.

perdrix [pɛrdri] *f* partridge.

perdu, e [pɛrdy] *adj* lost stray (balle) || wasted (gaspillé) || COMM. non-returnable, disposable (emballage) || FIG. lost, mixed up;

all at sea (fam.) [perplexe]; done for (fam.) [fichu].

père [pɛr] *m* father; *Smith* ~, Smith senior; ~ *de famille,* head of a family || [auberge de la jeunesse] ~ ***aubergiste,*** warden || ZOOL. [élevage] sire.

Père *m* ~ *Noël,* Father Christmas || REL. Father (moine).

péremptoire [perɑ̃ptwar] *adj* peremptory, assertive.

perfecti|on [pɛrfɛksjɔ̃] *f* perfection || ***à la*** ~, to perfection, to a nicety || **~onnement** [-ɔnmɑ̃] *m* improvement; *cours de* ~, refresher course || **~onner** *vt* (1) improve, perfect, refine upon — *vpr* ***se*** ~, improve one's knowledge (*en,* of).

perfid|e [pɛrfid] *adj* perfidious, treacherous || **~ie** *f* perfidy.

perfor|ation [pɛrfɔrasjɔ̃] *f* perforation || **~atrice** *f* TECHN. drill || [ordinateur] cardpunch || **~er** *vt* (1) perforate, drill, bore; punch (des cartes mécanographiques).

performance [pɛrfɔrmɑ̃s] *f* SP. performance.

perfusion [pɛrfyzjɔ̃] *f* MÉD. perfusion; *être sous* ~, be on the drip-feed.

péricliter [periklite] *vi* (1) run to seed.

péri|l [peril] *m* peril, jeopardy; *mettre en* ~, imperil, jeopardize || **~lleux, euse** [-ijø, øz] *adj* perilous, hazardous.

périm|é, e [perime] *adj* expired, no longer valid (billet, etc.); out of date (méthode) || **~er** *vi* (1) expire — *vpr* ***se*** ~, [billet, etc.] expire || JUR. lapse.

périmètre [perimɛtr] *m* perimeter.

périod|e [perjɔd] *f* period, time; spell (de froid, etc.) || MIL. course of training || **~ique** *adj* periodic(al), recurrent || MÉD. sanitary (serviette) ● *m* periodical.

péri|péties [peripesi] *fpl* vicissitudes || **~phérie** [-feri] *f* outskirts (d'une ville) || **~ique** *adj* peripheral ● *m* [route] ring-road, by-pass || [ordinateur] peripheral.

périphrase [perifraz] *f* periphrasis.

périr [perir] *vi* (2) perish.

périscope [periskɔp] *m* periscope.

périss|able [perisabl] *adj* perishable || **~oire** *f* racing-shell.

perl|e [pɛrl] *f* pearl; ~ *de culture,* cultured pearl || bead (de bois) || FIG. gem (personne) || **~é, e** *adj* pearly.

perman|ence [pɛrmanɑ̃s] *f* permanence; *en* ~, permanently, without interruption || committee room || **~ent, e** *adj* permanent || MIL. standing (armée) ● *f* [chevelure] permanent wave; perm (fam.).

perméable [pɛrmeabl] *adj* permeable, porous.

perm|ettre [pɛrmɛtr] *vt* (64) permit, allow (*de,* to) [autoriser] || enable (rendre possible) — *vpr* ***se*** ~, allow oneself; indulge || take upon oneself, venture || *je ne peux me ~ (d'acheter),* I can't afford (to buy) || **~is, e** [-i, iz] *adj* allowed (autorisé); permissible (licite) ● *m* permit || ~ *de chasse,* shooting-licence || RAIL. free pass || AUT. ~ ***de conduire,*** driving-licence; *passer son* ~, take the driving-test; *retirer le ~ de conduire à,* disqualify || **~ission** [-isjɔ̃] *f* permission || JUR., MIL. leave, furlough; ***en*** ~, on leave || **~issif, ive** [-isif, iv] *adj* permissive || **~issionnaire** [-isjɔnɛr] *m* soldier on leave.

permuter [pɛrmyte] *vt* (1) exchange, switch — *vi* exchange posts (*avec,* with) [qqn].

pernicieux, euse [pɛrnisjø, øz] *adj* pernicious, noxious, baneful.

péror|aison [perɔrɛzɔ̃] *f* peroration || **~er** *vi* (1) hold forth.

perpendiculaire [pɛrpɑ̃dikylɛr] *adj/f* perpendicular.

perpétrer [pɛrpetre] *vt* (5) perpetrate (un crime).

perpétu|el, elle [pɛrpetɥɛl] *adj* everlasting, perpetual || **~er** *vt* (1) perpetuate || **~ité (à)** [-ɥite] *loc adv* in perpetuity.

perplex|e [pɛrplɛks] *adj* perplexed, puzzled || **~ité** *f* perplexity.

perquisiti|on [pɛrkizisjɔ̃] *f* JUR. search; *mandat de ~*, search-warrant || **~onner** [-ɔne] *vt* (1) search.

perron [pɛrɔ̃] *m* flight of steps, U.S. stoop.

perr|oquet [pɛrɔkɛ] *m* parrot || **~uche** [-yʃ] *f* budgerigar.

perruque [pɛryk] *f* wig.

persécu|ter [pɛrsekyte] *vt* (1) persecute || harass, plague (harceler) || bully (maltraiter) || **~tion** *f* persecution.

persévér|ance [pɛrseverɑ̃s] *f* perseverance, persistence || **~ant, e** *adj* persistent, steady || **~er** *vi* (5) persevere, persist; peg away, plod on (dans le travail).

persienne [pɛrsjɛn] *f* shutter.

persil [pɛrsi] *m* parsley.

persist|ance [pɛrsistɑ̃s] *f* persistence; doggedness || **~ant, e** *adj* persistent; dogged (obstiné) || BOT. *arbre à feuillage ~*, evergreen || **~er** *vi* (1) persist (*dans*, in).

personn|age [pɛrsɔnaʒ] *m* personage || TH. character || **~alité** [-alite] *f* personality.

personne I [-ɔn] *f* person; *combien de ~s ?*, how many people?; *deux ~s*, two people; *les grandes ~s*, the grown-ups; *en ~*, in person; *par ~*, per head || *bien de sa ~*, good-looking || ***~ âgée***, elderly person; *~ déplacée*, displaced person || JUR. *~ morale*, corporate body.

personne II *pron indéf* [phrase interr., négative] anybody, anyone || [aucune personne] nobody, no one, none; *on ne voyait ~*, there was no one about.

personn|el, elle [pɛrsɔnɛl] *adj* personal, individual || private (maison, voiture); *adresse ~elle*, home address || [enveloppe], TÉL. personal, private ● *m* [hôtel] staff; *manquer de ~*, be short-staffed || [école] *~ enseignant*, staff || MIL. personnel || **~ellement** *adv* personally || **~ification** [-ifikasjɔ̃] *f* personification || **~ifier** *vt* (1) personify.

perspective [pɛrspɛktiv] *f* perspective, vista, view || FIG. prospect, outlook; *en ~*, in prospect.

perspicac|e [pɛrspikas] *adj* shrewd, keen (esprit); discerning (personne) || **~ité** *f* perspicacity, shrewdness, insight.

persua|der [pɛrsɥade] *vt* (1) persuade, convince (*de*, of) — *vi ~ qqn de faire qqch.*, induce sb. to do sth. || **~sif, ive** [-zif, iv] *adj* persuasive, forceful || **~sion** [-zjɔ̃] *f* persuasion.

perte [pɛrt] *f* loss || waste (de temps) || loss, bereavement (deuil) || *Pl* casualties || AV. *~ de vitesse*, lost motion; *se mettre en ~ de vitesse*, stall || COMM. ***vendre à ~***, sell at a loss; ***~ sèche***, dead loss, write-off; *passer par profits et ~s*, write off || FIG. undoing, ruin; *courir à sa ~*, go to the dogs; ***à ~ de vue***, as far as the eye can reach.

pertin|ence [pɛrtinɑ̃s] *f* relevance || **~ent, e** *adj* relevant, pertinent; *non ~*, irrelevant.

perturb|ateur, trice [pɛrtyrbatœr, tris] *n* trouble-maker || **~ation** *f* disruption, perturbation || [météorologie] *~ atmosphérique*, atmospheric disturbance || **~er** *vt* (1) perturb || disrupt (services, etc.).

pervenche [pɛrvɑ̃ʃ] *f* periwinkle.

perver|s, e [pɛrvɛr, ɛrs] *adj* perverted, wicked, depraved || **~sion**

[-sjɔ̃] *f* twist (de l'esprit); perversion (des mœurs) || **~sité** [-site] *f* perversity || **~ti, e** [-ti] *n* (sexual) pervert || **~tir** *vt* (2) pervert, deprave; corrupt.

pes|age [pəzaʒ] *m* SP. paddock (enceinte) || **~ant, e** *adj* heavy, weighty, ponderous || **~anteur** [-ɑ̃tœr] *f* heaviness, weightiness || PHYS. gravity || FIG. dullness || **~é, e** *adj* FIG. *tout bien ~,* on reflection ● *f* weighing.

pèse|-bébé [pɛzbebe] *m* baby-scales || **~-lettre** *m* letter-balance || **~-personne** *m* (bathroom) scales.

peser [pəze] *vt* (5) weigh || FIG. weigh (les conséquences); ponder, balance (une question) — *vi* weigh (un certain poids); ~ ***lourd,*** be heavy; ~ *une tonne,* weigh a ton; ~ *plus que,* outweigh || weigh (*sur,* upon).

pessim|isme [pɛsimism] *m* pessimism || **~iste** *adj* pessimistic ● *n* pessimist.

pest|e [pɛst] *f* MÉD. plague || FIG. plague || **~iféré, e** [-ifere] *adj* plague-stricken.

pet [pɛ] *m* FAM. fart.

pétale [petal] *m* petal.

pét|arade [petarad] *f* AUT. backfire || **~ard** [-ar] *m* cracker || **~er** *vi* (5) FAM. fart.

pétaudière [petodjɛr] *f* shambles.

pétill|ant, e [petijɑ̃, ɑ̃t] *adj* fizzy (eau); sparkling (vin) || FIG. sparkling (yeux, esprit) | **~ement** *m* [feu] crackling || [vin] fizz(le) || **~er** *vi* (1) [feu] crackle || [vin] sparkle, fizz(le) || [yeux, esprit] sparkle.

petit, e [pəti, it] *adj* small, little; *le ~ doigt,* the little finger || short (personne) || low (quantité) || young; *quand j'étais ~,* when I was a boy || small, petty (peu important) || FIG. [parenté] grand; ***~-fils,*** grand-son; ***~e-fille,*** granddaughter ● *loc adv en ~,* in a small way; *~ à ~,* little by little ● *n* child; *les ~s,* the little ones || ZOOL. young one; *faire des ~s,* have young ones; [chatte] kitten; [chienne] pup || **~esse** *f* smallness.

pétition [petisjɔ̃] *f* petition; *faire une ~,* petition || [rhétorique] *faire une ~ de principe,* beg the question.

petit|-lait [pətilɛ] *m* whey || **~-nègre** *m* FAM. pidgin, broken French || **~-suisse** *m* cream cheese.

pétrifier [petrifje] *vt/vpr* (1) [***se*** ~] petrify.

pétr|in [petrɛ̃] *m* kneading machine (mécanique) || FAM. *dans le ~,* in a mess/jam || **~ir** *vt* (2) knead.

pétrol|e [petrɔl] *m* petroleum, oil (huile); *~ brut,* crude oil; *puits de ~,* oil-well; *trouver du ~,* strike oil; *~ lampant,* paraffin oil, U.S. kerosene || **~ier, ière** *adj produits ~s,* oil products ● *m* NAUT. tanker.

peu [pø] *adv* [quantité, valeur] little || [nombre] few; ~ ***de,*** few || [négatif] not much ● *loc* ~ ***à*** ~, little by little, gradually || ~ ***après/avant,*** shortly after/before; ***à*** ~ ***près,*** nearly; ***avant/sous*** ~, before long; ***depuis*** ~, lately, of late; ***pour*** ~ ***que,*** if only/ever; ***quelque*** ~, slightly; ~ ***s'en faut,*** very nearly; ***un*** ~, a little, somewhat; any; *est-il un ~ mieux?,* is he any better? ● *m* ***un*** ~, a little, a trifle (+ adj.); ***un*** ~ ***de,*** a little, a bit of; *un ~ d'eau,* a little water || *le ~ de,* the/what little/few.

peupl|ade [pœplad] *f* tribe || **~e** *m* [nation] people, nation || POL. people; *les gens du ~,* the common people || **~er** *vt* (1) people, populate.

peuplier [pœplje] *m* poplar.

peur [pœr] *f* fear; ***avoir*** ~, be afraid/frightened/scared (*de faire,* of doing); be nervous; ***faire*** ~, frighten, scare, give a scare; *prendre* ~, take fright; *sans* ~, fearless ● *loc* ***de*** ~ ***de/que,*** for fear of/that, lest || ~**eux, euse** *adj* fearful, timid.

peut-être [pøtɛtr] *loc adv* perhaps, maybe, possibly; ~ *viendra-t-il,* he may come; ~ *que non/oui,* perhaps not/so.

phalène [falɛn] *f* moth.

phallocrate [falɔkrat] *m* male chauvinist.

phare [far] *m* NAUT. lighthouse || AUT. headlight; ~ ***antibrouillard,*** fog lamp; ~ ***de recul,*** reversing light.

pharmac|eutique [farmasøtik] *adj produit* ~, drug || ~**ie** *f* pharmacy || chemist's shop, U.S. drugstore || ~**ien, ienne** [-jɛ̃, jɛn] *n* (dispensing) chemist, U.S. pharmacist, druggist.

phase [faz] *f* phase, stage || ASTR. phase.

phénol [fenɔl] *m* carbolic acid.

phénom|énal, e, aux [fenɔmenal, o] *adj* phenomenal || ~**ène** [-ɛn] *m* phenomenon || freak (of nature) [monstre].

phil|anthropie [filɑ̃trɔpi] *f* philanthropy || ~**atélie** [-ateli] *f* philately || ~**atéliste** *n* philatelist.

philo|logie [filɔlɔʒi] *f* philology ~**sophe** [-zɔf] *n* philosopher ~**sophie** [-zɔfi] *f* philosophy || ~**sophique** *adj* philosophical.

phobie [fɔbi] *f* phobia.

phon|ématique [fɔnematik] *f* phonemics || ~**ème** [-ɛm] *m* phoneme || ~**étique** [-etik] *adj* phonetic ● *f* phonetics || ~**ographe** [-ɔgraf] *m* phonograph || ~**ologie** [-ɔlɔʒi] *f* phonology, phonemics.

phoque [fɔk] *m* seal.

phos|phate [fɔsfat] *m* phosphate || ~**phore** [-fɔr] *m* phosphorus.

photo [fɔtɔ] *f* photo, picture, snap(shot); *prendre une* ~, take a photo (*de,* of); [cover-girl] *poser pour des* ~*s,* mug (sl.) || ~**copie** *f* photocopy || ~**copier** *vt* (1) photocopy || ~**copieur** *m* photocopier || ~**génique** [-ʒenik] *adj* photogenic; *être* ~, take well, come out well in photos || ~**graphe** [-graf] *m* photographer || ~**graphie** *f* photography || photograph, picture (épreuve) || CIN. ~ *de presse,* still || ~**graphier** *vt* (1) photograph || ~**graphique** *adj* photographic || ~**pile** *f* solar battery.

phrase [fraz] *f* sentence.

physicien, ienne [fizisjɛ̃, jɛn] *n* physicist.

physio|logie [fizjɔlɔʒi] *f* physiology || ~**logique** *adj* physiological || ~**nomie** [-nɔmi] *f* physiognomy || features (traits) || ~**nomiste** [-nɔmist] *n être* ~, have a memory for faces || ~**thérapie** [-terapi] *f* physiotherapy.

physique I [fizik] *adj* physical ● *f* physics; ~ *nucléaire,* nuclear physics, nucleonics.

physique II *adj* physical (culture) || material (monde) || bodily (douleur) ● *m* physique (d'une personne); *au* ~ *et au moral,* in body and mind.

piaffer [pjafe] *vi* (1) stam, paw (the ground).

piailler [pjɑje] *vi* (1) [oiseau] chirp || [enfant] squeal.

pian|iste [pjanist] *n* pianist || ~**o** [-o] *m* piano; ~ *droit,* cottage/upright piano; ~ *à queue,* grand piano; ~ *demi-queue,* baby grand || ~**oter** [-ɔte] *vi* (1) strum on the piano.

pic I [pik] *m* pick(axe).

pic II *m* peak (montagne).

pic III *m* ZOOL. (= ~*-vert*) woodpecker.

pic (à) *loc adv* sheer, bluff || [avion] *plonger/tomber à* ~, plumet || [personne] *couler à* ~, go straight down || FAM. *tomber à* ~, come in the nick of time.

pichenette [piʃnɛt] *f* flick.

pichet [piʃɛ] *m* pitcher.

pick-up [pikœp] *m inv* pick-up || record-player.

picorer [pikɔre] *vi/vt* (1) peck.

picoter [pikote] *vt* (1) sting, tingle, pickle.

pie I [pi] *f* magpie.

pie II *adj* piebald (cheval).

pièce I [pjɛs] *f* piece; bit (morceau); *mettre en ~s,* break (in)to pieces || *d'une seule ~,* onepiece (vêtement) || patch (pour raccommoder) || [échecs] (chess)man || *~ d'eau,* ornamental pond || document; *~ justificative,* voucher || TECHN. part; component; *~ détachée,* spare part; *travail à la ~,* piece-work; *travailler à la ~,* do piece-work; *payé à la ~,* paid by the job || COMM. bolt (de drap); ***à la ~,*** by the piece; *combien (la) ~?,* how much apiece? || FIN. ***~ de monnaie,*** coin, piece || MIL. *~ d'artillerie,* gun.

pièce II *f* room, apartment.

pièce III *f* TH. play.

pied I [pje] *m* [homme, animal] foot; *donner un coup de ~,* kick; *sur la pointe des ~s,* on tiptoe; *marcher sur le ~ de qqn,* step on sb.'s toes || ***à ~,*** on foot; *aller à ~,* walk, go on foot; *y aller à ~,* foot it (fam.) || ***avoir ~,*** be within one's depth; *ne pas avoir ~,* be out of one's depth; *perdre ~,* get out of one's depth || *lâcher ~,* give ground; *ne pas lâcher ~,* stand one's ground || *prendre ~,* get a foothold || *mettre ~ à terre,* dismount || [convalescent] *être sur ~,* get about || MÉD. ***~-bot*** *(m)* club-foot || NAUT. ***avoir le ~ marin,*** be a good sailor || ARG. ***prendre son ~,*** get a buzz (sl.); *c'est le ~!,* it gives you a buzz!

pied II *m* [chose] foot (arbre, colline, mur); stem (verre); leg (de chaise, de table) || AGR. head (de salade) || ARTS ***en ~,*** full-length (portrait) || FIG. ***sur ~,*** on foot; *mettre sur ~,* set on foot; *sur un ~ d'égalité avec,* on an equal footing with; *mettre à ~,* lay off; *au ~ levé,* offhand.

pied III *m* [mesure] foot || GRAMM. foot.

pied-à-terre [pjetatɛr] *m inv* pied-à-terre.

piédestal, aux [pjedɛstal, o] *m* pedestal.

piège [pjɛʒ] *m* trap (trappe); snare (lacet); pit (fosse); ***~ à loup,*** man-trap; ***prendre au ~,*** trap, snare; *tendre un ~,* set a trap (*à,* for) || MIL. booby-trap || FIG. pitfall; *attirer dans un ~,* decoy.

piéger [pjeʒe] *vt* (7) trap, snare.

pierr|e [pjɛr] *f* stone; *mur de ~,* stone wall; *~ de taille,* freestone; *poser la première ~,* lay the foundation stone || stone, rock (caillou) || ***~ précieuse,*** precious stone, gem || ***~ à aiguiser,*** whetstone; *~ à briquet,* flint; ***~ ponce,*** pumice (stone) || FIG. *~ d'achoppement,* stumbling block; *~ angulaire,* corner-stone; *c'était une ~ dans mon jardin,* that was a dig at me; *~ de touche,* touchstone; acid test || **~eries** [-ri] *fpl* jewels || **~eux, euse** *adj* stony.

piété [pjete] *f* piety, devotion.

piét|inement [pjetimɑ̃] *m* stamping, trampling || **~iner** *vi* (1) stamp one's foot || tread (écraser) || mark time (ne pas avancer) — *vt* trample on || **~on** *m* pedestrian || **~on, onne** [-, ɔn], **~onnier, ière** [-ɔnje, jɛr] *adj* ***zone ~onne,*** pedestrian precinct.

piètre [pjɛtr] *adj* poor; wretched (repas); paltry (excuse).

pieu, eux [pjø] *m* post, stake, pile; pale (de clôture).

pieuvre [pjøvr] *f* octopus.

pieux, euse [pjø, øz] *adj* REL. pious || FIG. dutiful.

pig|e [piʒ] *f* [journalisme] fee || **~iste** *m* free-lance.

pige|on [piʒɔ̃] *m* pigeon; *~-paon,* fantail pigeon; *~ ramier,* wood-pigeon; *~* ***voyageur,*** homing/carrier pigeon || SP. ***tir au ~,*** pigeon shooting; *~ d'argile* clay pigeon || FAM. mug (nigaud) || **~onnier** [-ɔnje] *m* pigeon-house/loft; dovecot(e).

piger [piʒe] *vt* (1) POP. dig, twig (sl.).

pigment [pigmɑ̃] *m* pigment.

pignon [piɲɔ̃] *m* ARCH. gable || TECHN. pinion.

pile I [pil] *f* reverse (d'une pièce) || *~ ou face?,* heads or tails?; *jouer qqch. à ~ ou face,* toss (up) for sth.

pile II *f* heap, stack (amas) || pier (de pont).

pile III *f ~ (électrique),* battery, pile; *à ~(s),* battery (powered); *~ de rechange,* refill || *~* ***atomique,*** atomic pile; *~* ***à combustible,*** fuel cell; *~ sèche,* dry cell.

pile IV *adv s'arrêter ~,* come to a dead stop; stop dead/short; *à 2 heures ~,* at 2 on the dot.

piler [pile] *vt* (1) grind.

pilier [pilje] *m* pillar || FIG. *~ de cabaret,* pubcrawler.

pill|age [pijaʒ] *m* plunder(ing), looting || **~ard, e** [-ar, ard] *n* plunderer || **~er** *vt* (1) plunder || MIL. loot, ransack, raid (une ville) || FIG. plagiarize.

pil|on [pilɔ̃] *m* pestle (de mortier) || CULIN. drumstick (de volaille) || **~onner** [-ɔne] *vt* (1) pound || MIL. bomb.

pilori [pilɔri] *m* pillory.

pilotage [pilɔtaʒ] *m* piloting || AV. *poste de ~,* cockpit; *~ sans visibilité,* blind flying.

pilot|e [pilɔt] *m* AV. pilot; *~ acrobatique,* stunt-pilot; *~ automatique,* robot-pilot; *~ de chasse,* fighter pilot; *~ d'essai,* test pilot; *sans ~,* unmanned || NAUT. pilot || AUT. racing driver ● *adj* experimental (entreprise) || **~er** *vt* (1) NAUT. pilot || AV. pilot, fly || AUT. drive.

pilotis [piloti] *m* pile.

pilule [pilyl] *f* pill || [contraception] ***prendre la ~,*** be on the pill, take the pill; *~ du lendemain,* morning-after pill.

piment [pimɑ̃] *m* BOT. pimento || CULIN. chilli || FIG. spice || **~é, e** [-te] *adj* FIG. spicy (histoire) || **~er** [-te] *vt* (1) FIG. spice.

pimpant, e [pɛ̃pɑ̃, ɑ̃t] *adj* spruce, smart, dapper.

pin [pɛ̃] *m* pine || pine (wood) [bois].

pinacle [pinakl] *m* ARCH. pinnacle.

pinard [pinar] *m* POP. wine.

pinc|e [pɛ̃s] *f* pliers, nippers; *~ coupante,* cutting-nippers; *~ à épiler,* tweezers; *~ à ongles,* nail-clippers; *~ à sucre,* sugar tongs || *~ à linge,* clothes-peg || ZOOL. claw (de crabe) || **~é, e** *adj* prim (sourire).

pinceau [pɛ̃so] *m* ARTS brush.

pinc|ée [pɛ̃se] *f* pinch, sprinkle (de sel) || **~ement** *m* pinch(ing); nip(ping) || **~er** *vt* (6) pinch; nip || purse (les lèvres) || [froid] nip, bite || MUS. pluck (cordes) || FAM. [police] pinch; *se faire ~,* get busted (sl.) || **~ettes** *fpl* (fire) tongs.

pinçon [pɛ̃sɔ̃] *m* pinch-mark.

pinède [pinɛd] *f* pine-grove/-wood.

pingouin [pɛ̃gwɛ̃] *m* penguin.

Ping-Pong [piŋpɔ̃g] *m* N.D. table-tennis, ping-pong.

pingre [pɛ̃gr] *adj* stingy.

pinson [pɛ̃sɔ̃] *m* finch, chaffinch.

pintade [pɛ̃tad] *f* guinea-fowl/-hen.

pinte [pɛ̃t] *f* pint.

pin-up [pinœp] *f inv* POP. pin-up girl.

pioch|e [pjɔʃ] *f* pickaxe || **~er** *vt* (1) pick, dig || FAM. swot (up).

piolet [pjɔlɛ] *m* ice-axe.

pion [pjɔ̃] *m* [échecs] pawn, chessman || [dames] (draughts) man.

pioncer [pjɔ̃se] *vi* (6) POP. snooze.

pionnier [pjɔnje] *m* pioneer; *faire œuvre de ~,* blaze a trail, break new ground.

pipe [pip] *f* pipe; *~ en terre,* clay pipe || FAM. *casser sa ~,* kick the bucket.

pipé, e [pipe] *adj* loaded (dés).

pipe-line [piplin] *m* pipe-line.

pipi [pipi] *m* FAM. *faire ~,* have a wee.

piquant, e [pikɑ̃, ɑ̃t] *adj* sharp (pointe) || prickly, thorny (plante) || biting, nippy (froid) || CULIN. sharp, pungent (goût); piquant (sauce) || FIG. piquant, biting (remarque) ● *m* ZOOL. spine || BOT. thorn, prickle || FIG. zest.

pique [pik] *m* [cartes] spade ● *f* cutting remark.

piqué I [pike] *m* [étoffe] piqué.

piqué II *m* AV. nosedive; *bombarder en ~,* dive-bomb; *descendre en ~,* nosedive.

pique|-assiette [pikasjɛt] *m inv* sponger || **~-nique** [-nik] *m* picnic; ***faire un ~,*** have a picnic; *aller en ~,* go on a picnic || **~-niquer** *vi* (1) picnic, have a picnic.

piquer I [pike] *vt* (1) prick || [guêpe] sting; [moustique, puce] bite || [ortie] nettle; [poivre] burn || [barbe] prickle || stick (enfoncer) || MÉD., FAM. give an injection; *faire ~ un chien,* have a dog put away/down/to sleep || TECHN. stitch (coudre) || FIG. arouse (curiosité); pique, nettle (vexer); *~ au vif,* cut to the quick — *vpr* ***se ~,*** prick oneself (par maladresse); get stung (aux orties) || MÉD. give oneself an injection; [drogué] give oneself a shot (fam.)/fix (sl.).

piquer II *vt* (1) SP. *~ une tête,* take a header || FAM. *~ un fard,* blush — *vi* [avion] dive (down).

piquer III *vt* (1) FAM. pinch, lift, sneak (voler); *se faire ~ (par la police),* be pinched/nabbed.

piquer (se) *vpr* [vin] turn sour || FIG. pride oneself (*de,* upon); take offence (s'offusquer).

piquet [pikɛ] *m* post, stake; peg (de tente) || *~s de grève,* strike pickets; *entourer de ~s de grève,* picket,

piqueur [pikœr] *m* SP. [chasse] huntsman, whipper-in.

piqûre [pikyr] *f* prick (d'épingle); sting (de guêpe); bite (de puce) || MÉD. injection; shot, jab (fam); *se faire une ~,* give oneself an injection/a shot (fam).

pirate [pirat] *m* pirate; ***~ de l'air,*** hijacker, skyjacker || *radio ~,* pirate radio station || **~er** *vt* (1) pirate || **~rie** *f* piracy; *~ aérienne,* hijacking, skyjacking, air piracy.

pire [pir] *adj* [comparatif] worse || [superlatif] worst ● *m le ~,* the worst; *au ~,* at the (very) worst, if the worst comes to the worst.

pirogue [pirɔg] *f* NAUT. dug-out, canoe.

pirouette [pirwɛt] *f* pirouette; *faire une ~,* pirouette.

pis I [pi] *adv/adj* worse; *~ encore,* worse still; *de mal en ~,* from bad to worse; ***tant ~,*** so much the worse; ***au ~ aller,*** if the worst comes to the worst || ***~-aller*** *(m),* makeshift, second-best ● *m le ~,* worst.

pis II *m* ZOOL. udder.

piscine [pisin] *f* swimming-pool.

pisse-froid [pisfrwa] *m inv* wet blanket.

pissenlit [pisɑ̃li] *m* dandelion.

pisser [pise] *vi* (1) POP. pee.

pist|e [pist] *f* [trace] track, trail, scent (d'un animal); *suivre la ~ de,* trail || [chemin] trail; *~ cyclable,* cycle-path || [cirque] ring || SP. (race-)track; *~ cendrée,* dirt-track; [ski] ski-run; [moto] *~ de vitesse,* speedway || AV. ***~ d'envol,*** runway || CIN. ***~ sonore,*** sound-track || FIG. [police] lead, clue; ***être sur la ~ de qqn,*** be on sb.'s track; *fausse ~,* wrong track || **~er** *vt* (1) track (gibier) || [police] tail, shadow.

pistolet [pistɔlɛ] *m* pistol || MIL. *~-mitrailleur,* machine-pistol || TECHN. blow-gun, spray-gun (pour peindre).

pist|on [pistɔ̃] *m* piston || FAM. pull || **~onner** [-ɔne] *vt* (1) FIG. push.

piteux, euse [pitø, øz] *adj* piteous, sorry (état).

pitié [pitje] *f* pity; *par ~,* out of pity, for pity's sake; *sans ~,* merciless; ***avoir ~ de,*** pity, have pity on, feel pity for; *par ~!,* for pity's sake!

piton I [pitɔ̃] *m* TECHN. screw eye (à vis); hook (à crochet); [escalade] (rock) piton.

piton II *m* [montagne] peak.

pitoyable [pitwajabl] *adj* pitiful, piteous.

pitre [pitr] *m* fool.

pittoresque [pitɔrɛsk] *adj* picturesque (paysage); quaint (vieillot); colourful (style).

pivert [pivɛr] *m* (= PIC-VERT) woodpecker.

pivoine [pivwan] *f* peony.

piv|ot [pivo] *m* pivot, spindle, swivel || FIG. hub || **~oter** [-ɔte] *vi* (1) revolve, pivot; swivel, swing (round); rotate, hinge (*sur,* on); *faire ~,* swing round.

placage I [plakaʒ] *m* TECHN. [bois] veneer.

placage II *m* SP. = PLAQUAGE.

placard [plakar] *m* cupboard, closet.

placarder [plakarde] *vt* (1) post.

place I [plas] *f* [ville] square; *~ du marché,* market-place || MIL. *~ forte,* fortified place || FIN. *chèque sur ~,* town cheque.

plac|e II *f* place (position); *mettre en ~,* place, set, position; *remettre en ~,* replace; *rester sur ~,* stay put || room (espace); *faire de la ~ à/pour,* make room/place for; *prendre de la ~,* take up space || accommodation (hébergement) || post, job (situation) || [école] rank || COMM *~ (habituelle),* pitch (d'une marchande des quatre-saisons, etc.) || RAIL., TH. seat; *~ assise/debout,* sitting/standing room || FAM. *il n'y a pas la ~ de se retourner,* there is no room to swing a cat || FIG. *laisser ~ à,* admit of ● *loc adv/(prép)* ***à la ~ (de),*** instead (of); for; *à votre ~,* in your place, if I were you; ***sur ~,*** on the premises || **~é** *adj* SP. *jouer un cheval ~,* back a horse for a place || **~ement** *m : bureau de ~,* employment agency || **~er** *vt* (5) place, put, set, stand (debout); lay (couché); *mal ~,* misplace || seat (un invité) || MIL. post (une sentinelle) || FIN. invest; deposit (à la Caisse d'Épargne) || JUR. *~ sous mandat,* mandate || FIG. throw in (un mot); *~ ses espoirs sur,* lay one's hopes on.

placide [plasid] *adj* placid.

placier [plasje] *m* canvasser.

plaf|ond [plafɔ̃] *m* ARCH., AV. ceiling || **~onnier** [-ɔnje] *m* ÉLECTR. ceiling-light.

plage [plaʒ] *f* beach; *~ de galets/sable,* shingly/sandy beach || seaside resort (station balnéaire) || [disque] band.

plagi|aire [plaʒjɛr] *n* pirate || **~at**

[-a] *m* plagiarism, piracy || **~er** *vt* (1) plagiarize, pirate.

plaid|er [plɛde] *vt* (1) plead (*pour,* for) || JUR. ~ *coupable,* plead guilty || **~eur, euse** *n* suitor || **~oyer** [-waje] *m* argument (*en faveur de/contre,* for/against); plea.

plaie [plɛ] *f* wound, sore.

plaindre [plɛ̃dr] *vt* (59) pity, feel sorry for — *vpr* ***se ~,*** moan (gémir) || complain (*à,* to; *de,* about).

plaine [plɛn] *f* plain.

plain-pied (de) [dəplɛ̃pje] *loc adv* on a level (*avec,* with) || FIG. *de ~ avec,* on a par with (qqn).

plaint|e [plɛ̃t] *f* moan, wail (gémissement) || JUR. complaint, charge; ***porter ~ contre,*** lodge a complaint against || **~if, ive** *adj* plaintive (ton).

plaire [plɛr] *vi* (75) please; *~ à,* please, catch the fancy of; *il ne me plaît pas,* I don't care for him; *cela me plaît,* I like it — *v impers je fais ce qui me plaît,* I do as I like; ***s'il vous plaît,*** (if you) please — *vpr* ***se ~ à,*** take pleasure in, enjoy.

plaisanc|e [plɛzɑ̃s] *f* NAUT. sailing, yachting; *bateau de ~,* pleasure boat || **~ier, ière** *n* yachtsman, -woman.

plais|ant, e *adj* pleasant, pleasing (agréable); funny, amusing (amusant) ● *m mauvais ~,* (practical) joker || **~anter** *vi* (1) joke, jest (*de,* with); *je ne plaisante pas,* I mean it || **~anterie** [-ɑ̃tri] *f* joke, jest; *~ à part,* joking aside.

plaisir [plɛzir] *m* pleasure, delight; gusto; enjoyment; ***faire ~ à,*** please; gratify; *prendre ~ à,* enjoy, take delight in; be delighted (*de faire,* to do); *avec ~,* with pleasure, gladly || treat (joie inattendue).

plan I, **e** [plɑ̃, an] *adj* flat, plane, level ● *m* MATH. plane || TECHN. *~ incliné,* chute || FIG. ***~ d'eau,*** pool.

plan II *m* ARCH. plan; blueprint (bleu); map (d'une ville); *dresser le ~ de,* plan, design (une maison) || GÉOGR. *lever le ~ de,* survey || FIG. plan, scheme, programme; schedule; *~ quinquennal,* five year plan; outline, plan, framework (d'un ouvrage) || level, plane (niveau) || FAM. *laisser qqn en ~,* leave sb. in the lurch.

plan III *m* ARTS, PHOT. *arrière-~,* background; *premier ~,* foreground || CIN. shot, take; ***gros ~,*** close-up; *~ de coupe,* cut-in scene || FIG. field, sphere; ***sur le ~ de,*** in terms of; *de premier ~,* outstanding (personne).

planch|e [plɑ̃ʃ] *f* board (mince); plank (épaisse) || *~ à repasser,* ironing-board || CULIN. *~ à (découper le) pain,* trencher || ARTS plate; *~ à dessin,* drawing-board || *Pl* TH. boards; *monter sur les ~s,* go on the stage || SP. *~ à roulettes,* skateboard; *~ de surf,* surfboard; ***~ à voile,*** sail-board; [natation] *faire la ~,* float (on one's back) || **~er** *m* floor.

plancton [plɑ̃ktɔ̃] *m* plankton.

planer [plane] *vi* (1) glide, soar; hover (presque immobile) || AV. sail || FIG. *~ sur,* hang over, overhang || ARG. [drogué] be switched on, freak out, trip out (sl.).

plan|étaire [planetɛr] *adj* planetary || **~étarium** [-etarjɔm] *m* planetarium || **~ète** [-ɛt] *f* planet.

planeur [planœr] *m* AV. glider, sail-plane.

planification [planifikasjɔ̃] *f* planning.

planning [planiŋ] *m ~ familial,* family planning.

planqu|e [plɑ̃k] *f* POP. cushy job (travail); hide-out (cachette) || **~er** *vt* (1) POP. hide; stash (away) [fam.] — *vpr* ***se ~,*** FAM. hide oneself, lie low, skulk.

plant [plɑ̃] *m* bed (de légumes); *jeune* ~, seedling; plantation (d'arbres) || **~ation** [-tasjɔ̃] *f* plantation.

plante I [plɑ̃t] *f* plant; ~ *grasse,* thick leaf plant; ~ *grimpante,* creeper, trailer.

plante II *f* ~ *du pied,* sole.

plant|er [plɑ̃te] *vt* (1) plant || FIG. stick (*dans,* in) [un couteau, etc.] — *vpr* ***se*** ~, ARG. make a blunder; boob, come a cropper (sl.) || **~eur** *m* planter || **~oir** *m* dibble.

planton [plɑ̃tɔ̃] *m* MIL. orderly.

plantureux, euse [plɑ̃tyrø, øz] *adj* abundant (repas) || FAM. buxom (femme).

plaquage [plakaʒ] *m* [rugby] tackling, tackle.

plaqu|e [plak] *f* plate (de métal); slab (de pierre); ~ *commémorative,* tablet; ~ *de porte,* door-plate || AUT. ~ *d'immatriculation,* number plate || PHOT. plate || CULIN. ~ *chauffante,* hot-plate, griddle || **~er** I *vt* (1) plate (métal); veneer (bois).

plaquer II *vt* (1) SP. tackle || MUS. strike (un accord).

plaquer III *vt* (1) POP. jilt (amant, maîtresse).

plasma [plasma] *m* plasma.

plastique [plastik] *adj/m* plastic; *matière* ~, plastic.

plastr|on [plastrɔ̃] *m* shirt-front || **~onner** [-ɔne] *vi* (1) swagger, strut.

plat I, **e** [pla, at] *adj* flat || even, level (terrain) || lank (cheveux) || shallow (assiette) || NAUT. dead (calme) || FIG. flat, dull ● *loc adv* ***à*** ~, flat; *tomber à* ~ *ventre,* fall flat on one's face || flat (pneu); discharged (accu) || FIG. *tomber à* ~, fall flat || FAM. *à* ~, washed out; *cela vous met à* ~, it takes it out of you ● *m* flat (de la main) || SP. flat (course).

plat II *m* [vaisselle] dish, U.S. platter || CULIN. course (service); ~ ***du jour,*** today's special; ~ *de résistance,* main course; dish (mets); ~*s cuisinés,* delicatessen; ~ *épicé,* savoury.

platane [platan] *m* plane(-tree).

plat-bord [plabɔr] *m* NAUT. gunwale.

plateau [plato] *m* tray, salver || scale (de balance) || [tourne-disque] turntable || GÉOGR. table (-land), plateau || TH. stage || CIN. set.

plate|-bande [platbɑ̃d] *f* flower-bed || **~-forme** *f* platform; tail (d'autobus) || ASTR., MIL. ~ *de lancement,* launching pad || POL. platform.

platine I [platin] *m* (métal) platinum.

platine II *f* [magnétophone] (tape-) desk || [tourne-disque] turntable.

platitude [platityd] *f* platitude.

plâtr|e [plɑtr] *m* plaster || MÉD. cast || **~er** *vt* (1) plaster.

plausible [plozibl] *adj* plausible || **~ment** *adv* credibly.

plébiscite [plebisit] *m* plebiscite.

plein, e [plɛ̃, ɛn] *adj* full (*de,* of); *parler la bouche* ~*e,* speak with one's mouth full; *un verre* ~, a full glass; ~ *à déborder,* brimful || crammed (bondé); ~ *à craquer,* chock-full || full (visage) || [non creux] solid ||ASTR. ~*e lune,* full moon || AUT. *aller* ~*s gaz,* go/drive flat out || ZOOL. pregnant, with young (femelle) || RAIL. ~ *tarif,* full fare || FAM. tight (ivre) ● *adv* full; *avoir (de qqch.)* ~ *les poches,* have one's pochets full of (sth.); *avoir de l'encre* ~ *les mains,* have ink all over one's hands; ~ *d'argent,* flush with money ● *m* AUT. ***faire le*** ~ ***(d'essence),*** fill up (with petrol); refuel; *faites le* ~, fill her up || FIG. *battre son* ~, be in full swing, be at its height ● *loc* ***à*** ~ ***:*** *ramasser (qqch.) à* ~*es mains,* pick up hand-fuls of (sth.); *travailler à temps ~,* work full-time || **en ~,** dead, fair, right (*sur,* on); *en ~ air,* in the open; *en ~e figure,* full in the face; *en ~ jour,* in broad daylight; *en ~e mer,* in the open sea; *en ~ milieu,* right in the middle, in the dead center; *en ~ nord,* due north; *en ~e saison,* at the height of the season || **~ement** [-ɛnmɑ̃] *adv* fully.

plénier, ière [plenje, jɛr] *adj* plenary.

pléni|potentiaire [plenipɔtɑ̃sjɛr] *adj* plenipotentiary || **~tude** [-tyd] *f* fullness, completeness.

pleur|ard, e [plœrar, ard] *adj* cry-baby, maudlin || **~er** *vi/vt* (1) weep; cry (très fort); *~ de joie,* weep for joy; *~ tout son soûl,* have a good cry — *vt* mourn for/over (qqn).

pleurésie [plœrezi] *f* pleurisy.

pleurnich|ard, e [plœrniʃar, ard] *adj* grizzling, snivelling ● *n* cry baby ||**~er** *vi* (1) grizzle, snivel; whimper (geindre) || **~eur, euse** = PLEURNICHARD, E.

pleurs [plœr] *mpl* tears; *en ~,* in tears.

pleutre [pløtr] *m* coward, sneak.

pleuvoir [plœvwar] v *impers* (76) rain; *il pleut,* it's raining; *il pleut à verse,* it is pouring — *vi* rain, shower; *faire ~,* shower.

Plexiglas [plɛksiglɑs] *m* N.D. Perspex.

pli I [pli] *m* fold, pleat || crease (du pantalon); *faire le ~ du pantalon,* crease the trousers; ***faux ~,*** wrinkle; *faire des faux ~s,* wrinkle || [coiffure] ***mise en ~s,*** (hair-) set; *se faire faire une mise en ~s,* have a set.

pli II *m* envelope; message; *sous ~ séparé,* under separate cover || [cartes] trick (levée).

pli|ant [plijɑ̃] *adj* folding (chaise) || AUT. collapsible (capote) ● *m* camp-stool || **~er** *vt* (1) fold (up) || bend (le bras, le genou); *~ en deux,* double up || *faire ~,* weigh down (sous le poids) || FIG. *~ bagages,* pack up and be off — *vpr* ***se ~,*** [objet] fold up || FIG. submit (*à,* to).

plinthe [plɛ̃t] *f* skirting-board.

plisser [plise] *vt* (1) pleat, fold, crease (de l'étoffe) || wrinkle (le front) || corrugate (du métal) — *vpr* ***se ~,*** [tissu] wrinkle, crease.

plomb [plɔ̃] *m* lead (métal); *de ~,* leaden || plumb (pour alourdir) || seal (pour sceller) || SP. [pêche] sinker, plummet || [chasse] shot || ÉLECTR. fuse; || *un ~ a sauté,* a fuse has blown || **~age** [-baʒ] *m* [dentiste] filling, stopping || **~er** *vt* (1) weight (filet) || seal (colis) || fill (dent) || **~erie** [-bri] *f* plumbing || **~ier** [-bje] *m* plumber.

plongé, e [plɔ̃ʒe] *adj* plunged || FIG. deep, lost, rapt (*dans,* in).

plong|ée *f* NAUT., SP. diving, dive; *faire une ~,* dive; *~* ***sous-marine,*** skin-diving; *faire de la ~,* skin-dive; ***appareil de ~ sous-marine*** aqualung || **~eoir** *m* diving-board || **~eon** [-ɔ̃] *m* SP. dive, plunge; *faire un ~,* dive || **~er** *vi* (7) dive, plunge || AV. dive; plummet (brusquement) — *vt* plunge, dip (qqch.); duck (la tête sous l'eau en nageant) || FIG. steep — *vpr* ***se ~ dans,*** FIG. bury oneself in; delve into || **~eur, euse** *n* SP. diver || FAM. dishwasher (laveur de vaisselle).

plouf [pluf] *m* flop (son).

ploutocratie [plutɔkrasi] *f* plutocracy.

ployer [plwaje] *vi* (8 *a*) bow, yield — *vt* bend (qqch.).

plu I [ply] V. PLEUVOIR.

plu II. V. PLAIRE.

pluie [plɥi] *f* rain; *~ battante,* pelting rain; *~ fine,* drizzle; *~ torrentielle,* pouring rain; *sous la ~,* in the rain || FIG. shower.

plum|age [plymaʒ] *m* plumage ||

~e *f* feather (d'oiseau) || pen (pour écrire) || **~eau** [-o] *m* feather-duster || **~er** *vt* (1) pluck (un oiseau) || **~ier** *m* pencil-box.

plupart (la) [laplypar] *loc adv la ~ des gens,* most people; *pour la ~,* for the most part.

pluriel, elle [plyrjɛl] *adj* plural ● *m* plural; *au ~,* in the plural.

plus [ply devant consonne et dans les loc. nég.; plyz devant voyelle ou « h » muet; plys en fin de phrase et en comptant] *adv* [négatif] ***ne... ~,*** no more, no longer; *jamais ~,* never more; ***non ~,*** not either, nor, neither || [quantitatif] more (*que,* than); *beaucoup ~,* far/much more || ***le ~ :*** *le ~ grand,* the greater (de deux); the greatest (de plusieurs); *nous ne pouvons faire ~,* we can't do more || ***~ de,*** more than, over; *il a parlé ~ d'une heure,* he spoke for over an hour; *il a ~ de quarante ans,* he is past forty || ***de ~,*** more; *un jour de ~,* one day more || ***de ~*** [plys], moreover, furthermore (en outre) || ***~ ... ~*** the more ... the more, the -er ... the -er || ***(tout) au ~,*** at the most, at the outside || ***d'autant ~ que,*** (all) the more as || ***de ~ en ~*** more and more; *de ~ en ~ fort,* stronger and stronger || ***en ~,*** extra, more; *en ~ de,* in excess, in addition of; over and above; *en ~ de cela,* on top of that || ***~ ou moins,*** more or less || *et qui ~ est,* at that || MATH. [plys] plus ● *m le ~,* the most.

plusieurs [plyzjœr] *adj* several.

plus-que-parfait [plyskəparfɛ] *m* pluperfect.

plutonium [plytɔnjɔm] *m* plutonium.

plutôt [plyto] *adv* rather (*que,* than) || quite, rather (+ adj./adv.); *~ mieux,* rather better || instead (au lieu de cela).

pluv|ieux, ieuse [plyvjø, jøz] *adj* rainy, wet || **~iomètre** [-jɔmɛtr] *m* rain-gauge.

pneu, eus [pnø] *m* AUT. tyre; U.S. tire; *~ à carcasse radiale,* radial (ply) tyre || **~matique** [-matik] *adj* pneumatic; *matelas ~,* air-bed ● *m* = PNEU || **~monie** [-mɔni] *f* pneumonia.

poch|e [pɔʃ] *f* pocket; *~ intérieure,* breast pocket; *~ revolver,* hip-pocket || [pantalon] *qui fait des ~s,* baggy || **~é, e** *adj œil ~,* black eye || **~er** *vt* (1) poach (œufs) || **~ette** *f* fancy handkerchief || book (d'allumettes) || sleeve (de disque).

pochoir [pɔʃwar] *m* ARTS stencil.

poêle I [pwɑl] *m* REL. pall (drap mortuaire).

poêle II *m* [chauffage] stove.

poêl|e III *f* CULIN. *~ (à frire),* frying-pan || **~on** *m* saucepan.

po|ème [pɔɛm] *m* poem || **~ésie** [-ezi] *f* poetry; *une ~,* a piece of poetry || FIG. romance || **~ète** [-ɛt] *m* poet || **~étesse** [-etɛs] *f* poetess || **~étique** [-etik] *adj* poetic(al).

pognon [pɔɲɔ̃] *m* POP. dough.

poids [pwa] *m* weight; *prendre/perdre du ~,* put on/lose weight || COMM. *un ~ d'une livre,* a pound weight; *~ brut/net,* gross/net weight; *vendre au ~,* sell by (the) weight || SP. *~ et haltères,* weight-lifting; *lancer le ~,* put the weight || SP. *~ coq,* bantam-weight; *~ lourd,* heavy-weight; *~ mi-moyen,* welter-weight; *~ plume,* feather-weight || AUT. *~ lourd,* (heavy) lorry, U.S. truck || FIG. burden, load (charge); weight (influence); *~ mort,* dead weight || FIG. *avoir du ~,* weigh (*auprès de,* with).

poignant, e [pwaɲɑ̃, ɑ̃t] *adj* poignant; harrowing.

poign|ard [pwaɲar] *m* dagger; *coup de ~,* stab || **~arder** [-arde] *vt* (1) stab || **~e** *f* grip, grasp || *homme à ~,* firmhanded man || **~ée** *f* handful (quantité) || *~ de main,* handshake || handle (de porte); pull (de tiroir); haft (de couteau) || **~et** [-ɛ] *m* wrist || cuff (de chemise) || *à la force du ~,* by sheer strength.

poil [pwal] *m* hair; *à longs ~s,* shaggy; *à ~s raides,* bristly || [textile] nap; *à contre-~,* against the nap || FAM. *reprendre du ~ de la bête,* pick up; ***à ~,*** starkers (sl.) || **~u, e** *adj* hairy.

poinç|on [pwɛ̃sɔ̃] *m* TECHN. stamp; *~ de garantie,* hall-mark || RAIL. punch (de contrôle) || **~onner** [-ɔne] *vt* (1) punch || **~onneuse** [-ɔnøz] *f* punch.

poindre [pwɛ̃dr] *vi* (77) [jour] dawn || [plante] sprout.

poing [pwɛ̃] *m* fist; *coup de ~,* punch; *donner un coup de ~,* punch; *serrer les ~s,* clench one's fists.

point I [pwɛ̃] *m* dot (sur un «i») || [ponctuation] full stop, period; *~ d'interrogation/d'exclamation,* question/exclamation mark; *~s de suspension,* suspension periods/points; *~-virgule,* semi-colon; *deux ~s,* colon || MATH. point || MUS. *~ d'orgue,* pause.

point II *m* [lieu] point, place; *~ de vue,* viewpoint; *~ de départ,* starting-point || [temps] point; *~ du jour,* break of day; ***sur le ~ de,*** about to; on the point of, on the verge of; *j'étais sur le ~ de partir,* I was just leaving; *à ~ nommé,* in the nick of time || AV. *~ de non-retour,* point of no return || NAUT. *faire le ~,* take the ship's position || AUT. *~* ***mort,*** neutral (gear); *mettre au ~ mort,* disengage the clutch || MÉD. *~ sensible,* tender spot; ***~ de côté,*** stitch || FIG. ***~ de vue,*** standpoint, point of view, outlook; *du ~ de vue de,* from the point of view of; *de ce ~ de vue,* in that respect; *à mon ~ de vue,* in my opinion.

point III *m* aspect, point; argument; head (d'un discours); *sur ce ~,* on that score || ***~ faible/fort,*** weak/strong point || GÉOGR. ***~s cardinaux,*** cardinal points.

point IV *m* [école] mark || SP. point; *marquer des ~s,* score points || PHYS. *~ de fusion,* melting-point || FIG. degree; *~ culminant,* climax; *au plus haut ~,* to a high degree; *au ~ où en sont les choses,* as matters stand.

point V *m* [couture] stitch; *~ de bâti,* tack; *faire un ~ à,* put a stitch in || ***~ de côté,*** stitch || MÉD. *~ de suture,* stitch.

point VI *loc* ***à ~,*** just right; CULIN. medium || ***au ~,*** PHOT. in focus; *mettre au ~,* focus, bring into focus; TECHN. perfect, develop (un procédé); tune (un moteur); FIG. put the finishing touch to || ***à tel ~ que, au ~ que,*** so much so that.

pointage [pwɛ̃taʒ] *m* checking; *liste de ~,* check-list.

pointe [pwɛ̃t] *f* point (d'aiguille); *en ~,* tapering; *sur la ~ des pieds,* on tiptoe; *marcher sur la ~ des pieds,* tiptoe || TECHN. nail, tack (clou) || SP. spike (de chaussures); *~ de vitesse,* spurt, burst || MIL. *~ avancée,* spear-head || ÉLECTR. *heures de ~,* peak hours || FIG. *une ~ de,* a touch/dash of.

pointer I [pwɛ̃te] *vt* (1) check off (une liste); scrutinize (un scrutin) — *vi* [ouvrier] *~ à l'arrivée/au départ,* clock in/out.

pointer II *vi* (1) BOT. come up, sprout || FIG. bud.

point|er III *vt* (1) MIL. aim, train, lay (un canon) || **~eur** *m* MIL. layer.

pointillé [pwɛ̃tije] *m* dotted line.

pointilleux, euse [pwɛ̃tijø, øz] *adj* fastidious, particular (*sur,* as to).

pointu, e [pwɛ̃ty] *adj* pointed, sharp (aiguille).

pointure [pwɛ̃tyr] *f* [chaussures, gants] size; *quelle est votre ~?,* what size do you take?

poire I [pwar] *f* pear || FIG. *couper la ~ en deux,* meet sb. halfway.

poire II *f* FAM. sucker, mug (dupe).

poireau [pwaro] *m* leek || **~ter** [-ɔte] *vi* (1) kick one's heels.

poirier [pwarje] *m* pear-tree.

pois [pwa] *mpl* CULIN. *(petits) ~,* (green) peas ; *~ cassés,* split peas ; *~ secs,* split peas || BOT. *~ de senteur,* sweet peas || FIG. [tissu] ***à ~,*** polka dotted.

poison [pwazɔ̃] *m* poison || FIG. nuisance.

poisse [pwas] *f* POP. bad luck.

poiss|er [pwase] *vt* (1) wax (du fil) || make sticky (les mains) || **~eux, euse** *adj* sticky.

poisson [pwasɔ̃] *m* fish ; *~ d'eau douce,* fresh-water fish ; *~ de mer,* salt-water fish ; *~ rouge,* goldfish ; *~ volant,* flying fish || ASTR. *les Poissons,* Pisces || FIG. *faire un ~ d'avril à qqn,* make an April-fool of sb.

poitr|ail [pwatraj] *m* ZOOL. breast (de cheval) || **~ine** [-in] *f* chest, breast || [femme] bosom ; bust (fam.).

poivr|e [pwavr] *m* pepper ; *~ de Cayenne,* cayenne (pepper) ; ***~ en grains,*** peppercorns || FIG. ***~ et sel,*** pepper and salt || **~é, e** *adj* peppery || **~er** *vt* (1) pepper || **~ière** [-ijɛr] *f* pepper-pot || **~on** *m* sweet/green pepper.

poivrot, e [pwavro, ɔt] *n* POP. boozer.

poix [pwa] *f* pitch.

poker [pɔkɛr] *m* [cartes] poker ; [dés] *~ d'as,* poker dice.

polaire [pɔlɛr] *adj* polar.

pôle [pol] *m* GÉOGR., ÉLECTR. pole.

polémique [pɔlemik] *adj* polemic(al) ● *f* polemic(s).

poli, e I [pɔli] *adj* polite, civil.

poli, e II V. POLIR ● *adj* bright (acier) ; polished (pierre).

police I [pɔlis] *f ~ d'assurance,* policy.

police II *f* police, constabulary ; *agent de ~,* constable, policeman ; *commissaire de ~,* chief constable ; *poste de ~,* police-station ; *faire la ~,* keep order.

Polichinelle [pɔliʃinɛl] *n pr m* Punch.

policier, ière [pɔlisje, jɛr] *adj* police ; *roman ~,* detective story ● *m* policeman.

poliment [pɔlimɑ̃] *adv* politely.

poliomyélite [pɔljɔmjelit] *f* polio(myelitis).

polir [pɔlir] *vt* (2) polish (chaussures, parquet) ; burnish (du métal).

polisson, onne [pɔlisɔ̃, ɔn] *adj* naughty (enfant) ● *n* (little) rascal.

politesse [pɔlitɛs] *f* politeness, good manners.

politi|cien, ienne [pɔlitisjɛ̃, jɛn] *n* politician || **~que** [-k] *adj* political ; *homme ~,* politician, statesman ● *f* politics ; *faire de la ~,* go in for politics || policy (orientation, manière de gouverner) ; *~ étrangère/extérieure,* foreign policy.

pollen [pɔlɛn] *m* pollen.

pollu|er [pɔlɥe] *vt* (1) pollute, defile || **~tion** *f* pollution.

Polo|gne [pɔlɔɲ] *f* Poland || **~nais, e** [-nɛ, ɛz] *n* Pole.

polonais, e *adj* Polish ● *m* [langue] Polish.

poltron, onne [pɔltrɔ̃, ɔn] *adj* cowardly ● *n* coward.

polycopier [pɔlikɔpje] *vt* (1) duplicate, mimeograph, manifold, run off ; *machine à ~,* duplicator.

poly|gamie [pɔligami] *f* polygamy || **~glotte** [-glɔt] *n* polyglot || **~gone** [-gɔn] *m* polygon.

Polynésie [pɔlinezi] *f* Polynesia.

pommade [pɔmad] *f* ointment, salve.

pomme [pɔm] *f* apple (fruit); ~ *à couteau,* eating apple; eater (fam.); ~ *à cuire,* cooking apple; cooker (fam.); ~ *sauvage,* crab (-apple) || ~ *de pin,* pine/fir cone || ~ ***de terre,*** potato; CULIN. ~*s de terre au four,* baked potatoes; ~***s (de terre) frites,*** chips, U.S. French fries; ~*s vapeur,* boiled potatoes || FIG. ~ *d'arrosoir,* rose || FIG. ~ *de discorde,* bone of contention.

pommette [pɔmɛt] *f* cheek-bone.

pommier [pɔmje] *m* apple-tree.

pompe I [pɔ̃p] *f* pomp, state || *Pl entrepreneur de ~s funèbres,* undertaker.

pomp|e II *f* pump; ~ *de bicyclette,* bicycle pump; ~ *à incendie,* fire-engine || **~er** *vt* (1) pump.

pompeux, euse [pɔ̃pø, øz] *adj* pompous; high-falutin(g) [style].

pomp|ier [pɔ̃pje] *m* fireman; *poste/caserne de ~s,* fire-station || **~iste** *n* forecourt attendant, petrol pump attendant.

pompon [pɔ̃pɔ̃] *m* tassel.

pomponner (se) [səpɔ̃pɔne] *vpr* (1) spruce up.

ponc|e [pɔ̃s] *f pierre ~,* pumice (stone) || **~er** [-e] *vt* (6) sandpaper; rub down.

poncif [pɔ̃sif] *m* cliché; conventional piece of writing.

ponctualité [pɔ̃ktɥalite] *f* punctuality.

ponctuation [pɔ̃ktɥasjɔ̃] *f* punctuation.

ponctuel, elle [pɔ̃ktɥɛl] *adj* punctual.

pondéré, e [pɔ̃dere] *adj* level-headed, moderate.

pondre [pɔ̃dr] *vt* (4) lay eggs.

poney [pɔnɛ] *m* pony.

pongiste [pɔ̃ʒist] *n* table tennis player.

pont [pɔ̃] *m* bridge; ~ *autoroutier,* fly-over; ~ *basculant,* draw-bridge; ~ *suspendu,* suspension bridge || ~ *transbordeur,* transporter bridge || MIL. ~ *de bateaux,* pontoon/floating bridge || AV. ~ *aérien,* air-lift || NAUT. deck; *premier ~,* lower deck; ~ *supérieur,* main deck; ~ *d'envol,* flight-deck || AUT. ~ ***arrière,*** rear axle || FIG. *ménager un ~ entre,* bridge over.

ponte I [pɔ̃t] *f* egg-laying (season).

ponte II *m* FAM. pundit.

pontif|e [pɔ̃ntif] *m* Pontiff; *le souverain ~,* the Pope || **~ical, e, aux** [-ikal, o] *adj* pontifical.

pont-levis [pɔ̃lvi] *m* drawbridge.

ponton [pɔ̃tɔ̃] *m* pontoon.

pool [pul] *m* ~ *de dactylos,* typing pool.

pope [pɔp] *m* [Église orthodoxe] pope.

popeline [pɔplin] *f* poplin.

popote [pɔpɔt] *f* FAM. [cuisine] cooking; *faire la ~,* do the cooking || MIL. mess || FAM. *faire ~ ensemble,* mess together.

popul|ace [pɔpylas] *f* rabble, populace, mob || **~aire** *adj* popular; working class (quartier) || **~arité** [-arite] *f* popularity || **~ation** *f* population || **~eux, euse** *adj* populous || **~o** [-o] *m* POP. crowd, crowds of people.

porc [pɔr] *m* ZOOL. pig, hog || CULIN. pork.

porcelaine [pɔrsəlɛn] *f* porcelain, china.

porc-épic [pɔrkepik] *m* porcupine.

porche [pɔrʃ] *m* porch.

porcherie [pɔrʃəri] *f* pigsty.

pore [pɔr] *m* MÉD. pore.

poreux, euse [pɔrø, øz] *adj* porous.

porno [pɔrno] *abrév/adj* (= PORNOGRAPHIE) porn (fam.) ●

adj (= PORNOGRAPHIQUE) || **~graphie** [-grafi] *f* pornography || **~graphique** *adj* pornographic.

port I [pɔr] *m* harbour (bassin); port (ville); ~ *d'attache,* port of registry, home port; ~ *d'escale,* port of call; ~ *de guerre,* naval base; ~ *de mer,* seaport || FIG. *arriver à bon* ~, arrive safely.

port II *m* carrying (d'un objet) || wear(ing) [d'un vêtement] || FIN. carriage (frais); ~ *dû,* carriage forward; ~ *payé,* carriage free/paid || FIG. bearing, carriage (attitude).

portable [pɔrtabl] *adj* portable.

portail [pɔrtaj] *m* gate(way); portal (d'église).

port|ant, e [pɔrtɑ̃, ɑ̃t] *adj bien/mal* ~, in good/bad health ● *loc adv* ***à bout*** ~, point-blank || **~atif, ~ive** *adj* portable.

porte I [pɔrt] *f* door; gate (de château, de ville) || doorway (entrée) || ~ *à deux battants,* double door; ~ *battante,* swing door; ~ *cochère,* carriage entrance; ~ *coulissante,* sliding door; ~ *d'entrée,* front/street door; ***~-fenêtre,*** French window; ~ *de service,* back door; ~ *à soufflets,* folding door || *être à la* ~, be locked out || FAM. *mettre à la* ~, turn out || COMM. ***~-à-~,*** canvassing; *faire du ~ -à- ~,* sell from door to door, canvass.

porte II V. PORTER || ***~-avions*** *(m inv),* (aircraft) carrier || ***~-bagages*** *(m inv),* carrier (de bicyclette) || RAIL. rack || ***~-bonheur*** *(m inv),* amulet, mascot || ***~-cartes*** *(m inv),* card-case || ***~-clefs*** *(m inv),* key-ring || ***~-documents*** *(m inv),* brief-case || ***~-jarretelles*** *(m inv),* suspender belt || ***~-monnaie*** *(m inv),* purse || ***~-parapluies*** *(m inv),* umbrella-stand || ***~-parole*** *(m inv),* spokesman, mouthpiece || ***~-plume*** *(m inv),* pen-holder || ***~-serviettes*** *(m inv),* towel-rack/-rail || ***~-voix*** *(m inv),* megaphone; loud-hailer.

porté, e [pɔrte] *adj* carried || FIG. apt, prone (*à,* to).

porte-à-faux [pɔrtafo] *m inv être en* ~, be out of plumb, jut out.

portée I [pɔrte] *f* ZOOL. litter.

portée II *f* MUS. staff.

portée III *f* reach || MIL. range (de fusil); *à longue* ~, long-range || RAD. coverage || TECHN. span (d'un pont) ● *loc* ***à*** ~, within reach, ready; *à ~ de la main,* near at hand; *à ~ de voix,* within ear-shot/hearing || ***hors de*** ~, out of reach; *hors de ~ de la voix,* out of hearing || FIG. bearing (d'un argument); scope (étendue); *d'une grande* ~, far-reaching, extensive; *se mettre à la ~ de,* adapt oneself to.

porte|feuille [pɔrtəfœj] *m* wallet, notecase, pocket-book || POL. portfolio || **~manteau** *m* coat-rack; clothes-hanger (cintre); hat-peg (patère).

porter [pɔrte] *vt* (1) carry, take (transporter); ~ *en triomphe,* chair; sustain, support (supporter) || wear, have on (un vêtement) || [document] ~ *une signature,* bear a signature || ~ *un coup à qqn,* catch sb. a blow || direct, turn (le regard) [*vers,* towards] || AGR. bear (des fruits) || COMM. deliver (livrer); ~ *un article au grand-livre,* enter an item || MIL. bear (armes); *se faire ~ malade,* report sick || MÉD. carry (enfant) || FIG. wear (son âge); ~ *qqch. à la connaissance de qqn,* bring sth. to sb.'s knowledge; tell, go/come home; *qui porte,* telling (argument); *faire* ~, bring to bear; ~ *son attention sur,* bring one's mind to bear on — *vi* [bruit] carry || [coup, moquerie] tell, go/hit home || [choc] stribe — *vt ind* ~ ***sur,*** rest on || FIG. bear upon; ~ *sur les nerfs de qqn,* get on sb.'s nerves — *vpr* ***se*** ~, [vêtements] be worn || MÉD. *bien/mal se* ~, be well/unwell; *je ne m'en suis pas plus mal porté,* I was none the worse for it || [se diriger] proceed (*vers,* to).

port|eur, euse [pɔrtœr, øz] *m* RAIL. porter, U.S. red cap || FIN. holder (d'obligations); owner (d'un chèque); *payable au ~,* payable to bearer; *chèque au ~,* bearer-cheque || **~ier** *m* door-keeper, porter || **~ière** *f* AUT., RAIL. door || **~illon** [-ijɔ̃] *m* RAIL. barrier.

portion [pɔrsjɔ̃] *f* portion, share || CULIN. helping.

portique [pɔrtik] *m* porch.

porto [pɔrto] *m* port (vin).

portrait [pɔrtrɛ] *m* portrait; *faire le ~ de qqn,* paint sb.'s portrait || [police] ***~-robot*** *(m),* photofit, identikit || FIG. likeness.

portugais, e [pɔrtygɛ, ɛz] *adj* Portuguese ● *m* [langue] Portuguese.

Portug|ais, e *n* Portuguese || **~al** [-al] *m* Portugal.

pose [poz] *f* TECHN. setting; laying || PHOT. time-exposure || FIG. pose, attitude; swank.

posé, e [poze] *adj* staid, composed || **~ment** *adv* quietly, deliberately.

posemètre [pozmɛtr] *m* exposure meter.

pos|er [poze] *vt* (1) lay, put, put down || hang (un rideau); put in (une vitre); lay down (un tapis) || TECHN. install, set || FIG. *~ sa candidature,* apply for (un emploi); *~ une question,* ask a question; *~ une question à qqn,* put a question to sb. — *vi* ARTS pose; *~ pour un peintre,* sit to a painter; [covergirl] mug (sl.) || FIG. attitudinize, swank — *vpr* ***se ~,*** [oiseau] settle || AV. land || FIG. *se ~ en,* pose as, set (oneself) up as || **~eur, euse** *adj* swanky; stuck-up ● *n* prig, show-off || TECHN. layer.

positif, ive [pozitif, iv] *adj* positive, real, factual; undeniable (incontestable) || constructive, positive (constructif) || matter-of-fact (esprit) || MATH., ÉLECTR., PHOT. positive ● *m* GRAMM., PHOT. positive.

position [pozisjɔ̃] *f* position (place) || position, posture (attitude) || NAUT. bearings || MIL. position || FIG. *~ sociale,* position, status.

positivement [pozitivmɑ̃] *adv* positively.

posologie [pɔzɔlɔʒi] *f* MÉD. dosage.

possédant, e [pɔsedɑ̃, ɑ̃t] *adj* propertied (classe) || **~er** *vt* (5) possess, own; have, keep || FIG. enjoy (une bonne santé); *~ à fond,* master (un sujet).

possess|eur [pɔsɛsœr] *m* owner, possessor || **~if, ive** *adj* possessive || **~ion** *f* possession, ownership.

poss|ibilité [pɔsibilite] *f* possibility, chance || **~ible** *adj* possible; *dès que ~,* as soon as possible; *si ~,* if possible ● *m dans toute la mesure du ~,* as far as possible; *faire tout son ~,* do one's utmost, do all one can.

postal, e, aux [pɔstal, o] *adj* postal.

postdater [pɔstdate] *vt* postdate.

poste I [pɔst] *f* post; *par la ~,* by post/U.S. mail; *mettre à la ~,* post, U.S. mail; *porter des lettres à la ~,* take letters to the post; *~ aérienne,* airmail; *~ restante,* « poste restante », U.S. general delivery.

poste II *m* [lieu] station; ***~ d'essence,*** petrol station; ***~ de police,*** police-station; ***~ de secours,*** first-aid station || MIL. post; *~ d'observation,* observation post || AV. *~ de pilotage,* flight-deck, cockpit.

poste III *m* [emploi] job; post, appointment, position || MIL. station; *prendre son ~,* take up one's station.

poste IV *m* RAD. station (émetteur); set (récepteur) || TÉL. extension.

poster I [pɔste] *vt* (1) post, U.S. mail.

poster II *vt* (1) post, station (une sentinelle) — *vpr* **se** ~, take one's stand/post.

poster III [pɔstɛr] *m* poster.

postérieur, e [pɔsterjœr] *adj* [temps] later; posterior (*à*, to) || [membre] back, hind ● *m* FAM. behind, buttocks.

postérité [pɔsterite] *f* posterity || JUR. issue.

posthume [pɔstym] *adj* posthumous.

postiche [pɔstiʃ] *adj* false (cheveux) ● *m* wig.

postier, ière [pɔstje, jɛr] *n* post-office employee.

postill|on [pɔstijɔ̃] *m envoyer des* ~*s*, splutter when speaking || ~**onner** [-ɔne] *vi* splutter.

post|-scriptum [pɔstskriptɔm] *m* postscript || ~**-synchroniser** *vt* (1) CIN. post-synchronize, dub.

postul|ant, e [pɔstylɑ̃, ɑ̃t] *n* applicant || ~**er** *vt* (1) postulate.

posture [pɔstyr] *f* posture || FIG. *mauvaise* ~, predicament.

pot [po] *m* pot (à colle); pail (à peinture); jug (à eau, à lait); ~ *de colle*, pot of glue; ~ *à confiture*, jamjar || crock (en terre) ~ *de chambre*, chamber(-pot); ~ *de fleurs*, flower-pot || [jeux] jack-pot || AUT. ~ *d'échappement*, exhaust pipe || FAM. *manger à la fortune du* ~, take pot luck || POP. *avoir du* ~, be lucky.

potable [pɔtabl] *adj* drinkable; *eau* ~, drinking water.

potache [pɔtaʃ] *m* FAM. schoolboy.

potag|e [pɔtaʒ] *m* broth, soup || ~**er, ère** *adj jardin* ~, kitchen-garden.

potass|e [pɔtas] *f* potash || ~**er** *vt* (1) FAM. swot, grind at, mug up (un sujet) || ~**ium** [-jɔm] *m* potassium.

pot|-au-feu [potofø] *m inv* CULIN. boiled beef || FIG. stay-at-home || ~**-de-vin** *m* FAM. bribe.

poteau [poto] *m* post, pole; ~ *indicateur*, signpost; ~ *télégraphique*, telegraph-post || SP. ~ *d'arrivée*, winning-post.

potelé, e, [pɔtle] *adj* plump, buxom (femme); chubby (enfant).

potence [pɔtɑ̃s] *f* gallows (supplice) || bracket (d'enseigne).

potentiel, elle [pɔtɑ̃sjɛl] *adj* potential ● *m* potential.

poterie [pɔtri] *f* pottery (travail); earthenware (objet); ~ *de grès*, stoneware.

potiche [pɔtiʃ] *f* (porcelain) vase.

potier, ière [poɔtje, jɛr] *n* potter.

potin [pɔtɛ̃] *m* FAM. din, noise, racket; *faire du* ~, kick up a row || *Pl* gossip.

potion [pɔsjɔ̃] *f* MÉD. potion.

potiron [pɔtirɔ̃] *m* pumpkin.

pot-pourri [popuri] *m* MUS. medley.

pou, oux [pu] *m* louse.

poubelle [pubɛl] *f* dustbin, U.S. garbage can.

pouce [pus] *m* thumb (doigt); big toe (orteil) || [mesure] inch || FAM. *manger sur le* ~, have a snack; *se tourner les* ~*s*, twiddle one's thumbs.

poudr|e [pudr] *f* powder || ~ *de riz*, face powder || CULIN. *en* ~, dried, dehydrated (lait, œufs); powdered (chocolat); *café en* ~, instant coffee; *sucre en* ~, caster sugar || MIL. gun(powder) || FIG. *jeter de la* ~ *aux yeux*, throw dust in sb.'s eyes || ~**er** *vt* (1) powder — *vpr* **se** ~, powder one's face || ~**erie** *f* MIL. (gun)powder factory || ~**eux, euse** *adj* dusty (route) || ~**ier** [-ije] *m* powder-box, compact.

pouffer [pufe] *vi* (1) ~ *de rire,* burst out laughing.

pouilleux, euse [pujø, øz] *adj* lousy.

poulailler [pulaje] *m* hen-coop/ -house || TH., FAM. gods (fam.).

poulain [pulɛ̃] *m* colt, foal.

poul|e [pul] *f* hen; ~ *couveuse,* brood-hen, sitter || FAM. ~ *mouillée,* milksop, sissy. || **~et** [-ɛ] *m* chicken.

pouliche [puliʃ] *f* filly.

poulie [puli] *f* pulley || NAUT. block.

poulpe [pulp] *m* octopus.

pouls [pu] *m* pulse; *prendre le ~ de qqn,* feel sb.'s pulse.

poumon [pumɔ̃] *m* lung || MÉD. ~ *d'acier,* iron lung.

poupe [pup] *f* stern.

poup|ée [pupe] *f* doll; *jouer à la ~,* play dolls || **~on** *m* baby || **~onnière** [-ɔnjɛr] *f* nursery.

pour [pur] *prép* [+ (pro)nom] for || *c'est ~ vous,* this is for you; *faites-le ~ moi,* do it for my sake (par égard); *s'habiller ~ le dîner,* dress for dinner; *partir ~ New York,* leave for New York; ~ *quelques jours,* for a few days; ~ *deux livres de,* two pounds' worth of || [+ verbe] (in order) to; *être ~ partir,* be about to start || [approbation] ***être ~,*** be for, be in favour of; *je suis ~!,* I'm all for it! || FIN. *dix ~ cent,* ten per cent ● *loc conj* ~ ***que,*** (in order) that, so that; for; ~ ***peu que,*** however little ● *m le ~ et le contre,* the pros and cons.

pourboire [purbwar] *m* tip; gratuity; *donner un ~,* tip.

pourceau [purso] *m* LITT. pig, swine.

pourcentage [pursɑ̃taʒ] *m* percentage.

pourchasser [purʃase] *vt* (1) chase, make after, pursue.

pourlécher (se) [səpurleʃe] *vpr* (1) *se ~ les babines,* lick one's lips/ chops.

pourparlers [purparle] *mpl* parley, negotiations, talks; *être en ~ avec,* negotiate with.

pourpre [purpr] *adj* crimson.

pourquoi [purkwa] *adv* why; ~ *cela?,* why so?; ~ *pas?,* why not? ● *conj voilà ~,* that is (the reason) why.

pourr|i, e [puri] *adj* rotten || addled (œuf); bad (nourriture) || **~ir** *vi/vpr* (2) [***se*** ~] rot, decay || [nourriture] go bad; [œuf] addle || **~iture** [-ityr] *f* rot, decay.

poursuite I [pursɥit] *f* pursuit || MIL. chase || *Pl* JUR. proceedings, prosecution.

poursuite II *f* continuation.

poursui|vant, e [pursɥivɑ̃, ɑ̃t] *n* pursuer || JUR. prosecutor || **~vre** I [-vr] *vt* (98) [pourchasser] pursue, chase, make/run after || JUR. prosecute, proceed against; ~ *qqn en dommages et intérêts,* sue sb. for damages || FIG. seek after/for; seek (un but); follow (une carrière).

poursuivre II *vt* (98) [continuer] continue, pursue; proceed with (son travail); carry on (with) [des études]; ~ *un but,* work towards an end; ~ *son chemin,* carry on one's way.

pourtant [purtɑ̃] *adv* yet, however, still, though.

pourtour [purtur] *m* circumference.

pourvoi [purvwa] *m* JUR. appeal.

pourvoir [purvwar] *vt* (78) furnish, supply (*de,* with); provide (*de,* with) — *vt ind ~* ***à,*** provide for; make provision for; ~ *aux besoins de,* provide/cater for — *vpr* ***se ~,*** provide oneself (*de,* with).

pourvoir (se) *vpr* (78) JUR. *se ~ en cassation,* lodge an appeal with the Supreme Court.

pourvu que [purvykə] *loc conj* providing/provided (that); as/so long as.

pousse [pus] *f* BOT. shoot, sprout.

poussé, e [puse] *adj* souped-up (moteur, voiture).

poussée [puse] *f* push; thrust (forte) || shove (secousse) || FIG. pressure, impulse || MÉD. sudden rise (de fièvre) || TECHN. stress.

pousse-pousse [puspus] *m inv* rickshaw.

pousser I [puse] *vt* (1) push (qqch., qqn) || shove, thrust (violemment); ~ *du coude,* poke, prod; ~ *devant soi,* drive (animal); trundle along (brouette) || wheel (un chariot) || *être poussé,* drift (par le vent) || ~ *un cri,* utter a cry; ~ *un soupir,* heave a sigh || FAM. *ne poussez pas!,* stop pushing! — *vpr* ***se*** ~, move, shift; *poussez-vous!,* move along! — *vi* NAUT. ~ *au large,* shove off.

pousser II *vt* (1) [stimuler] urge (on), egg on || [inciter] drive, provoke, impell, incite.

pousser III *vi* (1) BOT. [plantes] grow; [bourgeon] shoot, sprout; come out/up (sortir) || FIG. *laisser* ~, grow (sa barbe).

poussette *f* push-chair (d'enfant) || push-cart (de marchande de quatre-saisons).

poussi|er [pusje] *m* coal-dust || **~ère** *f* dust; *tomber en* ~, crumble, moulder || FIG. *mordre la* ~, bite the dust || **~éreux, euse** [-erø, øz] *adj* dusty.

poussif, ive [pusif, iv] *adj* broken-/short-winded, puffy (personne).

poussin [pusɛ̃] *m* chick.

poutre [putr] *f* beam (en bois); ***~s apparentes,*** exposed beams || girder (en fer).

pouvoir I [puvwar] *vt* (79) [force, pouvoir] be able, can; *pouvez-vous soulever cette caisse?,* can you lift this box? || ***ne pas ~ faire,*** be unable to do; *je ne peux faire autrement que,* I cannot choose but; *vous n'y pouvez rien,* you can't help it; *je n'en peux plus,* I am done || [éventualité] may; *cela peut être vrai,* that may be true || [permission] may, can || [souhait] may; *puisse-t-il être heureux!,* may he be happy! — *v imp* may; *il pourra se faire que,* it may happen that — *vpr* ***se ~ :*** *cela se peut,* that may be; *il se peut qu'il vienne,* he may come.

pouvoir II *m* power (puissance) || authority, power; *au* ~, in power; *arriver au* ~, come to power || JUR. power; *donner* ~, commission, authorize || *Pl* powers; *les ~s constitués,* the powers that be; *pleins ~s,* full powers || FIN. ~ ***d'achat,*** purchasing power.

prairie [prɛri] *f* meadow (pré); grass-land, U.S. prairie (région).

praticable [pratikabl] *adj* practicable (col); passable, negotiable (route) || practicable (projet).

praticien, ienne [pratisjɛ̃, jɛn] *n* MÉD. practitioner.

pratiquant, e [pratikɑ̃, ɑ̃t] *n* church-goer.

pratiqu|e [pratik] *adj* convenient, useful, serviceable (chose) || practical, down to earth (personne) || [école] *travaux ~s,* practical exercises ● *f* practice; *en* ~, in effect; *mettre en* ~, put into practice || ~ *illicite,* malpractice || **~ement** *adv* practically || **~er** I *vt* (1) practise (un art, un métier) || go in for (un sport, une activité) — *vi* MÉD. practise || REL. go to church, be a churchgoer; practise.

pratiquer II *vt* (1) cut (une ouverture); lay out (une piste).

pré [pre] *m* meadow.

préalable [prealabl] *adj* preliminary; previous (question) ● *m* preliminary, prerequisite ● *loc adv* ***au ~,*** as a preliminary, beforehand.

préambule [preɑ̃byl] *m* preamble.

préau [preo] *m* covered playground.

préavis [preavi] *m* warning; (advance) notice; ***sans*** **~**, without notice; ~ *de grève,* strike notice.

précaire [prekɛr] *adj* precarious.

précaution [prekosjɔ̃] *f* precaution (mesure); ***par*** **~**, as a precaution; *par mesure de* ~, to be on the safe side || care (soin); *avec* ~, with care, gingerly; *faute de* ~*s,* out of neglect.

précéd|emment [presedamɑ̃] *adv* previously || **~ent, e** *adj* previous, foregoing, preceding, former ● *m* precedent; *sans* ~, unprecedented, unheard-of || **~er** *vt* (5) precede; go in front of.

précept|e [presɛpt] *m* precept || **~eur, trice** *n* private tutor.

prêch|e [prɛʃ] *m* sermon || **~er** [-ɛʃe] *vt* (1) preach || FIG. ~ *pour son saint,* have an axe to grind.

préci|eusement [presjøzmɑ̃] *adv* preciously || **~eux, euse** *adj* precious (objet) || FIG. valuable.

précipice [presipis] *m* precipice.

précipit|amment [presipitamɑ̃] *adv* hastily || **~ation** *f* hurry, haste || *Pl* precipitation, rainfall (de pluie, de neige) || **~é, e** *adj* precipitate; hurried (départ); hasty (décision); headlong (fuite) ● *m* CH. precipitate || **~er** *vt* (1) precipitate, hurl (jeter) || hasten (hâter) — *vpr* ***se*** **~**, rush, dash; hurtle.

préci|s, e [presi, iz] *adj* accurate, precise, exact; strict (sens); vivid (souvenir); specific (but); distinct (tendance); definite (ordre) || precise (moment); *à 2 heures* ~*es,* at two o'clock sharp || **~sément** [-zemɑ̃] *adv* precisely, exactly || **~ser** [-ze] *vt* (1) specify, state precisely, define; elaborate || **~sion** [-zjɔ̃] *f* accuracy, precision; *avec* ~, accurately || [détail] point; *donner des* ~*s sur,* give precise details about || TECHN. *instruments de* ~, precision instruments.

précité, e [presite] *adj* aforesaid, above-mentioned.

précoce [prekɔs] *adj* precocious (enfant); forward (enfant, fruit, saison).

pré|conçu, e [prekɔ̃sy] *adj* preconceived; *idée* ~*e,* preconception, bias || **~coniser** [-kɔnize] *vt* (1) advocate; recommend || **~curseur** [-kyrsœr] *m* forerunner || **~décesseur** [-desesœr] *m* predecessor.

prédicat [predika] *m* GRAMM. predicate.

prédica|teur [predikatœr] *m* preacher || **~tion** *f* preaching.

prédiction [prediksjɔ̃] *f* prediction.

prédilection [predilɛksjɔ̃] *f* predilection.

prédire [predir] *vt* (63) predict, foretell.

prédispos|é, e [predispoze] *adj* liable (*à,* to) || **~er** *vt* (1) predispose || prejudice (*contre,* against) || **~ition** *f* predisposition, propensity.

prédomin|ance [predɔminɑ̃s] *f* predominance || **~ant, e** *adj* predominant, prevailing || **~er** *vi* (1) predominate, prevail.

préfabriqué, e [prefabrike] *adj maison* ~*e,* prefabricated house; prefab (fam.).

préfac|e [prefas] *f* preface || **~er** *vt* (1) preface, foreword.

préfér|able [preferabl] *adj* preferable (*à,* to) || **~é, e** *adj* preferred ● *adj/n* favourite || **~ence** *f* preference, partiality, liking; ***de*** **~**, preferably, for choice; *de* ~ *à,* rather than || *Pl* likes || **~er** *vt* (5) prefer (*à,* to); favour || ~ *qqch.,* like sth. better || ***je préférerais,*** I had rather/ sooner.

préfet [prefɛ] *m* prefect (civil); chief (de police).

préfigurer [prefigyre] *vt* (1) foreshadow.

préfixe [prefiks] *m* prefix.

préhistorique [preistɔrik] *adj* prehistoric.

préjudic|e [preʒydis] *m* injury, harm, damage, detriment; *porter ~ à,* harm, injure; *au ~ de,* to the prejudice of; *sans ~ de,* without prejudice to || **~iable** [-jabl] *adj* prejudicial, injurious, hurtful; of disservice, detrimental (*à,* to).

préjugé [preʒyʒe] *m* prejudice, bias; *sans ~,* unprejudiced, unbiased, open (esprit); *avoir un ~ contre qqn,* be prejudiced against sb.

prélart [prelar] *m* NAUT. tarpaulin.

prélasser (se) [səprelase] *vpr* (1) loll, sprawl, lounge (*dans,* in); bask (*au soleil,* in the sun).

prélat [prela] *m* prelate.

prél|èvement [prelɛvmɑ̃] *m* FIN. levy || MÉD., TECHN. sample || **~ever** [-əve] *vt* (5) FIN. levy || MÉD., TECHN. sample (minerai).

préliminaire [preliminɛr] *adj* preliminary, introductory ● *m* preliminary.

prélud|e [prelyd] *m* prelude || **~er** *vt ind* (1) *~ à,* prelude.

prématuré, e [prematyre] *adj* premature (enfant) || untimely (mort) ● *n* premature baby; prem (fam.).

préméditation [premeditasjɔ̃] *f* premeditation; *avec ~,* wilful (meurtre, etc.) || **~er** *vt* (1) premeditate.

premi|er, ère [prəmje, jɛr] *adj* [série] first; *~ étage,* first floor; *~ ministre,* Prime Minister; *~ière page,* front page; *de ~e classe,* first-class; *en ~ lieu,* in the first place; *de ~ ordre,* first-rate || [temps] early, first, foremost; *les ~ières heures après minuit,* the small hours of the night || leading, prime, foremost ● *m* first; *en ~,* in the first place; *le ~ ..., le second,* the former ..., the latter ● *f* [lycée] sixth form (classe) || TH. first night || RAIL. first class || **~èrement** *adv* first(ly).

prémonition [premɔnisjɔ̃] *f* premonition, feeling.

prémunir [premynir] *vt* (2) caution, forewarn, forearm — *vpr* **se ~,** provide (*contre,* against).

prénatal, e, als ou **aux** [prenatal, o] *adj* antenatal.

prendre [prɑ̃dr] *vt* (80) take (qqch.) || take, have (nourriture); *~ le thé,* have tea; *prenez un cigare,* have a cigar; *je prendrais bien une tasse de thé,* I could do with a cup of tea || have (un bain) || take (le train, l'avion) || take (une route, une direction) || catch (un malfaiteur, un animal au piège) || take in (des locataires); pick up (des voyageurs) || gain (du poids) || ***~ l'air,*** go out for a breath of air || FIN. charge (un intérêt) || COMM. charge (faire payer) || MÉD. take (un médicament) || PHOT. take || AUT. *prenez à droite,* bear (to the) right; *~ qqn dans sa voiture,* give sb. a lift/ride (in one's car) || FIG. assume, take on (une apparence, une forme) || ***~ pour,*** mistake (sb.) for; FAM. *pour qui me prenez-vous?,* what do you take me for? || *~ qqn en faute,* catch sb. (out); *se laisser ~,* fall for (fam.) [se laisser séduire] || FIG. ***~ feu,*** catch fire; ***~ du jeu,*** come/work loose; ***~ mal (qqch.),*** take (sth.) ill/amiss; ***~ du temps,*** take time; *prenez votre temps,* take your time; ***~ de la vitesse,*** build up/gather speed; ***à tout ~,*** on the whole || FAM. ***je suis pris, ce soir,*** I'm not free tonight; *je ne suis pas pris, ce soir,* I've nothing on/I'm free tonight — *vi* [feu] catch || [ciment] set || MÉD. [vaccin] take || FAM. *ça ne prend pas!,* it's no go! — *vpr* **se ~ :** *se ~ le* *pied,* catch one's foot; *se ~ pour qqn,* fancy oneself || ***s'en ~ à,*** blame; attack, go for, get at, come down on (qqn) || ***s'y ~,*** set about it; *comment s'y ~?,* how can one go about it?; deal with (qqn).

prenne [prɛn] V. PRENDRE.

prénom [prenɔ̃] *m* Christian/first name.

préoccup|ation [preɔkypasjɔ̃] *f* preoccupation || **~é, e** *adj* preoccupied (absorbé) || worried; *très ~,* deeply concerned (*par,* about) [soucieux] || **~er** *vt* (1) trouble, worry; FAM. *ne vous préoccupez pas du prix,* never mind the price — *vpr* ***se ~ de,*** be concerned about.

prépar|atifs [preparatif] *mpl* preparations || **~ation** *f* preparation || **~atoire** [-atwart] *adj* preparatory || **~er** *vt* (1) prepare, make ready || [école] coach, train (des élèves); study for (un examen) || lay (un feu) || TECHN. dress || CULIN., U.S. fix (un repas) || MÉD. dispense, make up (une ordonnance) || FIG. *~ le terrain,* pave the way — *vpr* ***se ~,*** prepare (*à,* to); get ready.

prépondérant, e [prepɔ̃derɑ̃, ɑ̃t] *adj* preponderant, casting (voix).

préposé, e [prepoze] *n* man/woman in charge (*à,* of); employee || postman, -woman.

préposition [prepozisjɔ̃] *f* preposition.

prérogative [prerogativ] *f* prerogative.

près [prɛ] *adv* near (by), close/hard by; *tout ~,* very near, close by ● *loc* ***de ~ ,*** closely; at close range (coup de feu) || ***~ de,*** [espace] close to, near; [temps] close to; *il est ~ de 2 heures,* it's nearly 2 o'clock; FIG. ***bien ~ de,*** on the verge of (*faire,* doing); be about to (*faire,* do); ***à peu ~,*** nearly, about (V. PEU).

présag|e [prezaʒ] *m* omen, portent || **~er** *vt* (7) portend, forebode, foretell.

presbyte [prɛsbit] *adj* long-sighted, far-sighted.

presbytère [prɛsbitɛr] *m* vicarage, parsonage, rectory.

presbytie [prɛsbisi] *f* far-sightedness.

prescr|iption [prɛskripsjɔ̃] *f* MÉD., JUR., FIG. prescription || **~ire** *vt* (44) stipulate || MÉD. prescribe.

préséance [preseɑ̃s] *f* precedence; *avoir la ~ sur,* precede.

présence [prezɑ̃s] *f* presence; attendance; *faire acte de ~,* put in an appearance, show up; *mettre en ~,* confront (*de,* with) || FIG. ***~ d'esprit,*** presence of mind, readiness ● *loc adv en ~ de,* in the presence of.

présent *m* [cadeau] present.

présent, e I [prezɑ̃, ɑ̃t] *adj* present; *les personnes ~es,* all those present ● *interj : ~!,* present! ● *m* person present; *les ~s,* those present.

présent, e II *adj* [temps] present ● *m* present || GRAMM. present ● *loc adv* ***à ~,*** at present, now; *jusqu'à ~,* until/up to now, so far.

présent|able [prezɑ̃tabl] *adj* presentable || **~ateur, trice** *n* RAD., T.V. presenter; anchorman (meneur de débat); disc-jockey || **~ation** *f* presentation; *faire les ~s,* introduce people, make the introductions || ***~ de mode,*** fashion show || **~er** *vt* (1) present, show, produce (document) || offer (excuses) || introduce (qqn) || nominate (qqn à une élection) || set out (exposer) || MIL. present (armes) — *vpr* ***se ~,*** present oneself; introduce oneself || report (*à,* to) [supérieur] || [candidat] come forward; ***se ~ à un examen,*** sit (for)/go in for an examination || turn up, show up (arriver) || *se ~ bien/mal,* look good/bad || AV. ***se***

~ ***à l'enregistrement,*** check in || Pol. *se* ~ *à,* stand for (ville).

préserv|atif [prezɛrvatif] *m* Méd. condom, sheath || **~ation** *f* preservation, protection || **~er** *vt* (1) preserve, protect (*de,* from); secure (*de,* from/against).

présid|ence [prezidɑ̃s] *f* chairmanship (d'un comité); presidency (d'un État) || **~ent, e** *n* chairman, -woman (d'un comité) || Pol. president (d'un État); ~ *du Conseil,* Prime Minister, Premier; Speaker (au Parlement britannique) || **~entiel, ielle** [-ɑ̃sjɛl] *adj* presidential || **~er** *vi* (1) preside (*à,* at/over); take the chair.

présomp|tion [prezɔ̃psjɔ̃] *f* presumption, assumption || **~tueux, euse** [-tɥø, øz] *adj* self-sufficient, presumptuous.

presque [prɛsk] *adv* almost, nearly; ~ ***pas,*** scarcely; ~ ***jamais,*** scarcely/hardly ever.

presqu'île [prɛskil] *f* peninsula.

press|ant, e [prɛsɑ̃, ɑ̃t] *adj* pressing (besoin); urgent (affaire) || **~é, e** *adj* ***être*** ~, be in a hurry (*de,* to), be pressed for time || urgent (travail).

presse [prɛs] press; *sous* ~, in the press || papers (journaux).

presse-citron [prɛssitrɔ̃] *m inv* lemon-squeezer.

pressent|iment [prɛsɑ̃timɑ̃] *m* presentiment, foreboding; *j'ai le* ~ *que,* I have a feeling that || **~ir** *vt* (2) sense, forebode; have an inkling (*que,* that) || *faire* ~, foreshadow || sound out (*qqn,* sb.) [s'informer].

presse|-papier [prɛspapje] *m inv* paper-weight || **~-purée** *m inv* potato-masher.

presser I *vt* (1) hurry (up) [qqn]; ~ ***le pas,*** hasten one's steps || urge (inciter); press (harceler); ~ *qqn de questions,* ply sb. with questions — *vi* be urgent; *rien ne presse,* there's no hurry — *vpr* ***se*** ~, hurry, hasten; *pressez-vous!,* hurry up!

press|er II [prɛse] *vt* (1) press || squeeze (une orange) || push (un bouton) — *vpr* ***se*** ~, crowd; huddle || **~ion** *f* Méd., Phys. pressure || Techn. press (disque) || Comm. ***bière à la*** ~, draught beer, beer on draught || Pol. ***groupe de*** ~, pressure group || Fig. pressure || **~oir** *m* (cider-/wine-)press || **~uriser** [-yrize] *vt* (1) pressurize.

prestance [prɛstɑ̃s] *f* fine presence.

prestation [prɛstasjɔ̃] *f* Fin. allowance; ~*s familiales,* family endowments || Jur. ~ *de serment,* taking of an oath.

preste [prɛst] *adj* nimble, agile || **~ment** *adv* nimbly, quickly.

prestidigita|teur, trice [prɛstidiʒitatœr, tris] *n* conjurer, juggler || **~tion** *f* conjuring; legerdemain; *tour de* ~, conjuring trick; *faire des tours de* ~, conjure.

prestige [prɛstiʒ] *m* prestige.

présum|é, e [prezyme] *adj* supposed; alleged || **~er** *vt* (1) presume, assume, suppose.

présupposer [presypoze] *vt* (1) presuppose.

prêt, e [prɛ, ɛt] *adj* ready, set; *fin* ~, all set || handy (sous la main); *tenir* ~, keep in readiness; *se tenir* ~, stand by || **~-à-porter** *adj* ready-made, ready-to-wear; off the peg (fam.).

prêt *m* loan (argent); ~ *d'honneur,* loan on trust || [bibliothèque] lending department; *bibliothèque de* ~, lending-library || Mil. pay.

prêté [prete] *m c'est un* ~ *pour un rendu,* it's tit for tat.

prétend|dant, e [pretɑ̃dɑ̃, ɑ̃t] *n* pretender; suitor (à la main d'une femme) || Jur. claimant || **~dre** *vt* (4) claim; allege, maintain, contend (affirmer) [*que,* that]; *je prétends que,* my contention is that

— *vt ind* ~ ***à,*** aspire to, lay claim to || ~**du, e** [-dy] *adj* would-be, so-called, self-styled.

prête-nom [prɛtnɔ̃] *m* figurehead, dummy.

préten|tieux, ieuse [pretɑ̃sjø, jøz] *adj* pretentious, conceited, boastful || ~**tion** *f* pretension, claim, pretence (revendication) || pretension, presumption; *sans* ~, unassuming, unpretending.

prêt|er [prɛte] *vt* (1) lend, U.S. loan (de l'argent) || FIG. credit (attribuer); ~ *assistance,* help; ~ *attention,* pay attention; ~ *l'oreille,* give ear to; ~ *serment,* take an oath — *vpr* ***se*** ~ ***à,*** lend oneself to; pander to (encourager les passions) || ~**eur, euse** *n* (money-)lender; ~ *sur gages,* pawnbroker.

prétexte [pretɛkst] *m* pretext, pretence, stalking-horse; *sous* ~ *de,* under the pretext of, on the plea of; *sous* ~ *que,* on the ground that.

prétoire [pretwar] *m* JUR. courtroom.

prêtr|e [prɛtr] *m* priest; ~***-ouvrier*** *(m),* priest-worker || ~**esse** [-ɛs] *f* priestess.

preuve [prœv] *f* proof; ~ *certaine,* evidence; *faire* ~ *de,* exhibit, show (courage); develop (un talent); *faire ses* ~*s,* prove oneself || MATH. *faire la* ~ *par neuf,* cast out the nines.

prévaloir [prevalwar] *vi* (81) prevail (*contre,* against; *sur,* over) || obtain (être en vigueur).

préven|ances [prevnɑ̃s] *fpl* attentions || ~**ant, e** *adj* considerate, thoughtful, attentive || ~**ir** I *vt* (101) anticipate (les désirs); forestall (devancer); prepossess, bias (*en faveur de,* in favour of; *contre,* against).

prévenir II *vt* (101) tell, inform (informer); warn (d'un danger, etc.); ***sans*** ~, without warning || call (le médecin, la police).

prévenir III *vt* (101) prevent, preclude; *mieux vaut* ~ *que guérir,* prevention is better than cure || ward off (un danger).

préven|tif, ive [prevɑ̃tif, iv] *adj* preventive, deterrent || ~**tion** *f* prevention; ~ *routière,* road safety || prejudice, bias (*contre,* against) || JUR. detention.

prévenu, e [prevny] *adj* prejudiced, prepossessed (*contre,* against) ● *n* JUR. *le* ~, the defendant.

prév|ision [previzjɔ̃] *f* anticipation, prevision, foresight, expectation; *en* ~ *de,* in anticipation of || forecast (pronostic); ~***s météorologiques,*** weather forecast || FIN. ~*s budgétaires,* estimates || ~**oir** *vt* (82) foresee, look ahead, anticipate (anticiper) || forecast (le temps) || provide for (une éventualité) || schedule, plan (voyage, etc.); *au moment prévu,* at the appointed/scheduled time || allow (envisager) || ~**oyance** [-wajɑ̃s] *f* foresight, forethought || ~**oyant, e** [-wajɑ̃, ɑ̃t] *adj* provident; farsighted, thoughtful || ~**u, e** [-y] *adj* foregone; *c'était prévu,* it was a foregone conclusion; ***comme prévu,*** as expected, according to plan; ~ *pour lundi,* scheduled for Monday || RAIL., AV. due (attendu).

prie-Dieu [pridjø] *m inv* kneeling-chair.

pri|er I [prije] *vt* (1) beg (*de,* to); bid, request (*à,* to); *(faites donc), je vous en prie!,* please (do)!, you are welcome; *sans se faire* ~, willingly || ~ *qqn à dîner,* invite sb. to dinner || ~**ère** I [-ɛr] *f* entreaty, request; ~ *de ne pas fumer,* you are requested not to smoke.

pri|er II *vi* (1) REL. pray (*pour,* for) — *vt* pray to (Dieu) || ~**ère** II *f* REL. prayer; *faire une* ~, say a prayer || ~**eur, eure** *n* REL. prior *(m),* prioress *(f).*

primaire [primɛr] *adj* primary (école).

prime I [prim] *f* COMM. bonus || COMM., FIN. premium (d'assurance).

prime II *adj dans ma ~ jeunesse,* in my earliest youth ● *loc adv de ~ abord,* at first sight.

primeurs [primœr] *fpl* early fruit and vegetables.

primevère [primvɛr] *f* primrose.

primit|if, ive [primitif, iv] *adj/n* primitive (homme) || primeval, original, earliest (état) | **~ivement** [-ivmɑ̃] *adv* primitively; originally.

primordial, e, aux [primɔrdjal, o] *adj* capital, essential.

princ|e [prɛ̃s] *m* prince || **~esse** *f* princess || **~ier, ière** *adj* princely.

principal, e, aux [prɛ̃sipal, o] *adj* chief, main; principal, leading, major || staple (article, produit) ● *m* headmaster (de collège) || FIG. *le ~ est ...,* the main thing is ... ● *f* GRAMM. main clause || **~ement** *adv* chiefly, mainly.

principauté [prɛ̃sipote] *f* principality.

principe [prɛ̃sip] *m* principle; *par ~,* on principle; ***en ~,*** in principle.

print|anier, ière [prɛ̃tanje, jɛr] *adj* spring(-like) || **~emps** [ɑ̃] *m* spring; *au ~,* in (the) spring (time) || FIG. *au ~ de la vie,* in the prime of life.

priorité [priɔrite] *f* priority, precedence (*sur,* over) || AUT. right of way; *~ à droite!,* give way to the vehicles on your right!

prise I [priz] *f* hold, grasp; *lâcher ~,* lose one's hold/grasp || purchase, foothold (point d'appui); footing || SP. clutch; [judo] hold || MIL. seizure, capture (d'une ville); ***~ d'armes,*** military review || NAUT. prize (capture) || TECHN. intake, inlet; *~ **d'eau,*** hydrant || AUT. ***en ~,*** in top gear || CIN. ***~ de vue,*** shooting; shot, take (photo) || RAD. ***~ de son,*** sound recording || ÉLECTR. socket, power-point; plug (fiche); ***~ multiple,*** multiple plug, adapter; *~ de terre,* earth || FIG. *donner ~ à,* lay oneself open to; *être aux ~s avec,* be fighting against || FAM. *~ de bec,* set-to (fam.).

pris|e II *f* pinch of snuff (tabac) || **~er** *vt* (1) snuff (tabac).

prisme [prism] *m* prism.

pris|on [prizɔ̃] *f* prison, gaol, jail; *aller en ~,* go to jail; *mettre qqn en ~,* take sb. into custody; *faire deux ans de ~,* serve two years in prison || **~onnier, ière** [-ɔnje, jɛr] *n* prisoner || *~ de guerre,* prisoner of war.

privation [privasjɔ̃] *f* privation.

privé, e [prive] *adj* private (vie) ● *m* private life; *en ~,* in private.

priver [prive] *vt* (1) deprive (*de,* of) — *vpr **se ~,*** deny oneself, stint oneself; *se ~ de qqch,* go/do without sth.

privil|ège [privilɛʒ] *m* privilege, right || *Pl* JUR. liberties || **~égié, e** [-eʒje] *adj* privileged. ● *n* privileged person.

prix I [pri] *m* COMM. price, cost; charge; *~ au comptant,* cash price; *~ de détail/gros,* retail/wholesale price; *~ marqué,* list price; *~ net,* net price; *~ de revient,* cost price; *~ de vente,* selling price; *fixer un ~ à qqch.,* set a price on sth. || [autobus, taxi] *~ de la place/course,* fare || FIG. value ● *loc **à bas ~,*** low-priced, cheaply *(adv);* cheap *(adj); à vil ~,* dirt cheap; ***à ~ fixe,*** for a fixed price; *repas à ~ fixe,* table d'hôte meal; ***à tout ~,*** at all costs; ***au ~ de,*** at the cost of; ***sans ~,*** priceless.

prix II *m* prize, award; *décerner/remporter un ~,* award/win a prize.

proba|bilité [prɔbabilite] *f* probability, expectation; *selon toute ~,* in all likehood || **~ble** [-bl] *adj* probable, likely || **~blement** [-bləmɑ̃] *adv* probably, likely, presumably; *très ~,* most likely.

probant, e [prɔbɑ̃, ɑ̃t] *adj* convincing.

prob|e [prɔb] *adj* clean-handed, upright || **~ité** *f* uprightness.

probl|ématique [prɔblematik] *adj* problematic, doubtful || **~ème** [-ɛm] *m* MATH. problem; sum (d'enfants) || FIG. problem, case || FAM. ***(c'est) sans ~,*** (that's) no problem, that's easy || POP. *y a pas d'~!,* no sweat! (sl.).

procéd|é [prɔsede] *m* process; method || FIG. proceeding, dealing || **~er** I *vt ind* (1) *~* ***à,*** undertake, perform, carry out (effectuer).

procéder II *vt ind* (1) *~* ***de,*** proceed from.

procédure [prɔsedyr] *f* JUR. procedure, proceedings.

procès [prɔsɛ] *m* case, law-suit; *intenter un ~,* bring an action (*à,* against) || trial (criminel).

procession [prɔsɛsjɔ̃] *f* procession.

processus [prɔsɛsys] *m* process.

procès-verbal, aux [prɔsɛvɛrbal, o] *m* minutes *(pl),* record (de séance) || AUT. (policeman's) report; ticket (fam.); *dresser ~,* make a report.

proch|ain, e [prɔʃɛ̃, ɛn] *adj* next (suivant); *la ~e fois;* next time || near (dans le temps) ● *m* REL. neighbour || **~ainement** [-ɛnmɑ̃] *adv* shortly, soon.

proche *adj* [lieu, temps] near(by); *le plus ~ village,* the nearest village; *dans un ~ avenir,* in the near future || at hand (imminent) || *~* ***de,*** close to || akin to (apparenté à) ● *mpl* close relations || JUR. next of kin.

proclam|ation [prɔklamasjɔ̃] *f* proclamation; *faire une ~,* issue a proclamation || **~er** *vt* (1) proclaim, declare.

procréer [prɔkree] *vt* (1) beget, breed.

procuration [prɔkyrasjɔ̃] *f* JUR. power of attorney; ***par ~,*** by proxy.

procur|er [prɔkyre] *vt* (1) procure, get (*à,* for) — *vpr* ***se ~,*** get, obtain, procure; *se ~ des fonds,* raise money; buy (acheter) || **~eur** *m* JUR. attorney; *~ de la République,* Public Prosecutor; G.B. *~ de la Couronne,* Crown attorney.

prodigalité [prɔdigalite] *f* prodigality, lavishness; extravagance.

prodig|e [prɔdiʒ] *m* prodigy, wonder; *enfant ~,* infant prodigy || **~ieux, ieuse** *adj* prodigious, wonderful, stupendous.

prodigu|e [prɔdig] *adj* prodigal, lavish, unsparing (*de,* of); extravagant, profligate (dépensier) ● *n* spendthrift || **~er** *vt* (1) waste, squander (de l'argent) || FIG. lavish.

prod|ucteur, trice [prɔdyktœr, tris] *adj* producing ● *m* CIN. producer || AGR. grower || **~uctif, ive** [-yktif, iv] *adj* productive || **~uction** [-yksjɔ̃] *f* production || [industrie] production, output, turnout || AGR. yield || CIN. production || **~uire** [-ɥir] *vt* (85) produce || TECHN. produce; manufacture, turn out (des objets manufacturés); generate (de la vapeur, de l'électricité) || AGR. yield, bring forth; *~ des fruits,* bear || FIN. bring, yield (des intérêts) || JUR. exhibit (des documents); bring forward (un témoin) || CIN. produce (un film) || FIG. create, cause, bring about — *vpr* ***se ~,*** happen, come about, take place, occur || TH. appear (*dans,* in) || **~uit** [-ɥi] *m* product (manufacturé) || *Pl ~s de beauté,* cosmetics || *Pl* AGR. *~s agricoles* (farm) produce; *~s maraîchers,* garden truck || COMM.

commodity; *Pl* goods; *~s congelés,* frozen foods || *Pl* CH. *~s chimiques,* chemicals || FIN. profit, fruit.

proéminent, e [prɔeminɑ̃, ɑ̃t] *adj* prominent, projecting.

profan|ation [prɔfanasjɔ̃] *f* profanation || REL. violation || **~e** *adj* profane || REL. lay; secular ● *n* layman, -woman || FAM. outsider || **~er** *vt* (1) REL. profane, desecrate || JUR. violate (une tombe).

proférer [prɔfere] *vt* (5) utter; mouth (des malédictions).

profess|er [prɔfɛse] *vt* (5) profess (déclarer) — *vi* teach || **~eur** *m* teacher; master (de lycée); professor (d'université) || **~ion** *f* occupation, calling; trade; *~ libérale,* profession; *de ~,* by trade || **~ionnel, elle** [-jɔnɛl] *adj/n* professional || vocational (enseignement); *orientation ~le,* vocational guidance ● *n* SP. professional; pro (fam.) || **~orat** [-ɔra] *m* teaching profession.

profil [prɔfil] *m* profile; *de ~,* in profile || contour (du terrain); outline (d'une colline); sky-line (d'une ville) || ARCH. section || **~é, e** *adj* AUT., AV. streamlined || **~er** *vt* (1) profile — *vpr* ***se ~,*** be outlined, stand out (*sur,* against).

profi|t [prɔfi] *m* profit, advantage; ***au ~ de,*** in favour of; ***mettre à ~,*** turn to account; *tirer ~ de,* benefit by; *tourner qqch. à son ~,* capitalize || COMM. profit, benefit, return; *~s et pertes,* profit and loss account; *passer qqch. aux ~s et pertes,* write sth. off || **~table** [-tabl] *adj* profitable, advantageous; paying, money-making || **~ter** *vt ind* (1) ***~ à,*** benefit to, be to (sb's) advantage || ***~ de,*** take advantage of; *~ de l'occasion,* seize the opportunity, improve the occasion || **~teur, euse** *n* profiteer.

profon|d, e [prɔfɔ̃, ɔ̃d] *adj* deep || profound; sound (sommeil) || ***peu ~,*** shallow (eau) || FIG. deep; rapt (attention); *le plus ~,* inmost || **~dément** [-demɑ̃] *adv* deeply; *dormir ~,* sleep soundly, be sound asleep || **~deur** *f* depth; *quelle est la ~ de ...?,* how deep is...?; *un mètre de ~,* one metre deep/in depth || PHOT. ***~ de champ,*** depth of field.

profusion [prɔfyzjɔ̃] *f* profusion, plenty; *à ~,* in plenty, lavishly.

progéniture [prɔʒenityr] *f* progeny, offspring.

programm|e [prɔgram] *m* programme; schedule, agenda (calendrier) || *~ scolaire,* curriculum; syllabus || POL. ***~ électoral,*** platform || RAD. programme || TECHN. [ordinateur] program || **~er** *vt* (1) schedule || [ordinateur] program || **~eur, euse** *n* (computer) programmer.

progr|ès [prɔgrɛ] *m* progress || improvement (comparativement); ***faire des ~,*** progress, improve || progress, advancement (de la science) || **~esser** [-ɛse] *vi* (1) progress, advance, make headway (avancer) || come on, improve (s'améliorer) || **~essif, ive** [-ɛsif, iv] *adj* progressive, gradual || **~ession** [-ɛsjɔ̃] *f* progression, progress, advance || **~essiste** [-ɛsist] *adj* POL. progressive ● *n* progressist.

prohib|er [prɔibe] *vt* (1) prohibit || **~itif, ive** [-itif, iv] *adj* prohibitive, extravagant (prix) || **~ition** *f* prohibition.

proie [prwa] *f* prey; *faire sa proie de,* prey upon || FIG. victim; *en ~ à,* a prey to.

project|eur [prɔʒɛktœr] *m* projector; *~ de cinéma,* cine-projector || TH. spotlight || MIL. searchlight || **~ile** [-il] *m* missile, projectile || **~ion** *f* projection || CIN. showing (séance).

proj|et [prɔʒɛ] *m* project, plan; scheme; design; *former des ~s,* make plans || draft, blue-print (fam.) || POL. ***~ de loi,*** bill; *dépo-*

ser un ~ *de loi,* introduce a bill || ~**eter** I [-ʒte] *vt* (8 *a*) plan, design, project, contemplate; intend (*de,* to) || CIN. screen.

projeter II *vt* (8 *a*) throw, hurl (jeter) || cast; ~ *une ombre,* cast a shadow; flash (une lumière) || CIN. project, put on (un film).

prolét|aire [prɔletɛr] *adj/n* proletarian || ~**ariat** [-arja] *m* proletariat (classe) || ~**arien, ienne** [-arjɛ̃, jɛn] *adj* proletarian.

prolif|érer [prɔlifere] *vi* (5) proliferate || ~**ique** *adj* prolific.

prolixe [prɔliks] *adj* prolix; wordy (explications).

prolong|ateur [prɔlɔ̃gatœr] *m* ÉLECTR. extension cord || ~**ation** *f* prolongation (de durée) || extension (de validité) || continuance (d'un état) || SP. extra time; *jouer les* ~*s,* play extra time || ~**ement** [-ʒmɑ̃] *m* extension (d'une rue) || ~**er** [-ʒe] *vt* (7) prolong (une rue, une visite) || extend (un billet) || protract, lenghthen (un séjour).

promen|ade [prɔmnad] *f* [action] walk (à pied); drive, ride (en voiture); ride (à cheval, à bicyclette); row, sail (en bateau); ***faire une*** ~, go for a walk/stroll (à pied)/ride, etc. || [lieu] promenade, esplanade (au bord de la mer) || ~**er** *vt* (1) ~ *un chien,* walk a dog; *(emmener)* ~ *qqn,* take sb. out for a walk || FIG. ~ *ses doigts/son regard sur,* run one's fingers/eyes over || FAM. *envoyer* ~ *qqn,* send sb. packing (fam.) — *vpr* ***se*** ~, go for a walk/stroll/ride, etc.; ***aller se*** ~, go (out) for a walk/stroll, etc. || stroll (flâner) || wander (au hasard) || ~**eur, euse** *n* walker, stroller || ~**oir** *m* TH. promenade.

prom|esse [prɔmɛs] *f* promise, pledge; *faire une* ~, make a promise; *manquer à/tenir sa* ~, break/keep one's promise || ~**etteur, euse** [-ɛtœr, øz] *adj* promising || ~**ettre** [-ɛtr] *vt* (4) promise (qqch.) || [laisser présager] ~ *de,* bid fair to — *vi* look promising — *vpr* ***se*** ~, anticipate, look forward to.

promiscuité [prɔmiskɥite] *f* promiscuity.

promontoire [prɔmɔ̃twar] *m* promontory, headland.

prom|oteur, trice [prɔmɔtœr, tris] *n* promoter, originator || ~ ***immobilier,*** (property) developer || ~**otion** *f* promotion, advancement || [école] year || COMM. ~ *des ventes,* sales promotion; *en* ~, U.S. on special || ~**ouvoir** [-uvwar] *vt* (83) promote, advance (*à,* to).

prompt, e [prɔ̃, ɔ̃t] *adj* prompt; quick (esprit); ready (réponse); speedy (guérison); nimble (agile) || ~**ement** [-tmɑ̃] *adv* promptly || ~**itude** [-tityd] *f* promptness, quickness.

promu, e [prɔmy] V. PROMOUVOIR ● *adj* promoted.

promul|gation [prɔmylgasjɔ̃] *f* promulgation || ~**guer** [-ge] *vt* (1) promulgate || JUR. enact (une loi); issue (un décret).

prôn|e [pron] *m* sermon || ~**er** *vt* (1) advocate, recommend; extol.

pronom [prɔnɔ̃] *m* pronoun.

prononc|é, e [prɔnɔ̃se] *adj* broad (accent) || ~**er** *vt* (6) pronounce || *mal* ~, mispronounce || utter (un mot); deliver (un discours) || JUR. pass (une sentence) — *vpr* ***se*** ~, [mot] be pronounced; [lettre] *ne pas se* ~, be silent || FIG. decide (*contre/pour,* against/in favour of) || ~**iation** [-jasjɔ̃] *f* pronunciation.

pronosti|c [prɔnɔstik] *m* forecast; prognostic || ~**quer** [-ke] *vt* (1) forecast; prognosticate.

propa|gande [prɔpagɑ̃d] *f* propaganda || ~**gation** [-gasjɔ̃] *f* propagation || MÉD. spread(ing) || ~**ger** [-ʒe] *vt* (7) propagate; spread abroad, disperse, disseminate — *vpr* ***se*** ~, [nouvelles, épidémies] spread || [idées] breed.

propension [prɔpɑ̃sjɔ̃] *f* propensity (*à*, for).

proph|ète [prɔfɛt] *m* prophet || **~étie** [-esi] *f* prophecy || **~étique** [-etik] *adj* prophetic || **~étiser** [-etize] *vt* (1) prophesy.

propice [prɔpis] *adj* propitious, favourable (*à*, to) || auspicious (occasion).

proporti|on [prɔpɔrsjɔ̃] *f* proportion, ratio (rapport); *toutes ~s gardées,* due allowance being made || *Pl* dimensions ● *loc adv* ***en ~,*** in proportion; *hors de (toute) ~,* out of (all) proportion ● *loc prép* ***en ~ de,*** proportionally to || **~onnellement** [-ɔnɛlmɑ̃] *adv* proportionally || **~onner** [-ɔne] *vt* (1) proportion, adjust.

propos [prɔpo] *m* purpose (intention) || subject; *à ce ~,* talking of this || *Pl* conversation, remarks ● *loc* ***à ~,*** opportune, timely (décision); to the point (pertinent); ***arriver à ~/mal à ~,*** come at the right/wrong moment; *hors de ~,* irrelevant; ***à ~!,*** by the way! || ***à ~ de,*** about, concerning.

propos|er [prɔpoze] *vt* (1) propose || suggest, offer; put forth || move (une solution) — *vpr* ***se ~,*** offer, intend, mean, propose (*de,* for) [s'offrir]; mean, intend (*de,* to) [avoir l'intention de] || **~ition** *f* proposal, proposition; offer, suggestion || GRAMM. clause.

propre I [prɔpr] *adj* own (à soi); *de son ~ chef,* on one's own || proper, particular (particulier); *~ à,* peculiar to, incident to || peculiar, distinctive (spécifique) || GRAMM. proper (nom); *au sens ~,* in the literal sense || **~ment** I *adv* literally || specifically || *la ville ~ dite,* the actual city, the city proper || absolutely.

propre II *adj* clean, tidy, neat (travail, écriture) ● *m recopier au ~,* make a fair copy of || **~ment** II *adv* cleanly, neatly || **~té** [-əte] *f* cleanliness, cleanness, neatness.

propriét|aire [prɔprietɛr] *n* owner, proprietor; *~ foncier,* landowner ● *m* landlord ● *f* landlady || **~é** I *f* ownership, possession, property (droit) || (real) estate, property (immobilière) || JUR. *pleine ~,* fee-simple; *~ littéraire,* copyright.

propriété II *f* [caractéristique] property.

propulser [prɔpylse] *vt* (1) propel.

prorata [prɔrata] *m* share ● *loc prép au ~ de,* in proportion to.

prorogation [prɔrɔgasjɔ̃] *f* prorogation.

prosaïque [prɔzaik] *adj* prosaic, matter of fact, workaday.

proscrire [prɔskrir] *vt* (44) proscribe, outlaw || FIG. forbid; taboo || **~it, e** [-i, it] *adj* outcast ● *n* outcast, exile.

prose [proz] *f* prose.

prospec|ter [prɔspɛkte] *vt* (1) prospect || COMM., POL. canvass || **~teur, trice** *n* prospector || **~tus** [-tys] *m* leaflet, handbill, hand out.

prosp|ère [prɔspɛr] *adj* prosperous, flourishing || **~érer** [-ere] *vi* (5) prosper, flourish, do well, thrive, make good || COMM. boom || **~érité** [-erite] *f* prosperity || COMM. *vague de ~,* boom.

prostern|ation [prɔstɛrnasjɔ̃] *f*, **~ement** *m* prostration || **~er (se)** *vpr* (1) prostrate oneself; grovel (*devant,* before).

prostitu|ée [prɔstitɥe] *f* prostitute || **~er** *vt* (1) prostitute — *vpr* ***se ~,*** prostitute oneself.

prostr|ation [prɔstrasjɔ̃] *f* prostration || **~é, e** *adj* prostrate.

protagoniste [prɔtagɔnist] *n* protagonist.

prot|ecteur, trice [prɔtɛktœr, tris] *adj* protective || patronizing (air) ● *n* protector || patron (des arts) || **~ection** [-ɛksjɔ̃] *f* protection || support; patronage ||

~ectorat [-ɛktɔra] *m* protectorate || **~égé, e** [-eʒe] *n* favourite *(m)*, protégée *(f)* || **~éger** [-eʒe] *vt* (5, 7) protect, defend, guard (*contre,* against); shield (*contre,* against; *de,* from); secure (*de,* against); preserve (*contre,* from) || patronize (les arts/sports) — *vpr* ***se ~ de,*** protect oneself from.

protéine [prɔtein] *f* protein.

protestant, e [prɔtɛstɑ̃, ɑ̃t] *n* Protestant.

protest|ation [prɔtɛstasjɔ̃] *f* protest, protestation || **~er** *vi/vt ind* (1) protest; remonstrate, exclaim (*contre,* against) || *~ de,* protest (son innocence).

protêt [prɔtɛ] *m* protest.

prothèse [prɔtɛz] *f* prosthesis; *(appareil de) ~ auditive,* hearing aid; deaf aid (fam.); *~ dentaire,* denture, dental plate.

protocole [prɔtɔkɔl] *m* protocol, étiquette.

proton [prɔtɔ̃] *m* proton.

prototype [prɔtɔtip] *m* prototype.

proue [pru] *f* prow.

prouesse [pruɛs] *f* prowess, feat || *Pl* exploits.

prouver [pruve] *vt* (1) prove, establish, show.

proven|ance [prɔvnɑ̃s] *f* origin, source || **~ir** *vi* (101) proceed, arise, derive, originate, issue, stem (*de,* from).

proverb|e [prɔvɛrb] *m* proverb || **~ial, e, aux** [-jal, o] *adj* proverbial.

providen|ce [prɔvidɑ̃s] *f* providence || **~tiel, elle** [-ɑ̃sjɛl] *adj* providential.

provinc|e [prɔvɛ̃s] *f* province || **~ial, e, aux** [-ɛ̃sjal, o] *adj* provincial; countrified (manières).

proviseur [prɔvizœr] *m* headmaster.

provision [prɔvizjɔ̃] *f* store, provision, stock, supply : *armoire à ~s,* larder || *Pl* supplies; provisions, victuals; *aller aux ~s,* go shopping || FIN. deposit; *défaut de ~,* no funds || JUR. retainer (à un avocat).

provisoire [prɔvizwar] *adj* provisional || **~ment** *adv* provisionally, temporarily; for the time being.

provo|cant, e [prɔvɔkɑ̃, ɑ̃t] *adj* provocative, defiant || alluring, coquettish, tantalizing (femme) || **~cateur, trice** [-katœr, tris] *adj* provoking; *agent ~,* agitator ● *n* aggressor || challenger || **~cation** [-kasjɔ̃] *f* provocation || challenge (en duel) || **~quer** [-ke] *vt* (1) provoke || *~ en duel,* challenge to a duel || occasion, give rise to, induce (produire); cause, bring about (maladie); raise (le rire) || tempt, allure (tenter de séduire).

proxénète [prɔksenɛt] *n* procurer.

proximité [prɔksimite] *f* nearness, proximity; *à ~ de,* near (to).

prude [pryd] *adj* prudish ● *f* prude.

prud|emment [prydamɑ̃] *adv* cautiously, wisely || **~ence** *f* prudence, caution || **~ent, e** *adj* prudent, cautious, careful, wary || discreet, wise (sage) || cagey (réservé).

pruderie [prydri] *f* prudery.

prun|e [pryn] *f* plum || **~eau** [-o] *m* prune || **~elle** I *f* BOT. sloe.

prunelle II *f* ANAT. pupil (de l'œil).

prunier [prynje] *m* plum-tree.

psalmodier [psalmɔdje] *vt* (1) chant.

psaume [psom] *m* psalm.

pseud|o [psødo] *préf* pseudo- || **~onyme** [-ɔnim] *m* pseudonym.

psychanal|yse [psikanaliz] *f* psycho-analysis || **~yser** [-ize] *vt* (1) psycho-analyse || **~yste** *n* psycho-analyst, U.S. analyst.

psychédélique [psikedelik] *adj* psychedelic.

psychiatr|e [psikjatr] *n* psychiatrist || **~ie** [-atri] *f* psychiatry.

psychique [psiʃik] *adj* psychic.

psycholo|gie [psikɔlɔʒi] *f* psychology || **~gique** [-ʒik] *adj* psychological || **~gue** [-g] *n* psychologist.

psycho|somatique [psikɔsɔmatik] *adj* psychosomatic || **~thérapie** [-terapi] *f* psychotherapy || **~tique** *adj* psychotic.

pu [py] V. POUVOIR.

puan|t, e [pɥɑ̃, ɑ̃t] *adj* stinking, noisome || **~teur** *f* stench.

puberté [pybɛrte] *f* puberty.

publ|ic, ique [pyblik] *adj* public; *fonction ~ique,* civil service; *service ~,* public utility ● *m* public; *le grand ~,* the general public; *parler en ~,* speak in public; *rendre ~,* release || audience (spectateurs) || **~ication** [-ikasjɔ̃] *f* publication, publishing (action); periodical, publication (texte) || **~iciste** [-isist] *m* publicist || **~icitaire** [-isitɛr] *adj* advertising ● *n* advertiser || **~icité** *f* advertising; *faire de la ~,* advertise; ***agence de ~,*** advertising agency; *~ aérienne,* sky-writing || **~ier** [-ije] *vt* (1) publish; bring out; issue (livre) || announce (faire connaître) || **~iquement** *adv* publicly.

puce [pys] *f* flea || [informatique] chip.

puceau, elle [pyso, ɛl] *adj/n* virgin.

pud|eur [pydœr] *f* modesty, sense of decency; *sans ~,* immodest(ly) || reserve (retenue) || **~ibond, e** [-ibɔ̃, ɔ̃d] *adj* prudish || **~ibonderie** [-ibɔ̃dri] *f* prudishness || **~ique** *adj* modest, chaste.

puer [pɥe] *vi* (1) stink — *vt* stink/reek of (l'alcool).

puér|iculture [pɥerikyltyr] *f* rearing of children, puericulture || **~il, e** [-il] *adj* childish, puerile || **~ilité** [-ilite] *f* childishness.

pugilat [pyʒila] *m* set-to, fight.

puis [pɥi] *adv* then, next || FAM. *et ~ après?,* so what?

puis|ard [pɥizar] *m* sump || **~atier** [-atje] *m* well-digger || **~er** *vt* (1) draw (de l'eau) || dip (*dans,* out of).

puisque [pɥisk] *conj* since, as, seeing that.

puiss|amment [pɥisamɑ̃] *adv* powerfully || **~ance** *f* power (force); *en ~,* potential || power (nation) || MATH. power; *2 ~ 3,* 2 to the power of 3 || **~ant, e** *adj* powerful, strong || mighty (coup) || forceful, cogent (argument).

puits [pɥi] *m* well || TECHN. pit (de charbon); shaft (d'aération); *~ de pétrole,* oil-well; *creuser un ~,* drive/sink a well.

pull-over [pulɔvœr] *m* sweater, jumper, pull-over.

pulluler [pylyle] *vi* (1) swarm, teem.

pulmonaire [pylmɔnɛr] *adj* pulmonary.

pulpe [pylp] *f* pulp.

pulsation [pylsasjɔ̃] *f* pulsation; throb(bing) || MÉD. (heart)beat.

pulvéris|ateur [pylverizatœr] *m* sprayer, atomizer || **~ation** *f* spraying (action) || **~er** *vt* (1) pulverize, spray (vaporiser) || grind, powder (écraser) || FAM. pulverize, smash.

punaise I [pynɛz] *f* ZOOL. (bed)bug.

punais|e II *f* [dessin] drawing-pin, U.S. thumb-tack || **~er** *vt* (1) pin (up) [au mur].

punch [pɔ̃ʃ] *m* punch (boisson).

pun|ir [pynir] *vt* (2) punish (*qqn de,* sb. for) || **~ition** *f* punishment, penalty.

pupille I [pypil] *n* JUR. ward.

pupille II *f* ANAT. pupil.

pupitre [pypitr] *m* [école] (writing) desk || Mus. music-stand.

pur, e I [pyr] *adj* pure, unalloyed (sans mélange); *eau ~e,* plain water || neat (whisky); undiluted (vin) || Fig. pure, innocent.

pur, e II *adj* mere, sheer (absolu); *~ et simple,* pure and simple; *par ~ hasard,* by sheer chance.

purée [pyre] *f ~ de pommes de terre,* mashed potatoes; mash (fam.); *~* ***en flocons,*** instant mashed potatoes || Fam. *~ de pois,* peasouper (brouillard).

pure|ment [pyrmɑ̃] *adv* purely; *~ et simplement,* purely and simply || **~té** *f* purity || Fig. innocence, chastity.

purgatif, ive [pyrgatif, iv] *adj/m* purgative.

purgatoire [pyrgatwar] *m* Rel. purgatory.

purg|e [pyrʒ] *f* Méd. purge, purgative || Pol. purge || **~er** *vt* (7) Méd. purge || Techn. drain (un radiateur) || Fig. *~ une peine,* serve a sentence || **~eur** *m* Techn. draincock.

purif|ication [pyrifikasjɔ̃] *f* purification || **~ier** *vt* (1) purify || Méd. cleanse (le sang).

purin [pyrɛ̃] *m* Agr. liquid manure.

pur|iste [pyrist] *n* purist || **~itain, e** [-itɛ̃, ɛn] *adj/n* puritan ● *n* U.S. blue-nose.

pur-sang [pyrsɑ̃] *m inv* Zool. thoroughbred (horse).

pus *m* Méd. pus, matter.

pustule [pystyl] *f* pimple.

put|ain [pytɛ̃] *f* Pop. whore, trollop; tart (sl.) || **~e** *f* Pop. pro, whore; tart (sl.).

putois [pytwa] *m* polecat; skunk (d'Amérique).

putréf|action [pytrefaksjɔ̃] *f* putrefaction, rot(ting), decaying || **~ier** *vt/vpr* (1) [***se*** ~] putrefy.

putride [pytrid] *adj* putrid, rotten.

P.-V. [peve] *abrév/m* (= procès-verbal) Aut., Fam. ticket; *avoir un ~,* be booked.

pygmée [pigme] *m* pygmy.

pyjama [piʒama] *m* pyjamas, U.S. pajamas.

pylône [pilon] *m* pylon.

pyramide [piramid] *f* pyramid.

Pyrénées [pirene] *fpl les ~,* the Pyrenees.

pyromane [piroman] *n* pyromaniac.

python [pitɔ̃] *m* python.

q

q [ky] *m* q.

quadrilatère [kwadrilatɛr] *adj* quadrilateral ● *m* quadrangle.

quadrill|age [kadrijaʒ] *m* chequer-work || **~e** *m* square dance || **~é, e** *adj* chequered (tissu); squared (papier) || **~er** *vt* (1) square.

quadr|imoteur [kwadrimɔtœr] *m* Av. four-engined || **~umane** [-yman] *adj* four-handed || **~upède** [-ypɛd] *adj* four-footed ● *m* quadruped || **~uple** [-ypl] *adj* quadruple, fourfold || **~uplés, es** *mpl* quadruplets; quads (fam.).

quai [kɛ] *m* [fleuve] embankment

|| NAUT. quay, wharf; *Pl* waterfront; *à* ~, alongside || RAIL. platform.

qualif|icatif, ive [kalifikatif, iv] *adj* qualifying (adjectif, épreuve, etc.) || **~ication** [-ikasjɔ̃] *f* qualification || **~ié, e** *adj* qualified, eligible (*pour,* for); skilled (ouvrier) || **~ier** *vt* (1) qualify (*pour,* to/for); describe (*de,* as) — *vpr* ***se ~,*** qualify (*pour,* for).

qualitatif, ive [kalitatif, iv] *adj* qualitative.

qualité *f* quality; ***de première ~,*** first-rate; *de ~ supérieure,* extra good quality; *de mauvaise ~,* poor quality, shoddy || ***~ de la vie,*** quality of life || *Pl* good points || JUR. property (propriété); status, capacity; *en ~ de,* as; *avoir ~ pour,* be entitled to.

quand [kɑ̃] *adv interr* when; *depuis ~?,* since when?; *depuis ~ êtes-vous ici?,* how long have you been here?; *jusqu'à ~?,* till when?, how long? ● *conj* when || as (comme) || *~ vous voudrez,* whenever you like ● *loc conj ~ bien même,* even though ● *loc adv* ***~ même,*** all the same, for all that, even so.

quant à [kɑ̃ta] *loc prép* as for, as to; with regard to.

quant-à-soi [kɑ̃taswa] *m inv* reserve.

quant|ième [kɑ̃tjɛm] *m* date || **~itatif, ive** [-itatif, iv] *adj* quantitative || **~ité** *f* quantity, amount; *une grande ~ de,* a great deal of; *~ de,* plenty of, lots of.

quarant|aine [karɑ̃tɛn] *f* about forty || NAUT. quarantine; *mettre en ~,* quarantine || **~e** *adj* forty || SP. [tennis] *~ A,* forty-all || MUS. ***un 45 tours,*** a single || **~ième** *adj/n* fortieth.

quart [kar] *m* fourth (partie) || *un ~ d'heure,* a quarter of an hour; *6 heures moins le ~,* a quarter to 6; *6 heures et ~,* a quarter past 6 || [mesure] quarter (d'une livre) || NAUT. watch; *être de ~,* be on watch || SP. ***~ de finale,*** quarterfinal.

quartier [kartje] *m* [ville] district; area, neighbourhood; *le ~ des affaires,* the business quarter, downtown; *~ résidentiel,* residential quarter/area; *les bas ~s,* the slums || MIL. quarters; ***~ général,*** headquarters || ASTR. [lune] quarter || FIG. quarter (grâce) || **~-maître** *m* NAUT. leading seaman.

quasi [kazi] *adv* [arch.] quasi.

quatorz|e [katɔrz] *adj* fourteen || **~ième** *adj/n* fourteenth.

quatre [katr] *adj* four || **~-saisons** *f inv marchand(e) des ~,* coster(monger) || **~-vingt(s)** *adj* eighty || **~-vingt-dix** *adj* ninety.

quatrième [katrijɛm] *adj/n* fourth || **~ment** *adv* fourthly.

quatuor [kwatɥɔr] *m* quartet.

que [kə] *pron rel* [personnes] whom, that || [choses] which, that || [= ce que/qui] what; *advienne ~ pourra,* come what may || ***ce ~,*** what, that which; *tout ce ~,* whatever ● *pron interr* what (quoi); *~ dit-il?,* what does he say?; *qu'est-ce que c'est?,* what is it? ● *adv ~ c'est beau!,* how beautiful it is! || ***ne ... ~,*** only, but; *elle n'a ~ dix ans,* she is but ten ● *conj* that [souvent omis]; *il a dit qu'il viendrait,* he said (that) he would come || ***sans ~,*** but; *il ne se passe jamais de mois sans qu'il ne nous écrive,* never a month passes but he writes to us || *~ nous restions ou (~ nous) partions, le résultat sera le même,* whether we stay on (whether we) go, the result will be the same || [nég.] *il ne pleut jamais qu'il ne pleuve à torrents,* it never rains but it pours || [alternative] ***~ ... ou (~),*** whether... or || [comparaison] than; *plus grand ~,* greater than.

quel, quelle [kɛl] *adj interr/exclam* what; *~s livres avez-vous* *lus ?,* what books have you read ? ; *~ âge a-t-il ?,* how old is he ? ; *à ~lę distance ?,* how far ? ; *de ~le longueur ?,* how long ? ; || which (= lequel) ● *adj exclam ~ toupet !,* what a cheek ! ● *adj rel ~(le) que soit,* whatever, whichever ; [personne] whoever.

quelconque [kɛlkɔ̃k] *adj indéf* any, whatever (n'importe lequel) || some ; *pour une raison ~,* for some reason || ordinary, commonplace (médiocre) || nondescript (indéfinissable).

quelque [kɛlk] *adj indéf* some, any (certain) || *Pl* a few (une certaine quantité) ; *trente et ~s années,* thirty odd years ; *je vous enverrai les ~s livres que je possède,* I'll send you such books as I have ; *les ~s personnes que je connaisse,* the few people I know ● *adv* [environ] some, about ; *il y a ~ quarante ans,* some/about forty years ago || ~ **chose** *pron indéf* something || **~fois** *adv* sometimes || ~ **part** *loc adv* somewhere || [interr.] anywhere.

quelques-uns, unes [kɛlkəzœ̃, yn] *pron indéf pl* some, a few.

quelqu'un, une [kɛlkœ̃, yn] *pron indéf* one, someone, somebody ; *~ d'autre,* somebody else || [interrogation, négation] anyone, anybody ; *est-il venu quelqu'un ?,* has anybody called ?

quémander [kemɑ̃de] *vt/vi* (1) beg (for) ; cadge.

qu'en-dira-t-on [kɑ̃diratɔ̃] *m inv.* public opinion || PÉJ. gossip ; *se moquer du ~,* not to care about what people say.

quenouille [kənuj] *f* distaff.

querell|e [kərɛl] *f* quarrel, wrangle, jar ; *chercher ~ à qqn,* try to pick a quarrel with sb. ; ***se prendre de ~,*** set to || **~er** *vt* (1) quarrel with — *vpr* ***se ~,*** quarrel, wrangle (*avec qqn,* with sb.) || **~eur, euse** *adj* quarrelsome.

questi|on [kɛstjɔ̃] *f* question ; ***poser une ~ à qqn,*** ask sb. a question, put a question to sb. || point, matter ; *à côté de la ~,* beside the mark ; *~ controversée,* moot point ; *une ~ d'argent,* a question of money ; *~ de fait,* matter of fact || item (à l'ordre du jour) || affair ; *~s d'actualité,* current affairs || [problème] matter, question, issue ; ***de quoi est-il ~ ?,*** what is it about ? ; *la ~ est de savoir si,* the question is whether ; ***il est ~ de,*** there is talk of ; *il est ~/n'est pas ~,* there is some question/is no question (*de faire,* of doing) ; ~ ***secondaire,*** side issue ; ***en ~,*** at issue ; *mettre qqch. en ~,* call sth. in question || ***pas ~ !,*** no way ! (sl.) || [examen] paper ; ~ ***subsidiaire,*** tie-breaker || **~onnaire** [-ɔnɛr] *m* questionnaire, quiz || **~onner** [-ɔne] *vt* (1) question, quiz.

quêt|e [kɛt] *f* collection ; *faire la ~,* take up the collection || [recherche] quest ; *en ~ de,* in quest/search of ; *se mettre en ~ de,* set out in quest of, cast about for || **~er** *vi* (1) take the collection.

queue [kø] *f* tail (d'animal) ; brush (d'un renard) || handle (de casserole) || stalk (de fleur) || stem (de fruit) || *~ de billard,* cue || queue (file d'attente) ; ***faire la ~,*** queue up, U.S. stand in (a) line ; *à la ~ leu leu,* in Indian file || AUT. ***faire une ~ de poisson (à qqn),*** cut in (front of sb.) ; *il m'a fait une ~ de poisson,* he cut me up || TECHN. *(assembler à) ~-d'aronde,* dovetail.

qui [ki] *pron rel* [sujet] who, that (personnes) ; which, that (choses) || [complément] (to) whom, that (personnes) ; *de qui,* whose ; *~ ne,* but ; *il n'est personne ~ ne se souvienne de lui,* there is not one of us but remembers him ● *pron interr* [sujet] who ? ; ***~ est-ce ~ ?,*** who ? || [complément] whom ? ; who (fam.) || *à ~ ?,* whose ? ; *à ~ est-ce ?,* whose is it ? ; *à ~ est ce chapeau ?,* whose hat is this ? ||

~conque [-kɔ̃k] *pron rel* whoever, anyone ● *pron indéf* anyone, anybody (n'importe qui).

quiétude [kietyd] *f* quiet, peace.

quignon [kiɲɔ̃] *m* ~ *de pain,* chunk of bread.

quille I [kij] *f* skittle ; *jeu de ~s,* skittle.

quille II *f* NAUT. keel.

quincaill|erie [kɛ̃kɑ̃jri] *f* hardware, ironmongery || ironmonger's shop || **~ier, ière** *n* ironmonger, hardware dealer.

quinine [kinin] *f* quinine.

quinquennal, e, aux [kɛ̃kenal, o] *adj* five-year (plan).

quint|al [kɛ̃tal] *m* hundredweight, quintal || **~e** *f* MUS. fifth || MÉD. ~ *de toux,* fit of coughing || **~ette** *m* MUS. quintet(te) || **~uple** [-ypl] *adj* fivefold || **~uplés, es** *npl* quintuplets ; quins (fam.).

quinzaine [kɛ̃zɛn] *f* [nombre] about fifteen, fifteen or so || [jours] fortnight.

quinz|e *adj* fifteen ; *dans ~ jours,* in a fortnight ; ***demain en ~,*** a fortnight tomorrow ; *lundi en ~,* a fortnight next Monday || **~ième** *adj/n* fifteenth.

quiproquo [kiprɔko] *m* misunderstanding, mistake.

quittance [kitɑ̃s] *f* receipt.

quitte [kit] *adj* clear (*de,* of) [dettes] ; *être ~ avec qqn,* be even with sb. ; *nous sommes ~s,* we are quits || quit, free ; *en être ~ pour,* be quit for, get off with, be let off with ; *~ ou double,* double or quits/nothing || ***~ à,*** even if, at the risk of.

quitter [kite] *vt* (1) leave, quit || take/throw off (ses vêtements) || vacate (un poste) || desert (abandonner) || [hôtel] *~ l'hôtel,* check out || TÉL. ***ne quittez pas !,*** hold the line !, hold on a minute ! — *vpr* ***se ~,*** separate, part company (with).

quitus [kitys] *m donner ~ à qqn,* discharge sb.

qui-vive [kiviv] *m inv* MIL. challenge ; *qui vive ?,* who goes there ? || FIG. *sur le ~,* on the alert.

quoi [kwa] *pron rel* what, which || ***à ~ :*** *à ~ cela sert-il ?,* what is that for ? ; *ce à ~ je m'oppose,* what I object to || ***de ~ :*** *de ~ manger,* something to eat ; *il a de ~ vivre,* he has enough to live on ; *faute de ~,* failing which ; *il n'y a pas de ~ s'inquiéter,* there is no cause for anxiety || ***en ~ :*** *c'est en ~ elle a raison,* that is where she is right || ***pour ~ faire ?,*** what for ? || ***sans ~,*** otherwise, if not || ***il n'y a pas de ~ !,*** don't mention it !, you are welcome ! || *en ~,* wherein ; *par ~,* whereby ; *sur ~,* whereupon || ***~ que,*** whatever ; *~ qu'il arrive,* whatever happens ; ***~ qu'il en soit,*** however that may be, be that as it may ● *pron interr* what ; *~ de neuf ?,* any news ? || *en ~ puis-je vous être utile ?,* what can I do for you ? ● *pron exclam ~ !,* why !, what !

quoique [kwak] *conj* though, although.

quolibet [kɔlibɛ] *m* gibe, quip.

quorum [kɔrɔm] *m* quorum.

quota [kɔta] *m* quota.

quote-part [kɔtpar] *f* quota, share.

quotidien, ienne [kɔtidjɛ̃, jɛn] *adj* daily ; everyday ● *m* daily (journal).

quotient [kɔsjɑ̃] *m* quotient ; ***~ intellectuel*** intelligence quotient, I. Q.

r

r [ɛr] *m* r.

rabâcher [rabɑʃe] *vt* (1) FAM. harp on.

rabais [rabɛ] *m* COMM. discount, rebate; *acheter au* ~, buy at a reduced price/on the cheap; *vendre au* ~, sell at a discount.

rabaisser [rabɛse] *vt* (1) disparage, belittle.

rabat [raba] *m* flap (d'une enveloppe) || ~**-joie** *m inv* spoilsport, killjoy; wet-blanket (fam.).

rabatteur, euse [rabatœr, øz] *n* [chasse] beater || [hôtel] tout.

rabattre [rabatr] *vt* (20) lower, pull down || [vent] beat down (la fumée) || turn down (son col) || COMM. knock off; ~ *tant du prix*, reduce the price by so much, take so much off the price || SP. beat up (le gibier).

rabbin [rabɛ̃] *m* rabbi.

rabiot [rabjo] *m* FAM. surplus (en vivres); overtime (heures supplémentaires).

râblé, e [rɑble] *adj* broad-backed, thickset.

rabo|t [rabo] *m* plane || ~**ter** [-ɔte] *vt* (1) plane || ~**teux, euse** [-ɔtø, øz] *adj* rough, rugged (route).

rabougri, e [rabugri] *adj* stunted, scrubby (personne, végétation).

rabrouer [rabrue] *vt* (1) rebuff.

racaille [rakɑj] *f* rabble, riffraff.

raccommod|age [rakɔmɔdaʒ] *m* mending; darning (des chaussettes) || ~**er** *vt* (1) mend, cobble (des chaussures); darn (des chaussettes) || FAM. reconcile, make it up between (deux adversaires).

raccord [rakɔr] *m* TECHN. connection || ~**er** [-de] *vt* (1) connect, link up, join || FIG. dovetail (des faits).

raccourc|i [rakursi] *m* short cut; *prendre un* ~, take a short cut, cut off a corner ● *loc adv en* ~, in a nutshell || ~**ir** *vt* (2) shorten || cut down (une robe) || curtail, cut short (un discours) — *vi* grow shorter || [jours] close in, draw in || [vêtement] shrink.

raccrocher [rakrɔʃe] *vt* (1) hang up again || TÉL. put down (le combiné) — *vi* TÉL. hang up, ring off.

race [ras] *f* race (humaine) || ZOOL. breed (d'animaux); *de* ~, pedigree (chien), thoroughbred (cheval).

rach|at [raʃa] *m* buying back || REL. redemption, atonement || ~**eter** [-te] *vt* (8 *b*) buy back || ransom (des prisonniers) || FIN. redeem (une dette) || REL. redeem; atone for (des péchés) || FIG. make amends for.

rachit|ique [raʃitik] *adj* rickety || ~**isme** *m* rickets.

racial, e, aux [rasjal, o] *adj* racial.

racine [rasin] *f* root; *prendre* ~, take root || MATH. ~ *carrée/cubique*, square/cubic root.

rac|isme [rasism] *m* racialism, U.S. racism || ~**iste** *n* racialist, U.S. racist.

raclée [rɑkle] *f* FAM. hiding, licking.

racl|er [rɑkle] *vt* (1) scrape || rake (ratisser) || ~**ette** *f* [outil] scraper; squeegee || ~**ure** *f* scrapings.

racoler [rakɔle] *vt* (1) recruit || [prostituée] accost (qqn); solicit.

racont|ar [rakɔ̃tar] *m* gossip || ~**er** *vt* (1) tell, relate, narrate || *d'après ce qu'on raconte,* as the story goes.

radar [radar] *m* radar || ~**iste** *n* radar operator.

rade [rad] *f* NAUT. roads, roadstead.

radeau [rado] *m* raft.

radi|ateur [radjatœr] *m* [chauffage central] radiator || [électrique] heater; ~ *à accumulation,* storage heater; ~ *soufflant,* blow heater || ~ *à gaz,* gas fire || AUT. radiator || **~ation** *f* PHYS. radiation.

radical, e, aux [radikal, o] *adj* radical || sweeping ● *m* POL. radical || GRAMM. base.

radier [radje] *vt* (1) strike/cross off.

radiesthés|ie [radjɛstezi] *f* dowsing; *faire de la* ~, dowse || **~iste** *n* dowser.

radieux, ieuse [radjø, jøz] *adj* radiant (soleil, sourire); jubilant.

radin, e [radɛ̃, in] *adj* POP. tight-fisted, stingy.

radio [radjo] *f* radio; *à la* ~, on the radio; *appeler du secours par* ~, radio for help; ***poste de*** ~, radio set; ***~-cassette,*** radio-cassette; *~-réveil,* clock-radio || MÉD., FAM. *passer à la* ~, have an X-ray ● *m* [technicien] radio operator; ***~amateur,*** (radio)ham || **~activité** *f* radioactivity || **~compas** *m* radio-compass || **~diffuser** *vt* (1) broadcast, radio || **~diffusion** *f* broadcast(ing) || coverage (reportage) || **~goniomètre** [-gɔnjɔmɛtr] *m* direction finder || **~graphie** [-grafi] *f* radiography || **~graphier** [-grafje] *vt* (1) X-ray; *se faire* ~, have an X-ray || **~logiste** [-lɔʒist], **~logue** [-lɔg] *n* radiologist || **~phare** *m* radio beacon || **~reportage** *m*, radio report; running commentary (d'un match) || **~scopie** [-skɔpi] *f* radioscopy || **~(télégraphiste)** *n* radio operator || **~télescope** *m* radio-telescope || **~thérapie** [-terapi] *f* radiotherapy, X-ray treatment.

radis [radi] *m* radish.

radium [radjɔm] *m* radium.

radot|age [radɔtaʒ] *m* drivel, dotage || **~er** *vi* (1) drivel, ramble, talk nonsense || **~eur, euse** *n* dotard.

radouber [radube] *vt* (1) refit.

radoucir [radusir] *vt* (2) make milder; *la pluie a radouci le temps,* the rain has brought milder weather — *vpr* ***se*** ~, [personne] relent, recover one's temper || [temps] grow milder.

rafale [rafal] *f* squall, gust, blast (de vent) || MIL. burst, volley.

raffermir [rafɛrmir] *vt* (2) harden (again) || stiffen (les muscles).

raffin|age [rafinaʒ] *m* refining || **~é, e** *adj* refined, dainty (goût); refined (plaisirs) || sophisticated (affecté) || **~ement** *m* refinement || daintiness, exquisiteness || **~er** *vt* (1) refine (du pétrole, du sucre); crack (du pétrole) || **~erie** *f* TECHN. refinery; ~ *de pétrole,* cracking plant.

raffoler [rafɔle] *vt ind* (1) be infatuated (*de,* with); dote (*de,* on).

raffut [rafy] *m* FAM. *faire du* ~, kick up a row.

rafiot [rafjo] *m* NAUT., PÉJ. *(vieux)* ~, (old) tub.

rafistoler [rafistɔle] *vt* (1) patch up, botch, cobble.

rafl|e [rɑfl] *f* clean-up (vol) || round-up, raid (de police); *faire une* ~, raid, round up || **~er** *vt* (1) sweep off, lift (qqch.).

rafraîch|ir [rafrɛʃir] *vt* (2) cool (une boisson); chill (du vin) || refresh (qqn) give just a trim (les cheveux) || FIG. refresh (la mémoire); brush up (son anglais) — *vi* [vin] cool — *vpr* ***se*** ~, get cool(er) || refresh oneself (en buvant) || **~issant, e** *adj* cooling; refreshing || **~issement** *m* cooling (action) || *Pl* cool drinks, refreshments.

ragaillardir [ragajardir] *vt* (2) buck up, pep up, perk up.

rage I [raʒ] *f* MÉD. rabies.

rag|e II *f* rage || [tempête] ***faire ~,*** rage, storm, bluster || FIG. *~ de dents,* violent toothache || **~er** *vi* (7) rage, fume || **~eur, euse** *adj* choleric || furious.

ragot [rago] *m* FAM. tale, gossip.

ragoût [ragu] *m* stew.

raid|e [rɛd] *adj* stiff (membres); wiry (cheveux) || tight (corde) || steep (escalier, pente) || FIG. stiff, inflexible || FAM. *c'est un peu ~!,* it's a bit thick! || **~eur** *f* stiffness, rigidity || **~ir** *vt* (2) stiffen || tighten (une corde) — *vpr* ***se ~,*** stiffen || [corde] tighten.

raie I [rɛ] *f* line || streak, stripe (zébrure) || parting (dans les cheveux); *se faire une ~,* part one's hair.

raie II *f* ZOOL. skate (poisson).

raifort [rɛfɔr] *m* horse-radish.

rail [rɑj] *m* RAIL. rail.

raill|er [rɑje] *vt* (1) jeer at, scoff at || **~erie** *f* banter, scoff, quip.

rainure [rɛnyr] *f* groove.

raisin [rɛzɛ̃] *m* ***du ~,*** grapes; *un grain de ~,* a grape; ***grappe de ~s,*** bunch of grapes; ***~ sec,*** raisin; *~s de Corinthe,* currants; *~s de Smyrne* (ou) *Malaga,* sultana.

raison I [rɛzɔ̃] *f* reason (faculté) || discretion; ***âge de ~,*** years of discretion; *avoir perdu la ~,* be out of one's mind; *perdre la ~,* flip (out); *ramener qqn à la ~,* bring sb. to his senses.

raison II *f* reason, cause (motif); ***sans ~,*** without reason, groundlessly; ***~ de plus, à plus forte ~,*** all the more reason; *la ~ pour laquelle* ..., the reason why ...; *trouver sa ~ d'être,* come into one's own || right; ***vous avez ~,*** you are right; *donner ~ à,* side with, decide in sb.'s favour || *se faire une ~,* resign oneself || COMM. *~ sociale,* name ● *loc prép à ~ de,* at the rate of; ***en ~ de,*** owing to, on account of, on the score of; *en ~ directe de,* in direct ratio to; *en ~ inverse de,* in inverse ratio to.

raisonn|able [rɛzɔnabl] *adj* reasonable, sensible || moderate (prix) || **~ement** [-ɔnmɑ̃] *m* reasoning || **~er** [-ɔne] *vi* (1) reason — *vt* reason with (qqn) || **~eur, euse** [-ɔnœr, øz] *adj* argumentative (discuteur).

rajeunir [raʒœnir] *vi* (2) grow young again — *vt* rejuvenate.

rajouter [raʒute] *vt* (1) add (*de,* more of) || top up with (du liquide).

rajust|ement [raʒystəmɑ̃] *m* readjustment || **~er** *vt* (1) readjust.

râle [rɑl] *m* death-rattle.

ralent|i [ralɑ̃ti] *m* CIN. slow motion || AUT. idling; *gicleur de ~,* idler jet; *tourner au ~,* idle, tick over || **~ir** *vt* (2) slacken — *vi* AUT. slow down/up, slack up || **~issement** *m* slackening, slowing down || COMM. recession (des affaires).

râler [rɑle] *vi* (1) [mourant] give the death-rattle || FAM. grouse, grumble.

rall|iement [ralimɑ̃] *m* rally(ing) || **~ier** *vt* (1) MIL. rally || FIG. bring round, win over (*à,* to) — *vpr* ***se ~,*** rally || *se ~ à,* take sides with.

rallong|e [ralɔ̃ʒ] *f* extra leaf (de table) || **~er** *vt* (7) lengthen, make longer || let down (une jupe) — *vi* [jours] get longer, draw out.

rallumer [ralyme] *vt* (1) relight || rekindle (pr. et fig.).

rallye [rali] *m* AUT. rally || ***~-paper,*** paper chase.

ramage [ramaʒ] *m* [étoffe] floral design || [oiseaux] warbling, carolling.

ramass|age [ramɑsaʒ] *m* gathering, collecting || *~ scolaire,* school bus service || **~er** *vt* (1) pick up, collect, gather (rassembler); catch up (promptement) || AGR. lift (des pommes de terre).

rame I [ram] *f* NAUT. oar; *aller à la ~,* row; *faire force de ~s,* ply the oars.

rame II *f* train (de métro).

rame III *f* ream (de papier).

rameau [ramo] *m* bough, branch; sprig (petit); spray (fleuri).

Rameaux [ramo] *mpl* REL. *dimanche des ~,* Palm Sunday.

ramener [ramne] *vt* (5) bring back, take back, carry back; *~ qqn chez lui en voiture,* drive sb. home || FIG. restore (la paix); lead back (la conversation); *~ tout à soi,* be self-centred — *vpr* ***se ~ à,*** boil down to.

ram|er [rame] *vi* (1) row || **~eur, euse** *n* oarsman, -woman rower.

ramier [ramje] *m* wood-pigeon.

ramif|ication [ramifikasjɔ̃] *f* BOT., FIG. ramification || **~ier (se)** *vpr* (1) branch away/out.

ramollir [ramɔlir] *vt* (2) soften — *vpr* ***se ~,*** grow soft.

ramon|er [ramɔne] *vt* (1) sweep || **~eur** *m* (chimney-)sweep.

rampant, e [rɑ̃pɑ̃, ɑ̃t] *adj* crawling, creeping || AV., FAM. *personnel ~,* ground-crew || FIG. fawning (servile).

rampe I [rɑ̃p] *f* handrail, banister (d'escalier).

rampe II *f* ramp (route) || RAIL. grade. || TECHN., MIL. launching pad.

rampe III *f* TH. footlights; *passer la ~,* get across.

ramper [rɑ̃pe] *vi* (1) crawl, creep || FAM. grovel (*devant,* before).

rancart [rɑ̃kar] *m* FAM. *mettre au ~,* scrap, shelve || POP. appointment (rendez-vous).

ranc|e [rɑ̃s] *adj* rancid, off ● *m sentir le ~,* smell rancid || **~ir** *vi* (2) grow rancid.

rancœur [rɑ̃kœr] *f* rancour.

ranç|on [rɑ̃sɔ̃] *f* ransom || **~onner** [-ɔne] *vt* (1) ransom.

rancun|e [rɑ̃kyn] *f* rancour, ill-will, grudge, spite; *sans ~!,* no hard feelings! || **~ier, ière** *adj* spiteful.

randonn|ée [rɑ̃dɔne] *f* [à pied] ramble, hike; trek (longue) || [en voiture] drive, ride || [à bicyclette] ride || *faire une ~,* go for a hike, etc. || **~eur, euse** *n* rambler, hiker.

rang [rɑ̃] *m* row, line, rank (ligne); *en ~,* in line, in a row || MIL. rank; *former/rompre les ~s,* fall in/fall out || FIG. rank, station, status; *~ social,* position || *être au premier ~,* stand first; *se mettre sur les ~s,* enter the lists.

rangé, e [rɑ̃ʒe] *adj* tidy, neat (bureau) || quiet (vie) || steady (personne).

rang|ée [rɑ̃ʒe] *f* row, line, range || **~er** *vt* (7) range, arrange (dans un certain ordre); put away (un objet); shelve (sur un rayon); rank (classer) || tidy up (chambre) || clear up (mettre de l'ordre) || MIL. range, marshal — *vpr* ***se ~,*** range/place oneself || stand/step aside (s'écarter) || AUT. park, pull up, pull over to the side of the road || FIG. take sides, fall into line (*à,* with) [l'opinion de qqn] || fall under (se classer) || FAM. settle down.

ranimer [ranime] *vt* (1) bring round/to (personne évanouie); bring back to life (un noyé) || rekindle (feu) || MÉD. pull round (remettre en forme) || FIG. revive, wake up — *vpr* ***se ~,*** revive, come round, regain consciousness.

rapace [rapas] *adj* rapacious (pr. et fig.) ● *m* bird of prey.

rapatri|ement [rapatrimɑ̃] *m* repatriation || **~er** *vt* (1) repatriate, send home || **~é, e** *adj/(n)* repatriated (person).

râp|e [rɑp] *f* TECHN. rasp || CULIN. grater || **~é, e** *adj* CULIN. grated (fromage) || FIG. threadbare, shabby, seedy || **~er** *vt* (1) CULIN. grate.

raphia [rafja] *m* raffia.

rapid|e [rapid] *adj* rapid, quick, fast, swift; *d'un pas ~,* at a quick pace || cursory (coup d'œil) || speedy (guérison) || steep (pente) ● *m* express (train) || *Pl* [rivière] rapids || **~ement** *adv* fast; quickly, rapidly, swiftly || **~ité** *f* speed, rapidity, quickness, swiftness.

rapié|çage, rapiècement [rapjesaʒ, -ɛsmɑ̃] *m* patching-up || **~cer** *vt* (6) patch (up).

rapine [rapin] *f* graft (extorsion) || plunder(ing) [pillage].

rapp|el [rapɛl] *m* recall(ing), calling back; *~ à l'ordre,* call to order || MIL. call up (des réservistes) || COMM. reminder (lettre) || TH. curtain-call || SP. *faire une descente en ~,* rope down || **~eler** [-le] *vt* (8 *a*) recall, call back; *rappelez votre chien,* call off your dog || bring back, call/ bring to mind, be reminiscent of (remémorer); ***~ qqch. à qqn,*** remind sb. of sth.; *rappelez-moi de le faire,* remind me to do it; *il me rappelle son père,* he reminds me of his father; *rappelez-moi au bon souvenir de,* remember me to || TÉL. ring back, call again || FAM. *cela me rappelle qqch.,* that rings a bell — *vpr* ***se ~,*** remember, recall, recollect.

rappliquer [raplike] *vi* (1) POP. come back.

rapport I [rapɔr] *m* report, statement; *faire un ~,* report (*sur,* on).

rapport II [rapɔr] *m* relation, connection, concern (*avec,* with); bearing (*avec,* on); relationship (*avec,* with); *en ~ avec,* in keeping with; *par ~ à,* in comparison with; *sans ~ avec,* without any bearing on, irrelevant to; *sous tous les ~s,* in all respects; *cela n'a aucun ~ avec,* it bears no relation to; *se mettre en ~ avec,* contact, get in touch with || *Pl* relations, intercourse; dealings || *~s (sexuels),* (sexual) intercourse; *avoir des ~s sexuels avec,* have sex with (fam.).

rapport III *m* FIN. yield, return || AGR. yield.

rapporter I [rapɔrte] *vt* (1) report, relate, tell || FAM. sneak; *~ contre,* tell on.

rapporter II *vt* (1) bring/take back (qqch.) || SP. [chien] retrieve || FIG. cancel (annuler); *l'ordre de grève fut rapporté,* the strike was called off.

rapporter III *vt* (1) FIN., COMM. bring (in); earn (intérêts); *~ des intérêts,* bear interests || AGR., FIN. yield (récolte, fruits, bénéfice).

rapporter (se) *vpr* (1) refer, relate (*à,* to); *se rapportant à,* relevant to || *s'en ~ à,* rely on, refer to.

rapporteur [rapɔrtœr] *m* chairman (d'une commission) || MATH. protractor || [école] telltale (mouchard).

rapproch|é, e [raprɔʃe] *adj* close; *à intervalles ~s,* at short intervals || **~ement** *m* bringing together || FIG. reconciliation (des personnes); comparison (d'idées) || **~er** *vt* (1) bring together (deux objets); *~ qqch.,* draw sth. closer/nearer, draw sth. up (*de,* to) || [jumelles] bring nearer || FIG. compare (des idées) — *vpr* ***se ~,*** draw closer; approach, come near.

rapt [rapt] *m* abduction (de mineur); kidnapping (d'enfant).

raquette [rakɛt] *f* racket (de tennis); bat (de ping-pong) || snow-shoe (à neige).

rar|e [rar] *adj* rare (peu commun) || scarce (peu abondant); *se faire*

~, grow scarce || sparse, scanty (végétation, cheveux); thin (cheveux, barbe) || infrequent || unusual (exceptionnel) || **~éfier** [-efje] *vt* (1) rarefy || **~ement** [-mɑ̃] *adv* rarely, seldom || **~eté** [-te] *f* rarity || scarcity (pénurie) || rare object, curio.

ras, e [ra, az] *adj* close-cropped (cheveux); *à poil ~,* short-haired (chien) || level (cuillerée) || *en ~e campagne,* in the open country || FIG. *faire table ~e de,* make a clean sweep of ● *adv* close; *plein à ~ bord,* full to the brim || ARG. ***en avoir ~ le bol,*** be fed up; *j'en ai ~ le bol,* I'm fed up, I've had my fill ● *loc **à ~,*** close; ***à/au ~ de,*** level with, flush with; *voler au ~ du sol,* skim the ground.

rasé, e [raze] *adj ~ de près,* smooth shaven, close shaven.

rase-mottes *m inv* AV. *faire du ~,* hedgehop.

raser I *vt* (1) shave; *se faire ~,* have/get a shave || [projectile] graze || raze (maison) — *vpr **se ~,*** shave, have a shave; *se ~ au rasoir électrique,* dry-shave.

ras|er II *vt* (1) bore || **~eur, euse** *n* FAM. bore.

rasoir [razwar] *m* razor; *~ de sûreté,* safety-razor; *~ électrique,* electric razor; *lame de ~,* razor-blade.

rassasi|é, e [rasazje] *adj* satisfied, sated; *être ~ de,* have a surfeit of || **~er** *vt* (1) satiate, satisfy, sate, feed up, surfeit.

rassembl|ement [rasɑ̃bləmɑ̃] *m* assembling, collecting, gathering || round up || MIL. fall-in, muster || **~er** *vt* (1) gather together, collect, piece together || round up (du bétail) || MIL. muster || FIG. summon up; muster/screw up (son courage); put together (ses idées) — *vpr **se ~,*** gather, congregate || MIL. fall in.

rassis, e [rasi, iz] *adj* stale (pain) || sober, sedate (personne).

rassur|ant, e [rasyrɑ̃, ɑ̃t] *adj* reassuring || **~er** *vt* (1) reassure; *~ qqn,* set sb.'s mind at ease — *vpr **se ~,*** be reassured, set one's mind at ease (*au sujet de,* about).

rat [ra] *m* rat; *~ des champs,* field-mouse; *~ d'eau,* water-rat; *~ musqué,* musk-rat || FIG. *~-de-cave,* wax-taper; *~ d'hôtel,* hotel thief.

ratatin|é, e [ratatine] *adj* wizened (personne); shrivelled (pomme) || **~er (se)** *vpr* (1) shrivel up.

rate I [rat] *f* ZOOL. female rat.

rate II *f* MÉD. spleen.

raté, e [rate] *adj* miscarried (affaire); wasted (vie) || bungled (travail) ● *m* [fusil, moteur] misfire, backfire; *avoir des ~s,* misfire, backfire ● *n* failure, might-have-been (personne).

râteau [rɑto] *m* rake.

râtelier [rɑtəlje] *m* rack, crib (à fourrage) || rack (d'armes, à pipes) || FAM. set of false teeth.

rater [rate] *vt* (1) miss (manquer) || fail (un examen); lose (une occasion) || miss (un train) || SP. muff (une balle); [tir] *~ le but,* miss the mark — *vi* [coup] misfire || FIG. [affaire, projet] fail, miscarry.

ratière [ratjɛr] *f* rat-trap.

ratif|ication [ratifikasjɔ̃] *f* ratification, confirmation || **~ier** *vt* (1) ratify (un traité); confirm (une décision).

ration [rasjɔ̃] *f* ration.

rationnel, elle [rasjɔnɛl] *adj* rational.

rationn|ement [rasjɔnmɑ̃] *m* rationing || **~er** *vt* (1) ration, stint.

ratisser [ratise] *vt* (1) rake (un jardin) || FIG. [police] comb (un quartier).

raton [ratɔ̃] *m* small rat; *~ laveur,* rac(c)oon.

rattacher [rataʃe] *vt* (1) refasten, tie again — *vpr* ***se* ~,** pertain, be linked/connected (*à*, to).

rattraper [ratrape] *vt* (1) catch again, recapture (un évadé) || [retenir] catch (qqn) || [rejoindre] ~ *qqn*, catch sb. up, catch up with sb., overtake sb., gain on sb.; ~ *le temps perdu*, make up for lost time || NAUT. overhaul — *vpr* ***se* ~,** catch hold (*à*, of) || FIG. make up for it.

ratur|e [ratyr] *f* scratching out (mot rayé); erasure (grattage) || **~er** *vt* (1) scratch out.

rauque [rok] *adj* hoarse, raucous.

ravag|e [ravaʒ] *m* destruction, havoc, desolation; *faire des ~s*, work/play havoc || **~é, e** *adj* desolate || **~er** *vt* (7) harry, ravage, lay waste, devastate, desolate.

raval|ement [ravalmɑ̃] *m* resurfacing (d'une maison) || **~er** I *vt* (1) resurface (une maison).

ravaler II *vt* (1) FIG. gulp back.

ravaler III *vt* (1) disparage, run down (rabaisser).

ravauder [ravode] *vt* (1) darn (des chaussettes); patch (des vêtements).

ravi, e [ravi] *adj* delighted, overjoyed.

ravigoter [ravigɔte] *vt* (1) FAM. refresh, buck up.

rav|in [ravɛ̃] *m* ravine, gully || **~iner** [-ine] *vt* (1) score (le sol); cut up, furrow (une route).

ravir [ravir] *vt* (2) carry away/off (qqn) || FIG. ravish, delight, elate ● *loc adv à ~*, ravishingly, beautifully.

raviser (se) [səravize] *vpr* (1) change one's mind, think better of it.

raviss|ant, e [ravisɑ̃, ɑ̃t] *adj* ravishing, delightful, charming || **~ement** *m* carrying off || FIG. rapture, ecstasy, elation || **~eur, euse** *n* kidnapper (d'enfant) ● *m* abductor (d'une femme).

ravitaill|ement [ravitɑjmɑ̃] *m* supplying (action); supply (denrées); *aller au ~*, go and get food || **~er** *vt* (1) supply (*en*, with) || provision, revictual (en nourriture) — *vpr* ***se* ~,** take in fresh supplies (*en*, of) || *se ~ en combustible*, refuel.

raviver [ravive] *vt* (1) revive, poke up (un feu); brighten up (une couleur).

rayer [rɛje] *vt* (9 *b*) scratch (le verre) || stripe, streak (une étoffe); line, rule (du papier) || strike out, cross out, score out (un mot).

rayon I [rɛjɔ̃] *m* ray, beam (de lumière); ~ *de soleil*, sunbeam || PHYS. ***~s X*,** X-rays || MATH. radius || TECHN. spoke (d'une roue) || AV., NAUT. ~ *d'action*, range, scope; *à grand ~ d'action*, long-range || AUT. ~ ***de braquage*,** turning circle; *cette voiture a un bon ~ de braquage*, this car has a good lock.

ray|on II *m* (book-)shelf (de bibliothèque) || ~ *de miel*, (honey) comb || COMM. department (de magasin) || **~onnage** [-ɔnaʒ] *f* shelving, shelves.

rayonn|ant, e [rɛjɔnɑ̃, ɑ̃t] *adj* PHYS. radiant || FIG. radiant, beaming (*de*, with).

rayonne [rɛjɔn] *f* rayon.

rayonn|ement [rɛjɔnmɑ̃] *m* PHYS. radiation || FIG. radiance || **~er** *vi* (1) [touriste] go for trips (*autour de*, round); explore || PHYS. radiate || FIG. beam.

rayure [rɛjyr] *f* stripe, streak (raies) || scratch (trace).

raz [rɑ] *m* ~ *de marée*, tidal wave.

razzi|a [ra(d)zja] *f* MIL. raid, foray || **~er** *vt* (1) raid.

ré [re] *m* MUS. D.

réabonner (se) [səreabɔne] *vpr* (1) renew one's subscription.

réac|teur [reaktœr] *m* (nuclear) reactor || Av. jet engine || **~tif, ive** *adj* reactive ● *m* reagent || **~tion** *f* reaction || TECHN. *à ~,* jet-propelled || POL. reaction || FIG. after-effects, backlash (répercussion) || **~tionnaire** [-sjɔnɛr] *adj/n* reactionary.

réadaptation [readaptasjɔ̃] *f* readjustment || JUR. rehabilitation.

réagir [reaʒir] *vi* (2) react (*contre,* against; *sur,* on) || FIG. respond (*à,* to).

réalis|able [realizabl] *adj* feasible || **~ateur, trice** *n* RAD., CIN. director || **~ation** *f* realization (d'un projet, de ses rêves); accomplishment, achievement (exécution) || CIN., RAD. production || **~er** *vt* (1) carry out; achieve; work out (un plan); realize (ses rêves, ses espoirs); accomplish (un désir) || FIN. sell out, realize || CIN. produce || FAM. realize (se rendre compte) — *vpr* ***se ~,*** [projets] come off, materialize || [rêves] come true.

réal|isme [realism] *m* realism || **~iste** *adj* realistic, down to earth ● *n* realist || **~ité** *f* reality, actuality; ***en ~,*** in reality || *la ~ dépasse la fiction,* truth is stranger than fiction.

réappar|aître [reaparɛtr] *vi* (74) reappear || **~ition** *f* reappearance.

réapprovisionner (se) [səreaprɔvizjɔne] *vpr* (1) recruit supplies, replenish one's supplies || COMM. restock.

réarm|ement [rearməmɑ̃] *m* rearmament || **~er** *vi/vt* (1) rearm.

rébarbatif, ive [rebarbatif, iv] *adj* forbidding.

rebatt|re [rəbatr] *vt* (20) beat again || reshuffle (les cartes) || FIG. *~ les oreilles de qqn avec qqch.,* din sth. into sb.'s ears || **~u, e** *adj* hackneyed, trite.

rebell|e [rəbɛl] *adj* refractory, rebellious, insurgent (troupes); contumacious || MÉD. obstinate ● *n* rebel || **~er (se)** *vpr* (1) rebel, revolt (*contre,* against).

rébellion [rebɛljɔ̃] *f* rebellion.

rebiffer (se) [sərəbife] *vpr* (1) kick (*contre,* against).

rebois|ement [rəbwazmɑ̃] *m* reafforestation || **~er** *vt* (1) reafforest.

rebond [rəbɔ̃] *m* bounce || **~ir** [-dir] *vi* (2) [balle] rebound (sur un mur); bounce (sur le sol); *faire ~,* bounce || FIG. take a new turn || **~issement** *m* new turn/development.

rebord [rəbɔr] *m* edge, rim || window-sill (de fenêtre).

rebours (à) [arəbur] *loc adv* against the grain/nap; *compte à ~,* count-down.

rebouteux, euse [rəbutø, øz] *n* bone-setter.

rebrousse-poil (à) [ar(ə)bruspwal] *loc adv* against the nap/fur || FIG. *prendre qqn à ~,* rub sb. the wrong way.

rebrousser [rəbruse] *vt* (1) turn/brush up (les cheveux, le poil) || FIG. *~ chemin,* turn back, retrace one's steps.

rebuffade [rəbyfad] *f* rebuff, snub.

rébus [rebys] *m* rebus.

rebut [rəby] *m* scrap; waste (déchets); ***mettre au ~,*** scrap; throw out, discard; cast off (vêtement) || [poste] dead letter || COMM. *article de ~,* reject || FIG. *le ~ de la société,* the scum of society.

rebut|ant, e [rəbytɑ̃, ɑ̃t] *adj* forbidding || **~er** *vt* (1) put/turn off || repel (répugner).

récalcitrant, e [rekalsitrɑ̃, ɑ̃t] *adj/n* recalcitrant.

recaler [rəkale] *vt* (1) FAM. fail; *être recalé,* fail.

récapituler [rekapityle] *vt* (1) recapitulate, sum up.

recel [rəsɛl] *m* receiving (of stolen goods) || **~er** [-səle] *vt* (5) receive (des objets volés) || FIG. contain || **~eur, euse** *n* [-səlœr, øz] JUR. receiver.

récemment [resamɑ̃] *adv* recently, lately.

recens|ement [rəsɑ̃smɑ̃] *m* census (de la population) || **~er** *vt* (1) take the census of.

récent, e [resɑ̃, ɑ̃t] *adj* recent, late (événement); fresh (nouvelles).

récépissé [resepise] *m* receipt, voucher.

récep|teur, trice [resɛpter, trice] *adj* receiving || RAD. *poste ~*, receiver ● *m* TÉL. receiver || **~tion** *f* receipt (d'une lettre); ***accusé de ~***, acknowledgment; *accuser ~ de*, acknowledge receipt of || reception, at-home, party; *donner une ~*, give a party || [hôtel] reception desk || RAD. reception || **~tionniste** [-sjɔnist] *n* desk clerk, receptionist.

récession [resesjɔ̃] *f* recession.

recette [rəsɛt] *f* COMM. return || *Pl* receipts || CULIN. recipe.

recev|able [rəsəvabl] *adj* admissible || **~eur, euse** *n ~ des postes*, postmaster || conductor, -tress (d'autobus) || **~oir** *vt* (3) receive, get || accommodate (un hôte) || receive, welcome, entertain (des invités) || admit (des élèves) || take in (des pensionnaires) || pass (un candidat) || take in (un journal) || V. REÇU.

rechange [rəʃɑ̃ʒ] *m* [vêtements] change of clothes || ***de ~***, duplicate; alternative (solution); spare (pièce).

rechaper [rəʃape] *vt* (1) retread (un pneu).

réchapper [reʃape] *vt ind* (1) escape (*à/de*, from); *en ~*, get away with it.

recharg|e [rəʃarʒ] *f* refill (de stylo, de briquet, etc.) || ÉLECTR. recharging || **~er** *vt* (1) recharge (des accus); reload (un fusil) || make up (un feu).

réchaud [reʃo] *m* stove.

réchauffer [reʃofe] *vt* (1) warm/heat up (again) [des aliments] — *vpr* ***se ~***, get warmer, warm up.

rêche [rɛʃ] *adj* harsh (au goût); rough (au toucher).

recherch|e [rəʃɛrʃ] *f* search, quest; *à la ~ de*, in search of; *être à la ~ de qqn*, be looking for sb. || research, investigation (scientifique) || FIG. refinement, elegance || **~é, e** *adj* much sought after, in great demand (article, personne) || elaborate (toilette) || far-fetched (expression) || wanted (par la police) || **~er** *vt* (1) search after/for; seek after/for || investigate (les causes) || go after (un emploi) || court (les faveurs).

rechigner [rəʃiɲe] *vi* (1) *~ à*, balk at, jib at (travailler); *faire qqch. en rechignant/sans ~*, do sth. with a bad grace/good grace.

rechut|e [rəʃyt] *f* MÉD. relapse, set-back; *faire une ~*, relapse || **~er** *vi* (1) relapse.

récidiv|e [residiv] *f* JUR. second offence || **~er** *vi* (1) JUR. commit a second offence, relapse into crime | MÉD. recur || FIG. backslide || **~iste** *n* recidivist.

récif [resif] *m* reef.

récipient [resipjɑ̃] *m* container, vessel.

récipr|ocité [resiprɔsite] *f* reciprocity || **~oque** [-ɔk] *adj* reciprocal ● *f* like || MATH. converse || **~oquement** [-ɔkmɑ̃] *adv* vice versa, conversely.

récit [resi] *m* narrative, account, story, recital, relation.

récital, als [resital] *m* MUS. recital.

récit|ation [resitasjɔ̃] *f* recitation || **~er** *vt* (1) recite (une poésie); say (une leçon); *faire ~,* hear.

réclamation [reklamasjɔ̃] *f* complaint, claim; ***faire une ~,*** make a complaint, put in a claim.

réclam|e *f* advertising; advertisement; *faire de la ~,* advertise || **~er** *vt* (1) claim (*à,* from); demand (exiger); beg for (solliciter) || *~ à grands cris,* clamour for || claim back (demander le retour) || [chose] require, need.

reclass|ement [rəklɑsmɑ̃] *m* JUR. rehabilitation (de victimes d'accidents) || **~er** *vt* (1) reclassify || JUR. rehabilitate.

reclus, e [rəkly, yz] *adj/n* REL. recluse.

réclusion [reklyzjɔ̃] *f* seclusion, retirement || JUR. solitary confinement.

recoin [rəkwɛ̃] *m* nook; *tous les coins et ~s,* every nook and cranny.

recoller [rəkɔle] *vt* (1) stick together again.

récolt|e [rekɔlt] *f* AGR. harvest(ing), gathering; reaping (moisson); crop (produits); *~ sur pied,* standing crop || FIG. collecting, gathering (de documents) || **~er** *vt* (1) AGR. harvest, reap, gather in || FIG. collect.

recommand|able [rəkɔmɑ̃dabl] *adj* estimable, reputable, commendable (personne); advisable (procédé) || **~ation** *f* recommendation (protection); injunction (conseil) || **~é, e** *adj lettre ~e,* registered letter || **~er** *vt* (1) recommend (qqch., qqn) || advise (conseiller); *~ à qqn de faire qqch.,* advise sb. to do sth. || register (une lettre) — *vpr* ***se ~ :*** *se ~ de qqn,* give sb.'s name as a reference.

recommencer [rəkɔmɑ̃se] *vi/vt* (6) begin/start again.

récompens|e [rekɔ̃pɑ̃s] *f* reward, recompense; *en ~ de,* as a reward for || prize, award (prix) || **~er** *vt* (1) reward, recompense, repay (*qqn de,* sb. for); requite (des services, etc.).

réconcili|ation [rekɔ̃siljasjɔ̃] *f* reconciliation || **~er** *vt* (1) reconcile — *vpr* ***se ~,*** become friends again; make (it) up (*avec,* with).

reconduire [rəkɔ̃dɥir] *vt* (85) accompany; *~ qqn chez lui,* escort/see/take/drive sb. home; show/usher out (un visiteur).

réconfor|t [rekɔ̃fɔr] *m* comfort, consolation || **~tant, e** [-tɑ̃, ɑ̃t] *adj* comforting (paroles); refreshing, stimulating (breuvage) || **~ter** [-te] *vt* (1) comfort; invigorate, refresh || FIG. cheer up — *vpr* ***se ~,*** refresh oneself, take some refreshment.

reconn|aissable [rəkɔnɛsabl] *adj* recognizable (*à,* by) || **~aissance** [-ɛsɑ̃s] *f* recognition (action) || gratitude || JUR. acknowledgement (d'un enfant) || MIL. reconnaissance; *aller en ~,* scout || FIN. acknowledgement; *signer une ~ (de dette),* write out an I. O. U. (= I owe you) || **~aissant, e** [-ɛsɑ̃, ɑ̃t] *adj* grateful, thankful (*envers,* to; *de,* for); *je vous suis très ~,* I am much obliged || **~aître** [-ɛtr] *vt* (74) recognize, know; *je ne vous ai pas reconnue dans votre nouvelle robe,* I didn't know you in your new dress || own, concede (admettre) || JUR. acknowledge (un enfant, un gouvernement) || MIL. reconnoitre — *vpr* ***se ~,*** recognize each other || FIG. find one's bearings (se retrouver); *se ~ coupable,* admit that one is guilty.

reconquérir [rəkɔ̃kerir] *vt* (13) win back.

reconstitu|ant [rəkɔstitɥɑ̃] *m* tonic || **~er** *vt* (1) reconstitute, piece together (une histoire) || reconstruct (un crime).

reconstruction [rəkɔ̃stryksjɔ̃] *f* reconstruction, rebuilding || rehabilitation (des régions sinistrées).

reconversion [rəkɔ̃vɛrsjɔ̃] *f* reconversion.

recopier [rəkɔpje] *vt* (1) recopy, copy/write out.

record [rəkɔr] *m* record; *battre le ~,* break the record; *détenir un ~,* hold a record; *~ mondial,* world record.

recoudre [rəkudr] *vt* (31) sew on again (un bouton); sew up again (une manche) || MÉD. stitch up.

recoup|ement [rəkupmɑ̃] *m* crosscheck(ing) || **~er** *vt* (1) FIG. [témoignage] support, confirm — *vpr* ***se ~,*** confirm each other, link up || *faire se ~,* crosscheck.

recourb|é, e [rəkurbe] *adj* bent, curved || **~er** *vt* (1) bend back/down, curve.

recourir [rəkurir] *vt ind* (32) *~ à,* resort to.

recours [rəkur] *m* recourse, resort, appeal (*à,* to); *avoir ~ à,* have recourse to; *sans ~,* helpless.

recouvr|ement [rəkuvrəmɑ̃] *m* FIN. recovery, collection (de dettes) || **~er** *vt* (1) recover (la santé); get back (la vue); regain (ses forces, la liberté); retrieve (son bien) || collect (impôts).

recouvrir [rəkuvrir] *vt* (72) recover || cover (up) || overlay (*de,* with) [couche fine] — *vpr* ***se ~,*** overlap (se chevaucher).

récré|atif, ive [rekreatif, iv] *adj* recreative, entertaining || **~ation** *f* recreation || break, recess (à l'école) || **~er (se)** *vpr* (5) LITT. amuse oneself, relax.

recréer [rə-] *vt* (1) re-create.

récrier (se) [sərekrije] *vpr* (1) exclaim, cry out.

récrimin|ation [rekriminasjɔ̃] *f* recrimination || **~er** *vt* (1) recriminate (*contre,* against).

récrire [rekrir] *vt* (44) rewrite.

recroqueviller (se) [sərəkrɔkvije] *vpr* (1) [personne] huddle (up) || [feuille] shrivel up.

recrudescence [rəkrydɛsɑ̃s] *f* recrudescence.

recru|e [rəkry] *f* MIL. recruit, conscript, U.S. draftee || **~tement** [-tmɑ̃] *m* recruiting || **~ter** *vt* (1) recruit.

recta [rɛkta] *adv* FAM. *payer ~,* pay on the nail.

rectang|le [rɛktɑ̃gl] *m* rectangle || **~ulaire** [-ylɛr] *adj* rectangular, right-angled.

recteur [rɛktœr] *m* rector.

rectif|ication [rɛktifikasjɔ̃] *f* rectification, correction || **~ier** *vt* (1) rectify, put right; straighten (sa cravate); correct (une erreur).

recti|ligne [rɛktiliɲ] *adj* in a straight line || **~tude** [-tyd] *f* rectitude, straightness || FIG. uprightness (de caractère); sanity (de jugement).

recto [rɛkto] *m* face, front; *~* ***verso,*** on both sides.

reçu, e [rəsy] V. RECEVOIR ● *adj* current (accepté) || successful (candidat); ***être ~ à un examen,*** pass an exam ● *m* COMM. receipt, voucher ● *loc prép au ~ de,* on receipt of.

recueil [rəkœj] *m* collection; miscellany; *~ de morceaux choisis de,* selections from; symposium (d'articles) || **~lir** [-ir] *vt* (35) collect (des objets); catch (de l'eau) || take in, give shelter to (des malheureux) — *vpr* ***se ~,*** collect one's thoughts.

recul [rəkyl] *m* backward movement || MIL. recoil, kick (d'une arme à feu) || **~é, e** *adj* remote (temps) || **~er** *vt* (1) push back (une chaise) || put off (remettre à plus tard) — *vi* move/step back, stand back; *faire ~,* move back; back (un cheval) || MIL. fall back, retreat; [canon] recoil; [fusil] kick || FIG. recede; recoil (*devant,* from); *ne pas ~,* stand one's ground || **~ons (à)** [-ɔ̃] *loc adv* backwards; *sortir à ~,* back out.

récupér|able [rekyperabl] *adj* recoverable; *non ~,* irrecoverable || **~ation** *f* salvage (des matières premières) || POL. takeover || **~er** *vt* (1) get back, recover, recuperate; retrieve (un objet perdu) || TECHN. salvage (des matières premières) || FIN. retrieve (une perte) || make up (journées de travail) || POL. take over — *vi* MÉD. recover, recuperate.

récur|age [rekyraʒ] *m* scour(ing), scrub(bing) || **~er** *vt* (1) scour, scrub.

récuser [rekyze] *vt* (1) JUR. challenge, impeach (un témoin) — *vpr* ***se ~,*** decline to give an opinion.

recycl|age [rəsiklaʒ] *m* [personne] retraining; refresher course || [matières] recycling || **~er** *vt* (1) retrain (personne) || recycle (matière) — *vpr* ***se ~,*** learn a new skill.

rédac|teur, trice [redaktœr, tris] *n* author (d'un article); ***~ en chef,*** editor; *~ sportif,* sports editor || **~tion** *f* writing (action) || wording (manière) || [journalisme] editing; editorial staff; *(salle de) ~,* news-room || [école] composition, essay.

reddition [rɛddisjɔ̃] *f* surrender.

Rédemp|teur [redɑ̃ptœr] *m* Redeemer || **~tion** *f* Atonement, Redemption.

redescendre [rədɛsɑ̃dr] *vt* (4) bring down again (qqch.) — *vi* come/go down again.

redevable [rədəvabl] *adj* indebted, beholden (*à,* to; *de,* for).

rédiger [rediʒe] *vt* (7) edit (un article); write up (un rapport); word, phrase (une lettre); write out (un chèque).

redingote [rədɛ̃gɔt] *f* frock-coat.

red|ire [rədir] *vt* (40) say/tell again — *vi trouver à ~,* find fault with, take exception to, disapprove of; pick holes in || **~ite** *f* repetition.

redond|ant, e [rədɔ̃dɑ̃, ɑ̃t] *adj* redundant || **~ance** *f* redundancy.

redonner [rədɔne] *vt* (1) give again/back.

redoubler [rəduble] *vt* (1) redouble; *~ le pas,* double one's pace || [école] *~ une classe,* stay down for a year, U.S. repeat.

redout|able [rədutabl] *adj* formidable, redoubtable, dreadful || **~er** *vt* (1) dread, fear, be in dread of.

redress|ement [rədrɛsmɑ̃] *m* straightening out || redress (des torts) || JUR. *maison de ~,* remand home, Borstal (Institution) || **~er** *vt* (1) straighten (out); unbend; *~ la tête,* hold up one's head || AUT. straighten up || NAUT. right || AV. flatten out || ÉLECTR. rectify — *vpr* ***se ~,*** sit up; stand up straight || **~eur** *m* ÉLECTR. rectifier.

réd|uction [redyksjɔ̃] *f* reduction, decrease || cut (de salaire) || COMM. discount, allowance || FIN. cutting down, retrenchment (des dépenses) || **~uire** [-ɥir] *vt* (85) reduce (*en,* to) || diminish, decrease || *~ en poudre,* reduce to powder || cut down, curtail, retrench, pull in (les dépenses) || MÉD. *~ une fracture,* set a bone || FIG. drive (*à,* to) [désespoir]; *~ au silence,* talk down — *vpr* ***se ~,*** be reduced (*à,* to) || confine oneself (*à,* to) || **~uit, e** [-ɥi, it] *adj prix ~s,* cut prices; *magasin à prix ~s,* cut price store ● *m* recess; nook.

rééduc|ation [reedykasjɔ̃] *f* MÉD. rehabilitation || **~quer** [-ke] *vt* (1) MÉD. rehabilitate.

réel, elle [reɛl] *adj* real (besoin); substantial (être) || actual (fait) ● *m* reality || **~lement** [-mɑ̃] *adv* really, actually.

refaire [rəfɛr] *vt* (50) do/make again, remake || do up (remettre en état) || POP. steal — *vpr* ***se ~,***

COMM. recoup oneself || MÉD. recover one's health.

réfection [refɛksjɔ̃] *f* restoration, repairing; *en* ~, under repair.

réfectoire [refɛktwar] *m* refectory || [université] (dining-)hall.

référ|ence [referɑ̃s] *f* [renvoi] reference || [recommandation] *(Pl)* reference(s); referee (personne) || **~endum** [-ɑ̃dɔm] *m* referendum || **~er** *vt ind* (5) ***en ~ à,*** refer to — *vpr* ***se ~ à,*** refer to.

refermer [rəfɛrme] *vt/vpr* (1) [***se*** ~] close/shut again.

refiler [rəfile] *vt* (1) POP. palm/foist/fob off (*à*, on) [fausse pièce].

réfléch|i, e [refleʃi] *adj* thoughtful (esprit); sober, considered (opinion); deliberate (action); thought ful (personne) || GRAMM. reflexive || **~ir** I *vi* (2) reflect (*à*, upon); consider, ponder, think (over); *réfléchissez-y!*, think it over!; *cela donne à ~*, that makes you think.

réfléchir II *vt* (2) PHYS. reflect, throw back.

réflecteur [reflɛktœr] *m* reflector.

refl|et [rəflɛ] *m* reflection (d'une image); gleam (des eaux); flash (rapide); shimmer (tremblant); glint (du métal); sheen (de la soie) || FIG. shadow || **~éter** [-ete] *vt* (5) reflect, send/throw back || FIG. reflect, mirror.

reflex [reflɛks] *m* reflex camera.

réflexe [reflɛks] *m/adj* reflex.

réflexion I [reflɛksjɔ̃] *f* thought, consideration; *à la ~*, when I come to think of it; *~ faite*, on second thoughts, everything considered.

réflexion II *f* PHYS. reflection.

refl|uer [rəflye] *vi* (1) [marée] ebb; [eaux] flow back || FIG. surge back || **~ux** [-y] *m* ebb(-tide).

refondre [rəfɔ̃dr] *vt* (4) FIG. recast (un ouvrage).

réform|ateur, trice [refɔrmatœr, tris] *adj* reformatory ● *n* reformer || **~e** *f* reform, reformation || **~er** *vt* (1) reform || MIL. invalid out of the army, discharge.

refoul|ement [rəfulmɑ̃] *m* FIG. repression, suppression; inhibition || **~é, e** *adj* pent up (émotion) || **~er** *vt* (1) MIL. repulse, drive back || TECHN. force back (l'eau) || FIG. check; repress (un désir, un souvenir); inhibit (un instinct).

réfrac|taire [refraktɛr] *adj* refractory, contumacious || TECHN. fire-proof || **~ter** [-te] *vt* (1) refract.

réfraction [refraksjɔ̃] *f* refraction.

refrain [rəfrɛ̃] *m* MUS. refrain, burden, chorus.

refréner [rəfrene] *vt* (5) curb, restrain, control, bridle, check.

réfrigér|ant, e [refriʒerɑ̃, ɑ̃t] *adj* freezing (mélange) || **~ateur** [-atœr] *m* refrigerator, fridge (fam.), U.S. ice-box || **~ation** *f* refrigeration || **~er** *vt* (5) refrigerate.

refroid|ir [rəfrwadir] *vt* (2) chill, cool || FIG. cool (l'ardeur); damp (le zèle) — *vpr* ***se ~,*** get cold, grow colder || MÉD. catch a chill || FIG. cool down || **~issement** *m* cooling down || fall (de la température) || AUT. *à ~ par air*, air-cooled || MÉD. chill.

refuge [rəfyʒ] *m* [montagne] refuge || shelter (abri) || [circulation] (traffic-)island || JUR. sanctuary || POL. asylum.

réfug|ié, e [refyʒje] *n* refugee, displaced person || **~ier (se)** *vpr* (1) take refuge (*chez*, with).

refu|s [rəfy] *m* refusal, denial; rejection (d'une offre) || *~ d'obéissance*, non-compliance || MIL. insubordination || **~sé, e** [-ze] *adj* unsuccessful (candidat) || **~ser**

[-ze] *vt* (1) refuse (une invitation); decline, turn down (une offre) || ~ *qqch. à qqn,* deny sb. sth. || fail (un candidat) || MIL. reject (un conscrit) || JUR. ~ *d'honorer,* repudiate (une dette) — *vpr* ***se ~,*** refuse/deny oneself || *se ~ à faire,* refuse/decline to do || ***ne rien se ~,*** indulge oneself.

réfut|er [refyte] *vt* (1) refute, disprove || **~ation** *f* disproof.

regagner [rəgaɲe] *vt* (1) [récupérer] (re)gain; get back; win back (l'estime) || ~ *le temps perdu,* make up for lost time || [retourner à] get back to, reach; ~ *son domicile,* get back home.

regain [rəgɛ̃] *m* AGR. second crop (of hay) || FIG. renewal (de jeunesse); ~ *d'activité,* revival/renewal of activity; ~ *de vie,* new lease of life.

régal, als [regal] *m* delight, treat || **~er** *vt* (1) treat, feast, regale || FAM. *c'est moi qui régale,* this is to be my treat — *vpr* ***se ~,*** regale oneself (*de,* on).

regar|d [rəgar] *m* look; stare (fixe); gaze (long); glance (rapide); glare (furieux); leer (sournois); frown (sévère); *parcourir qqch. du ~,* cast a glance over sth.; ***jeter un ~ sur,*** glance at || **~der** [-de] *vt* (1) look at || stare (fixement); gaze (longuement); watch (observer); peep (à la dérobée); glance at (rapidement) || FAM. ~ *la télé,* look in || FIG. consider, regard; look upon (considérer) [*comme,* as] || ~ *de haut,* look down on || concern; *ça ne vous regarde pas,* that's no business of yours — *vi* look; ~ *en arrière,* look back; ~ *par la fenêtre,* look out of the window || FIG. ~ ***à,*** pay attention to; *ne pas ~ à la dépense,* spare no expense; *y ~ à deux fois avant de faire qqch.,* think twice before doing sth.

régate [regat] *f* regatta.

régence [reʒɑ̃s] *f* regency.

régénér|ation [reʒenerasjɔ̃] *f* regeneration || **~er** *vt* (5) regenerate.

régen|t, e [reʒɑ̃, ɑ̃t] *n* regent || **~ter** [-te] *vt* (1) FAM. boss.

régie [reʒi] *f* administration, authority || TH. stage direction.

regimber [rəʒɛ̃be] *vi* (1) kick, jib (*contre,* at) || FIG. revolt (*contre,* against).

régime I [reʒim] *m* JUR. regime (gouvernement); system (matrimonial).

régime II *m* MÉD. diet; *de ~,* dietary; *se mettre au ~,* go on a diet; *suivre un ~ pour maigrir,* slim || FAM. *être au ~ sec,* be on the (water) waggon [fam.].

régime III *m* bunch, cluster (de bananes).

régime IV *m* TECHN. speed (d'un moteur).

régimen|t [reʒimɑ̃] *m* regiment || **~taire** [-tɛre] *adj* regimental.

régi|on [reʒjɔ̃] *f* region, district, area || *Pl* parts || **~onal, e, aux** [-ɔnal, o] *adj* regional.

rég|ir [reʒir] *vt* (2) rule, govern || **~isseur** *m* (land-)agent, steward (d'une propriété) || TH. stage manager.

registre [rəʒistr] *m* register, record || COMM. account-book || MUS. compass, range.

régl|able [reglabl] *adj* adjustable || **~age** *m* adjustment, timing || RAD., AUT. tuning.

règle [rɛgl] *f* rule; *en ~,* in order (passeport); ~ ***d'or,*** golden rule || [instrument] ruler || MATH. ~ ***de trois,*** rule of three; ~ ***à calcul,*** slide-rule || MÉD. *Pl* (monthly) period(s); ***avoir ses ~s,*** have one's period(s) ● *loc* ***en ~ générale,*** as a rule; *selon la ~,* according to rule; *suivant les ~s,* by rule; *contre les ~s,* against the rules; ***se mettre en ~,*** straighten out one's position.

réglé, e [regle] *adj* ruled (papier) || FIG. steady (personne); well-regulated (vie); settled (affaire).

règlement [rɛgləmɑ̃] *m* regulation, rule; statute (d'une société); ~ *de police,* by-law || FIN. discharge (d'une dette) || COMM. satisfaction, payment || FIG. settlement (d'une discussion).

réglement|aire [regləmɑ̃tɛr] *adj* regular || MIL. *tenue* ~, regulation uniform || **~er** *vt* (5) regulate, control.

régler I [regle] *vt* (5) rule (du papier).

régler II *vt* (5) put in order || ~ *l'allure,* set the pace || TECHN. adjust, set (une horloge) || AUT. time (l'allumage); tune (up) [un moteur] || PHOT. focus || COMM. settle, pay (un compte) || FIN. settle (une dette); square (up) [un compte]; ~ ***la note,*** pay the bill; [hôtel] check out (et partir) || JUR. ~ *à l'amiable,* compound || FIG. settle (un différend) — *vpr se* ~ *sur,* go by.

réglisse [reglis] *f* liquorice.

règne [rɛɲ] *m* reign || BOT., ZOOL. kingdom.

régner [reɲe] *vi* (5) reign, rule (*sur,* over) || FIG. prevail, be rife, obtain; [maladie] be rampant; *faire* ~ *l'ordre,* maintain law and order.

regorger [rəgɔrʒe] *vi* (7) abound (*de,* in); teem (*de,* with).

régression [regrɛsjɔ̃] *f* regression || FIG. decline.

regr|et [rəgrɛ] *m* regret; *être au* ~ *de,* be sorry to; *avec* ~, regretfully ● *loc adv à* ~, with regret, reluctantly || **~ettable** [-ɛtabl] *adj* regrettable, deplorable; *il est* ~ *que,* it is a pity that || **~etter** [-ɛte] *vt* (1) regret (qqn, qqch.); ~ *de,* be sorry for; rue (amèrement) || FAM. *je regrette que,* I am afraid that.

régul|ariser [regylarize] *vt* (1) regularize; put in order (passeport); ~ *sa situation,* straighten out one's position || **~arité** [-arite] *f* regularity, steadiness || **~ateur** *m* TECHN. throttle || **~ier, ière** *adj* regular (habitude, intervalles, traits); steady (pouls, progrès); even (mouvement); business-like (transaction) || AV. scheduled (vol) || **~ièrement** [-jɛrmɑ̃] *adv* regularly; evenly, steadily || usually (d'habitude).

réhabilit|ation [reabilitasjɔ̃] *f* rehabilitation || JUR. discharge || **~er** *vt* (1) rehabilitate (qqn) || JUR. discharge.

rehausser [rəose] *vt* (1) raise, heighten (un édifice) || FIG. set off (faire ressortir); enhance (la beauté); heighten (des couleurs).

réimpr|ession [reɛ̃prɛsjɔ̃] *f* reprint || **~imer** [-ime] *vt* (1) reprint.

rein [rɛ̃] *m* kidney; *les* ~*s,* the small of the back, the loins || MÉD. ~ ***artificiel,*** kidney machine.

réincarner [reɛ̃karne] *vt* (1) reincarnate.

reine [rɛn] *f* queen || ZOOL. ~ *des abeilles,* queen bee || BOT. ~-*claude,* greengage.

reinette [rɛnɛt] *f* BOT. rennet, pippin.

réins|érer [reɛ̃sere] *vt* (5) JUR. rehabilitate, reintegrate (délinquant, handicapé) || **~ertion** [-ɛrsjɔ̃] *f* JUR. rehabilitation, reintegration.

réintégr|ation [reɛ̃tegrasjɔ̃] *f* reinstatement || **~er** *vt* (5) reinstate (*qqn dans,* sb. in); restore (*dans,* to).

réitérer [reitere] *vt* (5) reiterate.

rejaillir [rəʒajir] *vi* (2) splash, gush out/up || FIG. recoil (*sur,* on).

rej|et [rəʒɛ] *m* throwing out/up; casting up (par la mer) || JUR. dismissal; rejection || MÉD. rejection (d'une greffe) || **~eter** [-te] *vt* (8 *a*) throw away/back/out ||

[mer] cast/wash up || reject (un candidat); discard, exclude || FIN. disallow (une dépense) || JUR. dismiss (un appel); overrule (une réclamation); throw out (un projet de loi); vote down (une proposition) || FIG. spurn (un conseil); transfer (la faute); refuse, turn down (une offre); ~ *la responsabilité sur,* throw the blame on.

rejeton [rəʒtɔ̃] *m* BOT. shoot, offshoot || FIG. offspring.

rejoindre [rəʒwɛ̃dr] *vt* (59) rejoin, join (réunir) || regain (une place) || meet (qqn); come up with, overtake (rattraper) — *vpr* ***se ~,*** join, meet; link up.

rejouer [rəʒwe] *vt* (1) play again || SP. replay.

réjou|ir [reʒwir] *vt* (2) gladden, delight — *vpr* ***se ~,*** be delighted/glad || **~issance** *f* rejoicing || *Pl* merry-making, festivities.

relâche I [rəlɑʃ] *f* NAUT. *faire ~ à,* put in at, call at.

relâch|e II *m* respite, let-up; *sans ~,* without respite || TH. « no performance today » || **~é, e** [-ɑʃe] *adj* lax, loose (morale) || **~ement** [-ɑʃmɑ̃] looseness || FIG. relaxation (de la discipline) || laxity (des mœurs) || **~er** [-ɑ̃ʃe] *vt* (1) loosen, slacken (une corde) || JUR. release (un prisonnier) || FIG. relax (la discipline) — *vpr* ***se ~,*** slacken, become loose; loosen || FIG. [discipline] fall off || [mœurs] become lax.

relais [rəlɛ] *m* stage || RAD. link-up; relay (émission) || SP. *course de ~,* relay race.

relanc|e [rəlɑ̃s] *f* [cartes] raise || COMM. follow-up || **~er** *vt* (5) SP. send back, return || FIN. dun (un débiteur) || [cartes] raise || FIG. harass.

relater [rəlate] *vt* (1) relate, tell (une histoire); state (un fait).

rela|tif, ive [rəlatif, iv] *adj* relative; relating (*à,* to) || **~tion** *f* relation(ship); connection, bearing || [personne] acquaintance, *être en ~ avec qqn,* be in touch with sb. || [personne] acquaintance; *~ d'affaires,* contact (fam.); *Pl* connections || *~ d'affaires,* contact (fam.) || [récit] account, report || [sexe] *~s sexuelles,* sexual relations || JUR. ***~s publiques,*** public relations || **~tivement** [-tivmɑ̃] *adv* relatively || **~tivité** [-tivite] *f* relativity.

relax|ation [rəlaksasjɔ̃] *f* relaxation || **~e** *f* JUR. release || **~er** *vt* (1) JUR. discharge — *vpr* ***se ~,*** relax.

relayer [rəlɛje] *vt* (9 *b*) relieve; spell (*qqn à,* sb at) || RAD. relay — *vpr* ***se ~,*** take turns; work in shifts.

reléguer [rəlege] *vt* (1) relegate.

relent [rəlɑ̃] *m* musty smell, reek.

relève [rəlɛv] *f* relay (d'ouvriers) || MIL. relief.

relevé I, **e** [rəlve] *adj* lofty (style) || CULIN. spicy (plat); pungent (sauce).

rel|evé II [rəlve] *m* reading (d'un compteur) || [école] *~ des notes,* transcript || COMM. statement (de compte) || **~ever** [-ve] *vt* (5) raise, lift; pick up (qqch.); put up (ses cheveux); roll up (ses manches); turn up (son pantalon, son col); *~ la tête,* hold up one's head || FIG. raise, increase (les salaires); find out (des traces); note down (une adresse); read (un compteur); enhance, heighten (la beauté) || MIL. change (la garde); relieve (une sentinelle) || CULIN. season (une sauce) — *vt ind* ***~ de,*** be dependent on; be the concern of, come under; belong to || MÉD. *~ de maladie,* recover from illness — *vpr* ***se ~,*** get up again; get back to one's feet.

relié, e [rəlje] *adj* bound.

relief [rəljɛf] *m* relief; *en ~,* three-dimensional; *carte en ~,* relief map; || FIG. set off; bring out; emphasize (souligner).

reliefs *mpl* scraps (d'un repas).

reli|er [rəlje] *vt* (1) bind (un livre) || connect, link (réunir); join (together) || **~eur, euse** *n* bookbinder.

religi|eux, euse [rəliʒjø, øz] *adj* religious; *école ~euse,* denominational school ● *f* nun || **~on** *f* religion; *entrer en ~,* take one's vows.

reliqu|aire [rəlikɛr] *m* shrine || **~e** *f* REL. relic.

relire [rəlir] *vt* (60) read over (again).

reliure [rəljyr] *f* bookbinding.

reloger [rəlɔʒe] *vt* (7) rehouse.

reluire [rəlɥir] *vi* (61) shine, gleam; [surface humide] glisten || *faire ~,* polish up, shine.

remailler [rəmɑje] *vt* (1) mend a ladder in (un bas).

remani|ement [rəmanimɑ̃] *m* (re)shuffle (d'un cabinet) || **~er** *vt* (1) alter || rewrite || POL. reshuffle (le Cabinet).

remari|age [rəmarjaʒ] *m* remarriage || **~er (se)** *vpr* (1) remarry.

remarquable [rəmarkabl] *adj* remarkable, outstanding || noteworthy (événement).

remarqu|e *f* remark || ***~s désobligeantes,*** personalities; *faire des ~s désobligeantes sur,* cast reflections on || **~er** *vt* (1) notice, observe; ***faire ~,*** remark (*que,* that); *faire ~ qqch. à qqn,* point out sth. to sb., call sb.'s attention to sth.; *se faire ~,* distinguish oneself, attract notice, make oneself conspicuous; *éviter de se faire ~,* escape observation.

rembarquer [rɑ̃barke] *vi/vt* (1) re-embark.

rembarrer [rɑ̃bare] *vt* (1) FAM. tell off || [remettre à sa place] put (sb.) in his/her place.

rembl|ai [rɑ̃blɛ] *m* embankment (route, voie ferrée) || **~ayer** [-ɛje] *vt* (9 *b*) bank up.

rembourr|age [rɑ̃buraʒ] *m* padding, stuffing || **~er** *vt* (1) pad, stuff.

rembours|able [rɑ̃bursabl] *adj* repayable || FIN. *non ~,* irredeemable || **~ement** *m* reimbursement, repayment, refund || **~er** *vt* (1) reimburse, pay back, repay (qqn); pay off, refund (une somme).

rembrunir (se) [sərɑ̃brynir] *vpr* (2) FIG. [visage] darken.

rem|ède [rəmɛd] *m* remedy, cure || **~édier** [-edje] *vt ind* (1) *~ à qqch.,* remedy, cure sth., put sth. right.

remembrement [rəmɑ̃brəmɑ̃] *m* regrouping (de terres).

remémorer (se) [sərəmemɔre] *vpr* (1) recall, call to mind.

remerc|iements [rəmɛrsimɑ̃] *mpl* thanks || [livre] acknowledgements || **~ier** I *vt* (1) thank (*qqn de qqch.,* sb. for sth.).

remercier II *vt* (1) dismiss (renvoyer).

remettre [rəmɛtr] *vt* (64) put back, replace (replacer un objet) || put on again (un vêtement) || give (back) [rendre] || hand in/over, deliver (une lettre); send in (une demande); turn/give over (se dessaisir de); ***~ sa démission,*** hand/tender one's resignation || ***~ en état,*** repair, overhaul, U.S. fix (fam.) || ***~ à neuf,*** renovate, do up like new || defer, postpone, put off, leave over (différer); ***~ au lendemain,*** procrastinate || FIN. remit (une dette) || JUR., REL. remit (une peine, un péché) || MÉD. reset (un membre); *~ en forme,* pull round || TECHN. *~ en marche,* restart || FIG. *~ en question,* call in question again || AUT. *~ (de l'eau) dans,* top off || FAM. place (qqn) [reconnaître] — *vpr* **se ~** *: se ~ en route,* start off again, set off on one's journey again; *se* ~ *au travail,* set to work again || [temps] *se* ~ *au beau,* settle || MÉD. get better, recover, come along; *se* ~ *d'une maladie,* recover from/get over an illness || ***s'en*** ~ ***à qqn,*** rely on sb., leave it to sb.

réminiscence [reminisɑ̃s] *f* reminiscence.

remis, e [rəmi, iz] *adj* put off, postponed; *ce n'est que partie* ~*e,* it will be for another time.

remise I [rəmiz] *f* delivery (d'un paquet) || COMM. allowance; *5 % de* ~, *5 %* discount || FIN. remission (d'une dette) || TECHN. ~ *en état,* overhauling || SP. ~ ***en jeu,*** throw-in || FIG. ~ *en vigueur,* revival.

remis|e II *f* shed || ~**er** *vt* (1) park (un tracteur).

rémission [remisjɔ̃] *f* REL., MÉD. remission.

remontage [rəmɔ̃taʒ] *m* TECHN. *à* ~ *automatique,* self-winding (montre).

remontant, e *adj* invigorating ● *m* tonic, stimulant; pick-me-up (fam.).

remont|ée mécanique *f,* ~**e-pente** *m* ski-lift, drag-lift, chair-lift.

remonter [rəmɔ̃te] *vi* (1) go/come up again || [jupe] ride up || [baromètre] rise || FIG. [souvenir, famille] date back, go back; ~ *à l'origine,* retrace; *faire* ~ *à,* carry back, trace back (*à,* to) || encourage (donner du courage) — *vt* come/go up again; ~ *la rue,* walk up the street || draw up (un rideau de fer) || hitch up (son pantalon) || ~ *le courant à la nage,* swim upstream || wind up (une horloge) || FIG. ~ *le moral de qqn,* cheer sb. up; buck sb. up (fam.).

remontrance [rəmɔ̃trɑ̃s] *f* remonstrance; *faire des* ~*s,* expostulate with, remonstrate (*au sujet de,* upon).

remords [rəmɔr] *m* remorse; *avoir des* ~, feel remorse.

remorqu|age [rəmɔrkaʒ] *m* haul, towing || ~**e** *f* AUT. trailer || ~**er** *vt* (1) NAUT. tow, tug || RAIL. haul || AUT. tow (une voiture en panne) || ~**eur** *m* NAUT. tug (boat).

rémouleur [remulœr] *m* grinder.

remous [rəmu] *m* eddy (d'eau, de vent); swirl (de marée); wash (d'un bateau) || FIG. commotion.

rempart [rɑ̃par] *m* rampart.

remplaç|able [rɑ̃plasabl] *adj* replaceable || ~**ant, e** *n* substitute, replacement; [enseignant] supply teacher.

remplac|ement [rɑ̃plasmɑ̃] *m* replacement, displacement (*par,* by); [enseignant] *faire un* ~, be on supply || ~**er** *vt* (6) [chose] replace, supersede (*qqch. par,* sth. by) || [personne] stand in for, deputize for, substitute for; supply the place of.

rempl|ir [rɑ̃plir] *vt* (2) fill (*de,* with); ~ *un verre,* fill up a glass || replenish, refill (à nouveau) || fill in/up (un formulaire); make out (un chèque) || AUT. top up (batterie, radiateur) || FIG. fulfil (un devoir); comply with (une formalité) — *vpr* ***se*** ~, fill || ~**issage** [-isaʒ] *m* filling || FIG. padding (dans un texte).

remporter [rɑ̃pɔrte] *vt* (1) take back || SP. win, carry off; pull off (un prix); ~ *la victoire,* carry the day.

remuant, e [rəmɥɑ̃, ɑ̃t] *adj* fidgety.

remue-ménage [rəmymenaʒ] *m inv* commotion, bustle, stir, hurly-burly.

remuer [rəmɥe] *vt* (1) move, stir (un membre); stir (un liquide); [chien] ~ *la queue,* wag its tail || FIG. move, stir up — *vi* move || [enfant] fidget; toss (dans son lit).

rémunér|ateur, trice [remyneratœr, tris] *adj* paying, profitable || ~**ation** *f* remuneration, payment; consideration || ~**er** *vt* (5) remunerate, pay for.

renâcler [rənɑkle] *vi* (1) snort.

ren|aissance [rənɛsɑ̃s] *f* revival, renaissance || **~aître** [-ɛtr] *vi* (68) be born again || FIG. *~ à la vie,* take on a new lease of life.

renar|d [rənar] *m* fox || **~de** [-d] *f* vixen || **~deau** [-do] *m* fox-cub.

renchérir [rɑ̃ʃerir] *vi* (2) get dearer || [cartes] raise || FIG. go one better, outbid.

rencontr|e [rɑ̃kɔ̃tr] *f* meeting, encounter; ***aller à la ~ de qqn,*** go to meet sb.; *envoyer qqn à la ~ de qqn,* send sb. to meet sb. || concurrence (coïncidence) || MIL. encounter || **~er** [-ɔ̃tre] *vt* (1) meet || ***~ par hasard,*** meet with, come across/upon, chance upon, bump into || come up against, strike, run into (obstacle) || MIL. encounter — *vpr* ***se ~,*** [personnes] meet; [routes] join; [véhicules] collide; [fait] occur; [objet] be met with, be found.

rendement [rɑ̃dmɑ̃] *m* AGR. yield || FIN. return || TECHN. efficiency, turn-out (d'une machine); output (d'une machine, d'une personne).

rendez-vous [rɑ̃devu] *m* appointment; engagement; date (fam.); *sur ~,* by appointment; *fixer/prendre (un) ~ avec qqn,* make an appointment with sb.; *être fidèle au ~,* keep an appointment || meeting-place, haunt (lieu) || SP. *~ de chasse,* meet.

rendre [rɑ̃dr] *vt* (4) give back, return, restore (restituer) || return (invitation) || *~ qqn heureux/responsable,* make sb. happy/responsible || [traduction] render || [vomir] bring up, vomit, throw up (déjeuner) ● *loc ~ hommage,* pay homage (*à,* to); ***~ service à,*** be of service to; ***~ visite à qqn,*** pay sb. a visit, call on sb. — *vi* yield (produire) || [vomir] be sick; *avoir envie de ~,* feel sick — *vpr* ***se ~,*** go, proceed (*à,* to) || MIL. surrender ● *loc* ***se ~ compte de,*** realize, be aware of; *se ~ utile,* make oneself useful.

rêne [rɛn] *f* rein.

renégat, e [rənega, at] *n* renegade.

renferm|é, e [rɑ̃fɛrme] *adj* secret, secretive (personne) ● *m sentir le ~,* have a stuffy/fusty smell || **~er** *vt* (1) shut up again || contain, include, enclose (contenir) — *vpr* ***se ~,*** shut oneself up.

renflé, e [rɑ̃fle] *adj* swollen, bulging.

renflouer [rɑ̃flue] *vt* (1) NAUT. refloat, set afloat || FIG. pull off the rocks.

renfonc|ement [rɑ̃fɔ̃smɑ̃] *m* ARCH. recess || **~er** *vt* (1) pull down (un chapeau).

renf|orcement [rɑ̃fɔrsəmɑ̃] *m* reinforcement || ARCH. reinforcing (d'un mur) || FIG. strengthening || **~orcer** [-ɔrse] *vt* (1) reinforce || MIL. strengthen || **~orts** [-ɔr] *mpl* MIL. reinforcements.

renfrogn|é, e [rɑ̃frɔɲe] *adj* sullen (personne); *mine ~e,* scowl || **~er (se)** *vpr* (1) scowl.

rengager (se) [sərɑ̃gaʒe] *vpr* (7) MIL. re-enlist.

rengaine [rɑ̃gɛn] *f* catch-phrase || MUS. old refrain || FAM. *c'est toujours la même ~,* it's always the same old refrain.

rengainer [rɑ̃gɛne] *vt* (1) sheathe (une épée).

rengorger (se) [sərɑ̃gɔrʒe] *vpr* (7) FIG. swagger, swank, put on airs.

ren|iement [rənimɑ̃] *m* disavowal (d'une action); repudiation, renunciation (d'un ami, d'un fils) || **~ier** *vt* (1) disavow (une action); repudiate, renounce (un ami, un fils); deny (sa signature).

renifler [rənifle] *vi* (1) sniff, snuffle, snort — *vt* sniff at, smell (qqch.).

renne [rɛn] *m* reindeer.

ren|om [rənɔ̃] *m* renown, repute, fame; *en ~,* renowned || **~ommé, e** [-ɔme] *adj* renowned, famous ||

~ommée *f* fame, renown (réputation); *bonne ~,* good fame.

renonc|ement [rənɔ̃smɑ̃] *m* renouncement ‖ renunciation, sacrifice (abnégation); *~ de soi-même,* self-denial ‖ **~er** *vt ind* (6) *~* ***à,*** renounce, forsake, give up; drop (une habitude); throw up, write off (un projet) ‖ give up; cut out (fam.) [à boire, fumer]; forgo (un plaisir) ‖ *faire ~,* discourage (dissuader) ‖ [cartes] revoke ‖ JUR. waive, disclaim (un droit); relinquish (une succession) ‖ **~iation** [-jasjɔ̃] *f* renunciation (*à,* of); disclaimer, waiver (document).

renouer [rənwe] *vt* (1) tie again ‖ resume (une conversation) — *vt ind ~* ***avec,*** renew friendship with.

renouv|eau [rənuvo] *m* FIG. revival ‖ **~elable** [-labl] *adj* renewable ‖ **~eler** [-le] *vt* (8 *a*) renew ‖ change (l'air, un pansement) ‖ COMM. repeat (un ordre) ‖ MÉD. *à ~,* to be renewed (ordonnance) ‖ JUR. renew ‖ FIG. revive, restore — *vpr* ***se ~,*** be renewed ‖ [événement] occur again ‖ **~ellement** [-ɛlmɑ̃] *m* renewal, revival ‖ MÉD. repeat (d'ordonnance).

rénover [renɔve] *vt* (1) renovate.

renseign|é, e [rɑ̃sɛɲe] *adj bien/mal ~,* well-/ill-informed ‖ **~ement** *m un ~,* a piece of information ‖ *Pl* information, particulars; *bureau de ~s,* information bureau; *prendre des ~s sur,* inquire about ‖ *Pl* RAIL. inquiries (bureau) ‖ *Pl* MIL. intelligence ‖ **~er** *vt* (1) inform, tell (*sur,* about); *mal ~,* misinform — *vpr* ***se ~,*** inquire (*sur,* into); look (*sur,* into); ask for information; find out (découvrir).

rent|able [rɑ̃tabl] *adj* profitable, paying ‖ **~e** *f* settlement (pension); *~ viagère,* life annuity ‖ *Pl* income; *vivre de ses ~s,* live on a private income ‖ *Pl* FIN. *~s sur l'État,* funds ‖ **~ier, ière** *n* stockholder; *petit ~,* small investor.

rentr|ée [rɑ̃tre] *f* return ‖ reopening (des classes) ‖ AGR. bringing in (de la récolte) ‖ POL. reconvening (du Parlement) ‖ **~er** *vi* (1) come/go back, return; *~ chez soi,* go home; *~ chez soi à pied,* walk home; *rentrant chez soi,* homebound (voyageur); *ne pas ~ (chez soi),* stay out ‖ retract (ses griffes) ‖ take in (une couture); turn in (un ourlet) ‖ [typographie] indent ‖ AGR. gather in (la moisson) ‖ FIG. *~ en possession de son bien,* come into one's own — *vt* bring in (animaux); *~ une voiture au garage,* put a car away ‖ draw in (griffes).

renversant, e [rɑ̃vɛrsɑ̃, ɑ̃t] *adj* staggering.

renverse [rɑ̃vɛrs] *f tomber à la ~,* fall backwards.

renvers|ement *m* upsetting, overturning; inversion ‖ POL. defeat (du gouvernement); overthrow (coup d'État) ‖ **~er** *vt* (1) upset, overturn ‖ knock down (une chaise, un piéton) ‖ topple (une pile de livres) ‖ spill (un liquide) ‖ PHOT. reverse (une image) ‖ TECHN. reverse ‖ POL. defeat (un ministère); overthrow (un État) — *vpr* ***se ~,*** overturn, upset ‖ [liquide] slop (over) ‖ [personne] lean back.

renv|oi [rɑ̃vwa] *m* dismissal, discharge (d'un serviteur); expulsion (de l'école) ‖ (cross) reference (marque) ‖ [digestion] belch; *les oignons me donnent des ~s,* onions repeat on me ‖ SP. return (de la balle) ‖ JUR. remand ‖ **~oyer** [-waje] *vt* (9 *a*) dismiss, discharge (un employé); turn away, send off (qqn); send down (un étudiant); send back (une lettre) ‖ SP. throw back (une balle) ‖ PHYS. reverberate (un son) ‖ MIL. *~ dans ses foyers,* dismiss ‖ JUR. remand; refer (*devant,* to).

réouverture [reuvɛrtyr] *f* reopening.

repaire [rəpɛr] *m* den (de bêtes

sauvages, de voleurs); hide-out (de criminels).

repaître [rəpɛtr] *vt* (86) ~ *ses yeux de,* feast one's eyes on — *vpr* ***se*** ~, FIG. feed on.

répan|dre [repɑ̃dr] *vt* (4) pour out, spill (un liquide); give off (une odeur); shed (de la lumière) || FIG. broadcast, disseminate; promulgate; set afloat (une rumeur) — *vpr* ***se*** ~, [liquide] spill, slop over || [épidémie, nouvelle] spread (*sur,* over) || [foule] surge || **~du, e** [-ɑ̃dy] *adj* common, prevalent; rife || *largement* ~, wide-spread; widely held.

réparable [reparabl] *adj* reparable, mendable.

reparaître [rəparɛtr] *vi* (74) reappear.

répar|ateur, trice [reparatœr, tris] *adj* refreshing, restoring (sommeil) ● *n* repairer, mender || **~ation** *f* repair(ing); ***en*** ~, under repair || JUR. reparation, amends, redress (d'un tort) || FIG. satisfaction (d'une insulte) || **~er** *vt* (1) repair, U.S., FAM. fix || mend (des chaussures) || AUT. service || FIG. make good, make amends for (un dommage); redress (une erreur); right (une injustice); make up for (une faute); ~ *une perte,* retrieve a loss.

repartie [rəparti] *f* repartee, rejoinder.

répart|ir [repartir] *vt* (2) divide, share out, distribute, parcel out, portion out (des parts) || FIN. allot (des actions) || **~ition** *f* distribution, division, sharing out || FIN. allotment (des actions); assessment (des impôts).

repas [rəpɑ] *m* meal; *faire un* ~, take a meal; *faire son* ~ *de,* dine off; ~ *à prix fixe,* table d'hôte meal; ~ *froid,* cold snack.

repass|age [rəpɑsaʒ] *m* ironing (du linge); *qui ne nécessite pas de* ~, drip-dry; pressing (de vêtement) || sharpening (de lame) || **~er** I *vt* iron (du linge); press (vêtement) || sharpen (une lame); strop (un rasoir).

repasser II *vt* (1) call again; *je repasserai ce soir,* I'll look in again this evening || [magnétophone] play back (la bande).

repasser III *vt* (1) go over again, look through (leçon) || resit (examen).

repass|eur [rəpɑsœr] *m* grinder || **~euse** *f* ironer (personne ou machine) || ironing-machine (machine).

repêcher [rəpɛʃe] *vt* (1) fish out (un noyé) || FIG. give a second chance to (un candidat).

repent|ant, e, ~i, e [rəpɑ̃tɑ̃, ɑ̃t, -i] *adj* repentant, penitent || **~ir** *m* repentance || **~ir (se)** *vpr* (93) repent; *vous vous en repentirez,* you'll be sorry for that.

repérage [rəperaʒ] *m* RAD. detection.

répercussion [repɛrkysjɔ̃] *f* repercussion; after-effect, backlash.

repère [rəpɛr] *m* reference; *point de* ~, landmark.

repérer [rəpere] *vt* (5) spot, pick out || MIL. locate, spot.

répert|oire [repɛrtwar] *m* index, list, catalogue; ~ *d'adresses,* address-book || TH. repertoire || **~orier** [-ɔrje] *vt* (1) index, make a list of.

répét|er [repete] *vt* (5) repeat, say again || TH. rehearse || **~iteur, trice** [-itœr, tris] *n* coach, tutor || **~ition** *f* repetition || *Pl* coaching || TH. rehearsal; ~ ***générale,*** dress rehearsal.

répit [repi] *m* respite, reprieve; ***sans*** ~, without respite; *travailler sans* ~, work away.

replacer [rəplase] *vt* (6) put back, replace.

replet, ète [rəplɛ, ɛt] *adj* fat, plump.

repli [rəpli] *m* crease, fold || MIL. withdrawal || **~er** [-je] *vt* (1) fold up (again); turn up (le bas de son pantalon); furl (un parapluie) — *vpr* ***se ~,*** MIL. fall back, withdraw, retire.

répliqu|e [replik] *f* retort, rejoinder || TH. cue; *donner la ~ à qqn,* give sb. his cue || ARTS replica, reproduction || **~er** *vi* (1) retort, rejoin || [enfant] answer back.

rép|ondant, e [repɔ̃dɑ̃] *m* guarantor, referee, sponsor; *servir de ~ à,* stand surety for || **~ondeur** *m* TÉL. ***~ automatique,*** answering machine || **~ondre** [-ɔ̃dr] *vi/vt* (4) answer, reply (qqch.); ***~ à qqn,*** answer sb.; *~ à une question,* answer a question; *~ à une lettre,* write back; *~ à la porte,* answer the door/bell; ***~ au téléphone,*** answer the telephone || FIG. ***~ à,*** meet, answer (des besoins); come up to (espérance) || ***~ de,*** answer for (qqch., qqn); vouch for (qqn).

réponse [repɔ̃s] *f* answer, reply; *~ payée,* reply paid; *en ~ à,* in answer to; *resté sans ~,* unacknowledged (lettre) || FIG. response.

report|age [rəpɔrtaʒ] *m* [Presse], RAD., T.V. report(age), coverage; series of articles; [match] commentary; ***~ en direct,*** live commentary; *faire le ~ de,* cover || **~er** I [-ɛr] *m* reporter || RAD. commentator.

reporter II [-e] *vt* (1) take/carry back || postpone (différer) || transfer (un dessin) || MATH. carry forward (un total) || COMM. [comptabilité] bring forward (une somme) — *vpr* ***se ~,*** refer (*à,* to).

repo|s [rəpo] *m* rest, repose; *au ~,* at rest || break (pause) || TECHN. *au ~,* idle (machine) || MIL. *~!,* at ease! || **~sant, e** [-zɑ̃, ɑ̃t] *adj* restful (lieu); refreshing (sommeil) || **~sé, e** [-ze] *adj* refreshed, rested; ***à tête ~e,*** at leisure || **~ser** *vt* (1) lay/place again || rest (appuyer); recline (sa tête) || MIL. ground (les fusils) — *vi* rest, lie || ***ici repose,*** here lies || [liquide] stand — *vpr* ***se ~,*** recline (*sur,* on) [s'appuyer] || rest, have/take a rest (se délasser); refresh oneself || FIG. *se ~ sur,* rely/rest on.

repouss|ant, e [rəpusɑ̃, ɑ̃t] *adj* repulsive || **~er** *vt* (1) push back || MIL. repel, repulse, drive back || POL. vote down (une loi) || FIG. repulse (qqn); turn down, reject (une offre) || rebuff (rabrouer) || **~oir** *m servir de ~ à qqn,* act as a foil to sb.

répréhensible [repreɑ̃sibl] *adj* reprehensible, objectionable.

reprendre I [rəprɑ̃dr] *vt* (80) take back/again; ***~ haleine,*** gather breath || [poursuivre] resume; take up again; continue, proceed (with) || COMM. take over (une affaire) || MÉD. ***~ connaissance,*** come round/to, regain consciousness || SP. catch || FIG. *~ courage,* pluck up courage.

reprendre II *vt* (80) find fault with, correct; *~ qqn,* take sb. up sharp — *vpr* ***se ~,*** correct oneself.

représailles [rəprezɑj] *fpl* reprisals, retaliation; *user de ~ envers,* retaliate upon.

représent|ant, e [rəprezɑ̃tɑ̃, ɑ̃t] *n* COMM. representative, agent, canvasser || FIG. exponent (d'une théorie, etc.) || **~atif, ive** *adj* representative (typique) || **~ation** *f* representation || TH. performance || **~er** *vt* (1) represent; stand for || COMM. represent || TH. perform, enact (une pièce) || ARTS [tableau] represent, picture || JUR. stand for — *vpr* ***se ~ :*** *se ~ (mentalement) qqch.,* visualize sth., picture sth. to oneself.

répression [represjɔ̃] *f* repression; suppression (d'une révolte).

réprimand|e [reprimɑ̃d] *f* rebuke, reprimand, reprehension || **~er** *vt* (1) reprimand, rebuke, upbraid; ~

qqn pour qqch., take sb. to task for sth.

réprimer [reprime] *vt* (1) repress || suppress (une révolte) || FIG. curb, keep in (des sentiments); quench (émotion).

repris, e [rəpri, iz] *adj* COMM. returnable (consigné) ● *m* ~ *de justice,* recidinist, jail-bird.

reprise I [rəpriz] *f* renewal, resumption (d'une activité) || key money (payée par un nouveau locataire) || TH. revival || MUS. repeat || SP. [boxe] round || AUT. pick-up || COMM. *donner en* ~, trade in; ~ *des affaires,* recovery of business ● *loc adv* ***à plusieurs ~s,*** on several occasions, repeatedly.

repris|e II *f* mend; darn (chaussette) || **~er** *vt* (1) mend; darn (chaussette).

réprobateur, trice [reprɔbatœr, tris] *adj* reproachful.

reproch|e [rəprɔʃ] *m* reproach, reproof, blame; *sans* ~, blameless; ***faire des ~s à qqn pour,*** reproach sb. with || **~er** *vt* (1) ~ ***qqch. à qqn,*** blame sb. for sth., find fault with sth., reproach sb. with sth.; ~ *à qqn d'avoir fait qqch.,* reproach sb. for doing sth. — *vpr* ***se ~,*** blame oneself for.

reprod|uction [rəprɔdyksjɔ̃] *f* reproduction || ARTS copy || **~uire** [-ɥir] *vt* (85) reproduce; ~ *en double,* duplicate || ARTS copy — *vpr* ***se ~,*** ZOOL. reproduce, breed || FIG. recur.

réprouv|é, e [repruve] *n* outcast || REL. reprobate || **~er** *vt* (1) condemn || REL. reprobate.

rept|ation [rɛptasjɔ̃] *f* crawling || **~ile** [-il] *m* reptile.

repu, e [rəpy] *adj* satiated.

républ|icain, e [repyblikɛ̃, ɛn] *adj/n* republican || **~ique** *f* republic.

répudier [repydje] *vt* (1) repudiate.

répugn|ance [repyɲɑ̃s] *f* loathing (*pour,* for); repugnance (*pour,* of); aversion (*pour,* to); reluctance (*à faire qqch.,* to do sth.); *avoir de la* ~ *à,* be reluctant/loath to || **~ant, e** *adj* loathsome, repugnant; disgusting (spectacle); offensive (odeur); nasty (goût) || **~er** *vi* (1) [personne] ~ *à faire,* be loth/loath to do, be averse to || [chose] disgust, fill with loathing.

répuls|if, ive [repylsif, iv] *adj* repellent || PHYS., FIG. repulsive || **~ion** *f* FIG. repulsion, distaste (*pour,* for).

réput|ation [repytasjɔ̃] *f* reputation, repute, credit, notoriety, fame, character; *de mauvaise* ~, disreputable (lieu) || **~é, e** *adj* reputed || famed, renowned, of repute.

requ|érant, e [rəkerɑ̃, ɑ̃t] *n* JUR. applicant, claimant || **~érir** [-erir] *vt* (13) require, demand || **~ête** [-ɛt] *f* request, suit || JUR. petition, plea; *présenter une* ~ *à qqn,* make a request to sb., petition sb.

requin [rəkɛ̃] *m* shark.

requis, e [rəki, iz] *adj* required, requisite.

réquisi|tion [rekizisjɔ̃] *f* MIL. requisition || **~tionner** [-sjɔne] *vt* (1) requisition.

rescapé, e [rɛskape] *n* survivor.

rescousse (à la) [alarɛskus] *loc adv* to the rescue.

réseau [rezo] *m* RAIL. network, system || MIL. ~*x de barbelés,* entanglements || FIG. network.

réservation [rezɛrvasjɔ̃] *f* reservation.

réserve I [rezɛrv] *f* reserve; stock; *en* ~, in reserve; *mettre qqch. en* ~, put sth. by, store (up) sth. || ~ *(naturelle),* reserve, U.S. reservation (indienne); ~ ***de chasse,*** (game-)preserve || [pièce] storeroom || MIL. reserve; ***officier de ~,*** reserve officer ● *loc* ***de ~,*** spare (de rechange).

réserv|e II *f* reserve (prudence) || reserve, qualification (restriction) ● *loc adj/adv sans ~,* without reserve, unreservedly; *sous toutes ~s,* with all reserve || **~é, e** I *adj* shy, reserved (personne).

réserv|é, e II *adj* reserved (place); *~ au personnel,* staff only; *droits ~s,* exclusive rights || **~er** *vt* (1) reserve, set aside, put by, save up || reserve, secure (un siège) || FIG. hold in store; earmark (une somme d'argent) || **~iste** *m* MIL. reservist || **~oir** *m* (water-)tank, cistern; reservoir (lac artificiel).

résid|ence [rezidɑ̃s] *f* residence, domicile, quarters || **~ent, e** *n* resident || **~entiel, ielle** [-ɑ̃sjɛl] *adj* residential || **~er** *vi* (1) reside, dwell || FIG. consist (*en,* in).

résidu [rezidy] *m* residue, remnant.

résign|ation [reziɲasjɔ̃] *f* resignation || **~er (se)** *vpr* (1) resign oneself; *se ~ à,* become reconciled to, resign oneself to.

résili|ation [reziljasjɔ̃] *f* cancellation || **~er** *vt* (1) cancel, annul.

résille [rezij] *f* hair-net.

résine [rezin] *f* resin.

résist|ance [rezistɑ̃s] *f* resistance || HIST. [1939-45] Résistance, Underground Movement || SP. stamina; endurance (à la fatigue) || **~ant, e** *adj* strong, hard-wearing (vêtement) || robust (personne) || resistant (à la chaleur, etc.) ● *n* HIST. partisan || **~er** *vt ind* (1) **~ à,** hold out against, resist (à une attaque) || withstand (à la douleur, à la tentation); MIL. stand out, make a stand against; NAUT. *~ à une tempête,* weather a storm — *vi* MIL. hold one's ground.

résolu, e [rezɔly] *adj* resolute (personne); determined (*à,* to); bent (*à,* on) || steadfast, single-minded (ferme) || **~ment** *adv* resolutely, decidedly || **~tion** *f* resolution (dessein) || resoluteness, determination (fermeté) || decision (décision).

rés|onance [rezɔnɑ̃s] *f* resonance || LIT. overtone || FIG. repercussion || **~onner** [-ɔne] *vi* (1) resound, reverberate || [voix] sound; [métal] ring, clang || [lieu] echo, ring.

résoudre [rezudr] *vt* (87) solve (un problème, une difficulté); settle (une question); work out, puzzle out (une énigme) || resolve (décider) — *vpr* **se ~,** resolve, determine (*à,* on); make up one's mind (*à,* to).

respect [rɛspɛ] *m* respect, regard; *~ de soi,* self-respect; *marques de ~,* honours; *manquer de ~ à,* be disrespectful to; *sauf votre ~,* no offence!; *présenter ses ~s,* present one's respects to.

respect|abilité [rɛspɛktabilite] *f* respectability || **~able** *adj* respectable, worthy, honourable || FAM. fair (nombre) || **~er** *vt* (1) respect, honour, look up to || JUR. comply with (une clause); *~ la loi,* abide by the law; *faire ~,* enforce (la loi) || **~if, ive** *adj* respective || **~ivement** *adv* respectively || **~ueux, euse** [ɥø, øz] *adj* respectful; dutiful (enfant); observant (des coutumes); *~ des lois,* law-abiding.

respir|ation [rɛspirasjɔ̃] *f* breathing, respiration || **~er** *vi* (1) breathe — *vt* breathe in, inhale.

resplend|ir [rɛsplɑ̃dir] *vi* (2) be resplendent, shine || **~issant, e** *adj* resplendent, shining, glorious (ciel, jour).

responsa|bilité [rɛspɔ̃sabilite] *f* responsibility, liability || charge, care; *avoir la ~ de,* be in charge of || *rejeter la ~ sur qqn,* blame sb.; pass the buck to sb. (fam.) || JUR. *société à ~ limitée,* limited liability company || **~ble** *adj* responsible, answerable (*de,* for; *envers,* to); accountable (*de,* for) || JUR. liable (*de,* to).

resquill|er [rɛskije] *vi* (1) FAM.

wangle || gate-crash (pour passer); jump the queue || **~eur, euse** *n* FAM. wangler, gate-crasher.

ressac [rəsak] *m* undertow.

ressaisir (se) [sərəsɛzir] *vpr* (2) regain one's self-control; pull oneself together (fam.).

ressasser [rəsase] *vt* (1) keep repeating, harp on || revolve in one's mind.

ressembl|ance [rəsɑ̃blɑ̃s] *f* resemblance, likeness (*avec,* to) || **~ant, e** *adj* like, similar; lifelike || **~er** *vt ind* (1) ~ *à,* resemble, look like; [parenté] take after || *cela ne lui ressemble pas,* such behaviour is unlike him.

ressemel|age [rəsəmlaʒ] *m* resoling || **~er** *vt* (8 *a*) resole.

ressentiment [rəsɑ̃timɑ̃] *m* resentment (*contre,* against); ill-feeling, pique, strong feeling(s).

ressentir [rəsɑ̃tir] *vt* (93) feel, experience.

resserre [rəsɛr] *f* store-room.

resserrer [rəsɛre] *vt* (1) constrict || tighten (un écrou) — *vpr* **se** ~, contract; narrow.

ressort I [rəsɔr] *m* TECHN. spring.

ressort II *m* FIG. resilience.

ressor|t III *m* jurisdiction, competence (d'un tribunal); *être du ~ de,* pertain to; *en dernier ~,* without appeal || **~tir** [-tir] I *vt ind* (2) ~ *à,* be under the jurisdiction of.

ressortir II *vi* (2) come/go out again || stand out (apparaître) || [clou] stick out || show up (sur un fond) || FIG. *faire ~,* bring out, emphasize, set off; *faire ~ un argument,* make a point.

ressortissant, e [rəsɔrtisɑ̃, ɑ̃t] *n* national, subject.

ressource [rəsurs] *f* resource; *plein de ~,* resourceful || shift, expedient (moyen); resort (recours) || *Pl* resources, means (moyens pécuniaires); *à bout de ~s,* down-and-out, destitute.

ressusciter [resysite] *vi/vt* (1) ressuscitate.

restant, e [rɛstɑ̃, ɑ̃t] *adj* remaining || *poste ~e,* « poste restante » ● *m* rest, remainder.

restaurant [rɛstɔrɑ̃] *m* restaurant, café; *~-minute,* fast food.

restaur|ation [rɛstɔrasjɔ̃] *f* ARCH., ARTS, JUR. restoration || [hôtellerie] catering; *~ rapide,* fast food || **~er** I *vt* (1) ARCH., ARTS restore, renovate || JUR. restore.

restaurer II *vt* refresh — *vpr* **se** ~, take some refreshment.

restauroute [rɛstɔrut] *m* motorway restaurant; pull-in.

rest|e [rɛst] *m* rest, remnant; *avoir... de ~,* have... left || *Pl* remains, leavings; [nourriture] scraps, left-overs || (mortal) remains || MATH. remainder || **~er** I *vi* (1) remain, be left (over); *il ne me reste que £2,* I have only £2 left.

rester II *vi* (1) remain, stay, dwell; tarry; *~ au lit,* stay/keep in bed; *~ chez soi,* stay in, keep in; *~ en arrière,* keep back; *~ à distance,* keep off; *~ éveillé,* stay awake; *~ immobile,* stand; *~ jusqu'à la fin de,* sit out (d'une représentation) || FIG. *en ~ là,* proceed no further || FAM. live (habiter); stop at (un hôtel).

restit|uer [rɛstitɥe] *vt* (1) give back, return || restore (un édifice, un texte) || **~ution** [-ysjɔ̃] *f* restitution, return || restoration.

Restoroute [rɛstɔrut] *m* N.D. = RESTAUROUTE.

restr|eindre [rɛstrɛ̃dr] *vt* (59) restrict, limit — *vpr* **se** ~, cut down expenses, retrench || **~eint, e** [-ɛ̃, ɛ̃t] *adj* confined, narrow (espace) || **~ictif, ive** [-iktif, iv] *adj* restrictive || **~iction** *f* restriction, limitation, qualification, restraint, reserve; *sans ~,* unreservedly || *~ mentale,* mental reservation.

résult|ant [rezyltɑ̃] V. RÉSULTER || ~ *de,* consequent upon || **~at** [-a] *m* result, consequence, issue, outcome; *sans* ~, without success, of no effect || JUR. return (d'élections) || **~er** *vi/impers* (1) result, proceed, arise (*de,* from).

résum|é [rezyme] *m* summary, abstract; *en* ~, to sum up; ~ *des chapitres précédents,* the story so far || RAD. ~ *des nouvelles,* headlines || **~er** *vt* (1) sum up, summarize.

résurrection [rezyrɛksjɔ̃] *f* resurrection.

rétabl|ir [retablir] *vt* (2) reinstate (qqn) [*dans,* in] || redress (l'équilibre); restore (l'ordre) || MÉD. restore (la santé) — *vpr* **se ~,** MÉD. recover, mend || **~issement** *m* reinstatement || restoration || MÉD. recovery.

retar|d [rətar] *m* delay; ***être en* ~** be late/behindhand; *dix minutes de* ~, ten minutes late; *prendre du* ~, fall behind; *être en* ~ *dans son travail,* be behind with one's work || [montre] *prendre cinq minutes de* ~ *par jour,* lose five minutes a day || AV., RAIL. delay; ***en* ~,** late, behind schedule, overdue || AUT. ~ *à l'allumage,* retarded ignition || **~dataire** [-datɛr] *n* late-comer || **~dement** [-dəmɑ̃] *m* MIL. *bombe à* ~, time-bomb || PHOT. *obturateur à* ~, time-release || **~der** *vt* (1) delay, put off (qqch.) || delay, hold up (qqn) || set/put back (une horloge) — *vi* [horloge] be slow; ~ *de cinq minutes,* be five minutes slow.

retenir [rət(ə)nir] *vt* (101) keep, detain, keep away (qqn) || detain (qqn) [retarder] || hold back (la foule, ses larmes) || hold in (un cheval) || ~ *son souffle,* catch one's breath || book, reserve (une place, une chambre) || MATH. carry || FIG. arrest (l'attention de qqn); restrain (sa colère); contain (ses sentiments); remember (garder en mémoire) — *vpr* **se ~,** refrain (*de,* from); *se* ~ *à,* cling to, hold on to.

retent|ir [rətɑ̃tir] *vt* (2) resound (résonner) || [trompette] sound || [tonnerre] peal || [cris] ring || **~issant, e** *adj* resounding.

retenue [rət(ə)ny] *f* [école] detention; *garder en* ~, keep in || FIN. deduction || MATH. carrying over || FIG. constraint, restraint.

rétic|ence [retisɑ̃s] *f* reticence || **~ent, e** *adj* reticent.

rétif, ive [retif, iv] *adj* restive.

rétine [retin] *f* retina.

retir|é, e [rətire] *adj* secluded, sequestered (lieu); retired (personne) || **~er** *vt* (1) withdraw, take back || redeem (un gage) || FIN. draw (de l'argent) || RAIL. take out, U.S. check out (des bagages) || FIG. derive (des avantages) — *vpr* **se ~,** withdraw; retire (des affaires) || sequester oneself (se réfugier) || back (*de,* out of); *se* ~ *de,* opt out of || [mer] recede, go out || MIL. withdraw || FIG. retire, withdraw.

retomb|ées [rətɔ̃be] *fpl* ~ *radioactives,* (radioactive) fall-out || FIG. fall-out || **~er** *vi* (1) fall (down) again || fall back || FIG. fall (*sur,* on); relapse (*dans,* into) [l'erreur, la misère, etc.].

rétorquer [retɔrke] *vt* (1) retort.

retors, e [rətɔr, ɔrs] *adj* wily.

retouch|e [rətuʃ] *f* (minor) alteration (à un vêtement) || PHOT. touching-up; *faire une* ~ *à,* touch up || **~er** *vt* (1) readjust || alter (un vêtement) || PHOT. touch up.

retour [rətur] *m* return; *dès son* ~, on his return; *sur le chemin du* ~, homebound; ***être de* ~,** be (back) home; ~ *au pays,* homecoming; ***par* ~ *du courrier,*** by return of post || recurrence (réapparition) || SP. ***match* ~,** return match || RAIL. *voyage de* ~, home journey || CIN. ~ *en arrière,* flashback || AUT. ~ *de flamme,* backfire || POL. come-back || COMM. *Pl les ~,* the returns || FIG. reversal, turn (changement brusque) ● *loc adv en ~,* in return (*de,* for) || **~ner** [-ne] *vi* (1) go/come back, return; go again — *vt* return, send back (qqch.) || turn (un vêtement); turn inside out (un gant); turn over/upside down (un objet) || upturn, turn up (le sol) || FIG. reciprocate (un compliment); reverse (la situation) — *vpr* ***se ~,*** turn about/around; look round || AUT. turn over (capoter) || FIG. *se ~ contre qqn,* turn against sb.

retracer [rətrase] *vt* (6) recount (raconter).

rétract|ation [retraktasjɔ̃] *f* recantation || **~er** *vt* (1) retract (griffes) || FIG. withdraw, retract, take back (une affirmation) — *vpr* ***se ~,*** recant, retract, eat one's words.

retrait [rətrɛ] *m* withdrawal (des troupes, de la mer, d'une somme d'argent) || TECHN. shrinking, contraction ● *loc en ~,* set/standing back (*de,* from).

retrait|e [rətrɛt] *f* retirement; ***prendre sa ~,*** retire; *mettre à la ~,* pension off || *(pension de) ~,* (retirement) pension; ***~-vieillesse,*** old age pension; *toucher sa ~,* draw one's pension || [lieu], REL. retreat || MIL. retreat; [sonnerie] tattoo || FIG. seclusion || **~é, e** *adj* retired ● *n* pensioner.

retranch|ement [rətrɑ̃ʃmɑ̃] *m* MIL. retrenchment, entrenchment || FIG. *pousser qqn dans ses ~s,* drive sb. into a corner || **~er (se)** *vpr* (1) MIL. entrench oneself.

retrancher *vt* (1) retrench, cut out (*de,* from).

retransmettre [rətrɑ̃smɛtr] *vt* (64) RAD. relay.

rétréc|ir [retresir] *vt* (2) take in (un vêtement) — *vi/vpr* ***se ~,*** [étoffe] shrink || [chemin] narrow, get/grow narrow(er) || **~issement** *m* shrinking, shrinkage.

rétrib|uer [retribɥe] *vt* (1) pay, remunerate; *mal ~,* underpay || **~ution** [-ysjɔ̃] *f* remuneration, consideration.

rétroac|tif, ive [retroaktif, iv] *adj* retroactive || **~tion** *f* [cybernétique] feedback.

rétrograd|e [retrograd] *adj* retrograde, backward || **~er** *vt* (1) MIL. reduce to a lower rank, U.S. demote — *vi* AUT. change down.

rétrospectif, ive [retrospɛktif, iv] *adj* retrospective ● *f* retrospect.

retrouss|é, e [rətruse] *adj* turned-up (manches); snub (nez) || **~er** *vt* (1) roll up, turn up (manches, pantalon); hitch up (jupe).

retrouver [rətruve] *vt* (1) find again || retrieve (un objet perdu) || meet again, join (qqn).

rétroviseur [retrovizœr] *m* AUT. driving-mirror, rear-view mirror.

réun|ion [reynjɔ̃] *f* bringing together (acte) || reunion, meeting, gathering, assembly, party (assemblée) || **~ir** *vt* (2) join (together); bring/put together; seam up (par une couture) || JUR. convene (une assemblée) — *vpr* ***se ~,*** meet, come/get together; gather || convene, congregate; club together.

réuss|i, e [reysi] *adj* successful || **~ir** *vi* (2) [chose] be a success, work out well, come off || [personne] succeed, be successful, do well; prosper, thrive (prospérer); *nous avons réussi,* we made it (fam.) — *vt ind* ***~ à,*** succeed in (qqch.); *~ à faire,* succeed in doing; manage to do || *~ à un examen,* get through an exam(ination), pass — *vt* make a success of; bring off (une entreprise) || **~ite** *f* success, achievement || [cartes] patience; *faire une ~,* do a patience.

revanche [rəvɑ̃ʃ] *f* revenge; *prendre sa ~ sur,* take one's revenge on, get even with || [jeux], SP. revenge ● *loc adv* ***en ~,*** on the other hand.

rêv|asser [rɛvase] *vi* (1) day-dream || **~e** *m* dream; *faire un ~,* have a dream.

revêche [rəvɛʃ] *adj* sour, crabbed, cantankerous, surly.

réveil [revɛj] *m* awakening, waking (up); *au ~,* on waking up; *dès son ~,* as soon as he wakes up || FIG. revival || **~lé, e** [-e] *adj* awake || **~le-matin** *m inv* alarm-clock || **~ler** [-eje] *vt* (1) wake up, waken, rouse || FIG. arouse (l'attention); awaken (un sentiment); revive (un souvenir) — *vpr* ***se ~,*** wake up, awake; *il ne s'est pas réveillé à temps,* he overslept himself || **~lon** [-jɔ̃] *m* midnight supper on Christmas Eve/on New Year's Eve || **~lonner** [-ɔne] *vi* (1) see the New Year in.

révél|ateur, trice [revelatœr, tris] *adj* revealing; telltale ● *m* PHOT. developer || **~ation** *f* revelation, disclosure || **~er** *vt* (5) reveal, disclose (nouvelle) || divulge (secret) — *vpr* ***se ~,*** reveal oneself || [talent] reveal itself, be revealed.

revenant [rəvnɑ̃] *m* ghost.

revendeur, euse [rəvɑ̃dœr, øz] *n* retailer || [drogue] drug-pusher.

revendi|cation [rəvɑ̃dikasjɔ̃] *f* claim, demand || **~quer** [-ke] *vt* (1) claim, demand; put in a claim || assert (*ses droits,* one's rights).

revendre [rəvɑ̃dr] *vt* (4) resell.

revenir [rəvnir] *vi* (101) come/get back, return; *~ à pied,* walk back; ***~ sur ses pas,*** retrace one's steps; *je reviens dans une minute,* I'll be right back || [thème] come again; revert; *~ périodiquement,* come round || CULIN. ***faire ~,*** brown || FIN. *~ à,* cost, come/amount to || MÉD. *~ à soi,* come round, come to || FIG. *~ en arrière,* go back || FIG. ***~ à,*** come to, consist in; boil/come down to; *cela revient au même,* it amounts to the same thing || [souvenir] come back to || ***~ sur,*** take back; *~ sur sa parole,* go back on one's word || FAM. *je n'en reviens pas,* I can't get over it.

revenu [rəvny] *m* income; *vivre de ses ~s,* live on one's income.

rêver [rɛve] *vi* (1) dream (*à,* of; *de,* about); have a dream (en dormant) || muse, day-dream (éveillé).

réverb|ération [revɛrberasjɔ̃] *f* reverberation || **~ère** [-ɛr] *m* street-lamp, lamp-post || **~érer** [-ere] *vt* (7) reverberate.

révér|ence [reverɑ̃s] *f* reverence (respect) || curtsey; *faire une ~,* drop a curtsey || **~end, e** [-ɑ̃, ɑ̃d] *adj/n* REL. reverend || **~er** *vt* (5) revere.

rêverie [rɛvri] *f* day-dream(ing), musing.

revers [rəvɛr] *m* reverse (side) || facing (d'un manteau); lapel (d'un veston) || turn-up, U.S. cuff (de pantalon) || back (de la main) || SP. back-hand(ed) [stroke] || FIG. set-back.

reverser [rəvɛrse] *vt* (1) pour back || FIN. pay back.

réversible [revɛrsibl] *adj* reversible.

revêt|ement [rəvɛtmɑ̃] *m* ARCH. facing, coating || **~ir** *vt* (2) don, put on (un habit) || FIG. take on (une apparence).

rêveur, euse [rɛvœr, øz] *adj* dreamy, wool-gathering ● *n* dreamer.

revient [rəvjɛ̃] *m* V. PRIX.

revigorer [rəvigɔre] *vt* (1) reinvigorate, refresh.

revirement [rəvirmɑ̃] *m* sudden change; revulsion (de sentiment); *~ d'opinion,* reversal of opinion.

révis|er [revize] *vt* (1) revise || go through again || proof-read (des épreuves) || AUT. overhaul || *voiture révisée,* reconditioned car || FIG. recant (une opinion) || **~ion** *f* revision || proof-reading (d'épreuves) || going-over (en vue d'un examen) || TECHN. overhaul(ing) || AUT. servicing, service || MIL. *conseil de ~,* recruiting board.

revivre [rəvivr] *vi* (105) live again || FIG. *faire ~,* revive.

révocation [revɔkasjɔ̃] *f* revocation, repeal; dismissal (d'un fonctionnaire).

revoir [rəvwar] *vt* (106) see again; meet again (qqn) || review, revise (réviser) ● *m/interj* ***au ~,*** goodbye; bye-bye (fam.).

révolt|ant, e [revɔltɑ̃, ɑ̃t] *adj* revolting, shocking || **~e** *f* revolt || **~é, e** *adj* shocked (*par,* at) ● *n* rebel || **~er (se)** *vpr* (1) revolt, rebel.

révolu, e [revɔly] *adj* completed; *avoir vingt ans ~s,* have completed one's twentieth year.

révoluti|on [revɔlysjɔ̃] *f* POL., ASTR. revolution || **~onnaire** [-ɔnɛr] *adj/n* revolutionary.

revolver [revɔlvɛr] *m* revolver, gun.

révoquer [revɔke] *vt* (1) dismiss (qqn) || JUR. revoke, repeal (un décret); rescind (un contrat).

revue [rəvy] *f* review (inspection); *passer en ~,* go through, look over, review || journal (scientifique); *~ trimestrielle,* quarterly || MIL. review, inspection; *passer en ~,* review || TH. revue; variety show.

révulsé, e [revylse] *adj* turned up (yeux).

rez-de-chaussée [redʃose] *m inv* ground-floor, U.S. first floor.

rhabiller (se) [sərabije] *vpr* (1) get dressed again.

rhéostat [reɔsta] *m* PHYS. rheostat.

rhésus [rezys] *m* *facteur ~,* rhesus-factor.

rhétorique [retɔrik] *f* rhetoric.

rhinocéros [rinɔserɔs] *m* rhinoceros.

rhubarbe [rybarb] *f* rhubarb.

rhum [rɔm] *m* rum.

rhumatisant, e [rymatizɑ̃, ɑ̃t] *adj/n* rheumatic || **~isme** *m.*

rhume [rym] *m* cold; *~ de cerveau/de poitrine,* cold in the head/on the chest || ***~ des foins,*** hay-fever.

riant, e [rijɑ̃, ɑ̃t] *adj* cheerful.

ribambelle [ribɑ̃bɛl] *f* swarm.

rican|ement [rikanmɑ̃] *m* sneer, chuckle || **~er** *vi* (1) sneer; giggle (bêtement).

rich|e [riʃ] *adj* rich, moneyed, wealthy, well-to-do, well-off || AGR. fat (sol) ● *n* rich/wealthy person; *les ~s,* the rich; the wealthy; *nouveau ~,* nouveau riche || **~ement** *adv* richly || **~esse** *f* wealth, fortune, riches || FIG. richness || **~issime** [-isim] *adj* rolling in money.

ricoch|er [rikɔʃe] *vi* (1) [projectile] glance off || **~et** [-ɛ] *m* *faire des ~s sur l'eau,* play ducks and drakes.

rictus [riktys] *m* grin.

rid|e [rid] *f* wrinkle, line (sur la figure) || ripple (sur l'eau) || **~é, e** *adj* wrinkled.

rideau [rido] *m* curtain || screen (d'arbres) || TH. *lever de ~,* curtain-raiser.

rider [ride] *vt* (1) wrinkle, line (le visage) || ruffle (l'eau) — *vpr* ***se ~,*** [peau] wrinkle || [eau] ripple.

ridicul|e [ridikyl] *adj* ridiculous, ludicrous, laughable || **~iser** *vt* (1) ridicule, deride.

rien [rjɛ̃] *pron indéf* [interr.] anything || [nég.] nothing; *absolument ~,* nothing whatever; *~ d'autre,* nothing else || ***~ que,*** nothing but, only; just; *~ que d'y penser* ..., the very thought ...; *~ moins que,* nothing less than, no better than; ***plus ~, ~ de plus,*** nothing more; ***~ du tout,*** nothing at all; *pour ne ~ dire de,* to say nothing of; ~ ***à faire,*** nothing doing; ***pour ~,*** for free (sans payer); *pour moins que ~,* for a song; ***en moins de ~,*** in no time; ***ça ne fait ~!,*** never mind!, that doesn't matter; *de ~!,* you're welcome!, don't mention it! || *ce n'est ~,* it's no trouble at all || *bon à ~,* worthless || ***à ~ :*** *il n'arrivera jamais à ~,* he'll never get anywhere || *n'y être pour ~,* have no part in ● *m* trifle, mere nothing.

rieur, euse [rijœr, øz] *adj* laughing ● *n* laugher.

rigid|e [riʒid] *adj* rigid, stiff, stark || Fig. strict, unbending || **~ité** *f* rigidity, stiffness.

rigole [rigɔl] *f* runnel, gully, trench, ditch.

rigol|er [rigɔle] *vi* (1) Pop. laugh; have a good laugh || **~o, ote** [-o, ɔt] *adj* Pop. funny, rum.

rigour|eusement [rigurøzmɑ̃] *adv* strictly, rigorously || **~eux, euse** *adj* rigorous, strict; stringent, hard and fast (règle); severe (hiver).

rigueur [rigœr] *f* rigour, strictness; severity (punition, climat); harshness (d'une peine); severity (de l'hiver) || exactness, precision (d'un raisonnement) || ***de ~,*** obligatory ● *loc adv* ***à la ~,*** at a pinch, if necessary.

rim|e [rim] *f* rhyme || **~er** *vi/vt* (1) rhyme.

rinc|e-doigts [rɛ̃sdwa] *m inv* finger bowl || **~er** *vt* (6) rinse; ~ *à grande eau,* swill, sluice.

rinçures [rɛ̃syr] *fpl* rinsing water, slops.

ring [riŋ] *m* Sp. [boxe] ring.

ripaille [ripɑj] *f faire ~,* feast, revel.

ripost|e [ripɔst] *f* retort, rejoinder || **~er** *vi* (1) retort, speak back (*à,* to) || counter, hit back.

rire [rir] *vi* (89) laugh; guffaw (bruyamment); ***éclater de ~,*** burst out laughing; ~ *aux éclats/à gorge déployée,* roar/scream with laughter; ~ *sous cape,* laugh up one's sleeve; ~ *jaune,* give a forced laugh; ~ *aux larmes,* laugh till one cries || Fam. *se tordre de ~,* be in convulsion; ***pour ~,*** in sport/fun — *vt ind* ~ ***de,*** laugh at ● *m* laugh; *un gros ~,* a loud laugh, a guffaw || *Pl* laughter || ***avoir le fou ~,*** go into fits of laughter, have the giggles.

ris I [ri] *m* Naut. reef; *prendre un ~,* take a reef.

ris II *m* Culin. ~ *de veau,* calf sweet-bread.

ris|ée [rize] *f* mockery; *objet de ~,* laughing stock, jest; *être la ~ de,* be held in derision || **~ible** *adj* laughable, ridiculous.

risqu|e [risk] *m* risk, hazard, chance; *courir un/le ~,* run a/the risk; *courir des ~s,* take chances; *à vos ~s et périls,* at your own risk; *sans ~,* safe; *ne pas courir de ~s,* play (it) safe || [assurance] *assurance tous ~s,* all-in/comprehensive policy ● *loc* ***au ~ de,*** at the risk of || **~é, e** *adj* hazardous, risky, venturesome || **~er** *vt* (1) risk || venture, hazard (hasarder) || ~ ***de,*** may/might (well) [+ v.] || **~e-tout** [-ətu] *n inv* daredevil.

rissoler [risɔle] *vt* (1) [*faire*] ~, brown.

ristourne [risturn] *f* Fin. refund, rebate.

rit|e [rit] *m* rite || **~uel, elle** [-ɥɛl] *adj/m* ritual.

rivage [rivaʒ] *m* shore, strand, coast.

rival, e, aux [rival, o] *adj/n* rival; *sans ~,* peerless || **~iser** *vi* (1) ~ *avec,* compete/vie with; emulate, rival (qqn) || **~ité** *f* rivalry.

rive [riv] *f* [rivière] (river)side, bank; ~ *gauche,* left bank || [lac] shore.

river [rive] *vt* (1) rivet (une plaque); clinch (un clou).

riverain, e [rivrɛ̃, ɛn] *adj* riparian ● *n* water-side dweller.

rivet [rivɛ] *m* rivet.

rivière [rivjɛr] *f* river, stream.

rixe [riks] *f* brawl, scuffle.

ri|z [ri] *m* rice; ~ *au lait,* rice-pudding || **~zière** [-zjɛr] *f* rice field.

robe [rɔb] *f* dress, frock; gown (habillée); ~ *du soir,* evening-gown/-dress || ~ ***de chambre,*** dressing-gown || ZOOL. coat (d'un animal) || CULIN. *pommes de terre en ~ des champs/de chambre,* potatoes in their jackets.

robinet [rɔbinɛ] *m* tap, cock, U.S. faucet.

robot [rɔbo] *m* robot.

robuste [rɔbyst] *adj* sturdy, robust, strong, stalwart || sound (santé) || BOT. hardy.

roc [rɔk] *m* rock.

rocade [rɔkad] *f* [circulation] by-pass.

rocaill|e [rɔkaj] *f* loose stones || **~eux, euse** *adj* rocky, stony.

roch|e [rɔʃ] *f* rock || **~er** *m* rock; boulder (rond); ~ *à pic,* cliff, crag (escarpé) || **~eux, euse** *adj* rocky (montagnes).

rod|age [rɔdaʒ] *m* AUT. running-in; *en ~,* running in || **~er** *vt* (1) AUT. run in (un moteur); grind (les soupapes).

rôd|er [rode] *vi* (1) prowl (about); hang about/around || **~eur, euse** *n* prowler.

rogne [rɔɲ] *f* FAM. *en ~,* in a temper.

rogner [rɔɲe] *vt* (1) pare (les ongles) || trim (un livre).

rognon [rɔɲɔ̃] *m* kidney.

rognures [rɔɲyr] *fpl* clippings (de métal); trimming (de papier) || ~ *de viande,* scraps of meat.

roi [rwa] *m* king || **~telet** [-tlɛ] *m* ZOOL. wren.

rôle I [rol] *m* TH. role, part; *premier ~,* lead, leading part; *jouer le ~ de,* act the part of, personate || FIG. *jouer un ~,* play a role/part (*dans,* in); *renverser les ~s,* turn the tables ● *loc adv* ***à tour de ~,*** in turns, turn and turn about, in rotation.

rôle II *m* NAUT. muster-roll, ship's article.

romain, e [rɔmɛ̃, ɛn] *adj* Roman.

roman, e [rɔmɑ̃, an] *adj* ARTS Romanesque.

rom|an *m* novel; *~-feuilleton,* serial story; ~ *policier,* detective story || **~ancier, ière** [-ɑ̃sje, jɛr] *n* novelist || **~anesque** [-anɛsk] *adj* romantic; *histoire ~,* romance.

romanichel, elle [rɔmaniʃɛl] *n* gipsy.

romant|ique [rɔmɑ̃tik] *adj* romantic ● *n* romanticist || **~isme** *m* romanticism.

romarin [rɔmarɛ̃] *m* rosemary.

rompre [rɔ̃pr] *vt* (90) break || burst (une digue) || MIL. ~ *le pas,* break step; ~ *les rangs,* fall out, dismiss || FIG. break (le silence); break off (relations) — *vi* ~ *avec qqn,* break with sb. — *vpr* ***se ~,*** break, snap || MÉD. burst, rupture (un vaisseau).

rompu, e [rɔ̃py] *adj* broken || FIG. ~ *à,* experienced in; ~ *de fatigue,* worn out.

ronce [rɔ̃s] *f* bramble || ~ *artificielle,* barbed wire.

ronch|on [rɔ̃ʃɔ̃] *adj* churlish || **~onner** [-ɔne] *vi* (1) grouch, grumble.

rond, e [rɔ̃, ɔ̃d] *adj* round; *en chiffres ~s,* in round figures || FAM. tight (ivre) ● *m* circle, ring, round || ~ ***de serviette,*** napkin-ring ● *loc adv* ***en ~,*** in a circle || TH. *théâtre en ~,* theatre in the round || **~-de-cuir** *m* pen-pusher.

ronde *f* [surveillance] rounds;

beat (de police); *faire sa* ~, be on the beat || [écriture] round-hand || Mus. semi-breve ● *loc à des kilomètres à la* ~, for miles round.

rondelet, ette [rɔ̃dlɛ, ɛt] *adj* plump || Fig. tidy (somme).

rondelle [rɔ̃dɛl] *f* Techn. washer.

rond|ement [rɔ̃dmɑ̃] *adv* Fig. roundly, briskly || **~in** [-ɛ̃] *m* log || **~-point** *m* [circulation] round-about || [place] circus.

ronéo|ter, ~typer [rɔneɔte, -tipe] *vt* (1) roneo, U.S. mimeograph.

ronfl|ant, e [rɔ̃flɑ̃, ɑ̃t] *adj* Fam. high-sounding || **~ement** *m* snore, whir(r) || **~er** *vi* (1) snore || [feu] roar || [moteur] whir(r).

rong|er [rɔ̃ʒe] *vt* (7) [animal] gnaw || [personne] pick (un os) || [acide] corrode, eat into || [rivière] fret || Fig. ~ *son frein*, champ the bit — *vpr* ***se ~ : se ~ les ongles,*** bite one's nails || **~eur** *m* rodent.

ronr|on [rɔ̃rɔ̃] *m* purr || **~onner** [-ɔne] *vi* (1) purr.

roqu|e [rɔk] *m* [échecs] castling || **~er** *vi* (1) castle.

roquette [rɔkɛt] *f* rocket.

ros|ace [rozas] *f* Arch. rose-window || **~aire** [-ɛr] *m* Rel. rosary.

rosbif [rɔsbif] *m* roast beef; *un* ~, a joint of beef.

ros|e [roz] *f* rose; ~ *trémière,* hollyhock; *eau de* ~, rose-water || Naut. ~ *des vents,* compass-card ● *adj* pink || **~é, e** *adj* roseate; rosy (teint) ● *m* rosé wine.

roseau [rozo] *m* reed.

rosée [roze] *f* dew; *couvert de* ~, dewy; *goutte de* ~, dew-drop.

ros|eraie [rozrɛ] *f* rose-garden || **~ier** *m* rose-tree.

rosse [rɔs] *adj* Fam. beastly, nasty ● *f* Fam. beast.

rosser [rɔse] *vt* (1) thrash, beat (up), lick.

rossignol [rɔsiɲɔl] *m* Zool. nightingale.

rot [ro] *m* belch.

rôt [ro] *m* = rôti.

rota|tif, ive [rɔtatif, iv] *adj* rotary ● *f* rotary printing press || **~tion** *f* rotation, spin(ning).

roter [rɔte] *vi* (1) belch.

rôt|i [roti] *m* roast (meat); joint || **~ie** *f une* ~, a piece of toast || *Pl* toast || **~ir** *vt* (2) [*faire*] ~, roast (de la viande); toast (du pain); barbecue (à la broche) || **~isserie** [-isri] steakhouse || **~issoire** [-iswar] *f* roaster.

rotonde [rɔtɔ̃d] *f* rotunda.

rotule [rɔtyl] *f* Méd. knee-cap.

rouages [ruaʒ] *mpl* wheels, clockwork.

roublard, e [rublar, ard] *adj* Fam. cunning, crafty.

roucouler [rukule] *vi* (1) coo.

roue [ru] *f* wheel || Techn. ~ *dentée,* cog-wheel; ~ *libre,* free-wheel || Aut. ~ *de secours,* spare wheel; *la* ~ *avant droite* (en G.B.) [gauche en France], the off front wheel || Naut. ~ *de gouvernail,* steering-wheel.

rouer [rwe] *vt* (1) ~ *de coups,* thrash, cudgel.

rouet [rwɛ] *m* spinning-wheel.

rouf [ruf] *m* Naut. deck-house.

rouge [ruʒ] *adj* red || ruddy (joues) ● *m* red || rouge (fard); ~ ***à lèvres,*** lipstick || Techn. *chauffé au* ~, red hot || Fam. *gros* ~, coarse red-wine || **~âtre** [-ɑtr] *adj* reddish || **~aud, e** [-o, od] *adj* red-faced || **~-gorge** *m* robin, redbreast || **~oiement** [-wamɑ̃] *m* glow || **~ole** [-ɔl] *f* measles || **~oyant, e** [-wajɑ̃, ɑ̃t] *adj* glowing || **~oyer** [-waje] *vi* (9 *a*) glow.

roug|eur [ruʒœr] *f* redness || blush, flush (du visage) || **~ir**

vt/vi (2) redden || *eau rougie,* wine and water — *vi* turn red || [personne] blush, flush (*de,* with).

rouill|e [ruj] *f* rust; *tache de ~,* rust-stain || AGR. blight || **~é, e** *adj* rusty || FIG. *être ~,* be out of practice || **~er** *vt* (1) rust — *vpr* ***se ~,*** rust, get rusty.

roulade [rulad] *f* trill (d'oiseau).

roul|ant, e [rulɑ̃, ɑ̃t] *adj* rolling || ***escalier ~,*** escalator || RAIL. *matériel ~,* rolling-stock || **~é, e** *adj* POP. *bien ~e,* shapely (femme) || **~eau** [-o] *m ~ de papier,* roll of paper; coil (de corde) || CULIN. *~ à pâtisserie,* rolling-pin || PHOT. spool (de film); (roller) squeegee (pour essorer) || TECHN. *~ compresseur,* steam-roller || **~ement** *m* [action] rolling || [bruit] roll, rumble || TECHN. ~ ***à billes,*** ball bearings || FIG. rotation (remplacement); *par ~,* in rotation || **~er** *vi* (1) [bille] roll || [voiture] run, go; drive, ride || AV. *~ au sol,* taxi || NAUT. roll — *vt* roll || wheel (chariot) || furl (parapluie) || roll (cigarette) || roll (les yeux) || roll (une pelouse) || [prononciation] *~ les « r »,* roll ones's r's || FAM. gull, swindle; twist; con (sl.); *se faire ~,* be had || **~ette** *f* [meuble] castor || [jeu] roulette || FAM. drill (de dentiste) || **~is** [-i] *m* NAUT. roll(ing) || **~otte** [-ɔt] *f* caravan, trailer.

Roum|ain, e [rumɛ̃, ɛn] *n/adj* Romanian || **~anie** [-ani] *f* Romania.

roupill|er [rupije] *vi* (1) POP. snooze || **~on** [-ɔ̃] *m* POP. snooze; *piquer un ~,* have a snooze/forty winks.

rouquin, e [rukɛ̃, in] *n* FAM. redhead.

rouspéter [ruspete] *vi* (1) FAM. grouch, scold.

rouss|âtre [rusɑtr] *adj* reddish, russet || **~e** *adj* V. ROUX || **~eur** *f tache de ~,* freckle || **~i** *m* smell of burning || **~ir** *vt* (2) scorch, singe.

rout|e [rut] *f* road; *~ nationale,* main road, highroad, highway; *~ écartée,* by-road; ~ ***à trois voies,*** three-lane road; ~ ***à quatre voies,*** dual carriage-road; *~ touristique,* scenic road || ***en ~ pour,*** on the way to; NAUT. bound for; *en ~!,* let's go!, ***faire ~ vers,*** make for; NAUT. head for || ***se mettre en ~,*** set forth/off/out || FIG. *faire fausse ~,* be on the wrong track || **~ier, ière** *adj carte ~ière,* road map; *gare ~ière,* bus station ● *m* [camionneur] (long-distance) lorry-driver/ U.S. truck-driver || [restaurant] transport cafe; pull-in.

routin|e [rutin] *f* routine, routinism; groove; *par ~,* as a matter of routine || **~ier, ière** *adj* mechanical (esprit); routine-minded (personne).

rouvrir [ruvrir] *vt* (72) reopen, open again.

roux, rousse [ru, rus] *adj* reddish brown; red (cheveux); red-headed (personne) || brown (beurre) ● *n* red-haired person, redhead ● *m* CULIN. brown sauce.

roy|al, e, aux [rwajal, o] *adj* royal, kingly || **~aliste** *adj/n* royalist || **~aume** [-om] *m* kingdom, realm || ***Royaume Uni,*** United Kingdom, U.K. || **~auté** [-ote] *f* monarchy.

ruade [rɥad] *f* kick.

ruban [rybɑ̃] *m* ribbon, tape, band; ~ ***adhésif,*** Sellotape || strip (de papier); ribbon (de machine à écrire).

rubis [rybi] *m* ruby || TECHN. jewel (de montre) || FIG. *payer ~ sur l'ongle,* pay on the nail.

rubrique [rybrik] *f* section (d'un journal).

ruch|e [ryʃ] *f* (bee)hive || **~er** *m* apiary.

rud|e [ryd] *adj* rough || coarse (toile) || hard (métier, climat) || gruff (voix) || severe (épreuve) || **~ement** *adv* roughly, harshly ||

FAM. [beaucoup] awfully, jolly || **~esse** froughness, harshness || severity (du climat).

rudimen|t [rydimɑ̃] *m* rudiment || **~taire** [-tɛr] *adj* rudimentary, crude (travail); rude (primitif).

rudoyer [rydwaje] *vt* (9 *a*) browbeat.

rue [ry] *f* street; *grande ~,* main street.

ruée [rɥe] *f* rush, onrush.

ruelle [rɥɛl] *f* alley, (by-)lane.

ruer [rɥe] *vi* (1) kick — *vpr* ***se ~,*** rush, dash (*sur,* at).

rugby [rygbi] *m* rugby; rugger (fam.) || **~man** [-man] *m* rugby-player.

rug|ir [ryʒir] *vi* (2) [lion] roar || [vent] howl || **~issement** *m* roar(ing).

ru|gosité [rygɔzite] *f* roughness || **~gueux, euse** [-gø, øz] *adj* rough (surface); scabrous (peau).

ruin|e [rɥin] *f* ruin || *Pl* ruins; *en ~,* ruinous; *tomber en ~,* fall into ruin(s), crumble down || FIG. undoing, downfall (d'une personne); overthrow (d'un État); loss (d'une fortune) || wreck (personne) || **~er** *vt* (1) ruin, destroy || wreck (la santé) || FIG. blast (la réputation) — *vpr se ~,* ruin oneself || **~eux, euse** *adj* ruinous, wasteful (dépenses).

ruiss|eau [rɥiso] *m* brook, stream || gutter (caniveau) || **~elant, e** [-lɑ̃, ɑ̃t] *adj* dripping wet **~eler** [-le] *vi* (1) stream (down); run (down) || **~elet** [-lɛ] *m* brooklet, rill || **~ellement** [-ɛlmɑ̃] *m* streaming, flowing.

rumeur [rymœr] *f* hum, murmur (bruit confus) || rumour (nouvelle incertaine); *selon certaines ~s,* rumour has it that ...

rumin|ant [ryminɑ̃] *m* ruminant || **~er** *vi* (1) ZOOL. ruminate, chew the cud — *vt* FIG. ruminate over, brood over, turn over in one's mind.

rupin, e [rypɛ̃, in] *adj* POP. stinking rich (personne) || posh (quartier).

rupture [ryptyr] *f* rupture; breaking || TECHN. *point de ~,* breaking point || JUR. *~ de contrat,* breach of contract; *~ d'engagement/de fiançailles,* breach of promise || COMM. *nous sommes en ~ de stock,* we're all sold out (of ...) || FIG. break-up, breaking off (des relations).

rural, e, aux [ryral, o] *adj* rural.

rus|e [ryz] *f* ruse, trick, cunning, craft, dodge, guile; *~ de guerre,* stratagem || **~é, e** *adj* artful, cunning, crafty, wily, foxy, sly.

russe [rys] *adj* Russian ● *m* [langue] Russian.

Russ|e [rys] *n* Russian || **~ie** [-i] *f* Russia.

Rustine [rystin] *f* N. D. puncture-patch.

rustique [rystik] *adj* rustic.

rustre [rystr] *n* boor, lout ● *adj* boorish.

rut [ryt] *m* ZOOL. rut.

rutilant, e [rytilɑ̃, ɑ̃t] *adj* glittering (brillant).

rythm|e [ritm] *m* rhythm || **~é, e** *adj* rhythmic || **~ique** *adj* rhythmic(al); *danse ~,* rhythmics.

S

s [ɛs] *m* s.

sa [sa] *adj poss* V. SON.

sabbat [saba] *m* Sabbath || FIG. din.

sabir [sabir] *m* HIST. lingua franca || jargon (incompréhensible).

sabl|e [sɑbl] *m* sand; *de ~,* sandy; *~s mouvants,* quicksand || **~é** *m* CULIN. short-bread || **~er** *vt* (1) sand || FIG. toss off (du champagne) || **~ier** *m* sandglass, egg-timer || **~ière** *f* sandpit | **~onneux, euse** [-ɔnø, øz] *adj* sandy.

sabor|d [sabɔr] *m* port || **~der** [-de] *vt* (1) NAUT. scuttle.

sabo|t [sabo] *m* wooden shoe, clog || ZOOL. hoof || **~tage** [-ɔtaʒ] *m* sabotage || **~ter** *vt* (1) sabotage.

sabre [sɑbr] *m* sword.

sac I [sak] *m* sack, bag; *~ de couchage,* sleeping-bag; *~ à dos,* rucksack; *~* ***à main,*** handbag; *~ de marin,* kit-bag; *~ à ordures,* dust-bag; *~ en papier,* paper bag, paper carrier; *~* ***à provisions,*** shopping bag; *~ de toilette,* sponge-bag; *~* ***de voyage,*** travelling bag; *mettre en ~,* sack, bag.

sac II *m* sack (pillage); *mettre à ~,* sack.

saccad|e [sakad] *f* jerk, tug, twitch, jog; *par ~s,* jerkily || **~é, e** *adj* jerky.

saccager [sakaʒe] *vt* (7) devastate, wreck || MIL. ransack, lay waste.

saccharine [sakarin] *f* saccharin.

sachet [saʃe] *m* bag; *~ de thé,* tea bag.

sacoche [sakɔʃ] *f* bag (bourse); satchel (serviette) || [bicyclette] saddle-bag, pannier.

sacquer [sake] *vt* = SAQUER.

sacr|e [sakr] *m* consecration (d'un évêque); coronation (d'un roi) || **~é, e** *adj* REL. sacred, holy || POP. [intensif] confounded; damn(ed) [sl.] || **~ement** *m* sacrament || **~er** *vt* (1) crown (un roi) || consecrate (un évêque).

sacrif|ice [sakrifis] *m* sacrifice || || **~ier** *vt* (1) sacrifice || COMM. bargain away.

sacrilège [sakrilɛʒ] *adj* sacrilegious ● *m* sacrilege.

sacrist|ain [sakristɛ̃] *m* sexton || **~ie** *f* vestry.

sad|ique [sadik] *adj* sadistic ● *n* sadist || **~isme** *m* sadism.

safari [safari] *m* safari; *en ~,* on safari.

safran [safrɑ̃] *m* CULIN. saffron.

sagac|e [sagas] *adj* sagacious, shrewd || **~ité** *f* sagacity, shrewdness.

sage [saʒ] *adj* wise, sensible || [enfant] good; *pas ~,* naughty; *sois ~!,* be good! || FIG. sober ● *m* wise man || **~-femme** *f* midwife.

sag|ement [saʒmɑ̃] *adv* wisely || **~esse** *f* wisdom, prudence.

Sagittaire [saʒitɛr] *m* ASTR. Sagittarius.

saign|ant, e [sɛɲɑ̃, ɑ̃t] *adj* CULIN. underdone, U.S. rare || **~ée** *f* MÉD. blood-letting; *faire une ~ à,* bleed || **~ement** *m* bleeding; *~ de nez,* nose-bleed || **~er** *vt* (1) bleed (un animal) || MÉD. bleed, let blood from (un malade) — *vi* bleed; *il saigne du nez,* his nose is bleeding.

saill|ant, e [sajɑ̃, ɑ̃t] *adj* salient, prominent || FIG. salient, outstanding || **~ie** [-i] *f* projection; ledge, overhang; *en ~,* projecting; *faire*

~, jut/stick out, protrude, project || **~ir** I *vi* (91) jut out, protrude.

saillir II *vt* (91) ZOOL. cover.

sain, e [sɛ̃, ɛn] *adj* healthy || wholesome (nourriture) || ~ ***et sauf,*** safe and sound; *arriver ~ et sauf,* arrive safely || FIG. sound; ~ *d'esprit,* sane.

saindoux [sɛ̃du] *m* lard.

sainement [sɛnmɑ̃] *adv* healthily || FIG. soundly, sanely.

sain|t, e [sɛ̃, ɛ̃t] *adj* holy, sacred; *lieu ~,* shrine || *Saint-Esprit,* Holy Ghost/Spirit ● *n* saint || **~te nitouche** [sɛ̃tnituʃ] *f* smooth hypocrite || **~teté** [-təte] *f* holiness; sanctity.

sais|ie [sɛzi] *f* JUR. seizure || **~ir** *vt* (2) seize || grab, grasp, catch/lay hold of (vivement); snatch (brusquement); clutch (empoigner) || JUR. seize, impound; distrain upon || FIG. grasp, take in (comprendre); seize (une occasion); strike (surprendre) || **~issant, e** *adj* striking, startling || **~issement** *m* shock.

sais|on [sɛzɔ̃] *f* season; *de ~,* in season, seasonable; *en toutes ~s,* all the year round; ***hors ~,*** out of season; [tourisme] off-season (morte-saison) || ~ *de la chasse/pêche,* open season || [fruit] *être de ~,* be in || MÉD. *faire une ~ à Vichy,* take a cure at Vichy || **~onnier, ière** [-ɔnje, jɛr] *adj* seasonal.

salad|e [salad] *f* CULIN. salad; ~ *de fruits,* fruit salad || lettuce (verte) || **~ier** *m* salad-bowl.

salaire [salɛr] *m* wages, salary, pay.

salaison [salɛzɔ̃] *f* salting || *Pl* salt-provisions.

salarié, e [salarje] *n* wage-earner.

salaud [salo] *m* POP. [sale type] bastard, swine (sl.); *espèce de ~!,* you rat!

sale [sal] *adj* dirty, filthy; unclean || FIG. nasty (tour); beastly (temps).

sal|é, e [sale] *adj* salt (beurre, porc); salted (amandes); *eau ~e,* salt water || FIG. spicy (histoire) || **~er** *vt* (1) CULIN. salt, put salt in (dans un mets); salt (du porc).

saleté [salte] *f* dirt, filth; grime (crasse); squalor (sordide) || [chat] *faire des ~s,* make a mess || *Pl* FIG. filth, obscene words.

salière [saljɛr] *f* salt-cellar.

salin, ine [salɛ̃, in] *adj* salt, salty ● *m/f* salt marsh, saline.

sal|ir [salir] *vt* (2) soil, dirty, make dirty — *vpr* ***se ~,*** dirty oneself || [vêtement] soil; stain (facilement) || **~issant, e** *adj* [tissu] easily soiled || [travail] dirty, messy.

salive [saliv] *f* saliva, spittle.

salle [sal] *f* room; ~ *de bains,* bath-room; ~ *de classe,* class-room; ~ *à manger,* dining-room; ~ *de séjour,* living-room || ~ ***de concert,*** concert hall || saloon (de café) || MÉD. ward (d'hôpital) || COMM. ~ ***des ventes,*** saleroom || RAIL. ~ ***d'attente,*** waiting room || TH. auditorium, theatre; ~ *comble,* full house || CIN. theatre, cinema.

salmigondis [salmigɔ̃ndi] *m* FIG. hotchpotch.

salon [salɔ̃] *m* lounge, living-room, sitting-room || [hôtel] lounge || [bateau] saloon || ~ ***de coiffure,*** hairdresser salon; ~ ***de thé,*** tea-room, teashop || [exposition] show-room; ~ ***des Arts Ménagers,*** Ideal Home Exhibition; ~ ***de l'auto,*** motor-show.

salopette [salɔpɛt] *f* overalls, dungarees.

salpêtre [salpɛtr] *m* saltpetre.

salsifis [salsifi] *m* salsify.

salubre [salybr] *adj* salubrious, healthy, wholesome.

sal|uer [salɥe] *vt* (1) greet, salute;

hail (par des cris); bow to (de la tête) || MIL. salute || **~ut** [-y] *m* salute, greeting; bow || REL. salvation; evening service (office) || *Armée du salut,* Salvation Army || safety (sécurité); *~ public,* public safety ● *interj ~!,* hallo!, hi! || **~utaire** [-ytɛr] *adj* salutary (conseil); wholesome, healthful (à la santé); beneficial (*à,* to) || **~utation** [-ytasjɔ̃] *f* salutation, greeting || *Pl* [correspondance] *veuillez agréer mes sincères ~s,* yours truly.

salve [salv] *f* salvo, volley; *tirer une ~,* volley, fire a salvo || FIG. *~ d'applaudissements,* volley of applause.

samedi [samdi] *m* Saturday.

samovar [samɔvar] *m* samovar.

sanatorium [sanatɔrjɔm] (FAM. **sana**) *m* sanatorium.

sanctifier [sɑ̃ktifje] *vt* (1) sanctify.

sancti|on [sɑ̃ksjɔ̃] *f* sanction; penalty, punishment || **~onner** [-ɔne] *vt* (1) sanction (confirmer); approve, endorse (approuver) || FAM. punish.

sanctuaire [sɑ̃ktɥɛr] *m* sanctuary, shrine.

sandale [sɑ̃dal] *f* sandal.

sandwich [sɑ̃dwitʃ] *m* sandwich; *double ~,* double-decker (fam.).

sang [sɑ̃] *m* blood; *perdre du ~,* bleed || ZOOL. *à ~ chaud,* warm-blooded || FIG. blood || **~-froid** *m inv* composure, coolness, self-control; *de ~,* in cold blood; *garder/perdre son ~,* keep/lose one's temper; *manque de ~,* lack of restraint.

sanglant, e [sɑ̃glɑ̃, ɑ̃t] *adj* bloody (bataille); blood-stained.

sangl|e [sɑ̃gl] *f* strap; thong || **~er** *vt* (1) strap || girth (un cheval).

sanglier [sɑ̃glije] *m* wild boar.

sangl|ot [sɑ̃glo] *m* sob || **~oter** [-ɔte] *vi* (1) sob.

sangsue [sɑ̃sy] *f* leech.

sangu|in, ine [sɑ̃gɛ̃, in] *adj* sanguine (tempérament) || MÉD. *groupe ~,* blood group ● *f* blood-orange || **~inaire** [-inɛr] *adj* blood-thirsty.

sanitaire [sanitɛr] *adj* sanitary; *aménagements ~s,* sanitation || [maison] *installation ~,* (bathroom) plum bing || MÉD. *poste ~ d'urgence,* first-aid station.

sans [sɑ̃(z)] *prép* without; *cela va ~ dire,* that goes without saying || -less; *~ peur,* fearless; *~ le sou,* penniless || but for; *~ votre aide,* but for your help (si vous ne m'aviez pas aidé); *~ quoi,* otherwise (dans le cas contraire) ● *loc conj ~* ***que*** *: ~ que je le sache,* without my knowing it || **~-abri** *n inv* homeless person || **~-atout** *m* no-trumps || **~-cœur** *adj/n inv* heartless || **~-gêne** *adj inv* off-hand, inconsiderate ● *m* off-handedness, inconsiderateness || **~-soin** *adj inv* careless; slovenly.

sansonnet [sɑ̃sɔnɛ] *m* starling.

sans-souci [sɑ̃susi] *adj inv* easy-going, carefree.

santé [sɑ̃te] *f* health; ***en bonne ~,*** in good health, fit; *respirer la ~,* be the picture of health; *~ mentale,* sanity || ***boire à la ~ de qqn,*** drink a health to sb., drink (to) sb.'s health; *à votre ~!,* your health!, cheers!

saoul [su] *adj* = SOÛL.

sap|er [sape] *vt* (1) ARCH., MIL., FIG. undermine, sap || **~eur** *m* MIL. sapper || *~-pompier,* fireman.

saphir [safir] *m* sapphire.

sapin [sapɛ̃] *m* fir(-tree).

saquer [sake] *vt* (1) POP. give sb. the sack, fire.

sarbacane [sarbakan] *f* blowgun || pea-shooter (d'enfant).

sarcas|me [sarkasm] *m* sarcasm, taunt || **~tique** [-tik] *adj* sarcastic.

sarcler [sarkle] *vt* (1) weed (les herbes); hoe (un champ).

Sardaigne [sardɛɲ] *f* Sardinia.

sardine [sardin] *f* sardine; *boîte de ~s,* sardine-tin.

sardonique [sardɔnik] *adj* sardonic.

sarment [sarmɑ̃] *m* vine shoot.

sarrasin [sarazɛ̃] *m* Bot. buckwheat.

sas [sɑ] *m* sieve || Naut. flooding-chamber.

satané, e [satane] *adj* Fam. confounded.

satell|iser [satɛlize] *vt* (1) put into orbit || **~ite** *m* satellite.

satiété [sasjete] *f* surfeit, satiety.

satin [satɛ] *m* satin.

satir|e [satir] *f* satire || **~ique** *adj* satirical.

satisf|action [satisfaksjɔ̃] *f* satisfaction, contentment || indulgence || **~aire** *vt* (50) satisfy; content, please (qqn); meet (une demande); gratify (un caprice); appease (sa faim); indulge (désirs); pander to (vices) — *vt ind ~ à,* meet, fulfil || **~aisant, e** [-əzɑ̃, ɑ̃t] *adj* satisfying, satisfactory; *peu ~,* unsatisfactory || **~ait, e** [-ɛ, ɛt] *adj* satisfied, pleased, happy; content(ed) (*de,* with).

satur|é, e [satyre] *adj* saturate || **~er** *vt* (1) saturate, soak.

sauc|e [sos] *f* Culin. sauce (condiment); gravy (jus) || **~ière** *f* sauce-boat, gravy-boat.

sauciss|e [sosis] *f* sausage || **~on** *m* sausage, salami.

sauf [sof] *prép* save, except (for); *~ accident,* barring accidents; *tous ~ lui,* all but him ● *loc conj ~ **que,*** save/except that.

sauf, sauve [sof, sov] *adj* safe.

sauf-conduit [sofkɔ̃dɥi] *m* safe-conduct.

sauge [soʒ] *f* sage.

saule [sol] *m* willow; *~ pleureur,* weeping willow.

saumâtre [somɑtr] *adj* brackish, briny.

saumon [somɔ̃] *m* salmon.

saumure [somyr] *f* brine, pickle.

sauna [sona] *m* sauna.

saupoudrer [sopudre] *vt* (1) sprinkle, powder (*de,* with).

saut [so] *m* leap, bound, jump || Sp. *~ de l'ange,* swallow dive; *~ à la corde,* skipping; *~ avec élan,* running jump; *~ de haies,* hurdling; *~ en hauteur,* high jump; *~ en longueur,* long jump; *~ à la perche,* pole vaulting; *faire un ~ périlleux,* turn a somersault; *~ à pieds joints,* standing jump; *~ à skis,* skijump(ing) || Av. *~ en parachute,* parachute jump(ing); *~ en chute libre,* skydiving || **~-de-mouton** *m* [route] fly-over.

saute [sot] *f* shift (de vent) || **~-mouton** *m* leap-frog.

sauter [sote] *vi* (1) jump, leap (*sur,* at); spring, bound (s'élancer); *~ à cloche-pied,* hop || [bouchon] pop || explode (exploser); ***faire ~,*** blow up, blast || Sp. *~ à la perche,* pole vault; *~ à la corde,* skip; *faire ~,* jump (un cheval) || Électr. [fusible] blow; ***faire ~ les plombs,*** blow the fuse, fuse the lights || Culin. *faire ~,* sauté, fry || Fig. *faire ~ la banque,* break the bank — *vt* jump, leap over; clear (fossé) || Fig. skip, miss (out) [un passage].

sauterelle [sotrɛl] *f* grass-hopper.

saut|eur, euse *n* Sp. jumper || **~iller** [-ije] *vi* (1) hop.

sauvage [sovaʒ] *adj* wild || untamed, wild (animal); uncultivated (lieu) || savage (personne) || Fig. unsociable (personne) ● *n* savage || **~ment** *adv* savagely || **~rie** *f* savageness, savagery.

sauve|garde [sovgard] *f* safeguard || ~**garder** *vt* (1) safeguard || ~**-qui-peut** [-kipø] *m inv* stampede.

sauv|er [sove] *vt* (1) save (*de*, from) || MÉD. bring through || NAUT. save, bring off (des naufragés) || REL. save, redeem || FIG. ~ *les apparences,* keep up appearances — *vpr* ***se*** ~, run away; *se* ~ *à toutes jambes,* run for dear life || [lait] boil over || ~**etage** [-taʒ] *m* rescue; *équipe de* ~, rescue party || NAUT. salvage; *bouée de* ~, lifebuoy || ~**eteur** *m* rescuer.

savane [savan] *f* savanna.

savant, e [savɑ̃, ɑ̃t] *adj* learned (personne); scholarly (ouvrage); *chien* ~, performing dog ● *n* scholar, scientist.

savate [savat] *f* old slipper/shoe.

saveur [savœr] *f* flavour, savour; relish (d'un mets).

savoir [savwar] *vt* (92) know; ~ ***par cœur,*** know by heart; ~ *ce qu'on veut,* know one's mind || know, be aware/informed of (être informé); ***autant que je sache,*** as far as I know, for all I know; *pas que je sache,* not that I know of; *personne n'en sait rien au juste,* it's anybody's guess; *je crois* ~ *que,* I understand that || know how, be able (*faire qqch.,* to do sth.); *savez-vous nager?,* can you swim? || FAM. *et que sais-je encore,* and what not — *vi* know; *à* ~, namely; *il reste à* ~ *si,* it remains to be seen whether; ***faire*** ~ ***à qqn,*** let sb. know, acquaint || FAM. *vous savez.!,* mind you!; *on ne sait jamais!,* you never can tell!; *je n'en sais pas plus (long),* I am none the wiser ● *m* knowledge, learning, scholarship || ~**-faire** *m inv* knowhow || ~**-vivre** *m inv* (good) manners; *il n'a aucun* ~, he has no manners at all.

sav|on [savɔ̃] *m* soap; ~ *à barbe,* shaving-soap; ~ *de Marseille,* household soap || FAM. talking-to; *passer un* ~ *à qqn,* give sb. a good dressing-down || ~**onner** [-ɔne] *vt* (1) soap, wash with soap; lather (pour se raser) || ~**onnette** [-ɔnɛt] *f* cake of soap || ~**onneux, euse** [-ɔnø, øz] *adj* soapy; *eau* ~*euse,* soap suds.

savour|er [savure] *vt* (1) taste slowly; relish, enjoy; ~ *à l'avance,* anticipate (un plaisir) || ~**eux, euse** *adj* savoury, tasty || FIG. palatable; juicy, racy (anecdote); pithy (maxime).

saxophone [saksɔfɔn] *m* saxophone.

saynette [sɛnɛt] *f* sketch.

scabreux, euse [skabrø, øz] *adj* risky (dangereux) || shocking, outrageous, scabrous.

scalpel [skalpɛl] *m* scalpel.

scandal|e [skɑ̃dal] *m* scandal; outrage; ***faire*** ~, cause a scandal; *faire du* ~, make a scene/fuss || ~**eux, euse** *adj* scandalous, outrageous, shameful, shocking || ~**iser** *vt* (1) scandalize, shock, outrage.

scander [skɑ̃de] *vt* (1) scan.

scandinave [skɑ̃dinav] *adj* Scandinavian.

scaphandr|e [skafɑ̃dr] *m* diving-suit || SP. ~ ***autonome*** aqualung, scuba || ~**ier** *m* diver.

scarabée [skarabe] *m* beetle.

scarlatine [skarlatin] *f* scarlet fever.

sceau [so] *m* seal || FIG. seal, stamp; hall-mark.

scélérat, e [selera, at] *n* scoundrel, villain ● *adj* villainous, wicked.

scell|er [sɛle] *vt* (1) seal (une lettre) || ARCH. fix || ~**és** *mpl* JUR. seal; *mettre les* ~ *sur,* put the seals on.

scénar|io [senarjo] *m* scenario, continuity, script, screenplay || ~**iste** *n* scenario-/script-writer, scenarist.

scène [sɛn] *f* TH. stage (partie du théâtre); scene (décor, lieu de l'action, partie d'un acte); *porter à la ~,* stage, put on; ***mettre en ~,*** CIN. direct, TH. produce; ***metteur en ~,*** CIN. director, TH. producer; ***mise en ~,*** CIN. direction, TH. staging, setting || FIG. scene; ***faire une ~,*** make a scene.

scept|icisme [sɛptisism] *m* scepticism || **~ique** *adj* sceptical; dubious (*sur,* about) ● *n* sceptic.

sceptre [sɛptr] *m* sceptre.

schéma [ʃema] *m* diagram, sketch.

sciatique [sjatik] *f* sciatica.

scie [si] *f* saw; *~ à découper,* fretsaw; jigsaw (sauteuse); *~ à main,* hand-saw; *~ mécanique,* power saw; *~ à métaux,* hacksaw; *~ à ruban,* band-saw || FIG. *en dents de ~,* serrated || FAM. catch-phrase (slogan).

sciemment [sjamɑ̃] *adv* knowingly.

science [sjɑ̃s] *f* science; *~s appliquées/exactes/occultes/sociales,* applied/exact/occult/social sciences || [érudition] knowledge, learning || **~-fiction** *f* science fiction.

scientifiqu|e *adj* scientific ● *n* scientist || **~ement** *adv* scientifically.

sci|er [sje] *vt* (1) saw (off) || **~erie** [siri] *f* sawmill.

scinder [sɛ̃de] *vt* (1) divide, split up (*en,* into).

scintill|ant, e [sɛ̃tijɑ̃, ɑ̃t] *adj* glittering || **~ement** *m* glitter, twinkle || **~er** *vi* (1) sparkle, glitter, scintillate || [étoile] twinkle.

scission [sisjɔ̃] *f* POL. cleavage, split.

sciure [sjyr] *f* *~ (de bois),* sawdust.

scol|aire [skɔlɛr] *adj* academic, scholastic; *année ~,* school year || **~arité** [-arite] *f* school attendance; *frais de ~,* school fees.

sconce [skɔ̃s] *m* skunk.

scooter [skutɛr] *m* (motor) scooter.

scorbut [skɔrbyt] *m* scurvy.

score [skɔr] *m* SP. score.

scories [skɔri] *fpl* slag, dross.

scorpion [skɔrpjɔ̃] *m* ZOOL. scorpion.

Scorpion *m* ASTR. Scorpio.

scout [skut] *m* (boy-)scout || **~isme** *m* boy-scout movement.

script [skript] *m* CIN. (shooting) script, continuity.

scripte, script-girl *f* CIN. continuity girl.

scrupul|e [skrypyl] *m* scruple || *sans ~,* unscrupulous; *se faire un ~ de,* scruple to || *Pl* qualms (de conscience) || **~eusement** *adv* scrupulously || **~eux, euse** *adj* scrupulous; *peu ~,* unscrupulous.

scrut|ateur, trice [skrytatœr, tris] *n* POL. teller (de votes) || **~er** *vt* (1) scrutinize || peer (*qqch.,* at, into sth.); scan (l'horizon) || FIG. search (sa mémoire); probe (sonder) || **~in** [-ɛ̃] *m* ballot, poll, vote; *dépouiller le ~,* count the vote.

sculpt|er [skylte] *vt* (1) carve (le bois); sculpture (la pierre) || **~eur** *m* sculptor; (wood-)carver || **~ure** *f* sculpture; *~ sur bois,* wood-carving.

se [sə] *pron* [réfléchi] oneself; himself, herself, itself || *Pl* themselves || [réciproque] each other, one another.

séance [seɑ̃s] *f* sitting, session, meeting || CIN. showing, performance || FIG. *~ tenante,* forthwith.

séant [seɑ̃] *m se mettre sur son ~,* sit up.

seau [so] *m* pail, bucket; *~ à charbon,* (coal) scuttle; ***~ à glace,*** ice-bucket.

sec, sèche [sɛk, sɛʃ] *adj* dry || dry (climat); ***à pied ~,*** dry-shod || [cartes] *valet ~,* singleton jack || COMM. ***nettoyage à ~,*** dry-cleaning || CULIN. crisp (biscuits, etc.); neat, straight (whisky) || FIN. *perte sèche,* clear loss || FIG. wiry, spare (personne); sharp (bruit); curt, dry (réponse); bald (style) ● *loc adv* ***à ~,*** FAM. [sans argent] broke, on the rocks (sl.) || *être à ~,* [puits] be dry ● *m tenir au ~,* keep in a dry place ● *f* POP. fag (cigarette).

sécateur [sekatœr] *m* pruning-scissors, sécateur.

sécession [sesɛsjɔ̃] *f* secession; *faire ~,* secede.

séch|age [seʃaʒ] *m* drying (du linge); seasoning (du bois) || **~é, e** *adj* dried.

sèche|-cheveux *m* (hair-)dryer || ~ **-linge** *m* airing cupboard (armoire); tumble-dryer (machine).

sèchement [sɛʃmɑ̃] *adv* dryly.

séch|er [seʃe] *vt* (5) dry (up) || blot (avec un buvard); air (du linge) || TECHN. season (du bois) || FAM. cut (un cours) — *vi* dry || ***faire ~,*** dry || **~eresse** [-rɛs] *f* dryness || aridity (du sol) || drought (période) || FIG. insensibility || **~oir** *m ~ (à cheveux),* (hair-)dryer.

secon|d, e [səgɔ̃, ɔ̃d] *adj* second (V. DEUXIÈME) ● *loc de ~e main,* second-hand ● *m* second || NAUT. (first) mate || SP. [courses] runner-up ● *loc adv* ***en ~ :*** *commander en ~,* be second in command || **~daire** [-dɛr] *adj* secondary.

seconde [səgɔ̃d] *f* second (temps, angle) || RAIL. second class.

seconder [səgɔ̃de] *vt* (1) assist, second, support.

secouer [səkwe] *vt* (1) shake || shake off (la poussière); knock out (sa pipe) || [vagues] toss (le navire); [cahot] jolt || [oiseau] flutter (ses ailes) || FIG. rouse, wake up.

secourir [səkurir] *vt* (32) help, aid, assist; relieve, rescue.

secours [səkur] *m* help, assistance, aid, succour; *aller au ~ de qqn,* go to the rescue of sb.; *porter ~,* rescue; *venir au ~ de,* come to sb.'s assistance/help || ***au ~!,*** help! || ***de ~,*** emergency (sortie); stand-by (groupe électrogène); spare (batterie).

secousse [səkus] *f* shake || [voiture] bump, jolt || [traction] tug, jerk || FIG. shock, commotion, jar.

secret, ète [səkrɛ, ɛt] *adj* secret || underhand (clandestin) || secretive, cagey (personne) || FIG. hidden; *le plus ~,* in(ner) most (pensées) ● *m* secret || secrecy (discrétion) || *~ de Polichinelle,* open secret; *(honteux) ~ de famille,* skeleton in the cupboard ● *loc* ***en ~,*** secretly.

secrét|aire [səkretɛr] *n* secretary (personne); *~ de mairie,* town clerk || davenport (meuble) || **~ariat** [-arja] *m* secretary's office.

secrètement [səkrɛtmɑ̃] *adv* secretly.

sécré|ter [sekrete] *vt* (5) MÉD. secrete || **~tion** *f* MÉD. secretion.

sect|aire [sɛktɛr] *adj/n* sectarian || **~e** *f* sect, denomination.

sec|teur [sɛktœr] *m* area; district (postal) || MATH. sector || ÉLECTR. main || **~tion** *f* section || [autobus] fare-stage || [université] department || MIL. section, platoon || **~tionner** [-sjɔne] *vt* (1) section.

sécul|aire [sekylɛr] *adj* secular (tous les cent ans) || age-old (très ancien) || **~ier, ière** *adj* secular.

sécurité [sekyrite] *f* security, safety; *en ~,* safe || TECHN. *dispositif de ~,* safety device || JUR. ~ ***sociale,*** social security, G.B. National Health Service || AUT. ~ ***routière,*** road safety || FAM. *pour plus de ~,* to be on the safe side.

sédatif, ive [sedatif, iv] *m/adj* sedative.

sédentaire [sedɑ̃tɛr] *adj* sedentary, settled.

sédiment [sedimɑ̃] *m* sediment.

sédit|ieux, ieuse [sedisjø, jøz] *adj* seditious, riotous || **~ion** *f* sedition.

séd|ucteur, trice [sedyktœr, tris] *adj* seductive ● *m* seducer || **~uction** [-yksjɔ̃] *f* seduction, enticement (d'une femme) || FIG. attraction, allurement || **~uire** [-ɥir] *vt* (85) seduce, entice (une femme) || FIG. attract, entice, fascinate, lure, tempt || **~uisant, e** [-ɥizɑ̃, ɑ̃t] *adj* seductive, alluring, attractive (femme); fascinating, fetching (sourire) || FIG. tempting, attractive (offre).

segment [sɛgmɑ̃] *m* segment || AUT. *~ de piston,* piston ring.

ségrégation [segregasjɔ̃] *f* segregation; *~ **raciale,*** colour bar.

seiche [sɛʃ] *f* cuttle-fish.

séide [seid] *m* henchman.

seigle [sɛgl] *m* rye.

seigneur [sɛɲœr] *m* lord || REL. *Notre-Seigneur,* Our Lord || **~ie** [-i] *f* lordship.

sein [sɛ̃] *m* breast, bosom (de femme); *donner le ~ à,* breast-feed, nurse, suckle || [mode] *aux ~s nus,* topless || FIG. bosom; *au ~ de,* within.

séisme [seism] *m* GÉOL. shock, earthquake.

seiz|e [sɛz] *m/adj* sixteen || **~ième** [-jɛm] *adj* sixteenth.

séjour [seʒur] *m* stay, visit, sojourn; *lieu de ~,* resort; *pièce de ~,* living-room || **~ner** [-ne] *vi* (1) stay, sojourn.

sel [sɛl] *m* salt; *~ fin,* table salt; *gros ~,* kitchen salt || CH. salt || FIG. salt, piquancy.

sélec|t [selɛkt] *adj* exclusive (club) || **~tif, ive** [-tif, iv] *adj* selective || **~tion** *f* selection || **~tionner** [-sjɔne] *vt* (1) select || screen (personnel qualifié).

selle I [sɛl] *f* MÉD. *aller à la ~,* go to stool; *Pl* stools.

sell|e II *f* saddle || [bicyclette] seat || **~er** *vt* (1) saddle.

selon [səlɔ̃] *prép* according to ● *loc conj ~ que,* according as.

semailles [səmɑj] *fpl* sowing.

semaine [s(ə)mɛn] *f* week; *en ~,* on week-days; *fin de ~,* week-end; *jour de ~,* week-day || REL. *~ sainte,* Holy Week.

sémaphore [semafɔr] *m* semaphore, signal.

sembl|able [sɑ̃blabl] *adj* similar; *~ **à,*** like; *assez ~ à,* not unlike || [avant le n.] such || [attribut] alike ● *m* fellow (creature) || **~ant** *m un ~ de,* a semblance of; ***faire ~ de,*** pretend, sham, make believe || **~er** *vi* (1) seem; look || [son] sound — *v impers **il semble que,*** it seems/appears that; *il me semble que,* it seems to me that.

semelle [səmɛl] *f* sole.

sem|ence [səmɑ̃s] *f* seed || TECHN. tack (clou) || **~er** *vt* (5) sow (du blé); scatter (disperser); strew (des fleurs sur le passage de qqn) || FIG. spread, propagate || *~ qqn,* shake sb. off, give sb. the slip.

semestre [səmɛstr] *m* half-year || [Université] semester.

semeur, euse [səmœr, øz] *n* sower.

semi- [səmi] *préf* semi-.

sémin|aire [seminɛr] *m* [université] seminar || REL. seminary || **~ariste** [-arist] *m* REL. seminarist.

sem|is [səmi] *m* seedling (plante) || **~oir** seeder, drill.

semonce [səmɔ̃s] *f* scolding.

semoule [səmul] *f* semolina.

séna|t [sena] *m* senate || **~teur** [-tœr] *m* senator.

Sénégal [senegal] *m* Senegal || **~ais, aise** [-ɛ, ɛz] *n/adj* Senegalese.

sénil|e [senil] *adj* senile || **~ité** *f* senility.

sens I [sɑ̃s] *m* sense; *les cinq ~,* the five senses || *Pl* sensuality.

sens II *m* sense, feeling (connaissance intuitive); *~ de l'orientation,* sense of direction; *avoir le ~ de la musique,* have a feeling for music || sense, understanding (jugement); ***bon ~, ~ commun,*** (common) sense; *cela n'a pas de ~,* it does not make sense; *en dépit du bon ~,* against all sense || opinion; *à mon ~,* to my mind; *dans un certain ~,* in a sense || meaning, sense, signification; *~ figuré/propre,* figurative/literal sense; *dépourvu de ~,* insignificant.

sens III *m* direction, way; ***~ interdit/unique,*** one-way street; *~ interdit,* no entry (panneau) || [circulation] ***venant en ~ inverse*** oncoming (voitures); ***aller en ~ inverse,*** go in the opposite direction || ***dans le ~ des aiguilles d'une montre,*** clockwise; *dans le ~ contraire des aiguilles d'une montre,* anticlockwise || RAIL. *dans le ~ de la marche,* facing the engine ● *loc* ***~ dessus dessous,*** upside-down, wrong side up; topsy-turvy (en désordre); *mettre ~ dessus dessous,* tumble down; ***~ devant derrière,*** back to front; the wrong way round || ***en ~ opposé,*** contrariwise.

sensati|on [sɑ̃sasjɔ̃] *f* sensation, feeling; *donner la ~ de,* feel like; *faire ~,* create a sensation, make a splash; ***presse à ~ ,*** gutter press || **~onnel, elle** [-ɔnɛl] *adj* FAM. fantastic, sensational, terrific (fam.).

sensé, e [sɑ̃se] *adj* sensible (personne); sober (jugement).

sensi|bilité [sɑ̃sibilite] *f* sensitiveness (physique); sensibility (émotivité); feeling (sympathie) || **~ble** *adj* tender, sore, painful (endroit); *être ~ au froid,* feel the cold || sensitive (émotif); sensitive (instrument); sensible (perceptible) || PHOT. sensitive (papier).

sensu|alité [sɑ̃sɥalite] *f* sensuality || **~el, elle** *adj* sensual, sensuous.

sentence [sɑ̃tɑ̃s] *f* JUR. sentence.

sentier [sɑ̃tje] *m* (foot)path, track || FIG. *hors des ~s battus,* off the beaten track.

sentimen|t [sɑ̃timɑ̃] *m* [conscience] ***avoir le ~ de,*** be aware of || [sensibilité] emotion; sentiment (pej.) || [émotion] feeling || **~tal, e, aux** [-tal, o] *adj* sentimental || **~-talité** [-talite] *f* sentimentality.

sentinelle [sɑ̃tinɛl] *f* sentry.

sentir [sɑ̃tir] *vt* (93) feel (par le contact) || [personne] smell (une fleur); *~ l'alcool,* smell of brandy || [chose] smell of (exhaler); taste of (avoir le goût de) || FIG. *faire ~,* bring home — *vi* smell; *~ bon/mauvais,* smell nice/bad — *vpr* ***se ~,*** feel; *se ~ bien/mal,* feel well/bad; *on se sent bien ici,* it's cosy here; *se ~ fatigué,* feel tired; *ne pas se ~ bien,* feel under the weather.

seoir [swar] *vi* (94) [vêtement] become, suit (*à,* to).

sépar|able [separabl] *adj* separable || **~ation** *f* separation, parting (action) || partition (mur) || JUR. separation || FIG. breaking off || **~atisme** [-atism] *m* separatism || **~é, e** *adj* separate, distinct || detached || several || **~ément** *adv* separately, apart || severally || **~er** *vt* (1) separate, sever, divide (*de,* from) || divide (être placé entre) || part (deux combattants) || dissociate, disconnect || FIG. divide, divorce *(de,* from) — *vpr* ***se ~,*** [personnes] separate; part (*de,* from); part company (*de,* with/from) || [assemblée] break up || [troupes, etc.] disband (se disperser).

sept [sɛt] *m/adj* seven.

septembre [sɛptɑ̃br] *m* September.

septentrional, e, aux [sɛptɑ̃trijɔnal, o] *adj* north(ern).

septième [sɛtjɛm] *m/adj* seventh.

septique [sɛptik] *adj* septic.

sépul|cre [sepylkr] *m* sepulchre || **~ture** *f* sepulture (inhumation); burial-place (lieu).

séquelles [sekɛl] *fpl* Méd. after-effects || Fig. aftermath.

séquence [sekɑ̃s] *f* Cin. sequence.

séquestr|ation [sekɛstrasjɔ̃] *f* sequestration || **~e** *m* sequester || Jur. *mettre sous ~,* sequester || **~er** *vt* (1) sequester (une personne).

serein, e [sərɛ̃, ɛn] *adj* serene (personne, temps); cloudless (ciel).

sérénade [serenad] *f* serenade,

sérénité [serenite] *f* serenity.

serge [sɛrʒ] *f* serge.

sergent [sɛrʒɑ̃] *m* Mil. sergeant.

série [seri] *f* series, set; succession, run (de faits); *de ~,* serial (numéro); standard (modèle); *hors ~,* custom made || [industrie] ***fabriquer en ~,*** mass produce; *production en ~,* mass production || Méd. *une ~ de piqûres,* a course of injections || Techn. ***production en ~,*** mass production || Comm. *de ~,* standard.

séri|eusement [serjøzmɑ̃] *adv* seriously, in earnest || **~eux, euse** *adj* serious || earnest, staid, sober-minded (personne); solid (caractère); business-like (transaction); grave (maladie) ● *m* seriousness; *garder son ~,* keep one's countenance; *prendre au ~,* take seriously.

sérigraphie [serigrafi] *f* silk-screen process/printing.

serin [sərin] *m* canary.

seringa [s(ə)rɛ̃ga] *m* syringa.

seringue [sərɛ̃g] *f* syringe.

serment [sɛrmɑ̃] *m* oath; *faire ~ de,* swear to; *prêter ~,* take an oath, be sworn in || Fig. promise, vow.

serm|on [sɛrmɔ̃] *m* sermon || Fam. lecture, talking-to || **~onner** [-ɔne] *vt* (1) lecture (réprimander).

serpe [sɛrp] *f* billhook.

serpen|t [sɛrpɑ̃] *m* snake, serpent; *~ à sonnettes,* rattlesnake || **~ter** [-te] *vi* (1) [chemin] wind; [ruisseau] meander.

serpentin [sɛrpɑ̃tɛ̃] *m* streamer, ticker-tape (de papier).

serpillière [sɛrpijɛr] *f* floor-cloth.

serre I [sɛr] *f* glass-house, greenhouse, conservatory.

serre II *f* claw, talon (d'oiseau de proie).

serr|é, e [sɛre] *adj* tight (nœud, vêtement) || compact (dense) || Fig. *avoir le cœur ~,* be sick at heart ● *adv jouer ~,* play carefully, take no chances || **~ement** *m* squeezing || Fig. *~ de cœur,* pang.

serrer [sɛre] *vt* (1) squeeze, press; grip || clasp (dans ses bras) || ***~ les dents/poings,*** clench one's teeth/fists || hold tight (dans sa main) || shake (la main) || tighten (la ceinture) || [chaussures] pinch || [chemin] skirt (longer) || Techn. tighten (écrou) || Mil. *~ les rangs,* close the ranks || Fig. wring (le cœur); *~ le texte de près,* keep close to the text — *vpr* ***se ~,*** huddle/cuddle (up) (se blottir) || Fig. [cœur] sink. || Fam. *se ~ la ceinture,* tighten one's belt.

serrur|e [sɛryr] *f* lock; *trou de ~,* keyhole || **~ier** *m* lock-smith.

sertir [sɛrtir] *vt* (2) Techn. set (un diamant).

sérum [serɔm] *m* serum.

serv|age [sɛrvaʒ] *m* serfdom ||

~**ante** *f* maid-servant || ~**eur** *m* barman, waiter || SP. server || ~**euse** *f* barmaid, waitress || ~**iable** [-jabl] *adj* obliging, helpful, co-operative; neighbourly.

service I [sɛrvis] *m* service (aide); *à votre ~,* at your service; ***rendre ~,*** oblige; ***rendre un ~ à qqn,*** do sb. a service/good turn; *rendre un mauvais ~ à qqn,* do sb. a disservice || service (domesticité); *au ~ de,* in the employ of; *entrer en ~,* go into service; ***entrée de ~,*** tradesman entrance, back door || [hôtel] attendance; service charge; *~* ***compris,*** service included; tip (pourboire) || *~ de table,* dinner-set; *~ à thé,* tea-set || CULIN. course || RAIL. [wagon-restaurant] *premier ~,* first sitting || COMM. ***libre ~,*** self-service; *~* ***après vente,*** after sales service || SP. [tennis] serve, service || REL. service.

service II *m* [administration] department, bureau; *~ public,* public service || [fonction] duty; [médecin] ***de ~,*** on call || MIL. *~* ***militaire,*** military service; *faire son ~ militaire,* do one's military service; *bon pour le ~,* fit for service; *en ~ actif,* on active service; ***de ~,*** on duty || TECHN. ***en ~,*** working; ***hors de ~,*** out of order || RAIL. service.

serviette [sɛrvjɛt] *f* napkin, serviette (de table); *~ en papier,* paper napkin; *~ à démaquiller,* facial tissue; *~ de toilette,* towel || portfolio, brief-case (sac).

servil|e [sɛrvil] *adj* servile, menial (condition) || FIG. fawning, cringing || ~**ité** *f* servility.

serv|ir [sɛrvir] *vt* (95) serve, help || serve (un plat); *~ qqn* (à table), wait on sb.; *~* ***qqch. à qqn,*** help sb. to sth. || [tennis] serve; *à vous de ~,* your serve — *vi* wait (à table) — *vt ind ~* ***à,*** be useful for, be used for; *à quoi sert-il de?,* what's the use of?; *cela ne sert à rien,* it's no good; *~ à qqch.,* come in handy; *ne ~ à rien,* be of no use || *~* ***de,*** serve as, be used for — *vpr* ***se ~,*** help oneself (*de,* to) [à table] || use (utiliser) || ~**iteur** [-itœr] *m* (man)-servant || ~**itude** [-ityd] *f* servitude, bondage.

servo|-frein [sɛrvofrɛ̃] *m* servo-brake || ~**-moteur** *m* servo-motor.

ses [sɛ] *adj poss* V. SON.

session [sɛsjɔ̃] *f* [Parlement] sitting || [examens] session.

set [sɛt] *m ~ de table,* place/table-mat || [tennis] set.

seuil [sœj] *m* threshold.

seul, e [sœl] *adj* alone; *tout ~,* all alone || [après le n.] *un homme ~,* a man on his own || [avant le n.] *un ~ homme,* one man, a single man; *(à) la ~e pensée de,* the mere thought of; *une ~e fois,* only once, once only || [apposition] *lui ~,* he alone; *~ cet homme pourrait...,* only that man could... || JUR. sole ● *adv vivre tout ~,* live alone/by oneself ● *n* ***un ~,*** one (man), a single man; only one man; *pas un ~,* none at all, not a single one || ~**ement** *adv* only (pas davantage) || only (just) [pas avant] || only, alone, solely (exclusivement) ● *loc* ***non ~ ..., mais (encore),*** not only ... but ... (also).

sève [sɛv] *f* sap || FIG. vim.

sév|ère [sevɛr] *adj* strict, severe (personne); stern (regard); harsh (punition) || ~**èrement** *adv* strictly, severely || ~**érité** [-erite] *f* strictness, severity, sternness.

sévir [sevir] *vt ind* (2) *~ contre,* chastise, deal severely with — *vi* [épidémie] be rife.

sevrer [səvre] *vt* (5) wean.

sex|e [sɛks] *m* sex; *enfant de ~ masculin/féminin,* male/female child || *le beau ~,* the fair sex. || ~**isme** *m* sexism

sextant [sɛkstɑ̃] *m* sextant.

sextuor [sɛkstɥɔr] *m* sextet(te).

sex|uel, elle [sɛksɥɛl] *adj* sexual || **~y** [-i] *adj* sexy; kinky.

seyant, e [sɛjɑ̃, ɑ̃t] *adj* becoming (robe) || V. SEOIR.

shampooing [ʃɑ̃pwɛ̃] *m* shampoo; ***se faire faire un ~,*** have one's hair shampooed.

shooter [ʃute] *vi* [football] shoot — *vpr* ***se ~,*** ARG. [drogue] give oneself a fix (sl.).

short [ʃɔrt] *m* shorts *(pl).*

shunter [ʃœte] *vi* (1) shunt.

si I [si] *conj* [condition] if; ***comme ~,*** as if/though; *~ j'étais à votre place,* if I were you; *s'il venait,* if he should come; *~ on allait au cinéma?,* what about going to the pictures?; *~ j'avais su!,* had I but known! || [question indirecte] whether; *je me demande s'il viendra,* I wonder whether he will come; *~... ou,* whether... or ● *loc conj ~...* ***que :*** *~ peu que ce soit,* however little; *~ intelligent qu'il fût,* intelligent as he was; *~ ce n'est que,* except that, but for the fact that; *~* ***bien que,*** so that.

si II *adv* so (+ adj.); so much (+ part. passé); *un homme ~ habile,* such a clever man || [réponse] yes; *mais ~!,* yes, of course!; yes, I/you, etc. [+ aux.].

si III *m* MUS. B.

siamois, e [sjamwa, az] *adj frères ~,* Siamese twins.

siccatif [sikatif] *m* drier.

Sicile [sisil] *f* Sicily.

side-car [sidkar] *m* side-car.

sidéré, e [sidere] *adj* speechless; flabbergasted (fam.).

sidérurg|ie [sideryrʒi] *f* iron and steel industry || **~ique** *adj usine ~,* ironworks.

siècle [sjɛkl] *m* century.

siège I [sjɛʒ] *m* seat || bottom (de chaise) || AUT. *~* ***réglable,*** reclining seat || POL. seat || COMM. *~ (social),* head-office || REL. see (épiscopal); ***le Saint Siège,*** the Holy See.

siège II *m* MIL. siege.

siéger [sjeʒe] *vi* (7) JUR. [Parlement] sit, be in session.

sien, sienne [sjɛ̃, sjɛn] *adj poss* his, hers, its, one's; *un ~ cousin,* a cousin of his/hers ● *pron poss le ~, la sienne; les ~s, les siennes,* his, hers, its own, one's own ● *mpl les ~s,* one's (own) people.

sieste [sjɛst] *f* siesta; snooze, (afternoon) nap; ***faire la ~,*** take a nap.

siffl|ement [sifləmɑ̃] *m* whistle; whiz(z) [de balle de fusil]; swish (d'un fouet); hiss (de serpent) || **~er** *vi/vt* (1) whistle; *~ son chien,* whistle one's dog back || pipe (un ordre) || [balle] whiz(z) || [serpent, vapeur] hiss || TH. hiss || **~et** [-ɛ] *m* whistle; *donner un coup de ~,* blow a whistle || TH. hiss, catcall.

signal, aux [siɲal, o] *m* signal; *faire des signaux,* signal || *~* ***horaire,*** time signal || RAIL. signal; *~ d'alarme,* communication cord || NAUT. *~ de détresse,* distress signal || **~ement** *m* description || **~er** *vt* (1) point out, indicate (montrer) || signal (un navire, un train) || report (à la police) || *rien à ~,* nothing to report || **~isation** [-izasjɔ̃] *f* signalling; *panneaux de ~,* traffic signs.

signature [siɲatyr] *f* signature.

signe [siɲ] *m* sign, gesture, motion; *faire ~ à,* beckon to, make a sign to; flag (down) [taxi]; *faire (un) ~ de la main,* wave; give a wave; *faire un ~ de tête,* nod || symbol, mark; *~ distinctif,* earmark || *~* ***du zodiaque,*** sign of the zodiac || token (témoignage) || *~* ***de ponctuation,*** punctuation mark || MATH. sign; *~ moins/plus,* minus/plus sign || REL. ***faire le ~ de la croix,*** make the sign of the cross.

signer [siɲe] *vi/vt* (1) sign — *vpr se ~,* REL. cross oneself.

signet [siɲɛ] *m* book-mark.

signif|ication [siɲifikasjɔ̃] *f* signification, sense, meaning (sens) || **~icatif, ive** *adj* significant, meaningful || **~ier** *vt* (1) mean, signify; *qu'est-ce que cela ~?,* what does it mean? || JUR. notify || FIG. spell (impliquer); add up to (fam.).

silenc|e [silɑ̃s] *m* silence, stillness; hush (de la nuit) || *~!,* be quiet!; *garder le ~,* keep/remain silent; *rompre le ~,* break the silence; *passer sous ~,* slur over, omit, leave unsaid; *réduire au ~,* silence || pause || MUS. rest || **~ieusement** *adv* silently, noiselessly, quietly || **~ieux, ieuse** *adj* silent (personne); still, quiet (lieu); noiseless (machine) || mute (muet) ● *m* AUT. silencer, U.S. muffler.

silex [silɛks] *m* flint.

silhouette [silwɛt] *f* silhouette, outline || figure (allure).

sillage [sijaʒ] *m* NAUT. wake; wash, track || FIG. wake.

sill|on [sijɔ̃] *m* AGR. furrow, drill || TECHN. groove || **~onner** [-ɔne] *vt* (1) furrow || [éclair] streak.

silo [silo] *m* silo.

simagrées [simagre] *fpl* affectation, affected airs; *faire des ~,* make a fuss, put on airs.

simil|aire [similɛr] *adj* similar, like || **~i** *m* imitation.

similicuir [similikɥir] *m* imitation leather.

similitude [similityd] *f* similitude, similarity.

simpl|e [sɛ̃pl] *adj* simple (non compliqué); plain (sans recherche); common (ordinaire) || simple-hearted (naïf); natural, unaffected, homely (sans prétention) || single, mere, bare (unique) || MIL. *~ soldat,* private || RAIL. *aller ~,* single (ticket) || [tennis] singles; *~ dames/messieurs,* ladies'/men's singles || **~ement** *adv* simply || merely; *purement et ~,* (purely and) simply || **~icité** [-isite] *f* simplicity || simpleness (naïveté) || **~ification** [-ifikasjɔ̃] *f* simplification || **~ifier** [-ifje] *vt* (1) simplify.

simul|acre [simylakr] *m* sham, pretence, show || **~ateur, trice** *n* simulator, pretender || **~ation** *f* simulation, pretence || **~é, e** *adj* sham, mock; feigned (maladie) || **~er** *vt* (1) simulate, feign, pretend, sham.

simultané, e [simyltane] *adj* simultaneous || **~ment** *adv* simultaneously, concurrently.

sinc|ère [sɛ̃sɛr] *adj* sincere (personne); true (amitié); genuine, hearty, heartfelt (sentiments) || **~èrement** [-ɛrmɑ̃] *adv* sincerely, truly || **~érité** [-erite] *f* sincerity || genuineness (d'un sentiment).

sinécure [sinekyr] *f* sinecure.

sing|e [sɛ̃ʒ] *m* monkey; *(grand) ~,* ape || **~er** *vt* (7) ape, mimic, take off, mock || **~eries** [-ri] *fpl* monkey tricks (grimaces) || affectation (simagrées).

singular|iser (se) [səsɛ̃gylarize] *vpr* (1) make oneself conspicuous || **~ité** *f* singularity, peculiarity.

singul|ier, ière [sɛ̃gylje, jɛr] *adj* strange, peculiar ● *adj/m* GRAMM. singular || **~ièrement** *adv* singularly || peculiarly (bizarrement); particularly (notamment).

sinistr|e [sinistr] *adj* sinister, fatal, ominous || dismal, grim (lugubre) ● *m* disaster || conflagration (incendie) || JUR. damage; *~ en mer,* marine adventure || **~é, e** *adj* homeless (personne); damaged, wrecked (chose); devastated (région) ● *n* victim.

sinon [sinɔ̃] *conj* if not, or else, otherwise (sans quoi); except (sauf).

sinu|eux, euse [sinɥø, øz] *adj*

sinuous, winding (route, rivière) || **~osité** [-ozite] *f* winding, meandering (d'un chemin, etc.).

sinu|s [sinys] *m* MÉD. sinus || **~site** [-zit] *f* sinusitis.

siph|on [sifɔ̃] *m* siphon (d'eau de Seltz) || TECHN. trap (d'évier) || **~onner** [-ɔne] *vt* (1) siphon.

sire [sir] *m* [à un roi] *~!*, Sir! || FAM. *un triste ~*, a poor specimen.

sirène [sirɛn] *f* [bateau] siren; [usine] hooter || [mythologie] siren, mermaid.

sir|op [siro] *m* syrup || **~oter** [-ɔte] *vt* (1) sip.

sis, e [si, iz] *adj* situated (*à*, in).

sism|ique [sismik] *adj* seismic || **~ographe** [-ɔgraf] *m* seismograph.

site [sit] *m* site || [environnement] setting || [tourisme] place of interest; *~ pittoresque*, beauty spot.

sitôt [sito] *adv* so soon ● *loc conj* ***~ que,*** as soon as.

situ|ation [sitɥasjɔ̃] *f* [lieu] location, situation, position || [condition] state, condition; *~ critique*, emergency, razor-edge; *~ difficile*, predicament; *dans une triste ~*, in a sorry plight || [emploi] position, job || *~ financière*, circumstances || FAM. *dans une ~ intéressante*, in the family way || **~er** *vt* (1) situate, locate || FIG. place.

six [si devant consonne; siz devant voyelle ou « h » muet; sis en fin de phrase] *m/adj* six || **~ième** [sizjɛm] *adj* sixth.

sketch [skɛtʃ] *m* TH. sketch; *~ satirique*, skit.

ski [ski] *m* ski; skiing (pratique); ***faire du ~,*** ski, go skiing; *~ évolutif*, Graduated Length Method; ***~ de fond,*** langlauf; ***~ nautique,*** water-skiing; *~ de randonnée*, cross-country skiing || **~er** *vi* (1) ski || **~eur, euse** [skjœr, øz] *n* skier.

slalom [slalɔm] *m* SP. slalom.

slip [slip] *m* [homme] briefs, (under)pants *(pl)*; [femme] pants, panties || ***~ de bain,*** (swimming) trunks *(pl)*.

slogan [slɔgɑ̃] *m* slogan, catchword.

smasher [smaʃe] *vi* (1) SP. smash.

S.M.I.C. [smik] *abrév/m* G.B. minimum wage.

smoking [smɔkiŋ] *m* dinner-jacket, U.S. tuxedo.

snob [snɔb] *adj* snobbish, swanky ● *n* snob || **~er** *vt* (1) cut (qqn) || **~isme** *m* snobbery, snobishness.

sobr|e [sɔbr] *adj* abstemious, temperate (qui boit peu) || FIG. moderate; sober, quiet (couleur); *~ en paroles*, sparing of words || **~ement** *adv* soberly || **~iété** [-ijete] *f* soberness, sobriety, temperance.

sobriquet [sɔbrikɛ] *m* nickname.

soc [sɔk] *m* ploughshare.

soci|able [sɔsjabl] *adj* sociable; *être très ~*, be a good mixer (fam.) || **~al, e, aux** *adj* social || **~alisme** [-alism] *m* socialism || **~aliste** [-alist] *adj/n* socialist || **~étaire** [-etɛr] *n* (full) member || **~été** [-ete] *f* society (communauté) || [association] society; club || COMM. company, firm, corporation; *~ par actions*, joint-stock company; *~ à responsabilité limitée*, limited liability company || ***~ de consommation,*** consumer society || JUR. *se constituer en ~*, incorporate.

socio-culturel, elle [sɔsjɔ-] *adj* sociocultural.

sociolo|gie [-lɔʒi] *f* sociology || **~gue** [-lɔg] *n* sociologist.

socle [sɔkl] *m* pedestal (de statue); stand (de lampe).

Socquettes [sɔkɛt] *fpl* N.D. ankle-sock.

sœur [sœr] *f* sister || REL. sister; nun.

sofa [sɔfa] *m* sofa, couch.

soi [swa] *pron pers* ~*(-même),* oneself; himself, herself, itself; *chacun pour* ~, everyone for himself || ***chez*** ~, at home || *il va de* ~ *que,* it goes without saying that || ~**-disant** *adj inv* would-be, self-styled.

soie [swa] *f* silk; ~ *artificielle,* artificial silk || bristle (de porc) || ~**ries** [-ri] *fpl* silk goods.

soif [swaf] *f* thirst; *avoir* ~, be thirsty; *boire à sa* ~, drink one's fill || Fig. craving (*de,* for).

soign|é, e [swaɲe] *adj* trim, well-groomed, tidy (jardin, personne); spruce, dainty (personne); painstaking, elaborate (travail) || ~**er** *vt* (1) look after, care for (qqn); nurse (plantes) || Méd. tend, nurse (un malade); doctor (un rhume); vet (un animal) || ~**eusement** [-øzmɑ̃] *adv* carefully || ~**eux, euse** *adj* careful, painstaking.

soin [swɛ̃] *m* care; ***prendre*** ~ ***de,*** take care of, tend (qqn); *sans* ~, untidy; *manque de* ~, neglect || *Pl* care, attention || [enveloppe] *aux* ~*s de,* in charge of; *aux bons* ~*s de,* care of; c/o || *Pl* Méd. attendance, nursing; ~*s d'urgence,* first aid; ~***s de beauté,*** beauty treatment.

soir [swar] *m* evening; *au* ~, at night; *ce* ~, tonight; *le* ~, in the evening; *à 10 heures du* ~, at 10 p.m.; *demain* ~, tomorrow evening; *la veille au* ~, the night before; *hier (au)* ~, last night, yesterday evening || ~**ée** *f* evening; *dans la* ~, in the evening || evening party; *tenue de* ~, evening-dress || Th. evening performance; *en* ~, nightly.

soissons [swasɔ̃] *mpl* kidney-beans.

soit [swa(t)] *conj* ~ ..., ~ either ... or ● *loc conj* ~ *que* ... ~ *que,* whether... or ● [swat] *adv* ~*!,* (very) well!, let it be so!

soixant|aine [swasɑ̃tɛn] *f* about sixty || ~**e** *adj* sixty || ~**e-dix** *m/adj* seventy.

soja [sɔʒa] *m* soy(a); soybean.

sol I [sɔl] *m* ground, earth || Agr. soil || Av. *personnel au* ~, ground-crew || Mil. ~*-air (adj),* ground-to-air.

sol II *m* Mus. G.

sol|aire [sɔlɛr] *adj* solar || ~**arium** [-arjɔm] *m* solarium.

soldat [sɔlda] *m* soldier; *simple* ~, private (soldier); ~ *de première classe,* lance-corporal.

solde [sɔld] I *f* Mil. pay.

sold|e II *m* Fin. balance || *Pl* Comm. clearance sale; sales (fam.) || ~**er** *vt* (1) Fin. pay off || Comm. clear, sell off — *vpr* ***se*** ~ ***par,*** result in.

sole [sɔl] *f* Zool. sole.

soleil [sɔlɛj] *m* sun (astre) || sunshine, sunlight (lumière); *au* ~, in the sun; ***il fait (du)*** ~, it is sunny; ***coucher de*** ~, sunset, U.S. sundown; ***lever du*** ~, sunrise; sun-up (fam.) || Bot. sunflower.

solenn|el, elle [sɔlanɛl] *adj* solemn, dignified || ~**ellement** *adv* solemnly || ~**ité** *f* solemnity.

solfège [sɔlfɛʒ] *m* solfeggio.

solidarité [sɔlidarite] *f* solidarity.

solid|e [sɔlid] *adj* sturdy (personne) || hard-wearing, durable (vêtement) || fast (couleur) || solid (non liquide) || Fig. square (repas); sound (argument); staunch (ami) || ~**ement** *adv* solidly || soundly || staunchly || ~**ifier (se)** [-ifje] *vpr* (1) solidify, become solid || ~**ité** *f* solidity || strength || Fig. soundness; staunchness.

soliste [sɔlist] *n* solist.

solit|aire [sɔlitɛr] *n/adj* solitary; lonely, lonesome (personne); lonely (lieu) || Naut. ***en*** ~, singlehanded (traversée) ● *n* recluse (ermite) ● *m* || [diamant, jeu] solitaire || **~ude** *f* solitude; [personne, lieu] loneliness || seclusion.

solive [sɔliv] *f* joist, balk.

sollicit|ation [sollisitasjɔ̃] *f* solicitation ||**~er** *vt* (1) solicit (*de,* from); beg (*de,* of) || appeal to (faire appel à) || **~ude** [-yd] *f* solicitude.

solo [sɔlo] *m/adj* solo.

solstice [sɔlstis] *m* solstice; ~ *d'été,* midsummer; ~ *d'hiver,* midwinter.

solu|ble [sɔlubl] *adj* soluble; *café/thé* ~, instant coffee/tea || **~tion** *f* solution, answer; key (de problèmes) || ~ *de rechange,* alternative || FIG. ~ *de continuité,* gap, break of continuity.

solva|bilité [sɔlvabilite] *f* solvency || **~ble** [-bl] *adj* FIN. solvent.

sombre [sɔ̃br] *adj* dark || dusky, dim; dull, overcast (ciel) || FIG. gloomy, sombre.

sombrer [sɔ̃bre] *vi* (1) [bateau] sink, go under, founder; *faire* ~, sink (un bateau) || FIG. [fortune] be wrecked.

sommaire [sɔmɛr] *adj* summary || scant (habillement); crude (travail) ● *m* summary, abstract || **~ment** *adv* briefly || FIG. scantily (vêtu).

sommation [sɔmasjɔ̃] *f* MIL. summons, challenge.

somme I [sɔm] *f* sum (total) || sum, amount (quantité d'argent); ~ *forfaitaire,* lump sum ● *loc adv* ***en*** ~, ~ ***toute,*** on the whole, after all.

somme II *f bête de* ~, beast of burden.

somm|e III *m* FAM. nap; snooze; *faire un* ~, take a nap; *faire un petit* ~, have forty winks (fam.) || **~eil** [-ɛj] *m* sleep, slumber; *sans* ~, sleepless; ***avoir*** ~, feel sleepy; *avoir le* ~ *profond/léger,* be a heavy/light sleeper; *tomber de* ~, be ready to drop (with sleep) || FIG. *en* ~, dormant (volcan) || **~eiller** [-ɛje] *vi* (1) slumber, doze.

sommelier [sɔməlje] *m* wine-waiter.

sommer [sɔme] *vt* (1) enjoin; ~ *qqn à comparaître,* summon, sb. to appear.

sommet [sɔmɛ] *m* summit, top; *au* ~ *de,* on top of, atop of || brow (d'une colline) || FIG. acme, apex, climax; *au* ~, top level (conférence).

sommier [sɔmje] *m* mattress.

somnambul|e [sɔmnɑ̃byl] *n* sleepwalker; *être* ~, sleepwalk || **~isme** *m* sleepwalking.

somnifère [sɔmnifɛr] *m* sleeping pill.

somnol|ence [sɔmnɔlɑ̃s] *f* sleepiness, drowsiness || **~ent, e** *adj* drowsy, sleepy, somnolent || **~er** *vi* (1) drowse, doze.

somptueux, euse [sɔ̃ptɥø, øz] *adj* sumptuous, costly, gorgeous.

son I [sɔ̃], **sa** [sa], **ses** [sɛ] *adj poss m/f/pl* his, her, its, one's.

son II *m* sound; ~ *discordant,* jar || AV. ***mur du*** ~, sound barrier.

son III *m* bran (mouture).

sonate [sɔnat] *f* sonata.

sond|age [sɔdaʒ] *m* TECHN. boring || NAUT. sounding || MÉD. probing || FIG. ~ ***d'opinion,*** public opinion poll || **~e** *f* NAUT. lead || MÉD. probe || ASTR. probe || **~er** *vt* (1) NAUT. sound, fathom || MÉD. probe || FIG. plumb, search.

song|e [sɔ̃ʒ] *m* dream || **~er** *vt ind* (7) ~ *à,* dream about; intend to, think of; *j'y songerai,* I'll see about it || **~erie** [-ri] *f* dreaming, musing || **~eur, euse** *adj* pensive.

sonn|er [sɔne] *vi* (1) ring || [cloche, pendule] strike || TÉL. ring — *vt* ring (une cloche) || ring for (un domestique) || MIL. sound (la retraite) || MUS. ~ *de,* sound, blow (cor etc.) || **~erie** [-ri] *f* ring(ing) || TÉL. bell || MUS. blare (de trompette) || MIL. bugle-call || **~ette** *f* (door-)bell; *coup de ~,* ring.

sono [sɔno] *f* (= SONORISATION) FAM. P.A.

sonor|e [sɔnɔr] *adj* sonorous; ringing, clear || CIN. *film ~,* sound-film || **~isation** *f* public address system, P.A. (system) || **~iser** *vt* (1) CIN. add the sound track || TECHN. fit with a P.A. (salle) || **~ité** *f* sonority || MUS. tone.

Sonotone [sɔnɔtɔn] *m* N.D. hearing aid.

sophistiqué, e [sɔfistike] *adj* sophisticated.

soporifique [sɔpɔrifik] *m/adj* soporific.

sorbet [sɔrbɛ] *m* water ice, sorbet, U.S. sherbet.

sorc|ellerie [sɔrsɛlri] *f* sorcery, witchcraft || **~ier** *m* sorcerer, wizard || **~ière** *f* witch.

sordide [sɔrdid] *adj* squalid (maison); filthy (sale) || FIG. sordid, mean, base.

sort [sɔr] *m* lot (condition); fate, destiny (destinée); fortune, chance (hasard); *le ~ en est jeté,* the die is cast || charm, spell (sortilège); *jeter un ~ à qqn,* cast a spell over sb.

sort|able [sɔrtabl] *adj* suitable (personne) || **~ant, e** *adj* outgoing (député); retiring (président); winning (numéro).

sorte [sɔrt] *f* sort, kind (espèce); description (fam.); *une ~ de,* a kind/sort of; *toutes ~s de,* all manner/sorts of; *faire en ~ que,* see to it that ● *loc adv de la ~,* thus, like that; *en quelque ~,* in a sort, as it were ● *loc conj de (telle) ~ que,* so that.

sorti, e [sɔrti] *adj* out || V. SORTIR || **~ie** *f* going/coming out (action); ***jour de ~,*** day out || way out, exit, outlet (issue); ***~ de secours,*** emergency exit || MIL. sally.

sortilège [sɔrtilɛʒ] *m* spell, charm.

sortir [sɔrtir] *vi* (93) go/come out; walk out; leave || [livre] come out || MÉD. *il est sorti de l'hôpital,* he has been discharged from hospital || FIG. ~ *de,* come of, originate from || FAM. [amoureux, euse] ***~ avec (qqn),*** go steady with, U.S. date (sb.) — *vt* take out (chien, personne) || *(faire) ~,* release (disque, film) — *vpr* ***s'en ~,*** contrive (financièrement) || [malade] pull through.

sosie [sɔzi] *m* double.

sot, sotte [so, sɔt] *adj* silly, foolish ● *n* fool, ass.

sottise [sɔtiz] *f* foolishness, folly (stupidité); blunder, stupid act (acte) || *Pl* abuse, insult (injures); nonsense, rubbish (mots, idées).

sou [su] *m* penny; *sans le ~,* penniless || FAM. *machine à ~s,* fruit-machine.

soubassement [subɑ̃smɑ̃] *m* base.

soubresaut [subrəso] *m* start.

souche [suʃ] *f* stump (d'arbre); stock (de vigne) || FIN. stub (d'un carnet de chèques) || FIG. stock (origine); founder (d'une famille).

souci I [susi] *m* BOT. marigold.

souc|i II *m* care, worry, concern (inquiétude); *se faire du ~,* worry, be concerned (*à propos de,* about); ***sans ~,*** carefree, happy-go-lucky; *vivre sans ~s,* live free of cares; *c'est le cadet de mes ~s,* that's the least of my worries || bother (tracas) || **~ier** *vt* (1) worry, trouble — *vpr* ***se ~ de,*** care about; worry about; *ne vous souciez pas de cela,* don't worry/bother about that || *sans se ~ de,* without respect to, regardless of || **~ieux, ieuse** *adj* worried, anxious, concerned; *peu ~ de,* unconcerned about.

soucoupe [sukup] *f* saucer || ~ ***volante,*** flying saucer.

soud|ain, e [sudɛ̃, ɛn] *adj* sudden || **~ainement** [-ɛnmɑ̃] *adv* suddenly || **~aineté** [-ɛnte] *f* suddenness.

soude [sud] *f* soda.

souder [sude] *vt* (1) solder, weld; *fer à ~,* solding-iron — *vpr* ***se ~,*** MÉD. [os] knit together.

soudoyer [sudwaje] *vt* (9 *a*) bribe, square; buy off/over.

soudure [sudyr] *f* solder (métal); welding, soldering (travail) || FIG. *faire la ~,* bridge the gap.

souffl|e [sufl] *m* blast (d'une explosion) || breath, breathing, wind (d'une personne); ***à bout de ~,*** out of breath || [bombe] blast || [vent] breath of air || **~er** *vi* (1) [vent] blow || [personne] take breath (reprendre haleine); puff (panteler) — *vt* blow out (une bougie) || [jeu de dames] huff (un pion) || TECHN. blow (du verre) || TH. prompt || FIG. *il n'a pas soufflé mot,* he didn't breathe a word, he didn't let on || **~erie** [-əri] *f* TECHN. wind-tunnel || **~et** *m* (a pair of) bellows || RAIL. vestibule || **~eur** *m* TH. prompter.

souffr|ance [sufrɑ̃s] *f* suffering, pain; hardship (épreuves) || COMM. *en ~,* awaiting delivery, unclaimed (lettre) || **~ant, e** *adj* suffering, in pain; ailing, unwell, poorly.

souffre-douleur *m* whipping-boy.

souffr|eteux, euse [-tø, øz] *adj* sickly || **~ir** *vi* (72) suffer (physiquement ou moralement) || ***~ de,*** suffer from (la chaleur, etc.) || be in pain, ail; *d'où souffrez-vous?,* where is the pain? — *vt* suffer, endure (pertes); undergo (éprouver) || FIG. allow (tolérer); admit (admettre); *je ne peux pas ~ (qqch./qqn),* I can't bear/stand.

soufre [sufr] *m* sulphur.

souhai|t [swɛ] *m* wish, desire ● *loc adv à ~,* to perfection || **~table** [-tabl] *adj* desirable || **~ter** [-te] *vt* (1) wish for (qqch.); *~ bon voyage à qqn,* wish sb. a pleasant journey.

souill|er [suje] *vt* (1) soil, dirty, smear, defile || FIG. sully, tarnish, taint || **~on** *f* slattern, trollop || **~ure** *f* stain, soil || FIG. stain, blemish.

soûl, e [su, sul] *adj* drunk, tipsy ● *m* FAM. *manger tout son ~,* eat one's fill.

soulag|ement [sulaʒmɑ̃] *m* relief, solace || **~er** *vt* (7) lighten the load of sb. (d'un poids) || relieve, ease (le corps, l'esprit) || MÉD. relieve, ease (douleur); soothe (mal de gorge) || FIG. unburden, ease (conscience) — *vpr* ***se ~,*** ease one's feelings/conscience || FAM. relieve oneself (fam.).

soûl|ard, e [sular, ard] *n* POP. drunkard || **~er** *vt* (1) POP. get sb. drunk (qqn) — *vpr* ***se ~,*** POP. get drunk.

soul|èvement [sulɛvmɑ̃] *m* rising (révolte) || GÉOGR. upheaval || **~ever** [-ve] *vt* (5) raise, lift up, heave (un fardeau) || AUT. jack (up) || MÉD. turn (l'estomac) || FIG. bring up (une question); call forth (des protestations); excite, rouse (l'indignation) — *vpr* ***se ~,*** raise oneself || [vague] surge, heave, swell || [estomac] heave, turn || FIG. [peuple] revolt, rise, rebel.

soulier [sulje] *m* shoe.

souligner [suliɲe] *vt* (1) underline || FIG. lay stress on, emphasize.

soum|ettre [sumɛtr] *vt* (64) overcome, bring under, subdue (maîtriser) || subject (exposer) || put, submit (présenter); *~ une question à,* refer a question to || JUR. move (mettre aux voix) — *vpr* ***se ~,*** submit, give in, yield (*à,* to); comply (*à,* with); *se ~ aux exigences de,* humour || **~is, e** [-i, iz] *adj* submissive, obedient || subservient (*à*, to) || subject, liable (*à*, to) [des droits] || **~ission** [-isjɔ̃] *f* submission, subjection, allegiance (*à*, to) || COMM. tender.

soupape [supap] *f* valve ; *~ de sûreté*, safety-valve.

soupç|on [supsɔ̃] *m* suspicion || distrust (méfiance) || inkling (idée) || FIG. touch, dash, dab (brin) || **~onner** [-ɔne] *vt* (1) suspect || **~onneux, euse** *adj* suspicious, distrustful.

soupe [sup] *f* soup ; *~ populaire*, soup-kitchen || lap (d'un chien) || MIL. chow (argot).

soupente [supɑ̃t] *f* loft || closet.

souper [supe] *m* FR. late supper || dinner ● *vi* (1) have supper/dinner.

soupeser [supəze] *vi* (1) weigh in the hand.

soupière [supjɛr] *f* (soup-)tureen.

soupir [supir] *m* sigh ; *pousser un ~*, heave a sigh ; *rendre le dernier ~*, breathe one's last || MUS. crotchet-rest.

soupirail, aux [supiraj, o] *m* cellarwindow.

soupir|ant [supirɑ̃] *m* suitor, wooer || **~er** *vi* (1) sigh — *vt ind ~ après*, yearn for.

soupl|e [supl] *adj* supple, pliable, flexible || soft (col, cuir) || limber, lithe (corps) || TECHN. limp (reliure) || FIG. versatile, flexible || **~esse** [-ɛs] *f* suppleness, flexibility, litheness (du corps) || FIG. versatility, flexibility.

souquer [suke] *vi* (1) ply the oars.

sourc|e [surs] *f* spring, source ; ***prendre sa ~***, [rivière] take its rise || FIG. source, origin ; *~ autorisée*, authority ; *de ~ autorisée*, authoritatively ; *nous savons de bonne ~ que*, we are credibly informed that || **~ier** *m* dowser, water diviner ; *baguette de ~*, dowsing rod.

sourc|il [sursi] *m* eyebrow ; *aux ~s épais*, beetle-browed ; ***froncer les ~s***, frown, knit one's brows || **~iller** [-ije] *vi* (1) *sans ~*, without wincing || **~illeux, euse** [-ijø, øz] *adj* supercilious.

sourd, e [sur, urd] *adj* deaf ; *~ comme un pot*, stone-deaf || dull (bruit) ; hollow (voix) || FIG. deaf (*à*, to).

sourdine [surdin] *f* MUS. mute ; *mettre une ~ à*, mute.

sourd-muet [surmɥɛ], **sourde-muette** [surdmɥɛt] *adj* deaf-and-dumb ● *n* deaf-mute.

sourdre [surdr] *vi* (96) well (up), spring ; ooze (suinter).

souriant, e [surjɑ̃, ɑ̃t] *adj* smiling.

souricière [surisjɛr] *f* mousetrap.

sourire [surir] *m* smile ; *~ affecté*, simmer ; *large ~*, grin ● *vi* (89) smile.

souris [suri] *f* mouse.

sournois, e [surnwa, az] *adj* underhand, sly ; surreptitious (coup d'œil) || **~ement** [-zmɑ̃] *adv* in an underhand manner ; surrepticiously.

sous [su(z)] *prép* [espace] under, beneath, underneath, below ; *~ la pluie*, in the rain ; *~ les tropiques*, in the tropics || [temps] under, within ; *~ peu*, before long || [moyen] by ; *~ le nom de*, by the name of || [dépendance] *~ cette condition*, on this condition ; *~ ses ordres*, under his orders.

sous- *préf* under-, sub- || **~alimentation** *n* malnutrition || **~alimenté, e** *adj* underfed || **~bois** *m* undergrowth, underwood || **~comité** *m* sub-committee || **~couche** *f* primer.

souscr|ipteur [suskriptœr] *m* subscriber || FIN. contributor || **~iption** [-ipsjɔ̃] *f* subscription || **~ire** *vt* (44) subscribe (*à*, for/to) ; underwrite (une assurance) ; contribute (*à*, to).

sous|-cutané, e [sukytane] *adj* subcutaneous || **~-développé, e** *adj* underdeveloped (pays) || **~-directeur, trice** *n* assistant-manager, -manageress || **~-emploi** *m* under-employment.

sous-entendre *vt* (4) imply || GRAMM. understand || **~-entendu, e** *adj* understood ● *m* implication, innuendo || **~-estimer** *vt* (1) underestimate, underrate, minimize || **~-exposé, e** *adj* PHOT. underexposed || **~fifre** *m* second fiddle || **~-jacent, e** *adj* underlying || **~-lieutenant** *m* second lieutenant || **~-locataire** *n* lodger, subtenant || **~-louer** *vt* (1) sublet (une chambre) || **~-main** *m inv* blotting-/writing pad ● *loc adv en ~*, underhand || **~-marin, e** *adj* underwater; submarine ● *m* submarine || **~-officier** *m* noncommissioned officer || **~-ordre** *m* underling || **~-payer** *vt* underpay || **~-produit** *m* by-product; spin-off.

sous|signé, e [susiɲe] *adj/n* undersigned; *je, ~*, I, the undersigned || **~-sol** *m* basement || AGR. subsoil || **~-station** *f* ÉLECTR. substation || **~-titre** *m* CIN. subtitle || **~-titrer** *vt* (1) subtitle.

soustr|action [sustraksjɔ̃] *f* subtraction || **~aire** *vt* (11) subtract || FIG. take away, steal — *vpr* ***se ~ à,*** avoid; escape (l'attention).

sous|-traitant [sutrɛtɑ̃] *m* subcontractor || **~-vêtement** *m* underwear || *Pl* underclothes, underclothing || smalls (fam.).

soutane [sutan] *f* cassock.

soute [sut] *f* NAUT. bunker || AV. (luggage-) hold.

souten|able [sutnabl] *adj* tenable || **~eur** *m* pimp.

souten|ir [sutnir] *vt* (101) support, holp up || buttress; prop up (étayer) || buoy up (sur l'eau) || sustain (un effort) || FIN. back || FIG. support (une théorie); stand by (qqn); stand for, champion (une cause); maintain, support (une opinion); countenance (une action); keep up (la conversation); argue, assert, contend (*que*, that); *je soutiens que,* my contention is that || **~u, e** *adj* constant, unflagging (attention); unremitting, sustained (effort) || elevated (style) || FIN. steady (régulier).

souterrain, e [suterɛ̃, ɛn] *adj* underground ● *m* underground passage, subway.

soutien [sutjɛ̃] *m* support, prop (de voûte) || ~ ***de famille,*** breadwinner || FIG. backing, countenance; stay, stand-by, supporter (personne) || **~-gorge** *m* bra.

soutirer [sutire] *vt* (1) draw off (du vin) || FIG. extort (*à*, from); squeeze (de l'argent); worm (un secret) [*à*, out of].

souvenir [suvnir] *m* memory; remembrance, recollection; *en ~ de,* in memory of || memento, token, souvenir, keepsake (objet); *~ de famille,* heirloom || **~ (se)** *vpr* (101) *se ~ de qqch.*, remember, recall, keep sth. in mind.

souvent [suvɑ̃] *adv* often; *le plus ~*, more often than not.

souver|ain, e [suvrɛ̃, ɛn] *adj* JUR. sovereign || FIG. supreme; sovereign (remède) ● *n* sovereign || **~ainement** *adv* supremely || **~aineté** [-ɛnte] *f* sovereignty, dominion.

sovi|et [sɔvjɛt] *m* soviet || **~étique** [-etik] *adj* Soviet; ***Union ~,*** Soviet Union ● *n* Soviet.

soya [sɔja] *m* = SOJA.

soyeux, euse [swajø, øz] *adj* silky, silken.

spacieux, ieuse [spasjø, jøz] *adj* spacious, roomy, ample.

spaghetti [spagɛti] *mpl* spaghetti.

sparadrap [sparadra] *m* sticking-plaster.

spasm|e [spasm] *m* spasm || **~odique** [-ɔdik] *adj* spasmodic.

spati|al, e, aux [spasjal, o] *adj* space || **~onaute** [-ɔnot] *n* astronaut, spaceman, -woman.

speaker, ine [spikœr, krin] *n* announcer.

spécial, e, aux [spesjal, o] *adj* special || **~ement** *adv* (e)specially, particularly || **~isé, e** [-ize] *adj* skilled (ouvrier) || **~iser (se)** *vpr* (1) specialize || U.S. [étudiant] major (*dans*, in) || **~iste** *n* specialist, expert || **~ité** *f* specialty (activité, produit); line (d'une personne) || MÉD. **~** *pharmaceutique*, patent medicine.

spécieux, ieuse [spesjø, øz] *adj* specious.

spécif|ication [spesifikasjɔ̃] *f* specification || **~ier** *vt* (1) specify, state || **~ique** *adj* specific || **~iquement** *adv* specifically.

spécimen [spesimɛn] *m* specimen, sample.

specta|cle [spɛktakl] *m* spectacle, sight, scene ; *se donner en* ~, make an exhibition of oneself || TH. show, entertainment || **~culaire** [-kylɛr] *adj* spectacular, scenic || **~teur, trice** *n* spectator, onlooker; witness, by-stander || TH. *Pl* audience.

spectr|al, e, aux [spɛktral, o] *adj* ghostly || **~e** *m* ghost, spectre || PHYS. spectrum.

spécul|ateur, trice [spekylatœr, tris] *n* speculator || **~atif, ive** *adj* speculative || **~ation** *f* speculation || **~er** *vi* (1) FIN. speculate || FIG. trade on.

spéléol|ogie [speleɔlɔʒi] *f* speleology; pot-holing || **~ogue** [-ɔg] *m* speleologist; pot-holer.

sperme [spɛrm] *m* sperm.

sph|ère [sfɛr] *f* sphere (pr. et fig.) || **~érique** [-erik] *adj* spherical.

spi [spi] *m* NAUT., FAM. = SPINNAKER.

spinal, e, aux [spinal, o] *adj* spinal.

spinnaker [spinekœr] *m* spinnaker.

spir|ale [spiral] *f* spiral; *en* ~, spiral || **~e** *f* spire.

spirit|e [spirit] *n* spiritualist || **~isme** *m* spiritualisme || **~uel, elle** [-ɥɛl] *adj* [vivacité] witty || REL. spiritual.

spiritueux [spiritɥø] *m* spirituous liquor || *Pl* spirits.

splend|eur [splɑ̃dœr] *f* splendour, glory, brightness || **~ide** [-id] *adj* splendid; gorgeous (temps).

spoli|ation [spoljasjɔ̃] *f* spoliation || **~er** *vt* (1) rob, deprive *(de*, of).

spontané, e [spɔ̃tane] *adj* spontaneous, unasked for || **~ment** *adv* spontaneously, of one's own accord || **~ité** *f* spontaneity.

sport [spɔr] *m* sport; ***faire du*** ~, do sport; ~*s d'hiver*, winter sports; ~*s nautiques*, water sports || **~if, ive** [-tif, iv] *adj* sports (épreuve, résultats) || fond of sports (personne) || sporting, sportsmanlike (attitude) ● *n* sportsman, -woman.

spot [spɔt] *m* spotlight.

spoutnik [sputnik] *m* sputnik.

sprat [sprat] *m* ZOOL. sprat.

sprint [sprint] *m* sprint, dash || sprint, spurt (final); *piquer un* ~, spurt; make a sprint (*pour attraper l'autobus*, for the bus) || **~er** [-œr ou -ɛr] *m* sprinter.

square [skwar] *m* (small) public garden.

squelette [skəlɛt] *m* skeleton.

stabili|sation [stabilizasjɔ̃] *f* stabilization || **~ser** [-ze] *vt* (1) stabilize || [économie] peg (les prix) || **~té** *f* stability || steadiness || permanence.

stable [stabl] *adj* stable, steady, firm; constant, permanent.

stade I [stad] *m* SP. stadium.

stade II *m* stage (phase).

stag|e [staʒ] *m* training period; ***faire un*** ~, go on a training course || **~iaire** [-jɛr] *adj/n* trainee.

stagn|ant, e [stagnɑ̃, ɑ̃t] *adj* stagnant || COMM. dead || **~ation** *f* stagnation || COMM. standstill || **~er** *vi* (1) [eau] stagnate.

stala|ctite [stalaktit] *f* stalactite || **~gmite** [-gmit] *f* stalagmite.

stalle [stal] *f* [église, étable] stall.

stand [stɑ̃d] *m* stand, stall || ~ *de tir,* shooting-gallery, rifle-range.

standar|d [stɑ̃dar] *adj* standard ● *m* : ~ *téléphonique,* switchboard || **~disation** [-dizasjɔ̃] *f* standardization || **~diste** [-dist] *n* TÉL. (switchboard) operator.

standing [stɑ̃diŋ] *m* status ● *loc adj de grand* ~, luxury.

star [star] *f* film star || **~lette** [-lɛt] *f* starlet.

starter [startɛr] *m* SP. starter || AUT. choke; *mettre le* ~, pull the choke out.

stati|on [stasjɔ̃] *f* stop, halt (arrêt) || ~ *debout,* standing (position) || resort (lieu); ~ ***balnéaire,*** seaside resort; ~ *de sports d'hiver,* winter sports resort; ~ *thermale,* watering-place, spa || AUT. ~ ***de taxis,*** cab-rank/-stand; ~*-service,* service station || RAIL. halt; [métro] station || RAD. ~ *de radio,* broadcasting station, transmitter || **~onnaire** [-ɔnɛr] *adj* stationary (véhicule) || MÉD. stationary (état) || **~onnement** [-ɔnmɑ̃] *m* AUT. stopping; *taxis en* ~, cabs in attendance; ~ *interdit,* no parking || **~onner** [-ɔne] *vi* (1) stop || AUT. park; *défense de* ~, no waiting.

statique [statik] *adj* static.

statist|icien, ienne [statistisjɛ̃, jɛn] *n* statistician || **~ique** *adj* statistical ● *f* statistics.

statue [staty] *f* statue.

statuer [statɥe] *vi* (1) decree.

statu quo [statyko] *m* status quo.

stature [statyr] *f* stature, height.

statut [staty] *m* JUR. status || *Pl* articles, statutes.

stencil [stɛnsil] *m* stencil.

sténo [steno] *f* FAM. shorthand || **~dactylo** [-daktilo] *f* shorthand typist || **~graphie** [-grafi] *f* stenography || **~graphier** *vt* (1) take (down) in shorthand || **~typie** [-tipi] *f* stenotypy.

stéréo [stereo] *abrév/f* FAM. = STÉRÉOPHONIE ● *adj* = STÉRÉOPHONIQUE || **~phonie** [-fɔni] *f* stereophony || **~phonique** *adj* stereophonic.

stéril|e [steril] *adj* MÉD. sterile (femme); childless (mariage) || AGR. barren || FIG. fruitless || **~et** [-ɛ] *m* MÉD. loop, coil; I.U.D. (= INTRA-UTERINE DEVICE) || **~iser** *vt* (1) sterilize || **~ité** *f* sterility; barrenness.

stéthoscope [stetɔskɔp] *m* stethoscope.

stick [stik] *m* SP. riding switch.

stigmate [stigmat] *m* MÉD. stigma || FIG. taint (du vice).

stimul|ant, e [stimylɑ̃, ɑ̃t] *adj* stimulating; challenging ● *m* stimulant; incentive, spur || **~ateur** *m* MÉD. ~ ***cardiaque,*** pacemaker || **~ation** *f* stimulation || **~er** *vt* (1) stimulate || whet (l'appétit); spur on (personne).

stipul|ations [stipylasjɔ̃] *fpl* specifications (d'un contrat) || **~er** *vt* (1) stipulate, specify.

stock [stɔk] *m* stock || **~age** *m* stocking || stockpiling (par le gouvernement) || **~er** *vt* (1) stock.

stoïque [stɔik] *adj* stoic.

stop [stɔp] *m* stop || ~*!,* stop! || AUT. brake-light; FAM. ***faire du*** ~, hitchhike, thumb a lift; *prendre qqn en* ~, give sb. a lift.

stopp|age [stɔpaʒ] *m* invisible mending || **~er** I *vt* (1) mend invisibly.

stopper II *vt* stop (un véhicule) — *vi* draw up, come to a stop.

store [stɔr] *m* (window-)blind ; ~ *vénitien,* Venetian blind.

strabisme [strabism] *m* squint.

strapontin [strapɔ̃tɛ̃] *m* tip-up seat.

strat|agème [strataʒɛm] *m* stratagem, ploy || **~égie** [-eʒi] *f* strategy || **~égique** [-eʒik] *adj* strategic || MIL. *position* ~, key position.

stratosphère [stratɔsfɛr] *f* stratosphere.

stress [strɛs] *m* MÉD. stress.

strict, e [strikt] *adj* strict || precise (sens) || strict, severe (personne) ; stringent (ordre) ; hard and fast (règle) || plain (vérité) || ***le ~ nécessaire,*** the bare essentials || **~ement** [-əmɑ̃] *adv* strictly.

strident, e [stridɑ̃, ɑ̃t] *adj* shrill.

strier [strije] *vt* (1) streak.

strophe [strɔf] *f* stanza, verse.

structural, e, aux [stryktyral, o] structural || **~isme** *m* structuralism.

structure *f* structure || framework.

stuc [styk] *m* stucco.

studieux, ieuse [stydjø, jøz] *adj* studious.

studio [stydjo] *m* bed-sitting-room ; bed-sitter (fam.) || CIN., RAD. studio.

stupéf|action [stypefaksjɔ̃] *f* stupefaction, amazement || **~ait, e** [-ɛ, ɛt] *adj* stunned, amazed, dumbfounded, astounded || **~iant, e** *adj* stunning, staggering, astounding ● *m* drug, narcotic || **~ier** *vt* (1) stun, stagger, astound || MÉD. stupefy.

stupeur [stypœr] *f* amazement.

stupid|e [stypid] *adj* stupid || **~ité** *f* stupidity.

style [stil] *m* style ; ~ *journalistique,* journalese ; ~ *télégraphique,* telegraphese.

styliste [stilist] *n* (fashion) designer.

stylo [stilo] *m* (fountain) pen ; ~ ***à bille, ~-bille,*** ball-point (pen).

su, e [sy] V. SAVOIR ● *m au vu et au ~ de tous,* to everybody's knowledge.

suaire [sɥɛr] *m* shroud.

suav|e [sɥav] *adj* sweet, bland, suave || **~ité** *f* blandness.

subalterne [sybaltɛrn] *adj* subordinate ● *n* subaltern.

subconscient, e [sybkɔ̃sjɑ̃, ɑ̃t] *adj* subconscious ● *m* subconsciousness.

subdiviser [sybdivize] *vt* (1) subdivide.

subir [sybir] *vt* (2) suffer, sustain, meet with (une défaite) ; incur (une perte) ; undergo (un examen, une opération) ; go through (des épreuves) ; come under (une influence) || JUR. serve (une peine).

subi|t, e [sybi, it] *adj* sudden, unexpected || **~tement** [-tmɑ̃] *adv* suddenly.

subjectif, ive [sybʒɛktif, iv] *adj* subjective.

subjonctif [sybʒɔ̃ktif] *m* subjunctive.

subjuguer [sybʒyge] *vt* (1) subdue, subjugate (soumettre) || FIG. bewitch (envoûter).

sublim|e [syblim] *adj* sublime || **~er** *vt* (1) CH. sublimate.

submer|ger [sybmɛrʒe] *vt* (7) submerge, swamp, drown || FIG. overwhelm || **~sible** [-sibl] *m* submarine.

subord|ination [sybɔrdinasjɔ̃] *f* subordination ; dependence (*de,* on) || **~onné, e** [-ɔne] *adj* subordinate || GRAMM. *proposition ~e,* dependent clause.

suborner [sybɔrne] *vt* (1) JUR. bribe, square (un témoin).

subrécargue [sybrekarg] *m* supercargo.

subreptice [sybrεptis] *adj* surreptitious || **~ment** *adv* surreptitiously.

subséquent, e [sypsekɑ̃, ɑ̃t] *adj* subsequent.

subsid|e [sybsid] *m* subsidy || **~iaire** [-jεr] *adj* subsidiary; *question ~,* deciding question.

subsist|ance [sybzistɑ̃s] *f* subsistence, sustenance, livelihood || **~er** *vi* (1) subsist, exist, live.

subsonique [sybsɔnik] *adj* subsonic.

substan|ce [sypstɑ̃s] *f* substance, matter || FIG. pith (essence) || **~tiel, ielle** [-sjεl] *adj* substantial; solid (nourriture); hearty, square (repas) || FIG. pithy.

substantif [sypstɑ̃tif] *m* substantive.

substit|uer [sypstitɥe] *vt* (1) substitute (*à,* for) || **~ut** [-y] *m* substitute || JUR. deputy public prosecutor || **~ution** [-ysjɔ̃] *f* substitution (*à,* for).

subterfuge [syptεrfyʒ] *m* subterfuge.

subtil, e [syptil] *adj* subtle (esprit); nice (distinction); shrewd (esprit) || **~iser** *vt* (1) subtilize, purloin || **~ité** *f* subtlety; nicety, shrewdness || *Pl* technicalities.

suburbain, e [sybyrbε̃, εn] *adj* suburban.

subv|enir [sybvənir] *vt ind* (101) provide, cater (*aux besoins de,* for); supply, meet || **~ention** [-ɑ̃sjɔ̃] *f* subvention, subsidy, grant || **~entionner** [-ɑ̃sjɔne] *vt* (1) subsidize.

subvers|if, ive [sybvεrsif, iv] *adj* subversive || **~ion** *f* subversion.

suc [syk] *m* MÉD. juice.

succédané [syksedane] *m* substitute.

succéder [syksede] *vt ind* (1) *~ à,* succeed — *vpr* ***se ~,*** follow one another, alternate.

succès [syksε] *m* success; *avec ~,* successfully; *sans ~,* unsuccessful(ly); *avoir du ~ auprès de,* be popular with; *avoir beaucoup de ~,* be a great success; *remporter un ~,* score a success || MUS., TH. hit.

success|eur [syksesœr] *m* successor || **~if, ive** *adj* sucessive || **~ivement** *adv* successively || **~ion** *f* succession; *prendre la ~,* take over (d'une entreprise) || run, sequence (série) || JUR. *droits de ~,* death-duties.

succinc|t, e [syksε̃, ε̃t] *adj* brief, concise || **~tement** [-tmɑ̃] *adv* briefly, concisely.

succion [syksjɔ̃] *f* suction.

succomber [sykɔ̃be] *vi* (1) die || FIG. go under — *vt ind* succumb, yield (*à,* to).

succulent, e [sykylɑ̃, ɑ̃t] *adj* succulent, juicy, luscious.

succursale [sykyrsal] *f* COMM. branch; *magasin à ~s multiples,* multiple/chain store.

suc|er [suse] *vt* (6) suck || **~ette** *f* lollipop; lolly (fam.).

suçoir [syswar] *m* TECHN. sucker.

sucr|e [sykr] *m* sugar; *~ candi,* candy; *~ de canne,* cane-sugar; *~ en morceaux,* lump sugar; *~ en poudre,* caster-sugar || **~é, e** *adj* sugared, sweetened (boisson); sweet (fruit) || **~er** *vt* (1) sweeten, sugar || **~erie** [əri] *f* sugar refinery || *Pl* sweet things; *aimer les ~s,* have a sweet tooth || **~ier** *m* sugar-basin/ U.S. bowl.

sud [syd] *m* south; *au ~,* in the south; *du ~,* south, southern, southerly; *vers le ~,* south(wards) || ***~-est,*** south-east || ***~-ouest,*** south-west.

sudation [sydasjɔ̃] *f* sweating.

suède [sɥɛd] *m* suède (cuir).

Suède *f* Sweden.

Suédois, e [sɥedwa, az] *n* Swede.

suédois, e *adj* Swedish ● *m* [langue] Swedish.

su|ée [sɥe] *f* FAM. sweat || **~er** *vi* (1) sweat || **~eur** *f* sweat; *en ~,* sweaty; ***être en ~,*** be in a sweat || FIG. *avoir des ~s froides,* be in a cold sweat.

suff|ire [syfir] *vi* (97) suffice, be enough/sufficient || **~isamment** [-izamɑ̃] *adv* sufficiently, enough || **~isance** [-izɑ̃s] *f* sufficiency, fill || FIG. self-sufficiency/conceit || **~isant, e** [-izɑ̃, ɑ̃t] *adj* sufficient, enough, adequate || FIG. conceited, self-important, smug.

suffixe [syfiks] *m* suffix.

suffo|cation [syfɔkasjɔ̃] *f* suffocation || **~quer** [-ke] *vi* (1) suffocate, gasp for breath — *vt* choke, stifle.

suffrage [syfraʒ] *m* suffrage, vote.

sugg|érer [sygʒere] *vt* (5) suggest; prompt || **~estif, ive** [-ɛstif, iv] *adj* suggestive || **~estion** [-estjɔ̃] *f* suggestion, hint.

suicid|e [sɥisid] *m* suicide || **~er (se)** *vpr* (1) commit suicide.

suie [sɥi] *f* soot; *couvert/noir de ~,* sooty; *tache de ~,* smut.

suif [sɥif] *m* tallow.

suint|ement [sɥɛ̃tmɑ̃] *m* oozing; seepage || **~er** *vi* (1) ooze, seep.

suisse [sɥis] *adj* Swiss ● *m* REL. beadle.

Suiss|e *f* Switzerland ● *m* Swiss || **~esse** *f* Swiss.

suite [sɥit] *f* continuation, sequel *(de,* to) [continuation]; *la ~ au prochain numéro,* to be continued || [reste] follow-up, remainder || connection, order (liaison); *esprit de ~,* consistency; *sans ~,* discursive, incoherent || series; run (série) || consequence, result (résultat); *donner ~ à,* follow up (une offre); *comme ~ à votre lettre,* further to your letter || retinue (escorte) || [cartes] run ● *loc* ***de ~, à la ~,*** in succession; *à la ~ de,* behind (derrière); following (conséquence); at once (immédiatement); *je reviens de ~,* I'll be right back; ***par la ~,*** later, subsequently; ***par ~ de,*** as a result of, owing to; ***tout de ~,*** right now; V. TOUT.

suivant, e [sɥivɑ̃, ɑ̃t] *adj* following, next (ordre) ● *n* follower; *au ~!,* next! ● *prép* according to ● *loc conj ~ que,* according as.

suivre [sɥivr] *vt* (98) follow, come after (succéder à) || follow, go along (un chemin); *~ de près,* follow up; ***prière de faire ~,*** please forward || COMM. repeat (un article) || FIG. follow, observe; go by (se conformer à); *~ le conseil de qqn,* follow sb.'s advice; ***~ des cours,*** attend classes || ***à ~,*** to be continued.

sujet, ette [syʒɛ, ɛt] *adj* subject, liable (*à,* to) ● *m* subject, matter, theme; ***~ de conversation,*** topic; *à ce ~,* by the way || motive; reason || subject (personne) || FAM. *mauvais ~,* bad lot || GRAMM. subject ● *loc prép* ***au ~ de,*** about, concerning.

sujétion [syʒesjɔ̃] *f* subjection.

sulf|amide [sylfamid] *m* sulpha drug || **~ate** [sylfat] *m* sulphate.

sulfur|e [sylfyr] *m* sulphide || **~eux, euse** *adj* sulphurous || **~ique** *adj* sulphuric.

super [sypɛr] *m* AUT., FAM. four-star (petrol) || FAM. ***~!,*** super!

superbe [sypɛrb] *adj* superb, splendid, magnificent.

supercherie [sypɛrʃəri] *f* fraud, deceit, deception.

superfic|ie [sypɛrfisi] *f* surface, area || **~iel, ielle** [-jɛl] *adj* superficial || skin-deep (blessure) || FIG. shallow, superficial (esprit).

superflu, e [syperfly] *adj* superfluous, unnecessary ● *m* superfluity.

supéri|eur, e [syperjœr] *adj* superior; *être* ~ *à*, rank above || upper (étage, lèvre) || higher (offre, température) || advanced (études) ● *n* superior; *ses* ~*s*, one's betters || **~eurement** *adv* superlatively; exceedingly || **~orité** [-ɔrite] *f* superiority.

superlatif, ive [syperlatif, iv] *adj/m* superlative.

super|marché [sypermarʃe] *m* supermarket || **~poser** *vt* (1) superimpose || **~sonique** *adj* supersonic.

supersti|tieux, ieuse [sypersti-sjø, jøz] *adj* superstitious || **~tion** *f* superstition.

superstructure [syperstryktyr] *f* superstructure.

superviser [sypervize] *vt* (1) supervise.

supplanter [syplɑ̃te] *vt* (1) supplant, superside; displace (dans l'affection de qqn).

supplé|ance [sypleɑ̃s] *f* (temporary) replacement; [enseignant] *faire une* ~, be on supply || **~ant, e** *n* [enseignant] supply teacher || SP. substitute || JUR. deputy || **~er** *vt* (1) supply (ajouter) || make up for (compenser) || replace (remplacer) — *vt ind* ~ ***à***, make up for.

supplémen|t [syplemɑ̃] *m* supplement, extra; ***en*** ~, additional, extra || COMM. extra charge || RAIL. excess fare || **~taire** [-tɛr] *adj* supplementary, additional, extra; ***heures*** ~***s***, overtime; *faire des heures* ~*s*, work overtime.

suppli|ant, e [syplijɑ̃, ɑ̃t] *adj* imploring, entreating || **~cation** [-kasjɔ̃] *f* plea, entreaty; supplication.

supplice [syplis] *m* torture || FIG. torment; *être au* ~, be on the rack.

supplier [syplije] *vt* (1) entreat; beg, implore, beseech.

suppor|t [sypɔr] *m* stand, stay, prop, rest || **~table** [-tabl] *adj* tolerable, bearable (douleurs) || **~ter** I [-te] *vt* (1) bear, support || sustain (poids) || withstand (résister) || FIG. suffer, endure; put up with; *ne pas pouvoir* ~, be allergic to.

supporter II [sypɔrtɛr] *m* follower || SP. supporter.

suppos|é, e [sypoze] *adj* supposed ● *loc conj* ~ *que*, supposing that || **~er** *vt* (1) suppose, assume, presume; suspect, expect (fam.); *je suppose que*, I take it that; *à* ~ *que*, on the supposition that || imagine, suppose (imaginer) || imply (impliquer) || **~ition** [-isjɔ̃] *f* supposition, surmise, assumption, guess || FAM. *une* ~ *que*, supposing.

suppositoire [sypozitwar] *m* suppository.

suppr|ession [sypresjɔ̃] *f* suppression || deletion (d'un mot) || **~imer** [-ime] *vt* (1) suppress, remove || delete, drop (un mot) || cut out (le tabac, etc.) || do away with (qqch., qqn); make away with (qqn).

suppur|ation [sypyrasjɔ̃] *f* discharge || **~er** vi (1) fester, discharge.

supputer [sypyte] *vt* (1) calculate, compute.

supr|ématie [sypremasi] *f* supremacy || **~ême** [-ɛm] *adj* supreme, paramount.

sur [syr] *prép* [lieu] on (à la surface de); [avec mouvement] on to || ~ ***soi***, about, with; *je n'ai pas d'argent* ~ *moi*, I have no money about me; over (sur toute la surface); against (contre) || [direction] towards, on, at || [cause] by; *juger* ~ *les apparences*, judge by appearances || [manière] ***fait*** ~ ***mesure***, made to measure || [sujet] on, about || [proportion] in; *un* ~ *cinq*, one in five; by (mesure); *10 pieds ~ 20,* 10 feet by 20 ● *loc* ~ ***ce,*** whereupon.

sur, e *adj* sour.

sûr, e [syr] *adj* sure, certain; *en êtes-vous ~ ?,* are you positive?; *~ et certain,* cock-sure; *il est ~ de gagner,* he is bound to win; *soyez-en ~,* depend upon it; ~ ***de soi,*** self-confident || safe (sans danger); *peu ~,* unreliable; *mettre en lieu ~,* secure || reliable (renseignement); trustworthy (personne); unerring (goût) || FIN. *valeurs ~es,* gilt-edged securities ● *loc adv* ***à coup ~,*** for a certainty, for certain; ***bien ~,*** of course; *bien ~ que non!,* certainly not!; FAM. ***pour ~,*** sure enough, definitely.

surabond|ance [syrabɔ̃dɑ̃s] *f* superabundance || **~ant, e** *adj* superabundant.

suraliment|ation [syralimɑ̃tasjɔ̃] *f* overfeeding || **~er** *vt* (1) overfeed, feed up.

suranné, e [syrane] *adj* out-of-date, superannuated, old-fashioned.

surcharg|e [syrʃarʒ] *f* overload(ing) || surcharge (sur un timbre) || ÉLECTR. overcharge || **~er** *vt* (7) overload; overweight; *~ de travail,* overwork; *surchargé de travail,* swamped with work || surcharge (un timbre).

surchauffer [syrʃofe] *vt* (1) overheat.

surclasser [syrklase] *vt* (1) outclass.

surcontrer [syrkɔ̃tre] *vt* (1) redouble (au bridge).

surcroît [syrkrwa] *m* excess, increase ● *loc adv de ~,* in addition.

surdité [syrdite] *f* deafness.

surdose [syrdoz] *f* [drogue] overdose.

sureau [syro] *m* elder(-tree).

surélever [syrelve] *vt* (5) raise.

sûrement [syrmɑ̃] *adv* certainly, for sure, surely.

surench|ère [syrɑ̃ʃɛr] *f* higher bid || **~érir** [-erir] *vi* (2) outbid; bid higher (*sur qqn,* than sb.).

surestimer [syrɛstime] *vt* (1) overrate, overestimate; *~ ses forces,* overreach oneself.

sûreté [syrte] *f* safety, security (sécurité); *en ~,* safe, secure || reliability (fiabilité).

surexcité, e [syrɛksite] *adj* overstrung, over-excited, keyed-up.

surexpos|er [syrɛkspoze] *vt* (1) PHOT. over-expose || **~ition** *f* over-exposure.

surf [sœrf] *m* surf; *faire du ~,* go surfing, surfride.

surface [syrfas] *f* surface || COMM. ***grande ~,*** supermarket || NAUT. *faire ~,* surface || SP. [football] *~ de réparation,* penalty area.

surfait, e [syrfɛ, ɛt] *adj* over-praised, overrated.

surfeur, euse [sœrfœr, øz] *n* surfer, surfboarder.

surgelés [syrʒəle] *mpl* frozen food.

surgeon [syrʒɔ̃] *m* sucker.

surgir [syrʒir] *vi* (2) rise, appear, emerge || FIG. crop up.

sur|homme [syrɔm] *m* superman || **~humain, e** *adj* superhuman.

surimpression [syrɛ̃prɛsjɔ̃] *f* double exposure.

surir [syrir] *vi* (2) turn sour.

sur-le-champ [syrləʃɑ̃] *loc adv* straight away, forthwith, on the spot, off-hand, at once.

surlendemain [syrlɑ̃dmɛ̃] *m le ~,* the next day but one, two days later/after.

surmen|age [syrmənaʒ] *m* overwork; (mental) strain || **~é, e** *adj* overwrought, exhausted || **~er** *vt* (1) overwork, overstrain — *vpr* *se* ~, strain oneself, overwork oneself.

surmonter [syrmɔ̃te] *vt* (1) top, crown (couronner) || FIG. surmount, overcome, get over, master; weather, get the better of (difficulté).

surmultipliée [syrmyltiplije] *f* AUT. overdrive.

surnager [syrnaʒe] *vi* (7) float on the surface.

surnaturel, elle [syrnatyrɛl] *adj* supernatural, unearthly.

surnom [syrnɔ̃] *m* nickname.

surnombre [syrnɔ̃br] *m* ***en*** **~,** too many; redundant || *chose/personne en* ~, odd man out.

surnommer [syrnɔme] *vt* (1) nickname.

surnuméraire [syrnymerɛr] *adj/n* supernumerary.

suroît [syrwa] *m* sou'wester (vent, chapeau).

surpasser [syrpɑse] *vt* (1) surpass, outdo (excéder); excel (dominer); exceed (les espoirs); ~ *en nombre,* outnumber || SP. outmatch.

surpeuplé, e [syrpœple] *adj* overpopulated; overcrowded.

surplis [syrpli] *m* REL. surplice.

surplomb (en) [ɑ̃syrplɔ̃] *loc adv* overhanging.

surplomber [syrplɔ̃be] *vt* (1) overhang.

surplus [syrply] *m* surplus, excess || FIG. spill (de population).

surpr|enant, e [syrprənɑ̃, ɑ̃t] *adj* surprising, singular || **~endre** [-ɑ̃dr] *vt* (80) amaze, surprise (étonner) || catch (prendre à l'improviste || overhear (une conversation || **~is, e** *adj* surprised (*de,* at/to); *agréablement* ~, agreeably disappointed || **~ise** *f* surprise; *faire une* ~ *à qqn,* give sb. a surprise.

surproduction [syrprɔdyksjɔ̃] *f* overproduction.

sursau|t [syrso] *m* start, jump || FIG. sally (d'activité) ● *loc adv en* ~, with a start || **~ter** [-te] *vi* (1) start; jump; *faire* ~ *qqn,* give sb. a jump.

surs|eoir [syrswar] *vt ind* (100) suspend, postpone || JUR. ~ *à,* suspend (un jugement); ~ *à l'exécution,* reprieve || **~is** [-i] *m* JUR. respite, stay, reprieve || MIL. deferment || **~itaire** [-itɛr] *m* FR. deferred conscript.

surtax|e [syrtaks] *f* supertax || surcharge (pour une lettre); ~ *aérienne,* airmail fee || **~er** *vt* (1) overrate || surcharge (une lettre).

surtout [syrtu] *adv* above all, especially, mainly.

surveill|ance [syrvejɑ̃s] *f* watch(ing), supervision, control, oversight; *sans* ~, unattended || **~ant, e** *n* overseer, superintendent, supervisor || [examens] ~ *de salle,* invigilator ● *f* MÉD. matron (hôpital) || **~er** *vt* (1) supervise, superintend (ouvriers, travail) || watch, keep an eye on (garder) || overlook, oversee || mind (un bébé) || [examen] invigilate (candidats).

survenir [syrvənir] *vi* (101) [événement] happen, take place; crop up (fam.) || [difficulté] arise || [personne] arrive unexpectedly.

survêtement [syrvɛtmɑ̃] *m* SP. tracksuit.

survie [syrvi] *f* survival.

survirage [syrviraʒ] *m* AUT. oversteer.

surviv|ance [syrvivɑ̃s] *f* survival || **~ant, e** *n* survivor.

survivre [syrvivr] *vi* (105) survive || ~ ***à,*** outlive, outlast; live through (guerre, etc.).

survoler [syrvɔle] *vt* (1) fly over.

survolt|age [syrvɔltaʒ] *m* boosting || **~er** *vt* (1) boost || **~eur** *m* booster.

sus [sy(s)] *adv* ***en*** ~, in addition (*de,* to).

suscepti|bilité [sysɛptibilite] *f* susceptibility || **~ble** [-bl] *adj* susceptible, capable (*de,* of); apt, likely (*de,* to) || touchy, testy (ombrageux).

susciter [sysite] *vt* (1) stir up, arouse, provoke, excite (un sentiment); bring about, create (qqch.).

sus|dit, e [sysdi, it] *adj* aforesaid || **~mentionné, e** *adj* abovementioned.

suspec|t, e [syspɛ(kt), ɛkt] *adj* doubtful, suspicious, dubious, suspect; **~** *de,* suspected of ● *n* suspect || **~ter** [-kte] *vt* (1) suspect (*de,* of).

suspendre I [syspɑdr] *vt* (4) hang (up); sling (au moyen d'une courroie); string up (à une corde).

suspendre II *vt* (4) discontinue, hold up; **~** *la séance,* adjourn the meeting || AUT. *cette voiture est bien suspendue,* this car has a smooth ride || FIN. stop (payement) || FIG. suspend (fonctionnaire).

suspens (en) [ɑ̃syspɑ̃] *loc adv* in abeyance (projet); unsolved (problème); unsettled, open (question); pendent (décision).

suspense [syspɛns] *m* suspense || T.V. *film à* **~**, cliff-hanger.

suspension I [syspɑ̃sjɔ̃] *f* suspension, hanging || AUT. suspension, springs.

suspension II *f* break, interruption; adjournment (de séance) || suspension (de fonctionnaire).

suspicion [syspisjɔ̃] *f* suspicion, distrust.

susurrer [sysyre] *vt* (1) whisper.

sutur|e [sytyr] *f* suture MÉD. *point de* **~**, stitch; *faire un point de* **~**, stitch up || **~er** *vt* (1) stitch up.

svelte [svɛlt] *adj* slim, slender.

syllabe [sillab] *f* syllable.

sylviculture [silvikyltyr] *f* forestry.

symbol|e [sɛ̃bɔl] *m* symbol || **~ique** *adj* symbolic || **~iser** *vt* (1) symbolize.

symétr|ie [simetri] *f* symmetry || **~ique** *adj* symmetrical.

sympath|ie [sɛ̃pati] *f* liking, fellow feeling; *avoir de la* **~** *pour qqn,* (rather) like sb.; *se prendre de* **~** *pour,* warm to || sympathy (*pour,* towards); *exprimer sa* **~** *à qqn,* condole with sb. (condoléances) || **~ique** *adj* likable, attractive, nice (personne); congenial (atmosphère) || **~isant, e** *adj* sympathising ● *n* sympathiser || **~iser** *vi* (1) get on well together; **~** *avec,* be friendly with.

symphon|ie [sɛ̃fɔni] *f* symphony || **~ique** *adj* symphonic.

symp|tomatique [sɛ̃ptɔmatik] *adj* symptomatic || **~tôme** [-tom] *m* symptom.

synagogue [sinagɔg] *f* synagogue.

synchron|e [sɛ̃krɔn] *adj* synchronous || **~ique** *adj* synchronic || **~iser** *vt* (1) synchronize.

syncop|e [sɛ̃kɔp] *f* MÉD. syncope, fainting fit || MUS. syncopation || **~er** *vt* (1) syncopate.

syndic [sɛ̃dik] *m* trustee.

syndi|calisme [sɛ̃dikalism] *m* trade-unionism || **~caliste** *n* (militant) unionist || **~cat** [-ka] *m* (trade) union || **~** ***d'initiative,*** tourist office || **~qué, e** [-ke] *n* (trade) union member; *non-***~**, non-union worker || **~quer (se)** *vpr* (1) join a trade-union; *êtes-vous syndiqué?,* are you in a/the union?

synonyme [sinɔnim] *adj* synonymous (*de,* with) || FIG. *être* **~** *de,* be a by-word for ● *m* synonym.

synop|sis [sinɔpsis] *m* CIN. synopsis || **~tique** [-tik] *adj* synoptic(al).

syntax|e [sɛ̃taks] *f* syntax || **~ique** *adj* syntactic.

synth|èse [sẽtεz] *f* synthesis || **~étique** [-etik] *adj* synthetic || **~étiser** [-etize] *vt* (1) synthesize || **~étiseur** [-etizœr] *m* synthesizer.

syphil|is [sifilis] *f* syphilis || **~itique** [-itik] *adj* syphilitic.

syst|ématique [sistematik] *adj* systematic || **~ème** [-εm] *m* system, scheme, device.

t

t [te] *m* t.

ta [ta] *adj poss* V. TON.

taba|c [taba] *m* tobacco; *~ à priser,* snuff; ***marchand de ~,*** tobacconist || FAM. [police] *passer à ~,* beat up || **~sser** *vt* (1) POP. beat up (fam.) || **~tière** [-tjεr] *f* snuff-box.

table I [tabl] *f* table; *~ à dessin,* drawing-table; *~s gigognes,* nest of tables; *~ de jeu,* card table; *~ de nuit,* bedside table; *~ roulante,* (tea-)trolley || ***mettre la ~,*** lay/set the table; ***se mettre à ~,*** sit down to table; *à ~!,* dinner is served!; *tenir ~ ouverte,* keep open house || TÉL. *brancher sur ~ d'écoute,* tap || FIG. *~ ronde,* round table; *faire ~ rase,* make a clean sweep.

table II *f ~ des matières,* table of contents || MATH. table (de multiplication).

tableau [tablo] *m* board; *~ d'affichage,* notice-board; *~* ***noir,*** blackboard || table, list; rota, roster (de service); *~ synoptique,* synopsis || [dactylographie] *disposer en ~,* tabulate || ÉLECTR. *~ de distribution,* switch-board || *~* ***de bord,*** AUT. dashboard; AV. instrument panel || ARTS painting, picture.

tabler [table] *vi* (1) count, reckon (*sur,* on).

tablette [tablεt] *f* shelf (rayon) || CULIN. bar (de chocolat).

tablier [tablije] *m* apron; pinafore (d'enfant).

tabou [tabu] *adj/m* taboo.

tabouret [taburε] *m* stool.

tac [tak] *m répondre du ~ au ~,* give tit for tat, answer pat.

tache [taʃ] *f* spot; speck (petite); smear, smudge (souillure); splash (éclaboussure); blot (d'encre); blob (de couleur); *~ d'huile,* oily mark; *~ de sang,* blood stain || *~* ***de rousseur,*** freckle || FIG. flaw, taint; ***sans ~,*** spotless; *faire ~ d'huile,* spread.

tâche [tɑʃ] *f* task, work; job; stint (part); ***à la ~,*** by the piece; *être à la ~,* be on piecework.

tacher [taʃe] *vt* (1) [encre] stain; blot (faire des pâtés) || [graisse] mark || mark (pelage) — *vpr* ***se ~,*** [tissu] stain || [personne] get stains on one's clothes.

tâcher [tɑʃe] *vi* (1) try (*de,* to).

tâcheron [tɑʃrɔ̃] *m* jobber.

tacheter [taʃte] *vt* (1) speck, speckle.

tacit|e [tasit] *adj* tacit || **~urne** [-yrn] *adj* taciturn.

tacot [tako] *m* AUT., FAM. crock, banger; jalopy (humour).

tact [takt] *m* tact; *plein de ~,* tactful; *sans ~,* tactless.

tactique [taktik] *adj* MIL. tactical ● *f* MIL. tactics.

taffetas [tafta] *m* taffeta.

Tahit|i [taiti] *f* Tahiti || **~ien, ienne** [-sjɛ̃, jɛn] *n/adj* Tahitian.

taie [tɛ] *f* ~ ***d'oreiller,*** pillow-case/-slip.

taillader [tajade] *vt* (1) slash.

taille I [taj] *f* size (d'un vêtement); *quelle est votre ~ ?,* what size do you take?; *être à la ~ de qqn,* fit sb. || height (hauteur); *quelle est votre ~?,* how tall are you? || [ceinture] waist; middle (fam.); ***tour de ~,*** girth; waist measurement; *à ~ basse/haute,* low-/high-waisted.

taille II *f* cutting (d'un arbre); clipping (des cheveux, d'une haie) || TECHN. cut || **~-crayon** *m inv* pencil-sharpener.

taill|er [taje] *vt* (1) cut || prune (un arbre); trim, clip (une barbe, une haie); cut (les cheveux); sharpen (un crayon); hew (la pierre) || TECHN. cut (un diamant) || **~eur** *m* [couture] tailor (personne); *(costume) ~,* (tailormade) suit, two-piece suit || TECHN. cutter; *~ de pierre,* stone-cutter.

taillis [taji] *m* copse, coppice.

tain [tɛ̃] *m* foil.

taire [tɛr] *vt* (75) keep back, hush up; ***faire ~,*** silence, hush; *faire ~ les enfants,* make the children keep quiet — *vpr* ***se ~,*** fall/be silent, keep quiet.

talc [talk] *m* talcum powder.

talent [talɑ̃] *m* talent, skill; aptitude (*pour,* for); *avec ~,* ably; *de ~,* talented || *Pl* accomplishments (d'agrément).

talion [taljɔ̃] *m* talion; *loi du ~,* lex talionis.

talisman [talismɑ̃] *m* talisman.

talon I [talɔ̃] *m* FIN. stub, counter-foil (de chèque).

tal|on II *m* heel (du pied, de la chaussure); *~s aiguilles,* stiletto heels || **~onner** [-ɔne] *vt* (1) spur (on) [un cheval] || *~ qqn,* tread on sb.'s heels || FIG. dog, hound || **~onnette** [-ɔnɛt] *f* binding (tissu).

talus [taly] *m* bank, slope.

tambour [tɑ̃bur] *m* MUS. drum (instrument); *battre le ~,* beat the drum || drummer (personne) || *porte à ~,* revolving door || AUT. brake-drum (de frein) || FIG. *sans ~ ni trompette,* quietly || **~in** [-urɛ̃] *m* tabor || **~iner** [-ine] *vi* (1) beat a drum || drum, beat a tattoo (avec les doigts) || [pluie] patter.

tamis [tami] *m* sieve.

Tamise [tamiz] *f* Thames.

tamiser [tamize] *vt* (1) sift (du sable) || FIG. subdue, soften (la lumière).

tampon I [tɑ̃pɔ̃] *m* plug (bouchon); wad (de coton, de laine) || rubber-stamp; *~ encreur,* inkpad.

tamp|on II *m* RAIL. buffer || POL. *État ~,* buffer State || **~onnement** [-ɔnmɑ̃] *m* AUT., RAIL. collision, smash(-up) || **~onner** [-ɔne] *vt* (1) AUT., RAIL. crash into, collide.

tancer [tɑ̃se] *vt* (1) rate, scold.

tanche [tɑ̃ʃ] *f* tench.

tandis que [tɑ̃dikə] *loc conj* while (pendant que) || whereas (au lieu que).

tangage [tɑ̃gaʒ] *m* NAUT. pitch (ing).

tangent, e [tɑ̃ʒɑ̃, ɑ̃t] *adj* tangent ● *f* tangent.

tangible [tɑ̃ʒibl] *adj* tangible.

tanguer [tɑ̃ge] *vi* (1) pitch.

tanière [tanjɛr] *f* den, lair.

tan(n)in [tanɛ̃] *m* tannin.

tank [tɑ̃k] *m* MIL. tank.

tann|age [tanaʒ] *m* tanning || **~er** *vt* (1) tan (le cuir) || FAM. badger (harceler) || **~erie** [-ri] *f* tannery || **~eur** *m* tanner.

tan-sad [tɑ̃sad] *m* pillion.

tant [tɑ̃] *adv* [quantité] ~ ***de,*** so much/many || [degré] so much || [temps] ~ ***que,*** as long as (aussi longtemps que); *il ne partira pas ~ que vous ne serez pas de retour,* he won't leave till you come back; while (pendant que) ● *loc ~ bien que mal,* so-so, after a fashion; ~ *s'en faut,* far from it; ~ ***mieux!,*** so much the better!, that's fine!; ~ ***pis!,*** (that's) too bad!; never mind! (ça ne fait rien); ~ ***soit peu,*** ever so little; *un ~ soit peu,* a little big (+ adj.) || ~ *qu'à faire,* if it comes to that || ***en ~ que,*** as.

tante [tɑ̃t] *f* aunt; aunty (fam.) || Pop. queer, fairy, pansy (sl.) [homosexuel].

tantôt I [tɑ̃to] *adv* Fam. after lunch (cet après-midi).

tantôt II *adv : ~..., ~...,* now... now; sometimes... sometimes.

taon [tɑ̃] *m* horse-fly, gadfly.

tapag|e [tapaʒ] *m* din, uproar; *faire du ~,* make a racket, kick up a row || **~eur, euse** *adj* noisy; boisterous (enfant) || Fig. showy, flashy (toilette).

tape [tap] *f* tap, slap (sur l'épaule); pat (sur la joue) || **~-à-l'œil** *adj inv* Fam. showy ● *m inv* eyewash.

taper [tape] *vt* (1) tap, strike; slap (gifler) || ~ ***à la machine,*** type || Fam. ~ *qqn de cent francs,* tap/touch sb. for a hundred francs — *vi* knock (*sur,* on); ~ *du pied,* stamp one's foot || Fam. ~ *sur les nerfs de qqn,* get on sb.'s nerves; ~ *dans l'œil de qqn,* take sb.'s fancy.

tapette [tapɛt] *f* Pop. pansy.

tapinois (en) [ɑ̃tapinwa] *loc adv* on the sly.

tapioca [tapjɔka] *m* tapioca.

tapir (se) [sətapir] *vpr* (2) squat, crouch, cower.

tapis [tapi] *m* carpet, rug; ~ ***roulant,*** moving carpet, travolator || [camping] ~ ***de sol,*** ground sheet || [seuil] ***~-brosse,*** doormat || [boxe] *aller au ~,* go down for the count.

tapiss|er [tapise] *vt* (1) hang (*de,* with); paper (un mur) || **~erie** [-ri] *f* tapestry (murale); upholstery (pour meuble) || Fam. *faire ~,* be a wall-flower || **~ier, ière** *n* upholsterer || tapestry-weaver.

tapoter [tapɔte] *vi/vt* (1) tap, dab (*sur,* on); pat (la joue) || Mus. strum on the piano.

taquet [takɛ] *m* wedge (coin).

taqu|in, ine [takɛ̃, in] *adj* teasing || **~iner** [-ine] *vt* (1) tease || **~inerie** [-inri] *f* teasing.

tar|d [tar] *adv* late; *il se fait ~,* it is getting late; *plus ~,* later (on), hereafter, by and by; *trois jours plus ~,* three days after; *tôt ou ~,* sooner or later; *au plus ~,* at the latest || **~der** [-de] *vi* (1) delay; *sans ~,* without delay; ~ ***à,*** be long in; *il ne va pas ~ maintenant,* he won't be long now — *v impers il lui tarde de faire votre connaissance,* he is anxious to meet you; *il me tarde de vous voir,* I'm longing to see you || **~dif, ive** [-dif, iv] *adj* late (heure, arbre) || Fig. belated || **~divement** [-divmɑ̃] *adv* late, belatedly.

tare I [tar] *f* Méd. taint || Fig. blemish.

tar|e II *f* Comm. tare (poids) || **~er** *vt* (1) Comm. tare.

targuer (se) [sətarge] *vpr* (1) boast (*de,* of).

tari, e [tari] *adj* dry (puits).

tarif [tarif] *m* tariff, price-list (prix) || rates (barème); *~s postaux,* postage rates.

tarir [tarir] *vt* (2) exhaust, dry up (un puits) — *vi/vpr* ***(se) ~,*** run dry, dry up.

tarte [tart] *f* tart, pie; ~ *aux pommes,* apple-pie.

tartin|e [tartin] *f ~ (de beurre),*

slice of bread and butter || **~er** *vt* (1) spread.

tartre [tartr] *m* MÉD. tartar || TECHN. scale.

tartuferie [tartyfri] *f* cant.

tas [tɑ̃] *m* heap, pile ; *mettre en ~,* pile up || FAM. *un ~ de,* a lot of ; *des ~ de,* heaps/scores/lots of.

tasse [tɑs] *f* cup ; *~ à thé,* tea-cup ; *~ de thé,* cup of tea ; *grande ~,* mug.

tasseau [taso] *m* underprop.

tasser [tɑse] *vt* (1) compress, squeeze, cram (des objets) ; crush (écraser) ; ram, pack (de la terre) — *vpr* ***se ~,*** crowd together.

tât|er [tɑte] *vt* (1) feel, touch || explore (le terrain) || **~e-vin** *m inv* wine-taster.

tatillon, onne [tatijɔ̃, ɔn] *adj* fussy, finical ● *n* stickler.

tât|onner [tɑtɔne] *vi* (1) feel one's way, grope, fumble || **~ons (à)** [atɑtɔ̃] *loc adv* gropingly ; *avancer ~,* grope one's way along.

tatou|age [tatwaʒ] *m* tattoo(ing) || **~er** *vt* (1) tattoo.

taudis [todi] *m* hovel, slum || *Pl* slums.

taup|e [top] *f* mole || **~inière** [-injɛr] *f* mole-hill.

taureau [toro] *m* bull ; *course de ~x,* bullfight.

Taureau *m* ASTR. Taurus.

taux [to] *m* rate ; *~ natalité,* birth-râte || FIN. *au ~ de 5 %,* at the rate of 5 %.

tax|e [taks] *f* tax (redevance) ; *~ de séjour,* visitor's tax ; *~ à la valeur ajoutée,* value added tax || COMM. controlled price || **~er** *vt* (1) tax || fix the price of || JUR. impose a tax on.

taxi [taksi] *m* taxi, cab.

Tchad [tʃad] *m* Chad || **~ien, ienne** *n/adj* Chadian.

tchécoslovaque [tʃekɔslɔvak] *adj* Czechoslovak.

Tchécoslovaquie [tʃekɔslɔvaki] *f* Czechoslovakia.

tchèque [tʃɛk] *adj/m* Czech (langue) ● *n* Czech.

te [tə] *pron pers* V. TU || you ● *pron réfléchi* yourself.

té [te] *m* T-square.

techn|icien, enne [tɛknisjɛ̃, ɛn] *n* technician || **~icité** [-isite] *f* technicality || **~ique** *adj* technical ● *f* technique || skill, know-how (savoir-faire) || **~ocrate** [-ɔkrat] *n* technocrat || **~ocratie** [-ɔkrasi] *f* technocracy || **~ologie** [-ɔlɔʒi] *f* technology || **~ologique** [-ɔlɔʒik] *adj* technological.

teck [tɛk] *m* teak (bois).

teindre [tɛ̃dr] *vt* (59) dye (un vêtement) ; *faire ~ une robe en bleu,* have a dress dyed blue || stain (du bois, etc.) — *vpr* ***se ~*** *se ~ les cheveux,* dye one's hair.

teint [tɛ̃] *m* complexion (du visage) || [couleur] dye, colour ; *bon/grand ~,* fast colour || FIG. *bon ~,* double-dyed, dyed-in-the-wool (pr. et fig.).

teint|e [tɛ̃t] *f* colour || hue, shade (nuance) || **~er** *vt* (1) tint (cheveux) || stain (bois) || **~ure** *f* dye || dyeing (action) || MÉD. *~* ***d'iode,*** tincture of iodine || FIG. smattering (connaissance vague) || **~urerie** [-tyrri] *f* dye-works (atelier) ; (dry-)cleaner's (boutique) || **~urier, ière** *n* COMM. cleaner || TECHN. dyer.

tel, telle [tɛl] *adj* [ressemblance] such, like ; *un ~ homme,* such a man ; *un ~ courage,* such courage ; *si ~ est le cas,* if such is the case ; *~ père, ~ fils,* like father, like son ; *~* ***que :*** *un homme ~ que lui,* a man like him ; *un ami ~ que Jean,* such a friend as John || ***comme ~,*** as such || *~* ***quel,*** such as it is || [énumération] *~* ***que,*** such as, like || [indéfini] *~ jour,* on such (and such) a day ; *à*

~ *endroit,* in such (and such) a place ● *pron* ***Un ~, Une ~le,*** So-and-so.

télé I [tele] *f* FAM. T.V. (fam.).

télé|- II *préf* tele- || **~benne/cabine** *f* = TÉLÉPHÉRIQUE || **~commande** *f* remote control || **~communications** *fpl* telecommunications || **~distribution** *f* cable T.V. || **~férique** *m* cableway; cable car || **~gramme** *m* telegram || wire (fam.) || **~graphe** [-graf] *m* telegraph || **~graphie** *f* telegraphy || **~graphier** *vi/vt* (1) wire, cable, telegraph || **~graphique** *adj* telegraphic; *style ~,* telegraphese || **~graphiste** [-grafist] *n* telegraphist || **~guidé, e** *adj projectile ~,* guided missile || **~guider** *vt* (1) radio-control || **~mètre** *m* range-finder || **~objectif** *m* telephoto lens || **~pathie** [-pati] *f* telepathy || **~phérique** [-ferik] *m* cable-railway, ropeway || **~phone** [-fɔn] *m* telephone, phone (fam.); *avoir le ~,* be on the phone; ***coup de ~,*** telephone call; ***donner un coup de ~ à qqn,*** give sb. a ring || POL. ***~ rouge,*** hot line || **~phoner** *vt* (1) telephone (message) — *vi* ***~ à qqn,*** (tele)phone sb., ring/call up sb.; *~ en P.C.V.,* transfer the charges || **~phonique** *adj* telephone; telephonic || **~oniste** *n* (telephone) operator.

télescop|e [telɛskɔp] *m* telescope || **~er** *vt/vpr* (1) ***[se ~]*** telescope || **~ique** *adj* telescopic.

télé|scripteur [teleskriptœr] *m* teleprinter || **~siège** *m* chairlift || **~ski** *m* ski-lift || **~spectateur, trice** *n* viewer || **~type** *m* teleprinter, ticker || **~viser** *vt* (1) televise; *journal télévisé,* newscast || **~viseur** *m* television (set) || **~vision** *f* television, U.S. video || FAM. T.V.

tellement [tɛlmɑ̃] *adv* [degré] so, to such a degree || [quantité] so much || [négativement] *pas ~ grand,* not all that high.

témér|aire [temerɛr] *adj* rash, reckless, foolhardy || **~ité** *f* rashness, recklessness.

tém|oignage [temwaɲaʒ] *m* JUR. testimony, evidence, witness (action); *porter ~ sur,* bear witness to; *faux ~,* false evidence; JUR. perjury || FIG. token (marque); *en ~ de,* as a token of || **~oigner** [-waɲe] *vi* (1) JUR. give evidence; ***~ contre/en faveur de qqn,*** testify against sb./in sb.'s favow — *vt ind* ***~ de qqch.,*** bear witness to sth., testify to — *vt* FIG. show (sa gratitude); express (un sentiment) || **~oin** [-wɛ̃] *m* witness; *~ oculaire,* eye-witness; ***être ~ de,*** witness || JUR. *~ à décharge/ charge,* witness for the defence/ prosecution; *banc des ~s,* witness box.

tempe [tɑ̃p] *f* ANAT. temple.

tempérament I [tɑ̃peramɑ̃] *m* temperament, constitution (physiologique) || disposition, temper (moral).

tempérament II *m vente à ~,* hire-purchase, U.S. installment plan; *acheter à ~,* buy on the hire-purchase system; on (the) H.P.

tempérance [tɑ̃perɑ̃s] *f* temperance, moderation.

tempér|ature [tɑ̃peratyr] *f* temperature || MÉD. *faire de la ~,* have a temperature; *prendre la ~ de qqn,* take sb.'s temperature || **~é, e** *adj* temperate, mild (climat) || **~er** *vt* (5) temper.

tempêt|e [tɑ̃pɛt] *f* storm, tempest, gale; *~ de neige,* snow-storm, blizzard; *souffler en ~,* blow a gale || **~er** *vi* (1) FIG. storm, bluster.

tempétueux, euse *adj* tempestuous, stormy.

temple [tɑ̃pl] *m* temple.

tempor|aire [tɑ̃pɔrɛr] *adj* temporary (emploi, fonction, personnel) provisional (pouvoir) || **~airement** *adv* temporarily || **~el, elle** *adj* temporal [contr. de « éternel

»] || secular, wordly [contr. de « spirituel »] || ~**isation** [-izasjɔ̃] *f* procrastination || ~**iser** [-ize] *vi* (1) temporize, stall.

temps I [tɑ̃] *m* [durée] time ; *avoir du ~ devant soi,* have time to spare ; *nous avons tout le ~,* we've got plenty of time ; *il y a quelque ~,* some time ago ; *gagner/perdre du ~,* gain/waste time ; *mettre/prendre du ~ à faire qqch.,* take time doing sth. ; *(faire) passer le ~,* while away the time ; *pendant quelque ~,* for some time ; *quelque ~ après,* after a while ; *en un rien de ~,* in no time ; *prenez votre ~,* don't let me rush you, don't hurry ; *combien de ~ ?,* how long ? ; *depuis combien de ~ êtes-vous ici ?,* how long have you been here ? || [durée limitée] *il a fait son ~,* he has had his days ; *pendant ce ~,* meantime, meanwhile || [époque] *en ~ voulu,* at the proper time, in due time ; *de mon ~,* in my days ; *en ce ~-là,* in those days || GRAMM. tense || MUS. beat || TECHN. *moteur à deux ~,* two-stroke engine ; *~ de réponse,* time lag ; [informatique] ~ ***partagé/réel,*** time sharing/real time || MIL. *faire son ~,* serve one's time ● *loc* ***à ~,*** in time ; ***en même ~,*** at the same time, at once ; *en ~ utile,* in due course/time ; ***de ~ à autre,*** off and on, at times, once in a while ; *de ~ en ~,* from time to time, now and then ; ***tout le ~,*** always, all the while ; *de tout ~,* at all times ; *à ~ partiel,* part-time ; *à ~ plein, à plein ~,* fulltime.

temps II *m* weather ; *beau/mauvais ~,* nice/bad weather ; ***quel ~ fait-il ?,*** what's the weather like ? ; *par tous les ~,* rain or shine || NAUT. *gros ~,* heavy weather.

tenace [tənas] *adj* tenacious ; dogged (efforts).

ténacité [tenasite] *f* tenacity.

tenaill|e(s) [tənɑj] *f(pl)* nippers || *Pl* pincers || ~**er** *vt* (1) FIG. torture ; [faim] gnaw.

tenancier, ière [tənɑ̃sje, jɛr] *n* manager (d'un hôtel) ; keeper (d'une maison de jeu) || AGR. tenant farmer.

tenant, e [tənɑ̃, ɑ̃t] *adj* attached (col) ● *n* SP. holder (d'un record) || *Pl* FIG. *les ~s et les aboutissants,* the ins and outs (d'une affaire) ● *loc adv d'un seul ~,* all in one piece.

tendanc|e [tɑ̃dɑ̃s] *f* tendency, propensity, trend || drift (des événements) || bent, strain (dans un caractère) || POL. leanings || ~**ieux, ieuse** [-jø, jøz] *adj* tendentious.

tendeur [tɑ̃dœr] *m* guy (d'une tente).

tendon [tɑ̃dɔ̃] *m* sinew, tendon.

tendre I [tɑ̃dr] *vt* (4) stretch, strain, tighten (une corde) ; bend (un arc) ; [disposer] hang (une tapisserie) ; extend (un câble) ; set (un piège) ; spread (un filet) || [porter en avant] hold out (la main) ; *~ le cou,* crane one's neck || FIG. *~ l'oreille,* strain one's ears ; brace (ses forces) — *vt ind* ***~ à,*** lead to, tend to — *vpr* ***se ~,*** [corde] become taut.

tendr|e II *adj* tender || soft (pierre) ; delicate (peau) ; tender (viande) || FIG. fond, loving (paroles) ; *dès la plus ~ enfance,* from early childhood || ~**ement** [-əmɑ̃] *adv* tenderly, dearly ; fondly, lovingly || ~**esse** *f* tenderness, affection, fondness || *Pl* endearments.

tendu, e [tɑ̃dy] *adj* taut, tight (corde) ; outstretched (bras) || COMM. stringent (marché) || FIG. high(ly)-strung (personne) ; taut (nerfs) ; strained (rapports) ; tense (situation).

tén|èbres [tenɛbr] *fpl* darkness, gloom || FIG. darkness || ~**ébreux, euse** [-ebrø, øz] *adj* dark, gloomy, murky.

teneur [tənœr] *f* content, tenor.

teneur, euse *n* COMM. ~ *de livres,* book-keeper.

tenir [tənir] *vt* (101) hold (à la main) || [maintenir retenir] keep; ~ *un chien en laisse,* keep a dog on the leash || keep, hold; ~ *chaud,* keep (one) warm; *(qqch.) au frais,* keep (sth.) in a cool place; ~ *table ouverte,* keep open house || [renfermer] hold, contain || [occuper] take up (de la place) || [entretenir] keep, look after; ~ *le ménage,* keep house || [diriger] run (un hôtel) || AUT. hold (la route); ~ *sa droite,* keep (to the) right || NAUT. ~ *la mer,* be seaworthy || COMM. keep (un commerce); keep, stock (un article); ~ *les comptes,* keep accounts || FIG. keep, live up to (sa parole); consider, hold (considérer); ~ *qqn pour responsable de,* hold sb. responsible for; ~ *qqn à distance,* keep sb. off; ~ *une réunion,* hold (a meeting); ~ *tête à,* stand up to, make a stand against. — *vt ind* ~ ***à,*** depend on, result from (provenir de); *à quoi cela tient-il?,* what is that due to?; ~ *à qqch.,* care for sth.; ~ *beaucoup à faire,* be anxious to do, insist on doing; *j'y tiens,* I insist; *si vous y tenez,* if you really want to; *je n'y tiens pas,* I do not wish it || ~ ***de,*** learn from (apprendre); owe to (être redevable); take after (ressembler).
— *vi* stand (rester debout) || hold, resist (résister); ~ *bon,* hold fast, stand firm || FAM. *ne plus* ~ *debout,* be ready to drop ● *loc* ***tenez!,*** here you are! (prenez!); ***tiens!*** you don't say so! (pas possible!) — *v impers il ne tient qu'à vous de,* it rests entirely with you to.
— *vpr* ***se*** ~ : *se* ~ *debout,* stand; *se* ~ *droit,* hold oneself upright; *se* ~ *à l'écart,* keep away; *se* ~ *tranquille,* keep quiet || behave *(bien/mal,* well/badly); *tiens-toi bien!,* behave yourself! || *se* ~ *à,* hold on to (se cramponner) || FIG. [arguments] hang together; *s'en* ~ *à,* stick to.

tennis [tɛnis] *m* (lawn-)tennis; *(court de)* ~, tennis-court; ~ *couvert,* indoor tennis; ~ *de table,* table-tennis; *jouer au* ~, *faire du* ~, play tennis || **~man** [man] *m* tennis-player.

ténor [tenɔr] *m* MUS. tenor.

tension [tɑ̃sjɔ̃] *f* tension (d'une (corde) || stress (normale); strain (excessive) || MÉD. ~ *artérielle,* blood pressure; ~ ***nerveuse,*** nervous stress || ÉLECTR. tension; ***basse/haute*** ~, low/high voltage; *sous* ~, live || FIG. tension.

tentacule [tɑ̃takyl] *m* tentacle, feeler.

tent|ant, e [tɑ̃tɑ̃, ɑ̃t] *adj* tempting, inviting, tantalizing || **~ation** *f* temptation, enticement || **~ative** [-ativ] *f* attempt, try, endeavour, trial, bid.

tente [tɑ̃t] *f* tent; *dresser la* ~, pitch the tent; *coucher sous la* ~, sleep under canvas || marquee (de garden-party).

tenter I [tɑ̃te] *vt* (1) attempt, undertake, try; ~ *le coup,* risk it — *vt ind* ~ *de,* attempt to, try to, seek to.

tenter II *vt* (1) tempt, tantalize; *se laisser* ~, allow oneself to be tempted; *si cela vous tente,* if it appeals to you.

tenture [tɑ̃tyr] *f* hangings.

tenu, e [təny] V. TENIR ● *adj bien* ~, well kept; tidy (chambre) || FIG. *être* ~ *de,* be under an obligation to.

ténu, e [teny] *adj* tenuous || fine, thin (fil).

tenue [təny] *f* dress (habillement); ~ ***de soirée,*** evening dress; *se mettre en grande* ~, dress oneself up || MIL. ~ *de combat,* battle dress; ~ *de corvée,* fatigue dress; *en grande* ~, in full dress || SP. ~ ***de sport,*** sports clothes || AUT. ~ ***de route,*** road holding || FIG. behaviour.

térébenthine [terebɑ̃tin] *f* (= ESSENCE DE ~) turpentine.

tergiverser [tɛrʒivɛrse] *vi* (1) shuffle, beat about the bush; shilly-shally (fam.).

terme I [tɛrm] *m* end, limit; *mettre un ~ à,* put an end to || MÉD. *né avant ~,* premature || COMM. *ventes à ~,* credit sales; rent (loyer); *jour du ~,* quarter-day, rent-day; *payer son ~,* pay one's rent || FIN. *marché à ~,* time transaction; *à long ~,* long term.

terme II *m* term, word; *en d'autres ~s,* in other words.

termes *mpl être en bons/mauvais ~ avec,* be on good/bad terms with.

termin|aison [tɛrminɛzɔ̃] *f* GRAMM. termination, ending || **~al, e, aux** *adj* terminal ● *m* [informatique] terminal || **~é, e** *adj* at an end, complete; *complètement ~,* all over || **~er** *vt* (1) end, finish, bring to an end, complete; get through; conclude (*par,* with) || top/finish off (repas) — *vpr* ***se ~,*** end, come to an end, finish; draw to a close; be over; conclude || **~us** [-ys] *m* terminus, terminal.

termite [tɛrmit] *m* white ant, termite.

tern|e [tɛrn] *adj* dull, dim (couleur) || FIG. tame, dull (histoire, style); flat (style, vie); drab (existence) || **~ir** *vt* (2) tarnish (un métal); cloud, blur (une vitre) || FIG. tarnish, stain (une réputation) — *vpr* ***se ~,*** [métal] tarnish || [couleur] dim.

terrain [tɛrɛ̃] *m* [propriété] piece of land; *~ à bâtir,* building site || ***~ vague,*** waste ground || AGR. soil, ground || SP. ***~ de sport,*** sports ground; [football, rugby] pitch, field; ***~ de golf,*** golf-course/-links; ***~ de camping,*** campsite || FIG. *gagner/perdre du ~,* gain/lose ground.

terrass|e [tɛras] *f* terrace || **~ement** *m* digging (creusage) || **~er** *vt* (1) SP. throw down, floor (renverser) || FIG. dismay, stun || **~ier** *m* navvy.

terre [tɛr] *f* earth (planète) || land, earth (continent); *~ ferme,* mainland; *basse(s) ~(s),* lowland, *haute(s) ~(s),* upland; *par voie de ~,* overland || ground (sol); *~ battue,* dirt; ***par ~,*** on the floor/ground || earth (matière); *de/en ~,* earthen; *recouvrir de ~,* earth up || *Pl* estate || NAUT. *à ~,* on shore/ashore; *descendre à ~,* land || MIL. *armée de ~,* land forces || ÉLECTR. earth; *mettre à la ~,* earth || ARTS *~ cuite,* terra cotta || FIG. *traiter qqn plus bas que ~,* treat sb. like dirt ● *loc adj inv* ***~ à ~,*** matter-of-fact, down-to-earth.

terreau [tɛro] *m* loam, mould.

Terre-Neuve [tɛrnœv] *f* GÉOGR. Newfoundland.

terre-neuve *m inv* Newfoundland dog.

terre-plein [tɛrplɛ̃] *m* platform.

terr|er (se) [sətɛre] *vpr* (1) entrench oneself || **~estre** [-ɛstr] *adj* terrestrial (globe) || FIG. earthly, worldly.

terreur [tɛrœr] *f* terror, dread; *frappé de ~,* awe-struck.

terreux, euse [tɛrø, øz] *adj* earthy.

terrible [tɛribl] *adj* terrible, dreadful || FAM. terrific || **~ment** [-əmɑ̃] *adv* terribly, dreadfully || FAM. awfully.

terrier [tɛrje] *m* hole, burrow (de lapin); earth (d'un renard).

terrif|iant, e [tɛrifjɑ̃, ɑ̃t] *adj* terrifying, frightening, appalling || **~ier** *vt* (1) terrify, frighten, appal.

terrine [tɛrin] *f* earthenware pan, pot.

territ|oire [tɛritwar] *m* territory || **~orial, e, aux** [-ɔrjal, o] *adj* territorial.

terroir [tɛrwar] *m* *de/du* ~, local; *sentir le* ~, smack of the soil.

terror|iser [tɛrɔrize] *vt* (1) terrorize || **~isme** *m* terrorism || **~iste** *n* terrorist.

tertiaire [tɛrsjɛr] *adj* *secteur* ~, tertiary activities.

tertre [tɛrtr] *m* hillock, knoll.

tes [te] *adj poss* V. TON.

tesson [tɛsɔ̃] *m* shard (de bouteille); crock (de poterie).

test [tɛst] *m* test; ***passer un*** ~, take a test; *faire passer un* ~ *à qqn,* give sb. a test || MÉD. ~ ***de grossesse,*** pregnancy test.

testament [tɛstamɑ̃] *m* testament, will; *faire un* ~, make a will; *léguer par* ~, bequeath, will.

tétanos [tetanos] *m* tetanus.

têtard [tɛtar] *m* tadpole.

tête [tɛt] *f* head; *de la* ~ *aux pieds,* from top to toe; *la* ~ *la première,* headlong || head (de bétail) || head (de clou) || [magnétophone] ~ ***d'effacement,*** erasing head; ~ *d'enregistrement/de reproduction,* recording/playback head || [électrophone] ~ *de lecture,* stylus || MIL. ~ *de pont,* beach-head || FIG. head; *se mettre dans la* ~ *de/que,* take it into one's head to/that; *ne savoir où donner de la* ~, not to know which way to turn; *à* ~ *reposée,* at one's leisure; ***de*** ~, from memory; *perdre la* ~, lose one's head; *il n'a pas toute sa* ~, he is not all there || FIG. *à la* ~ *de,* at the head of; *être à la* ~ *de,* head; *prendre la* ~, take the lead || FAM. *grosse* ~, egghead (intellectuel); *faire la* ~, be in the sulks; *se payer la* ~ *de qqn,* pull sb.'s leg; *avoir du travail par-dessus la* ~, be swamped with work || **~-à-queue** *m inv* spin; *faire un* ~, spin/slew (right) round || **~-à-** ~ *m inv* tête-à-tête; *en* ~ *avec,* alone with || ~ **de mort** *f* death's head || skull and crossbones.

tét|ée [tete] *f donner la* ~ *à,* give suck to || **~er** *vt* (5) suck; *donner à* ~, suckle || **~ine** *f* teat (de biberon); dummy (sucette) || **~on** *m* FAM. teat, nipple.

têtu, e [tɛty] *adj* stubborn, pigheaded, mulish.

texte [tɛkst] *m* text || RAD., TH. script.

textile [tɛkstil] *adj/m* textile ● *mpl* COMM. soft goods.

textuel, elle [tɛkstɥɛl] *adj* textual || **~lement** *adv* verbatim.

thé [te] *m* tea (boisson, repas) || tea-party (réunion).

théâtr|al, e, aux [teɑtral, o] *adj* theatrical, scenic || **~e** *m* theatre, stage (scène); *pièce de* ~, play; *faire du* ~, go on the stage, walk the boards.

théière [tejɛr] *f* tea-pot.

thème [tɛm] *m* theme, subject matter || prose (traduction).

théologie [teɔlɔʒi] *f* theology, divinity.

théor|ème [teɔrɛm] *m* theorem || **~icien, ienne** [-isjɛ̃, jɛn] *n* theorist || **~ie** [-i] *f* theory; *en* ~, in theory || **~ique** *adj* theoretical, on paper || **~iquement** *adv* theoretically.

therm|al, e, aux [tɛrmal, o] *adj* thermal; *établissement* ~, hydro; *station* ~*e,* spa, watering-place || **~omètre** [-ɔmɛtr] *m* thermometer || **~onucléaire** [-onykleɛr] *adj* thermonuclear.

Therm|os [tɛrmos] *m/f* (= *bouteille* ~) N.D. thermos(-flask), vacuum-bottle || **~ostat** [-osta] *m* thermostat.

thèse [tɛz] *f* thesis, approach (opinion) || [université] thesis.

thon [tɔ̃] *m* tunny || tuna (fish) [en boîte].

thorax [tɔraks] *m* chest.

thym [tɛ̃] *m* thyme.

thyroïde [tirɔid] *adj/f* thyroid.

Tibet [tibɛ] *m* Tibet.

tibia [tibja] *m* tibia, shin(-bone).

tic [tik] *m* MÉD. tic || *Pl* jerks.

ticket [tikɛ] *m* ticket; check || RAIL. ~ ***de quai,*** platform ticket.

tic-tac [tiktak] *m inv* tick(-tock).

tie-break [tajbrek] *m* [tennis] tie-break(er).

tiède [tjɛd] *adj* tepid, lukewarm (eau); mild, soft (air).

tiédir [tjedir] *vi* (2) become tepid; *faire ~,* take the chill off.

tien, tienne [tjɛ̃, tjɛn] *pron poss le ~, la tienne, les ~s, les tiennes,* yours.

tiens! [tjɛ̃] *interj* hullo! || V. TENIR.

tierce [tjɛrs] *adj f* V. TIERS ● *f* MUS. third.

tiers, tierce [tjɛr, ɛrs] *adj* third ● *m* third || JUR. third party; *assurance au ~,* third party insurance.

Tiers Monde *m* Third World.

tige [tiʒ] *f* BOT. stem, stalk || TECHN. rod (de piston).

tignasse [tiɲas] *f* shock of hair, mop.

tigr|e [tigr] *m* tiger || **~esse** *f* tigress.

tilleul [tijœl] *m* BOT. lime-tree, linden || MÉD. lime-blossom tea.

timbale [tɛ̃bal] *f* mug (gobelet) || MUS. kettledrum.

timbr|age [tɛ̃braʒ] *m* stamping || **~e** I *m* stamp (sur un document) || ~*(-poste),* (postage) stamp (vignette); ~ ***neuf,*** new/mint stamp; ~ ***oblitéré,*** used stamp || postmark (marque d'oblitération) || ~ ***en caoutchouc,*** rubber stamp; ~ *dateur,* date-stamp.

timbre II *m* bell (de bicyclette) || MUS. tone (d'un instrument).

timbr|é, e [tɛ̃bre] *adj* stamped (papier) || FAM. cracked, dotty || **~er** *vt* (1) stamp (une lettre).

timid|e [timid] *adj* shy, bashful; timid (animal) || **~ité** *f* shyness, bashfulness, timidity.

timonier [timɔnje] *m* helmsman, man at the wheel.

timoré, e [timɔre] *adj* timorous.

tintamarre [tɛ̃tamar] *m* din, uproar, racket.

tint|ement [tɛ̃tmɑ̃] *m* ringing, toll (d'une cloche); tinkle (d'une clochette); jingle (de clefs); chink (de pièces); clink (de verres) || **~er** *vi* (1) [cloche, oreilles] ring; [clochette, pièces de monnaie] jingle, tinkle; [or] chink; [verres] clink.

tintouin [tɛ̃twɛ̃] *m* FAM. trouble.

tir [tir] *m* shooting || shooting-gallery (baraque foraine); ~ *à l'arc,* archery; ~ *aux pigeons,* pigeon-shooting || MIL. fire, firing; rifle-range (stand) || ASTR. shot (d'une fusée).

tirade [tirad] *f* tirade || TH. *fin de ~,* cue.

tir|age [tiraʒ] *m* pull(ing), drawing || draught (d'une cheminée) || [loterie] draw; ~ ***au sort,*** draw(ing) lots || TECHN. printing; ~ *à part,* off-print || [nombre d'exemplaires] circulation, run || PHOT. print || **~ailler** [-aje] *vt* (1) pull about — *vi* MIL. fire away || **~ailleur** [-ajœr] *m* rifleman || **~ant** *m ~ d'eau,* draught.

tire [tir] *f voleur à la ~,* pickpocket.

tire|-au-flanc [tiroflɑ̃] *m inv* skiver, shirker, slacker, dodger || **~-bouchon** *m* cork-acrew || **~-d'ailes (à)** *loc adv* swiftly || **~-fesses** *m inv* FAM. ski-tow || **~-ligne** *m* drawing-pen.

tirelire [tirlir] *f* money-box.

tirer [tire] *vt* (1) pull, draw; drag, tug, haul || draw (une ligne, des rideaux, du vin); ~ *la langue,* stick out one's tongue || MIL. shoot, fire (une balle) || TECHN. print (off); run off (polycopier) ||

Phot. print (un négatif) || Fin. draw, make out; ~ *un chèque de £10 sur la banque X,* make out a cheque for £10 on the X Bank; ~ *à découvert,* overdraw || ~ *une conclusion,* draw a conclusion; ~ *le meilleur parti de qqch.,* make the best/most of sth.; ~ ***(qqch.) au sort,*** draw/cast lots (for sth.).
— *vi* pull || [cheminée] draw || ~ ***sur,*** pull at/on, tug at, pull over; give a pull on; ~ *sur sa pipe,* puff at one's pipe || Fig. ~ *à sa fin,* draw to an end; ~ *au flanc,* skive (fam.) || ~ ***à la courte paille,*** draw straws.
— *vpr* ***se*** ~, extricate oneself *(de,* from); ***se*** ~ ***d'affaire,*** get out of a difficulty, rub along, get out of trouble; ***s'en*** ~, cope, manage, pull through, get off; get away with, come off (fam.).

tiret [tirɛ] *m* dash.

tireur I, **euse** [tirœr, øz] *n* shooter; *un bon* ~, a good shot || Mil. ~ *d'élite,* marksman; ~ *embusqué,* sniper.

tireur II, **euse** *n* Comm. drawer (de chèque).

tireur III, **euse** *n* ~ *de cartes,* fortune-teller.

tiroir [tirwar] *m* drawer || Comm. ~*-caisse,* till.

tisane [tizan] *f* herb tea.

tis|on [tizɔ̃] *m* (fire-)brand, ember || **~onner** [-ɔne] *vt* (1) poke || **~onnier** [-ɔnje] *m* poker.

tiss|age [tisaʒ] *m* weaving || **~er** *vt* (1) weave || **~erand** [-rɑ̃] *m* weaver.

tissu [tisy] *m* material, cloth || fabric (coton, soie); cloth (laine); ***~-éponge,*** terry(cloth).

titre I [titr] *m* title (de livre); heading (de chapitre); headline (de journal); caption (d'un article).

titr|e II *m* title (dignité) || right, claim (droit); *à juste* ~, rightly, deservedly || *Pl* qualifications || Rail. ~ *de circulation,* pass, ticket || Jur. title || *Pl* Fin. securities || Ch. [or] standard || **~er** *vt* (1) title || Ch. assay.

tituber [titybe] *vi* (1) reel, stagger, totter.

titulaire [titylɛr] *adj* titular ● *n* occupant, holder (d'un poste); bearer (d'un passeport).

toast [tost] *m* Culin. *un* ~, a piece of toast || *Pl* toast || Fig. *porter un* ~ *à qqn,* give/drink a toast to sb.

toboggan [tɔbɔgɑ̃] *m* toboggan || [circulation] fly-over.

toc [tɔk] *m* sham, fake; *bijoux en* ~, sham jewelry; [alliage] pinchbeck; ***en*** ~, fake; trashy (fam.).

tocsin [tɔksɛ̃] *m* alarm-bell; alarm-signal.

toge [tɔʒ] *f* robe (d'un magistrat); gown (de professeur).

Togo [tɔgo] *m* Togo || **~lais, e** [-ɔlɛ, ɛz] *n/adj* Togolese.

tohu-bohu [tɔybɔy] *m* Fam. hubbub.

toi [twa] *pron pers* V. tu || you; *c'est* ~, it's you; *à* ~, yours || ~***-même,*** yourself.

toile [twal] *f* cloth; linen (fine); canvas (grossière); ~ *huilée,* oilcloth; ~ *imprimée,* printed cotton; ~ *à laver,* floor-cloth || ~ ***d'araignée,*** spider's web, cobweb || Th. ~ *de fond,* back-cloth.

toilette [twalɛt] *f* toilet, wash(ing), dressing (action); ***faire sa*** ~, wash, have a wash; *faire un brin de* ~, have a quick wash, freshen (oneself) up || [habillement] clothes (pl.) || *Pl* lavatory, toilet (sing.); *où sont les* ~*s?,* where is the toilet?

tois|e [twaz] *f* height gauge || **~er** *vt* (1) measure || Fig. look up and down.

toison [twazɔ̃] *m* fleece (de laine) || shock (chevelure).

toit [twa] *m* roof || Aut. ~

ouvrant, sliding roof, sunroof || **~ure** [-tyr] *f* roof(ing).

tôle [tol] *f* sheet metal; ~ *d'acier,* sheet steel; ~ ***ondulée,*** corrugated iron.

tolér|able [tɔlerabl] *adj* tolerable || **~ance** *f* toleration, tolerance || TECHN. allowance || **~ant, e** *adj* tolerant || **~er** *vt* (1) tolerate; endure, put up with (qqn); allow (of) [qqch.].

tollé [tɔle] *m* outcry.

tomate [tɔmat] *f* tomato; *sauce ~,* tomato sauce, ketchup.

tombale [tɔ̃bal] *adj f pierre ~,* tomb-stone.

tombant, e [tɔ̃bɑ̃, ɑ̃t] *adj à la nuit ~e,* at nightfall.

tomb|e [tɔ̃b] *f* tomb, grave || **~eau** [-o] *m* tomb,

tombée [tɔ̃be] *f à la ~ du jour,* at the close of day; *à la ~ de la nuit,* at dusk, at nightfall.

tomber [tɔ̃be] *vi* (1) fall (down); tumble (down) [culbuter]; drop (s'effondrer); slump (lourdement); ~ *à pic,* plummet (pr. et fig.); ~ *à la renverse,* fall backwards || ***faire ~,*** knock down/off || ***laisser ~,*** let fall, drop; FIG. *laisser ~ qqn,* fail, walk out on sb || ~ *de cheval,* fall off a horse || [bouton] come away/off (se détacher) || [obscurité] fall; [nuit] close in; *la nuit tombe,* it's getting dark || [température, vent] drop || [vent] subside, die down || [date] fall || [vêtement] ~ *bien/mal,* sit well/badly || MÉD. ~ ***malade,*** fall ill || MIL. fall (sur le champ de bataille) || FIG. ~ ***sur,*** come across, run into (rencontrer); [dates] ~ ***le même jour,*** fall on the same day; clash (*que,* with) || FAM. ~ *à l'eau,* fall through (échouer); ~ ***de fatigue,*** be ready to drop.

tombola [tɔ̃bɔla] *f* raffle, tombola.

ton I [tɔ], **ta** [ta], **tes** [tɛ] *adj poss m/f/pl* your.

ton II *m* tone (de voix) || ARTS tone, colour || MUS. tone (d'un instrument); key (clef); pitch (hauteur) || GRAMM. tone || FIG. tone; *bon ~,* good form.

tonalité [tɔnalite] *f* tone || TÉL. ~ *(d'appel),* dialling-tone.

ton|deuse [tɔ̃døz] *f* clippers [pour cheveux] || ~ *(à gazon),* lawn-mower || **~dre** [-dr] *vt* (4) clip, crop (des cheveux); shear (des moutons); mow (une pelouse) || FAM. fleece (dépouiller).

ton|ifier [tɔnifje] *vt* (1) MÉD. brace (up), tone up || **~ique** *adj/m* MÉD. tonic ● *f* MUS. tonic, keynote.

tonn|age [tɔnaʒ] *m* NAUT. tonnage, burden || **~e** *f* ton || **~eau** [-o] *m* cask, barrel || NAUT. ton (poids) || **~elet** [-lɛ] *m* keg || **~elier** [-əlje] *m* cooper.

tonnelle [tɔnɛl] *f* bower, arbour.

tonn|er [tɔne] *vi* (1) thunder || **~erre** [-ɛr] *m* thunder; *coup de ~,* clap of thunder || FIG. thunder, burst (d'applaudissements).

tonte [tɔ̃t] *f* [moutons] shearing || [gazon] mowing.

tonus [tɔnys] *m* MÉD. tone || FIG. dynamism.

topaze [tɔpaz] *f* topaz.

topinambour [tɔpinɑ̃bur] *m* Jerusalem artichoke.

topo [topo] *m* FAM. paper.

topographie [topɔgrafi] *f* topography, land surveying.

toquade [tɔkad] *f* passing fancy/fad; infatuation (*pour qqn,* for sb.).

toquard [tɔkar] *m* SP., FAM. rank outsider.

toque [tɔk] *f* cap (d'homme); toque (de femme).

toqué, e [tɔke] *adj* FAM. crazy,

cracked (fam.); barmy (sl.) ● *n* nutcase (fam.); boony (sl.).

torch|e [tɔrʃ] *f* torch || ~ *(électrique),* (electric) torch || **~ère** [-ɛr] *f* floor-lamp.

torchis [tɔrʃi] *m* daub.

torchon [tɔrʃɔ̃] *m* cloth; ~ *à vaisselle,* tea towel; *coup de* ~, wipe.

tor|dant, e [tɔrdɑ̃, ɑ̃t] *adj* killing, screamingly funny || V. TORDRE || **~dre** [-dr] *vt* (4) wring, twist, distort — *vpr* ***se*** ~, wriggle, squirm; *se* ~ *de douleur,* writhe with pain; *se* ~ *les mains,* wring one's hands || FAM. *se* ~ *de rire,* split one's sides with laughter || **~du, e** [-dy] *adj* wry.

tornade [tɔrnad] *f* tornado.

torpeur [tɔrpœr] *f* torpor.

torpill|e [tɔrpij] *f* NAUT. torpedo || ZOOL. *(poisson-)~,* cramp-fish || **~er** *vt* (1) torpedo || **~eur** *m* torpedo-boat.

torréfier [tɔrrefje] *vt* (1) roast.

torrent [tɔrrɑ̃] *m* torrent || FIG. flood (de larmes); stream (d'injures).

torride [tɔrid] *adj* torrid.

tors, e [tɔr, tɔrs] *adj* crooked (jambes) || ARCH. twisted (colonne) || **~ade** [-ad] *f* [rideaux] twisted fringe || [cheveux] coil of hair.

torse [tɔrs] *m* torso, trunk.

torsion [tɔrsjɔ̃] *f* twist(ing) || AUT. *barre de* ~, torsion bar.

tort [tɔr] *m* wrong, error; ***avoir*** ~, be wrong; *être dans son* ~, be in the wrong; *donner* ~ *à qqn,* blame sb. || ***à*** ~, wrongly; *à* ~ *ou à raison,* rightly or wrongly; *à* ~ *et à travers,* thoughtlessly || ***se mettre dans son*** ~, put oneself in the wrong || harm, injury, damage; *faire (du)* ~ *à,* harm, wrong, do wrong to || JUR. grievance.

torticolis [tɔrtikɔli] *m* stiff neck; *avoir le* ~, have a crick in the neck.

tortiller [tɔrtije] *vt* (1) twist, twirl — *vpr* ***se*** ~, wriggle, squirm.

tortionnaire [tɔrsjɔnɛr] *n* torturer.

tortue [tɔrty] *f* tortoise; ~ *de mer,* turtle.

tortueux, euse [tɔrtɥø, øz] *adj* winding, twisting, tortuous (rue); devious (chemin) || FIG. underhand (conduite).

tortur|e [tɔrtyr] *f* torture || FIG. torment; *mettre à la* ~, rack, torture || **~er** *vt* (1) torture || FIG. torment, harrow.

tôt [to] *adv* early (de bonne heure); soon (bientôt); *le plus* ~ *sera le mieux,* the sooner the better; *le plus* ~ *possible,* as soon as possible; ~ ***au tard,*** sooner or later.

total, e, aux [tɔtal, o] *adj* total, entire, whole; overall (longueur) || utter (complet) ● *m* total, whole; sum total; *au* ~, on the whole, altogether; *faire le* ~ *de,* tot up, add up, total || MATH. sum || **~ement** *adv* totally, wholly || utterly, entirely || **~isateur** [-izatœr] *m* SP. [courses] totalizator; tote (fam.) || **~iser** [-ize] *vt* (1) totalize, add up, count up || **~itaire** [-itɛr] *adj* POL. totalitarian || **~ité** *f* totality, entirety, whole; *la* ~ *de,* the whole of.

totem [tɔtɛm] *m* totem.

toubib [tubib] *m* FAM. doc, medico (fam.).

touchant, e [tuʃɑ̃, ɑ̃t] *adj* touching ● *prép* concerning.

touche *f* touche, dab (de peinture) || [machine à écrire] key; ~ *de majuscules,* shift key || [pêche] bite || [escrime] hit || SP. ***ligne de*** ~, touchline.

touche-à-tout *n inv* meddler.

toucher [tuʃe] *vt* (1) touch, feel (tâter) || hit (atteindre, endommager) || contact, reach, get in touch with (*qqn par téléphone,* sb. by phone) || MIL. draw (des rations)

|| FIN. draw (de l'argent); cash (un chèque) || FIG. touch, affect (émouvoir); concern (concerner) || FAM. ~ *du bois,* keep one's fingers crossed (fam.) — *vt ind* ~ ***à,*** touch (qqch.) || adjoin (*à,* to) [être contigu] || ~ *au but,* near the goal || FIG. interfere with, tamper with; verge (être proche de) ● *m* feel, feeling || MÉD. (sense of) touch.

touff|e [tuf] *f* tuft (de cheveux, d'herbe); bunch (d'herbe) || **~u, e** *adj* thick (bois); leafy (arbre); shaggy (haie); rank (herbe); bushy (barbe); thick (sourcil).

toujours [tuʒur] *adv* always; *pour* ~, for ever || still (encore) ● *loc* ~ *est-il que,* the fact remains that.

toupet [tupɛ] *m* FAM. cheek, nerve, sauce (sl.); *quel* ~*!,* what a nerve!; *avoir du* ~, be cheeky.

toupie [tupi] *f* top.

tour I [tur] *f* ARCH. tower; high rise || [échecs] castle, rook || AV. ***~ de contrôle,*** control tower.

tour II *m* circumference; ~ *de taille,* waist measurement.

tour III *m* round; ***faire le ~ de,*** go round, walk/drive round; ***aller faire un ~,*** go for a stroll/ride || turn (de clef) || SP. ~ *de piste,* lap.

tour IV *m* (= ~ D'ADRESSE) trick; ***~ de cartes,*** card trick; *jouer un (sale)* ~ *à qqn,* play a (dirty) trick on sb.; ~ *de force,* feat of strength, stunt; ~ *de main,* knack, know-how || MÉD. ~ *de reins,* crick in the back.

tour V *m* turn, lead, bout || ***c'est à qui le ~?,*** whose turn is it?, who's next?; *c'est à votre* ~, it's your turn; *en dehors de son* ~, out of turn; *passer avant son* ~, jump the queue || [échecs] move || TH. turn ● *loc* ***~ à ~, à ~ de rôle,*** in turn, by turns.

tour VI *m* TECHN. wheel (de potier); lathe (de tourneur).

tourb|e [turb] *f* peat || **~ière** *f* peat-bog.

tourbill|on [turbijɔ̃] *m* [vent] whirlwind || [eau] whirlpool, eddy, vortex || [poussière] swirl, whirl || [fumée] coil; *Pl* volumes || **~onner** [-ɔne] *vi* (1) whirl round, swirl, eddy.

tourelle [turɛl] *f* ARCH., NAUT., MIL. turret.

tour|isme [turism] *m* tourism || [action] touring; *faire du* ~, go sightseeing || **~iste** *n* tourist || **~istique** *adj* tourist; scenic (route).

tourm|ent [turmɑ̃] *m* torment || FIG. agony; *Pl* pangs, throes || **~ente** *f* gale || **~enter** [-ɑ̃te] *vt* (1) torment || trouble, worry, bother (inquiéter) || plague, harass, pester (harceler) — *vpr* ***se ~,*** worry, fret.

tourn|age [turnaʒ] *m* TECHN. turning || CIN. shooting || **~ailler** [-aje] *vi* (1) mill (about) || **~ant, e** *adj* revolving, winding ● *m* corner; *au* ~ *de la rue,* round the corner || AUT. bend, turn, curve; *prendre un* ~ *à la corde,* cut a corner close || **~é, e** *adj* sour, off (lait).

tourne-disque [turnədisk] *m* record-player.

tournée [turne] *f* tour || [livreur, etc.] round || *faire la* ~ *des magasins,* go round the shops || COMM. canvass || *Pol. faire une* ~ *électorale,* canvass || TH. circuit; *en* ~, on tour || FAM. ***payer une ~,*** stand a round of drinks; *faire la* ~ *des bistrots,* go on a pub crawl.

tourner [turne] *vt* (1) turn; ~ *le dos,* turn one's back; ~ *la tête,* look round; turn over (pages) || twiddle (entre ses doigts) || TECHN. turn (avec un tour) || CIN. shoot (un film) || MIL. outflank || FIG. get round, dodge (une loi); ~ *la tête à qqn,* turn sb.'s head.
— *vi* turn, rotate, revolve || ~ *à gauche,* turn (to the) left || ~

autour de, turn/revolve round || *faire* ~, revolve, turn; spin (toupie) || [moteur] ~ ***au ralenti,*** tick over || [vent] shift || [lait] turn sour || FIG. ~ ***bien,*** turn out well; ~ ***mal,*** turn out badly, come to grief; *la tête me tourne,* my head is spinning || FAM. ~ *autour du pot,* beat about the bush — *vpr* ***se*** ~, turn (*vers,* to/towards).

tournesol [turnəsɔl] *m* BOT. sunflower.

tournevis [turnəvis] *m* screwdriver.

tourniquet [turnikɛ] *m* turnstile.

tournoi [turnwa] *m* [échecs, tennis] tournament || [bridge] drive.

tourn|oiement [turnwamɑ̃] *m* whirling, spin || **~oyer** [-waje] *vi* (9 *a*) [oiseau] wheel (round) || [fumée, poussière] swirl || [eau] eddy, swirl.

tournure [turnyr] *f* turn, direction || GRAMM. turn (de phrase) || ~ *d'esprit,* cast/turn of mind.

tourte [turt] *f* pie.

tourterelle [turtərɛl] *f* turtledove.

tous [tu(z)/tus] V. TOUT.

Toussaint [tusɛ̃] *f* All Saints' Day, All Hallows; *veille de la* ~, Hallowe'en.

tousser [tuse] *vi* (1) cough.

tout, e [tu, -t], **tous** [tu(s)/(z)], **toutes** [tut] *adj* all, whole; the whole of; *~e l'Angleterre,* all England; *~e la journée,* the whole day, all day (long); *à ~e vitesse,* at full speed || any (n'importe lequel); ***à ~e heure,*** at any hour || every (chaque); ~ ***le monde,*** everybody || only (seul); *toute la difficulté,* the only difficulty || *Pl* all, every; *de tous côtés,* on all sides; *tous les hommes,* all men; ***tous les jours,*** everyday; *nous* ~, all of us; ~ *ensemble,* all together; ***tous les deux jours,*** every other day; *tous les trois jours,* every third day/three days; ***tous les deux,*** both; *tous les trois,* all three of them ● *pron* (inv. au sing.) all, everything, anything; *c'est* ~, that's all; *après* ~, after all; *à* ~ *prendre,* on the whole; ~ ***ce qui/que,*** all that || *Pl* all, everybody, everyone; *vous tous,* all of you; *tous sans exception,* every one of them ● *adv* [complètement] quite, completely, altogether || ~ ***seul,*** all alone; ~ *nu,* stark naked; ~ ***neuf,*** brand new; ~ *contre/près,* hard by; ~ *contre le mur,* right against the wall; *le* ~ *premier,* the very first; ~ *bien réfléchi,* on second thought; *tomber de* ~ *son long,* fall full length || ~ ***de suite,*** right/straight away || ~ ***d'un coup,*** all at once || ~ ***à coup,*** all of a sudden || ~ ***à fait,*** quite, wholly, altogether || ~ ***à l'heure,*** presently (futur); just now (passé); ~ *au plus,* at most, at the outside ● *m le* ~, the whole, everything; *le* ~ *est de...,* the thing is to... ● *loc adv* ***pas du*** ~, not at all, not a bit; *rien du* ~, nothing at all || ***en*** ~, altogether; *en* ~ *et pour* ~, all told.

toutefois [tutfwa] *adv* yet, however, nevertheless.

toutou [tutu] *m* FAM. doggie, bowwow.

tout-puissant [tupɥisɑ̃], **toute-puissante** [tutpɥisɑ̃t] *adj* almighty.

toux [tu] *f* cough.

tox|icomane [tɔksikɔman] *n* drug-addict || **~ine** [-in] *f* toxin || **~ique** *m/adj* toxic.

trac [trak] *m* nervousness; *avoir le* ~, feel nervous || TH. stage fright.

traçant, e [trasɑ̃, ɑ̃t] *adj* MIL. *balle ~e,* tracer.

traca|s [traka] *m* bother, worry || **~sser** [-se] *vt/vpr* **[*se* ~]** worry, bother.

trac|e [tras] *f* trace, trail (empreinte); track (de voiture, de pneu); scent, trail (du gibier); ***être sur la ~ de qqn,*** be on sb.'s track/trail; *marcher sur les ~s de qqn,* follow in sb.'s footsteps; *perdre la ~,* lose scent/trail; *suivre qqn à la ~,* trace sb., follow sb.'s trail || mark, scar (de brûlure, etc.); ***laisser une ~,*** leave a mark (*sur,* on) || *Pl* traces (de poison, etc.) || MÉD. taint (d'infection) || FIG. vestige || **~é** *m* tracing (action) || lay-out (d'une voie ferrée) || **~er** *vt* (6) draw (une ligne); lay out (une voie); trace (out) [un plan] || MATH. describe || FIG. chalk out.

trachée(-artère) [traʃe(artɛr)] *f* trachea, windpipe.

tract [trakt] *m* tract.

trac|teur [traktœr] *m* tractor; ~ *à chenilles,* crawler || **~tion** *f* traction, pull(ing), tug || AUT. ~ ***avant,*** front wheel drive || SP. *faire des ~s,* do pull-ups/press-ups (au sol).

traditi|on [tradisjɔ̃] *f* tradition || **~onnel, elle** [-ɔnɛl] *adj* traditional.

trad|ucteur, trice [tradyktœr, tris] *n* translator || **~uction** [-yksjɔ̃] *f* translation; ~ *automatique,* machine translation; ~ *simultanée,* simultaneous translation || **~uire** I [-ɥir] *vt* (85) translate, turn (*en,* into) || render, express, convey (exprimer).

traduire II *vt* (85) JUR. ~ *en justice,* sue, prosecute || MIL. ~ *en conseil de guerre,* court-martial.

trafi|c [trafik] *m* AUT., RAIL. traffic || COMM. traffic; *faire le ~ de,* traffic in; ~ *des stupéfiants,* drug racket || **~quant, e** [-kɑ̃, ɑ̃t] *n* trafficker || [drogue] drug trafficker/pusher (sl.) || **~quer** [-ke] *vt ind* (1) traffic (*de,* in).

trag|édie [traʒedi] *f* tragedy || **~ique** *adj* tragic.

trah|ir [trair] *vt* (2) betray, play (sb.) false (qqn) || sell (son pays) || [forces] fail || betray, reveal (divulguer); give away (un secret) — *vpr* ***se ~,*** betray oneself, give oneself away || **~ison** [-izɔ̃] *f* betrayal, betraying; treachery || JUR. treason.

train I [trɛ̃] *m* RAIL. train; ~ ***couchettes,*** sleeper; ~ ***autos-couchettes,*** car-sleeper; ~ *de marchandises,* goods train; ~ *omnibus,* stopping train; ~ ***supplémentaire,*** relief train; ~ *de voyageurs,* passenger train || ZOOL. ~ *de derrière/devant,* hind-/forequarters || AV. ~ *d'atterrissage,* undercarriage landing-gear.

train II *m* pace, speed; *à fond de ~,* at full speed; *aller son petit ~,* jog along || ~ ***de vie,*** style, way of living; || ***en ~,*** afoot, underway (en marche); *mettre qqch. en ~,* start sth.; ***être en ~ de faire,*** be (busy) doing, be in the act of doing || FAM. *être mal en ~,* be out of sorts.

traîn|ant, e [trɛnɑ̃, ɑ̃t] *adj aller d'un pas ~,* slouch along; *parler d'une voix ~e,* drawl || **~ard, e** [-ar, ard] *n* straggler, laggard || **~asser** [-ase] *vi* (1) FAM. dawdle, hang about, potter (about) || **~e** *f* train (d'une robe) || FAM. *être à la ~,* lag behind || **~eau** [-o] *m* sledge, sleigh, U.S. sled || **~ée** *f* trail (de fumée); drift (de nuages); *se répandre comme une ~ de poudre,* spread like wildfire.

traîner [trɛne] *vt* (1) drag, draw; haul (un fardeau); lug (avec effort); pull (des wagons); trail (une remorque) || ~ *la jambe,* trudge, limp; ~ *les pieds,* drag one's feet, shuffle — *vi* drag (along) || [robe] trail || [personne] straggle, lag (behind) || [objets] lie about/around || [affaire, discussion] ~ *(en longueur),* drag on — *vpr* ***se ~,*** crawl, drag oneself (along) || FIG. drag oneself; [conversation] drag on.

train-train [trɛ̃trɛ̃] *m* FAM. ~ *quotidien,* daily round.

traire [trɛr] *vt* (11) milk.

trait I [trɛ] *m* stroke (de plume); ~ *plein,* solid line; ~ *d'union,* hyphen || *Pl décrire à grands ~s,* outline || *Pl* features (du visage) || ARTS line, outline || FIG. characteristic; highlight (marquant); point, trait (de caractère); deed (acte) || FIG. *avoir ~ à,* refer to, be connected to.

trait II *m d'un ~,* at a draught, at one gulp; *à longs ~s,* in long draughts.

trait III *m* HIST. arrow, bolt.

trait IV *m* trace (longe); *cheval de ~,* draught horse.

traite I [trɛt] *f tout d'une ~,* at a stretch.

traite II *f* COMM. traffic; ~ *des Noirs,* slave trade || ~ *des blanches,* white-slave traffic, white slavery.

traite III *f* COMM. draft, bill; *escompter/tirer une ~,* discount/draw a bill.

traite IV *f* AGR. milking (des vaches).

traité I [trɛte] *m* treatise (ouvrage).

traité II *m* POL. treaty; *conclure un ~,* conclude a treaty.

traitement I [trɛtmɑ̃] *m* salary; *toucher un ~,* draw a salary.

trait|ement II *m* treatment; *mauvais ~,* ill-treatment, maltreatment || [informatique] ***~ de l'information,*** data processing || PHOT., TECHN. processing || MÉD. treatment; *suivre un ~,* take a cure, follow a course of treatment || **~er** *vt* (1) [qqn] treat, deal with; *bien/mal ~ qqn,* treat sb. well/badly, do well/badly by sb.; ~ *en ami,* befriend; ~ *avec condescendance,* patronize || receive (recevoir); dine, feed, entertain (recevoir à table) || [qualifier] ~ *qqn de voleur,* call sb. a thief; ~ *qqn de tous les noms,* call sb. names || [qqch.] treat, deal with, discuss (une question); transact, negotiate (une affaire) || ~ *à la légère,* trifle with || PHOT., TECHN. process || MÉD. treat (une maladie, un malade) — *vi* negotiate, deal (*avec,* with; *de,* for) — *vt ind* ***~ de,*** treat of, deal with (qqch.) || **~eur** *m* [personne] caterer || [boutique] takeaway.

traîtr|e, esse [trɛtr, ɛs] *adj* treacherous; traitorous, perfidious || vicious (animal) || FIG. *pas un ~ mot,* not a single word ● *m* traitor, betrayer || TH. villain ● *f* traitress, betrayer || **~ise** *f* treachery.

trajectoire [traʒɛktwar] *f* trajectory || MIL. flight.

trajet [traʒɛ] *m* journey; *pendant le ~,* on the way; [bus] ride, run; [avion] run.

tram|e [tram] *f* woof, weft || FIG. web || **~er** *vt* (1) FIG. weave, hatch (un complot).

tramway [tramwɛ] *m* tram(-car), U.S. streetcar.

tranchant, e [trɑ̃ʃɑ̃, ɑ̃t] *adj* sharp, cutting || FIG. sharp (ton) ● *m* edge || FIG. *à double ~,* double-edged.

tranche *f* slice; slab (grosse); sliver (mince); *couper en ~s,* slice, cut into slices || FIG. [âge, revenus] bracket.

tranchée *f* trench || RAIL. cutting.

trancher *vt* (1) cut (off); chop off || FIG. settle, solve (une difficulté).

tranquill|e [trɑ̃kil] *adj* quiet, peaceful (quartier); tranquil, undisturbed (conscience); quiet (vie); even (caractère); still (air, eau); *soyez ~ à ce sujet,* don't worry about that; *laissez moi ~,* leave me alone; *tenez-vous ~,* keep quiet || **~ement** *adv* quietly || **~isant** [-izɑ̃] *m* MÉD. tranquillizer || **~iser** *vt* (1) tranquillize || reassure; *~qqn,* set sb.'s mind at rest || **~ité** *f* tranquillity, quiet(ness); ~ *d'esprit,* peace of mind.

transaction [trɑ̃zaksjɔ̃] *f* JUR. compromise || COMM. transaction, deal.

trans|at [trɑ̃zat] *m* FAM. deck-chair || **~atlantique** *adj* transatlantic ● *m* liner || **~border** *vt* (1) NAUT. tranship || RAIL. transfer || **~bordeur** [-bɔrdœr] *m* : *(pont ~)* transporter bridge || **~cender** [-sɑ̃de] *vt* (1) transcend || **~cription** [-kripsjɔ̃] *f* transcription || **~crire** [-krir] *vt* (44) transcribe, copy out.

transe [trɑ̃s] *f* trance || *Pl* fear.

transept [trɑ̃sɛpt] *m* transept.

trans|férer [trɑ̃sfere] *vt* (5) transfer, move || JUR. convey, assign || **~fert** [-fɛr] *m* transfer || JUR. conveyance (de propriété) ||**~formateur** *m* ÉLECTR. transformer || **~formation** *f* transformation, alteration || [rugby] conversion || **~former** *vt* (1) transform, alter; convert, change, turn (*en,* into) || make over (une robe) || [rugby] convert || **~fuge** [-fyʒ] *n* POL. turncoat || **~fusion** *f* transfusion || **~gresser** [-grɛse] *vt* (1) transgress, infringe, trespass against || **~gression** [-grɛsjɔ̃] *f* transgression.

transi, e [trɑ̃zi] *adj* chilled (to the bone), benumbed.

transiger [trɑ̃ziʒe] *vi* (7) compromise, compound, come to terms (*avec,* with).

transistor [trɑ̃zistɔr] *m* transistor || RAD. transistor; tranny (fam.) || **~iser** *vt* (1) transistorize.

transi|t [trɑ̃zit] *m* transit; *en ~,* in transit || **~tif, ive** [-tif, iv] *adj* transitive || **~tion** *f* transition || MUS. [jazz] break || **~toire** [-twar] *adj* transitory.

translucide [trɑ̃slysid] *adj* translucent.

trans|metteur [trɑ̃smɛtœr] *m* RAD. transmitter || **~mettre** *vt* (64) forward (une lettre); transmit (un message); communicate (des nouvelles) || convey (un ordre) || devolve (une charge) || hand on (qqch.) || JUR. hand down, make over (un héritage); convey (une propriété) [*à,* to] || RAD. transmit, radio || **~missible** [-misibl] *adj* communicable || **~mission** *f* conveying, handing down || RAD. transmission || *Pl* MIL. signals || TECHN. drive || AUT. transmission || JUR. transfer || **~mutation** *f* transmutation (*en,* into).

trans|paraitre [trɑ̃sparɛtr] *vi* (74) show through || **~parence** [-parɑ̃s] *f* transparency || **~parent, e** [-parɑ̃, ɑ̃t] *adj* transparent, see-through || **~percer** *vt* (5) pierce, go through || transfix (d'une épée).

transpir|ation [trɑ̃spirasjɔ̃] *f* perspiration; *en ~,* in a sweat || **~er** *vi* (1) perspire, sweat; *faire ~,* sweat || FIG. transpire, leak out.

transplanter [trɑ̃splɑ̃te] *vt* (1) transplant.

transpor|t [trɑ̃spɔr] *m* transport, transportation, conveyance, carriage; ***~s en commun,*** public transport; *~ maritime/par rail,* sea/rail transport; *~ routier,* haulage || MIL. carrier (bateau, véhicule) || FIG. *(Pl)* transport(s) || **~té, e** *adj* FIG. rapt, carried away || **~ter** [-te] *vt* (1) transport, transfer, convey, carry, cart (qqch.) || drive, take over (qqn); rush (de toute urgence) || ferry (des enfants à l'école) || FIG. rapture, carry away || **~teur** *m* carrier, haulier || TECHN. conveyor.

transpos|er [trɑ̃spoze] *vt* (1) transpose || **~ition** *f* transposition.

trans|vaser [trɑ̃svaze] *vt* (1) decant || **~versal, e, aux** [-vɛrsal, o] *adj* transverse, cross; *coupe ~e,* cross-section.

trapèze [trapɛz] *m* SP. trapeze.

trapp|e [trap] *f* trap-door || pitfall (piège) || **~eur** *m* trapper.

trapu, e [trapy] *adj* thickset, squat, stocky, dumpy.

traqnenard [traknar] *m* booby-trap || Fig. pitfall.

traquer [trake] *vt* (1) track down, bring to bay (un animal).

traumatisme [tromatism] *m* shock, trauma.

travail, aux [travaj, o] *m* work (manuel, intellectuel); ***au ~,*** at work; *en plein ~,* hard at work; ***de ~,*** working (habits); ***se mettre au ~,*** set/get to work; handiwork (manuel) || ***un ~,*** a piece of work; *~ courant,* routine; *~ à la pièce,* piece-work || [tâche] work, job; *petits ~aux,* odd jobs || [métier] occupation, job; ***~ à mi-/plein temps,*** part-/full-time job || [opposé au capital] labour || *Pl* ***~aux forcés,*** hard labour, penal servitude; *~aux ménagers,* housework; *~aux publics,* public works; [école] ***~aux pratiques,*** practical work; [université] *~ dirigés,* tutorials || **~ler** [-aje] *vi* (1) work (*à,* at); labour (besogner); *bien/mal ~,* make a good/bad job of it || potter (sans suite) || *faire ~,* work || [bois] warp — *vt* work || study (étudier) || Techn. work (p.p. wrought) [le bois] || **~leur, euse** [-ajœr, øz] *adj* hard-working, industrious ● *n* worker || *m* workman || **~liste** [-ajist] *adj* Labour ● *n* Labour Party Member.

travée [trave] *f* row of seats || Arch. span (de pont).

travelling [travliŋ] *m* Cin. tracking shot, dolly shot; *~ avant/arrière,* tracking in/out; *faire un ~,* track, dolly.

travers I [-ɛr] *m* fault, foible.

travers II *loc adv* ***au ~,*** through; ***de ~,*** askew, out of square, crookedly; *avaler de ~,* swallow the wrong way; *prendre de ~,* take amiss; *regarder de ~,* scowl at, look askance at; ***en ~,*** across, crosswise, athwart ● *loc prép* ***à ~,*** through, over; *à ~ la fenêtre,* out of the window, through the window; *à ~ champs,* through/across the fields; ***au ~ de,*** through; ***en ~ de,*** across, athwart.

traverse [travɛrs] *f* cross-beam (poutre); *chemin de ~,* crossroad, short cut || Rail. sleeper, U.S. tie.

travers|ée [travɛrse] *f* Naut. crossing, passage; *faire une ~,* go on a voyage || **~er** *vt* (1) cross, go/get across || go through (une foule); *~ en courant/à la nage,* run/swim across; *~ la ville,* go through the town || cross (un pont, une rivière, la mer); *faire ~ qqn,* get sb. across; traverse (une forêt) || [pluie] soak through || Naut. sail (across) [l'océan] || Fig. *~ l'esprit,* cross one's mind, flash through one's mind.

traversin [travɛrsɛ̃] *m* bolster.

travest|i [travɛsti] *m* [bal] fancy dress || [homosexuel] transvestite; drag queen (sl.) || Th. drag (vêtement) || **~ir** *vt* (2) dress up, disguise || Fig. disguise — *vpr :* ***se ~,*** [bal] put on fancy dress; [cabaret] put on drag || **~issement** *m* dressing up || fancy dress || Fig. travesty.

trayon [trɛjɔ̃] *m* Zool. teat.

trébucher [trebyʃe] *vi* (1) stumble, trip (*sur,* over); *faire ~ qqn,* trip (up) sb.

trèfle [trɛfl] *m* Bot. clover; shamrock (d'Irlande) || [cartes] club(s).

treillage [trɛjaʒ] *m* trellis, lattice(-work) [en bois]; wire netting (en fer).

treille [trɛj] *f* climbing vine.

treillis I [trɛji] *m* trellis(-work).

treillis II *m* [étoffe] sacking || [vêtements] dungarees, overalls.

treiz|e [trɛz] *adj/m* thirteen || **~ième** [-jɛm] *adj/n* thirteenth.

tréma [trema] *m* diaeresis.

tremblant, e [trɑ̃blɑ̃, ɑ̃t] *adj*

trembling, shaking || shaky, tremulous (voix) || trembling, unsteady (main).

tremble [trɑ̃bl] *m* aspen.

trembl|ement [trɑ̃bləmɑ̃] *m* trembling, shaking (de la main); quiver (de froid); shiver (de froid, de peur); tremor (de colère) || ~ ***de terre,*** earthquake || **~er** *vi* (1) tremble || shake (violemment); ~ ***de froid/de peur,*** shiver with cold/with fear; quiver (d'émotion); quake (de froid, de peur) || [voix] quiver, waver || [fenêtre] rattle || **~oter** [-ɔte] *vi* (1) quiver || [voix] quaver || [lumière] flicker.

trémousser (se) [sətremuse] *vpr* (1) fidget about (sur sa chaise); jig up and down (danser).

trempe [trɑ̃p] *f* TECHN. temper (ing), hardening || FIG. calibre, stamp.

tremp|é, e [trɑ̃pe] *adj* soaked, drenched; soaking wet; ~ ***jusqu'aux os,*** soaked to the skin, wet through || **~er** *vt* (1) steep, soak || douse (plonger) || dip (sa plume); dunk (une tartine) || [pluie] drench || *faire ~,* soak || CULIN. sop (du pain) || TECHN. temper, harden — *vi* steep, soak || **~ette** *f* FAM. *faire ~,* have a dip.

tremplin [trɑ̃plɛ̃] *m* springboard.

trent|aine [trɑ̃tɛn] *f* about thirty || **~e** *adj/m* thirty || ***~-et-un :*** *se mettre sur son ~-et-un,* tog oneself up || MUS. ***un 33 tours,*** an L.P. || ***~-six,*** FAM. umpteen || **~ième** *adj/n* thirtieth.

trépaner [trepane] *vt* (1) trepan.

trépasser [trepase] *vi* (1) pass away, die.

trépid|ant, e [trepidɑ̃, ɑ̃t] *adj* hectic (vie) || **~ation** *f* vibration, quivering || **~er** *vi* (1) vibrate, quiver.

trépied [trepje] *m* tripod.

trépign|ement [trepiɲmɑ̃] *m* stamping || **~er** *vi* (1) stamp one's feet; ~ *de joie,* jump for joy.

très [trɛ] *adv* very, most [+ adj.] || very much, greatly, highly [+ part. passé] || ~ *bien!,* very well!

trésor [trezɔr] *m* treasure || JUR. treasure-trove || FIN. ~ *public,* Treasury || FAM. duck, darling || **~ier, ière** *n* treasurer.

tressaill|ement [trɛsajmɑ̃] *m* start (de surprise) || thrill (de joie) || **~ir** *vi* (17) start; ~ *de joie,* thrill with joy || *faire ~,* startle.

tress|e [trɛs] *f* braid, plait (de cheveux) || **~er** *vt* (1) braid, plait (des cheveux) || weave (un panier).

tréteau [treto] *m* trestle.

treuil [trœj] *m* windlass || NAUT. winch.

trêve [trɛv] *f* truce; *sans ~,* without a break, relentlessly.

tri [tri] *m* sorting || **~age** [-jaʒ] *m* RAIL. *gare de ~,* marshalling yard.

trian|gle [trijɑ̃gl] *m* triangle; ~ *rectangle,* right-angled triangle || **~gulaire** [-gylɛr] *adj* triangular.

tribord [tribɔr] *m* starboard.

tribu [triby] *f* tribe.

tribulation [tribylasjɔ̃] *f* tribulation || *Pl* troubles.

tribunal, aux [tribynal, o] *m* JUR. court of justice; ~ *pour enfants,* juvenile court; ~ *de simple police,* police-court.

tribune [tribyn] *f* platform, rostrum (estrade); soap-box (improvisée) || [journal], RAD. forum || POL. *monter à la ~,* address the House || SP. grand-stand.

tribu|t [triby] *m* tribute || **~taire** [-tɛr] *adj* tributary (rivière) || FIG. dependent (*de,* upon).

trich|er [triʃe] *vi* (1) cheat || **~erie** [-ri] *f* cheating || **~eur, euse** *n* cheater, swindler; cheat (fam.) || [cartes] card-sharper.

tricolore [trikɔlɔr] *adj* tricolour; *le drapeau ~, the Tricolour.*

tric|ot [triko] *m* [action] knitting || [vêtement] sweater, jersey || **~oter** [-ɔte] *vt* (1) knit ; *aiguille à ~*, knitting-needle ; *machine à ~*, knitting-machine.

trier [trije] *vt* (1) sort (out) [des lettres] || select, screen (sélectionner).

trigonométrie [trigɔnɔmetri] *f* trigonometry.

trille [trij] *m* trill.

trimaran [trimarɑ̃] *m* trimaran.

trimbaler [trɛ̃bale] *vt* (1) FAM. carry about.

trimer [trime] *vi* (1) FAM. toil, slave/slog away, drudge.

trimestr|e [trimɛstr] *m* quarter || [école] term, U.S. session || **~iel, ielle** [-ijɛl] *adj* quarterly || [école] end-of-term (composition).

tringle [trɛ̃gl] *f* rod.

trinité [trinite] *f* trinity.

trinquer I [trɛ̃ke] *vi* (1) clink glasses.

trinquer II *vi* (1) FAM. cop it (fam.); get the worst of it.

trio [trijo] *m* trio.

triomph|al, e, aux [trijɔ̃fal, o] *adj* triumphal || **~ant, e** *adj* triumphant || **~e** *m* triumph ; *arc de ~*, triumphal arch || FIG. exultation || **~er** *vi* (1) triumph ; *~ de*, overcome, get the better of.

tripes [trip] *fpl* CULIN. tripe.

triphasé, e [trifaze] *adj* ÉLECTR. three-phase.

tripl|e [tripl] *adj* triple, threefold, treble || **~er** *vt/vi* (1) triple, treble || **~és, es** *mpl* triplets.

triporteur [tripɔrtœr] *m* box tricycle.

tripot [tripo] *m* gambling-den ; dive (fam.) ; joint (sl.).

tripotée [tripɔte] *f* POP. thrashing, licking (volée).

tripoter [tripɔte] *vt* (1) meddle with, tamper with, fiddle with || FAM. paw (femme).

trique [trik] *f* cudgel.

trist|e [trist] *adj* sad, sorrowful, cheerless, gloomy ; sad (nouvelles) ; rueful (sourire) ; *dans une ~ situation,* in a sorry plight || **~ement** *adv* sadly || **~esse** *f* sadness, gloom ; *avec ~*, sadly || dullness (de l'existence).

trivial, e, aux [trivjal, o] *adj* vulgar, low.

troc [trɔk] *m* barter, swap, truck.

troène [trɔɛn] *m* privet.

troglodyte [trɔglɔdit] *m* cave-dweller, troglodyte.

trognon [trɔɲɔ̃] *m* core (de pomme) ; stalk (de chou).

troi|s [trwɑ ; trwɑz devant voyelle] *adj/m* three ; *le ~ mai,* the third of May || [travail] *les ~ huit,* the three-8-hour shifts || **~ième** [-zjɛm] *adj/n* third ● *m au ~ (étage),* on the third floor/U.S. fourth story.

trois-quarts *mpl* three-quarters || *manteau ~*, three-quarter length coat.

trolleybus [trɔlɛbys] *m* trolleybus.

trombe [trɔ̃b] *f* waterspout || FIG. *entrer en ~*, burst/dash in.

trombone [trɔ̃bɔn] *m* MUS. trombone || COMM. paper-clip.

trompe I [trɔ̃p] *f* trunk (d'éléphant).

trompe II *f* MUS. horn.

tromp|er [trɔ̃pe] *vt* (1) deceive, delude ; trick, double-cross (fam.) ; *~ qqn,* play sb. false || betray, be unfaithful to (sa femme) || mislead (*sur,* about) || FIG. disappoint (l'attente) ; beguile (l'ennui) — *vpr* ***se ~***, deceive/delude oneself ; be mistaken, make a mistake, be wrong (*sur,* about) ; *je ne me trompais pas de beaucoup,* I was not far out || ***se ~ de chemin,*** miss one's way, go the wrong way; *se ~ de train,* take the wrong train; *où est-ce que je me suis trompé?,* where did I go wrong? || **~erie** [-ri] *f* deceit, deceiving, deception; double-dealing.

trompett|e [trɔ̃pɛt] *f* trumpet (instrument) || FIG. *nez en ~,* turned-up nose || **~iste** *n* trumpeter.

tromp|eur, euse [trɔ̃pœr, øz] *adj* deceptive, misleading (apparence) || deceitful (paroles, personne).

tronc [trɔ̃] *m* BOT., MÉD. trunk || REL. poor-box.

tronçon [trɔ̃sɔ̃] *m* stump || section (de route) || **~neuse** [-ɔnøz] *f* chain-saw.

trône [tron] *m* throne; *monter sur le ~,* ascend the throne.

tronquer [trɔ̃ke] *vt* (1) ARCH. truncate || FIG. garble (un texte).

trop [tro] *adv* too, over- [+ adj.]; *~ haut,* too high; *~ plein,* overfull; *bien ~ petit,* much too small || too [+ adv.]; *~* ***peu,*** too little/few; *~ loin,* too far || too much [+ part. passé]; *~ admiré,* too much admired || too much [+ verbe]; *~ parler, parler ~,* talk too much || *~* ***de*** [+ nom], too much/many; *~ d'eau,* too much water; *~ de voitures,* too many cars ● *loc* ***de ~,*** too much/many; *un de ~,* one too many || ***par ~,*** far too || **~-perçu** *m* overcharge.

trophée [trɔfe] *m* trophy.

trop|ical, e, aux [trɔpikal, o] *adj* tropical || **~ique** *m* tropic.

trop-plein [troplɛ̃] *m* overflow || FIG. spill.

troquer [trɔke] *vt* (1) barter; swap (fam.).

trot [tro] *m* trot; *aller au petit ~,* jog (along).

trott|e [trɔt] *f* FAM. distance; *une bonne ~,* a good way || **~er** *vi* (1) trot || **~euse** *f* second hand (aiguille) || **~iner** [-ine] *vi* (1) [enfant] toddle || **~inette** [-inɛt] *f* scooter || **~oir** *m* pavement, U.S. side-walk || POP. [prostituée] *faire le ~,* walk the streets.

trou [tru] *m* hole; *creuser un ~,* dig a hole; *faire un ~,* cut a hole; *boucher un ~,* stop up a hole || [vêtement] tear; *faire un ~,* wear a hole || AV. *~ d'air,* air-pocket || TECHN. eye (d'une aiguille); *~ d'aération,* vent; *~ de la serrure,* keyhole || FIG. hole (localité); gap (dans emploi du temps); *~* ***de mémoire,*** lapse of memory, blackout.

troublant, e [trublɑ̃, ɑ̃t] *adj* confusing; worrying.

troubl|e *adj* cloudy, turbid (eau); dim (vue) || confused (situation) ● *m* fluster, anxiety; bewilderment (confusion); discomposure (affolement); commotion (agitation) || *Pl* disturbances, troubles, riots (émeutes) || **~é, e** *adj* upset, embarrassed, put out; in a flutter || **~e-fête** *m inv* spoil-sport || **~er** *vt* (1) cloud, make muddy (l'eau); make cloudy (le vin) || perturb; embarrass, upset, disturb, make uneasy, fluster (qqn); confuse (l'esprit); stir (exciter) — *vpr* ***se ~,*** [liquide] become muddy/cloudy || [vue] dim, grow dim || [esprit] get confused || [personne] lose one's composure.

trou|é, e [true] *adj* in holes (chaussettes) || **~ée** *f* gap || MIL. breakthrough; *faire une ~ dans,* break through || **~er** *vt* (1) make holes/a hole in; wear holes in (un vêtement).

trouille [truj] *f* POP. funk; *avoir la ~,* have the wind up.

troup|e [trup] *f* troop || MIL. troop || *Pl* forces; *hommes de ~,* rank and file || TH. company || **~eau** [-o] *m* flock (de moutons); herd (de vaches); drove (en marche).

trousse [trus] *f* case; pencil-case (d'écolier); *~ à outils,* tool-bag; *~ de toilette,* dressing-case; *~ de* *voyage,* travelling-case || TECHN. kit, kitbag, tool-kit.

trousseau I [truso] *m* ~ *de clefs,* bunch of keys.

trousseau II *m* outfit (vêtements) || trousseau (de mariée).

trousses [trus] *fpl avoir qqn à ses* ~, have sb. at one's heels.

trouv|aille [truvaj] *f* find; hit, brain-wave || **~é, e** *adj* found; *enfant* ~, foundling; *bureau des objets ~s,* lost property office || **~er** *vt* (1) find, discover; ~ *par hasard,* come upon || think (penser) || [estimer] *comment trouvez-vous Londres?,* how do you like London? — *vpr* **se ~,** [personne] be present; find oneself (dans une situation); feel (se sentir); *se* ~ *mal,* faint || [chose] be met with, be found, occur; [maison] stand; [île] lie || ***il se trouve que,*** it happens that; *il se trouva que,* it chanced that.

truc [tryk] *m* trick, knack; *saisir le* ~, get the hang of it || play (stratagème) || gadget, thing, gimmick (objet) || thingummy, whatsit (fam.) [dont le nom échappe].

trucage [trykaʒ] *m* faking || gerrymander (d'élections) || CIN. (special) effects.

truchement [tryʃmɑ̃] *m par le* ~ *de,* through.

truculent, e [trykylɑ̃, ɑ̃t] *adj* colourful, racy (langage).

truelle [tryɛl] *f* trowel.

truff|e [tryf] *f* BOT. truffle || **~er** *vt* (1) CULIN. garnish with truffes || FIG. lard (*de,* with).

truie [trɥi] *f* sow.

truite [trɥit] *f* trout.

truqu|age [trykaʒ] *m* = TRUCAGE || **~é, e** *adj* faked || **~er** *vt* (1) fake || gerrymander (des élections).

trust [trœst] *m* FIN. trust || COMM. combine.

tsar [tzar] *m* tsar, czar.

tu [ty] *pron* [sujet]; **te** [tə], **toi** [twa] *pron* [complément] you || REL. [Bible] thou (sujet); thee (complément).

tuba [tyba] *m* SP. snorkel, snort (respirateur) || MUS. tuba.

tube [tyb] *m* tube, pipe || tube (de pâte dentifrice) || ÉLECTR. ~ *au néon,* neon tube || CH. ~ *à essai,* test tube || POP. hit-song, top of the pops (chanson).

tubercul|eux, euse [tybɛrkylø, øz] *adj* tubercular, consumptive ● *n* TB patient || **~ose** [-oz] *f* tuberculosis, consumption.

tubulaire [tybylɛr] *adj* tubular.

tue-mouches [tymuʃ] *adj inv papier* ~, fly-paper.

tu|er [tɥe] *vt* (1) kill, slay (qqn) || [boucher] slaughter || destroy (une plante) || FIG. kill (le temps); ~ *dans l'œuf,* nip in the bud — *vpr* **se ~,** [accident] be killed || [suicide] kill oneself || **~e-tête (à)** [atytɛt] *loc adv* at the top of one's voice || **~eur, euse** *n* killer.

tuile [tɥil] *f* tile || FAM. (piece of) bad luck; *quelle* ~*!,* what a blow!

tulipe [tylip] *f* tulip.

tum|éfier [tymefje] *vt* (1) tumefy ||**~eur** *f* tumour.

tumult|e [tymylt] *m* tumult, uproar, hubbub, commotion || **~ueux, euse** [-yø, øz] *adj* tumultuous, wild (torrent); boisterous (mer); disorderly (foule).

tumulus [tymylys] *m* burial-mound, barrow (tombe).

tungstène [tœ̃kstɛn] *m* tungsten.

tunique [tynik] *f* tunic.

Tunis|ie [tynizi] *f* Tunisia || **~ien, ienne** *n* Tunisian.

tunnel [tynɛl] *m* tunnel; ~ *routier,* road tunnel.

turban [tyrbɑ̃] *m* turban.

turbin|e [tyrbin] *f* turbine || **~er** *vi* (1) FAM. plug away.

turboréacteur [tyrboreaktœr] *m* turbojet.

turbulent, e [tyrbylɑ̃, ɑ̃t] *adj* turbulent, restless; boisterous (enfant).

turc, turque [tyrk] *adj* Turkish ● *m* Turkish (langue).

Turc, Turque [tyrk] *n* Turk ‖ FAM. *fort comme un* ~, as strong as a horse; *tête de* ~, Aunt Sally, butt.

turf [tyrf] *m* SP. turf ‖ **~iste** *n* race-goer.

turlupiner [tyrlypine] *vt* (1) FAM. worry, bother.

Turquie [tyrki] *f* Turkey.

tut|elle [tytɛl] *f* guardianship, ward ‖ POL. trusteeship ‖ **~eur** I, **trice** *n* JUR. guardian.

tuteur II *m* AGR. stake, prop.

tutoyer [tytwaje] *vt* (9 *a*) be on familiar terms with (qqn) ‖ FR. address sb. as « tu ».

tutu [tyty] *m* ballet-skirt.

tuyau [tɥijo] *m* pipe, tube ‖ stem (de pipe) ‖ hoze (d'arrosage) ‖ ~ *de descente,* spout (pour l'eau de pluie); ~ *de poêle,* stove-pipe; ~ *de vidange,* drain(-pipe) ‖ MUS. ~ *d'orgue,* organ pipe ‖ FAM. [courses de chevaux] tip; dope (arg.) ‖ **~ter** [-te] *vt* (1) FAM. tip off, put up (qqn) ‖ **~terie** [-tri] *f* TECHN. piping, plumbing.

T.V.A. [tevea] *abrév/f* (= TAXE À LA VALEUR AJOUTÉE) G.B. = V.A.T.

tympan [tɛ̃pɑ̃] *m* eardrum.

type [tip] *m* type, model ‖ FAM. fellow, chap, U.S. guy (arg.); *un chic* ~, a good sort; *un drôle de* ~, a queer customer; *un pauvre* ~, a failure; *un sale* ~, a stinker ‖ TECHN. mark.

typhoïde [tifɔid] *f* typhoid.

typhon [tifɔ̃] *m* typhoon.

typhus [tifys] *m* typhus.

typique [tipik] *adj* typical.

typograph|e [tipɔgraf] *n* typographer ‖ **~ie** *f* typography.

tyr|an [tirɑ̃] *m* tyrant ‖ **~annie** [-ani] *f* tyranny ‖ **~annique** [-anik] *adj* tyrannical ‖ **~anniser** [-anize] *vt* (1) domineer, bully.

tzigane [tsigan] *adj/n* Tzigane.

u

u [y] *m* u.

ulc|ère [ylsɛr] *m* ulcer ‖ **~érer** [-ere] *vt* (5) FIG. wound, rankle (qqn); *cela l'ulcérait,* it rankled in his mind.

ultérieur, e [ylterjœr] *adj* later, subsequent ‖ **~ement** *adv* later on, subsequently.

ultimatum [yltimatɔm] *m* ultimatum.

ultime [yltim] *adj* ultimate, final, hindmost.

ultra|son [yltrasɔ̃] *m* ultrasonic sound ‖ **~sonique** [-ɔnik] *adj* ultrasonic ‖ **~violet** *adj* ultraviolet.

ululer = HULULER.

un [œ̃], **une** [yn] *art indéf* a (devant consonne, *h* aspiré), an (devant voyelle); ~ *certain M. X.,* one Mr. X ● *adj indéf* one ● *adj numéral/ordinal* one ● *pron indéf* one; ~ *à* ~, one by one, singly, separately; *encore* ~, another; ~ *de vos amis,* a friend of yours; *l'~ de nous,* one of us; ***l'~ ou l'autre,*** either; ***l'~ et l'autre,*** both; *l'~ après l'autre,* one after the other, in turn; ***l'~ l'autre,*** each other, one another; ***les ~s les autres,*** one another, each other ● *m* one.

unanim|e [ynanim] *adj* unanimous, solid (opinion, vote) || **~ement** *adv* unanimously || **~ité** *f* unanimity; *à l'~,* unanimously, with one voice.

uni, e [yni] *adj* united || plain (couleur) || level, even (plat) || **~fier** [-fje] *vt* (1) unify.

uniforme I [ynifɔrm] *m* uniform || MIL. uniform, regimentals; *en grand ~,* in full regimentals.

uniform|e II *adj* uniform || even (égal) || **~ément** [-emɑ̃] *adv* uniformly, evenly || **~ité** *f* uniformity.

unijambiste [yniʒɑ̃bist] *n* one-legged person.

unilatéral, e, aux [ynilateral, o] *adj* unilateral; one-sided.

union [ynjɔ̃] *f* union || union, marriage (de deux personnes) || association (société) || COMM. tie-up || FIG. unity.

uniqu|e [ynik] *adj* only, sole, single, unique; *enfant ~,* only child; *sens ~,* one-way street || ***à usage ~,*** throwaway, disposable || **~ement** *adv* solely, only, exclusively.

un|ir [ynir] *vt* (2) unite || join, connect; combine || [priest] marry, join in wedlock — *vpr* ***s'~,*** unite, join forces *(avec,* with); [choses] combine, join || marry (se marier) || [animaux] mate || **~isson** [-isɔ̃] *f à l'~,* in concert.

unisexe [ynisɛks] *adj* unisex.

unité [ynite] *f* unity || MATH. unit || MIL. unit; outfit (fam.) || NAUT. ship, craft.

univer|s [ynivɛr] *m* universe, world || **~sel, elle** [-sɛl] *adj* universal || **~sellement** [-sɛlmɑ̃] *adv* universally || **~sitaire** [-sitɛr] *adj* university, academic, collegiate ● *n* member of the teaching profession || **~sité** [-site] *f* university, college.

uranium [yranjɔm] *m* uranium.

urb|ain, e [yrbɛ̃, ɛn] *adj* urban || **~aniser** [-anize] *vt* (1) urbanize || **~anisme** *m* town planning.

urg|ence [yrʒɑ̃s] *f* urgency, emergency, exigency; ***d'~*** urgently; *en cas d'~,* in an emergency; *transporter qqn d'~ à,* rush sb. to; [hôpital] *salle des ~s,* emergency ward || **~ent, e** *adj* urgent || pressing (affaire); instant (besoin) || urgent (lettre).

urin|e [yrin] *f* urine || **~er** *vi* (1) urinate.

urne [yrn] *f* urn || POL. ballot-box; *aller aux ~s,* go to the poll.

U.R.S.S. [yɛrɛsɛs/yrs] *f* U.S.S.R.

urticaire [yrtikɛr] *f* MÉD. nettle-rash, hives.

usag|e [yzaʒ] *m* use; *à l'~,* with use; *d'un ~ courant,* in common use; *faire ~ de,* make use of, employ; *faire mauvais ~ de,* misuse, misapply || ***hors d'~,*** worn out, useless || *faire de l'~,* wear well || usage, custom, practice (coutume) || *Pl* conventions || MÉD. *~ externe,* for external use only || **~é, e** *adj* worn, second-hand || **~er** *m* user.

us|é, e [yze] *adj* worn(-out) [vêtement, etc.]; ***~ jusqu'à la corde,*** threadbare || worn-out (personne) || **~er** I *vt* (1) wear away/out; *~ un manteau jusqu'à la corde,* wear a coat threadbare — *vpr* ***s'~,*** wear away/out || *s'~ les yeux,* strain one's eyes.

user II *vi* (1) ***~ de,*** use, make use of || exercise (un droit).

usin|e [yzin] *f* factory, mill, works, U.S. plant; *~ atomique,* atomic plant; *~ à gaz,* gasworks; *~ marémotrice,* tidal power-station || **~er** *vt* (1) machine, tool.

usité, e [yzite] *adj* in use, current.

ustensile [ystɑ̃sil] *m* utensil (de cuisine); implement.

usuel, elle [yzɥɛl] *adj* usual, in common use.

usure I [yzyr] *f* wear, wear and tear || MIL. *guerre d'~,* war of, attrition.

usur|e II *f* usury || **~ier, ière** *n* usurer.

usurp|ateur, trice [yzyrpatœr, tris] *n* usurper || **~ation** *f* usurpation || **~er** *vt* (1) usurp.

ut [yt] *m* MUS. C.

util|e [ytil] *adj* useful, of use, serviceable; handy; *être ~ à qqch.,* be of use for sth.; *être très ~ à qqn,* stand sb. in good stead; ***se rendre ~,*** make oneself useful; *en quoi puis-je vous être ~?,* what can I do for you? || subservient (*à,* to); expedient ● *m joindre l'~ à l'agréable,* combine business and pleasure || **~ement** *adv* usefully, to some purpose || **~isable** *adj* usable, available || **~isation** *f* use, using, utilization || **~iser** *vt* (1) use, utilize; employ || FIG. make use of || **~itaire** [-itɛr] *adj* utilitarian || **~ité** *f* utility, usefulness, convenience, service; *d'une grande ~,* of great use; *d'aucune ~,* of no use whatever.

utop|ie [ytɔpi] *f* utopia || **~ique** *adj* utopian.

uval, e, aux [yval, o] *adj cure ~e,* grape cure.

V

v [ve] *m* v.

va [va] V. ALLER || *interj ça ~!,* all right!; *~ pour,* agreed/right for.

vac|ance [vakɑ̃s] *f* vacancy (état) || *Pl* holidays, U.S. vacation; ***en ~s,*** on holiday; *partir en ~s,* go away on holiday; *un jour/mois de ~s,* a day's/month's holiday; ***grandes ~s,*** summer holidays; long vacation (à l'université); *entrer en ~s,* break up; ***colonie de ~s,*** holiday camp; *~s de neige,* winter sports holiday || *Pl* JUR. recess || **~ancier, ière** [-ɑ̃sje, jɛr] *n* holiday-maker || **~ant, e** *adj* vacant.

vacarme [vakarm] *m* uproar, din, racket, hubbub.

vacc|in [vaksɛ̃] *m* vaccine || **~ination** [-inasjɔ̃] *f* vaccination || **~iner** [-ine] *vt* (1) vaccinate; *se faire ~,* get vaccinated.

vach|e [vaʃ] *f* cow; *~ laitière,* milch cow || FAM. *manger de la ~ enragée,* rough it || **~er, ère** *n* cow-herd.

vacill|ant, e [vasijɑ̃, ɑ̃t] *adj* flickering, unsteady (lumière) || **~er** *vt* (1) vacillate, wobble || [lumière] flicker || stagger (chanceler).

vacuité [vakɥite] *f* emptiness.

vadrouiller [vadruje] *vi* (1) POP. gad about, knock about, muck about.

va-et-vient [vaevjɛ̃] *m inv* coming and going (de gens) || *mouvement de ~,* to and fro movement || ÉLECTR. two-way switch.

vagabon|d, e [vagabɔ̃, ɔ̃d] *adj* vagrant (personne); rambling (pensées) ● *n* vagrant, tramp, rover, U.S. hobo || **~dage** [-daʒ] *m* vagrancy || **~der** [-de] *vi* (1) wander/rove (about); ramble.

vagin [vaʒɛ̃] *m* ANAT. vagina.

vague I [vag] *f* wave; billow || breaker, comber, surf (déferlante); ~ *de fond,* ground swell || FIG. ~ ***de chaleur,*** heat-wave; ~ *de froid,* cold snap (subite).

vague II *adj* vague, sketchy (connaissance); hazy, faint, remote, dim (idée); loose (terme); dreamy, indistinct (souvenir); dubious (réponse); shadowy (silhouette); indefinite (forme); vacant, blank (regard) || *terrain* ~, waste ground ● *m* LITT. uncertainty, vagueness || ~ *à l'âme,* vague longings || **~ment** *adv* vaguely, dimly, loosely; remotely.

vaguemestre [vagmɛstr] *m* MIL. post-orderly.

vaill|amment [vajamɑ̃] *adv* valiantly || **~ance** *f* gallantry, valour || **~ant, e** *adj* valiant, gallant, valorous; stout (cœur).

vaille que vaille [vajkəvaj] *loc adv* somehow (tant bien que mal).

vain, e [vɛ̃, vɛn] *adj* vain (espoir); *en* ~, in vain; empty, idle (paroles); fruitless (efforts); hollow (promesse) || vain, conceited (personne).

vain|cre [vɛ̃kr] *vt* (102) defeat, conquer, get the better of; overcome (la peur); surmount (un obstacle) || MIL. vanquish, defeat || **~cu, e** [-ky] *adj* defeated, vanquished; *s'avouer* ~, admit defeat ● *n* defeated man/woman; *les* ~*s,* the vanquished.

vainement [vɛnmɑ̃] *adv* vainly, in vain, idly, to no purpose.

vainqueur [vɛ̃kœr] *adj* victorious, conquering ● *m* victor, conqueror; winner.

vaisseau [vɛso] *m* NAUT. vessel, ship || ASTR. ~ *spatial,* space-ship || MÉD. vessel.

vaisselle [vɛsɛl] *f* plates and dishes; table-ware; ***laver/faire la*** ~, wash up, do the washing-up; *machine à laver la* ~, dishwasher.

val, s ou **aux** [val, o] *m* valley || GÉOGR. Val, Vale || V. MONT.

valable [valabl] *adj* valid (ticket, excuse) || representative (interlocuteur); substantial (argument).

valet [valɛ] *m* valet; ~ *de chambre,* manservant; ~ *d'écurie,* groom; ~ *de ferme,* farmhand; ~ *de pied,* footman || [cartes] jack, knave.

valeur [valœr] *f* value, worth; ***de*** ~, valuable; *sans* ~, worthless, of no value; ***objets de*** ~, valuables || *avoir de la* ~, be of value || ***mettre en*** ~, develop (une région); set off (un effet) || [terrain] *prendre de la* ~, appreciate || FIN. value, share, stock; *Pl* securities || FIG. valour (vaillance); distinction (qualité); efficiency (d'une personne); validity (d'un argument) || **~eux, euse** *adj* valorous, valiant.

valide I [valid] *adj* able-bodied (non blessé) || fit (en bonne santé) || good (membre).

valid|e II *adj* RAIL. valid (ticket) || JUR. valid (passeport) || **~er** *vt* (1) validate || **~ité** *f* validity.

valise [valiz] *f* (suit-)case; portmanteau (grande); *faire sa* ~, pack one's case || JUR. ~ *diplomatique,* diplomatic bag.

vall|ée [vale] *f* valley || **~on** *m* small valley.

valoir [valwar] *vi* (103) [prix] be worth; *combien cela vaut-il?,* how much is it worth? || [qualité] *qu'est-ce que ça vaut?,* is it any good?; *ça ne vaut rien,* it's no good; *cela ne vaut pas grand-chose,* it's not much good || [justifier] *cela en vaut-il la peine?,* is it worth while?; *ce livre vaut-il la peine d'être lu?,* is this book worth reading?; *cela vaut le coup,* it's worth trying; *cela vaut le détour,* it's worth the detour || [équivaloir] be equivalent to, be as good/bad as || ***faire*** ~, exploit (domaine); develop (terres); invest (capital); FIG. claim, assert (droits); set off (la beauté) || FIN. *à* ~, on account (*sur*, of) — *vt* win (un honneur); cost (des soucis) — *v impers il vaut mieux*, it is better to; *il vaut mieux que nous restions*, we had better stay; *mieux vaut tard que jamais*, better late than never — *vpr* **se** ~, be as good/bad as the other, be much about the same; *ça se vaut*, it's all the same.

vals|e [vals] *f* waltz || ~**er** *vi* (1) waltz.

valve [valv] *f* valve || RAD. rectifier valve.

vampire [vɑ̃pir] *m* vampire.

vandal|e [vɑ̃dal] *m* vandal || ~**isme** *m* vandalism.

vanille [vanij] *f* vanilla.

vanit|é [vanite] *f* vanity, conceit, emptiness; *tirer* ~ *de*, pride oneself on || ~**eux, euse** *adj* vain, conceited.

vanne [van] *f* sluice(-gate).

vanné, e [vane] *adj* FAM. deadbeat.

vanner *vt* (1) fan, winnow.

vann|erie [vanri] *f* basket-work || ~**ier** *m* basket maker.

vant|ard, e [vɑ̃tar, ard] *adj* boastful, bragging ● *n* braggart || ~**ardise** [-ardiz] *f* boast(ing) || ~**er** *vt* (1) praise — *vpr* **se** ~, boast, brag (*de*, of/about); swagger, talk big.

va-nu-pieds [vanypje] *n inv* ragamuffin, beggar.

vapeur I [vapœr] *m* NAUT. steamer.

vapeur II *f* steam, vapour; *bain de* ~, vapour-bath || *Pl* fumes; *émettre des* ~*s*, fume.

vaporis|ateur [vapɔrizatœr] *m* sprayer, atomizer || ~**er** *vt* (1) spray, atomize.

vaquer I [vake] *vi* (1) *les cours vaqueront le premier mai*, there will be no school on May 1st.

vaquer II *vt ind* (1) ~ *à*, go about (ses affaires).

varappe [varap] *f* rock-climbing.

varech [varɛk] *m* wrack, seaweed.

vareuse [varøz] *f* MIL. blouse; tunic (d'officier) || NAUT. jumper.

vari|able [varjabl] *adj* variable, changeable, unsettled (temps) || ~**ante** *f* variant || ~**ation** *f* variation || FIN. fluctuation (des cours).

varice [varis] *f* varicose vein, varix.

varicelle [varisɛl] *f* chicken-pox.

vari|é, e [varje] *adj* varied, diverse, miscellaneous, diversified || ~**er** *vi* (1) vary || [prix] fluctuate — *vt* diversify; vary (les menus) || ~**été** [-ete] *f* variety; *une grande* ~, a wide range || COMM. choice || *Pl* TH. variety show, U.S. vaudeville.

variole [varjɔl] *f* smallpox.

vase I [vɑz] *m* vase (à fleurs) || PHYS. ~*s communicants*, communicating vessels.

vase II *f* slime, mud, silt, ooze, sludge.

vaseline [vazlin] *f* vaseline.

vaseux, euse [vazø, øz] *adj* slimy, muddy, oozy || FAM. seedy (personne).

vaste [vast] *adj* vast (plaine, mer); wide (monde); broad (étendue); spacious, roomy (pièce) || FIG. wide, extensive (érudition).

va-t-en-guerre [vatɑ̃gɛr] *adj/m inv* sabre-rattling.

Vatican [vatikɑ̃] *m cité du* ~, Vatican City.

va-tout [vatu] *m inv jouer son* ~, stake one's all.

vaudeville [vodvil] *m* vaudeville, light comedy.

vau-l'eau (à) [avolo] *loc adv* FIG.

aller ~, be left to drift, go to rack and ruin.

vaurien, ienne [vorjɛ̃, jɛn] *n* scoundrel, blackguard; scamp (gamin).

vautour [votur] *m* vulture.

vautrer (se) [səvotre] *vpr* (1) wallow, welter (*dans,* in); sprawl (out), loll (*dans un fauteuil,* in a chair).

va-vite (à la) [alavavit] *loc adv* hastily, hurriedly, rushed.

veau [vo] *m* ZOOL. calf || CULIN, veal (viande); *foie de* ~, calf's liver; *ris de* ~, calf sweetbead; *rôti de* ~, roast veal.

vécu, e [veky] V. VIVRE ● *adj* founded on fact (histoire); *aventure* ~*e,* real adventure.

vedette I [vədɛt] *f* CIN. film star, U.S. movie star; *être la* ~, feature, star || FIG. *en* ~, in the limelight; *mettre en* ~, spotlight, put the spotlight on.

vedette II *f* NAUT. patrol-boat, launch; ~ *lance-torpilles,* motor torpedo-boat.

végét|al, e, aux [veʒetal, o] *adj* vegetable ● *m* plant || ~**arien, ienne** [-arjɛ̃, jɛn] *n/adj* vegetarian || ~**ation** *f* vegetation || ~**er** *vi* (5) BOT., FIG. vegetate.

véhém|ence [veemɑ̃s] *f* vehemence || ~**ent, e** *adj* vehement.

véhicule [veikyl] *m* vehicle, conveyance.

veille I [vɛj] *f* eve, day before (jour précédent); *la* ~ *au soir,* the evening before || REL. vigil; *la* ~ *de Noël,* Christmas eve || FIG. ***(à) la*** ~ ***de,*** on the eve of.

veill|e II *f* wakefulness (état) || sitting/staying up (volontaire) || ~**ée** *f* evening (gathering) || watch || ~**er** *vi* (1) be awake || stay/sit up (volontairement); *faire* ~ *qqn,* keep sb. up — *vt ind* ~ ***à,*** see to, look after || ~ ***sur,*** watch over || ~**eur** *m* ~ *(de nuit),* (night) watchman || ~**euse** *f* night light || [appareil à gaz] pilot-light; *mettre en* ~, turn down (flamme); dim (lampe).

veinard, e [vɛnar, ard] *n* lucky devil/dog (fam.).

veine I *f* FAM. luck; *un coup de* ~, a stroke of luck; ***avoir de la*** ~, be lucky; *ce n'est pas de* ~*!,* hard lines!; *c'est bien ma* ~*!,* just my luck!

veine II *f* MÉD. vein || TECHN. seam (de charbon) || *Pl* grain (du bois) || FIG. *être en* ~ *de,* be in the mood to.

vélo [velo] *m* FAM. (push-)bike || ~**moteur** *m* moped.

velou|rs [vəlur] *m* velvet; ~ *côtelé,* corduroy || ~**té, e** *adj* velvety || mellow (vin).

velu, e [vəly] *adj* hairy, shaggy.

venaison [vənɛzɔ̃] *f* venison.

vénal, e, aux [venal, o] *adj* venal || ~**ité** *f* venality.

vendable [vɑ̃dabl] *adj* saleable, marketable.

vendang|e [vɑ̃dɑ̃ʒ] *f* grape-gathering; vintage (saison) || ~**er** *vi* (7) gather the grapes.

vendetta [vɛ̃dɛta] *f* feud.

vend|eur [vɑ̃dœr] *m* seller || salesman, shop-assistant, U.S. salesclerk || ~**euse** *f* shop-girl, saleswoman, salesgirl || ~**re** [-dr] *vt* (4) sell; ***à*** ~, for sale, to be sold; ~ *au détail,* retail; ~ *moins cher que,* undersell; ~ *à perte,* sell at a loss — *vpr* ***se*** ~, [marchandises] sell, be sold.

vendredi [vɑ̃drədi] *m* Friday; ~ *saint,* Good Friday.

vénéneux, euse [venenø, øz] *adj* poisonous.

vénér|able [venerabl] *adj* venerable, reverend || ~**ation** *f* veneration, reverence || ~**er** *vt* (5) worship (un saint).

veneur [vənœr] *m* huntsman.

vénerie [venri] *f* venery.

vénérien, ienne [venerjɛ̃, jɛn] *adj* venereal.

veng|eance [vɑ̃ʒɑ̃s] *f* vengeance, revenge; retaliation (représailles) || **~er** *vt* (7) avenge (affront) — *vpr* ***se ~,*** avenge oneself; be revenged; ***se ~ de qqn,*** take revenge on sb., retaliate against sb.; ***se ~ de qqch.,*** avenge oneself for sth. || **~eur, eresse** [-œr, ərɛs] *adj* revengeful; avenging.

véniel, ielle [venjɛl] *adj* venial.

ven|imeux, euse [vənimø, øz] *adj* venomous (serpent) || **~in** [-ɛ̃] *m* venom.

venir [vənir] *vi* (101) come || *venez!,* come on!; *venez donc!,* come along!; *venez me voir,* come and see me || ***~ à l'esprit,*** cross one's mind, occur; *il me vint à l'esprit que,* it occurred to me that || ***faire ~,*** send for (qqn), call in (le médecin); bring (des larmes) || ***voir ~,*** wait and see || ***à ~,*** coming, future; *dans les années à ~,* in after years, in the years to come || ***en ~ :*** *où voulez-vous en ~?,* what are you after?, what are you getting at? || ***~ de,*** have just; *vient de paraître,* just out.

Venise [vəniz] *f* Venice.

vénitien, ienne [venisjɛ̃, jɛn] *adj/n* Venetian || *store ~,* Venetian blind.

vent [vɑ̃] *m* wind; *il fait du ~,* it is windy; *le ~ se lève,* the wind is rising; *coup de ~,* gust of wind || *exposé au ~,* windy; *balayé par les ~s,* windswept || GÉOGR. ***~s alizés,*** trade winds || NAUT. *au ~,* windward; *sous le ~,* leeward || MUS. *instruments à ~,* wind instruments || FIG. *avoir ~ de,* get wind of; ***dans le ~,*** trendy (robe, jeunes gens); in (sl.) [endroit]; with it (sl.) [comportement]; *être dans le ~,* be switched on (fam.).

vente [vɑ̃t] *f* sale; *~ de charité,* jumble sale, bazaar; *~ au comptant/à terme,* cash/credit sale; *~ par correspondance,* mail-order; ***~ aux enchères,*** auction-sale; *en ~,* on sale, obtainable (*chez,* from); *mettre en ~,* offer for sale || *salle des ~s,* auction-room.

vent|er [vɑ̃te] *v impers* (1) be windy || **~eux, euse** *adj* windy, wind-swept.

ventil|ateur [vɑ̃tilatœr] *m* (electric) fan || **~ation** *f* ventilation || **~é, e** *adj* airy || **~er** *vt* (1) ventilate.

ventouse [vɑ̃tuz] *f* MÉD. cupping-glass; *poser des ~s à qqn,* cup sb. || ZOOL. sucker.

ventre [vɑ̃tr] *m* stomach || belly (fam.) || [langage enfantin] tummy || ***à plat ~,*** flat on one's face; *prendre du ~,* grow stout || MÉD. ***avoir mal au ~,*** have stomach ache/[enfant] tummy ache.

venu, e [vəny] *n* comer; *nouveau ~,* newcomer; *le premier ~,* anyone || **~e** *f* coming, arrival.

vêpres [vɛpr] *fpl* vespers, evensong.

ver [vɛr] *m* worm; *~ luisant,* glow-worm; *~ à soie,* silkworm; *~ de terre,* earthworm || *mangé aux ~s,* worm-eaten || MÉD. *~ solitaire,* tapeworm.

véracité [verasite] *f* truthfulness.

véranda [verɑ̃da] *f* veranda, U.S. porch.

verbal, e, aux [vɛrbal, o] *adj* verbal || **~ement** *adv* by word of mouth || **~iser** [-ize] *vi* (1) take down an offender's name and address; book (fam.).

verbe I [vɛrb] *m* GRAMM. verb.

verb|e II *m* tone of voice; *avoir le ~ haut,* talk loud || **~eux, euse** *adj* verbose, wordy, longwinded (personne) || **~iage** [-jaʒ] *m* verbiage.

verd|âtre [vɛrdɑtr] *adj* greenish || **~eur** *f* greenness (des fruits, de l'âge).

verdict [vɛrdikt] *m* verdict; *ren-*

dre un ~ de culpabilité/d'acquittement, bring in a verdict of guilty/not guilty.

verd|ir [vɛrdir] *vi* (2) grow/turn green || **~ure** *f* greenness, verdure (couleur) || greenery (plantes).

véreux, euse [verø, øz] *adj* wormy, maggoty || FIG. shady; doubtful.

verge [vɛrʒ] *f* stick, rod.

verger [vɛrʒe] *m* orchard.

vergl|acé, e [vɛrglase] *adj* icy || **~as** [-ɑ] *m* black ice/frost.

vergogne [vɛrgɔɲ] *f sans ~,* shameless(ly).

vergue [vɛrg] *f* NAUT. yard.

véridique [veridik] *adj* truthful.

vérif|icateur, trice [verifikatœr, tris] *n* checker, controller || **~ication** [-ikasjɔ̃] *f* verification, checking; going-over; audit (des comptes); *~ d'identité,* identity check || **~ier** *vt* (1) verify; check || go over (liste) || ascertain (faits) || audit (comptes) || AUT. *~ les pressions,* check the air/pressure.

vérin [verɛ̃] *m* jack.

vérit|able [veritabl] *adj* true (ami) || real, genuine (authentique) || regular (coquin) || **~é** *f* truth; *dire la ~,* tell the truth || *en ~,* actually.

vermeil eille I, [vɛrmɛj] *adj* ruddy (teint); ruby (lèvres).

vermeil II *m* silver-gilt.

vermicelle [vɛrmisɛl] *m* CULIN. vermicelli.

vermifuge [vɛrmifyʒ] *m* vermifuge.

vermillon [vɛrmijɔ̃] *m* vermilion.

vermine [vɛrmin] *f* vermin.

vermoulu, e [vɛrmuly] *adj* worm-eaten.

vernaculaire [vɛrnakylɛr] *adj* vernacular.

vern|i, e [vɛrni] *adj souliers ~s,* patent-leather shoes || **~ir** [-ir] *vt* (2) varnish (un tableau); polish (du bois, les ongles); glaze, enamel (la poterie) || **~is** [-i] *m* varnish, polish; *~* ***à ongles,*** nail-polish/-varnish || [poterie] glaze || FIG. polish, veneer || **~issage** [-isaʒ] *m* varnishing || ARTS preview || **~isser** [-ise] *vt* (1) glaze.

vérole [verɔl] *f petite ~,* smallpox.

verr|e [vɛr] *m* glass (matière); *~ dépoli,* frosted glass || glass (à boire); tumbler (sans pied); *~ à pied,* goblet; ***offrir un ~ à qqn,*** stand sb. a drink; ***prendre un ~,*** have a drink || *Pl* MÉD. *porter des ~s,* wear glasses; ***~s de contact,*** contact lenses || **~erie** [-ri] *f* glass-ware (objets) || glassworks (usine) || **~ier** *m* glass-blower || **~ière** [-jɛr] *f* glass-roof.

verr|ou [vɛru] *m* bolt || JUR. *sous les ~s,* in custody || **~ouiller** [-uje] *vt* (1) bolt, secure (porte).

verrue [vɛry] *f* wart.

vers I [vɛr] *m* [poésie] line || *Pl* verse; *faire des ~,* write verse || *~* ***blanc/libre,*** blank/free verse.

vers II *prép* [direction] toward(s), to || [temps] towards, about; *~ deux heures,* about two.

versant [vɛrsɑ̃] *m* slope, side.

versatile [vɛrsatil] *adj* changeable, fickle.

verse (à) [avɛrs] *loc adv* in torrents; *il pleut à ~,* it's pouring.

versé, e [vɛrse] *adj* versed, experienced (*dans,* in); conversant (*dans,* with).

Verseau [vɛrso] *m* ASTR. Aquarius.

vers|ement [vɛrsəmɑ̃] *m* FIN. payment, deposit, remittance; *~ partiel,* instalment; *~ symbolique,* token payment || **~er** I *vt* (1) FIN. pay, deposit, subscribe; *~ un chèque à son compte,* pay in a cheque to one's account.

verser II *vt* (1) pour (out) [un liquide]; shed (des larmes, du sang) || TECHN. tip (out) — *vi* upset, overturn || AUT. ditch.

verset [vɛrsɛ] *m* verse (de la Bible).

version [vɛrsjɔ̃] *f* [traduction] translation || [interprétation, récit] version || CIN. version.

verso [vɛrso] *m* verso, back, reverse; *voir au* ~, see overleaf.

vert, e [vɛr, vɛrt] *adj* green || unripe, green (fruit); sour (raisins); green (café, vin); green (bois); *plantes* ~*es*, evergreens || CULIN. *légumes* ~*s*, greens || FIG. green, immature (jeune); green (vieillesse); *encore* ~, hale and hearty (vieillard); *langue* ~*e*, slang || FAM. *donner le feu* ~ *à qqn*, give sb. the green light ● *m* green || ~**-de-gris** *m inv* verdigris.

vert|ébral, e, aux [vɛrtebral, o] *adj* vertebral; *colonne* ~*e*, spinal column || ~**èbre** [-ɛbr] *f* vertebra.

vertical, e, aux [vɛrtikal, o] *adj* vertical, upright ● *f* vertical; *à la* ~*e*, vertically || ~**ement** *adv* vertically.

vertig|e [vɛrtiʒ] *m* vertigo, giddiness, dizziness; *avoir le* ~, feel dizzy/giddy; *donner le* ~, make giddy || MÉD. *avoir des* ~*s*, have fits of giddiness || ~**ineux, euse** [-inø, øz] *adj* dizzy, giddy.

vertu [vɛrty] *f* virtue ● *loc prép en* ~ *de*, by virtue of || ~**eux, euse** [-ɥø, øz] *adj* virtuous, righteous.

verve [vɛrv] *f* verve; *plein de* ~, lively; *en* ~, in great form.

vésicule [vezikyl] *f* ~ *biliaire*, gall-bladder.

vessie [vɛsi] *f* bladder.

vest|e [vɛst] *f* jacket, coat; ~ *de sport*, sports-jacket || FAM. *retourner sa* ~, turn one's coat || ~**iaire** [-jɛr] *m* TH. cloakroom, U.S. checkroom; ***mettre au*** ~, put in the cloakroom, U.S. check (one's coat, etc) || SP. ~ *individuel*, locker.

vestibule [vɛstibyl] *m* hall.

vestige [vɛstiʒ] *m* vestige || *Pl* remains.

veston [vɛstɔ̃] *m* jacket, coat; *complet* ~, lounge-suit.

Vésuve [vezyv] *m* Vesuvius.

vêtement [vɛtmɑ̃] *m* garment || *Pl* clothes, clothing, dress; ~*s de travail*, working clothes || COMM. ~*s de sport/pour hommes*, sports/men's wear.

vétéran [veterɑ̃] *m* MIL. veteran, old soldier.

vétérinaire [veterinɛr] *adj* veterinary ● *n* vet; veterinary surgeon.

vétill|e [vetij] *f* trifle || ~**eux, euse** *adj* finicky, captious.

vêtir [vɛtir] *vt* (104) clothe, dress — *vpr* ***se*** ~, dress.

veto [veto] *m inv* veto; *opposer son* ~, veto.

vêtu, e [vɛty] V. VÊTIR ● *adj* clothed, clad.

vétuste [vetyst] *adj* time-worn.

veuf, veuve [vœf, vœv] *adj* widowed ● *m* widower ● *f* widow.

veule [vøl] *adj* flabby, spineless.

veuv|age [vœvaʒ] *m* widowhood || ~**e** *f* V. VEUF.

vex|ant, e [vɛksɑ̃, ɑ̃t] *adj* annoying, vexing || ~**ation** *f* vexation || ~**er** *vt* (1) offend, hurt, vex, pique — *vpr* ***se*** ~, take offence (*de*, at).

via [vja] *prép* via.

viaduc [vjadyk] *m* viaduct.

viager, ère [vjaʒe, ɛr] *adj rente* ~*ère*, life annuity.

viande [vjɑ̃d] *f* meat, flesh.

vibr|ant, e [vibrɑ̃, ɑ̃t] *adj* vibrant, responsive (public) || ~**ation** *f* vibration || **~er** *vi* (1) vibrate || [voix] quiver || **~eur** *m* buzzer.

vicaire [vikɛr] *m* curate.

vice- [vis] *préf* vice- || ***~-président,*** vice-president, deputy chairman.

vice *m* vice.

vice versa [vis(e)vɛrsa] *loc adv* vice versa.

vici|é, e [visje] *adj* foul; stale (air) || **~eux, euse** *adj* vicious || depraved (personne); vicious (cheval) || FIG. vicious (cercle).

vicissitudes [visisityd] *fpl* ups and downs.

victime [viktim] *f* victim || [journaux] *les ~s de la route,* the toll of the road.

vict|oire [viktwar] *f* victory; *remporter la ~,* win a victory, carry the day || **~orieusement** [-ɔrjøzmɑ̃] *adv* victoriously || **~orieux, ieuse** [-ɔrjø, jøz] *adj* victorious, conquering.

victuailles [viktɥaj] *fpl* provisions, eatables.

vidang|er [vidɑ̃ʒe] *vt* (7) drain || **~eur** *m* nightman.

vid|e [vid] *adj* empty || blank (espace) || unoccupied, vacant (maison); bare (pièce) || blank, vacant (esprit) || *espace ~,* vacancy ● *m* emptiness || empty space, void, blank; *regarder dans le ~,* gaze into space || TECHN. vacuum; *faire le ~,* make a vacuum ● *loc adv* ***à ~,*** empty; TECHN. *tourner à ~,* idle, tick over || ***les mains ~s,*** empty-handed || **~é, e** *adj* FAM. exhausted, played out.

vidéo [video] *f* video || **~cassette** *f* video-cassette.

vide-ordures *m inv* refuse chute.

vid|er [vide] *vt* (1) empty || *~ d'un trait,* drink down (un verre) || drain (une citerne, un étang) || scoop (écoper) || clear out (un tiroir) || knock out (une pipe) || CULIN. draw (une volaille); gut (un poisson) || JUR. *~ les lieux,* vacate the premises || FAM. bounce (qqn); *~ une bouteille,* crack a bottle — *vpr* ***se ~,*** empty || **~eur** *m* bouncer (de boîte de nuit).

vie [vi] *f* life; ***en ~,*** alive, living; *plein de ~,* alive, lively; *sans ~,* lifeless; *avoir la ~ dure,* die hard || lifetime, existence; ***à ~, pour la ~,*** for life; *jamais de la ~,* not on your life || living (moyens d'existence); ***gagner sa ~,*** earn one's living; ***genre de ~,*** way of life; ***niveau de ~,*** standard of living; *train de ~,* style of living || *~ privée,* private life, privacy.

vieil [vjɛj] *adj* V. VIEUX || **~lard** [-ar] *m* old man || **~le** *f* old woman || **~lesse** [-ɛs] *f* old age || **~lir** [-ir] *vi* (2) grow/get old; age — *vt ~ qqn,* make sb. look older || **~lot, otte** [-o, ɔt] *adj* oldish || antiquated, old-fashioned, fusty (idée).

vierge [vjɛrʒ] *adj/f* virgin; maid(en); blank (feuille de papier) || unrecorded (cassette).

Vierge *f* ASTR. Virgo || REL. *la (Sainte) ~,* the (Blessed) Virgin.

Viêt-nam [vjɛtnam] *m* VietNam || **~ien, ienne** *adj/n* Viet-Namese.

vieux [vjø] (**vieil** devant voyelle ou «h» muet), **vieille** [vjɛj] *adj* old; *se faire ~,* grow old; ***vieille fille,*** old maid, spinster; ***~ garçon,*** bachelor; ***~ jeu,*** old-fashioned, fusty, antiquated, out-of-date, old-hat, square (fam.) ● *n* old person, old man/woman; *les ~,* the aged, old people || FAM. *mon ~,* old chap.

vif, vive I [vif, viv] *adj* alive, living; *brûlé ~,* burnt alive; *mort ou ~,* dead or alive ● *m* quick || ***à ~,*** raw (blessure) || *peindre sur le ~,* paint from life || FIG. thick, heart (d'une discussion); *piqué au ~,* stung to the quick.

vif, vive II *adj* lively, quick, spry,

brisk (alerte) || keen, ready, quick (esprit) || hasty, violent (tempérament) || vivacious, sprightly (personne) || deep (intérêt) || biting, sharp (reproches) || sharp, acute (douleur) || keen (plaisir) || raw, crisp (air) || nippy (froid) || bright, vivid, gay, brilliant (couleurs) || crude (lumière) || loud (applaudissements) || brisk, smart (pas) || ***à vive allure,*** at a brisk pace, briskly.

vif-argent [vifarʒɑ̃] *m* quicksilver.

vigi|le [viʒi] *f* NAUT. look-out || **~lance** [-lɑ̃s] *f* vigilance, watchfulness || **~lant, e** [-ɑ̃, ɑ̃t] *adj* vigilant, watchful, heedful || **~le** I *m* (night) watchman || [autodéfense] vigilante (péj.).

vigile II *f* REL. vigil, eve.

vigne [viɲ] *f* vine (plante) || vineyard (plantation) || **~ron, onne** [-rɔ̃, ɔn] *n* vine-grower.

vignette [viɲɛt] *f* ARTS vignette || AUT. car-licence.

vignoble [viɲɔbl] *m* vineyard.

vigour|eusement [vigurøzmɑ̃] *adv* vigorously || **~eux, euse** *adj* vigorous; strong, sturdy, robust, stalwart; hale and hearty (vieillard); hardy (plante) || bold (traits); racy (style).

vigueur [vigœr] *f* vigour, energy, strength || JUR. *en ~,* effective, in force; *entrer en ~,* become operative, take effect, come into force; *mettre en ~,* enforce; *remise en ~,* revival.

vil, e [vil] *adj* vile, low, base (action); mean (personne); shabby (conduite) || base (métal) || COMM. cheap (marchandises); ***à ~ prix,*** dirt-cheap; *céder à ~ prix,* bargain away.

vilain, aine [vilɛ̃, ɛn] *adj* ugly (laid) || naughty (enfant) || nasty (temps) || dirty (tour).

vilebrequin [vilbrəkɛ̃] *m* TECHN. brace || AUT. crank-shaft.

vilenie [vilni] *f* mean action; vileness, baseness.

villa [vil(l)a] *f* detached house || FR. villa.

village [vilaʒ] *m* village || **~ois, e** [-wa, waz] *adj* rustic ● *n* villager.

ville [vil] *f* town; *(grande) ~,* city; ***en ~,*** in town, U.S. downtown; *aller en ~,* go to town/ U.S. downtown.

villégiature [vileʒjatyr] *f* holiday; *en ~,* on holiday.

vin [vɛ̃] *m* wine; ***~ blanc/rosé/rouge,*** white/rosé/red wine; *~ mousseux,* sparkling wine; *~ du Rhin,* hock.

vinaigr|e [vinɛgr] *m* vinegar || **~ette** *f* vinegar sauce, French dressing || **~ier** *m* cruet(-stand).

vindicatif, ive [vɛ̃dikatif, iv] *adj* vindictive, vengeful.

vingt [vɛ̃; vɛ̃t devant voyelle] *adj* twenty || **~taine** [-tɛn] *f une ~,* about twenty; a score (*de,* of) || **~ième** [-jɛm] *adj* twentieth || **~-quatre** [vɛ̃tkatr] *adj* twenty-four; ***~ heures sur ~,*** round the clock.

viol [vjɔl] *m* rape || **~ation** *f* violation; infringement, transgression, breach (d'une loi) || **~emment** [-amɑ̃] *adv* violently; wildly, fiercely || **~ence** *f* violence; ***acte de ~,*** outrage, act of violence; *faire ~ à,* do violence to; *recourir à la ~,* use violence || **~ent, e** *adj* violent; *mourir de mort ~e,* die a violent death || hot (tempérament) || rude (choc) || violent (orage) || MIL. heavy (bombardement) || **~er** *vt* (1) rape (femme) || FIG. violate (lieu); break (traité); transgress (loi).

viol|et, ette [vjɔlɛ, ɛt] *adj/m* purple, violet ● *f* BOT. violet.

violon [vjɔlɔ̃] *m* violin; fiddle (fam.); *jouer du ~,* play the violin || FIG. ***~ d'Ingres,*** hobby || **~celle** [-sɛl] *m* cello || **~celliste** [-sɛlist] *n* cellist || **~iste** [-ɔnist] *n* violinist.

vipère [vipɛr] *f* viper, adder.

virage [viraʒ] *m* turning || AUT. curve ; ~ *en épingle à cheveux,* hairpin bend ; ***prendre un ~,*** take a corner.

vir|ement [virmɑ̃] *m* FIN. transfer || **~er** *vt* (1) FIN. transfer — *vi* turn || NAUT. swing ; ~ ***de bord,*** tack (about) || AV. ~ ***sur l'aile,*** bank || TECHN. [couleur] turn, change ; ~ *au bleu,* turn blue || **~evolter** [-vɔlte] *vi* (1) spin round.

virginité [virʒinite] *f* virginity.

virgule [virgyl] *f* GRAMM. comma ; *point et ~,* semi-colon || MATH. (decimal) point.

viril, e [viril] *adj* virile, manly ||**~ité** *f* virility || manhood.

virole [virɔl] *f* ferrule.

virtuel, elle [virtɥɛl] *adj* virtual || **~lement** *adv* virtually, to all intents and purposes.

virtuos|e [virtɥoz] *n* virtuoso || **~ité** *f* virtuosity.

virul|ence [virylɑ̃s] *f* virulence || **~ent, e** *adj* virulent ; scathing (critique).

virus [virys] *m* virus ; ~ *filtrant,* filtrable/filter-passing virus.

vis [vis] *f* screw ; *engrenage à ~ sans fin,* worm-gear.

visa [viza] *m* visa, stamp.

visage [vizaʒ] *m* face, features, countenance.

vis-à-vis [vizavi] *loc adv* opposite ● *loc prép* ~ ***de,*** over against, facing.

vis|ée [vize] *f* aiming || **~er** I *vi/vt* (1) aim (*à,* at) ; take sight || FIG. aim (*à,* at).

viser II *vt* (1) visa (un passeport) || RAIL. stamp (un billet).

viseur [vizœr] *m* PHOT. view-finder.

visi|bilité [vizibilite] *f* visibility || AV. *vol sans ~,* blind flying || **~ble** *adj* visible ; ~ *à l'œil nu,* visible to the naked eye || obvious (évident) || **~blement** *adv* visibly, apparently.

visière [vizjɛr] *f* [casquette] peak ; sun-visor.

visi|on [vizjɔ̃] *f* vision, (eye-)sight (faculté) || sight (fait de voir) || FIG. vision || **~onnaire** [-ɔnɛr] *adj/n* visionary || **~onneuse** [-ɔnøz] *f* viewer.

visit|e [vizit] *f* visit, call (*chez,* at) ; *courte ~,* look-in ; ***rendre ~ à qqn,*** call on sb., pay sb. a visit || caller (personne) || ~ *des curiosités (d'une ville),* sightseeing || MÉD. ~ ***médicale,*** medical || JUR. examination (par la douane) || **~er** *vt* (1) visit (qqn) || have a look round (un lieu) ; look over (une maison) ; ***faire ~ une maison à qqn,*** show sb. over a house, show sb. round || look round (une ville) ; ~ *les monuments,* see the sights || visit, tour (un pays) || MÉD. visit, attend || JUR. [douane] inspect, examine ; search (fouiller) || COMM. canvass || **~eur, euse** *n* caller, visitor || sightseer (touriste).

vison [vizɔ̃] *m* mink ; *manteau de ~,* mink coat.

visqueux, euse [viskø, øz] *adj* gluey, slimy.

visser [vise] *vt* (1) screw on (un écrou) ; screw in (une vis) ; ~ *à bloc,* screw tight — *vpr* ***se ~,*** screw on/in.

visuel, elle [vizɥɛl] *adj* visual ; *champ ~,* field of vision.

vital, e, aux [vital, o] *adj* vital ; *espace ~,* living-space ; *organes vitaux,* vitals || **~ité** *f* vitality ; pep (fam.).

vitamine [vitamin] *f* vitamin.

vit|e [vit] *adv* fast, quickly, swiftly ; ***faites ~!,*** hurry up!, be quick about it!, look sharp! || **~esse** [-ɛs] *f* speed, velocity ; *à toute ~,* at full speed ; *prendre de la ~,* pick up speed || [taux] rate ; *à la ~ de,* at the rate of || ~

acquise, momentum ; ~ *de croisière,* cruising speed || AUT. gear ; ***changer de ~,*** change gear ; *première ~,* first gear ; *dépasser la ~ permise,* be speeding || AV. ***(se) mettre en perte de ~,*** stall ; *perte de ~,* stalling.

viti|cole [vitikɔl] *adj* wine (-growing) || **~culteur, trice** *n* wine grower.

vitrail, aux [vitraj, o] *m* stained glass window.

vitr|e [vitr] *f* (window) pane || AUT. ~ *de sécurité,* splinterproof glass || **~er** *vt* (1) glaze, fit with glass || **~eux, euse** *adj* glassy (yeux) || **~ier** [-ije] *m* glazier || **~ifier** [-ifje] *vt* (1) vitrify || **~ine** [-in] *f* shop-window ; show-case.

vitriol [vitriɔl] *m* vitriol.

vitupérer [vitypere] *vt* (1) rant and rave against ; ~ *(contre),* inveigh against, rail at.

vivac|e [vivas] *adj* BOT. hardy, perennial || **~ité** *f* vivacity || quickness ; promptness || readiness (d'esprit) ; brightness (du regard).

vivant, e [vivɑ̃, ɑ̃t] *adj* living, live, alive || *langues ~es,* modern languages || FIG. lively (animé) ; vivid (description) ; lifelike (ressemblant) ● *m* living being ; *les ~s et les morts,* the living and the dead ; REL. the quick and the dead || *bon ~,* boon companion, jolly good fellow.

viv|ats [viva] *mpl* cheers || **~e** *interj ~ la reine !,* long live the Queen !, hurrah for the Queen !

vivement [vivmɑ̃] *adv* quickly, briskly, sharply || FIG. keenly ; deeply ; warmly.

viveur [vivœr] *m* gay-dog, playboy.

vivifi|ant, e [vivifjɑ̃, ɑ̃t] *adj* bracing, invigorating (climat) || **~er** *vt* (1) brace, invigorate.

vivoter [vivɔte] *vi* (1) FAM. rub along, scrape along ; live sparely.

vivre [vivr] *vi* (105) live, exist (exister) ; live (passer sa vie) ; ~ *à Paris,* live in Paris || subsist (subsister) ; ~ *au jour le jour,* live from hand to mouth ; *travailler pour ~,* work for a living ; ~ *de ses rentes,* live on a private income ; ~ *de légumes,* live on vegetables ; ~ *aux crochets de qqn,* sponge on sb. || *manière de ~,* way of life || ***faire ~,*** keep, maintain, support (sa famille) || MIL. *qui vive ?,* who goes there ? || FIG. last (survivre) — *vt* live ; ~ *sa vie,* live one's life ● *m* [arch.] food ; *le ~ et le couvert,* board and lodging || *Pl* supplies, provisions || *Pl* MIL. supplies, rations ; ~ *de réserve,* emergency rations.

vocabulaire [vɔkabylɛr] *m* vocabulary.

vocal, e, aux [vɔkal, o] *adj* vocal.

vocation [vɔkasjɔ̃] *f* vocation, call(ing).

vociférer [vɔsifere] *vt* (5) shout — *vi* yell, shout ; clamour (*contre,* against).

vœu, œux [vø] *m* vow, pledge (engagement) || wish (souhait) ; ***faire un ~,*** make a wish ; *meilleurs ~x !,* best wishes ! || REL. vow ; *prononcer ses ~x,* take one's vows ; ***faire ~ de,*** make a vow of.

vogue [vɔg] *f* vogue, fashion ; popularity ; ***en ~,*** in vogue, popular ; *c'est la grande ~,* it's all the rage.

voguer [vɔge] *vi* (1) sail.

voici [vwasi] *prép* here is/are ; *le ~,* here he is ; *nous ~ arrivés,* here we are ; ~ *mon livre, voilà le sien,* this is my book, that is his || [temps] ~ *dix ans que je ne l'ai vu,* I haven't seen him for (the past) ten years.

voie [vwa] *f* way, road ; ~ ***unique,*** single-lane road ; *route à quatre ~s,* dual carriageway ; ~ *d'accès,* access road ; ~ *de dégagement,* relief road ; ~ ***express,***

U.S. speedway || ~ ***navigable,*** waterway || RAIL. ~ ***(ferrée),*** (railway) track; *à ~ étroite,* narrow gauge; *à ~ unique,* single-track; ~ ***de garage,*** siding || NAUT. ~ ***d'eau,*** leak; *faire une ~ d'eau,* spring a leak || FIG. *sur la bonne ~,* on the right track; *être en bonne ~,* be doing well || FIG. ***par la ~ hiérarchique,*** through official channels ● *loc* ***en ~ de,*** in (the) process of; *en ~ d'achèvement,* nearing completion || [transports] ***par ~ de terre,*** overland.

voilà [vwala] *prép* there is/are; *le ~ qui vient!,* there he comes || [temps] V. VOICI || FAM. *et ~,* so that's that.

voilage [vwalaʒ] *m* window-curtain.

voile I [vwal] *f* NAUT. sail; *grand-~,* main-sail; ***faire ~,*** sail; *mettre à la ~,* set sail (*vers,* for); *à la ~,* under sail (*vers,* for) || SP. sailing; ***faire de la ~,*** go sailing.

voil|e II *m* TECHN. buckle || **~é, e** *adj* buckled (roue); warped (planche) || **~er (se)** *vpr* (1) [roue] buckle; [planche] warp.

voil|e III *m* veil || PHOT. fog || MÉD. mist (devant les yeux) || REL. *prendre le ~,* take the veil || FIG. screen; pall (de fumée) || **~é, e** *adj* hazy (temps); dim (regard) || PHOT. fogged || FIG. covert || **~er** *vt* (1) veil (le visage) || dim (la lumière); hide (des étoiles) || PHOT. fog || FIG. cloak, mask (ses intentions) — *vpr* ***se ~,*** [ciel] cloud over || **~ette** *f* (hat-)veil.

voil|ier [vwalje] *m* sailing-boat || **~ure** [-yr] *f* NAUT. sails.

voir [vwar] *vt* (106) see (percevoir) || watch (observer) || witness (être témoin de) || examine (examiner) || meet (rencontrer) || ***aller ~ qqn,*** go and see sb., visit sb.; *passer ~ qqn,* come round and see sb. || ~ ***venir,*** wait and see || ***faire ~,*** show; *se faire bien ~,* ingratiate oneself (*de,* with) || *laisser ~,* reveal, show ● *loc voyons (un peu),* let me see; *je verrai ça,* I'll see about it.
— *vt ind ~ à ce que,* see to it that — *vi* see (comprendre) || FIG. see, imagine (concevoir); *façon de ~,* outlook || see, witness, know (connaître) ● *loc* ***en faire ~ à qqn,*** play sb. up; *vous voyez, tu vois,* you see; *n'avoir rien à ~ avec,* have nothing to do with — *vpr* ***se ~,*** [réciproque] see each other || [passif] show || FIG. find oneself (*dans l'obligation de,* obliged to).

voirie [vwari] *f* Roads Department (service) || refuse-dump (lieu); *service de ~,* refuse collection.

vois|in, e [vwazɛ̃, in] *adj* neighbouring, adjoining, adjacent; next door, nearby (proche) || FIG. similar (semblable); allied, kindred (apparenté) ● *n* neighbour || **~inage** [-inaʒ] *m* neighbourhood, surrounding district || vicinity (proximité); *de bon ~,* neighbourly.

voiture [vwatyr] *f* carriage, vehicle; *~ à bras,* hand-cart, barrow; *~ à cheval,* cart; *~ d'enfant,* baby carriage, pram (fam.); *~ des quatre-saisons,* apple-cart || AUT. (motor-)car; *~ de la Belle Époque,* veteran car; *~ décapotable,* convertible; *~ de livraison,* delivery van; *~ de police,* patrol car, z-car; *~-radio,* radio-car; *~ de sport,* sports-car; *~ de tourisme,* touring car; *aller en ~,* motor, drive || RAIL. carriage, coach, U.S. car; *~-lit,* sleeping-car, sleeper; *~-restaurant,* dining-car, U.S diner; *en ~!,* take your seats!, U.S. all aboard!

voix I [vwa] *f* voice; *à ~ basse,* in a low voice; *à haute ~,* aloud, in a loud voice; *sans ~,* voiceless; ***de vive ~,*** viva voce, by word of mouth || CIN., RAD. ~ ***hors champ,*** voice over || GRAMM. voice.

voix II *f* JUR. vote; *mettre aux ~,*

put to the vote; ~ *prépondérante,* deciding vote.

vol I [vɔl] *m* flight, flying; *en ~,* on the wing; *en plein ~,* in flight; *prendre son ~,* take wing || flight, flock (d'oiseaux); covey (de perdrix) || Av. flight; ~ ***sans escale,*** non-stop flight; ~ *de nuit,* night flying; ~ *plané,* glide; SP. ~ ***libre,*** hang-gliding; ~ ***à voile,*** gliding ● *loc* ***à ~ d'oiseau,*** as the crow flies; *vue à ~ d'oiseau,* bird's-eye view.

vol II *m* thieving, stealing, robbery (action); larceny, theft (résultat); ~ *à l'arraché,* bagsnatch; ~ *à l'américaine,* confidence trick; ~ *à l'étalage,* shop-lifting; ~ *à la tire,* pocket-picking.

volage [vɔlaʒ] *adj* fickle; skittish (femme).

volaille [vɔlaj] *f* poultry (collectif); *une ~,* a fowl; *marchand de ~,* poulterer || CULIN. bird; fowl (viande).

volant I, **e** [vɔlɑ̃, ɑ̃t] *adj* flying (poisson) || *feuille ~e,* looseleaf.

volant II *m* TECHN. fly-wheel || AUT. steering-wheel || SP. shuttlecock || FIG. reserve, margin.

volant III *m* flounce (d'une robe).

volatil, e [vɔlatil] *adj* volatile || **~e** *m* bird; fowl (volaille) || **~iser** *vt* (1) volatilize — *vpr* ***se ~,*** volatilize || FIG. evaporate.

volc|an [vɔlkɑ̃] *m* volcano; ~ *en activité/éteint,* active/extinct volcano || **~anique** [-anik] *adj* volcanic || **~anologue** [-anɔlɔg] *n* vulcanologist.

volée I [vɔle] *f* volley (de coups, de flèches, etc.) || thrashing, hiding (correction).

volée II *f* [tennis] volley; ***à la ~,*** on the volley; *renvoyer à la ~,* volley.

volée III *f* ~ ***d'escalier,*** flight of stairs.

vol|ée IV *f* flight (d'oiseaux) || **~er** *vi* (1) [oiseau] fly, wing one's way || ~ *en éclats,* fly in pieces || Av. fly; *faire ~,* fly (un cerf-volant) || FIG. ~ *de ses propres ailes,* fend for oneself.

voler II *vt* (1) steal (qqch.); rob (qqn); ~ *qqch. à qqn,* steal sth. from sb., rob sb. of sth. || fleece, cheat (fam.); con (sl.) [escroquer].

volet [vɔlɛ] *m* shutter.

voleter [vɔlte] *vi* (8 *a*) flit, flutter.

voleur, euse [vɔlœr, øz] *n* thief; robber (avec agression); burglar (cambrioleur); ~ *à l'étalage,* shop-lifter; ~ *à la tire,* pickpocket; *au ~!,* stop thief!

volière [vɔljɛr] *f* aviary.

volley|-ball [vɔlɛbol] *m* volley-ball || **~eur, euse** [-jœr, jøz] *n* volley-ball player.

volont|aire [vɔlɔ̃tɛr] *adj* voluntary ● *n* volunteer; *s'engager comme/se porter ~,* volunteer || **~airement** *adv* voluntarily || wilfully, deliberately (exprès).

volont|é *f* will || will-power (énergie) || ***bonne ~,*** good will; *de sa propre ~,* of one's own free will || *Pl* whims (caprices); *dernières ~s,* last wishes, last will and testament ● *loc adv* ***à ~,*** at will, at discretion || **~iers** [-je] *adv* willingly, gladly, readily, with pleasure.

volt [vɔlt] *m* volt || **~age** *m* voltage.

Volta (Haute-) V. HAUTE-VOLTA.

volte-face [vɔltəfas] *f inv* about-face; *faire ~,* swing round; FIG. do an about-face.

voltiger [vɔltiʒe] *vt* (7) flit/flutter (about).

voltmètre [vɔltmɛtr] *m* voltmeter.

volubi|le [vɔlybil] *adj* voluble; glib || **~ité** *f* volubility.

volume I [vɔlym] *m* volume (livre).

volum|e II *m* volume, bulk || **~ineux, euse** [-inø, øz] *adj* voluminous, bulky, large.

volupt|é [vɔlypte] *f* sensual delight, pleasure || **~ueux, euse** [-ɥø, øz] *adj* voluptuous, sensual || **~ueusement** *adv* voluptuously.

volute [vɔlyt] *f* ARCH. volute || FIG. curl, wreath (de fumée).

vom|ir [vɔmir] *vt* (2) vomit, be sick, bring up; *avoir envie de ~,* feel sick || FIG. belch out (flammes, fumée) || **~issement** *m* vomiting.

vont [vɔ̃] V. ALLER.

vorac|e [vɔras] *adj* voracious, greedy; keen (appétit) || **~ité** *f* greediness.

vot|ant, e [vɔtɑ̃, ɑ̃t] *n* voter || **~e** *m* vote, voting, ballot, poll; ***droit de ~,*** franchise; *bulletin de ~,* ballot(-paper); *bureau de ~,* polling-station, polls || [Parlement] division; ***~ de confiance,*** vote of confidence || **~er** *vi* (1) vote; poll || [Parlement britannique] divide (*sur,* on); *faire ~ la Chambre,* divide the House || *~ à mains levées,* take a show of hands — *vt* vote (des crédits); pass (une loi).

votre, vos [vɔtr, vo], *adj poss* your.

vôtre [votr] *adj sincèrement ~,* yours truly ● *pron poss le/la ~, les ~s,* yours || FAM. *à la ~,* cheers!

vou|é, e [vwe] *adj* fated, doomed (à l'échec) || **~er** *vt* (1) dedicate, devote (sa vie) [*à,* to] — *vpr* ***se ~,*** devote oneself (*à,* to).

voul|oir [vulwar] *vt* (107) want, will, wish; *je veux le faire,* I want to do it; *je veux qu'il le fasse,* I want him to do it; *je veux vous dire un mot,* I wish to say a word to you; *je voudrais être riche,* I wish I were rich || *je voudrais faire ceci,* I would like to do this; *partons, voulez-vous?,* let's go, shall we? || ***~ qqch.,*** want sth., wish for sth. || intend, mean (avoir l'intention de); *sans le ~,* unwittingly, without meaning it || try (essayer); *il voulut me frapper,* he tried to hit me || demand (exiger) || like (aimer); ***comme vous voudrez,*** as you like; *si vous voulez,* if you like || *~ du bien/mal à qqn,* wish sb. well/ill || ***en ~ à qqn,*** bear sb. a grudge || ***~ dire,*** mean to say ● *m bon/mauvais ~,* goodwill, ill will || **~u, e** [-y] *adj* deliberate, intentional; wilful.

vous [vu] *pron pers* [sujet et complément] you; [complément indirect] ***à ~,*** to you; *c'est à ~ de,* it's up to you to (fam.); *à ~,* yours (possession); *ce livre est à ~,* that book is yours || ***~ autres,*** you (emphatique) || ***~-même(s),*** yourself (-selves) || RAD. ***à ~!,*** over (to you)!

voût|e [vut] *f* ARCH. vault, arch(way) || **~é, e** *adj* MÉD. stooping, round (épaules) || **~er** *vt* (1) cover with an arch — *vpr* ***se ~,*** stoop, get round-shouldered.

voyag|e [vwajaʒ] *m* journey, trip; ***en ~,*** on a journey; *partir en ~,* go on a journey; ***faire un ~,*** make a journey; *un ~ à Rome,* a visit to Rome; ***~ organisé,*** package tour; ***~ de noces,*** honeymoon (trip) || [course] trip || *Pl* travel(s) || NAUT. voyage; *premier ~,* maiden voyage (d'un bateau) || **~er** *vi* (7) travel, journey; tour, get about; *~ en voiture/avion,* travel by car/plane; *~ en première classe/par le train,* travel first class/by train || voyage (par mer) || **~eur, euse** *n* traveller || [bateau, car, train] passenger || commuter (de banlieue) || COMM. *~ de commerce,* commercial traveller || **~iste** *m* tour operator.

voyant, e [vwajɑ̃, ɑ̃t] *adj* flashy, showy, garish (couleurs); gaudy (criard) ● *n* seer (prophète); clairvoyant (extra-lucide) ● *m* TECHN. signal.

voyelle [vwajɛl] *f* vowel.

voyeur, euse [vwajœr, øz] *n* peeping Tom, voyeur.

voyou [vwaju] *m* hooligan || thug (casseur).

vrac (en) [ɑ̃vrak] *loc adv* in bulk ; loose.

vrai, e [vrɛ] *adj* true || [intensif] real ; regular (fam.) || genuine (authentique) ● *m* truth ; *le ~ de l'affaire,* the truth of the matter ● *loc adv* ***à ~ dire, à dire ~,*** to tell the truth || **~ment** *adv* really, truly ; *~ ?,* indeed?, is that so?, really? || **~semblable** *adj* likely, probable || **~semblablement** *adv* probably, very likely || **~semblance** *f* verisimilitude ; *selon toute ~,* in all probability.

vrille [vrij] *f* TECHN. gimlet || BOT. tendril || AV. tail-spin.

vromb|ir [vrɔ̃bir] *vi* (2) [avion] hum ; [moteur] throb ; [hélice] whir ; [insecte] buzz || **~issement** *m* hum ; throb ; whir.

vu, e [vy] *adj* considered ; *être bien ~,* be well thought of ; *mal ~,* poorly thought of ● *prép* considering, owing to ● *loc conj ~* ***que,*** seeing that ● *m au ~ de tous,* openly ; *au ~ et au su de tous,* to everybody's knowledge.

vue [vy] *f* (eye)sight (sens) ; *à la ~ basse,* short-sighted ; *avoir mauvaise ~,* have poor sight || sight (observation) ; ***connaître qqn de ~,*** know sb. by sight ; ***à première ~,*** at first sight, on the face of it ; *à ~ d'œil,* visibly ; *hors de ~,* out of sight ; ***à perte de ~,*** as far as the eye can reach ; ***perdre de ~,*** lose sight of ; *ne pas perdre de ~,* keep in view/ sight ; *mettre en ~,* show up (qqch.) || sight, appearance (aspect) || view, prospect, vista (panorama) ; ***~ d'ensemble,*** bird's eye view ; *avoir ~ sur,* overlook ; ***en ~,*** in sight || *Pl* views, designs || ARTS view (tableau) || COMM. *à ~,* at sight || FIG. eye ; *être très en ~,* be in the public eye || FIG. *à courte ~,* shortsighted || FAM. *à ~ de nez,* at a rough estimate ● *loc prép* ***en ~ de,*** in order to, with a view to.

vulcaniser [vylkanize] *vt* (1) vulcanize.

vulg|aire [vylgɛr] *adj* common (courant) || low, coarse, vulgar (grossier) || **~ariser** [-arize] *vt* (1) popularize (ouvrage) || vulgarise (rendre vulgaire) || **~arité** *f* vulgarity.

vulnérable [vylnerabl] *adj* vulnerable.

w [dubləve] *m* w.

wag|on [vagɔ̃] *m ~ (de voyageurs),* carriage, coach, passenger car ; *~-citerne,* tanker ; *~ frigorifique,* refrigerated van ; ***~-lit,*** sleeping-car, sleeper ; ***~ de marchandises,*** (goods) waggon, U.S. freight-car ; truck (plateforme) ; *~ panoramique,* observation-car ; *~-poste,* mail van ; ***~-restaurant,*** restaurant/dining car, U.S. diner || **~onnet** [-ɔne] *m* small waggon ; tip-truck (à bascule).

Wallon, onne [walɔ̃, ɔn] *n* Walloon.

water-closet(s) [watɛrklɔzɛt] (FAM. **waters, w.-c.**) *m(pl)* toilet, lavatory ; loo (fam.).

watt [wat] *m* watt.

w.-c. [dubləvese ; fam. vese] *mpl* V. WATER-CLOSET(S).

X

x [iks] *m* x || MÉD., PHYS. *rayon X,* X-ray.

xénophob|e [ksenɔfɔb] *n* xenophobe || **~ie** *f* xenophobia.

Xérès [kerɛs, gzerɛs] *m* sherry.

xylophone [ksilɔfɔn] *m* xylophone.

Y

y [igrɛk] *m* y.

y [i] *adv j'~ suis allé,* I went there; ***il ~ a,*** there is/are || V. AVOIR ● *pron* it; *pensez-~,* think of it; *il ~ travaille,* he is at it || [personne], him, her, them; *ne vous ~ fiez pas,* don't trust him.

yacht [jak(t) ou jɔt] *m* yacht || **~ing** [-iŋ] *m* yachting, sailing || **~man** [-man] *m* yachtsman.

yaourt [jaurt] *m* yog(h)urt.

yeux [jø] *mpl* V. ŒIL.

yog|a [jɔga] *m* yoga || **~i** [-i] *n* yogi.

yole [jɔl] *f* skiff.

Yougoslav|e [jugoslav] *n* Yugoslav ● *adj* Yugoslavian || **~ie** [-i] *f* Yugoslavia.

youyou [juju] *m* dinghy, dingey.

Z

z [zɛd] *m* z.

Zaïre [zair] *m* Zaire || **~ois, e** [-wa, waz] *n/adj* Zairean.

zèbre [zɛbr] *m* zebra.

zébr|er [zebre] *vt* (1) stripe, streak || **~ure** *f* stripe.

zèle [zɛl] *m* zeal, ardour; earnestness; *faire du ~,* make a show of zeal.

zélé, e [zele] *adj* zealous, officious.

zénith [zenit] *m* zenith.

zéro [zero] *m* zero, naught, nought, cipher; *10 degrés au-dessous de ~,* 10 degrees of frost/below zero || TÉL. O || SP. [football] nil; [tennis] *30 à ~,* 30 love; *mener par 2 jeux à ~,* lead by 2 games to love || FIG. nonentity (personne); *partir de ~,* start from scratch.

zeste [zɛst] *m* peel (de citron).

zéza|iement [zezɛmɑ̃] *m* lisp || **~yer** [-zɛje] *vi* (9 *b*) lisp.

zibeline [ziblin] *f* sable.

zigza|g [zigzag] *m* zigzag || **~guer** [-ge] *vi* (1) zigzag (along); wobble (tituber).

zinc [zɛ̃g] *m* zinc || FAM. counter.

zodiaque [zɔdjak] *m* zodiac.

zona [zɔna] *m* shingles.

zone [zon] *f* zone || ~ *bleue,* zone (à Londres) || GÉOGR. belt, range.

zoo [zoo] *m* zoo || ~**logie** [-lɔʒi] *f* zoology || ~**logique** [-lɔʒik] *adj* zoological || ~**logiste** [-lɔʒist] *n* zoologist.

zoom [zum] *m* PHOT., CIN. zoom lens; *faire un ~ avant/arrière,* zoom in/out.

zozoter [zɔzɔte] *vi* (1) FAM. = ZÉZAYER.

zut! [zyt] *interj* FAM. dash it!

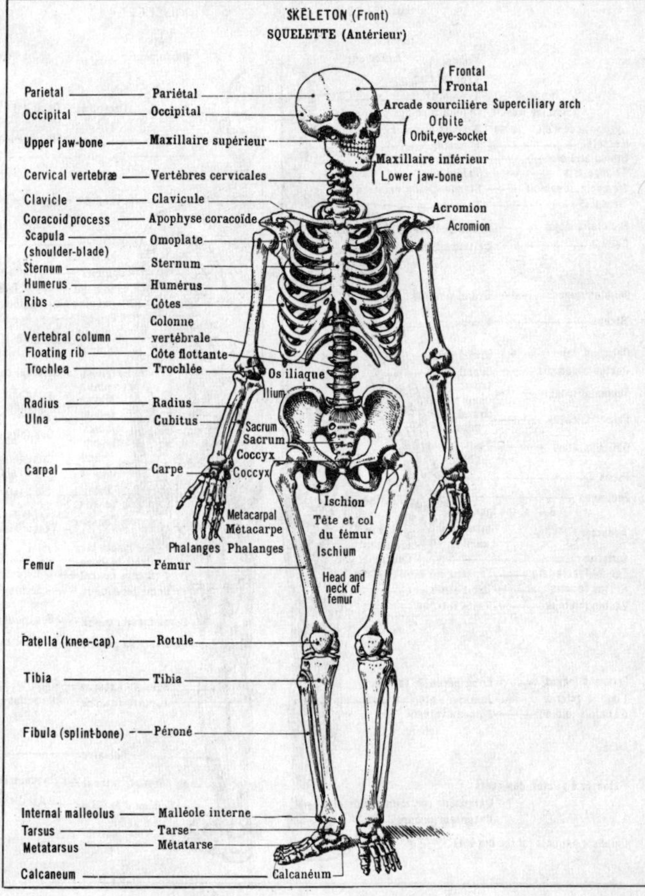
SKELETON (Front)
SQUELETTE (Antérieur)
Frontal
Frontal
Parietal
Pariétal
Occipital
Occipital
Arcade sourcilière
Superciliary arch
Orbite
Orbit, eye-socket
Upper jaw-bone
Maxillaire supérieur
Maxillaire inférieur
Lower jaw-bone
Cervical vertebræ
Vertèbres cervicales
Clavicle
Clavicule
Acromion
Acromion
Coracoid process
Apophyse coracoïde
Scapula (shoulder-blade)
Omoplate
Sternum
Sternum
Humerus
Humérus
Ribs
Côtes
Vertebral column
Colonne vertébrale
Floating rib
Côte flottante
Trochlea
Trochlée
Os iliaque
Ilium
Radius
Radius
Ulna
Cubitus
Sacrum
Sacrum
Coccyx
Coccyx
Carpal
Carpe
Ischion
Metacarpal
Métacarpe
Tête et col du fémur
Phalanges
Phalanges
Ischium
Femur
Fémur
Head and neck of femur
Patella (knee-cap)
Rotule
Tibia
Tibia
Fibula (splint-bone)
Péroné
Internal malleolus
Malléole interne
Tarsus
Tarse
Metatarsus
Métatarse
Calcaneum
Calcanéum

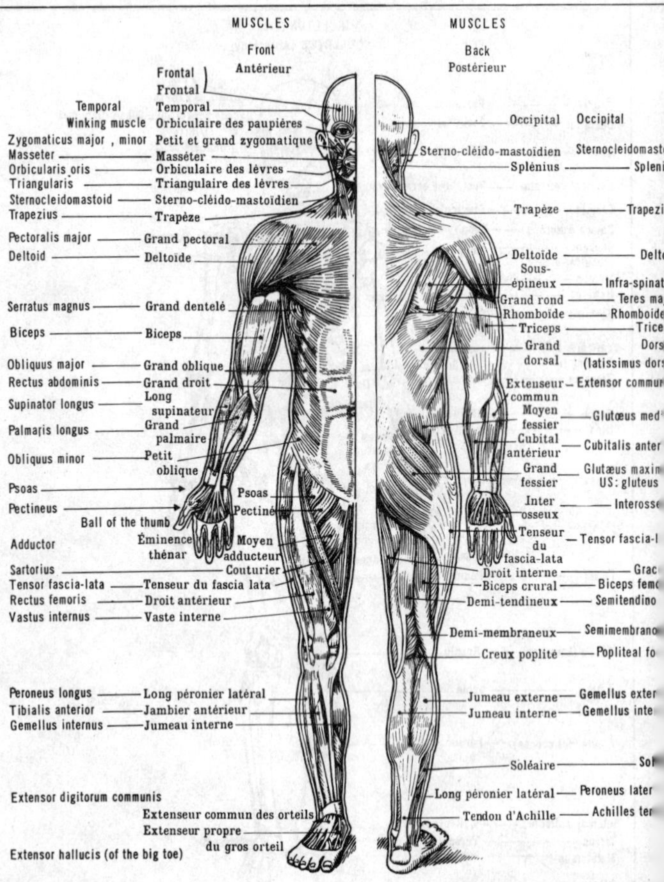
MUSCLES
Front
Antérieur
MUSCLES
Back
Postérieur
Frontal
Frontal
Temporal
Temporal
Winking muscle
Orbiculaire des paupières
Zygomaticus major , minor
Petit et grand zygomatique
Masseter
Masséter
Orbicularis oris
Orbiculaire des lèvres
Triangularis
Triangulaire des lèvres
Sternocleidomastoid
Sterno-cléido-mastoïdien
Trapezius
Trapèze
Pectoralis major
Grand pectoral
Deltoid
Deltoïde
Serratus magnus
Grand dentelé
Biceps
Biceps
Obliquus major
Grand oblique
Rectus abdominis
Grand droit
Supinator longus
Long supinateur
Palmaris longus
Grand palmaire
Obliquus minor
Petit oblique
Psoas
Psoas
Pectineus
Pectiné
Ball of the thumb
Éminence thénar
Adductor
Moyen adducteur
Sartorius
Couturier
Tensor fascia-lata
Tenseur du fascia lata
Rectus femoris
Droit antérieur
Vastus internus
Vaste interne
Peroneus longus
Long péronier latéral
Tibialis anterior
Jambier antérieur
Gemellus internus
Jumeau interne
Extensor digitorum communis
Extenseur commun des orteils
Extensor hallucis (of the big toe)
Extenseur propre du gros orteil
Occipital
Occipital
Sterno-cléido-mastoïdien
Sternocleidomasto
Splénius
Splenit
Trapèze
Trapeziu
Deltoïde
Delt
Sous-épineux
Infra-spinat
Grand rond
Teres ma
Rhomboïde
Rhomboide
Triceps
Trice
Grand dorsal
Dors
(latissimus dor
Extenseur commun
Extensor commur
Moyen fessier
Glutæus med
Cubital antérieur
Cubitalis anter
Grand fessier
Glutæus maxim
US: gluteus
Inter osseux
Interosse
Tenseur du fascia-lata
Tensor fascia-l
Droit interne
Grac
Biceps crural
Biceps fem
Demi-tendineux
Semitendino
Demi-membraneux
Semimembrano
Creux poplité
Popliteal fo
Jumeau externe
Gemellus exter
Jumeau interne
Gemellus inte
Soléaire
Sol
Long péronier latéral
Peroneus later
Tendon d'Achille
Achilles ter

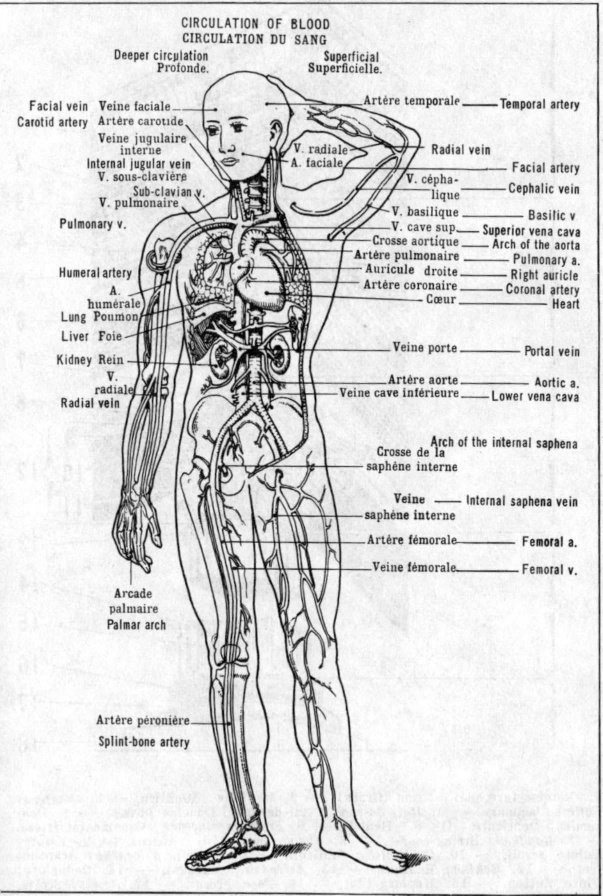
CIRCULATION OF BLOOD
CIRCULATION DU SANG
Deeper circulation
Profonde.
Superficial
Superficielle.
Facial vein Veine faciale
Carotid artery Artère carotide
Veine jugulaire interne
Internal jugular vein
V. sous-clavière
Sub-clavian v.
V. pulmonaire
Pulmonary v.
Humeral artery
A. humérale
Lung Poumon
Liver Foie
Kidney Rein
V. radiale
Radial vein
Arcade palmaire
Palmar arch
Artère péronière
Splint-bone artery
Artère temporale — Temporal artery
V. radiale — Radial vein
A. faciale — Facial artery
V. céphalique — Cephalic vein
V. basilique — Basilic v
V. cave sup. — Superior vena cava
Crosse aortique — Arch of the aorta
Artère pulmonaire — Pulmonary a.
Auricule droite — Right auricle
Artère coronaire — Coronal artery
Cœur — Heart
Veine porte — Portal vein
Artère aorte — Aortic a.
Veine cave inférieure — Lower vena cava
Crosse de la saphène interne
Arch of the internal saphena
Veine saphène interne — Internal saphena vein
Artère fémorale — Femoral a.
Veine fémorale — Femoral v.

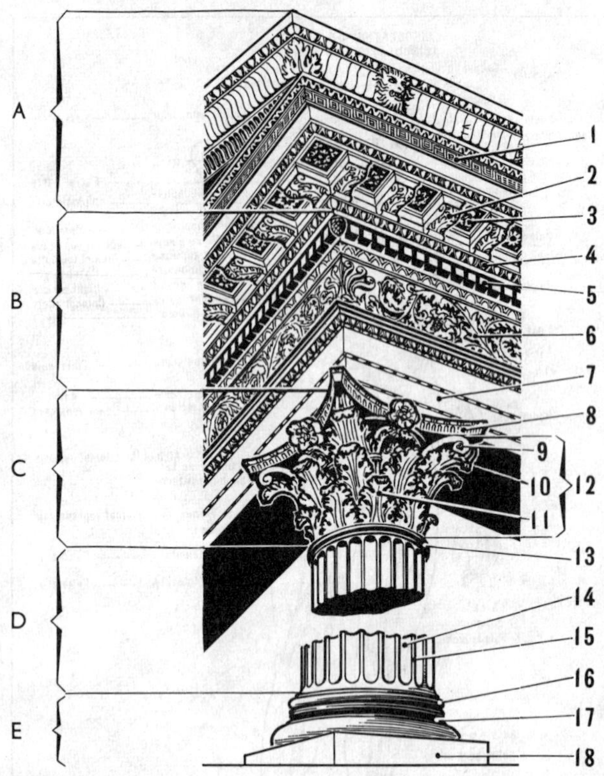

1. *Cimaise* (grecque) ; Cyma (Greek). — 2. *Modillon;* Modillon. — 3. *Caissons;* Coffers, lacunars. — 4. *Rais-de-cœur;* Rai-de-cœur, Doucine finials. — 5. *Denticules;* Denticules; (U. S.) Dentils. — 6. *Frise de rinceaux;* Ornamental frieze. — 7. *Bandeau;* String-course. — 8. *Abaque* ou *tailloir;* Abacus. — 9. *Volute;* Volute, scroll. — 10. *Caulicoles;* Cauliculi. — 11. *Feuille d'acanthe;* Acanthus leaf. — 12. *Echine;* Echinus. — 13. *Astragale;* Astragal. — 14. *Cannelure;* Flute, fluting. — 15. *Méplat;* Flat. — 16. *Tore;* Torus. — 17. *Scotie;* Scotia. — 18. *Plinthe;* Plinth.

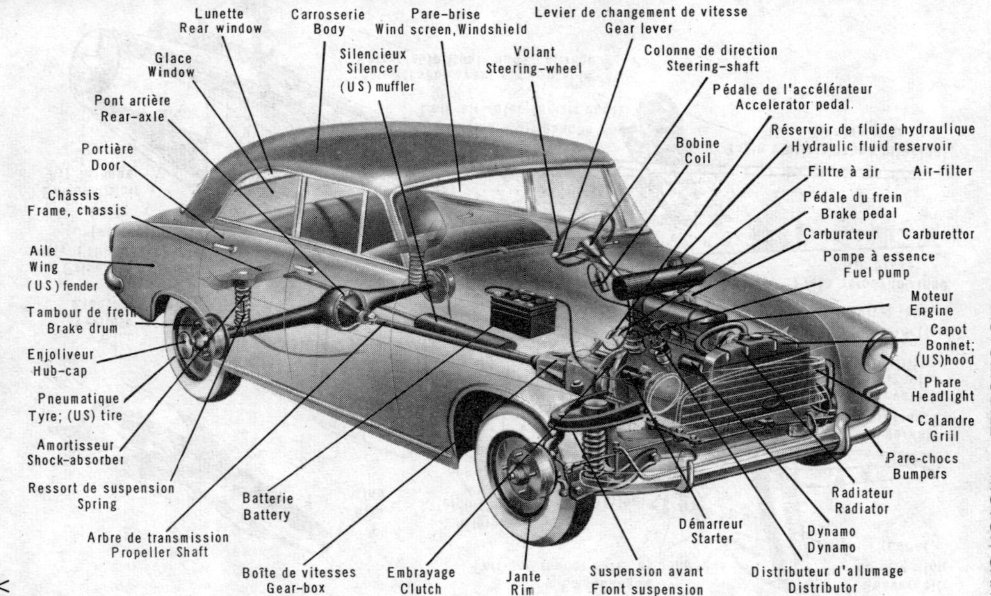
Lunette
Rear window
Carrosserie
Body
Pare-brise
Wind screen, Windshield
Levier de changement de vitesse
Gear lever
Glace
Window
Silencieux
Silencer
(US) muffler
Volant
Steering-wheel
Colonne de direction
Steering-shaft
Pont arrière
Rear-axle
Pédale de l'accélérateur
Accelerator pedal.
Réservoir de fluide hydraulique
Hydraulic fluid reservoir
Portière
Door
Bobine
Coil
Filtre à air
Air-filter
Châssis
Frame, chassis
Pédale du frein
Brake pedal
Carburateur
Carburettor
Aile
Wing
(US) fender
Pompe à essence
Fuel pump
Moteur
Engine
Tambour de frein
Brake drum
Capot
Bonnet; (US)hood
Enjoliveur
Hub-cap
Phare
Headlight
Pneumatique
Tyre; (US) tire
Calandre
Grill
Amortisseur
Shock-absorber
Pare-chocs
Bumpers
Ressort de suspension
Spring
Batterie
Battery
Radiateur
Radiator
Démarreur
Starter
Dynamo
Dynamo
Arbre de transmission
Propeller Shaft
Boîte de vitesses
Gear-box
Embrayage
Clutch
Jante
Rim
Suspension avant
Front suspension
Distributeur d'allumage
Distributor

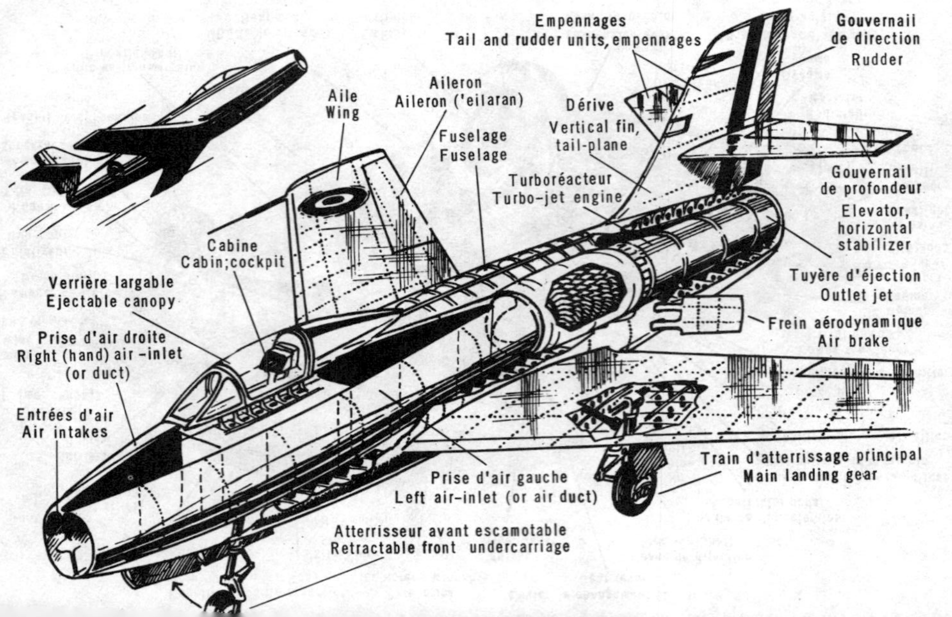
Empennages
Tail and rudder units, empennages
Gouvernail de direction
Rudder
Aile
Wing
Aileron
Aileron ('eilaran)
Dérive
Vertical fin, tail-plane
Fuselage
Fuselage
Turboréacteur
Turbo-jet engine
Gouvernail de profondeur
Elevator, horizontal stabilizer
Cabine
Cabin;cockpit
Verrière largable
Ejectable canopy
Tuyère d'éjection
Outlet jet
Frein aérodynamique
Air brake
Prise d'air droite
Right (hand) air -inlet
(or duct)
Entrées d'air
Air intakes
Train d'atterrissage principal
Main landing gear
Prise d'air gauche
Left air-inlet (or air duct)
Atterrisseur avant escamotable
Retractable front undercarriage

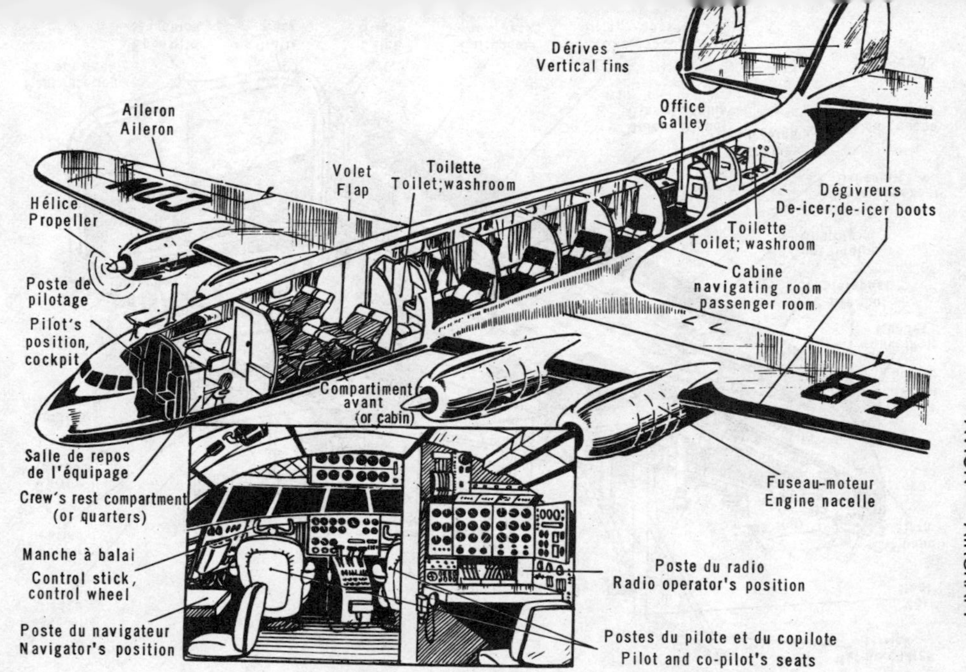
Dérives
Vertical fins
Aileron
Aileron
Office
Galley
Volet
Flap
Toilette
Toilet;washroom
Hélice
Propeller
Dégivreurs
De-icer;de-icer boots
Toilette
Toilet; washroom
Poste de pilotage
Cabine
navigating room
passenger room
Pilot's position, cockpit
Compartiment avant (or cabin)
Salle de repos de l'équipage
Crew's rest compartment (or quarters)
Fuseau-moteur
Engine nacelle
Manche à balai
Control stick, control wheel
Poste du radio
Radio operator's position
Poste du navigateur
Navigator's position
Postes du pilote et du copilote
Pilot and co-pilot's seats

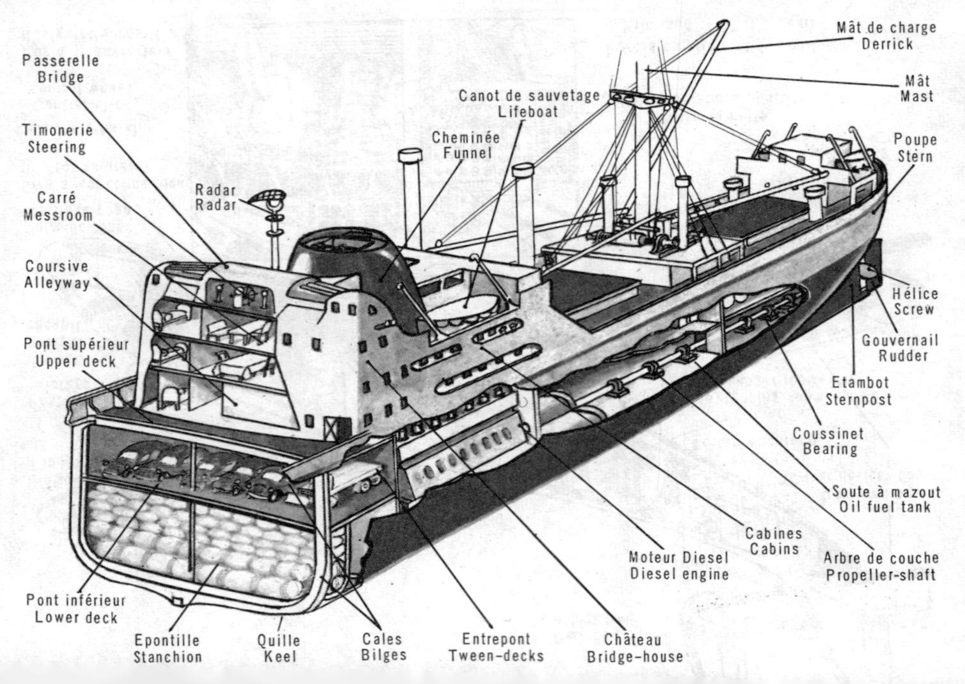
Passerelle
Bridge
Timonerie
Steering
Carré
Messroom
Coursive
Alleyway
Pont supérieur
Upper deck
Radar
Radar
Cheminée
Funnel
Canot de sauvetage
Lifeboat
Mât de charge
Derrick
Mât
Mast
Poupe
Stern
Hélice
Screw
Gouvernail
Rudder
Etambot
Sternpost
Coussinet
Bearing
Soute à mazout
Oil fuel tank
Arbre de couche
Propeller-shaft
Cabines
Cabins
Moteur Diesel
Diesel engine
Château
Bridge-house
Entrepont
Tween-decks
Cales
Bilges
Quille
Keel
Epontille
Stanchion
Pont inférieur
Lower deck

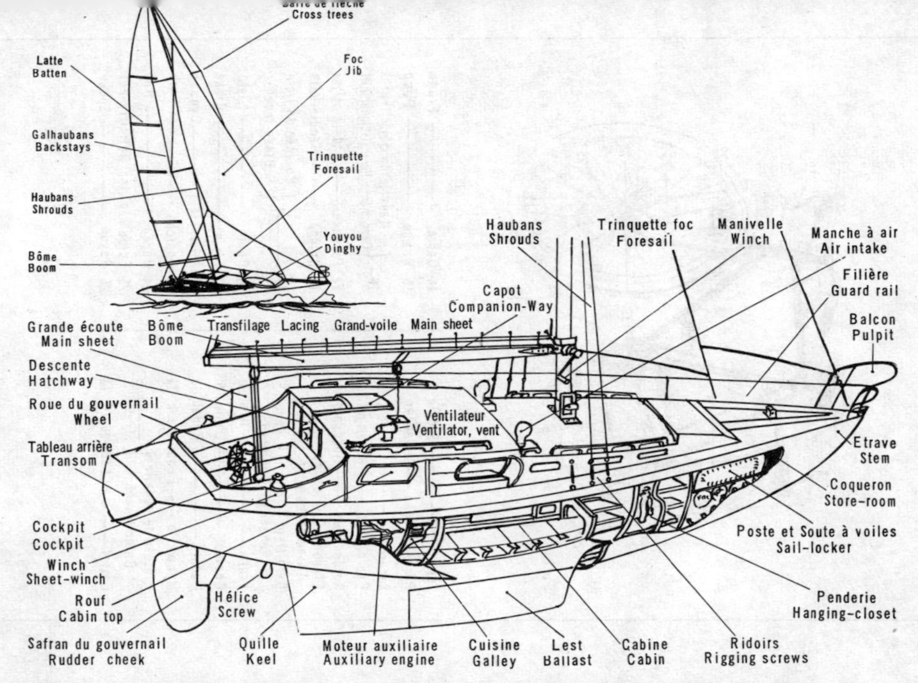
Cross trees
Latte
Batten
Foc
Jib
Galhaubans
Backstays
Trinquette
Foresail
Haubans
Shrouds
Youyou
Dinghy
Bôme
Boom
Haubans
Shrouds
Trinquette foc
Foresail
Manivelle
Winch
Manche à air
Air intake
Filière
Guard rail
Capot
Companion-Way
Balcon
Pulpit
Grande écoute
Main sheet
Bôme
Boom
Transfilage
Lacing
Grand-voile
Main sheet
Descente
Hatchway
Roue du gouvernail
Wheel
Ventilateur
Ventilator, vent
Tableau arrière
Transom
Etrave
Stem
Coqueron
Store-room
Cockpit
Cockpit
Poste et Soute à voiles
Sail-locker
Winch
Sheet-winch
Rouf
Cabin top
Hélice
Screw
Penderie
Hanging-closet
Safran du gouvernail
Rudder cheek
Quille
Keel
Moteur auxiliaire
Auxiliary engine
Cuisine
Galley
Lest
Ballast
Cabine
Cabin
Ridoirs
Rigging screws

BICYCLETTE — BICYCLE

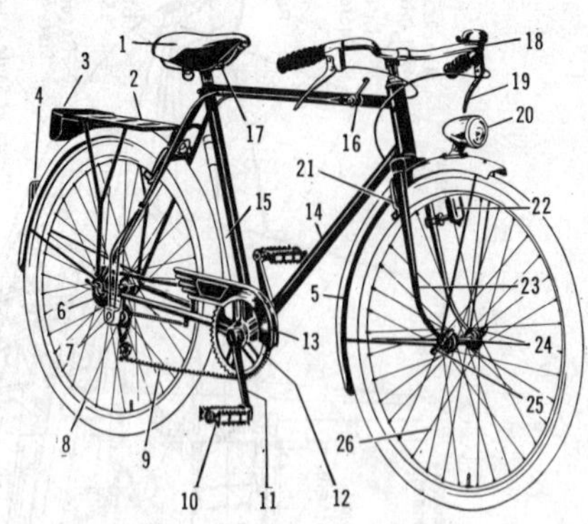

Selle — Saddle 1
Porte-bagages — Carrier 2
Sacoche — Tool-bag 3
Feu arrière — Rearlight 4
Garde-boue — Mudguard 5
Pignon à 3 vitesses / Three-speed gear 6
Dérailleur—Derailleur gear-changer (US) gearbox 7
Jante — Rim 8
Chaîne — Chain 9
Pédale — Pedal 10
Manivelle — Pedal-crank 11
Plateau de pédalier / Chain-wheel — 12
Carter — Chain-guard 13

14 Cadre — Frame
15 Pompe — Pump
16 – Manette du dérailleur / Gear-change lever;(US)gearshift
17 Potence — Saddle pillar
18 Guidon — Handle-bars
19 — Poignée de frein / Brake lever
20 Phare — Light
21 Frein — Brake
22 Alternateur — Dynamo
23 Fourche — Fork
24 Moyeu — Hub
25 Ecrou papillon Butterfly-nut
26 Rayon — Spoke

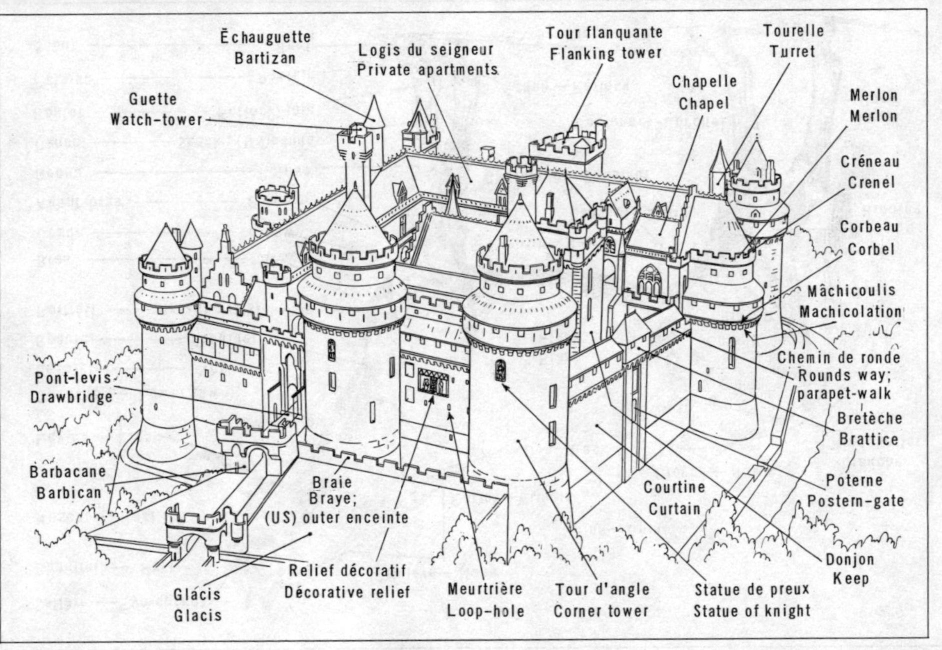
Échauguette
Bartizan
Logis du seigneur
Private apartments
Tour flanquante
Flanking tower
Tourelle
Turret
Chapelle
Chapel
Guette
Watch-tower
Merlon
Merlon
Créneau
Crenel
Corbeau
Corbel
Mâchicoulis
Machicolation
Chemin de ronde
Rounds way;
parapet-walk
Pont-levis
Drawbridge
Bretèche
Brattice
Barbacane
Barbican
Braie
Braye;
(US) outer enceinte
Courtine
Curtain
Poterne
Postern-gate
Donjon
Keep
Relief décoratif
Décorative relief
Glacis
Glacis
Meurtrière
Loop-hole
Tour d'angle
Corner tower
Statue de preux
Statue of knight

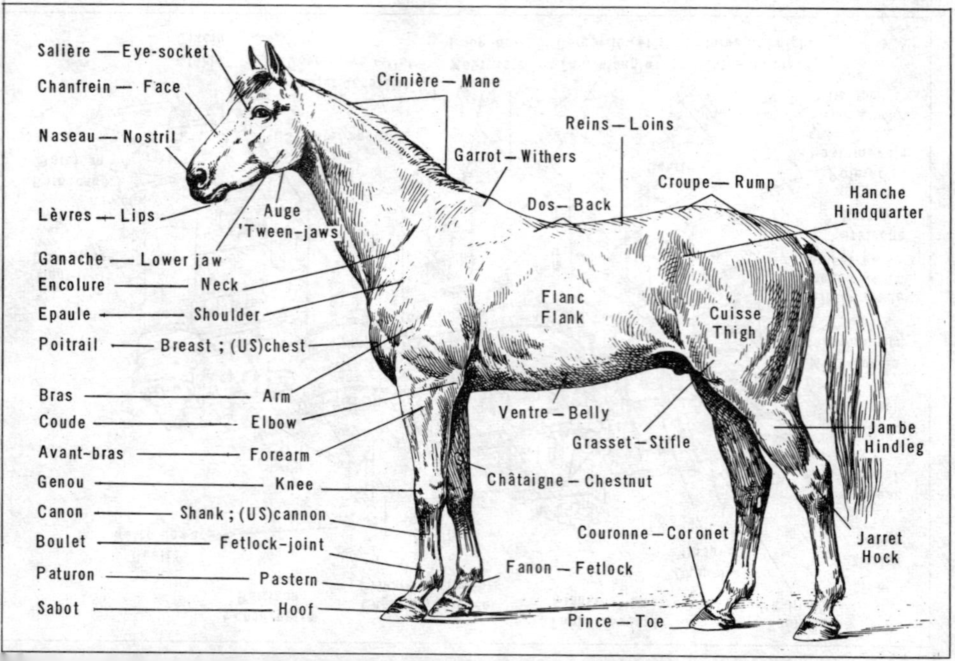
Salière — Eye-socket
Chanfrein — Face
Naseau — Nostril
Lèvres — Lips
Auge
'Tween-jaws
Ganache — Lower jaw
Encolure — Neck
Epaule — Shoulder
Poitrail — Breast ; (US)chest
Bras — Arm
Coude — Elbow
Avant-bras — Forearm
Genou — Knee
Canon — Shank ; (US)cannon
Boulet — Fetlock-joint
Paturon — Pastern
Sabot — Hoof
Crinière — Mane
Garrot — Withers
Reins — Loins
Dos — Back
Croupe — Rump
Hanche
Hindquarter
Flanc
Flank
Cuisse
Thigh
Ventre — Belly
Grasset — Stifle
Châtaigne — Chestnut
Jambe
Hindleg
Couronne — Coronet
Fanon — Fetlock
Jarret
Hock
Pince — Toe

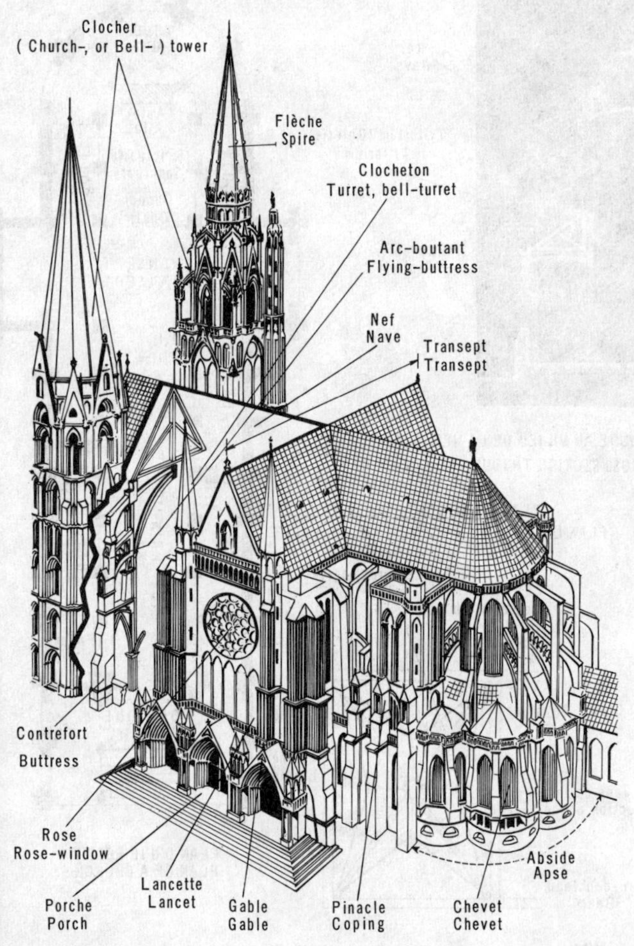
Clocher
(Church-, or Bell-) tower
Flèche
Spire
Clocheton
Turret, bell-turret
Arc-boutant
Flying-buttress
Nef
Nave
Transept
Transept
Contrefort
Buttress
Rose
Rose-window
Porche
Porch
Lancette
Lancet
Gable
Gable
Pinacle
Coping
Chevet
Chevet
Abside
Apse

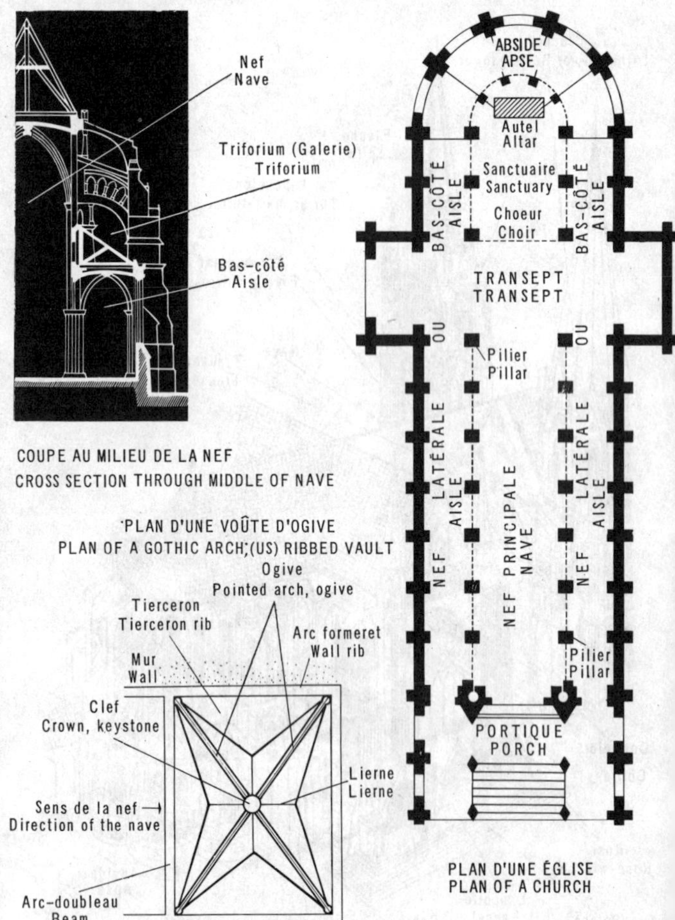
Nef
Nave
Triforium (Galerie)
Triforium
Bas-côté
Aisle
COUPE AU MILIEU DE LA NEF
CROSS SECTION THROUGH MIDDLE OF NAVE
PLAN D'UNE VOÛTE D'OGIVE
PLAN OF A GOTHIC ARCH; (US) RIBBED VAULT
Ogive
Pointed arch, ogive
Tierceron
Tierceron rib
Arc formeret
Wall rib
Mur
Wall
Clef
Crown, keystone
Lierne
Lierne
Sens de la nef →
Direction of the nave
Arc-doubleau
Beam
ABSIDE
APSE
Autel
Altar
Sanctuaire
Sanctuary
Choeur
Choir
BAS-CÔTÉ
AISLE
BAS-CÔTÉ
AISLE
TRANSEPT
TRANSEPT
OU
OU
Pilier
Pillar
NEF LATÉRALE
AISLE
NEF PRINCIPALE
NAVE
NEF LATÉRALE
AISLE
Pilier
Pillar
PORTIQUE
PORCH
PLAN D'UNE ÉGLISE
PLAN OF A CHURCH

À VAPEUR
STEAM LOCOMOTIVE
1. CHARGEMENT MÉCANIQUE DU CHARBON
MECHANICAL STOKING
2. FOYER
FIRE-BOX
3. ÉCHAPPEMENT DOUBLE
DOUBLE CHIMNEY
4. RÉSERVOIR D'EAU 34m3
WATER TANK 34m3
5. RÉCHAUFFEUR D'EAU
WATER HEATER
6. CHAUDIÈRE TUBULAIRE
TUBULAR BOILER
7. DÔME DE VAPEUR
(STEAM-) DOME
8. SURCHAUFFEUR
SUPERHEATER
9. RÉGULATEUR
REGULATOR;THROTTLE
10. CYLINDRE
CYLINDER
11. SORTIE DE LA VAPEUR
STEAM EXHAUST
12. ROUE MOTRICE
DRIVING WHEEL
13. BIELLE MOTRICE
PISTON-ROD
14. BIELLE D'ACCOUPLEMENT
CONNECTING ROD
15. SOUPAPE DE SÛRETÉ
SAFETY VALVE
16. ÉCRAN LÈVE-FUMÉE
SMOKE-DEFLECTOR
P. Boudry
ÉLECTRIQUE
ELECTRIC LOCOMOTIVE
1. BOGGIE PORTEUR
CARRYING BOGIE
2. ESSIEU MOTEUR
DRIVING AXLE
3. ENGRENAGE RÉDUCTEUR
REDUCING GEAR
4. FIL DE CONTACT
CONTACT WIRE
5. PANTOGRAPHE
PANTOGRAPH
6. DISJONCTEUR
CIRCUIT-BREAKER
7. CONTACTEUR
CONTACTOR
8. RÉSISTANCE DE DÉMAR-RAGE
STARTING RESISTANCES
9. COMBINATEUR
COMBINER
10. INVERSEURS
REVERSORS
11. MOTEURS
ENGINES
12. VENTILATEURS
VENTILATING-FANS
13. COMPRESSEUR
COMPRESSOR
14. CIRCULATION D'HUILE
LUBRIFICATION
SNCF
P. Boudry

Descente en fonte
Harpe
Joue
Membron
Œil-de-bœuf
Recouvrement
Couronnement
Chatière
Cheminée
Toiture en pente
Faîtage
Fronton
Fenêtre
Jambage
Zinc
Gouttière
Corniche.
Clé
Couverture en appentis
couvre-joint
Zinc
Sommier
Arc surbaissé
Trumeau
Balcon fer forgé
Platebande
Appui
Console
Ancre
Pylône
Grille
Arc anse de panier
Balustre
Œil-de bœuf
Appui
Porte-fenêtre
Arc plein cintre
Glacis
Allège
Bulloir
Mur bahut
Bandeau à bourrelet
Seuil
Meulière
Soubassement
Soupirail
Caisson
poutre
solive
Plafond
Enduit en plâtre
Cimaise
Trumeau
Frise
Dessus de porte
Bâti fixe
Chambranle
Ebrasement
Placard
Ecoinçon
Cadre
Mur
Cimaise
Rideau
Poignée
Jambage
Crémone
Plinthe
fond
Porte à 2 vantaux
Lambris
Atre
Foyer
Encadrement
Seuil
Parquet à points de Hongrie
Parquet à l'anglaise
Parquet à bâtons rompus

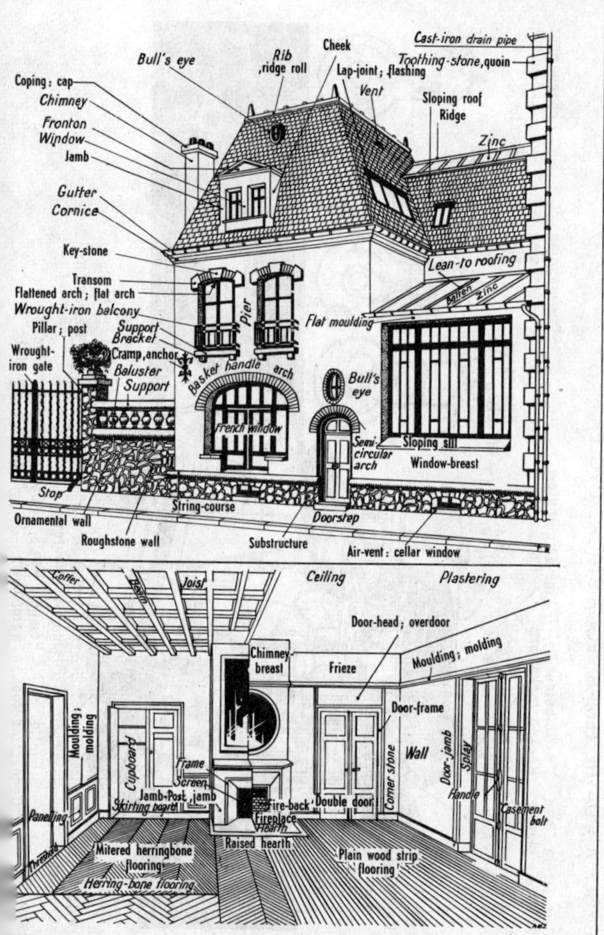
Cast-iron drain pipe
Toothing-stone, quoin
Bull's eye
Rib
,ridge roll
Cheek
Lap-joint; flashing
Vent
Coping: cap
Chimney
Fronton
Window
Jamb
Sloping roof
Ridge
Zinc
Gutter
Cornice
Key-stone
Transom
Flattened arch; flat arch
Wrought-iron balcony
Pier
Lean-to roofing
Batten
Zinc
Flat moulding
Pillar; post
Support
Bracket
Wrought-iron gate
Cramp, anchor
Basket handle arch
Baluster
Support
Bull's eye
French window
Semi-circular arch
Sloping sill
Window-breast
Stop
String-course
Doorstep
Ornamental wall
Roughstone wall
Substructure
Air-vent: cellar window
Coffer
Beam
Joist
Ceiling
Plastering
Door-head; overdoor
Chimney-breast
Frieze
Moulding; molding
Moulding; molding
Door-frame
Cupboard
Wall
Corner stone
Door-jamb
Splay
Frame
Screen
Jamb-Post, jamb
Skirting board
Fire-back
Double door
Handle
Casement bolt
Panelling
Fireplace
Hearth
Raised hearth
Threshold
Mitered herringbone flooring
Plain wood strip flooring
Herring-bone flooring

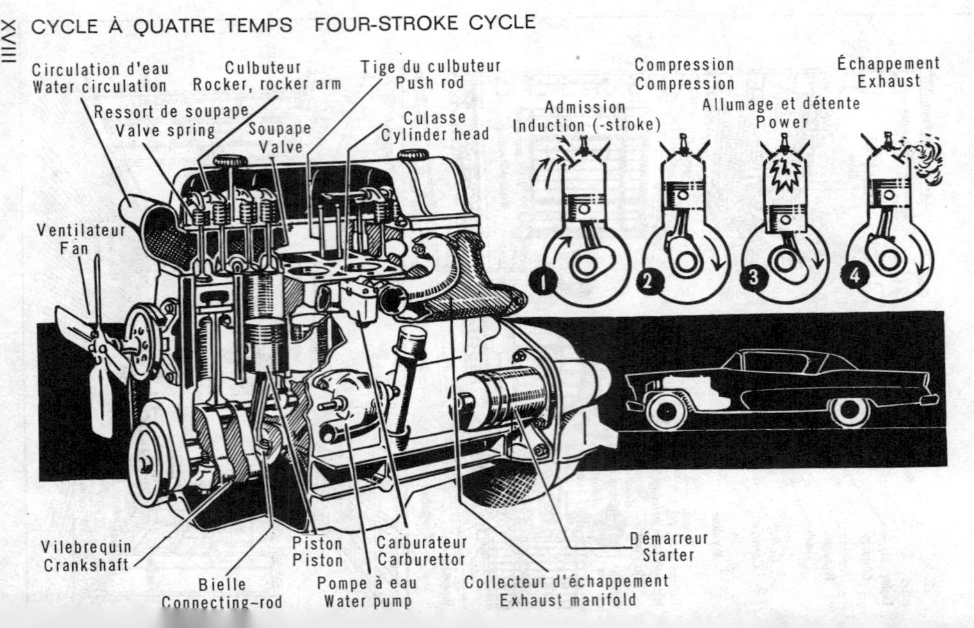
CYCLE À QUATRE TEMPS FOUR-STROKE CYCLE
Circulation d'eau
Water circulation
Culbuteur
Rocker, rocker arm
Tige du culbuteur
Push rod
Compression
Compression
Échappement
Exhaust
Ressort de soupape
Valve spring
Soupape
Valve
Culasse
Cylinder head
Admission
Induction (-stroke)
Allumage et détente
Power
1
2
3
4
Ventilateur
Fan
Vilebrequin
Crankshaft
Bielle
Connecting-rod
Piston
Piston
Pompe à eau
Water pump
Carburateur
Carburettor
Collecteur d'échappement
Exhaust manifold
Démarreur
Starter

TURBORÉACTEUR TURBO-JET ENGINE

MOTEUR ÉLECTRIQUE ELECTRIC MOTOR

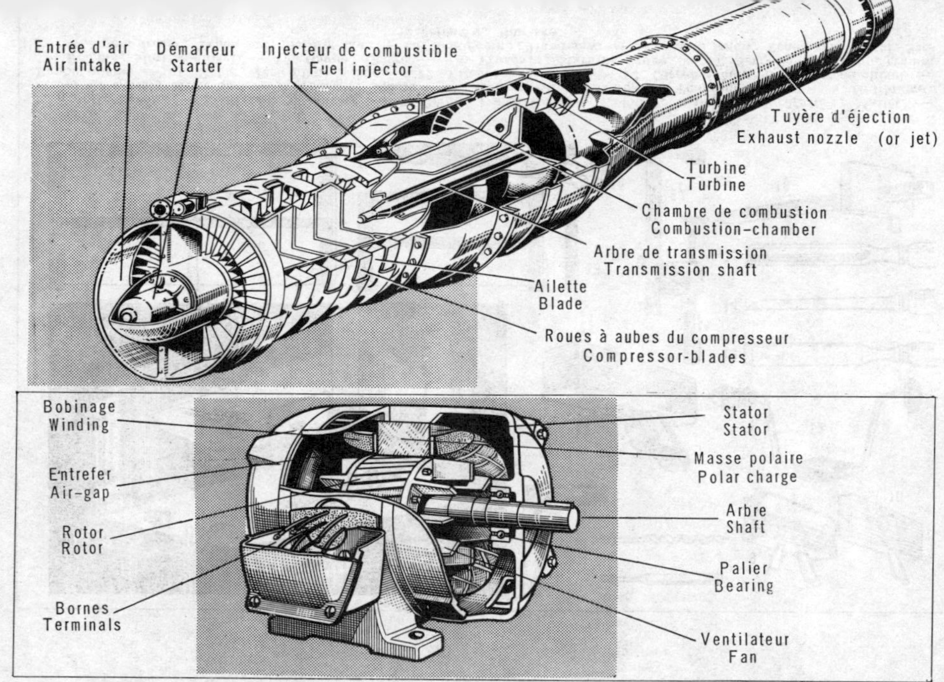

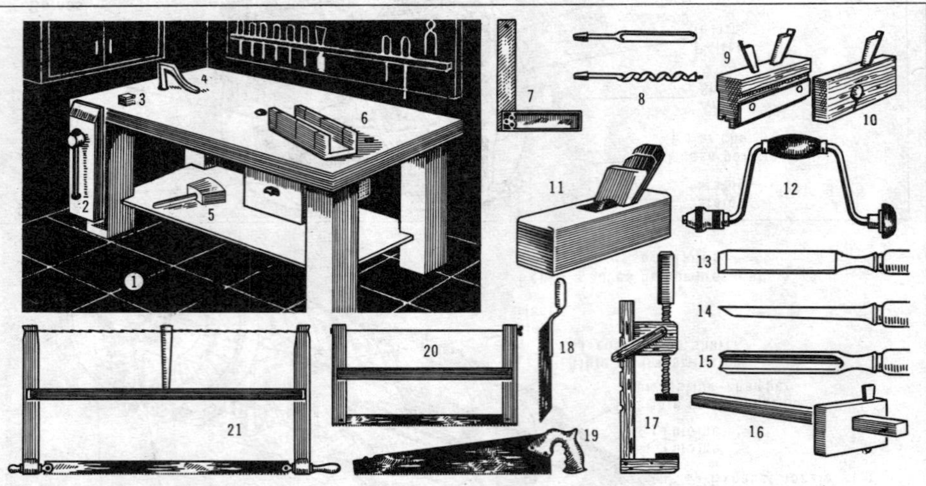

1. *Etabli;* Bench. — 2. *Presse;* Wood-vice. — 3. *Griffe;* Bench-stop. — 4. *Valet;* Clamp. — 5. *Maillet;* Mallet. — 6. *Boîte à onglet;* Mitre-box. — 7. *Equerre;* Square. — 8. *Mèche;* Bit. — 9. *Bouvet;* Tonguing-plane. — 10. *Guillaume;* Rabbet-plane. — 11. *Rabot;* Jack-plane, plane. — 12. *Vilebrequin;* Brace. — 13. *Ciseau à bois;* Chisel, wood chisel. — 14. *Bédane;* Mortise-chisel. — 15. *Gouge;* Gouge. — 16. *Trusquin;* Marking-gauge. — 17. *Serre-joint;* Clamp, cramp. — 18. *Scie à araser;* Tenon-saw, planing-saw. — 19. *Scie égoïne;* Hand-saw. — 20. *Scie à tenon;* Tenon-saw. — 21. *Scie à refendre;* Bow-saw.

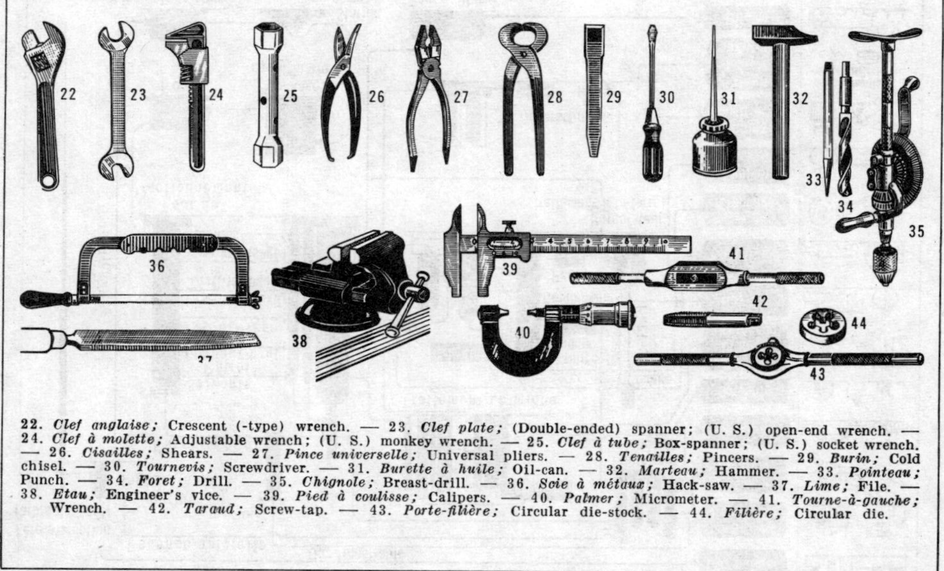

22. *Clef anglaise;* Crescent (-type) wrench. — 23. *Clef plate;* (Double-ended) spanner; (U. S.) open-end wrench. — 24. *Clef à molette;* Adjustable wrench; (U. S.) monkey wrench. — 25. *Clef à tube;* Box-spanner; (U. S.) socket wrench. — 26. *Cisailles;* Shears. — 27. *Pince universelle;* Universal pliers. — 28. *Tenailles;* Pincers. — 29. *Burin;* Cold chisel. — 30. *Tournevis;* Screwdriver. — 31. *Burette à huile;* Oil-can. — 32. *Marteau;* Hammer. — 33. *Pointeau;* Punch. — 34. *Foret;* Drill. — 35. *Chignole;* Breast-drill. — 36. *Scie à métaux;* Hack-saw. — 37. *Lime;* File. — 38. *Etau;* Engineer's vice. — 39. *Pied à coulisse;* Calipers. — 40. *Palmer;* Micrometer. — 41. *Tourne-à-gauche;* Wrench. — 42. *Taraud;* Screw-tap. — 43. *Porte-filière;* Circular die-stock. — 44. *Filière;* Circular die.

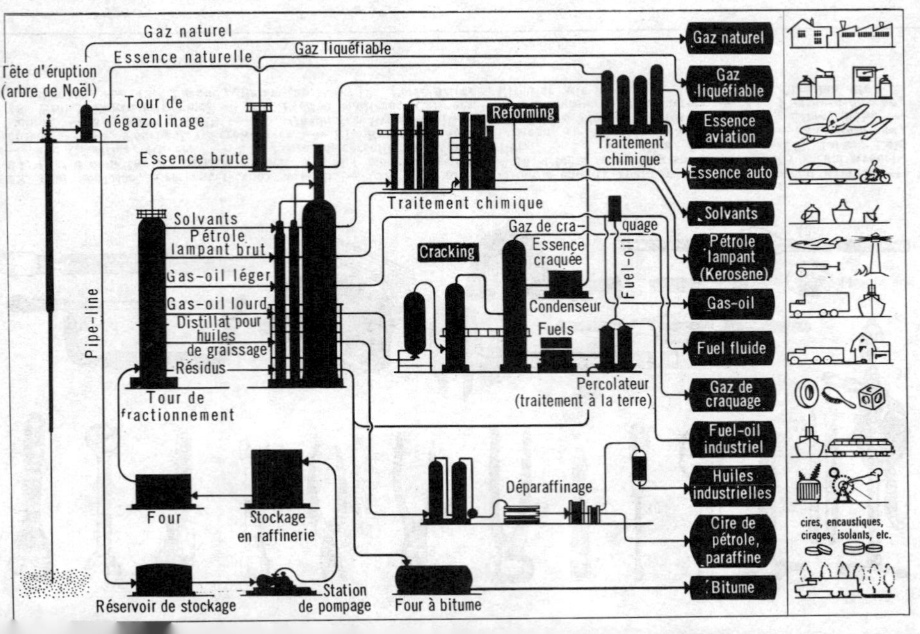

Gaz naturel
Gaz liquéfiable
Essence aviation
Essence auto
Solvants
Pétrole lampant (Kerosène)
Gas-oil
Fuel fluide
Gaz de craquage
Fuel-oil industriel
Huiles industrielles
Cire de pétrole, paraffine
Bitume
cires, encaustiques, cirages, isolants, etc.
Tête d'éruption (arbre de Noël)
Gaz naturel
Essence naturelle
Gaz liquéfiable
Tour de dégazolinage
Essence brute
Solvants
Pétrole lampant brut
Gas-oil léger
Gas-oil lourd
Distillat pour huiles de graissage
Résidus
Tour de fractionnement
Pipe-line
Four
Stockage en raffinerie
Réservoir de stockage
Station de pompage
Four à bitume
Reforming
Traitement chimique
Traitement chimique
Cracking
Gaz de craquage
Essence craquée
Condenseur
Fuels
Fuel-oil
Percolateur (traitement à la terre)
Déparaffinage

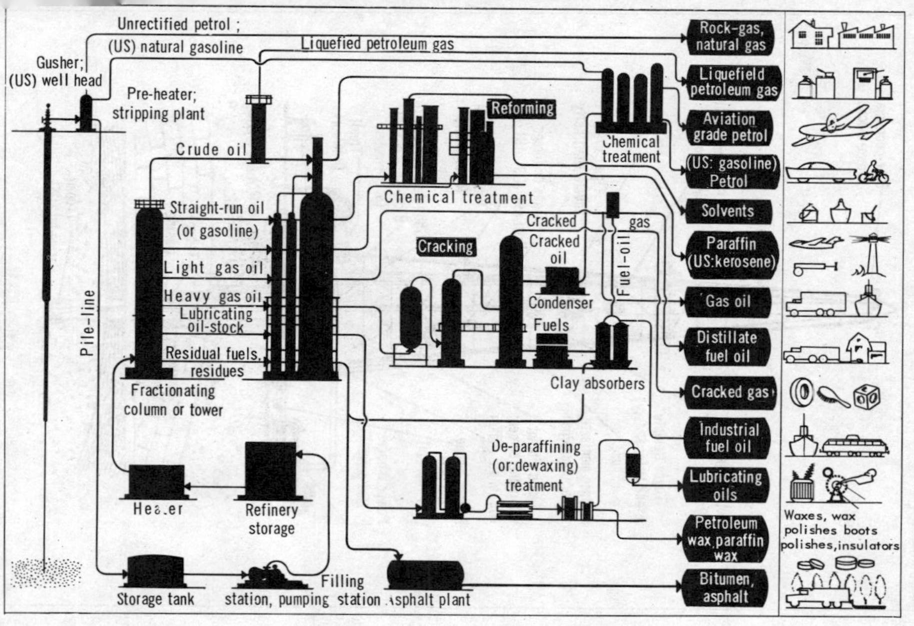
Unrectified petrol ;
(US) natural gasoline
Liquefied petroleum gas
Gusher;
(US) well head
Pre-heater;
stripping plant
Crude oil
Pile-line
Straight-run oil
(or gasoline)
Light gas oil
Heavy gas oil
Lubricating
oil-stock
Residual fuels,
residues
Fractionating
column or tower
Heater
Refinery
storage
Storage tank
Filling
station, pumping station
Asphalt plant
Reforming
Chemical treatment
Chemical
treatment
Cracking
Cracked
Cracked
oil
gas
Fuel-oil
Condenser
Fuels
Clay absorbers
De-paraffining
(or:dewaxing)
treatment
Rock-gas,
natural gas
Liquefield
petroleum gas
Aviation
grade petrol
(US: gasoline)
Petrol
Solvents
Paraffin
(US:kerosene)
Gas oil
Distillate
fuel oil
Cracked gas
Industrial
fuel oil
Lubricating
oils
Petroleum
wax,paraffin
wax
Bitumen,
asphalt
Waxes, wax
polishes boots
polishes,insulators

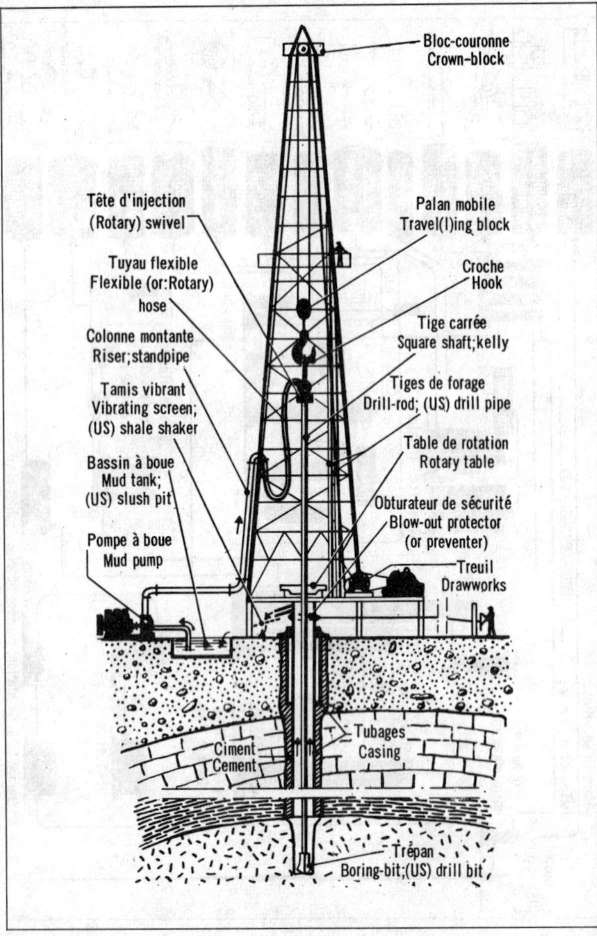
Bloc-couronne
Crown-block
Tête d'injection
(Rotary) swivel
Palan mobile
Travel(l)ing block
Tuyau flexible
Flexible (or:Rotary)
hose
Croche
Hook
Colonne montante
Riser;standpipe
Tige carrée
Square shaft;kelly
Tamis vibrant
Vibrating screen;
(US) shale shaker
Tiges de forage
Drill-rod; (US) drill pipe
Bassin à boue
Mud tank;
(US) slush pit
Table de rotation
Rotary table
Obturateur de sécurité
Blow-out protector
(or preventer)
Pompe à boue
Mud pump
Treuil
Drawworks
Tubages
Casing
Ciment
Cement
Trépan
Boring-bit;(US) drill bit

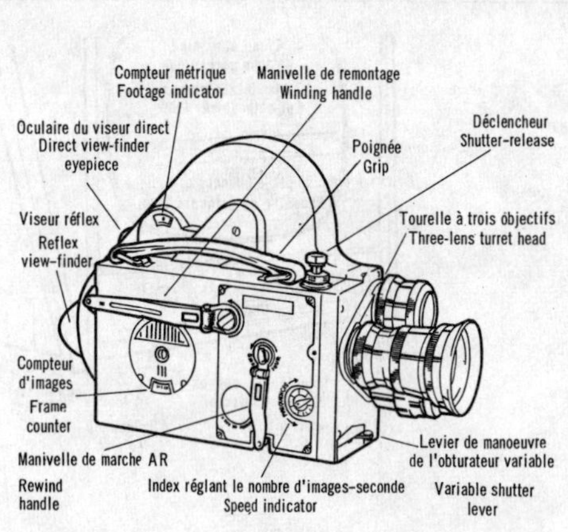
Compteur métrique
Footage indicator
Manivelle de remontage
Winding handle
Oculaire du viseur direct
Direct view-finder
eyepiece
Déclencheur
Shutter-release
Poignée
Grip
Viseur réflex
Reflex
view-finder
Tourelle à trois objectifs
Three-lens turret head
Compteur
d'images
Frame
counter
Manivelle de marche AR
Rewind
handle
Index réglant le nombre d'images-seconde
Speed indicator
Levier de manoeuvre
de l'obturateur variable
Variable shutter
lever

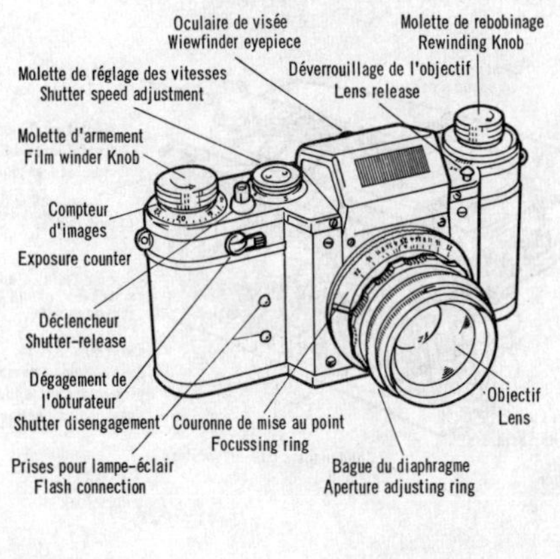
Oculaire de visée
Wiewfinder eyepiece
Molette de rebobinage
Rewinding Knob
Molette de réglage des vitesses
Shutter speed adjustment
Déverrouillage de l'objectif
Lens release
Molette d'armement
Film winder Knob
Compteur
d'images
Exposure counter
Déclencheur
Shutter-release
Dégagement de
l'obturateur
Shutter disengagement
Couronne de mise au point
Focussing ring
Objectif
Lens
Prises pour lampe-éclair
Flash connection
Bague du diaphragme
Aperture adjusting ring

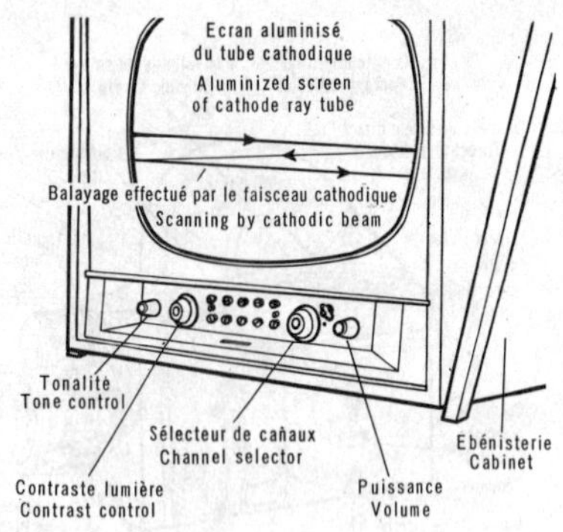

CHASSIS D'UN POSTE RECEPTEUR RADIO
CHASSIS OF A RADIO (OR WIRELESS) RECEIVER

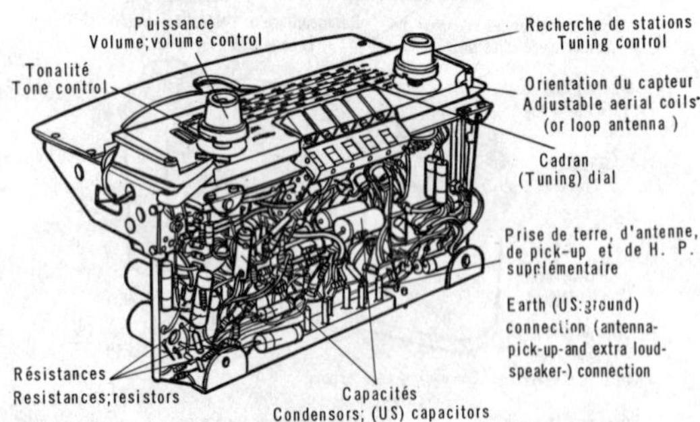

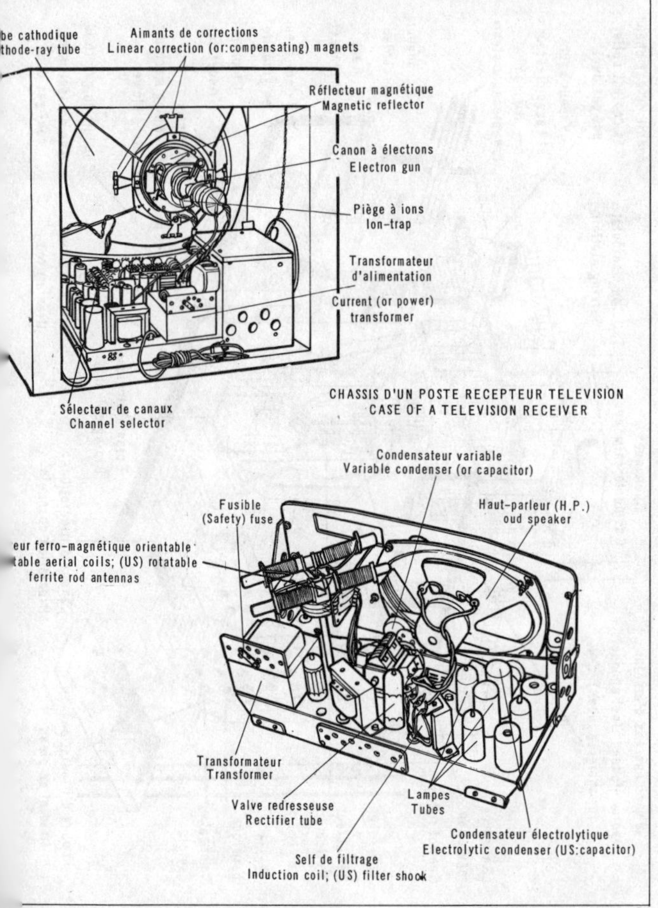

CHASSIS D'UN POSTE RECEPTEUR TELEVISION
CASE OF A TELEVISION RECEIVER

RÉACTEUR NUCLÉAIRE — NUCLEAR REACTOR

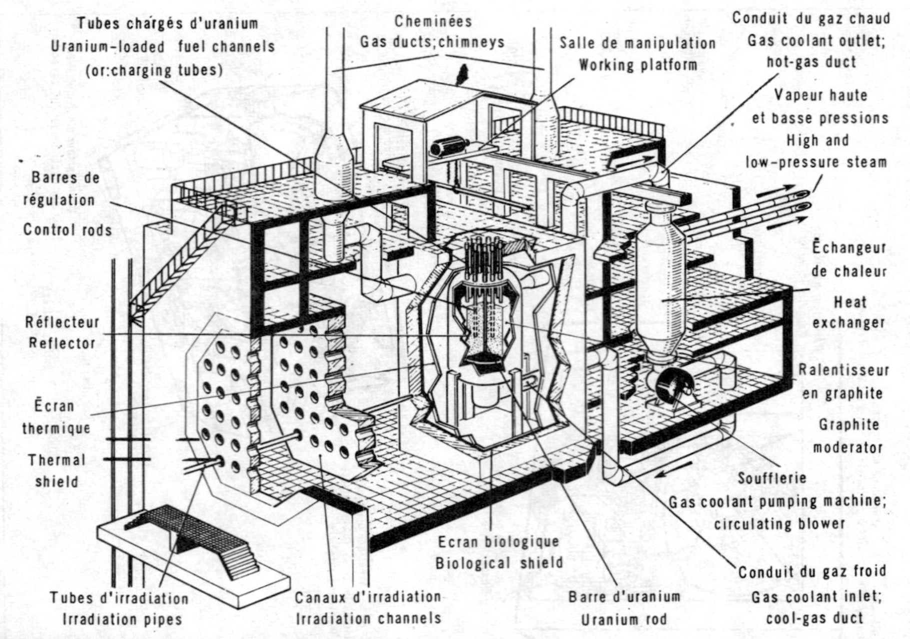

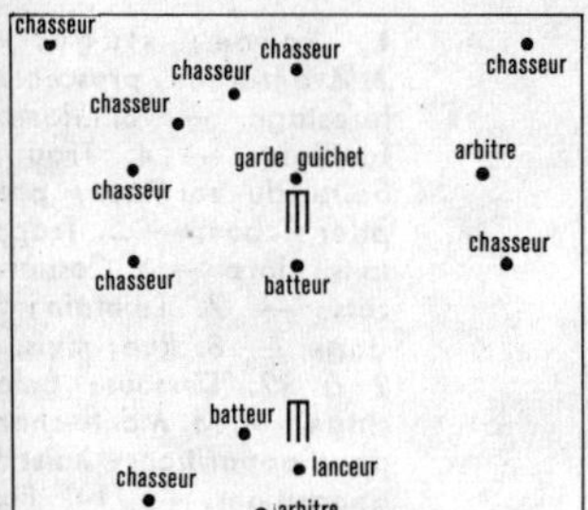

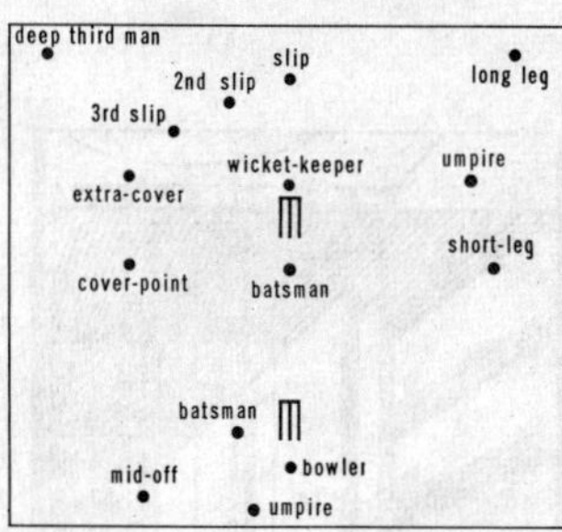

BASE-BALL — BASE-BALL

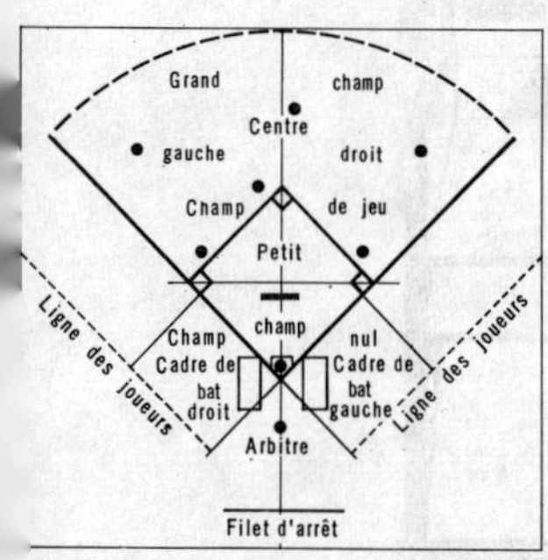

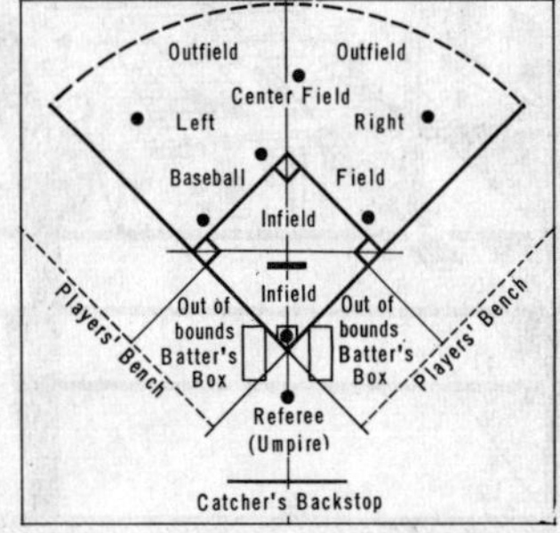

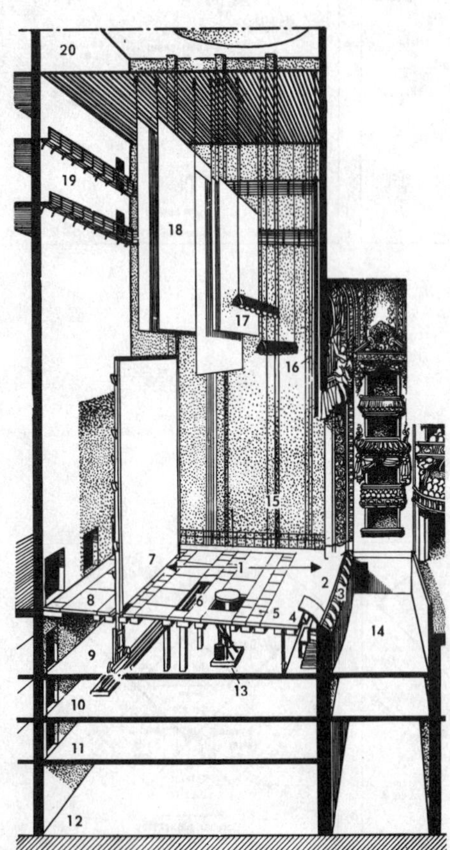

1. *Scène*; stage. –
2. *Avant-scène*; proscenium
forestage. — 3. *Ramp*
footlight. — 4. *Trou*
boîte du souffleur; pro
pt(er's) box. — 5. *Trapp*
lons; slots. — 6. *Costière*
cuts. — 7. *Lointain*;
stage. — 8. *Rue*; slips.
9 à 12. *Dessous*; belo
stage. — 13. *Monte-char*
pour apparitions; hoist
apparitions. — 14. *Fo*
d'orchestre; orchestra-
— 15. *Côté cour* (à l'
posé : *côté jardin*
« O. P. S. » (Opposi
Prompt Side) and « P. S
(Prompt Side). — 16.
deau de fer (en avan
rideau de scène); iron
tain (in front : stage
tain). — 17. *Herses*;
tens. — 18. *Toile de f*
ou lointain; back-cloth.
19. *Cintres*; flies.
20. *Gril*; upper flies

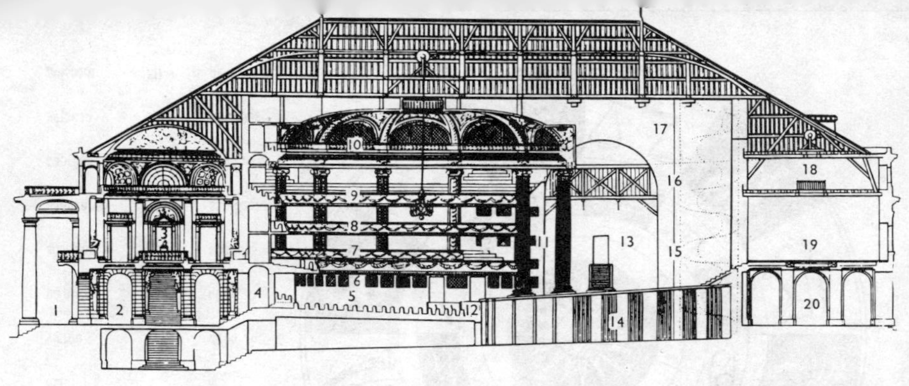

1. *Entrée*; entrance-hall. — 2. *Hall*; hall. — 3. *Foyer du public*; foyer. — 4. *Promenoir*; promenade, promenoir. — 5. *Fauteuils d'orchestre*; stalls; (U. S.) orchestra seats. — 6. *Baignoires* ou *loges*; ground-floor boxes. — 7. *Premier balcon* ou *mezzanine*; dress circle. — 8. *Second balcon*; upper circle. — 9. *Amphithéâtre* ou *galerie*; balcony. — 10. *Second amphithéâtre* ou *paradis*; gallery (*fam.* the gods; U. S. : peanut gallery). — 11. *Loge d'avant-scène*; stage-box. — 12. *Fosse d'orchestre*; orchestra-pit. — 13. *Scène* ou *plateau*; stage. — 14. *Dessous*; below-stage. — 15. *Coulisses* ou *dégagements*; wings. — 16. *Administration*; direction. — 17. *Magasins des costumes, des accessoires, coiffeur*; property-stores, make-up man. — 18. *Loge des artistes*; dressing-room. — 19. *Foyer des artistes, salle des répétitions*; green-room. — 20. *Entrée des artistes*; stage-entrance.

ZODIAQUE		ZODIAC
bélier	I	aries
taureau	II	taurus
gémeaux	III	gemini
cancer	IV	cancer
lion	V	leo
vierge	VI	virgo
balance	VII	libra
scorpion	VIII	scorpio
sagittaire	IX	sagittarius
capricorne	X	capricorn
verseau	XI	aquarius
poissons	XII	pisces

ENGLISH-FRENCH

dictionary

by

Jean Mergault

Agrégé de l'Université
maître-assistant à la Sorbonne (Paris VII)

New edition
revised and enlarged

LIBRAIRIE LAROUSSE
17, rue du Montparnasse, Paris 6^e

Abréviations.

abbr.	abbreviation
adj	adjective, adjectival
adv	adverb, adverbial
arch.	archaic
art	article
aux	auxiliary
coll.	colloquial (fam.)
comp.	comparative
cond.	conditional
conj	conjunction
def	definite
dem	demonstrative
dim.	diminutive
dir.	direct
emph	emphatic
exclam	exclamation,-ive
f	feminine (French noun)
fig.	figurative
imp.	imperative
impers	impersonal
impers.	
indef	indefinite
indir.	indirect
infin.	infinitive
interj	interjection
interr.	interrogative
inv	invariable
lit.	literally
liter.	literary
m	masculine (French noun)
mod	modal
n	noun (masculine or feminine)
neg, neg.	negative
obj.	object
onom	onomatopœia
p.	past
pej.	pejorative
pers	personal
pl, pl.	plural
poss	possessive
p. p.	past participle
pr. p.	present participle
pr. t.	present tense
pref	prefix
prep	preposition, prepositional
pret.	preterite
pron	pronoun
p. t.	past tense
reflex	reflexive
rel	relative
sb	somebody
Sg, sing,	
sing.	singular
sl.	slang (argot)
sth	something
sup.	superlative
usu, usual,	usual(ly)
v, v.	verb
vi	verb intransitive
vt	verb transitive

Transcription phonétique.

SYMBOLES	MOTS TYPES	SYMBOLES	MOTS TYPES	SYMBOLES	MOTS TYPES
æ	cat	ə	*a*gain	j	yes
ɑ:	far	ə:	bird	g	get
e	pen	ai	ice	w	war
i	sit	au	down	ʃ	show
i:	tea	ei	say	ʒ	pleasure
ɔ	box	ɛə	pair	ŋ	bring
ɔ:	call	iə	dear	θ	thin
u	book	ɔi	boy	ð	that
u:	blue	əu	no	tʃ	chip
ʌ	duck	uə	poor	dʒ	jam

• Les autres symboles : [p], [b], [t], [d], [k], [m], [n], [l], [r], [f], [v], [s], [z], [h], ont la même valeur que dans l'écriture orthographique. Le H dit aspiré étant, en fait, soufflé.

REMARQUE : En anglais britannique, la lettre R ne se prononce jamais devant une autre consonne, ni à la fin d'un mot, à moins que la syllabe ou le mot suivant ne commence par une voyelle. La prononciation américaine fait entendre un r « rétroflexe ».

• ACCENTUATION : L'accent principal (ˈ) ou l'accent secondaire (ˌ) précède la syllabe concernée (ex. *determination* [diˌtə:miˈneiʃn]).

ORTHOGRAPHE AMÉRICAINE

L'orthographe américaine diffère parfois de l'orthographe anglaise. Notez, entre autres, les graphies suivantes :
G. B. **-our,** U. S. **-or :** *honour, honor.*
G. B. **-re,** U. S. **-er :** *centre, center.*
G. B. **-ce,** U. S. **-se :** *defence, defense.*
G. B. **-ll,** U. S. **-l :** *travelled, traveled.*
G. B. *catalogue, programme,* U. S. *catalog, program,* etc.
Cas spéciaux. G. B. *plough, tyre, gaol, kerb, skilful, U. S. plow, tire, jail, curb, skillful,* etc.

Prononciation des terminaisons anglaises courantes.

-able	[-əbl]	-ism	[-izm][3]
-al	[-əl]	-ist	[-ist]
-an	[-ən]	-ity	[-iti]
-ance	[-əns]	-ive	[-iv]
-ant	[-ənt]	-ize	[-aiz]
-ary	[-əri]	-less	[-lis]
-cy	[-si]	-like	[-laik]
-en	[-ən]	-ly	[-li]
-ence	[-əns]	-man	[-mən]
-ency	[-ənsi]	-ment	[-mnt][3]
-ent	[-ənt]	-ness	[-nis]
-er	[-ə][1]	-o(u)r	[-ə][1]
-ess	[-is]	-ous	[-əs]
-est	[-əst]	-ship	[-ʃip]
-ful	[-f(u)l][2]	-ster	[-stə][1]
-hood	[-hud]	-tion	[-ʃn]
-ible	[-ibl][3]	-ty	[-ti]
-ing	[-iŋ][4]	-ward(s)	[-wəd(z)]
-ish	[-iʃ]	-y	[-i][4]

1. Le **r** final étant prononcé [-r] si le mot suivant commence par une voyelle (liaison).
2. Ou, le plus souvent, [-fl] ([l] syllabique).
3. [l], [m], [n] syllabiques.
4. Précédé ou non d'une consonne redoublée.

ÉLÉMENTS DE GRAMMAIRE ANGLAISE

L'ARTICLE

Article défini.

L'article défini a une forme unique et invariable : THE ([ðə]; [ði] devant une voyelle ou un *h* muet), correspondant à *le, la, les.* L'article THE s'emploie devant un nom au singulier représentant soit une unité déterminée (*the dog,* le chien = ce chien-ci), soit la classe (*the dog is a faithful animal,* le chien est un animal fidèle). Il ne s'emploie devant un nom au pluriel que si celui-ci est déterminé par le contexte ou la situation (*the dogs that bit him,* les chiens qui l'ont mordu); il s'efface dans le cas contraire (*dogs are faithful animals,* les chiens sont des animaux fidèles).

• L'absence d'article (article zéro) est également de règle devant certaines catégories de noms, lorsqu'ils ne sont pas déterminés : noms de substances, de masses, de couleurs, de langues, de sports, etc., ainsi que devant *man* et *woman* : *iron,* le fer; *water,* l'eau; *red,* le rouge; *English,* l'anglais; *tennis,* le tennis; *man,* l'homme (= l'humanité). Certains noms géographiques, assimilables à des noms propres (noms de pays, de villes, etc.), ne sont pas, en général, précédés de l'article défini : *England,* l'Angleterre; mais : *the United States,* les États-Unis.

Article indéfini.

L'article indéfini a deux formes : 1° A [ə] devant une consonne ou une semi-consonne : [w], [j], ainsi que devant *u* prononcé [ju:] : *a man, a hat, a wing, a year, a university*; 2° AN [ən] devant une voyelle ou un *h* muet : *an apple, an hour.* L'article indéfini s'emploie devant un nom commun dénombrable, au singulier. Il n'a pas de pluriel (article zéro) : *a chair,* une chaise; *chairs,* des chaises.

LE NOM

Genre.

Masculin quand il désigne un homme ou un être mâle, féminin quand il désigne une femme ou un être femelle, neutre dans les autres cas. *Parent* désigne soit le père, soit la mère; *cousin,* un cousin ou une cousine. *Child* et *baby* sont en général du neutre, *ship* et *car* du féminin. Le féminin se forme de trois façons : 1° au moyen d'une désinence (*actor/actress,* acteur/actrice); 2° par un mot composé (*milkman/milkmaid,* laitier/laitière; *ass/she-ass,* âne/ânesse) ou l'adjonction de l'adjectif *female* (*female workers,* ouvrières); 3° au moyen d'un mot différent (*father/mother,* père/mère; *son/daughter,* fils/fille).

Nombre.

Le pluriel des noms se forme en général au moyen d'un suffixe, qui peut être : 1° -S [-s] après une consonne sourde *(books),* [-z] après une consonne sonore ou une voyelle *(dogs, lines)*; 2° -ES [-z] après la voyelle *o (potatoes);* [-iz] après S, X, Z, SH, CH *(boxes, churches...).* Les noms terminés en -Y forment leur pluriel en -S [-z] si cet Y est précédé d'une voyelle *(boy/boys),* en -IES [-iz] dans les autres cas *(lady/ladies).* Les noms terminés en -F(E) forment, pour la plupart, leur pluriel en -VES [-vz] *(wife/wives).* Quelques anciennes formes subsistent : *man/men, foot/feet,* etc. Certains noms d'animaux sont invariables : *deer, sheep,* etc.

Génitif.

Il est appelé aussi CAS POSSESSIF, et se forme en plaçant le nom du possesseur suivi de 's devant le nom de l'objet possédé, sans article : *John's book,* le livre de Jean; *St James's Park,* le parc Saint-James. Avec les noms au pluriel terminés par *s,* on n'ajoute qu'une apostrophe : *the girls' school,* l'école des filles. Le génitif s'emploie surtout lorsque le possesseur est un être animé ou susceptible d'être personnifié *(London's history)* ou s'il admet le genre féminin (*the ship's company,* l'équipage du navire) : mais l'anglais moderne étend son usage à toutes sortes de noms communs neutres. Il se rencontre aussi dans des locutions exprimant la durée, la distance (*an hour's walk,* une promenade d'une heure ; *at a mile's distance,* à une distance d'un mile), ainsi que dans certaines expressions idiomatiques : *the water's edge,* le bord de l'eau, *get one's money's worth,* en avoir pour son argent, etc.

L'ADJECTIF

L'adjectif qualificatif.

L'adjectif qualificatif est invariable. Lorsqu'il est épithète, il se place normalement devant le nom *a good boy; good boys.*

• Comparatif et superlatif de supériorité.

— 1° **Adjectifs d'une syllabe.** Le comparatif et le superlatif se forment au moyen des désinences -ER et -EST : *tall,* grand; *taller,* plus grand; *the tallest,* le plus grand.
— 2° **Adjectifs de trois syllabes ou plus.** Le comparatif et le superlatif se forment en faisant précéder l'adjectif des adverbes MORE et MOST : *more interesting,* plus intéressant; *the most interesting,* le plus intéressant.
— 3° **Les adjectifs de deux ou trois syllabes** suivent l'une ou l'autre règle. Ceux qui sont terminés en -FUL utilisent habituellement *more* et *most (more careful, the most careful);* ceux qui sont terminés en -ER, -Y utilisent -ER et -EST (*clever, cleverer, the cleverest; pretty, prettier, the prettiest,* avec changement de Y en I).

• Comparatif et superlatif d'infériorité.

Ils se forment en faisant précéder l'adjectif des adverbes LESS et LEAST : *less interesting,* moins intéressant; *the least interesting,* le moins intéressant.

• **Comparatifs et superlatifs irréguliers.**

good (bon)	*better* (meilleur)	*the best* (le meilleur)
bad (mauvais)	*worse* (pire)	*the worst* (le pire)
little (petit)	*less* (moins de)	*the least* (le moins de)
	lesser (moindre)	*the lesser* (le moindre)
far (éloigné)	*farther* (plus éloigné)	*the farthest* (le plus éloigné)
old (vieux)	*older* (plus vieux)	*the oldest* (le plus vieux)
	elder (aîné)	*the eldest* (l'aîné)

Constructions.

— 1° COMPARATIF D'ÉGALITÉ : AS ... AS, aussi ... que (*as tall as,* aussi grand que); NOT AS/SO ... AS, pas aussi ... que *(not so tall as, not as tall as).*
— 2° COMPARATIF DE SUPÉRIORITÉ : -ER/MORE ...THAN *(taller/ more interesting than).*
— 3° COMPARATIF D'INFÉRIORITÉ : LESS. ...THAN *(less tall/interesting than).*
— 4° SUPERLATIFS : THE -EST/MOST ..., THE LEAST ... IN (suivi d'un complément de lieu)/OF (dans les autres cas) : *the cleverest of them all,* le plus habile de tous; *the tallest building in the world,* le plus grand édifice du monde.

L'adjectif numéral (cardinal et ordinal).

1 one	*first*	**6** six	*sixth*	**11** eleven	*eleventh*
2 two	*second*	**7** seven	*seventh*	**12** twelve	*twelfth*
3 three	*third*	**8** eight	*eighth*	**13** thirteen	*thirteenth*
4 four	*fourth*	**9** nine	*ninth*	**14** fourteen	*fourteenth*
5 five	*fifth*	**10** ten	*tenth*	**15** fifteen	*fifteenth*

16 sixteen	*(~th)*	**21** twenty-one	*twenty-first*
17 seventeen	*(~th)*	**30** thirty	*thirtieth*
18 eighteen	*(~th)*	**40** forty	*fortieth*
19 nineteen	*(~th)*	**50** fifty	*fiftieth*
20 twenty	*(twentieth)*		
60 sixty	*sixtieth*	**100** one hundred	*hundredth*
70 seventy	*seventieth*	**200** two hundred	*(~th)*
80 eighty	*eightieth*	**1000** one thousand	*thousandth*
90 ninety	*ninetieth*	**2000** two thousand	*(~th)*

LE PRONOM

Pronoms personnels, possessifs et réfléchis, adjectifs possessifs.

	PER-SONNE	GENRE	PERSONNELS		POSSESSIFS		PRONOMS RÉFLÉCHIS
			sujet	compl.	adjectifs	pronoms	
	1		I	me	my	mine	myself
SING.	2		you	you	your	yours	yourself
			*thou**	*thee*	*thy*	*thine*	*thyself*
	3	*m*	he	him	his	his	himself
		f	she	her	her	hers	herself
		n	it	it	its	its own	itself
		indéf.	one	one	one's	one's own	oneself
PLUR.	1		we	us	our	ours	ourselves
	2		you	you	your	yours	yourselves
	3		they	them	their	theirs	themselves

*Ces formes archaïques du tutoiement ne s'emploient plus que dans les pri
en s'adressant à Dieu, et en poésie.

Contrairement au français, les adjectifs et pronoms possessifs de la 3e pers
du singulier s'accordent en genre avec le nom du possesseur et non avec
de l'objet possédé : *his wife,* sa femme ; *her husband,* son mari.

Pronoms relatifs.

	sujet	*compl.*	*possessif*
PERSONNES	who that	who(m) that	whose
CHOSES	which that	which that	of which whose

THAT, remplace WHO(M), WHICH dans les propositions relatives restrictives. Il est obligatoire après un superlatif. Le pronom complément est souvent omis (*the man I saw*, l'homme que j'ai vu) et la préposition rejetée à la fin : *the man (that) I spoke to.* WHOM est réservé à la langue écrite ; dans la conversation, WHO complément est conforme à l'usage normal. WHAT = *that which* (ce que) : *he told me what he had done,* il m'a dit ce qu'il avait fait.
WHICH (ce que), reprend une proposition : *he told me everything, which surprised me,* il m'a tout dit, ce qui m'a surpris.

Pronoms et adjectifs interrogatifs.

	sujet	*compl.*	*possessif*
PERSONNES	who ?	who(m) ?	whose ?
CHOSES	what ? which ?	what ? which ?	whose ?

WHO et WHO(M) sont pronoms seulement. Sur l'emploi de WHO(M), même remarque que pour le relatif. WHICH s'emploie dans le cas d'un choix restreint et correspond à *lequel.*

Adjectifs et pronoms démonstratifs.

SING. *this* (adj. = ce... -ci/pron. = ceci)
that (adj. = ce ... -là/pron. = cela)

PLUR. *these* (adj. = ces ... -ci/pron. = ceux-ci)
those (adj. = ces ... -là/pron. = ceux-là)

Les adjectifs démonstratifs sont les seuls adjectifs qui s'accordent en nombre avec le nom qu'ils déterminent.

Adjectifs et pronoms indéfinis.

EACH (adj. = chaque/pron. = chacun, chacune), EVERY (adj. = chaque, tout, tous) sont suivis d'un verbe au singulier.

EVERY n'est qu'adjectif ; le pronom correspondant est *every one.*

EVERY désigne la totalité (*on every side,* de tous côtés ; *every boy,* tous les garçons) ; EACH souligne l'unité, l'individualité (*on each side,* de chaque côté ; *each of them,* chacun d'eux).

• **Composés** : EVERYONE, EVERYBODY (tout le monde, tous) ; EVERYTHING (tout).

ALL (adj./pron. = tout, tous) peut être suivi d'un verbe au singulier ou au pluriel : *all is well,* tout va bien ; *all horses are animals,* tous les chevaux sont des animaux.

Adjectifs et pronoms de quantité.

SOME/ANY (= quelque[s]), ANY étant employé dans les phrases négatives ou interrogatives.

MUCH (sing.)/MANY (plur.) [= beaucoup (de)].

LITTLE (sing.)/FEW (plur.) [= peu de].

A LITTLE (sing.)/A FEW (plur.) [= un peu de/quelques].

No (adj.)/NONE (pron.) [= aucun, pas de/aucun, aucune].

• **Composés** : SOMEBODY, SOMEONE (= quelqu'un) ; ANYBODY, ANYONE (= quelqu'un, dans les phrases interrogatives ou négatives ; = n'importe qui, n'importe lequel, dans les phrases affirmatives) ; NOBODY, NOT ... ANYBODY (= personne) ; NOTHING (= rien).

Pronoms réciproques.

EACH OTHER, ONE ANOTHER (= l'un l'autre, les uns les autres). V. VERBE.

L'ADVERBE

L'adverbe de manière se forme en ajoutant -LY à l'adjectif : POOR, pauvre ; POORLY, pauvrement.
Les adjectifs en -Y (sauf ceux en *-ly*) forment leurs adverbes en -ILY : *happy,* heureux ; *happily,* heureusement.
Les adjectifs en -LY sont aussi employés comme adverbes.

Les règles de formation et de construction des comparatifs et superlatifs des adjectifs s'appliquent aux adverbes également. Parmi les irréguliers : WELL (bien) ; BETTER (mieux) ; THE BEST (le mieux).

Pour les autres adverbes (de lieu, de temps, etc.), consulter le dictionnaire.

La place des adverbes dans la proposition est déterminée par diverses règles.

LE VERBE

A. Auxiliaires.

1° be (être)

INDICATIF

présent	*passé*[1]
I am	I was
you are	you were
he is	he was
we are	we were
you are	you were
they are	they were

parfait[2]	*plus-que-parfait*[3]
I have been	I had been
you have been	you had been
he has been	he had been
we have been	we had been
you have been	you had been
they have been	they had been

futur	*futur antérieur*[4]
I shall be	I shall have been
you will be	you will have been
he will be	he will have been
we shall be	we shall have been
you will be	you will have been
they will be	they will have been

CONDITIONNEL

présent	*passé*
I should be	I should have been
you would be	you would have been
he would be	he would have been
we should be	we should have been
you would be	you would have been
they would be	they would have been

SUBJONCTIF
présent : be (à toutes les personnes
passé : were (à toutes les personnes)

PARTICIPE
présent : being
passé : been

INFINITIF
présent : (to) be
passé : have been

1. "preterite"; 2. "present perfect"; 3. "pluperfect"; 4. "future perfect".

2° have (avoir)

INDICATIF

présent : have (à toutes les personnes, sauf la 3ᵉ qui est *has*)
passé : had (à toutes les personnes)
parfait : have had ; 3ᵉ pers. : has had
futur : shall/will have
futur antérieur : shall/will have had

CONDITIONNEL

présent : should/would have } même schéma que pour BE
passé : should/would have had }

SUBJONCTIF

présent : have (à toutes les personnes)
passé : had (à toutes les personnes)

PARTICIPE

présent : having
passé : had

INFINITIF

présent : (to) have
passé : have had

3° do

Auxiliaire[1] dépourvu de sens propre et servant à la conjugaison des verbes. V. CONJUGAISON NÉGATIVE, INTERROGATIVE, EMPHATIQUE.
Il sert en outre de substitut de verbe (pro-verbe), afin d'éviter une répétition (*she plays tennis better than she did last year,* elle joue mieux au tennis mantenant que l'année dernière).

Formes :
indicatif présent, DO (à toutes les personnes, sauf la 3ᵉ du sing. qui est DOES [dəz]) ;
passé, DID (à toutes les personnes).

N. B. — Pour l'IMPÉRATIF, voir p. XIV : conjugaison du verbe OPEN.

1. Le verbe « plein » étant : TO DO, DID, DONE, qui se conjugue avec *do* auxiliaire (v. CONJUGAISON NÉGATIVE, INTERROGATIVE).

B. Auxiliaires de modalité.

• CAN (présent, futur)/COULD (passé) = pouvoir (physique ou intellectuel) : *he can swim,* il peut = il sait nager ; *he cannot read,* il ne sait pas lire. Peut être remplacé par *be able* à certains temps.

• MUST (présent, futur) : *a*) falloir, devoir (contrainte) : *I must go now,* il faut que je parte maintenant ; *b*) devoir (grande probabilité) : *he must be ill,* il doit être malade. Peut être remplacé par *have to* à certains temps (au sens *a* seulement).

• MAY (présent, futur)/MIGHT (passé) : *a*) pouvoir (permission) : *may I leave now?,* puis-je partir maintenant ? (question déférente ; CAN est l'usage normal) ; *b*) pouvoir (probabilité) : *it may rain,* il se peut qu'il pleuve. Remplacé par *can* dans l'usage courant et *be allowed* à certains temps (pour le sens *a* seulement).

• SHALL et WILL : auxiliaires du futur marquant respectivement l'obligation extérieure au sujet et la volonté du sujet ; il en est de même pour SHOULD et WOULD auxiliaires du conditionnel.
Dans la pratique, WILL est employé à toutes les personnes du futur et WOULD à celles du conditionnel.
Dans la langue parlée, les formes contractées 'LL et 'D sont d'usage presque constant, l'opposition *shall* et *will* étant ainsi neutralisée : I'LL GO = *I shall* ou *will go :* j'irai ; WE'D LIKE = *we should* ou *would like,* nous aimerions.

• SHOULD, OUGHT TO (passé, présent, futur) = devoir (conseil ou obligation de la conscience) : *you should see that film,* vous devriez voir ce film ; *a child ought to obey his parents,* un enfant doit obéir à ses parents.

• NEED (présent) = avoir besoin ; DARE (présent, passé, futur) = oser. Ces deux verbes se conjuguent comme des « défectifs » (v. plus bas) dans les phrases négatives et interrogatives, comme des verbes « pleins » dans les phrases affirmatives.

• USED TO (passé uniquement) indique une action répétitive révolue dans un passé relativement éloigné (et correspond à l'imparfait d'habitude français) : *they used to play football on Saturday afternoons,* ils jouaient au football le samedi après-midi ; *that's where I used to live,* c'est là que j'habitais. À ne pas confondre avec *to be used to,* être habitué à, qui se conjugue à tous les temps.
WOULD a une valeur voisine, mais souligne la répétition plus ou moins obstinée : *he would stop here everyday,* il s'arrêtait ici tous les jours.

• Conjugaison.

Ces auxiliaires, encore appelés « défectifs », n'ont qu'une ou deux formes (présent et passé), ne prennent pas d's à la 3e personne du singulier du présent, ne sont jamais précédés ni de DO ni d'aucun autre auxiliaire.
À l'exception de OUGHT, le verbe qui les suit est à l'infinitif sans TO ; ils ne peuvent être suivis d'un complément d'objet sans l'intervention de l'auxiliaire HAVE : *you must have a dictionary,* il vous faut un dictionnaire.

Leur forme du passé a, le plus souvent, une valeur de conditionnel. Aux temps qui leur manquent, ils peuvent être remplacés, dans certains cas, par des « équivalents ».
Les temps composés du passé se construisent au moyen de l'infinitif passé : *he might have seen you,* il aurait (peut-être) pu vous voir ; *he must have missed his train,* il a dû manquer son train.

C. Verbe « plein ».

open *ouvrir* (v. régulier).

INDICATIF

présent : open (à toutes les personnes, sauf à la 3e pers. du sing., qui est *opens*)
passé : opened (forme unique)
parfait : have opened (forme unique)
plus-que-parfait : had opened
futur : shall/will open
futur antérieur : shall/will have opened

CONDITIONNEL

présent : should/would open
passé : should/would have opened

IMPÉRATIF

sing. 1. let me open ; 2. open ; 3. let him open ;
plur. 1. let us open ; 2. open ; 3. let them open

PARTICIPE

présent : opening
passé : opened

INFINITIF

présent : (to) open
passé : have opened

1° Emploi des temps.

Le passé (PRETERITE) et le parfait (PRESENT PERFECT) n'ont pas la même valeur que les temps français auxquels ils ressemblent par la forme (passé simple et passé composé).

Le passé anglais exprime une action passée s'étant produite à une époque donnée et qui exclut le présent ; il correspond soit au passé simple (passé historique) : *William the Conqueror invaded Britain in 1066,* Guillaume le Conquérant envahit la Grande-Bretagne en 1066 ; soit au passé composé : *I met him yesterday,* je l'ai rencontré hier.

Le parfait exprime :

a. une action ayant eu lieu à une époque non précisée (*I have lost my watch,* j'ai perdu ma montre) ;

b. une action ayant eu lieu à une époque qui embrasse le présent : *I have bought a new car,* j'ai acheté une nouvelle voiture ;

c. une action commencée dans le passé et qui se continue dans le présent : *I have been living in London for six years,* j'habite à Londres depuis six ans, il y a six ans que j'habite Londres. Le plus souvent à la forme progressive, dans ce dernier cas, il correspond aux tournures françaises : *il y a ... que,* ou le présent + *depuis.*

2° Forme dite « progressive ».

BE + ~ING : *I am reading,* je lis (en ce moment) ; *I was reading,* je lisais.

Elle indique qu'une action se déroule au moment où l'on parle (au présent), au moment où une autre action intervient (au passé) et correspond alors à l'imparfait français : *he was reading when you came in,* il lisait quand vous êtes entré.

3° Forme dite « emphatique » (ou « d'insistance »).

Elle consiste à mettre un accent d'intensité sur l'auxiliaire de conjugaison, s'il y en a un : *I* ***am*** *listening,* mais si, j'écoute ! ; *you* ***must*** *see him,* il faut absolument que vous le voyiez. S'il n'y a pas d'auxiliaire (c'est le cas du présent et du passé à la forme simple), conjuguer DO, DOES, DID (avec un accent d'intensité) devant le verbe à l'infinitif sans TO : ***I do*** *hope,* j'espère bien ; *he* ***did*** *come,* il est effectivement venu. À l'impératif : ***do*** *come !,* venez donc !

4° Forme dite « fréquentative ».

Elle se forme au passé au moyen des auxiliaires de modalité USED TO et WOULD.

Elle correspond à l'imparfait d'habitude français : *I used to see him every Saturday,* je le voyais tous les samedis. WOULD a une valeur voisine, mais souligne une répétition volontaire et parfois obstinée : *he would stop here everyday,* il s'arrêtait ici tous les jours.

5° Conjugaison négative.

Elle se forme au moyen de la négation NOT placée après le premier auxiliaire : *I am not working now; he will not come; we have not seen him; you need not worry.*
A l'indicatif présent et passé (forme simple), il suffit de conjuguer DO, DOES, DID suivi de NOT devant le verbe à l'infinitif sans TO : *I do not know him,* je ne le connais pas ; *he does not know her,* il ne la connaît pas ; *he did not do it,* il ne l'a pas fait.

• Dans la langue parlée, NOT est réduit à N'T : *I don't think so,* je ne (le) pense pas ; *he doesn't know him,* il ne le connaît pas ; *you musn't do that,* il ne faut pas faire cela ; *I can't* (= cannot) *tell you,* je ne peux vous dire ; *she won't* (= will not) *come,* elle ne viendra pas.

• L'impératif se conjugue négativement en plaçant DON'T devant le groupe verbal à toutes les personnes : *don't let me (him/us/them) go* et *don't go* pour la 2e personne du singulier ou du pluriel ; à la 1ère personne, on rencontre également : *let's not go,* dans un style moins familier.

6° Conjugaison interrogative.

Elle se forme par inversion du sujet par rapport à l'auxiliaire selon la formule : AUX. + SUJET + VERBE. *Are you coming ?,* Venez-vous ? *Will you come with us ?,* Viendrez-vous avec nous ? *Do you speak English ?,* Parlez-vous anglais ?

7° Conjugaison interro-négative.

La construction est : AUX. + N'T + SUJET + VERBE. *Don't you think so ?,* Ne trouvez-vous pas ?
Cette construction sert à former des formules interrogatives correspondant au français *N'est-ce pas ?* (Consultez le dictionnaire à l'article ÊTRE.)

8° La voix passive.

Elle se forme au moyen de l'auxiliaire BE suivi du participe passé du verbe, le complément d'agent étant introduit, le plus souvent, par *by : she was examined by the doctor,* elle fut examinée par le médecin.
Elle correspond souvent à la tournure impersonnelle française ON : *you are wanted on the phone,* on vous demande au téléphone.

9° Conjugaison réfléchie.

Elle se forme au moyen des pronoms réfléchis (V. TABLEAU) placés après le verbe : *I see myself,* je me vois.
Elle ne s'emploie que lorsque le sujet exerce l'action volontairement ou consciemment sur lui-même : *he killed himself,* il s'est suicidé ; mais : *he was killed,* il s'est tué (accidentellement).
Très souvent, un verbe employé absolument correspond à un verbe pronominal français : *he stopped,* il s'arrêta.

10° Conjugaison réciproque.

Elle se forme au moyen des pronoms réciproques EACH OTHER ou ONE ANOTHER : *they love each other* (ou *one another*), ils s'aiment.

11° Particularité de prononciation.

a) La terminaison -ED (passé ou participe passé) se prononce :

1° [d] lorsque la consonne terminale du radical est sonore ou après un son vocalique : *moved* [muvd], *sawed* [sɔːd] ;

2° [t] lorsque la consonne terminale du radical est sourde : *ticked, brushed, scoffed, placed, remarked ;*

3° [id] après les alvéolaires *(t* ou *d) : glided, flitted, rated, melted.*

N. B. — Il existe un certain nombre d'adjectifs en *-ed* (prononcer [id]) : *beloved, learned, naked, wicked, wretched.*

b) Les verbes dont l'infinitif se termine par *-ce, -se, -ge* se prononcent avec une syllabe supplémentaire [iz] à la troisième personne du singulier de l'indicatif présent : *dances, fences, cleanses, changes.*

c) Les verbes dont l'infinitif se termine par *-ss, -x, -z, -sh* et *-ch* forment la troisième personne du singulier de l'indicatif présent en *-es* avec une syllabe supplémentaire dans la prononciation [iz] : *passes, misses, fixes, reaches, fizzes, crushes.*

MODIFICATIONS ORTHOGRAPHIQUES

1. Le **redoublement de la consonne finale** d'un verbe monosyllabique a lieu si elle est précédée d'une seule voyelle, devant toute désinence commençant par une voyelle. Ex. : *stop, stopped.*

La consonne finale d'un mot de deux syllabes suit la même règle, si l'accent porte sur la dernière syllabe. Ex. : *prefer,* préférer [priˈfə*], *preferred ;* mais : *offer,* offrir [ˈɔfə*], *offered.*

La consonne finale d'un mot de plusieurs syllabes suit la même règle, si la dernière syllabe porte un accent.

Exceptions : 1° Tous les verbes polysyllabiques terminés par une voyelle suivie de *l* (sauf *parallel*) redoublent le *l* final. Ex. : *travel, travelled ; carol, carolled.*

2. Les **verbes terminés en** « **y** » précédé d'une consonne forment leur troisième personne du singulier de l'indicatif présent en *ies* et leur passé en *ied.* Ex. : *study,* étudier ; *he studies ; studied.*

Les verbes dont l'infinitif se termine en *-y* précédé d'une voyelle forment la 3e pers. du sing. à l'ind. pr. en *-ys* et du p. pr. en *-ying.* Ex. : *play,* jouer ; *plays ; playing.*

3. Les **verbes monosyllabiques terminés en** « **ie** » font leur participe présent en *-ying.* Ex. : *die,* mourir ; *died ; dying.*

4. Les **verbes terminés en** « **o** » ajoutent *-ed* à la voyelle finale. Ex. : *halo,* auréoler ; *haloed.*

LISTE DES VERBES IRRÉGULIERS ANGLAIS

N. B. — Les formes les plus fréquentes sont données en premier. Les formes rares ou archaïques sont placées entre parenthèses.

La lettre R indique l'existence d'une forme régulière.

infinitif	prétérit	part. passé	sens
abide;	*abode;*	*abode.*	Demeurer.
arise;	*arose;*	*arisen.*	Se lever.
awake;	*awoke,* R;	R, *awoken.*	S'éveiller.
be;	*was;*	*been.*	Être.
bear;	*bore;*	*borne* [*born* = né].	Porter.
beat;	*beat;*	*beaten.*	Battre.
become;	*became;*	*become.*	Devenir.
befall;	*befell;*	*befallen.*	Arriver à.
beget;	*begot;*	*begotten.*	Engendrer.
begin;	*began;*	*begun.*	Commencer.
behold;	*beheld*	*beheld.*	Contempler.
bend;	*bent;*	*bent.*	Courber.
bereave;	*bereft,* R;	*bereft,* R.	Priver.
beseech;	*besought;*	*besought.*	Supplier.
bespeak;	*bespoke;*	*bespoken.*	Commander, retenir.
bet;	*bet,* R;	*bet,* R.	Parier.
(bid);	*(bade, bid);*	*(bidden).*	Ordonner.
bind;	*bound;*	*bound.*	Lier, relier.
bite;	*bit;*	*bitten.*	Mordre.
bleed;	*bled;*	*bled.*	Saigner.
blow;	*blew;*	*blown.*	Souffler.
break;	*broke;*	*broken.*	Briser.
breed;	*bred;*	*bred.*	Élever.
bring;	*brought;*	*brought.*	Apporter.
broadcast;	*broadcast,* R;	*broadcast,* R.	Radiodiffuser.
build;	*built;*	*built.*	Construire.
burn;	*burnt,* R;	*burnt,* R.	Brûler.
burst;	*burst;*	*burst.*	Éclater.
buy;	*bought;*	*bought.*	Acheter.
cast;	*cast;*	*cast.*	Jeter.
catch;	*caught;*	*caught.*	Attraper.
chide;	*chid,* R;	*chidden, chid,* R.	Gronder.
choose;	*chose;*	*chosen.*	Choisir.
cleave;	*clove, cleft,* R;	*cleft, cloven.*	Fendre.
(cleave);	*(clave),* R;	*(cleaved).*	Adhérer.
cling;	*clung;*	*clung.*	S'accrocher.
clothe;	R, *(clad);*	R, *(clad).*	Vêtir.
come;	*came;*	*come.*	Venir.
cost;	*cost;*	*cost.*	Coûter.
creep;	*crept;*	*crept.*	Ramper.
crow;	R, *(crew);*	*crowed.*	Chanter (coq).
cut;	*cut;*	*cut.*	Couper.
dare;	*dared, (durst);*	*dared.*	Oser.
deal;	*dealt;*	*dealt.*	Distribuer.
dig;	*dug;*	*dug.*	Creuser.
do;	*did;*	*done.*	Faire.

draw;	*drew;*	*drawn.*	Tirer.
dream;	R, *dreamt;*	R, *dreamt.*	Rêver.
drink;	*drank;*	*drunk.*	Boire.
drive;	*drove;*	*driven.*	Conduire.
dwell;	*dwelt;*	*dwelt.*	Demeurer.
eat;	*ate;*	*eaten.*	Manger.
fall;	*fell;*	*fallen.*	Tomber.
feed;	*fed;*	*fed.*	Nourrir.
feel;	*felt;*	*felt.*	Sentir.
fight;	*fought;*	*fought.*	Combattre.
find;	*found;*	*found.*	Trouver.
flee;	*fled;*	*fled.*	Fuir.
fling;	*flung;*	*flung.*	Lancer.
fly;	*flew;*	*flown.*	Voler.
forbear;	*forbore;*	*forborne.*	S'abstenir.
forbid;	*forbade;*	*forbidden.*	Défendre.
forecast;	*forecast,* R;	*forecast,* R.	Prédire.
forget;	*forgot;*	*forgotten.*	Oublier.
forgive;	*forgave;*	*forgiven.*	Pardonner.
forsake;	*forsook;*	*forsaken.*	Abandonner.
freeze;	*froze;*	*frozen.*	Geler.
get;	*got;*	*got;* U.S. *gotten.*	Obtenir.
gild;	R, *gilt;*	R, *gilt.*	Dorer.
gird;	R, *girt;*	R, *girt.*	Ceindre.
give;	*gave;*	*given.*	Donner.
go;	*went;*	*gone.*	Aller.
grind;	*ground;*	*ground.*	Moudre.
grow;	*grew;*	*grown.*	Croître.
hang;	*hung;*	*hung.*	Suspendre.
	hanged;	*hanged.*	Pendre (supplice).
have;	*had;*	*had.*	Avoir.
hear;	*heard;*	*heard.*	Entendre.
heave;	R, *hove;*	R, *hove.*	Se soulever.
hew;	*hewed;*	R, *hewn.*	Tailler.
hide;	*hid;*	*hidden, hid.*	Cacher.
hit;	*hit;*	*hit.*	Frapper, atteindre.
hold;	*held;*	*held.*	Tenir.
hurt;	*hurt;*	*hurt.*	Blesser.
keep;	*kept;*	*kept.*	Garder.
kneel;	*knelt;*	*knelt.*	S'agenouiller.
knit;	R, *knit;*	R, *knit.*	Tricoter.
know;	*knew;*	*known.*	Connaître.
(lade);	*(laded);*	*laden.*	Charger.
lay;	*laid;*	*laid.*	Poser.
lead;	*led;*	*led.*	Conduire.
lean;	R, *leant;*	R, *leant.*	Se pencher.
leap;	*leapt,* R;	*leapt,* R.	Bondir.
learn;	*learnt,* R;	*learnt,* R.	Apprendre.
leave;	*left;*	*left.*	Laisser.
lend;	*lent;*	*lent.*	Prêter.
let;	*let;*	*let.*	Laisser.
lie;	*lay;*	*lain.*	Être couché.
light;	*lit,* R;	*lit,* R.	Allumer.

lose;	*lost;*	*lost.*	Perdre.
make;	*made;*	*made.*	Faire.
mean;	*meant;*	*meant.*	Signifier.
meet;	*met;*	*met.*	Rencontrer.
melt;	*melted;*	*melted, (molten).*	Fondre.
mistake;	*mistook;*	*mistaken.*	Se tromper.
mow;	*mowed;*	*mown,* R.	Faucher.
pay;	*paid;*	*paid.*	Payer.
put;	*put;*	*put.*	Mettre.
quit;	R, *quit;*	R, *quit.*	Quitter.
read;	*read;*	*read.*	Lire.
rend;	*rent;*	*rent.*	Déchirer.
rid;	*rid,* R;	*rid,* R.	Débarrasser.
ride;	*rode;*	*ridden.*	Chevaucher.
ring;	*rang;*	*rung.*	Sonner.
rise;	*rose;*	*risen.*	Se lever.
run;	*ran;*	*run.*	Courir.
saw;	*sawed;*	*sawn,* R.	Scier.
say;	*said;*	*said.*	Dire.
see;	*saw;*	*seen.*	Voir.
seek;	*sought;*	*sought.*	Chercher.
seethe;	R, *(sod);*	R, *(sodden).*	Bouillir.
sell;	*sold;*	*sold.*	Vendre.
send;	*sent;*	*sent.*	Envoyer.
set;	*set;*	*set.*	Placer.
sew;	*sewed;*	*sewn,* R.	Coudre.
shake;	*shook;*	*shaken.*	Secouer.
shear;	R, *(shore);*	*shorn,* R.	Tondre.
shed;	*shed;*	*shed.*	Verser.
shine;	*shone;*	*shone.*	Briller.
shoe;	*shod;*	*shod.*	Chausser.
shoot;	*shot;*	*shot.*	Tirer.
show;	*showed;*	*shown,* R.	Montrer.
shred;	R, *(shred);*	R, *(shred).*	Lacérer.
shrink;	*shrank;*	*shrunk, (shrunken).*	Se rétrécir.
(shrive);	*(shrove),* R;	*(shriven),* R.	Confesser.
shut;	*shut;*	*shut.*	Fermer.
sing;	*sang;*	*sung.*	Chanter.
sink;	*sank;*	*sunk.*	Enfoncer.
sit;	*sat;*	*sat.*	Être assis.
(slay);	*(slew);*	*(slain).*	Tuer.
sleep;	*slept;*	*slept.*	Dormir.
slide;	*slid;*	*slid.*	Glisser.
sling;	*slung;*	*slung.*	Lancer.
slink;	*slunk;*	*slunk.*	Se glisser.
slit;	*slit;*	*slit.*	Fendre.
smell;	*smelt;*	*smelt.*	Sentir.
smite;	*smote;*	*smitten.*	Frapper.
sow;	*sowed;*	*sown.*	Semer.
speak;	*spoke;*	*spoken.*	Parler.
speed;	*sped;*	*sped.*	Se hâter.
spell;	R, *spelt;*	R, *spelt.*	Épeler.
spend;	*spent;*	*spent.*	Dépenser.
spill;	*spilt,* R;	*spilt,* R.	Répandre.
spin;	*spun, span;*	*spun.*	Filer, tourner.

spit;	*spat, (spit);*	*spat, (spit).*	Cracher.
split;	*split;*	*split.*	Fendre (en éclats).
spoil;	*spoilt,* R;	*spoilt,* R.	Gâter.
spread;	*spread;*	*spread.*	Étendre.
spring;	*sprang;*	*sprung.*	S'élancer.
stand;	*stood;*	*stood.*	Se tenir debout.
steal;	*stole;*	*stolen.*	Voler (dérober).
stick;	*stuck;*	*stuck.*	Coller.
sting;	*stung;*	*stung.*	Piquer.
stink;	*stank, stunk;*	*stunk.*	Puer.
strew;	*strewed;*	*strewn,* R.	Joncher.
stride;	*strode;*	*stridden.*	Marcher à grands pas.
strike;	*struck;*	*struck, stricken.*	Frapper.
string;	*strung;*	*strung.*	Enfiler.
strive;	*strove;*	*striven.*	S'efforcer.
swear;	*swore;*	*sworn.*	Jurer.
sweat;	R, *(sweat);*	R, *(sweat).*	Suer.
sweep;	*swept;*	*swept.*	Balayer.
swell;	*swelled;*	*swollen,* R.	Enfler.
swim;	*swam;*	*swum.*	Nager.
swing;	*swung;*	*swung.*	Balancer.
take;	*took;*	*taken.*	Prendre.
teach;	*taught;*	*taught.*	Enseigner.
tear;	*tore;*	*torn.*	Déchirer.
tell;	*told;*	*told.*	Dire.
think;	*thought;*	*thought.*	Penser.
thrive;	*throve,* R;	*thriven,* R.	Prospérer.
throw;	*threw;*	*thrown.*	Jeter.
thrust;	*thrust;*	*thrust.*	Lancer.
tread;	*trod;*	*trodden.*	Fouler (aux pieds).
understand;	*understood;*	*understood.*	Comprendre.
undo;	*undid;*	*undone.*	Défaire.
upset;	*upset;*	*upset.*	Renverser.
wake;	*woke,* R;	R, *woken, woke.*	Éveiller.
wear;	*wore;*	*worn.*	Porter, user.
weave;	*wove;*	*woven.*	Tisser.
weep;	*wept;*	*wept.*	Pleurer.
win;	*won;*	*won.*	Gagner.
wind;	*wound;*	*wound.*	Enrouler.
withdraw;	*withdrew;*	*withdrawn.*	Retirer.
withstand;	*withstood;*	*withstood.*	Résister à.
work;	R, *(wrought);*	R, *(wrought).*	Travailler.
wring;	*wrung;*	*wrung.*	Tordre.
write;	*wrote;*	*written.*	Écrire.

Monnaies, poids et mesures anglais, américains et canadiens.

MONNAIES

Grande-Bretagne.

£ 1 : a pound ; SL. a quid [kwid] = 100 pence.

PIÈCES	VALEUR
1/2 p : a halfpenny	a halfpenny ['heipni]
1 p : a penny	a penny ; FAM. one p [pi:]
2 p : a twopenny ['tʌpni] piece	twopence ['tʌpns] ; FAM. two p [pi:]
5 p : a fivepenny piece	five pence
10 p : a tenpenny piece	ten pence
50 p : a fifty pence piece	fifty pence

BILLETS : £ 1, £ 5, £ 10, £ 20 pound note.

La « guinée » (**guinea**, abrév. *gns*) est une monnaie de compte, utilisée pour indiquer le montant des honoraires, le prix de certains articles de luxe, etc., et vaut 105 pence.

Avant l'adoption du système monétaire décimal (15 février 1971), la livre était divisée en 20 **shillings,** le shilling en 12 pence.

États-Unis.

$ 1 : a dollar ; SL. a buck = 100 cents.

PIÈCES	VALEUR
1 c : a penny	a cent
5 c : a nickel	five cents
10 c : a dime	ten cents
25 c : a quarter	twenty-five cents
50 c : a half-dollar	half a dollar

BILLETS : $ 1, $ 5, $ 10, $ 20 dollar bill.

Australie, Canada, Nouvelle-Zélande.

Même système qu'aux États-Unis : $ 1 = 100 cents.

POIDS

Système ***avoirdupois*****.**

Hundredweight (cwt) : 112 lb	50,8 kg	Dram : 27 grains	1,772 g
Ton (t.) : 20 cwts	1 017,000 kg	Ounce (oz.)	28,35 g
Am. A short ton	907,18 kg	Pound (lb.) : 16 oz	453,592 g
Grain (gr.)	0,064 g	Stone (st.) : 14 lb	6,350 kg
		Quarter (Qr.) : 28 lb	12,695 kg

Système ***troy*** **pour les matières précieuses.**

Grain (gr.)	0,064 g	Ounce troy : 20 dwts.	31,10 g
Pennyweight (dwt) : 24 grains	1,555 g	Pound troy : 12 oz	373,23 g

MESURES DE LONGUEUR

Inch (in.) : 12 lines	0,0254 m	Rood ou furlong : 40 poles	201,16 m
Foot (ft.) : 12 inches	0,3048 m	Mile (m.) : 8 furlongs	1 609,432 m
Yard (yd.) : 3 feet	0,9144 m	Knot ou nautical mile : 2 025 yards	1 853 m
Fathom (fthm.) : 6 ft	1,8288 m		
Pole, rod, perch : 5,5 yds	5,0292 m		

MESURES DE SUPERFICIE

Square inch : 6,451 cm^2 ; square foot : 929 cm^2 ; square yard : 0,8361 m^2 ; rood : 10,11 ares ; acre : 40,46 ares.

MESURES DE VOLUME

Cubic inch : 16,387 cm^3 ; cubic foot : 28,315 dm^3 ; cubic yard : 764 dm^3.

MESURES DE CAPACITÉ

En Angleterre et au Canada.

Pint : 0,567 litre ; quart (2 pints) : 1,135 l ; gallon (4 quarts) : 4,543 l ; peck (2 gallons) : 9,086 l ; bushel (8 gallons) : 36,347 l ; quarter (8 bushels) : 290,780 l.

Aux États-Unis.

Am. Dry pint	0,551 litre	*Am.* Bushel	35,24 litres
Am. Dry quart	1,11 litre	*Am.* Pint (1/2 quart)	0,473 litre
Am. Dry gallon	4,41 litres	*Am.* Quart	0,946 litre
Am. Peck (1/4 bushel)	8,81 litres	*Am.* Gallon (4 quarts)	3,785 litres

Abréviations anglaises et américaines usuelles.

A.A.	Automobile Association
A.A.A.	American Automobile Association
a.c.	alternating current
A/C	account
acc.	acceptance, accepted
acct.	account
A/cs.	accounts
ad.	advertisement
a/d.	after date
A.D.	(Lat. *anno Domini*) in the year of our Lord (= after the birth of Jesus Christ)
afft.	affidavit
A.F.L.	American Federation of Labor
aflt.	afloat
Agt.	agent
agt.	against
a.m.	(Lat. *ante meridiem*) before noon
amt.	amount
a/o.	account of
A.P.	*a*) accounts payable *b*) additional premium
appro.	approval
a/r.	all risks
arrd.	arrived
a/s.	*a*) at sight *b*) alongside
A.S.A.	American Standard Association
Assn.	association
A/v.	ad valorem
av.	average
avdp.	avoirdupois
Ave	avenue
a/w.	actual weight
b.	buyers
B.A.	Bachelor of Arts
bal.	balance
bar.	barrel
B.B.	Bill Book
B.B.C.	British Broadcasting Corporation
B.C.	before Christ
b.d.	bond
bdth.	breadth
B.E.A.	British European Airways
B.H.	bill of health
B.I.S.	Bank for International Settlements
Bk.	bank
Bkge.	brokerage
bkpt.	bankrupt
B/L.	bill of lading
blce	balance
B.O.	*a*) branch office *b*) buyer's option
B.O.A.C.	British Overseas Airways Corporation
B. of E.	Bank of England
B.O.T.	Board of Trade
Bros.	Brothers
B.Sc.	Bachelor of Science
B/S.	*a*) balance sheet *b*) bill of sale
B.T.U.	British Thermal Unit
bu.	bushel
C.	centigrade
c.	*a*) cent *b*) called
c.c.	cubic centimetre
C.A.	Chartered Accountant
C/A.	Capital account
c & f.	cost and freight
C.B.	cash book
c.b.d.	cash before delivery
cd.fwd.	carried forward
cent.	century
c.f.	cubic foot
c.fr.	cost and freight
C.H.	Custom-House
C/H.	Clearing-House
ch.fwd.	charges forward
chge.	charge
ch.pd.	charges paid
ch.ppd.	charges prepaid
chq.	cheque
C/i.	certificate of insurance
c.i.	cost, insurance
c.i.f.	cost, insurance, freight
c.l.	car load
c.l.c.	circular letter of credit
cld	*a*) cleared *b*) called
cm.	*a*) cumulative *b*) centimetre
cm.pf.	cumulative preference shares
Co.	company

c/o.	care of
C.O.D.	cash on delivery
col.	column
com.	*a*) common stock *b*) commission *c*) commerce
Comr.	commissioner
contd.	continued
conv.	conversion
corp.	corporation
c.o.s.	cash on shipment
C.P.A.	Certified Public Accountant
C.P.	carriage paid
Cr.	*a*) credit *b*) creditor
Cstms.	customs
ct.	cent
cu(b).	cubic
cu.ft	cubic foot
cu.in	cubic inch
cu.yard	cubic yard
c.w.o.	cash with order
cwt.	hundredweight
cy.	currency
d.	*a*) pence; penny *b*) discount *c*) dividend
d.c.	direct current
D.C. (U.S.A.)	District of Columbia
d/d.	days after date
dd.	delivered
def., *defd.*	deferred
deg.	degree
del., *deld.*	delivered
dept.	department
dft.	draft
dis., *disc.*	discount
div., *divd.*	dividend
D.I.Y	do it yourself
DLO.	Dead-letter office
do.	*ditto*
dols.	dollars
doz.	dozen
Dr.	debtor; debit; doctor
drm.	drum
d.w.	dead-weight
dwt.	pennyweight
E.	East
E.C.	East Central (London postal district)
E.C.S.C.	European Coal and Steel Community
E.E.	errors excepted
E.E.C.	European Economic Community
e.g.	(Lat. *exempli gratia*) for example
E.I.	East Indies
E.I.B.	Export-Import Bank
encl.	enclosure
end.	endorsement
e.o.m.	end of month
esp.	especially
Esq.	Esquire
etc.	*et cetera*
Ex.	Exchange
ex cp.	ex coupon
ex div.	ex dividend
ex whf.	ex wharf
ex whse.	ex warehouse
exd.	examined
F.	Fahrenheit
f.	feet; foot
F.A.A.	free of all average
F.A.O.	Food and Agriculture Organization
F.B.I.	Federal Bureau of Investigation
F.C.A.	Fellow of the Institute of Chartered Accountants
f.d.	free discharge
fd.	forward
ff.	following
F.M.	frequency modulation
F.O.	Foreign Office
fo.	folio
f.o.b.	free on board
f.o.c.	free of charge
f.o.d.	free of damage
f.o.q.	free on quay
f.o.r.	free on rail
f.o.t.	free on truck
f.o.w.	*a*) free on wagon *b*) free on wharf
F.P.	floating policy
f.p.	fully paid
frt.	freight
frt fwd.	freight forward
frt pd.	freight paid
ft	foot
f.v.	face value
fwd.	forward
f.x.	foreign exchange
fy pd.	fully paid

g.a.	general average
gal.	gallon
G.A.O.	General Accounting Office
G.I.	(U.S.A., government issue), [FAM.] enlisted soldier
G.L.M.	graduated length method
gm.	gramme(s)
G.M.T.	Greenwich Mean Time
G.N.P.	gross national product
G.P.	general practitioner (doctor)
G.P.O.	General Post Office
gr. wt.	gross weight
gtd., guar.	guaranteed
h.c.	*a*) home consumption *b*) held covered
H.H.	His/Her Highness
H.M.	Her/His Majesty
H.M.C.	Her/His Majesty's Customs
H.M.S.	Her/His Majesty's Ship
H.M.S.O.	Her Majesty's Stationery Office
H.O.	Head Office, Home Office
H.P.	*a*) hire purchase *b*) horse-power
H.Q.	Headquarters
i.	interest
ib(id).	*ibidem*
I.C.C.	International Chamber of Commerce
id.	*idem*
i.e.	(Lat. *id est*) that is
I/F.	Insufficient funds
I.L.O.	International Labour Organization
in.	inch
Inc.	Incorporated
incl.	inclusive, including
ins.	*a*) inscribed *b*) insurance
insce.	insurance
inst.	instant
int.	interest
inv.	invoice
I.O.U.	I owe you
I.Q.	intelligence quotient
I.R.	Inland Revenue
I.R.O.	Inland Revenue Office
I.T.O.	International Trade Organization
I.T.V.	Independent Television
I.U.D.	intrauterine device
J.	journal
J.P.	Justice of the Peace
Jr.	Junior
K.C.	King's Counsel
kg.	kilogram
km.	kilometre
K.O.	knock-out
kw.	kilowatt
l.	litre(s)
L.	pound
Lat.	Latin
Lb.	pound
£ E.	Egyptian pound
£ NZ.	New Zealand pound
£ SA.	South African pound
£ T.	Turkish pound
Ld.	Limited
ldg.	*a*) lading *b*) landing
lds.	loads
liq., lqn.	liquidation
ln.	loan
L.P.	long-playing (record)
L.S.D.	(= £.s.d.) pounds, shillings and pence
l.t.	long ton
Ltd.	Limited
m.	*a*) month *b*) mile *c*) million *d*) metre(s) *e*) minute(s)
M.A.	Master of Arts
M.C.	marginal credit
M.C.F.	thousand cubic feet
memo.	memorandum
Messrs	Messieurs
mfd.	manufactured
mg.	milligram(s)
mgr.	manager
misc.	miscellaneous
mm.	millimetre(s)
M.O.	money order
mortg.	mortgage
M.P.	*a*) Member of Parliament *b*) Military Police
m.p.g./h.	miles per gallon/hour
MS.	manuscript
M.Sc.	Master of Science
MT.	mail transfer

n.	nominal
N.	North
n/a.	no account
N.A.T.O.	North Atlantic Treaty Organization
N.B.	Lat. *nota bene*
N.C.O.	non-commissioned officer
n.d.	not dated
N/F.	no funds
nkd.	naked
No.	number
nom.	nominal
n.p.	net proceeds
n.r.t.	net register ton
N.S.F.	not sufficient funds
N.Y.	New York
N.Y.S.E.	New York Stock-Exchange
N.Z.	New Zealand
o/a.	on account
o/c.	overcharge
o/d.	overdraft
O.E.E.C.	Organization for European Economist Cooperation
O.K.	all correct; agreed
O.P.	open policy
O.R.	owner's risk
ord. (ordy)	ordinary
o/s.	out of stock
oz.	ounce
p.	*a*) paid *b*) premium, under spot *c*) passed *d*) new penny
p.a.	*per annum*
P.A.	public adress system
part.	participating
PAYE	"Pay as you earn"
paymt.	payment
P.C.	*a*) price current *b*) petty cash
p.c.	per cent
pcl.	parcel
pd.	paid
P.G.	Paying guest
per an.	*per annum*
perp.	perpetual
per pro.	*per procurationem*
pf., pfd.	preferred shares
p & i.	protection and indemnity
pkg.	package
P & L.	Profit and Loss
p.l.	partial loss
P.L.A.	Port of London Authority
pm.	premium
p.m.	*post meridiem* afternoon
P.M.G.	Post Master General
P.N. (p.n.)	promissory note
P.O.	*a*) post-office *b*) postal order *c*) [NAUT.] Petty Officer
P.O.B.	post-office box
p.p.	*per procurationem*
p & p	parcel and post
ppd.	prepaid
P.P.R.	printed paper rate
pref.	preferred shares
prm.	premium
prox.	proximo
P.S.	postscript
pt.	*a*) payment *b*) pint
P. & T.	Posts and Telegraphs Department
P.T.	physical training
ptg.	participating
ptly pd.	partly paid
p.t.o.	please turn over
Pty.	proprietary
Q.	Queen
qlty.	quality
qnty.	quantity
qr.	quarter
q.t. (SL.)	*on the qt* ['kju:'ti:], privately. See QUIET
R.	registered
R.A.C.	Royal Automobile Club
R.A.F.	Royal Air Force
R.C.	*a*) Red Cross *b*) Roman Catholic
r.d.	running days
re.	regarding
rec.	*a*) receipt *b*) received
recd.	received
red.	redeemable
ref.	reference
retd.	returned
rev.	revenue
Rev.	Reverend
Rly.	railway
R.N.	Royal Navy
R.P.	reply paid

R.S.P.C.A.	Royal Society for the Preservation of Cruelty to Animals
r-t-w	ready to wear
S.	South; Saint
s.	*a*) shilling *b*) sellers *c*) sailed *d*) steamer *e*) second
s.a.e.	stamped addressed envelope
S.D.R.	special drawing rights
S.E.	Stock-Exchange
sh.	shilling
shipt.	shipment
shr.	share
Soc.	society
Solr.	solicitor
S.O.S.	S.O.S.
sq.	square
sq.ft.	square foot
sq.in.	square inch
sq.mi.	square mile
sq.yd.	square yard
Sr.	Senior; Sister
S.S.	steamship
s.t.	short ton
st.	stone
St.	*a*) Saint *b*) Street
std.	standard
S.T.D.	subscriber trunk dialling
stdy.	steady
St.-Ex.	Stock-Exchange
stg.	sterling
stk.	stock
t.	ton
T.A.	telegraphic address
T.B.	*a*) trial balance *b*) tuberculosis
tfr.	transfer
T.L. (t.l.)	total loss
T.M.	ton mile
T.M.O.	telegraphic money order
tn.	ton
to arr.	to arrive
t.r.	tons register
Treas. Bds.	Treasury Bonds
T.T.	*a*) telegraphic transfer *b*) teetotaller
T.U.C.	Trades-Union Congress
T.V.	Television
UFO	Unidentified Flying Object
U.K.	United Kingdom
U.N.	United Nations
U.N.E.S.C.O.	U. N. Educational, Scientific and Cultural Organization
U.N.O.	United Nations Organization
U.N.R.W.A.	U.N. Relief and Works Agency
U.P.U.	Universal Postal Union
U.S.(A.)	United States (of America)
U.S.S.R.	Union of Soviet Socialist Republics
U.V.	ultra-violet (rayon)
U/wr.	underwriter
v.	volt(s)
V.A.T.	Value-added Tax
V.D.	venereal disease
V.H.F.	very high frequency
V.I.P.	very important person
viz.	*videlicet* (namely)
vs.	versus
W.	West
w.	watt
WASP	white Anglo-Saxon Protestant
W.C.	West Central (London postal district)
w.c.	water-closet
W.H.O.	World Health Organization
whse.	warehouse
W.O.	War Office
w.p.	weather permitting
W.P.A.	with particular average
wt.	weight
x.c.	ex coupon
Xmas	Christmas
x. wks.	ex works
Y.H.A.	Youth Hostel Association
Y.M.C.A.	Young Men's Christian Association

Abréviations françaises les plus usuelles.

a	are
ab.	abandonné
a.c.	argent comptant
ac.	acompte
acc.	acceptation
A.C.E.	Administration de Coopération Économique
act.	action
Adr. tél.	adresse télégraphique
A.E.L.E.	Association Européenne de Libre-Échange
A.I.D.	Association Internationale de Développement
A.I.T.A.	Association Internationale de Transports Aériens
A.M.	assurance mutuelle
am.	amortissable
A.M.E.	accord monétaire européen
anc.	ancien
A.P.	à protester
A/R.	avis de réception
art.	article
A.S.P.	accepté sans protêt
ass. extr.	assemblée extraordinaire
asse	assurance
A.T.	autorisation de transfert
at., att.	(coupon) attaché
A.T.P.	autorisation de transfert préalable
Av.	avoir
avdp.	avoirdupois
av. dt.	avec droit
B/	billet à ordre
Banq.	banque
b.a.p.	billet à payer
b.a.r.	billet à recevoir
barr.	barrique
Benelux	BElgique - NEderland - LUXembourg
B.I.R.D.	Banque Internationale pour la Reconstruction et le Développement
B.I.T.	Bureau International du Travail
bl	baril
B.O.	Bulletin Officiel
B.P.F.	bon pour francs
Bque	banque
bque	barrique
bt	brut
bté	breveté
c.	*a*) coupon *b*) centime
c.-à-d.	c'est-à-dire
C.A.F.	coût, assurance, fret
c. att.	coupon attaché
c/c.	compte courant
C.C.E.E.	Commission de Coopération Économique Européenne
C.C.I.	Chambre de Commerce Internationale
C.C.P.	Centre de Chèques Postaux; Compte Chèques Postaux
C.E.C.A.	Communauté Européenne du Charbon et de l'Acier
C.E.E.	Commission Economique pour l'Europe, Communauté Économique Européenne
cent.	centime
C.F.	coût-fret
Cf.	Conférez (reportez-vous à ...)
cg	centigramme
cgr	centigrade
C.G.S.	Confédération Générale des Syndicats
C.G.T.	*a*) Confédération Générale du Travail *b*) Compagnie Générale Transatlantique
C.I.C.A.	Confédération Internationale du Crédit Agricole
Cie	compagnie
C.I.M.	Convention Internationale

	des Marchandises
C.I.S.C.	Confédération Internationale des Syndicats Chrétiens
c/j.	courts jours
cl	centilitre
cm	centimètre
c/m.	cours moyen
c/n.	*a*) compte nouveau *b*) cours nul
C.N.C.E.	Centre National du Commerce Extérieur
C.N.P.F.	Conseil National du Patronat Français
C.N.R.S.	Centre National de la Recherche Scientifique
c/o.	compte ouvert
compt.	comptabilité
conv.	converti
coup.	coupon
coup. arr.	coupon arriéré
cour.	courant
c.-p.	charte-partie
cpt	comptant
cpte	compte
cr.	crédit; créditeur
C.R.S.	Compagnie Républicaine de Sécurité
cs	cours
ct	courant
ctg.	courtage
D.A.	documents contre acceptation
dal	décalitre
dam	décamètre
D.C.A.	Défense contre avions
déb.	débit
débit.	débiteur
dem. réd.	demandes réduites
dép.	département
dét.	détaché
dg	décigramme
dgr	décigrade
diff.	différé
disp.	disponible
div.	dividende
dl	décilitre
dm	décimètre
dne	douane
d°	*dito* (« ce qui a été dit »)
doll.	dollar
D.P.	documents contre paiement
Dr	Docteur
dr.	*a*) débiteur *b*) droit de souscription
dr.c.	dernier cours
Dt.	débit; débiteur; doit
D.T.S.	droits de tirage spéciaux
e.a.p.	effet à payer
e.a.r.	effet à recevoir
ECS	échantillons commerciaux
éd.	édition
E.D.F.	Électricité de France
E.F.Ac.	Exportation. Frais accessoires
env.	environ
esc., escte	escompte
etc.	*et caetera*
E.V.	en ville
ex.	exercice
ex.c.	ex-coupon
ex.d.	ex-dividende
expn	expédition
F	franc
f. à b.	franco à bord
F.A.S.	franco le long du navire (free alongside ship)
f.c., F.ct	fin courant
F.E.D.	Fonds Européen de Développement
FF	franc français
F.G.	frais généraux
F.M.	Franchise militaire
FMI	Fonds monétaire International
f°	folio
F.O.R.M.A.	Fonds d'Orientation et de Régulation des Marchés Agricoles
F.R.A.	faculté de résiliation annuelle
fre	facture
FS	faire suivre
g	gramme
GICEX	Groupement Interbancaire pour les Opérations de Crédits à l'Exportation
G.Q.G.	Grand quartier général
h.	hier

ha	hectare
hg	hectogramme
hl	hectolitre
H.L.M.	Habitations à loyer modéré
hyp.	*a*) hypothécaire *b*) hypothèque
Id.	*idem*
imp.	impayé
int.	intérêt
I.V.G.	interruption volontaire de grossesse
J.-C.	Jésus-Christ
jce	jouissance
J.O.	Journal Officiel
jr	jour
kg	kilogramme
km	kilomètre
kW	kilowatt
kWh	kilowatt-heure
l	litre
l/c.	leur compte
l/cr.	lettre de crédit
lib.	libéré
liq.	liquidation
liq. pr.	liquidation prochaine
LL. AA.	Leurs Altesses
LL. MM.	Leurs Majestés
L.T.A.	lettre de transport aérien
M.	Monsieur
m.	mois
m	mètre
M^{e}	Maître
mg	milligramme
Mgr	Monseigneur
mise	marchandise
MM.	Messieurs
mm	millimètre
Mme	Madame
Mlle	Mademoiselle
M^{on}	Maison
ms	moins
N.B.	*nota bene*
n.c.	non coté
N.-D.	Notre-Dame
nég.	négociable
N^{o}	numéro
nom.	nominatif
o/.	à l'ordre de
O.A.C.I.	Organisation de l'Aviation Civile Internationale
oblig.	obligation
O.C.D.E.	Organisation de Coopération et de Développement Économiques
O.E.C.E.	Organisation Européenne de Coopération Économique
off.	offert
off. réd.	offres réduites
O.I.C.	Organisation Internationale du Commerce
O.I.T.	Organisation Internationale du Travail
O.M.S.	Organisation Mondiale de la Santé
O.N.U.	Organisation des Nations unies
O.P.A.	offre publique d'achat
O.T.A.N.	Organisation du Traité de l'Atlantique Nord
ouv.	ouverture
ovni	objet volant non identifié
p.	*a*) page *b*) pair
P.	protesté
P. et P.	Pertes et Profits
P.A.	pour ampliation
pable	payable
pain	prochain
P.C.	poste de commandement
p. c.	pour cent
P.C.C.	pour copie conforme
p.d.	port dû
P.J.	Police Judiciaire
PME	petites et moyennes entreprises
PMI	petites et moyennes industries
P.M.U.	Pari Mutuel Urbain
PNB	produit national brut
p.p.	port payé
p.pon	par procuration
pr.	prochain
P.R.	poste restante
préf.	préférence
priv.	privilégié
P.-S.	post-scriptum
P. et T.	Postes et Télécommunications (Postes, Télégraphes, Téléphones)

P.-V.	procès-verbal (contravention)
Q.G.	Quartier général
R.	report, taux du report
r.	recommandé
R.A.T.P.	Régie Autonome des Transports Parisiens
R.C.	Registre du Commerce
réf.	référence
règlt	règlement
R.F.	République Française
remb.	remboursable
rep.	report
rép.	répartition
r.p.	réponse payée
rse	remise
R.S.V.P.	répondre, s'il vous plaît
S/A.	société anonyme
S.A.R.L.	société à responsabilité limitée
s.e. et o.	sauf erreur et omission
S.F.	sans frais
S.G.D.G.	Sans Garantie du Gouvernement
sle	succursale
S.M.	Sa Majesté
S.M.I.C.	salaire minimum interprofessionnel de croissance
sr	successeur
S.S.P.	sous seing privé
S^{t}, S^{te}	Saint, Sainte
S.N.C.F.	Société Nationale des Chemins de fer Français
S.O.S.	appel télégraphique de détresse ("Save our souls")
S.S.	*a*) Sa Sainteté *b*) Sécurité Sociale
$S^{té}$	société
suiv.	suivant
T.	tare
T/	traite
t br.	tonne brut
Tél.	téléphone
t. j. b.	taux de jauge brute
TM	télégramme multiple
t.p.	tout payé
T.P.S.	taxe sur les prestations de service
tr.	traite
T.S.	tarif spécial
T.S.V.P.	Tournez, s'il vous plaît
T.V.A.	taxe à la valeur ajoutée
tx	tonneaux
U.E.P.	Union Européenne des Paiements
U.I.T.	Union Internationale des Télécommunications
U.P.U.	Union Postale Universelle
U.R.S.S.	Union des Républiques Socialistes Soviétiques
v.	voir
V/.	valeur
virt	virement
vol.	volume

a

a [ei] *m* a || Mus. *A,* la *m* || *A-1,* de première qualité/classe || *A-bomb,* bombe *f* atomique.

a [ei, ə], **an** [æn, ən] *indef art* un, une ; ~ *Mr. Smith,* un certain M. Smith || le, la, les ; *she has ~ slender waist,* elle a la taille fine || du, de la ; *make ~ noise,* faire du bruit ; || [predicative] *he is ~ soldier,* il est soldat [distributively] *twice ~ day,* deux fois par jour ; *50p an hour,* 50 pence de l'heure.

aback [ə'bæk] *adv* ***be taken ~,*** être pris au dépourvu, en rester tout interdit.

abacus ['æbəkəs] *n* boulier *m.*

abaft [ə'bɑ:ft] *adv* Naut. en arrière ; à/sur l'arrière.

abandon [ə'bændən] *vt* abandonner ● *n* abandon *m* || **~ment** *n* abandon *m.*

abase [ə'beis] *vt* abaisser, humilier || **~ment** *n* humiliation *f.*

abash [ə'bæʃ] *vt* décontenancer.

abate [ə'beit] *vt* diminuer || apaiser — *vi* [storm] se calmer.

abbey ['æbi] *n* abbaye *f.*

abbot ['æbət] *n* abbé *m* (of a convent).

abbrev|iate [ə'bri:vieit] *vt* abréger || **~iation** [ə'bri:vi'eiʃn] *n* abréviation *f.*

abdicate ['æbdikeit] *vi* abdiquer.

abdom|en ['æbdəmən] *n* abdomen *m* || **~inal** [æb'dɔminl] *adj* abdominal.

abduc|t [æb'dʌkt] *vt* enlever (a woman) || **~tion** *n* enlèvement *m* || **~tor** [-tə] *n* ravisseur *m.*

abed [ə'bəd] *adj* au lit.

aberration [æbə'reiʃn] *n* aberration *f.*

abet [ə'bet] *vt* inciter || Jur. *aid and ~,* être complice.

abeyance [ə'beiəns] *n* ***in ~,*** en suspens/souffrance.

abhor [əb'hɔ:] *vt* détester || **~rence** [-rns] *n* aversion *f.*

abid|e [ə'baid] *vi* (abode [-'bəud]) ~ *by,* se soumettre à (a decision) ; respecter (rules) ; rester fidèle à (a promise) — *vt* [neg./interr.] supporter, souffrir (endure) || **~ing** *adj* durable.

ability [ə'biliti] *n* aptitude *f; to the best of my ~,* de mon mieux.

abject ['æbʒekt] *adj* abject.

abjure [əb'dʒuə] *vt* abjurer, renoncer à.

ablaze [ə'bleiz] *adv/adj* en feu ; *set ~,* embraser.

able ['eibl] *adj* capable ; ***be ~,*** pouvoir || habile || **~-bodied** [,-'bɔdid] *adj* solide, robuste || valide (unharmed) || Naut. ~ *seaman,* matelot breveté.

ably ['eibli] *adv* habilement, avec talent.

abnormal [æb'nɔ:ml] *adj* anormal.

aboard [ə'bɔ:d] *adv* à bord ; *go ~,* monter à bord || U.S. *all ~!,* en voiture !

abode [ə'bəud] *n* domicile *m* || See ABIDE.

abol|ish [ə'bɔliʃ] *vt* abolir || **~ition** [,æbə'liʃn] *n* abolition *f.*

abominable [ə'bɔminəbl] *adj* abominable.

aborig|inal [,æbə'ridʒənəl] *adj/n* aborigène || **~ines** [-ini:z] *npl* aborigènes *mpl.*

abort [ə'bɔ:t] *vi* avorter — *vt* faire avorter || **~ion** [ə'bɔ:ʃn] *n* avortement *m* || **~ive** [ə'bɔ:tiv] *adj* FIG. manqué, raté (unsuccessful).

abound [ə'baund] *vi* abonder.

about [ə'baut] *prep* dans (le voisinage de), vers ; *walk ~ the town,* se promener dans la ville || sur ; *I haven't any money ~ me,* je n'ai pas d'argent sur moi || près de ; *~ here,* par ici || autour (round) || au sujet de ; *what is it ~?,* de quoi s'agit-il ? ; *how/what ~ going to the pictures?,* si on allait au cinéma ? ; ***go/set ~,*** se mettre à (a task) ; *how to go ~ it,* comment s'y prendre ; *what are you ~?,* que faites-vous ? ; ***~ to,*** sur le point de, près de ● *adv* à peu près, environ ; *~ 4 (o'clock),* vers 4 heures || çà et là, dans le voisinage ; *there were books lying ~ on the floor,* des livres traînaient sur le plancher ; *there was no one ~,* on ne voyait personne || ***come ~,*** se produire, arriver || ***bring ~,*** occasionner, provoquer || MIL. *~, right!,* demi-tour à droite, droite ! || **~-face** *n* volte-face *f ; do an ~,* faire volte-face ● *vi* faire volte-face.

above [ə'bʌv] *prep* au-dessus de || ***~ all,*** surtout || au-delà de ; en amont de (river) ● *adv* au-dessus || **~-board** [-bɔ:d] *adv* franchement, ouvertement || **~-mentioned** [-,menʃnd] *adj* ci-dessus.

abrasive [ə'breisiv] *adj/n* abrasif (*m*).

abreast [ə'brest] *adv* de front || FIG. *keep ~ of,* se tenir au courant de.

abridge [ə'bridʒ] *vt* abréger.

abroad [ə'brɔ:d] *adv* à l'étranger ; *go ~,* aller à l'étranger || à l'extérieur (outside) || en circulation ; *there is a rumour ~ that...,* le bruit court que...

abrogate ['æbrəgeit] *vt* abroger.

abrupt [ə'brʌpt] *adj* précipité (hasty) ; abrupt, escarpé (steep) ; brusque (sudden) || **~ly** *adv* brusquement.

abscess ['æbses] *n* abcès *m.*

abscissa [æb'sisə] *n* abscisse *f.*

abscond [əb'skɔnd] *vi* s'enfuir secrètement.

absence ['æbsns] *n* absence *f* || JUR. ***in his ~,*** par contumace.

absent ['æbsnt] *adj* absent (*from,* de) ● [æb'sent] *vt ~ oneself,* s'absenter (*from,* de) || **~ee** [,æbsn'ti:] *n* absent *n* || MIL. insoumis *m* || **~-minded** [-'maindid] *adj* distrait || **~-mindedness** [-nis] *n* distraction *f* ; étourderie *f.*

absolute ['æbslu:t] *adj* absolu, total || **~ly** *adv* absolument, formellement.

absolution [,æbsə'lu:ʃn] *n* absolution *f.*

absolve [əb'zɔlv] *vt* absoudre.

absorb [əb'sɔ:b] *vt* absorber || **~ent** *adj* absorbant ; *~ cotton,* coton *m* hydrophile || **~ing** *adj* absorbant [lit. and fig.] || **~er** *n* TECHN. *shock ~,* amortisseur *m.*

abstain [əbs'tein] *vi* s'abstenir (*from,* de) || **~er** *n total ~,* abstinent *n,* buveur *n* d'eau.

abstemious [æb'sti:miəs] *adj* sobre, abstinent.

abstention [æb'stenʃn] *n* abstention *f*.

abstinence ['æbstinəns] *n* abstinence *f*.

abstract ['æbstrækt] *adj* abstrait ● *n* abrégé, résumé, sommaire, extrait *m* ● [æbs'trækt] *vt* extraire || FIG. faire abstraction de || **~ion** [æb'strækʃn] *n* abstraction *f* || distraction *f* (absent-mindedness).

absurd [əb'sə:d] *adj* absurde || **~ity** *n* absurdité *f*.

abund|ance [ə'bʌndəns] *n* abondance *f* || **~ant** *adj* abondant.

abuse [ə'bju:s] *n* abus *m* || insultes, injures *fpl*; *shower ~ on*, se répandre en invectives contre ● [ə'bju:z] *vt* abuser de (misuse); insulter (insult) || *be ~d*, faire erreur.

abyss [ə'bis] *n* abîme, gouffre *m*.

acad|emic [,ækə'demik] *adj* académique, universitaire, scolaire || **~emy** [ə'kædəmi] *n* académie *f*; *naval/military ~*, école navale/militaire || institution *f*.

accede [æk'si:d] *vi* accéder (*to*, à) || monter sur le trône.

acceler|ate [æk'seləreit] *vt* accélérer || **~ation** [æk,selə'reiʃn] *n* accélération *f* || **~ator** [æk'seləreitə] *n* accélérateur *m*.

accent ['æksənt] *n* accent *m* || **~uate** [æk'sentjueit] *vt* accentuer.

accept [ək'sept] *vt* accepter || **~able** [-əbl] *adj* acceptable; agréable (satisfactory) || **~ance** *n* acceptation *f* || approbation *f* || **~ation** [,æksep'teiʃn] *n* acception *f*.

access ['ækses] *n* accès *m*, admission *f* || [motorway] *~ road*, bretelle *f* (d'accès).

access|ible [ək'sesəbl] *adj* accessible || **~ion** [-'seʃn] *n* accession *f* || accroissement *m*.

accessory [æk'sesəri] *n* accessoire *m* || JUR. complice *n*.

accident ['æksidnt] *n* accident *m*; *meet with an ~*, avoir un accident; *motoring ~*, accident d'auto || hasard *m* (chance); *by ~*, accidentellement || *Pl barring ~s*, sauf imprévu || JUR. *~ to a third party*, accident *m* causé au tiers || **~al** [,æksi'dentl] *adj* accidentel, fortuit || **~ally** [-əli] *adv* accidentellement.

accl|aim [ə'kleim] *vt* acclamer || **~amation** [,ækə'meiʃn] *n* acclamation *f*.

acclimatize [ə'klaimətaiz] *vt* acclimater.

accommodat|e [ə'kɔmədeit] *vt* loger || harmoniser || FIG. fournir, accorder (*sb. with sth.*, qqch. à qqn) || **~ing** *adj* obligeant || **~ion** [ə,kɔmə'deiʃn] *n* logement *m*, place *f* || compromis *m* || facilités *fpl* || NAUT. *~ ladder*, echelle *f* de coupée || U.S. *~ train*, train *m* omnibus.

accompan|iment [ə'kʌmpənimənt] *n* MUS. accompagnement *m* || **~ist** *n* accompagnateur *n* || **~y** *vt* accompagner.

accomplice [ə'kɔmplis] *n* complice *n*.

accomplish [ə'kɔmpliʃ] *vt* accomplir, effectuer, réaliser || **~ed** [-t] *adj* accompli, parfait, doué, consommé (person) || **~ment** *n* réalisation *f* || *Pl* talents *mpl* (d'agrément).

accord [ə'kɔ:d] *n* accord, consentement *m*; *of one's own ~*, de son propre gré; *with one ~*, d'un commun accord ● *vi* s'accorder — *vt* accorder, concéder || **~ance** *n* conformité *f*, accord *m*; *in ~ with*, conformément à || **~ing** *adv* *~ as*, selon que; *~ to*, selon, suivant || **~ingly** *adv* en conséquence.

accordion [ə'kɔ:djən] *n* accordéon *m*.

accost [ə'kɔst] *vt* accoster || [prostitute] racoler (fam.).

account [ə'kaunt] *vt* estimer, considérer — *vi* ~ ***for,*** rendre compte de, justifier de ; expliquer ; FAM. régler son compte à ● *n* récit, exposé *m*, relation *f* || raison *f*, motif *m* ; ***on ~ of,*** à cause de ; *on no ~*, en aucun cas || ***take into ~,*** tenir compte de, prendre en considération || profit ; *turn to ~*, tirer parti, mettre à profit || importance *f* ; *of no ~*, sans importance || MATH. calcul *m* || FIN. compte *m* ; *current ~*, compte courant ; *deposit ~*, compte de dépôt ; *open an ~*, ouvrir un compte || COMM. note *f*, état *m* ; *settle an ~*, régler une note || *£ 10 on ~*, un acompte de £ 10.

account|able [ə'kauntəbl] *adj* responsable (*for*, de) || **~ancy** [-ənsi] *n* comptabilité *f* || **~ant** *n* comptable *n* ; *chartered ~*, expert-comptable *m* || **~ing** *adj ~ department*, comptabilité *f*.

accoutrement [ə'kutrəmənt] *n* MIL. équipement, harnachement *m*.

accru|e [ə'kru:] *vi* provenir de || FIN. s'accumuler || **~ing** *adj* [interests] à échoir || afférent à (concerning).

accumula|te [ə'kju:mjuleit] *vt/vi* (s')accumuler, (s')entasser || **~tive** [ə'kju:mjulətiv] *adj* FIN. composés (interests) || **~tor** *n* accumulateur *m*.

accur|acy ['ækjurəsi] *n* précision, exactitude *f* ; justesse *f* || **~ate** [-it] *adj* précis, exact, juste.

accusation [,əkju'zeiʃn] *n* accusation *f*.

accus|e [ə'kju:z] *vt* accuser || **~ed** [-d] *n* JUR. accusé *n*.

accustom [ə'kʌstəm] *vt* habituer (*to*, à) || **~ed** [-d] *adj* habitué ; *get ~ to*, s'habituer à, s'accoutumer à.

ace [eis] *n* [cards, dice] as *m* || [tennis] ace *m* || FAM. as *m* ● *loc within an ~ of*, à deux doigts de.

acetone ['æsitəun] *n* acétone *f*.

ache [eik] *n* douleur *f* ; mal *m* ● *vi* faire mal à, avoir mal à ; *my head ~s*, j'ai mal à la tête.

achievable [ə'tʃi:vəbl] *adj* faisable.

achieve [ə'tʃi:v] *vt* réaliser, accomplir ; atteindre, arriver à || **~ment** *n* réalisation *f* || exploit *m* || réussite *f* || succès *m*.

acid ['æsid] *adj/n* acide (*m*) || FIG. *~ test*, épreuve décisive || **~ity** [ə'siditi] *n* acidité *f*.

acknowledg|e [ək'nɔlidʒ] *vt* reconnaître, admettre, avouer || accuser réception de || **~ment** *n* reconnaissance *f*, remerciements *mpl* || [letter] accusé *m* de réception || [money] récépissé *m*.

acme ['ækmi] *n* FIG. sommet, comble *m*.

acorn ['eikɔ:n] *n* gland *m* (of an oak).

acoustic [ə'ku:stik] *adj* acoustique *f* || **~s** [-s] *n* acoustique *f*.

acquaint [ə'kweint] *vt* faire savoir ; *get ~ed with*, faire la connaissance de ; *be ~ed with*, connaître || *~ oneself with*, se mettre au courant de, s'initier à || **~ance** *n* relation *f* || *make sb's ~*, faire la connaissance de qqn.

acquiesce [,ækwi'es] *vi* acquiescer.

acquire [ə'kwaiə] *vt* acquérir || **~ment** *n* acquisition *f*.

acquisitive [ə'kwizitiv] *adj* avide.

acquit [ə'kwit] *vt* acquitter || **~tal** *n* acquittement *m*.

acre ['eikə] *n* acre *f*, arpent *m*.

acrid ['ækrid] *adj* âcre || FIG. acerbe.

acrimon|ious [,ækri'məunjəs] *adj* acrimonieux || **~y** ['ækriməni] *n* acrimonie *f*.

acrobat ['ækrəbæt] *n* acrobate *n* || **~ic** [,ækrə'bætik] *adj* acrobatique || **~ics** *n* acrobaties *fpl*.

across [ə'krɔs] *prep* à travers ; de l'autre côté de (on the other side) ; en travers de (crosswise) ● *adv 2 km* ~, 2 km de large || *swim* ~, traverser à la nage.

act [ækt] *n* acte *m*, action *f* ; *in the* ~ *of doing*, en train de faire || TH. acte *m* || JUR. loi *f* || FIG. ~ ***of God***, cataclysme *m* ● *vt* jouer (a part) — *vi* agir (*on*, sur) || [brake] fonctionner || [person] se conduire || faire fonction (*as*, de) || ~ *up to*, agir en accord avec || **~ing** *adj* suppléant || **~ion** ['ækʃn] *n* action *f* || mouvement *m* || TH. jeu *m* || MIL. engagement, combat *m* ; ~ *station*, poste *m* de combat || JUR. procès *m* ; action *f* en justice ; *bring an* ~, intenter un procès (*against*, à) || **~ive** *adj* actif || MIL. *on* ~ *service*, en service actif || **~ively** *adv* activement || **~ivity** [æk'tiviti] *n* activité *f* ; *Pl* occupations *fpl*.

act|or ['æktə] *n* acteur *m* || **~ress** [-ris] *n* actrice *f*.

actual ['æktjuəl] *adj* réel || concret (case) || **~ity** [,æktju'æliti] *n* réalité *f* || **~ly** *adv* en réalité.

actu|ary ['æktjuəri] *n* actuaire *n* || **~ate** [-eit] *vt* inciter || TECHN. actionner.

acumen [ə'kju:men] *n* FIG. pénétration *f*.

acupuncture ['ækjupʌŋktʃə] *n* acupuncture *f*.

acute [ə'kju:t] *adj* aigu || FIG. pénétrant, vif || MATH. aigu || **~ly** *adv* intensément || avec perspicacité || **~ness** *n* acuité *f*.

ad [æd] *n* [advertisement] FAM. annonce *f* ; *classified* ~*s*, petites annonces.

adamant ['ædəmənt] *adj* inflexible.

adapt [ə'dæpt] *vt* adapter (*to*, à) || TH., RAD. adapter. || ~ *oneself*, s'adapter (*to*, à) ; se mettre à la portée (*to*, de) || **~ation** *n* adaptation *f* || **~er** *n* adaptateur *n* (person) || ÉLECTR. prise *f* multiple.

add [æd] *vt* ajouter (*to*, à) || ~ *up*, additionner || ~*ing-machine*, machine *f* à calculer, additionneuse *f* || ~ ***up to***, [numbers] s'élever à ; FIG. signifier.

addendum [ə'dendəm] *n* supplément *m*.

adder ['ædə] *n* vipère *f*.

addict [ə'dikt] *vt be* ~*ed to*, s'adonner à ● ['ædikt] *n* intoxiqué *n* ; *drug* ~, toxicomane *n* || FAM. fanatique *n* (devotee) || **~ion** [ə'dikʃn] *n* intoxication *f*.

addition [ə'diʃn] *n* addition *f* ; augmentation *f* (increase) ; *in* ~, en plus *(to*, de) ; par surcroît || MATH. addition *f* || **~al** *adj* supplémentaire.

addle ['ædl] *adj* pourri (egg) || FIG. vide, confus ● *vi* [egg] se pourrir — *vt* brouiller (mind) || **~-brained** *adj* écervelé, brouillon.

address [ə'dres] *n* adresse *f* ; ~*-book*, répertoire *m* d'adresses || allocution *f* ● *vt* [letter] adresser, mettre l'adresse sur || [speak to] adresser la parole/s'adresser à || **~ee** [,ædre'si:] *n* destinataire *n*.

adduce [ə'dju:s] *vt* alléguer (an authority) ; fournir (proof).

adept ['ædept] *adj* expert (*in*, en), habile (*in*, à) ● *n* expert *m* (*in*, en).

adequate ['ædikwit] *adj* suffisant (*to*, à) || **~ly** *adv* convenablement.

ad|here [əd'hiə] *vi* adhérer || FIG. persister (*to*, à) || **~herence** [-'hiərns] *n* adhésion *f* || **~herent** [-'hiərnt] *n* adhérent *n*, partisan *m* || **~hesion** ['hiʒn] *n* adhésion *f* || adhérence *f* || **~hesive** [-'hi:siv] *adj* adhésif, gommé || MÉD. ~ *plaster/tape*, sparadrap *m*.

adjacent [ə'dʒeisnt] *adj* adjacent, voisin, contigu (*to*, à).

adjective ['edʒiktiv] *n* adjectif *m*.

adjoin [ə'dʒɔin] *vt* avoisiner, toucher, jouxter (*to,* à) || ~**ing** *adj* voisin, attenant à ; limitrophe.

adjourn [ə'dʒə:n] *vt* ajourner, différer, remettre (*to,* à) — *vi* suspendre la séance || passer (to another place) || ~**ment** *n* ajournement *m ;* suspension *f* de séance.

adjudge [ə'dʒʌdʒ] *vt* attribuer, décerner || JUR. déclarer, juger ; condamner.

adjudic|ate [ə'dʒu:dikeit] *vt/vi* JUR. juger ; déclarer || ~**ation** [e,dʒu:di'keiʃn] *n* JUR. décision *f,* arrêt *m* || ~**ator** [ə'dʒu:dikeitə] *n* JUR. juge, arbitre *m.*

adjunct ['ædʒʌŋkt] *n* adjoint *n* (person) || accessoire *m* (thing) || GRAMM. adjonction *f.*

adjure [ə'dʒuə] *vt* adjurer.

adjust [ə'dʒʌst] *vt* adapter, régler || TECHN. ajuster, régler, mettre au point || ~ *oneself;* s'adapter (*to,* à) || ~**able** *adj* TECHN. réglable || ~**ment** *n* règlement, arrangement *m* (of a difference) || FIG. adaptation *f* || TECHN. ajustage, réglage *m.*

adjutant ['ædʒutnt] *n* MIL. adjudant-major *m.*

adman ['ædmæn] *n* SL. publicitaire *n.*

administer [əd'ministə] *vt* administrer, gérer || JUR. ~ *justice,* rendre la justice || FIG. ~ *a punishment,* infliger une punition || *the oath was* ~*ed to him,* on lui fit prêter serment || REL. administrer (sacraments) || MÉD. administrer (a remedy).

administr|ation [əd,minis'treiʃn] *n* COMM. administration, gestion *f* || JUR. gouvernement *m* || administration (of justice, a remedy) || ~**ative** [əd'ministrətiv] *adj* administratif || ~**ator** [əd'ministreitə] *n* administrateur, gérant *n.*

admirable ['ædmərəbl] *adj* admirable.

admiral ['ædmərəl] *n* amiral *m* || ~**ty** [-ti] *n* amirauté *f,* ministère *m* de la Marine.

admiration [,ædmə'reiʃn] *n* admiration *f.*

admir|e [əd'maiə] *vt* admirer ; estimer || ~**er** [-rə] *n* admirateur *n* || ~**ing** [-riŋ] *adj* admiratif.

admissible [əd'misəbl] *adj* admissible || JUR. recevable.

admission [əd'miʃn] *n* admission *f* ; *free* ~, entrée gratuite || admission *f* (to a society, school, etc.) ; ~*-fees,* droits *mpl* d'inscription || admission *f* (of evidence) || aveu *m* (of a misdeed) || AUT. admission *f.*

admit [əd'mit] *vt* admettre, laisser entrer || contenir (have room for) || concéder || ~ *to,* avouer — *vi* ~ *of,* admettre, laisser place à || ~**tance** *n* entrée *f,* accès *m ; no* ~, défense *f* d'entrer || ~**tedly** [-idli] *adv* de toute évidence, de l'aveu général.

admon|ish [əd'mɔniʃ] *vt* admonester, exhorter (*to,* à) || avertir, prévenir || ~**ition** [,ædmə'niʃn] *n* remontrance *f.*

ado [ə'du:] *n* difficulté, peine *f* || embarras *m* ; histoires, façons *fpl ; without further* ~, sans plus de cérémonies.

adolesc|ense [,ædə'lesns] *n* adolescence *f* || ~**ent** *adj/n* adolescent.

adopt [ə'dɔpt] *vt* adopter || ~**ed** [-id] *adj* adoptif || ~**ers** *npl* parents adoptifs || ~**ion** [ə'dɔpʃn] *n* adoption *f* || ~**ive** *adj* adoptif (son, father).

ador|able [ə'dɔ:rəbl] *adj* adorable || ~**ation** [,ædɔ:'reiʃn] *n* adoration *f.*

ador|e [ə'dɔ:] *vt* adorer || ~**er** [-rə] *n* adorateur *n.*

adorn [ə'dɔ:n] *vt* orner, parer (*with,* de) || ~**ment** *n* ornement *m,* parure *f.*

adrift [ə'drift] *adv/adj* à la dérive.

adroit [ə'drɔit] *adj* adroit || **~ness** *n* adresse *f*.

adulation [,ædju'leiʃn] *n* adulation *f*.

adult ['ædʌlt] *adj/n* adulte.

adulter|ate [ə'dʌltəreit] *vt* adultérer, falsifier ; dénaturer, frelater (food) || **~ation** [ə,dʌltə'reiʃn] *n* falsification, altération *f*.

adult|erer [ə'dʌltərə], **~eress** [-əris] *adj/n* adultère || **~erous** [-rəs] *adj* adultère || **~ery** [-əri] *n* adultère *m*.

advanc|e [əd'vɑːns] *n* avance, progression *f* ; *in ~*, en avance || FIN. avance (of funds) || AUT. *sparking ~*, avance à l'allumage ● *vt* avancer, progresser || avancer (date) || avancer, émettre (an opinion) || FIN. avancer, prêter (money) || [prices] augmenter || FIG. promouvoir (*to*, à) — *vi* s'avancer ; progresser (make progress) || [prices] monter || **~ed** [-t] *adj* avancé (ideas) || supérieur (studies) || MIL. avancé (post) || FIG. perfectionné, de pointe ; *~ in years*, d'un âge avancé || **~ement** *n* avancement, progrès *m* || promotion *f*.

advantag|e [əd'vɑːntidʒ] *n* avantage *m* ; *take ~ of*, profiter de ; *turn to ~*, tirer parti de || SP. avantage *m* (in tennis) || **~eous** [,ædvən'teidʒəs] *adj* avantageux.

advent ['ædvent] *n* venue, arrivée *f* || REL. *Advent*, Avent *m*.

adventu|re [əd'ventʃə] *n* aventure *f*, risque *m* || JUR. *marine ~*, sinistre *m* en mer || **~rer** [-rə] *n* aventurier *m* || **~ress** [-ris] *n* aventurière *f* || **~rous** [-rəs] *adj* aventureux, dangereux.

adverb ['ædvəːb] *n* adverbe *m* || **~ial** [əd'vəːbjəl] *adj* adverbial.

advers|ary ['ædvəsri] *n* adversaire *n* || **~e** ['ædvəːs] *adj* adverse, hostile, contraire (wind) || **~ity** [əd'vəːsiti] *n* adversité *f*.

advert|ise ['ædvətaiz] *vt* faire de la publicité/de la réclame — *vi* insérer une annonce (in a newspaper) || **~isement** [əd'vəːtismənt] *n* annonce, réclame *f* || **~iser** ['ædvətaizə] *n* publicitaire *n* || **~ising** [-aiziŋ] *n* publicité, réclame *f* ; *~ agency*, agence *f* de publicité ● *adj* publicitaire.

advice [əd'vais] *n* avis *m*, conseils *mpl* ; *a piece of ~*, un conseil ; *take medical ~*, consulter un médecin.

advisable [əd'vaizəbl] *adj* judicieux, opportun, recommandable ; indiqué ; *it is ~ to*, il est conseillé de.

advis|e [əd'vaiz] *vt* conseiller ; *~ sb. against sth.*, déconseiller qqch. à qqn || informer, aviser ; *ill/well-~ed* [-d] *adj* mal/bien avisé || **~edly** [-idli] *adv* en connaissance de cause.

advoc|acy ['ædvəkəsi] *n* plaidoyer *m*, défense *f* || **~ate** ['ædvəkit] *n* avocat *n*, défenseur, partisan *m* || JUR. avocat *n* (in Scotland) ● *vt* [-eit] recommander, préconiser.

aegis ['iːdʒis] *n under the ~ of*, sous l'égide *f* de.

aer|ate ['eəreit] *vt* aérer ; *~ated water*, eau gazeuse || **~ation** [,eiə'reiʃn] *n* aération *f* || **~ial** ['ɛəriəl] *adj* aérien ● *n* RAD. antenne *f*.

aero|batics [,ɛərə'bætiks] *n* AV. acrobaties aériennes || **~drome** ['ɛərədrəum] *n* aérodrome *m* || **~dynamics** ['ɛərədai'næmiks] *n* aérodynamique *f* || **~naut** ['ɛərənɔːt] *n* aéronaute *n* || **~nautics** [-'nɔːtiks] *n* aéronautique *f* || **~plane** ['ɛərəplein] *n* avion *m* || **~sol** ['ɛərəsɔl] *n* aérosol *m*.

aesthetic [iːs'θetik] *adj* esthétique || **~s** [-s] *n* esthétique *f*.

afar [ə'fɑː] *adv* loin ; *from ~*, de loin.

affable ['æfəbl] *adj* affable.

affair [ə'fɛə] *n* affaire *f* ; question *f* || *(love)* ~, liaison, aventure *f* || *Pl* affaires, choses *fpl.*

affect I [ə'fekt] *vt* affecter, agir sur || concerner (concern) || toucher, émouvoir (move the feelings) || **~ed** [-id] touché, ému (*by,* par).

affect II *vt* affectionner (like).

affect|ation [,æfek'teiʃn] *n* affectation *f,* maniérisme *m* (pose) || **~ion** [ə'fekʃn] *n* affection, tendresse *f* || MÉD. affection, maladie *f* || **~ionate** [ə'fekʃnit] *adj* affectueux.

affidavit [,æfi'deivit] *n* JUR. déclaration *f* sous serment.

affili|ate [ə'filieit] *vt/vi* (s')affilier || **~ation** [ə,fili'eiʃn] *n* affiliation *f.*

affinity [ə'finiti] *n* affinité, attraction *f.*

affirm [ə'fə:m] *vt* affirmer, déclarer || **~ation** [,æfə:'meiʃn] *n* affirmation, déclaration *f* || **~ative** [-ətiv] *adj* affirmatif ● *n* affirmative *f.*

affix [ə'fiks] *vt* apposer (signature) || annexer, attacher (*to,* à).

afflict [ə'flikt] *vt* affliger (*with,* de) || **~ion** [ə'flikʃn] *n* affliction *f.*

afflu|ence ['æfluəns] *n* opulence *f* || **~ent** *adj* opulent ; ~ *society,* société *f* d'abondance.

afford [ə'fɔ:d] *vt* [following *can/could*] avoir les moyens de, pouvoir, se permettre de ; *I can't ~ it,* je n'en ai pas les moyens, c'est trop cher pour moi || FIG. fournir (provide).

affray [ə'frei] *n* rixe, bagarre *f.*

affront [ə'frʌnt] *vt* insulter (slight) || affronter, braver (brave).

afield [ə'fiəld] *adv* ***far*** ~, très loin.

afire [ə'faiə] *adj/adv* en feu.

afloat [ə'fləut] *adj/adv* flottant, à flot ; *set* ~, mettre à l'eau ; renflouer || FIG. répandu, en circulation (rumour) ; *get* ~, lancer (business).

afoot [ə'fut] *adv* à pied || FIG. en cours, en train.

afore|-mentioned [ə'fɔ:menʃnd] *adj* susmentionné || **~-said** [-sed] *adj* susdit, précité || **~-thought** [-θɔ:t] *adj* prémédité.

afraid [ə'freid] *adj* effrayé (*of,* de) ; *be ~ that,* craindre que || FAM. *I am ~ that,* je crains que ; je regrette que.

afresh [ə'freʃ] *adv* de/à nouveau.

Afric|a ['æfrikə] *n* Afrique *f* || **~an** [-ən] *adj/n* africain.

aft [ɑ:ft] *adv* NAUT. à/sur l'arrière.

after ['ɑ:ftə] *prep* après (later than) ; *the day ~ tomorrow,* après-demain ; *day ~ day,* de jour en jour || derrière (behind) ; *shut the door ~ you,* fermez la porte derrière vous || FIG. *be ~ sb.,* rechercher qqn ; *ask ~ sb.,* demander des nouvelles de qqn ; *what are you ~?,* où voulez-vous en venir ? ; ~ ***all,*** malgré tout || d'après, à la manière de (according to) ● *conj* après que ● *adv three days ~,* trois jours plus tard ; *the day ~,* le lendemain ● *adj in ~ years,* dans les années à venir || **~-effect** *n* répercussion *f* || MÉD. séquelles *fpl* || **~math** [-mæθ] *n* conséquences, suites, séquelles *fpl* || AGR. regain *m.*

afternoon [--'nu:n] *n* après-midi *m/f.*

after-sales service *n* service *m* après-vente.

after|-shave *n* (lotion *f*) après-rasage *m* || **~-taste** *n* arrière-goût *m* || **~-thought** *n* réflexion *f* après coup.

afterwards ['ɑ:ftəwədz] *adv* ensuite, après, par la suite.

again [ə'ge(i)n] *adv* de nouveau, encore ; *come ~,* revenir ; *once*

~, une fois de plus ; ***now and ~,*** de temps à autre ; *~ and ~*, maintes et maintes fois ; ***be oneself ~,*** être guéri || aussi ; *as much/many ~,* deux fois plus || *then ~,* de plus, en outre.

against [ə'ge(i)nst] *prep* contre, sur ; *~ the wall,* contre le mur || contre (contrast, opposition, impact) || en cas de (anticipation) || *over ~,* vis-à-vis de, en face de.

ag|e [eidʒ] *n* âge ; ***under ~,*** mineur ; *be over ~,* avoir dépassé la limite d'âge ; ***come of ~,*** atteindre sa majorité || ***old ~,*** vieillesse *f* ● *vt/vi* vieillir || **~ed** [-id] *adj* âgé ; *the ~,* les vieux || **~e-group** *n* tranche *f* d'âge || **~eless** *adj* éternellement jeune || **~e-long** *adj* séculaire.

agency ['eidʒnsi] *n* action *f* || entremise *f* ; *through sb.'s ~,* par l'intermédiaire de qqn || COMM. agence, succursale *f*.

agenda [ə'dʒendə] *n* programme *m*, emploi *m* du temps, ordre *m* du jour.

agent ['eidʒnt] *n* agent *m*; [artist's] impresario *m* || CH. agent *m* || [intelligence] *secret ~,* agent secret || COMM. représentant *n*, agent commercial, mandataire *m* || NAUT. *shipping-~,* agent *m* maritime.

age-old *adj* séculaire.

agglomerate [ə'glɔməreit] *vt* agglomérer.

aggrandize [ə'grændaiz] *vt* développer, accroître.

aggrava|te ['ægrəveit] *vt* aggraver || FAM. agacer, exaspérer || **~ting** [-tiŋ] *adj* exaspérant || **~tion** [,ægrə'veiʃn] *n* aggravation *f* || FAM. irritation *f*.

aggrega|te ['ægrigeit] *n* total *m*; masse *f*; *in the ~,* dans l'ensemble, en bloc ● *adj* global || **~tion** [,ægri'geiʃn] *n* assemblage *m*.

aggress|ion [ə'greʃn] *n* agression *f* || **~ive** [ə'gresiv] *adj* agressif, U.S. entreprenant || **~iveness** *n* agressivité *f* || **~or** [ə'gresə] *n* agresseur *m*.

aggrieved [ə'gri:vd] *adj* blessé.

aggro ['ægrəu] *n* SL. agressivité *f*.

aghast [ə'gɑ:st] *adj* épouvanté (fear) || sidéré (surprise).

agil|e ['ædʒail] *adj* agile || **~ity** [ə'dʒiliti] *n* agilité *f*.

agita|te ['ædʒiteit] *vt* agiter || FIG. discuter, débattre — *vi* soulever l'opinion (*against,* contre ; *for,* en faveur de) || **~tion** [,ædʒi'teiʃn] *n* agitation, émotion *f* || discussion *f*, débat *m* || POL. campagne *f* || **~tor** ['ædʒiteitə] *n* POL. agitateur *n*.

aglow [ə'gləu] *adj* rougeoyant.

agnail ['ægneil] *n* MÉD. envie *f*.

agnostic [æg'nɔstik] *adj/n* agnostique.

ago [ə'gəu] *adj* [= écoulé] ***two years ~,*** il y a deux ans ; *a little while ~,* tout à l'heure ● *adv* ***long ~,*** il y a longtemps ; *not long ~,* depuis peu ; *how long ~ is it since?,* combien de temps y a-t-il que ?

agog [ə'gɔg] *adj* en émoi || impatient, brûlant (*to,* de).

agon|ize ['ægənaiz] *vi* souffrir horriblement || **~izing** [-aiziŋ] *adj* atroce || **~y** *n* angoisse, détresse *f* || *death ~,* agonie *f* || [newspaper] *~column,* messages personnels.

agrarian [ə'grɛəriən] *adj* agraire.

agree [ə'gri:] *vi* consentir (*to,* à) || être d'accord (*with,* avec) || s'entendre (*about,* sur) ; s'engager (*to,* à) || convenir (*that,* que) ; *it is ~d,* c'est entendu || ***~ with,*** [climate] convenir à ; [food] réussir ; [ideas] concorder avec || GRAMM. s'accorder (*with,* avec) || **~d** [-d] *adj* d'accord ; *as ~,* comme convenu || **~d-on** *adj* convenu (date, place, time) || **~able** *adj* agréable ||

consentant (*to doing,* à faire) || **~ment** [ə'gri:mənt] *n* entente *f,* accord *m,* harmonie *f; be in ~,* être d'accord || JUR. convention *f,* contrat *m; come to an ~,* se mettre d'accord.

agricult|ural [,ægri'kʌltʃərl] *adj* agricole || **~ure** ['ægrikʌltʃə] *n* agriculture *f* || **~urist** [,ægri'kʌltʃərist] *n* agriculteur *n.*

agronom|ist [ə'grɔnəmist] *n* agronome *m* || **~y** *n* agronomie *f.*

aground [ə'graund] *adv* à sec; *run ~,* s'échouer.

ague ['eigju:] *n* fièvre paludéenne.

ahead [ə'hed] *adv* [place] en avant; ***go ~,*** aller de l'avant, progresser; *go ~ !,* allez-y!; *get ~,* prendre de l'avance (*of,* sur), devancer; ***straight ~,*** tout droit || [time] en avance; *arrive ~ of time,* arriver en avance; *be ~,* [clock] avancer; ***look ~,*** prévoir.

aid [eid] *vt* aider (*to,* à); secourir; *~ one another,* s'entraider ● *n* aide *f,* secours *m,* assistance *f* || aide, assistant *n* (helper).

ail [eil] *vi* souffrir || **~ing** [-iŋ] *adj* souffrant || **~ment** *n* indisposition *f,* malaise *m.*

aim [eim] *vt* lancer (an object); *~ a blow at,* porter un coup à || MIL. pointer (a weapon) [*at,* sur] — *vi ~ at,* viser || FIG. viser; tendre (*at,* à); s'efforcer (*at,* de) ● *n* visée, cible *f* (target); *take ~ at,* mettre (qqn, qqch.) en joue || FIG. but, dessein *m* || **~less** *adj* sans but || **~lessly** *adv* au hasard, à l'aventure.

ain't [eint] VULG. = *am/is/are not.*

air [ɛə] *n* air *m; take the ~,* prendre l'air || brise *f* (light wind) || RAD. ***on the ~,*** diffusé, sur les ondes; *be on the ~,* passer à l'antenne || MUS. air *m* (tune) || FIG. air, aspect *m* ; *put on ~s,* se donner des airs || ***in the ~,*** dans l'air (ideas) ● *vt* aérer (a room) || sécher (linen); ***~ing cupboard,*** armoire *f* sèche-linge || FIG. donner libre cours à (one's feelings); afficher (one's opinion) || **~-base** *n* base aérienne || **~-bed** *n* matelas *m* pneumatique || **~borne** *adj* aéroporté || **~brake** *n* frein *m* à air comprimé || **~-conditioned** *adj* climatisé || **~-conditioner** *n* climatiseur *m* || **~-cooled** [-d] *adj* à refroidissement par air || **~craft** *n* avion *m; ~ **carrier,*** porte-avions *m* || **~drome** [-drəum] *n* aérodrome *m* || **~field** [-fi:ld] *n* terrain *m* d'aviation || **~ force** *n* armée *f* de l'air || **~-gun** *n* carabine *f* à air comprimé || **~-hostess** *n* hôtesse *f* de l'air || **~ing** *n* promenade *f;* tour *m* || **~-lift** *n* pont aérien || **~line** *n* compagnie *f* d'aviation || **~liner** *n* avion *m* long-courrier || **~mail** *n* poste aérienne; *by ~,* par avion || **~-man** [-mən] *n* aviateur *m* || **~-mattress** *n* See AIR-BED || **~ piracy** *n* piraterie aérienne || **~ pirate** *n* pirate *n* de l'air || **~plane** *n* U.S. avion *m* || **~-pocket** *n* trou *m* d'air || **~port** *n* aéroport *m* || **~ raid** *n* attaque aérienne || *~-raid precautions,* défense passive; *~-raid shelter,* abri anti-aérien || **~ship** *n* dirigeable *m* || **~-sickness** *n* mal *m* de l'air || **~stop** *n* héliport *m* || **~-terminal** *n* aérogare *f* || **~tight** *adj* hermétique || **~ traffic controller** *n* contrôleur *m* de la navigation aérienne; aiguilleur *m* du ciel (fam.) || **~-vent** *n* bouche *f* d'aération || **~way** *n* route aérienne || **~woman** *n* aviatrice *f.*

airy ['ɛəri] *adj* aéré; ventilé (breezy) || FIG. léger (flippant); vif (sprightly); en l'air (superficial).

aisle [ail] *n* U.S., RAIL., AV. couloir central || TH. allée *f* || ARCH. bas-côté *m.*

ajar [ə'dʒɑ:] *adj* entrouvert, entrebâillé (door).

akimbo [ə'kimbəu] *adv with arms ~,* les poings sur les hanches.

akin [əˈkin] *adj* apparenté (*to,* à) || FIG. proche (*to,* de).

alacrity [əˈlækriti] *n* alacrité *f.*

alarm [əˈlɑːm] *n* alarme, alerte *f; give the* ~, donner l'alerte || FIG. craintes *fpl* ● *vt* alarmer, effrayer || **~-bell** *n* tocsin *m* || **~-clock** *n* réveil, réveille-matin *m* || **~ing** *adj* alarmant || **~-signal** *n* signal *m* d'alarme.

alas! [əˈlæs] *interj* hélas!

albatross [ˈælbətrɔs] *n* albatros *m.*

albeit [ɔːlˈbiːit] *conj* quoique.

album [ˈælbəm] *n* album *m.*

alchemy [ˈælkimi] *n* alchimie *f.*

alcohol [ˈælkəhɔl] *n* alcool *m* || **~ic** [ˌælkəˈhɔlik] *adj* alcoolique; alcoolisé ● *n* alcoolique *n* || **~ism** [ˈælkəhɔlizm] *n* alcoolisme *m.*

alderman [ˈɔːldəmən] *n* conseiller municipal.

ale [eil] *n* bière *f* || **~-house** *n* brasserie *f.*

alert [əˈləːt] *adj* éveillé (watchful); alerte (nimble); *on the* ~, en alerte, *f* sur le qui-vive ● *vt* MIL. donner l'alerte *f.*

algebra [ˈældʒibrə] *n* algèbre *f.*

Alger|ia [ælˈdʒiəriə] *n* Algérie *f* || **~ian** [-iən] *adj/n* algérien.

Algiers [ælˈdʒiəz] *n* Alger *m.*

alias [ˈeiliæs] *adv* alias ● *n* nom *m* d'emprunt.

alibi [ˈælibai] *n* alibi *m.*

alien [ˈeiljən] *adj* étranger (*from,* à); hostile (*to,* à) ● *n* étranger *n* || **~ate** [-eit] *vt* aliéner, détacher (*from,* de).

alight I [əˈlait] *vi* mettre pied à terre, descendre (from a horse, bus) || AV. amerrir (on the sea); atterrir (on land) || FIG. ~ *on,* tomber sur (by chance).

alight II *adj* allumé (kindled); éclairé (lighted up).

align [əˈlain] *vt* aligner || **~ment** *n* alignement *m.*

alike [-əˈlaik] *adj* pareil, semblable; *they are all* ~, ils se ressemblent tous ● *adv* de la même manière.

alimony [ˈæliməni] *n* pension *f* alimentaire.

alive [əˈlaiv] *adj* vivant, en vie, plein de vie; *look* ~*!,* dépêchez-vous!; ~ ***to,*** sensible à; conscient de; ~ ***with,*** grouillant de.

all [ɔːl] *adj* tout, toute; *Pl* tous, toutes; ~ *England,* toute l'Angleterre; ~ *(the) men,* tous les hommes; ~ *day long,* toute la journée || ***All Saints' Day,*** Toussaint *f* || ***~-mains,*** RAD. tous courants ● *pron* tout le monde, tous; ~ ***that,*** tout ce qui/que; ~ *of us,* nous tous; ~ *together,* tous ensemble || ***above*** ~, surtout; *after* ~, après tout, somme toute; *at* ~, tant soit peu || ***not at*** ~, pas du tout || ~ ***in all,*** tout bien considéré || ***for*** ~, malgré || *once for* ~, une fois pour toutes; *that's* ~, c'est tout; *first of* ~, tout d'abord || FAM. *not* ~ *that,* pas tellement ● *adv* tout, entièrement; ~ *alone,* tout seul; *five* ~, cinq à cinq (score); ~ ***at once,*** tout d'un coup || ***be*** ~ ***for,*** ne pas demander mieux que || MIL. ~ ***clear*** [*n*], fin *f* d'alerte || ~ ***in,*** FAM. éreinté || ~ ***one,*** tout un; *it is* ~ *one to me,* cela m'est égal || FAM. ~ ***out,*** de toutes ses forces || ~ ***over,*** entièrement, achevé, fini || ~ ***right,*** [answer] ça va, bon, très bien; [*adj*] en bonne santé || ~ ***the same,*** malgré tout || FAM. *he is not quite* ~ *there,* il n'a pas toute sa tête ● *n* tout *m; stake one's* ~, jouer son va-tout.

allay [əˈlei] *vt* apaiser, diminuer || MÉD. soulager.

allegation [ˌæleˈgeiʃn] *n* allégation *f.*

allege [əˈledʒ] *vt* alléguer, prétendre.

allegedly [ə'ledʒədli] *adv* paraît-il, à ce qu'on prétend.

allegiance [ə'li:dʒns] *n* fidélité, obéissance, soumission *f*.

allegory ['æligəri] *n* allégorie *f*.

allerg|ic [ə'lə:dʒik] *adj* MÉD. allergique ‖ FAM. *be ~ to,* ne pas pouvoir supporter ‖ **~y** ['ælədʒi] *n* allergie *f*.

alleviate [ə'li:vieit] *vt* soulager, alléger.

alley ['æli] *n* ruelle *f*; ***blind ~,*** impasse *f* ‖ [garden] allée *f*.

All Hallows ['ɔ:l'hæləuz] *n* = ALL SAINTS' DAY.

alliance [ə'laiəns] *n* alliance *f* ‖ POL. apparentement *m*.

alloca|te ['æləkeit] *vt* allouer, attribuer ‖ **~tion** [,ælə'keiʃn] *n* allocation, attribution *f*.

all-in ['ɔ:lin] *adj* global, tout compris (price); tous risques (insurance policy) ‖ SP. *~ wrestling,* lutte *f* libre.

all-night *adj* de nuit.

allot [ə'lɔt] *vt* attribuer, affecter (*to,* à) ‖ répartir, distribuer ‖ **~ment** *n* répartition, attribution, part *f*.

allow [ə'lau] *vt* permettre, autoriser ‖ admettre, accepter — *vi* ~ ***for,*** tenir compte de; envisager, prévoir ‖ ~ ***of,*** souffrir, tolérer, admettre ‖ **~able** *adj* admissible ‖ **~ance** *n* permission *f* ‖ allocation *f*; *family ~s,* allocations familiales ‖ JUR. pension *f* ‖ COMM. remise, réduction *f* ‖ JUR. indemnité *f* ‖ TECHN. tolérance *f* ‖ ***make ~ for,*** faire la part de, tenir compte de; *due ~ being made,* toutes proportions gardées.

alloy ['ælɔi] *n* alliage *m* ● *vt* faire un alliage.

All|Saints' Day ['ɔ:l'seintsdei] *n* la Toussaint ‖ ~ **Souls Day** ['-'səulzdei] *n* le jour des Morts.

allude [ə'l(j)u:d] *vi* faire allusion (*to,* à).

allur|e [ə'ljuə] *vt* attirer, séduire ‖ **~ement** *n* attrait *m*, séduction *f* ‖ **~ing** [-riŋ] *adj* séduisant; provocant (woman).

allus|ion [ə'lu:ʒn] *n* allusion *f* ‖ **~ive** [ə'lu:siv] *adj* allusif.

ally ['ælai] *m* allié *n* ● [ə'lai] *vi/vt ~ (oneself),* s'allier (*with/to,* à); *the allied,* les alliés.

almanac ['ɔ:lmənæk] *n* almanach *m*.

almighty [ɔ:l'maiti] *adj* tout-puissant ● *m the Almighty,* le Tout-Puissant.

almond ['ɑ:mənd] *n* amande *f*.

almost ['ɔ:lməust] *adv* presque; *he ~ fell,* il a failli tomber.

alms [ɑ:mz] *n* aumône *f*; *give ~,* faire l'aumône.

aloft [ə'lɔft] *adv* NAUT. en haut (dans la mâture).

alone [ə'ləun] *adj* seul; *all ~,* tout seul; ***leave/let sb. ~,*** laisser qqn tranquille; ***let ~,*** sans parler de ‖ *~ well alone,* le mieux est l'ennemi du bien.

along [ə'lɔŋ] *adv* en avant; *move ~!* avancez!; ***come ~!,*** venez donc! ‖ *~ with,* avec ‖ ***all ~,*** [time] du début à la fin; [space] d'un bout à l'autre ● *prep* le long de ‖ **~side** *adv* NAUT. bord à bord; à quai; *come ~,* accoster ● *prep* le long de, au bord de.

aloof [ə'lu:f] *adj* distant ● *adv* à l'écart (*from,* de); *keep ~,* faire bande à part ‖ **~ness** *n* réserve, froideur *f*; attitude distante.

aloud [ə'laud] *adv* à haute voix, (tout) haut.

alpbabet ['ælfəbit] *n* alphabet *m*; **~ical** [,ælfə'betikl] *adj* alphabétique.

already [ɔ:l'redi] *adv* déjà.

also ['ɔ:lsəu] *adv* aussi, également; ***not only... but ~,*** non seulement..., mais encore.

altar ['ɔ:ltə] *n* REL. autel *m*; *~-boy*, enfant *m* de chœur.

alter ['ɔ:ltə] *vt* changer, modifier, retoucher (a garment) — *vt* changer || **~ation** [,ɔ:ltə'reiʃn] *n* modification *f*, changement *m*, retouche *f* (*to*, à), transformations *fpl* (of a building).

altercation [,ɔ:ltə:'keiʃn] *n* altercation *f*.

altern|ate ['ɔ:ltəneit] *vi* alterner, se succéder || **~ately** [ɔ:l'tə:nitli] *adv* alternativement || **~ating** ['----] *adj* ÉLECTR. alternatif || **~ation** [,ɔ:ltə'neiʃn] *n* alternance *f* || **~ative** [ɔ:l'tə:nətiv] *adj* autre || de rechange (solution) ● *n* alternative *f*, choix *m* (choice) || solution *f* de rechange (course of action).

alternator ['ɔ:ltəneitə] *n* alternateur *m*.

although [ɔ:l'ðəu] *conj* bien que, quoique.

alti|meter ['æltimi:tə] *n* altimètre *m* || **~tude** [-tju:d] *n* altitude *f*.

altogether [,ɔ:ltə'geðə] *adv* tout à fait, complètement (wholly); en tout (all included); au total.

altruism ['æltruizm] *n* altruisme *m*.

aluminium [,ælju'minjəm] *n* aluminium *m*.

alumnus, -ni [ə'lʌmnəs, -nai] *n* U.S. ancien élève.

always ['ɔ:lweiz] *adv* toujours, tout le temps.

am [æm] See BE.

AM [,ei'em] *abbrev* (= AMPLITUDE MODULATION) RAD. modulation *f* d'amplitude.

amalgamate [ə'mælgəmeit] *vt/vi* (s')amalgamer || JUR. (*vt*) absorber; *(vi)* fusionner.

amass [ə'mæs] *vt* amasser.

amateur ['amətə:] *n* amateur *m* || **~ish** [,æmə'tə:riʃ] *adj* d'amateur.

amaz|e [ə'meiz] *vt* stupéfier, surprendre || **~ement** *n* stupeur *f*, étonnement *m* || **~ing** *adj* stupéfiant, étonnant.

ambassador [æm'bæsədə] *n* ambassadeur *m*.

amber ['æmbə] *n* [traffic] *~ (light)*, feu *m* orange.

ambient ['æmbiənt] *adj* ambiant.

ambigu|ity [,æmbi'gjuiti] *n* ambiguïté *f* || **~ous** [æm'bigjuəs] *adj* ambigu.

ambit|ion [æm'biʃn] *n* ambition *f* || **~ious** [-əs] *adj* ambitieux.

amble ['æmbl] *vi* aller l'amble.

ambulance ['æmbjuləns] *n* ambulance *f*.

ambush ['æmbuʃ] *n* embuscade *f*; *lie in ~*, s'embusquer, se tenir en embuscade; *fall into an ~*, tomber dans une embuscade ● *vt* surprendre dans une embuscade — *vi* s'embusquer.

ameliora|te [ə'mi:ljəreit] *vt/vi* (s')améliorer || **~tion** [ə,mi:ljə'reiʃn] *n* amélioration *f*.

amen [ɑ:'men] *interj* ainsi soit-il!, amen!

amenable [ə'mi:nəbl] *adj* docile, soumis || JUR. relevant (*to*, de).

amend [ə'mend] *vt* amender, corriger — *vi* s'amender.

amendment *n* amendement *m*.

amends [-z] *npl* réparation *f*, dédommagement *m*; *make ~ (to sb) for sth*, dédommager (qqn) de qqch.

amenity [ə'mi:niti] *n* aménité *f*; agrément, charme *m* (of a place) || *Pl* commodités *fpl*, confort *m*; aménagements (socio-culturels).

Americ|a [ə'merikə] *n* Amérique *f* || **~an** *adj/n* américain || **~anism** [-ənizm] *n* américanisme *m*.

amiabl|e ['eimjəbl] *adj* aimable, affable || **~y** *adv* aimablement.

amicabl|e ['æmikəbl] *adj* amical || **~y** *adv* amicalement.

amid [ə'mid], **amidst** [ə'midst] *prep* parmi.

amiss [ə'mis] *adv* ***take (sth.) ~,*** mal prendre (qqch.).

amity ['æmiti] *n* relations amicales.

ammeter ['æmitə] *n* ampèremètre *m*.

ammon|ia [ə'məunjə] *n* CH. ammoniaque *f* || **~iac** [-iæk] *adj* ammoniac *m*.

ammunition [,æmju'niʃn] *n* munitions *fpl*.

amnesia [æm'ni:zjə] *n* amnésie *f*.

amnesty ['æmnisti] *n* amnistie *f*.

amok [ə'mɔk] *adv* = AMUCK.

among(st) [ə'mʌŋ(kst)] *prep* parmi, au milieu de, entre, chez.

amoral [æ'mɔrəl] *adj* amoral.

amorous ['æmərəs] *adj* concupiscent, amoureux ; érotique.

amort|ization [ə,mɔ:ti'zeiʃn] *n* amortissement *m* || **~ize** [ə'mɔ:taiz] *vt* FIN. amortir.

amount [ə'maunt] *n* montant, total *m ; to the ~ of,* jusqu'à concurrence de ● *vi* s'élever, se monter (*to,* à) || FIG. *~ to the same thing,* revenir au même.

amphibian [æm'fibiən] *adj/n* amphibie *(m)*.

amphitheatre ['æmfi,θiətə] *n* amphithéâtre *m*.

ampl|e ['æmpl] *adj* suffisant (sufficient), ample, spacieux (roomy). || **~ifier** [-ifaiə] *n* TECHN. amplificateur ; ampli *m* (fam.) || **~ify** [-ifai] *vt* amplifier || **~itude** [-itju:d] *n* amplitude *f* || **~y** *adv* amplement.

amput|ate ['æmpjuteit] *vt* amputer || **~ation** [,æmpju'teiʃn] *n* amputation *f* || **~ee** [æmpju'ti:] *n* amputé *n*.

amuck [ə'mʌk] *adv* ***run ~,*** courir pris d'une folie furieuse.

amuse [ə'mju:z] *vt* amuser ; *~ oneself,* s'amuser.

amusement *n* amusement *m* || distraction *f* || *Pl* attractions *fpl*.

amusing *adj* amusant, drôle.

an [æn] See A.

anachronism [ə'nækrənizm] *n* anachronisme *m*.

anaem|ia [ə'ni:mjə] *n* anémie *f* || **~ic** [-ik] *adj* anémique.

anaesth|esia [,ænis'θi:zjə] *n* anesthésie *f* || **~etic** [-'etik] *adj/n* anesthésique *(m)* || **~etist** [æ'ni:sθitist] *n* anesthésiste *n* || **~etize** [æ'ni:sθitaiz] *vt* anesthésier.

analgesic [,ænæl'dʒesik] *adj/n* analgésique *(m)*.

anal|ogous [ə'næləgəs] *adj* analogue || **~ogue** ['ænəlɔg] *n* analogue *m* || ***~ computer,*** calculateur *m* analogique || **~ogy** [ə'nælədʒi] *n* analogie *f*.

anal|yse ['ænəlaiz] *vt* analyser || **~ysis, -yses** [ə'næləsis, -si:z] *n* analyse *f* || **~yst** ['ænəlist] *n* U.S. psychanalyste *n*.

anarch|ism ['ænəkizm] *n* anarchisme *m* || **~ist** *adj/n* anarchiste || **~y** *n* anarchie *f*.

anat|omical [,ænə'tɔmikl] *adj* anatomique || **~omy** [ə'nætəmi] *n* anatomie *f*.

anc|estor ['ænsistə] *n* ancêtre *m* || **~estral** [æn'sestrl] *adj* ancestral || **~estry** ['ænsistri] *n* ancêtres, aïeux *mpl ;* lignée *f* (lineage).

anchor ['æŋkə] *n* NAUT. ancre *f ; at ~,* à l'ancre ; *cast ~,* jeter l'ancre, mouiller ; *lie at ~,* être à l'ancre, mouiller ; *weigh ~,* lever l'ancre ● *vt* mouiller, jeter l'ancre || **~age** [-ridʒ] *n* ancrage, mouillage *m*.

anchor-man *n* RAD. meneur *m* de débats, animateur *m*.

anchovy ['æntʃəvi] *n* anchois *m*.

ancient ['einʃnt] *adj* antique; ancien (world) ● *npl* anciens *mpl.*

and [ænd; ənd] *conj* et, en; *better* ~ *better,* de mieux en mieux || [omited in French] *go* ~ *see,* aller voir || au; *coffee* ~ *milk,* café au lait.

Andorr|a [æn'dɔrə] *n* Andorre *f* || **~an** *adj/n* andorran.

anecdote ['ænikdəut] *n* anecdote *f.*

anew [ə'nju:] *adv* de/à nouveau, à neuf.

angel ['eindʒl] *n* ange *m* || **~ic** [æn'dʒelik] *adj* angélique || **~us** ['ændʒiləs] *n* angélus *m.*

anger ['æŋgə] *n* colère *f* ● *vt* mettre en colère, courroucer.

angle I ['æŋgl] *n* angle *m; right* ~, angle droit || FIG. angle *m;* aspect *m* ● *vt* FAM., U.S. présenter sous un certain jour (news).

angl|e II *vi* pêcher à la ligne || **~er** *n* pêcheur *n* à la ligne || **~ing** *n* pêche *f* à la ligne.

Angl|ican ['æŋglikən] *adj/n* anglican || **~icism** [-isizm] *n* anglicisme *m* || **~icize** [-isaiz] *vt* angliciser.

angr|ily ['æŋgrili] *adv* avec colère || **~y** *adj* fâché, irrité, furieux (*with,* contre); *get* ~, se fâcher || MÉD. enflammé.

anguish ['æŋgwiʃ] *n* angoisse *f* || **~ed** [-t] *adj* angoissé.

angular ['æŋgjulə] *adj* angulaire || FIG., FAM. anguleux.

animal ['æniml] *n/adj* animal *(m).*

anim|ate ['ænimit] *adj* animé ● ['ænimeit] *vt* animer, stimuler (courage) || **~ated** [-eitid] *adj* animé; ~ ***cartoon,*** dessin animé || **~ation** [,æni'meiʃn] *n* animation *f.*

animosity [,æni'mɔsiti] *n* animosité *f.*

ani|se ['ænis] *n* BOT. anis *m* || **~seed** ['ænisi:d] *n* graine *f* d'anis.

ankle ['æŋkl] *n* cheville *f; ~-boot,* bottine *f* || *~-socks,* Socquettes *fpl.*

annals ['ænlz] *npl* annales *fpl.*

annex [ə'neks] *vt* annexer, joindre (a document) ● ['æneks] *n* annexe *f* || **~ation** [,ænek'seiʃn] *n* annexion *f* || **~ed** [ə'nekst] *adj* ci-joint (letter, etc.).

annihil|ate [ə'naiəleit] *vt* annihiler || MIL. exterminer, anéantir || **~ation** [ə,naiə'leiʃn] *n* anéantissement *m.*

anniversary [,æni'və:sri] *n/adj* anniversaire *(m).*

annotate ['ænəteit] *vt* annoter.

announc|e [ə'nauns] *vt* annoncer; ~ *sth. to sb.,* faire part de qqch. à qqn || publier || **~ement** *n* annonce *f* || **~er** *n* RAD. speaker *n.*

annoy [ə'nɔi] *vt* contrarier; importuner; fâcher, vexer || **~ance** *n* contrariété *f,* désagrément, ennui *m* (bother) || **~ing** *adj* agaçant, contrariant (disturbing); navrant (distressing); vexant (vexing); ennuyeux (bothersome).

annual ['ænjuəl] *adj* annuel ● *n* [publication] annuaire *m.*

annuity [ə'njuiti] *n* annuité *f; life* ~, rente viagère.

annul [ə'nʌl] *vt* résilier, annuler (a contract); abroger (a law).

annunciation [ə,nʌnsi'eiʃn] *n* annonciation *f.*

anode ['ænəud] *n* anode *f.*

anodyne ['ænədain] *n* analgésique, calmant *m.*

anoint [ə'nɔint] *vt* oindre.

anomalous [ə'nɔmələs] *adj* anormal.

anonymous [ə'nɔniməs] *adj* anonyme.

anorak ['ænəræk] *n* anorak *m.*

another [ə'nʌðə] *adj/pron* un autre ; nouveau, encore un || ***one ~,*** les uns les autres, réciproquement.

answer ['ɑ:nsə] *n* réponse *f ; in ~ to,* en réponse à || MATH. solution *f* ● *vt* répondre ; *~ sb.,* répondre à qqn ; *~ a question,* répondre à une question ; *~ the telephone,* répondre au téléphone ; *~ the door/bell,* aller ouvrir || ***~ back,*** répliquer || FIG. ***~ for sth./sb.,*** répondre de qqch./qqn || **~able** [-rəbl] *adj* FIG. responsable (responsible).

answering machine *n* répondeur *m* automatique.

ant [ænt] *n* fourmi *f ; white ~,* termite *m* || **~-hill** *n* fourmilière *f.*

antagon|ism [æn'tægənizm] *n* antagonisme *m* || **~ize** *vt* s'opposer, contrarier || éveiller l'hostilité, indisposer.

Antarctic [ænt'ɑ:ktik] *adj/n* Antarctique *(m).*

ante|cedent [,ænti'sidnt] *adj/n* antécédent *(m)* || **~chamber** ['ænti,tʃeimbə] *n* antichambre *f* || **~date** ['ænti'deit] *vt* antidater.

antelope ['æntiləup] *n* antilope *f.*

antenatal ['ænti'neitl] *adj* prénatal.

antenna [æn'tenə] *n (Pl* **-næ** [-i:]) ZOOL. antenne *f* || *(Pl* **~s**) U.S. RAD. antenne *f.*

anteroom ['æntirum] *n* antichambre *f.*

anthem ['ænθəm] *n* hymne *m* || REL. antienne *f.*

anthology [æn'θɔlədʒi] *n* anthologie *f.*

anthracite ['ænθrəsait] *n* anthracite *m.*

anthropology [,ænθrə'pɔlədʒi] *n* anthropologie *f.*

anti|aircraft [,ænti'ɛəkrɑ:ft] *adj* antiaérien || **~-atomic** [-ə'tɔmik] *adj* antiatomique || **~biotic** [-bai'ɔtik] *n* antibiotique *m* || **~body** ['ænti,bɔdi] *n* anticorps *m.*

anticipa|te [æn'tisipeit] *vt* devancer, prévenir (desires) || prévoir (foresee) ; *as ~d,* comme prévu || se promettre, savourer à l'avance (a pleasure) || **~tion** [æn,tisi'peiʃn] *n* anticipation, prévision *f.*

anticlimax ['ænti'klaimæks] *n* LITT. anticlimax *m*, chute *f* (contrast).

anticlockwise [,ænti'klɔkwaiz] *adv* dans le sens contraire des aiguilles d'une montre.

antics ['æntiks] *npl* bouffonneries, cabrioles, gambades *fpl.*

anti|dote ['æntidəut] *n* antidote *m* || **~-freeze** *n* AUT. antigel *m* || **~-icer** [-aisə] *n* antigivre *m* || **~pathetic** [,æntipə'θetik] *adj* antipathique || qui éprouve de l'aversion *(to,* pour) || **~pathy** [æn'tipəθi] *n* antipathie *f* || **~podes** [æn'tipədi:z] *npl* antipodes *mpl ; at the ~,* aux antipodes.

antiqu|ary ['æntikwəri] *n* amateur *m* d'antiquités || **~ated** [-eitid] *adj* vétuste (building) ; démodé (dress) ; vieillot (idea) ; désuet, vieux jeu (person).

antiqu|e [æn'ti:k] *adj* ancien, antique (ancient Greece and Rome) ● *n* meuble/bijou ancien || *~ dealer,* antiquaire *n* || **~ity** [æn'tikwiti] *n* monde *m* antique, antiquité *f.*

anti|septic [,ænti'septik] *adj/n* antiseptique *(m)* || **~-tank** *adj* antichar || **~-theft** *adj* AUT. *~ device,* antivol *m* || **~thesis** [æn'tiθisis] *n* antithèse *f* || **~thetical** [,ænti'θetikl] *adj* antithétique.

antler ['æntlə] *n* andouiller *m.*

anvil ['ænvil] *n* enclume *f.*

anx|iety [æŋ'zaiəti] *n* anxiété, inquiétude *f ;* vif désir.

anxious ['æŋʃəs] *adj* anxieux || impatient ; *be ~ to,* tenir beaucoup à || inquiet (*about/for,* de) || **~ly** *adv* anxieusement, avec inquiétude || avec impatience.

any ['eni] *adj* n'importe quel, tout; *come ~ day,* venez n'importe quel jour; *in ~ case,* en tout cas || [interr. or neg. sentences] quelque(s); du, de la, des; *have you (got) ~ bread/pears?,* avez-vous du pain/des poires?; *we haven't (got) ~ wine,* nous n'avons pas de vin ● *pron* n'importe lequel; quiconque; en; *I haven't ~,* je n'en ai pas ● *adv* [neg. or interr. sentences] un peu; *is your father ~ better?,* votre père va-t-il un peu mieux?; *he isn't ~ better,* il ne va pas mieux du tout || **~body** ['eni,bɔdi] *pron* n'importe qui; quelqu'un; *has ~ called?,* quelqu'un est-il venu? || **~how** *adv* n'importe comment, tant bien que mal || en tout cas || **~one** *pron* See ANYBODY || **~thing** [-θiŋ] *pron* n'importe quoi; tout; *~ but,* rien moins que || **~way** [-wei] *adv* See ANYHOW || U.S. en fait, en fin de compte || **~where** [-wɛə] *adv* n'importe où; quelque part || FIG. *he'll never get ~,* il n'arrivera jamais à rien.

apart [ə'pɑːt] *adv* de côté, à l'écart, séparément; *come ~,* se défaire, se détacher || en pièces; ***take ~,*** démonter || à distance; *10 miles ~,* à 10 miles l'un de l'autre || *~* ***from,*** à part (*you,* etc., vous, etc.).

apartment [ə'pɑːtmənt] *n* pièce *f* (d'apparat) || *Pl furnished ~s,* meublé *m,* U.S. appartement *m.*

apathy ['æpəθi] *n* apathie *f.*

ape [eip] *n* grand singe ● *vt* singer.

aperture ['æpətjuə] *n* PHOT. ouverture *f.*

apex ['eipeks] *n* sommet *m.*

aphorism ['æfərizm] *n* aphorisme *m.*

apiar|ist ['eipjərist] *n* apiculteur *n* || **~y** *n* rucher *m.*

apiculture ['eipi,kʌltʃə] *n* apiculture *f.*

apiece [ə'piːs] *adv* la pièce, chacun; *a dollar ~,* un dollar pièce.

apolog|etic [ə,pɔlə'dʒetik] *adj* d'excuse || **~ize** [ə'pɔlədʒaiz] *vi* s'excuser (*to,* auprès de; *for,* de).

apology [ə'pɔlədʒi] *n* excuse *f* (*for,* de); *make ~,* faire amende *f* honorable.

apostle [ə'pɔsl] *n* apôtre *m* || **~ship** *n* apostolat *m.*

apostrophe [ə'pɔstrəf] *n* apostrophe *f.*

appal [ə'pɔːl] *vt* terrifier; atterrer || **~ling** *adj* terrifiant.

apparatus, es [,æpə'reitəs, -iz] *n* appareil *m.*

apparel [ə'pærl] *n* vêtements *mpl.*

apparent [ə'pærnt] *adj* apparent; évident (obvious) || **~ly** *adv* visiblement, apparemment, en apparence.

apparition [,æpə'riʃn] *n* apparition *f* (act, ghost).

appeal [ə'piːl] *vi* avoir recours (*to,* à) || JUR. faire appel (*to,* à) || FIG. allécher, séduire, attirer; *if it ~s to you,* si cela vous tente ● *n* appel *m* || supplication *f* || attrait, charme *m* || JUR. appel, pourvoi *m; court of ~,* cour *f* d'appel; *without ~,* sans appel.

appear [ə'piə] *vi* apparaître (become visible) || paraître, sembler (seem); *so it ~s,* à ce qu'il paraît || paraître (book) || TH. figurer, se produire (*in,* dans) || JUR. comparaître; *fail to ~,* faire défaut || FIG. *~ as,* faire figure de || **~ance** [-rns] *n* [active] apparition *f;* ***put in an ~,*** se montrer, faire acte de présence || publication *f* (book) || TH. *first ~,* débuts *mpl* || JUR. comparution *f* || [passive] apparence *f* (sight) || ***by/to all ~s,*** selon toute apparence; ***keep up ~s,*** sauver les apparences.

appease [ə'pi:z] *vt* apaiser, calmer || **~ment** *n* apaisement *m*; conciliation *f*.

appendage [ə'pendidʒ] *n* accessoire *m*.

appendicitis [əˌpendi'saitis] *n* appendicite *f*.

appendix, -ices [ə'pendiks, -isi:z] *n* appendice *m*.

appertain [ˌæpə'tein] *vi* appartenir, être attaché (*to*, à).

appet|ite ['æpitait] *n* appétit *m*; *eat with an* ~, manger à belles dents; *lack of* ~, manque *m* d'appétit || FIG. désir *m* || **~izer** [-aizə] *n* apéritif *m* || **~izing** [-aiziŋ] *adj* appétissant.

appl|aud [ə'plɔ:d] *vt/vi* applaudir || FIG. applaudir à, louer || **~ause** [-ɔ:z] *n* applaudissements *mpl*.

apple ['æpl] *n* pomme *f*; *eating* ~, pomme à couteau || **~-brandy** *n* [Normandy] calvados *m* || **~ cart** *n* voiture *f* des quatre saisons || **~-fritter** *n* beignet *m* aux pommes || **~-pie** *n* tourte *f* aux pommes || **~-sauce** *n* compote *f* de pommes || **~-tree** *n* pommier *m* || **~-turn-over** *n* chausson *m* aux pommes.

appliance [ə'plaiəns] *n* appareil, dispositif *m* || accessoire *m*; *domestic electrical* ~, appareil *m* électro-ménager.

applic|able ['æplikəbl] *adj* applicable, approprié (*to*, à) || **~ant** *n* postulant, candidat *n* || JUR. requérant *n* || **~ation** [ˌæpli'keiʃn] *n* demande, candidature *f*; *on* ~, sur demande; ***make an*** ~, faire une demande; ~ ***form***, formulaire *m* || application *f* (*to*, sur) || application *f* (of a rule) || attention, application *f* (concentration).

apply [ə'plai] *vi* s'adresser (*to*, à); ~ *for a job*, faire une demande d'emploi || poser sa candidature (*for*, à) || [rule] s'appliquer — *vt* appliquer (paint) || mettre en pratique, appliquer (a theory).

appoint [ə'pɔint] *vt* désigner, nommer (*to*, à) || fixer, décider (a date); *at the* ~*ed time*, à l'heure dite || aménager, équiper; *well* ~*ed*, bien installé || **~ment** *n* rendez-vous *m*; *by* ~, sur rendez-vous; ***make an*** ~ ***with***, fixer un rendez-vous à || emploi, poste *m* || *Pl* installation *f*; nomination *f* || AUT. équipement *m*.

apportion [ə'pɔ:ʃn] *vt* répartir.

appraisal [ə'preizl] *n* estimation, évaluation *f* || expertise *f*.

apprais|e [ə'preiz] *vt* évaluer, estimer || **~er** *n* expert *m*.

apprec|iable [ə'pri:ʃəbl] *adj* appréciable || **~iate** [-ʃieit] *vt* évaluer, estimer (estimate) || apprécier, faire cas de (esteem) || U.S. être reconnaissant de — *vi* FIN. monter, prendre de la valeur || **~iation** [əˌpri:ʃi'eiʃn] *n* appréciation *f* || reconnaissance *f* || FIN. hausse, augmentation *f* || **~iative** [ə'pri:ʃjətiv] *adj* qui sait apprécier || U.S. reconnaissant.

apprehen|d [ˌæpri'hend] *vt* appréhender, craindre (dread) || saisir, comprendre (understand) || appréhender (arrest) || **~sion** [-ʃn] *n* crainte *f* (dread) || compréhension *f* (understanding) || arrestation *f* (arrest) || **~sive** [-siv] *adj* anxieux, craintif.

apprentice [ə'prentis] *n* apprenti *m* || FAM. débutant *n* ● *vt* mettre en apprentissage (*to*, chez) || **~ship** *n* apprentissage *m*.

appro ['æprəu] *n* FAM. *on* ~ = ON APPROVAL.

approach [ə'prəutʃ] *vi/vt* (s') approcher (de); ~ *a subject*, aborder une question ● *n* approche *f* (action) || voie *f* d'accès || FIG. approche *f*, façon *f* d'aborder, manière *f* de voir.

approbation [ˌæprə'beiʃn] *n* approbation *f*.

appropri|ate [ə'prəuprieit] *adj* approprié; opportun; adéquat ● *vt* affecter, attribuer (*to,* à) || s'approprier || **~ation** [əˌprəupri'eiʃn] *n* appropriation *f.*

approval [ə'pru:vl] *n* approbation *f* || COMM. *buy on ~,* acheter à l'essai/sous condition.

approve [ə'pru:v] *vt* approuver, agréer.

approximate [ə'prɔksmit] *adj* avoisinant, proche || ressemblant || approximatif ● [ə'prɔksimeit] *vt* FIG. rapprocher — *vi* se rapprocher (*to,* de) || **~ly** [ə'prɔksmitli] *adv* à peu près, approximativement.

apricot ['eiprikɔt] *n* abricot *m.*

April ['eiprl] *n* avril *m* || **~-fool** *n make an ~ of,* faire un poisson d'avril à ; *~ day,* premier avril.

apron ['eiprn] *n* tablier *m.*

apt [æpt] *adj* juste, approprié (remark) || porté, enclin (*to,* à); susceptible (*to,* de) || doué (*at,* pour) || **~itude** ['æptitju:d] *n* aptitude *f,* talent *m,* disposition *f* (*for,* pour).

aqua|lung ['ækwəlʌŋ] *n* scaphandre *m* autonome || **~marine** [ˌækwəmə'ri:n] *n* aigue-marine *f* || **~rium** [ə'kwɛəriəm] *n* aquarium *m.*

Aquarius [ə'kwɛəriəs] *n* ASTR. Verseau *m.*

aquatic [ə'kwætik] *adj* aquatique.

aqueduct ['ækwidʌkt] *n* aqueduc *m.*

aquiline ['ækwilain] *adj* aquilin.

Arab ['ærəb] *n* Arabe *n* || **~ia** [ə'reibjə] *n* Arabie *f* || **~ian** [ə'reibjən] *adj* arabe; *the ~ Nights,* les Mille et Une Nuits || **~ic** ['ærəbik] *adj* arabe ● *n* arabe *m* (language).

arable ['ærəbl] *adj* arable.

arbiter ['ɑ:bitə] *n* arbitre *m.*

arbitr|ament [ɑ:'bitrəmənt] *n* arbitrage *m,* sentence *f* || **~ary** ['ɑ:bitrəri] *adj* arbitraire || **~ate** ['ɑ:bitreit] *vt* arbitrer || **~ation** [ˌɑ:bi'treiʃn] *n* arbitrage || **~ator** ['ɑ:bitreitə] *n* JUR. arbitre *m ;* juge *m.*

arbo(u)r ['ɑ:bə] *n* tonnelle *f.*

arc [ɑ:k] *n* ÉLECTR. arc *m ; ~-lamp/-light,* lampe *f* à arc || TECHN. *~-welding,* soudure *f* à l'arc.

arcade [ɑ:'keid] *n* arcades *fpl;* passage *m.*

arch I [ɑ:tʃ] *n* ARCH. arc, cintre *m ;* arche *f* (of a bridge) || cambrure *f* (of the foot) ● *vt* arquer, bomber, voûter; *the cat ~es its back,* le chat fait le gros dos.

arch II *adj* espiègle, malicieux.

arch III *pref* principal, archi || PÉJ. fieffé.

archaeology [ˌɑ:ki'ɔlədʒi] *n* archéologie *f.*

archaic [ɑ:'keiik] *adj* archaïque.

arch|angel ['ɑ:kˌeinʒl] *n* archange *m* || **~bishop** ['ɑ:tʃbiʃəp] *n* archevêque *m.*

archery ['ɑ:tʃəri] *n* tir *m* à l'arc.

archipelago [ˌɑ:ki'peligəu] *n* archipel *m.*

architect ['ɑ:kitekt] *n* architecte *m* || **~ure** ['ɑ:kitektʃə] *n* architecture *f.*

archives ['a:kaivz] *npl* archives *fpl* || **~ivist** [-ivist] *n* archiviste *n.*

archway ['ɑ:tʃwei] *n* voûte *f;* portail *m.*

Arctic ['ɑ:ktik] *n/adj* Arctique *(m).*

ard|ent ['ɑ:dnt] *adj* ardent, passionné || **~o(u)r** *n* ardeur *f,* zèle *m.*

arduous ['ɑ:djuəs] *adj* ardu (work) || escarpé (way).

are [ɑ:] See BE.

area [ɛəriə] *n* aire, superficie *f* || région *f* (region); quartier *m* (district) || courette *f* (yard) || MIL. zone *f* || FIG. domaine *m*.

arena [ə'ri:nə] *n* arène *f*.

aren't [α:nt] = ARE NOT or AM NOT || See BE.

argue ['α:gju:] *vi* [dispute] se disputer || [debate] argumenter (*against*, contre; *for*, en faveur de) — *vt* ~ *sb. into/oust of doing sth.*, convaincre/dissuader qqn de faire qqch. || discuter (*sth.*, qqch.) || [maintain] affirmer, soutenir.

argument ['α:gjumənt] *n* argument *m* (reasoning); discussion *f*, débat *m* (debate) || JUR. plaidoyer *m* || **~ative** [,α:gju'mentətiv] *adj* raisonneur, ergoteur.

arid ['ærid] *adj* aride, sec || **~ity** [æ'riditi] *n* aridité *f*, sécheresse *f*.

Aries ['εəri:z] *n* ASTR. Bélier *m*.

aright [ə'rait] *adv* bien, juste.

arise [ə'raiz] *vi* (arose [ərəuz], arisen [ə'rizn]) se lever || [difficulties] survenir, s'élever || provenir, résulter (*from*, de) [result].

aristocr|acy [,æris'tɔkrəsi] *n* aristocratie *f* || **~at** ['æristəkræt] *n* aristocrate *n* || **~atic** [,æristə'krætik] *adj* aristocratique.

arithmetic [ə'riθmetik] *n* arithmétique *f*.

ark [α:k] *n Noah's* ~, l'arche *(f)* de Noé.

arm I [α:m] *n* bras *m*; *on one's* ~, au bras; *in one's* ~*s*, dans les bras; ~ *in* ~, bras dessus, bras dessous; *at* ~*'s length*, à bout de bras; FIG. à distance || FIG. ~ *of the sea*, bras *m* de mer || **~-band** *n* See ARMLET || **~chair** *n* fauteuil *m* || **~ful** *n* brassée *f* || **~-hole** *n* emmanchure *f* || **~let** [-lit] *n* brassard *m* || **~pit** *n* aisselle *f* || **~-rest** *n* accoudoir *m*.

arm II [α:m] *n* arme *f* (weapon); *in* ~*s*, en armes; *fire-*~, arme à feu; *take up* ~*s*, prendre les armes ● *vt* armer — *vi* s'armer || **~ament** [-əmənt] *n* armement *m* || **~ature** [-ətjuə] *n* armature *f* || **~istice** [-istis] *n* armistice *m* || **~o(u)r** *n* armure, cuirasse *f* || MIL. blindage *m* (covering); blindés *mpl* (units); ~*-plate*, plaque *f* de blindage ● *vt* blinder, cuirasser || **~oured** [-əd] *adj* blindé, cuirassé || MIL. ~ *car*, automitrailleuse *f* || **~o(u)ry** [-əri] *n* armurerie *f*; arsenal *m*.

army ['α:mi] *n* armée *f* || FIG. foule *f*.

arom|a [ə'rəumə] *n* arôme *m* || **~atic** [,ærəu'mætik] *adj* aromatique.

arose See ARISE.

around [ə'raund] *adv* autour, alentour; çà et là ● *prep* autour de; FAM., U.S. environ.

arouse [ə'rauz] *vt* éveiller, réveiller (lit. and fig.) || FIG. susciter; stimuler; exciter (sexually).

arraign [ə'rein] *vt* attaquer, critiquer || JUR. mettre en accusation || **~ment** *n* mise *f* en accusation.

arrange [ə'reinʒ] *vt* arranger, disposer (objects) || organiser (make plans) || MUS. adapter — *vi* s'arranger, s'entendre (*with*, avec) || **~ment** *n* arrangement, aménagement *m*; *make* ~*s*, prendre des dispositions.

arrant ['ærnt] *adj* fieffé.

array [ə'rei] *vt* MIL. déployer (forces) || LITT. parer (adorn); revêtir (dress) ● *n in battle* ~, en ordre de bataille || LITT. habit *m* d'apparat; parure *f*, atours *mpl* || FIG. étalage *m*; collection *f*.

arrears [ə'riəz] *npl* arriéré *m* (work to be done) || FIN. *Pl* arriéré *m*; *in* ~*s*, arriéré.

arrest [ə'rest] *n* JUR. arrestation *f* || MIL. *put under* ~, mettre aux arrêts ● [*vt*] arrêter (a process) || JUR. surseoir à (a judgment) || FIG. retenir (sb.'s attention) || **~ing** *adj* attachant; attrayant, captivant.

arrival [ə'raivl] *n* arrivée *f* (of

trains) || arrivant *n* (person) || arrivage *m* (goods).

arrive [ə'raiv] *vi* arriver, parvenir, atteindre (*at*, à).

arrog|ance ['ærəgəns] *n* arrogance *f* || **~ant** *adj* arrogant.

arrow ['ærəu] *n* flèche *f*.

arsenal ['ɑ:sinl] *n* arsenal *m*.

arson ['ɑ:sn] *n* incendie criminel.

art [ɑ:t] *n* art *m; work of ~,* œuvre *f* d'art; *fine ~s,* Beaux-Arts; **~ *for ~'s sake,*** l'art pour l'art; **~ *dealer,*** marchand *n* de tableaux; **~ *gallery,*** galerie *f* (de tableaux); musée *m;* **~ *house,*** U.S. cinéma *m* d'essai; **~ *school,*** école *f* de dessin || artifice *m*, ruse *f* (cunning) || ***black ~,*** magie noire || *Pl* [University] *~s (subjects),* Lettres *fpl;* TECHN. **~ *and crafts,*** artisanat *m*.

artery ['ɑ:təri] *n* MÉD., FIG. artère *f*.

artful ['ɑ:tful] *adj* rusé (cunning) || ingénieux (clever).

arthr|itic [ɑ:'θritik] *adj* arthritique || **~itis** [ɑ:'θraitis] *n* arthrite *f*.

artichoke ['ɑ:titʃəuk] *n* artichaut *m; Jerusalem ~,* topinambour *m*.

article ['ɑ:tikl] *n* article *m* (in a newspaper) || GRAMM. article *m* || JUR. clause *f; Pl* statuts *mpl* || COMM. article, objet *m* (item) || NAUT. *ship's ~s,* rôle *m* d'équipage.

articul|ate [ɑ:'tikjulit] *adj* articulé ● [-eit] *vt* articuler || **~ation** [ɑ:,tikju'leiʃn] *n* articulation *f*.

artif|ice ['ɑ:tifis] *n* artifice, stratagème *m* || **~icial** [,ɑ:ti'fiʃl] *adj* artificiel, simili.

artillery [ɑ:'tiləri] *n* artillerie *f* || **~man** *n* artilleur *m*.

artisan [,ɑ:ti'zan] *n* artisan *m*.

art|ist ['ɑ:tist] *n* artiste *n* || **~istic** [ɑ:'tistik] *adj* artistique || **~istry** ['ɑ:tistri] *n* art *m* || **~less** *adj* sans art, gauche (unskilful) || ingénu, candide, naïf (naïve); naturel (simple).

as [æz, əz] *adv* autant, aussi; ***as ... as,*** aussi ... que; ***as much/many... as,*** autant ... que; ***as soon as,*** aussitôt que ● *conj* puisque, comme, étant donné que; *~ I was tired, I stayed in,* comme j'étais fatigué, je suis resté à la maison || lorsque, au moment où; *~ he was getting off the train,* comme il descendait du train || (au fur et) à mesure que || quoique; *intelligent ~ he was,* si intelligent qu'il fût; *try ~ he would,* il avait beau essayer || comme; *do ~ I do,* faites comme moi || **~ *if/though,*** comme si; *~ it were,* pour ainsi dire || **~ *for/to,*** quant à || ***so ~ to,*** afin de; *so ... ~ to,* assez ... pour; *the same ... ~,* le(s) même(s) que; *such ... ~,* les ... qui || **~ *long ~,*** tant que || **~ *yet,*** jusqu'à présent ● *prep* comme, en tant que; *treat sb. ~ a friend,* traiter qqn en ami; *act ~ a friend,* agir en ami.

asbestos [æz'bestəs] *n* amiante *f* || **~-cement** *n* Fibrociment *m* (trade mark).

ascend [ə'send] *vt* gravir, monter — *vi* s'élever || **~ancy** [-ənsi] *n* FIG. ascendant *m*, influence *f* (*over*, sur) || **~ant** *n* ASTR. ascendant *m*.

ascension [ə'senʃn] *n* ascension *f; Ascension Day,* (jour *m* de) l'Ascension *f*.

ascent [ə'sent] *n* montée *f* || SP. ascension *f*.

ascertain [,æsə'tein] *vt* constater, vérifier || s'informer (determine) || s'assurer de (*from*, auprès de).

ascet|ic [ə'setik] *adj* ascétique ● *n* ascète *n* || **~icism** [ə'setisizm] *n* ascétisme *m*.

ascribe [əs'kraib] *vt* attribuer (*to*, à).

ascription [əs'kripʃn] *n* attribution *f*.

aspet|ic [æ'septik] *adj* aseptique || **~icize** [-isaiz] *vt* aseptiser.

ash I [æʃ] *n* BOT. frêne *m*.

ash II *n* cendre *f*; *~-coloured*, cendré || ***~-tray***, cendrier *m* || REL. *Ash Wednesday*, mercredi *m* des cendres || *Pl* cendres *fpl*; FIG. dépouille mortelle, cendres.

ashamed [ə'ʃeimd] *adj* honteux; *be ~*, avoir honte (*of*, de).

ashen ['æʃn] *adj* cendré; blême.

ashore [ə'ʃɔ:] *adv* NAUT. à terre; *run ~*, s'échouer; ***go ~***, débarquer.

ashy ['æʃi] *adj* couvert de cendre || FIG. = ASHEN.

Asia ['eiʃə] *n* Asie *f* || **~n** [-n], **~tic** [,eiʃi'ætik] *adj/n* asiatique.

aside [ə'said] *adv* de côté, à part; *turn ~*, se détourner (*from*, de) ● *n* TH. aparté *m*.

ask [ɑ:sk] *vt* demander; *~ sb. (for) sth.*, *~ sth. of sb.*, demander qqch. à qqn; *~ sb. to do sth.*, demander à qqn de faire qqch.; *~ sb. to dinner*, inviter qqn à dîner || interroger, poser une question — *vi ~* ***about***, s'informer de, se renseigner sur; *~ for trouble*, aller au-devant d'ennuis, chercher des ennuis.

askance [əs'kæns] *adv* de travers; *look ~ at*, regarder avec méfiance.

askew [əs'kju:] *adv* de travers, de guingois.

aslant [ə'slɑ:nt] *adv* obliquement.

asleep [ə'sli:p] *adj/adv* endormi || *fall ~*, s'endormir; *be fast ~*, dormir à poings fermés || FIG. engourdi.

asparagus [əs'pærəgəs] *n* asperges *fpl*.

aspect ['æspekt] *n* aspect, air *m* || orientation, exposition *f* (of a house).

aspen ['æspən] *n* BOT. tremble *m*.

asper|se [əs'pə:s] *vt* calomnier, diffamer || **~sion** [-ʃn] *n* aspersion *f* || FIG. calomnie *f*; *cast ~ on*, dénigrer.

asphalt ['æsfælt] *n* asphalte *m*.

asphyxiate [æs'fiksieit] *vt* asphyxier.

aspic ['æspik] *n* CULIN. gelée *f*; aspic *m* (dish).

aspiration [,æspə'reiʃn] *n* MÉD., FIG. aspiration *f*.

aspire [əs'paiə] *vi ~ after/to*, aspirer à, ambitionner.

aspirin ['æsprin] *n* aspirine *f*.

ass [æs] *n* âne *m*; *she-~*, ânesse *f* || *~'s foal*, ânon *m* || FIG. âne *m*, imbécile *n*.

assail [ə'seil] *vt* assaillir, attaquer || **~ant** *n* assaillant *n*, agresseur *m*.

assassin [ə'sæsin] *n* assassin *m* || **~ate** [-eit] *vt* assassiner || **~ation** [ə,sæsi'neiʃn] *n* assassinat *m*.

assault [ə'sɔ:lt] *n* attaque *f* || MIL. assaut *m* || JUR. agression *f*; *indecent ~*, attentat *m* à la pudeur; *~* ***and battery***, voies *fpl* de fait ● *vt* attaquer, assaillir.

assay [ə'sei] *vt* CH. titrer.

assemblage [ə'semblidʒ] *n* assemblage *m*; collection *f*.

assembl|e [ə'sembl] *vt* assembler || TECHN. monter (parts) — *vi* se réunir, s'assembler || **~y** *n* assemblée, réunion *f* || TECHN. assemblage, montage *m*; *~-line (n)*, chaîne *f* de montage; *~-shop (n)*, atelier *m* de montage.

assent [ə'sent] *n* assentiment *m* ● *vi* donner son assentiment, acquiescer (*to*, à).

assert [ə'sə:t] *vt* revendiquer, faire valoir (one's rights) || affirmer, soutenir (declare) || *~ oneself*, s'affirmer, s'imposer.

asser|tion [ə'sə:ʃn] *n* revendication *f* || assertion *f* || **~tive** [ə'sə:tiv] *adj* affirmatif, péremptoire.

assess [ə'ses] *vt* estimer, évaluer || **~ment** *n* évaluation *f* || FIN. imposition *f*.

asset ['æset] *n* avantage, atout *m* || FIN. *Pl* biens, avoirs *mpl* || COMM. actif *m*.

assid|uity [,æsi'djuiti] *n* assiduité *f* || **~uous** [ə'sidjuəs] *adj* assidu || **~uously** *adv* assidûment.

assign [ə'sain] *vt* assigner (a task); désigner (sb.) [*to*, à] || fixer (a date); attribuer (a room) [*to*, à] || JUR. céder, transférer || **~ment** *n* attribution, affectation *f* (act); mission *f* (duty); tâche *f* (task); devoir *m* (at school) || JUR. cession *f*.

assimil|ate [ə'simileit] *vt* assimiler || FIG. comparer (*to*, à) || **~ation** [ə,simi'leiʃn] *n* assimilation *f*.

assist [ə'sist] *vt* aider, assister, seconder || **~ance** *n* aide, assistance *f*; *give/render ~*, prêter main-forte; *come to sb.'s ~*, venir au secours de qqn || **~ant** *n* aide, auxiliaire *n* || adjoint, assistant *n* (in a school) || COMM. *shop ~*, vendeur *n*; *~ manager*, sous-directeur *n*.

assizes [ə'saiziz] *npl* JUR. assises *fpl*.

associate [ə'səuʃieit] *vt* associer; *~ with*, fréquenter — *vi* s'associer ● *n* collègue *n*; associé *n* || [society] membre *m* || [crime] complice *n* ● *adj* associé.

association [ə,səusi'eiʃn] *n* relations *fpl*, fréquentation *f* (associating) || association, société *f* (club) || FIG. association *f* d'idées, souvenirs *mpl* || SP. *~* ***football***, football *m* (association).

assort [ə'sɔːt] *vt* trier, classer, assortir — *vi ~ with*, aller bien avec || **~ed** [-id] *adj* assorti || **~ment** *n* assortiment *m*.

assuage [ə'sweidʒ] *vt* assouvir, satisfaire (hunger) || calmer (pain).

assum|e [ə'sjuːm] *vt* présumer, supposer || assumer (responsabilities) || prendre (an appearance) || s'attribuer, s'arroger (rights, control) || *~ed name*, nom *m* d'emprunt || **~ing** *adj* présomptueux.

assumption [ə'sʌmpʃən] *n* supposition, hypothèse *f* || REL. *Assumption*, l'Assomption *f*.

assurance [ə'ʃurəns] *n* assurance, certitude *f* (certainty) || garantie *f* (guarantee) || JUR. assurance *f* (insurance).

assur|e [ə'ʃuə] *vt* assurer, affirmer || convaincre || assurer (insure); *the ~d*, l'assuré *n* || **~edly** [-ridli] *adv* assurément.

asterisk ['æstərisk] *n* astérisque *m*.

astern [əs'təːn] *adv* NAUT. à l'arrière ● *prep* sur l'arrière (*of*, de).

asthma ['æsmə] *n* asthme *m*.

astir [ə'stəː] *adv/adj* en mouvement, animé (in motion) || agité, en émoi (in excitement) || levé, debout (out of bed).

astonish [əs'tɔniʃ] *vt* étonner, surprendre; *be ~ed*, s'étonner (*at*, de) || **~ing** *adj* étonnant || **~ment** *n* étonnement *m*.

astound [əs'taund] *vt* stupéfier, sidérer || **~ed** [-id] *adj* stupéfait.

astray [əs'trei] *adv* hors du bon chemin; *go ~*, s'égarer; *lead ~*, induire en erreur || [moral] détourner du droit chemin.

astride [əs'traid] *adv/adj* à cheval, à califourchon sur.

astrol|oger [əs'trɔlədʒə] *n* astrologue *n* || **~ogy** [-ədʒi] *n* astrologie *f*.

astro|naut ['æstrənɔːt] *n* astronaute *n* || **~nautics** [,--'nɔːtiks] *n* astronautique *f* || **~nomer** [əs'trɔnəmə] *n* astronome *n* || **~nomic(al)** [,æstrə'nɔmik(l)] *adj* astronomique || **~nomy** [əs'trɔnəmi] *n* astronomie *f*.

astute [əs'tjuːt] *adj* astucieux, rusé.

asunder [ə'sʌndə] *adv* en deux; *break* ~, se casser en deux.

asylum [ə'sailəm] *n* asile, refuge *m*.

at [æt, ət] *prep* à; ~ *the station*, à la gare; ~ *8 o'clock*, à 8 heures || en; ~ *any rate*, en tout cas || sur; *shoot* ~, tirer sur || contre; *angry* ~, fâché contre || de; ~ *a distance*, de loin || par; *annoyed* ~, contrarié par || y; *he is* ~ *it*, il y travaille.

ate [et, U.S. eit] See EAT.

athe|ism ['eiθiizm] *n* athéisme *m* || ~**ist** *n* athée *n*.

athlet|e ['æθliːt] *n* athlète *n* || ~**ic** [æθ'letik] *adj* athlétique || ~**ics** [-iks] *n* athlétisme *m*.

at-home [,-'-] *n* réception *f*.

athwart [ə'θwɔːt] *adv* en travers || NAUT. par le travers ● *prep* en travers de.

Atlantic [ət'læntik] *n/adj* Atlantique *(m)*.

atlas ['ætləs] *n* atlas *m*.

atmosphere ['ætməsfiə] *n* atmosphère *f* || FIG. ambiance *f*.

atmospher|ic [,ætməs'ferik] *adj* atmosphérique || ~**ics** *npl* RAD. parasites *mpl*.

atoll ['ætɔl] *n* atoll *m*.

atom ['ætəm] *n* atome *m*; ~ *bomb*, bombe *f* atomique || ~**ic** [ə'tɔmik] *adj* atomique; ~ *energy*, énergie *f* nucléaire; ~ *pile*, pile *f* atomique. || ~**izer** ['ætəmaizə] *n* atomiseur *m*.

atone [ə'təun] *vi* ~ *for*, expier, racheter || ~**ment** [-mənt] *n* expiation *f*, rachat *m* || REL. *the Atonement*, la Rédemption.

atop [ə'tɔp] *adv* au sommet (*of*, de).

atroc|ious [ə'trəuʃəs] *adj* atroce || ~**ity** [ə'trɔsiti] *n* atrocité *f*.

attach [ə'tætʃ] *vt* attacher || MIL. affecter || FIG. ~ *oneself to*, s'attacher à || ~**é** [-ei] *n* attaché *n* d'ambassade || ~**é-case** *n* attaché-case *m* || ~**ed** [-t] *adj* tenant (collar) || ~**ment** *n* FIG. attachement *m*, affection *f* || TECHN. accessoire *m* || JUR. saisie, opposition *f*.

attack [ə'tæk] *n* MIL., FIG. attaque *f* || MÉD. crise *f* (of nerves); accès *m* (of fever) ● *vt* attaquer; s'attaquer à (a person, a task) || ~**er** *n* assaillant *n*, agresseur *m*.

attain [ə'tein] *vt* atteindre, parvenir (*to*, à) || ~**ment** *n* réalisation *f* || *Pl* connaissances *fpl*, acquis *m*.

attempt [ə'temt] *n* essai *m*, tentative *f* (unsuccessful); *make an* ~ *at*, tenter de || JUR. *make an* ~ *on sb.'s life*, commettre un attentat contre qqn ● *vi* tenter de, essayer de.

attend [ə'tend] *vt* assister à, suivre (lectures); fréquenter (school, church) || FIG. accompagner — *vi* ~ ***to***, faire attention à; veiller sur, s'occuper de (sb.); COMM. servir (a customer) || ~ ***upon***, servir; MÉD. soigner (sb.) || ~**ance** *n* assistance, présence *f*; *regular* ~, assiduité *f*; ~*-list*, liste *f* de présence || service *m* || MÉD. soins *mpl* || ~**ant** *n* assistant, employé *n* || *Pl* suite *f*, cortège *m* ● *adj* concomitant, qui accompagne.

attention [ə'tenʃn] *n* attention *f*; ***pay*** ~ ***to***, faire attention à; *call* ~ *to*, faire remarquer, attirer l'attention sur; *draw away sb.'s* ~ *from*, détourner l'attention de qqn; *focus one's* ~ *on*, fixer son attention sur || *Pl* égards *mpl*; attentions, prévenances *fpl* || MIL. garde-à-vous *m*; *stand at/come to* ~, être/se mettre au garde-à-vous; ~*!*, garde-à-vous!

attentive [ə'tentiv] *adj* attentif, prévenant || ~**ly** *adv* attentivement || ~**ness** *n* attention, prévenance *f*, empressement *m*.

attenu|ate [ə'tenjueit] *vt* atténuer, affaiblir, réduire || **~ation** [əˌtenju'eiʃn] *n* atténuation *f*.

attest [ə'test] *vt* attester, certifier || **~ation** [ˌætes'teiʃn] *n* JUR. attestation *f*.

attic ['ætik] *n* mansarde *f*, grenier *m*.

attire [ə'taiə] *vt* habiller ● *n* habits *mpl*; tenue *f*.

attitud|e ['ætitju:d] *n* attitude *f* || **~inize** [ˌæti'tju:dinaiz] *vi* poser.

attorney [ə'tə:ni] *n* JUR. avoué *m*; *Attorney General*, procureur général; *Crown ~*, G.B. procureur *m* de la couronne.

attract [ə'trækt] *vt* attirer; *~ attention*, attirer l'attention.

attrac|tion [ə'trækʃn] *n* PHYS. attraction *f* || FIG. attrait *m*, séduction *f* || **~tive** *adj* attrayant, attirant; séduisant (person) || COMM. intéressant (prices).

attribut|e [ə'tribjut] *vt* attribuer (*to*, à) ● ['ætribju:t] *n* attribut, symbole *m* || GRAMM. épithète *f* || **~ion** [ˌætri'bju:ʃn] *n* attribution *f*.

attrition [ə'triʃn] *n* *war of ~*, guerre *f* d'usure.

auburn ['ɔ:bən] *adj* châtain roux.

auction ['ɔ:kʃn] *n* (vente *f* aux) enchères *fpl*; *sell by ~*, vendre aux enchères; *put sth. up for ~*, mettre qqch aux enchères; *~ bridge*, bridge *m* aux enchères; *~ room*, salle *f* des ventes ● *vt* vendre aux enchères || **~eer** [ˌɔ:kʃə'niə] *n* commissaire-priseur *m*.

audac|ious [ɔ:'deiʃəs] *adj* audacieux || **~ity** [ɔ:'dæsiti] *n* audace *f*.

audible ['ɔ:dəbl] *adj* audible.

audience ['ɔ:djəns] *n* audience *f* (interview) || assistance *f*, auditoire, public *m* || RAD. auditeurs *mpl* || TH. spectateurs *mpl*.

audio-visual ['ɔ:diəu'viʒuəl] *adj* audiovisuel.

audit ['ɔ:dit] *vt* apurer, vérifier (accounts) ● *n* apurement *m*, vérification *f*; *Audit Office*, Cour *f* des comptes.

audition [ɔ:'diʃn] *n* audition *f* ● *vt* TH, MUS. auditionner.

audit|orium [ˌɔ:di'tɔ:riəm] *n* auditorium *m* || **~ory** ['ɔ:ditri] *adj* auditif.

aught [ɔ:t] *n* LIT. quelque chose; *for ~ I know*, autant que je sache.

augment [ɔ:g'ment] *vt* augmenter || **~ation** [ˌɔ:gmen'teiʃn] *n* augmentation *f*.

August ['ɔ:gəst] *n* août *m*.

aunt [ɑ':nt] *n* tante *f* || FIG. *Aunt Sally*, tête *f* de Turc.

au pair [ˌəu'pεə] *adj ~ girl*, jeune fille *f* au pair.

auspices ['ɔ:spisiz] *npl under the ~ of*, sous les auspices de.

auspicious [ɔ:s'piʃəs] *adj* propice, favorable.

auster|e [ɔs'tiə] *adj* austère || **~ity** [ɔs'teriti] *n* austérité *f*, restrictions *fpl*.

Austral|ia [ɔs'treiljə] *n* Australie *f* || **~ian** [-jən] *adj/n* australien.

Austr|ia ['ɔstriə] *n* Autriche *f* || **~ian** [-iən] *adj/n* autrichien.

authent|ic [ɔ:'θentik] *adj* authentique || **~icity** [ˌɔ:θen'tisiti] *n* authenticité *f*.

author ['ɔ:θə] *n* auteur, écrivain *m* || **~ess** [-ris] *n* (femme *f*) auteur *m*.

authoritative [ɔ:'θɔritətiv] *adj* autoritaire (disposition); d'autorité (argument); impératif, impérieux (tone); autorisé (source); qui fait autorité (book).

author|ity [ɔ:'θɔriti] *n* autorité *f*, pouvoir *m* (power) || autorisation *f*, délégation *f* de pouvoir, mandat *m* (right) || autorité *f*, personne compétente, expert *m*; *be an ~ on*, faire autorité en || source autorisée || *Pl* autorités *fpl,* corps constitués *mpl;* administration *f* || **~ization** [,ɔːθrai'zeiʃn] *n* autorisation *f* || **~ize** ['ɔːθəraiz] *vt* autoriser, donner pouvoir.

auto|graph ['ɔːtəgrɑːf] *n* autographe *m* || **~mate** [-meit] *vt* automatiser || **~matic(ally)** ['ɔːtə'mætik(li)] *adj/(adv)* automatique(ment) || **~mation** [,ɔːtə'meiʃn] *n* automa(tisa)tion *f* || **~maton** [ɔː'tɔmətn] *n* automate *m* || **~mobile** ['ɔːtəməbiːl] *n* U.S. automobile *f* || **~motive** [,ɔːtə'məutiv] *adj* automobile.

autono|mous [ɔː'tɔnəməs] *adj* autonome || **~my** *n* autonomie *f.*

autopsy ['ɔːtəpsi] *n* autopsie *f.*

autumn ['ɔːtəm] *n* automne *m.*

auxiliary [ɔːg'ziljəri] *adj* auxiliaire ● *n* auxiliaire *n* ● *m* GRAMM. auxiliaire *m.*

avail [ə'veil] *n to no ~,* sans effet ; *without ~,* inutilement ; *of what ~ is it ?,* à quoi bon ? ● *vt ~ oneself of,* profiter de || **~ability** [ə,veilə'biliti] *n* disponibilité *f* || **~able** *adj* disponible, utilisable || RAIL. valable, valide (ticket).

avalanche ['ævəlɑːnʃ] *n* avalanche *f.*

avar|ice ['ævəris] *n* avarice, cupidité *f* || **~icious** [,ævə'riʃəs] *adj* avare.

aveng|e [ə'venʒ] *vt* venger (*for,* de) ; *~ oneself,* se venger (*on sb.,* sur qqn) || **~ing** *adj* vengeur.

avenue ['ævinjuː] *n* allée bordée d'arbres || avenue *f.*

average ['ævəridʒ] *n* moyenne *f; **on the/an** ~,* en moyenne ; *above the ~,* au-dessus de la moyenne ; *take an ~,* faire la moyenne ● *adj* moyen, ordinaire, courant ● *vt* faire la moyenne de ; atteindre la moyenne de || AUT. *~ 80,* faire une moyenne de 80.

averse [ə'vəːs] *adj* opposé, peu disposé (*to,* à) ; *be ~ to/from doing,* répugner à faire.

aversion [ə'vəʃn] *n* aversion, répugnance *f ; pet ~,* bête noire.

avert [ə'vəːt] *vt* détourner, éloigner (suspicions).

aviary ['eivjəri] *n* volière *f.*

aviat|ion [,eivi'eiʃn] *n* aviation *f* || **~or** ['eivieitə] *n* aviateur *m.*

avid ['ævid] *adj* avide || **~ity** [ə'viditi] *n* avidité *f.*

avocado [,ævə'kɑːdəu] *n* BOT. (poire *f* d')avocat *m.*

avocation [,ævə'keiʃn] *n* distraction *f,* violon *m* d'Ingres.

avoid [ə'vɔid] *vt* éviter, esquiver, se soustraire à || JUR. annuler || **~able** *adj* évitable || **~ance** *n* action d'éviter || JUR. annulation *f.*

avow [ə'vau] *vt* avouer, admettre || **~al** *n* aveu *m* || **~ed** [-d] *adj* avéré, notoire || **~edly** [-idli] *adv* ouvertement, de son propre aveu.

await [ə'weit] *vt* attendre || COMM. *~ing delivery,* en souffrance.

awake [ə'weik] *vt* (awoke [ə'wəuk], awoke *or* awaked [ə'weikt]) éveiller, réveiller || FIG. faire naître — *vi* s'éveiller, se réveiller || FIG. prendre conscience (*to,* de) ● *adj* (r)éveillé ; *be ~,* veiller ; ***keep** ~,* empêcher de dormir || FIG. conscient.

awaken [ə'weikn] *vt/vi* (s')éveiller, (se) réveiller || **~ing** *n* (r)éveil *m.*

award [ə'wɔːd] *n* prix *m,* récompense *f* || U.S. bourse *f* || JUR. jugement *m,* décision arbitrale ● *vt* décerner/accorder une récompense.

aware [ə'wɛə] *adj* conscient ; *be ~ of/that,* avoir le sentiment de/que ; *become ~ of/that,* se rendre compte de/que || avisé || **~ness** *n* conscience *f.*

awash [ə'wɔʃ] *adj* à fleur d'eau || inondé (flooded).

away [ə'wei] *adv* loin, au loin ; ~ *from,* à l'écart de ; ***far ~,*** au loin ; *2 miles ~,* à 2 miles d'ici || SP. *play ~,* jouer en déplacement || sans arrêt ; *work ~,* travailler sans répit || [loss] *die ~,* s'éteindre, disparaître ; *melt ~,* fondre || ***right/straight ~,*** tout de suite ; ***out and ~,*** sans comparaison ; ***far and ~,*** beaucoup ● *adj* absent ; *be ~ from work,* être absent de son travail || SP. ~ *ground,* terrain *m* adverse ; ~ ***match,*** match *m* à l'extérieur ● *interj* ~ *(with you)!,* (allez,) hors d'ici !, fiche le camp ! (fam.).

awe [ɔ:] *n* crainte (mêlée de respect ou d'admiration) ; *~-inspiring,* impressionnant, terrifiant ; ***~-struck,*** frappé de terreur.

awful ['ɔ:ful] *adj* impressionnant || terrifiant (dreadful) || FAM. affreux (ugly) ; [intensive] formidable || **~ly** *adv* terriblement || FAM. bigrement.

awhile [ə'wail] *adv* un instant, un moment.

awkward ['ɔ:kwəd] *adj* maladroit, gauche (person) ; peu maniable (tool) || embarrassant (question) ; délicat (situation) ; ingrat (age) || **~ly** *adv* gauchement, maladroitement || **~ness** *n* gaucherie, maladresse *f*.

awning ['ɔ:niŋ] *n* [shop] store *m* || [hotel door] marquise *f* || NAUT. tente *f*.

awoke See AWAKE.

awry [ə'rai] *adj* de travers.

ax(e), (e)s [æks, -iz] *n* hache *f* || FIG. *have an ~ to grind,* prêcher pour son saint.

axis, axes ['æksis, -i:z] *n* axe *m*.

axle ['æksl] *n ~(-tree),* essieu *m* || TECHN. arbre *m* || AUT. *rear ~,* pont *m* arrière.

aye [ai] *n* oui *m* || POL. vote affirmatif ; *the ~s have it,* les « oui » l'emportent.

azure ['æʒə] *n* azur *m* ● *adj* d'azur, azuré.

b

b [bi:] *n* b *m* || MUS. *B,* si *m*.

babbl|e ['bæbl] *n* babil *m* ● *vi* babiller ; [brook] murmurer || **~ing** *adj* babillard, bavard.

baby ['beibi] *n* bébé *m* || **~-scales** *npl* pèse-bébé *m* || **~-sitter** *n* garde *n* d'enfant(s), baby-sitter *n*.

bachelor ['bætʃlə] *n* célibataire *m* ; *~'s room,* garçonnière *f* || [university] *Bachelor of Arts,* licencié *n* ès lettres.

bacillus [bə'siləs] *n* bacille *m*.

back [bæk] *n* dos *m* ; *fall on one's ~,* tomber à la renverse ; *turn one's ~,* tourner le dos (*on,* à) || dos *m* (of a book, the hand) || verso *m* (of a sheet) ; revers *m* (of a medal) ; deuxième face *f* (of a record) || dossier *m* (of a chair) || derrière *m* (of a house) ; fond *m* (of a room) || ~ *to front,* sens devant derrière ● *adj* (d')arrière ; ~ *shop,* arrière-boutique *f* ; ~ *street,* rue écartée || arriéré, échu ; ~ *number,* ancien numéro (of a magazine) ● *adv* en arrière, vers l'arrière ; *walk ~,* revenir à pied || *answer ~,* rétorquer || de retour ; *he's ~,* il est de retour ● *prep* ~ *of,* U.S. en arrière de ● *vi* reculer || AUT. ~ ***in/out,*** entrer/sortir en marche arrière || ~ ***down,*** se dégonfler (fam.) || ~ ***out,*** FIG. se retirer, se dérober — *vt* faire reculer (car) || FIN. financer; avaliser, endosser (bill) || SP. miser sur, jouer (horse) || FIG. soutenir.

back|bite *vt* médire de || ~**bone** *n* épine dorsale || FIG. caractère *m;* pivot *m* || ~**-cloth** *n* See ~-DROP || ~**comb** *vt* crêper (hair) || ~**-door** *n* porte *f* de service || ~**-drop** *n* TH. toile *f* de fond || ~**-fire** *n* raté, retour *m* de flamme ● *vi* avoir des ratés || ~**ground** *n* fond, arrière-plan *m;* ~ *music,* musique *f* de fond || FIG. milieu (social); acquis *m* (experience) ~**hand(ed)** ['bæk-hænd(id)] *adj* de revers || ~**ing** *n* soutien, appui *m* || ~**lash** *n* répercussion *f,* contrecoup *m* || ~**log** *n* arriéré, travail *m* en souffrance || ~**-shop** *n* arrière-boutique *f* || ~**slide** ['bæk'slaid] *vi* (-slid [slid], -slidden [-slidn]) rechuter, récidiver || ~**ward** ['bækwəd] *adj* en arrière; arriéré (child) || ~**wards** [-wədz] *adv* en arrière, à reculons; *fall* ~, tomber à la renverse || ~**water** *n* bras mort (of a river) || ~**woods** *npl* forêt *f* vierge.

bacon ['beikn] *n* lard *m.*

bacteria [bæk'tiəriə] *npl* MÉD. bactéries *fpl.*

bad [bæd] *adj* mauvais (action, person, smell, weather, argument, pronunciation, work); ~ *faith,* mauvaise foi; ~ ***luck,*** malchance *f;* ***be*** ~ ***tempered*** [-əd], avoir mauvais caractère, être acariâtre || faux (coin) || CULIN. gâté, pourri (food); ***go*** ~, se gâter, pourrir || MÉD. carié (tooth); malade (leg); FAM. *be taken* ~, tomber malade; *I feel* ~, je ne me sens pas bien || sérieux, grave; *a* ~ *cold,* un gros rhume || *that's too* ~*!,* tant pis! ● *n* mal *m;* ***from*** ~ ***to worse,*** de mal en pis.

bade See BID.

badge [bædʒ] *n* insigne *m* || MIL. écusson *m.*

badger ['bædʒə] *n* ZOOL. blaireau *m* ● *vt* harceler (*with,* de); tanner (fam.).

badly ['bædli] *adv* mal || ~ *wounded,* grièvement blessé || ***be*** ~ ***off,*** être dans la gêne, manquer d'argent || FAM. diablement; *he wants it* ~, il en a grand besoin.

badminton ['bædmintən] *n* badminton *m.*

badness ['bædnis] *n* mauvais état || méchanceté *f* (of a person) || COMM. mauvaise qualité.

baffle I [bæfl] *n* TECHN. déflecteur *m* || RAD. baffle *m.*

baffl|e II *vt* déjouer (a plot) || FIG. dérouter, déconcerter || ~**ing** *adj* déroutant, déconcertant.

bag [bæg] *n* sac *m; paper* ~, sac en papier || *Pl* valises *fpl* || SP. quantité *f* de gibier abattu; *get a good* ~, faire bonne chasse ● *vt* mettre en sac, ensacher || SP. abattre (game) — *vi* [trousers] faire des poches aux genoux.

baggage ['bægidʒ] *n* U.S. bagages *mpl;* ~*-car,* fourgon *m;* ~*-check,* bulletin *m* de bagages.

baggy ['bægi] *adj* [trousers] qui fait des poches.

bagpip|er ['bægpaipə] *n* joueur *m* de cornemuse || ~**e(s)** [-paip(s)] *n(pl)* [Scotland] cornemuse *f;* [Brittany] biniou *m.*

bagsnatch *n* vol *m* à l'arraché.

bail I [beil] *vt* ~ *(out),* écoper (a boat) — *vi* ~ *out,* AV., U.S. = BALE OUT.

bail II *n* JUR. caution *f;* ***on*** ~, sous caution || See RELEASE ● *vt* ~ *(out),* mettre en liberté provisoire sous caution.

bailiff ['beilif] *n* JUR. huissier *m.*

bait [beit] *n* appât *m* ● *vt* amorcer (a hook) || FIG. harceler.

bak|e [beik] *vt/vi* (faire) cuire au

four || *~-house,* fournil *m* || **~er** *n* boulanger *n* || **~ery** ['beikəri] *n* boulangerie *f* || **~ing-powder** *n* levure *f* chimique.

balance ['bæləns] *n* équilibre *m; keep one's ~,* garder l'équilibre; *lose one's ~,* perdre l'équilibre; ***off ~,*** déséquilibré || FIN. solde *m; ~-sheet,* bilan *m* ● *vt* peser (chances) || tenir en équilibre; compenser, contrebalancer (compensate) || COMM. tirer le solde (accounts); équilibrer (budget) || AUT. équilibrer (wheels).

balcony ['bælkəni] *n* balcon *m.*

bald [bɔ:ld] *adj* chauve || FIG. dénudé; lisse (tyre) || **~ness** *n* calvitie *f.*

bale I [beil] *n* balle *f,* ballot *m* ● *vt* emballer.

bale II *vi* AV. ~ ***out,*** sauter en parachute.

balk [bɔ:lk] *n* ARCH. solive *f* || FIG. obstacle, contretemps *m* ● *vt* entraver, gêner (hinder); contrarier (thwart) — *vi* hésiter; [horse] se dérober || FAM. *~ at a difficulty,* caler devant une difficulté.

ball I [bɔ:l] *n* bal *m* (dance); *fancy dress ~,* bal costumé.

ball II *n* balle *f* (golf, tennis); ballon *m* (football); bille *f* (billiards); boule *f* (hockey, snow); boulet *m* (of cannon); pelote *f* (wool) || FIG. *keep the ~ rolling,* entretenir la conversation ● *vt* mettre en pelote (wool) || ~ **bearings** *npl* roulement *m* à billes; **~(-point)-pen** *n* stylo *m* à bille.

ballast ['bæləst] *n* lest *m* ● *vt* lester.

ballerina [,bælə'ri:nə] *n* ballerine *f.*

ballet ['bælei] *n* TH. ballet *m; ~-skirt,* tutu *m.*

ballistics [bə'listiks] *n* balistique *f.*

balloon [bə'lu:n] *n* ballon *m,* aérostat *m; (captive) ~,* ballon captif || [comics] bulle *f.*

ballot ['bælət] *n* scrutin, vote *m* || *~-box,* urne *f* || *~-paper,* bulletin *m* de vote.

ballyhoo [,bæli'hu:] *n* POP. bourrage *m* de crâne, baratin *m.*

balm [bɑ:m] *n* baume *m* || **~y** *adj* embaumé || SL. = BARMY.

balsam ['bɔ:lsəm] *n* MÉD., FIG. baume *m.*

bamboo [bæm'bu:] *n* bambou *m.*

bamboozle [bæm'bu:zl] *vt* FAM. entortiller, embobiner.

ban [bæn] *n* interdiction *f* || COMM. embargo *m ; put a ~ on,* interdire ● *vt* interdire; mettre à l'index; mettre hors la loi.

banal [bə'nɑ:l] *adj* banal.

banana [bə'nɑ:nə] *n* banane *f; ~-tree,* bananier *m.*

band I [bænd] *n* bande *f* (belt) || ruban *m* (ribbon); *elastic ~,* élastique *m* || TECHN. ***~-saw,*** scie *f* à ruban || RAD. bande *f* ● *vt* bander.

band II *n* bande *f* (robbers) || orchestre *m; brass ~,* fanfare *f* ; ***~stand,*** kiosque *m* à musique ● *vi ~ (together),* se réunir, former un groupe — *vt ~ people together,* réunir/rassembler des personnes.

bandage ['bændidʒ] *n* bandeau *m* || MÉD. bandage, pansement *m; crepe ~,* bande *f* Velpeau ● *vt* bander, faire un pansement.

bandit ['bændit] *n* bandit *m.*

bandy ['bændi] *adj* arqué (legs) ● *vt* échanger (words, blows, balls) || **~-legged** ['bændilegd] *adj* bancal.

bang [bæŋ] *n* claquement *m* || fracas *m* (loud noise) || détonation *f* (of a gun) || AV. *supersonic ~,* bang *m* ● *vt* frapper (violemment); claquer (sth.) — *vi* [door] claquer; *~ at/on,* frapper à, cogner sur; *~ into,* buter dans ● *exclam* pan!, vlan! || **~er** *n* AUT., SL. vieux tacot, vieille guimbarde.

bangle ['bæŋgl] *n* bracelet *m*.

banish ['bæniʃ] *vt* bannir || **~ment** *n* exil, bannissement *m*.

banister ['bænistə] *n* rampe *f* (of a staircase).

bank I [bæŋk] *n* rive, berge *f* (of a river); talus, remblai *m* (of earth); banc *m* (sand); amoncellement *m* (of snow, fog) ● *vi* s'amonceler || Av. virer sur l'aile — *vt* ~ *(up),* remblayer || entasser; ~ *up the fire,* couvrir le feu.

bank II *n* Fin. banque *f; savings* ~, caisse *f* d'épargne || **~er** *n* banquier *m* || **~-holiday** *n* jour férié || **~-note** *n* billet *m* de banque || **~rupt** ['bæŋkrʌpt] *adj* failli; *go* ~, faire faillite || **~-ruptcy** ['bæŋkrəpsi] *n* faillite, banqueroute *f*.

banner [bænə] *n* bannière *f*, étendard *m*.

banns [bænz] *npl* bans *mpl; put up the* ~, publier les bans.

banquet ['bæŋkwit] *n* banquet *m* ● *vi* banqueter, festoyer.

bantam ['bæntəm] *n* Sp. ~ *weight,* poids coq *m*.

banter ['bæntə] *n* plaisanterie *f*, badinage *m* ● *vi* plaisanter, badiner || **~ing** [-riŋ] *adj* badin.

bapt|ism ['bæptizm] *n* Rel. baptême *m* || **~ize** [bæp'taiz] *vt* baptiser.

bar I [bɑ:] *n* barre *f* (of iron) || tablette *f* (of chocolate); ~ ***of soap,*** savonnette *f* || Jur. barreau *m* || Mus. mesure *f* ● *vt* barrer (road); barricader (door) || interdire (prohibit) || rayer, barrer (with a stripe).

bar II *n* bar *m* (counter, room); ***~man***/U.S. ***tender,*** barman *m;* ***~maid,*** serveuse *f*.

bar III *prep* See BARRING.

barb [bɑ:b] *n* [feather] barbe *f*, || [fishhook] barbillon *m* || ***~ed wire,*** fil *m* de fer barbelé, ronce artificielle.

barbar|ian [bɑ:'bɛəriən] *adj/n* barbare || **~ic** [bɑ:'bærik] *adj* barbare, grossier || **~ous** ['bɑ:brəs] *adj* barbare, cruel.

barbecue ['bɑ:bikju:] *n* gril, barbecue *m* ● *vt* faire cuire/griller au barbecue.

barber ['bɑ:bə] *n* coiffeur *m* || **~-shop** *n* U.S. salon *m* de coiffure.

bare [bɛə] *adj* nu, dénudé (tree, landscape); *lay* ~, mettre à nu || vide (room) || simple (plain) || (tout) juste, à peine suffisant; ~ *living,* portion congrue || **~faced** [-feist] *adj* insolent, éhonté || **~foot(ed)** [-'fut(id)] *adj* aux pieds nus ● *adv* nu-pieds || **~headed** [-'hedid] *adj* nu-tête || **~legged** [-'legd] *adj* nu-jambes || **~ly** *adv* à peine, tout au plus, de justesse.

bargain ['bɑ:gin] *n* marché *m;* ***make/strike a*** ~, faire/conclure un marché (*with,* avec); *it's a* ~*!,* c'est entendu!; ***into the*** ~, pardessus le marché || Comm. occasion, affaire *f; a good* ~, une bonne affaire ● *vi* conclure un marché, négocier (*with,* avec; *for,* de); ~ *over,* marchander — *vt* ~ *away,* céder à vil prix || **~ing** *n* marchandage *m*.

barge [bɑ:dʒ] *n* chaland *m*, péniche *f* || **~man** *n* marinier, batelier *m*.

bark I [bɑ:k] *n* Bot. écorce *f* ● *vt* écorcer.

bark II *n* aboiement *m* ● *vi* aboyer || [fox] glapir.

barley [bɑ:li] *n* orge *f*.

barmy ['bɑ:mi] *adj* Fam. toqué.

barn [bɑ:n] *n* grange *f* || U.S. écurie, étable *f* || **~-yard** *n* basse-cour *f*.

barometer [bə'rɔmitə] *n* baromètre *m*.

baron ['bærən] *n* baron *m* || U.S., FAM. magnat, roi *m*.

barrack ['bærək] *n* baraque *f* || *Pl*

MIL. caserne *f* || ~**-room** *n* MIL. chambrée *f*.

barrage ['bærɑ:ʒ] *n* MIL. barrage *m*.

barrel ['bærəl] *n* baril *m* || MIL. canon *m* (of gun) ● *vt* mettre en baril, entonner (wine) || ~**-organ** *n* orgue *m* de Barbarie.

barren ['bærən] *adj* stérile, aride (land) || stérile (plant, animal) || aride (subject) || ~**ness** *n* stérilité *f*.

barricade [,bæri'keid] *n* barricade *f* ● *vt* barricader.

barrier ['bæriə] *n* barrière *f* || RAIL. portillon *m* || ~ **cream** *n* gant-crème *m*.

barring ['bɑ:riŋ] *prep* sauf, excepté; ~ *none,* sans exception.

barrister ['bæristə] *n* avocat *n*.

barrow I ['bærəu] *n* (*wheel-*)~, brouette *f; voiture f* à bras ● *vt* brouetter.

barrow II *n* tumulus *m*.

barter ['bɑ:tə] *n* troc *m* ● *vt* troquer.

base I [beis] *adj* bas, ignoble || vil (metal) || ~**ness** *n* bassesse, ignominie *f*.

base II *n* base *f* || ARCH. soubassement *m* || NAUT. base *f* || GRAMM. radical *m* ● *vt* fonder, baser, établir.

basement *n* ARCH. sous-sol *m*.

bashful ['bæʃfl] *adj* timide || ~**ness** *n* timidité *f*.

basic ['beisik] *adj* de base, fondamental.

basilica [bə'zilikə] *n* basilique *f*.

basin ['beisn] *n* bassin *m,* cuvette *f* (wash-bowl); *sugar* ~, sucrier *m* || GÉOGR. bassin *m*.

basis, bases ['beisis, -i:z] *n* FIG. base *f*.

bask [bɑ:sk] *vi* ~ *in the sun,* se chauffer/dorer au soleil; faire le lézard (au soleil); (fam.).

basket ['bɑ:skit] *n* panier *m;* corbeille *f; waste-paper-*~, corbeille à papier || ~**-ball** *n* basketball *m;* ~ *player,* basketteur *n* || ~**-work** *n* vannerie *f*.

bass [beis] *adj* MUS. grave, de basse ● *n* basse *f* (part, singer); *double-*~, contrebasse *f*.

basset ['bæsit] *n* ~ *(hound),* basset *m*.

bassoon [bə'su:n] *n* MUS. basson *m*.

bastard ['bæstəd] *adj/n* bâtard (*n*) || POP. salaud (*m*).

baste I [beist] *vt* [sewing] bâtir.

baste II *vt* CULIN. arroser (meat).

bat I [bæt] *n* [cricket] batte *f;* [table tennis] raquette *f*.

bat II *n* ZOOL. chauve-souris *f*.

batch [bætʃ] *n* fournée *f* (of loaves) || bande *f* (of people); tas, monceau *m* (of letters); quantité *f*.

bath [bɑ:θ] *n* bain *m; have a* ~, prendre un bain; ~***robe,*** peignoir *m* de bain; ~***room,*** salle *f* de bains; ~***tub,*** baignoire *f* ● *vt* baigner, donner un bain à — *vi* prendre un bain.

bath|e [beið] *n* bain *m* (in the sea, etc.); *go for a* ~, aller se baigner ● *vi/vt* (se) baigner || *bathing costume/suit,* costume/maillot *m* de bain || ~**ing-place** *n* baignade *f*.

bathyscaphe ['bæθiskæf] *n* bathyscaphe *m*.

baton ['bætn] *n* bâton *m* || MUS. baguette *f*.

bats [bæts] *adj* SL. cinglé.

battalion [bə'tæljən] *n* MIL. bataillon *m*.

batter I ['bætə] *vt* frapper, maltraiter || bosseler, bossuer (hat).

batter II *n* CULIN. pâte *f* à frire.

battery ['bætəri] *n* pile *f* électrique; batterie *f,* accumulateur *m*; ~ ***powered,*** à piles (set) || MIL. batterie *f*.

battle ['bætl] *n* bataille *f*, combat *m*; *naval* ~, combat naval ● *vi* combattre, lutter (*against*, contre) || **~-axe** *n* FAM. virago *f* || **~dress** *n* tenue *f* de combat || **~field** *n* champ *m* de bataille || **~-ship** *n* NAUT. cuirassé *m*.

bawdy ['bɔːdi] *adj* paillard.

bawl [bɔːl] *vi* brailler, beugler || U.S., FAM. ~ *out*, engueuler.

bay I [bei] *n* baie *f* || ***~-window,*** fenêtre *f* en saillie.

bay II *n* aboiement *m* || *at* ~, aux abois; *keep the enemy at* ~, tenir l'ennemi en échec ● *vi* aboyer.

bay III *n* BOT. laurier *m*; ~ *leaf/wreath*, feuille *f*/couronne *f* de laurier.

bay IV *adj* bai (horse) ● *n* cheval bai; *red* ~, alezan *m*.

bayonet ['beiənit] *n* baïonnette *f*.

bazaar [bə'zɑː] *n* bazar *m* (shop) || vente *f* de charité (sale).

bazooka [bə'zuːkə] *n* bazooka *m*.

be [biː] *vi* (pr. t. am [æm], is [iz], are [ɑː]; p. t. was [wɔz], were [wə]; p. p. been [biːn]) être || exister; *as things are*, dans l'état actuel des choses || avoir; *she is ten years old*, elle a dix ans; *I am cold*, j'ai froid || ***there is/are...,*** il y a || se produire; *when is your birthday?*, quel jour est votre anniversaire? || rester; *will you be here long?*, resterez-vous longtemps? || se porter; *how are you?*, comment allez-vous? || aller; *have you been to London?*, êtes-vous allé à Londres?; *has the postman been?*, le facteur est-il passé? || être partisan (*for*, de) || [impers.] *it is 10 miles from here*, c'est à 10 miles d'ici, il y a 10 miles d'ici (*to*, à) || *it is cold*, il fait froid || ***as it were,*** pour ainsi dire || *were it not that*, si ce n'était que; *had it not been for*, n'eût été, sans || *let it* ~ *so*, soit. — *aux* [passive] *I am told*, on me dit || [continuous] *what are you doing?*, que faites-vous? || ~ ***to,*** devoir, avoir l'intention de; *I am to tell you that*, je dois vous dire que; *we are to be married next month*, nous devons nous marier le mois prochain.

beach [biːtʃ] *n* plage *f*; *~-umbrella*, parasol *m* ● *vt* échouer (a ship) || **~-head** *n* MIL. tête *f* de pont.

beacon ['biːkn] *n* fanal *m* || NAUT. balise *f* || *flashing* ~, signal *m* clignotant (at pedestrian crossing).

bead [biːd] *n* perle *f* (of wood, glass) || goutte *f* (of sweat) || REL. grain *m* (de chapelet); *tell one's* ~*s*, dire son chapelet.

beadle ['biːdl] *n* REL. bedeau *m*.

beak [biːk] *n* bec *m* (of birds).

beaker ['biːkə] *n* gobelet *m*; coupe *f*.

be-all and end-all [,---'--] *n the* ~ *of*, le but suprême de.

beam [biːm] *n* poutre *f*; ***exposed*** ***~s,*** poutres apparentes || [scales] fléau *m* || [light] rayon *m*; faisceau *m* || AV. onde *f* de guidage ● *vi* [face, sun] rayonner — *vt* RAD. transmettre (par radio).

bean [biːn] *n* haricot *m*; *French* ~*s*, haricots verts || grain *m* (of coffee) || FAM. *full of* ~*s*, plein d'ardeur.

bear I [bɛə] *n* ours *m*; ***~'s cub,*** ourson *m* || FIN. baissier *m*.

Bear II *n* ASTR. *Great/Little* ~, Grande/Petite Ourse.

bear III (bore [bɔː], borne [bɔːn]) *vt* porter, supporter (sth.) || donner naissance à (child); ***when were you born?,*** quand êtes-vous né? || produire (crop, fruit) || FIN. produire (interest) || JUR. être revêtu de, porter (signature); ~ *witness*, témoigner || MIL. porter (arms) || FIG. supporter, tolérer (endure) || ~ ***out,*** confirmer (a statement) || ~ ***up,*** soutenir (sb.). — *vi* souffrir, endurer ; ~ *with sb.*, supporter qqn || faire de l'effet ; ***bring to ~,*** faire porter (*on,* sur) ; *bring a gun to ~ on,* pointer, braquer un canon sur || [direction] ~ ***left,*** prendre à gauche || ~ ***up,*** tenir bon, tenir le coup (fam.) || **~able** ['bɛərəbl] *adj* supportable (pains).

beard [biəd] *n* barbe *f ; wear a ~,* porter la barbe ● *vt* défier, narguer || **~ed** [-id] *adj* barbu || **~less** *adj* imberbe.

bearer ['bɛərə] *n* porteur *n* || titulaire *m* (of passport) || FIN. *~-cheque,* chèque *m* au porteur.

bearing ['bɛəriŋ] *n* port, transport *m* (of a weight) || portée *f* (of an argument) || aspect, angle *m* (of a question) || rapport *m,* relation *f* (*on,* avec) || endurance, patience *f* || TECHN. coussinet, palier *m* || NAUT. *Pl* relèvement *m,* position *f ; take the ship's ~s,* faire le point ; *take one's ~s,* s'orienter || FIG. port *m,* allure *f.*

beast [bi:st] *n* bête *f,* quadrupède *m ; wild ~,* fauve *m* || FIG. brute *f* || **~ly** *adj* brutal, bestial || FIG. sale, infect.

beat I [bi:t] *n* battement *m* (of drum) || pulsation *f* (of heart) || ronde *f ;* [policeman] *be on one's ~,* faire sa ronde || MUS. mesure *f ;* [Jazz] rythme *m ; strong/weak ~,* temps fort/faible.

beat II [bi:t] *vt* (beat, beaten [-n]) battre, frapper || MUS. ~ *time,* battre la mesure || CULIN. battre, fouetter (cream) || FIG. battre, vaincre ; surpasser ; ~ ***the record,*** battre le record || POP. ~ *it !,* file ! ; *that ~s me !,* ça me dépasse — *vi* cogner, frapper || NAUT. louvoyer || FAM. ~ *about the bush,* tourner autour du pot, tergiverser || ~ *up,* tabasser (qqn) ● *adj* éreinté, claqué || **~en** [-n] *adj* battu || FIG. *off the ~ track,* hors des sentiers battus ; *be off the ~ track,* sortir de l'ordinaire || **~er** *n* [hunting] rabatteur *n* || CULIN. *(egg-)~,* batteur *m* || **~ing** *n* correction *f ;* volée *f* (fam.) ; [police] matraquage *m* || [heart] battement *m* || SP. défaite *f.*

beatitude [bi'ætitju:d] *n* béatitude *f.*

beatnik ['bi:tnik] *n* beatnik *m.*

beautician [bju'tiʃn] *n* esthéticienne *f.*

beaut|iful ['bju:təfl] *adj* beau, magnifique || **~ifully** [-əfli] *adv* admirablement, à la perfection, à ravir || **~ify** [-ifai] *vt* embellir, enjoliver.

beauty ['bju:ti] *n* beauté *f,* charme *m ; ~-treatment,* soins *mpl* de beauté ; *~-parlour,* institut *m* de beauté || *~-spot,* site *m* touristique.

beaver ['bi:və] *n* castor *m.*

became See BECOME.

because [bi'kɔz] *conj* parce que ; ~ *of,* à cause de.

beckon ['bekn] *vi* faire signe à.

becom|e [bi'kʌm] *vi* (became [bi'keim], become [bi'kʌm]) devenir ; *what has ~ of him ?,* qu'est-il devenu ? — *vt* LITT. aller (suit) || **~ing** *adj* seyant (dress) || convenable (attitude).

bed [bed] *n* lit *m* ; *double ~,* lit pour deux personnes ; *single ~,* lit d'une personne ; ***go to ~,*** (aller) se coucher ; *go to ~ with sb.,* coucher avec qqn ; *put to ~,* coucher (a child) ; ***take to one's ~,*** prendre le lit ; *stay in ~,* garder le lit ; *get out of ~,* se lever ; *on getting out of ~,* au saut du lit ; ***make the ~,*** faire le lit ; ~ *and board,* pension complète || lit *m* (of river) || plate-bande *f* (of flowers) || **~bug** *n* punaise *f* || **~clothes** *npl* literie *f* || **~-cover** *n* couvre-lit *m* || **~ding** *n* literie *f* || **~room** *n* chambre *f* à coucher || **~side** *n* chevet *m ; ~ lamp,* lampe *f* de chevet ; ~ *table,* table *f* de nuit || **~-sitter/~-sitting-room** *n* studio *m* || **~-spread** *n* dessus *m* de lit, couvre-pieds *m* || **~stead** [-sted] *n* bois *m* de lit || **~time** [-taim] *n* heure *f* du coucher.

bee [bi] *n* abeille *f; bumble ~,* bourdon *m; ~-keeping,* apiculture *f* || FIG. *have a ~ in one's bonnet,* avoir une idée fixe ; *make a ~-line for,* filer tout droit sur.

beech [bi:tʃ] *n* hêtre *m.*

beef [bi:f] *n* bœuf *m* (flesh) ; *roast ~,* rosbif *m* || **~steak** ['bi:f'steik] *n* bifteck *m.*

beehive ['bi:haiv] *n* ruche *f.*

been See BE.

beer [biə] *n* bière *f; ~ on draught,* bière à la pression.

beet [bi:t] *n* betterave *f.*

beetle I ['bi:tl] *n* scarabée *m.*

beetle II *vi* surplomber ● *adj* proéminent || **~-browed** [-braud] *adj* aux sourcils épais.

befall [bi'fɔ:l] *vi* (befell [-'fel], befallen [-'fɔ:ln]) arriver, survenir — *vt* arriver à.

befit [bi'fit] *vt* convenir à.

before [bi'fɔ:] *prep* avant (earlier than) ; ***the day ~ yesterday,*** avant-hier ; *~ long,* avant peu || avant (preference, order) || devant (in front of) || JUR. par-devant (a judge) ● *adv* auparavant ; *the day ~,* la veille ; *never ~,* jamais encore || déjà (earlier) ● *conj* avant que ; plutôt que (de) ; ***~hand,*** d'avance.

befriend [bi'frend] *vt* traiter en ami ; secourir.

beg [beg] *vt* mendier || solliciter (ask) ; *I ~ your pardon,* je vous demande pardon || se permettre de (allow oneself) ; *I ~ to inform you that,* j'ai l'honneur de vous faire savoir que || ***~ the question,*** faire une pétition de principe — *vi ~ (for),* mendier || [dog] *(sit up and) ~,* faire le beau || ***~ off,*** se faire excuser.

began See BEGIN.

beget [bi'get] *vt* (begot [bi'gɔt], begotten [bi'gɔtn]) engendrer.

begg|ar ['begə] *n* mendiant *m* ● *vt* réduire à la mendicité || **~arly** *adj* misérable || **~ary** *n* mendicité *f.*

begin [bi'gin] *vt* (began [bi'gæn], begun [bi'gʌn]) commencer ; se mettre à, entreprendre — *vi* commencer ; *~ again,* recommencer ; *~ with,* commencer par || **~ner** *n* débutant, novice *n* || **~ning** *n* commencement, début *m ;* origine, naissance *f.*

begot, begotten See BEGET.

begrudge [bi'grʌdʒ] *vt* donner à contrecœur.

beguile [bi'gail] *vt* tromper || faire passer (time).

begun See BEGIN.

behalf [bi'hɑ:f] *n* ***on ~ of,*** au nom de ; *on my ~,* de ma part.

behav|e [bi'heiv] *vi* se conduire, agir ; se bien conduire ; *~ yourself!,* tiens-toi bien ! || **~iour** [-jə] *n* comportement *m,* tenue *f;* conduite *f.*

behead [bi'hed] *vt* décapiter.

beheld See BEHOLD.

behest [bi'hest] *n* ordre *m ; at his ~,* sur son ordre.

behind [bi'haind] *prep* derrière ; en arrière de, à la suite de ; *it's ~ you,* vous lui tournez le dos || ***~ time,*** en retard ● *adv* en arrière ; ***from ~,*** par derrière ; *stay ~,* rester en arrière || [time] ***be ~ with,*** *be ~,* être en retard dans ● *n* FAM. derrière, postérieur *m.*

behindhand *adv* en retard.

behold [bi'həuld] *vt* (beheld [-held]) apercevoir, contempler.

beholden [bi'həuldn] *adj* obligé, redevable (*to,* à ; *for,* de).

behove [bi'həuv] *v impers* FIG. appartenir à, incomber à.

beige [beiʒ] *adj* beige.

being See BE ● *n* existence *f*; *come into* ~, prendre naissance *f* || être *m*; ***human*** ~, être humain.

belated [bi'leitid] *adj* attardé, tardif.

belch [bəltʃ] *vi* roter — *vt* FIG. ~ *out,* vomir (smoke, flames) ● *n* rot, renvoi *m*.

belfry ['belfri] *n* beffroi *m*.

Belg|ian ['beldʒn] *adj/n* belge || ~**ium** [-əm] *n* Belgique *f*.

belie [bi'lai] *vt* démentir.

belief [bi'li:f] *n* croyance *f* (*in,* en); foi *f*; *to the best of my* ~, pour autant que je sache.

believ|able [bi'li:vəbl] *adj* croyable || ~**e** *vt* croire || penser, estimer; *I* ~ *so/not,* je crois que oui/non || *don't you* ~ *it!,* détrompez-vous! || ***make*** ~, faire semblant — *vi* croire (*in,* à) || ~**er** *n* adepte *n,* partisan *m* (*in,* de) || REL. croyant *n*.

belittle [bi'litl] *vt* déprécier, rabaisser.

bell [bel] *n* cloche *f* || [telephone] sonnerie *f* || [bicycle] timbre *m* || [door] sonnette *f* || [small] clochette *f*; grelot *m* (of a collar) || FAM. *that rings a* ~, cela me rappelle qqch. || ~***-boy,*** groom *m*.

belle [bel] *n* belle, beauté *f* (woman).

bell-hop ['belhɔp] *n* U.S. = BELL-BOY.

belligerent [bi'lidʒərnt] *adj/n* belligérant.

bellow ['beləu] *vi* beugler, mugir || FAM. [person] hurler, brailler.

bellows ['beləuz] *npl* soufflet *m*.

bell|-pull ['belpul] *n* cordon *m* de sonnette || ~**-shaped** [-ʃeipt] *adj* évasé.

belly ['beli] *n* ventre *m*; *have the* ~*-ache,* avoir mal au ventre ● *vi* NAUT. [sail] se gonfler.

belong [bi'lɔŋ] *vi* appartenir (*to,* à); faire partie (*to,* de) || habiter || être à sa place, avoir sa place (*in,* dans).

belongings [-iŋz] *npl* affaires (personnelles).

beloved [bi'lʌvd] *adj/n* bien-aimé.

below [bi'ləu] *prep* sous, au-dessous de ● *adv* dessous, au-dessous; *down* ~, en bas; *here* ~, ici-bas; *see* ~, cf/voir ci-dessous.

belt [belt] *n* ceinture *f* || MIL. ceinturon *m* || AV. *seat-*~, ceinture *f* de sécurité || NAUT. *safety* ~, ceinture *f* de sauvetage || GÉOGR. zone *f* || TECHN. courroie *f* || FIG. *blow below the* ~, coup bas; *tighten one's* ~, se serrer la ceinture (fam.) ● *vt* ~ *(up),* mettre/boucler la ceinture (à) || fouetter (thrash).

belying [bi'laiiŋ] See BELIE.

bemoan [bi'məun] *vt* FIG. pleurer (sb., sth.).

bench [benʃ] *n* banc *m*, banquette *f* || TECHN. établi *m* || JUR. magistrature assise.

bend [bend] *vt* (bent [bent]) courber, plier, incliner (sth.) || tendre, bander (a bow) || ~ *one's steps,* diriger ses pas (*towards,* vers) || FIG. *bent upon,* résolu à — *vi* ~ *(down),* se courber; plier || [river] faire un coude || FIG. s'incliner ● *n* courbure *f* || [river] coude *m* || [road] tournant *m*.

beneath [bi'ni:θ] *adv* dessous, au-dessous ● *prep* sous, au-dessous de || FIG. *it is* ~ *you,* c'est indigne de vous.

benedic|tine [,beni'diktin] *n* REL. bénédictin *m* || ~**tion** *n* bénédiction *f*.

benefac|tor ['benifæktə] *n* bienfaiteur *m* || ~**tress** [-tris] *n* bienfaitrice *f*.

benefic|e ['benifis] *n* REL. bénéfice *m* || ~**ent** [bi'nefisnt] *adj* bienfaisant || ~**ial** [,beni'fiʃl] *adj* salutaire (*to,* à).

benefit ['benifit] *n* profit, bénéfice *m; allocation f; family* ~, allocations familiales; *unemployment* ~, indemnité *f* de chômage ● *vt* profiter à; faire du bien à — *vi* tirer profit/avantage (*from/by*, de).

benevol|ence [bi'nevələns] *n* bienveillance *f;* bienfaisance *f* || **~ent** *adj* bienveillant; bienfaisant, charitable.

benighted [bi'naitid] *adj* FIG. aveugle, à courte vue || LITT. surpris par la nuit.

benign [bi'nain] *adj* MÉD. bénin.

bent I See BEND.

bent II [bent] *n* penchant *m*, tendance *f*.

benumb [bi'nʌm] *vt* engourdir || **~ed** [-d] *adj* transi.

benzine ['benzi:n] *n* benzine *f*.

bequeath [bi'kwi:ð] *vt* léguer (*to*, à).

bequest [bi'kwest] *n* legs *m*.

berate [bi'reit] *vt* réprimander, gronder.

bereave [bi'ri:v] *vt* (bereft [bi'reft] *or* bereaved [-d]) priver, déposséder (*of*, de) || **~d** *adj* veuf, en deuil || **~ment** *n* deuil *m*, perte *f*.

bereft See BEREAVE ● *adj* ~ *of*, dénué de.

berry ['beri] *n* BOT. baie *f;* grain *m* (of coffee).

berth [bə:θ] *n* couchette *f* || NAUT. mouillage *m* || FIG. *give (sb.) a wide* ~, éviter, se tenir à distance de (sb.) ● *vi* NAUT. mouiller; accoster, venir à quai.

beseech [bi'si:tʃ] *vt* (besought [bi'sɔ:t]) implorer, supplier.

beset [bi'set] *vt* (beset) assaillir, serrer de près; accabler || *~ting sin*, péché mignon.

beside [bi'said] *prep* à côté de || hors de; *be ~ oneself*, être hors de soi; *~ the mark/point*, hors de propos || comparé à (in comparison with).

besides [bi'saidz] *prep* outre, à part ● *adv* en outre, d'ailleurs.

besiege [bi'si:dʒ] *vt* assiéger.

besought See BESEECH.

be|spatter [bi'spætə] *vt* éclabousser || **~speak** *vt* (bespoke, bespoken) commander (a meal); retenir (a table) || **~spoke** [bi'spəuk] *adj* fait sur mesure.

best [best] (sup. of *good/well*) *adj* meilleur ● *adv* mieux; ***at ~,*** au mieux; ***as ~ he could,*** de son mieux; *he had ~ stay*, il ferait mieux de rester (See also BETTER) ● *n* mieux *m*; *at one's ~*, sous son meilleur jour, à son avantage; *do one's ~*, faire de son mieux; *get/have the ~ of*, l'emporter sur; ***make the ~ of,*** tirer le meilleur parti || ***~-seller,*** succès *m* de librairie, best-seller *m*.

bestial ['bestjəl] *adj* bestial || **~ity** [,besti'æliti] *n* bestialité *f*.

best man *n* garçon *m* d'honneur.

bestow [bi'stəu] *vt* accorder, donner (*on*, à).

bestride [bi'straid] *vt* (See RIDE) être à cheval/califourchon sur.

bet [bet] *n* pari *m* ● *vi/vt* (bet or betted [-tid]) parier (*against*, contre; *on*, sur) || FAM. *I ~ you I do it!*, chiche! || SL. ***you ~!,*** tu parles!, pour sûr!

betray [bi'trei] *vt* trahir, tromper || **~al** [bi'treəl] *n* trahison *f* || **~er** *n* traître *n*.

betroth [bi'trəuð] *vt* fiancer || **~al** [-l] *n* fiançailles *fpl* || **~ed** [-d] *adj/n* fiancé.

better I ['betə] (comp. of *good/well*) *adj* meilleur (*than*, que); *no ~ than*, rien moins que; ***the ~ part of,*** la plus grande partie de || FAM. *~ off*, plus riche; *his ~ half*, sa moitié (wife) || ***get ~,*** [things] s'améliorer, [person] se remettre; ***be/feel ~,*** aller mieux ; ***it is ~ to,*** il vaut mieux... ; *go one ~,* renchérir ● *adv* mieux ; ***~ and ~,*** de mieux en mieux ; ***so much the ~,*** tant mieux ; ***like sth. ~,*** préférer, aimer mieux qqch. ; ***think ~ of sth.,*** se raviser, changer d'avis ; *know ~,* avoir plus d'expérience, être mieux avisé, en savoir plus long || ***had ~ :*** *you had ~ stay,* vous feriez mieux de rester (See also BEST) ● *n* mieux *m ;* ***get the ~ of,*** triompher de || *Pl* supérieurs *mpl* ● *vt* améliorer (improve) || surpasser (outdo) — *vi* s'améliorer.

better II *n* = BETTOR.

betterment *n* amélioration *f.*

betting ['betiŋ] *n* pari *m.*

bettor ['betə] *n* parieur *n.*

between [bi'twi:n] *prep* entre ; *~ ourselves,* entre nous || à (combined efforts) ; *~ us,* à nous deux (*or* trois, etc.) ; *~ them,* à eux tous || **~-decks** *n* entrepont *m.*

beverage ['bevəridʒ] *n* boisson *f.*

bevy ['bevi] *n* bande *f;* vol *m* (of larks) || FIG. essaim *m,* troupe *f.*

bewail [bi'weil] *vt* déplorer, se lamenter.

beware [bi'wɛə] *vi* se méfier de, prendre garde à ; *~ of pickpockets!,* attention aux pickpockets !

bewilder [bi'wildə] *vt* déconcerter, désorienter || **~ed** [-d] *adj* désorienté, FAM. ahuri || **~ing** [-riŋ] *adj* déroutant, FAM. ahurissant || **~ment** *n* trouble *m,* confusion *f.*

bewitch [bi'witʃ] *vt* ensorceler || **~ing** *adj* ensorceleur (smile).

beyond [bi'jɔnd] *adv* au-delà ● *prep* au-delà de, au-dessus de || plus que || outre ; *~ belief,* incroyable ; *~ doubt,* hors de doute ; *~ measure,* outre mesure.

bias ['baiəs] *n* biais *m* || FIG. préjugé *m ;* prévention *f* (prejudice) || penchant *m ; vocational ~,* déformation professionnelle ● *vt* influencer ; prévenir (*against,* contre).

biblical ['biblikl] *adj* biblique.

bibliography [,bibli'ɔgrəfi] *n* bibliographie *f.*

biceps ['baiseps] *n* biceps *m.*

bicker ['bikə] *vi* se chamailler.

bicycle ['baisikl] *n* bicyclette *f; on a ~,* à bicyclette ● *vi* aller à bicyclette.

bid [bid] *vt* (bade [bæd], bidden ['bidn]) ordonner || [arch.] dire ; *~ somebody farewell,* dire adieu à qqn || prier, inviter ; *~ sb. to dinner,* inviter qqn à dîner — *vi* (p.t. and p.p. *bid*) offrir, mettre une enchère (*for/on,* sur) || annoncer (at bridge) || FIG. *~ fair to succeed,* paraître devoir réussir ● *n* offre, enchère *f* || annonce *f* (at bridge) ; *higher ~,* surenchère *f* || tentative *f; make a ~ for,* tenter d'obtenir, faire son possible pour || **~der** *n* enchérisseur *n ; to the highest ~,* au plus offrant.

biff [bif] *n* SL. gnon *m* (pop.).

bifocals ['bai'fəuklz] *npl* OPT. verres *mpl* à double foyer.

big [big] *adj* grand, gros, fort (person) || *grow ~,* grossir || MÉD. *~ with young,* pleine (animal) || FIG. important (business) ● *adv see/think ~,* voir grand ; *talk ~,* faire l'important, se vanter.

bigam|ist ['bigəmist] *n* bigame *n* || **~ous** *adj* bigame || **~y** *n* bigamie *f.*

big end *n* AUT. tête *f* de bielle ; *run a ~,* couler une bielle.

bigness ['bignis] *n* grosseur *f.*

bigot ['bigət] *n* sectaire, fanatique *n* || **~ed** [-id] *adj* sectaire ; bigot || **~ry** [-ri] *n* sectarisme *m* || REL. bigoterie *f.*

bike [baik] *n* FAM. vélo *m.*

bile [bail] *n* bile *f* || FIG. colère *f.*

bilingu|al [bai'liŋgwəl] *adj/n* bilingue || **~ism** *n* bilinguisme *m.*

bilious ['biljəs] *adj* bilieux || FAM. colérique (person).

bilk [bilk] *vt* voler; rouler (fam.).

bill I [bil] *n* bec *m* (of bird).

bill II *n* affiche *f;* **~-poster/-sticker,** colleur *n* d'affiches || ~ *of fare,* menu *m* || facture *f;* [restaurant] addition, note *f* || COMM. traite *f,* effet *m; discount/draw a* ~, escompter/tirer une traite || FIN. *foreign ~s,* devises étrangères || U.S. billet *m* de banque || JUR. projet *m* de loi || NAUT. ~ *of health/lading,* patente *f,* connaissement *m.*

billet ['bilit] *n* MIL. billet *m* de logement (order); cantonnement *m* (place) ● *vt* MIL. loger, cantonner.

bill-hook ['bilhuk] *n* serpe *f.*

billiards ['biljədz] *npl* billard *m; play* ~, jouer au billard.

billiard-table *n* billard *m.*

billion ['biljən] *n* G.B. billion *m* || U.S. milliard *m.*

billow ['biləu] *n* LITT. lame, vague *f;* [poetic] *the ~s,* les flots ● *vi* [sea] se soulever, onduler || **~y** *adj* houleux.

bin [bin] *n* huche *f,* coffre *m* || *(dust-)~,* boîte *f* à ordures.

binary ['bainəri] *adj* binaire.

bind [baind] *vt* (bound [baund]) attacher, lier; réunir, relier (a book) || **~er** *n* relieur *m* || AGR. moissonneuse-lieuse *f* || **~ing** *n* [book] reliure *f* || [garment] extrafort *m;* [trousers] talonnette *f* || [ski] fixation *f* ● *adj* contraignant; obligatoire.

binge [binʒ] *n* FAM. noce, bombe *f.*

bingo ['biŋgəu] *n* loto *m.*

binoculars [bi'nɔkjuləz] *n* jumelle *f.*

bio|chemistry ['baiə'kemistri] *n* biochimie *f* || **~degradable** *adj* biodégradable || **~grapher** [bai'ɔgrəfə] *n* biographe *n* || **~graphy** [-grəfi] *n* biographie *f* || **~logist** [bai'ɔlədʒist] *n* biologiste *n* || **~logy** [-lədʒi] *n* biologie *f.*

birch [bə:tʃ] *n* bouleau *m.*

bird [bə:d] *n* oiseau *m;* ~ *of prey,* oiseau de proie, rapace *m* || CULIN. volaille *f* || FAM. [person] type *m; a queer ~,* un drôle d'oiseau || SL. [girl] nana *f.*

bird fancier *n* amateur *m* d'oiseaux.

birdie [-i] *n* FAM. nénette, minette *f* (fam.).

bird-lime *n* glu *f.*

bird's eye view *n* vue *f* d'ensemble.

bird's nest *n* nid *m* d'oiseau(x) || V. NEST *vi.*

bird-watching *n* G.B. observation *f* des oiseaux (dans leur cadre naturel).

biro ['baiərəu] *n* T.N. FR. = pointe *f* Bic.

birth [bə:θ] *n* naissance *f* || ***give ~,*** donner naissance (*to,* à), mettre au monde || **~-*certificate,*** acte *m* de naissance || FIG. éclosion, origine *f* || **~-control** *n* contrôle *m*/limitation *f* des naissances || **~day** *n* anniversaire *m* || **~-place** *n* lieu *m* de naissance || **~-rate** *n* natalité *f.*

Biscay ['biskei] *n bay of ~,* golfe *m* de Gascogne.

biscuit ['biskit] *n* gâteau sec.

bisect [bai'sekt] *vt* couper en deux.

bishop ['biʃəp] *n* évêque *m* || fou *m* (chessman) || **~ric** [-rik] *n* évêché *m* (district); épiscopat *m* (function).

bison ['baisn] *n* bison *m.*

bit I [bit] *n* morceau, bout *m* || petite pièce (coin) || CULIN. morceau *m,* bouchée *f* || TECHN.

mèche *f* || FAM. *not a* ~, pas du tout; *do one's* ~, payer de sa personne, faire sa part; *wait a* ~, attendez un instant.

bit II *n* mors *m* (on a bridle).

bit III See BITE.

bitch [bitʃ] *n* chienne *f* || FAM. garce *f* (woman).

bite [bait] *vt* (bit [bit], bitten ['bitn]) mordre; [flea] piquer; [wind] couper || ~ *one's nails*, se ronger les ongles ● *n* morsure *f*; coup *m* de dent; piqûre *f* (of insect) || bouchée *f* (mouthful) || [fishing] touche *f*.

bitten See BITE.

bitter ['bitə] *adj* amer (food) || glacial (wind) || rigoureux; cruel (remorse); ***to the ~ end***, jusqu'au bout || **~ly** *adv* amèrement || FIG. *it is ~ cold*, il fait un froid de loup || **~ness** *n* amertume *f* || rigueur *f* (of weather) || **~-sweet** *n* BOT. douce-amère *f* ● *adj* aigre-doux.

black [blæk] *adj* noir (colour); ~ *and white*, noir sur blanc || [road] ~ ***ice***, verglas *m* || CULIN. ~ *coffee*, café noir; ~ *pudding*, boudin *m* || MÉD. ~ *and blue*, couvert de bleus; ~ *eye*, œil poché || COMM. ~ ***market***, marché noir || FIN. *in the* ~, créditeur (account) || FIG. ~ *sheep*, brebis galeuse || ● *n* Nègre *n* (Negro) ● *vt* noircir (blacken) || cirer (shoes) || ~ ***out***, caviarder; censurer; *(vi)* FIG. s'évanouir || See ~OUT *(n)* || **~ball** *vt* blackbouler || **~berry** *n* mûre *f* || **~bird** *n* merle *m* || **~board** *n* tableau noir || **~-currant** *n* cassis *m* || **~en** *vt* noircir || **~guard** ['blægɑ:d] *n* vaurien *m*, fripouille *f* || **~ing** *n* cirage noir || **~leg** *n* jaune *m*, briseur *m* de grève (strike-breaker) || **~mail** *vt* faire du chantage || **~mailer** *n* maître chanteur.

Black Maria [-mɛəriə] *n* FAM. [police] panier *m* à salade (fam.).

black|ness *n* noirceur *f* || **~out** *n* [war] camouflage *m* des lumières, black-out *m* || [lighting] panne *f* d'électricité || FIG. évanouissement (fainting); trou *m* de mémoire (failure of the memory).

blacksmith ['blæksmiθ] *n* forgeron *m*.

bladder ['blædə] *n* vessie *f*.

blade [bleid] *n* lame *f* (of knife, sword) || BOT. brin *m* d'herbe || AV. pale *f* (of propeller) || FAM. gaillard *n*.

blah-blah ['blɑ:'blɑ:] *n* bla-bla (-bla) *m*.

blame [bleim] *n* [reproach] blâme *m*, reproches *mpl* || responsabilité *f*; *lay the ~ upon*, rejeter la responsabilité sur ● *vt* blâmer (censure) || ~ *sb. for sth.*, rejeter la responsabilité de qqch. sur qqn; mettre qqch. sur le dos de qqn (fam.) || **~less** *adj* irréprochable.

bland [blænd] *adj* [person] aimable, affable || [food] léger; insipide (tasteless).

blank [blæŋk] *adj* blanc [colour] || nu (wall) || blanc (space) || vierge (sheet of paper) || FIN. en blanc (cheque) || MIL. à blanc (cartridge) || GRAMM. blanc (verse) || JUR. blanc (vote) || FIG. vide (mind); vague, perdu (look); désorienté (person) || LITT. ~ *verse*, vers blanc ● *n* blanc, vide *m* (empty, space).

blanket ['blæŋkit] *n* couverture *f*; *electric ~*, couverture chauffante; *woollen/wrapping ~*, lange *m* || FIG. ***wet ~***, rabat-joie *m* ● *vt* recouvrir (with snow) || FIG. étouffer (scandal).

blare [blɛə] *n* sonnerie *f* de trompettes ● *vt/vi* FAM. claironner.

blasphem|e [blæs'fi:m] *vi* blasphémer || **~er** *n* blasphémateur *n* || **~ous** ['blæs'fiməs] *adj* blasphématoire || **~y** ['blæsfimi] *n* blasphème *m*.

blast [blɑ:st] *n* rafale *f*, coup *m* de vent || [bomb] explosion *f*;

souffle *m* || Mus. sonnerie *f* (of a trumpet) || Fig. *at full ~*, à toute allure ● *vt* faire sauter || [lightning] foudroyer || Fig. ruiner ; détruire || **~-furnace** *n* haut fourneau *m*.

blatant ['bleitnt] *adj* criard (noisy) ; voyant (showy) || criant, flagrant.

blaze I [bleiz] *n* flambée, flamme *f* || feu *m* (conflagration) || flamboiement *m* (of jewels) || [colère] explosion *f* ● *vi* flamber, flamboyer || [jewels] étinceler, resplendir || ~ ***up,*** s'enflammer || Fig. s'emporter (with anger).

blaze II *n* marque, encoche *f* (on a tree) ● *vt* marquer (a tree) || ~ ***a trail,*** frayer un chemin ; Fig. ouvrir la voie.

blazer ['bleizə] *n* blazer *m*.

bleach [bli:tʃ] *vt* blanchir (whiten) || décolorer ; *have one's hair ~ed*, se faire faire une décoloration ● *n* Fr. = eau de Javel.

bleak [bli:k] *adj* battu par les vents, nu, désolé (land) || glacial (cold) || Fig. sombre, désolé.

bleary ['bliəri] *adj* larmoyant ; chassieux (eye).

bleat [bli:t] *n* bêlement *m* ● *vi* bêler ; chevroter.

bled See BLEED.

bleed [bli:d] *vt* (bled [bled]) saigner || Méd. faire une saignée à || Fig. saigner ; extorquer de l'argent — *vi* saigner, perdre du sang ; *his nose is ~ing*, il saigne du nez ● *n* saignement *m* || **~ing** *n* saignement *m*.

blemish ['blemiʃ] *n* défaut *m*, tare *f* ● *vt* gâter (beauty) || ternir (reputation).

blench [blenʃ] *vi* sursauter.

blend [blend] *vt* (blended [-id] *or* blent [blent]) mélanger (*with*, à) || fondre (colours) — *vi* se fondre ● *n* mélange *m*.

bless [bles] (p. t., p. p. blessed [-t] *or* blest [blest]) *vt* bénir || favoriser, douer || **~ed** [-id] or **blest** *adj* béni, sanctifié (holy) ; ***Blessed Virgin,*** Sainte Vierge || bienheureux (with God) || Sl. sacré, fichu (fam.) || **~ing** *n* bénédiction, grâce *f* (of God) || bénédicité *m* (at meals) || Fig. bienfait *m* ; chance *f* || *it is a ~ in disguise*, à quelque chose malheur est bon ; c'est un mal pour un bien.

blest See BLESS, BLESSED.

blew See BLOW.

blight [blait] *n* Agr. rouille, nielle *f* || Fig. tache, flétrissure *f*. ● *vt* Fig. détruire, ruiner.

blighter ['blaitə] *n* Fam. type *m*.

blind I [blaind] *adj* aveugle ; ***a ~ man/woman,*** un/une aveugle ; ***~ in one eye,*** borgne || ~ *man's buff* colin-maillard *m* || Av. ***~ flying,*** vol *m* sans visibilité || Arch. ~ *window*, fausse fenêtre || Fig. *be ~ to sth.*, fermer les yeux sur qqch. ● *adv* à l'aveuglette ● *vt* aveugler.

blind II *n* store *m* (at a window) ; *Venetian ~*, jalousie *f*, store vénitien.

blind|fold [-fəuld] *vt* bander les yeux ● *adv* les yeux bandés || **~ing** *adj* aveuglant || **~ly** *adv* à l'aveuglette || **~ness** *n* cécité *f* || Fig. aveuglement *m*.

blink [bliŋk] *vi* cligner des yeux || [light] clignoter || Fig. ignorer (a fact) ● *n* clignotement *m*, lueur intermittente || **~er** *n* œillère *f*.

bliss [blis] *n* béatitude, félicité *f* || **~ful** *adj* bienheureux.

blister ['blistə] *n* ampoule *f* (on skin) || Techn. cloque *f* ● *vi* [hands] se couvrir d'ampoules || [paint] cloquer.

blithe [blaið] *adj* enjoué, folâtre.

blitz [blits] *n* Av. attaque *f* surprise ; bombardement *m* ● *vt* bombarder.

blizzard ['blizəd] *n* tempête *f* de neige.

bloated ['bləutid] *adj* boursouflé; bouffi.

bloater ['bləutə] *n* hareng *m* saur.

blob [blɔb] *n* tache *f* (colour); ||pâté *m* (of ink).

block [blɔk] *n* bloc *m* (of rock) || pâté *m* de maison (street); *two* ~*s away,* à deux rues de là || ~ ***letters,*** capitales *fpl* d'imprimerie || ~ ***of flats,*** immeuble *m* || AUT. ***traffic*** ~, encombrement, embouteillage *m* || NAUT. poulie *f* ● *vt* obstruer, barrer le passage || FIG. entraver, gêner.

blockade [blɔ'keid] *n* blocus *m* ● *vt* faire le blocus de.

blockhead ['blɔkhed] *n* imbécile, idiot, crétin *m*.

bloke [bləuk] *n* POP. mec *m* (pop.).

blond(e) [blɔnd] *adj/n* blond(e).

blood [blʌd] *n* sang *m* || FIG. colère, indignation *f* (anger); *in cold* ~, de sang-froid || FIG. sang *m*, parenté *f*; ~ *feud,* vendetta *f* || ~**-bank** *n* banque *f* du sang || ~**-count** *n* numération *f* globulaire || ~ **donor** *n* donneur *n* de sang || ~**-group** *n* groupe sanguin || ~**less** *adj* exsangue || ~**-letting** *n* saignée *f* || ~**-orange** *n* sanguine *f* || ~**-pressure** *n* tension artérielle || ~**shed** *n* effusion *f* de sang || ~**stain** *n* tache *f* de sang || ~ **sugar test** *n* MÉD. glycémie *f* || ~**thirsty** *adj* sanguinaire || ~**y** *adj* sanglant || SL. foutu, sacré (fam.).

bloom [blu:m] *n* fleur, floraison *f*; *in* ~, en fleur || BOT. velouté *m*, pruine, fleur *f* (of plums) ● *vi* fleurir, s'épanouir || ~**er** *n* SL. boulette *f* || ~**ing** *adj* fleuri || FIG. épanoui, florissant || FAM. fichu, sacré.

blossom ['blɔsəm] *n* fleur *f* (of a tree); *in* ~, en fleur ● *vi* fleurir, s'épanouir || ~*ing time,* floraison *f*.

blot [blɔt] *n* pâté *m* (of ink) || FIG. tache *f* ● *vt* tacher (stain); sécher (dry) || ~ ***out,*** raturer || caviarder || FIG. masquer || ~**ter** *n* buvard *m* || ~**ting-pad** *n* sous-main *m* || ~**ting-paper** *n* buvard *m*.

blouse [blauz] *n* blouse *f* (of peasants); chemisier *m* (of women) || MIL. vareuse *f*.

blow I [bləu] *n* coup *m*; *come to* ~*s,* en venir aux mains || *without striking a* ~, sans coup férir || FIG. coup, choc *m*.

blow II [bləu] *vi* (blew [blu:], blown [bləun]) [wind] souffler || MUS. [instrument] sonner, retentir || ÉLECTR. [bulb] griller; [fuse] fondre, sauter || ~ ***out,*** AUT. [tyre] éclater || ~ ***up,*** exploser. — *vt* souffler || chasser en soufflant; ~ *one's nose,* se moucher || souffler dans (a whistle) || TECHN. souffler || ÉLECTR. faire sauter (a fuse) || ~ ***out,*** souffler (a candle) || ~***-out*** (*n*), SL. gueuleton *m* || ~ ***up,*** faire sauter, dynamiter (a bridge) || AUT. gonfler (a tyre) || PHOT. agrandir || ~**-gun** *n* sarbacane *f* (weapon) || ~ **heater** *n* radiateur électrique soufflant || ~**hole** *n* [whole] évent *m* || ~**lamp** *n* lampe *f* à souder || ~**pipe** *n* [weapon] sarbacane *f* || TECHN. chalumeau *m*.

blubber ['blʌbə] *vi* pleurnicher, POP. chialer.

blue [blu:] *adj* bleu || FIG. cafardeux; *feel* ~, avoir le cafard ● *n* bleu *m* || *Pl* FAM. idées noires; *have the* ~*s,* broyer du noir || ~**-collar worker** *n* col bleu (fam.) || ~**-print** *n* photocalque, bleu *m*; FIG. plan, projet *m*.

bluff I [blʌf] *adj* à pic, escarpé || bourru (person) ● *n* escarpement *m*.

bluff II *n* bluff *m* ● *vt/vi* bluffer || ~**er** *n* bluffeur *n*.

blunder ['blʌndə] *n* gaffe, bévue *f*; *make a* ~, faire une gaffe; se planter (arg.) ● *vi* gaffer || ~**er** [-rə] *n* gaffeur *n*.

blunt [blʌnt] *adj* émoussé (edge);

épointé (point) || FIG. brusque ● vt émousser, épointer || ~**ly** *adv* carrément.

blur [blə:] *vt* brouiller, estomper || FIG. ternir ● *n* tache *f* (d'encre) || vision *f* trouble, brouillard *m* || buée *f* (of breath).

blurt [blə:t] *vt* ~ *out,* lancer (a word).

blush [blʌʃ] *vi* [person] rougir ● *n* rougeur *f*.

bluster ['blʌstə] *vi* [wind] souffler en tempête; [storm] faire rage; [person] tempêter ● *n* [wind, waves] mugissement *m* || FIG. menaces (bruyantes) || ~**y** [-ri] *adj* de tempête; qui souffle en rafales.

boa ['bəuə] *n* boa *m*.

boar [bɔ:] *n* sanglier *m*.

board [bɔ:d] *n* planche *f* || panneau *m* d'affichage; écriteau *m* || table, pension *f*; ~ *and lodging,* chambre *f* avec pension || comité *m*, commission *f*; ~ *of directors,* conseil *m* d'administration || [exam] ~ ***of examiners,*** jury *m* || ***Board of Trade,*** ministère *m* du Commerce || NAUT. bord *m*; ***go on ~,*** embarquer, monter à bord (a ship) || *Pl* TH. planches *fpl*, scène *f* || FIG. ***above ~,*** franc, loyal ● *vt* couvrir de planches || prendre en pension || monter à bord (ship); monter dans (train) — *vi* prendre pension (*at,* chez) || ~**er** *n* pensionnaire *n* || ~**ing-house** *n* pension *f* de famille || ~**ing-school** *n* pensionnat *m*.

boast [bəust] *vi* se vanter || se flatter de; s'enorgueillir/être fier de posséder ● *n* vantardise, hâblerie *f* || ~**ful** *adj* vantard, prétentieux.

boat [bəut] *n* bateau *m*, embarcation *f*; canot *m* (small); *by* ~, en bateau ● *vi* ***go ~ing,*** faire du bateau || ~**-hook** *n* NAUT. gaffe *f* || ~**-house** *n* hangar *m* à bateaux || ~**ing** *n* canotage *m*.

boatswain ['bəusn] *n* maître *m* d'équipage.

bob I [bɔb] *vi* se balancer (on water) ● *n* bouchon *m* (on a fishing line).

bob II *vt* couper (a woman's hair) ● *n* coiffure *f* à la Jeanne d'Arc.

bob III *n* (pl. unchanged) SL. shilling *m*.

bobby ['bɔbi] *n* FAM. agent *m* de police || ~**-socks/-sox** *npl* Socquettes *fpl* || ~**-soxer** *n* U.S., FAM. [1940's] fillette *f*.

bob-sleigh ['bɔbslei] *n* bobsleigh *m*.

bobtailed [-teild] *adj* à queue écourtée (horse).

bode [bəud] *vt* présager, augurer.

bodice ['bɔdis] *n* corsage *m*.

bodi||less ['bɔdiliss] *adj* immatériel || ~**ly** *adj* corporel, physique ● *adv* corporellement.

body ['bɔdi] *n* corps *m*; *in* ~ *and mind,* au physique et au moral || [dead] cadavre *m*, dépouille mortelle || masse (of water, people); *in a* ~, tous ensemble || JUR. corporation *f*, corps *m*; collège électoral || AUT. carrosserie *f* || ~ **builder** *n* culturiste *n* || ~ **building** *n* culturisme *m* || ~**guard** *n* garde *m* du corps || ~ **language** *n* expression corporelle || ~ **stocking** *n* collant *m* || ~**work** *n* AUT. carrosserie.

bog [bɔg] *n* fondrière *f*, marais *m* ● *vt* embourber, enliser; *get ~ged,* s'embourber.

bogus ['bəugəs] *adj* faux, factice.

bohemian [bə'hi:mjən] *adj* FIG. bohème.

boil I [bɔil] *n* furoncle *m*.

boil II *n* ébullition *f*; *bring to the* ~, porter à l'ébullition ● *vi* bouillir (lit. and fig.); ***~ing hot,*** bouillant || ~ ***over*** [milk] se sauver, [water] déborder — *vt* faire bouillir || CULIN. faire cuire à l'eau; *~ed egg,* œuf *m* à la coque; *~ed potatoes,* pommes *flp* vapeur || ~

down, CULIN. faire réduire; *(vi)* FIG. revenir à, se ramener à.

boiler *n* chaudière *f* || ~***-suit,*** bleus *mpl* de chauffe.

boiling point *n* point *m* d'ébullition.

boisterous ['bɔistrəs] *adj* bruyant, turbulent; tumultueux (sea).

bold [bəuld] *adj* audacieux, téméraire, hardi, intrépide; *make/grow* ~, s'enhardir || PÉJ. effronté, impudent || escarpé, à pic (steep) || marqué, vigoureux (line) || TECHN. *~faced type,* caractères *mpl* gras || **~ly** *adv* hardiment || franchement || PÉJ. effrontément || **~ness** *n* audace *f* || PÉJ. effronterie *f.*

bolster ['bəulstə] *n* traversin *m* ● *vt* ~ ***up,*** soutenir (a cause, etc.).

bolt I [bəult] *n* TECHN. boulon *m;* cheville *f* || verrou *m* (for a door) || See THUNDERBOLT || FIG. départ *m* brusque ● *vt* verrouiller (a door) || engloutir (food) — *vi* FAM. décamper, déguerpir.

bolt II *vt* tamiser (flour); *~ing cloth,* étamine *f.*

bolt III *adv* ~ *upright,* droit comme un I.

bomb [bɔm] *n* bombe *f;* ~ ***scare,*** alerte *f* à la bombe ● *vt* bombarder || **~ard** [bɔm'bɑːd] *vt* bombarder || **~er** ['bɔmə] *n* AV. bombardier *m* || **~ing** [-miŋ] *n* bombardement *m.*

bonanza [bə'nænzə] *n* U.S. aubaine *f,* filon *m* ● *adj* prospère.

bond [bɔnd] *n* lien *m,* attache *f* || *Pl* fers *mpl,* captivité *f* || JUR. engagement *m* || FIN. obligation *f;* bon *m* || **~age** [-idʒ] *n* servitude *f* || FIG. esclavage *m* || **~ed** [-id] *adj* entreposé || ~***-warehouse*** entrepôt *m* en douane || **~-holder** *n* FIN. obligataire *n.*

bone [bəun] *n* os *m* || *Pl* ossements *mpl* || *Pl* MUS. castagnettes *fpl* || ~ *of contention,* pomme *f* de discorde ● *vt* désosser (meat); enlever les arêtes de (fish) || **~-setter** *n* rebouteux *m.*

bonfire ['bɔn,faiə] *n* feu *m* de joie || feu de jardin.

bonnet ['bɔnit] *n* bonnet *m* (for child) || AUT. capot *m.*

bonus, es ['bəunəs, -iz] *n* boni *m,* prime, ristourne *f.*

bony ['bəuni] *adj* osseux, anguleux.

boo [buː] *interj* hou! ● *vt* huer, conspuer.

boob [buːb] *n* SL. gaffe *f* ● *vi* gaffer; se planter (arg.).

boobs [-z] *n* FAM. nichons *mpl* (pop.)

booby ['buːbi] *n* nigaud *m* || ~***-trap,*** traquenard *m;* MIL. piège *m.*

book [buk] *n* livre *m;* cahier *m* (copybook) || COMM. registre *m;* carnet *m* (of tickets, stamps) || pochette *f* (of matches) || *keep ~s,* tenir la comptabilité || FAM. *be in sb.'s good ~s,* être dans les petits papiers de qqn ● *vt* enregistrer || TH. louer, réserver, retenir (seats); ~***ed up,*** complet || RAIL retenir, louer (seats); ~ ***through to,*** prendre un billet direct pour || [police] mettre un P.V. à; *be ~ed for speeding,* se faire épingler pour excès de vitesse.

book|binder *n* relieur *n* || **~binding** *n* reliure *f* || **~-case** *n* bibliothèque *f.*

booking-office *n* guichet *m* des billets.

bookish *adj* livresque.

book|-keeper *n* comptable *n* || **~-keeping** *n* comptabilité *f* || **~let** ['buklit] *n* livret *m,* brochure *f* || **~maker** *n* bookmaker *m* || **~-mark** *n* signet *m* || **~seller** *n* libraire *m; second-hand ~,* bouquiniste *m* || **~-shelf** *n* rayon *m* || **~-shop/-store** *n* librairie *f* || **~-stall/-stand** *n* bibliothèque *f* de gare.

boom I [buːm] *vi* gronder, mugir

● *n* grondement, mugissement *m* (of the sea).

boom II *n* COMM. prospérité *f* boom *m* || FIN. forte hausse, montée *f* en flèche ● *vi* prospérer.

boom III *n* NAUT. baume *f*.

boomerang ['bu:məræŋ] *n* boomerang *m* || FIG. choc *m* en retour.

boon I [bu:n] *n* faveur *f*, avantage *m* (blessing).

boon II *adj* ~ *companion*, bon vivant.

boor [buə] *n* rustre, malotru *n* || **~ish** *adj* rustre, grossier.

boost [bu:st] *vt* FAM. faire de la réclame/du battage || ÉLECTR. survolter || **~er** *n* ÉLECTR. survolteur *m* || RAD. amplificateur *m* || MÉD. ~ *injection*, injection *f* de rappel || MIL. *~-rocket*, fusée *f* auxiliaire.

boot I [bu:t] *n* ***to*** ~, par dessus le marché; en plus; et qui plus est.

boot II *n* botte *f*; *ankle* ~, botillon *m*; *riding* ~, botte de cheval/à l'écuyère || AUT. coffre *m* ● *vt* botter, donner un coup de pied || **~-maker** *n* bottier *m*.

booth [bu:ð] *n* baraque *f* (at fairs) || isoloir *m* (at elections) || cabine *f* téléphonique.

boots [bu:ts] *n* cireur, garçon *m* d'étage (in hotel).

booty ['bu:ti] *n* butin *m*.

booz|e [bu:z] *n* SL. boisson *f* alcoolique || **~er** *n* soûlard, pochard, poivrot *n*.

border ['bɔ:də] *n* bord *m* (of a lake); lisière *f* (of a wood) || bordure, lisière *f* || frontière *f* (limit) ● *vt* border || lisérer; encadrer || limiter — *vi* ~ *on*, être limitrophe/contigu || FIG. confiner à, friser || ***~-line***, ligne *f* de démarcation || *~-line case*, cas *m* limite || **~land** *n* pays *m* limitrophe.

bore I [bɔ:] *vt* percer, perforer ● *n* calibre *m*.

bore II See BEAR III.

bore III *n* mascaret *m*.

bor|e IV *vt* ennuyer || FAM. assommer; *be ~d to death*, s'ennuyer à mourir ● *n* FAM. raseur *n*; casse-pieds *n* (person); corvée *f* (thing) || **~edom** ['bɔ:dəm] *n* ennui *m* || **~ing** [-riŋ] *adj* ennuyeux; assommant, rasoir (fam.).

born [bɔ:n] *pp* (see BEAR III) ***be*** ~, naître; *he was ~ in 1950*, il est né en 1950 ● *adj a ~ musician*, un musicien-né.

borne See BEAR III.

borough ['bʌrə] *n* circonscription électorale || [London] arrondissement *m*.

borrow ['bɔrəu] *vt* emprunter (*from*, à) || **~er** *n* emprunteur *m* || **~ing** *n* emprunt *m*.

Borstal ['bɔ:stl] *n* ~ *Institution*, maison *f* de redressement.

bosom ['buzəm] *n* sein *m*, poitrine *f* || FIG. sein *m*; ~ *friend*, ami intime.

boss [bɔs] *n* patron *m* ● *vt* FAM. régenter, mener, diriger.

botan|ic(al) [bə'tænik(l)] *adj* botanique || **~ize** ['bɔtənaiz] *vt* herboriser.

botany ['bɔtəni] *n* botanique *f*.

botch [bɔtʃ] *vt* FAM. rafistoler.

both [bəuθ] *adj* les deux; *on ~ sides*, des deux côtés ● *pron* tous les deux, l'un et l'autre; ~ *of us*, nous deux; ~ *of them*, tous les deux ● *adv* à la fois, aussi bien; *she is ~ beautiful and clever*, elle est à la fois belle et intelligente.

bother ['bɔðə] *n* tracas, souci *m*; ennui *m* ● *vt* importuner || FAM. embêter; déranger — *vi* se tracasser; *don't* ~, ne vous tracassez pas || **~some** [-səm] *adj* ennuyeux.

bottle ['bɔtl] *n* bouteille *f*, flacon *m*, carafe *f* (for water); ***beer-~,*** canette *f; **hot-water** ~,* bouillotte *f; (feeding) ~,* biberon *m;* ***vacuum ~,*** bouteille isolante ● *vt* mettre en bouteilles || **~-feed** *vt* nourrir au biberon || **~-mat** *n* dessous-de-bouteille *m* || **~-neck** *n* goulot *m* || FIG. goulet *m* d'étranglement || **~-rack** *n* casier *m* à bouteilles || **~-warmer** *n* chauffe-biberon *m*.

bottling *n* mise *f* en bouteilles.

bottom ['bɔtəm] *n* fond *m* (of a box) || bas *m* (of a dress, page) || siège *m* (of a chair) || cul *m* (of a bottle) || postérieur *m*, derrière *m* (fam.) [of a person] || fond *m; at the very ~ of,* au fin fond de || bout *m* (of the table) || NAUT. fond *m* (of the sea); carène *f* (of a ship) || FIG. fond, fondement *m; at ~,* au fond ● *adj* inférieur; dernier; du bas ● *vt* mettre un fond à || FIG. fonder, baser.

bough [bau] *n* rameau *m*, branche *f*.

bought See BUY.

boulder ['bəuldə] *n* rocher *m*, grosse pierre roulée.

bounce [bauns] *n* bond, rebond *m* ● *vi* [ball] rebondir || [cheque] revenir impayé — *vt* faire rebondir (ball) || FAM. refuser (cheque); vider (intruder).

bouncer *n* FAM. [club] videur *m*.

bound I [baund] *pp* SEE BIND || forcé, obligé (compelled) || destiné (fated); *he is ~ to win,* il est sûr de gagner.

bound II *adj* NAUT. ~ ***for,*** en partance pour; à destination de.

bound III *n* bond, saut *m* (jump) ● *vi* bondir, sauter (leap); rebondir (rebound).

bound IV *n* borne, limite *f; out of ~s,* hors limites, interdit; *within ~s,* dans la juste mesure ● *vt* borner, limiter || **~ary** [-ri] *n* limite *f; ~-stone,* borne *f* || **~less** *adj* illimité, sans borne.

bountiful ['bauntifl] *adj* généreux, libéral (person) || abondant (thing).

bounty ['baunti] *n* générosité, largesse, libéralité *f*.

bouquet ['bukei] *n* bouquet *m* (flowers) || [wine] bouquet *m*.

bout [baut] *n* [activity] période *f*, tour *m; drinking ~,* beuverie *f* || [illness] attaque, crise *f* || SP. combat, assaut *m*.

bow I [bəu] *n* arc *m* (weapon) || MUS. archet *m* || courbe *f* || nœud *m* || ***~-legged,*** bancal || ***~-tie,*** nœud *m* papillon || ***~-window,*** fenêtre *f* en saillie.

bow II [bau] *n* salut *m;* courbette *f* ● *vi* s'incliner, saluer || fléchir, se courber (*under,* sous) — *vt* courber (one's back; one's head).

bow III [bau] *n* (often pl.) NAUT. avant *m* (of a boat).

bowdlerize ['baudləraiz] *vt* expurger (a book).

bowel ['bauəl] *n* intestin, boyau *m* || *Pl* FIG. entrailles *fpl*.

bower ['bauə] *n* tonnelle *f*.

bowl I [bəul] *n* bol *m;* coupe *f* (wineglass) || fourneau *m* (of a pipe) || GÉOGR. cuvette *f*, bassin *m*.

bowl II *n* SP. boule *f* || **~er** *n* SP. lanceur *m* (in cricket).

bowler ['bəulə] *n* (*~-hat*) [chapeau] melon *m*.

bowling ['bəuliŋ] *n* jeu *m* de boules; bowling *m;* [Provence] pétanque *f* || **~-green** *n* terrain *m* de boules (sur gazon).

bow-wow ['bau'wau] *n* toutou *m*.

box I [bɔks] *n* BOT. buis *m*.

box II *n* boîte *f;* coffre *m* (chest); coffret *m* (small) || caisse *f* (case) || ***~-tricycle,*** triporteur *m* || malle *f* (trunk) || *Post Office ~,* boîte postale || cadeau *m ; Christmas ~,* étrennes *fpl; Boxing Day,* jour *m* des étrennes (26 déc.) || TH. loge, baignoire *f; **~-office,*** bureau *m* de location || SP. box *m* (for horses) || RAD., FAM. *on the ~,* sur le petit écran || JUR. banc *m* (for the jury); barre *f* (for the witnesses) || SP. [horse] box *m* ● *vt* mettre en boîte.

box III *n ~ on the ear,* claque, gifle *f* ● *vt* boxer; *~ sb.'s ears,* gifler qqn — *vi* faire de la boxe || **~er** *n* boxeur *m* || **~ing** *n* boxe *f* || **~ing-glove** *n* gant *m* de boxe || **~ing-match** *n* combat *m* de boxe.

boy [bɔi] *n* garçon *m* (lad) || fils *m* (son) || boy *m* (servant) || *old ~,* ancien élève *m ; ~ friend n* flirt *m ; **Boy Scout,*** éclaireur *m.*

boycott ['bɔikət] *n* boycott(age) *m* ● *vt* boycotter.

boy|hood ['bɔihud] *n* enfance, adolescence *f* || **~ish** *adj* enfantin, puéril.

bra [brɑ:] *n* (= BRASSIÈRE) soutien-gorge *m.*

brace I [breis] *n* paire *f* (of animals).

brac|e II *n* attache, agrafe *f* (fastener) || *Pl* bretelles *fpl* || ARCH. entretoise *f* || [printing] accolade *f* || TECHN. vilebrequin *m* ● *vt* attacher; étayer || ARCH. entretoiser || MÉD. *~ **(up)*** fortifier, tonifier || FIG. tendre (one's energies) || **~ing** *adj* vivifiant, fortifiant.

bracelet ['breislit] *n* bracelet *m.*

bracken ['brækn] *n* fougère arborescente.

bracket ['brækit] *n* console, équerre *f,* bras *m* (support) || ÉLECTR. applique *f* || [printing] parenthèse *f,* crochet *m* || FIG. [people] groupe *m,* tranche *f* ● *vt* mettre entre parenthèses || FIG. *~ together,* classer « ex æquo ».

brackish ['brækiʃ] *adj* saumâtre.

brag [bræg] *vi* se vanter (*of,* de) || **~gart** ['brægət] *n* hâbleur *m* || **~ging** *adj* fanfaron.

braid [breid] *n* tresse, natte *f* || galon *m* ● *vt* tresser, natter.

brain [brein] *n* cerveau *m* || FIG. cerveau *m ; ~ **drain,*** fuite *f* des cerveaux || *Pl* CULIN. cervelle *f;* FIG. intelligence *f; rack one's ~s,* se creuser la cervelle || **~less** *adj* stupide || **~(s)-trust** *n* groupe *m* d'experts || **~-washing** *n* lavage *m* de cerveau || **~-wave** *n* idée lumineuse, trouvaille *f* || **~y** *adj* intelligent.

brake I [breik] *n* fougère *f* (fern) || fourré *m* (thicket).

brake II *n* frein *m ; drum-/disc-~,* frein à tambour/à disque; *put the ~ on,* mettre le frein || *~ **light,*** AUT. stop *m* ● *vi* freiner.

bramble ['bræmbl] *n* ronce *f* sauvage || ***~-berry,*** mûre *f.*

bran [bræn] *n* son *m* (of wheat).

branch [brɑ:nʃ] *n* BOT. branche *f* || GÉOGR. bras *m* (of a river) || RAIL. embranchement *m* || FIN. succursale *f* || *~-office,* bureau *m* auxiliaire || FIG. branche *f* ● *vi ~ **away/off,*** [tree] se ramifier; [road] bifurquer.

brand [brænd] *n* brandon, tison *m* (fire) || COMM. marque *f* || FIG. flétrissure *f* ● *vt* marquer au fer rouge || FIG. flétrir || ***~-new,*** flambant neuf.

brandish ['brændiʃ] *vt* brandir.

brandy ['brændi] *n* eau-de-vie *f,* alcool *m.*

brass [brɑ:s] *n* cuivre *m* jaune, laiton *m* || MUS. *the ~,* les cuivres *mpl.*

brassière ['bræsiə] *n* See BRA.

brat [bræt] *n* moutard *m* (fam.); gamin, môme *n* (fam.).

brav|e [breiv] *adj* brave, courageux ● *vt* braver, défier || **~ery** [-ri] *n* bravoure *f.*

brawl [brɔ:l] *n* dispute, bagarre *f* ● *vi* se quereller.

brawn [brɔ:n] *n* muscle *m* || **~y** *adj* musclé.

bray [brei] *vi* braire ● *n* braiement *m*.

braze [breiz] *vt* braser.

brazen ['breizn] *adj* de cuivre, cuivré || FIG. rude (voice); effronté, impudent ● *vt* ~ *it out,* crâner; **~-faced,** impudent.

brazier ['breizjə] *n* brasero *m*.

Brazil [brə'zil] *n* Brésil *m* || **~ian** *adj/n* brésilien.

breach [bri:tʃ] *n* JUR. infraction *f*, manquement *m*; ~ *of contract,* rupture *f* de contrat; ~ *of promise,* rupture *f* d'engagement/de fiançailles || MIL. brèche *f*.

bread [bred] *n* pain *m*; *a loaf of* ~, un pain; *brown* ~, pain bis; ~ ***and butter,*** tartines *fpl* de beurre || FIG. *earn one's* ~, gagner son pain || SL. [money] blé *m* (arg.) || **~-crumb** *n* chapelure *f* || **~-winner** *n* soutien *m* de famille.

breadth [bredθ] *n* largeur *f* || FIG. largeur *f* (of mind) || **~wise** *adv* dans le sens de la largeur.

break [breik] *vt* (broke [brəuk], broken ['brəukn]) casser, rompre, briser; ~ ***in(to) pieces,*** mettre en pièces || ~ ***open,*** fracturer (a safe); forcer (a door) || SP. [tennis] ~ *(sb's) serve,* prendre le service de qqn || JUR. violer, enfreindre (the law) || MIL. ~ *step,* rompre le pas; ~ *(the) ranks,* rompre les rangs || FIG. rompre (silence); ~ *one's word,* manquer à sa parole; ~ *an appointment,* faire faux bond; ~ *sb. of a habit,* guérir qqn d'une habitude; ~ ***the news to,*** annoncer la (mauvaise) nouvelle à; ~ ***a record,*** battre un record; ~ ***the bank,*** faire sauter la banque; ~ ***a strike,*** briser une grève || ~ ***down,*** abattre, renverser; FIG. analyser, décomposer; ***~down*** *(n),* analyse détaillée || ~ ***in,*** entrer par effraction; dresser (horse) || ~ ***off,*** rompre (an engagement) || ~ ***through,*** enfoncer, percer; ***~through*** *(n),* MIL. percée *f*; FIG. découverte capitale || ~ ***up,*** (se) briser; [crowd] se disperser; [school] entrer en vacances || ~ ***with,*** rompre (a friendship); abandonner (old habits).

— *vi* se casser, se briser || [weather] changer || [day] poindre, se lever || commencer, se mettre à || ~ ***away,*** se détacher, s'échapper (*from,* de) || ~ ***down,*** s'écrouler, s'effondrer; [plan] échouer; [health] se détériorer; [person] s'effondrer; craquer (fam.); [car] tomber en panne; ***~down*** (*n*), AUT. panne *f*; *~-down lorry,* dépanneuse *f*; MÉD. dépression nerveuse || ~ ***forth,*** jaillir; [storm] éclater || ~ ***in,*** entrer par effraction || ~ ***in (up)on,*** interrompre brusquement (a conversation) || ~ ***into,*** se mettre (brusquement) à; ~ *into a ten pound note,* entamer un billet de dix livres || ~ ***loose,*** [animal] se détacher, s'échapper || ~ ***off,*** s'interrompre, faire une pause || ~ ***out,*** se livrer à, se répandre (*into,* en); [fire, storm, war] éclater; [disease] se déclarer; [prisoner] s'évader (de prison) || ~ ***up,*** [crowd] se disperser; [pupils] entrer en vacances; [weather] se gâter; [person] s'affaiblir, décliner; ***~-up*** *(n),* rupture *f* (of a relationship).

● *n* brisure, rupture *f* || ~ ***of day,*** point *m* du jour || brèche, lacune *f* (gap) || interruption *f*; ~ *in continuity,* solution *f* de continuité || pause *f*, repos *m* (interval); ***without a ~,*** sans discontinuer; *have a* ~, faire une pause; *an hour's* ~, une pause d'une heure || récréation *f* (at school) || MUS. altération *f*; transposition *f* mélodique || GRAMM. points *mpl* de suspension || GÉOL. faille *f* || FAM. *bad/good* ~, période de déveine/veine || FIG. changement *m* (in the weather); rupture, brouille *f* (falling out).

break|able ['breikəbl] *adj* fragile || **~age** [-idʒ] *n* casse *f*; bris *m* ||

~**away** *n* [racing] échappée *f* || Fig. séparation, rupture *f* ● *adj* Pol. dissident (group).

breakfast ['brekfəst] *n* petit déjeuner ● *vi* prendre le petit déjeuner.

breaking ['breikiŋ] *n* rupture *f* || Techn. ~ *point,* point *m* de rupture.

breakwater ['breik,wɔ:tə] *n* brise-lames, môle *m.*

breast [brest] *n* [man, woman] poitrine *f,* sein *m;* [animal] poitrail *m* || Fig. cœur, sein *m* || Fam. *make a clean ~ of it,* dire ce qu'on a sur le cœur ● *vt* affronter || ~**-feed** *vt* nourrir au sein, allaiter || ~ **pocket** *n* poche intérieure || ~**-stroke** *n* Sp. brasse *f.*

breath [breθ] *n* haleine *f,* souffle *m; be short of ~,* être essoufflé; *out of ~,* hors d'haleine, à bout de souffle; *catch one's ~,* retenir son souffle || *go out for a ~ of air,* sortir prendre l'air.

breathalyser [-əlaizə] *n* alcootest *m; take a ~ test,* subir un alcootest; *put sb. through a ~ test,* faire passer un alcootest à qqn.

breathe [bri:ð] *vi/vt* respirer || Fig. *he didn't ~ a word,* il n'a pas soufflé mot || ~ ***in,*** inspirer; ~ ***out,*** expirer.

breathless ['breθlis] *adj* essoufflé, hors d'haleine.

bred See breed.

breech ['bri:tʃ] *n* culasse *f* (of a gun) || ~**es** ['britʃiz] *npl* culotte *f.*

breed [bri:d] *vt* (bred [bred]) engendrer, procréer || Fig. élever, éduquer; ***well-bred,*** bien élevé || Agr. faire l'élevage de — *vi* se reproduire || Fig. [ideas] se propager ● *n* Zool. race || ~**er** *n* éleveur *n* (person) || reproducteur *n* (animal) || ~**ing** *n* procréation *f* || Agr. élevage *m* || Fig. éducation *f.*

breez|e [bri:z] *n* brise *f* || ~**y** *adj* aéré, éventé (of weather) || Fig. animé; jovial.

Bren [bren] *n* ~*(-gun),* fusil mitrailleur.

brethren ['breðrin] *npl* See brother || Rel. frères *mpl.*

Breton ['bretn] *adj/n* Breton (*n*).

breviary ['bri:vjəri] *n* Rel. bréviaire *m.*

brevity ['breviti] *n* brièveté *f* (shortness); concision *f* (terseness).

brew [bru:] *vt* brasser (ale) || faire infuser (tea) || Fig. comploter || ~**er** *n* brasseur *m* || ~**ery** ['bruəri] *n* brasserie *f.*

bribe [braib] *n* pot-de-vin *m* ● *vt* corrompre, soudoyer || ~**ry** [-əri] *n* corruption *f.*

brick [brik] *n* brique *f* || pain *m* (of soap) || Fig. *drop a ~,* faire une gaffe || ~**layer** ['brik,leə] *n* maçon *m* || ~**-yard** *n* briqueterie *f.*

bridal ['braidl] *adj* conjugal, nuptial.

bride [braid] *n* jeune mariée || ~**groom** *n* jeune marié || ~**smaid** ['braidzmeid] *n* demoiselle *f* d'honneur.

bridge [bridʒ] *n* pont *m; suspension ~,* pont suspendu || bridge *m* (in dentistry) || chevalet *m* (of a violin) || bridge *m* (card-game); *play ~,* jouer au bridge || Naut. passerelle *f* (de commandement) ● *vt* jeter un pont (*over,* sur) || Fig. ~ *a gap,* combler une lacune; ~ *over,* faire le pont entre, enjamber; surmonter (difficulties) || ~**-head** *n* Mil. tête *f* de pont.

bridle ['braidl] *n* bride *f* (harness) || Fig. frein *m* ● *vt* brider || Fig. refréner || ~**-path** *n* allée cavalière || ~**-way** *n* chemin muletier.

brief [bri:f] *adj* bref, concis; *in ~,* en un mot || Jur. dossier *m* || ~**-case** *n* porte-document *m* ||

~ing *n* MIL. briefing *m* || **~ly** *adv* brièvement.

briefs [-s] slip *m.*

brigad|e [bri'geid] *n* brigade *f* || **~ier** [,brigə'diə] général *m* de brigade.

bright [brait] *adj* brillant, lumineux, vif, poli (steel) || clair (day) || gai (colours) || intelligent, brillant || **~en** *vt* ~ *(up),* faire briller; raviver (colours) || FIG. égayer — *vi* [weather] s'éclaircir || **~ly** *adv* brillamment || **~ness** *n* éclat *m* || gaieté *f.*

brill|iance ['briljəns] *n* éclat, lustre *m* || **~iant** [-jənt] *adj* brillant || **~iantly** *adv* avec brio.

brim [brim] *n* bord *m* (of a glass, hat); *full to the ~,* plein jusqu'au bord ● *vi* ~ ***over,*** déborder || **~ful(l)** [-'ful] *adj* plein à déborder.

brin|e [brain] *n* eau salée, saumure *f* || **~y** *adj* saumâtre.

bring [briŋ] *vt* (brought [brɔ:t]) amener, conduire, accompagner (sb.); apporter (sth.) || faire venir (tears) || ramener, mettre; ~ *to light,* mettre au jour || amener, persuader, pousser (sb.); réduire, conduire (*to,* à); ~ *sb.'s plans to nought,* déjouer les plans de qqn || JUR. intenter (an action); soumettre (a case); avancer (evidence) || ~ ***to bear,*** porter, faire porter (one's energies upon) || pointer (gun); braquer (telescope) || ~ *sth. to mind,* rappeler à la mémoire || ~ ***about,*** occasionner, provoquer || ~ ***back,*** ramener (sb.), rapporter (sth.); rappeler (a recollection); rétablir (sb.'s health) || ~ ***down,*** abattre (sb., sth.); TH., FAM. ~ *the house down,* faire crouler la salle; FIN. faire baisser les prix || ~ ***forward,*** avancer (a meeting); JUR. avancer, alléguer (evidence, a proof); produire (a plea, a witness); COMM. reporter (an amount) || ~ ***in,*** faire entrer; rapporter (interest); déposer (a bill); rendre (a verdict); ~ *in a verdict of guilty,* déclarer coupable || ~ ***off,*** sauver (people from a dangerous place); mener à bien, réussir (sth. difficult) || ~ ***on,*** MÉD. provoquer, causer; AGR. faire pousser || ~ ***out,*** mettre en lumière, faire ressortir (meaning, quality); faire paraître (a book); faire faire ses débuts dans le monde à (a girl) || ~ ***over,*** gagner, convertir (*to,* à) || ~ ***round,*** MÉD. ranimer; FIG. rallier, convaincre, persuader || ~ ***through,*** sauver (sb. who is ill) || ~ ***to,*** NAUT. mettre en panne; MÉD. ranimer || ~ ***together,*** rapprocher || ~ ***under,*** assujettir, soumettre || ~ ***up,*** élever (animals, children); MÉD. vomir; NAUT. mouiller; FIG. évoquer, soulever.

brink [briŋk] *n* bord *m; on the ~ of,* à deux doigts de || **~manship** ['briŋkmənʃip] *n* politique *f* du risque calculé.

brisk [brisk] *adj* vif, alerte, animé; *at a ~ pace,* à vive allure || **~ly** *adv* vivement.

bristl|e ['brisl] *n* poil *m* (of a brush) || ZOOL. soie *f* (of boar) ● *vi* se hérisser (*with,* de) || **~y** *adj* hérissé; aux poils raides.

Brit|ain ['britn] *n* Grande-Bretagne || **~annic** [bri'tænik] *adj* britannique || **~ish** ['britiʃ] *adj* britannique || **~isher** ['britiʃə], **~on** ['britn] *n* sujet *m* britannique.

Brittany ['britəni] *n* Bretagne *f.*

brittle ['britl] *adj* fragile, cassant, friable.

broach [brəutʃ] *n* TECHN. foret *m* ● *vt* mettre en perce (a cask) || FIG. entamer (a topic).

broad [brɔ:d] *adj* large, vaste (wide) || FIG. large, vaste; fort, prononcé (accent); clair, évident (fact, hint); grossier, vulgaire (story); libéral, tolérant (mind, view); *in ~ daylight,* en plein jour || **~-backed** [-bækt] *adj* râblé || **~cast** *n* radiodiffusion, émission *f* ● *vt/vi* radiodiffuser, émettre ||

~*ing station,* poste émetteur, station *f* de radio || FIG. répandre (rumour) ● *adv* AGR. à la volée || **~en** *vt/vi* élargir || **~ly** *adv* largement; ~ *speaking,* en gros || **~minded** *adj* large d'esprit || **~side** *n* NAUT. bordée *f* || **~ways, ~wise** *adv* en largeur.

brogue I [brəug] *n* accent irlandais (or) provincial.

brogue II *n* [shoe] chaussure *f* de marche.

broil [brɔil] *vt* CULIN. griller || **~er** *n* gril *m.*

broke [brəuk] See BREAK. ● *adj* FAM. fauché.

broken ['brəukn] See BREAK ● *adj* brisé || tourmenté (coast); accidenté (ground) || entrecoupé (sleep, words) || abattu (spirit) || délabré (health) || mauvais (English) || brisé (marriage); détruit (foyer) || **~-down** *adj* TECHN. détraqué || AUT. en panne || **~-hearted** *adj* au cœur brisé || **~-winded** *adj* poussif.

broker ['brəukə] *n* FIN. courtier *m; outside* ~, coulissier *m* || **~age** [-ridʒ] *n* courtage *m.*

brolly ['brɔli] *n* FAM. pépin *m* (umbrella).

bronch|ia ['brɔŋkiə] *npl* bronches *fpl* || **~itis** [brɔŋ'kaitis] *n* bronchite *f.*

bronze [brɔnz] *n* bronze *m* ● *vt/vi* FIG. basaner, bronzer.

brooch [brəutʃ] *n* broche *f.*

brood [bru:d] *n* couvée *f* ● *vt* couver (eggs) — *vi* FIG. [storm] menacer; [person] ruminer; ~ *over,* méditer sur || **~-hen,** poule couveuse.

brook I [bruk] *vt* tolérer, supporter, souffrir (usually in neg.).

brook II *n* ruisseau *m* || **~let** [-lit] *n* ruisselet *m.*

broom [brum] *n* balai *m* || BOT. genêt *m* || **~-stick** *n* manche *m* à balai.

broth [brɔθ] *n* bouillon, potage *m; meat* ~, bouillon gras.

brother ['brʌðə] *n* frère *m; elder* ~, frère aîné; *younger* ~, frère cadet || REL. frère *m* || **~hood** *n* fraternité *f;* confrérie *f* || **~-in-law** [-rinlɔ:] *n* beau-frère *m* || **~ly** *adj* fraternel.

brought See BRING.

brow [brau] *n* sourcil *m* (eyebrow); *knit one's ~s,* froncer les sourcils || front *m* (forehead) || sommet *m* (of a hill).

browbeat ['braubi:t] *vt* rudoyer, malmener.

brown [braun] *adj* brun (colour); *dark* ~, bistre || marron (leather) || ~ *paper,* papier d'emballage || CULIN. bis (bread); roux (butter); doré (roast); ~ *sauce,* roux *m;* ~ *sugar,* sucre roux, cassonade *f* ● *vi/vt* brunir || CULIN. faire dorer/revenir || FAM. *be ~ed off,* en avoir ras le bol/marre.

browse [brauz] *vi* [animal] brouter || bouquiner (read).

bruise [bru:z] *n* contusion *f,* bleu *m* ● *vt* contusionner, meurtrir || FIG. meurtrir — *vi* se meurtrir.

brunette [bru:'net] *n* brune *f.*

brunt [brʌnt] *n* choc *m* (of an attack).

brush [brʌʃ] *n* brosse *f* || coup *m* de brosse (act) || effleurement *m* (light touch) || broussailles *fpl* (bush) || queue *f* (of a fox) || ARTS pinceau *m* || MIL. escarmouche *f* ● *vt* brosser; effleurer, frôler (touch); ~ ***up,*** faire reluire, donner un coup de brosse; FIG. rafraîchir (one's English); **~*-up*** *(n),* coup *m* de brosse || **~wood** *n* broussailles *fpl.*

brusque [brusk] *adj* brusque, bourru || **~ness** *n* brusquerie *f.*

Brussels ['brʌslz] *n* Bruxelles || ~ ***sprouts,*** choux *mpl* de Bruxelles.

brutal ['bru:tl] *adj* brutal || **~ity**

[bruː'tæliti] *n* brutalité *f* || ~**ize** ['bruːtəlaiz] *vt* abrutir.

brut|e [bruːt] *n* bête *f* (animal) || brute *f* (person) || ~**ish** *adj* bestial || FIG. grossier ; stupide.

bubble [bʌbl] *n* bulle *f*; ~ ***bath,*** bain moussant || FIG. chimère *f* ● *vi* bouillonner || [champagne] pétiller || FIG. ~ *over,* déborder (*with,* de).

buck [bʌk] *n* mâle *m* (of a deer, hare, rabbit) || ~*-shot,* chevrotine *f* || SL. dollar *m* || SL. *pass the* ~, refiler la responsabilité aux autres ● *vt* remonter le moral, ragaillardir — *vi* faire vite, se presser.

bucket ['bʌkit] *n* seau *m* || FAM. *kick the* ~, casser sa pipe.

buckle ['bʌkl] *n* boucle *f* ● *vt* boucler, attacher || TECHN. voiler (a wheel) — *vi* se boucler ; ~ ***(down) to,*** s'y atteler, s'y mettre sérieusement.

buckskin ['bʌkskin] *n* peau *f* de daim.

buckwheat ['bʌkwiːt] *n* BOT. blé noir, sarrasin *m*.

bud [bʌd] *n* BOT. bourgeon *m ; in* ~, en bourgeon/bouton ● *vi* bourgeonner || FIG. pointer, apparaître || ~**ding** *adj* FIG. naissant, en herbe.

buddy ['bʌdi] *n* U.S., FAM. copain *m*.

budge [bʌdʒ] *vt/vi* (faire) bouger.

budgerigar ['bʌdʒərigɑː] *n* perruche *f*.

budget ['bʌdʒit] *n* FIN. budget *m* ● *vi* ~ *for sth.,* porter qqch. au budget.

buff I [bʌf] *n* [colour] chamois *m*.

buff II *n* FAM. amateur *m*.

buffalo ['bʌfələu] *n* buffle *m* || bison *m*.

buffer ['bʌfə] *n* RAIL. tampon *m* || U.S. pare-chocs *m* (auto) || ~**-state** *n* État *m* tampon || ~**-stop** *n* butoir *m*.

buffet I ['bufei] *n* buffet *m* (counter) || RAIL. ~***-car,*** voiture-buffet *f*.

buffet II ['bʌfit] *n* coup *m* (de poing) || FIG. coup du sort ● *vt* frapper, battre (wind, sea).

bug [bʌg] *n* ZOOL. (= BEDBUG) punaise *f* || U.S. insecte *m* || FAM. microbe *m* || SL. mouchard, microespion *m* ● *vt* SL. placer des micros dans.

bugle ['bjuːgl] *n* clairon *m* ● *vi* claironner.

build [bild] *vt* (built [bilt]) bâtir, construire ; ~ ***up,*** bâtir (area) ; FIG. bâtir, édifier (theory) ; FIG. ~ *up speed,* prendre de la vitesse ● *n* structure *f* || FAM. carrure, taille *f* || ~**er** *n* ARCH. entrepreneur *m* || ~**ing** *n* ARCH. construction *f* (act) || édifice, immeuble *m* || ~*-plot,* lotissement *m ;* ~*-society,* coopérative immobilière ; ~*-trade,* industrie *f* du bâtiment.

built [bilt] *pp* (see BUILD) bâti, façonné ; *well* ~, bien bâti || ~***-in*** *(adj),* encastré, incorporé ; ~***-up area,*** agglomération (urbaine).

bulb [bʌlb] *n* BOT. bulbe, oignon *m* || ÉLECTR. ampoule *f*.

Bulgari|a [bʌl'gɛəriə] *n* Bulgarie *f* || ~**an** *adj/n* bulgare.

bulg|e [bʌldʒ] *vt* gonfler — *vi* se gonfler, bomber || ~**ing** *adj* gonflé (pocket).

bulk [bʌlk] *n* masse *f,* volume *m ; in* ~, en gros, en vrac ● *vi* tenir de la place.

bulkhead ['bʌlkhed] *n* NAUT. cloison *f*.

bulky ['bʌlki] *adj* corpulent, massif (person) ; volumineux (thing).

bull I [bul] *n* FAM. boulette, bévue *f*.

bull II *n* taureau *m* || mâle *m* (of large animals) || FIN. haussier *m* || ~***'s eye,*** blanc *m* (of a target) ; œil-de-bœuf *m* (window) || ~**dog** *n* bouledogue *m* || ~**dozer** ['bul,douzə] *n* bulldozer *m*.

bullet ['bulit] *n* balle *f* || ~*-proof,* à l'épreuve des balles; pare-balles.

bulletin ['bulitin] *n* MIL. bulletin, communiqué *m* || ~*-board,* tableau *m* d'affichage.

bullfight ['bulfait] *n* course *f* de taureaux, corrida *f.*

bullfinch ['bulfinʃ] *n* bouvreuil *m.*

bullion ['buljən] *n* FIN. or (ou argent) *m* en barre.

bullring ['bulriŋ] *n* arène *f.*

bully ['buli] *n* tyranneau *m* ● *vt* tyranniser, persécuter || ~**-beef** *n* corned-beef *m.*

bulwark ['bulwək] *n* rempart *m.*

bum I [bʌm] *n* FAM. derrière *m.*

bum II *n* FAM., U.S. clochard *n* ● *adj* FAM. de mauvaise qualité, moche ● *vi* vivre aux crochets des autres.

bumble-bee ['bʌmblbiː] *n* ZOOL. bourdon *m.*

bump [bʌmp] *n* coup, choc *m* || bosse *f* (swelling) || AUT. cassis *m* (on the road) || AV. cahot *m* ● *vt* heurter, tamponner — *vi* [vehicles] ~ *along,* brimballer || ~ *into,* buter dans, tomber sur || ~**er** *n* pare-chocs *m.*

bump|kin ['bʌmkin] *n* POP. péquenot *m* || ~**tious** [-ʃəs] *adj* suffisant, outrecuidant.

bumpy ['bʌmpi] *adj* bosselé; cahoteux, défoncé (road).

bun [bʌn] *n* CULIN. brioche *f* aux raisins; petit pain au lait || chignon *m* (hair).

buna ['bjuːnə] *n* caoutchouc *m* synthétique.

bunch [bʌnʃ] *n* bouquet *m* (of flowers); grappe *f* (of grapes); botte *f* (of carrots); touffe *f* (of grass); régime *m* (of bananas) || trousseau *m* (of keys) || *Pl* [hair] couettes *fpl* ● *vt* grouper, mettre en bouquet, botteler.

bundle ['bʌndl] *n* paquet *m* (of clothes); liasse *f* (of papers); fagot *m* (of firewood) ● *vt* ~ ***in,*** entasser || ~ ***off,*** expédier, renvoyer || ~ ***up,*** empaqueter, botteler.

bung [bʌŋ] *n* bonde *f* (cork); ~*-hole,* bonde (hole).

bungalow ['bʌŋgələu] *n* bungalow *m.*

bungle ['bʌŋgl] *vt* bâcler, saboter ● *n* gâchis *m.*

bunk I [bʌŋk] *n* RAIL., NAUT. couchette *f;* ~ *beds,* lits superposés.

bunk II *vi* SL. filer, décamper.

bunk III *n* = BUNKUM.

bunker ['bʌŋkə] *n* NAUT. soute *f* || MIL. casemate *f.*

bunkum ['bʌŋkəm] *n* SL. balivernes, foutaises *fpl.*

bunny ['bʌni] *n* FAM. Jeannot lapin *m.*

bunsen ['bunsn] *n* ~ *burner,* bec *m* Bunsen.

bunting ['bʌntiŋ] *n* étamine *f* (cloth) || drapeaux *mpl.*

buoy [bɔi] *n* bouée *f* ● *vt* ~ *up,* soutenir (on water) || ~**ancy** [-ənsi] *n* flottabilité *f* || alacrité, gaieté *f* || FIN. fermeté *f* (of prices) || ~**ant** *adj* qui peut flotter || FIN. ferme, soutenu || FIG. allègre, gai.

burden ['bəːdn] *n* fardeau *m,* charge *f* (lit. and fig.); *beast of* ~, bête *f* de somme || NAUT. tonnage *m* || MUS. refrain *m* || ~**some** [-səm] *adj* lourd, pesant || FIG. ennuyeux.

bureau ['bjurəu] *n* bureau *m* (writing-desk) || U.S. commode *f* || service *m* (office) || *travel* ~, agence *f* de voyages || ~**cracy** [bju'rɔkrəsi] *n* bureaucratie *f.*

burglar ['bəːglə] *n* cambrioleur *n* || ~**y** [-ri] *n* cambriolage *m.*

Burgundy ['bəːgndi] *n* Bourgogne *f* (province).

burgundy *n* bourgogne *m* (wine).

burial ['beriəl] *n* enterrement *m* ; ~ *place,* sépulture *f.*

burlesque [bə:'lesk] *adj* burlesque ● *n* parodie *f* || TH., U.S. revue *f* music-hall *m.*

burly ['bə:li] *adj* corpulent (person).

Burm|a ['bə:mə] *n* Birmanie *f* || **~ese** [bə:'mi:z] *adj/n* Birman *(n).*

burn [bə:n] *n* brûlure *f* ● *vi/vt* (burnt [-t] *or* burned [-d]) brûler ; ~ *to ashes,* réduire en cendres || CULIN. ~ *to a cinder,* carboniser || ~ ***away,*** flamber, se consumer ; ~ ***down*** *(vt),* incendier ; ~ ***up*** *(vt),* brûler, carboniser || **~er** *n* brûleur *m* || bec *m* (gasburner) || **~ing** *n* CULIN. brûlé *m ; smell of* ~, odeur *f* de brûlé ● *adj* enflammé, en flammes || FIG. brûlant, ardent.

burnish ['bə:niʃ] *vt* brunir, polir.

burnt See BURN.

burrow ['bʌrəu] *n* terrier *m* (of rabbits) ● *vi/vt* creuser (a burrow).

bursar ['bə:sə] *n* économe *n* (treasurer) || boursier *n* (student).

burst [bə:st] *vi* (burst) [bomb] éclater, exploser ; ~ *to pieces,* voler en éclats || [cloud, bubble] crever || MÉD. [abscess] percer || BOT. s'ouvrir, percer ; ~ *into bloom,* s'épanouir || ~ ***in,*** entrer en coup de vent dans/chez || ~ ***into tears,*** fondre en larmes || ~ ***out laughing,*** éclater de rire, s'esclaffer — *vt* crever || rompre (banks) ● *n* explosion *f ;* jaillissement *m* (of flames) || MIL. rafale *f* (of fire) || FIG. explosion *f ;* débordement *m* (of joy) ; tonnerre *m* (of applause) ; crise *f* (of crying).

burthen ['bə:ðn] *n* refrain *m.*

Burund|i [bu'rundi] *n* Burundi *m* || **~ian** *n/adj* Burundien.

bury ['bəri] *vt* enterrer, ensevelir, inhumer || emmurer, ensevelir (by accident) || enfouir (conceal) || FIG. enfoncer, plonger ; ~ *oneself,* se plonger (*in,* dans).

bus [bʌs] *n* autobus (in town) ; (auto)car *m* (between localities) ; ~ *lane,* couloir *m* d'autobus ; ~ *shelter,* Abribus *m* (T.N.) ; *~-station,* gare routière ; *~-stop,* arrêt *m* d'autobus.

bush [buʃ] *n* broussailles *fpl* (brushwood) ; buisson *m* (shrub) ; fourré *m* (thicket) ; brousse *f* (in Africa, Australia) ; *take to the* ~, prendre le maquis (in Corsica).

bushel ['buʃl] *n* boisseau *m.*

bushy ['buʃi] *adj* broussailleux, touffu, épais || fourni (beard).

business ['biznis] *n (inv)* affaire *f ;* rôle *m ; it is his* ~ *to see to it,* c'est à lui d'y veiller ; ***mind your own*** ~, occupez-vous de vos affaires ; *that's no* ~ *of yours,* ça ne vous regarde pas ; *send sb. about his* ~, envoyer promener qqn || affaire *f,* objet *m* (matter) ; ***have*** ~ ***with sb.,*** avoir affaire à qqn ; *get/come down to* ~, en venir au sujet || métier *m,* profession *f* ; *what is his (line of)* ~ ?, quel est son métier ? ; ***follow a*** ~, exercer une profession || travail *m the* ~ *of the day,* l'ordre du jour || COMM. affaires *fpl ;* ***on*** ~, pour affaires ; ***set up in*** ~, s'établir ; *be in* ~, être dans les affaires ; ***do*** ~ ***with sb.,*** faire des affaires avec qqn || *Pl* (~es [-iz]) [shop] (fonds *m* de) commerce *m ;* ~ ***address,*** adresse commerciale ; ~ ***lunch,*** déjeuner *m* d'affaires || ~ ***hours,*** heures *fpl* d'ouverture || TH. jeu *m* (of an actor) || PÉJ. affaire *f* (louche) || FAM. *mean* ~, parler sérieusement || ~ ***is*** ~, en affaires on ne fait pas de sentiment, les affaires sont les affaires || **~-like** *adj* capable, efficace (person) ; régulier, sérieux (transaction) || **~man** *n* homme *m* d'affaires || **~woman** *n* femme *f* d'affaires.

busk [bʌsk] *vi* FAM. faire la manche (pop.).

busman ['bʌsmən] *n* conducteur *m* d'autobus.

bust I [bʌst] *n* buste *m*, poitrine *f* (of a woman).

bust II *vi/vt* (SL. = BURST) casser; bousiller (fam.) || éclater || crever ● *n* SL. faillite *f* || TH. fiasco, four *m* || *have a* ~, faire la bringue || **~-up,** engueulade *f* (fam.) ● *adj* cassé; foutu, bousillé (fam.) || **go ~,** faire faillite || **~ed** *adj* = BUST.

bust III *vt* SL. [police] arrêter; *get ~ed,* se faire alpaguer (arg.) || faire une rafle ● *n* rafle *f*.

bustle ['bʌsl] *vi* s'affairer ● *n* affairement, remue-ménage *m*.

busy ['bizi] *adj* occupé (*at,* à) || actif (person) || passante (street); pleine d'animation (town) || chargé (day) || TÉL. occupé || COMM. commerçant (quarter) ● *vt* ~ *oneself with,* s'occuper de || se mêler de || **~-body,** mouche *f* du coche.

but [bʌt] *conj/adv/prep* [coordinating] mais; [subordinating] que, si ce n'est que; sans que; *never a month passes ~ he writes to us,* il ne se passe jamais de mois (sans) qu'il ne nous écrive || seulement; *she left ~ an hour ago,* elle est partie il y a seulement une heure; *she is ~ ten,* elle n'a que 10 ans || sauf, excepté; *all ~ he/him,* tous sauf lui; *the last ~ one,* l'avant-dernier || ~ **for,** sans; ~ *for me,* sans moi, si je n'avais pas été là || **(~) that,** que ... (ne); *I don't doubt (~) that he will answer,* je ne doute pas qu'il (ne) réponde || **not ~ that,** ce n'est pas que || **all ~,** presque; *he all ~ fell,* il a failli tomber ● *rel pron* qui ne; *there is not one of us ~ remembers him,* il n'est personne qui ne se souvienne de lui.

butane ['bju:tein] *n* butane *m*.

butcher ['butʃə] *n* boucher *m*; **~'s (shop),** boucherie *f* ● *vt* massacrer || MÉD., FAM. charcuter || **~y** [-ri] *n* FIG. boucherie *f*.

butler ['bʌtlə] *n* maître *m* d'hôtel; *~'s pantry,* office *m/f*.

butt I [bʌt] *n* MIL. cible *f*; *Pl* champ *m* de tir || FIG. cible.

butt II *n* coup *m* de corne/de tête ● *vt* frapper (à coups de tête); buter (*against,* contre) || ~ **in,** SL. mettre son grain de sel; ~ *into,* s'immiscer dans (conversation).

butt III *n* gros bout || mégot *m* (cigarette).

butter ['bʌtə] *n* beurre *m*; *~-dish,* beurrier *m*; *~-milk,* babeurre *m* || *~-scotch,* caramel *m* au beurre ● *vt* beurrer.

butter|cup ['bʌtəkʌp] *n* BOT. bouton-d'or *m* || **~fly** *n* ZOOL. papillon *m*; ~ *net,* filet *m* à papillons || SP. **~-stroke,** brasse *f* papillon.

buttock ['bʌtək] *n* fesse *f*; *Pl* derrière *m* (of a person); croupe *f* (of an animal).

button ['bʌtn] *n* bouton *m* ● *vt* boutonner — *vi* se boutonner || **~hole** *n* boutonnière *f* ● *vt* FIG. accrocher (fam.) || **~-link** *n* bouton *m* de manchette.

buttress ['bʌtris] *n* arc-boutant *m* ● *vt* arc-bouter, soutenir.

buxom ['bʌksəm] *adj* dodu, potelé.

buy [bai] *vt* (bought [bɔ:t], bought [bɔ:t]) acheter, acquérir || ~ **back,** racheter || ~ **off,** acheter, soudoyer, corrompre || ~ **out,** désintéresser, acheter les droits de || ~ **up,** acheter en bloc ● *n a good ~,* une (bonne) affaire || **~er** *n* acheteur *n*.

buzz [bʌz] *n* bourdonnement *m* || TECHN., U.S. ~ *saw,* scie *f* mécanique || SL. **get a ~,** prendre son pied (arg.); *it gives you a ~,* c'est le pied! ● *vi* [insects] bourdonner || [motor] vrombir || [ears] bourdonner || FAM. téléphoner à — *vt* répandre (rumours) || AV. frôler || SL. ~ *off!,* filez! || **~er** *n* vibreur *m*.

buzzard ['bʌzəd] *n* buse *f*, busard *m*.

by [bai] *prep* [agency] par, de ||

[means] par ; ~ *boat,* par bateau ; [method] par ; ~ ***heart,*** par cœur || [circumstances] par, de ; ~ ***chance,*** par hasard ; ~ ***mistake,*** par erreur || [manner] à, de, selon ; ~ *your watch,* à votre montre ; ~ *name,* de nom ; ~ ***sight,*** de vue || ~ ***oneself,*** seul || [direction] par ; ~ *Dover,* via Douvres || [space] près de ; *I have no money* ~ *me,* je n'ai pas d'argent sur moi ; ***stand*** ~ ***sb.,*** soutenir, défendre qqn || [measure] à, de, sur ; ~ ***far,*** de beaucoup ; ~ *the pound,* à la livre ; *10 feet* ~ *20 feet,* 10 pieds sur 20 ; *taller* ~ *a head,* plus grand d'une tête ; *day* ~ *day,* de jour en jour || [time] pendant ; ~ ***night,*** de nuit ; avant ; ~ *now,* déjà ; ~ *then,* avant ce moment-là ; ~ *the end of the week,* avant la fin de la semaine ● *adv* près ; *near* ~, tout près ; ***go*** ~, passer devant || de côté ; *put some money* ~, mettre de l'argent de côté ● *loc* ~*-and-*~, bientôt, un peu plus tard || ~ ***and large,*** généralement parlant, tout compte fait, dans l'ensemble || ~ ***the way,*** à propos.

bye-bye! *interj* au revoir !

bye-byes ['baibaiz] *n go to* ~, aller au dodo.

by|-election ['bai-] *n* élection partielle || ~**gone** *adj* passé, ancien ● *n let* ~*s be* ~*s,* oublions le passé || ~**law** *n* arrêté municipal || ~**pass** *n* déviation, rocade *f* ● *vt* contourner || ~**-product** *n* sous-produit, dérivé *m* || ~**-road** *n* route écartée || ~**stander** *n* spectateur, curieux *m* || ~**word** *n* proverbe *m* || FIG. [person's name] synonyme (*for,* de).

C

c [siː] c *m* || MUS. *C,* do, ut *m.*

cab [kæb] *n* fiacre *m* || AUT. taxi *m* ; ~ ***driver,*** chauffeur *m* de taxi || [bus, lorry] cabine *f* (driver's place).

cabbage ['kæbidʒ] *n* chou *m.*

cabin ['kæbin] *n* cabane *f* (shed) ; case *f* (hut) || NAUT. cabine *f* || AV. carlingue *f.*

cabinet ['kæbinit] *n* meuble *m* à tiroirs ; *filing-*~, classeur, fichier *m* ; ***medicine*** ~, armoire *f* à pharmacie || POL. cabinet *m* ; *form a* ~, former un cabinet || ~**-maker** *n* ébéniste *m.*

cable ['keibl] *n* câble *m* (rope) || NAUT. chaîne *f* d'ancre || TÉL. câble *m* || ~**-car** *n* téléférique *m,* télébenne *f* || ~**railway** *n* funiculaire *m* || ~**T.V.** *n* télédistribution *f,* télévision *f* par câble.

cabman ['kæbmən] *n* cocher *m* de fiacre || chauffeur *m* de taxi.

caboose [kə'buːs] *n* NAUT. cuisine *f* || U.S., RAIL. fourgon *m.*

cab|-rank ['kæbrænk], ~**-stand** *n* station *f* de taxis.

ca'canny [kɑː'kæni] *adj* FAM. ~ *strike,* grève perlée.

cackle ['kækl] *n* caquet *m* ● *vi* [hen] caqueter || [person] FAM. glousser.

cactus, es/-ti ['kæktəs, -iz/-tai] *n* cactus *m.*

cad [kæd] *n* mufle *m* (boor) ; canaille *f* (scoundrel).

caddie ['kædi] *n* SP. caddie *m.*

caddish ['kædiʃ] *adj* ~ *trick,* muflerie *f* || ~**ness** *n* muflerie *f.*

caddy ['kædi] *n* boîte *f* à thé.

cadence ['keidns] *n* cadence *f.*

cadet [kə'det] *n* élève-officier *m.*

cadge [kædʒ] *vt/vi* FAM. quémander ; se faire payer (*sth.*, qqch.).

cæsura [si'zjurə] *n* césure *f.*

café ['kæfei] *n* restaurant *m.*

cafeteria [,kæfi'tiəriə] *n* cafétéria *f*, libre-service *m.*

caffeine ['kæfi:n] *n* caféine *f.*

cage [keidʒ] *n* cage *f* ● *vt* mettre en cage.

cagey ['keidʒi] *adj* FAM. prudent (careful) || secret (secretive) ; peu communicatif (unwilling to talk).

cahoots [kə'hu:ts] *n* U.S., SL. *in ~ with,* de mèche avec (fam.).

Cairo ['kajərəu/U.S. 'kεərəu] *n* Le Caire.

cajole [kə'dʒəul] *vt* cajoler.

cake [keik] *n* gâteau *m ; fruit-~,* cake *m* || *sell like hot ~s,* se vendre comme des petits pains || [soap] savonnette *f* ● *vi* [blood] se coaguler || [mud] former une croûte.

calamity [kə'læmiti] *n* calamité *f.*

calcium ['kælsiəm] *n* calcium *m.*

calcul|ate ['kælkjuleit] *vt/vi* calculer ; **~ating-machine** *n* machine *f* à calculer || **~ation** [,kælkju'leiʃn] *n* calcul *m* || **~ator** [-eitə] *n* calculatrice *f;* calculette *f* (fam.) || **~us** [-əs] *n* MATH., MÉD. calcul *m.*

caldron ['kɔ:ldrn] *n* chaudron *m.*

calendar ['kælində] *n* calendrier *m.*

calf I, **-lves** [kα:f, -a:vz] *n* ZOOL. veau *m ;* petit *m* (of deer, whale, etc).

calf II *n* ANAT. mollet *m* (of the leg).

calib|rate ['kælibreit] *vt* calibrer || **~re** [-ə] *n* TECHN., FIG. calibre *m.*

calico ['kælikəu] *n* calicot *m.*

call [kɔ:l] *vt* appeler ; crier (shout) || appeler, nommer (sb., sth.) ; ***~ sb. names,*** traiter qqn de tous les noms || annoncer (one's game) || évoquer ; ***~ to mind,*** se remémorer || appeler, demander ; *~ a meeting,* réunir une assemblée ; *~ the roll,* faire l'appel ; ***~ a strike,*** déclencher une grève ; *~ attention to,* attirer l'attention sur ; ***~ sth. in question,*** mettre qqch. en doute ; *~ sb. to account,* demander des comptes à qqn ; *~ sb. to order,* rappeler qqn à l'ordre || JUR. convoquer (Parliament) || ***~ back,*** rappeler || ***~ down,*** faire descendre, appeler ; FAM., U.S. enguirlander || ***~ forth,*** faire naître, soulever (protestations) ; faire appel à (one's courage) || ***~ in,*** faire entrer ; faire venir (a doctor) || ***~ off,*** rappeler (a dog) ; rompre, résilier ; *the strike was ~ed off,* l'ordre de grève fut annulé/rapporté || ***~ out,*** appeler (*workers,* des ouvriers) à la grève || ***~ over,*** faire l'appel ; ***~-over*** *(n)* appel *m* || ***~ up,*** téléphoner à ; rappeler, évoquer (idea, memory, spirit) ; MIL. mobiliser ; ***~-up*** *(n),* MIL. appel *m ;* mobilisation *f.*

— *vi* appeler, crier || s'arrêter ; ***~ at,*** passer chez ; *has the milkman ~ed ?,* le laitier est-il passé ? || NAUT. faire escale || ***~ for,*** appeler (sb.) ; passer prendre (sb.) ; commander (sth.) ; exiger, réclamer || ***~ on sb.,*** passer voir qqn || ***~ out,*** pousser des cris ; appeler || ***~ (up)on,*** invoquer ; faire appel à ; rendre visite à ; *~ (up)on sb. for sth.,* demander qqch. à qqn.

● *n* cri, appel *m ; within ~,* à portée de voix ; ***telephone ~,*** appel *m* téléphonique, coup *m* de fil || courte visite (*at,* chez) || [cards] annonce *f* || [doctor] ***on ~,*** de service || TH. rappel *m* || MIL. appel *m* || NAUT. escale *f* || REL. vocation *f* || **~-box** *n* cabine *f* téléphonique || **~er** *n* visiteur *n* || TEL. demandeur *n* || **~ing** *n* vocation *f* || métier *m,* profession *f.*

callipers ['kælipəz] *npl* compas *m* d'épaisseur.

callous ['kæləs] *adj* calleux || FIG. endurci, sans pitié.

callow ['kæləu] *adj* sans plumes (bird) || FIG., PÉJ. jeune, inexpérimenté.

call sign *n* RAD. indicatif *m* d'appel.

calm [kɑːm] *vt* calmer — *vi* ~ *down,* se calmer, s'apaiser ● *adj/n* calme *(m)* || NAUT. calme *m ; dead* ~, calme plat || **~ly** *adv* avec calme, calmement.

calorie ['kæləri] *n* calorie *f.*

calumn|iate [kə'lʌmnieit] *vt* calomnier || **~y** ['kæləmni] *n* calomnie *f.*

calvary ['kælvəri] *n* calvaire *m.*

calves See CALF.

calyx ['keiliks] *n* calice *m.*

cam [kæm] *n* came *f;* **~-shaft,** arbre *m* à cames.

came See COME.

camel ['kæml] *n* chameau *m.*

camera ['kæmrə] *n* appareil-photo *m* || [cine-camera] caméra *f* || **~man** [-mən] *n* cadreur, cameraman *m.*

Cameroon ['kæmruːn] *n* Cameroun *m* || **~ian** *adj/n* camerounais.

camouflage ['kæmuflɑːʒ] *n* camouflage *m* ● *vt* camoufler.

camp [kæmp] *n* camp, campement *m ; holiday* ~, colonie *f* de vacances ; *pitch a* ~, établir un camp ; *strike/break up* ~, lever le camp ● *vi* ~ *(out),* camper ; ***go ~ing,*** faire du camping.

campaign [kæm'pein] *n* MIL., POL. campagne *f* ● *vi* faire campagne.

camp|bed *n* lit *m* de camp || **~fire** *n* feu *m* de camp || **~ing** *n* camping *m ;* ~ ***car,*** auto-caravane *f* || **~site** *n* (terrain *m* de) camping *m.*

can I [kæn] *n* bidon *m* (of milk, oil) || boîte *f* de conserve (tin) || **~-opener,** ouvre-boîtes *m* ● *vt* mettre en conserve ; *canned goods,* conserves *fpl.*

can II *mod aux* (p.t. could [kud] ; neg. cannot ['kænɔt], can't [kɑːnt] ; couldn't ['kudnt]) pouvoir, être capable de ; ~ *you lift this box ?,* pouvez-vous soulever cette caisse ? || savoir ; ~ *you swim ?,* savez-vous nager ? || pouvoir, avoir la permission de ; *you* ~ *go now,* vous pouvez partir maintenant.

Canad|a ['kænədə] *n* Canada *m* || **~ian** [kə'neidjən] *adj/n* canadien.

canal [kə'næl] *n* canal *m.*

canary [kə'nɛəri] *n* canari, serin *m.*

cancel ['kænsl] *vt* biffer, barrer (a word) || annuler (an order) ; décommander (an invitation) || JUR. résilier || **~lation** [ˌkænse'leiʃn] *n* annulation *f.*

Cancer I ['kænsə] *n* ASTR. Cancer *m.*

cancer II ['kænsə] *n* cancer *m* || **~ous** ['kænsrəs] *adj* cancéreux.

candid ['kændid] *adj* franc || invisible (camera).

candid|acy ['kændidəsi] *n* U.S. candidature *f* || **~ate** ['kændidit] *n* candidat *n* || **~ature** [-itʃə] *n* candidature *f.*

candied ['kændid] *adj* confit.

candle [kændl] *n (wax-)*~, bougie *f; (tallow-)*~, chandelle *f* || [church] cierge *m* || **~-end** *n* lumignon *m* || **~stick** *n* bougeoir *m.*

cando(u)r ['kændə] *n* franchise *f.*

candy ['kændi] *n* sucre *m* candi || U.S. bonbon *m ;* ~ *store,* confiserie *f.*

cane [kein] *n* canne *f* (walking stick) || BOT. canne *f,* jonc, rotin *m* || *(sugar-)*~, canne *f* à sucre ; **~-*sugar,*** sucre *m* de canne ● *vt* fouetter || canner (a chair).

canine ['keinain] *adj* canin || ~ *tooth,* canine *f.*

canker ['kæŋkə] *n* chancre *m.*

cannabis ['kænəbis] *n* chanvre indien; marijuana *f.*

cannery ['kænəri] *n* fabrique *f* de conserves.

cannon ['kænən] *n* [arch.] canon *m* || **~ade** ['kænə'neid] *n* canonnade *f* ||**~eer** [,kænə'niə] *n* canonnier *m* || **~-fodder** *n* chair *f* à canon.

cannot See CAN II.

canny ['kæni] *adj* prudent, rusé.

canoe [kə'nu:] *n* canoë *m.*

canon ['kænən] *n* MUS. canon *m* || REL. chanoine *m* || **~ize** [-aiz] *vt* canoniser.

canopy ['kænəpi] *n* dais *m.*

can't See CAN II.

cant [kænt] *n* argot *m* de métier, jargon *m* (special talk) || langage *m* hypocrite, tartuferie *f.*

cantankerous [kən'tæŋkres] *adj* acariâtre, revêche, hargneux.

canteen [kæn'ti:n] *n* cantine *f* || MIL. bidon *m.*

canter ['kæntə] *n* petit galop ● *vi* aller au petit galop.

canvas ['kænvəs] *n* toile *f* (for tents, sails, oil-paintings) || *under* ~, sous la tente.

canvass ['kænvəs] *n* campagne électorale || COMM. tournée *f* ● *vt* faire une tournée électorale || COMM. faire du porte à porte; prospecter (a town) || **~er** *n* agent électoral || COMM. démarcheur *n* || **~ing** *n* campagne électorale.

canyon ['kænjən] *n* cañon *m.*

cap [kæp] *n* toque *f* (of a judge, professor); coiffe *f* (of a nurse, servant); béret *m* (sailor's); casquette *f* (peaked) || [bottle] capsule *f* || [radiator] bouchon *m* || [contraceptive] *(Dutch)* ~, diaphragme *m* ● *vt* coiffer || FIG. surpasser, couronner.

capability [,keipə'biliti] *n* capacité, aptitude *f.*

capable ['keipəbl] *adj* capable (*of*, de); compétent, susceptible de.

cap|acious [kə'peiʃəs] *adj* ample, vaste || **~acity** [kə'pæsiti] *n* capacité, contenance *f* || FIG. capacité, aptitude *f* (talent); qualité *f*, titre *m* (position).

cape I [keip] *n* cape, pèlerine *f.*

cape II *n* cap, promontoire *m.*

caper ['keipə] *n* cabriole *f* ● *vi* cabrioler.

capital ['kæpitl] *adj* capital, principal, primordial, essentiel || FAM. excellent, parfait ● *n* capitale *f* (city) || majuscule *f* (letter) || FIN. capital *m*, capitaux *mpl* (money) || ARCH. chapiteau *m* || JUR. ~ *punishment,* peine capitale || NAUT. ~ *ship,* bâtiment *m* de ligne || **~ism** ['kæpitəlizm] *n* capitalisme *m* || **~ist** ['kæpitəlist] *n/adj* capitaliste || **~ize** [kə'pitəlaiz] *vt* capitaliser || FIG. tourner à son profit || écrire en majuscules.

capitul|ate [kə'pitjuleit] *vi* capituler || **~ation** [kə,pitju'leiʃn] *n* capitulation *f.*

capric|e [kə'pri:s] *n* caprice *m* || **~ious** [kə'priʃəs] *adj* capricieux.

Capricorn ['kæprikɔ:n] *n* ASTR. Capricorne *m.*

capsize [kæp'saiz] *vi* chavirer — *vt* faire chavirer.

capstan ['kæpstən] *n* cabestan *m.*

capsule ['kæpsju:l] *n* capsule *f* || MÉD. gélule *f.*

captain ['kæptin] *n* capitaine *m* || NAUT. commandant *m.*

caption ['kæpʃn] *n* titre, en-tête *m* (of an article); légende *f* (of a photograph) || CIN. sous-titre *m.*

captious ['kæpʃəs] *adj* captieux (argument); vétilleux, pointilleux (person).

capt|ivate ['kæptiveit] *vt* captiver, fasciner || **~ive** *adj/n* captif ||**~ivity** [kæp'tiviti] *n* captivité *f* || **~ure** ['kæptʃə] *n* capture, prise *f* (booty) ● *vt* capturer.

car [kɑ:] *n* auto, voiture *f* || RAIL. wagon *m*, voiture *f* || TECHN. nacelle *f* (of a balloon); cabine *f* d'ascenseur.

caravan ['kærəvæn] *n* caravane *f* (across desert) || roulotte *f* (gipsies') || AUT. caravane *f*.

carbine ['kɑ:bain] *n* mousqueton *m*, carabine *f*.

carbolic [kɑ:'bɔlik] *adj* phénique (acid); *~ acid*, phénol *m*.

carbon ['kɑ:bən] *n* carbone *m*; *~ dioxide*, acide *m* carbonique; *~ monoxide*, oxyde *m* de carbone || *~(-paper)*, papier *m* carbone; *~ (copy)*, double *m* || **~ate** [-it] *n* carbonate *m*.

carburettor [,kɑ:bju'retə] *n* carburateur *m*.

carcass ['kɑ:kəs] *n* carcasse *f*.

card [kɑ:d] *n* [general] carte *f* || *(record) ~*, fiche *f*; *guide ~*, intercalaire *m*; ***punched ~***, carte perforée || *visiting-*/U.S. *calling ~*, carte *f* de visite || *landing-~*, carte *f* de débarquement || ***playing-~***, carte *f* à jouer; ***play ~s***, jouer aux cartes; *have a game of ~s*, faire une partie de cartes || **~board** *n* carton *m* || **~-case** *n* porte-carte *m* || **~-index** *n* fichier *m* || **~ punch** *n* perforatrice *f* || **~-sharper** *n* tricheur *n* || **~-table** *n* table *f* de jeu.

cardiac ['kɑ:diæk] *adj* cardiaque.

cardigan ['kɑ:digən] *n* cardigan *m*.

cardinal ['kɑ:dinl] *adj* cardinal ● *n* REL. cardinal *m*.

care [kɛə] *n* attention *f* || ***take ~***, faire attention, prendre garde || soin *m*, précaution *f*; *"with care"*, « fragile »; ***take ~ of***, prendre soin de; FAM. s'occuper de || charge, responsabilité *f*; ***~ of*** (abbr. *c/o*), aux bons soins de, chez (letter) || souci *m*, inquiétude *f* (anxiety) ● *vi* se soucier de; ***I don't ~***, cela m'est égal; *not to ~ about what people say*, se moquer du qu'en-dira-t-on; *I couldn't ~ less*, je m'en fiche || ***~ for***, aimer; *would you ~ (to go) for a walk?*, aimeriez-vous faire une promenade?; *if you ~ to*, si vous en avez envie, si le cœur vous en dit; *I don't ~ for him*, il ne me plaît pas || ***~ for***, s'occuper de (sb.); soigner (an invalid).

careen [kə'ri:n] *vt* caréner — *vi* donner de la bande.

career [kə'riə] *n* carrière *f* || course *f*; *in full ~*, à toute vitesse.

care|-free ['kɛəfri:] *adj* sans souci || **~ful** *adj* soigneux; *be ~ that*, prendre garde que || prudent, circonspect || attentif, approfondi || **~fully** *adv* soigneusement, prudemment, attentivement || **~less** *adj* insouciant, inattentif; *~ mistake*, faute *f* d'inattention || négligent || **~lessly** *adv* avec insouciance, négligemment || **~lessness** *n* négligence *f*, laisser-aller *m*; insouciance *f*; incurie *f* || **~-taker** *n* gardien, concierge *n*.

caress [kə'res] *n* caresse *f* ● *vt* caresser || **~ing** *adj* caressant, câlin.

cargo ['kɑ:gəu] *n* cargaison *f*; fret *m* || **~-boat** *n* cargo *m*.

caricature ['kærikə'tjuə] *n* caricature *f* ● *vt* caricaturer.

caries ['kɛərii:z] *n (sing)* carie *f*.

carnal ['kɑ:nl] *adj* charnel.

carnation [kɑ:'neiʃn] *n* BOT. œillet *m* || incarnat *m* (colour).

carni|val ['kɑ:nivl] *n* carnaval *m* || **~vorous** [kɑ:'nivrəs] *adj* carnivore.

carol ['kærl] *n* chant joyeux || LIT. [birds] ramage *m*.

carouse [kə'rauz] *n* beuverie *f* ● *vi* bambocher.

carp I [kɑːp] *n* ZOOL. carpe *f*.

carp II *vi* ~ *at*, critiquer.

carpent|er ['kɑːpintə] *n* charpentier *m*; U.S. menuisier *m* || **~ry** [-ri] *n* charpenterie *f*.

carpet ['kɑːpit] *n* tapis *m*; *(fitted)* ~, moquette *f*; *bedside* ~, descente *f* de lit ● *vt* recouvrir d'un tapis || **~-sweeper** *n* balai *m* mécanique.

carriage ['kæridʒ] *n* transport, port *m*; ~ *forward*, port dû; ~ *free*, franco (de port); ~ *paid*, port payé || voiture *f* (vehicle); *baby* ~, voiture d'enfant || RAIL. voiture *f*, wagon *m* || FIG. maintien *m* (bearing), allure *f* || **~-way** *n* chaussée *f*; *dual* ~, route *f* à quatre voies.

carrier ['kæriə] *n* transporteur, camionneur *m* || porte-bagages *m* (on a bicycle) || MÉD. porteur *n* de bacilles || MIL. *(troop-)*~, transport *m* de troupes (ship, aircraft); *Bren* ~, chenillette *f* || NAUT. *(aircraft-)*~, porte-avions *m* || **~-pigeon** *n* pigeon voyageur.

carrion ['kæriən] *n* charogne *f*.

carrot ['kærət] *n* carotte *f*.

carry ['kæri] *vt* porter (a package, etc.) || porter sur soi (money, a watch, etc.) || supporter (support) || transporter (a load) || FIG. entraîner || MIL. enlever (a position); ~ *the day*, remporter la victoire || TECHN. amener, conduire (water, etc.) || ~ ***away***, entraîner; FIG. transporter, ravir || ~ ***back***, FIG. ramener en arrière, faire remonter à || ~ ***forward***, MATH. reporter || ~ ***off***, emporter; *be carried off one's course*, être déporté; FIG. remporter (prize); FAM. ~ *it off*, réussir || ~ ***on***, continuer (*with*, de) || ~ ***on with***, FAM. avoir une liaison avec || ~ ***out***, réaliser, exécuter (a plan); mener à bonne fin (an undertaking) || ~ ***through***, tirer d'une difficulté, aider || réaliser — *vi* [sound, voice] porter.

car-radio *n* auto-radio *m*.

carryall ['kæriɔːl] *n* fourre-tout *m*.

car|-sickness *n* mal *m* de la route || **~-sleeper** *n* RAIL. train *m* auto-couchettes.

cart [kɑːt] *n* charrette *f*; *apple* ~, voiture *f* des quatre-saisons || FIG. *put the* ~ *before the horse*, mettre la charrue avant les bœufs ● *vt* charrier, transporter || **~age** [-idʒ] *n* transport, camionnage *m* || **~er** *n* charretier *m* || transporteur *m* (carrier) || **~-horse** *n* cheval *m* de trait || **~-load** *n* charretée *f*.

carton ['kɑːtən] *n* boîte *f* en carton; cartouche *f* (for cigarettes).

cartoon [kɑː'tuːn] *n* dessin *m* humoristique || CIN. *(animated)* ~, dessin animé || **~ist** *n* caricaturiste *n*.

cartridge ['kɑːtridʒ] *n* [gun] cartouche *f* || [record player] cellule *f* || [tape] cassette *f*; [film] chargeur *m* || [ink] cartouche *f* || **~-case** *n* douille *f*.

carv|e [kɑːv] *vt* sculpter (a statue); graver (an inscription) || CULIN. découper || **~er** *n* ARTS sculpteur *m*; graveur *m* || **~ing** *n* ARTS sculpture *f*; gravure *f* || CULIN. découpage *m*; *~-knife*, couteau *m* à découper.

cascade [kæs'keid] *n* cascade *f*.

case I [keis] *n* caisse *f* (box) || écrin *m* (casket); étui *m* (for cigarettes); fourreau *m* (for an umbrella) || trousse *f* (bag); *(suit-)* ~, valise *f*; *pack one's* ~, faire sa valise || COMM. vitrine *f* || AUT. carter *m* || ***~-hardened***, cémenté (steel); FIG. endurci (person).

case II *n* cas *m*; *in* ~, au cas où; *just in* ~, à tout hasard; ***in any*** ~, en tout cas; ***in no*** ~, en aucun cas; *as the* ~ *may be*, selon le cas; *in most* ~*s*, dans la plupart des cas || cas, problème *m*; *individ-*

ual ~, cas d'espèce ; ~ *in point*, exemple approprié ; *that's the* ~ *in point*, c'est précisément le cas || JUR. cause, affaire *f*, procès *m* || GRAMM. cas *m* || **~-history** *n* MÉD. antécédents *mpl*, évolution *f* de la maladie || **~-law** *n* JUR. jurisprudence *f*.

casement ['keismənt] *n* fenêtre *f* (opening outwards) ; croisée *f* (poetical).

cash [kæʃ] *n* argent *m* liquide ; espèces *fpl* (money) ; ***pay ~ down***, payer comptant ; ~ *on delivery*, envoi *m* contre remboursement ● *vt* toucher, encaisser (cheque) || **~-box** *n* caisse *f* || **~-desk** *n* caisse *f* ; ~ ***dispenser***, billetterie *f* || **~ier** [kæ'ʃiə] *n* caissier *n* || ~ **price** *n* prix *m* au comptant || **~-register**, caisse enregistreuse || **~-voucher** *n* bon *m* de caisse.

casing ['keisiŋ] *n* [tyre] enveloppe *f*.

cask [kɑ:sk] *n* tonneau *m*, barrique *f*, fût *m*.

casket ['kɑ:skit] *n* coffret *m* (for jewels) || U.S. cercueil *m* (coffin).

casserole ['kæsərəul] *n* CULIN. cassoulet *m* ; ragoût *m* en daube.

cassette ['kæset] *n* PHOT. chargeur *m* || RAD. cassette *f* || **~-deck** *n* magnéto-cassette *m* || **~-player** *n* lecteur *m* de cassette || **~-recorder** *n* magnétophone *m* à cassette.

cassock ['kæsək] *n* soutane *f*.

cast [kɑ:st] *vt* (cast) jeter, lancer || projeter (a shadow, etc.) || perdre (leaves) || couler (metal) || ~ ***lots***, tirer au sort || NAUT. ~ ***anchor***, jeter l'ancre || TH. distribuer les rôles || ~ ***away***, rejeter || ~ ***back***, FIG. revenir en arrière || ~ ***down***, baisser les yeux ; FIG. *be* ~ *down*, être abattu || ~ ***off***, jeter, mettre au rebut ; NAUT. larguer ; FIG. se détacher, s'affranchir ; **~*-off*** *(adj)* de rebut — *vi* ~ ***about***, se mettre en quête (*for*, de) ; chercher le moyen (*how to*, de) ● *n* jet, lancement *m* (of stones) || coup *m* (of the dice, of net) || moulage *m* (of a statue) || MÉD. plâtre *m* || TH. distribution *f* || FIG. ~ *of features*, expression *f* ; ~ *of mind*, tournure *f* d'esprit ● *adj* fondu ; **~*-iron***, fonte *f*.

castanets [,kæstə'nets] *npl* castagnettes *fpl*.

castaway ['kɑ:stəwei] *n* naufragé *n*.

caste [kɑ:st] *n* caste *f*.

caster ['kɑ:stə] *n* saupoudreuse *f* ; ~*-sugar*, sucre *m* en poudre.

castigate ['kæstigeit] *vt* châtier.

casting ['kɑ:stiŋ] *adj* prépondérant (voice) ; *give the* ~ *vote*, départager les voix ● *n* lancer *m* (throwing) || TECHN. fonte *f* || TH. distribution *f* || CIN. casting *m*.

castl|e [kɑ:sl] *n* château fort || [chess] tour *f* ● *vi* [chess] roquer || **~ing** *n* [chess] roque *m*.

castor ['kɑ:stə] *n* roulette *f* (of arm-chair) || = CASTER.

castor-oil ['kɑ:stərɔil] *n* huile *f* de ricin.

casual ['kæʒjuəl] *adj* fortuit, accidentel || à bâtons rompus (conversation) || temporaire (labourer) || intermittent (work) || insouciant (careless) || cavalier, désinvolte, sans-gêne (manners, person) || *clothes for* ~ *wear*, habits pour tout aller || **~ly** *adv* fortuitement, par hasard || négligemment, avec désinvolture || **~ty, -ties** [-ti, -tiz] *n* accident *m* || MÉD. accidenté *m* || *Pl* pertes *fpl*, morts et blessés *mpl*, victimes *fpl*.

cat [kæt] *n* chat *n* || FIG. *let the* ~ *out of the bag*, vendre la mèche.

cataclysm ['kætəklizm] *n* cataclysme *m*.

catacomb ['kætəkəum] *n* catacombe *f*.

catalog(ue) ['kætəlɔg] *n* catalogue *m*, liste *f* ● *vt* cataloguer.

catamaran [ˌkætəmə'ræn] *n* catamaran *m*.

catapult ['kætəpʌlt] *n* lance-pierres *m inv* || NAUT., AV. catapulte *f*.

cataract ['kætərekt] *n* cataracte *f*.

catarrh [kə'tɑ:] *n* catarrhe *m*.

catastroph|e [kə'tæstrəfi] *n* catastrophe *f* || **~ic** [ˌkætə'strɔfik] *adj* catastrophique.

catcall ['kætkɔ:l] *n* TH. coup *m* de sifflet ● *vt* siffler.

catch [kætʃ] *vt* (caught [kɔ:t]) attraper, saisir, prendre (seize) || capturer (trap) || **~ *hold of,*** saisir || surprendre (sb.) || accrocher; *~ one's foot,* se prendre le pied (*in,* dans) || **~ *fire,*** prendre feu || retenir (one's breath) || prendre le train || saisir (a sound); comprendre (the meaning) || *~ sb.'s eye,* attirer l'attention de qqn || **~ *sight of,*** apercevoir || *~ sb. a blow,* porter un coup à qqn || MÉD. attraper (a disease) || **~ *out,*** SP. mettre hors jeu; FIG. surprendre (sb.) || **~ *up,*** ramasser promptement (sth.); couper la parole à qqn || **~ *sb. up,*** (*~ up with sb.*), rattraper qqn (overtake) — *vi* se prendre, s'accrocher (*in,* dans) || [fire] prendre || CULIN. attacher || **~ *on,*** FAM. prendre (become popular) ● *n* prise, capture *f* || TECHN. loquet *m* (on door) || MUS. canon *m*.

catching *adj* contagieux.

catch|-phrase *n* scie, rengaine *f* || **~-question** *n* colle *f* (fam.) || **~word** *n* slogan *m* || mot-vedette *m* || **~y** *adj* facile à retenir.

catechism ['kætikizm] *n* catéchisme *m*.

categ|orical [ˌkæti'gɔrikl] *adj* catégorique || **~ory** ['kætigəri] *n* catégorie *f*.

cater ['keitə] *vi* **~ *for,*** approvisionner, pourvoir aux besoins de || **~er** [-rə] *n* pourvoyeur *n*, fournisseur *m*.

caterpillar ['kætəpilə] *n* ZOOL., TECHN. chenille *f*.

cathedral [kə'θi:drl] *n* cathédrale *f*.

cathode ['kæθəud] *n* cathode *f*.

cathol|ic ['kæθəlikl] *adj* éclectique; universel (mind) || REL. catholique ● *n* REL. catholique *n* || **~icism** [kə'θɔlisizm] *n* catholicisme *m*.

cat|-nap, ~-sleep ['kæt'næp, -'sli:p] *n* petit somme (in chair) || **~'s eye** *n* catadioptre *m;* Cataphote *m* || **~-walk** *n* coursive *f*.

cattle ['kætl] *n* bétail *m;* bestiaux *mpl*.

caucus ['kɔ:kəs] *n* comité électoral.

caught See CATCH.

cauliflower ['kɔliflauə] *n* chou-fleur *m*.

cauldron ['kɔ:ldrn] *n* chaudron *m*.

cause [kɔ:z] *n* cause *f*, motif *m*, raison *f; have ~ for,* avoir lieu de; *make common ~ with,* faire cause commune avec || JUR. cause *f*, procès *m* ● *vt* causer, provoquer, occasionner, produire || faire; *~ sb. to do sth.,* faire faire qqch. à qqn.

causeway ['kɔ:zwei] *n* chaussée *f*.

caustic ['kɔ:stik] *adj* caustique.

caution ['kɔ:ʃn] *n* précaution, prudence *f* (wariness) || avertissement *m*, mise *f* en garde (warning) || JUR. *~ money,* cautionnement *m* ● *vt* avertir, mettre qqn en garde.

cautious ['kɔ:ʃəs] *adj* prudent, circonspect || **~ly** *adv* avec circonspection, prudemment.

caval|cade [ˌkævl'keid] *n* cavalcade *f* || **~ry** ['kævlri] *n* cavalerie *f*.

cave [keiv] *n* caverne *f;* grotte *f* ● *vi* **~ *in,*** s'effondrer.

caviar(e) ['kæviɑ:] *n* caviar *m*.

cavil ['kævil] *vi* ergoter, chicaner (*at*, sur) || **~ler** *n* chicaneur *m*.

cavity ['kæviti] *n* cavité *f*.

cavort [kə'vɔ:t] *vi* U.S., FAM. caracoler.

caw [kɔ:] *n* croassement *m* ● *vi* croasser.

cayenne [kei'en], **~ pepper** [,keien'pepə] *n* poivre *m* de Cayenne.

cease [si:s] *vi* cesser (*from*, de) — *vt* cesser ● *n without* ~, sans cesse || **~-fire** *n* cessez-le-feu *m* || **~less** *adj* incessant || **~lessly** *adv* sans cesse.

cedar ['si:də] *n* cèdre *m*.

cede [si:d] *vt* céder, concéder.

ceiling ['si:liŋ] *n* ARCH., AV. plafond *m* || **~-light** *n* plafonnier *m*.

celebr|ate ['selibreit] *vt* célébrer, fêter || **~ated** [-eitid] *adj* célèbre || **~ation** [,seli'breiʃn] *n* fête *f* || **~ity** [si'lebriti] *n* célébrité *f* (fame, person).

celeriac [sə'leriək] *n* céleri-rave *m*.

celerity [si'leriti] *n* célérité *f*.

celestial [si'lestjəl] *adj* céleste.

celibacy ['selibəsi] *n* célibat *m*.

cell [sel] *n* ZOOL., MÉD., JUR., POL. cellule *f* || MÉD. *white blood* ~, globule blanc || ÉLECTR. élément *m*; *photo-electric* ~, cellule *f* photo-électrique; *dry* ~, pile sèche; ***fuel*** ~, pile *f* à combustible.

cellar ['selə] *n* cave *f*, cellier *m* || **~-window** *n* soupirail *m*.

cell|ist ['tʃelist] *n* violoncelliste *n* || **~o** [-əu] *n* violoncelle *m*.

cellophane ['seləfein] *n* T.N. Cellophane f.

Celsius ['selsiəs] *n* = CENTIGRADE.

cement [si'ment] *n* ciment *m* ● *vt* cimenter.

cemetery ['semitri] *n* cimetière *m*.

censer ['sensə] *n* encensoir *m*.

cens|or ['sensə] *n* censeur *m* ● *vt* censurer || **~orious** [sen'sɔ:riəs] *adj* pointilleux, dénigreur || **~ure** ['senʃə] *n* censure *f* ● *vt* blâmer, critiquer.

census ['sensəs] *n* recensement *m*.

cent [sent] *n* ***per*** ~, pour cent.

centen|arian [,senti'nɛəriən] *n* centenaire *n* || **~ary** [sen'ti:nəri] *adj/n* centenaire (*m*).

center ['sentə] *n* U.S. centre *m*.

cent|esimal [sen'tesiml] *adj* centésimal || **~igrade** ['sentigreid] *adj* centigrade || **~imetre** ['senti,mi:tə] *n* centimètre *m*.

centr|al ['sentrl] *adj* central; ~ *heating*, chauffage central || FIG. important, principal ● *n* U.S. central *m* téléphonique || **~alize** ['sentrəlaiz] *vt* centraliser.

centre ['sentə] *n* centre *m*; *off* ~, décentré; ~ *of gravity*, centre de gravité; ~ *of attraction*, point *m* de mire || ***shopping*** ~, centre commercial ● *vt* centrer || PHOT. cadrer || FIG. concentrer || **~-board** *n* NAUT. dérive *f* || **~-forward** *n* SP. avant *m* centre.

century ['sentʃəri] *n* siècle *m*.

ceramic [si'ræmik] *adj* céramique || **~s** [-s] *n* céramique *f*.

cereal ['siəriəl] *n* céréale *f*.

cerebral ['seribrl] *adj* cérébral.

ceremon|ial [,seri'məunjəl] *n* cérémonial *m* || **~ious** [-'məunjəs] *adj* cérémonieux || **~y** ['seriməni] *n* cérémonie *f*; *without* ~, sans façon.

cert [sə:t] *n* SL. certitude *f*.

certain ['sə:tn] *adj* certain (sure); ***for*** ~, avec certitude, à coup sûr; ***make*** ~, vérifier; s'assurer de || sûr (reliable) || certain, quelconque (undetermined) || **~ly** *adv* certainement, sûrement, indiscutablement; ~ *not!*, sûrement pas! ||

~ty *n* certitude, assurance *f*; *for a ~*, à coup sûr.

certificate [sə'tifikit] *n* certificat *m*; *birth ~*, acte *m* de naissance; *health ~*, certificat médical || [school] diplôme *m*.

cert|ify ['sə:tifai] *vt* certifier, déclarer || JUR. légaliser || COMM. garantir || FIN. *certified cheque*, chèque certifié || **~itude** [-itju:d] *n* certitude *f*.

cessation [se'seiʃn] *n* cessation *f*.

cesspool ['sespu:l] *n* fosse *f* d'aisance.

Ceylon [si'lɔn] *n* Ceylan *f*.

Chad [tʃæd] *n* Tchad *m* || **~ian** *adj/n* tchadien.

chafe [tʃeif] *vt* frictionner || frotter contre, irriter — *vi* s'irriter || FIG. s'impatienter.

chaff I [tʃɑ:f] *n* AGR. balle *f*.

chaff II *n* FAM. [teasing] taquinerie *f* ● *vt* taquiner; blaguer (fam.) (*sb.*, qqn).

chaffinch ['tʃæfinʃ] *n* ZOOL. pinson *m*.

chafing-dish ['tʃeifiŋdiʃ] *n* chauffe-plats *m inv*.

chagrin ['ʃægrin] *n* contrariété *f*.

chain [tʃein] *n* chaîne *f* || *pull the ~*, tirer la chasse d'eau || *Pl* entraves *fpl* ● *vt* enchaîner || **~-reaction** *n* réaction *f* en chaîne || **~-saw** *n* tronçonneuse *f* || **~-smoke** *vi* fumer cigarette sur cigarette || **~-store** *n* magasin *m* à succursales multiples.

chair [tʃɛə] *n* chaise *f*, siège *m*; *(arm-)~*, fauteuil *m* || fauteuil présidentiel; *take the ~*, prendre la présidence; *leave the ~*, lever la séance || [University] chaire *f* ● *vt* présider.

chair lift *n* télésiège *m*.

chair|man ['-mən] *n* président *m* || **~manship** *n* présidence *f* || **~woman** *n* présidente *f*.

chalet ['ʃælei] *n* chalet *m* (in the mountain); bungalow *m* (in a camp).

chalk [tʃɔ:k] *n* craie *f* || calcaire *m* (limestone) ● *vt* marquer à la craie || ***~ out***, FIG. tracer || ***~ up***, inscrire || **~y** *adj* crayeux, calcaire.

challeng|e ['tʃælinʒ] *n* défi *m*, provocation *f* || MIL. qui-vive *m*, sommation *f* ● *vt* défier, provoquer || contester, mettre en doute (question) || JUR. récuser || **~er** *n* provocateur *m* || SP. challenger *m* || **~ing** *adj* stimulant || fascinant.

chamber ['tʃeimbə] *n* [arch.] chambre *f* (bedroom); salle *f* (room) || POL., U.S. chambre *f* (parliament) || JUR. *~ of commerce*, chambre *f* de commerce || *Pl* logement *m*; JUR. cabinet *m* de magistrat || **~maid** *n* femme *f* de chambre || **~-music** *n* musique *f* de chambre || **~(-pot)** *n* pot *m* de chambre.

chamois ['ʃæmwɑ:] *n* chamois *m*; *~ leather*, peau *f* de chamois.

champ [tʃæmp] *vi* mâcher; *~ (at) the bit*, ronger son frein.

champagne [ʃæm'pein] *n* champagne *m*.

champion ['tʃæmpjən] *n* champion *m* ● *vt* défendre, soutenir || **~ship** *n* championnat *m*.

chance [tʃɑ:ns] *n* hasard *m*; ***by ~***, par hasard; ***take one's ~***, courir sa chance || possibilité *f*; *on the (off) ~ of*, au cas où || occasion *f*; *the ~s are that...*, il y a des chances que...; *stand a ~ of*, avoir des chances de || risque *m*; *take ~s*, courir des risques; *take no ~s*, jouer serré ● *adj* fortuit, accidentel, aléatoire ● *vt* risquer — *vi* arriver par hasard; *it ~d that*, il se trouva que || ***~ upon***, rencontrer par hasard.

chancel ['tʃɑ:nsəl] *n* [church] chœur *m*.

chancellor ['tʃɑ:nsələ] *n* chancelier *m* (in courts, universities).

chandelier [ˌʃændiˈliə] *n* lustre *m*.

chandler [ˈtʃɑːndlə] *n* marchand *n* de couleurs, droguiste *n*; *ship's* ~, shipchandler, marchand *m* de fournitures pour bateaux.

change [tʃeinʒ] *n* changement *m*; *make a* ~, apporter un changement; *for a* ~, pour changer ‖ linge *m* de rechange (of clothes) ‖ FIN. monnaie *f*; *small* ~, petite monnaie; ***make*** ~, faire de la monnaie; *give the* ~ *for £ 10*, rendre la monnaie sur 10 livres; *no* ~ *given*, on est tenu de faire l'appoint ● *vt* changer de (clothes, sides, places); ~ ***one's mind***, changer d'avis; transformer (*in*, en); ~ *for the better*, s'améliorer ‖ RAIL. changer de train; *all* ~!, tout le monde descend! ‖ MIL. relever (the guard) — *vi* changer, se modifier ‖ se changer (change one's clothes) ‖ AUT. ~ ***down***, rétrograder; ~ ***up***, monter les vitesses ‖ **~able** *adj* variable (weather) ‖ changeant, versatile (temper) ‖ **~ability** [ˌ-əˈbiliti] *n* inégalité *f* d'humeur ‖ **~less** *adj* immuable.

changing [ˈtʃeinʒiŋ] *n* MIL. ~ *of the guard*, relève *f* de la garde.

channel [ˈtʃænl] *n* [river] chenal *m* ‖ [sea] bras *m* de mer ‖ GÉOGR. ***the (English) Channel***, la Manche; *the Channel Islands*, les îles Anglo-Normandes ‖ RAD., T.V. canal *m*, chaîne *f* ‖ FIG. voie *f* (hiérarchique); *go through the usual* ~, suivre la filière.

chant [tʃɑːnt] *n* mélopée *f* ● *vt* psalmodier.

chanty [ˈtʃɑːnti] *n* chanson *f* de marins.

chao|s [ˈkeiɔs] *n* chaos *m* ‖ FAM. pagaille *f* (fam.) ‖ **~tic** [keˈɔtik] *adj* chaotique.

chap I [tʃæp] *n* gerçure, crevasse *f* ● *vt/vi* (se) gercer, (se) crevasser.

chap II *n* individu *m* ‖ FAM. type, garçon *m*; *old* ~, mon vieux.

chap III *n* (or **chop**) *Pl* babines *fpl* (of an animal) ‖ bajoues *fpl* (of cheeks).

chapel [ˈtʃæpl] *n* chapelle *f*.

chaperon [ˈʃæpərəun] *n* chaperon *m* ● *vt* chaperonner.

chaplain [ˈtʃæplin] *n* aumônier *m*.

chaplet [ˈtʃæplit] *n* guirlande *f* (of leaves) ‖ REL. chapelet *m*.

chapter [ˈtʃæptə] *n* chapitre *m* ‖ REL. chapitre *m*.

char I [tʃɑː] *vt/vi* (se) carboniser.

char II *vt* faire des ménages ● *n* FAM. = CHARWOMAN.

character [ˈkæriktə] *n* caractère *m*, nature *f* ‖ force morale, volonté *f* (fortitude) ‖ réputation *f*; *good/bad* ~, bonne/mauvaise réputation ‖ certificat *m*, attestation *f* (reference) ‖ personnalité *f*, personnage *m* (in a novel) ‖ TECHN. caractère *m*, lettre *f* ‖ FAM. type, individu *m* ‖ **~istic** [ˌkæriktəˈristik] *adj* caractéristique ● *n* caractéristique *f*; trait *m* ‖ **~ize** [ˈkæriktəraiz] *vt* caractériser.

charcoal [ˈtʃɑːkəul] *n* charbon *m* de bois ‖ ARTS fusain *m*.

charg|e [tʃɑːdʒ] *n* charge, responsabilité, fonction *f*; *in* ~ *of*, aux soins de; *the man in* ~, le responsable; ***take*** ~ ***of***, se charger de; *be in* ~ *of*, avoir la responsabilité de ‖ [person] personne *f* dont on a la charge : malade, élève *n*, etc. ‖ COMM., FIN. prix *m*; ***free of*** ~, gratuit; *bank* ~*s*, agios *mpl* ‖ JUR. accusation *f* ‖ ÉLECTR. charge *f* ‖ [explosive] charge *f* ‖ MIL. attaque *f* ● *vt* charger (*with*, de) [entrust] ‖ ÉLECTR. charger ‖ JUR. accuser (sb.) ‖ FIN. porter au compte de; prélever (une commission); demander (a price), faire payer ‖ MIL. charger — *vi* se précipiter; foncer (fam.) [*on*, sur] ‖ ÉLECTR. se charger ‖ **~eable** *adj* [expenses] ***be*** ~ ***to***, être à la charge de (*sb.*, qqn) ‖ *be* ~ *with*, être responsable de, être accusé de || **~er** *n* TECHN. chargeur *m*.

char|itable ['tʃæritəbl] *adj* charitable || de bienfaisance (institution) || **~ity** *n* charité *f; acte m* de charité || charité, générosité *f* (alms) || œuvre *f* de bienfaisance (society).

charlatan ['ʃɑ:lətn] *n* charlatan *m*.

charm [tʃɑ:m] *n* charme *m*, séduction *f* || charme *m* (magic) ● *vt* charmer, enchanter || **~ing** *adj* charmant, ravissant, enchanteur.

chart [tʃɑ:t] *n* NAUT. carte marine || TECHN. graphique *m ;* diagramme *m* ● *vt* porter sur une carte; établir un graphique de.

charter ['tʃɑ:tə] *n* charte *f* || AV. *~ **flight**,* charter *m* ● *vt* AV. affréter.

chartered accountant [-təd] *n* expert comptable *m*.

charwoman ['tʃɑ:,wumən] *n* femme *f* de ménage.

chary ['tʃεəri] *adj* prudent, circonspect (cautious) || avare, chiche (stingy).

chase [tʃeis] *vt* chasser, pourchasser ● *n* chasse, poursuite *f; give ~,* donner la chasse || SP. chasse *f* (hunting); gibier chassé (game); *butterfly ~,* chasse aux papillons.

chasm ['kæzm] *n* crevasse *f;* abîme, gouffre *m*.

chassis ['ʃæsi] *n* châssis *m*.

chast|e [tʃeist] *adj* chaste, pur || dépouillé (style) || **~en** [tʃeisn] *vt* châtier, corriger || **~ise** [tʃæs'taiz] *vt* châtier || **~isement** ['tʃæstizmənt] *n* châtiment *m* || **~ity** ['tʃæstiti] *n* chasteté *f*.

chat [tʃæt] *n* causette *f* || FAM. *have a ~,* faire un brin de causette ● *vi* causer, bavarder — *vt* FAM. *~ **up**,* baratiner (a girl).

chatter ['tʃætə] *n* bavardage *m* ● *vi* [birds] jacasser || [persons] papoter || [teeth] claquer.

chauffeur ['ʃəufə] *n* AUT. chauffeur *m*.

chauvinist ['ʃəuvinist] *n* chauvin *n* || ***male** ~,* phallocrate *m*.

cheap [tʃi:p] *adj* bon marché, pas cher; à bon compte; à prix réduit (ticket); *on the ~,* au rabais; *dirt ~,* à vil prix; *come ~er,* revenir moins cher, coûter meilleur marché || de peu de valeur; *~ goods,* camelote *f; ~ and nasty,* en toc || FIG. ***hold sth.** ~,* faire peu de cas de; *make oneself ~,* se déprécier || FAM. *feel ~,* ne pas être dans son assiette (ill); se sentir honteux (ashamed) || **~en** *vt* diminuer la valeur de || FIG. déprécier, amoindrir || **~ly** *adv* (à) bon marché, à bas prix || FIG. à peu de frais || **~ness** *n* bon marché || FIG. médiocrité *f*.

cheat [tʃi:t] *vt* escroquer (swindle) || tromper (deceive) || tricher (at cards) || frauder (the customs) ● *n* escroquerie *f* || (swindle); fraude *f* (fraud); escroc *m* (person) || [cards] tricherie *f;* tricheur *n* (person).

check I [tʃek] *vt* faire échec à (in chess); mettre en échec || refouler (tears) || refréner (passion) || contenir (enemy) || arrêter (an attack) || vérifier (an account) || AUT. *~ the air,* vérifier les pressions || U.S. faire enregistrer (luggage); mettre au vestiaire || *~ **off**,* pointer || *~ **up**,* contrôler — *vi ~ **in**,* arriver à (hotel); AV. se présenter à l'enregistrement || *~ **out**,* quitter (hotel), régler sa note; *~ **out point** (n),* [supermarket] caisse *f* ● *n* échec, revers *m* || échec *m* (in chess) || contrôle *m*, vérification *f* || marque *f* de contrôle || ticket, jeton *m* || U.S. [restaurant] addition *f* || TH. contremarque *f* || RAIL. bulletin *m* de consigne || FIG. frein, obstacle *m*, restriction *f; **hold in** ~,* tenir en échec || **~-list** *n* liste *f* de pointage || **~mate** *n* échec *m* et mat (in chess) || **~-point** *n* contrôle *m* || **~room** *n* U.S. vestiaire *m;* RAIL. consigne *f* || **~-taking** *n* TH. contrôle *m* || **~-up** *n* contrôle *m* || MÉD. bilan *m* de santé.

chek II *n* U.S., FIN. chèque *m.*

check III *n* [pattern] damier *m* || tissu *m* à carreaux.

checker ['tʃekə] *n* vérificateur *n* || U.S. = CHEQUER || *Pl* U.S. jeu *m* de dames; *~board,* U.S. damier *m.*

cheek [tʃi:k] *n* joue *f* || FIG. toupet, culot *m; what a ~!,* quel culot! || **~-bone** *n* pommette *f* || **~y** *adj* culotté.

cheer [tʃiə] *n* gaieté *f,* bonne humeur || *good ~,* bonne chère (food) || *Pl* acclamations *fpl,* vivats *mpl* || FAM. *~s!,* à la vôtre! ● *vt ~ (up),* réconforter, encourager, acclamer — *vi* pousser des vivats; *~ **up,*** se réjouir; reprendre courage || **~ful** *adj* gai, de bonne humeur (person); riant, attrayant (thing) || **~fully** *adv* gaiement, allégrement, de bon cœur || **~fulness** *n* gaieté, allégresse *f* || **~less** *adj* abattu, morne (person); triste, déprimant (thing).

cheese [tʃi:z] *n* fromage *m; cottage ~,* fromage blanc; *cream ~,* petit-suisse; *goat's milk ~,* fromage de chèvre || U.S. *Swiss ~,* gruyère *m;* **~-paring** *n* FAM. économie *f* de bouts de chandelle.

cheetah ['tʃi:tə] *n* guépard *m.*

chem|ical ['kemikl] *adj* chimique ● *n* produit *m* chimique || **~ically** [-ikli] *adv* chimiquement || **~ist** *n* chimiste *n* || MÉD. pharmacien *n;* ***~'s shop,*** pharmacie *f* || **~istry** [-istri] *n* chimie *f; inorganic ~,* chimie minérale.

cheque [tʃek] *n* chèque *m; a ~ for 50 £,* un chèque de 50 livres; *write a ~,* faire un chèque; *bearer ~,* chèque au porteur; *crossed ~,* chèque barré; *traveller's ~,* chèque de voyage; **~-book** *n* carnet *m* de chèques, chéquier *m.*

chequ|er ['tʃekə] *n* quadrillage, damier *m* ● *vt* quadriller || **~ed** [-d] *adj* quadrillé, à carreaux || FAM. varié; mouvementé (life).

cherish ['tʃeriʃ] *vt* chérir, veiller sur || FIG. entretenir (feelings); nourrir (hope).

cherry ['tʃeri] *n* cerise *f* || **~-tree** *n* cerisier *m.*

chervil ['tʃə:vil] *n* cerfeuil *m.*

chess [tʃes] *n* échecs *mpl; play ~,* jouer aux échecs; **~-board** *n* échiquier *m* || **~-man** *n* pièce *f;* pion *m.*

chest [tʃest] *n* poitrine *f* || coffre *m* || ***~ of drawers*** commode *f.*

chestnut ['tʃesnʌt] *n* marron *m;* châtaigne *f; horse ~,* marron d'Inde ● *adj* châtain (hair) || alezan (horse) || **~-tree** *n* châtaignier *m.*

chew [tʃu:] *vt* mâcher (food) || chiquer (tobacco) || ZOOL. *~ the cud,* ruminer || FAM. *~ over/upon,* ruminer || SL. *~ in the rag,* râler (fam.) || **~ing** *n* mastication *f; ~-gum,* chewing-gum *m.*

chic [ʃik] *adj* chic.

chick [tʃik] *n* poussin *m* || **~en** [-in] *n* poulet *m* || MÉD. *~-pox,* varicelle *f* || FIG. *~-hearted,* froussard *n,* poule mouillée.

chicory [,ʃikəri] *n* chicorée *f* (in coffee) || endive *f* (salad).

chid See CHIDE.

chide [tʃaid] *vt* (chid [tʃid], chidden [tʃidn] *or* chid; also regular) gronder, réprimander (scold).

chief [tʃi:f] *n* chef *m* ● *adj* principal, essentiel || **~ly** *adv* principalement || **~tain** [-tən] *n* chef (of a clan).

chilblain ['tʃilblein] *n* engelure *f.*

child, ren [tʃaild, 'tʃildrən] *n* enfant *m/f; ~'s play,* jeu *m* d'enfant, enfance *f* de l'art || ***with ~,***

enceinte || ~**-bearing** *n* maternité *f* || ~**birth** *n* accouchement *m* || ~**hood** *n* enfance *f* || ~**ish** *adj* enfantin, puéril || ~**like** *adj* d'enfant, pur.

children See CHILD.

Chile ['tʃili] *n* Chili *m* || ~**an** *adj/n* chilien.

chill [tʃil] *n* froid *m; take the ~ off,* faire tiédir; chambrer || MÉD. refroidissement *m; catch a ~,* prendre froid || FIG. *cast a ~,* jeter un froid ● *adj* froid ● *vi/vt* refroidir, rafraîchir; *~ed to the bone,* transi, glacé, frigorifié || ~**y** *adj* froid, frisquet || frileux (person) || FIG. glacial.

chil(l)i ['tʃili] *n* piment *m.*

chime [tʃaim] *n* carillon *m; ring the ~s,* carillonner ● *vt* faire sonner (bells) — *vi* carillonner || ~ ***in,*** faire chorus || ~ ***in with,*** s'accorder, s'harmoniser avec.

chimerical [kai'merikl] *adj* chimérique, fabuleux.

chimney ['tʃimni] *n* cheminée *f* || ~**-piece** *n* manteau *m* de cheminée || ~**-stack** *n* cheminée *f* d'usine || ~**-sweep** *n* ramoneur *m;* fumiste *m.*

chimpanzee [ˌtʃimpən'zi:] *n* chimpanzé *m.*

chin [tʃin] *n* menton *m; ~-strap,* jugulaire *f.*

china ['tʃainə] *n* porcelaine *f.*

Chin|a *n* Chine *f* || ~**ese** [tʃai'ni:z] *adj/n* chinois.

chink I [tʃiŋk] *n* fente, lézarde *f.*

chink II *vt/vi* (faire) tinter ● *n* tintement *m.*

chintz [tʃints] *n* chintz *m.*

chip [tʃip] *n* fragment *m* || [wood] copeau *m;* [glass] éclat *m* || jeton *m* de poker || [computer] puce *f* || *Pl* frites *fpl* ● *vt* ébrécher || ~**-board** *n* TECHN. aggloméré *m.*

chiro|podist [ki'rɔpədist] *n* pédicure *n* || ~**practor** [ˌkairə'præktə] *n* chiropracteur *m.*

chirp [tʃə:p] *vi* gazouiller ● *n* pépiement, gazouillis *m.*

chisel ['tʃizl] *n* ciseau *m* ● *vt* ciseler || FAM. extorquer, soutirer.

chivalrous ['ʃivlrəs] *adj* chevaleresque, courtois.

chive [tʃaiv] *n* ciboulette *f.*

chlor|ate ['klɔ:rit] *n* chlorate *m* || ~**ide** [-aid] *n* chlorure *m* || ~**inate** [-ineit] *vt* javelliser || ~**ine** [-i:n] *n* chlore *m* || ~**oform** ['klɔrəfɔ:m] *n* chloroforme *m* || ~**ophyl(l)** ['klɔrəfil] *n* chlorophylle *f.*

chock [tʃɔk] *n* cale *f* ● *vt* caler || FAM. *~ed up,* bondé, plein, bourré || ~**-full** *n* = CHOCKED UP.

chocolate ['tʃɔklit] *n* chocolat *m; a ~,* une crotte de chocolat.

choice [tʃɔis] *n* choix *m* || *by ~,* par goût; *for ~,* de préférence; ***take one's ~,*** faire son choix || ***Hobson's ~*** manque *m* de choix || COMM. variété *f,* choix *m* ● *adj* de choix, de qualité || ~***st,*** de premier choix.

choir [kwaiə] *n* ARCH. chœur *m* || MUS. chœur *m,* chorale, maîtrise *f; ~ master,* chef *m* de chœur; ~ ***boy,*** petit chanteur.

choke [tʃəuk] *vt* étouffer, étrangler (sb.) || obstruer, engorger (sth.) — *vi* suffoquer; s'obstruer || *choked up,* engorgé (pipe) ● *n* AUT. starter *m; pull out the ~,* mettre le starter.

choler|a ['kɔlərə] *n* choléra *m* || ~**ic** *adj* rageur.

choose [tʃu:z] *vt* (chose [tʃəuz], chosen ['tʃəuzn]) choisir; *as you ~,* à votre gré; *I cannot ~ but,* je ne peux faire autrement que.

choosy [tʃu:zi] *adj* FAM. difficile.

chop I [tʃɔp] See CHAP III.

chop II *vt* couper, trancher (with an axe); ~ ***off,*** trancher; ~ ***up,***

hacher en morceaux ● *n* coup *m* (de hache) || CULIN. côtelette *f* (pork, mutton) || **~-house** *n* gargote *f*.

chopp|er ['tʃɔpə] *n* hachoir *m* || **~y** *adj* agité, clapoteux (sea).

chopsticks ['tʃɔpstiks] *npl* baguettes *fpl* (for eating).

choral ['kɔ:rl] *adj* ~ *society*, chorale *f*.

chord [kɔ:d] *n* accord *m*.

chore [tʃɔ:] *n* besogne quotidienne || corvée *f* (unpleasant).

chorister ['kɔristə] *n* choriste *n*.

chorus ['kɔ:rəs] *n* chœur *m*; *in* ~, en chœur || refrain *m* ● *vi* chanter en chœur || **~-girl** *n* girl *f*.

chose, chosen See CHOOSE.

chow [tʃau] *n* MIL., SL. soupe *f*.

Christ [kraist] *n* Christ *m*.

christen ['krisn] *vt* baptiser || FAM. étrenner (thing).

Christendom [-dəm] *n* chrétienté *f*.

christening *n* baptême *m*.

Christian ['kristjən] *adj* chrétien || ~ *name*, prénom *m* || **~ity** [,kristi'æniti] *n* christianisme *m*.

Christmas ['krisməs] *n* Noël *m*; ~ ***box***, étrennes *fpl*; ~ *present*, cadeau *m* de Noël; ~ ***tree***, arbre *m* de Noël.

chrome [krəum] *n* chrome *m* || ~-*plated*, chromé.

chronic ['krɔnik] *adj* chronique.

chronicl|e ['krɔnikl] *n* chronique *f* ● *vt* relater, enregistrer || **~er** *n* chroniqueur *n*.

chrono|logical [,krɔnə'lɔdʒikl] *adj* chronologique || **~logy** [krə'nɔlədʒi] *n* chronologie *f* || **~meter** [krə'nɔmitə] *n* chronomètre *m*.

chrysanthemum [kri'sænθəməm] *n* chrysanthème *m*.

chubby ['tʃʌbi] *adj* potelé || **~-faced** [-,feisd] *adj* joufflu.

chuck [tʃʌk] *vt* ~ *(away)*, FAM. jeter || ~ *out*, flanquer dehors.

chuckle ['tʃʌkl] *vi* glousser, rire sous cape ● *n* ricanement, gloussement *m*.

chum [tʃʌm] *n* FAM. copain *m*, copine *f*.

chump [tʃʌmp] *n* bloc *m* de bois || SL. imbécile *n*.

chunk [tʃʌŋk] *n* quignon, croûton *m* (of bread) || gros morceau || bloc *m* (of wood).

church [tʃə:tʃ] *n* église *f* || **~-goer** *n* pratiquant *n* || **~man** *n* ecclésiastique *m* || **~-tower** *n* clocher *m* || **~yard** *n* cimetière *m*.

churlish ['tʃə:liʃ] *adj* ronchon, grincheux (grumpy).

churn [tʃə:n] *n* baratte *f* ● *vt* baratter || battre, fouetter, brasser.

chute [ʃu:t] *n* glissière *f* || *(refuse)* ~, vide-ordures *m inv* || [river] rapide *m*.

cicada [si'kɑ:də] *n* cigale *f*.

cider ['saidə] *n* cidre *m*; **~-press** *n* pressoir *m*.

cigar [si'gɑ:] *n* cigare *m* || **~ette** [,sigə'ret] *n* cigarette *f*; *packet of* ~*s*, paquet *m* de cigarettes; ~-***case***, étui *m* à cigarettes; ~-*holder*, fume-cigarette *m inv*.

cinch [sintʃ] *n* FAM. *that's a* ~, c'est du tout cuit (sure); c'est l'enfance de l'art (easy).

cinder ['sində] *n* cendre *f* || *burnt to a* ~, brûlé, carbonisé (cake) || **~-track** *n* piste cendrée.

cine|-camera ['sini'kæmrə] *n* caméra *f* || **~-film** *n* film *m* || **~-projector** *n* projecteur *m* de cinéma || **~ma** [-mə] *n* cinéma *m* (art, theatre).

cinnamon ['sinəmən] *n* cannelle *f*.

cipher ['saifə] *n* chiffre *m* || zéro

m || code secret, chiffre *m*; *in* ~, chiffré ● *vt* chiffrer.

circle ['sə:kl] *n* cercle *m* || TH. balcon *m*, galerie *f* || *vicious* ~, cercle vicieux || FIG. milieu, groupe *m* ● *vt* encercler — *vi* tournoyer (*about*, autour de).

circuit ['sə:kit] *n* circuit *m*; parcours, tour *m* || TH. tournée *f* || [electronics] ***printed*** ~, circuit imprimé || ÉLECTR. ***short*** ~, court-circuit *m* || **~-breaker** *n* disjoncteur *m*.

circul|ar ['sə:kjulə] *adj* circulaire || **~ate** [-eit] *vt/vi* (faire) circuler; *circulating library*, bibliothèque *f* de prêt || **~ation** [,sə:kju'leiʃn] *n* [movement] circulation *f* || [newspaper] tirage *m*.

circum|ference [sə'kʌmfrəns] *n* circonférence *f* || **~flex** ['sə:kəmfleks] *adj* circonflexe (accent) || **~locution** [,sə:kəmlə'kju:ʃn] *n* circonlocution *f* || **~scribe** ['sə:kəmskraib] *vt* circonscrire || **~spect** ['sə:kəmspekt] *adj* circonspect, méfiant || **~spection** [,sə:kəm'spekʃn] *n* circonspection, méfiance *f* || **~stance** ['sə:kəmstəns] *n* circonstance *f*, détail *m* || situation financière || *Pl* moyens *mpl*; *in bad/easy* ~*s*, gêné/à l'aise; ***in no*** ~***s***, en aucun cas; *under these* ~*s*, dans ces conditions || **~stantial** [,sə:kəm'stænʃl] *adj* détaillé || accessoire (incidental) || indirect (evidence) || **~vent** [,sə:kəm'vent] *vt* circonvenir || tourner (law).

circus ['sə:kəs] *n* cirque *m* || rond-point *m* (place).

cistern ['sistən] *n* réservoir *m*; *underground* ~, citerne *f*.

citadel ['sitədl] *n* citadelle *f*.

citation [sai'teiʃn] *n* MIL., JUR. citation *f*.

cite [sait] *vt* citer.

citizen ['sitizn] *n* JUR. ressortissant, citoyen *m* || citadin *m* (townsman) || **~ship** *n* nationalité, citoyenneté *f*.

city ['siti] *n* (grande) ville, cité *f* || **~-dweller** *n* citadin *m* || **~-hall** *n* hôtel *m* de ville.

civic ['sivik] *adj* civique || **~s** [-s] *npl* instruction *f* civique.

civil ['sivl] *adj* civil, civique (rights); ~ *defence*, défense passive; ~ *service*, fonction publique; ~ ***servant***, fonctionnaire *n* || FIG. courtois, poli || **~ian** [si'viljən] *adj/n* civil || **~ity** [si'viliti] *n* civilité, courtoisie *f* || **~ization** [,sivilai'zeiʃn] *n* civilisation *f* || **~ize** ['sivilaiz] *vt* civiliser.

clad See CLOTHE.

claim [kleim] *n* revendication *f*, titre, droit *m* (*to*, à); ***lay*** ~ ***to***, prétendre à || *put in a* ~, faire une réclamation (*with*, auprès de) || [insurance] demande *f* d'indemnisation || [mining] concession *f* ● réclamer, revendiquer; ~ ***damages***, réclamer des dommages et intérêts || affirmer, prétendre || **~ant** *n* JUR. prétendant, requérant *n*.

clam [klæm] *n* palourde *f*, clam *m*.

clamber ['klæmbə] *vi* ~ *up*, gravir (péniblement) || ~ *over*, escalader.

clammy ['klæmi] *adj* humide, moite.

clam|orous ['klæmrəs] *adj* bruyant || **~o(u)r** *n* clameur *f* ● *vi* vociférer; ~ *for*, réclamer à grands cris/à cor et à cri.

clamp [klæmp] *n* crampon *m*; agrafe *f* ● *vt* fixer, cramponner.

clan [klæn] *n* clan *m*.

clandestine [klæn'destin] *adj* clandestin.

clang [klæŋ] *vi* retentir, résonner ● *n* bruit *m* métallique.

clank [klæŋk] *vi* cliqueter ● *n* cliquetis *m*; choc *m*; son fêlé.

clap [klæp] *n* claquement *m*; coup *m* de tonnerre ● *vt* claquer, applaudir — *vi* claquer, se refermer bruyamment || **~trap** *n* boniment, bobard *m*.

claret ['klærət] *n* bordeaux *m* (wine).

clarify ['klærifai] *vt* clarifier || FIG. élucider.

clar|inet [,klæri'net] *n* clarinette *f* || **~ion** ['klæriən] *n* clairon *m*.

clarity ['klæriti] *n* clarté *f*.

clash [klæʃ] *vi* se heurter, s'entrechoquer || [events] ~ *with*, tomber le même jour que ● *n* choc, bruit *m* (métallique) || FIG. conflit *m*, opposition *f*.

clasp [klɑ:sp] *n* agrafe *f*, fermoir *m* (fastener) || étreinte *f* (embrace) ● *vt* agrafer || étreindre.

class [klɑ:s] *n* classe *f; working ~*, classe ouvrière || RAIL. classe *f* || [school] classe *f*, cours *m; attend a ~*, suivre un cours ● *vt* classer || **~ic** ['klæsik] *adj/n* classique *(m)* || **~ical** [-ikl] *adj* classique || **~icism** [-isizm] *n* classicisme *m* || **~icist** [-isist] *n* classique *m* || **~ification** [,klæsifi'keiʃn] *n* classification *f* || **~ify** ['klæsifai] *vt* classer, classifier; *classified ads*, petites annonces || **~-mate** *n* camarade *n* de classe || **~-room** *n* salle *f* de classe || **~-struggle** *n* lutte *f* des classes.

clatter ['klætə] *n* fracas, vacarme *m* ● *vi* s'entrechoquer.

clause [klɔ:z] *n* JUR. clause *f* || GRAMM. proposition *f*.

clavicle ['klævikl] *n* clavicule *f*.

claw [klɔ:] *n* griffe *f* (of a tiger) || serre *f* (of a bird of prey) || pince *f* (of a crab) ● *vt* griffer (swatch) — *vt ind ~ at*, essayer de s'agripper à.

clay [klei] *n* argile, glaise *f* || **~ pigeon** *n* pigeon d'argile.

clean [kli:n] *adj* propre, net; *~ copy*, texte *m* au net || FIG. pur ● *adv* totalement; ***~-shaven***, rasé de près ● *vt* nettoyer || cirer (shoes) || CULIN. éplucher (vegetables) || AGR. désherber || ***~ out***, nettoyer à fond, lessiver; FIG. mettre à sec || ***~ up***, nettoyer (room) || **~-cut** *adj* net, clair || **~er** *n* laveur *n* || détachant *m* (product) || teinturier *n* (person).

cleaning *n* nettoyage *m*.

cleaning woman *n* femme *f* de ménage.

cleanliness ['klenlinis] *n* propreté *f*.

cleanly I [kli:nli] *adv* proprement.

cleanly II ['klenli] *adj* propre.

cleanse ['klenz] *vt* nettoyer || FIG. purifier.

clear [kliə] *adj* clair, lumineux (bright) || clair (audible); sonore (resonant) || clair, évident (obvious) || sûr (certain) || clair, compréhensible (easily understood); ***make sth. ~***, faire comprendre qqch.; *am I ~?*, est-ce que je me fais bien comprendre? || lucide (mind) || libre, dégagé (way) || MIL. *all ~*, fin *f* d'alerte || délivré; libre (from debt, etc.) || sûr, certain (confident) || entier, complet; *for two ~ days*, pendant deux journées entières || FIN. net (profit) ● *adv* clair, net; clairement || à l'écart; ***stand ~***, se tenir à distance (*of*, de); *keep ~ of*, éviter ● *vt* débarrasser; ***~ the table***, débarrasser la table || dégager, déblayer (way) || franchir (leap over) || liquider (goods); *~ through customs*, dédouaner || compenser (cheque) || JUR. disculper || ***~ away***, enlever; débarrasser (the table) || ***~ off***, décamper, filer (fam.) || ***~ out***, nettoyer à fond; se débarrasser de || ***~ up***, ranger, mettre en ordre; FIG. élucider — *vi* [sky] se dégager; [weather] se lever || FAM. ***~ out***, filer, décamper.

clearance ['kliərns] *n* dégagement *m*, espace *m* libre || NAUT. dédouanement *m* || COMM. *~ sale*, soldes *mpl*, braderie *f*.

clearing ['kliəriŋ] *n* [weather]

éclaircie *f* || [way] dégagement, déblaiement *m* || AGR. défrichement *m* (of a field) || clairière *f* (in a forest) || NAUT. dédouanement *m* || COMM., FIN. liquidation *f*; compensation *f* (of a cheque); ~ *house,* chambre *f* de compensation.

clear|ly ['kliəli] *adv* clairement || **~ness** *n* clarté *f* (brightness) || netteté *f* (of outlines) || limpidité *f* (of water) || FIG. lucidité *f* (of mind) || **~-sighted** *adj* clairvoyant.

clearway ['kliəwei] *n* G.B. route *f* à stationnement interdit.

cleavage ['kli:vidʒ] *n* clivage *m* || FIG. scission *f*.

cleav|e I [kli:v] *vi/vt* (p.t. clove [kləuv], cleft [kleft] *or* cleaved [kli:vd]; p.p. cleft *or* cloven ['kləuvn]) [se] fendre || **~er** [-ə] *n* couperet *m*.

cleave II *vi* (regular) [arch.] adhérer, s'attacher (*to,* à).

clef [klef] *n* MUS. clef *f*.

cleft [kleft] See CLEAVE ● *adj* fendu, fourchu || FAM. *in a ~ stick,* dans une impasse ● *n* fente, crevasse, fissure *f*.

clem|ency ['klemənsi] *n* clémence *f* || **~ent** *adj* clément.

clench [klenʃ] *vt* serrer (one's fists) || empoigner (sth.).

clergy ['klə:dʒi] *n* clergé *m* || **~man** *n* ecclésiastique *m* || pasteur *m*.

clerical ['klerikl] *adj* clérical || de copiste; ~ *error,* erreur matérielle; ~ *work,* travail *m* de bureau.

clerk [klɑ:k] *n* employé *n*, commis *m* || U.S. vendeur *m* || *town-~,* secrétaire *m* de mairie.

clever ['klevə] *adj* prompt, intelligent, doué (person) || habile, ingénieux (action) || **~ly** *adv* habilement, intelligemment || **~ness** *n* habileté, adresse, ingéniosité *f*.

clew [klu:] See CLUE.

cliché ['kli:ʃei] *n* LITT. cliché, poncif *m*.

click [klik] *n* bruit *m* de déclic || TECHN. cliquet *m* ● *vi* cliqueter || FAM. réussir; ~ *with,* taper dans l'œil à (sexually).

client ['klaiənt] *n* client *n* (of a lawyer).

cliff [klif] *n* falaise *f*; rocher *m* à pic || **~hanger** *n* RAD., T.V. feuilleton *m* à suspense || FIG. suspense *m* || **~-road** *n* (route *f* en) corniche *f*.

climate ['klaimit] *n* climat *m*.

climax ['klaimæks] *n* point culminant || comble, sommet, apogée *m* || [sexual] orgasme *m*, jouissance *f*.

climb [klaim] *vt* monter (stairs); gravir (slope); escalader; faire l'ascension de (a mountain) — *vi* grimper || AV. prendre de la hauteur || ~ ***down,*** descendre; FAM. se dégonfler ● *n* ascension, montée *f* || **~er** *n* alpiniste *n* || BOT. plante grimpante || FAM. arriviste *n* || **~ing** *n* ascension, escalade *f*.

clinch [klinʃ] *vt* TECHN. river || FIG. conclure (a bargain); clore (an argument) — *vi* [boxing] s'accrocher.

cling [kliŋ] *vi* (clung [klʌŋ]) s'accrocher, se cramponner (*to,* à) || FIG. rester attaché à.

clinic ['klinik] *n* clinique *f*.

clink [kliŋk] *n* cliquetis *m* || tintement *m* ● *vi* tinter — *vt ~ glasses,* trinquer || **~er** *n* mâchefer *m*.

clip [klip] *n* pince, attache *f* || clip *m* (jewel) || ***paper ~,*** attache *f*, trombone *m* || *(cartridge) ~,* chargeur *m* ● *vt* couper (hair); tondre (sheep) || **~per** *n* NAUT. clipper *m* || *Pl* tondeuse *f* || **~ping** *n* tonte *f* (of sheep) || taille *f* (of hair) || U.S. coupure *f* (of a newspaper) || *Pl* rognures *fpl*.

clique [kli:k] *n* clique, coterie *f*.

cloak [kləuk] *n* cape *f* || FIG. voile, masque *m* ● *vt* recouvrir, voiler, masquer || **~-room** *n* vestiaire *m* || RAIL. consigne *f*.

clock [klɔk] *n* horloge, pendule *f* || *round the ~,* 24 heures sur 24 || AUT. compteur *m* ● *vt* chronométrer — *vi ~* ***in/out,*** pointer à l'arrivée/à la sortie || **~-radio** *n* radio-réveil *m* || **~-wise** *adv* dans le sens des aiguilles d'une montre ; *counter-~,* dans le sens contraire... || **~work** *n* mouvement *m* d'horlogerie ● *adj* mécanique (toy).

clod [klɔd] *n* motte *f* (de terre).

clog I [klɔg] *vt* boucher, engorger, obstruer (pipe) || FIG. encombrer (memory).

clog II *n* galoche *f; sabot m* (shoe).

cloister ['klɔistə] *n* cloître *m*.

close I [kləuz] *vt* fermer, clore || RAD. *~d circuit T.V.,* télévision *f* en circuit fermé || FIG. terminer, conclure (end) ; serrer (the ranks) || *~* ***down,*** fermer définitivement (factory) — *vi ~* ***down,*** RAD. terminer l'émission || *~* ***in,*** [days] raccourcir ; [night] tomber ; MIL. cerner *(on sb., qqn)* || *~* ***up,*** [persons] se serrer ● *n* clôture *f* || conclusion, fin *f; draw to a ~,* se terminer, prendre fin.

close II [kləus] *adj* clos, fermé (shut) || renfermé (air) || lourd (weather) || étroit (space, relations, examination) || serré (writing, order) || MIL. rapproché (combat) || SP. *~ season,* période *f* de fermeture de la chasse/pêche || FAM. *have a ~ shave,* l'échapper belle || FIG. fermé (club) ; intime (friend) ; rapproché (interval) ; fidèle (resemblance) ; étroit (attention) ; minutieux (examination) ; serré (reasoning, translation) ; secret (person) ; *keep ~,* se cacher ● *adv* étroitement (tightly) || *~* ***by/to,*** tout près de || *be ~ upon sixty,* friser la soixantaine ● *n* enclos *m* || **~-cropped** [-krɔpt] *adj* ras (hair) || **~ly** *adv* étroitement, de près, attentivement || **~ness** *n* proximité *f* || intimité *f* (friendship) || fidélité *f* (of translation) || **~-up** *n* PHOT. gros plan.

closet ['klɔzit] *n* cabinet *m* (study) || penderie *f* (for clothes), placard *m* (cupboard).

closure ['kləuʒə] *n* JUR. clôture *f*.

clot [klɔt] *n* caillot *m* (blood) ● *vi* [blood] se coaguler || [milk] se cailler.

cloth [klɔθ] *n* drap *m* (linen) || toile, étoffe *f* (fabric) ; tissu *m* (woollen) || torchon *m* (for cleaning) || *(table-~)* nappe *f;* ***lay the ~,*** mettre la nappe/le couvert || REL. soutane *f;* FIG. clergé *m*.

clothe [kləuð] *vt* (clothed [kləuðd] ; [arch.] clad [klæd]) habiller, vêtir.

clothes [kləuðz] *npl* habits *mpl;* vêtements *mpl* || *in plain ~,* en civil || ***put on one's ~,*** s'habiller || *take off one's ~,* se déshabiller || **~-brush** *n* brosse *f* à habits || **~-line** *n* corde *f* à linge || **~-peg**/U.S. **-pin** *n* pince *f* à linge.

cloth|ier ['kləuðiə] *n* COMM. drapier *m;* marchand *n* de vêtements de confection || **~ing** *n* habillement *m ;* vêtement(s) *m(pl)*.

cloud [klaud] *n* nuage *m,* nuée *f* || buée *f* (on a mirror) || FIG. nuée || FAM. *in the ~,* dans les nuages || FIG. *under a ~,* en disgrâce ● *vt* couvrir (de nuages), voiler, assombrir || troubler (liquid) — *vi* [liquid] se troubler ; [sky] *~ (over),* se couvrir (de nuages) || **~-burst** *n* averse *f* || **~less** *adj* sans nuages, serein || **~y** *adj* nuageux, couvert || FIG. nébuleux ; *make ~,* troubler (wine).

clout [klaut] *n* SL. coup *m* de poing || *(dish-)~,* torchon *m*.

clove I [kləuv] *n* clou *m* de girofle.

clove II *n* gousse *f* (of garlic).

clove, cloven See CLEAVE || ***clo-***

ven *(adj),* fendu (hoof) ; fourchu (of the devil).

clover ['kləuvə] *n* trèfle *m* || *be in ~,* être comme un coq en pâte || **~-leaf** *n* AUT. croisement *m* en trèfle, échangeur *m.*

clown [klaun] *n* [circus] clown *m.*

cloy [klɔi] *vt* rassasier.

club I [klʌb] *n* [cards] trèfle *m; the ace of ~s,* l'as de trèfle.

club II *n* cercle, club *m* (society) ● *vi* s'associer, se réunir ; *~ together,* se cotiser.

club III *n* massue, matraque *f;* gourdin *m* ● *vt* matraquer || **~-foot** *n* pied-bot *m.*

cluck [klʌk] *vi* glousser ● *n* gloussement *m.*

clue [klu:] *n* fil conducteur ; piste *f,* indice *m* || [crosswords] définition(s) *f(pl).*

clump I [klʌmp] *n* massif *m;* touffe *f* (flowers); bouquet *m* (trees).

clump II *vi* marcher d'un pas lourd.

clums|ily ['klʌmzili] *adv* gauchement || **~iness** [-inis] *n* gaucherie *f* || **~y** *adj* gauche, maladroit ; empoté (fam.).

clung See CLING.

cluster ['klʌstə] *n* bouquet *m* (flowers) || grappe *f* (fruit) || régime *m* (bananas) ● *vi* se grouper.

clutch [klʌtʃ] *n* prise, étreinte *f* || AUT. embrayage *m; let in/out the ~,* embrayer/débrayer ● *vt* empoigner ; étreindre.

clutter ['klʌtə] *vt ~ (up),* encombrer (*with,* de).

coach [kəutʃ] *n* [arch.] carrosse *m ; (stage-)~,* diligence *f* || RAIL. wagon *m,* voiture *f* || AUT. autocar *m* || SP. entraîneur *m* || FAM. [school] répétiteur *m* ● *vt* SP. entraîner || [school] donner des leçons particulières || **~-builder** *n* carrossier *m* || **~ing** *n* répétitions *fpl* || **~man** *n* cocher *m* || **~work** *n* AUT. carrosserie *f.*

coagulate [kə'ægjuleit] *vt/vi* (se) coaguler.

coal [kəul] *n* charbon *m,* houille *f* || morceau *m* de charbon ; *live ~s,* charbons ardents, braise *f* || *white ~,* houille blanche ● *vt/vi* (s')approvisionner en charbon || NAUT. charbonner || **~-cellar** *n* cave *f* à charbon || **~-dust** *n* poussier *m* || **~-field** *n* bassin *m* houiller || **~man** *n* charbonnier *m* || **~-mine** *n* mine *f* de charbon || **~-scuttle** *n* seau *m* à charbon.

coalesce [,kəuə'les] *vi* s'unir.

coalition [,kəuə'liʃn] *n* coalition *f.*

coarse [kɔ:s] *adj* grossier, rude (rough) || gros (salt) || grossier, vulgaire (crude) || **~-grained** *adj* à gros grain || **~ness** *n* grossièreté *f* || rudesse *f* (of cloth).

coast [kəust] *n* côte *f,* littoral, rivage *m* ● *vi* caboter || [cyclist] descendre en roue libre || **~al** *adj* côtier || **~er** *n* caboteur *m* || **~-guard** *n* garde-côte *m.*

coat [kəut] *n* habit, veston *m* || pardessus *m;* manteau *m* (overcoat) || MIL. capote *f* || [paint] couche *f* || ZOOL. pelage *m,* robe *f* (horse) || FAM. *turn one's ~,* tourner sa veste ● *vt* couvrir, enduire || **~-hanger** *n* cintre *m* || **~ing** *n* couche *f,* enduit *m ;* revêtement *m* || **~-rack** *n* portemanteau *m.*

coax [kəuks] *vt* cajoler, amadouer.

co-axial ['kəu'æksiəl] *adj ~ cable,* câble coaxial.

cob [kɔb] *n* épi *m* de maïs ; *corn on the ~,* maïs en épi.

cobalt ['kəubɔ:lt] *n* cobalt *m.*

cobble I ['kɔbl] *n ~(-stone),* pavé rond ● *vt* paver.

cobbl|e II *vt* rafistoler, raccommoder (shoes) || **~er** *n* cordonnier *m.*

cobra ['kəubrə] *n* cobra *m*.

cobweb ['kɔbweb] *n* toile *f* d'araignée.

cocaine [kə'kein] *n* cocaïne *f*; ~-*addict*, cocaïnomane *n*.

cock [kɔk] *n* coq *m* || mâle *m* (in compounds) || TECHN. robinet *m* || AGR. meulon *m* (of hay) || TECHN. chien *m* (of gun) ● *vt* armer (a gun) || dresser (ears) || ~ *one's eyes*, lancer une œillade || mettre sur l'oreille (hat) ||~**ade** [-eid] *n* cocarde *f* || ~**-a-doodledo** [-ədu:dl'du:] *n* cocorico *m* || ~**-eyed** *adj* qui louche, bigle || ~**-crow** *n* FIG. aube *f* || ~**-fighting** *n* combats *mpl* de coqs.

cockle ['kɔkl] *n* ZOOL. coque *f* || NAUT. coquille *f* de noix.

cockney ['kɔkni] *adj/n* cockney || [dialect] cockney *m*.

cockpit ['kɔkpit] *n* AV. habitacle *m*, poste *m* de pilotage, carlingue *f* || NAUT. cockpit *m*; poste *m* des blessés (on a warship).

cockroach ['kɔkrəutʃ] *n* blatte *f*, cafard *m*.

cockscomb ['kɔkskəum] *n* crête *f* de coq.

cock-sure ['kɔk'ʃuə] *adj* outrecuidant, suffisant (cocky) || sûr et certain (certain).

cocktail ['kɔkteil] *n* cocktail *m*.

cocky ['kɔki] *adj* outrecuidant, suffisant.

coco ['kəukəu] *n* ~*(-palm)*, cocotier *m*; ~***-nut,*** noix *f* de coco.

cocoa ['kəukəu] *n* cacao *m*.

cocoon [kə'ku:n] *n* cocon *m*.

cod [kɔd] *n* morue *f* || ~***-liver oil,*** huile *f* de foie de morue.

coddle ['kɔdl] *vt* dorloter.

code [kəud] *n* code *m* || MIL. chiffre *m*; ~ *message*, message chiffré || *Morse* ~, alphabet *m* Morse.

codify ['kɔdifai] *vt* codifier.

coed [,kəu'ed] *abbrev* = COEDUCATIONAL ● *n* U.S. étudiante *f*.

coeducational [,kəuedʒu'keiʃnl] *adj* mixte (school).

coefficient [,kəui'fiʃnt] *n* coefficient *m*.

coerc|e [kəu'ə:s] *vt* contraindre || ~**ion** [kəu'ə:ʃn] *n* coercition, contrainte *f*.

coexist ['kəuig'zist] *vi* coexister || ~**ence** [-ən:s] *n* coexistence *f*.

coffee ['kɔfi] *n* café *m*; *black* ~, café noir; *white* ~, café crème || ~**-bean** *n* grain *m* de café || ~ **break** *n* pause-café *f* || ~**-mill** *n* moulin *m* à café || ~**-pot** *n* cafetière *f*.

coffer ['kɔfə] *n* coffre *m* (for money).

coffin ['kɔfin] *n* cercueil *m*.

cog [kɔg] *n* dent *f* (d'engrenage) || ~*-wheel*, roue dentée.

cog|ency ['kəudʒnsi] *n* force *f* de persuasion || ~**ent** *adj* puissant, convaincant (arguments).

cogitate ['kɔdʒiteit] *vi* méditer.

cogniz|ance ['kɔgnizns] *n* connaissance *f* || JUR. compétence *f*, ressort *m* || ~**ant** *adj* informé || JUR. compétent.

cohabit [kə'hæbit] *vi* cohabiter.

coh|erent [kə'hiərnt] *adj* adhérent || FIG. cohérent; logique || ~**esion** [kə'hi:ʒn] *n* cohésion *f*.

coil [kɔil] *n* rouleau *m* (rope) || torsade *f* (hair) || tourbillon *m* (smoke) || ÉLECTR. bobine *f* || MÉD. stérilet *m* ● *vt* enrouler, torsader — *vi* serpenter; s'enrouler (*around*, autour) || ~ ***up,*** [snake] se lover.

coin [kɔin] *n* pièce *f* de monnaie ● *vt* frapper (coins) || FIG. inventer (word) || FAM. ~ *money*, faire des affaires d'or || ~**age** [-idʒ] *n* frappe *f* (act); monnaie *f* (coins) || FIG. invention *f*.

coincid|e [,kəin'said] *vi* coïncider

|| **~ence** [kə'insidns] *n* coïncidence *f*.

coke [kəuk] *n* coke *m*.

colander ['kʌləndə] *n* passoire *f*.

cold [kəuld] *adj* froid; *it is ~,* il fait froid || ***get ~,*** se refroidir; *I am ~,* j'ai froid; *my feet are ~,* j'ai froid aux pieds || FIG. *in ~ blood,* de sang-froid ● *n* froid *m* || rhume *m*; ***catch (a) ~,*** s'enrhumer; prendre froid || MÉD. *~ in the head/on the chest,* rhume *m* de cerveau/de poitrine || **~-blooded** *adj* à sang froid || FIG. insensible || **~ly** *adv* froidement || **~ness** *n* froideur *f*.

collabor|ate [kə'læbəreit] *vi* collaborer (*on,* à; *with,* avec) || **~ation** [kə,læbə'reiʃn] *n* collaboration *f*.

collaps|e [kə'læps] *vi* s'effondrer, s'écrouler || FIG. s'effondrer ● *n* effondrement, écroulement *m* || **~ible** *adj* pliant.

collar ['kɔlə] *n* col *m* (of shirt) || [dog] collier *m* || *seize by the ~,* prendre au collet || ***white ~ worker,*** employé *n* de bureau || **~-bone** *n* clavicule *f* || **~-stud** *n* bouton *m* de col.

colleague ['kɔli:g] *n* collègue *n*; confrère *m*, consœur *f*.

collect [kə'lekt] *vt* rassembler; réunir (gather); ramasser || collectionner (stamps) || percevoir (taxes) || FIN. recouvrer, encaisser || FAM. aller chercher (sth.) || RAIL. prendre à domicile (luggage) || ramasser (tickets) || FIG. *~ one's thoughts,* se recueillir; *~ oneself,* se ressaisir ● *adj/adv* TÉL. ***~ call,*** appel *m* en PCV; *call ~,* appeler en PCV.

collect|ion [kə'lekʃn] *n* collection *f* || [mail] levée *f* || [fashion] collection *f* || [church] quête *f* || FIN. recouvrement *m*; encaissement *m*; perception *f* (of taxes) || **~ive** [kə'lektiv] *adj* collectif || **~or** *n* collectionneur *n* || percepteur *m* (of taxes) || RAIL. ***ticket-~,*** contrôleur *n*.

colleg|e ['kɔlidʒ] *n* collège *m* universitaire || *naval ~,* école navale; ***teacher training ~,*** école normale || collège *m*; société *f* || **~iate** [kə'li:dʒiit] *adj* collégial, universitaire.

collide [kə'laid] *vi* se heurter, entrer en collision (*with,* avec).

coll|ier ['kɔlie] *n* mineur (man) *m* || NAUT. charbonnier *m* || **~iery** [-jəri] *n* houillère *f*.

collision [kə'liʒn] *n* collision *f*.

collocutor [,kɔlə'kju:tə] *n* interlocuteur *n*.

colloquial [kə'ləukwiəl] *adj* familier, de la conversation.

colloquy ['kɔləkwi] *n* colloque, entretien *m*.

colon I ['kəulən] *n* MÉD. côlon *m*.

colon II *n* GRAMM. deux-points *mpl*; *semi-~,* point-virgule *m*.

colonel ['kə:nl] *n* colonel *m*.

colon|ial [kə'ləunjəl] *adj* colonial || **~ist** ['kɔlənist] *n* colon *m* || **~ization** [,kɔlənai'zeiʃn] *n* colonisation *f* || **~ize** ['kɔlənaiz] *vt* coloniser || **~y** ['kɔləni] *n* colonie *f*.

colossal [kə'lɔsl] *adj* colossal.

colour ['kʌlə] *n* couleur, teinte *f* || teint *m*; *lose ~,* pâlir || *be off ~,* ne pas être dans son assiette, être mal fichu || *Pl* MIL. couleurs *fpl*, drapeau, pavillon *m* (flag); *with the ~s,* sous les drapeaux || FIG. ***under ~ of,*** sous prétexte/couleur de ● *vt* colorer; colorier (paint) || FIG. colorer (one's style); dénaturer (fact, truth) || **~-bar** *n* ségrégation raciale || **~-blind** *adj* daltonien || **~ed** [-d] *adj cream-~,* couleur crème || *~ people,* gens *mpl* de couleur || **~ful** *adj* coloré || FIG. pittoresque; truculent (language) || **~ing** [-riŋ] *n* coloration *f*; coloriage *m* || **~less** *adj* incolore, terne || **~-scheme** *n* combinaison *f* de(s) couleurs (in a design).

colt [kəult] *n* poulain *m.*

column ['kɔləm] *n* ARCH., MIL. colonne *f* || MÉD. *spinal ~*, colonne vertébrale || [newspaper] colonne, chronique *f* || FIG. gerbe *f* (of water) || **~ist** [-nist] *n* U.S. chroniqueur, journaliste, échotier *m.*

coma ['kəumə] *n* coma *m ; in a ~*, dans le coma.

comb [kəum] *n* peigne *m ; run a ~ through one's hair,* se donner un coup de peigne || rayon *m* de miel || crête *f* de coq ● *vt* peigner; *~ **one's hair,*** se peigner || *~ **out*** démêler (hair); FAM. ratisser; fouiller || FIG. chercher, passer au peigne fin; éliminer.

combat ['kɔmbət] *n* combat *m* ● *vt* combattre — *vi* se battre (*with,* contre) || **~ant** *adj/n* combattant *(m).*

combination [,kɔmbi'neiʃn] *n* combinaison *f* || association *f.*

combine [kəm'bain] *vt* combiner, unir — *vi* se combiner, s'unir, s'allier (*with,* à) ● ['kɔmbain] *n* JUR. corporation *f* || COMM. trust *m* || AGR. *~(-harvester),* moissonneuse-batteuse *f.*

combust|ible [kəm'bʌstəbl] *adj/n* combustible *(m)* || **~ion** [-ʃn] *n* combustion *f.*

come [kʌm] *vi* (came [keim], come) venir, arriver; *~ and go,* aller et venir || aboutir, arriver; FAM. *how ~...?*, comment se fait-il que...? || survenir (happen); *whatever may ~,* quoi qu'il arrive; *~ what may,* advienne que pourra || FIN. s'élever, se monter à || MATH. *~ right,* tomber juste || FIG. *~ to nothing,* ne pas aboutir à grand-chose || *~ to one's senses/to oneself,* reprendre connaissance, recouvrer sa raison; *~ to light,* se faire jour, se révéler; *in the years to ~,* dans les années à venir || [sex] SL. jouir || *~ **about,*** arriver, se produire || *~ **across,*** rencontrer par hasard || *~ **along,*** venir, suivre; [health] aller mieux; *~ **along!,*** allez, venez! || *~ **at,*** atteindre, accéder à; attaquer (sb.) || FAM. *~**-at-able*** *(adj),* accessible || *~ **away,*** se détacher, tomber || *~ **back,*** revenir, retourner; *~**-back*** (*n*), retour *m* || *~ **by,*** obtenir (money); passer || *~ **down,*** descendre; FIG. déchoir; FAM. donner de l'argent; *~ down handsomely,* faire un don généreux; *~**-down*** (*n*), déchéance *f* || *~ **down upon,*** s'en prendre à, tomber sur || *~ **forward,*** se présenter (as a candidate) || *~ **in,*** entrer, rentrer; FAM. intervenir; [tide] monter; [season] commencer; SP. [horse] arriver; JUR. arriver au pouvoir || *~ **in for,*** recevoir en partage, hériter de || *~ **off,*** [button] se détacher; [stain] s'en aller; tomber de (fall); descendre de (get down); [events] avoir lieu, se produire; [plans] se réaliser, réussir; FAM. s'en tirer || *~ **on,*** suivre, venir; faire des progrès; [night, rain] arriver, tomber; [storm] éclater; *~ **on!,*** allons, un effort!/= COME ALONG || *~ **out,*** [sun] paraître, apparaître; [flowers] pousser, sortir; [news, truth] paraître, se faire jour; [book] être publié; [workmen] débrayer, se mettre en grève, faire grève; [stains] partir, disparaître; PHOT. *he always ~s out well,* il est photogénique; FIN. s'élever, se monter (*at,* à) || *~ **over,*** venir de loin; [feelings] envahir || *~ **round,*** faire un détour; faire une visite; [feast] revenir périodiquement; MÉD. reprendre connaissance, se ranimer || *~ **through,*** avoir vécu (an event) || *~ **to,*** MÉD. = ~ ROUND || *~ **under,*** être classé dans/sous; subir (an influence) || *~ **up,*** [plant] pousser, pointer; [problem, question] être soulevé, posé || *~ **up against,*** se heurter contre || *~ **up to,*** s'élever à, atteindre || *~ **up with,*** fournir, trouver (idea) || *~ **upon,*** rencontrer/trouver par hasard.

comedian [kə'mi:djən] *n* comédien *n* || [variety] comique *m* || FIG. pitre *m*.

comedy ['kɔmidi] *n* comédie *f* (play); *musical* ~, opérette *f* || comique *m* (art).

come|liness [k'ʌmlinis] *n* beauté *f*, charme *m* || **~ly** *adj* beau, charmant.

com|er ['kʌmə] *n* arrivant *n* || **~ing** *adj* à venir, futur; ~ *from*, originaire de ● *n* arrivée, venue *f*.

comet ['kɔmit] *n* comète *f*.

comfort ['kʌmfət] *n* confort *m*, aises *fpl* || FIG. réconfort, consolation *f* || **~-station,** U.S. toilettes *fpl*.

comfort|able ['kʌmftəbl] *adj* confortable; commode || à l'aise (person); *I'm quite* ~, je suis très bien ici; ***make oneself*** ~, se mettre à son aise, faire comme chez soi || **~ably** [-əbli] *adv* confortablement, à l'aise || **~er** *n* consolateur *n* || cache-nez *m* (scarf) || **~ing** *adj* réconfortant, consolant || **~less** *adj* incommode, sans confort || **~-station** *n* U.S. w.-c. publics, lavatory *m*.

comic ['kɔmik] *adj* comique; ~ *opera*, opéra *m* comique; ~ ***strips*** bande dessinée ● *n* TH. comique *m* (comedian) || *Pl* = ~ STRIPS || **~al** *adj* drôle; marrant (fam.).

comma ['kɑmə] *n* virgule *f*.

command [kə'mɑ:nd] *n* commandement, ordre *m* || FIG. maîtrise *f* (mastery) ● *vt* commander; ordonner (order) || **~er** *n* MIL. commandant *m* || NAUT. capitaine *m* || **~ing** *adj* imposant (air); dominant (position) || **~ment** [kə'mɑ:nmənt] *n* REL. commandement *m* || **~o** [-əu] *n* commando *m*.

commemor|ate [kə'meməreit] *vt* commémorer, célébrer || **~ation** [kə,memə'reiʃn] *n* commémoration *f*.

commence [kə'mens] *vt/vi* commencer || **~ment** *n* commencement *m* || U.S. collation *f* des grades (ceremony).

commend [kə'mend] *vt* recommander, louer, confier || **~able** *adj* louable, recommandable || **~ation** [,kɔmen'deiʃn] *n* louange *f*, éloge(s) *m(pl)*.

comment ['kɔment] *n* commentaire *m* || observation *f* (remark) ● *vt* commenter — *vi* ~ ***on,*** faire des observations sur || **~ary** [-ri] *n* commentaire *m*; *running* ~, commentaire suivi || RAD. reportage *m* || **~ator** [-eitə] *n* commentateur *n* || RAD. reporter *m*.

commerc|e ['kɔmə:s] *n* commerce *m* || **~ial** [kə'mə:ʃl] *adj* commercial; commerçant (street); ~ *traveller*, voyageur *m* de commerce || ~ *television*, chaîne *f* de télévision privée.

commiserate [kə'mizəreit] *vt* avoir de la commisération pour.

commissary ['kɔmisəri] *n* commissaire *m* || MIL. officier *m* d'intendance.

commission [kə'miʃn] *n* JUR. délégation *f* de pouvoirs (action); mandat *m* (authority) || MIL. brevet *m* d'officier || COMM. commission, guelte *f* || JUR. perpétration *f* (of crime) || commission *f* (committee) ● *vt* donner pouvoir/mission à || passer une commande à (an artist) || **~ed** [-d] *adj* autorisé || MIL. ***non ~-ed officer,*** sous-officier *m* || **~er** *n* membre *n* d'une commission.

commit [kə'mit] *vt* confier (*to*, à) [entrust] || ~ ***to memory,*** apprendre par cœur || commettre (crime) || ~ *suicide*, se suicider || JUR. écrouer, incarcérer || ~ ***oneself,*** se compromettre, s'engager; ~*ted literature*, littérature engagée || **~ment** *n* engagement financier || JUR. mandat *m* de dépôt || POL. engagement *m*.

commitee [kə'miti] *n* comité *m*, commission *f*.

commodious [kə'məudjəs] *adj* spacieux (house).

commodity [kə'mɔditi] *n* marchandise *f*, produit *m*.

commodore ['kɔmədɔ:] *n* commodore *m*.

common ['kɔmən] *adj* commun ; ~ *market,* marché commun || général, répandu, courant (usual) || commun, ordinaire (things, people) || habituel, usuel || vulgaire (low) || ~ *people,* peuple *m ;* ~ ***sense,*** bon sens || JUR. municipal (council) || coutumier (law) || GRAMM., MATH. commun ● *n* terrain communal || *in* ~, en commun ; ***out of the*** ~, peu ordinaire, hors du commun || *Pl* peuple *m ; House of Commons,* Maison *f* des Communes || **~ly** *adv* communément, ordinairement || **~place** *n* lieu commun, banalité *f* ● *adj* banal, ordinaire || **~wealth** *n* Commonwealth *m*.

commotion [kə'məuʃn] *n* remue-ménage, tumulte *m* || émoi, trouble *m ;* remous *m ;* ébranlement *m*.

communal ['kɔmjunl] *adj* communal.

commune ['kɔmju:n] *vi* communier (*with,* avec) ● *n* [Hippies] communauté *f*.

communic|able [kə'mju:nikəbl] *adj* transmissible, communicable || **~ant** *n* REL. communiant *n* || **~ate** [-eit] *vt* communiquer, transmettre — *vi* communiquer (*with,* avec) || REL. communier || **~ation** [kə,mju:ni'keiʃn] *n* communication *f* || RAIL. ~ ***cord,*** signal *m* d'alarme || **~ative** [kə'mju:nikətiv] *adj* communicatif.

communion [kə'mju:njən] *n* communion *f*.

commun|ism ['kɔmjunizm] *n* communisme *m* || **~ist** *adj/n* communiste || **~ity** [kə'mju:niti] *n* communauté, collectivité *f*.

commutation [,kɔmju'teiʃn] *n* commutation *f*.

commut|e [kə'mju:t] *vt* commuer — *vi* RAIL. faire la navette (*from,* de ; *to,* à) || **~er** *n* RAIL. voyageur *n* de banlieue, banlieusard *n*.

compact I ['kɔmpækt] *n* contrat, pacte *m,* convention *f* (agreement).

compact II [kəm'pækt] *adj* compact, serré ● *vt* serrer, tasser.

compact III ['kɔmpækt] *n* poudrier *m*.

companion I [kəm'pænjən] *n* ~ *(-ladder),* NAUT. échelle *f* de commandement.

companion II *n* compagnon *m,* compagne *f,* camarade *n* || pendant *m* (of a pair) || **~ship** *n* compagnie, camaraderie *f*.

company ['kʌmpni] *n* compagnie *f ; in* ~ *of,* en compagnie de ; ***keep sb.*** ~, tenir compagnie à qqn ; ***part*** ~ ***with,*** se séparer de || invités *mpl* (guests) || fréquentation *f* (good/bad) || COMM. société, compagnie *f* || TH. troupe *f* || MIL. compagnie *f* || NAUT. ***ship's*** ~, équipage *m*.

compar|able ['kɔmprəbl] *adj* comparable || **~ative** [kəm'pærətiv] *adj* GRAMM. comparatif ; comparé (study).

compare [kam'pɛə] *vt* comparer (*to,* à ; *with,* avec) — *vi* se comparer (*with,* à) ; être comparable (*with,* à) ● *n* comparaison *f ; beyond* ~, sans comparaison.

comparison [kəm'pærisn] *n* comparaison *f ; by* ~, en comparaison ; *in* ~ *with,* en comparaison de, par rapport à.

compartment [kəm'pɑ:tmənt] *n* RAIL. compartiment *m*.

compass ['kʌmpəs] *n* NAUT. boussole *f,* compas *m ;* **~*-card,*** rose *f* des vents || ***(pair of)*** **~*es,*** compas *m* || FIG. portée, étendue *f* ● *vt* faire le tour de ; entourer || FIG. embrasser, comprendre.

compassion [kəm'pæʃən] *n* compassion *f* || **~ate** [-it] *adj* compatissant.

compatible [kəm'pætəbl] *adj* compatible.

compatriot [kəm'pætriət] *n* compatriote *n*.

compel [kəm'pel] *vt* contraindre, forcer, obliger; imposer (respect) || **~ling** *adj* astreignant || irrésistible.

compens|ate ['kɔmpenseit] *vt* compenser, dédommager || **~ation** [,kɔmpen'seiʃn] *n* compensation, indemnisation *f*, dédommagement *m*.

compère ['kɔmpɛə] *n* RAD., TH. animateur *n*, meneur *n* de jeu ● *vt* RAD., TH. animer, présenter.

compete [kəm'pi:t] *vi* concourir, rivaliser (*with*, avec) || faire concurrence (*with*, à).

compet|ence ['kɔmpitns], **~ency** *n* compétence, capacité *f* || FIN. aisance *f*, revenus suffisants || **~ent** *adj* compétent; suffisant (sufficient).

compet|ition [,kɔmpi'tiʃn] *n* concurrence, rivalité *f* || SP. compétition *f* || **~itive** [kəm'petitiv] *adj* *~ examination*, concours *m* || **~itor** [kəm'petitə] *n* concurrent *n* || SP. compétiteur *n*.

compile [kəm'pail] *vt* compiler.

complacent [kəm'pleisnt] *adj* content de soi (self-satisfied) || complaisant, affable.

compl|ain [kəm'plein] *vi* se plaindre (*about*, de) || **~aint** [-eint] *n* plainte, réclamation *f*; *lodge a ~ against*, porter plainte contre || MÉD. maladie, affection *f*.

complaisant [kəm'pleiznt] *adj* obligeant, serviable || FAM. complaisant.

complement ['kɔmplimənt] *n* complément *m* || [staff] personnel tout entier; *with full ~*, au grand complet || NAUT. effectif complet || GRAMM. attribut *m*.

complete [kəm'pli:t] *adj* complet, entier; achevé, terminé (finished) || parfait (thorough) ● *vt* terminer, achever (finish) || accomplir, parfaire (make perfect) || **~ly** *adv* complètement || **~ness** plénitude *f*.

completion [kəm'pli:ʃn] *n* achèvement *m*; *nearing ~*, en voie d'achèvement || perfection *f*.

complex ['kɔmpleks] *adj/n* complexe (*m*).

complexion [kɔm'plekʃn] *n* teint *m* || FIG. caractère, aspect *m*.

complexity [kəm'pleksiti] *n* complexité, complication *f*.

compl|iance [kəm'plaiəns] *n* acquiescement *m*, obéissance *f*; *in ~ with*, conformément à || **~iant** [-aiənt] *adj* accommodant, docile, obéissant.

complicat|e ['kɔmplikeit] *vt* compliquer || **~ion** [,kɔmpli'keiʃn] *n* complication *f*.

compliment ['kɔmplimənt] *n* compliment *m* || *Pl* hommages *mpl* ● *vt* complimenter || **~ary** [,kɔmpli'mentri] *adj* élogieux || gracieux; *~ ticket*, billet *m* de faveur.

comply [kəm'plai] *vi* obéir, accéder, se soumettre (*with*, à) || ***~ with***, observer; se conformer à; respecter (clause); remplir (formality); se mettre en règle avec.

component [kəm'pəunənt] *n* constituant *m* || (stereo system) élément *m* || TECHN. pièce *f* ● *adj* constituant.

compose [kəm'pəuz] *vt* composer, constituer; *be ~d of*, se composer de || FIG. apaiser; *~ yourself!*, calmez-vous!

composed [kəm'pəuzd] *adj* calme, posé || **~ly** *adv* calmement, avec assurance.

compos|er [kəm'pəuzə] *n* MUS. compositeur *n* || **~ite** ['kɔmpəzit] *adj* composé || ARCH. composite || **~ition** [,kɔmpə'ziʃn] *n* mélange *m*; composition *f* (mixture) || [school] rédaction *f* || Mus. composition *f* || Jur. arrangement *m* (settlement) || **~itor** [-ˈpɔzitə] *n* Techn. metteur *m* en page, compositeur *n* || **~ure** [kəmˈpəuʒe] *n* sang-froid, calme *m*, maîtrise *f* de soi, flegme *m*.

compound [ˈkɔmpaund] *n/adj* composé (*m*) || Méd. ~ *fracture*, fracture ouverte || Fin. ~ *interest*, intérêts composés ● *vt* composer, mêler || Jur. régler à l'amiable — *vi* transiger, s'arranger (*with*, avec).

comprehend [ˌkɔmpriˈhend] *vt* comprendre (understand, include).

comprehen|sible [ˌkɔmpriˈensəbl] *adj* compréhensible || **~sion** [-ʃn] *n* compréhension, intelligence *f* || acception *f* (of a word) || portée, étendue *f* || **~sive** [-siv] *adj* étendu (inclusive); ~ *school*, collège *m* d'enseignement général || [insurance] tous-risques (policy) ● *n* = ~ school || **~sively** [-sivli] *adv* dans un sens très large || **~siveness** [-sivnis] *n* étendue, portée *f*.

compress [kəmˈpres] *vt* comprimer || Fig. condenser ● [ˈkɔmpres] *n* Méd. compresse *f* || **~ion** [kəmˈpreʃn] *n* compression *f*.

comprise [kəmˈpraiz] *vt* comprendre (include).

compromise [ˈkɔmprəmaiz] *n* compromis *m*, transaction *f* ● *vt* régler par un compromis || compromettre, risquer (imperil) — *vi* transiger.

comptroller [kənˈtrəulə] *n* = controller.

compul|sion [kəmˈpʌlʃn] *n* contrainte *f* || **~sive** [-siv] *adj* contraignant || **~sory** [-sri] *adj* obligatoire.

computation [ˌkɔmpjuˈteiʃn] *n* calcul *m*, estimation *f*.

comput|e [kəmˈpjuːt] *vt* calculer, estimer || **~er** *n* ordinateur *m*; ~ *science*, informatique *f*; ~ *scientist*, informaticien *n* || **~erize** *vt* informatiser, mettre sur ordinateur.

comrade [ˈkɔmrid] *n* camarade *n*.

con I [kɔn] *adv/n* contre (*m*); see pro.

con II *n* Sl. = confidence trick || ~ *man*, escroc *m* ● *vt* Fam. voler, escroquer.

concatenation [kɔnˌkætiˈneiʃn] *n* enchaînement *m*; série *f*.

concave [ˈkɔnˈkeiv] *adj* concave.

conceal [kənˈsiːl] *vt* cacher, dissimuler (*sth. from sb.*, qqch. à qqn) || **~ment** *n* dissimulation *f* (act) || retraite, cachette *f* (place).

concede [kənˈsiːd] *vt* admettre (acknowledge) || concéder (grant).

conceit [kənˈsiːt] *n* vanité *f* || imagination *f* || trait *m* d'esprit || **~ed** [-id] *adj* vaniteux, suffisant.

conceivable [kənˈsiːvəbl] *adj* concevable.

conceive [kənˈsiːv] *vt* concevoir — *vi* se faire une idée de.

concentr|ate [ˈkɔnsentreit] *vt/vi* (se) concentrer || **~ation** [ˌkɔnsenˈtreiʃn] *n* concentration *f*.

concentric [kɔnˈsentrik] *adj* concentrique.

concept [ˈkɔnsept] *n* concept *m* || **~ion** [kənˈsepʃn] *n* conception, idée *f*.

concern [kənˈsəːn] *n* rapport *m* || relation *f* || affaire *f*; *it's no ~ of mine*, cela ne me concerne pas || intérêt, souci *m*, inquiétude *f* || Comm. affaire, maison, entreprise *f* ● *vt* concerner; ***as ~s***, en ce qui concerne; *as far as I am ~ed*, en ce qui me concerne; *the persons ~ed*, les intéressés || inquiéter; *to be ~ed about*, se faire du souci à propos de; se préoccuper de || **~ed** [-d] *adj* impliqué (*in*, dans) || soucieux || **~ing** *prep* concernant, au sujet de, à propos de.

concert ['kɔnsət] *n* concert *m*; **~-hall,** salle *f* de concert || FIG. accord *m*, harmonie *f*; *in ~*, de concert; *in ~ with,* de concert avec, d'accord avec ● [kən'sə:t] *vt/vi* (se) concerter.

concession [kən'seʃn] *n* JUR., FIG. concession *f*; *make ~s,* faire des concessions.

conciliat|e [kən'silieit] *vt* concilier || **~ion** [kən,sili'eiʃn] *n* conciliation *f*.

concise [kən'sais] *adj* concis || **~ly** *adv* avec concision || **~ness** *n* concision *f*.

conclu|de [kən'klu:d] *vt* conclure (affaires); conclure, aboutir à (an agreement) || conclure, achever (end) — *vi* se terminer (*with,* par) || **~sion** [-ʒn] *n* conclusion, fin *f*; *in ~*, en conclusion; ***draw a ~,*** tirer une conclusion; *it was a foregone ~,* c'était prévu d'avance || **~sive** [-siv] *adj* concluant, décisif, définitif.

concoc|t [kən'kɔkt] *vt* CULIN. confectionner || FIG. combiner, inventer || **~tion** *n* mélange *m*, combinaison *f*.

concomitant [kən'kɔmitənt] *adj* concomitant.

concord ['kɔŋkɔ:d] *n* concorde, harmonie, entente *f*.

concourse ['kɔŋkɔ:s] *n* concours *m* || affluence *f* || U.S., RAIL. salle *f* des pas perdus.

concrete ['kɔŋkri:t] *adj* concret || JUR. *~ case,* cas *m* d'espèce ● *n* béton *m*; *reinforced ~*, béton armé; *~ mixer,* bétonnière *f*.

concubinage [kɔn'kju:binidʒ] *n* concubinage *m*.

concubine ['kɔŋkjubain] *n* concubine *f*.

concur [kən'kə:] *vi* être d'accord (*with,* avec) || concourir, contribuer (*to,* à) || coïncider || **~rence** [kən'kʌrns] *n* coïncidence, rencontre *f* || assentiment, accord *m* (agreement) || coopération, contribution *f* (of persons) || concours *m* (of circumstances) || **~rent** [kən'kʌrnt] *adj* harmonieux, concordant (in agreement) || concomitant, simultané || **~rently** [kən'kʌrəntli] *adv* simultanément.

concussion [kən'kʌʃn] *n* commotion, secousse *f*, choc *m*.

condemn [kən'dem] *vt* condamner (*to,* à) || blâmer, réprouver || **~ation** [,kɔndem'neiʃn] *n* condamnation *f*, blâme *m*.

condensation [,kɔnden'seiʃn] *n* condensation *f*.

condens|e [kən'dens] *vt* condenser, concentrer; *~d milk,* lait condensé || FIG. condenser, abréger — *vi* se condenser || **~er** *n* condensateur *m*.

condescen|d [,kɔndi'send] *vi* condescendre (*to,* à) || **~sion** [-ʃn] *n* condescendance *f*.

condiment ['kɔndimənt] *n* condiment *m*.

condition [kən'diʃn] *n* condition *f* (stipulation); ***on ~ that,*** à condition que || condition (circumstances) || état *m* (state) || rang *m*, condition *f* (position) || forme *f* (fitness); ***out of ~,*** en mauvaise forme ● *vt* stipuler; conditionner, déterminer || SP. mettre en forme || **~al** *adj* conditionnel ● *n* conditionnel *m* || **~ed** [-d] *adj* conditionné; ***air-~,*** climatisé; *~* ***reflex,*** réflexe conditionné || **~ing** *n* COMM. conditionnement *m*.

condol|e [kən'dəul] *vi* exprimer sa sympathie, offrir ses condoléances || **~ence** [-əns] *n* condoléance *f*.

condom ['kɔndəm] *n* préservatif *m*.

condone [kən'dəun] *vt* pardonner, fermer les yeux sur.

conduc|e [kən'dju:s] *vt* contribuer (*to,* à) || **~ive** [-iv] *adj* contribuant, favorable (*to,* à).

conduct ['kɔndʌkt] *n* conduite *f*

(behaviour) || direction *f* (management) ● [kən'dʌkt] *vt* conduire (lead) || gérer (manage) || diriger (orchestra) || **~or** [-'--] *n* directeur *m* || chef *m* d'orchestre || RAIL. receveur *m* (on a bus); U.S. chef *m* de train || ÉLECTR. conducteur *m*.

conduit ['kɔndit] *n* conduit *m*, canalisation *f*.

cone [kəun] *n* cône *m* || BOT. pomme *f* de pin.

coney ['kəuni] *n* lapin *m*.

confection [kən'fekʃn] *n* sucrerie *f*; friandise *f*; pâtisserie *f* (cake) || **~er** *n* confiseur *n* || **~ery** [-əri] *n* confiserie *f*.

confeder|acy [kən'fedrəsi] *n* confédération *f* || **~ate** [-drit] *adj/n* confédéré || PÉJ. complice ● [kən'fedəreit] *vi/vt* (se) confédérer || **~ation** [kən,fedə'reiʃn] *n* confédération *f*.

confer [kən'fəː] *vt* conférer (*on*, à) — *vi* conférer, s'entretenir || **~ence** ['kɔnfrəns] *n* conférence *f*; entretien *m* (talk); *press ~*, conférence de presse || **~ment** [kən'fəːmənt] *n* collation *f* (of a degree); octroi *m* (of a favour).

confess [kən'fes] *vt* confesser, avouer — *vi* faire des aveux; avouer (*to sth.*, qqch.; *to having done*, d'avoir fait) || REL. se confesser || **~ion** *n* aveu *m* || REL. confession *f* || **~ional** [kɔn'feʃənl] *n* confessionnal *m* || **~or** *n* confesseur *m*.

confidant, e [,kɔnfi'dænt] *n* confident *n*.

confid|e [kən'faid] *vt* confier (entrust) — *vi* se confier (*in*, à) || **~ence** ['kɔnfidns] *n* confidence *f* (secret) || confiance *f* (trust) || assurance *f* (boldness) || ***~-man,*** escroc *m* || ***~-trick,*** escroquerie *f*.

confident ['kɔnfidənt] *adj* assuré, sûr de soi || **~ial** [,kɔnfi'denʃl] *adj* confidentiel || de confiance.

confine [kən'fain] *vt* limiter (*to*, à) || enfermer, confiner, consigner || MÉD. *be ~d*, être en couches.

confinement *n* détention *f*, emprisonnement *m* || MÉD. couches *fpl* (lying-in).

confirm [,kən'fəːm] *vt* confirmer; corroborer; ratifier (treaty) || affermir, assurer (strengthen) || **~ation** [,kɔnfə'meiʃn] *n* JUR., REL. confirmation || **~ed** [-d] *adj* endurci (bachelor).

confiscate ['kɔnfiskeit] *vt* confisquer, saisir.

conflagration [,kɔnflə'greiʃn] *n* incendie *m*.

conflict ['kɔnflikt] *n* conflit, désaccord *m* ● [kən'flikt] *vi ~ with*, entrer en conflit avec.

conform [kən'fɔːm] *vt/vi* (se) conformer (*to*, à); (s')adapter (*to*, à) || **~able** *adj* conforme (*to*, à) || docile (submissive) || **~ation** [,kɔnfɔː'meiʃn] *n* conformation *f* || **~ist** *n* REL. conformiste *n* || **~ity** [-iti] *n* conformité *f* (*with, to*, à) || soumission *f* (*to*, à) || *in ~ with*, conformément à.

confound [kən'faund] *vt* confondre, brouiller (mingle) || confondre (*with*, avec) [confuse] || confondre (abash) || **~ed** [-id] *adj* FAM. satané, sacré.

confront [kən'frʌnt] *vt* confronter, mettre en présence (*with*, de) || affronter, faire face à (face).

confus|e [kən'fjuːz] *vt* embrouiller, mêler (mingle) || déconcerter, confondre, embarrasser (puzzle) || tromper (the enemy) || ***~ sth. with sth.,*** confondre qqch. avec qqch. || **~ed** [-d] *adj* confus, embrouillé (muddled) || déconcerté, embarrassé; troublé, perturbé (person) || **~edly** [-dli] *adv* confusément || **~ing** *adj* peu clair; déroutant, troublant || **~ion** [kən'fjuːʒn] *n* confusion *f*, désordre *m* (disorder) || méprise *f* (mistake) || embarras, désarroi *m* (abashment).

conf|utation [,kɔnfju:'teiʃn] *n* réfutation *f* || **~ute** [kən'fju:t] *vt* réfuter.

congeal [kən'dʒi:l] *vt* congeler — *vi* [blood] (se) coaguler ; [oil] (se) figer.

congen|ial [kən'dʒi:njəl] *adj* approprié, convenable (thing) || agréable, sympathique (person) || ~ *to/with,* en accord/sympathie avec || **~ital** [-'dʒenitl] congénital.

congereel ['kɔŋgəri:l] *n* congre *m.*

congest [kən'dʒest] *vt* congestionner || **~ed** [-id] *adj* encombré (street) || MÉD. engorgé ; congestionné || **~ion** [-ʃn] *n* congestion *f* || MÉD. ~ *of the lungs,* congestion *f* pulmonaire || FIG. encombrement *m* (of streets).

conglomerate [kən'glɔməreit] *vt* conglomérer ● [kən'glɔmərit] *n* conglomérat *m.*

Congo ['kɔŋgəu] *n* Congo *m* || **~lese** [,kɔŋgə'li:z] *adj/n* congolais.

congratul|ate [kən'grætjuleit] *vt* féliciter || **~ations** [kən,grætju'leiʃnz] *mpl* félicitations *fpl.*

congreg|ate ['kɔŋgrigeit] *vt* rassembler, réunir — *vi* s'assembler, se réunir || **~ation** [,kɔŋgri'geiʃn] *n* assemblée *f* || REL. fidèles *mpl,* assistance *f.*

congress ['kɔŋgres] *n* congrès *m* || **~man** *n* U.S. député *m.*

congru|ent ['kɔŋgruənt] *adj* conforme, en conformité (*with,* à) || **~ous** *adj* convenable, approprié (*with,* à).

conic(al) ['kɔnik(l)] *adj* conique.

conifer ['kəunifə] *n* conifère *m.*

conjecture [kən'dʒektʃə] *n* conjecture *f* ● *vt* conjecturer.

conjugal ['kɔnʒugl] *adj* conjugal.

conjug|ate ['kɔnʒugeit] *vt* conjuguer || **~ation** [,kɔnʒu'geiʃn] *n* conjugaison *f.*

conjunction [kən'dʒʌŋʃn] *n* conjonction *f.*

conjure I [kən'dʒuə] *vt* conjurer, supplier.

conjur|e II ['kʌndʒə] *vt* faire apparaître (comme par enchantement) || ~ ***away,*** faire disparaître || ~ ***up,*** évoquer (spirit, memory) — *vi* faire des tours de prestidigitation || **~ing** [-riŋ] *n* prestidigitation *f;* ~ ***trick,*** tour *m* de prestidigitation.

conjur|er, ~or ['kʌnʒərə] *n* prestidigitateur, illusionniste *n.*

connect [kə'nekt] *vt* réunir, relier, joindre (*to,* à) || raccorder || ÉLECTR. brancher, connecter || RAIL. assurer la correspondance (*with,* avec); desservir || **~ing rod** *n* bielle *f.*

conne|ction, ~xion [kə'nekʃn] *n* union, liaison *f;* parenté *f* (relationship) || parent *m* (relative) || relations *fpl,* rapports *mpl* (intercourse) || TECHN. raccord *m,* connexion *f,* montage *m* || TÉL. communication *f; wrong* ~, faux numéro || AV., RAIL. correspondance *f* || COMM. clientèle *f;* relations *fpl* d'affaires || AV. *air* ~, liaison aérienne || FIG. suite *f;* enchaînement *m* (of ideas).

conning-tower ['kɔniŋ,tauə] *n* NAUT. [submarine] kiosque *m.*

connive [kə'naiv] *vi* fermer les yeux (*at,* sur); être de connivence (*with,* avec).

connoisseur [,kɔnə'sə:] *n* connaisseur *n.*

connotation [,kɔnə'teiʃn] *n* implication, connotation *f.*

conquer ['kɔŋkə] *vt* vaincre (enemy); conquérir (territory); dompter (passions) || **~ing** [-riŋ] *adj* conquérant, victorieux || **~or** [-rə] *n* conquérant *n,* vainqueur *m.*

conquest ['kɔŋkwest] *n* conquête *f.*

conscience ['kɔnʃns] *n* conscience *f*; *in all* ~, en conscience; ***for* ~' *sake,*** par acquit de conscience.

conscientious [ˌkɔnʃi'enʃəs] *adj* consciencieux; ~ *objector,* objecteur *m* de conscience || **~ness** *n* conscience, droiture, honnêteté *f*.

conscious ['kɔnʃəs] *adj* conscient; *become* ~, prendre conscience (*of,* de); MÉD. revenir à soi || **~ness** *n* conscience, perception *f*, sentiment *m* (awareness) || MÉD. *lose/regain* ~, perdre/reprendre connaissance || PHIL. conscience *f*.

conscript [kən'skript] *vt* appeler sous les drapeaux ● ['kɔnskript] *n* conscrit *m*, recrue *f* || **~ion** [kən'skripʃn] *n* service *m* militaire obligatoire, conscription *f*.

consecr|ate ['kɔnsikreit] *vt* consacrer (a church); sacrer (a bishop) || **~ation** [ˌkɔnsi'kreiʃn] *n* sacre *m* || REL. consécration *f*.

consecutive [kən'sekjutiv] *adj* consécutif.

consent [kən'sent] *vi* consentir, donner son accord ● *n* consentement, assentiment, accord *m*; ***with one* ~,** à l'unanimité; ***by mutual* ~,** d'un commun accord || JUR. *age of* ~, âge *m* nubile.

consequ|ence ['kɔnsikwəns] *n* conséquence *f*, effet, résultat *m*; *in* ~ *of,* par suite de || importance *f* || **~ent** *adj* ~ *upon,* consécutif à, résultant (*to,* de) || **~ential** [ˌkɔnsi'kwenʃl] *adj* FAM. suffisant, important (person) || **~ently** ['kɔnsikwəntli] *adv* par conséquent.

conserv|ation [ˌkɔnsə'veiʃn] *n* conservation *f*; préservation *f* (of forests, etc); défense *f* de l'environnement || **~ative** [kən'sə:vtiv] *adj/n* conservateur || FAM. prudent, modéré (estimate) || **~atory** [kən'sə:vətri] *n* MUS. conservatoire *m* || AGR. serre *f* (green-house).

conserve [kən'sə:v] *vt* conserver.

consider [kən'sidə] *vt* considérer, examiner, réfléchir à (think about) || considérer, regarder, tenir pour (regard) || prendre en considération, tenir compte de (take into account); ***all things* ~*ed,*** tout bien considéré || **~able** [kən'sidrəbl] *adj* considérable, important || **~ate** [kən'sidrit] *adj* prévenant, attentif || **~ateness** [kən'sidritnis] *n* attentions, prévenances *fpl* || **~ation** [kənˌsidə'reiʃn] *n* considération *f* (esteem); ***out of* ~ *for,*** par égard pour || réflexion *f*, examen *m*; ***leave sth. out of* ~,** négliger qqch.; ***take sth. into* ~,** tenir compte de qqch.; *in* ~ *of which,* moyennant quoi || dédommagement *m*; rétribution, rémunération *f*; *for a* ~, moyennant finance || **~ing** [-riŋ] *prep* étant donné, eu égard à.

consign [kən'sain] *vt* confier (*to,* à) || COMM. expédier || **~ee** [ˌkɔnsai'ni:] *n* destinataire *n* || **~er** [kən'sainə] *n* expéditeur *n* || **~ment** [kən'sainmənt] *n* COMM. envoi *m*, expédition *f*, arrivage *m* (of goods).

consist [kən'sist] *vi* ~ ***of,*** consister en, être composé de || ~ ***in,*** consister en || **~ence, ~ency** *n* consistance *f* (thickness) || FIG. cohérence *f*; suite *f* logique; esprit *m* de suite; *lack* ~, manquer de suite dans les idées || **~ent** *adj* en accord (*with,* avec); compatible (*with,* avec) || logique, conséquent (reasoning).

consolation [ˌkɔnsə'leiʃn] *n* consolation *f*; ~ *prize,* prix *m* de consolation.

console I [kən'səul] *vt* consoler.

console II ['kɔnsəul] *n* console *f* || MUS. console *f* (organ).

consolidate [kən'sɔlideit] *vt* consolider || FIN. consolider || COMM. réunir, amalgamer — *vi* se consolider.

consonant ['kɔnsənənt] *adj* consonant || FIG. en harmonie (*with*, avec) ● *n* consonne *f*.

consort ['kɔnsɔ:t] *adj* consort (prince) ● *n* NAUT. *in* ~, de conserve ● [kən'sɔ:t] *vi* s'associer (*with*, à); frayer (*with*, avec); s'accorder (*with*, avec).

consortium [kən'sɔ:tjəm] *n* consortium *m*.

conspicuous [kən'spikjuəs] *adj* en évidence, visible || FIG. remarquable || *make oneself* ~, se faire remarquer || **~ly** *adv* bien en évidence, visiblement.

conspir|acy [kən'spirəsi] *n* conspiration *f* || **~ator** [-ətə] *n* conspirateur *n*.

conspire [kən'spaiə] *vt* conspirer (*against*, contre).

const|able ['kʌnstəbl] *n* agent *m* de police, gardien *m* de la paix; *chief* ~, commissaire *m* de police; *rural* ~, garde *m* champêtre || **~abulary** [kən'stæbjuləri] *n* police *f*.

const|ancy ['kɔnstənsi] *n* constance *f* (steadfastness); fidélité (truth) || **~ant** *adj* constant (steadfast); stable (unchanging) || **~antly** *adv* constamment.

constellation [,kɔnstə'leiʃn] *n* constellation *f*.

consternation [,kɔnstə'neiʃn] *n* consternation *f*.

constip|ate ['kɔnstipeit] *vt* constiper || **~ation** [,kɔnsti'peiʃn] *n* constipation *f*.

constit|uency [kən'stitjuənsi] *n* circonscription électorale; électeurs *mpl* || **~uent** [-uənt] *adj* constituant ● *n* élément, composant *m* || POL. électeur *n*.

constitut|e ['kɔnstitju:t] *vt* constituer; composer (make up) || instituer, établir (establish) || désigner (appoint) || **~ion** [,kɔnsti'tju:ʃn] *n* constitution, composition *f* || MÉD. constitution *f*, tempérament *m* || POL. constitution *f* || **~ional** [,kɔnsti'tju:ʃənl] *adj* constitutionnel ● *n* FAM. promenade *f* hygiénique.

constrain [kən'strein] *vt* contraindre, réprimer (restrain) || **~ed** [-d] *adj* contraint, forcé, peu naturel.

constraint [kən'streint] *n* contrainte *f* (compulsion) || gêne *f* (uneasiness) || retenue *f* (reserve).

constrict [kən'strikt] *vt* resserrer, contracter.

construc|t [kən'strʌkt] *vt* construire, édifier || **~tion** *n* construction *f* (act) || ARCH. édifice *m*, construction *f* (building) || GRAMM. construction *f* (of a sentence); interprétation *f* (of a statement) || **~tive** [-tiv] *adj* constructif, pratique.

construe [kən'stru:] *vt* faire l'analyse grammaticale || FIG. interpréter, expliquer.

consul ['kɔnsl] *n* consul *m* || **~ate** ['kɔnsjulit] *n* consulat *m*.

consult [kən'sʌlt] *vt* consulter — *vi* ~ ***with***, consulter; s'entretenir avec || **~ant** *n* médecin consultant || **~ation** [,kɔnsəl'teiʃn] *n* consultation *f* || **~ative** [kən'sʌltətiv] *adj* consultatif || **~ing** *adj* MÉD. ~ *room*, cabinet *m* (de consultation) || TECHN. ~ *engineer*, ingénieur-conseil *m*.

consum|e [kən'sju:m] *vt* consommer (food) || consumer (burn up) || gaspiller — *vi* ~ *(away)*, FIG. se consumer || **~er** *n* consommateur *n*; ~ *goods*, biens *mpl* de consommation; ~ ***society***, société *f* de consommation.

consummat|e ['kɔnsəmeit] *vt* parfaire || consommer (marriage) ● [kən'sʌmit] *adj* consommé (complete) || parfait, accompli (perfect) || **~ion** [,kɔnsʌ'meiʃn] *n* consommation *f* (crime, marriage) || achèvement *m* (completing) || perfection (of an art).

consump|tion [kən'sʌmʃn] *n* consommation *f* (food, fuel) || MÉD.

[arch.] tuberculose *f* || **~tive** [-tiv] *adj* tuberculeux.

contact ['kɔntækt] *n* contact *m* (touch); ***~ lenses,*** lentilles *fpl* de contact || ÉLECTR. ***make/break ~,*** établir/couper le contact || FIG. [person] relation *f*, correspondant *n* ● [kən'tækt] *vt* entrer/se mettre en rapport/relation avec; toucher (*sb. by phone,* qqn par téléphone).

contag|ion [kən'teidʒn] *n* contagion *f* || **~ious** [-əs] *adj* contagieux.

contain [kən'tein] *vt* contenir, renfermer || FIG. contenir, réprimer, retenir || **~er** *n* récipient *m* || TECHN. container *m*.

contamin|ate [kən'tæmineit] *vt* contaminer, infecter || **~ation** [kən,tæmi'neiʃn] *n* contamination *f*.

contempl|ate ['kɔntempleit] *vt* contempler (look at) || méditer (think about) || projeter, envisager (intend) || **~ation** [,kɔntem'pleiʃn] *n* contemplation, méditation *f* || projet *m* (intention); prévision *f* (expectation).

contemporary [kən'temprəri] *adj* contemporain (*with,* de) ● *n* contemporain *n*.

contempt [kən'temt] *n* mépris, dédain *m*; *in ~ of,* au mépris de || JUR. *~ of court,* outrage *m* à magistrat || **~ible** *adj* méprisable || **~uous** [-juəs] *adj* méprisant, dédaigneux.

contend [kən'tend] *vi* lutter (*for,* pour; *with,* contre); *~ with sb. for sth.,* disputer qqch. à qqn || concourir (contest) — *vt* prétendre, soutenir (argue) (*that,* que) || **~er** *n* SP. concurrent, compétiteur *n*.

content I ['kɔntent] *n* contenance, capacité *f* (capacity) || teneur *f*, fond *m* (of a book) || *Pl* contenu *m*; *table of ~s,* table *f* des matières.

content II [kən'tent] *adj* content, satisfait (*with,* de); *be ~ with,* se contenter de ● *n* contentement *m*, satisfaction *f* ● *vt* contenter, satisfaire || **~ed** [-id] *adj* satisfait.

content|ion [kən'tenʃn] *n* controverse, dispute *f*, démêlé, différend *m* (strife) || affirmation *f*; *my ~ is that,* je soutiens/prétends que || **~ious** [-əs] *adj* querelleur (person); litigieux (case).

contentment [kən'tentmənt] *n* contentement *m*, satisfaction *f*.

contest ['kɔntest] *n* lutte *f*, combat *m*; ***beauty ~,*** concours *m* de beauté || SP. épreuve *f*; [boxing] combat *m*, rencontre *f* ● [kən'test] *vt* contester || POL. disputer (a seat) — *vi* lutter; se disputer || SP. rivaliser (*for,* pour).

context ['kɔntekst] *n* contexte *m*.

contigu|ity [,kɔnti'gjuiti] *n* contiguïté *f* || **~ous** [kən'tigjuəs] *adj* contigu (*to,* à).

contin|ence ['kɔntinəns] *n* continence *f* || **~ent** I *adj* continent.

contin|ent II *n* continent *m* || **~ental** *adj* continental.

conting|ency [kən'tinʒənsi] *n* éventualité *f* || **~ent** *adj* contingent, aléatoire, éventuel || dépendant (*on,* de) ● MIL. *n* contingent *m*.

continu|al [kən'tinjuəl] *adj* continuel || **~ally** *adv* continuellement, sans arrêt || **~ance** *n* continuation *f* (of an action); prolongation *f* (of a state) || **~ation** [kən,tinju'eiʃn] *n* continuation, suite *f* (of a story).

continu|e [kən'tinju:] *vt* continuer, poursuivre (go on with) || reprendre (resume); ***to be ~d,*** à suivre || prolonger (extend) || maintenir (retain) — *vi* continuer, durer (last) || **~ity** [,kɔnti'njuiti] *n* continuité *f* || CIN. script *m*; ***~ girl,*** scripte *f* || **~ous** [kən'tinjuəs] *adj* continu || **~ously** [-li] *adv* sans cesse/arrêt.

contortion [kən'tɔ:ʃn] *n* contorsion *f*.

contour ['kɔntuə] *n* contour *m* (of

a figure); profil *m* (of ground) || GÉOGR. ~ *line,* courbe *f* de niveau.

contraband ['kɔntrəbænd] *n* contrebande *f.*

contracept|ion [,kɔntrə'sepʃn] *n* contraception *f* || **~ive** *adj/n* contraceptif *(m).*

contract I [kən'trækt] *vt* contracter, raccourcir (restrict) — *vi* se contracter, se rétrécir (shrink).

contract II ['kɔntrækt] *n* contrat *m; ~ bridge,* bridge *m* contrat || convention *f* (agreement) || adjudication *f;* ***on ~,*** à forfait ● [kən'trækt] *vt* traiter, passer un contrat || contracter (an illness, marriage).

contraction [kən'trækʃn] *n* contraction *f.*

contrac|tor [kən'træktə] *n* adjudicataire, entrepreneur *n* || **~tual** [-tjuəl] *adj* contractuel, forfaitaire.

contradic|t [,kɔntrə'dikt] *vt* contredire (sb.); démentir (the words of sb.) || **~tion** *n* contradiction *f,* démenti *m* || **~tory** *adj* contradictoire.

contra-indicate [,kɔntrə'indikeit] *vt* MÉD. contre-indiquer.

contraption [kən'træpʃn] *n* truc, bidule *m* (fam.) (device).

contrariety [,kɔntrə'raiəti] *n* opposition *f.*

contrar|ily [kən'trɛərili] *adv* contrairement (*to,* à) || **~iness** [-inis] *n* esprit *m* de contradiction || **~iwise** [-iwaiz] *adv* en sens opposé || par contre.

contrary ['kɔntrəri] *adj* contraire, opposé (*to,* à) ● *adv* contrairement (*to,* à); à l'encontre (*to,* de) ● *n* contraire, opposé *m;* ***on the ~,*** au contraire; *unless you hear to the ~,* à moins d'avis contraire, sauf contrordre; *until we get proof to the ~,* jusqu'à preuve du contraire; ***by contraries,*** à contretemps ● [kən'trɛəri] *adj* contrariant, entêté.

contrast ['kɔntrɑːst] *n* contraste *m* ● [kən'trɑːst] *vt* faire contraster, opposer — *vi* contraster.

contravene [,kɔntrə'viːn] *vt* s'opposer à, aller à l'encontre de (go against) || contredire (a statement) || JUR. contrevenir à.

contretemps ['kɔntrətɑ̃] *n* contretemps *m.*

contribut|e [kən'tribjuːt] *vt* donner (money, food, etc.) [*to,* à] || écrire (des articles, etc.) [*to,* dans] — *vi* contribuer (have a share) [*to,* à] || **~ion** [,kɔntri'bjuːʃn] *n* contribution, participation *f* || article *m* (in a newspaper) || JUR. apport *m* || **~or** *n* collaborateur *m* (to a periodical) || FIN. souscripteur *m.*

contr|ite ['kɔntrait] *adj* contrit || **~ition** [kən'triʃn] *n* contrition *f.*

contrivance [kən'traivns] *n* ingéniosité *f* (capacity) || invention *f* (device) || plan *m* (project) || combinaison *f* (act) || PÉJ. combine, manigance *f.*

contrive [kən'traiv] *vt* inventer, imaginer — *vi* trouver moyen (*to do,* de faire); s'arranger (*to do,* pour faire) || [housewife] y arriver (financièrement).

control [kən'trəul] *n* autorité *f,* contrôle *m; ~ of the seas,* maîtrise *f* des mers || contrainte *f* (restraint); ***under ~,*** maîtrisé; ***out of ~,*** désemparé || restriction *f;* ***birth ~,*** limitation *f* des naissances || contrôle *m,* vérification *f;* surveillance *f* (check) || FIN. *exchange ~,* contrôle *m* des changes || SP. contrôle *m* || TECHN. commande *f* || AV. *~ column,* manche *m* à balai || ***~ tower,*** tour *f* de contrôle || TECHN. ***remote ~,*** télécommande *f;* || *Pl* commandes *fpl;* RAD. boutons *mpl* de contrôle ● *vt* dominer, commander; maîtriser; *~ oneself,* se maîtriser || contrôler (check) || **~led** [-d] *adj* dirigé (economy); taxé (prices) || **~ler** *n* contrôleur, vérificateur *n*.

controvers|ial [ˌkɔntrəˈvəːʃl] *adj* discutable || **~y** [ˈkɔntrəvəːsi, kənˈtrəvəsi] *n* controverse *f*.

contumac|ious [ˌkɔntjuˈmeiʃəs] *adj* insoumis, rebelle, réfractaire || **~y** [ˈkɔntjuməsi] *n* désobéissance *f*; résistance *f*; insoumission *f*.

contu|se [kənˈtjuːz] *vt* contusionner || **~sion** [-ʒn] *n* contusion *f*.

conundrum [kəˈnʌndrəm] *n* devinette *f*.

conurbation [ˌkɔnəːˈbeiʃn] *n* conurbation *f*.

convalesc|e [ˌkɔnvəˈles] *vi* être en convalescence || **~ence** *n* convalescence *f* || **~ent** *adj/n* convalescent.

convection [kənˈvekʃn] *n* convection *f*.

convene [kənˈviːn] *vt* convoquer, réunir — *vi* se réunir, s'assembler.

conven|ience [kənˈviːnjəns] *n* convenance *f*; *at your ~*, quand vous le pourrez || commodité, utilité *f*; objet *m* de confort; ***modern ~***, confort *m* moderne || ***public ~***, water-closet public || *Pl* aises *fpl* || COMM. *at your earliest ~*, dans les meilleurs délais || **~ient** [-jənt] *adj* commode, pratique.

convent [ˈkɔnvnt] *n* couvent *m*.

convention [kənˈvenʃn] *n* convention *f* (contract) || règle *f* (standard) || assemblée *f*, congrès *m* (meeting) || *Pl* convenances *fpl*, usages *mpl* || **~al** *adj* conventionnel (customary); classique, conventionnel (weapons).

converge [kənˈvəːdʒ] *vi* converger.

conversant [kənˈvəːsnt] *adj* versé (*with*, dans).

conversation [ˌkɔnvəˈseiʃn] *n* conversation *f*, entretien *m*; *engage sb. in ~, enter into ~ with sb.*, engager la conversation avec qqn; *have a ~ with*, s'entretenir avec.

converse I [kənˈvəːs] *vi* converser, s'entretenir.

converse II [ˈkɔnvəːs] *adj/n* réciproque (*f*) || **~ly** [kənˈvəːsly] *adv* réciproquement.

conversion [kənˈvəːʃn] *n* conversion *f* || [rugby] transformation *f*.

convert [kənˈvəːt] *vt* convertir, transformer || REL. convertir ● [ˈkɔnvəːt] *n* converti *n* || **~ible** *adj* convertissable || FIN. convertible ● *n* voiture *f* décapotable.

convex [ˈkɔnˈveks] *adj* convexe.

convey [kənˈvei] *vt* transporter (carry) || transmettre (transmit) || exprimer, traduire (express) || JUR. transférer, céder || **~ance** *n* transport *m* (act) || moyen *m* de transport, véhicule *m* (vehicle) || JUR. transfert *m*, cession *f* || **~or** *n* transporteur, convoyeur *m*.

convict [ˈkɔnvikt] *n* condamné *n*, forçat, bagnard *m* ● [kənˈvikt] *vt* déclarer/reconnaître coupable.

conviction [kənˈvikʃn] *n* JUR. condamnation *f* || FIG. conviction *f* (belief).

convinc|e [kənˈvins] *vt* convaincre, persuader (*of*, de) || **~ing** *adj* convaincant, persuasif.

convivial [kənˈviviəl] *adj* jovial et qui aime la bonne chère; *~ evening*, soirée passée à banqueter.

convocation [ˌkɔnvəˈkeiʃn] *n* convocation *f* || REL. synode *m*.

convoke [kənˈvəuk] *vt* convoquer.

convoy [ˈkɔnvɔi] *n* convoi *m*, escorte *f* ● *vt* convoyer, escorter.

convulsion [kənˈvʌlʃn] *n* convulsion *f* || FAM. *be in ~s*, se tordre de rire.

cony [ˈkəuni] *n* lapin *m*.

coo [kuː] *vt* roucouler.

cook [kuk] *n* cuisinier *n* ● *vt* (faire) cuire — *vi* faire la cuisine, cuisiner || ~**er** *n (gas ~)* cuisinière *f* (stove) à gaz || CULIN. pomme *f* à cuire || ~**ery** [-əri] *n* art *m* culinaire; ~*-book,* livre *m* de cuisine || ~**ie** [-i] *n* [Scotland] brioche *f;* U.S. gâteau sec || ~**ing** *n* cuisson *f; do the ~,* faire la cuisine; ~*-pot,* faitout *m.*

cool [kuːl] *adj* frais; *get ~,* fraîchir || *have a ~ drink,* boire frais; *enjoy the ~ air,* prendre le frais; *keep in a ~ place,* tenir au frais || FIG. calme; décontracté (fam.); *keep ~,* garder son sang-froid || froid (reception) || FAM. sans gêne; culotté (fam.) ● *n* fraîcheur *f,* frais *m* ● *vi* (se) rafraîchir, refroidir || ~ ***down/off,*** se calmer || ~**er** *n* glacière *f* (box) || cellier (room) || ~**ing** *adj* rafraîchissant || ~**ness** *n* frais *m,* fraîcheur *f* || FIG. flegme, sang-froid *m* (composure) || froideur *f* (chilliness).

coon [kuːn] *n* U.S. = RACCOON.

coop [kuːp] *n* cage *f* à poule, mue *f* ● *vt ~ up,* mettre en cage, enfermer.

co-op [kəˈɔp] *n* FAM. coopé *f.*

cooper [ˈkuːpə] *n* tonnelier *m.*

co-oper|ate [kəuˈɔpəreit] *vi* coopérer, contribuer (*to,* à) || ~**ative** [kəuˈɔprətiv] *adj* coopératif ● *n (consumers') ~,* coopérative *f.*

co-opt [kəuˈɔpt] *vt* coopter.

co-ordinat|e [kəuˈɔːdineit] *vt* coordonner ● [kəuˈɔːdinit] *adj* GRAMM. coordonné ● *n* MATH. coordonnée *f* || ~**ion** [kəˌɔːdiˈneiʃn] *n* coordination *f.*

cop [kɔp] *n* SL. flic *m.*

copartner [ˈkəuˈpɑːtnə] *n* co-associé *n.*

cope [kəup] *vi* s'en tirer, se débrouiller, être à la hauteur de; se mesurer (*with,* avec).

coping [ˈkəupiŋ] *n* ARCH. chaperon *m* (of a wall) || ~***-stone,*** ARCH., FIG. couronnement *m.*

copious [ˈkəupjəs] *adj* copieux.

copper I [ˈkɔpə] *n* cuivre *m* (rouge) || lessiveuse *f* || *Pl* petite monnaie *f;* FAM. sous *mpl* || ~**-smith** *n* chaudronnier *m.*

copper II *n* SL. flic *m.*

coppice [ˈkɔpis] *n* taillis *m.*

copra [ˈkɔprə] *n* copra *m.*

copse [kɔps] *n* = COPPICE.

copulate [ˈkɔpjuleit] *vt* copuler.

copy [ˈkɔpi] *n* copie *f;* imitation, reproduction *f;* ***rough ~,*** brouillon *m;* ***fair ~,*** copie *f* au net; ***carbon ~,*** copie carbone, double (exemplaire) *m* || numéro *m* (paper) || exemplaire *m* (book) ● *vt* copier || *~ out,* recopier || ~**-book** *n* cahier *m* || ~**-cat** *n* FAM. copieur *n* || ~**right** *n* propriété *f* littéraire.

coqu|etry [ˈkəukitri] *n* coquetterie *f;* flirt *m* || ~**ette** [kəˈket] *n* coquette *f* || ~**ettish** [kəˈketiʃ] *adj* coquette, provoquante, aguichante *(f)* [woman].

coral [ˈkɔrl] *n* corail *m.*

cord [kɔːd] *n* corde *f* || ÉLECTR. fil *m* || MÉD. *spinal ~,* moelle épinière; *vocal ~s,* cordes vocales ● *vt* lier, encorder.

cordial [ˈkɔːdjəl] *adj* cordial.

cordon [ˈkɔːdn] *n* barrage, cordon *m* (police); *sanitary ~,* cordon sanitaire || [decoration] cordon *m* ● *vt ~ (off),* établir un barrage (de police, etc.).

corduroy [ˈkɔːdərɔi] *n* velours côtelé || *Pl* pantalon *m* de velours.

core [kɔː] *n* cœur *m* (of a mass) || trognon *m* (of an apple) || ÉLECTR. noyau *m* || FIG. cœur, fond *m; get to the ~ of,* approfondir ● *vt ~ (out),* évider (a fruit).

cork [kɔːk] *n* liège *m* || bouchon *m* (of a bottle) ● *vt ~ (up),* boucher || ~**-oak** *n* chêne-liège *m* || ~**-screw** *n* tire-bouchon *m* || ~**-tipped** [-ˌtipt] *adj* à bout de liège.

cormorant ['kɔːmərnt] *n* cormoran *m*.

corn I [kɔːn] *n* MÉD. cor *m* ; ~-*plaster*, coricide *m*.

corn II *n* grain *m* (cereals) || U.S. *(Indian)* ~, maïs *m* ; G.B. blé *m* (wheat) || grain *m* (of pepper) || ~**-chandler** *n* grainetier *m*.

cornea ['kɔːniə] *n* cornée *f*.

corneal lenses *npl* lentilles cornéennes/de contact.

corned [kɔːnd] *adj* salé (meat) ; ~ *beef*, bœuf *m* en boîte.

corner ['kɔːnə] *n* coin, angle *m* || *turn down the* ~ *of*, écorner, corner (a book, a page) || RAIL. ~-*seat*, place *f* de coin || AUT. tournant *m* ; ***cut off a*** ~, prendre un raccourci || [football] ~ ***(kick)***, corner *m* || FIG. *turn the* ~, sortir d'une impasse ; *drive sb. into a* ~, pousser qqn dans ses retranchements ● *vt* COMM. accaparer || FIN. monopoliser || FIG. acculer, coincer || ~**-stone** *n* pierre *f* angulaire.

cornet ['kɔːnit] *n* MUS. cornet *m* à pistons || [ice-cream] cornet *m*.

corn|flakes *n*, corn flakes *mpl* || ~**-flower** *n* bleuet *m*.

cornice ['kɔːnis] *n* corniche *f*.

Cornish ['kɔːniʃ] *adj* cornouaillais.

cornucopia ['kɔːnju'kəupjə] *n* corne *f* d'abondance.

Cornwall ['kɔːnwl] *n* Cornouailles *f*.

corny ['kɔːni] *adj* banal, rebattu.

corolla [kə'rɔlə] *n* corolle *f*.

corollary [kə'rɔləri] *n* corollaire *m*.

coronation [,kɔrə'neiʃn] *n* couronnement *m*.

coroner ['kɔrənə] *n* coroner *m*, juge *m* d'instruction.

coronet ['kɔrənit] *n* diadème *m* (for women) ; petite couronne (of an earl).

corporal I ['kɔːprl] *adj* corporel.

corporal II *n* MIL. caporal *m*.

corporate ['kɔːprit] *adj* JUR. organisé, constitué ; ~ *body*, *body* ~, corps constitué, corporation *f* ; personne morale.

corporation [,kɔːpɔ'reiʃn] *n* conseil municipal || société commerciale || FAM. brioche *f* (fam.).

corps [kɔː] *n* MIL. service *m* (technical) || corps *m* (formation).

corpse [kɔːps] *n* cadavre, corps *m*.

corpul|ence ['kɔːpjuləns] *n* corpulence *f* || ~**ent** *adj* corpulent.

corpuscle ['kɔːpʌsl] *n* ANAT. globule *m* (in the blood).

corral [kɔː'rɑːl] *n* U.S. corral, enclos, parc *m* à bestiaux.

correct [kə'rekt] *vt* corriger (amend) || rectifier (rectify) || châtier, corriger (beat) ● *adj* correct, exact, juste || [school] ~ *answer(s)/version*, corrigé *m* || correct, convenable (behaviour) || juste (weight) || ~**ion** [kə'rekʃn] *n* correction, rectification *f* ; *under* ~, sauf erreur || correction *f* ; châtiment *m* (punishment) || ~**ly** *adv* correctement || ~**ness** *n* correction, bienséance *f* (of behaviour) || exactitude, justesse *f* || ~**or** *n* correcteur *n*.

correl|ate ['kɔrileit] *vt* mettre en corrélation — *vi* être en corrélation || ~**ation** [,kɔri'leiʃn] *n* corrélation *f*, rapport *m* || ~**ative** [kɔ'relətiv] *adj* corrélatif.

correspond [,kɔris'pɔnd] *vi* être d'accord (*with*, avec) || correspondre (*with*, avec) [write] || ~**ence** *n* correspondance *f*, courrier *m* (mail) || accord *m* (*with*, avec) [agreement] || ~**ing** *adj* correspondant (*to*/*with*, à) || ~**ent** *n* correspondant *m* ; *newspaper* ~, correspondant *m* (de presse) || ~**ing** *adj* correpondant (*to*, à).

corridor ['kɔridɔː] *n* corridor, couloir *m*.

corroborate [kə'rɔbəreit] *vt* corroborer.

corro|de [kə'rəud] *vt* corroder || **~sive** [-siv] *adj/n* corrosif (*m*).

corrugate ['kɔrugeit] *vi* onduler ; se plisser — *vt* plisser ; gaufrer (paper) ; ***~d iron,*** tôle ondulée.

corrup|t [kə'rʌpt] *vt/vi* (se) corrompre ● *adj* corrompu || **~ting** *adj* corrupteur || **~tion** *n* corruption *f*.

corsage [kɔː'sɑːʒ] *n* corsage *m* || boutonnière *f* (flowers).

corset ['kɔːsit] *n* corset *m*.

Corsic|a ['kɔːsikə] *n* Corse *f* || **~an** *adj/n* corse.

cosh [kɔʃ] *n* matraque *f*.

cosily ['kəuzili] *adv* douillettement, à l'aise.

cosmetics [kɔz'metiks] *npl* produits *mpl* de beauté.

cosmic ['kɔzmik] *adj* cosmique.

cosmonaut ['kɔzmənɔːt] *n* astronaute, cosmonaute *m*.

cosmopolitan [,kɔzmə'pɔlitn] *adj* cosmopolite.

cosset ['kɔsit] *vt* dorloter, choyer.

cost [kɔst] *n* coût *m ; ~ price,* prix *m* de revient ; *at ~ price,* au prix coûtant ; ***at small ~,*** à bon compte ; *~ of living,* coût de la vie || frais *mpl ; ~ free,* sans frais || *Pl* JUR. dépens *mpl* || FIG. *count the ~s,* évaluer les risques || ***to your ~s,*** à vos dépens ; *at the ~ of,* au prix de ; *at all ~s,* à tout prix ● *vi* (cost) coûter — *vt* (pret. costed) évaluer (le coût) de.

coster(monger) ['kɔstə(,mʌŋgə)] *n* marchand *(n)* des quatre-saisons.

costly ['kɔstli] *adj* coûteux ; précieux ; de grande valeur, de luxe.

costume ['kɔstjuːm] *n* costume *m* || costume-tailleur *m* (woman's) ; ***bathing ~,*** costume de bain ● *vt* costumer.

cosy ['kəuzi] *adj* douillet, confortable ; *it's ~ here,* on se sent bien ici ● *n* causeuse *f* (piece of furniture) || couvre-théière *m* (tea-cosy).

cot I [kɔt] *n* lit *m* d'enfant.

cot II *n* abri *m* (shelter).

cote [kəut] *n* abri *m* || See DOVE.

cottag|e ['kɔtidʒ] *n* maisonnette *f* (in the country) ; ***thatched ~,*** chaumière *f* || villa *f* (at a summer resort) || ***~ cheese,*** fromage blanc || **~er** *n* paysan, villageois *n*.

cotton ['kɔtn] *n* coton *m ;* ***absorbent ~,*** coton hydrophile || *printed ~,* indienne *f* ● *vi* FAM. sympathiser (*with,* avec) || **~-wool** *n* ouate *f*.

couch [kautʃ] *n* sofa, canapé *m* ● *vt* rédiger — *vi* [animal] se tapir ; s'embusquer (crouch).

cough [kɔf] *n* toux *f* ● *vi* tousser || *~-drop/-lozenge,* pastille *f* contre la toux.

could, couldn't See CAN || ***couldn't-care-less attitude,*** je-m'en-fichisme *m*.

council ['kaunsl] *n* conseil *m ; town ~,* conseil municipal ; ***~ flat/house,*** FR. = H.L.M. *m/f* || REL. concile *m* || **~lor** *n* conseiller *m*.

counsel ['kaunsl] *n* conseil, avis *m ; hold ~ with sb.,* consulter qqn || projet, dessein *m ; keep one's own ~,* ne pas dévoiler ses intentions || JUR. avocat *n* ● *vt* conseiller || **~lor** *n* conseiller *m*.

count I [kaunt] *n* comte *m* (foreign title).

count II *n* compte, calcul *m* (reckoning) || [boxing] *go down for the ~,* aller au tapis || JUR. chef *m* d'accusation ● *vt* compter, dénombrer || FIG. considérer comme || ***~ out,*** compter un à un ; JUR. ajourner (the House) ; SP. éliminer || ***~ up,*** totaliser — *vi* compter (*up to,* jusqu'à) ||

compter, être inclus dans ; figurer (*among,* au nombre de) || FIG. compter, avoir de l'importance ; *that doesn't ~,* cela ne compte pas ; *~ as three,* compter pour trois ; *~ on sb.,* compter sur qqn || *~ **down,*** compter à rebours ; ***~-down*** (*n*), compte *m* à rebours || *~ **out :*** [boxing] *be ~ed out,* être mis K.-O.

countenance ['kauntinəns] *n* air *m,* mine *f; **keep one's ~,*** garder son sérieux ; *put sb. out of ~,* déconcerter, embarrasser qqn || expression *f; sad ~,* triste mine || appui, soutien *m* (support) ● *vt* appuyer, soutenir, approuver.

counter I ['kauntə] *n* COMM. comptoir *m*.

counter II *n* jeton *m* (token) || TECHN. compteur *m* || AUT. *revolution ~,* compte-tours *m*.

counter III *adj* contraire, opposé ● *adv ~ **to,*** à l'opposé, en sens inverse (direction) ; à l'encontre de (against) ; contrairement à (contrary to) ● *vt* s'opposer à — *vi* contre-attaquer, riposter.

counter IV *pref* contre ... || ***~-attack*** *(n),* contre-attaque *f; (vt)* contre-attaquer || ***~-balance*** *(n),* contrepoids *m; (vt)* contrebalancer || ***~-clockwise,*** U.S. dans le sens inverse des aiguilles d'une montre || ***~-current,*** contre-courant *m* || ***~-espionnage/-intelligence,*** contre-espionnage *m* || ***~feit*** [-fi:t] *(adj)* faux ; *(n)* contrefaçon ; *(vt)* contrefaire || ***~foil,*** talon *m,* souche *f* || ***~mand*** [-mɑ:nd] *(vt),* annuler || ***~pane,*** couvre-lit *m* || ***~part,*** contre-partie *f* || ***~plan*** *(n),* contreprojet *m* || ***~point,*** contrepoint *m* || ***~poise*** *(n),* contrepoids *m ; (vt)* faire contrepoids à, compenser || ***~proposal,*** contre-proposition *f* || ***~sign*** *(n),* mot *m* de passe ; *(vt)* contresigner || ***~weight,*** contrepoids *m.*

countess ['kauntis] *n* comtesse *f.*

countless *adj* innombrable.

countrified ['kʌntrifaid] *adj* campagnard, provincial.

country ['kʌntri] *n* pays *m;* région, contrée *f* || pays natal, patrie *f* || campagne (rural districts) ; *in the open ~,* en pleine campagne || **~-dance** *n* contredanse *f* || **~-house** *n* manoir *m* || **~-seat** *n* château *m* || **~man** *n* campagnard *m* (peasant) ; compatriote *m* || **~side** *n* campagne *f* || **~woman** *n* campagnarde *f;* compatriote *f.*

county ['kaunti] *n* comté *m.*

coup [ku:] *n* beau coup (stratagem) || *~ de grâce,* coup *m* de grâce || *~ (d'état),* coup *m* d'État.

coupé ['kupei] *n* AUT. coupé *m.*

coupl|e ['kʌpl] *n* [animals, persons] couple *m; married ~,* ménage *m* || [things] paire *f; a ~ of days,* deux ou trois jours ● *vt* TECHN. coupler || **~ing** *n* accouplement *m* || RAIL. attelage *m.*

coupon ['ku:pɔn] *n* coupon *m; international reply ~,* coupon-réponse international.

courage ['kʌridʒ] *n* courage *m* || **~ous** [kə'reidʒəs] *adj* courageux.

course [kɔ:s] *n* [time] cours *m; in the ~ of,* au cours de ; ***in due ~,*** en temps utile ; ***in ~ of time,*** à la longue ; ***run/take one's ~,*** suivre son cours || série *f* (of lectures) || direction *f* || [river] cours *m* || MÉD. *a ~ of medicine,* un traitement || SP. champ *m* de course (race-course) ; parcours, terrain *m* (in golf) || FIN. cours *m,* cote *f* || NAUT. *set a ~ for,* mettre le cap sur || CULIN. plat *m; first ~,* entrée *f; main ~,* plat principal/de résistance || FIG. *~ of action,* ligne *f* de conduite || ***of ~,*** naturellement ● *vt* faire courir (greyhounds, horse) — *vi* circuler, couler (blood, water).

court [kɔ:t] *n* cour *f* (yard) || impasse *f* (blind alley) || ARCH. manoir *m* || cour *f* (of a sovereign) || SP. terrain *m ;* court *m* (for tennis) || Jur. tribunal *m; police ~,* tribunal de simple police || Fig. cour *f* (wooing); *pay ~ to,* faire la cour à ● *vt* courtiser (woman) || Fig. aller au-devant de (a disaster) || **~-card** *n* figure *f* (in cards).

court|eous ['kə:tjəs] *adj* courtois || **~esy** ['kə:tisi] *n* courtoisie *f* || **~ier** ['kɔ:tjə] *n* courtisan *n*.

court|-martial ['kɔ:tmɑ:ʃl] *n* conseil *m* de guerre ● *vt* traduire en conseil de guerre || **~-room** *n* Jur. salle *f* d'audience, prétoire *m* || **~ shoe** *n* escarpin *m* || **~yard** *n* Arch. cour *f*.

cousin ['kʌzn] *n* cousin *n; first ~,* cousin germain.

cove [kəuv] *n* anse, crique *f*.

covenant ['kʌvənənt] *n* convention *f*, pacte *m*.

cover ['kʌvə] *n* couverture *f* (of bed, book); ***~-girl,*** cover-girl *f* || couvercle *m* (lid) || enveloppe *f* (of letter); bande *f* (of newspaper); *under separate ~,* sous pli séparé || abri *m;* ***take ~,*** se mettre à l'abri || Fin. couverture *f; without ~,* à découvert || Mil. couvert *m; take ~,* s'embusquer || Sp. gîte *m* (of game) || Culin. [table] couvert *m;* [restaurant] ***~ charge,*** couvert *m* || Fig. *under ~ of,* sous couvert de ● *vt* couvrir, recouvrir || parcourir (à distance) || Mil. couvrir, protéger || Fin. couvrir (expenses) || [Press], Rad., T.V. couvrir, faire le reportage de || Fig. embrasser || ***~ up,*** dissimuler, cacher || **~age** [-ridʒ] *n* [Press], Rad., T.V. reportage *m*, couverture *f* || Jur. risques *mpl* couverts, garantie *f* (assurance).

covert ['kʌvət] *adj* couvert, abrité || Fig. caché, voilé ● ['kʌvə] *n* couvert, fourré *m* (thicket) || gîte *m* (of game) || **~ly** *adv* à mots couverts.

covet ['kʌvit] *vt* convoiter || **~ous** *adj* avide, cupide.

covey ['kʌvi] *n* compagnie *f* (of partridges).

cow I [kau] *n* vache *f; milch ~,* (vache) laitière *f* || femelle *f* (of elephant, whale) || **~-boy** *n* U.S. cowboy *m*.

cow II *vt* intimider.

coward ['kauəd] *n/adj* lâche, poltron || **~ice** [-is] *n* couardise, lâcheté *f* || **~ly** *adj* lâche; *in a ~ way,* lâchement.

cower ['kauə] *vi* se blottir, se tapir.

cow|-herd ['kauhə:d] *n* vacher, bouvier *n* || **~-house** *n* étable *f*.

cowl [kaul] *n* capuchon *m*.

cow|-lick ['kaulik] *n* épi *m* (in hair) || **~-shed** *n* étable *f*.

cowslip ['kauslip] *n* coucou *m*.

coxswain ['kɔksn] *n* Sp. barreur *n* || Naut. patron *n* de barque.

coy [kɔi] *adj* timide || [woman] mijaurée (demure).

coyote [kɔi'əut] *n* coyote *m*.

cozen ['kʌzn] *vt ~ sb. into doing sth.,* entraîner/amener qqn (par la ruse) à faire qqch.; *~ sb. out of sth.,* escroquer qqch à qqn.

crab I [kræb] *n* Zool. crabe *m* || Méd. *~-louse,* morpion *m* (fam.).

crab II *n ~(-apple),* pomme *f* sauvage.

crabb|ed ['kræbid] *adj* acariâtre, revêche || *~ handwriting,* pattes *fpl* de mouches || **~y** *adj* U.S. hargneux, grincheux.

crack [kræk] *n* fêlure, craquelure *f* (in glass); fissure, fente *f* (in ice, etc.) || crevasse *f* (in the skin) || craquement *m* (sharp noise); détonation *f* (of a fire arm) || Fam. bon mot (joke) || Sl. tentative *f* (try) ● *adj* de premier ordre; d'élite (regiment) ● *vt* fendre, fêler (glass) || casser (a nut) || faire claquer (a whip, fingers) || Méd. crevasser (skin); casser (voice) || Fam. vider une bouteille || Techn. distiller, raffiner (petroleum) || Fig. lancer (jokes) || ***~ down on,***

FAM. tomber sur le dos de || ~ ***up,*** FAM. vanter — *vi* craquer, claquer || [glass] se fêler; [earth] se fendiller || [skin] se gercer || [voice] muer || FAM. *get ~ing!,* au boulot, en vitesse! || ~ ***up,*** s'effondrer (break down); AV. s'écraser || **~ed** [-t] *adj* fendu, crevassé; fêlé, lézardé || FAM. timbré, toqué (person) || **~er** *n* gâteau sec; U.S. biscuit || pétard *m* (firework) || **~ing** *n* CHIM. cracking *m* || ~ ***plant,*** raffinerie *f*.

crackl|e [krækl] *vi* pétiller, crépiter ● *n* crépitement *m* (of fire, machine-gun) || TÉL. friture *f* || TECHN. craquelure *f* (china) || **~ing** *n* = CRACKLE *n* || CULIN. *Pl* fritons, gratons *mpl*.

cradle ['kreidl] *n* berceau *m* || MÉD. gouttière *f* (splint) || **~-song** *n* berceuse *f*.

craft I [krɑ:ft] *n (inv)* NAUT. embarcation, barque *f* || AV. *(air)~,* avion, appareil *m*.

craft II *n* habileté, dextérité *f* (skill); ruse, astuce *f* (guile) || métier *m* (trade) || corporation *f* || **~sman** [-smən] *n* artisan, ouvrier *m* || **~y** *adj* rusé, astucieux.

crag [kræg] *n* rocher escarpé.

cram [kræm] *vt* bourrer, bonder || FIG. gaver (with food) || FAM. farcir (one's memory) — *vi* se bourrer; se gaver, se gorger *(with,* de) || **~-full** *adj* bourré; comble (room, etc.) || **~ming** *n* FIG. bourrage, bachotage *m*.

cramp [kræmp] *n* crampe *f* ● *vt* gêner, entraver (person) || MÉD. donner des crampes || TECHN. cramponner || FIG. ~ *sb.'s style,* priver qqn de ses moyens ● *n* ~ *(-iron),* crampon *m* || **~ed** [-t] *adj* comprimé; *be ~ for room,* être à l'étroit || serré, indéchiffrable (writing) || **~-fish** *n* poisson-torpille *m*.

cranberry ['krænbri] *n* airelle *f*.

crane [krein] *n* ZOOL., TECHN. grue *f* ● *vt* ~ *one's neck,* tendre le cou.

crank I [kræŋk] *n* manivelle *f* || AUT. ***~-case,*** carter *m* || ***~-shaft,*** vilebrequin *m* ● *vt* faire partir à la manivelle.

crank II *n* excentrique, maniaque *n* || **~y** *adj* farfelu (odd) || branlant (shaky).

cranny ['kræni] *n* fente, lézarde *f* (in a wall).

crape [kreip] *n* crêpe *m* (black).

craps [kræps] *npl* U.S., SL. jeu *m* de dés.

crash [kræʃ] *n* fracas *m* || FIN. krach *m* ● *vi* [vehicles] s'écraser; entrer en collision; (se) heurter violemment; ~ *into,* emboutir || AV. s'écraser (au sol) — *vt* fracasser; jeter *(into,* contre) || ~ **barrier** *n* glissière *f* de sécurité || ~ **course** *n* cours intensif || **~-helmet** *n* casque *m* de motocycliste || **~-landing** *n* AV. atterrissage *m* en catastrophe.

crass [kræs] *adj* ~ *ignorance,* ignorance crasse.

crate [kreit] *n* cageot *m*.

crater ['kreitə] *n* cratère *m* || MIL. entonnoir *m*.

crav|e [kreiv] *vi* désirer intensément; soupirer *(after/for,* après) — *vt* implorer || **~ing** *n* désir *m* intense; soif *f (for,* de).

crawfish *n* = CRAYFISH.

crawl [krɔ:l] *vi* ramper, se traîner (on hands and knees) || grouiller (swarm) || [car] ~ *along,* avancer au pas ● *n* [car] allure très lente || FAM. ***go on a pub ~,*** faire la tournée des pubs/bistros || SP. crawl *m* || **~ers** *npl* barboteuse *f* || **~ing** *adj* grouillant ● *n* reptation *f*.

crayfish ['kreifiʃ] *n* [fresh water] écrevisse *f* || [saltwater] langouste *f*; langoustine *f* (small).

crayon ['kreiən] *n* pastel, fusain *m* ● *vt* dessiner au pastel/fusain.

craz|e [kreiz] *n* engouement *m*, manie, toquade *f* || **~ed** [-d] *pp* dérangé, détraqué (fam.) || **~y** *adj* fou ; cinglé, dingue (fam.) ; *be ~ about,* être fou de || branlant (chair) || ~ ***pavement,*** opus incertum *m*, pas *mpl* japonais.

creak [kri:k] *vi* [hinge] grincer ; [shoes] craquer ● *n* grincement, craquement *m*.

cream [kri:m] *n* crème *f*; *whipped ~,* crème fouettée ; ~ *cheese,* fromage *m* à la crème, petit-suisse *m* || crème *f* de beauté || FIG. crème, fleur, élite *f* ● *vt* écrémer — *vi* mousser || **~er** *n* écrémeuse *f* || **~ery** ['kri:məri] *n* crémerie *f* || **~y** *adj* crémeux.

crease [kri:s] *n* faux pli ; pli *m* du pantalon ; *~-resisting,* infroissable ● *vt* froisser, plisser ; ~ *the trousers,* faire le pli du pantalon — *vi* se froisser/plisser.

creat|e [kri'eit] *vt* créer || TH. créer (a part) || FIG. faire, causer, produire (impression) ; lancer (fashion) || **~ion** [kri'eiʃn] *n* création *f* (act) ; œuvre *f* (product) || **~ive** *adj* créateur || **~or** *n* créateur *n*.

creature ['kri:tʃə] *n* créature *f*, être vivant, animal *m* || FIG. créature *f*, instrument *m* || ~ *comforts,* confort matériel.

credence ['kri:dns] *n* créance, foi *f*.

credentials [kri'denʃlz] *npl* lettres *fpl* de créance || références *fpl*.

credibl|e ['kredəbl] *adj* croyable (story) ; digne de foi (person) || **~y** *adv* plausiblement ; *we are ~ informed that,* nous savons de bonne source que.

credit ['kredit] *n* créance, croyance *f* (credence) || crédit *m* (confidence) || honneur, mérite *m*, réputation *f* (good name) ; *do sb. ~, do ~ to sb.,* faire honneur à qqn || CIN. ***~-titles,*** générique *m* || COMM. crédit ; ***on ~,*** à crédit ; ~ ***account,*** compte *m* de crédit (with a store) ; ~ ***card*** carte *f* de crédit ; ~ *sales,* ventes *fpl* à terme || FIN. crédit *m* ; ***letter of ~,*** lettre *f* de crédit ; ~ ***side,*** avoir *m* ; *on the ~ side,* à l'actif ; ~ *balance,* solde créditeur ; ~ *squeeze,* encadrement *m* du crédit || [university] U.S. unité *f* de valeur ; U.V. (fam.) ● *vt* ajouter foi à || attribuer, prêter (quality) || COMM. créditer (an account) || **~able** *adj* estimable ; honorable || **~or** *n* créancier *n*.

credul|ity [kri'dju:liti] *f* crédulité *f* || **~ous** ['kredjuləs] *adj* crédule.

creed [kri:d] *n* credo *m* || FIG. profession *f* de foi.

creek [kri:k] *n* GÉOGR. crique, anse *f* || U.S. rivière *f*.

creel [kri:l] *n* panier *m* de pêche.

creep [kri:p] *vi* (crept [krept]) ramper (crawl) || avancer furtivement, se glisser || [plant] grimper || [flesh] se hérisser ; *make sb.'s flesh ~,* donner la chair de poule à qqn || FIG. ~ ***in,*** s'insinuer ; ~ ***over,*** [feeling] gagner ● *npl* FAM. *give sb. the ~s,* donner la chair de poule à qqn || **~er** *n* plante grimpante.

crematorium [,kremə'tɔ:riəm] *n* crématorium *m*.

crepe [kreip] *n* crêpe *m* (cloth) || ~ *bandage,* bande *f* Velpeau ; ~ *rubber,* crêpe *m* (for shoes).

crept See CREEP.

crescent ['kresnt] *n* croissant *m* (moon) || rue *f* en demi-lune.

cress [kres] *n* cresson *m*.

crest [krest] *n* crête *f* (comb) || huppe *f* (tuft) || BLAS. armoiries *fpl*, cimier *m* || **~-fallen** *adj* l'oreille basse, penaud, abattu.

cretonne [kre'tɔn] *n* cretonne *f*.

crevasse [kri'væs] *n* crevasse *f*.

crevice ['krevis] *n* [rock] fissure, fente *f* || [wall] lézarde *f*.

crew I See CROW.

crew II [kru:] *n* NAUT., AV. équipage *m* || SP. équipe *f; member of a ~,* équipier *n* || **~-cut** *n* coupe *f* de cheveux en brosse.

crib I [krib] *n* berceau *m* (cradle) || mangeoire *f* (manger); râtelier *m* (rack) || REL. crèche *f* ● *vt* confiner (shut up).

crib II *n* plagiat *m* || [school] traduction *f* (juxtalinéaire) || FAM. [school] copiage *m* ● *vt* copier (plagiarize).

crick [krik] *n ~ in the back,* tour *m* de reins ; *~ in the neck,* torticolis *m*.

cricket I ['krikit] *n* SP. cricket *m ; that's not ~,* ce n'est pas de jeu.

cricket II *n* Zool. grillon *m*.

crim|e [kraim] *n* crime *m* || **~inal** ['kriminl] *n/adj* criminel.

crimp [krimp] *vt* gaufrer (cloth) || crêpeler (hair).

crimson [krimzn] *n/adj* pourpre (*m*); *tinge with ~,* empourprer.

cring|e [kring] *vi* reculer, se dérober || FIG. ramper, s'aplatir (fawn) || **~ing** *adj* servile.

crinkle ['kriŋkl] *vi* onduler — *vt* froisser, plisser.

cripple ['kripl] *n* infirme *n*, estropié *n*, boiteux *n* ● *vt* estropier || NAUT. désemparer || FIG. paralyser || **~d** [-d] *adj* infirme ; impotent.

crisis, crises ['kraisis, -aisi:z] *n* crise *f*.

crisp I [krisp] *adj* crépu (hair) || cassant (brittle) || sec, vif, piquant (air) || croustillant (food) || craquant (snow) || FIG : net, précis || alerte (style).

crisp II *n (potato) ~s,* (pommes *fpl*) chips *fpl*.

criss-cross ['kriskrɔs] *adj* en croix ; entrecroisé ● *vi/vt* (s') entrecroiser.

criterion, -ria [krai'təriən, -riə] *n* critérium, critère *m*.

crit|ic ['kritik] *n* critique *n* (person) || **~ically** [-ikli] *adv* d'une manière critique || MÉD. dangereusement || **~icism** ['kritisizm] *n* critique *f;* blâme *m* (censure) || **~icize** ['kritisaiz] *vt* critiquer, blâmer || **~ique** [kri'ti:k] *n* critique *f* (review).

croak [krəuk] *n* [frog] coassement *m* || [raven] croassement *m* ● *vi* [frog] coasser || [raven] croasser.

crochet ['krəuʃei] *n* crochet *m* (knitting) ● *vi* faire du crochet || **~-hook** *n* crochet *m*.

crock I [krɔk] *n* ZOOL., FAM. carne, rosse *f* (horse) || AUT. vieux tacot, guimbarde *f* ● *vt* claquer (a horse) — *vi ~ up,* SP. se claquer.

crock II *n* cruche *f*, pot *m* (de terre) || tesson *m* (broken piece) || **~ery** [-əri] *n* faïence *f*.

crocodile ['krɔkədail] *n* crocodile *m*.

croft [krɔft] *n* AGR. clos *m*.

crony ['krəuni] *n* FAM. copain *m*, copine *f*.

crook [kruk] *n* croc, crochet *m* || houlette *f* (of a shepherd) || FAM. escroc *m* (swindler) || coude *m* (curve) ● *vt* recourber || **~-backed** [-t] *adj* bossu || **~ed** [-id] *adj* crochu (nose) ; *~ legs,* jambes torses ; difforme (body) || FIG. tortueux, malhonnête || **~edness** [-idnis] *n* sinuosité *f* || difformité *f* (of body) || FIG. perversité *f*.

croon [kru:n] *vi* fredonner || **~er** *n* FAM. chanteur *m* de charme.

crop [krɔp] *n* AGR. moisson, récolte *f; standing ~,* récolte sur pied || *second ~,* regain *m* || coupe *f* (of hair) || ZOOL. jabot *m* (of a bird) || FIG. foule *f* (of suggestions) ● *vt* tondre ras (hair) || [sheep] brouter — *vi* AGR. produire, donner une récolte || ***~ out,*** GÉOGR. affleurer || ***~ up,*** survenir, surgir || = ***~ out*** || **~per** *n* plante productrice (plant) || FAM. ***come a ~,*** ramasser une pelle (fall); se faire recaler (in an exam); se planter (fail) [arg.].

crosier ['krəuʒə] *n* REL. crosse *f*.

cross [krɔs] *n* croix *f* || biais *m* (in a fabric) || MÉD. croisement *m* (of races) ● *vi* [letters] se croiser || ~ *over,* traverser — *vt* traverser || croiser (one's legs) || croiser (meet) || ~ ***one's mind,*** venir à l'esprit || barrer (one's t's) || FIN. barrer (a cheque) || MÉD., BOT. croiser, métisser (breeds) || REL. ~ *oneself,* se signer || FIG. contrarier, contrecarrer || ~ ***off/out,*** rayer, biffer ● *adj* en colère, de mauvaise humeur; *be ~ with sb.,* être fâché avec qqn || contraire (wind) || **~-armed** [-ɑːmd] *adj* les bras croisés || **~-bar** *n* barre (transversale); barreau *m* (of a chair) || **~beam** *n* TECHN. traverse *f* || **~bow** *n* arbalète *f* || **~bred** *adj* métis || ~ **breed** *n* hybride *m;* métis *n* || **~-checking** *n* recoupement *m* (of testimony) || **~-country** *adj/adv* à travers champs; ~ *skiing,* ski *m* de randonnée; *(n) ~ (race),* cross-country *m* || **~-cut** *n* chemin *m* de traverse || **~-examination** *n* contre-interrogatoire *m* || **~-eyed** *adj* bigle || **~-fire** *n* feu croisé || **~ing** *n* croisement *m* (of races) || NAUT. traversée *f* || **~-legged** *adj* les jambes croisées || **~-purposes** *npl be at ~,* être en désaccord || ~ **reference** *n* renvoi *m* || **~-road** *n* chemin *m* de traverse || *Pl* (sing. v.) carrefour *m* || ~ **section** *n* coupe transversale; échantillon *m* (of population) || **~wise** *adv* en croix, en travers || **~word** ~ *(puzzle), n* mots croisés.

crotchet ['krɔtʃit] *n* MUS. noire *f; ~-rest,* soupir *m* || FAM. toquade *f* || **~y** *adj* fantasque, capricieux, excentrique.

crouch [krautʃ] *vi* [dog] s'accroupir; se tapir || FAM. ramper, s'aplatir (fawn).

crow I [krəu] *n* corneille *f;* ***as the ~ flies,*** à vol d'oiseau || **~'s-feet** *npl* pattes-d'oie *fpl* (wrinkles) || **~'s-nest** *n* NAUT. nid-de-pie *m*.

crow II *vi* (p.t. crowed [-d] *or* crew [kruː]; p.p. crowed) [cock] chanter || [baby] gazouiller.

crowd [kraud] *n* foule, multitude *f* ● *vi* s'assembler, s'attrouper — *vt* rassembler (people); entasser (cram); remplir (room) || **~ed** [-id] *adj* bondé, encombré.

crown [kraun] *n* couronne *f* || fond *m* (of a hat) || milieu *m* (of a road) || MÉD. couronne *f* (of a tooth) ● *vt* couronner, sacrer || FIG. récompenser (reward); couronner (a hill); *to ~ it all,* pour couronner le tout, pour comble de malheur/de bonheur.

crozier *n* = CROSIER.

crucial ['kruːʃjəl] *adj* crucial, critique, décisif.

crucible ['kruːsibl] *n* creuset *m*.

crucif|ix ['kruːsifiks] *n* REL. crucifix *m* || **~ixion** [,kruːsi'fikʃn] *n* crucifixion *f* || **~y** ['kruːsifai] *vt* crucifier.

crude [kruːd] *adj* TECHN. brut; *~ oil,* pétrole brut || vert (fruit) || cru, vif (light) || rudimentaire, sommaire (work) || FIG. grossier (manners) || **~ly** *adv* crûment, grossièrement || **~ness, crudity** ['kruːditi] *n* crudité *f* || FIG. état *m* rudimentaire.

cruel [kruəl] *adj* cruel || **~ly** *adv* cruellement || **~ty** [-ti] *n* cruauté *f*.

cruet ['kruit] *n ~ (stand),* huilier, vinaigrier *m* || REL. burette *f*.

cruis|e [kruːz] *n* croisière *f* ● *vi* [ship] croiser || [taxi] marauder || **~er** *n* NAUT. croiseur *m* || **~ing** *adj ~* ***speed,*** vitesse *f* de croisière || en maraude (taxi).

crumb [krʌm] *n* miette *f* (bit); mie *f* (soft part of bread) || FIG. brin *m; Pl* bribes, miettes *fpl*.

crumbl|e ['krʌmbl] *vt* émietter,

effriter — *vi* [bread] s'émietter; [stone] s'effriter; tomber en poussière || ~ ***down,*** s'écrouler, tomber en ruine || **~y** *adj* friable.

crumple ['krʌmpl] *vi/vt* (se) froisser, (se) friper.

crunch [krʌnʃ] *vt* croquer, broyer, écraser — *vi* [snow] crisser, craquer ● *n* craquement *m;* crissement *m* (of snow).

crupper ['krʌpə] *n* croupe *f* (of a horse).

crusad|e [kru:'seid] *n* croisade *f* ● *vi* faire une croisade || **~er** *n* croisé *m.*

crush [krʌʃ] *vt* écraser (press); ~ *(up),* broyer (pound) || comprimer, tasser (cram) || froisser (crumple) || Fig. réprimer (a revolt) || ~ ***out,*** extraire, exprimer (juice) ● *n* écrasement *m* || cohue, bousculade *f* (crowd) || jus *m* de fruit; *orange* ~, orange pressée || Fam. ***have a ~ on sb.,*** avoir le béguin pour qqn.

crust [krʌst] *n* croûte *f* (of bread) || couche *f* (of rust, etc.) ● *vi* se couvrir d'une croûte — *vt* (re)couvrir d'une croûte.

crustacean [krʌs'teiʃjən] *n* crustacé *m.*

crusty ['krʌsti] *adj* croustillant || Fig. bourru (person).

crutch [krʌtʃ] *n* béquille *f.*

crux [krʌks] *n* point crucial, nœud *m.*

cry [krai] *n* cri *m,* clameur *f;* ***utter a ~,*** pousser un cri || Fam. *a far* ~, une bonne distance; ***within ~,*** à portée de voix || *have a good* ~, pleurer un bon coup ● *vi* crier (shout) || ~ *(out),* s'écrier (exclaim) || pleurer (weep) || ~ ***off,*** se décommander, abandonner (withdraw); se dédire, se rétracter (from promise) — *vt* crier || pleurer || ~ ***down,*** décrier, déprécier || **~-baby** *n* pleurnichard, pleurnicheur *n* || **~-ing** *adj* criant.

crystal ['kristl] *n* cristal, verre *m* || **~line** ['kristəlain] *adj* cristallin || **~lize** ['kristəlaiz] *vt/vi* (se) cristalliser.

cub [kʌb] *n* [animal] petit *m.*

cub|e [kju:b] *n* cube *m;* ~ *root,* racine *f* cubique ● *vt* Math. élever au cube || **~ic** [-ik] *adj* cubique || **~ism** *n* Arts cubisme *m.*

cubicle [kju:bikl] *n* box *m* || [swimming pool] cabine *f.*

cuckold ['kʌkəld] *n* cocu *n* ● *vt* cocufier.

cuckoo ['kuku:] *n* coucou *m* || **~-clock** *n* coucou *m.*

cucumber ['kju:kəmbə] *n* concombre *m.*

cud [kʌd] *n chew the* ~, ruminer || Fig. réfléchir.

cuddl|e [kʌdl] *vt* serrer dans ses bras || câliner (child) — *vi* s'enlacer, se blottir (l'un contre l'autre) ● *n* étreinte *f* || [child] *have a* ~, faire un câlin || **~y** *adj* caressant, câlin.

cudgel ['kʌdʒəl] *n* gourdin *m,* trique *f* ● *vt* bâtonner, rouer de coups || Fig. ~ ***one's brains,*** se creuser la cervelle.

cue I [kju:] *n* queue *f* de billard.

cue II *n* Th. fin *f* de tirade; *give sb. his* ~, donner la réplique à qqn || Fig. *take one's* ~ *from,* prendre modèle sur.

cuff [kʌf] *n* manchette *f,* poignet *m* (of a shirt) || U.S. revers *m* de pantalon || Fam. *off the* ~, impromptu et officieusement || **~-links** *npl* boutons *mpl* de manchettes.

cul-de-sac ['kuldə'sæk] *n* impasse *f.*

culinary ['kʌlinəri] *adj* culinaire.

cull [kʌl] *vt* cueillir.

culminate ['kʌlmineit] *vi* culminer.

culprit ['kʌlprit] *n* coupable *n.*

cult [kʌlt] *n* culte *m*.

cultivat|e ['kʌltiveit] *vt* AGR. cultiver || FIG. cultiver, pratiquer (an art) || **~ed** [-id] *adj* FIG. cultivé, éduqué || **~ion** [,kʌlti'veiʃn] *n* AGR. culture *f* || **~or** *n* cultivateur *n* (person) || motoculteur *m* (machine).

cultur|e ['kʌltʃə] *n* culture, civilisation *f* || **~ed** [-əd] *adj* cultivé, raffiné.

culvert ['kʌlvət] *n* conduit souterrain (under road); *open ~*, cassis *m* (across road).

cumber ['kʌmbə] *vt* encombrer (*with*, de) || surcharger (burden) || **~some** [-səm] *adj* encombrant.

cumbrous ['kʌmbrəs] *adj* encombrant, embarrassant.

cumulative ['kju:mjulətiv] *adj* FIN. composé (interest).

cunning ['kʌniŋ] *n* finesse, pénétration *f* (keenness) || habileté, adresse *f* (skill) || ruse, astuce, fourberie *f* (slyness) ● *adj* fin, habile (clever) || malin, futé (shrewd) || rusé, astucieux (sly).

cup [kʌp] *n* tasse *f*; *tea ~*, tasse à thé; *a ~ of tea*, une tasse de thé; FAM. *that's just my ~ of tea*, c'est exactement ce qu'il me faut || SP. coupe *f*; ***~-final***, finale *f*; ***~-tie*** éliminatoire *f* ● *vt* mettre (ses mains) en forme de coupe || MÉD. poser des ventouses || **~ping-glass** *n* ventouse *f*.

cupboard ['kʌbəd] *n* placard *m*.

cupidity [kju'piditi] *n* cupidité *f*.

cupola ['kju:pələ] *n* coupole *f*.

cuppa ['kʌpə] *n* SL. = CUP OF TEA.

cur [kə:] *n* [dog] corniaud *m* || [person] malotru *n*.

curable ['kjuərəbl] *adj* curable.

curate ['kjuərit] *n* vicaire *m*.

curator [kju'reitə] *n* [museum] conservateur *n*.

curb [kə:b] *n* gourmette *f* (harness) || FIG. frein *m* || U.S. = KERB ● *vt* brider || FIG. contraindre (constrain); réprimer, refréner, brider (control).

curd [kə:d] *n* lait caillé, caillebotte *f* || **~le** [-l] *vt* cailler — *vi* [milk] se cailler || FIG. [blood] se figer, se glacer.

cure [kjuə] *n* guérison *f* (recovery) || remède *m* (drug) || traitement *m*; *take a ~*, suivre un traitement, faire une cure ● *vt* guérir (disease, patient) || saler (fish); fumer (smoke); traiter (skin); sécher (tobacco) || **~-all** *n* panacée *f*.

curfew ['kə:fju:] *n* couvrefeu *m*.

cur|io ['kjuəriəu] *n* bibelot, objet *m* rare, curiosité *f* || **~iosity** [,kjuəri'ɔsti] *n* curiosité *f* || **~ious** ['kjuəriəs] *adj* curieux (eager; inquisitive); étrange (thing) || **~iously** *adv* avec curiosité; de façon étrange.

curl [kə:l] *n* boucle *f* (of hair); *out of ~*, défrisé || volute *f* (of smoke) ● *vt* boucler, friser — *vi* friser, boucler; *~ up*, [animal] se mettre en boule || FIG. s'effondrer || **~ing-irons** *n* fer *m* à friser || **~ing-pin** *n* bigoudi *m* || **~-paper** *n* papillote *f* || **~y** *adj* bouclé, frisé.

currant ['kʌrnt] *n* groseille *f* || *black ~*, cassis *m* || *Pl* raisins *mpl* de Corinthe || **~-bush** *n* groseillier *m*.

currency ['kʌrnsi] *n* circulation *f*, cours *m* (of money) || monnaie, devise *f*; ***foreign ~***, devises étrangères; *hard ~*, monnaie forte.

current ['kʌrnt] *n* courant *m* || ÉLECTR. *alternating ~*, courant alternatif; *direct ~*, courant continu; *three-phase ~*, courant triphasé || cours *m* d'eau (stream) ● *adj* courant, commun (usual) || admis, reçu (accepted) || en cours (of the present time); ***~ affairs***, questions *fpl* d'actualité; *~ events*, actualité *f*; *~ issue*, dernier numéro *m* (of a newspaper) || FIN. courant (expenses); ~ ***account,*** compte courant || **~ly** *adv* actuellement.

curriculum [kə'rikjuləm] *n* programme *m* scolaire.

curry I ['kʌri] *vt* étriller (a horse) || **~-comb** *n* étrille *f*.

curry II *n* CULIN. curry, cari *m* ● *vt* épicer au curry.

curs|e [kə:s] *n* malédiction *f* || juron *m* (swear-word) || FIG. fléau *m*, calamité *f* ● *vt* maudire — *vi* blasphémer, jurer || **~ed** [-t] *adj* maudit || FAM. sacré.

cursory ['kə:sri] *adj* rapide, superficiel.

curt [kə:t] *adj* bref, sec, cassant.

curtail [kə:'teil] *vt* écourter, raccourcir, élaguer, tronquer, amputer (a text) || réduire (expenses) || FIG. priver (*of*, de).

curtain ['kə:tn] *n* rideau *m* || TH. ***~-call,*** rappel *m*; ***~-raiser,*** lever *m* de rideau ● *vt* garnir d'un rideau.

curts(e)y ['kə:tsi] *n* révérence *f* ● *vi* faire la révérence.

curve [kə:v] *n* courbe *f* || *Pl* FAM. rondeurs *fpl*, galbe *m* || AUT. virage, tournant *m* || MATH. courbe *f* ● *vt* courber — *vi* se courber, décrire une courbe.

cushion ['kuʃn] *n* coussin *m* || pelote *f* (for pins) || [billiard-table] bande *f* ● *vt* garnir d'un coussin; matelasser || amortir (a shock).

cushy ['kuʃi] *adj* SL. ~ *job*, planque *f*; fromage *m* (fam.).

cuspidor ['kʌspidɔ:] *n* U.S. crachoir *m*.

cuss [kʌs] *n* SL. juron *m* (curse) || **~ed** [-id] *adj* FAM. entêté, contrariant.

custard ['kʌstəd] *n* crème anglaise.

custod|ian [kʌs'təudjən] *n* gardien *n* || conservateur *n* (of a museum) || **~y** ['kʌstədi] *n* garde, surveillance *f*; *in safe ~*, sous bonne garde, en lieu sûr || détention *f*; *take sb. into ~*, mettre en prison, écrouer qqn.

custom ['kʌstəm] *n* coutume *f*, usage *m* || COMM. clientèle *f* || JUR. droit coutumier || **~ary** [-ri] *adj* coutumier, habituel || **~er** *n* client *n* || FAM. type, individu *m*; *a queer ~*, un drôle de type || **~-made** *adj* (fait) sur mesures.

customs [-z] *npl* droits *mpl* de douane || *the Customs*, la douane || ***~-house,*** douane *f*; ***~-officer,*** douanier *m*.

cut [kʌt] *vt* (cut) couper, trancher; *~ one's nails*, se couper les ongles || couper (slash); *~ one's finger*, se couper le doigt || couper, croiser (cross) || couper, réduire, abréger (shorten) || tailler (diamond) || couper (a coat) || couper (cards) || SP. couper (a ball) || CULIN. découper (meat) || [gramophone record] graver || ARTS graver || AUT. *~ a corner close*, prendre un tournant à la corde || FIN. réduire (wages) || COMM. ***~ prices,*** vendre à bas prix; *~ price store*, magasin *m* à prix réduits || FAM. sécher (a class) || FIG. couper, interrompre (sb.); affecter de ne pas voir, snober (sb.); *~ a figure*, faire bonne figure; *~ it fine*, compter trop juste; *~ and dried opinions*, opinions toutes faites || ***~ away,*** élaguer (tree) || ***~ down,*** raccourcir (a dress); abattre (a tree); diminuer (expenses) || ***~ off,*** MÉD. amputer; MIL. couper la retraite de; TÉL. couper || ***~ out,*** émonder (a tree); MÉD. supprimer, renoncer à (drinking); ***~ out one's losses,*** limiter les dégâts; ***~-out,*** coupe-circuit *m* || ***~ up,*** découper (carve); dépecer (an animal); défoncer, raviner (road); FIG. éreinter (a book); FIG. bouleverser, démoraliser.

— *vi* couper, tailler || se couper (be cut) || ***~ away,*** FAM. détaler || ***~ back,*** revenir en arrière; ***~-back*** (*n*) CIN. retour *m* en arrière || ***~ in,*** intervenir (in conversa-

tion); AUT. ~ *in (on sb.'s car),* faire une queue de poisson (à qqn); **~*-in-scene,*** CIN. plan *m* de coupe || ~ ***up,*** AUT. = ~ IN.
● *n* coupe, coupure *f* (cutting) || entaille *f* (notch) || coup *m* (of sword) || ***short*** **~,** raccourci *m; take a short* ~, prendre au plus court || coupure *f* (in a film) || coupon *m* (of cloth) || coupe *f* (of clothes, hair) || *draw ~s,* tirer à la courte paille || ÉLECTR. *power ~,* coupure *f* de courant || RAIL. tranchée *f* || CULIN. tranche *f* (of meat) || TECHN. taille *f* || FIN. réduction *f* (in prices, wages) || FAM. *a ~ above,* un degré au dessus || FIG. remarque mordante (sarcasm); affront *m* (snub) || ARTS gravure *f.*

cute [kju:t] *adj* futé, malin || U.S. mignon, gentil.

cutler ['kʌtlə] *n* coutelier *m* || **~y** [-ri] *n* couverts *mpl* (couteaux, fourchettes, cuillers) || COMM. coutellerie *f.*

cutlet ['kʌtlit] *n* [mutton, veal, from the ribs] côtelette *f* || [veal, from the leg] escalope *f.*

cut|ter ['kʌtə] *n* coupeur *m* (person); *film ~,* CIN. monteur *m; stone ~,* tailleur *m* de pierre || NAUT. cotre *m* || **~-throat** *n* assassin *m* ● *adj* acharné, sans merci || **~ting** *n* coupe *f* (action); abattage *m* (of trees) || coupon *m* (of cloth) || coupure *f* (from a newspaper) || AGR. taille *f* (of rose-trees); bouture *f* (slip) || RAIL. tranchée *f* || AUT. route encaissée || CIN. montage *m* (editing) ● *adj* coupant; cinglant || FIG. blessant.

cuttle-fish ['kʌtlfiʃ] *n* seiche *f.*

cybernetics [ˌsaibə:'netiks] *n* cybernétique *f.*

cycl|e ['saikl] *n* cycle *m* || bicyclette *f* (bicycle); *~-path,* piste *f* cyclable ● *vi* aller à bicyclette || **~ing** *n* cyclisme *m* || **~ist** *n* cycliste *n* || **~ostyle** ['saikləstail] *n* duplicateur *m* ● *vt* polycopier.

cyclone ['saikləun] *n* cyclone *m.*

cyclotron ['saiklətrɔn] *n* cyclotron *m.*

cyder ['saidə] *n* cidre *m.*

cylinder ['silində] *n* cylindre *m* || AUT. *~-block,* bloc-moteur *m; ~-head,* culasse *f.*

cygnet ['signit] *n* jeune cygne *m.*

cymbal ['simbl] *n* cymbale *f.*

cynic ['sinik] *n* PHIL. cynique *n* || sceptique *n* || **~al** *adj* sceptique, désabusé (disillusioned) || caustique (sarcastique) || **~ism** ['sinisizm] scepticisme *m* || causticité *f.*

cynosure ['sinəzjuə] *n* point *m* de mire; centre *m* d'attraction.

cypher = CIPHER.

cypress ['saipris] *n* cyprès *m.*

Cypr|iot ['sipriɔt] *adj/n* Cypriote || **~us** ['saiprəs] *n* Chypre *m.*

czar [za:] *n* tsar *m.*

Czech [tʃek] *adj* tchèque || **~oslovak** ['tʃekə'sləuvæk] *n/adj* tchécoslovaque || **~oslovakia** ['tʃekəslə'vækiə] *n* Tchécoslovaquie *f.*

d

d [diː] *n* d *m* || MUS. *D*, ré *m* || *D-day*, jour *m* J.

dab I [dæb] *vt* tapoter ● *n* tape *f*, tapotement *m* || touche *f* (of paint) || soupçon *m* (bit).

dab II *n* ZOOL. limande *f*.

dabble ['dæbl] *vi* barboter || FIG. ~ *in*, se mêler de ; faire un peu de (politics, etc.).

dad [dæd], **daddy** ['dædi] *n* FAM. papa *m*.

daffodil ['dæfədil] *n* BOT. [white] narcisse *m*; [yellow] jonquille *f*.

daft [dɑːft] *adj* idiot ; dingue, cinglé (fam.).

dagger ['dægə] *n* poignard *m* || FIG. *at* ~*s drawn*, à couteaux tirés || *look* ~*s*, foudroyer du regard (*at sb.*, qqn).

dago ['deigəu] *n* FAM. métèque *n*.

Dahomey [də'həumi] *n* Dahomey, Bénin *m*.

daily ['deili] *adj* quotidien ● *adv* tous les jours, journellement ● *n* quotidien *m* (newspaper) || FAM. femme *f* de ménage.

daintiness ['deintinis] *n* délicatesse *f*, raffinement *m*.

dainty ['deinti] *adj* délicat, raffiné (taste) || élégant, soigné (person) ● *n* CULIN. friandise *f*.

dairy ['dɛəri] *n* laiterie *f*; crémerie *f* (shop) || ~**-cattle** *n* vaches laitières || ~**maid** *n* laitière *f* || ~**man** *n* crémier, laitier *m* || ~**woman** *n* crémière *f*.

dais ['deiis] *n* estrade *f*.

daisy ['deizi] *n* marguerite, pâquerette *f*.

dale [deil] *n* val *m*, vallée *f*.

dally ['dæli] *vi* lambiner, traînasser || ~ *with an idea*, caresser une idée.

dam [dæm] *n* barrage *m* (of lake) ; digue *f* (of channel) ● *vt* construire un barrage || endiguer.

damage ['dæmidʒ] *n* dommage *m*, dégâts *mpl* || NAUT. avarie *f* || FIG. tort, préjudice *m* ; *make good the* ~, réparer les dégâts || JUR. sinistre *m* ; *Pl* dommages-intérêts *mpl* ● *vt* endommager, détériorer, abîmer || FIG. faire tort à, nuire à, léser.

damask ['dæməsk] *n* damas *m* ● *adj* damassé (fabric) ; damasquiné (steel).

Dame [deim] *n* JUR. Dame *f*.

damn [dæm] *vt* maudire (curse) || REL. damner || FIG. condamner, éreinter (criticize) ● *n* FAM. *I don't give a* ~, je m'en fiche ● *adj* SL. fichu, sacré (fam.) ● *adv* vachement ● *exclam* ~ **it!**, merde !

damp [dæmp] *adj* humide, moite (skin) ● *n* humidité *f* (weather) || grisou *m* (fire-damp) || FIG. froid *m* ● *vt* humecter || étouffer (a sound) || ~ *(down)*, couvrir (fire) || FIG. refroidir (enthusiasm) || ~**en** *vt* = DAMP || ~**er** *n* clef *f* (of a stove) || AUT. amortisseur *m* || MUS. étouffoir *m*.

dance [dɑːns] *vi/vt* danser ● *n* danse *f*; bal *m* (party) || ~**r** *n* danseur *n*.

dandelion ['dændilaiən] *n* pissenlit *m*.

dandruff ['dændrəf] *n* pellicules *fpl* (in hair).

Dane [dein] *n* Danois *n* (person).

danger ['deinʒə] *n* danger *m* || ~**ous** [-rəs] *adj* dangereux || ~**ously** *adv* dangereusement.

dangle ['dæŋgl] *vi* pendiller.

Danish ['deiniʃ] *adj/n* danois (*m*) [language].

dank [dæŋk] *adj* humide.

dapper ['dæpə] *adj* pimpant || vif, éveillé.

dare [dɛə] (dared [-d]) *vt* oser ; *he did not ~ (to) go,* il n'a pas osé y aller || défier ; *he ~d me to do it,* il m'a défié de le faire ; *I ~ you!,* chiche ! || braver, affronter.
— *mod aux* (p.t. dared [dɛəd] ; neg. daren't [dɛənt]) *he ~ not come,* il n'ose/n'osa(it) pas venir ; *how ~ you!,* vous avez cette audace ! || ***I ~ say : I ~ say he'll come,*** il viendra sans doute || **~-devil** *n* casse-cou, risque-tout *m*.

daring ['dɛəriŋ] *adj* audacieux, hardi, osé [bold] ● *n* audace, hardiesse *f*.

dark [dɑ:k] *adj* sombre, obscur ; *grow ~,* s'assombrir ; *it's getting ~,* la nuit tombe ; *it is ~,* il fait nuit || foncé (colour) ; bronzé (complexion) ; brun (hair) || ***~ room,*** chambre noire || SP. ***~ horse,*** outsider *m* || sombre, triste, ténébreux (person) || FIG. ténébreux, mystérieux, obscur ● *n* obscurité *f*, ténèbres *fpl ; before ~,* avant la nuit ; *after ~,* à la nuit tombée || FIG. ignorance *f* (*about,* de) || **~en** *vt* obscurcir, assombrir || foncer (a colour) ; brunir (the complexion) || FIG. rembrunir — *vi* s'obscurcir || [sky] s'assombrir || [skin] bronzer, brunir || [colour] foncer || **~ness** *n* obscurité *f* || **~y** *n* PÉJ. moricaud *n ;* négro *m*.

darling ['dɑ:liŋ] *adj* chéri, bien-aimé ● *n* favori *n*, idole *f*.

darn I [dɑ:n] *vt* repriser, raccommoder ● *n* reprise *f* ● *interj* See DAMN.

darn II *euphemism* for DAMN.

dart [dɑ:t] *n* javelot *m* || ZOOL. dard *m* || *Pl* fléchettes *fpl* (game) || FIG. *make a ~,* bondir, s'élancer ● *vt* lancer, décocher (an arrow) — *vi* s'élancer, foncer (*at,* sur) || *~ off,* partir comme une flèche.

dash [dæʃ] *n* ruée *f*, élan *m ; make a ~,* s'élancer || choc, heurt *m* || clapotement *m* (plash) || CULIN. goutte, larme *f* (of liquid) ; pointe *f* (of salt) ; filet *m* (of vinegar) || [printing] tiret *m* || SP. course *f*, sprint *m* || FIG. fougue *f*, entrain, dynamisme *m ;* ***cut a ~,*** faire de l'effet ● *vt* lancer (violemment) ; *~ to pieces,* fracasser || *~ off,* bâcler, écrire en vitesse (a letter) || FAM. *~ it!,* zut ! — *vi* se précipiter, se ruer ; *~ in,* entrer en coup de vent || **~-board** *n* AUT. tableau *m* de bord || **~ing** *adj* brillant, fringant, dynamique.

data ['deitə] *npl* données *fpl*, éléments *mpl* d'information || ***~ bank,*** banque *f* de données ; ***~ processing,*** traitement *m* de l'information, informatique *f*.

date I [deit] *n* date *f ; fix a ~ for,* prendre date pour || quantième *m ; what ~ is it?,* quelle date sommes-nous ? || époque *f ; make a ~,* faire date ; ***to ~,*** à ce jour ; ***up to ~,*** moderne, à la page ; *bring up to ~,* mettre à jour ; ***out of ~,*** périmé (no longer in use) ; démodé (old-fashioned) || FIN., COMM. échéance *f ; at two months' ~,* à deux mois d'échéance || FAM. rendez-vous *m ;* ***make a ~,*** fixer un rendez-vous || FAM. petit(e) ami(e) ● *vt* dater || U.S. FAM. sortir avec — *vi* ***~ back from,*** dater de ; ***~ back to,*** remonter à.

date II *n* datte *f ; ~-palm n* dattier *m*.

daub [dɔ:b] *vt* enduire || PÉJ. barbouiller (smear) ● *n* enduit *m* || PÉJ. barbouillage *m* || ARCH. torchis *m*.

daughter ['dɔ:tə] *n* fille *f* || ***~-in-law,*** belle-fille, bru *f*.

daunt [dɔ:nt] *vt* décourager, intimider || **~less** *adj* intrépide.

davenport ['dævnpɔ:t] *n* secrétaire *m* (furniture) || U.S. canapé-lit *m*.

davit ['dævit] *n* bossoir *m*.

dawdl|e ['dɔ:dl] *vi* flâner, lambiner || **~er** *n* flâneur, lambin *n*.

dawn [dɔ:n] *n* aube, aurore *f* || FIG. aube *f*, éveil *m* ● *vi* poindre, se lever || FIG. naître, se faire jour.

day [dei] *n* jour *m* ; ***the ~ before,*** la veille ; ***the next ~,*** le lendemain ; ***the ~ after tomorrow,*** après-demain ; *the ~ before yesterday,* avant-hier ; *from ~ to ~,* de jour en jour (gradually) ; au jour le jour (from one day to the next) ; *~ by ~,* jour après jour ; *the other ~,* l'autre jour ; *one ~,* un jour (past or future) ; *some ~,* un jour (future) ; *this ~ week/fortnight,* d'aujourd'hui en huit/en quinze ; *to a ~,* jour pour jour ; *what ~ is it today?,* quel jour sommes-nous aujourd'hui ? || ***~ in, ~ out,*** jour après jour || [working hours] journée (day-time) ; *paid by the ~,* payé à la journée ; *all ~ (long),* toute la journée || temps *m*, époque *f* ; *in those ~s,* en ce temps-là ; *these ~s,* de nos jours || [daylight] jour *m* ; *by ~,* de jour ; *it is broad ~,* il fait grand jour || MIL. *carry the ~,* remporter la victoire || FAM. *let's call it a ~,* ça suffit pour aujourd'hui || **~-boarder** *n* demi-pensionnaire *n* || **~-boy** *n* externe *m* (pupil) || **~break** *n* point *m* du jour, aube *f* || **~-dream** *n* rêverie *f* ● *vi* rêver, rêvasser || **~-girl** *n* externe *f* || **~-labourer** *n* journalier *n*.

daylight *n* lumière *f* du jour ; *in broad ~,* en plein jour ; ***~-saving time,*** heure *f* d'été.

day-nursery *n* crèche, garderie *f*.

day-off *n* jour *m* de congé.

day-school *n* externat *m*.

day-time *n* journée *f* ; *in the ~,* pendant la journée.

daze [deiz] *vt* stupéfier, hébéter || étourdir (stun) ● *n* étourdissement *m* ; *in a ~,* hébété.

dazzl|e ['dæzl] *vt* éblouir ● *n* éblouissement *m* || **~ing** *adj* éblouissant.

deacon ['di:kn] *n* diacre *m*.

dead [ded] *adj* mort, décédé ; *~ or alive,* mort ou vif || éteint (fire) || mort (wood) || assourdi (sound) || plat (calm) || creux (hours) || mort (season) || tombé au rebut (letter) || *come to a ~ stop,* s'arrêter net || *~ loss,* perte sèche || [race] ***~ heat,*** arrivée *f* ex-aequo || FIN. improductif || FIG. *~ to,* insensible à ● *adv* complètement ; *stop ~,* s'arrêter pile ; ***~ drunk,*** ivre mort || FAM. ***~-beat,*** claqué (fam.) ● *n* ***the ~,*** les morts || FIG. *at ~ of/in the ~ of night,* au cœur de/au plus profond de la nuit.

deaden ['dedn] *vt* amortir (blow) || assourdir (sound).

dead|-end *n* impasse *f* || **~-line** *n* dernière limite || **~lock** *n* FIG. impasse *f* || **~ly** *adj* mortel ● *adv* mortellement || **~-reckoning** *n* NAUT. estime *f* || **~-weight** *n* poids mort.

deaf [def] *adj* sourd || **~-aid** *n* appareil *m* de prothèse auditive || **~-and-dumb** *adj* sourd-muet **~en** *vt* assourdir || **~ening** *adj* assourdissant || **~-mute** *n* sourd-muet *n* || **~ness** surdité *f*.

deal I [di:l] *n* bois blanc.

deal II *vt* (dealt [delt]) *~ (out),* distribuer ; *~ a blow,* donner un coup || donner, distribuer (cards) — *vi ~ well by sb.,* bien traiter qqn || ***~ in,*** faire le commerce de || ***~ with,*** avoir affaire à ; se fournir chez (do business) ; s'occuper de, se charger de, s'y prendre avec (manage) ; [book] traiter de ● *n* quantité *f* ; ***a great ~ of,*** beaucoup de || [cards] donne, distribution *f* ; *it's your ~,* à vous de donner/faire || **~er** *n* [cards] donneur *m*.

deal III *n* affaire, transaction *f* || **~er** *n* négociant *n;* fournisseur *m.*

dealt See DEAL.

dean [di:n] *n* doyen *m.*

dear [diə] *adj* cher (person); *hold ~,* chérir || cher (price); *get ~(er),* augmenter, (r)enchérir ● *n* cher *n* ● *interj oh ~!,* oh! la la! ● *adv* cher (costly) || **~ly** *adv* tendrement.

dearth [də:θ] *n* disette *f.*

death [deθ] *n* mort *f; put to ~,* mettre à mort; *~* ***penalty,*** peine *f* de mort || JUR. décès *m* || FIG. ruine *f* || **~-bed** *n* lit *m* de mort || **~-duties** *n* droits *mpl* de succession || **~'s-head** *n* tête *f* de mort || **~-rate** *n* mortalité *f* || **~-rattle** *n* râle *m* || **~-trap** *n* coupe-gorge *m.*

deb [deb] *abbrev* = DÉBUTANTE.

debar [di'bɑ:] *vt* exclure; interdire (*from,* de).

debase [di'beis] *vt* abaisser, avilir; *~ oneself,* s'avilir, se dégrader || FIN. déprécier.

debatable [di'beitəbl] *adj* discutable, contestable.

debate [di'beit] *n* débat *m,* discussion *f* ● *vi* discuter, délibérer (*with,* avec; *on,* de; *about,* sur).

debauch [di'bɔ:tʃ] *n* débauche *f* ● *vt* débaucher || **~ee** [ˌdebɔ:'tʃi:] *n* débauché *m* || **~ery** [di'bɔ:tʃri] *n* débauche *f.*

debenture [di'benʃə] *n* FIN. obligation *f.*

debilit|ate [di'biliteit] *vt* débiliter || **~y** *n* débilité *f.*

debit ['debit] *n* FIN. débit *m* || *~ (-side),* côté *m* débit; *~ balance,* solde débiteur ● *vt* débiter, porter au débit de.

debris ['debri:] *n* décombres, gravats *mpl.*

debt [det] *n* dette *f;* ***run into*** *~,* faire des dettes; *in ~,* endetté || FIG. obligation *f,* dettes *fpl* || **~or** *n* débiteur *n* || FIN. *~ account,* compte débiteur.

debunk ['di:'bʌŋk] *vt* FAM. démystifier; déboulonner (fam.).

debut ['deibu:] *n* début *m; make one's ~,* faire ses débuts.

débutante ['debjutɑ:nt] *n* débutante *f.*

decade ['dekeid] *n* décennie *f.*

decad|ence ['dekədns] *n* décadence *f* || **~ent** *adj* décadent.

decaffeinated [ˌdi:'kæfi:neitid] *adj* décaféiné.

decamp [di'kæmp] *vi* FAM. décamper, ficher le camp (fam.).

decant [di'kænt] *vt* décanter, transvaser || **~er** *n* carafe *f.*

decapitate [di'kæpiteit] *vt* décapiter.

decay [di'kei] *vi* pourrir, se décomposer || [fruit] se gâter || [tooth] se carier || [building] se délabrer, tomber en ruine || [flower] se faner; [plant] dépérir || [beauty] se flétrir || [health] décliner ● *n* pourriture *f* || [tooth] carie *f* || [building] délabrement *m* || [plant] dépérissement *m* || [health] déclin *m* || FIG. déclin *m,* déchéance, ruine *f.*

deceas|e [di'si:s] *vi* décéder ● *n* décès *m* || **~ed** [-t] *adj* décédé, défunt ● *n the ~,* le/la défunt(e).

deceit [di'si:t] *n* tromperie *f* (cheating) || supercherie *f* (trick) || fourberie *f* (double-dealing) || **~ful** *adj* trompeur (cheating) || fourbe (two-faced) || mensonger (action).

deceive [di'si:v] *vt* tromper, duper, leurrer, induire en erreur; *~ oneself,* se leurrer, s'illusionner.

December [di'sembə] *n* décembre *m.*

decency ['di:snsi] *n* décence *f* (modesty); *(sense of) ~,* pudeur *f* || bienséance *f* (propriety).

decent ['di:snt] *adj* convenable (suitable) || décent (modest) || bienséant (decorous) || comme il faut (respectable) || FAM. bon, satisfaisant || **~ly** *adv* décemment || convenablement.

decentralize [di:'sentrəlaiz] *vt* décentraliser.

decept|ion [di'sepʃn] *n* tromperie, duperie, supercherie *f* (trick) || **~ive** [di'septiv] *adj* trompeur.

decibel ['desibel] *n* décibel *m*.

decid|e [di'said] *vt* décider — *vi* (se) décider; *~ against sb.*, donner tort à qqn; *~ between*, départager || **~ed** [-id] *adj* décidé, résolu (person) || net, marqué (difference) || catégorique (refusal) || **~edly** *adv* résolument, catégoriquement || **~er** *n* [games] ***the ~***, la belle.

deciduous [di'sidjuəs] *adj* à feuilles caduques (tree).

decimal ['desiml] *adj* décimal.

decimate ['desimeit] *vt* décimer.

decipher [di'saifə] *vt* déchiffrer.

dec|ision [di'siʒn] *n* décision *f* (deciding); *come to a ~*, prendre parti || résolution *f* (quality) || JUR. décision *f*, jugement, arrêt *m* || **~isive** [di'saisiv] *adj* décisif (action) || résolu (person) || catégorique (answer).

deck I [dek] *vt ~ (out)*, orner, décorer; *~ed out*, en grande tenue.

deck II *n* NAUT. pont *m*; *lower ~*, premier pont; *main ~*, pont supérieur || AUT. impériale *f* (of bus) || U.S. jeu *m* de cartes || [tape recorder] platine *f* || **~-chair** *n* chaise longue, transat *m* || **~-house** *n* rouf *m*.

declaim [di'kleim] *vi* déclamer.

declamation [,deklə'meiʃn] *n* déclamation *f*.

declaration [,deklə'reiʃn] *n* déclaration, proclamation *f*.

declare [di'klɛə] *vt* déclarer, faire connaître (disclose), annoncer, proclamer (make public) — *vi* se déclarer (*for*, pour; *against*, contre).

decline [di'klain] *vt* décliner, refuser — *vi* [health] décliner || FIN. [prices] baisser || FIG. décliner ● *n* déclin *m* (of life/the day) || FIN. baisse (of prices) || MÉD. *fall into ~*, dépérir || FIG. déclin *m*, décadence *f*.

declivity [di'kliviti] *n* déclivité *f*.

declutch ['di:'klʌtʃ] *vi* débrayer.

decode ['di:'kəud] *vt* déchiffrer, décoder.

decompose [,di:kəm'pəuz] *vt/vi* (se) décomposer.

decorat|e ['dekəreit] *vt* décorer || **~ion** [,dekə'reiʃn] *n* décoration *f* (ornament, medal) || **~ive** ['dekrətiv] *adj* décoratif.

decorous ['dekərəs] *adj* bienséant, convenable.

decorum [di'kɔ:rəm] *n* décorum *m*, bienséance *f*.

decoy [di'kɔi] *n* leurre, appeau *m* || FIG. compère *m* ● *vt* leurrer (birds) || FIG. attirer dans un piège.

decrease [di:'kris] *vt* diminuer, réduire — *vi* diminuer, décroître ● ['di:kri:s] *n* diminution *f*; ***on the ~***, en baisse.

decree [di'kri:] *n* décret *m*; *issue a ~*, publier un décret || JUR. jugement, arrêt *m* ● *vt* décréter, ordonner; statuer.

decrepit [di'krepit] *adj* décrépit || **~ude** [-ju:d] *n* décrépitude *f*.

decry [di'krai] *vt* décrier, dénigrer.

dedic|ate ['dedikeit] *vt* consacrer, vouer (one's life) || dédier (a book) || REL. dédier, consacrer (a church) || **~ation** [,dedi'keiʃn] *n* dédicace *f* (of a book) || consécration *f* (of a church).

deduce [di'dju:s] *vt* déduire, conclure (*from*, de).

deduc|t [di'dʌkt] *vt* COMM. déduire, défalquer (*from*, de) || **~tion** *n* déduction *f*.

deed [di:d] *n* action *f*; *a good ~*, une bonne action || exploit *m* (brave act) || JUR. contrat *m*; acte notarié (document).

deem [di:m] *vt* juger; estimer.

deep [di:p] *adj* profond; *3 feet ~*, un mètre de profondeur; ***how ~ is ..?***, quelle est la profondeur de ..? || enfoncé (*in*, dans) || foncé (colour); noire (night) || grave (voice, sound) || FIG. profond (feelings, etc.) || ***~ in***, absorbé par (study); plongé dans (thought) ● *adv* profondément; *sleep ~*, dormir profondément ● *n in the ~ of*, en plein/au cœur de (night, winter) || LITT. ***the ~***, l'océan || **~en** [-n] *vt* approfondir || foncer (colour) || FIG. augmenter — *vi* s'approfondir || [colour] foncer || **~-freeze** *n* congélateur *m* ● *vt* surgeler || **~-frozen** *adj* surgelé, congelé || **~ly** *adv* profondément || **~ness** *n* profondeur *f* || **~rooted** *adj* enraciné, invétéré.

deer [diə] *n* cerf *m*; *fallow ~*, daim *m* || **~skin** *n* daim *m* (leather).

deface [di'feis] *vt* défigurer (sb.) || dégrader (a monument); mutiler (a statue).

defalcation [,di:fæl'keiʃn] *n* détournement *m* de fonds.

defam|ation [,defə'meiʃn] *n* diffamation *f* || **~atory** [di'fæmətri] *adj* diffamatoire || **~e** [di'feim] *vt* diffamer.

default [di'fɔ:lt] *n* défaut *m*; ***in ~ of***, à défaut de || JUR. *by ~*, par défaut || SP. forfait *m* ● *vi* faire défaut || **~er** *n* MIL. insoumis *m* || **~ing** *n* insoumission *f*.

defeat [di'fi:t] *n* échec *m*, défaite *f* ● *vt* vaincre, défaire || JUR. mettre en minorité, renverser (the Government) || FIG. faire échec à, déjouer (a plot) || **~ism** *n* défaitisme *m* || **~ist** *n* défaitiste *n*.

defect [di'fekt] *n* défaut *m*, imperfection *f* || **~ive** *adj* défectueux || GRAMM. défectif || MÉD. *mentally ~*, débile ● *n* débile *n*.

defence [di'fens] *n* défense *f* || MIL. ouvrages défensifs || **~less** *adj* sans défense.

defend [di'fend] *vt* défendre, protéger (*against*, contre) || soutenir, défendre (support) || JUR. défendre || **~ant** [-ənt] *n* JUR. défendeur, prévenu *n*.

defens|e [di'fens] *n* U.S. = DEFENCE || **~ive** *adj* défensif ● *n* défensive *f*.

defer I [di'fə:] *vi* déférer (yield) [*to*, à].

defer II *vt* différer, remettre, ajourner (put off); *~red payment*, paiement différé.

defer|ence ['defrəns] *n* déférence *f*; *in ~ to*, par déférence pour || **~ential** [,defə'renʃl] *adj* déférent, plein d'égards (*to*, envers).

deferment [di'fə:mənt] *n* ajournement *m* || MIL. sursis *m*.

defiance [di'faiəns] *n* défi *m*; *in ~ of*, au mépri de; *set at ~*, défier.

defiant [di'faiənt] *adj* provocant.

defic|iency [di'fiʃnsi] *n* déficience, insuffisance *f*, défaut *m* (*of*, de) || FIN. déficit *m* || COMM. découvert *m* || **~ient** [-nt] *adj* déficient, insuffisant; *mentally ~ person*, débile mental.

deficit ['defisit] *n* déficit *m*.

defile I ['di:fail] *n* défilé *m* (gorge) ● [-'-] *vi* [troops] défiler.

defile II [di'fail] *vt* souiller, polluer || **~ment** *n* souillure *f*.

defin|e [di'fain] *vt* définir, préciser || **~ite** ['definit] *adj* déterminé, précis || certain || GRAMM. défini || **~itely** *adv* nettement || certainement || catégoriquement.

definition [,defi'niʃn] *n* définition *f* || PHOT. netteté *f*.

definitive [di'finitiv] *adj* définitif || décisif (victory).

defla|te [di'fleit] *vt* dégonfler || **~tion** *n* dégonflement *m* || FIN. déflation *f.*

deflect [di'flekt] *vt* détourner, faire dévier — *vi* se détourner, dévier.

deflower [di:'flauə] *vt* déflorer.

deforest [di:'fɔrest] *vt* = DISFOREST.

deform [di'fɔ:m] *vt* déformer, enlaidir || **~ed** [-d] *adj* difforme || **~ity** *n* difformité *f.*

defraud [di'frɔ:d] *vt* frauder (swindle); *~ sb. of sth.*, escroquer qqch. à qqn.

defray [di'frei] *vt* couvrir (the cost); payer (the expenses); défrayer (sb.).

defrost [,di:'frɔst] *vt* dégivrer (windshield, refrigerator) || décongeler (food) || **~er** *n* dégivreur *m* (device).

deft [deft] *adj* adroit; habile (nimble).

defunct [di'fʌŋt] *adj* défunt.

defuse/~uze [,di'fju:z] *vt* désamorcer (a bomb).

defy [di'fai] *vt* défier, mettre au défi; braver.

degenerate [di'dʒenrit] *adj/n* dégénéré ● [di'dʒenəreit] *vi* dégénérer.

degradation [,degrə'deiʃn] *n* dégradation *f*, avilissement *m.*

degrade [di'greid] *vt* dégrader || FIG. avilir || MIL. dégrader, casser.

degree [di'gri:] *n* degré *m* (step); *to a high ~,* au plus haut point; ***by ~s,*** graduellement || diplôme, grade *m* universitaire.

dehydrate [di:'haidreit] *vt* déshydrater.

de-icer ['di:'aisə] *n* dégivreur *m.*

deign [dein] *vi* daigner.

deity ['di:iti] *n* divinité *f.*

dejec|ted [di'dʒektid] *adj* abattu, découragé || **~tion** *n* abattement, découragement *m.*

delay [di'lei] *n* retard *m*; *without ~,* sans délai ● *vt* différer, retarder — *vi* s'attarder.

delectable [di'lektəbl] *adj* délectable.

delegat|e ['deligeit] *vt* déléguer ● ['deligit] *n* délégué *n* || **~ion** [,deli'geiʃn] *n* délégation *f.*

dele|te [di'li:t] *vt* biffer, rayer (words) || **~tion** [-ʃn] *n* rature *f*; suppression *f.*

deliberate I [di'libereit] *vi* délibérer (*on,* sur); se consulter.

deliberat|e II [di'librit] *adj* délibéré, voulu (intentional) || circonspect (cautious) || lent, réfléchi (slow) || **~ly** *adv* de propos délibéré (voluntarily) || posément (slowly) || **~ion** [di,libə'reiʃn] *n* délibération, réflexion *f* || débat *m* (debate) || circonspection *f* || lenteur *f* (slowness).

delicacy ['delikəsi] *n* délicatesse *f* || CULIN. mets délicat; friandise *f* (sweet).

delicate ['delikit] *adj* délicat, fin (material, skin, colour) || MÉD. fragile, délicat (health) || TECHN. sensible (instrument) || CULIN. fin (food) || FIG. délicat (question, situation); pudique (modest); délicat, plein de tact (tactful) || **~ly** *adv* délicatement.

delicatessen [,delikə'tesn] *n* plats cuisinés (food).

delicious [di'liʃəs] *adj* délicieux.

delight [di'lait] *n* délice, plaisir *m*, joie *f*; ***take ~,*** prendre plaisir, se délecter, se complaire (*in,* à) || *sensual ~,* volupté *f* ● *vt* réjouir; charmer, ravir; *be ~ed to,* être ravi/enchanté de — *vi* se délecter; prendre plaisir (*in doing/to do,* à faire) || **~ful** *adj* charmant, ravissant; enchanteur.

delimit(ate) [di:'limit(eit)] *vt* délimiter.

delineate [di'linieit] *vt* esquisser || FIG. décrire.

delinqu|ency [di'liŋkwənsi] *n* délinquance *f* || JUR. délit *m* (fault) || **~ent** *n/adj* délinquant.

delir|ious [di'liriəs] *adj* délirant; *be ~,* avoir le délire || **~ium** [-iəm] *n* MÉD. délire *m*.

deliver [di'livə] *vt* distribuer (the mail); porter (a message) || COMM. livrer (goods); *to be ~ed,* livrable à domicile; *we ~,* livraison *f* à domicile || MÉD. donner naissance à, mettre au monde (a child); *be ~ed of,* accoucher de || FIG. prononcer (a speech); délivrer, libérer (free) || *~ **over,*** transmettre, céder (*to,* à) || **~ance** [-rns] *n* délivrance *f* || JUR. déclaration *f* || **~y** [-ri] *n* distribution *f* (of letters) || U.S. *general ~,* poste restante || COMM. livraison *f* (of goods); *~ note,* bulletin *m* de livraison; ***~-man,*** livreur *m*; *~ **van,*** voiture *f* de livraison || MÉD. accouchement *m* || FIG. élocution, diction *f*.

dell [del] *n* vallon *m*.

delouse ['di:'laus] *vt* épouiller.

delta ['deltə] *n* delta *m*.

delude [di'lu:d] *vt* tromper, duper || *~ oneself,* s'illusionner, se faire des illusions, se leurrer.

deluge ['delju:dʒ] *n* déluge *m*.

delu|sion [di'lu:ʒn] *n* illusion, erreur *f*; *be under the ~ that,* se mettre dans la tête que, s'imaginer que || **~sive** [-siv] *adj* trompeur, illusoire.

delve [delv] *vt* fouiller, se plonger dans.

demagnetize ['di:'mægnitaiz] *vt* désaimanter.

demag|ogue ['deməgɔg] *n* démagogue *n* || **~ogy** [-ɔgi] *n* démagogie *f*.

demand [di'ma:nd] *vt* exiger, réclamer ● *n* exigence, revendication *f* || COMM. demande *f*; ***on ~,*** à la demande; *supply and ~,* l'offre et la demande; *in great ~,* très recherché || **~ing** *adj* exigeant.

demarcat|e ['di:ma:keit] *vt* délimiter || **~ion** [,di:ma:'keiʃn] *n* démarcation *f*; *line of ~,* ligne *f* de démarcation.

demean [di'mi:n] *vi ~ oneself,* s'abaisser, s'avilir || **~our** [-ə] *n* comportement *m*.

demented [di'mentid] *adj* dément.

demerara [,demə'rɛərə] *n* cassonade *f*.

demerit [di:'merit] *n* faute *f*; démérite *m*; défaut *m* (failing).

demesne [di'mein] *n* domaine *m* (lit. et fig.).

demijohn ['demidʒɔn] *n* dame-jeanne, bonbonne *f*.

demilitarize ['di:'militəraiz] *vt* démilitariser.

demineralise [di'minərəlaiz] *vt* déminéraliser.

demise [di'maiz] *n* décès *m*.

demist [di:'mist] *vt* enlever la buée de || **~er** *n* AUT. (système *m* de) désembuage *m*.

demo ['deməu] *n* FAM. manif *f* (fam.).

demobil|ization ['di:,məubilai'zeiʃn] *n* démobilisation *f* || **~ize** [di:'məubilaiz] *vt* démobiliser.

democr|acy [di'mɔkrəsi] *n* démocratie *f* || **~at** ['deməkræt] *n* démocrate *n* || **~atic** [,demə'krætik] *adj* démocratique.

demograpby [di'mɔgrəfi] *n* démographie *f*.

demol|ish [di'mɔliʃ] *vt* démolir, détruire || **~ition** [,demə'liʃn] *n* démolition *f*.

demon ['di:mən] *n* démon *m* || FIG. *a ~ for work,* un bourreau de travail || **~iac** [di'məuniæk] *adj* démoniaque.

demonstrat|e ['demənstreit] *vt*

démontrer — *vi* manifester || **~ion** [ˌdemənsˈtreiʃn] *n* démonstration *f* || Pol. manifestation *f* || *Pl* Fig. effusions *fpl* || **~ive** [diˈmɔnstrətiv] *adj* démonstratif || **~or** *n* Pol. manifestant *n*.

demoraliz|ation [diˌmɔrəlaiˈzeiʃn] *n* démoralisation *f* || **~e** [diˈmɔrəlaiz] *vt* démoraliser (dishearten) || dépraver, pervertir (deprave).

demote [diˈməut] *vt* rétrograder.

demur [diˈməː] *vi* hésiter (*at*, devant); faire des objections ● *n* *without ~*, sans hésiter.

demure [diˈmjuə] *adj* réservé (sober) || d'une modestie affectée, aux airs de sainte nitouche.

den [den] *n* antre *m*, tanière *f* (of an animal) || repaire *m* (of a thief) || *opium ~*, fumerie *f* d'opium.

denationalize [diːˈnæʃnəlaiz] *vt* dénationaliser.

denatured [diːˈneitʃəd] *adj* Ch. dénaturé.

deniable [diˈnaiəbl] *adj* niable.

denial [diˈnaiəl] *n* dénégation *f*, démenti *m* (negation) || refus *m* (refusal) || Jur. *~ of justice*, déni *m* de justice.

denicotinize [diːˈnikətinaiz] *vt* dénicotiniser.

denigrate [ˈdenigreit] *vt* dénigrer.

denim [ˈdenim] *n* coutil *m*.

denizen [ˈdenizn] *n* Litt. habitant, hôte *n*.

Denmark [ˈdenmɑːk] *n* Danemark *m*.

dénomination [diˌnɔmiˈneiʃn] *n* dénomination *f* || Rel. culte *m*, secte, confession *f* || **~al** *adj* confessionnel; *~ school*, école religieuse.

denominator [diˈnɔmineitə] *n* dénominateur *m*.

denote [diˈnəut] *vt* dénoter, indiquer.

denounc|e [diˈnauns] *vt* dénoncer (sb., treaty) || Fig. s'élever contre || **~er** *n* dénonciateur *m*.

dens|e [dens] *adj* dense, épais, compact || Fig. stupide || **~ity** *n* densité *f*; épaisseur *f*.

dent [dent] *vt* bosseler, cabosser (metal) ● *n* bosselure *f*.

dent|al [ˈdentl] *adj* Méd. dentaire; *~ mechanic/surgeon*, mécanicien/chirurgien *m* dentiste || **~ifrice** [-ifris] *n* pâte *f* dentifrice, dentifrice *m* || **~ist** *n* dentiste *n* || **~ure** [ˈdentʃə] *n* prothèse *f* dentaire, dentier *m*.

denude [diˈnjuːd] *vt* dénuder || Fig. dépouiller.

denunciation [diˌnʌnsiˈeiʃn] *n* dénonciation *f*.

deny [diˈnai] *vt* nier (negate) || *there is no ~ing that...*, on ne saurait nier que || démentir (disown); renier (one's signature) || refuser; *~ oneself sth.*, se priver de qqch.

deodor|ant [diːˈəudərnt] *n* désodorisant *m* || **~ise** *vt* désodoriser.

depart [diˈpɑːt] *vi* partir (*for*, pour; *from*, de) || s'écarter (*from*, de) [diverge].

department [diˈpɑːtmənt] *n* [administration] service *m* || [Government] ministère *m* || [university] section *f*; institut *m* || Comm. rayon *m*; *~* ***store,*** grand magasin.

departure [diˈpɑːtʃə] *n* départ *m* || Fig. déviation *f*, abandon *m* (*from*, de) || *new ~*, nouvelle orientation/tendance.

depend [diˈpend] *vi* *~ on*, dépendre de (rely); *that ~s, it all ~s*, cela dépend || être fonction de || compter sur, se fier à (trust); *~ upon it*, soyez-en sûr, comptez là-dessus || **~able** *adj* digne de confiance || **~ant** *adj* = ~ent || **~ence** *n* dépendance (*on*, envers) || **~ency** *n* dépendance *f* || **~ent** *adj* dépendant (*on*, de); à la charge (*on*, de) || *be ~ on*, relever de || GRAMM. ~ *clause,* proposition subordonnée ● *n* personne *f* à charge.

depict [di'pikt] *vt* ARTS peindre || FIG. dépeindre, décrire.

depila|te ['depileit] *vt* épiler || **~tion** *n* épilation *f* || **~tory** [di'pilətri] *adj/n* dépilatoire *(m).*

deplane ['di:'plein] *vi* MIL. débarquer, descendre (d'avion).

deple|te [di'pli:t] *vt* épuiser (exhaust) || vider (empty out) || **~tion** *n* épuisement *m.*

deplorable [di'plɔ:rəbl] *adj* déplorable, regrettable ; lamentable.

deplore [di'plɔ:] *vt* déplorer, se lamenter sur.

deploy [di'plɔi] *vt/vi* MIL. (se) déployer || **~ment** [-mənt] *n* MIL. déploiement *m* (of forces).

depopulate [di:'pɔpjuleit] *vi/vt* (se) dépeupler.

deport [di'pɔ:t] *vt* déporter, expulser || ~ ***oneself,*** se conduire, se comporter || **~ation** [,di:pɔ:'teiʃn] *n* déportation ; expulsion *f* || **~ee** [-i:] *n* déporté *n* || **~ment** *n* comportement *m,* tenue *f;* maintien *m.*

depose [di'pəuz] *vt* POL. déposer, détrôner (a king) — *vi* JUR. faire une déposition, témoigner.

deposit [di'pɔzit] acompte, dépôt *m;* ~ ***account,*** compte *m* de dépôt || JUR. cautionnement *m* || GÉOL. dépôt, gisement *m* ● *vt* déposer, poser (put down) || FIN. déposer, placer (money) || **~ion** [,depə'ziʃn] *n* déposition, destitution *f* (of a king) || dépôt *m* (sediment) || REL. descente *f* de croix || JUR. témoignage *m* || **~or** *n* déposant *m.*

depot ['depəu] *n* COMM., MIL. entrepôt *m* || ['di:pəu] U.S. gare *f.*

deprav|e [di'preiv] *vt* dépraver || **~ed** [-d] *adj* dépravé || **~ity** [di'præviti] *n* dépravation *f.*

deprecat|e ['deprikeit] *vt* désapprouver || **~ion** [,depri'keiʃn] *n* désapprobation *f.*

depreciat|e [di'pri:ʃieit] *vt* déprécier, dévaloriser — *vi* se déprécier, diminuer de valeur || **~ion** [di,pri:ʃi'eiʃn] *n* dépréciation *f.*

depress [di'pres] *vt* baisser, abaisser ; appuyer sur (lever, button, etc.) || FIN. faire baisser (prices) || COMM. provoquer une crise.

depression [di'preʃn] *n* dépression *f* (hollow place) || [weather] dépression || FIN. crise, dépression *f* (économique) || FIG. découragement, abattement *m.*

deprive [di'praiv] *vt* priver, déposséder (*of,* de).

depth [depθ] *n* profondeur *f; in* ~, de profondeur ; *at a* ~ *of 30 feet,* par 10 mètres de fond ; ***get out at one's*** ~ perdre pied || PHOT. ~ ***of field,*** profondeur *f* de champ || FIG. fond *m ;* cœur *m ; in the* ~*s of,* au fin fond de || **~-charge** *n* grenade sous-marine.

deput|ation [,depju'teiʃn] *n* députation, délégation *f* || **~ize** ['depjutaiz] *vi* ~ *for,* remplacer, assurer l'intérim de || TH. servir de doublure à || **~y** ['depjuti] *n* POL. député *m* || JUR. délégué *n;* suppléant, adjoint *n* || *~-chairman n* vice-président *m; ~-mayor,* adjoint *m* au maire, maire adjoint.

derail [di'reil] *vt* faire dérailler ; ***be ~ed,*** dérailler || **~ment** [-mənt] *n* déraillement *m.*

derange [di'reinʒ] *vt* déranger, bouleverser (disorder) || déranger, incommoder (disturb) || MÉD. *mentally ~d,* détraqué.

deratization [di:,rætai'zeiʃn] *n* dératisation *f.*

derelict ['derilikt] *adj* abandonné (ship) || FIG. négligent (of one's duty) ● *n* épave *f* || **~ion** [,deri'likʃn] *n* abandon *m* || FIG. négligence *f.*

der|ide [di'raid] *vt* tourner en dérision, ridiculiser || **~ision** [di'riʒn] *n* moquerie, dérision *f* || objet *m* de dérision (laughing-stock); *be held in* ~, être la risée de || ~**isive** [di'raisiv] *adj* moqueur (mocking) || dérisoire (ridiculous).

derive [di'raiv] *vt* retirer; faire provenir (*from*, de) || dériver, tirer (*from*, de) — *vi* découler, provenir, dériver (*from*, de).

dermatolog|ist [,dəːmə'tɔlədʒist] *n* dermatologue *n* || ~**y** *n* dermatologie *f*.

derogat|e ['derəgeit] *vi* porter atteinte (*from*, à); déroger (*from*, à) || ~**ion** [,derə'geiʃn] *n* atteinte *f* || FIG. abaissement *m* || ~**ory** [di'rɔgətri] *adj* désobligeant.

derrick ['derik] *n* NAUT. mât *m* de charge || TECHN. derrick *m*.

desalin|ate [di'sælineit] *vt* dessaler || ~**ation** [diː,sæli'neiʃn] *n* ~ *plant*, usine *f* de dessalement de l'eau de mer || ~**ize** [-'sælinaiz] *vt* = DESALINATE.

descend [di'send] *vi* descendre (*from*, de) || FIG. tomber (*upon*, sur) || JUR. (person) être issu de || [property] passer, se transmettre (*to*, à) || FIG. ~ *to particulars*, entrer dans les détails || ~**ant** *n* descendant *n*.

descent [di'sent] *n* descente *f* (action, slope) || descendance *f* (lineage); *of French* ~, d'origine française || descente *f* (attack) || JUR. transmission *f*.

describe [dis'kraib] *vt* décrire, dépeindre || qualifier (*as*, de) || présenter (*as*, comme) || MATH. tracer, décrire.

descrip|tion [dis'kripʃn] *n* description *f* || JUR. signalement *m* || FAM. genre *m*, sorte *f* || ~**tive** [-tiv] *adj* descriptif.

descry [dis'krai] *vt* discerner, apercevoir.

desecrate ['desikreit] *vt* profaner.

desert I [di'zəːt] *n* (usually *Pl*) mérite *m*; *get one's* ~, recevoir ce qu'on mérite.

desert II ['dezət] *adj* désert (not inhabited); désertique (barren) ● *n* désert *m*.

desert III [di'zəːt] *vt* abandonner, déserter; *rather* ~*ed*, peu fréquenté || ~**er** *n* MIL. déserteur *m* || ~**ion** [di'zəːʃn] *n* désertion *f*, abandon *m*, défection *f*.

deserv|e [di'zəːv] *vt* mériter || ~**ed** [-d] *adj* bien mérité || ~**edly** [-idli] *adv* à juste titre; justement || ~**ing** *adj* méritant (person) || méritoire (action).

desiccate ['desikeit] *vt* dessécher.

design [di'zain] *n* dessein, projet *m* (purpose); intention *f*, but *m* (intent) || TECHN. plan, projet *m*, conception *f* (scheme) || modèle *m* (for a dress); style *m* (in furniture, etc.) || ARTS dessin, motif *m* (pattern); esquisse *f* (in painting); *fashion* ~, dessin *m* de mode || COMM. [industry] design *m* || ARCH. plan *m* ● *vt* projeter (intend) || concevoir, imaginer (contrive) || destiner (*for*, à) || dessiner (a plan, a model) || ARTS esquisser, faire le plan de.

designat|e ['dezigneit] *vt* désigner, nommer ● ['dezignit] *adj* nommé || ~**ion** [,dezig'neiʃn] *n* désignation *f*.

designedly [di'zainidli] *adv* à dessein.

design|er [di'zainə] *n* dessinateur, styliste, créateur *n*; concepteur *n* || CIN., Th. décorateur *n* || ~**ing** *adj* intrigant ● *n* dessin *m*.

desirable [di'zaiərəbl] *adj* désirable (woman) || souhaitable (action).

desir|e [di'zaiə] *n* désir *m* (longing); souhait *m* (wish) || désir *m* (carnal) ● *vt* désirer, demander (*to*, à); *it leaves much to be* ~*d*, cela laisse beaucoup à désirer || prier (*to*, à) || ~**ous** [-rəs] *adj* désireux.

desist [di'zist] *vi* cesser (*from,* de) [stop] || renoncer (*from,* à) [give up].

desk [desk] *n* [school] pupitre *m* || [office] bureau *m ;* ~ ***blotter,*** sous-main *m ;* ~ ***lamp,*** lampe *f* de bureau || COMM. caisse *f.*

desolat|e ['desəlit] *adj* ravagé; désolé (waste) || désert, inhabité (barren, unlived in) || affligé (sad); délaissé (friendless) ● ['desəleit] *vt* ravager (devastate) || affliger (person) || **~ion** [,desə'leiʃn] *n* désolation *f;* ravage *m* || ruine, solitude *f.*

despair [dis'pɛə] *n* désespoir *m; in ~,* au désespoir; *drive (sb.) to ~,* désespérer (qqn), réduire (qqn) au désespoir ● *vi* désespérer (*of,* de) || **~ing** [-riŋ] *adj* désespéré || **~ingly** *adv* désespérément.

despatch = DISPATCH.

desperado [,despə'rɑ:dəu] *n* desperado, hors-la-loi *m.*

desperate ['desprit] *adj* désespéré (filled with despair) || furieux, acharné (violent) || éperdu (hopeless) || capable de tout (reckless) || très grave (condition) || héroïque (remedies) || **~ly** *adv* désespérément, à corps perdu || avec acharnement (violently) || éperdument (in love).

desperation [,despə'reiʃn] *n* désespoir *m; in ~,* en désespoir de cause; poussé à bout.

despicable ['despikəbl] *adj* méprisable.

desp|ise [dis'paiz] *vt* mépriser || **~ite** [-ait] *prep* en dépit de ● *n* dépit *m; in ~ of,* en dépit de.

despoil [dis'pɔil] *vt* dépouiller, spolier (qqn) [*of,* de]; piller (qqch).

despond [dis'pɔnd] *vi* perdre courage, se laisser abattre || **~ency** [-ənsi] *n* découragement, désespoir *m* || **~ent** *adj* découragé, déprimé.

despot ['despɔt] *n* despote, tyran *m* || **~ic** [des'pɔtik] *adj* despotique || **~ism** ['despətizm] *n* despotisme *m.*

dessert [di'zə:t] *n* dessert *m; ~-* ***apple,*** pomme *f* à couteau; *~-* ***plate/-spoon,*** assiette/cuiller *f* à dessert.

destination [,desti'neiʃn] *n* destination *f.*

destin|e ['destin] *vt* destiner (*to, for,* à) || **~y** *n* destin *m,* destinée *f,* sort *m.*

destitut|e ['destitju:t] *adj* [lacking] dépourvu, dénué (*of,* de) || indigent, sans ressources (poor) ● *n* ***the ~,*** les indigents *mpl* || **~ion** [,desti'tju:ʃn] *n* dénuement *m,* indigence, misère *f.*

destroy [dis'trɔi] *vt* détruire, démolir (demolish) || tuer (kill) || FIG. détruire, ruiner || **~er** *n* [person] destructeur *m* || NAUT. destroyer, contre-torpilleur *m.*

destruc|tion [dis'trʌkʃn] *n* destruction *f* || **~tive** *adj* destructif (influence); destructeur (effect; agent).

desultory ['desltri] *adj* à bâtons rompus (conversation) || sans méthode (work) || fait au hasard (reading) || décousu (thought).

detach [di'tætʃ] *vt* détacher, séparer (*from,* de) || MIL. détacher || **~able** *adj* détachable, amovible; *~ collar,* faux-col || **~ed** [-t] *adj* détaché, séparé || *~* ***house,*** pavillon *m;* villa *f* || **~ment** *n* détachement *m* || MIL. détachement *m* || MÉD. décollement *m* (of the retina) || FIG. indifférence *f.*

detail ['di:teil] *n* détail *m,* particularité *f;* ***go into ~s,*** entrer dans les détails || MIL. détachement *m* ● *vt* décrire en détail || MIL. détacher || **~ed** [-d] *adj* détaillé, circonstancié.

detain [di'tein] *vt* détenir (keep) || retenir, retarder (delay) || JUR. détenir (in prison).

detec|t [di'tekt] *vt* détecter,

découvrir, déceler || FIG. discerner, percevoir || **~tion** *n* découverte *f* || RAD. repérage *m* || JUR., MÉD. dépistage *m* || **~tive** *n* détective *m* ; ~ *story*, roman policier.

detention [di'tenʃn] *n* détention *f* || [school] retenue *f*.

deter [di'tə:] *vt* détourner, dissuader (*from*, de).

detergent [di'tə:dʒnt] *adj/n* détersif, détergent (*m*).

deteriorat|e [di'tiəriəreit] *vt* détériorer — *vi* dégénérer, empirer || [health] se détériorer || [situation] se dégrader || **~ion** [di,tiəriə'reiʃn] *n* détérioration *f*.

determinat|e [di'tə:minit] *adj* déterminé || **~ion** [di,tə:mi'neiʃn] *n* détermination *f* || évaluation *f* (calculation) || décision *f* (resolve) || fermeté, résolution *f* (firmness).

determin|e [di'tə:min] *vt* déterminer, fixer (a date, etc.) || décider, déterminer (cause to decide) || causer, produire (an accident) — *vi* décider (*on*, de) || se résoudre (*on*, à) || **~ed** [-d] *adj* déterminé (settled) ; résolu (resolute).

deterrent [di'ternt] *adj* dissuasif, préventif ● *n nuclear* ~, force *f* de dissuasion nucléaire.

detest [di'test] *vt* détester || **~able** *adj* détestable.

dethrone [di'θrəun] *vt* détrôner.

detonat|e ['detəneit] *vi* détoner — *vi* faire détoner || **~or** *n* détonateur *m*.

detour ['di:tuə] *n* déviation *f*; *make a* ~, faire un détour.

detoxic|ate [di'tɔksi,keit] *vt* désintoxiquer || **~ation** [di,tɔksi'keiʃn] *n* désintoxication *f*.

detrac|t [di'trækt] *vi* ~ *from*, diminuer ; ~ *from sb.'s merit*, rabaisser/dénigrer qqn || **~tion** *n* dénigrement *m* || **~tor** *n* détracteur *n*.

detrain [di:'trein] *vt/vi* MIL. débarquer.

detriment ['detrimənt] *n* détriment, préjudice *m* ; *to the* ~ *of*, au détriment de. || **~al** [,detri'mentl] *adj* nuisible, préjudiciable (*to*, à).

deuce I [dju:s] *n* [cards, dice] deux || [tennis] égalité.

deuce II *n* FAM. diable *m* ● *interj* diantre !

devalu|e ['di:'vælju:] *vt* dévaluer || **~ation** [,di:vælju'eiʃn] *n* FIN. dévaluation *f*.

devastat|e ['devəsteit] *vt* dévaster, ravager || **~ion** [,devəs'teiʃn] *n* dévastation *f*.

develop [di'veləp] *vt* développer ; amplifier || fortifier (strengthen) || mettre en valeur, aménager (a region) || PHOT. développer || TECHN. ~ *a process*, mettre au point un procédé || MÉD. contracter || FIG. contracter (a habit) ; faire preuve de, manifester (a talent) — *vi* se développer (grow) || évoluer (evolve) || progresser (expand) || se révéler, se manifester (become apparent) || **~er** *n* PHOT. révélateur *m* || *(property)* ~, promoteur (immobilier) || **~ing** *adj* ~ ***country***, pays *m* en voie de développement || **~ment** *n* évolution *f* ; progrès *m* || COMM. extension *f* || PHOT. développement *m* || [region] mise *f* en valeur, exploitation *f*, aménagement *m* || [town planning] lotissement *m* || FIG. événement *m* ; *new* ~, fait nouveau, rebondissement *m* || FIG. déroulement *m* ; progrès *m*.

deviat|e ['di:vieit] *vi* dévier, s'écarter (*from*, de) — *vt* détourner (a river) || **~ion** [,di:vi'eiʃn] *n* déviation *f*, écart *m* || **~ionist** *n* POL. déviationniste *n*.

device [di'vais] *n* mécanisme, dispositif, système, appareil *m* || FAM. truc, stratagème *m* (trick) || *Pl* FAM. *leave sb. to his own* ~*s*, laisser qqn se débrouiller seul.

devil ['devl] *n* diable, démon *m* || nègre *m* (writer's) || FAM. *poor*

~!, pauvre diable!; *a ~ of a row*, un vacarme de tous les diables || **~ish** *adj* diabolique, infernal.

devious ['di:vjəs] *adj* détourné (road); tortueux (path) || FIG. détourné (ways).

devise [di'vaiz] *vt* inventer, concevoir || PÉJ. tramer, combiner.

devitalize [di:'vaitəlaiz] *vt* dévitaliser || affaiblir (weaken).

devoid [di'vɔid] *adj* dénué, dépourvu (*of*, de).

devolve [di'vɔlv] *vt* transmettre, déléguer — *vi* incomber, échoir (*on*, à).

devot|e [di'vəut] *vt* consacrer, vouer (*to*, à); *~ oneself to*, s'adonner à || **~ed** [-id] *adj* dévoué || consacré (dedicated) [*to*, à] || **~ee** [,devə'ti:] *n* fervent, adepte *m* || REL. dévot *m* || **~ion** [di'vəuʃn] *n* dévotion, piété *f* || *Pl* dévotions *fpl*.

devour [di'vauə] *vt* dévorer.

devout [di'vaut] *adj* REL. dévot || FIG. fervent.

dew [dju:] *n* rosée *f*; *~-drop*, goutte *f* de rosée || **~y** *adj* couvert de rosée.

dext|erity [deks'teriti] *n* dextérité, habileté *f* || **~(e)rous** ['dekstrəs] *adj* adroit, habile.

diabet|es [,daiə'bi:ti:z] *n* MÉD. diabète *m* || **~ic** [,daiə'betik] *adj/n* diabétique.

diabolic [,daiə'bɔlik] *adj* diabolique.

diadem ['daiədem] *n* diadème *m*.

diaeresis [dai'irisis] *n* tréma *m*.

diagnos|e ['daiəgnəuz] *vt* diagnostiquer || **~is, -oses** [,daiəg'nəusis, -i:z] *n* diagnostic *m* || **~tic** [,daiəg'nɔstik] *adj* diagnostique.

diagonal [dai'ægənl] *adj* diagonal ● *n* diagonale *f* || **~ly** *adv* en diagonale.

diagram ['daiəgræm] *n* diagramme, schéma, graphique *m*.

dial ['daiəl] *n* [clock] cadran *m* || TÉL. cadran *m* d'appel ● *vt* TÉL. composer, faire (a number), appeler.

dialect ['daiəlekt] *n* dialecte *m* || **~al** [,daiə'lektl] *adj* dialectal.

dialectic [,daiə'lektik] *adj/n* dialectique (*f*) || **~s** *n sing* dialectique *f* || **~ian** [,daiəlek'tiʃn] *n* dialecticien *n*.

dialling|code *n* TÉL. indicatif *m* || **~tone** *n* tonalité *f*.

dialogue ['daiəlɔg] *n* dialogue *m*.

diamet|er [dai'æmitə] *n* diamètre *m* || **~rical** [,daiə'metrikl] *adj* FIG. total, absolu.

diamond ['daiəmənd] *n* [jewel] diamant *m*; ***~-merchant***, diamantaire *n* || [cards] carreau *m* || MATH. losange *m* || TECHN. diamant *m* || SP. terrain *m* de baseball.

diaper ['daiəpə] *n* nid *m* d'abeilles (linen) || U.S. couche *f* (for a baby).

diaphragm ['daiəfræm] *n* ANAT., MÉD. diaphragme *m*.

diary ['daiəri] *n* journal *m* (intime) || [engagements] agenda *m*.

diatonic [,daiə'tɔnik] *adj* diatonique.

dibble ['dibl] *n* plantoir *m*.

dice [dais] *npl* (see DIE I) dés *mpl*; *play ~*, jouer aux dés.

dickens ['dikinz] *n* FAM. = DEUCE II.

dicker ['dikə] *vi* marchander.

Dictaphone ['diktəfəun] *n* T.N. Dictaphone *m*.

dicta|te [dik'teit] *vt* dicter || donner des ordres, ordonner; imposer (terms) || **~tion** *n* dictée *f* || **~tor** *n* dictateur *m* || **~torial** [,diktə'tɔ:riəl] *adj* dictatorial || **~torship** [dik'teitəʃip] *n* dictature *f*.

diction ['dikʃn] *n* style *m* (of an orator) || diction, élocution *f* || **~ary** [-ri] *n* dictionnaire *m*.

did See DO.

diddle ['didl] *vt* FAM. empiler, rouler (fam.).

die I, **dice** [dai, -s] *n* See DICE || dé *m*; *the ~ is cast,* le sort en est jeté.

die II, **s** [-z] *n* TECHN. matrice *f*, coin *m*.

die III *vi* (p.t. et p.p. died [daid]; pr. p. dying) [person] mourir || [animal] crever || *~ **hard,*** avoir la vie dure; *~ **-hard*** (*n*), jusqu'au-boutiste *n;* conservateur intransigeant || FAM. *~ with laughter,* mourir de rire; *be dying to,* mourir d'envie de || FIG. s'éteindre || *~ **away,*** FIG. mourir, s'évanouir; s'éteindre || *~ **down,*** FIG. baisser, s'apaiser, tomber || *~ **out,*** s'éteindre, expirer.

diesel ['di:zl] *n ~ electric,* diesel-électrique; *~ engine,* moteur *m* Diesel; *~ oil,* fuel, gas-oil *m*.

diet ['daiət] *n* alimentation *f* || MÉD. régime *m; go on a ~,* se mettre au régime; ***low/short** ~,* diète *f; put sb. on a low ~,* mettre qqn à la diète; *starnation ~,* diète absolue || **~ary** [-ri] *adj* de régime || **~etic** [,daiə'tetik] *adj* diététique || **~etics** *n* diététique *f* || **~ician** [,daiə'tiʃn] *n* diététicien *n*.

differ ['difə] *vi* différer, être différent (*from,* de) [be unlike] || être en désaccord (disagree) || **~ence** ['difrəns] *n* différence *f;* ***that makes no ~,*** cela n'a pas d'importance; *split the ~,* couper la poire en deux || divergence *f* (of opinion) || différend *m*, contestation *f* (disagreement) || **~ent** ['difrnt] *adj* différent (*from,* de) [dissimilar] || différent, divers (various) || **~ential** [,difə'renʃl] *adj/n* MATH., TECHN. différentiel (*m*) || **~entiate** [,difə'renʃieit] *vt* différencier || **~ently** ['difrntli] *adv* différemment.

difficult ['difiklt] *adj* difficile, malaisé || FAM. difficile, peu commode || **~y** *n* difficulté *f; with ~,* difficilement; *make no ~,* ne faire aucune difficulté.

diffid|ence ['difidns] *n* manque *m* d'assurance || **~ent** *adj* qui manque d'assurance.

diffu|se [di'fju:z] *vt* diffuser ● *adj* diffus || **~sion** [-ʒn] *n* diffusion *f*.

dig [dig] *vt* (dug [dʌg]) creuser (a hole) || AGR. bêcher (with a spade); piocher (with a pick) || arracher (potatoes) || enfoncer (nails, spurs) || *~ **out,*** extraire || *~ **up,*** déraciner — *vi* faire un trou (*into,* dans) || [archeology] faire des fouilles (*for,* pour) || U.S., SL. piger ● *n* bourrade *f* (poke) || FAM. coup *m* de patte; *that was a ~ at me,* c'était une pierre dans mon jardin || POP. *have a ~ at sth.,* essayer qqch. || *Pl.* FAM. meublé, garni *m*.

digest [dai'dʒest] *vt* digérer || condenser (reduce); assimiler (understand) ● *n* ['dai'dʒest] sommaire, abrégé *m*.

digest|ible [di'dʒestəbl] *adj* digestible || **~ion** [-ʃn] *n* digestion *f* || **~ive** [-iv] *adj* digestif.

digg|er ['digə] *n* [machine] excavateur *m*, -trice *f* || [person] *(gold) ~,* chercheur *n* d'or || **~ing** *n* creusage *m* (of a hole); bêchage *m* (in the garden) || terrassement *m*, fouille *f* (excavation) || *Pl* [archeology] fouilles *fpl;* [gold-mine] placer *m;* FAM. = DIGS.

digit ['didʒit] *n* MATH. chiffre *m*.

digital *adj* digital || à affichage numérique (watch) || numérique (computer).

digni|fied ['dignifaid] *adj* solennel, grave || **~fy** [-fai] *vt* donner de la dignité à || **~tary** [-tri] *n* dignitaire *m* || **~ty** *n* dignité *f* || rang *m*.

digre|ss [dai'gres] *vi* faire une digression; s'écarter du sujet || **~ssion** [-ʃn] *n* digression *f*.

digs [digz] *npl* FAM. logement *m.*

dike I [daik] *n* fossé *m* (ditch) || digue *f* (dam).

dike II *n* POP. gouine (pop.) (lesbian).

dilapidated [di'læpideitid] *adj* délabré.

dilat|ation [,dailə'teiʃn] *n* dilatation *f* || **~e** [dai'leit] *vi/vt* (se) dilater.

dilatory ['dilətri] *adj* lent || JUR. dilatoire.

dilemma [di'lemə] *n* dilemme *m.*

dilettante [,dili'tænti] *n* dilettante *n.*

dilig|ence ['dilidʒns] *n* application, diligence *f* || persévérance, assiduité *f* || **~ent** *adj* travailleur, appliqué, diligent || assidu.

dill [dil] *n* fenouil *m.*

dilly-dally ['dilidæli] *vi* lanterner, lambiner (loiter).

dilute [dai'lju:t] *vt* diluer (liquid) || couper (wine).

diluvial [dai'lu:vjəl] *adj* diluvien.

dim [dim] *adj* faible, vague (light) || indistinct (outline) || sombre, obscur (room) || terne (colour) || brouillé, voilé (eyes) || trouble (sight) || FIG. vague, imprécis || ~ *view*, sombre pronostic *m*; ***take a ~ view of,*** ne pas apprécier, désapprouver ● *vt* obscurcir (a room) || baisser (a light) || voiler (sight) || ternir (a colour) || assourdir (sound).
— *vi* [light] baisser, s'éteindre || [eyes] s'obscurcir || [outline] s'estomper || [sight] se troubler || [colour] se ternir || FIG. [memory] s'effacer.

dime [daim] *n* U.S. pièce *f* de 10 cents.

dimension [di'menʃn] *n* dimension *f* || **~al** *adj* CIN. *three-~*, en relief.

dimin|ish [di'miniʃ] *vt* diminuer, réduire || **~ution** [,dimi'nju:ʃn] *n* diminution, réduction *f* || **~utive** [di'minjutiv] *adj* minuscule ● *n* diminutif *m.*

dim|ly ['dimli] *adv* vaguement, obscurément, confusément || **~ness** *n* [light, sight] faiblesse *f* || [memory] vague *m*, imprécision *f.*

dimple ['dimpl] *n* fossette *f* (on cheek) || ride *f* (on water).

din [din] *n* vacarme *m* || FAM. tapage, tintamarre *m* ● *vt* assourdir ; ~ *sth. into sb.'s ears,* rebattre les oreilles de qqn avec qqch.

din|e [dain] *vi* dîner ; ~ *off,* faire son repas de ; ~ *out,* dîner en ville — *vt* traiter, recevoir à dîner (sb.) || **~er** *n* [person] dîneur *n* || U.S., RAIL. voiture-restaurant *f.*

dinghy, dingey ['diŋgi] *n* canot, youyou *m.*

dingy ['dinʒi] *adj* FAM. minable.

dining|-car ['dainiŋ'kɑ:] *n* voiture-restaurant *f* || **~-hall** *n* réfectoire *m* || **~-room** *n* salle *f* à manger.

dinner ['dinə] *n* dîner *m*; *have ~,* dîner || **~-jacket** *n* smoking *m* || **~-set** *n* service *m* de table.

dint [dint] *n* ***by ~ of,*** à force de.

diocese ['daiəsis] *n* diocèse *m.*

dip [dip] *vt* plonger, tremper || AUT. ~ ***the headlights,*** se mettre en code — *vi* baisser || puiser || [road] descendre ● *n* plongeon *m*, immersion *f*; ***~-stick,*** jauge *f* || baignade *f*; *have a ~,* faire trempette || quantité puisée ; *~-net,* épuisette *f* || PHYS., ASTR. inclinaison *f.*

diphtheria [dif'θiəriə] *n* diphtérie *f.*

diphthong ['difθɔŋ] *n* diphtongue *f.*

diploma [di'pləumə] *n* diplôme *m.*

diplom|acy [di'pləuməsi] *n* diplomatie *f* || **~at** ['dipləmæt] *n* diplomate *m* || **~atic** [,diplə'mætik] *adj* diplomatique || ~ *bag,* valise *f* diplomatique || **~atist** [di'pləumətist] *n* diplomate *m*.

dipper ['dipə] *n* louche *f* || ASTR., U.S. *Big Dipper,* la Grande Ourse.

dire [daiə] *adj* horrible, affreux ; *~ poverty,* misère noire.

direct [di'rekt] *adj* droit (straight); direct (road) || direct (contact, hit, descendant) || immédiat || ÉLECTR. *~ current,* courant continu || JUR. direct (tax) || GRAMM. direct || FIG. direct, franc (straightforward) ● *adv* directement, tout droit ● *vt* indiquer le chemin à || adresser (a letter); mettre l'adresse sur (an envelope) || adresser (a remark) [*to,* à] || diriger (one's attention, one's steps) || MIL. ordonner, donner l'ordre à || TH. mettre en scène — *vi* commander ; diriger.

direction [di'rekʃn] *n* direction *f*, sens *m* (way); *which ~ are you going?,* de quel côté allez-vous ? ; *in all ~s,* de tous côtés ; *sense of ~,* sens *m* de l'orientation || direction *f* (management) || (often *Pl*) adresse *f* (on a letter) || *Pl* instructions ; *~s for use,* mode *m* d'emploi || CIN., TH. mise *f* en scène || **~-finder** *n* RAD. radiogoniomètre *m* || **~-indicator** *n* AUT. clignotant *m*.

direct|ive [di'rektiv] *n* directive *f* || **~ly** *adv* directement, tout droit ; immédiatement ; d'emblée ● *conj* FAM. dès que || **~ness** *n* FIG. franchise *f* || **~or** *n* COMM. directeur *n* ; administrateur *n* ; *board of ~s,* conseil *m* d'administration || CIN. réalisateur *n*, metteur *m* en scène || **~ory** [di'rektri] *n* TÉL. annuaire *m* || *business ~,* Bottin *m*.

dirge ['də:dʒ] *n* chant *m* funèbre.

dirigible ['diridʒəbl] *adj/n* AV. dirigeable (*m*).

dirt [də:t] *n* boue, fange *f* (mud) || saleté, crasse *f* (filth) || U.S. terre battue ; *~ road,* chemin *m* de terre || ***~-track,*** piste cendrée || FIG. propos orduriers (words); *fling ~ at sb.,* traîner qqn dans la boue ; *eat ~,* avaler des couleuvres ; ***~-cheap,*** à vil prix || **~y** *adj* sale, boueux, crotté (muddy) || sale, crasseux, malpropre (unclean) || salissant (work) || *make ~,* salir || FIG. ordurier (talk) ; sale (weather) ; *play a ~ trick on sb.,* jouer un sale tour à qqn ● *vt* salir, souiller.

dis|ability [,disə'biliti] *n* incapacité *f* || MÉD. invalidité, incapacité, infirmité *f* || **~able** [dis'eibl] *vt* estropier, rendre invalide || MIL. mettre hors de combat || NAUT. avarier ; désemparer.

disabled [-d] *adj* infirme, handicapé || MIL. *~ ex-service men,* invalides/mutilés *mpl* de guerre.

disadvantage [,disəd'vɑ:ntidʒ] *n* désavantage *m ; be at a ~,* être désavantagé/handicapé || COMM. *sell at a ~,* vendre à perte || **~ous** [,disædvɑ:n'teidʒəs] *adj* désavantageux.

disaffected [,disə'fektid] *adj* mal disposé (*to,* envers) || POL. déloyal.

disagree [,disə'gri:] *vi* [person] être en désaccord (*with,* avec); différer d'opinion ; [climate, food] ne pas convenir, être contraire (*with,* à) || **~able** [,disə'griəbl] *adj* désagréable || **~ment** *n* désaccord *m ;* différend *m ;* mésentente *f* || FAM. fâcherie, brouille *f*.

disallow ['disə'lau] *vt* rejeter, refuser.

disappear [,disə'piə] *vi* disparaître || **~ance** [-rns] *n* disparition *f*.

disappoint [,disə'pɔint] *vt* décevoir (hope, sb.); désappointer (sb.); tromper (expectation) || faire échouer, contrecarrer (plans) || **~ed** [-id] *adj* déçu ; contrarié ; *agreeably ~,* agréablement surpris || **~ment** *n* déception *f*, désappointement *m* || contretemps *m*, déboires *mpl*.

disapprobation [,disæprə'beiʃn] *n* désapprobation *f.*

disapprov|al [,disə'pru:vl] *n* désapprobation *f* || **~e** *vt* désapprouver — *vi* **~ of,** trouver à redire à ; être contre || **~ing** *adj* désapprobateur.

disarm [dis'ɑ:m] *vt* MIL., FIG. désarmer || **~ament** [-əmənt] *n* désarmement *m.*

dis|arrange ['disə'reinʒ] *vt* déranger || **~array** [-ə'rei] *n* confusion *f,* désarroi *m ;* désordre *m* ● *vt* MIL. mettre en déroute.

disast|er [di'zɑ:stə] *n* désastre *m,* catastrophe *f,* sinistre *m* || **~rous** [-rəs] *adj* désastreux, catastrophique.

disavow ['disə'vau] *vt* désavouer, renier.

disband [dis'bænd] *vt* disperser || MIL. licencier — *vi* se séparer (disperse) || MIL. se débander.

dis|belief ['disbi'li:f] *n* incrédulité *f* || **~believe** [-bi'li:v] *vt* ne pas croire — *vi* refuser de croire (*in,* à).

disburden [dis'bə:dn] *vt* décharger ; **~** *one's heart,* ouvrir son cœur (*to,* à).

disburse [dis'bə:s] *vt* débourser || **~ment** *n* débours, paiement *m.*

disc [disk] *n* disque *m* (record) || RAD. ***~-jockey,*** animateur, disc-jockey *n* || AUT. ***~-brake,*** frein *m* à disque.

discard [dis'kɑ:d] *vt* écarter ; se défausser de (a card) || congédier (a servant) || mettre de côté || FIG. rejeter ● *n* [cards] défausse *f* || *Pl.* écart *m.*

discern [di'sə:n] *vt* discerner, distinguer || **~ing** *adj* judicieux, pénétrant || **~ment** *n* discernement *m.*

discharge [dis'tʃɑ:dʒ] *vt* décharger (cargo, a gun) || renvoyer, congédier (a servant) || MIL. décharger (fire) ; libérer, démobiliser (a soldier) || ÉLECTR. décharger (battery) || FIN. payer (a bill) ; régler (a debt) || JUR. réhabiliter (a bankrupt) ; acquitter (a defendant) ; relaxer, libérer (a prisoner) || MÉD. renvoyer guéri (a patient from hospital) || [wound] suppurer || FIG. s'acquitter de, accomplir (a duty) ; libérer, décharger (sb.) [*from,* de] — *vi* [colour] déteindre || [water] se déverser (*into,* dans) || ÉLECTR. se décharger ● *n* renvoi, congé *m* (dismissal) ; mise *f* en liberté (of a prisoner) || MIL. démobilisation *f,* licenciement *m* (of troops) || NAUT. déchargement *m* || TECHN. débit *m* || ÉLECTR. décharge *f* || JUR. réhabilitation *f* (of a bankrupt) ; acquittement *m* (of a defendant) || FIN. apurement *m* (of an account) ; paiement *m* (of a bill) ; règlement *m* (of a debt) || MÉD. écoulement *m,* suppuration *f* || FIG. exercice *m* (of duties) ; accomplissement *m* (of a vow).

disciple [di'saipl] *n* disciple *m.*

disciplinary ['disiplinəri] *adj* disciplinaire.

discipline ['disiplin] *n* discipline *f* || châtiment *m* (punishment) ● *vt* discipliner.

disclaim [dis'kleim] *vt* dénier ; décliner (responsability) || JUR. renoncer à (one's rights) || **~er** *n* rejet *m,* dénégation *f* || JUR. désistement *m.*

disclo|se [dis'kləuz] *vt* dévoiler, divulguer, révéler || **~sure** [-ʒə] *n* révélation, divulgation *f.*

disco ['diskəu] *abbrev/n* FAM. = DISCOTHEQUE || **~** *(music),* (musique *f*) disco *m.*

discolour [dis'kʌlə] *vt* décolorer.

discomfit [dis'kʌmfit] *vt* déconcerter, dérouter (confuse) || décevoir (disappoint).

discomfort [dis'kʌmfət] *n* incommodité *f,* malaise *m,* manque *m* de confort ● *vt* incommoder.

discompo|se [,diskəm'pəuz] vt

troubler || **~sure** [-ʒə] *n* trouble *m*, perturbation *f*.

disconcert [,diskən'sə:t] *vt* déconcerter, embarrasser.

disconnect ['diskə'nekt] *vt* séparer || ÉLECTR. couper, débrancher || TECHN. débrayer || **~ed** [-id] *adj* décousu, incohérent (speech).

disconsolate [dis'kɔnslit] *adj* inconsolable, désolé.

discontent ['diskən'tent] *n* mécontentement *m* ● *vt* mécontenter || **~ed** [-id] *adj* mécontent.

discontinu|ance [,diskən'tinjuəns] *n* interruption, cessation *f* || **~e** ['diskən'tinju] *vt* interrompre, suspendre || **~ity** ['dis,kɔnti'njuiti] *n* discontinuité *f* || **~ous** ['diskən'tinjuəs] *adj* discontinu.

discord ['diskɔ:d] *n* discorde, désunion *f* (dissension) || désaccord *m* (disagreement) || MUS. dissonance *f* || **~ant** [dis'kɔ:dnt] *adj* (en) désaccord (*from*, avec) || MUS. dissonant.

discotheque ['diskɔtek] *n* discothèque *f*.

discount ['diskaunt] *n* COMM. rabais *m*, réduction, remise *f*; *10 % ~*, 10 % de remise; *~ store*, magasin *m* à prix réduit || FIN. escompte *m* || FIG. ***at a ~***, en défaveur ● *vt* COMM. faire un rabais, rabattre || FIN. escompter || FIG. ne pas tenir compte de, faire peu de cas de.

discourage [dis'kʌridʒ] *vt* décourager, dissuader, faire renoncer à || **~ment** *n* découragement *m*.

discourse [dis'kɔ:s] *n* discours *m*; traité *m* (written) ● *vi* discourir, disserter (*upon*, sur).

discourt|eous [dis'kə:tjəs] *adj* discourtois || **~esy** [-isi] *n* impolitesse *f*, manque *m* de courtoisie.

discover [dis'kʌvə] *vt* découvrir || **~er** [-rə] *n* découvreur, inventeur *m* || **~y** [-ri] *n* découverte *f*.

discredit [dis'kredit] *n* discrédit *m* ● *vt* discréditer, mettre en doute.

discreet [dis'kri:t] *adj* discret; prudent, circonspect || **~ly** *adv* discrètement.

discrepancy [dis'krepnsi] *n* désaccord *m*, discordance, contradiction *f*.

discrete [dis'kri:t] *adj* distinct.

discretion [dis'kreʃn] *n* discrétion *f* (freedom); *have full ~*, avoir toute latitude (*to*, pour) || réserve, circonspection *f* (prudence) || raison *f*, discernement *m* (wisdom); ***years of ~***, âge *m* de raison.

discriminat|e [dis'krimineit] *vt* discriminer, distinguer (*from*, de); faire une distinction (*between*, entre) || **~ing** *adj* judicieux || **~ion** [dis,krimi'neiʃn] *n* discernement *m*; discrimination *f*.

discursive [dis'kə:siv] *adj* décousu, sans suite, incohérent.

discus ['diskəs] *n* SP. disque *m*; *~-thrower*, lanceur *n* de disque || discobole *m* (historic).

discu|ss [dis'kʌs] *vt* discuter, débattre || **~ssion** [-ʃn] *n* discussion *f*, débat *m*.

disdain [dis'dein] *n* dédain *m* ● *vt* dédaigner || **~ful** *adj* dédaigneux.

diseas|e [di'zi:z] *n* maladie *f*, mal *m* || **~ed** [-d] *adj* malade || FIG. morbide.

disembark ['disim'bɑ:k] *vt/vi* débarquer (*from*, de) || **~ation** [,disembɑ:'keiʃn] *n* débarquement *m*.

disembarrass ['disim'bærəs] *vt* débarrasser.

disembody ['disim'bɔdi] *vt* désincarner.

disembroil [,disim'brɔil] *vt* débrouiller; *~ oneself from*, se sortir de.

disenchant ['disin'tʃɑ:nt] *vt* désenchanter || **~ment** *n* désenchantement *m*.

disencumber ['disin'kʌmbə] *vt* désencombrer.

disengag|e ['disin'geidʒ] *vt* dégager; ~ *oneself,* se libérer (of an obligation) || MIL. ~ *one's troops,* effectuer un décrochage || AUT. ~ *the clutch,* débrayer || **~ed** [-d] *adj* libre, inoccupé.

disentangle ['disin'tæŋgl] *vt* démêler, débrouiller.

disfavour ['dis'feivə] *n* défaveur, disgrâce *f* (disgrace) || désapprobation *f* (disapproval).

disfigure [dis'figə] *vt* défigurer || FIG. enlaidir, gâter.

disforest [dis'fɔrist] *vt* déboiser.

disfranchise ['dis'frænʃaiz] *vt* priver des droits civiques.

disgorge [dis'gɔ:dʒ] *vt* dégorger, vomir || [river] déverser — *vi* FAM. rendre gorge.

disgrace [dis'greis] *n* honte *f;* déshonneur *m* ● *vt* déshonorer, faire honte à; disgracier (disfavour) || **~ful** *adj* honteux, déshonorant.

disgruntled [dis'grʌntld] *adj* maussade, contrarié.

disguise [dis'gaiz] *n* déguisement, travesti *m; in the ~ of,* déguisé en || FIG. déguisement, travestissement *m* (of facts); faux-semblant *m* (pretense) ● *vt* déguiser (*as,* en); ~ *oneself,* se déguiser, se travestir || FIG. farder (facts); dissimuler (one's intentions).

disgust [dis'gʌst] *n* dégoût *m* || FIG. écœurement *m* ● *vt* dégoûter, écœurer || **~ed** [-id] *adj* dégoûté, écœuré || **~ing** *adj* dégoûtant, écœurant, répugnant (sight).

dish [diʃ] *n* plat *m* (container) || mets *m* (food); *favourite ~,* régal *m* || *Pl* (*~es* [-iz]) vaisselle *f* ● *vt ~ (up),* accommoder, apprêter, servir (a meal) || TECHN. emboutir || ***~-cloth,*** torchon *m* || ***~-mop/-rag,*** lavette *f* || ***~-warmer,*** chauffe-plats *m* || ***~-washer,*** plongeur *n* (person); lave-vaisselle *m* (machine) || ***~-water,*** eau *f* de vaisselle || FIG., FAM. lavasse *f.*

dishabille [,disæ'bi:l] *n* peignoir *m; in ~,* en négligé.

dishearten [dis'hɑ:tn] *vt* décourager, démoraliser.

dishevelled [di'ʃevld] *adj* échevelé, ébouriffé.

dishonest [dis'ɔnist] *adj* malhonnête || **~y** *n* malhonnêteté *f.*

dishonour [dis'ɔnə] *n* déshonneur *m* ● *vt* déshonorer || *~ed cheque,* chèque impayé || **~able** [dis'ɔnrəbl] *adj* déshonorant, honteux.

disillusion [,disi'lu:ʒn] *n* désillusion *f* ● *vt* désillusionner, désabuser.

disinclination [,disinkli'neiʃn] *n* manque *m* d'empressement; répugnance *f* (*for,* pour).

disincline ['disin'klain] *vt* mal disposer (*for,* pour) || détourner qqn (*for,* de).

disinfect [,disin'fekt] *vt* désinfecter || **~ant** *n* désinfectant *m.*

disinherit ['disin'herit] *vt* déshériter.

disintegrat|e [dis'intigreit] *vt* désintégrer || FIG. désagréger — *vi* se désintégrer || **~ion** [dis,inti'greiʃn] *n* désintégration *f.*

disinterested [dis'intristid] *adj* désintéressé, indifférent.

disjoint [dis'dʒɔint] *vt* disloquer.

disk *n* = DISC.

dislike [dis'laik] *n* antipathie *f* (*for,* envers); aversion *f* (*for,* pour); *take a ~ to sb.,* prendre qqn en grippe || dégoût *m* (for food) ● *vt* détester, avoir de l'aversion pour.

dislocate ['disləkeit] *vt* disloquer (bone); luxer, démettre (limb) || désorganiser (business).

dislodge [dis'lɔdʒ] *vt* déloger.

disloyal ['dis'lɔiəl] *adj* déloyal,

infidèle (*to*, à) || **~ty** [-ti] *n* déloyauté *f*.

dismal ['dizməl] *adj* sinistre, morne (dreary); sombre (gloomy).

dismantl|e [dis'mæntl] *vt* MIL. démanteler || NAUT. désarmer || TECHN. démonter || **~ing** *n* TECHN. démontage *m*.

dismast [dis'mɑːst] *vt* démâter.

dismay [dis'mei] *n* effroi *m*, consternation *f*, désespoir *m* ● *vt* atterrer, consterner, abattre.

dismember [dis'membə] *vt* démembrer.

dismiss [dis'mis] *vt* congédier, renvoyer (a servant); licencier (a clerk); révoquer (an official); éconduire (a caller) || JUR. acquitter (an accused); rejeter (an appeal); dissoudre (an assembly) || MIL. ~ *!*, rompez! || FIG. écarter, bannir (thought) || **~al** *n* renvoi, congédiement *m* (of a servant); révocation *f* (of an official) || JUR. acquittement *m* (of the accused); rejet *m* (of an appeal).

dismount [dis'maunt] *vi* descendre, mettre pied à terre — *vt* désarçonner, démonter (a rider) || TECHN. démonter.

disobed|ience [,disə'biːdjəns] *n* désobéissance *f* || **~ient** [-jənt] *adj* désobéissant.

disobey ['disə'bei] *vt/vi* désobéir (à qqn).

disoblige ['disə'blaidʒ] *vt* désobliger.

disorder [dis'ɔːdə] *n* désordre *m* (confusion) || émeutes *fpl*, troubles *mpl*, désordres *mpl* (riots) || MÉD. dérangement *m* ● *vt* mettre en désordre || MÉD. déranger || FIG. troubler || **~ly** *adj* en désordre (untidy) || tumultueux (mob) || déréglé (life) || JUR. ~ *house*, maison *f* de jeu clandestine/de prostitution.

disorganiz|ation [dis,ɔːgənai'zeiʃn] *n* désorganisation *f* || **~e** [dis'ɔːgənaiz] *vt* désorganiser.

disorientate [dis'ɔːrienteit] *vt* désorienter.

disown [dis'əun] *vt* nier (a fact) || renier (one's signature) || désavouer (one's offspring).

disparag|e [dis'pæridʒ] *vt* discréditer, dénigrer, ravaler || **~ement** *n* dénigrement *m* || **~ing** *adj* désobligeant.

dispar|ate ['dispərit] *adj* très différent ● *npl* disparate(s) *f(pl)* || **~ity** [dis'pæriti] *n* disparité *f*.

dispassionate [dis'pæʃnit] *adj* sans passion, placide.

dispatch [dis'pætʃ] *n* envoi *m* (of a messenger); expédition *f* (of a letter) || dépêche *f* (message) || promptitude, diligence *f* (speed) ● *vt* dépêcher, envoyer (a messenger); expédier (a letter) || FAM. expédier (business, dinner).

dispel [dis'pel] *vt* dissiper.

dispensable [dis'pensəbl] *adj* dont on peut se passer, peu important.

dispensary [dis'pensri] *n* dispensaire *m*.

dispensation [,dispen'seiʃn] *n* distribution *f* || REL. dispense *f* (exemption).

dispens|e [dis'pens] *vt* dispenser, distribuer || préparer, exécuter (a prescription); **~*ing chemist*,** pharmacien *n* — *vi* ~ ***with***, se passer de || **~er** *n* distributeur *m* (automatique).

dispersal [dis'pəːsl] *n* dispersion *f*.

disper|se [dis'pəːs] *vt* disperser, éparpiller (scatter) || répandre, propager (propagate) || **~sion** [-ʃn] *n* = DISPERSAL.

dispirit [di'spirit] *vt* décourager, déprimer || **~ed** [-id] *adj* abattu, déprimé.

displace [dis'pleis] *vt* déplacer || *~d person*, personne déplacée || remplacer (substitute) || MÉD. déboiter || JUR. destituer.

displacement [-mənt] *n* remplacement *m* (*by*, par) || Jur. destitution *f* || Naut., Phys. déplacement *m* || Aut. cylindrée *f*.

display [dis'plei] *vt* étaler, exposer (spread out) || manifester, révéler, montrer (give proof of) || faire étalage de (show off) ● *n* étalage *m*, exposition *f*; ***fashion ~***, présentation *f* de collection || manifestation, révélation *f* || étalement, déploiement *m* || Fig. étalage *m*, parade, ostentation *f* || Comm. étalage *m*, exposition *f*; ***window ~***, art *m* de l'étalage || [computer] visuel, affichage *m*.

displeas|e [dis'pli:z] *vt* déplaire à, mécontenter, contrarier || **~ed** [-d] *adj* mécontent || **~ure** [-'pleʒə] *n* mécontentement, déplaisir, ennui *m*.

disport [dis'pɔ:t] *vt* ~ *oneself*, s'ébattre, se divertir.

dispos|able [dis'pəuzəbl] *adj* disponible || jetable; à usage unique (syringe); perdu (wrapping) || **~al** *n* disposition *f*; *at one's ~*, à sa disposition || enlèvement *m* (of rubbish) || Comm. vente, cession *f*.

dispose [dis'pəuz] *vt* disposer, arranger (place) || disposer, décider (sb.); *well/ill ~d*, bien/mal intentionné — *vi* ~ ***of***, se débarrasser de || Comm. céder, vendre; se défaire de.

disposition [,dispə'ziʃn] *n* disposition *f*, arrangement *m* (order) || tempérament, caractère *m* (temper) || inclination *f*.

dispossess ['dispə'zes] *vt* déposséder || Jur. exproprier.

disproof ['dis'pru:f] *n* réfutation *f*.

disproportion ['disprə'pɔ:ʃn] *n* disproportion *f* || **~ate** [-it] *adj* disproportionné.

disprove [dis'pru:v] *vt* réfuter.

dispute [dis'pju:t] *n* discussion *f*, débat *m* (debate); ***beyond ~***, incontestable(ment); *without ~*, sans contredit || dispute *f* (quarreling) || Jur. litige *m*; *under ~*, en litige ● *vt* discuter (debate); contester (oppose); disputer (contend).

disqualify [dis'kwɔlifai] *vt* rendre inapte (*for*, à) || Jur. retirer le permis de conduire || Sp. disqualifier.

disquiet [dis'kwaiət] *vt* inquiéter ● *n* inquiétude *f* || **~ing** *adj* inquiétant.

disregard ['disri'gɑ:d] *vt* ne pas attacher d'importance à, passer outre à; négliger ● *n* insouciance *f* (*for*, envers); négligence *f* (neglect) || indifférence *f* (indifference) || mépris *m* (of danger).

disrelish [dis'reliʃ] *n* répugnance *f*.

disrepair ['disri'pεə] *n* délabrement *m*.

disreput|able [dis'repjutəbl] *adj* déshonorant (action) || mal famé (place) || peu honorable, de mauvaise réputation (person) || **~e** ['disri'pju:t] *n* discrédit *m*; *fall into ~*, tomber en discrédit.

disrespect ['disris'pekt] *n* irrespect *m* || **~ful** *adj* irrespectueux; *be ~ to*, manquer de respect à.

disrupt [dis'rʌpt] *vt* interrompre, perturber (communications).

disruption [dis'rʌpʃn] *n* interruption, perturbation *f*.

dissatisf|action ['dis,sætis'fækʃn] *n* mécontentement *m* || **~y** ['dis'sætisfai] *vt* mécontenter.

dissec|t [di'sekt] *vt* disséquer || **~tion** *n* dissection *f*.

dissembl|e [di'sembl] *vt/vi* dissimuler (one's feelings, etc.) || **~er** *n* dissimulateur *n*.

disseminate [di'semineit] *vt* disséminer, répandre, propager.

dissension [di'senʃn] *n* dissension, division *f*.

dissent [di'sent] *vi* être en désaccord (*from*, avec); être d'avis contraire; différer d'opinion || REL. être dissident ● *n* désaccord *m*, divergence *f* || **~er** *n* dissident *n*.

dissertation [,disə'teiʃn] *n* [oral] discours *m* || [written] dissertation *f;* thèse *f.*

disservice ['dis'sə:vis] *n* mauvais service; ***do sb. a ~,*** rendre un mauvais service à qqn; *be of ~,* être préjudiciable (*à*, to).

dissid|ence ['disidns] *n* dissidence *f* || **~ent** *adj/n* dissident.

dissimilar ['di'similə] *adj* dissemblable (*to,* de).

dissimulation [di,simju'leiʃn] *n* dissimulation *f.*

dissipat|e ['disipeit] *vt* dissiper || **~ion** [,disi'peiʃn] *n* dissipation *f.*

dissociate [di'səuʃieit] *vt* dissocier; séparer; *~ oneself,* se désolidariser (*from,* de).

dissolut|e ['disəlu:t] *adj* dissolu, débauché || **~ion** [,disə'lu:ʃn] *n* dissolution *f* || FIG., JUR. dissolution *f* (of a society).

dissolve [di'zɔlv] *vt* dissoudre, faire fondre || JUR. dissoudre (a society, parliament) || FIG. dissiper, disperser — *vi* se dissoudre ● *n* CIN. fondu *m*.

disson|ance ['disənəns] *n* dissonance *f* || **~ant** *adj* dissonant.

dissuade [di'sweid] *vt* dissuader.

distaff ['distɑ:f] *n* quenouille *f* || FIG. *on the ~ side,* du côté maternel.

dist|ance ['distns] *n* distance *f; **at a ~,*** de loin; *in the ~,* au loin || MUS. intervalle *m* || FIG. ***keep one's ~s,*** garder ses distances; *keep sb. at a ~,* tenir qqn à distance || **~ant** *adj* éloigné (period); lointain (place) || JUR. éloigné (cousin) || FIG. distant, hautain.

distaste ['dis'teist] *n* dégoût *m*, aversion *f* (*for,* pour) || **~ful** *adj* répugnant, déplaisant.

distemper I [dis'tempə] *n* peinture *f* à l'eau.

distemper II *n* MÉD. [dogs] maladie *f* de Carré.

distend [dis'tend] *vt* distendre || MÉD. dilater.

distil [dis'til] *vt* distiller — *vi* sécréter, couler goutte à goutte || **~lation** [,disti'leiʃn] *n* distillation *f* || **~lery** [dis'tiləri] *n* distillerie *f.*

distinc|t [dis'tiŋt] *adj* distinct, différent (*from,* de) || net (memory) || clair (sound) || intelligible (voice) || précis, net (tendency) || **~tion** *n* distinction *f; make a ~,* faire une distinction (*between,* entre) || valeur *f* (quality) || distinction *f* (reward).

distinct|ive [dis'tiŋtiv] *adj* distinctif || **~ly** *adv* distinctement; clairement; nettement.

distinguish [dis'tiŋgwiʃ] *vt* distinguer, discerner (discern) || distinguer, caractériser (define) || distinguer, différencier (*from,* de); faire la différence (*from,* de) || *~ oneself,* se distinguer, se faire remarquer — *vi* distinguer, faire une distinction (*between,* entre) || **~ed** [-t] *adj* distingué, éminent.

distor|t [dis'tɔ:t] *vt* tordre, convulser || FIG. déformer, dénaturer (truth) || **~tion** *n* distorsion *f* || FIG. déformation *f.*

distrac|t [dis'trækt] *vt* distraire || **~ed** [-tid] *adj* fou, éperdu, affolé || **~tion** *n* distraction, inattention *f* || divertissement *m* (amusement) || confusion, perplexité *f; he loves her to ~,* il l'aime à la folie.

distrain [dis'trein] *vi* JUR. *~ upon,* saisir.

distraught [dis'trɔ:t] *adj* fou, éperdu, affolé.

distress [dis'tres] *n* (grande) douleur (mind or body) || affliction *f* || détresse, misère *f* (poverty) || péril *m*, détresse *f* (danger) || NAUT. *in ~,* en perdition; ***~ signal,*** signal *m* de détresse ● *vt* affliger, peiner, navrer || **~ing** *adj* affligeant, pénible, navrant.

distribut|e [dis'tribjut] *vt* distribuer, répartir (allot) || disposer, agencer (classify) || **~ion** [ˌdistri'bjuːʃn] *n* distribution, répartition *f* (act) || disposition *f*, agencement *m* (result) || **~ive** *adj* COMM. de distribution || GRAMM. distributif || **~or** *n* COMM. distributeur, concessionnaire *m* || AUT. allumeur, Delco *m*.

district ['distrikt] *n* région *f*, district *m* || JUR. secteur (postal); circonscription (électorale); canton *m*; arrondissement *m* (in France); quartier *m* (in town).

distrust [dis'trʌst] *n* méfiance, défiance *f* || soupçon *m* ● *vi* se méfier de || **~ful** *adj* méfiant, soupçonneux.

disturb [dis'təːb] *vt* troubler (break the peace) || inquiéter (disquiet) || déranger (trouble) || **~ance** *n* dérangement *m* (trouble) || troubles, désordres *mpl* (riot) || vacarme, tapage *m* (noise) || inquiétude *f* (anguish) || **~ing** *adj* inquiétant.

dis|union ['dis'juːnjən] *n* désunion *f* || **~unite** ['disjuː'nait] *vt* désunir.

disuse ['dis'juːs] *n* désuétude *f*; *fall into ~*, tomber en désuétude || **~d** [ˌdis'juːzd] *adj* abandonné, désaffecté (mine, well, etc.).

ditch [ditʃ] *n* fossé *m* ● *vt* SL. abandonner (car); plaquer (fam.) (friend); faire capoter (car) (drive into ditch); *~ one's plane*, faire un amerrissage forcé.

dither ['diðə] *vt* trembler || FAM. hésiter ● *n* tremblement *m*.

ditto ['ditəu] *adv* idem.

ditty ['diti] *n* chansonnette *f*.

divan [di'væn] *n* divan *m*; *~ -bed*, canapé-lit *m*.

div|e [daiv] *vi* plonger || NAUT. faire une plongée || AV. piquer || FIG. se plonger (*into*, dans) ● *n* SP. plongeon *m* || NAUT. plongée *f* || AV. piqué *m*; ***~-bomb*** *(vt)*, bombarder en piqué; *go into a ~*, descendre en piqué || **~er** *n (skin) ~*, plongeur *n* || scaphandrier *m* || See WATCH I.

diverg|e [dai'vəːdʒ] *vi* diverger || **~ence** [-ns] *n* divergence *f*.

divers ['daivəz] *adj* divers, plusieurs (several).

diver|se [dai'vəːs] *adj* différent, varié || **~sion** [-ʃn] *n* diversion *f* (*from*, à); *create a ~*, faire diversion || AUT. déviation *f* || MIL. diversion *f* || **~sify** [-sifai] *vt* diversifier, varier || **~sity** [-siti] *n* diversité *f*.

divert [dai'vəːt] *vt* détourner, dévier (*from*, de) || distraire (*from*, de) [the attention] || divertir, amuser || AV., NAUT. détourner.

divest [dai'vest] *vt* dépouiller (*of*, de) || FIG. déposséder, priver (*of*, de) || *~ oneself of*, se dépouiller de.

divid|e [di'vaid] *vt* séparer (separate) || diviser (*into*, en) || partager (*among*, entre) || répartir (distribute) || MATH. diviser || FIG. diviser — *vi* [British parliament] voter || **~end** ['dividend] *n* dividende *m* || **~ers** [di'vaidəz] *npl* compas *m* à pointes sèches.

divin|e I [di'vain] *vt* deviner, conjecturer || **~er** *n* devin *n*; sourcier *m*.

divine II *adj* divin ● *n* théologien *m*.

diving ['daiviŋ] *n* SP. plongeon *m*; plongée *f* || **~-bell** *n* cloche *f* à plongeur || **~board** *n* plongeoir *m* || **~-suit** *n* scaphandre *m*.

divinity [di'viniti] *n* divinité *f*.

divis|ible [di'vizəbl] *adj* divisible || **~ion** [di'viʒn] *n* division, séparation *f* || partage *m*, répartition *f* (sharing) || séparation, cloison *f* (partition) || MATH., MIL. division *f* || [Parliament] vote *m* || FIG. désunion, mésentente *f* || **~or** [di'vaizə] *n* diviseur *m*.

divorce [di'vɔːs] *n* divorce *m*;

start ~ proceedings, demander le divorce; *obtain a ~,* obtenir le divorce || FIG. séparation *f* ● *vt ~ one's husband,* divorcer d'avec son mari; *they ~d (each other),* ils ont divorcé; *waiting for a ~;* en instance de divorce.

divulge [dai'vʌldʒ] *vt* divulguer, révéler (a secret).

dixie ['diksi] *n* MIL. gamelle *f* || GÉOGR. *Dixie (Land),* U.S. les États du Sud.

D.I.Y. *abbrev* = DO-IT YOURSELF.

dizziness ['dizinis] *n* étourdissement, vertige *m; have fits of ~,* avoir des étourdissements.

dizzy ['dizi] *adj* étourdi, pris de vertige (person); *feel ~,* avoir le vertige || vertigineux (heights).

do [du:] *vt* (did [did], done [dʌn]) faire; *~ what you like,* faites ce que vous voulez || accomplir; *~ one's duty,* faire son devoir; *~ one's best,* faire de son mieux; *~ business,* faire des affaires; *~ good,* faire le bien || *~ justice/a service,* rendre justice/un service; *what can I ~ for you?,* en quoi puis-je vous être utile? || travailler; *~ nothing,* ne rien faire || [perfect tense] finir; *have you done eating?,* avez-vous fini de manger? || parcourir, couvrir (cover distance) || visiter, faire (a country) || arranger (tidy up); *~ one's hair,* se coiffer; *~ one's nails,* se faire les ongles || nettoyer (clean); *~ the bedroom,* faire la chambre; *~ one's shoes,* faire ses chaussures || TH., FAM. jouer (a part); monter (a play) || AUT. *~ 60 miles an hour,* faire du 100 à l'heure || CULIN. [p.p.] *well done,* bien cuit; *underdone,* saignant; *done to a turn,* cuit à point || FAM. *have nothing to ~ with,* n'avoir rien à voir avec; *I am done,* je n'en peux plus; *you've been done,* on vous a eu || ***~ again,*** refaire || ***~ away with,*** abolir, supprimer || ***~ by,*** traiter (qqn) || ***~ in,*** SL. buter (pop.) [kill]; *done in,* éreinté, claqué (fam.) || ***~ out,*** nettoyer || ***~ over,*** refaire (redecorate) || SL. tabasser, passer à tabac (fam.) || ***~ up,*** refaire, remettre à neuf (a room); *~ up one's face,* se refaire une beauté, se maquiller; emballer (a parcel); boutonner (a dress); FAM. [passive] *done up,* éreinté, fourbu (exhausted).

— *vi* agir; *he did right,* il a bien fait; ***~ better,*** faire mieux de; ***~ well,*** réussir || [perfect tense] *have you done?,* avez-vous terminé? || procéder, s'y prendre; *how shall I ~?,* comment faire? || convenir, faire l'affaire, aller; *that will ~,* ça ira || aller, se porter; *he is doing well,* il se porte bien; ***how ~ you ~?,*** [greeting] enchanté de faire votre connaissance || FAM. [answer] *nothing doing!,* pas question! || FAM. ***~ for,*** faire le ménage (tidy up); liquider (kill); *done for,* fichu (fam.), fini (ruined, worn out) || ***~ with,*** se contenter de (be content with); avoir affaire à (deal with); désirer, avoir besoin; *I could ~ with a cup of tea,* je prendrais bien une tasse de thé || ***~ without,*** se passer de.

— *aux v* [interr.] *~ you understand?,* comprenez-vous? || [neg.] *I don't know,* je ne sais pas || [emphatic] *he did come,* il est réellement venu; *~ come and see me!,* venez donc me voir! — *v substitute* [translations according to context] *~ you want it? — I ~/ I don't,* vous le voulez? — oui/non; *please ~!,* faites!

doc [dɔk] *n* FAM. toubib *m.*

docil|e ['dəusail] *adj* docile || **~ity** [də'siliti] *n* docilité *f.*

dock I [dɔk] *n* JUR. box/banc *m* des accusés.

dock II *n* NAUT. bassin *m* (harbour); *dry ~,* cale sèche; *graving-~,* bassin *m* de radoub || *Pl* port *m* || U.S. quai *m* ● *vi/(vt)* (faire) entrer (un navire) au bassin; arriver à quai || ASTR. [space craft] s'arrimer || ~**er** *n* docker, débardeur *m* || ~**yard** *n* chantier naval.

docket ['dɔkit] *n* fiche *f*.

doctor ['dɔktə] *n* JUR. docteur *m*; *Doctor of Law*, docteur en droit || MÉD. médecin, docteur *m*; *woman* ~, femme *f* médecin, doctoresse *f* ● *vt* soigner.

doctorate ['dɔktrit] *n* doctorat *m*.

doctrine ['dɔktrin] *n* doctrine *f*.

document ['dɔkjumənt] *n* document *m*, pièce *f* ● *vt* documenter || ~**ary** [,dɔkju'mentri] *adj/n* documentaire *(m)* || CIN. ~ *film*, (film *m*) documentaire *m*.

dodderer ['dɔdərə] *n* FAM. gâteux *n*.

dodge [dɔdʒ] *vt* esquiver (a blow) || FIG. éluder (a difficulty); tourner (laws); se dérober à (military service) — *vi* se jeter de côté || FIG. biaiser, user de détours, resquiller ● *n* FAM. combine *f*, truc *m* (fam.).

dodgems ['dɔdʒəmz] *npl* autos tamponneuses.

dodger *n* tire-au-flanc *m*.

doe [dəu] *n* biche *f* (deer) || lapine *f* (rabbit) || hase *f* (hare) || ~ ***skin***, daim *m*.

does [dʌz] See DO.

doff [dɔf] *vt* ôter, enlever (a garment).

dog [dɔg] *n* chien *m* || FAM. type *m*; *gay* ~, bon vivant || FAM. ***be top*** ~, avoir le dessus; *be under* ~, avoir le dessous || FIG. ***go to the*** ~***s*** courir à sa perte ● *vt* suivre qqn de près; ~ *(sb's footsteps)*, marcher sur les talons de qqn || ~**-days** *n* canicule *f* || ~**-eared** ['-iəd] *adj* écorné || ~**-eat-dog world** *n* panier *m* de crabes || ~**-fight** *n* MIL. combat aérien || [people] bagarre *f*.

dogged ['dɔgid] *adj* tenace, obstiné; opiniâtre || ~**ly** *adv* obstinément.

dog-house *n* niche *f* (à chien).

dogma ['dɔgmə] *n* dogme *m* || ~**tic** [dɔg'mætik] *adj* dogmatique.

dog-tired ['dɔg'taiəd] *adj* fourbu.

doily ['dɔili] *n* napperon *m*.

doings ['duiŋz] *npl* agissements *mpl*; faits et gestes *mpl*, conduite *f*.

do-it-yourself *adj* de bricolage || ~**er** *n* bricoleur *n*.

doldrums ['dɔldrəmz] *npl* NAUT. calme plat || FAM. cafard *m* (blues).

dole [dəul] *n* charités *fpl* || JUR. allocation *f* de chômage; ***go on the*** ~ s'inscrire au chômage ● *vt* ~ *out*, distribuer parcimonieusement.

doleful ['dəulfl] *adj* morne (appearance) || triste (news).

doll [dɔl] *n* poupée *f*; *play with* ~*s*, jouer à la poupée.

dollar ['dɔlə] *n* dollar *m*.

dolly ['dɔli] *n* poupée *f* || CIN. chariot *m* (for camera); ~ *shot*, travelling *m* ● *vi* CIN. faire un travelling.

dolly bird *n* FAM. nana *f* (à la mode).

dolphin ['dɔlfin] *n* dauphin *m*.

dolt [dəult] *n* imbécile *n*, cruche *f*.

domain [də'mein] *n* domaine *m*.

dome [dəum] *n* dôme *m*, coupole *f*.

domestic [də'mestik] *adj* domestique, de la maison; ~ *workers*, gens *mpl* de maison || ménager (science) || national (production) || intérieur (market) || FAM. casanier, pantouflard (person) || ~**ate** [-eit] *vt* domestiquer, apprivoiser (animal) || FAM. rendre casanier.

domicile ['dɔmisail] *n* domicile *m* || FIN., JUR. domicile *m* ● *vt* COMM. domicilier (a bill).

domin|ant ['dɔminənt] *adj* dominant || ~**ate** [eit] *vt* dominer || ~**ation** [,dɔmi'neiʃn] *n* domination *f* || ~**eer** [,dɔmi'niə] *vt* tyranniser, opprimer.

dominion [də'minjən] *n* souveraineté *f*, empire *m*.

domino ['dɔminəu] *n* domino *m* (game); *play ~es,* jouer aux dominos.

don I [dɔn] *vt* revêtir (a garment).

don II *n* professeur *m* d'université.

dona|te [də'neit] *vt* faire don à (to a charity) || ~**tion** *n* donation *f*.

done [dʌn] See DO.

donkey ['dɔŋki] *n* âne, baudet *m*; *ride a ~,* aller à dos d'âne || NAUT. *~-engine,* moteur *m* auxiliaire.

donor ['dəunə] *n* JUR. donateur *n* || MÉD. donneur *n* de sang.

doom [du:m] *n* destin *m* tragique || mort *f* ● *vt* destiner, condamner à un sort tragique.

doomsday [-zdei] *n* jour *m* du jugement dernier.

door [dɔ:] *n* porte *f*; ***front ~,*** porte d'entrée; *back ~,* porte de service; *double ~,* porte à deux battants; *folding ~,* porte accordéon || ***next ~*** *(adj/adv),* voisin; ***out of ~s,*** au-dehors; *within ~,* dedans, chez soi || AUT., RAIL. portière *f* || JUR. *behind closed ~s,* à huis clos || ~**-bell** *n* sonnette *f* || ~**-chain** *n* entrebaîlleur *m* de porte || ~**-keeper** *n* gardien, concierge *n* || ~**man** *m* portier *m* || ~**-mat** *n* paillasson *m* || ~**-step** *n* pas *m* de porte || ~**stop(per)** *n* butoir *m* de porte || ~**-to-~ salesman** *n* démarcheur *n* || ~**way** *n* embrasure *f* de porte || porche *m*.

dope [dəup] *n* FAM. stupéfiant, narcotique *m*, drogue *f* || SL. [horse-racing] tuyau *m* ● *vt* SP. doper.

dormant ['dɔ:mənt] *adj* en sommeil (volcano) || latent (faculties).

dormer ['dɔ:mə] *n* ARCH. (~ *window*) lucarne *f*.

dormitory ['dɔ:mitri] *n* dortoir *m*.

dormouse, -mice ['dɔ:maus, -ais] *n* loir *m*.

dory ['dɔ:ri] *n* NAUT. doris *m*.

dos|age ['dəusidʒ] *n* MÉD. dose *f* (amount); posologie *f* (détermination) || ~**e** [dəus] *n* dose *f* ● *vt* administrer (medicine); ~ *oneself,* se bourrer de médicaments.

doss-house ['dɔshaus] *n* asile *m* de nuit.

dot [dɔt] *n* point *m* || FAM. *on the ~,* (à l'heure) pile ● *vt* mettre un point (*over,* sur) || pointiller; *~ted line,* ligne *f* de pointillés || parsemer (*with,* de) || FIG. *~ one's i's,* mettre les points sur les i.

dot|age ['dəutidʒ] *n* gâtisme *m*; *fall into one's ~,* retomber en enfance || ~**ard** [-əd] *n* gâteux *n*; gaga *n* (pop.) || ~**e** *vi* radoter; *~ upon sb.,* être fou de, raffoler de.

dotty ['dɔti] *adj* pointillé, moucheté || FAM. toqué, timbré.

double ['dʌbl] *adj* double || FIN. *~ entry,* en partie double ● *adv* double ● *n* double *m* || *~ or quits,* quitte ou double || sosie *m* (person) || pendant *m* (things) || contre *m* (at bridge) || SP. double *m* || MIL. *at the ~,* au pas de gymnastique ● *vt* doubler || [cards] contrer || NAUT. doubler (a cape) || ~ ***up,*** plier en deux — *vi* se doubler || contrer (at bridge) || ~ ***back,*** revenir sur ses pas || ~ ***up,*** se plier en deux || ~**-barrelled** *adj* à deux coups (gun) || FIG. à double tranchant (compliments) || ~**-bass** *n* contrebasse *f* || ~**-bed** *n* lit *m* pour deux personnes || ~**-bedded** *adj* à deux lits *or* à un lit pour deux personnes (room) || ~**-breasted** *adj* croisé (coat) || ~**-cross** *vt* U.S., FAM. tromper, duper, doubler (betray) || ~**-dealing** *n* fourberie, tromperie *f* || ~**-decker** *n* AV. deux-ponts *m* || AUT. autobus *m* à deux étages

|| FAM. double sandwich *m* || **~-dyed** *adj* FIG. bon teint || **~-edged** *adj* à double tranchant **~fault** *n* SP. double faute *f* || **~-lock** *vt* fermer à double tour || **~ meaning (with a)** *adv* à double sens || **~-park** *vi* stationner/se garer en double file || **~-quick** *adv* au pas de gymnastique || **~-talk** *n* paroles ambiguës.

doubt [daut] *n* doute *m; in ~,* dans le doute; *beyond (all) ~,* ***without (a) ~,*** sans aucun doute; ***no ~,*** certainement || FAM. très probablement || ***have one's ~s,*** avoir des doutes ● *vt* douter, mettre en doute; ***I ~ it,*** j'en doute; *I ~ whether he will come,* je doute qu'il vienne — *vi* douter, hésiter || **~ful** *adj* plein de doutes, indécis, hésitant (feeling doubt) || douteux, incertain, problématique, ambigu (causing doubt) || PÉJ. douteux, suspect, équivoque, louche || **~less** *adv* indubitablement || FAM. très probablement.

dough [dəu] *n* pâte *f* || SL. fric, pognon, grisbi *m* || **~boy** *n* U.S., FAM. fantassin *m* || **~nut** *n* beignet *m.*

dour ['duə] *adj* sévère, austère (stern) || buté (obstinate).

douse [daus] *vt* tremper, arroser.

dove [dʌv] *n* colombe *f; ~-colour (adj),* gorge-de-pigeon || **~cot(e)** ['-kɔt(-kəut)] *n* colombier *m* || **~tail** *n* TECHN. queue *f* d'aronde ● *vt* assembler à queue d'aronde — *vi* se raccorder || FIG. concorder.

dowager ['dauədʒə] *n* douairière *f.*

dowdy ['daudi] *adj* mal fagoté (fam.).

dower ['dauə] *n* douaire *m* (of a widow) || dot *f* (of a girl) || FIG. don naturel.

down I [daun] *n* duvet *m* (feathers).

down II *n* colline *f* (hill); dune *f* (sand-dune).

down III *adv* vers le bas, en bas; *go ~,* descendre || FAM. ***~ under,*** aux antipodes (Australie, Nouvelle-Zélande) || FIG. *come ~ from London,* venir de Londres; ***up and ~,*** de long en large || [cards] *be two (tricks) ~,* faire deux (plis) de chute || FAM. ***~ and out,*** à bout de ressources; *be ~ and out,* être sans le sou; [boxing] être hors de combat ● *adj* descendant; *~ train,* train descendant (from London) || COMM. *~ payment,* paiement comptant || MÉD. alité || FIG. déprimé; *~ in the mouth,* abattu ● *interj* ***~ with X!,*** à bas X! || [to a dog] *~!,* couché! ● *prep* au bas de; *~ the hill,* au pied de la colline || *~ to,* jusqu'à (a later time) ● *vt* FAM. terrasser (opponent); vider (a glass); [workers] ***~ tools,*** se mettre en grève, débrayer.

down|cast [-'kɑːst] *adj* abattu, découragé || **~fall** *n* forte chute, précipitation *f* (of rain, snow) || FIG. ruine, déchéance *f* || **~hearted** *adj* découragé || **~pour** *n* forte averse || **~right** *adj* franc, véritable ● *adv* vraiment, absolument || **~stairs** *adj* du bas ● *adv* en bas; *go ~,* descendre l'escalier || **~-to-earth** *adj* réaliste, pratique || **~town** *adj* U.S. du centre de la ville ● *adv* en ville || **~ward** [-wəd] *adj* descendant || **~wards** [-wədz] *adv* vers le bas, en bas.

downy ['dauni] *adj* duveteux.

dowry ['dauəri] *n* dot *f.*

dowse [daus] = DOUSE.

dows|er ['dauzə] *n* sourcier *m,* radiesthésiste *n* || **~ing** *n* radiesthésie *f; ~ rod,* baguette *f* de sourcier.

doze [dəuz] *n* assoupissement *m* ● *vi* sommeiller || *~ off,* s'assoupir.

dozen ['dʌzn] *n* douzaine *f; two ~ eggs,* deux douzaines d'œufs; ***half a ~,*** une demi-douzaine.

drab [dræb] *adj* gris-brun (colour); *olive* ~, kaki || FIG. terne, monotone.

draft [drɑːft] *n* brouillon *m*, premier jet || FIN. traite *f* (bill); *discount/draw a* ~, escompter/tirer une traite || MIL. U.S. détachement, contingent *m* || U.S. = DRAUGHT ● *vt* faire un brouillon, esquisser || MIL. U.S. appeler (sous les drapeaux), incorporer || **~ee** [-ˈtiː] *n* MIL. U.S. conscrit *m*, recrue *f*, appelé *m*.

draftsman [ˈdrɑːftsmən] *n* U.S. dessinateur *n* (industriel).

drag [dræg] *vt* traîner, tirer; ~ ***one's feet***, traîner les pieds || TECHN. draguer (a river) — *vi* traîner || se traîner (lag behind) || ~ ***along***, traîner || ~ ***on***, traîner en longueur, s'éterniser ● *n* TECHN. drague *f* || FIG. entrave *f*, boulet *m* || SL. chose ou personne ennuyeuse; *she's such a* ~*!*, elle est tellement casse-pieds! (fam.); *what a* ~*!*, quelle barbe! || bouffée *f* de cigarette || travesti (féminin); ~ *queen*, travesti *m*; folle *f* (arg.) (person).

drag-lift *n* remonte-pente *m*.

dragon [ˈdrægn] *n* dragon *m* (lit. et fig.) || **~-fly** *n* libellule *f*.

dragoon [drəˈguːn] *n* MIL. dragon *m*.

drain [drein] *vt* vider entièrement (cup, etc.) || drainer (a field); assécher (a marsh) || TECHN. vidanger || FIG. épuiser (ressources, etc.) — *vi* ~ *(off, away)*, s'écouler || [dishes] (s')égoutter ● *n* ~ *(pipe)*, tuyau *m* d'écoulement || [street] (grille *f* d')égout *m* || **~-cock** *n* TECHN. purgeur *m* || **~ing-board** *n* égouttoir *m*.

drake [dreik] *n* canard *m*.

drama [ˈdrɑːmə] *n* drame *m* (play) || art *m* dramatique || **~tic** [drəˈmætik] *adj* dramatique || **~tist** [ˈdræmətist] *n* auteur *m* dramatique || **~tize** [ˈdræmətaiz] *vt* adapter pour la scène.

drank See DRINK.

drap|e [dreip] *vt* draper || **~er** *n* marchand *m* de nouveautés || **~ery** [-ri] *n* draperie *f* || COMM. magasin *m* de nouveautés *fpl*.

drastic [ˈdræstik] *adj* énergique; draconien.

draught [drɑːft] *n* [air] tirage *m* (in a chimney); courant *m* d'air (in a room) || [liquid] ***beer on*** ~, bière *f* à la pression; gorgée *f*; ***at a*** ~, d'un trait; *in long* ~*s*, à longs traits || [of animals] traction *f*; ~ *horse*, cheval *m* de trait || [fishing] coup *m* de filet || NAUT. tirant *m* d'eau || *Pl* dames *fpl* (game) || **~-board** *n* damier *m* || **~sman** [-smən] *n* [game of draughts] pion *m* || ARTS dessinateur *n*.

draw [drɔː] *vt* (drew [druː], drawn [drɔːn]) tirer, traîner (a vehicle); tirer (a curtain) || baisser (the blind) || puiser (water); tirer (wine) || aspirer (air) || ARTS dessiner, tirer (a line) || CULIN. vider (a fowl) || faire infuser (tea) || NAUT. jauger, caler, avoir un tirant d'eau de || MIL. toucher (rations) || FIN. tirer (a cheque); retirer (money) || FIG. tirer au sort; ~ ***lots for sth.***, tirer qqch. au sort || FIG. attirer (attention); entraîner (people) || ~ ***away***, détourner || ~ ***out***, FIG. prolonger || ~ ***up***, remonter (a blind); FIG. dresser, établir (a plan) || — *vi* [chimney] tirer || [tea] infuser || se mouvoir; ~ ***near***, s'approcher || SP. faire match nul (*with*, avec) || [days] ~ ***in***, raccourcir; ~ ***out***, rallonger || FIG. ~ *to an end*, tirer à sa fin || ~ ***up***, [car] s'arrêter, stopper ● *n* [games] match nul, partie nulle || [lottery] tirage *m* (au sort).

draw|back [ˈdrɔːbæk] *n* inconvénient *m* || **~bridge** *n* ARCH. pont-levis *m* (of a castle); pont basculant (modern).

draw|ee [drɔːˈiː] *n* FIN. bénéficiaire *m* || **~er** [ˈdrɔːə] *n* ARTS dessinateur *n* || FIN. tireur *m* ||

[furniture] tiroir *m* ; ***chest of ~s,*** commode *f*.

drawing ['drɔ:iŋ] *n* ARTS dessin *m* ; *out of ~,* mal dessiné ; *rough ~,* ébauche *f* || [lottery] tirage *m* (of lots) || **~-board** *n* planche *f* à dessin ||**~-pen** *n* tire-ligne *m* || **~-pin** *n* punaise *f* à dessin || **~-portfolio** *n* carton *m* à dessin || **~-room** *n* salon *m* || **~-table** *n* table *f* à dessin.

drawl [drɔ:l] *vi* parler d'une voix traînante ● *n* voix traînante.

drawn [drɔ:n] See DRAW ● *adj* SP. *~ game,* match nul.

dread [dred] *n* terreur, épouvante *f* ; *be in ~ of,* redouter ● *vt* redouter, craindre || **~ful** *adj* redoutable.

dream [dri:m] *n* rêve, songe *m* ; *have a ~,* faire un rêve || rêverie *f* (day-dream) ● *vi/vt* (dreamt [dremt] *or* dreamed [dri:md]) rêver (*about/of,* de) || ~ ***up,*** imaginer, concevoir || **~er** *n* rêveur *n* || FIG. songe-creux *m inv* (wool-gatherer) || **~y** *adj* rêveur (person) || vague (recollection).

dreary ['driəri] *adj* morne, lugubre.

dredg|e [dredʒ] *vt* draguer || **~er** *n* dragueur *m* (ship) || drague *f* (machine).

dregs [dregz] *npl* lie *f* (lit. et fig.).

drench [drenʃ] *vt* mouiller, tremper ; *~ed to the skin,* trempé jusqu'aux os || **~ing** *n* FAM. saucée *f* (pop.) ; *~ rain,* pluie battante.

dress [dres] *vt* habiller ; *~ oneself,* s'habiller || *~ one's hair,* se coiffer || CULIN. apprêter, accommoder (food) ; assaisonner (salad) || TECHN. préparer || COMM. *~ the window,* faire l'étalage. || NAUT. pavoiser || MÉD. panser (a wound) || SP. panser (a horse) || ~ ***down,*** FAM. attraper, passer un savon à (sb.) ; POP. enguirlander || ~ ***up,*** parer, attifer ; *~ oneself up,* [man] se mettre en tenue de soirée ; [woman] se mettre en robe du soir — *vi* s'habiller ● *n* habillement *m* ; habits, vêtements *mpl* || tenue *f* ; *in full ~,* [man] en grande tenue ; [woman] en robe du soir || toilette, parure *f* ; *be fond of ~,* être coquette || [woman's] robe *f* ; ***evening-~,*** robe du soir || **~-circle** *n* TH. premier balcon || **~-coat** *n* [man's] habit *m* || **~-designer** *n* modéliste *n* || **~er** *n* MÉD. assistant *m* en chirurgie || TH. habilleuse *f* || [furniture] buffet *m* de cuisine || U.S. coiffeuse *f* (dressing-table).

dressing ['dresiŋ] *n* toilette *f* (process) || MÉD. pansement *m* || CULIN. assaisonnement *m* || TECHN. apprêt *m* (for cloth) || **~-case** *n* nécessaire *m*/trousse *f* de toilette || **~-down** *n* FAM. *give sb. a good ~,* passer un savon à qqn || **~-gown** *n* robe *f* de chambre || **~-room** *n* vestiaire *m* ; TH. loge *f* (artist's) || **~-station** *n* MIL. poste *m* de secours || **~-table** *n* coiffeuse *f*.

dress|maker ['dres,meikə] *n* couturière *f* || **~making** *n* couture *f* **~ rehearsal** *n* TH. couturière *f* || **~y** *adj* FAM. chic, élégant.

drew See DRAW.

dribble ['dribl] *vi* baver (slaver) || SP. dribbler.

dri|ed [draid] *adj* séché ; en poudre (milk) || **~er** *n* séchoir *m* (device) || siccatif *m* (substance).

drift [drift] *n* poussée *f* || traînée *f* (of clouds) || amoncellement *m* (of snow, sand) || NAUT., AV. dérive *f* || FIG. tendance *f* (of events) ; portée *f* (meaning) ● *vi* aller à la dérive (on the water) || être poussé/chassé (by the wind) || [sand, snow] s'entasser, s'amonceler || NAUT., AV. dériver || FIG. se laisser aller, aller à la dérive — *vt* charrier, entraîner (downstream) ; faire flotter || **~-anchor** *n* ancre flottante || **~-ice** *n* glaces flottantes ; glaçons *mpl* || **~-wood** *n* bois flotté.

drill I [dril] *n* TECHN. foret *m*, mèche *f* (bit); foreuse, perforatrice *f* (machine) || MÉD. *dentist's ~*, fraise *f* de dentiste; roulette *f* (fam.) ● *vt* percer, forer (a hole) || **~ing** *n* forage *m*; *~ machine*, perceuse *f*.

drill II *n* exercice, entraînement *m* (of troops) || instruction *f* (training) ● *vt* faire faire l'exercice à, instruire; ***~-ground** (n)*, terrain *m* d'exercice || FIG. former, exercer (train).

drill III *n* AGR. sillon *m* (furrow) || semoir *m* (machine).

drill IV *n* coutil, treillis *m* (fabric).

drily [draili] *adv* sèchement.

drink [driŋk] *vt* (drank [dræŋk], drunk [drʌŋk]) boire; *~ out of a glass/from the bottle*, boire dans un verre/à la bouteille; ***~ to,*** boire à la santé de, porter un toast en l'honneur de; *~ sb.'s health, ~ success to sb.*, boire à la santé/au succès de qqn || FIG. absorber (liquid); ***~ down/up,*** vider, boire d'un trait || ***~ in,*** FIG. boire des yeux — *vi* boire, s'adonner à la boisson (liquor) ● *n* boisson *f*; ***have a ~,*** prendre un verre (in a pub); *a long ~*, une fine à l'eau; ***in ~, the worse for ~*** en état d'ivresse/ébriété; *take to ~*, se livrer à la boisson || *Pl* rafraîchissements *mpl* || *strong ~s*, alcools *mpl* || **~able** *adj* buvable, potable (water) || **~er** *n* buveur *n* || **~ing** *n* boire *m* (act) || boisson *f*, alcoolisme *m*, ivrognerie *f*; *take to ~*, se mettre à boire; *~* ***bout,*** beuverie *f*; *~* ***song,*** chanson *f* à boire || **~ing water** *n* eau *f* potable.

drip [drip] *n* goutte *f* ● *vi* tomber goutte à goutte, dégoutter; [trees] s'égoutter — *vt* faire égoutter || **~-dry** *adj* qui ne nécessite aucun repassage || **~-feed** *n* MÉD. perfusion *f*; *be on the ~*, être sous perfusion || **~ping** *n* égouttage *m* || CULIN. graisse *f* de rôti || **~ing wet** *adj* ruisselant; trempé (fam.).

drive [draiv] *vt* (drove [drəuv], driven ['drivn]) pousser devant soi (push forward) || chasser (*from*, de) || conduire (a car, a horse) || conduire, transporter (sb.) || TECHN. actionner (a machine); percer (a tunnel); forer (a well); enfoncer (a nail); serrer (a nut) || SP. renvoyer (the ball) || COMM. conclure (a bargain) || FIG. pousser, amener (induce); *~ sb. mad*, rendre qqn fou; obliger, contraindre (force) — *vi* [rain] être poussé, battre || AUT. [driver] conduire; [car] rouler || SP. driver (in tennis) || FIG. tendre (intend); *what are you driving at ?*, où voulez-vous en venir ? ● *n* AUT. promenade *f*; trajet *m* (trip); ***go for a ~,*** faire une promenade en voiture ||; conduite *f*; *left hand ~*, conduite à gauche; ***front wheel ~,*** traction *f* avant || TECHN. transmission *f* || [tennis] coup droit, drive *m*; [bridge] tournoi *m* || [private road] allée, avenue *f* || FIG. énergie *f*, dynamisme, allant *m* (energy); pulsion *f* (sexual) || POL. campagne *f*; propagande *f* || ***~-in,*** U.S. [cinéma, restaurant] drive-in *m inv*.

drivel ['drivl] *vi* baver (slaver) || FIG. radoter ● *n* FIG. radotage *m*.

driven See DRIVE.

driver ['draivə] *n* [car] chauffeur *m*; [bus] conducteur *n*.

driving ['draiviŋ] *n* AUT. conduite *f* || ***~-licence,*** permis *m* de conduire; *~-school*, auto-école *f*; *~-test*, examen *m* pour le permis de conduire || TECHN. *~-belt*, courroie *f* de transmission; *~ wheel*, roue motrice.

drizzl|e ['drizl] *vi* bruiner ● *n* bruine *f* || **~y** *adj* bruineux.

droll [drəul] *adj* comique, drôle, amusant, cocasse.

dromedary ['drʌmədri] *n* dromadaire *m*.

drone [drəun] *n* bourdonnement *m* (of a bee) || vrombissement *m* (of a plane) || ZOOL. faux bourdon (male bee) ● *vi* bourdonner.

drool [dru:l] *vi* baver.

droop [dru:p] *vi* [head] pencher; [person] se voûter; [flowers] s'affaisser || FIG. décliner, s'affaiblir — *vt* pencher (hend); baisser (eyes) ● *n* inclinaison *f*, abaissement *m* || FIG. abattement *m* || **~ing** *adj* FIG. languissant.

drop [drɔp] *n* goutte *f*; ***~ by ~, in ~s,*** goutte à goutte || larme *f* (of wine) || pastille *f* (sweet) || dénivellation *f* (in the ground) || chute, baisse *f* (in prices, temperature) || FIG. *at the ~ of a hat,* au signal, sans délai ● *vi* tomber goutte à goutte (dribble) || tomber, s'écrouler (fall); *be ready to ~,* ne plus tenir debout; *be ready to ~ with sleep,* tomber de sommeil || [wind] baisser || FIN. [prices] baisser || Fig. tomber, cesser (stop) || ***~ behind,*** se laisser distancer || ***~ in,*** entrer en passant (on sb.) || ***~ off,*** diminuer (en nombre); piquer un somme (fall asleep) || ***~ out,*** renoncer, abandonner — *vt* verser goutte à goutte || laisser tomber (thing) || laisser échapper (a word) [utter casually] || omettre (a word) || écrire à la hâte || NAUT. mouiller/jeter (anchor) || AV. larguer, parachuter || AUT. *~ (off),* déposer (passenger) || SP. [rugby] marquer un drop || ZOOL. mettre bas || FIG. abandonner; renoncer à (habit); laisser tomber, rompre avec (friend); *~ a curtsy,* faire une révérence ; *~ sb. a line,* écrire un mot à qqn || FAM. *~ a brick,* faire une gaffe || **~let** *n* gouttelette *f* || **~-out** *n* marginal *n*; paumé *n* (fam.).

dropper *n* compte-gouttes *m inv*.

dropping zone *n* AV. zone *f* de largage.

droppings [-z] *npl* crottes *fpl* || [birds] fiente *f*.

dropsy ['drɔpsi] *n* hydropisie *f*.

dross [drɔs] *n* scories *fpl*.

drought [draut] *n* sécheresse *f*.

drove I See DRIVE.

drov|e II [drəuv] *n* troupeau *m* en marche/FR. en transhumance || **~er** *n* conducteur/marchand *n* de bestiaux.

drown [draun] *vi* se noyer — *vt* noyer, inonder, submerger (flood) || étouffer, couvrir (a sound) || **~ing** *n* noyade *f*.

drows|e [drauz] *vi* somnoler || **~iness** *n* somnolence *f* || **~y** *adj* somnolent; endormant.

drudge [drʌdʒ] *n* FIG bête *f* de somme ● *vi* trimer || **~ry** [-ri] *n* corvée *f*, travail fastidieux.

drug [drʌg] *n* drogue *f*, produit *m* pharmaceutique || drogue *f*, stupéfiant *m*; *take ~s,* se droguer ● *vt* droguer || **~-addict** *n* toxicomane, drogué *n* || **~-pusher** *n* trafiquant/revendeur *n* de drogue.

drugstore *n* drugstore *m*.

drum [drʌm] *n* MUS. tambour *m*; *Pl* batterie *f* || bidon, baril (container) *m* ● *vt* tambouriner, battre du tambour || **~-brake** *n* frein *m* à tambour || **~ majorette** [ˌmeidʒəret] *n* majorette *f* || **~mer** *n* tambour *m* (player); [jazz] batteur *m* || U.S. SL. voyageur *m* de commerce || **~stick** *n* CULIN. [fowl] pilon *m*.

drunk [drʌŋk] *adj* (see DRINK) ivre, FAM. saoul; ***get ~,*** s'enivrer || **~ard** [-əd] *n* ivrogne *n* || **~en** *adj* ivre || **~enness** *n* ivresse *f* (temporary); ivrognerie *f* (habitual).

dry [drai] *adj* sec || aride (country) || tari (well) || à sec (river); sans pluie (day); sec (weather); *run ~,* [spring] se tarir; [river] s'assécher; [car] avoir une panne d'essence || NAUT. à sec, échoué (ship); see DOCK || ***~ goods,*** grain *m* (cereals); U.S. articles *mpl* de nouveautés || FIG. sec, froid (answer); sans intérêt (lecture);

aride (subject) ● *vt* faire sécher, dessécher || essuyer (dishes) || assécher (a marsh); tarir (a well) — *vi* ~ ***up,*** se dessécher, s'assécher; FIG. rester court || **~-clean** *vt* nettoyer à sec || **~-cleaner's** *n* teinturerie *f* || **~-cleaning** *n* nettoyage *m* à sec || **~-freeze** *vt* lyophiliser.

drying *n* séchage *m*.

dryness *n* [climate] sécheresse *f* || FIG. causticité *f*.

dry-salter [-ˌsɔːltə] *n* marchand *n* de salaisons || droguiste *n*.

dry|-shave *vi* se raser au rasoir électrique || **~-shod** *adj/adv* à pied sec.

dual [ˈdjuəl] *adj* double || **~ism** *n* dualisme *m*.

dub [dʌb] *vt* CIN. doubler, post-synchroniser || **~bing** *n* doublage *m*.

dub|ious [ˈdjuːbjəs] *adj* [person] sceptique (feeling doubt) || douteux, suspect (causing doubt) || [thing] douteux, vague, ambigu, équivoque || **~itative** [-itətiv] *adj* dubitatif.

duchess [ˈdʌtʃis] *n* duchesse *f*.

duck I [dʌk] *vi* plonger rapidement (dive) || baisser vivement (one's head) — *vt* faire faire un plongeon à qqn || FAM. esquiver (a blow) ● *n* brusque plongeon *m* || SP. esquive *f*.

duck II *n* canard *m; [female]* cane *f* (drake) || FAM. chou, trésor *m* (darling) || ***play ~s and drakes,*** faire des ricochets sur l'eau; *play ~s and drakes with one's money,* jeter son argent par les fenêtres || **~ing** *n* bain forcé || **~ling** *n* caneton *m*.

duct [dʌkt] *n* conduite, cheminée *f* || **~ile** [-ail] *adj* souple || FIG. malléable, souple.

dud [dʌd] *n* MIL. obus non explosé || FAM. raté.

dudgeon [ˈdʌdʒn] *n in high ~,* furieux et offensé.

due [djuː] *adj* dû, convenable (suitable); *in ~ course,* en temps utile; *in ~ form,* en bonne et due forme; *in ~ time,* en temps voulu || dû, juste (merited) || ~ ***to,*** à cause de; *what is it ~ to?,* à quoi cela tient-il? || FIN. échu, dû; ***fall/become ~,*** venir à échéance, échoir || RAIL., AV. attendu, prévu ● *adv ~ north,* en plein nord ● *n* dû *m; give sb. his ~,* rendre justice à qqn || *Pl* FIN. *pay one's ~s,* payer ses dettes || *Pl* JUR. droits *mpl*.

duel [ˈdjuəl] *n* duel *m; challenge sb. to a ~,* provoquer qqn en duel; *fight a ~,* se battre en duel — *vi* se battre en duel.

duet [djuˈet] *n* MUS. duo *m; play a piano ~,* jouer du piano à quatre mains || **~tist** *n* duettiste *n*.

duffel, duffle [ˈdʌfl] *n* molleton *m;* ***~-coat,*** duffel-coat *m*.

dug See DIG || **~-out** *n* MIL. abri *m* || NAUT. pirogue *f*.

duke [djuːk] *n* duc *m*.

dull [dʌl] *adj* terne, mat (colour) || sourd (sound) || gris, maussade (weather) || épais, obtus (mind) || terne, insipide, ennuyeux (speech) || émoussé (knife) || FIN. inactif (market) ● *vt* émousser (the edge) || assourdir (sound) || ternir (colour) || MÉD. atténuer (pain) || **~ness** *n* manque *m* d'éclat, matité *f* (of colour, sound) || lourdeur *f* d'esprit || tristesse *f*, aspect *m* morne (cheerlessness) || monotonie *f*, caractère ennuyeux (tediousness).

duly [ˈdjuːli] *adv* dûment (properly) || à temps (on time) || ~ *received,* bien reçu.

dumb [dʌm] *adj* muet (unable to speak); silencieux (temporarily) || **~-bell** *n* haltère *m* || **~founded** *adj* stupéfait, ébahi; sidéré (fam.) || **~ness** *n* mutisme, silence *m* || **~-show** *n* pantomime *f* || **~-waiter** *n* table roulante || U.S. monte-plats *m*.

dummy ['dʌmi] *n* objet *m* factice || tétine *f* (baby's) || [bridge] mort *m* || COMM. mannequin *m* (in a shop-window) || TECHN. maquette *f* || FIN., POL. prête-nom *m* ; homme *m* de paille.

dump [dʌmp] *n* dépotoir *m* || MIL. dépôt *m* ● *vt* décharger (throw down) || COMM. faire du dumping || **~ing-ground** *n* décharge *f* publique.

dumps [dʌmps] *n be in the ~,* avoir le cafard.

dumpy ['dʌmpi] *adj* courtaud, trapu.

dun I [dʌn] *n* gris foncé.

dun II *vt* réclamer de l'argent à, relancer (a debtor) ● *n* créancier importun || demande pressante (de remboursement).

dunce [dʌns] *n* FAM. sot *n,* âne, cancre *m* ; ***~'s cap,*** bonnet *m* d'âne.

dune [dju:n] *n* dune *f*.

dung [dʌŋ] *n* fumier *m* (manure) ; [cattle] bouse *f;* [horse] crottin *m*.

dungaree [,dʌŋgə'ri:] *n* treillis *m* || *Pl* bleu *m,* salopette *f*.

dungeon ['dʌnʒn] *n* oubliettes *fpl*.

dunghill ['dʌŋhil] *n* tas *m* de fumier.

dunk [dʌŋk] *vt* tremper (bread in one's coffee).

dupe [dju:p] *n* dupe *f* ● *vt* duper || **~ry** [-ri] *n* duperie *f*.

duplex ['dju:pleks] *adj* double || U.S. [apartment] duplex *m*.

duplicat|e ['dju:plikit] *adj* double, de rechange ● *n* double, duplicata *m* ; *in ~,* en double exemplaire ● ['dju:plikeit] *vt* reproduire en double ; polycopier || **~or** *n* duplicateur *m,* machine *f* à polycopier.

duplicity [dju'plisiti] *n* duplicité *f*.

dur|able ['djuərəbl] *adj* durable, solide, inusable || **~ation** [dju'reiʃn] *n* durée *f*.

Duralumin [djuə'ræljumin] *n* T.N. Duralumin *m*.

during ['djuəriŋ] *prep* durant, pendant.

dusk [dʌsk] *n* crépuscule *m,* brune *f;* ***at ~,*** à la tombée de la nuit || **~y** *adj* sombre, obscur (gloomy) || hâlé, brun (swarthy).

dust [dʌst] *n* poussière *f* (dirt) ; *saw ~,* sciure *f* de bois || FIG. *throw ~ in sb.'s eyes,* jeter de la poudre aux yeux ● *vt* épousseter || **~ bag** *n* sac *m* à ordures || **~bin** *n* poubelle *f,* boîte *f* à ordures || **~-cart** *n* benne *f* à ordures.

duster *n* chiffon *m*.

dust|-jacket *n* couvre-livre *m* || **~man** éboueur *m;* boueux *m* (fam.) || **~pan** *n* pelle *f* à ordures || **~y** *adj* poussiéreux.

Dutch [dʌtʃ] *adj* hollandais, néerlandais || CULIN. *~ cheese,* hollande *m* ● *n* hollandais, néerlandais *m* (language) || FAM. *go ~,* partager les frais ; *double ~,* charabia *m* || **~man, ~woman** *n* Hollandais *m,* -aise *f*.

dut|iable ['dju:tjəbl] *adj* taxable ; soumis aux droits de douane || **~iful** [-ifl] *adj* obéissant, respectueux, déférent.

duty ['dju:ti] *n* devoir *m,* obligation *f; for ~'s sake,* par devoir || fonction *f;* ***do ~ for,*** faire office de ; *take up one's duties,* entrer en fonctions || MIL. service ; ***on ~,*** de service ; *off ~,* libre || droit *m* de douane || **~-free** *adj* en franchise.

dwarf [dwɔ:f] *adj/n* nain *(n)* ● *vt* empêcher de croître.

dwell [dwel] *vi* (dwelt [dwelt]) demeurer, résider || FIG. s'appesantir, mettre l'accent (*on,* sur) || **~er** *n* habitant *n* || **~ing** *n* habitation, demeure *f;* ***~-place,*** lieu *m* de résidence.

dwelt See DWELL.

dwindle ['dwindl] *vi* diminuer.

dye [dai] *vt* (dyed [-d], dyeing [-iŋ]) teindre ; *have a dress ~d blue,* faire teindre une robe en bleu ; *~ one's hair,* se teindre (les cheveux) || ***~d-in-the-wool,*** bon teint (lit. et fig.) — *vi* teindre || **~r** [-ə] *n* teinturier *n* || **~stuff** *n* teinture *f* (substance) || **~-works** *n* teinturerie *f.*

dying ['dauŋ] *adj* mourant, moribond ; *~ person,* mourant *n.*

dyke [daik] *n* = DIKE I, II.

dynam|ic [dai'næmik] *adj* dynamique, énergique || **~ics** [-iks] *npl* PHYS. dynamique *f* || **~ite** ['dainəmait] *n* dynamite *f* ● *vt* dynamiter.

dynamo ['dainəməu] *n* dynamo *f.*

dynasty ['dinəsti] *n* dynastie *f.*

dysentery ['disntri] *n* dysenterie *f.*

dyslex|ia [dis'leksiə] *n* dyslexie *f* || **~ic** *adj* dyslexique.

dyspep|sia [dis'pepsiə] *n* dyspepsie *f* || **~tic** [-tik] *adj* dyspepsique.

e

e [i:] *n* e *m* || MUS. mi *m.*

each [i:tʃ] *adj* chaque ● *pron* chacun ; *~* ***other,*** l'un(e) l'autre, les un(e)s les autres.

eager ['i:gə] *adj* désireux, avide, impatient (*for,* de) ; *be ~ for,* désirer vivement ; *be ~ to do,* avoir très envie/brûler de faire ; *be ~ that,* tenir beaucoup à [+ inf.]/à ce que [+ subj.] || passionné, ardent (lover, supporter) || **~ly** *adv* avec impatience, avec ardeur || **~ness** *n* impatience, ardeur *f,* enthousiasme *m,* avidité *f,* empressement *m.*

eagl|e ['i:gl] *n* aigle *m* || **~et** [-it] *n* aiglon *m.*

ear I [iə] *n* BOT. épi *m.*

ear II n oreille *f; have quick/sharp ~s,* avoir l'oreille fine ; *give ~ to,* prêter l'oreille à ; *be all ~s,* être tout oreilles ; *turn a deaf ~,* faire la sourde oreille (*to,* à) || **~-ache** *n* mal *m* d'oreilles || **~-drop** *n* pendant *m* d'oreille || **~-drum** *n* tympan *m* || **~, nose and throat specialist** *n* oto-rhino-laryngologiste ; otorhino *n* (fam.).

earl [ə:l] *n* comte *m* || **~dom** [-dəm] *n* comté *m.*

earl|ier, ~iest. See EARLY.

early [ə:li] *adv* de bonne heure, tôt || ***as ~ as...,*** dès... ; *as ~ as possible,* aussi tôt que possible || ***earlier than,*** avant... ● *adj in ~ spring,* au début du printemps ; *he is an ~ riser,* il est matinal ; *in the ~ morning,* de bon matin || prochain ; *at an ~ date,* prochainement || ***at the earliest,*** au plus tôt ; *from my earliest childhood,* dès ma plus tendre enfance || AGR. hâtif, précoce (plant).

earmark ['iəmα:k] *n* AGR. marque *f* || FIG. signe distinctif ; caractéristique *f* ● *vt* AGR. marquer || FIG. marquer, identifier || affecter à, réserver.

earn [ə:n] *vt* gagner (salary, one's life) || FIN. rapporter (interest) || FIG. mériter.

earnest I ['ə:nist] *n* FIN. arrhes *fpl* || FIG. gage *m.*

earnest II *adj* sérieux (serious) || convaincu (zealous) || ardent, fervent (eager) ● *n* sérieux *m ;* ***in***

~, sérieusement, pour de bon || **~ly** *adv* avec ardeur ; avec conviction || **~ness** *n* ardeur *f*, sérieux *m ;* conviction *f*.

earnings ['əːniŋz] *npl* gain *m* || FIN. bénéfices *mpl*.

ear|-piece *n* écouteur *m* || **~-plug** *n* boule *f* Quiès || **~-ring** *n* boucle *f* d'oreille || **~shot** *n within ~,* à portée de voix || **~-splitting** *adj* assourdissant.

earth [əːθ] n terre *f*, monde *m* (world) || terre *f* (land) || sol *m* (soil) || terrier *m* (of a fox) || ÉLECTR. masse *f* || FAM. *why on ~?*, mais pourquoi donc ? ● *vt* ÉLECTR. mettre à la terre.

earthen [əːθn] *adj* de/en terre || **~ware** *n* poterie *f ;* faïence *f*.

earth|ly *adj* terrestre, de ce monde || FIG. possible || **~quake** *n* tremblement *m* de terre, séisme *m* || **~worm** *n* ver *m* de terre || **~y** *adj* terreux || FIG. terre-à-terre.

ease [iːz] *n* aise *f*, bien-être *m ; at ~,* à l'aise (comfort) ; *set sb.'s mind at ~,* rassurer qqn || aises *fpl*, confort *m ; take one's ~,* prendre ses aises || facilité, aisance *f* (without difficulty) || MIL. *at ~!*, repos ! ● *vt* calmer, soulager, atténuer (anxiety, pain) || desserrer, relâcher (loosen) || *~ (down)*, modérer (speed) — *vi ~* ***off,*** [situation] se détendre.

easel ['iːzl] *n* chevalet *m*.

easily ['iːzili] *adv* aisément, facilement ; avec calme.

east [iːst] *n* est, orient *m ; Near East,* Proche-Orient ; *Middle East,* Moyen-Orient ; *Far East,* Extrême-Orient ● *adj* à/de l'est ● *adv* à/vers l'est (*of,* de).

Easter ['iːstə] n Pâques *m* || *~ eggs,* œufs *mpl* de Pâques || REL. *do one's ~ duty,* faire ses Pâques.

east|erly ['iːstəli] *adj/adv* d'est || **~ern** [-ən] *adj* vers l'est, oriental || **~ward** [-wəd] *adj/adv* vers l'est.

easy ['iːzi] *adj* facile, aisé (not difficult) || *that's ~!*, (c'est) sans problème ! || tranquille, paisible || confortable ; *~* ***chair,*** fauteuil *m* || indolent, nonchalant (idle) || *of ~ virtue,* facile (woman) || FIN. calme (market) ; *~* ***terms,*** conditions *fpl* de paiement ● *adv* aisément, facilement ; FAM. *take it ~!*, allez-y doucement, ne vous fatiguez pas ; *~ !*, doucement ! || **~-going** *adj* nonchalant || facile à vivre ; décontracté.

eat [iːt] *vt* (ate [et], eaten ['iːtn]) manger (food) || FIG. *~ one's words,* se rétracter || *~* ***up,*** dévorer — *vi* (se) manger || *~* ***into,*** [acid] ronger, attaquer corroder || **~able** *adj* mangeable, comestible ● *npl* comestibles *mpl ;* victuailles *fpl* || **~er** *n* mangeur *n* || [fruit] pomme *f* à couteau || **~ing** *n* nourriture *f ;* ***~-house,*** restaurant *m* || **~s** *npl* FAM. bouffe (pop.).

eaves [iːvz] *npl* avant-toit *m* || **~drop** *vt* écouter aux portes || **~dropper** *n* indiscret *n*.

ebb [eb] *n* reflux *m ; the ~ and flow,* le flux et le reflux ; *the tide is on the ~,* la marée descend || FIG. déclin *m* ● *vi* [tide] descendre, refluer || FIG. décliner || **~-tide** *n* marée descendante ; reflux, jusant *m*.

ebony ['ebəni] *n* ébène *f*.

ebullient [i'bʌljənt] *adj* bouillonnant | FIG. exubérant.

eccentr|ic [ik'sentrik] *n/adj* excentrique || original (*m*) [person] || **~icity** [ˌeksen'trisiti] *n* excentricité *f*.

ecclesiastic [iˌkliːzi'æstik] *n* ecclésiastique *m* || **~al** *adj* ecclésiastique.

echo ['ekəu] *n* écho *m* ● *vt* répéter, se faire l'écho de — *vi* faire écho, résonner.

eclectic [ek'lektik] *adj* éclectique.

eclipse [i'klips] *n* éclipse *f* ● *vt* éclipser.

ecolog|ical [,ikə'lɔdʒikl] *adj* écologique || **~ist** [i'kɔlədʒist] *n* écologiste *n* || **~y** [i'kɔlədʒi] *n* écologie *f*.

econom|ic [,i:kə'nɔmik] *adj* économique || **~ical** *adj* économe (thrifty) || **~ics** [-iks] *n sing* économie *f* politique || FIN. situation *f* économique || **~ist** [i'kɔnəmist] *n* économiste *n* || **~ize** [i'kɔnəmaiz] *vt* économiser, épargner || **~y** [i'kɔnəmi] *n* économie *f* || système *m* économique ; ***political ~,*** économie *f* politique ; *state controlled ~,* économie dirigée || épargne, économie *f* (of money, time, etc.) || Av. ~ ***class,*** classe *f* touriste.

ecstasy ['ekstəsi] *n* extase *f* || FIG. ravissement, transport *m ; go into ecstasies over,* s'extasier sur.

ecumenical = ŒCUMENICAL.

eczema ['eksimə] *n* eczéma *m*.

eddy ['edi] *n* remous, tourbillon *m* ● *vi* tourbillonner.

edge [edʒ] *n* tranchant, fil *m* (of a blade) ; ***take the ~ off,*** émousser || bord *m* (border) ; lisière *f* (skirt) || GÉOGR. rebord *m*, saillie *f* || SP. carre *f* (of skis) || FIG. ***on ~*** agacé, énervé ; *set sb.'s teeth on ~,* agacer, énerver qqn ● *vt* aiguiser, affûter — *vi* se glisser, se faufiler || **~ways**/**~wise** *adv* de biais, de côté.

edgy *adj* énervé, crispé.

edible ['edibl] *adj* comestible ● *npl* comestibles *mpl*.

edict ['i:dikt] *n* édit *m*.

edif|ice ['edifis] *n* édifice *m* || **~y** [-ai] *vt* FIG. édifier.

edit ['edit] *vt* préparer la publication de (a manuscript) || diriger (a newspaper) || CIN. monter (a film) || **~ing** *n* CIN. montage *m* || **~ion** [i'diʃn] *n* édition *f* || **~or** ['editə] *n* annotateur *n* (of a text) || rédacteur *n* en chef ; directeur *n* (of a newspaper) ; *sports ~,* rédacteur sportif || CIN. *film ~,* monteur *n* || **~orial** [,edi'tɔ:riəl] *adj* rédactionnel ; de rédaction ● *n* éditorial *m*.

educat|e ['edjukeit] *vt* éduquer, instruire ; *be well ~ed,* avoir reçu une bonne instruction || **~ion** [,edju'keiʃn] *n* éducation, formation *f* (bringing up) || enseignement *m* (schooling) ; instruction *f* || U.S. pédagogie *f* || **~ional** [,edju'keiʃnl] *adj* instructif ; éducatif || **~ive** ['edjukətiv] *adj* éducateur, éducatif || **~or** *n* éducateur *n*.

eel [i:l] *n* anguille *f*.

eerie ['iəri] *adj* étrange, mystérieux.

efface [i'feis] *vt* effacer ; ~ *oneself,* s'effacer.

effect [i'fekt] *n* effet, résultat *m* (result) ; action, influence *f ; have an ~,* produire un effet ; ***of no ~,*** en vain, sans résultat || accomplissement *m ;* ***carry into ~,*** réaliser, mettre en œuvre || fait *m ; in ~,* en fait, en pratique || impression *f*, effet *m ; to that ~,* à cet effet, dans ce sens || effets, biens *mpl* (belongings) || CIN. ***sound ~s,*** bruitage *m* || JUR. ***take ~,*** prendre effet ● *vt* effectuer, accomplir || **~ive** [-iv] *adj* efficace (efficacious) || effectif, réel, en vigueur (actual) || saisissant, frappant (impressive) || **~ively** *adv* effectivement, efficacement, de façon frappante || **~ual** [-juəl] *adj* efficace || **~ually** *adv* efficacement || **~uate** [i'fektjueit] *vt* accomplir.

effeminate [i'feminit] *adj* efféminé.

effervescent [,efə'vesnt] *adj* effervescent || bouillonnant (person).

effete [e'fi:t] *adj* mou, épuisé (person) || décadent (civilization) || = EFFEMINATE.

effic|acious [,efi'keiʃəs] *adj* efficace (thing) || **~acy** ['efikəsi] *n* efficacité *f*.

effic|iency [i'fiʃnsi] *n* efficacité *f*, rendement *m* (of work) || compétence, valeur *f* (of a person) || rendement *m* (of a machine) || méthode *f* (organization); ~ *expert*, expert *m* en organisation || **~ient** [-nt] *adj* compétent, capable, expérimenté (person) || efficace (method, machine) || **~iently** *adv* efficacement; avec compétence.

effigy ['efidʒi] *n* effigie *f*.

effort ['efət] *n* effort *m* || **~less** *adj* facile, aisé.

effrontery [e'frʌntəri] *n* effronterie *f*.

effulgence [e'fʌldʒns] *n* éclat *m*, splendeur *f*.

effu|sion [i'fju:ʒn] *n* effusion *f* || **~sive** [-siv] *adj* débordant || Fig. exubérant.

egg I [eg] *n* œuf *m* || **~-beater** *n* fouet, batteur *m* || **~-cup** *n* coquetier *m* || **~-head** *n* Sl. intellectuel *n*; grosse tête (arg.) || **~-plant** *n* aubergine *f* || **~-shaped** [-ʃeipt] *adj* ovoïde || **~-shell** *n* coquille *f* d'œuf || **~-timer** *n* Culin. sablier *m* || **~-whisk** *n* Culin. fouet *m* || **~white** *n* blanc *m* d'œuf || **~-yolk** [-jəuk] *n* jaune *m* d'œuf.

egg II *vt* ~ *on*, pousser, inciter.

ego|ism ['egəizm] *n* égoïsme *m* || **~ist** *n* égoïste *n*.

egret ['i:gret] *n* aigrette *f*.

Egypt ['i:dʒipt] *n* Égypte *f* || **~ian** [i'dʒipʃn] *adj/n* égyptien.

eh? [ei] *interj* hein?

eider ['aidə] *n* eider *m* || **~-down** *n* édredon *m*.

eigh|t [eit] *adj/n* huit (*m*) || **~teen** [-'ti:n] *adj/n* dix-huit (*m*) || **~teenth** [-'ti:nθ] *adj* dix-huitième || **~th** [-tθ] *adj* huitième || **~ty** [-ti] *adj/n* quatre-vingts (*m*).

either ['aiðə] *adj/pron* l'un(e) ou l'autre (one or the other) ● *conj* **~ ... or...,** ou bien... ou bien..., soit... soit... ● *adv not* ~, non plus.

ejaculate [i'dʒækjuleit] *vi* s'exclamer.

ejec|t [i'dʒekt] *vt* lancer, émettre (smoke); éjecter (steam, water) || expulser (sb.) || **~tion** *n* éjection *f* (of steam) || expulsion *f* (of a person).

eke [i:k] *vt* ~ ***out,*** suppléer; augmenter, faire durer, économiser (supplies); arrondir (one's income).

elaborate [i'læbrit] *adj* élaboré; minutieux; détaillé ● [i'læbəreit] *vt* élaborer — *vi* donner des détails, préciser.

elapse [i'leps] *vi* s'écouler, passer.

elast|ic [i'læstik] *adj* élastique; ~ *band*, élastique, caoutchouc *m* || Fig. souple ● *n* élastique *m* || **~icity** [ˌelæs'tisiti] *n* élasticité, souplesse *f*.

Elastoplast [i'læstəplɑ:st] *n* T.N. pansement *m* adhésif.

ela|te [i'leit] *vt* enthousiasmer, ravir || **~tion** *n* allégresse *f*.

elbow ['elbəu] *n* coude *m*; ***lean one's ~s,*** s'accouder (*on*, à, sur) || Fig. coude, tournant *m* (of a river) || Fam. *at one's* ~, à portée de la main ● *vi* jouer des coudes — *vt* ~ *one's way trough,* se frayer un passage à travers || **~-grease** *n* huile *f* de coude || **~-room** *n* espace *m*; *have* ~, avoir ses coudées franches.

elder I ['eldə] *n* Bot. sureau *m*.

eld|er II *adj* plus âgé (de deux personnes); aîné (older) || plus ancien (senior) ● *n* aîné *n*; *he is my ~ by 3 years,* il est mon aîné de 3 ans || **~erly** *adj* âgé, d'un certain âge; ~ *people,* vieilles gens || **~est** [-ist] *adj* aîné; *my ~ son,* mon fils aîné.

elec|t [i'lekt] *vt* élire || FIG. décider de ● *adj* élu || *the* ~, les élus *mpl* || **~tion** *n* élection *f*; ***by-~***, élection partielle ; *general* ~, élections générales || **~tor** *n* électeur *n* || **~toral** [-trəl] *adj* électoral ; ~ *register/roll*, liste électorale.

electr|ic(al) [i'lektrik(l)] *adj* électrique || **~ically** *adv* électriquement, à l'électricité || **~ician** [ilek'triʃn] *n* électricien *m* || **~icity** [ilek'trisiti] *n* électricité *f* || **~ify** [i'lektrifai] *vt* électriser (a body) || RAIL. électrifier.

electro|cardiogram [i'lektrə'kɑːdiə,græm] *n* électrocardiogramme *m* || **~cute** [i'lektrəkjuːt] *vt* électrocuter.

electrode [i'lektrəud] *n* électrode *f*.

electro|lysis [ilek'trɔlisis] *n* électrolyse *f* || **~magnet** [i'lektrə'mægnit] *n* électro-aimant *m*.

electron [i'lektrɔn] *n* électron *m* || **~ic** [ilek'trɔnik] *adj* électronique || **~ics** [-iks] *n sing* électronique *f*.

electro|shock [i'lektrəʃɔk] *n* électrochoc *m* || **~static** [-'stætik] *adj* électrostatique.

eleg|ance ['eligəns] *n* élégance *f* || **~ant** *adj* élégant.

element ['elimənt] *n* élément *m* || FIG. milieu *m*; élément *m* || **~al** [,eli'mentl] *adj* élémentaire, fondamental || **~ary** [,eli'mentri] *adj* élémentaire (basic).

elephant ['elifənt] *n* éléphant *m* ; *young* ~, éléphanteau *m*.

elevat|e ['eliveit] *vt* élever || FIG. exalter || **~ed** [-id] *adj* élevé ● *n* U.S. métro aérien || **~ion** [,eli'veiʃn] *n* élévation *f* || GÉOGR. altitude *f* || FIG. élévation *f* (de pensée) ; noblesse *f* (loftiness) || **~or** *n* monte-charge *m* || U.S. ascenseur *m* || TECHN. élévateur *m*.

eleven [i'levn] *adj/n* onze (*m*) || **~ses** [-siz] *npl* FAM. collation *f* d'onze heures || **~th** [-θ] *adj* onzième.

elicit [i'lisit] *vt* susciter, provoquer, faire naître (draw out) || mettre au jour, découvrir (truth).

elide [i'laid] *vt* élider.

eligible ['elidʒəbl] *adj* éligible ; qualifié pour.

eliminat|e [i'limineit] *vt* éliminer || **~ion** [i,limi'neiʃn] *n* élimination *f*.

elision [i'liʒn] *n* élision *f*.

elixir [i'liksə] *n* élixir *m*.

elk [elk] *n* ZOOL. élan *m*.

ellip|se [i'lips] *n* MATH ellipse *f* || **~sis, -pses** [i'lipsis, -siːz] *n* GRAMM. ellipse *f* || **~tic(al)** [-tik(l)] *adj* elliptique.

elm [elm] *n* orme *m*.

elocution [,elə'kjuːʃn] *n* élocution *f*.

elope [i'ləup] *vi* [wife] s'enfuir ; se faire enlever.

eloqu|ence ['eləkwəns] *n* éloquence *f* || **~ent** *adj* éloquent.

else [els] *adv* [other] autre ; *somebody* ~, qqn d'autre ; *nothing* ~, rien d'autre ; *what* ~?, quoi d'autre ? || [otherwise] *somewhere* ~, autre part ; *nowhere* ~, nulle part || ***or*** ~, ou bien, sinon || **~where** [-'-] *adv* autre part, ailleurs.

elucidat|e [i'luːsideit] *vt* élucider || **~ion** [i,luːsi'deiʃn] *n* élucidation *f* ; éclaircissement *m*.

elu|de [i'luːd] *vt* éluder, éviter (a question) || esquiver (a blow) || **~sive** [-siv] *adj* fuyant, insaisissable.

emaciated [i'meiʃieitid] *adj* émacié, décharné.

emanat|e ['eməneit] *vi* émaner || **~ion** [,emə'neiʃn] *n* émanation *f*.

emancipat|e [i'mæncipeit] *vt* JUR. émanciper || **~ion** [i,mænsi'peiʃn] *n* émancipation *f*.

embalm [im'baːm] *vt* embaumer.

embankment [im'bæŋkmənt] *n* [road] remblai *m* || [river] digue *f*, quai *m*.

embargo [im'bɑ:gəu] *n* embargo *m*; *lay/raise an ~ on*, mettre/lever l'embargo sur ● *vt* mettre l'embargo sur.

embark [im'bɑ:k] *vt/vi* (s') embarquer || FIG. se lancer (*on*, dans) || **~ation** [,embɑ:'keiʃn] *n* embarquement *m*.

embarrass [im'bærəs] *vt* gêner, entraver (impede) || embarrasser, troubler (abash).

embassy ['embəsi] *n* ambassade *f*.

embed [im'bed] *vt* encastrer.

embellish [im'beliʃ] *vt* embellir || orner (*with*, de) || FIG. enjoliver.

ember ['embə] *n* tison *m* || *Pl* braise *f*.

embezzle [im'bezl] *vt* détourner (money) || **~ment** *n* détournement *m* de fonds, malversation *f*.

embitter [im'bitə] *vt* envenimer (a quarrel) || aigrir (sb.).

emblem ['embləm] *n* emblème, symbole *m*.

embod|iment [im'bɔdimənt] *n* incarnation *f* || **~y** *vt* incarner (incarnate) || inclure, incorporer, englober (include).

embolden [im'bəuldn] *vt* enhardir.

emboss [im'bɔs] *vt* bosseler (metal) || graver en relief || gaufrer (paper).

embrace [im'breis] *vt* étreindre, enlacer (hug) || FIG. embrasser (career) || adopter (an opinion) || saisir (an opportunity) || inclure (include) || embrasser, englober (contain) — *vi* s'embrasser ● *n* embrassement *m*, étreinte *f*.

embrasure [im'breiʒə] *n* embrasure *f*.

embrocation [,embrə'keiʃn] *n* embrocation *f*.

embroid|er [im'brɔidə] *vt* broder || **~ery** [-ri] *n* broderie *f*.

embryo ['embriəu] *n* embryon *m*.

emend [i'mend] *vt* émonder (a text).

emerald ['emərəld] *n* émeraude *f*.

emerge [i'mə:dʒ] *vi* émerger || FIG. apparaître, se faire jour.

emergency [i'mə:dʒnsi] *n* situation *f* critique; *in an ~*, en cas d'urgence; *~ exit*, sortie *f* de secours; *~ rations*, vivres *mpl* de réserve || AV. *~ landing*, atterrissage forcé.

emery ['eməri] *n* émeri *m* || **~-board** *n* lime *f* à ongles en carton || **-cloth** *m* toile *f* émeri || **~-paper** *n* papier *m* de verre.

emigr|ant ['emigrənt] *adj/n* émigrant (*m*) || **~ate** [-eit] *vi* émigrer || **~ation** [,emi'greiʃn] *n* émigration *f*.

emin|ence ['eminəns] *n* GÉOGR., REL., FIG. éminence *f* || **~ent** *adj* éminent.

emissary ['emisri] *n* émissaire *m*.

emission [i'miʃn] *n* émission *f*, dégagement *m* (of heat, etc.).

emit [i'mit] *vt* émettre, dégager (fumes, heat); exhaler (an odour).

emotion [i'məuʃn] *n* émotion *f* || **~al** *adj* émotif; impressionnable || affectif.

emotive [i'məutiv] *adj* émotif; empreint d'émotion; affectif.

emperor ['emprə] *n* empereur *m*.

empha|sis ['emfəsis] *n* GRAMM. accent *m* (stress) || FIG. mise *f* en relief; insistance *f* || **~size** [-saiz] *vt* mettre l'accent sur, insister sur; souligner, faire ressortir || **~tic** [im'fætik] *adj* accentué || FIG. énergique, formel || **~tically** [-tikli] *adv* énergiquement, formellement.

empire ['empaiə] *n* empire *m*.

empir|ic [em'pirik] *adj* empirique || **~icism** [-risizm] *n* empirisme *m*.

emplacement [em'pleismənt] *n* MIL. emplacement *m* (of a gun).

employ [im'plɔi] *vt* employer (give work to) || utiliser, employer, faire usage de (use) ● *n* service *m*; *in the ~ of,* au service de || **~ee** [ˌemplɔi'iː] *n* employé *n* || **~er** *n* patron *n*; employeur *n* || **~ment** *n* emploi *m*, situation *f*; *full ~,* plein(-)emploi; *out of ~,* sans travail; *~ **agency,*** agence *f* pour l'emploi.

emporium [em'pɔːriəm] *n* centre commercial (market).

empress ['empris] *n* impératrice *f*.

emptiness ['emtinis] *n* vacuité *f*, vide *m* || FIG. vanité *f*.

empty ['emti] *adj* vide, inoccupé (room) || inhabité, désert (country) || MÉD. *on an ~ stomach,* à jeun || FIG. vain || *~-handed,* les mains vides; *~-headed,* écervelé ● *npl (empties)* emballages *mpl* vides, bouteilles *fpl* vides ● *vt* vider (*into,* dans) — *vi* se vider || [river] se jeter.

emulat|e ['emjuleit] *vt* tenter d'égaler, rivaliser avec || **~ion** [ˌemju'leiʃn] *n* émulation *f*; *in ~ of each other,* à qui mieux mieux || **~ously** *adv* à l'envi.

emulsion [i'mʌlʃn] *n* émulsion *f*.

enable [i'neibl] *vt* rendre capable || *~ sb. to do,* permettre à qqn de faire, donner à qqn la possibilité de faire.

enact [i'nækt] *vt* JUR. décréter, promulguer || TH. représenter, jouer.

enamel [i'næml] *n* émail *m* ● *vt* émailler (metal); vernir (pottery).

enamour [i'næmə] *vt be ~ed of,* s'éprendre de.

encamp [in'kæmp] *vt* camper || **~ment** *n* MIL. campement *m*.

enchain [in'tʃein] *vt* enchaîner.

enchant [in'tʃɑːnt] *vt* enchanter, charmer || **~ment** *n* enchantement *m*.

encircle [in'səːkl] *vt* encercler.

enclave ['enkleiv] *n* enclave *f*.

enclos|e [in'kləuz] *vt* enclore, clôturer (shut in) || contenir, renfermer (contain) || inclure, joindre (insert) || **~ed** [-d] *adj ~ herewith,* ci-joint || **~ure** [-ʒə] *n* clôture *f* (fence) || enclos *m* (land) || enceinte *f* (precinct) || pièce jointe (document).

encomium [en'kəumjəm] *n* panégyrique *m*.

encompass [in'kʌmpəs] *vt* entourer || FIG. embrasser.

encore [ɔŋ'kɔː] *n* TH. bis *m* ● *vt* bisser.

encounter [in'kauntə] *n* rencontre *f* || MIL. accrochage *m*, rencontre *f* ● *vt* rencontrer par hasard || MIL. affronter.

encourage [in'kʌridʒ] *vt* encourager (give courage/hope) || soutenir (support) || inciter, stimuler (spur on) || **~ment** *n* encouragement *m* (*from,* de la part de; *to,* à).

encroach [in'krəutʃ] *vi ~ on,* empiéter sur (sb.'s rights); abuser de (sb.'s time) || **~ing** *adj* envahissant || **~ment** *n* empiètement *m*.

encumb|er [in'kʌmbə] *vt* encombrer, embarrasser (hinder); obstruer (obstruct) || **~rance** [-rəns] *n* embarras *m* || JUR. charge *f*.

encyclopaedia [enˌsaiklə'piːdjə] *n* encyclopédie *f*.

end [end] *n* limite, fin *f* (boundary) || bout *m*, extrémité *f* (farthest part); *~ **on,*** de front; *~ to ~,* bout à bout; ***on ~,*** debout (egg); [hair] *stand on ~,* se hérisser || bout, morceau *m* (remnant); *make (both) ~s meet,* joindre les deux bouts; ***odds and ~s,*** bribes *fpl* || fin *f*; terme *m at an ~,* terminé, épuisé; *in the ~,* à la longue; *no ~ of,* une infinité de;

without **~,** sans fin ; ***bring to an*** **~,** achever, terminer ; *come to an* ~, s'achever, se terminer ; *come to a bad* ~, finir mal ; *put an* ~ *to,* mettre un terme à ‖ fin *f,* but *m* (aim) ; intention *f* (purpose) ‖ conséquence *f,* résultat *m* (result) ‖ fin, mort *f* (death) ‖ SP. *change* ~*s,* changer de camp ‖ FAM. *be at a loose* ~, ne pas savoir quoi faire ● *vt* finir ‖ ~ *(off),* achever, terminer — *vi* finir ; se terminer, s'achever (*in,* dans ; *by,* par) ‖ ~ ***up,*** finir (*by,* par) ; aboutir (*in,* à) ‖ **~-all** *n* See BE-ALL AND END-ALL.

endanger [in'deinʒə] *vt* mettre en danger, exposer.

endear [in'diə] *vt* rendre cher ‖ **~ing** [-riŋ] *adj* attirant, attachant ‖ **~ment** *n* affection, tendresse *f.*

endeavour [in'devə] *n* effort *m,* tentative *f* ● *vi* s'efforcer de.

endemic [en'demik] *adj* endémique.

ending ['endiŋ] *n* GRAMM. terminaison, désinence *f.*

endive ['endiv] *n* chicorée frisée, scarole *f.*

end|-leaf ['end'li:f] *n* feuille *f* de garde ‖ **~less** *adj* sans fin, interminable ‖ TECHN. sans fin (belt) ‖ **~lessly** *adv* continuellement.

endorse [in'dɔ:s] *vt* FIN. endosser (a cheque) ‖ FIG. approuver, soutenir ‖ **~ment** *n* FIN. endos(sement) *m* ‖ FIG. approbation *f,* soutien *m.*

endow [in'dau] *vt* faire une dotation à ‖ FIG. douer (*with,* de) ‖ **~ment** *n* dotation *f* ‖ JUR. *family* ~*s,* prestations familiales ‖ FIG. don, talent *m.*

endue [in'dju:] *vt* douer (*with,* de).

endurance [in'djuərəns] *n* endurance *f* (to pain) ; résistance *f* (to fatigue).

endur|e [in'djuə] *vi* durer (last) ‖ résister, tenir (hold out) — *vt* supporter (undergo) ; endurer (bear) ; tolérer (tolerate) ‖ **~ing** [-riŋ] *adj* durable (lasting).

enema ['enimə] *n* lavement *m.*

enemy ['enimi] *n/adj* ennemi (*n*).

energ|etic [,enə'dʒetik] *adj* énergique ‖ dynamique ‖ **~ize** ['enədʒaiz] *vt* stimuler ‖ **~y** ['enədzi] énergie, vigueur *f.*

enervate ['enə:veit] *vt* affaiblir.

enfeeble [in'fi:bl] *vt* affaiblir.

enfilade [,enfi'leid] *vt* MIL. prendre en enfilade.

enfold [in'fəuld] *vt* enrouler, envelopper (wrap up) ‖ embrasser, enlacer (clasp).

enforce [in'fɔ:s] *vt* mettre en application (law) ; imposer (discipline) ; soutenir (argument) ● *n* mise *f* en application ; soutien *m.*

enfranchise [in'frænʃaiz] *vt* donner le droit de vote.

engag|e [in'geidʒ] *vt* engager ; ~ *oneself,* s'engager (*to,* à) ‖ ***become*** **~*d,*** se fiancer (*to,* à) ‖ embaucher (employ) ‖ entraîner (involve) ; ~ *sb. in conversation,* engager la conversation avec qqn ‖ séduire, attirer (attract) ‖ MIL. engager le combat contre ‖ TECHN. embrayer ‖ FIN. engager (pledge) ‖ TÉL. **~*d,*** occupé ; **~*d signal/tone,*** tonalité *f* d'occupation ; [taxi] occupé, pas libre — *vi* s'engager (*to,* à) ‖ ~ *sb. in conversation,* engager la conversation avec qqn ‖ **~ement** *n* engagement *m* (promise) ‖ fiançailles *fpl* (betrothal) ‖ rendez-vous *m* (appointment) ‖ TECHN. embrayage *m* ‖ MIL. engagement *m* (skirmish).

engaging [in'geidʒiŋ] *adj* attrayant, charmant.

engender [in'dʒendə] *vt* engendrer, créer.

engin|e ['enʒin] *n* NAUT. machine *f* ; **~*-room,*** chambre *f* des machines ‖ RAIL. locomotive *f* ; **~*-driver,*** mécanicien *n* ‖ AUT. moteur *m* ; **~*-failure*** panne *f* de moteur.

engineer [ˌenʒiˈniə] *n* ingénieur *m* (technician); *chemical* ~, ingénieur chimiste ; *consulting* ~, ingénieur-conseil ; *woman* ~, femme *f* ingénieur || mécanicien *m* (workman) || MIL. soldat *m* du génie ; *the Engineers,* le génie || RAD. ***sound* ~,** ingénieur *m* du son ● *vt* construire ; faire les plans de || FIG., FAM. manigancer || **~ing** [-riŋ] *n* technique *f* || ingénierie *f*, engineering *m* ; *civil* ~, génie civil ; *electrical* ~, électrotechnique *f* || *marine* ~, construction navale || *mechanical* ~, construction *f* mécanique ; ~ *factory,* atelier *m* de construction mécanique.

England [ˈiŋglənd] *n* Angleterre *f*.

English [ˈiŋgliʃ] *adj* anglais ● *n* anglais *m* (language) || Anglais *n* (person) || ***~-speaker*** *(n),* anglophone *n* ; ***~-speaking*** *(adj),* anglophone || **~man** ['---] *n* Anglais *m* || **~woman** *n* Anglaise *f*.

engraft [inˈgrɑːft] *vt* greffer || FIG. implanter.

engrav|e [inˈgreiv] *vt* graver || **~er** *n* graveur *m* || **~ing** *n* gravure *f*.

engross [inˈgrəus] *vt* accaparer, absorber (sb.'s attention).

engulf [inˈgʌlf] *vt* engouffrer, engloutir.

enhance [inˈhɑːns] *vt* rehausser, relever, augmenter (the value).

enigma [iˈnigmə] *n* énigme *f* || **~tic** [ˌenigˈmætik] *adj* énigmatique.

enjoin [inˈdʒɔin] *vt* enjoindre, ordonner (command) || imposer, prescrire (prescribe).

enjoy [inˈdʒɔi] *vt* prendre plaisir à, aimer ; ~ *oneself,* s'amuser, se divertir || jouir de, goûter || posséder (good health) || **~able** *adj* agréable, divertissant || **~ment** *n* plaisir *m* || JUR. jouissance *f*.

enkindle [inˈkindl] *vt* allumer || FIG. enflammer.

enlarge [inˈlɑːdʒ] *vt* agrandir, développer || agrandir (photo) — *vi* ~ *(up)on,* développer, s'étendre sur || **~r** *n* agrandisseur *m* || **~ment** *n* agrandissement *m* || FIG. accroissement *m*.

enlighten [inˈlaitn] *vt* FIG. éclairer, illuminer || **~ment** *n* éclaircissements *mpl,* lumières *fpl.*

enlist [inˈlist] *vt* MIL. enrôler, engager — *vi* MIL. s'engager, s'enrôler ; ~ *before the usual age,* devancer l'appel || **~ment** *n* enrôlement, engagement *m*.

enliven [inˈlaivn] *vt* animer, égayer (a conversation).

enmity [ˈenmiti] *n* inimitié *f*.

ennoble [iˈnəubl] *vt* anoblir.

enormous [iˈnɔːməs] *adj* énorme || **~ly** *adv* énormément.

enough [iˈnʌf] *adj* assez, suffisant ; ***be* ~,** suffire (*to,* pour) ● *adv* assez, suffisamment || ***oddly* ~,** chose curieuse ; ***quite* ~,** bien assez.

enquire = INQUIRE.

enrage [inˈreidʒ] *vt* faire enrager, mettre en fureur.

enrapture [inˈræptʃə] *vt* transporter, ravir.

enrich [inˈritʃ] *vt* enrichir || AGR. fertiliser.

enrol(l) [inˈrəul] *vt* embaucher ; inscire || **~ment** *n* embauchage *m* ; inscription *f* || [school] effectif *m*.

ensconce [inˈskɔns] *vt* ~ *oneself,* s'installer confortablement (*in,* dans).

enshrine [inˈʃrain] *vt* REL. enchâsser || FIG. enfouir.

enshroud [inˈʃraud] *vt* recouvrir, envelopper, ensevelir.

ensign [ˈensain] *n* NAUT. marque *f* (flag) || U.S. enseigne *m* de vaisseau.

enslave [inˈsleiv] *vt* réduire en esclavage, asservir.

ensnare [in'snεə] *vt* prendre au piège.

ensue [in'sju:] *vi* s'ensuivre, résulter (*from,* de).

ensure [in'ʃuə] *vt* assurer.

entail [in'teil] *vt* occasionner, entraîner.

entangle [in'tæŋgl] *vt* emmêler, enchevêtrer, embrouiller || **~ment** *n* enchevêtrement *m* || *Pl* MIL. réseaux *mpl* de barbelés.

enter ['entə] *vt* entrer, pénétrer dans || inscrire (a name); s'inscrire à (a school, a club); ~ *oneself/one's name for an examination,* se faire inscrire à un examen || enregistrer, inscrire || COMM. ~ *an item in the ledger,* porter un article au grand livre — *vi* entrer, pénétrer *(into,* dans) || ~ *into,* entamer (negociations); prendre part à (conversation) || ~ ***(up)on,*** entreprendre, commencer || prendre possession de (inheritance).

enterpris|e ['entəpraiz] *n* esprit *m* d'entreprise; *spirit of* ~, esprit *m* d'initiative || **~ing** *adj* entreprenant, hardi.

entertain [,entə'tein] *vt* divertir, amuser, distraire || recevoir (guests) || FIG. prendre en considération (a proposal) || entretenir (hope); nourrir (doubts) || **~ing** *adj* amusant || **~ment** *n* divertissement, amusement *m* || réception *f,* accueil *m* || TH. spectacle *m.*

enthral(l) [in'θrɔ:l] *vt* captiver || FIG. rendre esclave.

enthus|e [in'θju:z] *vi* FAM. s'enthousiasmer (*over,* pour) || **~iasm** [-iæzm] *n* enthousiasme *m* || **~iast** [-iæst] *n* enthousiaste *n,* partisan *m,* amateur passionné || **~iastic** [in,θju:zi'æstik] *adj* fervent, enthousiaste.

entice [in'tais] *vt* attirer, séduire (allure) || entraîner, pousser (persuade) || **~ment** *n* tentation, séduction *f.*

entire [in'taiə] *adj* entier, complet || intégral (text) || **~ly** *adv* entièrement, complètement || **~ty** *n* totalité, intégralité *f.*

entitle [in'taitl] *vt* intituler (book) || autoriser; ~ ***sb. to do,*** donner à qqn le droit de faire; *be ~d to sth.,* avoir droit à qqch.

entity ['entiti] *n* entité *f.*

entomb [in'tu:m] *vt* mettre au tombeau || ensevelir, emmurer (accidently).

entrails ['entreilz] *npl* MÉD. intestins *mpl* || entrailles *fpl.*

entrance I [in'trɑ:ns] *vt* FIG. transporter (enrapture).

entr|ance II ['entrəns] *n* entrée *f* (door); accès *m* (passage); *tradesmen's* ~, entrée de service || ***tube*** ~, bouche *f* de/du métro || admission *f* (*to a school,* à/dans une école); ***~-fee,*** droits *mpl* d'entrée; ~ *examination,* examen *m* d'entrée || **~ant** *n* participant *n;* [race] concurrent *n;* [exam] candidat *n* || [profession] débutant *n.*

entrap [in'træp] *vt* prendre au piège.

entreat [in'tri:t] *vt* supplier, conjurer || **~y** *n* supplication, prière *f,* instances *fpl.*

entrée ['ɔntrei] *n* CULIN. entrée *f.*

entrench [in'trenʃ] *vt* retrancher; ~ *oneself,* se retrancher || **~ment** *n* retranchement *m.*

entrust [in'trʌst] *vt* charger *(with,* de) || confier (*to,* à).

entry ['entri] *n* entrée *f* (entering, way in); *no* ~, entrée interdite || U.S. entrée *f* (hall) || inscription *f; author* ~, fiche *f* auteur; *subject* ~, fiche *f* sujet; [dictionary] entrée *f* || FIN. inscription *f; by double* ~, en partie double || SP. participant *n* (person); participation *f* (list).

entwine [in'twain] *vt* entrelacer, entortiller.

enumerate [i'nju:məreit] *vt* énumérer.

enunciate [i'nʌnsieit] *vt* énoncer.

envelop [in'veləp] *vt* envelopper.

envelope ['envələup] *n* enveloppe *f*.

env|iable ['enviəbl] *adj* enviable || **~ious** [-iəs] *adj* envieux, jaloux (*of*, de).

environment [in'vairənmənt] *n* milieu, cadre *m* || [ecology] environnement *m* || **~al** *adj* du milieu || **~alist** *n* écologiste *n*.

envisage [in'vizidʒ] *vt* envisager, faire face à.

envoy ['envɔi] *n* émissaire *m*.

envy ['envi] *n* envie *f*; ***be the ~ of,*** faire envie à ● *vt* envier; *~ sb. sth.*, envier qqch. à qqn.

ephemeral [i'femərl] *adj* éphémère.

epic ['epik] *adj* épique ● *n* épopée *f*.

epicure ['epikjuə] *n* gourmet *m*.

epidemic [,epi'demik] *n* épidémie *f* ● *adj* épidémique.

epilep|sy ['epilepsi] *n* épilepsie *f* || **~tic** [,epi'leptik] *adj* épileptique; *~ fit*, crise *f* d'épilepsie.

episod|e ['episəud] *n* épisode *m* || **~ic** *adj* [,epi'sɔdik] *adj* épisodique.

epithet ['epiθet] *n* épithète *f*.

epoch ['i:pɔk] *n* époque *f*.

equal ['i:kwəl] *adj* égal, équivalent (*to*, à); *on ~ terms*, sur un pied d'égalité || à la hauteur (*to*, de); de force (*to*, à) ● *n* égal *n* (person) ● *vt* égaler, être l'égal de || **~ity** [i'kwɔliti] *n* égalité *f* || **~ize** *vt* égaliser.

equanimity [,i:kwə'nimiti] *n* égalité *f* d'âme.

equa|te [i'kweit] *vt* MATH. mettre en équation || FIG. assimiler (*with*, à) || **~tion** *n* équation *f*.

equator [i'kweitə] *n* équateur *m* || **~ial** [,ekwə'tɔriəl] *adj* équatorial.

equestrian [i'kwestriən] *adj* équestre.

equilateral ['i:kwi'lætrl] *adj* équilatéral.

equilibrium [,ekwi'libriəm] *n* équilibre *m*; *mental ~*, équilibre mental.

equine ['i:kwain] *adj* chevalin.

equinox ['i:kwinɔks] *n* équinoxe *m*.

equip [i'kwip] *vt* équiper, doter (*with*, de) || **~ment** *n* équipement *m* || matériel *m*; appareillage *m*, appareils *mpl*.

equit|able ['ekwitəbl] *adj* équitable || **~y** *n* équité *f*.

equival|ence [i'kwivələns] *n* équivalence *f* || **~ent** *adj/n* équivalent (*m*).

equivoc|al [i'kwivəkl] *adj* équivoque || **~ate** [-eit] *vi* jouer sur les mots || **~ation** [-,--'--] *n* paroles *fpl* équivoques, faux-fuyants *mpl*.

era ['iərə] *n* ère *f*.

eradicate [i'rædikeit] *vt* déraciner, extirper.

erase [i'reiz] *vt* effacer, gratter || [tape recorder] ~ ***head,*** tête *f* d'effacement.

eras|er *n* gomme *f* (rubber) || **~ure** [i'reiʒə] *n* grattage *m*; rature *f*.

erect [i'rekt] *vt* dresser, mettre debout (set upright) || ériger, élever (a monument).

ermine ['ə:min] *n* hermine *f*.

ero|de [i'rəud] *vt* éroder (rock), corroder (metal) || **~sion** [-ʒn] *n* érosion *f*.

erotic [i'rɔtik] *adj* érotique.

eroticism [i'rɔtisizm] *n* érotisme *m*.

err [ə:] *vi* se tromper (be mistaken) || FIG. pécher (*on the side of*, par).

errand ['erənd] *n* course, commission *f*; *go on/run* ~*s*, faire des courses || message, objet *m* (d'une course) || **~-boy** *n* garçon *m* de courses.

errant ['erənt] *adj* errant, nomade.

erratic [i'rætik] *adj* irrégulier (person, thing) || excentrique (queer) || inégal (work).

erroneous [i'rəunjəs] *adj* erroné.

error ['erə] *n* erreur *f* (mistake); *clerical* ~, erreur matérielle ; *printer's* ~, coquille *f*; *make/commit an* ~, faire/commettre une erreur; ~ *in taste*, faute *f* de goût || erreur, méprise, confusion *f* (condition); *in* ~, par erreur; *lead sb. into* ~, induire qqn en erreur.

erstwhile ['ə:stwail] *adj* LIT. d'antan ● *adv* jadis.

erudit|e ['erudait] *adj* érudit || **~ion** [,eru'diʃn] *n* érudition *f*.

erup|t [i'rʌpt] *vi* [volcano] entrer en éruption; [geyser] jaillir || **~tion** *n* éruption *f* || MÉD. éruption *f* (on the skin).

escalat|ion [,eskə'leiʃn] *n* [prices, war] escalade *f* || **~tor** [-tə] *n* escalier mécanique, escalator *m*.

escap|ade [,eskə'peid] *n* fugue, équipée *f*; fredaine *f* || **~e** [is'keip] *vi* s'évader, s'échapper, s'enfuir (*from*, de) || TECHN. [gas] fuir — *vt* échapper à/de ; ~ *observation*, passer inaperçu ● *n* fuite, évasion *f*; *have a narrow* ~, l'échapper belle || **~ement** *n* TECHN. échappement *m* || **~ism** *n* FIG. évasion *f*.

escort ['eskɔ:t] *n* escorte *f* || cavalier *m* (to a lady) || [sightseeing] hôtesse *f* || NAUT. escorteur *m* ● [is'kɔ:t] *vt* escorter.

Eskimo ['eskiməu] *n/adj* esquimau.

especially [is'peʃli] *adv* spécialement, particulièrement, surtout.

espionage [,espiə'nα:ʒ] *n* espionnage *m*.

Esquire [is'kwaiə] (abbr. *Esq.*) *n* monsieur *m* (in the address).

essay ['esei] *n* tentative *f* || [school] dissertation *f*, essai *m* ● [e'sei] *vt* essayer, tenter.

essence ['esəns] *n* PHIL., CH. essence *f*.

essential [i'senʃl] *adj* essentiel; ~ *oil*, huile essentielle ● *n* élément fondamental || *Pl the* ~*s*, l'essentiel *m*, les rudiments *mpl*; ***the bare* ~*s***, le strict nécessaire.

establish [is'tæbliʃ] *vt* établir, fonder, instituer || FIG. établir, asseoir (custom); établir, prouver (a fact) || **~ment** *n* établissement *m*, fondation *f* (act) || établissement *m*, institution *f* (house) || train *m* de vie (style of living) || REL. église établie || MIL. *war* ~, effectifs *mpl* de guerre || FIG. établissement, constatation *f* (of fact) || POL. *the Establishment*, les classes dirigeantes.

estate [is'teit] *n* domaine *m*, propriété *f*; terres *fpl*; ***housing* ~**, lotissement *m*; ***real* ~**, biens immobiliers ; ~*-agent*, agent immobilier || FIN. biens *mpl* || JUR. état *m* || AUT. ***~-car***, break *m*.

esteem [is'ti:m] *vt* estimer (respect) || considérer, estimer (regard) ● *n* estime *f*.

estimable ['estiməbl] *adj* estimable.

estimat|e ['estimit] *n* évaluation *f*, calcul *m* (appraisal); *at a rough* ~, grosso modo, à vue de nez || TECHN. devis *m* || *Pl* FIN. prévisions *fpl* budgétaires || FIG. opinion, appréciation *f* (judgment) ● ['estimeit] *vt* estimer, évaluer || FIG. juger, apprécier || **~ion** [,esti'meiʃn] *n* estimation *f* (action) || FIG. jugement *m*, opinion *f* (judgment); estime *f* (regard).

estrange [is'treinʒ] *vt* éloigner, détacher, aliéner.

estuary ['estjuəri] *n* estuaire *m*.

etch [etʃ] *vt* graver à l'eau-forte || **~ing** *n* eau-forte *f*.

etern|al [i'tə:nl] *adj* éternel || **~ity** *n* éternité *f*.

ether ['i:θə] *n* éther *m*.

ethic ['eθik] *n* morale *f* || **~s** [-s] *n* morale, éthique *f*.

ethnic ['eθnik] *adj* ethnique.

ethnolog|ist [eθ'nɔlədʒist] *n* ethnologue *n* || **~y** *n* ethnologie *f*.

etiquette [,eti'ket] *n* étiquette *f*, protocole *m*; bon usage.

etymology [,eti'mɔlədʒi] *n* étymologie *f*.

eucalyptus [,ju:kə'liptəs] *n* eucalyptus *m*.

eulog|istic [,ju:lə'dʒistik] *adj* laudatif, élogieux || **~ize** ['ju:lədʒaiz] *vt* faire l'éloge de || **~y** ['ju:lədʒi] *n* panégyrique *m*.

euphemism ['ju:fimizm] *n* euphémisme *m*.

Eura|sia [ju:'reiʃə] *n* Eurasie *f* || **~sian** [-ʒjən] *adj/n* Eurasien.

Europe ['juərəp] *n* Europe *f* || **~an** [,juərə'piən] *adj/n* européen.

euthanasia [,ju:θə'neizjə] *n* euthanasie *f*.

evacuat|e [i'vækjueit] *vt* MIL., MÉD., FIG. évacuer || **~ion** [i,vækju'eiʃn] *n* évacuation *f*.

evade [i'veid] *vt* échapper à || esquiver, éviter (a blow) || éviter (obligation); éluder (question) || ~ *taxation*, frauder le fisc.

evaluate [i'væljueit] *vt* évaluer.

evaporat|e [i'væpəreit] *vt* faire évaporer || CH. deshydrater — *vi* s'évaporer || FIG. se volatiliser || **~ion** [i,væpə'reiʃn] *n* évaporation *f*.

eva|sion [i'veiʒn] *n* échappatoire *f*, faux-fuyant *m* (excuse) || dérobade (*of*, devant) || ***tax ~***, fraude fiscale || **~sive** [-siv] *adj* évasif.

eve [i:v] *n* veille *f*; *on the ~*, (à) la veille de || REL. vigile *f*.

even ['i:vn] *adv* même; *not ~*, même pas, pas même; ***~ as***, à l'instant précis où; ***~ if/though***, même si; ***~ so***, tout de même, quand même || *~ better*, encore mieux ● *adj* plat, uni; *~ with*, de niveau avec, à ras de; *make ~*, unifier, aplanir || uniforme, égal, régulier (unchanging) || égal, à égalité avec; ***be ~ with sb.***, être quitte avec qqn; ***~ odds***, chances égales || FAM. ***break ~***, équilibrer les gains et les pertes, couvrir ses frais || égal, tranquille (temper) || MATH. pair (number) ● *vt ~ (up)*, niveler, égaliser.

evening ['i:vniŋ] *n* soir *m*; *in the ~*, le soir, dans la soirée; *good ~!*, bonsoir!; *the ~ before*, la veille au soir; *tomorrow ~*, demain soir || **~-dress** *n* [man's] tenue *f* de soirée; [woman's] robe *f* du soir || **~-gown**, robe *f* du soir.

even|ly ['i:vnli] *adv* uniformément, régulièrement || **~ness** [-nis] *n* égalité *f*.

evensong ['i:vnsɔŋ] *n* vêpres *fpl*.

event [i'vent] *n* événement *m*; ***current ~s***, actualité *f* || cas *m*; *in the ~ of*, au cas où; *at all ~s*, de toute manière, en tout cas || SP. compétition, épreuve *f* || **~ful** *adj* mouvementé || **~ual** [-juəl] *adj* éventuel (possible) || final (ultimate) || **~uality** [i,ventju'æliti] *n* éventualité *f* || **~ually** [i'ventjuəli] *adv* finalement, en fin de compte.

ever ['evə] *adv* toujours (always); ***for ~***, pour toujours, à jamais; ***~ since***, depuis; *yours ~*, bien cordialement vôtre || jamais (at any time); ***hardly ~***, presque jamais; *if you ~ go there*, si jamais vous y allez || FAM. [intensifier] ***~ so***, énormement; *~ so little*, tant soit peu de; *who ~ told you that?*, qui donc a pu vous dire cela?;

where ~ *can he be?*, où peut-il bien être ? || **~green** ['evəgri:n] *adj* toujours vert ● *n* arbre *m* à feuillage persistant || **~lasting** [,evə'lɑ: stiŋ] *adj* éternel, perpétuel.

every ['evri] *adj* chaque, chacun de, tout ; ~ ***day,*** tous les jours ; ~ ***other day,*** tous les deux jours ; ~ *third/three day(s),* tous les trois jours ; ~ ***now and then,*** ~ ***so often,*** de temps en temps, de temps à autre ; ~*one of them,* tous sans exception ; ~ *man for himself,* chacun pour soi, [in danger] sauve qui peut || **~body** *pron* chacun, tout le monde || **~day** *adj* de tous les jours || **~one** *pron* = ~BODY || **~thing** *pron* tout || **~where** *adv* partout, de tous côtés.

evic|t [i'vikt] *vt* expulser || **~tion** *n* éviction *f*.

evid|ence ['evidns] *n* preuve certaine (proof) || JUR. déposition *f*; ***give*** ~, déposer, témoigner || ***in*** ~, en évidence, visible (conspicuous) ● *vt* mettre en évidence, révéler || JUR. attester || **~ent** *adj* évident || **~ently** *adv* évidemment, manifestement.

evil ['i:vl] *adj* mauvais, dépravé (immoral) || mauvais, méchant (wicked) || néfaste (baleful) ; nuisible (harmful) ● *n* mal *m* (depravity) || méchanceté *f* (wickedness) || malheur *m* (misfortune) ; *wish sb.* ~, souhaiter du mal à qqn.

evince [i'vins] *vt* montrer (a quality) || manifester (a feeling).

evocat|ion [,evə'keiʃn] *n* évocation *f* || **~ive** [i'vɔkətiv] *adj* évocateur.

evoke [i'vəuk] *vt* évoquer (memories, spirits).

evolution [,i:və'lu:ʃn] *n* évolution *f*, développement *m*.

evolve [i'vɔlv] *vt* développer (an argument) ; dégager (a conclusion) ; élaborer (a plan, a theory).

ewe [ju:] *n* brebis *f*.

ex- [eks] *pref* ancien, ex-.

exacerbate [ig'zæsəbeit] *vt* exacerber (pain) || exaspérer (sb.).

exact I [ig'zækt] *adj* exact, juste (correct) || précis (accurate).

exact II *vt* exiger || extorquer, imposer (taxes) || **~ing** *adj* exigeant, difficile (person) ; épuisant (work) || **~itude** [-itju:d] *n* exactitude, précision *f* (accuracy) || ponctualité *f* (ponctuality) || **~ly** *adv* exactement || précisément (just) || **~ness** *n* exactitude *f*; rigueur *f*.

exaggerat|e [ig'zædʒəreit] *vt* exagérer || **~ed** [-id] *adj* exagéré, outré || **~ion** [ig,zædʒə'reiʃn] *n* exagération *f*.

exalt [ig'zɔ:lt] *vt* exalter, transporter (elate) || intensifier (colours) || exalter, porter aux nues (extol) || **~ation** [,egzɔ:l'teiʃn] *n* exaltation *f*, transport *m* (rapture) || renforcement *m*, augmentation *f* (strengthening).

exam [ig'zæm] *n* FAM. examen *m* || **~ination** [ig,zæmi'neiʃn] *n* examen *m*, épreuve *f*; ***sit for/take an*** ~, se présenter à un examen ; *end-of-year* ~, examen de passage ; ~ *paper,* composition, épreuve *f* || [Customs] visite, fouille *f* || MÉD. ***medical*** ~, examen/visite médical(e) || JUR. interrogatoire *m*; audition *f* (of witnesses).

examin|e [ig'zæmin] *vt* examiner, inspecter || [school] interroger || [customs] visiter, contrôler || JUR. instruire (a case) ; interroger (a witness) || MÉD. examiner (a patient) ; *have one's teeth* ~*d,* se faire examiner les dents || **~ee** [ig,zæmi'ni:] *n* candidat *n* || **~er** *n* examinateur *n*; interrogateur *n*.

example [ig'zɑ:mpl] *n* exemple *m*; *after the* ~ *of,* à l'exemple de ; ***for*** ~, par exemple ; ***set an*** ~, donner l'exemple ; *take sb. as an* ~, prendre exemple sur qqn, imiter qqn.

exasperat|e [ig'zɑ:spreit] *vt* exaspérer; exacerber (a pain) || **~ing** *adj* exaspérant, horripilant || **~ion** [ig,zɑs:pə'reiʃn] *n* exaspération *f.*

excavat|e ['ekskəveit] *vt* creuser (dig) || déterrer (unearth) || faire des fouilles (in a site) || **~ion** [,ekskə'veiʃn] *n* fouille *f* || **~or** *n* excavateur *m,* excavatrice *f* (machine).

exceed [ik'si:d] *vt* dépasser, outrepasser (a limit) || excéder (quantity) || dépasser (expectations) || surpasser (hopes) || outrepasser (one's rights) || **~ingly** *adv* extrêmement.

excel [ik'sel] *vt* dépasser, surpasser; ~ *oneself,* se surpasser — *vi* exceller, briller (*in,* en).

excell|ence ['eksələns] *n* excellence *f,* mérite *m* || **~ency** *n* [title] *Your Excellency,* Excellence || **~ent** *adj* excellent.

except [ik'sept] *prep* excepté, sauf, en dehors de; hormis; ~ *for,* à l'exception de, sauf; ~ *that,* sauf que ● *vt* excepter (*from,* de) || **~ing** *prep* à l'exception de.

exception [ik'sepʃn] *n* exception *f;* [passive] *be an* ~ *to,* faire exception à; [active] *make an* ~ *to,* faire une exception à || objection *f;* ***take* ~ *to,*** trouver à redire à, se formaliser de || **~al** *adj* exceptionnel.

excerpt ['eksə:pt] *n* extrait *m.*

excess [ik'ses] *n* excès *m; to* ~, à l'excès || excédent *m;* ***in* ~ *of,*** en plus de || [insurance] franchise *f* || *Pl* FIG. excès, abus *mpl* ● *adj* excédentaire; RAIL. ~ ***fare,*** supplément *m;* ~ *luggage,* excédent *m* de bagages; ~ *postage,* surtaxe *f* || **~ive** *adj* excessif, démesuré || **~ively** *adv* excessivement, démesurément.

exchange [iks'tʃeinʒ] *vt/vi* échanger (*for,* contre); ~ *seats,* changer de place ● *n* échange, troc *m* (*for,* contre); *in* ~ *for,* en échange de, moyennant || objet *m* d'échange (thing) || FIN. bourse *f; Stock Exchange,* Bourse *f* des valeurs || FIN. change *m* ; ***foreign* ~,** change *m* || TÉL. central *m* téléphonique.

Exchequer [iks'tʃekə] *n* ministère *m* des Finances; *Chancellor of the* ~, ministre *m* des Finances.

excise ['eksaiz] *n* taxe *f,* impôt indirect.

excit|ability [ik,saitə'biliti] *n* nervosité *f* || **~able** [-'---] *adj* excitable, nerveux.

excit|e [ik'sait] *vt* émouvoir, impressionner (move) || exciter, agiter (agitate) || inciter, pousser à (urge) || susciter (provoke) || stimuler (stimulate) || **~ed** [-id] *adj* énervé, agité; ému; excité; *get* ~, s'énerver || **~ement** *n* excitation, agitation *f,* énervement *m;* émoi *m* || **~ing** *adj* MÉD. excitant, énervant || FIG. émouvant, passionnant, captivant (story).

excl|aim [iks'kleim] *vi* s'écrier, s'exclamer || protester (*against,* contre) || **~amation** [,eksklə'meiʃn] *n* exclamation *f* || GRAMM. ~ *mark,* point *m* d'exclamation.

exclude [iks'klu:d] *vt* exclure (*from,* de); rejeter, écarter (*from,* de).

exclusion [iks'klu:ʒn] *n* exclusion, expulsion *f,* renvoi *m* (*from,* de); *to the* ~ *of,* à l'exclusion de.

exclusive [iks'klu:siv] *adj* exclusif || incompatible || fermé, sélect (club) || COMM. exclusif (article); ~ *rights,* droits réservés, exclusivité *f* || ~ ***of,*** non compris || **~ly** *adv* exclusivement.

excommunicat|e [,ekskə'mju:nikeit] *vt* excommunier || **~ion** ['ekskə,mju:ni'keiʃn] *n* excommunication *f.*

excrement ['ekskrimənt] *n* excrément *m.*

excruciating [iks'kru:ʃieitiŋ] *adj* atroce.

exculpate ['ekskʌlpeit] *vt* disculper.

excursion [iks'kə:ʃn] *n* excursion *f*; ***go on an*** **~**, partir en excursion; *go on* **~***s*, excursionner.

excuse [iks'kju:s] *n* excuse *f*; *without* ~, sans excuse; *make* **~***s*, s'excuser ● [iks'kju:z] *vt* excuser; ~ *sb. sth.*, pardonner qqch. à qqn || dispenser, exempter (*from*, de).

execr|able ['eksikrəbl] *adj* exécrable || **~ate** [-eit] *vt* exécrer.

execute ['eksikju:t] *vt* accomplir || JUR. appliquer (a law); exécuter (a judgment, a criminal) || MUS. exécuter.

execut|ion [,eksi'kju:ʃn] *n* exécution *f*, accomplissement *m*; *put/carry a plan into* ~, mettre un plan à exécution || exercice *m* (of duties) || application *f* (of a judgment) || exécution *f* (of criminal) || **~er** *n* bourreau *m*.

execut|ive [ig'zekjutiv] *adj* exécutif ● *n* [business] administrateur *n*; cadre *m*; *senior/top* ~, cadre supérieur || [Government] exécutif *m* || **~or** [ig'zekjutə] *n* JUR. exécuteur *m* testamentaire.

exempl|ary [ig'zempləri] *adj* exemplaire || **~ify** [-ifai] *vt* illustrer, servir d'exemple.

exemp|t [ig'zemt] *vt* exempter ● *adj* ~ ***from***, exempt de (tax); exempté de (service) || **~tion** *n* exemption, dispense *f* (*from*, de).

exercise ['eksəsaiz] *n* [school] MIL., SP., MUS., exercice *m*; *take some* ~, faire de l'exercice || *Pl* U.S. cérémonie *f* ● *vt* exercer; ~ *oneself*, s'exercer || MIL. faire faire l'exercice à, entraîner || FIG. exercer (profession, authority); user de (rights) || FIG. embarrasser — *vi* s'exercer à || SP. s'entraîner.

exer|t [ig'zə:t] *vt* déployer (influence, power) || ~ *oneself*, se dépenser, se démener, se donner du mal (*for*, pour) || **~tion** *n* effort *m* || exercice *m* (of power).

exhalation [,eksə'leiʃn] *n* exhalaison, évaporation *f* (act); exhalaison, émanation *f* (result).

exhale [eks'heil] *vt* exhaler — *vi* s'exhaler.

exhaust [ig'zɔ:st] *vt* vider, tarir (a well) || épuiser (a subject) || FIG. épuiser, exténuer (sb.) ● *n* échappement *m* || TECHN. **~*-pipe***, tuyau *m* d'échappement || **~ion** [-ʃn] *n* épuisement *m* || **~ive** *adj* complet, exhaustif.

exbibit [ig'zibit] *vt* ARTS exposer || JUR. exhiber, produire (documents, passport) || FIG. faire preuve de, manifester ● *n* ARTS objet exposé, envoi *m* || JUR. document *m* || **~ion** [,eksi'biʃn] *n* exposition *f*; ***on*** **~**, exposé || FIG. étalage *m*; *make an* ~ *of oneself*, se donner en spectacle.

exhilarate [ig'ziləreit] *vt* réjouir, égayer, animer.

exhort [ig'zɔ:t] *vt* exhorter, pousser, inciter (*to*, à) || **~ation** [,egzɔ:'teiʃn] *n* exhortation *f*.

exhume [eks'hju:m] *vt* exhumer.

exig|ence ['eksidʒəns], **~ency** ['---i *or* ig'zidʒənsi] *n* nécessité, exigence *f* (need) || urgence *f*, situation *f* critique (emergency) || **~ent** *adj* urgent (pressing) || exigeant (exacting).

exiguous [eg'zigjuəs] *adj* exigu.

exile ['eksail] *n* exil *m* || exilé *m* (person) ● *vt* exiler (*from*, de).

exist [ig'zist] *vi* exister, être (to be) || vivre, subsister (live) || **~ence** *n* existence, vie *f* || **~ent** *adj* existant.

existentialism [,egzis'tenʃəlizm] *n* PHIL. existentialisme *m*.

exit ['eksit] *n* sortie *f* (way out).

exodus ['eksədəs] *n* exode *m*.

ex officio [,eksə'fiʃiəu] *adj/adv* d'office.

exonerate [ig'zɔnəreit] *vt* dispenser, exempter || JUR. disculper.

exorbitant [ig'zɔːbitənt] *adj* extravagant (demand); exorbitant (price).

exorcize ['eksɔːsaiz] *vt* exorciser.

exotic [eg'zɔtik] *adj* exotique.

expand [iks'pænd] *vt* déployer, étendre (spread out) || élargir (enlarge) || CH. dilater || FIG. développer (a topic) — *vi* CH. se dilater, s'élargir || FIG. se développer.

expan|se [iks'pæns] *n* étendue *f* || **~sion** [-ʃn] *n* expansion, extension *f* || CH. dilatation *f* || **~sive** [-siv] *adj* étendu, large || CH. dilatable || FIG. démonstratif.

expatiate [eks'peiʃieit] *vi* discourir, s'étendre (*on,* sur).

expatriate [eks'pætrieit] *vt* *~ oneself,* s'expatrier.

expect [iks'pekt] *vt* attendre (await) || compter sur (rely); *I ~ to see you tomorrow,* je compte vous voir demain || s'attendre à; *I ~ed as much,* je m'y attendais || exiger; *you ~ too much from me,* vous me demandez trop || FAM. supposer || *be ~ing,* attendre un bébé || **~ancy** *n* attente, expectative *f* || espérance *f* (of birth, etc.) || **~ant** *adj* qui attend; *~ mother,* femme enceinte || **~ation** [,ekspek'teiʃn] *n* attente *f*; espérance *f* || *in ~ of,* en prévision de || *~* ***of life,*** espérance *f* de vie || **~ed** [-id] *adj as ~,* comme prévu.

expectorate [eks'pektəreit] *vt/vi* expectorer.

expedi|ency [iks'piːdjənsi] *n* convenance *f,* opportunisme *m* || **~ent** *adj* avantageux, utile (useful) ● *n* expédient *m*.

exped|ite ['ekspidait] *vt* expédier, hâter (business) || **~ition** [,ekspe'diʃn] *n* expédition *f* (journey) || promptitude *f* (speed) || **~itionary** [,ekspe'diʃnri] *adj* MIL. expéditionnaire || **~itious** [,--'diʃəs] *adj* expéditif, prompt.

expel [iks'pel] *vt* expulser, déloger; exclure || [school] renvoyer.

expend [iks'pend] *vt* dépenser (one's money) || épuiser || **~iture** [-itʃə] *n* dépense *f*.

expense [iks'pens] *n* FIN. dépense *f*; *go to the ~ of,* faire la dépense de || *~* ***account,*** frais professionnels || *Pl* frais *mpl; general/sundry ~s,* frais généraux/divers; *incidental ~s,* faux frais; *petty ~s,* menus frais || FIG. ***at the ~ of,*** aux dépens de.

expensive [iks'pensiv] *adj* coûteux, cher || **~ly** *adv* à grands frais.

experienc|e [iks'piəriəns] *n* expérience *f* (knowledge) || incident *m,* aventure *f* ● *vt* faire l'expérience de, connaître, goûter de || éprouver, ressentir (feel) || rencontrer (meet with) || **~ed** [-t] *adj* expérimenté (*in,* en); exercé, averti; rompu (*in,* à).

experiment [iks'periment] *n* expérience *f* (trial) ● *vt* expérimenter; faire une experience || **~al** [eks,peri'mentl] *adj* expérimental || pilote *(adj)* [undertaking].

expert ['ekspəːt] *n* expert *m,* spécialiste *n*; *~'s report,* expertise *f* ● *adj* expert || **~ise** [,ekspəː'tiːz] *n* compétence *f* || expertise *f* (expert's report) || **~ly** *adv* habilement, de façon experte || **~ness** *n* habileté, maîtrise *f*.

expiate ['ekspieit] *vt* expier.

expiration [,ekspai'reiʃn] *n* expiration *f*.

expire [iks'paiə] *vi* arriver à expiration; ***~d,*** périmé (ticket, etc.).

explain [iks'plein] *vt* expliquer || *~ away,* justifier.

explan|ation [,eksplə'neiʃn] *n* explication *f* || **~atory** [iks'plænətri] *adj* explicatif.

explicit [iks'plisit] *adj* explicite.

explode [iks'pləud] *vt* faire exploser || FIG. discréditer, réduire à néant (a theory) — *vi* exploser (lit. and fig.).

exploit [iks'plɔit] *n* exploit, haut fait ● *vt* exploiter (lit. and fig.) || **~ation** [eksplɔi'teiʃn] *n* exploitation *f* || **~er** *n* FIG. exploiteur *n*.

explor|ation [,eksplɔ:'reiʃn] *n* exploration *f* || MÉD. sondage *m* || **~e** [iks'plɔ:] *vt* explorer || **~er** [iks'plɔrə] *n* explorateur *n*.

explo|sion [iks'pləuʒn] *n* explosion *f* (lit. and fig.) || **~sive** [-siv] *adj* explosif, détonant.

exponent [eks'pəunənt] *n* MATH. exposant *m* || FIG. représentant *n* || interprète *n* (of a theory).

export [eks'pɔ:t] *vt* exporter ● *n* exportation *f* || **~er** *n* exportateur *n*.

expose [iks'pəuz] *vt* exposer (to the weather) || COMM. exposer (in shopwindows) | PHOT. exposer || FIG. dévoiler, dénoncer; ~ *oneself to*, s'exposer à, donner prise à.

expos|é [eks'pəuzei] *n* exposé *m* (account) || **~ition** [,ekspə'ziʃn] *n* exposition *f*.

expostulat|e [iks'pɔstjuleit] *vi* ~ *with*, faire des remontrances à || **~ion** [iks,pɔstju'leiʃn] *n* remontrance *f*.

exposure [iks'pəuʒə] *n* exposition *f* (to the weather) || orientation *f* (of a house) || PHOT. exposition *f*; cliché *m*; *double* ~, surimpression *f*; ~ *meter*, posemètre *m*.

expound [iks'paund] *vt* expliquer, analyser.

express I [iks'pres] *vt* exprimer, émettre (an opinion) || ~ ***oneself***, s'exprimer || formuler (a wish) || extraire, exprimer (juice).

express II *adj* exprès, formel || exact (image) || rapide; ~ ***letter***, lettre exprès; **~-*way***, U.S. autoroute *f* ● *n* RAIL. rapide *m*.

express|ion [iks'preʃn] *n* expression *f* || **~ive** *adj* expressif || **~ly** *adv* expressément (definitely) || exprès (on purpose).

expropriat|e [eks'prəuprieit] *vt* exproprier || FIG. déposséder qqn || **~ion** [eks,prəupri'eiʃn] *n* expropriation *f*.

expulsion [iks'pʌlʃn] *n* expulsion *f*, renvoi *m* (from school).

expunge [iks'pʌnʒ] *vt* effacer, supprimer (words, etc.).

expurgate ['ekspə:geit] *vt* expurger.

exquisite ['ekskwizit] *adj* parfait (elaborate) || exquis (delicate) || vif (plaisir); aigu (pain) || **~ness** *n* perfection *f*, raffinement *m* || MÉD. acuité *f*.

ex-serviceman ['eks'sə:vismən] *n* MIL. ancien combattant.

extant [eks'tænt] *adj* JUR. encore existant, encore vivant.

extempor|e [eks'tempəri] *adv* impromptu || **~ize** *vi/vt* improviser.

extend [iks'tend] *vt* étendre, allonger (one's arm); tendre (one's hand) || tendre (a cable) || [space, time] prolonger || FIG. manifester (sympathy); apporter (help); offrir (hospitality) — *vi* s'étendre.

extension [iks'tenʃn] *n* extension, étendue, portée *f* (extent) || prolongation *f* (in time) || TÉL. poste *m* || ÉLECTR. ~ *cord*, prolongateur *m* || COMM. prorogation *f*.

extensive [iks'tensiv] *adj* vaste, étendu (spacious) || AGR. extensif || FIG. considérable, d'une grande portée || **~ly** *adv* largement.

extent [iks'tent] *n* étendue *f* || FIG. portée; importance; *to a certain* ~, dans une certaine mesure.

extenuat|e [eks'tenjueit] *vt* diminuer, minimiser (a fault) || **~ing**

adj ~ *circumstance,* circonstance atténuante.

exterior [eks'tiəriə] *adj/n* extérieur (*m*).

exterminat|e [eks'tə:mineit] *vt* exterminer || **~ion** [eks,tə:mi'neiʃn] *n* extermination *f*.

external [eks'tənl] *adj* extérieur, externe (superficial) || étranger (foreign) || MÉD. *for ~ use,* usage *m* externe.

extinc|t [iks'tiŋt] *adj* éteint (fire, volcano) || FIG. disparu (race) || **~tion** *n* extinction *f*.

extinguish [iks'tiŋgwiʃ] *vt* éteindre (put out) || FIN. éteindre (a debt) || FIG. anéantir (hope).

extirpate ['ekstə:peit] *vt* extirper.

extol [iks'tɔl] *vt* exalter, porter aux nues.

extor|t [iks'tɔ:t] *vt* extorquer, soutirer (*from,* à) || **~tion** *n* extorsion *f*.

extra I ['ekstrə] *adj* supplémentaire, en supplément; ~ ***charge,*** supplément *m* || SP. **~*time,*** prolongation *f; play ~ time,* jouer les prolongations ● *n* supplément *m* || [newspaper] édition spéciale || CIN. figurant *n; play ~s,* faire de la figuration || AUT. option *f*.

extra II *pref* extra- (outside) || ~ ***curricular,*** extra-scolaire.

extract ['ekstrækt] *n* extrait *m* (of a book) || CULIN. concentré, extrait *m* ● [iks'trækt] *vt* extraire (*from,* de) || FIG. extorquer, soutirer || **~ion** [iks'trækʃn] *n* extraction *f*.

extradite ['ekstrədait] *vt* extrader.

extraneous [eks'treinjəs] *adj* étranger (*to,* à).

extraordinary [iks'trɔ:dnri] *adj* extraordinaire, remarquable.

extraterrestrial [,ekstrətə'restriəl] *adj* extraterrestre.

extravag|ance [iks'trævigəns] *n* prodigalité *f,* gaspillage *m* (in spending) || extravagance *f* (in conduct) || **~ant** *adj* dépensier, prodigue (wasteful) || exorbitant, prohibitif (price) || extravagant (conduct).

extrem|e [iks'tri:m] *adj* extrême, dernier (farthest) || extrême (utmost) || intense (deep) || abusif (exaggerated) || rigoureux (drastic) || POL. extrémiste || REL. ~ *unction,* extrême-onction *f* ● *n* extrême *m; in the ~,* à l'extrême, au plus haut degré; ***carry to ~s,*** pousser à l'extrême; *go to ~s,* se porter aux extrêmes || **~ely** *adv* extrêmement || **~ity** [iks'tremiti] *n* extrémité *f,* bout *m* (end) || FIG. extrême degré *m* (last degree); *Pl* mesures *fpl* extrêmes.

extricate ['ekstrikeit] *vt* libérer (set free); ~ *oneself,* se tirer de (from a difficulty).

exuber|ance [ig'zju:brns] *n* exubérance *f* || **~ant** *adj* exubérant (person) || luxuriant (vegetation) || débordant (joy).

exult [ig'zʌlt] *vi* exulter, jubiler || **~ation** [,egzʌl'teiʃn] *n* exultation *f;* triomphe *m*.

eye [ai] *n* œil *m;* ***keep an ~ on sb.,*** surveiller qqn; ***catch sb.'s ~,*** attirer l'attention de qqn; *have a keen ~,* être très observateur || FAM. *sleep with an ~ open,* ne dormir que d'un œil || TECHN. œillet *m* (of a boot); chas *m* (of a needle) || FIG. vue, vision *f,* regard *m* || FIG. estimation *f;* ***have a good ~ for,*** avoir le coup d'œil pour || FIG. opinion *f;* ***in the ~s of,*** aux yeux de; *be in the public ~,* être très en vue ● *vt* dévisager, toiser || **~ball** *n* globe *m* oculaire || **~-bath** *n* œillère *f* || **~brow** *n* sourcil *m* || **~-cup** *n* U.S. = ~-BATH || **~drops** *npl* collyre *m* || **~glass** *n* monocle *m* || **~lash** *n* cil *m* || **~let** *n* TECHN œillet *m* || **~lid** *n* paupière *f* || **~-opener** *n* révélation, surprise *f* || **~piece** *n* oculaire *m* || **~sight** *n* vue *f* || **~sore** *n* horreur *f* || ~

test *n* examen *m* de la vue || **~-tooth** *n* canine *f* || **~-wash** *n* MÉD. collyre *m* || FAM. poudre *f* aux yeux, tape-à-l'œil *m*, bourrage *m* de crâne, frime *f* (fam.) || **~-witness** *n* témoin *m* oculaire.

f

f [ef] *n* f *m* || MUS. F, fa *m*.

fable ['feibl] *n* fable *f*, mythe *m*.

fabric ['fæbrik] *n* tissu *m*, étoffe *f* (cloth) || structure, charpente *f* (framework) || **~ate** [-eit] *vt* falsifier (forge) || FIG. inventer (excuses) || **~ation** ['fæbri'keiʃn] *n* fabrication *f* || JUR. contrefaçon *f* || FIG. invention *f*.

fabulous ['fæbjuləs] *adj* fabuleux, imaginaire, légendaire.

face [feis] *n* figure *f*, visage *m*; ***~ to ~***, nez à nez; *wash one's ~*, se débarbouiller || air *m*, mine *f* (expression); *put a good ~ on sth.*, faire contre mauvaise fortune bon cœur || grimace *f*; ***make ~s***, faire des grimaces (*at*, à) || ARCH. façade *f* || FIG. face, apparence *f*; ***on the ~ of it***, à première vue || FIN. *~ value*, valeur nominale || FIG. recto *m* (of a document) || FIG. prestige *m*; ***lose ~***, perdre la face; *save one's ~*, sauver la face ● *vt* affronter; faire face à — *vi* [house] donner sur, être exposé à || *~ up to*, faire face à || **~-card** *n* figure *f* (playing-card) || **~-cloth** *n* U.S., **~-flannel** *n* gant *m* de toilette || **~-lift** *n* MÉD. lifting *m* || **~-powder** *n* poudre *f* de riz.

facet ['fæsit] *n* facette *f*.

facetious [fə'si:ʃəs] *adj* facétieux.

facial ['feiʃəl] *adj* facial || ***~ tissue***, serviette *f* à démaquiller.

facilit|ate [fə'siliteit] *vt* faciliter || **~y** *n* facilité, aisance *f* || *Pl* TECHN. installations *fpl*, équipement *m*; infrastructure *f*.

facing ['feisiŋ] *n* revers *m* (of a coat) || ARCH. revêtement *m*.

facsimile [fæk'simili] *n* fac-similé *m*.

fact [fækt] *n* fait *m*; *accomplished ~*, fait accompli || réalité *f*; ***in ~***, de fait; *the ~ is that...*, le fait est que; ***as a matter of ~***, en réalité; *the ~ remains that*, toujours est-il que.

faction ['fækʃn] *n* faction *f*.

factor ['fæktə] *n* COMM. agent *m* || MATH., FIG. facteur *m*.

factory ['fæktri] *n* usine, fabrique *f*.

factual ['fæktjuəl] *adj* réel; basé sur des faits.

faculty ['fæklti] *n* [power] faculté *f* || [University] faculté *f*.

fad [fæd] *n* manie, toquade, lubie, marotte *f*.

fad|e [feid] *vi* [colour] se faner, passer, pâlir || [plant] se faner, se flétrir || FIG. s'évanouir, disparaître || RAD., CIN. ***~ in/out***, apparaître/disparaître graduellement; se fondre; ***~-in/-out*** *(n)*, CIN. ouverture/fermeture *f* en fondu — *vt* décolorer || **~ing** *n* RAD. fading *m*.

fag [fæg] *vi* FAM. s'éreinter ● *n* corvée *f* (drudgery) || [public school] jeune élève au service d'un grand || SL. sèche *f* (arg.) [cigarette] || **~ end** *n* mégot *m* (fam.).

fail [feil] *vi* échouer || être insuffisant || [eyesight] baisser || [health] se délabrer || [business] faire faillite || TECHN. tomber en panne; [pump] se désamorcer — *vt* manquer à, faire défaut à (be lacking) || **~ sb.,** faire faux bond à qqn, laisser tomber qqn || [examiner] ajourner; recaler (fam.) [candidate] || [candidate] échouer à; être collé à (fam.) || négliger (*to do,* de faire); **don't ~ to,** ne manquez pas de || *I ~ to understand,* je n'arrive pas à comprendre ● *n* **without ~,** sans faute || **~ing** *n* défaut *m*, imperfection *f* ● *prep* à défaut de.

failure ['feiljə] *n* échec, insuccès *m* (lack of success) || raté *m* (person) || manquement *m* (neglect) || TECHN. panne *f* || MÉD. *heart ~,* crise *f* cardiaque || COMM. faillite *f*.

faint [feint] *adj* faible (weak) || défaillant (person); *feel ~,* avoir un étourdissement || faible, vague (dim); *I haven't the ~est idea,* je n'en ai pas la moindre idée ● *vi* s'évanouir, se trouver mal ● *n* évanouissement *m;* défaillance *f; fall down in a ~,* tomber évanoui || **~ly** *adv* faiblement || **~ness** *n* faiblesse *f*.

fair I [fεə] *n* foire *f; fun ~,* fête foraine; *~ ground,* champ *m* de foire.

fair II *adj* moyen, passable (average); respectable (number) || beau, clair (weather); *set ~,* beau fixe || clair (complexion); blond (hair) || net, propre (copy); **make a ~ copy of,** recopier au propre || juste, loyal, équitable (honest); **~ play,** franc jeu ● *adv* loyalement; **play ~,** jouer franc jeu || en plein (*on,* sur) || bien, convenablement; *bid ~ to,* avoir des chances de || **~-haired** *adj* (aux cheveux) blond(s).

fairly *adv* équitablement || selon les règles; loyalement || assez (rather) || complètement (utterly).

fairness *n* [hair] blondeur *f* || [skin] blancheur *f* || honnêteté *f*.

fairway ['fεəwei] *n* chenal *m*.

fairy ['fεəri] *n* fée || SL. pédé *m*, pédale, tante *f* (pop.); tapette *f* (arg.) ● *adj* de fée; féerique.

faith [feiθ] *n* foi *f;* confiance *f;* **bad ~,** mauvaise foi; *in good ~,* de bonne foi || promesse *f;* **keep ~,** tenir ses promesses; *break ~,* manquer à sa parole (*with sb.,* envers qqn) || foi, croyance, religion *f* || **~ful** *adj* loyal, fidèle ● *n the ~,* les fidèles *mpl* || **~fully** *adv* fidèlement, loyalement || **~less** *adj* infidèle, déloyal || REL. sans foi, incroyant || **~lessness** *n* infidélité *f;* déloyauté *f*.

fake [feik] *vt* truquer ● *n* faux *m* ● *adj* faux; feint.

falcon ['fɔ:lkən] *n* faucon *m*.

fall I [fɔ:l] *n* chute *f; have a ~,* faire une chute || baisse *f* (of temperature) || dénivellation *f* (of ground) || tombée *f* (of day) || *Pl* chute *f* d'eau || U.S. automne *m* || FIN. baisse *f* || AV. **free ~,** chute *f* libre || FIG. défaite *f;* chute, déchéance *f*.

fall II *vi* (fell [fel], fallen ['fɔ:ln]) tomber (*from,* de); *~ again,* retomber; *let ~,* laisser tomber; [tree] tomber, s'abattre || [temperature, barometer] baisser || [wind] s'apaiser, se calmer || devenir; **~ asleep,** s'endormir; *~ ill,* tomber malade; *~ in love,* tomber amoureux; *~ silent,* se taire || [darkness] tomber || [ground] descendre, être en pente || [river] se jeter (*into,* dans) || [date] tomber; [event] avoir lieu || MIL. [soldier] tomber; [town] capituler (*to,* aux mains de) || FIG. se jeter (*on,* sur); **~ flat,** manquer son effet, tomber à plat; *~ on hard times,* tomber dans la misère; **~ short of,** ne pas atteindre, rester en dessous de || **~ away,** [ground] s'affaisser; FIG. [prejudice] disparaître || **~ back,** MIL. se replier || **~ back on,** se rabattre sur || **~ backwards,** tomber à la renverse || **~ behind,** prendre du retard, se laisser distancer || ~ ***for,*** FAM. se laisser prendre à, s'amouracher de || ~ ***in,*** [building] s'effondrer; MIL. former les rangs ; JUR. [lease] expirer || ~***-in*** *(n),* MIL. rassemblement *m* || ~ ***in with,*** consentir à, se conformer à (an opinion) || ~ ***off,*** tomber, décliner; diminuer; [speed] ralentir || ~ ***out,*** MIL. rompre les rangs ; FIG. advenir, arriver (happen); se brouiller (*with,* avec); ~***-out*** *(n),* retombées radioactives || ~ ***through,*** [scheme] échouer, tomber à l'eau || ~ ***to,*** commencer, se mettre à (*doing,* faire); se mettre à table.

fallacy ['fæləsi] *n* opinion erronée, erreur *f.*

fallen See FALL.

fallible ['fæləbl] *adj* faillible.

falling ['fɔːliŋ] *adj* AV. *~-leaf,* descente *f* en feuille morte.

fallow ['fæləu] *adj* en friche ; *lie ~,* rester en jachère ● *n* jachère *f.*

false [fɔːls] *adj* faux, erroné; ~ *report,* fausse nouvelle; ~ *step,* faux pas || trompeur (deceitful) || artificiel, faux, factice (counterfeit) ● *adv play sb. ~,* trahir, tromper qqn || ~**hood** *n* fausseté *f,* mensonge *m* (lie) || ~**ness** *n* fausseté *f.*

fals|ification ['fɔːlsifi'keiʃn] *n* falsification *f* || ~**ify** ['fɔːlsifai] *vt* falsifier, dénaturer.

falter ['fɔːltə] *vi* vaciller, chanceler (stumble) || hésiter || balbutier (stammer).

fam|e [feim] *n* renommée *f,* renom *m* (glory) || réputation *f* (repute); *win ~,* se faire un nom || ~**ed** [-d] *adj* fameux, réputé ; *ill ~,* malfamé.

familiar [fə'miljə] *adj* familier, amical (friendly) || intime (intimate); *be ~ with,* connaître; *become ~ with,* se familiariser avec || ~**ity** [fə,mili'æriti] *n* familiarité *f* || ~**ize** [fə'miljəraiz] *vt* familiariser (*with,* avec).

family ['fæmili] *n* famille *f; ~ circle,* milieu familial; ~ *name,* nom *m* de famille || JUR. ~ *allowance,* allocation familiale || BLAS. ~ *tree,* arbre *m* généalogique || MÉD. ~ *planning,* planning familial || FAM. *in the ~ way,* attendre un bébé.

famine ['fæmin] *n* famine *f* (starvation) || pénurie *f* (scarcity).

famous ['feiməs] *adj* célèbre, renommé || FAM. fameux.

fan I [fæn] *n* éventail *m* || (*electric) ~,* ventilateur *m* (électrique) || AUT. ~ ***belt,*** courroie *f* de ventilateur || ZOOL. ~***tail (pigeon),*** pigeon-paon *m* ● *vt* éventer || attiser (fire) || MIL. ~ ***out,*** se déployer.

fan II *n* FAM. fervent, passionné *n* (of sports, etc.) || admirateur *n* || ~**atic** [fə'nætik] *n/adj* fanatique || ~**aticism** [fə'nætisizm] *n* fanatisme *m.*

fancier ['fænsiə] *n* amateur *m.*

fanc|iful ['fænsifl] *adj* fantaisiste, capricieux (whimsical) || imaginaire, chimérique (unreal) || ~**y** *n* imagination, fantaisie *f* || caprice *m* (whim) || chimère *f* (illusion) || goût *m* (liking); ***take a ~ to,*** s'éprendre de (sb.); se mettre à aimer (sth.); *take/catch sb.'s ~,* plaire à qqn; ***passing ~,*** lubie, toquade *f* ● *adj* de fantaisie ; *~-dress ball,* bal costumé || COMM. ~ *goods,* nouveautés *fpl;* U.S. de luxe (goods) ● *vt* imaginer; s'imaginer (imagine); croire, penser (think, believe) || se sentir attiré vers, aimer (be fond of) || ~ ***oneself,*** être content de soi; se prendre pour qqn.

fancy-free *adj.* libre (not in love).

fang [fæŋ] *n* croc *m* (of dogs) || crochet *m* (of snake).

fant|astic [fæn'tæstik] *adj* fantastique || extravagant, fantasque, bizarre (odd) || formidable (wonderful, large) || ~**asy** ['fæntəsi] *n* fantaisie, imagination *f* || [sexual] fantasme *m*.

far [fɑː] *adv* loin (in space, time); ***as ~ as,*** jusque; *how ~?,* à quelle distance ?; *how ~ did you go ?,* jusqu'où êtes-vous allé ?; *as ~ as the eye can reach,* à perte de vue; ~ ***away/off,*** au loin || *as ~ back,* dès (in time) || ***by ~,*** de loin, de beaucoup || ***so ~,*** jusqu'ici; *the story so ~,* résumé *m* des chapitres précédents || *in so ~ as,* dans la mesure où, pour autant que || ~ ***from,*** loin de; ~ *from it,* loin de là, tant s'en faut || *go ~ to/towards,* contribuer à || ***as ~ as,*** autant que; *as ~ as I can,* dans la mesure de mes possibilités || beaucoup; ~ *better,* beaucoup mieux || *~-away (adj),* lointain, éloigné || ***~-off*** *(adj)* = ~-AWAY ● *adj* lointain; *the Far East,* l'Extrême-Orient || *(farther)* plus éloigné; *at the ~ end of the street/of the bay,* à l'autre bout de la rue/au fond de la baie.

farce [fɑːs] *n* TH., CULIN. farce *f*.

fare I [fɛə] *n* prix *m* de la place (in a bus); prix de la course (in a taxi) || client *m* (in a taxi) || CULIN. nourriture *f*; ***bill of ~,*** menu *m*, carte *f*.

fare II *vi* aller, se porter (get on); *how did you ~ during your journey?,* comment s'est passé votre voyage ?

farewell [ˈfɛəˈwel] *n* adieu *m* || congé *m*; *make one's ~,* prendre congé (*of,* de).

far-fetched [ˈfɑːˈfetʃt] *adj* forcé, recherché; tiré par les cheveux (fam.).

farm [fɑːm] *n* ferme *f* (land) ● *vt* cultiver, exploiter || ~ ***out,*** affermer || **~er** *n* fermier *m* || **~er's wife** *n* fermière *f* || **~-hand** *n* valet *m* de ferme || **~-house** *n* ferme *f* (house) || **~ing** *n* culture, exploitation *f* || **~-labourer** *n* ouvrier *m* agricole || **~-stead** *n* = ~-HOUSE || **~-yard** *n* cour *f* de ferme, basse-cour *f*.

far-reaching [ˈfɑːˈriːtʃiŋ] *adj* d'une longue portée.

farrier [ˈfæriə] *n* maréchal-ferrant *m*.

far-sighted [ˈfɑːˈsaitid] *adj* U.S. = LONGSIGHTED || FIG. clairvoyant, prévoyant || **~ness** *n* FIG. clairvoyance *f*.

fart [fɑːt] *n* pet *m* ● *vi* péter.

farth|er [ˈfɑːδə] *adj* (comp. of *far*) plus éloigné || additionnel ● *adv* plus loin, au-delà; davantage || **~est** [-ist] *adj* (sup. of *far*) le plus éloigné ● *adv/n* le plus loin.

farthing [ˈfɑːδiŋ] *n* farthing *m*.

fascinat|e [ˈfæsineit] *vt* fasciner || FIG. ensorceler, séduire || **~ing** *adj* fascinant || FIG. enchanteur, captivant || **~ion** [ˌfæsiˈneiʃn] *n* fascination *f* || FIG. attrait *m*.

fasc|ism [ˈfæʃizm] *n* fascisme *m* || **~ist** *n* fasciste *n*.

fashion [ˈfæʃn] *n* façon, manière *f*; *after the ~ of,* à la manière de; ***after a ~,*** tant bien que mal || [clothes, etc.] mode, vogue *f*; ***in ~,*** à la mode; ***out of ~,*** démodé; *go out of ~,* se démoder; ~ ***designer,*** grand couturier; styliste *n*; ~ ***show*** présentation *f* de collection || coutume *f* (habit) ● *vt* façonner || confectionner (a dress) || **~able** *adj* à la mode.

fast I [fɑːst] *adj* solide, ferme || ***make ~,*** fixer, amarrer || *hard and ~ rules,* règles strictes || résistant; ~ *colour,* couleur *f* solide, grand teint || fidèle, loyal (friend) ● *adv* ferme; *hold ~,* tenir bon; *stand ~,* tenir tête *(against,* à).

fast II *adj* rapide || *my watch is five minutes ~,* ma montre avance de cinq minutes || ~ ***food,*** restauration *f* rapide; restaurant-minute *m*.

fast III *n* jeûne *m*; ~ *day,* jour *m* maigre/de jeûne ● *vi* jeûner.

fasten [ˈfɑːsn] *vt* attacher, fixer, agrafer; ~ *one's belt,* mettre/boucler sa ceinture || FIG. fixer (one's eyes on) — *vi* se fermer || s'attacher || **~er** *n* agrafe *f* || TECHN. fermeture *f*.

fastidious [fæs'tidiəs] *adj* difficile, exigeant (hard to please) || méticuleux.

fastness ['fɑ:stnis] *n* fermeté, rapidité *f*.

fat [fæt] *adj* gros (large) || gros (greasy); *grow ~*, engraisser || AGR. riche, fertile (soil) ● *n* graisse *f* || *Pl* matières grasses.

fatal ['feitl] *adj* mortel (mortal) || fatal (inevitable) || **~ity** [fə'tæliti] *n* calamité *f* || mort accidentelle (death) || fatalité *f* (destiny).

fate [feit] *n* destin, sort *m* || mort, fin *f* (death) || *Pl the Fates*, les Parques || **~d** [id] *adj* condamné, voué, destiné à || **~ful** *adj* fatal, décisif; fatidique.

father ['fɑ:ðə] *n* père *m* || REL. père *m* (monk); abbé *m* (priest); *Father Christmas*, le Père Noël || **~hood** *n* paternité *f* || **~-in-law** *n* beau-père *m* || **~land** *n* patrie *f* || **~less** *adj* orphelin (de père) || **~ly** *adj* paternel.

fathom ['fæðəm] *n* brasse *f* ● *vt* sonder || **~less** *adj* FIG. insondable.

fatigue [fə'ti:g] *n* fatigue *f* || MIL. *~(-party)*, corvée *f*; *on ~*, de corvée; *~ dress*, tenue *f* de corvée ● *vt* fatiguer.

fat|ness ['fætnis] *n* embonpoint *m* || FIG. fertilité *f* || **~ten** [-n] *vt/vi* engraisser || **~ty** *adj* gras, adipeux.

fatuous ['fætjuəs] *adj* sot.

faucet ['fɔ:sit] *n* U.S. robinet *m*.

fault [fɔ:lt] *n* défaut *m*; imperfection *f* || faute *f*; *at ~*, en défaut, fautif; ***find ~ with***, trouver à redire à, critiquer; *it's your ~*, c'est (de) votre faute || **~less** *adj* sans défaut, irréprochable || **~y** *adj* défectueux, imparfait.

fauna ['fɔ:nə] *n* ZOOL. faune *f*.

faux-pas [,fəu'pɑ:] *n commit a ~*, faire une gaffe (fam.).

favour ['feivə] *n* faveur *f*; ***be in sb.'s ~***, être dans les bonnes grâces de qqn || aide *f* (help); *do sb. the ~ of*, faire à qqn la grâce de; ***be in ~ of***, être partisan de; *under ~ of night*, à la faveur de la nuit || bénéfice *m* (behalf); *decide in sb.'s ~*, donner gain de cause à qqn; *in ~ of*, au profit de; *in your ~*, à votre avantage ● *vt* favoriser, préférer || **~able** ['feivrəbl] *adj* favorable || **~ite** ['feivrit] *adj/n* favori, préféré || **~itism** ['feivritizm] *n* favoritisme *m*.

fawn I [fɔ:n] *n* faon *m* ● *adj* [colour] fauve.

fawn II [fɔ:n] *vi* [dog] faire fête (*on*, à) || [person] flatter (bassement) || **~ing** *adj* servile.

fear [fiə] *n* peur, crainte *f*; ***for ~ of/that***, de peur de/que || FAM. *no ~!*, pas de danger!, soyez sans crainte! ● *vt* craindre, redouter; avoir peur de (be afraid of) || **~ful** *adj* effrayant (causing fear) || craintif, peureux (apprehensive) || **~less** *adj* intrépide, sans peur || **~lessness** *n* intrépidité *f*.

feasible ['fi:zəbl] *adj* faisable, réalisable.

feast [fi:st] *n* fête *f*; festin *m* ● *vt* régaler; *~ one's eyes on*, repaître ses yeux de — *vi* festoyer, se régaler.

feat [fi:t] *n* exploit *m*, prouesse *f*; *~ of strength*, tour *m* de force.

feather ['feðə] *n* plume *f* || FIG. humeur *f*; *in high ~*, plein d'entrain ● *vt* emplumer || empenner (arrow) || **~-duster** *n* plumeau *m* || **~-weight** *n* SP. poids *m* plume || **~y** *adj* duveteux.

feature ['fi:tʃə] *n* trait *m* (of the face) || *Pl* visage *m*, physionomie *f* || [newspaper] grand article || CIN. grand film || FIG. caractéristique *f* ● *vt* caractériser; mettre en vedette || CIN. ***featuring X,*** avec X.

February ['februəri] *n* février *m*.

fed See FEED.

feder|al ['fedərl] *adj* fédéral || **~ate** [-it] *adj/n* fédéré (*m*) ● *vt* fédérer || **~ation** [,fedə'reiʃn] *n* fédération *f*.

fee [fi:] *n* honoraires *mpl* (of a doctor, lawyer, etc.); émoluments *mpl* (for professional services); cachet *m* (of an artist); pige *f* (of a journalist) || droits *mpl; tuition ~(s)*, frais *mpl* de scolarité || AV. *airmail ~*, surtaxe aérienne || **~-simple** *n* JUR. pleine propriété.

feeble ['fi:bl] *adj* faible, débile; *grow ~*, s'affaiblir || **~ness** *n* débilité *f*.

feed [fi:d] *vt* (fed [fed]) nourrir (persons); donner à manger à (animals) || alimenter (a stove) || introduire (coin, material) (*into*, dans) || ***~ up,*** suralimenter (give extra food); rassasier (satiate); SL. ***be fed up,*** en avoir marre (*with*, de) — *vi* manger; se nourrir (*on*, de) ● *n* nourriture *f* (for animals) || AGR. fourrage *m* (fodder) || **~-back** *n* [cybernetics] rétroaction *f*, feed-back *m* || **~er** *n* mangeur *n* || TECHN. alimenteur *m* || ÉLECTR. câble *m* d'alimentation || **~ing** *n* TECHN. alimentation *f* || **~ing bottle** *n* biberon *m*.

feel [fi:l] *n* toucher *m* (sense) || sensation *f* (feeling) ● *vt* (felt [felt]) toucher, tâter, palper; ***~ one's way,*** aller à tâtons || sentir (be aware of) || éprouver (experience) || ressentir (emotion) || être sensible à (be sensitive to); *~ the cold,* être frileux — *vi* tâtonner; ***~ for,*** chercher à tâtons || se sentir; *how do you ~?*, comment vous sentez-vous?; *~ tired,* se sentir fatigué; *~ cold,* avoir froid || ***~ as if/though,*** avoir l'impression de || ***~ like,*** [person] avoir envie de; [thing] donner la sensation de, faire l'eflet de || ***~ equal to/~up to,*** se sentir capable de || être ému || *~ for/with sb. in his sorrow,* prendre part à la douleur de qqn || penser, trouver || **~er** *n* ZOOL. antenne *f* || FIG. ballon *m* d'essai || **~ing** *n* toucher *m*, sensation *f* (physical) || sentiment *m* (mental) || goût *m*; *have a ~ for music,* être sensible à la musique || sensibilité, susceptibilité *f*; *hurt sb.'s ~s,* froisser qqn; *have no ~s,* n'avoir point de cœur || impression *f*; *I have a ~ that,* j'ai le sentiment/pressentiment que... || ***strong ~(s),*** émotion *f*; impression *f* || *good ~,* sympathie *f* || ***ill ~,*** ressentiment *m* || *no hard ~s!,* sans rancune! || atmosphère, impression *f* (things).

feet *npl* See FOOT.

feign [fein] *vt* feindre, simuler, contrefaire, affecter de.

feint [feint] *n* feinte *f*.

felicitate [fi'lisiteit] *vt* féliciter.

feline ['fi:lain] *adj/n* félin (*m*).

fell I See FALL.

fell II [fel] *vt* abattre (tree).

fell III *n* peau *f* (of animals).

felloe ['feləu] *n* jante *f*.

fellow ['feləu] *n* individu *m* || FAM. type *m*; *poor ~!*, pauvre garçon! *m* || membre *m* (of a society) || semblable *m*, pareil *n* (peer) || pendant *m* (one of a pair) || *Pl* camarades *mpl* || **~-citizen** *n* concitoyen *n* || **~-countryman/woman** *n* compatriote *n* || **~-feeling** *n* sympathie *f* || **~ship** *n* camaraderie *f* || association *f* || bourse *f* de recherches || **~-student** *n* condisciple *n* || **~-traveller** *n* compagnon *m*/compagne *f* de voyage || POL. communisant *n*.

felon ['felən] *n* JUR. criminel *n* ● *adj* vil, criminel || **~y** *n* crime *m*.

felt I See FEEL.

felt II [felt] *n* feutre *m*; ***~-tip pen,*** (crayon *m*) feutre *m*.

fem|ale ['fi:meil] *adj* féminin (person); femelle (animals); ~

worker, ouvrière *f* ● *n* PÉJ. fille *f* || **~inine** ['feminin] *adj* féminin.

fen [fen] *n* marais *m* (marshland).

fence I [fens] *n* clôture *f* (enclosure) || palissade *f* (paling); ***sit on the ~,*** rester neutre, ne pas prendre parti ● *vt* **~ *in,*** clôturer || **~ season** *n* [hunting] période *f* de fermeture.

fenc|e II *vi* faire de l'escrime || **~ing** *n* escrime *f*.

fend [fend] *vt* **~** *off,* parer — *vi* **~ *for oneself,*** se débrouiller || **~er** *n* garde-feu *m inv* (fire-screen) || AUT. pare-chocs *m inv,* U.S. garde-boue *m inv* || NAUT. défense *f*.

fennel ['fenl] *n* fenouil *m*.

ferment ['fə:ment] *n* ferment *m* (substance) || fermentation *f* (process) || FIG. effervescence *f* ● [-'-] *vi* fermenter || **~ation** [,fə:men'teiʃn] *n* fermentation *f*.

fern [fə:n] *n* fougère *f*.

feroc|ious [fə'rəuʃəs] *adj* féroce || **~ity** [fə'rɔsiti] *n* férocité *f*.

ferret ['ferit] *n* furet *m* ● *vt* fureter; **~** *out,* dénicher.

ferrous ['ferəs] *adj* ferreux.

ferrule ['feru:l] *n* bout ferré (cap); virole *f* (ring).

ferry ['feri] *n* **~***(-boat),* bac, ferry *m* ● *vt* **~** *(over),* faire passer (par bac/ferry) || FIG. transporter || **~man** *n* passeur *m*.

fertil|e ['fə:tail] *adj* fertile || **~ity** [fə:'tiliti] *n* fertilité *f* || **~ize** ['fə:tilaiz] *vt* fertiliser || BIOL. féconder || **~izer** ['fə:tilaizə] *n* engrais *m*.

ferv|ent ['fə:vnt] *adj* brûlant || FIG. fervent, ardent || **~our** *n* ferveur *f*.

fester ['festə] *vi* suppurer.

festiv|al ['festəvl] *n* festival *m* || REL. fête *f* || **~ity** [fes'tiviti] *n* fête *f*.

festoon [fes'tu:n] *n* feston *m* ● *vt* festonner (*with,* de).

fetch [fetʃ] *vt* aller chercher; **~** *one's breath,* reprendre haleine || FIN. atteindre (a price) || MÉD. **~** *up,* vomir || FAM. **~** *a blow,* flanquer/ficher un coup — *vi* **~ *and carry for*** être la/le domestique de || **~ing** *adj* séduisant.

fête [feit] *n* fête *f*; **~***-day,* jour *m* de fête ● *vt* fêter.

fetid ['fetid] *adj* fétide.

fetish ['fi:tiʃ] *n* fétiche *m*.

fetter ['fetə] *n (usu pl)* **~*s,*** fers *mpl,* entrave *f* (for persons) ● *vt* FIG. entraver.

fettle [fetl] *n* ***in fine ~,*** en (bonne) forme.

feud [fju:d] *n* haine *f* héréditaire, vendetta *f* || **~al** *adj* féodal.

fever ['fi:və] *n* fièvre *f*; *scarlet* **~**, scarlatine *f* || **~ish** *adj* fiévreux; *be* **~**, avoir la fièvre.

few [fju:] *adj* peu de || ***a ~,*** quelques; ***one too ~,*** un(e) de moins ● *pron* peu (de), quelques-uns || FAM. *quite a* **~**, pas mal || **~er** *adj* moins de.

fiancé(e) [fi'ɑ:sei] *n* fiancé(e) *m* (*f*).

fib [fib] *n* petit mensonge ● *vi* mentir || **~ber** *n* menteur *n*.

fibre ['faibə] *n* fibre *f* || **~board** *n* aggloméré *m* || **~-glass** *n* laine *f* de verre.

fibrous ['faibrəs] *adj* fibreux.

fickle ['fikl] *adj* inconstant; instable || **~ness** *n* inconstance *f*.

fic|tion ['fikʃn] *n* fiction *f* || littérature *f* d'imagination || **~titious** [fik'tiʃəs] *adj* fictif.

fiddle ['fidl] *n* FAM. violon *m* || FIG. *second* **~**, sous-fifre *m* || SL. combine *f* ● *vi* **~ *about,*** traîner; bricoler.

fiddle-faddle ['-,fædl] *n* FAM. niaiseries *fpl*.

fidelity [fi'deliti] *n* fidélité *f* (accuracy, loyalty).

fidget ['fidʒit] *vi* s'agiter; gigoter (fam.); ~ *about*, se trémousser || **~y** *adj* agité, nerveux.

field [fiːld] *n* champ *m*; terrain *m*; *coal* ~, bassin houiller || MIL. campagne *f*; (battlefield) champ *m* de bataille || SP. terrain *m* || FIG. domaine *m* ● *vi* tenir le champ (baseball) || **~-artillery** *n* artillerie *f* de campagne || **~-glasses** *npl* jumelles *fpl* || **~-mouse** *n* mulot *m* || **~ work** *n* enquête *f* sur le terrain.

fiend [fiːnd] *n* diable *m* || FIG. démon *m* || **~ish** *adj* diabolique.

fierce [fiəs] *adj* féroce (animal) || cruel (person) || ardent (desire) || violent (storm) || **~ly** *adv* férocement, violemment || **~ness** *n* férocité, violence *f*.

fiery ['faiəri] *adj* embrasé (sky) || flamboyant (eyes) || ardent, fougueux (horse) || bouillant, ardent (temper).

fifteen ['fif'tiːn] *adj* quinze; *about* ~, une quinzaine || **~th** [-θ] *adj* quinzième.

fif|th ['fifθ] *adj* cinquième || **~tieth** ['fiftiiθ] *adj* cinquantième || **~ty** *adj* cinquante; *go* ~-~, partager moitié-moitié.

fig [fig] *n* figue *f* || figuier *m*.

fight [fait] *n* combat *m*, lutte, bataille *f* ● *vi* (fought [fɔːt]) se battre, combattre; *be* ~*ing against*, être aux prises avec || ~ ***shy of,*** FAM. éviter de — *vt* se battre contre || ~ *a battle*, livrer bataille || **~er** *n* MIL. combattant *n* || AV. avion *m* de chasse; ~ ***pilot,*** pilote *m* de chasse.

figurative ['figjurətiv] *adj* figuratif || **~ly** *adv* au figuré.

figure ['figə] *n* forme, silhouette *f* || ligne *f* (of a woman); *keep one's* ~, garder la ligne || apparence *f*; *cut a fine/poor* ~, faire belle/piètre figure || MATH. chiffre *m* || LITT. ~ *of speech*, figure *f* de rhétorique ● *vt* figurer, représenter || ~ ***out,*** calculer, U.S. comprendre || **~-head** *n* NAUT. figure *f* de proue || FIG. prête-nom *m*.

filament ['filəmənt] *n* filament *m*.

file I [fail] *n* TECHN. lime *f* ● *vt* limer.

file II *n* file *f*; *in Indian* ~, en file indienne, à la queue leu leu.

file III *n* classeur *m* (device); *card-index* ~, fichier *m*; *on* ~, classé || dossier *m* (papers) ● *vt* ~ ***(away),*** classer.

filial ['filjəl] *adj* filial.

filibuster ['filibʌstə] *n* POL., U.S. obstructionniste *n*; manœuvrier *n* ● *vi* POL., U.S. faire de l'obstruction || **~er** [fili'bʌstərə] *n* obstructionniste *n*.

filing cabinet *n* classeur *m*.

filings ['failiŋz] *npl* limaille *f*.

fill [fil] *vt* remplir (*with*, de) || garnir (*with*, de) || occuper (post) || plomber (tooth) || ~ ***in,*** remplir (a form) || ~ ***up,*** remplir complètement; AUT. faire le plein — *vi* s'emplir, se remplir ● *n* plein *m*, suffisance *f*; *eat one's* ~, manger à sa faim; *drink one's* ~, boire à sa soif; *eat one's* ~, manger à sa faim || FAM. ***I've had my*** ~, j'en ai ras le bol (pop.).

fillet ['filit] *n* bandeau *m* (around the head) || filet *m* (of beef).

filling ['filiŋ] *n* (r)emplissage *m* || MÉD. plombage *m* || AUT. ~ ***station,*** poste *m* d'essence.

filly ['fili] *n* pouliche *f*.

film [film] *n* couche *f* || [mist] voile *m* || PHOT. pellicule *f* || CIN. film *m* ● *vt* filmer || **~ camera** *n* caméra *f* || **~-editor** *n* monteur *n* || **~-fan** ['-,-] *n* cinéphile *n* || **~-library** *n* cinémathèque *f* || **~ society** *n* ciné-club *m* || **~-star** *n* vedette *f* de cinéma, star *f* || **~-strip** *n* film *m* fixe.

filter ['filtə] *n* filtre *m* ● *vt* filtrer — *vi* filtrer || AUT. [traffic] G.B.

~ *to the left,* tourner à la flèche || **~-tip** *n* bout *m* filtre || **~-tipped** *adj* à bout filtre.

filth [filθ] *n* ordure *f,* immondices *fpl* || FIG. obscénité *f* || **~y** *adj* sale || FIG. immonde.

filtrate ['filtreit] *vt* filtrer.

fin [fin] *n* nageoire *f* (of fish).

final ['fainl] *adj* final; définitif (answer) || FAM. dernière *f* (edition of newspaper) ● *npl* SP. finale *f* || **~ist** ['fainəlist] *n* finaliste *n* || **~ly** *adv* finalement.

finan|ce [fai'næns] *n* finance *f* ● *vt* financer || **~cial** [-ʃl] *adj* financier || **~cially** *adv* matériellement.

finch [finʃ] *n* pinson *m*.

find [faind] *vt* (found [faund]) trouver || ~ *again,* retrouver; *not to be found,* introuvable || découvrir, constater (become aware of); ~ ***out,*** découvrir || JUR. déclarer, reconnaître (guilty) ● *n* trouvaille *f* || **~er** PHOT. viseur *m* || **~ing** *n* découverte *f* || *Pl* JUR. conclusions *fpl.*

fine I [fain] *n* amende *f* ● *vt* infliger une amende à.

fine II *adj* beau (weather, person) || fin (thin) || mince, ténu (thread) || FIG. délicat || FAM. très bien (healthy) ● *adv* bien || finement || PHOT. *~-grained,* à grain fin || FAM. *cut it ~,* y arriver de justesse || **~ly** *adv* finement; magnifiquement || **~ness** *n* finesse *f* || beauté *f* || titre *m* (gold).

finery ['fainəri] *n* atours *mpl.*

finesse [fi'nes] *n* [skill] finesse *f* || [cards] impasse *f; make a ~,* faire une impasse.

finger ['fiŋgə] *n* doigt *m; first ~,* index *m; middle ~,* majeur *m; ring ~,* annulaire *m; little ~,* auriculaire *m,* petit doigt || *keep one's ~s crossed,* toucher du bois || FIG. *have a ~ in the pie,* y être pour quelque chose ● *vt* manier, palper || **~-alphabet** *n* alphabet *m* des sourds-muets || **~-bowl** *n* rince-doigts *m* || **~ing** [-riŋ] *n* MUS. doigté *m* || **~-post** *n* poteau *m* indicateur || **~-print** *n* empreinte digitale || **~-tip** *n* bout *m* du doigt; *to the ~,* jusqu'au bout des ongles.

finic|al ['finikl], **~ky** *adj* pointilleux, tatillon (person); difficile (about one's food) || minutieux (job).

finish ['finiʃ] *vt* finir, achever, terminer; parachever (polish) || TECHN. usiner || ~ ***off/up,*** manger tout — *vi* finir, se terminer ● *n* fin *f* || SP. arrivée *f;* [hunting] mise *f* à mort || [workmanship] finition *f* || **~ing** *n* finition *f* ● *adj ~ touch,* dernière touche.

Finland ['finlənd] *n* Finlande *f.*

Finn [fin] *n* Finlandais, Finnois *n* || **~ish** *adj* finlandais ● *n* finnois *m* (language).

fir [fəː] *n* sapin *m;* ***~-cone,*** pomme *f* de pin.

fire [faiə] *vt* mettre le feu à || TECHN. cuire (pottery); chauffer || MIL. tirer (a bullet); décharger (a gun); *firing party,* peloton *m* d'exécution || FAM. renvoyer, saquer (sb.) || FIG. enflammer — *vi* [shot] partir || ~ *up,* FAM. s'emporter, s'emballer ● *n* feu *m;* ***on ~,*** en feu; ***catch/take ~,*** s'enflammer; ***set sth. on ~/set ~ to sth.,*** mettre le feu à qqch.; *make a ~,* faire du feu || incendie *m* (destructive); *~!,* au feu! || CULIN. *on a gentle/brisk ~,* à feu doux/vif || MIL. tir *m; open/cease ~,* ouvrir/cesser le feu || FIG. flamme, ardeur *f* || **~-alarm** *n* avertisseur *m* d'incendie || **~-arm** *n* arme *f* à feu || **~-bomb** *n* bombe *f* incendiaire || **~-brand** *n* tison, brandon *m* || **~-brigade** *n* sapeurs-pompiers *mpl* || **~-damp** *n* coup *m* de grisou || **~-dog** *n* chenet *m* || **~-engine** *n* pompe *f* à incendie || **~-escape** *n* escalier *m* de secours; échelle *f* de sauvetage || **~-extinguisher** *n* extincteur *m* || **~fly** *n* luciole *f* || **~-irons** *npl* garniture *f* de foyer || **~-insurance** *n* assurance *f* contre l'incendie || **~man** *n* pompier *m* || **~-place** *n* cheminée *f* || **~-proof** *adj* incombustible, ignifugé || **~side** *n* coin *m* du feu || **~-station** *n* poste *m*/caserne *f* de(s) pompiers || **~wood** *n* bois *m* de chauffage || **~works** *npl* feu *m* d'artifice.

firm I [fəːm] *n* maison *f* de commerce, firme *f*.

firm II *adj* ferme, solide ; fixe || Fig. résolu ● *adv* = FIRMLY ; ***stand ~*** tenir bon || **~ly** *adv* fermement || **~ness** *n* fermeté *f*.

first [fəːst] *adj* premier ; ***~ name,*** prénom *m* || ***love at ~ sight,*** coup *m* de foudre || *use/wear for the ~ time,* étrenner ● *adv* premièrement ● *n* premier *m* ; *at ~,* d'abord || *be the ~ to use,* avoir l'étrenne de || **~ aid** *n* soins *mpl* d'urgence || **~-class** *adj* de première classe || **~-night** *n* Th. première *f* || **~-rate** *adj* de premier ordre, excellent || Fam. *~!,* extra (fam.).

firth [fəːθ] *n* [Scotland] estuaire *m*.

fiscal ['fiskl] *adj* fiscal.

fish [fiʃ] *n* poisson *m* ; *fresh-water ~,* poisson d'eau douce ; *salt-water ~,* poisson de mer ; *gold ~,* poisson rouge || Fam. *a queer ~,* un drôle de type ● *vi/vt ~ for,* pêcher || *~ out,* repêcher || **~bone** *n* arête *f* || **~erman** ['fiʃəmən] *n* pêcheur *m* || **~ery** [-əri] *n* pêcherie *f* || **~-hook** *n* hameçon *m* || **~ing** *n* pêche *f* || **~ing-boat** *n* bateau *m* de pêche || **~ing-rod** *n* canne *f* à pêche || **~monger** ['fiʃ,mʌŋgə] *n* marchand *n* de poisson || **~-trap** *n* nasse *f* || **~y** *adj* de poisson (odour, taste) || vitreux (eyes) || Fig. louche.

fiss|ile ['fisail] *adj* fissile || **~ion** ['fiʃn] *n* fission *f* || **~ure** ['fiʃə] *n* fissure *f*.

fist [fist] *n* poing *m* ; *clench one's ~s,* serrer les poings.

fit I [fit] *adj* approprié, convenable ; *~ to eat,* mangeable ; *~ for,* digne de || *think ~,* juger bon (*to,* de) || apte, bon, propre (*for,* à) ; capable (*for,* de) ; prêt (*to,* à) || Méd. en forme, valide || Mil. *~ for service,* bon pour le service.

fit II *n* Méd. accès *m*, attaque *f* ; *fainting-~,* évanouissement *m* ; *~ of coughing,* quinte *f* de toux ; ***have a ~,*** avoir une attaque || Fig. crise *f*, accès *m* ; *go into ~s of laughter,* avoir le fou rire ; *by ~s and starts,* par à-coups || **~ful** *adj* capricieux.

fit III *vt* [clothes] aller à, être à la taille de, s'adapter à ; *~ like a glove,* aller comme un gant || ajuster, adapter ; ***~ted carpet,*** moquette *f* || Techn. équiper, garnir, munir (*with,* de) || Fig. s'adapter, s'accorder || ***~ in,*** emboîter ; faire concorder || ***~ on,*** essayer (clothes) || ***~ out,*** équiper (*with,* de) ; installer || ***~ up,*** aménager (a house) — *vi* [clothes] aller (bien) || s'ajuster, s'adapter || Techn. ***~ in,*** s'emboîter || Fig. s'accorder || **~ness** *n* convenance, aptitude *f*, à-propos *m* || Méd. santé physique || Sp. bonne forme || **~ter** *n* Techn. ajusteur *m*, monteur *n* ; [dress] essayeur *n* || **~ting** *adj* approprié, à propos ; ajusté (garment) ● *n* ajustage *m* ; [clothes] essayage *m* || *Pl* équipement *m*, aménagements *mpl*, installations *fpl* (of a house) ; garniture *f* || Techn. montage *m*.

five [faiv] *adj* cinq || **~fold** *adj* quintuple.

fix [fiks] *vt* fixer, attacher || U.S., Fam. réparer (repair) ; préparer (a meal) ; *~ one's hair,* se donner un coup de peigne || Phot. fixer (a film) || *~ (up),* arranger (put in order) ; organiser ; installer (provide for) || Comm. *~ a price,* fixer un prix || Fig. fixer, décider (a date) ; choisir (*on sth.*) ● *n* embarras *m;* mauvais pas ; *in a ~,* dans une mauvaise passe || SL. piquouse *f* (arg.) ; *give oneself a ~,* se shooter (arg.) || **~ed** [-t] *adj* fixe, imposé || *sell at ~ prices,* vendre à prix fixe.

fixture ['fikstʃə] *n* appareil *m* fixe ; accessoire incorporé.

fizz [fiz], **~le** [fizl] *n* pétillement *m* ● *vi* pétiller || **~-water** *n* eau gazeuse || **~y** *adj* gazeux.

flabbergasted ['flæbəgɑ:stid] *adj* ébahi, éberlué ; sidéré.

flabb|iness ['flæbinis] *n* mollesse *f* || **~y** *adj* flasque, mou || FIG. veule.

flaccid ['flæksid] *adj* = FLABBY.

flag I [flæg] *n* drapeau *m* || NAUT. pavillon *m; ~ at half-mast,* drapeau *m* en berne ; ***~ of convenience,*** pavillon *m* de complaisance ● *vt* pavoiser (street) || *~ (down),* faire signe à (taxi).

flag II *vi* pendre mollement || FIG. [interest] faiblir || [strength] défaillir.

flag III *n ~(stone),* dalle *f*.

flagrant ['fleigrnt] *adj* flagrant.

flag|ship ['flegʃip] *n* navire *m* amiral || **~staff** *n* hampe *f*.

flail [fleil] *n* AGR. fléau *m*.

flair [flɛə] *n* don *m,* aptitude *f; have a ~ for languages,* avoir le don des langues.

flake [fleik] *n* flocon *m* (of snow) || écaille *f* (of rust, etc.) || paillette *f* (of soap) || CULIN. [cereal] flocon *m;* [butter] coquille *f* ● *vi ~ (away/off),* s'écailler, s'effriter.

flame [fleim] *n* flamme *f* || FIG. passion *f* ● *vi* flamber ; *~ up,* s'enflammer || FIG. s'empourprer || **~-thrower** *n* MIL. lance-flammes *m*.

flaming ['fleimiŋ] *adj* flamboyant || FIG. enflammé.

flamingo [flə'miŋgəu] *n* ZOOL. flamant *m*.

flammable ['flæməbl] *adj* U.S. = INFLAMMABLE.

flan [flæn] *n* tarte *f*.

Flanders ['flɑ:ndəz] *n* Flandre *f*.

flank [flæŋk] *n* flanc *m* (of body) || MIL. flanc *m* || ARCH. côté *m* ● *vt* flanquer || MIL. prendre de flanc.

flannel ['flænl] *n* flanelle *f* || *(face) ~,* gant *m* de toilette.

flap [flæp] *vi* [flag, sails] claquer ; [wings] battre — *vt* taper (slap) ● *n* tape *f* (slap) || claquement *m* (of a flag) || pan *m* (of coat) ; patte *f* (of pocket) ; rabat *m* (of an envelope).

flare [flɛə] *n* éclat vif ; lueur intermittente ● *vi* briller, étinceler || *~ **up,*** flamboyer, s'embraser || FIG. s'emporter, s'enflammer.

flash [flæʃ] *n* éclair, éclat *m* || ***~ of lightning,*** éclair *m* || [journalism] *(news-)~,* flash *m* || FIG. éclair *m* (of genius) ; *in a ~,* en une seconde ● *vi* jeter des éclairs || [jewels] étinceler || FIG. aller comme un éclair ; *~ into/through one's mind,* venir soudain à l'esprit — *vt* projeter, darder (a light) || faire étinceler (a diamond) || FIG. décocher (a smile) || **~-back** *n* CIN. retour *m* en arrière || **~ bulb** *n* ampoule *f* flash || **~er** *n* AUT. clignotant *m* || **~light** *n* PHOT. flash *m* || **~y** *adj* voyant, tape-à-l'œil.

flask [flɑ:sk] *n* flacon *m;* gourde *f; (vacuum) ~,* (bouteille *f*) Thermos *f*.

flat I [flæt] *n* appartement *m*.

flat II *adj* plat (land) || épaté, camus (nose) || *fall ~ on one's face,* tomber à plat ventre || SP. plat (racing) || NAUT. plat (calm) || AUT. à plat, crevé (tyre) || CULIN. fade ; insipide ; *~ beer,* bière éventée || ARTS mat (colour) || MUS. bémol (note) ; ***A ~,*** la bémol ; [voice] *sing ~,* chanter faux || SL., U.S. décavé || FIG. terne, monotone (life, style); net, catégorique (refusal); ***fall*** ~, tomber à plat ● *adv* FIG. catégoriquement || ~ ***out,*** FAM. à fond de train, (à) pleins gaz ● *n* plateau *m* (land) || AUT. crevaison *f* || MUS. bémol *m* || **~ly** *adv* carrément, nettement || **~ten** [-n] *vt* aplatir; écraser || aplanir — *vi* s'aplatir || ~ ***out,*** AV. redresser.

flatter ['flætə] *vt* flatter, encenser || **~er** [-rə] *n* flatteur *n* || **~ing** [-riŋ] *adj* flatteur || **~y** [-ri] *n* flatterie *f*.

flaunt [flɔ:nt] *n* étalage *m,* ostentation *f* ● *vi* se pavaner, s'afficher — *vt* faire étalage de (one's wealth); afficher (one's opinions).

flautist ['flɔ:tist] *n* fluitiste *n*.

flavour ['fleivə] *n* saveur *f;* arôme *m;* bouquet *m* (of wine); parfum *m* (of ice-cream) ● *vt* CULIN. assaisonner || **~ing** [-riŋ] *n* assaisonnement; parfum *m* || **~less** *adj* insipide, sans saveur.

flaw [flɔ:] *n* défaut *m;* paille *f* (crack) || FIG. défaut *m* || **~less** *adj* sans défaut, impeccable.

flax [flæks] *n* lin *m* || **~en** [-n] *adj* FAM. blond.

flay [flei] *vt* écorcher || FIG. s'acharner sur.

flea [fli:] *n* puce *f* || COMM. ~ *market,* marché *m* aux puces.

fleck [flek] *vt* moucheter.

fled See FLEE.

flee [fli:] *vi* (fled [fled], fled) fuir, s'enfuir — *vt* s'enfuir de || FIG. fuir (a danger).

fleec|e [fli:s] *n* toison *f* ● *vt* tondre (sheep) || FIG. estamper (overcharge); voler (swindle) || **~y** *adj* laineux (hair); moutonneux (clouds).

fleet I [fli:t] *n* NAUT., AV. flotte *f* || compagnie *f* (of taxis).

fleet II *adj* rapide || **~ing** *adj* fugitif; fugace.

Flem|ing ['flemiŋ] *n* Flamand *n* || **~ish** *adj/n* flamand.

flesh [fleʃ] *n* chair *f; make sb.'s* ~ *creep,* donner la chair de poule à qqn || embonpoint *m;* ***lose/put on*** ~, maigrir/grossir || viande *f* || REL. *eat* ~, faire gras || **~less** *adj* décharné || **~y** *adj* charnu.

flew See FLY.

flex I [fleks] *n* fil *m* électrique (souple).

flex II *vt* MÉD. fléchir, plier || **~ibility** [ˌfleksə'biliti] *n* flexibilité *f* || FIG. souplesse *f* || **~ible** *adj* flexible, souple || FIG. ~ *rostering/working hours,* horaire(s) *m(pl)* de travail flexible(s)/à la carte || **~time** ['-ˌ-] *n* = FLEXIBLE ROSTERING.

flick [flik] *n* petit coup; pichenette *f* (with finger) ● *vt* donner un petit coup/une pichenette || **~er** *vi* [flame] vaciller; [light] clignoter || [bird] battre des ailes ● *n* vacillement *m;* lueur vacillante.

flicks [-s] *npl* SL. ciné *m* (fam.); cinoche *m* (arg.).

flier See FLYER.

flies [flaiz] *npl* FAM. braguette *f*.

flight I [flait] *n* [bird, plane] vol *m; take one's* ~, s'envoler; *non-stop* ~, vol sans escale; *first* ~, baptême *m* de l'air || escadrille *f* (formation) || MIL. trajectoire *f* (of a missile) || ARCH. ~ *of stairs,* volée *f* d'escalier; ~ ***of steps,*** perron *m* || **~-deck** *n* NAUT. pont *m* d'envol || **~y** *adj* léger, frivole.

flight II *n* fuite *f* (fleeing); ***put to*** ~, mettre en fuite; ***take (to)*** ~, prendre la fuite, s'enfuir.

flimsy ['flimzi] *adj* léger (material) || fragile (easily injured) || FIG. pauvre (excuse) ● *n* papier *m* pelure.

flinch [flinʃ] *vi* reculer (draw back) || ***without ~ing,*** sans broncher.

fling [fliŋ] *vt* (flung [flʌŋ]) lancer, jeter ; ~ *the door open,* ouvrir brusquement la porte || FIG. décocher (abuse) || ~ ***out,*** FAM. flanquer dehors ● *n* jet *m* (of a stone, etc.) || FIG. tentative *f;* FAM. ***have a ~ at,*** essayer (pour voir) || FAM. bon temps ; *have one's ~,* s'en payer.

flint [flint] *n* silex *m,* pierre *f* à briquet (for lighter).

flip [flip] *n* chiquenaude *f* ● *vt* donner une chiquenaude — *vi* SL. perdre la raison || ~ **side** *n* [record] deuxième face *f.*

flipp|ancy ['flipənsi] *n* désinvolture *f* || **~ant** *adj* désinvolte, cavalier.

flipper ['flipə] *n* aileron *m* (of shark) || palme *f* (for swimming).

flirt [flə:t] *vi* flirter ● *n* coquette *f* (girl) || **~ation** [flə:'teiʃn] *n* flirt *m* || **~atious** [-'teiʃəs] *adj* flirteur ; coquette (girl).

flit [flit] *vi* se mouvoir rapidement || [bird] voleter, voltiger.

float [fləut] *vi* flotter || SP. faire la planche || FIG. circuler, courir — *vt* faire flotter || NAUT. renflouer || COMM. lancer (a company, a loan) ● *n* flotteur, bouchon *m* (fishing) || **~ing** *adj* flottant || MIL. ~ *bridge,* pont *m* de bateaux || FIN. flottant (debt) || CULIN. ~ ***islands,*** œufs *mpl* à la neige || FIG. fluctuant, instable ; flottant (vote) ● *n* flottement *m* || flottage *m* (of wood) || NAUT. mise *f* à flot.

flock I [flɔk] *n* troupeau *m* (of sheep) || foule *f* (crowd) || REL. ouailles *fpl* ● *vi* s'attrouper ; aller en foule.

flock II *n* flocon *m* (of wool).

floe [fləu] *n* glace flottante.

flog [flɔg] *vt* fouetter || **~ging** [-iŋ] *n* fouettée *f.*

flood [flʌd] *vi* [river] déborder || [sunlight] ~ *in,* entrer à flots — *vt* inonder, submerger || noyer (carburettor) ● *n* inondation, crue *f; **in ~,*** en crue || [sea] flot, flux *m,* marée montante || REL. *the Flood,* le Déluge *m* || FIG. flot *m* (of light) || torrent *m* (of tears) || **~ing chamber** *n* sas *m* || **~-light** *vt* illuminer (a building).

floor [flɔ:] *n* plancher, parquet *m ; on the ~,* par terre || étage *m ; first ~,* G.B. premier étage, U.S. (= GROUND-~) rez-de-chaussée *m* || FIG. droit *m* à la parole ; *take the ~,* prendre la parole ● *vt* parqueter, carreler || SP. terrasser, [boxing] envoyer au tapis || FIG. réduire au silence ; stupéfier || FIG. coller (fam.) [a candidate] || **~-cloth** *n* toile *f* à laver, serpillière *f* || **~-lamp** *n* torchère *f* || **~-polisher** *n* cireuse *f* || **~-space** *n* encombrement *m* || **~-walker** *n* chef *m* de rayon (in a large store).

flop [flɔp] *vi* s'affaler || FIG., FAM. échouer ● *n* floc, plouf *m,* bruit mat (sound) || FIG., THÉATR. four, échec, fiasco *m* || **~py** *adj* flasque, mollasse (person).

flor|a [flɔ:rə] *n* flore *f* || **~al** [-l] *adj* floral || **~id** [-ɔrid] *adj* coloré (complexion) ; fleuri (ornate) || **~ist** [-ɔrist] *n* fleuriste *n.*

flotilla [flə'tilə] *n* NAUT. flottille *f.*

flotsam ['flɔtsəm] *n* épave flottante.

flounce I [flauns] *n* volant *m* (of a dress).

flounce II [flauns] *vi* FIG. ~ *in,* entrer brusquement || sursauter.

flounder ['flaundə] *vi* patauger (in water) || FIG. s'embarrasser, patauger (in a speech).

flour ['flauə] *n* farine *f.*

flourish ['flʌriʃ] *n* grand geste (of arms) || moulinet *m* (of stick) || parafe *m* (of signature) || MUS. fanfare *f* ● *vi* être florissant, prospérer (thrive) — *vt* brandir (a sword) ; ~ *one's arms,* faire de grands gestes || FIG. orner de fioritures ; embellir (style).

floury ['flauəri] *adj* farineux || enfariné (face).

flout [flaut] *n* moquerie *f* ● *vt* narguer, se moquer de.

flow [fləu] *n* écoulement *m* || flux *m* (of tide) || TECHN. débit *m* (of a pump) || FIG. flot *m* ● *vi* [stream] couler; s'écouler || [river] se jeter (*into,* dans) || [hair, flag] flotter || [blood] circuler || [tide] monter || ~ ***away,*** s'écouler || ~ ***back,*** refluer || ~ ***out,*** s'écouler || ~ ***over,*** déborder.

flower ['flauə] *n* fleur *f; in* ~, en fleur; *decorate with* ~*s,* fleurir; *lay* ~*s on a tomb,* fleurir une tombe; *wild* ~, fleur des champs || FIG. fleur, élite *f* ● *vi* fleurir || ~**-bed** *n* plate-bande *f* || ~ **garden** *n* jardin *m* d'agrément || ~**-girl** *n* bouquetière *f* || ~**ing** [-riŋ] *n* ~ *(time),* floraison *f* || ~**-market** *n* marché *m* aux fleurs || ~**-pot** *n* pot *m* à fleurs || ~**-shop** *n* boutique *f* de fleuriste || ~**-show** *n* floralies *fpl* || ~**y** [-ri] *adj* fleuri (lit. and fig.).

flowing [fləuiŋ] *adj* coulant (liquid, style) || flottant (drapery).

flown See FLY.

flu [flu:] *n* MÉD., FAM. grippe *f.*

fluctuat|e ['flʌktjueit] *vi* [prices] fluctuer, varier || FIG. flotter || ~**ion** [,flʌktju'eiʃn] *n* fluctuation, variation *f* (of prices).

flue [flu:] *n* conduit *m* de cheminée.

flu|ency ['fluənsi] *n* facilité *f* (d'élocution) || ~**ent** *adj* coulant (style); *speak* ~ *English,* parler couramment l'anglais || ~**ently** *adv* couramment.

fluff [flʌf] *n* peluche *f* (of cloth) || duvet *m* (down) || moutons *mpl* (of dust) || ~**y** *adj* duveteux.

fluid ['fluid] *adj/n* fluide, liquide (*m*).

fluke [flu:k] *n* coup *m* de chance.

flung See FLING.

flunk [flʌŋk] *vt* U.S., FAM. rater, être recalé à (fam.) (an exam); coller (candidate).

flunkey ['flʌŋki] *n* larbin *m.*

fluorescent [fluə'resnt] *adj* fluorescent || ~ ***strip,*** tube *m* fluorescent/au néon.

flurry ['flʌri] *n* rafale *f* || FIG. agitation *f,* émoi *m* ● *vt* FIG. agiter, mettre en émoi.

flush I [flʌʃ] *adj* plein à déborder, abondant; ~ *with money,* plein d'argent || affleurant; ~ *with,* au ras de, au niveau de ● *adv* à ras, de niveau.

flush II *n* rougeur *f,* afflux *m* de sang || éclat *m* (of colour) || FIG. éclat *m* (of beauty); transport *m* (of joy) ● *vt* nettoyer à grande eau; ~ ***the lavatory,*** tirer la chasse d'eau || (faire) rougir — *vi* jaillir à flots || rougir.

flush III *n* flush *m* (in poker).

flush IV [flʌʃ] *vt/vi* SP. (faire) se lever (birds) ● *n* envolée *f* (of birds).

fluster ['flʌstə] *vt* troubler; énerver; *get* ~*ed,* s'énerver ● *n* trouble *m; in a* ~, en émoi || agitation *f.*

flut|e I [flu:t] *n* ARCH. cannelure *f* || ~**ed** *adj* cannelé.

flut|e II *n* flûte *f* ● *vi* jouer de la flûte || ~**ist** *n* U.S. flûtiste *n.*

flutter ['flʌtə] *vt* agiter, secouer; battre (wings) || FIG. agiter, troubler — *vi* battre des ailes, s'agiter || [heart] palpiter ● *n* battement *m* d'ailes || FIG. émoi *m,* agitation *f.*

flux [flʌks] *n* flux *m* ● FIG. flot *m* (of ideas) || instabilité *f.*

fly I [flai] *n* mouche *f; horse* ~, taon *m* || ~**-weight** *n* SP. poids *m* mouche.

fly II *vi* (flew [flu:], flown [fləun]) voler; ~ ***away,*** s'envoler || courir, se précipiter, s'élancer (*at,* sur) [rush] || fuir (flee) || passer rapidement; *how time flies!,* comme le temps passe! || Av. prendre l'avion; ~ *across the Atlantic,* traverser l'Atlantique en avion; ~ ***over,*** survoler || Fig. ~ *into a passion,* s'emporter; ~ *into pieces,* voler en éclats; *let* ~ *at,* s'en prendre à — *vt* Av. piloter (a plane) || survoler (the sea) || transporter en avion || faire voler (a kite) || fuir, éviter (avoid) || Naut. ~ *the British flag,* battre pavillon britannique.

fly III [trousers] braguette *f* || [tent] auvent *m.*

flyer [flaiə] *n* aviateur *n,* pilote *m.*

flying [flaiŋ] *adj* volant (fish) || Av. ~***-boat,*** hydravion *m* monocoque; ~ *personnel,* personnel navigant || Zool. ~ ***fish,*** poisson volant || Sp. ~ ***jump,*** saut *m* avec élan || Fig. ~ ***visit,*** visite *f* éclair ● *n* vol *m; aviation f;* ~ ***club,*** aéroclub *m; night* ~, vol de nuit; *blind/instrument* ~, pilotage *m* sans visibilité.

fly|-leaf *n* feuille *f* de garde || ~**-over** *n* viaduc autoroutier, toboggan *m* || ~**-past** *n* Av. défilé aérien || ~**-wheel** *n* Techn. volant *m.*

FM [ˌef'em] *abbrev* Rad. = frequency modulation.

foal [fəul] *n* poulain *m,* pouliche *f* || ânon *m* (donkey).

foam [fəum] *n* écume *f* ● *vi* [wave] écumer || [beer] mousser || ~**-rubber** *n* caoutchouc *m* Mousse || ~**y** *adj* écumeux; mousseux (beer).

fob [fɔb] *vt* ~ *off sth. on sb.,* refiler qqch. à qqn.

foc|al ['fəukl] *adj* focal || ~**us** [-əs] *n* foyer *m; in* ~, au point; *out of* ~, flou; *bring into* ~, mettre au point || Fig. point *m* de mire, centre *m* d'intérêt ● *vt* faire converger (rays) || Phot. mettre au point — *vi* converger.

fodder ['fɔdə] *n* fourrage *m.*

foe [fəu] *n* ennemi *n.*

fog [fɔg] *n* brouillard *m* || Naut. ~*-horn,* corne *f* de brume || ~*-bank,* banc *m* de brume || ~*-bound,* perdu dans le brouillard || ~***-light,*** Aut. phare *m* antibrouillard || Phot. voile *m* ● *vt* embrumer || Phot. voiler || Fig. embrumer, obscurcir — *vi* Phot. [film] se voiler || ~**gy** *adj* brumeux || Fig. confus.

foible ['fɔibl] *n* marotte, manie *f.*

foil I [fɔil] *n* feuille *f* (of metal) || tain *m* (in a mirror) || *(kitchen)* ~, papier *m* d'aluminium || Fig. repoussoir *m* ● *vt* déjouer, faire échouer.

foil II [fɔil] *n* Sp. fleuret *m.*

foist [fɔist] *vt* ~ *sth. (off) on sb.,* Fam. refiler qqch. à qqn.

fold I [fəuld] *n* bergerie *f.*

fold II *n* pli *m* ● *vt* plier; ~ *in half,* plier en deux; ~ *one's arms,* se croiser les bras || ~ ***up,*** replier || ~**er** *n* chemise *f,* dossier *m* (for papers) || dépliant, prospectus *m* || ~**ing** *adj* pliant (chair); à battant (table) || ~ ***screen,*** paravent *m.*

foliage ['fəuliidʒ] *n* feuillage *m.*

folio ['fəuliəu] *n* in-folio *m.*

folk [fəuk] *npl* gens *mpl; country* ~, campagnards *mpl* || *Pl* Fam. *your* ~*s,* votre famille *f* || ~**-dance** *n* danse *f* folklorique || ~**lore** [-lɔ] *n* folklore *m.*

follow ['fɔləu] *vt* suivre (go/come after) || suivre, comprendre (understand) || suivre, se conformer à; ~ *sb.'s advice,* suivre le conseil de qqn || ~ ***suit,*** [cards] fournir (*in spades,* à pique); fig. faire de même || exercer (a profession); poursuivre (a career) || ~ ***up,*** suivre de près; donner suite (a letter); exploiter (a success); ~***-up*** (*n*), Comm. relance *f* — *vi* suivre; s'ensuivre, résulter; *as* ~*s,* comme suit || ~**er** *n* partisan, disciple *m* || ~**ing** *adj* suivant, à la suite de ● *n* POL. partisans, supporters *mpl.*

folly ['fɔli] *n* sottise, bêtise *f.*

foment [fə'ment] *vt* fomenter.

fond [fɔnd] *adj* tendre, affectueux (loving); ***be ~ of,*** aimer || trop indulgent, faible (doting) || ***~ of,*** friand, gourmand de (chocolate) || amateur (of music) || *~ hope,* espérance *f* illusoire || **~le** [-l] *vt* caresser, choyer || **~ly** *adv* tendrement (lovingly); naïvement (foolishly) || **~ness** *n* tendresse, affection *f* || faiblesse, indulgence *f.*

font [fɔnt] *n* fonts baptismaux; bénitier *m* (for holy water).

food [fu:d] *n* nourriture *f,* aliments *mpl; take ~,* s'alimenter || *tinned*/U.S. *canned ~,* conserves *fpl* || **~-poisoning** *n* intoxication *f* alimentaire || **~-stuff** *n* comestible *m,* denrée *f.*

fool [fu:l] *n* sot, imbécile *n; play the ~,* faire l'idiot *n* || dupe *f;* ***make a ~ of sb.,*** se payer la tête de qqn ● *vt* berner, duper — *vi* bêtifier, faire l'idiot *n; ~ around,* baguenauder, traîner || **~hardy** *adj* téméraire || **~ish** *adj* sot; insensé || **~ishness** *n* sottise, bêtise *f* || **~-proof** *adj* indétraquable, indéréglable (mechanism) || **~scap** *n* G.B. papier *m* à lettres (env. 43 × 34 cm).

foot, feet [fut, -fi:t] *n* [person] pied *m;* ***on ~,*** à pied; *fall on one's feet,* retomber sur ses pieds || [animal] patte *f* || [things] pied *m* || [page] bas *m* || [table] bout *m* || [measure] pied *m* || GRAMM. pied *m* || MIL. infanterie *f* || FIG. position *f* || *on ~,* sur pied, en cours; ***set on ~,*** mettre sur pied ● *vt ~ it,* y aller à pied (walk) || FAM. ***~ the bill,*** supporter la dépense; casquer (fam.) || ***~ up,*** faire le total de (an account) || **~age** *n* CIN. métrage *m* || **~-and-mouth disease** *n* fièvre aphteuse || **~ball** *n* ballon *m* de football || [game] football *m; play ~,* jouer au football; ***~ player,*** footballeur *n* || **~-bridge** *n* passerelle *f* || **~fall** *n* bruit *m* de pas || **~hills** *npl* contreforts *mpl* || **~hold** *n* prise *f* || FIG. point *m* d'appui; *get a ~,* prendre pied || **~ing** *n* (= ~HOLD) *lose one's ~,* perdre pied/l'équilibre || FIG. position *f; on an equal ~ with,* sur un pied d'égalité avec || **~lights** *npl* TH. rampe *f* || **~man** *n* valet *m* de pied || **~-note** *n* note *f* en bas de page || **~path** *n* sentier *m* || **~print** *n* empreinte *f* de pied || **~-soldier** *n* fantassin *m* || **~step** *n* pas *m; follow in sb.'s ~s,* marcher sur les traces de qqn || **~wear** *n* COMM. chaussure(s) *f(pl).*

for [fɔ:] *prep* pour, à destination de; *the train ~ Paris,* le train de Paris || pour, destiné à; *this is ~ you,* c'est pour vous || pour, dans le but de; *go ~ a walk,* aller se promener; ***what ~?,*** pourquoi? || à la recherche de; *send ~ the doctor,* faire venir le médecin || pour, en vue de; *dress ~ dinner,* s'habiller pour le dîner || pour, à la place de; *do it ~ me,* faites-le pour moi || pour, en faveur de; *are you ~ or against?,* êtes-vous pour ou contre? || à cause de; *cry ~ joy,* pleurer de joie || en dépit de, malgré; *~ all his wealth,* malgré toute sa fortune; ***~ all that,*** malgré tout || pour, en échange de; *a cheque ~ £5,* un chèque de 5 livres || sur une distance de; *we walked ~ 3 miles,* nous fîmes 5 km (à pied) || pour, pendant; *~ a few days,* pour quelques jours; ***~ ever,*** pour toujours || depuis, il y a; *I have been here ~ two weeks,* je suis ici depuis deux semaines, il y a deux semaines que je suis ici || pour... que; *it is ~ you to decide,* c'est à vous de décider ● *conj* car.

forage ['fɔridʒ] *n* fourrage *m* || MIL. *~ cap,* calot, bonnet *m* de police.

foray ['fɔrei] *n* incursion, razzia *f* ● *vt* faire une incursion.

forbade See FORBID.

forbear I ['fɔ:bεə] *n* ancêtre *m*.

forbear II [fɔ:'bεə] *vt/vi* (-bore [-bɔ:], -borne [-bɔ:n]) s'abstenir de, supporter patiemment.

forbid [fə'bid] *vt* (-bad [-bæd] *or* -bade [-bæd], -bidden [-bidn]) défendre, interdire || **~ding** *adj* rebutant, rébarbatif.

forbore, forborne See FORBEAR II.

forc|e [fɔ:s] *n* force *f*; *by sheer ~*, à force de; *join ~s*, unir ses efforts || violence *f*; *by main ~*, de vive force || TECHN. *live ~*, force vive || influence *f* || *Pl* MIL. forces, troupes *fpl* || FIG. *come into ~*, entrer en vigueur ● *vt* forcer, obliger, contraindre; *~ sb. into doing*, forcer qqn à faire qqch; *~ (open) a door*, enfoncer une porte || extorquer (*from*, à) || *~* ***back***, refouler || **~ed** [-t] *adj* forcé (labour, landing, march, smile) || **~e-feed** *vt* gaver (une oie).

forc|eful ['fɔ:sfl] *adj* puissant, énergique || **~ible** *adj* de force, forcé || FIG. énergique; persuasif (speaker) || **~ibly** *adv* de force (by force); énergiquement (forcefully).

ford [fɔ:d] *n* gué *m* ● *vt* passer à gué.

fore [fɔ:] *adj* antérieur, de devant || NAUT. d'avant ● *adv* à l'avant ● *n* NAUT. avant *m* || FIG. *come to the ~*, venir au premier plan, devenir connu.

forearm I ['fɔ:rα:m] *n* avant-bras *m*.

fore|arm II [fɔ:r'α:m] *vt* prémunir || **~bode** [-'bəud] *vt* pressentir (anticipate); présager (predict) || **~cast** ['fɔ:ka:st] *vt* (cast *or* -ed [-id]) prédire, pronostiquer ● *n* prévision *f*; pronostic *m* || **~castle** ['fəuksl] *n* NAUT. gaillard *m* d'avant || **~court** *n* RAIL. (avant-)cour *f* || [filling station] *~* ***attendant,*** pompiste *n* || **~fathers** *npl* ancêtres, aïeux *mpl* || **~finger** ['-,-] *n* index *m* || **~foot** ['--] *n* patte *f* de devant || **~going** [-'--] *adj* précédent || **~gone** [-'-] *adj* décidé d'avance, prévu; *~ conclusion*, issue *f* inévitable || **~ground** ['--] *n* premier plan.

forehead ['fɔrid] *n* front *m*.

foreign ['fɔrin] *adj* étranger; *Foreign Office*, ministère *m* des Affaires étrangères || **~er** *n* étranger *n*.

foreleg ['fɔ:leg] *n* patte *f* de devant.

fore|man ['fɔ:mən] *n* contremaître *m* || **~mast** *n* mât *m* de misaine || **~most** *adj* premier ● *adv* en premier || **~noon** *n* matinée *f* || **~quarters** *n* ZOOL. train *m* de devant || **~runner** *n* précurseur *m* || **~see** [-'-] *vt* (-saw [-'sɔ:], -seen ['si:n]) prévoir || **~shadow** [-'--] *vt* faire pressentir, annoncer; préfigurer || **~sight** *n* prévision *f* (forecast) || prévoyance *f* (forethought).

forest ['fɔrist] *n* forêt *f*.

forestall [fɔ:'stɔ:l] *vt* prévenir, devancer.

forest|er ['fɔristə] *n* garde *m* forestier || **~ry** [-ri] *n* sylviculture *f*.

foretaste ['fɔ:teist] *n* avant-goût *m*.

fore|tell [fɔ:'tel] *vt* (-told [-'təuld]) prédire, présager || **~thought** ['--] *n* prévoyance *f* || **~tooth**['--] *n* dent *f* de devant.

forever [fə'revə] *adv* pour toujours, à jamais.

fore|warn [fɔ:'wɔ:n] *vt* prévenir, avertir || **~word** ['--] *n* avant-propos *m*; préface *f*.

forfeit ['fɔ:fit] *n* pénalité, amende *f* (fine) || gage *m* (in games) || JUR. dédit *m* ● *vt* perdre, être déchu de (a right) || **~ure** [-ʃə] *n* perte, confiscation *f* (of a property) || déchéance *f* (of rights).

forgave See FORGIVE.

forg|e [fɔːdʒ] *n* TECHN. forge *f* ● *vt* TECHN. forger || JUR. falsifier, contrefaire || FIG. inventer — *vi* ~ ***ahead*** prendre de l'avance; NAUT. *continue to* ~ *ahead,* courir sur son erre || **~er** *n* JUR. faussaire *m* || **~ery** [-ri] *n* falsification *f* (of documents) || contrefaçon *f* (of money) || faux *m* (document).

forget [fə'get] *vt* (-got [-'gɔt], -gotten [-'gɔtn]) oublier || FAM. *let's* ~ *it!,* n'en parlons plus! — *vi* oublier || **~ful** *adj* qui oublie facilement, qui a très mauvaise mémoire; oublieux || distrait, étourdi, négligent (heedless) || **~fulness** *n* manque *m* de mémoire, négligence *f* || **~-me-not** *n* myosotis *m.*

forgive [fə'giv] *vt* (-gave [-'geiv], -given [-'givn]) pardonner (an offence); pardonner à (offender) || **~ness** *n* pardon *m.*

forgo [fɔː'gəu] *vt* (-went [-'went], -gone [-'gɔːn]) renoncer à, s'abstenir de.

forgot, forgotten See FORGET.

fork [fɔːk] *n* fourchette *f* (for food) || bifurcation *f* (of roads) || AGR. fourche *f* || MUS. *tuning* ~, diapason *m* ● *vt* AGR. remuer à la fourche — *vi* [road] bifurquer || **~ed** [-t] *adj* fourchu || **~-lift** *n* chariot élévateur.

forlorn [fə'lɔːn] *adj* abandonné (deserted) || FIG. désespéré.

form [fɔːm] *n* forme *f* (shape); *in the* ~ *of,* sous forme de; ***take*** ~, prendre forme || [school] banc *m* (bench); classe *f* (class) || formule *f,* formulaire *m; fill in/up a* ~, remplir un formulaire || formalité *f* || convenance *f;* ***for ~'s sake,*** pour la forme || étiquette *f; good* ~, savoir-vivre *m,* bon ton || forme, règle *f;* ***in due*** ~, en bonne et due forme || forme, sorte *f* (kind) || [literature] forme *f* || gîte *m* (of a hare) || SP. forme, condition *f;* ***be in/out of*** ~, être/ne pas être en forme ● *vt* former, façonner (shape) || organiser, disposer || JUR. former (a cabinet) || GRAMM. construire (sentences) || FIG. former; se faire (an idea, opinion); contracter (habits) — *vi* prendre forme de, se former || **~al** *adj* formel || de cérémonie || cérémonieux; guindé (stiff) || régulier; ~ ***garden,*** jardin *m* à la française || **~alist** *adj/n* formaliste || **~ality** [fɔː'mæliti] *n* formalité *f; comply with a* ~, remplir une formalité || **~ally** ['fɔːməli] *adv* formellement, selon les règles, cérémonieusement || **~ation** [fɔː'meiʃn] *n* MIL., FIG. formation *f.*

former ['fɔːmə] *adj* antérieur, précédent (earlier) || ancien; *my* ~ *students,* mes ancien(ne)s élèves ● *pron the* ~, le premier, celui-là *m,* celle-là *f,* ceux-là *mpl,* celles-là *fpl* || **~ly** *adv* autrefois, jadis, anciennement.

formidable ['fɔːmidəbl] *adj* redoutable (dreadful) || formidable (enormous).

formul|a, s *or* **-lae** ['fɔːmjulə, əz *or* -iː] *n* formule *f* || **~ate** [-eit] *vt* formuler.

for|sake [fə'seik] *vt* (-sook [-'suk], -saken [-'seikn]) abandonner, délaisser (sb.) || renoncer à (sth.).

for|swear [fɔː'swεə] *vt* (-swore [-'swɔː], -sworn [-'swɔːn]) abjurer, renier qqch. (deny) || renoncer à (renounce) || ~ ***oneself*** se parjurer.

fort [fɔːt] *n* MIL. fort *m.*

forte [fɔːt] *n* point fort; *it is not my* ~, ce n'est pas mon fort.

forth [fɔːθ] *adv* dehors, en avant; *back and* ~, de long en large; *and so* ~, et ainsi de suite || **~coming** [-'--] *adj* à venir; prêt à paraître (book) || **~right** [-'-] *adj* net, franc ● *adv* carrément || **~with** ['fɔːθ'wiθ] immédiatement, sur-le-champ.

fortieth ['fɔ:tiiθ] *adj* quarantième.

fort|ification [ˌfɔ:tifi'keiʃn] *n* fortification *f* || **~ify** ['fɔ:tifai] *vt* MIL., FIG. fortifier || **~itude** ['fɔ:titju:d] *n* force *f* morale ; courage *m*.

fortnight ['fɔ:tnait] *n* quinzaine *f* (de jours) ; *a ~ today,* d'aujourd'hui en quinze ; *tomorrow ~,* de demain en quinze.

fortress ['fɔ:tris] *n* forteresse *f*.

fortuitous [fɔ:'tjuitəs] *adj* fortuit.

fortunate ['fɔ:tʃnit] *adj* fortuné, heureux (lucky) || **~ly** *adv* heureusement, par bonheur.

fortune ['fɔ:tʃn] *n* fortune *f*, destin, sort *m* (fate) || fortune, chance *f* (luck) ; *tell sb.'s ~,* dire la bonne aventure à qqn ; tirer les cartes || fortune, richesse *f* ; ***make a ~,*** faire fortune || **~-teller** *n* diseur *n* de bonne aventure ; tireur *n* de cartes, cartomancien *m*.

forty ['fɔ:ti] *adj* quarante ; *about ~,* quarantaine *f* || ***~ winks,*** FAM. roupillon *m* ; FAM. *snatch ~ winks,* piquer un roupillon || **~ five** *n* ***a 45,*** un 45-tours (record).

forward ['fɔ:wəd] *adj* en avant || COMM. *carriage ~,* port dû || FIG. précoce, en avance (precocious) ; audacieux, entreprenant (bold) ● *adv* en avant ● *n* SP. avant *m* ● *vt* expédier ; *please ~,* prière de faire suivre || COMM. *~ing agent,* expéditionnaire *n* || FIG. favoriser.

fossil ['fɔsl] *n/adj* fossile *(m)*.

foster ['fɔstə] *vt* nourrir || FIG. protéger (arts) || **~-brother** *n* frère *m* de lait || **~-father** *n* père adoptif.

fought See FIGHT.

foul [faul] *adj* nauséabond, fétide, infect (odour) || répugnant, dégoûtant, immonde (sight) || bourbeux (water) || vicié (air) || engorgé (pipe) || mauvais (weather) || grossier, ordurier (language) || SP. bas (blow) ; *~ play,* jeu déloyal || NAUT. engagé (anchor) ; ***fall ~ of,*** aborder, entrer en collision avec || FIG. infâme, odieux ● *n* SP. faute *f*, coup bas ; collision *f*, accrochage *m* ● *vt* souiller (soil) || NAUT. engager (anchor) || SP. violer la règle || **~-mouthed** *adj* mal embouché || **~ness** *n* saleté *f* || FIG. noirceur *f*.

found I See FIND || ***all ~,*** logé nourri.

found II [faund] *vt* TECHN. fondre.

found III *vt* fonder, créer || **~ation** [faun'deiʃn] *n* ARCH. fondation *f* ; *lay the ~-stone,* poser la première pierre || [cosmetics] fond *m* de teint || FIG. fondation (act) ; fondement *m*, base *f* (basis) || ***~-garment*** *n* gaine *f*.

founder I ['faundə] *n* fondateur *n*.

founder II *n* TECHN. fondeur *m*.

founder III *vi* NAUT. sombrer.

foundling ['faundliŋ] *n* enfant trouvé(e).

foundry ['faundri] *n* fonderie *f*.

fountain ['fauntin] *n* fontaine *f*, jet *m* d'eau || FIG. source *f* || **~-pen** *n* stylo *m*.

four [fɔ:] *adj* quatre ; *on all ~s,* à quatre pattes || **~-engined** [-r, enʒind] *adj* quadrimoteur || **~-fold** *adj* quadruple || **~-footed** *adj* quadrupède || **~-handed** *adj* quadrumane || **~-letter word** *n* mot *m* obscène || **~-poster** *n* lit *m* à colonnes || **~teen** [-'ti:n] *adj* quatorze || **~teenth** [-'ti:nθ] *adj* quatorzième || **~th** [-θ] *adj* quatrième ● *n* quart *m*.

fowl [faul] *n* volaille *f* (poultry).

fox [fɔks] *n* renard *m* ; ***~-cub,*** renardeau *m* || **~y** *adj* rusé, malin.

frac|tion ['frækʃn] *n* fraction *f* || **~ture** [-tʃə] *n* MÉD. fracture *f* ● *vt* MÉD. fracturer.

fragile ['frædʒail] *adj* fragile.

fragment [ˈfrægmənt] *n* fragment *m*.

fragr|ance [ˈfreigrns] *n* parfum *m* || **~ant** *adj* parfumé.

frail [freil] *adj* frêle (body); délicat, fragile (health) || **~ty** [-ti] *n* fragilité *f*.

frame [freim] *n* structure, charpente *f* || cadre *m* (of picture, bicycle) || châssis *m* (of window, car) || monture *f* (of glasses) || stature *f* (of person) || TECHN. bâti *m* || AGR. châssis *m* || CIN. image *f* || FIG. **~ *of mind,*** disposition *f* d'esprit ● *vt* former, façonner (shape) || encadrer (a picture) || ~ *(up),* ourdir (a plot); **~*-up*** *(n),* SL. coup monté || **~-house** *n* maison *f* à colombage || **~work** *n* charpente *f* || ARCH. gros œuvre || FIG. structure, ossature *f*.

franc [fræŋk] *n* franc *m*.

France [frɑːns] *n* France *f*.

franchise [ˈfrænʃaiz] *n* JUR. droit *m* de vote || U.S. concession *f*/licence exclusive.

frank I [fræŋk] *adj* franc || **~ly** *adv* franchement; *quite ~,* en toute franchise.

frank II *vt* envoyer en franchise postale || affranchir (a letter) || **~ing-machine** *n* machine *f* à affranchir.

frantic [ˈfræntik] *adj* frénétique; ~ *with,* fou de || effréné (rush) || **~ally** [-li] *adv* frénétiquement, avec frénésie.

fratern|al [frəˈtəːnl] *adj* fraternel || **~ity** *n* fraternité *f;* confrérie *f* || U.S. club *m* d'étudiants || **~ize** [ˈfrætənaiz] *vi* fraterniser.

fraud [frɔːd] *n* fraude, supercherie *f* (act) || imposteur *m* (person) || **~ulent** [-julənt] *adj* frauduleux.

fraught [frɔːt] *adj* chargé (*with,* de) || FIG. lourd (*with,* de).

fray I [frei] *n* bagarre *f*.

fray II *vt* effiler — *vi* s'effiler.

freak [friːk] *n* **~ *(of nature),*** phénomène, monstre *m* (animal, plant) || phénomène naturel || idée *f* fantasque/extravagante; lubie *f* || FAM. excentrique, original *n* (person) || SL. fan(a) *n* (fam.) [follower, etc.]; hippie *n;* drogué *n* ● *adj* anormal ● *vi* **~ *out,*** FAM. [drugs] planer (pop.); se défoncer (fam.) || devenir hippie || **~ish** *adj* anormal, aberrant (behaviour).

freckle [ˈfrekl] *n* tache *f* de rousseur.

free [friː] *adj* libre; ***set ~,*** libérer || **~ *from,*** exempt de || ~ *and easy,* cavalier, sans façon || libéral, généreux (person) || copieux (supply) || COMM. gratuit; ~ *of charge,* sans frais || FAM. ***for ~,*** gratuitement; pour rien (fam.) || FIN. exempt || SP. ~ *kick,* coup franc || FIG. désinvolte ● *adv* gratis, franco ● *vt* libérer, affranchir (a slave) || délivrer, dégager || **~dom** [-dəm] *n* liberté *f* || aisance *f* (of manner) || exemption *f* || **~ port** *n* port franc || **~-lance** *adj* indépendant (journalist) || **~ly** *adv* librement; franchement (frankly) || libéralement (generously) || volontairement (willingly) || **~mason** [-meisn] *n* franc-maçon *m* || **~masonry** *n* franc-maçonnerie *f* || **~stone** *n* pierre *f* de taille || **~-thinker** *n* libre penseur *n* || **~-trade** *n* libre-échange *m* || **~-wheel** *n* roue *f* libre ● *vi* aller en roue libre || **~will** *n* libre arbitre *m; of one's own ~,* de son plein gré ● *adj* volontaire (gift).

freez|e [friːz] *vt* (froze [frəuz], frozen [ˈfrəuzn]) geler, glacer || CULIN. congeler || FIN. geler, bloquer; *wage freezing,* blocage *m* des salaires || PHYS. ***freezing point,*** point *m* de congélation — *vi* geler || **~e-dry** *vt* lyophiliser || **~er** *n* congélateur *m* || **~ing** *adj* glacial ● *n* congélation *f* || **~ing compartment** *n* conservateur, freezer *m*.

freight [freit] *n* fret *m*, cargaison *f* (cargo) || transport *m* || fret *m* || U.S. *~car/train,* wagon/train *m* de marchandises || **~er** *n* NAUT. cargo *m* || AV. avion-cargo *m*.

French [frenʃ] *adj* français ; ~ *beans*, haricots *mpl* (verts) || CULIN. ~ *dressing*, vinaigrette *f* || ~ ***fried*/**U.S. ***fries***, (pommes de terre) frites *fpl* || ~ ***horn***, cor *m* d'harmonie || ***take ~ leave***, filer à l'anglaise || ~ *letter*, POP. capote anglaise (pop.) || ~ *roll*, petit pain || ***~-speaker*** (n), francophone *(n)* ; ***~-speaking*** *(adj)*, francophone *(adj)* || ~ ***window***, porte-fenêtre *f* ● *n* français *m* (language) || *Pl : the ~*, les Français *mpl* || **~man** *n* Français *m* || **~woman** *n* Française *f*.

frenz|ied ['frenzid] *adj* frénétique, furieux ; effréné, forcené || **~y** *n* frénésie, fureur *f*.

frequ|ency ['fri:kwənsi] *n* fréquence *f* || RAD. ~ *modulation*, modulation *f* de fréquence || **~ent** *vt* fréquenter ● *adj* fréquent || **~ently** *adv* fréquemment.

fresco ['freskəu] *n* fresque *f*.

fresh [freʃ] *adj* frais (new) || ~ *paint*, peinture fraîche || CULIN. frais (butter, fish, etc.) || ~ ***water***, eau douce || FAM. (trop) familier, impertinent ; *get ~ with sb.*, faire des avances à qqn.

freshen *vi* [wind] fraîchir || ~ ***up***, faire un brin de toilette.

fresh|ly *adv* fraîchement || **~man** *n* étudiant *m* de première année || **~ness** *n* fraîcheur *f ;* nouveauté *f ;* éclat *m* (of youth).

fret I [fret] *n* irritation *f* ● *vt* ronger (corrode) || FIG. tracasser (worry) — *vi* se tracasser ; se faire de la bile (fam.).

fret II *n* [pattern] *(Greek) ~*, grecque *f* ● *vt* découper (wood) || **~-saw** scie *f* à découper || **~work** *n* travail ajouré.

friar ['fraiə] *n* moine, religieux *m*.

friction ['frikʃn] *n* frottement *m*, friction *f* || ~ ***glove*** gant *m* de crin || ~ *tape*, chatterton *m*.

Friday ['fraidi] *n* vendredi *m ; Good ~*, vendredi saint.

fridge [fridʒ] *n* FAM. réfrigérateur *m*.

fried See FRY.

friend [frend] *n* ami *n ;* ***make ~s with***, se lier avec (qqn) || **~liness** *n* bienveillance *f* || **~ly** *adj* amical ; aimable, accueillant || **~ship** *n* amitié *f*.

frieze [fri:z] *n* ARCH. frise *f*.

frig(e) *n* = FRIDGE.

frigate ['frigit] *n* frégate *f*.

fright [frait] *n* frayeur *f*, effroi *m ; take ~*, prendre peur || FAM. épouvantail *m*, horreur *f* (person) || **~en** *vt* effrayer, faire peur à || **~fully** *adv* effroyablement, affreusement.

frigid ['fridʒid] *adj* froid, glacial || MÉD. frigide || FIG. glacé.

frill [fril] *n* ruche *f*, jabot *m* || *Pl* FIG. chichis, embarras *mpl* (fuss).

fringe [frinʒ] *n* frange *f* (trimming) || bord *m* (border) || lisière *f* (of a forest) || FIG. marge *f* (of society) || ~ ***benefits***, avantages *mpl* (en nature), à-côtés *mpl* ● *vt* franger || FIG. border (a road).

frippery ['fripəri] *n* pacotille *f* (in dress) || fanfreluches *fpl* (finery).

frisk [frisk] *vi* s'ébattre, gambader ● *n* gambade, cabriole *f* || **~y** *adv* folâtre, sémillant (person) || fringant (horse).

fritter I ['fritə] *n* beignet *m*.

fritter II *vt* effriter || FIG. ~ *away*, gaspiller (one's time).

frivol|ity [fri'vɔliti] *n* frivolité *f* || **~ous** ['frivələs] *adj* frivole (person) ; futile (remark).

frizzle ['frizl] *vt* faire frire, griller — *vi* grésiller.

frizzy ['frizi] *adj* crépu, frisé.

fro [frəu] *adv* See TO.

frock [frɔk] *n* robe *f* || REL. froc *m* || **~-coat** *n* redingote *f*.

frog [frɔg] *n* grenouille *f* || **~man** *n* homme-grenouille *m.*

frolic ['frɔlik] *n* ébats *mpl; have a ~,* s'ébattre, s'en donner || espièglerie *f* (prank) ● *vi ~ (about),* folâtrer, gambader (frisk).

from [frɔm] *prep* [place] de ; *come ~,* venir de ; *~ London,* venant de Londres || [sender] expéditeur (on letter) || [source] *~ Shakespeare,* tiré de Shakespeare ; *tell him ~ me that,* dites-lui de ma part que || [time] depuis ; *(as) ~ the first of May,* à partir du 1er mai || [model] *~ nature,* d'après nature || [material] *made ~ milk,* fait avec du lait || [separation] de, à ; *tell ~,* distinguer de || [cause] *die ~ fatigue,* mourir de fatigue || [against] *shelter ~ the rain,* abri contre la pluie || MATH. *2 ~ 5 is 3,* 5 moins 2 égale 3.

front [frʌnt] *n* devant *m ; in ~ of,* en face de ; *(sea-)~,* promenade *f* || ARCH. façade *f* || MIL., POL. front *m* || FIG. toupet *m,* effronterie *f* ● *adj* antérieur ; de devant ; *~ page,* première page || AUT. *~ wheel drive,* traction *f* avant ● *vt* donner sur ; *hotel ~ing the sea,* hôtel face à la mer || **~age** [-idʒ] *n* exposition *f* (exposure) || **~ier** [-jə] *n* frontière *f* ● *adj* frontalier.

frost [frɔst] *n* gelée *f; glazed/black ~,* verglas *m ; white/hoar ~,* gelée blanche ; *ten degrees of ~,* 10 degrés au-dessous de zéro ● *vt* geler (freeze) || givrer (rime) || CULIN. glacer || TECHN. *~ed glass,* verre dépoli || **~-bitten** *adj* gelé (feet ; vegetables) || **~ed** *adj* dépoli (glass) || **~y** *adj* glacial || gelé, couvert de givre.

froth [frɔθ] *n* mousse *f* (on beer, soap).

frown [fraun] *n* regard *m* sévère ; froncement *m* de sourcils ● *vi* froncer les sourcils || *~ upon,* désapprouver.

froz|e, ~en [frəuz, -n] See FREEZE || **~en** *adj* gelé, glacé (person) || *~ food,* produits surgelés, aliments congelés.

fructify ['frʌktifai] *vt* féconder — *vi* fructifier.

frugal ['fru:gl] *adj* frugal (meal) || économe (person) || **~ly** *adv* frugalement.

fruit [fru:t] *n* fruit *m ; some ~,* des fruits ; *a piece of ~,* un fruit || FIG. fruit *m ; bear ~,* porter ses fruits || **~cake** *n* cake *m.*

fruiterer [-rə] *n* fruitier *n,* marchand *n* de fruits.

fruit|-farmer *n* arboriculteur *n* || **~ful** *adj* fertile, fécond, fructueux || **~less** *adj* vain, infructueux (efforts) || **~-machine** *n* machine *f* à sous || **~-salad** *n* salade *f* de fruits || **~-tree** *n* arbre fruitier.

frustra|te [frʌs'treit] *vt* contrecarrer (efforts) || faire échouer (a plan) || frustrer (hopes) || **~tion** *n* déception, déconvenue *f* || frustration *f* (of hopes).

fry I [frai] *n* alevin *m* || FIG. *small ~,* menu fretin.

fry II *vt/vi* (faire) frire || **~ing-pan** *n* poêle *f* à frire.

fuel [fjuəl] *n* combustible *m* || *~ cell,* pile *f* à combustible || AUT. carburant *m ; ~-injection engine,* moteur *m* à injection || **~-oil** *n* mazout, gas-oil, fuel *m.*

fugitive ['fju:dʒitiv] *n/adj* fugitif.

fugue [fju:g] *n* MUS. fugue *f.*

fulfil [ful'fil] *vt* accomplir, s'acquitter de (a duty) || remplir (an obligation) || exaucer (a wish) || achever (an undertaking) || **~ment** *n* accomplissement *m.*

full [ful] *adj* plein, rempli ; *~ of,* plein de ; *a ~ hour,* une bonne heure || *~ up !,* complet ! || ample, large (clothes) || complet, entier ; intégral (text) ; *~ particulars,* détails complets ; *at ~ speed,* à toute vitesse || *fall ~ length,* tomber de tout son long || plein (face) || TH. ~ *house,* salle *f* comble || ASTR. ~ *moon,* pleine lune || RAIL. ~ ***fare,*** plein tarif ● *adv* totalement ; ~ *in the face,* en pleine figure ● *n* plein *m ; in* ~, intégralement ; en toutes lettres (name) || **~-bodied** *adj* corsé (wine) || **~-dress** *n* grande tenue ● *adj* de cérémonie || **~ employment** *n* plein-emploi *m* || **~(y)-grown** *adj* adulte || **~-length** *adj* en pied (portrait) || CIN. ~ ***film*** long-métrage || **~ member** *n* membre *m* à part entière || **~ moon** *n* pleine lune || **~ness** *n* plénitude *f* || **~-scale** *adj* grandeur nature *inv* || **~ stop** *n* point *m* || **~-time** *adj* à temps plein, à plein temps || **~y** *adv* pleinement.

fulminate ['fʌlmineit] *vi* fulminer (*against,* contre).

fumble ['fʌmbl] *vi* tâtonner ; ~ *for,* chercher à tâtons.

fume [fju:m] *n (usu pl)* vapeur, émanation *f* ● *vi* émettre des vapeurs || FAM. rager.

fumigat|e ['fju:migeit] *vt* désinfecter par fumigation || **~ion** [,fju:mi'geiʃn] *n* fumigation *f.*

fun [fʌn] *n* amusement *m ; have a lot of* ~, s'amuser follement ; ***for/in ~,*** pour rire ; ***make ~ of sb.,*** se moquer de qqn ; *it's not much* ~, ça n'est pas très drôle || ~ *fair,* fête foraine.

function ['fʌŋʃn] *n* fonction *f* (activity) || cérémonie *f,* réunion mondaine ● *vi* fonctionner.

fund [fʌnd] *n* fonds *m ; caisse f* || FIN. *Pl* rentes *fpl* sur l'État ; *public ~s,* deniers publics ; *no ~s,* défaut *m* de provision || **~amental** [,fʌndə'mentl] *adj* fondamental ; foncier.

funeral ['fju:nrəl] *n* funérailles, obsèques *fpl* ● *adj* funèbre, funéraire.

fungus, -gi ['fʌŋgəs, -dʒai] *n* champignon *m.*

funicular [fju'nikjulə] *adj/n* funiculaire (*m*).

funk [fʌŋk] *n* FAM. frousse *f* (fear) || froussard *n* (person).

funnel ['fʌnl] *n* entonnoir *m* (utensil) || TECHN. cheminée *f* (of a ship).

funny ['fʌni] *adj* drôle, comique, amusant ; bizarre || FAM. [elbow] ~ *bone,* petit juif (fam.).

fur [fə:] *n* fourrure *f,* pelage *m* || ~ *coat,* manteau *m* de fourrure ; *~-lined,* fourré.

furbish ['fə:biʃ] *vt* fourbir.

furious ['fjuəriəs] *adj* furieux, violent.

furl [fə:l] *vt* replier, rouler (umbrella) || NAUT. ferler (a sail).

furlough ['fə:ləu] *n* MIL. permission *f.*

furnace ['fə:nis] [central heating] chaudière *f* || TECHN. four *m.*

furnish ['fə:niʃ] *vt* meubler ; *~ed flat,* (appartement) meublé *m* || **~ings** *npl* équipement *m* (fixtures).

furniture ['fə:nitʃə] *n* ameublement *m,* meubles *mpl ;* ***piece of ~,*** meuble *m ; set of* ~, mobilier *m* || **~-remover** *n* déménageur *m* || **~-warehouse** *n* garde-meuble *m.*

furrier ['fʌriə] *n* fourreur *m.*

furrow ['fʌrəu] *n* sillon *m* || ride *f* (wrinkle) ● *vt* sillonner || rider (wrinkle) || raviner (a road).

further ['fə:ðə] (comp. of *far*) *adj* plus éloigné || supplémentaire ; *until ~ notice,* jusqu'à nouvel ordre ● *adv* plus loin ● *vt* favoriser, servir || davantage (more) || **~ance** [-rns] *n* avancement, progrès *m* || **~more** ['--'-] *adv* de plus ; en outre.

furthest See FARTHEST.

furtive ['fə:tiv] *adj* furtif ; ~ *glance,* regard *m* à la dérobée.

fury ['fjuəri] *n* furie, fureur *f.*

fuse [fju:z] *vi/vt* fondre || ÉLECTR. ~ ***the lights,*** faire fondre les plombs ● *n* fusible, plomb *m*; *a* ~ *has blown,* un plomb a sauté || [bomb] mèche *f* (string); détonateur *m* (device).

fuselage ['fju:zilα:ʒ] *n* Av. fuselage *m*.

fusion ['fju:ʒn] *n* fonte, fusion *f*.

fuss [fʌs] *n* embarras *m*, histoires *fpl*; ***make a*** ~, faire des embarras; *without* ~, sans façons ● *vi* ~ *(about),* s'agiter, s'énerver (become nervous); s'affairer (bustle about) — *vt* ennuyer; embêter (fam.) || **~y** *adj* tatillon, difficile, méticuleux.

fusty ['fʌsti] *adj* qui sent le renfermé || Fam. vieux jeu.

futile ['fju:tail] *adj* futile (vain) || puéril (childish).

future ['fju:tʃə] *n* avenir, futur *m*; *in* ~, à l'avenir || Gramm. futur *m* ● *adj* futur, à venir.

fuze U.S. = fuse.

fuzzy ['fʌzi] *adj* crêpu (hair) || flou (picture).

g

g [dʒi:] *n* g *m* || ***G string,*** cache-sexe *m inv* || Mus. *G,* sol *m*.

gab [gæb] *n* Fam. bagout; *have the gift of the* ~, avoir la langue bien pendue, avoir la parole facile.

gabardine ['gæbədi:n] *n* gabardine *f*.

gabble ['gæbl] *n* bavardage, caquetage *m* ● *vi* bredouiller (jabber).

gable ['geibl] *n* Arch. pignon *m*.

Gabon ['gæbən] *n* Gabon *m* || **~ese** [,--'i:z] *adj/n* gabonais.

gad [gæd] *vi* ~ *about,* Fam. se balader, vadrouiller (fam.).

gadfly ['gædflai] *n* taon *m*.

gadget [gædʒit] *n* Fam. truc, machin, bidule, gadget *m* (fam.).

gaff [gæf] *n* Naut. gaffe *f*.

gag [gæg] *n* bâillon *m* || Th. gag *m* ● *vt* bâillonner.

gaga ['gægα:] *adj* Fam. gaga (fam.).

gage [geidʒ] = gauge.

gaiety ['geiəti] *n* gaieté *f* || *Pl* réjouissances *fpl*.

gaily ['geili] *adv* gaiement.

gain [gein] *n* gain, profit *m* || Fin. bénéfice *m* ● *vt* gagner (money) || acquérir (experience, sb.'s esteem) || obtenir (information) || prendre (weight) || atteindre (a place) || gagner (ground, time) — *vi* gagner || [clock] avancer || ~ ***on sb.,*** distancer qqn; rattraper qqn.

gainsay [gein'sei] *vt* contredire.

gait [geit] *n* allure, démarche *f*.

gaiter ['geitə] *n* guêtre *f*.

gala ['gα:lə] *n* gala *m*; *in* ~ *dress,* en tenue de gala.

galaxy ['gæləksi] *n* galaxie, constellation *f*.

gale [geil] *n* coup *m* de vent, tempête *f*; *blow a* ~, souffler en tempête.

gall I [gɔ:l] *n* [person] bile *f*; [animal] fiel *m*; ~*-bladder,* vésicule *f* biliaire || Fig. amertume *f*.

gall II *n* écorchure *f* ● *vt* Méd. écorcher || Fig. blesser (offend).

gallant I [gə'lænt] *adj* galant (attentive to women).

gallant II [ˈgælənt] *adj* vaillant (brave) || beau, superbe, splendide (fine) || **~ry** *n* vaillance *f* (bravery) || galanterie *f* (attention to women).

gallery [ˈgæləri] *n* ARTS galerie *f*, musée *m* || TH. dernier balcon; paradis *m* (fam.).

galley [ˈgæli] *n* NAUT. galère *f* (slave-ship); ~ *slave*, galérien *m*; cuisine, coquerie *f* (ship's kitchen).

Gallic [ˈgælik] *adj* gaulois || [french] français; ~ *charm*, le charme latin.

gallicism [ˈgælisizm] *n* gallicisme *m*.

gallon [ˈgælən] *n* gallon *m* (measure).

gallop [ˈgæləp] *n* galop *m* ● *vi* galoper — *vt* faire galoper.

gallows [ˈgæləuz] *npl* (+ sing. v.) potence *f*.

Gallup poll [ˈgæləpˈpəul] *n* sondage *m* d'opinion.

galore [gəˈlɔː] *adv* en pagaille, à gogo, en veux-tu en voilà (fam.).

galoshes [gəˈlɔʃiz] *npl* caoutchoucs *mpl* (overshoes).

gambit [ˈgæmbit] *n* gambit *m*.

gambl|e [ˈgæmbl] *vi* jouer (de l'argent) [*on*, sur] || FIG. miser (*on*, sur) — *vt* ~ *away*, perdre au jeu ● *n* FIG. entreprise risquée || **~er** *n* joueur *n* || **~ing** *n* jeu(x) *m(pl)* d'argent; ***~-den,*** tripot *m*.

gambol [ˈgæmbl] *n* gambade *f*, ébats *mpl* ● *vi* gambader, cabrioler.

game I [geim] *n* jeu *m* || ***card ~,*** jeu de cartes; *play a good ~*, bien jouer; *have a ~ of whist*, faire une partie de whist || *~ of chance*, jeu *m* de hasard || SP. match *m*; partie *f*; *a ~ of tennis*, une partie de tennis || FIG. *play the ~*, jouer franc jeu || FIG. manège *m*, manigance *f*; ***make ~ of,*** tourner en dérision.

game II *n* gibier *m*; *big ~ fishing*, pêche *f* au tout gros || **~-bag** *n* gibecière, carnassière *f* || **~-keeper** *n* garde-chasse *m*.

game III *adj* courageux, résolu, décidé; capable (de); *are you ~?*, chiche?

game IV *adj* FAM. estropié; *have a ~ leg*, être boiteux.

gamut [ˈgæmət] *n* MUS. gamme *f*.

gander [ˈgændə] *n* jars *m*.

gang [gæŋ] *n* bande, clique *f* || TECHN. équipe *f* (of workers) || **~-plank** *n* passerelle *f* || **~ster** [-stə] *n* bandit, gangster *m* || **~-way** *n* passerelle *f* || AUT. couloir *m* (in a bus) || TH. allée *f*.

gaol [dʒeil] *n* = JAIL.

gap [gæp] *n* brèche *f* (in a wall) || trou *m* (hole) || solution *f* de continuité || FIG. lacune *f*; abîme *m*; *bridge the ~*, combler une lacune.

gap|e [geip] *vi* bâiller, rester bouche bée (*at*, devant) || **~ing** *adj* bouche bée (person); béant (thing).

garage [ˈgærɑːʒ] *n* garage *m*; *~-man*, garagiste *m*.

garbage [ˈgɑːbidʒ] *n* ordures *fpl*, détritus *mpl* || ~ **can** *n* U.S. poubelle *f*; *~ collector*, éboueur *m*.

garble [ˈgɑːbl] *vt* amputer, mutiler (a text) || FIG. fausser (an account); dénaturer (facts).

garden [ˈgɑːdn] *n* jardin *m*; *flower ~*, jardin d'agrément; *kitchen ~*, jardin potager; *public ~*, jardin public, square *m* (in a square) ● *vi* jardiner || **~er** *n* jardinier *n* || **~ing** *n* jardinage *m*.

gargle [ˈgɑːgl] *vt/vi* (se) gargariser ● *n* gargarisme *m*.

gargoyle [ˈgɑːgɔil] *n* gargouille *f*.

garish [ˈgɛəriʃ] *adj* éblouissant (glaring) || voyant, criard (colour).

garland [ˈgɑːlənd] *n* guirlande *f*.

garlic ['gɑːlik] *n* ail *m*; *clove of* ~, gousse *f* d'ail.

garment ['gɑːmənt] *n* vêtement *m* || **~-bag** *n* housse *f* à habits.

garnet ['gɑːnit] *n* grenat *m*; *~-red*, grenat (colour).

garnish ['gɑːniʃ] *vt* garnir.

garret ['gærət] *n* mansarde *f* (room); grenier *m* (attic).

garrison ['gærisn] *n* garnison *f* ● *vt* mettre en garnison.

garter ['gɑːtə] *n* jarretière *f*; U.S. jarretelle *f*.

gas [gæs] *n* gaz *m* || ***~-cooker,*** cuisinière *f* à gaz || ***~ fire,*** radiateur *m* à gaz || ***~-lighter,*** allume-gaz *m inv* || *~-mantle,* manchon *m* à incandescence || *~-mask,* masque *m* à gaz || ***~-meter,*** compteur *m* de gaz || ***~-oil,*** gas-oil *m* || ***~-range,*** fourneau *m* à gaz || *~ring,* brûleur *m* || ***~-works,*** usine *f* à gaz || U.S., AUT. (= GASOLENE) essence *f*; FAM. *step on the* ~, mettre pleins gaz.

gash [gæʃ] *n* entaille *f* (slash) || balafre *f* (scar).

gasify ['gæsifai] *vt* gazéifier.

gasket ['gæskit] *n* AUT. joint *m* de culasse.

gasolene ['gæsəliːn] *n* U.S. essence *f*.

gasp [gɑːsp] *vi* haleter; *~ for breath,* suffoquer ● *n* hoquet *m* (through pain, surprise).

gate [geit] *n* porte *f* (of castle, town) || grille *f* (of garden) || RAIL. barrière *f* || **~-crash** *vi* resquiller || **~-crasher** *n* resquilleur *n* || **~-keeper** *n* RAIL. garde-barrière *n* || **~way** *n* portail *m*.

gather ['gæðə] *vt* assembler, réunir || amasser, accumuler (money) || prendre, retrouver; *~ breath,* reprendre haleine || froncer (material) || ***~ speed,*** prendre de la vitesse || AGR. cueillir (fruit); rentrer (the harvest); *~ the grapes,* vendanger || ZOOL. ***~ honey,*** butiner || FIG. comprendre, déduire — *vi* se rassembler, se réunir || **~ing** [-riŋ] *n* assemblée, réunion *f* || AGR. récolte *f* (of crops); cueillette *f* (of fruit).

gaudy ['gɔːdi] *adj* voyant, criard.

gauge [geidʒ] *n* mesure *f* || TECHN. jauge *f*, calibre *m*; gabarit *m* || AUT. *petrol* ~, jauge *f* d'essence; *oil* ~, niveau *m* d'huile || AV. *height* ~, altimètre *m* || RAIL. écartement *m*; *narrow* ~, (à) voie étroite ● *vt* jauger, mesurer, calibrer || FIG. juger, estimer.

gaunt [gɔːnt] *adj* émacié, décharné.

gauze [gɔːz] *n* gaze *f*; *wire* ~, toile *f* métallique.

gave See GIVE.

gawky ['gɔːki] *adj* godiche (fam.).

gay [gei] *adj* gai, joyeux || vif (colour) || FAM. homosexuel; homo (fam.) ● *n* homosexuel *n*.

gaze [geiz] *vi* regarder (longuement) || contempler ● *n* regard *m* (fixe).

gear [giə] *n* habillement *m* (clothing) || équipement, matériel *m* || ustensiles, appareils *mpl* || TECHN. engrenage *m*, roue *f* dentée; *throw into* ~, enclencher, engrener || AUT. vitesse *f* ; *(in) low/second/top* ~, (en) première/deuxième/prise; *reverse* ~, marche *f* arrière; *neutral* ~, point mort; *change ~s,* changer de vitesse || ***~-box,*** boite *f* de vitesses; *~ change,* changement *m* de vitesse; *~ lever,* levier *m* des vitesses || TECHN. mécanisme, dispositif *m* || AV. *landing* ~, train *m* d'atterrissage ● *vt ~ down,* démultiplier.

geese [giːs] *n* See GOOSE.

gelatin|e [ˌdʒelə'tiːn] *n* gélatine *f* || **~ous** [dʒi'lætinəs] *adj* gélatineux.

gem [dʒem] *n* pierre précieuse || FIG. perle *f*.

Gemini ['dʒeminai] *npl* ASTR. Gémeaux *mpl.*

gender ['dʒendə] *n* GRAMM. genre *m.*

general ['dʒenrəl] *adj* général (election, strike) || ***General Post Office,*** poste centrale || MÉD. ~ ***practitioner,*** (médecin *m*) généraliste *m* ● *n* MIL. général *m* || **~ly** *adv* généralement, en général || **~ity** [ˌdʒenə'ræliti] *n* généralité *f* || **~ise** ['dʒenrəlaiz] *vi* généraliser.

generat|e ['dʒenəreit] *vt* engendrer, produire de l'électricité || **~ion** [ˌdʒenə'reiʃn] *n* production *f* (generating) || génération *f* (period, people) || **~or** ['dʒenəreitə] *n* ÉLECTR. génératrice *f.*

gener|osity [ˌdʒenə'rɔsiti] *n* générosité *f* || **~ous** ['dʒenrəs] *adj* généreux || **~ously** *adv* généreusement.

gen|esis ['dʒenisis] *n* genèse *f* || **~etic** [dʒi'netik] *adj* génétique.

Geneva [dʒi'ni:və] *n* Genève *f.*

genial ['dʒi:njəl] *adj* doux (climate) || affable, cordial (person).

genital ['dʒenitl] *adj* génital || **~s** *npl* organes génitaux.

genius ['dʒi:njəs] *n* génie *m* (person); *of ~,* génial, de génie || génie, talent *m* (ability); *have a ~ for maths,* avoir le génie des maths.

Genoa ['dʒenəuə] *n* Gênes *f.*

genteel [dʒen'ti:l] *adj* distingué.

gentle ['dʒentl] *adj* doux (voice, look, disposition) || léger (tap, breeze, slope) || faible (sex) || *of ~ birth,* noble, bien né || **~man, -men** *n* homme *m* du monde, homme distingué/bien élevé || [polite] monsieur *m* || [form of address] *Pl ~!,* messieurs || **~ness** *n* douceur *f.*

gently ['dʒentli] *adv* doucement.

gentry ['dʒentri] *n* petite noblesse.

genufl|ect ['dʒenjuflekt] *vi* faire une génuflexion || **~exion** [ˌdʒenju'flekʃn] *n* génuflexion *f.*

genuine ['dʒenjuin] *adj* authentique, véritable || FIG. sincère.

geograph|ical [dʒiə'græfikl] *adj* géographique || **~y** [dʒi'ɔgrəfi] *n* géographie *f.*

geolog|ical [dʒiə'lɔdʒikl] *adj* géologique || **~y** [dʒi'ɔlədʒi] *n* géologie *f.*

geometr|ical [dʒiə'metrikl] *adj* géométrique || **~y** [dʒi'ɔmitri] *n* géométrie *f.*

geophysics ['dʒiə'fiziks] *n* géophysique *f.*

germ [dʒə:m] *n* germe *m* || MÉD. microbe *m; ~-warfare,* guerre *f* bactériologique.

German ['dʒə:mən] *adj* allemand ● *n* allemand *m* (language) || Allemand *n* (person).

Germany *n* Allemagne *f.*

germinate ['dʒə:mineit] *vi/vt* (faire) germer.

gerrymander ['dʒerimændə] *vt* falsifier (facts); truquer (election) || **~ing** [-riŋ] *n* trucage *m* (of elections).

gerund ['dʒerənd] *n* gérondif *m.*

gesticulat|e [dʒes'tikjuleit] *vi* gesticuler || **~ion** [dʒesˌtikju'leiʃn] *n* gesticulation *f.*

gesture [dʒestʃə] *n* geste *m* ● *vi* faire signe (*to do,* de faire); *~ with one's hand,* faire un geste de la main.

get [get] *vt* (got [gɔt]; U.S. p.p. gotten ['gɔtn]) obtenir, se procurer, acquérir (obtain) || recevoir (receive) || attraper (catch) || (aller) chercher (fetch) || préparer || faire; *~ one's hair cut,* se faire couper les cheveux || FAM. comprendre (understand) || ~ ***across,*** faire traverser; FIG. faire comprendre || ~ ***back,*** récupérer, recouvrer || ~ ***down,*** noter || ~ ***in,*** faire entrer || ~ ***off,*** enlever, ôter || ~

on, mettre, enfiler (clothes) || ~ ***out,*** extraire, arracher || ~ ***over,*** franchir, en finir (*with,* avec); faire comprendre (*to,* à) || ~ ***round,*** FIG. tourner (a law) || ~ ***through,*** faire passer; ~ *sth. through the customs,* faire passer qqch en douane || ~ ***together,*** rassembler; ~***-together*** *(n),* petite réunion || ~ ***up,*** faire monter; faire lever (from bed); monter (a play); ~ ***oneself up as,*** se déguiser en; ~***-up*** *(n),* accoutrement, déguisement *m.*

— *vi* devenir; ~ *old,* vieillir; ~ *dressed,* s'habiller; *it is ~ting late,* il se fait tard || arriver (come); commencer (begin); ~ *doing sth.,* se mettre à faire qqch; ~ *to work,* se mettre au travail || ~ ***about,*** se déplacer, aller et venir; voyager (travel); [news] circuler; [ill person] se lever || ~ ***across,*** traverser; ~ *across to,* se faire comprendre de; TH. ~ *across to the audience,* passer la rampe || ~ ***ahead,*** réussir, progresser || ~ ***along,*** s'en aller; [work] avancer, aller; [person] se débrouiller (manage); [relationship] s'entendre (*with,* avec) || ~ ***at,*** atteindre (reach); s'en prendre à, attaquer; FIG. *what are you ~ting at?,* où voulez-vous en venir? || ~ ***away,*** [criminal] s'enfuir; ~***-away*** *(n),* fuite, évasion *f;* ~ ***away with,*** réussir à; s'en tirer avec || ~ ***back,*** retourner, revenir; reculer || ~ ***by,*** passer; [work] être tout juste passable; s'en tirer (fam.) [financially] || ~ ***down to,*** se mettre à (*doing,* faire) || ~ ***in,*** entrer; [train] arriver || ~ ***into,*** monter dans (car, etc.) || ~ ***off,*** partir; [car] démarrer; [passenger] descendre de (bus, train); FIG. s'en tirer (fam.) [escape] || ~ ***on,*** avancer, progresser; réussir (succeed); continuer (continue); s'entendre, s'accorder (agree); monter à (bicycle)/sur (horse)/dans (plane) || ~ ***onto,*** se mettre en relation avec || ~ ***on with,*** continuer || ~ ***out (of),*** sortir; descendre de (the train) || ~ ***over,*** escalader, franchir; se remettre, guérir (recover); surmonter (a difficulty); en finir (*with,* avec); faire comprendre (*to,* à) || ~ ***through,*** finir, terminer; [candidate] réussir (exam); TÉL. ~ *sb. through to,* donner à qqn la communication avec, passer qqn à || ~ ***together,*** se réunir || ~ ***up,*** se mettre debout (stand up); se lever (get out of bed).

geyser ['gi:zə] *n* [spring] geyser *m* || [heater] chauffe-eau *m* (à gaz).

ghastly ['gɑ:stli] *adj* horrible, effrayant (frightening) || blême, livide (pale) || blafard (light).

gherkin ['gə:kin] *n* cornichon *m.*

ghost [gəust] *n* spectre, fantôme, revenant *m* || esprit *m,* âme *f; give up the ~,* rendre l'âme || *Holy Ghost,* Saint-Esprit || FIG. soupçon *m* (hint) || ~**ly** *adj* spectral, macabre || ~**-writer** *n* nègre *m.*

giant ['dʒaiənt] *n/adj* géant *(m)* || ~**ess** *n* géante *f.*

gibberish ['dʒibəriʃ] *n* charabia *m* (fam.).

gibbous ['gibəs] *adj* ~ *(moon),* troisième/dernier quartier *m.*

gibe [dʒaib] *n* sarcasme, quolibet *m* ● *vi* ~ *at,* railler, se moquer de.

gidd|iness ['gidinis] *n* vertige *m* || ~**y** *adj* étourdi, pris de vertige; *make (sb.) ~,* donner le vertige à qqn; *feel ~,* avoir le vertige; *make ~,* étourdir.

gift [gift] *n* don *m; make a ~ of,* faire don de; cadeau *m* (present); *give sth. as a ~,* faire cadeau de qqch. || FIG. talent *m* (*for,* de), don *m; have a ~ for,* être doué pour || ~**ed** [-id] *adj* doué || ~**-token** *n* chèque-cadeau *m.*

gigantic [dʒai'gæntik] *adj* gigantesque.

giggle ['gigl] *vi* ricaner (bêtement).

gild [gild] *vt* (gilded *or* gilt) dorer.

gills [gilz] *npl* ouïes, branchies *fpl.*

gilt [gilt] See GILD ● *n* dorure *f* || **~-edged** *adj* doré sur tranche || FIN. ~ *securities,* valeurs sûres.

gimbal(s) ['dʒ-/gimbəl(z)] *n* TECHN. suspension *f* à la cardan.

gimlet ['gimlit] *n* vrille *f.*

gimmick ['gimik] *n* truc, gadget *m.*

ginger ['dʒinʒə] *n* gingembre *m* || **~-ale** *n* bière *f* au gingembre || **~bread** *n* pain *m* d'épice.

gingerly ['dʒinʒəli] *adv* doucement, avec précaution.

gipsy ['dʒipsi] *n* gitan, romanichel, bohémien, Tsigane *n.*

giraffe [dʒi'rɑ:f] *n* girafe *f.*

gird [gə:d] *vt* (girt *or* girded [-id]) ceindre || FIG. ceinturer, encercler || **~er** *n* poutre *f* || **~le** [-l] *n* ceinture *f* (belt); gaine *f* (garment) || FIG. ceinture *f* ● *vt* ceinturer, entourer.

girl [gə:l] *n* jeune fille *f; little ~,* fillette *f* || bonne *f* (servant) || employée *f* (in an office) || vendeuse *f* (in a shop) || FAM. ~ *(friend),* petite amie || *Girl Guide,* éclaireuse, guide *f* || **~hood** *n* jeunesse *f* || **~ish** *adj* de jeune fille.

Giro ['dʒairəu] *n* G.B. *National ~,* Comptes Chèques Postaux; ~ *account,* compte chèque postal; *~cheque,* chèque postal.

girt [gə:t] See GIRD.

girth [gə:θ] *n* [waist] tour *m* de taille || [tree] circonférence *f* || [saddle] sangle *f* ● *vt* sangler.

gist [dʒist] *n* essentiel *m.*

give [giv] *vt* (gave [geiv], given ['givn]) donner, offrir; ~ *sb. sth.,* ~ *sth. to sb.,* donner qqch. à qqn || remettre, fournir || occasionner; ~ ***rise,*** donner lieu (*to,* à) || pousser (a cry, a sigh) || présenter (a suggestion) || concéder; ~ *way,* céder, fléchir; se dérober; ~ *ground,* céder du terrain || ~ *a lecture,* faire une conférence || JUR. ~ *evidence,* déposer || ~ ***away,*** distribuer, faire cadeau de; dénoncer, trahir (betray); ~ *oneself away,* se trahir || ~ ***back,*** rendre, restituer || ~ ***forth,*** publier (news); faire entendre, émettre (a sound) || ~ ***in,*** remettre, donner (hand in) || ~ ***off,*** émettre, dégager (heat, smell) || ~ ***out,*** distribuer; divulguer (make public); ~ *oneself out,* se faire passer pour || ~ ***over,*** consacrer, affecter (*to,* à) || ~ ***up,*** abandonner, renoncer à; ~ *oneself up,* se rendre (surrender); renoncer (a habit); abandonner (work) — *vi* ~ ***in,*** abandonner, renoncer (yield) || ~ ***over/up,*** abandonner, se rendre || ~ **and take** *n* concessions mutuelles.

gizzard ['gized] *n* gésier *m.*

glacier ['glæsje] *n* GÉOGR. glacier *m.*

glad [glæd] *adj* content, heureux (*of,* de); *I am only too ~ to,* je ne demande pas mieux que de || **~den** [-ən] *vt* réjouir, égayer.

glade [gleid] *n* clairière *f.*

gladiolus, -li [,glædi'əuləs, lai] *n* glaïeul *m.*

glad|ly ['gledli] *adv* avec plaisir, volontiers || **~ness** *n* joie *f.*

glam|orous ['glemərəs] *adj* enchanteur, fascinant || **~our** [-ə] *n* charme ensorceleur, enchantement *m,* magie *f,* éclat *m.*

glance [glɑ:ns] *n* coup *m* d'œil; *at a ~,* d'un coup d'œil; *at first ~,* à première vue || éclat *m* (of steel) ● *vi* jeter un regard (*at,* sur); ~ *over,* parcourir des yeux; ~ *through a book,* feuilleter un livre || MIL. ~ *off* [projectile] ricocher sur; [sword] dévier.

gland [glænd] *n* glande *f.*

glar|e [glɛə] *n* lumière crue; éclat *m* || regard furieux ● *vi* briller (vivement) || jeter un regard furieux (*at,* à) || **~ing** [-riŋ] *adj* éblouissant || FIG. flagrant; grossier (mistake).

glass [glɑ:s] *n* verre *m* (substance); *cut* ~, cristal taillé || vitre *f* (pane) || verre *m* (vessel) || (*looking-*)~, glace *f*; miroir *m* || (*weather-*)~, baromètre *m* || (*hour-*)~, sablier *m* || PHYS. (*magnifying-*)~, loupe *f* || longue-vue *f* (tele-scope) || *Pl* lunettes *fpl* (spectacles); *sun* ~*es*, lunettes de soleil || **~-blower** *n* verrier, souffleur *m* de verre || **~-cutter** *n* TECHN. diamant *m* || **~-eye** *n* œil *m* de verre || **~-house** *n* serre *f* || **~-paper** *n* papier *m* de verre || **~-porch** *n* marquise *f* || **~-roof** *n* verrière *f* || **~-ware** *n* verrerie *f* || **~-wool** *n* laine *f* de verre || **~-works** *n* verrerie *f* (factory) || **~y** *adj* transparent, limpide || vitreux (eye) || d'huile (sea).

glaze [gleiz] *vt* vitrer (a window) || vernisser (pottery) || lustrer (material) ● *n* vernis *m*.

glazier ['gleizjə] *n* vitrier *m*.

gleam [gli:m] *n* lueur (intermittente) || rayon *m* (sunshine) || FIG. *a* ~ *of hope*, une lueur d'espoir ● *vi* luire, reluire, briller.

glean [gli:n] *vt* glaner || **~er** *n* glaneur *n*.

glee [gli:] *n* allégresse; joie *f* || MUS. chant choral à plusieurs parties || **~ful** *adj* allègre.

glib [glib] *adj* délié (tongue); qui a la parole facile, volubile (speaker) || FIG. facile (excuse).

glid|e [glaid] *vi* glisser || AV. planer ● *n* glissement *m* || AV. vol *m* plané || **~er** *n* AV. planeur *m* || **~ing** *n* vol *m* à voile.

glimmer ['glimə] *vi* luire d'une lueur tremblotante || [water] miroiter ● *n* lueur *f*, miroitement *m* || FIG. lueur *f* (of hope).

glimpse [glims] *n* aperçu *m*, coup *m* d'œil; *catch a* ~ *of*, entrevoir ● *vt* entrevoir qqch.

glint [glint] *n* reflet *m* (of metal) || lueur *f* ● *vi* luire.

glisten ['glisn] *vi* [water, wet surface] miroiter || [tear-filled eyes] briller.

glitter ['glitə] *vi* briller, scintiller, chatoyer ● *n* scintillement *m* || **~ing** [-riŋ] *adj* scintillant, étincelant.

GLM [,dʒiel'em] *abbrev* = GRADUATED LENGTH METHOD.

gloat [gləut] *vi* ~ *over*, dévorer des yeux; se repaître de.

global ['gləubl] *adj* global || mondial (world-wide).

globe [gləub] *n* globe *m*, sphère *f* || globe *m* (terrestre).

globule ['glɔbju:l] *n* gouttelette *f*.

gloom [glu:m] *n* obscurité *f* || FIG. humeur *f* sombre, mélancolie *f* || **~y** *adj* sombre || FIG. mélancolique.

glor|ify ['glɔ:rifai] *vt* glorifier || **~ious** [-iəs] *adj* glorieux, illustre (person) || resplendissant (sky, day); magnifique (weather) || **~iously** *adv* glorieusement, magnifiquement.

glory ['glɔ:ri] *n* gloire, célébrité *f* (fame) || splendeur *f* ● *vi* se glorifier (*in*, de); se réjouir (*in*, de).

gloss I [glɔs] *n* lustre, brillant *m* ● *vt* lustrer || FIG. ~ *over*, édulcorer, farder (facts, truth) || **~y** *adj* lustré, luisant || PHOT. glacé.

gloss II *n* glose *f*, commentaire *m* ● *vi* gloser || **~ary** [-əri] *n* glossaire, lexique *m*.

glottis ['glɔtis] *n* glotte *f*.

glove [glʌv] *n* gant *m*; *rubber* ~*s*, gants de caoutchouc.

glow [gləu] *n* rougeoiement *m*; lueur *f* ● *vi* rougeoyer, être incandescent || FIG. s'empourprer, rougir || **~ing** *adj* rougeoyant, incandescent || FIG. enthousiaste || **~-worm** *n* ver luisant.

glucose ['glu:kəus] *n* glucose *m*.

glu|e [glu:] *n* colle *f* ● *vt* coller || **~ey** [-i] *adj* visqueux.

glum [glʌm] *adj* morose, maussade.

glut [glʌt] *n* surabondance *f* ● *vt* gaver || COMM. inonder (market) || **~ton** [-n] *n* glouton *n* || **~tonous** [-nəs] *adj* glouton, goulu || **~tony** [-tni] *n* gloutonnerie *f*.

glycerin(e) [ˌglisəˈriːn] *n* glycérine *f*.

gnarled [nɑːld] *adj* noueux (wood, fingers).

gnash [næʃ] *vt* *~ one's teeth,* grincer des dents.

gnat [næt] *n* moustique *m*.

gnaw [nɔː] *vt* ronger || FIG. [hunger] tenailler.

go [gəu] *vi* (went [went], gone [gɔn]) aller, partir, s'en aller; ~ ***for a walk,*** aller se promener; ~ *shooting,* aller à la chasse; ~ ***to sleep,*** s'endormir || FIG. *~ under the name of,* être connu sous le nom de || devenir; *~ mad,* devenir fou || ~ ***to pieces,*** se briser || sonner (ring) || ***be ~ing to,*** aller (immediate future) || TECHN. marcher, aller, fonctionner || MIL. *who goes there?,* qui vive? || ~ ***about,*** aller de-ci de-là; vaquer à (be busy at); s'y prendre (set about) || ~ ***after,*** FAM. courir après || ~ ***against,*** aller à l'encontre de, contrarier || ~ ***ahead,*** avancer; continuer, poursuivre son chemin; ***~-ahead*** *(adj),* entreprenant, dynamique; *(n) give the ~-ahead,* donner le feu vert || ~ ***along,*** avancer; *as we ~ along,* en cours de route; *~ along with,* accompagner; FIG. être d'accord avec || ~ ***at,*** attaquer, se jeter sur || ~ ***away,*** s'en aller || ~ ***back,*** revenir, retourner; [family] remonter (*to,* à); *~ back on one's word,* revenir sur sa parole || ~ ***by,*** [person] passer; [time] passer, s'écouler; FIG. se régler sur, suivre, juger d'après || ~ ***down,*** descendre; [sun] se coucher; [sea] baisser; [ship] couler; [student] quitter l'université; plaire (*with,* à) || ~ ***for,*** aller chercher, rechercher; s'en prendre à (with words); s'enticher de || ~ ***forward,*** avancer || ~ ***in,*** entrer || ~ ***in for,*** se présenter à (exam); prendre part à (race); pratiquer, s'adonner à; *~ in for sport,* faire du sport || ~ ***off,*** partir (depart); [rifle] partir; [bomb] exploser; [meat, milk] se gâter || ~ ***on,*** continuer, persévérer; se passer (happen); *what's ~ing on?,* que se passe-t-il?; *~ on to,* en venir à || ~ ***out,*** sortir; partir (*to,* pour); [sea] descendre, se retirer; [fire] s'éteindre; [fashion] passer de mode; FIG. disparaître || ~ ***over,*** parcourir (a text); réviser, repasser (a lesson) || ~ ***round,*** faire le tour de; faire un détour; *~ round to see sb.,* passer voir qqn; [be enough] *there aren't enough chairs to ~ round,* il n'y a pas assez de chaises (pour tout le monde) || ~ ***through,*** traverser; FIG. examiner soigneusement; fouiller; subir (undergo); [bill] passer; *~ through with,* achever, mener à bien || ~ ***under,*** [swimmer] couler; FIG. succomber, être vaincu; disparaître (become bankrupt) || ~ ***up,*** monter || *~ up for an exam,* se présenter à un examen || ~ ***with,*** accompagner; FIG. aller (match) || ~ ***without,*** se passer de ● *n* aller *m* (act) || mouvement *m*; *be always on the ~,* être toujours sur la brèche; FAM. *it's no ~!,* ça ne prend pas! || FIG. ***have a ~ at sth.,*** essayer de faire qqch.; *at one ~,* d'un seul coup || FIG. vogue *f*; *it's all/quite the ~,* cela fait fureur.

goad [gəud] *n* aiguillon *m* ● *vt* aiguillonner.

goal [gəul] *n* SP., FIG. but; *score a ~,* marquer un but || **~-keeper** *n* gardien *m* de but; goal *m* (fam.).

goat [gəut] *n* chèvre *f* (she-goat); *he-~,* bouc *m* || *~'s milk cheese,* fromage *m* de chèvre || **~ee** [gəuˈtiː] *n* barbiche *f*, bouc *m* || **~-herd** *n* chevrier *n*.

gobble [ˈgɔbl] *vt* engloutir (one's

food) — *vi* [turkey] glouglouter ● *n* glouglou *m* (of a turkey).

go-between ['gəubi,twi:n] *n* intermédiaire *n* || PÉJ. entremetteur *n* (péj.).

goblet ['gɔblit] *n* verre *m* à pied.

go-cart *n* poussette *f* (push-chair) || SP. kart *m*.

God [gɔd] *n* Dieu *m* || **~daughter** *n* filleule *f* || **~father** *n* parrain *m* || **~like** *adj* divin || **~mother** *n* marraine *f* || **~send** *n* aubaine *f* || **~son** *n* filleul *m*.

go-getter [,-gəu'getə] *n* arriviste *n*.

goggle ['gɔgl] *vi* rouler de gros yeux || **~s** [-z] *npl* lunettes *fpl* de motocycliste; *diving-~*, lunettes de plongée sous-marine.

going ['gəiŋ] *adj* qui va bien || qui soit (in existence) ● *n* allure, marche *f* (speed) || état *m* du terrain; *rough ~*, mauvais (road).

going-over *n* vérification *f* || AUT. révision *f*.

goings-on *npl* activité *f* || PÉJ. agissements *mpl;* manigances *fpl* (péj.).

goitre ['gɔitə] *n* goitre *m*.

go-kart ['gəukɑ:t] *n* AUT. kart *m*.

gold [gəuld] *n* or *m* || *as good as ~*, sage comme une image || **~en** *adj* doré || **~finch** *n* ZOOL. chardonneret *m* || **~fish** *n* poisson *m* rouge || **~smith** *n* orfèvre *n* || **~-standard** *n* étalon-or *m*.

golf [gɔlf] *n* golf *m* || **~ course** *n* terrain *m* de golf || **~er** *n* joueur *n* de golf || **~ links** *npl* = ~ COURSE.

gondol|a ['gɔndələ] *n* gondole *f* || [balloon] nacelle *f* || [cableway] *~ **cable car,*** télécabine *f* || **~ier** [,gɔndə'liə] *n* gondolier *m*.

gone. See GO.

gong [gɔŋ] *n* gong *m*

good [gud] *adj* (better, best) bon; *be as ~ as the other,* se valoir || *is it any ~?,* est-ce que cela vaut quelque chose? || gentil, aimable, bienveillant, brave (kind) || sage (child) || bon, favorable (beneficial) || joli; *~ looks,* belle apparence || agréable; *~ news,* bonnes nouvelles || bon (efficient) || juste (ear) || bien (satisfactory) || [emphatic] ***a ~ deal/many,*** beaucoup de, pas mal de || *~ and hot,* bien chaud || [greetings] ***~ afternoon!,*** bonjour!; ***~ bye!,*** au revoir!; ***~ evening!,*** bonsoir!; ***~ morning!,*** bonjour!; ***~ night!,*** bonne nuit! || REL. *Good Friday,* vendredi saint || ***make ~,*** réussir, prospérer; compenser (expenses); réparer (damages); indemniser (qqn); accomplir (one's purpose); démontrer (a statement) ● *n* bien *m;* ***do ~,*** faire le bien || avantage *m; what's the ~ of running?,* à quoi bon courir?; *it's no ~,* cela ne sert à rien; ***for ~,*** pour de bon; *as ~ as new,* comme neuf.

good|-humoured [,-'hju:məd] *adj* de bonne humeur || **~-looking** *adj* beau, joli || **~ly** *adj* considérable, large (large) || **~-natured** [,-neitʃəd] *adj* d'un bon naturel, gentil || **~ness** *n* bonté *f; for ~' sake!,* pour l'amour de Dieu!, par pitié!

goods [-z] *npl* COMM. marchandises *fpl* || RAIL. *~ station,* gare *f* des marchandises; *~ train,* train *m* de marchandises.

good-tempered [,-'tempəd] *adj* qui a bon caractère, d'humeur égale, aimable.

goodwill [,gud'wil] *n* bonne volonté || COMM. clientèle *f*.

goody *adj* CULIN. friandise *f* || *Pl* bonnes choses, agréments *mpl* (de la vie).

goose, geese [gu:s, -i:s] *n* oie *f* || **~berry** ['guzbri] *n* groseille *f* à maquereau || **~flesh** *n* chair *f* de poule.

gore [gɔ:] *n* sang coagulé ● *vt* [bull] blesser d'un coup de corne.

gorge [gɔːdʒ] *n* GÉOGR., ANAT. gorge *f* || FIG. *make one's ~ rise,* soulever le cœur ● *vt* engloutir; *~ oneself,* se gaver, se gorger (*with,* de).

gorgeous ['gɔːdʒəs] *adj* magnifique, somptueux || FIG. splendide (weather).

gorilla [gə'rilə] *n* gorille *m*.

gorse [gɔːs] *n* genêt épineux.

go-slow ['gəu'sləu] *n* grève *f* perlée.

gospel ['gɔspəl] *n* évangile *m*; *~ truth,* parole *f* d'évangile.

gossamer ['gɔsəmə] *n* fil *m* de la Vierge.

gossip ['gɔsip] *n* bavardage *m* (idle talk); commérage *m* (ill-natured); potins *mpl* (stories) || commère *f* (person) ● *vi* bavarder, cancaner.

got, gotten See GET.

gothic ['gɔθik] *adj/n* gothique (*m*).

gouge [gaudʒ] *n* gouge *f*.

gout [gaut] *n* MÉD. goutte *f*.

govern ['gʌvn] *vt* gouverner (a country) || administrer, diriger (affairs) || **~ment** *n* gouvernement *m* || **~or** ['gʌvənə] *n* gouverneur *m*.

gown [gaun] *n* robe *f* (woman's) || toge *f* (academic).

GP ['dʒiː'piː] *abbrev* = GENERAL PRACTITIONER.

grab [græb] *vt* empoigner; saisir.

grace [greis] *n* grâce *f* (beauty) || grâce, merci *f* (clemency) || répit, pardon *m* (forgiveness) || bonne volonté; *do sth. with a bad/good ~,* faire qqch. en rechignant/sans rechigner *or* de mauvaise/bonne grâce || REL. bénédicité *m*/grâces *fpl* (before/after meal) || **~ful** *adj* gracieux, élégant || **~fulness** *n* grâce *f*.

gracious ['greiʃəs] *adj* courtois, bienveillant.

gradation [grə'deiʃn] *n* gradation *f*.

grade [greid] *n* degré, rang *m*, qualité *f* || RAIL. rampe *f* (gradient) || U.S. [school] classe *f* (form) || FIG. ***make the ~,*** atteindre le niveau requis; y arriver ● *vt* classer || calibrer (eggs) || niveler (ground) || **~ crossing** *n* U.S. passage *m* à niveau.

gradient ['greidjənt] *n* pente *f* (of a road).

gradual ['grædjuəl] *adj* graduel, progressif || **~ly** *adv* graduellement, peu à peu.

gradua|te ['grædjueit] *vt* graduer (mark) || U.S. [school] décerner un diplôme — *vi* obtenir son diplôme (*from,* à) ● ['grædjuit] *n* diplômé, licencié *n*.

Graduated Length Method *n* (GLM) ski progressif/évolutif.

graduation [ˌ--'eiʃn] *n* TECHN. graduation *f* || [University] collation *f* des grades.

graft I [grɑːft] *n* AGR. greffe *f* ● *vt* greffer.

graft II *n* U.S. corruption *f* (act); pot-de-vin *m* (money).

grain [grein] *n* grain *m* (of salt, sand) || AGR. grain *m*, céréales *fpl* || [weight] grain *m* || TECHN. fil *m*, veines *fpl* (of wood) || *against the ~,* à rebrousse-poil; FIG. à contrecœur || **~ed** [-d] *adj* grenu (skin, leather).

grammar ['græmə] *n* grammaire *f* || **~-school** *n* collège, lycée *m*.

grammatical [grə'mætikl] *adj* grammatical.

gramophone ['græməfəun] *n* électrophone *m*.

gran [græn] *n* FAM. = GRANDMOTHER.

granary ['grænəri] *n* grenier *m*.

grand [grænd] *adj* important; splendide, magnifique || ['grænˌ-] FAM. *~ piano,* piano *m* à queue ||

['græn-] ~***-daughter,*** petite-fille *f* || ~***father,*** grand-père *m* || ~***ma*** ['-mɑ:], mémé, grand-maman *f* || ~***mother,*** grand-mère *f* || ~***pa*** [-pɑ:], pépé, grand-papa *m* || ~***parents,*** grands-parents *mpl* || ~***son,*** petit-fils.

grand-stand ['grændstænd] *n* Sp. tribune *f*.

grandeur ['grænʒə] *n* grandeur, magnificence *f*.

grandiloqu|ence [græn'diləkwəns] *n* grandiloquence *f* || ~**ent** *adj* grandiloquent.

grandly ['grændli] *adv* grandement, généreusement.

grange [greinʒ] *n* manoir *m*.

granite ['grænit] *n* granit(e) *m*.

granny ['græni] *n* mémé, grand-maman *f*.

grant [grɑ:nt] *vt* accorder, concéder, octroyer; ***take sth. for ~ed,*** admettre par principe ● *n* octroi *m*, concession *f* (permission) || subvention *f* (money) || [school] bourse *f*.

granul|ar ['grænjulə] *adj* grumeleux || ~**e** [-ju:l] *n* granule *m* || ~**ous** *adj* granuleux.

grape [greip] *n* grain *m* de raisin || *Pl* raisin *m* || ~**fruit** *n* pamplemousse *m* || ~**-gathering** *n* vendange *f*.

graph [græf] *n* graphique *m*, courbe *f* || ~**ic** [-ik] *adj* graphique || Fig. pittoresque.

graphology [græ'fɔlədʒi] *n* graphologie *f*.

grapnel ['græpnl] *n* grappin *m*.

grappl|e ['græpl] *vt/vi* (s')agripper || Fig. s'attaquer (*with,* à) || ~**ing iron/hook** *n* grappin *m*.

grasp [grɑ:sp] *vt* saisir, empoigner || Fig. saisir, comprendre — *vi* ~ *at,* tenter de s'emparer ● *n* étreinte, prise *f; lose one's ~,* lâcher prise || Fig. compréhension *f* || ~**ing** *adj* cupide, âpre au gain.

grass [grɑ:s] *n* herbe *f* || Sl. informateur *n* (informer) || ~**hopper** *n* sauterelle *f* || ~**-land** *n* prairie *f* || ~ **roots** *npl* gens ordinaires *mpl* || Pol. *the ~,* la base || ~**-snake** *n* couleuvre *f* || ~**y** *adj* herbeux.

grate I [greit] *n* grille *f* || foyer *m*.

grat|e II *vi* grincer — *vt* râper (cheese) || ~ *one's teeth,* grincer des dents || ~**er** *n* râpe *f*.

grateful ['greitfl] *adj* reconnaissant.

gratification [,grætifi'keiʃn] *n* satisfaction *f*.

gratify ['grætifai] *vt* faire plaisir à, satisfaire, contenter (sb.) || Fig. satisfaire (a whim) || ~**ing** *adj* agréable, exaltant, passionnant (job).

grating I ['greitiŋ] *n* grillage *m*.

grating II *n* grincement *m*.

gratis ['greitis] *adv* gratis.

gratitude ['grætitju:d] *n* gratitude, reconnaissance *f*.

gratuit|ous [grə'tjuitəs] *adj* gratuit (free) || arbitraire (without reason) || ~**y** *n* pourboire *m*; gratification *f*.

grave I [greiv] *adj* grave, sérieux (serious) || grave (ominous).

grave II *n* tombe *f*; ~***-digger,*** fossoyeur *m*; ~***-yard,*** cimetière *m*.

gravel ['grævl] *n* gravier *m*; gravillon *m* (fine).

graving-dock ['greiviŋdɔk] *n* Naut. bassin *m* de radoub.

gravit|ate ['græviteit] *vi* graviter || ~**ation** [,-'teiʃn] *n* gravitation, pesanteur *f* || ~**y** ['græviti] *n* Phys., Fig. gravité *f*.

gravy ['greivi] *n* jus *m*, sauce *f* || ~**-boat** *n* saucière *f*.

gray *adj/n* = grey.

graz|e I [greiz] *vi* brouter, paître

— *vt* brouter (grass) || faire paître || **~ing-land** *n* pâturage, herbage *m*.

graze II *vt* frôler, raser, effleurer || écorcher, érafler (scratch).

greas|e [gri:s] *n* graisse *f* ● *vt* graisser || **~y** *adj* graisseux.

great [greit] *adj* grand (size, quantity) || FIG. grand ; important || FAM. épatant, formidable || **~-grandfather** *n* arrière-grand-père *m* || **~-grandson** *n* arrière-petit-fils *m* || **~ly** *adv* grandement || **~ness** *n* grandeur *f*.

Grecian ['gri:ʃn] *adj* ARTS grec.

Greece ['gri:s] *n* Grèce *f*.

greed [gri:d] *n* avidité *f*; gourmandise *f* (for food) || **~ily** *adv* avidement || **~iness** *n* voracité *f* || **~y** *adj* avide, vorace, gourmand (food) || FIG. cupide.

Greek [gri:k] *adj* grec ● *n* grec *m* (language) || Grec *n* (person).

green [gri:n] *adj* vert; *grow/turn ~,* verdir || FIG. naïf; inexpérimenté ● *n* vert *m* || pelouse *f* || *Pl* CULIN. légumes *mpl* || **~back** *n* U.S., FAM. dollar *m* || **~ery** [-əri] *n* verdure *f* || **~gage** [-geidʒ] *n* reine-claude *f* || **~-grocer** *n* marchand *n* de légumes, fruitier *n* || **~house** *n* serre *f* || **~ish** *adj* verdâtre.

Greenland ['gri:nlənd] *n* Groenland *m* || **~er** *n* Groenlandais *n*.

green|ness [gri:nnis] *n* verdure *f* || FAM. verdeur, vitalité *f* || **~-room** *n* TH. foyer *m* des artistes.

Gweenwich Mean Time [,grinidʒ'mi:ntaim] *n* temps universel, heure *f* de Greenwich.

greet [gri:t] *vt* saluer, accueillir || **~ing** *n* salutation *f* || accueil *m* (welcome) || *Pl* compliments *mpl*.

gregarious [gri'gɛəriəs] *adj* grégaire.

grenade [gri'neid] *n* *(hand)~*-MIL. grenade *f*.

grew [gru:] See GROW.

grey [grei] *adj/n* gris (*m*); *turn ~,* grisonner ● *vi/vt* [hair] grisonner || **~hound** *n* lévrier *m* || **~ish** *adj* grisâtre.

grid [grid] *n* grille *f*, grillage *m* || AUT. galerie *f*, porte-bagages *m inv*.

griddle ['gridl] *n* plaque chauffante.

gridiron ['grid,aiən] *n* gril *m*.

grief [gri:f] *n* chagrin *m*, affliction, douleur *f* || ***come to ~,*** échouer; mal tourner; avoir des ennuis; avoir un accident.

grievance ['gri:vns] *n* JUR. tort *m* (detriment); grief *m* (ground for complaint).

griev|e [gri:v] *vt* affliger, désoler; *it ~s me to,* je suis peiné de, il m'en coûte de — *vi* s'affliger || **~ous** *adj* douloureux (cry); cruel (loss); affreux (news); atroce (crime) || **~ously** *adv* douloureusement, cruellement; *~ wounded,* grièvement blessé.

grill [gril] *n* gril *m* (gridiron) || *~ (room),* grill-room *m* ● *vt* (faire) griller.

grille [gril] *n* AUT. *(radiator) ~,* calandre *f*.

grim [grim] *adj* farouche (stern) || impitoyable, implacable (pitiless) || lugubre, sinistre (ghastly).

grimac|e [gri'meis] *n* grimace *f* ● *vi* grimacer || **~ing** *adj* grimaçant.

grim|e [graim] *n* crasse, saleté *f* || **~y** *adj* crasseux, sale.

grin [grin] *n* large sourire *m* (smile) || grimace *f*, rictus *m* (wry face) ● *vi* rire à belles dents (in joy) || grimacer un sourire (in pain) || ricaner (in scorn).

grind [graind] *vt* (ground [graund]) broyer, piler (crush); moudre (into flour) || TECHN. meuler, aiguiser (a knife) || grincer; *~ one's teeth,* grincer des dents || FAM. bûcher (for an exam) || AUT. roder (les soupapes) ● *n* FAM. corvée *f* ||

~er *n* TECHN. [person] rémouleur *n* || [machine] broyeur *m* || **~stone** *n* meule *f*.

grip [grip] *n* étreinte, prise *f*; *lose one's ~,* lâcher prise || poignée *f* (handle) || U.S. valise *f* || *Pl come to ~s,* en venir aux mains.

gripes [graips] *npl* MÉD. coliques *fpl.*

grisly ['grizli] *adj* horrible, lugubre, macabre.

gristle ['grisl] *n* cartilage *m*.

grit [grit] *n* gravillon *m* (gravel) || FIG. courage, cran *m* ● *vt* gravillonner, répandre du gravillon sur (a road) || FIG. ~ ***one's teeth,*** serrer les dents.

grizzle ['grizl] *vi* pleurnicher.

grizzled [-d] *adj* grisonnant.

grizzling ['grizliŋ] *adj* pleurnichard.

grizzly *adj* grisonnant ● *n* ~ *(bear),* ours gris.

groan [grəun] *vi* [person] gémir; grogner (in disapproval) || [thing] grincer.

grocer ['grəusə] *n* épicier *n*; *at the ~'s,* à l'épicerie, chez l'épicier || **~y** [-ri] *n* épicerie *f* (business, supply).

grog [grɔg] *n* grog *m*.

groin [grɔin] *n* ANAT. aine *f*.

groom [grum] *n* valet *m* d'écurie ● *vt* panser (a horse).

groove [gru:v] *n* rainure *f*, sillon *m* (in a record) || FIG. routine *f* ● *vt* faire une rainure.

grope [grəup] *vt* tâtonner; ~ *for,* chercher à tâtons; ~ *one's way along,* avancer à tâtons.

gross [grəus] *adj* grossier (language, food) || flagrant, criant (injustice) || brut, total (weight) || **~ly** *adv* grossièrement.

grouch [grautʃ] *vi* FAM. rouspéter, ronchonner || **~y** *adj* grognon.

ground I See GRIND.

ground II [graund] *n* sol *m*, terre *f* (soil); *fall on the ~,* tomber par terre || terrain *m* (tract of land) || *break fresh ~,* défricher (lit. and fig.) || SP. terrain || ÉLECTR. terre *f* || ARTS fond *m* || FIG. position *f*; ***stand one's ~,*** tenir bon/ferme; *give ~,* lâcher pied || FIG. fondement *m*, base, assise *f*; *on the ~ that,* sous prétexte que; *there is ~ for,* il y a lieu de || *Pl* parc *m* (of a mansion) || CULIN. *Pl* marc *m* de café ● *vi* NAUT. s'échouer || AV. atterrir — *vt* NAUT. (faire) échouer || AV. empêcher de prendre l'air/de décoller, retenir au sol || ÉLECTR. mettre à la terre || MIL. reposer (rifles) || FIG. donner de solides connaissances de (teach) || **~-crew** *n* AV. personnel *m* au sol || **~-floor** *n* rez-de-chaussée *m* || **~-game** *n* gibier *m* à poil.

grounding *n* connaissances fondamentales; fond *m*.

ground||less *adj* mal fondé, injustifié || **~sheet** *n* [tent] tapis *m* de sol || **~-swell** *n* lame *f* de fond.

group [gru:p] *n* groupe *m* || MÉD. *blood ~,* groupe sanguin ● *vi/vt* (se) grouper.

grouse I [graus] *n inv* grouse *m*; coq *m* de bruyère.

grouse II *vi* FAM. râler, rouspéter (fam.).

grow [grəu] *vi* (grew [gru:], grown [grəun]) croître || [plants] pousser || [seeds] germer || [person] grandir || devenir, augmenter, croître (increase); ~ ***old,*** vieillir; ~ *dark,* s'obscurcir || ~ ***in*** [nail] s'incarner || ~ ***out of,*** devenir trop grand pour (one's clothes); FIG. perdre en gandissant (a habit) || ~ ***up,*** atteindre la maturité || ~ ***upon*** s'imposer à; *it ~s upon you,* cela devient une habitude — *vt* cultiver, faire pousser || laisser pousser (one's beard) || **~er** *n* cultivateur *n* || **~ing** *n* croissance *f* || Agr. culture *f* ● *adj* croissant, grandissant.

growl [graul] *vi* grogner, gronder.

grown [grəun] See GROW || **~-up** *adj/n* adulte.

growth [grəuθ] *n* Bot. croissance *f* (act); végétation *f* (plants); *second ~,* regain *m* || Méd. croissance *f* (of a person); excroissance *f* (tumour) || Fig. accroissement *m* (increase).

grub I [grʌb] *vt* défricher — *vi* bêcher, fouiller.

grub II *n* larve *f* (larva) || Sl. bouffe *f* (fam.).

grudg|e [grʌdʒ] *vt* donner à contrecœur || Fig. voir d'un mauvais œil, reprocher ● *n* rancune *f; bear sb. a ~, have a ~ against sb.,* en vouloir à qqn || **~ingly** *adv* à contrecœur.

gruelling ['gruəliŋ] *adj* épuisant.

gruesome ['gru:səm] *adj* macabre.

gruff [grʌf] *adj* brusque, bourru.

grumble ['grʌmbl] *vi* [animal] grogner; [person] grommeler ● *n* grognement *m.*

grumpy ['grʌmpi] *adj* grincheux, maussade, grognon.

grunt [grʌnt] *vi* grogner ● *n* grognement *m.*

Guade|loupe ['guɑ:d,lu:p] *n* Guadeloupe *f* || **~lupian** [-,lu:piən] *adj/n* guadeloupéen.

guarant|ee [,gærn'ti:] *n* garantie, caution *f* || garant, répondant *n* (person) ● *vt* garantir, cautionner || **~or** *n* Jur. garant *m* || **~y** *n* = GUARANTEE.

guard [gɑ:d] *n* garde *f* || [boxing] *lower one's ~,* se découvrir || Mil. garde *f; on ~,* de garde; ***mount ~,*** monter la garde || Rail. chef *m* de train || Fig. ***be on one's ~,*** être sur ses gardes; ***be caught off one's ~,*** être pris au dépourvu ● *vt* garder, protéger (*against,* contre) — *vi ~ against,* se garder de || **~ dog** *n.* chien *m* de garde || **~edly** [-idli] *adv* avec circonspection || **~ian** [-jən] *n* gardien *n* || Jur. tuteur *n* (of a minor) || **~sman** [-zmən] *n* soldat *m* de la garde.

gudgeon ['gʌdʒn] *n* Zool. goujon *m.*

guerilla [gə'rilə] *n* guérillero *m; ~ warfare,* guérilla *f.*

guess [ges] *vi/vt* deviner; *I ~,* U.S., Fam. je pense ● *n* conjecture, supposition *f;* ***at a ~,*** au jugé; *it's anybody's ~,* personne n'en sait rien au juste, impossible de prévoir || **~work** *n* supposition *f.*

guest [gest] *n* invité, hôte, convive *n; paying ~,* pensionnaire *n* || client *n* (in a hotel) || **~-house** *n* pension *f* de famille || **~-room** *n* chambre *f* d'amis.

guffaw [gʌ'fɔ:] *n* gros rire ● *vi* rire bruyamment, pouffer.

Guian|a [gai'ænə] *n* Guyane *f* || **~ese** [-'-i:z] *adj/n* guyanais.

guidance [gaidns] *n* conduite, direction *f.*

guide [gaid] *n* guide *m* (book, person) ● *vt* guider, conduire || Mil. ***~d missile,*** projectile *m* téléguidé.

guild [gild] *n* guilde, corporation *f.*

guile [gail] *n* ruse, astuce *f.*

guilt [gilt] *n* culpabilité *f* || **~less** *adj* innocent || **~y** *adj* coupable; *plead ~,* plaider coupable.

Guin|ea ['gini] *n* Géogr. Guinée *f* || **~ean** *adj/n* guinéen.

guinea ['gini] *n* Fin. guinée *f* || **~-fowl/-hen** *n* pintade *f* || **~-pig** *n* cobaye *m.*

guise [gaiz] *n* apparence *f;* aspect *m; in the ~ of,* déguisé en.

guitar [gi'tɑ:] *n* guitare *f.*

gulch [gʌlʃ] *n* U.S. ravin *m.*

gulf [gʌlf] *n* golfe *m* (sea); gouffre *m* (abyss) || FIG. abîme *m*.

gull I [gʌl] *n* mouette *f*, goéland *m*.

gull II *vt* duper.

gullet ['gʌlit] *n* ANAT. œsophage *m* || FAM. gosier *m*.

gullible ['gʌləbl] *adj* crédule, naïf.

gully ['gʌli] *n* rigole *f*, ruisseau *m*.

gulp [gʌlp] *vt* avaler; ~ *down*, engloutir || FIG. ~ *back*, ravaler ● *n* bouchée *f* (food); gorgée *f* (drink); *at one* ~, d'un trait.

gum I [gʌm] gencive *f*.

gum II *n* gomme *f* (glue) || caoutchouc *m* (rubber) || **~boot** *n* botte *f* en caoutchouc.

gumption ['gʌmʃn] *n* FAM. jugeotte *f* (fam.).

gun [gʌn] *n* canon *m* (artillery); fusil *m* (rifle); pistolet *m* (pistol) || **~-boat** *n* canonnière *f* || **~-fire** *n* fusillade *f*; [cannons] tir *m* d'artillerie || **~man** *n* bandit, gangster *m* || **~ner** *n* artilleur, canonnier *m* || **~powder** *n* poudre *f* (à canon) || **~-running** *n* contrebande *f* d'armes || **~shot** *n* coup *m* de feu || **~smith** *n* armurier *m*.

gunwale [gʌnl] *n* NAUT. plat-bord *m*.

gurgle ['gə:gl] *vi* gargouiller ● *n* gargouillement, glouglou *m*.

gush [gʌʃ] *vi* bouillonner, jaillir; ~ *forth*, couler à flots.

gust [gʌst] *n* coup *m* de vent, rafale *f* || FIG. accès *m* (of rage, etc.).

gustat|ive ['gʌstətiv], **~ory** [-tri] *adj* gustatif.

gusto ['gʌstəu] *n*, plaisir, enthousiasme, entrain *m*.

gut [gʌt] *n* boyau, intestin *m* || MUS. (corde *f* de) boyau *m* || ***Pl*** FAM. cran *m* ● *vt* vider (fish) || FIG. ne laisser que les quatre murs.

gutter ['gʌtə] *n* ruisseau, caniveau *m* (along a road) || gouttière *f* (under a roof) || FIG. ~ ***press***, presse *f* à scandales.

guttural ['gʌtrl] *adj* guttural.

guy I [gai] *n* ~ *(rope)*, tendeur *m*.

guy II *n* épouvantail *m* || U.S., POP. type, gars *m*; mec *m* (pop.).

guzzle ['gʌzl] *vi* s'empiffrer, goinfrer (fam.); bouffer (pop.).

gym ['dʒim] *n* FAM. gymnastique *f* || **~nasium** [dʒim'neizjəm] *n* gymnase *m* || **~nast** [-næst] *n* gymnase *n* || **~nastics** [dʒim'næstiks] *n* gymnastique *f*; *do* ~, faire de la gymnastique.

gynaecolog|ist [,gaini'kɔlədʒist] *n* gynécologue *n* || **~y** *n* gynécologie *f*.

gypsy ['dʒipsi] *n* = GIPSY.

gyro|compass ['dʒaiərə,kʌmpəs] *n* gyrocompas *m* || **~scope** [-skəup] *n* gyroscope *m*.

h

h [eitʃ] *n* h *m* || *H-bomb*, bombe *f* H.

haberdasher ['hæbədæʃə] *n* mercier *n*, U.S. chemisier *n* || **~y** [-ri] *n* mercerie *f* || U.S. lingerie *f* (pour hommes).

habit ['hæbit] *n* habitude *f*; ***get into/out of the ~ of***, prendre/perdre l'habitude de || habit *m* (religious) || **~ual** [hə'bitjuəl] *adj* habituel, assidu || **~uate** [hə'bitjueit] *vt* habituer.

hack [hæk] *vt* tailler à coups de hache || ***~-saw*** (*n*), scie *f* à métaux.

hackneyed ['hæknid] *adj* banal, rebattu.

had See HAVE.

haddock ['hædək] *n* aiglefin *m*.

hæmo|philiac [,himə'filiək] *adj* hémophile || **~rrhage** ['hemərid3] *n* hémorragie *f*.

haft [hɑ:ft] *n* manche *m* (of a knife); poignée *f* (of a sword).

hag [hæg] *n* *(old)~*, FAM. vieille sorcière (fam.) || chameau *m* (fam.) [unpleasant woman].

haggard ['hægəd] *adj* hâve, défait || égaré (look).

haggle ['hægl] *vi* marchander.

hail I [heil] *vt* appeler; héler (taxi) || saluer, acclamer ● *n* salut *m* (salutation) || appel *m* (call); *within ~*, à portée de voix.

hail II *n* grêle *f* ● *vi* grêler || **~stone** *n* grêlon *m*.

hair I, **s** [hɛə, -z] *n* poil *m* (of animals, on human body); *remove the ~(s) from*, épiler || crin *m* (of horse) || FIG. ***split ~s***, couper les cheveux en quatre.

hair II *n sing* cheveux *mpl; che*velure *f;* ***do one's ~***, se coiffer; *comb one's ~*, se peigner || **~('s) breadth** *n by a ~*, d'un cheveu, tout juste; *be within a ~ of*, être à deux doigts de, frôler || **~brush** *n* brosse *f* à cheveux || **~-curler** *n* bigoudi *m* || **~cut** *n* coupe *f* de cheveux; *have/get a ~*, se faire couper les cheveux || **~-do** *n* coiffure *f* || **~dresser** *n* coiffeur *m* pour dames || **~dressing salon** *n* salon *m* de coiffure || **~-dryer** *n* *(electric)~*, séchoir *m* (électrique) || **~-dye** *n* teinture *f* (pour cheveux) || **~-lacquer** *n* laque *f* (capillaire) || **~-oil** *n* brillantine *f* || **~-net** *n* résille *f*, filet *m* à cheveux || **~pin** *n* épingle *f* à cheveux || AUT. *~ bend*, lacet *m*, virage *m* en épingle à cheveux || **~ spray** *n* bombe *f* de laque || **~-wash** *n* lotion *f* || **~y** *adj* poilu, velu || chevelu.

Hait|i ['heiti] *n* Haïti || **~ian** ['heiʃjən] *adj/n* haïtien.

hale [heil] *adj* robuste, gaillard; *be ~ and hearty*, être vigoureux/en pleine santé.

half,-lves I [hɑ:f,-vz] *n* moitié *f;* ***by ~***, de moitié; *cut in halves*, couper en deux; *fold in ~*, doubler; ***go halves***, partager de moitié || demie *f;* ***~ a dozen***, une demi-douzaine; *~ past two*, deux heures et demie; *two and a ~*, deux et demi || SP. mi-temps *f* ● *adj* demi || **~-and-~** *adj/adv* en parties égales; moitié moitié || **~-back** *n* SP. demi *m* || **~-board** *n* demi-pension *f* || **~-breed** *n* [person] métis *n* || **~-brother** *n* demi-frère *m* || **~-fare** *n* demi-tarif *m* ● *adv* à demi-tarif || **~-light** *n* demi-jour *m* || **~-mast** *n at ~*, en berne (flag) || **~-moon** *n* demi-lune *f* || **~ note** *n* MUS., U.S., blanche *f* || **~-open** *adj* entrouvert; entrebaîllé || **~penny** ['heipni] *n* demi-penny *m* || **~-price** *n at ~*, à moitié prix || **~-size** *n* demi-pointure *f* || **~-time** *n* mi-temps *f* || **~-track** *n* AUT. autochenille *f* || **~-turn** *n* demi-tour *m* || **~-way** *adv* à mi-chemin; *~ up/down (the hill)*, à mi-côte/pente || FIG. *meet sb. ~*, couper la poire en deux || **~-witted** *adj* faible d'esprit || **~-year** *n* semestre *m*.

half II *adv* à demi; ***~-heartedly***, sans enthousiasme; ***~-left*** *: bear ~-left*, obliquez à gauche.

halibut ['hælibət] *n* flétan *m*.

hall [hɔ:l] *n* hall *m* (in a hotel); vestibule *m* (in a house) || grande salle *f* (in a public building) || réfectoire *m* (in a college) || château *m* (mansion) || **~-mark** *n* poinçon *m* de garantie || Fig. sceau *m*.

hallo! [hə'ləu] *excl* hé! || [greeting] salut || Tél. allô!

hallow ['hæləu] *n* saint *m*; *All Hallows,* Toussaint (1st novembre) || ~**ed** [-d] *adj* béni, consacré.

hallucina|te [hə,lu:si'neit] *vt* halluciner || ~**tion** [-ʃn] *n* hallucination.

halo ['heiləu] *n* halo *m* || Rel., Fig. auréole *f*.

halt I [hɔ:lt] *n* halte, pause *f*; *come to a* ~, s'arrêter ● *vi* faire halte — *vt* faire arrêter.

halt II *vi* hésiter || [arch.] boiter || ~**ing** *adj* hésitant (voice) || boiteux (verse).

halter ['hɔ:ltə] *n* licou *m*.

halve [hɑ:v] *vt* partager en deux.

ham I [ham] *n* jambon *m*.

ham II *adj* Th. ~ *actor,* cabotin *m* || Rad. ~ *operator,* radio *m* amateur.

hamburger ['hæmbə:gə] *n* hamburger *m*.

hamlet ['hæmlit] *n* hameau *m*.

hammer ['hæmə] *n* marteau *m* ● *vt* marteler, enfoncer à coups de marteau (*into,* dans) || ~**ing** [-riŋ] *n* martelage *m* (act); martèlement *m* (noise).

hammock ['hæmək] *n* hamac *m*.

hamper I ['hæmpə] *n* manne *f* (basket) || bourriche *f* (for oysters).

hamper II *vt* gêner, entraver.

hand [hænd] *n* main *f*; ~ *in* ~, la main dans la main || ***lay*** ~***s on,*** mettre la main sur; arrêter (a thief) || ***shake sb.'s*** ~/***shake*** ~***s with sb.,*** serrer la main/donner une poignée de main à qqn || [cards] jeu *m*; *play a good* ~, bien jouer || Techn. ***(done) by*** ~, (fait) à la main || Techn. ouvrier, manœuvre *m* || Naut. marin *m* || Techn. aiguille *f* (of a clock) || [marriage] *he asked for her* ~, il a demandé sa main || Fig. côté *m*; ***on the left*** ~ ***side,*** à (main) gauche; *on the one* ~..., *on the other,* d'une part, d'autre part || Fig. écriture *f*; *write a good* ~, avoir une belle écriture || Fig. aide *f*; ***give/lend sb. a*** ~, donner un coup de main à/épauler qqn; ***at*** ~, à portée de la main; tout proche; ***to*** ~, sous la main; ***in*** ~, en réserve (money); ***on*** ~, en main; en cours/question || Fig. *be* ~ *in glove with sb.,* être de mèche avec qqn || Fig. *have/get the upper* ~, avoir/prendre le dessus/l'avantage || Fig. ***off*** ~, impromptu || Fig. *wash one's* ~*s of sth.,* s'en laver les mains ● *vt* passer, donner || remettre || ~ ***down,*** léguer || ~ ***in,*** remettre || ~ ***on,*** transmettre, passer || ~ ***out,*** distribuer; ~***-out*** *(n),* prospectus *m* || ~ ***over,*** remettre; transmettre; céder (property) || ~ ***round,*** faire circuler.

hand|-bag *n* sac *m* à main || ~**bill** *n* prospectus *m* || ~**book** *n* manuel *m* || ~**-brake** *n* Aut. frein *m* à main || ~**-cart** *n* voiture *f* à bras || ~**cuff** *n* menotte *f* ● *vt* passer les menottes || ~**ful** *n* poignée *f* || ~**-lever** *n* manette *f* || ~**-saw** *n* scie *f* à main || ~**-sewn** *adj* cousu main.

handicap ['hændikep] *n* handicap *m* ● *vt* handicaper; ~*ped person,* handicapé *n*; *visually* ~*ped,* malvoyant *n*.

handi|craft ['hændikrɑ:ft] *n* métier *m* (trade); dextérité *f* || ~**work** *n* travail manuel || Fig. ouvrage *m*, œuvre *f*.

handkerchief ['hæŋkətʃif] *n* mouchoir *m*; foulard *m* (round the neck).

handl|e ['hændl] *n* poignée *f* (of a door) || anse *f* (of a basket) || manche *m* (of a broom) || queue *f* (of a frying-pan) || Aut. manivelle *f* ● *vt* manipuler, manier || Comm. faire le commerce de || Fig. conduire, diriger, manœuvrer (direct) || **~e-bar** *n* guidon *m* (of a bicycle) || **~ing** *n* maniement *m*, manutention *f*.

hand|-made ['hæn'meid] *adj* fait à la main || **~rail** *n* rampe *f* (of stairs) || **~shake** *n* poignée *f* de main.

handsome ['hænsəm] *adj* beau, bel (*m*) [of men] || FIG. considérable, généreux || **~ly** *adv* élégamment || FIG. généreusement.

hands up! [,-'-] *interj* haut les mains!

handwriting ['hænd,raitiŋ] *n* écriture *f*.

handy ['hændi] *adj* adroit, habile (person); maniable (tool) || prêt, sous la main (close at hand) || utile; *it may come in ~*, cela peut toujours servir || **~man** *n* bricoleur *m*.

hang [hæŋ] *vt* (p. t. hanged) pendre (capital punishment) || *~ oneself*, se pendre || (p. t. hung [hʌŋ]) suspendre, accrocher (sth. on a hook, etc.) || tapisser, garnir (a wall) [with, de] || *~ one's head*, baisser la tête || *~ **out**,* étendre (the washing) || *~ **up**,* suspendre, accrocher (one's hat, a picture); TÉL. raccrocher — *vi* (p. t. hung) pendre; être suspendu; être accroché (*from*, à) || balancer (swing) || FIG. dépendre (*on*, de) || *~ **about/around**,* flâner, rôder || *~ **back**,* rester en arrière || *~ **on**,* tenir bon, s'accrocher || *~ **out**,* [shirt] dépasser, pendre; SL. percher || *~ **over**,* surplomber || *~ **together*** [persons] rester unis; [statements] se tenir, concorder ● *n* FIG., FAM. *get the ~ of* attraper le chic, saisir le truc (*of doing*, pour faire).

hangar ['hæŋə] *n* AV. hangar *m*.

hanger ['hæŋə] *n* crochet *m* (hook) || *(clothes)~*, portemanteau *m* || ***~-on*** (*n*), FAM. parasite *m*.

hang-gliding *n* SP. vol *m* libre; *go ~*, faire du vol libre.

hang|ing *n* pendaison *f* || *Pl* tentures *fpl* || **~man** *n* bourreau *m*.

hangnail *n* envie *f*.

hang|-over *n* SL. gueule *f* de bois || **~-up** *n* FAM. complexe *m*.

hanker ['hæŋkə] *vt* soupirer (*after*, après).

hankie ['hænki] *n* FAM. mouchoir *m*.

Hansard ['hænsəd] *n* G. B. journal officiel.

hap|hazard ['hæp'hæzəd] *adj/adv* au hasard, au petit bonheur || **~less** *adj* malchanceux, infortuné.

happen ['hæpn] *vi* arriver, advenir, survenir (occur); *what has ~ed to him ?*, que lui est-il arrivé ? || se trouver que (chance); *as it ~s*, comme par hasard, justement; *how does it ~ that*, comment se fait-il que; *it so ~ed that...*, le hasard a voulu que... || FAM. tomber (*on*, sur) || **~ing** *n* événement, incident *m*.

happ|ily ['hæpili] *adv* heureusement, par bonheur (luckily) || **~y** *adj* heureux; *~ New Year!*, bonne (et heureuse) année! || satisfait || **~y-go-lucky** *adj* insouciant, sans souci.

harangue [hə'ræŋ] *n* harangue *f* ● *vt* haranguer.

harass ['hærəs] *vt* tourmenter (worry) || harceler (harry).

harbour ['hɑ:bə] *n* port *m* || FIG. havre, asile *m* ● *vt* héberger || FIG. nourrir (hope, suspicious) || garder (a grudge) || **~-master** *n* capitaine *m* de port || **~-station** *n* gare *f* maritime.

hard ['hɑ:d] *adj* dur (firm, solid); *sleep on the cold ~ ground*, coucher sur la dure || rigoureux (winter); rude (climate, craft) || dur (blow) || alcoolisé (drink) || calcaire (water) || MÉD. *~ of hearing*, dur d'oreille || FIN. ~ ***cash,*** espèces *fpl* (ready money) || FIG. difficile (task); ~ *lines/luck!,* pas de chance! || ~ *labour,* travaux forcés; *have a ~ time of it,* en voir de dures ● *adv* ferme (firmly) || fort, ferme, dur (freezing, raining); *go ~ at it,* y aller fort || avec peine, rudement (treat) || ***try ~,*** faire tous ses efforts pour; *die ~,* avoir la vie dure || ~ ***by,*** tout contre, tout près || ~ ***up*** fauché (fam.) || ***be ~ put to it,*** avoir beaucoup de mal (*to,* à) || **~-and-fast** *adj* strict (rule) || **~-boiled** *adj* CULIN. ~ *egg,* œuf dur || **~-core** *adj* absolu, irréductible || **~en** *vi/vt* (se) durcir || TECHN. tremper || FIG. (s')aguerrir || **~ening** *n* durcissement *m* || TECHN. trempe *f* || **~ly** *adv* à peine, ne... guère (scarcely) || probablement pas (unlikely) || durement, rudement (harshly) || **~ness** *n* dureté *f* (of a substance) || rigueur *f* (of winter) | FIG. difficulté *f* || sévérité *f* || **~ship** *n* épreuve, souffrance *f* || **~-up** *adj* fauché, à court d'argent || **~ware** *n* quincaillerie *f; ~ dealer,* quincaillier *n* || [computer] matériel *m* || **~-wearing** *adj* résistant, solide (clothes) || **~-working** *adj* travailleur, bûcheur (fam.) || **~y** *adj* vigoureux, robuste (person) || vivace (plant) || FIG. hardi, intrépide.

hare [hɛə] *n* lièvre *m* || **~-brained** *adj* écervelé, étourdi || **~-lip** *n* MÉD. bec-de-lièvre *m*.

haricot [ˈhærikəu] *n* *~(-bean),* haricot blanc.

harm [hɑːm] *n* mal, tort, préjudice *m; do ~ to,* nuire à, faire du tort à ● *vt* faire du mal/tort à, porter préjudice à || **~ful** *adj* malfaisant; nuisible (person) || nocif (thing) || **~less** *adj* inoffensif (animal) || sans méchanceté (person) || innocent (pastime) || anodin (medicine).

harmon|ic [hɑːˈmɔnik] *n/adj* harmonique *f* || **~ica** [-ikə] *n* harmonica *m* || **~ious** [hɑːˈməunjəs] *adj* harmonieux || **~ium** [-iəm] *n* harmonium *m* || **~ize** [ˈhɑːmənaiz] *vi/vt* (s')harmoniser || **~y** [ˈhɑːmni] *n* harmonie *f*.

harness [ˈhɑːnis] *n* harnais *m* || FIG., FAM. collier *m* ● *vt* atteler || TECHN. aménager (a waterfall).

harp [hɑːp] *n* harpe *f* ● *vi* jouer de la harpe || FIG. ~ *on,* rabâcher, ressasser || **~er, ~ist** *n* harpiste *n*.

harpoon [hɑːˈpuːn] *n* harpon *m* ● *vt* harponner.

harpsichord [ˈhɑːpsikɔːd] *n* clavecin *m*.

harrow [ˈhærəu] *n* herse *f* ● *vt* herser || FIG. torturer || **~ing** *adj* FIG. déchirant, poignant.

harry [ˈhæri] *vt* MIL. harceler (attack); ravager, dévaster, piller (plunder) || FIG. harceler.

harsh [hɑːʃ] *adj* discordant (voice) || âpre (taste) || rêche, rugueux (touch) || déplaisant, dur (sight) || FIG. sévère, dur || **~ness** *n* [hearing] discordance *f* || [touch] rudesse *f* || [taste] âpreté *f*.

harum-scarum [ˈhɛərəmˈskɛərəm] *n* FAM. tête *f* de linotte, écervelé *n*.

harvest [ˈhɑːvist] *n* moisson, récolte *f* (crop) || moisson *f* (season) || FIG. moisson *f* ● *vt* AGR., FIG. moissonner, récolter || **~er** *n* moissonneur *n* (person) || moissonneuse *f* (machine).

hash [hæʃ] *vt* hacher ● *n* hachis *m* || FIG. gâchis *m*.

haste [heist] *n* hâte, précipitation *f; in ~,* à la/en hâte; ***make ~,*** se hâter.

hasten [ˈheisn] *vt* hâter, presser — *vi* se hâter, se dépêcher.

hast|ily [ˈheistili] *adv* précipitamment, à la hâte || FIG. à la légère (rashly) || **~y** *adj* hâtif, rapide || précipité (departure) || FIG. irréfléchi, inconsidéré (rash); emporté, vif (quick-tempered).

hat [hæt] *n* chapeau *m; felt ~,* chapeau mou; ***put on/take off one's ~,*** mettre/enlever son chapeau || **~-box** *n* carton *m* à chapeau || **~-peg** *n* patère *f.*

hatch I [hætʃ] *vt* couver (eggs) || FIG. tramer, ourdir (a plot).

hatch II *n* ~ *(way),* NAUT. écoutille *f* || **~back** *n* AUT. berline *f* cinq portes.

hatchet ['hætʃit] *n* hachette *f.*

hate [heit] *n* haine *f* ● *vt* haïr (abhor); FAM. détester, avoir horreur de || **~ful** *adj* haïssable, odieux.

hatred ['heitrid] *n* haine *f.*

haught|iness ['hɔ:tinis] *n* morgue *f* || **~y** *adj* hautain.

haul [hɔ:l] *vt* haler, traîner, remorquer || transporter (goods) ● *n* remorquage *m* || FIG. coup *m* de filet, butin *m* || **~age** [-idʒ] *n* halage *m* || AUT. camionnage *m,* transport routier || **~ier** [-iə] *n* transporteur (routier).

haunch [hɔ:nʃ] *n* hanche *f* || CULIN. cuissot *m* || FAM. *Pl* derrière *m.*

haunt [hɔ:nt] *vt* hanter || FIG. fréquenter || [memory] obséder || **~ing** *adj* obsédant.

have [hæv] *vt* (had [hæd]) avoir, posséder || accepter; *~ a cigar,* prenez un cigare || absorber, prendre; *~ dinner,* dîner; *~ tea,* prendre le thé; *~ a drink,* boire un verre || jouir de; *~ a good time,* passer un bon moment; *~ a swim/a walk,* se baigner/se promener || [neg.] ne pas tolérer || faire; *~ the luggage taken upstairs,* faites monter les bagages; *~ one's hair cut,* se faire couper les cheveux; *~ in,* faire entrer; *~ a tooth out,* se faire arracher une dent || ~ ***it*** *: rumour has it that...,* le bruit court que...; *~ it out with sb.,* s'expliquer avec qqn; FAM. *he's had it,* son compte est bon || ~ ***got,*** posséder, avoir || ~ ***(sth.) left,*** avoir (qqch.) de reste; *I ~ only £ 2 left,* il ne me reste que £ 2 || ~ ***on,*** porter (clothes); faire marcher (fam.) [sb.] || ~ ***to,*** devoir, être obligé de || ~ ***just*** (+ p.p.), venir de (+ infin.).
— *aux v* avoir; ***had better*** *: I had better go,* je ferais mieux de partir || ***had rather/sooner*** *: I had rather,* je préférerais.

haven ['heivn] *n* NAUT. havre *m* || FIG. abri *m.*

haversack ['hævəsæk] *n* sac *m* à dos || MIL. musette *f.*

havoc ['hævək] *n* ravages *mpl,* dégât *m; play/make ~,* semer la destruction, faire des ravages.

hawk I [hɔ:k] *n* faucon *m.*

hawk II *vt* COMM. colporter || **~er** *n* colporteur *m* || [street] marchand *n* ambulant; [door-to-door] démarcheur *n.*

hawthorn ['hɔ:θɔ:n] *n* aubépine *f.*

hay [hei] *n* foin *m; make ~,* faire les foins; **~-fever** *n* rhume *m* des foins || **~-loft** *n* grenier *m* à foin, fenil *m* || **~-maker** *n* faneur *n* || **~-making** *n* fenaison *f* || **~rick, ~stack** *n* meule *f* de foin.

hazard ['hæzəd] *n* risque *m,* aléa *m,* danger *m* || AUT. ~ ***warning lights,*** feux de détresse ● *vt* risquer (risk); *~ one's life,* mettre ses jours en danger || hasarder (venture) || **~ous** *adj* risqué, incertain; hasardeux, aléatoire.

haze [heiz] *n* brume *f* (légère).

hazel ['heizl] *n* noisetier *m* || **~-nut** *n* noisette *f.*

hazy ['heizi] *adj* brumeux || FIG. confus; vague, nébuleux.

he [hi:] *pron* il; lui *m; she is older than ~ (is),* elle est plus âgée que lui; *it is ~,* c'est lui || *~ is my brother,* c'est mon frère; *here ~ is,* le voilà; ~ ***who,*** celui qui ● *adj* mâle (animal); *~-goat,* bouc.

head [hed] *n* tête *f* || pointe *f* (of arrow) || tête *f* (of nail) || chevet *m* (of bed) || bout *m* (of table, lake) || haut *m* (of a page) || face *f* (of coin); **~*s or tails?,*** pile ou face ? || [celery, lettuce] pied *m* || mousse *f*, faux-col *m* (on beer) || TECHN. *(war)* ~, ogive *f*; [recorder] ***erasing/playback ~,*** tête *f* d'effacement/de reproduction || NAUT. ~ *wind,* vent *m* debout || ***come to a ~,*** MÉD. mûrir ; FIG. atteindre le point critique || FIG. tête *f*; *at the ~ of,* à la tête de ; chef *m*, directeur *n* || FIG. partie *f* (of a speech) || FIG. intelligence, aptitude *f*; *we put our ~s together,* nous nous sommes consultés || FIG. tête *f* (mind); *take sth. into one's ~,* se mettre qqch. en tête ; ***keep/lose one's ~,*** garder son sang-froid/perdre la tête, s'affoler ● *vt* contourner (go round) || ~ ***off,*** faire dévier, détourner ; FIG. prévenir (prevent) || être à la tête de ; intituler (a chapter) — *vi* ~ ***for,*** se diriger vers || NAUT. faire route vers || **~ache** *n* mal *m* de tête, migraine *f*; *have a ~,* avoir mal à la tête || **~dress/gear** *n* coiffure *f* || **~ing** *n* en-tête *m* (of a letter); titre, intitulé *m* (of a chapter) || || **~light** *n* phare *m* (d'auto) || **~line** *n* manchette *f*, titre *m* (in a newspaper) || *Pl* RAD. résumé *m* des nouvelles || **~long** *adv fall ~,* tomber la tête la première || FIG. précipité ; irréfléchi (person) || **~master** [-'mα:stə] *n* principal, directeur *m* (of a school) || **~mistress** [-'mistris] *n* directrice *f* || **~-office** *n* COMM. maison *f* mère || **~-on** *adj/adv* de front, de plein fouet || **~phone** *n* RAD. écouteur *m* || **~quarters** ['-'-] *n* MIL. quartier général || COMM. siège social || **~rest** *n* AUT. appui-tête *m* || **~strong** *adj* entêté, obstiné || **~waiter** *n* maître *m* d'hôtel || **~way** *n* progrès *m*; *make ~,* avancer, progresser || **~y** *adj* emporté (person) || capiteux (wine).

heal [hi:l] *vt* guérir (a disease, a patient); guérir, cicatriser (a wound) — *vi* [wound] se cicatriser || **~er** *n* guérisseur *n* || **~ing** *adj* cicatrisant || FIG. apaisant ● *n* guérison *f* (of a disease); cicatrisation *f* (of a wound).

health [helθ] *n* MÉD. santé *f*; *be in good/bad* (or) *poor ~,* bien/mal se porter || ***Health Service doctor,*** médecin conventionné || ***drink sb.'s ~, drink a ~ to sb.,*** boire à la santé de qqn || COMM. ~ *food(s),* produits *mpl* diététiques || **~ful** *adj* salubre (air); sain (climate) || FIG. salutaire || **~y** *adj* bien portant || salubre (air); sain (climate).

heap [hi:p] *n* tas, amas *m* ● *vt ~ up,* entasser, amasser.

hear [hiə] *vt* (heard [hə:d]) entendre (sounds) || assister à (lectures, mass) || faire réciter (lessons) || entendre dire ; apprendre (news) — *vi* entendre || ~ ***from sb.,*** recevoir des nouvelles de qqn || ~ ***about/of sth.,*** entendre parler de qqch. ● *interj Hear! hear!,* très bien!, bravo ! || **~er** [-re] *n* auditeur *n* || **~ing** [-riŋ] *n* ouïe *f*; *within ~,* à portée de voix ; *out of ~,* hors de portée de la voix ; *hard of ~,* dur d'oreille || MUS. audition *f* || MÉD. ***~-aid*** *(n),* prothèse auditive || JUR. audience *f* || **~say** *n* ouï-dire *m*.

hearse [hə:s] *n* corbillard *m*.

heart [hα:t] *n* [organ] cœur *m* || [centre of the emotions] cœur *m*; *have a kind ~,* avoir bon cœur || *(Pl)* [cards] cœur *m* || FIG. courage *m*; ***take/lose ~,*** prendre/perdre courage || FIG. cœur, centre, fond *m*; *in my ~ of ~s,* dans mon for intérieur || FIG. ***by ~,*** par cœur || **~-attack** *n* crise *f* cardiaque, infarctus *m* || **~beat** *n* battement *m* de cœur || **~break** *n* crève-cœur *m*; douleur profonde || **~breaking** *adj* déchirant || **~broken** *adj* au cœur brisé || **~burn** *n* brûlure *f* d'estomac || ~ **condition** *n* maladie *f* de cœur || **~en** *vt* encourager || ~ **felt** *adj* sincère.

hearth [hɑːθ] *n* âtre *m* || Fig. foyer *m* (home).

heart|ily ['hɑːtili] *adv* cordialement, de bon cœur || **~less** *adj* sans cœur || **~-rending** *adj* déchirant, angoissant || **~-transplant** *n* greffe *f* du cœur, transplantation *f* cardiaque || **~y** *adj* cordial, sincère || vigoureux, robuste (strong) || copieux (meal).

heat [hiːt] *n* chaleur *f* || Fig. chaleur, fièvre *f* || Sp. (épreuve *f*) éliminatoire *f*; See DEADHEAT || Zool. chaleur *f*; *on ~,* en chaleur ● *vt* chauffer || *~ **up**,* réchauffer — *vi* se réchauffer || **~er** *n* appareil *m* de chauffage.

heath [hiːθ] *n* lande *f*.

heathen ['hiːðn] *n/adj* païen.

heather ['heðə] *n* bruyère *f*.

heating ['hiːtiŋ] *n* chauffage *m*; *central ~,* chauffage central; *~ oil,* gas-oil, gazole, fuel *m*.

heat-wave *n* vague *f* de chaleur.

heave [hiːv] *vt* (heaved [hiːvd], Naut. hove [həuv]) soulever (a weight) || Naut. lever (the anchor) || Fig. pousser (a sigh) — *vi* se soulever || Naut. *~ in sight,* paraître à l'horizon; *~ **to**,* mettre à la cape/en panne.

heaven ['hevn] *n* ciel, paradis *m* || Fig. Dieu *m*, Providence *f* || *Pl* firmament *m* || **~ly** *adj* céleste, divin.

heav|ily ['hevili] *adv* lourdement || **~iness** *n* pesanteur, lourdeur *f* || Fig. abattement *m* || **~y** *adj* lourd, pesant || gros (rain, sea) || violent (blow) || copieux (meal) || lourd (weather) || lourd (sleep) || Techn. *~ worker,* travailleur *n* de force || Mil. violent (fire) || Phys. *~ water,* eau lourde || Techn. ***~-duty** (adj),* à grand rendement, lourd (engine) || Sp. ***~-weight** (n),* poids lourd.

Hebrew ['hiːbruː] *adj/n* hébreu ● *n* hébreu *m* (language).

hecatomb ['hekətəum] *n* hécatombe *f*.

heckle ['hekl] *vt* interrompre, harceler (speaker).

hectic ['hektik] *adj* fiévreux || Fam. trépidant.

hedge [hedʒ] *n* haie *f* ● *vt* clôturer; *~ (in),* enclore || Fig. [racing] *~ one's* bets, se couvrir — *vi* Fig. chercher des échappatoires || **~hog** [-ɔg] *n* hérisson *m* || **~-hop** *vi* Av. faire du rase-mottes.

heed [hiːd] *n* attention *f*; *take ~,* prendre garde ● *vi* faire attention à || **~ful** *adj* attentif, vigilant || **~less** *adj* inattentif, insouciant.

heel I [hiːl] *n* Naut. gîte, bande *f* ● *vi* gîter, donner de la bande.

heel II *n* talon *m* || *take to one's ~s,* prendre ses jambes à son cou || *follow close on sb.'s ~s,* être sur les talons de qqn; *tread on sb.'s ~s,* talonner qqn || *down at ~s,* éculé (shoes); pop. dans la dèche (person) || *have sb. at one's ~s,* avoir qqn à ses trousses; *cool one's ~s,* faire le pied de grue.

hefty ['hefti] *adj* Fam. costaud.

heifer ['hefə] *n* génisse *f*.

height [hait] *n* hauteur *f*; *six feet in ~,* six pieds de haut || altitude *f* (of a mountain) || Fig. sommet, faîte, comble *m*; *at the ~ of the season,* en pleine saison; *be at its ~,* battre son plein || **~en** *vt* relever, rehausser, accroître || Méd. aggraver.

heinous ['heinəs] *adj* odieux (crime).

heir [ɛə] *n* héritier *m* || **~ess** [-ris] *n* héritière *f* || **~loom** *n* souvenir *m* de famille.

heist [haist] *n* Sl. casse *m* (arg.).

held See HOLD.

heli|copter ['helikɔptə] *n* hélicoptère *m* || **~port** *n* héligare *f*, héliport *m*.

hell [hel] *n* REL. enfer *m* || SL. *a ~ of a noise,* un bruit infernal.

hello! ['he'ləu] *interj* = HALLO!

helm [helm] *n* NAUT. barre *f,* gouvernail *m;* **~sman,** timonier *m,* homme *m* de barre.

helmet ['helmit] *n* casque *m.*

help [help] *n* aide, assistance *f,* secours *m;* ***mutual ~,*** entraide *f;* ***come to sb.'s ~,*** venir au secours de qqn || aide *n* (person) || U.S. domestique *n* ● *vi/vt* aider, prêter assistance, secourir; *~ sb. to do,* aider qqn à faire || servir; *~ sb. to sth.,* servir qqch. à qqn; *~ yourself!,* servez-vous! || *~* ***sb. across*** aider qqn à traverser || ***can't ~,*** ne pouvoir s'empêcher de; *she couldn't ~ crying,* elle ne pouvait s'empêcher de pleurer; *you can't ~ it,* vous n'y pouvez rien; *it can't be ~ed,* on n'y peut rien || [shops] *can I ~ you!,* vous désirez qqch? ● *excl ~!,* au secours! || **~er** *n* aide, assistant *n* || **~ful** *adj* serviable; utile (thing) || **~ing** *n* portion *f* (food) || **~less** *adj* désemparé.

helter-skelter ['heltə'skeltə] *adv* à la débandade ● *n* débandade *f* || G.B. [fair ground] (sorte *f* de) toboggan *m.*

Helvetian [hel'vi:ʃjən] *adj* helvétique ● *n* Helvète *n.*

hem [hem] *n* bord *m* (border) || ourlet *m* (of cloth); *~-line,* ourlet (of a skirt) ● *vi* border, ourler || *~ in,* encercler, cerner.

hemisphere ['hemisfiə] *n* hémisphère *m.*

hemlock ['hemlɔk] *n* ciguë *f.*

hemorrhage ['hemərid3] *n* hémorragie *f.*

hemp [hemp] *n* chanvre *m.*

hen [hen] *n* poule *f* || femelle *f* (of birds) || *~-house,* poulailler *m.*

hence [hens] *adv* d'ici (from here) || d'où, par conséquent (therefore) || désormais (from now) || **~forth** *adv* dorénavant, désormais.

henchman ['henʃmən] *n* partisan, séide *m* || PÉJ. acolyte, suppôt *m* (péj.).

henpecked ['henpekt] *adj* mené par le bout du nez (husband).

hep [hep] *adj* = HIP.

hepatic [hi'pætik] *adj* hépatique.

her [hə:] *pers pron* [dir. obj.] la; [indir. obj.] lui; [after prep. and *than*] elle ● *poss adj* son, sa, ses (feminine possessor).

herald ['herəld] *n* messager *n* ● *vt* FIG. annoncer || **~ry** [-ri] *n* héraldique *f,* blason *m.*

herb [hə:b] *n* MÉD. herbe médicinale || CULIN. *sweet ~s,* fines herbes || **~alist** [-əlist] *n* herboriste *n.*

herculean [,hə:kju'liən] *adj* herculéen.

herd [hə:d] *n* troupeau *m* (of cattle) || FIG. foule, populace *f* ● *vt* rassembler en troupeau; garder (un troupeau) — *vi* s'attrouper || **~sman** [-zmən] *n* gardien *m* de troupeau.

here [hiə] *adv* ici; *around ~,* par ici; *~ and there,* çà et là || voici; *~ he is,* le voici; *~ you are!,* tenez! || *~ lies,* ci-gît || FIG. *~ below,* ici-bas || ***look ~!,*** écoutez!; *~* ***goes!*** (eh bien), allons-y!

here|abouts [,hiərə'bauts] *adv* dans les environs || **~after** [-'--] *adv* plus tard (in the future); ci-après (following this) || **~by** ['-'-] *adv* par ce moyen.

heredit|ary [hi'reditri] *adj* héréditaire || **~y** *n* hérédité *f.*

herein ['hiər'in] *adv* sur ce point; ci-inclus.

her|esy ['herəsi] *n* hérésie *f* || **~etic** ['herətik] *n/adj* hérétique.

here|tofore ['hiətu'fɔ:] *adv* jusqu'ici, jusque là || **~upon** ['hiərə'pɔn] *adv* là-dessus, sur ce || **~with** ['hiə'wiδ] *adv* ci-joint.

heritage ['heritid3] *n* héritage *m.*

hermit ['hə:mit] *n* ermite *m*.

hernia ['hə:njə] *n* hernie *f*.

her|o ['hiərəu] *n* héros *m* || **~oic** [hi'rəuik] *adj* héroïque || **~oine** ['herəin] *n* héroïne *f* || **~oism** ['herəizm] *n* héroïsme *m*.

heron ['hern] *n* héron *m*.

herring ['heriŋ] *n* hareng *m* || *red ~,* hareng *m* saur; FAM., FIG. diversion *f*.

hers [hə:z] *poss pron* le sien, la sienne; les siens, les siennes.

herself [hə:'self] *reflex pron* se ● *emph pron* elle-même.

hesitat|e ['heziteit] *vi* hésiter || **~ing** *adj* hésitant || **~ion** [,hezi'teiʃn] *n* hésitation *f*.

hew [hju:] *vt* (p. t. -ed [-d]; p. p. -ed *or* -n [-n]) tailler (a stone) || abattre (a tree) || équarrir (timber).

hexagon ['heksəgən] *n* hexagone *m*.

hey! [hei] *interj* hep! || [question] hein? || [surprise] hé! || **~ *presto!,*** tout d'un coup; [conjurer] passez muscade!

hi! [hai] *interj* U.S., FAM. salut!

hiatus [hai'eitəs] *n* hiatus *m*.

hibernate ['haibə:neit] *vi* hiberner.

hiccough, hiccup ['hikʌp] *n* hoquet *m; have the ~s,* avoir le hoquet ● *vi* hoqueter.

hide I [haid] *vt* (hid [hid], hid(den) ['hidn]) cacher; ***play ~-and-seek,*** jouer à cache-cache — *vi* se cacher, se dissimuler || ***~-away*** *(n), ~*-OUT.

hide II [haid] *n* ZOOL. cuir *m*, peau *f*.

hideous ['hidiəs] *adj* hideux.

hide-out ['haidaut] *n* FAM. cachette, planque *f*.

hiding I ['haidiŋ] *n ~(-place),* cachette *f; go into ~,* se cacher.

hiding II *n* correction *f;* volée; raclée *f* (fam.).

hierarchy ['haiərα:ki] *n* hiérarchie *f*.

hi-fi ['hai'fai] *n* (= HIGH FIDELITY) hi-fi *f* (fam.); haute fidélité; ***~system,*** chaîne f (hi-fi) (fam.).

higgledy-piggledy ['higldi'pigldi] *adj/adv* pêle-mêle, n'importe comment.

high [hai] *adj* haut, grand (in general); *how ~ is...?,* quelle est la hauteur de...?; *6 feet ~,* de 2 mètres de haut || NAUT. **~ *tide,*** marée haute; *on the ~ seas,* en haute mer || GÉOGR. haut (latitude) || CULIN. avancé (meat); **~ *tea,*** goûter *m* dinatoire || FAM. parti (fam.) [drunk]; [drugs] ***be ~,*** planer; *get ~,* se défoncer (pop.) || FIG. élevé (price, temperature); puissant (wind); haut (opinion); grand (speed) || FIG. élevé, supérieur, noble; *~ life,* le grand monde || [time] ***it is ~ time,*** il est grand temps ● *adv* haut || FIG. *live ~,* vivre largement; *play ~,* jouer gros jeu; *run ~,* s'échauffer || **~ball** *n* U.S. whisky *m* à l'eau (gazeuse) || **~brow** *n* intellectuel *n* || **~-chair** *n* chaise *f* d'enfant || **~-falutin(g)** [,-fə'lutin(ŋ)] *adj* pompeux, prétentieux || **~-fidelity** *n* RAD. haute fidélité || **~-handed** *adj* (trop) autoritaire || **~-jack** = HIJACK || **~light** *vt* mettre en lumière/vedette ● *n (usu pl)* PHOT. lumières *fpl* || FIG. moments importants; clou *m*.

highly ['haili] *adv* hautement, extrêmement, très; très bien (paid) || ~ ***strung,*** nerveux, tendu.

high|mass *n* grand-messe *f* || **~-necked** [-'nekt] *adj* à col montant || **~ness** *n* hauteur *f* || ***His/Her Highness,*** Son Altesse || **~-octane** *adj* fort indice d'octane || **~-rise** *adj ~ flats,* ARCH. tour *f* || **~road** *n* route nationale || **~-school** *n* lycée *m* || **~-sounding** *adj* PEJ. grandiloquent || **~-spirits** *npl* entrain *m* ||

~-strung *adj* = HIGHLY-STRUNG || **~way** *n* route nationale || ***Highway Code,*** code *m* de la route.

hijack ['haidʒæk] *vt* FAM. détourner (un avion) || **~er** *n* pirate *n* de l'air || **~ing** n détournement *m* (d'avion).

hik|e [haik] *vi* excursionner à pied ● *n* excursion *f* à pied, randonnée *f* || **~er** *n* excursionniste *n,* marcheur *n.*

hilarious [hi'lɛəriəs] *adj* hilare.

hill [hil] *n* colline *f,* coteau *m* || côte *f* (on a road) || monticule *m* || **~ock** [-ək] *n* butte *f,* tertre *m* **~-side** *n* flanc *m* de coteau || **~y** *adj* montagneux (country); accidenté (ground).

hilt [hilt] *n* garde *f* (of a sword).

him [him] *pers pron* [dir. obj.] le, l' || [indir. obj.; after prep. and *than*] lui || **~self** [-'-] *refl pron* se ● *emph pron* lui-même.

hind I [haind] *adj* postérieur, de derrière.

hind II [haind] *n* biche *f.*

hinder ['hində] *vt* gêner, empêcher, retarder.

hind|most ['hainməust] *adj* dernier, ultime || **~quarters** *npl* arrière-train *m.*

Hindoo = HINDU.

hindrance ['hindrəns] *n* obstacle *m;* empêchement *m.*

hindsight ['haindsait] *n* esprit *m* de l'escalier; réflexion *f* après coup.

Hindu ['hin'du:] *adj/n* hindou.

hinge [hinʒ] *n* gond *m* (of door); charnière *f* (of lid) ● *vi* pivoter (*on,* sur) || FIG. ~ *on,* dépendre de.

hint [hint] *n* allusion, insinuation *f; take a ~,* comprendre à demi-mot; *give a ~,* insinuer || FIG. suggestion *f,* conseil *m.*

hip I [hip] adj. U.S., SL. à la page; dans le vent (fam.) ● *vt* mettre au parfum (arg.).

hip II *n* hanche *f* || **~-pocket** *n* poche *f* revolver.

hippie ['hipi] *adj/n* hippie.

hippopotamus [,hipə'pɔtəməs] *n* hippopotame *m.*

hire ['haiə] *vt* louer (boat, car); *~d,* à gages (killer) || ~ *out,* louer, engager (sb.) ● *n* location *f;* ***for ~,*** à louer; *on ~,* en location || **~-purchase** *n* location-vente *f;* vente *f* à tempérament; *buy on the ~ system,* acheter à tempérament.

hirsute ['hə:sju:t] *adj* hirsute.

his [hiz] *poss adj* son *m,* sa *f,* ses *pl* (masculine possessor) ● *poss pron* le sien, la sienne; les siens, les siennes.

hiss [his] *vi* siffler || TH. siffler, huer ● *n* sifflement *m* || TH. sifflet *m.*

histor|ian [his'tɔ:riən] *n* historien *n* || **~ic(al)** [his'tɔrik(l)] *adj* historique || **~y** ['histri] *n* histoire *f.*

hit [hit] *n* coup *m;* choc *m* || [tir] *score a ~,* faire mouche || [fencing] touche *f* || FIG. succès *m;* chanson *f* à succès; tube *m* (fam.) || FIG. *that's a ~ at me,* c'e une pierre dans mon jardin; *make a ~ with sb.,* taper dans l'œil à qqn, faire une touche avec qqn (fam.) ● *vt* (hit) frapper, heurter; ~ *one's head,* se cogner la tête || atteindre (reach); ~ *the mark,* atteindre le but || FIG. rencontrer, tomber sur; toucher, blesser (affect) || FIG. ~ ***it off,*** s'entendre — *vi* se heurter, se cogner, frapper || ~ ***back,*** riposter.

hit-and-run [,hitən'rʌn] *adj* ~ *driver,* chauffard *m.*

hitch [hitʃ] *n* secousse *f* || FIG., FAM. difficulté *f; without a ~,* sans accroc || contretemps *m* ● *vt* tirer d'un coup sec || remonter (one's trousers) || accrocher (fasten) || ~**-hike** *vi* faire de l'auto-stop || ~**-hiker** *n* auto-stoppeur *n.*

hither ['hiðə] *adv* [arch.] par ici || ~**to** [-'tu:] *adv* jusqu'ici, jusqu'à maintenant.

hit-song *n* FAM. tube *m* (fam.).

hive [haiv] *n* ruche *f.*

hives [haivz] *npl* MÉD. urticaire *m.*

hoar [hɔ:] *adj* blanc (hair) || ~***frost,*** gelée blanche.

hoard [hɔ:d] *n* tas *m* || trésor *m* (money) ● *vi/vt* ~ *(up),* amasser.

hoarding *n* palissade *f* || panneau *m* d'affichage publicitaire.

hoarse [hɔ:s] *adj* enroué (person) || rauque (voice) || ~**ness** *n* enrouement *m.*

hoary ['hɔ:ri] *adj* blanc (with age); chenu (arch.) || FIG. vieux.

hoax [həuks] *n* canular *m,* blague *f* ● *vt* attraper, berner.

hob [hɔb] *n* plaque chauffante.

hobble ['hɔbl] *vi* clopiner, boitiller — *vt* entraver (horse).

hobby ['hɔbi] *n* passe-temps favori, violon *m* d'Ingres || ~**-horse** *n* dada *m.*

hobnailed ['hɔbneild] *adj* ferré (shoes).

hobnob ['hɔbnɔb] *vi* boire, trinquer (*with,* avec) || fréquenter, frayer (*with,* avec).

hobo ['həubəu] *n* U.S. vagabond, clochard *m.*

hock [hɔk] *n* vin *m* du Rhin.

hockey ['hɔki] *n* hockey *m;* ~*-stick,* crosse *f* de hockey.

hoe [həu] *n* houe *f* ● *vt* biner, sarcler.

hog [hɔg] *n* porc, pourceau *m* || FAM. *go the whole* ~, y aller à fond, aller jusqu'au bout.

hoist [hɔist] *vt* hisser ● *n* TECHN. grue *f;* monte-charge *m.*

hold I [həuld] *n* NAUT. cale *f* || AV. soute *f* à bagages.

hold II *n* prise *f* (grasp); *catch/lay* ~ *of,* saisir, empoigner; *lose one's* ~, lâcher prise || point *m* d'appui || SP. *(foot-)*~, prise *f* ● *vt* (held [held]) tenir, maintenir || retenir (one's breath) || ~ *oneself upright,* se tenir droit || soutenir (keep from falling) || contenir (contain) || occuper (an office); ~ ***one's ground/one's own,*** résister, tenir tête à || tenir (a meeting) || TÉL. ~ *the line!,* ne quittez pas! || FIG. considérer; ~ *sb. responsible,* tenir qqn pour responsable || ~ ***back,*** retenir; FIG. garder secret || ~ ***forth*** exposer || ~ ***in,*** retenir; maîtriser || ~ ***on,*** maintenir || ~ ***out*** tendre (one's hand) || ~ ***up,*** retarder, retenir (delay); lever (raise); attaquer (à main armée); ~***-up*** *(n),* hold-up *m,* attaque *f* à main armée; [traffic] embouteillage, bouchon *m.* — *vi* tenir || FIG. ~ *(fast),* tenir bon, résister || FIG. durer, persister || ~ ***forth,*** pérorer, faire des discours || ~ ***on,*** attendre; TÉL. ~ *on!,* ne quittez pas! || ~ ***on to,*** se cramponner à || ~ ***out*** [supplies] durer || ~**er** *n* [office] titulaire *n;* [ticket] détenteur *n* || FIN. porteur *m* || AGR. exploitant *n* || SP. détenteur *n* (of a record).

hole [həul] *n* trou *m; dig a* ~, creuser un trou; *cut a* ~, faire un trou; *wear (one's socks) into* ~*s,* trouer (ses chaussettes); *wear a* ~ *in,* faire un trou à; *make* ~*s,* trouer || terrier *m* (of a rabbit) || FAM. taudis *m* (hovel) || FIG. *make a* ~ *in,* écorner (fortune).

holiday ['hɔlidi] *n* jour *m* de congé; ***on*** ~, en congé; *take* a *month's* ~, prendre un mois de vacances; *stay on* ~ *in the country,* être en vacances à la campagne || ~ ***camp,*** colonie *f* de vacances || jour férié || *Pl* vacances *fpl* || ~**-maker** *n* estivant, vacancier *n.*

holiness ['həulinis] *n* sainteté *f.*

Holland ['hɔlənd] *n* Hollande *f.*

hollands ['hɔləndz] *npl* genièvre *m* (drink).

hollow ['hɔləu] *adj* creux, enfoncé, cave (eyes) || caverneux (voice) || sourd (sound) || FIG. faux (joy) || vain (promise) ● *n* creux *m*.

holly ['hɔli] *n* houx *m* || **~hock** *n* rose *f* trémière.

hologram ['hɔləgræm] *n* hologramme *m*.

holster ['həulstə] *n* étui *m* de revolver.

holy ['həuli] *adj* saint || ***Holy Ghost/Spirit,*** Saint Esprit || béni (bread); bénite (water).

homage ['hɔmidʒ] *n* hommage *m; pay ~,* rendre hommage (*to,* à).

home [həum] *n* foyer, chez-soi, domicile *m* (house); ***at ~,*** chez soi, à la maison; *away from ~,* absent; *feel at ~,* se sentir à l'aise; *make yourself at ~,* faites comme chez vous || ***Ideal Home Exhibition,*** salon *m* des Arts Ménagers || pays natal, patrie *f* || maison *f* de retraite || [racing] arrivée *f* || MÉD. ***nursing ~,*** clinique *f* || BOT. habitat *m* || SP. ***~ match,*** match *m* à domicile ● *adj* familial, domestique || national, du pays || intérieur (trade); *Home Office,* ministère *m* de l'Intérieur; *Home Secretary,* ministre de l'Intérieur; *~ rule,* autonomie *f* || MIL. métropolitain || RAIL. *~ journey,* voyage *m* de retour || *~ address,* adresse personnelle ● *adv* à la maison; chez soi; *go ~,* rentrer chez soi; *be ~,* être de retour; *see sb. ~,* accompagner qqn jusque chez lui || au pays; *send ~,* rapatrier || SP. *play ~,* jouer sur son terrain || TECHN. à fond, à bloc; *drive ~,* enfoncer à fond || FIG. au but, en plein; *bring ~,* faire comprendre/sentir; *go/come ~ to,* porter sur ● *vi* [pigeon] revenir au colombier; ***homing pigeon,*** pigeon voyageur || **~-bound** *adj* rentrant chez soi (traveller); sur le chemin du retour || **~coming** *n* retour *m* au pays/foyer || **~-from-~** *n* autre chez soi *m* || **~ help** *n* aide ménagère || **~less** *adj* sans abri, sinistré || **~like** *adj* intime, accueillant || **~ly** *adj* simple, sans façons; accueillant || U.S. sans charme, laid || **~-made** *adj* fait à la maison.

homeopath/(ist) *n,* **~y** *n* U.S. = HOMŒOPATH/(IST), ~Y.

home|sick ['həumsik] *adj* nostalgique; *be ~,* avoir le mal du pays || **~spun** *adj* filé à la maison || **~stead** *n* ferme *f* || **~ward** *adj/adv* vers la maison, sur le chemin du retour || **~work** *n* devoirs *mpl* du soir.

homicid|al [,hɔmi'saidl] *adj* homicide || **~e** ['hɔmisaid] *n* homicide *m*.

homœopath/(ist) ['həumiəpæθ(ist)] *n* homéopathe *n* || **~y** [,həumi'ɔpəθi] *n* homéopathie *f*.

homogen|eous ['hɔmə'dʒi:njəs] *adj* homogène || **~ize** [hɔ'mɔdʒənaiz] *vt* homogénéiser.

homonym ['hɔmənim] *n* homonyme *m*.

homosexual ['həumə'seksjuəl] *adj/n* homosexuel.

honest ['ɔnist] *adj* honnête, intègre || **~ly** *adv* honnêtement || **~y** *n* honnêteté *f*.

honey ['hʌni] *n* miel *m* || **~comb** *n* rayon *m* de miel || **~ed** [-d] *adj* doucereux, suave (words) || **~moon** *n* lune *f* de miel; voyage *m* de noces (trip) ● *vi* passer sa lune de miel || **~suckle** *n* chèvrefeuille *m*.

honk [hɔŋk] *vi* AUT. corner.

honorary ['ɔnrəri] *adj* honoraire; *~ president,* président *n* honoraire || honorifique (unpaid).

hono(u)r ['ɔnə] *n* honneur *m; do sb. the ~ of,* faire à qqn l'honneur de; *be an ~ to,* faire honneur à; *~ bright!,* parole *f* d'honneur! || *Pl* honneurs *mpl; do the ~s of,* faire les honneurs de ; [cards] honneurs *mpl;* [University] *take ~s in French,* faire une licence de français ; *pass with ~s,* passer avec mention ; *first-class ~s,* mention *f* très bien ● *vt* honorer, faire honneur à || FIN. honorer (cheque) || **~able** ['ɔnrəbl] *adj* honorable.

hood [hud] *n* capuchon *m* || AUT. capote *f,* U.S. capot *m* (bonnet) || PHOT. pare-soleil *m.*

hoodlum ['hu:dləm] *n* SL. voyou *m;* loulou, loubard *m* (pop.).

hoodwink *vt* tromper, abuser.

hoof, s *or* **-ves** [hu:f, -vz] *n* ZOOL. sabot *m.*

hook [huk] *n* crochet *m* || agrafe *f* (on a dress) || *clothes ~,* portemanteau *m* || SP. [boxing] crochet *m;* [fishing] hameçon *m* || AGR. faucille *f* || TECHN. piton *m* à crochet ● *vt* accrocher ; agrafer (a dress) || ferrer (a fish) — *vi ~ up,* s'agrafer.

hooked [-t] *adj* crochu (nose) || FAM. mordu (fam.) ; dingue (fam.) [*on,* de] ; [drugs] camé (pop.).

hooligan ['hu:ligən] *n* voyou *m.*

hoop [hu:p] *n* cerceau *m* ● *vt* cercler.

hoot [hu:t] *n* hululement *m* || FIG. huée *f* ● *vi* [owl] hululer — *vt ~ (down),* huer, conspuer (jeer) || AUT. klaxonner || **~er** *n* AUT. avertisseur, Klaxon *m* || [factory] sirène *f.*

hoover ['hu:və] *n* T.N., FAM. aspirateur *m* ● *vt* FAM. passer l'aspirateur dans (room).

hooves *npl* See HOOF.

hop I [hɔp] *vi* sauter à clochepied ; [bird] sautiller || SL. *~ it.!,* filez ! ● *n* saut *m;* sautillement *m* (short) || **~scotch** *n* marelle *f.*

hop II *n* houblon *m.*

hope [həup] *n* espoir *m,* espérance *f; in the ~ of,* dans l'espoir de ; ***past ~,*** sans espoir ● *vt* espérer ; *I ~ so,* je l'espère ; *I ~ not,* j'espère que non || **~ful** *adj* plein d'espoir ; prometteur || **~less** *adj* sans espoir ; désespéré (person, situation) ; désespérant (weather) || **~lessness** *n* désespoir *m.*

horizon [hə'raizn] *n* horizon *m; on the ~,* à l'horizon || **~tal** [,hɔri'zɔntl] *adj* horizontal.

hormone ['hɔ:məun] *n* hormone *f.*

horn [hɔ:n] *n* corne *f* (of cattle, snail) || bois *m* (of deer) || corne *f* (substance) ; ***~-rimmed spectacles,*** lunettes *fpl* à monture d'écaille || antennes *fpl* (of insect) || MUS. cor *m; hunting ~,* cor de chasse ; *French ~,* cor d'harmonie || NAUT. *fog ~,* corne *f* de brume || AUT. avertisseur, Klaxon *m.*

hornet ['hɔ:nit] *n* frelon *m.*

horr|ible ['hɔrəbl] *adj* horrible, atroce || **~id** [-id] *adj* effrayant || antipathique (person) || intolérable (thing) || FAM. affreux || **~ify** [-ifai] *vt* horrifier ; faire horreur || **~or** *n* horreur, épouvante *f.*

horse [hɔ:s] *n* cheval *m* || MIL. cavalerie *f* || SP. = VAULTING HORSE ; RACE-~, cheval de course || **~back** *n on ~,* à cheval || **~-chestnut** *n* marron *m* d'Inde || **~-fly** *n* taon *m* || **~hair** *n* crin *m* || **~man** *n* cavalier *m* || **~manship** *n* équitation *f* || **~-play** *n* chahut *m* || **~power** *n* cheval-vapeur *m* || **~-radish** *n* raifort *m* || **~shoe** *n* fer *m* à cheval || **~show** *n* concours *m* hippique || **~woman** *n* amazone, cavalière *f.*

horticultur|e ['hɔ:ti,kʌltʃə] *n* horticulture *f* || **~ist** [-rist] *n* horticulteur *n.*

hose I [həuz] *n* tuyau *m* d'arrosage.

hose II *n* COMM. bas *m* (stocking).

hosier ['həuziə] *n* bonnetier *n* || **~y** [-ri] *n* bonneterie *f.*

hospit|able ['hɔspitəbl] *adj* hospitalier || **~al** *n* hôpital *m; in ~,* hospitalisé || **~ality** [,hɔspi'tæliti] *n* hospitalité *f*.

host I [həust] *n* hôte *m* (who entertains) || hôtelier *m*.

host II *n* FAM. foule *f*.

host III *n* REL. hostie *f*.

hostage ['hɔstidʒ] *n* otage *m; take sb. (as) ~,* prendre qqn en otage.

host|el ['hɔstəl] *n* maison *f* universitaire, foyer *m* d'étudiants; ***youth ~,*** auberge *f* de la jeunesse || **~ess** ['houstis] *n* hôtesse *f; (air) ~,* hôtesse de l'air || hôtelière *f*.

hostil|e ['hɔstail] *adj* ennemi (army) || hostile (unfriendly) || **~ity** [hɔs'tiliti] *n* hostilité *f* || *Pl* MIL. hostilités.

hot [hɔt] *adj* très chaud; *it is ~,* il fait chaud; *boiling ~,* bouillant; *burning ~,* brûlant; *white ~,* chauffé à blanc || ***get ~,*** s'échauffer; [game] brûler || [spices] épicé, fort || [sex] excité; sexy (girl) || FIG. *~ news,* des nouvelles toutes fraîches || FIG. ardent, bouillant, violent (temper) || ***~ air balloon,*** montgolfière *f;* ***~ line*** POL. téléphone *m* rouge; ***~ plate,*** [cooker] plaque chauffante; ***~-water bottle*** bouillotte *f*.

hotchpotch ['hɔtʃpɔtʃ] *n* FIG. salmigondis, méli-mélo *m*.

hotel [həu'tel] *n* hôtel *m; at/in a ~,* à l'hôtel || **~ier** [-iə], **~ keeper** *n* hôtelier *n* || **~-thief** *n* rat *m* d'hôtel.

hound [haund] *n* chien courant || *Pl* meute *f*.

hour ['auə] *n* heure *f; half an ~, a half-~,* une demi-heure; *on the ~,* à l'heure juste; *every ~,* toutes les heures; ***at all ~s,*** à toute heure; *out of ~s,* en dehors des heures d'ouverture; ***hire by the ~,*** louer à l'heure || *Pl* moments *mpl;* ***keep late ~s,*** veiller tard || **~-glass** *n* sablier *m* || **~ly** *adj/adv* toutes les heures, à chaque heure; d'une heure à l'autre (expected); à l'heure (paid).

house [haus] *n* maison *f; at/in my ~,* chez moi; ***set up ~,*** s'installer (in a house), se mettre en ménage; ***keep ~,*** tenir la maison (*for,* de); *keep open ~,* tenir table ouverte || JUR. Chambre *f* (of Commons, Lords) || TH. salle *f; full ~,* salle comble || FAM. *on the ~,* aux frais de la maison || FIG. maison, dynastie *f* ● *vt* loger, héberger || **~-agent** *n* agent immobilier || **~-breaking** *n* cambriolage *m* || **~-dog** *n* chien *m* de garde || **~hold** [-əuld] *n* ménage *m,* famille, maisonnée *f; ~ word,* mot d'usage courant || **~-holder** *n* maître *m* de maison; chef *m* de famille || **~keeper** *n* femme *f* de charge, gouvernante *f* || **~keeping** *n* ménage *m;* tenue *f* de la maison ||[**~maid** *n* femme *f* de chambre || **~-warming** *n* pendaison *f* de crémaillère || **~wife** *n* ménagère, maîtresse *f* de maison || **~work** *n* travaux *mpl* ménagers, ménage *m; do the ~,* faire le ménage.

housing ['hauziŋ] *n* logement, hébergement *m; ~ development/estate,* lotissement *m* || *~ shortage,* crise *f* du logement.

hove See HEAVE.

hovel ['hɔvl] *n* masure *f,* taudis *m*.

hover ['hɔvə] *vi* [bird, helicopter] planer || [persons] rôder (*about,* autour de) || **~craft** *n* aéroglisseur *m*.

how [hau] *adv* [interrogative] comment, de quelle manière; *~ are you?,* comment allez-vous?; *~ is it that?,* comment se fait-il que?; *~ about,* see ABOUT || ***~ far,*** à quelle distance (place); jusqu'où (time); *~ long,* de quelle longueur || ***~ much/many,*** combien; *~ old is he?,* quel âge a-t-il? || *~ so?,* comment cela? || [exclamative] comme, combien; *~ kind of you!,* vous êtes bien aimable!; *~ beautiful it is!,* que c'est beau!

however [hau'evə] *conj* cependant, toutefois ● *adv* de quelque manière que ; ~ ***that may be,*** quoi qu'il en soit || quelque/si... que ; ~ *little,* si peu que ce soit ; ~ *hard he tries...,* il a beau essayer...

howl [haul] *vi* [animal] hurler || [wind] mugir ● *n* hurlement, mugissement *m* || **~er** *n* FAM. énormité *f,* grosse bourde.

HP [ˌeitʃ'piː] *abbrev* = HIRE PURCHASE ; *on (the)* ~, à tempérament.

hub [hʌb] *n* moyeu *m* || FIG. pivot, centre *m.*

hubbub ['hʌbʌb] *n* tumulte, brouhaha, vacarme *m.*

huckster ['hʌkstə] *n* colporteur *m ;* camelot *m.*

huddle ['hʌdl] *vi* s'entasser, se presser ; ~ *(oneself) up,* se blottir, se recroqueviller ● *n* fouillis *m ;* foule *f.*

hue I [hjuː] *n* teinte, nuance *f.*

hue II *n with* ~ *and cry,* à cor et à cri.

huff [hʌf] *n* accès *m* de colère ● *vi* haleter (puff) — *vt* souffler (at draughts).

hug [hʌg] *vt* embrasser, étreindre || FIG. tenir à, s'accrocher à (an opinion) || ~ *oneself on/for,* se féliciter de ● *n* étreinte *f,* embrassement *m* || SP. [wrestling] prise *f.*

huge [hjuːdʒ] *adj* énorme, immense.

hulk [hʌlk] *n* NAUT. ponton *m ;* épave *f* (wreck).

hull [hʌl] *n* cosse, gousse *f* (of peas) || NAUT. coque *f* ● *vt* écosser (peas).

hullabaloo [ˌhʌləbə'luː] *n* potin, raffut *m ; kick up a* ~, faire du chahut.

hullo! ['hʌ'ləu] *interj* ohé! ; ~ *you!* hé, là-bas ! || [surprise] tiens ! || TÉL. allô !

hum [hʌm] *vi* [bee] bourdonner || [plane] vrombir — *vt* fredonner (a tune) ● *n* bourdonnement *m* || vrombissement *m.*

hum|an ['hjuːmən] *adj* humain (being) || **~ane** [hju'mein] *adj* humain (kind) || **~aneness** [hju'meinnis] *n* humanité *f.*

human|ism ['hjuːmənizm] *n* humanisme *m* || **~ist** *n* humaniste *n* || **~itarian** [hjuːˌmæni'tɛəriən] *adj* humanitaire || **~ities** ['hju'mænitiz] *npl* humanités *fpl* (studies) || **~ity** [hjuː'mæniti] *n* humanité *f.*

humble ['hʌmbl] *adj* humble ● *vt* humilier ; ~ *oneself,* s'humilier || **~ness** *n* humilité *f.*

humbly ['hʌmbli] *adv* humblement.

humbug ['hʌmbʌg] *n* blague *f* (hoax) || charlatan, fumiste *m* (person).

humid ['hjuːmid] *adj* humide || **~ify** *vt* humidifier || **~ity** [hjuː'miditi] *n* humidité *f.*

humil|iate [hjuː'milieit] *vt* humilier || **~iation** [hjuːˌmili'eiʃn] *n* humiliation *f* || **~ity** [hjuː'militi] *n* humilité *f.*

hum|orist ['hjuːmərist] *n* humoriste *n* || **~orous** ['hjuːmrəs] *adj* humoristique ; drôle || **~o(u)r** *n* humour *m ;* drôlerie *f ; have a sense of* ~, avoir de l'humour ; *be lacking in* ~, manquer d'humour || humeur, disposition *f* d'esprit ; *be in good/bad humour,* être de bonne/mauvaise humeur ● *vt* ne pas contrarier, ménager || se soumettre aux exigences de, faire les caprices de.

hump [hʌmp] *n* bosse *f* (on the back) ● *vi* faire une bosse || [cat] ~ *one's back,* faire le gros dos || **~backed** [-bækt] *adj* bossu.

hunch [hʌnʃ] *n* quignon *m* (of bread) || gros morceau (of cheese) || FIG., SL. idée *f,* pressentiment *m* ● *vt* arrondir, voûter || **~back** *n* bossu *n.*

hundred ['hʌndrəd] *adj* cent ;

about a ~, une centaine || **~th** [-θ] *adj/n* centième *(m)* || **~weight** *n* quintal *m.*

hung See HANG.

Hungar|ian [hʌŋ'gɛəriən] *n/adj* hongrois || **~y** ['haŋgəri] *n* Hongrie *f.*

hunger ['hʌŋgə] *n* faim *f; die of* ~, mourir de faim || ***go on a ~ strike*** faire la grève de la faim.

hungr|ily ['hʌŋgrili] *adv* avidement || **~y** *adj* affamé; *be* ~, avoir faim || *be ~ work,* donner de l'appétit; *go* ~, se passer de manger.

hunk [hʌŋk] *n* gros morceau.

hunt [hʌnt] *vi* chasser à courre || *go ~ing,* aller à la chasse || **~er** *n* chasseur *m* (of wild animals) || **~ing** *n* chasse *f* (à courre); *big-game* ~, chasse aux grands fauves || **~sman** [-smən] *n* veneur, piqueur *m.*

hurdle ['hə:dl] *n* claie *f* || FIG. obstacle *m* || SP. *~-race,* course *f* de haies ● *vi* faire de la course de haies.

hurdy-gurdy ['hə:di,gə:di] *n* orgue *m* de Barbarie.

hurl [hə:l] *vt* jeter (avec violence); *~ oneself at/on,* se jeter/précipiter sur.

hurrah! [hu'rɑ:], **hurray** [hu'rei] *interj* hourra! || *~ for the bride!,* vive la mariée!

hurricane ['hʌrikən] *n* ouragan, cyclone *m* || *~ lamp,* lampe *f* tempête.

hurried ['hʌrid] *adj* précipité (departure) || pressé, bousculé (person) || **~ly** *adv* en hâte; à la va-vite, en courant (fam.).

hurry ['hʌri] *n* hâte, précipitation *f;* ***be in a ~,*** être pressé; *there is no* ~, rien ne presse || impatience *f; be in a ~ to,* avoir hâte de ● *vi* se hâter, se dépêcher; *~ **up!,*** dépêchez-vous; *don't* ~, prenez votre temps — *vt* presser, bousculer (sb.).

hurt [hə:t] *vt* (hurt [hə:t]) blesser, faire du mal à; *~ one's leg,* se blesser la jambe; *does it ~?,* cela (vous) fait-il mal? || FIG. faire de la peine; froisser (sb.'s feelings) || JUR. faire du tort à, nuire à (harm) — *vi* faire mal, avoir mal || **~ful** *adj* nocif, nuisible, préjudiciable (*to,* à).

hurtle ['hə:tl] *vi* [person] se précipiter || ~ ***past,*** passer en trombe || *~ down,* dévaler, dégringoler (fam.).

husband ['hʌzbənd] *n* mari *m* ● *vt* ménager (one's strength, money) || **~ry** [-ri] *n* agriculture *f* || [management] gestion *f.*

hush [hʌʃ] *vt* faire taire, calmer || FIG. *~ up,* étouffer — *vi* se taire ● *interj* chut!

husk [hʌsk] *n* enveloppe *f* (of rice) || balle *f* (of corn) || bogue *f* (of chestnut) || cosse *f* (of peas) ● *vt* écosser (peas) || décortiquer (rice) || **~y** *adj* enroué (voice); *become* ~, s'érailler || FAM. costaud.

hustle ['hʌsl] *vt* presser, bousculer — *vi* se dépêcher ● *n* bousculade *f.*

hut [hʌt] *n* hutte, cabane *f* || MIL. *Pl* baraquement *m.*

hyacinth ['haiəsinθ] *n* BOT. jacinthe *f.*

hybrid ['haibrid] *adj/n* hybride *(m).*

hydr|ant ['haidrənt] *n* prise *f* d'eau || bouche *f* d'incendie || **~aulic** [hai'drɔ:lik] *adj* hydraulique.

hydro ['haidrəu] *n* FAM. établissement thermal || **~-electric** [,--i'lektrik] *adj* hydro-électrique || **~foil** ['haidrəfɔil] *n* hydroptère, hydrofoil *m* || **~gen** ['haidrədʒən] *n* hydrogène *m* || **~plane** ['haidrəplein] *n* hydroglisseur *m* || **~therapy** [,haidrə'θerəpi] *n* hydrothérapie *f.*

hyena [ha'i:nə] *n* hyène *f.*

hygien|e ['haidʒi:n] *n* hygiène *f* || **~ic** [hai'dʒi:nik] *adj* hygiénique.

hymn [him] *n* hymne *m* || REL. cantique *m*.

hyper- ['haipə] *pref* hyper.

hyperbola [hai'pə:bələ] *n* MATH. hyperbole *f*.

hyper|market ['haipə,--] *n* hypermarché *m* || **~tension** [,--'--] *n* hypertension *f*.

hypertrophy [hai'pə:trəfi] *n* hypertrophie *f*.

hyphen ['haifn] *n* trait *m* d'union.

hypn|osis [hip'nəusis] *n* hypnose *f* || **~otic** [-'nɔtik] *adj* hypnotique || **~otism** ['hipnətizm] *n* hypnotisme *m* || **~otize** ['hipnətaiz] *vt* hypnotiser.

hypocr|isy [hi'pɔkrəsi] *n* hypocrisie *f* || **~ite** ['hipəkrit] *n* hypocrite *n* || **~itical** [,hipə'kritikl] *adj* hypocrite.

hypodermic [,haipə'də:mik] *adj* hypodermique.

hypotenuse [hai'pɔtinju:z] *n* hypoténuse *f*.

hypo|thesis [hai'pɔθisis] *n* hypothèse *f* || **~thetic(al)** [,haipə'θetik(l)] *adj* hypothétique.

hyster|ia [his'tiəriə] *n* hystérie *f* || **~ical** [his'terikl] *adj* hystérique || **~ics** [his'teriks] *n* FAM. crise *f* de nerfs ; *go into ~,* avoir une crise de nerfs.

i

i [ai] *n* i *m*.

I *pron* je, j' ; moi.

ice [ais] *n* glace *f* || FIG. *break the ~,* briser la glace || ***~-axe*** *(n),* piolet *m* || ***~berg*** ['-bə:g] *(n),* iceberg *m* || ***~-bound*** *(adj),* NAUT. pris dans les glaces || ***~-box*** *(n),* glacière *f,* U.S. réfrigérateur *m* || ***~-breaker*** *(n),* NAUT. brise-glace *m inv* || ***~-cap*** *(n),* calotte *f* glaciaire || ***~-cold*** *(adj),* glacé (drink, hands) || ***~-cream*** *(n),* glace *f,* crème glacée || ***~cube*** *(n),* glaçon *m* || ***~-floe*** *(n),* banquise *f* || ***~-hockey*** *(n),* hockey *m* sur glace || ***~-pack*** *(n),* pack *m* || ***~-pail*** *(n),* seau *m* à glace || ***~-tray*** *(n),* bac *m* à glace ● *vt* congeler || CULIN. glacer (a drink) ; frapper (champagne).

Iceland ['aislənd] *n* Islande *f* || **~er** *n* Islandais || **~ic** [ais'lændik] *adj* islandais.

icicle ['aisikl] *n* glaçon *m* (from dripping water).

ic|ing ['aisiŋ] *n* AV. givrage *m* || **~y** *adj* glacé (water) ; glacial (air) ; verglacé (road).

ID-card [,ai'di:kɑ:d] *n* FAM. = IDENTITY CARD.

idea [ai'diə] *n* idée *f ; have an ~ that,* avoir l'impression que ; *get ~s into one's head,* se faire des idées ; *get some ~ of,* se faire une idée de.

ideal [ai'diəl] *adj/n* idéal *(m)* || **~ism** *n* idéalisme *m* || **~ist** *n* idéaliste *n* || **~istic** [ai,diə'listik] *adj* idéaliste || **~ize** *vt* idéaliser.

ident|ical [ai'dentikl] *adj* identique (*with,* à) || **~ification** [ai,dentifi'keiʃn] *n* identification *f* || **~ify** [-'-ifai] *vt* identifier || **~ikit** [-'-ikit] *n* portrait *m* robot || **~ity** *n* identité *f ; ~* ***card,*** carte *f* d'identité ; ~ *check,* vérification *f* d'identité.

ideology [ˌaidi'ɔlədʒi] *n* idéologie *f.*

idiom ['idiəm] *n* idiome *m* (language) ; idiotisme *m* (phrase) || ~**atic** [ˌidiə'mætik] *adj* idiomatique.

idiot ['idiət] *n* idiot *n* || ~**ic** [ˌidi'ɔtik] *adj* idiot.

idle ['aidl] *adj* [person] oisif, désœuvré (doing no work) ; paresseux (lazy) || *in my ~ moments,* à mes moments perdus/de loisir || [machine] au repos, arrêté || FIN. improductif (money) || FIG. futile, vain ; oiseux (talk) ● *vi* [person] fainéanter || [machine] tourner au ralenti/à vide || ~ *about,* flâner — *vt* ~ *one's time away,* perdre son temps || ~**ness** *n* oisiveté *f,* désœuvrement *m* (inaction) || paresse *f* (laziness) || futilité *f* (of acts, words) || ~**r** *n* flâneur *n* || AUT. ~ *jet,* gicleur *m* de ralenti.

idl|ing *n* AUT. ralenti *m* || ~**y** *adv* dans l'oisiveté (inactively) || vainement, inutilement (uselessly).

idol ['aidl] *n* idole *f* || ~**atry** [ai'dɔlətri] *n* idolâtrie *f* || ~**ize** ['aidəlaiz] *vt* idolâtrer.

if [if] *conj* si (condition, hypothesis) ; ~ *I were you,* si j'étais vous ; ~ *so,* dans ce cas ; ~ *not,* sinon ; *as ~,* comme si ; ~ *ever,* pour peu que || [whether] si.

ign|ite [ig'nait] *vt* allumer — *vi* s'enflammer || ~**ition** [-iʃn] *n* AUT. allumage *m ;* ~ *key,* clef *f* de contact ; *advanced ~,* avance *f* à l'allumage.

ignoble [ig'nəubl] *adj* ignoble, vil.

ignomin|ious [ˌignə'miniəs] *adj* ignominieux || ~**y** ['ignəmini] *n* ignominie *f.*

ignor|ance ['ignərəns] *n* ignorance *f* || ~**ant** *adj* ignorant ; ***be ~ of,*** ignorer.

ignore [ig'nɔː] *vt* ne pas prêter attention à (sb.) || ne pas tenir compte de ; passer outre à (sth.).

ilk [ilk] *n* [Scotland, humorous] *of that ~,* de ce genre ; du même tabac (fam.) ; de ce nom (name).

ill [il] *n* mal *m ; speak ~ of,* dire du mal de ● *adj* (worse, worst) mauvais || malade, souffrant (sick) ● *adv* mal ; *take sth. ~,* prendre mal qqch. || ~***-advised*** *(adj),* peu judicieux (action) ; mal avisé (person) || ~***-bred*** *(adj),* mal élevé || ~***-fated*** *(adj),* fatal ; malheureux (person) || ~***-founded*** *(adj),* mal fondé || ~***-gotten*** *(adj),* mal acquis || ~***-luck*** *(n),* malchance *f* || ~***-mannered*** *(adj),* mal élevé || ~***-natured*** *(adj),* désagréable ; méchant (child) || ~***-smelling*** *(adj),* malodorant || ~***-temper*** *(n),* hargne *f* || ~***-timed*** *(adj),* intempestif, inopportun || ~***-treat*** *(vt),* maltraîter || ~ ***will*** *(n),* rancune *f* (grudge) ; malveillance *f* (malice) ; mauvaise volonté (unwillingness).

illegal [i'liːgl] *adj* illégal || ~**ity** [ˌili'gæliti] *n* illégalité *f.*

illegible [i'ledʒəbl] *adj* illisible.

ill|egitimate [ˌili'dʒitimit] *adj* illégitime || PÉJ. bâtard || ~**icit** [i'lisit] *adj* illicite.

illiter|acy [i'litrəsi] *n* analphabétisme *m* || ~**ate** [-it] *n/adj* illettré ; analphabète.

illness ['ilnis] *n* maladie *f.*

illogical [i'lɔdʒikl] *adj* illogique.

illumina|te [i'ljuːmineit] *vt* illuminer, éclairer || ~**ting** *adj* FIG. lumineux || ~**tion** [iˌljuːmi'neiʃn] *n* illumination *f,* éclairage *m ;* embrasement *m.*

illu|sion [i'luːʒn] *n* illusion *f* || *optical ~,* illusion *f* d'optique || ~**sive** [-siv] *adj* illusoire, trompeur || ~**sory** [-sri] *adj* illusoire.

illustra|te ['iləstreit] *vt* illustrer (lit. and fig.) || ~**tion** [ˌiləs'treiʃn] *n* illustration *f* || ~**tor** *n* illustrateur *n.*

image ['imidʒ] *n* ARTS, GRAMM.

image *f* || Fig. *(public)* ~, image *f* de marque.

imagin|able [i'mædʒnəbl] *adj* imaginable || **~ary** [i'mædʒinri] *adj* imaginaire || **~ation** [i,mædʒi'neiʃn] *n* imagination *f* || **~ative** [i'mædʒnətiv] *adj* imaginatif.

imagine [i'mædʒin] *vt* imaginer, se figurer, concevoir.

imbecile ['imbisi:l] *adj/n* imbécile.

imbibe [im'baib] *vi* absorber (a drink) || Fig. s'imprégner de, assimiler (ideas).

imbroglio [im'brəuliəu] *n* imbroglio *m.*

imbue [im'bju:] *vt* Fig. imprégner, pénétrer ; *~d with,* imbu de.

imitat|e ['imiteit] *vt* imiter || **~ion** [,imi'teiʃn] *n* imitation *f ; in ~ of,* à l'imitation de ; *~ leather,* similicuir *m* || **~or** *n* imitateur *n.*

immaculate [i'mækjulit] *adj* immaculé || Fam. impeccable.

immaterial [,imə'tiəriəl] *adj* immatériel (incorporeal) || insignifiant (unimportant).

immature [,imə'tjuə] *adj* pas mûr, vert (fruit) || Fig. manquant de maturité.

immeasurable [i'meʒrəbl] *adj* incommensurable.

immediate [i'mi:djət] immédiat (space, time) || urgent (need) || **~ly** *adv* immédiatement, tout de suite ; incessamment.

immemorial [,imi'mɔ:riəl] *adj* immémorial.

immens|e [i'mens] *adj* immense || **~ity** *n* immensité *f.*

immer|se [i'mə:s] *vt* immerger || **~sion** [-ʃn] *n* immersion *f.*

immigr|ant ['imigrənt] *n* immigrant *n* || **~ate** [-eit] *vi* immigrer || **~ation** [,imi'greiʃn] *n* immigration *f.*

imminent ['iminənt] *adj* imminent.

immobil|e [i'məubail] *adj* immobile || **~ity** [,imə'biliti] *n* immobilité *f* || **~ization** [-ilai'zeiʃn] *n* immobilisation *f* || **~ize** *vt* immobiliser.

immoderate [i'mɔdrit] *adj* immodéré.

immodest [i'mɔdist] *adj* immodeste, impudique || **~y** *n* indécence, impudeur *f.*

immolate ['iməleit] *vt* immoler.

immoral [i'mɔrl] *adj* immoral || **~ity** [,imə'ræliti] *n* immoralité *f.*

immortal [i'mɔ:tl] *n/adj* immortel || **~ity** [,imɔ:'tæliti] *n* immortalité *f.*

immovable [i'mu:vəbl] *adj* fixe || Fig. inflexible ; inébranlable (steadfast) ● *npl* Jur. immeubles *mpl.*

immun|e [i'mju:n] *adj* Méd. immunisé (*from,* contre) || Fig. à l'abri, exempt (*from,* de) || **~ity** *n* immunité *f* || Jur. exemption *f* || **~ize** ['imjunaiz] *vt* immuniser.

immutable [i'mju:təbl] *adj* immuable.

imp [imp] *n* lutin *m* || Pop. petit diable.

impact ['impækt] *n* choc *m* || Techn. impact *m* || Fig. effet, impact *m.*

impair [im'pɛə] *vt* endommager || Fig. diminuer, altérer || **~ment** *n* détérioration *f.*

impart [im'pɑ:t] *vt* attribuer (grant) || annoncer (news) || communiquer, faire part de (make known).

impartial [im'pɑ:ʃl] *adj* impartial || **~ity** ['im,pɑ:ʃiæliti] *n* impartialité *f.*

impassable [im'pɑ:səbl] *adj* infranchissable (mountain pass) ; impraticable (road).

impassion [im'pæʃn] *vt* passionner.

impassive [im'pæsiv] *adj* impassible.

impa|tience [im'peiʃəns] *n* impatience *f* || **~tient** [-ʃnt] *adj* impatient; ***grow ~,*** s'impatienter.

impeach [im'pi:tʃ] *vt* JUR. mettre en accusation (an official); récuser (a witness).

imped|e [im'pi:d] *vt* empêcher (hinder) || **~iment** [im'pedimənt] *n* gêne *f,* empêchement, obstacle *m* (hindrance).

impel [im'pel] *vt* pousser à, forcer à/de; obliger à/de, inciter à; *~led by,* sous l'emprise de.

impending [im'pendiŋ] *adj* menaçant, imminent.

impenitent [im'penitənt] *adj* impénitent.

imperative [im'perətiv] *adj* impératif (order) || urgent (need) ● *n* GRAMM. impératif *m.*

imperceptible [,impə'septəbl] *adj* imperceptible, insensible.

imperfect [im'pə:fikt] *adj* imparfait ● *n* GRAMM. imparfait *m* || **~ion** [,impə'fekʃn] *n* imperfection *f* || **~ly** *adv* imparfaitement.

imperial [im'piəriəl] *adj* impérial || **~ism** *n* impérialisme *m* || **~ist** *n* impérialiste *n.*

imperil [im'peril] *vt* mettre en péril; exposer.

imperious [im'piəriəs] *adj* impérieux.

impersonal [im'pə:snl] *adj* impersonnel.

impersonat|e [im'pə:səneit] *vt* se faire passer pour, usurper l'identité de || TH. imiter || **~ation** *n* usurpation *f* d'identité || TH. imitation *f.*

impertin|ence [im'pə:tinəns] *n* impertinence *f* (impudence) || **~ent** *adj* impertinent (impudent).

impervious [im'pə:vjəs] *adj* imperméable || FIG. fermé, inaccessible (*to,* à).

impetu|ous [im'petjuəs] *adj* impétueux || **~sity** [im,petju'ɔsiti] *n* impétuosité, fougue *f.*

impetus ['impitəs] *n* élan *m* || FIG. impulsion *f.*

impinge [im'pinʒ] *vi ~on,* affecter, toucher (have an effect).

impious ['impiəs] *adj* impie.

impish ['impiʃ] *adj* espiègle.

implant ['impla:nt] *vt* implanter || FIG. inculquer, enraciner.

implement ['implimənt] *n* outil *m* || AGR. matériel *m* || CULIN. ustensile *m* ● *vt* FIG. mettre en œuvre, réaliser, exécuter.

implicat|e ['implikeit] *vt* impliquer || **~ion** [,impli'keiʃn] *n* implication *f.*

implicit [im'plisit] *adj* implicite.

implore [im'plɔ:] *vt* implorer.

imply [im'plai] *vt* impliquer, sous-entendre (implicate) || insinuer (hint).

impolite [,impə'lait] *adj* impoli || **~ly** *adv* impoliment || **~ness** *n* impolitesse *f.*

imponderable [im'pɔndrəbl] *adj* impondérable.

import [im'pɔ:t] *vt* COMM. importer (goods) || FIG. signifier, vouloir dire (mean) — *vi* avoir de l'importance, importer (matter) ● ['--] *n* COMM. importation *f* || FIG. importance *f* || **~ance** [-ns] *n* importance *f* || **~ant** *adj* important; *it is ~ that,* il importe que || **~er** *n* importateur *n.*

import|unate [im'pɔ:tjunit] *adj* importun || **~une** [-ju:n] *vt* importuner.

impos|e [im'pəuz] *vt* imposer; *~ oneself,* s'imposer — *vi ~ on sb.,* tromper qqn, en faire accroire à qqn || abuser (*on,* de) || **~ing** *adj* imposant, impressionnant || **~ition** [,impə'ziʃn] *n* [tax] imposition *f* || [school] devoir *m* supplémentaire || FIG. abus *m.*

imposs|ibility [im,pɔsə'biliti] *n* impossibilité *f* || **~ible** [im'pɔsəbl] *adj* impossible.

impos|tor [im'pɔstə] *n* imposteur *m* || **~ture** [-tʃə] *n* imposture *f*.

impot|ence ['impətəns] *n* impuissance *f* || **~ent** *adj* impuissant; impotent.

impound [im'paund] *vt* confisquer, saisir (goods) || mettre à la fourrière (car).

impoverish [im'pɔvriʃ] *vt* appauvrir.

impracticable [im'præktikəbl] *adj* irréalisable (plan) || impraticable (road).

impregn|able [im'pregnəbl] *adj* MIL. imprenable || FIG. inébranlable || **~ate** ['impregneit] *vt* imprégner (imbue) || MÉD. féconder || AGR. fertiliser.

impress [im'pres] *vt* imprimer || marquer || FIG. inculquer (an idea); impressionner (affect) ● ['--] *n* impression *f* (mark) || empreinte *f* (of fingers) || FIG. marque, empreinte *f*, sceau *m*.

impression [im'preʃn] *n* empreinte *f* (mark) || TECHN. impression *f* (printing) || FIG. impression *f*; ***make an ~***, faire impression (*on*, sur); *be under the ~ that*, avoir l'impression que || **~able** *adj* impressionnable.

impressive [im'presiv] *adj* impressionnant, imposant.

imprint [im'print] *vt* imprimer, marquer (stamp) || FIG. graver ● ['--] *n* empreinte *f*.

imprison [im'prizn] *vt* emprisonner || **~ment** *n* emprisonnement *m*.

improba|ble [im'prɔbəbl] *adj* improbable; invraisemblable || **~bility** [im,prɔbə'biliti] *n* improbabilité *f*.

impromptu [im'prɔmtju:] *adj/n* impromptu *(m)*.

improper [im'prɔpə] *adj* inadapté || impropre (not suited) || inconvenant, incongru, de mauvais goût (indecorous) || incorrect (incongruous) || **~ly** *adv* improprement; incorrectement.

impropriety [,imprə'praiəti] *n* inconvenance *f* || impropriété *f*.

improve [im'pru:v] *vt* améliorer || TECHN. perfectionner || FIG. *~ the occasion*, profiter de l'occasion — *vi* s'améliorer, aller mieux || FIG. *~ on acquaintance*, gagner à être connu || *~ upon sb.'s offer*, enchérir sur qqn || **~ment** *n* amélioration *f* || MÉD. amélioration *f*; *a slight ~*, un léger mieux || AGR., TECHN. perfectionnement *m* || ARCH. agrandissement, embellissement *m*.

improvid|ence [im'prɔvidns] *n* imprévoyance *f* || **~ent** *adj* imprévoyant (heedless) || prodigue (wasteful).

improvise ['imprəvaiz] *vt/vi* improviser.

imprudent [im'pru:dnt] *adj* imprudent || **~ly** *adv* imprudemment.

impud|ence ['impjudns] *n* impudence *f*; insolence *f* || **~ent** *adj* impudent, effronté, insolent.

impugn [im'pju:n] *vt* attaquer, critiquer || mettre en doute (a statement).

impul|se ['impʌls] *n* impulsion, poussée *f* || **~sion** [im'pʌlʃn] *n* impulsion *f* || FIG. élan *m* || **~sive** [im'pʌlsiv] *adj* impulsif.

impunity [im'pju:niti] *n* impunité *f*; *with ~*, impunément.

impur|e [im'pjuə] *adj* impur || **~ity** [-riti] *n* impureté *f*.

impu|tation [,impju'teiʃn] *n* imputation *f* || **~te** [im'pju:t] *vt* imputer (*to*, à).

in [in] *prep* [space] dans, à l'intérieur de, en; *~ the house*, dans la maison; [location] en, à; *~ London*, à Londres; *~ town*, en ville; *~ bed*, au lit || [time] en; *~ the* *evening,* le soir ; ~ *time,* à temps ; ~ *summer,* en été || [state, condition] en ; ~ *good health,* en bonne santé || [circumstances] à, au, par ; ~ *this heat,* par cette chaleur ; ~ *the rain,* sous la pluie || [means] à ; ~ *pencil,* au crayon || [degree, extent] dans ; ~ *great numbers,* en grand nombre ; ~ ***all,*** en tout || [ratio] *one* ~ *five,* un sur cinq || [dress] en ; ~ *a black dress,* en robe noire || [measure] de ; *ten feet* ~ *height,* dix pieds de haut || ~ ***that,*** en ce que, puisque ● *adv walk* ~, entrer || ***be*** ~, être à la maison ; [fruit, oysters] être de saison ; FIG. être à la mode || FAM. être dans le vent || ~ ***for :*** *we are* ~ *for a storm,* nous allons avoir un orage ; *we are* ~ *for it,* nous n'y coupons pas || ***be well*** ~ ***with sb.*** être bien avec qqn ● *adj* d'entrée (door) ; à l'arrivée (tray) || SL. dans le vent (fam.) ● *n* ***the*** ~***s and outs,*** les coins et les recoins, les aîtres (of the house) ; FIG. les tenants et aboutissants (of a problem).

inability [,inə'biliti] *n* incapacité *f.*

inaccessible [,inæk'sesəbl] *adj* inaccessible.

inaccur|acy [in'ækjurəsi] *n* inexactitude *f* || **~ate** [-it] *adj* inexact.

inac|tion [in'ækʃn] *n* inaction *f* || **~tive** [-tiv] *adj* inactif || **~tivity** [,inæk'tiviti] *n* inactivité *f.*

inadequate [in'ædikwit] *adj* inadéquat || insuffisant (insufficient).

inadmissible [,inəd'misəbl] *adj* inadmissible.

inadvertently [,inəd'və:təntli] *adv* par inadvertance/mégarde.

inane [i'nein] *adj* inepte (remark).

inanimate [in'ænimit] *adj* inanimé.

inanity [i'næniti] *f* inanité *f.*

inappropriate [,inə'prəupriit] *adj* inapproprié.

inapt [in'æpt] *adj* inapte || **~itude** [-itju:d] *n* inaptitude *f.*

inarticulate [,ina:'tikjulit] *adj* inarticulé || qui s'exprime avec difficulté (person).

inartistic [,ina:'tistik] *adj* inartistique.

inasmuch [inəz'mʌtʃ] *conj* d'autant plus (*as,* que).

inatten|tion [,inə'tenʃn] *n* inattention *f* || **~tive** [-tiv] *adj* inattentif.

inaudible [in'ɔ:dəbl] *adj* inaudible.

inaugu|ral [i'nɔ:gjurl] *adj* inaugural || **~rate** [-reit] *vt* inaugurer (a building) || installer (an official) || **~ration** [i,nɔ:gju'reiʃn] *n* inauguration *f.*

in|born ['in'bɔ:n], **~bred** [-'bred] *adj* inné.

incalculable [in'kælkjuləbl] *adj* incalculable.

incapable [in'keipəbl] *adj* incapable.

incapaci|tate [,inkə'pæsiteit] *vt* handicaper || SP. disqualifier || **~ty** *n* incapacité *f.*

incarcerate [in'kɑ:səreit] *vt* incarcérer.

incarnat|e [in'kɑ:nit] *adj* incarné ● *vt* incarner || **~ion** [,inkɑ:'neiʃn] *n* incarnation *f.*

incendiary [in'sendjəri] *adj/n* incendiaire ; ~ *(bomb),* bombe *f* incendiaire.

incense I ['insens] *n* encens *m.*

incense II [-'-] *vt* exaspérer.

incentive [in'sentiv] *adj* encourageant, stimulant ● *n* stimulant, motif, encouragement *m.*

inception [in'sepʃn] *n* début *m.*

incessant [in'sesnt] *adj* incessant, continuel || **~ly** *adv* incessamment.

incest ['insest] *n* inceste *m* || **~uous** [in'sestjuəs] *adj* incestueux.

inch [inʃ] *n* pouce *m* (measure) || FIG. *within an ~ of,* à deux doigts de ; *~ **by** ~,* peu à peu ● *vi* avancer peu à peu.

incid|ence ['insidəns] *n* incidence, portée *f* || **~ent** *n* incident *m* ● *adj ~ to,* propre à, inhérent à || **~ental** [,insi'dentl] *adj* fortuit, accessoire ; *~ expenses,* faux frais *mpl* || **~entally** *adv* soit dit en passant, entre parenthèses || accidentellement (by chance).

incinerat|e [in'sinəreit] *vt* incinérer || **~or** *n* incinérateur *m.*

incipient [in'sipiənt] *adj* débutant, naissant.

inci|se [in'saiz] *vt* inciser || **~sion** [in'siʒn] *n* incision *f* || **~sive** [in'saisiv] *adj* incisif || **~sor** [in'saizə] *n* incisive *f* (tooth).

incite [in'sait] *vt* inciter (*to,* à) || **~ment** *n* incitation, instigation *f.*

inclination [,inkli'neiʃn] *n* inclinaison *f* (slant) || FIG. inclination *f;* penchant *m* (liking).

incline [in'klain] *vt* incliner — *vi* pencher, être enclin ● *n* inclinaison, pente *f* (slope).

include [in'klu:d] *vt* inclure, renfermer, comprendre.

inclusive [in'klu:siv] *adj* inclus, global ; *~ terms,* prix tout compris || **~ly** *adv* inclusivement.

incognito [in'kɔgnitəu] *adv* incognito.

incoherent [,inkə'hiərənt] *adj* incohérent.

incom|e ['inkəm] *n* revenu *m ; ~-tax,* impôt *m* sur le revenu || **~ing** ['-,--] *adj* arrivant, entrant || NAUT. montant (tide).

incommensurate [,inkə'menʃrit] *adj* sans rapport (*with,* avec).

incomparable [in'kɔmprəbl] *adj* incomparable.

incompatible [,inkəm'pætəbl] *adj* incompatible (*with,* avec).

incompet|ence [in'kɔmpitns] *n* incompétence *f* || **~ent** *adj* incompétent.

incomplete [,inkəm'pli:t] *adj* incomplet, inachevé.

incomprehensible [in,kɔmpri'hensəbl] *adj* incompréhensible.

inconceivable [,inkən'si:vəbl] *adj* inconcevable.

incongruous [in'kɔŋgruəs] *adj* incompatible, sans rapport (*with,* avec) || incongru.

inconsiderate [,inkən'sidrit] *adj* inconsidéré (thoughtless) || sans égards (lacking in regard) || **~ly** *adv* à la légère.

inconsist|ency [,inkən'sistənsi] *n* désaccord *m,* contradiction *f* || **~ent** *adj* incompatible (at variance) || en désaccord, en contradiction (*with,* avec) ; contradictoire.

inconspicuous [,inkən'spikjuəs] *adj* peu apparent, discret.

inconst|ancy [in'kɔnstnsi] *n* inconstance *f* || **~ant** *adj* inconstant.

incontestable [,inkən'testəbl] *adj* incontestable.

inconven|ience [,inkən'vi:njəns] *n* inconvénient *m ;* ennui *m* (trouble) || gêne *f* (hindrance) || incommodité *f* (discomfort) ; *put sb. to ~,* déranger qqn ● *vt* gêner, déranger, incommoder || **~ient** *adj* gênant (person) || inopportun (time) || mal-commode (house).

incorporate [in'kɔ:pəreit] *vt* incorporer || JUR. constituer en société.

incorrect [,inkə'rekt] *adj* incorrect (not proper) || inexact (wrong).

incorrigible [in'kɔridʒəbl] *adj* incorrigible.

incorruptible [,inkə'rʌptəbl] *adj* incorruptible.

increase ['inkri:s] *n* augmentation *f,* accroissement *m ; on the*

~, en augmentation; ~ *in pay,* hausse *f* de salaire ● *vt* [-'-] augmenter, accroître — *vi* augmenter, croître.

incred|ible [in'kredəbl] *adj* incroyable || **~ulity** [,inkri'dju:liti] *n* incrédulité *f* || **~ulous** [in'kredjuləs] *adj* incrédule.

increment ['inkrimənt] *n* augmentation *f.*

incriminate [in'krimineit] *vt* incriminer.

incrustation [,inkrʌs'teiʃn] *n* incrustation *f.*

incuba|te ['inkjubeit] *vt* couver, incuber || **~tion** [,inkju'beiʃn] *n* incubation *f* || **~tor** ['inkjubeitə] *n* couveuse *f.*

inculcate ['inkʌlkeit] *vt* inculquer.

inculpate ['inkʌlpeit] *vt* inculper.

incumbent [in'kʌmbənt] *adj be ~ on,* incomber/appartenir à.

incur [in'kə:] *vt* contracter (debts) || supporter (expenses) || subir (loss) || FIG. encourir, s'attirer (sb.'s blame); courir (danger) || s'attirer (blame).

incurable [in'kjuərəbl] *adj/n* incurable.

incursion [in'kə:ʃn] *f* FIG. incursion *f.*

incurve ['in'kə:v] *vt* incurver.

indebted [in'detid] *adj* endetté || FIG. redevable (*to,* à; *for,* de).

indec|ency [in'di:snsi] *n* indécence *f* || **~ent** [-snt] *adj* indécent (obscene) || inconvenant (unseemly).

inde|cision [,indi'siʒn] *n* indécision *f* || **~cisive** [--'saisiv] *adj* indécis (person) || peu concluant (evidence).

indecorous [in'dekərəs] *adj* incorrect (improper) || malséant (in bad taste).

indeed [in'di:d] *adv* en effet; vraiment || *yes ~!,* mais oui!

indefatigable [,indi'fætigəbl] *adj* infatigable.

indefensible [indi'fensəbl] *adj* indéfendable || FIG. insoutenable.

indefin|able [,indi'fainəbl] *adj* indéfinissable || **~ite** [in'definit] *adj* indéfini; incertain, vague || **~itely** [in'definitli] *adv* indéfiniment.

indelible [in'delibl] *adj* indélébile, ineffaçable.

indelic|acy [in'delikəsi] *n* indélicatesse *f;* grossièreté *f* || **~ate** [in'delikit] *adj* indélicat (unrefined) || grossier, sans tact (tactless).

indemn|ify [in'demnifai] *vt* indemniser, dédommager (*for,* de) || **~ity** *n* indemnité *f,* dédommagement *m.*

indent [in'dent] *vt* denteler; échancrer || COMM. ~ *(on sb) for sth,* passer commande de qqch (à qqn) || [printing] rentrer (a line) || **~ation** [,inden'teiʃn] *n* dentelure, échancrure *f,* anfractuosité *f* (coastline) || [printing] retrait *m* || [mark] empreinte, impression *f.*

independ|ence [,indi'pendəns] *n* indépendance *f* || **~ent** *adj/n* indépendant || **~ently** *adv* indépendamment.

indescribable [,indis'kraibəbl] *adj* indescriptible.

indeterminate [indi'tə:minit] *adj* indéterminé, vague.

index ['indeks] *n* (*Pl* **es** [-eksiz]) index *m* (list); ~ ***card,*** fiche *f; card ~,* fichier *m* || ~ *finger,* index *m* || (*Pl* **-dices** [-isi:z]) indice *m; prices ~,* indice des prix || MATH. exposant *m* ● *vt* répertorier, cataloguer.

Indi|a ['indjə] *n* Inde *f* || ~ *ink,* encre *f* de Chine; ~ *paper,* papier *m* pelure; ~ ***rubber,*** gomme *f* || **~an** [-ən] *adj/n* [America] Indien; *Red Indian,* Peau-Rouge *(n)* || [India] indien, hindou || ~ ***corn,*** maïs *m;* ~ ***summer,*** été *m* de la Saint-Martin ; ~ ***wrestling,*** bras *m* de force.

indicat|e ['indikeit] *vt* indiquer, signaler (point out) || montrer, dénoter (show) || **~ion** [,indi'keiʃn] *n* indication *f; indice m; as an ~,* à titre indicatif || **~ive** [in'dikətiv] *adj/n* indicatif *(m)* || GRAMM. indicatif *m* || **~or** ['indikeitə] *n* RAIL., TECHN. indicateur *m* || AUT. clignotant *m* || FIG. indice *m*.

indices See INDEX.

indict [in'dait] *vt* JUR. accuser (*on a charge of,* de) || **~ment** *n* inculpation, mise *f* en accusation.

Indies ['indiz] *npl* Indes *fpl* || *West ~,* les Antilles *fpl.*

indiffer|ence [in'difrəns] *n* indifférence *f* (*to,* pour) ; *matter of ~,* fait *m* sans importance || **~ent** *adj* indifférent (*to,* à) || moyen, passable (average) || **~ently** *adv* avec indifférence ; passablement.

indigence ['indidʒns] *n* indigence *f*.

indigenous [in'didʒinəs] *adj* indigène.

indigent ['indidʒnt] *adj* indigent.

indigest|ible [,indi'dʒestəbl] *adj* indigeste || **~ion** [-ʃn] *n* indigestion *f; have an attack of ~,* avoir une indigestion.

indign|ant [in'dignənt] *adj* indigné (*at,* de) ; *be/become ~,* s'indigner (*at/with,* de/contre) || **~antly** *adv* avec indignation || **~ation** [,indig'neiʃn] *n* indignation *f; rouse to ~,* indigner || *~ meeting,* réunion *f*/meeting *m* de protestation ||**~ity** [in'digniti] *n* indignité *f*.

indigo ['indigəu] *adj/n* indigo *(m).*

indirect [,indi'rekt] *adj* indirect.

indiscr|eet [,indis'kri:t] *adj* indiscret || imprudent (not wary) || **~etion** [,indis'kreʃn] *n* indiscrétion *f* || imprudence *f*.

indiscriminately [,indis'kriminitli] *adv* au hasard ; sans discrimination || indifféremment || indistinctement.

indispensable [,indis'pensəbl] *adj* indispensable.

indispos|ed [,indis'pəuzd] *adj* indisposé, souffrant (unwell) || prévenu (*towards,* contre) || **~ition** [,indispə'ziʃn] *n* indisposition *f* (ill health) || répugnance *f* (*to do,* à faire) [reluctance].

indisputably [,indis'pju:təbli] *adv* sans conteste.

indissoluble [,indi'sɔljubl] *adj* indissoluble.

indistinct [,indis'tiŋkt] *adj* indistinct, confus, vague || **~ly** *adv* indistinctement || **~ness** *n* imprécision, confusion *f*.

indistinguishable [,indis'tiŋgwiʃəbl] *adj* indiscernable.

individual [,indi'vidjuəl] *n* individu *m* ● *adj* individuel, particulier, personnel || **~ism** *n* individualisme *m* || **~ity** [,indi,vidju'æliti] *n* individualité, personnalité *f* || **~ize** *vt* individualiser || **~ly** *adv* individuellement, un à un || isolément.

indivisible [,indi'vizəbl] *adj* indivisible.

indoctrinate [in'dɔktrineit] *vt* endoctriner.

indol|ence ['indələns] *n* indolence *f* || **~ent** *adj* indolent.

indomitable [in'dɔmitəbl] *adj* indomptable.

Indonesi|a [,ində'ni:zjə] *n* Indonésie *f* || **~an** *adj/n* indonésien.

indoor ['indɔ:] *adj* d'intérieur (game) ; couvert (tennis) || **~s** [-z] *adv* à l'intérieur, à la maison, à l'abri.

indorse [in'dɔ:s] *vt* = ENDORSE.

induce [in'dju:s] *vt* inciter, persuader || provoquer, occasionner (cause) || **~ment** *n* encouragement *m,* incitation *f*.

induction [in'dʌkʃn] *n* ÉLECTR. induction *f*.

indulg|e [in'dʌldʒ] *vt* gâter (spoil) || céder à (desires); ~ *sb.'s whims*, céder aux caprices de qqn; ~ *oneself*, ne rien se refuser — *vi* s'adonner (*in*, à); se permettre (*in a cigarette*, une cigarette) || FAM. être porté sur la boisson || **~ence** [-əns] *n* complaisance *f* envers soi-même || satisfaction *f*, assouvissement *m* (*in*, de) || REL. indulgence *f* || **~ent** *adj* complaisant, accommodant.

industrial [in'dʌstriəl] *adj* industriel || **~ist** *n* industriel *n*.

industrious [in'dʌstriəs] *adj* travailleur.

industry ['indəstri] *n* assiduité, application *f* || TECHN. industrie *f*.

ineffect|ive [,ini'fektiv], **~ual** [-juəl] *adj* inefficace, sans effet.

ineffic|iency [,ini'fiʃənsi] *n* inefficacité *f* || [person] incapacité *f* || **~ient** *adj* inefficace || [person] incapable.

inelegant [in'eligənt] *adj* inélégant.

ineligible [in'elidʒəbl] *adj* inacceptable || MIL. inapte (au service) || JUR. inéligible.

ineluctable [,ini'lʌktəbl] *adj* inéluctable.

inept [i'nept] *adj* peu à propos (not suitable) || inepte, absurde (stupid) || **~itude** [-itju:d] *n* ineptie *f*.

inequality [,ini'kwɔliti] *n* inégalité *f*.

ineradicable [,ini'rædikəbl] *adj* FIG. indéracinable.

iner|t [i'nə:t] *adj* inerte || **~tia** [-ʃə] *n* inertie *f* || AUT. ~ ***reel belt***, ceinture *f* à enrouleur.

inestimable [in'estiməbl] *adj* inestimable.

inevitabl|e [in'evitəbl] *adj* inévitable || **~y** *adv* inévitablement, immanquablement.

inexact [,inig'zækt] *adj* inexact.

inexcusable [,iniks'kju:zəbl] *adj* inexcusable.

inexhaustible [,inig'zɔ:stəbl] *adj* inépuisable; intarissable.

inexorable [in'eksrəbl] *adj* inexorable.

inexpedient [,iniks'pi:djənt] *adj* inopportun.

inexpensive [,iniks'pensiv] *adj* bon marché, peu coûteux.

inexperience [,iniks'piəriəns] *n* inexpérience *f* || **~d** [-t] *adj* inexperimenté.

inexplicable [in'eksplikəbl] *adj* inexplicable.

inexpressible [,iniks'presəbl] *adj* inexprimable, indicible.

infallible [in'fæləbl] *adj* infaillible.

infam|ous ['infəməs] *adj* infâme || **~y** ['infəmi] *n* infamie *f*.

inf|ancy ['infənsi] *n* première/petite enfance || minorité *f* || **~ant** *n* petit enfant, bébé *m*; ~ *school*, école maternelle || ~ *prodigy*, enfant *n/f* prodige || **~antile** [-əntail] *adj* enfantin || MÉD. infantile.

infantry ['infəntri] *n* infanterie *f* || **~man** *n* fantassin *m*.

infatua|ted [in'fætjueitid] *adj* *become ~ with sb.*, s'enticher de qqn; *be ~ with*, avoir le béguin pour (fam.) || **~tion** [in,fætju'eiʃn] *n* engouement *m*; toquade *f*, béguin *m* (fam.).

infec|t [in'fekt] *vt* infecter, contaminer || FIG. corrompre || **~tion** *n* infection *f* || **~tious** [-ʃəs] *adj* infectieux, contagieux || communicatif (laughter).

infer [in'fə:] *vt* déduire, inférer; conclure || **~ence** ['infrəns] *n* conclusion, déduction *f*.

inferior [in'fiəriə] *adj/n* inférieur || **~ity** [in,fiəri'ɔriti] *n* infériorité *f; ~ complex,* complexe *m* d'infériorité.

infern|al [in'fə:nl] *adj* infernal || **~o** [-əu] *n* FIG. enfer *m.*

infest [in'fest] *vt* infester.

infidel ['infidl] *adj/n* REL. infidèle || **~ity** [,infi'deliti] *n* JUR. infidélité *f* || REL. incroyance *f.*

infiltrate ['infiltreit] *vi* s'infiltrer (*into,* dans).

infinite ['infnit] *adj* infini || **~ly** *adv* infiniment.

infinit|ive [in'finitiv] *n/adj* GRAMM. infinitif *(m)* || **~y** *n* infinité *f* || MATH. infini *m.*

infirm [in'fə:m] *adj* infirme || **~ary** [-əri] *n* hôpital *m* || [school] infirmerie *f* || **~ity** *n* infirmité *f.*

inflam|e [in'fleim] *vt* FIG. enflammer || **~mable** [in'flæməbl] *adj* inflammable || **~mation** [,inflə'meiʃn] *n* MÉD. inflammation *f* || **~ed** [-d] *adj* MÉD. enflammé.

inflatable [in'fleitəbl] *adj* gonflable.

infla|te [in'fleit] *vt* gonfler (tyre) || FIG. gonfler || **~tion** *n* gonflement *m,* enflure *f* || FIN. inflation *f* || **~tor** *n* U.S. pompe *f;* gonfleur *m*

inflection *n* = INFLEXION.

infle|xible [in'fleksəbl] *adj* inflexible || **~xion** [-ʃn] *n* inflexion *f.*

inflict [in'flikt] *vt* infliger (punishment, wound).

inflow ['infləu] *n* afflux, flot *m* || TECHN. admission, arrivée *f.*

influ|ence ['influəns] *n* influence *f; under the ~ of drink,* pris de boisson, en état d'ébriété || **~ential** [,--'enʃl] *adj* influent.

influenza [,influ'enzə] *n* grippe *f.*

influx ['inflʌks] *n* afflux *m* (of water); affluence *f* (of people) || FIG. afflux *m.*

inform [in'fɔ:m] *vt* informer, avertir; renseigner (*about,* sur); **~ *sb. of sth.*** informer qqn de qqch.; *keep sb. ~ed,* tenir qqn au courant — *vi* JUR. *~ against,* dénoncer.

informal [in'fɔ:ml] *adj* sans cérémonie (dinner) || officieux, privé (visit) || **~ity** [,infɔ:'mæliti] *n* caractère *m* intime, simplicité *f.*

inform|ant [in'fɔ:mənt] *n* informateur *n* || **~ation** [,infə'meiʃn] *n* renseignements *mpl; a piece of ~,* un renseignement; ***ask for ~,*** se renseigner; **~ *bureau,*** bureau *m* de renseignements || JUR. dénonciation *f* (charge) || **~atics** [-'mætiks] *n* U.S. informatique *f* || **~ative** [in'fɔ:mətiv] *adj* instructif; révélateur || **~er** *n* délateur *n,* indicateur *m.*

infraction [in'frækʃn] *n* infraction *f.*

infra|-red ['infrə'red] *adj* infrarouge || **~structure** *n* infrastructure *f.*

infrequent [in'fri:kwənt] *adj* peu fréquent, rare.

infringe [in'frinʒ] *vt* enfreindre (a law); violer, contrefaire (a patent) — *vi* empiéter (*upon,* sur) || **~ment** *n* infraction *f* (*of,* à).

infuriate [in'fjuərieit] *vt* mettre en fureur.

infu|se [in'fju:z] *vt* CULIN. faire infuser || FIG. inspirer (*into,* à) || **~sion** [-ʒn] *n* infusion *f.*

inge|nious [in'dʒi:njəs] *adj* ingénieux || **~nuity** [,inʒi'njuiti] *n* ingéniosité *f.*

ingenuous [in'dʒenjuəs] *adj* ingénu, naïf || **~ness** *n* ingénuité, naïveté *f.*

ingest [in'dʒest] *vt* ingérer.

ingle-nook ['iŋglnuk] *n* coin *m* du feu.

ingot ['iŋgət] *n* lingot *m.*

ingrained ['in'greind] *adj* invétéré (habit); enraciné (prejudice);

become ~, [habit] s'établir, s'ancrer.

ingratiate [in'greiʃieit] *vi* ~ *oneself,* se faire bien voir (*with,* de).

ingratitude [in'grætitju:d] *n* ingratitude *f.*

ingredient [in'gri:djənt] *n* ingrédient *m.*

ingress ['ingres] *n* entrée *f* || droit *m* d'entrée.

in|growing, ~grown [,in'grəuiŋ, -grəun] *adj* incarné (toe-nail).

inhabit [in'hæbit] *vt* habiter || **~ant** *n* habitant *n* || **~ed** [-id] *adj* habité.

inhale [in'heil] *vt* inhaler.

inherent [in'hiərnt] *adj* inhérent (*to,* à) || JUR. propre.

inherit [in'herit] *vt* hériter (*from,* de); ~ *a fortune,* hériter d'une fortune || **~ance** *n* héritage *m.*

inhibit [in'hibit] *vt* interdire à; empêcher (*from,* de) || MÉD. inhiber; refouler || **~ion** [,ini'biʃn] *n* interdiction *f* || MÉD. inhibition *f.*

inhospitable [in'hɔspitəbl] *adj* inhospitalier.

inhuman [in'hju:mən] *adj* inhumain || **~ity** [,inhju'mæniti] *n* inhumanité *f.*

inimitable [i'nimitəbl] *adj* inimitable.

iniquit|ous [i'nikwitəs] *adj* inique || **~y** *n* iniquité *f.*

initial [i'niʃəl] *adj* initial ● *n* initiale *f* ● *vt* parafer || **~ly** *adv* initialement.

initiate I [i'niʃiit] *adj/n* initié.

initia|te II [i'niʃjeit] *vt* inaugurer, instaurer, introduire || initier à || **~tion** [i,niʃi'eiʃn] *n* inauguration *f,* début *m* || initiation *f* (*into,* à) || **~tive** [i'niʃiətiv] *n* initiative *f; take the* ~, prendre l'initiative (*in doing,* de faire); *on one's own* ~, de sa propre initiative || **~tor** *n* initiateur *n.*

injec|t [in'dʒekt] *vt* injecter || **~tion** *n* MÉD. injection, piqûre *f* || AUT. injection *f.*

injunction [in'dʒʌŋʃn] *n* injonction, recommandation *f.*

injure ['inʒə] *vt* nuire à, faire tort à, léser || blesser (wound) || ***injured,*** offensé; blessé (wounded).

injur|ious [in'dʒuəriəs] *adj* nuisible, préjudiciable || **~y** ['inʒəri] *n* tort, dommage, préjudice *m* || MÉD. blessure *f; internal ~ies,* lésions *fpl* internes || NAUT. avarie *f (to,* de).

injustice [in'dʒʌstis] *n* injustice *f.*

ink [iŋk] *n* encre *f* ● *vt* tacher d'encre; repasser à l'encre.

inkling ['iŋkliŋ] *n* soupçon *m* (idea); *give an* ~ *of,* donner une idée de; *have no* ~ *of/that,* ne pas avoir la moindre idée de/que.

ink|-pad [iŋk-pæd] *n* tampon encreur || **~stand** *n* encrier *m* (de bureau) || **~y** *adj* taché d'encre (stained).

inlaid ['in'leid] *adj* see INLAY || incrusté (*with,* de).

inland ['inlænd] *adj* intérieur (trade) || FIN. ~ *revenue,* contributions *fpl;* fisc *m* (office).

in-laws ['inlɔ:z] *npl* beaux-parents *mpl.*

inlay ['inlei] *vt* (-laid [-'leid]) incruster (*with,* de) ● *n* incrustation *f;* marqueterie *f.*

inlet ['inlet] *n* GÉOGR. bras *m* de mer, crique *f* || TECHN. admission *f.*

inmate ['inmeit] *n* pensionnaire *n* (of institution) || occupant, résident *n* (of a house) || détenu *n* (prisoner).

inmost ['inməust] *adj* le plus profond/secret.

inn [in] *n* auberge *f* || **~keeper** *n* aubergiste *n.*

innate ['i'neit] *adj* inné.

inner ['inə] *adj* intérieur, intime,

interne || AUT. ~ *tube,* chambre *f* à air || **~most** *adj* = INMOST.

innoc|ence ['inəsəns] *n* innocence *f* || **~ent** *adj* innocent.

innocuous [i'nɔkjuəs] *adj* inoffensif.

innovat|e ['inəveit] *vi* innover || **~ion** [,inə'veiʃn] *n* innovation *f* || **~or** ['inəveitə] *n* novateur *n*.

innuendo [,inju'endəu] *n* insinuation *f;* sous-entendu *m*.

innumerable [i'nju:mrəbl] *adj* innombrable.

inoculat|e [i'nɔkjuleit] *vt* inoculer || **~ion** [i,nɔkju'leiʃn] *n* inoculation *f*.

in|offensive [,inə'fensiv] *adj* inoffensif || **~operative** [in'ɔprətiv] *adj* inopérant || **~opportune** [in'ɔpətju:n] *adj* inopportun || **~organic** [,inɔ:'gænik] *adj* inorganique || ~ *chemistry,* chimie minérale.

input ['input] *n* [computer] données *fpl*.

inquest ['inkwest] *n* enquête *f* judiciaire.

inquire [in'kwaiə] *vi* ~ ***about,*** se renseigner sur, s'informer de, prendre des renseignements sur || ~ ***after,*** demander des nouvelles de || ~ ***for*** demander (goods in a shop); demander à voir qqn || ~ ***into,*** JUR. faire une enquête/des investigations sur (investigate).

inquiring [in'kwaiəriŋ] *adj* curieux (mind) || **~ly** *adv* d'un air interrogateur.

inquiry [in'kwaiəri] *n* enquête *f* || JUR. instruction *f* || *Inquiries,* (bureau *m* de) Renseignements *mpl*.

inquisit|ion [,inkwi'ziʃn] *n* enquête *f;* perquisition *f* || **~ive** [in'kwizitiv] *adj* curieux || PÉJ. indiscret.

in|road ['inrəud] *n* MIL. incursion *f* || FIG. empiétement *m* || **~rush** *n* irruption *f* (people, water).

insan|e [in'sein] *adj* insensé; démentiel (project) || MÉD. dément, aliéné; *become* ~, perdre la raison || **~ity** [in'sæniti] *n* démence *f*, aliénation mentale.

insat|iable [in'seiʃjəbl], **~iate** [-iit] *adj* insatiable.

inscr|ibe [in'skraib] *vt* inscrire (name) || dédier, dédicacer || **~iption** [-'ipʃn] *n* inscription *f*.

inscrutable [in'skru:təbl] *adj* inscrutable.

insect ['insekt] *n* insecte *m* || ~*-powder,* poudre *f* insecticide; ~ *spray,* bombe *f* d'insecticide.

insecticide [in'sektisaid] *n* insecticide *m*.

insecure [,insi'kjuə] *adj* peu sûr, incertain (uncertain) || anxieux (anxious) || hasardeux (dangerous).

inseminate [in'semineit] *vt* inséminer.

insens|ible [in'sensəbl] *adj* MÉD. inconscient, sans connaissance (unconscious) || FIG. insensible (imperceptible); inconscient (unaware) || **~ibly** *adv* insensiblement, imperceptiblement || **~itive** *adj* insensible (to touch).

inseparable [in'seprəbl] *adj* inséparable.

inser|t [in'sə:t] *vt* insérer || **~tion** *n* insertion *f*.

inset ['inset] *n* encart *m* (leaflet) ● *vt* insérer.

inside ['in'said] *adv* (à l') intérieur ● *prep* à l'intérieur de ● *n* dedans, intérieur *m* || ~ ***out,*** à l'envers; FIG. complètement.

insidious [in'sidiəs] *adj* insidieux.

insight ['insait] *n* pénétration, perspicacité *f*.

insignificant [,insig'nifikənt] *adj* insignifiant, dénué d'importance || dépourvu de sens.

insincere [,insin'siə] *adj* hypocrite, faux.

insinuat|e [in'sinjueit] *vt* insinuer || **~ing** *adj* insinuant || **~ion** [in,sinju'eiʃn] *n* insinuation *f.*

insipiant [in'sipiənt] *adj* naissant.

insipid [in'sipid] *adj* insipide.

insist [in'sist] *vi* insister (*on,* sur) || tenir à || JUR. ~ *on one's rights,* faire valoir ses droits || **~ence** *n* insistance *f* || **~ent** *adj* persistant, obsédant ; pressant (pressing) || instant (demand) || **~ently** *adv* instamment.

insolation [,insə'leiʃn] *n* insolation *f.*

insol|ence ['inslәns] *n* insolence *f* || **~ent** *adj* insolent.

insoluble [in'sɔljubl] *adj* insoluble.

insolv|ency [in'sɔlvənsi] *n* insolvabilité *f* || JUR. faillite *f* || **~ent** *adj* insolvable, en faillite (bankrupt).

insomnia [in'sɔmniə] *n* insomnie *f.*

insomuch [,insə'mʌtʃ] *adv* au point, à tel point (*that,* que).

inspec|t [in'spekt] *vt* inspecter, faire l'inspection (review) || **~tion** *n* inspection *f* || MIL. revue *f* (des troupes) || **~tor** [-tə] *n* inspecteur *n.*

insp|iration [,inspə'reiʃn] *n* inspiration *f* || **~ire** [ins'paiə] *vt* inspirer (*sb. with,* qqn de) || MÉD. inspirer.

inst. [inst] *abbrev* COMM. = INSTANT.

install [in'stɔːl] *vt* installer ; poser (place, fix) — *vi* s'installer || **~ation** [,instə'leiʃn] *n* installation *f.*

instal(l)ment [in'stɔːlmənt] *n* [story] épisode *m* ; fascicule *m* (book) || COMM. acompte *m,* versement partiel ; U.S. ~ *plan,* vente *f* à tempérament.

instance ['instəns] *n* exemple, cas *m* ; ***for*** ~, par exemple || *at the* ~ *of,* à la demande de || JUR. instance *f.*

instant ['instənt] *n* instant *m* ● *adj* immédiat (at once) || urgent, pressant (need) || CULIN. soluble (coffee) ; ~ *mashed potatoes,* purée *f* en flocons || COMM. *the 10th* ~, le 10 courant || **~aneous** [,instən'teinjəs] *adj* instantané || **~aneously** *adv* instantanément || **~ly** *adv* immédiatement, sur le champ.

instead [in'sted] *adv* à la place || ~ ***of,*** au lieu de.

instep ['instep] *n* cou-de-pied *m.*

instil(l) [in'stil] *vt* instiller || FIG. faire naître, inculquer.

instinct ['instiŋt] *n* instinct *m* || **~ive** [in'stiŋtiv] *adj* instinctif || **~ively** *adj* instinctivement.

institut|e ['institjuːt] *n* institut *m* ● *vt* instituer, fonder || **~ion** [,insti'tjuːʃn] *n* institution, fondation *f.*

instruct [in'strʌkt] *vt* enseigner, instruire || **~ion** [in'strʌkʃn] *n* instruction *f,* enseignement *m* || *Pl* instructions *fpl* (directions) || **~ive** *adj* instructif || **~or** *n* instructeur *m* ; [driving, ski] moniteur *n.*

instrument ['instrumənt] *n* instrument *m* || AUT., U.S. ~ *panel,* tableau *m* de bord || FIG. instrument *m* || **~al** [,--'mentl] *adj* instrumental || FIG. *be* ~ *in,* contribuer à || **~alist** [,--'mentəlist] *n* instrumentiste *n.*

insubordin|ate [,insə'bɔːdnit] *adj* insubordonné || **~ation** ['insə,bɔːdi'neiʃn] *n* insubordination *f.*

insubstantial [,insəb'stænʃl] *adj* immatériel || FIG. imaginaire.

insufferable [in'sʌfrəbl] *adj* insupportable.

insufficiency [,insə'fiʃənsi] *n* insuffisance *f.*

insufficient [,insə'fiʃnt] *adj* insuffisant || **~ly** *adv* insuffisamment.

insular [ˈinsjulə] *adj* insulaire.

insulat|e [ˈinsjuleit] *vt* isoler ; calorifuger (against cold) || **~ion** [ˌinsjuˈleiʃn] *n* isolement *m* || **~or** [ˈinsjuleitə] *n* isolateur *m*.

insulin [ˈinsjulin] *n* insuline *f*.

insult [ˈinsʌlt] *n* insulte, injure *f* ● [inˈsʌlt] *vt* insulter, injurier || **~ing** [-ˈ--] *adj* injurieux, offensant.

insuperable [inˈsjuːprəbl] *adj* insurmontable.

insurance [inˈʃuərəns] *n* assurance *f; ~ policy,* police *f* d'assurance ; *take out an ~,* s'assurer ; *burglary ~,* assurance contre le vol ; *car ~,* assurance automobile ; *fire ~,* assurance incendie ; *life ~,* assurance sur la vie ; *third-party ~,* assurance au tiers.

insur|e [inˈʃuə] *vt* s'assurer (*against,* contre) || assurer (one's house) ; *the ~d,* l'assuré *n* || **~er** [-rə] *n* assureur *m*.

insurgent [inˈsəːdʒnt] *n/adj* insurgé, rebelle.

insurmountable [ˌinsəˈmauntəbl] *adj* insurmontable.

insurrection [ˌinsəˈrekʃn] *n* insurrection *f*.

intact [inˈtækt] *adj* intact.

intake [ˈinteik] *n* TECHN. prise *f* || FIG. admission *f;* contingent *m* || [food] consommation *f*.

intangible [inˈtænʒəbl] *adj* intangible, impalpable || FIG. impondérable.

integr|al [ˈintigrəl] *adj* intégral || **~ate** [-eit] *vt* intégrer ; incorporer || réinsérer (criminal into society) — *vi* s'intégrer, se joindre (*with,* à) || **~ated circuit** *n* circuit intégré || **~ation** [ˌintiˈgreiʃn] *n* intégration *f* || réinsertion *f* || déségrégation (raciale).

integrity [inˈtegriti] *n* intégrité *f*.

intellect [ˈintilekt] *n* intelligence *f* || PHIL. intellect *m* || **~ual** [ˌintiˈlektjuəl] *adj/n* intellectuel.

intellig|ence [inˈtelidʒəns] *n* intelligence *f; **~ quotient,*** quotient intellectuel || MIL. renseignements *mpl* || **~ent** *adj* intelligent || **~ible** *adj* intelligible.

intemper|ance [inˈtemprəns] *n* intempérance *f* || alcoolisme *m* (drinking) || **~ate** [-it] *adj* immodéré, excessif || intempérant, alcoolique.

intend [inˈtend] *vt* avoir l'intention, projeter (*to,* de) || destiner (*for,* à) || **~ed** [-id] *adj* projeté (planned) || intentionnel (deliberate) || futur (prospective) ● *n* FAM. fiancé *n*.

intens|e [inˈtens] *adj* intense ; vif (light, pain, feelings) || **~ify** [-ifai] *vi/vt* (s') intensifier || **~ity** *n* intensité *f* || **~ive** *adj* intensif || approfondi (study).

intent I [inˈtent] *adj* attentif, absorbé (*on,* par).

intent II *n* intention *f; to all ~s and purposes,* pratiquement, en fait ; virtuellement ; essentiellement.

intention [inˈtenʃn] *n* intention *f* || **~al** *adj* intentionnel, voulu (deliberate) || **~ally** *adv* intentionnellement ; délibérément.

inter [inˈtəː] *vt* enterrer.

interact [ˈintərækt] *vi* agir l'un sur l'autre.

inter|cede [ˌintəˈsiːd] *vi* intercéder (*with,* auprès de) || **~cept** [-ˈsept] *vt* intercepter || RAD. capter || **~cession** [-ˈseʃn] *n* intercession *f* (*for,* en faveur de).

inter|change [ˈintəˈtʃeinʒ] *n* échange *m* || U.S., AUT. échangeur *m* (cross-roads) ● [ˌ--ˈ-] *vt* échanger || **~changeable** [ˌintəˈtʃeinʒəbl] *adj* interchangeable (parts) || **~com** [ˈintəkəm] *n* interphone *m* || **~course** [ˈintəkɔːs] *n* relations *fpl,* rapports *mpl* || *(sexual) ~,* rapports sexuels.

interdikt [ˈintədikt] *n* interdit *m* ● [ˌ--ˈ-] *vt* interdire.

interest ['intrist] *n* intérêt *m; take an ~ in,* s'intéresser à; *take no ~ in,* se désintéresser de || intérêt *m* (advantage); *have an ~,* avoir un intérêt (*in,* dans); *it is to your ~ to do it,* il est de votre intérêt de le faire; *in the ~ of,* dans l'intérêt de || FIN. *charge an ~,* prendre un intérêt; *back ~,* arriérés *mpl* || JUR. *vested ~s,* droits acquis ● *vt* intéresser; ***be ~ed in,*** s'intéresser à || **~ing** *adj* intéressant.

interfer|e [,intə'fiə] *vi* intervenir, s'immiscer (*in,* dans) || s'interposer (*in,* dans; *between,* entre) || contrecarrer (block) || **~ence** [-rəns] *n* ingérence *f* (*in,* dans) || RAD. interférence *f.*

interim ['intərim] *n* intérim *m; in the ~,* entre-temps ● *adj* provisoire (report); intérimaire (person).

interior [in'tiəriə] *adj/n* intérieur *(m).*

interject [,intə'dʒekt] *vt* lancer (questions); placer (a remark) || **~ion** [,intə'dʒekʃn] *n* interjection *f.*

inter|lace [,intə'leis] *vt* entrelacer || **~lock** *vi* s'entrecroiser || **~locutor** [,intə'lɔkjutə] *n* interlocuteur *n* || **~loper** ['intələupə] *n* intrus *n* || **~lude** ['intəlu:d] *n* intermède *m* || MUS. interlude *m* || **~mediary** [,intə'mi:djəri] *adj/n* intermédiaire || **~mediate** [,intə'mi:djət] *adj* intermédiaire.

interment [in'tə:mənt] *n* enterrement *m.*

interminable [in'tə:mnəbl] *adj* interminable.

intermingle [,intə'miŋgl] *vt/vi* (s')entremêler.

inter|mission [,intə'miʃn] *n* interruption, pause *f* || U.S., TH. entracte *m* || **~mittent** [,intə'mitənt] *adj* intermittent.

intern [in'tə:n] *vt* interner ● *n* U.S., MÉD. interne *n* || **~al** *adj* interne.

international [,intə'næʃənl] *adj* international.

internment [in'tə:nmənt] *n* internement *m.*

interpolate [in'tə:pəleit] *vt* interpoler.

interpose [,intə'pəuz] *vt* intercaler || opposer (veto) — *vi* s'interposer (*between,* entre).

interpret [in'tə:prit] *vt* interpréter || **~ation** [in,tə:pri'teiʃn] *n* interprétation *f* || **~er** [in'tə:pritə] *n* interprète *n.*

interrogat|e [in'terəgeit] *vt* interroger || **~ion** [in,terə'geiʃn] *n* interrogation *f; ~ mark,* point *m* d'interrogation || JUR. interrogatoire *m* || **~ive** [,intə'rɔgətiv] *adj* interrogateur || GRAMM. interrogatif.

interrup|t [,intə'rʌpt] *vt* interrompre || **~tion** *n* interruption *f.*

intersec|t [,intə'sekt] *vi/vt* (s') entrecouper || **~tion** *n* intersection *f* || U.S. croisement *m,* carrefour *m.*

inter|sperse [,intə'spə:s] *vt* entremêler, parsemer || **~twine** *vi/vt* (s')entrelacer || **~val** ['intəvl] *n* intervalle *m; bright ~s,* éclaircies (weather) || TH. entracte *m* || **~vene** [,intə'vi:n] *vi* [events] survenir, intervenir || [person] intervenir, s'interposer || [time] s'écouler || **~vention** [,intə'venʃn] *n* intervention *f* || **~view** ['intəvju:] *n* entrevue *f,* entretien *m* || [journalism] interview *f* ● *vt* avoir un entretien avec, interviewer.

intestin|e [in'testin] *n* intestin *m; small ~,* intestin grêle || **~al** *adj* intestinal.

intim|acy ['intiməsi] *n* intimité *f* || **~ate** [-it] *adj* intime ● [-eit] *vt* faire savoir, suggérer (show clearly) || **~ately** [-itli] *adv* intimement || **~ation** [,inti'meiʃn] *n* annonce *f* (announcement) || suggestion *f* (hint) || signification *f* (notice).

intimidat|e [in'timideit] *vt* intimider || **~ion** [in,timi'deiʃn] *n* intimidation *f.*

into ['intu] *prep* [movement] en, dans; *go ~,* entrer || [change] dans, en; *translate ~ French,* traduire en français; *burst ~ tears,* fondre en larmes || MATH. *4 ~ 8 goes twice,* 8 divisé par 4 égale 2 || SL. *be ~,* donner dans (fam.) [be keen on].

intoler|able [in'tɔlərəbl] *adj* intolérable || **~ance** *n* intolérance *f* || **~ant** *adj* intolérant.

intonation [,intə'neiʃn] *n* intonation *f.*

intoxicat|e [in'tɔksikeit] *vt* enivrer; *get ~d,* s'enivrer || FIG. griser, enivrer || **~ing** *adj* enivrant || **~ion** [in,tɔksi'keiʃn] *n* ivresse, ébriété *f* || MÉD. intoxication *f.*

intractable [in'træktəbl] *adj* intraitable, indocile.

intra-muscular [,intrə'mʌskjulə] *adj* intramusculaire.

intransitive [in'trænsitiv] *adj* intransitif.

intrauterine [intrə'jutərain] *adj* MÉD. *~ device,* stérilet *m.*

intrench [in'trenʃ] *vt* = ENTRENCH.

intrepid [in'trepid] *adj* intrépide || **~ity** [,intri'piditi] *n* intrépidité *f.*

intric|acy ['intrikəsi] *n* complexité *f* || FIG. dédale *m* || **~ate** [-it] *adj* compliqué; complexe.

intrigue [in'tri:g] *n* intrigue *f* ● *vt* intriguer.

intrinsic [in'trinsik] *adj* intrinsèque.

intro|duce [,intrə'dju:s] *vt* introduire, présenter (sb.) || JUR. déposer (a bill) || **~duction** [-'dʌkʃn] *n* introduction *f;* présentation *f* (of sb.) || **~ductory** [-'dʌktri] *adj* préliminaire; d'introduction (words).

introspection [,intrə'spekʃn] *n* introspection *f.*

intru|de [in'tru:d] *vi* s'immiscer dans, être importun, déranger || *~ on* s'immiscer dans; *~ on sb.'s time,* abuser du temps de qqn || **~der** *n* intrus *n* || **~sion** [-ʒn] *n* intrusion, ingérence *f* || **~sive** [-siv] *adj* gênant, importun.

intui|tion [,intju'iʃn] *n* intuition *f* || **~tive** [in'tjuitiv] *adj* intuitif || **~tively** [-'----] *adv* intuitivement.

inundat|e ['inʌndeit] *vt* inonder || **~ion** [,inʌn'deiʃn] *n* inondation *f.*

inure [i'njuə] *vt* aguerrir (*to,* à), endurcir; *become ~d,* s'endurcir.

invad|e [in'veid] *vt* envahir, violer (sb.'s privacy); empiéter sur (sb.'s rights) || **~er** *n* envahisseur *m* || FIG. intrus *n* || **~ing** *adj* envahissant ● *n* envahissement *m.*

invalid I ['invəlid] *adj/n* invalide, infirme (disabled); malade.

invalid II [in'vælid] *adj* non valide, non valable (ticket) || **~ate** [-eit] *vt* JUR. invalider.

invaluable [in'væljuəbl] *adj* inestimable, inappréciable.

invariable [in'vɛəriəbl] *adj* invariable.

invasion [in'veiʒn] *n* invasion *f.*

invective [in'vektiv] *n* invective *f.*

inveigh [in'vei] *vi ~ against,* vitupérer contre.

inveigle [in'vi:gl] *vt* attirer, entraîner (*into,* dans).

invent [in'vent] *vt* inventer || **~ion** [in'venʃn] *n* invention *f; of his own ~,* de son cru || **~ive** *adj* inventif || **~or** *n* inventeur *m* || **~ory** [-ri] *n* COMM. inventaire *m.*

inv|erse ['in'və:s] *n/adj* inverse *(m)* || **~ersion** [in'və:ʃn] *n* interversion *f* || GRAMM. inversion *f* || **~ert** [in'və:t] *vt* inverser, intervertir; *~ed commas,* guillemets *mpl.*

invest [in'vest] *vt* FIG. investir, placer || JUR. investir (*with,* de) || MIL. investir, assiéger.

investiga|te [in'vestigeit] *vt* examiner en détail, faire une enquête sur (a crime); enquêter, rechercher || **~tion** [in,vesti'geiʃn] *n* examen *m*; investigation *f* || JUR. enquête, instruction *f* || **~tor** *n* investigateur, enquêteur *n.*

invest|ment [in'vestmənt] *n* FIN., MIL. investissement *m* || **~or** *n* épargnant, actionnaire *n.*

inveterate [in'vetrit] *adj* invétéré.

invidious [in'vidiəs] *adj* désobligeant, déplaisant, odieux.

invigilat|e [in'vidʒileit] *vt* [school] surveiller || **~or** *n* surveillant *n* de salle.

invigorat|e [in'vigəreit] *vt* fortifier; revigorer || **~ing** *adj* fortifiant, remontant || vivifiant (climate) || FIG. stimulant.

invincible [in'vinsəbl] *adj* invincible, imbattable.

invisible [in'vizəbl] *adj* invisible.

invitation [,invi'teiʃn] *n* invitation *f.*

invit|e [in'vait] *vt* inviter (*to,* à) || FIG. susciter, provoquer; donner envie de || **~ing** *adj* engageant, accueillant, tentant; alléchant (food).

invocation [,invə'keiʃn] *n* invocation *f.*

invoice ['invɔis] *n* COMM. facture *f* ● *vt* facturer.

invoke [in'vəuk] *vt* invoquer.

involuntar|ily [in'vɔləntrili] *adv* involontairement || **~y** *adj* involontaire.

involv|e [in'vɔlv] *vt* inclure, englober (*in,* dans) || FIG. impliquer (imply); entraîner (sb.) || **~ed** [-d] *adj* impliqué, compromis (*in,* dans) || mêlé (*in,* à); *get ~,* se laisser entraîner || embarrassé, embrouillé (situation).

invulnerable [in'vʌlnrəbl] *adj* invulnérable.

inward ['inwəd] *adj* interne, intérieur || **~ly** *adv* intérieurement || **~s** [-z] *adv* vers l'intérieur, en dedans.

iodin(e) ['aiədi:n] *n* iode *f; tincture of ~,* teinture *f* d'iode.

IOU ['aiəu'ju:] *abbrev/n* (= I OWE YOU) *write out an ~,* signer une reconnaissance de dette.

IQ [,ai'kju:] *abbrev* = INTELLIGENCE QUOTIENT.

Iran [i'rɑ:n] *n* Iran *m* || **~ian** [i'reinjən] *adj/n* iranien.

Iraq [i'rɑ:k] *n* Irak *m* || **~i** [-i] *adj/n* irakien.

irascible [i'ræsibl] *adj* irascible.

irate [ai'reit] *adj* courroucé, furieux.

ire ['aiə] *n* courroux *m.*

Ireland ['aiələnd] *n* Irlande *f.*

iridescent [,iri'desnt] *adj* irisé, chatoyant.

iris, es ['aiəriis, -iz] *n* BOT., MÉD. iris *m.*

Irish ['aiəriʃ] *adj* irlandais ● *n* irlandais *m* (language) || *the ~,* les Irlandais *mpl* || **~man** *n* Irlandais *m,* || **~woman** *n* Irlandaise *f.*

irk [ə:k] *vt* ennuyer; *it ~s me to,* il m'en coûte de || **~some** [-səm] *adj* fastidieux.

iron ['aiən] *n* [métal] fer *m; cast ~,* fonte *f; corrugated ~,* tôle ondulée; *wrought ~,* fer forgé || [tool] fer *m* à repasser (for smoothing clothes); *soldering ~,* fer *m* à souder ● *vt* repasser (linen) || *~ out,* FIG. aplanir (a difficulty) || **~ and stell industry** *n* sidérurgie *f* || **~er** *n* repasseuse *f* (person) || machine *f* à repasser.

ironical [ai'rɔnikl] *adj* ironique.

ironing ['aiəniŋ] *n* repassage *m* || *~-board,* planche *f* à repasser || *~-machine,* machine *f* à repasser.

iron|lung ['aiən'lʌŋ] MÉD. poumon *m* d'acier || **~monger** *n* quincaillier *n*; *~'s shop,* quincaillerie *f* || **~mongery** [-,mʌŋgri] *n* quincaillerie (hardware) || **~work** *n* ferrures *fpl;* ferronnerie *f* || *Pl* usine *f* sidérurgique.

irony ['airəni] *n* ironie *f*.

irradia|te [i'reidieit] *vi/vt* (s')irradier || **~tion** [i,reidi'eiʃn] *n* irradiation *f*.

irrational [i'ræʃənl] *adj* déraisonnable ; irrationnel.

irreclaimable [,iri'kleiməbl] *adj* AGR. inamendable || FIG. incorrigible.

irreconcilable [i,rekən'sailəbl] *adj* irréconciliable.

irrecoverable [,iri'kʌvrəbl] *adj* non récupérable.

irredeemable [,iri'di:məbl] *adj* irrémédiable, irréparable || FIN. non remboursable.

irrefutable [i'refjutəbl] *adj* irréfutable.

irregular [i'regjulə] *adj* irrégulier || **~ity** [i,regju'læriti] *n* irrégularité *f*.

irrelevant [i'relivənt] *adj* hors de propos (remarks) ; non pertinent ; sans rapport (*to,* avec).

irreligious [,iri'lidʒəs] *adj* irréligieux.

irremediable [,iri'mi:djəbl] *adj* irrémédiable.

irremovable [,iri'mu:vəbl] *adj* inamovible.

irreparable [i'reprəbl] *adj* irréparable.

irreplaceable [,iri'pleisəbl] *adj* irremplaçable.

irreproachable [,iri'prəutʃəbl] *adj* irréprochable.

irresistible [,iri'zistəbl] *adj* irrésistible.

irresolute [i'rezəlu:t] *adj* irrésolu.

irrespective [,iris'pektiv] *adv* indépendamment, sans tenir compte (*of,* de).

irresponsible [,iris'pɔnsəbl] *adj* irresponsable.

irretrievable [,iri'tri:vəbl] *adj* irréparable || introuvable (objet).

irreverent [i'revrnt] *adj* irrévérencieux.

irrevocable [i'revəkəbl] *adj* irrévocable.

irrigat|e ['irigeit] *vt* irriguer || **~ion** [,iri'geiʃn] *n* irrigation *f*.

irrit|able ['iritəbl] *adj* irritable || **~ant** *adj/n* MÉD. irritant *(m)* || **~ate** [-eit] *vt* irriter || **ating** [-eitiŋ] *adj* irritant, agaçant || **~ation** [,iri'teiʃn] *n* irritation *f*.

is [iz] See BE.

Islam ['izlɑ:m] *n* Islam *m* || **~ic** [iz'læmik] *adj* islamique || **~ism** ['izləmizm] *n* islamisme *m*.

isl|and ['ailənd] *n* île *f* || *street ~,* refuge *m* || **~ander** [-əndə] *n* insulaire *n*.

isl|e [ail] *n* île *f* || **~et** [-it] *n* îlot *m*.

isolat|e ['aisəleit] *vt* isoler || **~ion** [,aisə'leiʃn] *n* isolement *m* || **~or** isolateur *m*.

isosceles [ai'sɔsili:z] *adj* isocèle.

isotope ['aisətəup] *n* isotope *m*.

Israel ['izreil] *n* Israël *m* || **~i** [iz'reili] *adj/n* israélien || **~ite** ['izriəlait] *n* israélite *n*.

issue ['isju:] *n* issue, sortie *f* (way out) || édition *f* (of a book) || numéro *m* (of a magazine) || délivrance *f* (of a passport) || MÉD. écoulement *m* || FIN. émission *f* || JUR. question *f* (problem); *side ~,* question secondaire || ***join ~ with sb. on sth.*** discuter l'opinion de qqn sur qqch. ; ***be at ~,*** être en désaccord (*over,* sur) ; *at ~,* en question, en litige, contesté || JUR. postérité *f* || FIG. issue, résultat (outcome) ● *vi* sortir, provenir (*from,* de) — *vt* publier (book, etc.) || délivrer (passport) || fournir (supply) || émettre (banknotes, stamps).

isthmus ['isməs] *n* isthme *m*.

it [it] *pron* [subject] il, elle ; ce, cela ; ~ *is easy,* c'est facile ; *who is ~?,* qui est-ce ? || [object] le, la, ça ; *I need ~,* j'en ai besoin || [indir. object] en ; *I am afraid of ~,* j'en ai peur ; y ; *think of ~,* pensez-y ● *impers ~ is cold,* il fait froid ● *n* [children's game] *you're ~!,* c'est toi le chat ! || ***with ~,*** SL. dans le vent ● *abbrev* (= ITALIAN) *gin and ~,* vermouth + gin.

Italian [i'tæljən] *adj/n* italien.

ital|ics [i'tæliks] *npl* italiques *mpl* || **~icize** [-isaiz] *vt* mettre en italiques.

Italy ['itəli] *n* Italie *f*.

itch [itʃ] *n* démangeaison *f* ● *vi* démanger.

item ['aitəm] *n* article *m* || point *m* (in a list) || question *f*, point *m* || [journalism] article *m* ; *a news ~, an ~ of news,* une nouvelle/information || COMM. article *m* || **~ize** *vt* détailler, spécifier.

itiner|ant [i'tinrnt] *adj* itinérant, ambulant ; ~ *vendor,* marchand *n* ambulant || **~ary** [-əri] *n* itinéraire *m*.

its [its] *poss adj* son, sa, ses ● *poss pron ~ own,* le sien, la sienne ; les siens, les siennes.

itself [it'self] *reflex pron* lui-même, elle-même, soi-même ; se ; *the dog stretched ~,* le chien s'étira ● *emph pron he is kindness ~,* il est la bonté même.

IUD [ˌaiju:'di:] *abbrev* (= INTRA-UTERINE DEVICE) stérilet *m*.

ivory ['aivri] *n* ivoire *m*.

Ivor|y Coast *n* Côte *f* d'Ivoire || **~ian** [ai'vɔ:riən] *adj/n* ivoirien.

ivy ['aivi] *n* lierre *m*.

j

j [dʒei] *n* j *m*.

jab [dʒæb] *vt* piquer ; enfoncer (a knife, the elbow) ● *n* coup *m* || FAM. piqûre *f*.

jabber ['dʒæbə] *vt/vi* bredouiller, bafouiller, baragouiner ● *n* bredouillage *m* (mumbling).

jack [dʒæk] *n* [cards] valet *m* || [bowling] cochonnet *m* || NAUT. pavillon *m* (flag) || AUT. cric *m* ● *vt ~ up,* soulever avec un cric || **~-of-all-trades** *n* homme *m* à tout faire, bricoleur *m*.

jackal ['dʒækɔ:l] *n* chacal *m*.

jackass ['dʒækæs] *n* âne, baudet *m* || FIG. crétin *m*.

jacket ['dʒækit] *n* veston *m* (men's) ; *leather ~,* blouson *m* de cuir || jaquette *f* (for a book) || MÉD. *strait ~,* camisole *f* de force || NAUT. *life-~,* ceinture *f* de sauvetage || CULIN. peau *f* ; *potatoes in their ~s,* pommes de terre *fpl* en robe des champs/de chambre.

jack-pot ['dʒækpɔt] *n* [cards] cagnotte *f*, pot *m* ; [lottery] gros lot.

jaded ['dʒeidid] *adj* FAM. éreinté, esquinté (worn out).

jag [dʒæg] *n* dent *f* (of a rock,

a saw) || **~ged** [-id] *adj* dentelé, déchiqueté (rocks); ébréché (knife).

jaguar ['dʒægjuə] *n* jaguar *m*.

jail [dʒeil] *n* prison *f*; *put sb. in ~*, mettre qqn en prison, incarcérer qqn ● *vt* emprisonner || **~bird** *n* récidiviste *n*.

jalopy [dʒə'lɔpi] *n* U.S., SL. vieux tacot, bagnole *f* (pop.).

jam I [dʒæm] *n* confiture *f* || **~-jar,** pot *m* à confiture.

jam II *n* cohue, foule *f* (throng) || *(traffic) ~*, embouteillage, bouchon *m* || FAM. *be in a ~*, être dans le pétrin ● *vt* serrer, comprimer (crush) || tasser (cram) || encombrer, bloquer (a street) || TECHN. bloquer, coincer || RAD. brouiller — *vi* TECHN. s'enrayer, se bloquer || **~ming** *n* blocage *m* || RAD. brouillage *m*.

jangle ['dʒæŋgl] *n* bruit discordant || criaillerie(s) *f(pl)* [quarrel] ● *vt/vi* faire un bruit de ferraille || [chains] cliqueter || criailler (quarrel).

janitor ['dʒænitə] *n* concierge *n* || U.S. gardien *n* d'immeuble.

January ['dʒænjuəri] *n* janvier *m*.

japan [dʒə'pæn] *n* laque *f* ● *vt* laquer.

Japan *n* Japon *m* || **~ese** [,dʒæpə'ni:z] *adj/n* japonais.

jar I [dʒɑ:] *n* [earthenware] jarre *f*, pot *m*; [glass] bocal *m*; See JAM I.

jar II *n* choc *m* || son discordant (sound) || secousse *f* (jerk) || FIG. querelle *f* ● *vi* [sound] grincer || MUS. détonner || FIG. *~ on sb.'s nerves,* porter sur les nerfs de qqn || FIG. être en discordance; [colours] jurer (*with,* avec) — *vt* choquer, ébranler || **~ring** [-riŋ] *adj* discordant.

jargon ['dʒɑ:gən] *n* TECHN. jargon *m* || FAM. sabir, charabia *m*.

jasmin(e) ['dʒæsmin] *n* jasmin *m*.

jaundice ['dʒɔ:ndis] *n* jaunisse *f*.

jaunt [dʒɔ:nt] *n* excursion *f* || FAM. balade *f* || **~ily** *adv* avec désinvolture | **~iness** *n* désinvolture, insouciance *f* || **~y** *adj* désinvolte (offhand) || suffisant (swaggering).

javelin ['dʒævlin] *n* javelot *m*.

jaw [dʒɔ:] *n* mâchoire *f* || FAM. laïus *m* ● *vi/vt* FAM. laïusser || **~-bone** *n* maxillaire *m*.

jay [dʒei] *n* geai *m*.

jazz [dʒæz] *n* jazz *m* ● *vt* jouer en jazz || FIG., FAM. *~ up,* animer.

jealous ['dʒeləs] *adj* jaloux || **~y** *n* jalousie *f*.

jean [dʒi:n] *n* coutil *m* || *Pl* bleus *mpl* (overalls) || *blue ~s,* (blue-) jean *m* (trousers).

jeer [dʒiə] *n* raillerie *f*, sarcasme *m* ● *vi ~ at,* se moquer de, railler — *vt* huer (boo) || **~ing** [-riŋ] *adj* moqueur.

jelly ['dʒeli] *n* gelée *f* || **~-fish** *n* méduse *f*.

jeopard|ize ['dʒepədaiz] *vt* mettre en danger, exposer || compromettre || **~y** *n* danger, péril *m*.

jerk [dʒə:k] *n* saccade, secousse *f* || *Pl* tics *mpl* || FAM. *physical ~s,* gymnastique *f* ● vt donner une secousse — *vi* se mouvoir par saccades || **~ily** *adv* par saccades || **~y** *adj* saccadé.

jerry|built ['dʒeribilt] *adj* mal bâti (house) || **~can** *n* MIL. jerrycan, bidon *m*.

jersey ['dʒə:zi] *n* chandail *m*.

jessamine ['dʒesəmin] *n* = JASMINE.

jest [dʒest] *n* plaisanterie *f*; *in ~*, pour rire || risée *f*, objet *m* de risée (laughing-stock) ● *vi* plaisanter || **~er** *n* HIST. fou, bouffon *m*.

jet I [dʒet] *n* jais *m* (colour, mineral); *~ black,* noir de jais.

jet II *n* jet *m* (water, gas) || AUT.

gicleur *m ; slow running* ~, gicleur de ralenti || Av. *~(-plane),* avion *m* à réaction, jet *m ;* ~ *engine,* réacteur *m ;* ~ **lag :** *suffer from* ~ *lag,* souffrir du décalage horaire; *~-propelled,* à réaction.

jetsam ['dʒetsəm] *n* NAUT. marchandise jetée à la mer || JUR. épaves *fpl.* (See also FLOTSAM.)

jettison ['dʒetisn] *vt* NAUT. délester ; jeter à la mer.

jetty ['dʒeti] *n* appontement *m ;* jetée *f* (breakwater).

Jew [dʒu:] *n* Juif *m.*

jewel ['dʒu:əl] *n* bijou *m* || *Pl* pierreries *fpl* || [watch] rubis *m* || ~ *case,* écrin *m* || **~ler** *n* bijoutier, joaillier *n ; ~'s (shop),* bijouterie *f* || **~ry, ~lery** [-ri] *n* joaillerie, bijouterie *f;* bijoux *mpl.*

Jew|ess ['dʒu:is] *n* Juive *f* || **~ish** *adj* juif.

jib I [dʒib] *n* NAUT. foc *m.*

jib II *vi* [horse] se dérober || [person] rechigner (*at,* à).

jibe [dʒaib] See GIBE.

jiffy ['dʒifi] *n in a* ~, en un clin d'œil.

jig [dʒig] *vi* sautiller ; ~ *up and down,* se trémousser || **~saw** *n* scie *f* à découper ; ~ *puzzle,* puzzle *m,* jeu *m* de patience.

jilt [dʒilt] *vt* FAM. lâcher (a lover) ● *n* coquette, lâcheuse *f.*

jingle ['dʒiŋgl] *n* tintement *m* || RAD. césure musicale ● *vi* [bell] tinter ; [chains] cliqueter.

jingo ['dʒiŋgəu] *adj/n* chauvin || **~ism** *n* chauvinisme *m.*

jitter|s ['dʒitəz] *npl* FAM. frousse *f; get/give the* ~, avoir/flanquer la frousse || **~y** [-ri] *adj* froussard.

job [dʒɔb] *n* FAM. travail, emploi *m* || FAM. *cushy* ~, planque *f* || ***out of a*** ~, en chômage || tâche *f; paid by the* ~, payé à la pièce ; ***odd*** ~ ***man,*** homme *m* à tout faire ; ***do odd*** **~*s,*** bricoler ; ***make a good/bad*** ~ ***of it,*** bien/mal travailler || FIG. *a good* ~, une bonne affaire || FAM. tâche *f* difficile ; *be quite a* ~ *doing sth.,* avoir du mal à faire qqch. || COMM. ~ ***lot,*** articles dépareillés || SL. *put-up* ~, coup *m* monté ● *vi* bricoler || FIN. agioter || FAM., FIG. tripoter || **~ber** *n* tâcheron *m* || [Stock Exchange] courtier *m* || **~less** *adj* sans-emploi.

jockey ['dʒɔki] *n* jockey *m* || RAD. ***disc*** ~, présentateur *m* de disques ● *vt* FAM. rouler (sb.) — *vi* FAM. manigancer ; ~ *for position,* manœuvrer, intriguer.

jocular ['dʒɔkjulə] *adj* facétieux.

jog [dʒɔg] *n* secousse, saccade *f* (jerk) || [carriage] cahot *m* || ~ *(trot),* petit trot ● *vt* secouer || pousser du coude — *vi* [carriage] cahoter ; [horse] aller au petit trot || ~ ***along,*** cheminer ; FIG. aller son petit train, trottiner || SP. ***go ~ging,*** faire du jogging || **~ging** *n* SP. jogging *m.*

john [dʒɔn] *n* U.S., SL. toilettes *fpl,* w.-c. *mpl.*

join [dʒɔin] *vt* joindre (things) || unir (persons) || relier (connect) || devenir membre, adhérer à (a club) || retrouver, rejoindre (meet) || se joindre à (sb.) || TECHN. raccorder || MIL. ~ *the army,* s'engager ; ~ ***battle,*** engager le combat || GÉOGR. [river] se jeter dans — *vi* se joindre, s'unir, se rencontrer || ~ ***in,*** participer, se joindre à ; ~ *in the conversation,* se mêler à la conversation || TECHN. ~ ***up,*** joindre, assembler ; MIL. s'engager || ÉLECTR. connecter || **~er** *n* menuisier *m ; ~'s shop,* menuiserie *f* || **~ery** [-əri] menuiserie *f.*

joint I [dʒɔint] *n* U.S., POP. boîte *f* (house) ; tripot *m* (gambling).

joint II *n* TECHN. joint *m ;* jointure *f* || MÉD. articulation *f;* ***out of*** ~, disloqué || CULIN. rôti *m* || SL. boîte *f* (de nuit) tripot *m* (gambling den) ; [drugs] joint *m* (arg.) ● *adj* commun, réuni || ~ *account,* compte joint ; ~ *commission,* commission paritaire ; ~-*owner,* copropriétaire *n ;* ~-*stock company,* société *f* par actions ● *vt* TECHN. joindre, articuler || **ly** *adv* conjointement.

jok|e [dʒəuk] *n* plaisanterie *f,* bon mot *m* || FAM. blague *f ;* ***(practical)*** ~, farce, attrape *f ; play a* ~ *on sb.,* jouer un tour, faire une farce à qqn — *vi* plaisanter || **~er** *n* farceur *n* || [cards] joker *m.*

jolly [ˈdʒɔli] *adj* joyeux ; ~ *fellow,* gai luron, bon vivant || NAUT. *Jolly Roger,* pavillon noir ● *adv* drôlement, rudement (fam.).

jolt [dʒəult] *vt* cahoter, secouer ● *n* secousse *f,* cahot *m.*

Jordan [ˈdʒɔːdn] *n* Jordanie *f.*

jostle [ˈdʒɔsl] *vt* bousculer qqn, jouer des coudes (elbow) ● *n* bousculade, cohue *f.*

jot [dʒɔt] *vt* ~ *down,* prendre (en) note || **~tings** *npl* notes *fpl* (rapides).

journal [ˈdʒəːnl] *n* journal *m* (newspaper) ; revue *f* (periodical) || **~ese** [ˌdʒəːnəˈliːz] *n* jargon *m* journalistique || **~ism** [ˈdʒəːnəlizm] *n* journalisme *m* || **~ist** [ˈdʒəːnəlist] *n* journaliste *n.*

journey [ˈdʒəːni] *n* voyage, trajet, parcours *m ;* ***go on a*** **~,** partir en voyage ; ***make a*** **~,** faire un voyage ; *reach one's* ~*'s end,* arriver à destination || [taxi] course *f* ● *vi* voyager || **~man** *n* compagnon *m* (workman).

jovial [ˈdʒəuvjəl] *adj* jovial.

joy [dʒɔi] *n* joie *f ; with* ~, avec joie ; *for* ~, de joie || **~ful** *adj* joyeux ; ***~-ride,*** FAM. virée *f* en voiture (volée) || ***~-stick,*** AV. manche *m* à balai.

Jr. *abbrev* = JUNIOR.

jubil|ant [ˈdʒuːbilənt] *adj* triomphant ; radieux, en liesse || **~ee** [-iː] *n* jubilé *m.*

judg|e [dʒʌdʒ] *n* juge *m ;* arbitre *m ;* ***be a good*** **~** ***of,*** s'y connaître en ● *vt* juger (*from,* d'après) — *vi* juger || **~(e)ment** *n* jugement *m ; pass* ~ *on,* prononcer un jugement || FIG. avis *m* (opinion) || jugement *m* (faculty).

judic|ial [dʒuːˈdiʃl] *adj* judiciaire (proceedings) ; ~ *separation,* séparation *f* de corps || FIG. impartial || **~ious** [-əs] *adj* judicieux.

judo [ˈdʒuːdəu] *n* judo *m* || **~ist, ~ka** [-kə] *n* judoka *n.*

jug [dʒʌg] *n* pot *m* (for milk) ; cruche *f ;* broc *m* (metal container).

juggernaut [ˈdʒʌgənɔːt] *n* AUT., FAM. poids lourd (de plus de 15 tonnes), mastodonte *m* (fam.).

juggl|e [ˈdʒʌgl] *vi* jongler, faire des tours de passe-passe — *vt* ~ *away,* escamoter ● *n* tour *m* de passe-passe, jonglerie *f* || **~er** *n* jongleur *n ;* prestidigitateur *n.*

juic|e [dʒuːs] *n* jus *m ; fruit* ~, jus de fruits || MÉD. suc *m* || SL. jus *m* (electricity) ; essence *f* (petrol) ; *run out of* ~, tomber en panne sèche || **~y** *adj* juteux, succulent || FIG. savoureux.

juke-box [ˈdʒuːkbɔks] *n* juke-box *m.*

July [dʒuˈlai] *n* juillet *m.*

jumble [ˈdʒʌmbl] *n* fouillis, fatras *m* || **~-sale** *n* vente *f* de charité.

jumbo [ˈdʒʌmbəu] *adj* ~*(-sized),* géant.

jump [dʒʌmp] *vi* sauter, bondir || FIN. [prices] faire un bond || FIG. ~ ***at,*** sauter sur (an offer) ; ~ ***to conclusions,*** conclure à la légère — *vt* sauter, franchir (d'un bond) || SP. faire sauter (a horse) || RAIL. ~ *the rails,* dérailler || FAM. ~ *the queue,* resquiller, passer avant son tour ; ~ *the lights,* griller un feu rouge ● *n* saut, bond *m ; at one* ~, d'un bond || sursaut *m ; give sb. a* ~, faire sursauter qqn || SP. ***high***

~, saut en hauteur; ***long ~***, saut en longueur; *running ~*, saut *m* avec élan; *standing ~*, saut *m* à pieds joints || **~er** *n* sauteur *n* || [garment] pull-over *m*; marinière *f* (sailor's) || **~y** *adj* nerveux.

junct|ion ['dʒʌŋʃn] *n* jonction *f* || [rivers] confluent *m* || [roads] bifurcation *f* || RAIL. embranchement *m* || MIL. jonction *f* || **~ure** [-tʃə] *n* TECHN., MÉD. jointure *f* || FIG. conjoncture *f*; *at this ~*, en cette circonstance.

June [dʒu:n] *n* juin *m*.

jungle ['dʒʌŋgl] *n* jungle *f*.

junior ['dʒu:njə] *adj* cadet; *Smith ~* (abbr. *Jr.*), le jeune Smith ● *n* cadet *n*.

juniper ['dju:nipə] *n* genévrier *m*.

junk I [dʒʌŋk] *n* bric-à-brac *m* || FAM. matériaux *mpl* de rebut; camelote *f* (trash) || *~ dealer*, brocanteur *n* || SL. came *f* (pop.) || **~ie** *n* camé *n* (pop.).

junk II *n* NAUT. jonque *f*.

junket ['dʒʌŋkit] *n* CULIN. lait caillé.

juris|diction [,dʒuəris'dikʃn] *n* juridiction *f*; compétence *f*, ressort *m*; *be under the ~ of*, ressortir à || **~prudence** ['dʒuəris,pru:dns] *n* jurisprudence *f*.

jur|or ['dʒuərə] *n* juré *m* || **~y** *n* jury *m* || **~yman** *n* juré *m*.

just [dʒʌst] *adj* juste; bien fondé (fair) || juste, mérité (deserved) || équitable (lawful) ● *adv* juste (exactly) || ***~ now***, à l'instant (même); ***~ as***, à l'instant où || récemment; *he has ~ gone*, il vient de sortir; *I was ~ leaving*, j'étais sur le point de partir || *~ give a ring*, vous n'avez qu'à téléphoner || ***~ out***, vient de paraître (book).

justice ['dʒʌstis] *n* justice *f*; ***do ~ to*** rendre justice à, faire honneur à || juge *m* (judge); ***Justice of the Peace*** juge *m* de paix.

justif|iable ['dʒʌstifaiəbl] *adj* justifiable || **~ication** [-i'keiʃn] *n* justification *f* || **~ied** [-aid] *adj* fondé || **~y** [-ai] *vt* justifier.

justly ['dʒʌstli] *adv* justement; à juste titre.

jut [dʒʌt] *vi ~ out*, faire saillie.

juvenile ['dʒu:vinail] *adj* juvénile || *~ court*, tribunal *m* pour enfants.

juxtapose ['dʒʌkstəpəuz] *vt* juxtaposer.

k

k [kei] *n* k *m*.

kaleidoscope [kə'laidəskəup] *n* kaléidoscope *m*.

kangaroo [,kæŋgə'ru:] *n* kangourou *m*.

kaolin ['keiəlin] *n* kaolin *m*.

karate [kə'rɑ:ti] *n* karaté *m*.

kart [kɑ:t] *vi go ~ing*, faire du karting.

kayak ['kaiæk] *n* kayak *m*.

keel [ki:l] *n* NAUT. quille *f*.

keen [ki:n] *adj* aiguisé, affilé (sharp) || FIG. vif (air); dévorant (appetite); pénétrant, perspicace (mind); vif (interest) || FIG. ardent, enthousiaste (person); ***~ on***, passionné de || **~ly** *adv* vivement, ardemment || **~ness** *n* tranchant *m* (of edge) || âpreté *f* (of cold) ||

finesse *f* (of hearing) || acuité *f* (of pain, sight) || pénétration *f* (of intelligence) || ardeur *f,* empressement *m* (of sb.).

keep [ki:p] *vt* (kept [kept]) garder, tenir (a promise) || observer, célébrer, fêter (feast-day) || entretenir ; ~ ***house,*** tenir le ménage ; ~ *open house,* tenir table ouverte || garder, protéger ; ~ *hold of it,* tenez-le bien ! || posséder ; ~ *a shop,* tenir un commerce ; ~ *hens,* élever des poules || tenir (a diary) || entretenir, faire vivre (wife, children, etc.) ; ~ *servants,* avoir des domestiques || retenir ; ~ *waiting,* faire attendre || ~ ***sb. going,*** aider, secourir, soulager qqn (with money) || détenir (a prisoner) || empêcher qqn de faire qqch. || garder (a secret) ; ~ ***sth. to oneself,*** garder qqch. pour soi || ~ *sb. fit,* maintenir qqn en forme || COMM. tenir (an article) || FIN. ~ *the accounts,* tenir les comptes || ~ ***away,*** retenir qqn || ~ ***back,*** retenir, détenir ; taire (secrets) || ~ ***down,*** maîtriser || ~ ***in,*** entretenir (fire) ; réprimer (feelings) ; garder en retenue (a schoolboy) || ~ ***off,*** tenir qqn à distance || ~ ***on,*** garder (sur soi) || ~ ***out,*** empêcher d'entrer || ~ ***under,*** dominer (passions) ; mater (sb.) || ~ ***up,*** soutenir ; maintenir (traditions) ; empêcher de se coucher, faire veiller (sb.) ; entretenir (engine) ; entretenir (a correspondence) ; soutenir (conversation). — *vi* demeurer, rester ; ~ *quiet,* se tenir tranquille || rester, continuer ; ~ ***fit,*** se maintenir en forme ; ~ *smiling,* continuer à sourire || s'empêcher (*from,* de), éviter (*from,* de) || [meat] se conserver || ~ ***away,*** se tenir à l'écart || ~ ***back,*** rester en arrière || ~ ***in,*** rester chez soi || ~ ***off,*** ne pas s'approcher || ~ ***on,*** continuer ; ~ *straight on,* continuez tout droit || ~ ***to,*** garder ; ~ *(to the) left,* tenir sa gauche ; tenir (promise) ; ~ *to the subject,* ne pas s'écarter du sujet ; ~ *to one's bed,* garder le lit || ~ ***up,*** se maintenir ; ~ ***up with,*** ne pas se laisser distancer par, suivre ● *n* vie, subsistance *f* || ARCH. donjon *m* || **~er** *n* gardien *m* || **~ing** *n* entretien *m ;* garde *f ;* ***in ~ with,*** en rapport avec || **~sake** [-seik] *n* souvenir *m* (object).

keg [keg] *n* tonnelet *m.*

ken [ken] *n* FIG. savoir *m.*

kennel ['kenl] *n* niche *f ;* chenil *m.*

kept See KEEP.

kerb [kə:b] *n* bord *m* de trottoir.

kernel ['kə:nl] *n* amande *f* (of a nut, fruit-stone).

kerosene ['kerəsi:n] *n* U.S. pétrole *m* (lampant) || AV. kérosène *m.*

ketchup ['ketʃəp] *n* ketchup *m.*

kettle ['ketl] *n* bouilloire *f* || **~drum** *n* MUS. timbale *f.*

key [ki:] *n* clef, clé *f* || touche *f* (of a piano, typewriter) || MUS. ton *m* || FIG. clef, solution *f* (of a problem) ; livre *m* du maître, corrigé *m* (book) || MIL. ~ *position,* position *f* stratégique || GÉOGR. légende *f* (of a map) ● *vt* ~ ***up,*** surexciter ; *be* ~*ed* [ki:d] *up,* être tendu, nerveux || **~board** *n* clavier *m* (of piano, typewriter) || **~hole** *n* trou *m* de la serrure || **~-man** *n* spécialiste *m,* cheville ouvrière || **~ money** *n* pas *m* de porte, reprise *f* || **~note** *n* MUS. tonique *f* || FIG. dominante *f* || **~-ring** *n* (anneau *m*) porte-clefs *m* || **~stone** *n* clef *f* de voûte.

khaki ['kɑ:ki] *adj* kaki.

kick [kik] *n* coup *m* de pied || ruade *f* (of a horse) || recul *m* (of a gun) || FIG., FAM. ressort *m* (resilience) ; plaisir *m* intense (thrill) ● *vt* donner un coup de pied à || FIG. ~ *one's heels,* croquer le marmot (fam.) ; poireauter (fam.) || ~ *back,* FAM. restituer || ~ ***up,*** FIG. provoquer, lancer — *vi* donner des coups de pied || [horse] ruer || [gun] reculer || FIG. regimber (*at,* contre); se rebiffer (*against,* contre) || ~ ***off,*** donner le coup d'envoi (football); ~***-off*** *(n),* coup *m* d'envoi.

kid [kid] *n* chevreau *m;* ~ *gloves,* gants *mpl* de chevreau || FAM. gosse *m* (fam.) ● *vt* FAM. taquiner, faire marcher (qqn); *no ~ding!,* blague à part, sans blague! || **~dy** *n* gosse, gamin, mioche *n* (fam.) || **~nap** [-næp] *vt* enlever, kidnapper.

kidney ['kidni] *n* rein *m* || CULIN. rognon *m* || ~ **bean** *n* haricot *m* rouge || ~ **machine** *n* rein artificiel.

kill [kil] *vt* tuer (persons); abattre (animals) ● *n* mise *f* à mort || proie *f* (animal killed) || **~er** *n* tueur *n* || **~ing** *adj* meurtrier || FAM. marrant, crevant, tordant (fam.) || **~-joy** *n* rabat-joie *m inv.*

kiln [kiln] *n* four *m;* étuve *f.*

kilo ['kiləu] *n* FAM. kilo *m.*

kilo|gram(me) ['kiləgræm] *n* kilo(gramme) *m* || **~metre** ['kilə,mi:tə] *n* kilomètre *m* || **~watt** ['kiləwɔt] *n* kilowatt *m.*

kilt [kilt] *n* kilt *m.*

kin [kin] *n* parents *mpl,* parenté *f;* ***next of ~,*** le(s) plus proche(s) parent(s).

kind I [kaind] *n* espèce, catégorie, sorte *f,* genre *m; of a ~,* de même nature || FIN. ***in ~,*** en nature || FAM. ~ ***of*** *(adv),* dans une certaine mesure, comme qui dirait; pour ainsi dire; presque.

kind II *adj* bon, bienveillant, aimable; *be so ~ as to,* ayez l'obligeance/l'amabilité de; *it's ~ of you to,* c'est gentil à vous de.

kindergarten ['kində,gɑ:tn] *n* jardin *m* d'enfants.

kindl|e ['kindl] *vt* allumer, enflammer — *vi* s'enflammer || **~ing** *n* petit bois, allume-feu *m.*

kind|ly ['kaindli] *adj* bon, bienveillant ● *adv* avec bonté/bienveillance || **~ness** *n* bonté, obligeance *f; out of ~,* par bonté d'âme || service rendu (favour); *do sb. a ~,* rendre service à qqn.

kindred ['kindrid] *n* parenté *f* (kinship); famille *f* (kinsfolk) ● *adj* apparenté.

king [kiŋ] *n* roi *m* || [chess, cards] roi *m;* [draughts] dame *f* || FIG. roi *m;* [advertising] ~***-size,*** grand format || **~dom** [-dəm] *n* royaume *m* || FIG. domaine *m;* règne *m; the animal ~,* le règne animal || **~fisher** *n* martin-pêcheur *m* || **~ly** *adj* royal.

kink [kiŋk] *n* nœud *m* (in hair, wire) || FIG. [mind] anomalie *f;* [sex] déviation *f* ● *vi/vt* (s')entortiller || **~y** *adj* crépu (hair) || bizarre, excentrique (person) || [sexual] perverti || ~ *boots,* cuissardes *fpl.*

kin|sfolk ['kinzfəuk] *n* famille *f,* parents *mpl* || **~ship** *n* parenté *f* || FIG. ressemblance *f* || **~sman** ['-zmən], **~swoman** [-z,wumən] *n* parent *n.*

kiosk ['ki:ɔsk] *n* kiosque *m* || cabine *f* (téléphonique).

kiss [kis] *n* baiser *m* || MÉD. ***give the ~ of life,*** faire du bouche-à-bouche *m inv* ● *vt* donner un baiser, embrasser || **~-curl** *n* accroche-cœur *m* || **~-proof** *adj* indélébile (lipstick).

kit [kit] *n* MIL. équipement *m* || TECHN. trousse *f* (for tools) || SP. équipement *m* || TECHN. [set] trousse *f,* nécessaire *m;* [separate parts] kit *m* || **~-bag** *n* sac *m* (de voyage, de marin, etc.).

kitchen ['kitʃin] *n* cuisine *f* || **~ette** [,kitʃi'net] *n* kitchenette *f* || **~-garden** *n* jardin potager || ~ **range** *n* cuisinière *f* || ~ **unit** *n* élément *m* de cuisine.

kite [kait] *n* cerf-volant *m* || ZOOL. milan *m.*

kith [kiθ] *n* relations *fpl; ~ and kin,* amis et parents.

kitten ['kitn] *n* chaton *m.*

kitty ['kiti] *n* FAM. cagnotte *f* (in card game).

kleptoma|nia [kleptə'meinjə] *n* kleptomanie *f* || **~niac** [-niæk] *n* kleptomane *n.*

knack [næk] *n* tour *m* de main || truc, chic *m* (*for,* pour).

knapsack ['næpsæk] *n* sac *m* à dos, havresac *m.*

knave [neiv] *n* coquin *m,* canaille *f* || [cards] valet *m.*

knead [ni:d] *vt* pétrir (dough) || MÉD. masser || **~ing machine** *n* pétrin *m.*

knee [ni:] *n* genou *m; on one's knees,* à genoux; *go down on one's knees,* se mettre à genoux || *down/up to the ~s,* à mi-jambes || **~-cap** *n* rotule *f* || **~-deep** *adj* jusqu'aux genoux.

kneel [ni:l] *vi* (knelt [nelt]) *~ down,* s'agenouiller, se mettre à genoux || **~ing** *adj* à genoux.

knell [nel] *n* glas *m* ● *vt* sonner le glas.

knelt See KNEEL.

knew See KNOW.

knick-knack ['niknæk] *n* FAM. babiole *f,* colifichet *m.*

knife, -ives [naif, -vz] *n* couteau *m; flick ~,* couteau à cran d'arrêt; *jack ~,* couteau de poche; *kitchen ~,* couteau de cuisine; *pocket ~,* couteau de poche ● *vt* poignarder.

knight [nait] *n* chevalier *m* || [chess] cavalier *m* ● *vt* faire qqn chevalier || **~hood** *n* chevalerie *f;* titre *m* de chevalier.

knit [nit] *vt* (knit *or* knitted ['nitid]) tricoter || FIG. contracter; *~ one's brows,* froncer les sourcils — *vi* [bones] *~ together,* se souder || **~ting** *n* tricot *m* (action); *~-machine,* machine *f* à tricoter; *~-needle,* aiguille *f* à tricoter || **~wear** *n* COMM. tricot *m.*

knives See KNIFE.

knob [nɔb] *n* bouton *m* (of door, drawer, radio set) || morceau *m* de charbon.

knock [nɔk] *n* coup, heurt, choc *m* ● *vt* cogner, frapper, heurter; *~ one's head,* se cogner la tête (*against,* contre) || *~* ***down,*** renverser, faire tomber || adjuger (at an auction) || TECHN. démonter || FAM. faire baisser (a price) || *~ in,* enfoncer || *~* ***off,*** faire tomber, COMM. déduire, rabattre (sth. from the price) || *~* ***out,*** secouer, vider (a pipe); SP. mettre knock-out || *~* ***up,*** réveiller en cognant (à la porte); faire/fabriquer à la va-vite (fam.); éreinter, épuiser — *vi* cogner, frapper || se cogner (*against,* contre) || AUT. cogner || *~ at the door,* frapper à la porte || *~* ***about,*** vadrouiller, courir le monde || *~* ***off,*** débrayer, cesser le travail || *~* ***up,*** [tennis] faire des balles; ***~-up*** *(n) : have a ~-up,* faire des balles || **~er** *n* marteau *m* (at door) || **~ing-down** *n* adjudication *f.*

knoll [nəul] *n* mamelon, tertre *m.*

knot [nɔt] *n* nœud *m; running ~,* nœud coulant || *tie/untie a ~,* faire/défaire un nœud || NAUT. nœud *m; make 10 ~s,* filer 10 nœuds || FIG. difficulté *f* ● *vt* nouer || **~ty** [-ti] *adj* noueux || FIG. difficile.

know [nəu] *vt* (knew [nju:], known [nəun]) savoir, connaître; ***not to*** *~,* ignorer; *~ by heart,* savoir par cœur; *let sb. ~,* faire savoir à qqn; *as far as I ~, for all I ~,* autant que je sache; *not that I ~ of,* pas que je sache || apprendre (learn) || voir, entendre dire || reconnaître; *I didn't ~ you in your new dress,* je ne vous ai pas reconnue dans votre nouvelle robe || *get to ~ sth.,* apprendre qqch. || *be ~n to/as,* être connu de/pour; *make ~n,* publier; *make oneself ~n,* se présenter — *vi* connaître; ~ ***about,*** être au courant de; s'y connaître en; savoir; ~ ***better,*** être assez avisé pour; ~ ***better than to,*** se bien garder de || **~-how** *n* tour *m* de main, technique *f,* savoir-faire *m* || **~ing** *adj* au courant, informé, délibéré (purposeful) || **~ingly** *adv* sciemment, en connaissance de cause || **~ledge** ['nɔlidʒ] *n* connaissance, science *f,* savoir *m* || *without my ~,* à mon insu || ***general ~,*** culture générale || **~ledgeable** *adj* bien informé; *be ~ about,* s'y connaître en.

known See KNOW.

knuckle ['nʌkl] *n* MÉD. jointure, articulation *f* du doigt || CULIN. jarret *m.*

Kore|a [kə'riə] *n* Corée *f* || **~an** *adj/n* coréen.

kudos ['kju:dɔs] *n* FAM. gloire *f.*

l

l [el] *n* l *m.*

label ['leibl] *n* étiquette *f* ● *vt* étiqueter.

laboratory [lə'bɔrətri] *n* laboratoire *m.*

laborious [lə'bɔ:riəs] *adj* travailleur (person) || laborieux, pénible (task).

labo(u)r ['leibə] *n* travail, labeur *m* (toil); ***Labour Day,*** Fête *f* du Travail || ***hard ~,*** travaux forcés || main-d'œuvre *f* || POL. ***Labour Party,*** parti *m* travailliste || MÉD. travail *m; ~ pains,* douleurs *fpl* de l'accouchement ● *vt* travailler dur || peiner (with difficulty) || **~er** [-rə] *n* manœuvre *m* || **~-saving** *adj* qui économise du travail/de la peine; *~ device,* appareil (électro-)ménager.

labyrinth ['læbərinθ] *n* labyrinthe *m.*

lace [leis] *n* lacet *m* (of boots) || dentelle *f* (ornament) || galon *m* (braid) ● *vi/vt ~ (up),* [se] lacer — *vt* renforcer, corser (*with,* de) [drink] || **~maker** *n* dentellière *f.*

lacerate ['læsəreit] *vt* lacérer.

lack [læk] *n* manque *m,* pénurie *f* (*of,* de); ***for ~ of,*** à défaut de, faute de ● *vt* manquer (de qqch.) — *vi* faire défaut; *~ for,* manquer de; *~ for nothing,* ne manquer de rien; *be ~ing in,* manquer de (*sthg.,* qqch.) || **~ing** *adj* manquant.

laconic [lə'kɔnik] *adj* laconique.

lacquer ['lækə] *n* laque *f.*

lad [læd] *n* jeune homme, garçon *m;* gars *m* (fam.) || SP. lad *m.*

ladder ['lædə] *n* échelle *f* || *mend a ~ in,* remmailler ● *vi* [stockings] filer || **~-proof** *adj* indémaillable.

lad|e [leid] *vt* (p. p. laden ['leidn]) charger (ship) || **~en** [-n] *adj* chargé.

la-di-da ['lɑ:di'dɑ:] *adj* prétentieux, snob.

lading ['leidiŋ] *n* NAUT. chargement *m; bill of ~,* connaissement *m.*

ladle ['leidl] *n* louche *f.*

lady ['leidi] *n* dame *f; young ~,* demoiselle *f; Ladies and Gentlemen,* Mesdames, (Mesdemoiselles,) Messieurs || lady *f* (title) || *~ of the manor,* châtelaine *f* ||

REL. *Our Lady,* Notre-Dame || ~-**bird** *n* coccinelle *f* || ~-**doctor/-teacher** *n* femme *f* médecin/professeur.

lag [læg] *vi* rester en arrière, traîner ; ~ *behind,* être à la traîne ● *n* retard *m* || See TIME-LAG.

lager ['lɑ:gə] *n* bière légère.

laggard ['lægəd] *n* traînard *m*.

lagoon [lə'gu:n] *n* lagune *f*.

laid See LAY III.

lain See LIE II.

laity ['leiiti] *n the* ~, les laïques.

lake [leik] *n* lac *m*.

lamb [læm] *n* agneau *m*.

lame [leim] *adj* boiteux.

lamé [lɑ:mei] *n* lamé *m*.

lament [lə'ment] *vt* déplorer — *vi* se lamenter sur ● *n* lamentation *f*.

laminate ['læmineit] *vt* laminer || ~***d windscreen,*** pare-brise *m* en verre feuilleté.

lamp [læmp] *n* lampe *f* || ~***-post,*** réverbère *m* || ~***-shade,*** abat-jour *m* || ~***-stand,*** lampadaire *m*.

lampoon [læm'pu:n] *n* pamphlet *m*.

lance [lɑ:ns] *n* lance *f* || MIL. ~ *-corporal,* soldat *m* de première classe ● *vt* MÉD. ouvrir (an abscess).

lancet ['lɑ:nsit] *n* MÉD. lancette *f*, bistouri *m*.

land [lænd] *n* terre *f; piece of* ~, terrain *m* || pays *m* (country); *native* ~, patrie *f* ● *vt* décharger (from a ship, etc.) || débarquer (troops) — *vi* AV. atterrir (on the ground); amerrir (on the sea); ~ *on the moon,* alunir || NAUT. [passengers] débarquer, descendre à terre || FIG. échouer || ~-**agent** *n* régisseur *m* || ~**ed** [-id] *adj* foncier (property) || ~**fall** *n* NAUT. atterrissage *m* || ~-**forces** *n* armée *f* de terre.

landing ['lændiŋ] *n* NAUT. débarquement *m;* ~ ***card,*** carte *f* de débarquement || AV. atterrissage *m* (on land); amerrissage *m* (on sea) || ARCH. palier *m* || ~-**gear** *n* AV. train *m* d'atterrissage || ~-**craft** *n* MIL. péniche *f* de débarquement || ~-**net** *n* épuisette *f* || ~-**tage** *n* débarcadère *m* || ~-**strip** *n* piste *f* d'atterrissage.

land|lady ['læn,leidi] *n* propriétaire, logeuse *f* || ~**lord** *n* propriétaire *m* || ~-**lubber** *n* marin *m* d'eau douce || ~**mark** *n* repère *m* || NAUT. amer *m* || ~**owner** *n* propriétaire *n* (foncier) || ~-**registry** *n* cadastre *m* || ~ **rover** *n* T.N. voiture *f* tout terrain || ~**scape** *n* paysage *m* || ~*-gardener,* jardinier *n* paysagiste ; ~*-painter,* paysagiste *n* || ~**slide** *n* éboulement *m* || ~**slip** *n* glissement *m* de terrain, éboulement *m*.

lane [lein] *n* [country] chemin *m* || [town] ruelle *f* || AUT. *four-~ highway,* route *f* à quatre voies || AV., NAUT. route *f*.

langlauf ['læŋlauf] *n* ski *m* de fond.

language ['læŋgwidʒ] *n* langage *m* || [particular system] langue *f*.

langu|id ['læŋgwid] *adj* languissant ; langoureux || ~**ish** *vi* languir || ~**or** ['læŋgə] *n* langueur *f*.

lank [læŋk] *adj* maigre, décharné (body) || plat (hair) || ~**y** *adj* grand et maigre, efflanqué.

lantern ['læntən] *n* lanterne *f*.

lap I [læp] *vt* ~ *up,* laper ● *n* gorgée *f* || soupe *f* (for dogs) || clapotis *m*.

lap II *n* pan *m* (of a garment) || giron *m* || genoux *mpl* (when sitting); *sit in sb.'s* ~, s'asseoir sur les genoux de qqn.

lap III *vt* enrouler (*around,* autour de) ● *n* SP. tour *m* (in a race) || ~-**dissolve** *n* CIN. fondu enchaîné.

lapel [lə'pel] *n* revers *m* (of a coat).

lapidary ['læpidəri] *adj/n* lapidaire *(m).*

lapse [læps] *n* course, marche *f* (du temps); ~ *of time,* laps *m* de temps || [fault] légère faute; écart *m* (de conduite) || ~ ***of memory,*** trou *m* de mémoire || ~ *in taste,* faute *f* de goût ● *vi* tomber en désuétude; [ticket] se périmer || [behaviour] faire un écart de conduite.

larceny ['lɑːsni] *n* JUR. vol *m; petty* ~, larcin *m.*

larch [lɑːtʃ] *n* mélèze *m.*

lard [lɑːd] *n* saindoux *m* ● *vt* CULIN. larder || FIG. truffer (*with,* de).

larder ['lɑːdə] *n* armoire *f* à provisions; cellier *m,* resserre *f* (store-room).

large [lɑːdʒ] *adj* grand (spacious) || volumineux, gros (big) || FIG. *at* ~, en général; en liberté, (prisoner); *by and* ~, dans l'ensemble || **~ly** *adv* en grande partie || **~ness** *n* grandeur, étendue *f* || **~-scale** *adj* de grande envergure, sur une grande échelle.

lark [lɑːk] *n* alouette *f.*

larva, -vae ['lɑːvə, -iː] *n* larve *f.*

larynx ['læriŋks] *n* larynx *m.*

laser ['leizə] *n* laser *m.*

lash I [læʃ] *n* mèche *f* (of whip) || coup *m* de fouet (stroke) ● *vt* fouetter, cingler (whip).

lash II *vt* attacher || amarrer, arrimer (cargo).

lass [læs] *n* [Scotland] jeune fille *f.*

last I [lɑːst] *adj* dernier; ~ ***but one,*** avant-dernier; ~ *night,* hier soir; *the evening before* ~, avant-hier soir; *this day* ~ *week,* il y a aujourd'hui huit jours || ~ *but not least,* le dernier mais non le moindre ● *adv* en dernier ● *n* fin *f,* dernier *m; to the* ~, jusqu'au bout; ***at*** ~, enfin.

last II *vi* durer; *too good to* ~, trop beau pour durer || **~ing** *adj* durable.

lastly ['lɑːstli] *adv* pour finir.

latch [lætʃ] *n* loquet *m; off the* ~, entrebâillé; *on the* ~, fermé au demi-tour || **~-key** *n* clef *f* de la porte d'entrée.

late [leit] *adj* en retard; *the train is ten minutes* ~, le train a dix minutes de retard; *make sb.* ~, mettre qqn en retard || tard; *in the* ~ *afternoon,* vers la fin de l'après-midi; *it is getting* ~, il se fait tard; *at a* ~ *hour,* à une heure avancée || tardif (frost, growth) || récent, dernier (events); ***of*** ~, récemment || défunt, feu (deceased) || ancien (former) ● *adv* tard, en retard, tardivement; *sleep* ~, faire la grasse matinée || **~-comer** *n* retardataire *n* || **~ly** *adv* dernièrement, depuis peu.

latent ['leitənt] *adj* latent.

later ['leitə] (comp.) *adj* See LATE || plus tardif ● *adv* ~ ***(on),*** plus tard; *sooner or* ~, tôt ou tard || FAM. *see you* ~, à tout à l'heure.

lateral ['lætrəl] *adj* latéral.

latest ['leitist] (sup.) *adj* See LATE || le plus tard (in time); ~ *news,* dernières nouvelles ● *n* ***the*** ~, la dernière (nouvelle/etc.); ***at the*** ~, au plus tard.

lath [lɑːθ] *n* latte *f.*

lathe [leið] *n* TECHN. tour *m.*

lather ['lɑːðə] *n* mousse *f* (of soap) ● *vt* savonner.

latin ['lætin] *adj* latin; ***the Latin quarter,*** le Quartier latin.

latitude ['lætitjuːd] *n* latitude *f.*

latter ['lætə] *adj* dernier, récent; *the* ~, ce dernier, celui-ci (of two) || **~ly** *adv* dernièrement.

lattice ['lætis] *n* treillage, treillis, grillage *m;* ~*-window,* fenêtre *f* à meneaux de plomb.

laudatory ['lɔːdətri] *adj* élogieux.

laugh [lɑːf] *n* rire *m; give* a *forced ~,* rire jaune ● *vi* rire ; *~ till one cries,* rire aux larmes || se moquer (*at,* de) || *~***able** *adj* risible, ridicule || *~***ing** *adj* rieur (person) || risible (matter) || *~-gas,* gaz *m* hilarant || *~-stock,* risée *f* || *~***ter** [-tə] *n* rire *m.*

launch [lɔːnʃ] *n* chaloupe *f* ● *vt* lancer (product, satellite, ship) || *~***ing** *n* lancement *m* || NAUT. mise *f* à flot || ASTR. *~* ***pad/site,*** plate-forme/aire *f* de lancement.

launder ['lɔːndə] *vt* blanchir, laver (clothes).

launderette [ˌlɔːnd'ret] *n* laverie *f* automatique.

laundress ['lɔːndris] *n* blanchisseuse *f.*

laundry *n* [place] blanchisserie *f* || [clothes] linge *m* (sale).

laurel ['lɔrl] *n* laurier *m.*

lava ['lɑːvə] *n* lave *f.*

lavatory ['lævətri] *n* lavabos *mpl,* toilettes *fpl* || U.S. cabinet *m* de toilette.

lavender ['lævində] *n* lavande *f.*

lavish ['læviʃ] *adj* immodéré, extravagant, prodigue ● *vt* prodiguer || *~***ly** *adv* généreusement, sans compter ; à profusion || *~***ness** *n* extravagance *f* (spending) || prodigalité *f.*

law [lɔː] *n* loi *f; ~ and order,* ordre public || [system] droit *m;* ***study*** *~,* faire son droit ; *common ~,* droit coutumier ; *go to ~,* intenter un procès || *~***court** *n* tribunal *m* || *~***-abiding** *adj* respectueux des lois || *~***ful** *adj* légal, licite, légitime || *~***fully** *adv* légalement || *~***less** *adj* sans loi, anarchique || *~***lessness** *n* anarchie *f* || FIG. désordre *m* || *~***-maker** *n* législateur *m* || *~***-suit** *n* procès *m* || *~***yer** [-jə] *n* homme *m* de loi, avoué *m,* avocat *n.*

lawn [lɔːn] *n* gazon *m,* pelouse *f* || *~***-mower** *n* tondeuse *f* (à gazon).

lax [læks] *adj* relâché, négligent || *become ~,* se relâcher.

laxative ['læksətiv] *adj/n* laxatif *(m).*

lay I [lei] *adj* laïque/laïc ; profane.

lay II See LIE II.

lay III [lei] *vt* (laid [leid]) poser à plat, étendre, coucher || poser, placer (an object) || recouvrir (a surface) ; *~ the table/cloth,* mettre la table || préparer (a fire) || mettre ; *~ hands on,* mettre la main sur || MIL. tendre (an ambush) ; pointer (a gun) || SP. miser sur (a horse) ; parier (a sum) || ZOOL. pondre (eggs) || FIG. apaiser ; *~ sb.'s fears,* dissiper les craintes de qqn || FIG. mettre ; *~ one's hopes on,* placer (tous) ses espoirs sur ; *~ stress on,* insister sur || SL. [sex] *~ with,* baiser (pop.) || *~* ***aside/by,*** mettre de côté ; ***~-by*** *(n),* parking *m* (en bordure de route) || *~* ***down,*** poser, déposer ; FIG. établir (a rule, a plan) || *~* ***in,*** faire provision de (goods) || *~* ***off;*** licencier, débaucher ; mettre en chômage (technique) ; ***~-off*** *(n),* licenciement *m* || *~* ***on,*** TECHN. installer (gas, water) ; FIN. imposer (taxes) || *~* ***out,*** disposer ; CULIN. servir (meal) ; tracer (road) ; dessiner (a garden) ; TECHN. mettre en pages ; FIN. débourser de l'argent ; ***~-out*** (*n*), disposition *f,* plan *m;* mise *f* en pages (of a newspaper) || *~* ***up,*** mettre de côté (*for,* pour) ; NAUT. désarmer (a ship) ; MÉD. [passive] *laid up,* alité ● *n* orientation *f* (of land).

layer ['leiə] *n* couche *f* (of paint) || MIL. pointeur *m.*

lay-figure ['lei'figə] *n* ARTS mannequin *m.*

layman ['leimən] *n* laïque/laïc *m* || FIG. profane *m.*

lazaret(to) [ˌlæzə'ret(əu)] *n* léproserie *f.*

laz|e [leiz] *vi ~ (about),* paresser ; traînasser (fam.) || *~***ily** *adv* paresseusement, nonchalamment

|| **~iness** [-inis] *n* paresse *f;* indolence *f* || **~y** *adj* paresseux; indolent; ***~-bones,*** flemmard, fainéant.

lead I [led] *n* plomb *m.*

lead II [li:d] *vt* (led [led]) conduire, mener, commander; ~ ***the way;*** montrer le chemin — *vi* conduire, mener || [cards] jouer || FIG. mener, porter ● *n* conduite, direction *f* || [compétition] avance *f;* ***take the ~,*** prendre la tête || [cards] tour *m* (de jouer); *have the ~,* avoir la main || [dog] laisse *f; keep a dog on a ~,* tenir un chien en laisse || TH. rôle *m* principal || FIG. indice *m,* fil conducteur, piste *f.*

leaden ['ledn] *adj* de plomb.

leader ['li:də] *n* meneur *n* d'hommes, guide *m* || [riot] meneur *n* || chef *m* (of a party) || [press] éditorial *m* || [film] amorce *f* || MUS. premier violon || COMM. produit *m* d'appel || **~ship** *n* direction *f.*

leading ['li:diŋ] *adj* principal, premier; directeur.

leaf, leaves [li:f, -vz] *n* BOT. feuille *f* || [book] page *f,* feuillet *m* || **~less** *adj* sans feuilles || **~let** [-lit] *n* feuillet *m* (paper); prospectus *m* || **~y** *adj* feuillu, touffu.

league [li:g] *n* ligue *f* || [arch.] lieue *f.*

leak [li:k] *n* fuite *f* || NAUT. voie *f* d'eau ● *vi* fuir, couler || NAUT. faire eau || FIG. ~ *out,* transpirer (news) || **~age** [-idʒ] *n* fuite *f* || **~y** *adj* qui fuit; qui prend l'eau (shoes) || qui fait eau (ship).

lean I [li:n] *adj* maigre ● *n* CULIN. maigre *m.*

lean II *vi* (~ed [-d] *or* ~t [lent]) ~ *(over),* [wall] pencher; [person] s'appuyer (*against,* sur) || ***~ out,*** se pencher au dehors; ~ *out of the window,* se pencher par la fenêtre — *vt* appuyer (ladder, etc.) [*against,* contre] || **~ing** *n* tendance *f,* penchant *m* || *Pl* POL. tendance *f.*

leanness ['li:nnis] *n* maigreur *f.*

leant [lent] See LEAN II.

lean-to ['li:ntu:] *n* appentis *m.*

leap [li:p] *vi* (~ed [-t] *or* ~t [lept]) sauter, bondir ● *n* saut, bond *m* || **~-frog** *n* saute-mouton *m* || **~-year** *n* année *f* bissextile.

learn [lə:n] *vi* (~ed [-d] *or* ~t [-t]) apprendre, s'instruire — *vt* apprendre, étudier || **~ed** [-id] *adj* instruit, savant, érudit || **~er** *n* débutant *n* || **~ing** *n* savoir *m,* science, érudition *f.*

lease [li:s] *n* bail *m; on ~,* à bail || FIG. *new ~ of life,* regain *m* de vie ● *vt* louer; donner (or) prendre à bail; affermer (land).

leash [li:ʃ] *n* laisse *f.*

least [li:st] *adj* le moindre (in importance); le plus petit (in size); ***at ~,*** du moins ● *adv* le moins; ~ ***of all,*** moins que quiconque.

leather ['leðə] *n* cuir *m; ~ goods,* maroquinerie *f* || **~y** [-ri] *adj* coriace (meat).

leave I [li:v] *n* permission, autorisation *f;* ***with your ~,*** avec votre permission || congé *m;* ***take ~ of,*** prendre congé de || MIL. permission *f; on ~,* en permission || FAM. *take French ~,* filer à l'anglaise.

leave II [li:v] *vt* (left [left]) laisser; ~ *sth. with sb.,* confier qqch. à qqn || ***be left,*** rester || ~ *him alone,* laissez-le tranquille || quitter, abandonner (a wife) || ***~ about,*** laisser traîner, ne pas ranger (sth.) || ***~ behind,*** oublier; SP. distancer || ***~ off,*** cesser || ***~ out,*** omettre, exclure || ***~ over,*** remettre à plus tard, différer; ***be left over,*** rester — *vi* partir, sortir; *be on the point of leaving,* être sur le départ.

leaven ['levn] *n* levain *m* (lit. and fig.) ● *vt* faire lever (dough).

Leban|on ['lebənən] *n* Liban *m* || **~ese** [-ni:z] *adj/n* libanais.

lecher|ous ['letʃrəs] *adj* lubrique, luxurieux || **~y** ['letʃəri] *n* luxure, lubricité *f.*

lectur|e ['lektʃə] *n* cours *m,* conférence *f* (*on,* sur) || sermon *m* (talking-to) ● *vi* donner une conférence, faire un cours (*on,* sur) — *vt* FIG. sermonner || **~er** [-rə] *n* conférencier *n.*

led See LEAD II.

ledge [ledʒ] *n* rebord *m,* saillie *f* (of rock).

ledger ['ledʒə] *n* grand livre (in book-keeping).

lee [li:] *n* abri *m* (against wind).

leech [li:tʃ] *n* sangsue *f.*

leek [li:k] *n* poireau *m.*

leer [liə] *n* regard sournois/lubrique ● *vi* ~ *at,* lorgner, guigner.

lees [li:z] *npl* lie *f* (of wine).

leeward ['li:wəd] *adj/adv* NAUT. sous le vent.

left I See LEAVE II || ***have sth. ~,*** See HAVE || **~-luggage lockers** *n* consigne *f* automatique || **~-luggage office** *n* consigne *f* || **~-overs** *npl* restes *mpl.*

left II [left] *adj* (de) gauche ; *on your ~ (hand),* à votre gauche ● *adv* à gauche ; *turn (to the) ~,* prenez à gauche || POL. *the Left (Wing),* la gauche || **~-handed** *adj* gaucher || **~ist** *n* POL. homme/femme *m/f* de gauche.

leg [leg] *n* [person] jambe *f;* [animal] patte *f;* [furniture] pied *m* || CULIN. gigot *m* (of mutton) || [journey] étape *f* || SP. ***first ~,*** match *m* aller || FAM. ***pull sb.'s ~,*** se moquer de qqn, faire marcher qqn || **~-up** *n give sb. a ~,* faire la courte échelle à qqn.

legacy ['legəsi] *n* legs *m.*

legal ['li:gl] *adj* légal, juridique || **~ize** *vt* légaliser.

legate ['legit] *n* REL. légat *m.*

legatee [legə'ti:] *n* légataire *n.*

legend ['ledʒənd] *n* légende *f* || **~ary** [-ri] *adj* légendaire.

legerdemain ['ledʒədə'mein] *n* prestidigitation *f.*

leggings ['legiŋz] *npl* guêtres *fpl.*

legible ['ledʒəbl] *adj* lisible.

legion ['li:dʒn] *n* légion *f.*

legislat|e ['ledʒisleit] *vi* légiférer || **~ion** [ledʒis'leiʃn] *n* législation *f* || **~ive** ['ledʒislətiv] *adj* législatif || **~or** *n* législateur *m* || **~ure** [-ʃə] *n* législature *f.*

legitim|acy [li'dʒitiməsi] *n* légitimité *f* || **~ate** [-it] *adj* légitime ● *vt* légitimer || **~ize** *vt* légitimer.

leisure ['leʒə] *n* loisir *m ; at ~,* à loisir || **~ly** *adj* lent, mesuré ; *in a ~ way,* sans se presser.

lemon ['lemən] *n* citron *m* || **~ade** [lemə'neid] *n* limonade *f* || **~-sole** *n* limande *f* || **~-squash** *n* citron pressé || **~-squeezer** *n* presse-citron *m* || **~-tree** *n* citronnier *m.*

lend [lend] *vt* (lent [lent]) prêter ; ***~ a hand,*** donner un coup de main || *~ oneself to,* se prêter à || **~er** *n* prêteur *n* || **~ing** *n* prêt *m ; ~-library,* bibliothèque *f* de prêts.

length [leŋθ] *n* longueur *f; ten feet in ~,* long de dix pieds || durée, étendue *f* (in time) ; ***at ~,*** longuement, en détail, finalement (finally) ; *at full ~,* de tout son long || SP. *by a ~,* d'une longueur || **~en** *vi/vt* (s')allonger || **~ways** [-weiz], **~wise** [-waiz] *adv* en longueur || **~y** *adj* long, qui n'en finit pas.

len|iency ['li:njənsi] *n* douceur *f* || clémence, indulgence *f* || **~ient** [-jənt] *adj* doux (punishment) || indulgent (person).

lens [lenz] *n* PHOT. lentille *f*, objectif *m*.

lent I See LEND.

lent II [lent] *n* REL. carême *m*.

lentil ['lentil] *n* BOT. lentille *f*.

Leo [liəu] *n* ASTR. Lion *m*.

leopard ['lepəd] *n* léopard *m*.

leper ['lepə] *n* lépreux *n*.

lepr|osy ['leprəsi] *n* MÉD. lèpre *f* || **~ous** *adj* lépreux.

lesion ['li:ʒn] *n* MÉD. lésion *f*.

less [les] *adj* (comp. of LITTLE) moindre, plus petit || moins de ; ~ *money*, moins d'argent ● *adv* moins ; ***the ~ as***, d'autant moins que ; ***no ~***, pas moins ; ~ *and* ~, de moins en moins ; ***none the ~***, néanmoins ● *n* moins *m*.

lessee [le'si:] *n* JUR. preneur *n* à bail.

lessen ['lesn] *vt* diminuer.

lesser ['lesə] *adj* moindre ; *to a ~ degree*, à un moindre degré ; *the ~ evil*, le moindre mal.

lesson ['lesn] *n* leçon *f*.

lessor [le'sɔ:] *n* JUR. bailleur *m*, -eresse *f*.

lest [lest] *conj* de peur que.

let I [let] *n* obstacle *m* || SP. [tennis] let ; « net » (impr.).

let II [let] *vt* (let) laisser ; ~ ***fall***, laisser tomber ; ~ ***go (of)***, lâcher (sth.) || ~ *sb. know*, faire savoir à qqn ; ~ *oneself go*, se laisser aller || [hire out] louer ; ***to ~***, à louer || GRAMM. [imp.] ***~'s go !***, partons ! || ~ ***down***, allonger (a dress) ; dénouer (hair) ; FAM. décevoir, faire faux bond ; ***~-down*** *(n)*, déception *f* || ~ ***in***, laisser/faire entrer (sb.) || ~ ***loose***, libérer ; FIG. donner libre cours à || ~ ***off***, MIL. faire partir (a gun) ; TECHN. lâcher (steam) ; FIG. dispenser (*sb. from*, qqn de) || ~ ***on***, FAM. révéler (secret) ; [neg.] ne rien dire (*about*, de) || ~ ***out***, laisser fuir (water, gas) ; élargir (a garment) ; JUR. louer (horses, etc.) || ~ ***through***, laisser passer (sb.) — *vi* JUR. [house] se louer || ~ ***out at***, décocher un coup à || ~ ***up*** [rain], diminuer ; ***~-up*** *(n)*, FAM. ralentissement *m*, cesse *f* ; *without (a) ~-up*, sans arrêt/relâche.

let alone *conj* sans parler de.

lethal ['li:θl] *adj* mortel.

letharg|ic [le'θα:dʒik] *adj* léthargique || **~y** ['leθədʒi] *n* léthargie *f*.

letter ['letə] *n* lettre *f* (of alphabet, missive) || **~-balance** *n* pèse-lettre *m* || **~-box** *n* boîte *f* aux lettres.

lettuce ['letis] *n* laitue *f* || salade *f*.

leuk(a)emia [lu'ki:miə] *n* leucémie *f*.

level [levl] *n* niveau *m* ; *on a ~ with*, au niveau de, de niveau avec ; *on the same ~*, de plain-pied ; *at sea-~*, au niveau de la mer || SP. *pull ~ at*, égaliser à ● *adj* de niveau, uni, horizontal ● *vt* niveler, aplanir || braquer (a pistol) || **~crossing** *n* passage *m* à niveau ; ~ *keeper*, garde-barrière *n* || **~-headed** *adj* FIG. équilibré, pondéré.

lever ['li:və] *n* levier *m*.

levity ['leviti] *n* légèreté *f*.

levy ['levi] *n* MIL. levée *f* ● *vt* lever (taxes, troops).

lewd [lu:d] *adj* lascif, lubrique || **~ness** *n* lubricité *f*.

lex talionis ['leks tei'liəunis] *n* loi *f* du talion.

liability [laiə'biliti] *n* JUR. responsabilité *f* || *Pl* dettes *fpl*, passif *m*.

liable ['laiəbl] *adj* JUR. responsable (*to*, de) || FIG. prédisposé, sujet (*to*, à).

liana [li'α:nə] *n* liane *f*.

liar ['laiə] *n* menteur *m*.

lib [lib] *abbrev* FAM. = LIBERATION.

libel ['laibəl] *n* diffamation *f* ||

pamphlet *m* ● *vt* diffamer || **~lous** ['laibələs] *adj* diffamatoire.

liberal ['librəl] *adj* libéral, généreux (person) || libéral, large (mind) || POL. libéral || **~ity** [,libə'ræliti] *n* générosité, libéralité *f* || largeur *f* d'esprit.

liberat|e ['libəreit] *vt* JUR., MIL. libérer || **~ion** [,libə'reiʃn] *n* libération *f* || **~or** *n* libérateur *n*.

libert|ine ['libətain] *adj/n* libertin *(n)* || **~y** *n* liberté *f* || ***set at ~,*** mettre en liberté || JUR. *Pl* privilèges *mpl.*

Libra ['laibrə] *n* ASTR. Balance *f*.

libra|rian [lai'brεəriən] *n* bibliothécaire *n* || **~ry** ['laibrəri] *n* bibliothèque *f*; *record ~,* discothèque *f*.

lice [lais] *npl* See LOUSE.

licence ['laisns] *n* JUR. autorisation *f*; ***driving ~,*** permis *m* de conduire.

licens|e ['laisns] *vt* autoriser || ***licensing hours*** [pub] heures *fpl* d'ouverture || **~ed** [-t] *adj* COMM. patenté || AV. breveté (pilot).

licentious [lai'senʃəs] *adj* licencieux || **~ness** *n* dévergondage *m*.

lichen ['laikən] *n* BOT. lichen *m*.

lick [lik] *vt* lécher ; *~ one's lips,* se pourlécher ; *~ one's chops,* se (pour)lécher les babines || FAM. *~ into shape,* dresser (sb. in good manners) ; achever, finir (sth.) || FAM. battre (defeat) ; flanquer une correction (fam.) || ***~ up,*** laper || **~ing** *n* FAM. raclée *f* (fam.).

lid [lid] *n* couvercle *m* || MÉD. paupière *f*.

lie I [lai] *n* mensonge *m ; tell ~s,* mentir ; ***give the ~,*** démentir ● *vi* mentir.

lie II *vi* (lay [lei], lain [lein]) être couché ; *~ awake,* rester éveillé ; *~ asleep/dead,* être endormi/mort || [coast] s'étendre || [road] passer || FAM. ***~ low,*** se planquer || FIG. incomber (*with,* à) || *~ about/around,* traîner || ***~ in,*** FAM. faire la grasse matinée ; MÉD. être en couches ; ***~-in*** *(n) : have a ~-in,* faire la grasse matinée || ***~ down,*** se coucher || ***~ over,*** [matter] être ajourné || ***~ to,*** NAUT. être à la cape ● *n* configuration, orientation *f* (of the land) || NAUT. gisement *m*.

lieutenant [lef'tenənt, U.S. lu:'tenənt] *n* lieutenant *m*.

life, lives [laif, laivz] *n* vie, existence *f*; ***come to ~,*** reprendre conscience ; ***bring to ~,*** ranimer || vie *f* (period) || vie humaine (being) || *way of ~,* manière *f* de vivre || ARTS ***from ~,*** d'après nature ; ***still ~,*** nature morte || **~belt** *n* ceinture *f* de sauvetage || **~-boat** *n* canot *m* de sauvetage || **~-buoy** *n* bouée *f* de sauvetage || **~-guard** *n* surveillant *m* de plage || garde *m* du corps (bodyguard) || **~ insurance** *n* assurance-vie *f* || **~ jacket** *n* gilet *m* de sauvetage || **~less** *adj* sans vie, inanimé || **~like** *adj* vivant, ressemblant || **~-size** *adj* grandeur nature || **~time** *n* durée *f* de la vie.

lift [lift] *n* levée *f* || TECHN. ascenseur *m* (for people) ; monte-charge *m* (for things) || AUT. ***give sb. a ~,*** prendre qqn dans sa voiture ● *vt* lever, soulever || MÉD. remonter (sb.'s face) || piquer (pop.), rafler || FIG. *~ up,* élever ; *~ from,* démarquer, plagier, piller (author, text) — *vi* se lever || [fog] se dissiper || **~back** *n* AUT. hayon *m* || **~-boy** *n* liftier *m*.

ligament ['ligəmənt] *n* MÉD. ligament *m*.

light I [lait] *adj* léger || FIG. léger, frivole, insouciant ; *make ~ of,* faire peu de cas de, se jouer de || **~en** *vt* alléger || **~er** NAUT. péniche, allège *f* || **~-headed** *adj* étourdi || **~-hearted** *adj* gai, enjoué || **~ly** *adv* légèrement || **~minded** *adj* frivole || **~-weight** *adj* léger ● *n* SP. poids léger.

light II *n* lumière *f* || jour *m* (daylight); *it is* ~, il fait jour; ***against the*** ~, à contre-jour || flamme *f; have you got a* ~?, avez-vous du feu? || NAUT. feu *m* || FIG. lumières *fpl,* connaissance *f* (enlightenment); *shed* ~ *on,* mettre en lumière || FAM. *give sb. the green* ~, donner le feu vert à qqn ● *adj* clair; ~ *blue,* bleu clair ● *vt* (lit [lit] *or* ~ed [laitid]) allumer, éclairer — *vi* s'allumer || ~ *up,* s'illuminer; [face] s'épanouir || **~en** *vt* éclairer, illuminer || **~er** *n* briquet *m* || **~house** *n* NAUT. phare *m* || **~ing** *n* éclairage *m* || **~ning** *n (flash of)* ~, éclair *m,* foudre *f;* ~*-rod,* paratonnerre *m.*

lights [laits] *n* CULIN. mou *m* (for cats).

lights-out ['laits'aut] *n* MIL. extinction *f* des feux.

light-year ['laitjiə] *n* ASTR. année-lumière *f.*

likable ['laikəbl] *adj* sympathique, agréable.

like I [laik] *vt* aimer, avoir de la sympathie pour; ~ ***better,*** préférer; *how do you* ~ *London?,* comment trouvez-vous Londres? || aimer, souhaiter; ***as you*** ~, comme vous voudrez ● *npl* **~s,** goûts *mpl,* préférences *fpl.*

like II *adj* pareil, semblable, analogue || ***what is he*** ~?, quel genre d'homme est-ce?; *what is the weather* ~ ?, quel temps fait-il? || disposé à; ***feel*** ~, avoir envie de ● *conj* FAM. comme ● *prep* comme; ***feel*** ~, avoir envie de ● *n* semblable *m,* pareil *n* || **~lihood** [-lihud] *n* probabilité *f; in all* ~, selon toute vraisemblance || **~ly** *adj* probable, vraisemblable || susceptible de, de nature à; *he is* ~ *to succeed,* il a des chances de réussir ● *adv* probablement.

liken ['laikn] *vt* comparer (*to,* à).

like|ness ['laiknis] *n* apparence, ressemblance *f;* portrait *m* || **~wise** *adv* également, de même.

liking [laikiŋ] *n* penchant *m,* préférence *f* || goût, attrait *m,* sympathie *f* (*for,* pour).

lilac ['lailək] *n* BOT. lilas *m.*

lilt [lilt] *n* cadence *f.*

lily ['lili] *n* BOT. lis *m;* ~ *of the valley,* muguet *m.*

limb [lim] *n* MÉD. membre *m.*

limber ['limbə] *adj* leste, agile, souple ● *vt* assouplir — *vi* ~ *(oneself) up,* s'assouplir les muscles.

limbo ['limbəu] *n* REL. limbes *mpl* || FIG. oubli *m* (condition of neglect).

lime I [laim] *n* BOT. lime, limette *f* (lemon); tilleul *m* (linden); ~*-tree,* tilleul *m.*

lime II *n* glu *f* || CH. chaux *f; quick* ~, chaux vive.

limelight ['laimlait] *n* TH. rampe *f* || FIG. *in the* ~, en vedette.

limit ['limit] *n* limite *f* ● *vt* limiter, restreindre || **~ation** [,limi'teiʃn] *n* restriction *f* || **~ed** [-id] *adj* limité || COMM. anonyme; ~ *liability company,* société à responsabilité limitée.

limp I [limp] *vi* boiter ● *n* claudication *f.*

limp II *adj* mou, flasque.

limpid ['limpid] *adj* limpide || **~ity** *n* limpidité *f.*

linden ['lindən] *n* tilleul *m.*

line I [lain] *n* ligne *f,* trait *m* (by a pen); *dotted* ~, pointillé *m* || ride *f* (on the forehead) || rangée, file *f; in* ~, en rang; ***fall into*** ~, s'aligner; U.S. *stand in* ~, faire la queue || [writing] ligne *f; drop me a* ~, écrivez-moi un mot || [poem] vers *m* || [cord] corde *f* || [fishing] ligne *f* || TÉL. ligne *f;* ***hold the*** ~, ne quittez pas! || RAIL. ligne *f* || NAUT. *shipping* ~, compagnie *f* de navigation || AV.

air ~, ligne aérienne || MIL. ligne *f* || FIG. affaires *fpl,* métier *m; what's your* ~?, que faites-vous ? || See TOE *v* ● *vt* régler, rayer || border (form rows) — *vi* ~ ***up,*** s'aligner.

line II *vt* doubler (a coat); garnir.

linen ['linin] *n* toile *f* de lin (cloth); linge *m* (clothes) || *all* ~, pur fil || ~**-room** *n* lingerie *f.*

line printer *n* [computer] imprimante *f.*

liner ['lainə] *n* NAUT. paquebot, transatlantique *m* || AV. (avion) long-courrier *m.*

linger ['liŋgə] *vi* s'attarder.

lingo ['liŋgəu] *n* jargon *m.*

lingua franca ['liŋgwə'fræŋkə] *n* sabir *m.*

linguist ['liŋgwist] *n* linguiste *n* || ~**ics** [liŋ'gwistiks] *n* linguistique *f.*

lining ['lainiŋ] *n* doublure *f* (of a coat) || AUT. garniture *f* (of clutch).

link [liŋk] *n* maillon, chaînon, anneau *m* || *Pl* boutons *mpl* de manchette || FIG. liaison *f;* lien, rapport *m* || ***air/sea*** ~, liaison aérienne/maritime ● *vt* joindre, relier || ~ ***up,*** (re)lier (things, words) — *vi* se rejoindre ; s'associer.

links [liŋks] *npl* terrain *m* de golf.

link-up *n* ASTR. jonction *f;* RAD., T.V. liaison *f,* relais *m;* émission *f* en duplex.

linoleum [li'nəuljəm] *n* linoléum *m.*

linseed ['linsi:d] *n* graine *f* de lin; ~*-oil,* huile *f* de lin.

lint [lint] *n* pansement *m,* compresse *f.*

lintel ['lintl] *n* linteau *m.*

lion ['laiən] *n* lion *m;* ~ *cub,* lionceau *m* || ~**ess** [-is] *n* lionne *f.*

lip [lip] *n* lèvre *f* (of mouth) || ~**-service** *n pay* ~ *to,* payer de paroles || ~**-stick** *n* rouge *m* à lèvres; *put on some* ~, se mettre du rouge à lèvres.

liquefy ['likwifai] *vt* liquéfier.

liqueur [li'kjuə] *n* liqueur *f.*

liquid ['likwid] *n/adj* liquide *(m)* || ~**ate** [-eit] *vt* liquider, solder || ~**ation** [,likwi'deiʃn] *n* liquidation *f.*

liquor ['likə] *n* alcool, spiritueux *m; in* ~, *the worse for* ~, pris de boisson.

liquorice ['likəris] *n* réglisse *f.*

lisp [lisp] *vi* zézayer, balbutier ● *n* zézaiement *m.*

list I [list] *vi* NAUT. donner de la bande ; gîter.

list II *n* liste, série *f; mailing* ~, fichier *m* d'adresses; *price-*~, barème, prix *m* courant; ~ *price,* prix marqué; *waiting* ~, liste *f* d'attente; *wine* ~, carte *f* des vins; *make a* ~ *of,* dresser une liste de, répertorier || MIL. *on the active* ~, en activité ● *vt* enregistrer, cataloguer.

listen ['lisn] *vt* écouter (*to sb.,* qqn) — *vi* écouter; ~ ***in (to),*** écouter la radio || ~**er** *n* auditeur *n.*

listless ['listlis] *adj* apathique || ~**ness** *n* apathie, inertie *f.*

lit See LIGHT II.

literacy ['litrəsi] *n* aptitude *f* à lire et à écrire.

literal ['litrəl] *adj* littéral; propre (sense) || ~**ly** *adv* mot à mot, à la lettre.

liter|ary ['litrəri] *adj* littéraire || ~**ate** ['litərit] *adj* sachant lire et écrire.

literature ['litritʃə] *n* littérature *f* || COMM. documentation *f.*

litigation [,liti'geiʃn] *n* JUR. litige *m.*

litter ['litə] *n* détritus *mpl;* vieux

papiers || litière *f* (straw) || civière *f* (stretcher) || Zool. portée *f* ● *vt* couvrir, joncher, encombrer (*with,* de) — *vi* Zool. mettre bas || **~bin** *n* corbeille *f* à papiers.

little ['litl] *adj* [size] petit || jeune ; *the ~ ones,* les petits || (comp. *less,* sup. *least*) [quantity] peu ; *a ~,* un peu de ● *adv* peu de, guère ● *n* peu *m ;* ***make ~ of,*** faire peu de cas de ; *wait a ~,* attendez quelques instants || ***~ by ~,*** peu à peu.

liturgy ['litədʒi] *n* liturgie *f.*

live I [liv] *vi* vivre (be alive) || subsister ; *~ on,* vivre de (diet) || habiter, demeurer ; *~ together,* cohabiter ; *learn to ~ with it,* prendre son mal en patience || [servants] *~ in,* coucher chez ses patrons ; *~ out,* ne pas être logé || *~ through,* survivre à (a war) || *~ up to,* vivre en accord avec (one's ideals) ; être fidèle à (one's promise) — *vt* vivre, passer (one's life).

live II [laiv] *adj* vivant, en vie || Électr. sous tension, en charge || Rad. en direct (broadcast) || **~lihood** [-lihud] *n* moyens *mpl* d'existence ; subsistance *f* || **~liness** [-linis] *f* entrain *m* || **~ly** *adj* vivant, plein de vie (vigorous) || animé, plein d'entrain (animated) || joyeux (cheerful) || vif (brisk) || **~stock** *n* bétail *m.*

liven ['laivn] *~ (up), vt* animer — *vi* s'animer.

liver ['livə] *n* foie *m ; ~ complaint,* maladie *f* de foie.

livery ['livəri] *n* livrée *f.*

livid ['livid] *adj* livide.

living ['liviŋ] *adj* vivant, en vie ● *n* vie, existence *f ;* ***make a ~,*** gagner sa vie ; *work for a ~,* travailler pour vivre || ***the ~ and the dead,*** les vivants et les morts || **~-room** *n* (salle *f* de) séjour *m* || **~-space** *n* espace vital.

lizard ['lizəd] *n* lézard *m.*

load [ləud] *n* charge *f,* fardeau, chargement *m* || Sl. ***a ~ of, ~s of,*** un/des tas de (fam.) ● *vt* charger (camera, vehicle, etc.) || Naut. charger, embarquer || Fig. combler, accabler (with).

loaded [-id] *adj* pipé (die) || Fam. bourré de fric (fam.).

loaf, loaves I [ləuf, -vz] *n* pain *m,* miche *f.*

loaf II *vi ~* ***(about),*** traîner || **~er** *n* flemmard *n.*

loam [ləum] *n* terreau *m.*

loan [ləun] *n* prêt *m* (money) || Fin. emprunt *m* ● *vt* U.S. prêter ; *~ on trust,* prêter sur l'honneur.

loath [ləuθ] *adj* peu enclin (*to,* à) ; *be ~ to do,* répugner à faire || **~e** [ləuð] *vt* avoir de la répulsion/du dégoût pour || **~ing** ['ləuðiŋ] *n* répugnance *f* || **~some** ['ləuðsəm] *adj* répugnant.

lobby ['lɔbi] *n* hall *m* || Pol. groupe *m* de pression, lobby *m* ● *vt* Pol. faire pression sur (members of Parliament) faire adopter par des intrigues de couloir (a bill) — *vi* manœuvrer (*for,* en vue de).

lobe [ləub] *n* lobe *m* (de l'oreille).

lobster ['lɔbstə] *n* homard *m ; spiny ~,* langouste *f.*

local ['ləukl] *adj* local, régional ● *n* Pop. bistrot *m* du coin || *Pl* ***the ~s,*** les gens du pays/coin (fam.) || **~ity** [lə'kæliti] *n* localité *f,* endroit *m ; sense of ~,* sens *m* de l'orientation.

loca|te [lə'keit] *vt* localiser, repérer || **~tion** *n* situation *f,* emplacement *m* || Cin. extérieurs *mpl ; on ~,* en extérieur.

lock I [lɔk] *n* boucle, mèche *f* (curl) || *Pl* chevelure *f* (hair).

lock II *n* Naut. écluse *f.*

lock III *n* serrure *f ; under ~ and key,* sous clef || Aut. ***steering (column) ~,*** antivol *m* (antitheft device) || Aut. rayon *m* de braquage ; *this car has a good ~,* cette voiture braque bien; butée *f*; *from* ~ *to* ~, d'une butée à l'autre; ~ ***hard over!,*** braquez à fond! || Sp. [wrestling] clé *f* ● *vt* fermer à clef || ~ ***away,*** mettre sous clef || ~ ***in,*** enfermer à clef; ~ ***out,*** mettre à la porte; ~***-out*** *(n),* lock-out *m* || ~ ***up,*** fermer, enfermer à clef; ~***-up (garage),*** box *m*.

locker *n* vestiaire (individuel).

locknut *n* contre-écrou *m*.

locksmith *n* serrurier *m*.

locomotive ['ləukə,məutiv] *n* Rail. locomotive *f*.

locust ['ləukəst] *n* sauterelle *f*.

lodg|e [lɔdʒ] *n* loge *f* (of a caretaker) || pavillon *m* (house) || loge *f* (of freemasons) ● *vi* habiter, se loger — *vt* loger, héberger || Jur. ~ *a complaint,* porter plainte (*against,* contre) || ~**er** *n* locataire, pensionnaire *n* || ~**ing** *n* logement, meublé *m*; *with board and* ~, logé et nourri || *Pl* appartement meublé, garni *m*.

loft [lɔft] *n* grenier *m,* soupente *f* || ~**y** *adj* très haut || Fig. élevé (style); hautain (person); noble (sentiments).

log I [lɔg] *n* bûche *f*, rondin *m*.

log II *n* Naut. loch *m* || ~**-book** *n* Naut. journal *m* de bord || Av. livre *m* de vol || Aut. carte grise.

loggerheads (at) [ət'lɔgəhedz] *loc adv be at* ~ *with,* être en bisbille avec.

log|ic ['lɔdʒik] *n* logique *f* || ~**ical** *adj* logique || ~**istic** [lə'dʒistik] *adj* logistique || ~**istics** [-s] *n* logistique *f*.

loin [lɔin] *n* Anat. rein *m* || Culin. aloyau *m* (of beef) || longe *f* (of veal) || échine *f* (of pork) || ~**-cloth** *n* pagne *m*.

loiter ['lɔitə] *vi* flâner, faire le badaud, s'attarder.

loll [lɔl] *vi* se prélasser, se vautrer.

lollipop ['lɔlipɔp] *n* sucette *f*.

lolly ['lɔli] *n* Sl. fric, pognon *m* (pop.); grisbi *m* (arg.).

London ['lʌndən] *n* Londres *m/f* || ~**er** *n* Londonien *n*.

lone [ləun] *adj* seul, solitaire || ~**liness** [-linis] *n* solitude *f* || ~**ly** *adj* solitaire, isolé || ~**some** [-səm] *adj* solitaire, seul.

long I [lɔŋ] *vi* désirer ardemment (*for sth.,* qqch.) || avoir hâte/très envie (*to do,* de faire).

long II *adj* [space] long; *how* ~ *is...?,* quelle est la longueur de...? || [time] long; *how* ~ *is...?,* quelle est la durée de...?; *a* ~ *time,* longtemps; *be* ~ *in coming,* tarder/être long à venir; *in the* ~ *run,* à la longue ● *adv* longtemps; *how* ~, combien de temps; *how* ~ *have you been here?,* depuis quand/combien de temps êtes-vous ici?; ~ ***ago,*** il y a longtemps; ***not*** ~ ***ago/since,*** il n'y a pas longtemps || ***as*** ~ ***as,*** tant que || ~ *live the Queen!,* vive la reine! || Fam. ***so*** ~ ***!,*** à bientôt! ● *n before* ~, avant peu || ~**-distance** *adj* Sp. de fond || U.S., Tél. interurbain || ~**er** *adj* plus long; *make* ~, (r)allonger ● *adv* plus longtemps, encore; ***no ...*~,** ne... plus; *not any* ~, *no* ~, pas plus longtemps.

longevity [lɔn'dʒeviti] *n* longévité *f*.

long-haired ['lɔŋ'hɛəd] *adj* aux cheveux longs, chevelu.

longing ['lɔŋiŋ] *n* désir ardent ● *adj* impatient, avide.

longitude ['lɔnʒitju:d] *n* longitude *f*.

long|-lived ['lɔŋ'livd] *adj* qui a longue vie || Fig. persistant || ~**-playing** *adj* ~ ***record,*** disque *m* microsillon/longue durée ~**-range** *adj* à longue portée (gun) || Techn. à grand rayon d'action || ~**-sighted** *adj* hypermétrope; [old age], presbyte || ~**sightedness** *n* hypermétropie *f*; presbytie *f* || ~**-standing** *adj* de longue date || **-term** *adj* FIN. à long terme || **~-wearing** *adj* inusable || **~-winded** ['-'windid] *adj* interminable (story); verbeux (person).

loo [lu:] *n* FAM. waters *mpl.*

look [luk] *n* regard *m*; ***have a ~ at,*** jeter un coup d'œil à || FIG. air, aspect *m* || *Pl* apparences *fpl*; *good ~s,* beauté *f.*
● *vi* regarder || FIG. ~ ***here!,*** écoutez!, dites-donc! || ~ ***about,*** regarder autour de soi; ~ ***about for,*** chercher du regard || ~ ***after,*** s'occuper de, veiller sur, soigner || ~ ***at,*** regarder; examiner; considérer || ~ ***away,*** détourner les yeux (*from,* de) || ~ ***back,*** regarder en arrière; FIG. se souvenir || ~ ***down,*** baisser les yeux; ~ ***down on,*** regarder de haut (sb.); mépriser (thing) || ~ ***for,*** chercher; ~ *for trouble,* chercher des ennuis || ~ ***forward to,*** attendre avec impatience || ~ ***in,*** entrer en passant (*at/on,* chez); regarder la télé(vision) || ~***-in*** *(n),* chance *f* || ~ ***into,*** examiner, étudier; se renseigner sur || ~ ***on,*** être spectateur de, regarder; *be ~ed on as,* faire figure de || ~ ***onto,*** [room] donner sur || ~ ***out,*** regarder dehors; ~ *out of the window,* regarder par la fenêtre; faire attention, prendre garde; ~ *out!,* attention!, ~***-out*** *(n),* guet *m*; *be on the ~-out,* faire le guet; MIL. guetteur *m*; NAUT. vigie *f* || ~ ***round,*** jeter un coup d'œil circulaire; = ~ BACK || ~ ***to,*** veiller à; compter (*on,* sur) || ~ ***to(wards),*** [building] être orienté vers || ~ ***up,*** lever les yeux; ~ *up to,* FIG. considérer, respecter.
— [predicative] paraître, sembler, avoir l'air; ~ *well,* avoir bonne mine || ~ ***like,*** ressembler à; *it ~s like rain,* on dirait qu'il va pleuvoir.
— *vt* regarder || ~ ***over,*** parcourir (book); visiter (town) || ~ ***through,*** repasser (a lesson); examiner attentivement || ~ ***up,*** chercher (a word in a list); FAM. ~ *sb. up,* passer voir qqn || ~ ***up and down,*** toiser || **~er** *n* FAM. *she/he is a good ~,* c'est une jolie fille/un beau garçon || **~ing-glass** *n* miroir *m,* glace *f.*

loom I [lu:m] *n* TECHN. métier *m.*

loom II *vi* s'estomper, se dessiner, se dresser || FIG. menacer; *be ~ing ahead,* être imminent.

loony ['lu:ni] *adj* cinglé, dingue (pop.) ● *n* imbécile *n.*

loop [lu:p] *n* boucle *f* || RAIL. voie *f* d'évitement || MÉD. stérilet *m* || **~-hole** *n* ARCH. meurtrière *f* || FIG. échappatoire *f.*

loose [lu:s] *adj* détaché, défait (knot) || délié (lace) || desserré (screw) || détendu (rope) || meuble (soil) || large, ample (dress) || échappé (animal); *set a dog ~,* lâcher un chien || ~ *sheet,* feuille volante || FIG. décousu (style) || relâché (morals) || débauché, dissolu (person) || ***come/work ~,*** se desserrer, se détacher, prendre du jeu || ***get ~,*** séchapper; [prisoner] *break ~,* s'évader || *let ~,* lâcher (a dog); FIG. donner libre cours à (one's anger) ● *vt* délier, dénouer || ~ **box** *n* [stable] box *m* || **~-leaf** *adj* à feuillets mobiles || **~ly** *adv* d'une façon lâche, vaguement.

loosen ['lu:sn] *vt/vi* (se) relâcher, (se) desserrer || FIG. délier (sb.'s tongue).

looseness [lu:snis] *n* relâchement *m* || TECHN. jeu *m* || MÉD. dérangement *m* (of bowels) || FIG. vague *m,* imprécision *f.*

loot [lu:t] *n* butin *m* ● *vt* piller.

looting *n* pillage *m.*

lop I [lɔp] *vt* émonder, élaguer.

lop II *vi* tomber mollement || ~*-eared,* aux oreilles pendantes || ~*-sided(ly),* de travers.

loquacious [lə'kweiʃəs] *adj* loquace.

lord [lɔ:d] *n* seigneur *m* || maître, chef *m* || ~ *of the manor,* châtelain *m* || Lord (title) || *Pl the Lords* (= *House of Lords*), la Chambre des lords || REL. *Our Lord,* Notre-Seigneur ; *the Lord's Prayer,* le Pater ● *vt* ~ ***it over,*** prendre des airs hautains ; traiter (*sb.,* qqn) avec condescendance || **~ly** *adj* majestueux ; altier, noble || **~ship** *n* seigneurie *f* || autorité *f* (*over,* sur).

lore [lɔ:] *n* connaissance *f ;* tradition *f.*

lorry ['lɔri] *n* camion *m ;* ~ *driver,* camionneur *m ;* routier *m.*

lose [lu:z] *vt* (lost [lɔst]) perdre, égarer ; ~ *sight of,* perdre de vue ; ~ ***one's way,*** s'égarer || perdre (by death) ; ~ *one's life,* perdre la vie — *vi* [watch] retarder || ***get lost,*** se perdre.

loser *n* perdant *n ; bad/good* ~, mauvais/bon joueur.

loss [lɔs] *n* perte *f ; at a* ~, à perte || COMM. ~ *leader,* article/produit *m* d'appel || MÉD. ~ *of voice,* extinction *f* de voix || FIG. ***be at a*** ~, être bien embarrassé.

lost See LOSE ● *adj* perdu ; ~ *property office,* bureau *m* des objets trouvés || FIG. plongé (*in,* dans).

lot I [lɔt] *n* FAM. ***~s/a ~ of,*** beaucoup de ; un tas de (fam.) ● *adv* ***~s/a ~ better,*** beaucoup mieux.

lot II *n* [land] parcelle *f ;* lotissement *m ;* ***parking ~,*** parking *m* || COMM. lot *m* || FIG. sort *m ;* ***by ~,*** par tirage au sort ; *draw/cast ~s (for sth.),* tirer (qqch.) au sort. || FAM. ***bad ~,*** mauvais sujet.

loth [ləuθ] *adj* LOATH.

lotion ['ləuʃn] *n* lotion *f.*

lottery ['lɔtəri] *n* loterie *f.*

loud [laud] *adj* grand (noise, cry) || fort (voice) ; *in a ~ voice,* à haute voix || vif (applause) || criard (colour) ● *adv* fort, haut || **~ly** *adv* tout haut, bruyamment || **~-hailer** *n* porte-voix, mégaphone *m* || **~-speaker** *n* RAD. haut-parleur *m ;* enceinte *f* (acoustique).

lounge [launʒ] *n* salon *m* ● *vi* se prélasser, se vautrer || flâner (stroll) || ~ **bar** *n* salle *f* de café || ~ **suit** *n* complet *m* (veston).

lour ['lauə] *vi* se renfrogner || [clouds] menacer.

lous|e, lice [laus, -lais] *n* pou *m* || **~y** ['lauzi] *adj* pouilleux || SL. moche ; sale (trick).

lovable ['lʌvəbl] *adj* aimable, sympathique (likeable).

love [lʌv] *n* amour *m ;* ***in ~,*** amoureux (*with,* de) ; ~ ***at first sight,*** coup *m* de foudre ; *make ~ to,* faire la cour à ; *~-affair,* liaison *f* || tendresse, affection *f ; my ~ to...,* mes amitiés à... || SP. [tennis] *thirty ~,* trente à zéro || FIG. ***for ~,*** pour rien ● *vt* aimer, adorer || **~liness** [-linis] *n* beauté *f,* charme *m* || **~-lock** *n* accroche-cœur *m* || **~ly** *adj* beau, charmant.

lov|er [lʌvə] *n* amoureux, amant *m* || FIG. amateur *m* (de) || **~ing** *adj* affectueux || **~ingly** *adv* tendrement.

low I [ləu] *vi* meugler.

low II *adj* [height, price, sonority] bas ; *in a ~ voice,* à voix basse || [quantity] petit ; ***run ~,*** [provisions] baisser || [dress] décolleté || [quality] inférieur || NAUT. bas (tide) || MUS. grave (note) || MÉD. ~ *diet,* diète *f* || AUT. ~ ***gear,*** première *f* || FIG. inférieur, pauvre, humble, modeste || vulgaire, trivial (vulgar) || FIG. abattu ; ***feel ~,*** se sentir déprimé ● *adv* bas || **~er** I *adj* inférieur ; ~ *classes,* basses classes ● *vi* baisser — *vt* abaisser || FIN. diminuer || NAUT. mettre à l'eau.

lower II ['lauə] *vi* U.S. = LOUR.

low|land ['ləulənd] *n* basse terre || **~ly** *adj* bas (rank) ; humble (condition) ● *adv* humblement || **~ness** *n* FIG. condition *f* modeste || bassesse, grossièreté *f* || **~-priced** *adj* COMM. à bas prix

|| ~ **water** *n* basses eaux, étiage *m*.

loyal ['lɔiəl] *adj* loyal.

lozenge ['lɔzinʒ] *n* losange *m* || MÉD. pastille *f*.

L.P. ['el'pi:] *n* MUS. *an ~,* un 33 tours.

lubric|ant ['lu:brikənt] *n* lubrifiant *m* || **~ate** [-eit] *vt* lubrifier || **~ation** [,lu:bri'keiʃn] *n* graissage *m*.

lucern(e) [lu:'sə:n] *n* luzerne f.

lucid ['lu:sid] *adj* clair, limpide || FIG. lucide.

luck [lʌk] *n* hasard *m*, chance *f*; ***good ~,*** (bonne) chance; ***ill/bad ~,*** malchance *f*; *as ill ~ would have it,* par malheur; *bring bad ~ to,* porter malheur à || FAM. *hard ~!,* pas de chance!; *stroke of ~,* coup de veine || **~ily** *adv* heureusement || **~y** *adj* heureux; *be ~,* avoir de la chance || *~ strike,* coup *m* de veine || FAM. *~ devil,* veinard *n*.

lucrative ['lu:krətiv] *adj* lucratif.

lug [lʌg] *vt* traîner (drag).

luggage ['lʌgidʒ] *n* bagages *mpl*; *~-rack,* filet *m* à bagages || *~-van,* RAIL. fourgon *m*.

lugubrious [lu:'gju:briəs] *adj* lugubre.

lukewarm ['lu:kwɔ:m] *adj* tiède.

lull [lʌl] *n* accalmie *f* ● *vt* bercer; *~ to sleep,* endormir (en berçant) — *vi* s'apaiser || **~aby** [-əbai] *n* MUS. berceuse *f*.

lumbago [lʌm'beigəu] *n* lumbago *m*.

lumber I ['lʌmbə] *vi* avancer d'un pas pesant.

lumber II *n* bric-à-brac *m*; ***~-room,*** chambre *f* de débarras || U.S. bois *m* de charpente ● *vt* encombrer (room); entasser, empiler (books) || U.S. abattre (trees); débiter (timber) || **~jack/man** *n* U.S. bûcheron *m* || **~yard** *n* U.S. chantier *m*.

luminous ['lu:minəs] *adj* lumineux, brillant.

lump [lʌmp] *n* morceau *m* (of sugar) || bloc *m* (of stone) || motte *f* (of earth) || COMM. *in the ~,* en bloc; *~ sum,* somme globale, paiement *m* forfaitaire || MÉD. grosseur *f* || FIG. masse *f*, ensemble *m* ● *vt* réunir, entasser — *vi* CULIN. faire des grumeaux || **~y** *adj* CULIN. grumeleux (sauce).

lunacy ['lu:nəsi] *n* aliénation mentale.

lunar ['lunə] *adj* lunaire.

lunatic ['lu:nətik] *adj* fou ● *n* fou *n*; *~ asylum,* asile *m* d'aliénés.

lunch [lʌnʃ] *n* déjeuner *m* ● *vi* déjeuner || **~eon** [-n] *n* = LUNCH.

lung [lʌŋ] *n* poumon *m*; *iron ~,* poumon d'acier.

lurch I [lə:tʃ] *n* AUT. embardée *f* || NAUT. coup *m* de roulis ● *vi* faire une embardée.

lurch II *n leave sb. in the ~,* laisser qqn en plan/dans l'embarras.

lure [ljuə] *n* leurre *m* (decoy) || FIG. attrait, appât *m*; charme *m* ● *vt* attirer, séduire.

lurid ['ljuərid] *adj* blafard (light) || FIG. terrible; sensationnel; affreux, horrible (shocking).

lurk [lə:k] *vi* se cacher, se dissimuler.

luscious ['lʌʃəs] *adj* succulent, délicieux.

lush [lʌʃ] *adj* luxuriant.

lust [lʌst] *n* luxure *f*, désir ardent, convoitise *f* || **~ful** *adj* luxurieux.

lustre ['lʌstə] *n* lustre, éclat *m* (brightness) || FIG. gloire, renommée *f* ● *vt* lustrer (cloth) || vernir (pottery).

lusty ['lʌsti] *adj* fort, robuste.

lute [lu:t] *n* MUS. luth *m*.

Lutheran ['lu:θrən] *adj/n* REL. luthérien.

luxate ['lʌkseit] *vt* luxer.

Luxemburg ['lʌksəmbə:g] *n* Luxembourg *m; native of ~,* Luxembourgeois *n* ● *adj* luxembourgeois.

luxur|iant [lʌg'zjuəriənt] *adj* luxuriant || **~ious** [-iəs] *adj* luxueux (splendid) || voluptueux (person).

luxury ['lʌkʃri] *n* luxe *m.*

lye [lai] *n* lessive *f.*

lying I ['laiiŋ] (See LIE I) *adj* menteur.

lying II (See LIE II) *n* MÉD. *~-in,* couches *fpl.*

lymph [limf] *n* lymphe *f* || **~atic** [lim'fætik] *adj* lymphatique.

lynch [linʃ] *vt* lyncher.

lynx [liŋks] *n* lynx *m* || *be ~-eyed,* avoir des yeux de lynx.

lyri|c ['lirik] *adj* lyrique ● *n* poème *m* lyrique || *Pl* couplets *mpl* de revue || **~cism** [-sizm] *n* lyrisme *m.*

m

m [em] *n* m *m.*

mac [mæk] *n* FAM. imper *m.*

macadam [mə'kædəm] *n* macadam *m.*

macaroon [,mækə'ru:n] *n* macaron *m.*

macerate ['mæsəreit] *vi* macérer.

Mach [mæk] *n ~ (number),* (nombre de) Mach *m; fly at ~ 2,* voler à Mach 2.

machine [mə'ʃi:n] *n* machine *f* ● *vt* fabriquer à la machine; usiner || **~-gun** *n* mitrailleuse *f* || **~-made** *adj* fait à la machine || **~ry** [mə'ʃi:nəri] *n* machinerie *f;* mécanisme *m* || **~-tool** *n* machine-outil *f.*

mackerel ['mækrl] *n* maquereau *m.*

mackintosh ['mækintɔʃ] *n* imperméable *m* (raincoat).

mad [mæd] *adj* fou; ***go ~,*** devenir fou || FIG. passionné (*about,* de) || furieux (*at,* contre); *drive sb. ~,* faire enrager qqn || violent, effréné; ***like ~,*** avec frénésie/acharnement.

madam ['mædəm] *n* madame *f.*

mad|cap ['mædkæp] *n* écervelé *n,* tête folle || **~den** [-n] *vt* rendre fou || exaspérer || **~ly** *adv* follement || **~man** *n* fou, dément *m* || **~ness** *n* folie, démence *f* || fureur *f.*

made [meid] See MAKE ● *adj* fabriqué || *~-up,* maquillé.

madwoman ['mædwumən] *n* folle *f.*

magazine [,mægə'zi:n] *n* revue *f,* magazine *m* || MIL. chargeur *m.*

maggot ['mægət] *n* asticot *m* || **~y** *adj* véreux.

magic ['mædʒik] *adj* magique ● *n* magie *f; as if by ~,* comme par enchantement || **~ian** [mə'dʒiʃn] *n* magicien *n.*

magistr|acy ['mædʒistrəsi] *n* magistrature *f* || **~ate** [-it] *n* magistrat *m.*

magnanimous [mæg'næniməs] *adj* magnanime.

magnate ['mægneit] *n* magnat *m.*

magnesia [mæg'ni:ʃə] *n* magnésie *f.*

magnet ['mægnit] *n* aimant *m* || **~ic** [mæg'netik] *adj* magnétique, aimanté || **~ism** ['mægnitizm] *n* magnétisme *m* || **~ize** ['mægnitaiz] *vt* aimanter.

magn|ification [,mægnifi'keiʃn] *n* PHYS. grossissement *m* || **~ificence** [mæg'nifisəns] *n* magnificence, splendeur *f* || **~ificent** [-ifisənt] *adj* magnifique, splendide || **~ify** ['mægnifai] *vt* amplifier || PHYS. grossir || **~ifying-glass** *n* loupe *f*.

magnitude ['mægnitju:d] *n* grandeur, magnitude *f*.

magpie ['mægpai] *n* pie *f*.

mahogany [mə'hɔgəni] *n* acajou *m*.

maid [meid] *n* jeune fille *f*; *old ~*, vieille fille || (*~-servant*) bonne *f* || **~en** [-n] *adj* de jeune fille || FIG. ~ ***voyage,*** premier voyage, voyage inaugural.

mail [meil] *n* courrier *m* ● *vt* U.S. poster || ***~ing-list,*** fichier *m* d'adresses || **~man** *n* U.S. facteur *m* || **~-order** *n* vente *f* par correspondance || **~-van** *n* wagon-poste *m*.

maim [meim] *vt* mutiler, estropier.

main [mein] *adj* principal; *the ~ thing,* l'essentiel || RAIL. ~ *lines,* grandes lignes ● *n* TECHN. conduite principale (for water, gas) || ÉLECTR. secteur *m* || FIG. force *f*; *with might and ~,* de toutes ses forces || **~land** [-lənd] *n* terre *f* ferme || **~ly** *adv* surtout || **~mast** *n* grand mât || **~-sail** *n* grand-voile *f* || **~spring** *n* cheville ouvrière.

maintain [men'tein] *vt* maintenir || entretenir (keep up) || faire vivre (support) || affirmer, prétendre (assert) || JUR. soutenir (a cause).

maintenance ['meintinəns] *n* entretien *m*.

maize [meiz] *n* maïs *m*.

majest|ic(al) [mə'dʒestik(l)] *adj* majestueux || **~y** ['mædʒisti] *n* majesté *f*.

major ['meidʒə] *adj* majeur, principal ● *n* MIL. commandant *m* || U.S. [school] matière principale ● *vi* U.S. [school] se spécialiser (*in,* en) || **~ity** [mə'dʒɔriti] *n* majorité *f*.

make [meik] *vt* (made [meid]) fabriquer, faire || ~ *bread,* faire du pain; ~ *the bed,* faire le lit || provoquer; ~ ***haste,*** se hâter; ~ ***a noise,*** faire du bruit || rendre, faire; ~ ***oneself understood,*** se faire comprendre || obliger à, forcer à || ~ ***sth. do,*** ~ ***do with sth.,*** s'arranger de, se contenter de qqch. || ~ ***believe,*** faire semblant || ~ ***sth. go,*** faire marcher qqch. || apprécier, évaluer (by calculation); *what time do you ~ it?,* quelle heure avez-vous ? || ~ ***it,*** réussir, y arriver || ~ ***much/little of,*** faire grand/peu de cas de || [cards] faire (a trick); gagner, réussir; faire, battre (shuffle) || MATH. s'élever à, faire (amount to) || FAM. parcourir (distance); faire (speed) || ~ ***the best/most of sth.,*** tirer le meilleur parti de qqch. | ~ ***after,*** pourchasser, poursuivre || ~ ***of,*** comprendre || ~ ***out,*** dresser, établir (a list); faire (a bill); ~ *out a cheque for £15,* établir un chèque de 15 livres; déchiffrer (handwriting); comprendre (a problem) || ~ ***over,*** céder, transmettre, léguer (*to,* à); transformer (a dress) || ~ ***up,*** former, constituer, composer (a whole); confectionner (a dress); recharger (fire); dresser (a list); regagner (lost ground); faire (a parcel); TECHN. mettre en pages (a book); MÉD. préparer (a prescription); TH. maquiller, farder; ~ *(oneself) up,* se maquiller; FIG. combler (a difference); compléter (a sum); arranger; inventer, forger (a story); ~ *it up,* se réconcilier (*with sb.,* avec qqn); ***~-up*** *(n),* [cosmetics] maquillage *m*; TECHN. mise *f* en pages.
— *vi* aller, faire route (*for,* vers)

|| ~ ***away,*** s'éloigner || ~ ***away with,*** supprimer, détruire || ~ ***off,*** décamper || ~ ***up,*** se maquiller || ~ ***up for,*** réparer (a fault); compenser (a loss); rattraper (lost time); suppléer à (sth. wanting) ● *n* stature *f* (of a person) || façon *f* (of a dress) || TECHN. fabrication *f.*

make-believe [ˌ--ˈ-] *n* faux-semblant *m* (arch.); trompe-l'œil *m* || *that's all* ~, tout ça c'est du chiqué (fam.).

makeshift [ˈmeikʃift] *adj* de fortune.

making [ˈmeikiŋ] *n* TECHN. fabrication, façon *f* || FIG. *Pl. have the* ~*s of,* avoir l'étoffe de.

maladjust|ed [ˈmæləˈdʒʌstid] *adj* inadapté || ~**ment** *n* inadaptation *f.*

Malagasy [ˌmæləˈgæsi] *adj/n* malgache.

malaise [məˈleiz] *n* malaise *m.*

malaria [məˈlɛəriə] *n* paludisme *m.*

Malay [məˈlei] *adj/n* malais *(adj)* || ~**a** [məˈleiə] *n* Malaisie *f* || ~**an** [-n] *n* Malais *n.*

male [meil] *adj* mâle (animal) || masculin (person); ~ ***chauvinist,*** phallocrate *m* ● *n* mâle *m.*

malediction [ˌmæliˈdikʃn] *n* malédiction *f.*

malefactor [ˈmælifæktə] *n* malfaiteur *m.*

malevol|ence [məˈlevələns] *n* malveillance *f* || ~**ent** *adj* malveillant.

malic|e [ˈmælis] *n* méchanceté *f; bear sb.* ~, en vouloir à qqn || ~**ious** [məˈliʃəs] *adj* méchant.

malign [məˈlain] *adj* malin ● *vt* calomnier || ~**ant** [məˈlignənt] *adj* méchant, malfaisant || MÉD. malin.

malinger [məˈliŋgə] *vi* tirer au flanc, faire le malade.

mallard [ˈmæləd] *n* canard *m* sauvage.

malleable [ˈmæliəbl] *adj* malléable.

mallet [ˈmælit] *n* maillet *m.*

malnutrition [ˈmælnjuːˈtriʃn] *n* sous-alimentation *f.*

malpractice [ˈmælˈpræktis] *n* pratique *f* illicite || malversation *f* || [doctor] négligence *f,* faute professionnelle.

malt [mɔːlt] *n* malt *m.*

Malt|a [ˈmɔːltə] *n* Malte *f* || ~**ese** [-iːz] *adj/n* maltais; ~ *cross,* croix *f* de Malte.

maltreat [mælˈtriːt] *vt* maltraiter || ~**ment** *n* mauvais traitement.

mammal [ˈmæml] *n* mammifère *m.*

mammoth [ˈmæməθ] *n* mammouth *m* ● *adj* FIG. colossal, géant.

mammy [ˈmæmi] *n* maman *f.*

man, men [mæn, men] *n* homme *m;* ***old*** ~, vieillard *m* || *the* ~ *in the street,* l'homme de la rue; ~ *of the world,* homme d'expérience; ~***-about-town*** *(n),* homme du monde || ~ ***of straw,*** homme de paille || humanité *f,* espèce humaine || domestique *m* || MIL. ordonnance *f/m* (orderly) || pièce *f* (in chess); pion *m* (in draughts) || NAUT. navire *m* (ship) ● *vt* NAUT. équiper (a boat).

manacles [ˈmænəklz] *npl* menottes *fpl.*

manag|e [ˈmænidʒ] *vt* diriger, gérer (a shop) || mener à bien (a piece of work) — *vi* ~ ***to,*** arriver à, trouver moyen de, s'y prendre pour, réussir à || ~**ement** [-mənt] *n* direction, gérance *f* || ~**er** *n* directeur, gérant *m* || TH. régisseur *m* || ~**eress** [ˌ---ˈres] *n* directrice, gérante *f* || ~**ing director** *n* directeur général, P.D.G. *m.*

mandarin [ˈmændərin] *n* mandarin *m* (litt. and fig.).

mandat|e [ˈmændeit] *n* ordre *m* || JUR. mandat *m* ● *vt* placer sous mandat || **~ory** [ˈmændətri] *adj* impératif, comminatoire.

mandolin(e) [ˈmændəlin] *n* mandoline *f*.

mane [mein] *n* crinière *f*.

man-eater [ˈmæn,iːtə] *n* anthropophage, cannibale *n*.

maneuver [məˈnuːvə] *n/v* U.S. = MANŒUVRE.

mange [meinʒ] *n* gale *f* || **~y** *adj* galeux.

manger [ˈmeinʒə] *n* mangeoire *f* || REL. crèche *f* (crib).

mangle [ˈmæŋgl] *vt* déchiqueter || mutiler.

manhandle [ˈmæn,hændl] *vt* malmener.

manhood [ˈmænhud] *n* maturité *f* (state) || virilité *f*.

man|ia [ˈmeinjə] *n* manie *f* (madness) || **~iac** [-iæk] *adj/n* fou furieux, dément *n*.

manicur|e [ˈmænikjuə] *vt* faire les ongles à || **~ist** *n* manucure *f*.

manifest [ˈmænifest] *vt* manifester, témoigner || **~ation** [,mænifesˈteiʃn] *n* manifestation *f* || **~o** [,mæniˈfestəu] *n* (*Pl* **~es** [-z], U.S. **~s** [-z]) manifeste *m*.

manifold [ˈmænifəuld] *adj* multiple.

manikin [ˈmænikin] *n* nabot, nain *m* || ARTS mannequin *m*.

Manil(l)a [məˈnilə] *n* GÉOGR. Manille *f* || ~ *paper,* papier *m* bulle.

manipulate [məˈnipjuleit] *vt* manipuler, manœuvrer.

man|kind [mænˈkaind] *n* humanité *f*, genre humain || **~like** *adj* d'homme, digne d'un homme || **~ly** *adj* mâle, viril.

man-made [ˈmæn,meid] *adj* artificiel.

manner [ˈmænə] *n* manière, façon *f; in the French ~,* à la française || air *m,* attitude *f* || espèce *f;* ***all ~ of,*** toutes sortes de || *Pl* [social practices] manières *fpl; good ~s,* bonnes manières, savoir-vivre *m* || [ways of living] mœurs *fpl.*

mannish [ˈmæniʃ] *adj* hommasse.

manœuvre [məˈnuːvə] *n* MIL. manœuvre *f* ● *vt* (faire) manœuvrer || FIG. manœuvrer (sb.) — *vi* manœuvrer, louvoyer.

man-of-war [ˈmænəvˈwɔː] *n* navire *m* de guerre.

manor [ˈmænə] *n* *~-house,* manoir *m*.

manpower [ˈmænpauə] *n* main-d'œuvre *f*.

manservant [ˈmæn,səːvənt] *n* serviteur *m*.

mansion [ˈmænʃn] *n* [town] hôtel particulier ; [country] château *m*.

manslaughter [ˈmæn,slɔːtə] *n* JUR. homicide *m* involontaire.

mantelpiece [ˈmæntlpiːs] *n* manteau *m* de cheminée.

mantis [ˈmæntis] *m praying ~,* mante religieuse.

mantle [ˈmæntl] *n* mante, cape *f* || TECHN. (*gas-~*) manchon *m* (à incandescence).

man-trap [ˈmæntræp] *n* piège *m* à loup.

manual [ˈmænjuəl] *adj* manuel ● *n* manuel *m* (book).

manufactur|e [,mænjuˈfæktʃə] *n* fabrication *f* ● *vt* fabriquer || **~er** [-rə] *n* industriel, fabricant *m.*

manure [məˈnjuə] *n* fumier *m; liquid ~,* purin *m.*

manuscript [ˈmænjuskript] *n* manuscrit *m.*

Manx [mæŋks] *adj* de l'île de Man.

many [ˈmeni] *adj/pron* beaucoup (de), un grand nombre (de) ; ***how ~?,*** combien ? ; ***as ~ as,*** autant que, jusqu'à ; *not so ~,* pas autant ;

too ~, trop ; *be one too* ~, être de trop || ~ ***a,*** maint || See MUCH ● *n* ***the*** ~, la foule, la multitude *f* || ~**-coloured** ['-'kʌləd] *adj* multicolore || ~**-sided** ['-'saidid] *adj* complexe.

map [mæp] *n* carte *f* ● *vt* faire la carte de.

maple ['meipl] *n* érable *m.*

mar [mɑː] *vt* FIG. gâter.

maraud [mə'rɔːd] *vt* piller, marauder || ~**er** *n* pillard, maraudeur *n.*

marble ['mɑːbl] *n* marbre *m* || bille *f* (ball) ; *play* ~*s,* jouer aux billes ● *vt* marbrer.

March I [mɑːtʃ] *n* mars *m.*

march II *n* MIL. marche *f ;* ~ *past,* défilé *m* || MUS. *dead* ~, marche funèbre || FIG. progrès, déroulement *m ;* FAM. ***steal a*** ~ ***on,*** prendre de l'avance sur ● *vi* avancer || ~ *past,* défiler.

marchioness ['mɑːʃnis] *n* marquise *f.*

mare [mɛə] *n* jument *f.*

margarine [,mɑːdʒə'riːn], **marge** [mɑːdʒ] *n* margarine *f.*

margin ['mɑːdʒin] *n* bord *m* || marge *f* (on a page) || ~**al** *adj* marginal.

marigold ['mærigəuld] *n* BOT. souci *m.*

marijuana [,mæri'wɑːnə] *n* marihuana *f.*

marine [mə'riːn] *adj* marin, maritime ● *n mercantile/merchant* ~, marine marchande || U.S. fusilier *m* marin ; *the* ~*s,* l'infanterie *f* de marine.

mark [mɑːk] *n* marque *f,* signe *m* (on paper) || tache, trace *f* (stain) || [school] note *f ;* point *m* || TECHN. série *f* || SP. cible *f,* but *m ;* ***hit/miss the*** ~, atteindre/manquer le but ; [starting place] ligne *f* de départ ; ***on your*** ~***s !, get set !, go !,*** à vos marques !, prêts !, partez ! || FIG. niveau *m* (de qualité) ; [health] ***not up to the*** ~, pas en forme ● *vt* marquer || tacher (stain) || [school] corriger, noter || COMM. ~ *down,* démarquer (goods) || SP. marquer (opponent, score) || MIL. ~ *time,* marquer le pas ; FIG. piétiner || FIG. observer, faire attention à ; ~ *my words !,* écoutez-moi bien ! || ~ ***out,*** délimiter, jalonner.

market ['mɑːkit] *n* marché *m ;* ~*-day,* jour *m* de marché ; ~***-gardener,*** maraîcher *n ;* ~***-gardening,*** culture maraîchère ; ~***-place,*** place *f* du marché ; ~*survey,* étude *f* de marché ; ~***-town,*** bourg *m* ● *vt* vendre, lancer sur le marché || ~**able** *adj* vendable || ~**ing** *n* commercialisation *f.*

marksman ['mɑːksmən] *n* tireur *m* d'élite.

marmalade ['mɑːməleid] *n* confiture *f* d'oranges.

maroon I [mə'ruːn] *adj* marron roux.

maroon II *vt* [arch.] abandonner sur une île déserte || FIG. abandonner.

marquee [mɑ'kiː] *n* grande tente.

marquis ['mɑːkwis] *n* marquis *m.*

marriage ['mæridʒ] *n* mariage *m ;* ***give/take in*** ~, donner/prendre en mariage ; ~ *articles,* contrat *m* de mariage ; ~ *of convenience,* mariage de raison || ~**able** *adj* nubile.

married ['mærid] *adj* marié ; ***get*** ~, se marier ; ~ *couple,* couple (marié) ; *the newly* ~ *couple,* les nouveaux mariés ; ~ *life,* vie conjugale.

marrow ['mærəu] *n* moelle *f ;* ~ *bone,* os *m* à moelle || BOT. *vegetable* ~, courge *f.*

marry ['mæri] *vt* épouser || [priest] unir — *vi* se marier.

marsh [mɑːʃ] *n* marais, marécage *m* || ~**-mallow** ['-'mæləu] *n* guimauve *f* || ~**y** *adj* marécageux.

marshal ['mɑːʃl] *n* U.S. shérif *m* || MIL. maréchal *m* ● *vt* disposer, mettre en ordre || MIL. ranger, disposer (forces) || RAIL. **~*ling yard,*** gare *f* de triage.

mart [mɑːt] *n* centre commercial.

marten ['mɑːtin] *n* martre *f*.

martial ['mɑːʃl] *adj* martial; *~ law,* loi martiale.

martin ['mɑːtin] *n* ZOOL. martinet *m*.

martyr ['mɑːtə] *n* martyr *m* ● *vt* martyriser || **~dom** [-dəm] *n* martyre *m*.

marvel ['mɑːvl] *n* merveille *f* ● *vi* s'émerveiller, s'étonner (*at,* de) || **~lous** ['mɑːvləs] *adj* merveilleux, extraordinaire.

mascot ['mæskət] *n* mascotte *f*.

masculine ['maːskjulin] *adj* masculin, mâle (descent).

mash [mæʃ] *n* CULIN. purée *f* (de pommes de terre) ● *vt* écraser; *~ed potatoes,* purée de pommes de terre.

mask [mɑːsk] *n* masque *m* ● *vt* masquer.

masoch|ism ['mæzəukizm] *n* masochisme *m* || **~ist** *n* masochiste *n*.

mason ['meisn] *n* maçon *m* || JUR. franc-maçon *m* || **~ic** [mə'sɔnik] *adj* JUR. maçonnique || **~ry** ['meisnri] *n* ARCH. maçonnerie *f* || JUR. franc-maçonnerie *f*.

masquerade [,mæskə'reid] *n* mascarade *f*, bal masqué.

mass I [mæs] *n* masse, foule *f; in the ~,* en bloc; ***~ meeting,*** meeting monstre; ***the ~es,*** les masses populaires || ***~ media*** *(n),* media *mpl* || ***~-produce*** *(vt),* fabriquer en série; ***~-production*** *(n),* fabrication *f* en série ● *vi/vt* (se) masser.

Mass II *n* messe *f; attend/say ~,* assister à/dire la messe; *high/low ~,* grand-messe/messe basse.

massacre ['mæsəkə] *n* massacre *m* ● *vt* massacrer.

massage ['mæsaːʒ] *n* massage *m; have a ~,* se faire masser ● *vt* masser.

masseur, euse [mæ'səː, -əːz] *n* masseur *n*.

massive ['mæsiv] *adj* massif.

mast I [mɑːst] *n* BOT. gland *m*.

mast II *n* mât *m; at half ~,* en berne; *main ~,* grand mât.

master ['mɑːstə] *n* maître, patron *m* || [secondary school] professeur *m;* [primary school] instituteur *m* || [university] *Master's degree,* maîtrise *f* ● *vt* maîtriser, dominer, surmonter (difficulty); posséder à fond (subject) || **~-key** *n* passe-partout *m* || **~ly** *adj* magistral; *in a ~ way,* magistralement || **~mind** *n* FAM. esprit supérieur; cerveau *m* (fam.) ● *vt* organiser || **~piece** *n* chef-d'œuvre *m* || **~y** ['mɑːstri] *n* maîtrise, domination *f*.

mastiff ['mæstif] *n* ZOOL. mâtin, dogue *m*.

mat [mæt] *n* natte *f*, tapis *m* || dessous *m* de plat || *door ~,* paillasson *m* ● *vt* emmêler (hair).

match I [mætʃ] *n* allumette *f; strike a ~,* frotter une allumette; ***~box,*** boîte *f* d'allumettes.

match II *n* égal, pareil *m* (person); *be a ~ for sb.,* être de force à lutter avec qqn || mariage *m* || parti *m* (person) || SP. match *m* ● *vt* égaler || assortir (colours) || marier — *vi* s'harmoniser, aller (*with,* avec) || **~ing** *n* assortiment *m* || **~less** *adj* incomparable, sans pareil, hors pair.

mate I [meit] *n* mat *m* (checkmate) ● *vt* faire échec et mat.

mate II *n* camarade *n* || ZOOL. mâle *m;* femelle *f* || NAUT. (officier en) second *m* ● *vt* marier (*with,* à) || accoupler (birds) — *vi* [birds] s'unir, s'accoupler.

material [mə'tiəriəl] *adj* matériel || physique (comfort, etc.) || important (facts) || profond (change) || considérable (service) ● *n* matière *f*; ***raw ~,*** matière première; *building ~s,* matériaux *mpl* de construction || tissu *m*, étoffe *f* (fabric) || **~ism** *n* matérialisme *m* || **~ize** *vi* [plans] se réaliser, aboutir.

matern|al [mə'tə:nl] *adj* maternel || **~ity** [-iti] *n* maternité *f*; ***~ home,*** clinique *f* d'accouchement; *~ hospital,* maternité *f*; *~ leave,* congé *m* de maternité.

mathemat|ical [,mæθi'mætikl] *adj* mathématique || **~ician** [,mæθimə'tiʃn] *n* mathématicien *n* || **~ics** [,mæθi'mætiks] *n* mathématiques *fpl*.

maths [mæθs] *n* FAM. maths *fpl*.

mating ['meitiŋ] *n* union *f*; accouplement *m*.

matriarchy ['meitriα:ki] *n* matriarcat *m*.

matricula|te [mə'trikjuleit] *vi/vt* (s')inscrire à une université || **~tion** [mə,trikju'leiʃn] *n* inscription *f* || immatriculation *f*.

matrimony ['mætrimni] *n* vie conjugale.

matrix, -ices ['meitriks, -isi:z] *n* MÉD., TECHN. matrice *f* || GÉOL. gangue *f* (substance).

matron ['meitrən] *n* [institution] intendante *f* || [hospital] surveillante *f*.

matter ['mætə] *n* matière, substance *f* || documents *mpl*; *printed ~,* imprimé *m* || FIG. sujet *m*; question *f*; *as ~s stand,* au point où en sont les choses; *for that ~,* à cet égard; ***what is the ~?,*** de quoi s'agit-il?; *what is the ~ with you?,* qu'avez-vous?; *there's nothing the ~,* je n'ai rien || FIG. importance *f*; ***no ~ how,*** n'importe comment; *no ~ when,* à n'importe quel moment || FIG. affaire, question *f* || ***as a ~ of course,*** normalement, naturellement, automatiquement; ***as a ~ of fact,*** à vrai dire, en fait, en réalité ● *vi* importer; *it doesn't ~,* ça ne fait rien, ça n'a pas d'importance || **~-of-course** *adj* naturel, normal || **~-of-fact** *adj* prosaïque, terre à terre.

mattress ['mætris] *n* matelas *m*.

matur|e [mə'tjuə] *adj* mûr || FIN. échu ● *vi* mûrir || **~ity** [-riti] *n* maturité *f* || COMM. échéance *f*; *come to ~,* arriver à échéance.

maudlin ['mɔ:dlin] *adj* larmoyant.

maul [mɔ:l] *vt* malmener, brutaliser || lacérer (tear).

Mauritian [mə'riʃn] *adj/n* mauricien.

Mauritius [mə'riʃəs] *n* GÉOGR. île *f* Maurice.

mausoleum [,mɔ:sə'liəm] *n* mausolée *m*.

maverick ['mævrik] *n* FIG. franc-tireur *m*; non-conformiste *n*.

mawkish ['muɔ:kiʃ] *adj* sottement sentimental; à l'eau de rose (fam.).

maxim ['mæksim] *n* maxime *f*.

maximum ['mæksiməm] *adj/n* maximum *(m)*.

may [mei] *mod aux* (pret. might [mait]) pouvoir || [probability] *he ~ come,* il se peut qu'il vienne, peut-être viendra-t-il || [possibility] *that ~ be true,* cela peut être vrai || [permission] *if I ~,* si vous le permettez || [wish] *~ he be happy!,* puisse-t-il être heureux! || [concession] *try as he might,* il avait beau essayer || [subjunctive] *(so) that you ~ know,* afin que vous sachiez; *be that as it ~,* quoi qu'il en soit || **~be** *(adv),* peut-être.

May [mei] *n* mai *m*; *~ Day,* le 1er mai.

may|-bug ['meibʌg] *n* hanneton *m* || **~day** *n* NAUT. S. O. S. *m*.

mayor [mɛə] *n* maire *m* || **~ess** [-ris] *n* mairesse *f*.

maze [meiz] *n* labyrinthe, dédale *m.*

me [mi:] *pron* me, moi.

meadow ['medəu] *n* prairie *f,* pré *m.*

meagre ['mi:gə] *adj* maigre || FIG. pauvre.

meal I [mi:l] *n* repas *m.*

meal II *n* farine *f* || **~y** ['mi:li] *adj* farineux || FIG. *~-mouthed,* doucereux.

mean I [mi:n] *adj* moyen (average) || See GREENWICH ● *n* milieu *m*; *golden ~,* juste milieu || MATH. moyenne *f.*

mean II *adj* médiocre, pauvre, piètre (inferior) || misérable, minable (shabby-looking) || mesquin, chiche; radin (fam.) [stingy] || **~ly** *adv* chichement.

mean III *vt* (meant [ment]) signifier, vouloir dire (signify) || se proposer, avoir l'intention (intend); *what do you ~ to do?,* que comptez-vous faire? || vouloir, avoir des intentions; *I didn't ~ to (do it),* je ne l'ai pas fait exprès; *~* ***well by sb.,*** vouloir du bien à qqn; *he ~s no harm,* il n'a pas de mauvaises intentions; *I ~ it,* je ne plaisante pas || destiner (destine) [*for,* à].

meander [mi'ændə] *n* méandre *m* ● *vi* serpenter.

meaning ['mi:niŋ] *n* intention *f* (thought) || sens *m,* signification *f* (sense) || **~ful** *adj* significatif.

meanness ['mi:nnis] *n* médiocrité *f* || bassesse, vilenie *f* || ladrerie *f* (stinginess).

means [mi:nz] *npl* moyen(s) *m(pl)*; *a ~ to,* un moyen de; ***by ~ of,*** au moyen de; ***by no ~,*** en aucune manière; ***by all ~,*** certainement, je vous en prie; *by fair ~ or foul,* par tous les moyens || moyens *mpl*; *~* ***of transport,*** moyens de transport || FIN. moyens *mpl,* ressources *fpl*; *private ~,* fortune personnelle; *slender ~,* ressources *fpl* (très) modestes.

meant See MEAN III.

mean|time ['mi:n'taim], **~-while** ['-'wail] *n* intervalle *m* ● *adv* dans l'intervalle, pendant ce temps.

measles ['mi:zlz] *n* rougeole *f.*

measurable ['meʒrəbl] *adj* mesurable.

measure ['meʒə] *n* mesure, dimension *f*; *made to ~,* fait sur mesure; ***in some ~,*** dans une certaine mesure; *in a large ~,* en grande partie; ***beyond ~,*** outre mesure, sans borne ● *vt* mesurer; *with ~d steps,* à pas comptés || FIG. *~ one's length,* tomber de tout son long, s'étaler (fam.); *~ out,* doser || **~ment** *n* mesure *f*; *waist ~,* tour *m* de taille || *Pl* mensurations *fpl* (of sb.) || TECHN. arpentage *m.*

meat [mi:t] *n* viande *f* || **~less** *adj* REL. maigre (day) || **~-safe** *n* garde-manger *m inv.*

mechanic [mi'kænik] *n* mécanicien *n* || **~al** *adj* mécanique; *~ drawing,* dessin industriel || FIG. machinal || **~ally** *adv* mécaniquement || machinalement || **~s** [-s] *n(pl)* mécanique *f.*

mechan|ism ['mekənizm] *n* mécanisme *m* || **~ize** *vt* mécaniser; motoriser (army).

medal ['medl] *n* médaille *f.*

meddl|e ['medl] *vi ~ with,* se mêler de; s'immiscer dans; tripoter || **~er** *n* touche-à-tout *m.*

media ['mi:diə] *n(pl)* media *mpl.*

mediaeval [,medi'i:vl] *adj* médiéval.

median ['mi:djən] *adj* médian.

media|te ['mi:dieit] *vt* s'entremettre, servir d'intermédiaire (act); obtenir par médiation (bring about) — *vi* s'entremettre || **~tion** [,mi:di'eiʃn] *n* médiation *f* || **~tor** *n* médiateur *n.*

medical ['medikl] *adj* médical ; ~ *student,* étudiant *m* en médecine || MIL. ~ *officer,* médecin *m* militaire ● *n* FAM. visite médicale.

medicine ['medsin] *n* médecine *f* (art) || médicament, remède *m* (drug) ; *patent* ~, spécialité *f* pharmaceutique.

medico ['medikəu] *n* FAM. toubib *m.*

mediocr|e ['mi:diəukə] *adj* médiocre || **~ity** [,midi'ɔkriti] *n* médiocrité *f.*

meditat|e ['mediteit] *vi* méditer *(on,* sur) || **~ion** [,medi'teiʃn] *n* méditation *f.*

Mediterranean [,meditə'reinjən] *adj* méditerranéen ● *n* Méditerranée *f* (sea).

medium, media ['mi:djəm, -ə] *n* milieu *m* (mean) ; *the happy* ~, le juste milieu || intermédiaire *m,* entremise *f* (agency) || milieu *m* (surroundings) || (*Pl* **~s** [-z]) [spiritualism] médium *m* (in spiritualism) ● *adj* moyen || CULIN. à point.

medlar [medlə] *n* nèfle *f* || néflier *m.*

medley ['medli] *n* mélange *m* || MUS. pot-pourri *m.*

meek [mi:k] *adj* doux, humble || **~ness** *n* douceur, mansuétude *f.*

meerschaum ['miəʃəm] *n* (pipe *f* en) écume *f* de mer.

meet [mi:t] *vt* (met [met]) rencontrer (come upon) || rejoindre, aller au-devant de ; *go to ~ sb.,* aller à la rencontre de qqn || faire la connaissance de (become acquainted with) || faire face à (expenses) FIN. honorer, payer (a cheque) || FIG. affronter (a danger) ; faire face à (a difficulty) || FIG. satisfaire (demands) ; satisfaire à, répondre à (requirements) ; ~ *the case,* convenir, faire l'affaire — *vi* se rencontrer (come together) || faire connaissance (become acquainted) || se réunir (be united) || FAM. ***make (both) ends ~,*** joindre les deux bouts || ~ ***with,*** subir, avoir (accident) ; rencontrer, trouver (by chance) ● *n* SP. rendez-vous *m* de chasse || **~ing** *n* rencontre, réunion *f ;* meeting *m* (of people) ; ~ *place* (lieu *m* de) rendez-vous *m.*

mega|lomania ['megələ'meinjə] *n* mégalomanie *f* || **~phone** [-fəun] *n* porte-voix, mégaphone *m.*

melanchol|ic [,melən'kɔlik] *adj* mélancolique || **~y** ['melənkəli] *n* mélancolie *f* ● *adj* mélancolique.

mellow ['meləu] *adj* doux, moelleux (wine) ● *vi* s'adoucir, se velouter || BOT. mûrir.

melodious [mi'ləudjəs] *adj* mélodieux.

melodrama ['melə,drɑ:mə] *n* mélodrame *m* || **~tic** [,melədrə'mætik] *adj* mélodramatique.

melody ['melədi] *n* mélodie *f.*

melon ['melən] *n* melon *m.*

melt [melt] *vt* (faire) fondre — *vi* fondre, se dissoudre || FIG. s'attendrir || ~ *away,* se dissiper ; [snow], fondre — *vt* (faire) fondre || **~ing** *adj* fondant ● *n* fusion *f ;* ***~-point,*** point *m* de fusion ; ***~-pot,*** creuset *m.*

member ['membə] *n* membre *m ; be a ~ of,* faire partie de ; *Member of Parliament,* député *m* || **~ship** *n* qualité *f* de membre || nombre *m* de membres.

membrane ['membrein] *n* membrane *f.*

memento [mi'mentəu] *n* souvenir *m.*

memo ['meməu] *n* See MEMORANDUM || aide-mémoire *m.*

memoir ['memwɑ:] *n* notice *f* biographique || mémoire *m,* étude *f* (essay) || *Pl* Mémoires *mpl* (autobiography).

memor|able ['memrəbl] *adj* mémorable || **~andum, s/-anda** [,memə'rændəm, -z/-də] *m* note *f*

|| mémorandum, aide-mémoire *m* || **~ial** [mi'mɔ:riəl] *adj* commémoratif ● *n* monument commémoratif || **~ize** *vt* apprendre par cœur || **~y** ['meməri] *n* mémoire *f* (faculty); *from ~,* de mémoire || souvenir *m* (remembrance); *in ~ of,* en souvenir de; *have a ~ for faces,* être physionomiste.

men [men] *npl* See MAN || "*~ at work*", « travaux ».

menace ['menəs] *n* menace *f* ● *vt* menacer (*with,* de).

menagerie [mi'nædʒri] *n* ménagerie *f.*

mend [mend] *n* raccommodage *m* (repair); reprise *f* (darn) || FIG. ***be on the ~,*** être en voie de guérison ● *vt* raccommoder (clothes); repriser (socks) || FIG. arranger (matters); ***~ one's ways,*** s'amender — *vi* FAM. se remettre, se rétablir || **~able** [-əbl] *adj* réparable || **~ing** *n* raccommodage *m*; ***invisible ~,*** stoppage *m.*

menial ['mi:njəl] *adj* domestique; *~ condition,* domesticité *f* || FIG. servile.

meningitis [,menin'dʒaitis] *n* méningite *f.*

menses ['mensi:z] *npl* MÉD. menstrues *fpl.*

menstruate ['menstrueit] *vi* MÉD. avoir ses règles.

mensuration [,mensjuə'reiʃn] *n* mensuration *f.*

mental ['mentl] *adj* mental; *~ arithmetic,* calcul mental || *~ home,* clinique *f* psychiatrique || *~ reservation,* arrière-pensée *f* || **~ity** [men'tæliti] *n* mentalité *f.*

mention ['menʃn] *n* mention *f* ● *vt* mentionner || FAM. ***don't ~ it,*** il n'y a pas de quoi; ***not to ~,*** sans parler de.

menu ['menju:] *n* menu *m,* carte *f.*

mercantile ['mə:kntail] *adj* commercial || NAUT. ***~ marine,*** marine marchande.

mercenary ['mə:sinri] *n* mercenaire *m.*

merchandise ['mə:tʃəndaiz] *n* marchandise *f.*

merchant *n* négociant *n* || *~ marine/navy,* marine marchande || **~man, ~ ship** *n* navire *m* de commerce.

merci|ful ['mə:sifl] *adj* miséricordieux || **~less** *adj* impitoyable, sans pitié.

mercur|ial [mə:'kjuəriəl] *adj* CH. mercuriel || FIG. vif, éveillé (quick-witted); versatile, inconstant (changeable) || **~ochrome** [-əu,krəum] *n* T.N. Mercurochrome *m* || **~y** ['mə:kjuri] *n* CH. mercure *m.*

mercy ['mə:si] *n* miséricorde, grâce *f; have ~ on,* avoir pitié de; *cry for ~,* crier grâce.

mere I [miə] *n* lac, étang *m* (pond).

mere II *adj* simple, seul || **~ly** *adv* simplement, seulement, rien que; *he ~ smiled,* il se contenta de sourire.

merg|e [mə:dʒ] *vt* se fondre, s'amalgamer || JUR. fusionner || **~er** *n* COMM., FIN. fusion *f.*

meridian [mə'ridiən] *n* méridien *m* || FIG. apogée *m* ● *adj* méridien.

merit ['merit] *n* mérite *m* ● *vt* mériter || **~orious** [,meri'tɔ:riəs] *adj* méritant (person); méritoire (deed).

mermaid ['mə:meid] *n* sirène *f.*

merri|ly ['merili] *adv* gaiement || **~ment** *n* réjouissance *f* || *Pl* divertissements *mpl.*

merry ['meri] *adj* gai || FAM. éméché (tipsy) || FAM. *make ~,* s'amuser || **~-go-round** *n* manège *m* (de chevaux de bois) || **~-making** *n* réjouissances *fpl.*

mesh [meʃ] *n* maille *f* (of net) || TECHN. *in ~,* engrené ● *vt* prendre au filet — *vi* s'engrener.

mesmer|ism ['mezmərizm] *n* hypnotisme *m* || **~ize** *vt* hypnotiser, magnétiser.

mess I [mes] *n* désordre *m*, pagaille *f;* fouillis, gâchis *m* (muddle); ***make a ~ of,*** gâcher, saccager (ruin) || saleté *f* (dirt); *the cat has made a ~,* le chat a fait des saletés || FIG. ***be in a ~,*** être dans le pétrin/de beaux draps ● *vt* souiller, salir || ~ ***about,*** flâner; bricoler (work without plan) || ~ ***up,*** gâcher; mettre en désordre, semer la pagaille dans (fam.); bouleverser (plans).

mess II *n* MIL. mess *m;* popote *f* (fam.) ● *vi* manger au mess; ~ *together,* faire popote ensemble.

message ['mesidʒ] *n* message *m* (communication); *telephone ~,* message téléphonique || [Scotland] commission *f* (errand); ***go on a ~,*** faire une commission.

messenger ['mesindʒə] *n* messager *n* || commissionnaire *n.*

mess tin *n* MIL. gamelle *f.*

messy *adj* en désordre (untidy) || sale (dirty) || salissant (job).

met See MEET.

metabolism [mə'tæbəlizm] *n* métabolisme *m.*

metal ['metl] *n* métal *m* || [road] empierrement *m* || RAIL. ballast *m* || **~lic** [mi'tælik] *adj* métallique || **~lurgist** [me'tælədʒist] *n* métallurgiste *m* || **~lurgy** [me'tælədʒi] *n* métallurgie *f.*

metamorphosis [,metə'mɔ:fəsis] *n* métamorphose *f.*

metaphor ['metəfə] *n* métaphore *f.*

metaphys|ical [,mətə'fizikl] *adj* métaphysique || **~ics** [-iks] *n* métaphysique *f.*

mete [mi:t] *vt* ~ *out,* répartir.

meteor ['mi:tjə] *n* météore *m* || **~ite** [-rait] *n* météorite *m/f* || **~ological** [,mi:tjərə'lɔdʒikl] *adj* météorologique || **~ology** [,mi:tjə'rɔlədʒi] *n* météorologie *f.*

meter ['mi:tə] *n* compteur *m* (for gas, electricity) || U.S. mètre *m* || AUT. U.S. ***~-maid,*** contractuelle *f.*

method ['meθəd] *n* méthode *f* || **~ical** [mi'θɔdikl] *adj* méthodique.

methylated ['meθileitid] *adj* ~ *spirit,* alcool *m* à brûler.

meticulous [mi'tikjuləs] *adj* méticuleux.

metr|e ['mi:tə] *n* mètre *m* || **~ic** ['metrik] *adj* métrique; FAM. *go ~,* adopter le système métrique || **~onome** ['metrənəum] *n* métronome *m.*

metrop|olis [mi'trɔpəlis] *n* métropole *f* || **~olitan** [,metrə'pɔlitn] *adj* métropolitain, de la capitale.

mettle ['metl] *n* fougue, ardeur *f.*

mew I [mju:] *n* miaulement *m* ● *vi* miauler.

mew II *n* ZOOL. mouette *f.*

mew III *n* mue; volière *f* ● *vt* mettre en cage || **~s** [-z] *n* (+ sing. v.) écuries *fpl* (formerly) || studio, appartement *m* (modern).

Mexic|an ['meksikən] *adj/n* mexicain || **~o** [-əu] *n* Mexique (country); ~ ***City,*** Mexico.

mezzanine ['mezəni:n] *n* mezzanine *f;* entresol *m.*

mica ['maikə] *n* mica *m.*

mice *npl* See MOUSE.

microbe ['maikrəub] *n* microbe *m.*

micro|film ['maikrəfilm] *n* microfilm *m* || **~groove** *n* TECHN. microsillon *m* || **~phone** [-fəun] *n* microphone *m* || **~processor** *n* microprocesseur *m.*

microscop|e ['maikrəskəup] *n* microscope *m* || **~ic** [,maikrə-s'kɔpik] *adj* microscopique.

mid [mid] *prep* LIT. = AMID(ST) ● *pref* au milieu de; mi-; *in ~air,* en plein ciel; *in ~-June,* à la mi-juin; *in ~ ocean,* en plein océan.

midday [ˌmid'dei] *n* midi *m*.

middle ['midl] *adj* du milieu || intermédiaire (position) || moyen (size); *~ course,* moyen terme || *~* ***finger,*** majeur *m* || *Middle Ages,* Moyen Âge || GÉOGR. *Middle East,* Moyen-Orient || SP. moyen (weight) ● *n* milieu *m; in the ~ of,* au milieu de || FAM. taille *f* (waist) || **~-age** [ˌ--'-] *n* un certain âge; *~* ***spread,*** embonpoint *m* de la maturité || **~-aged** ['--'eidʒd] *adj* d'un certain âge, entre deux âges || **~-class** *n* classe moyenne, bourgeoisie *f* || **~man** *n* COMM. intermédiaire *m* || **~-of-the-road** *adj* modéré (policy).

middling ['midliŋ] *adj* passable || COMM. moyen (quality) ● *adv* assez bien.

middy ['midi] *n* FAM. aspirant *m* de marine; midship *m* (fam.).

midge [midʒ] *n* moucheron *m*.

midget ['midʒit] *adj* minuscule, nain, mini- ● *n* nain *n*.

mid|night ['midnait] *n* minuit *m* || **~riff** [-rif] *n* ANAT. diaphragme *m* || **~shipman** [-ʃipmən] *n* NAUT. aspirant *m*.

midst [midst] *n* milieu *m* ● *adv* parmi.

midsummer ['mid,sʌmə] *n* solstice *m* d'été || cœur *m* de l'été (middle of summer).

midway ['mid'wei] *adv* à mi-chemin.

midwife ['midwaif] *n* MÉD. sage-femme *f* || **~ry** ['midwifri] *n* obstétrique *f*.

midwinter ['mid'wintə] *n* solstice *m* d'hiver || cœur *m* de l'hiver (middle of winter).

mien [miːn] *n* mine, contenance *f*.

miffed [mift] *adj* FAM. fâché, vexé.

might I [mait] See MAY.

might II *n* puissance, force *f* || **~-have-been** *n* raté *m* (person) || **~y** *adj* puissant.

migr|ant ['maigrənt] *n* émigrant *n* (person) || **~ate** [-'greit] *vi* émigrer || **~ation** [-'greiʃn] *n* migration *f* || **~atory** [-ətri] *adj* migrateur.

mike [maik] *n* FAM. micro *m*.

milch [miltʃ] *adj ~ cow,* vache laitière.

mild [maild] *adj* doux (person, climate); *grow ~er,* se radoucir || léger (beer) || peu épicé (sauce) [not hot] || MÉD. bénin (harmless) || **~ly** *adv* doucement || **~ness** *n* douceur *f*.

mile [mail] *n* mile *m;* NAUT. mille *m* || **~age** ['mailidʒ] *n* FR. kilométrage *m* || **~ometer** [mai'lɔmitə] *n* AUT. = FR. compteur *m* (kilométrique) || **~stone** *n* borne *f* milliaire/kilométrique || FIG. jalon *m*.

milit|ant ['militnt] *n* militant *n* || **~arism** ['militərizm] *n* militarisme *m* || **~ary** ['militri] *adj* militaire || **~ate** [-eit] *vi* militer (*for/against,* pour/contre) || **~ia** [mi'liʃə] *n* milice *f;* ***~man,*** milicien *m*.

milk [milk] *n* lait *m; ~ diet,* régime lacté; *~-powder,* lait en poudre ● *vt* traire || **~-can** *n* bidon *m* à lait || **~maid** *n* laitière *f* || **~man** *n* laitier *m* || **~sop** *n* FAM. poule mouillée || **~-tooth** *n* dent *f* de lait || **~y** *adj* laiteux, lacté || ASTR. *the Milky Way,* la Voie lactée.

mill [mil] *n* moulin *m* || usine, fabrique *f* ● *vt* moudre, broyer — [cattle] tournailler || [crowd] grouiller || **~er** *n* meunier *m; ~'s wife,* meunière *f* || **~ing** *n* mouture *f*.

milliner ['milinə] *n* modiste *f*.

million ['miljən] *n* million *m* || **~aire** [ˌmiljə'nεə] *n* millionnaire; milliardaire *n*.

millstone ['milstəun] *n* meule *f* || FIG. boulet *m*.

mime [maim] *n* mime *m* ● *vi/vt* mimer.

mimeograph ['mimiəgrɑ:f] *vt* U.S. ronéot(yp)er ● *n* machine *f* à polycopier.

mimic ['mimik] *vt* imiter, singer ● *adj* imitateur || **~ry** [-ri] *n* imitation *f* (art) || ZOOL. mimétisme *m*.

mince [mins] *vt* hacher menu (meat) || FIG. ***not to ~ matters/one's words,*** ne pas mâcher ses mots — *vi* minauder || **~meat** *n* (sorte *f* de) fruits confits || **~-pie** *n* tourte *f* aux fruits confits.

minc|er, ~ing machine *n* hachoir *m*.

mind [maind] *n* esprit *m; frame of ~,* état d'esprit; ***presence of ~,*** présence d'esprit; ***absence of ~,*** distraction, absence *f* || raison *f; be out of one's ~,* avoir perdu la raison || avis *m,* opinion *f; **speak one's ~,*** dire ce qu'on pense; *give sb. a piece of one's ~,* dire son fait à qqn; ***change one's ~,*** changer d'avis; ***make up one's ~,*** se décider; *be of one ~,* être d'accord; *be of the same ~,* être du même avis; *know one's ~,* savoir ce qu'on veut; *to my ~,* à mon avis, à mon sens || envie *f; **I have a good/half a ~ to do it,*** j'ai bien/presque envie de le faire || idée *f; to one's ~,* à son goût || attention; *take one's ~ off,* détourner son attention de || souvenir *m,* mémoire *f; **bear in ~,*** se rappeler; *keep sth. in ~,* se souvenir de || PHIL. esprit *m* ● *vt* faire attention à || se soucier de, s'inquiéter de; ***never ~ the price,*** ne vous inquiétez pas du prix || veiller sur, surveiller (a baby) || [interr. et neg. sentences] trouver à redire; *would you ~ if...?,* cela vous gênerait-il que...?; *would you ~ closing the door?,* voulez-vous bien fermer la porte?; *if you don't ~,* si vous n'y voyez pas d'inconvénient, si cela ne vous fait rien; *I don't ~ the cold,* je ne crains pas le froid || s'occuper de; *~ your own business,* occupez-vous de vos affaires; ***~ you,*** vous savez, remarquez || ***never ~!,*** ça ne fait rien! tant pis! (it doesn't matter); ne vous en faites pas! (don't worry).

mine I [main] *poss pron* le mien *m,* la mienne *f,* les miens *mpl,* les miennes *fpl; this is ~,* c'est à moi; *a friend of ~,* un de mes amis.

mine II *n* TECHN., MIL., NAUT. mine *f; ~-field,* bassin minier || NAUT. ***~-layer,*** mouilleur *m* de mines; ***~-sweeper,*** dragueur *m* de mines ● *vt* miner, creuser.

miner ['mainə] *n* mineur *m*.

mineral ['minrəl] *n/adj* minéral (*m*) || **~ogy** [,minə'rælədʒi] *n* minéralogie *f*.

mingle ['miŋgl] *vi/vt* (se) mêler, (se) mélanger.

miniature ['minjətʃə] *n* miniature *f* ● *adj* miniature, minuscule.

minim ['minim] *n* MUS. blanche *f; ~-rest,* demi-pause *f* || **~ize** *vt* minimiser, sous-estimer || **~um** [-əm] *n/adj* minimum *(m); reduce to a ~,* réduire au minimum.

mining ['mainiŋ] *adj* minier.

miniskirt ['miniskə:t] *n* mini-jupe *f*.

minis|ter ['ministə] *n* ministre *m* || REL. ministre, pasteur *m* || **~try** [-tri] *n* ministère *m*.

mink [miŋk] *n* vison *m; ~ coat,* manteau *m* de vison.

minor ['mainə] *n* JUR., MUS. mineur *n* || U.S. matière *f* secondaire (at school) ● *adj* mineur, moindre || secondaire || petit, menu || **~ity** [mai'nɔriti] *n* minorité *f* (number age).

minstrel ['minstrəl] *n* HIST. ménestrel *m*.

mint I [mint] *n* menthe *f*.

mint II *n* G.B. *Royal Mint,* Monnaie *f* || FIG. ***in ~ condition,*** à l'état de neuf ● *vt* frapper (coin) || FIG. inventer (word) || ~ **stamp** *n* timbre non oblitéré.

minuet [,minju'et] *n* MUS. menuet *m*.

minus ['mainəs] *adj* en moins ● *n* moins *m* (sign) ● *prep* moins.

minute I ['minit] *n* minute *f* (of a degree, of an hour); *wait a ~!*, un instant!; *(at) any ~*, d'un instant à l'autre || JUR. minute *f* || *Pl* procès-verbal, compte rendu *m*.

minute II [mai'nju:t] *adj* menu, minuscule || minutieux, circonstancié (account) || **~ly** *adv* minutieusement, en détail.

mira|cle ['mirəkl] *n* miracle *m* || **~culous** [mi'rækjuləs] *adj* miraculeux.

mirage ['mirɑ:ʒ] *n* mirage *m*.

mire ['maiə] *n* bourbier *m*, fondrière *f* (bog) || fange, boue *f* (mud).

mirror ['mirə] *n* miroir *m*, glace *f* || AUT. *driving-~*, rétroviseur *m* ● *vt* refléter.

mirth [mə:θ] *n* joie, gaieté *f*.

misadventure ['misəd'ventʃə] *n* mésaventure *f*.

mis- [mis] *pref* = MAL-.

misanthrope ['miznθrəup] *n* misanthrope *n* || **~ic** [,mizn'θrɔpik] *adj* misanthrope, -ique.

mis|apply ['misə'plai] *vt* mal employer/appliquer || détourner (funds) || **~behave** ['--'-] *vi* se conduire mal || **~belief** ['--'-] *n* croyance *f* erronée || **~believer** ['--'-] *n* mécréant *n* || **~carriage** [-'--] *n* MÉD. fausse couche || FIG. échec *m* || **~carry** [-'--] *vi* MÉD. faire une fausse couche, avorter || [letters] s'égarer || FIG. échouer.

miscellaneous [,misə'leinjəs] *adj* divers, varié.

mischance [,-'-] *n* malchance, mésaventure *f*.

mis|chief ['mistʃif] *n* mal, tort *m* (injury) || espièglerie *f* (roguishness) || [child's wrongdoing] sottises; *get into ~*, faire des bêtises || **~chievous** [-tʃivəs] *adj* malfaisant (person) || espiègle (child) || nuisible (thing) || **~chievousness** *n* espièglerie *f* || **~conception** ['--'--] *n* conception erronée || **~conduct** [-'--] *n* mauvaise conduite || COMM. mauvaise gestion || **~deal** ['-'-] *n* [cards] maldonne *f* || **~deed** ['-'-] *n* méfait, délit *m* || **~demeanour** [,--'--] *n* JUR. délit *m* || écart *m* de conduite.

miser ['maizə] *n* avare *n*.

miserable ['mizrəbl] *adj* misérable, triste, malheureux.

miserly ['maizəli] *adj* avare.

mis|fire ['mis'faiə] *n* AUT., MIL. raté *m* ● *vi* AUT. avoir des ratés || MIL. faire long feu || FAM. rater || **~fit** *n* habit manqué || COMM. laissé-pour-compte *m* || FAM. inadapté *n* || **~fortune** [-'--] *n* infortune *f*, malheur *m* || **~giving** [-'--] *n* appréhension, inquiétude *f*, pressentiment *m* || **~guide** ['-'-] *vt* mal orienter, fourvoyer || **~hap** ['mishæp] *n* contretemps, accident *m*, mésaventure *f* || **~inform** ['--'-] *vt* mal renseigner, fourvoyer || **~lay** [-'-] *vt* (see LAY) égarer, perdre || **~lead** [-'-] *vt* (see LEAD) induire en erreur, abuser, tromper, fourvoyer (misguide) || *~ing*, trompeur, déroutant || **~manage** ['-'--] *vt* mal gérer || **~management** *n* mauvaise gestion || **~nomer** ['mis'nəumə] *n* erreur *f* d'appellation || GRAMM. emploi erroné d'un mot.

misogyn|ist [mi'sɔdʒinist] *n* misogyne *n* || **~y** *n* misogynie *f*.

mis|place ['-'-] *vt* mal placer; égarer || **~print** ['-'-] *n* faute d'impression, coquille *f* || **~pronounce** ['--'-] *vt* mal prononcer || **~read** ['-'-] *vt* (see READ) mal lire || **~represent** ['-,- -'-] *vt* dénaturer.

miss, es I [mis, iz] *n* demoiselle *f*

|| *Miss Smith,* Mademoiselle Smith.

miss II vt manquer, rater; ~ *the target,* manquer la cible || ~ *one's train,* manquer son train || manquer (a lesson) || *she (just) ~ed falling,* elle a failli tomber || ressentir l'absence; *I ~ you,* vous me manquez; *do you ~ me?,* est-ce que je vous manque? || FIG. ~ ***the mark,*** manquer son but, passer à côté || ~ ***out,*** omettre, sauter (a word) ● *n* coup manqué, échec *m.*

missile ['misail] *n* projectile *m* || MIL. missile *m.*

missing ['misiŋ] *n/adj* disparu (person); manquant (thing).

mission ['miʃn] *n* mission *f* || **~ary** [-əri] *n* missionnaire *n.*

misspell ['mis'spel] *vi/vt* (see SPELL) mal orthographier || **~ing** *n* faute *f* d'orthographe.

mist [mist] *n* brume *f* ● *vi* [mirror] s'embuer; [landscape] s'embrumer.

mistake [mis'teik] *vi* (see TAKE) se méprendre, se tromper — *vt* confondre, se tromper de; ~ *sb. for,* prendre qqn pour || se méprendre sur (sb.); ***be ~n,*** se tromper (*about,* sur); *if I am not ~n,* sauf erreur ● *n* erreur, méprise *f; make a ~,* se tromper, commettre une erreur; *careless ~,* faute *f* d'étourderie; ***by ~,*** par erreur || GRAMM. faute *f.*

Mister ['mistə] *n* See MR.

mistletoe ['misltəu] *n* gui *m.*

mistook [mis'tuk] See MISTAKE *v.*

mistranslation [,--'--] *n* faux-sens *m.*

mistreat [mis'tri:t] *vt* maltraiter.

mistress ['mistris] *n* maîtresse *f* (all senses) || See SCHOOLMISTRESS.

mis|trust ['-'-] *n* méfiance *f* ● *vt* se méfier de || **~trustful** *adj* méfiant || **~understand** ['---'-] *vt* (see UNDERSTAND) mal comprendre || FIG. mal interpréter, se méprendre sur || **~understanding** *n* malentendu *m,* méprise *f* (mistake) || désaccord *m,* mésentente *f* (dissension) || **~use** ['mis'ju:s] *n* abus *m,* mauvais usage, emploi abusif ● ['-'ju:z] *vt* faire mauvais usage || maltraiter (*sb.,* qqn).

mite [mait] *n* brin *m,* miette *f* || petit *n* (small child).

mitigate ['mitigeit] *vt* tempérer, adoucir || FIG. alléger.

mitre ['maitə] *n* REL. mitre *f.*

mitten ['mitn] *n* [former times] mitaine *f* || moufle *f.*

mix [miks] *vt* mélanger, mêler (*with,* à) || FIG. ~ *up,* confondre (*with,* avec) || embrouiller — *vi* se mélanger || [people] se mêler, fréquenter (with) || **~ed** [-t] *adj* mélangé, mêlé || mixte (school, marriage) || [person] *be ~ up,* être mêlé (*in,* à) || FIG. ~ ***up,*** désorienté, troublé, perplexe || **~er** *n* FAM. *be a good ~,* être sociable, se lier facilement || TECHN. mélangeur, malaxeur *m* || CULIN. mixe(u)r *m* || CIN. ingénieur *m* du son || **~ing** *n* mélange *m* || TECHN. malaxage *m* || CIN. mixage *m* || **~ture** [-tʃə] *n* mélange *m,* mixture *f.*

mizzenmast ['miznmα:st] *n* mât *m* d'artimon.

moan [məun] *n* gémissement *m,* plainte *f* ● *vi* gémir.

moat [məut] *n* fossé *m,* douve *f.*

mob [mɔb] *n* foule *f* (crowd) || cohue *f* (disorderly crowd); populace *f* (masses) || canaille, pègre *f* (rabble) ● *vi* s'attrouper — *vt* molester.

mobil|e ['məubail] *adj* mobile || **~ization** [,məubilai'zeiʃn] *n* mobilisation *f* || **~ize** ['məubilaiz] *vt* MIL. mobiliser.

mock [mɔk] *adj* faux, simulé || ~ *exam(ination),* examen blanc ● *n* objet *m* de dérision (laughing-stock) || simulacre *m* ● *vt/vi* se moquer (*at*, de) — *vt* tromper (deceive) || contrefaire, singer, moquer, ridiculiser || **~ery** [-əri] *n* moquerie, raillerie *f* || objet *m* de risée || simulacre, semblant *m* || **~ing** *adj* moqueur, goguenard; narquois (smile).

mod [mɔd] *abbrev* = MODERN || **~ cons** [,-'kɔnz] = MODERN CONVENIENCES; *with all ~ cons,* tout confort.

mode [məud] *n* genre *m* (manner) || mode *f* (fashion) || MUS. mode *m.*

model ['mɔdl] *n* modèle *m* (dummy) || TECHN. *(scale)* ~, maquette *f* (of a building) || [dressmaking] mannequin *m* (person) || ARTS modèle *m* || FIG. modèle *m; take sb. as a ~,* prendre modèle sur qqn ● *vt* modeler (*after/upon*, sur) || **~ling** *n* modelage *m.*

moderate I ['mɔdereit] *vt* modérer.

moderate II ['mɔdrit] *adj* modéré, sobre || moyen || **~ly** *adv* modérément || **~ness** *n* modération *f* || FIG. mesure *f.*

modera|tion [,mɔdə'reiʃn] *n* modération *f* || **~tor** ['mɔdəreitə] *n* modérateur *m.*

modern ['mɔdən] *adj* moderne; *~ languages,* langues vivantes || ***~ conveniences,*** confort *m* moderne || **~ity** [mɔ'də:niti] *n* modernité *f* || **~ize** *vt* moderniser.

modest ['mɔdist] *adj* modeste || pudique (chaste) || **~ly** *adv* modestement, pudiquement || **~y** *n* modestie, simplicité *f* (behaviour) || pudeur, réserve *f* (sense of decency).

modi|fication [,mɔdifi'keiʃn] *n* modification *f* || **~fy** ['mɔdifai] *vt* modifier || modérer (make less hard).

modiste [mə'di:st] *n* modiste *f* || couturière *f* (dressmaker).

modulate ['mɔdjuleit] *vt* ajuster || MUS., RAD. moduler.

Mohammedan [mə'hæmidn] *adj/n* mahométan.

moist [mɔist] *adj* humide, mouillé, moite (hand) || **~en** ['mɔisn] *vt/vi* (s')humecter || **~ness** *n* humidité, moiteur *f* || **~ure** ['mɔistʃə] *n* buée *f* (on mirror).

molar ['məulə] *n* molaire *f.*

molasses [mə'læsiz] *n (sing)* mélasse *f.*

mold [məuld] See MOULD I, II, III.

mole I [məul] *n* MÉD. grain *m* de beauté.

mole II *n* NAUT. môle *m*, jetée *f.*

mole III *n* ZOOL. taupe *f; ~-hill,* taupinière *f.*

molecule ['mɔlikju:l] *n* molécule *f.*

molest [mə'lest] *vt* agacer (annoy) || attaquer, molester (attack).

mollify ['mɔlifai] *vt* adoucir.

mollusc ['mɔləsk] *n* mollusque *m.*

molten ['məultn] *adj* en fusion.

moment ['məumənt] *n* moment, instant *m;* ***at any ~,*** d'un moment à l'autre; *for the ~,* pour le moment, momentanément; *one ~!,* un instant!; *the ~ I saw him,* dès que je l'aperçus || *at odd ~s,* à ses moments perdus || importance *f* || **~arily** [-rili] *adv* momentanément || **~ary** [-ri] *adj* momentané || **~ous** [mə'mentəs] *adj* important || **~um** [mə'mentəm] *n* PHYS. moment *m* || FIG. élan *m*, vitesse acquise.

Monaco ['mɔnəkəu] *n* Monaco *m.*

monarch ['mɔnək] *n* monarque *m* || **~y** *n* monarchie *f.*

monast|ery ['mɔnəstri] *n* monastère *m* || **~ic** [mə'næstik] *adj* monastique; monacal.

monaural ['mɔn'ɔ:rəl] *adj* monaural.

Monday ['mʌndi] *n* lundi *m.*

Monegasque [,mɔnə'gæsk] *adj/n* monégasque.

money ['mʌni] *n* argent *m* (coins, notes) || FIN. monnaie *f; ready* ~, argent comptant/liquide ; ***make* ~,** s'enrichir ; ***get one's* ~*'s worth,*** en avoir pour son argent || **~-box** *n* tirelire *f* || **~-changer** *n* changeur *m* || **~-lender** *n* prêteur *n* || **~-making** *adj* lucratif, profitable || **~-minded** *adj* intéressé || **~-order** *n* mandat *m*.

monger ['mʌŋgə] *n* marchand *n*.

mongrel ['mʌŋgrəl] *n* métis *n* || ZOOL. bâtard *m* (dog) || BOT. hybride *m*.

monitor ['mɔnitə] *n* [school] chef *m* de classe || T.V. écran *m* de contrôle ● *vt* RAD. écouter || TECHN. contrôler.

monk [mʌŋk] *n* REL. moine *m*.

monkey ['mʌŋki] *n* singe *m ; she-*~, guenon *f* || ~ **business** *n* combine *f*, affaire *f* louche || **~-puzzle** *n* araucaria *m* || **~-tricks** *npl* = ~ BUSINESS || **~-wrench** *n* clef anglaise/à molette.

mono|gamy [mɔ'nɔgəmi] *n* monogamie *f* || **~gram** ['mɔnəgræm] *n* monogramme *m* || **~logue** ['mɔnəlɔg] *n* monologue *m* || **~polize** [mə'nɔpəlaiz] *vt* monopoliser || **~poly** [mə'nɔpəli] *n* monopole *m* || **~tonous** [mə'nɔtnəs] *adj* monotone || **~tony** [mə'nɔtni] *n* monotonie *f*.

monsoon [mɔn'su:n] *n* mousson *f*.

mons|ter ['mɔnstə] *adj* énorme ● *n* monstre *m* || **~trosity** [mɔns'trɔsiti] *n* monstruosité *f* || **~trous** ['mɔnstrəs] *adj* monstrueux, horrible.

month [mʌnθ] *n* mois *m* || **~ly** *adj* mensuel ; ~ *instalment,* mensualité *f* (payment) || MÉD. ~ *period,* règles *fpl* ● *n* mensuel *m* (magazine).

monument ['mɔnjumənt] *n* monument *m* || **~al** [,mɔnju'mentl] *adj* monumental.

moo [mu:] *vi* meugler.

mood [mu:d] *n* humeur, disposition *f; be in a good/bad* ~, être de bonne/mauvaise humeur || GRAMM. mode *m* || **~y** *adj* maussade, morose || d'humeur changeante (changeable).

moon [mu:n] *n* lune *f; new* ~, nouvelle lune ; *full* ~, pleine lune ● *vi* ~ *about,* muser || **~light,** **~shine** *n* clair *m* de lune.

moor I [muə] *n* lande *f*.

moor II *vt* NAUT. amarrer — *vi* mouiller || **~ing** [-riŋ] *n* mouillage *m ;* ~ ***buoy,*** coffre *m* d'amarrage || *Pl* poste *m* d'amarrage ; amarres *fpl* (ropes).

Moor III *n* Maure *m*, -esque *f* || **~ish** *adj* maure, mauresque.

moose [mu:s] *n* ZOOL., U.S. élan *m*.

moot [mu:t] *adj* ~ *point,* point litigieux.

mop [mɔp] *n* balai *m* à franges || FAM. tignasse *f* (hair) ● *vt* ~ *up,* éponger, essuyer || MIL. nettoyer || FIG. achever.

mope [məup] *vi* se morfondre, broyer du noir.

moped ['məuped] *n* vélomoteur, cyclomoteur *m*.

moral ['mɔrl] *adj* moral ● *n* [story] morale || [rules of behaviour] *Pl* moralité *f;* mœurs *fpl* || **~e** [mɔ'rɑ:l] *n* MIL. moral *m* || **~ist** *n* moraliste *n* || **~ity** [mə'ræliti] *n* moralité *f* || **~ize** *vt* moraliser || **~ly** *adv* moralement.

morbid ['mɔ:bid] *adj* morbide || FIG. malsain (curiosity).

more [mɔ:] *adj* (comp. of MUCH/-MANY) plus de, davantage de ; ~ *money,* plus d'argent || en plus ; *one week* ~, encore une semaine ● *pron* plus, davantage ; *no* ~, pas plus ● *adv* plus, davantage ; *more... than,* plus... que ; ***never* ~,** jamais plus ; ~ ***and* ~,** de plus en plus ; ~ ***or less,*** plus ou moins ;

(all) the ~, d'autant plus (*as*, que).

moreover [mɔː'rəuvə] *adv* de plus, en outre (in addition to) || d'ailleurs (besides).

Moresque [mɔ'resk] *adj* mauresque.

morgue [mɔːg] *n* U.S. morgue *f*.

morning ['mɔːniŋ] *n* matin *m* ; *in the ~*, le matin ; *this ~*, ce matin || ~ **after** *n* FAM. lendemain *m* de cuite (fam.) || MÉD. ~ ***pill,*** pilule *f* du lendemain || ~ **coat** *n* jaquette *f* || ~ **glory** *n* belle-de-jour *f*.

Morocc|an [mə'rɔkən] *adj/n* marocain || ~**o** [-əu] *n* Maroc *m*.

morocco *n* COMM. maroquin *m* (leather).

moron ['mɔːrɔn] *n* crétin *n* || MÉD. arriéré *n*.

morose [mə'rəus] *adj* morose.

morph|ia, ~ine ['mɔːfjə, -fin] *n* MÉD. morphine *f*.

morrow ['mɔrəu] *n* lendemain *m*.

Morse [mɔːs] *n* ~ *(code),* [alphabet] Morse *m*.

morsel ['mɔːsl] *n* morceau *m*, bouchée *f*.

mort|al ['mɔːtl] *adj* mortel ● *n* mortel *m* || ~**ality** [mɔː'tæliti] *n* mortalité *f* || ~**ally** ['mɔːtəli] *adv* mortellement.

mortar ['mɔːtə] *n* mortier *m* || MIL. mortier *m*.

mortgage ['mɔːgidʒ] *n* JUR. hypothèque *f* ● *vt* hypothéquer.

mort|ician [mɔː'tiʃn] *n* U.S. entrepreneur *m* de pompes funèbres || ~**ification** [ˌmɔːtifi'keiʃn] *n* mortification *f* || ~**ify** ['mɔːtifai] *vt* mortifier — *vi* MÉD. se gangrener || ~**uary** ['mɔːtjuəri] *adj* mortuaire ● *n* morgue *f*.

mosaic [mə'zeiik] *n* mosaïque *f*.

Moscow ['mɔskəu] *n* Moscou *m*.

Moslem ['mɔzlem] *adj/n* musulman.

mosque [mɔsk] *n* mosquée *f*.

mosquito [məs'kiːtəu] *n* moustique *m* ; *~-net*, moustiquaire *f*.

moss [mɔs] *n* mousse *f* || ~**y** *adj* mousseux.

most [məust] *adj/pron* [sup. of MUCH/MANY] *(the) ~*, le plus (de) ; la plupart (nearly all) ; *for the ~ part*, pour la plupart ● *adv* le plus || très (very) ; ~ ***likely,*** très probablement ● *n* ***the ~,*** le plus ; *at the very ~*, tout au plus, au grand maximum ; ***make the ~ of,*** tirer le meilleur parti de.

mote [məut] *n* grain *m* de poussière.

motel [məu'tel] *n* motel *m*.

moth [mɔθ] *n* phalène *f* (butterfly) ; *(clothes) ~*, mite *f* || ***~-balls,*** boules *fpl* de naphtaline || ***~-eaten,*** mité.

mother ['mʌðə] *n* mère *f* ; *unmarried ~*, mère célibataire ; ***~-in-law,*** belle-mère || FIG. ~ *country*, patrie *f* ; ~ *tongue*, langue maternelle || ~**ly** *adj* maternel.

mother-of-pearl *n* nacre *f*.

motion ['məuʃn] *n* mouvement *m* (act) ; ***set in ~,*** mettre en marche || geste *m* (single movement) || motion, proposition *f* (suggestion) || *Pl* MÉD. selles *fpl* ● *vi/vt* ~ *(to) sb.*, faire signe à qqn (*to*, de) || ~**less** *adj* immobile.

motion picture *n* film *m*.

mot|ivate ['məutiveit] *vt* motiver ; inciter || ~**ivation** [ˌ--'veiʃn] *n* mobile *m*, motivation *f* || ~**ive** ['məutiv] *adj* moteur ● *n* motif *m* || mobile *m*.

motley ['mɔtli] *adj* bigarré (many coloured) || hétérogène (of various sorts).

motocross ['məutəukrɔs] *n* motocross *m*.

motor ['məutə] *n* moteur *m* ● *vi* aller en voiture || **~-boat** *n* canot *m* automobile || **~-car** *n* automobile, voiture *f* || **~-coach** *n* autocar *m* || **~-cycle** *n* motocyclette *f*; **~** *policeman,* motard *m* (fam.); *light* **~**, cyclomoteur *m* || **~cyclist** *n* motocycliste *n* || **~ist** [-rist] *n* automobiliste *n* || **~ize** [-raiz] *vt* MIL. motoriser || **~man** *n* wattman *m* || **~-race** *n* course *f* d'autos || **~ scooter** *n* scooter *m* || **~ show** *n* salon *m* de l'auto || **~way** *n* autoroute *f*.

mottle ['mɔtl] *vt* marbrer.

motto ['mɔtəu] *n* devise *f*.

mould I [məuld] *n* terreau *m* (earth).

mould II *n* moule *m* (countainer) || TECHN. matrice *f* ● *vt* mouler || **~ing** *n* ARCH. moulure *f*.

mould III *n* moisissure *f* (furry growth) ● *vi* moisir.

mould|er ['məuldə] *vi* tomber en poussière || **~y** *adj* moisi.

moult [məult] *vi* muer ● *n* mue *f*.

mound [maund] *n* monticule *m* (hill) || tumulus *m* (grave).

mount [maunt] *n* mont *m* (mountain) || monture *f* (horse, support) ● *vt* monter (*on,* sur) || TECHN. monter (a jewel); encadrer (a photo) || MIL. monter (guard) || TH. monter (a play) || SP. monter (a horse) — *vi* monter *(on,* sur) || [expenses] **~** *up to,* s'élever à.

mountain ['mauntin] *n* montagne *f*; **~** ***dweller,*** montagnard *n*; **~** ***sickness,*** mal *m* des montagnes || **~eer** [,maunti'niə] *n* SP. alpiniste *n* || **~eering** *n* alpinisme *m* || **~ous** *adj* montagneux.

mourn [mɔ:n] *vi/vt* **~** *(for/over the death of),* pleurer (la mort de) || **~ful** *adj* affligé; éploré || **~ing** *n* affliction *f*; deuil *m*; ***go into*** **~**, prendre le deuil; ***in*** **~**, en deuil (*for sb.,* de qqn).

mouse, mice [maus, mais] *n* souris *f*; *field* **~**, mulot *m* ● *vi* [cat] chasser les souris || **~-trap** *n* souricière *f*.

moustache [məs'tɑ:ʃ] *n* moustache *f*.

mouth, s [mauθ, mauðz] *n* [person, horse] bouche *f*; [dog] gueule *f* || [river] embouchure *f* || [bottle] goulot *m* ● [mauð] *vt* dire, prononcer; proférer (curses) || **~ful** *n* bouchée *f* || **~-organ** *n* harmonica *m* || **~piece** *n* MUS. embouchure *f* || FIG. porte-parole *m*.

movable ['mu:vəbl] *adj* mobile ● *npl* mobilier *m* || JUR. biens *mpl* meubles.

move [mu:v] *vt* remuer, bouger, déplacer (change the position of) || passer (one's hand) [*over,* sur] || provoquer, exciter (stir up) || émouvoir, affecter (touch) || soumettre, proposer (a resolution) || **~** ***away,*** écarter, ôter || **~** ***back,*** (faire) reculer || **~** ***in,*** emménager (furniture); **~** ***out,*** déménager (furniture).

— *vi* remuer, bouger (change place); aller, se déplacer (be in motion); agir (be active) || **~** *(house),* déménager || [chess] jouer || JUR. déposer une motion; **~** *that,* proposer que || **~** *about,* aller et venir || **~** ***back,*** reculer || **~** ***forward,*** avancer || **~** ***in,*** emménager || **~** ***off,*** s'éloigner; AUT., RAIL. s'ébranler || **~** ***on,*** avancer, circuler || **~** ***out,*** déménager || **~** ***over!,*** FAM. poussez-vous!

● *n* mouvement *m*; ***on the*** **~**, en mouvement; FIG. par monts et par vaux || ***make a*** **~**, s'en aller || SL. *get a* **~** *on!,* grouillez-vous! || [chess] coup *m*; *it's your* **~**, c'est à vous de jouer || FIG. action, démarche *f*.

mov|ement ['mu:vmənt] *n* mouvement, geste *m* (gesture) || MUS. mouvement || TECHN. mécanisme *m* || FIG. mouvement *m* || **~ie** [-i] *n* U.S., FAM. film *m* || *Pl* cinéma *m* || **~-camera,** caméra *f*; **~** ***star,*** star *f* || **~ing** *adj* en mouvement, mobile || ~ ***picture,*** U.S. film *m* || ~ ***-staircase,*** escalier *m* mécanique.

mow [məu] *vt* (mowed [-d], mown [-n]) faucher ; tondre (lawn) || **~er** *n* faucheur *n* || **~ing machine** *n* faucheuse *f;* tondeuse *f* à gazon.

MP *abbrev* = MEMBER OF PARLIAMENT.

Mr ['mistə] *abbrev* [Mister] Monsieur.

Mrs ['misiz] *n* Madame *f.*

much, many [mʌtʃ, 'meni] *adj* beaucoup de ; ***as ~,*** autant de ; *not so ~,* pas autant de ; ***too ~,*** trop de ● *pron* beaucoup ; ***make ~ of,*** faire grand cas de ● *adv* ***as ~,*** autant ; *twice as ~/many,* deux fois plus ; *half as ~/many,* deux fois moins ; *not ~,* guère ; *I thought as ~,* je m'en doutais ; ***as ~ as,*** autant que ; ***how ~?,*** combien ? ; ***~ less/more,*** beaucoup moins/plus ; *not so ~ as,* pas autant que ; ***so ~,*** tant, tellement ; ***so ~ the better,*** tant mieux ; *so ~ the more/less as,* d'autant plus/moins que ; *so ~ so that,* à tel point que.

muck [mʌk] *n* gadoue *f,* fumier *m* || FAM. saleté *f* ● *vt* souiller.

mucous ['mju:kəs] *adj* MÉD. ~ *membrane,* muqueuse *f.*

mud [mʌd] *n* boue *f* (on the road) ; *stuck in the ~,* embourbé || vase *f* (in a river).

muddle ['mʌdl] *n* désordre *m,* confusion *f* || FAM. pagaille *f* ● *vt* embrouiller, mettre la pagaille — *vi ~ through,* se débrouiller (tant bien que mal) || **~-headed** [-,hedid] *adj* brouillon.

mud|dy ['mʌdi] *adj* boueux, crotté ; *make ~,* troubler (water) || **~guard** *n* garde-boue *m.*

muff I [mʌf] *n* manchon *m.*

muff II *vt* FAM. louper, rater.

muffin ['mʌfin] *n* muffin *m.*

muffl|e ['mʌfl] *vt* emmitoufler ; ~ *oneself up,* s'emmitoufler || amortir, assourdir (a sound) || **~er** *n* cache-nez *m* || AUT. U.S. silencieux *m* || MUS. étouffoir *m.*

mug [mʌg] *n* (grande) tasse ; chope *f* (for beer) ; timbale *f* (metallic) || SL. binette, gueule *f* (face) || [person] naïf *n;* gogo, pigeon *m,* poire *f* (fam.) ● *vi* SL. [girl] poser (pour des photos) ; [photographer] faire des photos (de cover-girls) — *vt* SL. agresser || **~ging** *n* SL. agression *f.*

muggy ['mʌgi] *adj* chaud et humide, lourd (weather).

mulatto [mju:'lætəu] *n* mulâtre *n.*

mulberry ['mʌlbri] *n* mûre *f* (fruit) ; ~ *(tree),* mûrier *m* (bush).

mul|e [mju:l] *n* mulet *m ;* (*she-*)~, mule *f* || **~ish** *adj* têtu.

mull [mʌl] *vi* U.S., FAM. ~ *over sth.,* ruminer, ressasser qqch.

multi ['mʌlti-] *pref* multi- || **~hull** *n* NAUT. multicoque *m* || **~national** *adj/n* multinationale *(f).*

multipl|e ['mʌltipl] *adj/n* multiple (*m*) ; ~ *store,* magasin *m* à succursales multiples || **~ication** [,mʌltipli'keiʃn] *n* multiplication *f* || **~y** ['mʌltiplai] *vt* multiplier — *vi* se multiplier.

multitude ['mʌltitju:d] *n* multitude, foule *f* (crowd).

mum I [mʌm] *n* POP. maman *f.*

mum II *adj* muet ; *keep ~,* se tenir coi ● *interj : ~!,* motus !

mumble ['mʌmbl] *vt/vi* marmotter.

mummy I ['mʌmi] *n* momie *f.*

mummy II *n* FAM. maman *f.*

mumps [mʌmps] *n* oreillons *mpl.*

munch [mʌnʃ] *vt* manger goulument (et avec bruit).

mundane ['mʌndein] *adj* de ce monde, terrestre.

municipal [mju'nisipl] *adj* municipal || **~ity** [mju,nisi'pæliti] *n* municipalité *f.*

munitions [mju'niʃnz] *npl* munitions *fpl.*

mural ['mjuərl] *adj* mural ● *n* peinture murale.

murder ['mə:də] *n* assassinat, meurtre *m* ● *vt* assassiner || FIG. massacrer || **~er** [-rə] *n* meurtrier *m* || **~ess** [-ris] *n* meurtrière *f* || **~ous** [-rəs] *adj* meurtrier.

murky ['mə:ki] *adj* ténébreux, obscur.

murmur ['mə:mə] *n* murmure *m* ● *vt/vi* murmurer.

mus|cle ['mʌsl] *n* muscle *m* || **~cular** [-kjulə] *adj* musculaire || musclé (body).

muse I [mju:z] *n* muse *f.*

muse II *vi* rêver, être rêveur.

museum [mju:'ziəm] *n* ARTS musée *m* || [science] muséum *m.*

mush [mʌʃ] *n* U.S. bouillie *f* de maïs || FAM. sentimentalité excessive || **~y** *adj* en bouillie (food) || FAM. fleur bleue, à l'eau de rose (fam.).

mushroom ['mʌʃrum] *n* champignon *m.*

mushy ['mʌʃi] *adj* détrempé.

music ['mju:zik] *n* musique *f; set to ~,* mettre en musique; ***~-lover,*** mélomane *n;* ***~-stand,*** pupitre *m;* ***~-stool,*** tabouret *m* (de piano) || **~al** *adj* musical, harmonieux; *~ box,* boîte *f* à musique; *~ instrument,* instrument *m* de musique || musicien; doué pour la musique; amateur de musique || **~ian** [mju:'ziʃn] *n* musicien *n.*

musk [mʌsk] *n* musc *m* || **~-rat** *n* rat musqué.

Muslin ['mʌzlim] *adj/n* musulman.

muslin ['mʌzlin] *n* mousseline *f.*

mussel ['mʌsl] *n* moule *f.*

must I [mʌst] *mod aux* [necessity, obligation] falloir; *I ~ see him,* il faut que je le voie || [compulsion] devoir, falloir; *you ~ work,* vous devez travailler || [negative = prohibition] *you ~ not do that,* il ne faut pas, vous ne devez pas faire cela || [probability, deduction] devoir; *he ~ be ill,* il doit être malade; *he ~ have missed his train,* il a dû manquer son train ● *n* FAM. impératif *m,* nécessité absolue; objet *m* indispensable; curiosité *f* à voir absolument.

must II *n* [wine-making] moût *m.*

mustard ['mʌstəd] *n* moutarde *f; ~ plaster,* cataplasme *m* || MIL. *~ gas,* ypérite *f,* gaz *m* moutarde.

muster ['mʌstə] *n* rassemblement *m* || MIL. [roll-call] *call the ~,* faire l'appel || FIG. ***pass ~,*** être acceptable ● *vi/vt* (se) rassembler || FIG. *~ up one's courage,* prendre son courage à deux mains.

musty ['mʌsti] *adj* moisi; *smell ~,* sentir le moisi.

mutant ['mju:tənt] *n* [genetics] mutant *m.*

mute [mju:t] *adj* silencieux, muet ● *n* muet *m* || MUS. sourdine *f* ● *vt* mettre une sourdine à || **~ness** *n* mutisme *m.*

mutilat|e ['mju:tileit] *vt* mutiler, estropier || **~ion** [,mju:ti'leiʃn] *n* mutilation *f.*

mutin|eer [,mju:ti'niə] *n* mutin *m* || **~y** ['mju:tini] *n* mutinerie *f* ● *vi* se mutiner.

mutter ['mʌtə] *vt/vi* marmonner (grumble); marmotter (mumble).

mutton ['mʌtn] *n* CULIN. mouton *m; leg of ~,* gigot *m.*

mutual ['mju:tjuəl] *adj* mutuel (equally shared); *~* ***aid,*** entraide *f* || commun (friend).

Muzak ['mju:zæk] *n* musique *f* d'ambiance.

muzzle ['mʌzl] *n* museau *m* (nose) || muselière *f* (strap) || gueule *f* (of a gun) ● *vt* museler.

my [mai] *poss adj* mon *m,* ma *f,* mes *m/fpl.*

myriad ['miriəd] *n* myriade *f*.

myrtle ['məːtl] *n* myrte *m*.

myself [mai'self] *pers pron* [emphatic] moi-même; personnellement; *by* ~, tout seul || [reflexive] me; FAM. *I am not feeling quite* ~, je ne me sens pas dans mon assiette.

myst|erious [mis'tiəriəs] *adj* mystérieux || **~ery** ['mistri] *n* mystère *m* || **~ic** ['mistik] *adj* occulte (hidden) || REL. mystique ● *n* mystique *n* (person) || **~icism** ['mistisizm] *n* mysticisme *m* || **~ification** [,mistifi'keiʃn] *n* mystification *f* || **~ify** ['mistifai] *vt* mystifier.

myth [miθ] *n* mythe *m* || **~ic(al)** [-ik(l)] *adj* mythique || **~ology** [mi'θɔlədʒi] *n* mythologie *f*.

n

n [en] *n m*.

nab [næb] *vt* FAM. attraper; pincer (fam.).

nag I [næg] *n* FAM. bidet *m* (horse).

nag II *n* querelle, chamaillerie *f* ● *vi* ~ *at sb.*, harceler qqn de reproches/remarques, reprendre tout le temps || **~ging** [-iŋ] *adj* acariâtre, hargneux.

nail [neil] *n* ongle *m; bite one's* ~*s*, se ronger les ongles; *trim one's* ~*s*, se faire les ongles || TECHN. clou *m* ● *vt* clouer || **~-brush** *n* brosse *f* à ongles || **~-clippers** *n* pince *f* à ongles || **~-file** *n* lime *f* à ongles || **~-polish/-varnish** *n* vernis *m* à ongles.

naïve [nɑː'iːv] *adj* naïf.

naked ['neikid] *adj* nu || dénudé (landscape); nu (wall, sword) || FIG. nu (eye, truth).

name [neim] *n* nom *m; christian*/U.S. *first* ~, prénom *m; family* ~, nom de famille; *maiden* ~, nom de jeune fille; *what's your* ~?, comment vous appelez-vous?; ***in the* ~ *of***, au nom de; *know by* ~, connaître de nom || FIG. célébrité *f; make a* ~ *for oneself*, se faire un nom || ***call sb.* ~*s***, traiter qqn de tous les noms ● *vt* nommer; ~ *the day*, fixer le jour || COMM. ~ *your price*, dites-moi votre prix || **~-day** *n* fête *f* (of sb.).

namely ['neimli] *adv* à savoir, c'est-à-dire.

nanny ['næni] *n* nounou *f*.

nap I [næp] *n* petit somme; ***afternoon* ~**, sieste *f; take a* ~, faire la sieste.

nap II *n* [cloth] poil *m; against the* ~, à rebrousse-poil.

napalm ['neipɑːm] *n* napalm *m*.

nape [neip] *n* ~ *(of the neck)*, nuque *f*.

napkin ['næpkin] *n* serviette *f* (de table) || *(baby's)* ~, couche *f* || ***~-ring***, rond *m* de serviette.

nappy ['næpi] *adj* pelucheux ● *n* FAM. = *baby's napkin*.

narcissism [nɑː'sisizm] *n* narcissisme *m*.

narcotic [nɑː'kɔtik] *adj/n* narcotique, stupéfiant *(m)*.

narra|te [næ'reit] *vt* raconter, narrer || **~tion** *n* narration *f* || **~tive** ['nærətiv] *n* récit *m* ● *adj* narratif || **~tor** [næ'reitə] *n* narrateur *n*.

narrow ['nærəu] *adj* étroit; *get/grow* ~*(er)*, se rétrécir || Fig. limité, faible (majority) || Fig. minutieux (inspection) || Fig. *in* ~ *circumstances*, dans la gêne ; ***have a* ~ *escape***, l'échapper belle ● *npl* [harbour] goulet *m*, passe *f* ● *vt/vi* (se) rétrécir, (se) resserrer || ~ **gauge** *adj/n* (à) voie étroite || ~**ly** *adv* étroitement, minutieusement; *he* ~ *escaped drowing*, il faillit se noyer || ~**-minded** *adj* à l'esprit étroit.

nasal ['neizl] *adj* nasal.

nasty ['nɑ:sti] *adj* nauséabond (odour); répugnant (taste) || sale, mauvais (trick, weather) || méchant (person) || grossier, ordurier (language) || mauvais, dangereux (sea, corner).

natal ['neitl] *adj* de naissance.

nation ['neiʃn] *n* nation *f* || ~**al** ['næʃnl] *adj* national || G.B. ***National Health Service***, Sécurité sociale ● *n* ressortissant *n* || ~**alism** ['næʃnəlizm] *n* nationalisme *m* || ~**ality** [,næʃ'næliti] *n* nationalité *f* || ~**alize** ['næʃnəlaiz] *vt* nationaliser.

native ['neitiv] *adj* naturel, indigène || natal (land); ~ *of*, originaire de || maternel (tongue) ● *n* indigène, autochtone *n*.

NATO ['neitəu] *abbrev* (= North Atlantic Treaty Organization) O.T.A.N. *m*.

natty ['næti] *adj* coquet, élégant (smart) || habile (skilful).

natural ['nætʃrəl] *adj* naturel || Jur. naturel (child) || Zool. ~ *history*, histoire naturelle || Fig. simple, naturel ● *n* Mus. bécarre *m* || ~**ist** *n* naturaliste *n* || ~**ize** *vt* naturaliser || ~**ly** *adv* naturellement.

nature ['neitʃə] *n* nature *f*; *by* ~, de nature || Arts *from* ~, d'après nature.

natur|ism ['neitʃərizm] *n* naturisme *m* || ~**ist** *n* naturiste *n*.

naught [nɔ:t] *n* rien *m*; *come to* ~, échouer; *bring to* ~, faire échouer || Math. zéro *m* (sign).

naughty ['nɔ:ti] *adj* vilain, pas sage (child) || pas convenable, grivois (story).

naus|ea ['nɔ:sjə] *n* nausée *f* || ~**eate** [-ieit] *vt* donner la nausée || Fig. écœurer || ~**eating** [-ieitiŋ] *adj* écœurant || ~**eous** [-jəs] *adj* nauséabond.

nautical ['nɔ:tikl] *adj* nautique, marin.

naval ['neivl] *adj* naval; ~ *base*, port *m* de guerre, base navale; ~ ***college***, école navale; ~ *officer*, officier *m* de marine.

nave [neiv] *n* nef *f*.

navel ['neivl] *n* nombril *m*.

navig|able ['nævigəbl] *adj* navigable || ~**ate** [-eit] *vi* naviguer — *vt* piloter (a plane) || gouverner (a ship) || ~**ation** [,nævi'geiʃn] *n* navigation *f* || ~**ator** [-eitə] *n* Naut., Av. navigateur *n*.

navvy ['nævi] *n* terrassier *m*.

navy ['neivi] *n* marine (de guerre), flotte *f*; ~ ***blue***, bleu *m* marine.

neap [ni:p] *n* ~*(-tide)*, morte-eau *f*.

near [niə] *adv* près, à proximité; ***far and* ~**, partout; ~ ***at hand***, à portée de la main ● *prep* près de, auprès de, sur le point de ● *adj* intime (friend); proche (relative) || Fig. ***it was a* ~ *thing***, il s'en est fallu de peu || Aut., G.B. gauche (wheel of a car); Fr. droit || Géogr. *the Near East*, le Proche-Orient ● *vi/vt* (s')approcher de, approcher (sb.) || ~**by** *adj* proche ● *adv* tout près || ~**ly** *adv* presque; *he (very)* ~ *died*, il a failli mourir || près, de près || ~**ness** *n* proximité *f* || Fig. intimité *f*.

neat [ni:t] *adj* net, propre (work, writing) || coquet, pimpant (clothes) || joli, bien fait (leg) || fin (ankle) || bien tourné (speech) || pur, sec, sans eau, nature (drink).

nebul|a, lae ['nebjulə, -i:] *n* ASTR. nébuleuse *f* || **~ous** *adj* nébuleux || FIG. vague ; fumeux (fam.).

necess|arily ['nesisrili] *adv* obligatoirement, inévitablement || **~ary** [-ri] *adj* nécessaire ; *if ~,* s'il y a lieu, au besoin ; *it is ~ for him to do it,* il faut qu'il le fasse || **~ity** [ni'sesiti] *n* nécessité *f; **of** ~,* inévitablement, forcément || indigence *f* (poverty) ; *be in ~,* être dans le besoin.

neck [nek] *n* cou *m; break one's ~,* se casser le cou ; *stiff ~,* torticolis *m* || encolure *f* (of dress) ; ***low** ~,* décolleté *m ; ~band,* col *m,* encolure *f* (of shirt) || goulot *m* (of bottle) || [guitar, violin] manche *m* || GÉOGR. langue *f* de terre || SP. *~ **and** ~,* à égalité || **~erchief** [-ətʃif] *n* foulard *m* || **~ing** *n* FAM. pelotage *m* (fam.) || **~lace** [-lis] *n* collier *m* || **~line** *n* encolure *f* || **~tie** *n* cravate *f.*

need [ni:d] *vt* avoir besoin de — *mod aux* (pret. need) avoir besoin de, être obligé de ; *he ~n't do it,* il n'est pas obligé de le faire ; *you ~n't have done it,* ce n'était pas la peine de le faire ; *~ I go ?,* faut-il que je parte ? ● *n* besoin *m; in case of ~,* en cas de besoin ; ***if** ~ **be,*** si besoin est ; *be in ~ of,* avoir besoin de || difficulté *f,* embarras *m* (trouble) || dénuement *m,* gêne *f* (poverty) || *Pl* besoins *mpl* (wants) || **~ful** *adj* nécessaire || **~less** *adj* inutile || **~lessly** *adv* inutilement || **~lessness** *n* inutilité *f.*

needle ['ni:dl] *n* aiguille *f;* **~work** *n* travaux *mpl* d'aiguille ; couture *f.*

needy ['ni:di] *adj* nécessiteux.

neg|ation [ni'geiʃn] *n* négation *f* || **~ative** ['negətiv] *adj* négatif ● *n* négative *f* || PHOT. négatif, cliché *m.*

neglect [ni'glekt] *n* négligence *f* || abandon *m* || manque *m* de soin || *out of ~,* faute de précautions ● *vt* négliger, oublier de || **~ed** [-id] *adj* négligé, mal tenu || **~ful** *adj* négligent.

negligee ['negliʒei] *n* déshabillé, négligé *m.*

négligé ['negli:ʒei] *n* peignoir *m.*

neglig|ence ['neglidʒəns] *n* négligence *f;* incurie *f* || **~ent** *adj* négligent || **~ible** *adj* négligeable.

negot|iable [ni'gəuʃjəbl] *adj* FIN. négociable || FIG. praticable (road) ; franchissable (obstacle) || **~iate** [-ieit] *vt* FIN. négocier || FIG. franchir (jump over) ; [car] *~ a corner,* prendre un virage || FIG. négocier, traiter || **~iation** [-,-ʃi'eiʃn] *n* négociation *f* || *Pl* pourparlers *mpl.*

Negress ['ni:gris] *n* Noire *f;* négresse *f* (péj.).

negritude ['negritju:d] *n* négritude *f.*

Negro ['ni:grəu] *n* Noir *m;* nègre *m* (péj.) ● *adj* noir, nègre.

neigh [nei] *vi* hennir ● *n* hennissement *m.*

neighbour ['neibə] *n* voisin *n* || REL. prochain *m* || **~hood** *n* voisinage *m,* environs *mpl* (nearness) || FIG. *in the ~ of £500,* dans les 500 livres || quartier *m* (district) || **~ing** [-riŋ] *adj* avoisinant, voisin || **~ly** *adj* bon voisin, obligeant.

neither ['naiðə] *adv/conj ~... **nor,*** ni... ni || non plus, pas davantage ; *I don't like it. — ~ do I,* je ne l'aime pas. — (Et) moi non plus ● *adj/pron* aucun(e) des deux, ni l'un(e) ni l'autre.

neologism [ni:'ɔlədʒizm] *n* néologisme *m.*

neon ['ni:ən] *n* néon *m ; ~ **sign,*** enseigne lumineuse au néon.

nephew ['nevju:] *n* neveu *m.*

nepotism ['nepətizm] *n* népotisme *m.*

nerv|e [nə:v] *n* MÉD. nerf *m ; ~ specialist,* neurologue *n* || FIG. nerfs *mpl;* nervosité *f; it gets on* *my* ~*s,* cela me tape sur les nerfs (fam.) || FAM. *what a* ~*!,* quel culot! (fam.) || **~ous** *adj* MÉD. nerveux; ~ *breakdown,* dépression nerveuse || FIG. nerveux; inquiet; *be* ~*,* avoir peur; ***feel*** ~*,* avoir le trac || **~ousness** *n* nervosité, émotion *f,* trac *m* || **~y** *adj* énervé, agacé (on edge) || U.S. culotté (impudent).

nest [nest] *n* nid *m* || FIG. série *f;* ~ *of tables,* table *f* gigogne ● *vi* (se) nicher; *go* ~*ing,* aller dénicher des oiseaux || TECHN. s'encastrer.

nestle ['nesl] *vi* se blottir, se nicher.

net I [net] *adj* net (price, weight) ● *vt* COMM. rapporter net.

net II *n* filet *m* || *(fishing-)*~*,* filet *m* de pêche || [tennis] *go up to the* ~*,* monter au filet ● *vt* prendre au filet.

nether ['neδə] *adj* inférieur.

Netherlands ['neδələndz] *n* Pays-Bas *mpl;* Hollande *f.*

netting ['netiŋ] *n* grillage *m.*

nettle ['netl] *n* ortie *f* ● *vt* FIG. piquer, vexer || **~-rash** *n* urticaire *f.*

network ['netwə:k] *n* RAIL. réseau *m* || RAD. chaîne *f.*

neuralgia [njuə'rældʒə] *n* névralgie *f.*

neurasthen|ia [,njuərəs'θi:njə] *n* neurasthénie *f* || **~ic** [,njuərəs'θenik] *adj* neurasthénique.

neur|ologist [nju'rɔlədʒist] *n* neurologue *n* || **~ology** [-'rɔlədʒi] *n* neurologie *f* || **~osis, -oses** [-'rəusis, -i:z] *n* névrose *f* || **~otic** [-'rɔtik] *adj* névrosé.

neuter ['nju:tə] *n/adj* neutre *(m).*

neutral ['nju:trəl] *n/adj* neutre *(m)* || AUT. point mort || **~ity** [nju'træliti] *n* neutralité *f* || **~ize** *vt* neutraliser.

neutron ['nju:trɔn] *n* neutron *m.*

never ['nevə] *adv* jamais; ~*-ending,* interminable, sans fin; ~ *more,* jamais plus || FAM. absolument pas (emphatic); *well I* ~ *!,* ça, par exemple! || POP. *buy on the* ~*-*~*,* acheter à crédit || **~theless** [,nevəδles] *adv* néanmoins.

new [nju:] *adj* nouveau (not existing before); *New Year's Day,* jour *m* de l'an || neuf (recently finished); *like* ~*,* comme neuf; *brand* ~*,* flambant neuf || ~***-born*** *(adj),* nouveau-né || ~***-comer,*** nouvel arrivant *n* || **~*fangled*** [-'fæŋgld] PÉJ. ultra-moderne, nouveau genre || ~***-laid,*** frais (eggs).

Newfoundland [,nju:faund'lænd] *n* Terre-Neuve *f* || terre-neuve *m* (dog).

newly ['nju:li] *adv* nouvellement, récemment || **~-weds** *npl* jeunes mariés *mpl.*

news [nju:z] *n* nouvelles *fpl; a piece of* ~*,* une nouvelle; *break the* ~*,* annoncer la (mauvaise) nouvelle; *any* ~ *?,* quoi de neuf?; ~ *item,* information; *latest* ~*,* dernières nouvelles || **~-agency** *n* agence *f* de presse || **~-agent** *n* marchand *n* de journaux || **~-boy** *n* crieur *m* de journaux || **~cast** *n* journal télévisé || **~man** *n* U.S. journaliste *m* || **~paper** *n* journal *m* || **~-print** *n* papier *m* journal || **~-reel** *n* CIN. actualités *fpl* || **~-room** *n* salle *f* des journaux (in a library); salle de rédaction (in a newspaper office) || **~-stall**/U.S. **-stand** *n* kiosque *m* à journaux.

New Zealand [nju:'zi:lənd] *n* Nouvelle-Zélande *f* || **~er** *n* Néo-Zélandais *n.*

next [nekst] *adj* [place] voisin, le plus proche; ~ *to,* contigu à || [time] prochain; *the* ~ *day,* le lendemain; *the* ~ *day but one,* le surlendemain || [order] suivant; ~*!,* au suivant!; *the* ~ *time,* la prochaine fois ● *adv* ensuite, après || ~ **door** *adj/adv* voisin; (d')à côté || ~ **to** *prep* à côté de.

nib [nib] *n* bec *m* (of pen).

nibble ['nibl] *vt* mordiller, grignoter ● *n* grignotement *m* || [fishing] touche *f*.

nice [nais] *adj* agréable; *~ weather,* beau temps; *a ~ dinner,* un bon dîner; *it is ~ and warm by the fire,* il fait bon près du feu || gentil, sympathique; *it is ~ of you,* c'est gentil de votre part || délicat (point) || subtil (distinction) || méticuleux, scrupuleux (punctilious) || **~-looking** *adj* beau || **~ly** *adv* agréablement || gentiment, aimablement || délicatement; minutieusement (carefully); exactement (exactly) || **~ty** [-iti] *n* précision, exactitude *f* (accuracy); ***to a ~,*** à la perfection || subtilité *f* || finesses *fpl*.

nick [nik] *n* entaille, encoche *f* || FIG. *in the ~ of time,* à point nommé || FAM. à pic ● *vt* entailler, cocher.

nickel ['nikl] *n* nickel *m* (metal) || U.S., [Canada] pièce *f* de 5 cents ● *vt* nickeler.

nickname ['nikneim] *n* surnom *m*; sobriquet *m* ● *vt* surnommer.

nicotine ['nikəti:n] *n* nicotine *f*.

niece [ni:s] *n* nièce *f*.

Niger ['naidʒə] *n* Niger *m* || **~ia** [nai'dʒiəriə] *n* Nigeria *m* || **~ian** *adj/n* du Nigeria; nigérian || **~ien** [-iən] *adj/n* nigérien *(adj)*.

niggard ['nigəd] *n/adj* avare || **~ly** *adj* pingre, mesquin (mean) ● *adv* chichement, avec mesquinerie.

nigger ['nigə] *n* PÉJ. nègre *m*.

night [nait] *n* nuit *f*, soir *m*; ***at ~,*** à la nuit; au soir; ***by ~,*** de nuit; *in the ~,* la nuit; ***last ~,*** cette nuit; hier (au) soir; ***the ~ before,*** la veille au soir; ***good ~!,*** bonsoir!, bonne nuit!; ***it is ~,*** il fait nuit || TH. *first ~,* première *f* || **~-bird** *n* ZOOL. oiseau *m* de nuit || FAM. noctambule *n* || **~-club** *n* boîte *f* de nuit || **~dress** *n* chemise *f* de nuit (for women) || **~fall** *n* tombée *f* de la nuit || **~ingale** [-iŋgeil] *n* rossignol *m* || **~-light** *n* veilleuse *f* || **~ly** *adj* TH. de tous les soirs ● *adv* tous les soirs; en nocturne || **~mare** *n* cauchemar *m* || **~-school** *n* cours *m* du soir || **~shirt** *n* chemise *f* de nuit (for men) || **~-watch** ['-'-] *n* garde *f* de nuit || **~-watchman** ['-'--] *n* veilleur *m* de nuit.

nihilism ['naiilizm] *n* nihilisme *m*.

nil [nil] *n* néant *m* || SP. zéro *m*.

nimble ['nimbl] *adj* agile, leste || prompt (mind).

nine [nain] *adj/n* neuf *m* || *~ times out of ten,* neuf fois sur dix || MATH. *cast out the ~s,* faire la preuve par neuf || **~teen** ['-'ti:n] *adj/n* dix-neuf *(m)* || **~ty** *adj/n* quatre-vingt-dix *(m)*.

ninth [nainθ] *adj* neuvième.

nip [nip] *vt* pincer, mordre || [cold] geler || FIG. *~ in the bud,* tuer dans l'œuf ● *n* pincement *m*, morsure *f* ● *vt* pincer; mordre.

nippers [-əz] *npl* pince *f*; tenaille(s) *f(pl)*; *cutting ~,* pinces coupantes.

nippy *adj* piquant (cold); coupant (wind) || nerveux (car).

nit [nit] FAM. = NITWIT.

nite [nait] n U.S. = NIGHT.

nitr|ate ['naitreit] *n* nitrate *m* || **~ic** ['naitrik] *adj* nitrique.

nitwit ['nitwit] *n* FAM. nigaud *n*.

no [nəu] *adj* aucun, nul, pas de || *there is ~ getting in,* il n'y a pas moyen d'entrer || SP. *~ ball,* balle nulle || FAM. *~ end of,* une kyrielle de, une floppée de ● *adv* non || ne... pas; *~ farther than,* pas plus loin que; *~ more,* plus de.

nobility [nə'biliti] *n* noblesse *f*.

noble ['nəubl] *adj* noble, généreux || **~man** *n* noble *m* || **~ness** *n* noblesse *f*.

nobody ['nəubədi] *pron* personne, nul ● *n* nullité *f* (person).

nod [nɔd] *n* signe *m* de tête ● *vi/vt* faire un signe de tête || dodeliner de la tête || somnoler (doze).

noise [nɔiz] *n* bruit *m*; ***make a*** ~, faire du bruit ● *vt* ~ *abroad*, ébruiter || ~**less** *adj* silencieux || ~**lessly** *adv* sans bruit.

noisily ['nɔizili] *adv* bruyamment.

noisome ['nɔisəm] *adj* puant, fétide (smell) || répugnant (disgusting).

noisy ['nɔizi] *adj* bruyant.

nomad ['nɔməd] *n* nomade *n* || ~**ic** [nə'mædik] *adj* nomade.

nomin|al ['nɔminl] *adj* nominal || ~**ate** [-eit] *vt* présenter un candidat; nommer à un poste (appoint) || ~**ation** [ˌnɔmi'neiʃn] *n* présentation; nomination *f* || ~**ee** [ˌnɔmi'ni:] *n* candidat agréé (for a post).

non [nɔn] *pref* non- || ~***-aligned*** *(adj)*, non-aligné (country); ~***-commissioned officer***, sous-officier *m*; FAM. *non-com (n)*, sous-off *m* || ~***-commital*** *(adj)*, qui n'engage à rien, non compromettant || ~***-compliance*** *(n)*, refus *m* d'obéissance || ~***-conductor*** *(n)*, ÉLECTR. isolant *m* || ~***conformist*** *(adj/n)*, REL. non-conformiste || ~***-flammable*** *(adj)*, ininflammable || ~***-observance*** *(n)*, inobservance *f* || ~***-profit making***, à but non lucratif || ~***-removable*** *(adj)*, inamovible || ~***-returnable*** *(adj)*, COMM. perdu (packing) || ~***-reversible*** *(adj)*, CIN. irreversible (film) || ~***sinkable*** *(adj)*, NAUT. insubmersible || ~***-skid(ding)*** [*adj*], antidérapant || ~***-smoker*** *(n)*, non-fumeur *n* || ~***-stop*** *(adj)*, ininterrompu, sans arrêt; RAIL. ~*-stop train*, train direct; AV. sans escale; CIN. permanent ● *adv* sans arrêt || ~***-unionist*** *(n)*, non-syndiqué *n*.

nonchalant ['nɔnʃlənt] *adj* indifférent || ~**ly** *adv* nonchalamment.

nondescript ['nɔndiskript] *adj* indéfinissable, quelconque (person); indescriptible (thing).

none [nʌn] *pron* aucun, personne; ~ *at all*, pas un seul; ~ *but you*, vous seul ● *adv* ~ ***the*** (+ comparative) pas ... plus; *he is* ~ *the worse for it*, il ne s'en porte pas plus mal; *I'm* ~ *the wiser*, je n'en suis pas plus avancé || ~ ***too :*** *it's* ~ *too good*, ce n'est pas tellement bon.

nonentity [nɔ'nentiti] *n* néant *m* || nullité *f* (person).

nonetheless [ˌnʌnðə'les] *adv* = NEVERTHELESS.

nonplus ['nɔn'plʌs] *vt* déconcerter, dérouter, embarrasser, interloquer.

nonsens|e ['nɔnsəns] *n* absurdité, sottise *f* || ~**ical** [nɔn'sensikl] *adj* absurde, inepte.

noodle ['nu:dl] *n* nouille *f*.

nook [nuk] *n* coin *m*; recoin *m*.

noon [nu:n] *n* ~*(day)*, midi *m*.

no one ['nəuwʌn] *pron* = NOBODY.

noose [nu:s] *n* nœud coulant.

nor [nɔ:] *conj* ni; ni... non plus || See NEITHER.

norm [nɔ:m] *n* norme *f* || ~**al** *adj* normal || U.S. ~ *school*, école normale || ~**ally** *adv* normalement.

Norm|an ['nɔ:mən] *adj/n* normand || ~**andy** [-əndi] *n* Normandie *f*.

north [nɔ:θ] *n* nord *m* ● *adj* du nord, septentrional ● *adv* au nord, vers le nord || ~**erly** ['nɔ:ðəli] *adj* nord (latitude); du nord (wind) || ~**ern** ['nɔ:ðn] *adj* du nord, septentrional; ~ *lights*, aurore boréale || ~**erner** ['nɔ:ðnə] *adj/n* nordique || ~**ward** [-wəd] *adj* au/du nord || ~**ward(s)** *adv* vers le nord || ~**-wester** ['-'westə] *n* noroît *m*.

Norw|ay ['nɔ:wei] *n* Norvège *f* || ~**egian** [nɔ:'wi:dʒn] *adj/n* norvégien.

nose [nəuz] *n* [person] nez *m*;

blow one's ~, se moucher ; *his ~ is bleeding,* il saigne du nez || [animal] nez *m* || FIG. odorat, flair *m* || FAM. *lead sb. by the ~,* mener qqn par le bout du nez ; *turn up one's ~ at,* faire fi de ● *vt* flairer — *vi ~ around,* fureter || **~-bleed** *n* saignement *m* de nez || **~dive** *n* AV. piqué *m* ● *vi* descendre en piqué || **~gay** *n* bouquet *m.*

nosh [nɔʃ] *n* SL. bouffe *f* (pop.) ; ***~-up,*** gueuleton *m* (pop.) ● *vi* SL. bouffer (pop.).

nostalg|ia [nɔs'tældʒiə] *n* nostalgie *f* || **~ic** [-ik] *adj* nostalgique.

nostril ['nɔstrl] *n* [person] narine *f;* [animal] naseau *m.*

not [nɔt] *adv* ne... pas || ***~ a,*** pas un(e) || ***~ at all,*** pas du tout || [clause substitute] *will it rain today? — I hope ~,* va-t-il pleuvoir aujourd'hui ? — j'espère que non.

notable ['nəutəbl] *adj* remarquable, notable ● *n* notable *m.*

notary ['nəutəri] *n* notaire *m.*

notation [nə'teiʃn] *n* notation *f.*

notch [nɔtʃ] *n* encoche, entaille *f* ● *vt* cocher, entailler || échancrer.

note [nəut] *n* note *f,* mot *m* (short letter) ; ***make a ~ of,*** prendre note de ; ***take ~s,*** prendre des notes || FIN. billet *m* || MUS. note *f* || FIG. ***of ~,*** de renom, éminent ● *vt ~ (down),* noter, inscrire || remarquer || **~book** *n* carnet *m ;* agenda *m.*

noted ['nəutid] *adj* éminent, remarquable.

note|pad *n* bloc-notes *m* || **~-paper** ['nəut,peipə] *n* papier *m* à lettres || **~worthy** *adj* remarquable, digne d'attention.

nothing ['nʌθiŋ] *pron* rien ; ***~ but,*** rien que ; *~ else,* rien d'autre ; *~ much,* pas grand-chose ; *~ more,* rien de plus ; *~ doing,* rien à faire ; ***to say ~ of,*** pour ne rien dire de ; ***come to ~,*** ne pas aboutir, échouer, faire fiasco ; ***for ~,*** pour rien ● *adv* pas du tout ; *~ less than,* rien moins que.

notice ['nəutis] *n* avis *m,* notification *f;* ***until further ~,*** jusqu'à nouvel ordre ; ***~ of assessment,*** avis *m* d'imposition || congé *m ;* ***give ~,*** donner congé ; préavis *m ;* ***without ~,*** sans préavis || attention *f;* ***attract ~,*** se faire remarquer ; ***take ~ of,*** tenir compte de ; *take no ~ of,* ne prêter aucune attention à || annonce *f;* ***public ~,*** avis *m* au public ; ***~-board,*** panneau *m* d'affichage ; [sign] pancarte *f* || [review] compte rendu *m,* critique *f* ● *vt* remarquer, s'apercevoir de, constater || **~able** *adj* perceptible, visible.

notif|ication [,nəutifi'keiʃn] *n* avis *m,* notification *f; ~ of death,* faire-part *m* de décès || **~y** ['nəutifai] *vt* avertir, notifier ; informer, aviser.

notion ['nəuʃn] *n* notion, idée *f; have the ~ that,* avoir l'impression que || *Pl* U.S. mercerie *f.*

notor|iety [,nəutə'raiəti] *n* réputation, notoriété *f* (repute) || **~ious** [nə'tɔːriəs] *adj* notoire, insigne.

notwithstanding ['nɔtwiθ'stændiŋ] *prep* en dépit de ● *adv* malgré tout, quand même ● *conj* quoique.

nought [nɔːt] *n* See NAUGHT || zéro *m ; play at ~s and crosses,* jouer au morpion.

noun [naun] *n* GRAMM. nom *m.*

nourish ['nʌriʃ] *vt* nourrir, alimenter || FIG. bercer || **~ing** *adj* nourrissant || **~ment** *n* nourriture *f.*

novel I ['nɔvəl] *adj* nouveau et original.

novel II *n* roman *m* || **~ist** *n* romancier *n* || **~ty** *n* nouveauté *f* || *Pl* COMM. articles *mpl* de nouveautés.

November [nə'vembə] *n* novembre *m*.

novice ['nɔvis] *n* novice *n*.

now [nau] *adv* maintenant, à présent, actuellement ; ***just*** **~,** en ce moment ; ***right*** **~,** tout de suite ; ***until/up to*** **~,** jusqu'à présent, jusqu'ici ; ~ *and then/again,* de temps en temps ; *now... now,* tantôt... tantôt ● *interj* donc, et alors ; ~ *then!,* allons ! voyons ! ; *well ~!,* eh bien ! ● *conj* maintenant que ‖ or ● *n* moment présent ; *from ~ on,* dès à présent, désormais ; *in a week from ~,* d'aujourd'hui en huit.

nowadays ['nauədeiz] *adv* aujourd'hui, de nos jours.

no way! [,-'-] *adv* Sl. pas question !

nowhere ['nəuwεə] *adv* nulle part.

nowise ['nəuwaiz] *adv* nullement, en aucune façon.

noxious ['nɔkʃəs] *adj* nocif, malsain ‖ **~ness** *n* nocivité *f*.

nozzle ['nɔzl] *n* Techn. ajustage *m*, lance *f*.

nub [nʌb] *n* petit morceau.

nuclear ['nju:kliə] *adj* nucléaire ; ~ *reactor,* réacteur *m* nucléaire ‖ Mil. See DETERRENT.

nucleonics [nju:kli'ɔniks] *n* physique *f* nucléaire.

nucleous, -clei ['nju:kliəs, -ai] *n* Phys., Fig. noyau *m*.

nud|e [nju:d] *adj* nu ● *n* nudité *f* ‖ Arts nu *m* ‖ **~ist** *n* nudiste

nudge [nʌdʒ] *n* coup *m* de coude ● *vt* pousser du coude.

nugget ['nʌgit] *n* pépite *f*.

nuisance ['nju:səns] *n* ennui, désagrément *m* ‖ Jur. acte *m* dommageable, nuisance *f* ‖ Fig. poison, fléau *m* ; *what a ~!,* quelle barbe !

null [nʌl] *adj* nul ; ~ *and void,* nul et non avenu ‖ **~ify** [-ifai] *vt* annuler.

numb [nʌm] *adj* engourdi ; ~ *with cold,* engourdi de froid ● *vt* engourdir ‖ **~ness** *n* engourdissement *m*.

number ['nʌmbə] *n* nombre *m*, quantité *f* ; *ten in ~,* au nombre de dix ; ***without*** **~,** innombrable ‖ numéro *m* (room, telephone, etc.) ‖ Mil. matricule *m* ‖ numéro *m* (of a periodical) ‖ Th. numéro *m* ‖ Gramm. nombre *m* ● *vt* compter, se monter à ‖ numéroter ‖ **~less** *adj* innombrable.

num|eral ['nju:mrəl] *adj* numéral ● *n* chiffre *m* ‖ **~eration** [,nju:mə'reiʃn] *n* numération *f* ‖ **~erical** [nju'merikl] *adj* numérique ‖ **~erator** ['nju:məreitə] *n* numérateur *m* ‖ **~erous** ['-rəs] *adj* nombreux.

nun [nʌn] *n* religieuse, sœur *f*.

nuncio ['nʌnʃiəu] *n* nonce *m*.

nuptial ['nʌpʃl] *adj* nuptial ● *npl* noces *fpl*.

nurse [nə:s] *n (wet) ~,* nourrice *f* ; ***at*** **~,** en nourrice ; ***put (out) to*** **~,** mettre en nourrice ‖ *~(maid),* bonne *f* d'enfants ‖ infirmière *f* ; *male ~,* infirmier *m* ● *vt* nourrir, allaiter (a baby) ‖ soigner (a sick person) ‖ soigner (plants) ‖ Fig. nourrir (a hope) ‖ **~ry** [-ri] *n* chambre *f* des enfants ; ***day*** **~,** crèche, pouponnière *f* ‖ ***~rhyme,*** chanson *f* d'enfant ; comptine *f* ‖ ***~school,*** école maternelle, jardin *m* d'enfants ; ~ *school teacher,* jardinière *f* d'enfants ‖ Agr. pépinière *f*.

nursing ['nə:siŋ] *n* allaitement *m* ‖ Méd. soins *mpl* ; ***~-home,*** clinique *f* ; maison *f* de santé.

nursling ['nə:sliŋ] *n* nourrisson *m*.

nurture ['nə:tʃə] *vt* nourrir, élever ● *n* éducation *f*.

nut [nʌt] *n* noix, noisette *f* (hazelnut) ‖ Techn. écrou *m* ‖ Sl. *be ~s,* être cinglé ‖ **~case** *n* dingue, toqué *n* || ~**-crackers** *npl* casse-noisettes *m* || ~**meg** [-meg] *n* noix *f* muscade.

nutri|ment ['nju:trimənt] *n* éléments nutritifs || ~**tion** [nju'triʃn] *n* nutrition *f* || ~**tious** [nju'triʃəs] *adj* nourrissant || ~**tive** [-tiv] *adj* nutritif.

nutshell ['nʌtʃel] *n* coquille *f* de noix || FIG. *in a* ~, succinctement, en un mot.

nutty ['nʌti] *adj* plein de noisettes ; à goût de noisette (taste) || FAM. cinglé, toqué.

Nylon ['nailən] *n* T.N. Nylon *m* || *Pl* bas *mpl* Nylon.

nymph [nimf] *n* nymphe *f*.

O

o [əu] *n* o *m* || TÉL. zéro *m*.

o' [ə] = OF.

oaf [əuf] *n* nigaud *n* || ~**ish** *adj*.

oak [əuk] *n* chêne *m* || ~**en** [-n] *adj* de/en chêne.

oakum ['əukəm] *n* étoupe, filasse *f*.

oar [ɔ:] *n* rame *f*, aviron *m* || ~**sman** [-zmən] *n* rameur *m*.

oasis, oases [əu'eisis, -i:z] *n* oasis *f*.

oat [əut] *n* (usu. pl.) avoine *f* || FAM. *sow one's wild* ~*s*, jeter sa gourme.

oath [əuθ] *n* serment *m*; *break one's* ~, se parjurer ; *take the* ~, prêter serment || FAM. juron *m*.

obdurate ['ɔbdjurit] *adj* obstiné, entêté (stubborn) || invétéré (confirmed) || endurci (hardened).

obed|ience [ə'bi:djəns] *n* obéissance *f*; *compel* ~ *from*, se faire obéir de || COMM. *in* ~ *to your orders*, selon vos ordres || ~**ient** *adj* obéissant.

obes|e [ə'bi:s] *adj* obèse || ~**ity** *n* obésité *f*.

obey [ə'bei] *vt/vi* obéir à (sb., orders).

obituary [ə'bitjuəri] *adj* nécrologique.

object ['ɔbdʒikt] *n* objet *m*, chose *f*; ~ *lesson*, leçon *f* de choses || but, objet *m* || GRAMM. complément, objet *m* ● [əb'dʒekt] *vi* s'opposer (*to*, à); désapprouver, s'élever contre ; *do you* ~ *to his coming?*, voyez-vous un inconvénient à ce qu'il vienne ? || ~**ion** [əb'dʒekʃn] *n* objection *f*; *raise* ~*s*, faire des objections ; *if he has no* ~, s'il n'y voit pas d'inconvénient || ~**ionable** [əb'dʒekʃnəbl] *adj* répréhensible, choquant || ~**ive** [ɔb'dʒektiv] *adj* objectif ● *n* MIL. but, objectif *m* || ~**ivity** [,ɔbdʒek'tiviti] *n* objectivité *f* || ~**or** [əb'dʒektə] *n* contradicteur *m*; *conscientious* ~, objecteur *m* de conscience.

obliga|tion [,ɔbli'geiʃn] *n* obligation *f* || COMM. engagement *m*; *meet one's* ~*s*, faire honneur à ses engagements ; *without* ~, sans engagement || ~**tory** [ɔ'bligətri] *adj* obligatoire.

oblig|e [ə'blaidʒ] *vt* obliger, astreindre (force) || obliger, rendre service (assist) ; *I am much* ~*ed to you*, je vous suis très reconnaissant || ~**ing** *adj* obligeant, serviable.

oblique [ə'bli:k] *adj* oblique.

obliterat|e [ə'blitəreit] *vt* effacer, gratter || ~**ion** [ə,blitə'reiʃn] *n* grattage *m*, oblitération *f*.

obliv|ion [ə'bliviən] *n* oubli *m ; fall into* ~, tomber dans l'oubli || ~**ious** [-iəs] *adj* oublieux (*of,* de).

oblong ['ɔblɔŋ] *adj* oblong.

obnoxious [əb'nɔkʃəs] *adj* exécrable, odieux, antipathique.

oboe ['əubəu] *n* hautbois *m.*

obscen|e [ɔb'si:n] *adj* obscène || ~**ity** *n* obscénité *f.*

obscur|e [əb'skjuə] *adj* obscur, sombre ● *vt* obscurcir || ~**ity** [-riti] *n* obscurité *f.*

obsequious [əb'si:kwiəs] *adj* obséquieux.

observ|able [əb'zə:vəbl] *adj* observable || ~**ance** *n* observance *f* || ~**ant** *adj* observateur (of rules) || respectueux, attentif (of one's duties) || ~**ation** [,ɔbzə'veiʃn] *n* observation *f; under* ~, en observation || RAIL, U.S. ~ ***car,*** voiture *f* panoramique || MIL. ~ ***post,*** poste *m* d'observation || ~**atory** [əb'zə:vətri] *n* observatoire *m.*

observ|e [əb'zə:v] *vt* observer (watch) || observer, suivre (rules) || célébrer (festivals) || dire (say) — *vi* faire une remarque (*on,* sur) || ~**er** *n* observateur *n.*

obsess [əb'ses] *vt* obséder (*with,* par); *be* ~*ed by sth.,* avoir la hantise de qqch. || ~**ion** [əb'seʃn] *n* obsession *f.*

obsolete ['ɔbsəli:t] *adj* désuet, suranné (out of date) || démodé (clothes, car) || NAUT. déclassé (ship).

obstacle ['ɔbstəkl] *n* obstacle *m.*

obstetr|ical [ɔb'stetrikl] *adj* obstétrique || ~**ics** [-iks] *n* obstétrique *f.*

obstin|acy ['ɔbstinəsi] *n* obstination *f* || ~**ate** [-it] *adj* obstiné, entêté (stubborn) || opiniâtre (persistent).

obstreperous [əb'streprəs] *adj* bruyant, rouspéteur (quarrelsome).

obstruc|t [əb'strʌkt] *vt* obstruer, boucher (a pipe); encombrer (a street); gêner (the traffic) || POL. entraver || ~**tion** *n* engorgement *m* (of a pipe); obstruction *f,* obstacle *m* || POL. obstruction *f* || MÉD. occlusion *f.*

obtain [əb'tein] *vt* obtenir, se procurer — *vi* avoir cours, être en vigueur, régner || ~**able** *adj* qu'on peut se procurer, en vente (*from,* chez).

obtru|de [əb'tru:d] *vt* imposer (one's opinions) — *vi* s'imposer (*on,* auprès de) || ~**sive** [-siv] *adj* importun; intrus.

obtuse [əb'tju:s] *adj* obtus.

obviate ['ɔbvieit] *vt* obvier à.

obvious ['ɔbviəs] *adj* évident, manifeste, visible.

occasion [ə'keiʒn] *n* occasion, circonstance *f;* ***on*** ~, à l'occasion; *on this* ~, à cette occasion; *on another* ~, une autre fois; *on several* ~*s,* à plusieurs reprises; ***take*** ~, profiter de l'occasion (*to,* pour); ***rise to the*** ~, se montrer à la hauteur des circonstances || occasion *f,* cas *m;* ***should the*** ~ ***arise,*** le cas échéant || cause *f,* motif *m,* raison *f;* ***give*** ~ ***to,*** donner lieu à; *he has no* ~ *to be alarmed,* il n'a pas lieu de s'inquiéter ● *vt* occasionner, provoquer || ~**al** *adj* occasionnel; de temps à autre || de circonstance (poem, etc.) || ~**ally** *adv* de temps à autre, parfois.

occident ['ɔksidnt] *n* occident *m* || ~**al** [,ɔksi'dentl] *adj* occidental.

occult [ɔ'kʌlt] *adj* occulte || ~**ism** ['ɔkəltizm] *n* occultisme *m.*

occup|ancy ['ɔkjupənsi] *n* occupation *f* || ~**ant** *n* occupant, titulaire *n* (of a post) || ~**ation** [,ɔkju'peiʃn] *n* occupation *f,* métier *m,* profession *f,* travail *m* || [sparetime] occupation *f* || MIL. occupation *f.*

occupy ['ɔkjupai] *vt* occuper (lit. and fig.).

occur [ə'kəː] *vi* arriver, avoir lieu; se produire (happen) || venir à l'esprit; *it ~red to him that,* l'idée lui vint que... || se rencontrer, se trouver (be met with) || **~rence** [ə'kʌrəns] *n* occurrence *f,* événement, fait *m* (event).

ocean ['əuʃn] *n* océan *m* || NAUT. ***~-going*** *(adj),* long-courrier.

Oceania [,əuʃi'einjə] *n* Océanie *f.*

oceanography [,əuʃjə'nɔgrəfi] *n* océanographie *f.*

ochre ['əukə] *n* ocre *f.*

o'clock [ə'klɔk] (= OF THE CLOCK) *what ~ is it?,* quelle heure est-il? ; *at 2 ~,* à 2 heures.

octane ['ɔktein] *n* CH. octane *m; ~ number,* indice *m* d'octane.

octave ['ɔktiv] *n* MUS. octave *f.*

October [ɔk'təubə] *n* octobre *m.*

octopus ['ɔktəpəs] *n* pieuvre *f,* poulpe *m.*

ocul|ar ['ɔkjulə] *adj/n* oculaire (*m*) || **~ist** *n* oculiste *n.*

odd [ɔd] *adj* impair (number) || dépareillé (glove, etc.); ***~ man out,*** personne/chose *f* en surnombre; caractère *m* insociable; sauvage *m* || [with rather more] ***30 ~,*** 30 et quelques; *30 ~ years,* une trentaine d'années || irrégulier, occasionnel, inhabituel; *~ moments/times,* moments perdus; *~ jobs,* petits travaux, bricolage *m* || bizarre, étrange (strange) || FIN. *~ money,* appoint *m* || COMM. *~ size,* pointure *f* hors série || **~ity** *n* bizarrerie *f* || **~ly** *adv* bizarrement; *~ enough,* chose curieuse || **~ments** [-mənts] *npl* fins *fpl* de séries.

odds [ɔdz] *npl* chances *fpl; the ~ are against us/in our favour,* les chances sont contre nous/pour nous || [horse racing] *the ~ are 10 to 1 against,* la cote est à 10 contre 1; *lay ~ of 10 to 1,* parier à 10 contre 1 || [games] ***give ~,*** donner des points d'avance || FIG. *fight against great ~,* se battre contre des forces supérieures; *the ~ are that ...,* il y a gros à parier que ...; ***it makes no ~,*** ça n'a pas d'importance; ***be at ~ with,*** être brouillé avec || ***~ and ends,*** petits bouts, restes *mpl.*

ode [əud] *n* ode *f.*

odious ['əudjəs] *adj* odieux.

odorous ['əudərəs] *adj* odorant, parfumé.

odo(u)r ['əudə] *n* odeur *f.*

œcumen|ic(al) [,iːkju'menik(l)] *adj* œcuménique || **~icity** [-'isiti] *n* œcuménisme *m.*

of [ɔv/əv] *prep* [possession, cause; origin, measure, distance] de; [time] *call on me ~ an evening,* venez me voir un soir; *~ late,* récemment || [agency] de, par; *beloved ~ all,* aimé de tous || [characteristic] à, de; *a man ~ genious,* un (homme de) génie || [objective genitive] *the love ~ study,* l'amour de l'étude; [subjective genitive] *the love ~ a mother,* l'amour d'une mère || [material] de, en; *a ring ~ gold,* un anneau d'or || de (about); *hear ~ sb.,* entendre parler de qqn.

off [ɔf] *adv* au loin (away); *two miles ~,* à deux milles de là; *farther ~,* plus loin; *keep ~!,* n'approchez pas! || [departure] *be ~,* partir, s'en aller || [removal] *take ~,* enlever, ôter || [completion] *pay ~,* rembourser || ***day ~,*** jour de congé; *time ~,* moment de loisir || *turn/switch ~,* fermer, couper (gas, radio) || TH. à la cantonade || CIN. hors-champ, off (voice) || NAUT. au large || COMM. ***10 % ~,*** 10 % de remise/d'escompte || FIG. annulé (cancelled) || ***~ and on,*** de temps à autre || ***straight ~,*** immédiatement.
● *prep* de (away); *the book fell ~ the table,* le livre tomba de la table; *keep ~ the grass,* ne marchez pas (= défense de marcher) sur la pelouse || loin de; *a house ~ the main road,* une maison à l'écart de la grande route; *a narrow lane ~*

the main road, un étroit chemin qui débouche sur la grande route || NAUT. au large de || **~-beat** *(adj),* FAM. original, excentrique || **~colour** *(adj),* patraque (fam.) || **~ duty,** libre || **~-hand[ed]** *(adj),* immédiat, impromptu, au pied levé (answer); sans façon, désinvolte (casual) || **~-handedly** *(adv),* sur-le-champ, immédiatement; cavalièrement, avec désinvolture || **~ limits,** U.S., MIL. entrée interdite || **~-peak hours,** heures creuses || **~-shore** *(adj),* de terre (breeze); *(adv)* au large || **~side** *(n),* [football] hors jeu *m* || **~ stage** *(adj/adv),* dans les coulisses || **~-street** *(adj),* hors de la voie publique (parking) || **~-the-cuff** *(adj),* impromptu, au pied levé || **~-the-peg** *(adj),* prêt à porter || **~ the point,** hors de propos/du sujet || **~-the-record** *(adj),* confidentiel || **~ white** *(adj/n),* blanc cassé.
● *adj* extérieur; *~ side,* verso *m* || AUT. *the ~ front wheel,* G.B. la roue avant droite/FR. gauche || [food] mauvais, avancé (meat); rance (butter); tourné (milk) || ÉLECTR., TÉL. coupé, interrompu || **~ chance :** *on the ~ chance of,* au cas (improbable) où || **~-day** *(n),* FAM. mauvais jour; jour *m* de déveine (fam.) || **~-licence** *(n),* magasin *m* de vins et spiritueux || **~-season** *(n),* morte-saison *f; (adj/adv)* hors saison || **~-side** *(n)* G.B. côté droit/FR. gauche (of car, road).

offal ['ɔfl] *n* CULIN. abats *mpl.*

offence [ə'fens] (= U.S. OFFENSE) *n* froissement *m,* blessure *f; give ~,* blesser, froisser; **take ~ at,** se vexer de; **no ~ (meant)!,** soit dit sans vous offenser || JUR. infraction *f,* délit *m;* **second ~,** récidive *f; commit a second ~,* récidiver.

offend [ə'fend] *vt* froisser, choquer, scandaliser, offusquer — *vi ~ against,* enfreindre (a regulation) || JUR. *~ against the law,* commettre un délit || **~er** *n* délinquant, coupable *n.*

offens|e [ə'fens] *n* See OFFENCE || **~ive** *adj* blessant || choquant (shocking) || injurieux (insulting) || répugnant) [odour] || désagréable (unpleasant) || grossier (obscene) || MIL. offensif ● *n* MIL. offensive *f.*

offer ['ɔfə] *vt* offrir *(sb. sth.,* qqch. à qqn) || faire mine de (attempt) — *vi* s'offrir || COMM. *~ for sale,* mettre en vente ● *n* offre *f* || **~ing** [-riŋ] *n* offre *f* || REL. offrande *f.*

office ['ɔfis] *n* [room] bureau *m;* étude *f* (lawyer's) || [building] service *m;* **head ~,** COMM. siège social; maison *f* mère || administration *f; Foreign Office,* ministère *m* des Affaires étrangères || fonction, charge *f,* office *m* (duty) || *Pl good ~s,* bons offices || REL. office *m* || **~-block** *n* immeuble *m* de bureaux || **~-boy** *n* garçon *m* de bureau || **~ - worker** *n* employé *n* de bureau.

officer ['ɔfisə] *n* fonctionnaire, administrateur *n* || MIL. officier *m* || NAUT. *naval ~,* officier *m* de marine || [police] agent *m* || **~ing** [-riŋ] *n* encadrement *m.*

official [ə'fiʃl] *adj* officiel, administratif ● *n* fonctionnaire *n* || **~dom** [-dəm] bureaucratie *f* || **~ese** [ə,fiʃə'li:z] *n* jargon administratif.

offic|iate [ə'fiʃieit] *vi* REL. officier || **~ious** [-əs] *adj* trop empressé, zélé.

offing ['ɔfiŋ] *n* NAUT. *in the ~,* au large.

offprint ['ɔfprint] *n* tirage *m* à part.

off|set ['ɔ:fset] *vt* (See SET) TECHN. décaler, décentrer || FIG. compenser, contrebalancer ● *n* [printing] offset *m* || **~shoot** *n* BOT. rejeton *m* || **~spring** *n* enfant *m;* rejeton (fam.) *m* || progéniture, descendance *f* || FIG. résultat, fruit *m.*

often ['ɔ:fn] *adv* souvent; **how ~?,** combien de fois?, tous les combien ? ; ***as ~ as,*** chaque fois que ; *as ~ as not, more ~ than not,* le plus souvent, la plupart du temps ; *every so ~,* par moments.

ogle [ˈəugl] *vt* lorgner ; reluquer (fam.).

oil [ɔil] *n* huile *f ; salad ~,* huile de table || *hair ~,* brillantine *f* || *(crude) ~,* pétrole brut || *(fuel) ~,* mazout *m ; Diesel ~,* gas-oil *m* || *paraffin ~,* pétrole lampant || *paint in ~s,* peindre à l'huile ● *vt* huiler, graisser || **~-can** *n* burette *f* || **~cloth** *n* toile huilée || **~-colours** *npl* couleurs *fpl* à l'huile || **~-cruet** *n* huilier *m* || **~-field** *n* gisement *m* pétrolifère || **~-fired** *adj* chauffé au mazout || **~ gauge** *n* indicateur *m* de niveau/pression d'huile || **~-painting** *n* peinture *f* à l'huile || **~skin** *n* ciré *m* || **~ slick** *n* nappe *f* de mazout, marée noire || **~-well** *n* puits *m* de pétrole.

oily *adj* huileux || graisseux (hands) || Fig. onctueux.

O.K., okay [əuˈkei] *adj* très bien || en règle || d'accord || en bon état ● *excl ~!,* d'accord !, parfait ! ● *vt* approuver ● *n* Fam. *give one's ~,* donner son accord.

old [əuld] *adj* vieux, âgé ; ***~ age,*** vieillesse *f ;* ***~ man,*** vieillard ; *~ woman,* femme âgée, vieille ; *~ maid,* vieille fille ; ***grow/get ~,*** vieillir ; *how ~ is he ?,* quel âge a-t-il ? ; *he is six years ~,* il a six ans ; *a ten-year-~ boy,* un garçon (âgé) de dix ans || ancien (former) ; ***~ boy,*** ancien élève ● *n* ***of ~,*** de jadis || **~-fashioned** *adj* démodé, vieillot, à l'ancienne mode, vieux jeu || **~-hat** *adj* vieux-jeu || **~-time** *adj* d'autrefois, d'antan.

oleander [ˌəuliˈændə] *n* laurier *m* rose.

oligarchy [ˈɔligɑːki] *n* oligarchie *f.*

olive [ˈɔliv] *n* olive *f ; ~ oil,* huile *f* d'olive ● *adj* olivâtre ● *n ~(-tree),* olivier *m* || **~-grove** *n* oliveraie *f.*

Olympic [əˈlimpik] *adj ~ Games,* jeux *mpl* Olympiques.

ombudsman [ˈɔmbudzmən] *n* Pol., G. B. ombudsman *m ;* Fr. médiateur *m.*

omelet(te) [ˈɔmlit] *n* omelette *f.*

omen [ˈəumen] *n* présage, augure *m* ● *vt* présager.

ominous [ˈɔminəs] *adj* inquiétant, de mauvais augure.

omission [əˈmiʃn] *n* omission *f,* oubli *m.*

omit [əˈmit] *vt* omettre (leave out) || négliger de (neglect).

omnipotent [ɔmˈnipətnt] *adj* omnipotent.

on [ɔn] *prep* sur || Naut. *~ board,* à bord || de (out of) ; *live ~ one's income,* vivre de ses revenus || [movement] en ; *~ a journey,* en voyage || [occupation] pour ; *~ business,* pour affaires ; *~ holiday,* en vacances ; *~ an errand,* en course || [position] à, sur ; *~ foot,* à pied || [membership] *be ~ the phone,* avoir le téléphone || sur (about) ; *a book ~ Shakespeare,* un livre sur Shakespeare || [subordination] de, à ; *depend ~ sb.,* dépendre de qqn ; *~ principle,* en principe || [direction] à, vers ; *~ the right,* à droite || [time] lors de ; *~ my arrival,* à mon arrivée ; *~ Sundays,* le dimanche ● *adv* sur ; *is the cloth ~ ?,* la nappe est-elle mise ? ; *the cat jumped ~ to the table,* le chat sauta sur la table || vêtu ; *have nothing ~,* être complètement nu ; *help me ~ with my coat,* aidez-moi à mettre mon manteau ; *put one's shoes ~,* mettre ses chaussures || ***be ~ :*** Th., Cin. *what's ~ tonight ?,* quelle pièce joue-t-on/quel film passe-t-on ce soir ? || [functioning, flowing] *is the gas ~ ?,* le gaz est-il ouvert ? ; *the brake is ~,* le frein est mis || [continuation] *go ~,* continuer ; *later ~,* plus tard ; ***~ and off,*** de temps à autre, par intermittence ; ***~ and ~,*** sans arrêt ; ***and so ~,*** et ainsi de suite ; TÉL. *hold ~!,* ne quittez pas ! || FIG. [meeting] *I've nothing ~ tonight,* je ne suis pas pris ce soir.

once [wʌns] *adv* une fois ; *~ a week,* tous les huit jours ; ***~ more,*** une fois de plus ; *~ in a while,* une fois par hasard ; ***~ and for all,*** une fois pour toutes || autrefois (formerly) ; *~ upon a time there was,* il était une fois || ***at ~,*** tout de suite, immédiatement ; en même temps, ensemble (at the same time).

oncoming ['ɔn,cʌmiŋ] *adj* qui approche || venant en sens inverse (traffic).

one [wʌn] *adj* un || seul, unique, même ; ***it is all ~ to me,*** cela m'est égal || ***for ~ thing,*** tout d'abord ● *indef adj* un ; *~ Mr. X,* un certain M. X ● *indef pron* un ; *~ of us,* l'un de nous ; *~ after the other,* l'un après l'autre ; ***I for ~,*** pour ma part || quelqu'un || on || ***~ another,*** l'un l'autre ● *dem pron* ***the ~ who,*** celui/celle qui ● *noun subst* (not translated) *the large ~,* le/(la) grand(e).

one|-armed [,-'ɑːmd] *adj* manchot || **~-armed bandit** *n* FAM. machine *f* à sous (fam.) || **~-legged** [,-'legd] *adj* unijambiste || **~-piece** *adj* d'une seule pièce ; *~ swimsuit,* maillot *m* une pièce.

one's [wʌnz] *poss adj* son, sa, ses.

oneself *reflex pron* se || soi ; *speak of ~,* parler de soi ● *emph pron* soi-même.

one|time ['--] *adj* ancien, d'autrefois || **~-way** [,-'-] *adj* à/en sens unique.

onion ['ʌnjən] *n* oignon *m ; spring ~s,* petits oignons || *~-skin paper,* papier *m* pelure.

onlooker ['ɔn,lukə] *n* spectateur *n,* badaud *n.*

only ['əunli] *adj* seul, unique ; *~ child,* enfant *m/f* unique ● *adv* seulement, ne... que ; ***not ~ ... but also,*** non seulement..., mais encore ; *~ he,* lui seul ; *staff ~,* réservé au personnel || *~ last week,* pas plus tard que la semaine dernière || ***if ~,*** si seulement, pour peu que || ***~ too,*** très.

onomatopaeia [,ɔnəmætə'piə] *n* onomatopée *f.*

on|rush ['ɔnrʌʃ] *n* ruée *f* || **~set** *n* assaut *m,* attaque *f* || **~slaught** [-slɔːt] *n* assaut *m.*

onto ['ɔntu] *prep* U.S. = ON TO.

onus ['əunəs] *n* JUR., FIG. charge *f.*

onward(s) ['ɔnwəd(z)] *adv* en avant ; *from today ~,* désormais.

ooz|e [uːz] *vi* suinter, sourdre || filtrer, s'infiltrer (*through,* dans) ● *n* vase *f,* limon *m* || suintement *m* || **~y** *adj* vaseux, bourbeux.

opaque [ə'peik] *adj* opaque.

open ['əupn] *adj* ouvert ; *wide ~,* grand ouvert || libre, sans limite ; ***in the ~ (air),*** en plein air, à ciel ouvert || *in the ~ country,* en rase campagne ; *on the ~ sea,* en pleine mer || libre (vacant), accessible ; *keep ~ house,* tenir table ouverte || AUT. libre (road) ; *~ car,* voiture découverte || FIN. non barré (cheque) || BOT. ouvert (flower) || SP. ouvert (season) || MIL. ouvert (city) || FIG. libre, sans préjugés (mind) || permis, loisible (free) || en suspens, non réglé (unsolved) || exposé ; *lay oneself ~ to,* s'exposer à, donner prise à
● *n* = ~ AIR ; *sleep out in the ~,* coucher à la belle étoile.
● *vt* ouvrir || écarter (one's legs) || ***~ up,*** ouvrir ; frayer (a way) || COMM. ouvrir (a shop) || FIN. ouvrir (an account) || JUR. inaugurer (an institution) || MIL. ouvrir (fire) || FIG. révéler, dévoiler ; ouvrir, épancher (one's heart) — *vi* [door, shop, flower] s'ouvrir || [story] commencer || **~-air** *adj* de plein air || **~cast** *adj* à ciel ouvert (mine) || **~-ended** *adj* sans limite de durée || **~-handed** *adj* généreux || **~-hearted** *adj* franc,

ouvert, expansif || ~**-heart operation** *n* opération *f* à cœur ouvert || ~**ing** *n* ouverture *f* || COMM. débouché *m* || TH. ~ *night*, première *f* || FIG. entrée *f* en matière || ~**ly** *adv* ouvertement || ~**-minded** *adj* à l'esprit ouvert || ~**-mouthed** ['--'mauðd] *adj* bouche bée || ~**-work** *adj* ajouré ; à claire-voie ● *n* exploitation *f* à ciel ouvert.

opera ['ɔprə] *n* opéra *m ; light* ~, opérette *f* || ~**-glasses** *npl* jumelles *fpl* de théâtre || ~**-hat** *n* chapeau *m* haut de forme || ~ **house** *n* opéra *m*.

operat|e ['ɔpəreit] *vt* actionner, manœuvrer, faire marcher (a machine) || diriger, exploiter (manage) || MÉD. opérer ; ~ *on sb. for sth.*, opérer qqn de qqch. || TECHN. fonctionner.

operatic [,ɔpə'rætik] *adj* d'opéra.

operating theatre *n* salle *f* d'opération.

operation [,ɔpə'reiʃn] *n* opération *f* || fonctionnement *m ; **in** ~,* en marche ; *put into* ~, mettre en service ; ***come into*** ~, entrer en vigueur || MÉD. opération ; *undergo an* ~, subir une opération || MATH., FIN., MIL. opération *f* || FIG. opération, action *f* || ~**al** *adj* MIL. opérationnel, des opérations || TECHN. en état de marche, opérationnel.

operat|ive ['ɔprətiv] *adj* JUR. *become* ~, entrer en vigueur ● *n* ouvrier *n* || ~**or** ['ɔpəreitə] *n* opérateur *n* || RAD. radio *m* || TÉL. standardiste *n*.

operetta [,ɔpəretə] *n* opérette *f*.

opine [ə'pain] *vi* émettre l'avis (*that*, que).

opinion [ə'pinjən] *n* opinion *f*, avis *m ; in my* ~, à mon avis ; *be of (the)* ~ *that*, être d'avis que || ~ ***poll***, sondage *m* (d'opinion) || ~**ated** [-eitid] *adj* obstiné, entêté, aux idées bien arrêtées.

opium ['əupjəm] *n* opium *m ;* ~***-den***, fumerie *f* d'opium.

opossum [ə'pɔsəm] *n* opossum *m*.

opponent [ə'pəunənt] *n* adversaire, antagoniste *n*.

opportun|e ['ɔpətju:n] *adj* opportun, à propos || ~**ist** [,ɔpə'tju:nist] *n* opportuniste *n* || ~**ity** [,ɔpə'tju:niti] *n* occasion *f; take an* ~, saisir une occasion.

oppos|e [ə'pəuz] *vt* opposer, combattre ; s'opposer (*to*, à) || ~**ed** [-d] *adj* opposé (*to*, à) || ~**ite** ['ɔpəzit] *adj* d'en face (house); opposé (direction) ; *in the* ~ *direction*, en sens inverse || FIG. ~ ***number***, homologue, pendant *m ; take the* ~ *view of*, prendre le contrepied de ● *adv* d'en face ; vis-à-vis ● *prep* ~ *(to)*, en face de ● *n* opposé, contraire *m* || ~**ition** [,ɔpə'ziʃn] *n* opposition *f*.

oppress [ə'pres] *vt* opprimer (crush) || oppresser (weigh down) || ~**ion** [ə'preʃn] *n* oppression *f* || ~**ive** *adj* tyrannique, accablant, étouffant (weather) || ~**or** *n* oppresseur *m*.

opprobri|ous [ə'prəubriəs] *adj* infamant || ~**um** [-əm] *n* opprobre *m*.

opt [ɔpt] *vi* opter (*for*, pour) || ~ ***out of***, décider de ne pas participer à, se retirer de, abandonner.

optic ['ɔptik] *adj* optique || ~**al** *adj* optique || ~**ian** [ɔp'tiʃn] *n* opticien *n* || ~**s** ['ɔptiks] *n sing.* optique *f*.

optim|ism ['ɔptimizm] *n* optimisme *m* || ~**ist** *n* optimiste *n* || ~**istic** [,ɔpti'mistik] *adj* optimiste.

option ['ɔpʃn] *n* option *f*, choix *m*, latitude *f* || ~**al** *adj* facultatif.

opul|ence ['ɔpjuləns] *n* opulence *f* || ~**ent** *adj* opulent.

or [ɔ:] *conj* ou, ou bien ; ***either ...*** ~, soit... soit... ; see also WHETHER || ~ ***else***, ou bien, sinon || [after neg. v.] ni || ~ ***so***, environ.

oracle ['ɔrəkl] *n* oracle *m*.

oral ['ɔ:rəl] *adj/n* oral (*m*) || **~ly** *adv* oralement || MÉD. par voie orale.

orange ['ɔrindʒ] *n* [fruit] orange *f*; **~ *grove*,** orangeraie *f*; **~ *squash*,** jus *m* d'orange; ***~-tree*,** oranger *m* || [colour] orange ● *adj* orangé, orange || **~ade** ['ɔrinʒ'eid] *n* orangeade *f*.

ora|tion [ɔ:'reiʃn] *n* discours solennel || **~tor** ['ɔrətə] *n* orateur *n* || **~tory** ['ɔrətri] *n* art *m* oratoire || REL. oratoire *m*.

orb [ɔ:b] *n* orbe, globe *m* || **~it** [-it] *n* orbite *f*; *in ~*, sur orbite; *put into ~*, mettre sur orbite, satelliser ● *vi/vt* être en orbite (*round*, autour de); graviter autour de || **~ital** [-itl] *adj* orbital.

orchard ['ɔ:tʃəd] *n* verger *m*.

orchestr|a ['ɔ:kistrə] *n* orchestre *m* || **~ate** [-eit] *vt* orchestrer.

orchid ['ɔ:kid] *n* orchidée *f*.

ordain [ɔ:'dein] *vt* JUR. ordonner, décréter || FIG. fixer, déterminer || REL. ordonner.

ordeal [ɔ:'di:l] *n* FIG. dure épreuve, supplice *m*.

order ['ɔ:də] *n* ordre, rang *m* (rank); *in ~ of*, par ordre de (size, etc.); *in alphabetical ~*, par ordre aphabétique || ordre *m*, disposition *f* (arrangement); ***set in ~*,** mettre en ordre; *out of ~*, en désordre || ordre *m*, règle *f*; ***in ~*,** en règle; *put in ~*, régulariser (passport) || ordre *m*, discipline *f*; *restore ~*, rétablir l'ordre || avis *m*; *until further ~*, jusqu'à nouvel avis || ordre, commandement *m*; ***by ~ of*,** par ordre de; ***under the ~s of*,** sous les ordres de; *give ~s*, donner des ordres; *obey ~s*, obéir aux ordres || ***in ~ that/to*,** afin que/de || COMM. commande *f*; ***on ~*,** en commande; *place an ~*, passer une commande; ***made to ~*,** fait sur commande; ***~-book*,** carnet *m* de commande; ***~-form*,** bon *m* de commande || FIN. *cheque to the ~ of*, chèque *m* à l'ordre de; ***postal ~ (for £1)*,** mandat-poste *m* (d'une livre) || TECHN. *in working ~*, en ordre de marche; ***out of ~*,** en panne, hors de service, en dérangement || ARCH., BOT. ordre *m* || REL. *Pl* ordres *mpl; take Holy Orders*, entrer dans les ordres || MIL. ordre *m*; *in battle ~*, en ordre de bataille || FIG. ***~ of the day*,** ordre du jour.
● *vt* arranger, mettre en ordre || organiser || ordonner (give an order) || COMM. commander || MÉD. ordonner, prescrire || **~ly** *adj* ordonné, méthodique, discipliné ● *n* MIL. ordonnance *m/f*.

ordin|al ['ɔ:dinl] *adj* ordinal || **~ance** *n* ordonnance *f*, arrêté *m* || **~arily** ['ɔ:dinrili] *adv* ordinairement, d'ordinaire || **~ary** ['ɔ:dinri] *adj* ordinaire, courant, habituel || PÉJ. quelconque ● *n* ordinaire *m*; *out of the ~*, peu commun.

ordination [,ɔ:di'neiʃn] *n* REL. ordination *f*.

ordnance ['ɔ:dnəns] *n* artillerie *f* || matériel *m*.

Ordnance Survey map *n* carte *f* d'État-Major.

ore [ɔ:] *n* minerai *m*.

organ ['ɔ:gən] *n* MÉD., JUR. organe *m* || MUS. orgue *m*, orgues *fpl*; *theatre ~*, orgue de cinéma; ***~-stop*,** jeu *m* d'orgue || **~ic** [ɔ:'gænik] *adj* organique || **~ism** *n* organisme *m* || **~ist** *n* organiste *n* || **~ization** [,ɔ:gənai'zeiʃn] *n* organisation *f* || **~ *chart*,** organigramme *m* || **~ize** *vt* organiser, arranger || **~izer** *n* organisateur *n*.

orient ['ɔ:riənt] *n* orient *m* ● *vt* orienter || **~al** [,ɔ:ri'entl] *adj* oriental || **~ate** [-eit] *vt* orienter || **~ation** [,ɔ:rien'teiʃn] *n* orientation *f*.

orifice ['ɔrifis] *n* orifice *m*.

origin ['ɔridʒin] *n* origine *f* || COMM.

provenance *f* || **~al** [ə'ridʒənl] *adj* original (new) || primitif (first) ● *n* original *n/m* (person/text) || **~ally** *adv* à l'origine || d'une manière originale || **~ality** [əˌridʒi'nœliti] *n* originalité *f* || **~ate** [ə'ridʒineit] *vt* créer, instituer — *vi* prendre naissance, provenir || **~ator** [ə'ridʒineitə] *n* créateur *n* || promoteur *n*.

ornament ['ɔːnəmənt] *n* ornement *m*, garniture *f* ● *vt* orner, agrémenter || **~al** [ˌɔːnə'mentl] *adj* ornemental, décoratif.

ornate [ɔː'neit] *adj* orné || FIG. fleuri (style).

ornithology [ˌɔːni'θɔlədʒi] *n* ornithologie *f*.

orphan ['ɔːfn] *n/adj* orphelin || **~age** ['ɔːfənidʒ] *n* orphelinat *m*.

ortho|dox ['ɔːθədɔks] *adj* orthodoxe || **~graphy** [ɔː'θɔgrəfi] *n* orthographe *f* || **~paedic** [ˌɔːθə'piːdik] *adj* orthopédique.

oscillat|e ['ɔsileit] *vi* osciller || **~ion** [ˌɔsi'leiʃn] *n* oscillation *f*.

osier ['əuʒə] *n* osier *m*.

ostensible [ɔs'tensəbl] *adj* ostensible.

ostenta|tion [ˌɔsten'teiʃn] *n* ostentation *f* || **~tious** [-ʃəs] *adj* ostentatoire.

ostracize ['ɔstrəsaiz] *vt* frapper d'ostracisme.

ostrich ['ɔstritʃ] *n* autruche *f*.

other ['ʌðə] *adj* autre ; *~ people,* autrui ; ***every ~ day,*** tous les deux jours ; ***on the ~ hand,*** d'autre part ; *the ~ day,* l'autre jour ; *~ things being equal,* toutes choses égales ● *pron* autre ; *some day or ~,* un jour ou l'autre ; *one after the ~,* l'un après l'autre ; *among ~s,* entre autres || **~wise** *adv* autrement.

otiose ['əuʃiəus] *adj* vain, inutile (useless).

otter ['ɔtə] *n* loutre *f*.

ought [ɔːt] *mod aux* [duty, obligation] devoir ; *you ~ to help him,* vous devriez l'aider || [desirability] devoir ; *you ~ to do this,* vous devriez faire cela ; *you ~ to have seen that,* vous auriez dû voir cela || [probability] devoir ; *he ~ to win the race,* il devrait gagner la course.

ounce [auns] *n* [measure] once *f*.

our [auə] *poss adj* notre ; nos.

ours [-z] *poss pron* le/la nôtre ; les nôtres.

ourselves [auə'selvz] *reflex pron* nous ● *emph pron* nous-mêmes.

oust [aust] *vt* évincer.

out [aut] *adv* dehors ; *go ~,* sortir ; *day ~,* jour *m* de sortie || au-dehors ; *lean ~,* se pencher au-dehors ; *inside ~,* à l'envers ; sens dessus dessous || éteint (fire, gas, light) || achevé ; *before the day is ~,* avant la fin de la journée || jusqu'au bout/à la fin ; *hear ~,* entendre jusqu'au bout || sorti (from the library) ; paru (published) ; *just ~,* vient de paraître || NAUT. bas (tide) ; *~ at sea,* en mer ; *the voyage ~,* le voyage d'aller || BOT., ZOOL. éclos || FIG. dans l'erreur ; *I was not far ~,* je ne me trompais pas de beaucoup || *~ and away,* de beaucoup || *~-and-~,* achevé ; fieffé (liar) || ***~ of*** *(prep),* hors de || [origin] dans ; *drink ~ of a glass,* boire dans un verre || [material] *~ of wood,* en bois || [cause] *~ of ignorance,* par ignorance || [without] ***be ~ of,*** manquer de ; ***~ of work,*** sans emploi, en chômage || [from among] *in nine cases ~ of ten,* neuf fois sur dix.

out|balance [-'--] *vt* contrebalancer || **~bid** [-'-] *vt* (see BID) surenchérir || FIG. renchérir sur.

out|board ['--] *adj* hors bord ; *~ motor,* (moteur) hors-bord *m* || **~break** *n* FIG. accès, débordement *m* || [violence] éruption *f* || [fighting] déclenchement *m* ||

~**building** *n* dépendance *f* || ~**burst** *n* accès, déchaînement *m* || début *m* || [fever] accès *m* || [anger] explosion *f;* scène *f* || ~**cast** *adj* proscrit, banni ● *n* paria *m* || ~**class** [-'-] *vt* surclasser || ~**come** *n* aboutissement *m* || conséquence *f* || ~**cry** *n* clameur *f,* tollé *m* || ~**dated** [-'--] *adj* démodé, dépassé || ~**distance** [-'-] *vt* distancer || ~**do** [-'-] *vt* (see DO) surpasser, l'emporter sur || ~**door** *adj* extérieur, de plein air || ~**doors** ['-'-] *adv* au-dehors, en plein air.

outer ['autə] *adj* extérieur, externe || ~**most** [-məust] *adj* le plus en dehors, extrême.

outfit ['autfit] *n* équipement *m* || trousseau *m* (clothes) || TECHN. matériel *m;* attirail *m;* trousse *f* à outils || MIL., FAM. unité *f* ● *vt* équiper.

out|flank [aut'flæŋk] *vt* MIL. déborder, tourner || ~**flow** *n* écoulement *m,* coulée *f* (of lava) || ~**going** *adj* sortant (president); en partance (boat); descendant (tide) || ~**grow** *vt* (see GROW) dépasser en hauteur || devenir trop grand pour (one's clothes) || perdre en grandissant (a habit) || ~**growth** *n* excroissance *f* || FIG. résultat, aboutissement *m* || ~**house** *n* appentis *m* || *Pl* communs *mpl.*

outing ['autiŋ] *n* sortie, promenade *f;* partie *f* de campagne; *go for an* ~, faire une excursion.

out|landish [aut'lændiʃ] *adj* exotique || PÉJ. étrange || ~**last** [-'-] *vt* survivre à.

out|law ['autlɔː] *n* hors-la-loi *m* ● *vt* mettre hors la loi, proscrire || ~**lay** *n* COMM. débours *mpl* || ~**let** *n* sortie, issue *f* || COMM. débouché *m* || FIG. exutoire *m* || ~**line** *n* contour, profil *m;* silhouette *f* || esquisse *f;* canevas, plan *m; main* ~*s,* grandes lignes ● *vt* découper; *be* ~*d,* se profiler || esquisser, ébaucher || ~**live** [-'-] *vt* survivre à || ~**look** *n* point *m* de vue, perspective *f* || FIG. façon *f* de voir; idées *pl;* prévisions *fpl* || ~**lying** ['-,-] *adj* écarté, isolé || ~**manœuvre** [,--'--] *vt* déjouer || ~**match** [-'-] *vt* surpasser, l'emporter sur || ~**number** [-'--] *vt* surpasser en nombre || ~**-of-date** ['--'-] *adj* suranné, démodé || ~**-of-the-way** ['---'-] *adj* isolé, écarté || FIG. peu connu || ~**post** *n* avant-poste *m* || ~**put** *n* rendement, débit *m,* production *f.*

outrag|e ['autreidʒ] *n* outrage *m* || acte *m* de violence; ***bomb*** ~, attentat *m* à la bombe || scandale *m* ● *vt* outrager, scandaliser, indigner || attaquer avec violence || ~**eous** [-əs] *adj* monstrueux, atroce (crime) || scandaleux || scabreux (joke).

out|ride [aut'raid] *vt* (see RIDE) aller plus vite, dépasser || ~**right** ['--] *adj* absolu, catégorique, net, franc, direct ● [-'-] *adv* carrément || sur le coup (on the spot) || COMM. comptant || ~**run** [-'-] *vt* (see RUN) dépasser, distancer || ~**set** ['--] *n* commencement *m; at/from the* ~, dès le début || ~**shine** [-'-] *vt* (see SHINE) éclipser, faire pâlir || ~**side** ['-'-] *adv* (au) dehors ● *prep* à l'extérieur de || FIG. excédant, au-delà de ● *n* extérieur, dehors *m* || FIG. *at the* ~, tout au plus ● *adj* extérieur, de plein air || ~**sider** *n* étranger *n* || [horse racing] outsider *m* || ~**skirts** ['--] *npl* faubourgs *mpl* (of a town) || lisière *f* (of a wood) || ~**spoken** [-'--] *adj* franc || ~**spread** [-'-] *adj* déployé || ~**standing** [-'--] *adj* marquant, frappant (fact) || éminent, remarquable (person) || FIG. en suspens, en souffrance (business); impayé (debt) || ~**stretched** [-'-] *adj* tendu (arm) || ouvert (hand) || ~**strip** [-'-] *vt* distancer || FIG. dépasser || ~**ward** ['--] *adj* vers l'extérieur; ~ *journey,* (voyage *m* d')aller *m* || ~**wardly** *adv* extérieurement; en apparence || ~**wards** *adv* vers l'extérieur; ~

bound, en partance (*for,* pour) || **~wear** [-'-] *vi* (see WEAR) durer plus longtemps que, faire plus d'usage que — *vt* user entièrement (wear out) || **~weigh** [-'-] *vt* peser plus que || FIG. l'emporter sur || **~wit** [-'-] *vt* déjouer, dépister || **~worn** ['--] *adj* FIG. éculé; périmé.

oval ['əuvl] *adj/n* ovale *(m).*

ovary ['əuvəri] *n* ovaire *m.*

ovation [ə'veiʃn] *n* ovation *f.*

oven ['ʌvn] *n* four *m; drying ~,* étuve *f; place in the ~,* enfourner.

over ['əuvə] *prep* au-dessus de (above) || sur (on the surface); *spread a cloth ~ the table,* étaler une nappe sur la table || à travers, dans (across) || partout (everywhere); *all ~ the world,* dans le monde entier || d'un bout à l'autre; *show sb. ~ a house,* faire visiter une maison à qqn || par-dessus (at the other side); *~ the wall,* par-dessus le mur || de l'autre côté (on the opposite side); *~ the street,* de l'autre côté de la rue || plus de (more than); *be ~ sixty,* avoir dépassé la soixantaine || *~ and above,* en plus de || occupé à; *he went to sleep ~ his work,* il s'est endormi sur son travail || [time] pendant; sur; *~ the years,* au cours des années || RAD. ***~ (to you)!,*** à vous! ● *adv* (par) dessus || ***(all) ~,*** partout; *aching all ~,* courbatu(ré) || entièrement; *think it ~,* réfléchissez-y bien || par-dessus; *lean ~,* se pencher || d'un bout à l'autre; de l'autre côté; *cross ~,* traverser; *ask him ~,* dites-lui de venir; ***~ against,*** en face de; *~ there,* là-bas || FIG. *go ~ to the enemy,* passer à l'ennemi || de suite (repetition); ***~ and (~) again,*** maintes (et maintes) fois || à la renverse; *fall ~,* tomber par terre || dans l'autre sens; *turn ~,* retourner || de plus, davantage; de trop; ***(left) ~,*** de reste, en excédent || passé, achevé; *the storm is ~,* l'orage est terminé; ***all ~,*** complètement terminé || **~all** ['əuvərɔ:l] *adj* total, d'ensemble, hors tout, global ● *n* [women] blouse *f* || *Pl* [workers] salopette *f,* bleus *mpl* (de travail) || **~balance** [,əuvə'bæləns] *vi* [person] perdre l'équilibre; [thing] basculer, culbuter — *vt* l'emporter sur || **~bearing** [,--'--] *adj* autoritaire || **~board** *adv* par-dessus bord; *man ~!,* un homme à la mer! || **~cast** *adj* nuageux, couvert, sombre (sky) || **~charge** *n* surcharge *f* || COMM. majoration excessive ● *vi/vt* faire payer trop cher || **~coat** *n* pardessus *m* || MIL. capote *f* || **~come** [,--'-] *vt* (see COME) vaincre, triompher de, surmonter || FIG. accabler (*by,* de) || **~crowd** [,--'-] *vt* bonder, surpeupler || **~do** [,--'-] *vt* (see DO) exagérer || CULIN. faire trop cuire || **~dose** *n* [drugs] surdose *f* || **~draft** *n* FIN. découvert *m* || **~draw** ['--'-] *vt* (see DRAW) FIN. tirer à découvert (one's account) || **~drive** ['--'-] *vt* (see DRIVE) surmener (a horse) ● *n* AUT. surmultipliée *f* || **~due** ['- -'-] *adj* FIN. échu, arriéré || RAIL. en retard.

over|eat ['əuvər'i:t] *vt* (see EAT) *vi* se gaver || **~estimate** ['--'--] *vt* surestimer || **~-expose** ['---'-] *vt* PHOT. surexposer | **~-exposure** ['---'--] *n* surexposition *f.*

over|feed ['əuvə'fi:d] *vt* (see FEED) suralimenter || **~feeding** *n* suralimentation *f* || **~-flow** *n* trop-plein, débordement *m* ● [,--'-] *vi* déborder — *vt* inonder || **~grown** ['--'-] *adj* envahi (with weeds); *an ~ boy,* un garçon qui a trop grandi || **~growth** ['---] *n* croissance excessive || **~hang** ['--'-] *n* saillie *f,* surplomb *m* ● *vt* (see HANG II) surplomber, faire saillie sur || FIG. planer sur, menacer || **~hanging** ['--'--] *adj* surplombant; en porte à faux || **~haul** ['---] *n* examen minutieux || TECHN. révision *f* ● [,--'-] *vt* réviser || NAUT. radouber || **~head** ['---] *adj* aérien (wires) || AUT. *~ camshaft,* arbre *m* à cames en tête || COMM. ~ ***expenses,*** frais généraux ● [ˌ--'-] *adv* au-dessus ; dans le ciel || **~heads** [-z] *npl* frais généraux || **~hear** [ˌ--'-] *vt* (see HEAR) surprendre (conversation), entendre par hasard || **~land** ['---] *adj,* [ˌ--'-] *adv* par voie de terre || **~lap** [ˌ--'-] *vi/vt* chevaucher, dépasser, empiéter sur ● *n* chevauchement, empiétement *m* || **~lay** [ˌ--'-] *vt* (see LAY) recouvrir (*with,* de) ● ['---] *n* couche *f* || **~leaf** ['--'-] *adv* au verso || **~load** ['---] *n* surcharge *f* ● ['--'-] *vt* surcharger || **~look** [ˌ--'-] *vt* [window] donner sur, avoir vue sur || négliger, laisser échapper (neglect) || fermer les yeux sur (wink at) || surveiller (look after) || **~much** ['--'-] *adj* trop de ● *adv* à l'excès || **~night** [ˌ--'-] *adj* de nuit ; d'une nuit (journey) ● *adv* (pendant) la nuit ; du jour au lendemain (suddenly) || **~pass** *n* U.S. pont autoroutier || **~power** [ˌ--'-] *vt* subjuguer, dominer || **~rate** ['--'-] *vt* surestimer || FIN. surtaxer || **~reach** [ˌ--'-] *vi* ~ *oneself,* surestimer ses forces || dépasser, distancer || **~ride** [ˌ--'-] *vt* (see RIDE) surmener (a horse) || JUR. outrepasser || FIG. passer outre || **~-ripe** ['--'-] *adj* blet || **~rule** [ˌ--'-] *vt* rejeter, annuler | **~run** [ˌ--'-] *vt* (see RUN) envahir || inonder || dépasser (limit) || **~seas** [ˌ--'-] *adj* d'outremer ; étranger (visitor) ● *adv* outremer ; à l'étranger (abroad) || **~see** [ˌ-'-] *vt* (see SEE) || surveiller || **~seer** ['--siə] *n* surveillant *n,* contremaître *m* || **~shadow** *vt* [ˌ-'--] *vt* éclipser || **~shoes** ['---] *npl* caoutchoucs *mpl* || **~sight** ['---] *n* oubli *m,* inattention *f ; through an ~,* par mégarde || surveillance *f* || **~sleep** ['--'-] *vi* (see SLEEP) dormir au-delà de l'heure voulue ; *he overslept himself,* il ne s'est pas réveillé à temps || **~spill** ['--ˌ-] *n* excédent *m* de population || **~statement** [ˌ--'--] *n* exagération, hyperbole *f* || **~stay** [ˌ--'-] *vi* s'attarder — *vt* ~ *one's welcome,* abuser de l'hospitalité de qqn || **~steer** [ˌ--'-] *vi* survirer || **~step** [ˌ--'-] *vt* dépasser, outrepasser || FIG. ~ *the mark,* dépasser les bornes ; charrier (pop.) || **~strain** [ˌ--'-] *vt* surmener || **~stretch** ['--'-] *vt* distendre || **~strung** *adj* surexcité (person) || à cordes croisées (piano).

overt ['əuvəːt] *adj* évident, manifeste.

over|take [ˌəuvə'teik] *vt* (see TAKE) rattraper, rejoindre, dépasser || AUT. doubler || FIG. surprendre, frapper || **~taking** *n* AUT. dépassement *m* || **~throw** *vt* (see THROW) renverser, abattre ● *n* chute, ruine *f* || **~time** ['---] *n* heures *fpl* supplémentaires ● *adv work ~,* faire des heures supplémentaires || **~-tired** ['--'-] *adj* à bout de fatigue || **~tone** ['---] *n* MUS. harmonique *m* || FIG. sous-entendu *m.*

overture ['əuvətjuə] *n* ouverture *f.*

over|turn [ˌəuvə'təːn] *vt* renverser, faire chavirer — *vi* se renverser || NAUT. chavirer || **~weening** [ˌ--'--] *adj* suffisant, outrecuidant || **~weight** ['---] *n* excédent *m* de poids ● *adj* trop lourd ● ['--'-] *vt* surcharger || **~whelm** [ˌəuvə'welm] *vt* submerger, écraser || FIG. accabler (*with,* de) || **~whelming** *adj* accablant, écrasant || **~work** ['--'-] *vt* surmener, surcharger de travail — *vi* se surmener || **~wrought** ['əuvə'rɔːt] *adj* hyper-nerveux, dans tous ses états ; surexcité.

ow|e [əu] *vt* devoir (debt) ; *he ~s me £5,* il me doit 5 livres || FIG. devoir, être redevable de || **~ing** *adj* dû || COMM. à devoir (sum) || ~ ***to*** (*prep*), à cause de, en raison de.

owl [aul] *n* hibou *m,* chouette *f.*

own [əun] *vt* posséder || reconnaître (acknowledge) ; avouer (confess) ● *adj* à soi, propre ; *my ~ brother,* mon propre frère ● *n* propre avoir *m ; make sth. one's ~,* s'approprier qqch ; ***hold one's ~,***

maintenir ses positions ; se maintenir (patient) ; ***come into one's ~,*** trouver sa raison d'être ; ***of one's ~,*** à soi ; ***on one's ~,*** de son propre chef, tout seul || **~er** *n* propriétaire *n*, possesseur *m* || FIN. bénéficiaire *n*, porteur *m* (of a cheque) || **~ership** ['əunəʃip] *n* propriété, possession *f*.

ox, en [ɔks, -n] *n* bœuf *m*.

Oxbridge ['ɔksbridʒ] *n* les universités d'Oxford et de Cambridge. (See REDBRICK.)

ox|ide ['ɔksaid] *n* CH. oxyde *m* || **~idize** ['ɔksidaiz] *vt* oxyder.

Oxonian [ɔk'səunjən] *adj* d'Oxford.

oxygen ['ɔksidʒn] *n* CH. oxygène *m*.

oyster ['ɔistə] *n* huître *f*; *~-dealer,* écailler *n*; *~-bed/-farm,* parc *m* à huîtres.

ozone ['əuzəun] *n* CH. ozone *m*.

P

p [pi:] *n* p *m* ● *abbrev* = (NEW) PENNY/PENCE || ***~ and ~*** = *parcel and post,* port *m* et emballage.

PA ['pi:ei] *abbrev* [= PUBLIC ADDRESS (SYSTEM)] sonorisation *f*; sono (pop.).

pace [peis] *n* allure *f*, pas *m* (speed) ; *at a quick ~,* d'un pas rapide ; *at a walking ~,* au pas ; *quicken one's ~,* allonger le pas || FIG. ***keep ~ with,*** se tenir au courant de || ***put sb. through his ~s,*** mettre qqn à l'épreuve ● *vi* aller au pas ; ***~ up and down,*** faire les cent pas — *vt* arpenter (room) || mesurer (measure) || SP. régler l'allure de || **~maker** *n* MÉD. stimulateur *m* cardiaque.

Pacific [pə'sifik] *n* GÉOGR. (océan *m*) Pacifique *m*.

pacific *adj* pacifique || **~ation** [,pæsifi'keiʃn] *n* pacification *f*.

pacifier ['pæsifaiə] *n* U.S. tétine *f* (dummy).

pacif|y ['pæsifai] *vt* pacifier, apaiser || **~ist** *n* pacifiste *n*.

pack [pæk] *n* paquet, ballot *m* || meute *f* (of hounds) || bande (of wolves) || jeu *m* (of cards) || *(ice-)~,* banquise *f* || SP. mêlée *f* (at rugby) ● *vt* empaqueter, emballer, mettre dans une valise ; *~ed room,* salle comble — *vi* faire ses bagages || FAM. *send sb. ~ing,* envoyer promener qqn || **~ animal** *n* bête *f* de somme || **~age** [-idʒ] *n* paquet, colis *m* || FIG. ***~ deal,*** contrat *m* forfaitaire ; **~ tour,** voyage organisé || **~er** *n* emballeur *n* || **~et** [-it] *n* paquet *m* ; *~-boat,* paquebot *m* || **~ing** *n* empaquetage, emballage *m* ; *~-case,* caisse *f* d'emballage.

pact [pækt] *n* pacte *m*.

pad [pæd] *n* bourrelet *m* ● *vt* rembourrer, ouater, capitonner || **~ding** *n* rembourrage *m* || FIG. remplissage *m*.

paddle ['pædl] *n* pagaie *f* ● *vi* pagayer (in a canoe) || patauger, barboter (wade) || **~-steamer** *n* bateau *m* à roue.

paddling-pool *n* pataugeoire *f*.

paddock ['pædək] *n* enclos *m* (pasture) || SP. paddock *m*.

padlock ['pædlɔk] *n* cadenas *m* ● *vt* cadenasser.

padre ['pɑ:dri] *n* MIL., NAUT., FAM. aumônier *m*.

pagan ['peigən] *n/adj* païen || **~ism** *n* paganisme *m*.

page I [peidʒ] *n* page *f* ● *vt* paginer.

page II *n* page *m* (at court); (*~-boy*) groom, chasseur *m* (in a hotel).

pageant ['pædʒənt] *n* spectacle/cortège *m* historique || déploiement fastueux || **~ry** [-ri] *n* pompe *f*, apparat *m*.

paid See PAY || **~-off** *(adj)*, éteint (debt).

pail [peil] *n* seau *m*.

pain [pein] *n* [mental] douleur, souffrance *f;* [physical] douleur *f; be in ~,* souffrir; *where's the ~?,* d'où souffrez-vous ? || JUR. peine *f;* **under ~ of,** sous peine de || *Pl* peine *f;* **take ~s,** se donner du mal ● *vt* [physically] faire souffrir, faire mal à ; [mentally] faire de la peine à || **~ful** *adj* douloureux || pénible || **~-killer** *n* calmant *m* || **~less** *adj* indolore; *~ childbirth,* accouchement *m* sans douleur.

painstaking ['peinz,teikiŋ] *adj* FIG. soigneux, appliqué (person) || soigné (work).

paint [peint] *n* peinture *f* || *Pl* couleurs *fpl* ● *vt* peindre || **~er** *n* peintre *m* || **~ing** *n* ARTS peinture *f; ~* **set,** boîte *f* de peinture.

pair [pɛə] *n* paire *f; ~ of trousers,* pantalon *m* || couple *m* (man and wife) ● *vt ~* **off,** assortir (by two) — *vi* s'accoupler.

pajamas [pə'dʒɑ:məz] *npl* U.S. pyjama *m*.

Pakistan [,pɑ:kis'tɑ:n] *n* Pakistan *m* || **~i** [-i] *adj/n* pakistanais.

pal [pæl] *n* copain *m*, copine *f*.

palace ['pælis] *n* palais *m*.

palat|able ['pælətəbl] *adj* savoureux || **~e** [pælit] *n* ANAT. palais *m*.

palaver [pə'lɑ:və] *n* palabre *f* || FAM. histoire *f* (fuss) ● *vi* palabrer.

pale I [peil] *adj* pâle, blême; *~ blue,* bleu pâle ● *vi* pâlir || **~ness** *n* pâleur *f*.

pal|e II *n* pieu *m* || FIG. *beyond the ~,* inconvenant, déplacé (improper) || **~ing** *n* palissade *f*.

Palestin|e ['pælistain] *n* Palestine *f* || **~ian** [,pæləs'tiniən] *adj/n* palestinien.

pall I [pɔ:l] *n* poêle *m*, drap *m* mortuaire || FIG. voile *m* (of smoke).

pall II *vi* devenir insipide, s'affadir; *it ~s on one,* on s'en lasse.

palli|ate ['pælieit] *vt* pallier || **~ative** [-ətiv] *adj/n* palliatif (*m*).

pall|id ['pælid] *adj* pâle, blême (face) || blafard (light) || **~or** *n* pâleur *f*.

palm I [pɑ:m] *n* palme *f; ~(-tree), n* palmier *m; ~-grove,* palmeraie *f* || REL. ***Palm Sunday,*** dimanche *m* des Rameaux || FIG. ***bear the ~,*** remporter la palme || **~y** *adj* FIG. heureux.

palm II *n* paume *f* (of the hand); *grease sb.'s ~,* graisser la patte à qqn ● *vt* escamoter; *~ off a bad coin,* refiler une fausse pièce || **~ist** *n* diseur *n* de bonne aventure, chiromancien *n* || **~istry** [-istri] *n* chiromancie *f*.

palpable ['pælpəbl] *adj* palpable || FIG. évident, manifeste.

palpitat|e ['pælpiteit] *vi* palpiter || **~ion** [,pælpi'teiʃn] *n* palpitation *f*.

palsy ['pɔ:lzi] *n* paralysie *f*.

paltry ['pɔ:ltri] *adj* misérable, mesquin || insignifiant (worthless) || dérisoire (sum) || piètre (excuse).

pamper ['pæmpə] *vt* choyer, gâter; *~ oneself,* se dorloter.

pamphlet ['pæmflit] *n* brochure *f*.

pan I [pæn] *n (sauce)~, n* casserole *f* || ~-***cake,*** crêpe *f* || ~-***scraper,*** éponge *f* métallique.

pan II *vi* CIN. ~ *(round),* faire un panoramique ; ~ ***shot*** *(n),* panoramique *m.*

panacea [,pænə'siə] *n* panacée *f.*

panchromatic ['pænkrə'mætik] *adj* panchromatique.

pander ['pændə] *vi* ~ *to,* encourager, satisfaire (désires, vices, etc.) ; flatter bassement.

pane [pein] *n* carreau *m,* vitre *f.*

panel ['pænl] *n* panneau, lambris *m* (of a wall) || MÉD. liste *f* des médecins conventionnés (N. H. S.) ; ~ *doctor,* médecin *m* conventionné || RAD., T.V. groupe *m* de discussion ; table ronde ; jury *m* ● *vt* lambrisser || ~**ling** *n* boiserie *f.*

pang [pæŋ] *n* angoisse *f* ; serrement *m* de cœur.

panic ['pænik] *n* panique *f;* ~-***stricken,*** pris de panique ● *vi* s'affoler, être pris de panique — *vt* semer la panique dans (crowd) ; affoler (person) || ~**ky** *adj* qui s'affole facilement ; paniquard (fam.) ; *get* ~, paniquer (fam.) || alarmiste.

pannier ['pæniə] *n* sacoche *f.*

panoply ['pænəpli] *n* panoplie *f.*

panoram|a [,pænə'rɑ:mə] *n* panorama *m* || ~**ic** [,pænə'ræmik] *adj* panoramique.

panpipe(s) ['pænpaip(s)] *m(pl)* flûte *f* de Pan.

pansy ['pænzi] *n* BOT. pensée *f* || POP. tante *f* (pop.) ; tapette *f* (arg.).

pant [pænt] *vi* [person] haleter ; [heart] palpiter || FIG. ~ *for,* aspirer à.

pantechnicon [pæn'teknikən] *n* voiture *f* de déménagement.

panther ['pænθə] *n* panthère *f.*

panties ['pæntiz] *npl* FAM. slip *m* (woman's).

panting ['pæntiŋ] *adj* haletant.

pantomime ['pæntəmaim] *n* pantomime *f.*

pantry ['pæntri] *n* office *m* (room).

pants [pænts] *npl* caleçon *m* || [women's] culotte *f,* slip *m* (panties) || U.S. pantalon *m* (trousers).

pap [pæp] *n* bouillie *f* (for children).

papal ['peipl] *adj* papal.

paper ['peipə] *n* papier *m; wrapping* ~, papier d'emballage ; *tracing* ~, papier-calque ; *old* ~*s,* paperasse *f* || journal *m* (newspaper) || [school] devoir *m;* épreuve, question *f* || mémoire *m* (study) || *Pl* papiers *mpl* (documents) || FIG. *on* ~, en théorie ● *vt* tapisser (room) || ~**back** *n* livre broché/de poche || ~ **chase** *n* rallye-paper *m* || ~ **clip** *n* agrafe *f,* trombone *m* || ~**-knife** *n* coupe-papier *m* || ~**-mill** *n* papeterie *f* (factory) || ~**-weight** *n* presse-papiers *m* || ~ **work** *n* paperasserie *f.*

par [pɑ:] *n* égalité *f; be on a* ~ *with,* être l'égal de || FIN. *at* ~, au pair ; *above/below* ~, au-dessus/au-dessous du pair.

parable ['pærəbl] *n* parabole *f.*

parabola [pə'ræbələ] *n* MATH. parabole *f.*

parachut|e ['pærəʃu:t] *n* parachute *m ;* ~ ***drop,*** parachutage *m* || SP. ~ ***jumping,*** saut *m* en parachute ● *vi* sauter en parachute ; *go parachuting,* faire du parachutisme — *vt* parachuter || ~**ist** *n* parachutiste *n.*

paradc [pə'rcid] *n* parade *f* || défilé *m* ● *vi* parader, défiler.

paradise ['pærədais] *n* paradis *m.*

paradox ['pærədɔks] paradoxe *m* || ~**ical** [,pærə'dɔksikl] *adj* paradoxal.

paraffin ['pærəfin] *n* ~ *(oil),* pétrole (lampant) ; ~*(-wax),* paraffine *f*; *(liquid)* ~, huile *f* de paraffine.

paragraph [ˈpærəgra:f] *n* paragraphe *m*; *new* ~*!*, à la ligne! || entrefilet, écho *m* (in a newspaper).

parallel [ˈpærəlel] *adj* parallèle || SP. ~ ***bars,*** barres *fpl* parallèles; [ski] ~ ***turn,*** christiania *m* ● *n* MATH. parallèle *f* || GÉOGR. parallèle *m* || ÉLECTR. *in* ~, en parallèle || FIG. comparaison *f*; *draw a* ~ *between,* faire un parallèle entre.

paralys|e [ˈpærəlaiz] *vt* paralyser || ~**is** [pəˈrælisis] *n* paralysie *f*.

paramount [ˈpærəmaunt] *adj* suprême.

parapet [ˈpærəpit] *n* parapet, garde-fou *m*.

paraphernalia [ˌpærəfəˈneiljə] *npl* attirail *m* || FAM. bazar *m* (fam.).

paraphrase [ˈpærəfreiz] *n* paraphrase *f* ● *vt* paraphraser.

parasite [ˈpærəsait] *n* parasite *m*.

parasol [ˌpærəˈsɔl] *n* ombrelle *f*, parasol *m*.

paratroop|er [ˈpærətru:pə] *n* MIL. parachutiste *m* || ~**s** [-s] *n* parachutistes *mpl*.

parcel [ˈpɑ:sl] *n* colis, paquet *m*; ~ ***post,*** service *m* des colis postaux || COMM. lot *m* || JUR. parcelle *f* (of land) ● *vt* ~ *out,* morceler, diviser, répartir.

parch [pɑ:tʃ] *vt* dessécher || griller légèrement.

parchment [ˈpɑ:tʃmənt] *n* parchemin *m*.

pardon [ˈpɑ:dn] *n* pardon *m*; *I beg your* ~*!,* je vous demande pardon! ● vt pardonner || gracier.

pare [pεə] *vt* rogner, couper (nails) || peler (apples).

parent [ˈpεərənt] *n* père *m* (father); mère *f* (mother) || *Pl* parents *mpl* || ~**age** [-idʒ] *n* parenté, extraction *f* || ~**al** [pəˈrentl] *adj* parental.

parenthesis, theses [pəˈrenθisis, -i:z] *n* parenthèse *f*.

parish [ˈpæriʃ] *n* paroisse *f* || *(civil)* ~, commune *f* || ~**ioner** [pəˈriʃənə] *n* paroissien *n*.

Parisian [pəˈrizjən] *adj* parisien ● *n* Parisien *n*.

parity [ˈpæriti] *n* FIN. parité *f*.

park [pɑ:k] *n* parc *m* || ***national*** ~, parc national/naturel || AUT. ***car*** ~, parking *m* || MIL. parc *m* ● *vt* AUT. garer, parquer || ~**ing** *n* stationnement *m*; *no* ~, défense de stationner || ~ ***disc,*** disque *m* de stationnement; ~ ***lot,*** U.S. = CAR ~; ~ ***meter,*** parc(o)mètre *m*, compteur *m* de stationnement; ~ ***space,*** créneau *m*.

parley [ˈpɑ:li] *n* pourparlers *mpl* ● *vi* parlementer.

parliament [ˈpɑ:ləmənt] *n* parlement *m*; *Houses of Parliament,* les Chambres.

parlour [ˈpɑ:lə] *n* [house] petit salon || [convent] parloir *m* || ~**-games** *npl* jeux *mpl* de société || ~**-maid** *n* femme *f* de chambre.

parochial [pəˈrəukjəl] *adj* paroissial || ~**ism** *n* esprit *m* de clocher.

parody [ˈpærədi] *n* parodie *f* ● *vt* parodier.

parole [pəˈrəul] *n* parole *f* (d'honneur) || JUR. *on* ~, en liberté conditionnelle ● *vt* mettre en liberté conditionnelle.

paroxysm [ˈpærəksizm] *n* paroxysme *m*.

parricide [ˈpærisaid] *n* parricide *n*.

parrot [ˈpærət] *n* perroquet *m*.

parry [pæri] *n* parade *f* ● *vt* parer.

parse [pɑ:z] *vt* faire l'analyse grammaticale de.

parsimonious [ˌpɑ:siˈməunjəs] *adj* parcimonieux.

parsley [ˈpɑ:sli] *n* persil *m*.

parson ['pɑːsn] *n* pasteur, curé *m* (priest) || **~age** [-idʒ] *n* presbytère *m*, cure *f*.

part [pɑːt] *n* partie (division); *for the most ~,* pour la plupart; *in ~,* partiellement || parti *m* (side); *take sb.'s ~,* prendre parti pour qqn || *Pl* région *f; in these ~s,* dans ces parages || [share] participation *f*, rôle *m*; ***take ~ in,*** prendre part à; *play a ~ in,* jouer un rôle dans || [behalf] ***for my ~,*** pour ma part; *on the ~ of,* de la part de || TECHN. pièce *f*; ***spare ~,*** pièce de rechange || CULIN. mesure *f* || GRAMM. *~ of speech,* partie *f* du discours || MUS. partie *f*; voix *f* || TH. rôle *m* || FIG. part *f*, rôle *m* ● *vt* séparer; *~* ***one's hair,*** se faire une raie || *~* ***company,*** se séparer (*with,* de) — *vi* se séparer, se quitter || *~ with sth.,* se défaire de qqch.

partake [pɑː'teik] *vi* (see TAKE) prendre part, participer (*in/of,* à) || partager (a meal).

partial ['pɑːʃl] *adj* partiel (in part) || partial (biased); injuste (unjust) || FAM. *be ~ to,* avoir un faible pour || **~ity** [,pɑːʃi'æliti] *n* partialité *f*, penchant *m* || **~ly** ['pɑːʃəli] *adv* partiellement, en partie.

participat|e [pɑː'tisipeit] *vi* participer, prendre part || **~ion** [pɑː,tisi'peiʃn] *n* participation *f*.

participle ['pɑːtsipl] *n* participe *m*.

particle ['pɑːtikl] *n* parcelle *f* (of dust) || GRAMM. particule *f*.

particular [pə'tikjulə] *adj* particulier (special) || difficile (fastidious) ● *n* détail *m*, particularité *f*; *in ~,* en particulier || *Pl* détails *mpl*; *full ~s,* tous les renseignements || **~ly** *adv* particulièrement, en particulier.

parting ['pɑːtiŋ] *n* séparation *f* || départ *m* (departure) || raie *f* (in the hair).

partisan [,pɑːti'zæn] *n/adj* partisan *(m)* || MIL. partisan *m*.

partition [pɑː'tiʃn] *n* partage *m* (of a country); morcellement *m* (of land) || cloison *f* (wall) ● *vt* morceler, partager.

partly ['pɑːtli] *adv* partiellement.

partner ['pɑːtnə] *n* partenaire *n* || [dance] cavalier *n* || COMM. associé *n*; *sleeping ~,* commanditaire *m*.

partook See PARTAKE.

part-owner ['pɑːt'əunə] *n* copropriétaire *n*.

partridge ['pɑːtridʒ] *n* perdrix *f*.

part-time ['pɑːt'taim] *adj* à mi-temps.

party ['pɑːti] *n* groupe *m* || *(political) ~,* parti *m* || réunion *f*; réception *f*; *evening ~,* soirée *f*; *tea ~,* thé *m*; *give a ~,* donner une réception || MIL. détachement *m* || JUR. partie *f*; *third-~ insurance,* assurance *f* au tiers || FIG. *be (a) ~ to,* être complice de || **~-wall** *n* mur mitoyen.

pass [pɑːs] *n* permis, laissez-passer *m* (document); *police ~,* coupe-file *m* || GÉOGR. col *m* || NAUT. passe *f* || SP. passe *f* ● *vt* passer || franchir (cross over) || (faire) passer (hand over) || croiser (meet) || [customs] passer || [examiner] recevoir (candidates); [candidate] être reçu à || AUT. dépasser, doubler (overtake) || SP. passer (a ball) || CULIN. *~ through a sieve,* passer || FIG. passer, voter (a resolution); passer, transmettre; prononcer (a judgment); émettre (an opinion); passer (the time); *help sb. ~ the time,* faire patienter qqn || *~* ***oneself off,*** se faire passer (*as,* pour) || *~* ***on,*** faire passer, transmettre.
— *vi* passer, circuler || [coin] avoir cours || [time] passer, s'écouler || [person] être considéré (*for,* comme) || [candidate] être reçu || [card games] passer, renoncer || se passer, avoir lieu || *~* ***along,*** passer || *~* ***away,*** disparaître, trépasser || *~* ***by,*** passer devant/près

de || ~ ***off,*** passer, se passer (happen) || ~ ***out,*** FAM. s'évanouir || ~ ***over,*** franchir, traverser; [storm] s'éloigner || **~able** *adj* passable, praticable (road); franchissable (river) || passable (quality) || **~age** ['pæsidʒ] *n* passage *m* (of a book); *selected ~,* morceaux choisis || couloir *m* (hall) || NAUT. traversée *f* || JUR. adoption *f* (of a law).

passenger ['pæsnʒə] *n* RAIL. voyageur *n*; *~ train,* train *m* de voyageurs || NAUT., AV. passager *n*.

passer-by [pɑːsəbai] *n* passant *n*.

passing ['pɑːsiŋ] *n* passage *m* ● *adj* passager, éphémère.

passion ['pæʃn] *n* passion, fureur *f* || REL. *Passion,* Passion *f*; *Passion week,* semaine sainte || **~ate** ['pæʃənit] *adj* passionné, emporté.

passive ['pæsiv] *adj* passif || **~ness** *n* passivité *f*.

pass|key ['pɑːskiː] *n* passe-partout *m* || **~-mark** *n* moyenne *f* (at an exam) || **~port** ['pɑːspɔːt] *n* passeport *m* || **~word** ['pɑːswəːd] *n* mot *m* de passe.

past [pɑːst] *adj* passé; *the ~ week,* la semaine dernière || ***be a ~ master,*** être passé maître || GRAMM. *~ tense,* passé *m* ● *n* passé *m*; *in the ~,* autrefois ● *prep* au-delà de; *ten ~ two,* deux heures dix || plus de (more than); *he is ~ forty,* il a plus de quarante ans ● *adv go ~,* passer devant.

pasta ['pæstə] *n* CULIN. pâtes *fpl*.

paste [peist] *n* colle *f* (glue) || CULIN. pâte *f* ● *vt* coller || **~board** *n* carton *m*.

pastel [pæs'tel] *n* pastel *m*.

pasteurize ['pæstəraiz] *vt* pasteuriser.

pastime ['pɑːstaim] *n* passe-temps *m inv*; distraction *f*.

pastor ['pɑːstə] *n* pasteur *m*.

pastry ['peistri] *n* pâtisserie *f*; **~-cook** *n* pâtissier *m* || **~-shop** *n* pâtisserie *f*.

pasture ['pɑːstʃə] *n* pâturage *m*, pâture *f* ● *vi* paître — *vt* faire paître.

pat I [pæt] *n* petite tape (tap) || caresse *f* (ou animal) ● *vt* taper, tapoter.

pat II *adj* à propos, tout prêt ● *adv answer ~,* répondre du tac au tac; *stand ~,* ne pas en démordre.

pat III *n* motte *f* de beurre.

patch [pætʃ] *n* plaque *f* || pièce *f* (material) || tache *f* (of colour) || parcelle *f* (of land) || emplâtre *m* (plaster) ● *vt* rapiécer; rafistoler || **~ing (up)** *n* rapiéçage *m* || **~work** *n* patchwork *m* || FIG. mosaïque *f*.

patent ['peitnt] *n* brevet *m* || ***~-leather shoes,*** chaussures vernies || ~ ***medicine,*** spécialité *f* pharmaceutique ● *adj* manifeste, évident.

patern|al [pə'təːnl] *adj* paternel || **~ity** *n* paternité *f*.

path [pɑːθ] *n* [country] sentier, chemin *m* || [garden] allée *f*.

pathetic [pə'θetik] *adj* pathétique.

pathological [,pæθə'lɔdʒikl] *adj* pathologique.

pathos ['peiθɔs] *n* pathétique *m*.

patience ['peiʃns] *n* patience *f*; ***out of ~,*** à bout de patience; ***have ~,*** prendre patience || [cards] réussite *f*; *play ~,* faire des réussites.

patient ['peiʃnt] *adj* patient; *be ~,* prendre patience ● *n* patient, malade *n* || **~ly** *adv* patiemment; *wait ~,* patienter.

patina ['pætinə] *n* patine *f*.

patrimony ['pætriməni] *n* patrimoine *m*.

patriot ['peitriət] *n* patriote *n* || **~ic** [,petri'ɔtik] *adj* patriotique ||

~ism ['pætriətizm] *n* patriotisme *m.*

patrol [pə'trəul] *n* patrouille *f* || U.S. ~ *car,* voiture *f* de police || NAUT. ~ *boat,* vedette *f* ● *vi* patrouiller, faire une ronde.

patron ['peitrən] *n* patron, protecteur *n* || COMM. client *n* || **~age** ['pætrənidʒ] *n* protection *f* || COMM. clientèle *f* || **~ize** ['pætrənaiz] *vt* protéger, patronner || traiter avec condescendance || COMM. se fournir chez || **~izing** *adj* protecteur, condescendant.

patter I ['pætə] *vi* [rain] fouetter, tambouriner, crépiter ● *n* léger bruit de pas || crépitement *m* (of rain).

patter II *n* baratin (fam.), boniment *m* (péj.) ● *vt* marmotter.

pattern ['pætən] *n* modèle *m* (example) || [dressmaking] patron *m* || ARTS dessin, motif *m* || COMM. échantillon, modèle *m* (sample); *registered ~,* modèle déposé.

paunch ['pɔ:nʃ] *n* panse *f* || FAM. bide *m,* brioche *f* (pop.).

pauper ['pɔ:pə] *n* indigent *n* || **~ize** [-raiz] *vt* réduire à l'indigence.

pause [pɔ:z] *n* pause *f,* silence *m* || MUS. point *m* d'orgue ● *vi* faire une pause.

pave [peiv] *vt* paver || ~ *the way,* frayer la voie || **~ment** *n* pavé, dallage *m* (flagstones) || trottoir *m* (for pedestrians) || U.S. chaussée *f* (roadway).

pavilion [pə'viljən] *n* pavillon *m* (building) || tente *f* (tent).

paving ['peiviŋ] *n* pavage *m* || **~-stone** *n* pavé *m.*

paw [pɔ:] *n* patte *f* ● *vi* [horse] piaffer — *vt* FAM. peloter (fam.); tripoter (pop.).

pawn [pɔ:n] *n* gage *m; in ~,* en gage; au clou (fam.) || [chess] pion *m* ● *vt* engager, mettre au mont-de-piété || **~broker** *n* prêteur *n* sur gage || **~shop** *n* mont-de-piété *m,* crédit municipal.

pay [pei] *n* paie/paye *f;* [workman's] salaire *m;* [civil servant's] traitement *m;* [servant's] gages *mpl* || *holiday with ~,* congé payé || MIL. [soldier's] prêt *m;* [officer's] solde *f* ● *vt* (paid [peid]) payer || régler (a bill); ~ *on the nail,* payer rubis sur l'ongle || ~ ***back,*** rendre (money); FIG. faire payer à (punish) || ~ ***down,*** verser || ~ ***off,*** acquitter (debt) || ~ ***out,*** payer, débourser; NAUT. laisser filer (cable) || ~ ***up,*** solder, régler || **~able** ['peəbl] *adj* payable, dû || **~-day** *n* jour *m* de paie; FIN. (jour *m* d') échéance *f* || **~ee** [pe'i:] *n* bénéficiaire *n* || **~ing** *adj* payant, rémunérateur || ~ *guest,* pensionnaire *n* || **~ment** *n* paiement, versement *m;* rémunération *f* || **~-rise** *n* augmentation *f* de salaire || **~slip** *n* bulletin *m* de paie.

pea [pi:] *n* pois *m; green ~s,* petits pois; *split ~s,* pois cassés || FAM. ***~-souper,*** purée *f* de pois (fog).

peace [pi:s] *n* paix, tranquillité, quiétude *f;* ***make ~,*** faire la paix || ~ *pipe,* calumet *m* de la paix || ordre public || calme *m,* tranquillité *f; hold one's ~,* se taire || **~ful** *adj* paisible, pacifique.

peach I [pi:tʃ] *vt* SL. ~ *on/against,* moucharder, cafarder (fam.).

peach II *n* pêche *f* || ***~-tree,*** pêcher *m.*

peacock ['pi:kɔk] *n* paon *m.*

peak [pi:k] *n* pic *m,* cime *f* (of a moutain) || visière *f* (of a cap) || RAIL., ÉLECTR. ~ ***hours,*** heures *fpl* de pointe.

peal [pi:l] *n* carillon *m* (of bells) || fracas *m* (of thunder) || éclat *m* (of laughter) ● *vi* [bells] carillonner || [thunder] gronder, retentir — *vt* faire retentir.

peanut ['piːnʌt] *n* arachide, cacahouète *f.*

pear [pɛə] *n* poire *f;* **~-tree,** poirier *m.*

pearl [pəːl] *n* perle *f; cultured ~,* perle de culture || **~y** *adj* nacré.

peasant ['peznt] *n* paysan *m.*

pease-pudding [ˌpiːz'pudiŋ] *n* purée *f* de pois cassés.

pea-shooter ['piːˌʃutə] *n* sarbacane *f.*

peat [piːt] *n* tourbe *f* || **~-bog** *n* tourbière *f.*

pebbl|e ['pebl] *n* caillou *m* || galet *m* (on beach) || **~y** *adj* de galets (beach).

peck [pek] *n* coup *m* de bec ● *vt* becqueter, picorer — *vi* ~ *at,* [bird] donner des coups de bec à ; [person] **~ at one's food,** manger du bout des dents ; chipoter (fam.) || **~ing order** *n* FAM. ordre *m* hiérarchique.

peculiar [pi'kjuːljə] *adj* particulier, singulier, bizarre || **~ity** [piˌkjuːli'æriti] *n* particularité, singularité *f* || **~ly** *adv* particulièrement, singulièrement.

pedag|ogue ['pedəgɔg] *n* pédagogue *n* || **~ogy** [-ɔgi] *n* pédagogie *f.*

pedal ['pedl] *n* pédale *f* ● *vi* pédaler || ~ **boat** *n* pédalo *m.*

pedant ['pednt] *n* pédant *m* || **~ic** [pi'dæntik] *adj* pédantesque.

pederast ['pedəræst] *n* pédéraste *m.*

pedestal ['pedistl] *n* piédestal *m* || ~ *table,* guéridon *m.*

pedestrian [pi'destriən] *n* piéton *m;* ~ **precinct,** zone piétonne/piétonnière ● *adj* pédestre || FIG. prosaïque.

pediatrician [ˌpiːdiə'triʃn] *n* MÉD. pédiatre *n.*

pedigree ['pedigriː] *n* généalogie, ascendance *f* || [animal] pedigree *m;* ~ *dog,* chien *m* de race.

pedlar ['pedlə] *n* colporteur *m.*

peek [piːk] *vi* jeter un coup d'œil furtif (peep) ● *n* coup *m* d'œil (furtif).

peel [piːl] *n* pelure *f* (of fruit, vegetable) ; peau *f* (of peach) ; zeste *m* (of lemon) ; pelure, écorce *f* (of orange) ● *vt* peler, éplucher — *vi* [paint] s'écailler.

peep [piːp] *n* coup *m* d'œil furtif ● *vi* ~ *at,* regarder à la dérobée, guigner || **~ing Tom** *n* voyeur *m.*

peer I [piə] *vi* scruter (*at, into sth.,* qqch.) ; observer avec attention/curiosité ; essayer de discerner.

peer II *n* pair, égal *m* || **~less** *adj* sans égal, incomparable.

peevish ['piːviʃ] *adj* irritable, grincheux.

peg [peg] *n* cheville *f* (pin) || *(hat-)* ~, patère *f* || FAM. *off the* ~, prêt-à-porter *m* (clothes) || piquet *m* (of tent) || pince *f* à linge (for clothes) ● *vt* cheviller || FIN. stabiliser (prices) || FAM. ~ **away,** bûcher, bosser (fam.).

pejorative ['piːdʒrətiv *or* pi'dʒɔrətiv] *adj* péjoratif.

pelican ['pelikən] *n* pélican *m.*

pellet ['pelit] *n* boulette *f* (of bread) || MÉD. pilule *f.*

pell-mell ['pel'mel] *adv* pêle-mêle.

pelt I [pelt] *n* peau, fourrure *f.*

pelt II *vt* cribler (*with,* de) — *vi* tomber à verse ; **~ing rain,** pluie battante.

pen I [pen] *n* [animals] enclos, parc *m* || *(play)~,* parc *m* (d'enfant) ● *vt* parquer (animals) || enfermer (people).

pen II *n* plume *f; ~-holder,* porte-plume *m; ball-point ~,* stylo *m* à bille ; *felt-tip ~,* (crayon *m*) feutre *m; fountain ~,* stylo *m.*

penal ['piːnl] *adj* pénal || **~ize** ['piːnəlaiz] *vt* infliger une pénalité à || Sp. pénaliser || **~ty** ['penlti] *n* pénalité, punition *f; under ~ of,* sous peine de || [football] **~ *area,*** surface *f* de réparation.

penance ['penəns] *n* pénitence *f.*

pence *npl* See PENNY.

pencil ['pensl] *n* crayon *m; in ~,* au crayon ● *vt* crayonner || **~-box** *n* plumier *m* || **~-case** *n* trousse *f* d'écolier || **~-sharpener** *n* taille-crayon *m.*

pendant ['pendənt] *n* pendentif *m.*

pend|ent ['pendənt] *adj* Jur. en suspens || **~ing** *adj* en instance.

pendulum ['pendjuləm] *n* pendule, balancier *m.*

penetrat|e ['penitreit] *vt/vi* pénétrer || **~ing** *adj* pénétrant, perçant || **~ion** [,peni'treiʃn] *n* pénétration *f.*

pen-friend *n* correspondant *n.*

penguin ['pengwin] *n* pingouin *m.*

penicillin [,peni'silin] *n* pénicilline *f.*

peninsula [pi'ninsjulə] *n* péninsule, presqu'île *f.*

penis ['pinis] *n* pénis *m.*

penitence ['penitns] *n* pénitence *f.*

penitent ['penitnt] *adj* repentant ● *n* pénitent *n* || **~iary** [,peni'tenʃəri] *adj* pénitentiaire ● *n* pénitencier *m.*

penknife ['pennaif] *n* canif *m.*

pennant ['penənt] *n* banderole, flamme *f.*

penniless ['penilis] *adj* sans le sou; indigent.

penny, pence/pennies ['peni, pens/peniz] *n* penny *m;* FAM. *spend a ~,* aller au petit coin; *a ~ for your thoughts,* à quoi pensestu?

pension ['penʃn] *n* pension *f; old-age ~,* pension *f* de vieillesse; *retirement ~,* (pension de) retraite *f* ● *vt* pensionner || **~ *off,*** mettre à la retraite || **~er** *n* pensionné, retraité *n.*

pensive ['pensiv] *adj* pensif, songeur || **~ly** *adv* d'un air pensif.

pent [pent] *adj* **~ *up,*** enfermé || Fig. refoulé (emotions).

pentagon ['pentəgən] *n* pentagone *m.*

penthouse ['penthaus] *n* appentis *m* || appartement *m* avec terrasse (on roof).

penurious [pi'njuəriəs] *adj* pauvre (poor) || parcimonieux || sordide (stingy).

penury ['penjuri] *n* pénurie *f.*

peony ['piəni] *n* pivoine *f.*

people I ['pi:pl] *npl* gens *mpl; how many ~?* combien de personnes? || monde *m* (crowd); *a lot of ~,* beaucoup de monde || Fam. famille *f;* parents *mpl.*

people II *n sing* peuple *m;* nation *f* ● *vt* peupler.

pep [pep] *n* Fam. allant *m,* vitalité *f,* dynamisme, entrain *m* ● *vt ~ up,* ragaillardir.

pepper ['pepə] *n* [spice] poivre *m; Cayenne/red ~,* poivre *m* de Cayenne || [vegetable] *(sweet) ~,* poivron 1m ● *vt* poivrer || **~-and-salt** *adj* poivre et sel || **~corn** *n* grain *m* de poivre || **~ gas** *n* gaz *m* lacrymogène || **~-mill** *n* moulin *m* à poivre || **~mint** *n* [plant] menthe poivrée || [sweet] pastille *f* de menthe || **~-pot** *n* poivrière *f* || **~ steak** *n* steak *m* au poivre || **~y** *adj* poivré.

per [pə:] *prep* par, pour; *~ cent,* pour cent; *~ year,* par an; *~ pound,* la livre.

perambulator [pə'ræmbjuleitə] *n* voiture *f* d'enfant, landau *m.*

perceive [pə'si:v] *vt* percevoir, s'apercevoir de.

percentage [pə'sentidʒ] *n* pourcentage *m.*

percep|tible [pə'septəbl] *adj* perceptible || **~tion** *n* perception *f* || **~tive** [-tiv] *adj* perceptif.

perch [pə:tʃ] *vi* se percher, jucher ● *n* perchoir *m*.

perchance [pə'tʃɑ:ns] *adv* par hasard ; d'aventure.

percol|ate ['pə:kəleit] *vt/vi* passer, filtrer (coffee) || **~ator** [-eitə] *n* filtre, percolateur *m*.

percussion [pə:'kʌʃn] *n* percussion *f* ; *~ cap,* capsule *f*.

perdition [pə:'diʃn] *n* perdition *f* || REL. damnation *f*.

peremptory [pə'remtri] *adj* péremptoire.

perennial [pə'renjəl] *adj* perpétuel, éternel || BOT. vivace.

perfect ['pə:fikt] *adj* parfait, achevé ● *n* GRAMM. parfait *m* ● [pə:'fekt] *vt* parfaire, perfectionner, mettre au point || **~ion** [pə'fekʃn] *n* perfection *f* ; *to ~,* à la perfection, à souhait || **~ly** *adv* parfaitement.

perfid|ious [pə:'fidiəs] *adj* perfide, traître || **~y** ['pə:fidi] *n* perfidie *f*.

perforate ['pə:fəreit] *vt* perforer, percer.

perform [pə'fɔ:m] *vt* accomplir (a duty, a task) || TH. représenter (a play) || **~ance** *n* accomplissement *m* (of a task) || exploit *m* (deed) || TH. représentation *f* ; *"no ~ today",* relâche *m* ; [actor, musician] interprétation *f* || CIN. séance *f* || SP. performance *f* || **~er** *n* TH. acteur *n*, comédien *n* || MUS. exécutant *n* || **~ing** *adj ~ dog,* chien savant.

perfum|e ['pə:fju:m] *n* parfum *m* ; *~-burner,* brûle-parfum *m* ● [pə'fju:m] *vt* parfumer || **~er** [pə'fju:mə] *n* parfumeur *n* || **~ery** [pə'fju:məri] *n* parfumerie *f*.

perfunctory [pə'fʌŋtri] *adj* superficiel, pour la forme.

perhaps [pə'hæps] *adv* peut-être.

peril ['peril] *n* péril, danger *m* ; *in ~ of,* en danger de ; *at your ~,* à vos risques et périls || **~ous** *adj* périlleux, dangereux.

perimeter [pə'rimitə] *n* périmètre *m*.

period ['piəriəd] *n* période, durée *f* ; *bright ~,* éclaircie *f* || époque *f* ; *~ furniture,* mobilier *m* d'époque || [school] cours *m*, heure *f* || MÉD. *(Pl)* règles *fpl* ; *have one's ~(s),* avoir ses règles || GRAMM. U.S. point *m* (full stop) || **~ical** [,piəri'ɔdikl] *adj* périodique ● *n* revue, publication *f*, périodique *m*.

peripher|al [pə'rifərəl] *adj* périphérique ● *n* [computer] périphérique *m* || **~y** *n* périphérie *f*.

periphrasis [pə'rifrəsis] *n* périphrase *f*.

periscope ['periskəup] *n* périscope *m*.

perish ['periʃ] *vi* [person] périr, mourir || [substance] se détériorer — *vt* détériorer || **~able** *adj* périssable ● *npl* COMM. denrées *fpl* périssables.

periwig ['periwig] *n* perruque *f*.

periwinkle ['peri,winkl] *n* pervenche *f*.

perjur|e ['pə:dʒə] *vt : ~ oneself,* se parjurer || **~er** [-rə] *n* parjure *n* || **~y** [-ri] *n* parjure *m*, faux témoignage.

perk I [pə:k] *n* [usu pl.] FAM. avantage *m* accessoire, à-côté *m* ; *Pl* gratte *f* (fam.) || See PERQUISITE.

perk II *abbrev* = PERCOLATE.

perk III *vt ~ up,* remonter, ragaillardir — *vi ~ up,* se ragaillardir || **~y** *adj* éveillé, effronté (impudent).

perm [pə:m] *abbrev* FAM. (= PERMANENT WAVE) permanente *f* ; ***have a ~,*** se faire faire une permanente ● *vt* ***have one's hair ~ed,*** se faire faire une permanente.

perman|ence ['pə:mənəns] *n* permanence, stabilité *f* || ~**ent** *adj* permanent, stable || [hair dressing] ~ ***wave,*** permanente *f* || ~**ently** *adv* en permanence || à titre définitif.

perme|able ['pə:mjəbl] *adj* perméable || ~**ate** [-ieit] *vt* imprégner.

perm|issible [pə'misəbl] *adj* permis, admissible || ~**ission** [pə'miʃn] *n* permission *f; give sb.* ~, donner la permission à qqn || ~**issive** [-'isiv] *adj* tolérant || permissif (society).

permit ['pə:mit] *n* permis, laissez-passer *m* || COMM., JUR. congé *m* ● [-'-] *vt* permettre (*to,* de).

pernicious [pə:'niʃəs] *adj* pernicieux.

peroration [,perə'reiʃn] *n* péroraison *f.*

peroxide [pə'rɔksaid] *n (hydrogen)* ~, eau *f* oxygénée || ~ *blonde,* blonde décolorée.

perpendicular [,pə:pn'dikjulə] *adj* perpendiculaire.

perpetrate ['pə:pitreit] *vt* perpétrer, commettre (a crime).

perpet|ual [pə'petjuəl] *adj* perpétuel || ~**uate** [-jueit] *vt* perpétuer || ~**uity** [-'tjuiti] *n in* ~, à perpétuité.

perplex [pə'pleks] *vt* embarrasser || ~**ed** [-t] *adj* perplexe, embarrassé || ~**ity** *n* embarras *m,* perplexité *f.*

perquisite ['pə:kwizit] *n* avantage *m;* gratification *f.*

persec|ute ['pə:sikju:t] *vt* persécuter || ~**ution** [,pə:si'kju:ʃn] *n* persécution *f.*

persev|erance [,pə:si'viərəns] *n* persévérance *f* || ~**ere** [-iə] *vi* persévérer, persister.

persist [pə'sist] *vi* persister || s'obstiner (*in,* à) || ~**ence** *n* persistance, persévérance *f* || ~**ent** *adj* persistant || persévérant (person).

person ['pə:sn] *n* personne *f,* individu *m* || TÉL. ~ ***to*** ~ ***call,*** communication *f* avec préavis || JUR. *artificial* ~, personne morale || ~**age** *n* personnalité *f* (important person) || ~**al** *adj* personnel, individuel || TÉL. ~ *call,* communication *f* avec préavis || ~**ality** [,pə:sə'næliti] *n* personnalité *f* || *Pl* remarques désobligeantes || ~**ate** ['pə:səneit] *vt* jouer le rôle de || ~**ification** [pə,sɔnifi'keiʃn] personnification *f* || ~**ify** [pə:'sɔnifai] *vt* personnifier.

personnel [,pə:sə'nel] *n* personnel *m.*

perspective [pə'spektiv] *n* perspective *f.*

Perspex ['pə:speks] *n* T.N. Plexiglas *m.*

perspi|cacity [,pə:spi'kæsiti] *n* perspicacité *f* || ~**cuity** [-'kju:iti] *n* clarté, netteté *f* || ~**cuous** [pə'spikjuəs] *adj* clair.

persp|iration [,pə:spə'reiʃn] *n* transpiration, sueur *f* || ~**ire** [pəs'paiə] *vi* transpirer.

persu|ade [pə'sweid] *vt* persuader || ~**asion** [-eiʒn] *n* persuasion, croyance *f* || ~**asive** [-eisiv] *adj* persuasif, convaincant.

pert [pə:t] *adj* effronté, impertinent.

pertain [pə:'tein] *vi* être du ressort (*to,* de) || se rattacher (*to,* à).

pertinacious [,pə:ti'neiʃəs] *adj* obstiné, opiniâtre.

pertinent ['pə:tinənt] *adj* pertinent, à propos.

perturb [pə'tə:b] *vt* troubler, agiter || ~**ation** [,pə:tə:'beiʃn] *n* perturbation *f,* trouble *m.*

Peru [pə'ru:] *n* Pérou *m.*

peruse [pə'ru:z] *vt* examiner || lire attentivement.

pervade [pə:'veid] *vt* pénétrer, imprégner.

pervers|e [pə'və:s] *adj* obstiné

(person) || contrariant (circumstances) || pervers (wicked) || **~ity** *n* obstination *f; caractère* contrariant || perversité *f*.

pervert [pəː'vəːt] *vt* pervertir, dépraver ● ['pəːvəːt] *n* perverti *n; sexual ~,* perverti *n* sexuel.

pessim|ism ['pesimizm] *n* pessimisme *m* || **~ist** *n* pessimiste *n* || **~istic** [,pesi'mistik] *adj* pessimiste.

pest [pest] *n* animal *m* nuisible || FIG. fléau *m* || **~er** *vt* importuner, tourmenter || FAM. assommer.

pestle ['pesl] *n* pilon *m*.

pet [pet] *n* animal familier || [school] chouchou *n* (fam.) || **~ *aversion,*** bête noire; **~ *name,*** petit nom affectueux ● *vt* dorloter, chouchouter || [sexual] peloter — *vi* se peloter.

petal ['petl] *n* pétale *m*.

peter ['piːtə] *vi* **~ *out,*** [supplies] s'épuiser, se tarir; [plan] avorter.

petition [pi'tiʃn] *n* pétition *f* || JUR. requête *f; ~ for divorce,* demande *f* en divorce ● *vt* présenter une pétition/requête.

petrify ['petrifai] *vt/vi* (se) pétrifier.

petrol ['petrl] *n* essence *f* || **~ *bomb,*** cocktail *m* Molotov; **~ *gauge,*** jauge *f* d'essence; **~ *station,*** poste *m* d'essence; **~ *tank,*** réservoir *m* d'essence.

petroleum [pi'trəuljəm] *n* CH. pétrole *m*.

petticoat ['petikəut] *n* jupon *m*.

petty ['peti] *adj* petit, insignifiant || FIN. **~ *cash,*** menue monnaie || NAUT. **~ *officer,*** officier marinier.

petulant ['petjulənt] *adj* irritable.

pew [pjuː] *n* banc *m* d'église.

pewter ['pjuːtə] *n* étain *m*.

PG *abbrev* = PAYING GUEST.

phalanx, es/-anges ['fælæŋks, -iːz/fə'lændʒiːz] phalange *f*.

pharmac|ist ['fɑːməsist] *n* U.S. pharmacien *n* || **~y** *n* pharmacie *f*.

phase [feiz] *n* phase *f*.

pheasant ['feznt] *n* faisan *m; hen ~,* faisane *f*.

phenomen|al [fi'nɔminl] *adj* phénoménal || **~on, -na** [-ən, -ə] *n* phénomène *m*.

phial ['faiəl] *n* fiole *f* || [pharmacy] ampoule *f*.

philanthropy [fi'lænθrəpi] *n* philanthropie *f*.

philatel|ist [fi'lætəlist] *n* philatéliste *n* || **~ y** *n* philatélie *f*.

philo|logy [fi'lɔlədʒi] *n* philologie *f* || **~sopher** [-səfə] *n* philosophe *n* || **~sophical** [,filə'sɔfikl] *adj* philosophique || **~sophy** [fi'lɔsəfi] *n* philosophie *f*.

phlegm [flem] *n* flegme *m* || **~atic** [fleg'mætik] *adj* flegmatique.

phobia ['fəubiə] *n* phobie *f*.

phone [fəun] *n* téléphone *m* ● *vt* téléphoner.

phon|eme ['fəuniːm] *n* phonème *m* || **~emics** [fə'niːmiks] *n* phonologie, phonématique *f* || **~etics** [fə'netiks] *n* phonétique *f*.

phoney ['fəuni] *adj* FAM. faux, truqué.

phonograph ['fəunəgrɑːf] *n* U.S. électrophone *m* || [formerly] phonographe *m*.

phos|phate ['fɔsfeit] *n* phosphate *m* || **~phorus** [-frəs] *n* phosphore *m*.

photo ['fəutəu] *n* FAM. photo *f* (fam.) || **~copier** ['--,kɔpiə] *n* photocopieur *m* || **~copy** ['--,--] *n* photocopie *f* || **~electric cell** *n* cellule *f* photoélectrique || **~finish** *n* [racing] photo-finish *f* || **~fit** *n* portrait-robot *m* || **~genic** [,--'dʒenik] *adj* photogénique.

photograph ['fəutəgrɑːf] *n* photographie *f; take a ~,* prendre une photo(graphie) ● *vt* photographier || **~er** [fə'tɔgrəfə] *n* photographe *n* || **~ic** [,fəutə'græfik] *adj* photographique.

photography [fə'tɔgrəfi] *n* ARTS photographie *f.*

Photostat ['fəutəstæt] *n* T.N. machine *f* à photocopier || *~(copy),* photocopie *f.*

phrase [freiz] *n* expression, locution *f* ● *vt* exprimer (a thought) || rédiger (a letter).

physical ['fizikəl] *adj* physique || ~ ***training,*** éducation *f* physique.

phys|ician [fi'ziʃn] *n* médecin *m* || **~icist** ['fizisist] *n* physicien *n* || **~ics** ['fiziks] *n* physique *f.*

physio|gnomy [,fizi'ɔnəmi] *n* physionomie *f* || **~logical** [,fiziə'lɔdʒikl] *adj* physiologique || **~logy** [,fizi'lɔlədʒi] *n* physiologie *f* || **~therapy** ['fiziəu'θerəpi] *n* physiothérapie *f.*

physique [fi'zi:k] *n* constitution *f* (strength) || physique *m* (appearance).

pian|ist ['pjænist] *n* pianiste *n* || **~o** [-əu] *n* piano *m; play the ~,* jouer du piano; ***upright/grand ~,*** piano droit/à queue.

pick I [pik] *n* pioche *f,* pic *m.*

pick II *n* choix *m; take one's ~,* faire son choix ● *vt* choisir (choose); ~ ***one's way,*** marcher avec précaution || crocheter (a lock) || ~ *one's nose,* se mettre les doigts dans le nez || ~ *pockets,* faire les poches || ~ *one's teeth,* se curer les dents || ronger (a bone) || cueillir (fruit, flowers) || piocher (the ground) || chercher (seek); ~ ***a quarrel with,*** chercher querelle à || ~ ***holes in,*** trouver à redire à || ~ ***off,*** enlever, abattre (shoot) || ~ ***on,*** choisir || ~ ***out,*** choisir; distinguer (in the crowd) || ~ ***up,*** ramasser; prendre (collect, give a ride to); apprendre (learn); RAD. capter; AUT. ~ ***up speed,*** prendre de la vitesse; FIG. [invalid] se rétablir, se remettre; reprendre du poil de la bête (fam.); FAM. draguer (girl) [fam.]; ***~-up*** *(n),* [record-player] pick-up *m;* [bus] passager *n* (ramassé à un arrêt); AUT. reprise *f* (acceleration); pick-up *m* (lorry); SL. fille qu'on a draguée. — *vi* ~ ***and choose,*** faire le difficile; ~ ***at one's food,*** manger du bout des dents.

pick-a-back ['pikəbæk] *n give a child a ~,* prendre un enfant sur ses épaules.

pick(axe) ['pik(æks)] *n* pioche *f.*

picker ['pikə] *n* cueilleur *n.*

picket ['pikit] *n* piquet, pieu *m* || [strike] piquet *m* de grève ● *vt* clôturer (fence in) || mettre un piquet de grève.

picking *n* [fruit] cueillette *f* || *Pl* restes *mpl* (left-overs) || *Pl* FIG. gratte *f* (fam.) [pilfering].

pickle ['pikl] *n* marinade, saumure *f* (brine) || *Pl* conserves *fpl* au vinaigre ● *vt* mariner, conserver dans du vinaigre.

pick-me-up ['pikmiʌp] *n* cordial, remontant *m.*

pickpocket ['pik,pɔkit] *n* pickpocket *m;* voleur *m* à la tire.

picnic ['piknik] *n* pique-nique *m; go on a ~,* aller en pique-nique ● *vi* pique-niquer.

pictorial [pik'tɔ:riəl] *adj* illustré, en images ● *n* illustré *m.*

picture ['piktʃə] *n* image *f;* illustration *f* || ARTS gravure *f* (engraving); tableau *m* (painting) || PHOT. photo *f* || CIN. film *m; Pl* cinéma *m;* ***go to the ~s,*** aller au cinéma || FIG. description *f* || FIG. *she is the ~ of health,* elle respire la santé; FAM. *put sb. in the ~,* mettre qqn au courant ● *vt* représenter, décrire, peindre || FIG. ~ *to oneself,* s'imaginer || **~-card** *n* figure *f* (court card) || **~-gallery** *n* galerie *f* de tableaux, musée *m* || **~goer** *n* amateur *m* de cinéma

|| ~ **postcard** *n* carte postale illustrée.

picturesque [ˌpiktʃəˈresk] *adj* pittoresque.

pidgin [ˈpidʒin] *n* sabir *m*, petit nègre ; ~ *(English)*, pidgin *m*.

pie [pai] *n* [meat] pâté *m* en croûte || [fruit] tourte *f* || FIG. See FINGER.

piebald [ˈpaibɔ:ld] *adj* pie (horse).

piece [pi:s] *n* morceau, fragment *m* (bit); *in one* ~, d'un seul tenant; *break in(to)* ~*s*, mettre en morceaux; *pull to* ~*s*, déchirer || bout *m* (odd piece) || pièce, partie *f*; *a* ~ *of furniture*, un meuble ; ***take to*** ~***s***, démonter || COMM. *by the* ~, à la pièce || FIN. pièce (coin) || MUS. morceau *m* || FIG. *a* ~ *of advice/news*, un conseil/une nouvelle || FAM. ***go to*** ~***s***, perdre ses moyens, s'effondrer (collapse) ● *vt* joindre, assembler || ~ ***together***, rassembler || FIG. reconstituer.

piece|meal [ˈpi:smi:l] *adv* petit à petit, par bribes || ~**-work** *n* travail *m* à la pièce/tâche ; *be on* ~, être aux pièces/à la tâche || ~**-worker** *n* ouvrier *n* payé à la pièce/tâche.

pied [paid] *adj* bigarré, bariolé.

pier [piə] *n* jetée *f* || appontement, embarcadère *m* (landing stage) || [bridge] pile *f*.

pierce [piəs] *vt* percer, transpercer.

piety [ˈpaiəti] *n* piété *f*.

pig [pig] *n* cochon, porc *m*; *sucking* ~, cochon de lait || TECHN. gueuse (of iron) || ~**skin** *n* peau *f* de porc.

pigeon [ˈpidʒin] *n* pigeon *m*; *homing* ~, pigeon voyageur ; *clay* ~, pigeon d'argile || ~**-fancier** *n* colombophile *n* || ~**hole** *n* case *f*, casier *m* || ~**-house/loft** *n* colombier *m* || ~**-shooting** *n* tir *m* aux pigeons.

piggish [ˈpigiʃ] *adj* malpropre || goinfre (greedy).

pig|-headed [pigˈhedid] *adj* entêté, têtu ; ~ *fellow*, forte tête || ~**-iron** *n* TECHN. gueuse *f* || ~**let** [-lit] *n* porcelet *m*.

pigment [ˈpigmənt] *n* pigment *m*.

pigsty [ˈpigstai] *n* porcherie *f*.

pigtail [ˈpigteil] *n* natte *f*.

pike I [paik] *n* brochet *m*.

pike II *n* = TURNPIKE.

pile I [pail] *n* pile *f*, tas, monceau *m*; *funeral* ~, bûcher *m* || ARCH. édifice *m* || MIL. faisceau *m* || ÉLECTR. pile *f*; ***atomic*** ~, pile atomique || *Pl* MÉD. hémorroïdes *fpl* ● *vt* ~ *(up)*, empiler, entasser || MIL. ~ *arms*, former les faisceaux — *vi* ~ ***up***, s'entasser || [cars] se caramboler.

pile II *n* pieu *m* (stake) || pilotis *m* || ~**-driver** *n* TECHN. sonnette *f*.

pile-up *n* [cars] carambolage *m*.

pilfer [ˈpilfə] *vt* chaparder || ~**ing** [-riŋ] *n* larcin *m*.

pilgrim [ˈpilgrim] *n* pèlerin *m* || ~**age** [-idʒ] *n* pèlerinage *m*; *go on a* ~, aller en pèlerinage.

pill [pil] *n* MÉD. pilule *f*; *be on the* ~, prendre la pilule ; *morning after* ~, pilule du lendemain.

pillar [ˈpilə] *n* pilier *m*, colonne *f* || ~**-box** *n* boîte *f* aux lettres.

pill-box *n* MIL. casemate *f*.

pillion [ˈpiljən] *n* siège arrière, tan-sad *m* (of a motorcycle) ; *ride* ~, monter en croupe.

pillory [ˈpiləri] *n* pilori *m*.

pillow [ˈpiləu] *n* oreiller *m*; ~**-case/-slip** *n* taie *f* d'oreiller.

pilot [ˈpailət] *n* NAUT., AV. pilote *m* || AV. *second* ~, copilote ; *automatic* ~, pilote automatique || FIG. guide *m* ● *adj* expérimental, pilote (survey) ● *vt* piloter, guider || ~**-boat** *n* bateau *m* pilote || ~-

burner *n* veilleuse *f* || **~-jet** *n* gicleur *m* de ralenti || **~-light** *n* lampe *f* témoin; veilleuse *f*.

pim|ento [pi'mentəu] *n* piment *m* || **~iento** [-jentəu] *n* piment doux, poivron *m*.

pimp [pimp] *n* entremetteur, souteneur *m; maquereau m* (pop.).

pimple ['pimpl] *n* MÉD. bouton *m*, pustule *f*.

pin [pin] *n* épingle *f; ~-cushion,* pelote *f* à épingles || [bowling] quille *f* || TECHN. goupille *f* || ÉLECTR. fiche *f* || FIG. *I've got ~s and needles in my leg,* j'ai des fourmis dans les jambes ● *vt* épingler || FIG. mettre || ~ ***down,*** fixer (avec une punaise) || ~ ***up,*** fixer (au mur) avec une punaise; ***~-up (girl)*** [*n*], pin-up *f*.

pinafore ['pinəfɔ:] *n* tablier *m*.

pin-ball (machine) *n* U.S. = PIN-TABLE.

pincers ['pinsəz] *npl* tenailles *fpl*.

pinch [pinʃ] *n* pinçon, pincement *m* || ***~-mark,*** pinçon *m* || pincée *f* (of salt) || prise *f* (de tabac) || FIG. gêne *f*; ***at a ~,*** au besoin, à la rigueur ● *vt* pincer || [shoes] serrer, blesser || FAM. faucher, piquer (pop.); chiper (fam.) || SL. pincer (fam.); piquer (pop.) [arrest].

pinchbeck ['pinʃbek] *adj* en toc.

pine I [pain] *n* BOT. pin *m* : *~-cone,* pomme *f* de pin; *~-grove/-wood,* pinède *f*.

pine II *vi* languir, dépérir; *~ for,* soupirer après; *~ away with grief,* se consumer de chagrin.

pineapple ['pain,æpl] *n* ananas *m*.

Ping-Pong ['piŋpɔŋ] *n* T.N. Ping-Pong *m; ~ player,* pongiste *n*.

pinion ['pinjən] *n* TECHN. pignon *m*.

pink I [piŋk] *n* BOT. œillet *m* ● *adj* rose (colour).

pink II *vt* AUT. [engine] cliqueter.

pin-money *n* argent *m* de poche.

pinnacle ['pinəkl] *n* ARCH. pinacle *m* || FIG. apogée, faîte *m*.

pint [paint] *n* pinte *f*.

pinta ['paintə] *n* FAM. (= PINT OF MILK) demi-litre *m* de lait.

pintable ['pinteibl] *n* flipper *m*.

pioneer [,paiə'niə] *n* pionnier *m*.

pious ['paiəs] *adj* pieux.

pip I [pip] *n* RAD. top *m*.

pip II *n* BOT. pépin *m*.

pipe [paip] *n* tuyau *m*, conduite *f* (tube) || pipe *f* (for smoking); *~-cleaner,* cure-pipe *m* || MUS. tuyau *m* d'orgue ● *vt* siffler (an order) || **~-line** *n* pipe-line, oléoduc *m*.

piping ['paipiŋ] *n* tuyauterie, canalisation *f* ● *adv ~ hot,* bouillant.

pippin ['pipin] *n* (pomme *f*) reinette *f*.

piquant ['pi:kənt] *adj* piquant (sauce) || FIG. piquant, mordant.

pique [pi:k] *n* ressentiment, dépit *m* ● *vt* piquer, exciter (sb.'s curiosity) || piquer, vexer (hurt).

pir|acy ['paiərəsi] *n* piraterie *f* || FIG. plagiat *m* || **~ate** [-it] *n* pirate *m*; ~ ***radio station,*** radio *f* pirate || FIG. plagiaire *n* ● *vi* FIG. plagier — *vt* piller, contrefaire.

Pisces ['pisi:z] *n*. ASTR. Poissons *mpl*.

piss [pis] *vi/vt* pisser || SL. *~ off!,* fous le camp! (pop.).

pistol ['pistl] *n* pistolet *m*.

piston ['pistən] *n* piston *m* || ~ **ring** *n* segment *m* de piston.

pit I [pit] *n* fosse *f* (hole) || puits *m* (coal-mine); *~-head,* carreau *m* de mine || carrière *f* (quarry) || ANAT. ~ ***of the stomach,*** creux *m* de l'estomac || TH. *(orchestra)* ~, fauteuils *mpl* d'orchestre.

pit II *vt* MÉD. grêler (face) || FIG. ~ *oneself against,* se mesurer à.

pit III *n* U.S. noyau *m* (of cherries, etc.).

pitch I [pitʃ] *n* poix *f* || brai *m.*

pitch II *vi* NAUT. tanguer — *vt* établir (a camp); dresser (a tent) || lancer, jeter (sth.) || ~ *sb. out,* expulser/vider (fam.) qqn ● *n* place habituelle (of a streettrader) || lancement, jet *m* (of a stone) || MUS. ton, diapason *m* || NAUT. tangage *m* || TECHN. pas *m* (of a screw) || FIG. degré *m.*

pitcher I ['pitʃə] *n* pichet *m,* cruche *f.*

pitcher II *n* SP. lanceur *m* (at baseball).

pitchfork ['pitʃfɔːk] *n* AGR. fourche *f.*

piteous ['pitiəs] *adj* piteux, pitoyable.

pitfall ['pitfɔːl] *n* piège *m,* trappe *f* || FIG. traquenard *m.*

pith [piθ] *n* moelle *f* || FIG. substance *f* (essence) || vigueur *f* (force) || **~y** *adj* FIG. substantiel; concis || FIG. savoureux (sayings).

piti|ful ['pitifl] *adj* compatissant (feeling pity) || pitoyable (causing pity) || **~less** *adj* impitoyable.

piton ['piːtɔn] *n* [climbing] *(rock)* ~, piton *m.*

pittance ['pitns] *n* maigre rétribution *f.*

pity ['piti] *n* pitié, compassion *f;* ***out of ~,*** par pitié; ***for ~'s sake!,*** de grâce!; *have/take ~ on,* prendre pitié de; *feel ~ for,* avoir pitié de || ***it's a ~!,*** c'est bien dommage! ● *vt* plaindre.

pivot ['pivət] *n* pivot, axe *m* ● *vt/vi* (faire) pivoter.

placard ['plækɑːd] *n* écriteau *m,* pancarte *f.*

place [pleis] *n* endroit, lieu *m* (spot); *in ~s,* par endroits || localité *f;* village *m* || [street name] rue *f* || FAM. maison *f; come over to my ~,* venez chez moi || rang *m* (rank) || place *f* (proper position); ***make ~ for,*** faire place à || FAM. ***go ~s,*** voir du pays || SP. *back a horse for a ~,* jouer un cheval placé || FIG. place, situation *f* (job); *in the first ~,* en premier lieu; *in your ~,* à votre place; ***take ~,*** avoir lieu; *out of ~,* déplacé (remarks) ● *vt* placer, mettre || FIG. se rappeler, remettre (sb.) || COMM. ~ *an order,* passer un ordre || **~-mat** *n* set *m* de table.

placid ['plæsid] *adj* placide.

plagiar|ism ['pleidʒjərizm] *n* plagiat *m* || **~ize** *vt* plagier.

plague [pleig] *n* peste *f* || FIG. fléau *m* (calamity) ● *vt* tourmenter, harceler || **~-stricken** *adj* pestiféré.

plaid [plæd] *n* plaid *m.*

plain I [plein] *n* plaine *f.*

plain II *adj* clair, évident; *in ~ language,* en clair || simple, ordinaire; *in ~ clothes,* en civil || franc (answer) || uni (colour) || bourgeois, simple (cooking) || simple, naturel; *~ chocolate,* chocolat à croquer || simple (easy); *it's ~ sailing,* c'est simple comme bonjour, ça va tout seul || sans beauté; *~ Jane,* laideron *m* || **~ly** *adv* clairement; simplement; carrément || **~-spoken** *adj* qui a son franc parler.

plaint [pleint] *n* JUR. plainte *f* || **~if** [-if] *n the ~,* la partie civile || **~ive** *adj* plaintif (tone).

plait [plæt] *n* tresse, natte *f* (hair) ● *vt* tresser, natter.

plan [plæn] *n* plan, projet *m; draw up a ~,* dresser un plan ● *vt* faire le plan de (a building) || FIG. projeter.

plane I [plein] *n* platane *m* (tree).

plane II *n* rabot *m* (tool) ● *vt* raboter.

plane III *adj* plan, plat ● *n* MATH.

plan *m* || Av. avion *m* || Fig. plan, niveau *m*.

planet ['plænit] *n* planète *f* || **~ary** ['plænitri] *adj* planétaire || **~arium** [,plæni'tεəriəm] *n* planétarium *m*.

plank [plæŋk] *n* (grosse) planche *f*.

plankton ['plæŋktɔn] *n* plancton *m*.

planning ['plæniŋ] *n* planification, organisation *f*.

plant [plɑ:nt] *n* Bot. plante *f* || Techn. outillage, matériel *m*; installation *f* (apparatus); usine *f* (factory) ● *vt* planter || Sl. planquer (stolen goods) || **~ation** [plæn'teiʃn] *n* plantation *f*.

plash [plæʃ] *n* clapotis *m* (noise) ● *vt* clapoter.

plasma ['plæzmə] *n* plasma *m*.

plaster ['plɑ:stə] *n* plâtre *m* || Méd. *(sticking)* ~, pansement (adhésif) ● *vt* plâtrer || **~cast** *n* Méd. plâtre *m*.

plastic ['plæstik] *adj* plastique || ~ *surgery,* chirurgie *f* esthétique ● *n* (matière *f*) plastique *m*.

Plasticine ['plæstisi:n] *n* T.N. pâte *f* à modeler.

plate [pleit] *n* assiette *f*; *dinner/soup* ~, assiette plate/creuse || argenterie *f* (silver) || Culin. *hot* ~, plaque chauffante || Phot. plaque *f* || Arts planche, gravure *f* (engraving) || Aut. *number* ~, plaque *f* d'immatriculation || Méd. *(dental)* ~, prothèse *f* ● *vt* plaquer (with gold, silver) || **~-glass** *n* vitre *f* || **~-rack** *n* égouttoir *m* || **~-warmer** *n* chauffe-assiettes *m inv*.

platform ['plætfɔ:m] *n* plateforme, estrade *f* || terre-plein *m* || Rail. quai *m*; ~ *ticket,* ticket *m* de quai || Pol. programme électoral, plate-forme (électorale).

platinum ['plætinəm] *n* platine *m* || ~ ***blonde,*** fam. blonde platinée.

platitude ['plætitju:d] *n* platitude, banalité *f*.

platoon [plə'tu:n] *n* Mil. section *f*.

platter ['plætə] *n* U.S. plat *m*.

plausible ['plɔ:zəbl] *adj* plausible.

play [plei] *n* action, activité *f*; *bring/come into* ~, mettre/entrer en jeu || amusement, jeu *m*; ***child's*** ~, jeu d'enfant; ~ ***on words,*** jeu de mots || Th. pièce *f* || Sp. *out of* ~, hors jeu || Techn. jeu *m* (in a bearing) || Fig. *give full* ~ *to,* donner libre cours à ● *vi* jouer; ~ ***at,*** jouer à (cards, football, etc.) || Fig. ~ ***fair,*** jouer franc jeu || ~ ***for time,*** chercher à gagner du temps || ~ ***away,*** [football] jouer en déplacement || ~ ***up to,*** flatter. — *vt* jouer; ~ *a trick on,* faire une farce à || ~ *cards/chess,* jouer aux cartes/échecs || Sp. ~ *football/tennis,* jouer au football/tennis || Mus. ~ *the piano,* jouer du piano || Th. jouer (a part) || Fig. ~ *the fool,* faire l'imbécile; ~ *the game,* jouer le jeu; ~ ***(it) safe,*** ne pas prendre de risques || ~ ***back,*** écouter, repasser (sth. recorded) || ~ ***down,*** minimiser || ~ ***off :*** ~ *off one person against another,* monter qqn contre qqn d'autre; ***~-off*** *(n),* belle *f* || ~ ***out,*** finir (a game or struggle); fig. *be ~ed out,* être épuisé || ~ ***up,*** en faire voir à (cause trouble to); [newspapers] exploiter (event) || **~er** *n* Sp. joueur *n*; *football* ~, footballeur *n* || Mus. exécutant *n* || Th. acteur *n* || **~fellow** *n* See ~mate. || **~ful** *adj* enjoué, folâtre || **~goer** [-,gəuə] *n* amateur *m* de théâtre || **~ground** *n* cour *f* de récréation || **~mate** *n* camarade *n* de jeu || **~pen** *n* parc *m* (d'enfant) || **~wright** [-rait] *n* auteur *m* dramatique, dramaturge *m*.

plea [pli:] *n* appel *m,* demande instante, supplication *f* || excuse *f*; allégation *f*; *on the* ~ *of,* en alléguant || Jur. argument *m*; plaidoyer *m,* défense *f*.

plead [pli:d] *vt/vi* plaider, alléguer.

pleasant ['pleznt] *adj* agréable, aimable || **~ly** *adv* agréablement.

pleas|e [pli:z] *vt* plaire, faire plaisir à ; contenter ; ~ *oneself,* faire à sa guise ; *hard to* ~, difficile, exigeant ● *interj* ~*!,* s'il vous plaît ! || **~ed** [-d] *adj* content, satisfait (*with,* de).

pleasing *adj* agréable, charmant.

pleasure ['pleʒə] *n* plaisir *m ; with* ~, volontiers ; *take* ~ *in,* se plaire à || **~-loving** *adj* épicurien.

pleat [pli:t] *n* pli *m* ● *vt* plisser.

plebiscite ['plebisit] *n* plébiscite *m.*

pledge [pledʒ] *n* gage *m,* garantie *f ; put sth. in* ~, mettre en gage ; *take out of* ~, dégager || promesse *f,* vœu *m* ● *vt* mettre en gage ; ~ *one's word,* donner sa parole || boire à la santé de.

plenary ['pli:nəri] *adj* plénier (meeting) ; ~ *session,* séance plénière.

plenipotentiary [,plenipə'tenʃri] *adj* plénipotentiaire.

plentiful ['plentifl] *adj* abondant, copieux || **~ly** *adv* abondamment, copieusement, à foison.

plenty ['plenti] *n* abondance, profusion *f ;* ***in*** ***~,*** à profusion ; ~ ***of,*** assez de ● *adv* largement, amplement.

pleurisy ['pluərisi] *n* pleurésie *f.*

pli|able ['plaiəbl], **~ant** *adj* flexible || FIG. docile.

pliers ['plaiəz] *npl* pinces *fpl.*

plight I [plait] *n* condition, situation *f ;* état *m ; in a sorry* ~, dans un triste état.

plight II *vt* engager (one's word).

plimsoll ['plimsl] *n* espadrille *f.*

plod [plɔd] *vi* marcher lourdement ; ~ *along,* avancer péniblement || FIG. ~ ***away/through,*** bûcher || **~der** *n* bûcheur *n.*

plot I [plɔt] *n* parcelle *f* (of land).

plot II *n* complot *m,* conspiration *f* (conspiracy) || plan *m,* intrigue *f* (of a novel) ● *vi* comploter, conspirer || **~ter** [-tə] *n* conspirateur *n.*

plough [plau] *n* charrue *f* ● *vt* labourer || FIG. ~ ***one's way,*** avancer péniblement || **~man** [-mən] *n* laboureur *m* || **~share** *n* soc *m.*

plow U.S. = PLOUGH.

ploy [plɔi] *n* FAM. stratagème *m ;* truc *m* (fam.).

pluck I [plʌk] *vt* arracher ; ~ *one's eyebrows,* s'épiler les sourcils || plumer (hen) || MUS. pincer (strings) || LIT. cueillir (flower).

pluck II *n* courage *m ;* cran *m* (fam.) || **~y** *adj* qui a du cran.

plug [plʌg] *n* tampon, bouchon *m ;* [barrel] bonde *f* || ÉLECTR. fiche *f* (pins) ; prise *f* (socket) ; *multiple* ~, prise multiple || AUT. *(sparking)* ~, bougie *f* ● *vt* boucher || FAM. [advertising] faire de la publicité ; ~ ***it,*** matraquer ; *~ging (it),* matraquage *m* || ÉLECTR. ~ ***in,*** brancher — *vi* FAM. ~ ***away,*** bosser (fam.).

plum [plʌm] *n* prune *f ;* ***dried*** ***~,*** pruneau *m* || **~*-tree,*** prunier *m.*

plumage ['plu:midʒ] *n* plumage *m.*

plumb [plʌm] *n* plomb *m* || FIG. ***be out of*** ***~,*** être en porte-à-faux ● *adj* vertical, droit, d'aplomb ● *adv* en plein, U.S., FAM. complètement ● *vt* sonder, éclaircir (a mystery) || **~er** *n* plombier *m* || **~ing** *n* plomberie, tuyauterie *f* || installation *f* sanitaire || **~-line** *n* fil *m* à plomb.

plume [plu:m] *n* panache *m* ● *vt* orner de plumes.

plummet ['plʌmit] *n* [fishing-line]

plomb *m* ● *vi* plonger ; tomber à pic.

plump I [plʌmp] *adj* potelé, dodu, grassouillet.

plump II *vi* tomber lourdement ● *adj* catégorique, brutal ● *adv* en plein, carrément.

plunder [ˈplʌndə] *vt* piller ● *n* pillage *m* (action) || butin *m* (booty).

plunge [plʌnʒ] *n* plongeon *m* ● *vi* plonger.

pluperfect [ˈpluːˈpəːfikt] *n* plus-que-parfait *m*.

plural [ˈpluərəl] *adj/n* pluriel *(m)* || **~ity** [pluəˈræliti] *n* majorité *f* || cumul *m* (of offices).

plus [plʌs] *prep* plus || MATH. plus || **~-fours** *n* culotte *f* de golf ● *n* plus *m*.

plush [plʌʃ] *n* peluche *f*.

plutocrat [ˈpluːtəkræt] *n* plouto-crate *m*.

plutonium [pluːˈtəunjəm] *n* pluto-nium *m*.

ply [plai] *vt* manier ; ~ *the needle,* tirer l'aiguille ; ~ *the oars,* faire force de rames || FIG. exercer ; ~ *a trade,* exercer un métier || harceler ; ~ *sb. with questions,* presser qqn de questions — *vi* faire le service/la navette (*between,* entre) || [taxi] ~ ***for hire,*** aller en maraude.

plywood [ˈplaiwud] *n* contreplaqué *m*.

pneumatic [njuˈmætik] *adj* pneumatique, à air comprimé.

pneumonia [njuˈməunjə] *n* pneumonie *f*.

poach [pəutʃ] *vt* pocher (eggs) — *vi* braconner || **~er** *n* braconnier *m*.

pocket [ˈpɔkit] *n* poche *f* ; *breast* ~, poche intérieure ● *vt* empocher || **~-book** *n* calepin *m* (book) || portefeuille *m* (wallet) || **~-knife** *n* couteau *m* de poche || **~-money** *n* argent *m* de poche.

pock-marked [ˈpɔkmɑːkt] *adj* grêlé (face).

pod [pɔd] *n* cosse, gousse *f* ● *vt* écosser.

poem [ˈpəuim] *n* poème *m*.

poet [ˈpəuit] *n* poète *m* || **~ess** *n* poétesse *f* || **~ic(al)** [pəuˈetik(l)] *adj* poétique || **~ry** [ˈpəuitri] *n* poésie *f*.

poignant [ˈpɔinənt] *adj* poignant, émouvant.

point I [pɔint] *n* pointe *f* (sharp end) || [land] pointe *f*, langue *f* de terre || [geometry] point *m*.

point II *n* point *m* ; *(cardinal)* ~*s,* points cardinaux || MATH. *(decimal)* ~, virgule *f* || SP. point *m* || [time] point, instant *m* || AV. ~ *of no return,* point *m* de non retour || PHYS. degré *m* ; *melting* ~, point *m* de fusion || FIG. ~ ***of view,*** point *m* de vue ; question *f* ; *on that* ~, à cet égard ; ***come to the*** ~, venir au fait ; ***make a*** ~, faire une remarque ; ***to the*** ~, à propos ; *here is the* ~, voici de quoi il s'agit || FIG. cas *m* (of conscience) ; ***make a*** ~ ***of,*** se faire un devoir de || FIG. trait *m* (of character) ; *that's not my strong* ~, ce n'est pas mon fort ; *good* ~*s,* qualités *fpl* ● *vt* tailler en pointe || aiguiser (a tool) || indiquer (the way) || pointer, braquer (a gun) [*at,* sur] || ~ ***out,*** montrer, indiquer (du doigt) ; FIG. attirer l'attention sur, faire observer || ~ ***up,*** faire ressortir — *vi* ~ ***at,*** indiquer, montrer || ~ ***to,*** être dirigé vers || **~-blank** *adv* à bout portant (fire) ; à brûle-pourpoint (question) ● *adv* catégoriquement (refusal) || **~-duty** *n on* ~, de service (policeman) || **~ed** *adj* FIG. mordant || **~er** *n* aiguille *f* (of dial) || chien *m* d'arrêt || **~less** *adj* émoussé || FIG. inutile, vain ; dénué de sens || SP. nul (match).

points [-s] *npl* RAIL. aiguilles *fpl,*

aiguillage *m* || **~man** [mən] *n* aiguilleur *m*.

poise [pɔiz] *n* équilibre *m* ● *vt* tenir en équilibre.

poison ['pɔizn] *n* poison *m* ● *vt* empoisonner || intoxiquer || **~ gas** *n* gaz asphyxiant || **~ous** *adj* toxique ; vénéneux (plant) || venimeux (snake).

poke [pəuk] *vt* pousser ; fourrer (thrust) || tisonner (fire) || FIG. *~ one's nose into,* fourrer son nez dans ; ***~ fun at sb.,*** se moquer de qqn ● *m* poussée *f,* coup *m*.

poker I ['pəukə] *n* tisonnier *m*.

poker II *n* [cards] poker *m* || ***~face,*** visage *m* impassible.

Poland ['pəulənd] *n* Pologne *f*.

polar ['pəulə] *adj* polaire ; *~ lights,* aurore boréale.

Pole [pəul] *n* Polonais *n*.

pole I [pəul] *n* poteau *m ; telegraph ~,* poteau télégraphique || SP. perche *f*.

pole II *n* GÉOGR. pôle *m ;* ***~-star,*** étoile *f* Polaire || ÉLECTR. pôle *m*.

pole-cat ['pəulkæt] *n* putois *m*.

polemic(al) [pɔ'lemik(l)] *adj* polémique *f*.

pole|vault ['pəulvɔ:t] *n* saut *m* à la perche ● *vi* sauter à la perche.

police [pə'li:s] *n* police *f* || **~court** *n* tribunal *m* de simple police || **~man, ~-officer** *n* agent *m* de police || **~-station** *n* poste *m* de police, commissariat *m* || **~woman** *n* femme *f* agent.

policy I ['pɔlisi] *n* politique *f* || ligne *f* de conduite.

policy II *n* police *f* d'assurance (insurance) ; *take out a ~,* contracter une assurance.

polio (fam.), **~myelitis** ['pəuliəu, '-liəmaiə'laitis] *n* polio(myélite) *f*.

Polish ['pəuliʃ] *adj* polonais.

polish ['pɔliʃ] *n* poli, lustre *m* (of a surface) || *(shoe) ~,* cirage *m,* crème *f* à chaussures || *(floor) ~,* cire, encaustique *f* || *(nail-)~,* vernis *m* à ongles || FIG. vernis ● *vt* polir, cirer (shoes, floor) || vernir (nails) || ***~ off,*** expédier (work) || ***~ up,*** faire reluire ; fignoler (one's style).

polite [pə'lait] *adj* poli, courtois || **~ly** *adv* poliment || **~ness** *n* politesse, courtoisie *f*.

polit|ic ['pɔlitik] *adj* politique, habile || **~ical** [pə'litikl] *adj* politique || **~ician** [,pɔli'tiʃn] *n* homme *m* politique || politicien *n* (péj.) || **~ics** ['pɔlitiks] *n(pl)* politique *f ; be in ~,* faire de la politique ; *foreign ~,* politique étrangère.

polka dot ['pɔlkədɔt] *n* pois *m ; ~ tie,* cravate *f* à pois.

poll [pəul] *n* vote, scrutin *m ; go to the ~,* aller aux urnes ; ***public opinion ~,*** sondage *m* d'opinion ● *vi* voter — *vt* obtenir (votes).

pollen ['pɔlin] *n* pollen *m*.

polling ['pəuliŋ] *n* élections *fpl* || **~-booth** *n* isoloir *m* || **~-station** *n* bureau *m* de vote.

pollu|te [pə'lu:t] *vt* polluer || **~tion** [-ʃn] *n* pollution *f*.

poly|gamy [pɔ'ligəmi] *n* polygamie *f* || **~glot** ['pɔliglɔt] *n* polyglotte *n* || **~gon** ['pɔligən] *n* polygone *m*.

Polynesi|a [,pɔli'ni:zjə] *n* Polynésie *f* || **~an** *adj/n* polynésien.

pomegranate ['pɔm,grænit] *n* grenade *f*.

pomp [pɔmp] *n* pompe *f,* apparat *m* || **~ous** *adj* fastueux, pompeux || ampoulé, emphatique.

pond [pɔnd] *n* étang *m ;* mare *f* (smaller).

ponder ['pɔndə] *vt* peser, considérer || **~ous** [-rəs] *adj* pesant, massif.

pontif|f ['pɔntif] *n* pontife *m* || **~ical** [pɔn'tifikl] *adj* pontifical.

pontoon [pɔn'tu:n] *n* ponton *m ; ~ bridge,* pont *m* de bateaux.

pony [pəuni] *n* poney *m*.

poodle [ˈpu:dl] *n* caniche *m*.

pool I [pu:l] *n* flaque *f* d'eau (puddle); mare *f* (larger); étang *m* (pond) || [river] plan *m* d'eau || [artificial] bassin *m*; *(swimming)* ~, piscine *f*.

pool II *n* fonds communs || cagnotte *f* (kitty) || [persons] groupe *m*, équipe *f* || [cars] parc *m* || *Pl* [betting] *(football)* ~*s*, concours *m* de pronostics sur les matchs de football ● *vt* mettre en commun.

poop [pu:p] *n* poupe *f*.

poor [puə] *adj* pauvre ; *the* ~, les pauvres || FIG. médiocre, piètre, mauvais || **~-box** *n* REL. tronc *m* (des pauvres) || **~ly** *adj* souffrant; *look* ~, avoir mauvaise mine ● *adv* pauvrement (dressed) || médiocrement (badly) || ~ ***off***, pauvre || **~ness** *n* FIG. pauvreté, insuffisance *f*.

pop I [pɔp] *adj* FAM. (= POPULAR) pop ● *n* (musique *f*) pop *m*/*f*; ***top of the ~s***, tube *m* (fam.).

pop II *n* détonation *f*, bruit sec || [drink] boisson gazeuse ● *vi* détoner || [cork] sauter || ~ ***in***, entrer en passant || ~ ***out***, sortir brusquement — *vt* faire sauter (a cork) || ~ ***the question***, faire une demande en mariage || mettre au clou (fam.) [pawn].

pope [pəup] *n* pape *m* (Roman Catholic Church) || pope *m* (Orthodox Church).

poplar [ˈpɔplə] *n* peuplier *m*.

poppy [ˈpɔpi] *n* coquelicot *m*.

popul|ace [ˈpɔpjuləs] *n* foule *f* || PÉJ. populace *f* || **~ar** [-ə] *adj* populaire, en vogue || **~arity** [ˌpɔpjuˈlæriti] *n* popularité, vogue *f* || **~arize** [-raiz] *vt* vulgariser (science) || **~ate** [-eit] *vt* peupler || **~ation** [ˌ--ˈeiʃn] *n* population *f* || **~ous** [ˈpɔpjuləs] *adj* populeux.

porcelain [ˈpɔ:slin] *n* porcelaine *f*.

porch [pɔ:tʃ] *n* porche, portique *m* || U.S. véranda *f* || [hôtel] marquise *f*.

porcupine [ˈpɔ:kjupain] *n* porcépic *m*.

pore I [pɔ:] *n* pore *m* (in the skin).

pore II *vi* être plongé (*over*, dans).

pork [pɔ:k] *n* viande *f* de porc *m* || **~-butcher** *n* charcutier *m*.

porn [pɔ:n] *n* FAM. porno *f* (fam.).

pornography [pɔ:ˈnɔgrəfi] *n* pornographie *f*.

porous [ˈpɔ:rəs] *adj* poreux, perméable.

porpoise [ˈpɔ:pəs] *n* marsouin *m*.

porridge [ˈpɔridʒ] *n* gruau *m*, bouillie *f* d'avoine.

porringer [ˈpɔrinʒə] *n* écuelle *f*.

port I [pɔ:t] *n* port *m*; ~ *of call*, port d'escale ; *home* ~, port d'attache; *reach* ~, arriver à bon port.

port II *n* sabord *m* || **~*hole***, hublot *m*.

port III *n* bâbord *m*; *to/on the* ~ *bow*, à bâbord.

port IV *n* porto *m* (wine).

portable [ˈpɔ:təbl] *adj* portatif.

portal [ˈpɔ:tl] *n* portail *m*.

portend [pɔ:ˈtend] *vt* présager, augurer.

portent [ˈpɔ:tent] *n* présage *m* || **~ous** *adj* de mauvais augure || prodigieux (marvellous).

porter I [ˈpɔ:tə] *n* portier, concierge *n*.

porter II *n* RAIL. porteur *m*.

porter III *n* bière brune.

portfolio [pɔ:tˈfəuljəu] *n* serviette *f* (brief case) || POL. portefeuille *m*.

portion [ˈpɔ:ʃn] *n* portion, part *f* || dot *f* (dowry) ● *vt* ~ *out*, partager, répartir (share) || doter (provide).

portly ['pɔ:tli] *adj* corpulent, fort.

portmanteau [pɔ:t'mæntəu] *n* valise *f*.

portrait ['pɔ:trit] *n* portrait *m*; *paint sb.'s ~,* faire le portrait de qqn.

portray [pɔ:'trei] *vt* dépeindre, décrire.

Portu|gal ['pɔ:tjugl] *n* Portugal *m* || **~guese** [ˌpɔ:tju'gi:z] *adj/n* portugais.

pose [pəuz] *n* pose *f* || FIG. affectation *f* ● *vi* ARTS poser, prendre une pose || FIG. *~ as,* se faire passer pour, se poser en — *vt* poser (a question).

poser [pəuzə] *n* FAM. question *f* difficile; *set sb. a ~,* poser une colle à qqn (fam.) || ARTS. modèle *m*.

posh [pɔʃ] *adj* FAM. chic, distingué; rupin (fam.).

position [pə'ziʃn] *n* position *f* (posture) || emplacement *m*, situation *f* (location) || situation *f*; poste *m* (post) || rang social (rank) || guichet *m* (at the post-office) || MIL. position *f* || FIG. état *m*, situation *f*; *be in a ~ to,* être en mesure/à même de; *straighten out one's ~,* se mettre en règle, régulariser sa situation ● *vt* mettre en place, situer.

positive ['pɔzətiv] *adj* certain, convaincu (convinced) || positif, authentique (fact) || formel (order) || **~ly** *adv* positivement || assurément.

posse ['pɔsi] *n* détachement *m* de police.

possess [pə'zes] *vt* posséder || **~ion** [pə'zeʃn] *n* possession *f* || **~ive** *adj* possessif || **~or** *n* possesseur *m*.

possibility [ˌpɔsə'biliti] *n* possibilité *f*; éventualité *f*.

possib|le ['pɔsəbl] *adj* possible || **~ly** *adv* peut-être, sans doute.

post I [pəust] *n* poteau *m*; pieu *m* || SP. *(winning-)~,* poteau *m* d'arrivée ● *vt* afficher, placarder.

post II *n* poste *f*, courrier *m*; *by return of ~,* par retour (du courrier) ● *vt* poster, mettre à la poste || **~age** [-idʒ] *n* affranchissement *m* || ***~-stamp,*** timbre-poste *m* || **~al** *adj* postal; *~ order,* mandat *m* (*for £2,* de 2 livres) || **~card** *n* carte postale || **~code** *n* code postal || **~-free** *adj* franco || **~man** *n* facteur, préposé *m* || **~mark** *n* timbre *m* de la poste || **~master** *n* receveur *m* des postes || **~-office** *n* bureau *m* de poste || **~-paid** *adj* port payé.

post III *n* poste *m* (job) || MIL. poste *m* ● *vt* poster, placer (a sentry).

post IV *pref* post || **~-date** ['-'-] *vt* postdater.

poster ['pəustə] *n* affiche *f*; poster *m* (decorative).

poster|ior [pɔs'tiəriə] *adj/n* postérieur *(m)* || **~ity** [pɔs'teriti] *n* postérité *f*.

post-graduate *n* FR. étudiant *n* de 3e cycle.

posthumous ['pɔstjuməs] *adj* posthume.

post-mortem *n* MÉD. autopsie *f*.

postpone [pəus'pəun] *vt* remettre, différer, ajourner || **~ment** *n* ajournement *m*.

postscript ['pəusskript] *n* post-scriptum *m*.

postulate ['pɔstjuleit] *vt* postuler.

posture ['pɔstʃə] *n* posture, position *f*.

post-war *adj* d'après-guerre; *~ period,* après-guerre *m/f*.

pot [pɔt] *n* pot *m*, marmite *f*; terrine *f*.

potash ['pɔtæʃ] *n* potasse *f*.

potassium [pə'tæsjəm] *n* potassium *m*.

potation(s) [pə'teiʃn(z)] *n(pl)* libations *fpl*.

potato [pə'teitəu] *n* pomme *f* de terre; *baked/mashed ~es,* pommes de terre au four/en purée; *sweet ~,* patate douce || **~-masher** [-,mæʃə] *n* presse-purée *m*.

pot|ency ['pəutnsi] *n* puissance *f* || **~ent** *adj* puissant (person) || efficace (remedy) || **~ential** [pə'tenʃl] *adj* potentiel, en puissance ● *n* potentiel *m*.

pot|hole ['pɔthəul] *n* [underground] gouffre *m*, caverne *f* || [road] nid-de-poule *m* || **~holer** *n* spéléologue *n* || **~holing** *n* spéléologie *f*.

pot|hook *n* crémaillère *f* || **~-luck** *n take ~,* manger à la fortune du pot.

potter I ['pɔtə] *vi* travailler sans suite, traînasser, bricoler || ~ ***about,*** bricoler.

potter II *n* potier *n* || **~y** [-ri] *n* poterie *f*.

pouch [pautʃ] *n (tobacco) ~,* blague *f* à tabac.

poulterer ['pəultrə] *n* marchand *n* de volaille.

poultice ['pəultis] *n* cataplasme *m*.

poultry ['pəultri] *n* volaille(s) *f(pl)*.

pounce [pauns] *vi* se précipiter, fondre (*on,* sur).

pound I [paund] *n* livre *f* (weight, money).

pound II *n* fourrière *f* (for animals).

pound III *vi* cogner, frapper — *vt* broyer, concasser || Mil. pilonner.

pour [pɔ:] *vt* verser || ~ *out,* répandre — *vi* pleuvoir à verse; *~ing rain,* pluie torrentielle.

pout [paut] *vi* faire la moue, bouder.

poverty ['pɔvəti] *n* pauvreté *f* || **~-stricken** *adj* indigent.

powder ['paudə] *n* poudre *f* || *baking ~,* levure *f* ● *vt* pulvériser || saupoudrer (*with,* de); *~ one's face,* se poudrer || **~-magazine** *n* poudrière *f* || **~-puff** *n* houppe *f* à poudre || **~-room** *n* U.S. toilettes *fpl* pour dames.

power ['pauə] *n* pouvoir *m*, autorité *f*; ***in ~,*** au pouvoir; *come to ~,* arriver au pouvoir; *have ~ over,* avoir autorité sur; *the ~s that be,* les autorités; *full ~s,* pleins pouvoirs || puissance *f* (strength) || faculté *f*, talent *m* (capacity) || puissance *f* (nation) || Math. puissance *f* || Techn. *motive ~,* force motrice || [energy] énergie *f*; *~ crisis,* crise *f* de l'énergie || Électr. électricité *f*; *~ failure,* panne *f* de courant || Math. puissance *f*; *2 to the ~ of 3,* 2 puissance 3 || Jur. *~ of attorney,* procuration *f* || ~ **brakes** *npl* Aut. freins assistés || **~-drill** *n* perceuse *f* électrique || **~ful** *adj* puissant || **~less** *adj* impuissant, inefficace || ~ **plant** *n* U.S., ~ **station** *n* centrale *f* électrique || ~ **steering** *n* Aut. direction assistée.

practic|able ['præktikəbl] *adj* praticable, réalisable || praticable (road) || **~al** [-əl] *adj* pratique || **~ally** [-əli] *adv* pratiquement.

practice ['præktis] *n* pratique *f*, usage *m* (custom); ***put into ~,*** mettre en pratique || entraînement *m*; ***be out of ~,*** être rouillé || Méd. clientèle *f*; exercice *m* (of medicine).

practise ['præktis] *vt* pratiquer, exercer (a profession) || s'exercer à || Mus. étudier || Rel. pratiquer — *vi* Mus. faire des exercices || Sp. s'entraîner.

practitioner [præk'tiʃnə] *n* Méd. praticien *m*; *general ~,* médecin *m* de médecine générale.

prairie ['prɛəri] *n* U.S. prairie, savane *f*.

praise [preiz] *n* louange *f*, éloge *m*; *in* ~ *of*, à la louange de ● *vt* louer, louanger, vanter.

pram [præm] *n* FAM. voiture *f* d'enfant || See PERAMBULATOR.

prance [prɑːns] *vi* [horse] caracoler || FAM. [person] se pavaner.

prank [præŋk] *n* frasque *f* (escapade) || farce, niche *f* (joke).

prattle ['prætl] *vi* [child] babiller || [person] papoter.

prawn [prɔːn] *n* crevette *f* rose, bouquet *m*.

pray [prei] *vt/vi* prier || ~**er** *n* prière *f*; *say a* ~, faire une prière.

preach [priːtʃ] *vt* prêcher || ~**er** *n* prédicateur *m* || ~**ing** *n* prédication *f*, sermon *m*.

preamble [priː'æmbl] *n* préambule *m*.

precarious [pri'kɛəriəs] *adj* précaire.

precaution [pri'kɔːʃn] *n* précaution *f*.

preced|e [pri'siːd] *vt* précéder (go before) || avoir la préséance sur (have precedence) || ~**ence** *n* préséance, priorité *f*; *take* ~ *over*, avoir le pas sur || ~**ent** *n* précédent *m* || ~**ing** *adj* précédent.

precept ['priːsept] *n* précepte *m* || ~**or** *n* précepteur *m*.

precinct ['priːsiŋt] *n* enceinte *f* (enclosure) || zone *f*, quartier *m* (in town) || *Pl* environs, alentours *mpl*; *within the* ~*s of*, dans les limites de.

precious ['preʃəs] *adj* précieux ● *adv* FAM. ~ ***few/little,*** fort peu || ~**ly** *adv* précieusement.

precip|ice ['presipis] *n* précipice *m* || ~**itate** [pri'sipiteit] *n* CH. précipité *m* ● *vt* précipiter || FIG. hâter — *vi* se précipiter ● *adj* précipité || ~**itous** [pri'sipitəs] *adj* escarpé, abrupt.

precis|e [pri'sais] *adj* précis, exact || ~**ion** [pri'siʒn] *n* précision, exactitude *f*.

preclude [pri'kluːd] *vt* empêcher, prévenir.

precocious [pri'kəuʃəs] *adj* précoce.

preconception ['priːkən'sepʃn] *n* idée préconçue.

predecessor ['priːdisesə] *n* prédécesseur *m*.

predicament [pri'dikəmənt] *n* mauvaise posture, situation *f* difficile.

predicat|e ['predikit] *n* GRAMM. prédicat *m* ● ['predikeit] *vt* affirmer || ~**ive** [pri'dikətiv] *adj* GRAMM. attribut.

predict [pri'dikt] *vt* prédire || ~**ion** [pri'dikʃn] *n* prédiction *f*.

predilection [ˌpriːdi'lekʃn] *n* prédilection *f*.

predispose ['priːdis'pəuz] *vt* prédisposer.

predomin|ance [pri'dɔminəns] *n* prédominance *f* || ~**ant** *adj* prédominant || ~**ate** [-eit] *vi* prédominer.

pre-eminent [pri'eminənt] *adj* prééminent || ~**ly** *adv* par excellence.

preen [priːn] *vt* [bird] lisser (feathers).

prefab ['priː'fæb] *n* maison préfabriquée || ~**ricate** [ˌ-'-rikeit] *vt* préfabriquer.

preface ['prefis] *n* préface *f* ● *vt* préfacer.

prefect ['priːfekt] *n* chef *m* de classe || préfet *m*.

prefer [pri'fəː] *vt* préférer (*to*, à).

prefer|able ['prefrəbl] *adj* préférable || ~**ably** [-əbli] *adv* de préférence || ~**ence** *n* préférence *f*.

prefix ['priːfiks] *n* préfixe *m* ● *vt* préfixer.

preggers ['pregəz] *adj* SL. enceinte.

pregn|ancy ['pregnənsi] *n* MÉD. grossesse *f*; maternité *f*; *phantom* ~, grossesse nerveuse; ~ *test*, test *m* de grossesse || **~ant** *adj* enceinte (woman); pleine (animal).

prehistoric ['pri:is'tɔrik] *adj* préhistorique.

prejudic|e ['predʒudis] *n* préjugé *m*, parti pris; *to the* ~ *of*, au préjudice de; *without* ~ *to*, sans préjudice de ● *vt* prévenir *(against*, contre); *be* ~ *d against sb.*, être prévenu contre qqn || JUR. causer préjudice à || **~ial** [,predʒu'diʃl] *adj* nuisible, préjudiciable (*to*, à).

prelate ['prelit] *n* prélat *m*.

preliminary [pri'limnəri] *n/adj* préliminaire *(mpl)*.

prelude ['prelju:d] *n* prélude *m* ● *vi* préluder à.

premature [,premə'tjuə] *adj* prématuré; né avant terme (child); ~ *baby*, prématuré *n*.

premeditated [pri'mediteitid] *adj* prémédité.

premier ['premjə] *n* Premier ministre, président *m* du Conseil.

premises ['premisiz] *npl* locaux *mpl*; établissement *m*; *on the* ~, sur place.

premium ['pri:mjəm] *n* FIN. prime, récompense *f*; ~ *bond*, obligation *f* à lots || FIG. *put a* ~ *on*, encourager.

premonition [,pri:mə'niʃn] *n* prémonition *f*.

preoccup|ation [pri,ɔkju'peiʃn] *n* préoccupation *f*, souci *m* || **~ied** [pri'ɔkjupaid] *adj* préoccupé, inquiet.

prep [prep] *n* FAM. devoirs *mpl* du soir; ~*-room*, étude *f* || FAM. école *f* préparatoire.

prepaid ['pri:'peid] *adj* payé d'avance.

prepar|ation [,prepə'reiʃn] n préparation *f* || *Pl* préparatifs *mpl* || **~atory** [pri'pærətri] *adj* préparatoire.

prepare [pri'pɛə] *vt* préparer — *vi* se préparer (*to*, à).

preponderant [pri'pɔndrənt] *adj* prépondérant.

preposition [,prepə'ziʃn] *n* préposition *f*.

prepossess [,pri:pə'zes] *vt* prévenir (*in favour of*, en faveur de; *against*, contre) || **~ing** *adj* aimable, avenant, sympathique, engageant.

preposterous [pri'pɔstrəs] *adj* absurde.

prerequisite ['pri:'rekwizit] *n* condition *f* préalable ● *adj* requis.

prerogative [pri'rɔgətiv] *n* prérogative *f*.

presage ['presidʒ] *n* présage *m* ● *vt* présager.

pre|scribe [pris'kraib] *vt* prescrire, ordonner || **~scription** [-'kripʃn] *n* JUR., FIG. prescription *f* || MÉD. ordonnance *f*.

presence ['prezns] *n* présence *f* || FIG. ~ ***of mind,*** présence d'esprit.

present I ['preznt] *adj* présent || actuel (existing now); ***at the ~ time,*** à présent; *the* ~ *year*, l'année en cours ● *n* époque *f* actuelle, présent *m*; ***for the ~,*** pour le moment || GRAMM. présent *m*.

present II *n* cadeau, présent *m*; *make sb. a* ~ *of sth.*, faire cadeau de qqch. à qqn ● [pri'zent] *vt* présenter, offrir; ~ *sb. with sth.*, offrir qqch. à qqn || présenter (introduce) || **~able** [-əbl] *adj* présentable || **~ation** [,prezen'teiʃn] *n* présentation *f* || **~er** *n* RAD., T.V. présentateur *n*.

presentiment [pri'zentimənt] *n* pressentiment *m*.

presently ['prezntli] *adv* tout à l'heure, bientôt ; peu après || U.S. à l'heure actuelle.

preservation [,prezə'veiʃn] *n* préservation, conservation *f*, maintien *m*.

preserve [pri'zə:v] *n (game)* ~, réserve *f* (de chasse) || *Pl* confitures *fpl* ● *vt* préserver *(from,* de) || CULIN. conserver, mettre en conserve ; ~*d food,* conserves *fpl* || FIG. garder, conserver.

presid|e [pri'zaid] *vi* présider || ~**ency** ['prezidnsi] *n* présidence *f* || ~**ent** ['prezidnt] *n* président *m* || ~**ential** [,prezi'denʃl] *adj* présidentiel.

press I [pres] *n* [action] pression *f* || [machine] presse *f ;* pressoir *m* (for wine) || armoire *f*, placard *m* (cup-board) || foule *f* (crowd) || presse *f* (newspapers) ; *write for the ~,* faire du journalisme || ~**-agency** *n* agence *f* de presse || ~**-campaign** *n* campagne *f* de presse || ~**-conference** *n* conférence *f* de presse || ~**-clipping/-cutting** *n* coupure *f* de presse || ~**-proof** *n* bonne feuille.

press II *vt* presser, appuyer sur || repasser (iron) || FIG. harceler, presser (sb.) ; ***be ~ed for time,*** être pressé || TECHN. emboutir — *vi* [time] presser || [crowd] se serrer || ~**ing** *adj* pressant, urgent ● *n* repassage (of clothes) *m*.

press-up *n* SP. traction *f ;* pompe *f* (arg.).

pressure ['preʃə] *n* PHYS., TECHN. pression *f* || FIG. pression, poussée *f ; under ~,* sous la contrainte ; *under the ~ of,* sous l'empire de ; ~ ***group,*** groupe *m* de pression || ~**-cooker** *n* autocuiseur *m* || ~**-gauge** *n* manomètre *m*.

pressurize ['preʃəraiz] *vt* pressuriser.

prestige [pres'ti:ʒ] *n* prestige *m*.

presumably [pri'zju:məbli] *adv* probablement.

presume [pri'zju:m] *vt* présumer, supposer — *vi* être présomptueux || abuser *(on,* de) [impose upon].

presump|tion [pri'zʌmʃn] *n* présomption, supposition *f* || prétention *f* (pretentiousness) || ~**tuous** [-tjuəs] *adj* présomptueux, prétentieux.

presuppose [,pri:sə'pəuz] *vt* présupposer.

pretence [pri'tens] (= U.S. PRETENSE) *n* simulation, feinte *f ;* chiqué *m* (fam.) ; *make a ~ of,* faire semblant de || prétexte *m*, prétention *f* (claim) ; *under the ~ of,* sous prétexte de.

preten|d [pri'tend] *vt* simuler, feindre, faire semblant de — *vi* prétendre *(to,* à) || ~**der** *n* simulateur *n* || prétendant *n* || ~**se** *n* See PRETENCE || ~**sion** [-ʃn] *n* prétention *f* (claim) || ~**tious** [-ʃəs] *adj* prétentieux, présomptueux.

preterite ['pretrit] *n* prétérit *m*.

pretext ['pri:tekst] *n* prétexte *m*.

prett|ily ['pritili] *adv* joliment (finely) ; gentiment (nicely) || ~**y** *adj* joli, gentil ● *adv* assez.

prevail [pri'veil] *vi* prévaloir *(against,* contre ; *over,* sur) || l'emporter *(over,* sur) || prédominer, régner || décider, déterminer *(upon sb. to,* qqn. à) || ~**ing** *adj* dominant, prédominant.

prevent [pri:'vent] *vt* empêcher *(from,* de) || prévenir (avert) || ~**ion** [pri'venʃn] *n* prévention *f*, mesures préventives ; *~ is better than cure,* mieux vaut prévenir que guérir || empêchement *m* (obstacle) || ~**ive** *adj* préventif.

preview ['pri:'vju:] *n* CIN. avant-première *f* || ARTS vernissage *m*.

previous ['pri:vjəs] *adj* précédent, antérieur || ~**ly** *adv* précédemment, antérieurement.

prey [prei] *n* proie *f ; bird of ~,* oiseau *m* de proie || FIG. *a ~ to,* en proie à ● *vi* ~ *upon,* faire sa proie de, s'acharner sur.

price [prais] *n* prix *m* || COMM. *cash* ~, prix au comptant; *cost* ~, prix de revient; *net* ~, prix net; *one-*~ *store,* magasin *m* à prix unique; *retail* ~, prix de détail; *selling* ~, prix de vente; *wholesale* ~, prix de gros ● *vt* tarifer, évaluer || **~less** *adj* sans prix || **~-list** *n* tarif *m*.

prick [prik] *n* piqûre *f* ● *vt* piquer || FIG. [dog] ~ *up one's ears,* dresser les oreilles || **~ly** *adj* piquant, épineux.

prickle ['prikəl] *n* épine *f*, piquant *m* ● *vi* [skin] picoter.

prickly *adj* épineux || *feel* ~, avoir des fourmillements.

pride [praid] *n* orgueil *m* (defect) || fierté *f* (quality); *take a* ~ *in,* être fier de ● *vt* ~ *oneself,* s'enorgueillir (*on,* de).

priest [pri:st] *n* prêtre *m* || ***~-worker,*** prêtre-ouvrier *m* || **~ess** [-is] *n* prêtresse *f*.

prig [prig] *n* pharisien *m*, rigoriste *n* || pédant *n* || **~gish** *adj* rigoriste || pédant.

prim [prim] *adj* compassé, guindé, collet monté.

primar|ily ['praimrili] *adv* primitivement (in the first place); principalement (essentially) || **~y** *adj* primitif (earliest) || primaire (school) || FIG. principal.

prime [praim] *adj* principal, premier; ~ *minister,* Premier ministre ● *n* ***in one's ~/the ~ of life,*** dans la fleur de l'âge || MATH. ~ *(number),* nombre premier ● *vt* amorcer (pump) || FIG. mettre au courant/fait (person).

primer I ['praimə] *n* abécédaire *m* (book).

primer II *n* [paint] sous-couche *f* || [explosive] amorce, capsule *f* || [bomb] détonateur *m*.

primeval [prai'mi:vl] *adj* primitif; ~ *forest,* forêt *f* vierge.

primitive ['primitiv] *adj/n* primitif *(n)* || **~ly** *adv* primitivement.

primrose ['primrəuz] *n* primevère *f*.

princ|e [prins] *n* prince *m* || **~ely** *adj* princier || **~ess** [prinses] *n* princesse *f*.

principal ['prinsəpl] *adj/n* principal (*m*) || **~ity** [,prinsi'pæliti] *n* principauté *f*.

principle ['prinsəpl] *n* principe *m*; ***in ~,*** en principe; *on* ~, par principe.

print [print] *n* empreinte *f* (mark) || impression *f* || imprimé *m* (printed matter); ***out of ~,*** épuisé || tirage *m*; ***blue~,*** photocalque *m*, bleu *m* (d'architecte); FIG. plan, projet *m* || épreuve *f* photographique || ARTS estampe *f* || indienne *f* (cloth) ● *vt* imprimer; *~ed matter,* imprimés *mpl* || PHOT. tirer (a negative) || RAD. ***~ed circuit,*** circuit imprimé || **~er** *n* imprimeur *m* || **~ing** *n* impression *f*; ~ ***office,*** imprimerie *f*.

print-out *n* [computer] listing *m*, liste *f*.

prior I ['praiə] *n* prieur *m* || **~ess** *n* prieure *f* || **~y** *n* prieuré *m*.

prior II *adj* antérieur (*to,* à) ● *adv* ~ *to,* antérieurement à || **~ity** [prai'ɔriti] *n* antériorité *f* || priorité *f* (*over,* sur).

prise [praiz] *vt* = PRIZE.

prism ['prizm] *n* prisme *m*.

prison ['prizn] *n* prison *f*; *sent to* ~, incarcéré, écroué ● *vt* emprisonner, incarcérer || **~-breaking** *n* évasion *f* || **~er** *n* prisonnier, détenu *n* || MIL. ~ *of war,* prisonnier de guerre.

priv|acy ['privəsi] *n* intimité *f*, vie privée, solitude *f* || **~ate** ['praivət] *adj* privé || particulier; personnel (one's own) || isolé, retiré (place) || secret, intime (intimate); ~ *parts,* parties sexuelles || "~", [on door] « interdit au public »; [on envelope] « personnelle » || [unofficial] privé ; ~ *school,* école privée ; ~ *person,* particulier *n* ● *n* ***in*** *~,* en privé || MIL. simple soldat *m* || *Pl* SL. = PRIVATE PARTS || **~ately** *adv* en privé.

privation [prai'veiʃn] *n* privation *f.*

privet ['privit] *n* troène *m.*

privileg|e ['privilidz] *n* privilège *m* || **~ed** [-d] *adj* privilégié.

privy ['privi] *adj* privé.

prize I [praiz] *n* prix *m* (reward) ; *award a ~,* décerner un prix ; *win a ~,* remporter un prix || *first ~,* gros lot || NAUT. prise, capture *f* (ship) ● *vt* estimer || || NAUT. capturer || **~-giving** *n* distribution *f* des prix || **~-list** *n* palmarès *m* || **~-winner** *n* lauréat, gagnant *n.*

prize II TECHN. point *m* d'appui ● *vt ~ open,* ouvrir avec un levier.

pro I [prəu] *adv* pour ● *n* pour *m ; the ~s and cons,* les partisans et les opposants.

pro, s II [-z] *n* (*abbrev* = PROFESSIONAL) FAM. pro *n* (fam.) || prostituée *f.*

prob|ability [,prɔbə'biliti] *n* probabilité *f; in all ~,* selon toute probabilité || **~able** ['prɔbəbl] *adj* probable || **~ably** [-əbli] *adv* probablement, sans doute.

probation [prə'beiʃn] *n* JUR. mise *f* à l'épreuve ; ***on*** *~,* en sursis ; à l'essai (employee) || **~ary** [-ri] *adj ~ period,* stage *m* probatoire.

prob|e [prəub] *n* MÉD. sonde *f* || FIG. enquête *f* ● *vt* sonder, scruter (a problem) || **~ing** *n* MÉD. sondage *m.*

probity ['prəubiti] *n* probité *f.*

problem ['prɔbləm] *n* problème *m* || **~atic** [,prɔbli'mætik] *adj* problématique.

procedure [prə'si:dʒə] *n* procédé *m* || JUR. procédure *f.*

proceed [prə'si:d] *vi* continuer || *~ (with),* poursuivre, reprendre (go on) || *~* ***from,*** découler/résulter de || *~* ***to,*** se rendre à (place) ; passer à (matter) || **~ing** *n* procédé *m,* manière *f* d'agir || *Pl* rapport *m,* compte rendu ; JUR. poursuites *fpl,* procès *m.*

process ['prəuses] *n* processus, procédé *m,* méthode *f* || [progress] *in ~ of,* en cours de || JUR. action *f* en justice, procès *m* ● *vt* traiter, transformer || PHOT. développer (film) || **~ing** *n* traitement *m* || PHOT. développement *m.*

procession [prə'seʃn] *n* procession *f,* cortège *m.*

proclaim [prə'kleim] *vt* proclamer, annoncer.

proclamation [,prɔklə'meiʃn] *n* proclamation, déclaration *f.*

procrastin|ate [prə'kræstineit] *vi* atermoyer, remettre au lendemain || **~ation** [prə,kræsti'neiʃn] *n* temporisation *f.*

procur|e [prə'kjuə] *vt* procurer (*for,* à) — *vi* se procurer, obtenir || **~er** [-rə] *n* JUR. proxénète *m.*

prod [prɔd] *n* coup *m* (avec la pointe de) [poke] ● *vt/vi* pousser || FIG. aiguillonner.

prodigal ['prɔdigl] *adj* prodigue.

prod|igious [prə'didʒəs] *adj* prodigieux || **~igy** ['prɔdidʒi] *n* prodige *m* || *(child) ~,* enfant *n* prodige.

produc|e ['prɔdju:s] *n* produit *m* (agricultural) || COMM. denrées *fpl* ● [prə'dju:s] *vt* présenter, montrer || faire sortir (*from,* de) || produire, fabriquer || TH. mettre en scène || CIN. produire (a film) || **~er** [prə'dju:sə] *n* producteur *n* || RAD., CIN. producteur *n* || RAD. réalisateur *n,* metteur *m* en onde.

product ['prɔdəkt] *n* produit *m ;* denrée *f* (food) ; *finished ~,* produit manufacturé || **~ion** [prə'dʌkʃn] *n* production, fabrication *f* || CIN. production *f* || RAD. mise *f* en onde, réalisation *f* ||

TECHN. ~ *line,* chaîne *f* de fabrication || **~ive** [prə'dʌktiv] *adj* productif.

prof|anation [,prɔfə'neiʃn] profanation *f* || **~ane** [prə'fein] *adj* profane || REL. sacrilège ● *vt* profaner.

profess [prə'fes] *vt* professer, déclarer || **~ion** [prə'feʃn] *n* profession libérale || déclaration *f* (statement) || **~ional** [-ʃnəl] *adj/n* professionnel || **~or** *n* professeur *m* (d'université).

proffer ['prɔfə] *vt* offrir ● *n* offre *f.*

profic|iency [prə'fiʃnsi] *n* compétence *f* || **~ient** [-nt] *adj* compétent, expert (*in,* en).

profile ['prəufail] *n* profil *m; in ~,* de profil || silhouette *f* || FIG. portrait, profil *m* ● *vt* profiler; *be ~ d,* se profiler (*against,* sur).

profit ['prɔfit] *n* profit, avantage *m* || COMM. bénéfice, gain *m; make a ~ on,* faire du bénéfice sur ● *vt* profiter à — *vi* profiter (*by,* de) || **~able** [-əbl] *adj* rentable, profitable, avantageux, rémunérateur || **~eer** [,prɔfi'tiə] *n* profiteur *n.*

profligate ['prɔfligit] *adj/n* débauché [dissolute] || prodigue [prodigal].

profound [prə'faund] *adf* profond; approfondi (study).

profus|e [prə'fju:s] *adj* abondant (thing) || prodigue (person) || **~ion** [prə'fju:ʒn] *n* profusion, abondance, foison *f* (abundance) || libéralité *f* (lavishness).

progeny ['prɔdʒini] *n* progéniture *f;* descendants *mpl.*

prognosis, -oses [prɔg'nəusis, -si:z] *n* pronostic *m.*

prognost|ic [prɔg'nɔstik] *n* présage *m* || **~icate** [-ikeit] *vt* présager, prédire; pronostiquer || **~ication** [prɔg,nɔsti'keiʃn] *n* pronostic *m.*

programme ['prəugræm] *n* programme *m* || RAD. émission *f* ● *vt* programmer || **~d learning,** enseignement programmé.

programmer *n* [computer] programmeur *n.*

progress ['prəugres] *n* avancement *m* || cours *m* (development); *in ~,* en cours || progrès *m; make ~,* faire des progrès ● *vi* avancer, progresser, faire des progrès || **~ion** [prə'greʃn] *n* progression *f* || **~ive** [prə'gresiv] *adj* progressif || POL. progressiste.

prohibit [prə'hibit] *vt* prohiber, interdire || **~ed** [-id] formellement interdit || **~ion** [,prəui'biʃn] *n* prohibition, interdiction *f* || **~ive** *adj* prohibitif; inabordable (price).

project ['prɔdʒekt] *n* projet, dessein *m* ● [prə'dʒekt] *vt* projeter (plan) || lancer (throw) — *vi* faire saillie || **~ile** ['prɔdʒiktail] *n* projectile *m* || **~ion** [prə'dʒekʃn] *n* projection *f* || CIN. *~ room,* cabine *f* de projection || ARCH. saillie *f* || **~or** [prə'dʒektə] *n* projecteur *m* || CIN. appareil *m* de projection.

proletar|ian [,prəuli'tɛəriən] *n* prolétaire *n* || **~iat** [-iət] *n* prolétariat *m.*

prolific [prə'lifik] *adj* prolifique.

prolong [prə'lɔŋ] *vt* prolonger || **~ation** [,prəulɔŋ'geiʃn] *n* prolongation *f.*

promenade [,prɔmi'nɑ:d] *n* promenade *f* (place) || TH. promenoir *m* ● *vi* déambuler — *vt* promener.

promin|ence ['prɔminəns] *n* FIG. importance *f; bring into ~,* faire ressortir; *come into ~,* prendre de l'importance || **~ent** *adj* proéminent, saillant || FIG. éminent; important, marquant.

promiscuity [,prɔmis'kjuiti] *n* promiscuité *f.*

promiscuous [prə'miskjuəs] *adj* PÉJ. de mœurs légères; facile (girl) || léger, immoral (conduct); dissolu (life) || FIG. fait sans discernement ; confus (heap) || **~ly** *adv* immoralement || pêle-mêle.

promis|e [ˈprɔmis] *n* promesse *f* ● *vt/vi* promettre (*to,* de) ; s'engager (*to,* à) || **~ing** *adj* prometteur.

promissory [ˈprɔmisəri] *adj* ~ *note,* billet *m* à ordre.

promontory [ˈprɔməntri] *n* promontoire *m.*

promot|e [prəˈməut] *vt* promouvoir (*to,* à) ; *be ~d,* être promu || COMM. promouvoir, développer (sales) ; lancer (a new business) || **~er** *n* promoteur *m,* organisateur *n* || COMM. lanceur *n* d'affaires || **~ion** [-ʃn] *n* avancement *m,* promotion *f* || COMM. *sales ~,* promotion *f* des ventes.

prompt [prɔmt] *adj* prompt, rapide ● *vt* inciter, suggérer || TH. souffler || **~er** *n* TH. souffleur *m* || **~ly** *adv* promptement || **~ness** *n* promptitude *f,* empressement *m.*

promulgat|e [ˈprɔmlgeit] *vt* promulguer, répandre (news) || **~ion** [ˌprɔmlˈgeiʃn] *n* promulgation *f.*

prone [prəun] *adj* couché sur le ventre, prostré || FIG. porté, enclin (*to,* à).

prong [prɔŋ] *n* dent *f* (of a fork).

pronoun [ˈprəunaun] *n* pronom *m.*

pronounce [prəˈnauns] *vt* prononcer (word) || déclarer.

pronunciation [prəˌnʌnsiˈeiʃn] *n* prononciation *f.*

...proof I [pru:f] *adj* [ending] à l'épreuve de. (See BULLET, FOOLPROOF.)

proof, s II *n* preuve *f* || PHOT., TECHN. épreuve *f* ● *adj* ~ *against,* à l'épreuve de || **~-read** *vi* réviser, corriger || **~-reader** *n* correcteur *n* d'épreuves || **~-reading** *n* correction *f* d'épreuves || **~-sheet** *n* épreuve *f.*

prop [prɔp] *n* support, étai, tuteur *m* (for plants) || TH. *Pl* accessoires *mpl* ● *vt* ~ *up,* soutenir, étayer ; ~ *oneself up,* s'adosser, s'arc-bouter (*against,* contre).

propaganda [ˌprɔpəˈgændə] *n* propagande *f.*

propagat|e [ˈprɔpəgeit] *vt* propager || **~ion** [ˌprɔpəˈgeiʃn] *n* propagation *f.*

propel [prəˈpel] *vt* propulser || **~ler** *n* hélice *f.*

propensity [prəˈpensiti] *n* tendance, propension, prédisposition *f* (*for/to,* à).

proper [ˈprɔpə] *adj* propre, particulier (peculiar) || convenable (appropriate) ; *in ~ condition,* en bon état || bon (order) || exact, opportun ; *at the ~ time,* en temps voulu || [after the noun] proprement dit || GRAMM. propre (noun) || **~ly** *adv* convenablement || *~ speaking,* à proprement parler || FAM. complètement.

property [ˈprɔpəti] *n* propriété *f* (right) || biens *mpl* (possessions) || domaine *m* (estate) ; *real ~,* biens immobiliers || propriété *f* (house) || qualité *f* (peculiar quality) || TH. accessoire *m* ; ***~-man,*** accessoiriste *m.*

proph|ecy [ˈprɔfisi] *n* prophétie *f* || **~esy** [ˈprɔfisai] *vt* prophétiser, prédire || **~et** [-it] *n* prophète *m* || **~etic** [prəˈfetik] *adj* prophétique.

propit|iate [prəˈpiʃieit] *vt* rendre propice || **~ious** [-əs] *adj* propice (*to,* à).

proportion [prəˈpɔ:ʃn] *n* proportion *f* ; *in ~ as,* au fur et à mesure que ; *in ~ to,* en proportion de ; *out of ~,* disproportionné ● *vt* proportionner || FIG. doser || **~ally** [-əli] *adv* proportionnellement.

proposal [prəˈpəuzl] *n* proposition *f* || demande *f* en mariage.

propos|e [prəˈpəuz] *vt* proposer — *vi* faire une demande en mariage (*to,* à) || **~ition** [ˌprɔpəˈziʃn] *n* proposition *f* || affaire *f*.

propriet|ary [prəˈpraiətri] *adj* de propriétaire ; possédant (class) || de propriété (right) ; ~ *name,* nom déposé || **~or** *n* propriétaire *n* || **~y** *n* convenance, bienséance *f* (behaviour) || opportunité *f* (of an action) || GRAMM. propriété *f* (of a word).

prorogation [ˌprəurəˈgeiʃn] *n* prorogation *f*.

prosaic [prəˈzeiik] *adj* prosaïque.

prose [prəuz] *n* prose *f*.

prosecut|e [ˈprɔsikjuːt] *vt* poursuivre, mener (an inquiry) || JUR. intenter (an action) ; traduire en justice (sb.) || FIG. poursuivre (one's studies) || **~ion** [prɔsiˈkjuːʃn] *n* JUR. accusation *f* || poursuites *fpl* judiciaires || **~or** *n* JUR. procureur *m*.

prospect I [ˈprɔspekt] *n* perspective, vue *f* (vista) || FIG. espoir *m* (expectation) ; *Pl* espérances *fpl,* avenir *m* || U.S. COMM. client éventuel ; FAM. parti *m* (marriage).

prospect II [prəsˈpekt] *vt* prospecter || **~ive** *adj* en perspective (future) || éventuel (potential) || **~or** *n* prospecteur *n*.

prosper [ˈprɔspə] *vi* prospérer, réussir || **~ity** [prɔsˈperiti] *n* prospérité *f* || **~ous** [ˈprɔsprəs] *adj* prospère.

prostitute [ˈprɔstitjuːt] *n* prostituée *f* ● *vt* prostituer ~ *oneself,* se prostituer.

prostra|te [prɔsˈtreit] *vt* étendre ; ~ *oneself,* se prosterner ● *adj* prostré || FIG. abattu || **~tion** *n* prosternement *m* || FIG. accablement, effondrement *m* || MÉD. prostration *f*.

protagonist [prəˈtægənist] *n* protagoniste *n*.

protec|t [prəˈtekt] *vt* protéger, défendre (*against,* contre) || **~tion** *n* protection, défense *f* || **~tive** [-tiv] *adj* protecteur || **~tor** [-tə] *n* protecteur *m* || **~torate** [-trit] *n* protectorat *m*.

protein [ˈprəutiːn] *n* protéine *f*.

protest [ˈprəutest] *n* protestation *f* || COMM. protêt *m* ● [prəˈtest] *vi* protester || [opposition] contester.

protestant [ˈprɔtistnt] *n* protestant *n*.

protestation [ˌprəutesˈteiʃn] *n* protestation *f*.

proton [ˈprəutɔn] *n* proton *m*.

prototype [ˈprəutətaip] *n* prototype *m*.

protract [prəˈtrækt] *vt* prolonger, faire durer || **~or** *n* MATH. rapporteur *m*.

protrude [prəˈtruːd] *vi* dépasser, faire saillie.

proud [praud] *adj* orgueilleux (defect) || fier (quality) ; *be ~ of,* s'enorgueillir de || imposant (stately) || **~ly** adv orgueilleusement, fièrement.

prove [pruːv] *vt* (pp. ~d *or* ~n [-n]) prouver — *vi* se montrer, se révéler, s'avérer.

proverb [ˈprɔvəb] *n* proverbe *m* || **~ial** [prəˈvəːbjəl] *adj* proverbial.

provid|e [prəˈvaid] *vt* fournir, munir, pourvoir (*with,* de) — *vi* ~ *against,* se prémunir contre ; remédier à || parer (*against,* à) || ~ *for,* prévoir (an eventuality) || pourvoir, subvenir (*for,* aux besoins de) || **~ed** [-id] *conj* pourvu que, à condition que.

provid|ence [ˈprɔvidns] *n* providence, prévoyance *f* || **~ent** *adj* prévoyant || **~ential** [ˌprɔviˈdenʃl] *adj* providentiel.

providing [prəˈvaidiŋ] *conj* = PROVIDED.

provin|ce [ˈprɔvins] *n* province *f* || JUR. juridiction *f* || FIG. ressort *m,* compétence *f;* domaine *m* (sphere) || **~cial** [prəˈvinʃl] *adj* provincial.

provision [prəˈviʒn] *n* mesures prises (*against,* contre; *for,* pour); *make* ~ *for,* pourvoir à || JUR. clause *f* || CULIN. *Pl* provisions *fpl* ● *vt* approvisionner || **~al** [prə'viʒənl] *adj* provisoire.

proviso [prə'vaizəu] *n* clause restrictive.

provocation [,prɔvə'keiʃn] *n* provocation *f* || FAM. agacerie *f*.

provok|e [prə'vəuk] *vt* pousser, inciter (*to,* à) || provoquer, exciter (cause) || irriter, agacer (annoy) || **~ing** *adj* contrariant, énervant || fâcheux.

provost ['prɔvəst] *n* principal *m* (of a college).

prow [prau] *n* proue *f*.

prowess ['prauis] *n* prouesse *f*.

prowl [praul] *vi* ~ *(about),* rôder ● *n be on the* ~, rôder || **~er** *n* rôdeur *n;* maraudeur *n* (thief) || **~ing** *adj* en maraude (taxi).

proximity [prɔk'simiti] *n* proximité *f* (*of,* de).

proxy ['prɔksi] *n* mandataire *m* (person) || procuration *f* (document); *by* ~, par procuration.

prud|e [pru:d] *n* prude, mijaurée *f* || **~ence** *n* prudence, sagesse *f* || **~ent** *adj* prudent, sage || **~ery** [-ri] *n* pruderie *f* || **~ish** *adj* prude, pudibond.

prune I [pru:n] *n* pruneau *m*.

prun|e II *vt* émonder, élaguer || **~ing-scissors** *npl* sécateur *m*.

prur|ient ['pruəriənt] *adj* lascif || **~ience** *n* luxure *f*.

pry I [prai] *vt* soulever avec un levier.

pry II *vi* fureter || **~ing** *adj* curieux, indiscret.

psalm [sɑ:m] *n* psaume *m*.

pseudo ['sju:dəu] *pref* pseudo || **~nym** ['sju:dənim] *n* pseudonyme *m*.

psychedelic [,saikə'delik] *adj* psychédélique.

psychiatr|ist [sai'kaiətrist] *n* psychiatre *n* || **~y** *n* psychiatrie *f*.

psychic ['saikik] *adj* métapsychique; médiumnique || psychique (of the mind).

psycho|-analyse [,saikəu'ænəlaiz] *vt* psychanalyser || **~-analysis** [-ə'næləsis] *n* psychanalyse *f* || **~-analyst** [-'ænəlist] *n* psychanalyste *n*.

psycholog|ical [,saikə'lɔdʒikl] *adj* psychologique || **~ist** [sai'kɔlədʒist] *n* psychologue *n* || **~y** [sai'kɔlədʒi] *n* psychologie *f*.

psycho|somatic [,saikəusə'mætik] *adj* psychosomatique || **~therapy** [-'θerəpi] *n* psychothérapie *f*.

psychotic [sai'kɔtik] *adj/n* psychotique.

psych out ['saik aut] *vt* U.S., SL. avoir l'intuition de; sentir (fam.).

PT *abbrev* (= PHYSICAL TRAINING) See TRAINING.

pub [pʌb] *n* (= PUBLIC HOUSE) pub *m;* bistrot *m* (fam.); ~ ***crawl,*** FAM. tournée *f* des bistrots.

puberty ['pju:bə:ti] *n* puberté *f*.

public ['pʌblik] *n* public *m* ● *adj* public; ~ ***house,*** pub *m* || ~ ***relations,*** relations publiques || ~ ***school,*** école secondaire privée || ~ *spirit,* civisme *m* || ~ *utilities,* services publics || **~an** *n* gérant, patron *n* (of a pub) || **~ation** [,pʌbli'keiʃn] *n* publication, parution *f* || **~ist** ['pʌblisist] *n* [advertising] publiciste, publicitaire *n* || [press] journaliste *n* || **~ity** [pʌb'lisiti] *n* publicité *f* || **~ly** *adv* publiquement.

publish ['pʌbliʃ] *vt* publier, éditer || **~er** *n* éditeur *n* || **~ing** *adj* ~ *house,* maison *f* d'édition ● *n* publication *f*.

pucker ['pʌkə] *vt* plisser, froncer; ~ *up one's brows,* froncer les sourcils.

pudding ['pudiŋ] *n* pudding *m* || *black* ~, boudin *m*.

puddle ['pʌdl] *n* flaque, mare *f* ● *vi* patauger, barboter.

puff [pʌf] *n* bouffée *f* (of smoke) || jet *m* (of steam) || *(powder-)~,* houppe *f* ● *vt* lancer des bouffées (of smoke) || CULIN. faire gonfler (rice) — *vi* souffler (breathe); *~ at one's pipe,* tirer sur sa pipe || **~-paste** *n* pâte feuilletée || **~y** *adj* bouffi (face) || poussif (person).

pug [pʌg] *n* carlin *m* (dog); ***~-nose,*** nez camus.

pugilist ['pju'dʒilist] *n* pugiliste *m.*

pugnacious [pʌg'neiʃəs] *adj* batailleur.

pull [pul] *n* traction *f,* tirage *m* (act); *give a ~,* tirer (*on,* sur) || effort *m* || poignée *f* (of a drawer) || SP. coup *m* || FAM. piston *m* ● *vt* tirer; traîner (drag) || manier (oar) || FAM. *~ sb.'s leg,* se payer la tête de qqn || ***~ about,*** tirailler || ***~ down,*** baisser (the blinds); démolir (a house) || ***~ in,*** réduire (one's expenses) || ***~ off,*** FIG. réussir; SP. remporter (a prize) || ***~ over,*** tirer sur; ***~-over*** *(n),* pull-over *m* || ***~ round,*** remettre en forme, ranimer || ***~ through,*** tirer d'affaire (sb.) || ***~ together,*** FIG. remettre d'aplomb; *~ oneself together,* se ressaisir || ***~ up,*** hisser (hoist); SP. arrêter (a horse). — *vi* tirer (*at,* sur) || SP. souquer, nager (row) || ***~ ahead,*** SP. se détacher || ***~ in,*** [train] entrer en gare; [car] s'arrêter; ***~-in*** (*n*), AUT. parking *m* (en bordure de route); restauroute *m;* routier *m* (fam.) [restaurant] || ***~ out,*** AUT. déboîter || ***~ over,*** AUT. se ranger || ***~ through,*** s'en tirer/sortir || ***~ together,*** coopérer, collaborer || ***~ up,*** [car] s'arrêter; ***~-up*** *(n)* = ~-IN || SP. traction *f.*

pulley ['puli] *n* poulie *f.*

Pullman ['pulmən] *n ~ (car),* voiture-lit *f,* wagon-lit *m.*

pulmonary ['pʌlmənəri] *adj* pulmonaire.

pulp [pʌlp] *n* pulpe *f* || pâte *f* à papier.

pulpit ['pulpit] *n* REL. chaire *f.*

pulsa|te [pʌl'seit] *vi* [heart] battre, palpiter || **~tion** [-ʃn] *n* pulsation *f.*

pulse [pʌls] *n* pouls *m; feel sb.'s ~,* prendre le pouls de qqn.

pulverize ['pʌlvəraiz] *vt* pulvériser.

pumice ['pʌmis] *n* pierre *f* ponce.

pump [pʌmp] *n* pompe *f* ● *vt* pomper || AUT. *~ up,* gonfler (tyre).

pumpkin ['pʌmkin] *n* citrouille *f,* potiron *m.*

pun [pʌn] *n* jeu de mots, calembour *m* ● *vi* faire des jeux de mots.

punch I [pʌnʃ] *n* poinçonneuse *f;* perforatrice *f* ● *vt* poinçonner, perforer || composter (ticket) || ***~(ed) card,*** carte perforée.

punch II *n* coup *m* de poing ● *vt* donner un coup de poing à, cogner sur.

punch III *n* punch *m* (drink).

Punch *n* Guignol || *~ and Judy show,* guignol *m.*

punctilious [pʌŋ'tiliəs] *adj* pointilleux, formaliste.

punctual ['pʌŋtjuəl] *adj* ponctuel || **~ity** [ˌpʌŋtju'æliti] *n* ponctualité *f* || **~ly** *adv* ponctuellement.

punctuation [ˌpʌŋtju'eiʃn] *n* ponctuation *f.*

puncture ['pʌŋktʃə] *vt* crever, perforer ● *n* perforation *f* || AUT. crevaison *f;* ***~-patch,*** Rustine *f.*

pundit ['pʌndit] *n* FAM. ponte *m.*

pungent ['pʌndʒnt] *adj* piquant, âcre, relevé (taste) || aigu (pain) || déchirant (sorrow) || caustique (remark).

punish ['pʌniʃ] *vt* punir, châtier || **~ment** *n* punition *f,* châtiment *m* || JUR. peine, sanction *f.*

puny ['pju:ni] *adj* chétif, malingre.

pup [pʌp], **puppy** ['pʌpi] *n* chiot *m*.

pupil I ['pju:pl] *n* élève *n*.

pupil II *n* pupille, prunelle *f* (of the eye).

puppet ['pʌpit] *n* marionnette *f* || FIG. ~ *State,* État *m* fantoche || **~-show** *n* guignol *m*.

puppy *n* = PUP.

purchas|e ['pə:tʃəs] *n* achat *m*, acquisition *f*; ~ *tax,* taxe *f* de luxe || prise *f*, *point m* d'appui (hold) ● *vt* acheter, acquérir || **~er** *n* acquéreur *m*, acheteur *n* || **~ing power** *n* pouvoir *m* d'achat.

pure [pjuə] *adj* pur || **~ly** *adv* purement || simplement.

purgat|ive ['pə:gətiv] *adj/n* purgatif *(m)* || **~ory** [-ri] *n* REL. purgatoire *m*.

purge [pə:dʒ] *n* MÉD. purge *f* || POL. épuration *f* ● *vt* MÉD. purger || POL. épurer.

pur|ify ['pjuərifai] *vt* purifier || MÉD. dépurer || **~itan** [-itn] *n* puritain *n* || **~ity** *n* pureté *f*.

purl [pə:l] *vi* [stream] murmurer.

purlieus ['pə:lju:z] *npl* abords, environs, alentours *mpl*.

purloin [pə:'lɔin] *vt* subtiliser, dérober.

purple ['pə:pl] *n/adj* violet *(m)*

purport ['pə:pət] *n* teneur *f*, sens *m*, portée *f* ● [pə:'pɔ:t] *vt* ~ ***to be,*** prétendre être, se prétendre.

purpose ['pə:pəs] *n* but, objet *m*; intention *f*, dessein *m*; ***on ~,*** exprès; *this will serve my ~,* cela fera mon affaire; *for all pratical ~s,* pratiquement; ***to the ~,*** à propos || **~ful** *adj* réfléchi, avisé, pondéré.

purr [pə:] *n* ronron *m* ● *vi* ronronner.

purs|e [pə:s] *n* porte-monnaie *m* || bourse *f* || U.S. sac *m* à main (handbag) ● *vt* pincer (one's lips) || **~er** *n* NAUT. commissaire *m* du bord.

pursu|e [pə'sju:] *vt* poursuivre (one's studies) || exercer (a profession) || **~er** *n* poursuivant *n*.

pursuit [pə'sju:t] *n* poursuite, recherche *f*.

purveyor [pə:'veə] *n* fournisseur *m*.

purview ['pə:vju:] *n* FIG. limites *fpl*, domaine *m*.

pus [pʌs] *n* MÉD. pus *m*.

push [puʃ] *n* poussée *f* || FAM. dynamisme *m* ● *vi* pousser; bousculer (shove); *stop ~ing!,* ne poussez pas! — *vt* pousser; presser sur, appuyer sur (a button) || FIG. pistonner (recommend); presser, harceler (urge on) || **~-bike** *n* vélo *m* || **~-chair** *n* poussette *f* || **~ing** *adj* entreprenant.

puss [pus], **pussy** ['pusi] *n* minet *m*.

put [put] *vt* (put) mettre, placer, poser || soumettre; ~ *sb. through an examination,* faire subir un examen à qqn; ~ *a question to sb.,* poser une question à qqn; ~ *to the test,* mettre à l'épreuve || ~ *sb. to death,* mettre à mort || ~ *an end/a stop to sth.,* faire cesser, mettre un terme à qqch. || SP. lancer (a weight) || ~ ***aside,*** mettre de côté || ~ ***away,*** ranger, placer (place) || [euphemism] *have a dog ~ away,* faire piquer un chien || ~ ***back,*** replacer, remettre en place; retarder (set back) || ~ ***by,*** FIN. économiser, mettre de côté || ~ ***down,*** poser, déposer; noter, inscrire (write down); AUT. déposer (a passenger); FIG. imputer, attribuer (ascribe) || ~ ***forth,*** proposer (express); déployer (strength); BOT. pousser (new leaves) || ~ ***forward,*** avancer (a theory, a clock) || ~ ***in,*** présenter (a claim); FAM. placer (a good word) || ~ ***off,*** enlever, ôter

(clothes); FIG. troubler, dérouter (disconcert); différer, remettre (postpone); détourner, éloigner (divert) || ~ **on,** mettre, enfiler (clothes); simuler (feign); affecter (pretend); augmenter (price, speed); avancer (a clock); TH. monter (a play); CIN. passer, projeter (a film); ~ **it on,** FAM. faire l'important, poser || ~ **out,** éteindre (extinguish); publier (issue); tendre (stretch out); ~ *out one's tongue,* tirer la langue; MÉD. crever (an eye); démettre, luxer (one's shoulder); FIG. troubler, dérouter (disconcert) || ~ **through :** TÉL. ~ *through to,* mettre en communication avec, passer || ~ **together,** réunir; assembler || ~ **up,** accrocher (hang up); dresser (a tent); loger, héberger (sb.); FIN. augmenter (price); FAM. mettre au courant, tuyauter; monter (a dirty trick); **~-up** *(adj) : a ~-up job,* un coup monté.
— *vi* NAUT. ~ *to sea,* appareiller || ~ **in,** NAUT. faire escale || ~ **up,** [person] (se) loger; ~ *up at a hotel,* descendre à l'hôtel || ~ **up with,** s'accommoder de, s'arranger de; supporter.

putrefy ['pju:trifai] *vi/vt* (se) putréfier, pourrir.

putt [pʌt] *n* SP. coup roulé ● *vt* putter (at golf).

putty ['pʌti] *n* mastic *m* ● *vt* mastiquer.

puzzl|e ['pʌzl] *n* embarras *m,* énigme *f* || casse-tête *m* ● *vt* embarrasser, intriguer || ~ *out,* déchiffrer; résoudre (a problem) || **~ing** *adj* embarrassant.

pygmy ['pigmi] *n* pygmée *m.*

pyjamas [pə'dʒɑ:məz] *npl* pyjama *m.*

pylon ['pailən] *n* pylône *m.*

pyramid ['pirəmid] *n* pyramide *f.*

python ['paiθn] *n* python *m.*

q

q [kju:] *n* q *m.*

q t [,kju:'ti:] *n* (= QUIET) *on the ~,* en douce.

quack [kwæk] *n* ~ *(doctor),* charlatan *m.*

quad [kwɔd] *n* FAM. = QUADRUPLET.

quadr|angle ['kwɔ,dræŋgl] *n* quadrilatère *m* || cour *f* (of a college) || **~atic** [kwə'drætik] *adj* ~ *equation,* équation *f* du second degré || **~ilateral** [,kwɔdri'lætrl] *adj/n* quadrilatère *(m)* || **~uped** ['kwɔdruped] *adj/n* quadrupède *(m)* || **~uple** ['kwɔdrupl] *adj/n* quadruple *(m)* || **~uplet** ['kwɔdruplit] *adj/n* quadruplé [born at a birth].

quail [kweil] *n* caille *f.*

quaint [kweint] *adj* pittoresque, curieux, bizarre || au charme vieillot (village).

quake [kweik] *vi* trembler.

quali|fication [,kwɔlifi'keiʃn] *n* aptitude, compétence *f* || conditions requises || formation *f* || titres, diplômes *mpl* (degrees) || réserve, restriction *f* (limitation) || qualification *f* (description) || **~fied** ['kwɔlifaid] *adj* qualifié, apte à || **~fy** ['kwɔlifai] *vt* qualifier (*for,* pour) [entitle] || modifier, atténuer (modify) || nuancer (a statement) || JUR. habiliter — *vi* obtenir les titres/la formation nécessaire(s) [*for,* pour] ||

~tative ['kwɔlitətiv] *adj* qualitatif || **~ty** ['kwɔliti] *n* qualité *f* || ~ *of life,* qualité *f* de la vie.

qualms [kwɔ:mz] *npl* nausées *fpl* || FIG. scrupules *mpl* (of conscience).

quandary ['kwɔndəri] *n* grand embarras, dilemme *m.*

quantit|ative ['kwɔntitətiv] *adj* quantitatif || **~y** *n* quantité *f* || MATH. *unknown ~,* inconnue *f* || COMM. *buy in large quantities,* acheter en gros.

quarantine ['kwɔrnti:n] *n* NAUT. quarantaine *f* ● *vt* mettre en quarantaine.

quarrel ['kwɔrl] *n* querelle, dispute *f; pick a ~ with sb.,* chercher querelle à qqn || sujet *m* de querelle; *I have no ~ with him,* je n'ai rien à lui reprocher ● *vi* se quereller, se disputer (*with sb.,* avec qqn) || se plaindre, trouver à redire (*with,* à) [find fault] || **~some** [-səm] *adj* querelleur.

quarry I ['kwɔri] *n* [animal] proie *f.*

quarry II *n* TECHN. carrière *f* ● *vt* exploiter une carrière.

quart [kwɔ:t] *n* [measure] quart *m* de gallon.

quarter ['kwɔ:tə] *n* quart *m; a ~ of an hour,* un quart d'heure; *a ~ to six,* six heures moins le quart; *a ~ past six,* six heures et quart || quart *m* (of a pound) || trimestre *m* (of a year) || quartier *m* (of a town) || région *f,* endroit *m; from all ~s,* de tous côtés || ASTR. quartier *m* (of moon) || U.S. pièce *f* de 25 cents || *Pl* résidence *f* || MIL. quartier, cantonnement *m; at close ~s,* corps à corps || FIG. quartier *m,* pitié *f* ● *vt* diviser en quatre || MIL. cantonner, loger || **~-day** *n* jour *m* du terme || **~-deck** *n* NAUT. gaillard *m* d'arrière, dunette *f* || **~-finals** *n* SP. quarts *mpl* de finale || **~ly** *adj* trimestriel ● *n* revue trimestrielle || **~-note** *n* MUS., U.S. noire *f.*

quartet [kwɔ:'tet] *n* MUS. quatuor *m;* [jazz] quartette *m.*

quasi ['kwɑ:zi] *adv* quasi, presque.

quaver ['kweivə] *vi* [voice] trembloter, chevroter ● *n* chevrotement *m* || MUS. croche *f; ~ rest,* demi-soupir *m.*

quay [ki:] *n* NAUT. quai *m.*

queasy ['kwi:zi] *adj* [food] écœurant || [person] écœuré; *be ~,* avoir mal au cœur; FIG. éprouver de la répugnance || troublé (conscience).

queen [kwi:n] *n* reine *f* || SL. folle *f* (pop.) [homosexual].

queer [kwiə] *adj* bizarre, étrange || FAM. mal à l'aise, indisposé (out of sorts) || louche, douteux (suspicious) ● *n* FAM. pédé *m,* tante, folle *f* (pop.) ● *vt* gâcher; *~ sb.'s pitch,* ruiner les plans de qqn.

quell [kwel] *vt* réprimer, étouffer (a rebellion).

quench [kwenʃ] *vt* éteindre (fire) || FIG. ***~ one's thirst,*** se désaltérer || FIG. réprimer (emotion).

querulous ['kwerulәs] *adj* ronchonneur, bougon, râleur (fam.).

query ['kwiəri] *n* question *f* ● *vt* questionner, mettre en doute; *~ if/whether,* chercher à savoir si.

quest [kwest] *n* ***in ~ of...,*** en quête de...

question ['kwestʃn] *n* question *f; ask sb. a ~,* poser une question à qqn || doute *m;* ***beyond ~,*** hors de doute || ***call sth. in ~,*** mettre qqch. en question || affaire *f;* ***the ~ is to..., it's a ~ of,*** il s'agit de...; ***out of the ~,*** impossible; *there is some/no ~ of doing,* il est/n'est pas question de faire ● *vt* questionner, interroger (interrogate) || douter de (express doubt) || **~able** *adj* discutable, contestable || **~-mark** *n* point *m* d'interrogation.

queue [kju:] *n* queue, file *f* d'attente; *stand in a* ~, faire la queue; *jump the* ~, resquiller, passer avant son tour ● *vi* ~ ***up,*** faire la queue.

quibble ['kwibl] *n* argutie *f,* faux-fuyant *m* ● *vt* se défiler, ergoter.

quick [kwik] *adj* vif, rapide, prompt (reply); *be* ~ *about it!,* faites vite! || MIL. cadencé (step) || FIG. vif, rapide (mind) ● *adv* vite, rapidement ● *n* vif *m; cut/stung to the* ~, piqué au vif || *the* ~ *and the dead,* les vivants et les morts || ~**en** [-n] *vt* accélérer, hâter || FIG. exciter, stimuler || ~**ly** *adv* vite, rapidement || ~**ness** *n* rapidité, promptitude *f* || acuité *f* (of sight) || FIG. vivacité *f* (of mind) || ~**sand** *n* sable mouvant || ~**set** *adj* ~ *hedge,* haie vive || ~**silver** *n* vif-argent *m* || ~-**tempered** *adj* emporté, coléreux || ~-**witted** *adj* à l'esprit prompt.

quiescent [kwai'esnt] *adj* inactif.

quiet ['kwaiət] *adj* calme, tranquille (still); *be* ~*!,* silence!, taisez-vous! || doux (gentle); paisible (peaceful); tranquille (carefree) || doux, discret, sobre (colours) || caché, dissimulé ● *n* calme, silence *m* || paix, tranquillité *f* (peace) || FAM. ***on the*** ~*,* en douce (fam.) || ~**en** [-n] *vi/vt* (se) calmer, (s')apaiser || ~**ly** *adv* tranquillement, calmement || ~**ness** *n* tranquillité *f,* calme *m.*

quilt [kwilt] *n* couvre-lit/-pieds *m; continental* ~, couette *f* ● *vt* ouater, molletonner; capitonner (furniture).

quin [kwin] *n* FAM. = QUINTUPLET.

quince [kwins] *n* coing *m.*

quinine [kwi'ni:n] *n* quinine *f.*

quin|tet(te) [kwin'tet] *n* MUS. quintette *m* || ~**tuplets** ['kwintjuplits] *npl* quintuplés *mpl.*

quip [kwip] *n* raillerie *f,* quolibet *m* ● *vi* railler.

quirk [kwə:k] *n* caprice *m* (of fate) || bizarrerie, excentricité *f* (of behaviour).

quit I [kwit] *adj* ~ *of,* débarrassé de.

quit II *vt* (quitted *or* quit) quitter, partir || U.S. cesser, s'arrêter de — *vi* abandonner (give up).

quite [kwait] *adv* tout à fait, complètement, entièrement (completely) || absolument, parfaitement (positively) || très (to the utmost extent); ~ **enough,** bien assez; ~ *good,* très bon; ~ ***a lot of,*** un grand nombre de; ~ ***(so),*** d'accord; certainement, exactement || assez, plutôt (more or less); ~ *good but,* pas mal mais.

quits [kwits] *adj* ***be*** ~ ***with sb.,*** être quitte envers qqn; *we are* ~, nous sommes quittes.

quiver ['kwivə] *vi* trembler, frémir, frissonner || [voice] vibrer ● *n* tremblement, frisson, frémissement *m.*

quixotic [kwik'sɔtic] *adj* donquichottesques; chevaleresque (generous).

quiz [kwiz] *n* test, questionnaire *m* || RAD. jeu *m* radiophonique ● *vt* poser des questions à || ~**zical** [-ikəl] *adj* moqueur, narquois, ironique.

quoit [kwɔit] *n* palet *m.*

quorum ['kwɔ:rəm] *n* quorum *m.*

quota ['kwəutə] *n* quote-part *f* || contingent, quota *m* (of goods).

quotation [kwə'teiʃn] *n* citation *f* || ~ ***marks,*** guillemets *mpl; enclose in* ~ *marks,* mettre entre guillemets || FIN. cote *f.*

quote [kwəut] *vt* citer (words from a book) || FIN. coter || COMM. fixer, établir (*a price,* un prix) ● *n* = QUOTATION ● *adv* ~*!,* [speech] je cite; [dictation] ouvrez les guillemets. See UNQUOTE.

quotient ['kwəuʃnt] *n* quotient *m.*

r

r [ɑː] *n* r *m*.

rabbi [ˈræbai] *n* rabbin *m*.

rabbit [ˈræbit] *n* lapin *m* || *doe* ~, lapine *f; wild* ~, lapin de garenne || **~-hole** *n* terrier *m* de lapin.

rabble [ˈræbl] *n* populace, racaille *f*.

rabid [ˈræbid] *adj* enragé (dog) || FIG. farouche ; forcené.

rabies [ˈreibiːz] *n* rage *f*.

rac(c)oon [rəˈkuːn] *n* raton laveur.

rac|e I [reis] *n* courant *m* (water) || SP. course *f; ~ against time,* course contre la montre [lit. and fig.] || ***~-course,*** champ *m* de courses ; ***~-goer,*** turfiste *n; **~-horse,*** cheval *m* de course ; ***~-meeting,*** courses *fpl* de chevaux ; ***~-stable,*** écurie *f* de course ; ***~-track,*** champ *m* de courses ● *vi* courir à toute allure — *vt* faire courir (a horse) || **~er** [-ə] *n* cheval/bateau *m* de course || [person] coureur *n* || **~ing** *n* courses *fpl* ● *adj* SP. de course ; *~-car,* auto *f* de course.

rac|e II *n* race *f; human* ~, genre humain || lignée *f* (family) || **~ial** [ˈreiʃl] *adj* racial || **~ism** *n* racisme *m* || **~ist** *n* raciste *n*.

rack I [ræk] *n go to ~ and ruin,* [house] tomber en ruine ; [person] aller à la dérive.

rack II *n* râtelier *m* (for fodder) || claie *f* (for fruit) || étagère *f* (for books) || portemanteau *m* (hat-rack) || égouttoir *m* (plate-rack) || porte-serviette *m* (towel-rack) || RAIL. filet, porte-bagages *m inv* || AUT. galerie *f* || TECHN. crémaillère *f; **~-railway,*** chemin *m* de fer à crémaillère || FIG. *be on the ~,* être au supplice FAM. sur le gril ● *vt* FIG. mettre à la torture ; ~ ***one's brains,*** se creuser la cervelle.

racket I [ˈrækit] *n* SP. [tennis] raquette *f*.

racket II *n* vacarme, boucan, chahut *m ; make a ~,* faire du tapage || dissipation *f* || combine *f*, truc *m* (dodge) || racket, chantage *m*, escroquerie *f* (fraud); *drug ~,* trafic *m* des stupéfiants ● *vi* mener joyeuse vie, faire la noce || **~eer** [ˌrækiˈtiə] *n* racketteur *m*.

racy [ˈreisi] *adj* plein de verve, truculent (speech); vigoureux (style) ; savoureux (story).

radar [ˈreidə] *n* radar *m ; ~ operator,* radariste *n*.

radial (tyre) [ˈreidiəl] *n* pneu *m* à carcasse radiale.

rad|iance [ˈreidjəns] *n* rayonnement *m* || **~iant** *adj* rayonnant, radieux (beauty) || **~iate** [-ieit] *vi* rayonner, irradier — *vt* émettre (rays) || **~iation** [ˌreidiˈeiʃn] *n* rayonnement *m* || PHYS. radiation *f* || **~iator** [ˈreidieitə] *n* radiateur *m* || AUT. radiateur *m ; ~ grill,* calandre *f*.

radical [ˈrædikl] *adj* radical.

radio [ˈreidiəu] *n* radio *f; on the ~,* à la radio ; *be on the ~,* passer à la radio ; ***~-set,*** poste *m* de radio ; ***~-station,*** poste *m* émetteur, station *f* radiophonique ; *hear sth. on the ~,* entendre qqch. à la radio ; *talk over the ~,* parler à la radio ● *vt* transmettre par radio ; appeler par radio — *vi ~ for help,* appeler au secours par radio || **~activity** *n* radio-activité *f* || **~ beacon** *n* radiophare *m* || **~compass** *n* radiocompas *m* || **~-control** *vt* téléguider || **~graphy** [ˌreidiˈɔgrəfi] *n* radiographie *f* || **~-ham** *n* radio *m* amateur || **~logist** [ˌreidiˈɔlədʒist] *n* radiologue *n* || **~-operator** *n* radio (télégraphiste) *m* || **~ tape-player** *n* radiocassette *f* || ~ **telescope** *n* radiotélescope *m* || ~**therapy** [-'θerəpi] *n* radiothérapie *f*.

radish ['rædiʃ] *n* radis *m*.

radium ['reidjəm] *n* radium *m*.

rad|ius, -dii ['reidjəs, -diai] *n* rayon *m* (of a circle).

raffia ['ræfiə] *n* raphia *m*.

raffle ['ræfl] *n* loterie, tombola *f* ● *vt* mettre en loterie.

raft [rɑ:ft] *n* radeau *m*.

rafter ['rɑ:ftə] *n* chevron *m*.

rag I [ræg] *n* chiffon, lambeau *m*, loque *f* || *Pl* haillons *mpl*; guenilles *fpl* || ~**-picker** *n* chiffonnier *n*.

rag II *vt* taquiner, faire enrager (tease) || brimer (a fellow-student) || chahuter (be noisy) ● *n* chahut *m* (noise) || farce *f*; *for a* ~, pour s'amuser.

ragamuffin ['rægə,mʌfin] *n* va-nu-pieds *m* (urchin).

rage [reidʒ] *n* rage, fureur *f* || FAM. toquade, vogue *f*; *be all the* ~, faire fureur ● *vi* être en fureur || FIG. faire rage ; [sea] être déchaîné.

ragged ['rægid] *adj* déguenillé, en haillons (person) || déchiqueté (rocks) || raboteux (ground).

raging [reidʒiŋ] *adj* déchaîné || ~ *toothache*, rage *f* de dents.

raid [reid] *n* razzia *f* (plunder) || hold-up *m* (on a bank) || JUR. descente, rafle *f* (police) || MIL. raid *m*, incursion *f* ● *vt* piller, razzier (ransack) || [police] faire une rafle/descente || [bandit] faire un hold-up dans ; braquer (arg.) [a bank] || MIL. faire une incursion || AV. bombarder.

rail I [reil] *vi* ~ ***at***, vitupérer contre.

rail II *n* rampe *f* (d'escalier) || [balcony] balustrade *f* || *Pl* grille, barrière *f* (fence) || RAIL. rail *m*; *go off/jump the*~*s*, dérailler ; *send by* ~, envoyer par chemin de fer ● *vt* ~ *in*, clôturer || ~**-car** *n* autorail *m* || ~**ing** *n* barreau *m* || ~*(s)*, grille *f* (fence) ; balustrade *f* (balcony) || ~**road** *n* U.S. chemin *m* de fer || ~**way** *n* G.B. chemin *m* de fer || ~**wayman** [-wemən] *n* cheminot, employé *m* de chemin de fer.

rain [rein] *n* pluie *f*; *in the* ~, sous la pluie ● *vi* pleuvoir || ~**bow** [-bəu] *n* arc-en-ciel *m* || ~**coat** *n* imperméable *m* || ~**fall** *n* chute *f* de pluie ; précipitations *fpl*, quantité *f* d'eau tombée || ~**-gauge** *n* pluviomètre *m* || ~**proof** *adj* imperméable || ~**y** *adj* pluvieux.

raise [reiz] *n* U.S. augmentation, hausse *f* (de salaire) || [cards] relance *f* ● *vt* lever, relever || soulever (lift up) || lever (glass, hat) || élever (voice) || U.S. élever (animals, children) ; faire pousser, cultiver (wheat) || [cards] relancer ; faire une annonce supérieure || [increase] majorer (prices) ; augmenter (salary) || FIN. ~ *money*, se procurer de l'argent ; ~ *a loan*, lancer un emprunt ; lever (taxes) || MATH. *2* ~*d to the power of 3*, 2 élevé à la puissance 3 || REL. ~ *from the dead*, ressusciter || MIL. lever (the siege, an army) || AGR. élever (livestock) ; cultiver (vegetables) || ARCH. surélever || FIG. provoquer (a disturbance, a laugh) || FAM. ~ ***Cain/hell***, faire une scène/toute une histoire (fam.) || FIG. formuler (objection) ; évoquer (ghost).

raisin ['reizn] *n* raisin sec.

rake I [reik] *n* râteau *m* ● *vt* ratisser (a garden) || MIL. [machine-gun] balayer.

rake II *n* pente, inclinaison *f* ● *vi* être incliné/en pente

rak|e III *n* HIST. débauché *m* || ~**ish** *adj* débauché, dissolu (person) || FIG. désinvolte.

rally ['ræli] *n* rassemblement, ralliement *m* || AUT. rallye *m*;

[tennis] échange *m* de balles ● *vt* rassembler, rallier.

ram [ræm] *n* bélier *m* ● *vt* heurter (violemment) ‖ ~ *down/in,* enfoncer.

rambl|e ['ræmbl] *vi* se promener (au hasard) [wander] ‖ faire une randonnée à pied ‖ FIG. divaguer; radoter ● *n* randonnée *f;* balade *f* (fam.); ***go for a ~,*** faire une excursion (à pied) ‖ **~er** *n* promeneur, randonneur *n* ‖ BOT. ~ *(rose),* rosier grimpant ‖ **~ing** *adj* décousu (speech); vagabond (thought) ‖ BOT. grimpant (plant).

ramp [ræmp] *n* rampe *f* (slope) ‖ bretelle (of motor-road).

rampage [ræm'peidʒ] *n on the ~,* déchaîné (mob); *go on the ~,* se déchaîner.

rampant ['ræmpənt] *adj* [disease] *be ~,* régner.

rampart ['ræmpɑ:t] *n* rempart *m.*

ramshackle ['ræm,ʃækl] *adj* croulant, délabré.

rān See RUN.

ranch [rɑ:nʃ] *n* U.S. ranch *m* ‖ **~er** *n* propriétaire *n* de ranch; cow-boy *m.*

rancid ['rænsid] *adj* rance; *grow ~,* rancir.

rancour ['ræŋkə] *n* rancune, rancœur *f;* ressentiment *m.*

random ['rændəm] *adj* fortuit ● *n* hasard *m;* ***at ~,*** au hasard.

rang See RING.

range [reinʒ] *n* rangée *f,* rang *m* ‖ MIL. portée *f* (of a gun); ***~-finder,*** télémètre *m* ‖ AV. rayon *m* d'action ‖ GÉOGR. région, zone *f;* chaîne *f* (of mountains) ‖ MUS. étendue *f* ‖ CULIN. cuisinière *f* (stove) ‖ FIG. portée *f* (scope); ***within ~ of,*** à portée de; étendue *f,* domaine *m;* choix *m,* gamme, variété *f;* [mind] envergure *f* ● *vt* aligner; ranger (set in order) ‖ ~ ***over/through,*** parcourir; rôder dans — *vi* ~ *from... to,* aller/s'échelonner de... à.

ranger ['reinʒə] *n* garde forestier ‖ *Pl* U.S. gendarme *m* à cheval; MIL. commandos *mpl.*

rank I [ræŋk] *n* rang, ordre *m* ‖ MIL. grade *m;* ~ ***and file,*** hommes *mpl* de troupe ‖ AUT. station *f* de taxis ● *vt* ranger, classer; mettre au rang de — *vi* se ranger, prendre rang, se classer; ~ ***above,*** être supérieur à; ~ ***with,*** aller de pair avec.

rank II *adj* dru, touffu (grass); luxuriant (vegetation) ‖ fétide, fort (odour).

rankle ['ræŋkl] *vi* FAM. ~ *in sb.'s mind,* rester sur le cœur de qqn — *vt* ulcérer (sb.).

ransack ['rænsæk] *vt* fouiller (de fond en comble) ‖ piller, saccager (plunder).

ransom ['rænsəm] *n* rançon *f* ● *vt* rançonner ‖ racheter (redeem).

rant [rænt] *vi* déclamer (declaim) ‖ ~ *and rave,* tempêter, fulminer (*against,* contre) ● *n* divagation *f.*

rap [ræp] *n* tape *f,* petit coup sec (on a door) ‖ FAM. blâme *m* ● *vt* frapper, donner un coup sec.

rapacious [rə'peiʃəs] *adj* rapace (for money).

rape [reip] *n* viol *m* ● *vt* violer.

rapid ['ræpid] *adj* rapide ● *npl* rapides *mpl.*

rapist ['reipist] *n* violeur *m.*

rapping ['ræpiŋ] *adj* frappeur (spirit).

rapt [ræpt] *adj* ravi, transporté (person); profond (attention); ~ *in,* plongé dans.

rapture ['ræptʃə] *n* ravissement, transport *m;* extase *f; go into ~s over,* s'extasier sur.

rare I [rεə] *adj* CULIN. saignant.

rar|e II *adj* rare ‖ **~efy** ['rεərifai] *vi* se raréfier ‖ **~ely** [-li] *adv* rarement ‖ **~ity** [-riti] *n* rareté *f.*

rascal ['rɑ:skl] *n* coquin, vaurien *n.*

rash I [ræʃ] *n* MÉD. éruption *f* || boutons *mpl* (spots).

rash II *adj* irréfléchi, inconsidéré (action) || téméraire, impétueux (person).

rasher *n* tranche *f* (of bacon).

rashness *n* irréflexion, impétuosité, témérité *f*.

rasp [rɑːsp] *n* raclement *m* || TECHN. râpe *f* ● *vt* râper || FIG. irriter; écorcher (sb.'s ears).

raspberry ['rɑːzbri] *n* framboise *f*; ~ *bush,* framboisier *m*.

rat [ræt] *n* rat *m*; ~ ***extermination,*** dératisation *f* || PÉJ. lâcheur *n*; mouchard *n* (fam.) [informer]; *you* ~*!,* espèce de salaud! (pop.) ● *vt* [dog] chasser les rats — *vi* ~ *on,* lâcher (break a promise); moucharder (fam.) [give away].

rate [reit] *n* proportion *f*; *at the* ~ *of,* à raison de || ***at any*** ~***,*** en tout cas || vitesse *f*; *at a* ~ *of,* à une vitesse de || qualité *f*; ***first*** ~, de premier ordre || [payment] tarif *m* || FIN. taux *m*; ~ ***of exchange,*** cours *m* du change || *Pl* impôts locaux ● *vt* évaluer, estimer || ~**-payer** *n* contribuable *n*.

rather ['rɑːðə] *adv* plutôt (*than,* que); ***I had/would*** ~ ***(go),*** je préférerais/j'aimerais mieux (partir) || assez (fairly) || légèrement (slightly).

ratif|y ['rætifai] *vt* ratifier || ~**ication** [,rætifi'keiʃn] *n* ratification *f*.

rating ['reitiŋ] *n* évaluation *f*; classement *m* || SP. classe, catégorie *f* || NAUT. classement *m* (of a boat); matelot *m* (sailor) || *(Pl)* RAD., [record] indice *m* de popularité, audience *f*.

ratio ['reiʃiəu] *n* proportion *f*; *in direct/inverse* ~ *to,* en raison directe/inverse de.

ration ['ræʃn] *n* ration *f* ● *vt* rationner.

rational ['ræʃənl] *adj* rationnel, raisonnable.

rationing ['ræʃniŋ] *n* rationnement *m*.

rat|poison *n* mort-aux-rats *f* || ~ **race** *n* panier *m* de crabes.

rattle ['rætl] *n* crécelle *f* (toy) || cliquetis *m*; bruit *m* de ferraille (noise) ● *vi* [machinery] cliqueter || [rifle-fire] crépiter || [windows] vibrer || ~ *along,* brimbaler, brinquebaler — *vt* agiter, secouer || FAM. démonter (fam.) || ~**snake** *n* serpent *m* à sonnette.

rat trap *n* ratière *f*.

raucous ['rɔːkəs] *adj* rauque.

ravage ['rævidʒ] *n* ravage *m* ● *vt* ravager.

rave [reiv] *vi* [person] délirer, divaguer; s'extasier (go into raptures) || [wind] souffler en tempête.

ravel ['rævl] *vi/vt* (s')embrouiller, (s')enchevêtrer.

raven ['reivn] *n* corbeau *m* ● ['rævn] *vt* dévorer || ~**ous** ['rævinəs] *adj* féroce (appetite); affamé (person).

ravine [rə'viːn] *n* ravin *m*.

raving ['reiviŋ] *adj* délirant ● *adv* ~ *lunatic,* fou furieux || ~**s** *npl* divagations *fpl*.

ravish ['ræviʃ] *vt* ravir, enlever || FIG. charmer || ~**ing** *adj* ravissant || ~**ment** *n* FIG. ravissement.

raw [rɔː] *adj* cru (food) || brut (metal) || grège (silk) || ~ ***materials,*** matières premières || FIG. vif (air); froid et humide (weather) || novice (inexperienced) || à vif (wound) ● *n* point *m* sensible (lit. and fig.).

ray I [rei] *n* rayon *m*.

ray II *n* ZOOL. raie *f*.

rayon ['reiɔn] *n* rayonne, soie artificielle.

raze [reiz] *vt* raser (destroy).

razor ['reizə] *n* rasoir *m*; *safety* ~, rasoir de sûreté; *electric* ~, rasoir électrique || ~**-blade** *n* lame *f* de rasoir || ~**-edge** *n* FIG. situation *f* critique.

re I [riː] *prep* au sujet de, à propos de.

re- II *préf* de nouveau, re- (again).

reach [riːtʃ] *n* atteinte, portée *f; within ~ of,* à portée de; *out of ~,* hors d'atteinte/de portée ● *vt* atteindre, parvenir à; *~ sb. by phone,* toucher qqn par téléphone ‖ passer, donner à ‖ *~ **out,*** tendre (a hand) — *vi* s'étendre; ***as far as the eye can ~,*** à perte de vue.

reac|t [ri'ækt] *vi* réagir (*against,* contre; *to,* à) ‖ **~tion** [-ʃn] *n* réaction *f* ‖ **~tionary** [-ʃnəri] *n/adj* POL. réactionnaire ‖ **~tor** [-tə] *n* réacteur *m.*

read [riːd] *vt* (read [red]) lire ‖ relever (a gas-meter) ‖ *~ sb.'s cards,* tirer/faire les cartes à qqn; *~ sb.'s hand,* lire dans les lignes de la main de qqn ‖ [University] étudier (subject); *~ law,* faire son droit ‖ *~ **out,*** lire à haute voix; *~ **over,*** relire; *~ **through,*** parcourir — *vi* [book] se lire; [thermometer] indiquer, marquer ‖ **~able** *adj* lisible ‖ **~er** *n* lecteur *n* ‖ livre *m* de lecture (schoolbook).

read|ily ['redili] *adv* volontiers, sans hésiter ‖ **~iness** [-inis] *n* empressement *m,* promptitude *f;* bonne volonté ‖ présence *f* (of mind) ‖ facilité *f* (of speech) ‖ vivacité *f* (of wit) ‖ ***keep in ~,*** tenir prêt.

reading ['riːdiŋ] *n* lecture *f* ‖ connaissances *fpl,* culture *f* ‖ interprétation *f* (of a text) ‖ JUR. discussion *f* (of a bill) ‖ TECHN. relevé (of an instrument) ‖ **~-room** *n* salle *f* de lecture.

readjust ['riːə'dʒʌst] *vt* rajuster, remanier, retoucher ‖ **~ment** *n* rajustement *m,* réadaptation *f.*

readout ['riːdaut] *n* [computer] affichage *m.*

ready ['redi] *adj* prêt; ***get ~,*** se préparer; ***make ~,*** préparer ‖ vif, prompt (mind, reply) ‖ à portée (within reach) ‖ enclin (inclined); disposé à (willing); *be quite ~ to,* ne demander qu'à ‖ FIN. liquide (money) ‖ **~made, ~-to-wear** *adj* de confection, prêt à porter.

reafforest ['riːə'fɔrist] *vt* reboiser ‖ **~ation** [ˌriːəˌfɔris'teiʃn] *n* reboisement *m.*

reagent [ri'eidʒnt] *n* réactif *m.*

real [riəl] *adj* réel, vrai, véritable (genuine) ‖ vécu (adventure) ‖ [computer] *~ **time,*** temps réel ‖ JUR. *~ **estate,*** biens immobiliers ‖ **~ism** *n* réalisme *m* ‖ **~ist** *n* réaliste *n* ‖ **~istic** [riə'listik] *adj* réaliste ‖ **~ity** [ri'æliti] *n* réalité *f; in ~,* en réalité ‖ **~ization** [ˌriəlai'zeiʃn] *n* prise *f* de conscience (experience) ‖ réalisation *f* (of a hope) ‖ **~ize** *vt* se rendre compte; comprendre ‖ réaliser (carry out) ‖ FIN. réaliser ‖ **~ly** *adv* réellement, vraiment.

realm [relm] *n* royaume *m* ‖ FIG. domaine *m.*

realt|or ['riəltə] *n* U.S. agent immobilier ‖ **~y** *n* = REAL ESTATE.

ream [riːm] *n* rame *f* (of paper).

reap [riːp] *vt* moissonner ‖ FIG. récolter ‖ **~er** *n* [person] moissonneur *n;* [machine] moissonneuse *f* ‖ **~ing** *n* moisson *f; **~-machine,*** moissonneuse *f.*

reappear ['riːə'piə] *vi* réapparaître ‖ **~ance** [-rəns] *n* réapparition *f.*

rear I [riə] *n* arrière, derrière *m; bring up the ~,* fermer la marche ‖ AUT. *~ **axle,*** pont *m* arrière; *~ **light,*** feu *m* arrière; ***~-view mirror,*** rétroviseur *m* ‖ **~-admiral** *n* contre-amiral *m* ‖ **~guard** *n* MIL. arrière-garde *f.*

rear II *vt* élever (children, building) — *vi* [horse] se cabrer ‖ **~ing** [-riŋ] *n* élevage *m* (of animals) ‖ éducation *f* (of children).

rearm ['riː'ɑːm] *vi* réarmer ‖ **~ament** [-əmənt] *n* réarmement *m.*

rearrange ['riːə'reinʒ] *vt* remettre en ordre.

reason ['riːzn] *n* raison *f; the ~*

why..., la raison pour laquelle... ; *it stands to* ~, cela va de soi ; *I have* ~ *to believe that,* j'ai lieu de croire ; *without good* ~, sans motif ● *vi* raisonner || **~able** *adj* raisonnable (sensible) || abordable, modéré (price) || **~ing** *n* raisonnement *m*.

reassure [ˌriːəˈʃuə] *vt* rassurer, tranquilliser.

rebate [ˈriːbeit] *n* COMM. rabais, escompte *m*.

rebel [ˈrebl] *n* rebelle, insurgé *n* ● [riˈbel] *vi* se révolter, s'insurger, se soulever || **~lion** [riˈbeljən] *n* rébellion *f*, soulèvement *m* || **~lious** [riˈbeljəs] *adj* rebelle.

rebound [riˈbaund] *n* rebondissement *m* ● *vi* rebondir.

rebuff [riˈbʌf] *n* rebuffade *f* ● *vt* repousser, rabrouer.

rebuke [riˈbjuːk] *n* réprimande *f*, blâme *m* ● *vt* réprimander, blâmer ; ~ *sb. for sth.*, reprocher qqch. à qqn.

rebus [ˈriːbəs] *n* rébus *m*.

rebut [riˈbʌt] *vt* rejeter (a claim) || repousser, rebuter (sb.).

recall [riˈkɔːl] *n* rappel *m* ; ***beyond*** ~, irrévocablement ● *vt* rappeler (remind) ; se rappeler (remember) || rappeler (an ambassador).

recant [riˈkænt] *vi* se rétracter — *vt* réviser (an opinion) || **~ation** [ˌriːkænˈteiʃn] *n* rétractation *f*.

recapitulate [ˌriːkəˈpitjuleit] *vt* récapituler.

recapture [ˈriːˈkæptʃə] *vt* rattraper.

recast [ˈriːˈkɑːst] *vt* refondre.

reced|e [riˈsiːd] *vi* reculer, s'éloigner || [tide] descendre || FIN. baisser || **~ing** *adj* fuyant (chin).

receipt [riˈsiːt] *n* réception *f* (of a letter) ; *on* ~ *of*, au reçu de ; *acknowledge* ~ *of*, accuser réception de || COMM. reçu, récépissé *m*, quittance *f* ; *Pl* recettes, rentrées *fpl* ● *vt* COMM. acquitter.

receiv|e [riˈsiːv] *vt* recevoir (sb., sth.) ; accueillir (welcome) || RAD. capter || JUR. receler (stolen goods) || **~er** *n* destinataire *n* (of a letter) || TÉL. combiné *m* ; ***lift/replace the*** ~, décrocher/raccrocher || RAD. (poste *m*) récepteur *m* || JUR. receleur *n* (of stolen property).

recent [ˈriːsnt] *adj* récent || **~ly** *adv* récemment, dernièrement.

reception [riˈsepʃn] *n* réception *f* ; accueil *m* || [hôtel] ~ *desk*, réception *f*, bureau *m* || **~ist** *n* réceptionniste *n*.

recess [riˈses] *n* [school] récréation *f* || JUR. vacances *fpl* || ARCH. renfoncement *m*, niche *f*.

recession [riˈseʃn] *n* recul *m* || U.S., FIN. ralentissement *m* des affaires, récession *f*.

recidivist [riˈsidivist] *n* récidiviste *n*.

recipe [ˈresipi] *n* CULIN. recette *f*.

recipient [riˈsipiənt] *adj* qui reçoit ● *n* destinataire *n* (of a letter) || bénéficiaire *n* (of a cheque).

recipro|cal [riˈsiprəkl] *adj* réciproque, mutuel || **~cate** [-keit] *vt* échanger, répondre à — *vi* rendre la pareille, retourner (a compliment) || **~city** [ˌresiˈprɔsiti] *n* réciprocité *f*.

recit|al [riˈsaitl] *n* récit *m*, narration *f* || MUS. récital *m* || **~ation** [ˌresiˈteiʃn] *n* récitation *f* || **~e** [riˈsait] *vt* énumérer (details) || exposer (facts) || réciter (poetry).

reckless [ˈreklis] *adj* insouciant (heedless) || imprudent, téméraire (rash) || **~ly** *adv* imprudemment, témérairement || **~ness** *n* insouciance *f* (heedlessness) || témérité *f* (rashness).

reckon [ˈrekn] *vt* compter, calculer || ~ *up*, additionner, faire le compte de || FIG. regarder, considérer (*as*, comme) — *vi* compter (*on*, sur ; *with*, avec ; *without*, sans) ; tenir compte de (take into account) || **~ing** *n* calcul, compte *m*.

reclaim [ri'kleim] *vt* réformer, redresser || *~ed drunkard,* ivrogne repenti || AGR. amender, défricher (land) || TECHN. récupérer.

recline [ri'klain] *vt* appuyer, reposer (one's head) — *vi* s'appuyer, se reposer, être étendu.

reclining seat *n* AUT. siège *m* à dossier réglable.

recluse [ri'klu:s] *adj/n* reclus.

recogn|ition [ˌrekəg'niʃn] *n* reconnaissance, identification *f* || **~ize** ['rekəgnaiz] *vt* reconnaître, identifier (sb.) || SP. homologuer (a record).

recoil [ri'kɔil] *n* recul *m* (of a gun) || FIG. répugnance, horreur *f* ● *vi* reculer (*from,* devant) || [gun] reculer || FIG. rejaillir, retomber (*on,* sur).

recollec|t [ˌrekə'lekt] *vt* se rappeler || **~tion** [ˌrekə'lekʃn] *n* souvenir *m*.

recommend [ˌrekə'mend] *vt* recommander, conseiller, indiquer || **~ation** [ˌrekəmen'deiʃn] *n* recommandation *f*.

recompense ['rekəmpens] *n* récompense *f* (reward); dédommagement *m* (for damage) ● *vt* récompenser, dédommager.

reconcil|e ['rekənsail] *vt* réconcilier; régler (a dispute) || *become ~d to,* se résigner à || **~iation** [ˌrekənsili'eiʃn] *n* réconciliation *f*.

recondition ['ri:kən'diʃn] *vt* remettre à neuf, réviser.

reconn|aissance [ri'kɔnisəns] *n* MIL. reconnaissance *f* || **~oitre** [ˌrekə'nɔitə] *vt* MIL. reconnaître.

reconstitute ['ri:'kɔnstitju:t] *vt* reconstituer.

reconstruct ['ri:kəns'trʌkt] *vt* reconstruire || reconstituer (a crime).

reconversion ['ri:kən'və:ʃn] *n* reconversion *f*.

record ['rekɔ:d] *n* enregistrement *m*; ***keep a ~ of,*** consigner par écrit || procès-verbal, rapport *m* || document *m* (historical) || [person's past] dossier *m*; *have a good ~,* être bien noté || ***on ~,*** établi (fact); ***off the ~,*** officieux (unofficial); confidentiel (privately) || JUR. casier *m* judiciaire || *Pl.* archives *fpl* || MUS. disque *m* || SP. record *m*; *break the ~,* battre le record; *hold a ~,* détenir un record ● [ri'kɔ:d] *vt* enregistrer, prendre acte de; consigner (facts) || RAD. enregistrer.

record|changer *n* changeur *m* de disques automatique || **~ dealer** *n* disquaire *n*.

recorder [ri'kɔ:də] *n* TECHN. *(tape) ~,* magnétophone *m* || MUS. flûte *f* à bec || JUR. greffier *m* (registrar); juge *m*.

recording [ri'kɔ:diŋ] *n* enregistrement *m* || consignation *f* (of facts) || **~ head** *n* [tape recorder] tête *f* enregistreuse.

record|library *n* discothèque *f* || **~ player** *n* tourne-disque *m*.

recount ['ri:'kaunt] *vt* retracer.

recoup [ri'ku:p] *vt* dédommager || *~ oneself,* se refaire, récupérer.

recourse [ri'kɔ:s] *n* recours *m*; *have ~ to,* avoir recours à.

re-cover I ['ri:'kʌvə] *vt* recouvrir.

recover II [ri'kʌvə] *vt* recouvrer, récupérer — *vi* se rétablir, se remettre (from an illness) || **~y** [ri'kʌvəri] *n* guérison *f,* rétablissement *m* (health) || récupération *f* (of sth. lost) || FIN. recouvrement *m*.

recreat|e ['rekrieit] *vt* récréer, divertir || **~ion** [ˌrekri'eiʃn] *n* récréation *f,* divertissement *m* || **~ive** *adj* récréatif, divertissant.

recriminate [ri'krimineit] *vt* récriminer.

recrimination [riˌkrimi'neiʃn] *n* récrimination *f*.

recruit [ri'kru:t] *n* MIL., FIG. recrue *f* ● *vt* recruter; *~ supplies,* se réapprovisionner — *vi* MÉD. se remettre.

rect|angle ['rek,tæŋgl] *n* rectangle *m* || **~angular** [rek'tæŋgulə] *adj* rectangulaire.

rectif|ier ['rektifaiə] *n* ÉLECTR. redresseur *m* || **~y** [-ai] *vt* rectifier, corriger || ÉLECTR. redresser.

rector ['rektə] *n* recteur *m* (of a university) || REL. (Anglican Church) curé *m* (of a parish) || **~y** [-ri] *n* cure *f*, presbytère *m*.

recuperate [ri'kju:preit] *vt* recouvrer ses forces.

recur [ri'kə:] *vi* [event] revenir, se reproduire || [thought] revenir (à l'esprit) || [illness] réapparaître || [opportunity] se représenter **~rence** [ri'kʌrəns] *n* retour *m*, réapparition *f* || **~rent** [-rənt] *adj* périodique.

recycle [ri'saikl] *vt* recycler (waste).

red [red] *n* rouge *m* || FIN. ***in the ~,*** à découvert; en déficit || FIG. ***see ~,*** voir rouge ● *adj* rouge; ***turn ~,*** rougir || roux (hair) || *Red Cross,* Croix-Rouge *f* || *Red Indian,* Peau-Rouge *n* || U.S., RAIL. *~cap,* porteur *m* || AUT. *~ light,* feu *m* rouge || CH. ***~ lead,*** minium *m* || FIG. ***~ tape,*** paperasserie, bureaucratie *f* || **~breast** *n* rouge-gorge *m*.

Redbrick ['redbrik] *n* ~ *(university),* nouvelle université (opposed to Oxbridge).

red|den [redn] *vi/vt* rougir || **~dish** *adj* rougeâtre, roussâtre.

redecorate ['ri:'dekəreit] *vt* remettre à neuf, refaire (a room).

redeem [ri'di:m] *vt* racheter || FIN. dégager, retirer (from pawn) || REL., FIG. racheter.

Redeemer [ri'di:mə] *n* REL. Rédempteur *m*.

redemption [ri'demʃn] *n* rachat *m* || FIN. dégagement *m* (from pawn) || REL. rédemption *f*.

red|-faced ['red'feist] *adj* rougeaud || **~-haired** [-'hɛəd] *adj* roux, rouquin || **~-handed** [-'hændid] *adj be caught ~,* être pris en flagrant délit/la main dans le sac || **~head** *n* roux; rouquin *n* || **~ness** *n* rougeur *f*.

redouble [ri'dʌbl] *vt* redoubler || [bridge] surcontrer.

redoubt [ri'daut] *n* MIL. redoute *f* || **~able** *adj* redoutable.

redress [ri'dres] *n* redressement *m*, réparation *f*; *seek ~,* demander justice ● *vt* réparer (a wrong) || rétablir (balance).

reduce [ri'dju:s] *vt* réduire, diminuer — *vi* maigrir.

reduction [ri'dʌkʃn] *n* réduction, diminution *f*.

redund|ance, ~ancy [ri'dʌndəns(i)] *n* [labour] licenciement *m*, mise *f* en chômage || **~ant** *adj* redondant (word) || en surnombre (person) || mis au chômage, licencié (worker).

reed [ri:d] *n* roseau *m* || MUS. anche *f* (of a wind-instrument) || *Pl* instruments *mpl* à anche.

reef I [ri:f] *n* récif, écueil *m*.

reef II *n* NAUT. ris *m*; *take in a ~,* prendre un ris || **~er** *n* NAUT. caban *m* (jacket) || U.S., POP. cigarette *f* à la marijuana; joint *m* (pop.).

reek [ri:k] *n* fumée *f* || relent *m* (bad smell) ● *vi* [sth. burning] fumer || *~ of,* empester.

reel [ri:l] *n* bobine *f* (of thread) || CIN. bobine *f* || SP. moulinet *m* (of fishing-rod) ● *vt* bobiner (thread) || *~ off,* dévider (spindle) — *vi* tournoyer (whirl) || tituber, chanceler (stagger) || ~ **belt** *n* AUT. ceinture *f* à enrouleur.

ref [ref] *n* FAM. = REFEREE.

refec|tion [ri'fekʃn] *n* CULIN. collation *f* || **~tory** [-tri] *n* réfectoire *m*.

refer [ri'fə:] *vi* ~ ***to,*** se rapporter

à ; se référer à, consulter (dictionary) || faire allusion à, mentionner, parler de (allude) — *vt* JUR. soumettre, renvoyer (*to,* à) || LIT. attribuer (*to,* à).

referee [ˌrefəˈriː] *n* SP. arbitre *m* ● *vt* arbitrer.

reference [ˈrefrəns] *n* référence *f;* cote *f;* ~ ***mark,*** *(cross)* ~, renvoi *m* || mention *f* (direct); allusion *f* (indirect) || *Pl* références *fpl* (testimonials).

refill [ˈriːfil] *n* [ballpoint] recharge *f* || [fountain pen] cartouche *f* || feuillets *mpl* de rechange (for note-book) || pile *f* de rechange ● *vt* remplir de nouveau.

refine [riˈfain] *vt* raffiner (sugar) || FIG. raffiner, épurer — *vi* ~ ***upon,*** perfectionner || **~ment** *n* TECHN. raffinage *m* || FIG. raffinement, perfectionnement *m* || **~ry** [-ri] *n* TECHN. raffinerie *f.*

refit [ˈriːˈfit] *vt* NAUT. radouber.

reflec|t [riˈflekt] *vt* PHYS. refléter, réfléchir || FIG. refléter — *vi* réfléchir (*upon,* à) || faire tort (*upon,* à) || **~tion** *n* réflexion *f* (reflecting) || [mirror] reflet *m,* image *f* || FIG. réflexion *f; on* ~, réflexion faite, tout bien pesé ; *cast* ~*s on,* faire des remarques désobligeantes sur ; ***be a*** ~ ***on,*** porter atteinte à || **~tor** [-tə] *n* réflecteur *m* || [bicycle] catadioptre *m ;* Cataphote *m.*

reflex [ˈriːfleks] *adj/n* réflexe (*m*) || PHOT. ~ ***camera,*** (appareil *m*) réflexe *m.*

reflexive [riˈfleksiv] *adv* GRAMM. réfléchi.

refloat [ˈriːˈfləut] *vt* renflouer.

reform [riˈfɔːm] *n* réforme *f* ● *vt* réformer || **~ation** [ˌrefəˈmeiʃn] *n* réforme *f* || **~atory** [riˈfɔːmətri] *adj* réformateur || **~er** réformateur *n.*

refraction [riˈfrækʃn] *n* PHYS. réfraction *f.*

refractory [riˈfræktri] *adj* réfractaire, rebelle || MÉD. opiniâtre, rebelle.

refrain I [riˈfrein] *n* MUS. refrain *m.*

refrain II *vi* s'abstenir, se retenir (*from,* de).

refresh [riˈfreʃ] *vt* revigorer, remettre en forme ; délasser || ~ *oneself,* se rafraîchir (take sth. to drink) || FIG. rafraîchir (one's memory) || **~er** *n* FAM. rafraîchissement *m* (drink) || ~ *course,* cours *m* de perfectionnement, recyclage *m ;* stage *m* || **~ing** *adj* rafraîchissant || FIG. délassant, réconfortant || **~ment** *n* délassement *m* (rest) || [food] collation *f* (light meal) ; rafraîchissement *m* (drink) ; *take some* ~, se restaurer || **~room** *n* RAIL. buffet *m.*

refrigera|te [riˈfridʒəreit] *vt* réfrigérer ; frigorifier (food) || **~tion** [riˌfridʒəˈreiʃn] *n* réfrigération *f* || **~tor** [riˈfridʒəreitə] *n* réfrigérateur *m.*

refuel [ˈriːˈfjuəl] *vi* se ravitailler en combustible || AV. faire le plein de carburant.

refug|e [ˈrefjuːdʒ] *n* refuge ; asile *m ; take* ~, se réfugier (*in,* dans) || **~ee** [ˌrefjuːˈdʒiː] *n* réfugié *n.*

refund [ˈriːfʌnd] *n* remboursement *m* || FIN. ristourne *f* ● [riːˈfʌnd] *vt* rembourser.

refusal [riˈfjuːzl] *n* refus *m.*

refuse I [riˈfjuːz] *vt* refuser || rejeter ; repousser (reject).

refuse II [ˈrefjuːs] *n* ordures *fpl,* détritus *mpl,* immondices *fpl ;* ~ ***chute,*** vide-ordures *m inv ;* ~ *dump,* dépôt *m* d'ordures.

refute [riˈfjuːt] *vt* réfuter.

regain [riˈgein] *vt* recouvrer, récupérer || regagner, rejoindre (a place) || recouvrer (one's strength).

regale [riˈgeil] *vi/vt* (se) régaler.

regard [riˈgɑːd] *n* attention, considération *f* (concern) ; égard, respect *m* (esteem); *out of/without* ~ *for,* par/sans égard pour || rapport, sujet *m*; ***with*** ~ ***to,*** en/pour ce qui concerne, quant à || *Pl* respects *mpl;* amitiés *fpl* ● *vt* considérer, estimer (consider); concerner (concern); ***as*** ~***s,*** en ce qui concerne || ~**ing** *prep* concernant, quant à, au sujet de || ~**less** *adj* ~ *of,* indifférent à, inconscient de || inattentif à.

regatta [ri'gætə] *n* régate *f.*

regency ['ri:dʒənsi] *n* régence *f.*

regenera|te [ri'dʒenereit] *vi/vt* (se) régénérer || ~**tion** *n* régénération *f.*

regent ['ri:dʒənt] *n* régent *n.*

regime [rei'ʒi:m] *n* JUR. régime *m* || régime *m* (diet).

regiment ['redʒmənt] *n* régiment *m* || ~**als** [,redʒi'mentlz] *npl* uniforme *m.*

region ['ri:dʒn] *n* région *f* || ~**al** *adj* régional.

register ['redʒistə] *vt* enregistrer, inscrire || [Post] recommander || RAIL. enregistrer (luggage) || TECHN. [instrument] indiquer, marquer — *vi* se faire inscrire, s'inscrire (at a hotel, etc.) ● *n* registre *m* || JUR. *electoral* ~, liste électorale; ~ *office,* bureau *m* de l'état civil.

registered [-təd] *adj* ~ *letter,* lettre recommandée; ~ *trademark,* marque déposée.

registr|ar [,redʒis'trɑ:] *n* archiviste *n* || JUR. officier *m* de l'état civil || ~**ation** [,redʒis'treiʃn] *n* enregistrement *m;* inscription *f* || recommandation *f* (of a letter) || ~**y** *n* inscription *f,* enregistrement *m* || JUR. ~ *(office),* bureau *m* de l'état civil || NAUT. *port of* ~, port *m* d'attache.

regression [ri'greʃn] *n* régression *f.*

regret [ri'gret] *n* regret *m* ● *vt* regretter || ~**able** *adj* regrettable.

regul|ar ['regjulə] *adj* régulier, normal, en règle (according to rule) || COMM. ~ *customer,* habitué *n* || FAM. vrai, véritable || ~**arity** [,regju'læriti] *n* régularité *f* || ~**arly** *adv* régulièrement || ~**ate** [-eit] *vt* TECHN. régler || FIG. régler; discipliner (people) || ~**ation** [,regju'leiʃn] *n* règlement *m* || *Pl* statuts *mpl* ● *adj* réglementaire.

rehabilit|ate [,ri:ə'biliteit] *vt* réhabiliter (sb.) || remettre en état (old building) || rééduquer (disabled persons) || ~**ation** ['ri:ə,bili'teiʃn] *n* réhabilitation *f* || reconstruction *f* || MÉD. rééducation *f* || JUR. réadaptation *f,* reclassement *m.*

rehearsal [ri'hə:sl] *n* TH. répétition *f;* ***dress*** ~, répétition générale.

rehearse [ri'hə:s] *vt* TH. répéter.

rehouse [,ri'haus] *vt* reloger.

reign [rein] *n* règne *m* ● *vi* régner (*over,* sur).

reimburse [,ri:im'bə:s] *vt* rembourser || ~**ment** *n* remboursement *m.*

rein [rein] *n* rêne *f* || FIG. *give* ~ *to,* lâcher la bride à.

reincarnate [ri:'inkɑ:neit] *vt* réincarner.

reindeer ['reindiə] *n* renne *m.*

reinforce [,ri:in'fɔ:s] *vt* renforcer || ~**ment** *n* renforcement *m* || *Pl* MIL. renforts *mpl.*

reinstate ['ri:in'steit] *vt* rétablir, réintégrer (*in,* dans) || ~**ment** *n* réintégration *f,* rétablissement *m.*

reiterate [ri:'itəreit] *vt* réitérer.

rejec|t [ri'dʒekt] *vt* rejeter, refuser (a candidate) ● *n* rebut *m* || COMM. article *m* de rebut || ~**tion** *n* rejet *m* (of a bill); refus (of an offer) || MÉD. rejet *m.*

rejoic|e [ri'dʒɔis] *vt/vi* (se) réjouir || ~**ing** *n* réjouissance, allégresse, liesse *f.*

rejoin I ['riː'dʒɔin] *vt* rejoindre (meet).

rejoin II [ri'dʒɔin] *vi* répliquer (retort) || **~der** [-də] *n* réplique, riposte, repartie *f*.

rejuvenate [ri'dʒuːvineit] *vt* rajeunir.

rekindle [-'--] *vt* rallumer (fire) || FIG. ranimer.

relapse [ri'læps] *n* rechute *f* ● *vi* retomber || [criminal] récidiver || MÉD. faire une rechute.

relat|e [ri'leit] *vt* relater, raconter — *vi* se rapporter (*to,* à) || **~ed** [-id] *adj* apparenté || lié || **~ing** *adj* relatif (*to,* à).

relation [ri'leiʃn] *n* rapport *m;* récit *m* (report) || parent *m* (person); parenté *f* (between persons) || *close* **~s,** proches parents *mpl* || FIG. relation *f; it bears no ~ to,* cela n'a aucun rapport avec || rapport *m,* relation *f* (business, social); ***public* ~s,** relations publiques || **~ship** *n* relation *f,* rapport *m* (*with,* avec) || liens *mpl* de parenté.

relative ['relətiv] *adj* relatif ● *n* parent *n* || **~ly** *adv* relativement.

relativity [ˌrelə'tiviti] *n* relativité *f*.

relax [ri'læks] *vi* se détendre, se délasser, se relaxer — *vt* détendre, relâcher || desserrer (a hold) || FIG. relâcher (discipline) || **~ation** [ˌriːlæk'seiʃn] *n* relaxation, détente *f,* délassement *m* || relâchement *m* (of discipline) || **~ed** [-t] *adj* FIG. détendu; décontracté (fam.) [person].

relay [ri'lei] *n* relais *m* || relève *f* (of workmen) || SP. ~ ***race,*** course *f* de relais || RAD. retransmission *f;* relais *m* ● *vt* relayer || RAD. retransmettre, relayer.

release [ri'liːs] *n* libération *f* (from captivity) || autorisation *f* de publier (news); ***press* ~,** communiqué *m* de presse || COMM. mise *f* en vente || sortie *f* (of a film, a record) || TECHN. déclenchement *m* || PHOT. *(shutter)* ~, déclencheur *m; cable* ~, déclencheur souple || PHYS. dégagement *m* (of heat) || JUR. élargissement *m,* relaxe *f* (from custody) ● *vt* libérer, relâcher || lâcher (balloon, bomb, pigeon) || PHOT. ~ *the shutter,* déclencher l'obturateur || JUR. relaxer; ~ *on bail,* mettre en liberté provisoire || FIG. rendre public; faire paraître (book); (faire) sortir (record, film).

relegate ['religeit] *vi* reléguer || SP. déclasser.

relent [ri'lent] *vi* se radoucir, se laisser attendrir || **~less** *adj* inflexible (person) || implacable, impitoyable || **~lessly** *adv* impitoyablement, sans répit.

relev|ance ['relivns], **~ancy** [-nsi] *n* pertinence *f,* rapport *m* || **~ant** *adj* pertinent, à propos.

reliability [riˌlaiə'biliti] *n* sûreté *f* (of memory, person) || TECHN. fiabilité *f*.

reliable [ri'laiəbl] *adj* digne de confiance/foi, sûr || TECHN. fiable.

reliance [ri'laiəns] *n* confiance *f* (*on,* en).

relic ['relik] *n* REL. relique *f* || *Pl* dépouille mortelle || FIG. relique *f* (object, custom).

relief I [ri'liːf] *n* relief *m; bring out into* ~, mettre en relief || GÉOGR. ~ ***map,*** carte *f* en relief.

relief II *n* secours *m,* aide, assistance *f* || de secours; ~ ***train,*** train *m* supplémentaire; ~ ***road,*** itinéraire *m* de délestage || [pain] soulagement *m* || MIL. relève *f* (guard).

relieve [-'liːv] *vt* soulager (pain) || ~ *sb. of sth.,* décharger/débarrasser qqn de qqch. || aider, secourir (help) || MIL. relever (a sentry).

relight ['riː'lait] *vt* rallumer.

relig|ion [ri'lidʒn] *n* religion *f* || **~ious** [-əs] *adj* religieux.

relinquish [riˈliŋkwiʃ] *vt* abandonner, renoncer à.

relish [ˈreliʃ] *n* CULIN. goût *m*, saveur *f* (of a dish); condiment, assaisonnement *m* (seasoning) || FIG. penchant *m* (*for*, pour) ● *vt* goûter, apprécier.

reload [ˈriːləud] *vt* recharger (a gun).

reluct|ance [riˈlʌktəns] *n* répugnance *f* || **~ant** *adj* peu disposé, répugnant, hésitant (*to*, à); *be ~ to do sth.*, faire qqch. à contrecœur, avoir de la répugnance à faire qqch. || **~antly** *adv* à regret, à contrecœur.

rely [riˈlai] *vi* faire confiance (*on sb.*, à qqn); compter (*on*, sur).

remain [riˈmein] *n* reste *m* || *Pl* restes, débris *mpl; ruines fpl*, vestiges *mpl* || *mortal ~s*, restes *mpl* ● *vi* rester, demeurer || **~der** [-də] *n* reste, restant *m* || *Pl* COMM. invendus *mpl.*

remake [ˈriːˈmeik] *vt* refaire ● *n* CIN. nouvelle version, remake *m*.

remand [riˈmɑːnd] *vt* JUR. renvoyer ● *n* JUR. renvoi *m* || ***~ home,*** établissement *m* d'éducation surveillée.

remark [riˈmɑːk] *n* remarque, observation *f* ● *vt* faire remarquer || **~able** *adj* remarquable.

remarr|iage [ˈriːˈmæridʒ] *n* remariage *m* || **~y** *vi/vt* se remarier (avec).

remedy [ˈremidi] *n* remède *m* ● *vt* remédier.

remember [riˈmembə] *vt* se rappeler, se souvenir de; *~ me to...*, rappelez-moi au bon souvenir de...; *~ to...*, n'oubliez pas de...

remembrance [riˈmembrəns] *n* souvenir *m*, mémoire *f; in ~ of*, en mémoire de || *Remembrance Day*, jour de l'armistice (Nov. 11th).

remind [riˈmaind] *vt* faire penser à qqch.; *~ me to do it*, rappelez-moi de le faire; *~ sb. of sth.*, rappeler qqch. à qqn || rappeler, évoquer; *he ~s me of his father*, il me rappelle son père || **~er** *n* mémento, aide-mémoire *m* || COMM. lettre *f* de rappel.

reminisc|ence [ˌremiˈnisns] *n* réminiscence *f* || **~ent** *adj* qui se souvient || *~ of*, qui fait penser à, qui rappelle.

remiss [riˈmis] *adj* négligent.

remission [riˈmiʃn] *n* REL., MÉD. rémission *f* || JUR. remise *f.*

remit [riˈmit] *vt* remettre (payment of a debt) || envoyer, faire parvenir (money by post) || JUR. remettre (sentence) || **~tal** *n* remise *f* (of a debt) || **~tance** *n* COMM. envoi, versement *m* (of money).

remnant [ˈremnənt] *n* reste, résidu *m* || *Pl* COMM. coupons *mpl* (of material); fin *f* de série.

remonstr|ance [riˈmɔnstrəns] *n* remontrance *f* || protestation *f* || **~ate** [-eit] *vt* faire observer — *vi* protester (*against*, contre) || faire des remontrances (*upon*, au sujet de).

remorse [riˈmɔːs] *n* remords *m; feel ~*, avoir des remords || **~less** *adj* sans remords, impitoyable.

remote [riˈməut] *adj* éloigné, reculé (time) || FIG. faible, vague, léger; *I have not the ~st idea*, je n'en ai pas la moindre idée || ***~ control,*** télécommande *f* || **~ly** *adv* de loin || FIG. vaguement.

removal [riˈmuːvl] *n* enlèvement *m* (taking away); déménagement *m* (of furniture) || FIG. suppression *f.*

remov|e [riˈmuːv] *vt* enlever, supprimer || enlever (stains) — *vi* déménager (move out) || **~er** *n* déménageur *m* || *(nail-varnish) ~*, dissolvant *m* || *(stain) ~*, détachant *m*.

remunerat|e [riˈmjuːnəreit] *vt*

rémunérer || **~ion** [ri,mju:nə'reiʃn] *n* rémunération *f*.

renaissance [rə'neisns], **renascence** [ri'næsns] *n* renaissance *f*.

rend [rend] *vi/vt* (rent [rent]) (se) déchirer, (se) fendre (en deux) || FIG. déchirer.

render ['rendə] *vt* donner en retour (give in return) || rendre (a service) || traduire || MUS. interpréter || **~ing** [-riŋ] *n* interprétation *f*; version *f*.

renegade ['renigeid] *n* renégat *n*.

renew [ri'nju:] *vt* renouveler; *~ one's subscription,* se réabonner || *~ friendship with,* renouer avec qqn || MÉD. *to be ~ed* [-d], à renouveler (subscription) || **~able** *adj* renouvelable || **~al** *n* renouvellement *m*; *~ of subscription,* réabonnement *m* || reprise *f*, regain *m* (of activity).

renounce [ri'nauns] *vt* renoncer (à) || renier (a friend) || abandonner (a right).

renovate ['renəveit] *vt* rénover, restaurer, remettre à neuf.

renown [ri'naun] *n* renom *m*, renommée *f* || **~ed** [-d] *adj* réputé, renommé.

rent I [rent] See REND.

rent II *n* accroc *m* (of clothes) || fissure *f* (rock) || FIG. rupture *f*.

rent III *n* loyer *m*; *~-day,* (jour du) terme *m* ● *vt* louer (a house); ***~-a-car service,*** location *f* (de voitures) sans chauffeur || **~al** *n* montant *m* du loyer || **~er** *n* locataire *n* || CIN. distributeur *n* || **~ing** *n* location *f*, louage *m*.

renunciation [ri,nʌnsi'eiʃn] *n* renonciation *f* (*of,* à).

reopen ['ri:'əupn] *vt* rouvrir || **~ing** *n* réouverture *f*; rentrée *f* (of schools).

rep [rep] *n* SL. = REPRESENTATIVE.

repair I [ri'pεə] *vi* [crowds] se rendre (*to,* à).

repair II *n* réparation *f* || état *m* (condition); *in bad ~,* en mauvais état; *keep in ~,* entretenir || TECHN. réparation *f*; ***under ~,*** en réparation; en réfection (road) ● *vt* réparer, raccommoder.

repar|able ['reprəbl] *adj* réparable (loss) || **~ation** [,repə'reiʃn] *n* réparation *f*.

repartee [,repɑ:'ti:] *n* repartie *f*.

repatriat|e [ri:'pætrieit] *vi* rapatrier || **~ion** ['ri:pætri'eiʃn] *n* rapatriement *m*.

repay [ri'pei] *vt* rembourser || récompenser (reward) || **~able** *adj* remboursable || **~ment** *n* remboursement *m* || récompense *f*.

repeal [ri'pi:l] *vt* abroger (a law); révoquer (a decree); annuler (a sentence) ● *n* abrogation, révocation, annulation *f*.

repeat [ri'pi:t] *vt* répéter || [school] redoubler (a year) || COMM. suivre (an article); renouveler (an order) — *vi* FAM. [food] *it ~s on me,* cela me donne des renvois ● *n* répétition *f* || TH. bis *m* || RAD. seconde diffusion || MUS. reprise *f* || MÉD. renouvellement *m* (d'ordonnance) || **~edly** [-idli] *adv* à plusieurs reprises || **~er** *n* arme *f* à répétition.

repel [ri'pel] *vt* repousser || FIG. réprimer (a desire); rebuter (discourage) || **~lent** *adj* répugnant (person) ● *n* ***mosquito ~,*** produit *m* antimoustiques.

repent [ri'pent] *vi* se repentir || **~ance** *n* repentir *m* || **~ant** *adj* repentant, repenti.

repercussion [,ri:pə:'kʌʃn] *n* répercussion *f* || FIG. répercussion *f*, contrecoup *m*.

repetition [,repi'tiʃn] *n* répétition, redite *f* || récitation *f*.

replace [ri'pleis] *vt* remplacer (*by,* par) || replacer, remettre en place (put back) || **~able** *adj* remplaçable || **~ment** *n* remplacement *m; temporary* ~, suppléance *f* || remplaçant, suppléant *n* (person).

replenish [ri'pleniʃ] *vt* remplir.

replete [ri'pli:t] *adj* plein, gorgé (*with,* de).

replica ['replikə] *n* fac-similé *m;* copie *f* (of a document); réplique *f* (of a painting).

reply [ri'plai] *n* réponse *f; ~ paid,* réponse payée || COMM. *in ~ to,* en réponse à || ~ ***coupon,*** coupon-réponse *m* ● *vi/vt* répondre (*to,* à).

report [ri'pɔ:t] *vt* rapporter; raconter — *vi* rapporter, faire un rapport (*on,* sur) || faire un reportage (for a newspaper) || se présenter (to sb., for duty, at a place) || *~ sick,* se faire porter malade || signaler (sb./sthg. to the police) ● *n* rapport, compte rendu, exposé *m* || bulletin *m; **weather** ~,* bulletin météorologique; [school] ***terminal*** *~,* bulletin trimestriel || [explosion] détonation, explosion *f* || [press] reportage *m* || FIG. bruit *m,* rumeur *f* (rumour); réputation *f* (repute) || **~edly** [-idli] *adv* selon la rumeur, à ce qu'on rapporte; on raconte que || **~er** *n* reporter *m.*

repose [ri'pəuz] *vi* se reposer (take rest) || FIG. être fondé (*on,* sur) ● *n* repos *m* (rest); sommeil *m* (sleep) || FIG. tranquillité *f,* calme *m.*

reprehen|d [,repri'hend] *vt* réprimander || **~sible** [-səbl] *adj* répréhensible || **~sion** [-ʃn] *n* réprimande *f.*

represent [,repri'zent] *vt* représenter, figurer || **~ation** [-eiʃn] *n* représentation *f* || **~ative** [-ətiv] *adj* représentatif (typical) ● *n* représentant *n.*

repress [ri'pres] *vt* réprimer || FIG. refouler.

repression [ri'preʃn] *n* répression *f* || FIG. refoulement *m.*

reprieve [ri'pri:v] *n* JUR. sursis *m* || FIG. délai, répit *m* ● *vt* JUR. surseoir à l'exécution de || FIG. accorder un sursis/délai à.

reprimand ['reprimα:nd] *n* réprimande *f* ● *vt* réprimander.

reprint ['ri:'print] *n* réimpression *f* ● *vt* réimprimer.

reprisals [ri'praizlz] *npl* représailles *fpl.*

reproach [ri'prəutʃ] *vt* faire des reproches à; blâmer; *~ sb. with sth.,* reprocher qqch. à qqn; *~ sb. for doing sth.,* reprocher à qqn d'avoir fait qqch. ● *n* reproche *m* || **~ful** *adj* réprobateur.

reprobate ['reprəbeit] *vt* REL. réprouver ● *n* REL. réprouvé *n* || FAM. dépravé *n.*

repro|duce [,ri:prə'dju:s] *vi/vt* (se) reproduire || **~duction** [-'dʌkʃn] *n* reproduction, réplique *f* (copy).

reproof [ri'pru:f] *n* reproche *m.*

reprove [ri'pru:v] *vt* blâmer.

reptile ['reptail] *n* reptile *m.*

republic [ri'pʌblik] *n* république *f* || **~an** *adj/n* républicain.

repudiate [ri'pju:dieit] *vt* répudier (wife) || FIG. désavouer || JUR. refuser d'honorer (a debt).

repugn|ance [ri'pʌgnəns] *n* répugnance, aversion *f* || **~ant** *adj* répugnant (*to,* à).

repuls|e [ri'pʌls] *vt* repousser, rejeter; tenir en échec || FIG. repousser ● *n* échec *m* || refus *m* || **~ive** *adj* repoussant || PHYS. répulsif.

reput|able ['repjutəbl] *adj* honorable, recommandable || **~ation** [,--'teiʃn] *n* réputation *f.*

repute [ri'pju:t] *n* réputation *f; of ~,* réputé; *of ill ~,* mal famé.

reputed [-id] *adj be ~,* avoir la réputation de; être considéré (*as,* comme); passer (*as,* pour) || **~ly** *adv* à ce qu'on dit, selon la rumeur publique.

request [ri'kwest] *n* demande, requête *f*; *on* ~, sur demande || [bus] ~ ***stop,*** arrêt facultatif ● *vt* demander (*sth. from sb.,* qqch. à qqn) [ask] || prier; inviter (invite).

require [ri'kwaiə] *vt* exiger (demand); ~ *sb. to do sth.,* exiger de qqn qu'il fasse qqch.; ~ *sth. of sb.,* exiger qqch. de qqn || avoir besoin de (need); ***if ~d,*** si besoin est, s'il le faut; *when ~d,* au besoin || **~d** [-d] *adj* exigé, requis || **~ment** *n* exigence *f*, besoin *m* (need) || condition requise.

requisit|e ['rekwizit] *adj* nécessaire, indispensable, requis ● *n* chose *f* nécessaire (*for,* à); accessoire *m* (*for,* de) || **~ion** [,--'ziʃn] *n* demande *f* || MIL. réquisition *f* ● *vt* réquisitionner.

requite [ri'kwait] *vt* récompenser, payer de retour.

rescind [ri'sind] *vt* JUR. abroger (a law); casser (a judgment).

rescu|e ['reskju:] *n* sauvetage *m* || ~ *party,* équipe *f* de sauvetage; *go to the ~ of sb.,* aller au secours de qqn ● *vt* secourir, porter secours || **~er** *n* sauveteur *m*.

research [ri'sə:tʃ] *n* recherche *f*; *do ~ work,* faire de la recherche; ~ *worker,* chercheur *n* ● *vt* faire des recherches.

resell ['ri:'sel] *vt* revendre.

resemble [ri'zembl] *vt* ressembler à.

resent [ri'zent] *vt* s'offenser de, s'offusquer, se choquer de, être choqué par || **~ful** *adj* plein de ressentiment, rancunier || **~ment** *n* ressentiment *m*.

reservation [,rezə'veiʃn] *n* réservation, location *f* || U.S. réserve *f* (park) || FIG. réserve, restriction *f* (mental).

reserv|e [ri'zə:v] *n* réserve, restriction *f* || MIL. réserve *f* ● *vt* réserver, louer (a seat); retenir (a room) || **~ist** *n* MIL. réserviste *m* || **~oir** ['rezəvwɑ:] *n* réservoir *m* (artificial lake).

reset ['ri:'set] *vt* (see SET) remettre en place || MÉD. remettre (a limb) || TECHN. recomposer (reprint).

reshuffle ['ri'ʃʌfl] *n* POL. remaniement (ministériel).

resid|e [ri'zaid] *vt* résider, demeurer || **~ence** ['rezidns] *n* résidence *f*; domicile *m* || **~ent** ['rezidnt] *n* résident *n* || **~ential** [,rezi'denʃl] *adj* résidentiel.

residue ['rezidju:] *n* résidu *m*.

resign [ri'zain] *vi* démissionner — *vt* se démettre de, abandonner (one's position) || FIG. ~ *oneself,* se résigner || **~ation** [,rezig'neiʃn] *n* résignation *f* || démission *f* (from job); ***hand in one's ~,*** remettre sa démission.

resil|ience [ri'ziliəns] *n* élasticité *f* || FIG. ressort moral || **~ient** [-iənt] *adj* FIG. énergique.

resin ['rezin] *n* résine *f*.

resist [ri'zist] *vi/vt* résister (à) || **~ance** *n* résistance *f* || MIL. ***Résistance,*** Résistance *f* || FIG. *line of least ~,* loi *f* du moindre effort || **~ant** *adj* résistant.

resit [,ri'sit] *vt* repasser (*an exam,* un examen).

resol|ute ['rezəlu:t] *adj* résolu, décidé, ferme || **~uteness** [-u:tnis] *n* résolution, fermeté *f* || **~ution** [,rezə'lu:ʃn] *n* résolution, décision *f*.

resolve [ri'zɔlv] *vt* résoudre (a problem) || ~ ***sth. into,*** réduire qqch. en (break up) || ~ ***that,*** décider que || ~ ***upon doing,*** se décider à faire; ~ *upon sth.,* se résoudre à qqch. ● *n* résolution, décision *f*.

resonance ['reznəns] *n* résonance *f*.

resort [ri'zɔ:t] *n* lieu *m* de séjour, station *f* (place); *seaside ~,* station *f* balnéaire || ressource *f*, recours *m* (recourse) ● *vi ~ to,* fréquenter, se rendre à || FIG. recourir à.

resound [ri'zaund] *vi* résonner, retentir.

resource [ri'sɔːs] *n* ressource *f* || **~ful** *adj* plein de ressources || FAM. débrouillard.

respect [ris'pekt] *n* respect *m*, estime, considération *f* (esteem) || rapport *m* (reference); *with ~ to*, en ce qui concerne; *in this ~*, à cet égard; *in all ~s*, sous tous les rapports; *in every ~*, à tous égards || *Pl pay one's ~s*, présenter ses hommages ● *vt* respecter || **~ability** [ris,pektə'biliti] respectabilité, honorabilité *f* || **~able** [ris'pektəbl] *adj* respectable || honnête, comme il faut (decent) || important (great) || **~ful** *adj* respectueux || **~ive** *adj* respectif || **~ively** *adv* respectivement.

respiration [,respə'reiʃn] *n* respiration *f*.

respite ['respait] *n* répit, relâche *m* || JUR. sursis, délai *m*.

resplendent [ris'plendənt] *adj* resplendissant.

respond [ris'pɔnd] *vi* répondre (*to*, à) || réagir (*to*, à).

respons|e [ris'pɔns] *n* réponse *f* || **~ibility** [ris,pɔnsə'biliti] *n* responsabilité *f* || **~ible** *adj* responsable (*for*, de; *to sb.*, envers qqn).

rest I [rest] *vi* rester, demeurer || FIG. ~ ***with***, incomber à ● *n* reste, restant *m* (remainder).

rest II *n* repos *m*; *at ~*, au repos; *set sb.'s mind at ~*, rassurer/tranquilliser qqn || MUS. silence *m* || TECHN. support *m* ● *vi* (se) reposer; s'appuyer (*on*, sur) — *vt* reposer, appuyer.

restaurant ['restrɔ̃ːŋ] *n* restaurant *m*.

rest-cure *n* cure *f* de repos.

restful ['restful] *adj* paisible, tranquille.

restitution [,resti'tjuːʃn] *n* restitution *f*.

restive ['restiv] *adj* rétif.

restless ['restlis] *adj* agité, turbulent || FIG. inquiet || **~ness** *n* agitation, nervosité *f*.

restock ['riː'stɔk] *vt* réapprovisionner.

restoration [,restə'reiʃn] *n* rétablissement *m* (health); restitution *f* (returning) || JUR. rétablissement *m* || ARTS restauration *f*.

restore [ris'tɔː] *vt* rétablir (health) || restituer (sth.) || réintégrer (*sb. to*, qqn dans) || ramener (peace) || ARTS restaurer.

restr|ain [ris'trein] *vt* retenir, contenir || **~aint** [-eint] *n* restriction *f* || JUR. *put under ~*, interner || FIG. contrainte, retenue *f*; *without ~*, librement; *lack of ~*, laisser-aller *m*, manque *m* de maîtrise de soi.

restric|t [ris'trikt] *vt* restreindre, limiter || **~tion** [-ʃn] *n* restriction *f* || **~tive** [-tiv] *adj* restrictif.

rest-room ['restrum] *n* U.S. toilettes *fpl*, w.-c. *mpl*.

result [ri'zʌlt] *n* résultat *m*; *as a ~ of*, par suite de ● *vi* résulter (*from*, de) || ~ *in*, aboutir à, se solder par.

resume [ri'zjuːm] *vt* reprendre (work) || renouer (a conversation).

resumption [ri'zʌmʃn] *n* reprise *f* (resuming).

resurfacing ['riː'səːfisiŋ] *n* ARCH. ravalement.

resurrection [,rezə'rekʃn] *n* résurrection *f*.

resuscitate [ri'sʌsiteit] *vi* ressusciter.

retail ['riːteil] *n* COMM. (vente *f* au) détail *m* ● *adv sell ~*, vendre au détail ● [riː'teil] *vt* détailler, vendre au détail || **~er** *n* détaillant *n*; fournisseur *m*.

retain [ri'tein] *vt* retenir (hold back).

retaliat|e [ri'tœlieit] *vi* rendre la pareille (*on*, à); user de représailles (*on,* envers); se venger (*against,* de) || **~ion** [ri,tæli'eiʃn] *n* représailles *fpl,* vengeance *f.*

retard [ri'tɑ:d] *vt* retarder, entraver (development) || **~ed** [-id] *adj* Méd. arriéré || Aut. ~ *ignition,* retard *m* à l'allumage.

retch [ri:tʃ] *vi* avoir des haut-le-cœur.

retentive [ri'tentiv] *adj* fidèle (memory).

reticlence ['retisəns] *n* réticence *f* || **~ent** *adj* réticent.

retina ['retinə] *n* rétine *f.*

retinue ['retinju:] *n* cortège *m,* suite *f.*

retire [ri'taiə] *vi* prendre sa retraite, se retirer || Mil. se replier || **~d** [-d] *adj* retraité, en retraite; retiré des affaires || **~ment** *n* retraite *f.*

retiring [ri'taiəriŋ] *adj* sortant (chairman) || Fig. effacé, modeste.

retort I [ri'tɔ:t] *vi* riposter, rétorquer ● *n* riposte, réplique *f.*

retort II *n* Ch. cornue *f.*

retouch ['ri:'tʌtʃ] *vt* retoucher (a photograph).

retrace [ri'treis] *vt* remonter à l'origine; ~ *one's step,* revenir sur ses pas.

retract [ri'trækt] *vt* rentrer (claws) — *vi* se rétracter || **~able** *adj* Av. escamotable || **~ion** [ri'trækʃn] *n* rétraction *f* || Fig. rétractation *f.*

retrain [,ri'trein] *vt* recycler || **~ing** *n* recyclage *m.*

retread [,ri'tred] *vt* rechaper (tyre).

retreat [ri'tri:t] *vi* se retirer || Mil. battre en retraite ● *n* retraite *f.*

retrench [ri'trenʃ] *vt* réduire (expenses) || **~ment** *n* retranchement *m,* diminution, réduction *f.*

retribution [,retri'bju:ʃn] *n* châtiment *m* || Rel. rétribution *f.*

retrievle [ri'tri:v] *vt* récupérer, recouvrer || [dog] rapporter || Fig. rétablir; ~ *a loss,* réparer une perte || **~er** *n* chien *m* de chasse, retriever *m.*

retroactive [,retrə'æktiv] *adj* rétroactif.

retrograde ['retrəgreid] *adj* rétrograde.

retrospect ['retrəspekt] *n* rétrospective *f* || **~ive** [,retrə'spektiv] *adj* rétrospectif.

return [ri'tə:n] *vi* revenir (come back); retourner (go back); rentrer (home) — *vt* rapporter (bring back); rendre (give back) || Comm. ***~ed empties,*** consignes *fpl* (bottles, etc.) || retourner (send back) || Sp. relancer, renvoyer (the ball) || Fin. *~ed cheque,* chèque impayé || Pol. élire (an M. P.) || Jur. rendre (a verdict); déclarer (guilty) || Fin. rapporter (profit); déclarer (income) || Fig. rendre (a visit) ● *n* retour *m; on his ~,* dès son retour || *many happy ~s!,* bon anniversaire! || renvoi *m* (giving back); *by ~ of post,* par retour du courrier || *Pl* invendus *mpl* || Rail. ~ *(ticket),* (billet *m* d') aller et retour *m* || Sp. renvoi *m* (of ball); ~ *match,* match *m* retour || Techn. rendement *m* || Comm. rapport *m; (Pl)* bénéfice, profit *m* || Fin. ~ *of income,* déclaration *f* de revenus || Pol. élection *f; Pl* proclamation *f* des résultats || **~able** *adj* consigné, repris (bottle).

reunlion ['ri:'ju:njən] *n* réunion *f* || **~ite** ['ri:ju:'nait] *vi/vt* (se) réunir.

rev [rev] *abbrev* (= revolution) ~ *counter,* Aut. compte-tours *m* ● *vt ~ (up),* Fam. emballer (engine).

reveal [ri'vi:l] *vt* révéler, dévoiler.

reveille [ri'væli] *n* Mil. *sound the ~,* sonner le réveil.

revel ['revl] *vi* faire la fête, s'amuser || ~ *in,* se délecter à (*doing,* faire) ● *n(pl)* festivités *fpl,* divertissements *mpl.*

revelation [,revi'leiʃn] *n* révélation *f*.

reveller ['revlə] *n* fêtard, bambocheur *m*.

revenge [ri'venʒ] *n* vengeance *f*; *take* ~ *on sb. for sth.*, se venger de qqch. sur qqn; *take one's* ~ *on*, prendre sa revanche sur || SP. revanche *f* ● *vt* ~ *oneself, be* ~*d*, se venger (*on*, sur) || ~**ful** *adj* vindicatif (person) || vengeur (act).

revenue ['revinju:] *n* revenu *m* || JUR. fisc *m*; *Public Revenue*, Trésor public.

reverberate [ri'və:breit] *vt* réfléchir (light); renvoyer (sound) — *vi* [heat, light] se réverbérer; [sound] résonner.

revere [ri'viə] *vt* révérer.

rever|ence ['revrəns] *n* vénération *f* || ~**end** ['revrənd] *adj* REL. révérend; vénérable || ~**ent** *adj* respectueux (person).

revers|al [ri'və:sl] *n* renversement *m* || FIG. revirement *m* (of opinion) || ~**e** [ri'və:s] *adj* contraire, opposé; *in* ~ *order*, en ordre inverse || [coin, medal] ~ *side*, revers *m* || TÉL. ***~-charge call***, communication *f* en P.C.V. ● *n* [medal] revers *m*; verso *m* (of printed form) || AUT. marche *f* arrière ● *vt* renverser, retourner || TECHN. ~ *the engine*, faire machine arrière || TÉL. ~ *the charge(s)*, téléphoner en P.C.V. || ~**ible** *adj* réversible || PHOT. inversible (film).

reversing lights *npl* AUT. phares *mpl* de recul.

revert [ri'və:t] *vi* revenir.

review [ri'vju:] *n* revue *f* (of past events) || compte rendu (of a book) || revue *f* (periodical) || MIL. inspection *f* ● *vt* revoir, passer en revue || faire la critique (of a book) || MIL. passer en revue || ~**er** *n* critique *m*.

revile [ri'vail] *vt* injurier.

revise [ri'vaiz] *vt* réviser.

revision [ri'viʒn] *n* révision *f*.

revival [ri'vaivl] *n* JUR. remise *f* en vigueur || TH. reprise *f* || FIG. réveil, renouveau *m*.

revive [ri'vaiv] *vt* faire revivre (custom, memories) || MÉD. ranimer — *vi* renaître || MÉD. reprendre vie || ARTS renaître.

revocation [,revə'keiʃn] *n* révocation *f*.

revoke [ri'vəuk] *vt* révoquer, abroger (a decree).

revolt [ri'vəult] *n* révolte *f* ● *vi* se révolter, se soulever, s'insurger.

revolution [,revə'lu:ʃn] *n* POL., ASTR. révolution *f* || AUT. ~*-counter*, compte-tours *m* || ~**ary** [-əri] *adj/n* révolutionnaire.

revolv|e [ri'vɔlv] *vi* tourner, pivoter — *vt* faire tourner || ~**er** *n* revolver *m* || ~**ing-door** *n* porte *f* à tambour.

revulsion [ri'vʌlʃn] *n* MÉD. révulsion *f* || FIG. revirement *m*.

reward [ri'wɔ:d] *n* récompense *f*; *as a* ~ *for*, en récompense de ● *vt* récompenser || ~**ing** *adj* rémunérateur.

rewrite ['ri:'rait] *vt* (see WRITE) récrire, remanier.

rheostat ['ri:əstæt] *n* rhéostat *m*.

rhesus ['ri:səs] *n* ~ *factor*, facteur *m* Rhésus.

rhetoric ['retərik] *n* rhétorique *f*.

rheumatism ['ru:mətizm] *n* rhumatisme *m*.

rhinoceros [rai'nɔsrəs] *n* rhinocéros *m*.

rhombus ['rɔmbəs] *n* losange *m*.

rhubarb ['ru:bɑ:b] *n* rhubarbe *f*.

rhyme [raim] *n* rime *f* ● *vt* rimer.

rhythm ['riðm] *n* rythme *m* || ~**ic(al)** *adj* rythmique.

rib [rib] *n* MÉD. côte *f* || CULIN. côte (of beef).

ribald ['ribld] *adj* grossier, ordurier.

ribbon ['ribən] *n* ruban *m.*

rice [rais] *n* riz *m ; ~ field,* rizière *f* || **~-pudding** *n* riz *m* au lait.

rich [ritʃ] *adj* riche ; *grow ~,* s'enrichir || fertile (soil) || nutritif (food) || généreux (wine) || vif, chaud (colours) || **~es** [-iz] *npl* richesse *f* || **~ness** *n* richesse, abondance *f* || intensité *f* (of colours).

rick [rik] *n* AGR. meule *f.*

rick|ets ['rikits] *n(pl)* rachitisme *m* || **~ety** [-iti] *adj* boiteux, branlant (chair) || MÉD. rachitique.

rickshaw ['rikʃɔ:] *n* pousse-pousse *m.*

rid [rid] *vt* (rid *or* ridded) débarrasser (*of,* de) ; *~* ***oneself of, get ~ of,*** se débarrasser de || **~dance** [-ns] *n* débarras *m ;* ***good~*** !, bon débarras !

ridden See RIDE.

riddle I ['ridl] *n* énigme *f;* devinette *f.*

riddle II *n* crible *m* ● *vt* cribler || FIG. *~ with,* cribler de.

rid|e [raid] *vt* (rode [rəud], ridden ['ridn]) monter (a horse) ; *~ a bicycle,* monter à bicyclette || FIG. opprimer ; dominer ; subjuguer ; *be fear-ridden,* être en proie à la peur — *vi* chevaucher ; se promener/aller à cheval ; *~ astride,* monter à califourchon || voyager, aller (in a bus, etc.) || [car] rouler || SP. monter à cheval, faire du cheval || NAUT. *~* ***at anchor,*** être à l'ancre || FIG. [skirt] *~ up,* remonter ● *n* promenade *f,* tour *m ;* balade *f* (fam.) || [horse] monture *f* || [bus] trajet *m* || [car] conduite *f* || ***give sb. a ~ in one's car,*** prendre qqn dans sa voiture ; ***take sb. for a ~,*** emmener qqn en voiture ; FIG. monter le coup à qqn, faire marcher qqn (fam.) || **~er** *n* cavalier *n* || JUR. annexe *f;* article additionnel.

ridge [ridʒ] *n* crête *f,* faîte *m* (of a roof) || GÉOGR. crête *f* (of mountains).

ridicu|le ['ridikju:l] *n* raillerie, moquerie *f* ● *vt* ridiculiser || **~lous** [ri'dikjuləs] *adj* risible, ridicule.

riding ['raidiŋ] *n* SP. équitation *f; go in for ~,* monter à cheval || **~-school** *n* manège *m* || **~-whip** *n* cravache *f.*

rife [raif] *adj* répandu ; *be ~,* sévir, régner ; *be ~ with,* abonder en.

riff-raff ['rifræf] *n* canaille, pègre *f.*

rifle I ['raifl] *n* fusil *m,* carabine *f* || **~-man** *n* tirailleur *m* || **~-range** *n* stand *m* de tir.

rifle II *vt* vider, dévaliser.

rift [rift] *n* fente, crevasse *f.*

rig [rig] *n* NAUT. gréement *m* || TECHN. équipement *m* || FAM. accoutrement *m* ● *vt* NAUT. gréer, équiper || *~ out,* attifer, nipper || **~ging** *n* NAUT. gréement *m.*

right [rait] *adj* droit ; *on the ~-hand side,* à droite || exact (statement) || correct, juste, bon ; *the ~ time,* l'heure exacte ; *the ~ word,* le mot juste ; *you are ~,* vous avez raison ; ***get sth. ~,*** bien comprendre (qqch.) ; ***put sth. ~,*** rétablir ; arranger ; remédier ; rectifier || ***all ~ !,*** d'accord !, ça va ! || SL. *~ oh !,* bon !, entendu ! || MATH. droit (angle) || MÉD. en bonne santé ● *n* droit *m ;* bien *m ; ~ and wrong,* le bien et le mal || droit, privilège *m ; have a/the ~ to,* avoir le droit de ; *be in the ~,* être dans son droit ; *in one's own ~,* de plein droit ; *~ of way,* droit *m* de passage, priorité *f* || raison, justice *f* || droite *f; on the ~,* à droite ; *turn to the ~,* tournez à droite ● *vt* réparer (an injustice) ; rendre justice à || corriger (an error) || redresser (car, ship) ; [ship] *~ itself,* se redresser ● *adv* droit, directement, tout à fait ;

~ *against the wall,* tout contre le mur ; ~ *here,* ici même ; ~ ***away/now,*** tout de suite ; ~ *in the middle,* au beau milieu || bien, juste ; *it serves him* ~, c'est bien fait pour lui || **~-angled** *adj* rectangulaire || **~eous** [-ʃəs] *adj* vertueux, juste || **~ful** *adj* équitable (action) ; légitime (owner) || **~-handed** *adj* droitier || **~ly** *adv* à juste titre, à bon droit.

rigid ['ridʒid] *adj* raide || FIG. strict || **~ity** [ri'dʒiditi] *n* raideur *f* || FIG. rigidité *f.*

rigmarole ['rigmərəul] *n* galimatias *m,* balivernes *fpl.*

rig|orous ['rigrəs] *adj* rigoureux || **~our** [-ə] *n* sévérité *f* || *Pl* rigueurs *fpl* (of weather).

rile [rail] *vt* exaspérer, agacer.

rill [ril] *n* ruisselet *m.*

rim [rim] *n* bord, rebord *m* || TECHN. jante *f* (of a wheel) ; monture *f* (of spectacles).

rime [raim] *n* givre *m.*

rind [raind] *n* pelure *f* (of fruit) ; peau *f* (of banana) ; croûte *f* (of cheese) ; couenne *f* (of bacon).

ring I [riŋ] *vt* (rang [ræŋ], rung [rʌŋ]) (faire) sonner (bells) || TÉL. ~ ***up,*** appeler — *vi* sonner, résonner, tinter || TÉL. ~ ***off,*** raccrocher ● *n* sonnerie *f,* coup *m* de sonnette || TÉL. coup *m* de téléphone || [voice] intonation *f.*

ring II *n* anneau *m* || [finger] anneau *m,* bague *f* || TECHN. [piston] segment *m* || SP. ring *m* || [circus] piste *f* || COMM. groupe, cartel *m* || FIG. [gangsters] gang *m* || ~ **binder** *n* classeur *m* à anneaux || ~ **finger** *n* annulaire *m* || **~leader** *n* meneur *n* || ~ **road** *n* périphérique *m.*

rink [riŋk] *n* patinoire *f.*

rinse [rins] *vt* rincer ● *n* rinçage *m.*

riot ['raiət] *n* émeute *f* || *Pl* troubles *mpl* ● *vi* s'ameuter || **~er** *n* émeutier *m* || **~ous** *adj* séditieux, tumultueux.

rip [rip] *n* déchirure *f* ● *vt* déchirer, fendre ; découdre (a seam) || ~ ***away/off,*** arracher || ~ ***up,*** éventrer ; découdre (a seam) — *vi* ~ *(away),* se déchirer || AUT. ~ *along,* foncer (à pleins gaz).

riparian [rai'pɛəriən] *adj/n* riverain.

rip|e [raip] *adj* mûr || **~en** *vt/vi* (faire) mûrir || **~eness** ['raipnis] *n* maturité *f.*

ripple ['ripl] *n* ride *f* (on the water) ● *vi* [water] se rider.

ris|e [raiz] *n* ascension, montée *f* || élévation, éminence *f* (hill) || JUR. promotion *f,* avancement *m* || FIN. hausse *f* (in prices) ; augmentation *f* (in salary) || GÉOGR. flux *m* (of the tide) ; [river] *take its* ~, prendre sa source || FIG. origine *f; give* ~ *to,* provoquer, donner lieu à ; *get a* ~ *out of sb.,* faire marcher qqn ● *vi* (rose [rəuz], risen ['rizn]) se lever || s'élever ; monter || se soulever (revolt) || [river] prendre sa source || [wind] se lever || ~ *above,* dépasser, dominer || FIG. grandir || **~er** *n early* ~, personne matinale || **~ing** *adj* levant (sun) ● *n* hausse *f* || soulèvement *m* (revolt).

risk [risk] *n* risque, péril *m ; **run a** ~,* courir un risque ; ***at your own*** ~, à vos risques et périls ● *vt* risquer, hasarder ; ~ *it,* risquer le coup || **~y** *adj* risqué, aléatoire, hasardeux.

rite [rait] *n* rite *m ;* cérémonie *f.*

ritual ['ritjuəl] *adj/n* rituel (*m*).

ritzy ['ritsi] *adj* SL. luxueux ; rupin (arg.).

rival ['raivl] *adj/n* rival ● *vi* rivaliser (*with,* avec) || **~ry** [-ri] *n* rivalité *f.*

river ['rivə] *n* fleuve *m,* rivière *f* || **~side** *n* rive *f.*

rivet ['rivit] *n* rivet *m* ● *vt* river || FIG. fixer (one's eyes).

Riviera [ˌrivi'erə] *n the (French)* ~, la Côte d'azur ; [Italy] Riviera *f*.

road [rəud] *n* route *f; high/main* ~, route à grande circulation || NAUT. (*Pl*) rade *f* || ~ **block** *n* barrage routier || ~**-hog** *n* chauffard *m* || ~**-holding** *n* tenue *f* de route || ~**man** *n* cantonnier *m* || ~**-map** *n* carte routière || ~**mender** *n* cantonnier *m* || ~ **safety** *n* prévention routière || ~**side** *n* bord *m* de la route, accotement *m* || ~**sign** *n* panneau *m* de signalisation (routière) || ~ **stead** *n* NAUT. rade *f* || ~**way** *n* chaussée *f*.

roam [rəum] *vi* rôder, errer — *vt* parcourir ; ~ *the seas,* écumer les mers.

roar [rɔː] *n* hurlement *m* || [crowd] clameurs *fpl* || [laughter] éclat *m* || mugissement *m* (of a bull, of the wind) ; rugissement *m* (of a lion) || grondement *m* (of thunder) ● *vi* hurler, vociférer ; ~ *with laughter,* rire aux éclats/à gorge déployée || [bull] mugir ; [lion] rugir || [thunder] gronder — *vt* hurler (an order).

roast [rəust] *adj* rôti ; ~ ***beef,*** rosbif *m* ● *n* rôti *m* ● *vt* (faire) rôtir || torréfier, griller (coffee) || ~**er** *n* rôtissoire *f*.

rob [rɔb] *vt* voler, dérober (*sb. of sth.*, qqch. à qqn) || ~**ber** *n* voleur *n* ||~**bery** [-əri] *n* vol *m*.

robe [rəub] *n* robe *f* (of a baby) || *(Pl)* robe *f*, toge *f* (of a magistrate).

robin ['rɔbin] *n* rouge-gorge *m*.

robot ['rəubɔt] *n* robot *m* || AV. ~*-pilot,* pilote *m* automatique.

robust [rə'bʌst] *adj* robuste.

rock I [rɔk] *n* roc *m*, roche *f*, rocher *m* || NAUT. écueil *m* || FAM. *on the* ~*s,* à sec || ~**-bottom** *adj* le plus bas || ~**-climbing** *n* escalade, varappe *f*.

rock II *vt* faire osciller ; bercer (a child) — *vi* se bercer, se balancer || vaciller (shake) || ~**-and-roll** *n* rock (and roll) *m* || ~**er** *n* AUT. culbuteur *m*.

rocket ['rɔkit] *n* fusée *f* ● *vi* FAM. [prices] monter en flèche.

rocking ['rɔkiŋ] *adj* ~*-chair,* fauteuil *m* à bascule.

rocky ['rɔki] *adj* rocheux (mountains) ; rocailleux (road).

rod [rɔd] *n* baguette, tige *f* || SP. canne *f* à pêche || tringle *f* (of curtains) || TECHN. bielle *f*.

rode See RIDE.

rodent ['rəudnt] *n* ZOOL. rongeur *m* || ~ *control,* dératisation *f*.

rogu|e [rəug] *n* coquin, fripon *m* || solitaire *m* (animal) || ~**ish** [-iʃ] *adj* fripon, espiègle.

roll [rəul] *n* rouleau *m* (of paper) || roulement *m* (of thunder) || liste *f; call the* ~*,* faire l'appel || NAUT. [sea] houle *f;* [ship] roulis *m* || CULIN. petit pain (loaf) ● *vi* rouler || se balancer (in walking) || onduler || NAUT. rouler || [thunder] gronder — *vt* rouler (a ball, one's eyes, one's r's) || TECHN. rouler (a lawn) ; laminer (metal) || ~ ***on,*** enfiler (a garment) || ~ ***over,*** retourner (sth.) || ~ ***up,*** enrouler ; retrousser (sleeves).

roll-bar *n* AUT. arceau *m* de protection.

roller *n* rouleau *m* || ~ **coaster** *n* U.S. montagnes *fpl* russes || ~ **skate** *n* patin *m* à roulettes.

roll-film *n* pellicule *f*.

rolling *n adj* roulant || ondulé (ground) || ~ **mill** *n* laminoir *m* || ~ **pin** *n* rouleau *m* (à pâtisserie) || ~ **stock** *n* RAIL. matériel roulant.

roll-neck *adj* à col roulé.

Roman ['rəumən] *adj/n* romain.

romance [rə'mæns] *n* histoire *f* romanesque (story) || idylle *f* (love) || FIG. charme *m*, poésie *f*.

Romanesque [ˌrəumə'nesk] *adj* ARTS roman.

Romani|a [rəu'meiniə] *n* Roumanie *f* || **~an** *adj/n* roumain.

romant|ic [rə'mæntik] *adj* romantique, romanesque (person, story) || **~icism** [-isizm] *n* romantisme *m* || **~icist** [-isist] *n* romantique *n.*

romp [rɔmp] *vi* [children] s'ébattre, s'en donner, faire les fous ● *n* ébats *mpl,* jeux bruyants || **~ers** [-əz] *npl* barboteuse *f.*

Roneo ['rəuniəu] *vt* ronéot(yp)er, polycopier.

roof [ru:f] toit *m,* toiture *f* || **~er** *n* couvreur *m* || **~-rack** *n* AUT. galerie *f.*

rook I [ruk] *n* corneille *f.*

rook II *n* [chess] tour *f* ● *vt* roquer.

room [rum] *n* pièce, salle *f* || place *f* (space); *make ~ for,* faire place à || FIG. *there is no ~ for,* il n'y a pas lieu de || **~ette** [ru'met] *n* U.S. RAIL comptartiment *m* de voiture-lit || **~-mate** *n* camarade *n* de chambre || **~y** *adj* spacieux, vaste.

roost [ru:st] *n* perchoir *m* || FAM. *go to ~,* aller se coucher ● *vi* [birds] se percher || FAM. percher, loger || **~er** *n* coq *m.*

root [ru:t] *n* racine *f; **take** ~,* prendre racine, s'implanter || MATH. racine *f; square/cubic ~,* racine carrée/cubique || FIG. origine, source *f* ● *vi* s'enraciner, prendre racine — *vt ~ **out,*** déraciner; FIG. extirper || **~ed** [-id] *adj* enraciné || FIG. invétéré (habit).

rope [rəup] *n* corde *f* || NAUT. cordage, filin *m* || SP. cordée *f* ● *vt* SP. encorder (mountaineers) — *vi* SP. *~ down,* faire une descente en rappel || **~-dancer** *n* équilibriste, funambule *n* || **~-ladder** *n* échelle *f* de corde || **~way** *n* téléphérique *m.*

rosary ['rəuzəri] *n* REL. rosaire *m.*

rose I See RISE *v.*

rose II [rəuz] *n* rose *f* || **~-garden** *n* roseraie *f* || **~mary** [-mri] *n* romarin *m* || **~-tree** *n* rosier *m* || **~-water** *n* eau *f* de rose || **~-window** *n* rosace *f.*

roster ['rɔstə] *n* tableau *m* des services.

rostrum ['rɔstrəm] *n* tribune *f.*

rot [rɔt] *n* pourriture, putréfaction *f* || FAM. foutaises *fpl* ● *vi* pourrir, se décomposer || FIG. dépérir — *vt* (faire) pourrir; décomposer || FAM. blaguer.

rota ['rəutə] *n* = ROSTER.

rot|ary ['rəutəri] *adj* rotatif || TECHN. *~ press,* rotative *f* || **~ate** [rə'teit] *vi* tourner; pivoter || **~ation** [rə'teiʃn] *n* rotation *f* || roulement *m; in ~,* à tour de rôle, par roulement.

rote [rəut] *n **by** ~,* par cœur.

rotor ['rəutə] *n* TECHN. rotor *m.*

rotten ['rɔtn] *adj* pourri || carié (teeth); gâté (fruit) || FIG. corrompu, véreux || FAM. sale; moche (fam.) [bad].

rotter ['rɔtə] *n* FAM. salaud *m.*

rotting *adj* avarié (meat).

rotunda [rə'tʌndə] *n* ARCH. rotonde *f.*

rouge [ru:ʒ] *n* fard, rouge *m* ● *vt* farder.

rough [rʌf] *adj* inégal (in general) || accidenté (ground); raboteux (road); rugueux (surface); dépoli (glass) || dur (voice) || fruste, grossier (manners); violent, brutal (treatment) || NAUT. agité, gros (sea) || TECHN. brut (diamond) || FIG. ébauché; *~ **copy,*** brouillon *m; ~ paper,* papier *m* de brouillon; *~ sketch,* ébauche *f; ~ **and ready,*** rudimentaire, de fortune; *at a ~ estimate,* à vue d'œil ● *n* TECHN. *in the ~,* à l'état brut; FIG. approximativement || voyou *m* (person) ● *vt* ébouriffer (hair) || FAM. *~ **it,*** manger de la vache enragée; coucher sur la dure || ~ *in,* esquisser || ~ *out,* dégrossir, ébaucher || **~en** *vi/vt* devenir/rendre rugueux.

rough-hewn [,-'-] *adj* taillé grossièrement, dégrossi.

roughly *adv* brutalement (in a rough manner) || grossièrement (made) || FIG. approximativement, en gros, grosso modo.

roughneck *n* U.S. FAM. voyou *m;* loubard *m* (pop.).

roughness *n* rugosité, rudesse *f* || [ground] inégalités *fpl* || [sea] agitation *f* || FIG. grossièreté *f;* brutalité, brusquerie *f.*

round [raund] *n* rond, cercle *m* || ronde, révolution *f;* cycle *m* || ***do/make one's ~,*** faire sa ronde || [drinks] tournée *f* || [boxing] reprise *f,* round *m* || [shooting] coup *m,* cartouche *f* || SP. manche *f* || MUS. canon *m;* [dancing] ronde *f* || TH. *theatre in the ~,* théâtre *m* en rond || FIG. ***the daily ~,*** la routine quotidienne ● *adj* rond || ~ *trip,* voyage *m* circulaire || voûté (shoulders) || MATH. *in ~ figures,* en chiffres ronds ● *adv* autour, tout autour; *for a mile ~,* à un mile à la ronde; *all the year ~,* pendant toute l'année || *ask sb. ~,* inviter qqn || ~ ***about,*** aux alentours; *(prep)* aux environs de ● *prep* autour de; ~ *the corner,* au tournant de la rue ● *vi* ~ *(out),* s'arrondir — *vt* arrondir || NAUT. doubler (a cape) || ~ ***off,*** arrondir; FIG. achever || ~ ***up,*** rassembler (cattle); FAM. [police] faire une rafle; *~-up (n),* rassemblement *m;* rafle *f* || **~about** *adj* détourné ● *n* manège *m* (at a fair) || AUT. rondpoint *m* (circus).

roundel ['raundl] *n* Av. cocarde *f.*

round|-hand ['raundhænd] *n* ronde *f* (writing) || **~ly** *adv* FIG. rondement, carrément || **~-shouldered** ['-'ʃəuldəd] *adj be ~,* avoir le dos rond || **~-table** *adj/n* ~ *(conference),* table ronde, commission *f* paritaire || **~-the-clock** *adj* vingt-quatre heures sur vingt-quatre || ~ **trip** *n* voyage *m* circulaire || U.S. voyage aller et retour.

rous|e [rauz] *vt* (r)éveiller || soulever (indignation); secouer (indifference); exciter (make angry); stimuler (feeling) || **~ing** *adj* chaleureux, frénétique.

rout [raut] *n* MIL. déroute, débandade *f* ● *vt* mettre en déroute.

route [ruːt] *n* itinéraire *m* || [bus] ligne *f,* parcours *m.*

routine [ruː'tiːn] *n* travail courant; *the daily ~,* le train-train quotidien; *~-minded,* routinier; ~ *work,* affaires *fpl* courantes || AUT. ~ ***services,*** révisions régulières.

rov|e [rəuv] *vi* errer, rôder, vagabonder || **~er** *n* vagabond *n;* rôdeur *n.*

row I [rəu] *n* rang *m,* rangée *f; in a ~,* en rang || AUT. file *f.*

row II *n* promenade *f* en barque ● *vi* ramer || NAUT. nager || **~ing** *n* canotage *m* || SP. aviron *m* || ***~(ing)-boat,*** bateau *m* à rames.

row III [rau] *n* dispute, altercation *f; kick up/make a ~,* faire du boucan/raffut (fam.).

rowdy ['raudi] *adj* tapageur.

rower ['rəuə] *n* rameur *n.*

royal ['rɔiəl] *adj* royal || **~ty** *n* royauté *f* || membres *mpl* de la famille royale || JUR. [often pl.] redevance *f,* droits *mpl* d'auteur.

rub [rʌb] *vi* se frotter || ~ *along,* FAM. vivoter, se tirer d'affaire; [two persons] faire bon ménage — *vt* frotter (*against,* contre; *on,* sur); ~ *one's hands,* se frotter les mains || MÉD. frictionner || FAM. ~ *sb. the wrong way,* prendre qqn à rebrousse-poil || ~ ***down,*** frotter, frictionner; bouchonner, panser (a horse); ***~-down*** *(n),* friction *f* || ~ ***in,*** faire pénétrer en frottant; FIG. *don't ~ it in!,* n'insistez pas! || ~ ***out,*** effacer, gommer.

rubber I ['rʌbə] *n* [cards] robre *m.*

rubber II *n* caoutchouc *m*; ~ *band,* élastique *m*; ~ ***boat,*** canot *m* pneumatique; ~ *solution,* dissolution *f* || gomme *f* (eraser) || **~s** *npl* U.S. caoutchoucs *mpl* (overshoes) || **~-stamp** *n* tampon *m.*

rubbish ['rʌbiʃ] *n* détritus *mpl,* ordures *fpl* (garbage) || décombres, gravats *mpl* (rubble) || FIG. sottises *fpl* || **~-dump** *n* dépotoir *m* || **~-shoot** *n* vide-ordures *m inv.*

rubble ['rʌbl] *n* décombres *mpl*; gravats *mpl.*

ruby ['ru:bi] *n* rubis *m.*

rucksack ['ruksæk] *n* sac *m* à dos.

ructions ['rʌkʃnz] *npl there'll be* ~, il y aura du grabuge.

rudder ['rʌdə] *n* gouvernail *m.*

ruddy ['rʌdi] *adj* vermeil, rouge.

rude [ru:d] *adj* grossier (person, words) || rudimentaire, primitif (primitive) || grossier (roughly made) || rude, violent (shock, awakening) || **~ly** *adv* grossièrement || brusquement || **~ness** *n* grossièreté, impolitesse *f* || rudesse *f.*

rudiment ['ru:dimənt] *n* rudiment *m* || **~ary** [,ru:di'mentri] *adj* rudimentaire.

rueful ['ru:ful] *adj* lugubre, triste.

ruffian ['rʌfjən] *n* voyou, malfrat *m* (arg).

ruffle ['rʌfl] *vi* [feathers] se hérisser; [hair] s'ébouriffer; [water] se rider — *vt* ébouriffer; ~ *sb.'s hair,* décoiffer/dépeigner qqn; rider (water); froisser, chiffonner (one's dress) || FIG. froisser; irriter.

rug [rʌg] *n* tapis *m*; *bedside* ~, descente *f* de lit || couverture *f* de voyage.

rugby ['rʌgbi] *n* rugby *m*; ~ *player,* rugbyman *m.*

rugged ['rʌgid] *adj* accidenté (ground) || rude, bourru (character) || raboteux (road) || U.S. robuste.

rugger ['rʌgə] *n* FAM. rugby *m.*

ruin [ruin] *n* ruine *f*; *fall into* ~*(s)*, tomber en ruine ● *vt* ruiner, détruire || FIG. abîmer || **~ous** *adj* délabré, tombant en ruine || FIG. ruineux, désastreux.

rule [ru:l] *n* règle *f*; ***as a*** ~, en principe; *according to* ~, selon la règle; *against the* ~, contraire(ment) à la règle || [traffic] ~ ***of the road,*** règlement *m* de la circulation || MATH. ~ ***of three,*** règle *f* de trois || TECHN. règle graduée || FIG. ***golden*** ~, règle *f* d'or || ***by*** ~ ***of thumb,*** empiriquement ● *vt* gouverner (country) || régler (paper) || JUR. décider, déclarer || ~ ***out,*** exclure, écarter — *vi* régner (*over,* sur).

rul|er ['ru:lə] *n* [instrument] règle *f* || [person] dirigeant, souverain *m* || **~ing** *adj* dominant (passion) || dirigeant (classes).

rum I [rʌm] *n* rhum *m.*

rum II *adj* FAM. drôle, bizarre.

rumble ['rʌmbl] *n* grondement *m* (of thunder); roulement *m* (of a cart) ● *vi* [thunder] gronder; [cart] rouler.

ruminate ['ru:mineit] *vi/vt* ruminer (lit. and fig.).

rummage ['rʌmidʒ] *vi* fouiller, fureter ● *n* fouille *f* || choses *fpl* de rebut (junk).

rumour ['ru:mə] *n* rumeur *f,* bruit *m* || ~ ***has it that,*** le bruit court que ● *vt* : *it is* ~*ed* [-d] *that,* on dit que.

rump [rʌmp] *n* croupe *f* (of a horse); croupion *m* (of a bird) || FAM. postérieur *m* || CULIN. ~-*steak,* romsteck, rumsteck *m.*

rumple ['rʌmpl] *vt* chiffonner, froisser.

rumpus ['rʌmpəs] *n* tapage, chahut *m*; *kick up a* ~, faire un boucan de tous les diables.

run [rʌn] *vi* (ran [ræn], run) courir || fuir; ~ *for dear life,* se sauver à toutes jambes || couler (flow) || [colour] déteindre || ~ *dry,* se tarir, être à sec, s'assécher || [river, road] passer (*through,* à travers) || [stocking] filer || [machine] marcher, fonctionner || RAIL. faire le service (*between,* entre); marcher; [bus] passer || NAUT. ~ ***before the wind,*** courir vent arrière || TH. se jouer, tenir l'affiche || CIN. se jouer, passer || POL. se présenter (à une élection) || ~ ***away,*** s'enfuir; ~***-away*** *(n),* fugitif *n* || ~ ***down,*** [battery] se décharger || ~ ***out,*** [store] s'épuiser; [tide] baisser || ~ ***out of,*** manquer de; AUT. ~ *out of petrol,* avoir une panne d'essence.
— *vt* courir (a distance, the streets) || conduire (car/sb. in a car) || ~ *a splinter into one's finger,* s'enfoncer une écharde dans le doigt || passer en contrebande (smuggle) || faire marcher (machine) || administrer, diriger; tenir, gérer (hotel) || ~ *one's hand over,* passer la main sur || ~ ***a bath,*** faire couler un bain || SP. faire courir (horse); ~ *a race,* courir une course || AUT. ~ *a big end,* couler une bielle || POL. présenter (candidate) à une élection || FIG. ~ ***a risk,*** courir un risque || ~ ***down,*** [car] renverser; FIG. dénigrer || ~ ***in,*** roder (engine) || ~ ***off,*** tirer (print) || ~ ***over,*** [car] écraser.
● *n* course *f; break into a* ~, prendre le pas de course || élan *m* || durée, succession, série *f;* ***in the long*** ~, à la longue || tendance *f* (tendency) || excursion *f,* tour *m* || U.S. maille filée (ladder) || [cards] suite *f* || [printing] tirage *m* || AUT. trajet, parcours *m* || TH. carrière *f; have a long* ~, tenir longtemps (l'affiche) || FIG. *the common* ~ *of mankind,* le commun des mortels.

runaway ['rʌnəwei] *n* fugitif *n* || MIL. fuyard *m.*

rung I See RING.

rung II [rʌŋ] *n* échelon *m* (of a ladder); barreau *m* (of a chair).

runnel ['rʌnl] *n* rigole *f.*

run|ner ['rʌnə] *n* coureur *n* || SP. ~***-up,*** second *m* || ~**ning** *n* écoulement *m* (of liquid) || circulation *f* (of trains); marche *f,* fonctionnement *m* (of machine) || SP. course *f* ● *adj* courant (water) || coulant (knot) || RAD. ~ *commentary,* (radio)reportage, commentaire *m* || FIN. ~ ***costs,*** frais *mpl* de fonctionnement || TECHN. ***in*** ~ ***order,*** en état de marche || SP. ~ ***jump,*** saut *m* avec élan.

run-off *n* SP. finale *f.*

run-of-the-mill *adj* ordinaire, banal; médiocre.

run-resist *adj* indémaillable (ladder-proof).

runt [rʌnt] *n* FAM. avorton *m.*

runway ['rʌnwei] *n* AV. piste *f* d'envol.

rupture ['rʌptʃə] *n* rupture *f* || MÉD. hernie *f* || FIG. brouille *f* ● *vi/vt* (se) rompre.

rural ['ruərəl] *adj* rural; ~ *policeman,* garde *m* champêtre.

ruse [ru:z] *n* ruse *f.*

rush I [rʌʃ] *n* jonc *m.*

rush II *n* ruée *f,* course précipitée || ~ *hours,* heures *fpl* d'affluence ● *vt* pousser vivement || transporter de toute urgence || MIL. prendre d'assaut (a position) — *vi* se précipiter, se ruer (*at,* sur) || ~ ***into,*** faire irruption (dans) || ~ ***through,*** lire à la hâte (a book); visiter au pas de course (a town); expédier (one's work) || ~**ed** [-t] *adj* débordé (person) || expédié, fait à la va-vite (thing) || ~**ing** *adj* impétueux.

russet ['rʌsit] *adj* roussâtre.

Russ|ia ['rʌʃə] *n* Russie *f* || ~**ian** [-n] *adj/n* russe.

rust [rʌst] *n* rouille *f;* ~ *stain,* tache *f* de rouille ● *vi* se rouiller.

rustic ['rʌstik] *adj* rustique ; campagnard ; champêtre ● *n* paysan, campagnard *n* || PÉJ. rustaud.

rustle ['rʌsl] *n* bruissement *m* (of leaves) ; frou-frou *m* (of a dress) ; froissement *m* (of paper) ● *vi* [leaves] bruire — *vt* faire bruire.

rust-proof *adj* inoxydable.

rusty ['rʌsti] *adj* rouillé ; *become ~,* se rouiller (lit. and fig.).

rut I [rʌt] *n* ornière *f* || FIG. routine *f*; *get into a ~,* s'encroûter.

rut II *n* ZOOL. rut *m*.

ruthless ['ru:θlis] *adj* impitoyable || **~ness** *n* cruauté *f*.

rye [rai] *n* seigle *m*; *~ bread,* pain *m* de seigle || U.S., [Canada] whisky *m*.

S

s [es] *n* s *m*.

sable ['seibl] *n* zibeline *f*.

sabotage ['sœbətɑ:ʒ] *n* sabotage *m* ● *vt* saboter.

sabre ['seibə] *n* sabre *m* || **~-rattling** *adj/n* va-t-en-guerre *(m)*.

saccharin ['sækri:n] *n* saccharine *f*.

sack I [sek] *n* sac *m* || FAM. *give sb. the ~,* renvoyer qqn ; flanquer qqn à la porte (pop.) ● *vt* mettre en sac ; ensacher || FAM. renvoyer ; sacquer (qqn) [fam.].

sack II *vt* MIL. saccager, mettre à sac ● *n* sac, pillage *m*.

sacrament ['sækrəmənt] *n* sacrement *m*.

sacred ['seikrid] *adj* sacré || consacré (*to,* à) || REL. saint (history).

sacrifice ['sækrifais] *n* sacrifice *m* (offering) || offrande *f* (thing offered) || FIG. renoncement *m*, abnégation *f* ● *vt* sacrifier || FIG. renoncer à.

sacrileg|e ['sækrilidʒ] *n* sacrilège *m* || **~ious** [,sækri'lidʒəs] *adj* sacrilège.

sad [sæd] *adj* triste, malheureux || lugubre (place) || affligeant, désolant (news) || cruel (loss) || **~den** *vi/vt* (s')attrister.

saddle ['sædl] *n* selle *f* ● *vt* seller || FIG. charger (sb. with a responsibility) || **~-bag** *n* [cycle] sacoche *f*.

sad|ism ['sædizm] *n* sadisme *m* || **~ist** *n* sadique *n* || **~istic** [sæ'distik] *adj* sadique.

sad|ly ['sædli] *adv* tristement || FAM. bigrement || **~ness** *n* tristesse *f*.

safari [sə'fɑ:ri] *n* safari *m*.

safe [seif] *n* coffre-fort *m* ● *adj* sain et sauf (unhurt) || sûr (place) ; en lieu sûr, en sécurité (person) || prudent, modéré (cautious) || FIN. sûr, sans risque || FAM. *to be on the ~ side,* pour plus de sécurité || **~-conduct** *n* sauf-conduit *m* || **~guard** *n* sauvegarde *f* ● *vt* sauvegarder || **~ly** *adv* sain et sauf, à bon port || sans danger (without risk).

safety ['seifti] *n* sécurité, sûreté *f*; *road ~,* prévention routière || **~-belt** *n* ceinture *f* de sécurité || **~-catch** *n* cran *m* de sûreté || **~-match** *n* allumette *f* de sûreté || **~-pin** *n* épingle *f* de sûreté || **~-razor** *n* rasoir *m* de sûreté || **~-valve** *n* soupape *f* de sûreté.

saffron ['sæfrn] *n* CULIN. safran *m*.

sag [sæg] *n* affaissement *m* ● *vi* s'affaisser, fléchir.

sagac|ious [sə'geiʃəs] *adj* sagace || **~ity** [sə'gæsiti] *n* sagacité *f*.

sage I [seidʒ] *adj* sage, prudent ● *n* sage *m*.

sage II *n* sauge *f*.

Sagittarius [,sædʒi'tεəriəs] *n* ASTR. Sagittaire *m*.

said See SAY ● *adj* JUR. dit, susdit.

sail [seil] *n* voile *f*; *main ~*, grand-voile *f*; ***set ~***, prendre la mer, partir (*for*, pour); ***under ~***, à la voile || *Pl* voilure *f* || [windmill] aile *f* ● *vi* [ship] naviguer; *~ (away)*, partir; *~ into harbour*, entrer au port || SP. ***go ~ing***, faire de la voile — *vt* piloter, manœuvrer (ship) || *~ the seas*, parcourir les mers || **~-board** *n* planche *f* à voile.

sail|ing *n* navigation *f*; [journey] *a day's ~*, une journée de mer || départ (leaving) || SP. voile *f* || **~ boat** *n* bateau *m* à voile || **~ ship** *n* voilier *m*.

sailor *n* marin *m* || matelot *m* (not an officer) || ***be a good ~***, avoir le pied marin.

sail-plane *n* AV. planeur *m*.

saint [seint] *adj* saint || *All Saints' Day*, la Toussaint.

sake [seik] *n* ***for the ~ of, for ...'s ~***, pour, par égard pour, pour l'amour de; *for pity's ~*, par pitié.

salad ['sæləd] *n* salade *f*; laitue *f* (lettuce) || **~-bowl** *n* saladier *m* || **~-dressing** *n* vinaigrette *f* || **~ servers** *npl* couvert *m* à salade || **~-washer** *n* panier *m* à salade.

salary ['sæləri] *n* traitement *m* (of civil servants); appointements *mpl* (of employees); salaire *m* (of workers); *draw a ~*, toucher un traitement || **~ range** *n* éventail *m* des salaires.

sale [seil] *n* vente *f*; ***for ~***, à vendre || ***on ~***, en vente || *Pl* soldes *mpl* || *cash/credit ~*, vente au comptant/à terme; *white ~*, exposition *f* de blanc || **~ price** *n* prix *m* de vente || **~room** *n* salle *f* des ventes.

sales|clerk ['seilzklα:k] *n* commis, vendeur *m* || **~girl** *n* vendeuse *f* || **~man** *n* vendeur *m* (in a shop); marchand *m* (dealer); *travelling ~*, voyageur *m* de commerce || **~room** *n* = SALEROOM.

salient ['seiljənt] *adj* saillant, en saillie (angle) || FIG. frappant (argument); saillant (feature).

saline [sə'lain] *n* saline *f*, marais salant ● ['seilain] *adj* salin (solution).

saliva [sə'laivə] *n* salive *f*.

sallow ['sæləu] *adj* blême, blafard.

sally ['sæli] *n* MIL. sortie *f* || FIG. boutade *f* ● *vi* ***~ forth***, MIL. faire une sortie; [humour] faire un saut (*into town*, en ville).

salmon ['sæmən] *n* saumon *m*.

saloon [sə'lu:n] *n* salon *m* (in a ship, hotel); salle *f* (in a pub) || U.S. bar, bistrot *m* || AUT. conduite intérieure.

salsify ['sælsifi] *n* salsifis *m*.

salt [sɔ:lt] *n* sel *m*; *kitchen ~*, gros sel; *~-cellar*/U.S. *-shaker*, salière *f* || PHOT. *fixing ~*, fixateur *m* ● *adj* salé; *~ water*, eau salée; *~-water fish*, poisson *m* de mer ● *vt* saler.

salt-marsh *n* marais salant, salin *m*.

saltpetre ['sɔ:lt,pi:tə] *n* salpêtre *m*.

salty ['sɔ:lti] *adj* salé; saumâtre.

salubrious [sə'lu:briəs] *adj* salubre.

salut|ary ['sæljutri] *adj* salutaire || **~ation** [,sælju'teiʃn] *n* salutation f || ~**e** [sə'luːt] *n* salut *m* ● *vt* saluer.

salv|age ['sælvidʒ] *n* sauvetage *m* (saving) || récupération *f* (waste material) ● *vt* sauver || récupérer (material) || ~**ation** [sæl'veiʃn] *n* préservation *f*, salut *m* || *Salvation Army*, Armée *f* du Salut.

salve [sɑːv] *n* MÉD. pommade *f*, baume *m* || FIG. baume, apaisement *m* ● *vt* FIG. panser (wounded pride).

salver ['sælvə] *n* CULIN. plateau *m*.

salvo ['sælvəu] *n* salve *f*.

same [seim] *adj* même; ***the ~ as/that***, le/la/les même(s) que; *that amounts to the ~ thing*, cela revient au même ● *pron* ***the ~***, le/la/les même(s) || ***all the ~***, tout de même, malgré tout || *it's all the ~ to me*, ça m'est égal || *do the ~*, faire de même || ~**ness** *n* ressemblance *f* || monotonie *f* (lack of variety).

sample ['sɑːmpl] *n* spécimen, échantillon *m* (fabric) || ~*-post*, échantillon *m* sans valeur || TECHN. prélèvement *m* (of ore) ● *vt* échantillonner || TECHN. prélever || FAM. déguster, goûter à.

sanatorium, -ria [,sænə'tɔːriəm, -riə] *n* sanatorium *m*.

sanct|ify ['sæŋtifai] *vt/vi* sanctifier || ~**imonious** [,sæŋti'məunjəs] *adj* bigot.

sanction ['sæŋʃn] *n* sanction, approbation *f*, consentement *m* (assent) || JUR. sanction *f* (punishment) ● *vt* sanctionner, approuver.

sanct|ity ['sæŋtiti] *n* sainteté *f* || ~**uary** [-juəri] *n* sanctuaire *m* || FIG. asile, refuge *m*.

sand [sænd] *n* sable *m*.

sandal ['sændl] *n* sandale *f*.

sand|-glass ['sændglɑːs] *n* sablier *m* || ~**-paper** *n* papier *m* de verre || ~ **pie** *n* pâté *m* de sable || ~**-pit** *n* sablière *f* || ~**-shoes** *npl* espadrilles *fpl* || ~**stone** *n* grès *m*.

sandwich ['sænwidʒ] *n* sandwich *m* ● *vt* intercaler, coincer (*between*, entre) || ~ **loaf** *n* pain *m* de mie || ~**-man** *n* homme-sandwich *m*.

sandy ['sændi] *adj* sablonneux, de sable || blond roux (hair).

sane [sein] *adj* sain d'esprit.

sang See SING.

sanguine ['sæŋgwin] *adj* sanguin (temperament); rubicond (complexion) || FIG. confiant, optimiste.

sanit|arium [,sæni'tɛəriəm] *n* U.S. sanatorium *m* || ~**ary** ['sænitri] *adj* sanitaire; hygiénique || périodique (towel) || ~**ation** [,sæni'teiʃn] *n* assainissement *m* || aménagements *mpl* sunitaires; tout-à-l'égout *m* (of a town) || U.S. hygiène *f* || ~**y** ['sæniti] *n* santé mentale || FIG. rectitude *f* (of judgment).

sank See SINK.

Santa Claus [,sæntə'klɔːz] *n* Saint Nicolas, Père Noël.

sap I [sæp] *n* sape *f* ● *vt* MIL. saper, miner || FIG. miner, affaiblir.

sap II *n* sève *f* || ~**ling** *n* jeune arbre *m*.

sapphire ['sæfaiə] *n* saphir *m*.

sarcas|m ['sɑːkæzm] *n* sarcasme *m*, raillerie *f* || ~**tic** [sɑː'kæstik] *adj* sarcastique.

sardine [sɑː'diːn] *n* sardine *f*.

Sardinia [sɑː'dinjə] *n* Sardaigne *f*.

sardonic [sɑː'dɔnik] *adj* sardonique.

sash I [sæʃ] *n* large ceinture *f*.

sash II *n* châssis *m* || ~ **window** *n* fenêtre *f* à guillotine.

sat See SIT.

satchel ['sætʃl] *n* cartable *m*.

sate [seit] *vt* = SATIATE.

satiate ['seiʃieit] *vt* rassasier, assouvir || FIG. blaser ● *adj* rassasié, repu.

satin ['sætin] *n* satin *m*.

sat|ire ['sætaiə] *n* [literature] satire *f* || FIG. ironie, raillerie *f* || **~irical** [sə'tirikl] *adj* satirique || FIG. railleur || **~irist** ['sætərist] *n* esprit mordant || **~irize** ['sætəraiz] *vt* railler.

satisfac|tion [,sætis'fækʃn] *n* satisfaction *f*, contentement *m* || dédommagement *m* (for damage) || réparation *f* (for an insult) || apaisement *m* (of desire) || assouvissement *m* (of appetite) || COMM. règlement *m*, liquidation *f* (of a debt); désintéressement *m* (of a creditor) || FIG. exécution *f* (of a promise) || **~tory** [-tri] *adj* satisfaisant; *not to be ~*, laisser à désirer.

satisfy ['sætisfai] *vt* satisfaire, contenter (desire); assouvir (hatred); remplir (a requirement) || ***be satisfied to,*** se contenter de || ***~ the examiners,*** être reçu || convaincre, assurer || ***~ oneself that,*** s'assurer que || COMM. payer, régler (a debt); désintéresser (a creditor).

saturate ['sætʃəreit] *vt* saturer ● *adj* saturé.

Saturday ['sætədi] *n* samedi *m*.

sauce [sɔːs] *n* CULIN. sauce *f* || SL. toupet, culot *m* (fam.) || **~-boat** *n* saucière *f* || **~pan** *n* casserole *f*.

saucer ['sɔːsə] *n* soucoupe *f* || ***flying ~,*** soucoupe volante.

saucy ['sɔːsi] *adj* effronté.

sauerkraut ['sauəkraut] *n* choucroute *f*.

sauna ['saunə] *n* sauna *m*.

saunter ['sɔːntə] *vi* flâner, déambuler ● *n* flânerie *f*; balade *f* (fam.).

sausage ['sɔsidʒ] *n* saucisse *f*; saucisson *m* (dry).

savage ['sævidʒ] *adj* sauvage, de sauvage || féroce (animal) || brutal (blow) || FAM. furieux ● *n* sauvage *m* || **~ly** *adv* sauvagement; brutalement; furieusement || **~ness, ~ry** [-ri] *n* sauvagerie, brutalité *f*.

save I [seiv] *vt* sauver (*from,* de) [rescue] || empêcher (*from,* de) || gagner (time) || COMM. épargner, économiser; *~ (up) money,* faire des économies.

save II *prep* sauf, excepté, à l'exception de ● *conj* ***~ that,*** sauf que; à moins que.

sav|er ['seivə] *n* sauveur *m* || **~ing** *n* sauvetage *m* || COMM. économie *f* || FIN. *Pl* économies *fpl;* ***~s-bank,*** caisse *f* d'épargne ● *adj* économe.

savour ['seivə] *n* saveur *f*, goût *m* || FIG. arrière-goût *m* ● *vt* [arch.] savourer — *vi ~ of,* avoir un bon goût de || **~y** [-ri] *adj* savoureux, succulent ● *n* CULIN. plat épicé.

saw I See SEE.

saw II [sɔː] *vt* (~ed [-d], ~ed *or* ~n [-n]) scier ● *n* scie *f; power ~,* scie mécanique || **~dust** *n* sciure *f* || **~mill** *n* scierie *f*.

sawn See SAW II.

saxophone ['sæksəfəun] *n* saxophone *m*.

say [sei] *vt* (said [sed]) dire || *~ again,* répéter || *~ nothing,* se taire; *to ~ nothing of,* sans parler de || affirmer || estimer (quantity); *let's ~...,* mettons... || ***that is to ~,*** c'est-à-dire; ***so to ~,*** pour ainsi dire; ***that goes without ~ing,*** cela va sans dire || || ***you don't ~ so!,*** pas possible! || [school] réciter (lesson) || REL. dire (a prayer) ● *n* mot *m; have a ~ in the matter,* avoir son mot à dire || **~ing** *n* proverbe, adage *m*.

scab [skæb] *n* MÉD. croûte *f* || ZOOL. gale *f* || FAM. jaune, briseur *m* de grève ● *vi* MÉD. former une croûte || FAM. trahir ses camarades || ~**by** [-i] *adj* galeux || ~**ies** ['skeibii:z] *n* gale *f*.

scabrous ['skeibrəs] *adj* rugueux (skin) || FIG. scabreux.

scaffold ['skæfld] *n* échafaudage *m* || JUR. échafaud *m* || ~**ing** *n* échafaudage *m*.

scald [skɔ:ld] *vt* ébouillanter, échauder || CULIN. blanchir.

scale I [skeil] *n* échelle *f*; graduation *f* (of thermometer) || FIN. échelle *f*, barème *m* (of salaries) || GÉOGR. échelle (of map) || MUS. gamme *f* || FIG. échelle ; *on a large* ~, sur une grande échelle ● *vt* escalader, faire l'ascension de.

scale II *n* [fish, snake] écaille *f* || [kettle, teeth] tartre *m* || *Pl* FIG. écailles *fpl* ● *vt* écailler (fish) || détartrer (teeth) — *vi* ~ *(off)*, s'écailler.

scale III *n* plateau *m* (de balance) || *Pl* ***(a pair of)*** ~***s,*** (une) balance ; *(bathroom)* ~*s*, pèse-personne *m* ● *vt* peser.

scallop ['skɔləp] *n* ZOOL. coquille *f* Saint-Jacques || CULIN. coquille *f* au gratin ● *vt* CULIN. faire gratiner || ARTS découper, denteler.

scalp [skælp] *n* cuir chevelu ● *vt* scalper || ~**-massage** *n* friction *f*.

scamp [skæmp] *n* garnement *m* ● *vt* bâcler.

scamper ['skæmpə] *vi* courir || ~ *away*, détaler.

scampi ['skæmpi] *n* CULIN. *fried* ~, langoustines frites.

scan [skæn] *n* regard scrutateur ● *vt* examiner, scruter, parcourir (des yeux) || feuilleter (a book) || LIT. scander (verse) || RAD. balayer, explorer.

scandal ['skændl] *n* scandale *m*; *create a* ~, faire un esclandre || médisance *f* (gossip) || ~**ize** *vt* scandaliser || ~**monger** *n* mauvaise langue || ~**ous** *adj* scandaleux || JUR. diffamatoire.

Scandinavian ['skændi'neivjən] *adj/n* scandinave.

scant [skænt] *adj* insuffisant ; *pay* ~ *attention,* faire à peine attention || ~**ily** *adv* insuffisamment ; sommairement || ~**y** *adj* insuffisant ; minuscule (too small) ; réduit au minimum (swimsuit) || rare (vegetation, hair) || sommaire, maigre (meal).

scapegoat ['skeipgəut] *n* bouc *m* émissaire.

scar [skɑ:] *n* cicatrice *f*; balafre *f* (on the face) ● *vt* laisser une cicatrice ; balafrer.

scarce [skεəs] *adj* rare, peu abondant ; ***grow*** ~, se faire rare || ~**ly** *adv* à peine, presque pas || ~ *ever,* presque jamais, ne... guère ; *be* ~ *able to,* avoir de la peine à.

scarcity ['skεəsiti] *n* rareté, disette, pénurie *f*.

scare [skεə] *n* peur *f*; *give sb. a* ~, faire peur à qqn ● *vt* faire peur à, effrayer || ~ ***away/off,*** effaroucher, chasser || ~**crow** *n* épouvantail *m* || ~**-monger** *n* alarmiste *n*.

scarf, s/scarves [skɑ:f] *n* écharpe *f*, cache-col *m*; foulard *m* (silk).

scarlet ['skɑ:lit] *adj* écarlate || MÉD. ~ *fever,* scarlatine *f*.

scarp [skɑ:p] *n* escarpement *m*.

scathing ['skeiðiŋ] *adj* cinglant, mordant (comment) ; virulent (criticism).

scatter ['skætə] *vt* disperser, éparpiller, disséminer || MIL. mettre en déroute — *vi* se disperser || ~**-brained** *adj* étourdi, écervelé.

scavenger ['skævinʒə] *n* éboueur, boueux *m*.

scenario [si'nɑ:riəu] *n* scénario *m* ; ~*-writer,* scénariste *n*.

scenarist [si'nɑ:rist] *n* scénariste *n*.

scene [si:n] *n* scène *f*; vue *f*,

paysage *m; change of ~,* changement *m* d'air || TH. scène *f,* décor *m* (setting); *change of ~,* changement *m* de décor || CIN. *outdoor ~,* extérieur *m* || FAM. ***make a ~,*** faire une scène (quarrel) || FIG. ***behind the ~s,*** dans les coulisses.

scenery [-ri] *n* paysage *m,* vue *f* || TH. décor(s) *m(pl).*

scene-shifter *n* TH. machiniste *n.*

scenic ['si:nik] *adj* scénique, théâtral || FIG. spectaculaire; *~ road,* route *f* touristique.

scent [sent] *n* parfum *m* (fragrance); odeur *f* (smell) || ZOOL. flair *m* || SP. piste, trace *f; throw sb. off the ~,* dépister ● *vt* parfumer (the air) || imprégner (*with,* de) || FAM. flairer.

sceptic ['skeptik] *n* sceptique *n* || **~ical** *adj* sceptique || **~icism** [-isizm] *n* scepticisme *m.*

sceptre ['septə] *n* sceptre *m.*

schedule ['ʃedju:l], U.S. ['skedʒul] *n* programme, plan, calendrier *m; **ahead of/on/behind ~,*** en avance/à l'heure/en retard (sur le programme) || U.S. RAIL. horaire *m* || RAD. grille *f* des programmes || COMM. liste *f,* barème *m* (of prices) ● *vt* prévoir (plan) || inscrire au programme, établir l'horaire de || Av. ***~d flight/service,*** vol régulier || ARCH. ***~d building,*** édifice classé.

scheme [ski:m] *n* arrangement *m,* combinaison *f* || plan, projet *m* || système *m* || *colour ~,* combinaison *f* de couleurs || FIG. machination *f,* complot *m* ● *vi* comploter, intriguer — *vt* combiner, machiner, intriguer || **~er** *n* intrigant *n.*

schnorkel ['ʃnɔ:kəl] *n* = SNORKEL.

scholar ['skɔlə] *n* [school] boursier *n* || disciple *m* (follower) || savant, érudit *n* (learned person) || **~ly** *adj* savant, érudit || **~ship** *n* savoir *m,* érudition *f* || bourse *f* (grant).

scholastic [skə'læstik] *adj* scolaire ● *n* PHIL. scolastique *f.*

school I [sku:l] *n* banc *m* (of fish).

school II *n* école *f; go to ~,* aller à l'école || ***secondary***/U.S. ***high ~,*** lycée *m; secondary ~boy/girl,* lycéen *n; summer ~,* cours *m* de vacances || **~book** *n* livre *m* de classe || **~boy** *n* élève, écolier *m* || **~ bus service** *n* ramassage *m* scolaire || **~fellow** *n* camarade *m* de classe || **~girl** *n* élève, écolière *f* || **~ing** *n* enseignement *m;* instruction *f* || **~master** *n* professeur *m* || **~-mistress** *n* institutrice, maîtresse *f* d'école || **~-teacher** *n* instituteur, maître *m* d'école.

schooner ['sku:nə] *n* goélette *f.*

sciatica [sai'ætikə] *n* sciatique *f.*

science ['saiəns] *n* science *f,* savoir *m,* connaissances *fpl* (knowledge) || science *f* (branch of knowledge) || *applied/exact/occult/social ~s,* sciences appliquées/exactes/occultes/sociales || **~ fiction** [,--'--] *n* science-fiction *f.*

scientific [,saiən'tifik] *adj* scientifique || **~tist** ['saiəntist] *n* scientifique *n;* savant *n.*

sci-fi ['saifai] *abbrev* FAM. = SCIENCE-FICTION.

scintillate ['sintileit] *vi* scintiller.

scissors ['sizəz] *npl* ciseaux *mpl.*

scoff I [skɔf] *vi ~ at,* se moquer de.

scoff II *vi/vt* FAM. s'empiffrer, bouffer (arg.).

scold [skəuld] *vt* réprimander — *vi* rouspéter (fam.) || **~ing** *n* réprimande *f.*

sconce [skɔns] *n* applique *f* (on a wall).

scone [skɔn] *n* petit pain au lait.

scoop ['sku:p] *n* pelle *f* à main || louche *f* (ladle) || coup *m* de pelle || NAUT. écope *f* || FAM. [press]

reportage sensationnel (publié en exclusivité), scoop *m* ● *vt* ~ *out,* (se servir d'une pelle, etc. pour) vider ; ~ *water out of a boat,* écoper un bateau ; creuser (a hole) || [press] devancer (en publiant en exclusivité).

scoot [sku:t] *vi* FAM. détaler || **~er** *n* trottinette *f* (for children) || [motor-cycle] scooter *m*.

scope [skəup] *n* étendue, portée *f;* rayon *m* (of action) || domaine *m* (of a branch of knowledge) || compétence *f* (of sb.) || envergure *f* (of an undertaking) || champ *m* (of activity) ; *give free* ~ *to,* donner libre cours à.

scorch [skɔ:tʃ] *n* brûlure superficielle ● *vt* brûler || **~ing** *adj* torride (heat) || FIG. caustique, cinglant.

score [skɔ:] *n* entaille, coche *f* (cut, mark) || [debt] compte *m* || [cards] marque *f; **keep the** ~,* tenir la marque || SP. score *m* || MUS. partition *f* || FIG. point *m*, sujet *m ; **on the** ~ **of,*** en raison de ; *on that* ~, à cet égard || [number] vingt ; ***a*** ~ ***of,*** une vingtaine de ; *three* ~, soixante || *Pl* ***~s of,*** des quantités/tas (fam.) de ● *vt* entailler (cut) || ~ *out,* barrer || SP. marquer (a goal) ; ~ *points,* marquer des points || MUS. orchestrer — *vi* SP. gagner (win) ; marquer.

scorn [skɔ:n] *n* dédain, mépris *m* ● *vt* dédaigner, mépriser || **~ful** *adj* dédaigneux, méprisant.

Scorpio ['skɔ:piəu] *n* ASTR. Scorpion *m*.

scorpion ['skɔ:piən] *n* ZOOL. scorpion *m*.

Scot *n* Écossais *n*.

Scotch [skɔtʃ] *adj* écossais, d'Écosse || U.S. ~ *tape,* ruban adhésif ● *n the Scotch,* les Écossais || ~ *(whisky),* whisky *m* || **~man/woman** *n* Écossais *m*, -e *f*.

scot-free *adj* sans payer (free of charge) || sans être puni (unpunished) || indemne (unhurt).

Scotland ['skɔtlənd] *n* Écosse *f*.

Scots [skɔts] *n/adj* = SCOTCH || **~man** *n* = SCOTCHMAN.

Scottish ['skɔtiʃ] *adj* = SCOTCH.

scoundrel ['skaundrəl] *n* scélérat, vaurien *n* || FAM. fripouille, canaille *f*.

scour I ['skauə] *vt* nettoyer, récurer (pan) ; fourbir, décaper (metal) ● *n* nettoyage, récurage *m*.

scour II *vt* parcourir en tout sens.

scourge [skə:dʒ] *n* fouet *m* || FIG. fléau *m* ● *vt* flageller.

scout [skaut] *n (boy)* ~, scout, éclaireur *m* || MIL. éclaireur *m* || NAUT. patrouilleur *m* || AUT. patrouilleur-dépanneur *m* ● *vi* aller en reconnaissance || **~ing** *n* reconnaissance *f*.

scowl [skaul] *n* air *m* maussade, mine renfrognée ● *vi* se renfrogner, faire grise mine || ~ *at,* regarder de travers.

scraggy ['skrægi] *adj* émacié, décharné.

scram [skræm] *vi* SL. décamper, filer.

scramble ['skræmbl] *vi* ~ *(up),* escalader || ~ *for sth.,* se disputer/bousculer pour avoir qqch. — *vt* CULIN. brouiller (eggs) || RAD. brouiller (signal) ● *n* escalade *f* || bousculade *f* (struggle) || SP. motocross *m*.

scrap I [skræp] *n* FAM. dispute, bagarre *f* (brawl) ● *vi* FAM. se colleter.

scrap II *n* petit morceau, fragment *m* ; bout *m* (of paper) ; bribe *f* (of food) || coupure *f* (of newspaper) || *Pl* débris, déchets *mpl;* restes, reliefs *mpl* (of a meal) ● *vt* envoyer à la ferraille ; mettre au rebut ; envoyer à la casse (car) || FIG. abandonner ; mettre au rancart (fam.) || **~-book** *n* album *m* de coupures de presse || **~-dealer** *n* ferrailleur *m* || **~-heap** *n* tas *m* de ferraille || **~-iron** *n* ferraille *f*.

scrap|e [skreip] *vt* gratter, racler — *vi* frotter (*against,* contre) || frôler, raser || **~ *along,*** FIG. vivoter || **~ *through,*** passer de justesse (an examination) ● *n* grattage *m* || [noise] grincement *m* || FAM. ***get into a ~,*** se mettre dans une situation fâcheuse, s'attirer des ennuis ; ***get out of a ~,*** se tirer d'affaire || **~er** *n* grattoir *m* || TECHN. scraper *m* || *~-mat,* décrottoir *m*.

scratch [skrætʃ] *n* raie, éraflure ; égratignure *f* (on skin) || rayure *f* || grattement, grincement *m* || SP. ligne *f* de départ || FIG., FAM. *start from ~,* partir de zéro ● *vt* rayer || érafler ; égratigner (skin) || griffonner || *~ off/out,* biffer, raturer || SP. déclarer forfait (a horse) — *vi* se gratter ● *adj* hétéroclite ; improvisé, de fortune (hasty) || **~-pad** *n* U.S. bloc-notes *m*.

scrawl [skrɔ:l] *vi/vt* griffonner, gribouiller ● *n* griffonnage, gribouillage *m*.

scrawny ['skrɔ:ni] *adj* décharné, maigrelet.

scream [skri:m] *n* cri perçant (of fright) ; hurlement *m* (of pain) ● *vi* pousser des cris perçants ; *~ with laughter,* rire aux éclats || **~ing** *adj* braillard (person) ; perçant (sound) || FIG. voyant (colour).

scree [skri:] *n* éboulis *m*.

screech [skri:tʃ] *vi* = SCREAM || **~-owl** *n* chat-huant *m*.

screen [skri:n] *n* écran *m ;* (*folding ~*) paravent *m* || *~ window,* moustiquaire *f ; fire ~,* garde-feu *m,* pare-étincelles *m* || TECHN. crible *m* (sieve) || AUT. *(wind-)~,* pare-brise *m ;* ***~washer,*** lave-glace *m ;* ***~-wiper,*** essuie-glace *m* || FIG. masque *m* ● *vt* masquer, cacher || TECHN. cribler (sieve) || CIN. projeter (film) ; porter à l'écran (book) || FIG. trier, sélectionner (candidates) ; couvrir (protect from harm) || **~play** *n* scénario *m*.

screw [skru:] *n* vis *f* || NAUT., AV. hélice *f* || POP. grigou *m* (miser) || FAM. *have a ~ loose,* être toqué ● *vt* visser || **~ *on/off,*** visser/dévisser || **~ *up,*** resserrer ; contracter (one's features) ; FIG. *~ up one's courage,* rassembler son courage — *vi* se visser || **~-driver** *n* tournevis *m* || **~ed** [-d] *adj* FAM. [drunk] éméché (fam.) ; paf (pop.) || **~-ring** *n* piton *m* (à vis).

scribbl|e ['skribl] *vt* griffonner (hastily) ; gribouiller (carelessly) ● *n* gribouillage, gribouillis *m* || ***~ing-block/-pad,*** bloc-notes *m* || **~er** *n* PÉJ. gratte-papier *m*.

scrimmage ['skrimidʒ] *n* bagarre *f* || SP. = SCRUM.

script [skript] *n* écriture *f* (handwriting) || manuscrit *m* || RAD., TH. texte *m* || CIN. *(shooting) ~,* scénario, script *m ; ~ girl,* script-girl, scripte *f ; ~-writer,* scénariste *n*.

Scripture ['skriptʃə] *n the Holy ~s,* l'Écriture sainte.

scroll [skrəul] *n* rouleau *m* (of paper) || ARTS arabesque *f*.

scrub [skrʌb] *n* brousse *f ;* broussailles *fpl* || nettoyage à la brosse ; récurage *m* ● *adj* rabougri ● *vt* frotter à la brosse ; (*~ out*) récurer (a pan) || **~bing-brush** *n* brosse *f* en chiendent || **~by** *adj* rabougri, chétif (stunted) || dru (beard) ; broussailleux (land).

scruff [skrʌf] *n take sb. by the ~ of the neck,* prendre qqn par la peau du cou.

scrum [skrʌm] *n* SP. mêlée *f* || **~half** *n* [rugby] demi *m* de mêlée.

scrup|le ['skru:pl] *n* scrupule *m* || [measure] scrupule *m* ● *vi ~ to,* se faire un scrupule de ||

~ulous ['skru:pjuləs] *adj* scrupuleux, minutieux.

scrutin|ize ['skru:tinaiz] *vt* scruter; examiner à fond || pointer (votes) || **~y** *n* examen minutieux || pointage *m.*

scuba ['skju:bə] *n* scaphandre *m* autonome.

scuffle ['skʌfl] *n* mêlée, échauffourée *f* ● *vi* FAM. se bagarrer.

scull [skʌl] *n* aviron *m;* godille *f* ● *vi* godiller.

scullery ['skʌləri] *n* arrière-cuisine *f.*

sculp|tor ['skʌlptə] *n* sculpteur *m* || **~ture** [-tʃə] *n* sculpture *f* ● *vt* sculpter.

scum [skʌm] *n* écume *f* || TECHN. scories *fpl* || FIG. lie *f,* rebut *m* (of society).

scurrilous ['skʌriləs] *adj* haineux, calomnieux, outrageant; grossier, vulgaire (language).

scurry ['skʌri] *vi* courir à pas précipités ● *n* galopade, débandade *f.*

scurvy ['skə:vi] *n* scorbut *m.*

scuttle I ['skʌtl] *n* NAUT. hublot *m* (porthole) ● *vt* NAUT. saborder.

scuttle II *vi* ~ *away,* déguerpir, détaler.

scuttle III *n (coal-)~,* seau *m* à charbon.

scythe [saið] *n* AGR. faux *f.*

sea [si:] *n* mer *f; at ~,* en mer; *by ~,* par mer; ***on the ~,*** au bord de la mer; ***put to ~,*** prendre le large; ***go to ~,*** se faire marin || paquet *m* de mer (a heavy swell) || houle *f; heavy ~,* grosse mer || FAM. *all at ~,* désorienté || ~ **air** *n* air marin || **~-bird** *n* oiseau *m* de mer || **~-board** *n* littoral *m* || **~-faring** *adj* de marin (life) || **~-farming** *n* aquaculture *f,* cultures marines || **~-food** *n* fruits *mpl* de mer || **~-front** *n* bord/front *m* de mer || **~-going** *adj* navigant (person); long-courrier (ship) || **~-gull** *n* mouette *f* || ~ **horse** *n* hippocampe *m.*

seal I [si:l] *n* phoque *m.*

seal II *n* sceau *m* (on document); cachet *m* (on envelope) || JUR. scellés *mpl;* plomb *m* || FIG. cachet *m;* sceau *m* ● *vt* sceller, apposer un sceau; cacheter (envelope) || JUR. plomber || ~ ***off,*** [police] boucler (area) || **~ing-wax** *n* cire *f* à cacheter.

sea-lion ['si:,laiən] *n* otarie *f.*

seam [si:m] *n* couture *f* || TECHN. joint *m* || GÉOL. veine *f* (of coal); filon *m* (of ore) || MÉD. balafre *f* (scar) ● *vt* faire une couture || MÉD. couturer.

seaman ['si:mən] *n* matelot, marin *m; leading ~,* quartier-maître.

seam|less ['si:mlis] *adj* sans couture (stockings) || **~stress** [-stris] *n* couturière *f.*

sea|plane ['si:plein] *n* Av. hydravion *m* || **~port** *n* port *m* de mer.

sear [siə] *vt* marquer au fer rouge (brand) || MÉD. cautériser.

search [sə:tʃ] *n* recherche *f* || *in ~ of,* à la recherche de, en quête de || [Customs] fouille *f* || JUR. perquisition *f* ● *vt* fouiller (a prisoner) || perquisitionner (a house) || JUR. visiter (luggage) || FIG. sonder, scruter (one's memory) || ~ *after/for,* rechercher || **~ing** *adj* attentif, pénétrant (look) || approfondi (inquiry) || **~light** *n* projecteur *m* || **~-warrant** *n* mandat *m* de perquisition.

sea|shore ['si:ʃɔ:] *n* rivage *m* || **~sick** *adj be ~,* avoir le mal de mer || **~sickness** *n* mal *m* de mer || **~side** *n* bord *m* de la mer; ~ *resort,* station *f* balnéaire.

season ['si:zn] *n* saison, époque *f; late ~,* arrière-saison *f;* ***in ~,*** de saison; [animal] en chaleur; ***out of ~,*** hors de saison; FIG. déplacé (remark) || ***~-ticket,*** carte *f* d'abonnement ; *~-ticket holder,* abonné *n* || *open ~,* saison de la chasse/pêche ● *vt* acclimater || faire sécher [wood] || CULIN. assaisonner (flavour) ; relever (a sauce) || **~able** *adj* de saison || FIG. opportun || **~al** *adj* saisonnier || **~ing** *n* CULIN. assaisonnement *m.*

seat [si:t] *n* siège *m ; keep your ~!,* restez assis ! || [bus, train] banquette *f ;* [cycle] selle *f* || [trousers] fond *m* || RAIL. [booking] place *f* || JUR. siège *m* ● *vt* (faire) asseoir (child) ; placer (guest) || *~ **one-self, be ~ed,*** s'asseoir || [room] contenir || **~-belt** *n* Av. ceinture *f* de sécurité.

sea|-urchin ['si:'ə:tʃin] *n* oursin *m* || **~wards** [-wədz] *adv* vers le large || **~way** *n* sillage *m* (ship's progress) || canal *m* (channel) || **~weed** *n* algue *f* || **~worthy** *adj* [ship] en état de naviguer ; *be ~,* tenir la mer.

secateurs [,sekə'tə:z] *n* sécateur *m.*

secede [si'si:d] *vi* se séparer || JUR. faire sécession.

secession [si'seʃn] *n* sécession, scission *f* || REL. dissidence *f.*

seclu|de [si'klu:d] *vt* tenir éloigné du monde ; *~ oneself,* s'enfermer (*in,* dans) || **~ded** [-did] *adj* retiré (existence), écarté (place) || **~sion** [-ʒn] *n* retraite, solitude *f.*

second ['seknd] *adj* second, deuxième ; *on the ~ floor,* au deuxième/U.S. premier étage || MIL. *~ **lieutenant,*** sous-lieutenant *m* ● *n* second, deuxième *m* || [duel] témoin *m* || COMM. *Pl* marchandise *f* de deuxième qualité || [time] seconde *f ; ~ hand,* aiguille des secondes, trotteuse *f ; just a ~!,* un instant ! ● *vt* seconder, soutenir || **~ary** *adj* secondaire || **~-best** *adj* de tous les jours (garment) ● *n* pis-aller *m* || **~-class** *adj/n* (de) seconde classe || **~-hand** *adj* d'occasion ; *~ bookseller,* bouquiniste *n* || **~ly** *adv* deuxièmement || **~-rate** *adj* de second ordre.

secrecy ['si:krisi] *n* secret *m* || discrétion *f.*

secret ['si:krit] *n* secret *m ;* confidence *f ; open ~,* secret de Polichinelle ● *adj* secret ; dérobé (stairs) || FIG. peu communicatif, renfermé.

secretary ['sekrətri] *n* secrétaire *n* || secrétaire *m* (desk) || *~'s office,* secrétariat *m.*

secre|te [si'kri:t] *vt* cacher (hide) || MÉD. sécréter || **~tion** [-ʃn] *n* MÉD. sécrétion *f* || JUR. recel *m* || **~tive** [-tiv] *adj* renfermé, cachottier, secret, dissimulé.

sect [sekt] *n* secte *f* || **~arian** [sek'tɛəriən] *adj/n* sectaire.

section ['sekʃn] *n* section, division, partie *f* || classe *f* (of population) || paragraphe, alinéa *m* (in a text) || rubrique, page *f* (in a newspaper) || ARCH. profil *m,* coupe *f* || MIL. section *f* ● *vt* sectionner || **~al** *adj* TECHN. en coupe, en profil || démontable (bookcase) || FIG. de groupe.

sector ['sektə] *n* secteur *m.*

secular ['sekjulə] *adj* séculaire (ancient) || temporel (temporal) || laïque (education) || ARTS profane || REL. séculier.

secur|e [si'kjuə] *adj* tranquille, en paix || ferme, solide (dependable) || en sûreté ; *~ from,* à l'abri (safe) || FIG. assuré, certain ● *vt* se procurer (get) || protéger, préserver (*against,* de) [make safe] || fixer, attacher || verrouiller (door) || **~ity** [si'kjuəriti] *n* sécurité, sûreté *f* || FIN. valeur *f,* titre *m* || JUR. garantie, caution *f* (pledge) ; *stand ~ for sb.,* se porter garant de/pour qqn || *Security Council,* Conseil *m* de sécurité.

sedan [si'dæn] *n* U.S., AUT. conduite intérieure.

sedat|e [si'deit] *adj* calme, discret || **~ive** ['sedətiv] *adj/n* sédatif (*m*).

sedentary ['sedəntri] *adj* sédentaire.

sediment ['sedimənt] *n* sédiment *m* || lie *f* (of wine).

sedi|tion [si'diʃn] *n* sédition *f* || **~tious** [-ʃəs] *adj* séditieux.

seduc|e [si'dju:s] *vt* séduire (a woman) || **~er** *n* séducteur *n*.

seduc|tion [si'dʌkʃn] *n* séduction *f* (of women) || charme, attrait *m* (attractiveness) || **~tive** [-tiv] *adj* séduisant || alléchant (offer).

sedulous ['sedjuləs] *adj* appliqué, assidu.

see I [si:] *vt* (saw [sɔ:], seen [si:n]) voir, apercevoir; ~ *again,* revoir || visiter, voir; ***(I'll) be ~ing you!,*** à bientôt! ~ ***you later!,*** à tout à l'heure!; ~ ***you soon!,*** à bientôt!; ~ *you (on) Sunday!,* à dimanche! || apprendre (learn) || comprendre, voir, concevoir (understand); ***I ~!,*** je vois!, ah bon! || connaître (experience) || Fig. envisager, considérer; *as I ~ it,* à ce qu'il me paraît || accompagner; ~ ***sb. home,*** reconduire qqn chez lui; ~ ***sb. off,*** accompagner qqn à la gare || ~ ***over,*** examiner; visiter (house) || ~ ***through,*** mener à bien (sth.); aider, soutenir (sb.); ne pas être dupe de (not be fooled) — *vi* voir || comprendre; *as far as I can ~,* autant que je puisse en juger || ~ ***about,*** s'occuper de; réfléchir; *I'll ~ about it,* je verrai || ~ ***after,*** s'occuper de || ~ *into,* examiner (claim) || ~ ***to it that,*** veiller à ce que.

see II *n* évêché *m;* archevêché *m* || ***Holy see,*** saint-siège *m*.

seed [si:d] *n* graine, semence(s) *f(pl)*; pépin *m* (of a fruit) || ***go/run to ~,*** [plant] monter en graine; [person] Fam. se laisser aller, se négliger, s'avachir; [business] péricliter || Fig. cause *f,* principe *m* ● *vt* semer, ensemencer — *vi* monter en graine || **~er** *n* semoir *m* || **~less** *adj* sans pépins (fruit) || **~ling** *n* semis *m,* jeune plant *m* || **~shop** *n* graineterie *f* || **~sman** [-zmən] *n* grainetier *m* || **~y** *adj* plein de graines || Fig. râpé (garment) || miteux (person) || Fam. vaseux, patraque (unwell).

seek [si:k] *vt* (sought [sɔ:t]) chercher || poursuivre (an aim) || briguer (a favour) || essayer, tenter (*to,* de) — *vi* ~ ***after/for,*** rechercher, poursuivre || ~ ***through,*** fouiller, explorer.

seem [si:m] *vi* sembler, paraître, avoir l'air || avoir l'impression (feel as if); *so it ~s,* à ce qu'il paraît; ***it would ~ that,*** on dirait que || **~ing** *adj* apparent || **~ingly** *adv* en apparence, apparemment.

seemly ['si:mli] *adj* gracieux (attractive) || bienséant, convenable (correct).

seen See see I.

seep [si:p] *vi* filtrer, suinter || **~age** [-idʒ] *n* infiltration *f,* suintement *m;* fuite *f* (leakage).

seer ['siə] *n* prophète, voyant *n*.

seesaw ['si:sɔ:] *n* balançoire *f*.

seeth|e [si:ð] *vi* bouillonner || **~ing** *adj* bouillonnant || Fig. en ébullition, en effervescence.

see-through *adj* Fam. transparent.

segment ['segmənt] *n* segment *m*.

segrega|te ['segrigeit] *vt* isoler, mettre à part — *vi* se dissocier || **~tion** [,segri'geiʃn] *n* ségrégation *f*.

seism|ic ['saizmik] *adj* sismique || **~ograph** [-əgrɑ:f] *n* sismographe *m*.

seiz|e [si:z] *vt* saisir; s'emparer de || Jur. arrêter, appréhender *(sb.,* qqn) || Mil. enlever (a fortress) || Fig. saisir, comprendre || **~ure** ['si:ʒə] *n* prise, capture *f* || Jur. arrestation (of a person); saisie *f* (of property) || Méd. attaque *f*.

seldom ['seldəm] *adv* rarement.

selec|t [si'lekt] *vt* choisir (*from,*

parmi) || COMM., SP. sélectionner ● *adj* choisi, de choix || **~tion** [-ʃn] *n* choix, recueil *m* || **~tive** [-tiv] *adj* sélectif.

self, selves [self, selvz] *n* individualité *f* || PHIL. moi *m* || **~-catering accomodation** *n* location meublée avec cuisine (et sans service) || **~-centred** [,-'sentəd] *adj* égocentrique || **~-command** *n* maîtrise *f* de soi || **~-conceit** *n* vanité, suffisance *f* || **~-confidence** *n* confiance *f* en soi || **~-conscious** *adj* gêné, embarrassé, intimidé || **~-control** *n* sang-froid *m* || **~-criticism** *n* autocritique *f* || **~-defence** *n* auto-défense; *in ~*, en état de légitime défense || **~-denial** *n* abnégation *f* || **~-drive** *adj* sans chauffeur (hired vehicle) || **~-educated** *adj* autodidacte || **~-esteem** *n* amour-propre *m* || **~-examination** *n* REL. examen *m* de conscience || **~-governing** *adj* autonome || **~-government** *n* autonomie *f* || **~ish** *adj* égoïste || **~ishness** *n* égoïsme *m* || **~possessed** *adj* maître *m* de soi || **~-possession** *n* assurance *f*, sang-froid *m* || **~-preservation** *n* instinct *m* de conservation || **~-propelled** *adj* automoteur || **~-respect** *n* respect *m* de soi || **~-same** *adj* identique || **~-satisfied** *adj* content de soi || **~-seeking** *adj* intéressé || **~-service** *n* libre-service *m* || **~-starter** *n* AUT. démarreur *m* || **~-steering** *adj* automatique (gear) || **~-sticking** *adj* autocollant || **~-styled** [-d] *adj* soi-disant || **~-sufficient** *adj* suffisant, présomptueux || indépendant économiquement || **~-supporting** *adj* qui subvient à ses propres besoins, indépendant financièrement || **~-taught** *adj* autodidacte || **~-timer** *n* PHOT. déclencheur *m* automatique || **~-will** *n* obstination *f* || **~-winding** *adj* TECHN. à remontage automatique.

sell [sel] *vt* (sold [səuld]) vendre; *to be sold,* à vendre || [causative] faire vendre || COMM. **~ *off/out,*** solder, brader; liquider; *we're all sold out (of...),* nous sommes en rupture de stock; ***~ing-off*** *(n),* liquidation *f* || JUR. **~ *up,*** saisir || FAM. tromper — *vi* [goods] se vendre ● *n* FAM. déception *f* (disappointment); duperie *f* (deception) || COMM. ***hard ~,*** matraquage *m* publicitaire; *give the hard ~,* matraquer; faire du boniment (fam.) || **~er** *n* vendeur, marchand *n*; ***~'s market,*** marché *m* (favorable au) vendeur.

Sellotape ['seləteip] *n* T.N. ruban adhésif (transparent).

selvage ['selvidʒ] *n* lisière *f* (of material).

semantics [si'mæntiks] *n* sémantique *f*.

semaphore ['seməfɔ:] *n* sémaphore *m*.

semblance ['sembləns] *n* apparence *f*.

semester [si'mestə] *n* semestre *m*.

semi|-breve ['semibri:v] *n* MUS. ronde *f*; *~ rest,* pause *f* || **~-colon** [-'kəulən] *n* point-virgule *m* || **~conductor** *n* semi-conducteur *m* || **~detached** [,---'tætʃt] *adj ~* ***house,*** maison jumelle || **~-final** *n* SP. demi-finale *f*.

semin|ar ['semina:] *n* séminaire *m* (of students) || **~arist** [-ərist] *n* REL. séminariste *m* || **~ary** [-əri] *n* REL. séminaire *m*.

semi|quaver *n* MUS. double-croche *f*; *~ rest,* quart *m* de soupir || **~ trailer** *n* U.S. semi-remorque *m/f*.

semolina [,semə'li:nə] *n* semoule *f*.

sena|te ['scnit] *n* sénat *m* || **~tor** ['senətə] *n* sénateur *m*.

send [send] *vt* (sent [sent]) envoyer, expédier (a letter) || TECHN. lancer || FAM. *~ sb. packing,* envoyer promener qqn || [cause] faire devenir; *~ sb. mad,* rendre qqn fou || **~ *away,*** congédier, chasser; expédier (a parcel) || ~ **down,** renvoyer (a student) || ~ **forth,** faire sortir; émettre, exhaler (odour) || ~ **in,** faire entrer qqn; remettre (a resignation) || ~ **off,** renvoyer, expédier; accompagner à la gare, assister au départ; **~-off** (*n*), fête *f* d'adieu || ~ **up,** COMM. faire monter (prices) — *vi* ~ **for,** envoyer chercher, faire venir (sb.); faire prendre (sth.) || **~er** *n* expéditeur *n*.

Senegal [ˌseni'gɔːl] *n* Sénégal *m* || **~ese** ['senigə'liːz] *adj/n* sénégalais.

sen|ile ['siːnail] *adj* sénile || **~ility** [si'niliti] *n* sénilité *f*.

senior ['siːnjə] *adj* aîné || *J. Smith Senior,* J. Smith père ● *n* aîné *m* || **~ity** [ˌsiːni'ɔriti] *n* aînesse *f* || ancienneté *f* (rank).

sensation [sen'seiʃn] *n* sensation, impression *f*; *create a ~,* faire sensation || **~al** *adj* sensationnel.

sense [sens] *n* sens *m* (the five senses) || sensualité *f* (pleasure) || sentiment *m*, conscience *f* (discernment); sens (of honour, humour) || bon sens, jugement *m*; ***common ~,*** sens commun || sens *m* (meaning); *it does not make ~,* cela n'a pas de sens; *in a ~,* dans un certain sens || MÉD. connaissance *f*; *lose one's ~s,* perdre connaissance; *come to one's ~s,* reprendre connaissance ● *vt* sentir intuitivement, pressentir || **~less** *adj* sans connaissance (unconscious) || insensé (foolish).

sensibility [ˌsensi'biliti] *n* sensibilité *f*.

sensible ['sensəbl] *adj* sensé, raisonnable, judicieux (person, course) || conscient (aware) || appréciable, sensible, perceptible (by the senses).

sensitive ['sensitiv] *adj* sensible, impressionnable (person); sensible (instrument) || PHOT. sensible || **~ness** *n* sensibilité *f*.

sensual ['sensjuəl] *adj* sensuel, voluptueux || **~ity** [ˌsensju'æliti] *n* sensualité *f*.

sensuous ['sensjuəs] *adj* sensuel.

sent See SEND.

sentence ['sentəns] *n* phrase *f* || JUR. jugement *m*, sentence *f* ● *vt* condamner.

sentiment ['sentimənt] *n* sentiment *m*, opinion *f*, avis *m* (opinion) || **~al** [ˌsenti'mentl] *adj* sentimental || **~ality** [ˌsentimen'tæliti] *n* sentimentalité *f*.

sentry ['sentri] *n* sentinelle *f* || **~-box** *n* guérite *f* || **~-go** *n* faction *f*; *be on ~,* être de faction.

separable ['seprəbl] *adj* séparable.

separa|te ['seprit] *adj* séparé, distinct, à part; détaché (page); isolé ● ['sepəreit] *vt* séparer — *vi* se séparer || [husband and wife] se séparer/quitter || **~tely** ['sepritli] *adv* séparément, un par un || **~tion** [ˌsepə'reiʃn] *n* séparation *f* || **~tism** ['seprətizm] *n* séparatisme *m* || **~tor** [-tə] *n* écrémeuse *f*.

September [sep'tembə] *n* septembre *m*.

septic ['septik] *adj* MÉD. septique; *become ~,* s'infecter || ~ ***tank,*** fosse *f* septique.

sepul|chre ['sepəlkə] *n* sépulcre *m* || **~ture** ['sepəltʃə] *n* sépulture *f*.

sequel ['siːkwəl] *n* continuation, suite *f* (*to,* de) || conséquence *f*.

sequence ['siːkwəns] *n* succession *f*, ordre, enchaînement *m* || CIN. séquence *f* || GRAMM. concordance *f* (of tenses).

seques|ter [si'kwestə] *vt* isoler; *~ oneself (from the world),* se retirer (du monde) || JUR. séquestrer (a person); mettre sous séquestre (property) || **~tered** [-təd] *adj ~ life,* vie retirée || **~tration** [ˌsiːkwes'treiʃn] *n* séquestre *m*, saisie *f* || séquestration *f*.

serenade [ˌseri'neid] *n* sérénade *f* ● *vt* donner une sérénade à.

seren|e [si'ri:n] *adj* paisible, serein || clair, serein (sky) || **~ity** [si'reniti] *n* sérénité, tranquillité *f*, calme *m*.

serfdom ['sə:fdəm] *n* servage *m*.

serge [sə:dʒ] *n* serge *f*.

sergeant ['sɑ:dʒnt] *n* MIL. [infantry] sergent *m*; [cavalry] maréchal *m* des logis; [police] brigadier *m*.

serial ['siəriəl] *adj* de série; ~ *number,* numéro *m* d'ordre || ~ *story,* roman-feuilleton *m* || **~ize** [-aiz] *vt* publier en feuilleton || **~ly** *adv* en série || en feuilleton (novel).

series ['siəri:z] *n (sing)* série, suite *f*; *in* ~, en série.

serious ['siəriəs] *adj* sérieux (earnest); grave (illness) || **~ly** *adv* sérieusement; gravement; *take* ~, prendre au sérieux || **~ness** *n* sérieux *m*, gravité *f*.

sermon ['sə:mən] *n* sermon *m*.

serpent ['sə:pnt] *n* serpent *m*.

serrated [sə'reitid] *adj* en dents de scie, dentelé.

serum ['siərəm] *n* sérum *m*.

servant ['sə:vnt] *n* domestique *n*, serviteur *m*; *~-girl,* servante *f*.

serve [sə:v] *vt* servir, être au service de || servir (a meal) || rendre service, être utile à (be of service); ~ ***the purpose,*** servir, faire l'affaire || traiter (sb.) || accomplir (a probationary period) || CULIN. accommoder (*with,* de) || JUR. ~ *a sentence,* purger une peine; ~ *two years in prison,* faire deux ans de prison || MIL. ~ *one's time,* faire son temps || SP. servir. — *vi* servir, être utile (be useful) || ~ ***as/for,*** servir de, tenir lieu de || [servant] servir (*at table,* à table) || MIL. servir ● *n* SP. [tennis] service *m*; *your* ~, à vous de servir.

service ['sə:vis] *n* service *m* || ***civil*** ~, fonction publique || service *m* (domestic); *go into* ~, entrer en service || assistance, aide *f*; ***do sb. a*** ~, rendre un service à qqn || utilité *f*; ***be of*** ~, être utile à || disposition *f*; *at your* ~, à votre service || MIL. *the* ~*s,* les trois armes *fpl* || RAIL. service *m* || COMM. ~ *(charge),* service *m* || ZOOL. saillie *f* (of female) || AUT. révision *f*; ~ ***station,*** station service *f*; [motorway] ~ *area,* aire *f* de services || SP. service *m* || REL. office *m* ● *vt* AUT. entretenir, réparer || **~able** *adj* utile, pratique (thing); solide (clothing); serviable (person) || **~man** *n* militaire *m*.

servicing *n* AUT. entretien *m*, révision *f*.

serv|ile ['sə:vail] *adj* servile || **~ility** [sə:'viliti] *n* servilité *f*.

servitude ['sə:vitju:d] *n* servitude *f*; *penal* ~, travaux forcés.

servo ['sə:vəu] *pref* ***~-brake,*** servofrein *m* || ***~-motor,*** servomoteur *m*.

session ['seʃn] *n* séance, session *f* (of Parliament); *be in* ~, siéger || U.S. [school] trimestre *m*.

set [set] *vt* (set) poser, placer, mettre (put); ~ ***apart,*** mettre de côté || mettre (the table) || mettre en plis (hair) || ~ ***fire to,*** mettre le feu à; ~ ***on fire,*** incendier || régler (a clock) || serrer (one's teeth) || attribuer; ~ ***a price on sth.,*** fixer un prix à qqch. || proposer, exposer (a problem) || diriger, lancer; ~ ***the fashion,*** lancer la mode; ~ ***the pace,*** régler l'allure || faire prendre/durcir (cement); faire cailler (milk) || fixer, immobiliser || ~ ***free,*** libérer || ~ ***in order,*** mettre en ordre || ~ ***right,*** détromper; redresser; ranger (things) || ~ ***going,*** mettre en marche || ~ ***oneself against,*** s'opposer résolument à; ~ ***oneself to,*** se mettre à, entreprendre || MÉD. ~ *a bone,* réduire une fracture || TECHN. sertir (a diamond) || NAUT. ~ *sail,* mettre à la voile, lever l'ancre || ~ ***about,*** entreprendre, se mettre à || ~ ***back,*** empêcher, gêner; retarder (a clock); SL. coûter (so much) || ~ ***down,*** noter; attribuer; AUT. déposer (sb.) || ~ ***forth,*** exposer (a theory); faire savoir || ~ ***off,*** rehausser, mettre en valeur || ~ ***on,*** attaquer || ~ ***out,*** proclamer, publier; COMM. étaler, exhiber (goods) || ~ ***up,*** placer, installer, dresser (place in position); élever (a statue); installer (machine, etc.); [often passive] pourvoir, fournir (*sb. with,* qqn en); fonder (an institution); SP. développer (the body).

— *vi* commencer (begin); ~ *to work,* se mettre au travail || [cement, jelly] prendre || ASTR. [sun] se coucher || NAUT. [tide] ~ *in/out,* monter/descendre || MÉD. [bone] se souder || SP. [dog] tomber en arrêt || FIG. [character] s'affermir || ~ ***forth,*** partir || ~ ***in,*** [rain, etc.] commencer, s'installer || ~ ***off,*** partir || ~ ***out,*** se mettre en route, partir || ~ ***to,*** s'y mettre; se prendre de querelle || ~ ***up :*** COMM. ~ *up in business,* s'établir. ● *adj* fixé (date) || fixe (weather) || prescrit; ~ *books,* livres *mpl* au programme || prêt; ***all*** ~, fin prêt || figé (smile) || FIG. bien arrêté (opinion).

● *n* série, collection *f;* service *m;* [tools] trousse *f* || *chess* ~, jeu *m* d'échecs || [people] groupe, cercle *m;* milieu, monde *m;* PÉJ. bande *f* || [body] attitude *f,* port *m* || [garment] découpe, forme *f* || *(hair)* ~, mise *f* en plis; ***have a*** ~, se faire faire une mise en plis || ~ *of false teeth,* dentier *m* || RAD. poste *m* || CIN. plateau *m* || SP. [tennis] manche *f,* set *m* || MATH. ensemble *m.*

set-back *n* contre-temps *m* || revers *m* (defeat) || MÉD. rechute *f.*

settee [se'ti:] *n* canapé, divan *m.*

sett|er ['setə] *n* ZOOL. setter *m* || **~ing** *n* TECHN. pose *f,* montage *m;* sertissage *m* (act); monture *f* (frame) || TH. mise *f* en scène || ASTR. coucher *m* (of the sun) || FIG. cadre, milieu *m.*

settle ['setl] *vt* établir, installer (sb.); *get ~d,* s'organiser || décider, déterminer || calmer (agitation) || arrêter, fixer (a date) || résoudre (a difficulty) || régler (a dispute) || conclure (a question) || mettre en ordre (one's affairs) || coloniser, s'établir dans (a territory) || COMM. payer, régler (an account) — *vi* s'établir, s'installer, se fixer || [bird] se poser || [liquid] se clarifier, s'apaiser || [wind] se calmer, s'apaiser || [weather] se remettre au beau || ~ ***down,*** s'établir; se fixer (in a town) || s'assagir, se ranger; ~ *down to a task,* s'atteler à une tâche || ~ ***in,*** s'installer (in a new home) || ~ ***(up)on,*** choisir, fixer son choix sur || **~ment** *n* établissement *m,* colonie *f* || règlement *m* (of a dispute) || arrangement *m* (for an argument) || FIN. liquidation *f* (of a debt) || JUR. rente, pension *f; marriage* ~, contrat *m* de mariage.

settler ['setlə] *n* colon *m.*

set|-to ['set'tu:] *n* bagarre *f;* FAM. prise *f* de bec || **~-up** *n* organisation, structure *f;* dispositif *m;* FAM. système *m.*

seven ['sevn] *adj/n* sept *(m)* || **~teen** [--'ti:n] *adj/n* dix-sept *(m)* || **~ty** [-ti] *adj/n* soixante-dix *(m)* || **~ty-eight** *n a 78,* un 78-tours (record).

sever ['sevə] *vt* séparer; détacher || rompre (friendship) || diviser || JUR. disjoindre.

several ['sevrəl] *adj* plusieurs || séparé (different) ● *pron* plusieurs || **~ly** *adv* séparément, individuellement.

sever|e [si'viə] *adj* sévère (person) || rigoureux (sentence, climate) || grave (illness) || pénible, vif (pain) || intense (heat) || mordant (criticism) || **~ely** [-li] *adv* sévèrement || MÉD. gravement (ill) || **~ity** [si'veriti] *n* sévérité *f* || rigueur *f* (of punishment, climate) || MÉD. gravité *f*.

sew [səu] *vt* (sewed [səud]; sewed *or* sewn [səun]) coudre || *~ on a button,* coudre un bouton || *~ up,* (re)coudre (faire un point) — *vi* faire de la couture.

sew|age ['sju:idʒ] *n* eaux *fpl* d'égout || **~er** *n* égout *m*.

sewing ['səuiŋ] *n* couture *f* || ***~-machine,*** machine *f* à coudre.

sex [seks] *n* sexe *m; have ~ with,* avoir des rapports sexuels avec; faire l'amour avec (fam.) || **~ism** *n* sexisme *m* || **~ maniac** *n* obsédé sexuel || **~ual** [-juəl] *adj* sexuel || **~y** *adj* excitant; sexy (fam.).

sex|tant ['sekstənt] *n* sextant *m* || **~tette** [seks'tet] *n* sextuor *m*.

sexton ['sekstən] *n* sacristain *m*.

shabby ['ʃæbi] *adj* râpé, élimé (clothes); pauvrement vêtu (person) || délabré (house) || mesquin, chiche (mean) || méprisable, vil (behaviour).

shack [ʃæk] *n* cabane, hutte *f*.

shackle ['ʃækl] *n* entrave *f* || *Pl* fers *mpl* (of a prisoner); FIG. entraves *fpl* ● vt mettre les fers à; entraver.

shade [ʃeid] *n* ombre *f* (portée), ombrage *m; in the ~,* à l'ombre || *Pl* ombres, ténèbres *fpl;* FAM. lunettes *fpl* de soleil || *(lamp-)~,* abat-jour *m* || [colour] nuance *f* || FIG. *~ of meaning,* nuance *f* ● *vt* ombrager; abriter du soleil — *vi ~ off,* se dégrader, se fondre (*into,* en).

shadow ['ʃædəu] *n* ombre *f* (projetée) || silhouette *f; cast a ~,* projeter une ombre || FIG. illusion *f;* ombre *f* (semblance); *he is only a ~ of his former self,* il n'est plus que l'ombre de lui-même || FIG. trace *f; without a ~ of doubt,* sans l'ombre d'un doute || *Pl ~s under the eyes,* cernes *mpl* sous les yeux ● *vt* obscurcir || [detective] filer, pister (sb.) || **~-cabinet** *n* POL. G.B. cabinet *m* fantôme || **~y** *adj* ombragé, sombre; vague.

shady ['ʃeidi] *adj* ombreux, ombragé (path) || FIG. louche; *the ~ side of,* les dessous de.

shaft [ʃα:ft] *n* flèche *f,* trait, rayon *m* (of light) || ARCH. fût *m* (of a column) || BOT. tige *f* (stem) || TECHN. brancard *m* (of a cart); puits *m* (of a mine); cage *f* (of a lift); arbre, axe *m* || FIG. flèche *f,* trait *m*.

shaggy ['ʃægi] *adj* hirsute (beard), touffu (hedge) || à longs poils (animal) || FAM. *~ dog story,* histoire *f* loufoque.

shake [ʃeik] *vt* (shook [ʃuk], shaken ['ʃeikn]) secouer; *~ hands with,* serrer la main à, donner une poignée de main à; *~ one's head,* hocher la tête || agiter, secouer (bottle, thermometer) || FIG. ébranler, émouvoir, bouleverser || ***~ off,*** secouer; se débarrasser de (a habit, a cold) || ***~ up,*** secouer énergiquement — *vi* trembler, chanceler || [voice] chevroter || ***~ down,*** s'habituer à, se faire à; ***~-down*** *(n),* lit improvisé ● *n* secousse *f*.

shak|er ['ʃeikə] *n* CULIN. shaker *m* || **~y** *adj* tremblant, branlant || chevrotant (voice) || chancelant (health).

shall [ʃæl] *mod aux* (neg. shan't [ʃα:nt]; pret. should [ʃud]) [future] *I ~ go,* j'irai || [promise] *you ~ have it,* vous l'aurez, c'est promis || [compulsion] *you ~ do it,* vous le ferez; [neg.] *you shan't have it,* vous ne l'aurez pas || [interr.] *~ I open the window?,* voulez-vous que j'ouvre la fenêtre?; *let's go, ~ we?,* partons, voulez-vous?

shallot [ʃə'lɔt] *n* échalote *f*.

shallow ['ʃæləu] *adj* peu profond;

~ *water,* haut-fond *m* || plat (dish) || FIG. superficiel, frivole.

sham [ʃæm] *n* feinte *f,* simulacre *m;* supercherie, imposture *f* (action); imposteur *m* (person) || COMM. imitation *f* ● *adj* feint, simulé (pretence) || faux (jewellery); en toc (fam.) || [bluff] bidon (pop.) ● *vi/vt* feindre, simuler; ~ *ill,* faire semblant d'être malade; ~ *dead,* faire le mort.

shamble ['ʃæmbl] *vi* marcher en traînant les pieds.

shambles ['ʃæmblz] *n* abattoir *m* || FIG. scène *f* de carnage || FAM. pagaille, pétaudière *f.*

shame [ʃeim] *n* honte *f; feel ~ at,* avoir honte de; *put sb. to ~,* faire honte à qqn; *~ on you!,* quelle honte! || ***what a ~,*** quel dommage ● *vt* faire honte à (make ashamed) || déshonorer (bring dishonour to) || **~-faced** [-feist] *adj* honteux, penaud || **~ful** *adj* déshonorant, scandaleux (action) || **~less** *adj* éhonté, effronté || **~lessness** *n* impudeur, effronterie *f.*

shammy-leather ['ʃæmileθə] *n* peau *f* de chamois.

shampoo [ʃæm'pu:] *n* shampooing *m; have a ~,* se faire faire un shampooing ● *vt* shampouiner; *have one's hair ~ed* [-d] *and set,* se faire faire un shampooing et une mise en plis.

shamrock ['ʃæmrɔk] *n* trèfle *m* (d'Irlande).

shank [ʃæŋk] *n* MÉD. jambe *f;* tibia *m* (bone).

shan't [ʃɑ:nt] = SHALL NOT.

shanty I ['ʃænti] *n* chanson *f* de marins.

shanty II *n* cabane, baraque, bicoque *f* || **~-town** *n* bidonville *m.*

shape [ʃeip] *n* forme, figure *f;* ***in the ~ of,*** sous forme de; ***take ~,*** prendre forme; *get out of ~,* se déformer || façon, coupe *f* (of a garment) ● *vt* former, façonner || **~less** *adj* informe || **~liness** *n* beauté *f;* galbe *m* || **~ly** *adj* beau, bien fait; bien roulée (fam.) [woman].

share I [ʃɛə] *n* soc *m* (of a plough).

share II *vt/vi ~ (out),* partager || *~ (in),* partager, prendre part à ● *n* part, portion *f;* ***go ~s with sb.,*** partager avec qqn; *have a ~,* contribuer, prendre part à || FIN. valeur, action *f* || **~holder** *n* actionnaire *n.*

shark [ʃɑ:k] *n* requin *m* || FIN. escroc *m* (swindler).

sharp [ʃɑ:p] *adj* tranchant, affilé (knife) || aigu, pointu (needle) || aigu (angle, sound) || acide (taste) || âcre (odour) || brusque (curve) || fin (ears) || perçant, pénétrant (sight, mind) || sec (noise) || mordant, cinglant (criticism) || fin, vif (person) || piquant (wind) || FAM. rusé; peu scrupuleux ● *n* MUS. dièse *m* ● *adv* exactement; *at two o'clock ~,* à deux heures précises || net (stopping); brusquement (turning) || ***look ~!,*** faites vite! || **~en** *vt* aiguiser, affiler, repasser (a blade); tailler (a pencil) || **~ener** [-nə] *n* taille-crayon *m* || **~er** *n* escroc, tricheur *m* (at cards) || **~ly** *adv* nettement, vivement || **~ness** *n* finesse *f* (of a cutting edge) || acuité *f* (of eyesight) || netteté *f* (on an outline) || finesse *f* (of hearing) || âcreté *f* (of an odour) || vivacité *f* (of mind).

shatter ['ʃætə] *vt* fracasser, briser || MÉD. ébranler (nerves); détraquer, délabrer (health) — *vi* se fracasser, se briser || **~ing** [-riŋ] *adj* fracassant || bouleversant (news); accablant (defect).

shave [ʃeiv] *vt* raser, faire la barbe à || FIG. effleurer — *vi* se raser ● *n* ***have a ~,*** se raser; *get a ~,* se faire raser || FIG. *have a close ~,* l'échapper belle.

shav|er ['ʃeivə] *n* barbier *m* ||

~ing *n* rasage *m*; **~-*brush,*** blaireau *m*; **~-*cream,*** crème *f* à raser; **~-*soap,*** savon *m* à barbe.

shawl [ʃɔːl] *n* châle, fichu *m*.

she [ʃiː] *pron* [subject] elle *f* ● *n* femelle *f* || **~-*cat,*** chatte *f*.

sheaf, sheaves [ʃiːf, ʃiːvz] *n* gerbe *f* (of corn); liasse *f* (of papers) ● *vt* mettre en gerbes; mettre en liasses.

shear [ʃiə] *vt* (~ed [-d]; ~ed *or* shorn [ʃɔːn]) tondre (animals) ● *npl* cisailles *fpl* || **~ing** [-riŋ] *n* tonte *f* (des moutons).

sheath [ʃiːθ] *n* fourreau *m* (for an umbrella); gaine *f* (for a knife) || MÉD. *contraceptive* ~, préservatif *m* || **~e** [ʃiːð] *vt* rengainer.

sheaves [ʃiːvz] See SHEAF.

shed I [ʃed] *vt* (shed) répandre, verser (tears, blood) || répandre, diffuser (light) || [tree] perdre (leaves).

shed II *n* hangar *m*.

sheen [ʃiːn] *n* éclat, lustre, reflet (of silk); miroitement *m* (of water).

sheep [ʃiːp] *n* mouton *m* || FIG. *black* ~, brebis galeuse || **~-dog** *n* chien *m* de berger || **~-fold** *n* bercail *m*, bergerie *f* || **~ish** *adj* penaud, niais || **~skin** *n* basane *f* || U.S., FAM. peau *f* d'âne (diploma) || **~ *jacket,*** canadienne *f*.

sheer [ʃiə] *adj* complet, absolu, pur; *in* ~ *desperation,* en désespoir de cause || transparent (fabric); extra-fin (stocking) || perpendiculaire, à pic (very steep).

sheet [ʃiːt] *n* drap *m* (bedlinen) || feuille *f* (of paper) || nappe *f* (of water) || NAUT. écoute *f* || COMM. bordereau *m*; *balance* ~, bilan *m* || **~ metal** *n* tôle *f*.

shelf, shelves [ʃelf, ʃelvz] *n* rayon *m* (of library, cupboard) || *Pl* étagère *f* || GÉOL. rebord *m*, corniche *f* (of a cliff).

shell [ʃel] *n* coquille *f* (of an egg) || ZOOL. coquille *f* (of a mollusc); écaille *f* (of a tortoise); carapace *f* (of lobster); *sea* ~, coquillage *m* || BOT. coquille *f* (of a nut); cosse *f* (of peas) || ARCH. gros œuvre *m* (building) || MIL. obus *m* ● *vt* écailler (a fish); écosser (peas); décortiquer (nuts) || MIL. bombarder || **~fish** *n* crustacé *m*.

shelter [ˈʃeltə] *n* abri, refuge, asile *m*; *under* ~, à l'abri; ***take*** ~, se mettre à l'abri, s'abriter ● *vt* abriter, mettre à l'abri — *vi* s'abriter (*from,* de).

shelv|e [ʃelv] *vt* ranger (on a shelf) || FIG. classer, enterrer (defer) — *vi* ~ ***(down),*** [land] descendre en pente douce || **~ing** *n* rayonnages *mpl*.

she-monkey [ˈʃiˈmʌnki] *n* guenon *f*.

shepherd [ˈʃepəd] *n* berger *m* || **~'*s pie,*** hachis *m* Parmentier || **~ess** *n* bergère *f*.

sherbet [ˈʃəːbət] *n* sorbet *m*.

sheriff [ˈʃerif] *n* shérif *m*.

sherry [ˈʃeri] *n* xérès *m*.

shew, shewn [ʃəu(n)] = SHOW, SHOWN.

shield [ʃiːld] *n* bouclier *m* ● *vt* protéger (*against,* contre; *from,* de).

shift [ʃift] *n* changement *m*; saute *f* (of wind); renverse *f* (of current) || équipe *f* (of workmen); *work in* ~*s,* se relayer || [period] *the three-8-hours* ~*s,* les trois huit || [expedient] expédient *m*; *make* ~, trouver moyen (*to,* de); s'arranger (*with,* de) ● *vt* changer, déplacer (transfer) || ~ *gears,* changer de vitesse — *vi* changer (de place), bouger || [wind] tourner || **~ *for oneself,*** se débrouiller || **~key** *n* [typewriter] touche *f* de majuscules || **~less** *adj* paresseux (lazy) || empoté (fam.) [clumsy].

shilling [ˈʃiliŋ] *n* shilling *m*.

shilly-shally ['ʃili,ʃæli] *vi* FAM. tergiverser.

shimmer ['ʃimə] *vi* chatoyer, miroiter ● *n* chatoiement *m*, reflet tremblant.

shimmy ['ʃimi] *n* AUT. shimmy *m*, flottement *m* des roues avant.

shin [ʃin] *n* devant *m* du tibia; **~-bone,** tibia *m* ● *vi* ~ *up a tree*, grimper à un arbre.

shine [ʃain] *vi* (shone [ʃɔn]) [surface] luire, reluire || [sun] briller || FIG. resplendir — *vt* éclairer; braquer (a torch) [*on*, sur] || faire reluire || FAM. (p. p. ~d) astiquer (shoes) ● *n* éclat, brillant *m* || *rain or* ~, par tous les temps.

shingle ['ʃingl] *nsing* galets *mpl.*

shingles ['ʃinglz] *npl* MÉD. zona *m.*

shingly *adj* de galets (beach).

shiny ['ʃaini] *adj* brillant, luisant.

ship [ʃip] *n* navire *m* || [war] vaisseau, bâtiment *m* || *~'s boy*, mousse *m* || *~'s company*, équipage *m* ● *vt* embarquer (a cargo) || COMM. expédier (by rail or sea) || **~building** *n* construction navale || **~-chandler** *n* fournisseur *m* de la marine || **~ment** *n* expédition *f* (of goods); chargement *m* (goods shipped) || **~owner** *n* armateur *m* || **~per** *n* affréteur, expéditeur *m* || **~ping** *n* navigation *f* || flotte *f* (ships) || embarquement *m* (of a cargo) || transport *m* maritime || **~shape** *adj* FAM. bien arrangé, en ordre || **~wreck** *n* naufrage *m* ● *vt* **be ~ed,** faire naufrage || **~yard** *n* chantier *m* de construction navale.

shire ['ʃaiə] *n* comté *m* ● [-ʃ(i)ə] *suffix* as in *Yorkshire*, etc.

shirk [ʃə:k] *vt* éviter, esquiver || manquer (school) — *vi* se dérober à, se défiler || MIL. tirer au flanc || **~er** *n* tire-au-flanc *m inv.*

shirt [ʃə:t] *n* chemise *f* (man's); chemisier *m* (woman's) || *in one's ~-sleeves*, en bras de chemise || **~-front** *n* plastron *m* || **~-maker** *n* COMM. chemisier *n* || **~waist(er)** *n* [woman's] chemisier *m.*

shit [ʃit] *n* [tabou] merde *f* (excrement) ● *excl* ~*!*, merde! (pop.) || **~ty** *adj* merdeux (vulg.).

shiver I ['ʃivə] *n* éclat, fragment *m* ● *vt/vi* (se) briser en miettes, voler en éclats.

shiver II *n* frisson, tremblement *m* ● *vi* frissonner, trembler, grelotter.

shoal I [ʃəul] *n* haut-fond *n* (shallow); banc *m* de sable.

shoal II *n* banc *m* (of fish); bande *f* (of porpoises).

shock I [ʃɔk] *n* toison, tignasse *f* (hair).

shock II *n* choc, heurt *m* || MÉD. traumatisme; choc *m* opératoire || FIG. coup, saisissement *m* ● *vt* choquer, scandaliser, bouleverser || **~-absorber** *n* AUT. amortisseur *m* || **~ing** *adj* choquant, scandaleux || affreux (spectacle) || exécrable (weather).

shod See SHOE.

shoddy ['ʃɔdi] *adj* COMM. de mauvaise qualité, de pacotille.

shoe [ʃu:] *n* chaussure *f*, soulier *m; a pair of ~s*, une paire de chaussures; ***wooden ~s,*** sabots *mpl;* ***put on one's ~s,*** se chausser; ***take off one's ~s,*** se déchausser, ôter ses chaussures || [cycle] patin *m* de frein ● *vt* (shod [ʃɔd]) chausser || ferrer (a horse) || **~black** *n* cireur *m* de chaussures || **~horn** *n* chausse-pied *m*, corne *f* à chaussure || **~-lace** *n* U.S. = ~-STRING || **~-maker** *n* fabricant *n* de chaussures; cordonnier *n* (cobbler) || **~-polish** *n* cirage *m* || **~-string** *n* lacet *m* de chaussure || **~-tree** *n* embauchoir *m.*

shone See SHINE.

shook See SHAKE.

shoot [ʃu:t] *n* BOT. pousse *f*, rejeton *m* || TECHN. plan incliné (chute) || SP. chasse *f* (party); chasse *f* (area) ● *vt* (shot [ʃɔt]) MIL. lancer, tirer (a bullet); décocher (an arrow); fusiller (execute) || SP. chasser au fusil (game) || CIN. tourner (a film) || ~ ***down,*** AV., SP. abattre (plane, game) — *vi* tirer; *go ~ing,* aller à la chasse || filer (move quickly); ***~ing star,*** étoile filante || [flames] jaillir || BOT. [bud] pousser; [tree] bourgeonner || MÉD. [pain] élancer || SP. [football] shooter || SL. [drug-user] se piquer dans la veine; se shooter (arg.) || **~er** *n* tireur *n* || SP. chasseur *n* || **~ing** *n* chasse *f* au fusil || *~-gallery,* stand *m* de tir; *~-licence,* permis *m* de chasse; *~-party,* partie *f* de chasse || CIN. tournage *m; ~ script,* découpage *m* ● *adj* lancinant; ~ ***pain,*** élancement *m*.

shop [ʃɔp] *n* boutique *f*, magasin *m; keep ~,* tenir boutique || [workshop] atelier *m* || [unions] ***closed ~ (policy),*** monopole syndical de l'embauche ● *vi* faire des achats, courir les magasins || **~-assistant** *n* vendeur *n* || **~-girl** *n* vendeuse *f* || **~keeper** *n* commerçant, marchand *n* || **~-lifting** *n* vol *m* à l'étalage || **~ping** *n* achats *mpl; **do the ~,*** faire les courses; ***go ~,*** faire des courses; ~ ***bag/net,*** sac/filet *m* à provisions; ~ *centre,* centre commercial || **~-soiled** *adj* qui a fait l'étalage, défraîchi || ~ **steward** *n* délégué syndical || **~walker** *n* chef *m* de rayon || **~-window** *n* vitrine || ~ **worn** *adj* = ~-SOILED.

shore [ʃɔ:] *n* rivage, littoral *m*, côte *f* (of the sea); bord *m* (of a lake); rive *f* (of a river) || *off ~,* au large; *on ~,* à terre.

shorn See SHEAR.

short [ʃɔ:t] *adj* [space] court || [person] petit || [time] bref || ***grow ~er,*** [days] raccourcir || incomplet, insuffisant; ***be ~ of,*** être à court de || ***make ~ work of,*** expédier || *to make a long story ~,* pour abréger || brusque, vif (temper) ● *adv* brusquement; *stop ~,* s'arrêter net/pile (fam.) || ***fall ~ of,*** tomber en deçà de; ne pas atteindre; FIG. être insuffisant; rester en-dessous de || ***be/go ~ of,*** être à court de, manquer de; *I'm £5 ~,* il me manque 5 livres; ***run ~ (of),*** s'épuiser; venir à manquer ● *n* ***be ~ for,*** être l'abréviation de; *for ~,* par abréviation || *Pl* short *m* || CIN. court métrage || **~age** [-idʒ] *n* manque *m*, pénurie *f; housing ~,* crise *f* du logement || **~-bread, ~-cake** *n* sablé *m*, gâteau sec || **~-circuit** *n* court-circuit *m* || **~comings** *npl* défauts *mpl*, imperfections *fpl* || ~ **cut** *n* raccourci *m; take a ~,* prendre au plus court || **~en** *vt* raccourcir, écourter, abréger || **~ening** [-niŋ] *n* CULIN. matière grasse || **~-haired** [-ˌhɛəd] *adj* à poil ras (dog) || **~hand** *n* sténographie *f; take (down) in ~,* sténographier; *~-typist,* sténo-dactylo *f* || **~-handed** [-ˈhændid] *adj* à court de personnel/de main-d'œuvre || **~ly** *adv* brièvement (briefly); bientôt (soon) || **~ness** *n* brièveté, concision *f* || insuffisance *f* || **~-sighted** *adj* myope || FIG. à courte vue || ~ **staffed** [-ˈstɑ:ft] *adj be ~,* manquer de personnel || **~-story** *n* nouvelle *f; ~ writer,* nouvelliste *n* || **~-tempered** *adj* coléreux, emporté || **~-winded** *adj* poussif, à l'haleine courte.

shot I See SHOOT.

shot II [ʃɔt] *n* coup *m* de feu; boulet *m* (of a cannon) || projectile *m;* plombs *mpl* || [person] tireur *m* || SP. coup *m;* [football] shoot *m* || CIN. prise *f* de vues; plan *m* || ASTR. tir *m;* lancement *m* || MÉD. piqûre *f* || FIG. tentative *f*, essai *m; have a ~ at,* essayer ● *adj* moiré (silk) || **~-gun** *n* fusil *m* de chasse.

should [ʃud] *mod aux* See SHALL || [conditional] *I ~ go,* j'irais || [doubt] *if he ~ come,* s'il venait ||

[duty] *you ~ do it,* vous devr(i)ez le faire.

shoulder ['ʃəuldə] *n* épaule *f* || *breadth of ~s,* carrure *f* ● *vt* pousser de l'épaule || prendre sur les épaules || MIL. mettre sur l'épaule (gun) || **~-belt** *n* bandoulière *f* || **~-blade** *n* omoplate *f* || **~-strap** *n* bretelle *f* (of a woman's garment) || patte *f* d'épaule (of a uniform); bandoulière *f* (of a bag).

shout [ʃaut] *vi* crier, pousser des cris — *vt* crier, vociférer || *~ down,* huer ● *n* cri *m* || éclat *m* (of laughter) || *Pl* clameurs *fpl.*

shove [ʃʌv] *vt* pousser, fourrer (fam.) || bousculer — *vi ~ off,* NAUT. pousser au large ● *n* FAM. poussée *f.*

shovel ['ʃʌvl] *n* pelle *f* ● *vt* pelleter.

show [ʃəu] *vt* (~ed [-d], ~n [-n]) montrer, faire voir || passer (film) || exposer, révéler || [clock] indiquer (time) || montrer (capacities); faire preuve de (courage) || témoigner (gratitude); montrer, indiquer (the way) || diriger, conduire; *~ **in/out,*** faire entrer/reconduire (sb.) || *~ one's hand,* [cards] FIG. montrer son jeu || ***~-down*** *(n),* FIG. abattage *m* des cartes; révélation *f* de ses intentions; épreuve *f* de force || *~ **off,*** faire montre de, étaler, parader; mettre en valeur (sb.'s beauty); ***~-off*** *(n),* m'as-tu-vu, poseur *n* || *~ **over/round,*** faire visiter || *~ **up,*** mettre en vue (a thing); démasquer, dénoncer (treachery).
— *vi* se montrer, paraître (be visible) || [slip] dépasser || révéler, prouver || *~ **through,*** transparaître || *~ **up,*** se dessiner, ressortir (against a background); se présenter, faire acte de présence.
● *n* apparence *f,* simulacre *m; make a ~ of,* faire semblant de || parade, ostentation *f;* étalage *m* (display); *make a ~ of,* faire parade de, afficher || ***take a ~ of hands,*** voter à main levée || exposition *f;* concours *m;* ***on ~,*** exposé || TH. spectacle *m;* représentation *f* (performance) || FIG. *put up a good ~,* faire bonne figure.

show-case *n* vitrine *f.*

shower ['ʃauə] *n* ondée, averse *f; April ~,* giboulée *f* de mars; *sudden ~,* ondée *f* || ***~-bath*** (FAM. ~), douche *f* || FIG. pluie, grêle *f* ● *vt* déverser || FIG. faire pleuvoir — *vi* pleuvoir à verse.

show-girl *n* girl *f.*

showing *n* [exhibition] exposition *f* || CIN. projection *f;* séance *f.*

showman ['ʃəumən] *n* forain *m.*

shown See SHOW.

showy ['ʃəui] *adj* voyant (colour) || FAM. tape-à-l'œil.

shrank See SHRINK.

shrapnell ['ʃræpnl] *n* éclats *mpl* d'obus/de bombe.

shred [ʃred] *n* lambeau *m,* petit morceau || fragment *m,* miette *f* ● *vt* déchiqueter, mettre en lambeaux.

shrew [ʃru:] *n* femme acariâtre, mégère *f.*

shrewd [ʃru:d] *adj* sagace, perspicace (clever) || astucieux (astute) || **~ness** *n* sagacité, perspicacité *f* || astuce, malice *f.*

shrewish ['ʃru:iʃ] *adj* acariâtre.

shriek [ʃri:k] *n* cri perçant ● *vi* pousser un cri perçant.

shrift [ʃrift] *n* absolution *f; short ~,* jugement/châtiment expéditif.

shrill [ʃril] *adj* aigu, strident.

shrimp [ʃrimp] *n* crevette *f.*

shrine [ʃrain] *n* châsse *f,* reliquaire *m* (casket); tombeau, mausolée *m* (tomb); sanctuaire *m* (temple); lieu saint (place).

shrink [ʃriŋk] *vi* (shrank [ʃræŋk], shrunk [ʃrʌŋk]) se rétrécir || ~

back, se dérober (*from*, à) || **~age** [-idʒ] *n* rétrécissement, raccourcissement *m*.

shrivel [ˈʃrivl] *vi* ~ (*up*), se dessécher, se ratatiner — *vt* dessécher, ratatiner.

shroud [ʃraud] *n* linceul, suaire *m* || *Pl* NAUT. haubans *mpl* ● *vt* FIG. cacher, voiler.

Shrove [ʃrəuv] *n* : ~ *Tuesday*, Mardi gras.

shrub [ʃrʌb] *n* arbuste, arbrisseau *m*.

shrug [ʃrʌg] *vt* ~ (*one's shoulders*), hausser les épaules ● *n* haussement *m* d'épaules.

shrunk See SHRINK.

shudder [ˈʃʌdə] *vi* frémir (with horror); frissonner (with cold) ● *n* frisson, frémissement *m*.

shuffle [ˈʃʌfl] *vi* traîner les pieds || battre les cartes || FIG. tergiverser, biaiser ● *n* démarche traînante; frottement *m* de pieds || [cards] battage *m* || POL. = RESHUFFLE.

shun [ʃʌn] *vt* éviter, fuir, esquiver.

shunt [ʃʌnt] *vt/vi* RAIL. garer, manœuvrer, aiguiller (a train); *~ing yard*, gare *f* de triage || ÉLECTR. dériver; shunter || FIG. détourner ● *n* RAIL. manœuvre *f* || ÉLECTR. dérivation *f*.

shut [ʃʌt] *vt* (shut) fermer (close) || SL. ~ *your trap!*, ta gueule! (pop.) || ~ ***away***, enfermer, mettre sous clef || ~ ***down***, fermer (shop) || ~ ***in***, enfermer || ~ ***off***, couper (gas, steam) || ~ ***to***, fermer à fond (a door) || ~ ***up***, enfermer (sb.); ~ *oneself up*, s'enfermer — *vi* (se) fermer || ~ ***up***, FAM. se taire; ~ *up!*, tais-toi!; la ferme! (fam.) || **~er** *n* volet *m* || PHOT. obturateur *m*.

shuttle [ˈʃʌtl] *n* TECHN. navette *f* ● *vi* faire la navette || **~cock** *n* SP. volant *m* || ~ **service** *n* RAIL. navette *f*.

shy I [ʃai] *vi* [horse] faire un écart.

shy II *adj* timide, réservé, craintif, farouche (animal); ombrageux (horse) || ***be ~ of***, se méfier de, avoir peur de || *fight ~ of*, tout faire pour éviter || **~ness** *n* timidité, réserve *f*.

Siam [ˈsaiæm] *n* Siam *m* || **~ese** [ˌsaiəˈmiːz] *adj/n* siamois; ~ *twins*, frères/sœurs siamois(es).

sibling [ˈsaibliŋ] *n* frère *m* ou sœur *f*.

Sicily [ˈsisili] *n* Sicile *f*.

sick [sik] *adj* malade; *a ~ person*, un malade; ***fall ~***, tomber malade || ***be ~***, vomir, rendre; *feel ~*, avoir mal au cœur, avoir envie de vomir, avoir la nausée || FIG. *be ~ at heart*, avoir le cœur serré; ***be ~ of***, en avoir assez de ● *n the ~*, les malades || NAUT. ~ ***bay***, infirmerie *f* || **~en** *vi* dépérir — *vt* donner la nausée/mal au cœur || FIG. écœurer || **~ening** [ˈsikniŋ] *adj* écœurant || FIG. répugnant.

sickle [ˈsikl] *n* faucille *f*.

sick-leave [ˈsikˈliːv] *n* congé *m* de maladie.

sick|ly [ˈsikli] *adj* maladif, souffreteux (person) || pâle (complexion) || FIG. écœurant (smell); morbide (sentiments) || **~ness** *n* maladie *f* || nausée *f*.

sick-room [ˈsikrum] *n* chambre *f* de malade; infirmerie *f*.

side [said] *n* côté *m*; *left ~*, côté gauche; *right/wrong ~*, endroit/envers *m* || ***on/from all ~s***, de tous côtés || flanc *m* (of person, animal) || ~ ***by*** ~, côte à côte || bord, versant *m* (of a hill) || SP. camp *m* || POL. parti *m*; ***take ~s***, prendre parti (*with*, pour) || COMM. *this ~ up*, haut ● *vi* prendre parti (*with*, pour; *against*, contre) ● *adj* latéral, de côté || **~-arm** *n* arme *f* blanche || **~board** *n* buffet *m*; desserte *f* ||

~**-car** *n* side-car *m* || ~ **effect** *n* effet *m* secondaire || ~**light** *n* NAUT. feu *m* de côté || AUT. feu *m* de position || ~ **line** *n* voie *f* secondaire || FIG. occupation *f* secondaire, violon *m* d'Ingres (hobby) || ~**long** *adj* oblique, de côté ● *adv* obliquement || ~**-saddle** *n* selle *f* de femme ● *adv* *ride* ~, monter en amazone || ~**-slip** *n* AUT. dérapage *m* ● *vi* déraper || ~**step** *n* écart *m* ● *vi* faire un pas de côté || FIG. esquiver || ~**-stroke** *n* [swimming] (nage) indienne *f* || ~**-track** *n* voie *f* de garage ● *vt* FIG. détourner (sb.); remettre à plus tard (an issue) || ~**walk** *n* U.S. trottoir *m* || ~**ways** *adv* de côté, latéralement.

siding ['saidiŋ] *n* RAIL. voie *f* de garage.

sidle ['saidl] *vi* avancer de biais.

siege [si:dʒ] *n* siège *m*; *lay* ~ *to*, assiéger.

sieve [siv] *n* crible *m* (coarse); tamis *m* (fine).

sift [sift] *vt* passer au crible, tamiser || FIG. examiner soigneusement.

sigh [sai] *n* soupir *m* ● *vi* soupirer.

sight [sait] *n* vue, vision *f*; *have poor* ~, avoir mauvaise vue; *short* ~, myopie *f* || ***by*** ~, de vue; ***at first*** ~, à première vue; *love at first* ~, coup *m* de foudre || ***catch*** ~ ***of***, apercevoir; ***come into/out of*** ~, apparaître/disparaître; ***lose*** ~ ***of***, perdre de vue; ***out of/within*** ~, hors de/en vue || vue *f*, spectacle *m*, curiosités *fpl* || mire *f* (of a gun); ***take*** ~, viser || *Pl* curiosités *fpl* touristiques || COMM. *at* ~, à vue || ~**-read** *vt* MUS. déchiffrer || ~**seeing** *n* visite *f* des curiosités; *go* ~, faire du tourisme || ~**seer** ['-,si:ə] *n* touriste *n*.

sign [sain] *n* signe *m*; symbole *m*; indice *m*; *make a* ~ *to*, faire signe à || ~ ***of the Zodiac***, signe *m* du Zodiaque || panneau *m* (notice); pancarte *f* (board) || *(traffic)* ~, panneau *m* de signalisation || COMM. enseigne *f* || REL. *make the* ~ *of the cross*, faire le signe de la croix ● *vt* signer || REL. ~ *oneself*, se signer || ~ ***on***, engager; embaucher (an employee) — *vi* signer || ~ ***off***, RAD. terminer l'émission || ~ ***on***, se faire embaucher (*as*, comme) || s'inscrire (enrol) || RAD. commencer l'émission.

signal ['signəl] *n* signal, avertisseur *m* (alarm) || RAIL. sémaphore *m* || MIL. *Pl* transmissions *fpl* ● *adj* remarquable, insigne ● *vt* signaler — *vi* faire des signaux || ~**ize** *vt* signaler || ~**ling** *n* signalisation *f*.

signature ['signitʃə] *n* signature *f* || RAD. ~ *tune*, indicatif *m*.

signboard ['sainbɔ:d] *n* panneau *m* || COMM. enseigne *f*.

signet ['signit] *n* sceau *m* || ~**-ring** *n* chevalière *f*.

signific|ance [sig'nifikəns] *n* importance *f* || signification *f* (meaning) || ~**ant** *adj* significatif, important || ~**ation** [,signifi'keiʃn] *n* sens *m*, signification *f*.

signify ['signifai] *vi* signifier; importer.

signpost ['sainpəust] *n* poteau indicateur.

silenc|e ['sailəns] *n* silence *m* ● *vt* réduire au silence || amortir (a sound) || ~**er** *n* AUT. silencieux *m*.

silent ['sailənt] *adj* silencieux, muet; *fall* ~, se taire; *keep/remain* ~, garder le silence || CIN. muet (film) || COMM. U.S. ~ *partner*, commanditaire *m* || ~**ly** *adv* silencieusement.

silhouette [,silu'et] *n* silhouette *f* ● *vi be* ~*d against*, se profiler sur.

silk [silk] *n* soie *f*; *artificial* ~, rayonne *f*; ~ *goods*, soieries *fpl*

|| **~en** *adj* soyeux || **~-screen printing/process** *n* sérigraphie *f* || **~worm** *n* ver *m* à soie || **~y** *adj* soyeux.

sill [sil] *n* seuil *m* (of a door); rebord *m* (of a window).

silly ['sili] *adj* sot, bête.

silo ['sailəu] *n* silo *m*.

silt [silt] *n* vase *f*, limon *m* ● *vi* ~ *up*, s'ensabler, s'envaser.

silver ['silvə] *n* argent *m* || ~ *(plate)*, argenterie *f* ● *vt* argenter || ~ **gilt** *n* vermeil *m* || **~ware** *n* argenterie *f* || **~y** [-ri] *adj* argenté.

similar ['similə] *adj* similaire, semblable, analogue || **~ity** [ˌsimi'læriti] *n* similitude *f*.

simile ['simili] *n* comparaison *f*.

simmer ['simə] *vi* CULIN. mijoter.

simper ['simpə] *n* sourire affecté ● *vi* minauder.

simple ['simpl] *adj* simple || naturel (unaffected); *~-hearted*, simple, ingénu; *~-minded*, candide, naïf || **~ness** *n* simplicité *f* || **~ton** [-tn] *n* nigaud, simple *n* d'esprit, benêt *m*.

simpl||icity [sim'plisiti] *n* simplicité *f* || **~ification** [ˌsimplifi'keiʃn] *n* simplification *f* || **~ify** ['simplifai] *vt* simplifier || **~y** ['---] *adv* simplement (plainly); purement et simplement (merely).

simul|ate ['simjuleit] *vt* simuler, feindre || **~ation** [ˌsimju'leiʃn] *n* simulation *f*.

simultaneous [ˌsiml'teinjəs] *adj* simultané || **~ly** *adv* simultanément.

sin [sin] *n* péché *m*; *deadly* ~, péché mortel; *commit a* ~, commettre un péché ● *vi* pécher.

since [sins] *adv* depuis; ***ever*** ~, depuis lors; *long* ~, depuis longtemps ● *prep* depuis ● *conj* depuis que (after) || puisque (because).

sincere [sin'siə] *adj* sincère || **~ly** *adv* sincèrement; *yours* ~, cordialement à vous.

sincerity [sin'seriti] *n* sincérité *f*.

sinecure ['sainikjuə] *n* sinécure *f*.

sinew ['sinju:] *n* MÉD. tendon *m* || FIG. énergie *f*, nerf *m* || **~y** *adj* nerveux, énergique.

sinful ['sinful] *adj* coupable.

sing [siŋ] *vt* (sang [sæŋ], sung [sʌŋ]) chanter || ~ ***out***, crier (a command) — *vi* chanter || FAM. ~ *small*, filer doux, déchanter.

singe [sinʒ] *vt* roussir || CULIN. flamber || **~ing** *n* brûlage *m* (of hair) || CULIN. flambage *m*.

singer ['siŋə] *n* chanteur *n* || cantatrice *f* (opera).

single ['siŋgl] *adj* seul, unique || ~ *bed*, lit *m* d'une personne; ~ *room*, chambre *f* à une personne || célibataire || RAIL. ~ ***ticket***, aller *m* simple ● *n* [record] *a* ~, un 45 tours || RAIL. = ~ TICKET || *Pl* [tennis] simple *m*; *ladies'* ~*s*, simple *m* dames ● *vt* ~ ***out***, choisir, distinguer || **~-breasted** *adj* droit (coat) || **~-handed** *adj* seul || NAUT. en solitaire (race) || **~-lane** *adj* à voie unique (road) || **~-minded** *adj* décidé, résolu || **~-track** *adj* RAIL. à voie unique.

singleton ['siŋgltn] *n* singleton *m*; ~ *jack*, valet sec.

singly ['siŋgli] *adv* séparément, un à un.

singsong ['siŋsɔŋ] *n* rengaine *f* ● *adj* monotone.

singular ['siŋgjulə] *adj* surprenant (unusual); bizarre (peculiar) ● *adj/n* GRAMM. singulier (*m*).

sinister ['sinistə] *adj* sinistre.

sink I [siŋk] *vi* (sank [sæŋk], sunk [sʌŋk]) s'enfoncer || NAUT. [ship] sombrer, couler || [earth] s'affaisser || [heart] se serrer || [strength] décliner, défaillir || FIG. ~ ***or swim***, s'en tirer seul — *vt* plonger, immerger (into the water)

|| couler, faire sombrer (ship) || enfoncer (a stake) || creuser (a well); forer (oil-well) || **~er** *n* plomb *m* (for fishing).

sink II *n* évier *m*.

sinner ['sinə] *n* pécheur *n*.

sinuous ['sinjuəs] *adj* sinueux.

sinus, es ['sainəs, i:z] *n* MÉD. sinus *m* || **~itis** [,sainə'saitis] *n* sinusite *f*.

sip [sip] *vt* siroter, déguster ● *n* petite gorgée.

siphon ['saifn] *n* siphon *m* ● *vt* siphonner.

sir [sə:] *n* monsieur *m* || MIL. (to superior officer) *yes, ~!,* oui mon lieutenant/capitaine, etc. || [English title] Sir *m* || [to a king] sire *m* || [in a letter] *Dear Sir/Sirs,* Monsieur/Messieurs.

sire ['saiə] *n* ZOOL. père *m* (horse).

siren ['saiərin] *n* ZOOL., TECHN. sirène *f* || FIG. enjôleuse *f*.

sirloin ['sə:lɔin] *n* aloyau *m*.

sirup *n* = SYRUP.

sissy ['sisi] *adj* efféminé ● *n* poule mouillée.

sister ['sistə] *n* sœur *f* || REL. sœur *f* || MÉD. infirmière *f* en chef || **~-in-law** *n* belle-sœur *f*.

sit [sit] *vi* (sat [sæt]) être assis (be sitting) || s'asseoir (sit down) || [garment] aller, tomber (*well/badly,* bien/mal) || ZOOL. [bird] se percher; [hen] couver (on eggs) || JUR. [Parliament] siéger; *~ on the jury,* être du jury || ARTS *~ to a painter,* poser pour un peintre || *~* ***back,*** se renverser (in one's chair) || *~* ***down,*** s'asseoir; ***~-down strike,*** grève *f* sur le tas || *~* ***for,*** se présenter à (an examination) || *~* ***in,*** rester à la maison; [workers] occuper; FIG. *~ in for,* remplacer; ***~-in*** *(n),* grève *f* sur le tas, occupation *f,* sit-in *m* || *~* ***up,*** se redresser; FIG. ne pas se coucher, veiller tard — *vt* asseoir (a baby) || [candidate] *~ an examination,* passer un examen || *~* ***out,*** rester jusqu'à la fin de (lecture, play).

site [sait] *n* emplacement *m; building ~,* terrain *m* à bâtir.

sitter ['sitə] *n* ARTS modèle *n* || ZOOL. poule couveuse.

sitter-in ['sitərin] *n* = *baby-sitter.*

sitting ['sitiŋ] *adj* assis ● *n* séance, session *f* || RAIL. [dining-car] service *m* || **~-room** *n* salon *m*.

situat|ed ['sitjueitid] *adj* situé || **~ion** [,sitju'eiʃn] *n* situation *f,* emplacement *m* (site) || COMM. emploi *m,* place *f* (job); *~ vacant/wanted,* offre/demande *f* d'emploi || FIG. situation *f;* circonstances *fpl.*

six [siks] *adj/n* six (*m*) || **~teen** [-'ti:n] *adj/n* seize (*m*) || **~teenth** [-'ti:nθ] *adj* seizième || MUS., U.S. *~ note,* double croche *f* || **~ty** [-ti] *adj/n* soixante (*m*).

size [saiz] *n* dimension; grandeur *f* || COMM. pointure (of shoes); taille *f* (of garment); encolure *f* (of shirt-collar); *what ~ do you take?,* quelle est votre pointure/taille/encolure? || [book] format *m* ● *vt* classer, trier (par taille) || *~* ***up,*** juger, estimer; mesurer || **~able** *adj* considérable, important.

sizzle ['sizl] *vi* grésiller.

skate I [skeit] *n* ZOOL. raie *f* (fish).

skat|e II *n* patin *m* ● *vi* patiner || **~-board** *n* planche *f* à roulettes || **~er** *n* patineur *n* || **~ing** *n* patinage *m; ~* ***rink,*** patinoire *f*.

skein [skein] *n* écheveau *m*.

skeleton ['skelitn] *n* squelette *m,* ossature *f* || FAM. *~ in the cupboard,* secret *m* de famille || ARCH. charpente *f* || **~-key** *n* crochet *m*.

skeptic *adj* = SCEPTIC.

sketch [sketʃ] *n* esquisse *f,* croquis *m*; ~*-book,* album *m* à croquis || TH. sketch *m* || FIG. aperçu, exposé *m* sommaire ● *vt* esquisser, croquer, faire le croquis de — *vi* faire des croquis || **~y** *adj* sommaire, vague.

skew [skju:] *adj* de biais || FAM. ~*-eyed* ['-aid], qui louche, bigle.

skewer [skjuə] *n* CULIN. brochette *f*.

ski [ski:] *n* ski *m*; ~ ***boots,*** chaussures *fpl* de ski; ~ ***jump(ing),*** saut *m* à skis; ~***-lift,*** remonte-pente, téléski *m*; ~***-tow,*** tire-fesses *m inv* (fam.); ~***-stick,*** bâton *m* de ski ● *vi* faire du ski, aller à ski; ***go ~ing,*** faire du ski || **~er** *n* skieur *n*.

skid [skid] *vi* [person] glisser || AUT. déraper; ~ *right round,* faire un tête-à-queue || TECHN. patiner ● *n* AUT. dérapage *m* || TECHN. cale *f* (block) || **~lid** *n* casque *m* (de motocycliste).

skiff [skif] *n* esquif *m*; yole *f*.

skilful ['skilful] *adj* adroit, habile; ingénieux.

skill [skil] *n* [physical] habileté, adresse, dextérité *f* || [mental] art, talent *m* || technique *f*; *learn a new* ~, se recycler || **~ed** [-d] *adj* habile, adroit || qualifié (worker).

skim [skim] *vt* écrémer (milk); ~***-milk,*** lait écrémé || FIG. effleurer (a subject) — *vi* ~ ***along/over,*** raser, effleurer (surface) || ~ ***through,*** parcourir (a book) || **~mer** [-ə] *n* écumoire *f*.

skimp [skimp] *vi* lésiner (*on,* sur) || bâcler (work) || **~y** *adj* maigre, insuffisant (portion) || étriqué (garment).

skin [skin] *n* peau *f* || pelure *f* (of fruit) ● *vt* écorcher — *vi* (~ *over*) [wound] se cicatriser || **~-deep** *adj* superficiel || **~-disease** *n* maladie *f* de peau || **~-dive** faire de la plongée (sous-marine) || **~-diver** *n* plongeur *n* (sous-marin) || **~-diving** *n* plongée sous-marine || **~flint** *n* grippe-sou *m* || **~-tight** *adj* collant || **~ny** *adj* maigrelet, maigrichon.

skip [skip] *vt/vi* sauter; gambader; sauter à la corde; ~***ping-rope,*** corde *f* à sauter || FIG. omettre, sauter (a passage) || **~per** *n* NAUT. capitaine, patron *m* (of small craft).

skirmish ['skə:miʃ] *n* escarmouche *f*.

skirt [skə:t] *n* jupe *f* (woman's) || pan *m* (of a coat) || lisière *f* (of a forest) || *Pl* abords *mpl* (of a town) ● *vt* border, longer || **~ing-board** *n* plinthe *f*.

skit [skit] *n* sketch *m* satirique.

skittish ['skitiʃ] *adj* ombrageux (horse); fantasque, capricieux (person); volage, frivole (woman).

skittle ['skitl] *n* jeu *m* de quilles (game); quille *f* (pin).

skiv|e [skaiv] *vi* FAM. tirer au flanc (fam.) || **~er** *n* tire-au-flanc *m* (fam.).

skulk [skʌlk] *vi* se cacher || FAM. se planquer.

skull [skʌl] *n* crâne *m*; ~ *and cross-bones,* tête *f* de mort.

skunk [skʌŋk] *n* putois (d'Amérique), sconse *m* || FAM. chameau, salaud *m*.

sky [skai] *n* ciel *m* || FIG. climat *m* || **~dive** *vi* faire du saut en chute libre || ~ **diving** *n* saut *m* en chute libre || ~ **jack(er)** *vt/(n)* FAM. = HIJACK(ER) || **~lark** *n* alouette *f* || **~light** *n* lucarne *f* || **~-line** *n* ligne *f* d'horizon; silhouette *f* (of a city) || **~-rocket** *vi* [prices] monter en flèche || **~scraper** *n* gratte-ciel *m inv* || **~-writing** *n* publicité aérienne.

slab [slæb] *n* dalle, plaque *f* (of stone) || CULIN. grosse tranche.

slack [slæk] *adj* mou, lâche (rope) || nonchalant, mou (person) || NAUT. étale (tide) || FIG. ~ *hours,* heures creuses; ~ *season,* morte-saison *f* || TECHN. desserré ● *n* TECHN. jeu *m* (of a screw) || *Pl* pantalon *m* || FIG. temps mort ● *vt* détendre, relâcher — *vi* prendre du mou || ~ ***off,*** se relâcher || ~ ***up,*** ralentir || **~en** *vt/vi* (se) relâcher || ralentir (slow down) || **~er** *n* fainéant *n;* flemmard *n* (fam.).

slag [slæg] *n* scories *fpl* || **~-heap** *n* crassier *m.*

slain See SLAY.

slake [sleik] *vt* étancher (thirst).

slalom [ˈsleiləm] *n* SP. slalom *m.*

slam [slæm] *vt* claquer (door) ● *n* claquement *m* || [cards] chelem *m.*

slander [ˈslɑːndə] *n* calomnie, médisance, diffamation *f* ● *vt* calomnier, diffamer || **~er** [-rə] *n* calomniateur, diffamateur *n* || **~ous** [-rəs] *adj* calomnieux, diffamatoire.

slang [slæŋ] *n* argot *m* ● *vt* POP. engueuler; ***~ing match,*** engueulade *f.*

slant [slɑːnt] *vt* incliner || FIG. orienter (news) — *vi* pencher ● *n* inclinaison *f* || pente *f* || FIG. orientation *f* || **~ing** *adj* incliné, en pente || **~wise** *adv* obliquement, de biais.

slap [slæp] *n* gifle, claque *f* ● *vt* ~ *sb. on the face,* gifler qqn.

slapdash [ˈslæpdæʃ] *adj* bâclé, fait n'importe comment.

slash [slæʃ] *vi* taillader (gash) || cingler (a horse) || FAM. réduire (prices) ● *n* entaille, balafre *f.*

slat [slæt] *n* latte *f* (of wood).

slate [sleit] *n* ardoise *f.*

slattern [ˈslætən] *n* souillon *f.*

slaughter [ˈslɔːtə] *n* abattage *m* (of animals for food) || FIG. boucherie *f,* massacre, carnage *m* ● *vt* abattre (animals); massacrer (people) || **~-house** *n* abattoir *m.*

slav|e [sleiv] *n* esclave *n* ● *vi* travailler comme un esclave; trimer (fam.) || **~er** I *n* marchand *m* d'esclaves || HIST. négrier *m* (ship).

slaver II [ˈslævə] *vi* baver ● *n* bave *f.*

slavery [ˈsleivəri] *n* esclavage *m.*

slaw [slɔː] *n* U.S. salade *f* de choux.

slay [slei] *vt* (slew [sluː], slain [slein]) tuer, massacrer || **~ing** *n* massacre *m.*

sleazy [ˈsliːzi] *adj* miteux, minable (shabby).

sled [sled], **sledge** [sledʒ] *n* traîneau *m.*

sleek [sliːk] *adj* lisse, luisant || FIG. mielleux, onctueux ● *vt* lisser.

sleep [sliːp] *vi* (slept [slept]) dormir; ~ *lightly,* dormir d'un sommeil léger, avoir le sommeil léger (usually); ~ *soundly,* dormir profondément; ~ *like a log,* dormir à poings fermés; ~ *late,* faire la grasse matinée || ~ *with,* coucher avec — *vt* [hotel] recevoir, loger (so many guests) || ~ *off one's wine,* cuver son vin || ~ ***out,*** découcher ● *n* sommeil *m* || ***go to ~,*** s'endormir || ***put to ~,*** endormir (person); faire piquer (animal) || **~er** *n* dormeur *n; be a heavy/light ~,* avoir le sommeil profond/léger || RAIL. couchette *f* (berth); train couchettes *m;* [track] traverse *f* || **~iness** [-inis] *n* somnolence *f,* assoupissement *m* || **~ing** *adj* endormi || ***~-bag,*** sac *m* de couchage, duvet *m* || ***~-car,*** voiture-lit *m* || ***~ partner,*** commanditaire *n* || ***~-pill,*** somnifère *m* || ***~-room*** *n* dortoir *m* || **~less** *adj* sans sommeil; ~ *night,* nuit blanche || **~lessness** *n* insomnie *f* || **~-walk** *vi* être somnambule || **~-walker** *n* somnambule *n* || **~-walking** *n* somnambulisme *m* || **~y** *adj* somnolent; ***feel ~,*** avoir sommeil/envie de dormir.

sleet [sli:t] *n* neige fondue, grésil *m.*

sleeve [sli:v] *n* manche *f; turn up one's ~s,* retrousser ses manches || [record] pochette *f* || **~less** *adj* sans manches.

sleigh [slei] *n* traîneau *m.*

sleight [slait] *n* adresse, dextérité *f* || ~ ***of hand,*** prestidigitation *f,* tour *m* de passe-passe.

slender ['slendə] *adj* svelte, élancé (figure); mince, fluet (waist) || FIG. faible (hope); maigre (means).

slept See SLEEP.

sleuth [slu:θ] *n* FAM. limier, détective *m.*

slew I See SLAY.

slew II [slu:] *vt/vi* (faire) pivoter || AUT. ~ *right round,* faire un tête-à-queue.

slice [slais] *n* tranche *f; ~ of bread and butter,* tartine (beurrée) ● *vt* couper en tranches.

slick [slik] *adj* glissant (road) || lisse (tyre) || FIG. qui a la parole facile (glib); astucieux, rusé (cunning) ● *n (oil) ~,* nappe *f* de pétrole; marée noire.

slid See SLIDE.

slide [slaid] *vt/vi* (slid [slid]) glisser (*over,* sur) ● *n* glissade *f,* glissement *m* || PHOT. *(colour) ~,* diapositive *f;* diapo *f* (fam.) || **~-rule** *n* règle *f* à calcul.

sliding| door ['slaidiŋdɔ:] *n* porte coulissante || ~ **roof** *n* AUT. toit ouvrant || ~ **scale** *n* FIG. échelle *f* mobile.

slight I [slait] *n* affront *m,* humiliation *f* ● *vt* manquer d'égards envers || offenser.

slight II *n* mince, frêle; fragile || insignifiant (unimportant); léger (mistake) || ***the ~est,*** le/la/les moindre(s) || **~ly** *adv* légèrement.

slim [slim] *adj* svelte, mince ● *vi* faire un régime (pour maigrir).

slim|e [slaim] *n* limon *m,* vase *f* || **~y** *adj* vaseux; gluant, visqueux.

sling I [sliŋ] *n* bandoulière, courroie *f* (for carrying) || fronde *f* (for throwing stones) || MÉD. écharpe *f.*

sling II *vt* (slung [slʌŋ]) lancer avec force || suspendre || mettre/porter en bandoulière.

slink [sliŋk] *vi* (slunk [slʌŋk]) ~ *away,* s'esquiver.

slip [slip] *vi* glisser (by accident), faire un faux pas || se glisser, se couler || *let ~,* laisser échapper || ~ ***away,*** s'éclipser || [time] ~ *by,* s'écouler — *vt* glisser (sth.) || échapper à || ~ ***on/off,*** passer/ôter (a dress) ● *n* glissade *f* (sliding) || combinaison *f* (underwear) || bout *m* (of paper) || bordereau *m* || BOT. bouture *f* || FIG. erreur *f;* faux pas; *~ of the tongue,* lapsus *m; give sb. the ~,* fausser compagnie à qqn, semer qqn || **~cover** *n* housse *f* || **~-knot** *n* nœud coulant.

slipper ['slipə] *n* pantoufle *f.*

slippery ['slipri] *adj* glissant (road) || FIG. insaisissable (elusive); douteux, sur qui on ne peut pas compter, peu scrupuleux (person).

slip-road ['slipraud] *n* [motorway] bretelle *f* d'accès || **~shod** *adj* négligé, bâclé.

slip-up *n* bévue *f.*

slit [slit] *vt* (slit [slit]) fendre; inciser || ~ *open,* ouvrir (an envelope) ● *n* fente, fissure *f.*

slither ['sliðə] *vi* glisser; déraper (on ice).

sliver ['slivə] *n* tranche *f* mince (slice); éclat *m* (splinter).

slobber ['slɔbə] *vi* baver || FIG. larmoyer ● *n* bave *f* || FIG. niaiseries sentimentales *m.*

sloe [sləu] *n* BOT. prunelle *f.*

slog [slɔg] *n* travail pénible ● *vi* ~ *(away),* peiner; trimer (fam.).

slogan ['sləugən] *n* slogan *m*.

slop [slɔp] *n* **~*s,*** eau *f* sale ; [tea-cup] fond *m* de tasse ; ~ ***basin,*** vide-tasse *m* ● *vt* répandre (spill) — *vi* ~ *(over),* déborder, se répandre.

slope [sləup] *n* pente *f; versant m* (of a hill) ● *vi* [ground] être en pente ; ~ *up/down,* monter/ descendre — *vt* pencher, incliner.

sloppy ['slɔpi] *adj* inondé ; détrempé || FIG. négligé, bâclé (work) ; larmoyant, sentimental.

slot [slɔt] *n* fente *f* || **~*-machine,*** distributeur *m* automatique || TECHN. rainure *f* || RAD., T.V. créneau *m* ● *vt* emboîter (*into,* dans) || FIG. ~ *(in),* inclure, insérer — *vi* s'emboîter.

sloth [sləuθ] *n* paresse, indolence *f* || **~ful** *adj* paresseux, indolent.

slouch [slautʃ] *vi* s'affaler || ~ *along,* aller d'un pas traînant ● *n* démarche lourde.

slough I [slau] *n* bourbier *m,* fondrière *f*.

slough II [slʌf] *vt* [snake] ~ ***(off),*** se dépouiller de ; [snake] ~ *(off) its skin,* muer ● *n* dépouille, mue *f* (of a snake).

sloven ['slʌvn] *n* souillon *f* || **~liness** [-linis] *n* malpropreté *f,* laisser-aller *m* || **~ly** *adj* négligé, sans-soin ; débraillé (dress).

slow [sləu] *adj* lent, lourd (mind) || *my watch is five minutes ~,* ma montre retarde de cinq minutes || CIN. ~ *motion,* ralenti *m* || RAIL. ~ ***train,*** omnibus *m* ● *adv* lentement ; *be ~-minded,* avoir l'esprit de l'escalier ● *vi* ~ *(down/up),* ralentir || **~ly** *adv* lentement || **~ness** *n* lenteur *f*.

sludge ['slʌdʒ] *n* vase *f* || TECHN. cambouis *m*.

slue [slu:] *vt/vi* U.S. = SLEW II.

slug [slʌg] *n* limace *f* || **~gard** [-əd] *n* fainéant *n* || **~gish** [-iʃ] *adj* paresseux (liver, river).

sluice [slu:s] *n* écluse *f; ~-gate,* vanne *f* ● *vt* rincer à grande eau.

slum [slʌm] *n* taudis *m* (house) || *Pl* ***the ~s,*** les bas quartiers.

slumber ['slʌmbə] *n* sommeil, assoupissement *m* ● *vi* sommeiller.

slump [slʌmp] *n* affaissement *m* || FIN. effondrement *m* || COMM. crise, dépression *f* ● *vi* s'affaisser, tomber lourdement || [prices] s'effondrer.

slung See SLING II.

slunk See SLINK.

slur I [slə:] *vt* bredouiller ; mal articuler (word) || MUS. lier || FIG. ~ *over,* passer sous silence ● *n* liaison *f*.

slur II *n* affront *m,* insulte *f* ● *vt* insulter.

slush [slʌʃ] *n* neige fondue || **~y** *adj* couvert de neige fondue/de gadoue ; boueux.

sly [slai] *adj* rusé, sournois ; ***on the ~,*** en douce, en catimini.

smack I [smæk] *n* claquement *m* (of a whip) || gifle *f* (slap) || FAM. gros baiser sonore ● *vi* [kiss] retentir.

smack II *n* bateau *m* de pêche.

smack III *n* arrière-goût *m,* léger goût ● *vi* ~ *of,* avoir un léger goût de || ~ *of the soil,* sentir le terroir.

small [smɔ:l] *adj* petit (in size) ; ~ *letters,* minuscules *fpl* || [time] *the ~ hours of the night,* les premières heures après minuit || COMM. ~ ***change,*** petite monnaie || FIG. peu important, insignifiant ; *in a ~ way,* en petit, modestement ● *n the ~ of the back,* les reins *mpl,* || *Pl* FAM. sous-vêtements *mpl,* petit linge || **~ish** *adj* assez petit || **~ness** *n* petitesse *f;* exiguïté *f* || **~pox** *n* petite vérole, variole *f*.

smart [smɑ:t] *adj* alerte, éveillé, intelligent (clever) ; *a ~ guy,* un malin || chic, élégant (stylish) ||

cuisant (pain); cinglant (lash) || alerte, vif (pace) ● *vi* faire mal (cause pain) || souffrir (feel pain) ● *n* douleur *f* || **~ly** *adv* élégamment, avec chic || vivement, prestement (quickly) || astucieusement (cleverly) || **~ness** *n* élégance *f*, chic *m* || intelligence, astuce, habileté *f*.

smash [smæʃ] *vt* fracasser, briser en morceaux || Sp. [tennis] smasher — *vi* se fracasser, s'écraser ● *n* choc *m*; coup (violent) || fracas *m* (noise) || [tennis] smash *m* || **~*up*,** Aut., Rail. collision *f* || Fin. débâcle *f*, krach *m*.

smattering ['smætriŋ] *n* notion, connaissance *f* superficielle.

smear [smiə] *n* tache, souillure *f* ● *vt* souiller, maculer.

smell [smel] *vt* (smelt [smelt]) sentir || [dog] flairer — *vi* sentir mauvais || ~ *good, sweet,* sentir bon || ~ ***of,*** avoir une odeur de; ~ *of brandy,* sentir l'alcool ● *n* [odour] odeur *f* || [sense] odorat *m*; flair *m* (of a dog).

smelt I [smelt] *vt* fondre (ore).

smelt II See smell.

smil|e [smail] *vi* sourire ● *n* sourire *m* || **~ing** *adj* souriant.

smirch [smə:tʃ] *vt* souiller.

smirk [smə:k] *vi* sourire d'un air (niais et) satisfait ● *n* petit sourire satisfait.

smite [smait] *vt* (smote [sməut], smitten ['smitn]) frapper (d'un grand coup).

smith [smiθ] *n* forgeron *m* || **~y** [-ði] *n* forge *f*.

smitten See smite.

smock [smɔk] *n* [worker's] blouse *f* || [woman's] robe *f* de grossesse.

smog [smɔg] *n* brouillard *m* chargé de fumée, smog *m*.

smok|e [sməuk] *n* fumée *f* || Fam. cigarette *f* ● *vi*/*vt* fumer || **~er** *n* fumeur *n* || Rail. compartiment *m* de fumeurs || **~ing** *adj* fumant ● *n no ~,* défense de fumer || *~-room,* fumoir *m* || **~y** *adj* enfumé, rempli de fumée.

smooth [smu:ð] *adj* lisse, moelleux || doux, calme; *~ sea,* mer *f* d'huile || Fig. paisible (life); facile (temper); flatteur, doucereux (language); mielleux (voice) ● *vt ~ (down),* lisser, défroisser || ~ ***over,*** aplanir (lit. and fig.). || **~ly** *adv* doucement, sans heurt || Fig. sans incident || **~ness** *n* douceur *f*, calme *m* || **~-shaven** *adj* rasé de près.

smote See smite.

smother ['smʌðə] *vt* étouffer || couvrir (a fire).

smoulder ['sməuldə] *vi* [fire] couver.

smudge [smʌdʒ] *n* tache, bavure *f* ● *vt* tacher, barbouiller.

smug [smʌg] *adj* suffisant (self-satisfied).

smuggl|e ['smʌgl] *vt* passer en fraude — *vi* faire de la contrebande || **~er** *n* contrebandier *n* || **~ing** *n* contrebande *f*.

smut [smʌt] *n* grain *m*/tache *f* de suie || Fig. propos indécents ● *vt* tacher de suie, noircir || **~ty** *adj* noirci, sale || Fig. indécent, obscène (stories).

snack [snæk] *n* casse-croûte *m*; *cold ~,* repas froid; *have a quick ~,* manger sur le pouce || **~-bar/counter** *n* snack-bar *m*.

snag [snæg] *n* Fig. obstacle, écueil (inattendu); *the ~ is that...,* le hic/l'ennui c'est que...

snail [sneil] *n* escargot *m*.

snake [sneik] *n* serpent *m*; *~-charmer,* charmeur *m* de serpents.

snap [snæp] *vt* casser net, briser (avec un bruit sec) || happer, saisir || faire claquer (one's fingers) || Phot. prendre un instantané de — *vi ~ at sb.,* parler d'un ton hargneux ● *n* cassure, brisure *f* ||

bruit sec || *cold* ~, brusque vague *f* de froid || bouton-pression *m* (on a dress) ● *adj* inopiné ; improvisé || ~**dragon** [-ˌdrægən] *n* BOT. gueule-de-loup *f* || ~**py** *adj* animé (conversation) || ~**shot** *n* PHOT. instantané *m*.

snare [snɛə] *n* piège, collet *m* ● *vt* prerdre au piège.

snarl I [snɑ:l] *vi* grogner || ~**ing** *adj* hargneux (dog).

snarl II *vt* emmêler, enchevêtrer ● [rope] nœud *m* || ~ ***(up),*** [traffic] encombrement, bouchon *m;* FIG. pagaïe *f* (fam.).

snatch [snætʃ] *n* courte période || bribe *f* (of conversation) || *work in ~es,* travailler par à-coups ● *vt* saisir brusquement, agripper || ~ *away/off,* arracher.

sneak [sni:k] *vi* se glisser, se faufiler furtivement ; ~ *away,* s'esquiver || SL. [school] rapporter ; moucharder, cafarder (fam.) [*on sb.,* qqn] — *vt* POP. chiper, chaparder (fam.) ● *n* faux jeton (fam.) || [school] FAM. mouchard (fam.), rapporteur *n* || ~**ers** [-əz] *npl* U.S. chaussures *fpl* de tennis ; baskets *n/f pl* (fam.).

sneer [sniə] *vi* ricaner || ~ *at,* se moquer de ● *n* ricanement *m*.

sneeze [sni:z] *vi* éternuer ● *n* éternuement *m*.

sniff [snif] *vi* renifler || ~ ***at,*** [dog] flairer.

sniffle ['snifl] *vi* = SNUFFLE.

snip [snip] *n* coup *m* de ciseaux || petit bout (of paper) ● *vt* découper (d'un coup de ciseaux).

snip|e [snaip] *n* ZOOL. bécassine *f* ● *vt* MIL. canarder || ~**er** *n* MIL. tireur embusqué.

snivel ['snivl] *vi* FIG. pleurnicher, larmoyer.

snob [snɔb] *n* snob, poseur *n* || ~**bery** [-əri], ~**bishness** [-iʃnis] *n* snobisme *m*.

snook [snu:k] *n cock/make a ~,* faire un pied de nez (*at,* à).

snoop [snu:p] *vi* fureter || se mêler des affaires des autres.

snooze [snu:z] *n* FAM. petit somme ; roupillon *m* (fam.) ● *vi* sommeiller ; roupiller (fam.) || [afternoon] faire la sieste.

snore [snɔ:] *vi* ronfler ● *n* ronflement *m*.

snorkel ['snɔ:kl] *n* [swimmer] tuba *m* || NAUT. schnorchel *m*.

snort [snɔ:t] *n* ébrouement *m* (of a horse) ; reniflement *m* (of a person) || = SNORKEL ● *vi* renifler, renâcler.

snout [snaut] *n* museau ; groin *m* (of a pig).

snow [snəu] *n* neige *f* ● *vi* neiger || ~**ball** *n* boule *f* de neige || ~**-bound** *adj* enneigé, bloqué par la neige || ~**-capped/-covered** ['-kæpt/'-kʌvəd] *adj* enneigé || ~**drift** *n* congère *f* || ~**flake** *n* flocon *m* de neige || ~**man** *n* bonhomme *m* de neige || ~**plough** *n* chasse-neige *m* || ~ **report** *n* bulletin *m* d'enneigement || ~**-shoe** *n* raquette *f* || ~**y** *adj* neigeux.

snub I [snʌb] *n* rebuffade *f* ● *vt* traiter avec froideur, snober ; feindre de ne pas voir || rabrouer, rembarrer.

snub II *adj* camus, retroussé (nose) ; ***~-nosed,*** au nez camus.

snuff I [snʌf] *n* tabac *m* à priser ; *pinch of ~,* prise *f;* ***~-box,*** tabatière *f* ● *vi* priser.

snuff II *vt* moucher (a candle) ; ~ *out,* éteindre avec les doigts.

snuffle ['snʌfl] *vi* renifler, avoir le nez bouché.

snug [snʌg] *adj* douillet (bed) ; confortable (house).

snuggle ['snʌgl] *vt* serrer dans ses bras, dorloter — *vi* se serrer, se pelotonner.

so [səu] *adv* ainsi, de cette

manière ; *is that* ~ ?, vraiment ? ; ~ ***be it,*** ainsi soit-il ; *why* ~ ?, pourquoi cela ? ; ***quite*** ~ ***!,*** parfaitement ! ; ~ ***to say/speak,*** pour ainsi dire ; ***and*** ~ ***on,*** et ainsi de suite ; ***or*** ~***,*** environ || tellement ; ~ *happy,* si heureux ; ~ *much/many,* tant de || [comparison] *not* ~ *tall as,* pas aussi grand que || [substitute] *I think* ~, je le pense ; *you speak English and* ~ *do I,* vous parlez anglais et moi aussi || ~ ***as to,*** afin de || ~ ***far,*** jusqu'à présent, jusqu'ici || ~ ***long!,*** à bientôt!, salut ! || ~ ***long as,*** tant que || ~ ***that,*** afin que (in order that) ; si bien que (result) ● *conj* donc, aussi, par conséquent ● *pron* ***Mr. So-and-so,*** FAM. M. Untel ● *adj/adv* ***so-so,*** ni bien ni mal, couci-couça.

soak [səuk] *vt* tremper (clothes) || imbiber, saturer ; ~*ed to the skin,* trempé jusqu'aux os — *vi* baigner, tremper (in a liquid) || [liquid] s'infiltrer, pénétrer || [rain] ~ *through,* traverser || ~**ing** *adj* détrempé || trempé.

soap [səup] *n* savon *m* ; *soft* ~, savon noir || ~**-box** *n* tribune improvisée ; ~**-bubble** *n* bulle *f* de savon || ~**-opera** *n* RAD. mélo *m* || ~**suds** *n* mousse *f* de savon || ~**y** *adj* savonneux.

soar [sɔ:] *vi* s'élever (dans les airs) ; prendre son essor || planer (hover) || [prices] monter.

sob [sɔb] *n* sanglot *m* ● *vi* sangloter.

sober ['səubə] *adj* peu voyant, sobre (colours) || à jeun, sobre (temperate) || pas ivre (not drunk) || FIG. sobre, modéré ; sensé (judgment) ; réfléchi (opinion) ; grave (expression) || ~*-minded,* sérieux ● *vi/vt* ~ *down,* (se) calmer, (s')assagir ; ~ *up,* (se) dégriser || ~**ly** *adv* sobrement, modérément.

sobriety [səu'braiəti] *n* sobriété, modération *f*.

so-called ['səu'kɔ:ld] *adj* soi-disant, prétendu.

soccer ['sɔkə] *n* = ASSOCIATION FOOTBALL.

sociable ['səuʃəbl] *adj* sociable, affable, liant.

social ['səuʃl] *adj* social ; ~ *security,* sécurité sociale ; ~ ***worker,*** assistante sociale || mondain (gathering) ; ~ *events,* mondanités *fpl* || ~**ism** *n* socialisme *m* || ~**ist** *n* socialiste *n* || ~**ite** [-ait] *n* personnalité mondaine.

society [sə'saiəti] *n* société *f* (community) || association *f* (club) || (haute) société, (grand) monde ; ~ *man/woman,* homme/femme du monde.

sociocultural [ˌsəusiəu'kʌltʃrəl] *adj* socioculturel.

sociolog|ist [ˌsəusi'ɔlədʒist] *n* sociologue *n* || ~**y** *n* sociologie *f*.

sock [sɔk] *n* chaussette *f* ; *pair of* ~*s,* paire *f* de chaussettes.

socket ['sɔkit] *n* ÉLECTR. douille, prise *f* (de courant) || MÉD. orbite *f* (of the eye).

sod I [sɔd] *n* motte *f* de gazon.

sod II *n* SL. couillon *n* (fam.) ; [stronger] con *n* (pop.) ● *vt* SL. ~ ***it!,*** merde ! (vulg.).

soda ['səudə] *n* soude *f* || CULIN. *baking* ~, bicarbonate *m* de soude || ~*-water,* eau *f* de Seltz.

sodden ['sɔdn] *adj* détrempé.

sofa ['səufə] *n* sofa, divan *m*.

soft [sɔft] *adj* mou, molle (*f*) ; moelleux (bed) || tendre (rock) || doux, douce (*f*), lisse (to the touch) || doux (colour, music) || doux, tiède (air, weather) || mou (hat, collar) || souple (leather) || flou (hair) || douce (water) ; non alcoolisé (drink) || COMM. ~ *goods,* textiles *mpl* || FIG. faible, mou (character) ; sot, niais || FIG. ~ *job,* fromage, filon *m* (easy job) || ~**-boiled** ['-'bɔild] *adj* CULIN. mollet.

soften ['sɔfn] *vt* adoucir, ramollir || tamiser (the light) || FIG. attendrir, amollir — *vi* mollir, s'attendrir || FIG. se calmer, s'atténuer.

soft|ly [ˈsɔftli] *adv* doucement || **~ness** *n* douceur *f* || FIG. mollesse *f* (of character).

software [ˈsɔftwɛə] *n* [computer] logiciel *m*.

soggy [ˈsɔgi] *adj* détrempé.

soil I [sɔil] *n* sol, terrain *m*.

soil II *vt* salir, souiller — *vi* se tacher, se salir ● *n* souillure *f* || **~ing** *adj* salissant.

sojourn [ˈsɔdʒə:n] *n* séjour *m* ● *vi* séjourner.

solace [ˈsɔləs] *n* consolation *f*, soulagement *m* ● *vt* consoler, soulager.

solar [ˈsəulə] *adj* solaire || **~ *battery,*** photopile *f* || **~ium** [səˈlɛəriəm] *n* solarium *m*.

sold See SELL.

solder [ˈsɔldə] *n* soudure *f* ● *vt* souder || ***~ing-iron,*** fer *m* à souder.

soldier [ˈsəuldʒə] *n* soldat *m*.

sole I [səul] *n* ZOOL. sole *f; lemon ~,* limande *f*.

sole II *n* semelle *f* (of a shoe) || MÉD. plante *f* du pied ● *vt* ressemeler.

sole III *adj* seul, unique, exclusif.

solemn [ˈsɔləm] *adj* solennel; grave (look) || **~ity** [səˈlemniti] *n* solennité; gravité *f* || **~ly** *adv* solennellement.

solfeggio [sɔlˈfedʒiəu] *n* solfège *m*.

solicit [səˈlisit] *vt* solliciter || **~ation** [sə,lisiˈteiʃn] *n* sollicitation *f* || **~or** *n* avoué *m* || U.S., COMM. placier *m*, démarcheur *n* || **~ous** *adj* soucieux, inquiet, désireux (*of*, de) || **~ude** [-ju:d] *n* sollicitude *f*.

solid [ˈsɔlid] *adj* solide ; *become ~,* se solidifier || substantiel (food) || massif, plein (not hollow) ; *~ line,* trait plein || solide, résistant, durable (strong) || FIG. solide, sérieux (character) || FIG. unanime (opinion, vote) || FIG. sans interruption ; *four ~ days,* quatre jours d'affilée ; *written ~,* écrit en un seul mot.

solid|arity [,sɔliˈdæriti] *n* solidarité *f* || **~ify** [səˈlidifai] *vi/vt* se solidifier || **~ity** [səˈliditi] *n* solidité *f* || **~ly** *adv* solidement || [people] massivement (all agreeing).

solit|ary [ˈsɔlitri] *n/adj* solitaire || **~ude** [-ju:d] *n* solitude *f*.

solo [ˈsəuləu] *n/adj* solo (*m*) || **~ist** *n* soliste *n*.

solu|ble [ˈsɔljubl] *adj* soluble || **~tion** [səˈlu:ʃn] *n* solution *f*.

solve [sɔlv] *vt* résoudre (a problem, a difficulty).

solv|ency [ˈsɔlvnsi] *n* solvabilité *f* || **~ent** *adj* FIN. solvable ● *n* solvant, dissolvant *m*.

sombre [ˈsɔmbə] *adj* sombre.

some [sʌm] *adj* quelque, certain ; *~ day,* un (de ces) jour(s) || du, de l', de la, des ; *~ tea,* du thé ; *~ people,* certains *mpl,* certaines personnes ● *adv* quelque ● *pron* une partie de, un peu de ; *do you want ~?,* en voulez-vous ? || quelques-uns/-unes ; *~ of them,* certains d'entre eux.

some|body [ˈsʌmbədi] *pron* quelqu'un ; *~ else,* quelqu'un d'autre || **~how** *adv* d'une manière ou d'une autre || pour une raison ou pour une autre || **~one** *pron* quelqu'un.

somersault [ˈsʌməsɔ:lt] *n* saut périlleux ; *turn a ~,* faire la culbute ● *vi* faire la culbute || AUT. capoter.

something [ˈsʌmθiŋ] *pron* quelque chose ; ***~ else,*** autre chose || ***~ of,*** un peu de, un soupçon de ● *adv* un peu.

sometime [ˈsʌmtaim] *adv* [past]

ancienmement || [future] un jour || **~s** [-z] *adv* quelquefois, parfois.

somewhat ['sʌmwɔt] *adv* quelque peu, un peu, assez || ~ *of,* plutôt.

somewhere ['sʌmwεə] *adv* quelque part ; ~ ***else,*** ailleurs.

somnolent ['sɔmnələnt] *adj* somnolent.

son [sʌn] *n* fils *m;* ***~-in-law,*** gendre *m* || **~ny** [-i] *n* FAM. fiston *m.*

sonata [sə'nɑ:tə] *n* sonate *f.*

song [sɔŋ] *n* [singing] chant *m;* [poem sung] chanson *f* || REL. cantique *m* || **~ster** [-stə] *n* chanteur *m* || **~stress** [-tris] *n* chanteuse *f.*

sonic ['sɔnik] *adj* PHYS. acoustique ; sonore ; ~ ***barrier,*** mur *m* du son ; ~ ***bang/boom,*** bang *m* supersonique.

son|orous ['sɔnərəs *or* sə'nɔ:rəs] *adj* sonore || **~ority** [-ɔriti] *n* sonorité *f.*

soon [su:n] *adv* bientôt ; ~ ***after,*** peu après || tôt ; ***as ~ as,*** aussitôt que, dès que ; *~er or later,* tôt ou tard || ***I would ~er*** (= *I would rather),* j'aimerais mieux.

soot [sut] *n* suie *f* || **~ing-up** *n* AUT. encrassement *m* (of sparking-plug).

sooth|e [su:ð] *vt* apaiser || MÉD. calmer || **~ing** *adj* calmant.

soothsayer ['su:θ,seiə] *n* devin *n.*

sooty ['suti] *adj* couvert/noir de suie.

sop [sɔp] *n* pain trempé ● *vt* tremper (bread) || ~ *up,* éponger.

soph|ism ['sɔfizm] *n* sophisme *m* || **~isticated** [sə'fistikeitid] *adj* artificiel, compliqué || trop raffiné (taste) || sophistiqué.

sophomore ['sɔfəmɔ:] *n* U.S. [university] étudiant *m* de deuxième année.

soporific [,səupə'rifik] *adj/n* soporifique (*m*).

sopp|ing ['sɔpiŋ], **~y** [-i] *adj* FAM. sentimental, à l'eau de rose.

sorbet ['sɔ:bit] *n* sorbet *m.*

sorcer|er ['sɔ:srə] *n* sorcier *m* || **~y** *n* sorcellerie *f.*

sordid ['sɔ:did] *adj* sordide.

sore [sɔ:] *adj* douloureux, sensible, irrité, endolori ; *that's ~!,* ça me fait mal! ; *have a ~ throat,* avoir mal à la gorge ; *have ~ eyes,* avoir mal aux yeux ● *n* plaie *f* (infected) || **~ly** *adv* grièvement, gravement (very) || douloureusement (painfully).

sorrel ['sɔrl] *n* BOT. oseille *f.*

sorrow ['sɔrəu] *n* chagrin *m,* peine, affliction *f* || **~ful** *adj* triste, affligé (person) ; pénible, affligeant (news).

sorry ['sɔri] *adj* navré, désolé, fâché ; ***(I am)*** ~, (je vous demande) pardon! ; *be ~ about,* regretter ; *feel ~ for sb.,* plaindre (qqn) || FIG. pauvre, piteux || FAM. minable ; *in a ~ plight,* dans une triste situation.

sort [sɔ:t] *n* sorte, espèce *f;* genre *m* || ***in/after a ~,*** en quelque sorte || PÉJ. ***of a ~, of ~s*** : *coffee of a ~,* qqch. ressemblant à du café || FAM. [person] ***a good ~,*** un(e) brave type/fille || FIG. *be out of ~s,* être mal en train, n'être pas dans son assiette ● *vt* ~ *(out),* classer, trier.

sort of ['sɔ:təv] *adv* FAM. dans une certaine mesure, plus ou moins ; *I ~ thought that,* j'avais comme une idée que.

sot [sɔt] *n* alcoolique *n.*

sought See SEEK.

soul [səul] *n* âme *f* || REL. *All Souls' Day,* jour *m* des morts.

sound I [saund] *n* GÉOGR. détroit *m.*

sound II *adj* sain, bien portant (body) ; valide (person) ; robuste (health) || profond (sleep) || FIG. sain, solide (argument) ; juste (reasoning) || FAM. vigoureux, magistral (thrashing) || **~ly** *adv* sainement || [sleep] profondément || [argue] sainement || **~ness** *n* bon état, bonne santé ; *~ of mind,* équilibre mental || FIG. solidité *f.*

sound III *n* son, bruit *m* ● *vi* [voice] résonner, retentir, paraître, sembler — *vt* faire sonner/résonner || MIL. sonner (the retreat) || AUT. *~ the horn,* klaxonner || FIG. proclamer || **~ barrier** *n* mur *m* du son || **~-effects** *npl* bruitage *m* || **~ engineer** *n* ingénieur *m* du son || **~-film** *n* film *m* sonore || **~-proof** *vt* insonoriser ● *adj* insonorisé || **~-track** *n* piste *f* sonore.

sound IV *n* sonde *f* ● *vt* sonder (depth) || MÉD. ausculter || FIG. *~ (out),* pressentir (*sb.,* qqn) || **~-balloon** *n* ballon-sonde *m* || **~-ing** *n* NAUT. sondage *m.*

soup [su:p] *n* soupe *f,* potage *m ; clear ~,* consommé *m* || *~-kitchen,* soupe *f* populaire || *~-plate,* assiette creuse ● *vt* ~ ***up,*** gonfler (a motor).

sour ['sauə] *adj* sur, aigre ; vert (grapes) || *turn ~,* [milk] tourner, [wine] se piquer || FIG. acariâtre, revêche ● *vi* surir, s'aigrir ; [milk] tourner.

source [sɔ:s] *n* source *f* || FIG. source, origine *f.*

sour|ish ['sauəriʃ] *adj* aigrelet || **~ness** *n* acidité *f* || FIG. aigreur *f.*

south [sauθ] *n* sud *m* || midi *m* (of France) ● *adj* du sud, méridional ● *adv* au/vers le sud.

souther|ly ['sʌðəli] *adj* du sud || **~n** [-n] *adj* du sud, méridional || **~ner** [-nə] *n* habitant *n* du sud ; FR. méridional *n.*

southwards [ˌsauθwədz] *adv* vers le sud.

souvenir ['su:vniə] *n* souvenir *m.*

sovereign ['sɔvrin] *n/adj* souverain || **~ty** ['sɔvrnti] *n* souveraineté *f.*

Soviet ['səuviet] *n* soviet *m* ● *adj* soviétique ; ~ ***Union,*** Union *f* soviétique.

sow I [sau] *n* truie *f.*

sow II [səu] *vt* (sowed [səud], sowed *or* sown [səun]) semer (seed) ; ensemencer (a field) || **~er** *n* semeur *n* || **~ing** *n* semailles *fpl ;* ***~-machine,*** semoir *m.*

soy [sɔi] *n* = SOYA || ~ *sauce,* sauce *f* au soja.

soya ['sɔiə] *n ~ (bean),* soja, soya *m.*

spa [spɑ:] *n* ville *f* d'eaux, station thermale.

space [speis] *n* espace *m ;* surface *f ; take up ~,* prendre de la place ; *outer ~,* espace interplanétaire || [time] *~ of time,* intervalle *m* || **~-bar** *n* barre *f* d'espacement || **~craft** *n* vaisseau spatial, astronef *m* || **~man** *n* astronaute, cosmonaute *m* || **~ship** *n* = ~CRAFT || **~-suit** *n* combinaison spatiale.

spac|ing ['speisiŋ] *n* espacement *m* (in typewriting) || **~ious** ['speiʃəs] *adj* spacieux, vaste.

spade [speid] *n* AGR. bêche *f* || [cards] pique *m* ● *vt* bêcher.

spaghetti [spə'geti] *n* spaghetti *mpl.*

Spain [spein] *n* Espagne *f.*

span I See SPIN.

span II [spæn] *n* TECHN. travée, portée *f* (of a bridge) || AV. envergure *f* (of a plane) || FIG. durée *f* ● *vt* [bridge] enjamber, franchir || mesurer.

spangle ['spæŋgl]] *n* paillette *f* ● *vt* pailleter.

Spaniard ['spænjəd] *n* Espagnol *n.*

spaniel ['spænjəl] *n* épagneul *m.*

Spanish ['spæniʃ] *adj/n* espagnol.

spank [spæŋk] *vt* fesser, donner

une fessée — *vi* [horse, ship] ~ *along,* aller à vive allure || ~**ing** *n* fessée *f* ● *adj* FAM. fameux, épatant.

spanner ['spænə] *n* clé anglaise/ à molette.

spar I [spɑ:] *n* NAUT. espar *m.*

spar II *vi* se battre, s'entraîner à la boxe.

spare [spɛə] *vt* épargner, économiser ; ~ *oneself,* se ménager || se passer de (sth.) ; *have time to* ~, avoir du temps devant soi ● *adj* disponible ; ~ ***time,*** moments perdus || de réserve ; ~ ***room,*** chambre *f* d'ami || maigre, sec (person) || frugal (diet, meal) || TECHN. de rechange || AUT. ~ ***parts,*** pièces *fpl* de rechange ; ~ ***wheel,*** roue *f* de secours || ~**s** [-z] *npl* pièces *fpl* de rechange.

sparing ['spɛəriŋ] *adj* économe, parcimonieux || frugal || sobre (of words, praise) || ~**ly** *adv* avec modération ; *use* ~, ménager || [eat, live] frugalement.

spark [spɑ:k] *n* étincelle *f* || FIG. lueur *f* (of intelligence) ● *vt* allumer — *vi* jeter des étincelles || ~**(ing)-plug** *n* AUT. bougie *f* d'allumage.

sparkl|e ['spɑ:kl] *vi* étinceler, scintiller || [fire] pétiller ; [jewel] chatoyer ; [wine] mousser || ~**ing** *adj* étincelant ; ~ *wine,* vin mousseux.

sparring-partner ['spɑ:riŋ,pɑ:tnə] *n* SP. [boxing] partenaire *m* d'entraînement.

sparrow ['spærəu] *n* moineau *m* || ~*-hawk,* épervier *m.*

sparse [spɑ:s] *adj* clairsemé ; rare (hair) ; éparpillé (things) ; peu dense (population).

spasm ['spæzm] *n* spasme *m* || ~**odic** [spæz'mɔdik] *adj* spasmodique, convulsif || FIG. fait par à-coups.

spastic ['spæstik] *n* handicapé *n* (moteur).

spat See SPIT II.

spate [speit] *n in* ~, en crue (river).

spats [spæts] *n* guêtres *fpl* (over shoes).

spatter ['spætə] *n* éclaboussure *f* ● *vt* éclabousser.

spawn [spɔ:n] *n* ZOOL. frai *m,* œufs *mpl* (of fish) || FAM. progéniture *f* ● *vt* [fish] déposer (eggs) || FIG. engendrer — *vi* [fish] frayer.

speak [spi:k] *vi* (spoke [spəuk], spoken ['spəukn]) parler (*to,* à) ; adresser la parole (*to,* à) ; s'entretenir (*with,* avec) || ~ *badly/well of,* dire du mal/du bien de || ~ *back,* riposter (*to,* à) || ~ *ill of,* médire de || ~ *for,* parler au nom de || TÉL. *who is* ~*ing ?,* qui est à l'appareil ? || ~ ***out,*** parler franc — *vt* parler (a language) || ~**er** *n* interlocuteur *n ;* [in public] orateur *n* || POL. président *n* (in Parliament) || RAD. = LOUD-~ || [language] *English* ~, anglophone *n ; French* ~, francophone *n.*

spear [spiə] *n* lance *f* || SP. [fishing] harpon *m ;* [hunting] épieu *m* || ~**-fishing** *n* pêche *f* au harpon || ~**gun** *n* fusil sous-marin || ~**-head** *n* fer *m* de lance ● *vt* MIL. mener (offensive).

special ['speʃəl] *adj* spécial ; particulier ; ~ *delivery letter,* lettre *f* exprès ● *n* [restaurant] *today's* ~, plat *m* du jour || ~**ist** *n* spécialiste *n* || ~**ity** [,speʃi'æliti] spécialité *f* (all senses) || ~**ize** *vt* se spécialiser || ~**ly** *adv* spécialement || ~**ty** *n* spécialité *f* (activity, product).

specie ['spi:ʃi:] *n inv* FIN. numéraire *m ; in* ~, en espèces.

species ['spi:ʃi:z] *n inv* ZOOL. espèce *f* || FIG. genre *m,* sorte *f.*

specific [spi'sifik] *adj* spécifique || FIG. déterminé, précis (aim) || distinct || ~**ally** [-li] *adv* spécifiquement || ~**ation** [,spesfi'keiʃn] *n* spécification *f* || *Pl* stipulations *fpl* (of a contract).

specify ['spesifai] *vt* spécifier, préciser, stipuler.

specimen ['spesimin] *n* spécimen, échantillon *m*.

specious ['spi:ʃəs] *adj* spécieux, trompeur.

speck [spek] *n* petite tache *f*, point *m* || grain *m* (of dust) ● *vt* tacheter, moucheter.

speckle ['spekl] *n* petite tache, moucheture *f* ● *vt* tacheter, moucheter.

specs [speks] *npl* (abbrev = SPECTACLES) FAM. verres *mpl* (fam.).

spect|acle ['spektəkl] *n* spectacle *m* || *Pl* lunettes *fpl* || **~acular** [spek'tækjulə] *adj* spectaculaire || **~ator** [spek'teitə] *n* spectateur *n*.

spec|tre ['spektə] *n* spectre, fantôme *m* || **~trum** [-trəm] *n* PHYS. spectre *m*.

specul|ate ['spekjuleit] *vi* spéculer || **~ation** [,spekju'leiʃn] *n* spéculation *f* || **~ative** [-ətiv] *adj* spéculatif, conjectural || **~ator** [-eitə] *n* spéculateur *n*.

sped See SPEED *v*.

speech [spi:tʃ] *n* parole *f* (faculty) || discours *m*, allocution *f* (in public) || **~less** *adj* sans parole, muet, interloqué (from surprise).

speed [spi:d] *n* vitesse *f*; *at full ~*, à toute vitesse || AUT. vitesse *f*; *a 5-~gear,* une boîte à 5 vitesses ; *~ **limit,*** limite *f* de vitesse || PHOT. [film] rapidité *f* || FIG. rapidité, promptitude *f* ● *vi* (sped [sped]) aller à toute vitesse || AUT. (p. t. ~ed) faire de la vitesse ; ***be ~ing,*** dépasser la vitesse permise — *vt* (p. t. ~ed) *~ **up,*** accélérer || **~-boat** *n* canot *m* automobile ; hors-bord *m* || **~ing** *n* AUT. excès *m* de vitesse || **~ometer** [spi'dɔmitə] *n* compteur *m* de vitesse || **~-reading** *n* lecture *f* rapide || **~way** *n* SP. [racing] piste *f* || U.S. voie *f* express (highway) || **~y** *adj* rapide, prompt.

speleolog|ist [,spi:li'ɔlədʒist] *n* spéléologue *n* || **~y** *n* spéléologie *f*.

spell I [spel] *n* période courte (of cold/heat).

spell II *n* sortilège, charme *m*, incantation *f*, maléfice *m*; *cast a ~ over sb.*, jeter un sort à qqn || ***~bound,*** ensorcelé.

spell III *vt* (spelled *or* spelt [spelt]) épeler (orally); écrire, orthographier (in writing) || [letters] former (word) || FIG. signifier, entraîner, impliquer || **~er** *n be a good ~*, savoir l'orthographe || [book] abécédaire *m* || **~ing** *n* orthographe *m*; *~ mistake,* faute *f* d'orthographe.

spell IV *vt* relayer (sb.).

spend [spend] *vt* (spent [spent]) dépenser (money) || FIG. consumer; épuiser || FAM. *~ a penny,* aller au petit endroit || **~thrift** [-θrift] *adj* dépensier, prodigue ● *n* dépensier *n*, panier percé.

sperm [spə:m] *n* sperme *m* || **~-whale** *n* cachalot *m*.

spew [spju:] *vt/vi* vomir.

spher|e [sfiə] *n* sphère *f* || FIG. domaine, champ *m* (of activity) || **~ical** ['sferikl] *adj* sphérique.

spice [spais] *n* épice *f*, aromate *m* || FIG. piment *m* ● *vt* épicer, aromatiser || FIG. pimenter.

spick-and-span [,spikən'spæn] *adj* FAM. tiré à quatre épingles (person); bien astiqué (neat).

spicy ['spaisi] *adj* épicé, relevé (food) || FIG. piquant; salé, pimenté, grivois (story).

spider ['spaidə] *n* araignée *f*; *~('s) web,* toile *f* d'araignée.

spigot ['spigət] *n* cannelle *f* (of a cask).

spike [spaik] *n* pointe *f* || piquant *m* (of barbed wire); pointe *f* (on running shoes); ~ *heel,* talon *m* aiguille || BOT. épi *m* ● *vt* garnir de pointes (shoes).

spiky ['spaiki] *adj* hérissé de pointes/de piquants.

spill [spil] *vt* (spilled [spild] *or* spilt [spilt]) renverser, répandre (a liquid) || désarçonner (a horseman) — *vi* [liquid] se répandre || ~ *over,* déborder ● *n* FIG. trop-plein *m;* surplus *m* (of population).

spin [spin] *vt* (p. t. spun [spʌn] *or* span [spæn], p. p. spun [spʌn]) filer (wool) || faire tourner (a top); faire pivoter (object); ~ *a coin,* jouer à pile ou face || FIG. ~ ***a yarn,*** raconter une histoire || ~ ***out,*** faire passer (the time); faire durer (one's money); prolonger (a holiday) — *vi* tourner, pivoter || [coin] tournoyer || ~ *(along),* filer à toute allure || ~ ***round,*** AUT. faire un tête à queue ● *n* tournoiement *m* || SP. [ball] efffet *m* || AV. chute *f* en vrille || AUT. *go into a* ~, faire un tête à queue || FAM. balade *f* (trip).

spinach ['spinidʒ] *n* épinards *mpl.*

spinal ['spainl] *adj* spinal; ~ *column,* colonne vertébrale.

spindle ['spindl] *n* fuseau *m* || TECHN. axe, pivot *m.*

spin-dryer [,spin'draiə] *n* essoreuse *f* centrifuge.

spine [spain] *n* épine dorsale, colonne vertébrale || BOT., ZOOL. piquant *m* || **~less** *adj* mou, veule.

spinnaker ['spinəkə] *n* spinnaker *m;* spi (fam.).

spinn|er ['spinə] *n* fileur *m* || **~ing** *n* filature *f* || tournoiement *m,* rotation *f* || *~-mill,* filature *f;* ***~-wheel,*** rouet *m.*

spin-off [,spinɔf] *n* conséquence avantageuse, retombée *f* || sous-produit *m* (by-product).

spinster ['spinstə] *n* célibataire *f* || FAM. vieille fille.

spiny ['spaini] *adj* épineux.

spiral ['spaiərəl] *n* spirale *f* ● *adj* en spirale; hélicoïdal.

spire ['spaiə] *n* flèche *f* (of a church) || TECHN. spire *f.*

spirit ['spirit] *n* esprit *m,* âme *f* (soul) || esprit, lutin *m* (elf) || esprit *m,* disposition *f* (state of mind) || courage; caractère *m* (courage) || REL. *Holy Spirit,* Saint-Esprit *m* || CH. alcool *m* || *Pl* ardeur, fougue *f; high ~s,* gaieté *f* || CULIN. *Pl* alcool *m* (whisky, etc.) ● *vt* animer, encourager || ~ *away,* faire disparaître comme par enchantement || **~ed** [-id] *adj* vif, animé, plein d'entrain; fougueux (horse) || **~-lamp/-stove** *n* lampe *f*/réchaud *m* à alcool || **~ual** [-juəl] *adj* spirituel, immatériel ● *n* chant religieux; *(Negro)* ~, negro-spiritual *m* || **~ualism** [-juəlizm] *n* [belief] spiritisme *m* || PHIL. spiritualisme *m* || **~ist** *n* spirite *n.*

spirt = SPURT.

spit I [spit] *n* CULIN. broche *f.*

spit II *vi/vt* (spat [spæt]) cracher ● *n* crachat *m.*

spite [spait] *n* rancune, malveillance *f; out of* ~, par méchanceté || ***in ~ of,*** en dépit de, malgré || **~ful** *adj* rancunier; méchant (remark) || **~fully** *adv* par rancune; méchamment || **~fulness** *n* méchanceté, malveillance *f.*

spittle ['spitl] *n* salive *f,* crachat *m.*

spitton [spi'tu:n] *n* crachoir *m.*

splash [splæʃ] *n* éclaboussement *m* (act); éclaboussure *f* (stain); clapotis *m* (of waves); tache *f* (of colour) || FIG. *make a* ~, faire sensation ● *vt* éclabousser — *vi* ~ *about,* patauger || ~ ***down,*** ASTR. amerrir; *~-**down** (n),* amerrissage *m* || **~y** *adj* U.S. tape-à-l'œil.

splay [splei] *vi/vt* ARCH. (s')évaser || **~ed** [-d] *adj* évasé.

spleen [spli:n] *n* MÉD. rate *f* || FIG. mélancolie, mauvaise humeur.

splen|did ['splendid] *adj* splendide, magnifique, superbe || **~do(u)r** *n* splendeur *f,* éclat *m.*

splice [splais] *n* épissure *f* ● *vt* épisser || CIN. coller (a film).

splint [splint] *n* MÉD. éclisse, attelle *f* ● *vt* éclisser || **~er** *n* éclat *m* (sliver); écharde *f* (of wood); esquille *f* (of bone) || ***~-proof glass,*** vitre *f* de sécurité ● *vt/vi* briser, (faire) voler en éclats.

split [split] *vt* (split) fendre (wood) || diviser, couper en deux (an apple); déchirer (fabric) || partager (share); ***~ the difference,*** partager la différence || diviser (into groups) || PHYS. désintégrer (atom) || POL. U.S. *~ one's vote,* panacher || FAM. ***~ hairs,*** couper les cheveux en quatre; ***~ one's sides (laughing),*** se tordre de rire — *vi ~ (up),* se fendre || se diviser, se scinder ● *n* fente, fissure, crevasse *f* (in rock) || déchirure *f* (tear) || FIG. rupture, scission *f* (in a group) || *Pl do the ~s,* faire le grand écart.

split|-level *adj* à deux niveaux; ***~ flat,*** duplex *m* || **~ peas** *npl* pois cassés || **~ skirt** *n* jupe fendue.

splurge [splə:dʒ] *vi* FAM. dépenser sans compter; faire des folies (*on,* en achetant).

splutter ['splʌtə] *vt* bredouiller, bafouiller || postillonner (spit particles of saliva) — *vi* crachoter.

spoil [spɔil] *vt* (spoilt [-t] *or* spoiled [-d]) gâter, altérer (food) || gâter (a child) || gâcher (a piece of work) || [arch.] dépouiller, spolier — *vi* [goods] se gâter, s'avarier, s'abîmer || **~s** [-z] *npl* dépouilles *fpl,* butin *m* || **~-sport** *n* rabat-joie, trouble-fête *m inv.*

spoke I [spəuk] *n* rayon *m* (of a wheel).

spoke II, **spoken** See SPEAK.

spokesman ['spəuksmən] *n* porte-parole *m.*

spoliation [,spəuli'eiʃn] *n* spoliation *f;* pillage *m.*

sponge [spʌnʒ] *n* éponge *f* ● *vt* éponger — *vi ~* ***on sb.,*** vivre aux crochets de qqn || **~-bag** *n* sac *m* de toilette || **~-cake** *n* biscuit *m* de Savoie || **~-cloth** *n* tissu-éponge *m* || **~-rubber** *n* caoutchouc *m* Mousse.

sponsor ['spɔnsə] *n* répondant *n* || [club] parrain *m* || RAD., T.V. commanditaire, annonceur *m* || SP. sponsor *m* ● *vt* se porter garant de, répondre de/pour || [club] parrainer || RAD. parrainer, offrir (programme) || **~ship** *n* parrainage *m.*

spontan|eity [,spɔntə'ni:iti] *n* spontanéité *f* || **~eous** [spɔn'teinjəs] *adj* spontané.

spoof [spu:f] *vt* FAM. faire marcher, mener en bateau (fam.) ● *n* parodie, farce *f;* canular *m* (fam.).

spook [spu:k] *n* FAM. spectre, revenant *m.*

spool [spu:l] *n* bobine *f;* canette *f* (of a sewing-machine) ● *vt* bobiner || *~ off,* débobiner.

spoon [spu:n] *n* cuiller, cuillère *f* || **~-fed** *adj* choyé (child) || **~ful** *n* cuillerée *f.*

sport [spɔ:t] *n* sport; jeu *m* de plein air; *country ~s,* chasse, pêche, équitation *f; athletic ~s,* athlétisme *m; go in for ~,* s'adonner au sport; ***do ~,*** faire du sport; *fond of ~s,* sportif; ***water/winter ~s,*** sports nautiques/d'hiver || amusement *m;* ***in ~,*** pour rire/s'amuser; ***make ~ of,*** se moquer de || FAM. chic type *m* (fam.) ● *vt* arborer, exhiber || **~ing** *adj* sportif.

sports [-s] *adj* sportif, de sport || **~ car** *n* voiture *f* de sport || **~ ground** *n* terrain *m* de sport || **~man** *n* amateur *m* de sport, sportif *m* || **~manlike** *adj* sportif || **~wear** *n* COMM. vêtements *mpl* de sport || **~woman** *n* sportive *f.*

spot [spɔt] *n* tache *f* (dirty mark) || endroit, lieu *m* (site); ***on the ~,*** sur les lieux (at the place); sur-le-champ (at once) || bouton *m* (pimple) ● *vt* tacher, souiller (stain) || repérer (pick out) || **~less** *adj* immaculé, impeccable || **~lessness** *n* propreté *f* || **~light** *n* projecteur, spot *m* || FIG. *put the ~ on,* mettre en vedette ● *vt* FIG. mettre en vedette || **~-remover** *n* détachant *m*.

spot|ted ['spɔtid] *adj* tacheté, moucheté (fur, plumage) || **~ter** *n* MIL. guetteur, observateur *m* || [school-boy] ***train-~,*** passionné *n* de locomotives || **~ty** *adj* tacheté (skin).

spouse [spauz] *n* époux *m*, épouse *f* || JUR. conjoint *m*.

spout [spaut] *n* gouttière *f*, tuyau *m* de descente (for rain-water) || goulot *m* (of a nozzle); bec *m* (of a teapot) || SL. *up the ~,* au clou, chez ma tante ● *vi* [liquid] jaillir, gicler.

sprain [sprein] *n* MÉD. foulure, entorse *f* ● *vt ~ one's ankle,* se fouler la cheville.

sprang SEE SPRING.

sprat [spræt] *n* ZOOL. sprat *m*.

sprawl [sprɔ:l] *vi* s'étendre, s'étaler, se vautrer.

spray I [sprei] *n* branche *f*, rameau *m;* brin *m* (of mimosa); gerbe *f* (of flowers).

spray II *n* embruns *mpl* [drops] || pulvérisation *f*, aérosol *m* (dispersion) || bombe *f* aérosol, pulvérisateur *m* (atomizer); ***insect ~,*** bombe *f* insecticide; *nasal ~,* nébuliseur *m* ● vaporiser, pulvériser || **~er** *n* pulvérisateur *m* || **~-gun** *n* pistolet *m* (for painting).

spread [spred] *vt* (spread) étendre, étaler (cloth, butter) || [bird] déployer (wings) || CULIN. tartiner || FIG. propager, répandre (knowledge, disease); colporter (news) — *vi* s'étendre, s'étaler; [news, epidemics] se propager, se répandre; *~ like wild fire,* se répandre comme une traînée de poudre || [smile] s'épanouir || FIG. *~ out,* se développer ● *n* étendue *f* || [wings] envergure *f* || *(bed) ~,* couvre-lit *m* || MÉD. propagation *f* (of a disease) || CULIN. pâte *f* à tartiner || FAM. enbonpoint *m*.

spree [spri:] *n* partie *f* de plaisir; bombe *f* (fam.); *be on the ~,* faire la bombe (fam.) /noce.

sprig [sprig] *n* brin *m*, petite branche, brindille *f*.

sprightly ['spraitli] *adj* vif, enjoué, guilleret.

spring [spriŋ] *vi* (sprang [spræŋ], sprung [sprʌŋ]) bondir, sauter, s'élancer; *~ to one's feet,* se lever d'un bond || [liquid] jaillir; [water] sourdre, jaillir; [plants] pousser || FIG. provenir — *vt* sauter, franchir (a ditch) || TECHN. faire jouer (a lock) ● *n* bond, saut *m* || source *f* (of water) || printemps *m* (season) || TECHN. ressort *m* || FIG. source, origine *f* || **~-board** *n* tremplin *m* || **~ tide** *n* NAUT. marée *f* de vive eau || **~time** *n* printemps *m* || **~-water** *n* eau *f* de source || **~y** *adj* élastique.

sprinkl|e ['spriŋkl] *vt* asperger, arroser (with water) || saupoudrer (with salt, sugar) ● *n* pincée *f* (of salt) || **~er** *n* TECHN. arroseur *m* || **~ing** *n* arrosage *m;* ***~-rose,*** pomme *f* d'arrosoir || saupoudrage *m*.

sprint [sprint] *n* course *f* de vitesse, sprint *m* ● *vi* faire une course de vitesse || **~er** *n* sprinter *m*.

sprite [sprait] *n* lutin *m*.

sprout [spraut] *n* pousse *f;* rejeton *m; Brussels ~s,* choux *mpl* de Bruxelles ● *vi* pousser, germer, poindre.

spruce I [spru:s] *n* BOT. épicéa *m*.

spruce II *adj* pimpant, soigné ●

vi/vt ~ *(oneself) up,* se pomponner, se faire beau/belle.

sprung See SPRING *v.*

spry [sprai] *adj* vif, alerte.

spume [spju:m] *n* écume *f.*

spun See SPIN *v.*

spur [spə:] *n* éperon *m* || FIG. aiguillon *m*; stimulant *m*; ***on the ~ of the moment,*** sous l'inspiration du moment ● *vt* ~ *(on),* éperonner (horse) || FIG. stimuler, inciter, aiguillonner.

spurious ['spjuəriəs] *adj* faux (money) || feint (sentiments) || apocryphe (document).

spurn [spə:n] *vt* repousser avec mépris; rejeter.

spurt [spə:t] *vi* ~ *(out);* [liquid] gicler || SP. foncer; piquer un sprint (fam.) ● *n* giclée *f,* jet *m* || SP. rush, sprint *m* || FIG. coup *m* de collier (at work); accès *m* (of anger).

sputnik ['sputnik] *n* spoutnik *m.*

sputter ['spʌtə] *vi* [fire] grésiller, pétiller, crachoter || [person] bafouiller, bredouiller.

spy [spai] *n* espion *m* ● *vt* apercevoir — *vi* ~ *(upon),* espionner, épier || **~-glass** *n* longue-vue, lunette *f* d'approche || **~-hole** *n* judas *m* || **~ing** *n* espionnage *m.*

squabble ['skwɔbl] *vi* se chamailler ● *n* chamaillerie *f.*

squad [skwɔd] *n* peloton *m,* escouade *f* || TECHN. équipe *f.*

squadron ['skwɔdrn] *n* MIL. escadron *m* || NAUT. escadre *f* || AV. escadrille *f.*

squalid ['skwɔlid] *adj* misérable, sordide.

squall [skwɔ:l] *n* braillement, cri *m* (cry) || bourrasque, rafale *f* (wind) || NAUT. grain *m* ● *vi* crier, brailler.

squalor ['skwɔlə] *n* saleté, crasse *f;* misère noire.

squander ['skwɔndə] *vt* dilapider, gaspiller || **~er** [-rə] *n* gaspilleur *n.*

square [skwɛə] *n* carré *m* || case *f* (of a chessboard) || TECHN. équerre *f;* ***out of ~,*** de travers || FAM. bourgeois *n* ● *adj* carré; d'équerre; à angles droits || ~ *dance,* quadrille *m* || CULIN. solide, substantiel (meal) || MATH. ~ *root,* racine carrée || FIG. net, catégorique (uncompromising); franc, loyal (honest) || FAM. vieux jeu (person) ● *vt* rendre carré || quadriller (paper) || équarrir (timber) || MATH. élever au carré || FIN. balancer, régler (accounts) || FIG. acheter (bribe); mettre en accord (*with,* avec) || ~ ***up,*** payer (debt); FAM. arranger — *vi* s'accorder, cadrer, correspondre (*with,* avec) || ~ ***off,*** [boxer] se mettre en garde || ~ ***up,*** régler ses comptes avec qqn; [boxer] = ~ OFF (*to sb.,* devant qqn).

squash [skwɔʃ] *vt* écraser, aplatir ● *n* écrasement, aplatissement *m* || ***orange/lemon ~,*** orangeade/citronnade *f* || cohue *f* (crowd) || SP. squash *m* ● *vt* écraser; aplatir || FIG. étouffer — *vi* s'entasser, se glisser (*into,* dans).

squat [skwɔt] *vi* se tenir accroupi; ~ *down,* s'accroupir || ZOOL. se tapir || JUR. occuper illégalement (a flat) ● *adj* trapu ● *n* SL. squat *m* (arg.) || **~ter** *n* squatter *m.*

squaw [skwɔ:] *n* femme *f* peau-rouge.

squawk [skwɔ:k] *vi* pousser un cri rauque; brailler || gueuler (pop.) [complain] ● *n* cri *m* rauque; braillement *m.*

squeak [skwi:k] *vi* [mouse] pousser un cri aigu || [hinge] grincer ● *n* petit cri aigu || grincement *m.*

squeal [skwi:l] *vi* piailler, glapir || SL. ~ *on,* moucharder (fam.) ● *n* cri aigu/perçant.

squeamish ['skwi:miʃ] *adj* sujet

aux nausées (person); délicat (stomach).

squeegee ['skwi:'dʒi:] *n* raclette *f* || Phot. *(roller)* ~, rouleau *m* à essorer.

squeeze [skwi:z] *vt* serrer (hand); presser (orange); étreindre (in arms) || Fig., Fam. soutirer, extorquer (money) ● *n* étreinte (of arms); pression *f* (of hands) || cohue *f* (crowd) || Pol. politique *f* d'austérité || Fam. extorsion *f* (of money); gratte *f* (money).

squelch [skweltʃ] *vt* écraser; faire gicler || Fig. réprimer || Fam. clore le bec à ● *n* (bruit *m* de) giclement *m*.

squid [skwid] *n* calmar *m*.

squint [skwint] *n* strabisme *m* ● *vi* loucher || ~ *through,* regarder en clignant des yeux || ~**-*eyed,*** bigle, qui louche; fig. au regard malveillant.

squire ['skwaiə] *n* propriétaire terrien; châtelain *m*.

squirm [skwə:m] *vi* se tortiller, se tordre.

squirrel ['skwirl] *n* écureuil *m*.

squirt [skwə:t] *n* jet *m,* giclée *f* (of liquid) ● *vt/vi* (faire) gicler.

stab [stæb] *vt* poignarder ● *n* coup *m* (de poignard, etc.).

stabil|ity [stə'biliti] *n* stabilité, solidité *f* || ~**ization** [,steibilai'zeiʃn] *n* stabilisation *f* || ~**ize** ['steibilaiz] *vt* stabiliser.

stable I ['steibl] *adj* stable, ferme (conviction) || solide, constant (person).

stable II *n* écurie *f* ● *vt* mettre à l'écurie.

stack [stæk] *n* Agr. meule *f* (of hay, etc.) || pile *f* (heap) || Mil. faisceau *m* || Arch. souche *f* (de cheminée) || Naut., Rail. cheminée *f* || *Pl* rayons, rayonnages *mpl* *f* (bookshelves) ● *vt* mettre en meule || empiler (pile up) || Mil. mettre en faisceaux.

stadium ['steidjəm] *n* stade *m*.

staff I [stɑ:f] *n* bâton (stick); hampe *f* (of flag) || [group of workers] personnel *m;* [school] personnel enseignant || Mil. état-major *m* ● *vt* pourvoir en personnel.

staff, staves II [-, 'steivz] *n* Mus. portée *f*.

stag [stæg] *n* cerf *m* || ~***-party,*** Fam. réunion *f* entre hommes.

stage [steidʒ] *n* échafaudage *m* || Th. scène *f* (platform); théâtre *m* (art); *go on the* ~, faire du théâtre || Techn. relais, étage *m; multi-~ rocket,* fusée *f* à étages || étape *f* (journey); relais *m* (place) || Aut. [bus route] ***fare*** ~, section *f* || Fig. phase, période *f,* point, stade, palier *m* (in development); scène *f* (of action) ● *vt* mettre en scène, monter (play) || Fig. organiser, monter || ~**-coach** *n* diligence *f* || ~ **door** *n* entrée *f* des artistes || ~ **fright** *n* trac *m* || ~**hand** *n* machiniste *m* || ~ **manager** *n* régisseur *m* || ~ **whisper** *n* aparté *m*.

stagger ['stægə] *vi* chanceler, tituber || Fig. fléchir — *vt* faire chanceler || Fig. stupéfier || Fig. échelonner, étaler (holidays, etc.) ● *n* allure chancelante || ~**ing** [-riŋ] *n* Fig. échelonnement, étalement *m* (of holidays, etc.) ● *adj* chancelant || Fig. stupéfiant, renversant; époustouflant (fam.).

staging ['steidʒiŋ] *n* Th. mise *f* en scène || Arch. échafaudage *m*.

stagn|ant ['stægnənt] *adj* stagnant || Fig. inactif || ~**ate** [-eit] *vi* [water] stagner, croupir || Fig. stagner || ~**ation** [-eiʃn] *n* marasme *m*.

staid [steid] *adj* posé, sérieux.

stain [stein] *n* tache *f* (mark); *get ~s on,* faire des taches sur ● *vt* tacher || teindre (wood) || ~***ed-glass window,*** vitrail *m* || Fig. tacher, ternir — *vi* [material] se tacher facilement || **~less** *adj* inoxydable (steel).

stair [stɛə] *n* marche *f* (step) || *Pl* escalier *m* *flight of ~s,* étage *m* || **~case, ~way** *n* escalier *m* || **~well** *n* cage *f* d'escalier.

stake [steik] *n* pieu, poteau *m* || bûcher *m* (punishment) || AGR. tuteur *m* || FIG. enjeu *m* (bet); *play for high ~s,* jouer gros jeu || ***at ~,*** en jeu ● *vt* étayer de pieux, de piquets || FIG. jouer, miser || ~ ***out,*** jalonner.

stalactite ['stæləktait] *n* stalactite *f*.

stalagmite ['stæləgmait] *n* stalagmite *f*.

stale [steil] *adj* rassis (bread) || éventé (beer) || confiné, vicié (air) || COMM. défraîchi (goods) || FIN. prescrit, périmé (cheque) || FIG. rebattu (joke); périmé (news) ● *vi* CULIN. s'éventer || FIG. s'émousser.

stalemate ['steil'meit] *n* [chess] pat *m* || FIG. impasse *f*.

stalk I [stɔ:k] *n* tige *f*; queue *f* (of flower); trognon *m* (of cabbage).

stalk II *vt* SP. chasser à l'affût — *vi* marcher majestueusement à grands pas || **~ing-horse** *n* FIG. paravent, prétexte *m*.

stall [stɔ:l] *n* stalle *f* (in a stable) || *shower ~,* cabine *f* de douche || COMM. étal, éventaire *m* (at a market); stand *m* (at an exhibition); *newspaper ~,* kiosque *m* à journaux || AUT. box *m* (in a garage) || TH. *Pl* (fauteuils *mpl* d')orchestre *m* ● *vt* mettre à l'écurie (animal) || AUT. caler (the engine) || AV. mettre en perte de vitesse (aircraft) — *vi* AUT. [engine] caler || AV. se mettre en perte de vitesse || FIG. ~ *for time,* gagner du temps || ~ *off,* atermoyer, différer || **~ing** *n* AV. perte *f* de vitesse.

stallion ['stæljən] *n* étalon *m* (horse).

stalwart ['stɔ:lwət] *adj* robuste.

stamina ['stæminə] *n* endurance *f*.

stammer ['stæmə] *vi* bégayer || FIG. bredouiller, balbutier ● *n* bégaiement, bredouillage *m* || **~er** [-rə] *n* bègue *n*.

stamp [stæmp] *n* timbre *m*; *rubber ~,* timbre en caoutchouc || *(postage) ~,* timbre(-poste) *m*; ***new/used ~,*** timbre neuf/oblitéré; ***~-book,*** carnet *m* de timbres; *~-collector,* collectionneur *n* de timbres; *~-machine,* distributeur *m* automatique de timbres-poste || empreinte *f* || JUR. estampille *f*, visa *m* || COMM. estampille *f* || TECHN. coin, poinçon *m* || FIG. marque *f*; nature, trempe *f* ● *vt* ~ *one's foot,* frapper du pied, trépigner || imprimer (a design, etc.) || timbrer, affranchir (a letter) || viser, estampiller (a document) || TECHN. estamper, emboutir || ~ ***out,*** éteindre (a fire); FIG. écraser (a rebellion).

stampede [stæm'pi:d] *n* débandade *f*, sauve-qui-peut *m* || panique, ruée *f*.

stamping ['stæmpiŋ] *n* trépignement, piétinement *m* || timbrage, affranchissement *m*.

stanch [stɑ:nʃ] = STAUNCH I.

stand [stænd] *vi* (stood [stud]) se tenir debout (on one's feet) || rester immobile (stationary); ~ *still,* rester tranquille || demeurer; ~ *fast,* tenir bon || se trouver, être; ~ *first,* être au premier rang || *as matters ~,* au point où en sont les choses || dépendre; *it ~s to reason that,* il va sans dire que || remplir la fonction de || [liquid] reposer || CULIN. [tea] infuser || AUT. stationner || MIL. ~ *guard,* monter la garde || ~ ***against,*** résister || ~ ***back,*** se tenir en retrait || ~ ***by,*** se tenir prêt; FIG. rester fidèle à (a promise); prendre le parti de (sb.); ***~-by*** (*n*), remplaçant *n* (person); *(adj)* de/en réserve, de secours || ~ ***for,*** représenter; soutenir; POL.

représenter; ~ *for Parliament,* se présenter aux élections || ~ ***in,*** CIN. doubler (an actor); ~***-in*** *(n),* doublure *f* || ~ ***off,*** se tenir à l'écart; ~***offish*** *(adj),* distant, réservé || ~ ***out,*** se détacher, se profiler; FIG. s'opposer, résister || ~ ***over,*** être différé || ~ ***to,*** tenir (one's word); ne pas abandonner || ~ ***up,*** se lever; ~ *up straight,* se redresser; FIG. résister, tenir tête (*to,* à); ~***-up*** *(adj),* droit (collar); debout (lunch).

— *vt* mettre, placer (debout) || endurer, supporter (the cold) || ~ ***one's ground,*** ne pas lâcher pied, ne pas reculer || ~ ***a (good) chance,*** avoir de grandes chances *(of,* de) || FAM. ~ *sb. a drink,* offrir/payer un verre à qqn; ~ ***sb up,*** faire faux bond à; poser un lapin à qqn (fam.) || JUR. ~ *trial,* être jugé (*for,* pour).

● *n* aplomb *m; take a firm* ~, se camper sur ses jambes || position *f; take one's* ~, se poster || support, socle *m* (of lamp) || [furniture] étagère *f* || COMM. étal, stand *m* || SP. tribune *f* || AUT. *(cab)* ~, station *f* de taxis || FIG. position *f; take one's* ~ *on,* se fonder sur || FIG. résistance *f;* ***make/take a ~ against,*** résister à (sb.); s'élever contre.

standard ['stændəd] *n* étendard *m* (flag) || FIN. étalon *m;* titre *m* (of a silver coin) || FIG. niveau, degré *m* (d'excellence); ~ *of living,* niveau *m* de vie || FIG. modèle, critère *m;* point *m* de vue ● *adj* normalisé, de série, standard; ~ *time,* heure officielle || ~**ization** [,stændədai'zeiʃn] *n* standardisation *f* || ~**ize** *vt* normaliser.

standing ['stændiŋ] *n* station *f* debout || durée *f; a friend of long-*~, un ami de longue date || position *f,* rang *m* || importance, considération *f* || ***in good ~,*** en règle ● *adj* debout || stagnant, dormant (water) || AUT. en stationnement (car) || SP. ~ ***jump,*** saut *m* sans élan || ~ *room,* place *f* debout || MIL. permanent (army) || FIN. ~ *expenses,* frais généraux.

stand|-point ['stænpɔint] *n* point *m* de vue || ~**still** ['stænstil] *n* arrêt *m; come to a* ~, s'arrêter || COMM. stagnation *f.*

stank See STINK.

staple I [steipl] *adj* de base, principal (product) ● *n* produit *m* de base || [food] base *f.*

stapl|e II *n* crampon *m* (nail); agrafe *f* (wire) ● *vt* agrafer, brocher || ~**er** *n* agrafeuse *f.*

star [stɑ:] *n* étoile *f,* astre *m; shooting* ~, étoile filante || CIN. étoile, vedette, star *f* || [typography] astérisque *m* || AUT. ***two-~ (petrol),*** [essence *f*] ordinaire *m* (fam.); ***four-~ (petrol),*** super *m* (fam.) ● *vt* étoiler, consteller — *vi* CIN. être la vedette; (*vt*) ~***ring X,*** avec X.

starboard ['stɑ:bəd] *n* tribord *m.*

starch [stɑ:tʃ] *n* amidon *m* || empois *m* (paste) || CULIN. fécule *f* ● *vt* amidonner, empeser || ~**y** *adj* féculent, farineux; ~ *foods,* féculents *mpl* || FIG. guindé.

stare [stɛə] *vt* regarder fixement; ~ *sb in the face,* dévisager qqn || FIG. *that* ~*s you in the face,* cela vous crève les yeux — *vi* ~ *at,* fixer du regard ● *n* regard *m* (fixe).

starfish ['stɑ:fiʃ] *n* étoile *f* de mer.

stark [stɑ:k] *adj* raide, rigide || pur, absolu (utter) ● *adv* ~ ***naked,*** complètement nu || ~**ers** [-əz] *adj* SL. à poil (pop.).

starling ['stɑ:liŋ] *n* étourneau, sansonnet *m.*

starry ['stɑ:ri] *adj* étoilé.

start [stɑ:t] *vi* ~ *(up);* sursauter, se lever brusquement || partir (*for,* pour); ~ *on a journey,* partir en voyage || ~ ***(off),*** [car] démarrer || ~ ***out,*** se mettre en route — *vt* commencer, se mettre à; ~ *again,* recommencer || mettre en marche, lancer (a machine) || COMM. lancer (a business) || SP. [hunting] lever (hare, etc.) || FIG. entamer (a conversation); ~ *a family,* fonder une famille ● *n* tressaillement, sursaut *m*; ***by fits and ~s,*** par à-coups || départ, début *m* || TECHN. démarrage *m* || SP. avance *f* || **~er** *n* AUT. démarreur *m* || SP. starter *m* || CULIN. hors-d'œuvre *m inv* || FIG. initiateur *n* || **~ing** *n* démarrage *m* || départ, début *m*; *~-point,* point *m* de départ.

startl|e ['stɑ:tl] *vt* faire tressaillir, effrayer || **~ing** *adj* saisissant, sensationnel (news).

starv|ation [stɑ:'veiʃn] *n* famine *f* || **~e** [stɑ:v] *vi* souffrir de la faim, mourir de faim; ~ *to death,* tomber d'inanition || FAM. mourir de faim — *vt* affamer, faire mourir de faim || **~ing** *adj* famélique.

stash [stæʃ] *vt* FAM. ~ *(away),* cacher; planquer (fam.).

state [steit] *n* état *m* (condition) || rang *m* (status) || apparat *m,* pompe *f* (ceremony) || JUR. État *m* (nation); *the United States,* les États-Unis *mpl* || U.S. *State Departement,* ministère *m* des Affaires étrangères || ~ *visit,* visite officielle || POL. ~ *of siege,* état *m* de siège ● *vt* déclarer (say) || exposer, formuler (express) || décliner (one's name) || indiquer (mark).

stateless *adj* apatride; ~ ***person,*** apatride *n.*

stately *adj* majestueux, imposant.

statement [,steitmənt] *n* déclaration *f* || exposition, formulation *f* (of facts) || *(bank)* ~, relevé *m* (de compte) || JUR. déposition *f.*

stateroom *n* NAUT. cabine *f.*

statesman ['steitsmən] *n* homme *m* d'État.

static ['stætik] *adj* statique || **~s** [-s] *npl* RAD. parasites *mpl.*

station ['steiʃn] *n* poste *m,* place *f; take up one's* ~, prendre son poste || RAD. *(broadcasting)* ~, poste *m* || RAIL. gare *f,* station *f; goods* ~, gare de marchandises; ***~-master,*** chef *m* de gare || AUT. ***~-wagon,*** break *m* || REL. station *f* (of the cross) || FIG. position *f,* rang *m*; condition *f* (social) ● *vt* poster || **~ary** [-əri] *adj* stationnaire, fixe.

stationer ['steiʃnə] *n* papetier *n*; *~'s shop,* papeterie *f* || **~y** [-ri] *n* fournitures *fpl* de bureau || papier *m* à lettres.

statis|tical [stə'tistikl] *adj* statistique || **~tician** [,stætis'tiʃn] *n* statisticien *n* || **~tics** [stə'tistiks] *n* statistique *f.*

statuary ['stætjuəri] *adj/n* statuaire *(f).*

statue ['stætju:] *n* statue *f.*

stature ['stætʃə] *n* stature *f.*

status ['steitəs] *n* position *f* sociale, rang, standing *m* || JUR. statut *m*; état civil.

status quo [,steitəs'kwəu] *n* statu quo *m.*

statute ['stætju:t] *n* JUR. loi *f* (écrite); *Pl* statuts *mpl* || **~-book** *n* code *m.*

staunch I [stɔ:nʃ] *vt* étancher (water, blood).

staunch II *adj* ferme, solide.

stave [steiv] *n* TECHN. douve *f* (of a cask) || MUS. portée *f* ● *vt* ~ ***in,*** défoncer || ~ ***off,*** écarter (danger); éviter (disaster).

stay I [stei] *n* support *m* || NAUT. hauban *m* || FIG. soutien *m* ● *vt* étayer (support).

stay II *n* séjour *m* || JUR. sursis *m* ● *vi* demeurer, rester, loger; ~ *at a hotel,* loger à l'hôtel; *have sb.* ~ *for/to dinner,* garder qqn à dîner || FIG. tenir, persévérer — *vt* arrêter (progress); apaiser (hunger) || JUR. différer || ***~-at-home*** *(adj/n),* casanier || ~ ***away,*** être absent; s'absenter || ~ ***in,*** rester chez soi; [school] être en retenue

|| ~ ***out,*** rester dehors, ne pas rentrer || ~ ***put,*** FAM. ne pas bouger || ~ ***up,*** veiller, ne pas se coucher. **stay|er** *n* SP. coureur *m* de fond || **~ing power** *n* endurance *f*.

STD *n* TÉL. (= SUBSCRIBER TRUNK DIALLING) FR. automatique *m*.

stead [sted] *n* LIT. *in sb.'s ~,* à la place de qqn ; *stand sb. in good ~,* être très utile à qqn || **~fast** [-fɑ:st] *adj* ferme, résolu || constant || **~ily** *adv* fermement ; constamment ; régulièrement || **~iness** *n* fermeté, stabilité, régularité, persévérance *f*.

steady ['stedi] *adj* ferme (object) || régulier, continu (movement) || régulier, persévérant (worker) || attitré (friend) ● *vi* reprendre son aplomb (regain balance) || FIG. s'assagir (become settled) — *vt ~ oneself,* reprendre son aplomb || FIG. équilibrer ● *adv* FAM. *go ~ with,* sortir avec.

steak [steik] *n* CULIN. bifteck *m ;* tranche *f* (of fish/meat) || *~ house,* rôtisserie *f*.

steal [sti:l] *vt* (stole [stəul], stolen ['stəuln]) voler ; dérober (sth.) || FIG. *~a glance,* regarder à la dérobée || FAM. ~ ***a march on sb.,*** prendre les devants ; devancer qqn — *vi* aller à pas de loup, se glisser furtivement.

stealth [stelθ] *n* ***by ~,*** à la dérobée || **~ily** *adv* furtivement, à pas de loup ; en cachette || **~y** *adj* furtif.

steam [sti:m] *n* vapeur *f* || buée *f* (on window) ● *vi* dégager de la vapeur, fumer — *vt* passer à la vapeur, cuire à l'étuvée || **~boat** *n* = ~SHIP || **~-engine** *n* machine *f* à vapeur || **~er** *n* = ~SHIP || **~-roller** *n* rouleau *m* compresseur || **~ship** *n* bateau *m* à vapeur, paquebot *m*.

steed [sti:d] *n* LITT. coursier *m* (horse).

steel [sti:l] *n* acier *m* || MIL. *with cold ~,* à l'arme blanche || TECHN. fusil *m* (for sharpening knives) ● *vt* aciérer || FIG. cuirasser, endurcir || ~ **wool** *n* paille *f* de fer || **~-works** *n* aciérie *f* || **~y** *adj* d'acier || FIG. dur (comme l'acier) ; *~ blue,* bleu acier || **~yard** *n* balance romaine.

steep I [sti:p] *adj* à pic ; escarpé ; raide ● *n* escarpement, à-pic *m*.

steep II *vt* tremper ; (faire) infuser || FIG. plonger.

steeple ['sti:pl] *n* clocher *m*.

steer I [stiə] *n* bouvillon *m*.

steer II *vt* diriger, conduire (a vehicle) || NAUT. gouverner — *vi* [ship] se diriger ; ~ ***for,*** cingler vers || FIG. *~ clear of,* éviter || **~age** [-idʒ] *n* entrepont *m* || **~ing** [-riŋ] *n* manœuvre, conduite *f* || ***~-wheel,*** AUT. volant *m ;* NAUT. roue *f* de gouvernail || **~sman** [-zmən] *n* timonier, homme *m* de barre.

stem [stem] *n* tige *f* (of flower) ; queue *f* (of fruit) || tuyau *m* (of tobacco pipe) || pied *m* (of a glass) || NAUT. étrave *f* ● *vt* arrêter, contenir (a flow of liquid) ; endiguer (a stream) ; aller contre (the tide) — *vi* résulter, découler, provenir (*from,* de).

stench [stenʃ] *n* puanteur *f*.

stencil ['stensl] *n* pochoir *m* || [typewriting] stencil *m* ● *vt* polycopier.

stenograph|er [ste'nɔgrəfə] *n* sténographe *n* || **~y** *n* sténographie *f*.

stenotype [,stenə'taip] sténotype *f* (machine).

step I [step] *n* pas *m ;* ~ ***by*** **~,** pas à pas ; *with measured ~s,* à pas comptés ; *be in/out of ~,* être/ne pas être au pas ; *keep /break ~,* marcher au/rompre le pas || marche *f* (of stairs) ; échelon *n* (of ladder) ; marchepied *m* (of a vehicle) || *Pl* escalier *m ; flight of ~s,* perron *m* || MIL.

quick ~, pas accéléré || FIG. démarche *f*; *false* ~, pas de clerc || FIG. mesure *f*; ***take*** ~***s,*** prendre des dispositions ● *vi* faire un pas; marcher || ~ ***aside,*** s'écarter, se ranger || ~ ***back,*** reculer || ~ ***in,*** entrer || ~ ***on,*** AUT., FAM. ~ *on the gas,* mettre les gaz; ~ *on it!,* FAM. grouillez-vous! || ~ ***out,*** allonger le pas (hurry) — *vt* ~ ***off/out,*** mesurer || ~ ***up,*** augmenter (production) || ~**-ladder** *n* escabeau *m*.

step II *pref* || ~**brother** ['step-ˌbrʌðə] *n* demi-frère *m* || ~ **daughter** *n* belle-fille *f* || ~ **father** *n* beau-père *m* || ~ **mother** *n* belle-mère *f* || ~**sister** *n* demi-sœur *f* || ~**son** *n* beau-fils *m*.

stereo [ˌstiəriəu] *abbrev* (= STEREOPHONIC) ~ *system,* chaîne *f* stéréo || ~**phonic** [ˌstiəriə'fɔnik] *adj* stéréophonique || ~**phony** [-'ɔfəni] *n* stéréophonie *f*.

ster|ile ['sterail] *adj* stérile || ~**ility** [ste'riliti] *n* stérilité *f* || ~**ilize** ['sterilaiz] *vt* stériliser.

sterling ['stə:liŋ] *adj* de bon aloi (money) || FIN. sterling || FIG. authentique (friend).

stern I [stə:n] *n* NAUT. arrière *m*.

stern II *adj* sévère, austère (person, face) || ~**ness** *n* sévérité *f*; dureté *f*.

stethoscope ['steθəskəup] *n* stéthoscope *m*.

stevedore ['sti:vidɔ:] *n* débardeur, docker *m*.

stew [stju:] *n* CULIN. ragoût *m*; civet *m* (of hare); ~***-pan,*** fait-tout *m*, cocotte *f* ● *vt* cuire à l'étouffée; ~*ed fruit,* compote *f* de fruits.

steward ['stjuəd] *n* régisseur, intendant *m* || maître *m* d'hôtel (in a club) || NAUT. garçon *m* (de cabine) || AV. steward *m* || ~**ess** *n* NAUT. stewardess *f* || AV. hôtesse *f* (de l'air).

stick [stick] *vt* (stuck [stʌk]) enfoncer (a knife); piquer (a pin) || ficher, planter (on a spike) || coller (a stamp) || ~ ***out,*** tirer (one's tongue) || ~ ***up,*** afficher (a bill); FAM. ~ *'em up!,* haut les mains!; SL. ~ *up a bank,* braquer une banque (arg.); ~***-up*** *(n),* SL. braquage *m* (arg.) — *vi* [knife] s'enfoncer, se ficher || [stamp] se coller || CULIN. attacher || AUT. s'embourber, s'enliser || ~ ***out,*** dépasser, faire saillie || ~ ***to,*** s'accrocher à, ne pas démordre de, s'en tenir à || ~ ***up,*** se dresser ● *n* petit rameau *m*, branchette *f*; bâton *m* (of chalk) || brindille *f*, bois sec (for fuel) || *(walking)* ~, canne *f* || AV. manche *m* à balai || ~**er** *n* autocollant *m* || ~**-in-the-mud** *n* conservateur *n* indécrottable (fam.) || ~**ing** *adj* collant; ~***-plaster,*** sparadrap *m* || ~**ler** [-lə] *n* partisan *m* farouche; personne tatillonne || ~**-on** *adj* autocollant, adhésif || ~**y** *adj* poisseux, gluant (substance) || gommé; ~ *tape,* ruban adhésif || FAM. délicat (situation) || peu accommodant (person).

stiff [stif] *adj* raide (joint, leg); ankylosé; ***get*** ~, s'ankyloser; ~ *neck,* torticolis *m* || dur (collar); rigide (body); ankylosé (joint) || difficile (task) || raide (slope) || fort (breeze, drink) || élevé (price) || CULIN. ferme (paste) || FIG. opiniâtre (resistance); guindé (manners) || ~**en** *vt* raidir, rendre rigide || raffermir (muscles) || empeser (a shirt-front) || CULIN. corser (a drink); lier (a sauce) — *vi* se raidir || ~**-necked** [ˌ-'nekt] *adj* intraitable; opiniâtre || ~**ness** *n* raideur, rigidité *f* || FIG. obstination *f*.

stifl|e ['staifl] *vt* étouffer, réprimer (lit. and fig.) — *vi* suffoquer || ~**ing** *adj* étouffant (heat).

stigma ['stigmə] *n* stigmate *m*; flétrissure *f*.

stiletto [sti'letəu] *n* stylet *m* || ~ *heels,* talons *mpl* aiguilles.

still I [stil] *n* alambic *m*.

still II *adv* encore, toujours ● *conj* cependant, néanmoins.

still III *adj* calme, immobile, tranquille || silencieux (silent); ~ ***life,*** nature morte || ~***-born,*** mort-né ● *n* CIN. photographie *f* (de presse) ● *vt* calmer, apaiser || ~**ness** *n* calme, silence *m* || immobilité *f*.

stilt [stilt] *n* échasse *f* || ~**ed** [-id] *adj* FIG. compassé.

stimul|ant ['stimjulənt] *n/adj* stimulant (*m*) || ~**ate** [-eit] *vt* stimuler, aiguillonner || ~**ation** [,stimju'leiʃn] *n* stimulation *f* || ~**us** [-əs] *n* stimulant *m* || MÉD. stimulus *m* || FIG. coup *m* de fouet.

sting [stiŋ] *n* ZOOL. aiguillon, dard *m* (organ); piqûre *f* (wound) || [pain] douleur cuisante || SL. arnaque *f* (arg.) ● *vt* (stung [stʌŋ]) [insect] piquer || FIG. piquer (au vif) [sb.] || SL. rouler (fam.); arnaquer (arg.) — *vi* piquer, cuire.

sting|iness ['stinʒinis] *n* avarice, ladrerie *f* || ~**y** *adj* ladre, pingre.

stink [stiŋk] *vi* (stank [stæŋk], stunk [stʌŋk]) puer || ~**er** *n* SL. sale type, salaud *m* || [exam.] FAM. question *f* difficile || ~**ing** *adj* puant, infect, nauséabond || FAM. ~ *rich,* bourré de fric (fam.).

stint [stint] *vt* mesurer, rationner || ~ *oneself,* se priver de, se refuser (*sth.,* qqch.) ● *n* ***without*** ~, sans compter, largement || tâche *f;* part *f* de travail.

stipend ['staipend] *n* traitement *m* (of a clergyman).

stipulat|e ['stipjuleit] *vt/vi* stipuler || ~**ion** [,stipju'leiʃn] *n* stipulation, clause *f*.

stir [stə:] *vt* remuer, mouvoir (a limb) || agiter (a liquid) || attiser (the fire) || FIG. exciter, troubler, émouvoir (opinion) || ~ ***up,*** remuer, agiter; FIG. attiser, provoquer (sth.); exciter (sb.); susciter, provoquer (sth.) ● *n* mouvement *m,* agitation *f,* remue-ménage *m* || FIG. émoi *m* || ~**ring** [-riŋ] *adj* remuant (person) || FIG. émouvant (speech) || passionnant (exciting).

stirrup ['stirəp] *n* étrier *m* || FAM. ~*-cup,* coup *m* de l'étrier.

stitch [stitʃ] *n* [sewing] point *m;* [knitting] maille *f* || [pain] point *m* de côté || MÉD. point *m* de suture ● *vt* piquer, coudre (sew) || ~ ***up,*** recoudre (mend); MÉD. suturer.

stoat [stəut] *n* hermine *f* (animal).

stock [stɔk] *n* souche; bûche *f* (of a tree) || BOT. giroflée *f* || CULIN. consommé *m* || TECHN. manche *m* (of a tool) || COMM. matière première (raw material); approvisionnement, stock *m,* réserve *f* (supply); ~***-in-trade,*** stock *m;* ***out of*** ~, épuisé; ***take*** ~, faire l'inventaire || FIN. valeurs, actions *fpl;* ***Stock Exchange,*** Bourse *f* des valeurs || AGR. *(live)* ~, cheptel *m* || RAIL. *rolling-*~, matériel roulant || NAUT. *Pl* chantier *m,* cale *f* (de construction) || FIG. souche *f* (of a family) ● *vt* fournir, approvisionner (a shop); stocker (goods); avoir en stock || FIG. meubler (one's memory).

stockade [stɔ'keid] *n* palissade *f*.

stock|-broker ['stɔk,brəukə] *n* agent *m* de change || ~**-farm** *n* ferme *f* d'élevage || ~**-holder** *n* U.S. = SHAREHOLDER.

stocking ['stɔkiŋ] *n* bas *m; a pair of* ~*s,* une paire de bas.

stockpiling ['stɔkpailiŋ] *n* stockage *m*.

stock-still ['stɔk'stil] *adj* immobile.

stocky ['stɔki] *adj* trapu.

stockyard ['stɔkyɑ:d] *n* parc *m* à bestiaux.

stodgy ['stɔdʒi] *adj* indigeste, lourd.

stoic ['stəuik] *n/adj* stoïque.

stok|e [stəuk] *vt* chauffer (a boiler); charger (furnace) || ~**er** *n* RAIL., NAUT. chauffeur *m*.

stole, stolen See STEAL.

stolid ['stɔlid] *adj* flegmatique.

stomach ['stʌmək] *n* estomac *m*; ***on an empty* ~,** à jeun || FAM. ventre *m* (belly) ● *vt* digérer || FIG. supporter || **~-ache** *n* mal *m* d'estomac.

stone [stəun] *n* pierre *f*, caillou *m* (pebble); *loose ~s,* rocaille *f* || *precious ~,* pierre précieuse || [fruit] noyau *m* || [hail] grêlon *m* || MÉD. calcul *m* ● *vt* lapider || dénoyauter (fruit) || **~-dead** *adj* raide mort || **~-deaf** *adj* sourd comme un pot || **~-pit** *n* carrière *f* de pierre || **~ware** *n* grès *m* || poterie *f* de grès || **~work** *n* maçonnerie *f*.

stony ['stəuni] *adj* pierreux, de pierre.

stood See STAND.

stooge [stu:dʒ] *n* TH., FAM. faire-valoir *m*; comparse *n*.

stool [stu:l] *n* tabouret *m* || MÉD. *go to ~,* aller à la selle || **~-pigeon** *n* appeau *m* (decoy) || FIG. indicateur, mouchard *n*.

stoop I [stu:p] *vi* se courber, se baisser || FIG. s'abaisser (morally) ● *n* dos rond/voûté || **~ing** *adj* voûté.

stoop II *n* U.S. véranda *f*; perron *m* (unroofed).

stop [stɔp] *vt* arrêter, stopper (a movement); *~ thief!,* au voleur! || cesser (work) || empêcher (*from,* de) || boucher (hole, opening, etc.); obstruer, combler (a gap); *~ a leak,* aveugler une fuite || couper (gas, etc.); supprimer (allowance) || FIN. suspendre (payment) || MÉD. plomber (a tooth) — *vi* cesser (doing sth.) || [car, person, train] s'arrêter (*at,* à); *~* ***dead/short,*** s'arrêter brusquement || PHOT. *~ down,* diaphragmer || FAM. rester; *~ at a hotel,* loger à l'hôtel || *~* ***over,*** s'arrêter, descendre (*at,* à); ***~-over*** *(n),* halte *f*; [long journey] escale *f* || *~* ***up,*** veiller (*late,* tard) ● *n* arrêt *m* (act); ***come to a ~,*** s'arrêter || [bus] arrêt *m*; ***request ~,*** arrêt facultatif || MUS. [clarinet] clé *f*; [organ] jeu *m* || FIG. *pull out all the ~s,* faire tous ses efforts; en mettre un coup (pop.) || GRAMM. point *m* || PHOT. diaphragme *m* || TECHN. butée *f* || **~gap** *n* FIG. bouche-trou *m*.

stop|page [-idʒ] *n* interruption *f*, arrêt *m* || [pipe] engorgement *m* || [firm] cessation *f* (of pay) || **~per** *n* bouchon *m* || [bath] bonde *f* || **~-press (news)** *n* (nouvelles *fpl* de) dernière heure || **~-watch** *n* chronomètre *m*.

storage ['stɔ:ridʒ] *n* emmagasinage, entreposage *m* || [building] garde-meuble *m* || **~-heater** *n* ÉLECTR. radiateur *m* à accumulation.

store [stɔ:] *n* provision, réserve *f* || [computer] mémoire *f* || [building] entrepôt, magasin *m* (warehouse); *put in ~,* mettre au garde-meuble || COMM. U.S. boutique *f* (shop); G.B. *(department) ~,* (grand) magasin || FIG. ***have (sth.) in ~ for sb.,*** réserver qqch. à qqn || ***set great ~ by,*** apprécier grandement ● *vt* mettre en réserve || emmagasiner || approvisionner || **~-house** *n* magasin *m* || **~-room** *n* réserve, resserre *f* || NAUT. cambuse *f* || AV. soute *f*.

storey ['stɔ:ri] *n* étage *m* || **~ed** [-d] *adj a six-~ building,* un immeuble à six étages.

stork [stɔ:k] *n* cigogne *f*.

storm [stɔ:m] *n* orage *m*; tempête *f* (wind) || MIL. assaut *m* ● *vt* MIL. emporter, prendre d'assaut — *vi* [wind, rain] faire rage || FIG. tempêter || MIL. [troops] monter à l'assaut || **~-lantern** *n* lampe *f* tempête || **~-window** *n* double fenêtre *f* || **~y** *adj* orageux (weather); tempétueux, violent (wind); démonté, en furie (sea) || FIG. orageux (meeting).

story I ['stɔ:ri] *n* = STOREY.

story II *n* histoire *f*, récit *m*;

short ~, nouvelle *f* || FIG. rumeur *f; as the ~ goes,* d'après ce qu'on raconte || papier, article *m* (in a newspaper) || **~-teller** *n* conteur *n* || FIG. menteur *n* (fibber).

stoup [stu:p] *n* bénitier *m*.

stout [staut] *adj* solide, fort (shoes, etc.) || corpulent, gros (fat) || FIG. vaillant, résolu (brave) ● *n* bière *f* forte, stout *m* || **~ly** *adv* solidement || résolument.

stove [stəuv] *n* poêle *m* (for heating); fourneau *m* (for cooking) || [camping] réchaud *m*.

stow [stəu] *vt* ranger || NAUT. arrimer || **~age** *n* NAUT. arrimage *m;* frais *mpl* d'arrimage (charge) || **~away** ['stəuəwei] *n* passager clandestin.

straddle ['strædl] *vt* enfourcher (a horse); être à califourchon (on a chair); enjamber (a ditch) || MIL. encadrer (a target) ● *n* écartement, chevauchement *m*.

strafe [stra:f] *vt* mitrailler, bombarder.

straggl|e ['strægl] *vi* traîner, rester en arrière || se disperser, s'éparpiller || **~er** *n* traînard *n* || **~ing** *adj* disséminé, épars.

straight [streit] *adj* droit; *in a ~ line,* en droite ligne || d'aplomb (picture) || en ordre (room) || FIG. *put things ~,* arranger les choses || loyal, honnête (person) || sec (whisky) ● *adv* (tout) droit, directement || FIG. honnêtement || ***~ ahead,*** tout droit || ***~ away,*** sur-le-champ, tout de suite || ***~ on,*** tout droit || ***~ out,*** carrément || **~en** *vt* redresser, rectifier (one's tie) || FIG. mettre en ordre (a room) — *vi ~ (up),* se redresser || **~forward** *adj/adv* direct, droit, franc, sans détour || **~ness** *n* rectitude *f*.

strain [strein] *vt* tendre (a rope) || serrer (sb.) || tendre (one's ears); forcer (one's voice); *~ one's eyes,* s'abîmer les yeux; *~ oneself,* se surmener || SP. ***~ a muscle,*** se claquer un muscle || CULIN. passer (a liquid); égoutter (with a strainer) || FIG. forcer (the meaning); abuser de (one's powers) — *vi* faire des efforts; peiner ● *n* tension *f*; effort *m* || surmenage *m* (overwork); fatigue (nerveuse) [tiredness] || MÉD. entorse, foulure *f* || *Pl* MUS. accents *mpl* || **~ed** [-d] *adj* tendu (relations) || fatigué (eyes, face) || **~er** *n* CULIN. passoire *f*.

strait [streit] *n (Pl)* GÉOGR. détroit *m; the Straits of Dover,* le pas de Calais || *Pl* FIG. situation *f* difficile || **~ened** [-ənd] *adj in ~ circumstances,* dans la gêne.

strait-jacket *n* camisole *f* de force.

strand [strænd] *n* grève *f* (beach) ● *vi/vt* (s')échouer || FIG. *be ~ed,* être en panne.

strange [streinʒ] *adj* étrange, bizarre (queer) || *truth is ~r than fiction,* la réalité dépasse la fiction || *feel ~,* se sentir dépaysé || étranger; nouveau (to the work); inconnu (person) || **~ly** *adv* étrangement || **~ness** *n* étrangeté *f*.

stranger [streindʒə] *n* inconnu *n* || [in a new place] *I'm a ~, here,* je ne suis pas d'ici.

strangle ['stræŋgl] *vt* étrangler.

strap [stræp] *n* courroie, lanière, sangle *f* || ***~ beard,*** collier *m* ● *vt* sangler.

strapping ['stræpiŋ] *adj* bien découplé/charpenté; solide.

stratagem ['strætidʒəm] *n* stratagème *m*, ruse *f*.

strateg|ic [strə'ti:dʒik] *adj* stratégique || **~y** ['strætidʒi] *n* stratégie *f*.

stratosphere ['strætəsfiə] *n* stratosphère *f*.

straw [strɔ:] *n* paille *f; **draw ~s,*** tirer à la courte paille || FIG. ***man of ~,*** homme de paille.

strawberry ['strɔ:bri] *n* fraise *f;*

wild ~, fraise *f* des bois || ~-***plant*** (*n*), fraisier *m*.

stray [strei] *vi* s'égarer ● *adj* égaré, perdu, errant; ~ *bullet*, balle perdue ● *n* animal errant; enfant abandonné.

streak [stri:k] *n* rayure, raie *f*; *a* ~ *of light*, un filet de lumière || ~ ***of lightning***, éclair *m* || Fig. tendance *f* (strain); période *f* (of luck) ● *vt* strier, zébrer, sillonner.

stream [stri:m] *n* ruisseau *m* (brook); fleuve *m* (river); torrent *m* (violent); courant *m*; *against the* ~, à contre-courant; ***down/up*** ~, en aval/amont || Fig. flot *m*; ~ *of cars*, file *f* de voitures ● *vi* couler, ruisseler || [flag] flotter || **~er** *n* [flag] banderole *f* || [paper] serpentin *m* || **~lined** [-laind] *adj* Aut. aérodynamique.

street [stri:t] *n* rue *f*; *main* ~, grand-rue; ~ *door*, porte *f* d'entrée || *the man in the* ~, le grand public, l'homme de la rue || **~car** *n* U.S. tramway *m* || **~-island** *n* refuge *m* || **~-lamp/-light** *n* réverbère *m* || **~-walker** *n* prostituée *f*.

strength [streŋθ] *n* force *f* || Mil. effectif *m* || Fig. ***on the*** ~ ***of***, sur la foi de || **~en** [-n] *vt* fortifier || Mil. renforcer || Techn. consolider — *vi* se fortifier || Fig. se raffermir.

strenuous ['strenjuəs] *adj* intense (effort); acharné, infatigable (worker); intense, actif (life); ardu (task) || **~ly** *adv* énergiquement, avec ardeur.

stress [stres] *n* pression, contrainte *f* || [emphasis] insistance *f*; ***lay*** ~ ***on***, insister sur || [word] accent *m* (tonique) || Techn. charge, poussée *f*, effort *m* || Méd. agression *f*, stress *m*; *nervous* ~, tension nerveuse ● *vt* insister sur (emphasize) || accentuer (word).

stretch [stretʃ] *vt* tendre (a rope) || étendre (one's arm); déployer (one's wings); ~ *one's legs*, allonger/se dégourdir les jambes || ~ *oneself*, s'étirer || Fig. forcer (law, meaning); ~ ***a point***, faire une concession; ~ *one's powers*, donner son maximum (working) || ~ ***out***, tendre (la main) — *vi* ~ *(out)*, s'étendre, s'étirer ● *n* allongement, étirage *m* (of wire) || déploiement *m*; envergure *f* (of wings); étirement *m* (of limbs); étendue *f* (of country) || Fig. ***at a*** ~, tout d'une traite, à la file || **~er** *n* forme *f* (for shoes) || Méd. civière *f*, brancard *m*; ***~-bearer***, brancardier *m*.

strew [stru:] *vt* (strewed [-d], strewn [-n] *or* strewed) semer, éparpiller; joncher.

stricken I See strike *v*.

stricken II ['strikn] *adj* saisi; atteint; *panic-*~, pris de panique.

strict [strikt] *adj* exact, précis (meaning) || sévère (person, discipline) || rigoureux, strict (rules) || strict (orders) || **~ly** *adv* strictement, sévèrement; formellement, rigoureusement (forbidden) || **~ness** *n* exactitude, rigueur, sévérité *f*.

stridden See stride *v*.

stride [straid] *n* foulée, enjambée *f* || Fig. *take sth. in one's* ~, faire qqch. sans difficulté; *Pl* progrès *mpl* ● *vi* (strode [strəud], stridden ['stridn]) aller à grand pas || ~ ***along***, avancer à grands pas; ~ ***over***, enjamber.

strife [straif] *n* Fig. lutte *f*, conflit *m*.

strik|e [straik] *n* coup *m* (blow) || grève *f* (cessation of work); ***go on*** ~, se mettre en grève; ~ ***notice***, préavis *m* de grève || Fam. coup *m*; *lucky* ~, coup de veine ● *vt* (struck [strʌk], struck *or* stricken [strikn]) frapper, donner un coup à || [bell, clock] sonner (the hour) || frotter (a match) || Comm. conclure (a bargain) || baisser (flag) || Naut. heurter || SP. ferrer (a fish) || MUS. ~ *a chord,* plaquer un accord || FIG. frapper || ~ ***down,*** abattre || ~ ***off,*** effacer, biffer; radier (sb.) || ~ ***out,*** rayer || ~ ***up,*** MUS. attaquer — *vi* faire la grève || **~er** *n* gréviste *n* || **~ing** *adj* frappant, saisissant.

string [striŋ] *n* ficelle *f* (twine); *(apron)~,* cordon; lacet *m* (lace) || collier *m* (of pearls); chapelet *m* (of onions) || file *f* (of cars) || MUS. corde *f; the ~s,* les (instruments *mpl* à) cordes || FAM. ***pull the ~s,*** tirer les ficelles ● *vt* (strung [strʌŋ]) mettre une ficelle (*to,* à); ficeler (a parcel) || enfiler (beads) || MUS. mettre des cordes à (a violin) || ~ ***up,*** suspendre à (une corde, etc.); FAM. pendre haut et court — *vi* ~ ***along,*** aller à la file; ~ ***out,*** s'espacer, s'égailler (along the road) || **~-band** *n* orchestre *m* à cordes || **~-bean** *n* haricot vert.

stringent ['strinʒənt] *adj* rigoureux (rules) || FIN. tendu (market).

stringy ['striŋi] *adj* visqueux || CULIN. *become ~,* filer.

strip [strip] *n* bande *f* (of material) || ruban *m* (of paper) || bande *f,* bout *m* (of land) || *(comic) ~,* bande dessinée || SP. tenue *f* || CIN. bande *f* || AV. *landing ~,* piste *f* d'atterrissage ● *vt* déshabiller, dévêtir || défaire (a bed) || TECHN. dégarnir; dénuder (a wire) — *vi* se déshabiller || **~-cartoon** *n* bande dessinée || **~-light** *n* tube *m* au néon || **~-lighting** *n* éclairage fluorescent || **~per** *n* strip-teaseuse, effeuilleuse *f* || **~tease, ~ show,** strip-tease *m.*

stripe [straip] *n* raie, rayure, zébrure *f* || tissu *m* à raies (material) || MIL. chevron, galon *m* ● *vt* rayer, zébrer.

stripling ['stripliŋ] *n* adolescent *m.*

strive [straiv] *vi* (strove [strəuv], striven ['strivn]) s'efforcer (*to do,* de faire).

striven See STRIVE.

strode See STRIDE *v.*

stroke I [strəuk] *n* coup *m* (blow) || coup *m* (of clock, bell) || trait *m* (of the pen) || MÉD. attaque *f;* congestion cérébrale || SP. coup *m* (movement) || TECHN. course *f* (of the piston) || FIG. coup *m; a ~ of luck,* un coup de chance.

stroke II *vt* caresser.

stroll [strəul] *vi* flâner, se promener ● *n* petite promenade; *go for a ~,* aller faire un tour || **~er** *n* promeneur, flâneur *n.*

strong [strɔŋ] *adj* fort, vigoureux, robuste || solide (thing) || énergique (drastic) || [number] *10 000 ~,* au nombre de 10 000 || *be getting ~er,* (re)prendre des forces || **~-box** *n* coffre-fort *m* || **~hold** *n* forteresse *f* || **~ly** *adv* énergiquement, fortement || FIG. fermement; *feel ~,* être ému, être sensible, ressentir, s'indigner || **~-minded** ['-'maindid] *adj* résolu.

strop [strɔp] *n* cuir *m* à rasoir ● *vt* affûter, repasser (a razor).

strove See STRIVE.

struck See STRIKE *v.*

structur|al ['strʌktʃərl] *adj* structural || **~alism** *n* structuralisme *m.*

structure ['strʌktʃə] *n* structure *f* || ARCH. construction *f,* édifice *m* || GRAMM. construction *f.*

struggle ['strʌgl] *n* lutte *f,* combat *m; ~ for existence,* lutte pour la vie; *class ~,* lutte des classes ● *vi* lutter, combattre || ~ *along,* avancer péniblement.

strum [strʌm] *vi ~ on the piano,* pianoter.

strung See STRING *v.*

strut I [strʌt] *vi* se pavaner ● *n* démarche orgueilleuse.

strut II *n* ARCH. entretoise *f* ● *vt* entretoiser, étayer.

stub [stʌb] *n* mégot *m* (of cigarette) || bout *m* (of pencil, etc.) || FIN. souche *f*, talon *m* (of cheque) ● *vt* ~ *out one's cigarette,* écraser sa cigarette.

stubble ['stʌbl] *n* chaume *m* || FIG. barbe *f* de plusieurs jours.

stubborn ['stʌbən] *adj* têtu, entêté, obstiné || AGR. ingrat (soil) || **~ness** *n* entêtement *m,* obstination *f;* opiniâtreté *f.*

stubby ['stʌbi] *adj* FIG. trapu (person).

stucco ['stʌkəu] *n* stuc *m.*

stuck See STICK *v* || **~-up** *adj* FAM. prétentieux, poseur.

stud I [stʌd] *n* clou *m* à grosse tête || crampon *m* (on football boots) || *(collar)* ~, bouton *m* de col || *(press)* ~, bouton-pression *m* ● *vt* clouter; ferrer (boots) || FIG. parsemer, joncher || **~-hole** *n* boutonnière *f.*

stud II *n* écurie *f* de courses; ***~-farm,*** haras *m;* ***~-horse,*** étalon *m.*

student ['stju:dnt] *n* étudiant *n.*

studio ['stju:diəu] *n* atelier *m* (artist's) || RAD. studio *m.*

stud|ious ['stju:djəs] *adj* studieux || **~y** ['stʌdi] *n* étude *f* || bureau, cabinet *m* de travail (room) || FIG. ***brown*** ~, méditation, rêverie *f* ● *vt* étudier — *vi* faire des études || ~ ***for,*** préparer (an examination) || ~ *to be a doctor,* faire des études de médecine.

stuff [stʌf] *n* étoffe *f,* tissu *m* || matériaux *mpl* ● *vt* bourrer (fill); rembourrer (a chair); naturaliser, empailler (animal) || ~ *oneself,* se gorger, se gaver || ~ ***up,*** boucher; *~ed-up nose,* nez bouché || CULIN. farcir || **~iness** *n* manque *m* d'air || **~ing** *n* rembourrage *m,* bourre *f* || CULIN. farce *f* || **~y** *adj* lourd, confiné (air); qui sent le renfermé (room) || FIG. vieux-jeu, collet monté (person) || ennuyeux (book).

stumbl|e ['stʌmbl] *vi* trébucher, faire un faux pas || se heurter (*against,* contre) || bafouiller, hésiter (stammer) || **~ing-block** *n* FIG. pierre *f* d'achoppement.

stump [stʌmp] *n* souche *f* (of tree) || mégot *m* (of cigarette) || MÉD. moignon (of arm); chicot *m* (of tooth) ● *vi* marcher lourdement || FIG. faire une tournée électorale; [school] *be ~ed on,* sécher sur || FAM. ~ ***up,*** casquer (pay) || **~er** *n* FAM. colle *f* (question) || **~y** *adj* trapu.

stun [stʌn] *vt* assommer, étourdir || FIG. abasourdir, stupéfier || **~ned** [-d] *adj* stupéfait || **~ning** *adj* stupéfiant.

stung See STING *v.*

stunk See STINK.

stunning ['stʌniŋ] *adj* étourdissant || FAM. épatant, formidable.

stunt I [stʌnt] *n* tour *m* de force, acrobatie *f* || ~ **flying** *n* acrobaties aériennes || ~ **man** *n* CIN. doublure *f,* cascadeur *m* || **~-pilot** *n* pilote *m* acrobatique.

stunt II *vt* retarder/arrêter la croissance de || **~ed** [id] *adj* rabougri.

stupef|action [,stju:pi'fækʃn] *n* stupéfaction *f,* ahurissement *m* || **~y** ['stju:pifai] *vt* abrutir; stupéfier, hébéter.

stupendous [stju:'pendəs] *adj* prodigieux, formidable.

stupid ['stju:pid] *adj* stupide, bête || **~ity** [stju'piditi] *n* stupidité, bêtise *f.*

sturdy ['stə:di] *adj* robuste, vigoureux, solide.

sturgeon ['stə:dʒn] *n* esturgeon *m.*

stutter ['stʌtə] *vi* bégayer || **~er** [-rə] *n* bègue *n* || **~ing** [-riŋ] *n* bégaiement *m.*

sty [stai] *n* porcherie *f.*

sty(e) [stai] *n* MÉD. orgelet *m.*

styl|e [stail] *n* style *m;* manière *f;*

~ *of living,* train *m* de vie || [fashion] mode *f* || FIG. distinction *f,* chic *m; have* ~, avoir du cachet/chic ● *vt* qualifier, nommer (*after,* d'après); ~ *oneself,* se donner le titre de || **~ish** *adj* élégant, chic || **~ishness** *n* chic *m,* élégance *f.*

stylus ['stailəs] *n* [record player] pointe *f* de lecture.

stymie ['staimi] *vt* FIG. bloquer (plan); coincer (fam.).

suave [swɑːv] *adj* suave || affable (person) || PÉJ. doucereux.

sub [sʌb] *pref* sous || FAM. Abbr. of SUBALTERN, SUB-LIEUTENANT, SUBMARINE, SUBSCRIPTION, SUBSTITUTE.

subaltern ['sʌbltən] *n* subalterne, subordonné *n* || MIL. sous-lieutenant; lieutenant *m.*

sub-committee ['sʌbkə,miti] *n* sous-comité *m.*

subconscious ['sʌb'kɔnʃəs] *n* subconscient *m* || **~ly** *adv* inconsciemment || **~ness** *n* subconscient *m.*

subcontractor ['sʌbkən'træktə] *n* sous-traitant *m.*

subdivide ['sʌbdi'vaid] *vt* subdiviser.

subdue [səb'djuː] *vt* subjuguer; soumettre (people); conquérir (conquer) || contenir (feelings) || baisser (voice) || atténuer (colour, light); **~d *light,*** demi-jour *m.*

subject ['sʌbdʒikt] *adj* assujetti, soumis (*to,* à) [submitted] || sujet, enclin (*to,* à) [liable] || ~ ***to,*** sous réserve de ● *n* sujet *m* (of a king) || sujet, motif *m* (matter) || ~ ***matter,*** thème *m* || [school] matière *f* || GRAMM. sujet *m* ● [səb'dʒekt] *vt* soumettre, subjuguer; assujettir (country) || soumettre, exposer (*to,* à).

subjection [səb'dʒekʃn] *n* sujétion, soumission *f.*

subjective [səb'dʒektiv] *adj* subjectif.

subjugate ['sʌbdʒugeit] *vt* subjuguer, asservir.

subjunctive [səb'dʒʌŋtiv] *n* subjonctif *m.*

sublet ['sʌb'let] *vt* sous-louer.

sublieutenant [,sʌblə'tenənt] *n* enseigne *m* de vaisseau de 2e classe.

sublimate ['sʌblimeit] *vt* CH. sublimer || FIG. idéaliser ● ['sʌblimit] *adj* sublimé || FIG. idéalisé.

sublime [sə'blaim] *adj* sublime.

submachine-gun ['sʌbmə'ʃiːngʌn] *n* mitraillette *f.*

sub|marine ['sʌbməriːn] *n/adj* sous-marin *(m)* || **~merge** [səb'məːdʒ] *vt* submerger, immerger.

sub|mission [səb'miʃn] *n* soumission; docilité *f* || **~missive** [-'misiv] *adj* soumis, docile || **~mit** [-'mit] *vi/vt* (se) soumettre (*to,* à).

subnormal ['sʌb'nɔːml] *adj* au-dessous de la normale.

subordinate [sə'bɔːdnit] *adj* subordonné, subalterne || GRAMM. subordonné ● [sə'bɔːdineit] *vt* subordonner (*to,* à) || GRAMM. *subordinating conjunction,* conjonction *f* de subordination.

subpoena [səb'piːnə] *n* JUR. citation, assignation *f.*

subscrib|e [səb'skraib] *vt* apposer (*to,* au bas de) [one's name] || souscrire, verser (a sum) — *vi* souscrire; donner son assentiment || verser une cotisation (*to,* à) || souscrire (*to,* à) [a book]; s'abonner (*to,* à) [a newspaper] || **~er** *n* abonné *n* (to a newspaper).

subscription [səb'skripʃn] *n* cotisation *f* (for membership); souscription *f* (to a book); abonnement *m* (to a newspaper).

subsequent ['sʌbsikwənt] *adj* subséquent, ultérieur; postérieur (*to,* à).

subservient [səb'sə:vjənt] *adj* utile (*to,* à); soumis, asservi (*to,* à) || PÉJ. obséquieux.

subsid|e [səb'said] *vi* [flood] baisser, diminuer || [waters] se retirer || [building, ground] s'affaisser || [storm] se calmer || FIG. [anger] s'apaiser || **~ence** *n* baisse *f,* affaissement *m* || FIG. apaisement *m.*

subsidiary [səb'sidjəri] *adj* subsidiaire || JUR. ~ *company,* filiale *f* ● *n* auxiliaire *n.*

subsid|ize ['sʌbsidaiz] *vt* subventionner || **~y** *n* subside *m,* subvention *f.*

sub|sist [səb'sist] *vi* subsister; persister (continue) || vivre (live) || **~sistence** [-'sistns] *n* subsistance *f,* moyens *mpl* d'existence.

subsonic [sʌb'sɔnik] *adj* subsonique.

substan|ce ['sʌbstəns] *n* substance, matière *f* || fond *m* (content) || consistance, densité *f* (consistency) || solidité *f* (firmness) || essentiel *m* || **~tial** [səb'stænʃl] *adj* substantiel, solide (firm) || copieux (meal) || considérable, important (ample) || valable (noteworthy) || réel (real) || **~tiate** [səb'stænʃieit] *vt* établir (a charge) || justifier (a claim) || **~tive** [-tiv] *n* GRAMM. substantif *m.*

substitu|te ['sʌbstitju:t] *vt* substituer ● *n* substitut, remplaçant, suppléant *m* || succédané *m* (thing) || **~tion** [,sʌbsti'tju:ʃn] *n* substitution *f.*

substructure ['sʌb,strʌktʃə] *n* TECHN. infrastructure *f.*

subtenant ['sʌb'tenənt] *n* sous-locataire *n.*

subterfuge ['sʌbtəfju:dʒ] *n* subterfuge *m.*

subtitle ['sʌb,taitl] *n* sous-titre *m.*

subtle ['sʌtl] *adj* subtil, délicat || fin, pénétrant, subtil (mind) || astucieux, ingénieux (plan) || **~ty** [-ti] *n* subtilité, délicatesse, finesse *f* || perspicacité, subtilité *f* || ingéniosité *f.*

subtrac|t [səb'trækt] *vt* soustraire, retrancher (*from,* de) || **~tion** *n* soustraction *f.*

suburb ['sʌbə:b] *n* faubourg *m* || *Pl* banlieue *f* || **~an** [sə'bə:bn] *adj* suburbain, de banlieue || **~anite** [sə'bə:bə,nait] *n* banlieusard *n.*

subvention [səb'venʃn] *n* subvention *f.*

subver|sion [sʌb'və:ʃn] *n* subversion *f* || **~sive** [-siv] *adj* subversif.

subway ['sʌbwei] *n* passage souterrain || U.S. métro *m.*

succ|eed [sək'si:d] *vt* succéder à — *vi* réussir (*in,* à); parvenir (*to,* à) || ~ *to,* hériter de, accéder à || **~ess** [sək'ses] *n* succès *m; be a ~,* réussir || **~essful** *adj* couronné de succès (attempt); reçu (candidate); heureux (person) || **~essfully** *adv* avec succès.

succession [sək'seʃn] *n* succession, série *f* || JUR. succession *f; in ~ to,* à la suite de.

success|ive [sək'sesiv] *adj* successif, consécutif || **~or** *n* successeur *m.*

succour ['sʌkə] *n* secours *m,* aide *f.*

succulent ['sʌkjulənt] *adj* succulent ● *n* plante grasse.

succumb [sə'kʌm] *vi* succomber (*to,* à) || mourir (*to,* de) [die] || céder (yield).

such [sʌtʃ] *adj/pron* tel; ~ *a man,* un tel homme || pareil; semblable; *I said no ~ thing,* je n'ai rien dit de pareil || [so great] si, tellement; ~ *a clever man,* un homme si habile; ~ *courage,* un tel courage || ~ ***as,*** comme, tel que || ~ ... ***as,*** tel... que; ~ *men as/men ~ as X and Y,* des hommes comme X et Y || ~ ***that,*** tel que; *the force of the explosion was ~ that...,* la force de l'explosion fut telle que/fut si grande que... || ~ *and* ~, tel et tel || ***all*** ~, tous ceux qui/que; ***as*** ~, comme tel || ~ ... ***as*** : *I'll send you* ~ *books as I have,* je vous enverrai les quelques livres que je possède || ~**like** *adj* FAM. de ce genre ● *pron* ***and*** ~***like,*** et autres gens/animaux/choses de ce genre.

suck [sʌk] *vt* sucer || [infant] téter || gober (an egg) || ~ ***in,*** aspirer (air); assimiler (knowledge) || ~ ***up,*** absorber, pomper, boire; SL. faire de la lèche (*to,* à) ● *n* succion *f* || *give* ~ *to,* donner la tétée à || ~**er** *n* ZOOL. ventouse *f* || TECHN. suçoir *m,* ventouse *f* || BOT. surgeon *m* || FAM. gogo *m,* poire *f* || ~**ing-pig** *n* cochon *m* de lait.

suckl|e ['sʌkl] *vt* [mother] allaiter, donner le sein || ~**ing** *n* nourrisson *m.*

suction ['sʌkʃn] *n* succion, aspiration *f* || ~**-pump** *n* pompe aspirante.

sudden ['sʌdn] *adj* soudain, subit, brusque; ***all of a*** ~, tout à coup || ~**ly** *adv* soudainement || ~**ness** *n* soudaineté *f.*

suds [sʌdz] *npl (soap)* ~, mousse *f* de savon.

sue [sju:] *vt* JUR. poursuivre, traduire en justice; ~ *sb. for damages,* poursuivre qqn en dommages et intérêts; ~ *for (a) divorce,* demander le divorce.

suède [sweid] *n* [gloves] suède *m;* [shoes] daim *m* || *imitation* ~, suédine *f.*

suet [sjuit] *n* graisse *f* de bœuf.

suffer ['sʌfə] *vt* subir (damage, loss, etc.) || ressentir, endurer (pain) || tolerate (allow) — *vi* souffrir (*from,* de) || ~**ance** [-rəns] *n* tolérance *f* || ~**er** [-rə] *n* MÉD. malade *n* || ~**ing** [-riŋ] *n* souffrance *f.*

suffice [sə'fais] *vi/vt* suffire (à).

suffic|iency [sə'fiʃnsi] *n* suffisance *f* || ~**ient** *adj* suffisant || ~**iently** *adv* suffisamment.

suffix ['sʌfiks] *n* suffixe *m.*

suffoca|te ['sʌfəkeit] *vt/vi* suffoquer, étouffer || ~**tion** [,sʌfə'keiʃn] *n* suffocation, asphyxie *f.*

suffrage ['sʌfridʒ] *n* suffrage, vote *m.*

suffuse [sə'fju:z] *vt* [colour, light] se répandre sur; ~*d with tears,* baigné de larmes.

sugar ['ʃugə] *n* sucre *m* ● *vt* sucrer || ~**-almond** *n* dragée *f* || ~**-basin**/U.S. **-bowl** *n* sucrier *m* || ~**-cane** *n* canne *f* à sucre || ~**-refinery** *n* sucrerie *f* || ~**-tongs** *npl* pince *f* à sucre || ~**y** [-ri] *adj* sucré || FIG. doucereux.

suggest [sə'dʒest] *vt* suggérer (an idea); proposer (propose) || ~**ion** [-ʃn] *n* suggestion, proposition *f* || ~**ive** *adj* suggestif.

suicide ['sjuisaid] *n* suicide *m; commit* ~, se suicider.

suit [sju:t] *n* tailleur *m* (woman's); complet *m* (man's) || JUR. requête *f; (law-),*~ poursuite *f,* procès *m* || [card game] couleur *f;* ***follow*** ~, jouer la couleur, fournir; FIG. faire de même ● *vt* adapter, approprier; ~ *oneself,* faire à sa guise — *vi* convenir, faire l'affaire || [dress, etc.] convenir, aller (*to,* à) || ~**able** *adj* convenable, approprié (*to,* à) || ~**-case** *n* valise *f.*

suite [swi:t] *n* suite, escorte *f* || suite *f* (rooms) || ~ *of furniture,* mobilier *m.*

suitor ['sju:tə] *n* prétendant, soupirant *m* ● JUR. plaideur *n.*

sulfa... ['sʌlfə] U.S. = SULFA...

sulk [sʌlk] *vi* bouder ● *n be in the* ~*s,* faire la tête || ~**y** *adj* boudeur, maussade.

sullen ['sʌlən] *adj* maussade, morose, renfrogné (person) || lugubre (thing) || obstiné (silence) ||

~ness *n* humeur *f* sombre, morosité *f;* air renfrogné.

sully ['sʌli] *vt* FIG. souiller, flétrir.

sulpha drug ['sʌlfədrʌg] *n* sulfamide *m.*

sulph|ate ['sʌlfeit] *n* sulfate *m* || **~ide** [-aid] *n* sulfure *m* || **~ur** [-ə] *n* soufre *m* || **~uric** [sʌl'fjuərik] *adj* sulfurique || **~urous** ['sʌlfərəs] *adj* sulfureux.

sultan ['sʌltn] *n* sultan *m* || **~a** [səl'tɑːnə] *n* CULIN. raisin sec (de Smyrne/Malaga).

sultry ['sʌltri] *adj* étouffant, orageux (weather).

sum [sʌm] *n* somme *f* (of money) || MATH. total *m;* problème *m* (in arithmetic) || FIG. ***in ~,*** en somme ● *vt* additionner || ~ ***up,*** additionner, récapituler; *to sum up,* en résumé.

summar|ize ['sʌməraiz] *vt* résumer || **~y** *n* sommaire, résumé *m* ● *adj* sommaire, succinct.

summer ['sʌmə] *n* été *m* ● *adj* estival, d'été; ~ *holidays,* grandes vacances || ~ **camp** *n* colonie *f* de vacances || **~-house** *n* pavillon *m* (in a garden) || **~-school** *n* cours *mpl* de vacances.

summit ['sʌmit] *n* sommet *m* || FIG. faîte *m.*

summon ['sʌmən] *vt* convoquer (Parliament) || JUR. ~ *sb. to appear,* citer/assigner qqn || MIL. sommer || FIG. ~ *(up),* rassembler (one's courage) || **~s** [-z] *npl* JUR. citation, assignation *f* || MIL. sommation *f.*

sump [sʌmp] *n* puisard *m* || AUT. carter *m.*

sumpt|uary ['sʌmtjuəri] *adj* somptuaire || **~uous** [-juəs] *adj* somptueux.

sun [sʌn] *n* soleil *m; in the ~,* au soleil || **~-bath** *n* bain *m* de soleil || **~-bathe** *vi* prendre un bain de soleil || **~beam** *n* rayon *m* de soleil || **~burn** *n* [red skin] coup *m* de soleil; [dark skin] hâle *m* || **~burnt** *adj* hâlé, basané.

sundae ['sʌndei] *n* U.S. glace *f* aux fruits.

Sunday ['sʌndi] *n* dimanche *m; ~ best,* FAM. habits *mpl* du dimanche || ~ ***school,*** G.B. école *f* du dimanche = catéchisme.

sun|-dial ['sʌndaiəl] *n* cadran *m* solaire || **~down** *n* U.S. coucher *m* de soleil.

sundry ['sʌndri] *adj* divers.

sunflower ['sʌn,flauə] *n* BOT. soleil, tournesol *m.*

sung See SING.

sun|-glasses ['sʌnglɑːsiz] *npl* lunettes *fpl* de soleil || **~-helmet** *n* casque colonial.

sunk See SINK I.

sunken ['sʌŋkn] *adj* creux, encaissé (road) || creux, cave (eyes) || NAUT. immergé.

sun|-lamp ['sʌnlæmp] *n* lampe *f* à rayons ultraviolets || **~light** *n* lumière *f* du soleil || **~lit** *adj* ensoleillé || **~ny** *adj* ensoleillé || **~rise** *n* lever *m* du soleil || ~ **roof** *n* AUT. toit ouvrant || **~set** *n* coucher *m* du soleil || **~shade** *n* ombrelle *f* (carried); parasol *m* (for table) || **~shine** *n* (lumière *f* du) soleil *m* || **~stroke** *n* insolation *f* || **~tan** *n* bronzage *m; get a ~,* se faire bronzer || **~-up** *n* FAM. = SUNRISE || ~ **visor** *n* visière *f* || AUT. pare-soleil *m.*

super ['sjuːpə] n TH., FAM. figurant *n* ● *adj* FAM. sensationnel, super; *~!,* génial! || **~annuated** [,sjuːpə,rænjueitid] *adj* suranné (ideas) || à la retraite (person).

superb [sju'pəːb] *adj* superbe.

super|cargo ['sjuːpə,kɑːgəu] *n* subrécargue *m* || **~charger** *n* AUT. compresseur *m* || **~cilious** [,--'siliəs] *adj* sourcilleux, dédaigneux || **~ficial** [,--'fiʃl] *adj* superficiel || **~fluity** [,--'fluːiti] *n* superflu *m* || **~fluous** [sjuː'pəːfluəs] *adj* superflu || ~**highway** [ˌ--ˈ--] *n* U.S. autoroute *f* || ~**human** [ˌ--ˈ--] *adj* surhumain || ~**impose** [ˈsjuːprimˈpəuz] , superposer || ~**intend** [ˌsjuːprinˈtend] *vt* surveiller, diriger || ~**intendent** [ˌsjuːprinˈtendənt] *n* [police] commissaire *m*.

superior [sjuːˈpiəriə] *adj* supérieur ● *n* supérieur *n* || ~**ity** [sjuːˌpiəriˈɔriti] *n* supériorité *f*.

superlative [sjuːˈpəːlətiv] *n* superlatif *m* ● *adj* suprême || ~**ly** *adv* superlativement; supérieurement.

super|man [ˈsjuːpəmæn] *n* surhomme *m* || ~**market** *n* supermarché *m*, grande surface || ~**natural** [ˌ--ˈnætʃrəl] *adj* surnaturel || ~**numerary** [ˌ--ˈnjuːmrəri] *adj/n* surnuméraire || CIN. figurant *n* || ~**pose** [ˈ--ˈpəuz] *vt* superposer || ~**sede** [ˌ--ˈsiːd] *vt* remplacer, supplanter || ~**sonic** [ˌ--ˈsɔnik] *adj* supersonique || ~**sound** *n* ultrason *m*.

super|stition [ˌsjuːpəˈstiʃn] *n* superstition *f* || ~**stitious** [-ˈstiʃəs] *adj* superstitieux.

super|structure [ˈsjuːpəˌstrʌktʃə] *n* superstructure *f* || ~**tax** *n* surtaxe *f* || ~**vise** [-vaiz] *vt* contrôler, surveiller || ~**vision** [ˌ--ˈviʒn] *n* contrôle *m*, surveillance *f*.

supine [sjuːˈpain] *adj* couché sur le dos || FIG. indolent.

supper [ˈsʌpə] *n* dîner *m*; *late* ~, souper *m*.

supplant [səˈplɑːnt] *vt* supplanter.

supple [ˈsʌpl] *adj* souple, flexible || FIG. conciliant; obséquieux (péj.).

supplement [ˈsʌplimənt] *n* supplément *m* ● *vt* compléter, augmenter || ~**ary** [ˌsʌpliˈmentri] *adj* supplémentaire.

suppleness [ˈsʌplnis] *n* souplesse *f*.

supplication [ˌsʌpliˈkeiʃn] *n* supplication *f* || supplique *f* (petition).

suppl|ier [səˈplaiə] *n* fournisseur *m* || ~**y** [-ai] *n* approvisionnement, ravitaillement *m*; *replenish one's supplies*, se réapprovisionner || *Pl* provisions *fpl*, vivres *mpl* (food) || ~ *(teacher)*, suppléant *n*; *be on* ~, faire un remplacement || COMM. ~ ***and demand***, l'offre et la demande ● *vt* fournir (goods) || approvisionner (*with*, en) || MIL. ravitailler || FIG. subvenir à (a need); compenser (a loss); fournir (proof); suppléer, occuper par intérim (sb.'s place).

support [səˈpɔːt] *vt* soutenir (a weight) || soutenir, entretenir, faire vivre (one's family) || FIG. soutenir (a theory, a motion); supporter (endure) ● *n* appui, support *m* || soutien *m* (of one's family) || ~**er** *n* partisan, défenseur *m* (of a cause) || SP. supporter *m*.

suppos|e [səˈpəuz] *vi/vt* supposer, présumer || ~**ed** [-d] *adj* supposé, présumé || ***be*** ~ ***to***, être censé; FAM. *you are not* ~ *to...*, vous n'avez pas le droit de || ~**ing** *conj* ~ *(that)*, si; à supposer que, en supposant que || ~**ition** [ˌsʌpəˈziʃn] *n* supposition *f*; *on the* ~ *that*, à supposer que.

suppository [səˈpɔzitri] *n* suppositoire *m*.

suppress [səˈpres] *vt* supprimer, étouffer (a sob) || dissimuler (a fact) || interdire (a publication) || étouffer (scandal) || réprimer (revolt) || réprimer, contenir (one's feelings) || refouler (desire) || ~**ion** [səˈpreʃn] *n* suppression *f* || répression *f* (of revolt) || refoulement *m* (of emotion) || ~**or** *n* RAD. antiparasite *m*.

suprem|acy [sjuˈpreməsi] *n* suprématie *f* || ~**e** [səˈpriːm] *adj* suprême; souverain.

supremo [suˈpriːməu] *n* FAM. grand patron, chef *m*; cerveau *m* (fam.).

surcharge [ˈsəːtʃɑːdʒ] *n* surcharge *f* (load) || surtaxe *f* (on a letter) ● *vt* surtaxer (a letter).

sure [ʃuə] *adj* sûr, certain, assuré (person); ***make ~ of,*** s'assurer de; ***be ~ to come,*** venez sans faute, ne manquez pas de venir || certain, indubitable (fact) ● *adv* sûrement; ***for ~,*** certainement, sans aucun doute; ***~ enough,*** effectivement || **~ly** *adv* sûrement, certainement || **~ty** *n* certitude *f* || JUR. caution *f; stand ~ for,* se porter garant de.

surf [sə:f] *n* vagues déferlantes ● *vi* ***go ~ing,*** faire du surf; ***~board,*** planche *f* de surf; ***~boarder/~er*** *(n),* surfeur *n;* ***~ride*** *(vi),* pratiquer le surf.

surface ['sə:fis] *n* surface; superficie *f* || FIG. apparence *f; on the ~,* superficiellement ● *vi* [submarine] faire surface.

surfeit ['sə:fit] *n* satiété *f; have a ~ of,* être rassasié de || dégoût *m* ● *vi* se gorger — *vt* gorger, rassasier || FIG. dégoûter, écœurer.

surge [sə:dʒ] *n* houle, lame *f* ● *vi* [sea] être houleux; [waves] se soulever || FIG. [anger] bouillonner, monter; [crowd] se répandre; *~ back,* refluer.

surg|eon ['sə:dʒn] *n* chirurgien *m* || MIL. médecin *m* militaire || **~ery** [-ri] *n* MÉD. chirurgie *f;* cabinet *m* (consulting-room) || **~ical** [-ikl] *adj* chirurgical; ***~ spirit,*** alcool *m* à 90^0.

surly ['sə:li] *adj* maussade, hargneux, revêche.

surmise ['sə:maiz] *n* conjecture, supposition *f* ● [sə:'maiz] *vt* supposer, conjecturer.

surmount [sə:'maunt] *vt* surmonter, vaincre.

surname ['sə:neim] *n* nom *m* de famille.

surpass [sə:'pɑ:s] *vt* surpasser; l'emporter sur || dépasser (expectations).

surplice ['sə:plis] *n* surplis *m*.

surplus ['sə:pləs] *n* surplus, excédent, surnombre *m.*

surprise [sə'praiz] *n* surprise *f;* ***take sb. by ~,*** prendre qqn au dépourvu; *much to my ~,* à mon grand étonnement; *give sb. a ~,* faire une surprise à qqn ● *vt* surprendre; *~ sb. in the act,* prendre qqn sur le fait || étonner; ***be ~d at,*** s'étonner de.

surprising [sə'praiziŋ] *adj* surprenant, étonnant.

surreal|ism [sə'riəlizm] *n* surréalisme *m* || **~ist** *n* surréaliste *n.*

surrender [sə'rendə] *vt* MIL. rendre, livrer; *~ oneself,* se rendre || FIG. céder (one's rights) — *vi* se rendre, capituler || FIG. s'abandonner (to a habit, an emotion) ● *n* MIL. reddition, capitulation *f; unconditional ~,* capitulation sans condition || JUR. abandon *m;* renoncement *m*.

surreptitious [,sʌrəp'tiʃəs] *adj* subreptice; furtif (gesture); sournois (look) || **~ly** *adv* subrepticement; furtivement; sournoisement.

surround [sə'raund] *vt* entourer || MIL. cerner || **~ing** *adj* environnant || **~ings** *npl* alentours, environs *mpl* (of a place) || cadre, décor *m;* environnement.

surveillance [sə:'veiləns] *n* JUR. surveillance *f.*

survey ['sə:vei] *n* examen *m,* étude, enquête *f* (of facts) || COMM. *market ~,* étude *f* de marché || levé *m* (of land) || inspection *f* ● [sə:'vei] *vt* embrasser du regard, contempler (the landscape); examiner (situation) || arpenter (a field); lever le plan (of a country); *(land-)~ing,* arpentage *m,* topographie *f* || **~or** [sə:'veə] *n* arpenteur *m,* géomètre *m* || inspecteur *n* (official).

survival [sə'vaivl] *n* survie *f* (state); survivance *f* (fact).

surviv|e [sə'vaiv] *vi* survivre || **~or** *n* survivant, rescapé *m.*

suscepti|bility [sə,septə'biliti] *n* susceptibilité *f* || **~ble** [sə'septəbl] *adj* susceptible (sensitive) || capable, susceptible (*of,* de).

suspect ['sʌspekt] *n* suspect *m* ● [səs'pekt] *vt* soupçonner; se douter de (think likely) || soupçonner (believe to be guilty) || suspecter, douter de (doubt) || FAM. supposer, imaginer.

suspend [səs'pend] *vt* suspendre || interrompre (an activity) || JUR. surseoir à; *~ed sentence,* condamnation *f* avec sursis.

suspender [səs'pendə] *n* fixe-chaussette *m* (for a sock); jarretelle *f* (for a stocking) || U.S. *Pl* bretelles *fpl* || **~-belt** *n* porte-jarretelles *m.*

suspen|se [səs'pens] *n* suspens *m,* incertitude, indécision *f* || suspense *m; keep in ~,* tenir en haleine || **~sion** [-ʃn] *n* suspension *f* || TECHN. *~ bridge,* pont suspendu || GRAMM. ***~ points,*** points *mpl* de suspension.

suspic|ion [səs'piʃn] *n* soupçon *m,* suspicion *f* || **~ious** [-əs] *adj* soupçonneux (suspecting) || suspect, louche (suspect).

sustain [səs'tein] *vt* soutenir, supporter (a load) || FIG. subir, éprouver.

sustenance ['sʌstinəns] *n* subsistance, nourriture *f.*

suture ['sju:tʃə] *n* suture *f.*

swab [swɔb] *n* MÉD. tampon *m* d'ouate.

swaddl|e ['swɔdl] *vt* emmailloter || **~ing** *n ~ clothes,* langes *mpl.*

swagger ['swægə] *vi* se pavaner (walk); plastronner, crâner || se vanter (*about,* de) [boast].

swallow I ['swɔləu] *n* hirondelle *f* || SP. ***~ dive,*** saut *m* de l'ange.

swallow II *vt* avaler || FIG., FAM. encaisser (an insult); gober (a story).

swam See SWIM *v.*

swamp ['swɔmp] *n* marécage, marais *m* ● *vt* embourber (in mud) || inonder, submerger (by water) || FIG. *be ~ed with work,* être débordé de travail || **~y** *adj* marécageux.

swan [swɔn] *n* cygne *m* || ***~ dive,*** U.S. = SWALLOW DIVE || ***~sdown,*** duvet *m* de cygne; molleton *m* (fabric).

swank [swæŋk] *vi* faire de l'esbrouffe; frimer (fam.); crâner (fam.) ● *n* esbrouffe *f;* épate, frime *f* (fam.) || m'as-tu vu *m inv* (person) || **~y** *adj* vantard, hâbleur || riche, chic; rupin (fam.).

swap [swɔp] *vt* échanger; troquer ● *n* échange, troc *m.*

swarm [swɔ:m] *n* ZOOL. essaim *m* (of bees); nuée *f* (of locusts) || FIG. ribambelle *f* (of children) ● *vi* [bees] essaimer || [places] fourmiller, pulluler (*with,* de).

swarthy ['swɔ:ði] *adj* basané, bronzé.

swash [swɔʃ] *vi* clapoter.

swashbuckler ['swɔʃbʌklə] *n* fier-à-bras *m.*

swat [swɔt] *vt* écraser (a fly).

swathe [sweið] *n* maillot *m* ● *vt* emmailloter.

sway [swei] *vi* se balancer, osciller; chanceler — *vt* incliner (cause to lean) || faire osciller (cause to swing) || brandir (a cudgel) || FIG. influence ● *n* balancement *m,* oscillation *f* || FIG. domination, influence *f;* empire *m* (*over,* sur).

swear [swɛə] *vt* (swore [swɔ:], sworn [swɔ:n]) jurer, faire serment, promettre (*to,* de) || ***~ in,*** assermenter — *vi* jurer, prêter serment || ***~ at,*** injurier, maudire || ***~ off,*** FAM. jurer de renoncer à || ***~ to,*** déclarer sous serment || **~-word** *n* gros mot, juron *m.*

sweat [swet] *n* sueur, transpiration *f; be in a ~,* être en nage/sueur || FAM. ***no ~!,*** (y a) pas de problème! (fam.) ● *vi* transpirer, suer, être en sueur —

vt faire transpirer || ~ ***out*** **:** MED. ~ *out one's flu,* faire passer sa grippe en transpirant || FIG. exploiter (workers) || **~er** *n* tricot, pull-over *m* || **~ing** *n* transpiration, suée *f* || **~y** *adj* en sueur (body); moite (hand); plein de sueur (clothes) || épuisant (work).

Swed|e [swi:d] *n* Suédois *n* (person) || **~en** [swi:dn] *n* Suède *f* || **~ish** *adj/n* suédois *(m).*

sweep [swi:p] *vt* (swept [swept]) balayer (with a broom) || ramoner (a chimney) || passer (*over,* sur) [one's hand] || NAUT. draguer (mines) || ~ ***along,*** emporter — *vi* [plain] s'étendre || [wave] ~ *over,* balayer || [person] se mouvoir majestueusement || [vehicle] aller à toute vitesse ● *n* coup *m* de balai || mouvement *m* circulaire; grand geste, coup *m* || courbe *f* (of hills, river, etc.) || étendue *f* (of land) || *(chimney)* ~, ramoneur *m* || FIG. ***make a clean ~ of,*** ratisser; faire table rase de || **~er** *n* balayeur *n* || *(carpet)* ~, balai *m* mécanique || **~ing** *n* balayage *m* || *Pl* balayures, ordures *fpl* ● *adj* large (gesture), circulaire (glance) || FIG. radical; ~ ***statement,*** généralisation *f* hâtive.

sweet [swi:t] *adj* [taste] doux, sucré || *have a ~ tooth,* aimer les sucreries || [smell] parfumé; ***smell ~,*** sentir bon || CULIN. frais (milk); douce (water) || MUS. mélodieux || FIG. doux, gentil ● *n* bonbon *m* (sugar); dessert *m* (dish) || *Pl* FIG. délices *fpl,* plaisirs *mpl* || **~bread** *n* ris *m* de veau || **~-briar** *n* églantier *m* || **~en** *vt* sucrer || FIG. adoucir || **~heart** *n* amoureux *m;* (petite) amie || **~ish** *adj* douceâtre || **~meat** *n* sucreries, friandises *fpl;* fruits confits || **~ness** *n* douceur *f;* charme *m;* gentillesse *f* || **~pean** pois *m* de senteur *f* || ~ **potato** *n* patate douce || **~-shop** *n* confiserie *f.*

swell [swel] *n* gonflement *m,* enflure *f* || NAUT. houle *f* ● *adj* FAM. chic, épatant ● *vi* (swelled [sweld], swollen ['swəulən]) se gonfler || [river] grossir || [waves] se soulever || MÉD. enfler, se tuméfier — *vt* enfler, gonfler || **~ing** *n* boursouflure *f* || MÉD. enflure *f* || [river] crue *f.*

swelter ['sweltə] *vi* étouffer de chaleur || **~ing** [-riŋ] *adj* étouffant, oppressant (heat).

swept ['swept] See SWEEP || **~-back** *adj* AV. en flèche (wings).

swerve [swə:v] *vi* AUT. faire une embardée || [horse] faire un écart ● *n* écart *m* || AUT. embardée *f.*

swift I [swift] *n* ZOOL. martinet *m.*

swift II *adj* rapide, prompt || **~ly** *adv* vite, rapidement || **~ness** *n* rapidité, promptitude *f.*

swill [swil] *vt* laver à grande eau.

swim [swim] *vi* (swam [swæm], swum [swʌm]) nager; ~ *across,* traverser à la nage ● *n* nage *f;* ***go for a ~,*** aller se baigner || FAM. *be in the ~,* être dans le vent || **~mer** *n* nageur *n* || **~ming** *n* natation, nage *f;* ~ ***costume,*** maillot *m* de bain; ~ ***pool,*** piscine *f;* ~ ***trunks,*** caleçon/slip *m* de bain || **~-suit** *n* maillot *m* de bain.

swindl|e ['swindl] *n* escroquerie *f* ● *vt* ~ *sb. of sth.,* escroquer qqch. à qqn || **~er** *n* escroc *m.*

swine [swain] *n* ZOOL. porc *m* || SL. salaud *m* (person).

swing [swiŋ] *n* balancement *m,* oscillation *f* (movement) || balançoire *f* (device) || SP. swing *m* || MUS. swing *m* || FIG. essor *m;* ***be in full ~,*** battre son plein ● *vi* (swung [swʌŋ]) se balancer (sway) || pivoter (pivot) || marcher d'un pas rythmé (walk) || NAUT. ~ *(round),* virer, éviter || AUT. ~ ***out,*** déboîter; ~ *right round,* faire un tête-à-queue.
— *vt* balancer, faire osciller (a pendulum); mettre en branle (bells); brandir (a sword) || faire pivoter || **~-bridge** *n* pont tour-

nant || **~-door** *n* porte battante || **~-wing** *n* Av. à géométrie variable.

swipe [swaip] *vt/vi* Sp. frapper à toute volée.

swirl [swəːl] *n* [water] remous *m;* [dust] tourbillon *m* ● *vi* tournoyer, tourbillonner.

swish [swiʃ] *vi* [whip] siffler || [water] bruire — *vt* fouetter (the air) || faire siffler (a whip) ● *n* sifflement *m* (of whip) || bruissement *m* (of silk).

Swiss [swis] *adj* suisse || U.S. ~ *cheese,* gruyère *m* ● *n* Suisse *m;* Suissesse *f.*

switch [switʃ] *n* badine *f* || Sp. *riding ~,* stick *m* || Rail. aiguille *f* || Électr. interrupteur *m,* bouton *m* (électrique) || Aut. *start on the ~,* partir au quart de tour ● *vt* échanger (*for,* contre) [exchange] || Rail. aiguiller (a train) || Électr. ~ ***off,*** couper (the current); éteindre (the light) || ~ ***on,*** allumer (the light); rad. ouvrir (the radio); aut. mettre le contact || Fam. ***be ~ed on,*** être dans le vent; être branché (arg.); [drugs] Sl. planer (arg.) || ~ ***over,*** Rad., T.V. changer de station/chaîne || **~back** *n* [funfair] montagnes *fpl* russes || **~board** *n* Électr. tableau *m* de distribution || Tél. standard *m;* ~ ***operator,*** standardiste *n.*

Switzerland ['switslənd] *n* Suisse *f.*

swivel ['swivl] *vt/vi* (faire) pivoter ● *n* pivot *m* || Naut. émerillon *m.*

swollen See swell *v.*

swoon [swuːn] *n* évanouissement *m,* syncope *f* ● *vi* s'évanouir, perdre connaissance.

swoop [swuːp] *vi* s'abattre, fondre (*on,* sur) ● *n* attaque, descente *f.*

swop [swɔp] = swap.

sword [sɔːd] *n* épée *f,* sabre *m* || **~-fish** *n* Zool. espadon *m* || **~-play** *n* duel *m* (in a film).

swore, sworn See swear.

swot [swɔt] *vi/vt* Fam. ~ *(up),* bosser, bûcher, potasser (fam.) ● *n* bûcheur *n.*

swum See swim.

swung See swing *v.*

syllable ['siləbl] *n* syllabe *f.*

syllabus ['siləbəs] *n* [school] programme *m.*

symbol ['simbl] *n* symbole *m;* signe *m* || **~ic** [sim'bɔlik] *adj* symbolique || **~ize** ['simbəlaiz] *vt* symboliser.

symmetr|ical [si'metrikl] *adj* symétrique || **~y** ['simitri] *n* symétrie *f.*

sympath|etic [,simpə'θetik] *adj* compatissant; bien disposé (*towards,* envers); compréhensif || **~ize** ['simpəθaiz] *vi* ~ *with,* partager la douleur de, compatir à || comprendre || **~y** ['simpəθi] *n* compassion *f* (*for,* pour); *my deepest ~,* mes sincères condoléances || compréhension *f* (*between,* entre); sympathie *f* (*towards,* pour).

symphony ['simfəni] *n* symphonie *f.*

symposium [sim'pəuzjəm] *n* symposium, colloque *m* (conference) || recueil *m* d'articles.

symptom ['simtəm] *n* symptôme *m* || Fig. indice *m* || **~atic** [,simtə'mætik] *adj* symptomatique.

synagogue ['sinəgɔg] *n* synagogue *f.*

synchron|ize ['siŋkrənaiz] *vt/vi* synchroniser || **~ic** [siŋ'krɔnik] *adj* synchronique || **~ous** *adj* synchrone.

synco|pate ['siŋkəpeit] *vt* syncoper || **~pe** [-pi] *n* syncope *f.*

syndicate ['sindikit] *n* [journalism] agence *f* de presse || Comm. consortium *m* ● ['sindikeit] *vt* vendre (un article) à plusieurs journaux.

synonym ['sinənim] *n* synonyme *m* || **~ous** [si'nɔniməs] *adj* synonyme (*with,* de).

synop|sis, -opses [si'nɔpsis, -i:z] *n* résumé *m* || précis, aide-mémoire *m* || CIN. synopsis *m* || **~tic** [-tik] *adj* synoptique ; ~ *table,* tableau *m* synoptique.

synt|actic [sin'tæktik] *adj* syntaxique || **~ax** ['sintæks] *n* syntaxe *f*.

synthe|sis, -theses ['sinθisis, -i:z] *n* synthèse *f* || **~size** [-saiz] *vt* synthétiser || **~sizer** *n* MUS. synthétiseur *m* || **~tic** [sin'θetik] *adj* synthétique.

syphil|is ['sifilis] *n* syphilis *f* || **~itic** [,sifi'litik] *adj* syphilitique.

syphon ['saifn] = SIPHON.

Syri|a ['siriə] *n* Syrie *f* || **~an** [-n] *adj/n* syrien.

syringa [si'riŋgə] *n* seringa *m*.

syringe ['sirinʒ] *n* seringue *f*.

syrinx ['siriŋks] *n* flûte *f* de Pan.

syrup ['sirəp] *n* sirop *m*.

system ['sistim] *n* système *m* || JUR. régime *m* || RAIL. réseau *m* || **~atic** [,sistimætik] *adj* systématique.

t

t [ti:] *n* t *m* || *T-square,* té *m* (for drawing).

ta [tɑ:] *interj* SL. merci.

tab [tæb] *n* ferret *m* (of shoelace) ; patte, languette *f* (loop) ; étiquette *f* (label) || FAM. *keep ~(s) on,* surveiller.

tabby ['tæbi] *n* *~(-cat),* chat(te) tigré(e)/de gouttière.

table ['teibl] *n* table *f*; ***at ~,*** à table ; ***lay the ~,*** mettre le couvert ; ***clear the ~,*** desservir || table *f*, tableau *m* ; ~ *of contents,* table des matières || GÉOGR. plateau *m* ● *vt* déposer ; ~ *a motion,* G.B. déposer une motion, U.S. ajourner, classer || **~-cloth** *n* nappe *f* || ~ **d'hôte** ['tɑ:bl'dəut] *n* ~ *meal,* repas *m* à prix fixe || **~land** *n* GÉOL. plateau *m* || **~-mat** *n* napperon *m* ; set *m* de table || **~-spoon** *n* cuillère *f* de service.

tablet ['tæblit] *n* plaque commémorative || MÉD. comprimé *m* ; cachet *m* ; *throat ~,* pastille *f* pour la gorge.

table-tennis *n* tennis *m* de table ; Ping-Pong *m* ; ~ ***player,*** pongiste *n,* joueur *n* de Ping-Pong.

tabloid ['tæblɔid] *n* journal *m* de petit format (à sensation) || MÉD. comprimé *m*.

taboo [tə'bu:] *n* tabou *m* ● *vt* proscrire.

tabor ['teibə] *n* tambourin *m*.

tabul|ar ['tæbjulə] *adj* tabulaire || **~ate** ['tæbjuleit] *vt* disposer en tableaux, classer || **~ator** [-eitə] *n* tabulateur *m*.

tacit ['tæsit] *adj* tacite || **~urn** [-ə:n] *adj* taciturne.

tack [tæk] *n* semence *f* (nail) || point *m* de bâti (stitch) || NAUT. amure *f* ; direction *f* ; *on the port ~,* bâbord amures ; *make a ~,* courir une bordée ● *vt* clouer (a carpet) || [sewing] bâtir — *vi* NAUT. *~(about),* virer de bord ; louvoyer.

tackle ['tækl] *n* engins *mpl; fishing* ~, engins *mpl*/matériel *m* de pêche || NAUT. palan *m* || SP. plaquage *m* ● *vt* saisir || FIG. attaquer (a problem) || SP. [rugby] plaquer.

tact [tækt] *n* tact, doigté *m* || **~ful** *adj* délicat.

tact|ical ['tæktikl] *adj* MIL. tactique || **~ics** [-iks] *n* MIL. tactique *f* || FIG. manœuvre *f*.

tactless ['tæktlis] *adj* sans tact.

tadpole ['tædpəul] *n* têtard *m*.

taffeta ['tæfitə] *n* taffetas *m*.

tag [tæg] *n* ferret *m* (of shoelace) || étiquette *f* || citation *f* banale, cliché *m* || [children] *play* ~, jouer à chat ● *vt* attacher (*on, to,* à); ~ *together,* lier — *vi* ~ *along behind,* suivre.

Tahi|ti [tɑ:'hiti] *n* Tahiti *m* || **~tian** [-ʃn] *adj/n* tahitien.

tail [teil] *n* ZOOL, AV., ASTR. queue *f* || [hair] natte *f* || [coin] pile *f;* See HEAD || AUT. [bus] plate-forme *f* ● *vt* [police] pister || **~back** *n* [traffic] file *f* de voitures, bouchon *m* || **~coat** *n* habit *m* || **~gate** *n* AUT. hayon *m* || **~light** *n* AUT. feu *m* arrière.

tailor ['teilə] *n* tailleur *m ; ~made suit,* (costume) tailleur *m*.

tail|-spin ['teilspin] *n* AV. vrille *f* || **~wind** *n* vent *m* arrière.

taint [teint] *n* tache, souillure *f* || FIG. corruption *f;* stigmate *m* (of vice) || trace *f* (of infection) || MÉD. tare *f* ● *vt* corrompre, souiller, infecter — *vi* se corrompre, se gâter.

take [teik] *vt* (took [tuk], taken [teikn]) prendre, saisir || capturer || contracter; ***be ~n ill,*** tomber malade || profiter; ~ *an opportunity,* saisir une occasion || apporter, emporter; ~ *letters to the post,* porter des lettres à la poste || emmener; ~ *a friend home,* reconduire un ami chez lui || ~ ***food,*** s'alimenter || absorber; [medicine] *not to be ~n,* ne pas avaler || prendre (bus, taxi, train, etc.) || prendre (road) || ~ ***a bath,*** prendre un bain; ~ *the air,* prendre l'air || accomplir; ~ ***a walk,*** faire une promenade || recevoir, accepter; ~ *a hint,* comprendre à demi-mot || prendre, enregistrer; ~ ***notes,*** prendre des notes; ~ ***on tape,*** enregistrer au magnétophone; ~ *a photograph,* prendre une photo || prendre (a lesson); ~ *French,* faire du français || ~ *an examination,* passer un examen || prendre, demander; ~ ***time,*** prendre/mettre du temps || ~ ***place,*** avoir lieu, se passer, arriver || considérer (*for,* comme); ***be ~n for,*** passer pour || ***I ~ it that,*** je suppose que || admettre, accepter; *you may ~ it from me,* vous pouvez m'en croire || ~ ***it easy,*** ne pas s'en faire || ~ ***medical advice,*** consulter un médecin || MÉD. ~ *sb.'s temperature,* prendre la température de qqn || ~ ***away,*** emporter; emmener; ***~away*** *(adj),* à emporter (food); *(n)* traiteur *m* || ~ ***back,*** reprendre, revenir sur (one's word), reconduire; FIG. ramener (en arrière); rappeler (the past) || ~ ***down,*** noter, inscrire; remettre (qqn) à sa place; TECHN. démonter || ~ ***in,*** prendre (lodgers); être abonné à (a news-paper); rentrer (a seam); diminuer, rétrécir (a garment); inclure, englober; FIG. comprendre, saisir; FAM. *be ~n in,* se faire avoir/rouler; FIG. avaler, gober (a story) || NAUT. carguer (sails) || ~ ***into,*** mettre dans; ~ ***into account,*** tenir compte de || ~ ***off,*** enlever, ôter (clothes); déduire, rabattre (a sum); emmener; distraire; ~ *sb.'s mind off sth.,* détourner l'attention de qqn; singer (mimic) || ~ ***on,*** entreprendre, se charger de (a task); embaucher (workers); prendre, revêtir (quality, appearance) || SP. accepter (a challenge), jouer contre (sb.) || ~ ***out,*** (faire) sortir, extraire; sortir (sb.); contracter (insurance); ~ *out a subscription,*

prendre un abonnement; RAIL. retirer (luggage); FAM. fatiguer; *it ~s it out of you,* cela vous épuise/met à plat || ~ ***over,*** transporter (carry); prendre la succession de (sb.); reprendre (business); ~ ***over bid*** *(n),* O.P.A., offre publique d'achat || ~ ***up,*** ramasser (raise); absorber (water); occuper, tenir (space); CIN., PHOT. enrouler (film); *~-up spool,* bobine réceptrice; FIG. aborder (a question); se mettre à (hobby, business); embrasser (a career); reprendre (a conversation); FAM. reprendre, rabrouer || ~ ***upon,*** : *~ it upon oneself to do sth.,* se permettre de faire qqch.
— *vi* [fire] prendre || MÉD. [vaccination] prendre || PHOT. ~ *well,* être photogénique || ~ ***after,*** ressembler à, tenir de || ~ ***from,*** diminuer, nuire à || ~ ***off,*** prendre son élan; AV. décoller; ~ ***off*** *(n),* SP. élan *m;* AV. décollage *m;* FAM. caricature *f* || ~ ***on,*** avoir du succès, prendre || ~ ***to,*** prendre goût à, s'adonner à (hobby, habit); avoir recours à, se mettre à; *~ to flight,* prendre la fuite; *~ to the woods/the bush,* prendre le maquis || ~ ***up,*** ramasser, lever (lift) || faire monter (carry upstairs) || occuper, tenir (space) || absorber (liquid) || FIG. aborder (subject); se mettre à (start learning) || ~ ***sb. up sharp,*** reprendre/corriger qqn || ~ ***up with,*** s'intéresser (vivement) à qqch.; se lier avec (sb.) || ***~-up spool*** *(n),* PHOT., CIN. bobine *f* réceptrice ● *n* prise *f* || [sound recording] enregistrement *m* || CIN. prise *f* de vue.

takings [-iŋz] *npl* COMM. recette(s) *f(pl).*

talcum ['tælkəm] *n* talc *m.*

tale [teil] *n* conte, récit *m* (story); *fairy ~s,* contes *mpl* de fées || racontar, ragot *m* (gossip).

talent ['tælənt] *n* aptitude *f,* talent *m* || **~ed** [-id] *adj* doué.

talisman ['tælizmən] *n* talisman *m.*

talk [tɔ:k] *vt* parler; *~ English,* parler anglais || s'entretenir, causer de; *~ shop,* parler affaires/boutique || ~ ***over,*** persuader, convaincre.
— *vi* parler (*to,* à; *about,* de) || causer, s'entretenir (*with,* avec) || ~ ***back,*** répondre, répliquer || ~ ***to,*** passer un savon à qqn ● *n* paroles *fpl* || propos *mpl; small ~,* menus propos; *it's the ~ of the town,* tout le monde en parle || entretien *m; have a ~ with sb.,* s'entretenir avec qqn || causerie *f; give a ~ on the radio,* parler à la radio || bruit *m;* dires *mpl;* ***there is ~ of,*** il est question de.

talk/ative [-ətiv] *adj* bavard || **~er** *n* causeur *n* || **~ing** *adj* parlant; ~ ***point,*** sujet *m* de conversation ● *n* propos *mpl;* ***~-to*** *(n),* FAM. savon *m,* réprimande *f.*

tall [tɔ:l] *adj* haut, élevé (building); grand (person); *how ~ is he?,* quelle est sa taille?; *grow ~er,* grandir || FAM. extravagant; *~ price,* prix exorbitant || FAM. invraisemblable; *~ story,* histoire incroyable.

tallow ['tæləu] *n* suif *m; ~ candle,* chandelle *f.*

tally ['tæli] *n* compte *m* || SP. score *m* || étiquette *f* (tag) || FIG. contrepartie *f* ● *vt* compter (points) — *vi* concorder, correspondre, s'accorder.

talon ['tælən] *n* serre *f* (of a bird of prey).

tam|e [teim] *adj* apprivoisé || FIG. insipide, terne (story) ● *vt* domestiquer, apprivoiser (an animal); dompter (a lion) || FIG. brider, mater || **~er** *n* dompteur *n.*

tam-o'-shanter [,tæmə'ʃæntə] *n* béret (écossais).

tamper ['tæmpə] *vi ~ with,* toucher, tripoter (sth.).

tampon [ˌtæmpɔn] *n* MÉD. tampon *m* périodique.

tan [tæn] *adj* jaune (shoes); havane (gloves) ● *n* hâle *m* (on the skin) ● *vt* tanner (hide); hâler, bronzer (the skin) — *vi* se hâler || **~ned** [-d] *adj* hâlé, basané.

tang [tæŋ] *n* saveur *f* (of the sea air, etc.).

tangent [ˈtænʒənt] *adj* tangent ● *n* tangente *f*.

tangerine [ˌtænʒəˈriːn] *n* mandarine *f*.

tangible [ˈtænʒəbl] *adj* tangible, palpable.

tangle [ˈtæŋgl] *n* enchevêtrement, emmêlement *m; get into a ~,* s'embrouiller || FAM. embrouillamini *m* ● *vt/vi* (s')enchevêtrer; (s')embrouiller; (s')entortiller.

tank [tæŋk] *n* réservoir *m;* aquarium *m* (for fish); citerne *f* (for rainwater); *hot water ~,* ballon *m* d'eau chaude || MIL. char *m* de combat || RAIL. *~-car,* wagon-citerne *m*.

tankard [ˈtæŋkəd] *n* chope *f*.

tanker [ˈtæŋkə] *n* NAUT. bateau-citerne, pétrolier *m*.

tanner I [ˈtænə] *n* SL. (ancienne) pièce *f* de six pence.

tann|er II *n* tanneur *m* || **~ery** [-ri] *n* tannerie *f* || **~in** [-in] *n* tanin *m* || **~ing** *n* tannage *m*.

tantaliz|e [ˈtæntəlaiz] *vt* allécher, tenter || FIG. tourmenter || **~ing** *adj* alléchant, tentant, provoquant.

tantamount [ˈtæntəmaunt] *adj ~ to,* équivalent à.

tantrum [ˈtæntrəm] *n* accès *m* de colère.

tap I [tæp] *n* robinet *m; ~ water,* eau *f* du robinet || cannelle *f* (of a cask); *on ~,* en perce; FIG. disponible || ÉLECTR. branchement *m* ● *vt* mettre en perce (a cask); tirer (wine) || ÉLECTR. brancher sur || TÉL. mettre sur table d'écoute || ***telephone ~ping,*** écoutes *fpl* téléphoniques || FIG. drainer (ressources); obtenir (information).

tap II *n* petit coup *m,* tape *f* ● *vi* frapper légèrement; tapoter || ***~-dancing,*** claquettes *fpl*.

tape [teip] *n* ruban *m,* ganse *f* (for garments) || ***~line/~ measure,*** mètre-ruban *m* || ÉLECTR. *(insulating) ~,* chatterton *m;* ***magnetic ~,*** bande *f* magnétique; ***~ deck,*** platine *f* de magnétophone; ***~ player,*** lecteur *m* de cassette; ***~-recorder,*** magnétophone *m;* ***~-recording,*** enregistrement *m* magnétique.

taper [ˈteipə] *n* cierge *m* ● *vt* effiler — *vi* se terminer en pointe/fuseau || **~ing** [-riŋ] *adj* fuselé.

tapestry [ˈtæpistri] *n* tapisserie *f; ~-weaver,* tapissier *n*.

tapeworm [ˈteipwəːm] *n* MÉD. ver *m* solitaire.

tapioca [ˌtæpiˈəukə] *n* tapioca *m*.

tappet [ˈtæpit] *n* taquet *m* || AUT. culbuteur *m*.

taproom [ˈtæprum] *n* bar *m,* buvette *f*.

tar [tɑː] *n* goudron *m* ● *vt* goudronner.

tard|ily [ˈtɑːdili] *adv* sans empressement || **~y** *adj* lent, nonchalant || tardif (belated).

tare I [tɛə] *n* ivraie *f*.

tare II *n* COMM. tare *f* ● *vt* tarer.

target [ˈtɑːgit] *n* cible *f* || FIG. but, objectif *m,* cible *f*.

tariff [ˈtærif] *n* tarif *m*.

tarmac [ˈtɑːmæk] *n* macadam *m* || AV. piste *f* d'envol.

tarnish [ˈtɑːniʃ] *vt* ternir || FIG. flétrir — *vi* se ternir.

tarpaulin [tɑːˈpɔːlin] *n* bâche goudronnée || NAUT. prélart *m*.

tarragon [ˈtærəgən] *n* estragon *m*.

tarry ['tɑːri] *adj* couvert de goudron, goudronneux.

tart I [tɑːt] *adj* âpre; aigrelet (taste) || FIG. mordant (answer).

tart II *n* CULIN. tourte *f* (fruit pie); tarte *f* (without crust).

tart III *n* SL. grue *f* (fam.), pute *f* (pop.) [prostitute].

tartan ['tɑːtn] *n* tartan *m* (coat); écossais *m* (fabric).

tartar ['tɑːtə] *n* tartre *m*.

task [tɑːsk] *n* tâche *f*, travail *m*, besogne *f*; ***take sb. to ~ for sth.,*** prendre qqn à partie pour qqch. ● *vt* imposer une tâche à || **~-force** *n* MIL. détachement spécial.

tassel ['tæsl] *n* gland *m* (on curtain); pompon *m* (on tam-o'shanter).

taste [teist] *n* goût *m* ● *vt* sentir, percevoir (a taste) || goûter à (test); *~ for the first time,* goûter de — *vi* avoir un goût; *it ~s good,* cela a bon goût || ***~ of,*** avoir un goût de || **~less** *adj* insipide.

tata [tæ'tɑː] *interj* FAM. au-revoir.

tatter ['tætə] *n* lambeau, haillon *m* || *Pl* loques, guenilles *fpl* || **~ed** [-d] *adj* en loques, déguenillé.

tattl|e ['tætl] *n* bavardage *m* (chatter) || cancans *mpl* (gossip) ● *vi* cancaner, jaser || **~er** *n* cancanier *n*, commère *f*.

tattoo I [tə'tuː] *n* tatouage *m* ● *vt* tatouer.

tattoo II *n* MIL. retraite *f* || *beat a ~ on the table,* tambouriner sur la table.

taught See TEACH.

taunt [tɔːnt] *n* sarcasme *m*, raillerie *f* ● *vt* railler, bafouer.

Taurus ['tɔːrəs] *n* ASTR. Taureau *m*.

taut [tɔːt] *adj* tendu (rope) || FIG. tendu (nerves); crispé (smile).

tavern ['tævən] *n* taverne *f*.

tawdry ['tɔːdri] *adj* voyant, criard.

tax [tæks] *n* FIN. impôt *m*; taxe *f* ● *vt* imposer, taxer || **~able** *adj* imposable || **~ation** [tæk'seiʃn] *n* taxation, imposition *f* || fiscalité *f* || **~-collector** *n* percepteur *m* || **~-dodger, ~ evader** *n* fraudeur *n* (fiscal) || **~ evasion** *n* fraude fiscale || **~-free** *adj* exempt d'impôts || **~ haven** *n* paradis fiscal || **~ return** *n* déclaration *f* de revenus.

taxi ['tæksi] *n* taxi *m* ● *vi* [plane] rouler au sol || **~-driver** *n* chauffeur *m* de taxi || **~-rank** *n* station *f* de taxis.

taxpayer ['tæks,peə] *n* contribuable *n*.

tea [tiː] *n* thé *m* (plant, drink) || *make ~,* faire du thé || *(Pl) 3 ~s!,* 3 tasses de thé! || *herb ~,* infusion, tisane *f* || [meal] thé *m*; goûter *m* (for children); ***high ~,*** goûter *m* dînatoire || ***~ bag,*** sachet *m* de thé; ***~ break,*** pause *f* thé; ***~ caddy,*** boîte *f* à thé; ***~cup,*** tasse *f* à thé; ***~ cosy,*** couvre-théière *m*; ***~ party,*** thé *m*; ***~pot,*** théière *f*; ***~room,*** salon *m* de thé; ***~ set,*** service *m* à thé; ***~ shop,*** salon *m* de thé; ***~spoon,*** petite cuillère; ***~ strainer,*** passe-thé *m*; ***~ towel,*** torchon *m* à vaisselle; ***~ trolley,*** table roulante.

teach [tiːtʃ] *vt* (taught [tɔːt]) instruire; *~ sb. sth., ~ sth. to sb.,* enseigner/apprendre qqch. à qqn — *vi* enseigner, être professeur || **~er** *n* [primary school] instituteur *n*; [secondary school] professeur *m* || **~ing** *n* enseignement *m* || ***the ~ profession,*** l'enseignement *m*, le professorat; [collectively] le corps enseignant, les enseignants *mpl*.

teak [tiːk] *n* teck *m*.

team [tiːm] *n* équipe *f*; *work in ~s,* travailler en équipes || attelage *m* (horses) ● *vi ~ up,* faire équipe (*with,* avec) || **~-mate** *n* coéquipier *n* || **~ member** *n* équipier *n* || ~ **spirit** *n* esprit *m* d'équipe || ~**-work** *n* travail *m* en équipe/groupe.

tear I [tɛə] *vt* (tore [tɔ:], torn [tɔ:n]) déchirer, lacérer || ~ ***away,*** arracher || ~ ***down,*** démolir (a building) || ~ ***off*** = ~ AWAY || ~ ***up,*** déchirer (a letter); *(vi)* se déchirer || FIG. ~ ***along,*** filer, aller précipitamment ● *n* déchirure *f*, accroc, trou *m*.

tear II [tiə] *n* larme *f; pleurs mpl; burst into ~s,* fondre en larmes || ~**ful** *adj* en larmes, éploré || PÉJ. larmoyant || ~**-gas** *n* gaz *m* lacrymogène.

tear-proof *adj* indéchirable.

teas|e [ti:z] *vt* taquiner || ~**ing** *adj* taquin.

teat [ti:t] *n* [woman] mamelon, bout *m* de sein || [cow] trayon *m* || [bottle] tétine *f*.

technical ['teknikl] *adj* technique || ~**ity** [,tekni'kæliti] *n* technicité *f* || *Pl* subtilités *fpl*.

tech|nician [tek'niʃn] *n* technicien *n* || ~**nique** [-'ni:k] *n* technique *f*.

techno|crat ['teknəkræt] *n* technocrate *n* || ~**logical** [,--'lɔdʒikl] *adj* technologique || ~**logy** [tek'nɔlədʒi] *n* technologie *f*.

tedder ['tedə] *n* AGR. faneuse *f* (machine).

teddy|bear ['tedibɛə] *n* ours *m* en peluche || ~**boy** *n* blouson noir (1950's).

tedious ['ti:djəs] *adj* pénible, ennuyeux, fastidieux || ~**ness** *n* ennui *m*.

tedium [,ti:djəm] *n* = TEDIOUSNESS.

teem [ti:m] *vi* fourmiller, grouiller, abonder en, regorger de || ~**ing** *adj* grouillant (crowd); bondé (room).

teen|-age ['ti:neidʒ] *adj* COMM. pour adolescents || ~**-ager** *n* adolescent *n*.

teeth See TOOTH.

teethe [ti:ð] *vi be teething,* faire ses dents.

teetotaller [ti:'təutlə] *n* abstinent, buveur *n* d'eau.

tele|cast ['telikα:st] *n* émission télévisée ● *vt/vi* téléviser || ~**communications** *npl* télécommunications *fpl* || ~**gram** [-græm] *n* télégramme *m* || ~**graph** [-grα:f] *vt* télégraphier ● *n* télégraphe *m* || *~-post,* poteau *m* télégraphique || ~**graphese** [-grə'fi:z] *n* style *m* télégraphique || ~**graphist** [ti'legrəfist] *n* télégraphiste *n* || ~**graphy** [ti'legrəfi] *n* télégraphie *f* || ~**meter** [te'limitə] *n* télémètre *m* || ~**pathy** [ti'lepəθi] *n* télépathie *f* || ~**phone** ['telifəun] *n* téléphone *m; ~ booth/box,* cabine *f* téléphonique; *~ directory,* annuaire *m* téléphonique; *~ exchange,* central *m* téléphonique ● *vt* téléphoner à || ~**photo** [,--'--] *n* ~ ***lens,*** téléobjectif *m* || ~**printer** *n* télétype *m* || ~**scope** [-skəup] *n* longue-vue *f;* [astronomy] lunette *f* astronomique (refracting); télescope *m* (reflecting) || ~**scopic** [,teli'skɔpik] *adj* télescopique || ~**vise** ['--vaiz] *vt* téléviser || ~**vision** ['--,viʒn] *n* télévision *f; ~* ***set,*** téléviseur, poste *m* de télévision.

tell [tel] *vt* (told [təuld]) dire, faire connaître; *~ the truth,* dire la vérité || raconter (a story) || discerner, distinguer; *I can't ~ the difference,* je n'arrive pas à voir la différence || *~ fortunes,* tirer les cartes, dire la bonne aventure || savoir, décider; *you never can ~,* on ne sait jamais || [archaic] compter; ***all told,*** en tout || révéler, dévoiler (secrets) || SL. *you're ~ing me!,* à qui le dites-vous! || ~ ***off,*** MIL. affecter, détacher (select); FAM. attraper, enguirlander (fam.) — *vi* parler (*of,* de); *~ sb. about,* mettre qqn au courant de || FIG. se faire sentir (*on,* sur) [have an effect] || ~ ***against,*** desservir, faire du tort à || ~ ***on,*** FAM. [children] dénoncer; cafarder (fam.) || ~**er** *n* [bank] payeur *n* || Pol. scrutateur *n* (of votes) || **~ing** *adj* efficace, qui porte (argument) ; bien assené (blow) || **~tale** *adj* révélateur ● *n* rapporteur *n*.

telly [ˈteli] *n* Sl. télé *f* (fam.).

temerity [tiˈmeriti] *n* témérité *f*.

temp [temp] *vi* faire du travail intérimaire ● *n* (secrétaire *n*) intérimaire *n*.

temper [ˈtempə] *n* sang-froid, calme *m*; ***keep/lose one's ~,*** garder/perdre son sang-froid, se mettre en colère ; ***out of ~,*** en colère || humeur (temporary) ; *be in a bad/good ~,* être de mauvaise/bonne humeur ; ***be in a ~,*** être en colère ; ***get/fly into a ~,*** se mettre en colère || caractère, tempérament *m* (habitual) || Techn. trempe *f* (of metal) ● *vt* tremper (steel) || Fig. tempérer, atténuer, adoucir.

tempera [ˈtempərə] *n* détrempe *f*.

temperament [ˈtemprəmənt] *n* tempérament *m* || **~al** [ˌtemprəˈmәntl] *adj* capricieux, instable || Méd. inné, naturel.

temper|ance [ˈtemprəns] *n* tempérance, sobriété, modération *f* || **~ate** [-it] *adj* tempéré || sobre (person).

temperature [ˈtempritʃə] *n* température *f*; *take sb.'s ~,* prendre la température de qqn ; ***have/run a ~,*** avoir/faire de la température.

tempest [ˈtempist] *n* tempête *f* || **~uous** [temˈpestjuəs] *adj* tempétueux.

temple I [ˈtempl] *n* Arch. temple *m*.

temple II *n* Méd. tempe *f*.

temporal [ˈtemprəl] *adj* temporel.

tempor|arily [ˈtemprərili] *adv* temporairement || **~ary** [-əri] *adj* temporaire || **~ize** [ˈtempəraiz] *vi* temporiser, atermoyer (delay).

tempt [temt] *vt* tenter, séduire || **~ation** [temˈteiʃn] *n* tentation *f* || **~ing** *adj* tentant, séduisant.

ten [ten] *n* dix *m*.

tenable [ˈtenəbl] *adj* soutenable.

tenacious [tiˈneiʃəs] *adj* tenace, obstiné ; *~ of,* attaché à.

tenacity [tiˈnæsiti] *n* ténacité *f*.

tenant [ˈtenənt] *n* locataire *n*; joint *~,* colocataire *n* || Agr. *~-farmer,* fermier, métayer *m*.

tend I [tend] *vt* garder (sheep) || prendre soin de (sb.) || U.S. *~ store,* servir les clients || s'occuper de, garder (shop) || soigner (invalid).

tend II *vi ~ to,* tendre à, avoir tendance à.

tenden|cy [ˈtendənsi] *n* tendance *f* (*to,* à) || **~tious** [tenˈdenʃəs] *adj* tendancieux.

tender I [ˈtendə] *n* garde *m* || Rail. tender *m*.

tender II *n* offre *f* || Jur. soumission *f* || Fin. ***legal ~,*** cours légal ; *be legal ~,* avoir cours ● *vt* offrir (resignation) || payer.

tender III *adj* tendre (meat) || sensible (painful) || délicat (subject) || tendre (heart) || **~foot** *n* nouveau venu || Fig. novice *m* || **~loin** *n* Culin. filet *m* || **~ly** *adv* tendrement || **~ness** *n* tendresse *f* (affection).

tendon [ˈtendən] *n* tendon *m*.

tendril [ˈtendril] *n* Bot. vrille *f*.

tenement [ˈtenimənt] *n ~ (-house),* maison *f* de rapport, logements *mpl*.

tennis [ˈtenis] *n* tennis *m*; *play ~,* jouer au tennis || **~-court** *n* court *m* de tennis || **~-shoe** *n* chaussure *f* de tennis.

tenor I [ˈtenə] *n* Mus. ténor *m*.

tenor II *n* teneur *f* (of a speech) || cours *m* (of events).

tense I [tens] *adj* tendu.

tense II *n* Gramm. temps *m*.

tensile ['tensail] *adj* extensible.

tension ['tenʃn] *n* TECHN., ÉLECTR. tension *f* || FIG. tension, nervosité *f*.

tent [tent] tente *f*; **~-peg,** piquet *m* de tente ● *vi* vivre sous la tente.

tentative ['tentətiv] *adj* expérimental || timide, hésitant (person) || **~ly** *adv* à titre d'essai.

tenterhooks ['tentəhuks] *npl* FAM. *be on ~,* être sur des charbons ardents.

tenth [tenθ] *adj* dixième.

tenuous ['tenjuəs] *adj* ténu, menu, mince.

tenure ['tenjuə] *n* possession *f*.

tepid ['tepid] *adj* tiède.

term [tə:m] *n* terme *m*, fin *f* (end); ***set a ~,*** mettre un terme (*to,* à) || [school] trimestre *m* || durée, période *f*; *in the long ~,* à long terme || GRAMM. mot, terme *m* || *Pl* ***in ~s of,*** en fonction de, sur le plan de || FIN. terme *m*, échéance *f*; *long ~ credit,* crédit *m* à long terme || COMM. conditions *fpl*, prix *m*; clauses *fpl* (of a contract); *easy ~s,* facilités *fpl* de paiement || *Pl* termes *mpl* (relationship); *be on good/bad ~s,* être en bons/mauvais termes || *Pl* conditions *fpl*, arrangement *m*; ***come to ~s,*** arriver à un accord, transiger.

termin|al ['tə:minl] *adj* terminal, final || [school] trimestriel ● *n* terminus *m*; ***air ~,*** aérogare *f* || [computer] terminal *m* || PHYS. borne *f* || **~ate** [-eit] *vi/vt* (se) terminer || **~ation** [,--'neiʃn] *n* fin, conclusion *f* || MÉD. ***~ of pregnancy,*** interruption *f* de grossesse; I.V.G. *f* || **~us** [-əs] *n* RAIL. terminus *m*.

terrace ['terəs] *n* terrasse *f* || rangée de maisons, rue *f*.

terrain ['terein] *n* MIL. terrain *m*.

terrestrial [ti'restriəl] *adj* terrestre.

terrible ['terəbl] *adj* terrible.

terrier ['teriə] *n* ZOOL. terrier *m*.

terrif|ic [tə'rifik] *adj* terrifiant || FAM. formidable, fantastique || **~y** ['terifai] *vt* terrifier.

territor|ial [,teri'tɔ:riəl] *adj* territorial; *~ waters,* eaux territoriales || **~y** ['teritri] *n* territoire *m*.

terror ['terə] *n* terreur *f* || **~ism** [-rizm] *n* terrorisme *m* || **~ist** [-rist] *n* terroriste *n* || **~rize** [-raiz] *vt* terroriser.

terry(cloth) ['teri(klɔθ)] *n* tissu-éponge *m*.

terse [tə:s] *adj* concis, succinct || **~ly** *adv* succinctement.

tertiary ['tə:ʃəri] *adj/n* tertiaire (*m*).

test [test] *n* épreuve *f* (trial); *driving ~,* examen *m* du permis de conduire || *put to the ~,* mettre à l'essai/l'épreuve || [school] interrogation *f*, test *m*; ***give sb. a ~,*** faire passer un test/examen à qqn; ***take a ~,*** passer un test; ***~ paper,*** interrogation écrite, composition *f* || CH., MÉD. analyse *f*; ***~-tube,*** éprouvette *f* || AV. ***~ flight/pilot,*** vol/pilote *m* d'essai || SP. ***~ match,*** match international || T.V. ***~ card,*** mire *f* de réglage ● *vt* essayer; expérimenter; tester || FIG. éprouver, mettre à l'épreuve.

testament ['testəmənt] *n* testament *m*.

testi|fy ['testifai] *vt* JUR. déclarer, attester || FIG. témoigner de || **~monial** [,testi'məunjəl] *n* attestation *f*, certificat *m* || **~mony** [-məni] *n* témoignage *m*.

testy ['testi] *adj* susceptible, irritable.

tetanus ['tetənəs] *n* tétanos *m*.

tether ['teðə] *n* longe *f* || FIG. ***at the end of one's ~,*** au bout de son rouleau.

text [tekst] *n* texte *m* || **~book** *n* manuel *m* scolaire.

textile ['tekstail] *adj/n* textile (*m*).

Thames [temz] *n* Tamise *f*.

than [ðæn] *conj* [comparison] que; *rather* ~, plutôt que.

thank [θæŋk] *vt* remercier (*sb. for sth.*, qqn de qqch.); ~ ***you,*** (oui) merci; ***no,*** ~ ***you,*** non, merci || **~ful** *adj* reconnaissant (*to*, à) || **~less** *adj* ingrat || **~s** [-s] *npl* remerciements *mpl*, merci *m*; *~s a lot!*, merci beaucoup! || ~ ***to,*** grâce à.

Thanksgiving ['θæŋks,giviŋ] *n* U.S. ~ *Day*, jour *m* d'actions de grâces.

that, those [ðæt, ðəuz] *dem adj* ce, cet *m*, cette *f*, ces *pl*; ce/cet(te)...-là *m(f)*; ces ...-là *pl* ● *dem pron* [thing(s)] ce; cela, ça; ~ ***is (to say),*** c'est-à-dire || [person(s)] ~ *(one)*, celui-là *m*; celle-là *f*; ceux-là *mpl*; celles-là *fpl* || ***at*** ~***,*** en plus, et qui plus est || ***~'s*** ~***,*** et voilà || ***with*** ~***,*** sur ce ● *adv* aussi, si; ~ *high*, haut comme cela || FAM. tellement; ~ *tired*, tellement fatigué ● *rel pron* qui, que; lequel *m*, laquelle *f*; lesquels *mpl*, lesquelles *fpl* || où, que; *the year* ~ *he died*, l'année où il est mort || [omitted] *the man I speak of*, l'homme dont je parle ● *conj* que [often omitted]; *he said* (~) *he would come*, il a dit qu'il viendrait || (= SO ~, IN ORDER ~) afin que.

thatch [θætʃ] *n* chaume *m* ● *vt* couvrir de chaume; ***~ed cottage,*** chaumière *f*.

thaw [θɔ:] *vi* fondre, dégeler — *vt* faire dégeler ● *n* dégel *m*; fonte *f* (of snow) || FIG., POL. détente *f*.

the [ðə; ði: before a vowel] *def art* le *m*, la *f*, les *m/fpl* || ce *m*, cette *f*, ces *m/fpl*; *he was absent at* ~ *time*, il était absent à cette époque ● *adv* plus, d'autant plus; ~ *sooner*, ~ *better*, le plus tôt sera le mieux.

theatr|e ['θiətə] *n* théâtre *m* || **~ical** [θi'ætrikl] *adj* théâtral.

thee [ði:] *pers pron* [arch.] te, toi. (See THOU.)

theft [θeft] *n* vol *m* (robbery).

their [ðɛə] *poss adj* leur(s).

theirs [ðɛəs] *poss pron* le/la leur, les leurs; à eux/elles.

them [ðem] *pers pron* les *m/fpl*; *call* ~, appelez-les || leur *m/fpl*; *speak to* ~, parlez-leur || eux *mpl*, elles *fpl*; *to* ~, à eux/elles.

theme [θi:m] *n* thème, sujet *m* || MUS. thème, motif *m* || RAD. indicatif (musical).

themselves [ðm'selvz] *pers pron* [intensive, emphatic] eux-mêmes *mpl*, elles-mêmes *fpl*; [reflexive] se.

then [ðen] *adv* alors, à cette époque (at that time) || ensuite, puis (next time) || donc, par conséquent (in that case) || *from* ~ *on*, dès lors ● *adj* d'alors, de cette époque.

thence [ðens] *adv* [place] de là || [time] dès lors || FIG. pour cette raison.

theology [θi'ɔlədʒi] *n* théologie *f*.

theor|em ['θiərəm] *n* théorème *m* || **~etical** [θiə'retikl] *adj* théorique || **~ist** *n* théoricien *n* || **~y** ['θiəri] *n* théorie *f*; *in* ~, en théorie.

there [ðɛə] *adv* là, y, à cet endroit; *I went* ~, j'y suis allé || ***here and*** ~***,*** çà et là; ~ ***and then,*** sur-le-champ || ~ ***is/are,*** il y a || ~ *he comes*, le voilà qui vient! || ***down/over*** ~***,*** là-bas || FAM. *he is not all* ~, il n'a pas toute sa tête ● *interj* ~*!* ~*!*, allons! allons!

there|abouts ['ðɛərəbauts] *adv* [place] dans les environs, par là || [time] environ || **~after** [ðɛər'ɑ:ftə] *adv* par la suite || **~by** ['ðɛə'bai] *adv* de cette manière; de ce fait; par là || **~fore** ['ðɛəfɔ:]

adv par conséquent, donc || **~in** [δεər'in] *adv* dedans, là-dedans || **~of** [δεər'ɔv] *adv* de cela, en || **~on** [δεər'ɔn] *adv* sur ce, là-dessus || **~upon** ['δεərə'pɔn] *adv* sur ce, là-dessus, sur quoi.

therm|al ['θə:ml] *adj* thermal ; ~ *power-station,* centrale *f* thermique || **~ometer** [θə'mɔmitə] *n* thermomètre *m.*

Thermos ['θə:məs] *n* ~ *(flask),* (bouteille *f*) Thermos *f.*

thermostat ['θə:məstæt] *n* thermostat *m.*

these [δi:z] See THIS.

thesis, theses ['θi:sis, -i:z] *n* thèse *f.*

thews [θju:z] *npl* LIT. muscles *mpl* || forces *fpl* || FIG. énergie *f.*

they [δei] *pers pron* ils *mpl,* elles *fpl* || ~ *who,* ceux/celles qui || [people] on ; ~ *say that,* on dit que.

thick [θik] *adj* épais ; *two inches* ~, deux pouces *mpl* d'épaisseur || dense, épais (fog, liquid) || touffu (eyebrow) || fourni (hair) || dru (beard) || touffu (woods) || pâteux (voice) || FAM. intime, lié (*with,* avec) || FAM. ***it's a bit ~!,*** c'est un peu raide ! ● *n* FIG. vif *m* (of a discussion) ; fort *m* (of the fight) ● *adv* dru, épais ; ~ *and fast,* dru (arrows, blows) || **~en** *vt* épaissir || CULIN. lier (sauce) — *vi* [sauce] s'épaissir.

thicket [-it] *n* fourré *m.*

thick|-headed [,-'hedid] *adj* stupide, borné, obtus || **~-leaf plant** *n* plante grasse || **~ness** *n* épaisseur *f* (of board) || densité *f* (of fog) || consistance *f* (of a liquid) || **~-set** *adj* trapu, râblé.

thief, thieves [θi:f, θi:vz] *n* voleur *n ;* ***stop ~!,*** au voleur !

thigh [θai] *n* cuisse *f* || **~-bone** *n* fémur *m.*

thimble ['θimbl] *n* dé *m* (à coudre).

thin [θin] *adj* mince ; maigre (person) ; *grow* ~, maigrir || mince, léger (cloth) || ténu (thread) || rare (hair, beard) || fluet (voice) || clairsemé (population) || CULIN. clair (soup) ● *vt* amincir (make thinner) || réduire, diminuer (reduce) || éclaircir (hair, forest) || diluer (paint) || allonger (sauce) — *vi* s'amincir || diminuer || s'éclaircir.

thine [δain] *poss pron* [arch.] le tien, la tienne, les tiens/tiennes *m/fpl.*

thing [θiŋ] *n* chose *f ;* objet *m* || *Pl* vêtements *mpl,* affaires *fpl* (clothes) ; ustensiles *mpl* (implements) ; *tea ~s,* service *m* à thé || FIG. *one ~ or the other,* de deux choses l'une ; *for one* ~, tout d'abord, en premier lieu ; *for another* ~, d'autre part ; *it would be a good ~ to,* il serait bon de ; *the main ~ is to,* l'essentiel est de ; *the ~ is to...,* le tout est de...

thingummy ['θiŋəmi] *n* FAM. machin, truc *m* (fam.).

think [θiŋk] *vi* (thought [θɔ:t]) penser, réfléchir ; ~ *twice before...,* y regarder à deux fois avant de... || penser, croire ; *I ~ so,* je le crois ; *I should ~ so !,* je pense bien ! ; *I thought as much,* je m'y attendais || penser, trouver ; *I can't ~ why,* je me demande pourquoi || ~ ***of/about,*** penser à ; *when I come to ~ of it,* à la réflexion ; *what do you ~ of it ?,* qu'en pensez-vous ? || ~ ***better of it,*** se raviser — *vt* penser, croire || concevoir, juger ; *I ~ he is right,* je crois qu'il a raison ; *he thought it best to,* il jugea bon de || ~ ***out,*** réfléchir à, étudier ; élaborer || ~ ***over,*** réfléchir (à) || ~ ***up,*** inventer, combiner || **~er** *n* penseur *n.*

thin|ly ['θinli] *adv* maigrement || **~ness** *n* minceur (of paper) ; maigreur (of sb.) ; légèreté *f* (of material).

third [θə:d] *adj* troisième || ~ ***party insurance,*** assurance *f* au tiers || ***Third World,*** Tiers Monde *m* ● *n* tiers *m.*

thirst [θəːst] *n* soif *f* ● *vi* FIG. être assoiffé de || **~y** *adj* assoiffé; *be ~,* avoir soif.

thirt|een ['θəː'tiːn] *adj* treize || **~y** ['θəːti] *adj* trente.

this, these [ðis, ðiːz] *dem adj* ce...(-ci) *m,* cette...(-ci) *f;* ces...(-ci) *m/fpl* || voici; *these (last) ten years,* voilà dix ans que || *these days,* de nos jours || ***~ one,*** celui-ci *m,* celle-ci *f; Pl* ***these,*** ceux-/celles-ci ● *dem pron* ceci, ce; *what is ~ ?,* qu'est-ce que c'est? || celui-ci *m,* celle-ci *f; Pl* ***these,*** ceux-/celles-ci ● *dem adv* FAM. ***~ far,*** jusqu'ici, jusqu'à présent; *~ high,* haut comme cela.

thistle ['θisl] *n* chardon *m.*

thither ['ðiðə] *adv* [arch.] *hither and ~,* çà et là.

thong [θɔŋ] *n* courroie, sangle *f.*

thorn [θɔːn] *n* épine *f* || **~y** *adj* épineux.

thorough ['θʌrə] *adj* parfait, entier, complet; *be ~ in one's work,* travailler consciencieusement || **~bred** *adj* (de) pur sang (horse); de race pure (dog) ● *n* animal *m* de race; pur-sang *m* (horse) || **~fare** *n* artère, voie *f* de communication; *no ~,* passage interdit || **~going** *adj* complet || parfait (utter) || **~ly** *adv* complètement; à fond, minutieusement.

those See THAT.

thou [ðau] *pers pron* [arch.] tu.

though [ðəu] *conj* quoique, bien que || ***even ~,*** quand bien même, même si || ***as ~,*** comme si || ***what ~,*** qu'importe que, même si ● *adv* pourtant; I *believe him ~,* je le crois tout de même.

thought I [θɔːt] See THINK.

thought II *n* pensée; réflexion *f; the mere ~ of it,* rien que d'y penser; ***on second ~s,*** tout bien réfléchi, réflexion faite || dessein, projet *m* || **~ful** *adj* pensif (thinking) || réfléchi; attentif (heedful) || prévenant (considerate) || **~less** *adj* étourdi, irréfléchi.

thousand ['θauznd] *adj* mille || **~th** [-θ] *adj/n* millième *(m).*

thrall [θrɔːl] *n* esclavage *m.*

thrash [θræʃ] *vt* rosser, rouer de coups || FIG. *~ out,* débattre de, démêler (problem) — *vi ~ about,* se débattre || **~ing** *n* correction *f.*

thread [θred] *n* fil *m* (cotton, etc.) || TECHN. filet *m* (screw) ● *vt* enfiler (a needle) || **~bare** *adj* élimé, râpé; *wear a coat ~,* user un manteau jusqu'à la corde.

threat [θret] *n* menace *f* || **~en** *vt* menacer || **~ening** [-niŋ] *adj* menaçant.

three [θriː] *adj* trois || **~fold** [-fəuld] *adj* triple || **~-laner** *n* route *f* à trois voies || **~-phase** *adj* ÉLECTR. triphasé.

thresh [θreʃ] *vt* AGR. battre || **~er** *n* AGR. batteuse *f* || **~ing** *n* AGR. battage *m; ~-machine,* batteuse *f.*

threshold ['θreʃəuld] *n* seuil *m.*

threw See THROW.

thrice [θrais] *adv* trois fois.

thrift [θrift] *n* économie, épargne *f* || **~y** *adj* économe, ménager.

thrill [θril] *vi* frémir, frissonner — *vt* FIG. émouvoir, bouleverser ● *n* frisson, frémissement *m* || **~er** *n* roman/film *m* à suspense, thriller *m* || **~ing** *adj* palpitant, saisissant.

thrive [θraiv] *vi* (throve [θrəuv], thriven ['θrivn]; *rarely* thrived) [business] croître, réussir, prospérer.

thriven See THRIVE.

thro' [θruː] = THROUGH.

throat [θrəut] *n* gorge *f; sore ~,* mal *m* de gorge || *cut the ~ of,* égorger || **~-wash** *n* gargarisme *m* || **~y** *adj* guttural.

throb [θrɔb] *vi* battre, palpiter ||

[wound] élancer || [engine] vrombir ● *n* battement *m,* palpitation *f* || TECHN. vrombissement *m.*

throe [θrəu] *n* douleurs *fpl* (of childbirth) || FIG. tourments *mpl.*

throne [θrəun] *n* trône *m.*

throng [θrɔŋ] *n* foule, cohue *f* ● *vi* accourir en foule, affluer.

throttle ['θrɔtl] *n* gosier *m* || TECHN. régulateur ; obturateur *m* || AUT. commande *f* des gaz ; accélérateur *m* ● *vt* étrangler || FIG. juguler.

through [θru:] *prep* [space] au travers de, à travers, par ; *go ~ the town,* traverser la ville || FIG. *get ~ an exam,* réussir à un examen || FIG. par l'intermédiaire de, grâce à ; *~ the post,* par la poste || [time] *all ~ the week,* pendant toute la semaine ; ***Monday ~ Friday,*** du lundi au vendredi inclus ● *adv* à travers || *~ **and** ~,* complètement ; *soaked ~,* trempé jusqu'aux os || ***right ~,*** de part en part ; RAIL. *right ~ to,* direct jusqu'à || jusqu'au bout ; ***see ~,*** assister/aider jusqu'au bout ; mener à bonne fin || TEL. *you are ~,* vous avez la communication ● *adj* RAIL. direct ; *~ carriage,* voiture directe || FAM. ***be ~ with,*** en avoir fini avec || **~out** [θru'aut] *adv* d'un bout à l'autre, entièrement ● *prep* d'un bout à l'autre de || **~way** *n* autoroute *f.*

throve See THRIVE.

throw [θrəu] *vt* (threw [θru:], thrown [θrəun]) jeter, lancer (a ball, etc.) || *~ open,* ouvrir brusquement || projeter (one's shadow) [*on to,* sur] || FIG. rejeter (*on,* sur) ; SL. *~ a party,* donner une réception || *~ **away,*** jeter (a cigarette) ; gaspiller, perdre (waste) ; ***~away*** *(adj),* à jeter/usage unique ; *(n)* prospectus *m* || *~ **back,*** renvoyer (a ball) ; réfléchir, refléter (an image) || *~ **down,*** abattre, démolir || *~ **in,*** placer (a word) ; COMM. ajouter par-dessus le marché/en prime ; SP. remettre en jeu (the ball) ; ***~-in*** *(n),* SP. remise *f* en jeu || *~ **off,*** se débarrasser (of sb.) ; quitter (one's clothes) || *~ **on,*** enfiler || *~ **out,*** rejeter, expulser (sb.) ; bomber (one's chest) ; se défausser de (a card) || *~ **over,*** lâcher (friend) || *~ **up,*** jeter en l'air ; FIG. abandonner, renoncer ; SL. rendre, vomir ● *n* lancement *m* || SP. jet *m ;* lancer *m* || **~er** *n* SP. lanceur *n.*

thrust [θrʌst] *vt* (thrust) pousser violemment, enfoncer, fourrer || *~ one's way through the crowd,* se frayer un passage dans la foule || FIG. imposer (*sth. upon sb.,* qqch. à qqn) — *vi* pousser || SP. [fencing] porter une botte ● *n* poussée *f* (push) || coup *m* (stab) || TECHN. poussée *f* || SP. [fencing] botte *f.*

thud [θʌd] *n* bruit sourd/mat.

thug [θʌg] *n* voyou *m ;* loubard *m* (pop.) ; casseur *m ;* gangster *m.*

thumb [θʌm] *n* pouce *m* || FAM. ***by rule of ~,*** empiriquement ● *vt* feuilleter (a book) || FAM. *~ a lift,* faire de l'auto-stop, trouver une voiture ; *~ one's nose at,* faire un pied-de-nez || **~-index** *n* onglet *m* (of book) || **~-tack** *n* U.S. punaise *f* (drawing-pin).

thump [θʌmp] *n* grand coup || bruit sourd (sound) ● *vt* assener un/des grand(s) coup(s) — *vi* cogner (*on,* sur) || **~ing** *adj* FAM. énorme.

thunder ['θʌndə] *n* tonnerre *m ; clap of ~,* coup *m* de tonnerre **~-bolt** *n* éclair *m,* foudre *f* || **~-clap** *n* coup *m* de tonnerre || **~-storm** *n* orage *m* || FIG. tonnerre *m* (of applause).

Thursday ['θə:sdi] *n* jeudi *m.*

thus [ðʌs] *adv* ainsi, de cette façon.

thwart [θwɔ:t] *vt* contrarier, contrecarrer, faire obstacle à.

thy [ðai] *adj* [arch.] ton, ta, tes.

thyme [taim] *n* thym *m.*

thyroid ['θairɔid] *n* thyroïde *f.*

Tibet [ti'bet] *n* Tibet *m* || **~an** *adj/n* tibétain.

tibia ['tibiə] *n* tibia *m.*

tic [tik] *n* MÉD. tic *m.*

tick I [tik] *n* FAM. ***on ~,*** à crédit.

tick II *n* tic-tac *m* (of a clock) || coche *f* (mark) || FAM. instant *m* (moment) ● *vt ~ (off),* cocher (on a list) — *vi* [clock] faire tic-tac || [engine] ~ ***over,*** tourner au ralenti ; ***~-over*** *(n),* ralenti *m* || **~er** *n* télétype *m ; ~ tape,* serpentin *m.*

ticket ['tikit] *n* RAIL. ticket, billet *m* || TH. billet *m* || COMM. étiquette *f* || U.S., POL. liste électorale || AUT., FAM. P.V. (fam.) || FAM. *that's the ~!,* voilà ce qu'il nous faut ! ● *vt* étiqueter || ~ **collector** *n* RAIL. contrôleur *n.*

tickl|e ['tikl] *vt/vi* chatouiller ● *n* chatouillement *m* || **~ish** *adj* chatouilleux || FIG. [person] susceptible ; [subject] délicat.

tidal ['taidl] *adj* de marée ; ~ ***wave,*** raz *m* de marée ; ~ *power-station,* usine marémotrice.

tide [taid] *n* marée *f ; at high/low ~,* à marée haute/basse || FIG. courant ; cours *m* (of time) ● *vt ~ over,* venir à bout de (a difficulty) ; dépanner (sb.).

tidiness ['taidinis] *n* ordre *m ;* netteté *f.*

tidy ['taidi] *adj* propre, soigné (person) ; bien tenu, en ordre (room) || FAM. *a ~ sum of money,* une somme rondelette — *vt ~ (up),* ranger, mettre en ordre.

tie [tai] *n* lien, nœud *m* || *(neck)~,* cravate *f* || SP. match nul || U.S., RAIL. traverse *f* || FIG. attache *f,* lien *m* (of blood, marriage) ● *vt* lier, attacher ; *~ a knot,* faire un nœud || ~ ***up,*** attacher ; ficeler (parcel) ; ligoter (person) || FIN. immobiliser (money) || AUT. bloquer (traffic) || FAM. *be ~d up,* être très occupé/pris || ***~-up,*** *(n)* lien *m ;* fusion *f* (merger) — *vi* [competition] arriver/être ex-æquo || SP. faire match nul (draw) || **~break(er)** *n* [competition] question *f* subsidiaire || [tennis] tie-break *m* || **~-pin** *n* épingle *f* de cravate.

tier [tiə] *n* étage *m* || gradin *m* (in an amphitheatre).

tiff [tif] *n* FAM. bisbille, chamaillerie *f.*

tig [tig] *n* chat-perché *m* (tag).

tiger ['taigə] *n* tigre *m.*

tight [tait] *adj* serré (knot) ; tendu (rope) || étanche (compartment) || étroit (clothes) || bloqué (nut) || SL. bourré (pop.) [drunk] || FIG. difficile (corner) || FIN. rare (money) ● *adv* fermement ; hermétiquement ● *npl* collants *mpl* (of a dancer) || **~en** *vt* tendre (a rope) || resserrer (a screw) || **~-fisted** *adj* radin (stingy) || **~-fitting** *adj* collant (clothes) || **~ly** *adv* étroitement.

tigress ['taigris] *n* tigresse *f.*

tile [tail] *n* tuile *f* (for roof) ; carreau *m* (paving) ● *vt* couvrir de tuiles (a house) ; carreler (floor).

till I [til] *prep* (= UNTIL) [time] jusqu'à ; *~ now,* jusqu'ici/à présent ; *~ then,* jusqu'alors ; *(goodbye) ~ tomorrow,* à demain ; ***not ~,*** pas avant ; *he didn't come ~ six,* il n'est arrivé qu'à six heures ● *conj* jusqu'à ce que ; *wait ~ the rain stops,* attendez qu'il ne pleuve plus || ***not ~,*** pas avant que ; *he won't leave ~ you come back,* il ne partira pas tant que vous ne serez pas de retour.

till II *n* tiroir-caisse *m,* caisse *f.*

till III *vt* cultiver, labourer.

tiller ['tilə] *n* NAUT. barre *f.*

tilt [tilt] *n* pente, inclinaison *f* || SP. joute *f* || FIG. *at full ~,* à bride abattue ● *vt* pencher, incliner — *vi ~ (over),* pencher.

timber ['timbə] *n* bois *m* de construction || poutre *f*, madrier *m* (rafter) || ● *vt* charpenter || ~-**yard** *m* chantier, entrepôt *m* de bois.

time [taim] *n* temps *m* || moment *m; for the ~ being,* pour le moment; ***at the present ~,*** actuellement, en ce moment; *when the ~ comes/came,* le moment venu; *at the ~ of,* lors de; *at all ~s,* de tout temps; *from that ~,* dès lors; *since ~ out of mind,* de temps immémorial; ***ahead of/behind the ~s,*** en avance/retard sur son époque; ***have a good ~,*** bien s'amuser || temps *m*, durée *f* (duration); *for some ~,* pendant quelque temps; *for a long ~,* depuis longtemps; *take a long ~ to do sth.,* mettre du temps à faire qqch.; ***in no ~,*** en moins de rien; *we've got plenty of ~,* nous avons tout le temps || heure *f*, moment *m* (point in time); ***on ~,*** à l'heure; ***in ~,*** à temps; *before/behind ~,* en avance/en retard; *at any ~,* d'un moment à l'autre; ***all the ~,*** tout le temps; *from ~ to ~,* de temps en temps; ***at ~s,*** de temps à autre; ***at the same ~,*** en même temps (*as,* que); *it is ~ to...,* c'est l'heure/le moment de... || heure *f; what ~ is it?,* quelle heure est-il?; *standard ~,* heure normale || fois *f* (series, occasions); *the first ~,* la première fois; *this ~,* cette fois(-ci); *how many ~s?,* combien de fois?; *several ~s,* à plusieurs reprises; *~ and again,* (maintes et) maintes fois || Mus. mesure *f; beat ~,* battre la mesure; *keep ~,* jouer en mesure; *in ~,* en mesure; *out of ~,* à contretemps || Mil. *mark ~,* marquer le pas ● *vt* mesurer, calculer || régler || fixer l'heure de || Sp. chronométrer || ~-**bomb** *n* bombe *f* à retardement || ~-**exposure** *n* Phot. pose *f* || ~-**lag** *n* Techn. temps *m* de réponse || ~-**lapse** *n* Cin. accéléré *m* || ~**less** *adj* éternel, sans fin || ~-**limit** *n* délai *m;* dernière limite || ~**ly** *adj* opportun, à propos || ~**piece** *n* pendule *f*.

timer ['taimə] *n* chronométreur *n* (person) || minuteur *m* (device).

time|-release *n* Phot. obturateur *m* à retardement, déclencheur *m* automatique || ~**sharing** *n* [computer] temps partagé || ~ **signal** *n* signal *m* horaire || ~ **switch** *n* minuterie *f* || ~**table** *n* [school] emploi *m* du temps || Rail. horaire, indicateur *m* || ~-**worm** *adj* vétustes.

timid ['timid] *adj* craintif (easily scared) || timide (shy) || ~**ity** [ti'miditi] *n* timidité *f*.

timing ['taimiŋ] *n* Techn., Aut. réglage *m;* distribution *f* || Sp. chronométrage *m*.

timorous ['timərəs] *adj* timoré.

timpani ['timpəni] *n* Mus. timbales *fpl*.

tin [tin] *n* étain *m* (metal) || boîte *f* de conserve (container); *~-opener,* ouvre-boîte *m; ~-plate,* ferblanc *m* ● *vt* étamer (tin-plate) || mettre en boîte (pack in tins); *~ned food,* conserves *fpl*.

tincture ['tiŋtʃə] *n* couleur, teinte *f* || Méd. teinture *f* (of iodine).

tinder ['tində] *n* amadou *m*.

tinfoil ['tin'fɔil] *n* papier *m* d'aluminium.

tinge [tinʒ] *n* teinte, nuance *f* ● *vt* teinter, nuancer.

tingle ['tiŋgl] *vi* [limbs] fourmiller || [ears] bourdonner, tinter ● *n* fourmillement *m* || bourdonnement *m*.

tinker ['tiŋkə] *vi ~ (about),* bricoler.

tinkle ['tiŋkl] *vi* tinter ● *n* tintement *m*.

tinsel ['tinsl] *n* lamé *n;* clinquant *m;* paillettes *fpl*.

tint [tint] *n* teinte, nuance *f* ● *vt* teinter.

tiny ['taini] *adj* minuscule.

tip I [tip] *n* pourboire *m* (money) || tuyau *m* (piece of advice) ● *vt* effleurer (touch) || donner un pourboire || ~ ***off,*** FAM. tuyauter.

tip II *n* bout *m* (of nose) || pointe *f* (of toes) || bout *m* (of cigarette).

tip III *vt* incliner, pencher || ~ ***out,*** verser || ~ ***up,*** faire basculer — *vi* ***over/up,*** pencher; basculer; ~***-up seat*** *(n),* strapontin *m* ● *n* décharge *f; rubbish* ~, dépotoir *m* || monceau *m;* [mining] crassier *m* || ~**ping bucket** *n* benne basculante.

tipsy ['tipsi] *adj* éméché (fam.); *get* ~, se griser.

tip|toe ['tiptəu] *n* pointe *f* du pied; *stand on* ~, se hisser sur la pointe des pieds ● *vi* marcher sur la pointe des pieds || ~**-top** ['-'-] *adj* chic, épatant || ~**-truck** *n* wagonnet *m*.

tire I [taiə] *n* U.S. = TYRE.

tire II *vi/vt* (se) fatiguer; ~ *oneself doing,* se fatiguer à faire; *get* ~*d,* se fatiguer || FIG. se lasser de || ~**less** *adj* infatigable || ~**some** [-səm] *adj* fatigant, épuisant (tiring) || agaçant, ennuyeux (boring); assommant (tedious).

tiro ['taiərəu] = TYRO.

tissue ['tiʃu:] *n* tissu *m* || [paper handkerchief] mouchoir *m* en papier, Kleenex *m* || *facial* ~, serviette *f* à démaquiller || ~ *paper,* papier *m* de soie.

tit I [tit] *n* SL. sein *m;* nichon *m* (pop.) || téton *m* (fam.) [nipple].

tit II *n* ~ ***for tat,*** un prêté pour un rendu; *give* ~ *for tat,* répondre du tac au tac.

titbit ['titbit] *n* friandise *f*.

title [taitl] *n* titre *m* || JUR. droit, titre *m* ● *vt* intituler.

titmouse, -mice ['titmaus, -mais] *n* mésange *f*.

titular ['titjulə] *adj/n* titulaire.

to [tu:] *prep* [direction] à, vers; *he went* ~ *London,* il est allé à Londres; *invite him* ~ *your house,* invitez-le chez vous || "~ *the planes*", « accès aux avions » || [time] *it is five* ~ *ten,* il est dix heures moins cinq; jusque; ~ *the end,* jusqu'à la fin || contre; *bet ten* ~ *one,* parier dix contre un || sur; *made* ~ *measure,* fait sur mesure || [+ indir. obj.] à; *write* ~ *sb.,* écrire à qqn; *give it* ~ *me,* donnez-le moi; pour; *that's no-thing* ~ *him,* ce n'est rien pour lui || selon; ~ *all appearances,* selon toute apparence || à l'égard de; *as* ~ *him,* quant à lui || [+ infinitive] *glad* ~ *see you,* heureux de vous voir || [substitute for the infinitive] *we didn't want to do it, but we had* ~, nous ne voulions pas le faire, mais il le fallait ● *adv leave the door* ~, laisser la porte entrebâillée || ~ ***and fro,*** de long en large; ~*-and-fro movement,* mouvement *m* de va-et-vient.

toad [təud] *n* crapaud *m* || ~**stool** *n* champignon *m* (souvent vénéneux).

toady *adj* flagorneur || ~**ing** *n* flagornerie *f*.

toast [təust] *n* rôtie *f* (bread); *a piece of* ~, un toast *m,* une tartine grillée, une rôtie || toast *m* (drink); *drink a* ~ *to sb.,* porter un toast à qqn ● *vt* faire rôtir/griller (bread); porter un toast (*to sb.,* à qqn) || ~**er** *n* grille-pain *m*.

tobacc|o [tə'bækəu] *n* tabac *m* || ~**onist** [-ənist] *n* marchand *n* de tabac.

toboggan [tə'bɔgn] *m* toboggan *m* || [child's] luge *f* (sledge).

today [tə'dei] *adv/n* aujourd'hui (this day); *what is* ~ *?,* quel jour sommes-nous ? || de nos jours (nowadays).

toddle ['tɔdl] *vi* trottiner.

to-do [tə'du:] *n* façons *fpl;* chichis *mpl* (fuss) || remue-ménage *m* (stir).

toe [təu] *n* orteil *m; step on sb.'s*

~*s,* marcher sur le pied de qqn || FIG. *on one's ~s,* sur le qui-vive ● *vt ~ the line,* se mettre au pas, s'aligner.

toffee ['tɔfi] *n* caramel *m.*

tog [tɔg] *n* (usu *pl*) FAM. fringues *fpl* ● *vt ~ oneself up,* se mettre sur son trente et un, bien se fringuer (pop.).

together [tə'geðə] *adv* ensemble, à la fois; *all ~,* tous ensemble; *gather ~,* rassembler.

Togo ['təugəu] *n* Togo *m* || **~lese** [,--'li:z] *adj/n* togolais.

toil [tɔil] *n* labeur *m* ● *vi* peiner; FAM. trimer.

toilet ['tɔilit] *n* toilette *f* (action) || [room] toilettes *fpl,* w.-c. *mpl;* cuvette *f* (seat) || **~-paper/tissue** *n* papier *m* hygiénique || **~ water** *n* eau *f* de toilette.

toilsome ['tɔilsəm] *adj* pénible.

token ['təukn] *n* témoignage *m* || marque *f,* signe, gage *m* (evidence); *in ~ of,* en témoignage de || souvenir *m* (keepsake) || *~ strike,* grève *f* d'avertissement || TÉL. jeton *m* || FIN. *~ payment,* versement *m* symbolique.

told See TELL.

toler|able ['tɔlərəbl] *adj* tolérable, supportable || **~ance** *n* tolérance, patience *f* || **~ant** *adj* tolérant, patient || **~ate** [-eit] *vt* admettre, tolérer, supporter, souffrir || **~ation** [,tɔlə'reiʃn] *n* tolérance *f.*

toll I [təul] *vi* (bell) tinter ● *n* tintement *m.*

toll II *n* péage *m* || *~ booth,* guichet *m* de péage || FIG. tribut *m; the ~ of the roads,* les victimes de la route.

tomahawk ['tɔməhɔ:k] *n* tomahawk *m,* hache *f* de guerre.

tomato [tə'mɑ:təu] *n* tomate *f; ~ sauce,* sauce *f* tomate.

tomb [tu:m] *n* tombe *f,* tombeau *m.*

tomboy ['tɔmbɔi] *n* garçon manqué.

tombstone ['tu:mstəun] *n* pierre tombale.

tomcat ['tɔm'kæt] *n* matou *m.*

tomorrow [tə'mɔrəu] *adv/n* demain; *~ morning,* demain matin; *the day after ~,* après-demain || *~ week,* (de) demain en huit.

ton [tʌn] *n* tonne *f* || NAUT. tonneau *m.*

tone [təun] *n* ton *m* (of voice); tonalité *f,* timbre *m* (of an instrument) || GRAMM. accent, ton *m* || ARTS tonalité *f;* ton *m,* nuance *f* || MUS. ton *m* || TÉL. *dial ~,* tonalité *f* d'appel || MÉD. tonus *m* || RAD. ***~ control,*** bouton *m* de tonalité || FIG. ton, caractère, esprit *m;* expression, allure *f* (general spirit) ● *vi ~(in),* s'harmoniser (*with,* avec) — *vt* nuancer, harmoniser || ***~ down,*** atténuer || ***~ up,*** aviver, renforcer; MÉD. tonifier.

tongs [tɔŋz] *npl* pincettes *fpl.*

tongue [tʌŋ] *n* langue *f* (organ, language).

tonic ['tɔnik] *adj* tonique ● *n* MÉD. fortifiant *m* || *~ (water),* eau *f* tonique || MUS. tonique *f.*

tonight [tə'nait] *adv/n* ce soir; cette nuit.

tonnage ['tʌnidʒ] *n* tonnage *m.*

tonsil ['tɔnsl] *n* amygdale *f* || **~itis** [,tɔnsi'laitis] *n* angine *f.*

too [tu:] *adv* trop; *~ far,* trop loin; ***one ~ many,*** un de trop || aussi, également; FAM. *me ~,* moi aussi || de plus, encore, en outre (moreover).

took See TAKE.

tool [tu:l] *n* outil *m* || FIG. instrument *m* ● *vt* usiner || ARTS ciseler; *~ed leather,* cuir repoussé || **~-bag** *n* trousse *f* à outils.

toot [tu:t] *vi* AUT. klaxonner ● *n* coup *m* de Klaxon.

tooth, teeth [tu:θ, ti:θ] *n* dent *f*; *first teeth,* dents de lait; *false teeth,* fausses dents; *have a ~ out,* se faire arracher une dent || FIG. *have a sweet ~,* aimer les sucreries; *show one's teeth,* montrer les dents || **~ache** *n* mal *m*/rage *f* de dents; *have ~,* avoir mal aux dents || **~brush** *n* brosse *f* à dents || **~-paste** *n* dentifrice *m* || **~pick** *n* cure-dent *m*.

top I [tɔp] *n* toupie *f* || FIG. *sleep like a ~,* dormir à poings fermés.

top II *n* haut *m* (in general); *at the ~ of,* au haut de; ***on (the) ~,*** sur le dessus || ***from ~ to bottom,*** de fond en comble; *from ~ to toe,* de la tête aux pieds || faîte *m* (of a roof) || cime *f* (of a tree) || couvercle *m* (of a box) || dessus *m* (of a shoe) || AUT. capote *f* || NAUT. hune *f* || FIG. *at the ~ of one's voice,* à tue-tête; *on ~ of that,* en plus de cela ● *adj* supérieur, d'en haut, du dessus; *at ~ speed,* à toute vitesse || AUT. *in ~ gear,* en prise || FIG. ***~ secret,*** ultra-secret || FAM. ***~ of the pops,*** tube *m* (fam.) ● *vt* atteindre le sommet de || surmonter (*by/with,* de) || dépasser (exceed) || couper les fanes de (vegetable) || FIG. surpasser; ***to ~ it all,*** pour couronner le tout; ***~ the bill,*** être en tête d'affiche || ***~ off,*** terminer, couronner (meal) || ***~ up,*** remplir (a partly empty container); rajouter, remettre (*with,* de) || **~coat** *n* pardessus *m* || **~ hat** *n* (chapeau *m*) haut-de-forme *m*.

topic ['tɔpik] *n* sujet *m* de conversation || **~al** *adj* d'actualité.

topless *adj* sans haut (garment); aux seins nus (girl); *~ swimsuit,* monokini.

topography [tə'pɔgrəfi] *n* topographie *f*.

topple ['tɔpl] *vi* culbuter — *vt* faire tomber, renverser.

topsy-turvy ['tɔpsi'tə:vi] *adv* sens dessus dessous.

torch [tɔ:tʃ] *n* torche *f* || ÉLECTR. lampe *f* de poche, torche *f* électrique.

tore See TEAR.

torment ['tɔ:ment] *n* supplice *m*, torture *f* ● [-'-] *vt* torturer, tourmenter, martyriser.

torn [tɔ:n] See TEAR I || *~ muscle,* déchirure *f* musculaire.

tornado [tɔ:'neidəu] *n* tornade *f*.

torpedo [tɔ:'pi:dəu] *n* torpille *f* ● *vt* torpiller || **~-boat** *n* torpilleur *m*; *motor ~,* vedette *f* lance-torpilles || **~-tube** *n* (tube *m*) lance-torpilles *m*.

torp|id ['tɔ:pid] *adj* engourdi || FAM. apathique, endormi || **~or** *n* torpeur *f*.

torque [tɔ:k] *n* PHYS., AUT. couple *m*; *~ converter,* convertisseur *m* de couple.

torrent ['tɔrnt] *n* torrent *m*; *in ~s,* à flots || **~ial** [tɔ'renʃl] *adj* torrentiel.

torrid ['tɔrid] *adj* torride.

torsion ['tɔ:ʃn] *n* AUT. *~ bar,* barre *f* de torsion.

tortoise ['tɔ:təs] *n* tortue *f* || **~-shell** *n* écaille *f*.

tortuous ['tɔ:tjuəs] *adj* tortueux.

tortur|e ['tɔ:tʃə] *n* torture *f*, supplice *m* ● *vt* torturer, supplicier || **~er** [-rə] *n* tortionnaire *n*.

Tory ['tɔri] *n* POL. conservateur *m*.

toss [tɔs] *vt* lancer; jeter (en l'air) || balloter, secouer (ship) — *vi* s'agiter (in one's sleep) || [ship] tanguer || ***~ (up) for sth.,*** jouer qqch. à pile ou face.

tot I [tɔt] *n* bambin *m*.

tot II *vt ~ up,* additionner.

total ['təutl] *n* total *m*, somme *f*, montant *m* ● *adj* total, entier ● *vi* s'élever à — *vt* faire le total de, additionner || **~ity** [tə'tæliti] *n* totalité *f* || **~izator**

['təutəlai,zeitə] *n* totalisateur *m* || **~ize** ['təutəlaiz] *vt* totaliser || **~ly** *adv* totalement, entièrement.

tote [təut] *n* FAM. totalisateur *m*.

totem ['təutəm] *n* totem *m*.

totter ['tɔtə] *vi* chanceler, tituber || **~ing** [-riŋ] *adj* chancelant.

touch [tʌtʃ] *vt* toucher; atteindre (reach) || goûter (taste) || FIG. toucher à, se rapporter à (concern) || FIG. émouvoir, remuer, toucher (move); toucher, piquer, froisser (vex) || FAM. ~ *sb. for,* taper qqn de (fam.) [money] || ~ ***off,*** déclencher || ~ ***up,*** PHOT. retoucher — *vi* se toucher || NAUT. toucher, faire escale (*at,* à) || FIG. ~ *on a subject,* effleurer un sujet || ~ ***down,*** AV. atterrir; amerrir (on sea); ASTR. alunir (on moon); ***~-down*** *(n),* atterrissage *m;* amerrissage *m;* alunissage *m* ● *n* [sense] toucher *m* || [act] toucher, contact *m* || [painting] touche *f* || MÉD. léger accès (of fever) || SP. touche *f* || FIG. *a ~ of,* une pointe de || relation *f;* ***get in ~ with sb.,*** se mettre en rapport avec qqn; toucher, joindre, contacter (*sb. by phone,* qqn par téléphone) || ***give sth. the finishing ~,*** mettre la dernière main à qqch. || **~-and-go** *adj* risqué, hasardeux || **~ing-up** *n* PHOT. retouche *f* || **~-line** *n* SP. ligne *f* de touche || **~stone** *n* pierre *f* de touche || **~y** *adj* susceptible, chatouilleux, ombrageux.

tough [tʌf] *adj* dur (thing); coriace (meat) || tenace (person) || difficile (task) || FAM. ~ *luck,* déveine *f* ● *n* FAM. dur *n* (fam.) || **~en** *vi/vt* durcir, (s')endurcir.

tour [tuə] *n* voyage *m; conducted ~,* voyage organisé || TH. *on ~,* en tournée || excursion *f* ● *vt* visiter (country) — *vi* excursionner, voyager, faire du tourisme || **~ing** [-riŋ], **~ism** [-rizm] *n* tourisme *m* || **~ist** *n* touriste *n* || ~ **operator** *n* organisateur *m* de voyages, voyagiste *m*.

tournament ['tuənəmənt] *n* tournoi *m*.

tourniquet ['tuənikei] *n* MÉD. garrot *m*.

tousle ['tauzl] *vt* ébouriffer, écheveler.

tout [taut] *n* démarcheur *n* || [hotel] rabatteur *n*.

tow [təu] *vt* remorquer (vehicle); haler (boat) || ~ ***away,*** enlever (car); [police] mettre en fourrière.

toward(s) [tə'wɔːd(z)] *prep* [direction, time] vers || FIG. envers, à l'égard de.

towel ['tauəl] *n* serviette *f* de toilette (for face); essuie-mains *m inv* (for hands) || **~-rack/-rail** *n* porte-serviettes *m inv*.

tower ['tauə] *n* tour *f* || TECHN. *water ~,* château *m* d'eau ● *vi* s'élever au-dessus || ~ ***above,*** FIG. dominer || **~ing** [-riŋ] *adj* FAM. *in a ~ rage,* dans une rage folle.

town [taun] *n* ville, cité *f* || *market-~,* bourg *m* || **~-cheque** *n* FIN. chèque *m* sur place || ~ **clerk** *n* secrétaire *n* de mairie || ~ **council** *n* conseil municipal || ~ **hall** *n* mairie *f,* hôtel *m* de ville || ~ **house** *n* hôtel particulier || ~ **planning** *n* urbanisme *m* || **~ship** *n* commune *f* || **~sman** [-zmən] *n* citadin *m*.

tox|ic ['tɔksik] *n/adj* toxique *(m)* || **~in** [-in] *n* toxine *f*.

toy [tɔi] *n* jouet *m* ● *vi* jouer.

trace I [treis] *n* trait *m* (harness).

trac|e II *n* trace, empreinte *f* || vestige *m* (remnant) ● *vt* tracer || calquer (on transparent paper) || suivre à la trace, pister || ~ ***back,*** faire remonter (*to,* à) || **~er** *n* MIL. balle traçante || **~ing** *n* tracé; calque *m; ~-line,* cordeau *m;* ***~-paper,*** papier-calque *m*.

trachea [trə'kiə] *n* trachée-artère *f*.

track [træk] *n* trace, piste *f* (of an

animal) || traces *fpl* de pneu || *Pl* traces *fpl* (footprints) || chemin, sentier *m* (path) || SP. piste *f* || NAUT. sillage *m* || RAIL. voie *f* || AUT. chenille *f* || FIG. piste *f*; *on the right* ~, sur la bonne voie ; *be on the wrong* ~, faire fausse route ● *vt* pister, suivre à la piste || CIN. faire un travelling || ~ ***down,*** dépister, capturer ; FIG. traquer || **~ing shot** *n* CIN. travelling *m* || **~-shoe** *n* basket *m/f* (shoe) || **~suit** *n* survêtement *m*.

tract I [trækt] *n* étendue *f* (area).

tract II *n* tract *m* (leaflet).

tractable ['træktəbl] *adj* souple (person) ; docile (animal).

tract|ion ['trækʃn] *n* traction *f* || **~or** *n* tracteur *m*.

trad|e [treid] *n* métier *m* (craft) ; *by* ~, de métier/profession || commerce *m* (business) ; *~-mark,* marque *f* de fabrique ; ~ *name,* marque déposée ● *vi* commercer, faire le commerce (*in,* de) || ~ ***in,*** donner en reprise (a used article) || ~ ***on,*** exploiter, spéculer sur — *vt* échanger, troquer (*sth. for,* qqch. contre) || **~er** *n* commerçant, négociant *n* || **~esman** [-zmən] *n* marchand, fournisseur *m*.

trade-union *n* syndicat *m ;* ~ *member,* syndiqué *n ; join a* ~, se syndiquer || **~ism** *n* syndicalisme *m* || **~ist** *n* syndicaliste *n*.

trade-wind *n* (vent *m*) alizé.

tradition [trə'diʃn] *n* tradition *f* || **~al** *adj* traditionnel.

traduce [trə'dju:s] *vt* diffamer.

traffic ['træfik] *n* COMM. négoce, commerce *m* || AUT. circulation *f ;* ~ *jam,* embouteillage, bouchon *m* ● *vi* trafiquer, faire trafic (*in,* de) || **~ator** [-eitə] *n* AUT. clignotant *m*.

trafficker *n* trafiquant *n*.

traffic|lights *npl* feux *mpl* de signalisation/tricolores || ~ **sign** *n* panneau *m* de signalisation || ~ **warden** *n* contractuel *n*.

trag|edy ['trædʒidi] *n* tragédie *f* || **~ic** [-ik] *adj* tragique.

trail [treil] *n* trace, piste *f* (track) || piste *f,* chemin *m* (path) ● *vt* suivre la piste de (follow) || traîner (drag) — *vi* [skirt] traîner || BOT. [plant] ramper || **~er** *n* AUT. remorque *f* (small cart) ; roulotte *f* (caravan) || CIN. film-annonce *m* || BOT. plante grimpante.

train I [trein] *n* RAIL. train *m ; goods* ~, train *m* de marchandises ; *passenger* ~, train *m* de voyageurs ; *slow* ~, omnibus *m ; fast* ~, rapide *m ; travel by* ~, voyager en chemin de fer ; *on the* ~, dans le train ; *miss the* ~, manquer le train || [person] escorte *f,* cortège *m* || FIG. suite, série *f*.

train II *vt* instruire, exercer, former (pupils) || dresser (an animal) || SP. entraîner || MIL. entraîner (recruits) ; pointer (a gun) — *vi* [soldier] s'entraîner, s'exercer || **~ee** [trei'ni:] *n* stagiaire *n* || **~er** *n* dresseur *n* (animals) || SP. [person] entraîneur *n ; Pl* FAM. [shoes] baskets *m/fpl* || **~ing** *n* instruction, formation *f ;* ~ ***period,*** stage *m ; go on a* ~ *course,* faire un stage ; ***teacher*** ~ ***college,*** école normale || [animal] dressage *m* || SP. entraînement *m ;* ***physical*** ~, éducation *f* physique || NAUT. ~-***ship,*** navire-école *m*.

trait [trei] *n* FIG. trait *m*.

trait|or ['treitə] *n* traître *m* || **~orous** [-rəs] *adj* traître || **~ress** [-ris] *n* traîtresse *f*.

trajectory ['trædʒiktri] *n* trajectoire *f*.

tram [træm] *n* ~*(-car),* tramway *m*.

tramp [træmp] *vi* marcher lourdement ● *n* (bruit *m* de) pas lourds || randonnée, excursion *f* || FAM. vagabond *n* (person) || NAUT. ~ *(steamer),* tramp *m*.

trample ['træmpl] *vt* piétiner.

trance [trɑːns] *n* transe *f* || FIG. extase *f*.

tranny ['træni] *n* RAD., FAM. transistor *m* (set).

tranquil ['træŋkwil] *adj* tranquille || **~lizer** [-aizə] *n* MÉD. tranquillisant *m* || **~lity** [træŋ'kwiliti] *n* tranquillité *f*.

transac|t [træn'zækt] *vt/vi* traiter (business) || **~tion** [-ʃn] *n* COMM. transaction *f* || *Pl* actes *mpl* (of a society).

transatlantic ['trænzət'læntik] *adj* transatlantique.

tran|scend [træn'send] *vt* transcender, dépasser || **~scribe** [træns'kraib] *vt* transcrire || **~script** ['trænskript] *n* procès-verbal *m* || copie *f* || U.S. relevé *m* des notes || **~scription** [træns'kripʃn] *n* transcription *f* || RAD. enregistrement *m*; émission en différé.

transept ['trænsept] *n* transept *m*.

transfer [træns'fəː] *vt* transférer, transporter || reporter (a drawing) || TÉL. ~ *the charges,* téléphoner en PCV; ***~red charge call,*** communication *f* en PCV — *vi* être transféré ● ['trænsfə] *n* changement, transfert *m*; transmission *f* || [picture] décalcomanie *f*; autocollant *m* (sticker) || RAIL., G.B. billet *m* de correspondance || FIN. virement *m*.

transfix [træns'fiks] *vt* transpercer.

transform [træns'fɔːm] *vt* convertir, transformer || **~ation** [,trænsfə'meiʃn] *n* conversion *f*; transformation *f* || **~er** *n* ÉLECTR. transformateur *m*.

transfusion [træns'fjuːʒn] *n* MÉD. transfusion *f*.

transgress [træns'gres] *vt* transgresser, violer (law, limit) || pécher (sin) || **~ion** [-'greʃn] *n* transgression *f* || JUR. violation *f* || péché *m*.

transient ['trænziənt] *adj* éphémère, passager.

transistor [træn'sistə] *n* RAD. transistor *m*; ~ *set,* poste *m* à transistors; FAM. transistor *m*.

transit ['trænsit] *n* transit; transport *m* || COMM. *in* ~, en transit.

transition [træn'siʒn] *n* transition *f*.

transitive ['trænsitiv] *adj* GRAMM. transitif.

transitory ['trænsitri] *adj* transitoire.

transla|te [træns'leit] *vt* traduire (*into,* en) || **~tion** *n* traduction *f* || **~tor** [-tə] *n* traducteur.

translucent [trænz'luːsnt] *adj* translucide.

trans|mission [trænz'miʃn] *n* transmission *f* || AUT. ~ *shaft,* arbre *m* de transmission || RAD., T.V. émission *f* || **~mit** [-'mit] *vt* transmettre (*to,* à) || RAD., T.V. transmettre, diffuser — *vi* RAD., T.V. émettre || **~mitter** *n* RAD. émetteur *m*, station émettrice.

transmogrify [trænz'mɔgrifai] *vt* métamorphoser.

transmute [trænz'mjuːt] *vt* transmuter.

transom ['trænsəm] *n* traverse *f*; ~ *window,* imposte *f*.

trans|parent [træns'pɛərnt] *adj* transparent || **~pire** [-'paiə] *vi* transpirer || FIG. [secret] transpirer || FAM. se passer || **~plant** *vt* BOT. transplanter || MÉD. greffer ● *n* MÉD. greffe *f* || **~plantation** *n* transplantation *f*.

transport ['trænspɔːt] *n* transport *m* || ***public*** ~, transports *mpl* en commun; *sea/rail* ~, transport maritime/par chemin de fer || ~ ***café,*** routier *m* (restaurant) || FIG. enthousiasme *m* ● *vt* [-'-] transporter || **~ation** [,trænspɔː'teiʃn] *n* transport *m* || **~er** [-'--] *n* ~ *bridge,* pont transbordeur.

transpos|e [træns'pəuz] *vt* transposer || **~ition** [,trænspə'ziʃn] *n* transposition *f.*

trans-ship [træn'ʃip] *vt* transborder.

transverse ['trænzvə:s] *adj* transversal.

transvestite [trænz'vestait] *n* travesti *m.*

trap [træp] *n* piège *m* || FIG. traquenard *m* || TECHN. siphon *m; ~(-door),* trappe *f* ● *vt* prendre au piège.

trapeze [trə'pi:z] *n* MATH., SP. trapèze *m.*

trapper ['træpə] *n* trappeur *m.*

trappings ['træpiŋz] *n* harnachement *m* (of horse) || FIG. atours *mpl.*

trash [træʃ] *n* camelote *f* (worthless material); ineptie *f* (idea) || U.S. ordures *fpl* (rubbish); PÉJ. racaille *f* (people) || **~y** *adj* de pacotille.

trauma ['trɔ:mə] *n* traumatisme *m.*

travel ['trævl] *vi* voyager; *~ 1st classe/by train,* voyager en 1re classe/en chemin de fer || **~-agency/-bureau** *n* agence *f* de voyage || **~ler** [-lə] *n* voyageur *n; ~'s cheque,* chèque *m* de voyage || **~ling** [-liŋ] *adj* ambulant (person); mobile (thing) || *~ **bag,*** sac *m* de voyage ● *n* voyages *mpl.*

traverse ['trævə:s] *vt* traverser (a forest) || parcourir (a distance).

travesty ['trævisti] *vt* FIG. travestir ● *n* travestissement *m,* parodie *f.*

travolator ['trævəleitə] *n* tapis roulant.

trawler ['trɔ:lə] *n* chalutier *m.*

tray [trei] *n* plateau *m.*

treacher|ous ['tretʃrəs] *adj* traître, perfide || **~y** *n* trahison *f.*

treacle ['tri:kl] *n* mélasse *f.*

tread [tred] *vt* (trod [trɔd], trodden ['trɔdn]) parcourir (à pied) [path] || piétiner, écraser; fouler (crush) — *vi* marcher (*on,* sur) ● *n* pas *m,* démarche *f* || [sound] bruit *m* de pas || AUT. [tyre] chape *f; sculptures fpl* (fam.).

treason ['tri:zn] *n* trahison *f.*

treasur|e ['treʒə] *n* trésor *m; **~-trove,*** trésor découvert par hasard ● *vt* conserver précieusement || **~er** [-rə] *n* trésorier *n.*

Treasury ['treʒri] *n* FIN. Trésor public, ministère *m* des Finances.

treat [tri:t] *vt* traiter (*sb. as/like,* en/comme); *~ **sb. to sth.,*** payer qqch. à qqn || MÉD. traiter (a patient, a disease) || TECHN. traiter (wood) — *vi* traiter (*of,* de) [discuss] || traiter, négocier ● *n* plaisir *m,* fête, joie *f; this is to be my ~,* c'est moi qui paie/régale (fam.) || **~ment** *n* MÉD. traitement *m.*

treaty *n* traité *m.*

treble ['trebl] *adj* triple ● *n* MUS. soprano *m* ● *vt* tripler.

tree [tri:] *n* arbre *m; family ~,* arbre généalogique.

trek [trek] *n* long (et pénible) voyage; randonnée *f* ● *vi* faire un long voyage.

trellis ['trelis] *n* treillis, treillage *m* (lattice).

tremble ['trembl] *vi* trembler.

tremendous [tri'mendəs] *adj* formidable, terrible || **~ly** *adv* terriblement.

trem|or ['tremə] *n* tremblement, frisson, frémissement *m* || **~ulous** [-juləs] *adj* fébrile, tremblant.

trench [trenʃ] *n* tranchée *f* || AGR. rigole *f;* fossé *m* ● *vt* creuser des tranchées dans — *vi ~ upon,* empiéter sur (encroach) || **~er** *n* planche *f* à découper le pain.

trend [trend] *n* tendance, direction *f* ● *vi* se diriger (*towards,* vers).

trendy *adj* à la dernière mode, dernier cri ; dans le vent (fam.) ● *n* jeune fille/homme dans le vent.

trepan [tri'pæn] *vt* trépaner.

trespass ['trespəs] *vi* entrer sans permission ; ***no ~ing,*** propriété privée, entrée interdite || FIG. ***~ upon,*** empiéter sur ; abuser de (sb.'s time) || **~er** *n* JUR. intrus *n ; ~s will be prosecuted,* défense d'entrer sous peine d'amende.

trestle ['tresl] *n* tréteau *m*.

trial ['traiəl] *n* essai *m,* tentative *f ; on ~,* à l'essai || JUR. procès *m ; stand ~ for,* passer en jugement pour.

triang|le ['traiæŋgl] *n* triangle *m* || **~ular** [trai'æŋgulə] *adj* triangulaire.

tribe [traib] *n* tribu *f* || ZOOL., BOT. famille *f*.

tribunal [trai'bju:nl] *n* tribunal *m*.

tributary ['tribjutri] *adj/n* tributaire || GEOGR. affluent *m*.

tribute ['tribju:t] *n* tribut *m* || FIG. ***pay ~ to,*** rendre hommage à.

trice [trais] *n* bref instant ; *in a ~,* en un clin d'œil.

trick [trik] *n* tour *m,* farce *f ;* ***play a ~ on sb.,*** jouer un tour à qqn || tour de main, truc *m* || ruse, astuce *f* || farce, blague *f* || tour *m* d'adresse || [cards] *card ~,* tour *m* de cartes ; levée *f* (cards' won) ; *take a ~,* faire un pli ● *vt* tromper, duper || **~ery** [-əri] *n* tromperie ; supercherie *f*.

trickle ['trikl] *vi* couler goutte à goutte || FIG. [truth] se faire jour || ***~ in,*** s'infiltrer.

tricky ['triki] *adj* rusé, astucieux || compliqué (problem) || délicat (work).

tried p.t./p.p. of TRY.

trifle ['traifl] *n* bagatelle, vétille *f* || *a ~,* un peu ● *vt* ***~ away,*** gaspiller — *vi* ***~ with,*** traiter à la légère.

trifling ['traifliŋ] *adj* léger, frivole (person) || insignifiant (thing).

trigger ['trigə] *n* TECHN. déclenchement, déclic *m* || MIL. gâchette, détente *f* (of a gun) ● *vt ~ (off),* déclencher ; ***~ing off*** *(n),* déclenchement *m*.

trigonometry [,trigə'nɔmitri] *n* trigonométrie *f*.

trill [tril] *vi* faire des trilles ● *n* trille *m*.

trim [trim] *vt* arranger, tailler (hedge) ; émonder (a tree) || rafraîchir (hair) || décorer, garnir (a hat) || équilibrer (boat, plane) ; orienter (sails) ● *n* ordre *m ;* ***in good ~,*** en bon état ; *keep in good ~,* entretenir || [haircut] *give just a ~,* rafraîchir || NAUT. équilibrage *m ;* arrimage *m* || AV. équilibrage *m* || SP. forme *f* ● *adj* ordonné, coquet, soigné.

trimaran ['traimərən] *n* trimaran *m*.

trinket ['triŋkit] *n* colifichet *m* || babiole *f* (trifle).

trio ['tri:əu] *n* trio *m*.

trip I [trip] *vi* trébucher (*over,* sur) — *vt ~ (up),* faire trébucher, faire un croc-en-jambe à (qqn) ● *n* faux-pas, croc-en-jambe *m*.

trip II *n* excursion *f ;* voyage *m* || ***go on/take a ~,*** voyager, faire un voyage (*to,* à) ; *go on ~s,* excursionner || AUT. ***~ meter,*** compteur journalier || SL. [drugs] trip *m* (arg.) ● *vi* SL. ***~ out,*** flipper, planer (pop.) || **~per** *n* excursionniste *n*.

tripe [traip] *n* tripes *fpl.*

tripl|e ['tripl] *adj* triple ● *vt/vi* tripler || **~ets** [-its] *npl* triplets *mpl.*

tripod ['traipɔd] *n* trépied *m*.

trite [trait] *adj* banal, rebattu.

triumph ['traiəmf] *n* triomphe *m* ● *vi* triompher || **~al** [trai'ʌmfl] *adj* triomphal || *~ arch,* arc *m* de triomphe || ~**ant** [trai'ʌmfənt] *adj* triomphant.

trivial ['triviəl] *adj* insignifiant, sans valeur (of little worth || banal, ordinaire (commonplace).

trod, trodden See TREAD.

trolley ['trɔli] *n* chariot *m ;* petite voiture || ~*(-table),* table roulante || [supermarket] caddie *m* || TECHN. trolley *m :* ~***-bus,*** trolley-bus *m.*

trollop ['trɔləp] *n* souillon *f* (untidy woman) || putain, pute *f* (pop.) [sexually immoral girl].

trombone [trɔm'bəun] *n* MUS. trombone *m.*

troop [tru:p] *n* troupe, bande *f* || MIL. troupe *f; Pl* soldats *mpl* ● *vi* s'attrouper — *vt* ~ *the colours,* présenter les couleurs || ~**er** *n* MIL. soldat *m* de cavalerie.

trophy ['trəufi] *n* trophée *m.*

tropic ['trɔpik] *n* tropique *m* || ~**al** *adj* tropical.

trot [trɔt] *vi* trotter ● *n* trot *m.*

trouble ['trʌbl] *vt* affliger, tourmenter (pain) || inquiéter, préoccuper ; *be* ~*d about,* se tourmenter au sujet de || déranger, gêner ; *may I* ~ *you for the salt* ?, puis-je vous demander le sel ? || troubler (water) — *vi* se déranger ; s'inquiéter ; *don't* ~*!,* ne vous donnez pas la peine (*to,* de) ● *n* peine *f,* dérangement *m* (bother) ; *put sb. to a lot of* ~, causer de l'embarras à qqn ; *take* ~, se donner du mal ; *have* ~ *doing,* avoir du mal à faire ; *it's no* ~ *at all,* ce n'est rien || ennui *m,* difficulté *f; the* ~ *is that,* l'ennui c'est que ; *what's the* ~ *?,* qu'est-ce qui ne va pas ? ; ***get into*** ~*/**out of*** ~, s'attirer des ennuis/se tirer d'affaire ; *look for* ~, chercher des ennuis || MÉD. *have heart* ~, être malade du cœur || AUT. *motor* ~, panne *f* de moteur || *Pl* troubles, désordres *mpl* politiques || ~**maker** *n* fauteur *n* de troubles || ~**some** [-səm] *adj* ennuyeux, gênant, importun (person) || fâcheux (event).

trough [trɔf] *n* abreuvoir *m,* auge *f* || NAUT. ~ *of the sea,* creux *m* de la vague.

trounce [trauns] *vt* rouer de coups, rosser.

trousers ['trauzəz] *npl* pantalon *m.*

trousseau ['tru:səu] *n* trousseau *m* (for a bride).

trout [traut] *n* truite *f.*

trowel ['trauəl] *n* truelle *f.*

truant ['truənt] *n* ***play*** ~, faire l'école buissonnière ; sécher la classe/les cours (arg.).

truce [tru:s] *n* trêve *f.*

truck I [trʌk] *n* troc *m* || U.S. *(garden)* ~, produits maraîchers.

truck II *n* RAIL. wagon plat || AUT., U.S. camion *m* ● *vt* camionner.

trudge [trʌdʒ] *vi* traîner la jambe.

true [tru:] *adj* vrai, exact ; ***come*** ~, se réaliser || sincère, fidèle (person) || conforme, authentique (genuine) || TECHN. centré ; droit ; *out of* ~, décentré.

truffle ['trʌfl] *n* BOT. truffe *f.*

truly ['tru:li] *adv* vraiment, réellement || franchement, loyalement (faithfully) || sincèrement (sincerely) || *yours* ~, veuillez agréer mes sincères salutations.

trump I [trʌmp] *n* [cards] atout *m ; no-*~*s,* sans atout ● *vt/vi* couper.

trump II *vt* ~ *up,* inventer, forger (an excuse).

trumpet ['trʌmpit] *n* trompette *f* (instrument) ; trompette *m* (musician) ● *vi* (elephant) barrir || ~**er** *n* trompettiste *n.*

truncheon ['trʌnʃn] *n* matraque *f.*

trunk [trʌŋk] *n* tronc *m* (of a tree) || [luggage] malle *f;* AUT. U.S. coffre *m* || MÉD. tronc *m* || ZOOL. trompe *f* || ~ **call** *n* TÉL. communication *f* interurbaine || ~ **line** *n* TÉL. inter *m* || RAIL. grande ligne.

trunks [-s] *npl* slip *m* (de bains).

trust [trʌst] *n* confiance *f* || espoir *m*, espérance *f* (hope) || charge *f* (duty) || dépôt *m* (thing held) || COMM. crédit *m*; ***on ~,*** à crédit || FIN. trust *m* ● *vt* avoir confiance en, se fier à || confier (*sb. with sth.*, qqch. à qqn) || **~ee** [trʌs'ti:] *n* dépositaire *m* || administrateur *n* (of a fund) || syndic *m* (in bankruptcy) || **~eeship** [trʌs'ti:ʃip] *n* POL. tutelle *f* || **~-worthy** *adj* digne de confiance || **~y** *adj* loyal, sûr.

truth [tru:θ] *n* vérité *f*; ***to tell the ~,*** à vrai dire || **~ful** *adj* vrai, véridique (statement); qui dit la vérité (person) || **~fulness** *n* véracité *f*.

try [trai] *n* essai *m*, tentative *f*; *have a ~ at sth.*, essayer qqch.; *first ~,* coup *m* d'essai || SP. [rugby] essai *m* ● *vi* essayer, tâcher (*to*, de) || chercher (*to*, à) || ***~ for,*** essayer d'obtenir — *vt* essayer, éprouver || JUR. juger; *be tried,* passer en jugement || ***~ one's hand at sth.,*** s'essayer à qqch. || ***~ on,*** essayer (a coat) || ***~ out,*** mettre à l'essai; ***~-out*** *(n)*, essai *m* || **~ing** *adj* pénible, fatigant (tiring) || ennuyeux (tedious).

tub [tʌb] *n* baquet *m* || *(bath) ~,* baignoire *f* || NAUT., FAM. rafiot *m*.

tuba ['tju:bə] *n* MUS. tuba *m*.

tube [tju:b] *n* tube *m* (of toothpaste) || tuyau *m* (pipe) || AUT. *inner ~,* chambre *f* à air || ÉLECTR. *neon ~,* tube au néon || RAD., U.S. lampe *f* (valve) || [London] métro *m*; ***~ station,*** station *f* de métro || **~less** *adj* sans chambre (tyre).

tubercul|osis [tju,bə:kju'ləusis] *n* tuberculose *f* || **~ous** [tju'bəkjuləs] *adj* tuberculeux.

tubular ['tju:bjulə] *adj* tubulaire.

TUC [,ti:ju:'si:] *abbrev* = TRADE UNION CONGRESS.

tuck [tʌk] *vt* plisser (a garment) || border (sb. in bed) || fourrer (cram) || *~ up,* retrousser (one's sleeves) || **~-in** *n* POP. gueuleton *m*.

Tuesday ['tju:zdi] *n* mardi *m*.

tuft [tʌft] *n* touffe *f* (of hair, grass) || huppe *f* (of bird).

tug [tʌg] *vt/vi* tirer fort (*at*, sur) || NAUT. remorquer ● *n* traction, saccade *f*; *~ of war,* lutte *f* à la corde || NAUT. *~ (boat),* remorqueur *m*.

tuition [tju'iʃn] *n* enseignement *m*; cours *mpl*; *private ~,* leçons particulières.

tulip ['tju:lip] *n* tulipe *f*.

tumble ['tʌmbl] *vi* tomber || *~ (down),* culbuter — *vt* bouleverser, mettre sens dessus dessous || défaire (a bed) ● *n* chute *f* || SP. culbute *f* || **~-down** *adj* croulant, délabré || **~-dryer** *n* sèche-linge *m* à tambour.

tumbler ['tʌmblə] *n* gobelet *m* || TECHN. culbuteur *m*.

tum|efy ['tju:mifai] *vt* tuméfier || **~o(u)r** *n* tumeur *f*.

tumult ['tju:mʌlt] *n* tumulte *m* || FIG. émoi *m*, agitation *f* || **~uous** [tju'mʌltjuəs] *adj* tumultueux.

tun [tʌn] *n* tonne *f*, tonneau *m*.

tuna ['tju:nə] *n ~ (fish),* thon *m*.

tune [tju:n] *n* MUS. air *m* (melody); ***in ~,*** juste; ***out of ~,*** faux, désaccordé || FAM. humeur *f*, ton *m* ● *vt* MUS. accorder || TECHN. *~ (up),* régler (a motor) — *vi* RAD. *~ in to a (radio) station,* prendre un poste || ***~ up,*** MUS. s'accorder || **~ful** *adj* harmonieux.

tungsten ['tʌŋstən] *n* tungstène *m*.

tunic ['tju:nik] *n* blouse *f* || MIL. tunique, vareuse *f*.

tuning ['tju:niŋ] *n* RAD. réglage *m* || MUS. ***~-fork,*** diapason *m*.

Tunis|ia [tju'niziə] Tunisie *f* || **~ian** [-iən] *adj/n* tunisien.

tunnel ['tʌnl] *n* tunnel *m* ● *vt* percer un tunnel.

tunny ['tʌni] *n* thon *m*.

turban ['tə:bən] *n* turban *m*.

turbid ['tə:bid] *adj* trouble.

turbine ['tə:bin] *n* turbine *f*.

turbojet ['tə:bə'dʒet] *n* Av. ~ *engine,* turbo-réacteur *m*.

turbulent ['tə:bjulənt] *adj* agité, turbulent.

tureen [tə'ri:n] *n* soupière *f*.

turf [tə:f] *n* gazon *m,* motte *f* de gazon || Sp. turf *m* || ~ ***accountant,*** bookmaker *m*.

Turk [tə:k] *n* Turc *n* || **~ey** [-i] *n* Turquie *f* || **~ish** *n/adj* turc *(m)*.

turkey ['tə:ki] *n* dinde *f,* dindon *m* (fowl).

turmoil ['tə:mɔil] *n* agitation, effervescence *f;* remous *m*.

turn [tə:n] *n* tour *m* (of handle, key) || coude, tournant *m* (in a road) || [order] tour *m; it's your ~,* c'est votre tour; *whose ~ is it?,* c'est à qui le tour?; ***in ~, by ~s,*** à tour de rôle; ***out of ~,*** en dehors de son tour; ***take ~s,*** se relayer || [action] ***do sb. a good ~,*** rendre un service à qqn || Th. numéro *m* || Fig. tendance, tournure *f;* ~ ***of mind,*** tournure *f* d'esprit || Fam. choc *m; it gave me a ~,* ça m'a donné un coup.
● *vt* tourner (in general) || faire tourner (a wheel); ~ *one's back,* tourner le dos || tourner; traduire (*into,* en); transformer (*into,* en) || Fig. détourner (conversation) || Fig. ~ *sb.'s head,* tourner la tête à qqn || dépasser (a certain age) || retourner (a coat); ~ *inside out,* retourner || ~ *a corner,* tourner au coin (d'une rue) || Techn. tourner (in a lathe) || Méd. soulever (one's stomach) || ~ ***about,*** faire faire demi-tour || ~ ***away,*** congédier, renvoyer (sb.) || ~ ***down,*** rabattre (a collar); baisser (the gas); refuser (offer); refuser, rejeter (candidate) || ~ ***in,*** rentrer (a hem) || ~ ***off,*** fermer (gas, radio); Aut. tourner; Fam. rebuter, dégoûter || ~ ***on,*** allumer (gas, radio); Sl. exciter || ~ ***out,*** fermer, éteindre (gas); vider (drawer); retourner (pockets); [factory] produire; [crowd] se rassembler; ***~-out*** *(n),* production *f;* assistance *f* (crowd); [elections] participation *f* || ~ ***over,*** tourner (page); retourner (card); [business] faire un chiffre d'affaires de; ***~-over*** *(n),* chiffre *m* d'affaires; Culin. *(apple) ~-over,* chausson *m* (aux pommes) || ~ ***up,*** relever (one's collar); retrousser (one's sleeves); retourner (the soil); déterrer (by digging); ***~-up*** *(n),* [trousers] revers *m*.
— *vi* tourner || se changer, se transformer || devenir (pale, rich) || ~ *soldier,* se faire soldat || dépendre (*on,* de) || se tourner (*to,* vers) || [milk] tourner || [stomach] se soulever || ~ *about,* se retourner || ~ ***away,*** se détourner || ~ ***back,*** rebrousser chemin || ~ ***in,*** Fam. aller se coucher || ~ ***out,*** [things] tourner, se présenter (bad, well); Fam. sortir du lit || ~ ***over,*** [car] capoter || ~ ***round,*** se retourner (*on,* contre) || ~ ***up,*** [person] arriver, se présenter.

turnabout ['---] *n* volte-face *f inv* (lit. and fig.).

turn|coat ['tə:nkəut] *n* transfuge *m* (traitor) || **~ing** *n* Techn. tournage *m* || Aut. tournant *m* || **~ing-circle** *n* Aut. rayon *m* de braquage || **~ing-point** *n* moment décisif, tournant *m*.

turnip ['tə:nip] *n* navet *m*.

turnpike ['tə:npaik] *n* U.S. autoroute *f* à péage.

turnstile ['tə:nstail] *n* tourniquet *m*.

turntable *n* [record-player] plateau *m;* platine *f*.

turpentine ['tə:pntain] *n* (essence *f* de) térébenthine *f*.

turret ['tʌrit] *n* ARCH., NAUT., MIL. tourelle *f*.

turtle ['tə:tl] *n* tortue *f* de mer || ***turn ~,*** chavirer || **~-dove** *n* tourterelle *f* || **~-shell** *n* écaille *f* de tortue.

tusk [tʌsk] *n* défense *f* (d'éléphant, etc.).

tutor ['tju:tə] *n* précepteur *n;* [University] assistant *n* || **~ial** [tju'tɔ:riəl] *n* travaux *mpl* pratiques ; *attend a ~,* assister à un cours de travaux pratiques.

tuxedo [tʌk'si:dəu] *n* U.S. smoking *m*.

TV [,ti:'vi] *abbrev* = TELEVISION ; *be on ~,* passer à la télé (fam.).

twaddle ['twɔdl] *n* niaiseries *fpl.*

twang [twæŋ] *vi* MUS. [strings] vibrer, résonner — *vt* MUS. gratter de (a guitar) ● *n speak with a ~,* parler du nez ; *nasal ~,* ton nasillard.

tweed [twi:d] *n* tweed *m*.

tweezers ['twi:zəz] *npl* pince *f* à épiler.

twel|fth [twelfθ] *adj* douzième || *Twelfth Day/Night,* la Fête des Rois || **~ve** [-v] *adj/n* douze *(m).*

twenty ['twenti] *adj/n* vingt *(m).*

twice [twais] *adv* deux fois || *~ as much/many,* deux fois plus.

twiddle ['twidl] *vt* tourner (entre ses doigts) ; *~ one's thumbs,* se tourner les pouces.

twig I [twig] *n* brindille *f*.

twig II *vt/vi* SL. piger (pop.).

twilight ['twailait] *n* crépuscule *m*.

twin [twin] *adj/n* jumeau *n* ● *vt* jumeler (two towns) || ***~ beds,*** lits jumeaux ; ***~-engined,*** bimoteur ; *~-engined jet,* biréacteur *m*.

twine [twain] *n* ficelle *f* ● *vt* enrouler || enlacer — *vi* s'enrouler.

twinge [twinʒ] *n* MÉD. élancement *m* || FIG. lancinement *m ; ~ of conscience,* remords *m* de conscience ● *vi* MÉD. élancer.

twinkl|e ['twiŋkl] *vi* scintiller, étinceler ● *n* scintillement *m* || **~ing** *n* clignotement *m ; in the ~ of an eye,* en un clin d'œil.

Twins [twinz] *npl* ASTR. Gémeaux *mpl.*

twirl [twə:l] *vi* tournoyer ; *~ one's thumbs,* se tourner les pouces ● *n* tournoiement *m*.

twist [twist] *n* torsion *f* (of thread) || cordonnet *m* (thread) || MÉD. entorse *f* || SP. effet *m* (on the ball) || FIG., PÉJ. tendance *f,* penchant *m* ● *vt* tordre, entrelacer (threads) || FIG. déformer (meaning, truth) || FAM. rouler (fam.) — *vi* s'enrouler, s'entrelacer || **~er** *n* FAM. escroc *m* (person) ; problème *m* difficile.

twitch [twitʃ] *n* saccade, crispation *f* (of hands) ● *vi* se crisper, se contracter || [nose] remuer.

twitter ['twitə] *vi* gazouiller ● *n* gazouillement *m* || FAM. agitation *f*.

two [tu:] *adj/n* deux *(m)* ; *in ~,* en deux || **~fold** [-fəuld] *adj* double || **~pence** ['tʌpəns] *npl* deux pence (sum) || **~penny** ['tʌpni] *adj* de deux pence || **~-piece suit** *n* [man's] costume *m* deux-pièces ; [woman's] tailleur *m* || **~-stroke** *adj ~ engine,* moteur *m* à deux temps || **~-way switch** *n* ÉLECTR. va-et-vient *m*.

tycoon [tai'ku:n] *n* magnat *m* (de la finance, de l'industrie, etc.)

tying See TIE.

type [taip] *n* type *m* (person, thing) || type, genre *m* (kind) || TECHN. caractère *m* d'imprimerie ● *vt* taper à la machine || **~setter** *n* typographe *m* || **~write** *vt* dactylographier || **~writer** *n* machine *f* à écrire || **~writing** *n* dactylographie *f*.

typhoid ['taifɔid] *n* typhoïde *f*.

typhoon [tai'fu:n] *n* typhon *m*.

typhus ['taifəs] *n* typhus *m*.

typical ['tipikl] *adj* typique.

typify ['tipifai] *vt* figurer.

typing ['taipiŋ] *n* dactylographie *f*; ~ ***mistake,*** faute *f* de frappe; ~ ***pool,*** pool *m* des dactylos.

typist ['taipist] *n* dactylo *n*; ~*-stenographer,* U.S. sténodactylo *f*.

tyrann|ical [ti'rænikl] *adj* tyrannique || **~y** ['tirəni] *n* tyrannie *f*.

tyrant ['taiərnt] *n* tyran *m*.

tyre ['taiə] *n* AUT. pneu *m*.

tyro *n* novice, débutant *n*.

U

u [ju:] *n* u *m* || ***U-boat,*** sous-marin allemand || ***U-turn,*** AUT. demi-tour *m*.

udder ['ʌdə] *n* mamelle *f*.

UFO ['jufəu] *n* ovni *m*.

ugl|iness ['ʌglinis] *n* laideur *f* || **~y** *adj* laid.

UK [ju'kei] *abbrev* = UNITED KINGDOM.

ulcer ['ʌlsə] *n* ulcère *m*.

ultimate ['ʌltimit] *adj* ultime || **~ly** *adv* à la fin, finalement.

ultimatum [,ʌlti'meitəm] *n* ultimatum *m*.

ultra|marine [,ʌltrəmə'ri:n] *n* outremer *m* (colour) || **~sonic** ['ʌltrə'sɔnik] *adj* ultrasonique || **~sound** *n* ultrason *m* || **~violet** *adj* ultraviolet.

umbrage ['ʌmbridʒ] *n take ~ at,* prendre ombrage de.

umbrella [,ʌm'brelə] *n* parapluie *m*; ***~-stand,*** porte-parapluies *m*.

umpire ['ʌmpaiə] *n* SP. arbitre *m*.

umpteen ['ʌmti:n] *adj* FAM. je ne sais combien de, trente-six (fam.) || **~th** [-θ] *adj* énième.

UN ['ju:'en] *abbrev* = UNITED NATIONS.

un|able ['ʌn'eibl] *adj* incapable (*to,* de); *be ~ to do,* ne pas pouvoir faire || **~acceptable** ['--'--] *adj* inacceptable || **~accountable** ['--'---] *adj* inexplicable || **~accounted** ['--'--] *adj* ~ ***for,*** inexpliqué (phenomenon) || dont on est sans nouvelles, qui manque à l'appel (person) || MIL. porté disparu || **~accustomed** ['--'--] *adj* inaccoutumé || **~acknowledged** ['--'--] *adj* resté sans réponse (letter) || **~acquainted** ['--'--] *adj* qui n'est pas au courant (*with,* de) || **~affected** [,--'--] *adj* naturel || ~ *by,* insensible à || **~aided** ['-'--] *adj* sans aide || **~alloyed** ['--'-] *adj* pur || FIG. sans mélange || **~alterable** [-'----] *adj* immuable || **~altered** ['ʌn'ɔ:ltəd] *adj* inchangé.

unanim|ity [,ju:nə'nimiti] *n* unanimité *f* || **~ous** [ju'næniməs] *adj* unanime || **~ously** [-'----] *adv* à l'unanimité.

un|answerable [ʌn'ɑ:nsrəbl] *adj* incontestable, irréfutable || **~approachable** [,--'---] *adj* inaccessible (place); inabordable (person) || **~armed** ['-'-] *adj* sans armes || **~asked** ['-'ɑ:skt] *adj* sans y avoir été invité; ~ *for,* spontané || **~assuming** ['--'--] *adj* modeste; sans prétention || **~attainable** ['--'---] *adj* inaccessible || **~attended** ['--'--] *adj* seul, sans escorte/surveillance || **~authorized** ['-'---] *adj* sans autorisation, illicite, abusif || **~available** [,--'---] *adj* non disponible, indisponible || ~**availing** ['--'--] *adj* vain, inutile || ~**avoidable** [,--'---] *adj* inévitable || ~**aware** ['--'-] *adj be ~ of,* ignorer; *I am not ~ that,* je n'ignore pas que || ~**awares** ['ʌnə'wɛəz] *adv* à l'improviste, au dépourvu.

un|bearable [ʌn'bɛərəbl] *adj* insupportable, intolérable || ~**becoming** ['--'--] *adj* inconvenant, déplacé || ~**believable** [,--'---] *adj* incroyable || ~**believing** ['--'--] *adj* REL. incrédule || ~**bend** ['-'-] *vt* redresser, détendre (relax) || FIG. *~ one's mind,* se délasser l'esprit — *vi* se détendre, s'abandonner || ~**bending** ['-'--] *adj* inflexible, intransigeant || ~**biased** ['-'--] *adj* sans préjugé, impartial || ~**bleached** ['ʌn'bli:tʃt] *adj* écru || ~**bounded** [ʌn'baundid] *adj* illimité, sans bornes || ~**breakable** ['-'---] *adj* incassable || ~**broken** ['-'--] *adj* indompté (horse) || ininterrompu (sleep) || ~**burden** [-'--] *vt* soulager (one's conscience); *~ oneself,* s'épancher || ~**button** ['-'--] *vt* déboutonner.

un|called [ʌn'kɔ:ld] *adj ~ for,* déplacé, injustifié (remark); gratuit (insult) || ~**canny** [-'--] *adj* mystérieux, surnaturel || ~**ceasing** [-'--] *adj* incessant || ~**ceasingly** [-'---] *adv* sans cesse, sans arrêt || ~**certain** [-'--] *adj* incertain || ~**certainty** [-'---] *n* incertitude *f* || ~**chain** ['-'-] *vt* déchaîner || ~**changeable** [-'---] *adj* immuable || ~**charted** ['-'--] *adj* inexploré; non porté sur la carte || ~**checked** ['ʌn'tʃekt] *adj* sans opposition || ~**claimed** ['ʌn'kleimd] *adj* en souffrance (letters, etc.).

uncle ['ʌŋkl] *n* oncle *m.*

un|clean ['ʌn'kli:n] *adj* malpropre, sale || ~**comfortable** [-'----] *adj* peu confortable, incommode (chair) || FIG. mal à l'aise, inquiet (person) || désagréable (sensation) || ~**committed** [,--'--] *adj* libre, non engagé || ~**common** [-'--] *adj* peu commun, extraordinaire || ~**completed** ['--'--] *adj* inachevé, incomplet || ~**compromising** [-'----] *adj* intransigeant || ~**concerned** ['--'-] *adj* indifférent, impassible, détaché || ~**conditional** ['--'---] *adj* sans condition || ~**conquered** ['ʌn'kɔŋkəd] *adj* invaincu || ~**conscious** [-'--] *adj* MÉD. inconscient, sans connaissance, inanimé ● *n* MÉD. inconscient *m* || ~**consciously** [-'---] *adv* inconsciemment, sans s'en rendre compte || ~**consciousness** [-'---] *n* inconscience, ignorance *f* || MÉD. évanouissement *m* || ~**considered** ['ʌnkən'sidəd] *adj* irréfléchi (remark) || ~**controllable** [,--'---] *adj* irrésistible || indiscipliné (child) || ~**controlled** ['--'-] *adj* effréné, irresponsable (person) || ~**conventional** ['--'---] *adj* original || ~**couth** [-'-] *adj* grossier (language) || fruste (behaviour) || ~**cover** [-'--] *vt* découvrir || déshabiller (undress).

unction ['ʌŋʃn] *n* onction *f* || REL. *extreme ~,* extrême-onction *f.*

un|cultivated ['-'----], ~**cultured** ['ʌn'kʌltʃəd] *adj* inculte (lit. and fig.).

un|damaged ['ʌn'dæmidʒd] *adj* indemne, intact || ~**daunted** [-'--] *adj* intrépide || ~**deceive** ['--'-] *vt* détromper; démystifier || ~**decided** ['--'--] *adj* irrésolu, indécis || ~**deniable** [,--'---] *adj* incontestable, irréfutable || ~**denominational** ['--,-'---] *adj* laïque (school).

under ['ʌndə] *prep* sous, au-dessous de; *children ~ ten (year of age),* les enfants de moins de dix ans; *~ age,* mineur || *~ penalty of,* sous peine de; *~ repair,* en réparation; *~ the name of Smith,* sous le nom de Smith ● *adv* au-dessous, en dessous || NAUT. *go ~,* sombrer ● *pref* sous || ~**brush** *n* broussailles *fpl,* sous-bois *m* || ~**carriage** *n* AV. train *m* d'atterrissage || ~**clothes** ['--'-], ~**clothing** ['--,--] *n* sous-vêtements *mpl* || **~developed** ['ʌndədi'vələpt] *adj* sous-développé (country) || **~done** ['--'-] *adj* saignant (meat); pas assez cuit (food) || **~estimate** [-r'estimeit] *vt* sous-estimer || **~exposed** [-riks'pəuzd] *adj* PHOT. sous-exposé || **~fed** ['--'-] *adj* sous-alimenté || **~go** ['--'-] *vt* subir (an operation); supporter, endurer (trials) || **~graduate** [,--'---] *n* étudiant non diplômé || **~ground** *adj* souterrain || clandestin (movement) ● *n* RAIL. métro *m* || **~hand** *adj* fait en sous-main || FIG. secret, sournois ● *adv* sournoisement || **~line** *vt* souligner || **~ling** *n* sous-ordre *m* || **~lying** [,--'--] *adj* sous-jacent || **~mine** [,--'-] *vt* miner, saper || **~neath** [,--'-] *prep* sous ● *adv* (en) dessous, par-dessous || **~pants** *npl* caleçon, slip *m* || **~pass** *n* U.S. [road] passage souterrain || **~pay** ['---] *vt* sous-payer || **~prop** [,--'-] *n* tasseau *m* || **~rate** [,--'-] *vt* sous-estimer || **~sell** ['--'-] *vt* vendre moins cher que || **~shirt** *n* maillot *m* de corps || **~sized** [,ʌndə'saizd] *adj* de taille insuffisante, rabougri.

under|stand [,ʌndə'stænd] *vi* (see STAND) comprendre (know the meaning) || se rendre compte, conclure (infer) — *vt* comprendre; *make oneself understood,* se faire comprendre || apprendre (learn); se rendre compte (infer); *I ~ that,* je crois savoir que; *I gave him to ~ that,* je lui ai donné à entendre que || s'entendre à, être versé dans (know how to) || GRAMM. sous-entendre || **~standable** *adj* compréhensible, intelligible || **~standing** *n* compréhension *f* (act) || intelligence *f* (faculty) || entente *f,* accord *m; come to an ~ with,* s'entendre avec; *reach an ~,* parvenir à un accord.

under|state ['ʌndə'steit] *vt* minimiser || **~statement** *n* litote *f,* euphémisme *m* || **~study** ['--,--] *n* TH. doublure *f* ● *vt* TH. doubler.

under|take [,ʌndə'teik] *vt* (see TAKE) entreprendre (a task) || se charger; promettre (*to,* de) [promise] || **~taker** ['--,--] *n* entrepreneur *m* de pompes funèbres || **~taking** *n* entreprise *f* (task) || engagement *m,* promesse *f* (promise) || **~tone** *n in an ~,* à mi-voix || **~tow** *n* ressac *m* || **~water** *adj* sous-marin; *~ **fishing,*** chasse sous-marine ● *adv* sous l'eau || **~wear** *n* sous-vêtements *mpl* || **~world** ['---] *n* bas-fonds *mpl* || FAM. pègre *f,* milieu *m* || **~write** ['---] *vt* [Insurance] garantir (loss of shipping) || [Stock Exchange] souscrire || **~writer** *n* [Insurance] assureur *m* || [Stock Exchange] souscripteur *m.*

un|deserved ['ʌndi'zə:vd] *adj* immérité || **~deservedly** [-di'zə:vidli] *adv* injustement || **~desirable** ['--'---] *adj* indésirable || **~determined** ['--'--] *adj* indéterminé, vague, irrésolu (person) || **~developed** ['--'--] *adj* AGR. inexploité.

undies ['ʌndiz] *n* FAM. dessous *mpl* (féminins).

un|disputed ['ʌndis'pju:tid] *adj* incontesté || **~disturbed** ['--'-] *adj* tranquille, calme.

un|do ['ʌn'du:] *vt* (see DO) défaire, dénouer (knots, etc.); dégrafer (a fastening); *come undone,* se défaire, se dénouer; *~ sb.'s hair,* décoiffer qqn || FIG. ruiner (arch.) || **~doing** *n* perte, ruine *f* || **~done** *adj* inachevé; *leave nothing ~,* ne rien négliger (*to,* pour).

un|doubted [ʌn'dautid] *adj* indubitable, incontestable || **~doubtedly** *adv* sans aucun doute, incontestablement || **~dress** ['-'-] *vt/vi* (se) déshabiller; ***get ~ed,*** se déshabiller || **~due** ['-'-] *adj* injustifié (improper); excessif, exagéré (haste).

undul|ate ['ʌndjuleit] *vi* onduler || **~ation** [,ʌndju'leiʃn] *n* ondulation *f.*

unduly ['ʌn'dju:li] *adv* indûment, à tort, exagérément.

un|earth ['ʌn'ə:θ] *vt* déterrer; FIG. mettre au jour || **~earthly** *adj* surnaturel, étrange || FAM. indu (hour) || **~easiness** [-'---] *n* malaise *m*, gêne *f* || **~easy** [-'--] *adj* mal à l'aise, inquiet (anxious); gêné (embarrassed) || **~eatable** ['-'---] *adj* immangeable || **~educated** ['-'----] *adj* ignorant, inculte || **~employed** ['--'-] *adj* inoccupé, en chômage; *the ~*, les chômeurs || **~employment** ['--'--] *n* chômage *m* || **~ending** [-'--] *adj* interminable || **~equal** ['-'--] *adj* inégal || FIG. inférieur, pas à la hauteur (to a task) || **~equalled** ['-'--] *adj* sans égal || **~erring** ['-'--] *adj* sûr, infaillible || **~even** ['-'--] *adj* inégal; accidenté (ground) || MATH. impair || **~expected** ['--'--] *adj* inattendu, imprévu || **~expectedly** *adv* inopinément, à l'improviste.

un|failing [ʌn'feiliŋ] *adj* intarissable, inépuisable || FIG. infaillible || **~fair** ['-'-] *adj* injuste, déloyal || **~fairness** *n* injustice *f* || déloyauté *f* || **~faithful** ['-'--] *adj* infidèle || **~faithfulness** *n* infidélité *f* || **~familiar** ['--'--] *adj* inaccoutumé, peu familier || **~fasten** ['-'--] *vt* défaire (knots); dégrafer (one's dress) || ouvrir (a door) || **~fathomable** [-'----] *adj* insondable || **~finished** ['-'--] *adj* inachevé, incomplet || **~fit** ['-'-] *adj* [thing] impropre || [person] inapte (*for*, à) || **~fitness** *n* inaptitude, incapacité *f* || **~fold** ['-'-] *vt* déplier, déployer (a newspaper) || [-'-] FIG. révéler — *vi* [flower] s'ouvrir || FIG. se dévoiler, se révéler || **~foreseeable** ['--'---] *adj* imprévisible || **~foreseen** ['---] *adj* imprévu || **~forgettable** ['--'---] *adj* inoubliable || **~forgivable** ['--'---] *adj* impardonnable || **~forgiving** ['--'--] *adj* implacable || **~fortunate** [-'---] *adj* malheureux (person); fâcheux, malencontreux (event) || **~fortunately** *adv* malheureusement || **~founded** ['-'--] *adj* non fondé, sans fondement || **~friendly** ['-'--] *adj* inamical, hostile || **~fulfilled** ['--'fild] *adj* irréalisé (prophecy); inachevé (task); inexaucé (wish) || **~furnished** ['-'fə:niʃt] *adj* non meublé.

un|gainly [ʌn'geinli] *adj* gauche, empoté || **~godly** *adj* impie || FIG. *~ hour*, heure indue || **~gracious** *adj* peu aimable || **~grateful** *adj* ingrat || **~grudgingly** *adv* de bon cœur || **~guarded** *adj* irréfléchi, imprudent (remark); *in an ~ moment*, dans un moment d'inattention.

unguent ['ʌŋgwənt] *n* onguent *m*.

un|happily [ʌn'hæpili] *adv* malheureusement || **~happiness** *n* malheur *m* || **~happy** *adj* malheureux || **~healthy** *adj* malsain, insalubre (climate); maladif (person) || **~heard-of** [-'hə:dɔv] *adj* inouï, sans précédent || **~hesitating** *adv* sans hésiter/hésitation || **~hoped-for** [-həuptfɔ:] *adj* inespéré || **~horse** *vt* désarçonner || **~hurt** ['-'-] *adj* sain et sauf, indemne.

uniform ['ju:nifɔ:m] *n* uniforme *m* ● *adj* uniforme || **~ity** [,ju:ni'fɔmiti] *n* uniformité *f* || **~ly** *adv* uniformément.

unify ['ju:nifai] *vt/vi* (s')unifier.

unilateral ['ju:ni'lætrəl] *adj* unilatéral.

un|imaginable ['ʌni'mædʒnəbl] *adj* inimaginable || **~impaired** ['--'-] *adj* intact || **~impeachable** *adj* irréprochable; inattaquable || **~important** ['--'--] *adj* peu important, sans importance || **~informed** ['--'-] *adj* non averti || **~inhabited** ['--'---] *adj* inhabité, désert || **~intelligible** ['--'----] *adj* inintelligible, incompréhensible || **~intentional** ['--'---] *adj* involontaire || **~interested** ['-'----] *adj* indifférent || **~interesting** *adj* sans intérêt || **~interrupted** ['-,--'--] *adj* ininterrompu || **~inviting** ['--'--]

adj peu attrayant; peu engageant || CULIN. peu appétissant.

union ['ju:njən] *n* union *f* || ***Union Jack,*** le pavillon britannique || ***the Union,*** les États-Unis d'Amérique || mariage *m* || *(trade-)~,* syndicat *m* || **~ist** *n* syndiqué *n.*

unique [ju:'ni:k] *adj* unique || **~ly** *adv* uniquement.

unisex ['ju:niseks] *adj* unisexe.

unit ['ju:nit] *n* unité *f* || MIL. unité *f* || TECHN. élément *m.*

unit|e [ju:'nait] *vt* unir, réunir — *vi* s'unir, s'associer || **~ed** [-id] *adj* uni; *United States,* États-Unis *mpl; United Nations,* Nations unies.

unity ['ju:niti] *n* unité *f* || FIG. concorde, harmonie *f.*

univers|al [,ju:ni'və:sl] *adj* universel || ~ ***joint,*** TECHN. (joint *m* de) cardan *m* || **~ally** *adv* universellement.

univers|e ['ju:nivə:s] *n* univers *m* || **~ity** *n* université *f* ● *adj* universitaire.

unjust ['ʌn'dʒʌst] *adj* injuste || **~ifiable** [-'----] *adj* injustifiable || **~ified** [-'---] *adj* injustifié.

unkempt ['ʌn'kemt] *adj* hirsute.

un|kind [ʌn'kaind] *adj* peu aimable, désobligeant, méchant || **~knowingly** ['-'---] *adv* inconsciemment, sans le savoir || **~known** ['-'-] *adj* inconnu (*to,* de); à l'insu (*to,* de) || MATH. ~ ***quantity,*** inconnue *f* ● *n* inconnu *n* || PHIL. inconnu *m.*

un|lawful ['ʌn'lɔ:fl] *adj* illégal, illicite || **~leash** [-'-] *vt* détacher.

unleavened [ʌn'levnd] *adj* sans levain; ~ ***bread,*** pain *m* azyme.

unless [ən'les] *conj* à moins que.

un|like ['ʌn'laik] *adj* différent de, qui ne ressemble pas à; *not ~,* assez semblable à || à la différence de (sb.) || **~likely** *adj* improbable, invraisemblable; *it is ~ that,* il y a peu de chance que.

un|limited [ʌn'limitid] *adj* illimité || **~load** ['-'-] *vt* décharger (a ship); désarmer (a gun) || **~lock** ['-'-] *vt* ouvrir (a door) || **~looked-for** [ʌn'luktfɔ:] *adj* inattendu, imprévu || **~lucky** *adj* malheureux, malchanceux; *be ~,* ne pas avoir de chance.

un|manageable [ʌn'mænidʒəbl] *adj* ingouvernable || intraitable (person) || difficile à manier (thing) || **~manned** ['-'-] *adj* AV. sans pilote || **~married** *adj* célibataire || **~matched** [ʌn'mætʃt] *adj* dépareillé || FIG. sans pareil || **~mentionable** [-'----] *adj* dont il ne convient pas de parler ● *npl* FAM. dessous *mpl* || **~mendable** [-'---] *adj* irréparable || **~mindful** [-'--] *adj* inattentif, négligent || **~mistakable** ['--'- - -] *adj* sans équivoque, évident || **~moved** ['-'mu:vd] *adj* immobile; impassible, insensible.

un|natural [ʌn'nætʃrl] *adj* anormal, dénaturé || **~necessary** *adj* inutile, superflu || **~nerve** ['-'-] *vt* décourager || **~noticed** ['-'nəutist] *adj* inaperçu; *pass ~,* passer inaperçu.

UNO ['ju:nəu] *abbrev* (= UNITED NATIONS ORGANISATION) O.N.U. *f.*

un|obstrusive ['ʌnəb'tru:siv] *adj* discret, réservé || **~occupied** ['-'---] *adj* inoccupé (person); inhabité (house); libre (chair) || **~official** ['-'---] *adj* officieux || **~opposed** ['--'-] *adj* sans opposition.

un|pack ['ʌn'pæk] *vt* défaire (a trunk); dépaqueter (things packed) || **~paid** *adj* impayé (bill); non rétribué (person, work) || **~palatable** [-'----] *adj* désagréable (au goût) || FIG. peu goûté; difficile à avaler (fam.) || **~paralleled** [-'pærəleld] *adj* incomparable, sans précédent || **~pardonable** [-'----] *adj* impardonnable, inexcusable || **~pleasant** [-'--] *adj* déplaisant, désagréable || **~popular** *adj* impopulaire || **~precedented** [-'----] *adj* sans précédent, inédit (fact) || **~prejudiced** [-'predʒudist] *adj* sans préjugé, impartial || ~**pretending** ['--'--] *adj* sans prétention || ~**published** [-'pʌbliʃt] *adj* inédit.

un|qualified ['ʌn'kwɔlifaid] *adj* incompétent, incapable (*for,* de) || catégorique (statement) || ~**questionable** [-'----] *adj* incontestable, indiscutable || ~**quote** *vi* [imp. only] ~**!**, [speech] fin de citation; [dictation] fermez les guillemets!

un|ravel [ʌn'rævl] *vt* démêler || FIG. débrouiller || ~**real** ['-'--] *adj* irréel || ~**reasonable** *adj* déraisonnable, indu (hour) || ~**recognisable** ['-'-----] *adj* méconnaissable || ~**recorded** ['-'---] *adj* vierge || ~**reliable** ['--'---] *adj* qui n'inspire pas confiance, peu sûr (person) || peu fiable (machine) || ~**remitting** [,--'--] *adj* incessant, soutenu || ~**reservedly** [,--'---] *adv* sans réserve || ~**rest** ['-'-] *n* inquiétude *f,* troubles *mpl,* agitation *f* || ~**restricted** ['--'--] *adj* sans restriction || ~**ripe** ['-'-] *adj* vert, pas mûr || ~**roll** ['-'-] *vt/vi* (se) dérouler || ~**ruly** [ʌn'ru:li] *adj* indiscipliné (child) || incontrôlé (passion).

un|saddle [ʌn'sædl] *vt* désarçonner || ~**safe** ['-'-] *adj* dangereux || ~**said** [-'-] *adj; leave* ~, passer sous silence || ~**satisfactory** ['-,--'--] *adj* peu satisfaisant || ~**satisfied** *adj* inassouvi (hunger) || ~**scathed** ['ʌn'skeiðd] *adj* indemne || ~**screw** *vt* dévisser || ~**scrupulous** [-'---] *adj* sans scrupule(s) || ~**seasonable** [-'----] *adj* intempestif; indu (hour) || ~**seat** *vt* désarçonner (a horseman) || JUR. invalider (an M.P.) || ~**seemly** [-'--] *adj* inconvenant, malséant || ~**seen** ['ʌn'si:n] *adj* inaperçu || invisible ● *n* [school] version non préparée || ~**selfish** *adj* dévoué, altruiste || ~**settled** *adj* variable (weather); en suspens (question), indécis (person); troublé (mind) || FIN. impayé || ~**sightly** [-'--] *adj* laid || ~**skilful** *adj* maladroit || ~**skilled** ['-'skild] *adj* inexpert || non qualifié (workman) || ~**sociable** [-'---] *adj* insociable || ~**sold** ['-'-] *adj* invendu || ~**sound** *adj* malsain, dérangé (mind) || ~**sparing** [-'--] *adj* prodigue (*of,* de).

un|stable ['ʌn'steibl] *adj* instable || ~**steady** *adj* chancelant (thing); tremblant (hand); vacillant (light) || FIG. irrégulier, inconstant (affection) || ~**stitch** *vt* découdre || ~**stop** *vt* déboucher || ~**stuck** [-'-] *adj come* ~, se décoller.

un|successful ['ʌnsək'sesfl] *adj* qui n'a pas de succès, infructueux, vain; refusé, malheureux (candidate); *be* ~, échouer || ~**suitable** *adj* impropre (thing); inapte (person); inopportun (time) || ~**suited** (for) *adj* impropre, inapte || ~**suspected** ['--'--] *adj* insoupçonné || ~**suspecting** ['--'--] *adj* confiant.

un|tamable ['ʌn'teiməbl] *adj* indomptable || ~**tamed** ['-'teimd] *adj* indompté, sauvage || ~**thinkable** [-'---] *adj* inconcevable || ~**thinking** *adj* irréfléchi, étourdi || ~**tidy** [-'--] *adj* en désordre (room); négligé (dress); sans soin (person) || ~**tie** *vt* dénouer (string); défaire (knot, parcel); délier (hands).

until [ən'til] = TILL.

un|timely [ʌn'taimli] *adj* prématuré, inopportun || ~**tiring** *adj* inlassable || ~**told** ['-'-] *adj* passé sous silence (story) || incalculable (wealth) || ~**touched** ['-'tʌtʃt] *adj* intact || ~**trained** ['-'treind] *adj* inexpérimenté (person); non dressé (animals) || ~**true** ['-'-] *adj* inexact, erroné, faux || ~**trustworthy** ['-'---] *adj* douteux, sujet à caution || ~**truth** ['-'-] *n* contre-vérité *f* (lie).

un|used ['ʌn'ju:zd] *adj* inutilisé; inusité || inaccoutumé, inhabitué (*to,* à) || ~**usual** [-'--] *adj* inhabituel || GRAMM. rare (word) || ~**utterable** [-'---] *adj* inexprimable, indicible.

un|veil [ʌn'veil] *vt* dévoiler, inaugurer (a monument) || **~verifiable** *adj* invérifiable.

un|warranted ['ʌn'wɔrntid] *adj* injustifié || COMM. sans garantie || **~wary** [-'--] *adj* imprudent, irréfléchi || **~welcome** [-'--] *adj* fâcheux (news); importun (visitor) || **~well** *adj* indisposé, souffrant || **~wieldy** [-'--] *adj* peu maniable (tool) || **~willing** *adj* peu disposé || **~willingly** *adv* à contrecœur, de mauvaise grâce || **~wind** ['ʌn'waind] *vt/vi* (see WIND II) [se] dérouler, (se) dévider || **~wise** *adj* malavisé, imprudent || **~wisely** *adv* imprudemment || **~wittingly** [-'---] *adv* sans le savoir/vouloir, inconsciemment || **~worthy** [-'--] *adj* indigne || **~wrap** *vt* déballer, dépaqueter || **~written** *adj* non écrit, oral (tradition); *~ law,* droit coutumier.

unyielding [ʌn'ji:ldiŋ] *adj* ferme, solide || FIG. inébranlable, inflexible.

up [ʌp] *adv* vers le haut; *~ there,* là-haut; *~ north,* dans le nord; *the tide is ~,* la mer est haute || vers un point (plus) important; vers l'endroit en question; *come ~ to sb.,* s'approcher de qqn || ***walk ~ and down,*** faire les cent pas || levé, debout (out of bed); [convalescent] *be ~ and about,* être levé, ne plus être alité || [intensifier] *speak ~!,* parlez plus fort! || FIG. ***be well ~,*** être calé / fort (*in,* en) || FIG. en activité; *sit ~ late,* veiller tard; *what's ~?,* qu'est-ce qui se passe? || FIG. complètement; *fill ~ a glass,* remplir un verre || FIG. achevé, terminé, expiré; *time is ~,* c'est l'heure || *~* ***to :*** [space] *~ to the knees,* jusqu'aux genoux; [time] *~ to now,* jusqu'à maintenant || FIG. *be ~ to sth.,* être capable de qqch. || FAM. *what's he ~ to?,* qu'est-ce qu'il fabrique?; *it's ~ to you,* c'est à vous (*to,* de) ● *adj* RAIL. *~ train,* train montant ● *prep walk ~ the street,* remonter la rue ● *n* ***~s and downs,*** hauts *mpl* et bas *mpl,* vicissitudes *fpl.*

up|braid [ʌp'breid] *vt* réprimander || **~bringing** ['ʌp,briŋiŋ] *n* éducation *f.*

up|date [,-'-] *vt* mettre à jour; moderniser || **~grade** [,-'-] *vt* promouvoir (employee).

up|heaval [ʌp'hi:vl] *n* soulèvement *m* || **~hill** ['ʌp'hil] *adj* montant || FIG. pénible ● *adv go ~,* monter || **~hold** [ʌp'həuld] *vt* soutenir (support) || JUR. confirmer (décision).

upholster [ʌp'həulstə] *vt* capitonner, tapisser || **~er** [-rə] *n* tapissier *n* || **~y** [-ri] *n* tapisserie *f.*

upkeep ['ʌpki:p] *n* entretien *m.*

upland ['ʌplənd] *n* hautes terres.

uplift [ʌp'lift] *vt* FIG. soulever ● ['--] *n* FIG. élévation *f.*

upon [ə'pɔn] *prep* = ON || *~ my word!,* ma parole! || See ONCE.

upper ['ʌpə] *adj* supérieur; *~ lip,* lèvre supérieure || haut; *~ branches,* hautes branches || FIG. *get the ~ hand of,* l'emporter sur || **~most** *adj* le plus haut, prédominant ● *adv* en dessus.

Upper Volta ['--'vəultə] *n* Haute Volta *f.*

upright ['ʌprait] *adj* droit; vertical, debout (person) || FIG. droit, intègre ● *adv* ***~(ly),*** droit, verticalement || **~ness** *n* FIG. rectitude, droiture, probité *f.*

uprising [ʌp'raiziŋ] *n* soulèvement *m,* insurrection *f.*

uproar ['ʌp,rɔ:] *n* tumulte, vacarme *m* || **~ious** [-riəs] *adj* tumultueux.

uproot [ʌp'ru:t] *vt* déraciner.

upset [ʌp'set] *vt* (see SET) renverser, culbuter || NAUT. faire chavirer || FIG. bouleverser (plans); rendre malade, déranger, détraquer (disturb); bouleverser, émouvoir (distress) — *vi* se renverser, verser || [boat] chavirer ● *adj* contrarié; *get ~,* se fâcher, se vexer (offended) || indisposé (ill)

|| dérangé (stomach) || bouleversé (distraught) ● ['ʌpset] *n* bouleversement *m* (of plans) || désordre *m* (upheaval) || dérangement *m* (of the stomach) || FAM. brouille *f*.

upshot ['ʌpʃɔt] *n* résultat *m*.

upside-down ['ʌpsaid'daun] *adv* sens dessus dessous ; *turn* ~, bouleverser.

up|stairs ['ʌp'stɛəz] *adv* en haut, à l'étage supérieur ● *adj* d'en haut || **~standing** [ʌp'stændiŋ] *adj* droit, bien campé, solide (person).

upstart ['ʌpstɑ:t] *n* parvenu, nouveau riche *m*.

upstream ['ʌp'stri:m] *adv* en amont ● *adj* d'amont.

up|-to-date ['ʌptə'deit] *adj* moderne ; à la page (person) ; dernier modèle (car) || COMM. *bring sb.* ~, mettre qqn au courant ; See DATE I ; *keep oneself* ~, se tenir au courant || **~-to-the-minute** ['ʌptəðə'minit] *adj* dernier cri (fashion).

upturn [ʌp'tə:n] *vt* lever || retourner.

upward ['ʌpwəd] *adj* vers le haut, montant || **~s** *adv* vers le haut, en montant.

uranium [juə'reinjəm] *n* uranium *m*.

urban ['ə:bən] *adj* urbain || **~ize** *vt* urbaniser.

urbane [ə:'bein] *adj* courtois.

urchin ['ə:tʃin] *n* gamin, galopin *m*.

urg|e [ə:dʒ] *vt* pousser, presser || FIG. pousser, exhorter ; conseiller vivement ● *n* forte envie (*to do*, de faire) || impulsion *f*.

urg|ency ['ə:dʒnsi] *n* urgence *f* || **~ent** *adj* urgent, pressant || **~ently** *adv* d'urgence ; instamment.

urin|ate ['juərineit] *vi* uriner || **~e** ['juərin] *n* urine *f*.

urn [ə:n] *n* [funeral] urne *f* || [canteen] *tea/coffee* ~, fontaine *f* à thé/café.

Ursa ['ə:sə] *n* ASTR. ~ ***Major/Minor,*** la Grande/Petite Ourse.

us [ʌs] *pron* nous (obj. case).

us|able ['ju:zəbl] *adj* utilisable || **~age** [-idʒ] *n* usage *m*, coutume *f* || traitement *m*.

use [ju:s] *n* usage, emploi *m* ; *in common* ~, d'usage courant ; ***in*** ~, usité ; ***out of*** ~, inusité ; *make* ~ *of*, faire usage de ; *with* ~, à l'usage ; *fall out of* ~, tomber en désuétude || utilisation *f*, emploi *m* ; *ready for* ~, prêt à l'emploi || *of* ~ *for*, utile à ; *be of no* ~, être inutile, ne servir à rien ; *it's no* ~ *trying*, inutile d'essayer ; *what's the* ~ *of ?*, à quoi bon ?, à quoi sert-il de ? ● [ju:z] *vt* se servir de, employer, utiliser || *be* ~*d for*, servir de || consommer (gas, power) || ~ ***up***, épuiser.

used I [ju:zd] *adj* d'occasion (car) ; oblitéré (stamp).

used II [ju:st] *adj* habitué (*to*, à) ; *you'll soon get* ~ *to it*, vous vous y habituerez vite.

used III, **use(d)n't** [ju:st, 'ju:snt] *mod aux* [frequency in the past] *there* ~ *to be*, il y avait (autrefois) || [translated by imperfect] *that's where I* ~ *to live*, c'est là que j'habitais.

use|ful ['ju:sfl] *adj* utile, pratique || **~fulness** *n* utilité *f* || **~less** *adj* inutile || nul (hopeless) || **~lessness** *n* inutilité *f*.

user ['ju:zə] *n* utilisateur *n*, usager *m*.

usher ['ʌʃə] *n* huissier *m* ● *vt* ~ *in*, introduire ; ~ *out*, reconduire || **~ette** [,ʌʃə'ret] *n* TH. ouvreuse *f*.

USSR [,jueses'ɑ:] *abbrev* U.R.S.S.

usual ['ju:ʒuəl] *adj* habituel ; *as* ~, comme d'habitude || **~ly** *adv* d'habitude, d'ordinaire, habituellement.

usurer ['juːʒərə] *n* usurier *n*.

usurp [juː'zəːp] *vt* usurper || **~ation** [,juːzəː'peiʃn] *n* usurpation *f* || **~er** *n* usurpateur *n*.

usury ['juːʒuri] *n* usure *f*.

utensil [ju'tensl] *n* ustensile *m*.

utili|tarian [,juːtili'tɛəriən] *adj* utilitaire || **~ty** [ju'tiliti] *n* utilité *f* || U.S. *(public) ~,* (entreprise *f* de) service public.

utilize ['juːtilaiz] *vt* utiliser.

utmost ['ʌtməust] *adj* extrême ; le plus grand ● *n* extrême *m ; at the ~,* tout au plus ; *do one's ~,* faire tout son possible.

utop|ia [juː'təupjə] *n* utopie *f* || **~ian** [-jən] *adj* utopique.

utter I ['ʌtə] *adj* total, complet, absolu || **~ly** *adv* totalement, complètement.

utter II *vt* pousser (a cry) ; prononcer (words) || **~ance** ['ʌtrəns] expression, élocution, articulation *f ;* énoncé *m ; give ~ to,* exprimer (one's feelings).

v [viː] *n* v *m*.

vac [væk] *n* FAM. = VACATION.

vac|ancy ['veiknsi] *n* vide, espace *m* vide (gap) || disponibilité, vacance *f* (lodging) ; *no vacancies,* complet || poste vacant (job) || vide mental || **~ant** *adj* vacant, vide || libre, inoccupé (room, seat) || FIG. vide (mind) ; distrait (look).

vacate [və'keit] *vt* quitter (a post) || évacuer (a flat) ; *~ the premises,* vider les lieux.

vacation [və'keiʃn] *n* vacances *fpl ; the long/summer ~,* les grandes vacances.

vaccinat|e ['væksineit] *vt* vacciner ; *get ~d,* se faire vacciner || **~ion** [,--'neiʃn] *n* vaccination *f*.

vaccine ['væksiːn] *n* vaccin *m*.

vacillate ['væsileit] *vi* vaciller.

vacuum, s|vacua ['vækjuəm, -z|-juə] *n* vide *m ; make a ~,* faire le vide ● *vt* passer l'aspirateur dans || **~ bottle** *n* bouteille isolante || **~ cleaner** *n* aspirateur *m*.

vagary ['veigəri] *n* caprice *m,* fantaisie *f*.

vagr|ancy ['veigrənsi] *n* vagabondage *m* || **~ant** *adj/n* vagabond.

vague [veig] *adj* vague ; *I haven't the ~st idea,* je n'en ai pas la moindre idée || **~ly** *adv* vaguement || **~ness** *n* vague *m*.

vain [vein] *adj* vain, inutile ; *in ~,* en vain, vainement || vaniteux (conceited) || **~glory** *n* gloriole *f* || **~ly** *adv* en vain, vainement.

valet ['vælit] *n* valet *m* ● *vt* [hotel] nettoyer et repasser, entretenir (clothes).

valiant ['væljənt] *adj* vaillant, valeureux.

valid ['vælid] *adj* valable (excuse) || JUR. valide (ticket, passport) ; *no longer ~,* périmé || **~ity** [və'liditi] *n* valeur, justesse *f* (of an argument) || JUR. validité *f* (of a document).

valley ['væli] *n* vallée *f ;* vallon *m* (small).

val|orous ['vælərəs] *adj* valeureux, vaillant || **~o(u)r** *n* valeur *f ;* vaillance *f*.

valuable ['væljuəbl] *adj* de valeur, précieux || **~s** [-z] *npl* objets *mpl* de valeur.

value ['vælju:] *n* valeur *f*, prix *m*; *be of* ~, avoir de la valeur; *of no* ~, sans valeur; *this article is good* ~, cet article est avantageux; *set a* ~ *on*, estimer, évaluer; *get good* ~ *for one's money*, en avoir pour son argent || FIN. valeur *f* ● *vt* évaluer, estimer; ~ *one's life*, tenir à la vie.

Value Added Tax *n* Taxe *f* à la Valeur Ajoutée.

valve [vælv] *n* soupape *f* || RAD. lampe *f* || AUT. ~*-rocker*, culbuteur *m*.

vamp I [væmp] *vt/vi* MUS. improviser (un accompagnement).

vamp II *n* femme fatale || ~**ire** ['væmpaiə] *n* vampire *m*.

van I [væn] *n* SP. [tennis] ~ *in/out*, avantage dedans/dehors.

van II *n* camionnette, fourgonette *f*; *delivery* ~, voiture *f* de livraison || RAIL. fourgon *m*; *guard's* ~, fourgon aux bagages.

van III *n* LIT. = VANGUARD; ***in the* ~ *(of)***, en tête (de).

vandal ['vændl] *n* vandale *m* || ~**ism** ['vændəlizm] *n* vandalisme *m*.

vane [vein] *n* girouette *f*.

vanguard ['vængɑ:d] *n* avant-garde *f*.

vanilla [və'nilə] *n* vanille *f*.

vanish ['væniʃ] *vi* disparaître || FIG. s'évanouir.

vanity ['væniti] *n* vanité *f*; ~*-case*, boîte *f* à maquillage.

vanquish ['væŋkwiʃ] *vt/vi* vaincre || ~**ed** [-t] *adj* vaincu.

vantage ['vɑ:ntidʒ] *n* avantage *m* || SP. [tennis] avantage *m*.

vapour ['veipə] *n* vapeur *f* || ~ ***bath***, bain *m* de vapeur.

variable ['vɛəriəbl] *adj* variable, changeant.

vari|ance ['vɛəriəns] *n* désaccord *m*; *set at* ~, désunir, diviser; *at* ~ *with*, en contradiction avec || ~**ant** *n* variante *f* || ~**ation** [,vɛəri'eiʃn] *n* variation *f*.

varicose vein ['værikəusvein] *n* varice *f*.

varied ['vɛərid] *adj* varié, divers.

variegated ['vɛərigeitid] *adj* bigarré, multicolore.

variety [və'raiəti] *n* variété *f*, assortiment *m* (of samples) || ~ ***show***, music-hall *m*, variétés *fpl*.

various ['vɛəriəs] *adj* divers, différent || ~**ly** *adv* diversement.

varnish ['vɑ:niʃ] *vt* vernir; vernisser (pottery) ● *n* vernis *m*; ~*-remover*, dissolvant *m*.

varsity ['vɑ:sti] *n* FAM. = UNIVERSITY.

vary ['vɛəri] *vi* varier (change) || différer, être en désaccord (disagree) — *vt* varier, diversifier.

vase [vɑ:z] *n* vase *m*.

vaseline ['væsili:n] *n* vaseline *f*.

vast [vɑ:st] *adj* vaste, immense, énorme (huge) || ~**ly** *adv* immensément, énormément || ~**ness** *n* immensité *f*.

vat [væt] *n* cuve *f*.

VAT [,vi:ei'ti:] *n* (= VALUE ADDED TAX) FR. T.V.A. *f*.

Vatican ['vætikən] *n* Vatican *m*.

vaudeville ['vəudəvil] *n* TH. vaudeville *m* || U.S. music-hall *m*, variétés *fpl*.

vault I [vɔ:lt] *n* cellier *m* (for wine) || caveau *m* (grave) || chambre forte (of a bank) || ARCH. voûte *f*.

vault II *n* SP. saut *m* ● *vt* sauter (à la perche, au cheval-arçons); ~***ing horse***, cheval-arçons.

VD [,vi:'di:] *n* = VENEREAL DISEASE.

veal [vi:l] *n* CULIN. veau *m*.

veget|able ['vedʒtəbl] *n* légume *m*; *early* ~*s*, primeurs *fpl* ● *adj* végétal; ~ *garden*, jardin potager || **~arian** [,vedʒi'tεəriən] *adj/n* végétarien || **~ation** [,vedʒi'teiʃn] *n* végétation *f.*

vehem|ence ['vi:iməns] *n* véhémence *f* || **~ent** *adj* véhément.

vehicle ['vi:ikl] *n* véhicule *m.*

veil [veil] *n* voile *m;* voilette *f* || REL. *take the ~,* prendre le voile ● *vt* voiler || FIG. dissimuler.

vein [vein] *n* veine *f* || FIG. humeur *f,* esprit *m.*

velocity [vi'lɔsiti] *n* vitesse *f.*

velvet ['velvit] *n* velours *m* || **~y** *adj* velouté.

venal ['vi:nl] *adj* vénal || **~ity** [vi:'næliti] *n* vénalité *f.*

vend [vend] *vt* vendre || U.S. *~ing machine,* distributeur *m* automatique || **~or** [-ɔ:] *n* marchand *m* ambulant.

veneer [vi'niə] *n* TECHN. (bois *m* de) placage *m* || FIG. vernis *m* ● *vt* plaquer (wood).

vener|able ['venrəbl] *adj* vénérable || **~ation** [,venə'reiʃn] *n* vénération *f.*

venereal [vi'niəriəl] *adj* vénérien; *~ **disease,*** maladie vénérienne.

venery ['venəri] *n* SP. vénerie *f.*

Venetian [vi'ni:ʃn] *adj/n* vénitien || *~ **blind,*** store vénitien.

vengeance ['venʒəns] *n* vengeance *f* || ***with a ~,*** de plus belle; tant et plus; à outrance.

vengeful ['venʒfl] *adj* vindicatif.

venial ['vi:njəl] *adj* léger || REL. véniel (sin).

Venice ['venis] *n* Venise *f.*

venison ['venisn] *n* venaison *f.*

venom ['venəm] *n* venin *m* || **~ous** *adj* venimeux (animal).

vent [vent] *n* trou, orifice; évent *m* || FIG. issue *f; give ~ to,* donner libre cours à (one's anger); manifester (one's discontent) ● *vt* donner libre cours à; décharger (one's anger) || **~ilate** [-ileit] *vt* ventiler, aérer || **~ilation** [,venti'leiʃn] *n* ventilation, aération *f.*

venture ['ventʃə] *n* tentative, entreprise risquée ● *vt* hasarder, risquer — *vi* s'aventurer, oser (dare) || **~some** [-səm] *adj* aventureux, audacieux (person); hasardeux, risqué (action).

veranda [və'rændə] *n* véranda *f.*

verb [və:b] *n* verbe *m* || **~al** *adj* verbal || **~atim** [və:'beitim] *adj* textuel ● *adv* textuellement, mot pour mot || **~iage** ['və:biidʒ] *n* verbiage *m* || **~ose** [və:'bəus] *adj* verbeux.

verdict ['və:dikt] *n* verdict; jugement *m;* décision *f; bring in a ~ (of guilty/not guilty),* rendre un verdict (de culpabilité/d'acquittement).

verdigris ['və:digris] *n* vert-de-gris *m.*

verdure ['və:dʒə] *n* verdure *f.*

verge [və:dʒ] *n* [road] bord, accotement *m* || FIG. ***on the ~ of,*** au bord de, bien près de ● *vi ~ on,* toucher à, être proche de, frôler.

verger ['və:dʒə] *n* REL. bedeau *m.*

verif|ication [,verifi'keiʃn] *n* vérification *f* || **~y** ['verifai] *vt* vérifier (check).

verisimilitude [,verisi'militju:d] *n* vraisemblance *f.*

vermicelli [,və:mi'seli] *n* CULIN. vermicelle *m.*

vermifuge ['və:mifju:dʒ] *adj/n* vermifuge (*m*).

vermilion [və'miljən] *adj/n* vermillon (*m*).

vermin ['və:min] *n* vermine *f;* animaux *mpl* nuisibles.

vernacular [və'nækjulə] *adj* vernaculaire ● *n* langue *f* vernaculaire (native speech).

versatil|e ['və:sətail] *adj* aux talents variés (person); souple (mind) || **~ity** [,--'tility] *n* variété *f* de talents; faculté *f* d'adaptation; souplesse *f* (of the mind).

verse [vəːs] *n* poésie *f*, vers *mpl* || strophe *f* (poem) || verset *m* (Bible).

versed [vəːst] *adj* versé, qui a de l'expérience (*in*, en).

version ['vəːʃn] *n* version *f* (translation, account).

verso, s ['vəːsəu, -z] *n* verso *m*.

versus ['vəːsəs] *prep* contre.

vertebra, -brae ['vəːtibrə, -bri] *n* vertèbre *f*.

vertical ['vəːtikl] *adj* vertical.

vertigo ['vəːtigəu] *n* vertige *m*.

verve [vɛəv] *n* verve *f*.

very ['veri] *adv* très; *the ~ first*, le tout premier; *the ~ best*, ce qu'il y a de meilleur; *at the ~ latest*, au plus tard ● *adj* même; seul; exactement; *this ~ day*, aujourd'hui même; *the ~ thought...*, rien que d'y penser...

vespers ['vespəz] *n* REL. vêpres *fpl*.

vessel ['vesl] *n* récipient; vase *m* || NAUT. vaisseau, bâtiment *m* || MÉD. vaisseau *m*.

vest I [vest] *n* maillot *m* de corps (undershirt) || U.S. gilet *m* (waistcoat).

vest II *vt* attribuer, confier (*in*, à) || *~ **sb. with sth.**, ~ **sth. in sb.***, investir qqn de qqch. — *vi ~ in*, échoir à || **~ed** [-id] *adj* investi, dévolu; *~ interests*, droits *mpl* acquis.

vestibule ['vestibjuːl] *n* vestibule *m* || RAIL. soufflet *m*.

vestige ['vestidʒ] *n* vestige *m*.

vestments ['vesmənts] *npl* ornements sacerdotaux.

vestry ['vestri] *n* sacristie *f*.

Vesuvius [vi'suːvjəs] *n* Vésuve *m*.

vet I [vet] *n* vétérinaire *n*.

vet II *vt* soigner (animal) || FAM. examiner de près, corriger (text).

veteran ['vetrən] *adj* expérimenté, aguerri ● *n* ancien combattant || *~ **car***, automobile *f* de la Belle Époque (prior to 1917).

veterinary ['vetrinri] *adj ~ surgeon*, vétérinaire *n*.

veto ['viːtəu] *n* veto *m* ● *vt* opposer son veto, interdire.

vex [veks] *vt* contrarier, fâcher || *~ed question*, question épineuse || **~ation** [vek'seiʃn] *n* contrariété, vexation, brimade *f*.

VHF [,viːeitʃ'ef] *n* (= VERY HIGH FREQUENCY) très haute fréquence.

via [vaiə] *prep* via, par || **~duct** [-dʌkt] *n* viaduc *m*.

vial ['vaiəl] *n* fiole *f*.

vibr|ant ['vaibrənt] *adj* vibrant || **~ate** [vai'breit] *vi* vibrer || **~ation** [vai'breiʃn] *n* vibration *f*.

vicar ['vikə] *n* curé *m* (Roman Catholic); pasteur *m* (Church of England) || **~age** [-ridʒ] *n* cure *f*; presbytère *m* || **~ious** [vai'kɛəriəs] *adj* délégué (authority); fait à la place d'un autre (work) || **~iously** *adv* par délégation; par personne interposée; indirectement.

vice I [vais] *n* vice *m*.

vice II *n* TECHN. étau *m*.

vice- III *pref ~-president*, vice-président *m*.

vice versa ['vaisi'vəːsə] *adv* vice versa.

vicinity [vi'siniti] *n* proximité *f* (closeness) || voisinage *m*, environs *mpl* (neighbourhood).

vicious ['viʃəs] *adj* vicieux, corrompu (depraved) || méchant (spiteful) || vicieux (horse) || FIG. *~ circle*, cercle vicieux.

vicissitude [vi'sisitjuːd] *n* vicissitude *f*.

victim ['viktim] *n* victime *f* || sinistré *n* (of a disaster) || **~iza-**

tion [ˌ--ai'zeiʃn] *n* représailles *fpl* || **~ize** *vt* faire une victime de; exercer des représailles sur.

victor ['viktə] *n* vainqueur *m* || **~ious** [vik'tɔːriəs] *adj* victorieux; vainqueur || **~iously** *adv* victorieusement || **~y** ['viktri] *n* victoire *f; gain/win a ~,* remporter la victoire (*over,* sur).

victuals ['vitlz] *npl* victuailles *fpl.*

video ['vidiəu] *adj* vidéo ● *n* vidéo, télévision *f;* **~ *cassette,*** vidéocassette *f;* **~ *(cassette) recorder,*** magnétoscope *m;* **~*tape*** *(n),* bande *f* de magnétoscope; *(vt)* enregistrer au magnétoscope.

vie [vai] *vi* rivaliser.

Viet-Nam ['vjet'næm] *n* Viêt-nam *m* || **~ese** [ˌvjetnə'miːz] *n/adj* vietnamien.

view [vjuː] *n* vue *f; in ~,* en vue; *have a ~ of,* découvrir; *go out of ~,* disparaître || perspective *f,* panorama *m* || inspection *f,* examen *m; on ~,* exposé || ARTS vue *f* (picture) || FIG. opinion *f; point of ~,* point *m* de vue; *take a different ~,* être d'avis différent; ***take a dim ~ of,*** n'apprécier guère || FIG. but *m,* intention *f;* ***with a ~ to doing,*** en vue de faire; ***in ~ of,*** eu égard à, étant donné || FIG. vue *f; keep in ~,* ne pas perdre de vue ● *vt* voir || FIG. examiner, considérer || **~er** *n* spectateur *n* || RAD. *(television),* téléspectateur *n* | PHOT. visionneuse *f* || **~-finder** *n* PHOT. viseur *m* || **~point** *n* point *m* de vue.

vigil ['vidʒil] *n* veille *f* || REL. vigile *f.*

vigil|ance ['vidʒiləns] *n* vigilance *f* || **~ant** *adj* vigilant.

vigilante [ˌvidʒi'lænti] *n* PÉJ. membre *m* d'un groupe d'autodéfense.

vigorous ['vigrəs] *adj* vigoureux || **~ly** *adv* vigoureusement.

vigo(u)r ['vigə] *n* vigueur *f.*

vile [vail] *adj* vil, ignoble (shameful) || FAM. détestable (weather); infect (smell).

vilify ['vilifai] *vt* diffamer.

villag|e ['vilidʒ] *n* village *m* || **~er** *n* villageois *n.*

villain ['vilən] *n* scélérat *n;* bandit *m* || TH. traître *n* || FAM. coquin *n* || **~ous** *adj* de scélérat; infâme || **~y** *n* vilenie *f* (action); infamie *f* (of an action).

vim [vim] *n* FAM. énergie *f.*

vindica|te ['vindikeit] *vt* défendre, soutenir (an opinion) || revendiquer (rights) || **~tion** [ˌvindi'keiʃn] *n* revendication *f.*

vindictive [vin'diktiv] *adj* vindicatif.

vine [vain] *n* vigne *f* (grape-vine); *climbing ~,* treille *f* || plante grimpante.

vine branch *n* pampre *m.*

vinegar ['vinigə] *n* vinaigre *m.*

vine|-grower ['vainˌgrəuə] *n* viticulteur, vigneron *m* || **~-harvest** *n* vendange *f* || **~ shoot** *n* sarment *m* || **~yard** ['vinjəd] *n* vignoble *m,* vigne *f.*

vintage ['vintidʒ] *n* vendange *f* (harvest); cru *m* (wine) || FIG. *~ car,* voiture *f* des années 20 (1917-1930).

viola [vi'əulə] *n* MUS. alto *m;* **~ *player,*** altiste *n.*

viola|te ['vaiəleit] *vt* violer (an oath); enfreindre (a law) || FIG. violer (a sacred place) || **~tion** [ˌvaiə'leiʃn] *n* violation, infraction *f* || REL. profanation *f.*

viol|ence ['vaiələns] *n* violence *f; use ~,* recourir à la violence || FIG. *do ~ to,* faire violence à || **~ent** *adj* violent || FIG. extrême, vif (character); aigu (pain); *die a ~ death,* mourir de mort violente || **~ently** *adj* violemment.

violet ['vaiəlit] *n* BOT. violette *f* ● *adj/n* [colour] violet (*m*).

violin [,vaiə'lin] *n* violon *m* || **~ist** ['vaiəlinist] *n* violoniste *n*.

violist [vi'əulist] *n* HIST. violiste *n*.

violon|cellist [,vaiələn'tʃelist] *n* violoncelliste *n* || **~cello** [-'tʃeləu] *n* violoncelle *m*.

VIP [,viai'pi:] *n* = VERY IMPORTANT PERSON.

viper ['vaipə] *n* vipère *f*.

virgin ['və:dʒin] *adj* vierge, virginal ● *n* vierge *f* || REL. *the (Blessed) Virgin,* la (Sainte) Vierge || **~ity** [və:'dʒiniti] *n* virginité *f*.

Virgo ['və:gəu] *n* ASTR. Vierge *f*.

viril|e ['virail] *adj* viril || **~ity** [vi'riliti] *n* virilité *f*.

virtual ['və:tjuəl] *adj* virtuel || **~ly** *adv* en fait, virtuellement.

virtue ['və:tju:] *n* vertu *f; of easy ~,* de mœurs faciles || FIG. mérite *m,* qualité *f; by ~ of,* en vertu de, en raison de.

virtuos|ity [,və:tju'ɔsiti] *n* virtuosité *f* || **~o** [--'əuzəu] *n* virtuose *n*

virtuous ['və:tjəs] *adj* vertueux.

virulent ['virulənt] *adj* virulent.

virus ['vaiərəs] *n* virus *m*.

visa ['vi:zə] *n* visa *m* ● *vt* viser (a passport).

visi|bility [,vizi'biliti] *n* visibilité *f* || **~ble** ['vizəbl] *adj* visible || **~bly** ['vizəbli] *adv* visiblement, de toute évidence.

vision ['viʒn] *n* vision, vue *f* (sight); *field of ~,* champ visuel || vision, apparition *f* (ghost) || FIG. vision, puissance *f* d'imagination; [in dream, etc.] vision *f;* apparition *f* || **~ary** [-əri] *adj/n* visionnaire.

visit ['vizit] *n* visite *f* (call); *pay a ~,* rendre visite (*to,* à) || séjour *m* (stay); *a ~ to Rome,* un voyage à Rome ● *vt* visiter, aller voir, rendre visite à (sb.) || U.S. faire un séjour à/en, séjourner (in a country) || inspecter — *vi* visiter; *~ with,* U.S. passer voir || [Bible] *~* ***upon,*** punir || **~ation** [,vizi'teiʃn] *n* tournée *f* d'inspection || FIG., REL. épreuve *f,* châtiment *m* || **~ing card** *n* carte *f* de visite || **~or** *n* visiteur *n* || ***~'s tax,*** taxe *f* de séjour.

visor ['vaizə] *n* visière *f* (peak) || AUT. pare-soleil *m*.

visual ['vizjuəl] *adj* visuel, optique || **~ize** [-aiz] *vt* se représenter (mentalement) qqch.

vista ['vistə] *n* perspective *f*.

vis viva [vis'vaivə] *n* force vive.

vital ['vaitl] *adj* vital, indispensable, essentiel || FAM. [woman's] *~* ***statistics,*** mensurations *fpl* ● *npl* organes vitaux || **~ity** [vai'tæliti] *n* vitalité *f*.

vitamin ['vitəmin] *n* vitamine *f*.

vitrify ['vitrifai] *vt* vitrifier.

vituperate [vi'tju:pəreit] *vt* injurier, insulter.

vivac|ious [vi'veiʃəs] *adj* vif, animé || **~ity** [vi'væsiti] *n* vivacité *f*.

viva voce ['vaivə'vəusi] *adj* oral ● *adv* de vive voix.

vivid ['vivid] *adj* vif (colour) || vivant (description) || net, précis (recollection) || **~ly** *adv* d'une manière frappante.

vivisection [,vivi'sekʃən] *n* vivisection *f*.

vixen ['viksn] *n* renarde *f*.

vocabulary [və'kæbjuləri] *n* vocabulaire *m*.

vocal ['vəukl] *adj* vocal, oral.

vocation [və'keiʃn] *n* [job], REL. vocation *f* || [work] métier *m* || **~al** *adj* professionnel; *~ guidance,* orientation professionnelle.

vociferous [və'sifrəs] *adj* criard || FAM. braillard.

vogue [vəug] *n* vogue *f; in ~,* en vogue.

voice [vɔis] *n* voix *f*; *in a loud/low* ~, à haute voix/à voix basse; *with one* ~, à l'unanimité ‖ CIN. ~**-over,** voix *f* hors-champ/off ‖ GRAMM. ***active/passive*** ~, voix active/passive ● *vt* exprimer ‖ ~**less** *adj* sans voix, muet.

void [vɔid] *adj* vide ‖ JUR. nul ‖ FIG. ~ ***of,*** dénué de ● *n* vide *m* ● *vt* JUR. annuler.

volatil|e ['vɔlətail] *adj* volatil ‖ FIG. gai, vif (merry); d'humeur changeante, volage (person) ‖ ~**ize** [vɔ'lætilaiz] *vi/vt* (se) volatiliser.

volcan|ic [vɔl'kænik] *adj* volcanique ‖ ~**o** [vɔl'keinəu] *n* volcan *m*; *active/extinct* ~, volcan en activité/éteint.

volley ['vɔli] *n* volée, grêle *f* (of stones, etc.) ‖ MIL. salve *f* (salvo); rafale *f* (of machine-gun fire) ‖ [tennis] volée *f*; *on the* ~, à la volée; ***half-***~, demi-volée *f* ‖ FIG. [curses] bordée *f*; [applause] salve *f* ● *vt* lancer une volée de ‖ [guns] tirer une salve de ‖ SP. rattraper/renvoyer à la volée ‖ ~**-ball** *n* volley-ball; ~ ***player,*** volleyeur *n*.

volt [vəult] *n* volt *m* ‖ ~**age** [-idʒ] *n* voltage *m*; *high/low* ~, haute/basse tension ‖ ~**meter** *n* voltmètre *m*.

Voltaic [vəl'teik] *adj* GÉOGR. de la Haute-Volta.

volub|le ['vɔljubl] *adj* volubile ‖ facile (speech) ‖ ~**ility** [ˌvɔlju'biliti] *n* volubilité *f*.

volum|e ['vɔljum] *n* volume *m* (book) ‖ volume *m*, capacité *f* ‖ *Pl* tourbillons, nuages *mpl* (of smoke) ‖ ~**inous** [və'lju:minəs] *adj* volumineux.

volunt|arily ['vɔləntrili] *adv* volontairement ‖ ~**ary** [-ri] *adj* volontaire ‖ ~**eer** [ˌvɔlən'tiə] *n* volontaire *n* ● *vi* être volontaire, s'offrir, se proposer (*for,* pour) ‖ MIL. s'engager comme volontaire.

voluptuous [və'lʌptjuəs] *adj* voluptueux.

vomit ['vɔmit] *vt/vi* vomir ‖ ~**ing** *n* vomissement *m*.

voracious [və'reiʃəs] *adj* vorace.

vortex, -texes/-tices ['vɔ:teks, -teksiz/-tisi:z] *n* tourbillon *m* (lit. and fig.).

votary ['vəutəri] *n* adorateur *n* ‖ fervent *n*, partisan passionné de.

vote [vəut] *n* vote *m*; *put sth. to the* ~, mettre qqch. aux voix ‖ [choice] voix *f*, suffrage *m*; *count the* ~, dépouiller le scrutin ‖ droit *m* de vote (right) ● *vt* voter ‖ ~ *(in),* élire ‖ proposer (suggest) ‖ ~ ***down,*** repousser, rejeter ‖ ~ ***through,*** approuver, adopter.

voter ['vəutə] *n* votant *m*, électeur *n*.

vouch [vautʃ] *vi* ~ ***for,*** répondre de (sb.); se porter garant de (sth.) ‖ ~**er** *n* récépissé, reçu *m*; pièce justificative ‖ ~**safe** [-'seif] *vt* accorder, octroyer.

vow [vau] *n* vœu *m* ‖ serment *m*; *make a* ~, faire un vœu ‖ *take one's* ~*s,* entrer en religion ● *vt* vouer (dedicate) ‖ jurer (swear).

vowel ['vauəl] *n* voyelle *f*.

voyag|e [vɔiidʒ] *n* NAUT. voyage *m*; *go on a* ~, faire une traversée ● *vi* voyager par mer ‖ ~**er** ['vɔiədʒə] *n* passager *n*.

vulcan|ize ['vʌlkənaiz] *vt* vulcaniser ‖ ~**ologist** [ˌ--'nɔlədʒist] *n* volcanologue, vulcanologue *n*.

vulgar ['vʌlgə] *adj* vulgaire (common); répandu (widespread); grossier (coarse) ‖ ~**ity** [vʌl'gæriti] *n* vulgarité, grossièreté *f* ‖ ~**ize** ['vʌlgəraiz] *vt* vulgariser.

vulnerable ['vʌlnrəbl] *adj* vulnérable.

vulture ['vʌltʃə] *n* vautour *m*.

vying ['vaiiŋ] See VIE.

W

w ['dʌblju] *n* w *m*.

wad [wɔd] *n* tampon *m* (of cotton, wool) || liasse *f* (of banknotes) ● *vt* ouater (a garment); capitonner (a wall).

waddle ['wɔdl] *vi* se dandiner.

wad|e [weid] *vi* avancer péniblement (through weeds, etc.); patauger (in water) — *vt* traverser à gué || **~er** *n* Zool. échassier *m* || *Pl* bottes *fpl* de pêche.

wafer ['weifə] *n* Culin. gaufrette *f* || Rel. hostie *f*.

waffle ['wɔfl] *n* gaufre *f*; *~-iron*, gaufrier *m*.

waft [wɑ:ft] *vt* porter (smells, sounds) — *vi* [smell] flotter; s'exhaler (*from*, de).

wag [wæg] *vt the dog ~s its tail*, le chien remue la queue || *~ one's head*, hocher la tête — *vi* Fam. *set tongues ~ging*, faire marcher les langues ● *n* hochement (of the head); frétillement *m* (of a dog's tail).

wage I [weidʒ] *vt ~ war against*, faire la guerre contre.

wage II *n* (usu pl) salaire *m*; [worker] paye *f*; [servant] gages *mpl*; ***living*** *~*, minimum vital; *minimum ~*, salaire *n* minimum || **~-earner** *n* salarié *n* || **~-freeze** *n* blocage *m* des salaires.

wager ['weidʒə] *n* pari *m*, gageure *f* ● *vt* parier, gager.

wag(g)on ['wægən] *n* Rail. *(goods) ~*, wagon *m* (de marchandises) || [trolley] table roulante, chariot *m* || Fam. *be on the (water) ~*, être au régime sec.

waif [weif] *n* enfant abandonné || Fig. épave *f*.

wail [weil] *vi* se lamenter, gémir ● *n* plainte, lamentation *f* || ***the Wailing Wall***, le mur des Lamentations.

wainscot ['weinskət] *n* lambris *m*.

waist [weist] *n* taille, ceinture *f*; *~ measurement*, tour *m* de taille || Sp. *grip round the ~*, saisir à bras-le-corps || **~coat** ['weiskəut] *n* gilet *m*; *~-pocket*, gousset *m* || **~-deep** *adv* à mi-corps || **~line** *n* taille *f* || **~ measurement** *n* tour *m* de taille.

wait [weit] *vi* attendre (*till*, que); ***~ for sb.***, attendre qqn || ***keep sb. ~ing***, faire attendre qqn || ***~ and see***, voir venir || ***~ up (for)***, rester debout, veiller, ne pas se coucher pour attendre qqn || ***~ (up)on sb.***, servir qqn (at table) ● *n* attente *f*; *lie in ~ for*, guetter le passage, se tenir en embuscade || **~er** *n* garçon *m* de café; *~!*, garçon!; *head ~*, maître *m* d'hôtel || **~ing** *n* attente *f* || Aut. ***no ~***, stationnement interdit || **~ing room** *n* salle *f* d'attente || **~ress** [-ris] *n* serveuse *f*; *~!*, mademoiselle!

waiv|e [weiv] *vt* renoncer à, abandonner (a right); ne pas insister sur (a rule) || **~er** *n* renonciation *f*, désistement *m*.

wake I [weik] *n* Naut., Fig. sillage *m*.

wake II *vi* (woke [wəuk] *or* waked [weikt], waked, woken ['wəukn]) être éveillé || ***~ up***, s'éveiller, se réveiller — *vt* ***~ up***, réveiller || Fig. réveiller, ranimer || **~ful** *adj* éveillé (person) || sans sommeil (hours); *a ~ night*, une nuit blanche.

waken ['weikn] *vt* éveiller, réveiller — *vi* se réveiller.

Wales [weilz] *n* pays *m* de Galles.

walk [wɔ:k] *n* marche *f* (act) || démarche *f* (manner) || prome-

nade *f* (stroll); *go for a* ~, faire une promenade; *take sb. for a* ~, emmener qqn en promenade || allée *f* (footpath) || FIG. ~ ***of life,*** catégorie/condition sociale ● *vi* marcher; aller à pied; ~ *home,* rentrer chez soi à pied || ~ ***about,*** se promener || ~ ***away with,*** FAM. emporter (par erreur); piquer (fam.) [steal] || ~ ***in,*** entrer || ~ ***off with,*** FAM. = ~ AWAY WITH || ~ ***out,*** sortir; se mettre en grève; débrayer (fam.) || ~ ***out on,*** SL. plaquer (fam.) [wife] || ~ ***over,*** l'emporter haut la main; ~-***over*** *(n),* victoire *f* facile.
— *vt* faire à pied (distance) || parcourir (the streets) || [prostitute] ~ *the streets,* faire le trottoir || ~ *a dog,* promener un chien || TH. ~ *the boards,* faire du théâtre || ~**er** *n* marcheur *n* || ~**ing** *n* marche *f* à pied, promenade *f* || ***at a*** ~ ***pace,*** au pas || ~**ing stick** *n* canne *f* || ~**-on** *n* TH. ~ *(part),* rôle *m* de figurant, figuration *f* || figurant *n* (actor).

wall [wɔ:l] *n* mur *m* (in a room) || muraille *f* (of a castle) || paroi *f* (of a cylinder) ● *vt* ~ *in,* entourer de murs || ~ *up,* murer (a window) || ~**-to-**~ **carpet** *n* moquette *f.*

wallet ['wɔlit] *n* portefeuille *m.*

wall-flower ['wɔ:l,flauə] *n* FAM. *be a* ~, faire tapisserie (at a dance).

Walloon [wɔ'lu:n] *n* Wallon *n.*

wallop ['wɔləp] *n* SL. [fight] coup *m;* gnon *m* (pop.) || [punishment] beigne *f* (pop.) || SL. bière *f.*

wallow ['wɔləu] *vi* se vautrer || FIG. ~ *in wealth,* nager dans l'opulence.

wallpaper ['wɔ:l,peipə] *n* papier peint.

walnut ['wɔ:lnət] *n* noix *f* (fruit); noyer *m* (tree).

walrus ['wɔ:lrəs] *n* ZOOL. morse *m.*

waltz [wɔ:ls] *n* valse *f.*

wan [wɔn] *adj* blême, livide (complexion); pâle (smile).

wander ['wɔndə] *vi* errer, se promener au hasard || FIG. s'égarer, s'écarter (from a subject) || ~**ing** [-riŋ] *n Pl* voyages *mpl;* MÉD. délire *m* ● *adj* errant (person) || nomade (tribe) || FIG. distrait (attention); incohérent (speech).

wane [wein] *vi* ASTR. décroître || FIG. décliner ● *n* déclin *m.*

wangle ['wæŋgl] *vt* SL. se débrouiller pour avoir, resquiller ● *n* combine *f* (fam.).

want [wɔnt] *vt* manquer de (lack) || avoir besoin de (need); *your hair* ~*s cutting,* vos cheveux ont besoin d'être coupés || vouloir, désirer (wish) || demander (ask for); *you are* ~*ed on the phone,* on vous demande au téléphone || réclamer, exiger (require) — *vi* être dans le besoin; ~ ***for nothing,*** ne manquer de rien || ***be*** ~***ing,*** manquer, faire défaut ● *n* besoin *m* || désir *m* || manque *m;* ***for*** ~ ***of,*** à défaut de || dénuement *m,* misère *f; be in* ~, être dans le besoin || ~**ed** [-id] *adj* demandé || recherché (by the police).

wanton ['wɔntən] *adj* espiègle (child) || capricieux (wind) || luxuriant (vegetation) || gratuit (insult) || impudique (look) || dévergondé(e) [woman].

war [wɔ:] *n* guerre *f; at* ~, en guerre; *go to* ~, se mettre en guerre; *declare* ~, déclarer la guerre (*on,* à); ***make*** ~ ***upon,*** faire la guerre à; ~ *of nerves,* guerre des nerfs ● *vi* faire la guerre (*against,* contre).

warbl|e ['wɔ:bl] *vi* gazouiller ● *n* gazouillement *m* || ~**er** *n* fauvette *f.*

ward [wɔ:d] *n* [local government] circonscription *f,* arrondissement *m* || [prison] quartier *m* || MÉD. salle *f* d'hôpital || JUR. pupille *n* (person) ● *vt :* ~ ***off,*** parer (a blow); prévenir (a danger).

warden ['wɔ:dn] *n* directeur *n* || [youth hostel] père *m*/mère *f* aubergiste || [park] gardien *n* || ***traffic*** **~,** contractuel *n*.

warder *n* gardien *n* de prison.

ward|robe ['wɔ:drəub] *n* penderie *f* || **~-room** *n* NAUT. carré *m*.

ware [wεə] *n Pl* marchandise(s) *fpl* || **~house** *n* entrepôt, magasin *m*.

war|fare ['wɔ:fεə] *n* guerre *f* || **~like** *adj* guerrier, martial; belliqueux.

warm [wɔ:m] *adj* chaud || ***be*** **~** *: I am ~,* j'ai chaud; *it is ~,* il fait chaud || ***get*** **~,** se réchauffer || *keep one ~,* tenir chaud || SP. [game] *you're getting ~!,* vous brûlez! || *keep sth. ~,* tenir qqch. au chaud || FIG. chaleureux (welcome); ardent, bouillant (person) || vif (temper); animé (controversy) ● *vi* chauffer || FIG. [person] se prendre de sympathie (*to,* pour); [discussion] s'animer — *vt* chauffer || **~** ***up,*** réchauffer (meal) || **~-blooded** *adj* ZOOL. à sang chaud || **~-hearted** *adj* généreux || **~ing** *n* chauffage *m* || **~ly** *adv* chaudement, chaleureusement.

war-monger ['wɔ:,mʌŋgə] *n* belliciste *n*.

warmth [wɔ:mθ] *n* chaleur *f* || FIG. ardeur, ferveur *f*.

warn [wɔ:n] *vt* avertir || alerter, prévenir (forewarn) || mettre en garde (*against,* contre) || **~ing** *n* avertissement *m; without ~,* sans prévenir, à l'improviste || préavis *m* (notice to leave).

warp I [wɔ:p] *n* [weaving] chaîne *f*.

warp II *vt* TECHN. gauchir; voiler (a wheel) || FIG. déformer, fausser — *vi* [wood] jouer, travailler.

warrant ['wɔrnt] *n* COMM. autorisation, garantie *f* || JUR. mandat *m; search-~,* mandat de perquisition ● *vt* garantir || **~or** *n* JUR. garant, répondant *n* || **~y** *n* autorisation *f* || JUR. garantie *f*.

warren ['wɔrn] *n* garenne *f*.

war|rior ['wɔriə] *n* guerrier *m* || **~ship** *n* navire *m* de guerre.

wart [wɔ:t] *n* verrue *f*.

wary ['wεəri] *adj* circonspect, avisé, prudent; *be ~ of,* se méfier de.

was See BE.

wash [wɔʃ] *n* lavage *m,* toilette *f; have a ~,* se laver || blanchissage *m* (of clothes); lessive *f,* linge *m* (clothing) || NAUT. sillage *m;* remous *m* || CULIN., FAM. lavasse *f* (drink) ● *vi* se laver, faire sa toilette || faire la lessive || **~** ***out,*** partir au lavage — *vt* laver; *~ one's hands,* se laver les mains || blanchir (linen) || [sea, river] baigner, arroser (a shore) || NAUT. *be ~ed overboard,* être emporté pardessus bord || **~** ***away,*** enlever au lavage (a stain) || **~** ***down,*** laver à grande eau, laver au jet (a car); arroser (a meal) || **~** ***off/out*** = ~ AWAY || FIG. ***feel ~ed out,*** se sentir à plat || ***~-out*** *(n),* SL. fiasco *m* (failure); zéro *m,* nullité *f* (person) || **~** ***up,*** faire la vaisselle || **~able** [-əbl] *adj* lavable || **~-basin**/ U.S. **-bowl** *n* lavabo *m* || **~er** *n* laveuse *f* (woman) || lave-linge *m* (machine) || TECHN. rondelle *f* || **~-house** *n* buanderie *f* || **~ing** *n* lavage *m* || lessive *f,* linge *m; do the ~,* faire la lessive; ***~-machine,*** machine *f* à laver; ***~-powder,*** lessive *f;* ***~-up*** *(n) do the ~-up,* faire la vaisselle || **~-leather** *n* peau *f* de chamois || **~room** *n* U.S. toilettes *fpl* || **~-stand** *n* lavabo *m*.

washy *adj* délavé (colour) || insipide (food) || FIG. fade, terne.

wasp [wɔsp] *n* guêpe *f; wasps' nest,* guêpier *m*.

wastage ['weistidʒ] *n* gaspillage *m* (wasting) || perte *f* (loss by waste).

waste [weist] *adj* désolé (country); *lay* ~, dévaster, ravager || AGR. inculte, en friche (land) || ~ *ground,* terrain *m* vague || TECHN. de rebut ● *n* région *f* inculte; désert *m* || déchets *mpl,* rebut *m* (refuse) || FIG. gaspillage *m,* perte *f* (of time) ● *vt* gaspiller (squander); ~ *one's time,* perdre son temps — *vi* s'épuiser; ~ ***away,*** dépérir, perdre des forces.

waste|r *n* gaspilleur, dépensier *n* || **~ful** *adj* gaspilleur (person); peu rentable (process) || **~(-paper)-basket** *n* corbeille *f* à papier.

wastrel ['weistrəl] *n* gaspilleur *n,* panier percé.

watch I [wɔtʃ] *n* montre *f; what time is it by your* ~?, quelle heure avez-vous? || ***diver's*** ~, montre *f* de plongée || **~band** *n* bracelet *m* de montre || **~-maker** *n* horloger *n* || ~ **strap** *n* = ~ BAND.

watch II *vt* observer, regarder (look at) || surveiller, faire attention à (look out) || garder (tend) || guetter, attendre (look for) — *vi* veiller, guetter (be on the alert) || ~ ***for,*** guetter, épier || ~ ***out,*** prendre garde (*for,* à) || ~ ***over,*** veiller sur, surveiller (a child) ● *n* guet *m;* ***on the*** ~, aux aguets || surveillance, garde *f; be on the* ~ *for,* attendre, guetter; ***keep*** ~, monter la garde || NAUT. quart *m; be on* ~, être de quart || **~-dog** *n* chien *m* de garde || **~ful** *adj* vigilant || **~fulness** *n* vigilance *f* || **~man** *n* gardien *m;* ***night*** ~, veilleur *m* de nuit, vigile *m* || **~word** *n* mot *m* de passe.

water ['wɔːtə] *n* eau *f* || NAUT. *high* ~, marée haute; *low* ~, marée basse; [ship] *make* ~, faire eau || TECHN. eau *f* (of a diamond) || MÉD. *take the* ~*s at,* faire une cure (thermale) à || REL. *holy* ~, eau bénite || FIG. *like a fish out of* ~, dépaysé ● *vt* arroser (plants) || faire boire, abreuver (an animal) || ~ ***(down),*** couper d'eau (wine); FIG. atténuer, édulcorer — *vi* se mouiller; *that makes my mouth* ~, cela me fait venir l'eau à la bouche || **~-ballast** *n* NAUT. ballast *m* || **~-bottle** *n* carafe *f* (at table); bidon *m* (for a soldier) || **~-closet** *n* cabinets, w.-c. *mpl* || **~-colour(s)** *n* aquarelle *f* || **~-cure** *n* cure thermale || **~fall** *n* chute *f* d'eau, cataracte *f* || **~fowl** *n* gibier *m* d'eau; oiseau *m* aquatique || **~front** *n* bord *m* de l'eau || [harbour] quais *mpl* || **~-heater** *n* chauffe-eau *m* || **~-ice** *n* sorbet *m.*

watering [-riŋ] *n* arrosage *m* || ~ **can** *n* arrosoir *m* || ~ **place** *n* station thermale (spa); station *f* balnéaire (seaside) || abreuvoir *m* (for animals).

water|lily *n* nénuphar *m* || **~-line** *n* NAUT. ligne *f* de flottaison || **~logged** [-lɔgd] *adj* plein d'eau || détrempé (land) || **~man** *n* batelier *m* || **~mark** *n* TECHN. [paper] filigrane *m* || **~-melon** *n* pastèque *f* || **~-mill** *n* moulin *m* à eau || **~-power** *n* énergie hydraulique, houille blanche || **~proof** *adj* imperméable ● *vt* imperméabiliser || **~shed** *n* ligne *f* de partage des eaux || **~-side** *adj* riverain; ~ *dweller,* riverain *m* || **~-ski** *vi* faire du ski nautique || **~-skiing** *n* ski *m* nautique || **~-sport(s)** *n(pl)* sports *mpl* nautiques || **~spout** *n* trombe *f* d'eau || ~ **tank** *n* réservoir *m;* citerne *f* || **~tight** *adj* étanche || **~-tower** *n* château *m* d'eau || **~way** *n* voie navigable, voie fluviale || **~works** *npl* canalisations *fpl* d'eau || jeux *mpl* d'eau (fountain).

watery *adj* aqueux, humide || détrempé (ground) || insipide (tea).

watt [wɔt] *n* watt *m.*

wave [weiv] *n* vague, lame *f* (of sea) || *cold/heat* ~, vague *f* de froid/chaleur || RAD. onde *f; short* ~, onde courte; ***~-length,*** longueur *f* d'onde || ondulation *f* (in hair) || *permanent* ~, ondulation permanente || geste, signe *m* de la main ● *vi* [hair] onduler || [flag]

flotter || faire signe de la main — *vt* agiter, déployer (a flag) || faire signe à qqn || onduler; *have one's hair ~d,* se faire onduler les cheveux.

waver ['weivə] *vi* vaciller, trembler || FIG. chanceler, hésiter.

wavy ['weivi] *adj* ondulé (hair); ondulant (surface).

wax I [wæks] *vi* ASTR. croître.

wax II *n* cire *f; sealing ~,* cire à cacheter ● *vt* cirer || [beauty treatment] épiler à la cire || **~(ed) paper** *n* papier paraffiné || **~work** *n* figure *f* de cire || *Pl* musée *m* de figures de cires.

way [wei] *n* chemin *m,* voie *f* || **~ *in/out,*** entrée/sortie *f; ~ up /down,* montée/descente *f* || route *f,* chemin *m; on the ~ to,* en route pour; ***go one's ~,*** partir; ***lose one's ~,*** perdre son chemin || ***out of the ~,*** écarté; FIG. extraordinaire || ***by the ~,*** chemin faisant; FIG. à propos || passage *m; **give ~,*** céder (yield); s'effondrer (collapse); AUT. laisser la priorité (*to,* à); ***make ~,*** livrer passage (*for,* à); *stand in the ~,* barrer le chemin (*of,* à) || trajet *m,* distance *f; it's a long ~ to,* il y a loin jusqu'à; *go part of the ~,* faire un bout de chemin (*with,* avec); *go all the ~,* aller jusqu'au bout || ***go out of one's ~,*** se donner du mal, se déranger (*to do,* pour faire) || direction *f; which ~ are you going?,* de quel côté allez-vous?; *make one's ~ to,* prendre la direction de; *this ~,* par ici; *that ~,* par là; *lead the ~,* montrer le chemin; *go the wrong ~,* se tromper de chemin || ***make ~,*** avancer, progresser; ***under ~,*** en cours; ***make one's ~,*** faire son chemin || moyen *m,* façon, manière *f* (manner); *this ~,* de cette façon; *in such a ~ as to,* de façon à; ***by ~ of,*** en guise de; ***have one's own ~,*** faire à sa guise; *in a friendly ~,* amicalement || ***~ of life,*** manière *f* de vivre || *Pl* façons *fpl,* allure *f* || rapport *m; in many ~s,* à bien des égards || condition *f,* état *m; be in a good/bad ~,* aller bien/mal || FAM. ***in the family ~,*** enceinte || mesure *f; in a ~,* dans une certaine mesure; ***in a small ~,*** sur une petite échelle, modestement || NAUT. ***gather ~,*** prendre de l'erre; ***get under ~,*** appareiller || U.S. ***~ back,*** il y a longtemps; ***~ down,*** en bas; ***~ out,*** très loin || SL. ***no ~!,*** pas qestion! || **~farer** ['-,fɛərə] *n* LITT. voyageur *n.*

way|lay [wei'lei] *vt* (see LAY) arrêter au passage || **~side** *n* bord *m* de la route || **~ward** *adj* capricieux, fantastique; entêté (stubborn).

W C [,dʌblju:'si:] *n* = WATER CLOSET.

we [wi:] *pron* [unstressed] nous; on || [stressed] nous autres; WE *English,* nous autres Anglais.

weak [wi:k] *adj* faible || léger (tea) || débile (health) || *grow ~,* s'affaiblir || *the ~er sex,* le sexe faible || **~en** *vt* affaiblir — *vi* faiblir, s'affaiblir || **~ling** [-liŋ] *n* MÉD. personne chétive || FIG. personne *f* influençable || **~ly** *adj* MÉD. chétif, débile ● *adv* faiblement || **~ness** *n* faiblesse *f* (lit. and fig.) || FIG. faible *m* (*for,* pour).

wealth [welθ] *n* richesse, opulence, fortune *f* || **~y** *adj* riche, opulent.

wean [wi:n] *vt* sevrer.

weapon [wepən] *n* arme *f.*

wear [wɛə] *n* usage, port *m; for autumn ~,* pour porter à l'automne; *for everyday ~,* de tous les jours; *the worse for ~,* usé, défraîchi (dress) || COMM. vêtements *mpl; men's ~,* vêtements pour hommes; *evening ~,* tenue *f* de soirée; *foot ~,* chaussures *fpl* || usure *f* || ***~ and tear,*** usure *f* ● *vt* (wore [wɔ:], worn [wɔ:n]) porter (a dress) || user (one's clothes); *~ one's coat threadbare,* user son

veston jusqu'à la corde ; ~ *a hole in,* faire un trou à || Fig. ~ *oneself out,* s'épuiser || ~ ***away,*** user (erode) ; effacer (inscription) || ~ ***down,*** user ; fig. épuiser || ~ ***off,*** user, effacer, faire disparaître || ~ ***out,*** user entièrement ; fig. épuiser.
— *vi* s'user (become impaired) ; ~ ***well,*** [dress] durer, faire de l'usage ; [person] rester jeune || Fig. [time] s'écouler, passer (lentement) || ~ ***away,*** [clothes] s'user ; [inscription] s'effacer ; [time] s'écouler || ~ *down/out,* s'user || ~**able** [-rəbl] *adj* mettable.

wear|y ['wiəri] *adj* las ● *vt* lasser, fatiguer || Fig. ennuyer — *vi* se fatiguer || ~**iness** *n* lassitude *f* || ~**isome** *adj* ennuyeux.

weasel ['wi:zl] *n* belette *f.*

weather ['weðə] *n* temps *m ; bad* ~, mauvais temps ; *the ~ is fine,* il fait beau ; *what's the ~ like?,* quel temps fait-il ? ; *the ~ is cold,* il fait froid ; *in all ~s,* par tous les temps ; ~ *permitting,* si le temps le permet || Naut. *heavy ~,* gros temps || Fig. *feel under the ~,* ne pas se sentir bien ● *vt* Naut. résister à, étaler (a storm) ; doubler (a cape) || Fig. surmonter (difficulties) || ~**cock** *n* girouette *f* || ~**-ship** *n* navire *m* météorologique || ~**-strip** *n* bourrelet *m* ● *vt* calfeutrer (a window) || ~ **forecast** *n* prévisions *fpl* météorologiques.

weav|e [wi:v] *vt* (wove [wəuv], woven ['wəuvn]) tisser (a fabric) || tresser (a basket) || Fig. tramer (a plot) ; bâtir (a story) || Fig. ~ *one's way,* se faufiler (*through,* à travers) || ~**er** *n* tisserand *n* || ~**ing** *n* tissage *m.*

web [web] *n* tissu *m* (material) || toile *f* d'araignée || palme *f* (of swimming bird) ; ~***-footed*** (*adj*), palmipède || Fig. tissu *m* (of lies).

wed [wed] *vt* épouser — *vi* s'unir à || ~**ding** *n* mariage *m,* noce(s) *f(pl) ; golden ~,* noces *fpl* d'or ● *adj* nuptial ; ~***-card,*** faire-part *m* de mariage ; ~ ***dress,*** robe *f* de mariée ; ~***-ring,*** alliance *f.*

wedge [wedʒ] *n* coin *m* (to split wood) ● *vt* coincer, caler (fix) || ~ *oneself into,* s'insinuer dans.

wedlock ['wedlɔk] *n* mariage *m,* vie conjugale || *born out of ~,* illégitime (child).

Wednesday ['wenzdi] *n* mercredi.

wee [wi:] *n* [children] *have a ~,* faire pipi.

weed [wi:d] *n* mauvaise herbe ● *vt* désherber ; sarcler (with hoe) || Fig. ~ *out,* éliminer || ~**-killer** *n* désherbant, herbicide *m.*

week [wi:k] *n* semaine *f; a ~ from today* or *today ~,* dans huit jours ; *tomorrow ~,* (de) demain en huit ; *a ~ ago yesterday* or *yesterday ~,* il y a eu hier huit jours || ~ ***in,*** ~ ***out,*** pendant des semaines || ~**-day** *n* jour *m* de semaine ; *on ~-days,* en semaine || ~**end** *n* fin *f* de semaine, week-end *m* || ~**ly** *adj* hebdomadaire ● *n* hebdomadaire *m* ● *adv* toutes les semaines.

weep [wi:p] *vt/vi* (wept [wept]) pleurer ; ~ *for joy,* pleurer de joie || ~**ing willow** *n* saule pleureur.

weft [weft] *n* trame *f.*

weigh [wei] *vt* peser, soupeser (in the hand) || Fig. peser (the conséquences) || Naut. lever (anchor) || ~ *down,* faire plier ; fig. accabler — *vi* peser ; ~ *a ton,* peser une tonne || Fig. peser (*upon,* sur) ; avoir du poids (*with,* auprès de) || ~**-bridge** *n* pont-bascule *m* || ~**ing-machine** *n* bascule *f.*

weight [weit] *n* poids *m ; **put on/lose** ~,* prendre/perdre du poids || Comm. poids *m ; sold by the ~,* vendu au poids ; *dead ~,* poids mort || Sp. *put the ~,* lancer le poids ; ~***-lifting,*** poids et haltères *mpl* || Fig. fardeau, poids *m ;* importance *f* ● *vt* lester, plomber (a net) || alourdir, charger (*with,* de) || **~lessness** *n* apesanteur *f* || **~-lifter** *n* haltérophile *n* || **~y** *adj* pesant, lourd || FIG. important.

weir [wiə] *n* barrage *m* (small).

weird [wiəd] *adj* surnaturel || FAM. étrange.

welcome ['welkəm] *adj* bienvenu ; *make sb. ~,* faire bon accueil à qqn || *~ **to,*** autorisé à, libre de ; *you are ~ to my car,* ma voiture est à votre disposition || [answer to thanks] *you're ~,* il n'y a pas de quoi, de rien, je vous en prie, il n'y a pas de quoi ● *n* bienvenue *f ; give sb. a hearty ~,* faire un accueil chaleureux à qqn ; *bid sb. ~,* souhaiter la bienvenue à qqn ● *vt* accueillir avec plaisir, souhaiter la bienvenue.

weld [weld] *vi/vt* (se) souder || **~ing** *n* soudure *f* || TECHN. ***~-torch,*** chalumeau *m.*

welfare ['welfεə] *n* bien-être *m* || *~ **state,*** État *m* providence || *~ **work,*** aide sociale.

well I [wel] *n* puits *m ; drive/sink a ~,* creuser un puits ● *vi* [liquid] jaillir *(up, forth) ;* [spring] sourdre || **~-digger** *n* puisatier *m* || **~-room** *n* buvette *f* (at a spa).

well II *adv* (see BETTER, BEST) bien ; *very ~,* très bien ; *treat sb. ~,* bien traiter qqn ; *~ done !,* bien joué ! || ***do** ~,* prospérer || ***do** ~ **by sb.,*** traiter qqn avec générosité || ***do** ~ **to,*** bien faire de || *as ~,* aussi, également ; *as ~ as,* aussi bien que, de même que ; *I did as ~ as I could,* j'ai fait de mon mieux ● *adj he is ~,* il va bien ; *get ~ again,* guérir ; *you look ~,* vous avez bonne mine ; *all's ~ !,* tout va bien ! ● *interj* bien !, soit ! (resignation) || eh bien, peut-être (hesitation) || eh bien ?, et alors ? (interrogation) || tiens ! (surprise) || donc (summarizing) || enfin (resuming) ● *n* bien *m ; wish sb. ~,* vouloir du bien à qqn ; *speak ~ of sb.,* dire du bien de qqn.

well III *pref* || **~-appointed** ['--'--] *adj* bien équipé || **~-balanced** [,-'bælənst] *adj* équilibré || **~-being** *n* bien-être *m* || **~-bred** *adj* bien élevé || **~-built** *adj* bien bâti || **~-groomed** ['-'grumd] *adj* soigné || **~-informed** ['--'-] *adj* bien renseigné ; *keep oneself ~,* se tenir au courant.

wellington ['weliŋtən] *n ~ (boot),* botte *f* en caoutchouc.

well|-known *adj* bien connu || **~-mannered** [,-'mænəd] *adj* bien élevé || **~-meaning** *adj* bien intentionné || **~-meant** *adj* fait dans une bonne intention || **~-off** *adj* aisé, riche || **~-preserved** ['--'-] *adj* bien conservé || **~-read** [,-'red] *adj* cultivé || **~-timed** ['wel'taimd] *adj* opportun || **~-to-do** *adj* aisé, cossu, riche.

Welsh [welʃ] *adj* gallois || **~man** *n* Gallois *m* || **~woman** *n* Galloise *f.*

welter I ['weltə] *n* désordre, embrouillamini *m* ● *vi* se vautrer.

welter II *n* SP. ***~-weight,*** poids mi-moyen.

wench [wenʃ] *n* PÉJ. fille *f.*

wend [wend] *vt* LIT. *~ one's way,* s'acheminer, diriger ses pas (*to,* vers).

went See GO.

wept [wept] See WEEP.

were [wə:] See BE.

west [west] *n* ouest *m* || occident *m* (part of the earth) ● *adj* d'ouest ● *adv* à l'ouest, vers l'ouest || **~ern** [-ən] *adj* occidental, de l'ouest || **~erner** [-ənə] *n* U.S. homme *m*/femme *f* de l'Ouest.

West| Indian *adj/n* antillais || **~ Indies** *npl* Antilles *fpl.*

westwards ['-wədz] *adj/adv* à/vers l'ouest.

wet [wet] *adj* mouillé ; *get ~,* se mouiller ; *be ~ through ~ to the skin,* être trempé jusqu'aux os || pluvieux (weather) || *~ paint,* attention à la peinture ● *n the ~,* la pluie ● *vt* mouiller, humecter ||

~**-blanket** *n* FAM. rabat-joie *m* || ~ **dock** *n* NAUT. bassin *m* à flot || ~**-nurse** *n* nourrice *f*.

whal|e [weil] *n* baleine *f* || ~**er** *n* baleinier *m* || ~**ing** *n* pêche *f* à la baleine.

wharf, s/wharves [wɔ:f, -wɔ:vz] *n* NAUT. appontement, débarcadère *m*.

what [wɔt] *adj* [interrogative] quel(s) *m(pl)*, quelle(s) *f(pl)*; ~ *books have you read ?,* quels livres avez-vous lus ? || [exclamatory] ~ *an idea !,* quelle idée ! || [relative] le/la/les..., qui/que ; *give me ~ books you have,* donnez-moi les livres que vous avez ● *pron* [interrogative] que ?, quoi ?, qu'est-ce qui/que ?, quel(s) *m(pl),* quelle(s) *f(pl)*; ~ *is it ?,* qu'est-ce que c'est ? ; ~*'s your name ?,* quel est votre nom ? ; ~ ***about ...?,*** que pensez-vous de ... ? ; ~ ***for?,*** pourquoi ? ; ~ *is that for ?,* à quoi cela sert-il ? ; ~ ***... like ?,*** comment ? (see LIKE) ; ~ ***if ...?,*** et si ... ?, à supposer que ... ? ; ***and ~ not ?,*** et que sais-je (encore) ? ; ~ ***of ...?,*** quelles nouvelles de ... ? ; ***so ~?,*** et alors ?, et puis après ? ; ~ ***though ...,*** qu'importe que ... ; ~ ***with ... and ...,*** tant à cause de ... et de ... || [relative] ce qui, ce que || ~**ever** [-'evə] *pron* tout ce qui/que/dont ; ~ *you like,* tout ce qui vous plaira || quoi que ; ~ *happens,* quoi qu'il arrive ● *adj* quel ... que soit ; ~ *difficulties you may encounter,* quelles que soient les difficultés que vous rencontriez || [emphatic] (after negative n. or pron.) aucun, aucune ; *there can be no doubt ~ about it,* il n'y a pas le moindre doute à ce sujet ; *nothing ~,* absolument rien ; (after « any ») quelconque ; *any language ~,* n'importe quelle langue || ~**-so-ever** ['wɔtsəu'evə] *adj/pron* LIT. [emphatic] = WHATEVER.

wheat [wi:t] *n* blé, froment *m*.

wheedle ['wi:dl] *vt* cajoler.

wheel [wi:l] *n* roue *f* || TECHN. tour *m* (potter's) || AUT. volant *m* ● *vi* tournoyer — *vt* faire pivoter ; pousser ; rouler || ~**-barrow** *n* brouette *f* || ~**base** *n* AUT. empattement *m* || ~**-brace** *n* vilebrequin *m* || ~**-chair** *n* fauteuil roulant || ~**wright** ['-rait] *n* charron *m*.

wheeze [wi:z] *vi* respirer péniblement.

when [wen] *adv* [interrogative] quand ? ; *since ~ ?,* depuis quand ? || [relative] *the day ~,* le jour où ; *at the time ~,* au moment où, à l'heure où ● *conj* au moment où, quand ; lorsque.

whence [wens] *adv/pron* [arch.] d'où (?).

whenever [wen'evə] *conj* [every time that] toutes les fois que || [no matter when] à n'importe quel moment ; ~ *you like,* quand vous voudrez.

where [wɛə] *adv* [interrogative] où ? ; ~ *are you from ?,* d'où êtes-vous ? || [relative] où ; *the office ~ I work,* le bureau où je travaille || [no antecedent] *I found my books ~ I had left them,* j'ai trouvé mes livres là où je les avais laissés ● *conj* où ; là où ● *pron* où ; *from ~ ?,* d'où ? || ~**abouts** ['wɛərə'bauts] *adv* où (donc) ? ● *n* endroit *m* où l'on se trouve || ~**as** [wɛər'æz] *conj* tandis qu'au contraire || JUR. attendu que || ~**by** [wɛə'bai] *adv* par quoi ; au moyen de/selon lequel/laquelle/etc.

where|fore ['wɛəfɔ:] *conj* ce pour quoi || ~**in** [wɛər'in] *adv* où, en quoi || ~**of** [wɛər'ɔv] *adv* dont, duquel || ~**on** [wɛər'ɔn] *adv* sur quoi || ~**to** [wɛə'tu:] *adv* [arch.] et dans ce but || ~**upon** [,wɛərə'pɔn] *adv* sur quoi ● *conj* sur ce, là-dessus.

wherever [,wɛər'evə] *adv* partout où, n'importe où, où que.

wherewithal ['wɛəwiðɔ:l] *n*

moyens *mpl;* ressources *fpl* nécessaires.

whet [wet] *vt* aiguiser, affûter || FIG. aiguiser, stimuler (the appetite).

whether ['weðə] *conj* [indirect question] si; *go and see ~ Paul can come,* aller voir si Paul peut venir; ***~ ... or,*** si ... ou; *I wonder ~ he likes it or not,* je me demande si cela lui plaît ou non || [condition] ***~ ... or,*** soit ... soit || ***~ or no(t),*** qu'il en soit ainsi ou non; de toute façon.

whetstone ['wetstəun] *n* pierre *f* à aiguiser.

whey [wei] *n* petit-lait *m.*

which [witʃ] *pron* [interrogative] lequel?, laquelle?; *Pl* lesquel(le)s?; *~ do you like best?,* lequel/etc. préférez-vous? || [relative] (with n. as antecedent) qui, que, lequel, laquelle, lesquel(le)s; (after prep.) *the table one leg of ~ is broken,* la table dont un pied est cassé; (with clause as antecedent, after a comma) [subject] ce qui; *he said he was away at the time, ~ was true,* il a dit qu'il était absent à ce moment-là, ce qui était vrai; [object] ce que; ..., *which I don't believe,* ce que je ne crois pas ● *adj* [interrogative] quel? || [relative] n'importe lequel || **~ever** [witʃ'evə] *pron* n'importe lequel ... qui/que.

whiff [wif] *n* bouffée *f* (of smoke).

while [wail] *n* temps *m; all the ~,* tout le temps; *after a ~,* quelque temps après; *for a short ~,* momentanément; *a short ~ ago,* il n'y a pas longtemps; ***once in a ~,*** de temps à autre || [= temps passé]; ***it's not worth (your) ~,*** cela n'en vaut pas la peine ● *vt ~ away,* passer/tuer (the time) ● *conj* pendant/tandis/alors que (during the time that) || tant que (as long as) || quoique (although).

whilst [wailst] *conj* = WHILE.

whim [wim] *n* caprice *m,* fantaisie *f.*

whimper ['wimpə] *vi* gémir, pousser des cris plaintifs ● *n.* petit cri (plaintif), gémissement *m.*

whimsical ['wimzikl] *adj* capricieux, fantasque (person) || bizarre, étrange (thing).

whine [wain] *vi* [child] pleurnicher || [person] geindre || [dog] gémir ● *n* pleurnicherie *f* || gémissement *m.*

whinny ['wini] *vi* hennir.

whip [wip] *n* fouet *m* || POL. chef *m* de file ● *vt* fouetter || CULIN. battre (eggs) || mouvoir vivement; *~ out sth.,* sortir qqch. brusquement — *vi* se jeter, s'élancer || **~per-in** ['wipə'rin] *n* SP. piqueur *m* || **~ping boy** *n* souffre-douleur *m* || **~-round** *n have a ~,* faire une collecte.

whir(r) [wə:] *vi* [engine] ronfler; [propeller] vrombir ● *n* ronflement, vrombissement *m.*

whirl [wə:l] *vi/vt* (faire) tourbillonner/tournoyer ● *n* tourbillon *m* || **~pool** *n* [water] tourbillon *m* || **~wind** *n* tornade *f.*

whisk [wisk] *vt* CULIN. battre, fouetter || FIG. *~ away,* chasser (a fly) — *vi* passer à toute vitesse ● *n* CULIN. fouet *m.*

whiskers ['wiskəz] *npl* favoris *mpl* || moustaches *fpl* (of a cat).

whisky ['wiski] *n* whisky *m.*

whisper ['wispə] *vi* chuchoter, murmurer ● *n* chuchotement, murmure *m* || **~ing** [-riŋ] *n* chuchotement *m.*

whistle ['wisl] *n* sifflement *m* (sound) || sifflet *m* (instrument); *blow a ~,* donner un coup de sifflet ● *vt/vi* siffler; *~ one's dog back,* siffler son chien || **~-stop** *n* U.S., POL. tournée électorale.

whit [wit] *n not a ~ of,* pas un brin/grain de.

white [wait] *adj* blanc *m* (colour)

|| ~*-slave traffic,* traite *f* des blanches || pâle, blême ; ***turn ~,*** blanchir ; [person] pâlir || FIG. **~-caps** *n* moutons *mpl* (waves) || **~-collar** *adj ~(ed) worker,* employé *n* de bureau ; col blanc (fam.).

white-hot ['wait'hɔt] *adj* chauffé à blanc.

whiten ['waitn] *vt/vi* blanchir (whitewash).

white|ness ['waitnis] *n* blancheur, pâleur *f* || **~wash** *n* lait *m* de chaux ● *vt* blanchir à la chaux.

whither ['wiðə] *adv* [arch.] LIT. où, vers quel endroit || [journalese] *~ ... ?,* où va... ?

whiting ['waitiŋ] *n* merlan *m*.

whitlow ['witləu] *n* panaris *m*.

Whitsun(tide) ['witsn(taid)] *n* Pentecôte *f*.

whittle ['witl] *vt* tailler au couteau || *~ away/down,* rogner, amenuiser.

whiz(z) [wiz] *vi* [bullet] siffler ● *n* sifflement *m*.

who [huː] *pron* [relative] (subject) qui ; *he/she ~,* celui/celle qui || [interrogative] (subject) qui ? ; (object) FAM. *~ did you see ?,* qui avez-vous vu ? ; (prepositional object) *~ dit you give it to ?,* See WHOM.

whodunit [ˌhuː'dʌnit] *n* FAM. polar *m* (fam.) ; film policier.

whole [həul] *adj* sain et sauf (not injured) || tout entier, complet (entire) ; *the ~ night,* toute la nuit || CULIN. entier (milk) ; ***~-wheat bread,*** pain complet || MUS. *~ note,* ronde *f* || MATH. *~ number,* nombre entier ● *n* tout *m*, totalité *f*; *the ~ of,* tout, la totalité de, l'ensemble de || ***as a ~,*** dans l'ensemble ; ***on the ~,*** à tout prendre, au total || **~heartedly** *adv* de grand cœur.

wholesale ['həulseil] *n* COMM. *~ price,* prix *m* de gros ; *~ dealer,* grossiste *n* ● *adv* en gros.

wholesome ['həulsəm] *adj* sain || salubre (climate) || FIG. salutaire (advice).

wholly ['həuli] *adv* tout à fait, entièrement.

whom [huːm] *pron* (often replaced by WHO in colloquial English) [interrogative] qui ? ; *~ did you see ?,* qui avez-vous vu ? ; (prepositional object) *~ did you give it to ?,* à qui l'as-tu donné ? || [relative] (often replaced by THAT or omitted) *that is the man (~) I met last week,* c'est l'homme que j'ai rencontré la semaine dernière.

whore [hɔː] *n* putain *f*.

whose [huːz] *adj/pron* [relative] (possessive) dont, de qui || [interrogative] à qui ? ; *~ hat is this ?,* à qui est ce chapeau ? ; *~ is it ?,* à qui est-ce ?

Who's Who ['huːzuː] *n* G.B. Bottin mondain.

why [wai] *adv* [interrogative] pourquoi ? ; *~ not ?,* pourquoi pas ? || [relative] *that is (the reason) ~,* voilà pourquoi ● *interj* eh bien !, tiens ! ● *n* raison *f* motif, pourquoi *m*.

wick [wik] *n* mèche *f*.

wicked ['wikid] *adj* méchant (evil) || dépravé (depraved) || malicieux, malin (mischievous) || **~ly** *adv* méchamment || **~ness** *n* méchanceté *f*.

wicker ['wikə] *n* osier *m*.

wicket ['wikit] *n* guichet *m*.

wide [waid] *adj* large ; *this room is 10 feet ~,* cette pièce a 10 pieds de large || vaste, étendu (plain) || ample (dress) || grand ouvert (eyes, mouth) || loin ; *~ of the mark,* loin du but || FIG. vaste, considérable (culture, reading) || *make ~r,* élargir ; *grow ~r,* s'élargir ● *adv far and ~,* loin, partout || *~ apart,* très espacé ; *~ open,* grand ouvert || **~-awake** *adj* FIG. éveillé, alerte.

widen ['waidn] *vt/vi* (s')élargir || FIG. (s')étendre.

wide-spread ['waidspred] *adj* étendu || FIG. largement répandu.

widow ['widəu] *n* veuve *f* || **~er** *n* veuf *m* || **~hood** *n* veuvage *m*.

width [widθ] *n* largeur *f*.

wield [wi:ld] *vt* manier (a tool); brandir (a weapon) || FIG. exercer (control, influence).

wife, wives [waif, waivz] *n* femme, épouse *f*.

wig [wig] *n* perruque *f*.

wiggle ['wigl] *vi* se tortiller/dandiner; frétiller.

wild [waild] *adj* sauvage (animal, person, plant) || farouche (shy) || inculte, désolé (land) || impétueux, tumultueux (torrent) || furieux, déchaîné (wind) || frénétique (applause) || ébouriffé (hair) || FAM. passionné, enthousiaste, dans tous ses états (excited) || fou; dingue (fam.) [*about,* de] || FIG. affolé, égaré (distracted); insensé, extravagant (statement); furieux (*about,* de) [angry]; *drive sb.* ~, faire enrager qqn || FIG. dissolu (life); dissipé (person); ***run*** ~, [children] courir les rues, s'émanciper || FIG. fait au hasard (shot, guess) ● *n* désert *m* || *Pl* régions *fpl* désertiques, sauvages || **~-cat** *adj* risqué, extravagant || illégal (strike) || **~erness** ['wildənis] *n* désert *m,* région *f* désertique || **~ly** *adv* de façon extravagante, follement, violemment || frénétiquement (clap) || d'une façon dissolue (live) || **~ness** *n* état *m* sauvage || violence, fureur *f,* dérèglement *m* || extravagance, frénésie, folie *f*.

wilful [wilfl] *adj* entêté (stubborn) || voulu, prémédité (intentional).

will I [wil] *vt* (p. t. et p. p. willed [-d]) vouloir ● *n* volonté *f; at* ~, à volonté, à discrétion; *ill/good* ~, mauvaise/bonne volonté; *against one's* ~, contre son gré || JUR. testament *m* || **~ing** *adj* consentant || **~ingly** *adv* volontiers || **~-power** *n* volonté *f*.

will II *mod aux* (would [wud]) [future] *he* ~ *come,* il viendra || [conditional] See WOULD || [request] ~ *you...?,* voulez-vous...? ; *would you...?,* voudriez-vous...? || [determination] vouloir; *he* ~ *have his own way,* il ne veut en faire qu'à sa tête || [probability] *this* ~ *be the book you were looking for,* ce doit être le livre que vous cherchiez.

willow ['wiləu] *n* saule *m*.

willy-nilly ['wili'nili] *adv* bon gré mal gré.

wilt [wilt] *vi/vt* (se) flétrir.

wily ['waili] *adj* rusé, astucieux.

win [win] *vi/vt* (won [wʌn]) gagner (money, prize) ● *vt* ~ ***back,*** regagner, reconquérir || ~ ***over,*** convaincre, gagner (to a cause) ● *n* victoire *f*.

wince [wins] *vi* broncher; *without wincing,* sans sourciller.

winch [winʃ] *n* treuil *m* (windlass).

wind I [wind] *n* vent *m; the* ~ *is blowing,* il fait du vent; *the* ~ *is rising,* le vent se lève || MÉD. souffle *m* (breath); *get one's second* ~, reprendre haleine || MUS. ~*(-instruments)* instruments *mpl* à vent || FIG. ***get*** ~ ***of,*** avoir vent de || SL. ***get the*** ~ ***up,*** avoir la frousse ● *vt* essouffler || **~-cheater** *n* blouson *m* || **~fall** *n* fruit tombé || FIG. aubaine *f* || **~-gauge** *n* anémomètre *m* || **~mill** *n* moulin *m* à vent || **~pipe** *n* trachée-artère *f* || **~-screen**/U.S. **-shield** *n* AUT. pare-brise *m inv;* ~ ***washer,*** lave-glace *m;* ~ ***wiper,*** essuie-glace *m* || **~-sock** *n* AV. manche *f* à air || **~surf** *vi* faire de la planche à voile || **~surfer** *n* véliplanchiste *n* || **~-swept** *adj* balayé par les vents || **~-tunnel** *n* soufflerie *f*.

wind II [waind] *vi* (wound [waund]) [road] faire des détours, serpenter; [river] faire des méandres, serpenter — *vt* enrouler [string]; ~ *on(to) a reel,* bobiner || envelopper (wrap) || entourer de ses bras (embrace) || ~ ***off,*** dérouler || ~ ***up,*** enrouler, remonter (spring, clock); FIG. terminer, conclure, clore || **~er** *n* remontoir *m* || AUT. ***window ~,*** lève-vitre *m* || **~ing** *adj* sinueux (road, river); en lacet (road); tortueux (street); tournant, en colimaçon (stairs) ● *n* virage, tournant, coude *m.*

windlass ['windləs] *n* treuil *m.*

window ['windəu] *n* fenêtre *f; look out of the ~,* regarder par la fenêtre || guichet *m* (wicket) || RAIL. vitre *f* || AUT. glace *f;* ***rear ~,*** lunette *f* arrière || COMM. vitrine, devanture *f* || ~ **cleaner** *n* laveur *n* de carreaux || **~-dresser** n étalagiste *n* || **~-dressing** *n* décoration *f* de vitrine || **~-pane** *n* carreau *m,* vitre *f* || **~-shopping** *n* : *go ~,* faire du lèche-vitrine || **~-sill** *n* rebord *m* de fenêtre.

windward [-wəd] *adj/adv* au vent ● *n* côté *m* du vent.

windy *adj* venteux, exposé au vent; *it is ~,* il fait du vent.

wine [wain] *n* vin *m; ~-cellar,* cave *f* || ***~-grower*** *(n),* viticulteur *n; ~ growing (adj),* viticole, *(n)* viticulture *f; ~ list,* carte *f* des vins; *~press,* pressoir *m; ~-waiter,* sommelier *m.*

wing [wiŋ] *n* ZOOL. aile *f; on the ~,* en vol; ***take ~,*** prendre son vol, s'envoler || ARCH., TECHN., AUT., MIL. aile *f* || AV. escadre *f* || SP. ailier *m* || POL. *Right/Left ~,* la droite, la gauche || *Pl* TH. coulisses *fpl* ● vt [bird, plane] ~ *one's way,* voler || SP. blesser (un oiseau) à l'aile.

wink [wiŋk] *n* clin, clignement *m* d'œil; *give sb. a ~,* faire signe de l'œil à qqn || FAM. *have forty ~s,* faire un petit somme; *I didn't sleep a ~ all night,* je n'ai pas fermé l'œil de la nuit ● *vi* cligner les yeux; ~ *at sb.,* faire un clin d'œil à qqn || [light] vaciller || FIG. ~ ***at sth.,*** fermer les yeux sur qqch. || **~er** [-ə] *n* AUT. clignotant *m.*

winn|er ['winə] *n* gagnant *n,* vainqueur *m* || **~ing** *adj* gagnant || *Pl* gains *mpl* (in gambling) || SP. *~-post,* poteau *m* d'arrivée.

winnow ['winəu] *vt* vanner.

wint|er ['wintə] *n* hiver *m* || ~ ***sports,*** sports *mpl* d'hiver; ~ ***resort,*** station *f* de sports d'hiver || **~ry** ['wintri] *adj* hivernal, d'hiver.

wipe [waip] *n* coup *m* de torchon ● *vt* essuyer; ~ *one's feet,* s'essuyer les pieds || ~ ***away,*** effacer (a stain); essuyer (one's tears) || ~ ***off,*** enlever, essuyer || ~ ***out*** = ~ OFF; FIG. passer l'éponge sur; liquider (a debt) || ~ ***up,*** nettoyer.

wiper *n* See WINDSCREEN WIPER.

wire ['waiə] *n* fil métallique, fil *m* de fer; *barbed ~,* fil (de fer) barbelé || ÉLECTR. fil *m* électrique || télégramme *m; by ~,* par télégramme || *Pl* FIG. ficelles *fpl;* ***pull the ~s,*** tirer les ficelles ● *vt* attacher qqch. avec du fil de fer || FAM. télégraphier || **~-cutters** *npl* cisailles *fpl* || **~less** *n* [becoming rare] T.S.F.*(f)* [old use] || **~tap** *vt* TÉL. mettre (une ligne) sur (table d')écoute || **~-wool** *n* paille *f* de fer.

wir|ing ['waiəriŋ] *n* TECHN. grillage *m* || RAD. montage *m* || **~y** *adj* raide (hair) || FIG. nerveux, sec.

wisdom ['wizdm] *n* sagesse *f* || ~-***tooth,*** dent *f* de sagesse.

wise [waiz] *adj* sage, expérimenté (learned); *a ~ man,* un sage || sage, prudent (cautious) || éclairé, informé; *I am none the ~r,* je n'en sais pas plus pour autant; ***put sb. ~ to,*** avertir qqn de || **~acre** ['waiz,eikə] *n* pédant *n;* sot *n* prétentieux || **~crack**

['waizkræk] *n* bon mot || **~ly** *adv* sagement, prudemment.

wish [wiʃ] *vt* désirer, vouloir; *~ to do sth.,* vouloir faire qqch.; *I do not ~ it,* je n'y tiens pas; *I ~ I were rich,* je voudrais être riche || souhaiter; *~ sb. a pleasant journey,* souhaiter bon voyage à qqn; *~* ***sb. well/ill,*** vouloir du bien/mal à qqn — *vi ~* ***for,*** souhaiter, désirer ● *n* désir *m* || vœu, souhait *m; make a ~,* faire un vœu || ***best ~es,*** amitiés; [birthday] meilleurs vœux; *last ~es,* dernières volontés || **~ful** *adj* désireux; *be ~ of,* avoir envie de (*doing,* faire); ***that's ~ thinking,*** c'est prendre ses désirs pour des réalités.

wishy-washy ['wiʃi,wɔʃi] *adj* CULIN. délavé, fade || FIG. insipide (speech).

wisp [wisp] *n* bouchon *m* (of straw) || ruban *m* (of smoke).

wistaria *or* **wisteria** [wis'tɛəriə *or* -'tiəriə] *n* glycine *f.*

wistful ['wistfl] *adj* d'envie, de convoitise (look) || pensif (dreamy) || désenchanté (unsatisfied).

wit [wit] *n* esprit *m* (faculty) || *Pl have one's ~s about one,* avoir toute sa présence d'esprit || intelligence *f; at one's ~'s end,* à bout d'imagination || *Pl live by one's ~s,* vivre d'expédients || esprit *m* (liveliness); ***flash of ~,*** trait *m* d'esprit || homme *m*/femme *f* d'esprit.

witch [witʃ] *n* sorcière *f* || **~craft** *n* sorcellerie *f* || **~-hunt** *n* POL. chasse *f* aux sorcières.

with [wiδ] *prep* [in general] avec || [characteristic] à; *a girl ~ blue eyes,* une jeune fille aux yeux bleus || [place] chez; *he lives ~ us,* il habite chez nous || [instrument] *~ a knife,* au couteau || [cause] *shaking ~ cold,* tremblant de froid || [manner] *~ open arms,* à bras ouverts; *~ all his might,* de toutes ses forces || CULIN. *coffee ~ milk,* café *m* au lait || [possession] *I have no money ~ me,* je n'ai pas d'argent sur moi || [concerning] *~ him,* chez lui; *~ me,* pour moi || [in spite of] *~ all his faults,* malgré tous ses défauts || [not translated] *~ his hands in his pockets,* les mains dans les poches || MÉD. *~ child,* enceinte.

withdraw [wiδ'drɔː] *vt/vi* (see DRAW) [se] retirer || **~al** *n* retrait *m* || MIL. repli *m* || FIG. désistement *m* (of a candidate).

wither ['wiδə] *vi* se flétrir, se faner || **~ed** [-d] *adj* flétri, fané, desséché.

withhold [wiδ'həuld] *vt* (see HOLD) dissimuler (the truth) || refuser de donner, retenir.

within [wi'δin] *adv* à l'intérieur; *from ~,* de l'intérieur ● *prep* à l'intérieur de (inside); *~ myself,* dans mon for intérieur || [not beyond] *~ call,* à portée de voix; *~ reach,* à portée; *~ ten miles,* à moins de dix milles; *~ an hour,* d'ici une heure; *~ a week,* en moins d'une semaine || FIG. dans les limites de, dans le cadre de; au sein de.

without [wi'δaut] *prep* sans || *~* ***fail,*** sans faute; *~* ***doubt,*** sans aucun doute; *that goes ~ saying,* cela va sans dire || ***go/do ~,*** se passer de ● *adv/prep* [arch.] à l'extérieur (de).

withstand [wiδ'stend] *vt* (see STAND) résister à.

witness ['witnis] *n* témoin *m; ~ for the defence/prosecution,* témoin à décharge/charge; ***~-box,*** banc *m*/barre *f* des témoins, barre *f* || témoignage *m;* ***bear ~ to sth.,*** témoigner (*to,* de) qqch. ● *vt* être témoin de || assister à || témoigner, attester (testify) || signer, certifier (sign) — *vi* JUR. *~ to sth.,* témoigner de qqch.

witticism ['witisizm] *n* mot *m* d'esprit.

witty ['witi] *adj* spirituel.

wives See WIFE.

wizard ['wizəd] *n* magicien, sorcier *m*.

wizened ['wiznd] *adj* desséché, ratatiné.

wobble ['wɔbl] *vi* trembler || [person] tituber || [car] zigzaguer, brimbaler || FIG. hésiter.

woe [wəu] *n* malheur *m* || **~ful** *adj* affligé, désolé (person) || déplorable, lamentable (event) || **~fully** *adv* douloureusement, lamentablement.

woke, woken See WAKE II.

wolf, wolves [wulf, wulvz] loup *m*; *she-~*, louve *f*; ***~-cub,*** louveteau *m*; ***~-dog,*** chien-loup || FIG. ***cry ~,*** crier au loup || FIG., FAM. coureur *m* de femmes ● *vt* dévorer, engloutir.

woman, women ['wumən, 'wimin] femme *f*; *~ professor,* femme professeur *f* || **~-hater** *n* misogyne *m* || **~hood** *n* féminité *f* || **~ish** *adj* efféminé || **~ize** ['--aiz] *vi* courir les femmes || **~izer** *n* coureur *m* (de jupons) || **~like** *adj* de femme || **~ly** *adj* féminin, de femme.

womb [wu:m] *n* utérus *m*, matrice *f*.

Women's| Liberation Movement *n* Mouvement *m* de Libération de la Femme; M.L.F. *m* || **~ Libber** [-,libə] *n* FAM. membre *m* du M.L.F.

won See WIN.

wonder ['wʌndə] *n* merveille *f*; prodige, miracle *m*; ***for a ~,*** par miracle; ***work ~s,*** faire merveille; faire des miracles || étonnement *m*; *no ~ that,* (il n'est) pas étonnant que || émerveillement *m*, admiration *f* ● *vi* [be filled with wonder] s'émerveiller, s'étonner; *it's not to be ~ed at,* cela n'a rien d'étonnant || [ask oneself] se demander (*why,* pourquoi; *if/whether,* si); *I ~!,* je me le demande! || **~ful** *adj* merveilleux, étonnant || **~fully** *adv* merveilleusement, à merveille.

won't [wəunt] = WILL NOT.

wont [wəunt] *adj* habitué (*to,* à); *be ~ to,* avoir coutume de ● *n* habitude *f* || **~ed** [-id] *adj* accoutumé, habituel.

woo [wu:] *vt* courtiser, faire la cour à.

wood [wud] *n* bois *m* (forest) || bois *m* (material) || FIG. *out of the ~,* hors de danger, tiré d'affaire || **~cut** *n* gravure *f* sur bois || **~cutter** *n* bûcheron *m* || **~ed** [-id] *adj* boisé || **~en** *adj* de bois, en bois || **~land** [-lənd] *n* forêt, région boisée || **~man** *n* bûcheron *n* || **~pecker** [-,pekə] *n* pivert *m* || **~ pigeon** *n* (pigeon *m*) ramier *m*; palombe *f* || **~-shed** *n* bûcher *m* || **~wind** *n* MUS. bois *mpl* || **~work** *n* boiserie *f* || **~y** *adj* boisé (land).

wooer ['wu:ə] *n* soupirant *m*.

woof [wu:f] *n* trame *f*.

wool [wul] *n* laine *f* || **~gather** *vi* *be ~ing,* être perdu dans ses rêveries || **~gathering** *n* inattention *f* ● *adj* distrait, rêveur || **~len** [-n] *adj* de laine || **~lens** [-nz] *npl* lainages *mpl* || **~ly** *adj* de/en laine || crépu (hair) || FIG. confus, flou (ideas).

word [wə:d] *n* mot, terme *m*; *in other ~s,* en d'autres termes, autrement dit; ***~ for ~,*** mot pour mot || parole *f*; ***by ~ of mouth,*** de vive voix, verbalement || entretien *m*; ***have a ~ with sb.,*** dire un mot à qqn || nouvelle *f* (message); *send ~ to sb.,* prévenir qqn || promesse *f*; *give/keep one's ~,* donner/tenir sa parole; *break one's ~,* manquer à sa parole; *you may take my ~ for it,* vous pouvez m'en croire sur parole; *I give you my ~,* parole d'honneur || ordre *m* (order) || *Pl* dispute *f*; *have ~s with sb.,* se disputer avec qqn ● *vt* exprimer, formuler (an idea) || rédiger, libeller (a text)

|| **~ing** *n* expression, rédaction *f*, libellé *m* || **~y** *adj* verbeux, prolixe.

wore [wɔː] See WEAR.

work [wəːk] *n* travail *m* (action); *at ~,* au travail; *hard at ~,* en plein travail; ***set/get to ~,*** se mettre au travail || travail *m*, besogne, tâche *f* (sth. to be done) || ouvrage *m*, œuvre *f* (product); *~ of art,* œuvre d'art || travail, emploi *m* (job); ***out of ~,*** sans travail, en chômage || *Pl* (in form often treated as sing.) usine *f; steel ~s,* aciérie *f* || *Pl* mécanisme, mouvement *m* (of a machine) || *public ~s,* travaux publics.
● *vi* travailler (*at*, à) || agir, opérer || TECHN. fonctionner || ***~ away,*** poursuivre son travail || ***~ out,*** aboutir || ***~ to rule,*** faire la grève du zèle; ***~-to-rule*** *(n),* grève *f* du zèle.
— *vt* faire travailler || TECHN. faire fonctionner; actionner (a machine) || travailler, façonner (wood, metal); FIG. produire, causer (bring about); opérer (miracles) || ***~ in,*** faire entrer, introduire || ***~ off,*** se débarrasser de qqch. || ***~ out,*** calculer, résoudre (a problem); mener à bien (an affair); développer (an idea); causer, provoquer; TECHN. épuiser (a mine) || ***~ up,*** TECHN. façonner, ouvrer; FIG. monter (a business); exécuter (a scheme); exercer (an influence); monter la tête à (sb.); fomenter (a rebellion); exciter; *~ oneself up,* s'échauffer || **~able** *adj* exécutable || **~aday** [-ədei] *adj* de travail (clothes) || banal (ordinary) || terne (dull) || **~day** *n* journée *f* de travail; jour *m* ouvrable || **~er** *n* ouvrier *m; female/woman ~,* ouvrière *f*.

working *n* fonctionnement *m* ● *adj* de travail (clothes) || ***~ class,*** classe ouvrière || TECHN. ***in ~ order,*** en ordre de marche.

workman ['wəːkmən] *n* ouvrier *m* || **~ship** *n* habileté (professionnelle); savoir-faire *m*.

workshop *n* atelier *m*.

world [wəːld] *n* monde *m ; all over the ~,* dans le monde entier; *the New World,* le Nouveau Monde; *in this ~,* ici-bas; *in the next ~,* dans l'autre monde || univers, monde *m* || gens *mpl; all the ~,* tout le monde || monde *m*, vie sociale; *out of the ~,* retiré du monde || monde *m*, sphère *f; the ~ of science,* le monde savant; *the sporting ~,* le monde du sport || FAM. *a ~ of,* énormément; *think the ~ of sb.,* tenir qqn dans la plus haute estime; *he was for all the ~ like,* il ressemblait exactement à; *I wouldn't do it for all the ~,* je ne le ferais pour rien au monde ● *adj* mondial; ***~-class,*** SP. de classe internationale; ***World War One/Two,*** Première/Seconde Guerre mondiale || **~ly** *adj* matériel, temporel (goods); *~-wise,* qui a l'expérience du monde.

worm [wəːm] *n* ver *m* || TECHN. filet *m* (of a screw); ***~-gear,*** engrenage *m* à vis sans fin || CIN. ***~'s eye view,*** contre-plongée *f* || FIG. pauvre type *m* ● *vi* ramper; *~ one's way,* se glisser || FIG. soutirer (money, secret) || **~-eaten** *adj* mangé aux vers, vermoulu (wood) || **~y** *adj* véreux.

worn See WEAR || ***~ out,*** usé (shoes) || rompu de fatigue (person).

worried ['wʌrid] *adj* soucieux.

worry ['wʌri] *n* souci *m;* inquiétude *f* (anxiety) || FAM. tracas *m ; that's the least of my worries,* c'est le cadet de mes soucis ● *vi* s'inquiéter, se tourmenter; s'en faire (fam.); *don't ~,* ne vous en faites pas — *vt* inquiéter, tourmenter, tracasser (distress) || importuner (bother) || [dog] mordiller || **~ing** *adj* inquiétant.

worse [wəːs] *adj* [comp. of BAD, ILL] pire, plus mauvais (more nasty) || plus grave (more serious); *get ~,* empirer, s'aggraver; *make*

~, aggraver || MÉD. plus mal || *I was none the ~ for it,* je ne m'en suis pas plus mal porté ● *adv* pis, plus mal; ~ *still,* pis encore; ~ *than ever,* de plus en plus mal; ***so much the ~,*** tant pis ● *n* pire *m; change for the ~,* empirer || *be the ~ for drink,* être ivre.

worsen ['wə:sn] *vi* empirer, s'aggraver — *vt* aggraver, rendre pire.

worship ['wə:ʃip] *n* culte *m* || FIG. adoration *f* ● *vt* REL. adorer.

worst [wə:st] *adj* [sup. of BAD, ILL] le/la pire, le/la plus mauvais(e) ● *adv* le plus mal ● *n* pire *m,* pis *m;* ***at the (very) ~,*** au pire; ***if the ~ comes to the ~,*** au pis aller; *get the ~ of it,* avoir le dessous.

worsted ['wu:stid] *n* laine peignée || worsted *m* (fabric).

worth [wə:θ] *adj* ***be ~,*** valoir; *is it ~ while?,* cela en vaut-il la peine?; *it is not ~ the trouble,* cela n'en vaut pas la peine; *is this book ~ reading?,* ce livre vaut-il la peine d'être lu? || riche; *he is ~ a million,* il est milliardaire ● *n* valeur *f,* prix *m; two pounds' ~ of,* pour deux livres de; *get one's money's ~,* en avoir pour son argent || FAM. ***for all one is ~,*** de toutes ses forces || **~less** *adj* sans valeur || bon à rien (person) || **~y** ['wə:ði] *adj* digne, respectable; *be ~ of,* mériter.

would [wud] *mod aux* (see WILL) [conditional] *he ~ come if you asked him,* il viendrait si vous le lui demandiez || [habit] *he ~ go for a walk every day,* il faisait une promenade tous les jours || ***~ rather*** (= HAD RATHER) : I ~ rather go *now,* je préférerais partir maintenant || LIT. [arch.] ~ *to God (that)...,* plût à Dieu que; ~ *I were rich,* si seulement j'étais riche.

would-be ['wudbi:] *adj* soi-disant, prétendu (so called).

wound I [waund] See WIND II.

wound II [wu:nd] *n* blessure, plaie *f* || FIG. blessure *f* ● *vt* MÉD., FIG. blesser.

wove, woven See WEAVE.

wrack [ræk] *n* varech *m.*

wrangle ['ræŋgl] *vi* se quereller ● *n* querelle *f.*

wrangler *n* U.S. cow-boy *m.*

wrap [ræp] *vt* envelopper; emballer, empaqueter (a parcel) || ***~ about,*** enrouler || ***~ up,*** envelopper; ~ *yourself up,* couvrez-vous bien; FIG. ***be ~ped up in,*** être absorbé ● *n* châle *m* (neckerchief) || couverture *f* (rug) || **~per** *n* bande *f* (of newspaper) || couverture, jaquette *f* (of book) || COMM. emballeur *m* || **~ping-paper** *n* papier *m* d'emballage.

wrath [rɔ:θ] *n* courroux *m.*

wreak [ri:k] *vt* donner libre cours à (one's anger) || assouvir (vengeance).

wreath, s [ri:θ, ri:ðz] *n* couronne *f* (funeral) || guirlande *f* (garland) || panache *m* (of smoke) || **~e** [ri:ð] *vt* enguirlander, couronner, orner (decorate) || enrouler (*round,* autour de); *~d in mist,* enveloppé de brume — *vi* s'enrouler || [smoke] s'élever en volutes.

wreck [rek] *n* NAUT. naufrage *m* (act); épave *f* (ship) || AUT., AV., RAIL. accident *m* || [building] ruines *fpl,* décombres *mpl* || FIG. effondrement, naufrage *m;* épave *f* ● *vt* provoquer le naufrage de (ship); ***be ~ed*** [-t], faire naufrage || faire dérailler (train) || démolir (building) || FIG. ruiner (plans) || **~age** [-idʒ] *n* décombres *mpl* || **~er** *n* U.S., AUT. dépanneuse *f.*

wren [ren] *n* ZOOL. roitelet *m.*

wrench [renʃ] *n* arrachement, coup *m* (pull); torsion *f* (twist) || MÉD. foulure *f* || TECHN. clef *f.*

wrest [rest] *vt* arracher brutalement.

wrestl|e ['resl] *vt* lutter ● *n* lutte

f || **~er** *n* lutteur *n* || **~ing** *n* lutte *f;* catch *m.*

wretch [retʃ] *n* malheureux, infortuné *m ; poor* ~, pauvre hère *m* || PÉJ. scélérat *n* (scoundrel) || **~ed** [-id] *adj* malheureux, infortuné (unhappy) || misérable (pitiable) || mauvais, détestable, piètre (unsatisfactory) || FAM. [intensive] maudit; fichu (fam.) || **~edness** [-idnis] *n* malheur *m,* infortune *f.*

wriggle ['rigl] *vi* se tortiller, frétiller || FIG. s'insinuer (*into,* dans).

wring [riŋ] *vt* (wrung [rʌŋ]) tordre (twist) || essorer (wet clothes) || serrer fortement (squeeze); ~ ***one's hands,*** se tordre les mains || FIG. fendre, serrer (sb.'s heart) || **~er** *n* essoreuse *f.*

wrinkle ['riŋkl] *n* ride *f* (on the skin) || faux pli (in a dress) ● *vt* rider; ~ *one's forehead,* plisser le front || chiffonner, froisser (a dress) — *vi* [skin] se rider, se plisser || [clothes] faire des faux plis.

wrist [rist] *n* poignet *m* || **~-watch** *n* bracelet-montre *m,* montre-bracelet *f.*

writ [rit] *n* JUR. acte judiciaire, mandat *m* || REL. *Holy Writ,* Écriture sainte.

write [rait] *vi* (wrote [rəut], written ['ritn]) écrire; ~ *in ink/pencil,* écrire à l'encre/au crayon || être écrivain, faire du journalisme — *vt* écrire || inscrire (one's name) || rédiger (an article) || écrire (a letter) || ~ ***away,*** écrire (to buy sth.) || ~ ***down,*** mettre par écrit, noter || ~ ***off,*** écrire en vitesse; COMM. passer aux profits et pertes; renoncer à, annuler (debt); FIG. détruire (complètement); **~-*off*** *(n),* [accident] ruine *f;* COMM. perte sèche || ~ ***out,*** écrire en toutes lettres; rédiger; établir (cheque); recopier au net || ~ ***up,*** rédiger (an account); faire un compte rendu, écrire un article (for a newspaper); COMM. mettre à jour (book-keeping); **~-*up*** *(n),* description *f,* compte rendu.

writer ['raitə] *n* écrivain, auteur *m.*

writhe [raið] *vi* se tordre de douleur.

writing ['raitiŋ] *n* écriture *f* (handwriting); *in* ~, par écrit || rédaction *f* (act) || ouvrage *m; Pl* œuvres *fpl* || **~-desk** *n* secrétaire *m* || **~-paper** *n* papier *m* à lettres.

wrong [rɔŋ] *adj* mal (not right) || *be* ~, avoir tort || faux, erroné (mistaken); *take the* ~ *train,* se tromper de train || ~ ***side,*** envers *m;* mauvais côté *m* (of a road); ~ *side out,* à l'envers || *swallow the* ~ *way,* avaler de travers || *go the* ~ *way,* se tromper de chemin || TÉL. ~ *number,* faux numéro || MUS. ~ *note,* fausse note || [bad condition] dérangé, détraqué; *what's* ~ (*with you*)?, qu'est-ce qui ne va pas?, qu'est-ce que vous avez?; *there's sth.* ~ *with the car,* il y a qqch. qui ne marche pas dans la voiture || [evil] mal; *it is* ~ *to tell lies,* c'est mal de mentir ● *adv* mal || ***go*** ~, se tromper; FIG. tourner mal || *you've got me* ~, vous m'avez mal compris ● *n* mal *m* (evil); *right and* ~, le bien et le mal || tort *m,* injustice *f;* ***do*** ~, faire du tort (*to,* à); ***be in the*** ~, être dans son tort ● *vt* nuire à, faire du tort (harm) || **~-doer** *n* malfaiteur *n* || **~-doing** *n* mal, méfait *m* || **~ly** *adv* mal, à tort (unjustly).

wrote See WRITE.

wroth [rəuθ] *adj* [arch.] LIT. courroucé.

wrought [rɔːt] (arch., p.p. of WORK) *adj* ouvragé, travaillé; ~ ***iron,*** fer forgé.

wrung See WRING.

wry [rai] *adj* tordu || FIG. désabusé, amer; *pull a* ~ *face,* faire la grimace; *a* ~ *smile,* un sourire désabusé.

X

x [eks] *n* x *m* ● *adj* CIN. *~-film,* film interdit aux moins de 18 ans.

xenophobia [ˌzenəˈfəubjə] *n* xénophobie *f.*

Xerox [ˈzirɔks] *n* T.N. photocopie *f* ● *vt* photocopier.

Xmas [ˈkrisməs] *n* = CHRISTMAS.

X-ray [ˈeksˈrei] *n* rayons X *mpl*; *have an ~ (examination),* se faire radiographier; passer à la radio (fam.) || *~ treatment,* radiothérapie *f* ● *vt* radiographier.

xylophone [ˈzailəfəun] *n* xylophone *m.*

Y

y [wai] *n* y *m.*

yacht [jɔt] *n* yacht *m* || **~ing** *n* yachting *m,* (navigation *f* de) plaisance *f* || **~sman** [-smən] *n* yachtman *m,* plaisancier *m.*

yack(ety-yack) [ˈjæk(itiˈjœk)] *n* SL., PÉJ. caquetage *m* ● *vi* [person] jacasser.

yam [jæm] *n* BOT. igname *f* || U.S. patate douce.

yard I [jɑːd] *n* cour *f* || dépôt; chantier *m* || NAUT. chantier naval || RAIL. *marshalling ~,* centre *m* de triage.

yard II *n* yard *m* (measure) || NAUT. vergue *f.*

yarn [jɑːn] *n* fil *m* (of cotton, wool, etc.) || FAM. histoire *f; spin a ~,* raconter une histoire.

yawn [jɔːn] *vi* bâiller ● *n* bâillement *m* || **~ing** *adj* béant, grand ouvert.

year [jəː] *n* an *m,* année *f;* ***all the ~ round,*** toute l'année; ***school ~,*** année scolaire; ***~ in, ~ out,*** chaque année, année après année || *Pl* âge *m; get on in ~s,* prendre de l'âge || **~-book** *n* annuaire *m* || **~ling** [-liŋ] *n* animal *m* d'un an || **~ly** *adj* annuel ● *adv* par an, annuellement.

yearn [jəːn] *vi ~ after/for,* désirer ardemment, languir après, soupirer après (sth.)/pour (sb.) || **~ing** *n* désir ardent.

yeast [jiːst] *n* levure *f; brewer's ~,* levure de bière.

yell [jel] *vi/vt* crier, hurler ● *n* cri, hurlement *m.*

yellow [ˈjeləu] *adj* jaune; *turn/become ~,* jaunir || MÉD. *~ fever,* fièvre *f* jaune || FAM. *~ press,* presse *f* à sensation || FAM. froussard *n* ● *n* jaune *m* (colour) ● *vt/vi* jaunir || **~ish** *adj* jaunâtre.

yelp [jelp] *vi* [dog] japper; [fox] glapir ● *n* jappement *m.*

yep [jep] *adv* U.S., FAM. oui; ouais (fam.).

yes [jes] *adv* oui || [in answer to a negative question] si || **~-man** *n* beni-oui-oui *m.*

yesterday [ˈjestədi] *adv/n* hier *(m); the day before ~,* avant-hier; *~ evening,* hier soir.

yet [jet] *adv* [negative] ***not ~,*** pas encore; *not just ~,* pas tout de suite || [interrogative] *has he arrived ~?,* est-il déjà arrivé? || [affirmative] toujours, encore (still) || [before all is over] encore, toujours; *he may come ~,* il peut encore venir; *I'll do it ~,* j'y arriverai bien quand même || [+ comp.] ~ *richer,* encore plus riche || ***as ~,*** jusqu'ici, jusque-là || ***nor ~,*** et... non plus, ni même ● *conj* néanmoins, toutefois.

yew [ju:] *n* if *m.*

yield [ji:ld] *vt* AGR., FIN. donner, produire, rapporter (crop, fruit, profit) || céder, abandonner; ~ *ground,* céder du terrain — *vi* céder (*to,* à) ● *n* AGR. rendement *m,* production *f* (output) || FIN. rapport *m.*

yobo ['jɔbəu] *n* loubard *m* (pop.).

yoga ['jəugə] *n* yoga *m.*

yog(h)urt ['jəugə:t] *n* yogourt, yaourt *m.*

yogi ['jəugi] *n* yogi *n.*

yoke [jəuk] *n* joug *m* (lit. and fig.).

yolk [jəuk] *n* jaune *m* d'œuf.

yonder ['jɔndə] *adj/adv* là-bas.

you [ju:] *pron* [subject and object; sg. and pl.] vous *sg/pl* || [familiar form] (subject) tu *sg;* (object) te, toi *sg* || [emphatic] vous autres *pl* || FAM. on (one).

young [jʌŋ] *adj* jeune; ~ *people,* jeunes gens *mpl;* ~ *boy,* petit garçon, garçonnet *m;* ~ *girl,* fillette *f;* ~ *man,* jeune homme *m;* *grow ~ again,* rajeunir || **~er,** cadet; *she is six years ~ (than I),* elle a six ans de moins (que moi) || ZOOL. ~ *one,* petit *m* || FIG. *the night is still ~,* la nuit est à peine commencée ● *n* ZOOL. = ~ ONE; ***with ~,*** pleine || **~ster** [-stə] *n* adolescent *n.*

your [jɔ:] *adj* votre *m/fsing;* vos *m/fpl* || [familiar form] ton *msing,* ta *fsing,* tes *m/fpl.*

yours [jɔ:z] *pron* le/la vôtre, les vôtres || [familiar form] le tien, la tienne, les tiens, les tiennes || à vous; *a friend of ~,* un de vos amis; *that book is ~,* ce livre est à vous || ~ *truly,* sincèrement vôtre.

yourself, -selves [jɔ:'self, -selvz] *reflex pron* vous-même(s) || [familiar form] toi-même *sg* || *did you hurt ~?,* vous êtes-vous blessé? ● *emph pron : do it ~,* faites-le vous-même || ***by ~,*** seul; sans aide.

youth [ju:θ] *n* jeunesse *f* || (*Pl* **s** [ju:ðz]) jeune *m* (homme), adolescent *m; Pl* jeunes gens *mpl* || [collectively] *the ~,* les jeunes || ~ ***club,*** maison *f* de jeunes || **~ful** *adj* jeune, junévile.

youth|hostel *n* auberge *f* de la jeunesse || ~ **hosteller** [-hɔstələ] *n* ajiste *n.*

Yugoslav ['ju:gə'slɑ:v] *adj/n* yougoslave || **~ia** [-jə] *n* Yougoslavie *f.*

Yule [ju:l] *n* LIT. Noël *m;* ***~-log,*** bûche *f* de Noël.

Z

z [zed; U.S. zi:] *n* z *m* || *z-car,* voiture *f* de la police.

Zaire [zɑ:'i:ə] *n* Zaïre *m* || **~an** [-riən] *adj/n* (habitant *n*) du Zaïre.

zeal [zi:l] *n* zèle *m,* ardeur *f* ||

~**ous** ['zeləs] *adj* zélé, enthousiaste, dévoué.

zebra ['zi:brə] *n* zèbre *m* || ~ **crossing** *n* passage *m* pour piétons.

zenith ['zeniθ] *n* zénith *m* || FIG. comble *m.*

zero ['ziərəu] *n* zéro *m ; 10 degrees below* ~, 10 degrés au-dessous de zéro || MIL. ~ *hour,* heure H.

zest [zest] *n* piquant *m* (piquancy) || goût, enthousiasme *m,* ardeur *f* (gusto).

zigzag ['zigzæg] *n* zigzag *m* ● *vi* zigzaguer.

zinc [ziŋk] *n* zinc *m.*

zip [zip] *n* fermeture *f* à glissière/Éclair ● *vt* ~***open/shut,*** ouvrir/fermer (bag) || ~ ***up,*** fermer (au moyen d'une fermeture à glissière) — *vi* ~ ***on,*** se fermer au moyen d'une fermeture à glissière.

zip code *n* U.S. code postal.

zip fastener, U.S. **zipper** *n* = ZIP.

zither ['ziðə] *n* cithare *f.*

zodiac ['zəudiæk] *n* zodiaque *m.*

zone [zəun] *n* zone *f* || *time* ~, fuseau *m* horaire || AUT. zone bleue (in London) ● *vt* répartir en zones.

zoo [zu:] *n* (= ZOOLOGICAL GARDENS) zoo *m* || ~**logical** [,zəuə'lɔdʒikl] *adj* zoologique || ~**logist** [zəu'ɔlədʒist] *n* zoologiste *n* || ~**logy** [zəu'ɔlədʒi] *n* zoologie *f.*

zoom [zu:m] *vi* [car] passer en trombe || AV. monter en chandelle || CIN. ~ ***in/out,*** faire un zoom avant/arrière || ~ **lens** *n* objectif *m* à focale variable, zoom *m.*

zucchini [zu:'ki:ni] *n* U.S. courgette *f.*